体験入学（同時開催・保護者対象説明会）

8/21(金)・22(土)・23(日)

学校見学会

10/10(土)

※イベントの延期や中止の可能性がございますので必ずHPをご確認ください。

木更津総合高等学校

〒292-8511
千葉県木更津市東太田3-4-1
TEL.0438(30)5511
入試に関するお問い合わせ **0438(30)5513**

体験入学

~~8/11(火)・12(水)~~ 随時変更の可能性がありますのでHPをご覧ください。

※当初の予定より変更となりました。

保護者対象説明会

8/29(土)

学校見学会

11/3(火・祝)

※全てのイベントで日程変更や中止の可能性があります。
必ず事前に本校HPをご覧下さい。

市原中央高等学校

〒290-0215　千葉県市原市土宇1481-1
TEL.0436(36)7131
入試に関するお問い合わせ **0438(30)5513**

このショットは私の未来を決める

G
I
音
II
美

学校法人 君津学園

〒292-8511　千葉県木更津市東太田3-4-1
TEL.**0438(30)5500**(代表)

併設校
○清和大学 法学部 法律学科　○清和大学短期大学部 こども学科
○清和大学附属 八重原幼稚園　○清和大学附属 畑沢幼稚園　○清和大学附属 金田幼稚園

首都圏進学フェア2020 in 千葉

主催／NPO法人親子進路応援センター

今年はコロナウイルス感染防止として３密を防ぐため来場者の入場制限を実施します。来場の皆様にはマスクの着用をお願いいたします。
皆様のご協力をお願いいたします。

柏会場　柏の葉カンファレンスセンター（三井ガーデンホテル柏の葉）　8月2日（日）

〒277-0871　千葉県柏市若柴178-4　柏の葉キャンパス148街区2　交通アクセス　●TX（つくばエクスプレス）「柏の葉キャンパス」駅より徒歩2分

9:30〜17:00

千葉県私立中学校
秀明大学学校教師学部附属秀明八千代中学校
昭和学院中学校
西武台千葉中学校
専修大学松戸中学校
東海大付属浦安中学校
二松学舎大学附属柏中学校
日出学園中学校（資料参加）
麗澤中学校
和洋国府台女子中学校

東京都私立中学校
駒込中学校
修徳中学校
中村中学校（資料参加）

茨城県私立中学校
東洋大学附属牛久中学校

千葉県公立高等学校
我孫子高等学校
我孫子東高等学校
市立柏高等学校
市立松戸高等学校
印旛明誠高等学校
柏高等学校
柏中央高等学校
柏の葉高等学校
柏南高等学校
鎌ヶ谷高等学校
鎌ヶ谷西高等学校
行徳高等学校
小金高等学校
清水高等学校
沼南高等学校
沼南高柳高等学校
関宿高等学校
流山高等学校
流山おおたかの森高等学校
流山北高等学校
流山南高等学校
野田中央高等学校
柏陵高等学校
東葛飾高等学校
船橋東高等学校
船橋二和高等学校
船橋法典高等学校
松戸高等学校
松戸向陽高等学校
松戸国際高等学校
松戸馬橋高等学校
松戸南高等学校
松戸六実高等学校
薬園台高等学校

千葉県立特別支援学校
流山高等学園

国立高等専門学校
国立木更津工業高等専門学校

千葉県私立高等学校
あずさ第一高等学校
我孫子二階堂高等学校
市川高等学校
芝浦工業大学柏高等学校
秀明大学学校教師学部附属秀明八千代高等学校
昭和学院高等学校
光英VERITAS高等学校（聖徳大学附属女子高等学校）
西武台千葉高等学校
専修大学松戸高等学校
千葉学芸高等学校
千葉商科大学付属高等学校
中央学院高等学校
中央国際高等学校
東海大学付属浦安高等学校
東京学館浦安高等学校
東京学館船橋高等学校
東葉高等学校
中山学園高等学校
成田高等学校
二松学舎大学附属柏高等学校
日本体育大学柏高等学校
日本大学習志野高等学校
日出学園高等学校（資料参加）
明聖高等学校
流通経済大学付属柏高等学校
麗澤高等学校
わせがく高等学校
和洋国府台女子高等学校

東京都私立高等学校
江戸川女子高等学校
駒込高等学校
桜丘高等学校（資料参加）
修徳高等学校
潤徳女子高等学校
東京スクールオブミュージック＆ダンス専門学校（高等課程）
東洋女子高等学校
中村高等学校（資料参加）
文京学院大学女子高等学校

茨城県私立高等学校
江戸川学園取手高等学校
土浦日本大学高等学校
東洋大学附属牛久高等学校

他県高等学校
学校法人角川ドワンゴ学園N高等学校
クラーク記念国際高等学校柏キャンパス
勇志国際高等学校

千葉会場　幕張メッセ国際会議場　8月8日（土）・9日（日）

〒261-0023　千葉市美浜区中瀬2-1　交通アクセス　●JR京葉線「海浜幕張」駅より徒歩5分

10:00〜17:00　10:00〜17:00

千葉県私立中学校
秀明大学学校教師学部附属秀明八千代中学校
昭和学院中学校
専修大学松戸中学校
千葉明徳中学校
東海大学付属浦安中等部
二松学舎大学附属柏中学校
日出学園中学校（資料参加）
麗澤中学校
和洋国府台女子中学校

東京都私立中学校
駒込中学校
中村中学校
安田学園中学校（資料参加）

千葉県立高等学校
旭農業高等学校
泉高等学校
磯辺高等学校
市川工業高等学校
市川昴高等学校
市川東高等学校
市川南高等学校
市原緑高等学校
市立稲毛高等学校
市立千葉高等学校
市立習志野高等学校
市立船橋高等学校
市立松戸高等学校
印旛明成高等学校
浦安高等学校
浦安南高等学校
生浜高等学校
生浜高等学校（定時制）
柏高等学校
柏井高等学校
鎌ヶ谷高等学校
鎌ヶ谷西高等学校
木更津高等学校
行徳高等学校
京葉高等学校
京葉工業高等学校
検見川高等学校
国府台高等学校
小金高等学校
国分高等学校
犢橋高等学校
佐倉高等学校
佐倉西高等学校
佐倉東高等学校
佐倉南高等学校
沼南高柳高等学校
白井高等学校
千城台高等学校
千葉高等学校
千葉北高等学校
千葉工業高等学校
千葉商業高等学校
千葉女子高等学校
千葉東高等学校
千葉南高等学校
長生高等学校
東金高等学校
土気高等学校
成田国際高等学校
成東高等学校
東葛飾高等学校
船橋高等学校
船橋高等学校（定時制）
船橋北高等学校
船橋啓明高等学校
船橋古和釜高等学校
船橋芝山高等学校（資料参加）
船橋豊富高等学校
船橋東高等学校
船橋二和高等学校
船橋法典高等学校
幕張総合高等学校
松戸高等学校
松戸国際高等学校
松戸南高等学校
実籾高等学校（資料参加）
茂原樟陽高等学校
薬園台高等学校
八千代高等学校
八千代西高等学校
八千代東高等学校
四街道北高等学校
若松高等学校

千葉県私立高等学校
愛国学園大学附属四街道高等学校
あずさ第一高等学校
市原中央高等学校
植草学園大学附属高等学校
桜林高等学校
木更津総合高等学校
暁星国際高等学校
敬愛学園高等学校
敬愛大学八日市場高等学校
国府台女子学院高等部
志学館高等部
芝浦工業大学柏高等学校
秀明大学学校教師学部附属秀明八千代高等学校
翔凜高等学校
昭和学院高等学校
昭和学院秀英高等学校
光英VERITAS高等学校（聖徳大学附属女子高等学校）
専修大学松戸高等学校
拓殖大学紅陵高等学校
千葉英和高等学校
千葉学芸高等学校
千葉敬愛高等学校
千葉経済大学附属高等学校
千葉商科大学付属高等学校
千葉聖心高等学校
千葉日本大学第一高等学校
千葉明徳高等学校
千葉黎明高等学校
中央学院高等学校
中央国際高等学校
東海大学付属市原望洋高等学校
東海大学付属浦安高等学校
東京学館高等学校
東京学館浦安高等学校
東京学館船橋高等学校
東葉高等学校
中山学園高等学校
成田高等学校
二松学舎大学附属柏高等学校
日本体育大学柏高等学校
日本大学習志野高等学校
日出学園高等学校（資料参加）
不二女子高等学校
鴨川令徳高等学校（文理開成高等学校）
明聖高等学校
横芝敬愛高等学校
流通経済大学付属柏高等学校
麗澤高等学校
わせがく高等学校
和洋国府台女子高等学校

東京都私立高等学校
江戸川女子高等学校
関東第一高等学校
駒込高等学校
大智学園高等学校（資料参加）
中央大学高等学校
東京スクールオブミュージック＆ダンス専門学校（高等課程）
東京表現高等学院MIICA
中村高等学校
二松学舎大学附属高等学校
武蔵野大学附属千代田高等学院
明治学院高等学校（資料参加）
安田学園高等学校（資料参加）

●その他首都圏の私立大学のパンフレットもございます。

（千葉会場・大学通信）

他県高等学校
学校法人角川ドワンゴ学園N高等学校
クラーク記念国際高等学校千葉キャンパス
帝京ロンドン学園高等部
立教英国学院高等部（資料参加）

国立高等専門学校
国立木更津工業高等専門学校

千葉県私立専門学校
千葉デザイナー学院

成田会場　ホテルウェルコ成田（旧メルキュールホテル成田）　8月23日（日）

〒286-0033　千葉県成田市花崎町818-1　交通アクセス　●京成線「京成成田」駅より徒歩2分／●JR「成田」駅より徒歩2分

11:00〜16:00

千葉県私立中学校
秀明大学学校教師学部附属秀明八千代中学校
東海大付属浦安中学校
日出学園中学校（資料参加）
麗澤中学校（資料参加）

千葉県公立高等学校
我孫子高等学校
印旛明誠高等学校
佐倉高等学校
佐倉西高等学校
佐倉東高等学校
佐倉南高等学校
佐原高等学校
佐原白楊高等学校
下総高等学校
富里高等学校
成田北高等学校
成田国際高等学校
成田西陵高等学校
八街高等学校

千葉県私立高等学校
愛国学園大学附属四街道高等学校
市川高等学校
植草学園大学附属高等学校
桜林高等学校
光英VERITAS高等学校（聖徳大学附属女子高等学校）
敬愛大学八日市場高等学校
秀明大学学校教師学部附属秀明八千代高等学校
千葉英和高等学校
千葉学芸高等学校
千葉敬愛高等学校
千葉聖心高等学校
千葉萌陽高等学校
千葉黎明高等学校
中央学院高等学校
東海大学付属市原望洋高等学校
東海大学付属浦安高等学校
東京学館高等学校
成田高等学校
日本大学習志野高等学校
日出学園高等学校（資料参加）
明聖高等学校
横芝敬愛高等学校
麗澤高等学校（資料参加）
わせがく高等学校

東京私立高等学校
東京スクールオブミュージック＆ダンス専門学校（高等課程）

木更津会場　木更津市民会館　8月30日（日）

〒292-0833　千葉県木更津市貝渕2-13-40　交通アクセス　●JR内房線木更津駅西口「富津公園」行き　バス乗車「貝渕」で下車徒歩5分

12:00〜16:00

千葉県公立高等学校
姉崎高等学校
天羽高等学校
安房高等学校
市原緑高等学校
市原八幡高等学校
木更津高等学校
木更津東高等学校
君津高等学校
君津青葉高等学校
君津商業高等学校
京葉高等学校
袖ヶ浦高等学校
館山総合高等学校

千葉県私立高等学校
市原中央高等学校
木更津総合高等学校
暁星国際高等学校
志学館高等部
翔凜高等学校
拓殖大学紅陵高等学校
千葉学芸高等学校
千葉県安房西高等学校
東海大学付属市原望洋高等学校
成田高等学校
日出学園中学校高等学校（資料参加）
鴨川令徳高等学校（文理開成高等学校）
明聖高等学校
麗澤中学・高等学校（資料参加）
わせがく高等学校

国立高等専門学校
国立木更津工業高等専門学校

フェア実施内容

●各学校の入試担当者による面接形式の進学相談会
●学校案内配布　●不登校相談コーナー（千葉）会場
●入試関係資料配付　●総合進学相談コーナー（総進図書）
●留学相談コーナー（NPO法人フレンズインターナショナル）※木更津会場は除く

お問い合わせ先　047-447-7859
NPO法人親子進路応援センター（平日/10時〜17時）
携帯ホームページ　http://www.just.st/302728/

学校説明会（個別相談会）
（要予約 Web予約）

7/18㊏ 25㊏
8/ 1㊏ 22㊏ 23㊐
9/19㊏ 26㊏

完全個別対応
9:00〜15:00　1組15分

特別進学コース説明会
（要予約 Web予約）

10/24㊏
13:30〜14:30

海外留学説明会
（要予約 Web予約）

11/ 7㊏
13:30〜14:30

入試説明会
（要予約 Web予約）

第1回 10/24㊏
第2回 11/ 7㊏
第3回 11/21㊏
第4回 11/28㊏

① 9:00〜10:30
②10:00〜11:30
③11:00〜12:30

※状況によって変更になる場合があります。HPをご確認ください。上記以外でも学校案内可（事前にお問い合わせください。土日・祝日不可）TEL.043-251-6361（代）

http://www.hs-keiai.ac.jp

Narita High School
2021

日程等に変更がある場合は
HP上でお知らせします。

学校説明会 要予約

（7/1～HPで受付）定員になり次第締め切らせていただきます。詳細は本校HPでご確認ください。

第1回 令和2年 8月3日（月）	第2回 令和2年 8月4日（火）	第3回 令和2年 8月5日（水）
第4回 令和2年 11月7日（土）	第5回 令和2年 11月28日（土）	

本校HP

https://www.narita.ac.
最新情報はHPの入試情報をご覧くださ

学校法人 成田山教育財団
成田高等学校
〒286-0023 千葉県成田市成田 27　TEL.0476-22-2131

掲載内容

目　次

高等学校入試対策

基礎問題

高等学校入試対策基礎問題 —数　学—

1 文字式と計算・資料の整理

1 次の計算をしなさい。（2点×10＝20点）

(1) $-6-3$ [　　]　(2) $4-5\times3$ [　　]

(3) $12+6\div(-2)$ [　　]　(4) $(-7)\div(-5)\times10$ [　　]

(5) $-6^2\div12$ [　　]　(6) $-3^2\times(-3)^2$ [　　]

(7) $7x-11-(-7x-5)$ [　　]　(8) $(9a^2-6a)\div3a$ [　　]

(9) $9a^2b\div\frac{3}{2}ab\times b$ [　　]　(10) $\frac{3x-2y}{7}-\frac{x+y}{3}$ [　　]

2 次の問いに答えなさい。（2点×9＝18点）

(1) 屋外の気温が－3.5℃であり，室内の気温が15.0℃であった。このとき，室内の気温は屋外の気温より何℃高いか。[　　℃]

(2) a本の鉛筆を5本ずつb人に配ると3本余るとき，aをbを用いた式で表しなさい。[$a=$　　]

(3) x円の品物を3割引きで買ったときの代金を求めなさい。[　　円]

(4) 地点AからBまで自転車で走った。はじめは時速13kmで$a$km走り，途中からは時速18kmで$b$km走って地点Bに到着し，かかった時間は1時間であった。このときの数量の関係を等式で表しなさい。[　　]

(5) 自然数aを自然数bでわると，商が2で余りが3となった。このとき，aをbを用いた式で表しなさい。[$a=$　　]

(6) 濃度がa％の食塩水200gに含まれる食塩の重さを求めなさい。[　　g]

(7) 1個agの品物8個をbgの箱に入れたときの全体の重さは500g未満であった。この数量の関係を不等式で表しなさい。[　　]

(8) 右の表は，ある中学校の3年生40人のハンドボール投げの記録を度数分布表に整理したものである。この度数分布表について

① 最頻値を求めなさい。[　　m]

② 10m以上15m未満の階級の相対度数を求めなさい。[　　]

階級(m) 以上　未満	度数(人)
5 ～ 10	2
10 ～ 15	8
15 ～ 20	11
20 ～ 25	13
25 ～ 30	5
30 ～ 35	1
計	40

3 灰色と白色の同じ大きさの正方形のタイルをたくさん用意した。これらのタイルを使って右の図のように灰色のタイルを1個置いて1番目の正方形とし，2番目からは左下隅に灰色のタイルを置き，灰色と白色のタイルが交互になるように並べ，大きな正方形をつくっていく。

次の問いに答えなさい。（4点×3＝12点）

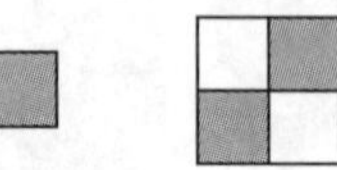
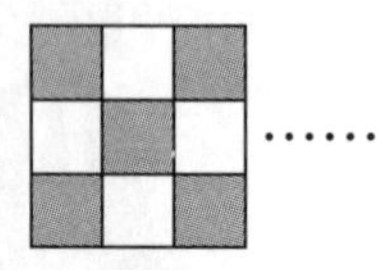

1番目　2番目　3番目

(1) 4番目の正方形に使われている，白色のタイルは何個か。[　　個]

(2) 5番目の正方形に使われている，灰色のタイルは何個か。[　　個]

(3) $2m$番目（mは自然数）の正方形に使われている，灰色のタイルは何個か。[　　個]

1次方程式と連立方程式

制限時間 45分　得点 /50

4 次の1次方程式，連立方程式を解きなさい。　(2点×10＝20点)

(1) $7x-15=2x$　[$x=$　　]

(2) $6x-7=4x+11$　[$x=$　　]

(3) $2x+8=5x-13$　[$x=$　　]

(4) $0.5x=0.3(x+4)$　[$x=$　　]

(5) $\begin{cases} 3x+y=10 \\ 2x-y=5 \end{cases}$　[$x=$　　, $y=$　　]

(6) $\begin{cases} 2x+3y=14 \\ y=-x+4 \end{cases}$　[$x=$　　, $y=$　　]

(7) $\begin{cases} 2x+y=11 \\ 8x-3y=9 \end{cases}$　[$x=$　　, $y=$　　]

(8) $\begin{cases} 3x+8y=9 \\ x+4y=7 \end{cases}$　[$x=$　　, $y=$　　]

(9) $\begin{cases} 2x-3y=-8 \\ x+2y=3 \end{cases}$　[$x=$　　, $y=$　　]

(10) $\begin{cases} 7x-y=8 \\ -9x+4y=6 \end{cases}$　[$x=$　　, $y=$　　]

5 次の問いに答えなさい。　(3点×7＝21点)

(1) xについての方程式 $2x+a-1=0$ の解が3であるとき，aの値を求めなさい。

[$a=$　　]

(2) 部屋にいる生徒全員にりんごを配る。1人に8個ずつ配ると5個不足し，7個ずつ配ると9個余る。このとき，りんごは何個あるか。　[　　個]

(3) ある公園の入園料は，大人1人400円，子ども1人100円である。ある日の開園から1時間後までの入園者数は，大人と子どもを合わせると65人で，この時間帯の入園料の合計は14600円であった。この時間帯に入園した大人と子どもの人数をそれぞれ求めなさい。

[大人　　人，子ども　　人]

(4) ある中学校の生徒数は180人である。このうち，男子の16％と女子の20％の生徒が自転車で通学しており，自転車で通学している男子と女子の人数は等しい。このとき，この中学校の男子と女子の人数をそれぞれ求めなさい。　[男子　　人，女子　　人]

(5) 濃度が6％の食塩水 x gと10％の食塩水 y gがある。この2種類の食塩水を混ぜ合わせると，7％の食塩水が600gできる。このとき，xとyの値をそれぞれ求めなさい。

[$x=$　　，$y=$　　]

(6) 幸子さんはA地点を出発し，途中のB地点を通ってC地点まで1200mの道のりを，一定の速さで歩いていった。このとき，A地点からB地点までは8分，B地点からC地点までは16分かかった。A地点からB地点までの道のりと，B地点からC地点までの道のりをそれぞれ求めなさい。　[A地点～B地点　　m，B地点～C地点　　m]

(7) 2けたの自然数がある。この自然数の十の位の数と一の位の数の和は，一の位の数の4倍よりも8小さい。また，十の位の数と一の位の数を入れかえてできる2けたの自然数と，もとの自然数との和は132である。もとの自然数を求めなさい。　[　　]

6 ある学校の昨年の生徒数は男女合わせて140人だった。今年の生徒数は昨年と比べて，男子が5％増え，女子が10％減ったので，今年の生徒数は男女合わせて135人だった。今年の男子と女子の生徒数をそれぞれ求めなさい。　(9点)　[男子　　人，女子　　人]

高等学校入試対策基礎問題 —数　学—

3 平面図形と空間図形

制限時間 40分　得点　　/50

7 次の問いに答えなさい。　(4点×3＝12点)

(1)

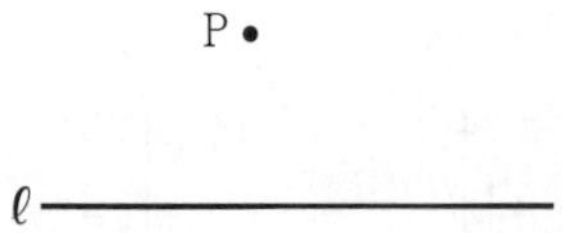

P•

ℓ

(2)

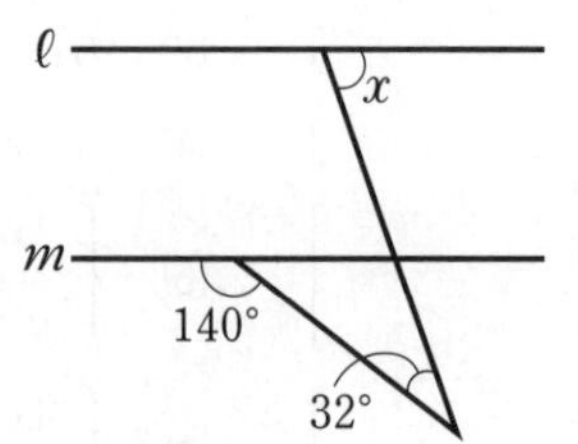

(3)

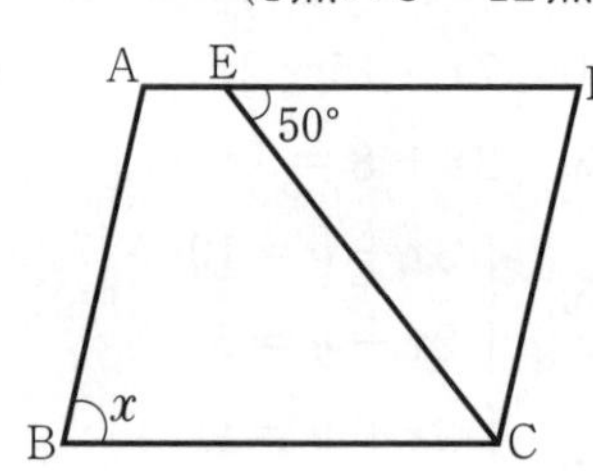

(1)　上の図(1)で，点Pを通り直線ℓに垂直な直線を作図しなさい。作図には定規とコンパスを使い，また，作図に用いた線は消さないこと。

(2)　上の図(2)で，ℓ // mであるとき，∠xの大きさを求めなさい。　[　　　　度]

(3)　上の図(3)のような，辺ADが辺ABより長い平行四辺形がある。∠BCDの二等分線と辺ADとの交点をE，∠CED＝50°とするとき，∠xの大きさを求めなさい。　[　　　　度]

8 次の問いに答えなさい。ただし，円周率はπとする。　(4点×2＋5点×2＝18点)

(1)

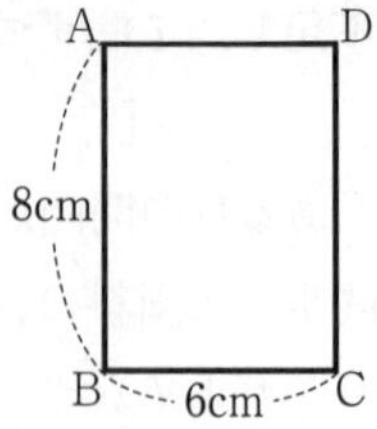

A　D

8cm

B　6cm　C

(2)

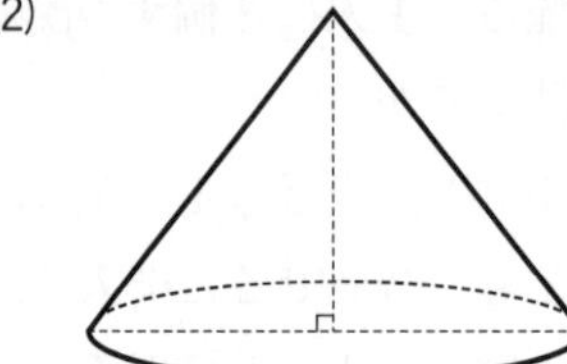

(3)

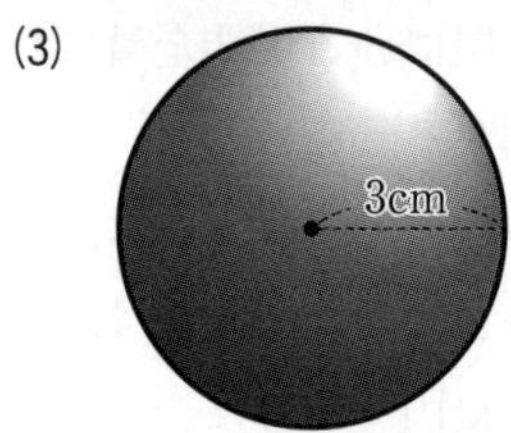

(1)　上の図(1)の長方形ABCDを，辺DCを回転の軸として1回転させる。このときできる立体の表面積を求めなさい。　[　　　　cm²]

(2)　上の図(2)のように，底面の直径が10 cmで高さが6 cmの円錐がある。この円錐の体積を求めなさい。　[　　　　cm³]

(3)　上の図(3)は，半径が3 cmの球である。この球について

①　体積を求めなさい。　[　　　　cm³]

②　表面積を求めなさい。　[　　　　cm²]

9 次の問いに答えなさい。ただし，円周率はπとする。　(5点×4＝20点)

(1)　右の図の△ABCで，点Mは辺BCの中点，点Dは辺AC上にありAD：DC＝3：2である。このとき

A　3　D　2　B　M　C

①　△AMDと△DMCの面積の比を求めなさい。[　　：　　]

②　△ABCの面積は△AMDの面積の何倍か。　[　　　　倍]

(2)　右の図は，底面の半径が6 cm，母線の長さが8 cmの円錐である。この円錐について

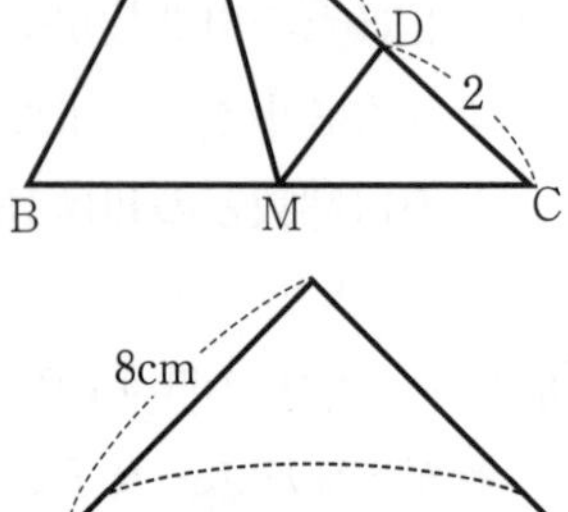

①　側面積を求めなさい。　[　　　　cm²]

②　展開図をかいたとき，側面となるおうぎ形の中心角の大きさを求めなさい。　[　　　　度]

三角形の合同と確率

制限時間 40分　得点 /50

10　右の図は，AB＝ACの二等辺三角形ABCである。2点D，Eはそれぞれ辺AB，AC上にあり∠ABE＝∠ACDである。△ABE≡△ACDであることを証明しなさい。　(8点)

[　　　　]

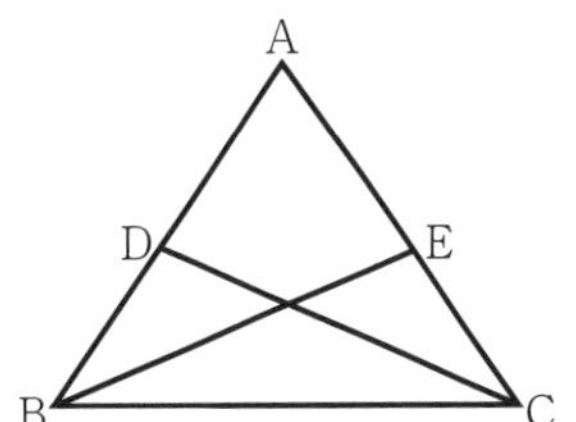

11　右の図の△ABCで，∠ABCの二等分線と辺ACとの交点をDとし，点Dから辺AB，BCにそれぞれ垂線DE，DFをひく。△BDE≡△BDFであることを証明しなさい。　(9点)

[　　　　]

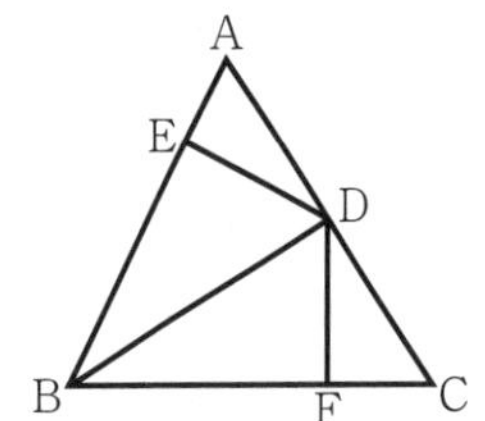

12　右の図は，点Cを共有する正三角形ABCと正三角形DECであり，頂点AとD，頂点BとEをそれぞれ結ぶ。△ACD≡△BCEであることを証明しなさい。　(9点)

[　　　　]

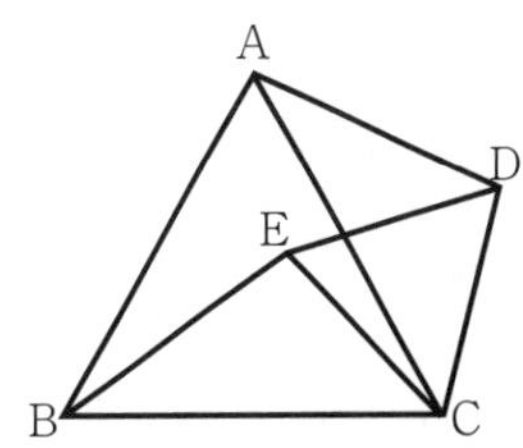

13　次の確率を求めなさい。　(3点×8＝24点)

(1)　大小2つのさいころを同時に投げるとき

①　出る目の数の和が5以下となる確率　[　　　]

②　出る目の数の積が9の倍数となる確率　[　　　]

(2)　3枚の硬貨を同時に投げるとき，2枚は表で1枚は裏となる確率　[　　　]

(3)　2つの箱A，Bがある。箱Aには3枚のカード**1**，**2**，**3**が入っており，箱Bには3枚のカード**1**，**3**，**5**が入っている。A，Bそれぞれの箱から1枚ずつカードを取り出すとき，取り出した2枚のカードに書いてある数が同じである確率　[　　　]

(4)　**1**，**2**，**3**，**4**，**5**の5枚のカードがある。このカードをよく切ってから1枚ずつ続けて2回引き，引いた順に左から並べて2桁の自然数をつくる。このとき，つくられた2桁の自然数が素数となる確率　[　　　]

(5)　白玉3個，赤玉2個が入っている袋がある。この袋から同時に2個の玉を取り出すとき，2個とも白玉である確率　[　　　]

(6)　赤玉3個，白玉2個，青玉1個が入っている箱がある。この箱から同時に2個の玉を取り出すとき，2個とも同じ色の玉である確率　[　　　]

(7)　1から6までのどの目が出ることも同様に確からしいさいころが1個ある。このさいころを2回投げて，1回目に出た目の数をa，2回目に出た目の数をbとするとき，$\frac{b}{a}$の値が偶数となる確率　[　　　]

比例と1次関数

制限時間 45分　得点 /50

14 次の問いに答えなさい。(3点×6＝18点)

(1) y は x に比例し，$x=2$ のとき $y=6$ である。y を x の式で表しなさい。また，$x=-4$ のときの y の値を求めなさい。 [$y=$　　　，$y=$　　　]

(2) y は x に反比例し，$x=3$ のとき $y=-5$ である。このとき，x と y の関係を式で表しなさい。 [$y=$　　　]

(3) y は x の1次関数であり，変化の割合が2でそのグラフは点(4，4)を通る。この1次関数の式を求めなさい。 [$y=$　　　]

(4) 2点(1，−8)，(−2，1)を通る直線の式を求めなさい。 [$y=$　　　]

(5) 2直線 $y=-\frac{1}{2}x+2$ と $y=3x+9$ の交点の座標を求めなさい。 [(　　，　　)]

(6) 関数 $y=ax+b\,(a<0)$ について，x の変域が $-1\leqq x\leqq 2$ のとき，y の変域は $-2\leqq y\leqq 7$ である。a，b の値をそれぞれ求めなさい。 [$a=$　　　，$b=$　　　]

15 右の図のように，関数 $y=\frac{a}{x}$ のグラフ(双曲線)が原点Oを通る直線 ℓ と2点A(2，3)，Bで交わっている。また，双曲線上に x 座標が正である点Pをとり，x 軸，y 軸にそれぞれ垂線PC，PDをひいて長方形PDOCをつくる。このとき，次の問いに答えなさい。(4点×3＝12点)

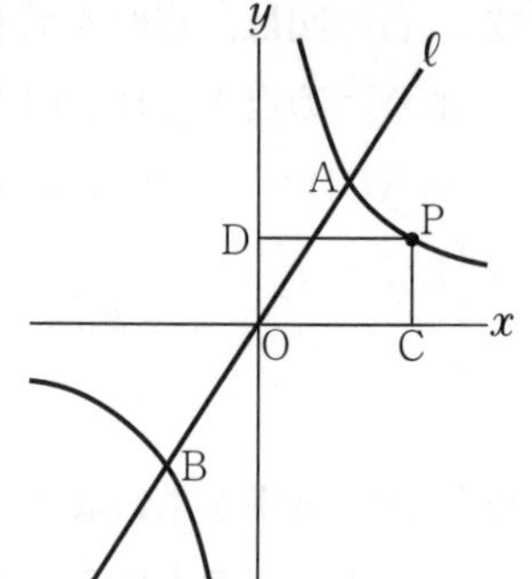

(1) 比例定数 a の値を求めなさい。 [$a=$　　　]

(2) 点Bの座標を求めなさい。 [(　　，　　)]

(3) 長方形PDOCの面積を求めなさい。 [　　　]

16 右の図のように，2点A(3，5)，B(6，2)を通る直線と，原点Oと点A，Oと点Bを通る直線がある。直線ABと y 軸との交点をCとするとき，次の問いに答えなさい。(4点×3＝12点)

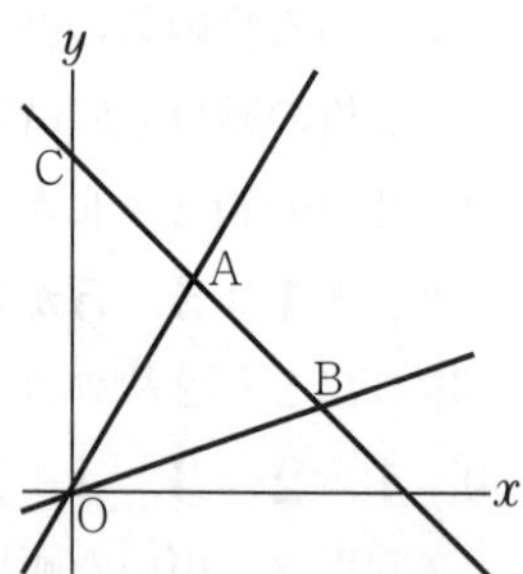

(1) 直線ABの式を求めなさい。 [$y=$　　　]

(2) △AOBの面積を求めなさい。 [　　　]

(3) 点Aを通り，△AOBの面積を2等分する直線の式を求めなさい。 [　　　]

17 右の図のように直線 ℓ，直線 m：$y=\frac{1}{2}x+2$，直線 n：$y=-2x+7$ がある。ℓ と m の交点をA(−2，1)，m と n の交点をB，ℓ と n の交点をCとするとCは y 軸上にある。また，点Pは x 軸上にあり x 座標は正である。次の問いに答えなさい。

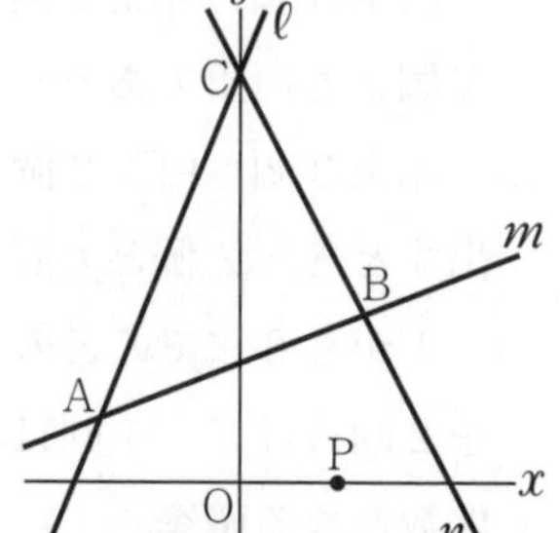

(1) 直線 ℓ の式を求めなさい。(4点) [$y=$　　　]

(2) △CABの面積と△CAPの面積が等しくなるとき，点Pの座標を求めなさい。(4点) [(　　，　　)]

1次関数の利用

制限時間 40分　得点 /50

18 兄と弟は，P地点とQ地点の間でトレーニングをしている。P地点とQ地点は2400m離れており，P地点とQ地点の途中にあるR地点は，P地点から1600m離れている。

兄は午前9時にP地点を出発し，自転車を使って毎分400mの速さで，休憩することなく3往復した。また，弟は兄と同時にP地点を出発し，毎分200mの速さで走りR地点へ向かった。弟がR地点に到着すると同時に，P地点に向かう兄がR地点を通過した。その後，弟は休憩し兄が再びR地点を通過すると同時に，P地点に向かって歩いて戻ったところ，3往復を終える兄と同時にP地点に着いた。

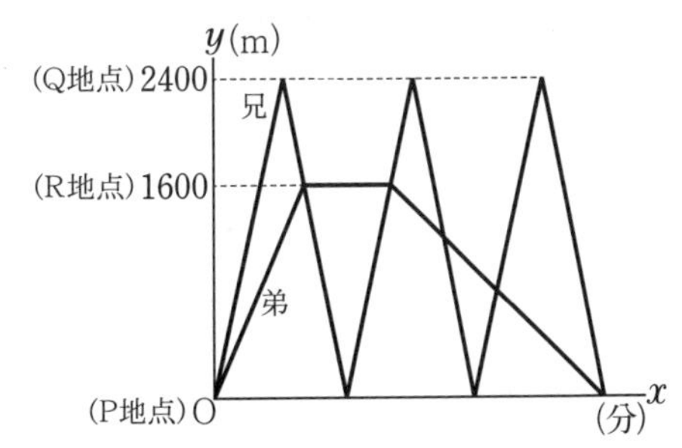

上のグラフは，兄と弟がP地点を出発してから x 分後にP地点から y m離れているとして，x と y の関係を表したものである。兄と弟は，各区間を一定の速さで進むとき，次の問いに答えなさい。　(8点×2＋10点＝26点)

(1) 弟は，R地点で何分間休憩したか。　[　　　分間]

(2) 弟は休憩した後，毎分何mの速さでP地点に向かって歩いたか。　[毎分　　　m]

(3) 弟がR地点からP地点へ向かって歩いているとき，Q地点に向かう兄とすれ違うのは午前何時何分か。　[午前　　　時　　　分]

19 右の図のように，2つの直方体の形をした水そうA，水そうBが台の上に水平に置かれ，それぞれ水が入っている。水そうAにはP管とQ管を使って水を入れ，水そうBにはR管を使って水を入れる。P管，Q管，R管からは，それぞれ一定の水量で水が出る。水そうAにP管だけ使って水を入れると，水面の高さは毎分2cmずつ高くなる。

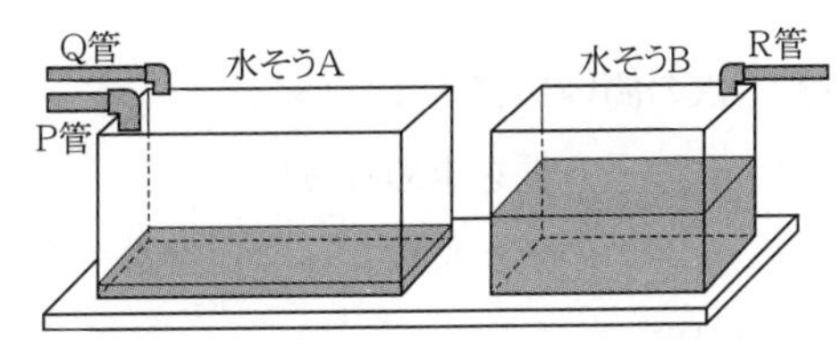

水そうAに，まずP管だけを使って5分間水を入れ，次にP管とQ管の両方を使って4分間水を入れ，最後に再びP管だけを使って6分間水を入れたところ，底から水面までの高さが39cmになった。

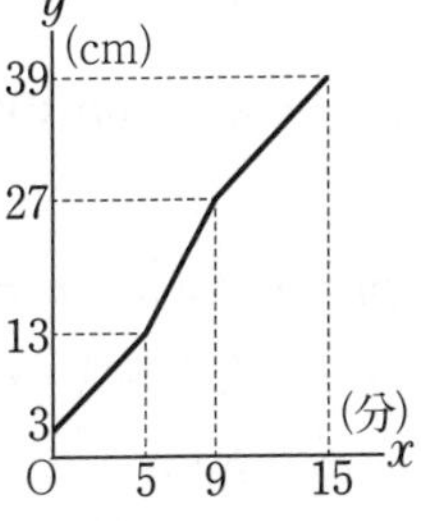

右のグラフは，水そうAに水を入れ始めてから x 分後の底から水面までの高さを y cmとし，水を入れ始めてから15分後までの x と y の関係を表したものである。水そうAには底から3cm，水そうBには底から20cmの高さまで水が入っていて，R管で水を入れると水面の高さは毎分1cmずつ高くなる。　(8点×3＝24点)

(1) 水を入れ始めてから5分後までの x と y の関係を式に表しなさい。　[$y=$　　　]

(2) Q管だけで水そうAに水を入れると水面の高さは毎分何cmずつ高くなるか。[毎分　　　cm]

(3) 水そうAに水を入れ始めるのと同時に水そうBにも水を入れる。水そうAと水そうBの底から水面までの高さが等しくなるのは，水を入れ始めてから何分後か。　[　　　分後]

7 多項式・平方根・2次方程式

制限時間 45分　得点 /50

20 次の計算をしなさい。 (1点×10＝10点)

(1) $6\sqrt{2}-\sqrt{8}$ [ ]
(2) $\sqrt{60}\div\sqrt{5}+\sqrt{27}$ [ ]
(3) $\sqrt{48}\div\sqrt{2}\div(-\sqrt{3})$ [ ]
(4) $(\sqrt{2}+\sqrt{3})^2$ [ ]
(5) $(\sqrt{7}+2)(\sqrt{7}-2)$ [ ]
(6) $(\sqrt{3}-2)(\sqrt{3}+1)$ [ ]
(7) $(x+3)(x+7)-8x$ [ ]
(8) $(x+5)(x-1)-2x-3$ [ ]
(9) $x^2-(x+3y)(x-3y)$ [ ]
(10) $(a-1)^2-(a+2)(a-6)$ [ ]

21 次の式を因数分解しなさい。 (1点×6＝6点)

(1) a^2b-ab [ ]
(2) $x^2+9x+20$ [ ]
(3) $x^2+6x-27$ [ ]
(4) $x^2-8x+16$ [ ]
(5) $6x^2-24$ [ ]
(6) $(a-4)^2+4(a-4)-12$ [ ]

22 次の2次方程式を解きなさい。 (1点×10＝10点)

(1) $(x-2)^2=7$ [$x=$]
(2) $x^2=6x$ [$x=$]
(3) $(x+4)(x-4)=-7$ [$x=$]
(4) $x^2+12x+35=0$ [$x=$]
(5) $x^2-5x+6=0$ [$x=$]
(6) $x^2-x-20=0$ [$x=$]
(7) $(x+3)(x+5)=-1$ [$x=$]
(8) $(x+6)(x-2)+2=7x$ [$x=$]
(9) $3x^2-5x+1=0$ [$x=$]
(10) $6x^2-2x-1=0$ [$x=$]

23 次の問いに答えなさい。 (3点×6＝18点)

(1) 8の平方根を求めなさい。 [ ]
(2) $\sqrt{24n}$ の値が整数となる自然数 n のうち，最も小さい値を求めなさい。 [$n=$]
(3) $\dfrac{12}{\sqrt{6}}$ の分母を有理化しなさい。 [ ]
(4) $460-20n$ の値が，ある自然数の2乗となるような自然数 n の値をすべて求めなさい。 [$n=$]
(5) $x=\sqrt{3}$，$y=\sqrt{2}$ のとき，$(x+y)^2-(x-y)^2$ の値を求めなさい。 [ ]
(6) 2次方程式 $x^2+ax+b=0$ の2つの解が3と-4であるとき，a，b の値をそれぞれ求めなさい。 [$a=$ ， $b=$]

24 3と6，12と15のように連続する2つの3の倍数において，大きい方の数の2乗から小さい方の数の2乗を引いた差は，もとの2つの数の和の3倍に等しくなる。このことを証明しなさい。 (6点)

[ ]

8

高等学校入試対策基礎問題 一数　学一

2乗に比例する関数

制限時間 45分　得点 /50

25 次の問いに答えなさい。(3点×5＝15点)

(1) y は x の2乗に比例し，$x=-2$ のとき，$y=8$ である。このとき，y を x の式で表しなさい。 [$y=$　　　]

(2) 関数 $y=\frac{3}{2}x^2$ について，x の変域が $-1 \leqq x \leqq 2$ のときの y の変域を求めなさい。 [　$\leqq y \leqq$　]

(3) 関数 $y=\frac{1}{4}x^2$ について，x の値が2から4まで増加するときの変化の割合を求めなさい。 [　　　]

(4) 関数 $y=ax^2$ について，x の変域が $-1 \leqq x \leqq 2$ のとき，y の変域は $-8 \leqq y \leqq 0$ である。このとき，a の値を求めなさい。 [$a=$　　　]

(5) 関数 $y=ax^2$ と関数 $y=3x-1$ について，x の値が1から5まで増加するときの変化の割合が等しいとき，a の値を求めなさい。 [$a=$　　　]

26 右の図のように，関数 $y=ax^2$ のグラフ上に3点A，B，Cがある。点Aの座標は(2，2)，点Bの x 座標は -4，点Cの x 座標は -2 であり，2点A，Bを通る直線をひき四角形OABCをつくるとき，次の問いに答えなさい。(3点×6＝18点)

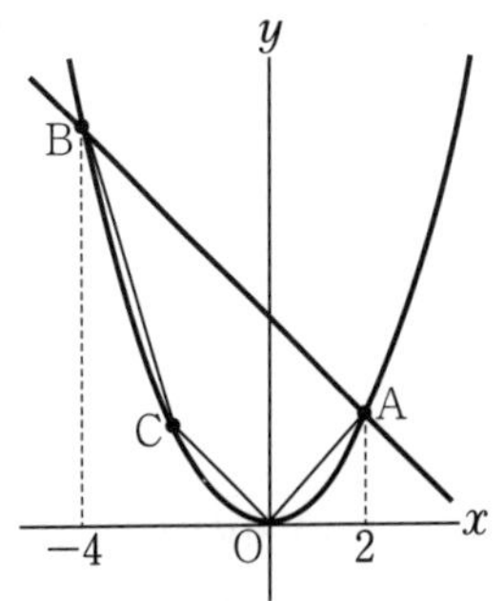

(1) a の値を求めなさい。 [$a=$　　　]

(2) 点Bの座標を求めなさい。 [(　　,　　)]

(3) 直線ABの式を求めなさい。 [$y=$　　　]

(4) 直線ACの式を求めなさい。 [　　　]

(5) 四角形OABCの面積を求めなさい。 [　　　]

(6) 点Cを通り，四角形OABCの面積を2等分する直線の式を求めなさい。 [$y=$　　　]

27 右の図のように，関数 $y=\frac{1}{3}x^2$ のグラフ上に2点A，Bがある。点Aの x 座標は -6，2点A，Bを通る直線の y 軸上の切片は6であり，直線ABと x 軸との交点をCとする。

このとき，次の問いに答えなさい。

(2点×1＋3点×5＝17点)

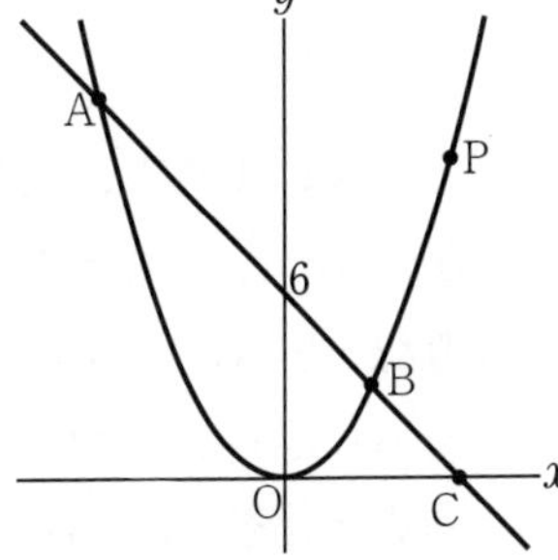

(1) 関数 $y=\frac{1}{3}x^2$ について，x の変域が $-3 \leqq x \leqq 6$ のときの y の変域を求めなさい。 [　$\leqq y \leqq$　]

(2) 点Aの座標を求めなさい。 [(　　,　　)]

(3) 直線ABの式を求めなさい。 [$y=$　　　]

(4) 点Bの座標を求めなさい。 [(　　,　　)]

(5) △OABの面積を求めなさい。 [　　　]

(6) 関数 $y=\frac{1}{3}x^2$ のグラフ上に点Pがある。△POCの面積が△OABの面積と等しくなるような点Pの座標をすべて求めなさい。 [　　　　　]

円と相似

制限時間 45分　得点 /50

28 次の問いに答えなさい。　(4点×3＝12点)

(1)
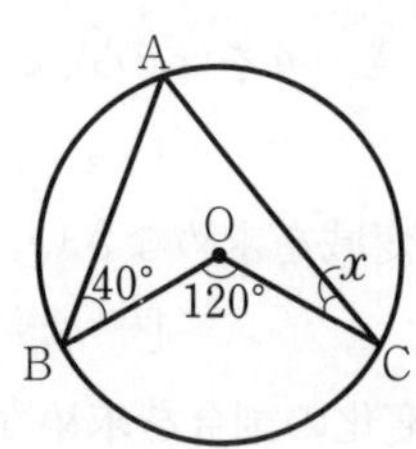

(2)
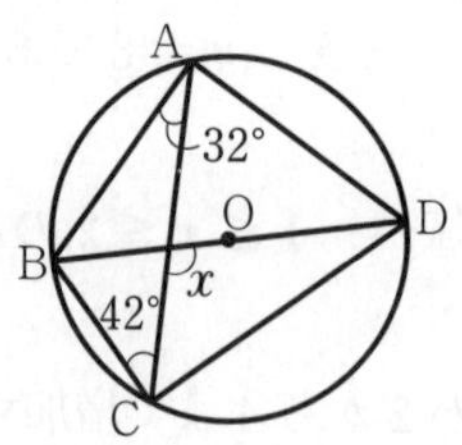

(3)
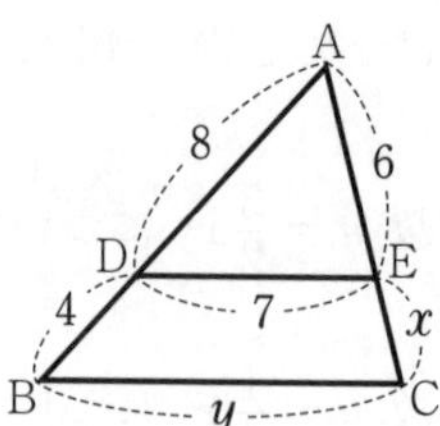

(1) 上の図(1)で，3点A，B，Cは円Oの周上にある。$\angle ABO=40°$，$\angle BOC=120°$のとき，$\angle x$の大きさを求めなさい。　[　　度]

(2) 上の図(2)で，BDを直径とする円Oの周上に2点A，Cがある。$\angle BAC=32°$，$\angle BCA=42°$のとき，$\angle x$の大きさを求めなさい。　[　　度]

(3) 上の図(3)で，$DE /\!/ BC$であるとき，xとyの値をそれぞれ求めなさい。[$x=$　　，$y=$　　]

29 右の図のような円があり，3点A，B，Cは円周上にある。線分AC上に点Dをとり，直線BDと円との交点をEとする。このとき，$\triangle ADE \backsim \triangle BDC$であることを証明しなさい。　(9点)

[　　　　]

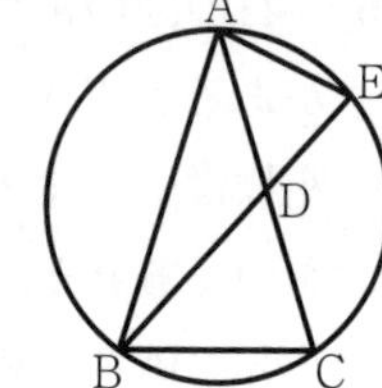

30 右の図のように，$\angle ABC=60°$の平行四辺形ABCDがある。辺BC上にBE＝ABとなる点Eをとる。また，線分EC上に$\angle EAF=\angle ADB$となる点Fをとる。このとき，$\triangle AEF \backsim \triangle DAB$であることを証明しなさい。　(9点)

[　　　　]

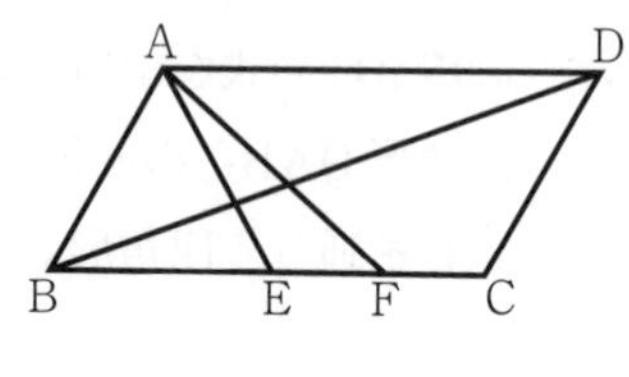

31 右の図のような△ABCがある。辺BC上に点Dがあり，BD＝6 cm，DC＝12 cmである。点Dを通り辺ABに平行な直線と辺ACとの交点をE，線分ADの中点をFとする。点Fを通り辺BCに平行な直線と辺AB，線分DE，辺ACとの交点をそれぞれG，H，Iとする。

このとき，次の問いに答えなさい。　(4点×5＝20点)

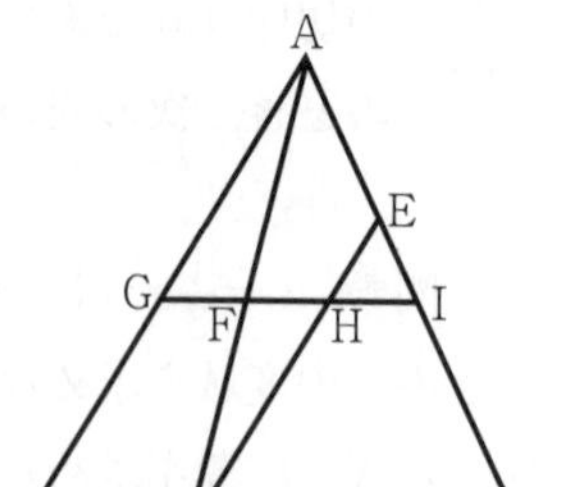

(1) 線分GFの長さを求めなさい。　[　　cm]

(2) 線分FHの長さを求めなさい。　[　　cm]

(3) AE：EI：ICを求めなさい。　[　：　：　]

(4) △EHIと四角形HDCIの面積の比を求めなさい。　[　：　]

(5) 四角形HDCIの面積は△ABCの面積の何倍か。　[　　倍]

10 高等学校入試対策基礎問題 —数 学—

三平方の定理

制限時間 45分　得点 /50

32　次の問いに答えなさい。ただし，円周率はπとする。　(3点×3＝9点)

(1) 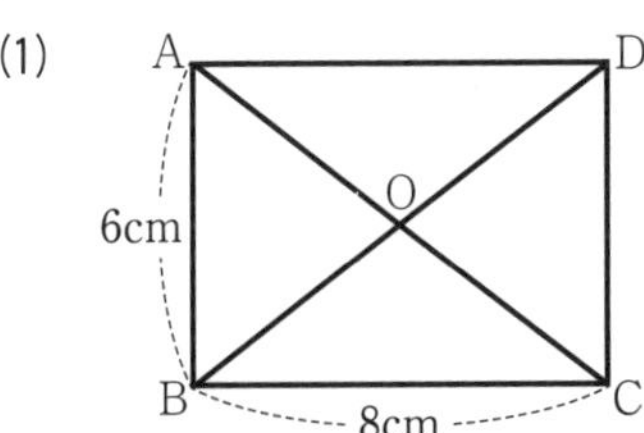

(2) 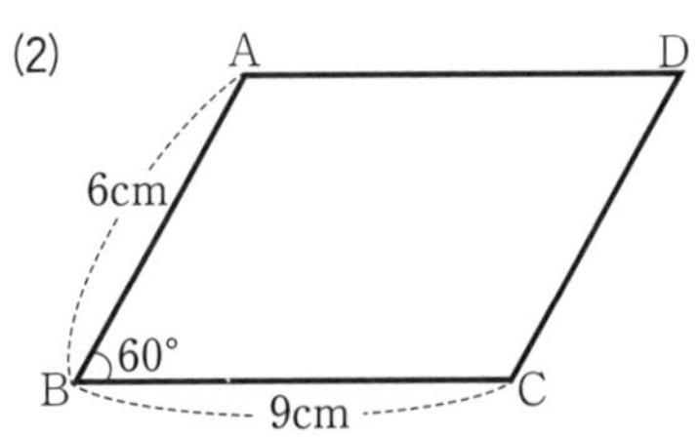

(3) 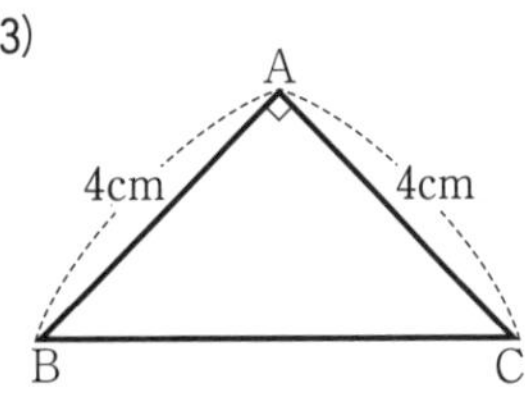

(1) 上の図(1)は，AB＝6cm，BC＝8cmの長方形ABCDである。対角線の交点をOとするとき，線分AOの長さを求めなさい。　[　　cm]

(2) 上の図(2)は，AB＝6cm，BC＝9cm，∠ABC＝60°の平行四辺形ABCDである。この平行四辺形の面積を求めなさい。　[　　cm^2]

(3) 上の図(3)は，AB＝AC＝4cm，∠BAC＝90°の直角二等辺三角形ABCである。辺BCを回転の軸として1回転させてできる立体の体積を求めなさい。　[　　cm^3]

33　右の図は，1辺の長さが10cmの立方体から4つの三角錐ABDE，CBDG，FBEG，HDEGを切り取って作った正四面体BDEGである。正四面体の辺DE，BE，BG，DGのそれぞれの中点をK，L，M，Nとするとき，次の問いに答えなさい。　(4点×5＝20点)

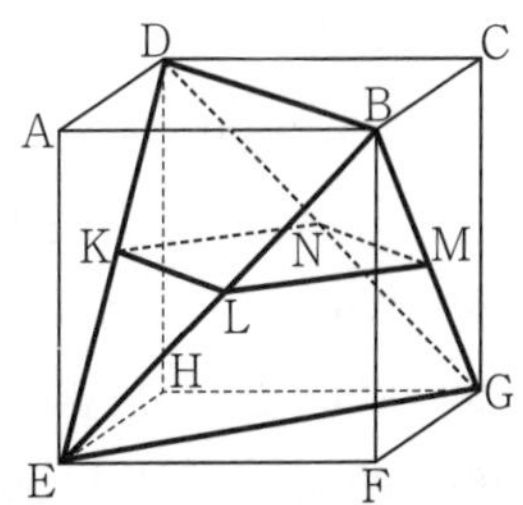

(1) 立方体ABCD - EFGHで，頂点Aから辺BC上を通って頂点Gまで糸をかける。糸の長さが最も短くなるときの糸の長さを求めなさい。　[　　cm]

(2) 正四面体BDEGの辺BDの長さを求めなさい。　[　　cm]

(3) △BDEの面積を求めなさい。　[　　cm^2]

(4) 正四面体BDEGの体積を求めなさい。　[　　cm^3]

(5) 四角形KLMNの面積を求めなさい。　[　　cm^2]

34　右の図のように，AB＝AD＝4cm，AE＝8cmの直方体ABCD - EFGHがある。3辺AE，BF，CG上にそれぞれ点P，Q，Rがあり，AP＝2cm，BQ＝5cm，CR＝3cmである。5点B，D，P，Q，Rを頂点とする立体BDPQRを作るとき，次の問いに答えなさい。　(4点×4＋5点×1＝21点)

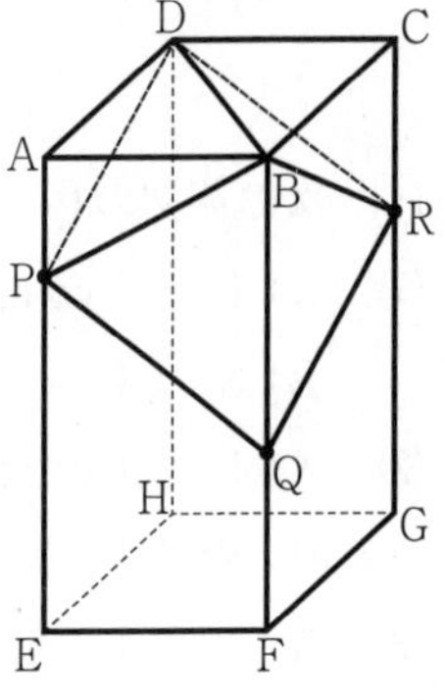

(1) 直方体ABCD - EFGHで，直方体の対角線AGの長さを求めなさい。　[　　cm]

(2) △PBDの面積を求めなさい。　[　　cm^2]

(3) 線分PQの長さを求めなさい。　[　　cm]

(4) 四角形DPQRの図形の名称を答えなさい。　[　　]

(5) 立体BDPQRの体積を求めなさい。　[　　cm^3]

1 高等学校入試対策基礎問題 —英　語— 動詞の形　現在形・過去形・進行形

1　次の英文の(　　)内の動詞を適当な形にしなさい。このままでよい場合には，○と答えなさい。　(10点)

(1) I went down the street and (turn) right at the convenience store.　[　　　]
(2) Takeshi (walk) to school every morning.　[　　　]
(3) He was (look) at the cat.　[　　　]
(4) I usually (go) to bed earlier than my parents do.　[　　　]
(5) Why is he (wear) a school uniform?　[　　　]
(6) Where does Mr. Tamada (live)?　[　　　]
(7) Did your sister (take) a picture?　[　　　]
(8) (Do) Yumi have any friends when she was a student at this school?　[　　　]
(9) Maya (don't) drink milk but (eat) yogurt and cheese.　[　　　][　　　]

2　次の英文の(　　)に入る適当な形のbe動詞を下から選び，記号で答えなさい。　(10点)

(1) It'll (　　) rainy tomorrow.　[　　　]
(2) Have you ever (　　) to Kyoto?　[　　　]
(3) There (　　) a picture of my family on the desk. They look very happy.　[　　　]
(4) What (　　) you reading now?　[　　　]
(5) What (　　) Aki and Haru talking about now?　[　　　]
(6) What (　　) your dream at ten years old?　[　　　]
(7) I (　　) going to my grandmother's house now.　[　　　]
(8) I (　　) a junior high school student when I met Mary for the first time.　[　　　]
(9) Why (　　) your sisters angry with you yesterday?　[　　　]
(10) "Who (　　) that man?"——"He is Mr. Tanaka. He is my English teacher."　[　　　]

ア am	イ are	ウ be	エ been	オ is	カ was	キ were

3　次の英文の(　　)に適当な語を入れて，会話を完成させなさい。　(12点)

(1) A: (　　) you have any brothers or sisters?　[　　　]
　B: No, I (　　). I have no brothers or sisters.　[　　　]
(2) A: (　　) you from Australia?　[　　　]
　B: No, I (　　)(　　). I am from New Zealand.　[　　　][　　　]
(3) A: (　　) Ken practice kendo every day?　[　　　]
　B: Yes, he (　　). He likes kendo very much.　[　　　]
(4) A: What time (　　) your father leave home in the morning?　[　　　]
　B: He usually (　　) home at seven.　[　　　]

得点　/50

(5) A：(　　) it rain today?　[　　　　]

B：Yes, it (　　). It rained a lot for about an hour.　[　　　　]

(6) A：What (　　) Sachi and Sakura watching on TV at that time?　[　　　　]

B：They (　　) watching a soccer match on TV.　[　　　　]

4 次の英文が日本文の意味を表すように，(　　)に適当な語を入れなさい。(12点)

(1) 私は校庭を走っていなかった。

I (　　)(　　)(　　) on the school ground. [　　　　][　　　　][　　　　]

(2) タカオと私は箱を運んでいた。

Takao and I (　　)(　　) some boxes.　[　　　　][　　　　]

(3) 私の周りに猫がいた。

There (　　) some cats around me.　[　　　　]

(4) 水はどこから来るのですか。

Where (　　) water (　　) from?　[　　　　][　　　　]

(5) 放課後トムは毎日日本語の勉強をする。

Tom (　　) Japanese after school every day.　[　　　　]

(6) この本には絵がない。

This book (　　)(　　) any pictures.　[　　　　][　　　　]

5 次の英文は，アキ(Aki)のある日の日記である。内容についての後の質問に英語で答えなさい。(6点)

I went to see a baseball game with my friend, Mayumi. It was sunny and we enjoyed the game. The game was very exciting. After that, we went shopping. I bought a book and Mayumi bought a pair of red shoes. Then we had dinner at a sushi restaurant. We had a very good time.

(1) How was the weather when they enjoyed the baseball game?

[　　　　]

(2) What did Mayumi buy?

[　　　　]

(3) Where did they have dinner?

[　　　　]

未来を表す表現・助動詞

6 文中の(　)の中から正しい語句を選び，記号で答えなさい。(6点)

(1) (ア Do you can　イ Do can you　ウ Can do you　エ Can you) come next Sunday?

(2) You (ア must go　イ go must　ウ do must go　エ go to must) to bed before ten o'clock.

(3) My sister Ayako (ア doesn't can　イ cans not　ウ can't　エ can doesn't) ride a bike.

(4) Mr. Arai (ア wills　イ will going to　ウ is going　エ is going to) climb Mount Nantai tomorrow.

(5) What (ア you are going　イ are you going　ウ do you going　エ do you be going) to do tomorrow?

(6) My mother (ア is will　イ will is　ウ wills be　エ will be) forty years old next year.

(1)[　　] (2)[　　] (3)[　　] (4)[　　] (5)[　　] (6)[　　]

7 会話文が完成するように，次の文の(　)に適当な語を入れなさい。(10点)

(1) **A**: (　)(　) play the piano?　[　　][　　]
B: Yes, I can.

(2) **A**: (　) your father (　) to go fishing this weekend?　[　　][　　]
B: Yes, he is.

(3) **A**: When (　)(　) be back home?　[　　][　　]
B: I won't be back today. I'll be back tomorrow.

(4) **A**: Excuse me. (　)(　) open the door for me, please?　[　　][　　]
B: Yes, of course.

(5) **A**: (　)(　) sit here?　[　　][　　]
B: Sure, please have a seat.

8 次の英文が日本文の意味を表すように，(　)に適当な語を入れなさい。(12点)

(1) 私は祖母を助けなければなりません。
I (　) help my grandmother.　[　　]

(2) あなたはもっと本を読むべきだ。
You (　) read more books.　[　　]

(3) 彼女はあなたのところへ行けません。
She (　) come to you.　[　　]

(4) 入ってよろしいでしょうか。
(　) I come in?　[　　]

(5) 私はリンゴジュースを飲もう。
I (　) have an apple juice.　[　　]

(6) 私は今日彼と会わないでしょう。
I (　) see him today.　[　　]

得点 /50

9　次の日本文に合うように（　　）内の語句を並べかえて英文を完成させなさい。　(10点)

(1) 私はお正月について話をします。

(about , am , the New Year season , going , I , talk , to).

[　　　　　　　　　　　　　　　　　　　　　　　　].

(2) あなたは今日どんな映画を見る予定ですか。

(you , what , to , movie , going , see , are) today?

[　　　　　　　　　　　　　　　　　　　　　　　　] today?

(3) 図書館では静かにしなければならない。

(be , must , you , quiet) in the library.

[　　　　　　　　　　　　　　　　　　　　　　　　] in the library.

(4) 彼らが遅れないことを望みます。

(be , hope , I , late , not , they, will).

[　　　　　　　　　　　　　　　　　　　　　　　　].

(5) お水はいかがですか。

(like , some , water , would , you)?

[　　　　　　　　　　　　　　　　　　　　　　　　]?

10　次の英文が日本文の意味を表すように，空所に適当な語句を入れなさい。　(12点)

(1) そこから富士山が見えますか。

____________ Mount Fuji from there?　[　　　　　　　　]

(2) 私はすぐに出発しなければなりませんか。

____________ soon?　[　　　　　　　　]

(3) あなたはもっと早く起きるべきだ。

You ____________ up earlier.　[　　　　　　　　]

(4) 明日は雨は降らないでしょう。

____________ tomorrow.　[　　　　　　　　]

(5) 今週末はどこへ行く予定ですか。

Where ____________ this weekend?　[　　　　　　　　]

(6) 私は泳いで楽しむつもりです。

I ____________ swimming.　[　　　　　　　　]

現在完了

11 時間を表す表現に注意して,次の英文の(　　)の中から最も適当な語句を選びなさい。(6点)

(1) We (ア go　イ went　ウ have gone　エ have been) to Okinawa last spring.

(2) I have (ア see　イ saw　ウ seen　エ seeing) you before. I know you well.

(3) My uncle Keita has (ア stay　イ stayed　ウ staying　エ stays) with us for a month.

(4) (ア Do　イ Did　ウ Are　エ Have) you brushed your teeth yet?

(5) I have not (ア eat　イ eating　ウ ate　エ eaten) anything since this morning.

(6) My father (ア cook　イ cooks　ウ was cooking　エ has cooked) breakfast on weekends.

(1)[　　] (2)[　　] (3)[　　] (4)[　　] (5)[　　] (6)[　　]

12 次の英文の(　　)に入る最も適当な語を選んで，記号で答えなさい。　(6点)

(1) I've (　　) heard of a wave power plant.　[　　]

(2) I've wanted a new bike (　　) a long time.　[　　]

(3) Have you (　　) visited Toshogu Shrine?　[　　]

(4) She has been interested in art and design (　　) she was a child.　[　　]

(5) The train has (　　) left the Tokyo Station.　[　　]

(6) I have not finished breakfast (　　).　[　　]

ア never	イ ever	ウ for	エ just	オ since	カ yet

13 次の文を(　　)の語句を加えて，現在完了形の文に書き換えなさい。　(8点)

(1) He played the piano. (since he was ten)

[　　　　].

(2) It started raining. (just)

[　　　　].

(3) They knew each other. (for twelve years)

[　　　　].

(4) I did not enjoy fishing. (before)

[　　　　].

14 次の日本文に合うように(　　)内の語句を並べかえて英文を完成させなさい。　(10点)

(1) 私はテニスを半年習っている。

(months, six, taken, tennis, lessons, I, have, for).

[　　　　].

(2) 私たちはすでに日本の食べ物についてたくさん学んでいる。

(a, about, already, food, have, Japanese, learned, lot, we).

[　　　　].

得点　/50

⑶　私はこれまでに虹を見たことがありません。

(before , seen , never , have , I , a , rainbow).

[　　　　　　　　　　　　　　　　　　　　].

⑷　あなたは医者になってどれくらいですか。

(long , been , how, you , have , doctor , a) ?

[　　　　　　　　　　　　　　　　　　　　]?

⑸　ユミはもう寝ましたか。

(to , bed , Yumi , has , yet , gone) ?

[　　　　　　　　　　　　　　　　　　　　]?

15　(　　)の単語を用いて，日本文の意味を表す英文を完成させなさい。　(10点)

⑴　北海道へ行ったことがありますか。(be)

________ Hokkaido?　[　　　　　　　　]

⑵　どれくらいの間その猫を飼っていますか。(have)

How ________________?　[　　　　　　　　]

⑶　今年は何冊本を読みましたか。(read)

How ________________ this year?　[　　　　　　　　]

⑷　母は去年からこのパソコンを使っていない。(use)

My mother ________ last year.　[　　　　　　　　]

⑸　私たちはこの家に30年の間住んでいる。(live)

________ thirty years.　[　　　　　　　　]

16　日本文の内容に一致するように(　　)に１語ずつ入れなさい。　(10点)

カズヤ(Kazuya)の両親は妹と一緒に祖父のお見舞いに行ってしまった。カズヤは明日試験があるので，3時間数学の勉強をしたところだ。おばのユキ(Yuki)さんから電話があり，昼食を食べたかどうかたずねられた。これからハンバーガーを食べると答えた。

Yuki　: Hello, Kazuya. How are you?

Kazuya : I'm fine, Aunt Yuki. But my parents (1)(2) to see my grandfather in the hospital with my sister. I (3)(4) math (5) three hours. I have a test tomorrow.

Yuki　: (6)(7)(8) lunch (9)?

Kazuya : No, I (10). I'll have a hamburger.

⑴[　　　]　⑵[　　　]　⑶[　　　]　⑷[　　　]　⑸[　　　]

⑹[　　　]　⑺[　　　]　⑻[　　　]　⑼[　　　]　⑽[　　　]

4 名詞・冠詞・代名詞・接続詞・前置詞

17 次の語の複数形を書きなさい。 (4点)

(1) potato　(2) city　(3) child　(4) woman

(1)[　　　　] (2)[　　　　] (3)[　　　　] (4)[　　　　]

18 次の英文の(　　)にあてはまる適切な語を英語で書きなさい。 (6点)

(1) Mr. Nakayama is my (　　). He is my father's brother. [　　　　]
(2) (　　) is the first month of the year. [　　　　]
(3) There are seven (　　) in a week. [　　　　]
(4) The months between July and October are (　　) and September. [　　　　]
(5) Wednesday is the day after (　　). [　　　　]
(6) (　　) comes after autumn. [　　　　]

19 次の英文の(　　)内に，a，an，the のうち適当なものを入れなさい。必要がない場合は，×を入れなさい。 (6点)

(1) We have (　　) dog. I walk (　　) dog every day. [　　　　][　　　　]
(2) Please give me (　　) lemon and (　　) apple. [　　　　][　　　　]
(3) My father drinks (　　) cup of (　　) coffee every morning. [　　　　][　　　　]
(4) They have two (　　) classes after (　　) lunch. [　　　　][　　　　]
(5) Mr. Uta is (　　) my music teacher. He is (　　) good singer. [　　　　][　　　　]
(6) I went shopping in (　　) Utsunomiya on (　　) Friday. [　　　　][　　　　]

20 次の英文の(　　)に適当な代名詞を入れなさい。 (6点)

(1) My family had two cats. (　　) were born three years ago. [　　　　]
(2) My brother bought a shirt yesterday. I like (　　) color. [　　　　]
(3) Ms. Suzuki put on (　　) shoes. [　　　　]
(4) **A**：Are your parents at home?
B：No, (　　) aren't. [　　　　]
(5) **A**：Who is singing the song? (　　) voice is very beautiful. [　　　　]
B：(　　) is a popular singer. I like him. [　　　　]
(6) **A**：Whose pen is this? Is this (　　)? [　　　　]
B：No. It's not (　　). It's Akira's. [　　　　]

21 次の英文の(　　)に入る最も適当な語を下から選びなさい。 (6点)

(1) I started playing soccer (　　) I was eight years old. [　　　　]
(2) He can read (　　) write Japanese very well. [　　　　]
(3) We have lunch (　　) noon. [　　　　]

得点	/50

(4) She wanted to go, (　　) she couldn't. She was too busy. [　　　　　]

(5) The store opened (　　) 2000. [　　　　　]

(6) What will you do (　　) January 1st next year? [　　　　　]

[when ／ for ／ in ／ on ／ at ／ with ／ by ／ and ／ but]

22 次の二つの英文の(　　)に共通して入る単語を答えなさい。 (10点)

(1) We made dinner (　　) my mother on her birthday.
I haven't seen my grandfather (　　) a long time. [　　　　　]

(2) I got up (　　) seven today.
She looked (　　) me and smiled. [　　　　　]

(3) Do you want to come (　　) me?
I would like to speak (　　) you. [　　　　　]

(4) She is one (　　) my friends.
I took a picture (　　) my house. [　　　　　]

(5) I was born (　　) Tochigi.
It was cold (　　) the morning. [　　　　　]

23 次の英文が日本文の意味を表すように，(　　)に適当な語を入れなさい。 (12点)

(1) 私は卒業後，高校に入る。
I will enter a high school (　　) I graduate. [　　　　　]

(2) 父は私にどうすれば良い人になれるかを教えてくれたので，尊敬しています。
I respect my father (　　) he taught me how to be a good person. [　　　　　]

(3) 来る前に私に電話してください。
Please call me (　　) you come. [　　　　　]

(4) もし雨だったら，そのときは動物園には行きません。
(　　) it rains, then we won't go to the zoo. [　　　　　]

(5) お茶かコーヒーをどうぞ。
You can have coffee (　　) tea. [　　　　　]

(6) 私たちは暗くなるまで遊んだ。
We played (　　) it got dark. [　　　　　]

形容詞・副詞・比較形

24 次の語の比較級と最上級を答えなさい。 (4点)

		比較級	最上級			比較級	最上級
(1)	heavy	[　　]	[　　]	(2)	wide	[　　]	[　　]
(3)	careful	[　　]	[　　]	(4)	hot	[　　]	[　　]

25 次の英文の(　　)の中から適当な語句を選びなさい。 (9点)

(1) You can get there (easy, easily) by bus. [　　]
(2) How (many, much) water should you drink every day? [　　]
(3) How (many, much) comic books do you have? [　　]
(4) He drinks (many, a lot of) milk. [　　]
(5) He plays the piano very (much , well). [　　]
(6) I enjoyed the weekend very (much , well). [　　]
(7) I don't have (any, some) money with me. [　　]
(8) I'd like to ask you (a few, a little) questions. [　　]
(9) The train came (a few, a little) late. [　　]

26 次の(　　)内の単語を適当な形にしなさい。このままでよい場合はこのまま答えなさい。(5点)

(1) Horyuji temple is (old) than Todaiji temple. [　　]
(2) My son is as (tall) as I am. [　　]
(3) Today is (busy) than yesterday. [　　]
(4) Awajishima is the (large) island in the Seto Inland Sea. [　　]
(5) The Shinano river is the (long) river in Japan. [　　]

27 次の英文が日本文の意味を表すように，(　　)に適当な語を入れなさい。 (6点)

(1) 英語と数学のどちらが好きですか。
(　　) do you like (　　), English or math? [　　][　　]

(2) 東京タワーはエッフェル塔と同じくらいの高さだ。
The Tokyo Tower is (　　)(　　)(　　) the Eiffel Tower. [　　][　　][　　]

(3) 赤いドレスがすべての中で一番値段が高い。
The red dress is the (　　)(　　) of all. [　　][　　]

(4) このシャツは古いのよりも大きい。
This shirt is (　　)(　　) the old one. [　　][　　]

(5) 私は普通は学校へ歩いて行く。
I (　　) walk to school. [　　]

(6) 日本の漫画は，日本だけで愛されているのですか。
Are Japanese mangas loved (　　) in Japan? [　　]

得点　　/50

28　次の日本文に合うように(　　)内の語句を並べかえて英文を完成させなさい。　(14点)

(1)　将棋はコンピュータゲームよりも面白い。

(computer games , interesting , is , more , shogi , than).

[　　　　　　　　　　　　　　　　　　　　　　　　　　　].

(2)　図書館はインターネットと同じくらいに役に立つ。

(as , as , the Internet , is , the library , useful).

[　　　　　　　　　　　　　　　　　　　　　　　　　　　].

(3)　最初の問題がすべての問題の中で一番難しい。

(difficult , first , is , most , question , of , all , the , the , the , questions).

[　　　　　　　　　　　　　　　　　　　　　　　　　　　].

(4)　私は牛乳よりもお茶を多く飲むべきですか。

(tea , than , should , more , milk , I , drink)?

[　　　　　　　　　　　　　　　　　　　　　　　　　　　]?

(5)　チームで最も上手な選手はだれですか。

(best , in , is , player , team , the , the , who)?

[　　　　　　　　　　　　　　　　　　　　　　　　　　　]?

(6)　お金は平和ほど大切ではない。

(as , as , not , peace , money , important , is).

[　　　　　　　　　　　　　　　　　　　　　　　　　　　].

(7)　週にどれくらいあなたは練習しますか。

(do , practice , how , often , you) a week?

[　　　　　　　　　　　　　　　　　　　　　　　　　　　] a week?

29　(　　)内の語を必要に応じて適当な形に変えて,次の日本文を英語になおしなさい。(12点)

(1)　あなたは何色が好きですか。(favorite)

[　　　　　　　　　　　　　　　　　　　　　　　　　　　]?

(2)　この花が庭で最も美しい。(beautiful)

[　　　　　　　　　　　　　　　　　　　　　　　　　　　].

(3)　月は地球よりも小さいですか。(small)

[　　　　　　　　　　　　　　　　　　　　　　　　　　　]?

(4)　私は彼と同じくらい速く走れる。(fast)

[　　　　　　　　　　　　　　　　　　　　　　　　　　　].

(5)　ケンタが5人の少年の中で一番背が高いですか。(tall)

[　　　　　　　　　　　　　　　　　　　　　　　　　　　]?

(6)　私は母ほどゆっくり食べない。(slowly)

[　　　　　　　　　　　　　　　　　　　　　　　　　　　].

受け身

30 次の英文の(　　)の単語を適当な形にかえなさい。変える必要がない場合はこのまま答えなさい。 (12点)

(1) The cup was (put) on the table. [　　　　]
(2) Bill was (love) by her family and friends. [　　　　]
(3) I was (give) a special present from my parents. [　　　　]
(4) When was the bridge (build)? [　　　　]
(5) Was the car (wash) carefully? [　　　　]
(6) The fireworks festival will be (hold) in August. [　　　　]

31 次の英文の(　　)から最も適当なものを選び，記号で答えなさい。 (6点)

(1) He was (ア help　イ helping　ウ helped　エ helps) with homework by his mother.
(2) (ア Were　イ Has　ウ Did　エ Was) this computer used?
(3) She (ア took　イ was took　ウ was taken　エ is taken) to the hospital by her parents yesterday.
(4) I think ice cream cannot (ア is made　イ be made　ウ make　エ made) at home.
(5) Where (ア was caught the fish　イ did the fish caught　ウ the fish was caught　エ was the fish caught)?
(6) What (ア sold　イ is selling　ウ is sold　エ sells) at the store?

(1)[　　] (2)[　　] (3)[　　] (4)[　　] (5)[　　] (6)[　　]

32 次の英文が日本文の意味を表すように，(　　)に適当な語を入れなさい。 (12点)

(1) たくさんの物が少年たちに壊された。
A lot of things (　　)(　　)(　　) the boys. [　　][　　][　　]
(2) その本は誰にも読まれなかった。
The book (　　)(　　)(　　)(　　) anyone.
[　　][　　][　　][　　]
(3) ここからは富士山が見えない。
Mount Fuji cannot (　　)(　　) from here. [　　][　　]
(4) リンゴはこのあたりで栽培されていますか。
(　　) apples (　　) around here? [　　][　　]
(5) カードには何が書かれていましたか。
What (　　)(　　) on the card? [　　][　　]
(6) どのようにそのケーキが作られたのですか。
How (　　) the cake (　　)? [　　][　　]

得点　　/50

33　次の日本文に合うように(　　)内の語句を並べかえて英文を完成させなさい。　(12点)

(1) この写真は祖父によって撮影された。
(by, grandfather, my, picture, taken, this, was).
[　　　　　　　　　　　　　　　　].

(2) 面白い話が先生によって語られた。
(an, by, exciting story, the teacher, told, was).
[　　　　　　　　　　　　　　　　].

(3) 日本語は他の国では話されていません。
(countries, in, is, Japanese, not, other, spoken).
[　　　　　　　　　　　　　　　　].

(4) その部屋は明日掃除されるでしょう。
(be, cleaned, the, room, tomorrow, will).
[　　　　　　　　　　　　　　　　].

(5) この花は英語でなんと呼ばれますか。
(called, English, flower, in, is, this, what)?
[　　　　　　　　　　　　　　　　]?

(6) その箱から何が見つかりましたか。
(found, in, box, the, was, what)?
[　　　　　　　　　　　　　　　　]?

34　次の英文が日本文の内容を表すように，下線部を補いなさい。　(8点)

(1) 美しい花の絵を授業の時に山本先生が見せてくれました。
The painting of beautiful flowers ＿＿＿＿＿＿ in her class.
[　　　　　　　　]

(2) その絵は山本先生が描いたのですか。
＿＿＿＿＿＿ by Ms. Yamamoto?　[　　　　　　　　]

(3) いいえ。先生のお母さんが描いたものです。
No, ＿＿＿＿＿＿. It ＿＿＿＿＿＿ her mother.
[　　　　　　　　][　　　　　　　　]

(4) その絵は大阪にいる先生の友人に送られます。
The painting will ＿＿＿＿＿＿＿＿ to her friend in Osaka.
[　　　　　　　　]

不定詞・動名詞

制限時間 30分

35 次の英文の(　　)の単語を適当な形になおしなさい。必要な場合はtoを補って答えなさい。(5点)

(1) She stopped (read) and began (write).　[　　　　　][　　　　　]

(2) I hope (see) you again soon.　[　　　　　]

(3) I enjoyed (swim).　[　　　　　]

(4) It is important (study) math.　[　　　　　]

(5) We didn't have anything (drink).　[　　　　　]

36 次の英文に(　　)内の語を入れるとしたらどこが最も適切な場所か。記号で答えなさい。(5点)

(1) I have a guitar, and ア the guitar イ is ウ my hobby エ . (playing)

(2) Do you ア want to イ go to ウ the zoo to エ a baby lion? (see)

(3) Can you ア tell イ me ウ what エ wear? (to)

(4) Emily wanted ア me イ come ウ back エ in a few days. (to)

(5) It is ア necessary イ me ウ to make エ a shopping list. (for)

(1)[　　] (2)[　　] (3)[　　] (4)[　　] (5)[　　]

37 次のAとBがほぼ同じ内容になるように，(　　)に適当な語を入れなさい。(8点)

(1) **A**: I like going fishing.
B: I like (　　)(　　) fishing.　[　　　　　][　　　　　]

(2) **A**: Writing kanji is difficult.
B: (　　) is difficult (　　) write kanji.　[　　　　　][　　　　　]

(3) **A**: My father drives a bus. It is his job.
B: My father's job is (　　)(　　) a bus.　[　　　　　][　　　　　]

(4) **A**: She bought a camera and took pictures of her family.
B: She bought a camera (　　)(　　) pictures of her family. [　　　　　][　　　　　]

38 次の英文が日本文の意味を表すように，下線部に適当な語句を入れなさい。(10点)

(1) 私は新しい友達ができてうれしかった。
I was excited ＿＿＿＿＿＿ new friends.　[　　　　　　　　　　]

(2) 私はいつも読むものを持っている。
I always have ＿＿＿＿＿＿.　[　　　　　　　　　　]

(3) 彼は彼女を喜ばせるために花を買った。
He bought the flowers ＿＿＿＿＿＿ her happy.　[　　　　　　　　　　]

(4) 私は彼の新しい映画を見るのをとても楽しみにしている。
I'm really looking forward ＿＿＿＿＿＿ his new movie.[　　　　　　　　　　]

(5) 私は走り終えると，たくさん水を飲んだ。
I finished ＿＿＿＿＿＿ and drank a lot of water.　[　　　　　　　　　　]

得点　/50

39 次の日本文に合うように(　　)内の語句を並べかえて英文を完成させなさい。 (12点)

(1) 私は多くのものを運ぶためのカバンを探している。

(a, am, bag, carry, for, I, looking, many, things, to).

[　　　　　　　　　　　　　　　　　　　　].

(2) 那須は夏にたずねるのに良いところです。

(visit, to, place, Nasu, is, in, good, summer, a).

[　　　　　　　　　　　　　　　　　　　　].

(3) テーブルをきれいにしましょうか。

(clean, do, me, table, the, to, want, you)?

[　　　　　　　　　　　　　　　　　　　　]?

(4) 私はケンに花に水をあげるように言った。

(told, flowers, Ken, I, water, the, to).

[　　　　　　　　　　　　　　　　　　　　].

(5) 彼女は私に月曜まで待つように頼んだ。

(asked, me, Monday, she, to, until, wait).

[　　　　　　　　　　　　　　　　　　　　].

(6) 彼らは駅への行き方を知らなかった。

(didn't, get, the, they, to, how, to, know, station).

[　　　　　　　　　　　　　　　　　　　　].

40 次の会話文が日本文の内容に一致するように，空所に1語ずつ入れなさい。 (10点)

> マキ(Maki)はCDを聞くのを楽しんだ。マイク(Mike)は音楽を聞くのが好きかたずねた。マキは好きだと答える。ピアノを弾くのが得意なので，将来はピアニストになりたいと言う。マイクがコンサートに誘うが，マキはすることがあるので行けないと答えた。

Maki : I (1)(2) to this CD.

Mike : Do you like (3) to music, Maki?

Maki : Yes, I do. And I'm good at (4) the piano. So, I (5)(6) be a pianist.

Mike : I like music, too. Would you like (7)(8) to a concert with me next Sunday?

Maki : I'd like to, Mike, but I have a lot of things (9)(10) that day.

(1)[　　　] (2)[　　　] (3)[　　　] (4)[　　　] (5)[　　　]

(6)[　　　] (7)[　　　] (8)[　　　] (9)[　　　] (10)[　　　]

分詞・関係代名詞

41 次の英文の(　　)内の語を適当な形になおしなさい。 (5点)

(1) Did you see a cat (jump) from the window? [　　　　]

(2) We ate breakfast (cook) by her father. [　　　　]

(3) I took a picture of a (cry) baby. [　　　　]

(4) I received an e-mail (write) in English. [　　　　]

(5) There were some children (run) around. [　　　　]

42 次の英文の(　　)にwhoかwhichを入れなさい。不要の場合は，×と答えなさい。 (4点)

(1) We met a kind person (　　) showed us the way. [　　　　]

(2) I bought some books (　　) have a lot of pictures. [　　　　]

(3) Every morning, I drink coffee from a cup (　　) I bought in Mashiko. [　　　　]

(4) Ms. Arai is the teacher (　　) every student likes. [　　　　]

43 次の日本語を(　　)の単語を用いて英語になおしなさい。 (4点)

(1) 犬に壊されたおもちゃ (break) [　　　　]

(2) 尊敬されている人 (respect) [　　　　]

(3) ドアのところに立っている女性 (stand) [　　　　]

(4) 椅子に座っている生徒たち (sit) [　　　　]

44 次の各組の文がほぼ同じ意味になるように，(　　)に適当な語を入れなさい。 (8点)

(1) The fish was caught in the lake. They didn't eat it.
They didn't eat the fish (　　)(　　)(　　) in the lake. [　　　　][　　　　][　　　　]

(2) The dictionary is very old. I use the dictionary every day.
The dictionary (　　)(　　) every day is very old. [　　　　][　　　　]

(3) All the dishes were brought to the table. They looked very good.
All the dishes (　　) to the table looked very good. [　　　　]

(4) I called a friend. The friend works at a hospital.
I called a friend (　　) at a hospital. [　　　　]

45 次の英文が日本文の意味を表すように，(　　)に適当な語を入れなさい。 (10点)

(1) 春は冬の次に来る季節だ。
Spring is the season (　　) comes after winter. [　　　　]

(2) あそこでアイスを食べている少女を知っていますか。
Do you know the girl (　　) is eating an ice cream over there? [　　　　]

(3) 木の下で寝ている犬は私の犬に似ている。
The dog (　　) under the tree looks like mine. [　　　　]

得点　/50

(4) 私はあなたが買ってくれたシャツを着よう。
I will wear a shirt (　　)(　　) for me.　[　　　　][　　　　]

(5) 私の祖母はタマという名前の猫を飼っている。
My grandmother has a cat (　　) Tama.　[　　　　]

46 次の日本文に合うように(　　)内の語句を並べかえて英文を完成させなさい。　(10点)

(1) 彼は日光で撮影されたたくさんの写真を見つけた。
(a, found, he, in, lot, Nikko, of, pictures, taken, were, which).
[　　　　　　　　].

(2) プールで泳いでいる人はあなたより年下だ。
(are, people, you, in, the pool, swimming, younger, than, the).
[　　　　　　　　].

(3) サンタクロースはクリスマスイブに子供たちにプレセントをくれる人です。
(children, gives, is, on Christmas Eve, a person, a present, Santa Claus, to, who).
[　　　　　　　　].

(4) 彼女はベンチで本を読んでいる男性の方を見た。
(at, bench, a book, looked, man, on, reading, she, the, the).
[　　　　　　　　].

(5) 習った単語を覚えておくべきだ。
You (should, learned, remember, you, the words).
You [　　　　　　　　].

47 次の英文を日本語になおしなさい。　(6点)

(1) The book I borrowed from the library was very interesting.
[　　　　　　　　]

(2) Who is the girl singing the song?
[　　　　　　　　]

(3) Japanese is a language which is spoken by over 100 million people.
[　　　　　　　　]

48 次の(1)(2)の日本文の内容を1文の英語で表しなさい。　(3点)

(1) おばさんが私に一枚の絵をくれた。
(2) その絵はおじさんが描いたものだった。
[　　　　　　　　].

9 命令文・間接疑問文・いろいろな文型

49　次の英文の(　　)から最も適当なものを選び，記号で答えなさい。(4点)

(1) Please (ア take　イ took　ウ taking　エ taken) a seat.

(2) (ア Not　イ Don't　ウ Aren't　エ Not be) worry.

(3) (ア Be　イ Are　ウ Do　エ Does) quiet here, please.

(4) I asked him (ア what did he have　イ did he have what　ウ what he had　エ he had what) in his left hand.

(1)[　　] (2)[　　] (3)[　　] (4)[　　]

50　次の英文が日本文の意味を表すように，(　　)に適当な語を入れなさい。(12点)

(1) 駅前で10時に会いましょう。
( ) meet in front of the station at 10:00. [　　]

(2) 家の中には食べる物がなかった。
( )( ) anything to eat in the house. [　　][　　]

(3) 私は何を着たらよいか教えてください。
Can you tell me ( )( ) wear. [　　][　　]

(4) 私は，この機械の動かし方を知らない。
I don't know ( )( ) start the machine. [　　][　　]

(5) タカシ，ドアを開けてちょうだい。
Please ( ) the door for me, Takashi. [　　]

(6) 英語で間違いをするのを恐れてはいけません。
( )( ) afraid of making mistakes in English. [　　][　　]

51　(1)～(5)の it と同じ用法の it が用いられている英文をア～オから選びなさい。(5点)

(1) What time is it in Hawaii? [　　]

(2) I won't go out if it is rainy tomorrow. [　　]

(3) "What's that?" —— "It's a bird." [　　]

(4) How far is it from here to Kyoto? [　　]

(5) It was easy for me to get up early. [　　]

ア　It's nice to have you here.

イ　It began raining before noon.

ウ　Wake up, Taro. It's already nine o'clock.

エ　I thought I saw a cat, but it was my father's clothes.

オ　It is about two kilometers from here to the school.

52　次の二つの英文がほぼ同じ内容になるように，下線部を補いなさい。(8点)

得点　/50

(1) Why did she come? I don't know.
I don't know ＿＿＿＿＿.　　[　　　　　　　　]
(2) Who called me? I asked her.
I asked her ＿＿＿＿＿.　　[　　　　　　　　]
(3) Where can I get the ticket? Could you tell me?
Could you tell me ＿＿＿＿＿ ?　　[　　　　　　　　]
(4) When does the concert start? Do you know?
Do you know ＿＿＿＿＿?　　[　　　　　　　　]

53 次の日本文に合うように(　　)内の語句を並べかえて英文を完成させなさい。　(12点)

(1) 犬を外に出しておいて下さい。
(keep , outside , the , dog , please).
[　　　　　　　　].
(2) 彼女の名前はアレクサンドラです。私はいつも彼女をアレックスと呼びます。
Her name is Alexandra. (Alex , call , her , always , I).
Her name is Alexandra. [　　　　　　　　].
(3) 私は忙しくて，あなたを助けられない。
(am , busy , can't , help , I , I , so , that , you).
[　　　　　　　　].
(4) 私は気持ちが悪くて，何も食べられなかった。
(anything , eat , I , sick , to , too , was).
[　　　　　　　　].
(5) あなたはビニール袋を使う必要はありません。
(don't , have , plastic bags , to , use , you).
[　　　　　　　　].
(6) 彼が私に水をくれた。
(water , gave , me , he , some).
[　　　　　　　　].

54 次の日本文を(　　)内の語を用いて英文になおしなさい。　(9点)

(1) ここでは大声で話してはいけません。(speak , loudly)
[　　　　　　　　].
(2) 私は東京でのバスの乗り方を知りません。(take , bus)
[　　　　　　　　].
(3) 彼女の笑顔が私を幸せにしてくれる。(make , smile)
[　　　　　　　　].

会話文・さまざまな疑問文

55 次の英文の(　　)に入る適当な語を下から選び，記号で答えなさい。 (6点)

(1) (　　) Mayumi come home late yesterday? [　　]

(2) (　　) Gary and Ken go to school together these days? [　　]

(3) (　　) Sara practice judo after school this year? [　　]

(4) (　　) you a basketball fan? [　　]

(5) (　　) your father older than your mother? [　　]

(6) (　　) it rain tomorrow? [　　]

ア Am　イ Are　ウ Is　エ Be　オ Do　カ Does　キ Did　ク Will

56 次の英文の下線部に適当な語句を入れて，会話を完成させなさい。 (12点)

(1) **A**: ________ the date today? [　　　　]
B: It is December 3rd.

(2) **A**: ________ taller, Tokyo Tower or Tokyo Skytree? [　　　　]
B: I think Tokyo Skytree is. It's 634 meters high.

(3) **A**: ________ cap is this? [　　　　]
B: It's not mine. It's Miki's.

(4) **A**: ________ do you have in your pockets? [　　　　]
B: I have a wallet, a handkerchief and keys.

(5) **A**: ________ cats have you seen today? [　　　　]
B: I saw three cats.

(6) **A**: You are a math teacher, ________? [　　　　]
B: No, I'm not. I am not a teacher. I am a police officer.

57 次の英文の[　　]の部分が答えとなる疑問文を作りなさい。 (10点)

(1) This bike is [20,000 yen].
[　　　　　　　　].

(2) It is [Thursday].
[　　　　　　　　].

(3) I am going to meet her at the station [at 6:00].
[　　　　　　　　].

(4) We will go to Hakata [by train].
[　　　　　　　　].

(5) He called his mother [to ask her to bring his lunch].
[　　　　　　　　].

得点 /50

58 次の会話文を完成するように，(　　)に適当な語を入れなさい。 (12点)

(1) **A**：(　　)(　　), but do you have the time? [　　][　　]
B：Yes. It's 10:30.

(2) **A**：Ken, this is my sister, Jane.
B：(　　)(　　)(　　) you, Jane. [　　][　　][　　]

(3) **A**：(　　)(　　) have your name? [　　][　　]
B：Sure. I'm Tanaka Taro.

(4) **A**：(　　)(　　) carry this bag for you? [　　][　　]
B：No, thank you. I can do it.

(5) **A**：Which do you like better, soccer or basketball?
B：Basketball. (　　)(　　)(　　)? [　　][　　][　　]
C：Me too.

(6) **A**：(　　) you (　　) a cup of tea? [　　][　　]
B：Yes, thank you.

59 次の(1)～(5)の会話文の応答として最も適した表現を**ア**～**オ**から一つずつ選び，その記号を答えなさい。 (10点)

(1) Could you tell me about your trip in Japan? [　　]
(2) How do you like living in Tochigi? [　　]
(3) Do you want me to take a picture? [　　]
(4) Let's go out to eat together. [　　]
(5) Would you like to see a movie with me tomorrow? [　　]

ア That's a good idea! I'm hungry.
イ I'd like to, but I can't. I have to help my father.
ウ I love it here. People are friendly and very kind to me.
エ Oh, really. Thank you.
オ Certainly. It was amazing.

地　理　1

1　次の問いに答えなさい。　（(3)各2点，(7)完答2点，(8)(9)各3点，その他各2点）

(1)　三大洋のうちオーストラリア大陸とアフリカ大陸の間にある海洋の名を何というか。

[　　　　]

(2)　次にあげた特徴を持つ州はどの州か。世界の六つの州の中から答えなさい。

[　　　　]

・ユーラシア大陸の西にある。

・イギリス，フランス，ドイツはその州にある。

(3)　緯線・経線について述べた次の文中のａ～ｃにあてはまる語句はそれぞれ何か。

ａ[　　　　]　ｂ[　　　　]　ｃ[　　　　]

経度０度の線を（ ａ ）といい，緯度０度の線を（ ｂ ）という。（ ａ ）はイギリスの首都である（ ｃ ）を通る。

(4)　日本，ニュージーランド，フィリピンの共通点として，適当なものを次から一つ選び，記号で答えなさい。　[　　　　]

ア　内陸国である　　**イ**　島国である　　**ウ**　国土が半島に位置している。

(5)　日本より面積の小さい国を，次の**ア**～**ウ**から一つ選び，記号で答えなさい。　[　　　　]

ア　中国　　**イ**　バチカン市国　　**ウ**　アメリカ合衆国

(6)　右の**地図**は，東京を中心に東京からの距離と方位が正しくなるようにつくった地図である。東京から見たXの都市のおおよその方位を漢字一字で答えなさい。　[　　　　]

(7)　地図中のケープタウン，ペキン，カイロ，ロンドンのうち，二つの都市は東京からほぼ同じ距離にある。これら二つの都市の名を答えなさい。　[　　　　][　　　　]

地図

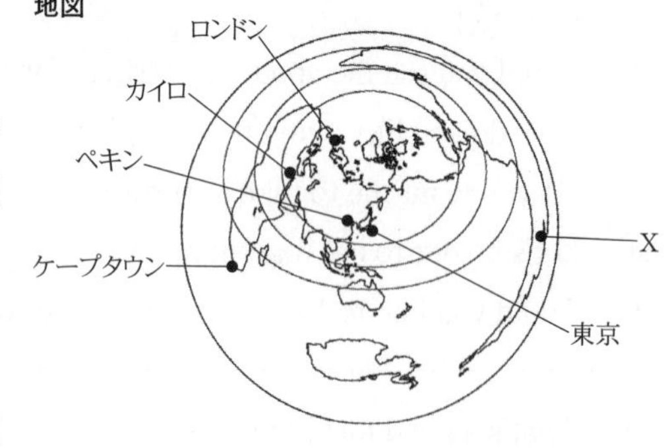

(8)　熱帯地域の気候の特徴を，降水量と気温の点から簡潔に書きなさい。

[　　　　]

(9)　ロンドンは緯度が高いわりに温暖である。その理由を風と海流にふれて，簡潔に書きなさい。

[　　　　]

(10)　下のグラフは，東京，シドニー，アテネ，ロンドンの気温と降水量を表している。このうちシドニーの気温と降水量を示すものを**A**～**D**の中から一つ選び，記号で答えなさい。　[　　　　]

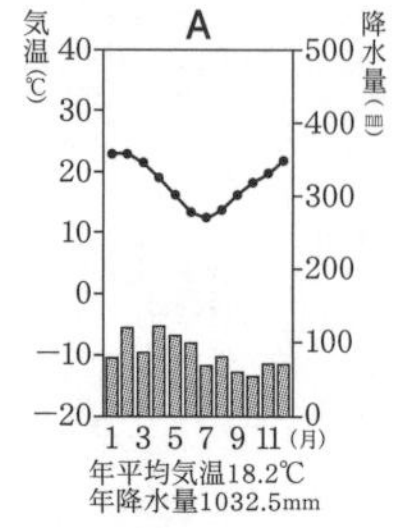

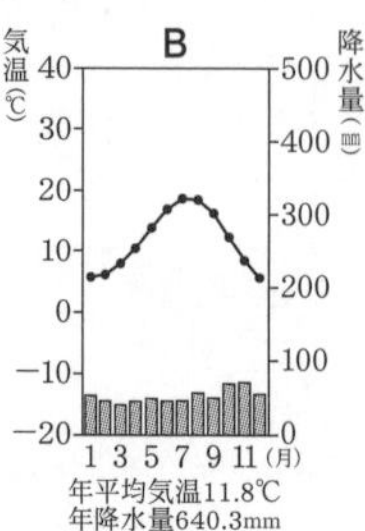

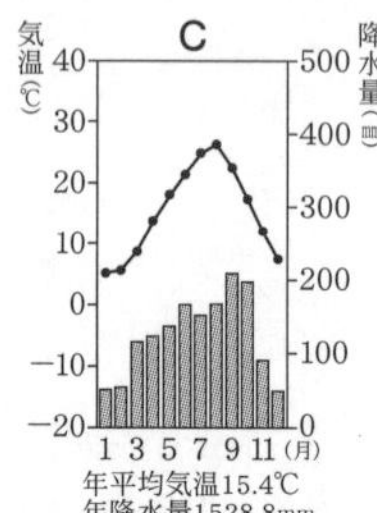

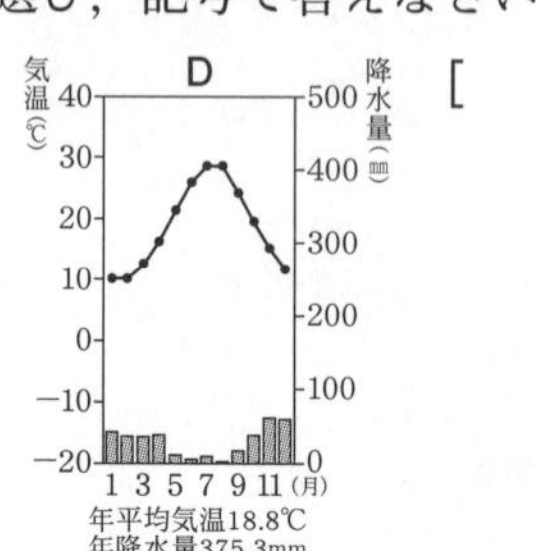

得点　/50

2　次の問いに答えなさい。　((2)完答2点，(3)各1点，その他各2点)

(1)　インドで女性が伝統的に身につける衣装はどれか。次の**ア**～**エ**から一つ選び，記号で答えなさい。　[　　]

ア　チマチョゴリ　**イ**　ジーンズ　**ウ**　サリー　**エ**　ゆかた

(2)　世界の三大宗教をすべて答えなさい。[　　] [　　] [　　]

(3)　ある国は，現在世界第2位の人口で，この国では牛を聖なる動物とする宗教を信仰する人がもっとも多い。この国と宗教をそれぞれ答えなさい。　[　　] [　　]

(4)　アジア州について述べた文として適当なものを，次の**ア**～**エ**から一つ選び，記号で答えなさい。　[　　]

ア　20世紀後半から人口が爆発的に増加し，現在は世界の人口の約6割が集まっている。

イ　フィリピンで最も信仰されている宗教は仏教である。

ウ　朝鮮半島では，人口増加を抑えるため一人っ子政策が行われてきた。

エ　東アジアでは原油生産がさかんである。

(5)　中華人民共和国の農業について，右の**地図**は，ある農作物の主要な栽培地域を示している。この農作物を次から一つ選び，記号で答えなさい。　[　　]

ア　綿花　**イ**　とうもろこし　**ウ**　大豆　**エ**　米

地図

(6)　中国が外国企業を受け入れるため，沿岸部に設けた開発地域を何というか。　[　　]

(7)　東南アジア諸国連合の略称をアルファベットで書きなさい。　[　　]

(8)　EU加盟国の多くの国で導入されている通貨を何というか。　[　　]

(9)　EUについて述べたものとして，適当なものを，次の**ア**～**エ**から一つ選び，記号で答えなさい。　[　　]

ア　東ヨーロッパの国々はEU発足当時からEUに加盟している。

イ　加盟国間での生活・産業の格差が問題となっている。

ウ　ヨーロッパにあるすべての国がEUに加盟している。

エ　加盟国間では，人々の移動は自由にできるが，貿易品には関税がかかる。

(10)　イタリアやギリシャでは，夏は高温で乾燥し，冬は温暖で雨が多いため，オリーブや小麦を栽培している。ここで行われている農業を何というか。　[　　]

(11)　国際河川であり，ドイツ・フランスの国境を通る河川の名称を何というか。

[　　]

(12)　ロシアに関する次の文の(　　)に共通してあてはまる語句は何か。　[　　]

ロシアには世界で最も面積が広い国であるため，様々な気候帯が存在する。ウラル山脈東側の(　　　)と呼ばれる地域は冷帯(亜寒帯)に属しており，この地域を横断する(　　　)鉄道により，ウラジオストクと首都モスクワが結ばれている。

2 高等学校入試対策基礎問題 —社　会—

地　理　2

3 次の問いに答えなさい。 ((7)各1点，その他各2点)

(1) ヨーロッパの植民地になった影響で，アフリカの中部から南部で，フランス語と並んで多くの国で使われている言語は何か。 [　　　　　]

(2) アフリカのコンゴの輸出品に見られるコバルトのように，埋蔵量が少なく，純粋なものとして取り出すことが難しい金属を何というか。 [　　　　　]

(3) アメリカ合衆国では，メキシコやその周辺の国々からの移民が増えている。そのうち，スペイン語を話す人々は何と呼ばれているか。 [　　　　　]

(4) 図中のⒶは，アメリカにおける，ある農産物の生産額が多い地域を示している。この農産物としてあてはまるものを，次から一つ選び，記号で答えなさい。[　　　　　]

ア とうもろこし　**イ** 米　**ウ** 綿花　**エ** 大豆

(5) 図中の太線の北緯37度線以南の広い地域は，化学・航空機・宇宙産業がさかんな地域である。この地域を何というか。カタカナで答えなさい。 [　　　　　]

(6) ブラジルでは，さとうきびを原料とする燃料の生産が拡大している。この燃料のことを何というか。 [　　　　　]

(7) 南アメリカについて述べた次の文中のa～dにあてはまる語句はそれぞれ何か。

a [　　　　　] b [　　　　　] c [　　　　　] d [　　　　　]

> 標高6000ｍ級の山が連なる(　a　)山脈に住む人々は，農業に向かない高地で(　b　)やアルパカの放牧をしている。アルゼンチン付近では(　c　)と呼ばれる大草原が広がっており，(　d　)の放牧がさかんに行われている。

(8) オーストラリアの先住民族を何というか。 [　　　　　]

4 次の問いに答えなさい。 ((3)各1点，その他各2点)

(1) サンフランシスコと日本の時差は何時間か。ただしサンフランシスコの経度は，およそ西経120度である。 [　　　　　]

(2) わが国の領域に関する次の記述のうち，適当なものを次の**ア**～**エ**から一つ選び，記号で答えなさい。 [　　　]

ア 領域は，領土，領海から成り立っている。

イ 領海は，海岸線から200海里までの水域と定められている。

ウ わが国の最南端の島は南鳥島である。

エ わが国の最北端の島は択捉島であるが，ロシアに占領されている。

(3) 次の県の県庁所在地名を答えなさい。

1 茨城県 [　　　　　]　2 山梨県 [　　　　　]　3 滋賀県 [　　　　　]

4 三重県 [　　　　　]　5 香川県 [　　　　　]　6 島根県 [　　　　　]

7 愛媛県 [　　　　　]

得点 /50

5　次の問いに答えなさい。　((1)各1点，(3)1点，その他各2点)

(1)　ユーラシア大陸の南部にはヨーロッパからアジアにかけて高い山脈がある造山帯がある。この造山帯の名称を何というか。また日本列島やニュージーランドが位置する造山帯の名称を何というか。　[　　　　]　[　　　　]

(2)　扇状地はどのようなところに形成されるか。「山間部」という語句を用いて，簡潔に書きなさい。[　　　　]

(3)　日本付近の太平洋を流れる暖流，寒流の組み合わせとして，適当なものを次のア～ウから一つ選び，記号で答えなさい。[　　　　]

ア　暖流：リマン海流　　寒流：千島海流(親潮)

イ　暖流：日本海流(黒潮)　寒流：千島海流(親潮)

ウ　暖流：対馬海流　　寒流：リマン海流

(4)　右のグラフは日本のある都市の雨温図を表している。どの都市の雨温図か。次の**ア**～**ウ**から一つ選び，記号で答えなさい。[　　　　]

ア　沖縄県那覇市　**イ**　新潟県上越市高田　**ウ**　愛知県名古屋市

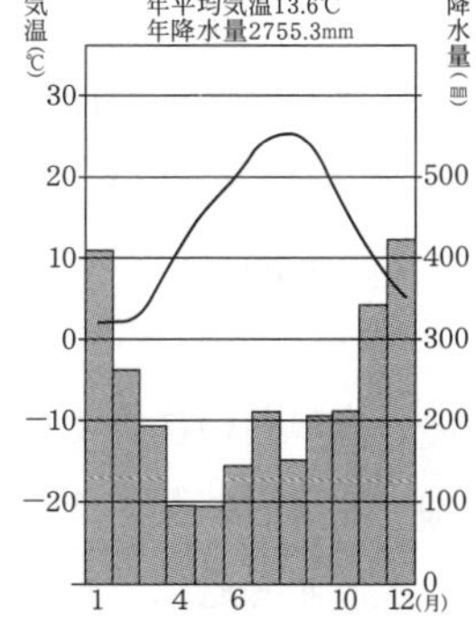

6　次の問いに答えなさい。　(各2点)

(1)　右の図は1950年，1980年，2010年の日本の人口ピラミッドのいずれかを示している。1950年の人口ピラミッドをⅠ～Ⅲから一つ選び，記号で答えなさい。　[　　　　]

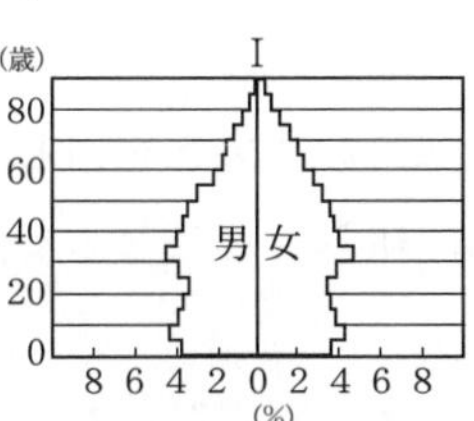

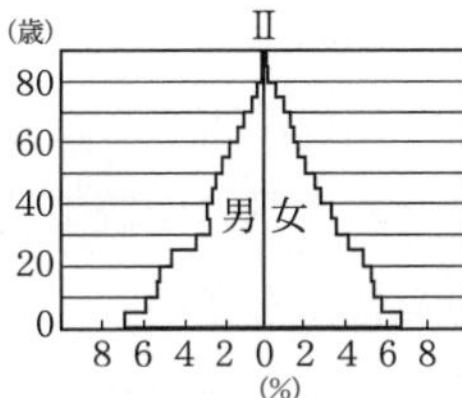

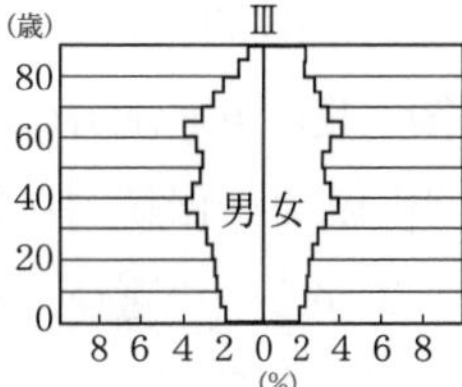

(2)　アジアやアフリカの発展途上国では，急激な人口増加のため食料不足になっている地域がある。このような急激な人口増加を何というか。[　　　　]

(3)　右の資料は，ある鉱産資源について，上位5か国の生産量が世界全体に占める割合を表している。この鉱産資源は何か。　[　　　　]

順位	国名	割合(%)
1	中国	29.4
2	オーストラリア	25.5
3	□	16.6
4	インド	6.5
5	ロシア	4.1

(4)　日本は上記資源をオーストラリアと南アメリカにある表中の□の国から多く輸入している。□はどこの国か。　[　　　　]

(5)　大都市周辺では，大きな市場への近さを生かして，野菜・果物などを新鮮なうちに出荷する農業が行われている。この農業を何というか。　[　　　　]

(6)　促成栽培や抑制栽培を行うときに，温室やビニールハウスを利用して，野菜や花を栽培する農業を何というか。漢字6字で答えなさい。　[　　　　]

(7)　育てる漁業のうち，魚，貝，海藻などを，網で区切った海などで出荷するまでに人工的に育てる漁業を何というか。　[　　　　]

地 理 3

7 次の問いに答えなさい。 ((3)(4)完答，各2点)

(1) 九州地方北部から関東地方にかけて，工業地帯や工業地域が帯状に形成されている。この地域は何と呼ばれているか。 [ ]

(2) 海外から原料を輸入し，製品をつくり輸出する貿易を何というか。 [ ]

(3) わが国において,次の**ア**～**カ**の産業を第1次産業,第2次産業,第3次産業に分類した場合,第1次産業に含まれるものをすべて選び，記号で答えなさい。 [ ]

ア サービス業 **イ** 運輸業 **ウ** 農業 **エ** 林業 **オ** 鉱業 **カ** 製造業

(4) 次の**ア**～**オ**の輸送品目のうち，海上輸送より航空輸送が適している品目をすべて選び，記号で答えなさい。 [ ]

ア 原油 **イ** 電子部品 **ウ** 生花 **エ** 自動車 **オ** 鉄鉱石

8 次の問いに答えなさい。 ((1)(2)(4)(5)(6)(8)各1点，その他各2点)

(1) 北海道に関する次の文の(　　)に共通してあてはまる語句は何か。 [ ]

北海道は，もともと先住民族である(　　)の人々が住んでいた土地で，札幌や稚内などの地名は(　　)語が由来とされている。

(2) 北海道にある世界自然遺産を次から一つ選び，記号で答えなさい。 [ ]

ア 小笠原諸島 **イ** 知床半島 **ウ** 屋久島 **エ** 白神山地

(3) 夏に東北地方の太平洋側に冷害をもたらす寒冷な北東風を何というか。 [ ]

(4) 青森の伝統的な祭りと岩手県の伝統工芸品の組み合わせとして，正しいものを，次の**ア**～**エ**から一つ選び，記号で答えなさい。 [ ]

ア 青森県－ねぶた祭 岩手県－会津塗 **イ** 青森県－ねぶた祭 岩手県－南部鉄器
ウ 青森県－竿灯まつり 岩手県－会津塗 **エ** 青森県－竿灯まつり 岩手県－南部鉄器

(5) 関東地方では，臨海部から関東北部の内陸に多くの工場が移転し，北関東工業地域を形成している。この地域でさかんな工業として，適当なものを次から一つ選び，記号で答えなさい。 [ ]

ア 石油化学工業 **イ** 繊維工業 **ウ** 機械工業 **エ** 金属工業

(6) 関東地方に属する都県の数を次から一つ選び，記号で答えなさい。 [ ]

ア 6都県 **イ** 7都県 **ウ** 8都県 **エ** 9都県

(7) 東京などの大都市で，都市化の進展にともなう環境の変化から，都市部の気温が周辺部より高くなる現象を何というか。 [ ]

(8) 京浜工業地帯について述べた文として，適当なものを次の**ア**～**ウ**から一つ選び，記号で答えなさい。 [ ]

ア 近くで産出された石炭と中国から輸入した鉄鉱石をもとに，鉄鋼業が発達した。
イ 二輪車や楽器，パルプや紙製品の生産がさかんである。
ウ 出版·印刷業の事業者数が多い。

(9) 関東地方の台地をおおっている，火山灰が堆積した赤土を何というか。 [ ]

得点　/50

9　次の問いに答えなさい。　((1)(3)(7)(12)(14)各1点，(16)各1点，その他各2点)

(1) 中部地方について述べた文として，適当なものを次のア～エから一つ選び，記号で答えなさい。 [　　]

ア　東海地方では，土地改良によりつくられた全国有数の水田地帯が広がる。

イ　中央高地では，石油化学コンビナートが多く見られる。

ウ　中京工業地帯では，自動車産業がさかんである。

エ　北陸地方では，夏の涼しい気候を利用した野菜の抑制栽培が行われている。

(2) 北陸では，伝統工芸品を生産する地場産業が発達した。その理由を，北陸の自然条件にふれて，簡単に説明しなさい。[　　]

(3) 長野県と富山県の県境となっている山脈を一つ選び，記号で答えなさい。 [　　]

ア　飛驒山脈　　イ　木曽山脈　　ウ　赤石山脈　　エ　紀伊山地

(4) 滋賀県にある，わが国で最も面積の大きい湖の名称は何か。 [　　]

(5) 大阪府，兵庫県に広がる工業地帯の名称を何というか。 [　　]

(6) 近畿地方の西側に隣接する県は二つある。鳥取県とあと一つはどの県か。 [　　]

(7) 島根県には，過疎化にともなう課題を抱えている地域がある。その地域が過疎化していることを示す資料として，適当なものを次のア～ウから一つ選び，記号で答えなさい。[　　]

ア　外国人登録者数の推移　　イ　人口の推移　　ウ　自動車登録台数の推移

(8) 本州四国連絡橋のうち，岡山県と香川県にある橋を何というか。 [　　]

(9) 香川県では，昔からため池を多く見ることができる。ため池がつくられた目的を，この地域の気候の特色にふれて書きなさい。[　　]

(10) 高知平野での農業について述べた次の文の(　　)にあてはまる語句は何か。[　　]

高知平野では，かつて，米を1年に2回収穫する(　　)がさかんであった。

(11) 九州地方では，温暖な気候で，ビニールハウスなどを使い，農作物の出荷時期を早めたり，生育期を短くしたりすることを目的とする栽培が行われている。この栽培方法を何というか。

[　　]

(12) 九州地方は，現在では空港周辺や高速道路沿いに，ある分野の工場が進出しているが，それは何か。次のア～エから一つ選び，記号で答えなさい。 [　　]

ア　石油化学　　イ　鉄鋼　　ウ　造船　　エ　IC(集積回路)

(13) 鹿児島県には火山灰など火山活動にともなう噴出物が積み重なってできた台地が多い。このようにしてできた台地を何というか。 [　　]

(14) 亜熱帯である沖縄の沿岸に見られる植物のようすとして，適当なものを次のア～エから一つ選び，記号で答えなさい。 [　　]

ア　ブナ林　　イ　タイガ　　ウ　マングローブ林　　エ　ステップ

(15) 2万5千分の1の地形図上で 5 cm の実際の距離は何mか。 [　　]

(16) 次の地図記号は何を表すか。　1 [　　]　2 [　　]　3 [　　]

1 ◎　2 (記号)　3 (記号)　4 (記号)　5 (記号)　4 [　　]　5 [　　]

歴 史 1

10 次の問いに答えなさい。 (各2点)

(1) かつて世界では，いくつかの大きな河川の流域に古代文明が生まれた。このうちチグリス川・ユーフラテス川流域に生まれた文明を何というか。 [　　　　　　]

(2) 紀元前5世紀ごろ，仏教を説いた人物はだれか。 [　　　　　　]

(3) 秦の始皇帝が北方民族の侵入を防ぐために築いた建造物を何というか。 [　　　　　　]

11 右の年表を見て，あとの問いに答えなさい。 ((3)1点，その他各2点)

年代	日本のできごと
約1万年前	①打製石器が使われる
	②縄文時代が始まる
紀元前4世紀	③弥生時代が始まる
57年	④倭の奴国の王が中国に使いを送り，金印を授かる
239年	⑤卑弥呼が中国に使いを送る
3世紀後半	⑥古墳がつくられはじめる
593年	⑦聖徳太子が摂政となる

(1) 下線部①の石器が2万年以上前の地層から発見され，日本に旧石器時代があったことが明らかになった群馬県の遺跡を何というか。 [　　　　　　]

(2) 下線部②の時代の人々が住んでいた，地面に穴を掘り，柱を立て，屋根をかけた住居を何というか。 [　　　　　　]

(3) 下線部③の時代の特徴を述べた文として，適当なものを次から一つ選び，記号で答えなさい。 [　　　　　　]

ア 蘇我氏は仏教を広めようとした。

イ 表面に縄目の文様がつけられた土器がつくられた。

ウ 氷河期が終わり，海面が上昇した結果，日本列島ができた。

エ 稲作が広がり，青銅器や鉄器が使われた。

(4) 右の**資料**は，下線部③の時代に使用された石器を示している。この石器の使用目的を簡単に書きなさい。 [　　　　　　]

資料

(5) 下線部④について，次の文中の(　　)にあてはまる語句として適当なものを次から一つ選び，記号で答えなさい。 [　　　　　　]

倭の奴国の王が使いを送った中国の王朝は(　　　)である。

ア 漢(後漢)　イ 魏　ウ 隋　エ 唐

(6) 下線部⑤について，卑弥呼が治めたとされる国名を**漢字**で答えなさい。 [　　　　　　]

(7) (i) 下線部⑥について，古墳がつくられたころ，朝鮮半島や中国から日本列島に移り住んだ人々を何というか。**漢字**で答えなさい。 [　　　　　　]

(ii) これらの人々が日本に伝えたものとして，誤っているものを次から一つ選び，記号で答えなさい。 [　　　　　　]

ア 漢字　イ 仏教　ウ 須恵器　エ ひらがな

(8) 下線部⑦の人物は，家柄にとらわれず，有能な人を役人に取り立てるために，新しい制度を定めた。この制度を何というか。 [　　　　　　]

(9) 下線部⑦の人物が建てたとされる，現存する世界最古の木造建築である奈良県の寺院を何というか。 [　　　　　　]

得点 /50

12 右の年表を見て，あとの問いに答えなさい。　（⑽1点，その他各2点）

年代	日本のできごと
645年	①大化の改新が始まる
672年	②壬申の乱がおこる
710年	奈良に③新しい都がつくられる
743年	④墾田永年私財法が出される
752年	⑤東大寺の大仏ができる
794年	平安京に都が移される
894年	⑥遣唐使が廃止される
1016年	⑦藤原道長が摂政となる
1086年	白河上皇の⑧院政が始まる
1167年	⑨平清盛が政治の実権をにぎる

⑴　下線部①の中心人物となった中大兄皇子は，のちに即位して何という天皇になったか。　[　　　　]

⑵　下線部②の争いに勝利した大海人皇子は，即位して何という天皇になったか。　[　　　　]

⑶　下線部③の都を何というか。　[　　　　]

⑷　下線部③で行われた政治について述べた文として，適当なものを次から一つ選び，記号で答えなさい。　[　　　　]

ア　隋と対等な関係を結ぼうと使節を派遣した。

イ　坂上田村麻呂が征夷大将軍に任命された。

ウ　大宝律令がつくられ，刑罰や政治に関するしくみが整えられた。

エ　商人や手工業者が同業者ごとに座をつくった。

⑸　下線部④の内容を簡単に書きなさい。[　　　　]

⑹　下線部⑤を建てた聖武天皇のころには仏教や大陸の影響を受けた国際色豊かな文化が生まれた。この文化を何というか。　[　　　　]

⑺　(i)　下線部⑥をきっかけとして日本の風土にあった文化が発達した。この文化を何というか。　[　　　　]

(ii)　このころに紀貫之らによって編集された和歌集を何というか。　[　　　　]

⑻　(i)　下線部⑦に関し，藤原氏は天皇に代わって政治の実権をにぎった。このような政治のしくみを何というか。　[　　　　]

(ii)　藤原道長の子の頼通は平等院鳳凰堂を建てた。これに関し次の文中の（　　）に共通してあてはまる語句は何か。　[　　　　]

> このころ念仏を唱えて阿弥陀如来にすがり，死後に極楽（　　　）へ生まれ変わることを願う，（　　　）信仰が広まった。

⑼　下線部⑧の院政とはどのような政治か。「天皇」という語句を使い，簡単に書きなさい。
[　　　　]

⑽　下線部⑨の人物について述べた文として，適当なものを次から一つ選び，記号で答えなさい。　[　　　　]

ア　分国法を定めて，領国を支配した。

イ　後鳥羽上皇の挙兵に対し戦い，勝利した。

ウ　平治の乱の後，武士としてはじめて太政大臣になった。

⑾　飛鳥時代から平安時代にかけての次の出来事を年代の古い順に並べ，記号で書きなさい。
[　　→　　→　　→　　]

ア　和同開珎がつくられた。　　**イ**　日本が白村江の戦いで敗れた。

ウ　小野妹子が遣隋使として派遣された。　　**エ**　最澄が天台宗を伝えた。

歴 史 2

13 右の年表を見て，あとの問いに答えなさい。 ((1)(5)各2点，(2)3点，その他各2点)

年代	日本のできごと
1192年	①源頼朝が征夷大将軍となる
1221年	②承久の乱がおこる
1232年	③御成敗式目が制定される
1274年	④文永の役がおこる
1281年	⑤弘安の役がおこる
1333年	⑥鎌倉幕府が滅び，建武の新政が始まる
1338年	足利尊氏が征夷大将軍となる
1378年	⑦足利義満が幕府を室町に移す
1467年	⑧京都で戦乱がおこる

(1) 下線部①の源頼朝は，弟の義経をとらえるという理由で以下のことを行った。文中のａ，ｂにあてはまる語句はそれぞれ何か。ａ[　　　　] ｂ[　　　　]

> 国ごとに(ａ)を，荘園や公領ごとに(ｂ)を置くことを朝廷に認めさせた。

(2) 下線部②の後に置かれた六波羅探題は，西国を支配する目的以外にどのような目的で設置されたか，簡単に書きなさい。[　　　　]

(3) 下線部③についての説明として，適当なものを次から一つ選び，記号で答えなさい。[　　]

ア 大名を統制するために制定され，許可なく城を修理することなどを禁じている。

イ 天皇の命令に従うことなど，役人の心構えを示している。

ウ 武士の社会で行われていた慣習をまとめ，裁判の基準を示している。

エ 広く会議を行うことなど，新政府の政治方針を示している。

(4) 下線部④⑤のときに政治の実権を握っていた北条時宗の地位を何というか。[　　　　]

(5) 下線部④⑤に関する次の文中のａ，ｂにあてはまる語句はそれぞれ何か。

ａ[　　　　] ｂ[　　　　]

> 元軍上陸後，御家人たちはよく戦い，それを退け，恩賞としての(ａ)を求めたが十分に与えられなかった。さらに領地の分割相続などで御家人の生活が苦しくなったことで鎌倉幕府は御家人を救うために(ｂ)を出したが，十分な効果がなかった。

(6) 下線部⑥によって保護された禅宗は中国から伝えられた。伝えた人物を次から一人選び，記号で答えなさい。[　　]

ア 親鸞　　イ 法然　　ウ 一遍　　エ 栄西

(7) 下線部⑦の人物が行った貿易を何というか。[　　　　]

(8) 室町時代の農村の様子を述べた説明として，適当なものを次から一つ選び，記号で答えなさい。[　　]

ア 商人や地主の中には，工場をつくり農民を雇って分業で製品をつくるものが現れた。

イ 惣と呼ばれる自治組織がつくられ，団結を強めた農民が土一揆をおこした。

ウ 村の有力者は，名主・組頭・百姓代として村の運営にあたった。

エ 農民の中には調･庸や兵役など重い負担から逃れるため，居住地から逃亡するものが現れた。

(9) 下線部⑧の戦乱は将軍の後継問題をめぐって始まり，11年続いた。この戦乱を何というか。[　　　　]

(10) 下線部⑧のころから，下の身分の者が上の身分の者を実力で倒す風潮が広まった。この風潮を何というか。[　　　　]

(11) 室町時代にさかんになり，観阿弥・世阿弥親子が大成した芸能を何というか。[　　　　]

得点	/50

14 右の年表を見て，あとの問いに答えなさい。 ((1)(4)各2点，(7)3点，その他各2点)

年代	日本のできごと
1543年	日本に①鉄砲が伝えられる
1549年	日本に②キリスト教が伝えられる
1575年	③長篠の戦いがおこる
1582年	④太閤検地が始まる
1590年	⑤豊臣秀吉が全国を統一する
1600年	⑥関ヶ原の戦いがおこる
1603年	徳川家康が江戸幕府を開く
1615年	⑦武家諸法度が制定される
1639年	ポルトガル船の来航が禁止され，⑧鎖国が完成する

(1) 下線部①に関する次の文中のa，bにあてはまる語句はそれぞれ何か。ただしaは島の名称を書きなさい。

a[　　　　] b[　　　　]

> ポルトガル人をのせた中国船が(a)に流れ着いたとき，鉄砲は日本に伝えられた。まもなく，現在の大阪府にある，当時の自治都市(b)などで，さかんにつくられるようになった。

(2) 下線部②のために来日し，鹿児島などで布教した宣教師はだれか。 [　　　　]

(3) 下線部③の戦いで勝利し，翌年に安土城を築いた人物はだれか。 [　　　　]

(4) 下線部④に関する次の文中のa，bにあてはまる語句を[ア，イ]から一つずつ選び，記号で答えなさい。 a[　　] b[　　]

> 太閤検地では，土地の面積や米の収穫高を調査し，予想収穫量をa[ア 地価 イ 石高]で表した。また同時期に刀狩を行うことにより，b[ア 幕藩体制 イ 兵農分離]の政策が進められることとなった。

(5) 下線部⑤の人物について述べた文として正しいものを次から一つ選び，記号で答えなさい。

[　　]

ア 大阪城を築いて，本拠地とした。
イ 京都で新しい天皇を立て，南朝と対立した。
ウ 関所を廃止して，楽市・楽座令を出した。
エ 株仲間を解散し，商人の自由な取引を認めた。

(6) 下線部⑥の戦い以降に徳川氏に従った大名を何というか。 [　　　　]

(7) 下線部⑦では，第3代将軍の時に参勤交代が制度化された。第3代将軍の名を答えなさい。

[　　　　]

(8) 下線部⑧の鎖国に関して，正しいものを次から一つ選び，記号で答えなさい。[　　]

ア 鎖国を完成させるため，幕府は直轄地(幕領)でのみキリスト教を禁止した。
イ 鎖国後に交易を許されたのは，スペイン，中国(清)のみに限られた。
ウ ポルトガル船来航禁止の後，天草四郎を大将に島原・天草一揆がおきた。
エ キリスト教徒を発見するために絵踏が行われ，仏教徒であることを証明する宗門改めが強化された。

(9) 鎌倉時代から江戸時代にかけての次の出来事を年代の古い順に並べ，記号で書きなさい。

[　　→　　→　　→　　]

ア 正長の土一揆がおこる。　イ 運慶らにより金剛力士像がつくられる。
ウ 千利休がわび茶を大成させる。　エ シャクシャインの戦いがおこる。

歴 史 3

15 次の文章を読んで，あとの問いに答えなさい。（各2点）

> 江戸時代の農村では（　　　）開発や①農具の改良が進んだ。一方②大阪では各藩の蔵屋敷が置かれ，米や特産物が取引された。

(1) （　　）に入る言葉は何か。［　　　　　］

資料

(2) 下線部①に関して，資料の農具について述べた文として正しいものを次から一つ選び，記号で答えなさい。［　　　］

ア　6歳以上のすべての人に口分田が与えられ，この農具で耕した。
イ　牛馬を用いた農業が行われるようになり，この農具で耕した。
ウ　脱穀を効率化するため，この農具で穂からもみを取り除いた。

(3) 下線部②の大阪は，諸国の物産が集まることから何と呼ばれていたか。［　　　　　］

16 右の年表を見て，あとの問いに答えなさい。（各2点）

年代	できごと
1716年	①徳川吉宗が将軍となる
1787年	②松平定信が老中となる
1840年	③アヘン戦争がおこる
1841年	④天保の改革が始まる
1854年	⑤日米和親条約が結ばれる
1858年	⑥日米修好通商条約が結ばれる
1860年	⑦桜田門外の変がおこる
1866年	⑧薩長同盟が成立する
1867年	⑨大政奉還が行われる
1868年	⑩旧幕府軍と新政府軍が衝突する

(1) 下線部①の人物が行った政治改革は何か。［　　　　　］

(2) 下線部②の人物が行った寛政の改革の内容として誤っているものを次から一つ選び，記号で答えなさい。［　　　］

ア　旗本や御家人の借金を帳消しにした。
イ　朱子学以外の儒学を禁止した。
ウ　株仲間を解散させた。
エ　ききんに備え，米を蓄えさせた。

(3) 下線部③の結果，清がイギリスと結んだ条約を何というか。［　　　　　］

(4) 下線部④の改革を行った老中はだれか。［　　　　　］

(5) 下線部⑤の条約により，函館とともに開かれた港はどこか。［　　　　　］

(6) 下線部⑥の条約は，いくつかの点で日本にとって不平等な条約であった。このうち，貿易に関してわが国にとって不利となった内容を簡潔に書きなさい。［　　　　　］

(7) 下線部⑦の事件で暗殺された大老はだれか。［　　　　　］

(8) 下線部⑧を仲介した坂本龍馬は何藩出身の人物か。［　　　　　］

(9) 下線部⑨を行った江戸幕府最後の将軍はだれか。［　　　　　］

(10) 下線部⑩の衝突の結果おこった戦争を何というか。［　　　　　］

(11) 江戸時代の次の出来事を年代の古い順に並べ，記号で書きなさい。
［　　→　　→　　→　　］

ア　大塩平八郎の乱がおこった。　　イ　ペリーが浦賀に来航した。
ウ　田沼意次が老中となった。　　エ　生類憐れみの令が出された。

得点	/50

17　右の年表を見て，あとの問いに答えなさい。　((7)各1点，その他各2点)

年代	できごと
1868年	①明治政府の基本方針が出される
1871年	②廃藩置県が行われる
1873年	③地租改正が行われる
1874年	④民撰議院設立の建白書が出される
1885年	⑤内閣制度ができる
1890年	第1回⑥帝国議会が開かれる
1894年	⑦日清戦争がおこる
1904年	⑧日露戦争がおこる
1911年	中国で⑨辛亥革命がおこる

(1)　下線部①を何というか。　[　　　]

(2)　下線部②について，廃藩置県によって各県に中央から派遣された役職を次から一つ選び，記号で答えなさい。　[　　　]

ア　藩主　　イ　執権　　ウ　管領　　エ　県令

(3)　下線部③について説明した文として，適当なものを次から一つ選び，記号で答えなさい。　[　　　]

ア　収穫高の3％を，土地の所有者が納めるようになった。
イ　国が，地主から農地を買い上げて安い価格で小作人に売り渡した。
ウ　土地の所有者が，税を現金で納めるようになった。
エ　自分で開墾した土地は，いつまでも自分のものにすることができた。

(4)　下線部④を提出した中心人物で，のちに自由党を結成したのはだれか。[　　　]

(5)　下線部⑤について，初代の内閣総理大臣となったのはだれか。　[　　　]

(6)　下線部⑥の議会を衆議院とともに構成していた議院を何というか。　[　　　]

(7)　下線部⑦に関する次の文中のaに共通してあてはまる語句を答えなさい。またbにあてはまる内容として，適当なものをあとのア～エから一つ選び，記号で答えなさい。

a[　　　]　b[　　　]

> 日清戦争は日本が勝利し，講和会議が(a)で開かれた。この会議の結果として結ばれた(a)条約では，(b)ことなどが決められた。

ア　日本はドイツが持っていた中国の権益を受け継ぎ，旅順・大連の租借期限を延長する
イ　日本はロシアに樺太の領有を認め，その代わりに千島列島を日本の領土にする
ウ　清は朝鮮の独立を認め，日本に台湾・遼東半島などを譲り，多額の賠償金を払う
エ　ロシアは韓国における日本の優越権を認め，南満州鉄道の利権を日本に譲る

(8)　下線部⑦と同じ年に，イギリスはわが国との間で最初に治外法権(領事裁判権)を撤廃した。そのころ，イギリスが日本との関係を強めようとした理由を，簡単に書きなさい。

[　　　]

(9)　下線部⑧の戦争のときに「君死にたまふことなかれ」を作った人物はだれか。[　　　]

(10)　下線部⑨のときに，三民主義を唱えた革命家はだれか。　[　　　]

(11)　明治時代の次の出来事を年代の古い順に並べ，記号で書きなさい。

[　　→　　→　　→　　]

ア　西郷隆盛を中心に西南戦争がおこる。
イ　明治政府が藩主に土地と人民を返させる版籍奉還を行う。
ウ　天皇を国の元首とした大日本帝国憲法が発布される。
エ　ロシア・フランス・ドイツによる三国干渉がおこる。

歴　史　4

18　右の年表を見て，あとの問いに答えなさい。　((5)(13)は完答，各3点，その他各2点)

年代	できごと
1914年	①第一次世界大戦がおこる
1917年	②ロシア革命がおこる
1918年	③米騒動がおこる
1925年	④普通選挙法，治安維持法が成立
1929年	⑤世界恐慌がおこる
1931年	⑥満州事変がおこる
1932年	⑦犬養毅首相が暗殺される
1937年	⑧日中戦争がおこる
1939年	⑨第二次世界大戦がおこる
1941年	⑩太平洋戦争がおこる
1945年	⑪日本が無条件降伏する

(1)　下線部①について述べた文として，適当なものをあとのア～エから一つ選び，記号で答えなさい。[　　　]

ア　この戦争の後，ポーツマス条約が結ばれた。

イ　この戦争は北京郊外の盧溝橋でおきた日本軍と中国軍との衝突がきっかけで始まった。

ウ　日本は日英同盟を理由にドイツに宣戦布告した。

エ　この戦争は日本がポツダム宣言を受諾することで終結した。

(2)　下線部②を指導したのはだれか。[　　　]

(3)　下線部②の拡大を防ぐため，日本やアメリカなどが軍隊をロシアのある地域に派遣した。その地域はどこか。

[　　　]

(4)　下線部③の直後，本格的な政党内閣が成立した。この内閣の首相はだれか。[　　　]

(5)　下線部④について説明した次の文中のａ，ｂにあてはまる数字，語句はそれぞれ何か。

普通選挙法により，満（ ａ ）歳以上の（ ｂ ）に選挙権が与えられ，有権者はおよそ4倍に増えた。

ａ[　　　]　ｂ[　　　]

(6)　大正時代の日本のようすについて述べた文として，誤っているものをあとのア～エから一つ選び，記号で答えなさい。[　　　]

ア　平塚らいてうが新婦人協会を設立した。

イ　吉野作造が民本主義を唱えた。

ウ　新橋・横浜間に鉄道が開通した。

エ　女性・児童向けの雑誌が多数出版され，ラジオ放送もはじまった。

(7)　下線部⑤に対し，イギリスやフランスは，植民地との結びつきを強め，他国の製品をしめ出す政策を行った。この政策を何というか。[　　　]

(8)　下線部⑥をきっかけとして，日本はある組織を脱退した。その組織を何というか。

[　　　]

(9)　下線部⑦のあと，軍人や官僚による内閣が組閣されるようになり，政党政治がおわった。この事件を何というか。[　　　]

(10)　下線部⑧が始まると，中国では国民党と共産党が抗日民族統一戦線を結成した。共産党を率いて，のちに中華人民共和国を成立させたのはだれか。[　　　]

(11)　下線部⑨はどこの国がポーランドに侵攻して始まったか。[　　　]

(12)　下線部⑩は日本軍がハワイのどこを奇襲攻撃して始まったか。[　　　]

(13)　下線部⑪は日本の二つの都市に原爆が投下された後に決められた。二つの都市はどこか。

[　　　][　　　]

得点　/50

19 右の年表を見て，あとの問いに答えなさい。（各2点）

年代	できごと
1947年	①GHQが戦後改革を指示する
1951年	②サンフランシスコ平和条約が結ばれる
1956年	③日ソ共同宣言が出される
1964年	④東京オリンピックが開催
1972年	⑤ある地域が日本に復帰する
	⑥日中共同宣言が出される
1973年	⑦石油危機がおこる
1989年	⑧ベルリンの壁が崩壊する

(1) 下線部①について，この改革のうち日本の農村における，地主と小作人の関係を改める政策を何というか。 [　　　]

(2) 下線部①について，この改革で教育の機会均等や男女共学などを定めた法律ができた。この法律を何というか。 [　　　]

(3) 下線部②と同時に日本とアメリカの間で成立した条約を何というか。 [　　　]

(4) 下線部③によって日本が実現した出来事は何か。 [　　　]

(5) 下線部④のころの日本の経済や社会について述べた文として，適当なものをあとの**ア**～**エ**から一つ選び，記号で答えなさい。 [　　　]

ア 所得にかかわらず税率が一定である消費税が導入された。

イ 新幹線が開通し，洗濯機や冷蔵庫などの電化製品が普及した。

ウ 欧米の文化が取り入れられ，ランプやガス灯が使われはじめた。

エ 米が配給制になり，生活必需品が統制された。

(6) 下線部⑤で日本に復帰したある地域とはどこか。 [　　　]

(7) 下線部⑥のあと，1978年に日本と中国との間で成立した条約を何というか。[　　　]

(8) 下線部⑦がおこった理由として，適当なものをあとの**ア**～**エ**から一つ選び，記号で答えなさい。 [　　　]

ア 大気汚染や騒音などの公害が発生したため。

イ 土地と株式の価格が異常に高くなるバブル景気が崩壊したため。

ウ 中東戦争をきっかけとして，アラブ諸国が原油の価格を引き上げたため。

エ アメリカが日本に対する石油輸出禁止の措置をとったため。

(9) 下線部⑧に関する次の文章にあてはまる語句を答えなさい。 [　　　]

同じ1989年にアメリカ，ソ連の首脳がマルタで会談し（　　　）の終結を宣言した。

(10) 大正・昭和時代の出来事を年代の古い順に並べ，記号で書きなさい。

[　　→　　→　　→　　]

ア 朝鮮戦争がおこる。　**イ** アメリカで同時多発テロがおこる。

ウ 国家総動員法が公布される。　**エ** 関東大震災がおこる。

20 日本と外国との交流に関する歴史上の出来事を年代の古い順に並べ，記号で書きなさい。(2点)

[　　→　　→　　]

ア 岩倉具視を大使とする使節団が欧米に派遣された。

イ ポルトガル人やスペイン人との間で南蛮貿易が行われた。

ウ 中国の制度を取り入れることを目的として遣隋使として小野妹子が派遣された。

公　民　1

21　次の問いに答えなさい。　((3)各2点，その他各2点)

(1)　交通手段や通信技術の発達により，多くの商品・お金・情報などが簡単に国境をこえて，世界が一体化するうごきのことを何というか。　[　　　　　]

(2)　一般的に5月に行われる年中行事をあとのア～エから一つ選び，記号で答えなさい。[　　　　]

ア　七五三　　イ　ひな祭り　　ウ　端午の節句　　エ　初もうで

(3)　次の文中のａ，ｂにあてはまる語句はそれぞれ何か。

> 人間はそれぞれが様々な意見を持っており，それにより対立することがある。その対立を解決するため，話し合いをすることが大切であり，（ａ）[無駄がないようにすること] と（ｂ）[公平でかたよりがないこと]　を基準として合意することが必要である。

ａ[　　　　　]　ｂ[　　　　　]

22　次の問いに答えなさい。　((2)3点，その他各2点)

(1)　人権思想にかかわる次の出来事を年代の古い順に並べ，記号で書きなさい。

[　　→　　→　　]

ア　フランス人権宣言が出される。　　イ　日本国憲法が公布される。

ウ　ワイマール憲法が制定される。

(2)　1948年に国連総会で採択された，人権保障のための宣言を何というか。　[　　　　　]

(3)　日本国憲法の改正の手続きについて述べた文として，適当なものをあとのア～ウから一つ選び，記号で答えなさい。　[　　　　]

ア　天皇が国民に発議し，国民投票の結果過半数の承認を得なければならない。

イ　各議院の出席議員の3分の2以上の賛成で国会が発議し，内閣の承認を得なければならない。

ウ　各議院の総議員の３分の２以上の賛成で国会が発議し，国民に提案してその過半数の承認を得なければならない。

23　人権に関する次の文章を読み，あとの問いに答えなさい。　(各3点)

> 日本国憲法は，第13条で「すべて国民は（ａ）として尊重される」と規定している。また憲法は法の下の平等にもとづく平等権を定め，ⓑ自由権，ⓒ社会権を保障している。また裁判を受ける権利などⓓ人権を守るための権利も保障している。

(1)　（ａ）にあてはまる語句を漢字２字で答えなさい。　[　　　　　]

(2)　下線部ⓑの自由権に含まれる権利を次から一つ選び，記号で答えなさい。　[　　　　]

ア　労働基本権　　イ　財産権　　ウ　参政権　　エ　教育を受ける権利

(3)　下線部ⓒの社会権のうち生存権は憲法25条で保障されている。（　　）にあてはまる言葉を答えなさい。　[　　　　　]

> 25条　①すべて国民は，（　　　）の生活を営む権利を有する。

(4)　下線部ⓓの権利のうち，国や地方公共団体に直接要望を述べる権利を何というか。

[　　　　　]

得点 /50

24 次の問いに答えなさい。 (各2点)

(1) 日本国憲法が保障している国民の権利のうち，精神の自由の内容を侵害することにあてはまるものを次の**ア**～**エ**から一つ選び，記号で答えなさい。 [　　　]

ア 政府に抗議する集会を警察官が解散させること。

イ 企業が人を採用するときに男性だけを優遇すること。

ウ 警察官が，現行犯でないのに裁判官の発する令状なしに逮捕すること。

エ 法律で商店の深夜営業をすべて禁止すること。

(2) 日本国憲法における国民の三つの義務として誤っているものを次から一つ選び，記号で答えなさい。 [　　　]

ア 教育を受けさせる義務　**イ** 勤労の義務　**ウ** 納税の義務　**エ** 居住移転の義務

25 次の問いに答えなさい。 (各2点)

(1) インフォームド・コンセントが重視されるのは患者本人の意思を尊重するという考え方に基づく。このような新しい人権を何というか。 [　　　]

(2) 新しい人権の一つで，自分についての情報を管理し，みだりに私生活を侵されないようにする権利を何というか。 [　　　]

(3) 日本国憲法が定めている国民の権利のうち，公共の福祉による制限をうけないものとして，適当なものをあとの**ア**～**エ**から一つ選び，記号で答えなさい。 [　　　]

ア 選挙運動をすること。　**イ** 公道でデモ行進をすること。

ウ 警察官がストライキをすること。　**エ** 自分の思想を持つこと。

26 選挙権に関する次の文中のa～gにあてはまる数字，語句はそれぞれ何か。 (各1点)

> 1945年，選挙権を有する人は満(a)歳以上の(b)と定められた。2016年には選挙権が与えられる年齢が満(c)歳以上に引き下げられた。このように，一定の年齢以上の国民が選挙権を持つという原則を(d)という。選挙の基本原則は他に平等選挙，直接選挙，無記名で投票する(e)選挙がある。日本の衆議院選挙では(f)制が採用されている。

a [　　　] b [　　　] c [　　　]
d [　　　] e [　　　] f [　　　]

27 右の**図**は，政党政治のしくみをあらわしている。これを見て次の問いに答えなさい。 (各2点)

(1) 図中のⓐは政党が選挙の時に国民に政策の中身や政策の実施方法などを示すものである。これを何というか。漢字4字で答えなさい。 [　　　]

(2) 図中のⓑは内閣を組織する政党である。これを何というか。 [　　　]

図

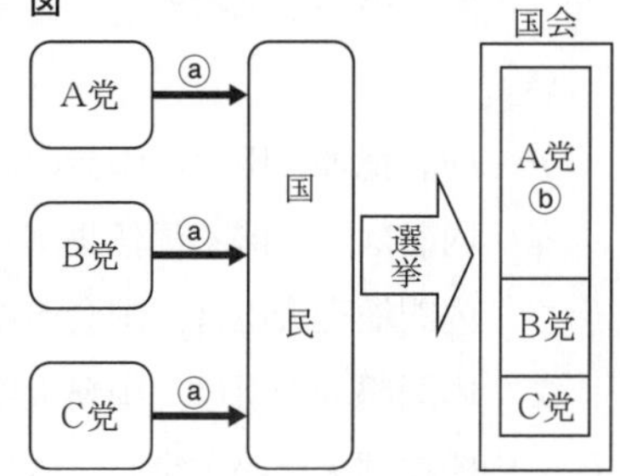

公　民　2

28 次の問いに答えなさい。　((3)(i)各1点，(ii)3点，その他各2点)

(1) 国会について述べた文として，適当なものをあとのア～エから一つ選び，記号で答えなさい。　[　　　]

ア　臨時会は毎年1回，1月に召集される。
イ　参議院の任期は6年で，全員一斉に改選される。
ウ　衆議院の任期は4年である。
エ　国会に提出される法律案は，すべて参議院より先に衆議院で審議される。

(2) 衆議院解散後の総選挙の日から30日以内に召集される国会を何というか。[　　　]

(3) 次の文を読んであとの問いに答えなさい。

> 国会議員や内閣から提出された法律案は，衆議院と参議院において，まず(a)で実質的な審議がなされ，その後議員全員からなる(b)で議決される。両議院で議決が異なる場合には，(c)を開くこともあるが，多くの場合にⓓ衆議院の優越が認められる。

(i) 文中のa，b，cにあてはまる語句はそれぞれ何か。
a[　　　]　b[　　　]　c[　　　]

(ii) 下線部ⓓの衆議院の優越が認められる理由を簡潔に書きなさい。
[　　　]

(iii) 下線部ⓓに関し，衆議院で可決し，参議院でこれと異なる議決をした法律案について，憲法ではどのように定められているか，適当なものをあとのア～エから一つ選び，記号で答えなさい。　[　　　]

ア　参議院で総議員の過半数で再び可決したときは，法律となる。
イ　参議院で出席議員の3分の2以上の多数で再び可決したときは，法律となる。
ウ　衆議院で，総議員の過半数で再び可決したときは，法律となる。
エ　衆議院で，出席議員の3分の2以上の多数で再び可決したときは，法律となる。

29 次の問いに答えなさい。　((1)(4)各3点，その他各2点)

(1) 内閣は国会の信任にもとづいて成立し，国会に対して責任を負っている。このしくみを何というか。　[　　　]

(2) 内閣の仕事にあたるものを次から一つ選び，記号で答えなさい。　[　　　]

ア　条例の制定　　イ　予算の作成　　ウ　憲法改正の発議　　エ　国政調査権の行使

(3) 内閣について述べた文として，適当なものをあとのア～エから一つ選び，記号で答えなさい。　[　　　]

ア　内閣総理大臣は，国会の議決した法律に対して拒否権を行使することができる。
イ　内閣は，内閣不信任決議が可決された場合，必ず衆議院を解散する。
ウ　内閣総理大臣は，国会が指名し，天皇が任命する。
エ　内閣総理大臣は，国務大臣全員を国会議員の中から選ばなければならない。

(4) 内閣総理大臣が主宰し，内閣の方針を決める会議を何というか。　[　　　]

得点　/50

30 次の問いに答えなさい。 （(1)各2点，その他各2点）

(1) 次の文中のａ，ｂにあてはまる語句はそれぞれ何か。

わが国の裁判で，第一審の判決に不服の場合に第二審を求めることを（ ａ ）といい，その判決にも不服がある場合，さらに上級の裁判所に裁判を求めることを（ ｂ ）という。

ａ[　　　　] ｂ[　　　　]

(2) 最高裁判所の裁判官としてふさわしいかどうかを，衆議院選挙のときに投票して判断することを何というか。 [　　　　]

(3) 裁判に関して述べた文として，適当なものをあとの**ア**～**エ**から一つ選び，記号で答えなさい。 [　　　　]

ア すべての刑事裁判は，国民から選ばれた裁判員が参加して行われる。

イ 民事裁判において，検察官は被疑者を被告人として裁判所に訴える。

ウ 刑事裁判において，被告人は有罪の判決を受けるまでは無罪とみなされる。

エ 刑事裁判では，被告人の自白を唯一の証拠として有罪にすることができる。

31 右の**資料**は三権分立のしくみを示したものである。次の問いに答えなさい。 （各2点）

資料

(1) **ア**～**カ**の矢印のうち，次のａ～ｄにあてはまるものを一つずつ選び，記号で答えなさい。

ａ 衆議院の解散 [　　]

ｂ 違憲立法審査 [　　]

ｃ 弾劾裁判所の設置 [　　]

ｄ 最高裁判所長官の指名，その他の裁判官の任命 [　　]

(2) 資料のように三権分立のしくみをとっている理由を「抑制」「権力」という二つの語句を用いて，簡潔に説明しなさい。[　　　　]

32 次の問いに答えなさい。 （(1)各2点，(2)2点）

(1) 地方自治に関する次の文中のａ～ｄにあてはまる数字，語句はそれぞれ何か。

都道府県知事や市町村長など，地方公共団体における執行機関の責任者を（ ａ ）という。また条例の制定改廃，（ ａ ）の解職などを求める権利を（ ｂ ）という。このうち（ ａ ）の解職を求めるには有権者の（ ｃ ）以上の署名を集めて（ ｄ ）に請求する。

ａ[　　　　] ｂ[　　　　] ｃ[　　　　] ｄ[　　　　]

(2) 地方自治について述べた文として，適当なものをあとの**ア**～**ウ**から一つ選び，記号で答えなさい。 [　　　　]

ア 特定の利用目的のために国から自治体に支払われる財源を地方交付税交付金という。

イ 都道府県知事の被選挙権が認められている年齢は満25歳以上とされている。

ウ 地方分権を進めるために地方分権一括法が制定された。

公　民　3

33　次の問いに答えなさい。　((2)各2点，(3)3点，その他各2点)

(1)　製造物責任法(PL法)について述べているものとして，適当なものをあとのア～エから一つ選び，記号で答えなさい。　[　　　]

ア　国や地方公共団体，企業などの環境保全の責任を定めた法律である。

イ　企業の過失を立証できなくても，損害賠償の請求をすることができることを定めた法律である。

ウ　消費者の権利を明確にし,自立を支援するために行政や企業の責務を定めた法律である。

エ　8日以内であれば，訪問販売・電話勧誘などで購入した契約を無条件で取り消すことができることを定めた法律である。

(2)　次の文中のa～cにあてはまる語句をそれぞれ書きなさい。

> 国や地方公共団体が経営する企業は(a)と呼ばれるのに対し，利潤を目的とする民間企業は(b)と呼ばれる。また中小企業のうち，情報通信技術の技術革新等により，新規事業に進出する企業を(c)企業という。

a[　　　　　]　b[　　　　　]　c[　　　　　]

(3)　株式を所有する人たちの出席により，会社の役員などを決定する機関を何というか。

[　　　　　]

(4)　労働基準法について述べた文として，適当なものをあとのア～エから一つ選び，記号で答えなさい。　[　　　]

ア　雇用の分野における男女の均等な機会及び待遇の確保を定めている。

イ　労働者と使用者の対立を予防・解決し，両者の関係を調整している。

ウ　労働時間や賃金など働くときの重要な条件について定めている。

エ　男性も女性も対等に社会に参画し，活動するよう求めている。

34　次の問いに答えなさい。　((1)(ii)4点，(3)各2点，その他各2点)

(1)　**図**は，ある商品の需要量・供給量と価格の関係を表している。これについて次の問いに答えなさい。

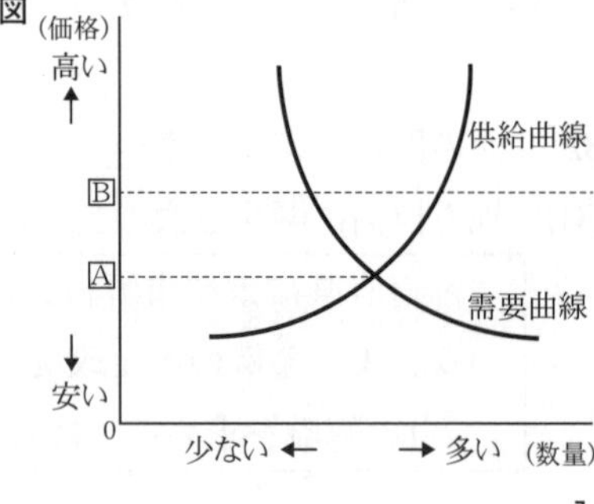

(i)　図中の価格Aは，需要量と供給量が一致した価格を示している。この価格を何というか。[　　　　　]

(ii)　ある商品の価格が図中のBのとき，一般に価格はこの後どのように変化するか。「需要量」，「供給量」という語句を使って簡潔に書きなさい。

[　　　　　　　　　　]

(2)　電気料金などのように，国や地方公共団体が認可や決定している価格を何というか。

[　　　　　]

(3)　独占状態により消費者が不当に高い商品を買わされることがないようにする法律を何というか。またその取締りを行う国の機関を何というか。[　　　　　][　　　　　]

得点 /50

35 次の問いに答えなさい。 ((7)3点，その他各2点)

⑴ わが国で，紙幣を発行できる唯一の銀行である中央銀行を何というか。 [　　　　]

⑵ 物価が上がり続ける現象は一般に何というか。 [　　　　]

⑶ わが国の税制について説明したものとして誤っているものをあとの**ア**～**ウ**から一つ選び，記号で答えなさい。 [　　　　]

ア 所得税・法人税は国税である。

イ 間接税とは，税を納める者と実際に税を負担するものが一致する税のことをいう。

ウ 所得税は，高所得者ほど税率が高くなる累進課税制度がとられている。

⑷ 政府が歳入や歳出により景気を調整する政策のことを何というか。 [　　　　]

⑸ 2000年に導入された制度で，40歳以上の全員が加入し，国などからサービスが受けられる制度を何というか。 [　　　　]

⑹ 感染症の予防や上下水道の整備などを行う社会保障制度はどれか。 [　　　　]

ア 社会福祉　**イ** 社会保険　**ウ** 公的扶助　**エ** 公衆衛生

⑺ 次の文中のａ，ｂにあてはまる語句の組み合わせとして正しいものを，あとの**ア**～**エ**から一つ選び，記号で答えなさい。 [　　　　]

円高・ドル安の場面において，一般に日本からアメリカへの輸出が（ａ）したり，日本からアメリカへの旅行が（ｂ）になったりする。

ア ａ：減少　ｂ：割高　**イ** ａ：減少　ｂ：割安

ウ ａ：増加　ｂ：割高　**エ** ａ：増加　ｂ：割安

36 次の問いに答えなさい。 (各2点)

⑴ 国際連合に関して，誤っているものをあとの**ア**～**エ**から一つ選び，記号で答えなさい。 [　　　　]

ア 本部はジュネーブに置かれている。

イ 国連総会は年1回定期開催され，1国が1票を持っている。

ウ 世界遺産などの文化財の保護や教育の支援を通じて国際協力を進めている。

エ 世界の平和をおびやかす行動をとる国に対して，軍事的措置を取ることができる。

⑵ 国際連合における機関で，拒否権を有する5か国の常任理事国と10か国の非常任理事国で構成される機関を何というか。 [　　　　]

⑶ 紛争や戦争により平和な生活をおびやかされ，国境を越えて他の国に逃げる人々を何というか。 [　　　　]

⑷ 地球温暖化のおもな原因とされる二酸化炭素などの気体を総称して何というか。 [　　　　]

⑸ 1989年に始まり，アジア・太平洋地域の国が参加し，貿易の自由化や経済協力をすすめる結びつきの略称は次のうちどれか。**ア**～**エ**から一つ選び，記号で答えなさい。 [　　　　]

ア ODA　**イ** UNESCO　**ウ** UNHCR　**エ** APEC

光・音・力による現象

1　Aさんが建物に向かって歩いていたところ，建物に近づくにつれて，建物のガラス面に映った柱の位置が少しずつ変わっていくことに気づき，図に示す位置で立ち止まった。図は真上から見た模式図であり，方眼の1目盛りは1mである。Aさんの視界をさえぎるものはないとして，次の各問いに答えなさい。

図
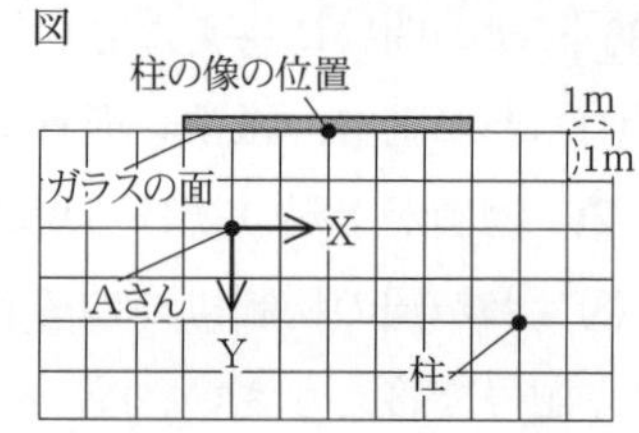

⑴　建物のガラス面に映った柱の像について述べた次の文中の①，②の｛　　｝において，それぞれ適切な語を選びなさい。　(各3点)①[　　　　]　②[　　　　]

Aさんに柱の像が見えるのは，柱から進んできた光がガラスの面で反射してAさんの目に届くからで，この光の反射角は，Aさんが図に示すXの方向に進むほど①｛**ア**　大きく　**イ**　小さく｝なる。また，Aさんが見る柱の像は②｛**ア**　実像　**イ**　虚像｝である。

⑵　Aさんが立ち止まった位置から図に示すYの方向に移動する場合，ガラスの面に映っていた柱の像が見えなくなるのは，Yの方向に何m移動した地点からか。次の**ア**～**オ**から最も適切なものを選びなさい。ただし，柱の太さは考えないものとする。(4点)[　　　　]

ア　約12m　　**イ**　約14m　　**ウ**　約16m　　**エ**　約18m　　**オ**　約20m

2　凸レンズを通る光の道すじについての，次の各問いに答えなさい。

⑴　図1に示すように，凸レンズXの軸に平行に入射した光は，凸レンズXを通過した後，すべてA点を通過した。この点を何というか。　(3点)[　　　　]

図1
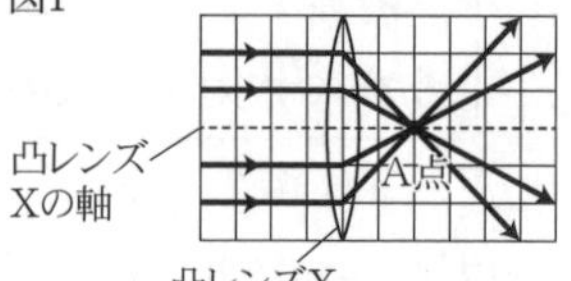

⑵　図2の破線の矢印は，B点から出た光の進む道すじの一つを表している。この道すじを進んできた光は凸レンズXを通過した後，どの道すじを進むか。図2の**ア**～**オ**から最も適切なものを選びなさい。　(4点)[　　　　]

図2
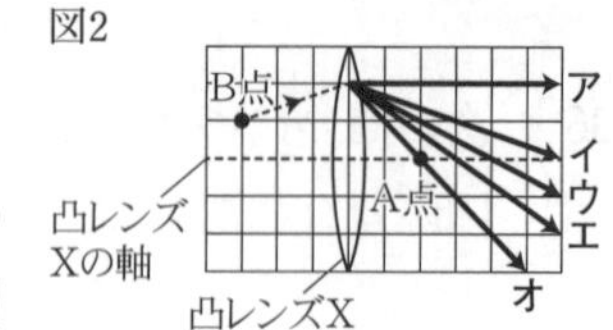

3　音について調べるため，次の実験を行った。各問いに答えなさい。

〔実験1〕　図1のように，容器の中に音のでているブザーを糸でつるし，容器内の空気を抜いていくとブザーの音が聞こえにくくなった。

図1

〔実験2〕　図2のようなモノコードで，こまの位置と弦につるすおもりの数を変化させて，音の高さの変化を調べた。

図2
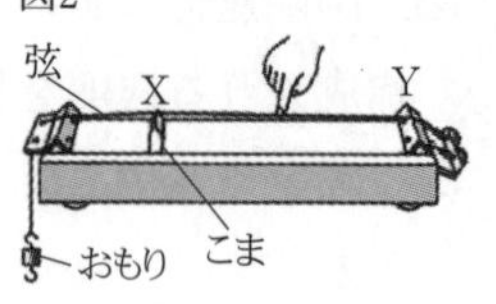

⑴　実験1で，ブザーの音が聞こえにくくなったのはなぜか。「音」という語を使って［　　　］の中に適切な言葉を入れなさい。(4点)

容器内の空気を抜くことによって，［　　　　　　　　　　　　］から。

⑵　実験2で，XYの間の弦をはじいたとき最も高い音が出るのは，右の**ア**～**エ**のどれか。ただし，おもり1個の重さはすべて同じである。　(4点)[　　　　]

ア
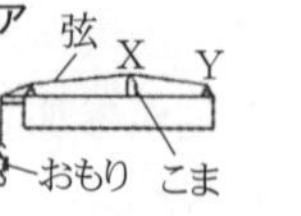

イ
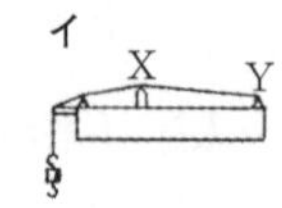

ウ
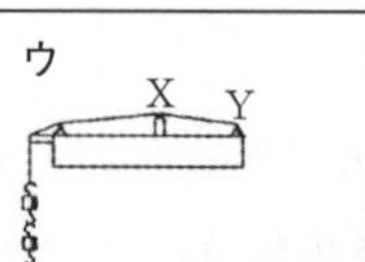

エ
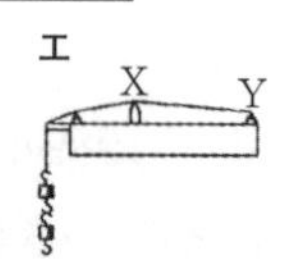

得点　　/50

4 図1のような水がしみこまない質量60gの直方体の物体A，Bを用いて，圧力や浮力についての実験を行った。100gの物体にはたらく重力の大きさを1Nとし，ひもの質量や体積は無視できるものとして，次の各問いに答えなさい。

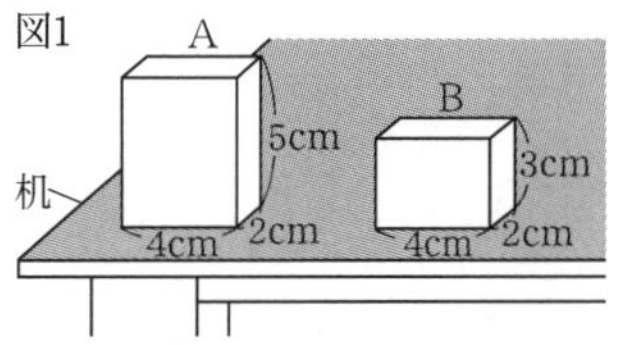

(1) 図1の物体Aについて，つりあいの関係にある2力は次のア～エのどれとどれか。　(2点)[　　と　　]

ア　Aが机を押す力　　イ　Aにはたらく重力

ウ　机がAを押す力　　エ　Aにはたらく摩擦力

(2) 図1で，机が物体Aから受ける圧力は何Paか。(3点)[　　Pa]

(3) 図1で，物体Bにはたらく重力はどのように表されるか。図2に矢印でかき入れなさい。ただし，方眼の1目盛りを0.1Nとする。　(3点)

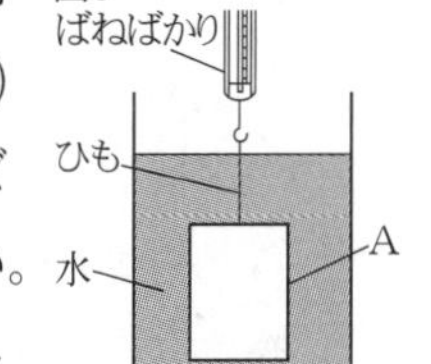

(4) 図3のように，物体Aをばねばかりにつるして水に沈めたところ，ばねばかりが0.2Nを示した。これについて次の①，②の問いに答えなさい。

① 次のア～エのうち，物体Aにはたらく水圧の大きさを表した図として最も適切なものはどれか。ただし，矢印の長さは水圧の大きさを表すものとする。

(2点)[　　]

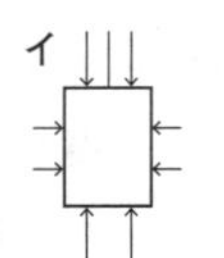

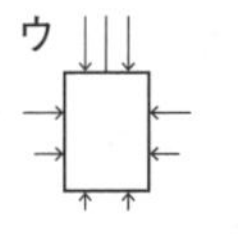

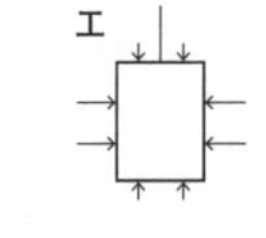

② 物体Aが受ける浮力の大きさは何Nか。　(3点)[　　N]

(5) 物体AとBをてんびんにつりさげたところ，図4のように水平になった。この状態のてんびんを水が入った水槽の中に置くとどうなるか。ア，イから選びなさい。また，そのように判断した理由を「体積」と「浮力」という語を用いて簡潔に書きなさい。

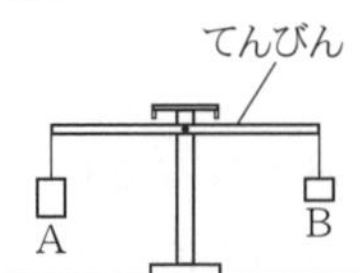

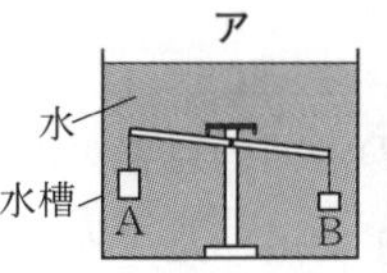

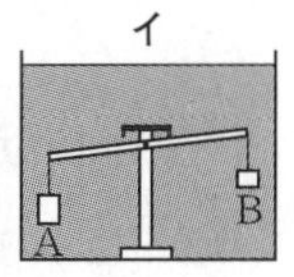

(各2点)[　　]　理由[　　]

5 図のように，ひもでつり下げた棒の中央から20cmのところに質量300gのおもりをつるし，そのおもりと反対側の中央から10cmのところに別のおもりをばねでつるし，棒が水平になるようにした。これについて，各問いに答えなさい。ただし，100gの物体にはたらく重力の大きさを1Nとし，棒，フック，糸，ばねの質量は無視できるものとする。また，ばねは1Nの力で引くと，0.5cmのびる。

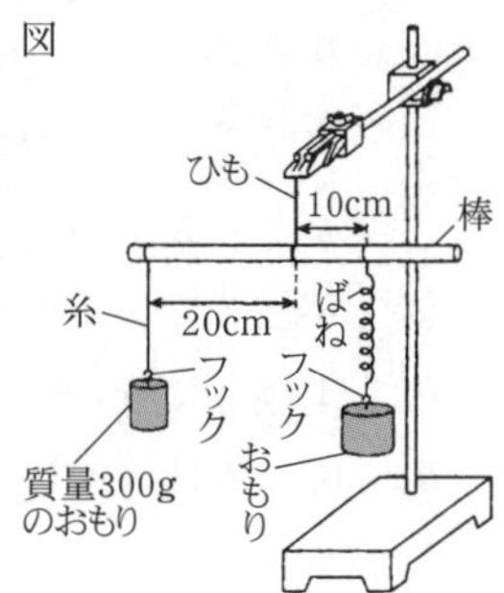

(1) ばねでつるしたおもりの質量は何gか。また，ばねののびは何cmになるか。　(各2点)質量[　　g]　ばねののび[　　cm]

(2) この実験を月面上で行ったと仮定すると，棒が水平になったとき，ばねにつるしたおもりの質量は何gか。また，ばねは何cmのびるか。ただし，月面上の重力の大きさは地球上の6分の1とする。　(各2点)質量[　　g]　ばねののび[　　cm]

物質の変化

6　エタノールを用いて次の実験1～3を行った。これについて各問いに答えなさい。

〔実験1〕　ビーカーにエタノールを入れ，電子てんびんでエタノールの質量を測定したところ，27.3gであった。次に，そのエタノールを100mLのメスシリンダーに移したところ，図1のようであった。

図1
メスシリンダー
40
エタノール
30

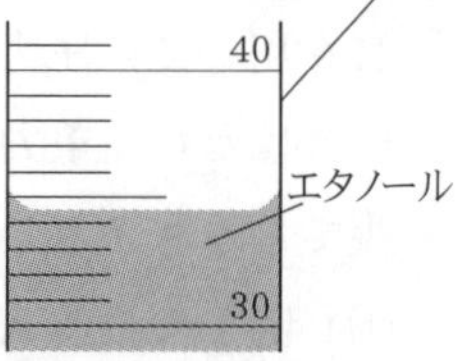

〔実験2〕　実験1のエタノールをポリエチレンの袋に入れ，口を輪ゴムでしばり，図2のようにして熱湯をかけたところ，袋はふくらんだ。

図2
ポリエチレンの袋

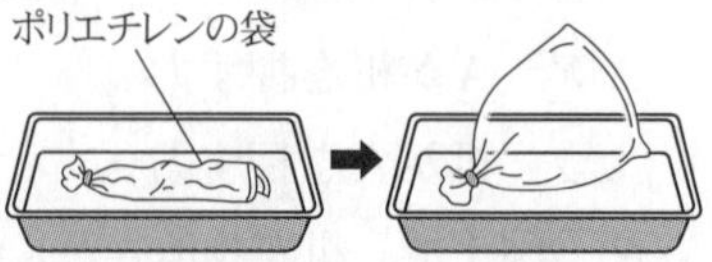

〔実験3〕　エタノール5cm³と水20cm³を枝つきフラスコに入れ，図3のような装置を用いて加熱し，1分ごとに温度を測定した。混合物が沸騰し，試験管に液体がたまり始めたら，約3cm³たまったところで別の試験管に変え，3本の試験管に液体を集めた。図4は，これらの結果をグラフにまとめたものである。次に，集めた液体の性質を調べるために，3本の試験管にポリプロピレンの小片を入れ，浮き沈みを調べた。さらに，それぞれの液体にひたしたろ紙に火をつけたときのようすを調べた。表はその結果をまとめたものである。

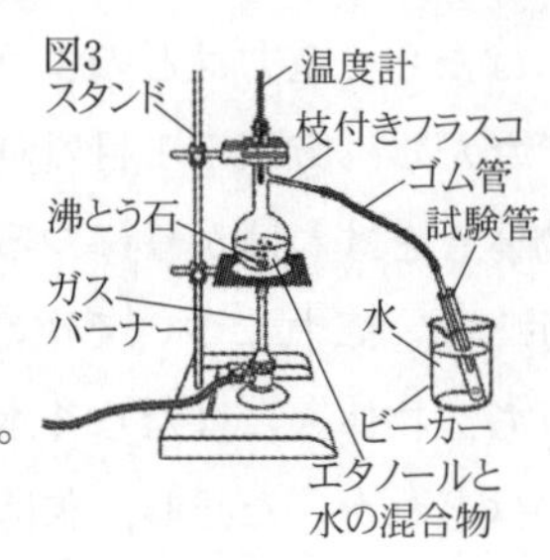

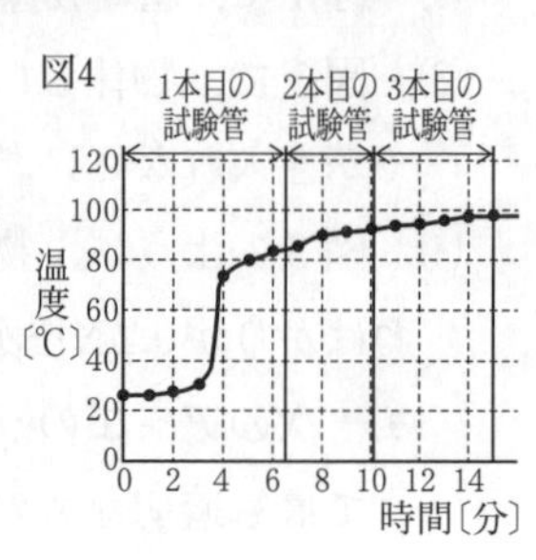

表

	1本目	2本目	3本目
液体にポリプロピレンの小片を入れたとき	沈んだ	沈んだ	浮かんだ
液体にひたしたろ紙に火をつけたとき	燃えた	燃えた	燃えなかった

(1)　図1の液面の目盛りを読みとりなさい。　(3点) [　　　　mL]

(2)　実験1で用いたエタノールの密度は何g/cm³か。小数第3位を四捨五入し小数第2位まで答えなさい。　(4点) [　　　　g/cm³]

(3)　実験2で起こった状態変化について説明した次の文の，［a］，［b］にあてはまる語句の組み合わせとして正しいものを右のア～エから選びなさい。　(4点) [　　　　]

ポリエチレンの袋の中にある液体のエタノールが気体になると，粒子の［a］，体積は増加し，密度は［b］。

	a	b
ア	大きさは大きくなり	小さくなる
イ	大きさは大きくなり	変わらない
ウ	運動は激しくなり	小さくなる
エ	運動は激しくなり	変わらない

(4)　実験3で，1本目の試験管に多く集まった液体は何か。　(3点) [　　　　]

(5)　実験3で行った，混合物中の物質を分離する方法を何というか。　(3点) [　　　　]

(6)　(5)の方法で混合物中の物質を分離できる理由を簡潔に書きなさい。
(4点) [　　　　]

(7)　図5は，実験3で使用したポリプロピレンをふくむ4種類のプラスチックの質量と体積を測定し，グラフに表したものである。実験3で使用したポリプロピレンは図5のア～エのどれか。
(4点) [　　　　]

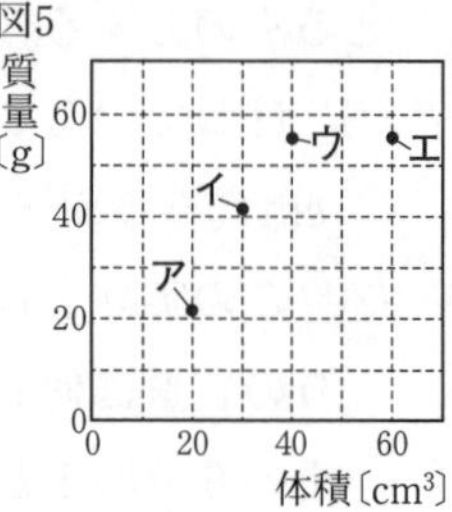

7　図のように，水酸化バリウムの粉末と塩化アンモニウムの粉末をビーカーにとり，水でぬらしたろ紙をかぶせた後，粉末の温度をはかりながらガラス棒で混ぜたところ，温度が低下した。これについて各問いに答えなさい。

図

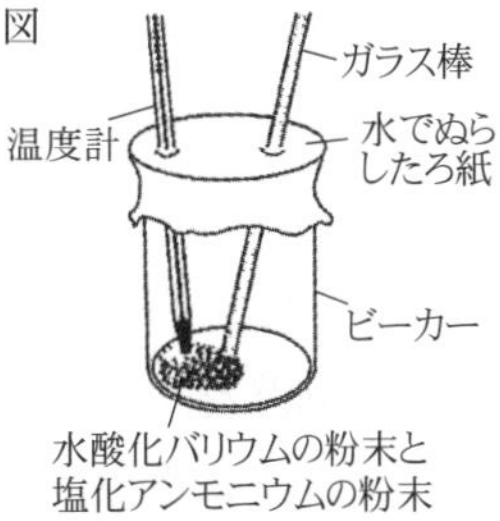

(1)　実験のように，化学変化が起きるときに，温度が低下する反応を何というか。　(3点) [　　　　]

(2)　温度が完全に下がったことを確認した後，ろ紙にフェノールフタレイン溶液を1滴つけたところ，つけた部分の色が変化した。このことについて述べた次の文中の［a］，［b］に適切な語句を入れなさい。　(各2点) a [　　　] b [　　　]

ろ紙が白色から［a］色に変化したのは，発生した気体がろ紙の水に溶けることで，その部分が［b］性になったからである。

(3)　発生した気体の分子を，モデルで表したものとして，適切なものを右の**ア**〜**エ**から選びなさい。　(3点) [　　　]

ア　

イ　

ウ　

エ　

8　化学変化の前後の質量を調べるため，次の実験を行った。これについて各問いに答えなさい。

〔実験〕　図1のように，うすい塩酸25cm^{3}が入ったビーカー全体の質量A〔g〕を電子てんびんではかった。次に，図2のように，うすい塩酸に炭酸水素ナトリウムB〔g〕を加えて反応させたところ，気体が発生した。気体が発生しなくなった後，反応後のビーカー全体の質量C〔g〕をはかり，さらに，反応によるビーカー全体の質量の減少量A＋B－C＝D〔g〕を求めた。B〔g〕の質量を変えて，それぞれの場合についてD〔g〕の値を求めた。図3は，それらの結果をまとめたものである。

図1

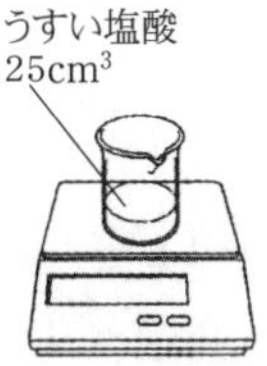

図2

図3

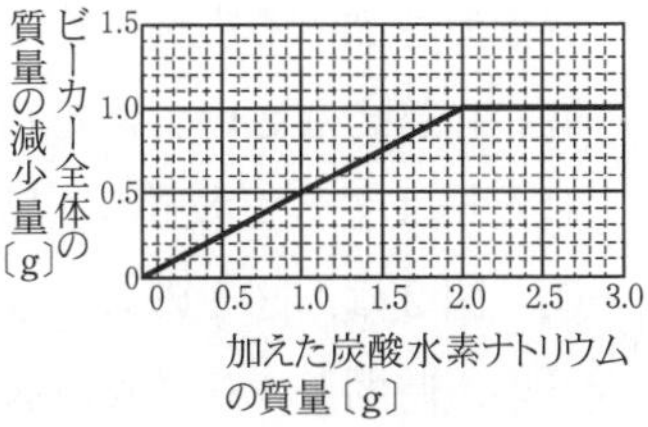

(1)　次の［a］〜［c］に適切な化学式を入れ，うすい塩酸と炭酸水素ナトリウムが反応して気体が発生する化学反応式を完成させなさい。ただし，［c］には，発生した気体の化学式を入れなさい。　(各2点) a [　　　] b [　　　] c [　　　]

［a］＋ $NaHCO_3$ → NaCl ＋［b］＋［c］

(2)　図3で，ビーカー全体の質量の減少量が一定の値よりも大きくならなかったのはなぜか。簡潔に書きなさい。(3点) [　　　　　　　　]

(3)　実験で用いたものと同じ濃度のうすい塩酸50cm^{3}に炭酸水素ナトリウム2.5gを加えて反応させたとき，ビーカー全体の質量の減少量は何gになるか。　(4点) [　　　g]

(4)　炭酸水素ナトリウムの粉末を加熱すると，実験で発生したものと同じ気体が発生する化学変化が起こる。このとき起こる化学変化を何というか。　(2点) [　　　　]

電流とその利用

9　図1～3の回路を用いて，電流とそのはたらきを調べる実験1，2を行った。これについて各問いに答えなさい。

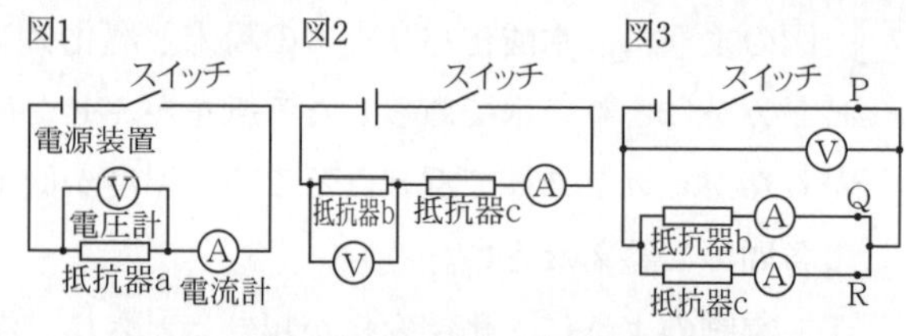

〔実験1〕　図1のように抵抗器aを用いて回路をつくり，電圧計が3.0Vを示すように電源装置を調節したところ，電流計が図4のようになった。

〔実験2〕　図2，図3のように，それぞれ電気抵抗25Ωの抵抗器b，15Ωの抵抗器cを用いて回路をつくり，スイッチを入れ，それぞれの電圧計が3.0Vを示すように電源装置を調節した。

図4

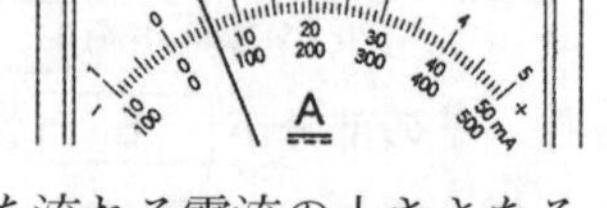

⑴　抵抗器aの電気抵抗は何Ωか。　(3点)［　　　　Ω］

⑵　図2の電流計は何mAを示すか。　(3点)［　　　　mA］

⑶　図3において，スイッチを入れているときに，点P，Q，Rを流れる電流の大きさをそれぞれI_P，I_Q，I_Rとする。点P，Q，Rを流れる電流の間に成り立つ関係をI_P，I_Q，I_Rを用いた等式で書きなさい。　(3点)［　　　　］

⑷　図2の抵抗器b，cと，図3の抵抗器b，cのうち，消費する電力が最も大きいものはどれか。また，その抵抗器が消費する電力は何Wか。

(各3点)抵抗器［　　　　］　電力［　　　　W］

10　抵抗値が等しい三つの電熱線と電源装置を用いて，図1の回路をつくり，発泡ポリスチレンのカップA，Bに入った水をあたため，水の上昇温度を調べる実験を行った。これについて各問いに答えなさい。ただし，この電熱線で発生した熱はすべて水温の上昇に使われ，電熱線はオームの法則が成り立つものとする。

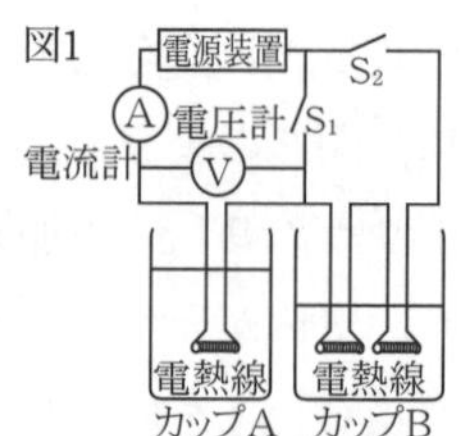

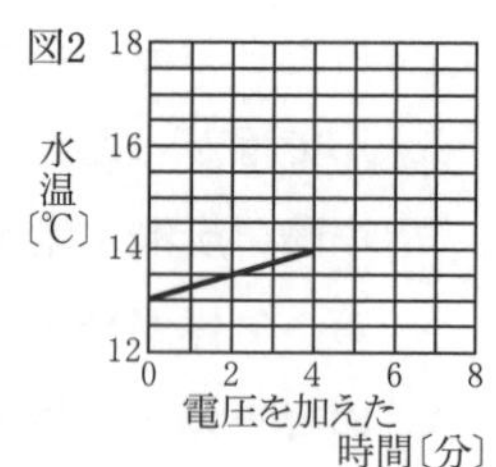

⑴　図2は，図1のスイッチS_1だけを入れて，電源装置で6.0Vの電圧を4分間加えたときの，時間とカップAの水温の関係を表したグラフである。6.0Vの電圧を加え始めてから4分後に，スイッチの入れ方を変えずに，電源装置の電圧を2倍にしたとき，カップAの水温はどのように変化するか。図2のグラフに続けてかき入れなさい。　(3点)

⑵　図3は，図1のスイッチS_1だけを入れて，電源装置で6.0Vの電圧を4分間加えた後，スイッチS_1を切ってスイッチS_2を入れ，同時に電源装置の電圧を変えてさらに水をあたためたときの，時間と水温の関係を表したグラフである。

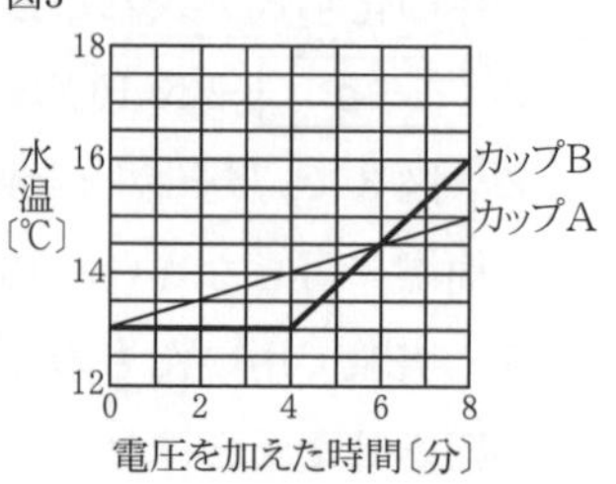

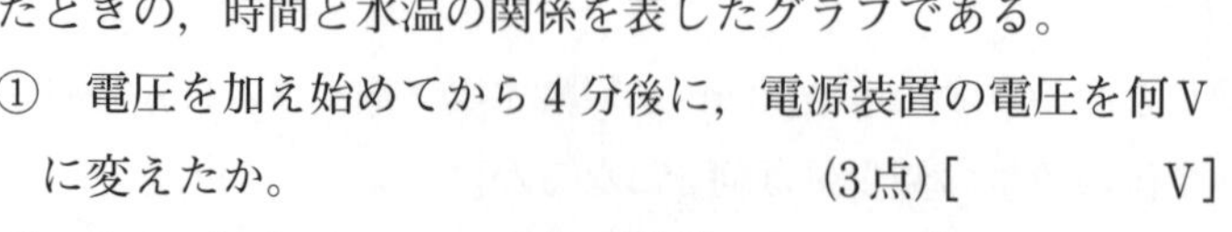

①　電圧を加え始めてから4分後に，電源装置の電圧を何Vに変えたか。　(3点)［　　　　V］

②　カップBに入っている水の質量は，カップAに入っている水の質量の何倍か。四捨五入して小数第2位まで求めなさい。　(4点)［　　　　倍］

得点　　/50

11 図のような装置を用いて，コイルを流れる電流が磁界の中で受ける力を調べる実験を行った。電源装置のスイッチを入れ，電圧を5Vにすると，コイルは矢印の向きに動いた。これについて各問いに答えなさい。

図

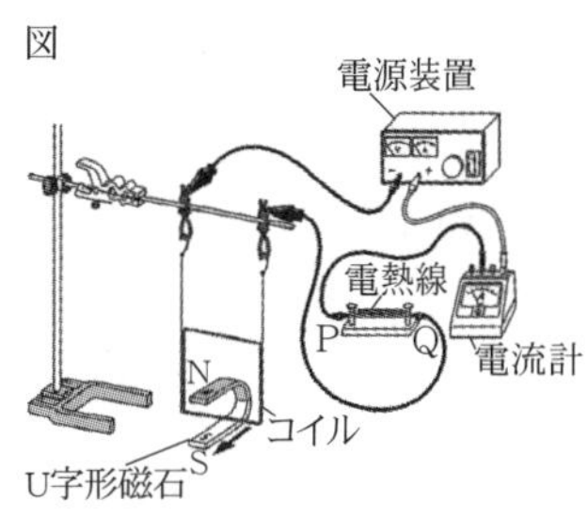

(1) コイルに電流を流したとき，コイルの動く向きを図の矢印の向きと逆にする方法を，二つ簡潔に書きなさい。

(各2点) [　　　　]

[　　　　]

(2) 図で使った電熱線と抵抗の大きさが同じ電熱線を用いて，図のPQ間を，次の**ア**の状態から**イ**，**ウ**のようにつなぎ変え，5Vの電圧を加えてコイルの動きを調べた。コイルが大きく動いた順に，**ア**，**イ**，**ウ**の記号を並べなさい。(3点) [　　　　]

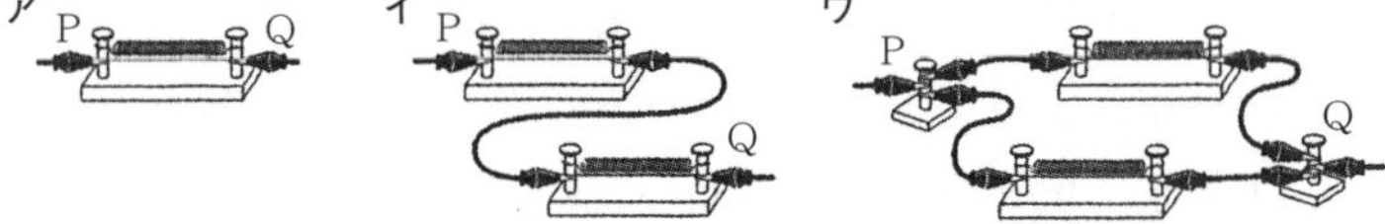

12 図1に示すように，電磁調理器(IH調理器)の内部にはコイルがあり，このコイルに交流が流れると，<u>コイルのまわりの磁界が絶えず変化して</u>金属製の鍋の底に［ a ］電流が流れ，その抵抗によって鍋が発熱するしくみになっている。これについて，各問いに答えなさい。

図1

図2

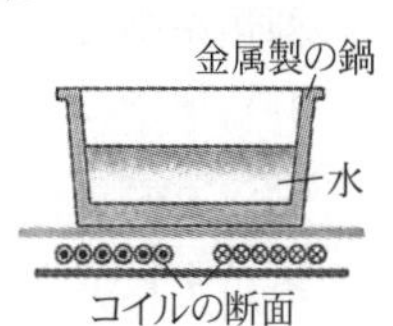

(1) 図2は，図1の電磁調理器の断面を模式的に表したものである。ある瞬間のコイルのまわりにできる磁界の向きを磁力線で表した図として最も適切なものを，**ア**～**エ**から選びなさい。ただし，図中の◉は紙面の裏から表に向かって，⊗は紙面の表から裏に向かって電流が流れていることを示している。(3点) [　　　　]

ア

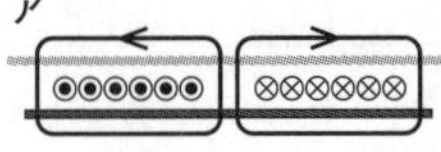

イ

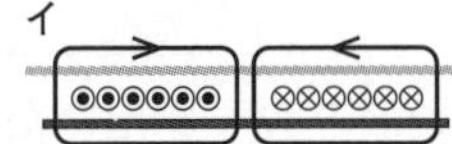

ウ

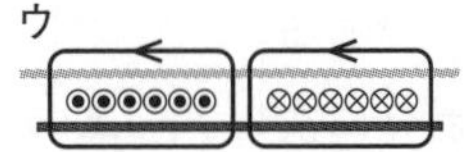

エ

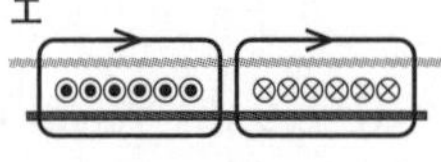

(2) 下線部のようになるのは，交流のどのような性質のためか。「電流」という語句を用いて書きなさい。(3点) [　　　　]

(3) 文中の［ a ］にあてはまる電流を何電流というか。(3点) [　　　　電流]

(4) 「100V―1200W」と表示されている電磁調理器を100Vの電圧で20分間使用した。

① 電磁調理器に流れる電流は何Aか。(3点) [　　　　A]

② 消費する電力量は何Whか。(3点) [　　　　Wh]

(5) 次の**ア**～**オ**のうち，電磁誘導を利用している機器をすべて選びなさい。

(3点) [　　　　]

ア 白熱電球　　**イ** マイクロホン　　**ウ** モーター　　**エ** 太陽電池

オ スピーカー

水溶液とイオン

制限時間 30分

13 図のように，2本の炭素棒を電極とし，塩化銅水溶液の電気分解を行ったところ，電極Aには銅が付着し，電極Bからは塩素が発生した。これについて各問いに答えなさい。

図

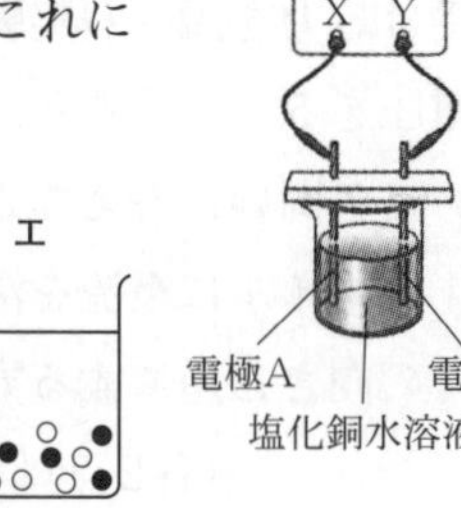

(1) 塩化銅が水にとけているようすを模式的に表したものとして，最も適切なものはどれか。

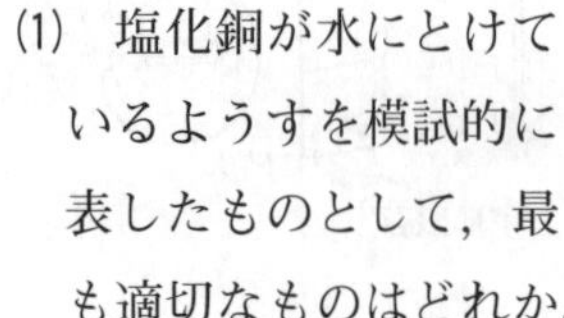

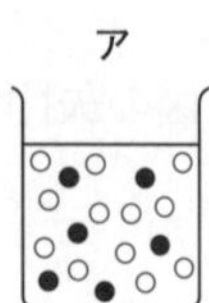

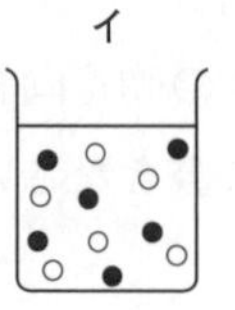

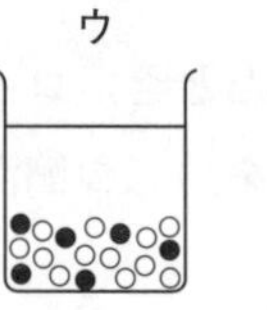

ア～**エ**から選びなさい。ただし，●は陽イオン，○は陰イオンとする。(2点) [　　　　]

(2) 電源装置の＋極は，図のX，Yのどちらか。(2点) [　　　　]

(3) 塩化銅水溶液を電気分解したときの化学変化を化学反応式で表しなさい。

(3点) [　　　　　　　　　　　　]

(4) 次の文の　a　，　b　にあてはまる数値を書きなさい。(各2点) a[　　　] b[　　　]

原子1個の質量は，原子の種類によって決まっている。銅原子1個と塩素原子1個の質量の比を9：5とすると，銅原子1個と塩素分子1個の質量の比は9：　a　となる。電気分解によって生じた銅と塩素の質量の比は9：　a　となることから，電極Aに銅が0.18g付着したとき，反応した塩化銅は　b　gであると考えられる。

14 化学電池の仕組みを調べるために，次の実験を行った。これについて各問いに答えなさい。

〔実験〕 亜鉛，銅，マグネシウムの3種類の金属板から異なる2種類を選んで，図のようにうすい塩酸に入れ，電極A，電極Bとしてモーターにつないだところ，モーターが回った。表は，電極A，電極Bに選んだ金属板の組み合わせとモーターが回っているときのようすをまとめたものである。

表

金属板の組み合わせ			金属板のようす
Ⅰ	電極A	銅	表面から気体が発生した
	電極B	亜鉛	金属板が溶けた
Ⅱ	電極A	マグネシウム	金属板が溶けた
	電極B	亜鉛	表面から気体が発生した

(1) うすい塩酸のかわりに次の**ア**～**エ**の入ったビーカーを用いたとき，モーターが回るのはどれか。(3点) [　　　　]

ア 砂糖水　　**イ** 食塩水　　**ウ** エタノール水溶液　　**エ** 精製水

(2) 表のⅠの電極A(銅)で発生した気体の化学式を書きなさい。(3点) [　　　　]

(3) 実験について述べた次の文の①～④の｛　｝中の語句のうち，正しいものを選びなさい。

(各2点) ①[　　　] ②[　　　] ③[　　　] ④[　　　]

実験のⅠ，Ⅱの結果から，組み合わせる金属板の種類によって＋極になる金属板と－極になる金属板が決まることが分かる。実験Ⅰでは①｛**ア** 銅　**イ** 亜鉛｝が－極になり，実験Ⅱでは②｛**ア** マグネシウム　**イ** 亜鉛｝が－極になっている。－極では金属が電子を③｛**ア** 受け取る　**イ** 失う｝反応が起こる。よって，実験のⅠでは，電子は導線内を図の矢印の④｛**ア** aの向き　**イ** bの向き｝に向かって移動したと考えられる。

15　酸性とアルカリ性の水溶液を混ぜ合わせたときの変化を調べるため，次の実験１，２を行った。これについて各問いに答えなさい。

〔実験１〕　三つのビーカーX，Y，Zに，うすい塩酸(溶液Aとする)をそれぞれ10cm³ずつ入れ，BTB溶液を数滴加えた。次に，それらのビーカーに，うすい水酸化ナトリウム水溶液(溶液Bとする)を，Xには20cm³，Yには30cm³，Zには40cm³を加えてかき混ぜたところ，混合液の色から，どの混合液も中性ではないことがわかったので，混合液の色を見ながら，さらにAまたはBのどちらか一方を加えることで，中性にした。表は，この結果をまとめたものである。

表

ビーカー	X	Y	Z
溶液Aの体積〔cm³〕	10	10	10
溶液Bの体積〔cm³〕	20	30	40
後で加えた溶液	B	①	A
加えた体積〔cm³〕	5	②	6

〔実験２〕　図のように，うすい硫酸10cm³の入った試験管に，うすい水酸化バリウム水溶液を２cm³加えると，白い沈殿ができた。さらに水酸化バリウム水溶液を２cm³ずつ加えていったところ，全部で10cm³加えるまでは沈殿が増えていったが，それ以上加えても新たな沈殿はできなかった。その後，この混合液のpHを調べたところ，7よりも大きかった。

図

(1)　うすい塩酸中で，塩化水素が電離するようすを，化学式とイオン式を使って表しなさい。
(3点)［　　　　　　　　］

(2)　うすい塩酸にBTB溶液を数滴加えたとき，何色になるか。　(2点)［　　　　］

(3)　実験１で起こった化学変化を表す化学反応式の(　　)に，適切な化学式を入れなさい。

NaOH ＋ HCl → NaCl ＋ (　　　　　)　(3点)［　　　　　　　　］

(4)　表の ① に入るのは，A，Bのどちらか。また， ② に入る適切な数値を求めなさい。　(各3点)①［　　　］　②［　　　］

(5)　実験２でできた白い沈殿の化学式を書きなさい。　(2点)［　　　　　　　　］

(6)　実験２で，加えた水酸化バリウム水溶液の体積と，混合液中の水素イオンの数の関係を表したグラフとして最も適切なものを，**ア**～**カ**から選びなさい。　(3点)［　　　］

ア

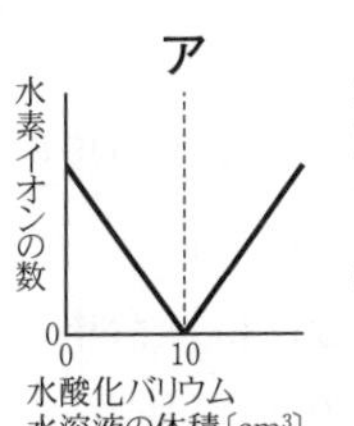

イ　**ウ**　**エ**

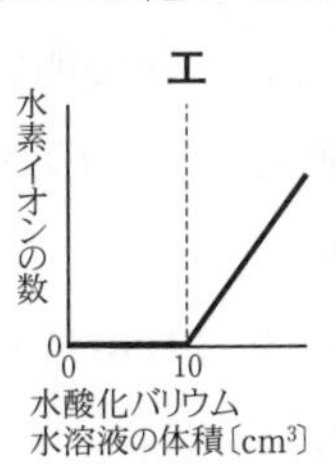

オ　**カ**

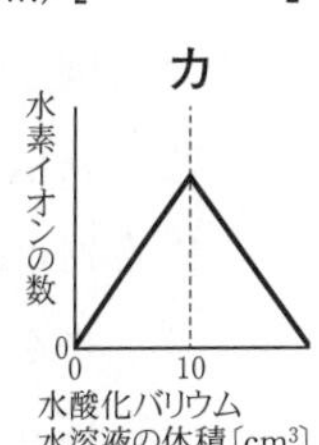

(7)　水溶液を混ぜ合わせたとき，実験２では沈殿ができたが，実験１では沈殿ができなかった。その理由を「塩」という語を用いて書きなさい。

(3点)［　　　　　　　　　　　　　　　　］

(8)　次の**ア**～**エ**の水溶液のうち，pHを調べたときに実験２の下線部と同じ結果が得られるものはどれか。すべて選びなさい。　(3点)［　　　］

ア　アンモニア水　　**イ**　レモン汁　　**ウ**　石けん水　　**エ**　食酢

運動と力・エネルギー

16　斜面上の物体の運動を調べるため，次の実験1，2を行った。これについて各問いに答えなさい。ただし，運動する台車や記録テープにはたらく摩擦や空気の抵抗は考えないものとする。

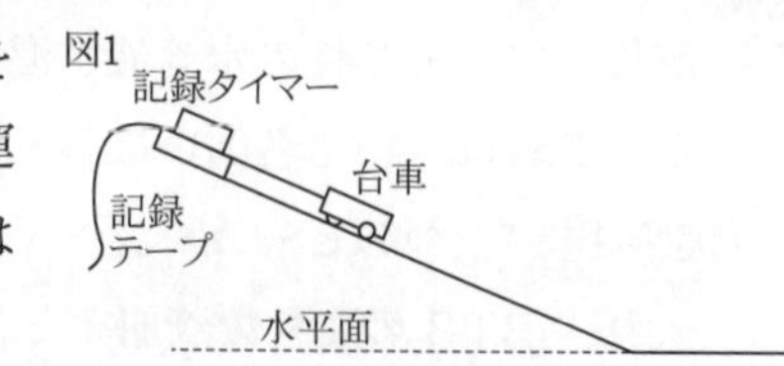

〔実験1〕 図1のように，水平面につながった斜面のある位置から，記録テープをつけた台車を走らせ，1秒間に50打点する記録タイマーで台車の運動を記録した。次に，記録テープの打点がはっきりしない部分を取り除き，最初の点を基準点として5打点ごとに切り，図2のように台紙にはりつけ，5打点ごとに移動した距離を調べた。

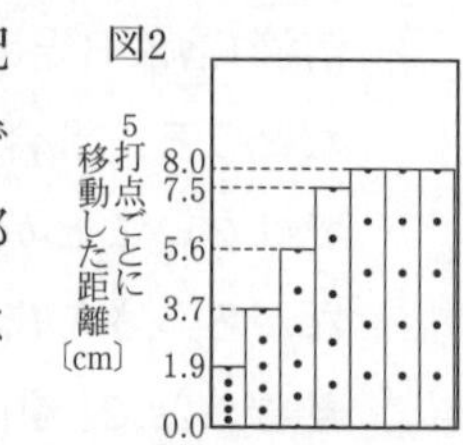

〔実験2〕 図3のように，本の間にものさしをはさみ，斜面上の台車から静かに手をはなしてものさしに衝突させた。台車はものさしに衝突したあと停止し，本は動かず，ものさしはまっすぐに押し込まれた。この実験を，質量が400g，480g，560gの台車を用いて，手をはなす台車の高さを5cm，10cm，15cmと変化させながら行い，ものさしが押し込まれた距離を調べた。表はその結果をまとめたものである。

表　ものさしが押し込まれた距離〔単位：cm〕

		高さ		
		5cm	10cm	15cm
質量	400g	2.5	5.0	7.5
	480g	3.0	6.0	9.0
	560g	3.5	7.0	10.5

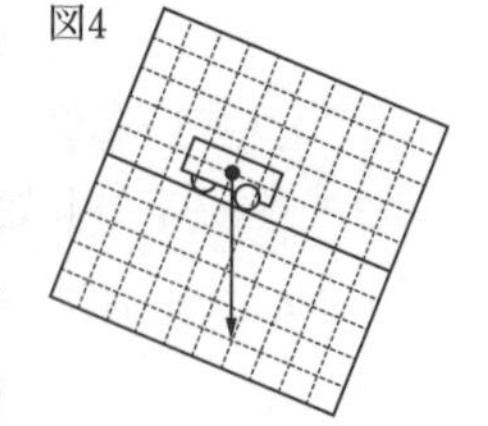

(1)　図4中の矢印は，台車が斜面上にあるとき台車にはたらいている重力を表したものである。重力を斜面に平行な方向と斜面に垂直な方向に分解するとどのように表されるか。図4に矢印でかき入れなさい。(4点)

(2)　実験1で，図2に記録された台車の，基準点となる打点が記録されてから0.2秒後までの平均の速さは何cm/sか。　(4点)［　　　cm/s］

(3)　実験1で，台車が斜面を下りきって水平面を進んでいるときの台車の運動を何というか。　(3点)［　　　］

(4)　実験2の表の結果をもとに，次の問い①，②に答えなさい。

①　質量480gの台車を使って，ものさしを15cm押し込むには，手をはなす台車の高さを何cmにすればよいか。　(4点)［　　　cm］

②　手をはなす台車の高さを20cmにして，ものさしを15cm押し込むには，台車の質量は何gにすればよいか。　(5点)［　　　g］

(5)　実験2で，(a)の位置は固定したまま，斜面の角度を図3より大きくして手をはなす高さは変えずに実験を行った場合，手をはなしてからものさしに衝突する直前までの時間と，台車の速さの関係を表すグラフはどうなるか。最も適切なものを**ア**～**エ**から選びなさい。ただし，破線は図3の角度で行った場合のグラフであり，実線は斜面の角度を大きくして行ったときのグラフである。(5点)［　　　］

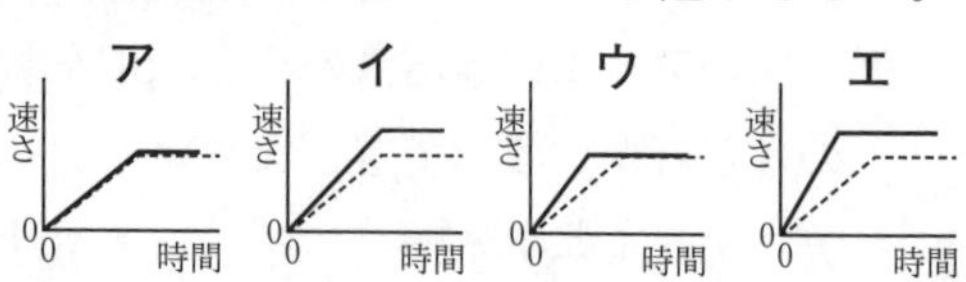

得点	/50

17 物体を引き上げるのに必要な仕事について調べるために，次の実験1，2を行った。これについて各問いに答えなさい。ただし，物体，滑車，ばねばかり，糸にはたらく摩擦力や空気の抵抗と，滑車，ばねばかり，糸の重さ，および糸ののび縮みは考えないものとする。

〔実験1〕 図1のように，滑車とばねばかりをとりつけた重さ2.4 Nの物体を，床から10 cm離れた位置に静止させ，この状態から，物体を1 cm/sの速さで真上に15 cm引き上げた。

〔実験2〕 図2のように，滑車をとりつけた重さ2.4 Nの物体を，滑車を動滑車として用いて，床から10cm離れた位置から物体を一定の速さで真上に15 cm引き上げた。

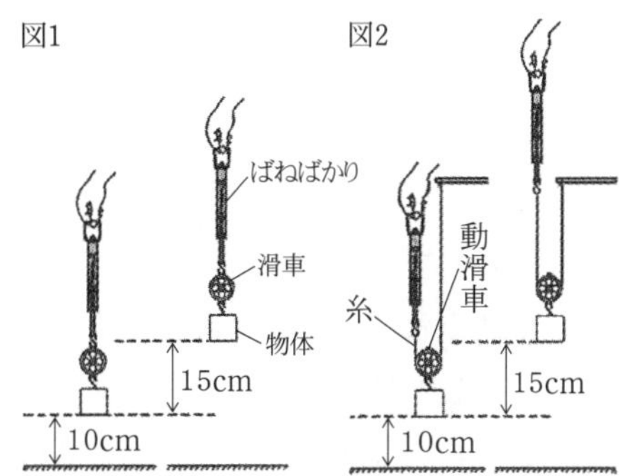

(1) 実験1において，物体を15 cm引き上げるのに必要な仕事は何Jか。(4点) [　　　　J]

(2) 実験1と実験2のように，物体をある高さまで引き上げるのに必要な仕事の量は，道具を使っても使わなくても変わらない。このことを何というか。(4点) [　　　　]

(3) 実験1と実験2で，物体を真上に15cm引き上げるときの仕事率が等しいとき，実験2における，ばねばかりを引き上げる速さは何cm/sか。(4点) [　　　　cm/s]

18 図のように，A点とD点を両端とするレールを用意し，このレールのA点に小球を置き，静かに手をはなしたところ，小球はレールに沿って動き出し，B点，C点を通過した後，D点から真上に向かって飛び出した。図は，D点から飛び出した小球が最も高い点に達するまでの小球の位置を，一定の時間ごとに示したものである。これについて各問いに答えなさい。ただし，小球にはたらく摩擦や空気の抵抗は考えないものとする。

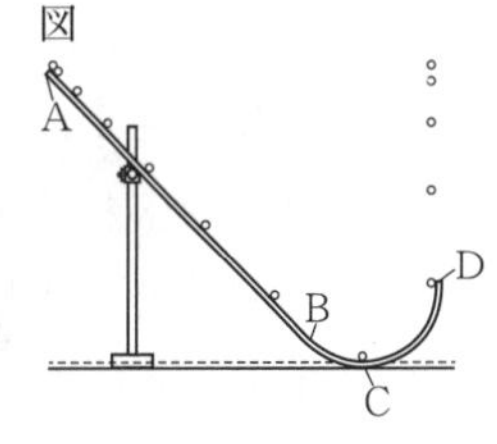

(1) 小球がA点で動き出してからB点を通過するまでの，時間と小球の移動距離との関係を表したグラフとして，最も適切なものを右の**ア**～**エ**から選びなさい。(4点) [　　　　]

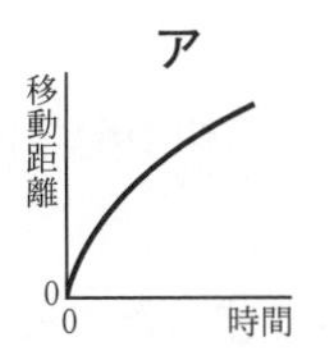

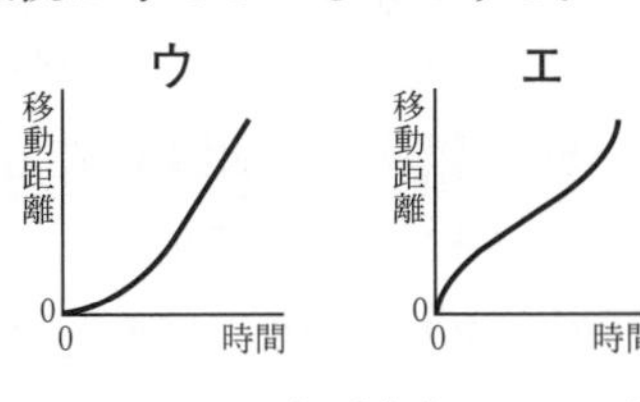

エ 移動距離 0 0 時間

(2) 小球がD点から真上に向かって飛び出した直後の，小球にはたらく力の向きを矢印で表したものとして，最も適切なものを**ア**～**エ**から選びなさい。(4点) [　　　　]

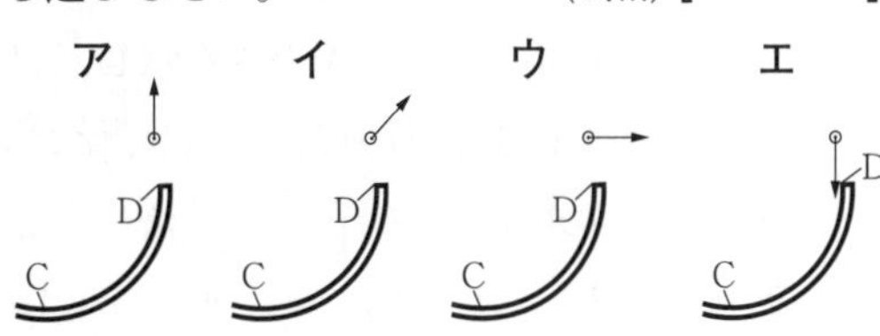

(3) A点で小球がもつ位置エネルギーが，D点で小球がもつ位置エネルギーの4倍だった場合の，C点で小球がもつ運動エネルギーとD点で小球がもつ運動エネルギーの比を，最も簡単な整数の比で表しなさい。ただし，C点を含む水平面を基準面とし，基準面で小球がもつ位置エネルギーを0とする。(5点) [　　　　]

大地の変化

制限時間 30分

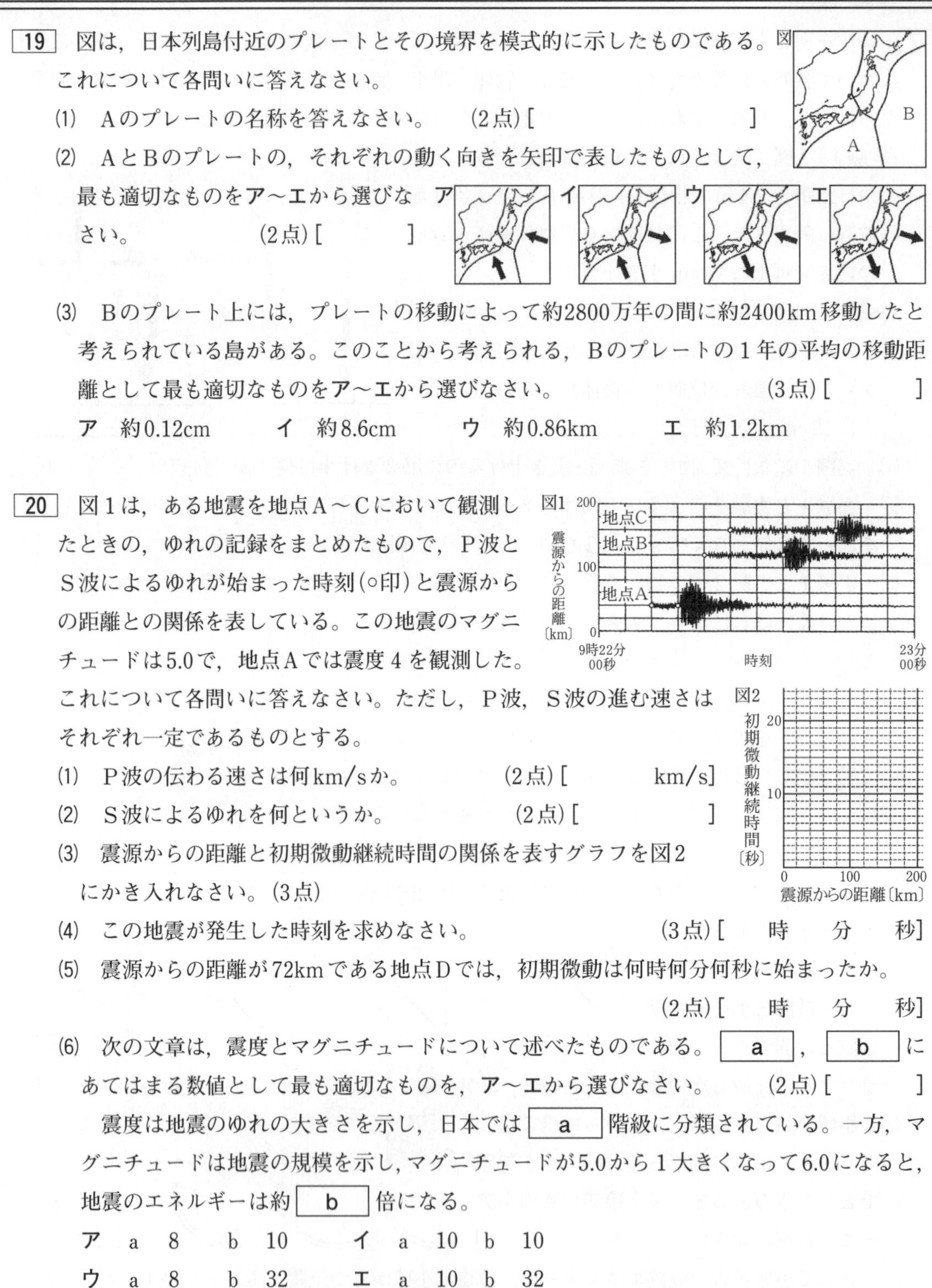

19 図は，日本列島付近のプレートとその境界を模式的に示したものである。これについて各問いに答えなさい。

(1) Aのプレートの名称を答えなさい。　(2点)[　　　　]

(2) AとBのプレートの，それぞれの動く向きを矢印で表したものとして，最も適切なものをア～エから選びなさい。　(2点)[　　　　]

(3) Bのプレート上には，プレートの移動によって約2800万年の間に約2400km移動したと考えられている島がある。このことから考えられる，Bのプレートの1年の平均の移動距離として最も適切なものをア～エから選びなさい。　(3点)[　　　　]

ア 約0.12cm　**イ** 約8.6cm　**ウ** 約0.86km　**エ** 約1.2km

20 図1は，ある地震を地点A～Cにおいて観測したときの，ゆれの記録をまとめたもので，P波とS波によるゆれが始まった時刻(○印)と震源からの距離との関係を表している。この地震のマグニチュードは5.0で，地点Aでは震度4を観測した。これについて各問いに答えなさい。ただし，P波，S波の進む速さはそれぞれ一定であるものとする。

(1) P波の伝わる速さは何km/sか。　(2点)[　　　　km/s]

(2) S波によるゆれを何というか。　(2点)[　　　　]

(3) 震源からの距離と初期微動継続時間の関係を表すグラフを図2にかき入れなさい。(3点)

(4) この地震が発生した時刻を求めなさい。　(3点)[　　時　　分　　秒]

(5) 震源からの距離が72kmである地点Dでは，初期微動は何時何分何秒に始まったか。

(2点)[　　時　　分　　秒]

(6) 次の文章は，震度とマグニチュードについて述べたものである。[a]，[b]にあてはまる数値として最も適切なものを，ア～エから選びなさい。　(2点)[　　　　]

震度は地震のゆれの大きさを示し，日本では[a]階級に分類されている。一方，マグニチュードは地震の規模を示し，マグニチュードが5.0から1大きくなって6.0になると，地震のエネルギーは約[b]倍になる。

ア　a　8　b　10　**イ**　a　10　b　10

ウ　a　8　b　32　**エ**　a　10　b　32

(7) 同じ震源で，この地震よりマグニチュードの値が大きな地震が発生した場合，地点Aで初期微動継続時間の長さとS波によるゆれの大きさはそれぞれどうなるか。

(各2点)初期微動継続時間[　　　　]　ゆれの大きさ[　　　　]

21 右の図は，３種類の岩石①～③を双眼実体顕微鏡で観察し，スケッチしたもので，表は観察した結果をまとめたものである。これについて各問いに答えなさい。

図

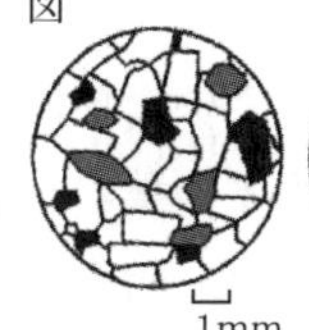

岩石①

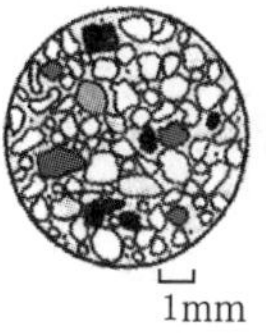

岩石②

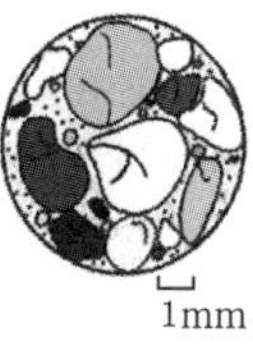

岩石③

(1)　岩石①は，大きく成長した鉱物のみが組み合わさっている。このようなつくりを何というか。また，鉱物が大きく成長したのはなぜか。その理由を簡潔に書きなさい。

(各3点) つくり[　　　　　　　]　理由[　　　　　　　　　　　　　　　　　　　　　　　]

(2)　表中の下線部 a の鉱物は何か。次の**ア**～**エ**から選びなさい。　(3点)[　　　　　]

ア　セキエイ　　　　**イ**　カクセン石

ウ　カンラン石　　　**エ**　チョウ石

表

	観察記録
岩石①	岩石の色は白っぽく，角ばったほぼ同じ大きさの，a <u>柱状で白色やうす桃色の鉱物</u>，板状で黒い鉱物などが含まれている。
岩石②	岩石の色は灰色で，直径が2mm以下の丸みを帯びた粒が多く集まってできている。
岩石③	岩石の色は黒っぽく，直径が2mm以上の丸みを帯びた粒が多く含まれている。

(3)　観察の結果，岩石②，③は堆積岩であることがわかった。そのように判断できる理由を「運搬」という語を使って書きなさい。

(3点)[　　　　　　　　　　　　　　　　　　　　　　　　　　　　　　　　　　　]

22 図１は，ある丘陵に位置する４地点A～Dで，ボーリングによって地質調査を行ったときの，地層の重なり方を示した柱状図である。また，図２は，地点A～Dの地図上の位置を示したものであり，曲線は等高線を表している。これについて各問いに答えなさい。ただし，この地域の各地層は，ある傾きをもって平行に積み重なっており，曲がったり，ずれたりせず，地層の逆転もないものとする。

図1

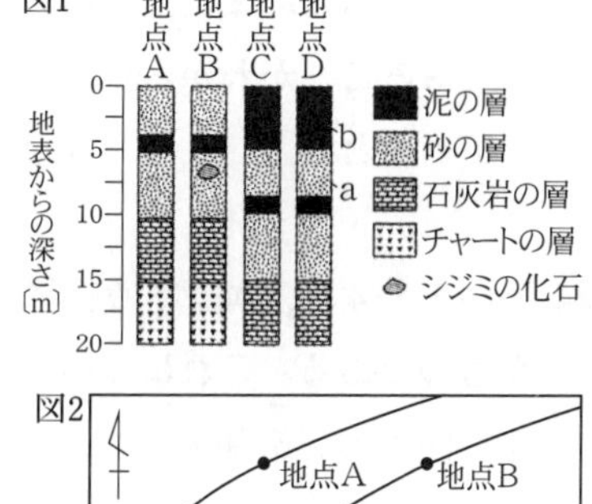

図2

(1)　次の文は，石灰岩について述べたものである。①，②の{　　}の語句のうち，それぞれ適切なものを選びなさい。　(各2点)①[　　　　]　②[　　　　]

石灰岩は①{**ア**　火山灰　**イ**　貝殻}などが堆積してできた岩石であり，主に{**ア**　炭酸カルシウム　**イ**　水酸化カルシウム}という物質からできている。

(2)　地点Bの砂の層に含まれていたシジミの化石から，その地層が堆積した当時の自然環境を推定することができる。このような化石を何というか。　(3点)[　　　　　　　]

(3)　地点Dでは，aの砂の層が堆積した時期より，bの泥の層が堆積した時期の方が，河口から遠かったと考えられる。その理由を書きなさい。

(3点)[　　　　　　　　　　　　　　　　　　　　　　　　　　　　　　　　　　　]

(4)　この地域の地層はある方角に低くなるように傾いている。どの方角に向かって低くなっているか。次の**ア**～**ク**から最も適切なものを選びなさい。　(3点)[　　　　　]

ア　東　　**イ**　西　　**ウ**　北　　**エ**　南

オ　北西　**カ**　北東　**キ**　南西　**ク**　南東

7 高等学校入試対策基礎問題 —理　科—
植物と動物の世界

23 光合成に関する実験を行った。これについて各問いに答えなさい。

〔実験〕 日なたで育てていた鉢植えのアサガオを暗室に置いた。２日後，アサガオの葉の一部の両面を，図のようにアルミニウムはくで覆い，暗室から日なたに戻してアサガオ全体に十分に日光をあてた。その後，葉を茎からとり，アルミニウムはくをはずしてから，熱湯に浸した。さらに，<u>あたためたエタノールの中にしばらく葉を入れた</u>後，取り出し，ヨウ素液に浸して，色の変化を観察した。

図

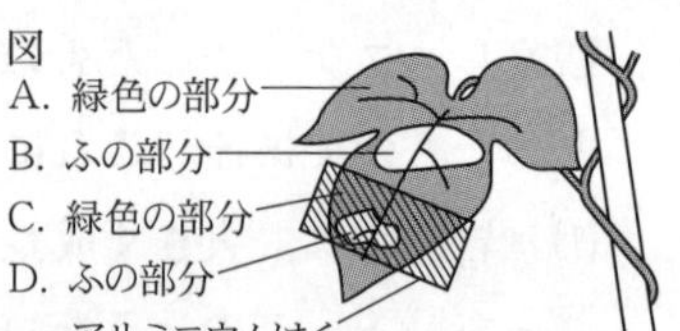

⑴ 実験で，下線部の操作を行うのはなぜか，その理由を簡潔に書きなさい。

(3点)［　　　　　　　　　　　　　　　　　　　　　　　　］

⑵ アサガオの葉をヨウ素液に浸すと，青紫色に変化した部分と変化しなかった部分が見られた。これは，青紫色に変化した部分に，ヨウ素液に反応するある物質があったためである。この物質の名称を書きなさい。　(3点)［　　　　　　］

⑶ 次の文は，実験結果から考察をまとめたものである。［①］，［②］に適するものを，**ア**～**エ**からそれぞれ選びなさい。　(各3点)①［　　　］②［　　　］

葉の［①］の部分の実験結果を比較することで，光合成が緑色の部分で行われることがわかった。また，葉の［②］の部分の実験結果を比較することで，光合成に光が必要であることがわかった。

ア　AとB　　**イ**　AとC　　**ウ**　BとC　　**エ**　BとD

24 図１～４は，エンドウ，イヌワラビ，スギゴケ，ゼニゴケをそれぞれ観察し，スケッチしたものである。これについて各問いに答えなさい。

図1

図2

図3　図4

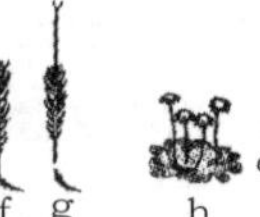

⑴ 図１の先端部分ａは，花粉がつきやすくなっていた。先端部分ａを何というか。

(3点)［　　　　　　］

⑵ 図２のｂ～ｅを葉，茎，根に正しく区別したものは右の**ア**～**エ**のどれか。　(3点)［　　　］

	葉	茎	根
ア	b	c	d, e
イ	b	c, d	e
ウ	b, c	d	e
エ	b, c	d, e	該当なし

⑶ 図３，図４のうち，雄株はどれとどれか。次の**ア**～**エ**から選びなさい。　(3点)［　　　］

ア　ｆとｈ　**イ**　ｆとｉ　**ウ**　ｇとｈ　**エ**　ｇとｉ

⑷ エンドウ，イヌワラビ，スギゴケ，ゼニゴケを図５のように，２つの観点で分類した。観点①と②にあてはまるものを**ア**～**オ**からそれぞれ選びなさい。

(各2点)①［　　　］②［　　　］

図5

ア　子葉は１枚か，２枚か　　**イ**　維管束があるか，ないか
ウ　葉脈は網目状か，平行か　　**エ**　花弁が分かれているか，くっついているか
オ　種子をつくるか，つくらないか

得点　　/50

25　4本の試験管A～Dに，それぞれデンプン溶液10cm³を入れ，さらに，試験管A，Cには水でうすめただ液を2cm³ずつ，試験管B，Dには，水を2cm³ずつ入れた。それぞれの試験管を振り混ぜた後，図のように，約40℃の湯の中に試験管を10分間置いた。その後，試験管A，Bにはヨウ素液を入れて色の変化を観察した。また，試験管C，Dにはベネジクト液と沸騰石を入れてガスバーナーで加熱し，色の変化を観察した。これについて各問いに答えなさい。

図

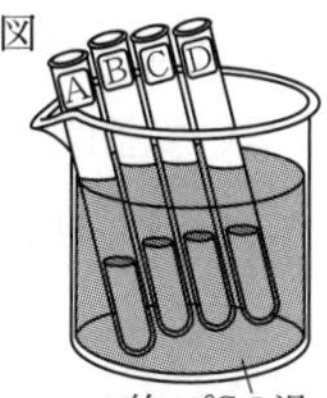

⑴　実験の結果，①試験管AとBのうち，青紫色に変化したのはどちらか。②試験管CとDのうち，赤褐色の沈殿が生じたのはどちらか。　(各3点)①[　　　]　②[　　　]

⑵　次の文は，実験結果から考察をまとめたものである。［①］，［②］に適するものを，**ア**～**エ**からそれぞれ選びなさい。　(各3点)①[　　　]　②[　　　]

試験管AとBを比べると，だ液のはたらきにより［①］ことがわかり，試験管CとDを比べるとだ液のはたらきにより［②］ことがわかった。

ア　デンプンがなくなった　　**イ**　デンプンが増えた
ウ　麦芽糖などの糖がなくなった　　**エ**　麦芽糖などの糖が生じた

⑶　デンプンを麦芽糖などに分解する，だ液に含まれる消化酵素を何というか。
(3点)[　　　]

⑷　表は，ヒトの消化に関わる器官X～Zから出る消化液が，消化酵素であるトリプシン，ペプシン，リパーゼをそれぞれ含むかどうかをまとめたものである。器官X～Zは，だ液腺，胃，すい臓のいずれかである。器官Yは何か。　(3点)[　　　]

表

	トリプシン	ペプシン	リパーゼ
器官X	含む	含まない	含む
器官Y	含まない	含む	含まない
器官Z	含まない	含まない	含まない

26　図は，ヒトが刺激を受け取ってから筋肉が反応するまでの，刺激や命令の信号が伝わる経路を，模式的に示したものである。これについて各問いに答えなさい。

図

⑴　目，耳，皮ふなど，外界からの刺激を受け取る器官を何というか。　(3点)[　　　]

⑵　「熱いものに触れたとき，無意識に手を引っこめた」という反応では，皮ふで刺激を受け取ってから筋肉が反応するまでに，刺激や命令の信号はどのような経路で伝わるか。図のA～Fから必要なものを選び，伝わる順に並べなさい。　(3点)[　　　]

⑶　自転車を運転し，時速20kmで進んでいたところ，自転車の前にボールが転がってきたので，ブレーキをかけた。光の刺激を目が受けとってから筋肉が反応するまでに0.2秒かかったとすると，転がってきたボールからの光の刺激を受けとってから，ブレーキをかけようと筋肉が反応するまでに，自転車が移動した距離は何mか。小数第2位を四捨五入し，小数第1位まで求めなさい。　(2点)[　　　]

天気の変化

27 空気中の水蒸気量について調べるため，次の実験を行った。これについて各問いに答えなさい。

図

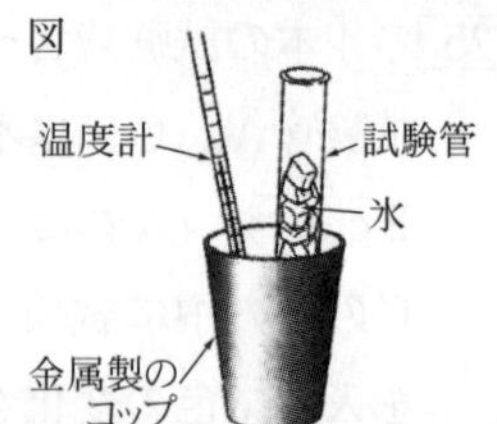

〔実験〕 理科室にくみ置きしておいた水を，金属製のコップに入れ，図のように氷を入れた試験管でかき混ぜながら水温を下げていき，コップの表面を観察したところ，コップの表面がくもり始めたのは，水温が12℃のときであった。また，このときの理科室の気温は20℃であった。

(1) 実験で，ガラス製のコップではなく，金属製のコップを用いたのはなぜか。理由を書きなさい。 (3点) [ ]

(2) コップの表面がくもり始めたときの温度を何というか。 (3点) [ ]

(3) 表をもとに，理科室の湿度を求めなさい。答えは四捨五入して整数で答えなさい。 (3点) [ ]

表

気温〔℃〕	10	12	14	16	18	20	22
飽和水蒸気量〔g/m³〕	9.4	10.7	12.1	13.6	15.4	17.3	19.4

(4) 加湿器を使って理科室の湿度を70％にするには，加湿器から何gの水が水蒸気になればよいか。四捨五入して整数で答えなさい。ただし，理科室は，縦10m，横8m，高さ3mの直方体の空間とする。 (3点) [g]

28 図は，つゆの時期のある日の，日本列島付近の天気図である。図中の前線XYは，勢力がほぼつり合っている二つの気団が日本列島付近でぶつかって位置が動かなくなってできた前線である。これについて各問いに答えなさい。

図

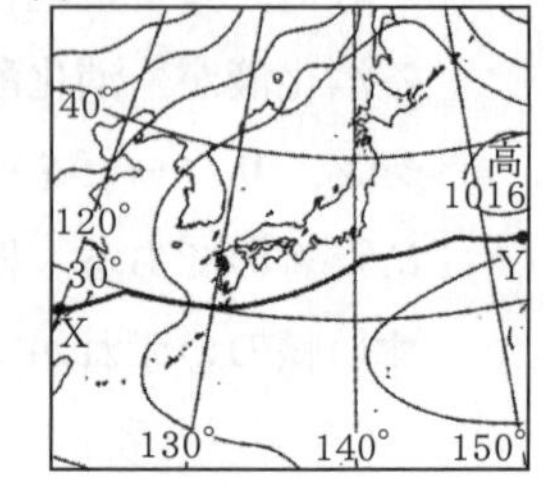

(1) 図中の前線XYを表す天気図の記号として最も適切なものをア～エから選びなさい。ただし，それぞれ上を北とする。

ア　イ　ウ　エ (3点) [ ]

(2) 図中の前線XYの北側にある気団と南側にある気団の特徴として，適切なものをア～エからそれぞれ選びなさい。 (各2点) 北側の気団[ ] 南側の気団[ ]

ア あたたかく，乾燥している　　イ あたたかく，湿っている
ウ 冷たく，乾燥している　　エ 冷たく，湿っている

29 図は，地球上の水が海，大気，陸地の間を，姿を変えながら循環しているようすを模式的に表したもので，数字は海からの蒸発量を100としたときの値を示している。これについて各問いに答えなさい。

図

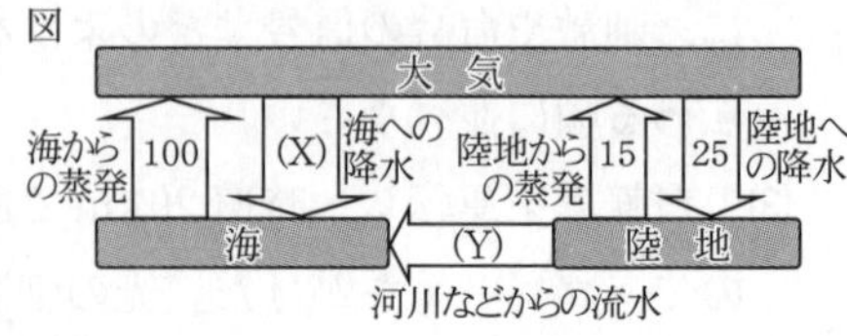

(1) 地球上の水の循環をもたらすエネルギー源は何か。 (2点) [ ]

(2) 地球上の海，大気，陸地に存在している水の割合は，一定に保たれていると考えられる。このことから，図のX，Yに適する値を求めなさい。 (各2点) X[ ] Y[ ]

得点　　/50

30 図は，日本のある地域における2日間の気象の変化をまとめたものである。この2日間に，寒冷前線と温暖前線を伴った低気圧が日本列島を通過している。これらについて各問いに答えなさい。

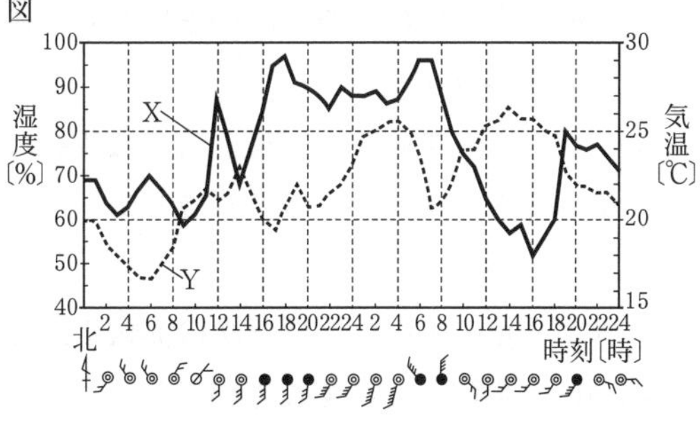

(1) 中緯度帯で発生する，下線部のように前線を伴う低気圧を何というか。

(3点)［　　　　］

(2) 低気圧の特徴について述べた文として最も適切なものを，**ア**～**エ**から選びなさい。(3点)［　　　　］

ア　中心から周辺に向かって風が吹くため，中心では上昇気流が生じる。

イ　中心から周辺に向かって風が吹くため，中心では下降気流が生じる。

ウ　周辺から中心に向かって風が吹くため，中心では上昇気流が生じる。

エ　周辺から中心に向かって風が吹くため，中心では下降気流が生じる。

(3) 日本付近の上空では，大気は西から東に向かって動いている。そのため，その影響を受けて低気圧や高気圧が移動する。この西から東へ向かって地球を一周する大気の動きを何というか。(3点)［　　　　］

(4) 気温や湿度など性質の異なる気団が接したところには前線がつくられる。温暖前線付近では，暖気と寒気はどのように進んでいくか。「暖気」と「寒気」という語を用いて簡潔に説明しなさい。　(4点)［　　　　］

(5) 図のX，Yのグラフのうち，気温の変化を示すグラフはどちらか。また，図から，積乱雲による激しい雨が降り始めたと考えられる時刻の　①風向　②気温や湿度のようす　について最も適切なものを，それぞれ選びなさい。

(各3点)グラフ［　　　　］　①［　　　　］　②［　　　　］

① **ア** 南　**イ** 北　**ウ** 南西　**エ** 南東　**オ** 北西　**カ** 北東

② **ア**　気温は約24℃，湿度は約95%であり，雨が降り始めた直後は気温が上昇した。

イ　気温は約24℃，湿度は約95%であり，雨が降り始めた直後は気温が下降した。

ウ　気温は約29℃，湿度は約75%であり，雨が降り始めた直後は気温が下降した。

エ　気温は約29℃，湿度は約75%であり，雨が降り始めた直後は湿度が下降した。

オ　気温は約20℃，湿度は約85%であり，雨が降り始めた直後は湿度が上昇した。

カ　気温は約26℃，湿度は約60%であり，雨が降り始めた直後は気温が上昇した。

(6) 図の2日間の気圧を表したグラフとして最も適切なものを**ア**～**エ**から選びなさい。

(3点)［　　　　］

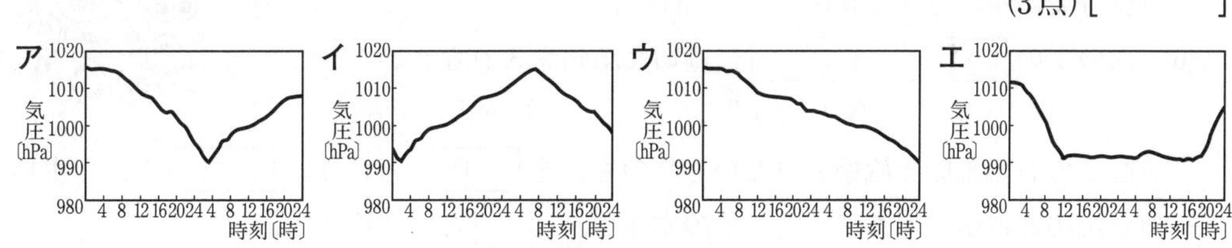

生命の連続性

31 細胞のつくりと大きさについての次の各問いに答えなさい。

(1) 植物の細胞のうち，細胞を保護し，植物のからだの形を保つために役立っているつくりを何というか。 (3点) [　　　　]

(2) 次のア～エのうち，最も大きな細胞はどれか。 (3点) [　　　　]

ア ミドリムシ　　イ ゾウリムシ　　ウ ヒトの赤血球　　エ ヒキガエルの卵

32 タマネギの根を用いて，次の実験1，2を行った。これについて各問いに答えなさい。

図1 タマネギの根の成長のようす（1日後，2日後の●印は省略している。）

●印を付けてから　1日後　2日後　a b c d　水　(数日後)

〔実験1〕 図1のように，タマネギを水につけておいたところ，数日後に根が1cmくらい伸びた。この根の一つに，油性ペンで等間隔にa～dの印をつけ，再び水につけて根の成長のようすを2日間観察した。

〔実験2〕 2日後，実験1のタマネギの根を切り取ってうすい塩酸の入った試験管に入れ，それを約60℃の湯につけて1分間温めた。次に，根を試験管から取り出して水で洗い，a～dの各印の部分を切り取った。それらをそれぞれ別のスライドガラスの上に置き，えつき針で細かくつぶした後，染色液を1滴ずつたらした。数分後，それぞれにカバーガラスをかけ，さらにろ紙をかぶせ，根を指でゆっくりと押しつぶし，顕微鏡で観察した。

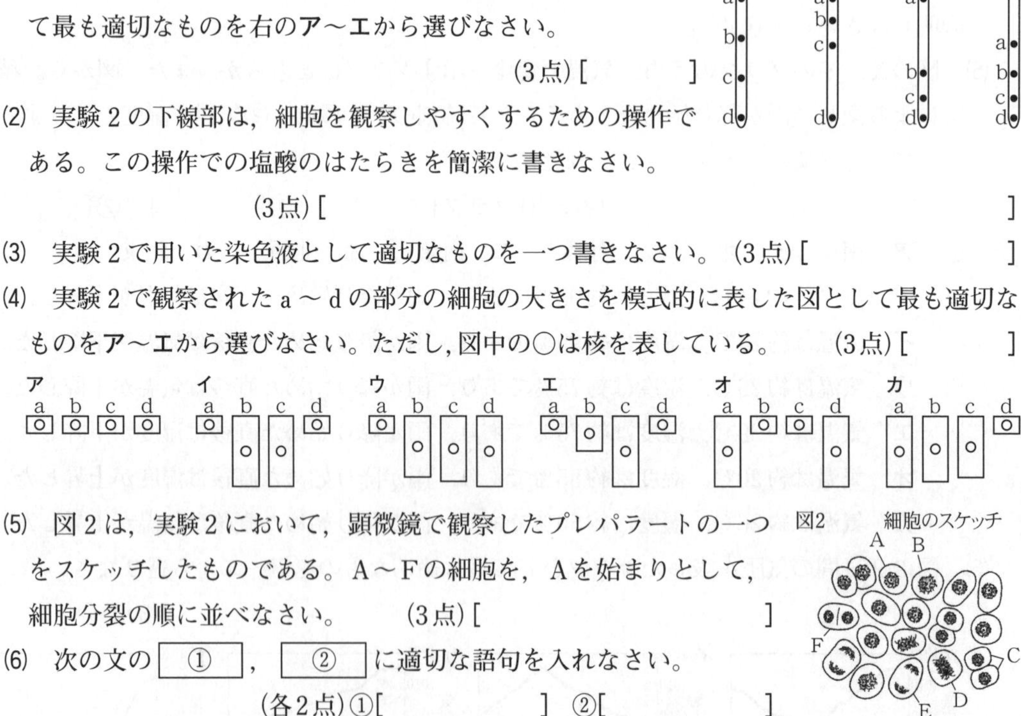

(1) 実験1で観察された2日後の根の印の位置を表した図として最も適切なものを右のア～エから選びなさい。 (3点) [　　　　]

(2) 実験2の下線部は，細胞を観察しやすくするための操作である。この操作での塩酸のはたらきを簡潔に書きなさい。

(3点) [　　　　　　　　　　　　　　]

(3) 実験2で用いた染色液として適切なものを一つ書きなさい。 (3点) [　　　　]

(4) 実験2で観察されたa～dの部分の細胞の大きさを模式的に表した図として最も適切なものをア～エから選びなさい。ただし，図中の○は核を表している。 (3点) [　　　　]

(5) 図2は，実験2において，顕微鏡で観察したプレパラートの一つをスケッチしたものである。A～Fの細胞を，Aを始まりとして，細胞分裂の順に並べなさい。 (3点) [　　　　　　]

(6) 次の文の ① ， ② に適切な語句を入れなさい。

(各2点)①[　　　　] ②[　　　　]

図2のDの細胞で観察されたひも状のものを ① という。 ① には，生物の形質を決める遺伝子があり，遺伝子の本体は ② という物質である。

得点　/50

33 遺伝についての次の実験１，２について，各問いに答えなさい。ただし，エンドウの種子の形を伝える遺伝子のうち，丸い形質をA，しわの形質をaで表し，丸い種子をつくる純系のエンドウはAA，しわのある種子をつくる純系のエンドウはaaという遺伝子の組み合わせで表すものとする。

図1
他家受粉
丸い種子をつくる純系(AA)
しわのある種子をつくる純系(aa)
すべて丸い種子ができた

図2
〔実験1〕でできた丸い種子をすべて育てる
自家受粉
丸い種子としわのある種子ができた

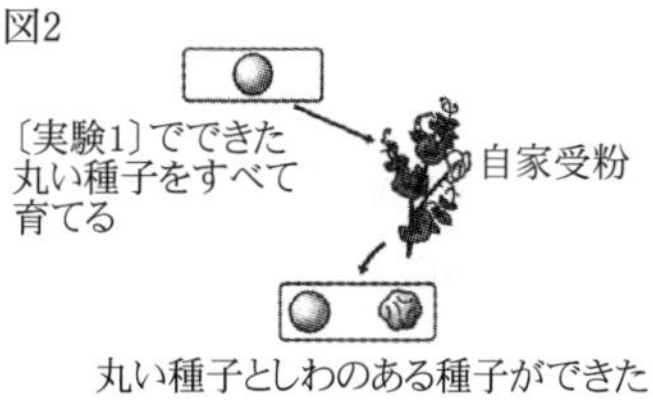

〔実験１〕 図１のように，丸い種子をつくる純系のエンドウのめしべに，しわのある種子をつくる純系のエンドウの花粉をつけた(他家受粉)ところ，できた種子はすべて丸い種子であった。

〔実験２〕 図２のように，実験１でできた丸い種子をすべて育て，自家受粉させると，丸い種子としわのある種子ができた。

(1) エンドウの種子の形は丸い種子としわの種子のいずれかしか現れない。この丸としわのように，どちらか一方しか現れない形質どうしを何というか。(3点)［　　　　　　］

(2) 実験１と実験２でできた種子の遺伝子の組み合わせとして最も適切なものを，次のア～キからそれぞれ選びなさい。　(各3点)実験１［　　　］　実験２［　　　］

ア　すべてAA　　**イ**　すべてAa　　**ウ**　すべてaa　　**エ**　AAとAa
オ　AAとAa　　**カ**　Aaとaa　　**キ**　AAとAaとaa

(3) 実験２でできた種子の中で，しわのある種子は全体のおよそ何%になると考えられるか。最も適切なものを次のア～オから選びなさい。　(3点)［　　　］

ア　25%　　**イ**　33%　　**ウ**　50%　　**エ**　66%　　**オ**　75%

(4) 次の文の［　①　］，［　②　］に適切な語句を入れなさい。(各2点)①［　　］　②［　　］

エンドウの種子の丸形としわ形のように世代をこえて形質が遺伝するのは，［　①　］分裂のときに，対になって存在する遺伝子が，［　②　］の法則に従って，別々に分かれて生殖細胞に入るからである。

(5) 図３のように，実験２でできた種子の中で，しわのある種子をすべて取り除き，丸い種子だけをすべて育て，自家受粉させると，丸い種子としわのある種子ができた。このときできた丸い種子の数としわのある種子の数の比を，最も簡単な整数の比に表すとどのようになると考えられるか。最も適切なものを次のア～オから選びなさい。　(3点)［　　　］

図3
〔実験2〕でできた丸い種子としわのある種子
すべて取り除く
〔実験2〕でできた丸い種子をすべて育てる
自家受粉
丸い種子としわのある種子ができた

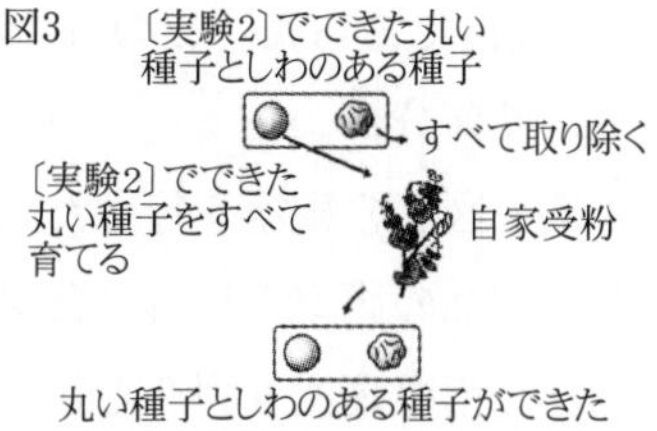

ア　2：1　　**イ**　3：1　　**ウ**　4：1　　**エ**　5：1　　**オ**　6：1

34 ジャガイモは，有性生殖と無性生殖の両方で増える。ジャガイモの無性生殖のように，植物のからだの一部から新しい個体がつくられる無性生殖を，特に何というか。また，ジャガイモの生産においては，無性生殖を利用している理由を，述べなさい。

(3点)［　　　　　　］　理由［　　　　　　　　　　　　　　　　　　］

地球と宇宙

35　図1は公転軌道上の地球と太陽および星座の位置関係を模式的に示したもので，A～Dは，日本における春分，夏至，秋分，冬至のいずれかの日の地球の位置を表している。また，地球がAの位置にあるとき，栃木県で，次に示すように太陽の1日の動きを観察した。これについて各問いに答えなさい。

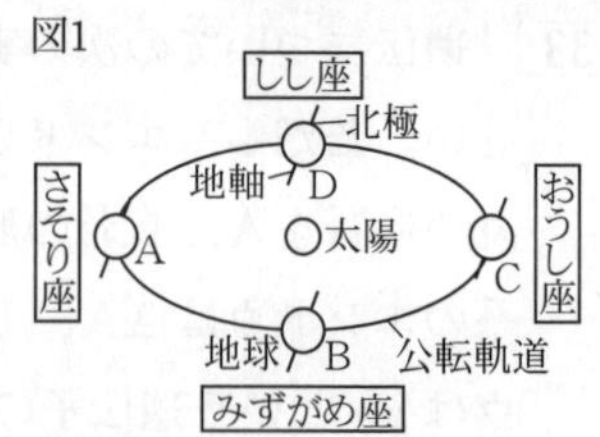

〔観察〕 図2のように，厚紙上に透明半球を固定し，サインペンの先の影が円の中心に来るようにして，9時から15時までの間，1時間ごとに太陽の位置を透明半球に記録し，その時刻を記入した。次に，印をつけた点をなめらかな線で結び，透明半球のふちと交わる点をそれぞれX，Yとした。軌跡に紙テープを当て，印と時刻を写し取り，印と印の間隔をはかった。

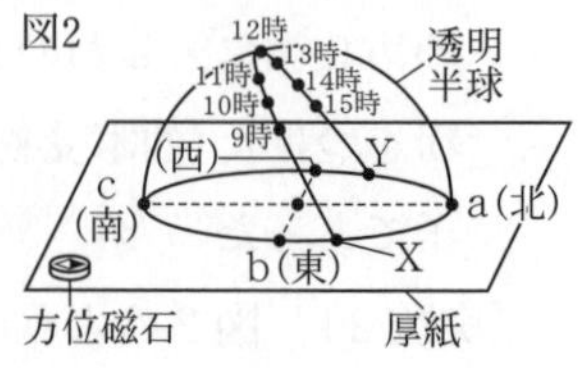

⑴ 地上から太陽や星の動きを観察すると，太陽や星は天球上を動いているように見える。このような太陽や星の1日のみかけの動きを何というか。　(3点) [　　　　]

⑵ 地球が図1のAの位置にあるとき，日本において，日没後さそり座が見え始めるのはどの方位か。ア～エから選びなさい。　(3点) [　　　　]

ア 東　　イ 西　　ウ 南　　エ 北

⑶ 地球が図1のBの位置にあるとき，地球からしし座を見ることはできない。この理由を「方向」という語句を用いて書きなさい。

(3点) [　　　　]

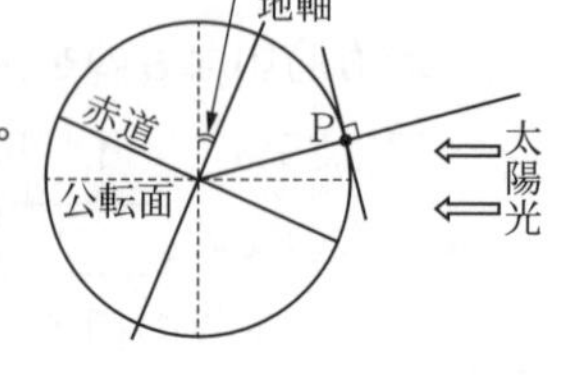

⑷ 図3は，地球が図1のAの位置にあるとき，栃木県の北緯36.4°の地点Pにおける太陽光のようすを表したものである。この日の太陽の南中高度は何度か。ただし，地球の地軸は地球が公転している面(公転面)に対して垂直な方向から23.4°傾いているものとする。　(4点) [　　　　]

⑸ 図2の観察において，Xから9時の印までの間隔は9cmで，XからYまでの間隔は29.5cmであった。この日の日の出の時刻が4時30分であったとすると，日の入りの時刻は何時何分か。　(3点) [　　時　　分]

⑹ 図2の観察を行った同じ日に，沖縄県でも同様の観察を行ったとすると，日の出の位置と南中高度は図2と比べてどうなるか。適切なものを右のア～エから選びなさい。

(3点) [　　　　]

	日の出の位置	南中高度
ア	北寄りになる	高くなる
イ	南寄りになる	高くなる
ウ	北寄りになる	低くなる
エ	南寄りになる	低くなる

⑺ 次の文の ① ～ ③ に，適切な語句を入れなさい。

(各2点) ①[　　　　] ②[　　　　] ③[　　　　]

図1において，地球が ① の位置にあるとき，栃木県での季節は冬である。夏の晴れた日と冬の晴れた日を比べると，夏の気温よりも冬の気温が低くなるのは，太陽の高度が ② くなり，同じ面積にあたる光の量が ③ くなるからである。

36 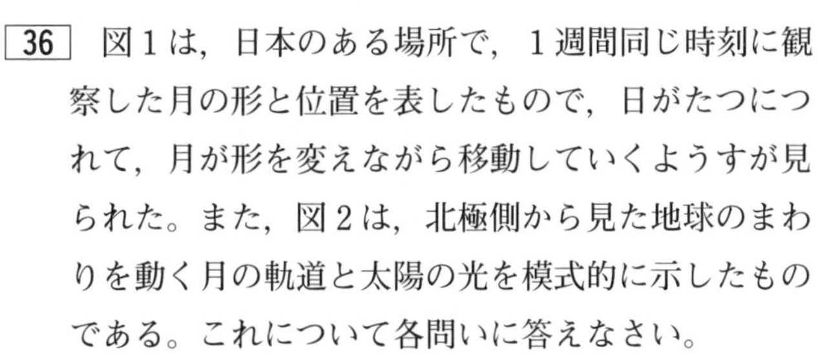図１は，日本のある場所で，１週間同じ時刻に観察した月の形と位置を表したもので，日がたつにつれて，月が形を変えながら移動していくようすが見られた。また，図２は，北極側から見た地球のまわりを動く月の軌道と太陽の光を模式的に示したものである。これについて各問いに答えなさい。

図1
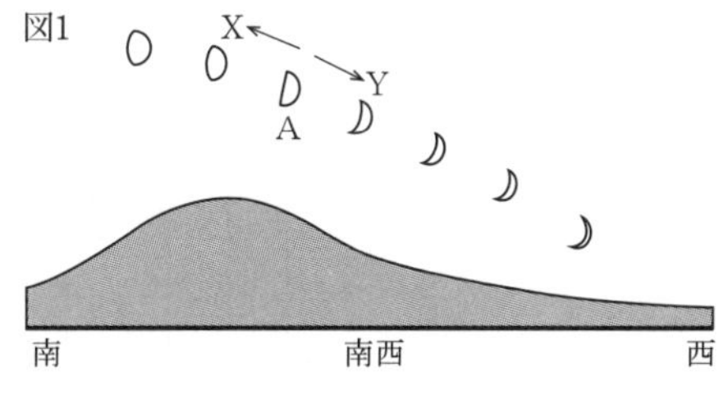

(1) 図１のAのように見えた月の位置は，図２の**ア**～**エ**のどれか。また，同じ時刻に見える月の位置は，日がたつにつれて図１のX，Yのどちらの方向に移動したか。

(各２点) 位置[　　　　]　方向[　　　　]

図2
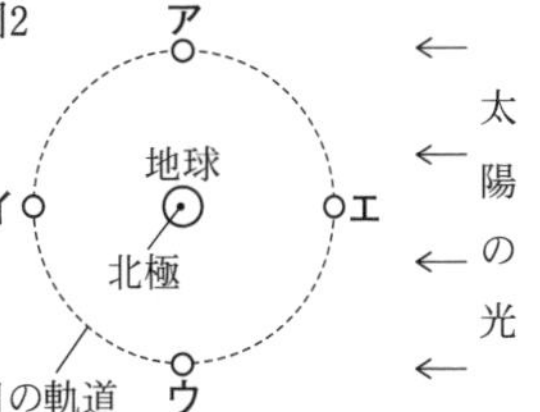

(2) 地球から見ると，月が満ち欠けをするように，金星も満ち欠けをする。図３は，ある日の金星が見える時間帯に，天体望遠鏡で観察した金星の見え方を，肉眼で見たときの向きに直したものである。図３の金星を観察した時間帯と方角として，最も適切なものを**ア**～**エ**から選びなさい。　(3点) [　　　　]

図3

ア　明け方，東　　**イ**　明け方，西　　**ウ**　夕方，東　　**エ**　夕方，西

(3) 月の動きによって，日食が起きることがある。太陽が図４のように見える日食を何というか。　(3点) [　　　　]

図4

(4) 日食が起きる理由を，太陽，地球，月の位置関係にふれて説明しなさい。(3点) [　　　　]

(5) 日食が見える日の月の見え方を何というか。次の**ア**～**オ**から選びなさい。　(2点) [　　　　]

ア　満月　　**イ**　三日月　　**ウ**　新月　　**エ**　下弦の月　　**オ**　上弦の月

37 図１のような天体望遠鏡を用いて，太陽投影板の上に記録用紙を固定し，太陽の像を直径10cmになるように投影して数分間観察した。そして，観察してわかったことを図２にまとめた。これについて各問いに答えなさい。

図1　天体望遠鏡
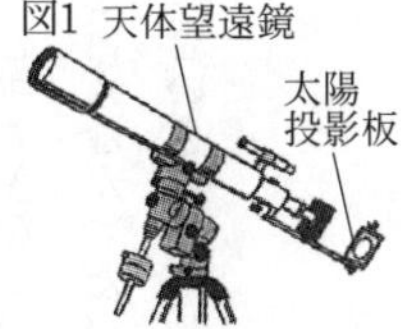

図2
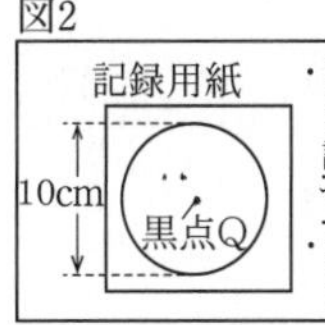

(1) 太陽のように，自ら光を放つ天体を何というか。　(2点) [　　　　]

(2) 黒点が黒く見えるのはなぜか。その理由を簡潔に書きなさい。

(3点) [　　　　]

(3) 図２の下線部 a のおもな原因は次の**ア**～**エ**のどれか。　(2点) [　　　　]

ア　地球の公転　　**イ**　地球の自転　　**ウ**　太陽の公転　　**エ**　太陽の自転

(4) 黒点Qの実際の直径は，地球の直径の何倍か。四捨五入して小数第１位まで求めなさい。ただし，太陽の直径は地球の直径の109倍とする。　(3点) [　　　　倍]

ひさしは、

「蘭が……」

と言ったきり、あとが続かなくなった。

父親に促されるまま、ひさしは片手で口を蔽うようにして、細くなった扇子の骨を歯に当てた。

熱が退くように、痛みは和らいでいった。ひさしから痛みが消えたのを見届けると、父親はハンカチーフでゆっくり顔を一と拭きした。それからまた、元のように目を閉じた。

ひさしは、自分の意気地なさを後悔した。

父親が惜し気もなく扇子を裂いてくれただけに、責められ方も強かった。うれしさも、ありがたさも通り越して、③何となく情けなくなっていた。

（竹西寛子「蘭」『蘭 竹西寛子自選短編集』〈集英社〉から）

※ 扇子＝うちわのように風をおこす道具で、折りたためるもの。
※ 骨＝紙や布を貼るときに芯とする細長い竹や木。
※ 蘭＝花の名称。

(1) ――線①「痛みは耐え難くつのってきた」とあるが、なぜか。五十字以内で書きなさい。 (15点)

(2) □に当てはまる最も適切な語句はどれか。 (5点)〔 〕

ア 大きな顔　イ しかめっ面
ウ 仏頂面　エ したり顔

(3) ――線②「と言ってしまった」とあるが、痛みを訴えなかった理由として、最も適切なものはどれか。 (15点)〔 〕

ア 残り一時間半ぐらいなら、痛みを辛抱できると確信していたから。
イ 父親が大切な扇子を裂いて、痛みに対処してくれる予感があったから。
ウ 父親に言っても、我慢しろと結局怒られると思っていたから。
エ 痛みに何も対処できない状況で、父親を困らせたくなかったから。

(4) ――線③「何となく情けなくなっていた」とあるが、この時のひさしの気持ちとして、最も適切なものはどれか。 (15点)〔 〕

ア 忍耐力がなく父に迷惑をかけた自分を責める気持ち。
イ 父の思いやりに感謝できなかった自分を責める気持ち。
ウ 本当の気持ちを言えなかった自分を責める気持ち。
エ 父と祖父二人の思いをむだにした自分を責める気持ち。

10 文学的文章Ⅲ〔小説3〕

得点　　/50

23 次の文章を読んで⑴～⑷の問いに答えなさい。

（第二次世界大戦中の夏、ひさしは父親とともに出かけ、帰りの列車に乗っていた。窓は板でふさがれ、通路は荷物でいっぱいな中、ひさしは歯痛を感じ始めていた。）

何とか我慢しよう、とひさしは思った。父親に訴えたところで、父親も困るだろう。楊枝もなければ痛み止めの薬があるわけでもない。ところが、改めてあたりを見廻してみて、目覚めているのがどうやら自分一人と分かると、①痛みは耐え難くつのってきた。窓の外の景色に気を紛らせるというわけにもいかないし、嗽に立つことも出来ない。

ひさしは、眠っているらしい人達に気を遣って声を立てず、指で父親の膝をつついた。驚いて目を開いた父親に、ひさしは片頬を片手で押えて、［　　　］をしてみせた。

「歯か？」

と即座に父親は反応した。眉の間に皺を寄せたままひさしはうなずいた。

父親は、困った、という表情になったが、困った、とは言わなかった。

その表情を見た途端、ひさしは、

「何か挟まっているみたいだけど、大丈夫、取れそうだから」

②と言ってしまった。取れそうな気配もなかった。

今度はひさしのほうが目を閉じた。あと一時間半の辛抱だ。そう自分に言いきかせて、自分の手をきつく抓った。

いっときして目を開くと、父親が思案顔で見詰めている。

「まだ痛むか？」

ひさしは、息を詰めたくなるような痛さにいっそう汗ばんでいたが、

「少しだけ」

と答えた。

すると父親は、手にしていた※扇子を開きかけ、いきなり縦に引き裂いた。そして、その薄い※骨の一本を折り取ると、呆気にとられているひさしの前で、更に縦に細く裂き、

「少し大きいが、これを楊枝の代わりにして」

と言って差し出した。

ひさしは頭から冷水を浴びせられたようだった。その扇子は、亡くなった祖父譲りのもので、父親がいつも持ち歩いているのを知っていたし、扇面には、薄墨で※蘭が描かれていた。その蘭を、いいと思わないかと言ってわざわざ父親に見せられたこともある。

冴子が言い終わると、父さんが「なるほどなぁ。」と言って、うなりながら腕を組んだ。

「④頭でわかっていても、心がわかっていなかったんやな。加奈ちゃんは、冴から言われてやっと、頭でわかってることと、心でわかるいうことが一つになったんや。人間ちゅうのはやっかいなもんやなぁ。自分の心やのに、自分一人ではどうにもできんときがある。」と、うなずいた。

「意識してない心の底の不安が、きっちり表に出てくるんやねぇ。」

母さんもいっしょにうなずいた。

真紀は大きく息をついた。そんなことがあるのかと不思議だった。

（竹内もと代「青空の七人」〈文研出版〉から）

※　コンディション＝状態、調子。

※　スランプ＝一時的に調子が崩れ、ふだんの技能が発揮できない状態。

(1) ——①線「真紀はごくんとつばを飲みこんで、うなずいた」とあるが、このときの真紀はどのような気持ちか。真紀の心情を説明した次の文章の a 、 b にあてはまる適切な表現をそれぞれ十五字以内で書きなさい。（各10点）

真紀の［a　　　　　　　　　　］がわかるかもしれないという期待と緊張感を高めながらも、［b　　　　　　　　　　］という冴子の言葉に納得している。

(2) ——②線「冴子がにっと笑った」とあるが、なぜ冴子は「にっと笑った」のか。二十字以内で書きなさい。（10点）

(3) ——③線「原因」の対義語を文章中から抜き出しなさい。（5点）［　　］

(4) ——④線「頭でわかっていても」とあるが、頭でわかっていることとして、最も適切なものはどれか。（5点）［　　］

ア　冴子の言葉がスランプを脱する糸口になったということ。

イ　コンディションをとりもどすための方法があるということ。

ウ　キックで骨折をするということは、絶対にないということ。

エ　不安が自分では意識していない心の底にあったということ。

(5) 本文の特徴を説明したものとして、最も適切なものはどれか。（10点）［　　］

ア　人物描写に擬態語や動作を表す表現を用いることで、登場人物の心情がわかりやすくなっている。

イ　常に真紀の視点から心情を描写することで、真紀の家族への反発心がわかりやすくなっている。

ウ　家族の団らんを表す具体的な情景を描写することで、家族の関係性がわかりやすくなっている。

エ　会話文の中に方言を多用することで、家族が一致団結している様子がわかりやすくなっている。

9 文学的文章Ⅱ〔小説2〕

制限時間 30分

得点 /50

22 次の文章を読んで(1)～(5)の問いに答えなさい。

（キックベースをしている真紀は、階段で足の親指を負傷し、その回復後も思い切ったプレーができずにいた。ある日、家族が居間に集まったとき、姉の冴子(さえこ)が、親友の加奈(かな)の話をして、真紀を励ましていた。）

「加奈ちゃんの※コンディションが急にもどったのは、ブロック大会の一週間前やったかな。」

と、冴子が言ったとき、真紀は思わずからだをのりだした。

「急にもどったの？　どうして？　どうやって急にコンディションをとりもどせたの、お姉ちゃん。」

でも、冴子は落ち着いている。

「あわてんとき。なんでコンディションがもどったかの前に、なんでコンディションがもどらんかったたかが先や。」

①真紀はごくんとつばを飲みこんで、うなずいた。そうだった。真紀は、自分の不調の理由さえわかっていないのだ。加奈ちゃんの理由がわかれば、真紀にもわかることがあるかもしれなかった。

「コンディションがもどらんかったのは、加奈ちゃんが、また骨折するんやないかって、不安を持ってたからだったんよ。」

冴子は、じっと真紀を見た。でも真紀は、思わず顔をしかめた。がっかりだった。

「それじゃ、わたしとぜんぜんちがうよ、お姉ちゃん。わたしはそんな不安なんか持ってないもん。」

真紀が言ったら、②冴子がにっと笑った。

「それはどうかな、真紀。加奈ちゃんもはじめは、真紀と同じことを言うたよ。また骨折するんやないかなんて思ってない、てね。でも、そういうのはあたりまえなんよ。自転車でこけたときみたいなひどいぶつけ方を、キックでするわけないって、頭の中ではわかってるんやもん。けど、そこが問題やったの。つまりね、加奈ちゃんの不安は頭の中にあったんじゃなくて、自分では意識してない心の底にあったんよ。」

真紀は目をみはった。

「意識してない心の底？　どうしてそんなことが、わかったん？」

「そのときはわからんかったの。けど、あとで加奈ちゃんと、③原因をいろいろ考えてみたんよ。その結果、偶然わたしが加奈ちゃんに、キックで骨折するって絶対にありえへん、て言うたことが、※スランプを抜け出すきっかけになったらしいって、わかったの。」

聞こえてくるようだ。次の瞬間、ねらいすました一点にすばやく道具がうちおろされ、大きなアワビはばあちゃんの手の中にあった。「すっごーい。」思わず声にでた。「うん。あれは大物だったな。」③ばあちゃんの鼻の穴がふくらんだ。

『手に持てるだけのアワビをとると、山崎さんはいったん海面にあがります。決して無理はしません。こうして二時間の漁のあいだ、五十回も素もぐりをくりかえすのです。』初めて夏音にきた日、ばあちゃんがたべさせてくれたアワビは、こうしてとったもんだったんだ。あのときは緊張していて味がよくわからなかったけれど、もっとよく味わってたべればよかった。ビョー。ばあちゃんの※磯笛(いそぶえ)が海面にひびいた。数羽(すうわ)のカモメがにぎやかに鳴きかわしながら、おけのまわりをとびかっていた。

（八束澄子(やつかすみこ)「海で見つけたこと」〈講談社〉から）

※ 磯笛＝海女が水中で作業を終え浮上した時につく息。口笛のように聞こえる。

(1) ――線①「息が苦しくなって」とあるが、なぜ息が苦しくなったのか。三十字以内で書きなさい。（15点）

(2) ――線②「海の中のほうが、ばあちゃんはずっとのびやかで、ずっと自由に見えた」とあるが、海の中のばあちゃんの姿はどのようだったか。これを説明した次の文章の［ a ］、［ b ］にあてはまる適切な表現をそれぞれ十字以内で書きなさい。（各10点）

陸の上ではばあちゃんの［ a ］が、海の中に入るとすっとのびて、まるで［ b ］姿でもぐっている。

(3) ――線③「ばあちゃんの鼻の穴がふくらんだ」とあるが、ここに表れているばあちゃんの気持ちとして、最も適切なものはどれか。（5点）〔　　〕

ア 期待　**イ** 感動　**ウ** 緊張　**エ** 得意

(4) 本文の特徴を説明したものとして、最も適切なものはどれか。（10点）〔　　〕

ア 登場人物それぞれの視点から物語が描かれることで、読者が人物それぞれの性格を捉えやすくなっている。

イ 「わたし」の目を通して見たことを描くことで、読者が登場人物の生き生きした言動を捉えやすくなっている。

ウ 「わたし」が過去を後悔する場面を描くことで、読者が「わたし」が成長していることを理解しやすくなっている。

エ 会話文の中に擬態語が用いられることで、読者が登場人物それぞれの心情を理解しやすくなっている。

8 文学的文章Ⅰ〔小説1〕

制限時間 30分

得点　　/50

21 次の文章を読んで⑴～⑷の問いに答えなさい。

(「わたし(なつき)」と弟の「よしひろ」は「ばあちゃん(梅子)」の家で夏休みを過ごしている。)

「お、そうだ。去年、ばあちゃん、テレビにでたよ。」「うっそお。」あこがれてはいるけれど、実際にテレビにでた人なんて、わたしのまわりにはだれもいない。一度友達の家で、バレエの発表会のビデオを見せてもらったことがあったけど、あれはおばさんが撮ったホームビデオだ。「ビデオ見るか?」「見る、見る。」すっかり興奮したよしひろが、リモコンをとりに走った。『夏音(なつのね)の町に、海女(あま)たちのシーズンがやってまいりました。』ナレーションがはじまり、画面いっぱいに、いまではすっかり見なれた夏音港の風景がうつしだされた。わたしはごくりとつばをのみこんだ。『山崎梅子さん八十歳は、今朝も十キロの荷を背に、海へとむかいます。』「ばあちゃんじゃあ。」よしひろは目を白黒させながら、となりにすわっている実物と画面のばあちゃんとを見比べた。「ばあちゃんって、八十年も前に生まれたんか?すげえ大昔じゃが。なあなあ、そのころって恐竜おった?」「恐竜はおらんかったけど、ちょんまげゆったお侍さんはおったで。」ばあちゃんはしゃらっとした顔でよしひろをからかう。一緒に暮らしてみてわかったけれど、ばあちゃんってけっこうおちゃめなんだ。「すっげえ。ちゃんばらしとった?」すぐにのせられるよしひろのにぎやかなおしゃべりで、ナレーションが聞こえない。「もう、うるさい。しっ!」「わかりましたよお。」

わたしは画面にくぎづけだ。いよいよウェットスーツに身を固めたばあちゃんが、海にとびこむ。ばあちゃんの話から想像するだけだった海の中の景色が、画面いっぱいに広がった。部屋全体が青くそまる。そっか、ばあちゃんがいつも見てる海の中って、こんな景色なんだ。自分がもぐってるわけじゃないのに①息が苦しくなって、わたしはハフハフといそがしく息をすった。海の中の映像は美しく、まるでばあちゃんと一緒に青い海の底深くもぐっていくような錯覚に、わたしの胸はおどった。

水中に身をしずめたとたん、ばあちゃんの曲がっていた腰がすっとのびた。まるで魔法だ。足ヒレをゆっくり動かしながら、海の底へとむかっていく姿は人魚のように優雅で、陸(おか)の上のばあちゃんからはまるで想像がつかなかった。②海のほうが、ばあちゃんはずっとのびやかで、ずっと自由に見えた。『今日の獲物はアワビです。海の底の岩場にでてきたアワビは、身の危険を感じるとすぐにはりついてとれなくなるので、気づかれないよう後ろからそっと近づきます。』ばあちゃんの胸の鼓動が画面をとおして

「関係」を切断され、根無し草のようになってしまった。便利で能率よく生活することが可能になったが、いったい何のために生きているのか、その意味が急に希薄に感じられるようになったのである。「意味」とは関係の在り方の総体のようなものである。私と私を取り巻く世界との関係がどんなものかがわからずに生きていても、「意味」が感じられないのも当然である。

（河合隼雄（かわいはやお）「物語と人間　河合隼雄著作集 第2期〈7〉」〈岩波書店〉から）

※　アイデンティティ＝自分という存在の独自性についての自覚。

(1) □に当てはまる語として適切なものはどれか。　(10点)［　　］

ア　しかし　イ　なぜなら　ウ　だから　エ　たとえば

(2) ――線部1「『関係付ける』働き」とあるが物語の「関係付ける」働きとはどのような働きか。④段落の語句を用いて六十字以内で書きなさい。　(15点)

(3) ――線部2「自然科学によって～立場を獲得する」とあるが、「自然科学」が人間に対してこのような影響力をもつことができたのはなぜか。　(10点)［　　］

ア　人間は、「関係」を見出した科学の知によって自分が何でもできる存在だと考えるようになったから。

イ　人間は、個人を超えた科学の知によって唯一の真理を見つけ出したことで、普遍的な存在となったから。

ウ　観察者と関係の深い外的事実を研究することで、その結果に自信を持つことができるようになったから。

エ　観察者とは無関係とされる外的事実の間に見出された「関係」は個人を超える普遍性を持っていたから。

(4) 本文の特徴を説明したものとして最も適切なものはどれか。　(15点)［　　］

ア　具体例を挙げ説明した「物語」の価値が変化し、その役割が薄くなってきたことを考察している。

イ　「物語」について筆者の体験談を通じて、普遍性を持つ科学の知との違いを比較している。

ウ　人間が言語を獲得してきたという歴史的事実と関連付けて、「物語」の意義を説明している。

エ　「役立つ」と思われてきた「物語」が実は信用できない理由を、科学の立場から分析している。

7 論説的文章〔Ⅲ〕

制限時間 30分

得点 　　/50

20 次の文章を読んで⑴～⑷の問いに答えなさい。①～⑥は形式段落の番号である。

① 人間は物語が好きである。人間が言語を獲得した時から、おそらく神話が生まれたであろう。それとともに人々が語り合った話は、「昔話」や「伝説」として伝えられてきた。その物語によって、人々は過去との結び付きや、その土地との結び付き、人間相互の結び付きを強めることができた。現代の言葉を用いると、ある部族や家族などの※アイデンティティのために、物語が役立ってきたと言える。

② 物語の特性の中で強調したいのは、1「関係付ける」働きであろう。

③ 非常に単純な例を考えてみよう。コップに野草の花が一つ挿してある。それだけのことなら、別に誰(だれ)もその花に注目しないかもしれない。［　　］、それは病気で寝ている母親を慰めようとして十歳の少女が下校の時摘んできたのだと知ると、その花が単なる花でなくなってくる。その花を介して、その少女に親しみを感じ、その母娘の間の感情がこちらに伝わってくる。そこに「関係付け」ができてくる。そのことに感激すると、そのことを誰かに話したくなる。友人に話をする時、少女が花を買おうと思ったのだが、彼女には高すぎたので困ってしまったが、ふと野草の花を見つけて……というふうに話が少し変わることもある。

④ だから「物語」は信用できないという人がある。それも一理ある。だからといって、それが無意味というのもおかしい。物語を語ることによって、母娘の関係の在り方がわかり、それに感動することによって、語り手と聞き手との間に関係が生まれ、このように「関係の輪」が広がっていくところに意味がある。関(かか)わりの中の真実が、それによって伝わっていく。

⑤ 物語が急速に価値を失うのは、近代になってからであろう。それには自然科学の果たした役割が大きい。自然科学は外的事実の間の「関係」、特にその「因果関係」を見出(みいだ)すことに努力するが、そのような外的事実を、観察者(研究者)とは関係のないものとすることが前提となっている。このために、そこに見出されたものは個人を超える普遍性を持っている。この「普遍性」ということが実に強力である。つまり2自然科学によって見出された結果と技術とがうまく結合すると、人間は事象の「外側に」立って、それをコントロールし、操作できる立場を獲得する。この方法があまりにも効果的であるために、人間は科学の知によってすべてのことが可能になると思ったり、科学の知こそが唯一の真理である、とするような思い違いをしたのではなかろうか。

⑥ このような思い違いをすることによって、多くの現代人はこの世との

わたしたちは、つねに言葉の側に立っているのである。

（鶴ケ谷真一「小さな発見」『文藝春秋２００５年３月臨時増刊号「言葉の力」』〈文藝春秋〉から）

※　名状しがたい＝ありさまを言葉で表すのが難しい。
※　点綴＝ものがほどよくちらばっていること。
※　玄妙な哲理＝人生や世界の本質にかかわる奥深い道理。
※　卑近＝身近でわかりやすいこと。
※　強靭＝しなやかで強いこと。
※　精確＝詳しくてまちがいのないさま。

(1)　――線１「そんなこと」とは紀友則の歌に関するどのようなことか。六十字以内で書きなさい。（15点）

(2)　――線２「言葉というものを一種の記号として考えるようになりかけてもいたのだった」とあるが、筆者は高校の時、言葉についてどのように考えていたか。それがわかる部分を四十五字以内で抜き出しなさい。（10点）

(3)　［　　］に当てはまる語として適切なものはどれか。（5点）〔　　〕

ア　理路整然　イ　右往左往　ウ　伸縮自在　エ　自画自賛

(4)　段落の関係を説明したものとして、最も適切なものはどれか。（10点）〔　　〕

ア　②段落は①段落の和歌に対して否定的見解が述べられている。
イ　③段落は②段落の体験に関する筆者の感想が挙げられている。
ウ　④段落は③段落の筆者の認識に反論する意見へと導いている。
エ　⑤段落は④段落の内容をまとめ、新たな問題を指摘している。

(5)　本文における筆者の考えとして最も適切なものはどれか。（10点）〔　　〕

ア　外国語を習ったせいで母国語を相対化するようになるのは良くないことだ。
イ　工夫をこらしても、言葉で微妙なニュアンスを正しく表現することは難しい。
ウ　言葉によって言いあらわせないものがあるという認識は間違っている。
エ　言葉で表現することで言いあらわせないことが何なのかがわかってくる。

6 論説的文章〔Ⅱ〕

制限時間 30分

得点 /50

19 次の文章を読んで(1)～(5)の問いに答えなさい。①～⑤は形式段落の番号である。

① 子どものころに百人一首で覚えた歌のなかで、なぜかもっとも心に残ったのが、紀友則（きのとものり）の「ひさかたの光のどけき春の日にしづ心なく花の散るらむ」だった。おだやかな春の日に音もなく散ってゆく桜の花はいかにも美しく、それを伝える三十一音の言葉そのものにも心ひかれるところがあったのだろう。

② 今もってその※名状しがたい魅力を解き明かすことはできないのだが、当時は考えてみたところで、何とも言えぬもどかしさを感じるばかりだった。のちに高校の古文の授業で、年配の女性の先生からその歌の解説をうかがったことがあった。くわしい内容は忘れてしまったが、「ハ行の音がきれいですね」というひと言に、目をさまされるような思いをした。なるほど、「ひさかた」「光」「春の日」「花」と、一首を※点綴（てんてい）するように「ひ」と「は」が繰りかえされ、微妙な効果を生んでいる。ひそかなハ行のなかの、「ひ」と「は」という明るいひびきの音が繰りかえされるうちに、光のなかをひるがえり散る花びらが、目に浮かんでくるようだった。

③ [1]そんなことは聡明（そうめい）な人ならばとうに気づいていたのだろうが、そのときのわたしは、言葉の秘密にふれる小さな発見をしたような気がして得意だった。言葉が単なる記号ではなく、微妙と深みをそなえた豊かな命あるものであることを実感したのだった。

④ 中学にはいって英語という初めての外国語を習い始め、日本語とは発音も文法もまったく異なる言語の存在を知って驚いた。それは新鮮な驚きでもあったが、同時に、母国語を相対化して眺めるようになったともいえる。そのことは必ずしも悪いことではないのだろうが、[2]言葉というものを一種の記号として考えるようになりかけてもいたのだった。その微妙さに気づいたとき、言葉は大切なものであるという、よく聞かされてきた教えにも、心から納得がゆくようになった。

⑤ ただに微妙なニュアンスばかりではない。※玄妙な哲理も、※卑近（ひきん）な感情も、※強靭（きょうじん）な論理も、そこはかとないユーモアも、こちらの工夫次第で、言葉はいくらでも※精確に伝えることができる。これほどに［　　］、柔軟に対応してくれる媒体は、ほかに考えることができないほどだ。よく言われるように、言葉によって言いあらわせないものもある。そうした認識もまた大切だが、しかし言いあらわせないものとは、じつは言語表現をこころみたのちに初めて見えてくるのではないだろうか。日々生きている

悩」、「違和感」への感性が、そのきっかけとなる。「内的成長」は私たちの感性、感受性の成長でもあるのだ。

（上田紀行（うえだのりゆき）「生きる意味」〈岩波書店〉から）

※ ポジティブ＝肯定的。積極的。

※ ネガティブ＝否定的。消極的。

⑴ [　　] に入る語として適切なものはどれか。（5点）[　　]

ア なぜなら　イ そして

ウ しかし　エ つまり

⑵ ――線1「そういう人が人生の『達人』なのだろう」とあるが、筆者は「そういう人」をどのような点で「達人」と言っているのか。これを説明した次の文章の [a] 、 [b] に入る語句を、 [a] は五字、 [b] は十一字で抜き出しなさい。（各4点）

本来 a[　　　　　] と思われている「苦悩」を b[　　　　　　　　　　　] としてポジティブにとらえている点。

⑶ 次の語句を、――線2「『癒しブーム』」に当てはまるものをア、――線3「私がもともと主張したかった『癒し』」に当てはまるものをイに分けなさい。（各2点）

A 「癒されたい。」という受け身の意識。

B 人生を創造していくという意識。

C 苦しいことは除去すること。

D 苦悩すべきときに苦悩すること。

A[　　] B[　　]

C[　　] D[　　]

⑷ ③段落を説明したものとして最も適切なものはどれか。（10点）[　　]

ア ②段落の内容と比べつつ、補足し、説明している。

イ ②段落の内容に対し、逆の内容が述べられている。

ウ ②段落の内容を原因とし、その結果が述べられている。

エ ②段落の内容について、例をあげて説明している。

⑸ ――線4「生きる意味の成長」とあるが、筆者は「生きる意味の成長」を遂げていくとはどのようなことだと述べているか。四十五字以内で書きなさい。（15点）

5 論説的文章〔Ⅰ〕

制限時間 30分

得点 /50

18 次の文章を読んで(1)～(5)の問いに答えなさい。①～④は形式段落の番号である。

① 世界を「※ポジティブ」と「※ネガティブ」に二分する考え方が流行(はや)っている。そのことからすれば、「ワクワクすること」はポジティブで、「苦悩」や「違和感」はネガティブだ。だから苦悩や違和感をなるたけ少なくして、いつもワクワク生きられればそれが一番いい生き方になるということになる。しかし、そんな一生ワクワク生きられるような「天才」はまれだろう。しかし、私たち凡才にも「そろそろ生きる意味を考え直す時期ですよ。」ということを気づかせてくれるために、苦悩や違和感がやってきてくれる。その意味では、苦悩することや現実への違和感を感じることは、私たちの「内的成長」のきっかけになる、人生へのメッセージなのだ。「このごろは悩みが襲ってくると、また人生の転機が訪れるんだなとワクワクするんです。」と言う人がいるが、[1]そういう人が人生の「達人」なのだろう。

② 私は「癒(いや)し」という言葉を早い時期から率先して使い続けてきたので、一部では「癒しの元祖」などと呼ばれることもある。だから、「癒し」という言葉をこれまで使っていないことを不思議だと思う人もいるかもしれない。それは現在の[2]「癒しブーム」が非常に底の浅いものとなってしまい、[3]私がもともと主張したかった「癒し」とはかけ離れたものになってしまったためである。ブームの中での癒しは常に「癒されたい。」と受け身であり、自分で自分の人生を切りひらいていく、創造していくという意識は希薄だ。そして、「苦しいこと」はなるたけお手軽に除去してしまえばいい、「苦悩」などない人生が癒された人生だと、浅薄な人生観がまかり通っている。

③ [　　]、私は苦悩すべきときに苦悩することが真の癒しにつながると思っているのだ。自分の生きる現実と自分の中の「生命の輝き」の方向性が食い違ってしまったとき、そういった病に陥るべきときに「ちゃんと」病になること、それがむしろ癒しをもたらす。「悩み」や「病」は自分の人生に対する警告信号である。「悩み」や「病」を単なるネガティブなものだとしてすぐに除去してしまおうという姿勢からは、「内的成長」も生まれない。私たちは自分自身を「癒す」力を持っている。そしてその「癒す」力とは、病むべきときに「病む」ことができる能力、「病」に気づく能力を含んでいる。「病」への、現実への「違和感」への感受性を持っているからこそ、癒しや成長が可能になるのである。

④ 「内的成長」それは、私たちの[4]「生きる意味の成長」である。そして「苦

雪は※山堂を※擁して樹影深し
※檐鈴動かず夜※沈沈
閑かに※乱帙を収めて（思二フ疑義一ヲ）
※一穂の青灯※万古の心

（漢文）

雪ハ擁シテ二山堂ヲ一樹影深シ
檐鈴①不動カ夜沈沈
閑カニ収メテ二乱帙ヲ一②思フ二疑義ヲ一
一穂ノ青灯万古ノ心

※菅茶山＝江戸後期の漢詩人。　※山堂＝山にある粗末な家。
※擁して＝かかえて。　※檐鈴＝軒につるした鈴。
※沈沈＝夜が更けるさま。　※乱帙＝乱れた書物。
※一穂の青灯＝稲の穂の形をした青い炎。　※万古＝遠い昔。

(1) ——線①「不動カ」とあるが、書き下し文を参考にして、これに返り点を付けなさい。　［不　動カ］

(2) ——線②「思フ二疑義ヲ一」を書き下し文に直しなさい。　［　　　　］

(3) 漢詩から読み取れる内容として最も適切なものはどれか。　［　　　　］

ア　書物を読み散らかして、疑問点を解消させる。
イ　軒の鈴が小さな音もせず、しんしんと夜が更けていく。
ウ　昔の闘志を思い出し、やる気が出ている。
エ　樹木の影がはっきり見えるほど雪がとけている。

17 次の漢文の書き下し文としてそれぞれ適切なものはどれか。（各4点）

① 登ル二富士山ニ一。　［　　　　］
ア　登る富士山に。　イ　富士山に登る。
ウ　山に登る富士。　エ　富士登る山に。

② 縁リテレ木ニ求ムレ魚ヲ。　［　　　　］
ア　縁りて木に求む魚を。
イ　木に求む魚を縁りて。
ウ　魚を縁りて木に求む。
エ　木に縁りて魚を求む。

③ 雖モレ不レ中ラ不レ遠カラ。　［　　　　］
ア　雖も中らずと遠からず。
イ　遠からず中らずと雖も。
ウ　中らずと雖も遠からず。
エ　遠からずと雖も中らず。

④ 尽クシテ二人事ヲ一待ツ二天命ヲ一。　［　　　　］
ア　人事を待つ天命を尽くして。
イ　天命を尽くして人事を待つ。
ウ　人事を尽くして天命を待つ。
エ　天命を待つ人事を尽くして。

4 古文の学習〔Ⅱ〕

制限時間 30分

得点 /50

15 次の文章を読んで(1)から(3)までの問いに答えなさい。

※もろこしの詩、※この国の歌、※深奥(しんあう)なる事かはりはあるまじ。詩は作りよけれど、歌は詠(よ)みがたしといへる人あり。これは※さる事あるべし。歌はこの国の言葉なれば、※かく詠みては歌にはあらぬといふ事、※詠める者も、また※見る者も①その※おぼえあれど、詩はもろこしの言葉なれば、そこそこに作りても大方聞(おほかたきこ)ゆるほどなれば、②その身もよしと思ひ、見る人も※妙(たへ)なりとほめはやす※より、歌は詠みがたし、詩は作りやすきといふなり。もしもろこし人(びと)、この国の歌詠む事あらば、歌は詠みやすけれど、詩は作りがたしといふべし。詩は作りやすきといへるは、詩を知らぬ人の言葉、歌は詠みやすきといへるは、歌を知らぬ人の言葉なるべし。

（雨森芳洲(あめのもりほうしゅう)「たはれ草(ぐさ)」より）

※ もろこしの詩＝中国の漢詩。　※ この国の歌＝日本の和歌。
※ 深奥なる事かはりはあるまじ＝奥深いことに違いはないだろう。
※ さる事あるべし＝もっともなことだろう。
※ かく＝このように。　※ 詠める者＝作者。
※ 見る者＝読者。　※ おぼえ＝心当たり
※ 妙なり＝うまくできている。　※ より＝ので。

(1) 〰〰線「かはり」は、現代ではどう読むか。現代かなづかいを用いて、すべてひらがなで書きなさい。　(5点)〔　　〕

(2) ――線①「そのおぼえ」とあるが、どのような心当たりか。それを説明した次の文の A 、 B に当てはまるように、それぞれ十字以内の現代語で書きなさい。　(各5点)

和歌は［　　　　　　　　　　］を使って詠むので、こう詠むと和歌として［　　　　　　　　　　］という心当たり。

(3) ――線②「その身もよしと思ひ」の意味として、最も適切なものはどれか。　(7点)〔　　〕

ア　もろこし人も上手な作品と思い
イ　歌の作者も納得したと思い
ウ　詩の作者も良い作品と思い
エ　読者も自分も作りたいと思い

16 次の漢詩を読んで(1)から(3)までの問いに答えなさい。　(各4点)

(書き下し文)

冬夜読書　※管(かん)　茶山(さざん)

①怠る心はやくも生ず。馬ははやしとて、朝しばらく走りて止(や)むに、※いかでか牛の終日歩くにおよぶべき。谷間の石の磨(みが)かるるも、※井げたのまるくなるも、一朝一夕の力ならず。今日止まず、明日止まず、※しかうして後そのしるしあり。人一生の力をその道に使ふさへ、なほその※奥義(あうぎ)にいたることはやすからず。むかし、※李白書を※匡山(けうざん)にて読む。他の地に行きし時、道にて老人の石にあてて斧(おの)を※するに会ふ(ア)。これを問へ(イ)ば、※針となすべきとてすりしと言ひ(ウ)けるに※感じ(エ)て、さらにつとめて書をよみ、②つひにその名をなせり。

（三浦梅園(みうらばいえん)「梅園叢書(ばいえんそうしょ)」より）

※いかでか牛の終日歩くにおよぶべき＝どうして牛が一日中歩くのにかなうだろうか。いやかなわない。
※井げた＝井戸のふち。
※しかうして後＝そうしてはじめて。
※奥義＝最も大切なことがら。
※李白＝中国の唐時代の詩人。
※匡山＝地名。
※する＝とぐ。
※針となすべき＝針にしようと思って。
※感じて＝感動して。

(1) 〰〰線「はげむといへども」は、現代ではどう読むか。現代かなづかいを用いて、すべてひらがなで書きなさい。 （5点）［　　］

(2) ═線ア「会ふ」イ「問へ」ウ「言ひ」エ「感じ」の中で主語に当たる人物が異なるものはどれか。 （5点）［　　］

(3) ──線①「怠る心」とあるが、これが妨げるものを本文中から十字以内で抜き出しなさい。 （5点）

(4) ──線②「つひにその名をなせり」の意味として、最も適切なものはどれか。 （5点）［　　］

ア　ついに奥義をきわめた。　イ　ついに針を完成させた。
ウ　ついによい評判を得た。　エ　ついに名前を聞きだした。

(5) 本文からうかがえる筆者の考えとして、最も適切なものはどれか。 （10点）［　　］

ア　立派な人間になるには弱者を助けるべきだ。
イ　何かを成しとげるには努力を続けることが大切だ。
ウ　豊かな人生には広い視野を持つことが必要だ。
エ　世の中を生き抜くには特技を身につけるべきだ。

3 古文の学習〔I〕

得点　　/50

13 次の文章を読んで(1)から(3)までの問いに答えなさい。

二人の※知音（ちいん）、うち連れ立って行く道で、熊（くま）といふ獣（けだもの）に※行きやうて、一人は木に上り、いま一人は熊と闘うたが、精力が尽くれば地に倒れ、A※虚死（そらじに）をしたれば、かの獣の※形儀（かたぎ）で、死人は害を為（な）さぬものぢゃ。されどもその獣生死の安否を試みようと思うたか、耳のほとり、口のあたりを嗅（か）いでみれども、死んだごとくに動かなんだれば、そこをB退いた。その時、木に上った者が下りて、その人に近づいて、「さてただいま※御辺（ごへん）に、かの獣がささやいたことは何ごとぞ」とたづぬれば、こたへていふは、「かの獣のわれに※教訓を為いた、それを何ぞといふに、『なんぢ※向後おん身のやうに大事に臨（のぞ）うで見放さうずる者と知音とすな』と。」

（「伊曾保（いそほ）物語」より）

※ 知音＝友人。　※ 行きやうて＝出くわして。
※ 虚死＝死んだふり。　※ 形儀＝習性。
※ 御辺＝あなた。　※ 教訓を為いた＝教え諭した。
※ 向後＝今後。

(1) 〰〰線「こたへていふは」は現代ではどう読むか。現代かなづかいを用いて、すべてひらがなで書きなさい。

(5点)〔　　　〕

(2) ‖線A「虚死をし」B「退い」について、それぞれの主語の組み合わせとして適切なものはどれか。

ア　A熊と闘った者　―　B熊
イ　A木に上った者　―　B熊
ウ　A熊と闘った者　―　B木に上った者
エ　A木に上った者　―　B熊と闘った者

(5点)〔　　　〕

(3) ――線「かの獣のわれに教訓を為いた」とあるが、熊の教訓として「われ」が話した内容はどれか。

ア　友人が大変な時に見放したことを謝らなくてはならない。
イ　自分自身が大変な時に見放すような者を友人にしてはならない。
ウ　友人が大変な時に見放すようなことをしてはならない。
エ　自分自身が大変な時に見放すような者でも許さなくてはならない。

(10点)〔　　　〕

14 次の文章を読んで(1)から(5)までの問いに答えなさい。

学に志（こころざ）すもの、昼夜、つとめはげむといへども、半月を過ぎ、一月を経て、

ア　足下をすくわれた。　　イ　もう帰れる。
ウ　外が暗ければ早く帰る。　　エ　行方が知れない。

④　この問題はそう難しくはない。　［　　］
ア　元気そうで良かった。　　イ　今回はそう急ぐことはない。
ウ　難しそうな本だ。　　エ　まだやれそうだ。

⑤　星をながめ、流れ星を見つけた。　［　　］
ア　山頂はながめが良い。　　イ　ながめの良い部屋。
ウ　これは最高のながめだ。　　エ　街をながめつつ歩く。

⑥　みんなでここで一度休もう。　［　　］
ア　君の話を聞こうか。　　イ　情報化で便利になるだろう。
ウ　私はがんばろうと思う。　　エ　一緒にやろうよ。

⑦　自己が形成される。　［　　］
ア　人生が明るくなる。　　イ　安いが質は良い。
ウ　勉強だが順調か。　　エ　失礼ですが何の御用ですか。

⑧　彼は動物のことに詳しい。　［　　］
ア　川へ泳ぎに行く。　　イ　夜になって急に冷え込んだ。
ウ　父に注意された。　　エ　夕日が空を赤い色に染めた。

11　次の俳句を読み、あとの問いに答えなさい。　（各1点）

A　遠山に日の当たりたる枯野かな　　高浜虚子
B　赤い椿白い椿と落ちにけり　　河東碧梧桐
C　われと来て遊べや親のない雀　　小林一茶
D　菜の花や月は東に日は西に　　与謝蕪村

(1)　A・Bの俳句の季語と季節を答えなさい。
A［　　・　　］　B［　　・　　］

(2)　A～Dの俳句中の———線部の「かな」「けり」「や」などの語句を俳句では何というか。　［　　］

(3)　Dの俳句の解説として適切なものはどれか。　［　　］
ア　現実にはありえない景色を読むことで筆者の理想の風景を表現している。
イ　菜の花を中心に、月と夕日が同時に見える景色を写実的に表現している。
ウ　月と夕日が同時にあることで菜の花の存在が薄れることを表現している。
エ　だんだん夜になり、周囲が暗くなっていく様子を感覚的に表現している。

12　次の各問いに答えなさい。　（各1点）

(1)　次の各文を例にならって文節に区切りなさい。
例　わたしは／今年／高校生に／なる。
①　海を見るため、朝からずっと歩いていた。
②　現代では、多くの情報に生き方さえ左右されてしまう。
③　無数のホタルがいっせいに青白い光を放ち始めた。
④　最近十年くらいの間に環境が大きく変わってきた。

(2)　次の各文を例にならって単語に区切りなさい。
例　わたし／は／今年／高校生／に／なる。
①　鳥の卵は乾燥を防ぐために、かたい殻を持っている。
②　あの時の朝日の美しさは私の心からいつも離れなかった。
③　自分で選んだ道だから、ただひたすら歩んでいく。
④　何事も自分で苦労して力をつけていくことが大切だ。

2 文法・敬語・詩歌の学習

制限時間 30分

得点　/50

7 次の――線の部分の文の成分を後から選びなさい。（各2点）

① 機械化により人々は重労働から解放された。［　］
② いつも強がっているが、本当はさびしい。［　］
③ さあ、いっしょに考えてみましょう。［　］
④ 草いきれがむっとする道であった。［　］
⑤ わたしは彼女にずっとあこがれていた。［　］

ア 主語（主部）　イ 述語（述部）　ウ 修飾語（修飾部）
エ 接続語（接続部）　オ 独立語（独立部）

8 次の――線の部分の動詞の活用の種類と活用形を答えなさい。（各2点）

① 深海に生きる魚を調べる。［　・　］
② まだ雨は降ってこない。［　・　］
③ 景色を眺めながら歩いた。［　・　］
④ 人の目を気にすればするほど緊張する。［　・　］
⑤ 何もせずに時間だけが過ぎていく。［　・　］
⑥ 時と場合によっては本心を隠せ。［　・　］

9 次の――線の部分を適切な敬語の表現に直しなさい。（各1点）

① 三時には私の母が来ます。［　］
② ファンの方々が私に力をくれた。［　］
③ おみやげ、おいしく食べました。［　］
④ 休日にはどこへ行く予定ですか。［　］
⑤ 私の父がこのように言っています。［　］
⑥ 兄の恩師と知りませんで失礼致しました。［　］
⑦ 先生が言った言葉が忘れられない。［　］
⑧ たくさん食べてください。［　］

10 次の――線の部分と文法的に同じ意味・用法のものはどれか。（各1点）

① その質問に答えることは容易だ。［　］
ア 河で泳いだ。　イ 自分は来年高校生だ。
ウ 赤い実が印象的だ。　エ 効率の良いやり方だ。

② あまりの時間で机を片付ける。［　］
ア それはあまり好まない。　イ 夕飯のあまりを冷凍する。
ウ 二千あまりの申込。　エ 小遣いがあまり、貯金する。

③ 他のことに気を取られた。［　］

⑬ 険しい山々。［　　］　⑭ 勉強に努める。［　　］
⑮ 勇ましい行動。［　　］　⑯ 心を配る。［　　］

【二】

3 次の各問いに答えなさい。

(1) 次の漢字の総画数は何画か、数字で答えなさい。（各1点）

① 収［　画］　② 留［　画］　③ 雌［　画］
④ 朽［　画］　⑤ 九［　画］　⑥ 卵［　画］

(2) 次の熟字訓の読みをひらがなで書きなさい。

① 太刀［　　］　② 田舎［　　］　③ 早苗［　　］
④ 息子［　　］　⑤ 河岸［　　］　⑥ 五月雨［　　］
⑦ 七夕［　　］　⑧ 眼鏡［　　］　⑨ 兄さん［　　］
⑩ 息吹［　　］　⑪ 野良［　　］　⑫ 風邪［　　］

4 次の——線の部分の読みをひらがなで書きなさい。（各1点）

① 均衡を保つ。［　　］　② 遠足のお菓子。［　　］
③ 楽しい雰囲気。［　　］　④ 絵画を描く。［　　］
⑤ 雑穀の倉庫。［　　］　⑥ 白熱した議論。［　　］
⑦ 法に準拠する。［　　］　⑧ 本を閲覧する。［　　］
⑨ 前線の停滞。［　　］　⑩ 大きな河川。［　　］
⑪ 状況の把握。［　　］　⑫ 珠算を習う。［　　］
⑬ 景観に富む。［　　］　⑭ 紡績工場。［　　］
⑮ 運輸の発達。［　　］　⑯ 郷愁を誘う。［　　］

5 次の——線の部分を漢字で書きなさい。（各1点）

① 現役フッキ。［　　］　② 光のカクサン。［　　］
③ コテン音楽。［　　］　④ スンポウを測る。［　　］
⑤ リッパな行動。［　　］　⑥ 命のオンジン。［　　］
⑦ 応援エンゼツ。［　　］　⑧ 選手のシュクシャ。［　　］
⑨ ハクアイ主義。［　　］　⑩ シンジョウを守る。［　　］
⑪ 会社のケイエイ。［　　］　⑫ 競技場のケンセツ。［　　］
⑬ 警報カイジョ。［　　］　⑭ 野球のダシャ。［　　］
⑮ 自由ボウエキ。［　　］　⑯ ジュモクが生い茂る。［　　］

【三】

6 次の各問いに答えなさい。

(1) 次の——線の部分を漢字で書きなさい。（各2点）

① 落ち葉がまう。［　　］　② 傷のくすり。［　　］
③ 参加をつのる。［　　］　④ わたのような雪。［　　］
⑤ しずかな会場。［　　］　⑥ 水をはる。［　　］
⑦ 手をあわせる。［　　］　⑧ 父ににる。［　　］
⑨ 風呂がさめる。［　　］　⑩ 冷静をたもつ。［　　］
⑪ 海辺をあるく。［　　］　⑫ 身をゆだねる。［　　］
⑬ きよらかな泉。［　　］　⑭ 決意をのべる。［　　］
⑮ 朝日をおがむ。［　　］　⑯ たくわえがある。［　　］
⑰ 版画をする。［　　］　⑱ 注意をうながす。［　　］
⑲ ごみをひろう。［　　］　⑳ やすらかな眠り。［　　］

(2) あとの語群から適切な語を選び、故事成語を完成させなさい。

① 他山の［　　］　② ［　　］石をうがつ
③ 明鏡［　　］　④ ［　　］より始めよ
⑤ 守［　　］　⑥ 人間いたる所［　　］あり

【　雨だれ　青山（せいざん）　隗（かい）　石　株　止水　】

1 漢字・語句の基礎知識

制限時間 30分

得点 /50

【一】

1 次の各問いに答えなさい。

(1) 次の漢字の部首名を答えなさい。 (各1点)

① 局［　　］ ② 衛［　　］
③ 現［　　］ ④ 唯［　　］
⑤ 蒸［　　］ ⑥ 順［　　］
⑦ 建［　　］ ⑧ 賊［　　］

(2) 次の熟語と構成が同じものはどれか。

① 異国［ア 鎖国 イ 表裏 ウ 猛暑 エ 低下］［　　］
② 営業［ア 多才 イ 削減 ウ 預金 エ 絵本］［　　］
③ 王立［ア 損益 イ 雷鳴 ウ 火力 エ 刻印］［　　］
④ 和解［ア 止血 イ 空席 ウ 難易 エ 封鎖］［　　］
⑤ 否決［ア 地質 イ 接客 ウ 不安 エ 銀貨］［　　］
⑥ 愛憎［ア 明暗 イ 激化 ウ 雨季 エ 定刻］［　　］

(3) あとの語群から適切な語を選び、慣用句を完成させなさい。

① ［　　］をつぶす ② お［　　］を濁す ③ ［　　］が軽い
④ あげ［　　］をとる ⑤ ［　　］を殺す ⑥ ［　　］を売る

【肝　息　茶　尻　足　油】

(4) あとの語群から適切な語を選び、ことわざを完成させなさい。

① ［　　］下暗し ② ［　　］をたたいて渡る
③ ［　　］にかける ④ 噂(うわさ)をすれば［　　］がさす
⑤ ［　　］は身を助く ⑥ ［　　］も木から落ちる
⑦ 対岸の［　　］ ⑧ 急いては［　　］を仕損ずる

【芸　猿　火事　手塩　影　事　灯台　石橋】

(5) 次の四字熟語を完成させなさい。

① 一朝［　　］ ② ［　　］風月 ③ 日進［　　］
④ 取捨［　　］ ⑤ ［　　］模索 ⑥ ［　　］難題

2 次の――線の部分の読みをひらがなで書きなさい。 (各1点)

① 名札をつける。［　　］ ② 雪解けの水。［　　］
③ 哀れな身の上。［　　］ ④ 矢を放つ。［　　］
⑤ 若さ故の冒険。［　　］ ⑥ 田植えの季節。［　　］
⑦ 穀物の倉。［　　］ ⑧ 成果を収める。［　　］
⑨ 床を掃く。［　　］ ⑩ 専らのうわさ。［　　］
⑪ 友を慰める。［　　］ ⑫ 待ち人来ず。［　　］

高等学校入試対策

基礎問題解答と解説

 文字式と計算・資料の整理

1 (1) $\mathbf{-9}$ (2) $\mathbf{-11}$ (3) $\mathbf{9}$ (4) $\mathbf{14}$
(5) $\mathbf{-3}$ (6) $\mathbf{-81}$ (7) $\mathbf{14x-6}$
(8) $\mathbf{3a-2}$ (9) $\mathbf{6ab}$ (10) $\mathbf{\dfrac{2x-13y}{21}}$

解説 (1) $-6-3=-(6+3)=-9$

(2) **かけ算が先** $4-5\times3=4-(5\times3)$
$=4-15=-(15-4)=-11$

(3) **わり算が先** $12+6\div(-2)=12-(6\div2)$
$=12-3=9$

(4) **わり算は，かけ算になおす。**
$(-7)\div(-5)\times10=(-7)\times\left(-\dfrac{1}{5}\right)\times10$
$=\dfrac{7\times1\times10}{5}=14$

(5) **累乗が先** $-6^2=-(6\times6)=-36$
$-6^2\div12=(-36)\div12=-3$

(6) $-3^2=-(3\times3)=-9$,
$(-3)^2=(-3)\times(-3)=9$ だから
$-3^2\times(-3)^2=(-9)\times9=-81$

(7) $7x-11-(-7x-5)=7x-11+7x+5$
$=7x+7x-11+5=14x-6$

(8) $(9a^2-6a)\div3a=\dfrac{9a^2}{3a}-\dfrac{6a}{3a}=3a-2$

(9) $9a^2b\div\dfrac{3}{2}ab\times b=9a^2b\div\dfrac{3ab}{2}\times b$
$=9a^2b\times\dfrac{2}{3ab}\times b=\dfrac{9a^2b\times2\times b}{3ab}=6ab$

(10) **分数のたし算，ひき算は通分する。**
$\dfrac{3x-2y}{7}-\dfrac{x+y}{3}=\dfrac{3(3x-2y)}{3\times7}-\dfrac{7(x+y)}{7\times3}$
$=\dfrac{3(3x-2y)-7(x+y)}{21}=\dfrac{9x-6y-7x-7y}{21}$
$=\dfrac{2x-13y}{21}$

2 (1) **18.5℃** (2) $\mathbf{a=5b+3}$
(3) $\mathbf{0.7x}$**円** (4) $\mathbf{\dfrac{a}{13}+\dfrac{b}{18}=1}$
(5) $\mathbf{a=2b+3}$ (6) $\mathbf{2a}$ **g** (7) $\mathbf{8a+b<500}$
(8)① **22.5m** ② **0.2**

解説 (1) 室内の気温から屋外の気温をひくと
$15.0-(-3.5)=15.0+3.5=18.5$(℃)

(2) 鉛筆を5本ずつ b 人に配ると $5b$ 本必要。
さらに3本余るから $a=5b+3$

(3) **3割＝0.3** x 円の3割引きは，x 円の7割分で $x\times(1-0.3)=0.7x$(円)

(4) 時速13kmで a km走ると $\dfrac{a}{13}$ 時間，
時速18kmで b km走ると
$\dfrac{b}{18}$ 時間かかり $\dfrac{a}{13}+\dfrac{b}{18}=1$

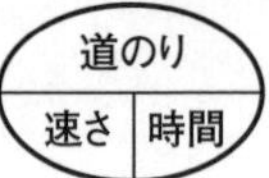

(5) **わられる数＝わる数×商＋余り**
a がわられる数，b がわる数だから
$a=b\times2+3$，$a=2b+3$

(6) **食塩＝$\dfrac{\%濃度}{100}$×食塩水** 濃度が a %の食塩水に含まれる食塩は $\dfrac{a}{100}\times200=2a$ g

(7) 1個 a g の品物8個で $8a$ g，b g の箱に入れると500g 未満(500gより小さい値)の重さになるから $8a+b<500$

(8)① **最頻値は，度数の最も多い階級の階級値。** 度数が最も多いのは13人いる20m以上25m未満の階級。この階級の階級値は
$(20+25)\div2=22.5$(m)

② **相対度数＝$\dfrac{その階級の度数}{度数の合計}$**
度数の合計は40人，10m以上15m未満の階級には8人いるから $\dfrac{8}{40}=0.2$

＊相対度数は，ふつう小数で表す。

3 (1) **8個** (2) **13個** (3) $\mathbf{2m^2}$ **個**

解説 (1) 偶数番目の正方形では，灰色と白色のタイルの個数は等しい。4番目の正方形で，タイルは1辺に4個並ぶから全部で $4^2=16$ 個
白色のタイルは $16\div2=8$(個)

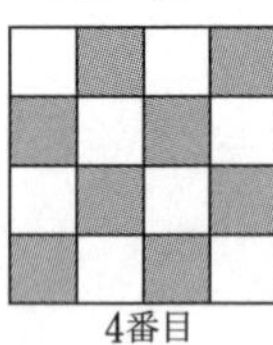
4番目

(2) 奇数番目の正方形では，灰色のタイルは白色のタイルより1個多い。5番目の正方形で，タイルは全部で $5^2=25$(個)
$25=13+12$ より灰色のタイルは13個。

(3) m は自然数だから $2m$ は偶数。$2m$ 番目の正方形で，タイルは全部で $(2m)^2=4m^2$(個) 偶数番目の正方形では，灰色と白色のタイルの個数は等しいから，灰色のタイルは $4m^2\div2=2m^2$(個)

2 1次方程式と連立方程式

4 (1) $\mathbf{x=3}$ (2) $\mathbf{x=9}$ (3) $\mathbf{x=7}$
(4) $\mathbf{x=6}$ (5) $\mathbf{x=3,\ y=1}$
(6) $\mathbf{x=-2,\ y=6}$ (7) $\mathbf{x=3,\ y=5}$
(8) $\mathbf{x=-5,\ y=3}$
(9) $\mathbf{x=-1,\ y=2}$ (10) $\mathbf{x=2,\ y=6}$

解説(1)　$2x$ は左辺に，-15 は右辺に移項する。移項すると符号が変わる。
$7x-15=2x$，$7x-2x=15$，$5x=15$
両辺を5でわって　$x=3$

(2)　$6x-7=4x+11$，$6x-4x=11+7$
$2x=18$，$x=9$

(3)　$2x+8=5x-13$，$2x-5x=-13-8$，
$-3x=-21$，$x=7$

(4)　$0.5x=0.3(x+4)$　両辺を10倍して
$5x=3(x+4)$，$5x=3x+12$，$x=6$

(5)　$3x+y=10$…①　　$2x-y=5$…②
①＋②より　$5x=15$，$x=3$　これを①に代入して　$3\times3+y=10$，$y=10-9=1$

(6)　$2x+3y=14$…①　　$y=-x+4$…②
②を①に代入して　$2x+3(-x+4)=14$，
$2x-3x+12=14$，$x=-2$　これを②に代入して　$y=-(-2)+4=6$

(7)　$2x+y=11$…①　　$8x-3y=9$…②
①×3＋②より　$14x=42$，$x=3$　これを①に代入して　$2\times3+y=11$，$y=5$

(8)　$3x+8y=9$…①　　$x+4y=7$…②
①－②×2より　$x=-5$　これを②に代入して　$-5+4y=7$，$4y=12$，$y=3$

(9)　$2x-3y=-8$…①　　$x+2y=3$…②
②×2－①より　$7y=14$，$y=2$　これを②に代入して　$x+2\times2=3$，$x=-1$

(10)　$7x-y=8$…①　　$-9x+4y=6$…②
①×4＋②より　$19x=38$，$x=2$　これを①に代入して　$7\times2-y=8$，$y=6$

5 (1)　**$a=-5$**　(2)　**107個**
(3)　**大人　27人，子ども　38人**
(4)　**男子　100人，女子　80人**
(5)　**$x=450$，$y=150$**　(6)　**A地点～B地点　400 m，B地点～C地点　800 m**
(7)　**75**

解説(1)　**解は代入する**。解が3，$x=3$ を
$2x+a-1=0$　に代入して
$2\times3+a-1=0$，$5+a=0$，$a=-5$

(2)　**少ない方を x とする**。生徒とりんごの数では生徒の方が少ないから，生徒を x 人とする。りんごを1人に8個ずつ配ると $8x$ 個必要で，5個不足する(少ない)から，りんごは $(8x-5)$ 個ある。また，1人に7個ずつ配ると $7x$ 個必要で9個余る(多い)から，りんごは $(7x+9)$ 個ある。りんごの数は同じだから　$8x-5=7x+9$，
$x=14$　りんごは $(8x-5)$ 個あるから
$8\times14-5=107$(個)

(3)　大人を x 人，子どもを y 人とする。入園者数から　$x+y=65$…①　入園料の合計から　$400x+100y=14600$，$4x+y=146$…②　②－①より　$3x=81$，$x=27$
これを①に代入して　$27+y=65$，$y=38$

(4)　男子を x 人，女子を y 人とする。生徒数から　$x+y=180$…①　自転車で通学しているのは，男子 x 人の16％で $0.16x$ 人，女子 y 人の20％で $0.2y$ 人，この人数が等しいから　$0.16x=0.2y$，　$16x=20y$，
$4x-5y=0$…②　①×5＋②より
$9x=900$，$x=100$，①に代入して $y=80$

(5)　**食塩水の問題では食塩の重さに着目する。**

$食塩=\dfrac{\%濃度}{100}\times食塩水$，$\underset{(\%)}{濃度}=\dfrac{食塩}{食塩水}\times100$

x g と y g の食塩水を混ぜると600 g の食塩水ができるから　$x+y=600$…①
x g，y g，600 g の食塩水に含まれる食塩の重さはそれぞれ

$\dfrac{6}{100}x$ g，　$\dfrac{10}{100}y$ g，　$\dfrac{7}{100}\times600$ (g) だから

$\dfrac{6}{100}x+\dfrac{10}{100}y=\dfrac{7}{100}\times600$…②

①×10－②×100より $4x=1800$，$x=450$
これを①に代入して　$y=150$

(6)　A地点からB地点までを x m，B地点からC地点までを y mとする。1200mの道のりを進むから　$x+y=1200$…①
一定の速さで歩くから2つの区間での速さは等しい。$\dfrac{x}{8}=\dfrac{y}{16}$ より $y=2x$…②

道のり	
速さ	時間

②を①に代入して　$x+2x=1200$，$x=400$
②より　$y=2\times400=800$

(7)　もとの自然数の十の位の数を x，一の位の数を y とする。十の位の数と一の位の数の和は $x+y$，これが y の4倍より8小さいから　$x+y=4y-8$，$x=3y-8$…①
十の位の数と一の位の数を入れかえた2けたの自然数は $10y+x$，もとの2けたの自然数は $10x+y$，和が132だから
$(10y+x)+(10x+y)=132$，
$11x+11y=132$，$x+y=12$…②　①を②に代入して　$(3y-8)+y=12$，$y=5$
①より　$x=3\times5-8=7$　よって　75

6　**男子　63人，女子　72人**

解説　問題に「昨年と比べて」とあるから「昨年」が基準で，求める方ではなく，

基準の方を x，y とする。昨年の男女の生徒数を x 人，y 人とすると　$x+y=140$ …①　今年は男子が x 人の5％，$0.05x$ 人増え，女子が y 人の10％，$0.1y$ 人減った。また，今年は　$140-135=5$(人)　減ったから，**増えると＋，減ると－**で表せば　$0.05x-0.1y=-5$ …②　①－②×20より　$3y=240$，$y=80$　①より　$x=60$
今年の男子は　$60+60\times0.05=63$(人)
今年の女子は　$80-80\times0.1=72$(人)

3 平面図形と空間図形

7 (1) **右の図**
(2) **72度**　(3) **80度**

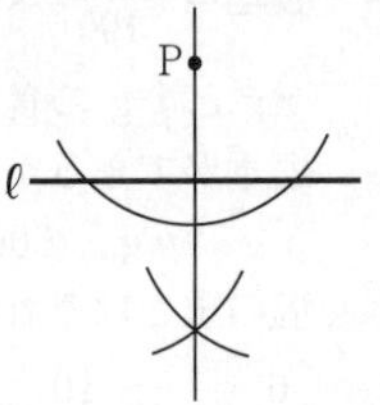

解説 (1) 点Pを中心とし ℓ と交わる円をかく。ℓ と交わる2点をそれぞれ中心とする半径の等しい円をかく。その交点と点Pを通る直線をひく。

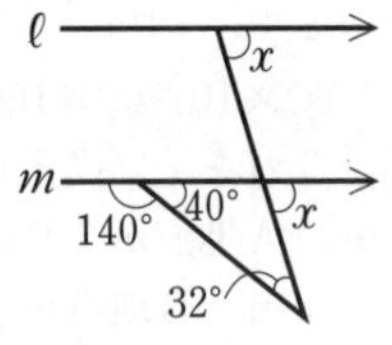

(2) 平行線の同位角は等しいから∠x を移す。**三角形の外角は，それと隣り合わない2つの内角の和に等しいから**
∠$x=(180°-140°)+32°=72°$

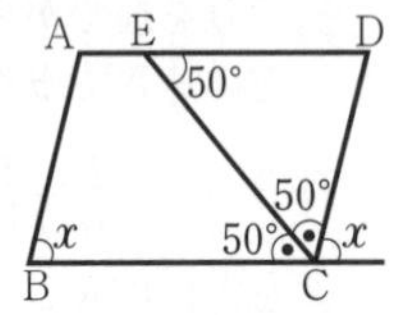

(3) ECは∠BCDの二等分線で，∠DEC＝∠BCE＝∠DCE＝50°　**平行四辺形では隣り合う内角の和は180°**，∠ABC＋∠DCB＝180°だから
∠x＋(50°＋50°)＝180°，∠x＝80°

8 (1) **168π cm²**　(2) **50π cm³**
(3)① **36π cm³**　② **36π cm²**

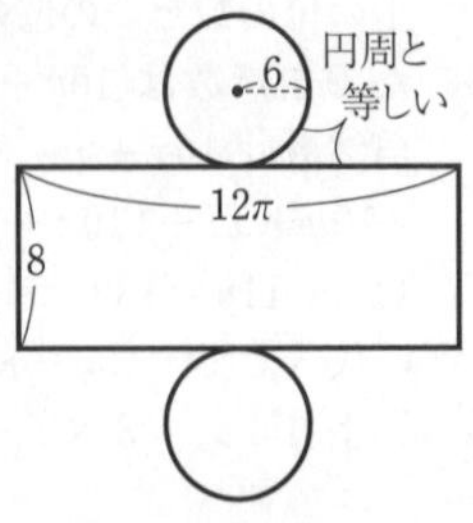

解説 (1) 底面の半径が 6 cm，高さが 8 cm の円柱ができる。表面積は展開図の面積で，側面は縦が 8 cm，横は底面の円周と等しく $2\pi\times6=12\pi$ cmの長方形。底面は2つあるから
$\pi\times6^2\times2+8\times12\pi=168\pi$(cm²)
(2) 底面の半径は　$10\div2=5$(cm)
体積は　$\dfrac{1}{3}\times\pi\times5^2\times6=50\pi$(cm³)
(3)① 半径 r の球の体積は　$\boldsymbol{\dfrac{4}{3}\pi r^3}$（身(み)の上(うえ)に心配(しんぱい)あーる参上(さんじょう)する）　$\dfrac{4}{3}\pi\times3^3=36\pi$
② 球の表面積は $\boldsymbol{4\pi r^2}$（心配(しんぱい)あーる事情(じじょう)と思われる，窮(きゅう)せし面(めん)を見るにつけても）
$4\pi\times3^2=36\pi$(cm²)

9 (1)① **3：2**　② **$\dfrac{10}{3}$倍**
(2)① **48π cm²**　② **270度**

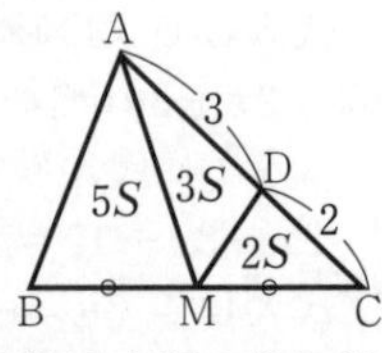

解説 (1)① △AMDと△DMCはAD，DCを底辺と考えると（底辺はいつも下側にあるとは限らない）**高さの等しい三角形で，面積の比は底辺の比に等しい**。AD：DC＝3：2より，△AMDと△DMCの面積の比も　3：2
② △AMD＝$3S$，△DMC＝$2S$　とすると
△AMC＝$3S+2S=5S$　BM＝MCより
△ABMと△AMCは**底辺と高さが等しいから面積は等しい**。△ABM＝△AMC＝$5S$，△ABC＝$5S+5S=10S$　△ABCの面積は△AMDの面積の　$10S\div3S=\dfrac{10}{3}$倍

～は…の何倍か⇒(～は)÷(…の)

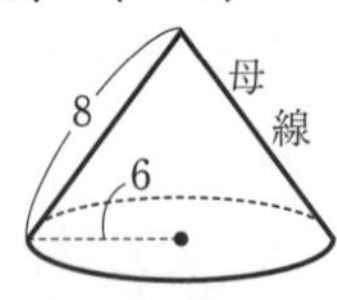

(2)① 円錐の側面積は**π×底面の半径×母線の長さ**　で求められる。
$\pi\times6\times8=48\pi$(cm²)
② 円錐の側面となるおうぎ形の中心角は
360°×$\dfrac{\text{底面の半径}}{\text{母線の長さ}}$　　$360°\times\dfrac{6}{8}=270°$
母線：円柱や円錐の側面をつくり出す線分

4 三角形の合同と確率

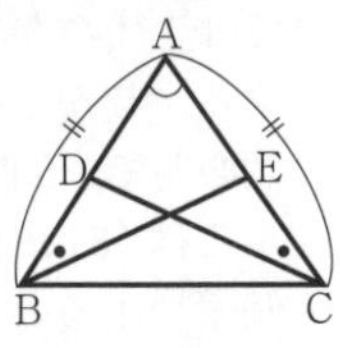

10 △ABEと△ACDにおいて，仮定より
AB＝AC…①
∠ABE＝∠ACD…②
共通な角だから
∠BAE＝∠CAD…③　①，②，③より1組の辺とその両端の角がそれぞれ等しいから　△ABE≡△ACD
解説 仮定で示されている条件を図にかき，

どの合同条件にあてはまるのかを考える。合同を示す三角形をしっかりとらえること。

11 △BDEと△BDFにおいて，仮定より ∠DEB = ∠DFB = 90°…①

∠DBE = ∠DBF …②

共通な辺だから

BD = BD …③

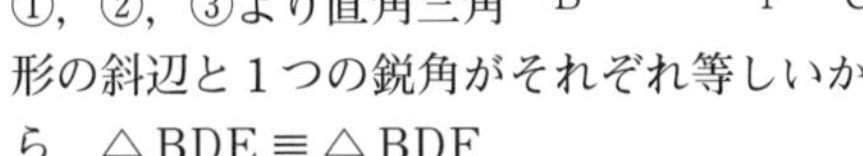

①，②，③より直角三角形の斜辺と1つの鋭角がそれぞれ等しいから △BDE ≡ △BDF

解説 直角三角形の合同条件「斜辺と1つの鋭角がそれぞれ等しい」「斜辺と他の1辺がそれぞれ等しい」もしっかり覚える。

斜辺：直角に対する(直角の向かいの)辺

12 △ACDと△BCEにおいて，△ABC，△DECは正三角形だから AC = BC …①

DC = EC …②

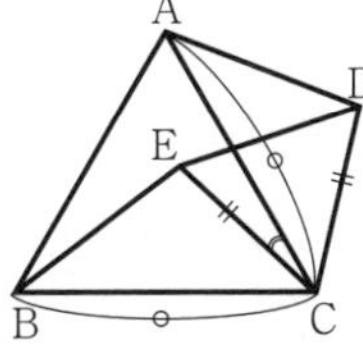

∠ACD

= ∠ECD − ∠ECA

= 60° − ∠ECA …③

∠BCE = ∠BCA − ∠ECA

= 60° − ∠ECA …④ ③，④より ∠ACD = ∠BCE …⑤ ①，②，⑤より2組の辺とその間の角がそれぞれ等しいから △ACD ≡ △BCE

解説 ∠ACD = ∠BCE = 60° − ∠ECA のように表せるとよい。

13 (1)① $\frac{5}{18}$ ② $\frac{1}{9}$ (2) $\frac{3}{8}$ (3) $\frac{2}{9}$

(4) $\frac{3}{10}$ (5) $\frac{3}{10}$ (6) $\frac{4}{15}$ (7) $\frac{5}{36}$

解説 (1)① 大小2つのさいころを同時に投げると目の出方は全部で 6 × 6 = 36(通り) 出る目の数の和が5以下となるのは10通りあるから

$\frac{10}{36}=\frac{5}{18}$

大	1	2	3	4
小	1 2 3 4	1 2 3	1 2	1

② 9 = 3 × 3，3の倍数どうしの積が9の倍数となるから，4通りある。求める確率は

$\frac{4}{36}=\frac{1}{9}$

大	3	6
小	3 6	3 6

(2) **確率の計算では，見た目が同じでも区別して考える**から，3枚の硬貨をA，B，Cとする。硬貨には表と裏の2通りあるから表と裏の出方は全部で 2×2×2=8(通り) **(同時や連続のときは，かける)** 表を○，裏を×で示すと次のようになり，矢印のように○や×を移すと書きやすい。

A	○	○	○	×	○	×	×	×
B	○	○	×	○	×	○	×	×
C	○	×	○	○	×	×	○	×

2枚は表で1枚は裏は3通りで $\frac{3}{8}$

(3) 同じ数は1と3で，箱Aから1，箱Bから1を取り出す確率は $\frac{1}{3}\times\frac{1}{3}=\frac{1}{9}$，3を取り出す確率も $\frac{1}{3}\times\frac{1}{3}=\frac{1}{9}$ 2つの事柄(事象)は同時に起こることはないから，確率を加えて $\frac{1}{9}+\frac{1}{9}=\frac{2}{9}$

(4) 5枚のカードを1枚ずつ2回引くから，1回目の引き方は5通り。2回目，カードは1枚減って4通り。**続けるときはかける**からカードの引き方は 5 × 4 = 20(通り) このうち，2桁の素数は 13, 23, 31, 41, 43, 53 の6通りあるから $\frac{6}{20}=\frac{3}{10}$

(5) 白玉3個をW_1，W_2，W_3，赤玉2個をR_1，R_2とする。玉の取り出し方は全部で10通り。

W_1W_2 W_1W_3 W_1R_1 W_1R_2
W_2W_3 W_2R_1 W_2R_2
W_3R_1 W_3R_2
R_1R_2

このうち，2個とも白玉は W_1W_2 W_1W_3 W_2W_3 の3通りだから求める確率は $\frac{3}{10}$

＊同時に2個取り出すことは，1個ずつ2回取り出すことと同じで，1回目も2回目も白玉になればよい。1回目，白玉になる確率は $\frac{3}{5}$ 2回目，白玉は1個減るから $\frac{2}{4}$ 2つの確率をかけて $\frac{3}{5}\times\frac{2}{4}=\frac{3}{10}$

(6) 同時に2個取り出すことは，1個ずつ2回取り出すことと同じ。玉は全部で6個あり，2個とも同じ色の玉になるのは

(i) 1回目赤玉，2回目赤玉 $\frac{3}{6}\times\frac{2}{5}=\frac{6}{30}$

(ii) 1回目白玉，2回目白玉 $\frac{2}{6}\times\frac{1}{5}=\frac{2}{30}$

2つの確率を加えて $\frac{6}{30}+\frac{2}{30}=\frac{4}{15}$

(7) 1個のさいころを2回投げても目の出方は全部で 6 × 6 = 36(通り) $\frac{b}{a}$ の値が

偶数となるのは5通りあるから求める確率は $\frac{5}{36}$

b	2 4 6	4	6
a	1	2	3

5 比例と1次関数

14 (1) $\boldsymbol{y=3x}$, $\boldsymbol{y=-12}$ (2) $\boldsymbol{y=-\frac{15}{x}}$
(3) $\boldsymbol{y=2x-4}$ (4) $\boldsymbol{y=-3x-5}$
(5) **(−2, 3)** (6) $\boldsymbol{a=-3}$, $\boldsymbol{b=4}$

解説 (1) y は x に比例するから $\boldsymbol{y=ax}$
$x=2$, $y=6$ を代入して $6=a\times2$, $a=3$ より $y=3x$ また，この式に $x=-4$ を代入して $y=3\times(-4)=-12$

(2) y は x に反比例するから $\boldsymbol{y=\frac{a}{x}}$, $\boldsymbol{xy=a}$
$x=3$, $y=-5$ を代入して $a=3\times(-5)=-15$ 反比例の式は $y=-\frac{15}{x}$

(3) y は x の1次関数だから $\boldsymbol{y=ax+b}$
変化の割合が2だから $a=2$, $y=2x+b$
点(4, 4)を通るから $4=2\times4+b$, $b=-4$ より $y=2x-4$

(4) 直線の式も $\boldsymbol{y=ax+b}$，点(1, −8)を通るから $-8=a+b$ 点(−2, 1)を通るから $1=-2a+b$ 辺々を引くと $-9=3a$, $a=-3$, $-8=-3+b$ より $b=-5$ よって $y=-3x-5$

(5) **交点の座標は連立方程式の解**
$y=-\frac{1}{2}x+2$…①を $y=3x+9$…②に代入して $-\frac{1}{2}x+2=3x+9$,
$-x+4=6x+18$, $x=-2$ これを②に代入して $y=3\times(-2)+9=3$ 交点の座標は (−2, 3)

(6) 関数 $y=ax+b$ は x の変域と y の変域でつくる影をつけた**長方形の対角線になる**。$a<0$ より右下がりの直線で，2点(−1, 7), (2, −2)を通る。
$7=-a+b$…① $-2=2a+b$…②
②−①より $-9=3a$, $a=-3$ これを①に代入して $7=-(-3)+b$, $b=4$

15 (1) $\boldsymbol{a=6}$ (2) **(−2, −3)** (3) **6**

解説 (1) 関数 $\boldsymbol{y=\frac{a}{x}}$, $\boldsymbol{xy=a}$ のグラフは点A(2, 3)を通るから $a=2\times3=6$

(2) **双曲線も原点を通る直線も原点について対称**。交点A, Bも原点について対称になる。原点について対称な点の座標は **x 座標も y 座標も符号が変わる**。A(2, 3)だから B(−2, −3)

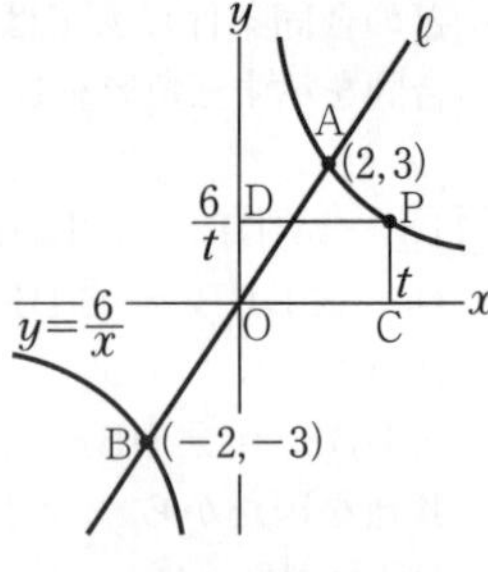

(3) 点Pの x 座標を t とする。$y=\frac{6}{x}$ より $y=\frac{6}{t}$ $\mathrm{P}\left(t,\ \frac{6}{t}\right)$ $\mathrm{OC}=t$, $\mathrm{PC}=\frac{6}{t}$
長方形PDOCの面積は $\frac{6}{t}\times t=6$

16 (1) $\boldsymbol{y=-x+8}$ (2) **12** (3) $\boldsymbol{x=3}$

解説 (1) 直線ABを $y=ax+b$ とする。
A(3, 5)を通るから $5=3a+b$…①
B(6, 2)を通るから $2=6a+b$…②
①−②より $3=-3a$, $a=-1$ これを①に代入して $5=3\times(-1)+b$, $b=8$
よって $y=-x+8$

＊直線ABの傾きは $\frac{2-5}{6-3}=\frac{-3}{3}=-1$
$y=-x+b$ で点(3, 5)を通るから $5=-3+b$, $b=8$ より $y=-x+8$

(2) 直線ABの切片は8だからC(0, 8) OC＝8 △AOBの面積は，△OBCから△OACを引くと求められる。OCを底辺，A, Bの x 座標3, 6を高さとすると △AOB＝$(8\times6\div2)-(8\times3\div2)=24-12=12$

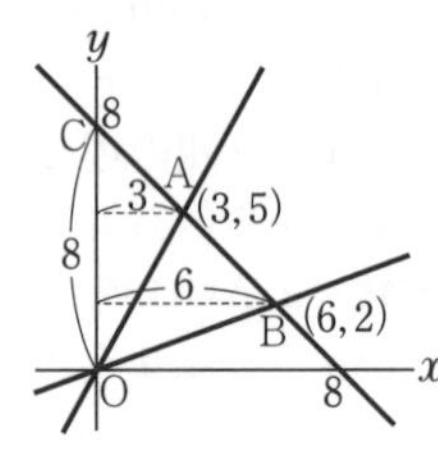

(3) 点Aを通り△AOBの面積を2等分する直線は，線分OBの中点Mを通る。
O(0, 0), B(6, 2)だから線分OBの中点Mの x 座標は

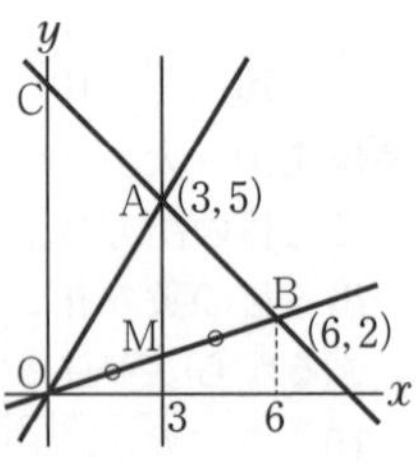

$\frac{0+6}{2}=3$, y 座標は $\frac{0+2}{2}=1$, M(3, 1)
A(3, 5) 2点M, Aの x 座標はともに3だから直線AMの式は $x=3$ と表す。

17 (1) $\boldsymbol{y=3x+7}$ (2) **(1, 0)**

解説 (1) 直線 ℓ は y 軸上の点Cを通る。また，直線 n : $y=-2x+7$ も点Cを通るから

直線ℓのy軸上の切片は直線nと同じで7
$y=ax+7$，点A$(-2,\ 1)$を通るから
$1=-2a+7$，$a=3$
より　$y=3x+7$

(2)　△CABと△CAPは底辺CAが共通。点Bを通り直線CA(直線ℓ)に平行な直線とx軸との交点がPになる。点Bは，直線m：$y=\frac{1}{2}x+2$　と　直線n：$y=-2x+7$　との交点。**交点の座標は連立方程式の解**だから　$\frac{1}{2}x+2=-2x+7$，$x+4=-4x+14$，
$x=2$，$y=-2\times2+7=3$，B$(2,\ 3)$
点Bを通り直線ℓに平行な直線の傾きは3
$y=3x+b$で，点B$(2,\ 3)$を通るから
$3=3\times2+b$，$b=-3$，$y=3x-3$
x軸上の点のy座標は0だから点Pのy座標は0，$0=3x-3$，$x=1$よりP$(1,\ 0)$

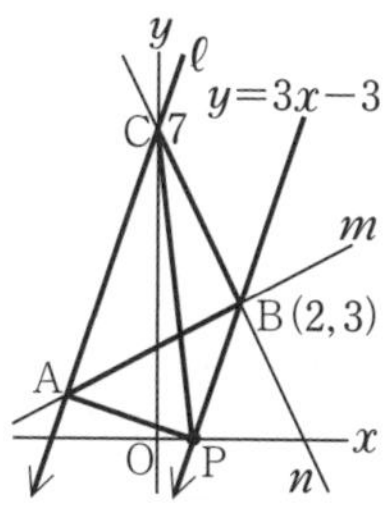

6　1次関数の利用

18 (1)　**8分間**　(2)　**毎分80 m**
(3)　**午前9時26分**

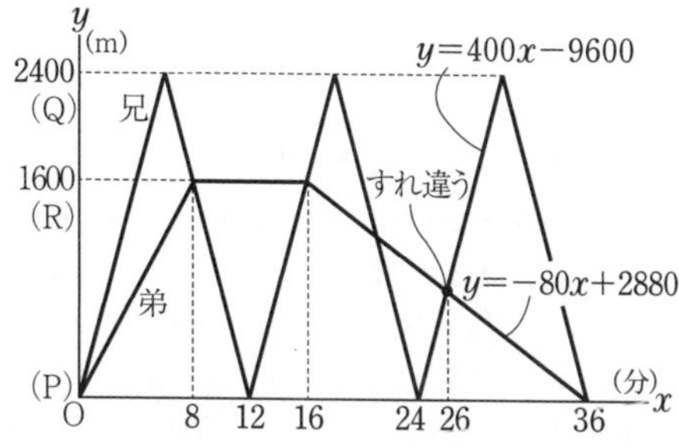

解説 (1)　弟はP地点からR地点までの1600mを毎分200mの速さで走るから
$1600\div200=8$(分)かかる。また，兄はP地点で折り返してから再びR地点を通過するまで，1往復と1600m進むから
$2400\times2+1600=6400$(m)　兄の速さは毎分400mだから　$6400\div400=16$(分)
このとき，弟はR地点からP地点に向かうから休憩していたのは　$16-8=8$(分間)

(2)　兄は，P地点からQ地点までの1往復
$2400\times2=4800$(m)を毎分400mの速さで進むから　$4800\div400=12$(分)，3往復で
$12\times3=36$(分)かかる。弟は3往復を終える兄と同時にP地点に着くから，R地点からP地点までの1600mを　$36-16=20$(分)で進む。速さは毎分　$1600\div20=80$(m)

(3)　弟がR地点からP地点に向かって歩いているとき，Q地点に向かう兄とすれ違うのは　$24\leqq x\leqq30$　のときで，弟は(2)より毎分80mの速さで進む。**速さは直線の傾きに等しいが，**R地点からP地点に向かうから傾きは負。弟の式は　$y=-80x+b$　と表せる。点$(36,0)$を通るから　$0=-80\times36+b$，
$b=2880$より　$y=-80x+2880$…①
また，兄の速さは毎分400mだから兄の式は　$y=400x+c$，点$(24,\ 0)$を通るから
$0=400\times24+c$，$c=-9600$　より
$y=400x-9600$…②　直線①，②の交点のx座標が2人のすれ違う時間を表すから
$400x-9600=-80x+2880$，$480x=12480$
$x=26$　より　午前9時26分

19 (1)　$y=2x+3$　(2)　$\frac{3}{2}$**cm**　(3)　**11分後**

解説 (1)　$0\leqq x\leqq5$のとき，P管だけを使って水を入れる。
P管では水面の高さは毎分2 cmずつ高くなるから，変化の割合は2　また，水そうAには水は底から3cmの高さまで入っているから
$x=0$のとき，$y=3$　よって　$y=2x+3$

(2)　$5\leqq x\leqq9$のとき，P管とQ管の両方を使っている。水面は　$9-5=4$(分間)に
$27-13=14$(cm)高くなるから，毎分
$\frac{14}{4}=\frac{7}{2}$(cm)ずつ高くなる。一方，P管では毎分2 cmずつ高くなるから，Q管だけでは毎分　$\frac{7}{2}-2=\frac{3}{2}$(cm)ずつ高くなる。

(3)　水そうBではR管を使う。R管で水を入れると水面の高さは毎分1 cmずつ高くなる。また，水そうBには底から20 cmの高さまで水が入っているから，水そうBの式は　$y=x+20$…①　①で$x=15$のとき，
$y=35$　2点$(0,\ 20)$，$(15,\ 35)$を通る直線を図にかき入れると，水そうAのグラフと$9\leqq x\leqq15$の範囲で交わる。

$9 \leqq x \leqq 15$のとき，水そうAではP管だけを使うから水面の高さは毎分 2 cm ずつ高くなる。水そうAの式は　$y=2x+b$で，点(9，27)を通るから　$27=2\times9+b$，$b=9$より　$y=2x+9$…②　直線①，②の交点のx座標が，水面の高さが等しくなる時間を表すから　$2x+9=x+20$，$x=11$より，11分後

7 多項式・平方根・2次方程式

20 (1)　$\boldsymbol{4\sqrt{2}}$　(2)　$\boldsymbol{5\sqrt{3}}$　(3)　$\boldsymbol{-2\sqrt{2}}$
(4)　$\boldsymbol{5+2\sqrt{6}}$　(5)　**3**　(6)　$\boldsymbol{1-\sqrt{3}}$
(7)　$\boldsymbol{x^2+2x+21}$　(8)　$\boldsymbol{x^2+2x-8}$
(9)　$\boldsymbol{9y^2}$　(10)　$\boldsymbol{2a+13}$

解説(1)　$6\sqrt{2}-\sqrt{8}=6\sqrt{2}-\sqrt{2^2\times2}$
$=6\sqrt{2}-2\sqrt{2}=4\sqrt{2}$

(2)　$\sqrt{60}\div\sqrt{5}+\sqrt{27}=\dfrac{\sqrt{60}}{\sqrt{5}}+\sqrt{3^2\times3}$
$=\sqrt{12}+3\sqrt{3}=2\sqrt{3}+3\sqrt{3}=5\sqrt{3}$

(3)　$\sqrt{48}\div\sqrt{2}\div(-\sqrt{3})$
$=-\sqrt{48}\times\dfrac{1}{\sqrt{2}}\times\dfrac{1}{\sqrt{3}}=-\sqrt{8}=-2\sqrt{2}$

(4)　$(\sqrt{2}+\sqrt{3})^2=(\sqrt{2})^2+2\times\sqrt{2}\times\sqrt{3}$
$+(\sqrt{3})^2=2+2\sqrt{6}+3=5+2\sqrt{6}$

(5)　$(\sqrt{7}+2)(\sqrt{7}-2)=(\sqrt{7})^2-2^2$
$=7-4=3$

(6)　$(\sqrt{3}-2)(\sqrt{3}+1)=(\sqrt{3})^2+\sqrt{3}$
$-2\sqrt{3}-2=3-\sqrt{3}-2=1-\sqrt{3}$

(7)　$(x+3)(x+7)-8x$
$=x^2+7x+3x+21-8x=x^2+2x+21$

(8)　$(x+5)(x-1)-2x-3$
$=x^2-x+5x-5-2x-3=x^2+2x-8$

(9)　$x^2-(x+3y)(x-3y)$
$=x^2-\{x^2-(3y)^2\}=x^2-x^2+9y^2=9y^2$

(10)　$(a-1)^2-(a+2)(a-6)$
$=a^2-2\times a\times1+1^2-(a^2-6a+2a-12)$
$=a^2-2a+1-a^2+4a+12=2a+13$

21 (1)　$\boldsymbol{ab(a-1)}$　(2)　$\boldsymbol{(x+4)(x+5)}$
(3)　$\boldsymbol{(x-3)(x+9)}$　(4)　$\boldsymbol{(x-4)^2}$
(5)　$\boldsymbol{6(x+2)(x-2)}$　(6)　$\boldsymbol{(a-6)(a+2)}$

解説(1)　共通因数abをかっこの外へくくり出す。　$a^2b-ab=ab\times a-ab\times1$
$=ab(a-1)$

(2)　積が＋20，和が＋9となる2つの整数は＋4と＋5，$x^2+9x+20=(x+4)(x+5)$

(3)　積が−27，和が＋6となる2つの整数は−3と＋9，$x^2+6x-27=(x-3)(x+9)$

(4)　$x^2-8x+16=x^2-2\times x\times4+4^2$
$=(x-4)^2$

(5)　6をかっこの外へくくり出す。
$6x^2-24=6(x^2-4)=6(x^2-2^2)$
$=6(x+2)(x-2)$

(6)　$a-4=A$とおくと
$(a-4)^2+4(a-4)-12=A^2+4A-12$
$=(A-2)(A+6)=(a-4-2)(a-4+6)$
$=(a-6)(a+2)$

22 (1)　$\boldsymbol{x=2\pm\sqrt{7}}$　(2)　$\boldsymbol{x=0，6}$
(3)　$\boldsymbol{x=\pm3}$　(4)　$\boldsymbol{x=-5，-7}$
(5)　$\boldsymbol{x=2，3}$　(6)　$\boldsymbol{x=-4，5}$
(7)　$\boldsymbol{x=-4}$　(8)　$\boldsymbol{x=-2，5}$
(9)　$\boldsymbol{x=\dfrac{5\pm\sqrt{13}}{6}}$　(10)　$\boldsymbol{x=\dfrac{1\pm\sqrt{7}}{6}}$

解説(1)　$x-2$が7の平方根だから
$x-2=\pm\sqrt{7}$，$x=2\pm\sqrt{7}$
＊左辺を展開してから解の公式を使うような計算をしてはならない。

(2)　$x^2=6x$，$x^2-6x=0$，$x(x-6)=0$，
$x=0$または$x-6=0$ より　$x=0，6$
＊$x=0$も解であることを忘れてはならない。

(3)　$(x+4)(x-4)=-7$，$x^2-16=-7$，
$x^2=9$，$x=\pm\sqrt{9}=\pm3$

(4)　$x^2+12x+35=0$，$(x+5)(x+7)=0$，
$x+5=0$または$x+7=0$，$x=-5，-7$

(5)　$x^2-5x+6=0$，$(x-2)(x-3)=0$，
$x-2=0$または$x-3=0$，$x=2，3$

(6)　$x^2-x-20=0$，$(x+4)(x-5)=0$，
$x+4=0$または$x-5=0$，$x=-4，5$

(7)　$(x+3)(x+5)=-1$，$x^2+8x+15=-1$，
$x^2+8x+16=0$，$(x+4)^2=0$，
$x+4=0$より$x=-4$　(解は1個だけ)

(8)　$(x+6)(x-2)+2=7x$，$x^2+4x-10=7x$，
$x^2-3x-10=0$，$(x+2)(x-5)=0$，
$x+2=0$または$x-5=0$，$x=-2，5$

(9)　左辺が因数分解できないときは，解の公式をつかう。2次方程式 $ax^2+bx+c=0$
の解は　$\boldsymbol{x=\dfrac{-b\pm\sqrt{b^2-4ac}}{2a}}$
口で何度も唱えて，絶対に覚えること。
$3x^2-5x+1=0$で，$a=3$，$b=-5$，$c=1$を解の公式に代入すると
$x=\dfrac{-(-5)\pm\sqrt{(-5)^2-4\times3\times1}}{2\times3}$
$=\dfrac{5\pm\sqrt{25-12}}{6}=\dfrac{5\pm\sqrt{13}}{6}$

(10) $x=\dfrac{-(-2)\pm\sqrt{(-2)^2-4\times6\times(-1)}}{2\times6}$

$=\dfrac{2\pm\sqrt{4+24}}{12}=\dfrac{2\pm2\sqrt{7}}{12}=\dfrac{1\pm\sqrt{7}}{6}$

＊ x の項の係数が偶数のときは約分できる。

23 (1) $\boldsymbol{2\sqrt{2},\ -2\sqrt{2}}$ (2) $\boldsymbol{n=6}$
(3) $\boldsymbol{2\sqrt{6}}$ (4) $\boldsymbol{n=3,\ 18}$ (5) $\boldsymbol{4\sqrt{6}}$
(6) $\boldsymbol{a=1,\ b=-12}$

解説 (1) 2乗すると8になる数が8の平方根。絶対値が等しく符号が異なる2つの数になる。8の平方根は $\pm\sqrt{8}=\pm2\sqrt{2}$

(2) $\sqrt{24n}=\sqrt{2^2\times6\times n}=2\sqrt{6n}$ これが整数となる最小の自然数 n は $n=6$
このとき $2\sqrt{6\times6}=2\times6=12$ となる。

(3) 分母，分子にそれぞれ $\sqrt{6}$ をかけると
$\dfrac{12}{\sqrt{6}}=\dfrac{12\times\sqrt{6}}{\sqrt{6}\times\sqrt{6}}=\dfrac{12\sqrt{6}}{6}=2\sqrt{6}$

(4) $460-20n=20\times(23-n)$
$=2^2\times5\times(23-n)$ これがある自然数の2乗になるから，$5\times(23-n)$について
mを自然数とすると $23-n=5\times m^2$ と表される。$m=1$のとき $23-n=5\times1^2$，
$n=18$，$m=2$のとき $23-n=5\times2^2$，
$n=3$，$m=3$のとき $23-n=5\times3^2$，
$n=-22$ これは適さないから $n=3,\ 18$

(5) $x=\sqrt{3}$，$y=\sqrt{2}$のとき，
$(x+y)^2-(x-y)^2=(x^2+2xy+y^2)$
$-(x^2-2xy+y^2)$
$=4xy=4\times\sqrt{3}\times\sqrt{2}=4\sqrt{6}$

(6) 解が3と-4である2次方程式の1つは
$(x-3)(x+4)=0$，$x^2+x-12=0$ これが $x^2+ax+b=0$と一致するから，各項の係数を比較して $a=1$，$b=-12$

24 nを整数とすると，連続する2つの3の倍数のうち，小さい方の数は$3n$，大きい方の数は$3n+3$ と表される。大きい方の数の2乗から小さい方の数の2乗を引いた差は $(3n+3)^2-(3n)^2$
$=9n^2+18n+9-9n^2=18n+9$
$=3(6n+3)=3\{3n+(3n+3)\}$
これは，もとの2つの数 $3n$，$3n+3$ の和の3倍である。

したがって，連続する2つの3の倍数において，大きい方の数の2乗から小さい方の数の2乗を引いた差は，もとの2つの数の和の3倍に等しくなる。

解説 nを整数とすると，連続する2つの3の倍数は $3n$，$3n+3$ $3(6n+3)$ を $3\{3n+(3n+3)\}$ のように変形する。

8 2乗に比例する関数

25 (1) $\boldsymbol{y=2x^2}$ (2) $\boldsymbol{0\leqq y\leqq6}$ (3) $\boldsymbol{\dfrac{3}{2}}$
(4) $\boldsymbol{a=-2}$ (5) $\boldsymbol{a=\dfrac{1}{2}}$

解説 (1) yはxの2乗に比例するから
$\boldsymbol{y=ax^2}$，$x=-2$，$y=8$を代入すると
$8=a\times(-2)^2$，$4a=8$，$a=2$，$y=2x^2$

(2) xの変域$-1\leqq x\leqq2$に $x=0$が含まれている。
$y=\dfrac{3}{2}x^2$ に $x=-1$，0，2をそれぞれ代入すると
$y=\dfrac{3}{2}\times(-1)^2=\dfrac{3}{2}$
$y=\dfrac{3}{2}\times0^2=0$，$y=\dfrac{3}{2}\times2^2=6$
yの変域は $0\leqq y\leqq6$

(3) $y=\dfrac{1}{4}x^2$ について，$x=2$のとき
$y=\dfrac{1}{4}\times2^2=1$，$x=4$のとき $y=\dfrac{1}{4}\times4^2$
$=4$ **(変化の割合)$=\dfrac{(y\text{の増加量})}{(x\text{の増加量})}$**
$=\dfrac{4-1}{4-2}=\dfrac{3}{2}$

＊ $y=ax^2$について，xの値がpからqまで増加するときの変化の割合は
$\dfrac{aq^2-ap^2}{q-p}=\dfrac{a(q^2-p^2)}{q-p}=\dfrac{a(q+p)(q-p)}{q-p}$
$=a(q+p)=\boldsymbol{(p+q)\times a}$ のように表せるから $(2+4)\times\dfrac{1}{4}=\dfrac{6}{4}=\dfrac{3}{2}$

(4) **xの変域とyの変域で長方形をつくる。** 放物線は直線$x=-1$，$x=2$，$y=0$(x軸)，$y=-8$で囲まれた長方形の頂点$(2,\ -8)$を通るから
$-8=a\times2^2$，$4a=-8$，$a=-2$

(5) $y=ax^2$について，xの値が1から5まで増加するときの変化の割合は$(1+5)\times a$
$=6a$ また，1次関数$y=3x-1$の変化の割合は一定で3 $6a=3$より $a=\dfrac{1}{2}$

26 (1) $\boldsymbol{a=\dfrac{1}{2}}$ (2) $\boldsymbol{(-4,\ 8)}$
(3) $\boldsymbol{y=-x+4}$ (4) $\boldsymbol{y=2}$ (5) **16**
(6) $\boldsymbol{y=x+4}$

解説 (1) $y=ax^2$ のグラフは点A(2, 2)を通るから $2=a\times2^2$

$4a=2$, $a=\frac{1}{2}$

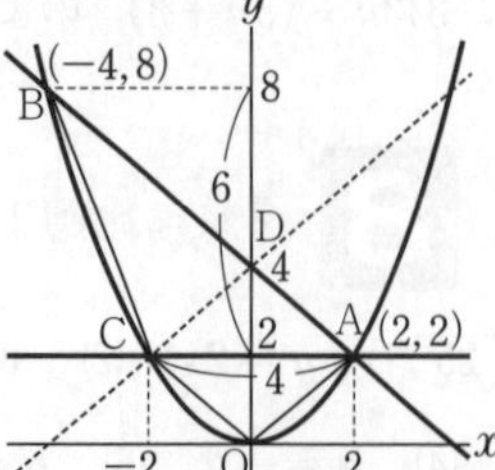

(2) $y=\frac{1}{2}x^2$ に $x=-4$ を代入して $y=8$

B(−4, 8)

(3) 直線ABを **$y=mx+n$** とする。2点A(2, 2), B(−4, 8)を通るから $2=2m+n$…① $8=-4m+n$…② ①, ②より $m=-1$, $n=4$ したがって $y=-x+4$

(4) 点Cのx座標は−2, AとCはy軸について対称でA(2, 2)よりC(−2, 2) 2点A, Cのy座標は同じ2だから, 直線ACは $y=2$ と表す。

(5) 四角形OABCを△ACOと△ACBに分ける。△ACOで, 底辺AC＝2＋2＝4 高さは2だから面積は 4×2÷2＝4 △ACBで, AC＝4, 高さは8−2＝6 面積は 4×6÷2＝12 四角形OABC＝△ACO＋△ACB＝4＋12＝16

(6) 直線ABとy軸との交点をDとすると D(0, 4) △ACDの面積は4×2÷2＝4 △ACO＋△ACD＝4＋4＝8 で四角形OABCの面積16の半分になるから, 直線CDが四角形OABCの面積を2等分している。直線CDのy軸上の切片は4だから $y=cx+4$ とする。C(−2, 2)を通るから $2=-2c+4$, $c=1$より $y=x+4$

27 (1) **$0\leqq x\leqq12$** (2) **(−6, 12)**
(3) **$y=-x+6$** (4) **(3, 3)** (5) **27**
(6) **$(3\sqrt{3},\ 9)$, $(-3\sqrt{3},\ 9)$**

解説 (1) xの変域は $-3\leqq x\leqq6$, $y=\frac{1}{3}x^2$ に $x=-3$, 0, 6をそれぞれ代入すると $y=3$, 0, 12 となるから

$0\leqq y\leqq12$

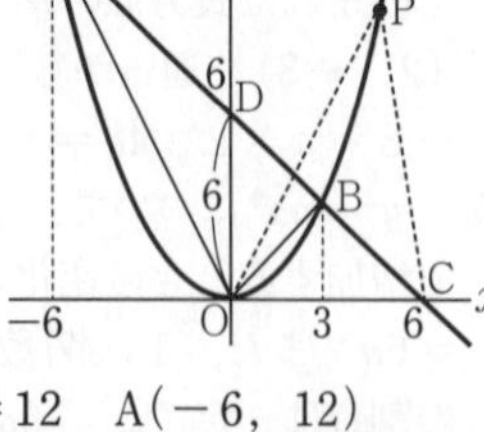

(2) 点Aのx座標−6を $y=\frac{1}{3}x^2$ に代入して, $y=12$ A(−6, 12)

(3) 直線ABのy軸上の切片は6, 直線ABは $y=ax+6$ と表せる。点Aを通るから $12=-6a+6$, $a=-1$, $y=-x+6$

(4) 点Bは $y=\frac{1}{3}x^2$ と $y=-x+6$ のグラフの交点。$\frac{1}{3}x^2=-x+6$, $x^2+3x-18=0$, $(x+6)(x-3)=0$, $x=-6$, 3 点Bのx座標は3, $y=-3+6=3$, B(3, 3)

(5) 直線ABとy軸との交点をDとすると, D(0, 6), OD＝6 △OABを△OADと△OBDに分け, ODを共通な底辺, A, Bのx座標の絶対値を高さとすると △OAB＝(6×6÷2)＋(6×3÷2)＝27

(6) 点Cは直線 $y=-x+6$ とx軸との交点。**傾きが−1の直線はx軸上の切片とy軸上の切片は等しく** C(6, 0) 点Pは $y=\frac{1}{3}x^2$ のグラフ上にあるから $\left(t,\ \frac{1}{3}t^2\right)$ とする。△POCで底辺をOC＝6, 高さを $\frac{1}{3}t^2$ とすると面積から $\frac{1}{2}\times6\times\frac{1}{3}t^2=27$

$t^2=27$, $t=\pm\sqrt{27}=\pm3\sqrt{3}$, y座標は $\frac{1}{3}t^2=\frac{1}{3}\times27=9$ より, 点Pは2個あり $(3\sqrt{3},\ 9)$, $(-3\sqrt{3},\ 9)$

9 円と相似

28 (1) **20度** (2) **100度** (3) **$x=3$, $y=\frac{21}{2}$**

解説 (1) $\overset{\frown}{BC}$に対する**円周角は中心角の半分**で ∠BAC＝120°÷2＝60° OとAを結ぶと △OAB, △OACは二等辺三角形で ∠OAB＝40°, ∠OAC＝∠x 40°＋∠x＝60°, ∠x＝20°

(2) **直径⟺直角**

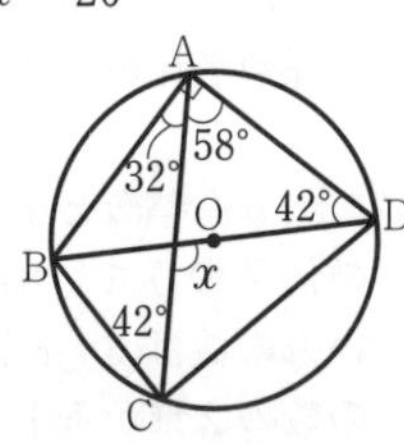

BDは円Oの直径だから∠BAD＝90° ∠CAD＝90°−32°＝58° $\overset{\frown}{AB}$に対する円周角は等しいから∠ADB＝∠ACB＝42° 三角形の外角は, それと隣り合わない2つの内角の和に等しいから ∠x＝58°＋42°＝100°

(3) DE∥BCより

AD：DB＝AE：EC
8：4＝6：x, $x=3$
△ADE∽△ABCで
AD：AB＝DE：BC
8：(8＋4)＝7：y
$8y=12\times7$, $y=\frac{21}{2}$

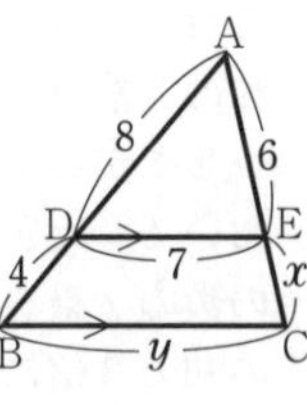

29 △ADEと△BDCにおいて，$\overset{\frown}{CE}$に対する円周角は等しいから

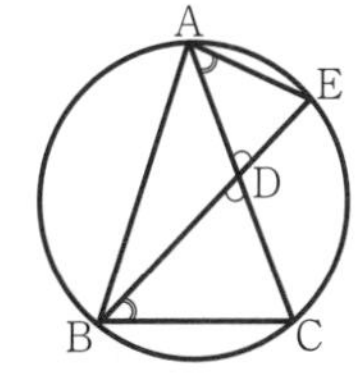

∠DAE＝∠DBC…①
対頂角は等しいから
∠ADE＝∠BDC…②
①，②より２組の角がそれぞれ等しいから
△ADE∽△BDC

解説 $\overset{\frown}{AB}$に対する円周角も等しいから
∠AED＝∠BCD　を利用してもよい。

30 △AEFと△DABにおいて，仮定より　∠EAF
＝∠ADB…①
∠ABC＝60°
でBE＝ABだから△ABEは

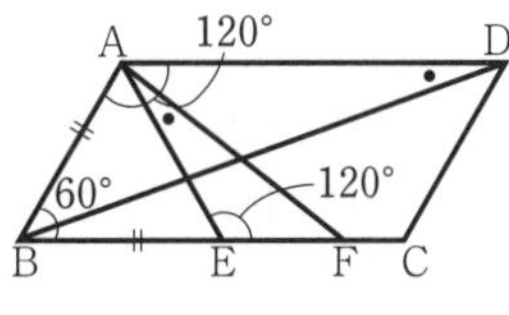

正三角形であり，∠AEB＝60°
∠AEF＝180°－60°＝120°…②
四角形ABCDは平行四辺形でAD∥BC
だから　∠DAB＝180°－60°＝120°…③
②，③より　∠AEF＝∠DAB…④
①，④より２組の角がそれぞれ等しいから
△AEF∽∠DAB

解説 **平行四辺形では，隣り合う２つの内角の和は180°，**∠ABC＋∠DAB＝180°になることは覚えておくとよい。

31 (1)　**3cm**　(2)　**3cm**　(3)　**2：1：3**
(4)　**1：15**　(5)　$\frac{5}{12}$**倍**

解説 (1)　△ABDで点Fは辺ADの中点。GF∥BDより，**三角形の１つの辺の中点を通り他の１辺に平行な直線は，残りの辺の中点を通る**から，G，Iも辺AB，ACの中点になる。中点連結定理より

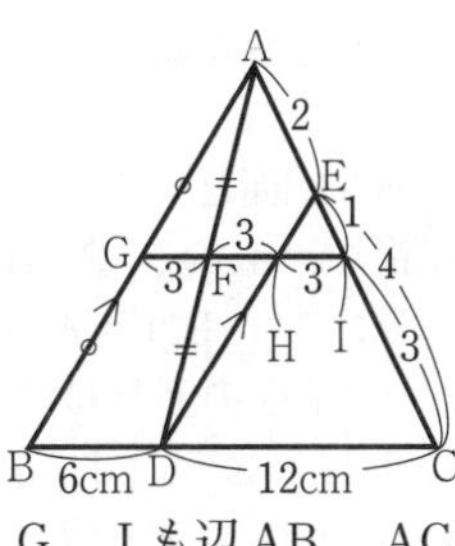

GF＝$\frac{1}{2}$BD＝6÷2＝3(cm)

(2)　AF＝DF，１組の辺とその両端の角がそれぞれ等しいから　△AGF≡△DHF
したがって　GF＝FH＝3cm

(3)　ED∥ABよりCD：DB＝CE：EA＝12：6＝4：2，CE＝4，EA＝2とすると　CA＝4＋2＝6　点Iは辺ACの中点だから　AI＝CI＝3，EI＝4－3＝1　AE：EI：IC＝2：1：3

(4)　HI∥DCで，
△EHI∽△EDC
EI：EC＝1：4
より相似比は1：4
相似な図形では，面積の比は相似比の２乗に等しいから

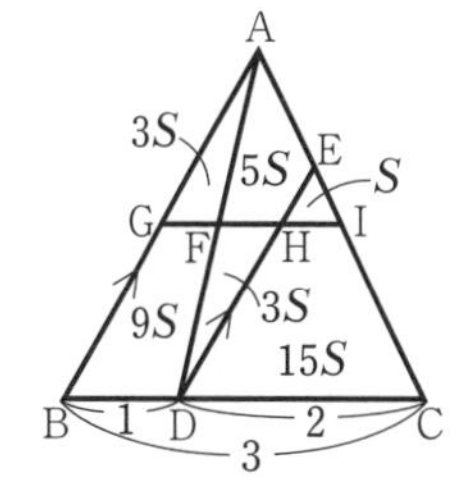

$1^2：4^2$＝1：16　四角形HDCI＝16－1＝15　求める面積の比は　1：15

(5)　三角形の面積について，△EHI＝S，△CED＝16Sとする。ED∥ABで，
△CED∽△CAB　相似比は　4：6＝2：3　面積比は　$2^2：3^2$＝4：9
16S：△CAB(△ABC)＝4：9
4△ABC＝16S×9，△ABC＝36S
四角形HDCI＝16S－S＝15Sだから

$15S \div 36S = \frac{15}{36} = \frac{5}{12}$(倍)

～は…の何倍か⇒(～は)÷(…の)

10　三平方の定理

32 (1)　**5cm**　(2)　**$27\sqrt{3}$ cm²**
(3)　$\frac{32\sqrt{2}}{3}\pi$ **cm³**

解説 (1)　△ABCは直角三角形。三平方の定理より$AB^2+BC^2=AC^2$
$AC^2=6^2+8^2=100$
AC＞0だから

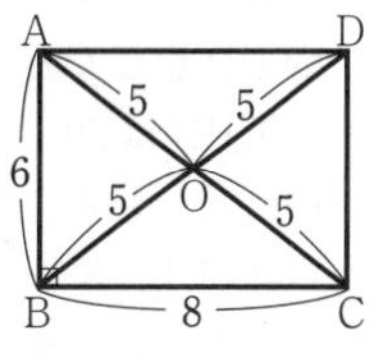

AC＝$\sqrt{100}$＝10　**長方形の対角線の長さは等しく，平行四辺形と同様にそれぞれの中点で交わる。**AO＝10÷2＝5(cm)

(2)　頂点Aから辺BCに垂線AHをひく。△ABHは30°，60°の直角三角形で３辺の比は**1：2：$\sqrt{3}$**　AB：AH＝2：$\sqrt{3}$
より　6：AH＝2：$\sqrt{3}$，AH＝$3\sqrt{3}$

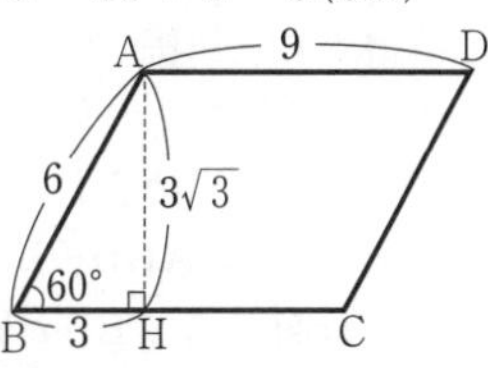

平行四辺形の面積＝底辺×高さ
9×$3\sqrt{3}$＝$27\sqrt{3}$(cm²)

(3)　頂点Aから辺BCに垂線AHをひく。△ABCも△ABHも直角二等辺三角形で，３辺の比は
1：1：$\sqrt{2}$

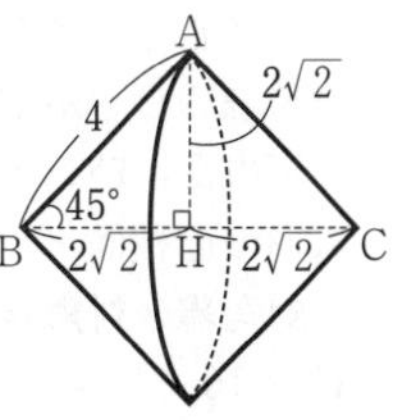

AB : AH $=\sqrt{2}:1$，4 : AH $=\sqrt{2}:1$

AH $=\dfrac{4}{\sqrt{2}}=2\sqrt{2}$　△ABCを辺BCを軸として1回転させると，底面の半径が$2\sqrt{2}$，高さが$2\sqrt{2}$の円錐が2つできる。

体積は $\left\{\dfrac{1}{3}\times\pi\times(2\sqrt{2})^2\times2\sqrt{2}\right\}\times2$

$=\dfrac{1}{3}\pi\times16\sqrt{2}\times2=\dfrac{32\sqrt{2}}{3}\pi$ (cm^3)

33 (1) **$10\sqrt{5}$ cm** (2) **$10\sqrt{2}$ cm**

(3) **$50\sqrt{3}$ cm^2** (4) **$\dfrac{1000}{3}$ cm^3**

(5) **50 cm^2**

解説 (1) **最短の長さは展開図をかいて直線をひく。** 最も短い糸の長さは，右の図の線分AG　AG$^2=10^2+20^2=500$，AG>0 より　AG $=\sqrt{500}=10\sqrt{5}$ (cm)

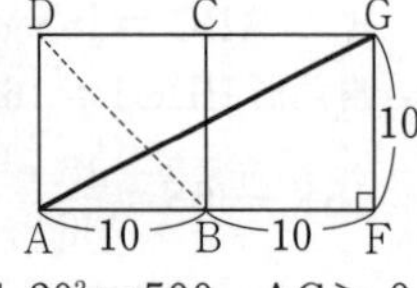

(2) △DABは直角二等辺三角形。3辺の比は**1 : 1 : $\sqrt{2}$**，それぞれを10倍すると$10:10:10\sqrt{2}$だから　BD $=10\sqrt{2}$ cm

(3) △BDEは1辺が$10\sqrt{2}$の正三角形。点Eから辺BDに垂線EPをひくと△EPDは30°，60°の直角三角形。3辺の比は**1 : 2 : $\sqrt{3}$**，DP $=5\sqrt{2}$ cm

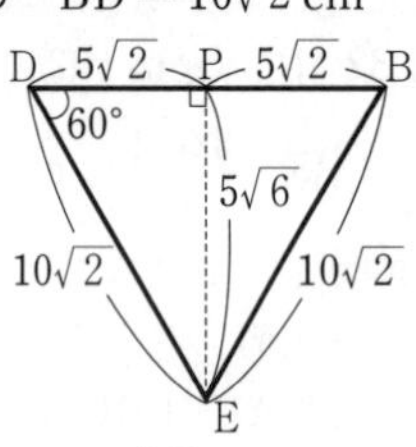

EP $=5\sqrt{2}\times\sqrt{3}=5\sqrt{6}$　△BDEの面積は　$10\sqrt{2}\times5\sqrt{6}\div2=50\sqrt{3}$ (cm^2)

(4) 正四面体BDEGの体積は，立方体の体積から三角錐ABDE 4つ分の体積を除けば求められる。三角錐ABDEは，底面が△ABD，高さがAEだから

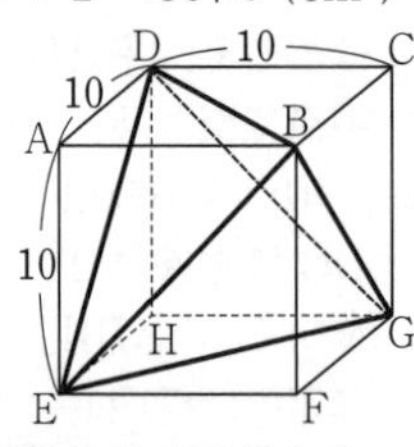

$\dfrac{1}{3}\times\left(\dfrac{1}{2}\times10\times10\right)\times10=\dfrac{500}{3}$ (cm^3)

$10\times10\times10-\dfrac{500}{3}\times4=\dfrac{1000}{3}$ (cm^3)

(5) 四角形KLMNは，対角線の長さが10 cmの正方形。ひし形や正方形の面積は

対角線×対角線÷2

$10\times10\div2=50$ (cm^2)

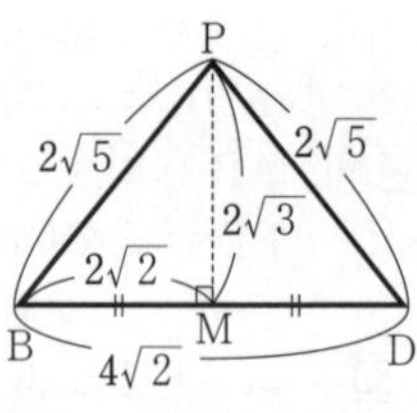

34 (1) **$4\sqrt{6}$ cm** (2) **$4\sqrt{6}$ cm^2**

(3) **5 cm** (4) **平行四辺形** (5) **$\dfrac{80}{3}$ cm^3**

解説 (1) 直方体の対角線の長さは**$\sqrt{(縦)^2+(横)^2+(高さ)^2}$**　で求められる。

AG $=\sqrt{4^2+4^2+8^2}=\sqrt{96}=4\sqrt{6}$ (cm)

(2) △ABDは直角二等辺三角形。3辺の比は**1 : 1 : $\sqrt{2}$**

4倍してBD $=4\sqrt{2}$

△APBで

PB$^2=2^2+4^2=20$

PB>0よりPB $=\sqrt{20}=2\sqrt{5}$，同様にPD $=2\sqrt{5}$　△PBDは二等辺三角形，Pから辺BDに垂線PMをひくと，Mは線分BDの中点になる。△PBMで　PM$^2=(2\sqrt{5})^2-(2\sqrt{2})^2=12$，PM $=2\sqrt{3}$

求める面積は　$4\sqrt{2}\times2\sqrt{3}\div2=4\sqrt{6}$

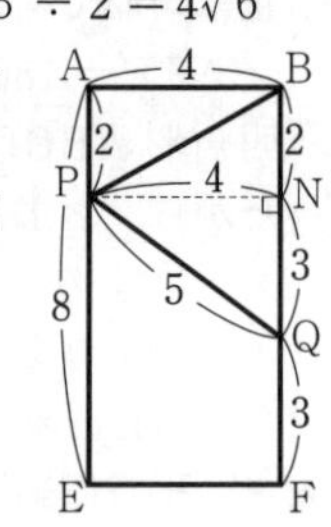

(3) PからBQに垂線PNをひく。PN $=$ AB $=4$，QN $=5-2=3$，△PQNで　PQ$^2=3^2+4^2=25$

PQ>0よりPQ $=5$ cm

＊直角三角形の3辺の比**3 : 4 : 5**，2倍した**6 : 8 : 10**　また，**5 : 12 : 13**　は覚える。

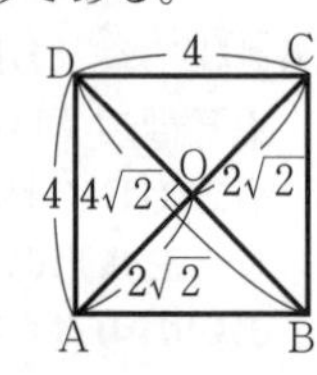

(4) △PQN≡△DRCよりPQ $=$ DR $=5$

また，PQ∥DR，一方，PQ $=5$，PD $=2\sqrt{5}$よりPQ≠PD　したがって，**1組の対辺が平行でその長さが等しい**から，四角形DPQRは平行四辺形である。

(5) DとQを結ぶ。この立体BDPQRを△BDQを共通な底面とする2つの三角錐P-BDQ，R-BDQに分ける。BD $=4\sqrt{2}$ より△BDQの面積は

$4\sqrt{2}\times5\div2$

$=10\sqrt{2}$，正方形ABCDの対角線の交点をOとすると，2つの三角錐の高さは　OA $=$ OC $=4\sqrt{2}\div2=2\sqrt{2}$

2つの三角錐は底面積と高さが等しいから，体積も等しい。求める体積は

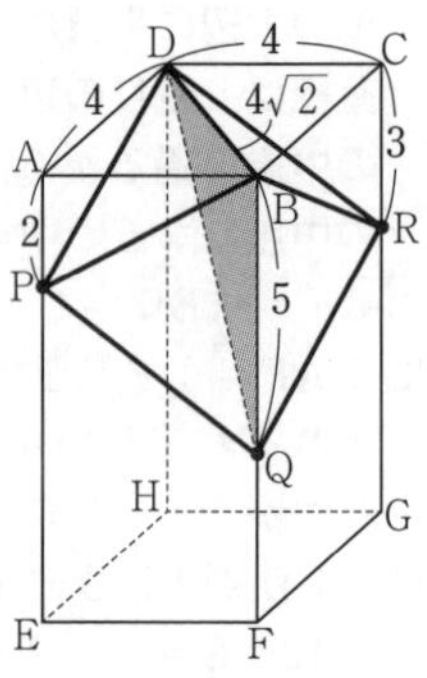

$\left(\dfrac{1}{3}\times10\sqrt{2}\times2\sqrt{2}\right)\times2=\dfrac{80}{3}$ (cm^3)

1 動詞の形 現在形・過去形・進行形

1 (1) turned (2) walks (3) looking (4) ○ (5) wearing (6) ○ (7) ○ (8) Did (9) doesn't, eats

解説 前後から現在のことか，過去のことかを読み取る。過去形の不規則な変化や -ed のつけ方，現在形の三人称単数の -s に注意する。(1)went は過去形なので，turn も過去形にする。(2) walked でも可。(3)(5) は進行形なので，～ing になる。(6)(7) do, does, did を使った文では動詞は原形。(9)の but の後には does がないので eats になる。

2 (1) ウ (2) エ (3) オ (4) イ (5) イ (6) カ (7) ア (8) カ (9) キ (10) オ

解説 述べられていることが現在のことなのか過去のことなのか，さらに，主語の人称，数から考える。(1)助動詞の後なので，原形の be。(2)現在完了形になる。(3)a picture なので単数。後の動詞から現在のこととわかる。

3 (1) Do, don't (2) Are, am not (3) Does, does (4) does, leaves (5) Did, did (6) were, were

解説 be動詞と一般動詞のどちらであるかを見分ける。現在なのか過去なのかは，全体から読みとる。主語の人称に注意する。(6)は進行形なので be 動詞を入れる。

4 (1) was not running (2) were carrying (3) were (4) does, come (5) studies (6) doesn't have

解説 疑問文での do, does, did, be 動詞の使い分けと位置に注意する。(1)(2) 進行形。〈be 動詞＋～ ing〉にする。(1) は否定文。be 動詞の後に not。(3) の構文では be 動詞は後の some cats の部分に合わせるので複数。(5) 最後の y を i にして es。

5 (1) It was sunny.
(2) She bought a pair of red shoes.
(3) They had dinner at a sushi restaurant.

解説 過去形などの動詞の形に注意しながら，答えを書くようにする。

2 未来を表す表現・助動詞

6 (1) エ (2) ア (3) ウ (4) エ (5) イ (6) エ

解説 will, can などの助動詞には原形の動詞が続く。主語が三人称単数でも形は変わらない。疑問文，否定文にも注意。未来は will で，予定は〈be 動詞＋ going to ＋原形の動詞〉の文型で表す。疑問文や否定文の語順にも注意する。

7 (1) Can you (2) Is, going (3) will you (4) Can you (5) May [Can] I

解説 応答から考える。助動詞は依頼，許可，提案を表す場合にも用いられる。(2)be going to～で予定をたずねている。(3) won't ＝ will not (4) 依頼を表す。Would you, Could you でも可。(5) 許可を求めている。

8 (1) must (2) should (3) can't (4) May (5) will (6) won't

解説 日本語から助動詞を考える。(6)won't ＝ will not

9 (1) I am going to talk about the New Year season.
(2) What movie are you going to see (today?)
(3) You must be quiet (in the library.)
(4) I hope they will not be late.
(5) Would you like some water?

解説 (1)(2)be going to ～の文。(2) は疑問文の語順に注意。(5)would like to ～（「～したい」）の表現に注意。

10 (1) Can you see (Mount Fuji from there?)
(2) Must I leave (soon?)
(3) (You) should get (up earlier.)
(4) It won't rain (tomorrow.)
(5) (Where) are you going to go (this weekend?)
(6) (I) will enjoy (swimming.)

解説 日本語の意味からどの助動詞を用いる

か考える。使い方にも注意。特に疑問文の語順に注意。(4)won't はwill notでも可。

3 現在完了

11 (1) イ (2) ウ (3) イ (4) エ
(5) エ (6) イ

解説 (1)時間を表す表現がlast springなので過去形。(2)(3)(4)(5)現在完了形の文になる。〈have(has)＋過去分詞形〉を使う。(4)現在完了の疑問文ではhaveが文の前の方。(5)現在完了の否定文。〈have＋not＋過去分詞〉の語順。(6)時間を表す表現のon weekendsは習慣を表すので現在形を選ぶ。

12 (1) ア (2) ウ (3) イ (4) オ
(5) エ (6) カ

解説 現在完了形と一緒に用いられる表現の問題である。since「～以来」never「～したことない」just「～したところだ」for「～の間」yet「まだ～ない」ever「これまでに」

13 (1) He has played the piano since he was ten.
(2) It has just started raining.
(3) They have known each other for twelve years.
(4) I have not enjoyed fishing before.

解説 現在完了は〈have(has)＋動詞の過去分詞〉の語順。(1)(2)主語が三人称単数の場合はhaveでなくhas。(4)否定文はhaveの後にnot。

14 (1) I have taken tennis lessons for six months.
(2) We have already learned a lot about Japanese food.
(3) I have never seen a rainbow before.
(4) How long have you been a doctor?
(5) Has Yumi gone to bed yet?

解説 疑問文の語順や，never, yet, just など位置に注意する。(3)neverは経験を表す完了形で「(一度も)…したことがない」の意味。(4)How long ～？は期間をたずねる疑問文。(5)yetは疑問文，否定文で「まだ～」という意味を表す。

15 (1) Have you ever been to (Hokkaido?)
(2) (How) long have you had the cat?
(3) (How) many books have you read (this year?)
(4) (My mother) has not used this computer since (last year.)
(5) We have lived in this house for (thirty years.)

解説 (1)(2)(3)疑問文の語順に注意。(1)have been to ～＝「～へ行ったことがある」(2)How longで期間をたずねる。(3)現在完了形を使って，今年に入ってから今までにという意味になる。(4)notではなくneverでも可。

16 (1) have (2) gone (3) have
(4) studied (5) for (6) Have
(7) you (8) had (9) yet
(10) haven't

解説 すべて現在完了になる。(8)はeatenでもよい。

4 名詞・冠詞・代名詞・接続詞・前置詞

17 (1) potatoes (2) cities
(3) children (4) women

解説 複数形にするには-sをつけるのが基本であるが，例外がある。(1)-esを付ける。(2)語尾のyをiにして，esを付ける。(3)(4)その単語の独自の複数形。

18 (1) uncle (2) January (3) days
(4) August (5) Tuesday (6) Winter

解説 曜日，月などの基本的な名詞は，読めるだけでなく書けるようにもしておく。

19 (1) a, the (2) a, an (3) a, ×
(4) ×, × (5) ×, a (6) ×, ×

解説 a, an, theの使い方と，どのような場合に冠詞を用いないのかを確認しておく。(2)後続する単語が母音で始まる場合，aではなくanになる。

20 (1) They (2) its (3) her
(4) they (5) His, He (6) yours, mine

解説 何を指す代名詞かということと，代名詞の働きにふさわしい形を考える。主語は主格(I, He, She など)に，目的語は目的格(me, him, her など)になる。名詞の前で所有(「～の」)を表す代名詞は，所有格(my, his, her など)になる。(6)yoursは「あなたのもの」mineは「私のもの」という意味の代名詞。

21 (1) **when** (2) **and** (3) **at** (4) **but** (5) **in** (6) **on**

解説 (1)「私が8歳のとき」の意味。(2) andで動詞を並べる。(3) at noon＝「正午に」(4) butで文をつなげる。(5)年を表す前置詞はin。(6)曜日や日付を表す前置詞はon。

22 (1) **for** (2) **at** (3) **with** (4) **of** (5) **in**

解説 一つの前置詞が複数の意味を持つことが多い。前置詞の意味を確認しておく。(2) look at ～＝「～のほうを見る」(4) one of ～＝「～の中の一人」(5) in the morningの形で覚える。

23 (1) **after** (2) **because** (3) **before** (4) **If** (5) **or** (6) **until**

解説 どのような意味で二つの部分をつないでいるか確認しておく。(6)until ～＝「～まで」

5 形容詞・副詞・比較形

24 (1) **heavier, heaviest**
(2) **wider, widest**
(3) **more careful, most careful**
(4) **hotter, hottest**

解説 -er, -estをつけるときに，(1)(4)のように語尾を変える語がある。(2)は，eで終わる語なので，-r, -stだけを付ける。

25 (1) **easily** (2) **much** (3) **many** (4) **a lot of** (5) **well** (6) **much** (7) **any** (8) **a few** (9) **a little**

解説 (1) 動詞を修飾するのでeasilyになる。(2)量をたずねる。(3)数をたずねる。(4)milkはmanyでは修飾しない。(5)wellは「上手に」という意味。(6)very muchでenjoyedを強める。(7)否定文なのでany。(8)a few ～＝「2，3の～」数が少ないことを表す。(9)a little ～＝「少し～」程度が少ないことを表す。

26 (1) **older** (2) **tall** (3) **busier** (4) **largest** (5) **longest**

解説 比較級，最上級の形に注意。(1)(3)比較級。thanからわかる。(2) as ～ asの構文なので原級になる。(4)(5)最上級。

27 (1) **Which, better** (2) **as tall as** (3) **most expensive** (4) **bigger than** (5) **usually** (6) **only**

解説 教科書の形容詞，副詞は全て覚えておく。(1)好きな方をたずねる表現。betterはmoreでも可。(2)as ～ asで「同じくらい～」(3)最上級(4)比較級(5)「普通は」＝usually(6)「～だけ」＝only

28 (1) **Shogi is more interesting than computer games.**
(2) **The library is as useful as the Internet.**
(3) **The first question is the most difficult of all the questions.**
(4) **Should I drink more tea than milk?**
(5) **Who is the best player in the team?**
(6) **Money is not as important as peace.**
(7) **How often do you practice (a week?)**

解説 (1)(4)比較級を使った文の語順に注意。(2)「…と同じくらい～」＝ as ～ as …(3)(5)最上級を使った表現の語順に注意する。(6) A not as ～ as B＝「AはBほど，～でない」(7)How often ～＝「どのくらいの頻度で～」

29 (1) **What is your favorite color?**
(2) **This flower is the most beautiful in the garden.**
(3) **Is the moon smaller than the earth?**
(4) **I can run as fast as he can.**
(5) **Is Kenta the tallest of the five boys?**
(6) **I don't eat as slowly as my mother.**

解説 (1) favoriteで名詞を修飾する。(2)最上級の文。theを忘れない。(3)比較級の文。(4)「…と同じくらい～」＝as ～ as …(5)最上級を使った疑問文になる。(6)「…ほど～でない」は，as ～ as …を否定して表せる。

6 受け身

30 (1) **put** (2) **loved** (3) **given** (4) **built** (5) **washed** (6) **held**

解説 受け身の文型(be動詞＋過去分詞)にな

る。be動詞を適当な形にし，動詞を過去分詞形にする。⑴putは過去分詞形もput。⑷⑸疑問文なので，be動詞が前の方になり，過去分詞と離れている。⑹～be held＝「～が開催される」。

31 ⑴ ウ ⑵ エ ⑶ ウ ⑷ イ ⑸ エ ⑹ ウ

解説 be動詞は状況に応じて形を決める。⑵⑸受け身の文が疑問文になり，be動詞と過去分詞が離れている。⑹主語が質問されている。〈疑問詞＋be動詞＋過去分詞〉の語順。

32 ⑴ were broken by
⑵ was not read by
⑶ be seen ⑷ Are, grown
⑸ was written ⑹ was, made

解説 いろいろな文での受け身の問題である。be動詞は時間，人称などに注意して，形を決める。⑵notはbe動詞の後。⑶canの後なのでbe。⑷⑸⑹疑問文の語順に注意。

33 ⑴ This picture was taken by my grandfather.
⑵ An exciting story was told by the teacher.
⑶ Japanese is not spoken in other countries.
⑷ The room will be cleaned tomorrow.
⑸ What is this flower called in English?
⑹ What was found in the box?

解説 受け身の独特の語順に注意する。⑶notの位置に注意。⑸⑹疑問文でのbe動詞，過去分詞の位置に注意。

34 ⑴ (The painting of beautiful flowers) was shown by Ms. Yamamoto(in her class.)
⑵ Was the painting painted (by Ms. Yamamoto)?
⑶ (No,) it wasn't. (It) was painted by (her mother.)
⑷ (The painting will) be sent (to her friend in Osaka).

解説 受け身を用いて書くことになる。be動詞の形や語順に注意する。

7 不定詞・動名詞

35 ⑴ reading, writing ⑵ to see ⑶ swimming ⑷ to study ⑸ to drink

解説 ⑴のstop，⑶のenjoyに動詞を続けるときには動名詞(～ ing)にする。beginの後は不定詞でも可。⑵⑷⑸が不定詞になる。

36 ⑴ ア ⑵ エ ⑶ エ ⑷ イ ⑸ イ

解説 ⑴playing the guitarで「ギターをひくこと」という意味になる。⑵目的を表す不定詞になる。⑶what to ～＝「何を～するか」⑷want ～ to …＝「～に…してほしい」⑸〈It ～ for‥ to…〉の構文。

37 ⑴ to go ⑵ It, to
⑶ to drive ⑷ to take

解説 ⑴likeは不定詞，動名詞のどちらでも後に続けられる。⑵〈it ～ to…〉の構文。⑶不定詞で名詞句を作る。⑷不定詞で「～のため」という意味を表す。

38 ⑴ to make ⑵ something to read ⑶ to make ⑷ to seeing ⑸ running

解説 ⑴不定詞で感情(excited)の理由を表す。⑵read でsomethingを修飾する。⑶「～するため」という目的の意味を不定詞で表す。⑷look forward to ～ ing＝「～するのを楽しみにする」このtoは前置詞。前置詞の後に動詞を続ける場合には動名詞の形にする。⑸finishに動詞を続けるときには～ingの形にする。

39 ⑴ I am looking for a bag to carry many things.
⑵ Nasu is a good place to visit in summer.
⑶ Do you want me to clean the table?
⑷ I told Ken to water the flowers.
⑸ She asked me to wait until Monday.
⑹ They didn't know how to get to the station.

解説 ⑴「～するため」は不定詞で表せる。⑵形容詞用法の不定詞。a good placeの後にto visitを続ける。⑶Do you want me to～？＝「～しましょうか」⑷tell～ to…＝「～に…するように言う」(5)ask ～ to … ＝「～に…するように頼む」(6)how to ～＝「～のやりかた」

40 (1) enjoyed (2) listening (3) listening (4) playing (5) want (6) to (7) to (8) go (9) to (10) do

解説 不定詞，動名詞を使うことを考える。

8 分詞・関係代名詞

41 (1) jumping (2) cooked (3) crying (4) written (5) running

解説 名詞と分詞の意味の上での関係を考える。「～している」という関係であれば現在分詞((1)(3)(5))になり，「～される」という関係であれば過去分詞((2)(4))になる。

42 (1) who (2) which (3) × (4) ×

解説 先行詞の名詞句が人間の場合はwho，それ以外はwhich。(3)(4)では関係代名詞が後に続く動詞と目的語の関係にあって，省略できるので，不要。

43 (1) a toy broken by the dog
(2) a respected person
(3) a woman standing at the door
(4) students sitting on the chairs

解説 分詞の問題。語順に注意。(3)(4)では名詞の後に分詞が続く。現在分詞(～ ing)か過去分詞かは，分詞がどのような意味で修飾しているかで決まる。別解も可能。

44 (1) that was caught (2) I use (3) brought (4) working

解説 名詞を修飾するときには分詞と関係代名詞のどちらでも同じような意味を表せる場合がある。(1)(2)は関係代名詞を，(3)(4)は分詞を用いる。(1)先行詞が人間ではないのでthat [which]。(2)関係代名詞は省略。(3)(4)現在分詞と過去分詞の違いに注意。

45 (1) that [which] (2) who (3) sleeping (4) you bought (5) called

解説 (1)(2)関係代名詞は前の名詞に注意。(3)「～している」という意味の場合は現在分詞。(4)では関係代名詞は省略されている。(5)「～されている」という意味の場合は過去分詞。

46 (1) He found a lot of pictures which were taken in Nikko.
(2) The people swimming in the pool are younger than you.
(3) Santa Claus is a person who gives a present to children on Christmas Eve.
(4) She looked at the man reading a book on the bench.
(5) (You) should remember the words you learned.

解説 関係代名詞を用いた文は，長く，複雑になりがちである。語順には十分注意する。(4)では関係代名詞が省略されている。

47 (1) **私が図書館から借りた本はとてもおもしろかった。**
(2) **歌を歌っている少女は誰ですか。**
(3) **日本語は一億人以上の人に話されている言語です。**

解説 (1)(3)では関係代名詞が，(2)では分詞が名詞を修飾している。語順に注意。

48 My aunt gave me a picture (which [that]) my uncle drew. ／ My aunt gave me a picture which [that] was drawn by my uncle. ／ My aunt gave me a picture drawn by my uncle.

解説 関係代名詞か分詞を用いることで一つの文にできる。

9 命令文・間接疑問文・いろいろな文型

49 (1) ア (2) イ (3) ア (4) ウ

解説 (1)動詞の原形で始まる文が命令を表す。pleaseは命令文の文頭や文末で用いられる。(2)「～してはいけない」という禁止を表す文は〈Don't＋動詞の原形〉で始める。(3)〈Be＋形容詞〉で文を始めて命令を表す。(4)間接疑問文は疑問文の語順ではなく通常の語順になる。

50 (1) Let's (2) There wasn't (3) what to (4) how to (5) open (6) Don't be

解説 (1)Let's ～＝「～しましょう」提案を表す。(2)〈there＋be動詞＋～〉の構文では「～」の部分の名詞の数でbe動詞の形が決まる。

anythingに合わせるのでwasになる。(3) what to ～=「何を～すべきか」(4)how to ～=「～のやり方」(5)命令文なので動詞で始める。(6)命令文は動詞の原形で始めるが，afraidは形容詞なのでbeが必要。

51 (1) **ウ** (2) **イ** (3) **エ** (4) **オ**
(5) **ア**

解説 (1)(2)(4)のitは，(1)時刻(2)天候(4)距離の意味を表す文の主語。(3)代名詞。(5)〈it ～ for… to‥〉の構文。

52 (1) **why she came**
(2) **who called me**
(3) **where I can get the ticket**
(4) **when the concert starts**

解説 間接疑問文の語順の問題。通常の疑問文との語順の違いに注意。(2)疑問詞が主語にあたる場合は通常の文と同じ語順。

53 (1) **Please keep the dog outside.**
(2) (**Her name is Alexandra.**)
I always call her Alex.
(3) **I am so busy that I can't help you.**
(4) **I was too sick to eat anything.**
(5) **You don't have to use plastic bags.**
(6) **He gave me some water.**

解説 (1)命令文。keep ～ …=「～を…に保つ」pleaseは文末も可。(2)call ～ …=「～を…と呼ぶ」(3)so～that…=「とても～なので…」(4)too ～ to…=「～すぎて…できない」(5) don't have to ～=「～する必要がない」(6)〈give+与える相手+与える物〉の語順。

54 (1) **Don't speak loudly here.**
(2) **I don't know how to take a bus in Tokyo.**
(3) **Her smile makes me happy.**

解説 (1)禁止を表す。(2)how to ～=「～のやり方」(3)make ～ …=「～を…にする。」

10 会話文・さまざまな疑問文

55 (1) **キ** (2) **オ** (3) **カ** (4) **イ**
(5) **ウ** (6) **ク**

解説 次のポイントから考える。文の動詞はbe動詞か？主語は何か？主語の数は単数か，複数か？現在なのか過去なのか？

56 (1) **What is** (2) **Which is**
(3) **Whose** (4) **What**
(5) **How many** (6) **aren't you**

解説 (1)から(5)は次のことをたずねている。(1)日付(2)選択(3)所有者(4)持っている物(5)数 (6)は確認をとっている。「～ですよね」という意味になる。You areに合わせるので，aren't you。

57 (1) **How much is this bike?**
(2) **What day is it today?**
(3) **What time are you going to meet her at the station?**
(4) **How will you go to Hakata?**
(5) **Why did he call his mother?**

解説 疑問文の作り方を確認しておく。語順と疑問詞に注意する。be動詞，do, does, didにも気をつける。次のことをたずねる疑問文を作る。(1)価格(2)曜日(3)時刻(4)方法(5)目的

58 (1) **Excuse me** (2) **Nice to meet**
(3) **May I** (4) **Shall I**
(5) **How about you** (6) **Would, like**

解説 会話表現の問題。決まり文句は，場面と結びつけながら考える。教科書に出てくる会話の表現は場面と一緒に覚えておく。(1)Excuse me, but ～=「すみませんが，～」(2)初対面の挨拶。(3)許可を求める。(4)「～しましょうか」と申し出る表現。(5) how about you?=「あなたはどうですか」(6) Would you like ～?=「～はいかがですか」

59 (1) **オ** (2) **ウ** (3) **エ** (4) **ア**
(5) **イ**

解説 (1)Could you ～?で依頼を表す。(2) How do you like ～?で感想をたずねる。(3) Do you want me to ～?=「～しましょうか」(4)Let's～で提案を表す。That's a good idea(「それは，いい考えですね」)で応答できる。(5)Would you like to ～(「～したいですか」)は誘う表現。

1 地理 1

1 (1) **インド洋** (2) **ヨーロッパ州**
(3) a－**本初子午線** b－**赤道**
c－**ロンドン** (4) **イ** (5) **イ** (6) **東**
(7) **ロンドン・カイロ**
(8) **雨が多く，1年を通して気温が高い。**
(9) **ロンドンは暖流の北大西洋海流と，偏西風の影響を受けるから。** (10) **A**

解説 (1) 三大洋は太平洋・太西洋・インド洋。
(2) ユーラシア大陸の東はアジア州。
(3) 経度は地球を東西に分ける角度。経度0度の本初子午線がイギリスのロンドンを通る。
(4) すべて海で囲まれている島国である。内陸国は海に面していない国。
(5) バチカン市国は世界一面積が小さい国。
(6) 地図は正距方位図法。
(7) 正距方位図法は中心からの距離が等しい。東京からの距離が等しいのはロンドンとカイロ。
(8) 熱帯の特徴は高温，多雨である。
(9) ロンドンは日本より緯度が高いが，北大西洋海流と偏西風の影響で緯度のわりに気温が高い。
(10) シドニーはオーストラリアの都市。南半球にあり，北半球と季節は逆。**A**は7月に気温が低く，1月に気温が高いことから正解と判断できる。

2 (1) **ウ** (2) **キリスト教・仏教・イスラム教** (3) **インド・ヒンドゥー教**
(4) **ア** (5) **エ** (6) **経済特区**
(7) **ASEAN** (8) **ユーロ** (9) **イ**
(10) **地中海式農業** (11) **ライン川**
(12) **シベリア**

解説 (1) **ア**のチマチョゴリは朝鮮半島の民族衣装。**イ**のジーンズはアメリカ発祥。**エ**のゆかたは日本の衣装。
(2) キリスト教は世界で信者が最も多い。仏教は東南アジアから東アジアに分布。イスラム教は西アジアを中心として分布。
(3) インドの人口の8割以上がヒンドゥー教。
(4) **イ**－フィリピンで最も信仰されている宗教はキリスト教。**ウ**－一人っ子政策を行っていたのは中国。**エ**－原油生産がさかんなのは西アジア。
(5) 中国南部は降水量が多く，稲作に向いている。中国北部は降水量が少なく，畑作が行われている。
(6) 1980年代以降，中国沿岸部に経済特区がつくられた。その後中国の工業化が急速に進んだ。
(7) ASEAN(アセアン)には，東南アジアのほとんどの国が加盟。1967年に結成。
(8) EUに加盟している国のすべてがユーロを導入しているわけではない。
(9) **ア**－東ヨーロッパの国々は2000年代になってからEUに多く加盟した。**イ**－新たに加盟した国々は工業化が遅れ，比較的所得が低い。**ウ**－スイスやノルウェーはEUに加盟していない。**エ**－加盟国間では，人々の移動は自由にできるし，貿易品には関税がかからない。
(10) オリーブやオレンジは夏の乾燥に強い。
(11) ライン川は流れがゆるやかであるため，水運に適している。
(12) シベリアは亜寒帯に属していて，冬の寒さが厳しい。

2 地理 2

3 (1) **英語** (2) **レアメタル**
(3) **ヒスパニック** (4) **ウ**
(5) **サンベルト** (6) **バイオ燃料**
(7) a **アンデス** b **リャマ**
c **パンパ** d **牛** (8) **アボリジニー**

解説 (1) ヨーロッパ諸国の植民地時代から使われてきた英語やフランス語などが，共通言語になる場合が多い。
(2) レアメタルはスマートフォンの液晶などに使われる。
(3) ヒスパニックの多くはアメリカで比較的低賃金で働いている。
(4) アメリカ南部は温暖なので綿花栽培が広く行われてきたが，現在は規模が縮小傾向にある。
(5) サンベルトでは土地が安く手に入り，労働力が豊富であるという特徴がある。
(6) バイオ燃料は燃やしても大気中の二酸化炭素を計算上増加させないと言われている。
(7) 南アメリカ州には熱帯から寒帯まで様々な気候が見られる。アンデス地方は標高が高く，気温はあまり上がらない。
(8) オーストラリアの先住民がアボリジニーで，ニュージーランドの先住民がマオリ。

4 (1) **17時間** (2) **エ** (3) **1 水戸市 2 甲府市 3 大津市 4 津市 5 高松市 6 松江市 7 松山市**

解説 (1) 日本の標準時は兵庫県明石市を通る東経135度の経線が基準。東経と西経の時差を求める際にはまず経度差を求める。
135°＋120°＝255° 15度で1時間の時差が生じるので 255°÷15°＝17 したがって17時間の時差。

(2) **ア**ー領域は，領土・領海・領空からなる。**イ**ー領海は,海岸線から12海里までの水域。**ウ**ーわが国の最南端の島は沖ノ鳥島。

(3) 県名と県庁所在地名が異なる都道府県は他に，北海道，岩手県，宮城県，群馬県，栃木県,神奈川県,石川県,愛知県,兵庫県,沖縄県。ただし，埼玉県は「さいたま市」。

5 (1) **アルプス・ヒマラヤ造山帯 環太平洋造山帯** (2) **川が山間部から平野や盆地に出たところに形成される。** (3) **イ** (4) **イ**

解説 (1) 造山帯付近では地震や火山活動が活発である。

(2) 扇状地は山地から流れ出す川によって運ばれた土砂が，山のふもとにたまってできる。三角州は河口部にできる。

(3) 暖流は日本海側が対馬海流，太平洋側が黒潮(日本海流)。寒流は日本海側がリマン海流，太平洋側が親潮(千島海流)。

(4) 新潟県は日本海側の気候。1月と12月の降水量が多いことから，**イ**と判断できる。**ア**の沖縄県は南西諸島の気候。**ウ**の愛知県は太平洋側の気候。

6 (1) **Ⅱ** (2) **人口爆発** (3) **鉄鉱石** (4) **ブラジル** (5) **近郊農業** (6) **施設園芸農業** (7) **養殖**

解説 (1) 人口ピラミッドは富士山型→つりがね型→つぼ型と変化する。富士山型は発展途上国に多い。日本の1950年は第二次大戦終了後のベビーブームの時期で子どもが多い。

(2) 多くの発展途上国では出生率が高いまま，医療の普及により死亡率が下がっている。

(3) 日本は多くの鉄鉱石をオーストラリアから輸入している。

(4) 日本の鉄鉱石の輸入先第2位はブラジル。

(5) 近郊農業は大都市周辺でさかんである。

(6) 施設園芸農業では菊やメロンなどが栽培されている。

(7) 多くの国が排他的経済水域を設けている影響で，とる漁業から育てる漁業への転換が進められている。

3 地理 3

7 (1) **太平洋ベルト** (2) **加工貿易** (3) **ウ・エ** (4) **イ・ウ**

解説 (1) 京浜・中京・阪神・北九州の各工業地帯(地域)も太平洋ベルトにある。

(2) 日本の工業は加工貿易を通して発展してきたが,近年産業の空洞化などの問題がある。

(3) 農林水産業が第1次産業，鉱工業・建設業が第2次産業。**オ**と**カ**は第2次産業。商業やサービス業などが第3次産業。**ア**と**イ**が第3次産業。

(4) 航空輸送は新鮮さを保つ必要があるもの,軽くて高価なものを運ぶのに適している。

8 (1) **アイヌ** (2) **イ** (3) **やませ** (4) **イ** (5) **ウ** (6) **イ** (7) **ヒートアイランド現象** (8) **ウ** (9) **関東ローム**

解説 (1) アイヌの人々は独自の言語や文化をもっている。

(2) **ア**は東京都，**ウ**は鹿児島県，**エ**は青森県と秋田県にまたがる世界自然遺産。

(3) やませが吹くと，くもりの日が続き稲作農家は日照不足に悩まされる。

(4) 竿灯まつりは秋田県。会津塗は福島県。

(5) 北関東工業地域には自動車や電気機械などの工場が集まっている。

(6) 関東地方の都県は，東京都，神奈川県,埼玉県，千葉県，茨城県，栃木県，群馬県。

(7) ヒートアイランド現象は都市の中で気温が高くなる現象。緑が少ない地域，自動車やエアコンなどの排熱が多い地域で発生しやすい。

(8) **ア**は北九州工業地帯。**イ**は東海工業地域。

(9) 関東ロームは稲作には向かない土地。現在でも畑作がさかんである。

9 (1) **ウ** (2) **北陸では，冬に雪が多く降り，農作業が難しいため，農家の副業として発達した。** (3) **ア** (4) **琵琶湖** (5) **阪神工業地帯** (6) **岡山県** (7) **イ** (8) **瀬戸大橋** (9) **香川県は中国山地，四**

国山地の間にあり，季節風がさえぎられ，降水量が少ない。よって水不足にそなえる目的のためにつくられた。 ⑽ **二期作**
⑾ **促成栽培** ⑿ **エ** ⒀ **シラス台地**
⒁ **ウ** ⒂ **1,250m** ⒃ **1 市役所**
2 果樹園 3 針葉樹林
4 老人ホーム 5 病院

解説 (1) **ア** 土地改良で水田地帯が広がるのは北陸。 **イ** 石油化学コンビナートが見られるのは臨海部。 **エ** 涼しい気候を利用した抑制栽培がさかんなのは中央高地。
(2) 輪島塗や小千谷ちぢみなどが有名な伝統産業。
(3) 飛驒山脈(北アルプス)，木曽山脈(中央アルプス)，赤石山脈(南アルプス)を日本アルプスという。
(4) 琵琶湖は近畿の水がめとよばれている。
(5) 阪神工業地帯の工業の規模は外国との競争で縮小した。
(6) 中国地方の東にある2県を答える。
(7) 過疎化は人口が減少し，地域社会の機能が低下する現象。
(8) 本州四国連絡橋には瀬戸大橋の他に，明石海峡大橋，しまなみ海道などがある。
(9) 香川県の讃岐平野には，大小14000以上のため池がある。
(10) 米を1年に2回収穫するのが二期作。米の裏作に麦などを栽培するのが二毛作。
(11) 促成栽培とは逆に，生長を遅らせる栽培方法を抑制栽培という。
(12) 1970年代にICの工場が急増した。
(13) シラスは水分を保ちにくく，農業には不向き。
(14) マングローブ林は暑い地域で，海岸の低湿地などに生育する樹木群。
(15) 5 cm × 25000 = 125,000 cm = 1,250 m
(16) 代表的な地図記号は覚えておく。

4 歴史 1

10 (1) **メソポタミア文明** (2) **シャカ**
(3) **万里の長城**

解説 (1) メソポタミア文明では，青銅器がつくられ，くさび形文字も使われた。
(2) キリスト教の始祖はイエス，イスラム教の始祖はムハンマド(モハメット)。
(3) 万里の長城は世界遺産に登録されている。

11 (1) **岩宿遺跡** (2) **たて穴住居**
(3) **エ** (4) **収穫した稲の穂先をつみとるために使われた。** (5) **ア** (6) **邪馬台国**
(7)(i) **渡来人** (ii) **エ**
(8) **冠位十二階の制度** (9) **法隆寺**

解説 (1) 1946年に岩宿で打製石器が発見された。
(2) この時代，食生活の充実で人口も増え，たて穴住居に定住するようになった。
(3) アは飛鳥時代。イは縄文時代。ウは約1万年前。
(4) この時代，稲を蓄えるための高床倉庫がつくられた。
(5) 奴国の王は漢の皇帝から金印を与えられた。
(6) 卑弥呼は，まじないによって国を治めた。
(7) 渡来人は，土器や鉄器の製造，漢字などを伝えた。エのひらがなは平安時代に日本で生まれた。
(8) 聖徳太子は十七条の憲法を定めたり，遣隋使をつかわしたりした。
(9) 法隆寺には，飛鳥時代の多くの仏像も残されている。

12 (1) **天智天皇** (2) **天武天皇**
(3) **平城京** (4) **ウ** (5) **新たな開墾地であればいつまでもその土地を自分のものにしてよいと定められた。** (6) **天平文化**
(7)(i) **国風文化** (ii) **古今和歌集**
(8)(i) **摂関政治** (ii) **浄土** (9) **天皇に位をゆずった上皇が政治を動かすこと。**
(10) **ウ** (11) **ウ→イ→ア→エ**

解説 (1) 大化の改新をともに行った中臣鎌足はのちに藤原鎌足となった。
(2) 壬申の乱に勝利した天武天皇は強い国家体制をつくった。
(3) 平城京は碁盤目状に土地を区画していた。唐の都長安は国際都市としてさかえた。
(4) アは飛鳥時代。イは平安時代。エは室町時代。
(5) 口分田が不足したため，開墾を奨励した。
(6) 天平文化は遣唐使などにより中国からもたらされた国際的な文化。
(7)(i) 遣唐使が廃止された結果，日本独自の文化が生まれた。 (ii) 源氏物語や枕草子もこのころの作品。
(8)(i) 藤原氏は自分の娘を天皇の后とし，生まれた子どもを天皇にして，天皇が幼いときは摂政となり，成人後は関白となり政治を行った。(ii) 浄土信仰は都だけでなく，地方の豪族にまで広がった。

(9) 上皇は自由な立場だったので，院政では先例にとらわれない政治が行われた。

(10) アは戦国時代。イは承久の乱で鎌倉時代。

(11) アは708年奈良時代。イは663年飛鳥時代。ウは607年飛鳥時代。エは最澄が帰国したのが805年平安時代。

5 歴史 2

13 (1) a **守護** b **地頭**
(2) **朝廷を監視する目的** (3) **ウ**
(4) **執権** (5) a **領地** b **徳政令**
(6) **エ** (7) **勘合貿易(日明貿易)**
(8) **イ** (9) **応仁の乱** (10) **下剋上**
(11) **能**

解説 (1) 守護は国内の軍事・警察の役割を果たし，地頭は荘園・公領の管理や年貢の取り立てを行った。

(2) 承久の乱の結果，幕府と東国の武士による支配が，西国にも及んだ。

(3) アは武家諸法度。イは十七条の憲法。エは五箇条の御誓文

(4) 執権は将軍の補佐役であったが，北条氏は執権として御家人をまとめ，幕府を運営した。

(5) 元寇は防衛戦であったため，領地を御家人に十分に与えることができなかった。

(6) アの親鸞は浄土真宗。イの法然は浄土宗。ウの一遍は時宗。ア～ウはいずれも念仏宗。エの栄西は禅宗である臨済宗を伝えた。

(7) 日明貿易は勘合貿易ともいい，朝貢形式で行われた。正式な貿易船には勘合が与えられた。

(8) アは工場制手工業で江戸時代後期に始まった。ウは江戸時代の農村のようす。エは奈良時代の農村のようす。

(9) 11年間に及ぶ戦乱によって京都の多くは焼け野原になった。

(10) 下剋上の風潮が強まり，室町幕府の各地への影響は失われていった。

(11) 能は足利義満の保護を受け，その後も歴代将軍に愛された。

14 (1) a **種子島** b **堺**
(2) **フランシスコ＝ザビエル**
(3) **織田信長** (4) a **イ** b **イ**
(5) **ア** (6) **外様大名** (7) **徳川家光**
(8) **エ** (9) **イ→ア→ウ→エ**

解説 (1) 鉄砲伝来後，スペインの船も日本に来るようになり，南蛮貿易が始まった。

(2) ザビエルはイエズス会の宣教師。

(3) 織田信長は安土城を拠点とし全国統一を目指したが，家臣の明智光秀に本能寺で攻められ自害した。

(4) a アの地価は明治時代の地租改正後の課税基準。 b 豊臣秀吉は検地と刀狩により，武士と百姓の身分を区別する兵農分離を進めた。

(5) イは足利尊氏，ウは織田信長，エは水野忠邦がそれぞれ行った。

(6) 徳川一門の大名は親藩。関ヶ原の戦い以前から徳川氏の家臣であった大名は譜代大名。

(7) 参勤交代は大名に1年ごとに江戸と領地を往復させ，大名の妻や子を江戸の屋敷に住まわせる制度。

(8) アー直轄地(幕領)だけでなく全国でキリスト教を禁止した。イー鎖国後に交易を許されたのは，オランダと，中国(清)のみ。ウー島原・天草一揆の後にポルトガル船の来航が禁止された。

(9) アは1428年(室町時代)。イは鎌倉時代。ウは安土桃山時代。エは1669年(江戸時代)。

6 歴史 3

15 (1) **新田** (2) **ウ** (3) **天下の台所**

解説 (1) 江戸時代は戦乱がなく，人口が急速に増加した。それに対応するため，新田開発がなされた。

(2) 資料は千歯こき。アの口分田は班田収授法で奈良時代。イは室町時代。ア，イはいずれも千歯こきとは関係ない。

(3) 大阪は商業の中心地であった。

16 (1) **享保の改革** (2) **ウ**
(3) **南京条約** (4) **水野忠邦** (5) **下田**
(6) **関税自主権がなかった。**
(7) **井伊直弼** (8) **土佐藩** (9) **徳川慶喜**
(10) **戊辰戦争** (11) **エ→ウ→ア→イ**

解説 (1) 徳川吉宗は質素倹約をかかげ上米の制を始めるなど改革に取り組んだ。

(2) 松平定信はア，イ，エなどの改革を行った。ウを行ったのは水野忠邦。

⑶　南京条約でイギリスは香港を手に入れた。

⑷　水野忠邦は⑵のエで述べたように株仲間の解散，出版の統制などを行ったが，性急な改革のため大名や商人などから反発を受けた。

⑸　江戸幕府はペリーと日米和親条約を結んだ。

⑹　日米修好通商条約は，他に領事裁判権を認めるなど不平等な側面があった。

⑺　井伊直弼は，幕府に反対した吉田松陰らを処刑した(安政の大獄)。それに反発した水戸藩などの元藩士に暗殺された。

⑻　長州藩と薩摩藩は薩長同盟により倒幕へと動き出した。

⑼　徳川慶喜は新しい政権で幕府の勢力を維持しようとしたが，王政復古の大号令により，権力を維持することが難しくなった。

⑽　旧江戸幕府側は慶喜に対する新政府の措置に反発し戊辰戦争が始まった。

⑾　**ア**は1837年。**イ**は1853年。**ウ**は1772年。**エ**は1685年。細かい年号を覚えていなくても歴史の流れがわかっていれば正答できる。

17　⑴　**五箇条の御誓文**　⑵　**エ**　⑶　**ウ**　⑷　**板垣退助**　⑸　**伊藤博文**　⑹　**貴族院**　⑺　a　**下関**　b　**ウ**　⑻　**ロシアの南下政策をおさえるため。**　⑼　**与謝野晶子**　⑽　**孫文**　⑾　**イ→ア→ウ→エ**

解説　⑴　五箇条の御誓文は，天皇が神々に誓う形で出された。世論に従う政治を行うことなどの方針を示した。

⑵　廃藩置県で，県には県令が中央政府から派遣され，中央集権体制の確立を目指した。

⑶　**ア**ー収穫高ではなく，地価の３％。　**イ**ー農地改革について述べた文。**エ**ー墾田永年私財法について述べた文。

⑷　板垣退助が民撰議院設立建白書を出したことをきっかけに自由民権運動が始まった。

⑸　伊藤博文は君主権の強いプロイセンの憲法を参考に憲法の草案を作成した。

⑹　貴族院は，皇族，華族，天皇から任命された議員などから構成されていた。

⑺　日清戦争の後に下関条約が結ばれた。**ア**は第一次世界大戦中に日本が中国に行った二十一か条。**イ**は樺太・千島交換条約。**エ**は日露戦争の後に結ばれたポーツマス条約の内容。

⑻　イギリスは，南に領土を広げたいロシアと対立していた。イギリスは，ロシアを東からおさえるため，日本と日英同盟を1902年に結んだ。

⑼　与謝野晶子は日露戦争に従軍していた弟を思い，詩を発表した。

⑽　孫文は清をたおすための運動を進め，三民主義を唱えた。

⑾　**ア**は1877年。**イ**は1869年。**ウ**1889年。**エ**は1895年。流れを把握しておく。

7　歴史4

18　⑴　**ウ**　⑵　**レーニン**　⑶　**シベリア**　⑷　**原敬**　⑸　a　**25**　b　**男子**　⑹　**ウ**　⑺　**ブロック経済**　⑻　**国際連盟**　⑼　**五・一五事件**　⑽　**毛沢東**　⑾　**ドイツ**　⑿　**真珠湾**　⒀　**広島　長崎**

解説　⑴　**ア**ーポーツマス条約は日露戦争の後に結ばれた。**イ**ー北京郊外の盧溝橋事件がきっかけで始まったのは日中戦争。**エ**ー日本がポツダム宣言を受け入れて終わったのは太平洋戦争。

⑵　レーニンは社会主義国家を世界で初めて誕生させた。

⑶　ソビエト政府を敵視した日本やアメリカは革命の広がりをおさえるためにシベリアに出兵した。

⑷　原内閣は，ほとんどの閣僚を立憲政友会の党員がしめる，初の本格的な政党内閣だった。

⑸　加藤高明内閣の下で，男子普通選挙が実現した。

⑹　新橋・横浜間に鉄道が開通したのは1872年(明治時代)。

⑺　イギリス，フランスでは，本国と植民地や，関係の深い国と貿易をさかんにするため，外国の商品に高い関税をかけ，しめ出そうとした。

⑻　国際連盟が満州国を承認しなかったことに反発して脱退した。

⑼　犬養首相は議会政治を守ろうとしたため，軍部の反発を招いた。

⑽　毛沢東は国民党の蒋介石と対立していたが，日本と共同して戦うために対立を一時的にやめた。

⑾　ドイツのポーランド侵攻を受けて，イギリス，フランスはドイツに宣戦布告し，第二次世界大戦が始まった。

⑿　日本はアメリカとの交渉が決裂したため，

アメリカと戦う姿勢をかためた。

⒀　原爆は1945年8月6日に広島に，8月9日に長崎に投下された。

19　⑴　**農地改革**　⑵　**教育基本法**
⑶　**日米安全保障条約(安保条約)**
⑷　**国際連合への加盟**　⑸　**イ**
⑹　**沖縄**　⑺　**日中平和友好条約**　⑻　**ウ**
⑼　**冷戦**　⑽　**エ→ウ→ア→イ**

解説　⑴　政府が地主の農地を買い上げ，小作人に安く売り渡した。その結果自作農が大幅に増えた。

⑵　教育基本法は民主教育の基本的な考え方を示している。

⑶　サンフランシスコ平和条約により日本は独立を回復した。日米安全保障条約により，日本にアメリカ軍が引き続き駐留することが認められた。

⑷　国際連合への加盟により日本は国際社会に復帰した。

⑸　**ア**は1989年。**ウ**は明治時代。文明開化の時。**エ**は1941年。

⑹　アメリカの統治下におかれていた沖縄は佐藤栄作内閣の時に，日本に返還された。

⑺　日中平和友好条約が結ばれ，日本と中国との関係は深まった。

⑻　中東戦争をきっかけにおこった石油危機(オイルショック)の結果，世界的に不況となった。

⑼　冷戦の象徴であったベルリンの壁も取り払われた。

⑽　**ア**は1950年。**イ**は2001年。**ウ**は1938年。**エ**は1923年。

20　**ウ→イ→ア**

解説　**ア**は明治時代。**イ**は戦国～安土桃山時代。**ウ**は飛鳥時代。

8　公民 1

21　⑴　**グローバル化**　⑵　**ウ**
⑶　a　**効率**　b　**公正**

解説　⑴　グローバル化の進展で世界の結びつきが深まっている。

⑵　**ア**は11月。**イ**は3月。**ウ**は1月。

⑶　解決策が納得できるかどうかを判断するときに，効率と公正の両面について配慮することが大切である。

22　⑴　**ア→ウ→イ**　⑵　**世界人権宣言**
⑶　**ウ**

解説　⑴　**ア**は1789年。**イ**は1946年。**ウ**は1919年。

⑵　人権は国際連合の世界人権宣言により国際的に保障されてきている。

⑶　**ア**－憲法改正を発議するのは天皇ではなく国会である。**イ**－国会の発議は各議院の総議員の3分の2以上の賛成が必要。内閣の承認は不要。

23　⑴　**個人**　⑵　**イ**　⑶　**健康で文化的な最低限度**　⑷　**請願権**

解説　⑴　一人一人の個性を尊重し，かけがえのない人間として扱うことが憲法第13条に規定されている。

⑵　**ア**は社会権。**ウ**は人権を守るための権利。**エ**は社会権。

⑶　生存権を具体化する法律が生活保護法である。

⑷　請願権は憲法第16条で保障されている。

24　⑴　**ア**　⑵　**エ**

解説　⑴　**イ**は平等権に対する侵害。**ウ**は自由権のうち身体の自由に対する侵害。**エ**は自由権のうち経済活動の自由に対する侵害。

⑵　三つの義務は覚えておく。

25　⑴　**自己決定権**　⑵　**プライバシーの権利**　⑶　**エ**

解説　⑴　自己決定権は，個人や自分の生き方，生活の仕方について自由に決定する権利のこと。

⑵　個人の秘密が人に知られてしまうことは，その人に大きな不利益をあたえる。

⑶　人権には，他人の人権を侵害してはならないという限界がある。**エ**は内心で思っているだけであるため，他人の人権を侵害しない。

26　a　**20**　b　**男女**　c　**18**
d　**普通選挙**　e　**秘密**
f　**小選挙区比例代表並立**

解説　日本の選挙の方法については公職選挙法で定められている。選挙権，被選挙権，選挙の4原則，選挙制度などについて整理しておく。

27　⑴　**政権公約**　⑵　**与党**

解説 (1) 政権公約の中で具体的な数値目標・達成期限・財源などを明記したものをマニフェストという。
(2) 与党以外の政党を野党という。

9 公 民 2

28 (1) **ウ** (2) **特別会(特別国会)**
(3)(i) a **委員会** b **本会議**
c **両院協議会** (ii) **衆議院の方が任期が短く，解散もあるため，国民の意見とより強く結び付いているから。** (iii) **エ**

解説 (1) アー毎年1回，1月に召集されるのは常会(通常国会)。 イー参議院は3年ごとに半数を改選する。エー参議院より先に衆議院で常に審議されるのは予算案。
(2) 特別会では内閣総理大臣の指名を行う。
(3)(i) 本会議で審議を行う前に委員会で予備的審査を行うのが通例。 (ii) 衆議院の方が参議院より民意を問う機会が頻繁にある。
(iii) 憲法第59条第2項で規定されている。

29 (1) **議院内閣制** (2) **イ** (3) **ウ**
(4) **閣議**

解説 (1) 大統領制とは異なり，議院内閣制では，内閣は国会に対して連帯して責任を負う。
(2) アは地方議会の仕事。ウ，エは国会の仕事。
(3) アー内閣総理大臣は，法律に対して拒否権を有しない。イー内閣は，内閣不信任決議が可決された場合，10日以内に衆議院を解散するか，総辞職をする。エー内閣総理大臣は，国務大臣の過半数を国会議員の中から選ばなければならない。
(4) 閣議は全会一致で議決する。

30 (1) a **控訴** b **上告**
(2) **国民審査** (3) **ウ**

解説 (1) 一つの事件について3回まで裁判を受けられることを，三審制という。
(2) 司法権の独立が原則であるため，最高裁判所の裁判官に対する国民審査,弾劾裁判,心身の故障を除いて，裁判官の身分は保障されている。
(3) アー裁判員制度の対象となるのは重大な犯罪についての刑事事件。イー検察官が被疑者を被告人として裁判所に訴えるのは刑事事件。エー刑事裁判では，被告人の自白を唯一の証拠として有罪にすることができない。

31 (1) a **イ** b **オ** c **カ** d **ウ**
(2) **三権が互いに抑制し合い，権力の行き過ぎを防ぐため。**

解説 (1) 三権の抑制と均衡の関係を理解しておく。
(2) 権力の行き過ぎを防止し，国民の自由や権利を守る。

32 (1) a **首長** b **直接請求権**
c **3分の1** d **選挙管理委員会**
(2) **ウ**

解説 (1) 地方自治では住民の意思を強く反映するために，直接請求権が認められている。
(2) アー特定の利用目的のために国から自治体に支払われる財源は国庫支出金。イー都道府県知事の被選挙権は満30歳以上とされている。

10 公 民 3

33 (1) **イ** (2) a **公企業** b **私企業**
c **ベンチャー** (3) **株主総会** (4) **ウ**

解説 (1) アは環境基本法。ウは消費者基本法。エはクーリング・オフ制度。
(2) 日本の企業数全体の約99％が中小企業である。
(3) 株主は株主総会に出席する権利を有し，利潤の一部を配当として受け取る。
(4) アは男女雇用機会均等法。イは労働関係調整法。エは男女共同参画社会基本法。

34 (1)(i) **均衡価格** (ii) **供給量が需要量より多いので価格が下がる。**
(2) **公共料金** (3) **独占禁止法，公正取引委員会**

解説 (1) 供給量が需要量より多いと売れ残りが発生する。その結果，価格が下がり，均衡価格に近づいていく。
(2) 電気，ガス，水道などの価格は，大きく変動すると国民生活に大きな影響を与えるおそれがある。そのため公共料金は国や地方公共団体が決定したり，認可したりしている。

⑶ 価格競争が弱まると，消費者は高い価格を支払わされることになりかねない。

35 ⑴ **日本銀行** ⑵ **インフレーション** ⑶ **イ** ⑷ **財政政策** ⑸ **介護保険制度** ⑹ **エ** ⑺ **イ**

解説 ⑴ 日本銀行は発券銀行,政府の銀行,銀行の銀行など様々な役割を果たしている。

⑵ インフレーションは物価が上がり続ける現象。デフレーションが物価が下がり続ける現象。

⑶ 間接税とは，税を納める者と実際に税を負担するものが一致しない税のことをいう。

⑷ 政府は不景気のとき，公共投資を増加させるなどして消費を増加させようとする。逆に好景気の時には，公共投資を減らすなどして消費を減少させようとする。

⑸ 介護保険制度は少子高齢化の進展に対応して導入された。

⑹ **ア**の社会福祉は社会生活を営む上で不利な人々などを支援する仕組み。**イ**の社会保険は人々が毎月，保険料を支払い，病気や高齢になったとき，給付を受ける仕組み。**ウ**の公的扶助は生活に困っている人々に生活保護法に基づき，生活費などを支給することで生活を保障し,自立を助ける仕組み。

⑺ 円高になると，同じ価値を提供しても，現地の通貨では割高にあるため輸出は減少する。日本からアメリカに行く場合，同じ円で多くのものを購入することができるため旅行が割安になる。

36 ⑴ **ア** ⑵ **安全保障理事会(安保理)** ⑶ **難民** ⑷ **温室効果ガス** ⑸ **エ**

解説 ⑴ 国際連合の本部はアメリカのニューヨーク。ジュネーブは国際連盟の本部が置かれた場所。

⑵ 拒否権を有する常任理事国はアメリカ・中国・イギリス・フランス・ロシア。安保理の決定により，経済的措置や軍事的措置をふくむ制裁を加えることができる。

⑶ 大量の難民の発生が国際問題になっている。

⑷ 地球温暖化により，多くの被害が予想されている。海面上昇により海抜の低い島国が水没するおそれがある。

⑸ **ア**は政府開発援助の略称。**イ**は国際教育科学文化機関(ユネスコ)の略称。**ウ**は国連難民高等弁務官事務所の略称。

1 光・音・力による現象

1 (1)① **イ** ② **イ** (2) **エ**

解説 (1) 反射角は，鏡の面に垂直な直線と反射した光がつくる角である。X方向に移動すると，反射角は次第に小さくなっていく。また，ガラスの面に映った像は，反射して目に入った光の道すじを鏡の奥までのばした位置にできる虚像である。

(2) 柱から出て，ガラス面の端で反射した光は，図のように進む。この反射光の延長線とY方向の延長線が交わるのはガラス面から20m(初めの位置より18m)の位置である。

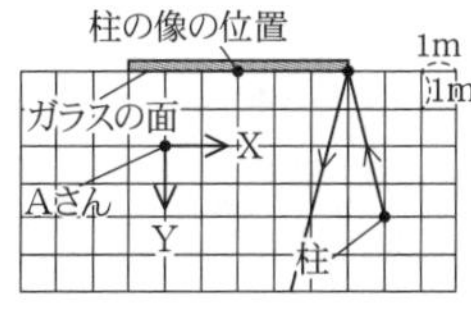

2 (1) **焦点** (2) **エ**

解説 (1) 凸レンズに平行に入射した光は，屈折して1点に集まる。この点が焦点である。

(2) B点から出た光は，凸レンズを通過すると屈折して1点に集まるはずである。図のように，B点を通る凸レンズに平行な光の進む道すじと，B点を出発して凸レンズの中心を通る光を作図してみると，エの矢印の先の位置で1点に集まっていることがわかる。

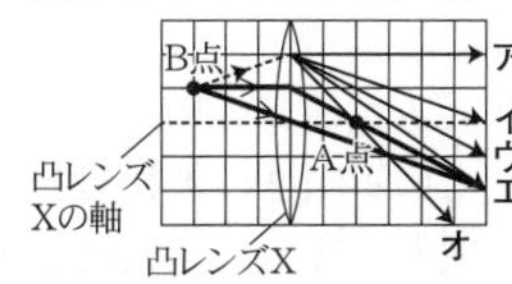

3 (1) **(例)音の振動を伝える物質がなくなった** (2) **ウ**

解説 (1) 空気中では，音源が振動することによって空気を振動させ，その振動が空気中を次々と伝わり，耳の中にある鼓膜を振動させる。

(2) 弦のはじく部分の短い方が，また，弦の張り方が強い方が高い音が出る。

4 (1) **イとウ** (2) **750Pa** (3) **右図** (4)① **ア** ② **0.4N** (5) **ア　理由：(例)AはBよりも体積が大きいので，浮力が大きくなるから。**

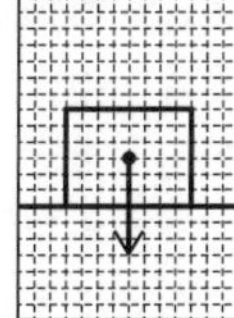

解説 (1) 「つり合っている2力」と「作用・反作用の2力」は，どちらも大きさが等しく，向きが反対の2力であるが，つり合っている2力は，1つの物体にはたらく力であり，作用・反作用の2力は，2つの物体に別々にはたらく力であるという違いがある。Aにはたらく重力と，机がAを押す力(垂直抗力)はどちらもAにはたらく力であるが，Aが机を押す力は机にはたらく力であり，机がAを押す力はAにはたらく力なので，アとウは，作用･反作用の2力である。

(2) $\dfrac{0.6\,〔\mathrm{N}〕}{0.04\times0.02\,〔\mathrm{m}^2〕}=750\,〔\mathrm{Pa}〕$

(3) 物体の中心から下向きに6目盛り分の矢印を書く。

(4)① 水圧は深いところほど大きい。

② 0.6〔N〕－0.2〔N〕＝0.4〔N〕

(5) 水中にある物体の体積が大きい方が大きな浮力がはたらく。

5 (1) **質量：600g　ばねののび：3.0cm** (2) **質量：600g　ばねののび：0.5cm**

解説 (1) ばねでつるしたおもりにはたらく重力をx〔N〕とすると，

3〔N〕×0.2〔m〕＝x〔N〕×0.1〔m〕

より，$x=6$〔N〕となる。よって質量は600g，ばねののびは

$0.5\,〔\mathrm{cm}〕\times\dfrac{6\,〔\mathrm{N}〕}{1\,〔\mathrm{N}〕}=3.0\,〔\mathrm{cm}〕$

(2) 質量は地球上のときと変わらないが，ばねののびは地球上の6分の1になる。

2 物質の変化

6 (1) **34.5mL** (2) **0.79g/cm³** (3) **ウ** (4) **エタノール** (5) **蒸留** (6) **(例)水とエタノールでは沸点が異なるため。** (7) **エ**

解説 (1) 目分量で，目盛りの10分の1まで読み取る。

(2) $\dfrac{27.3\,〔\mathrm{g}〕}{34.5\,〔\mathrm{cm}^3〕}=0.791\,〔\mathrm{g/cm}^3〕$

(3) ポリエチレンの袋がふくらんだのは，エタノール分子の運動が激しくなったからである。質量は変わらないが体積が大きくなるので，密度は小さくなる。

(4) 水の沸点は100℃であるがエタノールの沸点は78℃なので，エタノールの方が先に沸点に達し，気体となって出てくる。ただし，沸点に達しなくても水も多少蒸発する。

(7) 1本目と2本目の試験管の液体は燃えた

ことから，エタノールを多く含んでいるが，3本目の試験管は燃えなかったので大部分が水であると考えられる。ポリプロピレンは水に浮かんだので，密度が水の密度(1 g/cm³)より小さいことがわかる。水の密度と比べるために，図5に，水の密度を示す原点を通り傾きが1となる直線を引く。その直線より上方にある物質は密度が1 g/cm³より大きく，直線より下方にある物質は密度が1g/cm³より小さい。直線より下方になるのは**エ**だけである。**エ**はエタノールの密度0.79g/cm³を示す直線より上になる。

7 (1) **吸熱反応**
(2) **a：赤　b：アルカリ**　(3) **エ**

解説 (1) 吸熱反応とは逆に，温度が上がる反応は発熱反応という。
(2) 水酸化バリウムと塩化アンモニウムが反応すると，気体のアンモニアが発生する。アンモニアは水に溶けやすく，水溶液はアルカリ性を示す。フェノールフタレイン溶液は，酸性や中性の水溶液では無色，アルカリ性の水溶液では赤色になる。
(3) アンモニアの化学式はNH_3で表され，1個の窒素原子に3個の水素原子が結合した構造の分子である。

8 (1) **a：HCl　b：H_2O　c：CO_2**
(2) **(例)塩酸がすべて反応してしまったから。**　(3) **1.25g**　(4) **分解(熱分解)**

解説 (1) 塩酸と炭酸水素ナトリウムが反応すると，塩化ナトリウムと水と二酸化炭素ができる。
(2) 塩酸がすべて反応してしまうと，それ以上炭酸水素ナトリウムの量を増やしても反応が起こらない。
(3) 塩酸の量が2倍になると，発生する二酸化炭素の質量は1.0×2＝2.0〔g〕となる。一方，図3より，炭酸水素ナトリウムの質量が1.0gのとき，発生する二酸化炭素の質量は0.5gなので，2.5gでは
0.5×2.5＝1.25〔g〕の二酸化炭素が発生する。炭酸水素ナトリウムの方が少なく，塩酸は過剰量あることになるので，少ない方が，発生量になる。
(4) 炭酸水素ナトリウムを加熱すると，熱分解して炭酸ナトリウムNa_2CO_3と水と二酸化炭素に分かれる。

3 電流とその利用

9 (1) **50Ω**　(2) **120mA**
(3) **$I_P＝I_Q＋I_R$**
(4) **抵抗器：図3のC　電力：0.6W**

解説 (1) －端子が500mAにつないであるので，電流は60mA(0.06A)である。よって
$\frac{3.0〔V〕}{0.06〔A〕}＝50〔Ω〕$
(2) 図2の抵抗器bにかかる電圧が3.0Vなので回路に流れる電流は
$\frac{3.0〔V〕}{25〔Ω〕}＝0.12〔A〕$　よって120mA
となる。
(3) 図2のような直列つなぎの回路では
$I_P＝I_Q＝I_R$　となる。
(4) 電力〔W〕＝電圧〔V〕×電流〔A〕
で求められる。図2においては，抵抗器bと抵抗器cの電流は等しいので，抵抗値の大きい抵抗器bの方が抵抗器cより電圧が大きくなり，電力も大きい。図3においては，抵抗器bと抵抗器cには等しく3.0Vの電圧がかかっているので，抵抗器bを流れる電流は，同じく3.0Vの電圧がかかっている図2の抵抗器bと等しく，消費する電力も等しい。抵抗器cを流れる電流は，抵抗値が抵抗器bより小さいので，抵抗器bよりも大きい。以上のことから消費する電力が最も大きいのは図3の抵抗器cである。図3の抵抗器cの電流は
$\frac{3.0〔V〕}{15〔Ω〕}＝0.2〔A〕$　よって電力は
3.0〔V〕×0.2〔A〕＝0.6〔W〕

10 (1) **右図**
(2)① **18V**
② **0.67倍**

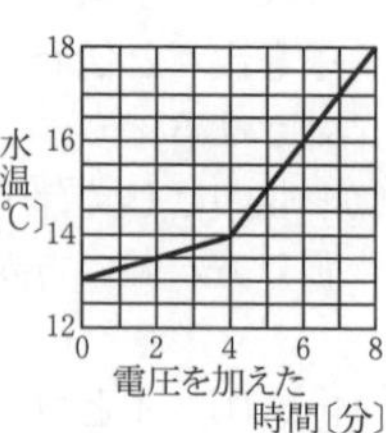

解説 (1) 電圧を2倍にすると電流も2倍になり，発熱量は4倍になる。よって，グラフの傾きを4倍にする。
(2)① カップAのグラフに注目すると，スイッチS_1を切ってS_2を入れた後も，グラフの傾きは変化していない。スイッチS_2を入れると，抵抗の値が3倍になるので水温を同じく上昇させるには，電圧を3倍にして，回路に流れる電流を3倍にすればよい。

② 電圧を加え始めて４分から６分の間のグラフの傾きに注目すると，カップＢはカップＡの３倍温度が上昇している。電流は変わらず電圧はカップＢがカップＡの２倍なので，カップＢのほうが発熱量は２倍である。にも関わらず温度上昇が３倍なのはカップＢの水の量がカップＡの水の量の３分の２倍だからである。　２÷３＝0.666　これを四捨五入して0.67となる。

11 ⑴ **（例）Ｕ字形磁石のＮ極とＳ極を逆にする。コイルに流れる電流を逆向きにする。（順不動）** ⑵ **ウ，ア，イ**

解説 ⑴ 図では，コイルのＵ字形磁石の間にある部分では電流は右から左に向かって流れているので，コイルの手前側では上向きの磁界ができ，コイルの奥側は下向きの磁界ができる。一方，Ｕ字形磁石による磁界は，下向きなので，コイルの奥側では磁界が強められ，手前側では弱められる。その結果，コイルは手前側（矢印の向き）に動く。よって，コイルの動く向きを逆にするには，電流の向きを逆にするか，Ｕ字形磁石の向きを逆にすればよい。両方とも逆にすると，コイルの動く向きは変わらない。

⑵ 流れる電流が大きいほどコイルは大きく動く。電流が最も大きくなるのは，並列つなぎの**ウ**であり，最も小さくなるのは直列つなぎの**イ**である。

12 ⑴ **ア** ⑵ **（例）電流の向きが周期的に変化する性質のため。** ⑶ **誘導電流** ⑷① **12Ａ** ② **400Wh** ⑸ **イ，オ**

解説 ⑴ 電流の進む向きを右ねじの進む向きとすると，右ねじの回す向きが磁界の向きになる。

⑶ 磁界を変化させるとその変化を妨げる向きに電流が流れる。この電流を誘導電流という。

⑷ ① 1200〔W〕÷100〔V〕＝12〔A〕

② 1200〔W〕×$\frac{20}{60}$〔h〕＝400〔Wh〕

⑸ マイクロホンは，音の振動で磁界の中のコイルを振動させて誘導電流を起こしている。スピーカーはこれと逆のしくみで音を出す。

4 水溶液とイオン

13 ⑴ **ア** ⑵ **Ｙ** ⑶ **$CuCl_2 \rightarrow Cu + Cl_2$** ⑷ **ａ：10　ｂ：0.38**

解説 ⑴ 塩化銅の化学式は$CuCl_2$である。これが水に溶けると　$CuCl_2 \rightarrow Cu^{2+} + 2Cl^-$のように一つの銅イオンと二つの塩化物イオンに分かれるので，陽イオンと陰イオンは１：２の比で存在する。塩化銅のように，水に溶けるとイオンに分かれる物質を電解質という。

⑵ 塩化銅水溶液を電気分解すると，陰極に銅イオンが引き寄せられ，電子を受けとって単体の銅になる。また，陽極には塩化物イオンが引き寄せられ，電子を放出して気体の塩素が発生する。よって，電極Ａが陰極であり，電極Ｂが陽極である。＋極に接続したほうが陽極になる。

⑷ 塩素分子は塩素原子２個でできているので，ａは５×２＝10　となる。塩化銅は$CuCl_2$なので，銅と塩化銅の質量の比は，９：（９＋５×２）＝９：19となる。よって0.18：ｂ＝９：19　より　ｂ＝0.38〔g〕

14 ⑴ **イ** ⑵ **H_2** ⑶① **イ** ② **ア** ③ **イ** ④ **ア**

解説 ⑴ 電池をつくるには２種類の金属と電解質水溶液が必要である。砂糖やエタノールは水に溶けてもイオンに分かれない。

⑵ 実験Ⅰの電極Ａでは，亜鉛板から導線を通って銅板にやってきた電子を水溶液中にある陽イオン（塩酸の場合は水素イオン）が受け取り，２個の水素原子が結びついて水素分子になる。

⑶ 実験Ⅰでは亜鉛が，実験Ⅱではマグネシウムが溶けた。このことから，これらの金属板は陽イオンになることで電子を放出していたことがわかる。電子を放出する方が－極であり，放出された電子は導線，モーターを通って＋極に移動する。よって，実験Ⅰでの電子の移動する向きは矢印ａである。ちなみに電流の向きは電子の移動する向きと逆なので，ｂの向きである。

15 ⑴ **$HCl \rightarrow H^+ + Cl^-$** ⑵ **黄色** ⑶ **$H_2O$** ⑷① **Ａ** ② **２** ⑸ **$BaSO_4$** ⑹ **イ** ⑺ **（例）実験２でできた塩は水に溶けにくく，実験１でできた塩は水に溶けやすいから。** ⑻ **ア，ウ**

解説 ⑴ 塩酸は，塩化水素という気体が水に溶けたもので，塩化水素が水に溶けると水素イオンH^+と塩化物イオンCl^-に分かれる。

(2) BTB溶液は，酸性で黄色，中性で緑色，アルカリ性で青色を示す。

(3) 水酸化ナトリウム水溶液と塩酸を混ぜると中和の反応が起こって，塩化ナトリウムという塩と水ができる。

(4) ビーカーXに注目すると，溶液A(うすい塩酸)10cm^3に対して溶液B(水酸化ナトリウム水溶液)は(20＋5)cm^3でちょうど中和している。すなわち，

A：B＝10：25＝2：5　の比のとき，過不足なく中和することがわかる。ビーカーXと比べるとビーカーYはBが過剰なことがわかるので，

$(10+x):30=2:5$　になるxを求める。

(5) うすい硫酸に水酸化バリウム水溶液を加えると硫酸バリウムという塩ができる。硫酸バリウムは水に溶けにくいので沈殿する。

(6) うすい硫酸に水酸化バリウム水溶液を加えると硫酸イオンとバリウムイオンが結びついて硫酸バリウムの沈殿ができるが，一方で，うすい硫酸の中にある水素イオンH^+と水酸化バリウム水溶液中の水酸化物イオンOH^-が結びついて水H_2Oになる。よって，加えた水酸化バリウム水溶液が10cm^3までは水素イオンの数は減り続け，それ以降はゼロのままである。

(7) 硫酸バリウムは水に溶けにくく，塩化ナトリウムは水に溶けやすい。

(8) pHは酸性やアルカリ性の強さを表す数値で，7が中性，7より小さいと酸性，7より大きいとアルカリ性である。レモン汁や食酢は酸性である。

5 運動と力・エネルギー

16 (1) **右図** (2) **28cm/s**

(3) **等速直線運動**

(4)① **25cm** ② **600g**

(5) **ウ**

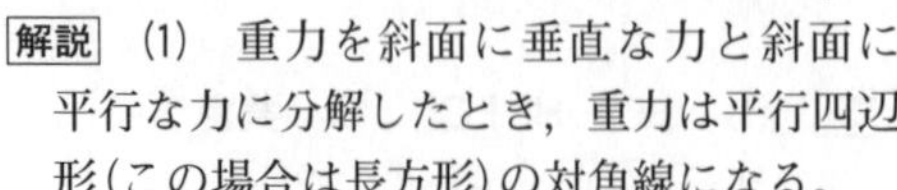

解説 (1) 重力を斜面に垂直な力と斜面に平行な力に分解したとき，重力は平行四辺形(この場合は長方形)の対角線になる。

(2) (1.9＋3.7)÷0.2＝28〔cm/s〕

(4) 表より，ものさしが押し込まれる距離は手をはなす台車の高さと台車の質量に比例することがわかる。

① 480gの台車を5cmの高さで手をはなすと，表より，3cm押し込まれる。よって15cm押し込むには

5：3＝x：15　x＝25〔cm〕となる。

② 質量400gの台車を10cmの高さで手をはなすと5cm押し込むので，20cmでは10cm押し込むことになる。10cm押し込むのに400gの台車だったので15cm押し込むには

10：400＝15：x　よりx＝600〔g〕の台車になる。

(5) 斜面の角度を大きくしても手をはなす高さは変えていないので，水平面に達したときの速さは角度を変える前と変わらない。斜面の角度が大きくなると，斜面の距離が短くなるので，角度を変える前よりも早く水平面に達する。

17 (1) **0.36 J** (2) **仕事の原理**

(3) **2 cm/s**

解説 (1) 2.4〔N〕×0.15〔m〕＝0.36〔J〕

(2) 図2のように動滑車を使った場合，引き上げる力は半分になるが，糸を引き上げる距離は2倍になる。

(3) 図1より2倍の距離を同じ時間で引き上げなければならないので，2倍の速さが必要である。

18 (1) **ウ** (2) **エ** (3) **4：3**

解説 (1) 速さは時間に比例して大きくなり，単位時間当たりの移動距離はしだいに大きくなっていく。

(2) 小球には重力だけがはたらく。

(3) A点で小球がもつ位置エネルギーを4とすると，D点での位置エネルギーは1となり，運動エネルギーは4－1＝3　となる。C点での小球の位置エネルギーはゼロになるので運動エネルギーが4になる。

6 大地の変化

19 (1) **フィリピン海プレート** (2) **ア**

(3) **イ**

解説 (1) Bは太平洋プレートであり，北西側にあるのがユーラシアプレート，北東側が北アメリカプレートである。

(2) AとBの海洋プレートは他の二つの大陸のプレートの下に沈み込むように動いているので，大陸プレートは海洋プレートによって引きずりこまれている。

⑶　2400×1000×100〔cm〕÷28000000〔年〕＝8.57〔cm/年〕　よって約8.6cmとなる。

20　⑴　**8.0km/s**
⑵　**主要動**
⑶　**右図**
⑷　**9時22分5秒**
⑸　**9時22分14秒**
⑹　**エ**
⑺　**初期微動継続時間：変わらない**
ゆれの大きさ：大きくなる

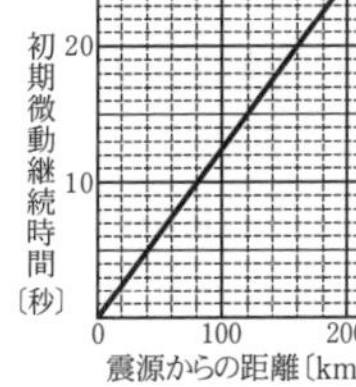

解説　⑴　はじめの小さなゆれを初期微動といい，P波によるものである。図1より，地点Aと地点Bの間の距離は80kmで，P波の到着時間の差は10秒なので，P波の伝わる速さは
80〔km〕÷10〔s〕＝8.0〔km/s〕　である。
⑵　あとからくる大きなゆれがS波によるものである。
⑶　図1より，震源からの距離が40kmである地点Aでは，初期微動継続時間は5秒，同様に，120kmである地点Bで15秒，160kmである地点Cで20秒である。これらの値をグラフにすると，原点を通る直線になる。つまり，初期微動継続時間は震源からの距離に比例することがわかる。
⑷　⑴より，P波の伝わる速さは8.0km/sなので，震源からの距離が40kmの地点AにP波が到着した時刻は，地震が発生した時刻の5秒後ということになる。地点AにP波が到着したのは，9時22分10秒なので，それより5秒前に地震は発生した。
⑸　72〔km〕÷8.0〔km/s〕＝9〔s〕　より地震発生後の9秒後にP波が到着した。
⑹　現在では，震度階級は，0，1，2，3，4，5弱，5強，6弱，6強，7の10階級に分けている。また，マグニチュードの数値が1大きくなると，地震のエネルギーは約32倍になる。
⑺　初期微動継続時間は，P波とS波の伝わる速さの違いによって決まるので，マグニチュードの値とは関係ない。主要動は大きな地震ほど大きい。

21　⑴　**つくり：等粒状組織　理由：(例)ゆっくり冷えたから。**　⑵　**エ**　⑶　**(例)流れる水の運搬のはたらきで角がとれ，丸みを帯びた粒が多く含まれているから。**

解説　⑴　等粒状組織であることから，岩石①は，マグマが地下の深いところでゆっくり冷えて固まってできた深成岩であると判断できる。
⑵　白色，無色の鉱物は，セキエイとチョウ石であるが，セキエイは不規則な形をしている。カクセン石，カンラン石は有色の鉱物である。
⑶　堆積岩をつくる粒は，堆積する前に流水で運ばれながら角がけずられるので，丸みを帯びるものが多い。

22　⑴①　**イ**　②　**ア**　⑵　**示相化石**
⑶　**(例)川によって運ばれた土砂は，粒が小さいほど河口から遠くに堆積するから。**
⑷　**イ**

解説　⑴　石灰岩は生物の遺骸などが固まってできた岩石で，主成分が炭酸カルシウムである。
⑵　シジミは河口や湖にすむ。示相化石に対して，地層が堆積した年代を知るてがかりになる化石を示準化石という。
⑶　川から海に運ばれてきた堆積物のうち，大きい粒は海岸線近くに堆積し，小さい粒は遠くまで運ばれて堆積する。地点Dでは，aの砂の層の上にbの泥の層が堆積しているので，海岸から近い状態(浅い海)から離れた状態(深い海)に変わっていったと思われる。
⑷　石灰岩の層の上面の標高に注目すると，地点Aは35－10＝25〔m〕，地点Bは40－10＝30〔m〕，地点Cは40－15＝25〔m〕，地点Dは45－15＝30〔m〕なので，西に低くなっていることがわかる。

7　植物と動物の世界

23　⑴　**(例)葉を脱色するため。**
⑵　**デンプン**　⑶①　**ア**　②　**イ**

解説　⑴　ヨウ素液に浸したときの色の変化がわかりやすいように，エタノールで脱色する。
⑵　葉の緑色の部分では，日光にあたることで光合成が行われ，デンプンがつくられる。
⑶　調べたい条件だけが違うものを選ぶ。①は，日光はあたっていて緑色であるかないか，②は，緑色で日光があたるかどうか。

24　⑴　**柱頭**　⑵　**ウ**　⑶　**イ**
⑷①　**オ**　②　**イ**

解説 (1) めしべの先端部分を柱頭という。
(2) イヌワラビはシダ植物の一つで，根，茎，葉の区別があり，茎は地下あるいは地表近くにある。図2のcは葉の柄の部分である。
(3) gとhは胞子のうがあるので雌株である。

25 (1)① **B** ② **C** (2)① **ア** ② **エ**
(3) **アミラーゼ** (4) **胃**

解説 (1) ①試験管Aは，だ液のはたらきでデンプンが分解されたため，ヨウ素液を入れても青紫色にはならない。試験管Bはだ液がないのでデンプンがそのまま残っている。②試験管Cではだ液のはたらきでデンプンが分解され麦芽糖などの糖が生じたが，試験管Dではデンプンのままである。麦芽糖などの糖がある液に，ベネジクト液を加えて加熱すると赤褐色の沈殿ができる。
(4) トリプシンとペプシンはたんぱく質を分解する消化酵素で，ペプシンは胃液に，トリプシンはすい液に含まれる。リパーゼは脂肪を分解する消化酵素で，これもすい液に含まれる。よって，器官Xはすい臓，器官Yは胃，器官Zはだ液腺である。

26 (1) **感覚器官** (2) **A，F，B**
(3) **1.1m**

解説 (2) 刺激を受けたとき，意識とは無関係に決まった反応が起こることを反射という。皮ふで受け取った刺激は，図のAの感覚神経からFのせきずいに伝わる。この信号は脳には伝わらず，Bの運動神経を通って筋肉に伝わり，反応が起こる。
(3) 20km/h＝20000m/h
20000〔m〕÷(60×60)〔s〕×0.2〔s〕
＝1.11〔m〕

8 天気の変化

27 (1) **(例)金属はガラスより熱を伝えやすいから。** (2) **露点** (3) **62%**
(4) **338g**

解説 (1) 金属は熱を伝えやすいので，金属製のコップの中の水の温度とコップの表面付近の空気の温度は同じである。
(2) 空気の温度を下げていって，含まれている水蒸気が飽和水蒸気量をこえると，こえた分の水蒸気が水滴となって出てくる。このときの温度が露点である。このように，露点を調べることで空気中に含まれる水蒸気量を知ることができる。
(3) $\frac{10.7}{17.3}\times 100 = 61.8$〔%〕
四捨五入すると62%となる。
(4) 実際に理科室に含まれている水蒸気量は
10.7〔g/m^3〕×(10×8×3)〔m^3〕＝2568〔g〕
20℃で湿度が70%のときの水蒸気量は
17.3〔g/m^3〕×0.70×(10×8×3)〔m^3〕＝2906.4〔g〕
よって，2906.4－2568＝338.4〔g〕の水が水蒸気になればよい。

28 (1) **エ** (2) **北側の気団：エ**
南側の気団：イ

解説 (1) 前線XYは，北側にある寒気と南側にある暖気がぶつかりあって，ほとんど前線の位置が動かない停滞前線である。
(2) 北側の気団はオホーツク海気団であり，南側の気団は小笠原気団である。

29 (1) **太陽** (2) **X：90 Y：10**

解説 (2) 100＋15＝X＋25 より X＝90
Y＝25－15＝10

30 (1) **温帯低気圧** (2) **ウ**
(3) **偏西風** (4) **(例)暖気が寒気の上にはいあがって進む。** (5) **グラフ：Y**
① オ ② イ (6) **ア**

解説 (2) 低気圧の中心付近では周囲から風が吹きこみ上昇気流が生じるため，雲が発生することが多い。
(3) 日本列島付近の天気が西から東へ変わっていくことが多いのは偏西風の影響である。
(4) 寒冷前線付近では，冷たい空気はあたたかい空気の下にもぐりこむように進む。
(5) 天気が雨のときは湿度が高くなるので，Xのグラフが湿度である。また，積乱雲ができるのは寒冷前線付近である。2日目の6時頃に風向が北寄りになり，気温が下がっているので，この時間に寒冷前線が通過したと考えられる。
(6) 温暖前線が通過して寒冷前線が通過するまでの間に，気圧は急激に下がる。

9 生命の連続性

31 (1) **細胞壁** (2) **エ**

解説 (2) ヒキガエルの卵は肉眼で見える大きさである。

32 (1) **イ** (2) **(例)細胞を一つ一つ離れやすくする。** (3) **酢酸オルセイン溶液(酢酸カーミン溶液，酢酸ダーリア溶液)**
(4) **カ** (5) **(A)B，D，E，F，C**
(6)① **染色体** ② **DNA**

解説 (1) 先端に近い部分がよくのびる。
(2) 塩酸は細胞壁どうしを結びつけている物質をとかすはたらきがある。
(3) 染色液を使うと細胞が観察しやすくなる。
(4) dは細胞分裂が行われたばかりなので小さいが，c→b→aのように細胞が成長して根がのびていく。
(5) 分裂を始める前に，染色体が複製され2本ずつくっついた状態になる。このときはまだ，染色体の形は見えない。染色体が現れ(B)，中央付近に集まって(D)，両端に移動する(E)。仕切りができて(F)細胞質が分かれ，2個の細胞になる(C)。

33 (1) **対立形質** (2) **実験1：イ 実験2：キ** (3) **ア** (4)① **減数** ② **分離** (5) **エ**

解説 (2)，(3) 実験1のAAとaaのかけあわせではすべてAaになる。実験2ではAA：Aa：aa＝1：2：1の割合で現れ，aaだけがしわのある種子(全体の4分の1)になる。
(4) 生殖細胞ができるときの分裂は減数分裂で，染色体の数が半分になる。
(5) 実験2でできた丸い種子はAA：Aa＝1：2なので，AAからできる種子を$2n$個とすると，Aaからは$4n$個の種子ができる。AAからはすべて丸い種子ができ，Aaからは丸い種子としわのある種子が3：1の割合でできるので，AAからできる丸い種子は$2n$個，Aaからできる丸い種子は$3n$個，しわのある種子はn個となる。よって，丸い種子：しわのある種子＝$(2n+3n)$：n＝5：1となる。

34 **栄養生殖 理由：(例)親と同じ形質をもつイモをつくることができるため。**

10 地球と宇宙

35 (1) **日周運動** (2) **ア**
(3) **(例)しし座は太陽と同じ方向にあるから。** (4) **77°** (5) **19時15分**
(6) **ア** (7)① **C** ② **低** ③ **少な**

解説 (2) Aの位置の地球から見るとさそり座は太陽と反対方向にある。日没後は太陽が西になるので，さそり座は東に見える。
(4) 右図の∠aが南中高度である。∠a＝∠bなので∠bをふくむ直角三角形に注目し，∠bの角度を求める。

90－(36.4－23.4)＝77〔°〕
(5) Xは日の出の位置なので，4時30分から9時までの4時間30分で9cm移動している。すなわち，1時間で2cm移動することになる。29.5÷2＝14.75時間後が日の入りの時間になる。
(6) 沖縄は緯度が低いので，日の出は北寄りになり，南中高度は高くなる。
(7) 地軸が太陽の方に傾いているAの位置が夏である。

36 (1) **位置：ア 方向：X** (2) **ア**
(3) **金環日食** (4) **(例)太陽，月，地球がこの順に一直線上に並び，月が太陽をかくすから。** (5) **ウ**

解説 (1) アは上弦の月，イは満月，ウは下弦の月，エは新月である。月は公転によって太陽の左へ離れていくので，同じ時刻に見える月の位置は，Xの方向に移動する。
(2) 左側が光っているので，太陽は左側(東側)にある。この形の金星は夕方は太陽より先に沈んでしまうので見えない。
(3) 皆既日食のときは，太陽のまわりにコロナが見られるが，金環日食のときは，月が太陽を覆いきれず，太陽が丸い輪のように見える。これは，地球から月や太陽までの距離が変化することによって，みかけの大きさが変化するためである。
(4) 月は太陽と地球の間になる。

37 (1) **恒星** (2) **(例)黒点は周囲より温度が低いから。** (3) **イ** (4) **5.5倍**

解説 (3) 地球の自転によって，太陽の位置は東から西に動いて見える。
(4) 黒点と太陽の直径の比は
0.5：10＝1：20　よって
$\frac{1}{20}\times 109=5.45$〔倍〕

どす方法（15字） b （例）不調の理由を知る方が先だ（12字） (2) （例）真紀の反応が加奈ちゃんと同じだったから。（20字）
(3) 結果 (4) ウ (5) ア

解説
(1) 傍線部①五行前の真紀の「どうやって～とりもどせたの」から真紀がコンディション回復の手がかりを求めており、また傍線部①直前の「なんで～先や」と直後の「そうだった。～わかっていないのだ」から冴子の言葉の内容に納得していることがわかる。
(2) 傍線部②直前の真紀の言葉に対し、冴子は直後に「それはどうかな～言うたよ」と真紀と加奈が同じ反応をしていたと述べている。
(3) 重要な知識の対義語は覚えておこう。
(4) 傍線部②の三行後の冴子の発言中の「自転車で～わかってるんやもん」がヒント。
(5) アの「擬態語」は傍線部①中の「ごくんと」などから、また動作を表す表現は最後から二文目「大きく息をついた」などから読み取れ、それらの言葉から心情も読み取れる。

10 文学的文章Ⅲ〔小説3〕

23 (1) （例）目覚めているのが自分一人で、気を紛らせることも暇に立つこともできず、歯痛だけに意識が向いているから。（50字） (2) イ (3) エ (4) ア

解説
(1) 傍線部①の前後の記述がポイント。
(2) 空欄の二行後の「眉の間に皺を寄せたまま」という記述がヒントとなる。
(3) 傍線部②の三行前からひさしは父親の困った表情を見て「大丈夫」と言っていることがわかる。本文一～二行目の「何とか～困るだろう」でもわかるようにひさしは父親に迷惑をかけたくないと思っているため、エが適切。
(4) (3)の解説中にもあるようにひさしは父親に迷惑をかけたくないと思っていた。しかし、傍線部③の二行前「ひさしは～強かった」から、痛みに我慢できなかった自分を意気地なしと感じ、父親に迷惑をかけたことを責めていることがわかる。よってアが適切。

とする「癒しブーム」に対して否定的な見解が読み取れ、それに対して③段落では「苦悩」が「癒し」につながることが述べられている。

(5) ④段落から「生きる意味の成長」＝「内的成長」であり、そのきっかけとなるのが「苦悩」、「違和感」への感性であり、その感性の成長＝「内的成長」であることが読み取れる。

6 論説的文章〔Ⅱ〕

19 **(1) (例) 明るいひびきのハ行の「は」と「ひ」が繰り返されることで光の中を散る花びらが目に浮かぶような効果を生んでいること。(56字) (2) 言葉が単なる記号ではなく、微妙と深みをそなえた豊かな命あるものであることを実感した (41字)** (3) ウ (4) イ (5) エ

解説

(1) 「そんなこと」とは②段落中の高校の先生のひと言から筆者が気づいた「微妙な効果」のこと。この効果を説明する。

(2) 傍線部2中で、筆者は中学時代、言葉を「一種の記号」として考えていたが、③段落の最後の一文で高校時代にその考えが変わったことが読み取れる。

(3) 空欄直後の「柔軟に対応」に合うのは「伸び縮みが思いのまま」という意味の**ウ**。

(4) **イ**は②段落の高校での筆者の体験と③段落の「得意だった」「実感した」から感想が読み取れるため適切。

(5) **エ**は⑤段落最後から二文目「そうした〜ないだろうか」より適切。

7 論説的文章〔Ⅲ〕

20 (1) ア (2) **(例) 物語を語ることにより、登場人物の関係の在り方がわかり、感動することにより、語り手と聞き手の間に関係が生まれるという働き。(60字)** (3) エ (4) ア

解説

(1) 空欄直前には「誰もその花に注目しない」とあるが、直後には「その花が単なる花でなくなってくる」と逆の内容となっている。

(2) ④段落四文目に「関係付ける」働きについて述べられているのでここを字数内にまとめる。③段落の具体例を踏まえた「母娘」は「登場人物」などと言い換えると良い。

(3) 傍線部2直前に言い換えの「つまり」があるので、⑤段落初めから傍線部2直前までをヒントにすると**エ**が適切。

(4) **ア**は③④段落に「具体例を〜価値」、⑤段落に「価値が変化」、⑥段落に「役割が薄くなってきたこと」が読み取れる。

8 文学的文章Ⅰ〔小説1〕

21 **(1) (例) ばあちゃんと一緒にもぐっていくような錯覚をしたから。(26字)** (2) a **(例) 曲がっていた腰 (7字)** b **(例) 人魚のように優雅な (9字)** (3) エ (4) イ

解説

(1) 第二段落からビデオで海の中を見た「わたし」が自分ももぐっていく錯覚をしていることがわかる。

(2) 海の中でのばあちゃんの様子は第三段落初めから傍線部②直前に書かれている。**a**は陸上での様子を書く。**b**は、直前に「まるで」とあることから「人魚のように」の比ゆ表現がヒントとなる。

(3) 傍線部③直前に「すっごーい」と「わたし」が感心していることに対し、ばあちゃんは「あれは大物だったな」と答えていることから、得意げな表情をしていたと言える。

(4) 第二段落の「わたしの胸はおどった」や傍線部③のばあちゃんの表情など、「わたし」の視点で終始登場人物の言動が描かれているため**イ**が適切。

9 文学的文章Ⅱ〔小説2〕

22 (1) a **(例) コンディションをとりも**

4 古文の学習〔Ⅱ〕

15 (1) かわり (2) A (例) 日本の言葉
B (例) 成立していない (3) ウ

解説
(2) Aは本文三行目「歌は~言葉なれば」がヒント。Bは「歌にはあらぬ」の意味を考える。
(3) 傍線部②は日本人が漢詩を作ることについて述べている部分。「よし」は「良い」という意味。
〈通釈〉中国の詩（漢詩）と、日本の歌（和歌）は、（それぞれ）奥が深いことに違いはないだろう。（ところが）漢詩は作りやすいが、和歌は詠みにくいという人がいる。これはもっともなことであろう。和歌はこの国の言葉であるので、このように詠んでは和歌ではないという事に、作者も、また読者もその心当たりがあるけれど、漢詩は中国の言葉であるので、そこそこに作ってもだいたい（良い作品に）聞こえるようになるので、その（漢詩の）作者も良い作品と思い、読者もうまくできているとほめはやすので、和歌は詠みにくい、漢詩は作りやすいというのである。もしも中国の人が、日本の和歌を詠む事があれば、和歌は詠みやすいけれど、漢詩は作りにくいというだろう。漢詩は作りやすいというのは、漢詩を知らない人の言葉であり、和歌は詠みやすいというのは、歌を知らない人の言葉であるはずだ。
(3) イ

16 (1) 不レ動カ (2) 疑義を思ふ

解説
(1)「不」は漢文では「ず」などと読む。不2動1カ は書き下し文から判断して番号の順番で読み、一文字下を読んでからすぐ上の字に返って読む「レ」点を使う。
(2) 思3フ二疑1義2ヲ一 の番号の順番で送り仮名をつけて読む。
(3)「檐鈴~沈沈」よりイが適切。
〈通釈〉雪が山の粗末な家をかかえこむように包み込み、木々の影は深い。軒につるした鈴は動かずに、夜は深々と更けていく。
乱れて散らばっている書物を静かに片付けながら、（書物の中の）疑問に思う部分について考えてみる。
ひとすじの青い光の中に、書物の中の遠い昔の人の心が見えてくる。

17 ① イ ② エ ③ ウ ④ ウ

解説
漢文は原則、上から順に読み、「レ」点は一文字下を読んでから返って読む。「一・二」点は一から二に返って読む。
① 登4二富1士2山3一 の順に読む。
② 縁2レ木1求4レ魚3 の順に読む。
③ 雖3レ不2レ中1不5レ遠4 の順に読む。
④ 尽3二人1事2一待6二天4命5一 の順に読む。

5 論説的文章〔Ⅰ〕

18 (1) ウ (2) a ネガティブ
b「内的成長」のきっかけ (3) A ア
B イ C ア D イ (4) イ
(5) (例)「苦悩」や「違和感」を感じることがきっかけとなり、その感性や感受性が成長していくこと。(43字)

解説
(1) 空欄直前で筆者は「『苦悩』などない人生が癒された人生」だと思うことを「浅薄」と否定的に、直後では「苦悩すべきとき~真の癒し」と肯定的に考えているため、逆接が適切。
(2) aは一~三行目より「苦悩」＝「ネガティブ」と読み取れる。傍線部1中の「そういう人」とは傍線部1直前の「悩みが~ワクワクする」人のこと。このような人は八~九行目より「苦悩することや現実への違和感を感じる」ことは「『内的成長』のきっかけになる」と考えている人だと読み取れる。
(3) ②段落最後からの二文「ブームの~通っている」よりA、Cはアに属する。Bは、先ほどの二文より「ブームの中での癒し」では「人生を~創造していく意識は希薄だ」と読み取れるため、逆にBはイに属する。Dは③段落最初の一文よりイに分けられる。
(4) ②段落では「苦悩」を除去するのを良し

③ 無数の／ホタルが／いっせいに／青白い／光を／放ち／始めた。
④ 最近／十年くらいの／間に／環境が／大きく／変わって／きた。
(2) ① 鳥／の／卵／は／乾燥／を／防ぐ／ために、／かたい／殻／を／持っ／て／いる。
② あの／時／の／朝日／の／美しさ／は／私／の／心／から／いつも／離れ／なかっ／た。
③ 自分／で／選ん／だ／道／だから、／ただ／ひたすら／歩ん／で／いく。
④ 何事／も／自分／で／苦労し／て／力／を／つけ／て／いく／こと／が／大切だ。

解説
(1) 文節とは、文の意味を壊さない程度に短く区切ったもの。話す調子で「ネ」「サ」「ヨ」などをつけて自然に入るところで区切る。
(2) 単語とは、言葉の最小の単位で、それ以上分けられないもの。

3 古文の学習〔Ⅰ〕

13 (1) こたえていうは (2) ア (3) イ

解説
(1) 歴史的かなづかいでは文中の「はひふへほ」は「わいうえお」と読む。ただし助詞の「は・へ」は直さない。
(2) 主語を判断する時は、「誰(何)が何をしているか」に注意しよう。
(3) 熊の教訓として「われ」が話した内容「なんぢ～知音とすな」を参考に考える。

〈通釈〉二人の友人が、一緒に出かけて行く道(の途中)で、熊という獣に出くわして、一人は木に登り、もう一人は熊と闘ったが、力が尽きたので地に倒れ、死んだふりをしたところ、その獣の習性で、死人には悪さをしないものとなっている。そうではあるがその熊は(旅人が)生きているのか死んでいるのか(安否を)確かめようと思ったのか、耳のあたり、口のあたりを嗅いでみたけれども、死んだように動かなかったので、(熊は)その場を去った。その時、木に登っていたものが降りて、死んだふりをした友人に近づいて、「ところでたった今あなたに、あの熊がささやいたことは何だったのか」と尋ねたので、答えて言うことには、「あの熊は私に教え諭した。それは何かというと、『おまえさん、今後、今のあなたの身のように大変なことに直面した時に友人を見放すようなものを友人にしてはいけない』ということだ。」と。

14 (1) はげむといえども (2) ウ (3) 学に志すもの (4) ウ (5) イ

解説
(1) 現代かなづかいに直す際、語頭にある「はひふへほ」はそのまま読み、直さない。
(2) ウの主語は老人、それ以外の主語は李白。
(3) 傍線部①の一文では「学に志すもの」が一か月も経つとその学問をなまける心が生まれると述べられている。
(4) 傍線部②の主語は李白。「名」とは名声・評判の意味。
(5) 本文四行目「一朝一夕の力ならず」や四～六行目「今日～やすからず」や最後の李白の例などからこつこつ努力することの大切さが読み取れる。

〈通釈〉学問を志す者は、昼も夜も、精を出して努力するといっても、半月を過ぎ、一月を経るころには、怠け心がはやくも生じる。馬は速く走るといって、朝ちょっと走って止まると、どうして牛が一日中歩くのにかなうだろうか、いやかなわない。谷川の石が(水で)磨かれるのも、(人が手を触れる)井戸のふちが丸くなるのも、一朝一夕の力ではない。今日も(努力を)止めず、明日も止めずに、そうしてはじめてその効果がある。人が一生の力をその道に使ってさえも、なおその奥義をきわめるのは簡単ではない。昔、(中国の)李白が書物を匡山で読んだ。よその土地に行った時、道で老人が石に斧を当てて研いでいるのに会った。何をしているのかと尋ねると、(斧をすり減らして)針にしようと思って研いでいると言ったのに感動して、さらに努力して書物を読み、ついによい評判を得た。

成功する。

③ わだかまりがなく、静かに落ち着いている心。

④ 大事業をするには、まず身近なことから始めよ。また物事は言い出した者から始めよということ。

⑤ いつまでも古い習慣を守るばかりで進歩がないこと。

⑥ 世の中のどこで死んでも、骨をうめる場所ぐらいはあるから、大望を達するために故郷を出て大いに活動すべきだ。

2 文法・敬語・詩歌の学習

7 ① イ ② エ ③ オ ④ ウ
⑤ ア

解説 ①述語は「どうする、どんなだ」を表す。②「～が」は逆接を表す接続語。③他の文節に関わりが無いので独立語。④「どのような」を説明する修飾語。⑤主語は「何が」「だれが」を表す。

8 ① 上一段活用・連体形
② カ行変格活用(カ変)・未然形
③ 下一段活用・連用形
④ サ行変格活用(サ変)・仮定形
⑤ 五段活用・終止形
⑥ 五段活用・命令形

解説 活用の種類の見分け方は、カ変の動詞は「来る」、サ変の動詞は「する」しかないので暗記する。他は動詞に「ない」をつけて活用させた時、「ない」の直前がア段の音なら五段活用、イ段の音なら上一段活用、エ段の音なら下一段活用となる。活用形はその活用形に続く代表的な言葉やどのような形かを覚える。未然形は「ない」。連用形は「た」・「ます」。終止形は言い切りの形。連体形は「こと」などの「体言(名詞)」。仮定形は「ば」。命令形は命令する形。

9 ① 参ります ② くださった ③ いただきました ④ いらっしゃる ⑤ 申して ⑥ 存じません ⑦ おっしゃった ⑧ 召し上がって

解説 尊敬語は相手(目上)を敬う言葉、謙譲語は自分(身内)がへりくだった言い方のため、相手(目上)が行う動作なら尊敬語を使い、自分(身内)が行う動作なら謙譲語を使う。

① 身内の「私の母」が「来る」ので謙譲語。
② 「ファンの方々」が「くれる」ので尊敬語。
③ 「自分」が「食べる」ので謙譲語。
④ 「相手」が「行く」ので尊敬語。
⑤ 身内の「私の父」が「言う」ので謙譲語。
⑥ 「自分」が「知る」ので謙譲語。
⑦ 目上の「先生」が「言う」ので尊敬語。
⑧ 「相手」が「食べる」ので尊敬語。

10 ① ウ ② イ ③ ア ④ イ
⑤ エ ⑥ エ ⑦ ア ⑧ エ

解説 ① 設問の「容易だ」とウの「印象的だ」の前にそれぞれ「とても」を補えるので、ともに形容動詞の活用語尾。
② 設問とイは名詞。
③ 設問は「取る」、アは「すくう」の未然形についている助動詞「れる」の連用形。
④ 設問とイの「そう」は「ない」を修飾する副詞。
⑤ 設問とエは「ながめる」という動詞の連用形。
⑥ 設問は「休もう」、エは「やろう」の前にそれぞれ「さあ」が入れられるので勧誘。
⑦ 設問とアは主語を示す格助詞。
⑧ 設問とエは対象を表す格助詞。

11 (1) A 枯野・冬 B 椿・春
(2) 切れ字 (3) イ

解説 (1) 季語は、自然現象や動植物、行事、生活など広範囲にわたっている。
(2) 切れ字は詠嘆や強調を示す言葉で、感動の中心を表す。
(3) 「菜の花」に切れ字の「や」がついていることから感動の中心は「菜の花」。

12 (1)① 海を／見る／ため、／朝から／ずっと／歩いて／いた。
② 現代では、／多くの／情報に／生き方さえ／左右されて／しまう。

1 漢字・語句の基礎知識

【一】

1 (1)① しかばね（かばね）
② ぎょうがまえ（ゆきがまえ）
③ おうへん ④ くちへん
⑤ くさかんむり ⑥ おおがい
⑦ えんにょう ⑧ かいへん

(2)① ウ ② ウ ③ イ ④ エ ⑤ ウ
⑥ ア

(3)① 肝 ② 茶 ③ 尻 ④ 足 ⑤ 息
⑥ 油

(4)① 灯台 ② 石橋 ③ 手塩 ④ 影
⑤ 芸 ⑥ 猿 ⑦ 火事 ⑧ 事

(5)① 一夕 ② 花鳥 ③ 月歩 ④ 選択
⑤ 暗中 ⑥ 無理

解説 (1) 部首は意味を表す。

(2) 各構成は①上の語が下の語を修飾する。②下の語が上の語の目的語。③主語、述語。④類義語。⑤否定の接頭語がつく。⑥対義語。

(3) それぞれの意味は
① 非常に驚くこと。
② いい加減なことでその場をごまかしつくろう。
③ 動作がすばやい、また行いが軽々しい。
④ 言い違えなどをとらえ、非難したりからかったりする。
⑤ 息を抑えて静かにする。
⑥ むだ話をして仕事をなまける。

(4) それぞれの意味は
① 身近な事情はかえってわかりにくいたとえ。
② 用心に用心を重ねるたとえ。
③ 自ら世話をして育てる。
④ 人の噂をすると、偶然当人が来ること。
⑤ 身についた芸があれば、万一のときに役に立つ。
⑥ 名人でも時には失敗することのたとえ。
⑦ 自分には関係なく、痛くもかゆくもないこと。
⑧ あせるとかえって失敗しやすい。

(5) それぞれの意味は
① わずかの時間。
② 自然の美しい景色。また風流。
③ 日ごと月ごとに絶えず進歩すること。
④ 良いものを取り、悪いものを捨てること。
⑤ 手がかりのないまま、いろいろなことを試みること。
⑥ 解決不可能な問題。

2 ① なふだ ② ゆきど ③ あわ
④ はな ⑤ ゆえ ⑥ たう ⑦ くら
⑧ おさ ⑨ は ⑩ もっぱ
⑪ なぐさ ⑫ ま ⑬ けわ ⑭ つと
⑮ いさ ⑯ くば

【二】

3 (1)① 4画 ② 10画 ③ 14画
④ 6画 ⑤ 2画 ⑥ 7画

(2)① たち ② いなか ③ さなえ
④ むすこ ⑤ かし ⑥ さみだれ
⑦ たなばた ⑧ めがね
⑨ にい（さん） ⑩ いぶき ⑪ のら
⑫ かぜ

4 ① きんこう ② かし
③ ふんいき ④ かいが ⑤ ざっこく
⑥ ぎろん ⑦ じゅんきょ
⑧ えつらん ⑨ ていたい ⑩ かせん
⑪ はあく ⑫ しゅざん ⑬ けいかん
⑭ ぼうせき ⑮ うんゆ
⑯ きょうしゅう

5 ① 復帰 ② 拡散 ③ 古典
④ 寸法 ⑤ 立派 ⑥ 恩人 ⑦ 演説
⑧ 宿舎 ⑨ 博愛 ⑩ 信条 ⑪ 経営
⑫ 建設 ⑬ 解除 ⑭ 打者 ⑮ 貿易
⑯ 樹木

【三】

6 (1)① 舞 ② 薬 ③ 募 ④ 綿
⑤ 静 ⑥ 張 ⑦ 合 ⑧ 似 ⑨ 冷
⑩ 保 ⑪ 歩 ⑫ 委 ⑬ 清 ⑭ 述
⑮ 拝 ⑯ 蓄 ⑰ 刷 ⑱ 促 ⑲ 拾
⑳ 安

(2)① 石 ② 雨だれ ③ 止水 ④ 隗
⑤ 株 ⑥ 青山

解説 (2) それぞれの意味は
① 自分の修養の助けとなる他人の言動。
② 微力でも根気よく努力すれば最後には

第 1 部

千葉県公立高等学校 選抜学力検査編

令和 2 年度 前期選抜学力検査

令和 2 年度 後期選抜学力検査

平成31年度 前期選抜学力検査

平成31年度 後期選抜学力検査

平成30年度 前期選抜学力検査

平成30年度 後期選抜学力検査

千葉県公立　令和２年度前期選抜学力検査

数　学

1　次の(1)～(6)の問いに答えなさい。

(1) $-2+9$ を計算しなさい。

(2) $-5^2+18\div\frac{3}{2}$ を計算しなさい。

(3) $2(x+4y)-3\left(\frac{1}{2}x-\frac{1}{3}y\right)$ を計算しなさい。

(4) 方程式　$x-7=\frac{4x-9}{3}$ を解きなさい。

(5) $\sqrt{50}+6\sqrt{2}-\frac{14}{\sqrt{2}}$ を計算しなさい。

(6) $2x^2-32$ を因数分解しなさい。

2　次の(1)～(5)の問いに答えなさい。

(1)　関数 $y=-x^2$ について，x の変域が $a \leqq x \leqq b$ のとき，y の変域は $-9 \leqq y \leqq 0$ である。このとき，a，b の値の組み合わせとして最も適当なものを，次の**ア**～**エ**のうちから１つ選び，符号で答えなさい。

ア　$a=-1$，$b=0$

イ　$a=-3$，$b=-1$

ウ　$a=1$，$b=3$

エ　$a=-1$，$b=3$

(2)　右の表は，あるクラスの生徒36人が夏休みに読んだ本の冊数を，度数分布表に整理したものである。

　５冊以上10冊未満の階級の相対度数を求めなさい。

階級(冊)	度数(人)
以上　未満	
0 ～ 5	11
5 ～ 10	9
10 ～ 15	7
15 ～ 20	6
20 ～ 25	3
計	36

(3)　右の図のように，底面が AB = 5 cm，AC = 6 cm，∠ABC = 90° の直角三角形で，高さが 6 cm の三角柱がある。この三角柱の体積を求めなさい。

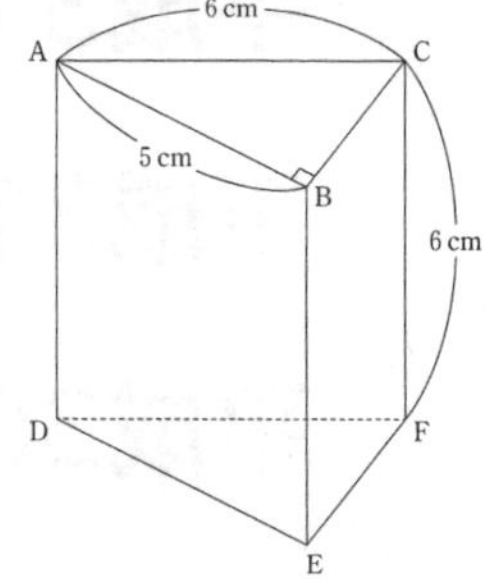

(4)　大小２つのさいころを同時に１回投げ，大きいさいころの出た目の数を a，小さいさいころの出た目の数を b とする。

　このとき，$\frac{\sqrt{ab}}{2}$ の値が，有理数となる確率を求めなさい。

　ただし，さいころを投げるとき，１から６までのどの目が出ることも同様に確からしいものとする。

(5)　右の図において，点 A は直線 ℓ 上の点，点 B は直線 ℓ 上にない点である。直線 ℓ 上に点 P をとり，∠APB = 120° となる直線 BP を作図しなさい。また，点 P の位置を示す文字 P も書きなさい。

　ただし，三角定規の角を利用して直線をひくことはしないものとし，作図に用いた線は消さずに残しておくこと。

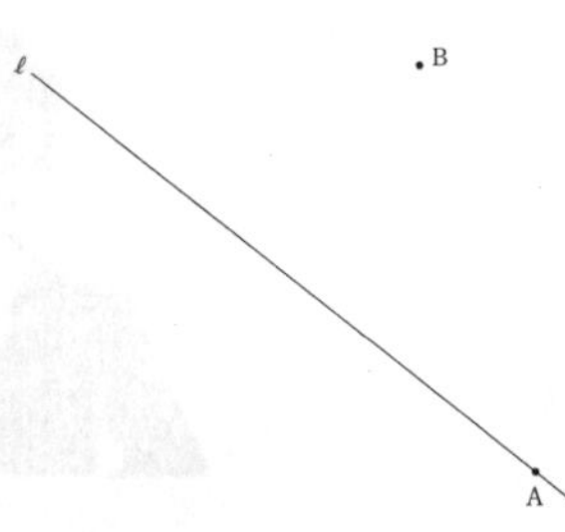

3　右の図のように，関数 $y = ax^2$ のグラフ上に点Ａがあり，点Ａの座標は（３，４）である。ただし，$a > 0$ とする。

このとき，次の⑴，⑵の問いに答えなさい。

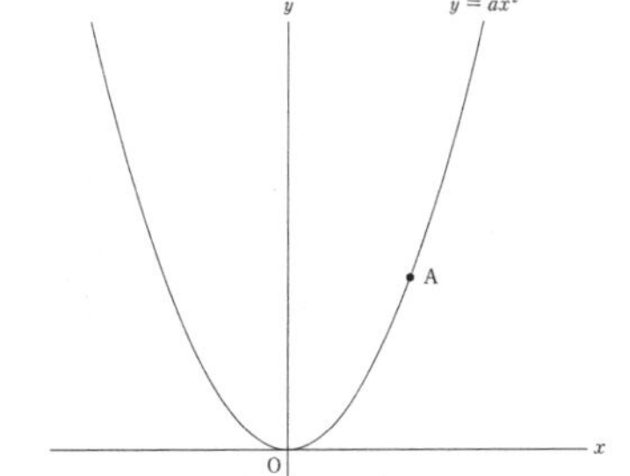

⑴　a の値を求めなさい。

⑵　x 軸上に点Ｂを，OA ＝ OB となるようにとる。
ただし，点Ｂの x 座標は負とする。
このとき，次の①，②の問いに答えなさい。

①　２点Ａ，Ｂを通る直線の式を求めなさい。

②　原点Ｏを通り，直線 AB に平行な直線を ℓ とする。点Ａから x 軸に垂線をひき，直線 ℓ との交点をＣとする。また，関数 $y = ax^2$ のグラフ上に，x 座標が３より大きい点Ｄをとり，点Ｄから x 軸に垂線をひき，直線 OA との交点をＥ，直線 ℓ との交点をＦとする。
△AOC と四角形 ACFE の面積の比が 16：９となるとき，点Ｄの座標を求めなさい。

4　右の図のように，円Ｏの円周上に２点Ａ，Ｂがある。点Ｏから線分 AB に垂線をひき，線分 ABとの交点をＣ，円との交点をＤとし，点Ａと点Ｄを結ぶ。また，点Ｄを含まない $\overset{\frown}{AB}$ 上に，２点Ａ，Ｂとは異なる点Ｅをとり，点Ｅと２点Ａ，Ｂをそれぞれ結ぶ。線分 AB と線分 DE の交点をＦとする。

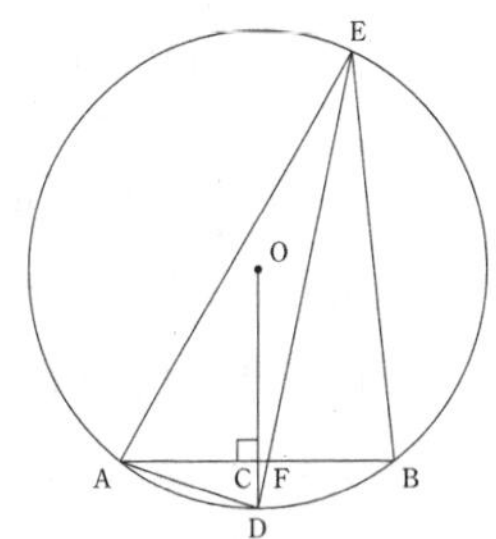

このとき，次の⑴，⑵の問いに答えなさい。

⑴　△EAD ∽ △EFB となることの証明を，次ページの［　　　］の中に途中まで示してある。
［ (a) ］，［ (b) ］に入る最も適当なものを，次ページの**選択肢**の**ア～カ**のうちからそれぞれ１つずつ選び，符号で答えなさい。また，［ (c) ］には証明の続きを書き，**証明**を完成させなさい。
ただし，［　　　］の中の①～④に示されている関係を使う場合，番号の①～④を用いてもかまわないものとする。

証明

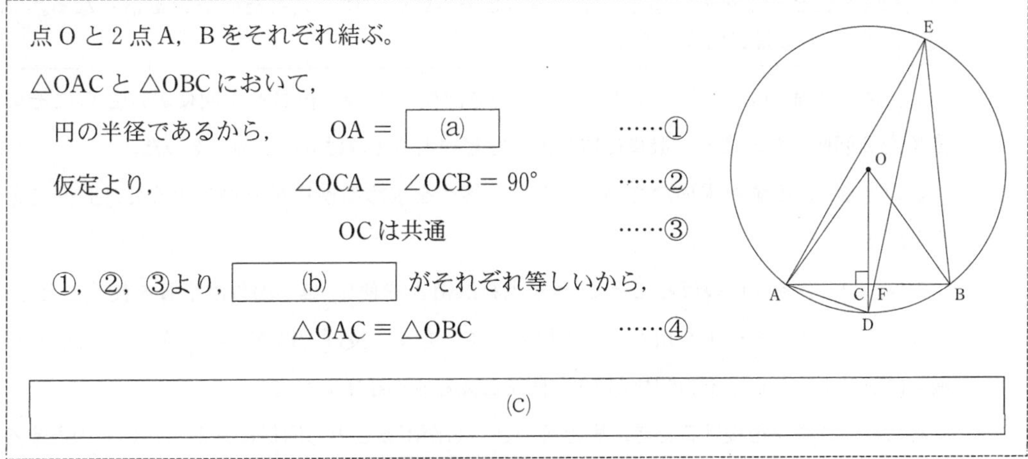

点Ｏと２点Ａ，Ｂをそれぞれ結ぶ。
△OAC と △OBC において，
円の半径であるから，　　OA ＝［ (a) ］　　……①
仮定より，　　∠OCA ＝ ∠OCB ＝ 90°　　……②
OC は共通　　……③
①，②，③より，［ (b) ］がそれぞれ等しいから，
△OAC ≡ △OBC　　……④

［ (c) ］

選択肢

ア　AE	**イ**　BC	**ウ**　OB
エ　２組の辺とその間の角	**オ**　直角三角形の斜辺と１つの鋭角	
カ　直角三角形の斜辺と他の１辺		

⑵　線分 AE を円 O の直径とし，EB ＝ 6 cm，AD：DE ＝ 1 ： 3，CF：FB ＝ 1 ： 8 とする。

線分 OB と線分 ED の交点を G とするとき，△GFB の面積を求めなさい。

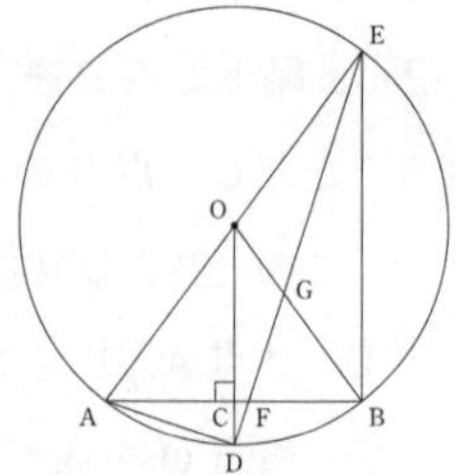

5　空(から)の箱 A と箱 B が１つずつあり，それぞれの箱には，ビー玉の個数を増やすために，次のような**しかけ**がしてある。

箱 A と箱 B のしかけ

・箱 A にビー玉を入れると，箱の中のビー玉の個数は，入れた個数の３倍になる。
・箱 B にビー玉を入れると，箱の中のビー玉の個数は，入れた個数の５倍になる。

１つの箱にビー玉をすべて入れた後，箱の中のビー玉をすべて取り出すことをくり返し，ビー玉の個数を増やしていく。

例えば，はじめに 10 個のビー玉を用意し，箱 A を１回使った後，箱 B を１回使ったときについて考える。10 個のビー玉は，箱 A を使うことによって 30 個になり，この 30 個のビー玉は，箱 B を使うことによって 150 個になるので，最後に取り出したビー玉の個数は 150 個である。

このとき，次の⑴～⑷の問いに答えなさい。

⑴　はじめに２個のビー玉を用意し，箱 A を２回使った後，箱 B を２回使った。最後に取り出したビー玉の個数を求めなさい。

⑵　はじめにビー玉をいくつか用意し，箱 A，箱 B を合計５回使ったところ，最後に取り出したビー玉の個数は 2700 個であった。はじめに用意したビー玉の個数を求めなさい。

⑶　箱 A と箱 B に加え，空の箱 X を１つ用意する。箱 X には，次のような**しかけ**がしてある。

箱 X のしかけ

・箱 X にビー玉を入れると，箱の中のビー玉の個数は，入れた個数の x 倍になる。
　ただし，x は自然数とする。

はじめに１個のビー玉を用意し，箱 A を２回使った後，箱 B を１回使い，さらにその後，箱 X を２回使ったところ，最後に取り出したビー玉の個数は 540 x 個であった。

このとき，x の値を求めなさい。ただし，答えを求める過程が分かるように，式やことばも書きなさい。

⑷　１枚のコインを１回投げるごとに，表が出れば箱 A を使い，裏が出れば箱 B を使うこととする。

はじめに４個のビー玉を用意し，１枚のコインを４回投げ，箱 A，箱 B を合計４回使うとき，最後に取り出したビー玉の個数が 1000 個をこえる確率を求めなさい。

ただし，コインを投げるとき，表と裏のどちらが出ることも同様に確からしいものとする。

英　語

英語リスニング放送台本

令和２年度 前期選抜 学力検査　**英語リスニングテスト放送用 CD 台本**

（チャイム）

これから，英語の学力検査を行います。まず，問題用紙の１ページ目があることを確認しますので放送の指示に従いなさい。(間２秒)では，問題用紙の１ページ目を開きなさい。(間３秒)確認が終わったら，問題用紙を閉じなさい。１ページ目がない人は手を挙げなさい。

(間 10 秒)次に，解答用紙を表にし，受検番号，氏名を書きなさい。

(間 20 秒)それでは，問題用紙の１ページを開きなさい。(間３秒)リスニングテストの問題は，１から４の四つです。

では，１から始めます。

１は，英語の対話を聞いて，最後の文に対する受け答えを選ぶ問題です。受け答えとして最も適当なものを，問題用紙の **A** から **D** のうちから一つずつ選んで，その符号を書きなさい。なお，対話はそれぞれ２回放送します。では，始めます。

No. 1　Woman:　Excuse me. Can I borrow your pen?
Man:　Of course. Here you are.
Woman:　Thank you.

No. 2　Mr. Jones:　Come in, please.
Emma:　Hello, Mr. Jones.
Mr. Jones:　Hi, Emma. Are you ready to begin your speech?

No. 3　Amanda:　Hi, Mike. How are you?
Mike:　Fine, thanks, Amanda. You look very happy today.
Amanda:　Do I? I just got a letter from my best friend in the U.S.

次は２です。

２は，英語の対話又は英語の文章を聞いて，それぞれの内容についての質問に答える問題です。質問の答えとして最も適当なものを，問題用紙の **A** から **D** のうちから一つずつ選んで，その符号を書きなさい。なお，英文と質問はそれぞれ２回放送します。では，始めます。

No. 1　Man:　Hello. May I help you?
Girl:　I want to buy... something. I will use it in my science lesson tomorrow, but I don't know how to say it in English.
Man:　I see. What can you say about it?
Girl:　Well, I can use it to make something bigger. No... I mean, everything looks bigger when I look through it. I can look at a flower with it in the school garden. Also, it can be put in a small bag.
Man:　OK. I think I understand. I will get it for you.

Question: What does the girl want to buy?

No. 2　（ジングル）

This is Radio Chiba. Here's the weather. Spring will come just for a day. It will be the warmest day of the month tomorrow. It's going to be sunny all day and the wind will not be strong. But the day after tomorrow, it's going to be cold again. This cold weather will continue for the next three or four days. It's not going to be rainy, but the wind will be strong the day after tomorrow.

Question: How will the weather be tomorrow and the day after tomorrow?

次は３です。

３は，英語の対話又は英語の文章を聞いて，それぞれの内容についての質問に答える問題です。質問の答えとして最も適当なものを，問題用紙の**A**から**D**のうちから一つずつ選んで，その符号を書きなさい。なお，英文と質問はそれぞれ２回放送します。では，始めます。

No. 1　Man:　Excuse me. Can you help me? I think I'm lost. Where am I on this map?
Woman:　Let's see. You are right here, between the hospital and the bike shop.
Man:　Where can I get a bus to the train station?
Woman:　Here. You can catch a bus in front of the park. Keep going on this street, and turn right at the next corner. Go straight down Orange Street, and you'll be there.
Man:　Thank you so much.
Woman:　I'm happy I could help. Have a nice day.
Question: What does the man want to do?

No. 2　(開演前の雑踏)
Welcome to our special show by Jack Williams. This evening, as you already know, Allan Gordon, another great musician of our time, will join the show. This will be the first time for Jack and Allan to play music together! We know you are very excited, but we are sorry to tell you that the show will start a little late because there are so many people here. Please wait a little longer. Thank you.
Question: Why will the show start late?

次は４です。

４は，英語の文章を聞いて，その内容について答える問題です。問題は，No. 1，No. 2の二題です。問題用紙には，それぞれの英語の文章の内容に関するまとめの文が書かれています。(間３秒)それらの文を完成するために，①，②にあてはまる英単語を書きなさい。ただし，□には１**文字**ずつ入るものとします。なお，英文はそれぞれ２回放送します。では，始めます。

No. 1　Jay opened a cake shop nine years ago. His shop's most popular cake is fruit cake, and everyone says it's beautiful. He always tries to make many new kinds of cake. He just started selling a new pineapple cake in January. He hopes that people will like it.

No. 2　Natsume Soseki was a famous Japanese writer. He is best known for his books, such as *Kokoro*, *Botchan*, and *I Am a Cat*. He wrote many stories in his life. Before he became a writer, he was an English teacher at a few different schools.

以上で，リスニングテストを終わります。２ページ以降の問題に答えなさい。

1　英語リスニングテスト（**放送**による**指示**に従って答えなさい。）

No. 1	A. I'm sorry. C. Sounds good.	B. Let's see. D. You're welcome.
No. 2	A. Yes, I am. C. No, I don't.	B. I think so, too. D. See you later.
No. 3	A. I agree with you. C. No problem.	B. I'm glad to hear that. D. That's too bad.

2　英語リスニングテスト（**放送**による**指示**に従って答えなさい。）

	A	B	C	D
No. 1		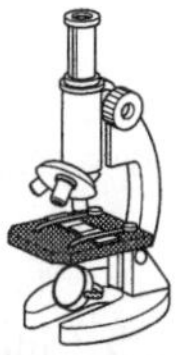		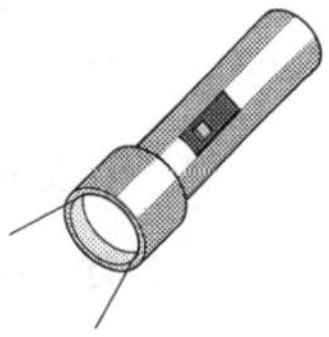

No. 2		A	B	C	D
	Tomorrow	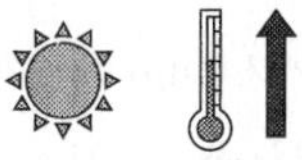			
	The Day After Tomorrow				

3　英語リスニングテスト（**放送**による**指示**に従って答えなさい。）

No. 1	A. Buy a bus map. C. See a doctor.	B. Go to the train station. D. Visit the park.
No. 2	A. Because there are so many people. C. Because Allan is excited.	B. Because many people will play music. D. Because Jack is late.

4　英語リスニングテスト（**放送**による**指示**に従って答えなさい。）

No. 1	The most popular cake in Jay's cake shop is his (① b□□□□□□□□□) fruit cake. He started selling a new pineapple cake in (② □□□□□□□□).

No. 2	Natsume Soseki was a famous writer. He wrote many (① □□□□□□□□) in his life. Before he became a writer, he (② □□□□□□□) English at a few different schools.

5 次の(1)～(5)のそれぞれの対話文を完成させなさい。

(1)，(2)については，(　　　)の中の語を最も適当な形にしなさい。ただし，**1語**で答えること。

また，(3)～(5)については，それぞれの(　　　)の中の**ア**～**オ**を正しい語順に並べかえ，その順序を符号で示しなさい。

(1) A: Have you ever (sing) an English song?

B: Yes, I have.

(2) A: What is the name of the (twelve) month of the year in English?

B: It's December.

(3) A: Andy is late. What should we do?

B: We (**ア** wait　**イ** to　**ウ** have　**エ** for　**オ** don't) him. Don't worry. He'll catch the next train.

(4) A: How about this bag? It has a nice color.

B: It looks good, but it is (**ア** than　**イ** expensive　**ウ** one　**エ** more　**オ** that).

(5) A: Could you tell (**ア** is　**イ** me　**ウ** museum　**エ** the　**オ** where)?

B: Sorry, I can't help you because I don't live around here.

6 コリンズさん(Ms. Collins)は，送られてきたカップ(cup)の色が白ではなく黒だったので，購入したお店に電話をしました。まず店員に名前を告げた後，コリンズさんは，この場面で，何と言うと思いますか。その言葉を英語で書きなさい。

ただし，語の数は**20語以上30語以下**（．，？！などの符号は語数に含まない。）とすること。

7　次の(1)～(3)の英文を読んで，それぞれの問いに答えなさい。

(1)　Which hand do you hold a pen with, your right hand or left hand? The hand you use to hold your pen is called your dominant hand. Most people belong to one of two groups. One is right-handed people, and the（　Ⓐ　）is left-handed people. Some researchers say that 10% of people around the world are left-handed. Researchers who studied cats found that they also have dominant "hands." Many male cats are left-handed, but most female cats are right-handed. How can you find your cat's dominant hand? You can find your cat's dominant hand if you watch which "hand" it（　Ⓑ　）first when it does something.

（注）dominant hand　利き手　　belong to～　～に属する　　right-handed　右利きの
left-handed　左利きの　　researcher　研究者　　male　オス　　female　メス

本文中の（　Ⓐ　），（　Ⓑ　）に入る最も適当な語を，それぞれ次の**ア**～**エ**のうちから一つずつ選び，その符号を書きなさい。

Ⓐ　**ア**　another　　**イ**　other　　**ウ**　people　　**エ**　two

Ⓑ　**ア**　checks　　**イ**　has　　**ウ**　studies　　**エ**　uses

(2)　My name is Naoki. My parents love traveling. We have been to twenty countries around the world. Last summer, we went to the United States to see my aunt, Elizabeth. After we stayed at her house for a few days, we traveled with her to a very exciting place in South America. We stayed at a hotel called the Palace of Salt. Its walls and floors were made of salt. We were surprised to see that almost everything was made of salt, including the beds, desks, and chairs in the rooms. I enjoyed swimming in the salt water pool, my parents liked the salt sauna, and my aunt loved sleeping in the salt bed. However, the best thing of all was spending time with my family. We all had a great time on the trip.

（注）South America　南アメリカ　　palace　宮殿　　salt　塩
including～　～を含めて　　sauna　サウナ

①　本文の内容に関する次の質問に，英語で答えなさい。
What did Naoki like the best about his trip?

②　本文の内容に合っているものを，次の**ア**～**エ**のうちから一つ選び，その符号を書きなさい。

ア　Naoki's family traveled to South America to see his aunt.

イ　Naoki stayed at his aunt's house all summer and had a great time.

ウ　Naoki's family stayed at an exciting hotel in the United States.

エ　Naoki was surprised that most things in the hotel were made of salt.

(3)　次は，ぶどう摘み(grape picking)のボランティアのお知らせです。

We are looking for grape lovers between 14 and 65 years old.

❷ What can you take home?

To say thank you for volunteering, we will give you free grapes (2 kg) to take home.

❸ What should you do?

- Grape picking starts at 8 a.m. and finishes at 3 p.m.
- The grapes will be delicious when the branch is brown, not green.
- You should pick dark purple grapes. It is too early to pick light purple grapes.

branch

◆ Bring your own hat and gloves, or borrow ours.

◆ Only use our scissors. Please do not bring your own.

◆ Buy more grapes.

◆ Use our delivery service.

Join by calling or visiting our website!

☎ 555−987654　　www.grapelovers.inc

(注)　grape lover　ぶどう好きな人　　volunteering　ボランティアをすること
branch　枝　　purple　紫　　light　薄い　　hat　帽子　　gloves　手袋
scissors　はさみ　　delivery service　配送サービス

① このお知らせの内容をもとに，次の質問の答えとして最も適当な絵を，あとの**ア**～**エ**のうちから一つ選び，その符号を書きなさい。

Which grapes should be delicious and be picked?

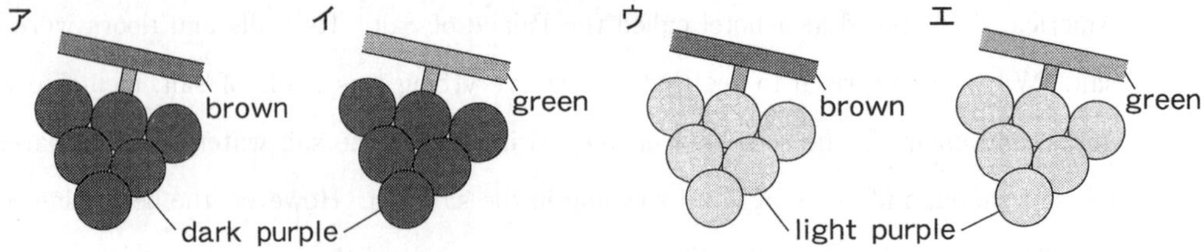

② このお知らせの内容に合っているものを，次の**ア**～**エ**のうちから一つ選び，その符号を書きなさい。

ア　You can pick grapes for ten hours each day if you start picking at 8 a.m.

イ　You can't be a volunteer for grape picking if you are fifteen years old or younger.

ウ　You can buy 3 kg of grapes and send them home with the delivery service.

エ　You can't use your own gloves and scissors which you brought from your home.

8　ストーン先生(Mr. Stone)の授業で，中学生のアンナ(Anna)，フレッド(Fred)，マドカ(Madoka)，トシオ(Toshio)が発表をしました。次の英文を読んで，あとの(1)～(4)の問いに答えなさい。

 Mr. Stone	Today, we're going to talk about some important (Ⓐ) and the people who have them. Last week, your homework was to find people who help others or who are doing something to make a better world. What do they do, and how do they help others? I believe you have some ideas. Please share them with everyone.

Anna	Farmers work for others every day. People need food to eat, and good food helps us to stay healthy. Farmers grow lots of rice, and most of the fruits and vegetables that people eat. Some of them raise animals so that we can have milk, meat, and eggs. We can't live without farmers.
Fred	Scientists study many things to make the world better. They try to solve problems in many ways. For example, they study about animals, food, medicine, robots, and climate change. They invent things we need. There won't be a better world without science. So, I am studying very hard to be a scientist.
Madoka	I think teaching helps people. Education is very important for our lives. For example, if you want to be a doctor in the future, you should study science in school. Without your teachers, I think it is hard for you to realize your dream. Also, there are many volunteer teachers around the world. My sister teaches science to people in Africa as a volunteer teacher.
Toshio	Doctors always help people. When we are sick or have an accident, we go to the hospital. Doctors can save our lives, help us to get better, and help us to stay healthy. However, there are not enough doctors here in Japan today. There are only 2.3 doctors for every 1,000 people. In the future, I want to be a doctor to help many people.
Mr. Stone	Thank you, everyone. I enjoyed listening to all of your ideas. There are many (Ⓐ) that people do to help others around the world. I think hard work can help to make the world better. I hope you continue to work hard in the future.

(注)　stay healthy　健康を保つ　　raise～　～を飼育する　　so that～　～するために
climate change　気候変動　　invent～　～を発明する　　education　教育
accident　事故

(1)　本文中の**２か所**の（　Ⓐ　）に共通して入る，最も適当な英単語**１語**を書きなさい。

(2)　本文の内容に関する次の質問の答えとして最も適当なものを，あとの**ア**～**エ**のうちから一つ選び，その符号を書きなさい。

Which two students talked about their own dreams for the future?

ア　Anna and Madoka did.
イ　Fred and Toshio did.
ウ　Anna and Fred did.
エ　Madoka and Toshio did.

(3)　本文の内容に合っているものを，次の**ア**～**エ**のうちから一つ選び，その符号を書きなさい。

ア　Anna thinks farmers grow most of the fruits and vegetables that animals eat.
イ　Fred believes robots and doctors make the world better.
ウ　Madoka's sister is a volunteer teacher who teaches science abroad.
エ　Toshio said that there are only 2.3 doctors for every one hundred people in Japan.

(4) 発表後，フレッドに対してアンナから質問がありました。[　　　]に入る最も適当な**連続する２語**を６ページの本文中から抜き出して書きなさい。

Anna: What kind of problems do scientists try to solve?

Fred: Climate change is one of the biggest problems we have today. In some places, people can't grow food well because the weather is too hot and there is not enough rain.

Anna: I see. How do scientists solve this problem?

Fred: I think they can solve it by studying plants around the world. Scientists are trying to learn how to make stronger vegetables which grow with little water. With their [　　　], they can help to solve a problem that climate change makes.

Anna: I understand. Thank you.

9 千葉県に住んでいるナナ(Nana)と友人のリリー(Lily)が話をしています。この対話文を読んで，[(1)]～[(4)]に入る最も適当な英文を，それぞれあとの**ア**～**エ**のうちから一つずつ選び，その符号を書きなさい。

Nana: Wow! I can't believe this.

Lily: What happened?

Nana: I won tickets for the World Baseball Summer Festival.

Lily: Really? Getting those tickets is so difficult. [(1)] You are very lucky.

Nana: Yes. I feel I used all my luck to get these tickets. It will never happen to me again.

Lily: Hey, Nana, that's not true. By the way, [(2)]

Nana: They are for the opening ceremony.

Lily: That's very exciting, but it will be very hot during the festival. I believe it will be better to watch it on TV at home.

Nana: Do you really think so? If you see it live, it will be unforgettable. Anyway, [(3)] But if you don't want to go, I will ask another friend.

Lily: Wait, Nana. Did you want me to come with you? Now I can go with you!

Nana: But you want to watch it on TV, right?

Lily: Yes. Ah... no. I mean I would like to see it in the stadium. [(4)], so I said I liked watching it on TV.

Nana: Don't worry, Lily. I really want to go with you! Let's have fun together!

Lily: Thank you, Nana. I'm looking forward to it.

(注) by the way　ところで　　opening ceremony　開会式　　live　現地で，生で
unforgettable　忘れられない

(1) **ア** A lot of people are happy.　　**イ** A lot of people got them.
ウ A lot of people want them.　　**エ** A lot of people can buy them.

(2) **ア** what are the tickets for?　　**イ** what are your plans for the festival?
ウ where did you buy the tickets?　　**エ** where will the festival be held this year?

(3) ア you could ask someone else.　　イ I wanted to ask you to come with me.
　　ウ you should buy the tickets, too.　　エ I must stay at home during the festival.

(4) ア I wanted you to go alone　　イ I thought you wanted me to stay home
　　ウ I didn't think you wanted to go　　エ I didn't think you wanted me to go with you

社　会

1　次の文章を読み，あとの(1)～(4)の問いに答えなさい。

今年の夏に，オリンピック**a**とパラリンピック**b**が東京都とその他の８道県を会場に開催されます。千葉県**c**では幕張メッセ(千葉市)と釣ヶ崎（つりがさき）海岸(一宮町)を会場として８競技が行われます。東京でオリンピックとパラリンピックが開催されるのは，1964年以来２回目**d**です。これらの大会の成功に向けて，千葉県でも準備が進められています。

(1)　下線部**a**に関連して，次の文章は，さちさんが，オリンピック発祥（はっしょう）の地であるギリシャの気候と農業について調べたことをまとめたレポートの一部である。文章中の［　　］にあてはまることばとして最も適当なものを，あとの**ア**～**エ**のうちから一つ選び，その符号を書きなさい。

> ギリシャの地中海沿岸の地域は，夏は雨が少なく乾燥し，冬は雨が多くなるのが特徴です。このような気候を生かして，地中海式農業が行われており，［　　］がさかんです。

ア　カカオやコーヒーなどの栽培　　**イ**　やぎや乳牛の飼育と乳製品の生産
ウ　ライ麦などの穀物の栽培と豚や牛の飼育　　**エ**　ぶどうやオリーブなどの栽培

(2)　下線部**b**に関連して，次の文章は，さちさんが，パラリンピックに向けた取り組みについて調べたことをまとめたレポートの一部である。文章中の［　　］に共通してあてはまる適当な語を**カタカナ**で書きなさい。

> 生活に不便な物理的・心理的な「壁」をなくすことを［　　］といいます。多くの人が使用する公共の交通機関や建造物では，体の不自由な人や高齢者でも安心して快適に過ごせるよう，［　　］化を進めていく必要があります。

(3)　下線部**c**に関連して，次の**ア**～**ウ**の文は，それぞれ千葉県に関係するできごとについて述べたものである。**ア**～**ウ**を年代の**古いものから順に**並べ，その符号を書きなさい。

ア　EUが発足した年に，谷津（やつ）干潟がラムサール条約登録湿地となった。
イ　日中平和友好条約が締結された年に，新東京国際空港(現在の成田国際空港)が開港した。
ウ　アイヌ文化振興法が制定された年に，東京湾アクアラインが開通した。

(4)　下線部**d**に関連して，次の**資料１**と**資料２**は，さちさんが，社会科の授業で「前回の東京オリンピックとパラリンピック開催前(1960年)と今回の東京オリンピックとパラリンピック開催前

(2017 年)の日本の状況の比較」というテーマで調べたことをまとめたレポートの一部である。**資料**１中の**A～D**は，エンゲル係数，第１次産業の就業者割合，65 歳以上人口の割合及び食料自給率のいずれかがあてはまり，**E**，**F**は 1960 年，2017 年のいずれかがあてはまる。**資料２**は，**資料１**から読み取ったことをまとめたものの一部である。**B**と**C**が示すものの組み合わせとして最も適当なものを，あとの**ア～エ**のうちから一つ選び，その符号を書きなさい。

資料１　1960 年と 2017 年の日本の状況の比較

項目＼年	E	F
A	38.8(％)	23.8(％)
B	32.7(％)	3.4(％)
C	5.7(％)	27.7(％)
D	79.0(％)	38.0(％)

(注)・「エンゲル係数」とは，消費支出に占める食料費の割合のこと。
・「食料自給率」は，熱量(カロリー)ベースのものである。また，この数値は年度のものである。

(「日本国勢図会 2019/20」などより作成)

資料２　資料１から読み取ったことをまとめたものの一部

・エンゲル係数は，1960 年と 2017 年とを比べると，３分の２程度に減少しており，暮らしが豊かになったことがわかる。
・食料自給率は，1960 年と 2017 年とを比べると，２分の１程度に減少しており，食料の海外からの輸入が増加したことがわかる。
・第１次産業の就業者割合は，1960 年と 2017 年とを比べると，10 分の１程度に減少しており，産業構造が大きく変化したことがわかる。
・65 歳以上人口の割合は，1960 年と 2017 年とを比べると，４倍以上に増加しており，高齢化が進んだことがわかる。

ア　**B**：エンゲル係数　　**C**：食料自給率
イ　**B**：食料自給率　　**C**：第１次産業の就業者割合
ウ　**B**：第１次産業の就業者割合　　**C**：65 歳以上人口の割合
エ　**B**：65 歳以上人口の割合　　**C**：エンゲル係数

２　次の図を見て，あとの(1)～(4)の問いに答えなさい。

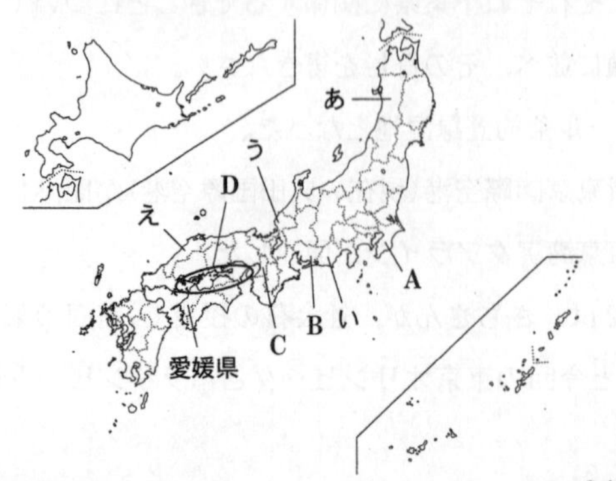

(1)　図中の**あ～え**の県のうち，県名と県庁所在地名が異なる県が一つだけある。その県の県名を書きなさい。

⑵　次のⅠ～Ⅲのグラフは，図中のA，B，Cの府県が含まれるそれぞれの工業地帯または工業地域の製造品出荷割合と出荷額を示したものである。Ⅰ～Ⅲのグラフがそれぞれ示している工業地帯または工業地域に含まれる府県A，B，Cと，グラフ中の［a］及び［b］の組み合わせとして最も適当なものを，あとの**ア**～**エ**のうちから一つ選び，その符号を書きなさい。

製造品出荷割合（%）／製造品出荷額（億円）

	金属	a	b	食料品	せんい	その他	製造品出荷額（億円）
Ⅰ	20.3	13.9	38.6	16.9	0.2	10.1	114,664（2016年）
Ⅱ	20.0	36.2	17.2	11.6	1.4	13.6	314,134（2016年）
Ⅲ	9.1	69.2	6.1	4.8	0.8	10.0	551,211（2016年）

（「日本国勢図会 2019/20」より作成）

ア　Ⅰ：A　Ⅱ：B　Ⅲ：C　a：化学　b：機械
イ　Ⅰ：C　Ⅱ：A　Ⅲ：B　a：機械　b：化学
ウ　Ⅰ：A　Ⅱ：C　Ⅲ：B　a：機械　b：化学
エ　Ⅰ：B　Ⅱ：C　Ⅲ：A　a：化学　b：機械

⑶　次の文章は，わかばさんが，図中の⬭で示したDの地域の交通についてまとめたレポートの一部である。文章中の［　　］にあてはまる適当なことばを，「移動時間」「活発」の二つの語を用いて**20字以内**（読点を含む。）で書きなさい。

> この地域では，1988年に瀬戸大橋が完成したことで，児島・坂出ルートが開通し，本州と四国が初めて陸上交通で結ばれました。その結果，本州と四国の間はフェリーから鉄道や自動車へと主たる移動手段が変化したことで，［　　］になりました。一方で，フェリーの航路が廃止されたり，便数が減ったりしています。

⑷　次の**図１**と**図２**は，前のページの図中の**愛媛県**のある地域を示したものである。これらを見て，あとの①，②の問いに答えなさい。

図１

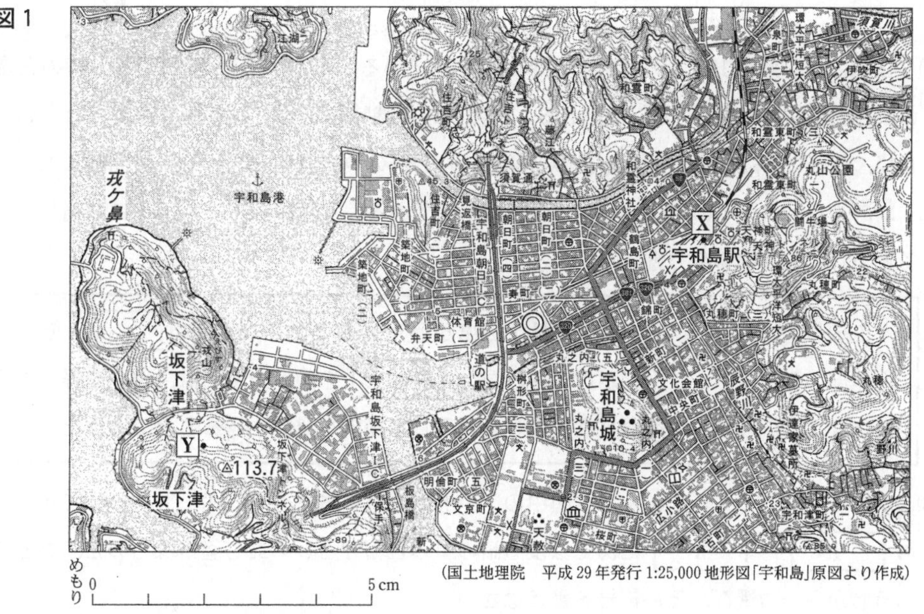

（国土地理院　平成29年発行 1:25,000 地形図「宇和島」原図より作成）

① 前ページ上の**図１**を正しく読み取ったことがらとして最も適当なものを，次の**ア**～**エ**のうちから一つ選び，その符号を書きなさい。

ア 宇和島駅付近にある地点Ｘから 500 m の範囲内に，市役所がある。

イ 宇和島城から見て図書館は，ほぼ南西の方向にある。

ウ 坂下津にある地点Ｙの標高は，50 m より低い。

エ 地点Ｙから戎ケ鼻（えびすがはな）にかけての一帯には，果樹園が広がっている。

② 次の文章は，わかばさんが，右の**図２**中の ⬭ で示したＺの地域の海岸線の特徴をまとめたメモの一部である。文章中の □ に共通してあてはまる適当な語を**カタカナ３字**で書きなさい。

> この地域では，海岸線が複雑に入り組んだ □ 海岸が見られます。 □ 海岸は，三陸海岸や志摩半島などでも見られます。

図２

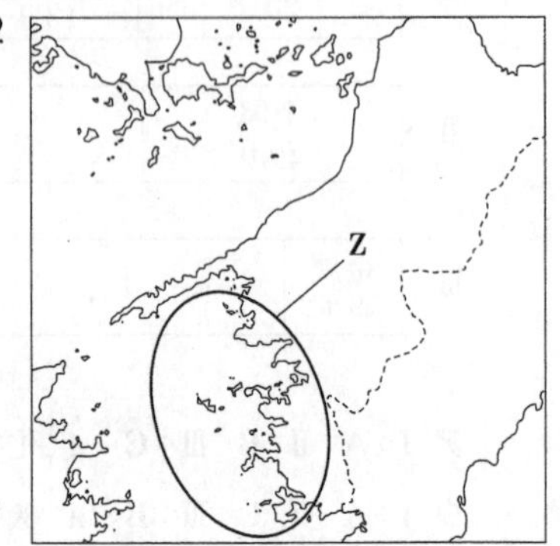

3 次の図を見て，あとの(1)～(5)の問いに答えなさい。

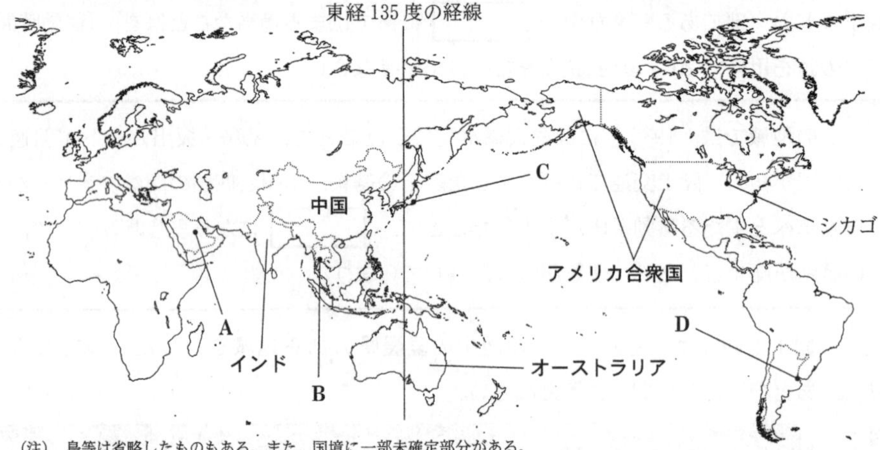

(注) 島等は省略したものもある。また，国境に一部未確定部分がある。

(1) 日本では，東経 135 度の経線で標準時を定めている。日本が２月 15 日午前８時のとき，図中のシカゴは２月 14 日午後５時である。シカゴの標準時を定めている経度を書きなさい。なお，東経，西経については，解答用紙の「東経」，「西経」のいずれかを ⬭ で囲むこと。

(2) 次の文章は，図中の中国について述べたものである。文章中の □ に共通してあてはまる適当な語を**漢字４字**で書きなさい。

> この国では，1979 年以降，特別な法律が適用される地域である □ をつくり，沿岸部のシェンチェンなどが指定された。 □ を設けた目的は，税金を軽くすることなどにより，外国の高度な技術や資金を導入して経済を発展させることであった。

(3) 次の文章は，しょうたさんが，図中のインドについてまとめたレポートの一部である。文章中の Ⅰ ， Ⅱ にあてはまる語の組み合わせとして最も適当なものを，あとの**ア**～**エ**のうちから一つ選び，その符号を書きなさい。

インドでは，最も多くの人々が [Ⅰ] を信仰しており，この国の社会や人々の暮らしに大きな影響をあたえています。また，[Ⅰ] では，水で身体をきよめる [Ⅱ] とよばれる儀式が重視されています。

ア　Ⅰ：ヒンドゥー教　Ⅱ：断食（だんじき）　　**イ**　Ⅰ：ヒンドゥー教　Ⅱ：沐浴（もくよく）

ウ　Ⅰ：仏教　Ⅱ：断食　　**エ**　Ⅰ：仏教　Ⅱ：沐浴

(4)　次の**ア**～**エ**のグラフは，前のページの図中の**A**～**D**の都市における月平均気温と月降水量の変化の様子を示したものである。これらのうち，**B**の都市のものはどれか。最も適当なものを一つ選び，その符号を書きなさい。

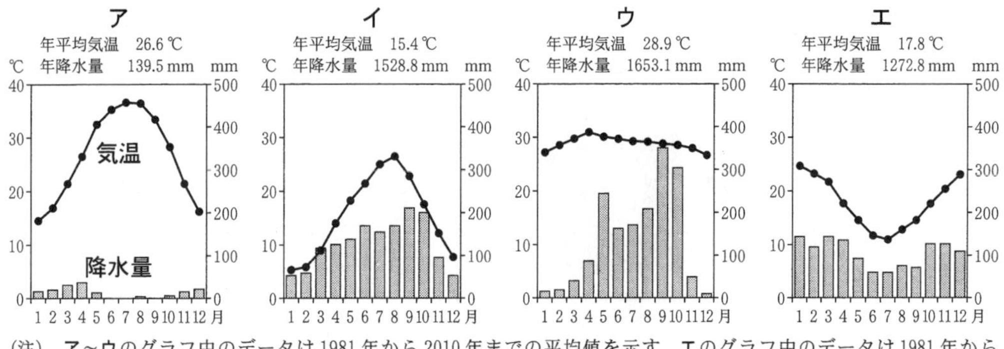

(注)　**ア**～**ウ**のグラフ中のデータは1981年から2010年までの平均値を示す。**エ**のグラフ中のデータは1981年から2006年までの平均値を示す。（「理科年表 2019」より作成）

(5)　次の**資料１**は，前のページの図中のアメリカ合衆国，オーストラリア及び中国の貿易上位２品目及び貿易額を，**資料２**は，これらの国の貿易相手先上位３か国・地域を示したものである。**資料１**と**資料２**から読み取れることとして最も適当なものを，あとの**ア**～**エ**のうちから一つ選び，その符号を書きなさい。

資料１　アメリカ合衆国，オーストラリア及び中国の貿易上位２品目及び貿易額(2017年)

	輸出上位２品目		輸出総額（百万ドル）	輸入上位２品目		輸入総額（百万ドル）
	１位	２位		１位	２位	
アメリカ合衆国	機械類	自動車	1,545,609	機械類	自動車	2,407,390
オーストラリア	鉄鉱石	石炭	230,163	機械類	自動車	228,442
中　国	機械類	衣類	2,263,371	機械類	原油	1,843,793

資料２　アメリカ合衆国，オーストラリア及び中国の貿易相手先上位３か国・地域(2017年)

	輸出上位３か国・地域			輸入上位３か国・地域		
	１位	２位	３位	１位	２位	３位
アメリカ合衆国	カナダ	メキシコ	中国	中国	メキシコ	カナダ
オーストラリア	中国	日本	韓国	中国	アメリカ合衆国	日本
中　国	アメリカ合衆国	香港	日本	韓国	日本	台湾

（**資料１**，**資料２**とも，「世界国勢図会 2019/20」より作成）

ア　アメリカ合衆国は，輸出上位２品目と輸入上位２品目が同じであり，輸入総額が輸出総額を上回っている。また，貿易相手先上位３か国・地域は，中国と北アメリカ州の国である。

イ　オーストラリアの輸出と輸入の上位２品目を見るかぎり，原料や資源を輸出して工業製品を輸入している。また，貿易相手先の上位は，輸出，輸入とも日本が２位である。

ウ　中国の輸出総額は輸入総額を大きく上回り，その差額はオーストラリアの輸出総額より大きい。また，輸出上位３か国・地域は，全てアジア州の国・地域である。

エ　アメリカ合衆国とオーストラリアの輸出総額と輸入総額を比較すると，どちらもアメリカ合衆国はオーストラリアの10倍以上である。また，両国の輸入上位１位は中国である。

4　次の**A**～**D**のパネルは，社会科の授業で，けんじさんが日本の歴史で学んだ一族の系図の一部をまとめたものである。これらをもとに，あとの⑴～⑸の問いに答えなさい。

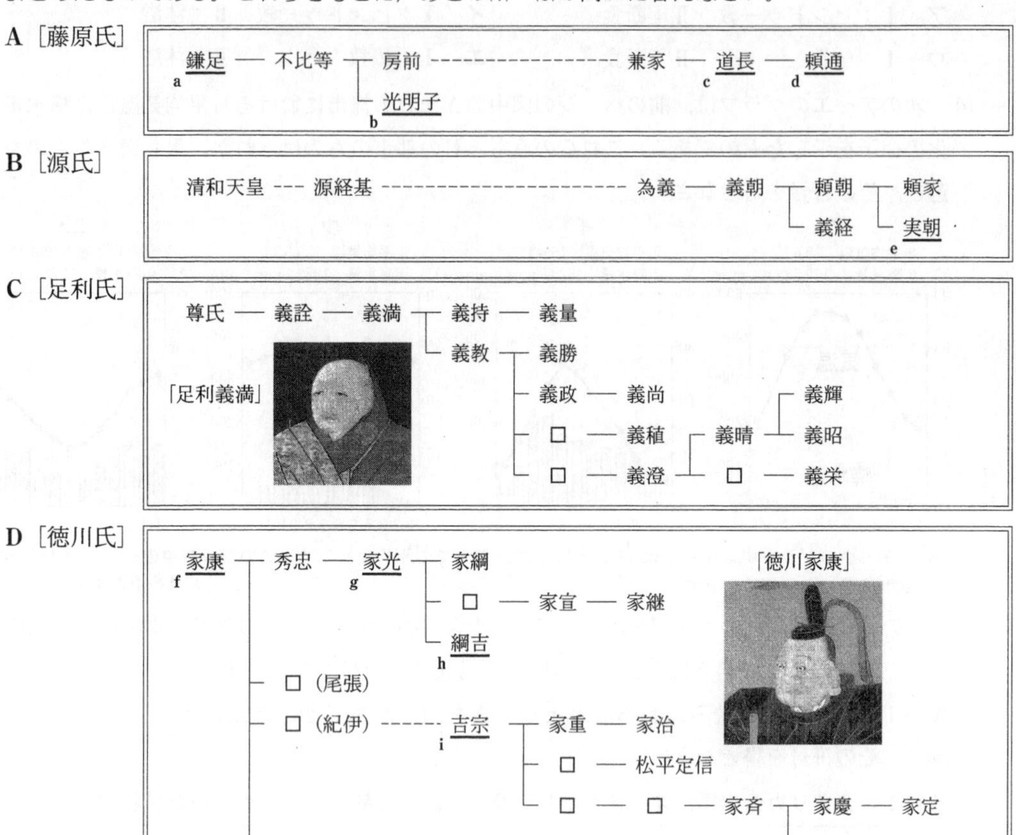

（注）　系図は左を祖先，右を子孫で表記している。──は親子関係，-----は途中省略，□は人名省略を表している。

⑴　**A**の系図中の下線部**a**～**d**の人物やその時代について述べた文として最も適当なものを，次の**ア**～**エ**のうちから一つ選び，その符号を書きなさい。

ア　**a**は，小野妹子らを遣隋使として派遣し，蘇我馬子と協力して新しい政治を行った。

イ　**b**は，聖武天皇の皇后となったが，このころの文化は天平文化とよばれる。

ウ　**c**は，摂政・関白を長くつとめ，宇治に平等院鳳凰堂（ほうおう）を建てた。

エ　**d**は，平泉に本拠をおいて栄え，中尊寺金色堂を建てた。

⑵　**B**の系図中の下線部**e**の人物が暗殺された後，大きな政治的動きが起こった。その内容について述べた次の文章中の［　　］にあてはまる適当なことばを，「隠岐」「朝廷」の二つの語を用いて**30字以内**（読点を含む。）で書きなさい。

> 源氏の将軍が絶えると，1221年に後鳥羽上皇は鎌倉幕府をたおそうとして兵を挙げた。幕府は［　　］を京都に置いた。

⑶　Ｃの系図中の足利氏が将軍であった時代に，絵入りの物語がさかんに読まれた。この物語について述べた文として最も適当なものを，次のア～エのうちから一つ選び，その符号を書きなさい。

ア　「浦島太郎」や「一寸法師」など，庶民を主人公にしたお伽草子（とぎぞうし）である。

イ　義理と人情の板ばさみのなかで生きる人々の姿を描いた，人形浄瑠璃（じょうるり）である。

ウ　武士や町人の生活を生き生きと描いた小説で，浮世草子（うきよぞうし）である。

エ　日本の自然や人物を描いて日本画のもとになった，大和絵（やまと絵）である。

⑷　Ｄの系図に関連して，次の文中のことがらが行われたときの江戸幕府の将軍として最も適当な人物を，系図中の下線部 **f** ～ **i** のうちから一つ選び，その符号を書きなさい。

> 参勤交代が制度として定められ，外交ではスペイン船やポルトガル船の来航が禁止された。

⑸　次の文章は，Ｄの系図中の徳川氏が将軍であった時代に，イギリスで始まった変化について述べたものである。文章中の［　　］にあてはまる適当な語を**漢字４字**で書きなさい。

> 18 世紀後半になると，イギリスで大量生産を行うための技術の改良や機械の発明が次々となされた。石炭を燃料とする蒸気機関が，新しい動力として使われるようになり，綿織物は工場で大量に生産されるようになった。さらに，製鉄，造船，鉄道などの産業も急速に発達し始めた。このような，工場での機械生産などの技術の向上による，社会と人々の生活の変化を［　　］という。

5　次の略年表は，社会科の授業で，明治時代以後の歴史について，二つの班がテーマを分担して調べ，まとめたものの一部である。これらを見て，あとの⑴～⑸の問いに答えなさい。

1 班：国民の政治参加に関することがら

年　代	主なことがら
1874	民撰議院設立（の）建白書（みんせんぎいん）
	↕ A
1890	第一回帝国議会
	↕ B
1912	護憲運動（第一次護憲運動）
1925	普通選挙法（男子普通選挙）
	↕ E
1946	日本国憲法の公布
	↕ F
1993	55 年体制が終わる

2 班：世界のできごと

年　代	主なできごと
1882	三国同盟が結成される
1900	義和団事件が起こる
	↕ C
1914	第一次世界大戦が起こる
	↕ D
1939	第二次世界大戦が起こる
	↕ G
1950	朝鮮戦争が起こる
	↕ H
1990	東西ドイツが統一される

⑴　略年表中の**A**の時期に起こったことがらを，次の**ア**～**エ**のうちから**三つ**選び，年代の**古いものから順に**並べ，その符号を書きなさい。

ア　大日本帝国憲法が，天皇から国民にあたえるという形で発布された。

イ　伊藤博文を中心として，立憲政友会が結成された。

ウ　全国の自由民権運動の代表が大阪に集まり，国会期成同盟が結成された。

エ　大隈重信を党首として，立憲改進党がつくられた。

⑵　略年表中の**B**の時期に行われたことがらとして最も適当なものを，次の**ア**～**エ**のうちから一つ選び，その符号を書きなさい。

ア　官営模範工場（官営工場）として，群馬県に富岡製糸場が建てられた。

イ　北九州に官営の八幡（やはた）製鉄所がつくられ，鉄鋼の生産を始めた。

ウ　全国水平社が設立され，平等な社会の実現を目指した。

エ　関東大震災後の復興で，鉄筋コンクリートの建築物が増えた。

⑶　次の文章は，略年表中の**C**と**D**の時期に起こったことがらについて述べたものであり，あとの写真**X**，写真**Y**は，関連する人物である。文章中の［　Ⅰ　］，［　Ⅱ　］にあてはまる語の組み合わせとして最も適当なものを，下の**ア**～**エ**のうちから一つ選び，その符号を書きなさい。

> 略年表中の**C**の時期に，三民主義を唱えた写真**X**を臨時大総統とする［　Ⅰ　］の建国が宣言された。略年表中の**D**の時期には，写真**Y**の［　Ⅱ　］の指導のもと，ソビエト政府が樹立され，1922年にソビエト社会主義共和国連邦（ソ連）が成立した。

X

Y

ア　Ⅰ：中華人民共和国　Ⅱ：スターリン　　**イ**　Ⅰ：中華民国　Ⅱ：スターリン

ウ　Ⅰ：中華人民共和国　Ⅱ：レーニン　　**エ**　Ⅰ：中華民国　Ⅱ：レーニン

⑷　次の文章は，略年表中の**D**の時期に起こったことがらについて述べたものである。文章中の［　　］に共通してあてはまる適当な語を**漢字４字**で書きなさい。

> パリ講和会議では，［　　］の考えがよびかけられ，東ヨーロッパの諸民族は独立を認められた。しかし，アジアやアフリカの植民地支配は続いたため，これらの地域では，それぞれの民族のことは，自分たちで決める権利があるという［　　］の主張が活発になった。

⑸　略年表中の**E**，**F**及び**G**，**H**の時期に起こったことがらについて述べたものとして最も適当なものを，次の**ア**～**エ**のうちから一つ選び，その符号を書きなさい。

ア　Eの時期に，米騒動により藩閥で陸軍出身の首相が退陣し，原敬の政党内閣が成立した。

イ　Fの時期に，日本の国民総生産は，資本主義国の中でアメリカにつぐ第２位となった。

ウ　Gの時期に，柳条湖（リウティアオフー／りゅうじょうこ）で南満州鉄道が爆破され，関東軍が満州の大部分を占領した。

エ　Hの時期に，アメリカで同時多発テロ(同時多発テロ事件)が起こり，多くの犠牲者が出た。

6　次の文章を読み，あとの(1)～(3)の問いに答えなさい。

現代の経済において，私企業(a)は，主に生産を担（にな）う主体として活動し，利潤（りじゅん）(利益)の獲得を目指しています。同時に，私企業は，近年の社会の意識(b)の変化や「働き方改革」(c)の流れへの対応，積極的な社会貢献など，重要な役割が期待されています。

(1)　下線部**a**に関連して，次の文章は，私企業の中で代表的なものとされる株式会社について述べたものの一部である。文章中の［Ⅰ］，［Ⅱ］にあてはまる適当な語を，それぞれ**漢字２字**で書きなさい。

> 株式会社は，株式を発行することで多くの人々から資本金を集めることができる。株式を購入した出資者は［Ⅰ］とよばれ，保有している株式の数に応じて，株式会社の利潤(利益)の一部を［Ⅱ］として受けとることができる。

(2)　下線部**b**に関連して，次のページの**資料１**と**資料２**は，就労等に関する16歳から29歳までの若者の意識調査の結果を示したものである。**資料１**と**資料２**から読み取れることとして最も適当なものを，次の**ア**～**エ**のうちから一つ選び，その符号を書きなさい。

ア　仕事を選択する際に重要視する観点において，「とても重要」と回答した者の割合と「まあ重要」と回答した者の割合の合計が最も高かったのは，「安定していて長く続けられること」である。一方，働くことに関する不安において，「とても不安」と回答した者の割合と「どちらかといえば不安」と回答した者の割合の合計が最も高かったのは，「老後の年金はどうなるか」である。

イ　仕事を選択する際に重要視する観点において，「あまり重要でない」と回答した者の割合と「まったく重要でない」と回答した者の割合の合計が最も高かったのは，「社会的評価の高い仕事であること」である。一方，働くことに関する不安において，「あまり不安ではない」と回答した者の割合と「まったく不安ではない」と回答した者の割合の合計が最も高かったのは，「勤務先の将来はどうか」である。

ウ　仕事を選択する際に重要視する観点において，「とても重要」と回答した者の割合が最も低かったのは，「特別に指示されずに，自分の責任で決められること」である。一方，働くことに関する不安において，「とても不安」と回答した者の割合が最も低かったのは，「転勤はあるか」である。

エ　仕事を選択する際に重要視する観点において，「まったく重要でない」と回答した者の割合が最も低かったのは，「福利厚生が充実していること」である。一方，働くことに関する不安において，「まったく不安ではない」と回答した者の割合が最も低かったのは，「仕事と家庭生活の両立はどうか」である。

資料１　仕事を選択する際に重要視する観点

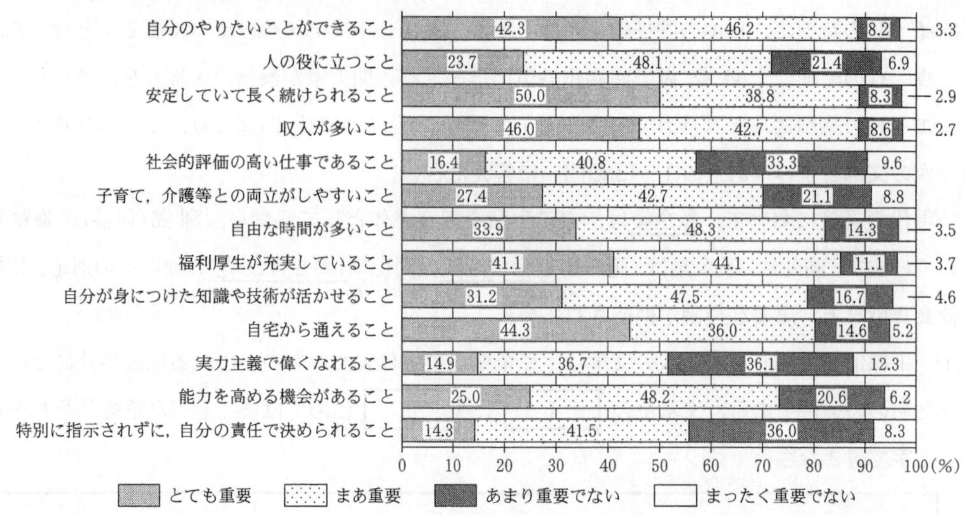

資料２　働くことに関する不安

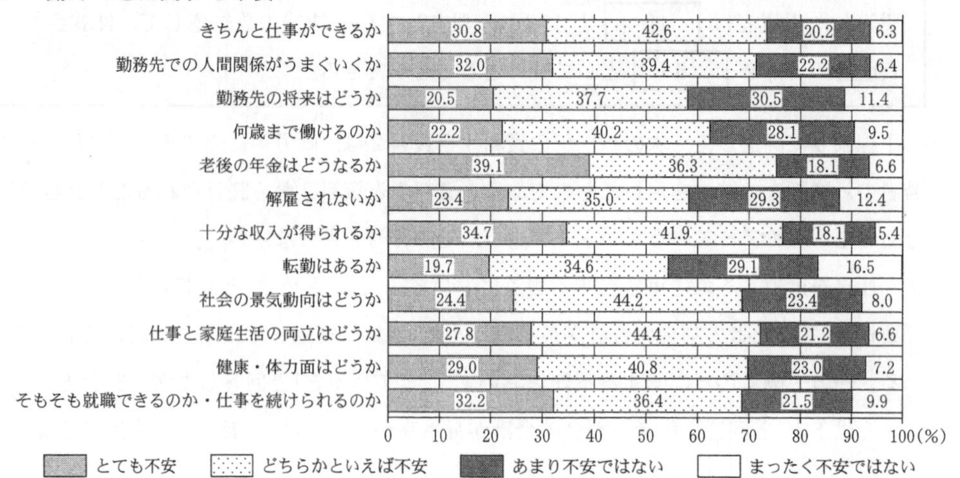

（注）　四捨五入の関係で，合計しても 100 % にならない場合がある。

（**資料１**，**資料２**とも，内閣府「平成 30 年版　子供・若者白書」より作成）

⑶　下線部 **c** に関連して，次の**ア**～**エ**の文のうち，労働者の権利に関連することがらを正しく述べているものはどれか。最も適当なものを一つ選び，その符号を書きなさい。

ア　労働基準法では，労働者は，労働組合を結成して，使用者と交渉できると定められている。

イ　労働組合法では，15 歳未満の児童の使用禁止や男女同一賃金が定められている。

ウ　労働関係調整法では，１週間の労働時間は 40 時間以内と定められている。

エ　日本国憲法では，労働三権とよばれる団結権・団体交渉権・団体行動権が定められている。

7　次の文章を読み，あとの⑴～⑶の問いに答えなさい。

日本国憲法(a)において定められているように，天皇(b)は，内閣(c)の助言と承認により，国事行為を行います。また，天皇は，国事行為以外にも，国際親善のための活動など，公的な活動を行っています。

⑴　下線部 **a** に関連して，次の**ア**～**エ**の文のうち，日本国憲法やその他の法律に定められている

基本的人権に関連することがらを正しく述べているものはどれか。最も適当なものを一つ選び，その符号を書きなさい。

ア　参政権が保障されており，18 歳以上の全ての国民が選挙権と被選挙権を有している。

イ　あらゆる裁判について，被告・被告人は国選弁護人を依頼することができる。

ウ　被疑者・被告人について，自白の強要は禁止されている。

エ　経済活動の自由が保障されており，いかなる場合でも，国による制約を受けることはない。

(2)　下線部**b**に関連して，次の文は，日本国憲法に定められている，天皇の地位について述べたものである。文中の［　　］に共通してあてはまる適当な語を**漢字２字**で書きなさい。

> 第１条において，「天皇は，日本国の［　　］であり日本国民統合の［　　］であって，この地位は，主権の存する日本国民の総意に基く。」と定められている。

(3)　下線部**c**に関連して，次の**資料**は，こうすけさんが，社会科の授業での発表用に作成した表を活用しながら，国会における内閣総理大臣の指名についてまとめた発表原稿の一部である。**資料**中の［　　］にあてはまる適当なことばを，「国会の議決」「内閣総理大臣」の二つの語を用いて**25 字以内**(読点を含む。)で書きなさい。なお，「**X**」「**Y**」「**Z**」のいずれかの語を用いて，内閣総理大臣となる人物を示すこと。

資料　こうすけさんの発表原稿の一部

国会における内閣総理大臣の指名投票の結果

衆議院			参議院		
順	人物	得票数	順	人物	得票数
1	**X**	235	1	**Y**	125
2	**Y**	200	2	**X**	108
3	**Z**	30	3	**Z**	15

左の表を見てください。内閣総理大臣となるのは，どの人物でしょうか。衆議院で得票数が１位となったのは**X**，参議院で得票数が１位となったのは**Y**です。このような指名投票の結果となった場合，日本国憲法第 67 条に定められているとおり，両院協議会を開催しても意見が一致しないときは，［　　］として指名されることとなります。

8　次の文章を読み，あとの(1)，(2)の問いに答えなさい。

国際連合は1945 年に発足しました。総会をはじめとする六つの主要機関から構成され，様々な専門機関やその他の機関(下線部a)と協力して，世界の平和と安全の維持(下線部b)を図るために活動しています。

(1)　下線部**a**に関連して，次の文中の［　　］にあてはまる国際連合の機関の略称として適当な語を**アルファベットの大文字**または**カタカナ**で書きなさい。

> 国連児童基金(［　　］)は，発展途上国の子どもたちへの支援などに取り組んでおり，世界各地で，教育などの支援活動をしている。

(2)　下線部**b**に関連して，次の**資料**は，みさとさんが，安全保障理事会について調べたことをまとめたレポートの一部である。**資料**中の［ Ⅰ ］，［ Ⅱ ］にあてはまる語の組み合わせとして最も適当なものを，あとの**ア**～**エ**のうちから一つ選び，その符号を書きなさい。

資料　みさとさんのレポートの一部

下の写真は，国際連合の旗です。背景は青で，中央に白い紋章が描かれています。これは，世界地図のまわりを平和を意味するオリーブの枝葉で飾ったものです。国際連合の中で，世界で生じている紛争の解決を目指し，平和の維持を担当するのが安全保障理事会です。安全保障理事会は，国際連合の中でも強い権限を有しています。また，重要な問題の決定にあたっては，アメリカ合衆国，イギリス，［ Ⅰ ］，ロシア，中国の５か国の常任理事国のうち１か国でも反対すると決定できないこととなっており，常任理事国が持つこの権利を［ Ⅱ ］とよびます。

ア　Ⅰ：フランス　Ⅱ：拒否権　　**イ**　Ⅰ：ドイツ　Ⅱ：拒否権

ウ　Ⅰ：フランス　Ⅱ：請願権　　**エ**　Ⅰ：ドイツ　Ⅱ：請願権

理　科

1　次の(1)～(4)の問いに答えなさい。

(1)　無機物として最も適当なものを，次の**ア**～**エ**のうちから一つ選び，その符号を書きなさい。

ア　エタノール　　**イ**　砂　糖　　**ウ**　食　塩　　**エ**　プラスチック

(2)　**図**は，千葉県内のある地点で観測された風向，風力，天気を天気図に使う記号で表したものである。このときの風向と天気として最も適当なものを，次の**ア**～**エ**のうちから一つ選び，その符号を書きなさい。

図

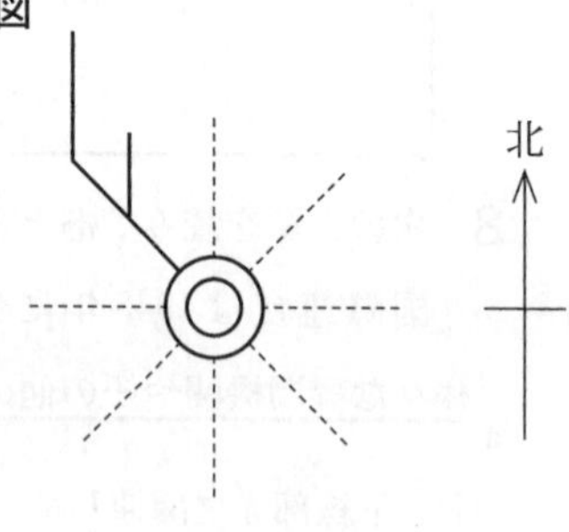

ア　風向：北西　　天気：晴　れ

イ　風向：北西　　天気：くもり

ウ　風向：南東　　天気：晴　れ

エ　風向：南東　　天気：くもり

(3)　光が，空気中からガラスの中に進むとき，ガラスの中に進む光が，空気とガラスの境界面（境界の面）で折れ曲がる現象を光の何というか。その名称を書きなさい。

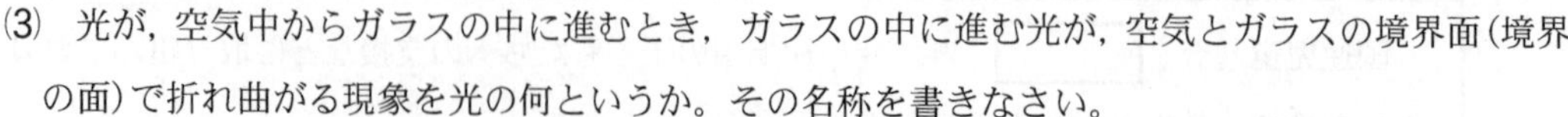

(4)　エンドウを栽培して遺伝の実験を行い，分離の法則などの遺伝の規則性を見つけた人物名として最も適当なものを，次の**ア**～**エ**のうちから一つ選び，その符号を書きなさい。

ア　ダーウィン　　**イ**　パスカル　　**ウ**　フック　　**エ**　メンデル

2 校庭や学校周辺の生物について調べるため，次の**観察１**，２を行いました。これに関して，あとの(1)～(4)の問いに答えなさい。

観察１

図１のように，校庭で摘(つ)み取ったアブラナの花のつくりを観察した。さらに，<u>アブラナの花の各部分</u>をくわしく調べるために，**図２**の双眼実体顕微鏡(そうがんじったいけんびきょう)で観察した。

観察２

学校周辺の池で採取した水を**図３**の顕微鏡で観察し，水中で生活している微小な生物のスケッチを行った。**図４**は，スケッチした生物の一つである。また，＜手順＞にしたがって，接眼レンズおよび対物レンズを変え，同じ生物の，顕微鏡での見え方のちがいを調べた。

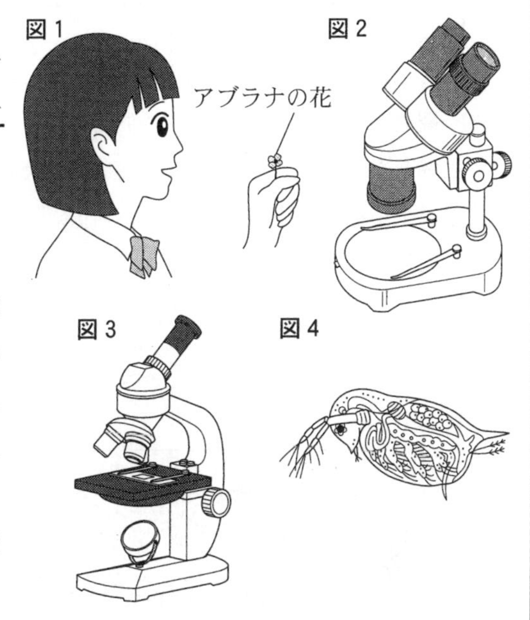

＜手順＞

① 最初の観察では，接眼レンズは倍率５倍，対物レンズは倍率４倍を使用した。

② 接眼レンズを倍率10倍に変え，対物レンズは①で使用した倍率４倍のまま変えずに観察したところ，①の観察のときに比べて，観察している生物の面積が４倍に拡大されて見えた。

③ 接眼レンズは②で使用した倍率10倍のまま変えずに，対物レンズを別の倍率に変えて観察したところ，①の観察のときに比べて，観察している生物の面積が25倍に拡大されて見えた。

図５は，①～③の観察における見え方のちがいを表したものである。

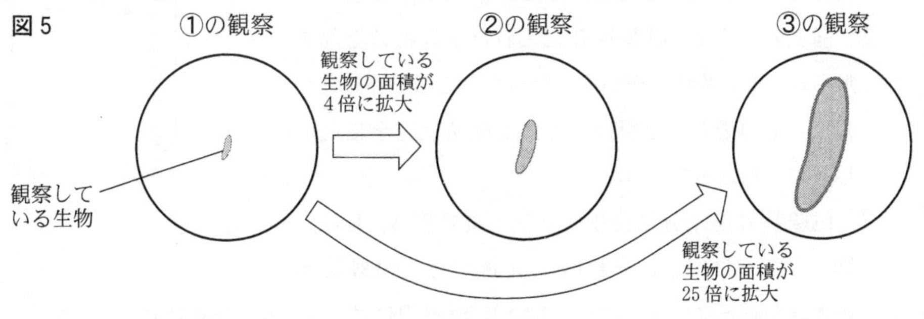

(1) **観察１**の下線部について，アブラナの花の各部分を，外側から中心の順に並べたものとして最も適当なものを，次の**ア**～**エ**のうちから一つ選び，その符号を書きなさい。

ア 花弁，がく，めしべ，おしべ　　**イ** 花弁，がく，おしべ，めしべ

ウ がく，花弁，めしべ，おしべ　　**エ** がく，花弁，おしべ，めしべ

(2) 次の文は，**図２**の双眼実体顕微鏡の，**ものの見え方の特徴**について述べたものである。文中の［　　］にあてはまる最も適当なことばを，**漢字２字**で書きなさい。

> 双眼実体顕微鏡は，**図３**のような顕微鏡とは異なり，プレパラートをつくる必要はなく，観察するものを［　　］的に見ることができる。

(3) **観察２**で，４種類の微小な生物をスケッチしたものが，次の**ア**～**エ**である。スケッチの大きさと縮尺をもとに，次の**ア**～**エ**の生物を，実際の体の長さが長いものから短いものへ，左から順に並べて，その符号を書きなさい。

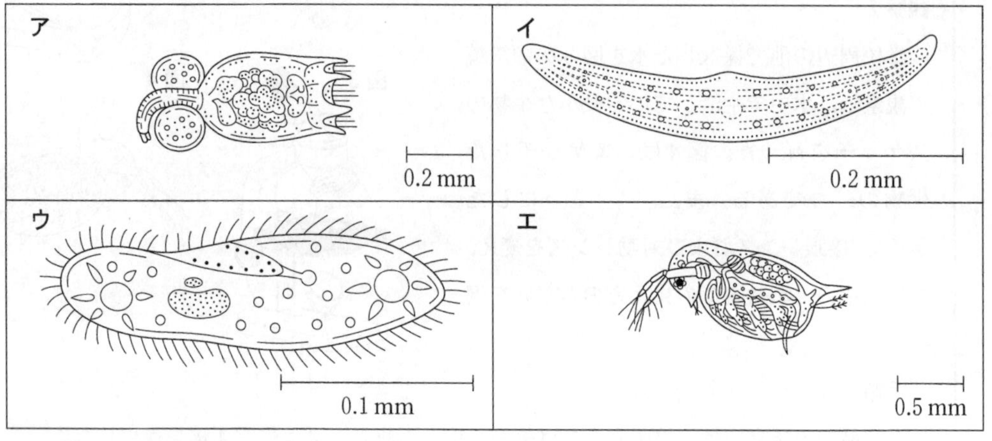

(4) **観察２**の<手順>の③で使用した対物レンズの倍率は何倍か，書きなさい。

3 鉄と硫黄を混ぜて加熱したときの変化を調べるため，次の**実験**１，２を行いました。これに関して，あとの(1)～(4)の問いに答えなさい。

実験１

① **図１**のように，鉄粉 7.0 g と硫黄 4.0 g を乳ばちに入れてよく混ぜ合わせた。その混合物の $\frac{1}{4}$ くらいを試験管**A**に，残りを試験管**B**にそれぞれ入れた。

② **図２**のように，試験管**B**に入れた混合物の上部を加熱し，混合物の上部が赤くなったところで加熱をやめた。その後も反応が進んで鉄と硫黄は完全に反応し，黒い物質ができた。

③ 試験管**B**を十分に冷ました後，試験管**A**，**B**に，**図３**のように，それぞれ磁石を近づけて試験管内の物質が磁石に引きつけられるかどうかを調べた。

④ ③の試験管**A**，**B**内の物質を少量とり，それぞれ別の試験管に入れた。次に，**図４**のように，それぞれの試験管にうすい塩酸を数滴入れたところ，どちらも気体が発生した。[a]発生した気体に，においがあるかどうかを調べた。

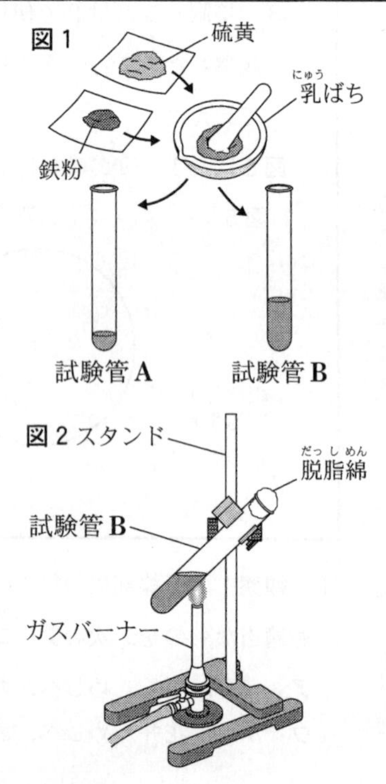

表１は，**実験１**の③と④の結果をまとめたものである。

図３

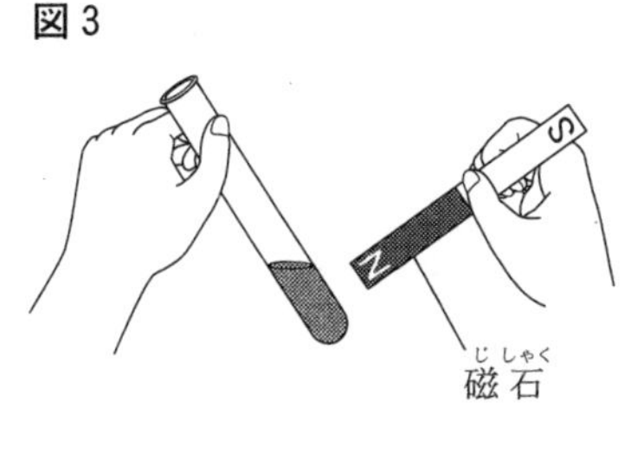

図４

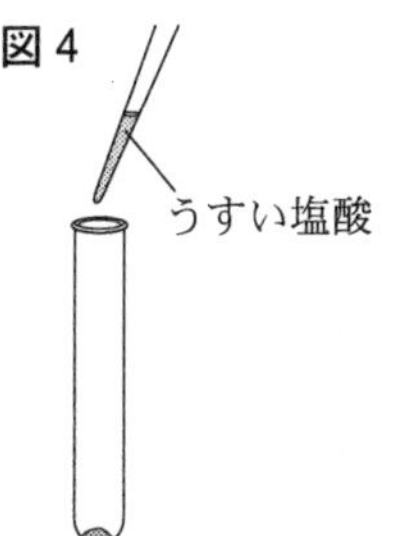

試験管**A**から
取り出した
鉄と硫黄の混合物

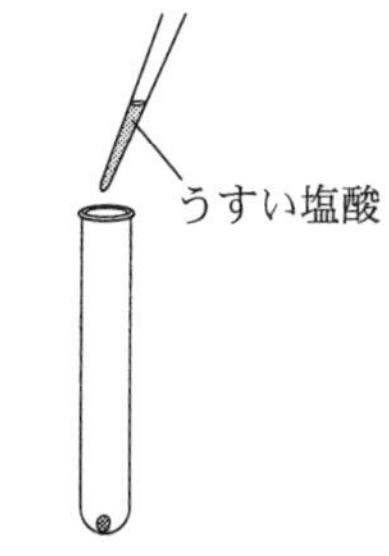

加熱後の試験管**B**
から取り出した
黒い物質

表１

	磁石を近づけたとき	うすい塩酸を数滴入れたとき
鉄と硫黄の混合物（試験管**A**）	磁石に引きつけられた	においのない気体が発生した
加熱後の黒い物質（試験管**B**）	磁石に引きつけられなかった	[**x**] のようなにおいの気体が発生した

実験２

試験管**C**～**F**を用意し，**表２**に示した質量の鉄粉と硫黄をそれぞれよく混ぜ合わせて各試験管に入れた。次に，**実験１**の②の試験管**B**と同様に試験管**C**～**F**を加熱したところ，試験管**C**，**D**，**E**の鉄と硫黄は完全に反応したが，$_{\mathbf{b}}$<u>試験管**F**の鉄と硫黄は，完全には反応せずにどちらか一方の物質が残った</u>。

表２

	試験管**C**	試験管**D**	試験管**E**	試験管**F**
鉄粉の質量	2.8 g	4.2 g	5.6 g	6.6 g
硫黄の質量	1.6 g	2.4 g	3.2 g	3.6 g

(1)　**実験１**の②で，鉄と硫黄の反応でできた黒い物質の名称と化学式を書きなさい。

(2)　**実験１**の②で，加熱をやめた後も，そのまま反応が進んだのは，この化学変化が発熱反応のためである。次の**Ⅰ**～**Ⅲ**の操作における化学変化は，発熱反応と吸熱反応のどちらか。その組み合わせとして最も適当なものを，次の**ア**～**エ**のうちから一つ選び，その符号を書きなさい。

	Ⅰ　酸化カルシウムに水を加える	**Ⅱ**　炭酸水素ナトリウムを混ぜた水に，レモン汁またはクエン酸を加える	**Ⅲ**　塩化アンモニウムと水酸化バリウムを混ぜる
ア	発熱反応	発熱反応	吸熱反応
イ	発熱反応	吸熱反応	吸熱反応
ウ	吸熱反応	発熱反応	発熱反応
エ	吸熱反応	吸熱反応	発熱反応

(3)　**実験１**の④の下線部**a**について，発生した気体のにおいをかぐ方法を簡潔に書きなさい。また，**表１**の [**x**] にあてはまるものとして最も適当なものを，次の**ア**～**エ**のうちから一つ選び，その符号を書きなさい。

ア　エタノール　**イ**　くさった卵　**ウ**　プールの消毒　**エ**　こげた砂糖

(4)　**実験２**の下線部**b**について，完全には反応せずに残った物質は鉄と硫黄のどちらか，物質名を書きなさい。また，反応せずに残った物質をのぞく，この反応でできた物質の質量は何gか，書きなさい。

4　Sさんは天体の動きを調べるため，千葉県内のある場所で，晴れた日には毎日，午後９時に北斗七星とオリオン座の位置を観測し，記録しました。これに関する先生との会話文を読んで，あとの(1)～(4)の問いに答えなさい。

Sさん：最初に観測した日の午後９時には，北斗七星は**図１**のように北の空に見えました。また，オリオン座のリゲルという恒星が，**図２**のように真南の空に見えました。その日以降の観測によって，北斗七星やオリオン座の午後９時の位置は，日がたつにつれて少しずつ移動していることがわかりました。最初に観測した日から２か月後の午後９時には，北斗七星は，［ x ］の図のように見えました。

先　生：そうですね。同じ時刻に同じ場所から，同じ方向の空を観測しても，季節が変われば見ることができる星座が異なります。なぜだと思いますか。

Sさん：それは，地球が太陽のまわりを１年かかって１周しているからだと思います。以前に，この運動を地球の［ y ］ということを習いました。太陽，星座，地球の位置関係を考えると，地球の［ y ］によって，地球から見て［ z ］と同じ方向に位置するようになった星座は，その季節には見ることができなくなるはずです。

先　生：そうですね。その他に，星座の動きについて何か気づいたことはありますか。

Sさん：はい。同じ日の午後９時以外の時刻に観測を行うと，北斗七星やオリオン座の位置が，午後９時とは異なって見えました。

先　生：そのとおりです。同じ日に同じ場所で観測しても，時刻が変われば，その星座が見える位置が異なるのです。しっかりと観測を続けた成果ですね。

Sさん：先生，季節や時刻だけでなく，観測地が変われば見える星座が異なると聞きました。いつか海外に行って，千葉県とは異なる星空を見てみたいです。

先　生：それはいいですね。日本からは１年中地平線の下に位置するために見ることができない星座を，ぜひ観測してみましょう。

図１

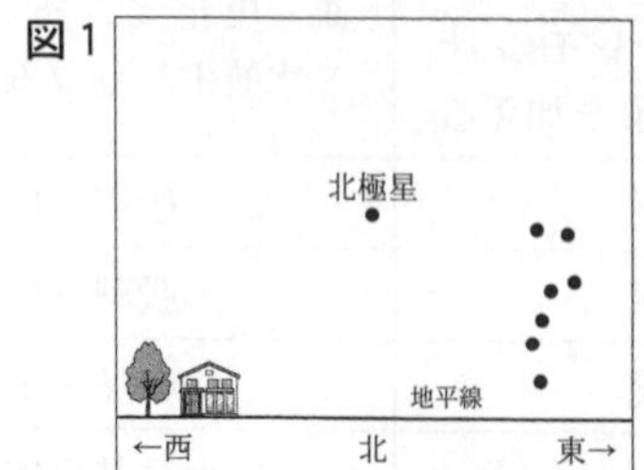

図２

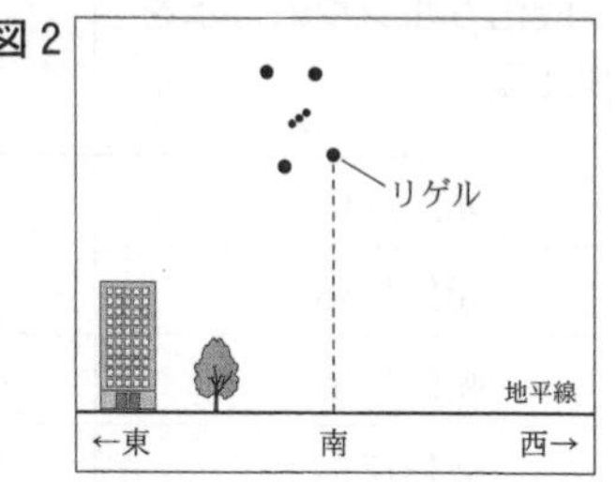

(1)　会話文中の［ x ］にあてはまる図として最も適当なものを，次の**ア**～**エ**のうちから一つ選び，その符号を書きなさい。

ア

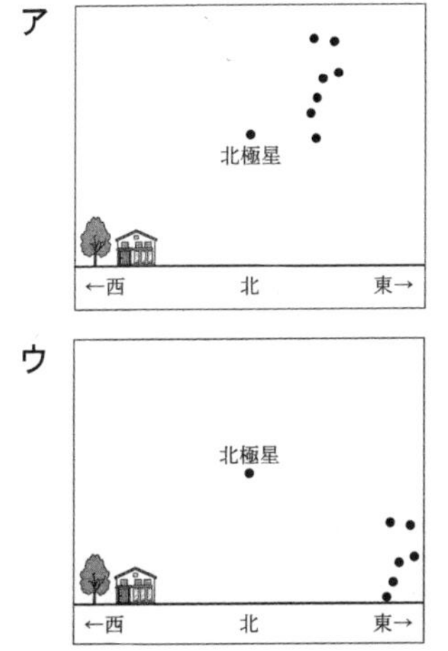

イ

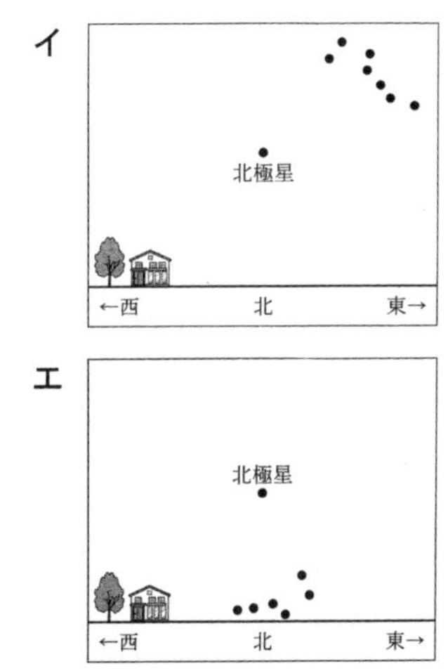

ウ

北極星
←西　北　東→

エ

北極星
←西　北　東→

(2) 会話文中の　y　，　z　にあてはまる最も適当なことばを，それぞれ書きなさい。

(3) 最初に観測した日から１か月後および 11 か月後に，同じ場所から観測した場合，**図２**と同じようにリゲルを真南の空に見ることができる時刻として最も適当なものを，次の**ア～エ**のうちからそれぞれ一つずつ選び，その符号を書きなさい。

ア　午後７時頃　　**イ**　午後８時頃　　**ウ**　午後 10 時頃　　**エ**　午後 11 時頃

(4) **図１**で，観測した場所での地平線から北極星までの角度を測ったところ，35° であった。また**図２**で，観測した場所でのリゲルの南中高度を測ったところ，47° であった。リゲルが１年中地平線の下に位置するために観測できない地域として最も適当なものを，次の**ア～エ**のうちから一つ選び，その符号を書きなさい。ただし，観測は海面からの高さが０m の場所で行うものとする。

ア　北緯 82° よりも緯度が高いすべての地域　　**イ**　北緯 55° よりも緯度が高いすべての地域

ウ　南緯 82° よりも緯度が高いすべての地域　　**エ**　南緯 55° よりも緯度が高いすべての地域

5　力のつり合いと，仕事とエネルギーについて調べるため，次の**実験１**，**２**を行いました。これに関して，あとの(1)～(4)の問いに答えなさい。ただし，滑車(かっしゃ)およびばねの質量，ひもの質量およびのび縮みは考えないものとし，物体と斜面(しゃめん)の間の摩擦(まさつ)，ひもと滑車の間の摩擦，空気抵抗(ていこう)はないものとします。また，質量 100 g の物体にはたらく重力の大きさを１N とします。

実験１

質量が等しく，ともに２kg の物体 **A** と物体 **B** をひもでつなぎ，そのひもを滑車にかけ，物体 **A** を斜面上に置いた。静かに手をはなしたところ，物体 **A**，**B** がゆっくり動きだしたので，**図１**のように，物体 **A**，**B** が床から同じ高さになるように，物体 **B** を手で支えた。その後，ひもを切ると同時に物体 **B** から手をはなし，物体 **A**，**B** の運動のようすを調べた。

図１

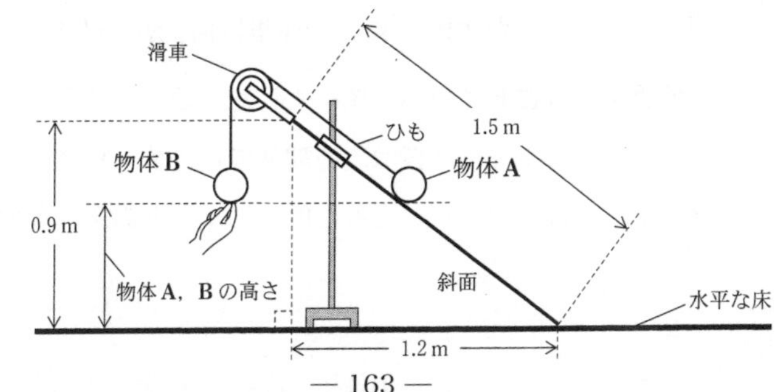

実験２

ばねの一端と物体 **C** をひもでつなぎ，ばねの他端を手で持ち，ばねが斜面と平行になるように，**実験１**で用いた斜面上に物体 **C** を置いたところ，ばねののびは 6 cm であった。次に，ばねを手で引き，物体 **C** を斜面に沿ってゆっくり 0.5 m 引き上げ，**図２**の位置で静止させた。物体 **C** が移動している間，ばねののびは，つねに 6 cm であった。

使用したばねは，ばねに加えた力の大きさとばねの長さの関係が**表**のとおりである。

表

加えた力の大きさ〔N〕	0	1	2	3	4	5	6	7	8	9
ばねの長さ〔cm〕	15	16	17	18	19	20	21	22	23	24

図２

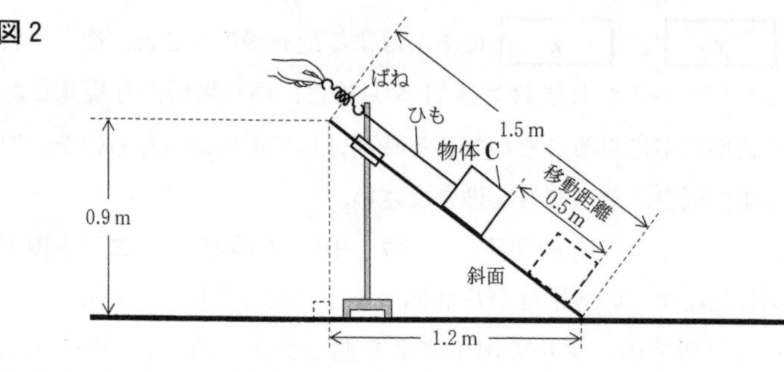

⑴　**実験１**で，物体 **A**，**B** を同じ高さで静止させるためには，物体 **B** を何 N の力で支えればよいか，書きなさい。

⑵　**実験１**で，ひもを切ると同時に物体 **B** から手をはなした場合，物体 **A**，**B** の高さが床から半分に達したときの，物体 **A** と物体 **B** の運動エネルギーの大きさの関係について，簡潔に書きなさい。

⑶　**図３**は，**実験２**で，物体 **C** を斜面上に静止させたときのようすを模式的に表したものである。このとき，物体 **C** にはたらく力を，解答用紙の図中に矢印でかきなさい。ただし，力が複数ある場合は**すべて**かき，作用点を●で示すこと。また，**図３**の矢印は，**実験２**において斜面上に静止している物体 **C** にはたらく重力を示している。

図３

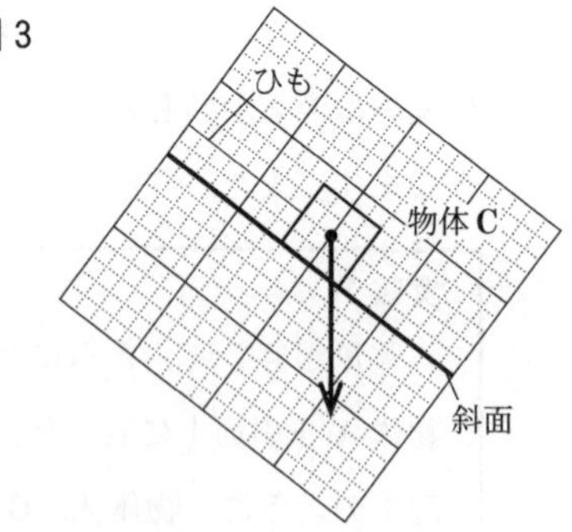

⑷　**実験２**で用いた物体 **C** の質量は何 kg か，書きなさい。また，物体 **C** を斜面に沿って 0.5 m 引き上げたとき，ばねを引いた手が物体 **C** にした仕事は何 J か，書きなさい。

6　中国地方で発生した**地震Ⅰ**と**地震Ⅱ**について調べました。**図**は，**地震Ⅰ**の震央**×**の位置と，各観測地点における震度を示しています。また**表**は，**地震Ⅱ**で地点 **A**～**F** に P 波，S 波が届いた時刻を表していますが，一部のデータは不明です。これに関して，あとの⑴～⑶の問いに答えなさい。

図

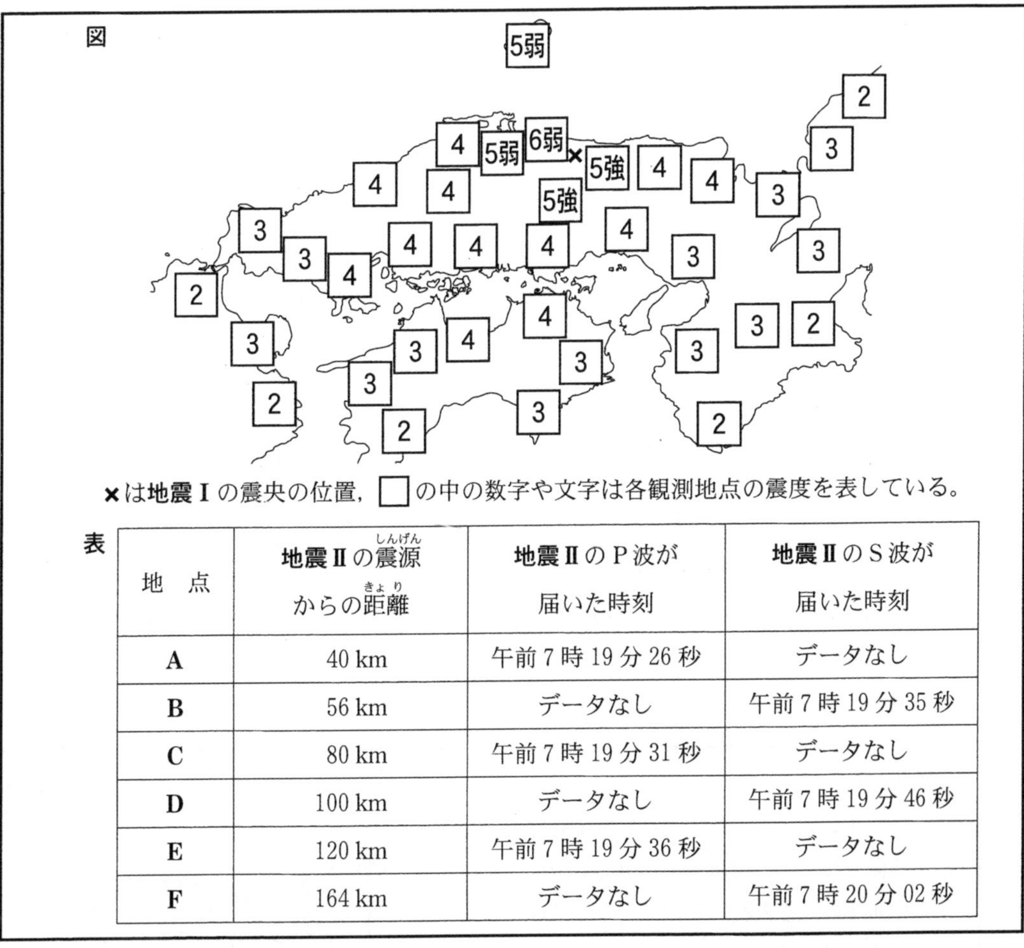

×は地震Ⅰの震央の位置，□の中の数字や文字は各観測地点の震度を表している。

表

地　点	地震Ⅱの震源からの距離	地震ⅡのＰ波が届いた時刻	地震ⅡのＳ波が届いた時刻
A	40 km	午前7時19分26秒	データなし
B	56 km	データなし	午前7時19分35秒
C	80 km	午前7時19分31秒	データなし
D	100 km	データなし	午前7時19分46秒
E	120 km	午前7時19分36秒	データなし
F	164 km	データなし	午前7時20分02秒

(1)　**図**に示された各観測地点における震度から，**地震Ⅰ**についてどのようなことがいえるか。次の**ア**～**エ**のうちから最も適当なものを一つ選び，その符号を書きなさい。

ア　震央から観測地点の距離が遠くなるにつれて，震度が小さくなる傾向がある。

イ　観測された震度から，この地震のマグニチュードは，6.0よりも小さいことがわかる。

ウ　観測地点によって震度が異なるのは，土地のつくり（地盤の性質）のちがいのみが原因である。

エ　震央付近の震度が大きいのは，震源が海底の浅いところにあることが原因である。

(2)　次の文章は，地震の波とゆれについて説明したものである。文章中の［　**y**　］，［　**z**　］にあてはまるものの組み合わせとして最も適当なものを，あとの**ア**～**エ**のうちから一つ選び，その符号を書きなさい。

> 地震が起こると［　**y**　］，Ｐ波がＳ波より先に伝わる。Ｓ波によるゆれを［　**z**　］という。

ア　**y**：Ｐ波が発生した後に，遅れてＳ波が発生するため　　**z**：初期微動

イ　**y**：Ｐ波が発生した後に，遅れてＳ波が発生するため　　**z**：主要動

ウ　**y**：Ｐ波とＳ波は同時に発生するが，伝わる速さがちがうため　　**z**：初期微動

エ　**y**：Ｐ波とＳ波は同時に発生するが，伝わる速さがちがうため　　**z**：主要動

(3)　**地震Ⅱ**について，次の①，②の問いに答えなさい。なお，P波，S波が地中を伝わる速さは，それぞれ一定であり，P波もS波もまっすぐ進むものとする。

①　**地震Ⅱ**が発生した時刻は午前何時何分何秒か，書きなさい。

②　**表**をもとに，**地震Ⅱ**の震源からの距離と，初期微動継続時間の関係を表すグラフを完成させなさい。また，初期微動継続時間が18秒である地点から震源までの距離として最も適当なものを，次の**ア**～**エ**のうちから一つ選び，その符号を書きなさい。

ア　約108 km　　**イ**　約126 km

ウ　約144 km　　**エ**　約162 km

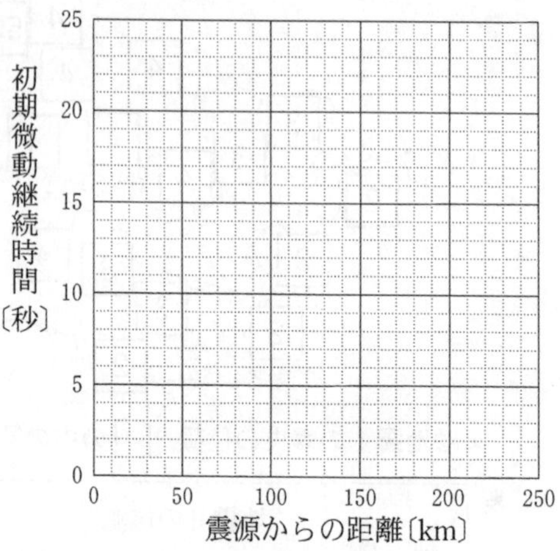

7　回路に流れる電流の大きさと，電熱線の発熱について調べるため，次の**実験**１～３を行いました。これに関して，あとの(1)～(4)の問いに答えなさい。ただし，各電熱線に流れる電流の大きさは，時間とともに変化しないものとします。

実験１

①　**図**１のように，電熱線**A**を用いて実験装置をつくり，発泡ポリスチレンのコップに水120 gを入れ，しばらくしてから水の温度を測ったところ，室温と同じ20.0 ℃だった。

②　スイッチを入れ，電熱線**A**に加える電圧を6.0 Vに保って電流を流し，水をゆっくりかき混ぜながら１分ごとに５分間，水の温度を測定した。測定中，電流の大きさは1.5 Aを示していた。

③　**図**１の電熱線**A**を，発生する熱量が$\frac{1}{3}$の電熱線**B**にかえ，水の温度を室温と同じ20.0 ℃にした。電熱線**B**に加える電圧を6.0 Vに保って電流を流し，②と同様に１分ごとに５分間，水の温度を測定した。

図２は，測定した結果をもとに，「電流を流した時間」と「水の上昇温度」の関係をグラフに表したものである。

図１

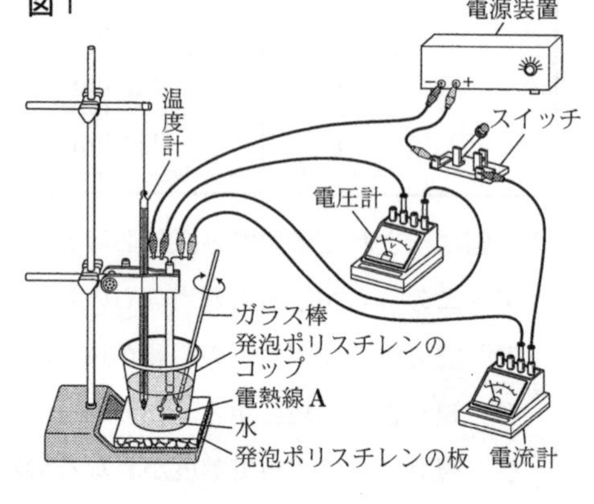

図２

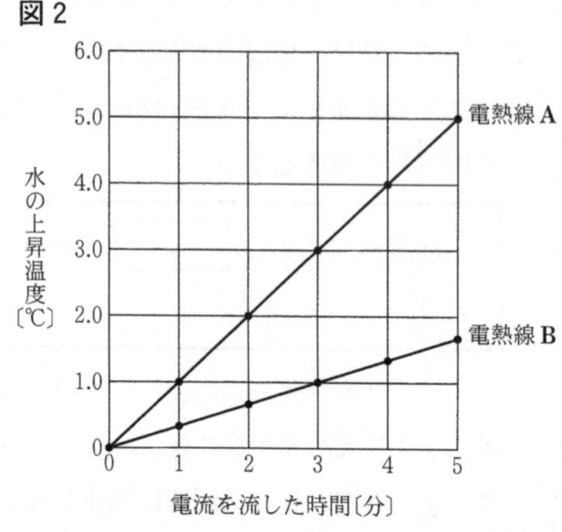

実験２

図３，**図**４のように，電熱線**A**，**B**を用いて，直列回路と並列回路をつくった。それぞれの

回路全体に加える電圧を6.0Ｖにし，回路に流れる電流の大きさと，電熱線Ａに加わる電圧の大きさを測定した。その後，電圧計をつなぎかえ，電熱線Ｂに加わる電圧の大きさをそれぞれ測定した。

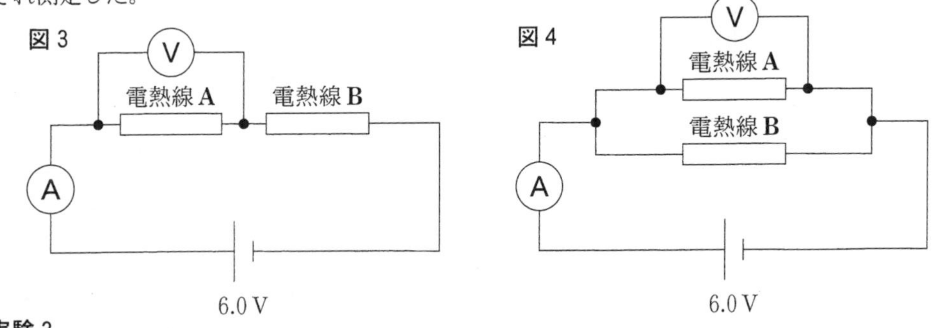

実験３

図４の回路の電熱線Ｂを，抵抗（電気抵抗）の値がわからない電熱線Ｃにかえた。その回路全体に加える電圧を5.0Ｖにし，回路に流れる電流の大きさと，それぞれの電熱線に加わる電圧の大きさを測定した。そのとき，電流計の目もりが示した電流の大きさは，1.5Ａであった。

(1)　電流計を用いて，大きさが予想できない電流を測定するとき，電流計の－端子へのつなぎ方として最も適当なものを，次の**ア**～**エ**のうちから一つ選び，その符号を書きなさい。なお，用いる電流計の＋端子は１つであり，電流計の－端子は５Ａ，500 mA，50 mA の３つである。

ア　はじめに，電源の－極側の導線を500 mA の－端子につなぎ，針が目もり板の中央より左側にある場合は５Ａの－端子につなぎかえ，右側にある場合は50 mA の－端子につなぎかえて，針が示す中央付近の目もりを正面から読んで電流の大きさを測定する。

イ　はじめに，電源の－極側の導線を50 mA の－端子につなぎ，針の振れが大きければ，500 mA，５Ａの－端子の順につなぎかえて，針が示す目もりを正面から読んで電流の大きさを測定する。

ウ　はじめに，電源の－極側の導線を50 mA の－端子につなぎ，針の振れが小さければ，500 mA，５Ａの－端子の順につなぎかえて，針が示す目もりを正面から読んで電流の大きさを測定する。

エ　はじめに，電源の－極側の導線を５Ａの－端子につなぎ，針の振れが小さければ，500 mA，50 mA の－端子の順につなぎかえて，針が示す目もりを正面から読んで電流の大きさを測定する。

(2)　**実験**１で，電熱線Ａに電流を５分間流したときに発生する熱量は何Ｊか，書きなさい。

(3)　**実験**２で，消費電力が最大となる電熱線はどれか。また，消費電力が最小となる電熱線はどれか。次の**ア**～**エ**のうちから最も適当なものをそれぞれ一つずつ選び，その符号を書きなさい。

ア　**図３**の回路の電熱線Ａ　　**イ**　**図３**の回路の電熱線Ｂ
ウ　**図４**の回路の電熱線Ａ　　**エ**　**図４**の回路の電熱線Ｂ

(4)　**実験**３で，電熱線Ｃの抵抗（電気抵抗）の値は何Ωか，書きなさい。

8　Ｓさんたちは，「動物は，生活場所や体のつくりのちがいから，なかま分けすることができる」ことを学びました。これに関する先生との会話文を読んで，あとの(1)～(4)の問いに答えなさい。

先　生：**図１**を見てください。背骨をもつ動物のカードを５枚用意しました。

図１

ウサギ　カエル　ハト　フナ　ワニ

先　生：**S**さん，これらのカードの動物のように，背骨をもつ動物を何といいますか。

Sさん：はい。［ **a** ］といいます。

先　生：そのとおりです。それでは，動物のいろいろな特徴（とくちょう）のちがいから，５枚のカードを分けてみましょう。

Tさん：私は「子は水中で生まれるか，陸上で生まれるか」というちがいから，**図２**のようにカードを分けてみました。

図２

カエル　フナ　｜　ウサギ　ハト　ワニ

子は水中で生まれる　｜　子は陸上で生まれる

Sさん：私は<u>「変温動物か，恒温（こうおん）動物か」というちがいから，カードを分けてみました。</u>

先　生：ふたりとも，よくできました。では次に，**図３**を見てください。これは，カエルとウサギの肺の一部を模式的に表した図です。

Tさん：ウサギの肺は，カエルの肺に比べてつくりが複雑ですね。

先　生：そうですね。ウサギのなかまの肺には，肺胞（はいほう）と呼ばれる小さな袋（ふくろ）が多くあります。肺胞の数が多いと，［ **b** ］ため，肺胞のまわりの血管で酸素と二酸化炭素の交換が効率よく行えるのです。なお，カエルやイモリのなかまは，皮ふでも呼吸を行っています。

Sさん：イモリなら理科室で飼われていますね。外見はトカゲに似ていますが，他の特徴なども似ているのでしょうか。

先　生：確かに外見は似ていますね。イモリとトカゲの特徴を調べて，まとめてみましょう。

図３

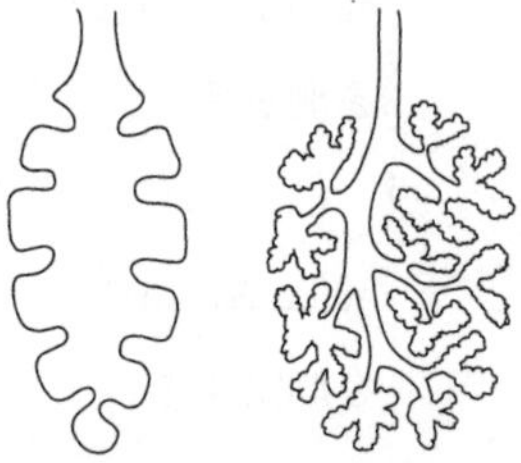

カエルの肺の一部　　ウサギの肺の一部

(1)　会話文中の［ **a** ］にあてはまる最も適当な名称を書きなさい。

(2)　会話文中の下線部について，恒温動物であるものを，次の**ア**～**オ**のうちから**すべて選び**，その符号を書きなさい。

ア　ウサギ　　**イ**　カエル　　**ウ**　ハト　　**エ**　フナ　　**オ**　ワニ

(3)　会話文中の［ **b** ］にあてはまる内容を，「**空気**」ということばを用いて，簡潔に書きなさい。

(4)　**表**は，イモリとトカゲの特徴をまとめたものである。**表**中の［ **w** ］，［ **x** ］にあてはまるものの組み合わせとして最も適当なものを，Ⅰ群の**ア**～**エ**のうちから一つ選び，その符号を書きなさい。また，［ y ］，［ z ］にあてはまるものの組み合わせとして最も適当なものを，Ⅱ群の**ア**～**エ**のうちから一つ選び，その符号を書きなさい。

表

生物の名称	イモリ	トカゲ
外　　見		
産み出された卵のようす	w	x
体表のようす	y	z
同じ分類のなかま	カエル	ワ　ニ

Ⅰ群　**ア**　**w**：殻(から)がある　　**x**：寒天のようなもので包まれている

イ　**w**：寒天のようなもので包まれている　　**x**：殻がある

ウ　**w**：殻がある　　**x**：殻がある

エ　**w**：寒天のようなもので包まれている　　**x**：寒天のようなもので包まれている

Ⅱ群　**ア**　**y**：しめった皮ふでおおわれている　　**z**：うろこでおおわれている

イ　**y**：うろこでおおわれている　　**z**：しめった皮ふでおおわれている

ウ　**y**：しめった皮ふでおおわれている　　**z**：しめった皮ふでおおわれている

エ　**y**：うろこでおおわれている　　**z**：うろこでおおわれている

9　電気分解によって発生する気体を調べるため，次の**実験**１，２を行いました。これに関して，あとの(1)～(4)の問いに答えなさい。

実験１

①　**図**１のように，電気分解装置にうすい塩酸を満たし，一定の電圧をかけて電流を流したところ，電極**a**，電極**b**からは，それぞれ気体が発生した。

②　１分後，電極**a**側，電極**b**側に集まった気体の体積が，**図**２のようになったところで，電源を切った。

③　電極**a**側のゴム栓(せん)をとり，電極**a**側に集まった気体の性質を調べるための操作を行った。

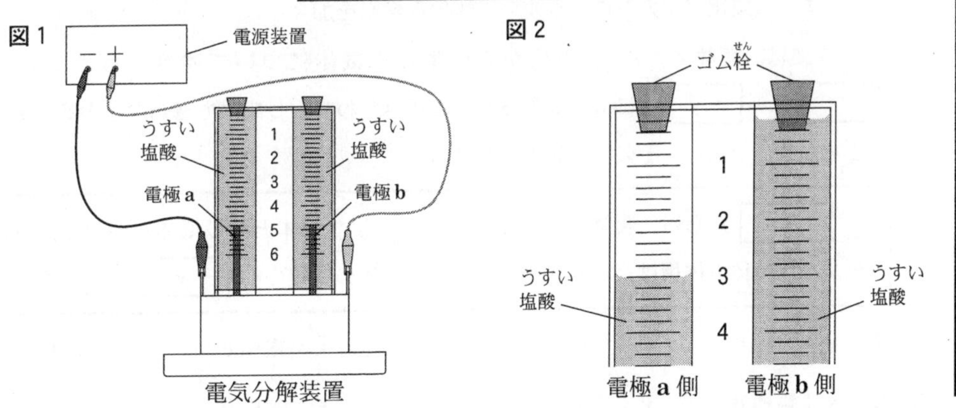

実験２

① **図３**のように，電気分解装置に少量の水酸化ナトリウムをとかした水を満たし，一定の電圧をかけて電流を流したところ，電極 **c**，電極 **d** からは，それぞれ気体が発生した。

② １分後，電極 **c** 側に集まった気体の体積が，**図４**のようになったところで，電源を切った。なお，電極 **d** 側にも気体が集まっていた。

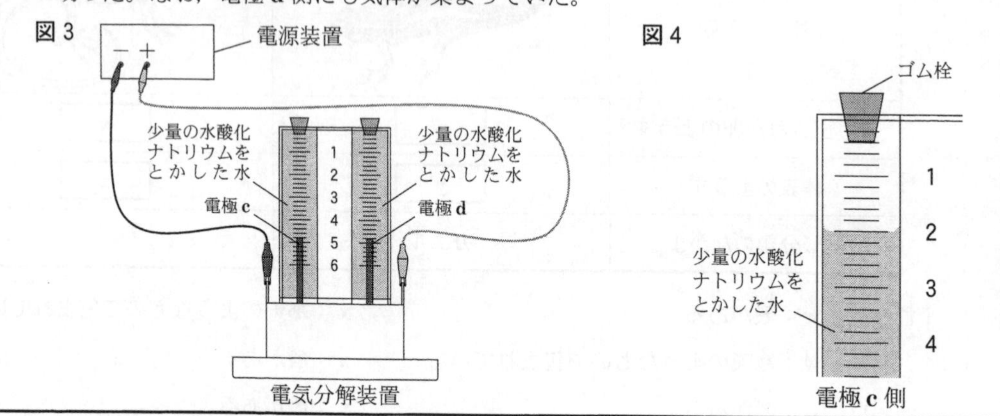

⑴ **実験１**の①で，電極 **b** から発生した気体の化学式を書きなさい。

⑵ **実験１**の②で，電極 **b** 側に集まった気体の体積が，電極 **a** 側に集まった気体に比べて少ないのはなぜか。その理由を簡潔に書きなさい。

⑶ **実験１**の③で，下線部の操作とその結果として最も適当なものを，Ⅰ群の**ア**～**エ**のうちから一つ選び，その符号を書きなさい。また，電極 **a** 側に集まった気体と同じ気体を発生させる方法として最も適当なものを，Ⅱ群の**ア**～**エ**のうちから一つ選び，その符号を書きなさい。

Ⅰ群
ア　水性ペンで色をつけたろ紙を入れると，色が消えた。
イ　水でぬらした赤色リトマス紙を入れると，青色になった。
ウ　火のついた線香(せんこう)を入れると，炎(ほのお)を上げて燃えた。
エ　マッチの炎をすばやく近づけると，ポンと音を出して燃えた。

Ⅱ群
ア　石灰石(せっかいせき)に，うすい塩酸を加える。
イ　うすい塩酸に，うすい水酸化ナトリウム水溶液を加える。
ウ　亜鉛(あえん)に，うすい塩酸を加える。
エ　二酸化マンガンに，うすい過酸化水素水を加える。

⑷ 次の文は，**実験２**の②で，電極から発生した気体について述べたものである。文中の［ **x** ］，［ **y** ］にあてはまるものの組み合わせとして最も適当なものを，あとの**ア**～**エ**のうちから一つ選び，その符号を書きなさい。

> ［ **x** ］からは，**実験１**の電極 **a** から発生した気体と同じ気体が発生し，電極 **d** 側に集まった気体の体積は，電極 **c** 側に集まった気体の体積の約［ **y** ］であった。

ア	**x**：電極 **c**	**y**：２倍	**イ**	**x**：電極 **c**	**y**：$\frac{1}{2}$倍
ウ	**x**：電極 **d**	**y**：２倍	**エ**	**x**：電極 **d**	**y**：$\frac{1}{2}$倍

【資料１】　自分が生まれ育った地域の方言を使う場面と程度

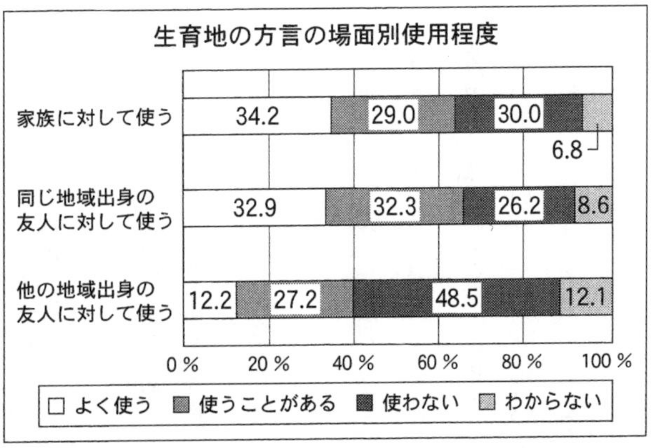

生育地の方言の場面別使用程度

	よく使う	使うことがある	使わない	わからない
家族に対して使う	34.2	29.0	30.0	6.8
同じ地域出身の友人に対して使う	32.9	32.3	26.2	8.6
他の地域出身の友人に対して使う	12.2	27.2	48.5	12.1

0％　20％　40％　60％　80％　100％

□ よく使う　■ 使うことがある　■ 使わない　■ わからない

（国立国語研究所論集　田中ゆかり、林直樹、前田忠彦、相澤正夫「１万人調査からみた最新の方言・共通語意識『2015年全国方言意識Ｗｅｂ調査』の報告」より作成）

【資料２】　方言の活用事例

・駅や空港などで観光地を紹介するポスターや看板
・地域の特産品の品名や、それらを販売する商業施設の名前
・会社やスポーツチームなどの団体名
・自分の生育地以外の方言を使うこと
　（例　「がんばれ」などのメッセージを相手の地域の方言でおくる）

〈条件〉

① **二段落構成**とし、**十行以内**で書くこと。

② 前段では、地元の人々に着目して【資料１】から読み取ったことをふまえ、方言の活用は地元の人々に対してどのような効果があると考えられるか、【資料２】の活用事例をもとにあなたの考えを書くこと。

③ 後段では、他の地域の人々に着目して【資料１】から読み取ったことをふまえ、方言の活用は他の地域の人々に対してどのような効果があると考えられるか、【資料２】の活用事例をもとにあなたの考えを書くこと。

④ 前段、後段とも【資料２】から選ぶ活用事例は同一のものとする。なお、どの事例を選んでも、そのこと自体が採点に影響することはありません。

〈注意事項〉

① 氏名や題名は書かないこと。

② 原稿用紙の適切な使い方にしたがって書くこと。
　ただし、〜〜や＝＝などの記号を用いた訂正はしないこと。

「手持ちは如何程も開きたるがよき」（手の構え方はどれだけでも）と教へられき。その次の日、又^B^あらぬ人にあひて、「鞠の手持ちやう、如何程もすわりたるよき」（閉じているのがよい）と仰せられき（おっしゃった）。是はその人の^C^気に対して教へかへられ侍るにや（変えなさったのでしょうか）。後日に尋ね申し侍りしかば（尋ね申しましたところ）、「^D^その事侍り。さきの人は手がすわりたりしほどに、拡げたるが本にてある（基本である）と教へ、のちの人は手の拡ごりたれば、すわりたるが本にてあると申せしなり」。仏の衆生（注2）の気に対して万の法を説き給へるも、^E^みなかくのごとし（このようである）。

（『筑波問答』による。）

（注1）　難波の三位入道殿＝蹴鞠の名人。
（注2）　衆生＝この世のあらゆる生き物。

(1)　文章中の^A^教へ給ひしを現代仮名づかいに改め、**全てひらがな**で書きなさい。

(2)　文章中の^B^あらぬ人と同じ人物を指す別の表現を、文章中から**四字**で**抜き出して**書きなさい。

(3)　文章中の^C^気の文脈上の意味を表すものとして、最も適当なものを、次の**ア**～**エ**のうちから一つ選び、その符号を書きなさい。

ア　才気　　**イ**　気骨　　**ウ**　活気　　**エ**　気質

(4)　文章中の^D^その事侍りについて、難波の三位入道はなぜこのようなことを言ったのか。その理由として最も適当なものを、次の**ア**～**エ**のうちから一つ選び、その符号を書きなさい。

ア　何気ない自分の発言の矛盾点を指摘されて困惑したから。
イ　筆者の発言が自分の教え方の意図に沿うものだったから。
ウ　的外れな質問であっても誠実に対応したいと思ったから。
エ　理解してもらうためには丁寧な説明が不可欠だったから。

(5)　次の文章は、中学生の久保さんが授業でこの文章を読み、^E^みなかくのごとしに共感して記したものです。空欄に入る言葉を書きなさい。ただし、［Ⅰ］はこの文章の内容に沿って**十字以内**で、［Ⅱ］はそれによって得られる効果を**十五字以上、二十字以内**で書くこと。

> この話のテーマは「教え方」ですが、ここで述べられていることは「教え方」に限らず、人と接するさまざまな場面で応用できるものだと思います。たとえば自分の意見を相手に伝える時も、相手に応じて［Ⅰ］ことで、［Ⅱ］のではないかと考えました。

八

近年、「地方創生」がうたわれ、国内の各地域がそれぞれの特色を生かして活性化を図ることに注目が集まっています。その一環として、地域によって異なる方言を広報活動等に活用する例も見られます。しかし、もともと方言は、他の地域の出身者には意味が分かりにくいものも多いはずです。その方言を広く活用することには、どのような効果があるのでしょうか。次の【**資料1**】、【**資料2**】をふまえて、あとの〈条件〉にしたがい、〈注意事項〉を守って、あなたの考えを書きなさい。

エ　自分が身につけた学問をついに江戸で試す機会が来たので、はやる気持ちを押さえきれないから。

(2)　文章中に B父の横顔が、ゆっくりと平伏した とあるが、このときの葦兵衛の様子を説明したものとして最も適当なものを、次の**ア**～**エ**のうちから一つ選び、その符号を書きなさい。

ア　尚七の才能を誰よりも信じる父親として、身分は低くとも息子が軽く扱われることのないよう、言外に忠常に念を押している様子。

イ　息子に与えられることになる手厚い待遇に感謝しつつも、幼い子らを抱えた一家の暮らし向きは良くならないことに苦悩する様子。

ウ　尚七に口を挟ませまいと態度で示すとともに、息子を手放す大きな決断をし忠常に一切を委ねた言葉の重みをかみしめている様子。

エ　頼みの綱の長男を養子に出すことは痛手であるが、尚七がこの話に惹かれていることを察したので私情を抑えようとしている様子。

(3)　文章中に Cにわかに熱いものがこみ上げた とあるが、その理由として最も適当なものを、次の**ア**～**エ**のうちから一つ選び、その符号を書きなさい。

ア　父の処世術と見えたものが、実は自分が江戸に行けるよう働きかけるためのものだったと知ったから。

イ　父の隠していた思いを知らされたことで、自分の背中を押してくれる父の真情を初めて理解したから。

ウ　長男を他家の養子に出すしかない状況に対して、父がすまないという言葉をぽつりと吐き出したから。

エ　父もまた学問を志しながら長年果たせなかった夢を、今自分に託そうとしていることが分かったから。

(4)　文章中に D鳶に生まれたことを、誇りに思います とあるが、このときの尚七の思いを説明した次の文の [　　] に入る言葉を、「…よりも……」という形を使って**十三字以内**で書きなさい。

> 自分自身は軽い身分に甘んじながら、[　　] を大切に考え、送り出してくれる父の度量の大きさをありがたく思っている。

(5)　文章中の E泣き笑いのようにゆがんで見えた は尚七の視点から描かれているが、このときの尚七について述べた次の説明文を完成させなさい。ただし、[Ⅰ] は「場所」という言葉を使って**二十五字以内**で書き、[Ⅱ] は、あとの**ア**～**エ**のうちから最も適当なものを一つ選び、その符号を書くこと。

> 尚七が父親の表情を通して見つめているものは、自分の前に開けた将来の展望だけではない。大らかで前向きな姿の裏に、[Ⅰ] という負い目を抱えて生きてきた父親の [Ⅱ] である。

ア　人生の悲哀　　**イ**　激しい後悔

ウ　積年の恨み　　**エ**　強い喪失感

七

次の文章を読み、あとの(1)～(5)の問いに答えなさい。

むかし難波(注1)（なんば）の三位入道殿（さんみのにふだうどの）、人に、鞠（まり）を教へ給（たま）ひしを A承（うけたまは）りしに、（蹴鞠を教えなさったのを側でうかがったところ）

今夜は、父の旧知の勤番者が住まう長屋に、泊めてもらうことになっていた。長屋があるという下屋敷に向かいながら、尚七は気遣わしげな顔を向けた。

「良いも悪いも、七人扶持を断るいわれがあるものか。おまえの扶持の七倍、わしの三倍近くになるのだぞ」

「……父上」

「むろん養子に行く上は、扶持米も箕輪家(注5)のものではあるが、やはり縁者に七人扶持がいるというのは、いざというとき心強い」

現金なこたえに、尚七はがっくりきたが、どうやら照れかくしであったようだ。

下屋敷は、大川を越えた深川にある。ひときわ人の多い両国橋を渡りながら、西日が星のように照り返す川面を、葦兵衛はながめていた。

「おまえには、ずっとすまないと思っていた」

橋が終わると、ぽつりと言った。

「これほど学問の才に恵まれながら、生かしてやることができなかった。鳶(注6)が鷹を生んだというのに、とぶ場所さえ与えてやれなんだ」

父がこのように、自分の境遇を卑下(注7)したことは、尚七が知るかぎり一度もなかった。細かなことを気にせず、大らかで前向きな姿は、葦兵衛が長年かかって身につけた処世術(注8)であったのかもしれない。倅に対し、長いあいだそんな負い目を抱えていたのかと、<u>にわかに熱いものがこみ上げた</u>C。

「父上……私は鷹なぞではありません。私は父上と同じ鳶です。ですが、<u>鳶に生まれたことを、誇りに思います</u>D」

そうか、と葦兵衛は顔いっぱいに笑い皺を広げた。

<u>陰影を落とす西日のためか、炭団(注9)のように黒い顔は、泣き笑いのようにゆがんで見えた</u>E。

（西條奈加『六花落々』による。）

（注1）七人扶持＝武士の給与。一年間で七人分食べさせることができる米や金銭。
（注2）滅相もございません＝とんでもないことでございます、の意。
（注3）闊達＝心が広いさま。
（注4）勤しむ＝勉学などにはげむ。
（注5）箕輪家＝尚七が養子に入る代々医者の家。尚七は、藩主に会える身分でないので、小松家を出て、身分の高い家に養子に入る必要があった。
（注6）鳶（とんび）＝鳶（とび）の口語的表現。
（注7）卑下＝自分をあえて低い位置に引き下げてへりくだること。
（注8）処世術＝世間の人とうまくつきあいながら生活していく手段。
（注9）炭団＝炭の粉を丸めてかためた燃料。

(1) 文章中に<u>冷や汗だか脂汗だかわからぬが、手の平が急に汗ばんでくる</u>A とあるが、なぜ尚七はこのような状態になったのか。その理由として最も適当なものを、次の**ア**～**エ**のうちから一つ選び、その符号を書きなさい。

ア　望外の役目に驚き、人生の選択が自分たちの返答にかかっていることを自覚し緊張しているから。

イ　出世話には魅力を感じたが、今の自分にとっては役不足だと思われたので返答に窮しているから。

ウ　身分ゆえに努力を評価されなかった自分が藩に必要とされることは、とても恐れ多いことだから。

ニティとかかわっているかという背景も含め、［Ⅱ］行為なので、対話を通じて相互の背景どうしが接点を持ち、相手の社会の複雑さを受け入れることになる。

(5) 文章中の［D］に入る言葉として最も適当なものを、次の**ア**～**エ**のうちから一つ選び、その符号を書きなさい。

ア　自分の特性を省みること
イ　自分の人生を生きること
ウ　他者を促し交渉すること
エ　他者とともに生きること

六

次の文章を読み、あとの(1)～(5)の問いに答えなさい。

〔下総古河藩の下級武士小松尚七は、いつも物事の不思議について考えてばかりで『何故なに尚七』の異名を持っている。その学問への情熱を買われて父の葦兵衛と共に江戸へ上り、古河藩重臣の鷹見十郎左衛門忠常から、藩主の若君、土井利位の御学問相手（共に学ぶ役目）になることを持ちかけられる。〕

「役料は七人扶持（注1）となる」
「七人扶持！」
親子が同じ顔でびっくりする。
「不足か？」
「滅相（注2）もございません」
「むろん、すべてはそなたたちの胸三寸だ。いかがであろう」
それだけ告げて、忠常は待つ姿勢をとった。

A 冷や汗だか脂汗だかわからぬが、手の平が急に汗ばんでくる。拭うように、膝上の袴を握りしめた。迷っているのは、忠常の申し出に、ひどく惹かれているからだ。

この話を受ければいまの世では最高の学問を学ぶことができるのだ。身分や禄にはこだわりはないが、新たな学問への誘惑には、抗いがたいものがある。あの学問好きで闊達（注3）な利位と、そしてこの聡明な忠常とも、一緒に勉学に勤しめる（注4）。友と呼ぶには身分が違い過ぎるが、それでも何より得難いものに思えた。

だが、それは同時に、家族との別れを意味する。朗らかな母と温和な妹、元気な弟たちの顔が次々に浮かんだ。四人とも、父と自分が帰るのを、待ち焦がれているだろう。長男が他家へ行き、江戸で出仕すると言ったら、どんな顔をするだろう。

この場でこたえを出すのには、あまりにも難しい思案だった。しばしの猶予をくれまいかと、頼むつもりで顔を上げたが、一瞬早く、葦兵衛の声がした。

「そのお話、謹んでお受けいたします」
「父上……」
忠常から念を押されても、葦兵衛の横顔は変わらなかった。
「よくぞ承服してくれた。倅殿の身は、この鷹見十郎左衛門が、しかとお預かり申す」
B 「なにとぞよろしく、お願い申し上げます」
父の横顔が、ゆっくりと平伏した。
「父上、まことに良いのですか」

（注１）巷＝世の中。世間。
（注２）プロセス＝事が進んできた順序。過程。
（注３）コミュニティ＝地域社会。共同体。

(1) 文章中にＡモノローグであるおしゃべりとダイアローグとしての対話の大きな違い　とあるが、これについて次の(a)、(b)の問いに答えなさい。

(a) 「モノローグであるおしゃべり」を説明したものとして最も適当なものを、次の**ア**～**エ**のうちから一つ選び、その符号を書きなさい。

ア　感じたことをそのまま表現し、相手と感情を共有する行為。
イ　相手の反応を考慮せず、思いや考えを自分本位に語る行為。
ウ　やりとりをうまく進めるために、思いついた順に話す行為。
エ　情報を正確に理解させるため、相手の目を見て述べる行為。

(b) 「ダイアローグとしての対話」を説明した次の文の［Ⅰ］、［Ⅱ］に入る言葉を文章中から**抜き出して**それぞれ書きなさい。ただし、［Ⅰ］は**五字**、［Ⅱ］は**十二字**で抜き出すこと。

> ある話題について話すとき、相手は自分とは［Ⅰ］の他者であるから、話す者は相手に対して常に［Ⅱ］を要することばの活動のこと。

(2) 文章中にＢ話題に関する他者の存在の有無　とあるが、なぜ筆者はこれを重視しているのか。その理由として最も適当なものを、次の**ア**～**エ**のうちから一つ選び、その符号を書きなさい。

ア　話し手が取り上げた話題について聞き手がどの程度知っているかによって、対話の発展する度合いが大きく変化するから。
イ　思わず相手を引き込むような興味深い話題の提供が聞き手に対する礼儀であり、対話の雰囲気のよしあしを左右するから。
ウ　相手の反応を想定しながら選んだ話題である方が話し手も熱が入るので、対話が成立しているかどうかの目安になるから。
エ　主体的に関わっていける話題であることが聞き手にとって意義のあることであり、対話が進展するかいなかに関わるから。

(3) 文章中にＣ相互関係構築のためのことばの活動　とあるが、これを説明したものとして最も適当なものを、次の**ア**～**エ**のうちから一つ選び、その符号を書きなさい。

ア　人の関心をひく話題を持ち出してことばを交わし合うことで、日常生活や仕事上の人間関係を円滑にすること。
イ　自己満足的な語りに終始することなく、相手にも思いのままに語ることを促すことばが対話を進展させること。
ウ　ことばのやりとりを通して相手の考えとの間に共通点や相違点を見いだして、互いの理解につなげていくこと。
エ　交渉を重ねて意見の異なる相手にも納得してもらうことで、自分の話術を使い思い通りの人間関係を築くこと。

(4) 文章から読みとれる筆者の考えについてまとめた次の説明文を完成させなさい。ただし、［Ⅰ］に入る言葉を自分の言葉で**七字以内**で書き、［Ⅱ］は文章中から**十三字**で**抜き出して**書くこと。

> 対話によって相手の価値観を受け止めることとは、相手との［Ⅰ］ことである。さらに、対話は相手がどのようなコミュ

はじめ、それぞれに感じていることや思っていることを吐き出すと、お互いなんだかすっきりして、なんとなく満足する。こういうストレス発散の点では、おしゃべりもそれなりの効果をもっていますが、その次の段階にはなかなか進めません。

　このように、いわゆるおしゃべりの多くは、かなり自己完結的な世界の話ですから、そのままでは、それ以上の発展性がないのです。その意味では、おしゃべりは、相手に向かって話しているように見えても、実際は、モノローグ（独り言）に近いわけでしょう。表面的には、ある程度、やりとりは進むように見えますが、それは、対話として成立しません。ここに^A^モノローグであるおしゃべりとダイアローグとしての対話の大きな違いがあるといえます。

　ちょっと余談になりますが、カルチャーセンターの講演会や大学の講義などでも、こうしたモノローグはよく見られます。本来、聴衆や学生に語りかけているはずなのだけれど、実際は、自分の関心事だけを自己満足的にとうとうと話している、これはまさにモノローグの世界ですね。

　これに対して、ダイアローグとしての対話は、常に他者としての相手を想定したものなのです。自分の言っていることが相手に伝わるか、伝わらないか、どうすれば伝わるか、なぜ伝わらないのか、そうしたことを常に考えつづけ、相手に伝えるための最大限の努力をする、その手続きのプロセス（注2）が対話にはあります。

　対話成立のポイントはむしろ、^B^話題に関する他者の存在の有無なのではないかとわたしは考えます。実際のやりとりに他者がいるかどうかだけではなく、話題そのものについても「他者がいる話題」と「いない話題」があるということなのです。つまり、その話題は、他者にとってどのような意味を持つかということが対話の進展には重要だということです。

　したがって、ダイアローグとしての対話行為は、モノローグのおしゃべりを超えて、他者存在としての相手の領域に大きく踏み込む行為なのです。

　言い換えれば、一つの話題をめぐって異なる立場の他者に納得してもらうために語るという行為だともいえますし、ことばによって他者を促し交渉を重ねながら少しずつ前にすすむという行為、すなわち、人間ならだれにでも日常の生活や仕事で必要な^C^相互関係構築のためのことばの活動だといえるでしょう。

　では、このようなダイアローグとしての対話によって人は何を得ることができるのでしょうか。あるいは、今、対話について考えることは、わたしたちにとってどのような意味を持つのでしょうか。

　まずあなたは対話ということばの活動によって相手との人間関係をつくっています。

　その人間関係は、あなたと相手の二人だけの関係ではなく、それぞれの背負っている背景とつながっています。

　その背景は、それぞれがかかわっているコミュニティ（注3）と深い関係があります。

　相手との対話は、他者としての異なる価値観を受け止めることと同時に、コミュニティとしての社会の複数性、複雑さをともに引き受けることにつながります。

　だからこそ、このような対話の活動によって、人は社会の中で、［　D　］を学ぶのです。

（細川英雄（ほそかわひでお）『対話をデザインする―伝わるとはどういうことか』による。）

お茶にしましょう。お気に入りのケーキもあるのよ。

佐藤さん　先輩のお気に入りのケーキを<u>食べられるとは</u>[C]うれしいです。頑張ります。

(1) 文章中の［　］に入る言葉として最も適当なものを、次の**ア**～**エ**のうちから一つ選び、その符号を書きなさい。

ア　苦しまぎれ　　**イ**　その場しのぎ

ウ　安うけあい　　**エ**　なりゆきまかせ

(2) 文章中の<u>しません</u>[A]を、しっかりできるようになるこつはとの関係が適切になるように書き改めなさい。

(3) 文章中に<u>木の長きを求むる者は、必ず其の根本を固くす。</u>[B]とあるが、こう読めるように、次の「求木之長者、必固其根本。」に**返り点**をつけなさい。

求（ムル）木（の）之長（キヲ）者（ハ）、必（ズ）固（クス）其（ノ）根本（ヲ）。

(4) 文章中の<u>食べられるとは</u>[C]を謙譲語を用いた表現に直し、一文節で書きなさい。

五

次の文章を読み、あとの(1)～(5)の問いに答えなさい。

今、対話とは何かと考えると、どのように説明できるでしょうか。とても簡単にいえば、「相手と話すこと」ということになるでしょうか。

しかし、一方的に相手に話しかけても、その相手がこちらの言っていることに耳を傾けてくれるかどうかは、だれも保証できません。

相手の目をしっかり見て、きちんと語りかけること、巷（ちまた）（注１）の話し方講座等ではこんなアドバイスがあるかもしれません。そのとき、しばしば出るのは、「思ったことを感じるままに話してはダメだ」という意見ですね。思ったことを感じるままに話すと、お互いに感情的になってしまい、解決すべきことがなかなかうまく運ばない等々。

しかし、「思ったことを感じるままに話す」ことそれ自体が悪いことだとは、わたしは決して思いません。むしろ「思ったことを感じるままに話すべき」であるとさえ思うほどです。

ただ一つ、思ったことを感じるままに話すと、それがおしゃべりになってしまうという大きな課題があります。

ここでいう「おしゃべり」とは、相手に話しているように見えながら、実際は、相手のことを考えない活動だからです。少しむずかしくいうと、他者不在の言語活動なのです。

でも、相手があって話をしているのだから、他者不在とはいえないのではないかという質問も出そうですね。

たしかに、おしゃべりをしているときは、相手に向かって話しかけてはいますが、ほとんどの場合、何らかの答えや返事を求めて話しているのではなく、ただ自分の知っている情報を独りよがりに話しているだけではないでしょうか。そこでは、他者としての相手の存在をほぼ無視してしゃべっているわけです。だからこそ、思ったことを感じるままに話すことには注意が必要なのです。

「あのことが、うれしい、悲しい、好きだ、嫌いだ」というように、自分の感覚や感情をそのままことばにして話していても、相手は、「へえー、そうですか」と相槌（あいづち）を打つだけ。今度は相手も自分の思いを語り

エ　ほかの句で春雨がどのようなイメージで使われているか共有した上で、子規の句の情景を聞き手にも考えさせようとしている。

(4)　(問いを放送します。)

〈佐山さんの説明の続き〉

雨の中には、[　　]雨と言えるものもあり、人によって捉え方が変わることがあります。ですから、天気予報では伝え方を工夫しているのです。

聞き取り検査終了後、３ページ以降も解答しなさい。

二

次の(1)～(4)の――の漢字の読みを、**ひらがな**で書きなさい。

(1)　髪飾りの映える女性。
(2)　着物に足袋の風流ないでたち。
(3)　大型楽器が貸与される。
(4)　塗料が剝落する。

三

次の(1)～(5)の――のカタカナの部分を**漢字**に直して、楷書で書きなさい。

(1)　雲が低く夕れこめる。
(2)　荒れた大地をタガヤす。
(3)　模擬店のシュウエキを寄付した。
(4)　会員トウロクの手続きをする。
(5)　事件をシンショウボウダイに書き立てる。

四

次の文章は、中学生の佐藤さんが、放課後に先輩の高橋さんの家で、宿題のアドバイスをしてもらっている場面の会話です。これを読み、あとの(1)～(4)の問いに答えなさい。

佐藤さん　先輩、この問題の答えは「ア」でいいですか。
高橋さん　ちょっと見せてください。違いますね。
佐藤さん　それでは「イ」でしょうか。正解は何ですか。
高橋さん　記号だけわかっても理解したことにならないでしょう。
佐藤さん　明日の授業で私が答えることになっているので、間違えたくないのです。
高橋さん　私の好きな言葉に、「魚を与えれば一日は食べられる。魚の捕り方を教えれば一生食べていける。」があります。[　　]ではだめということです。
佐藤さん　わかりました。どのように解くのかを教えてください。
高橋さん　ちょっと待って。この問題を解くにはまず、前提としてその前の問いがわかっていることが必要なのだけれど…。こちらも間違っているみたいですね。
佐藤さん　そこは私が答える問題ではないのですが…。
高橋さん　だめですよ。しっかりできるようになるこつは、基礎をおろそかにしません。[A]「木の長きを求むる者は、必ず其（そ）の根本を固くす。」[B]というでしょう。
佐藤さん　なるほど。私もできれば基礎から知りたいです。
高橋さん　その姿勢は大事ですね。では、ここまで終わらせたら

※注意　各ページの全ての問題について、解答する際に字数制限がある場合には、句読点や「　」などの符号も字数に数えること。

一　これから、木野中学校の国語の時間に、佐山さんが俳句について調べてきたことを発表している場面と、それに関連した問いを四問放送します。発表は、１ページの〈プリント〉のように、クラス全員に配り終えたところから始まります。〈プリント〉を見ながら放送を聞き、それぞれの問いに答えなさい。

（放送が流れます。）

〈プリント〉

俳句学習　発表プリント　３年　佐山　みどり

雨にまつわる俳句

◇春雨やゆるい下駄かす奈良の宿　与謝蕪村（よさぶそん）

◇春雨や家鴨（あひる）よちよち門（かど）歩き　小林一茶（こばやしいっさ）

◇人に貸して我に傘なし春の雨　正岡子規（まさおかしき）

◇夕立つや逃げまどふ蝶（てふ）が草のなか　種田山頭火（たねださんとうか）

♪参考資料　雨の呼び名の例

五月雨　　鉄砲雨　　緑雨

にわか雨　　慈雨　　菜種梅雨

霧雨　　黒雨　　夕立

---

(1)　（問いを放送します。）

［選択肢］

ア　ことわざや伝説に基づく呼び名。

イ　俳句や短歌と相性の良い呼び名。

ウ　雨の降り方を表している呼び名。

エ　降雨の領域を示している呼び名。

(2)　（問いを放送します。）

［選択肢］

ア　穏やかに降る雨の中をゆったりと心地よく散策をする様子。

イ　温かな雨にぬれて歩くうちに悲しみが癒やされていく様子。

ウ　音もなく降る雨に涙を紛らわせて人知れず泣いている様子。

エ　雨の日に下駄をはく自分の姿におかしみを覚えている様子。

(3)　（問いを放送します。）

［選択肢］

ア　人にものを貸すという動作に注目し、同じテーマを扱った句を集めることにより自分の説明に説得力を持たせようとしている。

イ　聞き手から疑問をあげてもらい、それに対して説明を加えることで自分の調べてきたことの確かさを印象づけようとしている。

ウ　あるはずのものがないという意外性に気づいてもらうことで、聞き手が俳句にしかない独特の表現を味わえるよう導いている。

問いの⑴　佐山さんが〈プリント〉で紹介した雨の名前の中には、「季節」以外にどのようなことがらを表した呼び名があると考えられますか。最も適当なものを、選択肢ア～エのうちから一つ選び、その符号を書きなさい。

（15秒空白）

（合図音B）

佐山　たとえば、夏に降る雨として「夕立」があげられます。種田山頭火の句と見比べてみてください。突然夕立が降ってきたとき、もし「ゆるい下駄」を履いていたら…

香川　雨宿りしたくても、脱げてしまって走れないからずぶ濡れになってしまうでしょうね。

佐山　だから「春雨」は、ほかのどんな言葉でもよいというわけではなく、そのイメージが「ゆるい下駄」を履いて「奈良」の町並みを歩く作者と結びついて、俳句の情景を表していると思うのです。

（合図音A）

問いの⑵　佐山さんたちの会話から、与謝蕪村の句において「ゆるい下駄」と「春雨」はどのような情景を表していると考えられますか。最も適当なものを、選択肢ア～エのうちから一つ選び、その符号を書きなさい。

（15秒空白）

（合図音B）

佐山　次に紹介する句は、正岡子規の「人に貸して我に傘なし春の雨」です。

香川　雨が降っているのに、傘がないことを話題にしているのが面白いですね。

佐山　「我に傘なし」ということを、作者はどう感じているのでしょうか。ここでも「春雨」が読み解くヒントになると私は思います。

（合図音A）

問いの⑶　佐山さんは、ここまでのやりとりから、正岡子規の俳句を説明するためにどのような工夫をしていると考えられますか。最も適当なものを、選択肢ア～エのうちから一つ選び、その符号を書きなさい。

（18秒空白）

（合図音B）

香川　ひと口に雨といっても、日本人はいろいろな呼び名をつけて、雨に対して豊かなイメージを持っているのですね。

佐山　天気予報によると、明日は天気が下り坂で、雨が降るそうです。みんなは、雨が降ると行事や部活動が中止になって残念がるけれど、天気予報では「天気が悪くなる」と言う表現を避ける傾向があります。プリントに載せた雨の呼び名の「慈雨」に注目してください。「慈雨」の「慈」は「慈愛」や「慈養」の「慈」という漢字です。つまり…

（合図音A）

問いの⑷　佐山さんが、「慈雨」という言葉を使って説明しようとしていることは何ですか。〈佐山さんの説明の続き〉の空欄に入る言葉を五字以内で書きなさい。

（５秒空白）

放送は以上です。３ページ以降も解答しなさい。

国語

令和二年度　前期選抜　学力検査　国語聞き取り検査放送用ＣＤ台本

（チャイム）

これから、国語の学力検査を行います。まず、問題用紙の１ページと２ページがあることを確認しますので、放送の指示に従いなさい。

（２秒空白）

では、問題用紙の１ページと２ページを開きなさい。

（３秒空白）

確認が終わったら、問題用紙を閉じなさい。１ページと２ページがない人は手を挙げなさい。

（10秒空白）

次に、解答用紙を表にし、受検番号、氏名を書きなさい。

（20秒空白）

最初は聞き取り検査です。これは、放送を聞いて問いに答える検査です。問題用紙の１ページと２ページを開きなさい。

（４秒空白）

一　これから、木野（きの）中学校の国語の時間に、佐山さんが俳句について調べてきたことを発表している場面と、それに関連した問いを四問放送します。発表は、１ページの〈プリント〉のように、佐山さんが調べてきたことをまとめたものを、クラス全員に配り終えたところから始まります。〈プリント〉を見ながら放送を聞き、それぞれの問いに答えなさい。

（２秒空白）

なお、やりとりの途中、（合図音Ａ）という合図のあと、問いを放送します。また、（合図音Ｂ）という合図のあと、場面の続きを放送します。１ページと２ページにメモをとってもかまいません。では、始めます。

佐山　私は、雨にまつわる俳句を調べてきました。今配ったプリントを見てください。この中で私が特に好きなのは、与謝蕪村の俳句、「春雨やゆるい下駄かす奈良の宿」です。修学旅行で行った奈良の雰囲気にとても似合っていて、気に入りました。

香川　はい。感想を言っていいですか。

佐山　香川さん、どうぞ。

香川　「ゆるい下駄」というところが、ちょっとおもしろいと思ったのですが、「春雨」と何の関係があるのでしょう。

佐山　ほかの言葉だったら、私たちの感じ方は変わるでしょうか。プリントの中に、雨の呼び名も調べて載せましたので、見てください。

香川　「緑雨」は文字からすると、新緑の季節に降る雨なのかな。でも、「黒雨」は空が暗くなるイメージがわきます。そうすると、すべての雨の名前が季節を表しているのではなさそうですね。

（合図音Ａ）

千葉県公立　令和２年度後期選抜学力検査

数　学

1　次の(1)～(6)の問いに答えなさい。

(1)　$6 \times (-3)$　を計算しなさい。

(2)　$9-(-4)^2 \times \dfrac{5}{8}$　を計算しなさい。

(3)　$a^2b \times 21b \div 7a$　を計算しなさい。

(4)　連立方程式　$\begin{cases} 0.2x + 1.5y = 4 \\ x - 3y = -1 \end{cases}$　を解きなさい。

(5)　$\dfrac{12}{\sqrt{3}} - 3\sqrt{6} \times \sqrt{8}$　を計算しなさい。

(6)　二次方程式　$x^2 + 5x + 5 = 0$　を解きなさい。

2　次の(1)～(5)の問いに答えなさい。

(1)　ある美術館の入館料は，おとな１人が a 円，中学生１人が b 円である。

このとき，不等式 $2a + 3b > 2000$ が表している数量の関係として最も適当なものを，次の**ア**～**エ**のうちから１つ選び，符号で答えなさい。

ア　おとな２人と中学生３人の入館料の合計は，2000 円より安い。

イ　おとな２人と中学生３人の入館料の合計は，2000 円より高い。

ウ　おとな２人と中学生３人の入館料の合計は，2000 円以下である。

エ　おとな２人と中学生３人の入館料の合計は，2000 円以上である。

(2)　右の表は，あるクラスの生徒 30 人のハンドボール投げの記録を度数分布表に整理したものである。

この 30 人のハンドボール投げの記録の最頻値（さいひんち）（モード）を求めなさい。

階級(m)	度数(人)
以上　未満	
10 ～ 15	4
15 ～ 20	7
20 ～ 25	9
25 ～ 30	8
30 ～ 35	2
計	30

(3)　右の図で，３点Ａ，Ｂ，Ｃは円Ｏの円周上にある。

∠ACB ＝ 32°，∠OBC ＝ 49° であるとき，$\angle x$ の大きさを求めなさい。

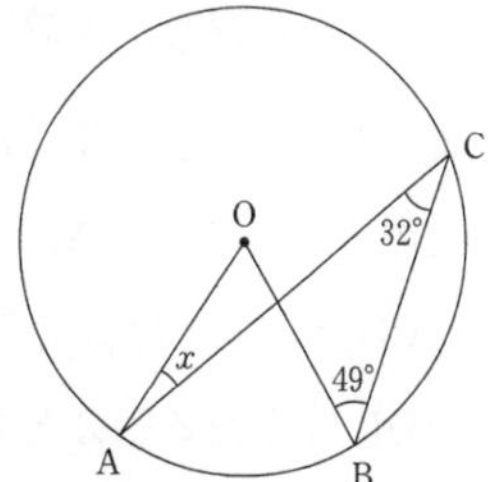

(4)　下の図のように，-5，-2，-1，３，６，10 の整数が１つずつ書かれた６枚のカードがある。この６枚のカードをよくきって，同時に２枚ひく。

このとき，ひいた２枚のカードに書かれた数の平均値が，自然数になる確率を求めなさい。

ただし，どのカードをひくことも同様に確からしいものとする。

-5	-2	-1	3	6	10

(5)　**図１**は，点Ｏを頂点とし，線分ABを底面の直径とする円錐(えんすい)である。母線OBの中点をＰとする。点Ａから円錐の側面にそって，点Ｐを通るように糸を１周巻きつけて点Ａに戻す。

図２は，この円錐の側面の展開図であり，点A′は組み立てたときに点Ａと重なる点である。

点Ｐを通る糸の長さが最も短くなるとき，その糸のようすを**図２**に作図しなさい。また，点Ｐの位置を示す文字Ｐも書きなさい。

ただし，三角定規の角を利用して直線をひくことはしないものとし，作図に用いた線は消さずに残しておくこと。

図１

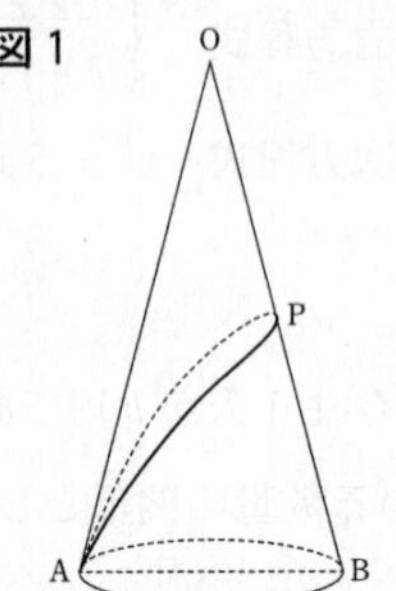

図２

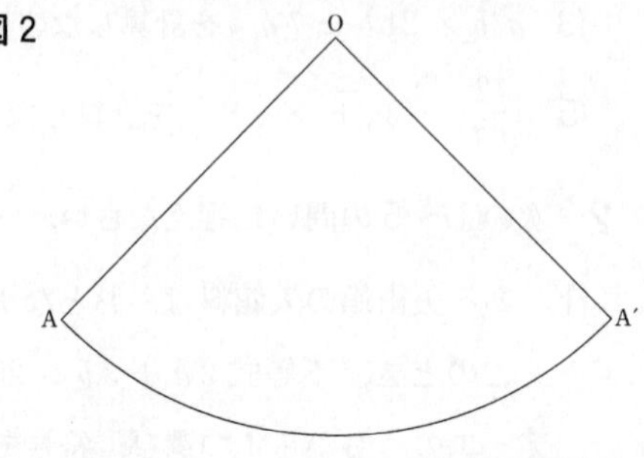

3　右下の図のように，関数$y = ax^2$のグラフと，関数$y = -x^2$のグラフがある。関数$y = ax^2$のグラフ上にx座標が-2の点Ａがあり，関数$y = -x^2$のグラフ上にx座標が３の点Ｂがある。点Ａのy座標が，点Ｂのy座標より10大きいとき，次の(1)，(2)の問いに答えなさい。

ただし，$a > 0$とする。

また，原点Ｏから点(１，０)までの距離及び原点Ｏから点(０，１)までの距離をそれぞれ１cmとする。

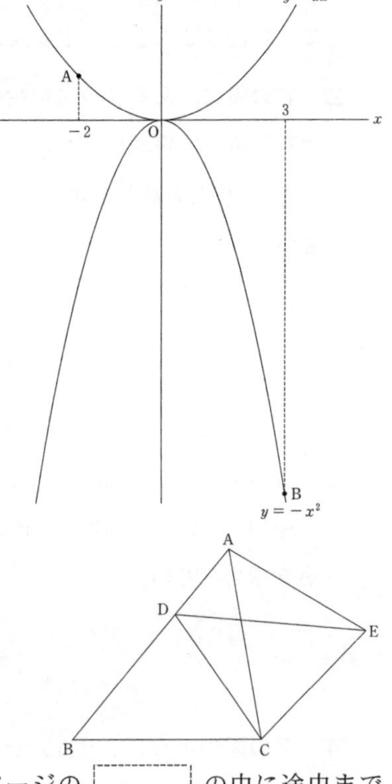

(1)　aの値を求めなさい。

(2)　２点Ａ，Ｂを通る直線と，x軸との交点をＣとする。

このとき，次の①，②の問いに答えなさい。

①　点Ｃのx座標を求めなさい。

②　△OACを，y軸を軸として１回転させてできる立体の体積を求めなさい。

ただし，円周率はπを用いることとする。

4　右の図のように，AC＝BCの二等辺三角形ABCがある。辺AB上に２点Ａ，Ｂと異なる点Ｄをとり，∠BCA＝∠DCE，CD＝CEとなるように点Ｅをとる。ただし，辺ACと線分DEは交わるものとする。また，点Ａと点Ｅを結ぶ。

A
D
E
B
C

このとき，次の(1)，(2)の問いに答えなさい。

(1)　直線ACが∠BAEの二等分線となることの証明を，次ページの［　　］の中に途中まで示してある。

［(a)］，［(b)］に入る最も適当なものを，次ページの**選択肢**の**ア**～**カ**のうちからそれぞれ１つずつ選び，符号で答えなさい。また，［(c)］には証明の続きを書き，**証明**を完成させなさい。

ただし，［　　］の中の①～⑤に示されている関係を使う場合，番号の①～⑤を用いてもかまわないものとする。

証明

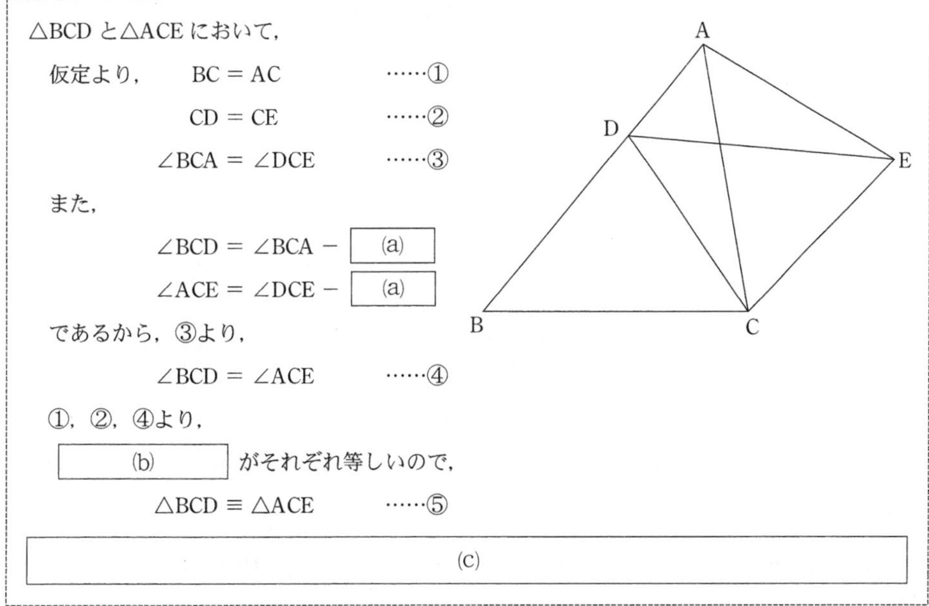

△BCD と△ACE において，

仮定より，　BC ＝ AC　……①

CD ＝ CE　……②

∠BCA ＝ ∠DCE　……③

また，

∠BCD ＝ ∠BCA － ［(a)］

∠ACE ＝ ∠DCE － ［(a)］

であるから，③より，

∠BCD ＝ ∠ACE　……④

①，②，④より，

［(b)］がそれぞれ等しいので，

△BCD ≡ △ACE　……⑤

［(c)］

選択肢

ア	∠BCE	**イ**	∠DAC	**ウ**	∠DCA
エ	3 組の辺	**オ**	2 組の辺とその間の角	**カ**	1 組の辺とその両端の角

(2)　∠CAE ＝ 50°，∠ACD ＝ 20°，CD ＝ 4 cm，AC ＝ a cm とする。
このとき，△ACE の面積を，a を用いて表しなさい。

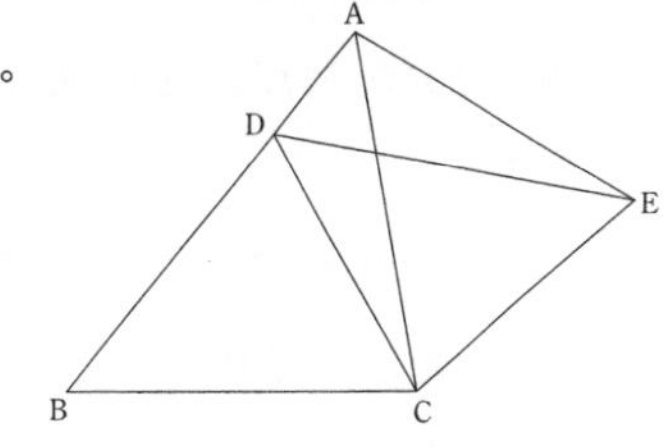

5　**図 1** は，AB ＝ AD，CB ＝ CD の四角形 ABCD であり，線分 AC と線分 BD の交点を E とすると，AC⊥BD，BE ＝ DE が成り立つ。また，BD ＝ 24 cm とする。

点 P は頂点 A を出発し，辺 AB 上を一定の速さで移動する。点 Q は点 P が出発してから 1 秒後に頂点 C を出発し，辺 CD 上を一定の速さで移動する。点 P は，頂点 B に到着後，向きを変え頂点 A に向かって移動し，頂点 A に到着後，また向きを変え頂点 B に向かって移動する。点 Q は，頂点 D に到着後，向きを変え頂点 C に向かって移動し，頂点 C に到着後，また向きを変え頂点 D に向かって移動する。2 点 P，Q とも，この動きをくり返す。

図 1

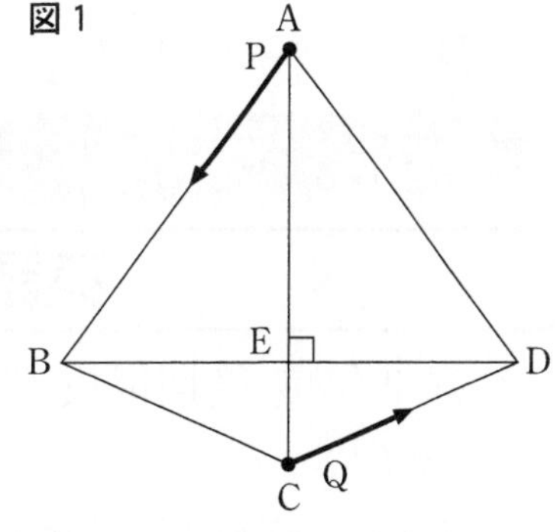

図 2，**図 3** は，点 P が頂点 A を出発してからの時間と，線分 AP の長さ，線分 CQ の長さの関係を，それぞれグラフに表したものである。

このとき，次の(1)～(4)の問いに答えなさい。

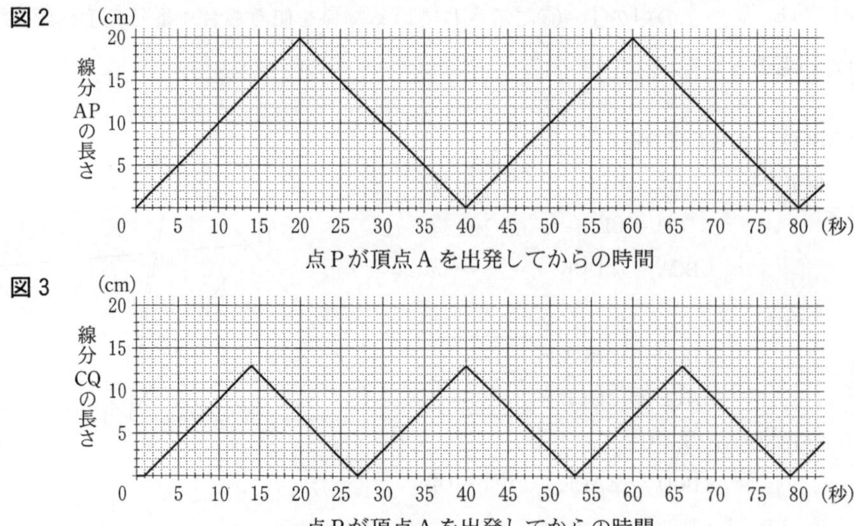

⑴　点Pが，はじめて頂点Bに到着するのは，点Pが頂点Aを出発してから何秒後か求めなさい。

⑵　四角形PBCQの面積が，はじめて最大となるのは，点Pが頂点Aを出発してから何秒後か求めなさい。

　ただし，点Pが頂点Bにあるとき，点Qが頂点Cにあるときについては，考えないこととする。

⑶　線分ACの長さを求めなさい。

⑷　点Pが頂点Aを出発してからx秒後の△APCの面積をS cm^2，△AQCの面積をT cm^{2}とする。

　このとき，次の①，②の問いに答えなさい。

　ただし，点Pが頂点AにあるときはS＝0，点Qが頂点CにあるときはT＝0とする。

①　$0 \leqq x \leqq 20$のとき，Sをxを用いて表しなさい。

②　$14 \leqq x \leqq 20$のとき，S＝Tとなるxの値を求めなさい。

英　語

英語リスニング放送台本

令和２年度 後期選抜 学力検査　英語リスニングテスト放送用 CD 台本

(チャイム)

これから，英語の学力検査を行います。まず，問題用紙の１ページ目があることを確認しますので放送の指示に従いなさい。(間２秒)では，問題用紙の１ページ目を開きなさい。(間３秒)確認が終わったら，問題用紙を閉じなさい。１ページ目がない人は手を挙げなさい。

(間10秒)

次に，解答用紙を表にし，受検番号，氏名を書きなさい。

(間20秒)

それでは，問題用紙の１ページを開きなさい。(間３秒) リスニングテストの問題は，１と２の二つです。

では，１から始めます。

１は，英語の対話又は英語の文章を聞いて，それぞれの内容についての質問に答える問題です。質問の答えとして最も適当なものを，問題用紙の **A** から **D** のうちから一つずつ選んで，その符号を書きなさい。なお，英文と質問はそれぞれ２回放送します。

では，始めます。

No. 1　Liz: What animal do you want to see, Ken?

Ken: I want to see the lion because I like lions. How about you, Liz?

Liz: Hmm. . . I like koalas. But I want to see the elephant first.

Ken: OK. I agree. Let's go and see the animal on the left first. Then we'll go to see the monkeys.

Liz: Sure. We'll see your favorite animal last, then.

Question: Which animal will they go and see first?

No. 2　(スーパーマーケット内の音)

Tom: What should we buy for lunch, Mom?

Mother: We need bread, cheese, and eggs. Do you want to eat tomatoes?

Tom: Tomatoes? Not so much. Look! These strawberries look so good.

Mother: Listen, Tom. We don't need strawberries because we have bananas at home. Go and get some tomatoes for me, please.

Tom: OK. I will.

Question: Which picture shows everything they will buy?

No. 3　Hello. My name is Kelly. I'll be your new English teacher. I came to Japan last week. This is my second time in Japan. I first came to Japan when I was ten. That was fifteen years ago. I enjoyed visiting many places across Japan at that time. Now I'm back, and I'm very happy.

Question: What did Kelly do fifteen years ago?

No. 4　Jenny: Hi, Paul. I heard you can play the guitar.

Paul: Yes, Jenny. I practice every Friday and Sunday.

Jenny: How long have you played it?

Paul: I've played it for two years. . . no, three years.

Jenny: I'm sure you're a good player. Can you play it for me now?

Paul: Oh, I'm going to play at the school festival next week. Please come!

Question: How often does Paul practice the guitar?

No. 5　Water is life. Some people say that you can live without food for a month. But you can only live for three or four days without water. Actually, about 55% of a woman's body is water. A man's body has about 5% more. A baby's body is about 75% water. People may die if they lose 20% of the water in their bodies. So, it's important to drink a lot of water every day.

Question: How much water does a man have in his body?

次は２です。

２は，英語の対話を聞いて，数字と英単語を答える問題です。この対話では女性が話した内容について男性がメモを取っています。①にはあてはまる数字を，②にはあてはまる英単語１**語**を書いてそのメモを完成させなさい。ただし，＿には**数字が**１つずつ，□には１**文字**ずつ入るものとします。なお，対話は２回放送します。

では，始めます。

（電話の着信音）

Man: This is Alexander Bus Trips. May I help you?

Woman: I bought a bus ticket from you, but I would like to change the date to March 7.

Man: Sure. Could you tell me the number on your ticket and your name, please?

Woman: My number is DPH049638. My name is Mary Vaughan. V-a-u-g-h-a-n.

Man: Thank you. I'll change the date for you now.

以上で，リスニングテストを終わります。２ページ以降の問題に答えなさい。

1 英語リスニングテスト(**放送**による**指示**に従って答えなさい。)

No. 1	A B C D ZOO Ken and Liz
No. 2	A B C D
No. 3	**A**. She became a new English teacher. **B**. She came to Japan for the second time. **C**. She enjoyed teaching English in Japan. **D**. She visited many places in Japan.
No. 4	**A**. Twice a week. **B**. Three times a week. **C**. For two years. **D**. For three years.

No. 5	A. About 20%.	B. About 50%.	C. About 60%.	D. About 75%.

2 英語リスニングテスト(放送による指示に従って答えなさい。)

Alexander Bus Trips
Ticket Number: *DPH* (① ＿＿＿＿＿＿)
Name: *Mary* (② □□□□□□□□)

3 次の(1)～(3)のそれぞれの対話文を完成させなさい。ただし，(　　　)の中の**ア**～**オ**を正しい語順に並べかえ，その順序を符号で示しなさい。

(1) A: I went to London last summer.
B: Really? I (**ア** before　**イ** been　**ウ** there　**エ** never　**オ** have).

(2) A: Can you tell me who Bob is?
B: The (**ア** man　**イ** next　**ウ** standing　**エ** tall　**オ** to) Laura is Bob.

(3) A: These (**ア** sent　**イ** the　**ウ** are　**エ** Mom　**オ** letters) to me when I was thirteen years old.
B: What did she write to you?

4 次の**質問**に対し，あなたの考えを英語で書き，**答え**を完成させなさい。

Ⓐは，I think so, too. またはI don't think so. のいずれか一方を選んで ◯ で囲み，Ⓑには，Ⓐを説明する内容の英文を書くこと。

ただし，Ⓑについては，**15語程度**(. , ? ! などの符号は語数に含まない。)とし，２文以上になってもよい。

質問　Some people say that it is better for students to walk to school than to go by bike.
What do you think about this?

答え　Ⓐ (I think so, too. / I don't think so.)　Ⓑ (　　　　　　　　　　　　　　　　)

5 次の(1)，(2)の問いに答えなさい。

(1) 次の英文を読んで，あとの問いに答えなさい。

There are many kinds of butterflies in the world. You may be surprised if you see one with numbers on its wings. Some scientists write numbers on butterflies' wings to learn how far they can fly. If you catch a butterfly which has numbers on its wings, you can (Ⓐ) the numbers with those scientists by phone or e-mail. Then the scientists will ask where and when you caught it. From that information, the scientists can learn where the butterflies flew, and when they arrived there. Some butterflies from Japan are even found in distant places like Taiwan. How were those butterflies able to fly such a long way? How do they have so much energy in such small bodies? There are many things that we don't know about them, but you can help (Ⓑ) if you find one with numbers on its wings.

(注) butterfly　チョウ　　wing　羽根　　distant　遠い　　Taiwan　台湾

本文中の(Ⓐ), (Ⓑ)に入る最も適当な語を，それぞれ次のア～エのうちから一つずつ選び，その符号を書きなさい。

Ⓐ　ア　choose　　イ　mean　　ウ　share　　エ　watch

Ⓑ　ア　butterflies　　イ　scientists　　ウ　Taiwan　　エ　yourself

(2)　次の旅行のパンフレットを読んで，あとの①，②の問いに答えなさい。

Information

Niue is a small island, and may be one of the smallest countries in the world. It is about 2,400 km northeast of New Zealand. Niue is 20 hours behind Japan. It is usually warm all year. Niuean and English are spoken there. There are about 1,500 people on this island.

Did you know?

◆Niue has beautiful beaches, and good places for swimming and surfing.
◆You can see whales and dolphins.
◆Rugby is the most popular sport.
◆Niue has only 14 villages.
◆The people of Niue are very friendly and kind to visitors.

Are you looking for a warm place to visit? It's easy to travel to Niue. Niue is only 3 hours and 30 minutes from New Zealand by plane. Please call us now. Your life won't be the same!

Niue AP Travel

☎ (555)−6483

(注) Niue　ニウエ(国名)　　northeast　北東　　New Zealand　ニュージーランド
Niuean　ニウエ語　　surfing　サーフィン　　whale　クジラ　　rugby　ラグビー

①　このパンフレットの内容に関する次の質問に，英語で答えなさい。

What time and day is it in Niue if it is 6 p.m. on Tuesday in Japan?

②　このパンフレットの内容に合っているものを，次のア～エのうちから一つ選び，その符号を書きなさい。

ア　From New Zealand, it is not difficult to fly to Niue.

イ　The largest village in Niue has only 1,500 people who speak Niuean.

ウ　Niue is a warm island country, so the visitors are very friendly.

エ　Surfing is more popular than any other sport in Niue.

6　次の英文は，大学生のジェイソン(Jason)が，ある中学校でプラスチック汚染(plastic pollution)についてスピーチをした原稿です。この原稿を読んで，あとの(1)～(5)の問いに答えなさい。

Hello, everyone. My name is Jason. I am nineteen years old. Today, I am going to talk about plastic pollution. Let's start with <u>this picture</u>①. Plastic is made from oil. If you look around, you can find many plastic products. For example, plastic is used to make bottles, bags, straws, toys, computers, and even clothes. Plastic is useful because it can be different colors, shapes, and sizes.

Production of plastic began about 150 years ago. In the 1950s, products made from plastic became very popular. People were happy to use them every day. As this graph shows, the production of plastic has increased since then. World plastic production in 1977 was only 50 million tons. It became 100 million tons in 1989, and 200 million tons in 2002. It was over 350 million tons in 2018. The number is still growing each year.

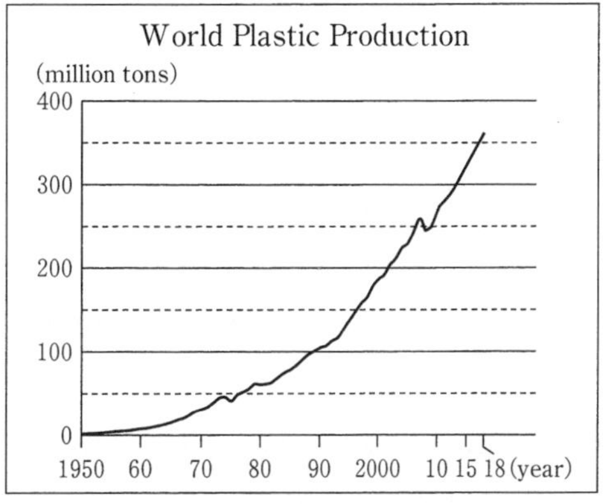

Many plastic products are used only once, then thrown away. Much of this plastic waste can be found in the oceans later. Look at <u>this table</u>②. When plastic waste goes into the ocean, it stays there for a long time. For example, plastic bottles take more than 400 years to break down. Plastic bags don't take as long as plastic bottles to break down, but it still takes about the same number of years as my age. Fishing nets take the longest to break down among the three. Many sea animals and birds eat plastic waste by mistake. Because of this, many of them die. Scientists say there will be more plastic in the ocean than fish by 2050.

The situation of plastic pollution is getting worse, so we have to do something to stop it. This is my message to you. You should understand how much plastic you use every day, and think about how to use less. Don't use too many plastic bags, bottles, or straws. If you use them, do your best to recycle them. Finally, you should bring your own bag when you go shopping. I believe our efforts will help to save the ocean. From this year, 2020, let's say "NO" to plastic pollution!

（注）product　製品　　straw　ストロー　　production　生産(量)
the 1950s　1950年代　　graph　グラフ　　million tons　百万トン
throw～away　～を捨てる　　waste　ごみ　　ocean　大洋，海　　table　表
break down　分解される　　fishing net　魚網　　by mistake　間違えて
worse　より悪く　　less　より少なく

(1)　下線部①の絵として最も適当なものを，次の**ア**～**エ**から一つ選び，その符号を書きなさい。

ア

イ

ウ

エ

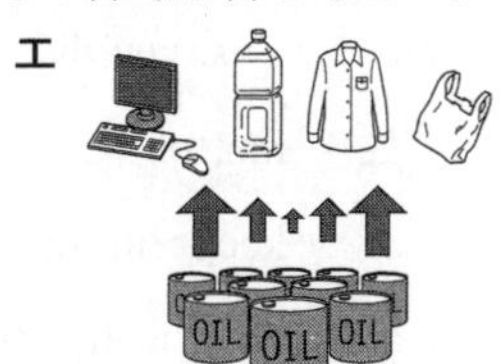

⑵　次の表は下線部②の表です。表の中のⒶ～Ⓒに入る最も適当なものを，それぞれ下のア～ウのうちから一つずつ選び，その符号を書きなさい。ただし，同じ符号を二度選んではいけません。

plastic products	Ⓐ	Ⓑ	Ⓒ
years to break down	20	450	600

ア　fishing nets　　**イ**　plastic bags　　**ウ**　plastic bottles

⑶　本文の内容に関する次の質問に，英語で答えなさい。

Why do many sea animals and birds die?

⑷　本文の内容と合うように，次の英文の（　　）に最も適当な英単語１語を本文中から抜き出して書きなさい。

Jason told the students that we should recycle plastic more and try to (　　) using it so much to save the ocean.

⑸　本文（グラフを含む）の内容に合っているものを，次の**ア**～**エ**のうちから一つ選び，その符号を書きなさい。

ア　People have worried about plastic pollution for more than 150 years.

イ　In 2015, plastic production was more than 350 million tons.

ウ　People use most plastic products many times and throw them away.

エ　Scientists say that there will be more plastic in the sea than fish in 30 years.

7　中学生のベン(Ben)とお父さんが話をしています。この対話文を読んで，［ ⑴ ］～［ ⑷ ］に入る最も適当な英文を，それぞれあとの**ア**～**エ**のうちから一つずつ選び，その符号を書きなさい。

Father: Hi, Ben. You look serious. What are you doing?

Ben: I am doing my homework. I have to write a speech about my motto by next week, but ［ ⑴ ］ Do you have a motto, Dad?

Father: Good question. Well, I think my favorite motto is ［ ⑵ ］ I always keep this in mind.

Ben: That's nice. How did you get this motto?

Father: Well, I learned it from your mother. As you know, she is always smiling. She makes our family happy. I believe if you are always smiling, bad things go away.

Ben: I feel the same. Do you mean ［ ⑶ ］

Father: That's right. You should always think positively. If you are always thinking negatively, you can't enjoy your life. You'll never find a rainbow if you're looking down.

Ben: Wow! That's cool, Dad.

Father: What? ［ ⑷ ］

Ben: Yes, you did! Thank you for your advice.

（注）motto　モットー（日常生活における努力の目標として掲げる言葉）
keep～in mind　～を心にとめておく　　positively　前向きに
negatively　後ろ向きに　　rainbow　虹

(1) ア I have just finished writing it. イ I have a good motto to write.
ウ I don't know the meaning of "motto." エ I don't have any ideas.

(2) ア "Seeing is believing." イ "Smiling makes you happy."
ウ "Learn by doing." エ "Practice makes perfect."

(3) ア we shouldn't use my idea? イ we shouldn't worry too much?
ウ I should look for my mother? エ I should write my speech now?

(4) ア Did you find your motto by yourself? イ Did you start thinking positively?
ウ Did I say something cool? エ Did I say something wrong?

社　会

1　次の文章を読み，あとの(1)～(3)の問いに答えなさい。

千葉県の鍛冶(かじ)職人が伝統的な技法で製作する鎌，鍬(くわ)，包丁などの刃物・手道具類のことを「千葉工匠具(ちばこうしょうぐ)」とよびます。<u>江戸時代の印旛(いんば)沼の開発事業</u>(a)などの過程で，これらの製作技法が発展したとされています。「千葉工匠具」は，平成29年に<u>経済産業大臣</u>(b)の指定を受けて，千葉県では「房州うちわ」に次いで２件目となる<u>国の伝統的工芸品</u>(c)となりました。

(注)　鍛冶とは，金属を打ちきたえて器具を作ること。

(1) 下線部aに関連して，次の文章は，あきこさんが，ある歴史上の人物について調べたことをまとめたレポートの一部である。文章中の［　　］にあてはまる人物として最も適当なものを，あとのア～エのうちから一つ選び，その符号を書きなさい。

> 18世紀後半に老中となった［　　］は，商工業者が株仲間を作ることを奨励したり，長崎での貿易を活発にするため，海産物の輸出をうながしたりして，経済の活性化に力を入れました。また，印旛沼の干拓を始めた人物としても知られています。

ア　田沼意次　　イ　水野忠邦　　ウ　松平定信　　エ　上杉治憲(はるのり)(鷹山(ようざん))

(2) 下線部bに関連して，次の文章は，ただしさんが，経済産業大臣及び経済産業省について調べたことをまとめたレポートの一部である。文章中の［　　］に共通してあてはまる適当な語を**漢字３字**で書きなさい。

> 経済産業大臣は，経済産業省の最高責任者です。経済産業省は日本の経済・産業の発展と資源・エネルギーに関する仕事を通して，日本をより豊かな国とすることを目指して活動しています。一般的に，経済産業省などの行政機関で日常の仕事を担(にな)う人々を［　　］とよびます。日本国憲法では，「すべて［　　］は，全体の奉仕者であって，一部の奉仕者ではない。」と定められています。

⑶　下線部**c**に関連して，次の**ア**～**エ**のグラフは，国の伝統的工芸品の指定品目の多い京都府，新潟県及び沖縄県の３府県と，私たちにゆかりのある千葉県の，製造品出荷額等(**A**)，農業産出額(**B**)，人口(**C**)，第３次産業の有業者割合(**D**)及び総面積(**E**)の５種類のデータについて示したものである。また，それぞれのデータは全国平均を100としたときの値に換算して作成したものである。**ア**～**エ**のグラフのうち，千葉県にあてはまるものはどれか。最も適当なものを一つ選び，その符号を書きなさい。

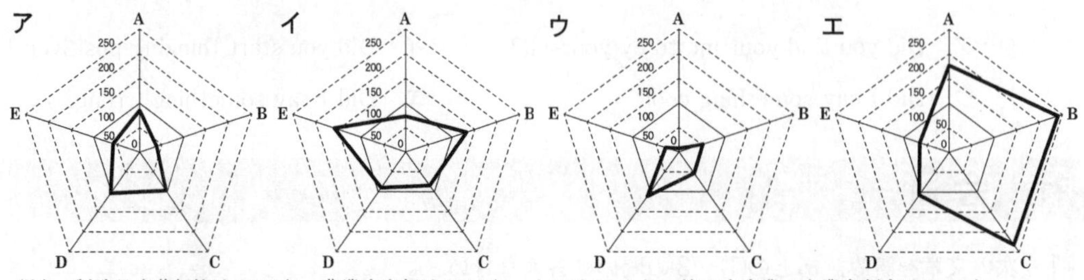

(注)　製造品出荷額等は2016年，農業産出額は2016年，人口は2017年，第３次産業の有業者割合は2017年，総面積は2017年の数値である。

(「データでみる県勢2019」より作成)

2　次の図を見て，あとの⑴～⑷の問いに答えなさい。

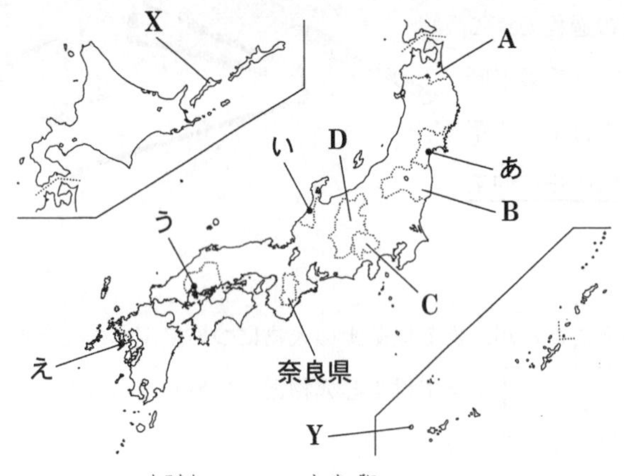

⑴　次の文章は，図中の**X**と**Y**が示す島について述べたものである。文章中の［Ⅰ］，［Ⅱ］にあてはまる語の組み合わせとして最も適当なものを，あとの**ア**～**エ**のうちから一つ選び，その符号を書きなさい。

> **X**は［Ⅰ］で，北方領土の一部である。また，**Y**は［Ⅱ］で，日本の国土の西端に位置している。

ア　Ⅰ：色丹島（しこたん）　Ⅱ：与那国島（よなぐに）　　**イ**　Ⅰ：国後島（くなしり）　Ⅱ：与那国島

ウ　Ⅰ：色丹島　Ⅱ：沖ノ鳥島　　**エ**　Ⅰ：国後島　Ⅱ：沖ノ鳥島

⑵　次の文章は，あつひろさんが，右の写真の都市についてまとめたレポートの一部である。この都市を図中の**あ**～**え**のうちから一つ選び，その符号を書きなさい。また，文章中の［　］にあてはまる適当な都市名を書きなさい。

> この都市は，第二次世界大戦で原子爆弾が投下され，大きな被害を受けた［　］市です。平和記念公園では，毎年８月６日に平和記念式典が開かれます。

⑶　次の**資料**は，りんごの収穫量上位４県の全国のりんごの収穫量に占める割合を示したグラフであり，**資料**中の［Ⅰ］，［Ⅱ］の県は，図中の**A**～**D**の県のいずれかがあてはまる。また，あとの文章は，**資料**中の［Ⅰ］の県について述べたものである。［Ⅰ］～［Ⅲ］にあてはまるものの組み合わせとして最も適当なものを，下の**ア**～**エ**のうちから一つ

選び，その符号を書きなさい。

資料　りんごの収穫量上位４県の全国のりんごの収穫量に占める割合（2017 年）

Ⅰ	Ⅱ	山形	岩手	その他
56.6 %	20.3 %	6.4 %	5.4%	11.4 %

（注）　割合の合計は，四捨五入の関係で 100 % とならない。

（「データでみる県勢 2019」より作成）

> Ⅰ 県は，夏のすずしい気候を生かしたりんごの栽培がさかんで，全国の収穫量の半分以上を占めている。この県では，伝統的工芸品として Ⅲ が知られている。

ア　Ⅰ：A　Ⅱ：C　Ⅲ：会津塗（あいづぬり）　　**イ**　Ⅰ：B　Ⅱ：C　Ⅲ：津軽塗（つがるぬり）

ウ　Ⅰ：A　Ⅱ：D　Ⅲ：津軽塗　　**エ**　Ⅰ：B　Ⅱ：D　Ⅲ：会津塗

⑷　次の地形図は，前のページの図中の**奈良県**のある地域を示したものである。この地形図を正しく読み取ったことがらとして最も適当なものを，あとの**ア**～**エ**のうちから一つ選び，その符号を書きなさい。

（国土地理院　平成 29 年発行 1：25,000「畝傍山（うねびやま）」原図より作成）

ア　**A** 地点一帯には，畑が広がっている。

イ　**B** 地点と **C** 地点の標高では，**C** 地点の方が 100 m 以上高い。

ウ　飛鳥駅付近の交番と高松塚古墳の直線距離は，500 m 以内である。

エ　石舞台古墳のほぼ北西方向に，村役場がある。

3　次の図を見て，あとの(1)～(4)の問いに答えなさい。

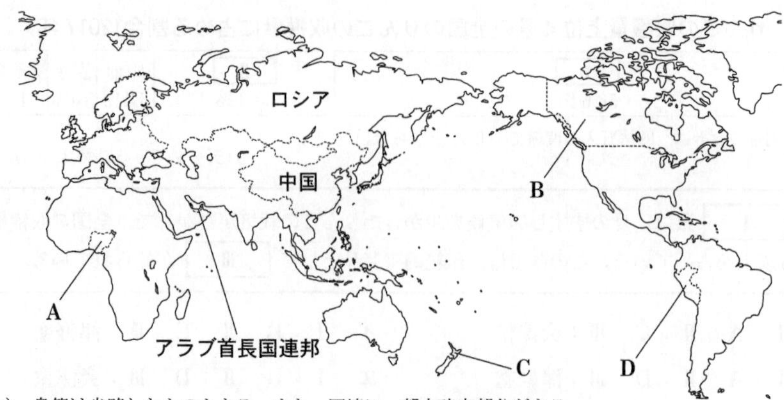

（注）　島等は省略したものもある。また，国境に一部未確定部分がある。

(1)　次の文は，図中のロシアについて述べたものである。文中の［Ⅰ］，［Ⅱ］にあてはまる語の組み合わせとして最も適当なものを，あとの**ア**～**エ**のうちから一つ選び，その符号を書きなさい。

> ロシアは，［Ⅰ］をはさんでヨーロッパからアジアにまたがる広大な国で，［Ⅱ］とよばれる針葉樹林が広がっている。

ア　Ⅰ：アルプス山脈　Ⅱ：タイガ　　**イ**　Ⅰ：ウラル山脈　Ⅱ：タイガ
ウ　Ⅰ：アルプス山脈　Ⅱ：ツンドラ　**エ**　Ⅰ：ウラル山脈　Ⅱ：ツンドラ

(2)　次の文章は，なつよさんが，図中のアラブ首長国連邦についてまとめたレポートの一部である。文章中の［　　］にあてはまる適当な都市名を，**カタカナ３字**で書きなさい。

> ペルシア湾（ペルシャ湾）に面した砂漠の中に位置する［　　］には，石油で得た豊富な資金を使って，高層ビルなどが建設されてきました。2019 年 12 月現在，世界で最も高いビル（828 m）があります。リゾートとしても有名で，外国人観光客やアジアからの出かせぎ労働者が増えています。

(3)　次の文章は，図中の**A**～**D**の国のうち，いずれかの国の様子について述べたものである。この文章はどの国について述べたものか。最も適当なものを一つ選び，その符号を書きなさい。

> この国は，主にイギリスからの移民によって国づくりが進められたが，先住民（先住民族）であるマオリの人々の文化と，移住してきた人々の子孫の文化の，両方を尊重する政策をとっている。農牧業では，羊の飼育がさかんである。

(4)　次の**資料１**は，前のページの図中の中国が生産量世界１位である，小麦及び米の生産量上位５か国とその割合を示したものである。**資料２**は，小麦及び米の輸出量上位５か国とその割合を，**資料３**は，小麦及び米の輸入量上位５か国とその割合を示したものである。これらの資料から読み取れることとして最も適当なものを，あとの**ア**～**エ**のうちから一つ選び，その符号を書きなさい。

資料１　小麦及び米の生産量上位５か国とその割合（2016 年）

	１　位	２　位	３　位	４　位	５　位	世界計（千トン）
小麦	中　国 （17.8 %）	インド （12.3 %）	ロシア （9.8 %）	アメリカ合衆国 （8.4 %）	カナダ （4.3 %）	749,015 （100 %）
米	中　国 （27.9 %）	インド （21.6 %）	インドネシア （10.5 %）	バングラデシュ （6.7 %）	ベトナム （5.7 %）	756,158 （100 %）

資料２　小麦及び米の輸出量上位５か国とその割合（2016 年）

	１　位	２　位	３　位	４　位	５　位	世界計（千トン）
小麦	ロシア （13.8 %）	アメリカ合衆国 （13.1 %）	カナダ （10.7 %）	フランス （10.0 %）	オーストラリア （8.8 %）	183,648 （100 %）
米	タ　イ （24.5 %）	インド （24.5 %）	ベトナム （12.9 %）	パキスタン （9.8 %）	アメリカ合衆国 （8.2 %）	40,266 （100 %）

資料３　小麦及び米の輸入量上位５か国とその割合（2016 年）

	１　位	２　位	３　位	４　位	５　位	世界計（千トン）
小麦	インドネシア （5.7 %）	エジプト （4.7 %）	アルジェリア （4.5 %）	イタリア （4.2 %）	スペイン （3.8 %）	183,903 （100 %）
米	中　国 （9.2 %）	ベナン （3.8 %）	コートジボワール （3.4 %）	インドネシア （3.4 %）	サウジアラビア （3.2 %）	38,225 （100 %）

（**資料１**～**資料３**は「世界国勢図会 2019/20」より作成）

ア　小麦の生産量上位５か国のうち，小麦の輸出量上位５か国に入っているのは３か国である。残りの２か国は，小麦の輸入量上位５か国の中に入っている。

イ　米の生産量上位５か国は全てアジア州の国であり，米の輸出量上位４か国も全てアジア州の国である。米の輸入量上位５か国にはアフリカ州の国は入っていない。

ウ　小麦の生産量上位５か国で小麦の輸入量上位５か国に入っている国はないが，米の生産量上位５か国の中には米の輸入量上位５か国に入っている国が２か国ある。

エ　小麦も米も生産量上位５か国で，それぞれ世界全体の生産量の過半数を生産している。また，輸出量及び輸入量についても，同様に上位５か国でそれぞれ世界全体の過半数を占めている。

4　次の**A**～**D**のカードは，社会科の授業で，りょうこさんが，日本の歴史上の人物について調べ，まとめたものの一部である。これらを見て，あとの(1)～(5)の問いに答えなさい。

A

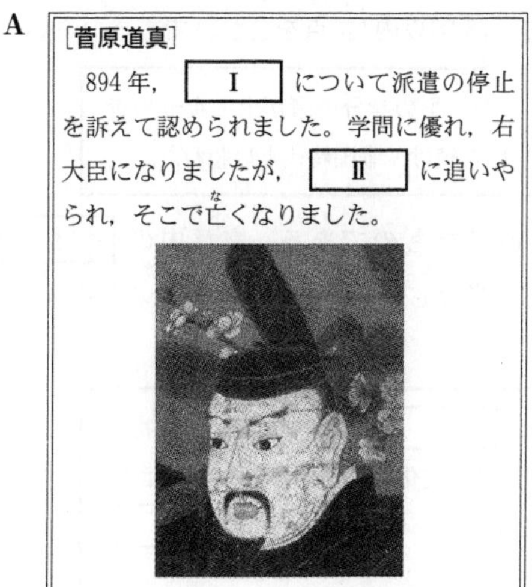

［菅原道真］

894 年，［　**Ⅰ**　］について派遣の停止を訴えて認められました。学問に優れ，右大臣になりましたが，［　**Ⅱ**　］に追いやられ，そこで亡くなりました。

B

［平清盛］

保元の乱，平治の乱に勝利して政治の実権を握り，武士で初めて太政大臣となりました。一族で高位高官を独占して，栄華を極めました。

C

［雪舟］

中国にわたって多くの絵画技法を学び，帰国しました。日本の各地を訪れ，墨一色で自然などを描く水墨画を完成させました。

D

［松尾芭蕉］

俳諧（俳句）で新しい作風を生み出し，芸術性を高めました。このころ上方では，都市の繁栄を背景として町人を担い手とする文化が栄えました。

⑴　**A**のカード中の［　Ⅰ　］，［　Ⅱ　］にあてはまる語の組み合わせとして最も適当なものを，次の**ア**～**エ**のうちから一つ選び，その符号を書きなさい。

ア　Ⅰ：遣隋使　Ⅱ：胆沢城　**イ**　Ⅰ：遣隋使　Ⅱ：大宰府　**ウ**　Ⅰ：遣唐使　Ⅱ：胆沢城　**エ**　Ⅰ：遣唐使　Ⅱ：大宰府

⑵　**B**のカードに関連して，次の**資料**は，ある文学作品の冒頭の部分であり，あとの文は，りょうこさんがまとめたレポートの一部である。文中の［　　］にあてはまる語として最も適当なものを，下の**ア**～**エ**のうちから一つ選び，その符号を書きなさい。

資料

祇園精舎の鐘の声，諸行無常の響きあり。
娑羅双樹（沙羅双樹）の花の色，盛者必衰のことわりをあらわす。
おごれる人も久しからず，ただ春の夜の夢のごとし。
たけき者もついにはほろびぬ，ひとえに風の前の塵に同じ。

りょうこさんがまとめたレポートの一部

この作品は「［　　］」であり，琵琶法師によって語り伝えられ，広まっていきました。

ア　方丈記　　**イ**　徒然草　　**ウ**　平家物語　　**エ**　源氏物語

⑶　次の文章は，**C**のカードと同じ時代の様子について述べたものである。文章中の［　　］にあてはまる適当なことばを，「下剋上」の語を用いて，**15字以内**（読点を含む。）で書きなさい。

応仁の乱以後，室町時代の後半は地方に戦乱が広がった。下の身分の者が上の身分の者を，実力でたおして地位をうばう［　　］が各地で争いを続け，戦国時代といわれた。

⑷　次の文章は，**D**のカード中の下線部について述べたものである。文章中の［　Ⅰ　］，［　Ⅱ　］にあてはまる語の組み合わせとして最も適当なものを，あとの**ア**～**エ**のうちから一つ選び，その符号を書きなさい。

大阪は商業の中心地として栄え，諸藩が大阪に置いた［　Ⅰ　］では，年貢米や特産物が取り引きされた。また，京都は古くからの都として，学問や文化の中心であった。17世紀の末から18世紀の初めにかけての，上方の町人たちを主な担い手とする文化は［　Ⅱ　］とよばれる。

ア　Ⅰ：蔵屋敷　Ⅱ：元禄文化　　　イ　Ⅰ：両替商　Ⅱ：元禄文化
ウ　Ⅰ：蔵屋敷　Ⅱ：化政文化　　　エ　Ⅰ：両替商　Ⅱ：化政文化

(5)　**D**のカードに関連して，松尾芭蕉が生きた17世紀に起こった世界のことがらとして最も適当なものを，次の**ア**～**エ**のうちから一つ選び，その符号を書きなさい。

ア　アメリカでは，イギリスに対する独立戦争が起こり，独立宣言が発表された。
イ　イギリスでは，名誉革命により新しい国王をむかえ，権利の章典（権利章典）が発布された。
ウ　インドでは，イギリスの支配に不満をもつ人々により，インド大反乱が起こった。
エ　フランスでは，フランス革命後に軍人のナポレオンが権力をにぎり，皇帝となった。

5　次の略年表は，社会科の授業で，としひろさんが，外交官として活躍した杉原千畝（ちうね）について調べ，まとめたものの一部である。これを見て，あとの(1)～(4)の問いに答えなさい。

年　代	主　な　で　き　ご　と
1900	岐阜県で生まれる
	↕ **A**
1924	外務省書記生として採用される
	↕ **B**
1939	カウナス（リトアニア）の日本領事館につとめる（1940年まで）
	↕ **C**
1947	外務省を退官する
	↕ **D**
1969	イスラエル政府宗教大臣より勲章を受ける
1986	86歳で亡（な）くなる

(1)　略年表中の**A**の時期の日本の動きを，次の**ア**～**エ**のうちから**三つ**選び，年代の**古いものから順に並べ**，その符号を書きなさい。

ア　アメリカの仲介によって，ロシアとポーツマス条約を結んだ。
イ　ロシアの勢力拡大に対抗するため，日英同盟を結んだ。
ウ　「満州国」を承認しない国際連盟に反発して，脱退を通告した。
エ　中国に対して二十一か条の要求を行い，大部分を認めさせた。

(2)　次の文章は，略年表中の**B**と**C**の時期に起こったことがらについて，としひろさんがまとめたレポートの一部である。文章中の［　　　］に共通してあてはまる適当な語を**カタカナ３字**で書きなさい。

> ドイツでは，第一次世界大戦の賠償金と失業者の増大に苦しむ中，ヒトラーの率いるナチ党（ナチス）が選挙で支持を得て，1933年に政権をにぎりました。ヒトラーは，国民の言論・思想の自由をうばい，人種差別思想を唱えて［　　　］人などを迫害しましたが，軍備の拡張によって景気を回復させたので，多くの国民はナチ党（ナチス）を支持しました。杉原千畝は，迫害から逃れるためにリトアニアの日本領事館にやってきた［　　　］人にビザを

発行し，出国できるようにしました。このころ，［　　　］人の少女アンネ・フランクも迫害を受けて隠れ家での生活を送り，その日々を日記につづりました。

⑶　次の文章は，略年表中のＣの時期に日本で起こったことがらについて述べたものである。文章中の［　Ⅰ　］，［　Ⅱ　］にあてはまる語の組み合わせとして最も適当なものを，あとのア～エのうちから一つ選び，その符号を書きなさい。

日中戦争のなかで，1940年に［　Ⅰ　］内閣が「挙国一致」を目標として，新体制運動を進めた。政党は解散して，新たに結成された［　Ⅱ　］に合流した。

ア　Ⅰ：近衛文麿（このえふみまろ）　Ⅱ：労働組合　　イ　Ⅰ：東条英機　Ⅱ：労働組合

ウ　Ⅰ：近衛文麿　Ⅱ：大政翼賛会　　エ　Ⅰ：東条英機　Ⅱ：大政翼賛会

⑷　次のア～エのカードは，明治時代以降の日本の様子についてまとめたものの一部である。これらのうち，略年表中のＤの時期に起こったことがらについてまとめたものはどれか。最も適当なものを一つ選び，その符号を書きなさい。

ア

ラジオ放送が始まり，国内外のできごとが全国に伝えられるようになった。

イ

テレビ・電気洗濯機などの家庭電化製品が普及し，暮らしが便利になった。

ウ

欧米と同じ太陽暦が採用され，１週間を７日とすることが定められた。

エ

グローバル化が進み，インターネットが広く普及するようになった。

6　次の文章を読み，あとの⑴～⑶の問いに答えなさい。

政府の行う経済活動のことを財政とよびます。家計や企業から集めた<u>税金</u>(a)を主な収入源として，社会資本の整備や社会保障など，社会全体にとって必要な支出を行っています。また，<u>景気</u>(b)を調整して経済を安定化させる役割も担（にな）っています。しかし，<u>財政赤字の問題をどのように解決するか</u>(c)が課題とされています。

⑴　下線部ａに関連して，次の文章は，所得税と消費税の比較について述べたものの一部である。文章中の［　Ⅰ　］～［　Ⅳ　］にあてはまる語の組み合わせとして最も適当なものを，あとのア～エのうちから一つ選び，その符号を書きなさい。

直接税である［　Ⅰ　］税は，所得が多いほど高い税率が適用されるため，［　Ⅱ　］性のある税金だとされている。一方，間接税である［　Ⅲ　］税は，所得が少ないほど所得に占める税負担の割合が高くなる傾向があるため，［　Ⅳ　］性のある税金だとされている。

ア　Ⅰ：所得　Ⅱ：累進　Ⅲ：消費　Ⅳ：逆進　　イ　Ⅰ：消費　Ⅱ：累進　Ⅲ：所得　Ⅳ：逆進

ウ　Ⅰ：所得　Ⅱ：逆進　Ⅲ：消費　Ⅳ：累進　　エ　Ⅰ：消費　Ⅱ：逆進　Ⅲ：所得　Ⅳ：累進

⑵　下線部ｂに関連して，次の文章は，景気変動（景気循環）について述べたものの一部である。文章中の［　Ｘ　］，［　Ｙ　］にあてはまる適当な語を，それぞれ**漢字２字**で書きなさい。

一般的に，市場（しじょう）経済においては，社会全体の経済活動や所得の水準が好調な［　X　］と，逆にそれが低下する［　Y　］とが交互にくり返されると考えられている。このことを景気変動（景気循環）とよぶ。

⑶　下線部cに関連して，次の文章は，社会科の授業で，あきこさんたちの班が，次のページの**資料**を見ながら「日本の国債残高と国債依存度」について話し合っている場面の一部である。文章中の［　　　］にあてはまるものとして最も適当なものを，あとの**ア**～**エ**のうちから一つ選び，その符号を書きなさい。

> あきこさん：この**資料**を見ると，日本の国債残高と国債依存度の移り変わりは，特徴がずいぶんと違うことがわかるね。
>
> ただしさん：確かにそうだね。例えば，**資料**から，［　　　］ということがわかるね。では，今後の日本の財政状況について，どのように考えれば良いのかな。
>
> なつよさん：歳出を増やさないようにするのも大切だけど，税収を増やすことを考えるのも大切だと思うな。両方の視点から取り組むことが，大切だと思うよ。

資料　日本の国債残高と国債依存度の推移（1979年度～2018年度）

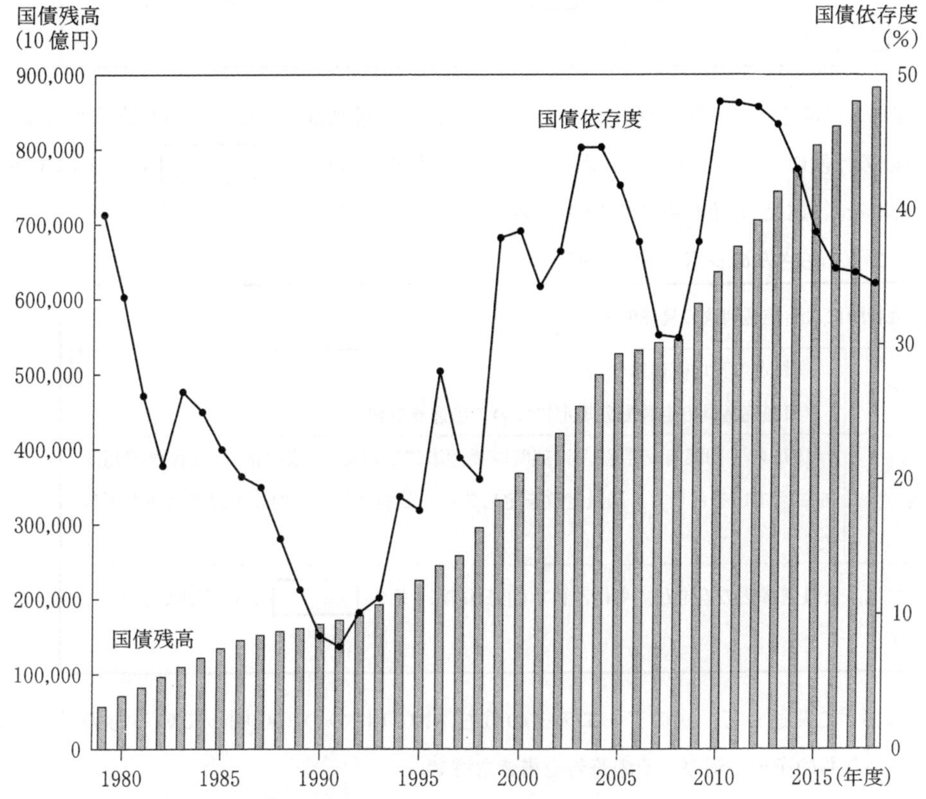

(注)・「国債残高」とは，国による返済がまだ終わっていない国債の総額のこと。
・「国債依存度」とは，国の歳入総額に占める国債による歳入割合のこと。

（総務省統計局「第六十八回日本統計年鑑　平成31年」などより作成）

ア　2018年度は20年前の1998年度と比べると，国債残高が5倍以上になったが，国債依存度は30％台でほぼ変わっていない

イ　1979 年度から 2018 年度の間で最も国債依存度が高かった年度の国債残高は，その 10 年前の国債残高の 3 倍以上になっている

ウ　1979 年度から 2018 年度において，前年度よりも国債依存度が低下した年度は 20 以上あるが，国債残高は常に増え続けている

エ　2010 年度以降，毎年度，国債依存度が低下しており，2011 年度以降，毎年度，国債残高は減少している

7　次の文章を読み，あとの(1)～(3)の問いに答えなさい。

人間は生まれながらにして，自由に人間らしく生きる権利である基本的人権を有しています。同時に，社会生活を支え，秩序を守っていくという義務(a)も伴います。私たちの基本的人権を守る上で，「憲法の番人」とよばれる最高裁判所(b)は，重要な役割を担(にな)っています。また，近年では，NGO(c)の活動も注目されています。

(1)　下線部 **a** に関連して，次の文章は，日本国憲法における国民の義務について述べたものである。文章中の □ に共通してあてはまる適当な語を**漢字２字**で書きなさい。

> 日本国憲法は，子どもに普通教育を受けさせる義務，□ の義務，納税の義務の三つを，国民の義務として定めている。□ の義務について，第 27 条では「すべて国民は，□ の権利を有し，義務を負ふ。」と記されている。

(2)　下線部 **b** に関連して，次の**資料**は，こういちさんが，最高裁判所による違憲立法審査権（違憲審査権）の行使についてまとめたレポートの一部である。**資料**中の □ にあてはまる適当なことばを，「違反」の語を用いて **15 字以内**（読点を含む。）で書きなさい。

資料　こういちさんのレポートの一部

最高裁判所による違憲判決の具体例と内容

具体例	議員定数不均衡違憲判決 （衆議院議員の定数配分規定についての違憲判決）
内　容	1976 年・1985 年の判決。衆議院議員選挙における「一票の格差」は合理的範囲をこえているとして，議員定数を定めている公職選挙法に対して違憲判決を下した。

これは，公職選挙法の規定が，主に，日本国憲法第 14 条の □ という判断を下した裁判です。

(3)　下線部 **c** に関連して，次の**ア**～**エ**の文のうち，NGO について説明しているものはどれか。最も適当なものを一つ選び，その符号を書きなさい。

ア　政府によって行われる，技術援助を含む発展途上国への開発支援のことである。

イ　人権保障の実現など，様々な課題の解決に向けて活動する非政府組織のことである。

ウ　核保有国以外の国が，新たに核兵器を持つことを禁じる条約のことである。

エ　各国の利害を調整しながら，自由な国際貿易を目指す国際機関のことである。

理　科

1　Sさんは，休日に博物館で化石の展示を観察しました。これに関する先生との会話文を読んで，あとの(1)～(4)の問いに答えなさい。

Sさん：先日博物館で，**図1**のようなデスモスチルスの歯の化石を観察しました。

先　生：それはよい経験をしましたね。地球の歴史は，見つかる化石などのちがいをもとにして，いくつかの時代に区分されています。これを地質年代といいます。デスモスチルスは，新生代という地質年代に生きていた生物であり，示準（しじゅん）化石として用いられます。

図1

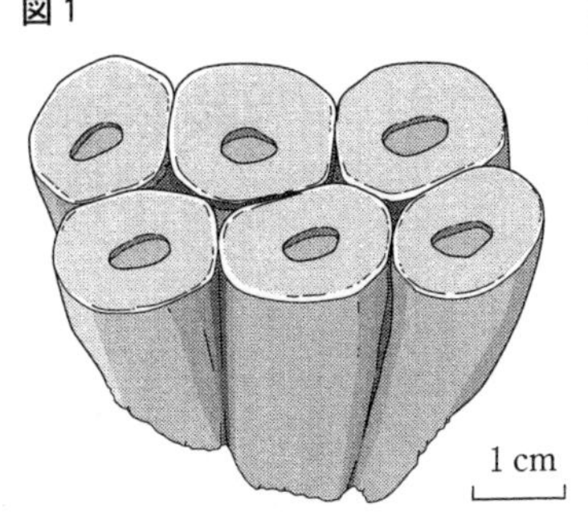

Sさん：貴重な化石なのですね。私も野外で，岩石の中から化石を見つけてみたいです。

先　生：化石を見つけたいのであれば，地層として堆積（たいせき）したものが固められてできた岩石を観察すると良いですね。千葉県には新生代の地層が広く分布しており，絶滅（ぜつめつ）した貝などの化石が多く見つかっています。

Sさん：そうなのですね。千葉県では，新生代以外の地質年代の化石も見つかっていますか。

先　生：はい。**図2**は，銚子（ちょうし）市にある中生代の地層から見つかった化石です。何かわかりますか。

Sさん：これは［ **m** ］という海の生物の化石ですね。

先　生：そのとおりです。北海道では，中生代の海の地層から恐竜（きょうりゅう）の全身の化石が発見されたのですよ。

Sさん：すごいですね。恐竜が生きていた中生代にできた千葉県の地層がどのようなものか，今度見学に行きたいと思います。

図2

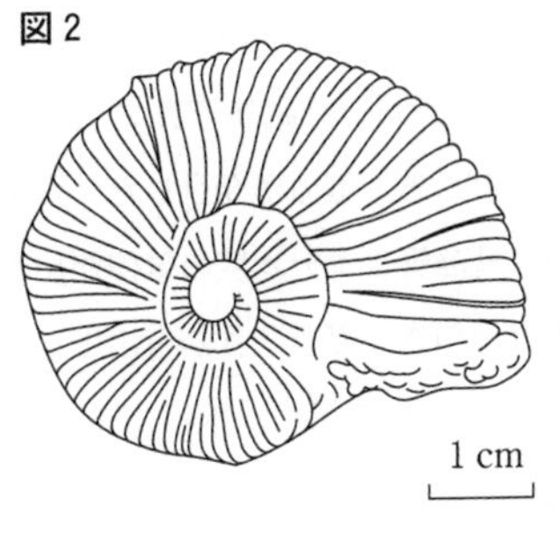

(1)　下線部のような岩石として**適当でないもの**を，次の**ア**～**エ**のうちから一つ選び，その符号を書きなさい。

ア　れき岩　　**イ**　砂　岩　　**ウ**　安山岩　　**エ**　チャート

(2)　会話文中の［ **m** ］にあてはまる生物として最も適当なものを，次の**ア**～**エ**のうちから一つ選び，その符号を書きなさい。

ア　フズリナ　　**イ**　アンモナイト　　**ウ**　ビカリア　　**エ**　サンヨウチュウ

(3)　**図3**は，互いに離れた場所にある露頭（ろとう）**A**～**C**のようすを模式的に表したものであり，**図3**中の貝の絵は，それぞれの地層にふくまれる貝の化石の種類を示している。これらの地域には，古い順に時代Ⅰ～Ⅳという異なる時代にできた地層があることが，示準化石などからわかっている。なお，露頭**B**では時代Ⅳの地層を観察することができなかった。**図3**中の貝の化石のうち，示準化石として最も適当なものを，あとの**ア**～**エ**のうちから一つ選び，その符号を書きなさい。

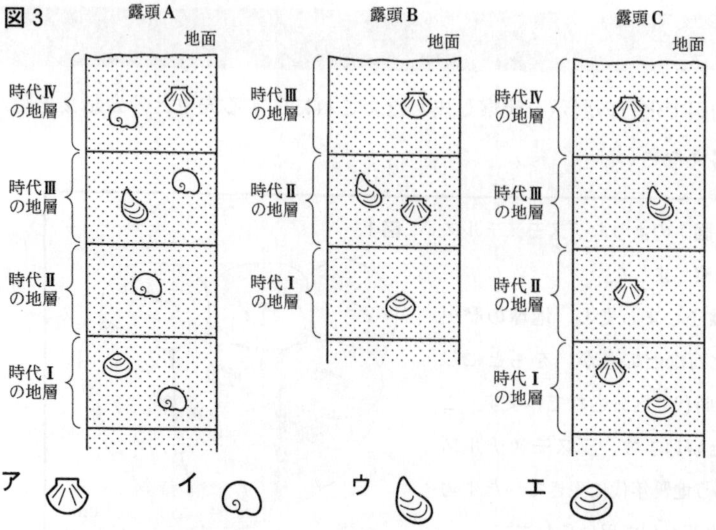

⑷　化石には示相(しそう)化石とよばれるものがある。示相化石からは何が推定できるか，**15字以内**（読点を含む。）で書きなさい。

2　炭酸水素ナトリウムを加熱したときの変化について調べるため，次の**実験**を行いました。これに関して，あとの⑴～⑷の問いに答えなさい。

実験

①　**図１**のように，炭酸水素ナトリウム1.5ｇをかわいた試験管**Ａ**に入れ，加熱したところ，気体が発生した。ガラス管から試験管１本分程度の気体が出た後，引きつづき，ガラス管から出てきた気体を試験管**Ｂ**に集め，水中でゴム栓(せん)をした。

図１

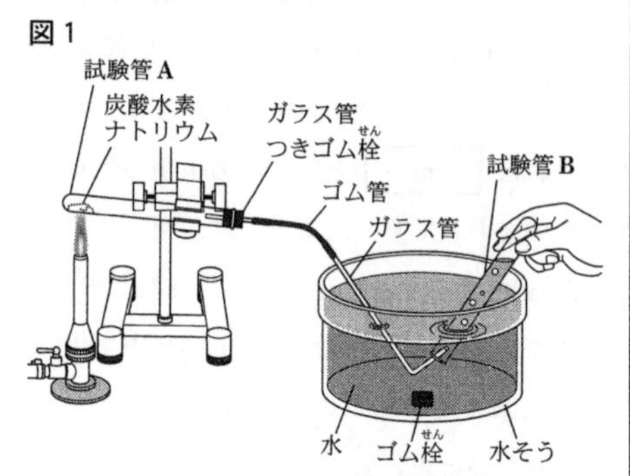

②　さらに加熱しつづけたところ，気体が発生しなくなったので，ガラス管を水そうの水から出した後，加熱をやめた。試験管**Ａ**内に白い固体が残り，試験管**Ａ**の口の内側に液体がついていた。

③　①で気体を集めた試験管**Ｂ**に，石灰水(せっかいすい)を加えてよく振(ふ)ったところ，石灰水は白くにごった。

④　試験管**Ａ**が十分に冷えてから，ガラス管つきゴム栓を外し，試験管**Ａ**の口の内側についた液体に［ m ］紙をつけたところ，［ n ］になった。

⑤　試験管**Ｃ**には炭酸水素ナトリウムを，試験管**Ｄ**には試験管**Ａ**の加熱後に残った白い固体を，それぞれ0.5ｇ入れた。次に，試験管**Ｃ**，**Ｄ**に，同じ温度の水５mLをそれぞれ加えてよく振り，とけ方のちがいを調べた。

⑥　**図２**のように，試験管**Ｃ**，**Ｄ**に，フェノールフタレイン液（フェノールフタレイン溶液）を１，２滴(てき)加え，色の変化を調べた。

図２

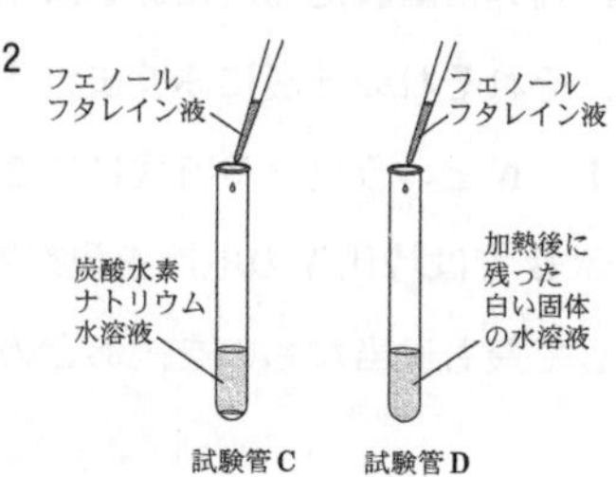

表は**実験**の⑤と⑥の結果を示したものである。

表

		炭酸水素ナトリウム（試験管 **C**）	加熱後に残った白い固体（試験管 **D**）
⑤	それぞれの物質0.5gに水5mLを加えてよく振ったときのようす	とけ残った	すべてとけた
⑥	それぞれの物質の水溶液（すいようえき）にフェノールフタレイン液を加えたときのようす	うすい赤色になった	濃（こ）い赤色になった

(1) 次の文は，**実験**の②で，下線部の操作をした理由について述べたものである。文中の［ v ］にあてはまる内容を簡潔に書きなさい。

> 加熱していた試験管 **A** に［ v ］ことを防ぐため。

(2) **実験**の④の結果から，加熱後の試験管 **A** の口の内側についた液体は水であることがわかった。文中の［ m ］，［ n ］にあてはまるものの組み合わせとして最も適当なものを，次の**ア**～**エ**のうちから一つ選び，その符号を書きなさい。

ア　**m**：青色リトマス　**n**：青色から赤色　　**イ**　**m**：赤色リトマス　**n**：赤色から青色

ウ　**m**：塩化コバルト　**n**：青色から赤色　　**エ**　**m**：塩化コバルト　**n**：赤色から青色

(3) 次の文は，**表**に示された結果からわかることについて述べたものである。文中の［ w ］，［ x ］にあてはまるものの組み合わせとして最も適当なものを，あとの**ア**～**エ**のうちから一つ選び，その符号を書きなさい。

> 加熱後に残った白い固体は，炭酸水素ナトリウムよりも水に［ w ］，加熱後に残った白い固体の水溶液は，炭酸水素ナトリウム水溶液よりも強い［ x ］である。

ア　**w**：とけやすく　**x**：酸　性　　**イ**　**w**：とけやすく　**x**：アルカリ性

ウ　**w**：とけにくく　**x**：酸　性　　**エ**　**w**：とけにくく　**x**：アルカリ性

(4) 次の化学反応式は，**実験**で，炭酸水素ナトリウムを加熱したときの化学変化を表したものである。［ y ］にあてはまる数を書きなさい。また，［ z ］にあてはまる化学式を書きなさい。なお，$NaHCO_3$は炭酸水素ナトリウムの化学式であり，Na_2CO_3は加熱後に残った白い固体の化学式である。

$$\boxed{\ y\ }\ NaHCO_3 \longrightarrow Na_2CO_3 + \boxed{\ z\ } + H_2O$$

3　ヒトのだ液のはたらきについて調べるため，次の**実験**を行いました。これに関して，あとの(1)～(4)の問いに答えなさい。

実験

① **図1**のように，試験管**A**，**B**には，0.5％のデンプン水溶液（すいようえき）を10mLずつと，水でうすめただ液を2mLずつ入れ，それぞれ混ぜ合わせた。試験管**C**，**D**には，0.5％のデンプン水溶液を10mLずつと，水を2mLずつ入れ，それぞれ混ぜ合わせた。

次に，**図2**のように，試験管**A**～**D**をビーカー内の約40℃の湯に10分間つけた。

② ビーカーから試験管**A**～**D**を取り出し，**図3**のように，試験管**A**，**C**にはヨウ素液（ヨウ素溶液）を数滴（すうてき）加えて，デンプンの有無を調べた。また，試験管**B**，**D**にはベネジクト液（ベネジクト溶液）を少量加えて，麦芽糖（ばくがとう）（ブドウ糖が2つつながったもの）の有無を調べ

た。なお，試験管B，Dにはベネジクト液を加えた後，どちらの試験管にも同じ<u>ある操作</u>を行った。**表**は，**実験**の結果をまとめたものである。

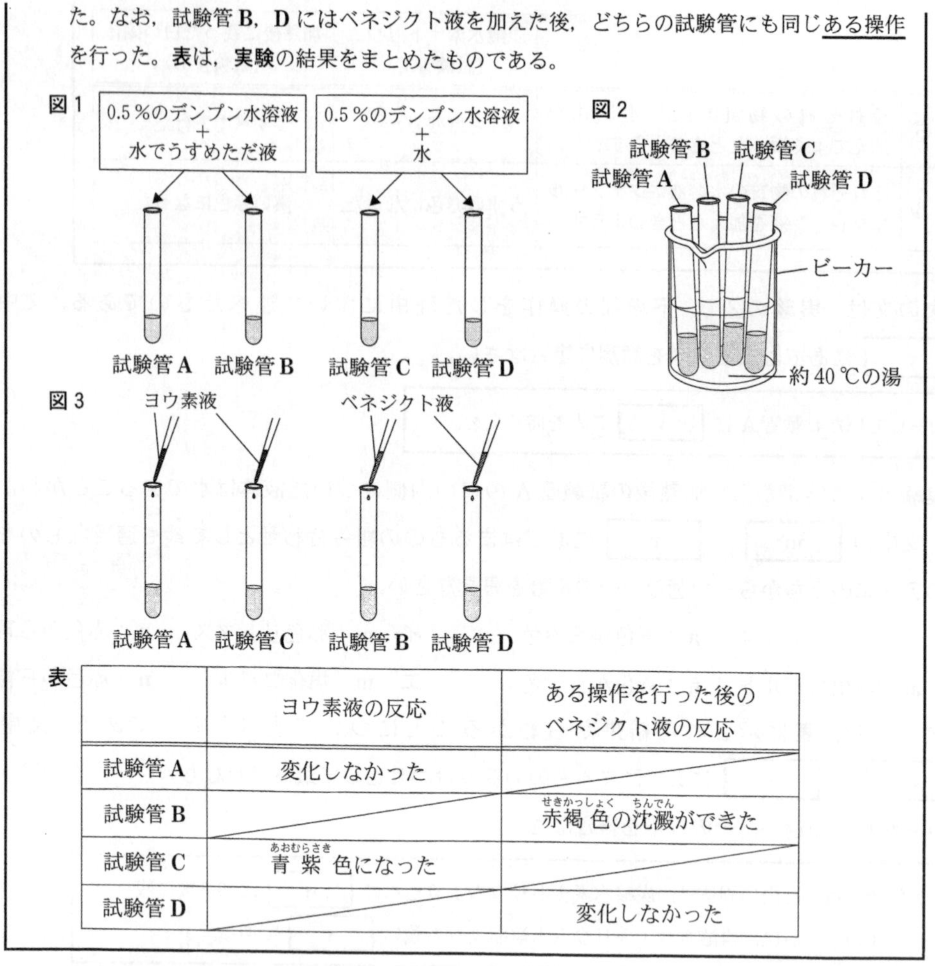

表

	ヨウ素液の反応	ある操作を行った後のベネジクト液の反応
試験管A	変化しなかった	
試験管B		赤褐（せきかっしょく）色の沈澱（ちんでん）ができた
試験管C	青紫（あおむらさき）色になった	
試験管D		変化しなかった

⑴　**実験**の②の下線部について，ある操作とは，どのような操作か，簡潔に書きなさい。

⑵　次の文章は，**実験**の結果からわかることについて述べたものである。文章中の［ w ］～［ z ］にあてはまる試験管として最も適当なものを，あとの**ア**～**エ**のうちからそれぞれ一つずつ選び，その符号を書きなさい。

> ［ w ］と［ x ］の結果を比べると，［ w ］ではデンプンが分解されたことがわかる。また，［ y ］と［ z ］の結果を比べると，［ y ］に麦芽糖ができたことがわかる。

ア　試験管A　　**イ**　試験管B　　**ウ**　試験管C　　**エ**　試験管D

⑶　試験管A，Bには，水でうすめただ液を 2 mL ずつ加えたことに対して，試験管C，Dには，水を 2 mL ずつ加えた対照実験を行ったのはなぜか。その理由について述べた文として最も適当なものを，次の**ア**～**エ**のうちから一つ選び，その符号を書きなさい。

ア　デンプンの分解は，水のはたらきによるものではないことを確かめるため。

イ　デンプンの分解は，より多くの水でうすめたほうが起こりやすくなることを確かめるため。

ウ　デンプンの分解は，水があると起こらないことを確かめるため。

エ　デンプンの分解は，水がないと起こらないことを確かめるため。

⑷　次の文章は，ヒトの消化液や，それにふくまれる消化酵素（こうそ）のはたらきについて述べたもので

ある。胃液中の消化酵素および，すい液中の消化酵素が分解する物質について述べた文として最も適当なものを，あとの**ア**～**エ**のうちからそれぞれ一つずつ選び，その符号を書きなさい。ただし，物質Ⅰ，物質Ⅱは，一方がタンパク質で，もう一方が脂肪(しぼう)である。

胆汁(たんじゅう)は，物質Ⅰを水に混ざりやすい状態にする。また，小腸の壁の消化酵素は，物質Ⅱやデンプンが分解されたものを，さらに小さな物質に分解する。

ア　物質Ⅰのみを分解する。　　**イ**　物質Ⅱのみを分解する。

ウ　物質Ⅰ，物質Ⅱを分解する。　　**エ**　物質Ⅰ，物質Ⅱ，デンプンを分解する。

4　台車の運動について調べるため，次の**実験**１，２を行いました。これに関して，あとの(1)～(4)の問いに答えなさい。ただし，台車と水平な机の間の摩擦(まさつ)，台車と斜面(しゃめん)の間の摩擦，紙テープと記録タイマーの間の摩擦，空気抵抗(ていこう)，紙テープの質量は考えないものとします。

実験１

図１のように，１秒間に50回打点する記録タイマーを水平な机の上に固定し，記録タイマーに通した紙テープの一端(いったん)を台車に取り付けた。記録タイマーのスイッチを入れ，台車を矢印の方向に手で静かに押した後，その手をはなした。

このときの台車の運動のようすを，記録タイマーで紙テープに記録した。**図２**は，打点が重ならずはっきりと判別できる点を基準点とし，記録された紙テープを基準点から５打点ごとに切り，時間の経過の順に①～⑧として，左から台紙にはりつけたものである。

実験２

図３のように，１秒間に50回打点する記録タイマーを斜面上に固定し，記録タイマーに通した紙テープの一端を台車に取り付けた。台車の先端を斜面上の**A**点にあわせて置き，記録タイマーのスイッチを入れると同時に，台車を支えた手を静かにはなしたところ，台車は速さを増し，斜面を下った。

このとき，台車の先端が**B**点を通過するまでの，台車の運動のようすを，記録タイマーで紙テープに記録した。**図４**は，**実験１**と同様に，記録された紙テープを基準点から５打点ごとに切り，時間の経過の順に①～⑧として，左から台紙にはりつけたものである。

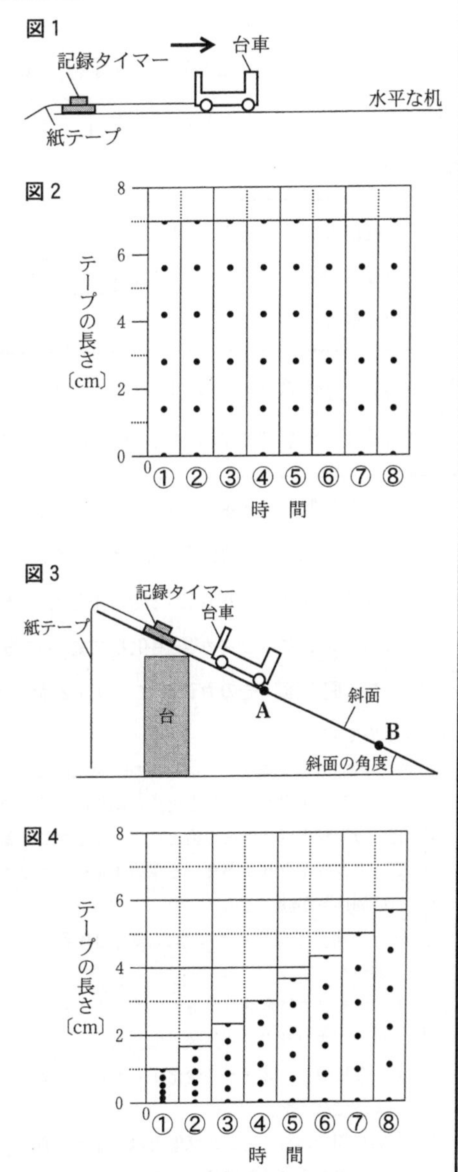

⑴　**実験１**で，手をはなした後の台車には，どのような力がはたらいているか。次の**ア**～**エ**のうちから最も適当なものを一つ選び，その符号を書きなさい。

ア　重力　　　**イ**　重力と垂直抗力（こうりょく）

ウ　重力と垂直抗力と運動している向きの力　　　**エ**　垂直抗力と運動している向きの力

⑵　**実験１**において，**図２**をもとに，台車が動いた時間と，台車が動いた距離の関係を表すグラフを，解答欄の図中にかき入れ，完成させなさい。ただし，台車が動いた時間は，基準点が打たれたときからはかるものとする。

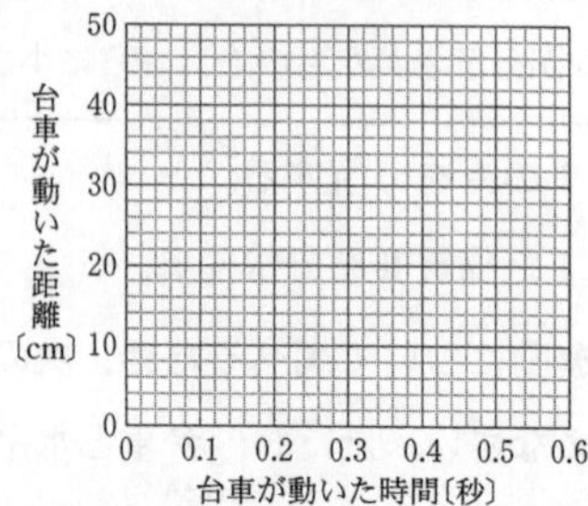

⑶　**実験２**の**図４**で，基準点が打たれたときから，0.6 秒後から 0.7 秒後までの，台車の平均の速さは何 m/s か，書きなさい。

⑷　次の文は，**実験２**で用いた斜面の角度を，10° 大きくしたときの，斜面上の台車の運動のようすについて述べたものである。文中の［ x ］，［ y ］にあてはまる最も適当なことばを，それぞれ書きなさい。

> 斜面の角度が大きくなると，台車にはたらく重力の大きさは［ x ］が，台車にはたらく重力の，斜面に平行な分力の大きさが［ y ］ので，台車の先端が**B**点を通過するときの速さは速くなる。

5　**S**さんたちは，自然界における生物どうしのつながりを，２つのテーマについて調べ，発表しました。これに関する会話文を読んで，あとの⑴～⑶の問いに答えなさい。

Sさん：これから発表を始めます。私は，ある地域における，生物の個体数の増減について調べました。この地域には草食動物と，それを食べるヤマネコなどの肉食動物がおり，その数量のつり合いが保たれていました。そこに 1880 年ごろ，他の地域から持ちこまれたカンジキウサギが野生化して急激に増え，ヤマネコの数に大きな影響（えいきょう）を与えました。**図１**は，そのカンジキウサギとヤマネコの個体数の増減について，まとめたパネルです。

図１

①　カンジキウサギが野生化し，個体数が増えた。
②　カンジキウサギを食物として，ヤマネコの個体数が増えた。
③　カンジキウサギが食べる草の不足や，ヤマネコによる捕食によって，カンジキウサギの個体数が減った。
④　食物が不足したヤマネコは，個体数が減った。
⑤　ヤマネコに食べられることが少なくなり，カンジキウサギの個体数が増えた。
⑥　②に戻り，②～⑤の変化がくり返されるようになった。
長い時間ののち，もとの状態とはちがう，食べる・食べられるの関係ができた。

カンジキウサギとヤマネコ

Tさん：もともとその場所にすんでいた生物に，影響がおよぶことがあるのですね。

Sさん：はい。その地域に本来はいなかったが，［ x ］によって持ちこまれ，定着した生物を，［ y ］といいます。

先　生：そうですね。この［ y ］については，千葉県内でも問題になっているようです。では次にTさん，発表をお願いします。

Tさん：はい。私は，分解されにくい物質が食物とともに生物に取りこまれ，高い濃度（のうど）で体内に蓄積（ちくせき）される現象を調べました。これを生物［ z ］といいます。

先　生：そうですね。発表を続けてください。

Tさん：図２は，Ｌ湖という湖に流入した殺虫剤（さっちゅうざい）の，生物体内における濃度をまとめたものです。単位のppmは100万分の１を表すので，Ｌ湖にすむ大型の魚の体重を1 kgとすると，この魚の体内には2.05 mgの殺虫剤がふくまれていることになります。

図２

動植物プランクトン 0.04 ppm → 小エビ 0.16 ppm → 小型の魚 0.23 ppm → 大型の魚 2.05 ppm → 大型の鳥 16.4 ppm

Sさん：<u>食物連鎖（れんさ）の上位の生物ほど，殺虫剤の体内の濃度は高くなっていますね。</u>

先　生：そのとおりです。みなさん，よく調べましたね。

(1)　会話文中の［ x ］，［ y ］にあてはまるものの組み合わせとして最も適当なものを，次の**ア**～**エ**のうちから一つ選び，その符号を書きなさい。

ア　**x**：自然がもたらす災害　**y**：消費者　　**イ**　**x**：自然がもたらす災害　**y**：外来種

ウ　**x**：人間の活動　**y**：消費者　　**エ**　**x**：人間の活動　**y**：外来種

(2)　**図１**で，②～⑤の変化がくり返されるようになったとき，カンジキウサギとヤマネコの個体数やその増減を説明している文として最も適当なものを，次の**ア**～**エ**のうちから一つ選び，その符号を書きなさい。

ア　個体数はカンジキウサギのほうが多く，カンジキウサギが減ると，続いてヤマネコも減る。

イ　個体数はカンジキウサギのほうが多く，ヤマネコが減ると，続いてカンジキウサギも減る。

ウ　個体数はヤマネコのほうが多く，カンジキウサギが減ると，続いてヤマネコも減る。

エ　個体数はヤマネコのほうが多く，ヤマネコが減ると，続いてカンジキウサギも減る。

(3)　Tさんの発表について，次の(a)，(b)の問いに答えなさい。

(a)　会話文中の［ z ］にあてはまる最も適当なことばを，書きなさい。

(b)　会話文中の下線部について，体内に取りこまれた殺虫剤が分解されたり体外に排出（はいしゅつ）されたりすることはないものとしたとき，**図２**における大型の鳥は，Ｌ湖にすむ大型の魚を何匹（ひき）食べたことになるか。次の**ア**～**エ**のうちから最も適当なものを一つ選び，その符号を書きなさい。ただし，大型の鳥の体重を1.5 kg，大型の魚の体重を400 gとし，大型の鳥は大型の魚のみを丸ごと食べているものとする。また，Ｌ湖以外に殺虫剤が流入した湖などはないものとする。

ア　4匹　　**イ**　8匹　　**ウ**　30匹　　**エ**　40匹

6　物質の密度について調べるため，次の**実験１**，**２**を行いました。金属**A**～**C**は，アルミニウム，鉄，銅のいずれかで，プラスチック**D**～**F**は，ポリスチレン，PET（ペット）（ポリエチレンテレフタラート），ポリプロピレンのいずれかです。これに関して，あとの(1)～(4)の問いに答えなさい。ただし，液体の密度は，水が1.0 g/cm^3，エタノールが0.79 g/cm^3，食塩水が1.2 g/cm^{3}とします。また，1 mLは1 cm^{3}です。

実験１

① **図１**のように，**金属A**の質量を電子てんびんで測定した。

② **図２**のように，水平な机の上に置いた100 mLメスシリンダーに水を入れて目もりを読みとった後，そのメスシリンダーの中に**金属A**を静かに入れて再び目もりを読みとった。

③ **金属B**，**金属C**についても，**金属A**と同様に①，②の操作をそれぞれ行った。

図１

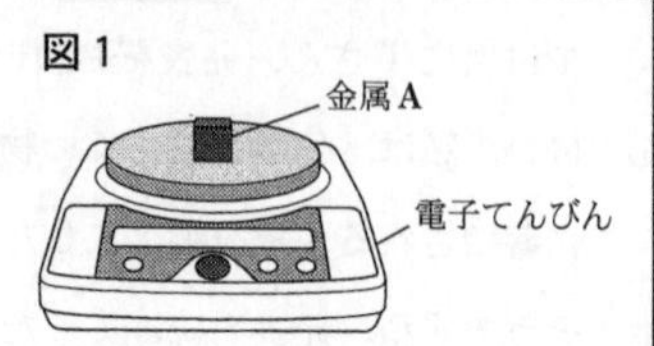

図２

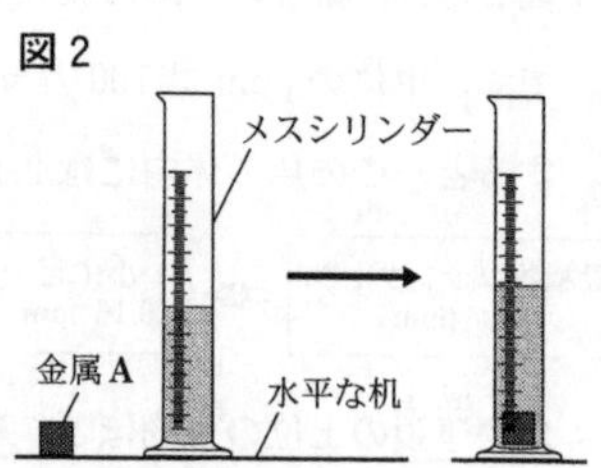

表１は，**実験１**の結果をまとめたものである。

表１

	質量〔g〕	金属を入れる前のメスシリンダーの目もりの読み〔mL〕	金属を入れた後のメスシリンダーの目もりの読み〔mL〕
金属A	24.3	50.0	59.0
金属B	27.0	50.0	53.0
金属C	23.7	50.0	53.0

実験２

水，エタノール，食塩水をそれぞれビーカーに200 mLずつ入れ，**図３**のように，立方体で同じ体積のプラスチック**D**～**F**をピンセットではさみ，液体中に入れてから静かにはなし，プラスチックが浮（う）くか沈（しず）むかを観察した。

表２は，**実験２**の結果をまとめたものであり，**表３**は，**実験２**で用いたプラスチックの密度を示したものである。

図３

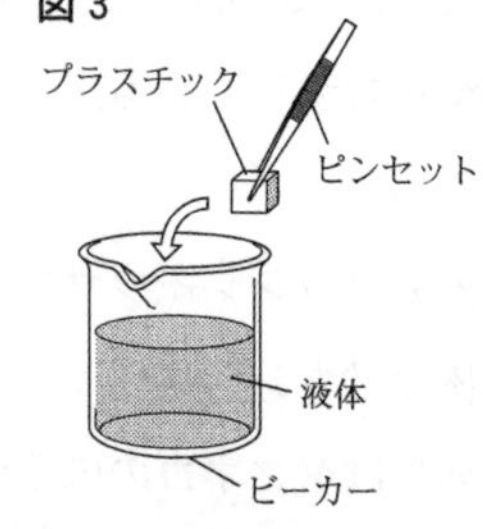

表２

	プラスチック **D**	プラスチック **E**	プラスチック **F**
水	浮く	沈む	沈む
エタノール	沈む	沈む	沈む
食塩水	浮く	沈む	浮く

表３

	密度〔g/cm^3〕
ポリスチレン	1.05
PET	1.38
ポリプロピレン	0.91

(1) **図４**は，100 mLメスシリンダーに水を入れ，液面と同じ高さに目の位置を合わせて見たときの，液面のようすを模式的に示したものである。このメスシリンダーで水を50.0 mLはかりとるには，水をあと何mL加えればよいか。次の**ア**～**エ**のうちから最も適当なものを一つ選び，その符号を書きなさい。

図４

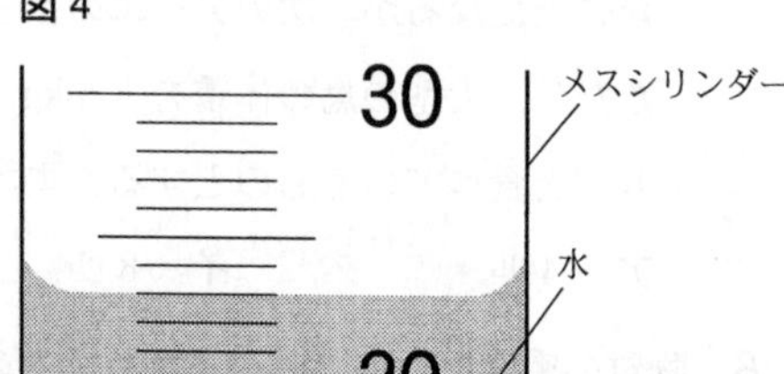

ア　23.0 mL　　**イ**　24.0 mL　　**ウ**　26.0 mL　　**エ**　27.0 mL

(2)　**実験１**で用いた**A**～**C**の金属を，密度の大きいものから小さいものへ，左から順番に並べて，その符号を書きなさい。

(3)　**実験２**で用いたプラスチック**D**～**F**の組み合わせとして最も適当なものを，次の**ア**～**エ**のうちから一つ選び，その符号を書きなさい。

	プラスチック**D**	プラスチック**E**	プラスチック**F**
ア	ポリスチレン	PET	ポリプロピレン
イ	ポリスチレン	ポリプロピレン	PET
ウ	ポリプロピレン	ポリスチレン	PET
エ	ポリプロピレン	PET	ポリスチレン

(4)　**実験１，２**で用いた，金属**A**～**C**またはプラスチック**D**～**F**について述べた文として**適当でないもの**を，次の**ア**～**エ**のうちから一つ選び，その符号を書きなさい。

ア　金属**A**～**C**は電流を流さない性質があり，磁石(じしゃく)に引きつけられる。

イ　金属**A**～**C**は展性(てんせい)や延性(えんせい)があり，熱を伝えやすい。

ウ　プラスチック**D**～**F**は石油などを原料にしてつくられ，さまざまな製品に用いられる。

エ　プラスチック**D**～**F**は燃えると，二酸化炭素を発生する。

7　**S**さんは，陸と海の間の大気の動きについて調べるため，次の**実験**を行いました。これに関する先生との会話文を読んで，あとの(1)～(4)の問いに答えなさい。

実験

図１のように，水そうの底の部分をしきりで２つに分け，片側に砂，もう片側に砂と同じ温度で同じ量の水を入れ，透明(とうめい)なふたをして水そう全体に日光を当てた。しばらく置き，しきりの上に火をつけた線香(せんこう)を立てたところ，煙(けむり)は砂の上のほうに流れて上昇(じょうしょう)した後，ふた付近を水の上のほうに移動して下降した。

図１

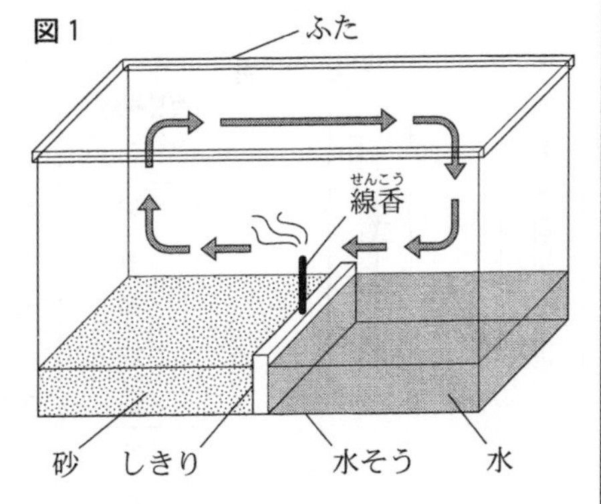

Sさん：線香の煙の動きから，水そう内の空気には，**図１**の矢印のような流れができたことがわかりました。なぜこのような流れができたのですか。

先　生：それは，砂と水ではあたたまり方がちがうからです。砂と水に日光が当たると，［ x ］のほうが先に温度が高くなり，［ x ］の上にある空気のほうが密度が［ y ］なって上昇し，気圧が低くなるので，水そうの底付近の空気が［ x ］のほうに流れこみます。晴れた日の昼，海岸付近では，このようなしくみで風がふくことがあり，海風(うみかぜ)といいます。

Sさん：この**実験**の砂は陸，水は海を表していたのですね。ところで海風は，海面上の水蒸気をふくんで，陸に向かって水蒸気を運んでいるのですか。

先　生：それはおもしろい点に注目しましたね。海風が陸上の空気の湿度(しつど)に影響(えいきょう)を与えているのか，湿度を観測するとわかるかもしれません。

Sさん：$\underset{a}{\underline{\text{乾湿計(かんしつけい)を用いて}}}$，海風がふく日とふかない日について，陸上の湿度を調べてみます。

先　生：いいですね。それでは次に，夏と冬の風のちがいを考えてみましょう。冬には大陸と海洋のどちらも低温になりますが，より冷たくなるほうの地表付近が高気圧になります。こうしてできた高気圧から気圧が低いほうに向かってふくのが［　z　］です。夏は冬とは逆向きにふきます。

Sさん：［　z　］は，日本の天気に大きな影響を与えると習いました。

先　生：そのとおりです。さらに，$\underset{b}{\underline{\text{気団の勢力の変化も，天気に大きな影響を与えます}}}$。図２は日本付近のおもな気団を模式的に示しています。気団の天気への影響を調べてみましょう。

図２

⑴　会話文中の［　x　］，［　y　］にあてはまるものの組み合わせとして最も適当なものを，次のア～エのうちから一つ選び，その符号を書きなさい。

ア　x：砂　y：小さく　　　**イ**　x：砂　y：大きく

ウ　x：水　y：小さく　　　**エ**　x：水　y：大きく

⑵　会話文中の下線部aについて，ある陸上の地点に設置した乾湿計の示度(しど)(目もりの読み)が**図３**のようになっているとき，この地点の湿度は何％か，書きなさい。なお，**図３**の①，②は，一方が乾球温度計，もう一方が湿球温度計を表し，温度の単位は℃である。また，**表**は湿度表の一部である。

図３

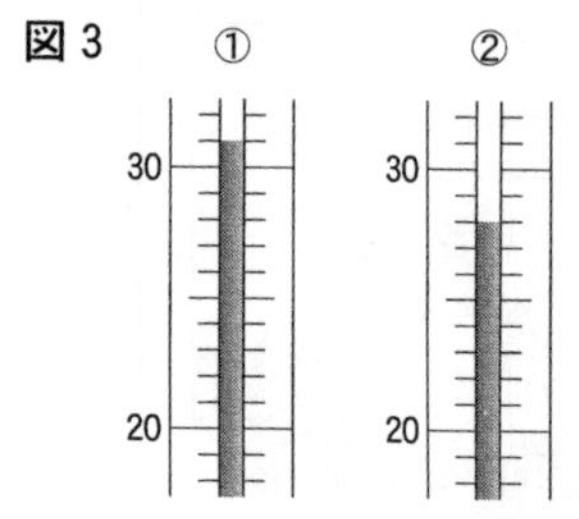

表

乾球温度計の示度(目もりの読み)〔℃〕	乾球温度計と湿球温度計との示度(目もりの読み)の差〔℃〕										
	0.0	0.5	1.0	1.5	2.0	2.5	3.0	3.5	4.0	4.5	5.0
32	100	96	93	89	86	82	79	76	73	70	66
31	100	96	93	89	86	82	79	75	72	69	66
30	100	96	92	89	85	82	78	75	72	68	65
29	100	96	92	89	85	81	78	74	71	68	64
28	100	96	92	88	85	81	77	74	70	67	64
27	100	96	92	88	84	81	77	73	70	66	63
26	100	96	92	88	84	80	76	73	69	65	62
25	100	96	92	88	84	80	76	72	68	65	61

⑶　会話文中の［　z　］にあてはまる風として最も適当な名称を書きなさい。

⑷　会話文中の下線部bについて，５月中旬(ちゅうじゅん)から７月下旬にかけて停滞(ていたい)前線(梅雨(ばいう)前線)が日本付近に発生し，この時期をつゆ(梅雨)という。つゆの時期に，停滞前線が長い間ほぼ同じ位置にとどまって動かない理由を，**図２の気団の名称**を用いて，簡潔に書きなさい。

8　Sさんたちは，音の伝わり方について調べるため，次の**実験１**，２を行いました。これに関して，あとの⑴～⑷の問いに答えなさい。ただし，音は妨(さまた)げられることなく，空気中を一定の速さ340 m/sで伝わるものとし，音の反射は考えないものとします。

実験１

先　生：振動(しんどう)し，音を発しているものを［　x　］といい，音さや行政無線放送のスピーカーなどがあります。

Sさん：以前，音は空気や水などが振動することで伝わると習いました。

先　生：そうです。それでは，**図１**のような装置を用いて，音さを鳴らして出た音をオシロスコープで調べてみましょう。

Sさん：音さを鳴らすと，**図２**のような音の波形が表示されました。

先　生：そうですね。他の音さでも調べてみましょう。

図１

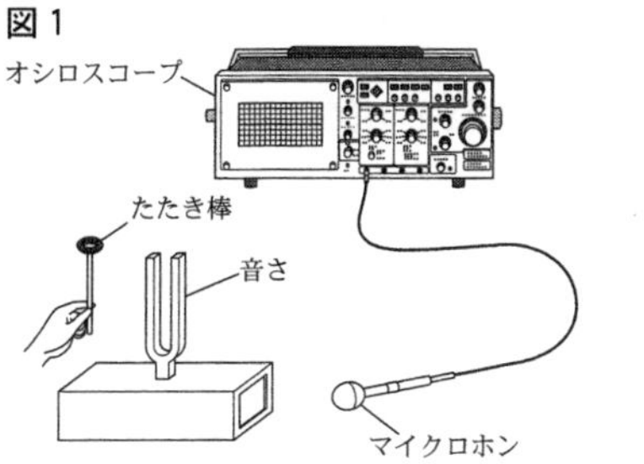

オシロスコープ
たたき棒
音さ
マイクロホン

図２

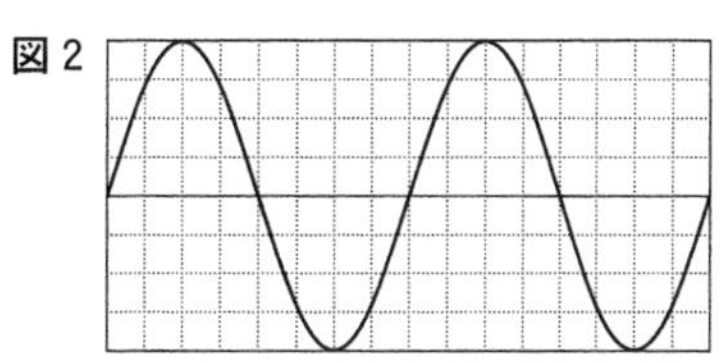

実験２

Sさんは，＜方法＞のように，A〜Eさんと，正午に流れ始める行政無線放送のチャイムのスピーカーの位置を調べた。なお，スピーカーは１つである。

＜方法＞

1　A〜Eさんは，同じ高さの５地点にて，それぞれチャイムが聞こえ始めた時刻を記録する。

2　A〜Eさんがチャイムを聞いた地点を，**図３**の地図上に，それぞれ地点A〜Eとして記録する。

3　**図４**のように，**図３**の上に方眼用紙を重ね，地点A〜Eを記入し，スピーカーの位置を求める。ただし，方眼用紙の１目もりは，170 m を表し，スピーカーと地点A〜Eは，同一水平面上にあるものとする。また，**図４**の地点O〜Rは，Sさんがスピーカーの位置を予想した地点である。

図３

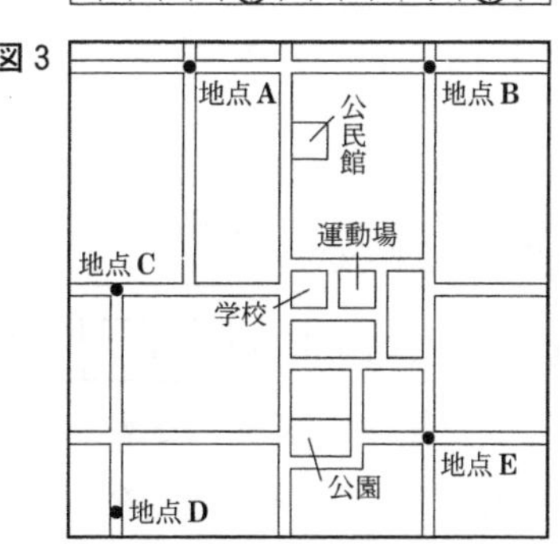

図４

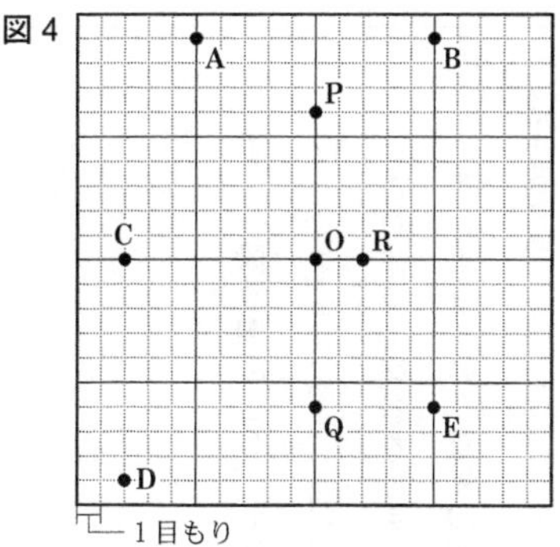

先　生：みなさんが，それぞれいた地点では，正午から何秒後にチャイムが聞こえ始めましたか。

Cさん：私がいた地点Cでは，5.0 秒後に聞こえ始めました。

Dさん：私の地点では，8.5 秒後でした。

Bさん：Cさんがいた地点からスピーカーの位置までの直線距離と，Dさんがいた地点からスピーカーの位置までの直線距離の差は，［　y　］mですね。

先　生：そうなりますね。

Eさん：私の地点では，6.5 秒後でした。

Aさん：私とBさんは，チャイムが同時刻に聞こえ始めました。

Sさん：みんなの結果をまとめると，チャイムが流れるスピーカーの位置は，［　z　］となります。

先　生：そのとおりです。みなさん，よく調べましたね。

(1) **実験１**で，会話文中の [x] にあてはまる最も適当なことばを書きなさい。

(2) 振動数が，**実験１**で使用した音さの $\frac{1}{2}$ 倍である音さを鳴らして出た音を，オシロスコープで調べたときの波形として最も適当なものを，次の**ア～エ**のうちから一つ選び，その符号を書きなさい。ただし，**ア～エ**の縦軸，横軸の１目もりの大きさは，**図２**と同じものとする。

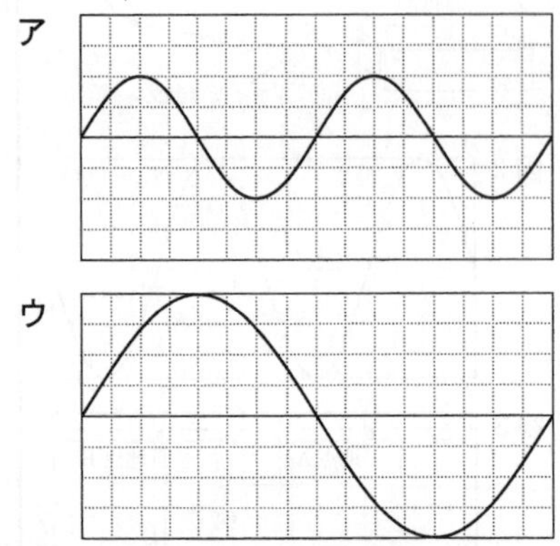

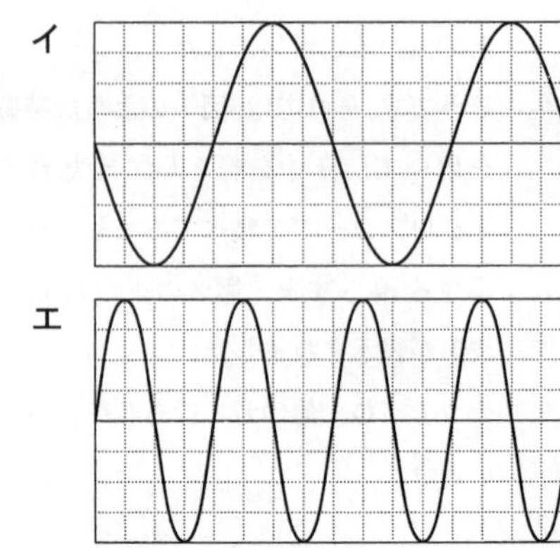

(3) **実験２**で，会話文中の [y] にあてはまる数を書きなさい。

(4) **実験２**で，会話文中の [z] にあてはまる位置として最も適当なものを，次の**ア～エ**のうちから一つ選び，その符号を書きなさい。

ア　地点O　　**イ**　地点P　　**ウ**　地点Q　　**エ**　地点R

ア　おりませて　**イ**　なぞらえて　**ウ**　あてつけて　**エ**　すりかえて

七

外国人観光客が年々増加し、二〇一八年には三一〇〇万人以上が日本を訪れました。来日した観光客の中には、ごみ箱の設置数が少ないという感想をもつ人もいます。アメリカのニューヨーク市のような大都市では、一区画ごとに大きなごみ箱が設置されていることから、日本でも街の中にごみ箱を多く設置しようという次のような意見があります。このことについて、あとの〈条件〉にしたがい、〈注意事項〉を守って、あなたの考えを書きなさい。

〈日本でも街の中にごみ箱を多く設置しようという意見の例〉

> ごみ箱は街の中に多く設置してある方が便利でよい。出掛けた先で、ごみをずっと持ち歩くのは楽なことではないので、人目のつかない場所にごみが捨てられるおそれがある。しかし、ごみ箱が多く設置してあれば所定の場所に捨てることができ、結果としてきれいな景観の維持につながる。

〈条件〉

① **一段落構成**とし、**七行以内**で書くこと。

② 「ごみ箱をあまり設置しない方がよい」という立場に立った上で、これまでの経験をふまえながら〈日本でも街の中にごみ箱を多く設置しようという意見の例〉に反対する意見となるように書くこと。

〈注意事項〉

① 氏名や題名は書かないこと。

② 原稿用紙の適切な使い方にしたがって書くこと。ただし、〰や＝＝などの記号を用いた訂正はしないこと。

ながら踊り手や泳者（当事者）でもあるということは物理的に成り立たない。しかし翻訳は［　　］の二役を同時に成し遂げる行為である。

六　次の文章を読み、あとの⑴～⑶の問いに答えなさい。

昔、京都より、六歳になりける女子の人に勝れて賢を選び給ひ、（六歳になった女子で、とりわけ賢い子を）やむごとなき御方の御側の御相手として、（身分の高いお方の身近に仕える召使い）吾嬬の国の大江戸に下りてありけるに、（女子は東の国の江戸にくだっていたが）恋といふ題にて歌詠めと仰せ言ありければ、（主人からお言葉があったので）

［A］見し事のなければそれと知らねども忘られぬをや恋といふらむ（恋というのでしょうか）

と詠みける。

また、時鳥（注1）といふ題にて歌詠めと仰せ言ありければ、

［B］子はあづま父は都のくもゐ路（注2）に待つほととぎす鳴くほととぎす

と詠みて奉りければ、（詠んでさしあげたところ）都の父を思ふ真心の歌をめでさせ給ひ、その六歳の女子を都の父のもとにかへし給ふとぞ。（『奇談雑史』による。）

（注1）時鳥＝鳥の一種。鋭い声で鳴くことで知られる。

（注2）くもゐ路＝空や雲の中の道。鳥や月、天女などが通るとされた。

⑴　文章中の くもゐ を現代仮名づかいに改め、**全てひらがな**で書きなさい。

⑵　［A］の和歌がどのようにして詠まれたかを説明したものとして最も適当なものを、次の**ア**～**エ**のうちから一つ選び、その符号を書きなさい。

ア　見たことがないわけではないと曖昧な表現にして詠んだ。

イ　直接会ったこともない人なので想像を頼りにして詠んだ。

ウ　主人に遠慮して何のことだか知らないふりをして詠んだ。

エ　自分自身がまだ体験していないこととして率直に詠んだ。

⑶　中学生の富田さんが授業でこの場面を読み、友人の梅原さんと意見交換をしている次の会話文を完成させなさい。ただし、［Ⅰ］と［Ⅱ］はそれぞれ文章中から**抜き出して**、［Ⅰ］は**七字**、［Ⅱ］は**八字**で書くこと。また、［Ⅲ］は、下の**ア**～**エ**のうちから最も適当なものを一つ選び、その符号を書きなさい。

富田さん　この女子の賢さは［B］の和歌に表れているなと思いました。まだ六歳なのに、たった三十一文字の和歌で人の心を動かし、望みをかなえることができたのですから。

梅原さん　［A］と［B］の和歌には、共通点があるのではないでしょうか。［A］の「忘られぬ」という思いは［B］の「［Ⅰ］」という痛切な表現と相通ずるものがあると思います。

富田さん　「忘られぬ」とはどういう心情だったのか気になります。

梅原さん　［A］の和歌は「恋」という題であるけれども、まだ六歳だからこそ、似通った感情である「［Ⅱ］」に［Ⅲ］詠んだのが「忘られぬ」で伝えたかったことだったのではないでしょうか。

富田さん　なるほど、［B］の和歌を手がかりに［A］の和歌の真意を探ってみると、より深く味わえそうですね。

（鴻巣友季子『翻訳ってなんだろう？　あの名作を訳してみる』による。）

（注１）　インプット＝知識や情報などを取り入れること。
（注２）　アウトプット＝内にたくわえたものを外に出すこと。
（注３）　精読＝細かな点まで注意深く読むこと。
（注４）　文体＝その作者にみられる特有な文章表現上の特色。
（注５）　『嵐が丘』『風と共に去りぬ』『灯台へ』『アッシャー家の崩壊』＝いずれも十九世紀から二十世紀にかけてイギリスやアメリカで発表された小説の題名。

(1)　文章中の～～①～④の**四つ**の語のうち、**活用しない自立語**である**副詞**を一つ指摘し、その符号を書きなさい。

(2)　文章中のＡ原文の一語一句をあなたの読解と日本語を通して、まるごと書き直していくわけです　を説明したものとして最も適当なものを、次の**ア**～**エ**のうちから一つ選び、その符号を書きなさい。

ア　原文の内容が日本人に通じない場合もあるので、翻訳者が自分の言葉で内容を書き換えて翻訳すること。
イ　原文を日本語に移しかえるだけでなく、翻訳者が読みとった内容を反映させた文章を書こうとすること。
ウ　翻訳者が原文を読んで理解し感じとったことを書き加え、全く別の新しい作品に生まれ変わらせること。
エ　原文を詳しく調べ、間違いを直し欠点を補いながら翻訳することによって作品の魅力を増大させること。

(3)　文章中にＢわからなさをまじまじと見つめる　とあるが、その内容を具体的に説明したものとして最も適当なものを、次の**ア**～**エ**のうちから一つ選び、その符号を書きなさい。

ア　語句の意味をそのまま訳語に置き換えただけでは意味が通らない箇所について検討すること。
イ　文章の意味が正しく伝わらない原因となっている作者の文体の癖を見抜いて対策を練ること。
ウ　他者が書いた文章を自分が異国の言葉で書き直してしまうことのスリルを存分に味わうこと。
エ　どんな知識や情報を集めれば一語一句まで正確に訳すことができるのか見通しを立てること。

(4)　文章中にＣ体を張って読んでみて　とあるが、その効果について述べた次の説明文を完成させなさい。ただし、［Ⅰ］、［Ⅲ］は文章中からそれぞれ**六字**で**抜き出して**書き、［Ⅱ］はあとの**ア**～**エ**のうちから最も適当なものを一つ選び、その符号を書くこと。

> 「体を張って読む」とは、ただ読むのでなく、作品の文章や内容を［Ⅰ］ことである。翻訳者は別な言語に移す行為を通して［Ⅱ］という擬似体験をすることになるので、文章の奥にある［Ⅲ］や工夫などに気づくことができるのである。
>
> ［［Ⅱ］の選択肢］
> **ア**　泳者の体の負荷を感じる　**イ**　評論家の視点で解説する
> **ウ**　踊り手の動きを実践する　**エ**　作家の立場になって書く

(5)　文章中にＤ両立できない無茶なことをやるのが、翻訳だとも言えます　とあるが、どういうことか。このことを具体的に述べた次の説明文の［　］に入る言葉を、文章中の語句を使って書きなさい。ただし、「作品」という言葉を**二回**使い、「……役目と……役目」の形で、**十五字以上**、**二十五字以内**で書くこと。

> バレエや水泳において、ひとりの人間が見る者（第三者）であり

に［Ⅰ］と思いつつ、ライブの一曲目にメインステージに立つメンバーが３Ｄ映像だと気づかなかった雪子は、いやおうなしに運ばれていく電車の中で、不安定さを抱えた自分を何とか保とうとしている様子を表している。［Ⅱ］。

［Ⅰ の選択肢］

ア　かけがえのない価値がある　　イ　はかなく消える美学がある

ウ　仲間と味わう一体感がある　　エ　誰もが憧れる独創性がある

［Ⅱ の選択肢］

ア　薫と自分のどちらの正しさも信じていない

イ　薫に対して芽生えた不信感を拭い去れない

ウ　薫の思い描く世界に対し異を唱えきれない

エ　薫に自分の間違いを認めて素直に謝れない

五

次の文章を読み、あとの(1)～(5)の問いに答えなさい。

研究者や評論者は作品を読んで、自分の論文なり批評なりを書きますが、翻訳者も原文を読みこんで解釈をします。翻訳とは一種の批評なのです。しかし翻訳者が書くのは、その作品の論評ではありません。作品そのものを書くのです。他者が書いた文章を読んでインプット(注1)するだけでなく、それを今度は自分の言葉でアウトプット(注2)する。A原文の一語一句をあなたの読解と日本語を通して、まるごと書き直していくわけです。だから翻訳とは〝体を張った読書〟だと言えるでしょう。翻訳とはその作品の当事者、実践者になりながら読むこと。「批評が作品へのかぎりない接近だとすれば、翻訳はその作品を体験することである」と言ったのは、フランスの有名な翻訳学者アントワーヌ・ベルマンでした。この「他者の言葉を生きる」スリルは精読(注3)するだけでは味わえないものです。声優さんの仕事の楽しさと少し似ているかもしれません。

さらに言えば、作品のテクスト（書かれている文章とその内容）を、翻訳を通して「体感」することで、自分にとってよくわかる部分、わからない部分が、①より明確に見えてくる効用もあると思います。原文や訳文を読んでいるとき、「なんだか妙な表現でひっかかる」とか「さっきとつじつまが合わない」などと思いながらも、読み進めることがありませんか？　翻訳では、そうした箇所も飛ばすわけにはいかないので、Bそのわからなさをまじまじと見つめることになります。さらに、その英文を日本語という別な言語に移す行為を通すと、その作家の文体の癖(注4)が浮き彫りになったり、かくれた意図（皮肉、ジョーク、あるいは気遣い……）が現れてきたり、作中人物の意外な性格が②露わになったりするでしょう。わたしも『嵐が丘(あらしがおか)』(注5)や『風と共に去りぬ(かぜとともにさりぬ)』『灯台へ(とうだいへ)』『アッシャー家(け)の崩壊(ほうかい)』をC訳して＝体を張って読んでみて、初めて気づいたことがたくさんありました。

たとえて言えば、バレエダンサーの動きやそれが表現するものを③つぶさに見て批評するのが舞踏評論家なら、バレエダンサーの動きやその奥にあるものをつぶさに見て読み解きながら、なおかつ一緒に踊るのが翻訳者です。ある優雅な姿勢をとるには、体のどこの筋がぴんと引っ張られるか、関節をどんなふうに曲げているか、腰のどのあたりに負荷がかかっているか、踊り手と同じではないにせよ、擬似体験をすることになります。水泳にたとえれば、スイマーの泳ぎの解説をしながら一緒に泳ぐようなものです。そんなことは、④物理的に両立できないと思われるかもしれませんが、そのとおりです。D両立できない無茶(むちゃ)なことをやるのが、翻訳だとも言えます。

かったような場所からよく見知った町まで帰してくれる。車を運転することができる大人じゃないと行けなかったような場所まで、私たち子どもを運んでくれる。

（朝井リョウ『まならないから私とあなた』による。）

（注１）光流ちゃん＝バンド『Over』のピアノ担当で作曲家でもある。雪子の憧れの存在。
（注２）渡邊くん＝雪子たちと小学校で同じクラスだった背の高い男子。
（注３）セットリスト＝コンサートなどで演奏された曲順。
（注４）千秋楽＝演劇・相撲などの興行の最終日。
（注５）『Over××』＝バンド『Over』のツアーのメインタイトル。「××」の部分はツアーごとに異なり、最終日に発表される。
（注６）Human＝人間らしいさま。人間味のあるさま。人間的。

(1) 文章中にA薫ちゃんは、私の首からぶら下がっている……言ったとあるが、この時の薫の心情として最も適当なものを、次の**ア**～**エ**のうちから一つ選び、その符号を書きなさい。

ア　自分は早々にタオルをしまったが、まだタオルを掛けたままの雪子に対して、特定の物にこだわりを持つことに疑問を抱いている。
イ　自分は早々にタオルをしまい、いつまでも首に掛けたままの雪子に対して、大切なグッズを無雑作に扱うことに疑問を抱いている。
ウ　自分は早々にタオルをしまい、雪子がタオルを外さず街の中でも『Over』のファンであることを示していることに疑問を抱いている。
エ　自分は早々にタオルをしまったが、雪子がライブが終わってもタオルを外さず身だしなみに無頓着であることに疑問を抱いている。

(2) 文章中にB風に散らされた髪の毛を、耳にかけるとあるが、この動作を境に、雪子にはどのような心情の変化がみられるか。最も適当なものを、次の**ア**～**エ**のうちから一つ選び、その符号を書きなさい。

ア　薫の理路整然とした口調に心を乱されたものの、何とか自分の考えを言葉に表すことで、少しずつ心の平静を取り戻していった。
イ　薫のつぶやきが雪子の反応など求めない独り言であるにもかかわらず、どうしても薫に自分の考えを理解してもらいたくなった。
ウ　薫の言葉に触発され、自分の抱いていた違和感が言葉となって口をついて出たことにより、はっきりと意識されるものになった。
エ　薫のライブに対する感想が冷淡であることに納得がいかず、自分の感激を否定されてはたまらないという警戒心が生まれてきた。

(3) 文章中にC電車へ乗りこんでいく薫を見た雪子のD足が動かないという場面があるが、その理由を二人の様子を対比させてまとめた次の文の［Ⅰ］、［Ⅱ］に入る言葉を、文章中の言葉を使って書きなさい。ただし、どちらも「未来」という言葉を使い、［Ⅰ］は**十五字以内**で書き、［Ⅱ］は**二十字以内**で書くこと。

［Ⅰ］薫に対し、雪子自身は［Ⅱ］と考えていたから。

(4) 文章中から、雪子が気づかなかった事実を重ねて指摘する薫の話し方が、**比喩**を使って表現されている**一文を抜き出して**、**はじめの五字**を書きなさい。

(5) 文章中のE突き進んでいく空間の中、揺らぐ足に力を込めるについて、雪子の心の揺らぎに注目してまとめたとき、次の文章の［Ⅰ］、［Ⅱ］に入る言葉として最も適当なものを、あとの**ア**～**エ**のうちからそれぞれ一つずつ選び、その符号を書きなさい。

その日、その場所であること、その人でなければできないこと

Ｂ風に散らされた髪の毛を、耳にかける。視界から邪魔なものが消えた。

「特に今日みたいなライブって、その日その場所じゃなきゃ、その人の生演奏だからこそっていう感動があると思う。今日のセットリスト（注３）だって、家でひとりで曲聴いててもこんな気持ちにならなかっただろうし」

――私には、私にしか弾けない、私にしか作れない曲が必ずあります。

光流ちゃんの言葉が、突然、私の頭の中でだけ蘇（よみがえ）った。私は、どんどん小さくなっていく自分の声を、街の雑音のような距離感で捉える。

「やっぱり、生演奏だからこそ、ライブだからこその楽しさってあるよ」

「気づいてなかったのに？」

薫ちゃんが、私の言葉を遮るように言う。

「一曲目、メインステージにいるメンバーが３Ｄ映像だって気づいてなかったのに？」

新しいパンにバターを塗るように、新しいノートの一ページ目に丁寧に文字を書くように、言う。

一曲目、３Ｄ映像で現れた『Over』のメンバーたち。私は見抜けなかった。

中盤の定番曲、モニター内のステージ上に現れた、会場の客たち。みんな、それだけで大喜びだった。

今日のライブは、ツアーの千秋楽（注４）だった。最後に発表された（注５）『Over××』の××の部分。

Human（注６）

Over Human が、今回のツアーのテーマだった。

「私ね」

薫ちゃんの声と同時に、電車が私の五感に入り込んできた。

「今日のいろんな演出見て、Over は、メンバーがそこにいなくても、お客さんがそこにいなくても、ライブっていうものが実現できる未来を目指してるのかなって思った」

電車が止まった。快速だ。たくさんの人が降りてくる。

「それってすごいことだなって。だって、遠くて行けないとか、お金がないとか関係なく、いつでもどこでも Over のライブが楽しめるってことだもん」

薫ちゃんが、Ｃ電車へ乗りこんでいく。

一足先に、未来へ進むように。

電車のベルが鳴る。Ｄ足が動かない。

「ユッコ？」

光の中から、薫ちゃんがこちらを見ている。

この未来に、乗り遅れてもいいかもしれない――そう思った途端、薫ちゃんが私の手を握った。

「何してんの、電車出ちゃうところだったじゃん」

いきなり動き止めないでよ、と笑いながら、薫ちゃんが私の手首からてのひらを離す。私は「ごめん」と呟（つぶや）きながら、Ｅ突き進んでいく空間の中、揺らぐ足に力を込める。

電車は混んでいた。はじめは全然座れなかったけれど、一度乗り換え駅を経ると、座席が徐々に空いてきた。地元の駅まであと四駅となったところで、やっと、二人並んで座ることができた。

窓の外を、景色が流れていく。

電車は、私たちを、中学三年生が自分の力だけでは到底辿（たど）り着けな

ア　冷蔵庫の中の食材をチェックすることがどのように役に立つのですか。

イ　食材を無駄なく用いるアイディア料理はどのようなものがありますか。

ウ　家庭では食べ残しを減らすためにどのような献立の工夫ができますか。

エ　世界の国々では食品ロスをどのように削減しているか知っていますか。

聞き取り検査終了後、3ページ以降も解答しなさい。

二

次の(1)～(4)の――の漢字の読みを、**ひらがな**で書きなさい。

(1) 穏やかな日和。

(2) 必要以上の作業を強いる。

(3) 足がすくむような戦慄をおぼえた。

(4) 緩急自在な演奏に魅せられる。

三

次の(1)～(5)の――のカタカナの部分を**漢字**に直して、楷書で書きなさい。

(1) 雑草がオい茂る。

(2) 豊かにコえた大地に種をまく。

(3) 稲などのコクモツを刈り取る。

(4) 銀行のコウザから預金を引き出す。

(5) 紅茶にカクザトウを一つ入れる。

四

次の文章を読み、あとの(1)～(5)の問いに答えなさい。

〔中学三年生の「私」（雪子(ゆきこ)）と薫(かおる)は幼なじみの親友で、ピアノの好きな雪子は高校の音楽科への進学を目指し、数学が得意な薫はプログラミングに興味を持っている。夏休みに二人で人気のバンド『Over(オーバー)』のライブに出かけた帰り道、人気のポップコーン店の前の長い行列を見た薫は、レシピ化してコンビニで売った方がもうかるのに、とひとりごとのようにつぶやく。そして二人は駅に着いた。〕

電車を待つホームに隣同士並ぶと、A薫ちゃんは、私の首からぶら下がっているタオルを見ながら、また、ひとりごとのように言った。

「このタオルも、会場限定のやつ買おうと思ったら、めちゃくちゃ並ぶんだよね」

薫ちゃんは、いつのまにか、首にかけていた自分のタオルをカバンの中に片付けている。

「私、たまに思うの」

電車を一本、やり過ごす。特急ではなく、快速に乗らなくてはならない。

「会場限定タオルとか、光流(ひかる)(注1)ちゃんじゃないと弾けない曲とか、超並ばないと買えないポップコーンとか、資料室でしか借りられない問題集とか、音楽室に行かないと練習できないピアノとか」

特急電車から振り落とされた風に、髪の毛を乱される。

「（注2）渡邉(わたなべ)くんにしか消せない黒板とか」

薫ちゃんの声だけが、風に吹き飛ばされずに、その場に残る。

「その場所じゃなきゃ手に入らないとか、その人じゃなきゃできないとか、そういうのって意味あるのかな」

特急電車が見えなくなる。

「どこでも、誰でもできるようになったほうが、便利でいいのに」

本当に、独り言なのかもしれない。私の反応なんて、求めていないのかもしれない。だけど私は、自然に口を開いていた。

「違うと思う」

※注意　各ページの全ての問題について、解答する際に字数制限がある場合には、句読点や「　」などの符号も字数に数えること。

一　これから、望(のぞみ)中学校の総合的な学習の時間に、前田さんと小川さんの班が「食の大切さ」について、学習の計画を立てている場面と、それに関連した問いを四問放送します。１ページの〈資料１〉、〈資料２〉を見ながら放送を聞き、それぞれの問いに答えなさい。

（放送が流れます。）

〈資料１〉

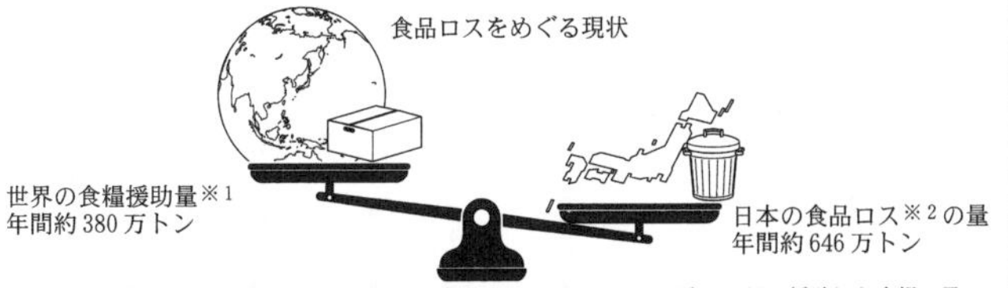

食品ロスをめぐる現状

世界の食糧援助量[※1]
年間約380万トン

日本の食品ロス[※2]の量
年間約646万トン

※１　世界の食糧援助量：世界で食糧が不足している国や人々に国連を通じて援助した食糧の量
※２　食品ロス：本来は食べることができるのに廃棄されたもの

消費者庁消費者政策課「食品ロス削減関係参考資料」（平成31年３月８日版）より作成

〈資料２〉

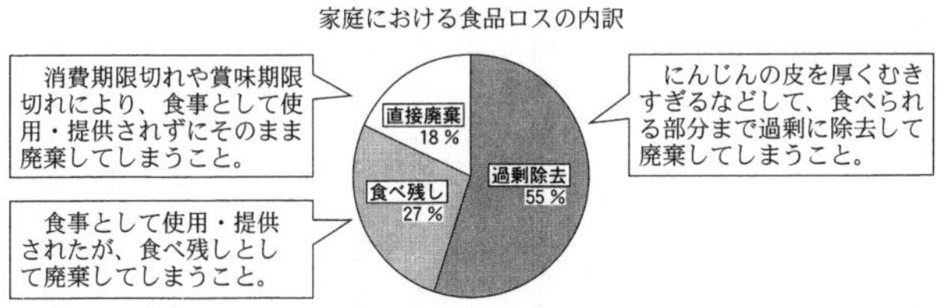

家庭における食品ロスの内訳

消費期限切れや賞味期限切れにより、食事として使用・提供されずにそのまま廃棄してしまうこと。

直接廃棄　18％

食べ残し　27％

食事として使用・提供されたが、食べ残しとして廃棄してしまうこと。

過剰除去　55％

にんじんの皮を厚くむきすぎるなどして、食べられる部分まで過剰に除去して廃棄してしまうこと。

消費者庁「食品ロス削減：啓発用パンフレット（基礎編）」（平成28年11月版）より作成

(1)　（問いを放送します。）

〔選択肢〕

ア　お弁当やお総菜の種類について調べるべきだということ。
イ　食と健康の関係性について調べる必要があるということ。
ウ　作物を育てる大変さの方が主題にふさわしいということ。
エ　生活習慣という話題はテーマから外れているということ。

(2)　（問いを放送します。）

〔選択肢〕

ア　日本の全国民がそれぞれ茶碗(ちゃわん)一杯分の食品を捨てずに食べたとすると、食糧援助の二倍近くの量を消費してしまうから。
イ　茶碗一杯分のご飯をきちんと食べることで食べ残しによる廃棄は無くなるが、食品ロスの他の要因には影響しないから。
ウ　茶碗の例は日本の食品ロス全体の量を換算したものであり、実際に茶碗一杯分を食べたとしても問題は解決しないから。
エ　茶碗一杯分の食品廃棄は食品ロス全体の量の三割程度に過ぎないが、世界の食糧問題を考えると無視できない量だから。

(3)　（問いを放送します。）

〔選択肢〕

ア　食品ロスの削減は消費者・販売者双方で取り組めるということ。
イ　食品ロスの増加は食糧援助量と密接な関係があったということ。
ウ　食品ロスは法律などで規制する以外に改善策がないということ。
エ　食品ロスは今では食糧不足以上に深刻な問題であるということ。

(4)　（問いを放送します。）

〔選択肢〕

（合図音Ｂ）

小川　それならさっき前田さんが言った問題から食の大切さを見直そうよ。以前、売れ残った恵方巻を捨てているニュースが話題になったよね。

前田　たくさん捨てられていて驚いたわ。先生、日本ではどれくらいの量の食品が捨てられているのでしょうか。

先生　〈資料１〉を見てください。日本では六百四十六万トンの食品ロスがありました。これは国民一人ずつが、毎日お茶碗一杯分のご飯を捨てているのと同じくらいの量です。世界の食糧援助量と比べても、その多さがわかりますね。次に〈資料２〉を見てください。家庭における食品ロスの内訳です。捨てられる理由と割合がわかりますね。

小川　もったいないな。みんなが毎日お茶碗一杯分のご飯を捨てずにきちんと食べれば食品ロスはなくなるのに。

前田　本当にそうかな。資料をもっとよく確認してみようよ。

（合図音Ａ）

問いの⑵　前田さんがこのように発言した理由として、最も適当なものを、選択肢ア～エのうちから一つ選び、その符号を書きなさい。

（18秒空白）

（合図音Ｂ）

小川　私たちに何かできることはないですか。

先生　そうですね。買い物の前に冷蔵庫の中をチェックすることや食べきれる量しか作らないことを消費者庁はすすめています。

前田　日本以外の国はどうですか。

先生　アメリカでは食べきれなかった料理を持ち帰る容器を飲食店が準備しています。フランスでは大きな食料品店が食品廃棄に罰金を払う法律があります。

小川　先生のおかげで物事を幅広い視点でとらえることができました。

（合図音Ａ）

問いの⑶　小川さんのいう「幅広い視点」とはどのようなことですか。最も適当なものを、選択肢ア～エのうちから一つ選び、その符号を書きなさい。

（15秒空白）

（合図音Ｂ）

小川　前田さん、僕たちの班では食品ロスの問題に焦点をあてていこうよ。

前田　〈資料２〉で一番割合が多い項目に注目して、効果的なアプローチをしていきたいね。

小川　学校の栄養士さんに質問させてもらって、家の人にも興味を持ってもらえるような提案をしていくまとめにしようよ。

（合図音Ａ）

問いの⑷　このあと、二人が栄養士さんにする質問として、最も適当なものを、選択肢ア～エのうちから一つ選び、その符号を書きなさい。

（５秒空白）

放送は以上です。３ページ以降も解答しなさい。

国語

令和二年度　後期選抜　学力検査　国語聞き取り検査放送用ＣＤ台本

（チャイム）

これから、国語の学力検査を行います。まず、問題用紙の１ページと２ページがあることを確認しますので、放送の指示に従いなさい。

（２秒空白）

では、問題用紙の１ページと２ページを開きなさい。

（３秒空白）

確認が終わったら、問題用紙を閉じなさい。１ページと２ページがない人は手を挙げなさい。

（10秒空白）

次に、解答用紙を表にし、受検番号、氏名を書きなさい。

（20秒空白）

最初は聞き取り検査です。これは、放送を聞いて問いに答える検査です。問題用紙の１ページと２ページを開きなさい。

（４秒空白）

一　これから、望（のぞみ）中学校の総合的な学習の時間に、前田さんと小川さんの班が「食の大切さ」について、学習の計画を立てている場面と、それに関連した問いを四問放送します。１ページの〈資料１〉、〈資料２〉を見ながら放送を聞き、それぞれの問いに答えなさい。

（２秒空白）

なお、やりとりの途中、（合図音Ａ）という合図のあと、問いを放送します。また、（合図音Ｂ）という合図のあと、場面の続きを放送します。１ページと２ページにメモをとってもかまいません。では、始めます。

前田　授業でお米を育てたことを覚えている？　収穫までにすごく手間がかかって、そんなに大変だなんて思ってもみなかった。

小川　今はお店に行けば何でも揃っているから、食の大切さが見えにくくなっているのかも知れないね。

前田　たくさんのお弁当やお総菜が並んでいるものね。期限切れになって捨てられてしまうのは問題よね。

小川　それに、いつでも食べられるっていう安心感があるから、つい朝ご飯を抜いたり、生活が不規則になったりする人もいるみたいだよね。それも問題だな。

前田　ちょっと待って。私たちのテーマは「食の大切さ」なのだから……

（合図音Ａ）

問いの(1)　このあと、前田さんはどのようなことを指摘したと考えられますか。最も適当なものを、選択肢ア～エのうちから一つ選び、その符号を書きなさい。

（15秒空白）

千葉県公立　平成31年度前期選抜学力検査

数　学

1　次の(1)～(6)の問いに答えなさい。

(1) $15 \div (-3)$ を計算しなさい。

(2) $7-\left(-\frac{3}{4}\right)\times(-2)^2$ を計算しなさい。

(3) $(7x+y)-4\left(\frac{1}{2}x+\frac{3}{4}y\right)$ を計算しなさい。

(4) 等式 $9a+3b=2$ を b について解きなさい。

(5) $\frac{4}{\sqrt{2}}-\sqrt{3}\times\sqrt{6}$ を計算しなさい。

(6) 二次方程式 $2x^2+x-4=0$ を解きなさい。

2　次の(1)～(5)の問いに答えなさい。

(1)　下の表は，ある中学校のバスケットボール部に所属する生徒5人の身長を記録したものである。この5人の身長の範囲(レンジ)を，次の**ア**～**エ**のうちから1つ選び，符号で答えなさい。

生　徒	1	2	3	4	5
身長(cm)	168.2	166.9	171.7	163.5	178.2

ア　1.3 cm　　**イ**　10.0 cm　　**ウ**　14.7 cm　　**エ**　18.2 cm

(2)　関数 $y=\frac{12}{x}$ について，x の値が1から4まで増加するときの変化の割合を求めなさい。

(3)　100円の箱に，1個80円のゼリーと1個120円のプリンをあわせて24個つめて買ったところ，代金の合計は2420円であった。

このとき，買ったゼリーの個数を求めなさい。

ただし，品物の値段には，消費税が含まれているものとする。

(4)　下の図のように，数直線上の2の位置に点Pがある。大小2つのさいころを同時に1回投げ，大きいさいころの出た目を a，小さいさいころの出た目を b とする。点Pは数直線上を右方向に a だけ移動したあと，左方向に b だけ移動する。

このとき，絶対値が2以下の範囲に，点Pが止まる確率を求めなさい。

ただし，さいころを投げるとき，1から6までのどの目が出ることも同様に確からしいものとする。

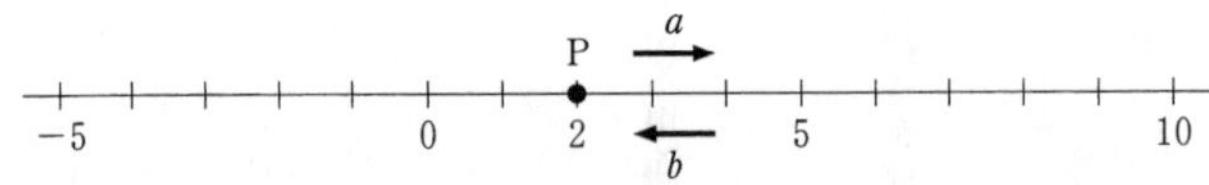

(5)　右の図のように，半直線OX，OYと点Pがある。点Pを通る直線をひき，半直線OX，OYとの交点をそれぞれA，Bとする。このとき，OA = OBとなるように直線ABを作図しなさい。また，2点の位置を示す文字A，Bも書きなさい。

ただし，三角定規の角を利用して直線をひくことはしないものとし，作図に用いた線は消さずに残しておくこと。

X
P
O　Y

3 右の図のように，関数 $y = ax^2$ のグラフ上に2点A，Bがある。点Aの座標は(2，2)で，点Bの x 座標は6である。

このとき，次の(1)，(2)の問いに答えなさい。

ただし，$a > 0$ とする。

(1) a の値を求めなさい。

(2) 点Bを，y 軸を対称の軸として対称移動させた点をPとし，直線APと y 軸との交点をQとする。

このとき，次の①，②の問いに答えなさい。

① 点Qの y 座標を求めなさい。

② x 軸上に点Rを，△ABQと△ABRの面積が等しくなるようにとるとき，点Rの x 座標を求めなさい。

ただし，点Rの x 座標は正とする。

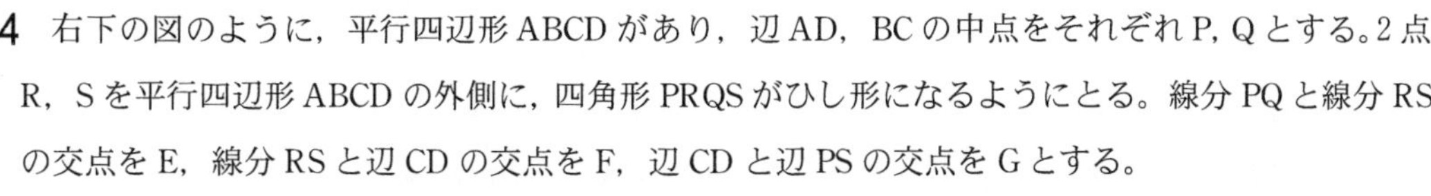

4 右下の図のように，平行四辺形ABCDがあり，辺AD，BCの中点をそれぞれP, Qとする。2点R，Sを平行四辺形ABCDの外側に，四角形PRQSがひし形になるようにとる。線分PQと線分RSの交点をE，線分RSと辺CDの交点をF，辺CDと辺PSの交点をGとする。

このとき，次の(1)，(2)の問いに答えなさい。

(1) △RQE ∽ △SGFとなることの証明を，下の［　　］の中に途中まで示してある。

［(a)］，［(b)］に入る最も適当なものを，次ページの**選択肢**の**ア**～**カ**のうちからそれぞれ1つずつ選び，符号で答えなさい。また，［(c)］には証明の続きを書き，**証明**を完成させなさい。

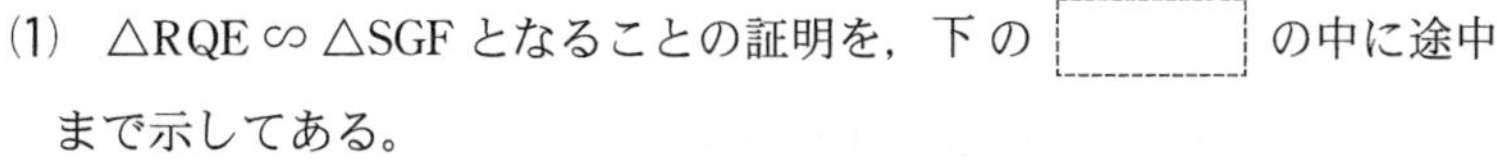

ただし，［　　］の中の①～④に示されている関係を使う場合，番号の①～④を用いてもかまわないものとする。

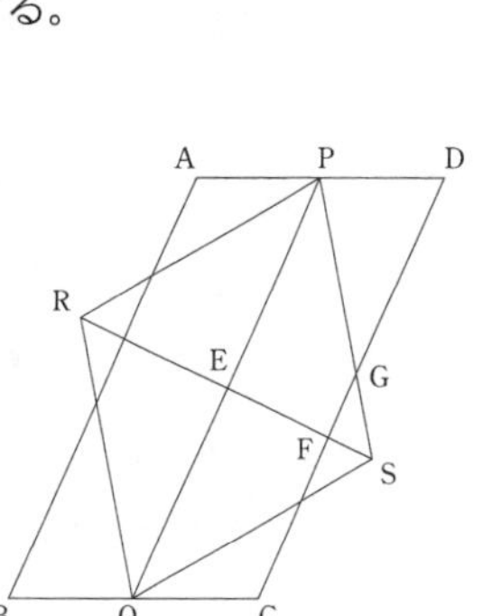

証明

四角形PQCDにおいて，

四角形ABCDは平行四辺形であるから，

AD = BC　　……①

AD // BC　　……②

点P，Qは，それぞれ辺AD，BCの中点であるから，①より，

PD = ［(a)］　　……③

②，③より，

［(b)］から，四角形PQCDは平行四辺形となる。したがって，

PQ // DC　　……④

［(c)］

選択肢

ア　PG	**イ**　QC	**ウ**　ES

エ　2組の向かいあう辺が，それぞれ平行である

オ　2組の向かいあう辺が，それぞれ等しい

カ　1組の向かいあう辺が，等しくて平行である

(2)　RQ = 5 cm，AD = 4 cm，PG = DG = 3 cm のとき，線分 FS の長さを求めなさい。

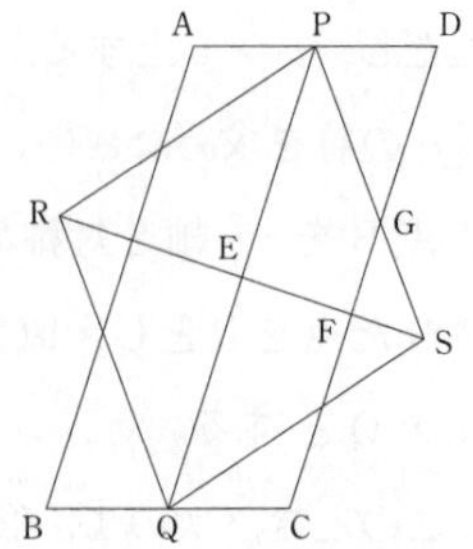

5　**図1**のように，底面の半径と高さがともに r cm の円錐(えんすい)の形をした**容器A**があり，底面が水平になるように置かれている。

このとき，次の(1)~(3)の問いに答えなさい。

ただし，円周率は π を用いることとし，容器の厚さは考えないものとする。

図1

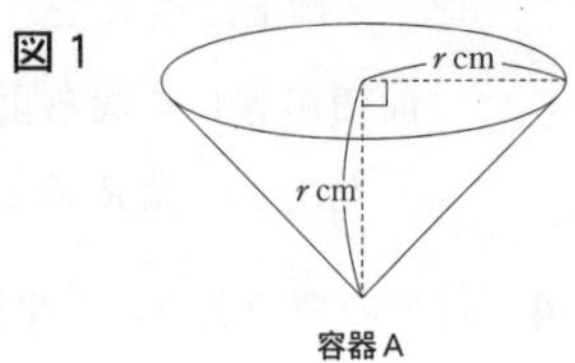

容器A

(1)　**容器A**で $r = 6$ cm のとき，次の①，②の問いに答えなさい。

①　**容器A**に水をいっぱいに入れたとき，水の体積を求めなさい。

②　水がいっぱいに入っている**容器A**の中に，半径 2 cm の球の形をしたおもりを静かに沈めた。

このとき，**容器A**からあふれ出た水の体積を求めなさい。

(2)　**図2**は，**容器A**で $r = 5$ cm のときに，水をいっぱいに入れたものである。また，**図3**は，底面の半径と高さがともに 5 cm の円柱の形をした容器に，半径 5 cm の半球の形をしたおもりを入れたものであり，これを**容器B**とよぶことにする。

容器Aに入っているすべての水を，**容器B**に静かに移していく。

このとき，**容器B**から水はあふれるか，あふれないかを答えなさい。ただし，その理由を式とことばで書き，答えること。

図2

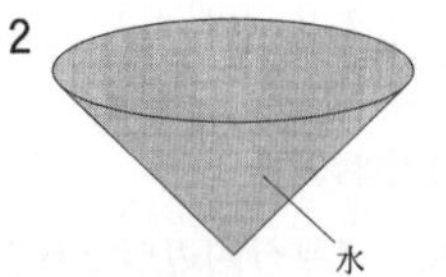

図3

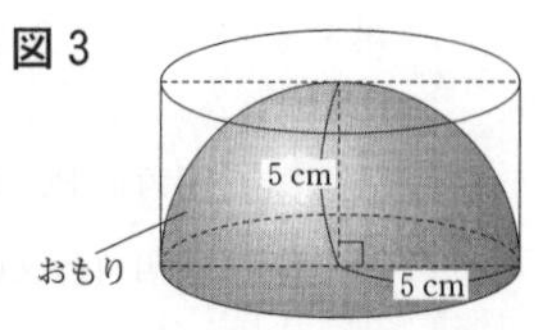

容器B

(3)　**図4**は，**容器A**で $r = 10$ cm のときに，水面の高さが 9 cm になるまで水を入れたものである。その中に底面の半径が 4 cm の円柱の形をしたおもりを，底面を水平にして静かに沈めると，**容器A**から水があふれ出たあと，**図5**のように円柱の形をしたおもりの底面と水面の高さが等しくなった。

このとき，**容器A**からあふれ出た水の体積を求めなさい。

図4　**図5**

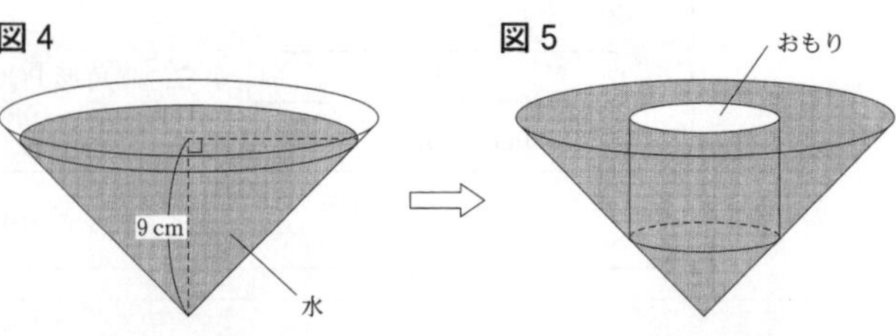

英　語

平成31年度 前期選抜 学力検査　**英語リスニングテスト放送用 CD 台本**

(チャイム)

これから，英語の学力検査を行います。まず，問題用紙の1ページ目があることを確認しますので放送の指示に従いなさい。(間2秒)では，問題用紙の1ページ目を開きなさい。(間3秒)確認が終わったら，問題用紙を閉じなさい。1ページ目がない人は手を挙げなさい。

(間10秒)次に，解答用紙を表にし，受検番号，氏名を書きなさい。

(間20秒)それでは，問題用紙の1ページを開きなさい。(間3秒)リスニングテストの問題は，**1**から**4**の四つです。

では，**1**から始めます。

1は，英語の対話を聞いて，最後の文に対する受け答えを選ぶ問題です。受け答えとして最も適当なものを，問題用紙の**A**から**D**のうちから一つずつ選んで，その符号を書きなさい。なお，対話はそれぞれ**2**回放送します。では，始めます。

No. 1　Sara:　Good morning, Mike.
　　　Mike:　Good morning, Sara. How are you?
　　　Sara:　Fine, thanks. And you?

No. 2　Man:　Excuse me.
　　　Woman:　Yes. May I help you?
　　　Man:　Can I have some water, please?

No. 3　Emma:　Hello, Mr. Jones.
　　　Mr. Jones:　Hi, Emma. What can I do for you?
　　　Emma:　Well, I have a question about science. Do you have time?

次は**2**です。

2は，英語の対話又は英語の文章を聞いて，それぞれの内容についての質問に答える問題です。質問の答えとして最も適当なものを，問題用紙の**A**から**D**のうちから一つずつ選んで，その符号を書きなさい。なお，英文と質問はそれぞれ**2**回放送します。では，始めます。

No. 1　Yuri:　Hi, John. What do you like about this picture?
　　　John:　Well, I like the boat going away from us.
　　　Yuri:　Me, too. It looks great with the beautiful sky.
　　　John:　Yes, it does. It's nice to see the mountains and the sea together, too.
　　　Yuri:　I agree.
　　　John:　But the best part is the sea, because I think it is telling us something.
　　　Yuri:　Wow, your ideas are very interesting.

Question: Which part of the picture does John like the most?

No. 2　Hello, everyone. I'm Naomi. I'd like to talk about reading books. Do you like reading? I do. I read six books last month. I wanted to know how many books my classmates read last month. So I asked them. Look at this graph. Five students in our class read more than ten books last month. That's very good. But eleven students read no books. Everyone should read more books!

Question: Which graph shows Naomi's class?

次は3です。

3は，英語の対話又は英語の文章を聞いて，それぞれの内容についての質問に答える問題です。質問の答えとして最も適当なものを，問題用紙のAからDのうちから一つずつ選んで，その符号を書きなさい。なお，英文と質問はそれぞれ2回放送します。では，始めます。

No. 1
Father: Hi, Meg. How are you feeling?
Meg: Hi, Dad. I feel much better today.
Father: Good. I've brought you some flowers. A new flower shop opened yesterday.
Meg: Thank you. Dad, when can I leave here and go home?
Father: The doctor said you can go home on Tuesday.
Meg: Tuesday. I still have three days. OK. Can you bring me some books tomorrow?
Father: Sure. I will.

Question: Where are they now?

No. 2 （留守番電話の音）
(One new voice message.)

Hi, Elizabeth. This is Ben speaking. About the baseball game this Saturday, we wanted to meet at 10:30 in front of the station and take the train. But I can't get there by that time. So, how about meeting at the same time in front of your house and then going to the stadium together from there? Call me back soon. Thanks. Bye.

Question: Why did Ben call Elizabeth?

次は4です。

4は，英語の文章を聞いて，その内容について答える問題です。問題は，No. 1，No. 2の二題です。問題用紙には，それぞれの英語の文章の内容に関するまとめの文が書かれています。（間5秒）それらの文を完成するために，①，②にあてはまる英単語を書きなさい。ただし，□には1**文字**ずつ入るものとします。なお，英文はそれぞれ2回放送します。では，始めます。

No. 1 China is a very large country. It has the largest number of people in the world. There are a lot of mountains in China, too. Part of the world's highest mountain is in China. The longest river in China is 6, 380 kilometers long, but it is not the longest river in the world.

No. 2 Dorothy will be 90 years old next October. She is living a very happy life. I met her last weekend, and she told me three important things. She always gets up early in the morning, drinks milk every day, and goes to bed early at night. Because of these things, she is always in good health.

以上で，リスニングテストを終わります。2ページ以降の問題に答えなさい。

1 英語リスニングテスト（**放送**による**指示**に従って答えなさい。）

No. 1	**A**. Here you are.	**B**. I'm good.
	C. Nice to meet you.	**D**. Yes, I am.

No. 2	**A**. You're welcome. **C**. No, I can't.	**B**. Thank you very much. **D**. Just a minute, please.
No. 3	**A**. Yes, I'm free now. **C**. No, there isn't.	**B**. Three times a week. **D**. It's three o'clock.

2　英語リスニングテスト（**放送**による**指示**に従って答えなさい。）

No. 1

No. 2

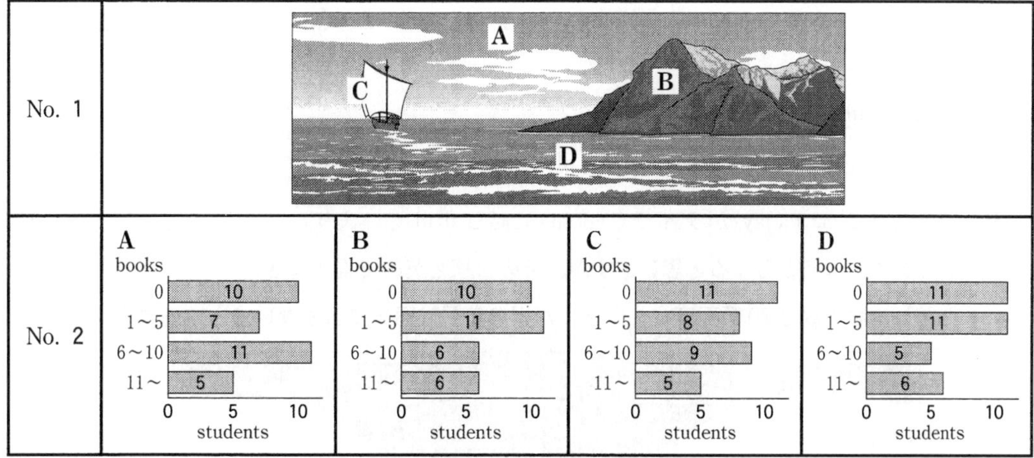

3　英語リスニングテスト（**放送**による**指示**に従って答えなさい。）

No. 1	**A**. In a flower shop. **C**. In a bookstore.	**B**. In a hospital. **D**. In their home.
No. 2	**A**. To change the date to call back. **C**. To change the place to meet.	**B**. To change the time to see each other. **D**. To change the game to watch.

4　英語リスニングテスト（**放送**による**指示**に従って答えなさい。）

No. 1	China is a large country with many people. It has part of the (① h□□□□□□) mountain in the world, and also a (②□□□□□) over 6,000 kilometers long.

No. 2	Dorothy will be ninety in (①□□□□□□□). The important things for her (②□□□□□□) are that she goes to bed and gets up early, and drinks milk every day.

5　次の(1)～(5)のそれぞれの対話文を完成させなさい。

(1)，(2)については，（　　　）の中の語を最も適当な形にしなさい。ただし，１**語**で答えること。

また，(3)～(5)については，それぞれの（　　　）の中の**ア**～**オ**を正しい語順に並べかえ，その順序を符号で示しなさい。

(1) A: Lucy and Sam dance well, don't they?
B: They do! But we can't dance like them without (practice) many times.

(2) A: Do you know where this (music) is from?
B: Yes, I do. He was born in Australia.

(3) A: I think Mary said a very good thing.
B: I don't think so. Her (ア not イ good ウ is エ as オ idea) as mine.

(4) A: What (ア between イ is ウ color エ and オ red) yellow?
B: I think it's orange.

(5) A: Could you help me?
B: Sure. What (ア me イ do ウ to エ want オ you) do?

6 留学生のジェイ(Jay)がダイチ(Daichi)に話しかけています。この場面で，ジェイの質問に対してダイチは何と答えると思いますか。その言葉を英語で書きなさい。

ただし，語の数は**20語程度**(. , ? ! などの符号は語数に含まない。)とすること。

7 次の(1)～(3)の英文を読んで，それぞれの問いに答えなさい。

(1) We usually use a capital letter for the first letter of a sentence in English. Also, why is the word "I" always written with a capital letter? Some people say that the capital letter "I" is used because it is an important word which means "myself."

But (Ⓐ) tells us another story. The small letter "i" was used in English sentences a long time ago. At that time, using small letters was popular, and people used "ic" or "ik" which meant "I." However, it was difficult to (Ⓑ) these words in a sentence because they were small. Then, people in English speaking countries began to use the capital letter "I."

(注) capital letter　大文字　　sentence　文，文章　　small letter　小文字

本文中の(Ⓐ)，(Ⓑ)に入る最も適当な語を，それぞれ次の**ア**～**エ**のうちから一つずつ選び，その符号を書きなさい。

Ⓐ　ア　future　　イ　history　　ウ　homework　　エ　life

Ⓑ　ア　find　　イ　hear　　ウ　speak　　エ　work

(2)　Even if you are not good at science, you should know the Earth is one of eight planets that move around the Sun. Also, a lot of small objects called asteroids go around the Sun. Do you know you can name asteroids? Actually, the first person that finds a new asteroid can give it a name. The next story hasn't happened yet, but let's imagine.

One day, a boy in Chiba found a new asteroid in his telescope. At that time, he wanted to fly to the asteroid in space, like a bird. A few days later, he got the dream to give the asteroid the name of a bird. He took the name from Chiba's bird, the *hōjiro*. Finally, five years later, his dream came true. People in Chiba were so happy to hear the news. One of them said, "I feel *Hōjiro* will fly in space forever."

Like this story, you may have a chance to name an asteroid in the future.

（注）　even if～　たとえ～でも　　planet　惑星　　object　物体
asteroid　小惑星　　imagine　想像する　　telescope　望遠鏡
space　宇宙　　*hōjiro*　ホオジロ（鳥の名前）

①　本文の内容に関する次の質問に，英語で答えなさい。

What did the boy think when he found a new asteroid?

②　本文の題名として最も適当なものを，次のア～エのうちから一つ選び，その符号を書きなさい。

ア　The Earth, the Sun, and asteroids　　イ　Why were people in Chiba happy?

ウ　Naming asteroids　　エ　Who found the *hōjiro* first?

(3)　次は Rosalinda's というお店から送られたカードです。

Dear Kaori Watanabe,　　No. 54321

Thank you

for shopping at Rosalinda's.

You have been our member for one year.

We are happy to send you a special gift.

Receive **£ 10 off**

when you spend £ 40 or more.

Rosalinda's

Girls' Clothes and Shoes

(123) 555-2212

You can use this discount only once from March 1 to April 15 for any clothes (not shoes, sorry!) at Rosalinda's.

Please show this card when you want to use this gift. You cannot use it when you buy our products on the Internet. But you can get free shipping at our shop on the Internet.

We are waiting for your next visit.

229 Yellow House Street

London, U.K.

（注）　£　ポンド（イギリスの通貨単位）　　off　値引きして　　discount　値引き
product　商品　　free shipping　送料無料

①　このカードの内容をもとに，次の質問の答えとして最も適当なものを，あとのア～エのうちから一つ選び，その符号を書きなさい。

Why was this card sent?

ア　To invite new people.　　イ　To show some new products.
ウ　To give a discount on the Internet.　　エ　To give a present to members.

②　このカードの内容に合っているものを，次のア～エのうちから一つ選び，その符号を書きなさい。

ア　Kaori can get a discount at any time in March or April.
イ　Kaori can use the card only for clothes at the shop.
ウ　Kaori can get free shipping on her next visit.
エ　Kaori can use the card at the shop in London and on the Internet.

8　次の英文は，留学生のフィオナ（Fiona）が，クラスメートのリン（Rin）とマナ（Mana）と一緒にお弁当（*bento*）を食べた日の日記です。この日記を読んで，あとの(1)～(4)の問いに答えなさい。

Thursday, Nov. 22　　　　　　Rainy in the morning, sunny later

It rained this morning, so I took the bus today, not my bike. I met my classmates Rin and Mana on the bus. We talked about our music festival, and we promised to have lunch together. Everyone in my school brings a *bento*, and I like to see their *bento*. They usually have rice, fish or meat, and vegetables in a lunch box, but each one is different and looks delicious. It's very interesting for me because our lunch in Canada is not like this. *Bento* is one of my favorite parts of Japanese culture. I think it is delicious and also looks nice. Japanese people like to use many colors like white, yellow, red, green, and black in their *bento* to make them beautiful. My host mother makes me a beautiful *bento* every morning, and I enjoy it very much. She always says, "You should eat with your eyes first."

Eating *bento* with friends is always fun. Rin, Mana, and I ate lunch together, and I was interested in their *bento*. Rin's *bento* was more traditional than mine. Her older brother made *bento* for their family today. He goes to a cooking school and cooks dinner for them when he has time. Mana's *bento* was really cute. There was a popular *anime* character in her *bento*. She often makes a cute character *bento*. I took a picture of her *bento* to show my family and friends in Canada. I think she is a wonderful *bento* artist. I also liked the fruit Mana had: apple rabbits. She taught me how to make them.

6 steps to make apple rabbits:

1. Cut an apple in half and cut each half into three pieces.
2. Cut the core out and take the apple seeds out of each apple piece.
3. To make two ears, cut the apple skin in a V-shape, like this!
4. Put the knife under the apple skin at the top of the V-shape and cut carefully.
5. Stop cutting at the end of the V-shape, and then the apple skin will come off.
6. If you like, put apple seeds on the sides like the eyes of a rabbit.

This evening I followed these six steps but I didn't use the seeds for their eyes. I also cut the skin to make their ears short because they looked cuter. It was easier than I thought. I'm glad that I learned how to cut fruit into cute shapes.

（注） promise～　～を約束する　　artist　芸術家　　step　段階　　half　半分
core　芯　　seed　種　　skin　皮　　V-shape　V 字型　　knife　ナイフ
carefully　注意深く　　come off　むける

(1) 本文の内容に関する次の質問の答えとなるように，（　　）に適する英単語**1語**を書きなさい。

What does Fiona's host mother mean when she says, "You should eat with your eyes first"?

Fiona should enjoy (　　) at her *bento* before eating it.

(2) 本文の内容と合うように，次の表の（　　）に最も適当な英単語**1語**を，本文中から抜き出して書きなさい。

Name	Who made their *bento*?	How was their *bento*?
Fiona	host mother	beautiful
Rin	older brother	(　　)
Mana	herself	cute

(3) フィオナが実際に作ったものを表している最も適当な絵を，次の**ア**～**エ**のうちから一つ選び，その符号を書きなさい。

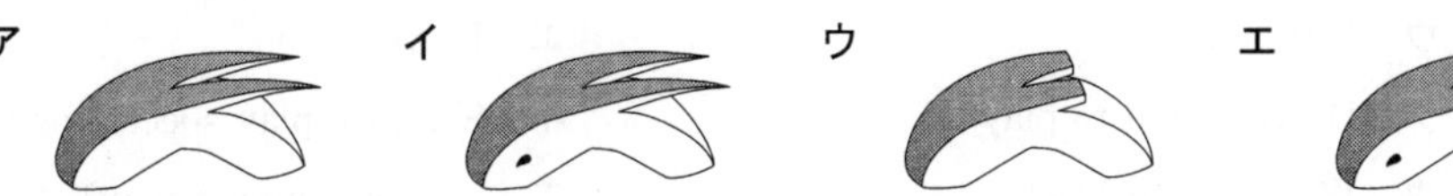

(4) 本文の内容に合っているものを，次の**ア**～**エ**のうちから一つ選び，その符号を書きなさい。

ア Fiona took a bus on November 22 because she wanted to meet Rin and Mana.

イ Fiona's host mother believes that *bento* is her favorite part of Japanese culture.

ウ Rin's brother often cooks dinner and takes a picture to show his family and friends.

エ Fiona cut an apple into six pieces as the first step to make apple rabbits.

9 マサル(Masaru)とマサルの家にホームステイしているアメリカ人のジョー(Joe)が話をしています。この対話文を読んで，［(1)］～［(4)］に入る最も適当な英文を，それぞれあとの**ア**～**エ**のうちから一つずつ選び，その符号を書きなさい。

Masaru: What's your favorite sport in America?
Joe: I play football, so I like football the best.
Masaru: You mean soccer?
Joe: No, no. I mean American football. Here's my picture.
When we say [(1)]
Masaru: I don't know much about American football. I've never watched a game.
Joe: [(2)] It is very exciting.
Masaru: Is American football popular in the UK, too?
Joe: I don't think so. A lot of people in the UK love soccer. . . . I mean "football."
Masaru: [(3)] Are you saying they call soccer "football" in the UK?
Joe: Yes, I am. The word "football" can mean different sports in different countries. Soccer is just one of these sports.
Masaru: That sounds interesting! There must be a lot of different kinds of football in the world. Hey, let's play Japanese football!
Joe: Oh? [(4)]
Masaru: Actually, there's no Japanese football, but we have a game called *kemari*. You kick the ball up in the air and pass it to other players. You lose when the ball touches the ground. Come on, Joe!

(注) must～　～に違いない　　*kemari*　蹴鞠(けまり)　　kick～　～を蹴る

(1) ア football, it means American football.　イ football, it means soccer.
ウ soccer, it means football.　エ soccer, it means American football.

(2) ア It is also not a popular sport in America.
イ It is one of the most popular sports in America.
ウ You are going to watch it sooner in Japan than in America.
エ You don't have to watch it in Japan.

(3) ア I don't understand.　イ I don't mean it.
ウ I hope so.　エ I love it, too.

(4) ア Do you want to play it?　イ Shall we play soccer together?
ウ What is that like?　エ Is there time to play?

社　会

1 次の文章を読み，あとの(1)～(4)の問いに答えなさい。

千葉市にある加曽利貝塚は，国内最大級の縄文時代(a)の貝塚であり，文部科学大臣(b)により国の特別史跡に指定されています。貝塚は，貝がらや食べ物(c)の残りかすなどの捨てられたもの(d)が積もってできたところで，当時の人々の暮らしを知ることができます。

⑴　下線部aに関連して，次の文章は，縄文時代の日本列島の様子についてまとめたものの一部である。文章中の［Ⅰ］，［Ⅱ］にあてはまる語の組み合わせとして最も適当なものを，あとのア～エのうちから一つ選び，その符号を書きなさい。

> 今から約1万年前に氷期が終わると，海面が［Ⅰ］し，日本列島は，ほぼ現在の姿になった。気候は［Ⅱ］になり，食料となるシカ・イノシシなどの動物や木の実などが豊かになった。

ア　Ⅰ：上昇　Ⅱ：温暖　　**イ**　Ⅰ：下降　Ⅱ：温暖

ウ　Ⅰ：上昇　Ⅱ：寒冷　　**エ**　Ⅰ：下降　Ⅱ：寒冷

⑵　下線部bに関連して，次の文章は，内閣について述べたものである。文章中の［　　］に共通してあてはまる適当な語を**漢字4字**で書きなさい。

> 内閣は，内閣総理大臣と国務大臣で組織される。内閣総理大臣は，［　　］の中から国会の議決で指名され，国務大臣は，内閣総理大臣によって任命される。国務大臣の過半数は［　　］でなければならない。

⑶　下線部cに関連して，次の文は，日本の食料自給率について述べたものである。文中の［　　］にあてはまることばとして最も適当なものを，あとのア～エのうちから一つ選び，その符号を書きなさい。

> 現在，貿易の自由化が進み，海外から輸入される［　　］ことなどのため，食料自給率が低くなっている。

ア　価格の高い農産物が増えた　　**イ**　価格の安い農産物が増えた

ウ　価格の高い農産物が減った　　**エ**　価格の安い農産物が減った

⑷　下線部dに関連して，次の**資料1**，**資料2**は，社会科の授業で，さくらさんが，ごみ排出量とリサイクル率についてまとめるために用意したものである。**資料1**，**資料2**から読み取れることとして最も適当なものを，あとの**ア**～**エ**のうちから一つ選び，その符号を書きなさい。

資料1　1人1日当たりのごみ排出量及びリサイクル率の推移

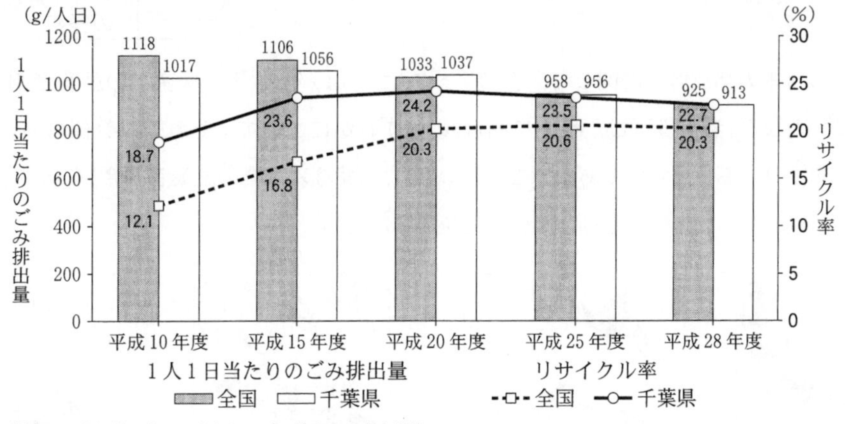

(注)　g/人日は1人1日当たりのごみ排出量を表す単位。

資料２　平成10年度及び平成28年度の１人１日当たりのごみ排出量の内訳(g/人日)

	全国の１人１日当たりのごみ排出量		千葉県の１人１日当たりのごみ排出量	
	生活系ごみ	事業系ごみ	生活系ごみ	事業系ごみ
平成10年度	736	382	738	279
平成28年度	646	278	654	259

(注)　生活系ごみと事業系ごみを足しても，１人１日当たりのごみ排出量にならない場合がある。

(資料１，資料２とも，「環境省ホームページ」より作成)

ア　平成10年度，平成15年度，平成20年度，平成25年度及び平成28年度における全ての年度で，１人１日当たりのごみ排出量は千葉県が全国より少なく，平成10年度及び平成28年度の１人１日当たりの事業系ごみ排出量も千葉県が全国より少ない。

イ　平成10年度，平成15年度，平成20年度，平成25年度及び平成28年度における全ての年度で，リサイクル率は千葉県が全国より高く，平成10年度及び平成28年度の１人１日当たりの生活系ごみ排出量は千葉県が全国より少ない。

ウ　平成10年度と平成28年度を比較すると，１人１日当たりのごみ排出量，１人１日当たりの生活系ごみ排出量及び１人１日当たりの事業系ごみ排出量における千葉県と全国の差は小さくなっている。

エ　平成10年度と平成28年度を比較すると，リサイクル率における千葉県と全国の差は小さくなり，１人１日当たりのごみ排出量に占める生活系ごみと事業系ごみの割合は，千葉県では事業系ごみの割合が高まっている。

2　次の図を見て，あとの(1)〜(4)の問いに答えなさい。

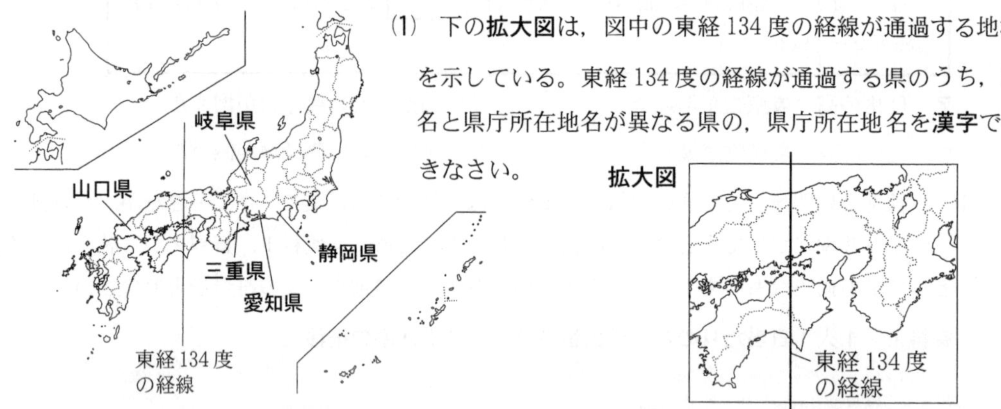

(1)　下の**拡大図**は，図中の東経134度の経線が通過する地域を示している。東経134度の経線が通過する県のうち，県名と県庁所在地名が異なる県の，県庁所在地名を**漢字**で書きなさい。

(2)　図中の日本の都道府県に関して，次の**ア**〜**エ**は，2015年の「第３次産業の就業者割合」「面積」「人口密度」及び「老年(65歳以上)人口割合」のいずれかについて，それぞれ数値の高い上位８都道府県を塗(ぬ)りつぶしたものである。これらのうち，「第３次産業の就業者割合」を示すものはどれか。最も適当なものを一つ選び，その符号を書きなさい。

ア

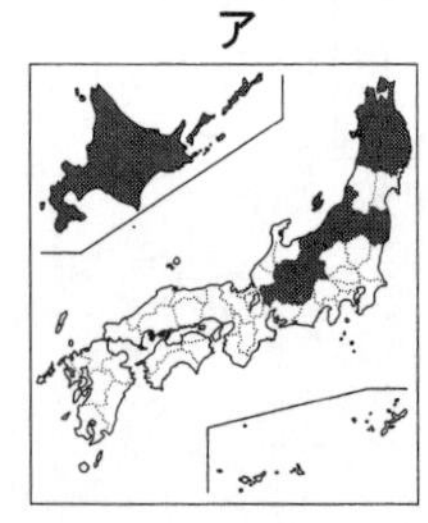

イ

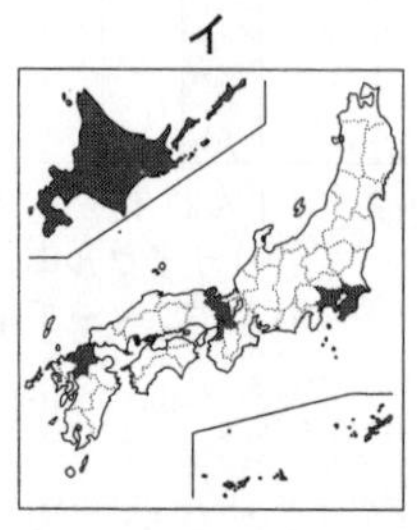

ウ

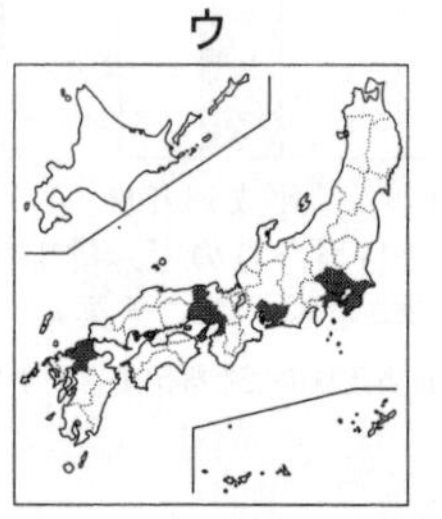

エ

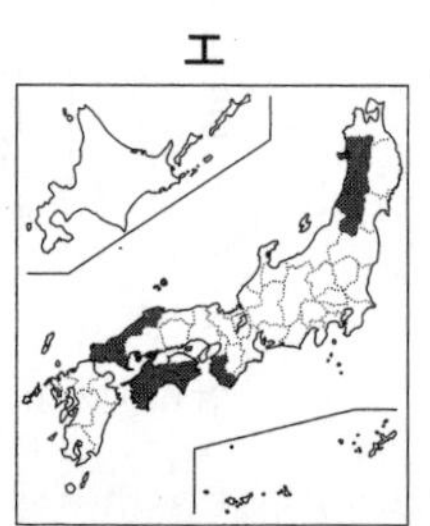

(「データでみる県勢2018年版」などより作成)

⑶　図中の静岡県，愛知県，岐阜県及び三重県の工業に関して述べた，次の**A**～**D**の文中の **a** ～ **d** には，あとの**ア**～**エ**のいずれかがあてはまる。これらのうち **b** にあてはまるものはどれか。最も適当なものを一つ選び，その符号を書きなさい。

A　豊田市周辺では，関連工場が集まり，地域全体で **a** の生産が行われている。

B　陶磁器（とうじき）の生産地である多治見市周辺では， **b** の生産も盛んである。

C　富士市周辺では，富士山麓（さんろく）の豊かな水を利用し， **c** の生産が盛んである。

D　四日市市周辺には，工業製品の原材料を生産する **d** などが集まっている。

ア　石油化学コンビナート　　　**イ**　自動車

ウ　ファインセラミックス　　　**エ**　紙製品やパルプ

⑷　次の地形図は，前のページの図中の**山口県**のある地域を示したものである。これを見て，あとの①，②の問いに答えなさい。

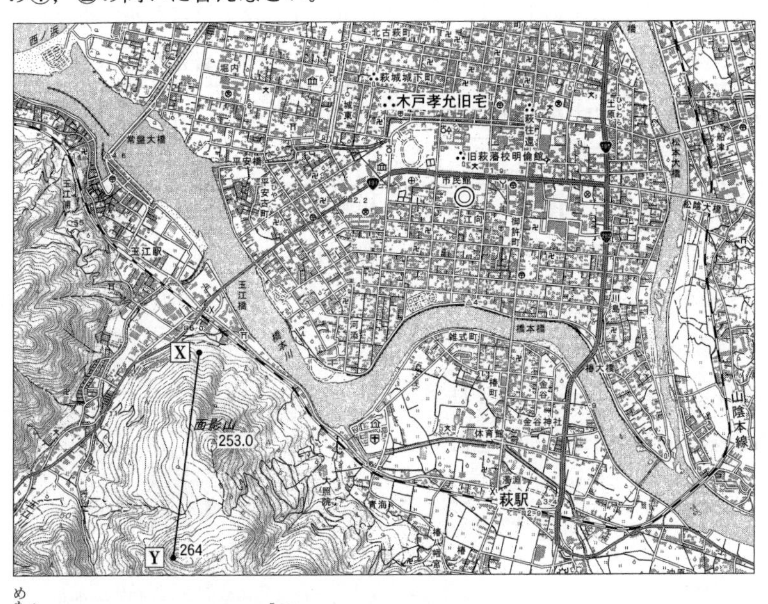

めもり 0　5 cm

(国土地理院　平成26年発行1:25,000「萩」原図より作成)

①　地形図中の**X**—**Y**間の土地の起伏（きふく）を表しているものとして最も適当なものを，次の**ア**～**エ**のうちから一つ選び，その符号を書きなさい。

ア　**イ**　**ウ**　**エ**

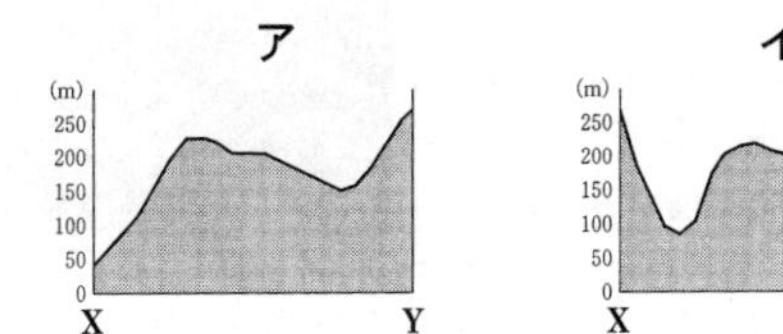

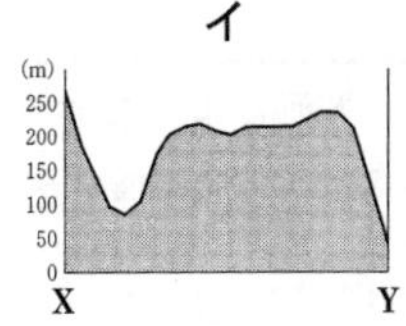

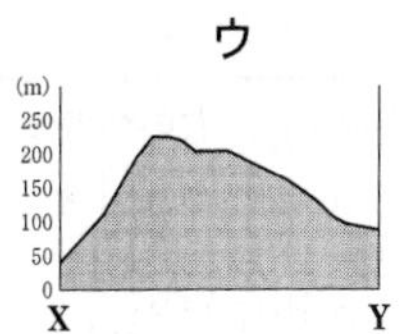

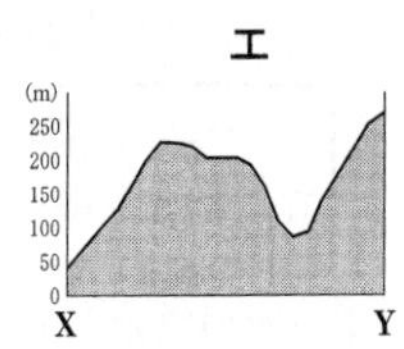

②　上の地形図を正しく読み取ったことがらとして最も適当なものを，次の**ア**～**エ**のうちから一つ選び，その符号を書きなさい。

ア　木戸孝允旧宅は，市役所から見てほぼ北東の方向にある。

イ　萩駅を中心とした半径 250 m の範囲内に病院がある。

ウ　山地から流れ出る川によって運ばれた土砂がたまってできた扇状地がみられる。

エ　面影山の東側の斜面には，果樹園がみられる。

3 次の図は，緯線と経線が直角に交わる地図である。これを見て，あとの(1)～(5)の問いに答えなさい。

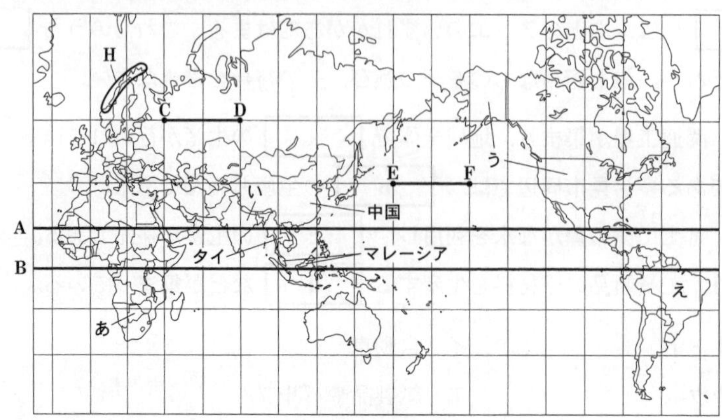

(注)　島等は省略したものもある。また，国境に一部未確定部分がある。

(1)　次の文は，図中の緯線A，緯線B，緯線の一部CD及び緯線の一部EFについて読み取れることがらをまとめたものである。文中の［Ⅰ］，［Ⅱ］にあてはまる語の組み合わせとして最も適当なものを，あとのア～エのうちから一つ選び，その符号を書きなさい。

> 赤道を示しているのは［Ⅰ］であり，緯線の一部CDと緯線の一部EFは，地図上では同じ長さであるが，実際の距離が長いのは［Ⅱ］である。

ア　Ⅰ：緯線A　Ⅱ：緯線の一部CD　　イ　Ⅰ：緯線A　Ⅱ：緯線の一部EF
ウ　Ⅰ：緯線B　Ⅱ：緯線の一部CD　　エ　Ⅰ：緯線B　Ⅱ：緯線の一部EF

(2)　右の**資料1**は，ダイヤモンドの生産の割合(2015年)を示している。図中の**あ～え**の国のうち，**資料1**中のGにあてはまる国はどれか。最も適当なものを一つ選び，その符号を書きなさい。

資料1　ダイヤモンドの生産の割合(2015年)

国	割合
ロシア	32.9％
G	16.3％
コンゴ民主共和国	12.6％
オーストラリア	10.7％
カナダ	9.2％
その他	18.3％

(「世界国勢図会 2018/19」より作成)

(3)　次の文は，上の図中の⬭で示したHの地域で見られる地形についてまとめたものの一部である。文中の［　　］にあてはまる適当な語を**カタカナ**で書きなさい。

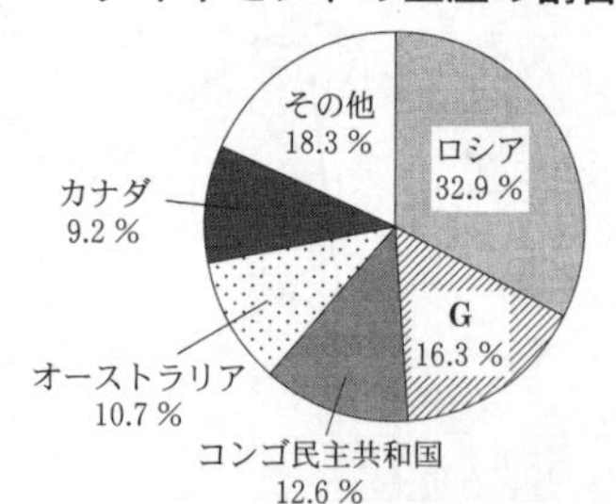

> ヨーロッパ北部の沿岸部には，右の写真のような，氷河によってけずられた谷に海水が深く入りこんだ［　　］とよばれる奥行きのある湾がみられる。

(4)　次の文は，上の図中の中国における農業の様子について述べたものである。文中の［Ⅲ］，［Ⅳ］，［Ⅴ］にあてはまる語の組み合わせとして最も適当なものを，あとの**ア～エ**のうちから一つ選び，その符号を書きなさい。

> 東北・華北など降水量の少ない北部では［Ⅲ］が中心，華中・華南など降水量の多い南部では［Ⅳ］が中心，乾燥した西部(内陸部)では［Ⅴ］が中心となっている。

ア　Ⅲ：畑作　Ⅳ：牧畜　Ⅴ：稲作　　イ　Ⅲ：稲作　Ⅳ：畑作　Ⅴ：牧畜

ウ　Ⅲ：畑作　Ⅳ：稲作　Ⅴ：牧畜　　エ　Ⅲ：稲作　Ⅳ：牧畜　Ⅴ：畑作

(5)　次の**資料2**は，前のページの図中のタイ及びマレーシアの輸出上位3品目(1980年及び2016年)を示している。あとの文章は，社会科の授業で，けんたさんが**資料2**を見て，まとめたレポートの一部である。文章中の□にあてはまる適当なことばを，**10字以上20字以内**(読点を含む。)で書きなさい。

資料2　タイ及びマレーシアの輸出上位3品目(1980年及び2016年)

	タイの輸出上位3品目と割合(%)					
1980年	米	14.7	野菜・果実	14.2	天然ゴム	9.3
2016年	機械類	31.3	自動車	12.8	プラスチック	4.2

	マレーシアの輸出上位3品目と割合(%)					
1980年	原　油	23.8	天然ゴム	16.4	木　材	14.1
2016年	機械類	41.4	石油製品	6.6	パーム油	4.8

(「世界国勢図会 2018/19」などより作成)

東南アジアの国々は，労働賃金の安さを生かして外国企業を受け入れてきました。工業化の進んだタイやマレーシアの主な輸出品目は，1980年と2016年を比べると，□に変化しています。

4　次の4枚のパネルは，社会科の授業で，班ごとに日本の歴史を分担して調べ，まとめたものの一部である。これらをもとに，先生と生徒の会話文を読んで，あとの(1)～(5)の問いに答えなさい。

A班

[原始・古代]

縄文文化と弥生文化

大和政権(ヤマト王権)の成立

大化の改新

律令国家の成立

「大仙古墳(大山古墳)」

B班

[中世]

鎌倉幕府の成立

南北朝の動乱(内乱)

日明貿易(勘合貿易)

応仁の乱

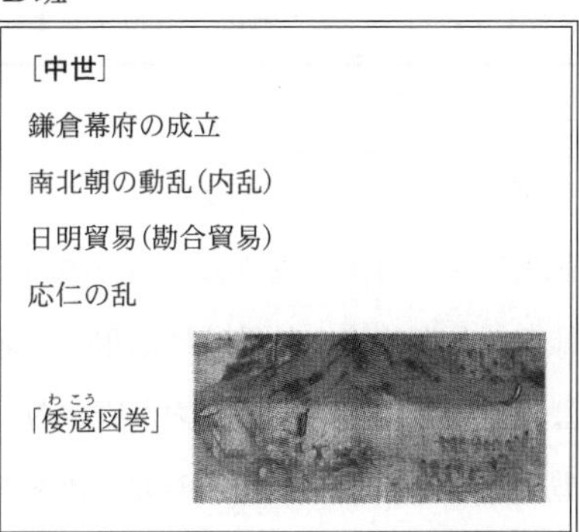

「倭寇図巻」

C班

[近世(江戸時代初期まで)]

長篠の戦い

太閤検地と刀狩

関ヶ原の戦い

大阪の陣(大阪夏の陣)

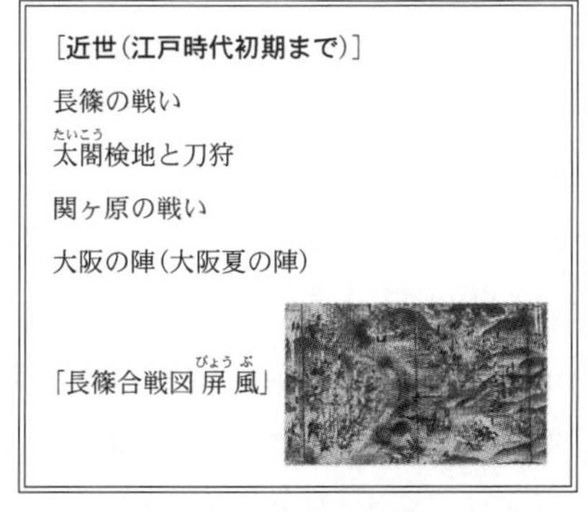

「長篠合戦図屏風」

D班

[近世(江戸時代)]

諸産業の発達

幕府政治の改革

外国船の来航

開国

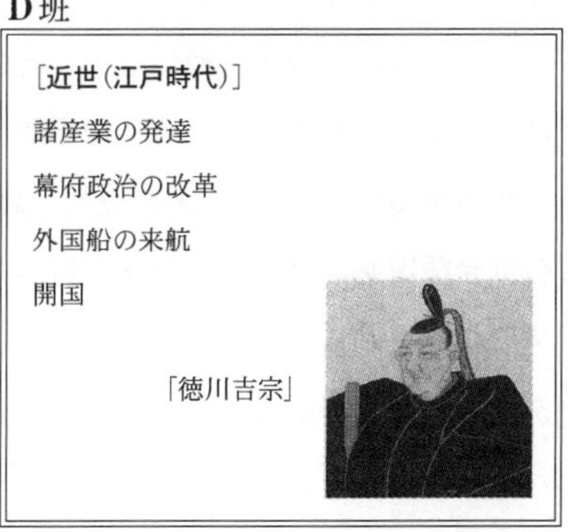

「徳川吉宗」

先生：今回の学習では，班ごとに大きな時代区分を分担して，重要なことがらと特徴的な写真や絵をあげてもらいました。原始・古代を調べたA班は，律令国家の成立をあげていますね。それでは，701年につくられた律令国家のしくみを定めたものは何ですか。

A班：［ a ］です。

先生：よく調べていますね。次に，中世を調べたB班に質問します。日明貿易(勘合貿易)について当時の状況を含めて説明してください。

B班：［ b ］

先生：そのとおりです。C班は近世を江戸時代初期まで調べました。戦いを多くあげていますね。それでは，大阪の陣(大阪夏の陣)はどのような結果をもたらしたできごとですか。

C班：［ c ］できごとです。

先生：よくできました。D班は近世の江戸時代を調べました。産業，政治，外交と様々なことがらをあげています。幕府政治の改革では<u>徳川吉宗，松平定信，水野忠邦の改革が知られています</u>(d)。三人の改革に共通する特徴としては，どのようなことが言えますか。

D班：財政立て直しをめざし，政治の引きしめを行おうとしました。

先生：よくわかっていますね。個別のことがらを理解することと同時に，今回の学習のように歴史の大きな流れを把握することを心がけましょう。

(1)　会話文中の［ a ］にあてはまる適当な語を**漢字4字**で書きなさい。

(2)　会話文中の［ b ］について，その内容を述べた次の文章中の［　　］にあてはまる適当なことばを，「倭寇」「勘合」の二つの語を用いて**30字以内**(読点を含む。)で書きなさい。

日明貿易とは，足利義満が明の求めに応じて［　　］を持たせて，朝貢(ちょうこう)の形式で始めた貿易です。日本は銅・硫黄(いおう)・刀剣などを輸出し，明から銅銭や生糸などを輸入しました。

(3)　会話文中の［ c ］にあてはまることばとして最も適当なものを，次の**ア**～**エ**のうちから一つ選び，その符号を書きなさい。

ア　徳川家康が石田三成らの大名を破り，全国支配の実権をにぎった

イ　織田信長が鉄砲を効果的に活用した戦法で，武田勝頼に勝利した

ウ　豊臣氏が滅んで幕府の権力が固まり，徳川氏の全国支配が確立した

エ　豊臣秀吉が関東を支配する北条氏を滅ぼし，天下を統一した

(4)　会話文中の下線部dについて，次の**ア**～**エ**のうち，三人がそれぞれ行った改革の内容を**三つ**選び，年代の**古いものから順に**並べ，その符号を書きなさい。

ア　物価の上昇をおさえるため，株仲間に解散を命じた。

イ　公事方御定書(くじかたおさだめがき)という法律を整え，裁判の基準をつくった。

ウ　公武合体策をとり，天皇の妹を将軍の夫人に迎えた。

エ　朱子学を重んじて幕府の正式な学問とし，人材育成をはかった。

(5)　前のページの4枚のパネルにあげられたことがらの中に，日本最初の年号(元号)とされるものを含んでいるものがある。この年号(元号)を含んだことがらと同じ世紀におこった世界のできごととして最も適当なものを，次の**ア**～**エ**のうちから一つ選び，その符号を書きなさい。

ア　シャカが仏教を開いた　　**イ**　ムハンマドがイスラム教を始めた

ウ　イエスが神の愛を説いた　　**エ**　ギリシャでポリス（都市国家）が生まれた

5　次の略年表は，19 世紀半ば以降の日本の外交に関するできごとをまとめたものである。これを見て，あとの(1)～(5)の問いに答えなさい。

年　代	主 な で き ご と
1858	日米修好通商条約を結ぶ
	↕ **A**
1894	甲午農民戦争が起こり出兵する
	↕ **B**
1914	第一次世界大戦に参戦する
	↕ **C**
1945	ポツダム宣言を受け入れて降伏する
	↕ **D**
1972	日中共同声明に調印する
	↕ **E**
1992	PKO 協力法が成立する

(1)　略年表中の**A**の時期に起こったことがらとして最も適当なものを，次の**ア**～**エ**のうちから一つ選び，その符号を書きなさい。

ア　清は朝鮮の独立を認め，日本は台湾・遼東（リヤオトン／りょうとう）半島・澎湖（ポンフー／ほうこ）諸島と賠償金 2 億両（テール）を得た。

イ　ワシントン会議において，海軍の軍備を制限する条約などが結ばれた。

ウ　樺太をロシア領，千島列島の全てを日本領とし，両国の国境を確定した。

エ　強い権限をもつ朝鮮総督府をおいて，武力を背景に植民地支配を行った。

(2)　略年表中の**B**の時期に行われたできごとに関連し，次の文章中の［ Ⅰ ］，［ Ⅱ ］にあてはまる人物名の組み合わせとして最も適当なものを，あとの**ア**～**エ**のうちから一つ選び，その符号を書きなさい。

> ロシアとの戦争中に，［ Ⅰ ］は「君死にたまふことなかれ」という詩をよんで，出兵した弟の身を案じた。日本は苦戦を重ねながら戦争を進め，［ Ⅱ ］が指揮する海軍が日本海海戦に勝利したことを機に，アメリカの仲介によって講和条約を結んだ。

ア　Ⅰ：市川房枝　Ⅱ：東郷平八郎　　**イ**　Ⅰ：与謝野晶子　Ⅱ：東郷平八郎

ウ　Ⅰ：市川房枝　Ⅱ：陸奥宗光　　**エ**　Ⅰ：与謝野晶子　Ⅱ：陸奥宗光

(3)　次の文章は，略年表中の**C**の時期に起こった動きについて述べたものである。文章中の［　　］に共通してあてはまる適当な語を**カタカナ 5 字**で書きなさい。

> 第一次世界大戦後のヨーロッパでは，［　　］と呼ばれる政治運動が登場した。民主主義を否定して，個人よりも民族や国家を重視し，軍事力で領土を拡大しようとする独裁体制をとった。この［　　］は，大衆の支持を得てイタリアやドイツで勢力を強めた。

⑷　略年表中のDの時期に，日本人が初めてノーベル賞（物理学）を受賞した。その人物名として最も適当なものを，次のア～エのうちから一つ選び，その符号を書きなさい。

ア　湯川秀樹　　イ　野口英世　　ウ　北里柴三郎　　エ　川端康成

⑸　次の文章は，略年表中のEの時期に起こったことがらについて，社会科の授業で，かおりさんが書いたレポートの一部である。文章中の［Ⅰ］，［Ⅱ］にあてはまる語の組み合わせとして最も適当なものを，あとのア～エのうちから一つ選び，その符号を書きなさい。

右の写真は1989年にアメリカのブッシュ大統領とソ連のゴルバチョフ共産党書記長が［Ⅰ］会談で冷戦の終結を宣言したときのものです。冷戦が終わっても，民族や宗教の対立などから各地で地域紛争が起こり，中東では1991年に［Ⅱ］戦争が勃発（ぼっぱつ）しました。

ア　Ⅰ：ヤルタ　Ⅱ：ベトナム　　イ　Ⅰ：ヤルタ　Ⅱ：湾岸

ウ　Ⅰ：マルタ　Ⅱ：ベトナム　　エ　Ⅰ：マルタ　Ⅱ：湾岸

6　次の文章を読み，あとの⑴～⑶の問いに答えなさい。

一般的に，市場（しじょう）経済では，市場のはたらき（a）を通じて価格が調整され，資源が有効に利用されます。身近な商品の価格から為替相場（為替レート）（b）にいたるまで，その決定には，市場が大きな役割を果たしています。しかし，市場に委ねるだけではうまくいかないこともあり，財政政策や社会保障（c）など，政府は重要な役割を担（にな）っています。

⑴　下線部aに関連して，次の文章は，市場のはたらきについて説明したものの一部である。文章中の［Ⅰ］～［Ⅳ］にあてはまる語の組み合わせとして最も適当なものを，あとのア～エのうちから一つ選び，その符号を書きなさい。

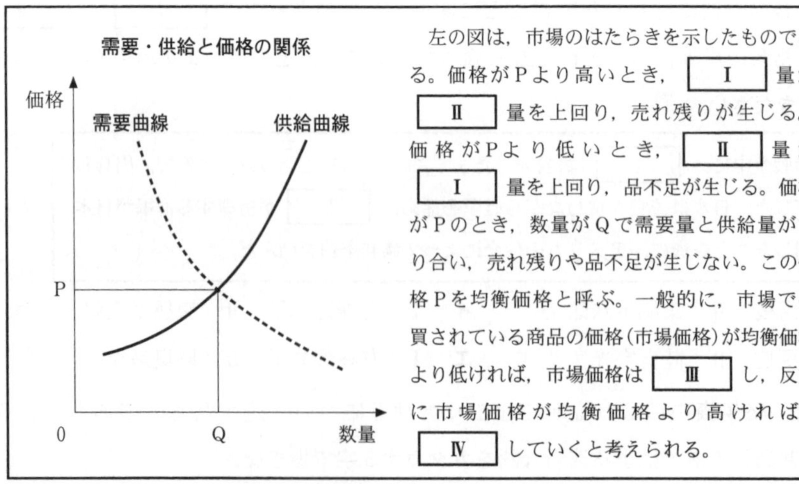

左の図は，市場のはたらきを示したものである。価格がPより高いとき，［Ⅰ］量が［Ⅱ］量を上回り，売れ残りが生じる。価格がPより低いとき，［Ⅱ］量が［Ⅰ］量を上回り，品不足が生じる。価格がPのとき，数量がQで需要量と供給量がつり合い，売れ残りや品不足が生じない。この価格Pを均衡価格と呼ぶ。一般的に，市場で売買されている商品の価格（市場価格）が均衡価格より低ければ，市場価格は［Ⅲ］し，反対に市場価格が均衡価格より高ければ，［Ⅳ］していくと考えられる。

ア　Ⅰ：需要　Ⅱ：供給　Ⅲ：上昇　Ⅳ：下落

イ　Ⅰ：供給　Ⅱ：需要　Ⅲ：上昇　Ⅳ：下落

ウ　Ⅰ：需要　Ⅱ：供給　Ⅲ：下落　Ⅳ：上昇

エ　Ⅰ：供給　Ⅱ：需要　Ⅲ：下落　Ⅳ：上昇

(2)　下線部**b**に関連して，次の文章は，為替相場(為替レート)について述べたものの一部である。文章中の［　　　］にあてはまる適当な数字を書きなさい。

> 為替相場(為替レート)は，世界経済の状況で日々変化している。例えば，1ドル＝100円のとき，日本国内での価格が50万円の機械をアメリカに輸出すると，アメリカでの価格は5000ドルになる。その後，円安が進行して1ドル＝125円になった場合，同じ機械のアメリカでの価格は［　　　］ドルとなり，以前よりも安くなるので，売り上げが伸びることが期待される。このように，円安は輸出には有利になると考えられる。

(注)　ここでは，為替相場(為替レート)以外の影響を考えないものとする。

(3)　下線部**c**に関連して，次の**資料**は，今後の老後の生活を支える年金給付等の在り方に関する年齢層別のアンケート結果を示したものである。この**資料**から読み取れることとして最も適当なものを，あとの**ア**～**エ**のうちから一つ選び，その符号を書きなさい。

資料　今後の老後の生活を支える年金給付等の在り方に関する年齢層別のアンケート結果

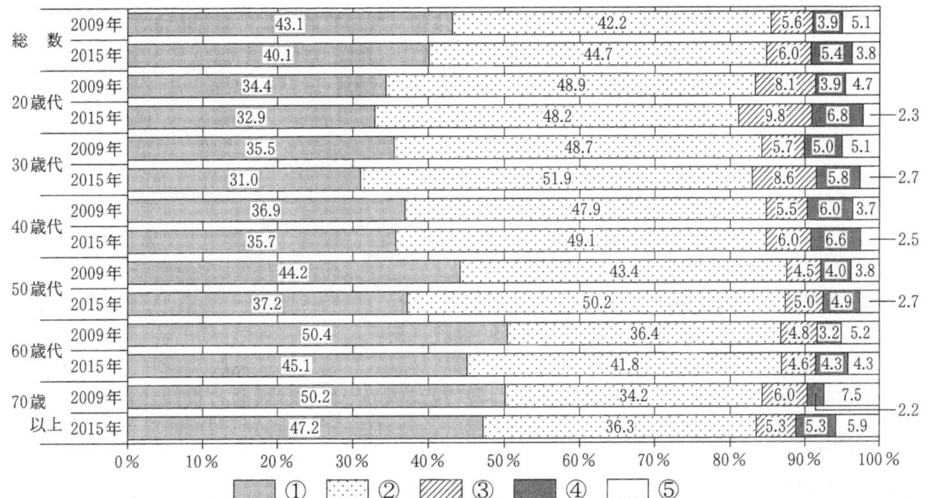

①公的年金に要する税や社会保険料の負担が増加しても，老後の生活は公的年金のみで充足できるだけの水準を確保すべき
②公的年金を基本としつつも，その水準は一定程度抑制し，これに企業年金や個人年金，貯蓄などを組み合わせて老後に備えるべき
③企業年金や個人年金，貯蓄などで老後に備えることを基本とするべき　　④その他　　⑤不詳

(注)　公的年金とは国が管理・運営する年金のこと。企業年金や個人年金とは公的年金に加えて受け取ることができる年金のこと。四捨五入の関係で，合計しても100％にならない場合がある。

(厚生労働省「平成29年版厚生労働白書」より作成)

ア　2009年と2015年ともに，全ての年齢層で，「①公的年金に要する税や社会保険料の負担が増加しても，老後の生活は公的年金のみで充足できるだけの水準を確保すべき」と「②公的年金を基本としつつも，その水準は一定程度抑制し，これに企業年金や個人年金，貯蓄などを組み合わせて老後に備えるべき」の割合の合計が90％以上である。

イ　2009年と2015年とで，「③企業年金や個人年金，貯蓄などで老後に備えることを基本とするべき」の割合の変化を比べると，30歳以上の全ての年齢層で，2009年よりも2015年の方が割合が増加しており，変化の幅が最も大きいのは「40歳代」である。

ウ　「①公的年金に要する税や社会保険料の負担が増加しても，老後の生活は公的年金のみで充足できるだけの水準を確保すべき」の割合について，2009年と2015年を比較すると，全ての年齢層で，2015年の割合は減少しているが，2015年の割合を40歳以上の年齢層で見ると，年齢層が高くなるほど大きくなっている。

エ　「総数」を見ると，2009年と2015年ともに，「②公的年金を基本としつつも，その水準は一定程度抑制し，これに企業年金や個人年金，貯蓄などを組み合わせて老後に備えるべき」の割合が最も大きい。

7　次の文章を読み，あとの(1)～(3)の問いに答えなさい。

日本国憲法[a]は，わが国の最高法規で，基本的人権[b]や政治のしくみなどが定められています。これに基づいて，立法権を持つ国会，行政権を持つ内閣，司法権を持つ裁判所[c]による三権分立がなされ，日本の政治が行われています。

(1)　下線部**a**に関連して，次の文章は，ただしさんが日本国憲法について調べたことをまとめたレポートの一部である。文章中の［　　］に共通してあてはまる適当な語を**漢字4字**で書きなさい。

> 日本国憲法は，［　　］，平和主義，基本的人権の尊重の三つを基本原理としています。このうち，［　　］とは，国の政治のあり方を最終的に決定する力が私たちにあることを意味します。

(2)　下線部**b**に関連して，次の**ア**～**エ**の文のうち，人権思想に関連することがらを正しく述べているものはどれか。最も適当なものを一つ選び，その符号を書きなさい。

ア　フランス人権宣言は，「すべての人は平等につくられ，生命・自由・幸福の追求の権利が与えられている」と宣言し，アメリカ独立宣言に影響を与えた。

イ　大日本帝国憲法において，「人権は侵すことのできない永久の権利である」と規定され，国民の権利が大幅に拡大された。

ウ　ドイツのワイマール憲法は，「個人として尊重され自由に生きる権利」である自由権を，世界で初めて取り入れた憲法である。

エ　世界人権宣言は，「すべての人間は，生まれながらにして自由であり，かつ，尊厳と権利とについて平等である」と宣言し，これを具体化するために，国際人権規約が採択された。

(3)　下線部**c**に関連して，次の文章は，2009年に始まった，裁判員制度のしくみの一部について述べたものである。文章中の［　　］にあてはまる適当なことばを，「刑事裁判」「被告人」の二つの語を用いて**20字以内**（読点を含む。）で書きなさい。

> 裁判員制度は，国民が裁判員として［　　］が有罪か無罪かを判断し，刑罰の内容を決める制度である。裁判員制度は，国民の感覚や視点が裁判に反映されると同時に，裁判に対する国民の意識が高められると期待されている。

8　次の文章を読み，あとの(1)，(2)の問いに答えなさい。

2018年7月，南アフリカ共和国のヨハネスブルグ（ヨハネスバーグ）において，新興5か国[a]による首脳会議が開催され，自由貿易の重要性や発展へ向けた協力の必要性などが議論されました。

10回目となるこの会議では，これまでにも，課題の解決へ向けた様々な議論が行われてきました。
b

(1) 下線部aに関連して，次の文章は，近年の経済成長により世界経済で影響力を高めている国々について述べたものである。文章中の［　　］にあてはまる適当な語を**アルファベットの大文字5字**で書きなさい。

> 21世紀に入ると，広大な国土と多くの人口や資源を持つ，ブラジル，ロシア連邦，インド，中国，南アフリカ共和国の5か国は，急速に経済成長した。これらの経済成長のいちじるしい国々は，［　　］と呼ばれている。

(2) 下線部bに関連して，次の**資料**は，りゅうたさんがこの会議について調べたことをまとめたレポートの一部である。**資料**中の［ Ⅰ ］，［ Ⅱ ］にあてはまる語の組み合わせとして最も適当なものを，あとの**ア**～**エ**のうちから一つ選び，その符号を書きなさい。

資料　りゅうたさんのレポートの一部

> この会議で出された「ヨハネスブルグ（ヨハネスバーグ）宣言」の中で，「産業の発展，貧困の根絶など，アフリカにおける持続可能な開発を支援し，お互いに栄えるために，インフラを整備するための投資を積極的に行う」という内容が書かれた部分がありました。
>
> 宣言が出された背景の一つには，世界における経済格差の問題があると思います。発展途上国の中には，国の経済を特定の資源や作物の生産と輸出に依存する［ Ⅰ ］経済の構造から抜け出せずにいる国や地域もあります。また，発展途上国どうしでの経済格差の問題もあります。経済発展をとげた国や地域と，経済発展から取り残され産業の発展や開発が遅れている国や地域があり，このような発展途上国どうしでの経済格差は［ Ⅱ ］と呼ばれています。こうした問題を解決し，より良い世界を築くために，世界全体での協力の重要性を感じました。

（注）「インフラ」とは，水道・電気・公共交通機関・情報通信網など，生活や産業発展の基礎となる施設・設備のこと。

ア　Ⅰ：モノカルチャー　Ⅱ：南北問題　　**イ**　Ⅰ：グローバル　Ⅱ：南北問題

ウ　Ⅰ：モノカルチャー　Ⅱ：南南問題　　**エ**　Ⅰ：グローバル　Ⅱ：南南問題

理　科

1 次の(1)～(4)の問いに答えなさい。

(1) 放電管で真空放電が起きているとき，－（マイナス）極から出て＋（プラス）極に向かっているものとして最も適当なものを，次の**ア**～**エ**のうちから一つ選び，その符号を書きなさい。

ア　電　子　　**イ**　陽　子　　**ウ**　中性子　　**エ**　原　子

(2) 花こう岩，せん緑岩，斑（はん）れい岩は，マグマが地下でゆっくりと冷え固まった岩石である。このような火成岩を何というか，書きなさい。

(3) **図**は，ガスバーナーにオレンジ色の炎（ほのお）がついているようすを模式的に表したものである。ガスの量は変えずに，オレンジ色の炎を青色の炎に調節するには，どのような操作をすればよいか。

次の**ア**～**エ**のうちから最も適当なものを一つ選び，その符号を書きなさい。ただし，**X**と**Y**は，ガスバーナーのガス調節ねじと空気調節ねじのいずれかを示したものである。

ア　**Y**をおさえて，**X**だけを少しずつ閉じる(しめる)。
イ　**Y**をおさえて，**X**だけを少しずつ開く(ゆるめる)。
ウ　**X**をおさえて，**Y**だけを少しずつ閉じる(しめる)。
エ　**X**をおさえて，**Y**だけを少しずつ開く(ゆるめる)。

図

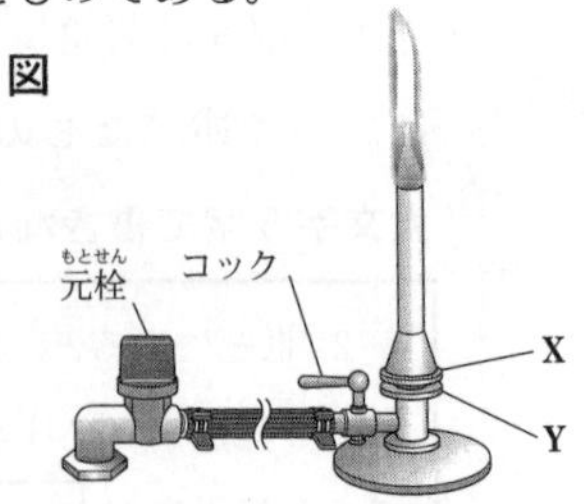

(4)　無機物から有機物をつくり出す植物などの生物を，生態系において何というか，書きなさい。

2　**S**さんは，雲が発生するしくみについて調べるために実験を行いました。これに関する先生との会話文を読んで，あとの(1)～(4)の問いに答えなさい。

Sさん：雲はどのようにしてできるのですか。

先　生：それでは，丸底フラスコと注射器を使った実験をしてみましょう。この実験を**実験1**とします。丸底フラスコの内側を水でぬらし，少量の線香(せんこう)のけむりを入れ，**図1**のように注射器につなぎます。つないだら，丸底フラスコ内の空気の温度を読みとってください。

図1

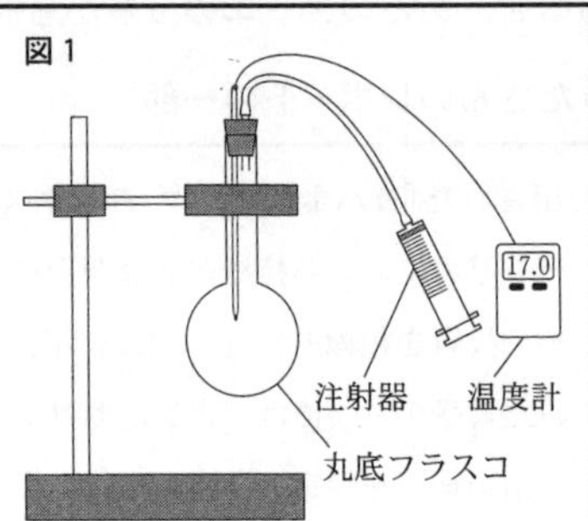

Sさん：17.0℃です。

先　生：はい。それでは注射器のピストンを引いたり，押(お)したりしてみましょう。

Sさん：ピストンを引いたとき，丸底フラスコ内が白くくもりました。これが雲ですか。

先　生：そうですね。それでは，白くくもったときの温度を読みとってください。丸底フラスコ内の空気の温度は，17.0℃より［ **w** ］がっていますね。ピストンを引くと，丸底フラスコ内の空気は膨張(ぼうちょう)するので，温度が［ **w** ］がります。空気の温度が［ **w** ］がれば，<u>その空気がふくむことのできる水蒸気の最大量は</u>(**a**)［ **x** ］ので，丸底フラスコ内の水蒸気が水滴(すいてき)に変化します。

Sさん：白くくもったのは，そのようにして細かな水滴ができたからですか。

先　生：そうです。雲は，細かな水滴や氷の粒(つぶ)でできています。それでは，自然界ではどういうときに空気が膨張するのでしょうか。簡易真空容器を使った**実験2**を行い，考えてみましょう。**図2**のように，簡易真空容器の中に，気圧計とゴム風船を入れます。ゴム風船はやわらかいもので，空気を少し入れて口を閉じてあります。では，簡易真空容器内の空気をぬいてみましょう。

図2

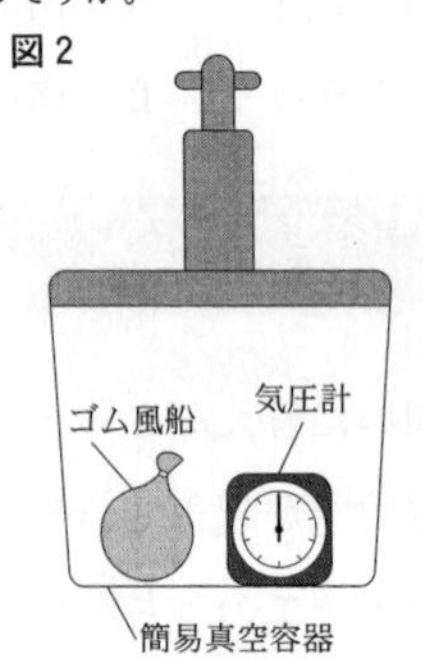

Sさん：先生，ゴム風船が少しふくらんできました。簡易真空容器内の気圧は，900 hPa です。

先　生：はい。さらに簡易真空容器内の空気をぬいてみてください。どうなるでしょうか。

Sさん：ゴム風船は，大きくふくらみました。簡易真空容器内の気圧は，700 hPa になりました。

先　生：そうです。ところで上空の気圧は，気球を使って観測できます。**実験2**の結果と同じ 900 hPa から 700 hPa への気圧の変化は，気球が地表からの高さ何 km から何 km に動いたときに観測されますか。地表からの高さと気圧の関係が**図3**の場合で考えてみましょう。

Sさん：はい。気球が地表からの高さ［ y ］kmから［ z ］kmに動いたときです。

先　生：そうですね。それでは，**実験**1，2からわかる雲が発生するしくみを説明してみてください。

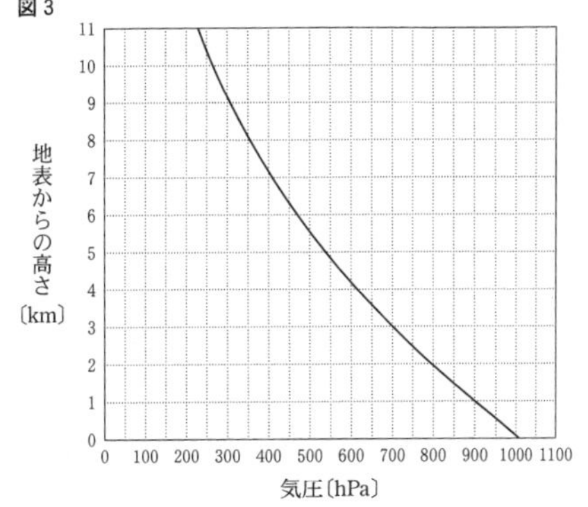

Sさん：**実験**1から，丸底フラスコ内の空気を膨張させることによって，空気中に細かな水滴ができることがわかりました。**実験**2から，ゴム風船の周囲の気圧を下げることによって，ゴム風船の中の空気が膨張することがわかりました。これらのことから，<u>空気のかたまりにかかる気圧が下がると，空気は膨張し，雲が発生する</u>(b)と考えられます。

先　生：そのとおりです。それでは，さらに深く雲の発生について学んでみましょう。

(1)　会話文中の下線部**a**について，1 m^3 の空気がふくむことのできる水蒸気の最大量を何というか，書きなさい。

(2)　会話文中の［ w ］，［ x ］にあてはまるものの組み合わせとして最も適当なものを，次の**ア**～**エ**のうちから一つ選び，その符号を書きなさい。

ア　**w**：上　**x**：増える　　**イ**　**w**：上　**x**：減る
ウ　**w**：下　**x**：増える　　**エ**　**w**：下　**x**：減る

(3)　会話文中の［ y ］，［ z ］にあてはまる数値として最も適当なものを，次の**ア**～**オ**のうちからそれぞれ一つずつ選び，その符号を書きなさい。

ア　1　　**イ**　3　　**ウ**　5　　**エ**　7　　**オ**　9

(4)　会話文中の下線部**b**のしくみによって発生する雲として**適当でないもの**を，次の**ア**～**エ**のうちから一つ選び，その符号を書きなさい。

ア　低気圧の中心部分にふきこんだ空気が上空へ向かうことによって発生する雲
イ　しめった空気が夜間に地表付近で冷やされることによって発生する雲
ウ　空気が山の斜面(しゃめん)にそって上昇(じょうしょう)することによって発生する雲
エ　地表付近が強く熱せられ空気の流れができることによって発生する雲

3　抵抗器(ていこうき)に加えた電圧と流れる電流の大きさの関係について調べるため，次の**実験**1～3を行いました。これに関して，あとの(1)～(3)の問いに答えなさい。

実験1
① 抵抗(電気抵抗)の大きさが異なる4種類の抵抗器**a**～**d**および15 Ω，25 Ωの抵抗器をそれぞれ1個ずつ用意した。
② **図**1のような回路をつくり，電源装置で，抵抗器**a**に加える電圧を0 Vから5 Vまで1 Vずつ変化させ，そのときの電流の大きさをそれぞれ測定した。
③ 電圧を0 Vにもどし，抵抗器**a**を抵抗器**b**～**d**および15 Ω，25 Ωの抵抗器にかえて，

それぞれ②と同じ操作を行った。

図2は，測定した結果をグラフに表したものである。

図1

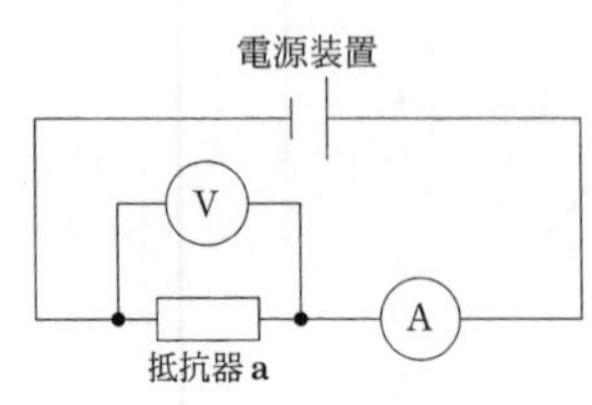

図2

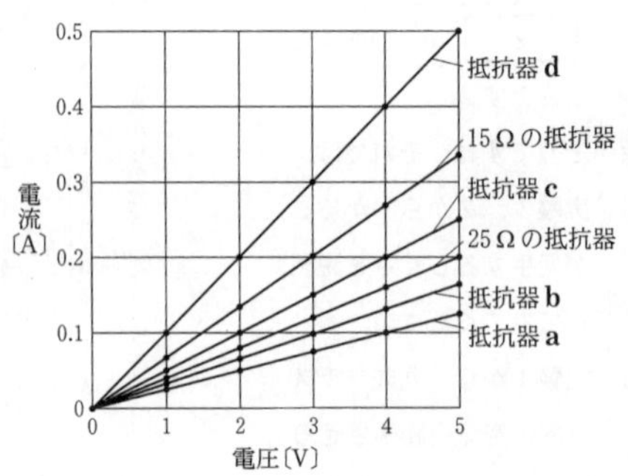

実験2

図3，**図4**のような回路を，15Ω，25Ωの抵抗器を使用してつくった。電源装置の電圧を3Vにし，I_1～I_4の電流の大きさをそれぞれ測定した。

図3

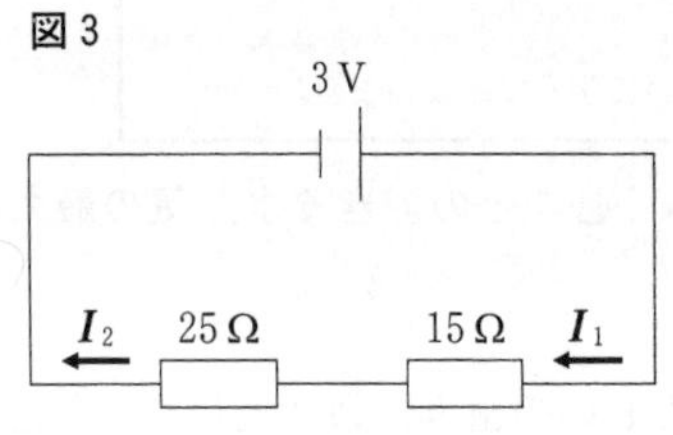

図4

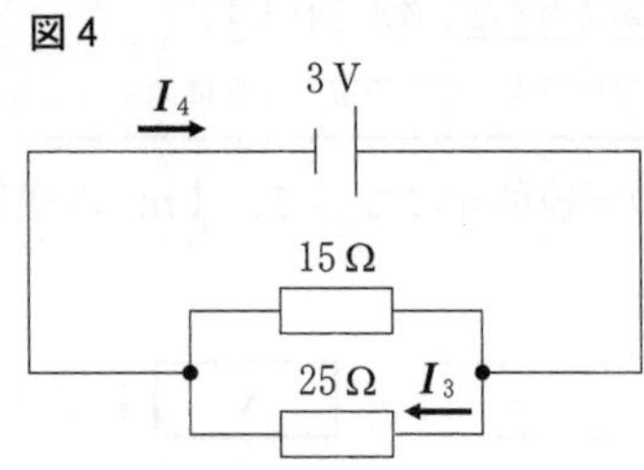

実験3

図5のように，中の見えない箱を用意した。この箱の内部には，**実験1**で使用した4種類の抵抗器**a**～**d**のうち2個(抵抗器**X**，抵抗器**Y**とする)が接続されており，2個の抵抗器はそれぞれ**P**～**S**の4つの端子(たんし)のうち，いずれか2つの端子に接続されている。**表**は，2つの端子の間に3Vの電圧を加えたときに，2つの端子の間に流れる電流の大きさをまとめたものである。

図5

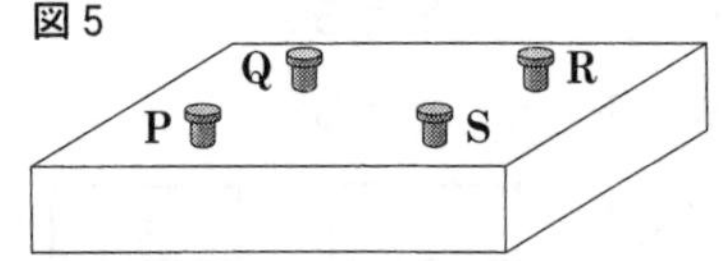

表

3Vの電圧を加えた2つの端子	PとQ	PとR	PとS	QとR	QとS	RとS
2つの端子の間に流れる電流の大きさ〔A〕	0	0.10	0.15	0	0	0.30

(1) **実験1**で，抵抗器**a**の抵抗の大きさは何Ωか，書きなさい。

(2) **実験2**で，測定したI_1とI_2，I_3とI_4の電流の大きさの関係として最も適当なものを，次の**ア**～**エ**のうちから一つ選び，その符号を書きなさい。

ア　$I_1 < I_2$，$I_3 < I_4$　　**イ**　$I_1 < I_2$，$I_3 = I_4$

ウ　$I_1 = I_2$，$I_3 < I_4$　　**エ**　$I_1 = I_2$，$I_3 = I_4$

(3) **実験3**について，次の(a)，(b)の問いに答えなさい。

図6　抵抗器のかき方の例

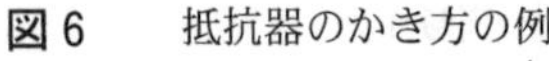

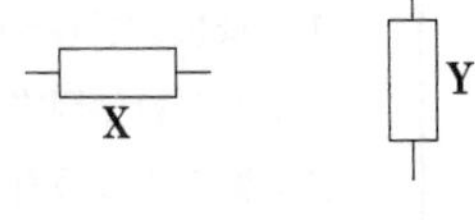

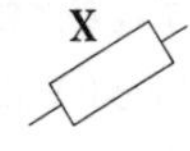

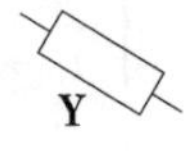

(a) **実験3**で，抵抗器**X**の抵抗の大きさが，抵抗器**Y**よりも大きいとき，箱の内部で抵抗器**X**，抵抗器**Y**はそれぞれどのように端子に接続されているか，解答欄の図中にかきなさい。ただし，抵抗器は**図6**にならってかき，端子と抵抗器をつな

げた導線を実線で表すこと。また，解答欄の図は，**図5**の箱の内部を上から見えるようにした図であり，**P**～**S**の4つの端子を●で表している。

(b) 抵抗器**X**，抵抗器**Y**は，抵抗器**a**～**d**のうちのどれか。次の**ア**～**エ**のうちから最も適当なものをそれぞれ一つずつ選び，その符号を書きなさい。

ア　抵抗器**a**　　**イ**　抵抗器**b**　　**ウ**　抵抗器**c**　　**エ**　抵抗器**d**

4 Sさんは酸と金属を反応させたり，酸とアルカリを反応させたりしたときに起こる変化を調べるために，次の**実験1**，2を行いました。これに関して，あとの(1)～(3)の問いに答えなさい。

実験1

図1のように，うすい塩酸5 cm³を試験管に入れ，マグネシウムリボンを加えたところ気体が発生した。

図1

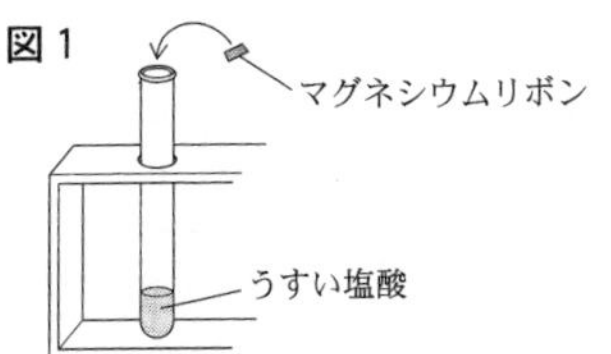

実験2

① 5個のビーカー**A**，**B**，**C**，**D**，**E**を用意し，それぞれに同じ濃(こ)さの水酸化ナトリウム水溶液(すいようえき)10 cm³を入れた。

② ①のビーカー**A**に，緑色のBTB溶液を数滴(すうてき)加えて，液の色の変化を観察し，pHメーターで液のpHを測定した。

③ ①の4個のビーカー**B**，**C**，**D**，**E**に，それぞれ緑色のBTB溶液を数滴加えた。**図2**のように，ガラス棒でかき混ぜながら，うすい塩酸をこまごめピペットで，ビーカー**B**には3 cm³，ビーカー**C**には6 cm³，ビーカー**D**には9 cm³，ビーカー**E**には12 cm³を加え，液の色の変化を観察し，pHメーターで液のpHを測定した。

図2

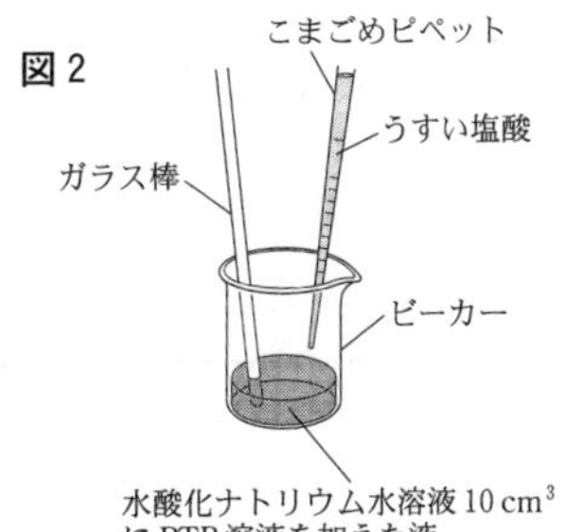

表は，②，③の結果をまとめたものである。

表

ビーカー	A	B	C	D	E
加えたうすい塩酸の体積〔cm³〕	0	3	6	9	12
ビーカー内の液の色	青	青	緑	黄	黄
ビーカー内の液のpHの値	11.5	11.1	7.0	3.1	2.9

④ ビーカー**C**内の液をスライドガラスに少量とり，水分を蒸発させると，結晶(けっしょう)が現れた。**図3**はその結晶をルーペで観察したもののスケッチである。

図3

(1) **実験1**で，発生する気体の性質として最も適当なものを，次の**ア**～**エ**のうちから一つ選び，その符号を書きなさい。

ア　石灰水(せっかいすい)を白くにごらせる。　　**イ**　特有の刺激臭(しげきしゅう)がある。

ウ　空気より密度が小さい。　　**エ**　ものを燃やすはたらきがある。

(2) **実験2**の③で，ビーカー**B**，**C**，**D**，**E**内の液の性質はどのようになるか。次の**ア**～**エ**のうちから最も適当なものを一つ選び，その符号を書きなさい。

	ビーカーB	ビーカーC	ビーカーD	ビーカーE
ア	酸　性	酸　性	中　性	アルカリ性
イ	酸　性	中　性	アルカリ性	アルカリ性
ウ	アルカリ性	アルカリ性	中　性	酸　性
エ	アルカリ性	中　性	酸　性	酸　性

(3) 次の文章は，**実験** 2 が終わったあとの S さんと先生の会話である。あとの(a)，(b)の問いに答えなさい。

> Sさん：酸は水に溶けて [w] を生じる物質で，アルカリは水に溶けて [x] を生じる物質ですよね。
> 先　生：そのとおりです。酸とアルカリの水溶液を混合すると，[w] と [x] が結合して，[y] ができることで，おたがいの性質を打ち消し合います。この反応を中和といいます。**実験** 2 の④で観察された結晶は，中和してできる物質です。何だと思いますか。
> Sさん：[z] だと思います。
> 先　生：そのとおりです。

(a) 会話文中の [w]，[x] にあてはまるイオン名（イオンの名称）を，それぞれ書きなさい。また，[y] にあてはまる物質名を書きなさい。

(b) 会話文中の [z] にあてはまる物質の化学式を書きなさい。

5 光があたるときとあたらないときの植物のはたらきを調べるため，次の**実験** 1，2 を行いました。これに関して，あとの(1)～(4)の問いに答えなさい。

実験 1

① **図**のように，ピンチコック付きのゴム管を取り付けたポリエチレンの袋で鉢（はち）植えの植物の葉と茎（くき）の部分をおおい，すきまから袋の中の空気が出入りしないようにしっかりと封（ふう）をした。

② ピンチコックを開いてゴム管から袋の中に息をふきこんだ後，ピンチコックを閉じた。これを実験の装置とした。

③ 光のあたるところにこの装置を置き，置いた直後と 1 時間後の袋の中の酸素，二酸化炭素の体積の割合を気体検知管で測定した。また，光のあたらないところにこの装置を置き，置いた直後と 1 日後の袋の中の酸素，二酸化炭素の体積の割合を気体検知管で測定した。**表**は，測定した結果をまとめたものである。

図

ポリエチレンの袋
ピンチコック付きのゴム管
鉢植えの植物

表

	光のあたるところ		光のあたらないところ	
	置いた直後	1 時間後	置いた直後	1 日後
酸素の体積の割合〔%〕	19.0	20.4	19.3	19.0
二酸化炭素の体積の割合〔%〕	1.6	0.5	1.2	2.0

気がついたこと

ポリエチレンの袋の内側に水滴(すいてき)がついていた。

実験2

実験1のピンチコック付きのゴム管を取り付けたポリエチレンの袋を用意し，袋の中に何も入れずに封をしてから息をふきこみ，**実験1**の③の操作を行った。その結果，光のあたるところに置いたときも光のあたらないところに置いたときも，置いた直後の袋の中の酸素の体積の割合は19.0％，二酸化炭素の体積の割合は2.5％だった。その後，これらの値(あたい)はどちらも変化しなかった。

(1) **実験1**で，光のあたるところにこの装置を置いて1時間後の植物の葉を，エタノールで脱色(だっしょく)した後，ヨウ素液(ヨウ素溶液(ようえき))につけて観察したところ，葉が青紫(あおむらさき)色に染色(せんしょく)された。青紫色に染色されたことからわかる，この植物の葉にある物質は何か。次の**ア**～**エ**のうちから最も適当なものを一つ選び，その符号を書きなさい。

ア　タンパク質　　**イ**　デンプン　　**ウ**　二酸化炭素　　**エ**　酸　素

(2) 次の文章は，**実験1**について述べたものである。文章中の［ a ］～［ d ］にあてはまるものの組み合わせとして最も適当なものを，あとの**ア**～**エ**のうちから一つ選び，その符号を書きなさい。

光のあたるところでは，袋の中の酸素が増え二酸化炭素が減った。これは，袋の中の植物が［ a ］を行うことによって出入りする気体の量よりも，［ b ］を行うことによって出入りする気体の量が多いからである。光のあたらないところでは，袋の中の二酸化炭素が増え酸素が減った。これは，袋の中の植物が［ c ］を行わないときでも，［ d ］は行われているからである。

	a	b	c	d
ア	光合成	呼　吸	光合成	呼　吸
イ	光合成	呼　吸	呼　吸	光合成
ウ	呼　吸	光合成	光合成	呼　吸
エ	呼　吸	光合成	呼　吸	光合成

(3) **気がついたこと**にある，袋の内側についた水滴は，袋の中の植物の気孔(きこう)から放出された水蒸気によってもたらされたものである。植物の気孔から水蒸気が放出されることを何というか。その名称を書きなさい。

(4) **実験2**を行った理由は何か。次の**ア**～**エ**のうちから最も適当なものを一つ選び，その符号を書きなさい。

ア　ふきこんだ息の酸素，二酸化炭素の体積の割合の違いによる影響(えいきょう)がないことを確かめるため。

イ　光があたるところとあたらないところで温度の違いによる影響がないことを確かめるため。

ウ　鉢の土の中にいる微(び)生物による影響がないことを確かめるため。

エ　ポリエチレンの袋からの気体の出入りによる影響がないことを確かめるため。

6　ばねにつるしたおもりとばねののびの関係を調べるため，次の**実験1**～**3**を行いました。これに関して，あとの(1)，(2)の問いに答えなさい。ただし，使用するおもりは同じ材質の直方体で，ばねの質量，糸の質量と体積は考えないものとします。また，100 g の物体にはたらく重力の大きさを1 N とします。

実験1

① 100 g のおもり**A**と，150 g のおもり**B**をそれぞれ5個ずつ用意した。

② **図1**のように，ものさしの0 cm の位置をばねの先端(たん)に合わせた装置を用意した。

③ **図2**のように，ばねにおもり**A**を1個つるし，ばねののびを測定した。次に，ばねにつるすおもり**A**を1個ずつ5個になるまで増やし，増やすごとにばねののびをそれぞれ測定した。

④ ③と同様に，ばねにおもり**B**を1個つるし，ばねののびを測定した。次に，ばねにつるすおもり**B**を1個ずつ5個になるまで増やし，増やすごとにばねののびをそれぞれ測定した。

図3は，測定した結果をグラフに表したものである。

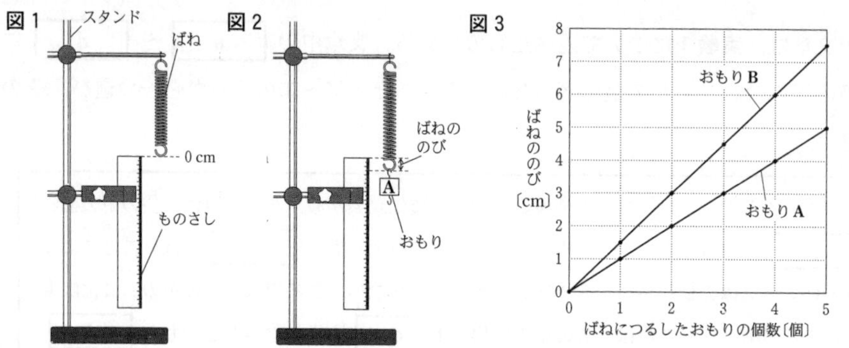

実験2

実験1で用いた装置に，おもり**A**とおもり**B**をそれぞれ1個以上用いて，いろいろな組み合わせでばねにつるし，ばねののびを調べた。

実験3

図4のように，**実験1**のばねの一端と，1個のおもり**A**を糸でつなぎ，ばねの他端を手で持ち，水の入ったビーカーに，水面から2 cm の深さまでおもり**A**を静かに沈(しず)めた。このとき，ばねののびは0.5 cm となった。次に，おもり**A**をさらに静かに沈め水面から4 cm の深さになったとき，ばねののびを測定したところ，<u>ばねののびは変わらず0.5 cm であった</u>。

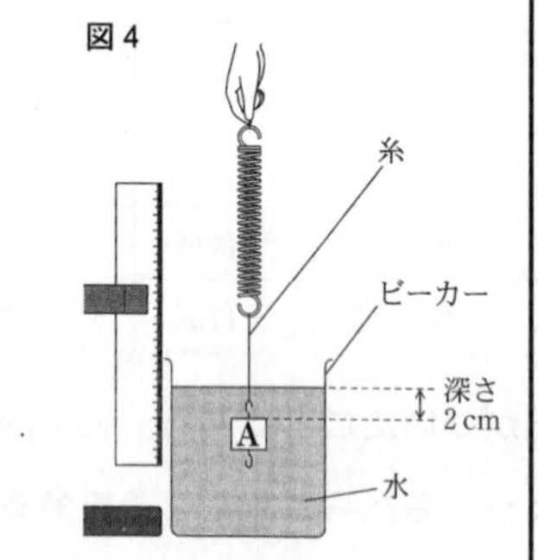

(1) **実験1**，**2**について，次の(a)，(b)の問いに答えなさい。

(a) 次の文章中の [v]，[w] にあてはまる最も適当なことばを，それぞれ書きなさい。

> 100 g の物体にはたらく重力の大きさは1 N なので，**図3**から，ばねののびは，ばねにはたらく力の大きさに [v] することがわかる。これを [w] の法則という。

(b) 次の文は，**実験2**で調べたことについて述べたものである。文中の [x]，[y] にあてはまる数を，それぞれ書きなさい。

|　x　| 個のおもりＡと |　y　| 個のおもりＢの組み合わせで，**図１**の装置のばねにつるしたとき，ばねののびは５cmになった。

(2) **実験３**について，次の(a)，(b)の問いに答えなさい。

(a) **図４**で，水中に沈めたおもりＡを横から見たときに，おもりＡにはたらく水圧のようすを表した模式図として最も適当なものを，次の**ア**～**エ**のうちから一つ選び，その符号を書きなさい。ただし，矢印の長さは水圧の大きさを表すものとする。

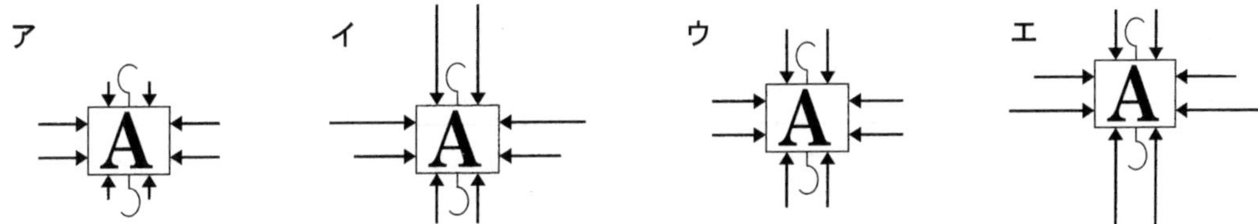

(b) 次の文は，下線部で，おもりＡが水面から2cmの深さのときと，4cmの深さのときで，ばねののびが変わらなかった理由について述べたものである。文中の |　z　| にあてはまる内容を，おもりＡにはたらく２つの力にふれながら，「**合力の大きさ**」ということばを用いて，簡潔に書きなさい。

おもりＡが水面から2cmの深さのときと，4cmの深さのときで，おもりＡにはたらく |　z　| が等しいことから，ばねののびが変わらなかった。

7　うすい塩酸と炭酸水素ナトリウムが反応するときの質量の関係を調べるため，次の**実験１**，**２**を行いました。これに関して，あとの(1)，(2)の問いに答えなさい。

実験１

図１のように，うすい塩酸と炭酸水素ナトリウムが入った密閉容器全体の質量を電子てんびんではかった。次に，**図２**のように，密閉容器を傾(かたむ)けて，うすい塩酸と炭酸水素ナトリウムを混ぜ合わせると気体が発生した。気体の発生が完全に終わった後，**図３**のように，密閉容器全体の質量を電子てんびんではかったところ，化学変化の前後で質量の変化はなかった。

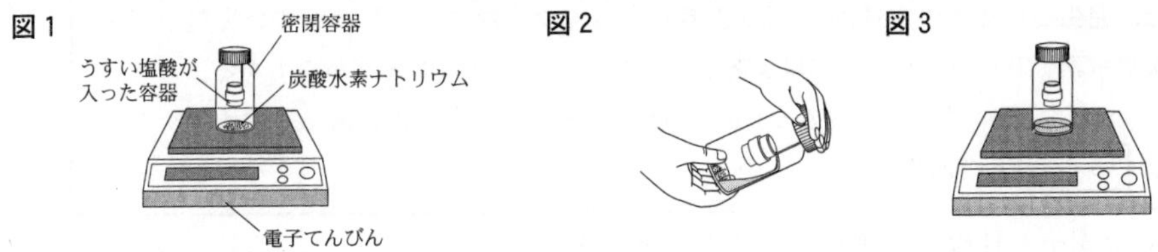

実験２

図４のように，うすい塩酸30cm^{3}を入れたビーカーと，炭酸水素ナトリウム1.0gをのせた薬包紙をいっしょに電子てんびんにのせ，反応前の全体の質量をはかった。次に，**図５**のように，炭酸水素ナトリウム1.0gを，ビーカーに入れたうすい塩酸30cm^{3}に加えたところ，炭酸水素ナトリウムは気体を発生しながら全部溶(と)けた。気体の発生が完全に終わった後，**図６**のように，反応後のビーカーと，薬包紙をいっしょに電子てんびんにのせ，反応後の全体の質量をはかった。この方法でうすい塩酸30cm^{3}に加える炭酸水素ナトリウムの質量を，2.0g，3.0g，4.0g，5.0g，6.0gにかえて，それぞれ実験を行った。**表**は，その結果をまとめたものである。

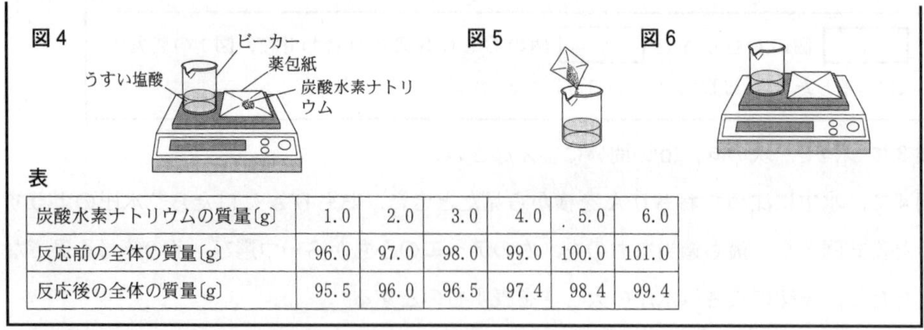

表

炭酸水素ナトリウムの質量〔g〕	1.0	2.0	3.0	4.0	5.0	6.0
反応前の全体の質量〔g〕	96.0	97.0	98.0	99.0	100.0	101.0
反応後の全体の質量〔g〕	95.5	96.0	96.5	97.4	98.4	99.4

(1) **実験**1について，次の①，②の問いに答えなさい。

① 次の文章中の［ x ］にあてはまる最も適当なことばを書きなさい。

> 化学変化の前後で，その反応に関係する物質全体の質量は変化しない。これを［ x ］の法則という。

② 化学変化の前後で，その反応に関係する物質全体の質量が変化しない理由について説明した文として最も適当なものを，次の**ア**～**エ**のうちから一つ選び，その符号を書きなさい。

ア 物質をつくる原子の組み合わせは変わるが，反応に関係する物質の原子の種類と原子の数は変わらないから。

イ 物質をつくる原子の数は変わるが，反応に関係する原子の組み合わせと原子の種類は変わらないから。

ウ 物質をつくる原子の組み合わせと原子の種類は変わるが，反応に関係する原子の数は変わらないから。

エ 物質をつくる原子の数と原子の種類は変わるが，反応に関係する原子の組み合わせは変わらないから。

(2) 次の文章は，**実験**2の結果の**表**から，炭酸水素ナトリウムの質量と，発生した気体の質量との関係を説明したものである。あとの①，②の問いに答えなさい。

> 発生した気体の質量は，1.6 g になるところまでは炭酸水素ナトリウムの質量に比例する。これは，うすい塩酸に炭酸水素ナトリウムがすべて反応したからである。
> また，発生した気体の質量は，1.6 g よりも大きくならない。これはうすい塩酸が不足し，炭酸水素ナトリウムがすべては反応しないで，ビーカー内に残るからである。うすい塩酸 30 cm^3 に炭酸水素ナトリウム 6.0 g を加えたとき，ビーカー内に残る炭酸水素ナトリウムは［ y ］g である。

① 炭酸水素ナトリウムの質量と，発生した気体の質量との関係を表すグラフを完成させなさい。

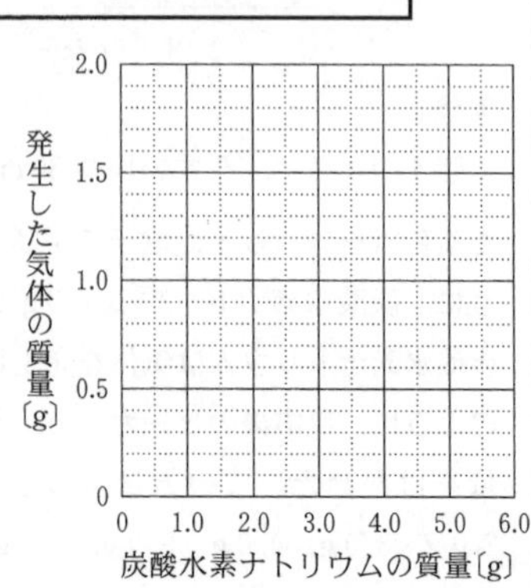

② 文章中の［ y ］にあてはまる数値を書きなさい。

8 マツバボタンの遺伝について調べるため，次の**実験**1，2を行いました。これに関して，あとの(1)，(2)の問いに答えなさい。ただし，まいた種子はすべて花をつける株(個体)に育つものとします。

実験1

図のように，マツバボタンの赤い花をつける純系の株の花粉を，マツバボタンの白い花をつける純系の株のめしべにつけて受精した。かけ合わせてできた種子をまいて育てたところ，子はすべて赤い花をつける株に育った。

図

受精

赤い花　　白い花

実験2

実験1の子の株どうしをかけ合わせてできた種子をまいて育てたところ，孫には赤い花をつける株と白い花をつける株が育った。

(1) **実験**1，2で用いたマツバボタンの形質の赤い花と白い花のように，どちらか一方しか現れない形質どうしのことを何というか。その名称を書きなさい。

(2) 次の文章は**実験**1，2について述べたものである。あとの①～③の問いに答えなさい。

マツバボタンの赤い花の遺伝子をA，白い花の遺伝子をaとする。体の細胞(さいぼう)(体細胞)の遺伝子は対(つい)になっているので，赤い花をつける純系の親の株をつくる体の細胞の遺伝子は［v］，白い花をつける純系の親の株をつくる体の細胞の遺伝子は［w］と表すことができる。どちらの親の株も生殖(せいしょく)細胞をつくるとき，それぞれの遺伝子は<u>減数分裂(ぶんれつ)</u>(m)によって分かれて別の生殖細胞に入り，それらが受精によって再び対になるので，子の株をつくる体の細胞の遺伝子は［x］となる。さらに，子の株が生殖細胞をつくるとき，その生殖細胞の遺伝子は［y］と［z］の2種類であり，<u>孫の株の体の細胞の遺伝子はAA，Aa，aaの3種類となる。</u>(n)

① 文章中の［v］～［z］にあてはまるものとして最も適当なものを，次の**ア**～**オ**のうちからそれぞれ一つずつ選び，その符号を書きなさい。

ア A　　**イ** a　　**ウ** AA　　**エ** Aa　　**オ** aa

② 文章中の下線部**m**について，減数分裂によってつくられた生殖細胞は，もとの細胞と比べてどのような違いがあるか。「**染色体**(せんしょくたい)**の数**」ということばを用いて，簡潔に書きなさい。

③ 文章中の下線部**n**にある，AA，Aa，aaについての説明として最も適当なものを，次の**ア**～**エ**のうちから一つ選び，その符号を書きなさい。

ア AA：Aa：aaは1：1：1の比(割合)で現れる。

イ AA：Aa：aaは2：1：1の比(割合)で現れる。

ウ AA：Aa：aaは1：2：1の比(割合)で現れる。

エ AA：Aa：aaは1：1：2の比(割合)で現れる。

9　Sさんは金星について**調べたこと**をまとめ，千葉県内で次の**観察**を行いました。**図**は，Sさんが**観察**を行った日の地球，金星，太陽の位置関係を，北極側から見て模式的に表したものです。これに関して，あとの(1)～(4)の問いに答えなさい。

調べたこと

・金星は，おもに岩石からなるため，土星のような惑星に比べて密度(平均密度)が大きい。

・地球から見た金星は，月のように満ち欠けをする。また，地球と金星の距離によって，金星の見かけの大きさは変化する。

・金星は地球よりも内側の軌道を公転しているため，地球から見て太陽と反対の方向に位置することはなく，真夜中には見えない。

観察

地球，金星，太陽の位置関係が**図**のようになっている日に，Sさんは金星を観察した。

図

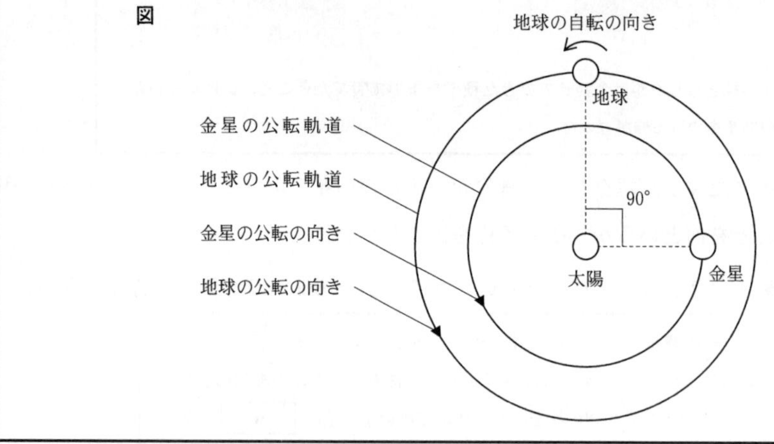

(1)　太陽系の惑星を密度などの特徴によって2つに分けたとき，**調べたこと**の下線部のような惑星をまとめて何というか。その名称を書きなさい。

(2)　**観察**で，金星はどの時間帯に，どの方位の空に見えたか。次の**ア**～**エ**のうちから最も適当なものを一つ選び，その符号を書きなさい。

ア　明け方の東の空　　**イ**　夕方の東の空　　**ウ**　明け方の西の空　　**エ**　夕方の西の空

(3)　地球，金星，太陽の位置関係が**図**のようになっている日における，地球から見た金星の見かけの形(見え方)はどれか。次の**ア**～**エ**のうちから最も適当なものを一つ選び，その符号を書きなさい。

(4)　次の文章は，**観察**を行った日に，その日以降の地球，金星，太陽の位置関係がどのようになっていくのかを考察したSさんと先生の会話である。会話文中の [x] ， [y] にあてはまるものの組み合わせとして最も適当なものを，あとの**ア**～**エ**のうちから一つ選び，その符号を書きなさい。

Sさん：今日から1か月後には，地球と金星の距離はどうなっているでしょうか。

先　生：それでは，地球と金星の公転周期から考えてみましょう。地球の公転周期が約1年なのに対し，金星の公転周期は約0.62年です。地球と金星の位置関係はたえず変化することになりますね。

Sさん：はい。それぞれの惑星の公転周期から，地球は1か月で約30°，金星は1か月で約［ **x** ］，太陽のまわりを公転することが計算できました。ということは，現在は**図**の位置にある金星は，だんだん地球に近づいているのですね。

先　生：そのとおりです。それでは，今日から約何か月後に，金星は地球に最も近づくでしょうか。

Sさん：はい。計算してみたところ，今日から約［ **y** ］に，金星は地球に最も近づくことがわかりました。

先　生：よくできました。

ア　**x**：48°　　**y**：2か月後
イ　**x**：48°　　**y**：5か月後
ウ　**x**：62°　　**y**：3か月後
エ　**x**：62°　　**y**：6か月後

もうすぐ高校生。歴史や古典など、昔のことも含めて幅広く学ぶことになる君たちへの期待をこめて、あの言葉を書いたんだ。

〈条件〉

① **二段落構成**とし、**十行以内**で書くこと。
② 前段では、「巨人の肩の上に立つ」というたとえがどのようなことを言い表しているか、先生の言葉を参考にしながら、あなたの考えを書くこと。
③ 後段では、前段であなたが理解したことをこれからの生活にどう生かしたいか、あなたの考えを書くこと。

〈注意事項〉

① 氏名や題名は書かないこと。
② 原稿用紙の適切な使い方にしたがって書くこと。ただし、〜〜や＝＝などの記号を用いた訂正はしないこと。

（注４）講師＝歌会などで和歌をよみ上げる役。
（注５）卯の花＝ウツギの花。ここでは、その白い花をわが身の白髪になぞらえている。
（注６）賤＝身分の低い者。ここでは謙遜の表現。

(1) 文章中のＡまゐりを現代仮名づかいに改め、**全てひらがな**で書きなさい。

(2) 文章中に、Ｂ御名はいかにとあるが、この言葉について説明したものとして最も適当なものを、次の**ア**～**エ**のうちから一つ選び、その符号を書きなさい。

ア 和歌に作者の名前が書かれていなかったので、講師がそれとなくおうかがいを立てた。
イ 和歌に名前を書きそびれたので、和歌の作者がどうしたらよいか困って講師に尋ねた。
ウ 和歌の作者名が記されていなかったので、困った講師が目だたぬように作者を戒めた。
エ 和歌の作者の名を聞きそびれたので、歌会の参加者がこっそりとそれを講師に尋ねた。

(3) 文章中に、Ｃいみじう興ぜさせ給ひけりとぞとあるが、このことについて述べた次の説明文の［　］に入る言葉を書きなさい。ただし、［Ⅰ］は文章中から**二字**で**抜き出して**書き、［Ⅱ］と［Ⅲ］はそれぞれ**七字以内**で書くこと。

歌会で、講師が披露しようとした歌に名前がなかったが、言われたとおりそのまま歌を披露すると、実はその歌には［Ⅰ］の名がよみ込まれていた。歌の、卯の花が咲く垣根に［Ⅱ］の境地を重ねるというしみじみとした内容に加え、作者名を書かなくても、歌が［Ⅲ］ことで誰の歌かが分かる仕掛けを作った、作者の作歌の巧みさ、歌の心の深さに、講師のみならず、あるじの殿も、とても感激したということ。

八

次の文章は、生徒と先生の会話の一部です。これを読み、あとの〈条件〉にしたがい、〈注意事項〉を守って、あなたの考えを書きなさい。

先生。学級通信の見出しになった「巨人の肩の上に立つ」って、何のことですか。

昔の人が、学問について言い表したたとえなんだ。

偉大な科学者、ニュートンが、自分が偉大な発見をなしとげることができた理由として、「私がより遠くまで見渡せたとすれば、それは巨人の肩の上に立っていたからです。」とそのたとえを引用して答えたそうだ。

明治時代の教育者、福沢諭吉は「学問のすすめ」という書物の中で、同様のことを述べているよ。「親から譲り受けた遺産は土地や家財であって、いつか跡形もなくなってしまう。けれども、文明の遺産はそうではない。世界中の古人を一人の人間として見れば、その一人の古人が全人類すべての人々に譲ってくれた遺産ともいえるのだ。」

私たちは、なぜ過去のことを学ぶのだろうね。君たちも

なさい。

ア　久兵衛から名付けの才能を認められたことは嬉しいが、自分がいまだに菓子作りを教わっていないことにあせりを感じたから。

イ　これまで菓銘をつけさせてもらって得意になっていた自分のあさはかさを皆に見すかされ、恥ずかしい思いがこみあげたから。

ウ　指名は光栄だが、作り手を差し置いて自分が菓銘をつけるのは身の程を超えることだと分かり、ためらう気持ちが生じたから。

エ　店の福の神などとおだてられ、急に人々の期待が大きくなってきたので、自分が軽々しく名をつけることに気後れがしたから。

(4)　文章中の［D］に入る言葉を**五字**で書きなさい。ただし、次の［語群］のうちから**二つ**選び、それらを使って書くこと。

［語群］　女房　名前　顔色　感謝　自分　得意

(5)　文章中の安吉について述べた次の説明文を完成させなさい。ただし、［Ⅰ］は、あとの**ア**～**エ**のうちから最も適当なものを一つ選び、その符号を書き、［Ⅱ］は文章中から**十字**で**抜き出して**書くこと。

> 安吉は思ったことをすぐ口に出してしまう［Ⅰ］であるが、おまさを案じる思いをなつめと共有し、すぐさま棗の実を使った餡を作ろうとするなど、菓子作りに貢献した。安吉が餡の味わいに自分の活躍のあとを確かめ、満足感に浸っている様子は、文章中の「［Ⅱ］」という描写に表れている。

ア　おひとよし　　イ　お調子者

ウ　頑固者　　エ　小心者

(6)　文章中に<u>その目は再び潤みを帯びてきたようであった</u>（E）とあるが、おまさの涙の意味をまとめた次の文の［　］に入る言葉を、文章中の言葉を使って、**十字以上、二十字以内**で書きなさい。

> 店の者たちの、自分に向けられた思いが一つの菓子として実を結んだことを嬉しく思うとともに、これから［　］ことを期待する、喜びの涙。

七

次の文章を読み、あとの(1)～(3)の問いに答えなさい。

法性寺殿（注1）に会（歌会）ありける時、俊頼（注2）<u>まゐりたりけり</u>（A）。兼昌（注3）講師（注4）にて歌よみ上ぐるに、俊頼の歌に名を書かざりければ、見合はせて、うちしはぶき（せきばらい）て（をして）、<u>「御名はいかに」</u>（B）と忍びやかにいひけるを、「ただよみ給へ」といはれければ、よみける歌に、

卯（注5）の花の身の白髪とも見ゆるかな賤（注6）（わが家の）が垣根もとしよりにけり

と書きたりけるを、兼昌下泣きして（忍び泣きして）、しきりにうちうなづきつつ、賞で感じけり。殿聞かせ給ひて（忠通殿もお聞きになって）、召して御覧じて、<u>いみじう（たいそう）興ぜさせ給ひけり</u>（C）とぞ。

（『無名抄』による。）

（注1）法性寺殿＝藤原忠通。平安後期の摂政・関白・太政大臣。歌人でもある。ここでは、その屋敷のこと。

（注2）俊頼＝源俊頼。平安後期の有名な歌人。

（注3）兼昌＝源兼昌。平安後期の歌人。

ら、ゆっくり目を開けると、なつめは久兵衛に向かって背筋を伸ばし、

「〈養生なつめ〉ではいかがでしょうか」

ゆっくりと告げた。［ D ］が入っているのが少し照れくさいが、材料だけでなく、菓子の形状に棗の花と実を使った久兵衛の思いも名前に入れたい。

「養生なつめ……」

郁太郎と亀次郎が同時に口に出して呟く。

「悪くねえ！」

叫ぶように言ったのは、安吉だった。市兵衛や久兵衛の前だったということに気づいて、「すいません」と小声で謝ってから、

「悪くない……ですよね、親方？」

と、顔色をうかがうようにして問い直す。

「ああ、いい菓銘だ」

久兵衛は嚙み締めるような口ぶりで言った後、お前はどう思うか、というような目をおまさに向けた。

「本当にぴったりの名前ですねえ」

おまさはしみじみとした声で、すぐにそう答えた後、

「あたしだけでなく、うちの店に来てくれるお客さまが、このお菓子で健やかになっていただければ、こんなにいいことはありませんよ」

と、嬉しそうに付け加えた。Eその目は再び潤みを帯びてきたようであった。

（篠綾子『菊のきせ綿　江戸菓子舗照月堂』による。）

（注1）　棗の実＝中国から西アジアを原産とするナツメの木の果実。甘く煮たり乾燥させたりして食用とする。漢方薬ともする。

（注2）　煉り切り＝和菓子の一種。白あんに色をつけたり他の食材を加えたりして調整し練ったものを用いた生菓子。

（注3）　番頭＝店の経営などを仕切る使用人。

（注4）　菓銘＝菓子に付けられる名前。

(1)　文章中にA無視を決め込んでいるとあるが、この表現から読み取れる久兵衛の気持ちとして最も適当なものを、次の**ア**～**エ**のうちから一つ選び、その符号を書きなさい。

ア　使用人であるなつめの出過ぎた言いように腹を立てている。

イ　家族に対する情愛を表すことは気恥ずかしいと思っている。

ウ　自分の菓子に余計な評価をされるのを不愉快に思っている。

エ　目立たぬように涙をぬぐうおまさをいたわろうとしている。

(2)　文章中にB久兵衛は安吉となつめにじっと目を向けたとあるが、このときの久兵衛の気持ちの説明として最も適当なものを、次の**ア**～**エ**のうちから一つ選び、その符号を書きなさい。

ア　新しい菓子に名前をつける役目はなつめが一番ふさわしいのではないかと考えて、安吉にも同意を求めようと思案している。

イ　どんな菓銘をつけるかによって、なつめの菓子職人になりたいという夢が本気かどうかを試せるのではないかと考えている。

ウ　珍しい材料を菓子にすることを考えたなつめなら、お客の評判になるような目新しい菓銘を思いつくだろうと期待している。

エ　店主である自分が新しい菓子に名をつける大事な役目を弟子の安吉やなつめに譲ることを、市兵衛がどう思うか案じている。

(3)　文章中にCなつめの方は困惑していたとあるが、その理由として最も適当なものを、次の**ア**～**エ**のうちから一つ選び、その符号を書き

一方、なつめの言葉を耳にした亀次郎は、

「それじゃあ、これはなつめちゃんのお菓子じゃなくて、おっ母さんのお菓子なの？」

と、首をかしげながら、母となつめを交互に見つめてくる。

「そうそう――」

その時、菓子を食べ終わって至福の表情を浮かべていた番頭(注3)の太助が、ふと思い出したように切り出した。

「先日、季節の変わり目はどうも調子が悪い、とおっしゃっていたお客さまがいらっしゃいました。おかみさんに食べ続けていただきたいのはもちろんですが、そういったお客さまにも、ぜひともこの菓子を味わっていただきたい。いかがでしょうか」

「それはぜひともそうするべきだね」

市兵衛が太助の後押しをする。久兵衛は皆の反応にゆっくりとうなずいた。

「それでは、旦那さん。どうかこの菓子に菓銘(注4)をおつけください」

「ふむ」

太助から頼まれ、久兵衛は皿を置いて腕組みをする。

「菓銘はふつう作り手がつけるものだ。だが、これは、俺一人で作り上げたわけでもねえ。餡(あん)と混ぜるのを試したのは安吉だし、棗の菓子を作ることを最初に言い出したのは、なつめだそうだ」

そう言った後、B<u>久兵衛は安吉となつめにじっと目を向けた。</u>

「この実は、なつめが持ってきてくれたものだと聞くし、ここは菓銘をつける役目をなつめに譲ろうと思うが、安吉、お前はどうだ？」

「へえ、そりゃあもう――」

元より菓銘をつけるなど考えてみたこともない安吉は、一も二もなく承知する。

「ですが……」

一方、C<u>なつめの方は困惑していた。</u>

菓銘にそんな重々しい意味があったとは知らなかった。今改めて久兵衛からそのことを聞くと、恥ずかしさが込み上げてくる。自分は〈望月(もちづき)のうさぎ〉、〈辰(たつ)焼き〉などの菓銘をつけ、半ば得意になってもいたのだ。

「私と安吉が言うんだからかまわん。それに、お前には菓銘の才がある」

久兵衛はいつになく穏やかな声でなつめに言った。それでも、なつめがなおも躊躇(ちゅうちょ)していると、市兵衛と目が合った。

「心配要らない。なつめさんはうちの店の福の神なんだからね」

「なつめさん、あたしからもお頼みします」

棗の実を誰より食べてもらいたかったおまさから、最後にそう言われ、頭を下げられた時、なつめの心の中は感謝の気持ちでいっぱいになった。

この店に入れてもらえてよかった、まずは子守の女中から頑張っていこう――と気持ちを新たにしたその時、ある一つの言葉が頭に浮かんだ。

「このお菓子は何より、おかみさんがお健やかであることを祈って作られたものだと思います」

自分が菓子を作ってほしいと言ったのも、安吉が拙い技で必死に作ろうとしたのも、おまさに元気でいてほしいという願いがあればこそだ。そして、久兵衛にとって、その思いは何よりも切実だったはず。

そうした思いを胸に、なつめは一度目を閉じ、深呼吸をした。それか

(5) 文章中のF呼吸のようなものについて説明した次の文の［　　］に入る言葉を、**三十五字以内**で書きなさい。ただし、「呼吸における……のように……である。」という形で書くこと。

> 読むことと書くことは、［　　　　］

(6) この文章の内容を説明したものとして最も適当なものを、次の**ア**～**エ**のうちから一つ選び、その符号を書きなさい。

ア 「読む」とは詩を味わうことであるが、詩のこころを読めるようになるためには、「書く」行為を自然のままにすることが大切である。

イ 「詠む」と「読む」とが歌の世界において繰り返されるように、詩の世界でも「読む」と「書く」とが繰り返されるべき行為である。

ウ 「よむ」ことは「口に出す」ことでもあるので、詩の世界も目で読むよりも、声で表現する方が詩をよりよく感じられるようになる。

エ 「よむ」に三つの意味があるように、詩も読むことと書くことを繰り返し、ときに声に出して読むことで、深く感じることができる。

六

次の文章を読み、あとの(1)～(6)の問いに答えなさい。

> 市兵衛(いちべえ)が江戸駒込(こまごめ)に開いた菓子舗「照月堂(しょうげつどう)」は、今では息子の久兵衛(きゅうべえ)、おまさ夫妻が営んでいる。瀬尾(せのお)なつめは、夫妻の子郁太郎(いくたろう)・亀次郎(かめじろう)の子守役として働きながら、菓子職人になることを夢見ている少女である。ある日、おまさの顔色がよくないことを案じ、自分の住まいで作った棗(なつめ)の蜜漬けを持って来たなつめは、これでお菓子を作れないかと思いついた。次の文章は、それから二日ほど後の場面を描いたものである。

(注1)棗の実で作った(注2)煉(ね)り切りは、甘酸(あまず)っぱくさわやかな香りが口中に広がる絶品だった。

「なつめちゃんのお菓子、おいしい！」

亀次郎がはしゃいだ声をあげ、郁太郎も亀次郎相手に「うん、おいしい！」と笑顔を向けている。

「これはなかなか」

と、市兵衛と太助(たすけ)が顔を見合わせ、こちらも頬を緩めていた。

安吉(やすきち)は感慨深そうな様子で、菓子を口に含み、うっとりとした顔つきで味わっている。

そして、おまさは――。

「おかみさん」

なつめが声をかけた時、返事が一瞬遅れた。

暗赤色の実を一つ食べ終わったおまさは、自分でも気づかぬうちに目を潤ませていたようだ。

「えっ、ああ。なつめさん」

はっと我に返ったおまさは、目立たぬふうに袖口を目頭に当てた後、なつめに目を向けた。

「旦那さんはおかみさんのために、このお菓子を作ったのですよね」

久兵衛は絶対にそうは言わないだろうし、認めることもないだろうが、それに違いない。

いつも家を守ってくれるおまさのために、無理をしてつい働き過ぎてしまう女房(にょうぼう)をいたわるために――。

ふだんはあまり顔にも言葉でも感謝を示さない久兵衛が体によい棗の実を使って、菓子を作り上げたのだ。

なつめの声が聞こえていたはずであろうに、久兵衛はA無視を決め込んでいる。

す。私たちがつむがなくてはならないのは、誰かに似た、誰かが代わりに書けるようなものではありません。今、ここで、自分にしか書くことのできない何かなのではないでしょうか。[E]

また、人は、誰かに読まれることがなくても書くことができます。なぜなら、自分自身が最初の、そしてもっとも重要な読者になるからです。

ぜひ、詩を書いてみてください。もし、自身の作品をつむぐのが難しいと感じられた方は、自分が好きな詩をノートに書き写すだけでも構いません。それを繰り返しているうちに人は、先人の言葉に導かれ、必ず何かを書き始めます。

「読む」と「書く」という二つの行為は、現代人が感じているよりもずっと近いものではないでしょうか。むしろ、それは二つの別々の行為であるよりも、あることを分かろうとするときに私たちが試みる行為の二つの側面なのではないでしょうか。それは呼吸のようなもの[F]であるようにも感じられます。

詩を読む、これは空気を吸うことです。詩を書く、これは吐くことです。これを繰り返しながら、ときに作品を声に出して読む。すると詩の世界の感じられ方は、本を目で読んでいるだけのときとはまるで変わったものになります。

（若松英輔（わかまつえいすけ）『ＮＨＫカルチャーラジオ　文学の世界　詩と出会う　詩と生きる』二〇一八年一月による。なお、一部表記を省略したところがある。）

(1)　文章中の［A］、［B］に入る言葉として最も適当なものを、次の**ア**～**オ**のうちからそれぞれ**一つずつ**選び、その符号を書きなさい。

ア　歌の内容を推測する
イ　歌を作る
ウ　記された文字を目で追う
エ　歌を暗記する
オ　声に出して読み上げる

(2)　文章中の［C］に入る言葉を、文章中から**八字**で**抜き出して**書きなさい。

(3)　文章中の人が「うまい」と感じる文章[D]について、筆者はなぜ「うまい」に「　」をつけているか。その理由として考えられる最も適当なものを、次の**ア**～**エ**のうちから一つ選び、その符号を書きなさい。

ア　文章のうまさにはいくつかの段階があり、その中で最も優れた段階であることを明らかにしたいから。
イ　上手な文章の基準は、文章を読むすべての読み手にとって同じようなものであることを示したいから。
ウ　そもそも文章は、誰かに読まれることを意識して書くのが何より大切だということを強調したいから。
エ　筆者が価値を置く文章は、一般的に上手だと感じられる文章と異なることを伝えようとしているから。

(4)　文章中で筆者が、今、ここで、自分にしか書くことのできない何か[E]をつむぐべきだと考える理由を説明した次の文の［　］に入る言葉を、文章中から**十一字**で**抜き出して**書きなさい。

> 書くという行為を通して表された［　］こそが、読む人を感動させるから。

少年易老学難成、一寸光陰不可軽。

(4) 文章中にある ^{C}間 の文字を次のように行書で書くとき、行書の特徴の一つである点画の省略がみられます。このように点画を省略している行書の漢字をあとのア～エのうちから一つ選び、その符号を書きなさい。

間

ア 巨　イ 光　ウ 夏　エ 校

五 次の文章を読み、あとの(1)～(6)の問いに答えなさい。

言葉は、「言の葉」というように、薬草ととても性質が似ています。それを見、それが何であるかを知るのも重要ですが、本当に必要な場合はそれを摂りいれることが重要です。

詩も同じではないでしょうか。単に読むだけでなく、それを深く味わうためにいくつかのことをおすすめしたいと思うのです。

「よむ」という言葉には、三つの漢字を当てることができます。たとえば歌の場合は次のようになります。

歌を「詠む」
歌を「読む」
歌を「誦む」

「詠む」は［A］ことです。「読む」は、紙に書かれた、あるいは印刷されたものを味わうこと、そして「誦む」は、暗誦という言葉があるように［B］ことです。

歌を「詠む」とき人は紙や短冊にそれを書き記します。歌を「詠む」ことは「書く」ことでもあります。

私たちは詩集を「読む」ことができます。しかし、詩集は、記された文字を追うだけでなく、その言葉を口に出して「誦む」こともできるのです。

皆さんに、詩を読み、味わうだけでなく、書くことをぜひ、おすすめしたいと思います。書くことをおすすめするのは、書くことによって人ははじめて自分が何を考えていたかを知ることが少なくないからです。書いているときに、自分の予想を上まわるような言葉が出てくる、自分では思いもしなかったような言葉が自分の筆から現れてくる、そういう経験は、皆さんにも一度ならず、あるのではないでしょうか。

人は、自らの考えていることを書くこともできます。しかし、書くことによってはじめて自分が何を感じ、［C］を実感することもできる。そのなかでも詩を書くという行為は、心のありようを直かに感じられる営みであるように思われます。

詩は、うまく書く必要はありません。詩は、上手下手の世界を超えたところに私たちを導いてくれます。

むしろ、詩はうまく書こうとさえしなければ、どこかにその人の切実なこころのありようが刻まれ、読む人のこころを動かすように思われます。

^{D}人が「うまい」と感じる文章は、つねに誰かが書いたものに似ていま

エ　発表を聞く人の立場を想定して発言し、主張の根拠を確認させる効果。

(4)（問いを放送します。）

［選択肢］

ア　ロボットと人間とではどれくらい仕事の量に差があるかについて。

イ　機能の進歩にともなってロボットの形態が変化したことについて。

ウ　これからの社会で人間がロボットに任せていきたい役割について。

エ　人の日常生活に安易にロボットを導入することの危険性について。

聞き取り検査終了後、3ページ以降も解答しなさい。

二

次の(1)～(4)の――の漢字の読みを、**ひらがな**で書きなさい。

(1) 旧友と再会し、話が弾む。

(2) 励まされて勇気が湧く。

(3) 害虫を駆除する。

(4) 古い習慣を踏襲する。

三

次の(1)～(5)の――のカタカナの部分を**漢字**に直して、楷書で書きなさい。

(1) 麦わらをアんで作った帽子。

(2) 一歩シリゾいて道をあける。

(3) 百年を超えるわが校のエンカクを紹介する。

(4) 業務にシショウをきたす。

(5) 試合でキシカイセイのシュートを決めた。

四

次の文章は、若草中学校の新聞部の生徒が学校新聞のあるコーナーに掲載するために書いた原稿の下書きです。これを読み、あとの(1)～(4)の問いに答えなさい。

> 今回お話をうかがったのは、社会科の中村先生です。
>
> 中村先生は、わが中学校の「もの知り博士」として知られている方です。先生は、大学時代に世界史を学ばれました。先生はこの頃から読書がお好きで、部屋に①置いてあるものの多くは本だったそうです。ご自分の専門に加え、中国文学に関わる書物も数多く A読んでいて、多様な話題を取り入れた授業をしてくださいます。
>
> 先生の好きな言葉は、「B少年老い易く学成り難し、一寸の光陰軽んずべからず。」だそうです。若草中学校のみなさんに、「C時間の流れは、みんなが思っているほど②遅くない。豊かな人生を送るために、③学校にいる間、いろいろなことに④挑戦してみる姿勢を大事にしてほしい。」とおっしゃっていました。

(1) 文章中の①～④の**四つ**の〰〰のうち、**二つの文節の関係が他と異なるもの**が一つある。その符号を書きなさい。

(2) 文章中の A読んで を適切な尊敬語に直し、**一文節**で書きなさい。

(3) 文章中に B少年老い易く学成り難し、一寸の光陰軽んずべからず。とあるが、こう読めるように、次の「少 年 易ク 老イ 学 難シ 成リ、一 寸ノ 光 陰 不 可カラ 軽ンズ。」に**返り点**をつけなさい。

※注意　各ページの全ての問題について、解答する際に字数制限がある場合には、句読点や「　」などの符号も字数に数えること。

一　これから、上田中学校の学習発表会に向けて、竹原さん、波野さん、森さんの班で「社会で活躍しているロボット」について調べてきたことをもとに話し合いをしている場面と、それに関連した問いを四問放送します。話し合いは1ページの〈資料〉のように、班員が事前に調べたことがらを書いたカードを持ち寄って、机の上に並べたところから始まります。〈資料〉を見ながら放送を聞き、それぞれの問いに答えなさい。

（放送が流れます。）

〈資料〉「社会で活躍しているロボット」

〔調べてきたことを書いたカード〕

㋐ バーコードを読み取って倉庫内を動き回り、商品の出し入れを行うロボット

製品の製造、検査など、流れ作業の一部分をになうロボット

㋑ 人がたずねると行きたい場所や欲しい商品を案内するロボット

人の動作を助けるパワードスーツ

㋒ 作物の収穫や農薬の散布などを自分で判断して行うロボット

㋓ 医師の操作に合わせて細かな手術をするアーム型ロボット

㋔ 会話やゲームの相手などをして一時的な子どもの見守りをするロボット

(1)（問いを放送します。）

(2)（問いを放送します。）

〔選択肢〕

ア　カードに書いた情報を集めることで、多数決の決め手としている。

イ　意見を書いたカードを読み合わせて、互いの立場を把握している。

ウ　発言を黒板に書く手間を省き、早く結論を導き出そうとしている。

エ　集めた情報を視覚化し、比較検討しながら話し合いを進めている。

(3)（問いを放送します。）

〔選択肢〕

ア　話題に対して異なる視点を示し、他の側面からも考えるよう促す効果。

イ　相手の発言の矛盾を指摘して、自分の考えの正しさを強調する効果。

ウ　意見交換があまり活発でないので、話題を変えて気分を一新する効果。

問いの⑴　竹原さんが指摘した機能を持つと考えられるロボットは、〈資料〉に挙げられたもののうち、どれとどれですか。適当なものを、㋐～㋔の符号が付いたカードのうちから二つ選び、その符号を書きなさい。
（25秒空白）
（合図音B）
竹原　カードを見比べると、いろいろなロボットがあることがわかるね。
（合図音A）
問いの⑵　竹原さんたちは、今日の話し合いで1ページの〈資料〉にあるカードをどのように活用していますか。最も適当なものを、選択肢ア～エのうちから一つ選び、その符号を書きなさい。
（15秒空白）
（合図音B）
森　この「パワードスーツ」というのもロボットなの？どういうものか、波野さん、教えて。
波野　人の脚や腰に着けて、動作を補助するロボットだよ。少ない力で重いものを楽に持ち上げられるんだ。介護施設では、人の体をベッドから抱き起こすときなどに、働く人たちの腰の負担を軽くするんだって。
竹原　それはとてもいいね。ロボットが進化することで、どんどん社会が便利に、よくなっていくよ。
森　うーん、私はそうは思わないなあ。
竹原　森さんは、どうしてそう思うの？
森　ロボットが、決められたとおりにしか動かないと、使っている人の思うようにいかないこともあるかもしれないし、中にはロボットにやってもらうことに抵抗を感じる人もいるかもしれないよ。
（合図音A）
問いの⑶　森さんの発言は、話し合いを進める上でどのような効果がありますか。最も適当なものを、選択肢ア～エのうちから一つ選び、その符号を書きなさい。
（15秒空白）
（合図音B）
波野　確かに森さんの言うように、ロボットが決められたとおりにしか動かないとしたら、困る場面もありそうだね。使う人がどうしてほしいかをくみ取るロボットや、大事なことは人が判断するしくみを持ったロボットなら、安心して使えるよね。
竹原　そうだね。次回は、僕たち人間の立場からロボットの利用のあり方について、話し合ってみようよ。
森　賛成。
（合図音A）
問いの⑷　今回の話し合いを受けて、次回、竹原さんたちは何について話し合うことになりましたか。最も適当なものを選択肢ア～エのうちから一つ選び、その符号を書きなさい。
（5秒空白）
放送は以上です。3ページ以降も解答しなさい。

国語

平成三十一年度　前期選抜　学力検査　国語聞き取り検査放送用ＣＤ台本

（チャイム）
これから、国語の学力検査を行います。まず、問題用紙の１ページと２ページがあることを確認しますので放送の指示に従いなさい。
（２秒空白）
では、問題用紙の１ページと２ページを開きなさい。
（３秒空白）
確認が終わったら、問題用紙を閉じなさい。１ページと２ページがない人は手を挙げなさい。
（10秒空白）
次に、解答用紙を表にし、受検番号、氏名を書きなさい。
（20秒空白）
最初は聞き取り検査です。これは、放送を聞いて問いに答える検査です。問題用紙の１ページと２ページを開きなさい。
（４秒空白）

一　これから、上田中学校の学習発表会に向けて、竹原さん、波野さん、森さんの班で「社会で活躍しているロボット」について調べてきたことをもとに話し合いをしている場面と、それに関連した問いを四問放送します。話し合いは１ページの〈資料〉のように、班員が事前に調べたことがらを書いたカードを持ち寄って、机の上に並べたところから始まります。〈資料〉を見ながら放送を聞き、それぞれの問いに答えなさい。
（２秒空白）
なお、やりとりの途中、（合図音Ａ）という合図のあと、問いを放送します。また、（合図音Ｂ）という合図のあと、場面の続きを放送します。
１ページと２ページの余白にメモをとってもかまいません。では、始めます。

竹原　今日は、この７枚のカードを見ながら話し合おう。
（５秒空白）
竹原　ロボットというと、どういうものを思い浮かべる？
波野　決まった動作を正確に繰り返すもの。ほら、このカードみたいに流れ作業の一部分を担うロボット。森さんはどう？
森　私はこのカードにあるような、人の言葉がわかるロボットが思い浮かぶよ。
波野　こっちもそうじゃない？人とやりとりができるロボットもずいぶん身近になってきたよね。竹原さんは知ってる？
竹原　知っているよ。人と双方向のやりとりをするロボットだね。
（合図音Ａ）

千葉県公立　平成31年度後期選抜学力検査

数　学

1 次の(1)～(6)の問いに答えなさい。

(1) $12-(-6)$ を計算しなさい。　　(2) $-5^2\div\dfrac{5}{4}$ を計算しなさい。

(3) $3(2a+b)-5\left(\dfrac{4}{5}a+\dfrac{1}{10}b\right)$ を計算しなさい。

(4) 連立方程式 $\begin{cases}2x-3y=17\\3x+5y=-3\end{cases}$ を解きなさい。

(5) $(\sqrt{7}-\sqrt{3})(\sqrt{7}-2\sqrt{3})$ を計算しなさい。

(6) $(x+4)(x-3)-8$ を因数分解しなさい。

2 次の(1)～(5)の問いに答えなさい。

(1) 下の表は，生徒７人のくつのサイズを記録したものである。この７人のくつのサイズの中央値（メジアン）は，25.0 cm であるという。このとき，表の中の(a)に入る数値として最も適当なものを，次の**ア**～**エ**のうちから１つ選び，符号で答えなさい。

生　徒	1	2	3	4	5	6	7
くつのサイズ(cm)	27.0	24.0	(a)	26.0	26.5	24.5	25.0

ア 26.5　　**イ** 25.5　　**ウ** 24.0　　**エ** 26.0

(2) 右の図の長方形 ABCD を，直線 ℓ を軸として１回転させてできる立体の体積を求めなさい。ただし，円周率は π を用いることとする。

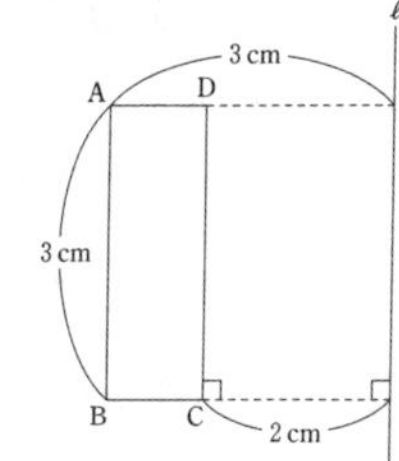

(3) 右の図で，$\angle x$ の大きさを求めなさい。

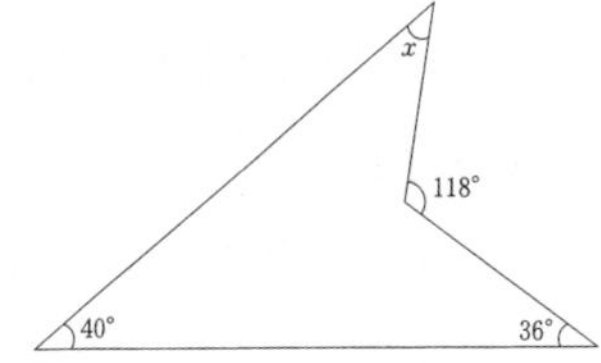

(4) 右の図のように，円周を６等分する点 A，B，C，D，E，F がある。この円周上を移動する２点を P，Q とする。また，１，２，３，４，５の数字が１つずつ書かれた５枚のカードがある。

この５枚のカードをよくきって，１枚ずつ２回続けてひく。点 P は，１回目にひいたカードに書かれた数字の分だけ，点 A を出発点として，→B→C→D→E→F の順に移動する。点 Q は，２回目にひいたカードに書かれた数字の分だけ，点 A を出発点として，→B→C→D→E→F の順に移動する。

このとき，△APQ が直角三角形となる確率を求めなさい。

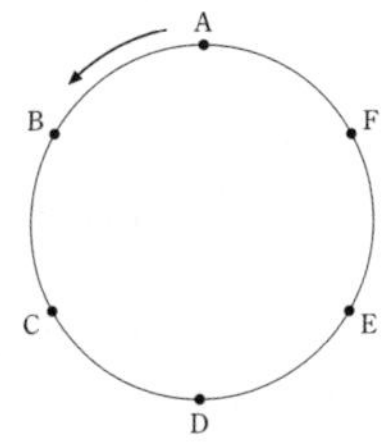

ただし，ひいたカードは，もとにもどさないこととし，どのカードのひき方も同様に確からしいものとする。

(5)　右の図において，点Aは直線ℓ上の点，点Bは直線ℓ上にない点である。このとき，点Aで直線ℓに接し，点Bを通る円Oを作図によって求めなさい。また，円Oの中心の位置を示す文字Oも書きなさい。

ただし，三角定規の角を利用して直線をひくことはしないものとし，作図に用いた線は消さずに残しておくこと。

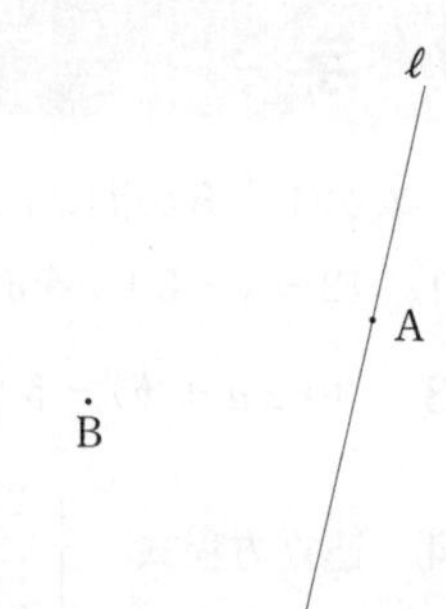

3　下の図のように，関数$y=-\frac{1}{8}x^2$のグラフと直線$y=ax-4$が2点A，Bで交わっている。2点A，Bのx座標は，それぞれ-8，4である。また，線分ABを対角線とする正方形ACBDをつくる。

このとき，次の(1)～(3)の問いに答えなさい。

ただし，原点Oから点(1，0)までの距離及び原点Oから点(0，1)までの距離をそれぞれ1 cmとする。

(1)　aの値を求めなさい。

(2)　線分ABの長さを求めなさい。

(3)　y軸上に点Pをとり，正方形ACBDと面積の等しい△PABをつくる。このとき，点Pのy座標を求めなさい。

ただし，点Pのy座標は正とする。

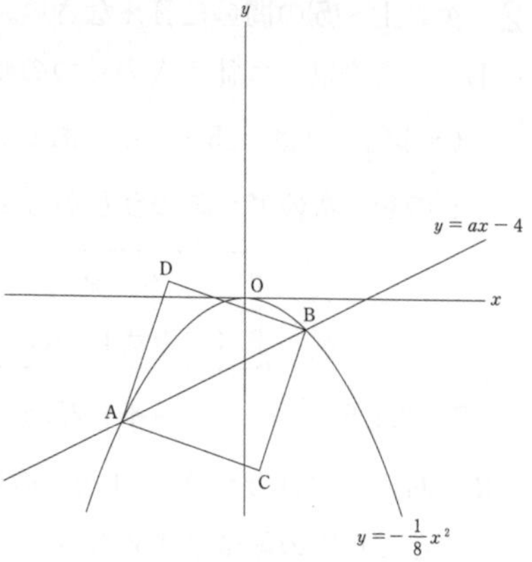

4　右の図のように，3つの頂点A，B，Cが，1つの円周上にある鋭角三角形ABCがある。点Bから辺ACに垂線BDをひく。また，点Aから辺BCに垂線をひき，線分BDとの交点をE，辺BCとの交点をF，円との交点をGとする。さらに，点Bと点Gを結ぶ。

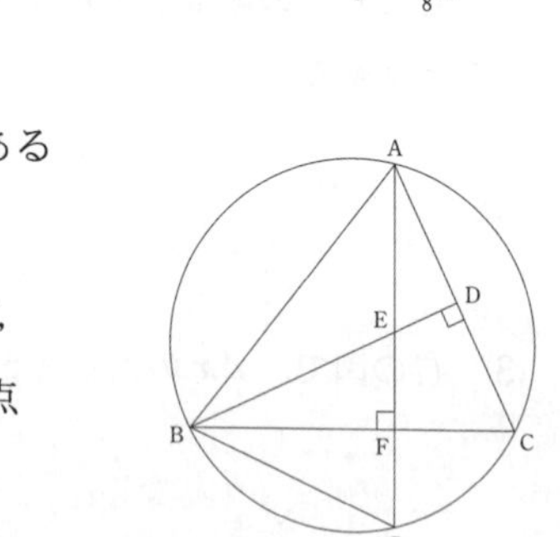

このとき，次の(1)，(2)の問いに答えなさい。

(1)　FE＝FGとなることの証明を，次ページの［　　］の中に途中まで示してある。

［(a)］，［(b)］に入る最も適当なものを，次ページの**選択肢**の**ア～カ**のうちからそれぞれ1つずつ選び，符号で答えなさい。また，［(c)］には証明の続きを書き，**証明**を完成させなさい。

ただし，［　　］の中の①～③に示されている関係を使う場合，番号の①～③を用いてもかまわないものとする。

証明

△BCDと△BGFにおいて，

仮定より，∠BDC＝∠BFG＝90°　……①

円周角の定理より，

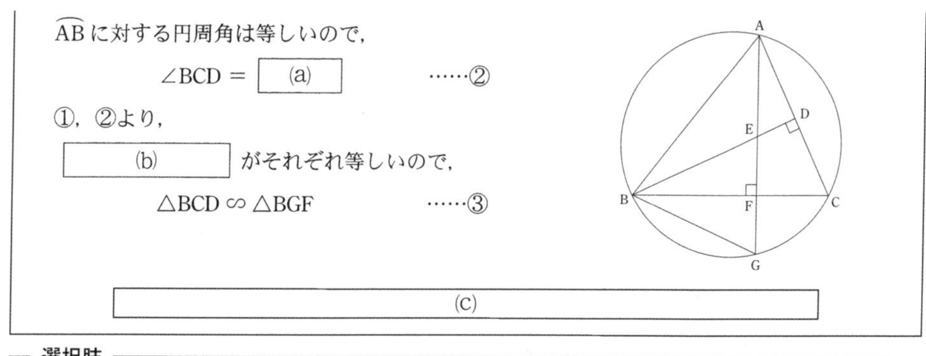

$\overset{\frown}{AB}$に対する円周角は等しいので，

$\angle BCD =$ (a)　　　……②

①，②より，

(b) がそれぞれ等しいので，

$\triangle BCD \backsim \triangle BGF$　　　……③

(c)

選択肢

ア	∠BGF	**イ**	∠BFE	**ウ**	∠BEA
エ	2組の角	**オ**	2組の辺の比とその間の角	**カ**	3組の辺の比

(2)　AE：EF＝2：1，AF＝BFとする。また，点Cと点Gを結ぶ。

このとき，△AEDと四角形ABGCの面積の比を，最も簡単な整数の比で表しなさい。

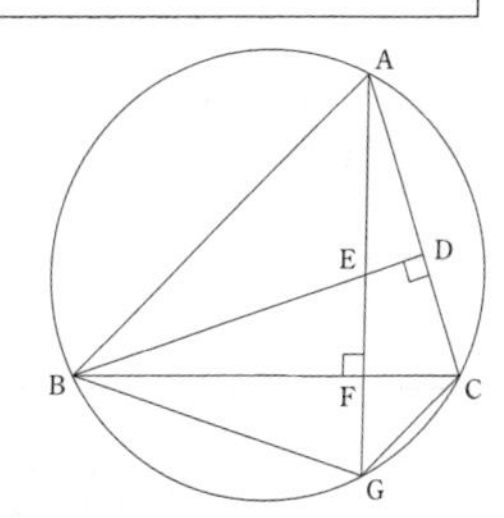

5　右の**図1**のように，ア，イ，ウ，エと，A，B，C，Dの8つの部分に分けたカードがたくさんある。

下の**図2**のように，1枚目のカードには，ア，イ，ウ，エに，1から順に連続する4つの自然数1，2，3，4をそれぞれ書く。また，アとイに書いた自然数の和である3をAに，イとウに書いた自然数の和である5をBに，ウとエに書いた自然数の和である7をCに，エとアに書いた自然数の和である5をDに，それぞれ書く。

図1

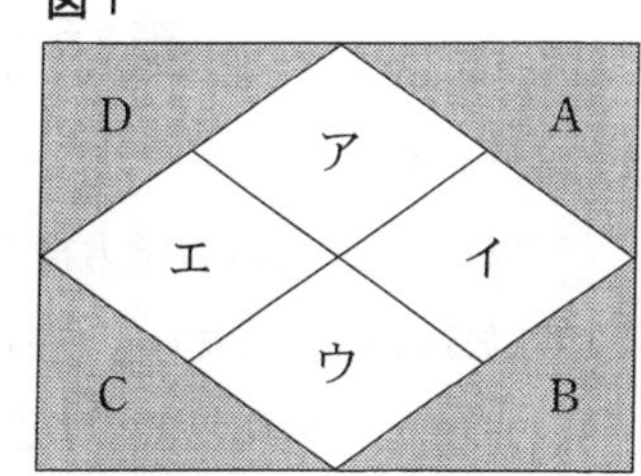

2枚目のカードには，ア，イ，ウ，エに，1つ前のカードのエに書いた4に続くように，連続する4つの自然数5，6，7，8をそれぞれ書く。また，A，B，C，Dには，1枚目と同じように自然数の和11，13，15，13をそれぞれ書く。

3枚目のカード以降も，この規則にしたがって自然数を書いていく。

このとき，次の(1)～(3)の問いに答えなさい。

図2

1枚目

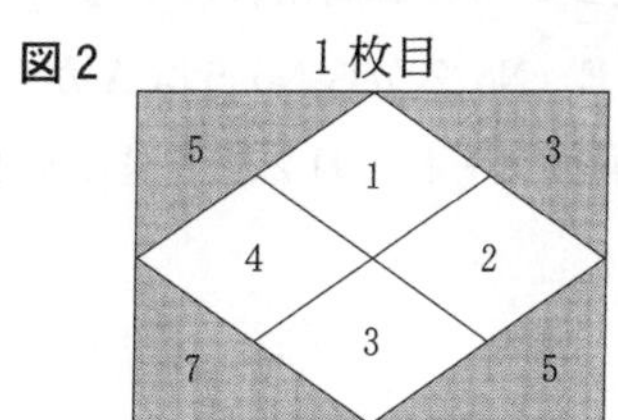

2枚目

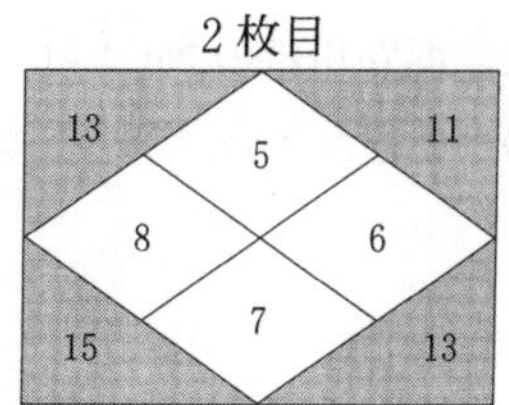

3枚目

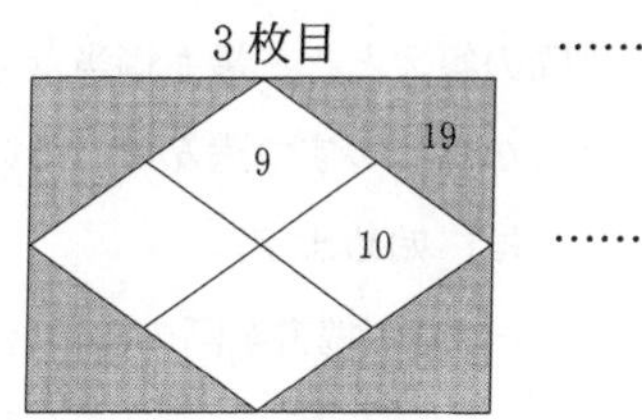

……

(1)　4枚目のBの部分に書かれる自然数を求めなさい。

(2)　ア，イ，ウ，エの部分に書かれる自然数のうち，58は何枚目のどの部分に書かれるか，求めなさい。

(3)　次の**図3**のように，まだ自然数の書かれていないn枚目，$(n+1)$枚目の連続する2枚のカードがある。

このとき，次の①～③の問いに答えなさい。

図 3　　n 枚目　　　　　$(n+1)$ 枚目

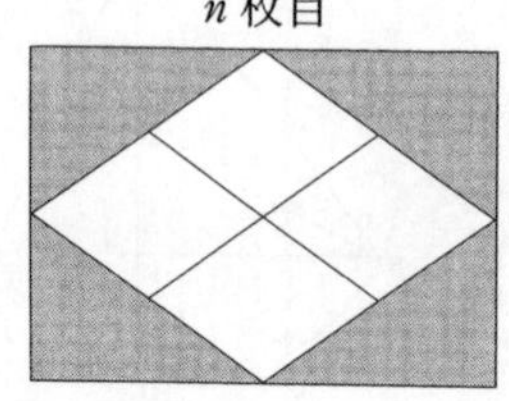

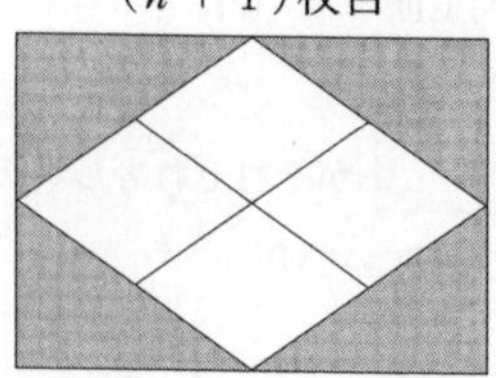

①　n 枚目のエの部分に書かれる自然数を，n を用いた式で表しなさい。

②　$(n+1)$ 枚目のイの部分に書かれる自然数を，n を用いた式で表しなさい。

③　n 枚目のDの部分に書かれる自然数と，$(n+1)$ 枚目のAの部分に書かれる自然数との積が，5175 となるとき，n 枚目のアの部分に書かれる自然数を求めなさい。

英　語

英語リスニング放送台本

平成31年度　後期選抜　学力検査
英語リスニングテスト放送用CD台本

(チャイム)

これから，英語の学力検査を行います。まず，問題用紙の1ページ目があることを確認しますので放送の指示に従いなさい。(間2秒)では，問題用紙の1ページ目を開きなさい。(間3秒)確認が終わったら，問題用紙を閉じなさい。1ページ目がない人は手を挙げなさい。

(間10秒)

次に，解答用紙を表にし，受検番号，氏名を書きなさい。

(間20秒)

それでは，問題用紙の1ページを開きなさい。(間3秒)リスニングテストの問題は，1と2の二つです。

では，1から始めます。

1は，英語の対話又は英語の文章を聞いて，それぞれの内容についての質問に答えるものです。質問の答えとして最も適当なものを，問題用紙のNo. 1は**A**から**E**，No. 2からNo. 5は**A**から**D**のうちから一つずつ選んで，その符号を書きなさい。なお，英文と質問はそれぞれ2回放送します。

では，始めます。

No. 1　(携帯電話の着信音)

Tom:　Hello, Jenny. Where are you now?

Jenny:　Hi, Tom. I think I'm near your house, but I'm not sure.

Tom:　What can you see around you?

Jenny:　Well, I can see a park . . . and a library.

Tom:　Oh, that's the wrong side.

Jenny:　Really? Am I on the other side of the station?

Tom:　Yes, you are. Go back to the station. I'll come and find you there.

Question: Where is Jenny now?

No. 2　Mother:　Look, Andy! There is a big concert in Chiba next month. Your favorite pianist will come and play. Did you know that?

Andy:　Yes! It will be on TV, too. I'm excited to watch it on TV.

Mother:　Let's go to the concert together.

Andy:　I want to go, but I'm afraid we can't get tickets for it.

Mother:　I already got some. This is yours. It's your birthday present.

Andy:　Thank you so much, Mom! I can't believe this. I'm so happy.

Question: Why is Andy happy?

No. 3　Woman:　Do you like watching movies?

Man:　Yes. I love movies.

Woman:　I really want to watch the new movie, *The Sound of Winter*.

Man:　Oh, I watched it last Sunday.

Woman:　Really? How was it?

Man:　It made me sleepy, but you may like it.

Question: What does the man think about the new movie?

No. 4　（ジングル）

This is Radio Chiba. We are happy to tell you about a new train station. It will open on the Park Line between Red Station and Blue Station early next year. Last year, an art museum opened near the Park Line, but it is a long walk from both stations. Many people feel tired after the long walk. If the new station opens, it will be easier to get to the museum. More news will come soon.

Question: What is this news about?

No. 5　（バスが止まる音）

OK, students. It's 12 o'clock now. We'll get off the bus and have lunch here. Your lunch time is one hour long. After that, you'll have some free time. You can go shopping, or you can ride a bike around the city with me. But please wait for 20 minutes after lunch time, because I need to get the bikes. Finally, come back to the bus by 2:30. We leave at 2:40. Have fun.

Question: When will the students start riding bikes?

次は2です。

2は，英語の対話を聞いて，数字と英単語を答えるものです。この対話では男性が話した内容を女性がメモを取っています。①にはあてはまる数字を，②にはあてはまる英単語1語を書いてそのメモを完成させなさい。ただし，＿には**数字が1つ**ずつ，□には1**文字**ずつ入るものとします。なお，対話は2回放送します。

では，始めます。

Nancy:　I'll call you when I get home, Harry.

Harry:　OK. My number is 555-4163, or you can send me an e-mail at terentius@example.com.

Nancy:　Huh? Would you say that again?

Harry:　Terentius. t-e-r-e-n-t-i-u-s@example.com (at, example, dot, com)

Nancy:　Thank you. Talk to you later.

以上で，リスニングテストを終わります。２ページ以降の問題に答えなさい。

1　英語リスニングテスト(**放送**による**指示**に従って答えなさい。)

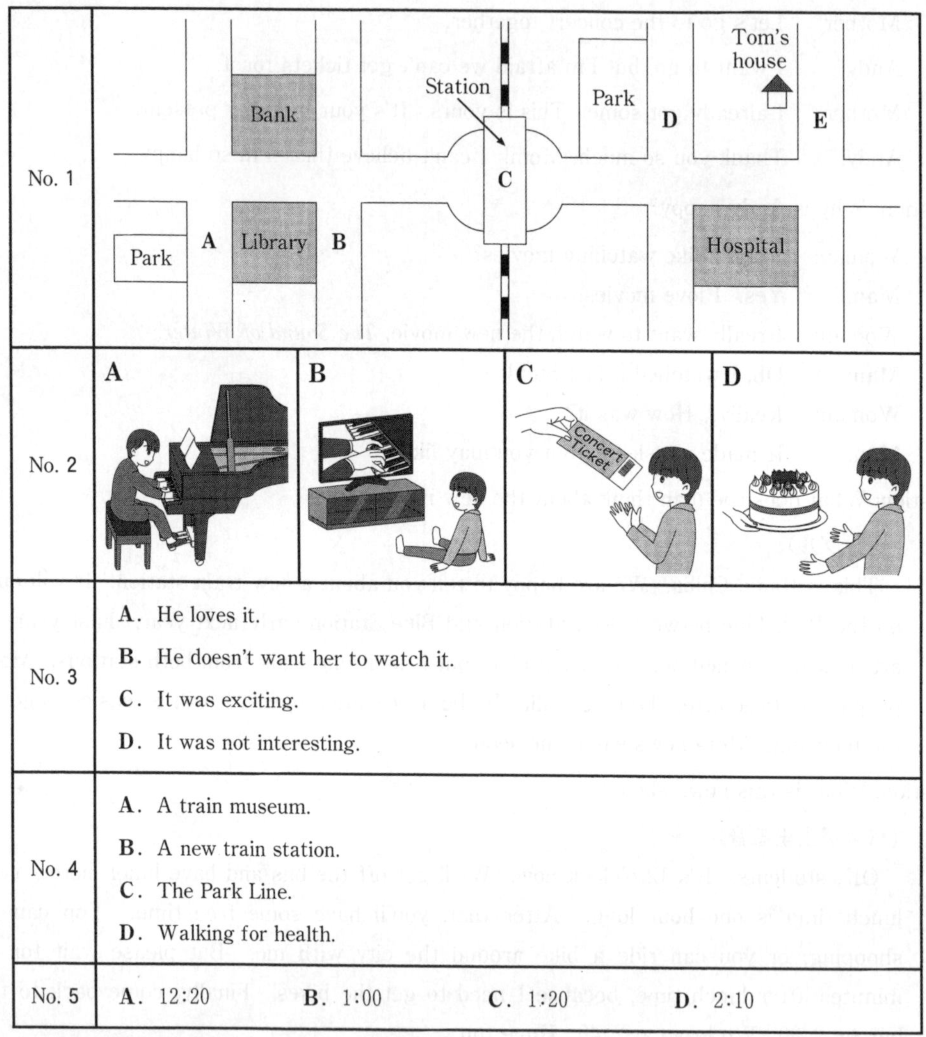

No. 3	**A**．He loves it. **B**．He doesn't want her to watch it. **C**．It was exciting. **D**．It was not interesting.
No. 4	**A**．A train museum. **B**．A new train station. **C**．The Park Line. **D**．Walking for health.
No. 5	**A**．12:20　**B**．1:00　**C**．1:20　**D**．2:10

2　英語リスニングテスト(**放送**による**指示**に従って答えなさい。)

Harry

Phone：555－(① ＿＿＿＿)

E-mail：(② t□□□□□□□□)@*example.com*

3　次の(1)～(3)のそれぞれの対話文を完成させなさい。ただし，(　　　)の中の**ア**～**オ**を正しい語順に並べかえ，その順序を符号で示しなさい。

(1)　A:　Look! Are these all comic books?

B: Yes. This (ア kinds イ many ウ of エ shop オ sells) comic books.

(2) A: Why (ア with イ don't ウ have エ you オ dinner) us this evening?

B: Thank you. I will.

(3) A: How was your summer vacation?

B: It was not so good. I was so (ア I イ visit ウ busy エ couldn't オ that) my grandmother.

4 次の**質問**に対し，あなたの考えを英語で書き，**答え**を完成させなさい。

Ⓐは，I think so, too. またはI don't think so. のいずれか一方を選んで ⬭ で囲み，Ⓑには，Ⓐを説明する内容の英文を書くこと。

ただし，Ⓑについては，15 **語程度**（．，？！などの符号は語数に含まない。）とし，2文以上になってもよい。

質問 Some people say that winning is the most important thing when you play sports. What do you think about this?

答え Ⓐ [I think so, too. / I don't think so.] Ⓑ (　　　　　　　　　　　　　　　　)

5 次の(1)，(2)の問いに答えなさい。

(1) 次の Dancing Horse Inn という宿の「お客様ご案内」(Guest Information)を読んで，あとの①，②の問いに答えなさい。

Guest Information

Dear Guests,

Welcome to the Dancing Horse Inn!

About Us

The Dancing Horse Inn was built in Green Country more than 300 years ago. Since then, we have given a warm welcome to people who visit this beautiful place with hills and lakes. We grow local vegetables by ourselves in our garden. We proudly serve them in our restaurant.

Breakfast

You can have breakfast in the dining room from 7:30 a.m. to 10:00 a.m. If you want to eat breakfast before 7:30 a.m., please tell us that.

Check In/Out

Check in: From 3:00 p.m. You may leave your bags after 12:00 noon.

Check out: Please leave your room before 11:00 a.m.

Internet

We have free Internet in the dining room and the restaurant.

Restaurant

We hope you have a great time at our famous "Dancing Horse Restaurant" from 12:00 noon to 11:00 p.m. You can have lunch or dinner there every day from 12:00 noon to 8:00 p.m.

Rooms

We will clean your room and bed every day. Please leave any towels you want to change on the floor in the bath. Help yourself to the water bottles, coffee, and tea in your room.

Thank you for choosing the Dancing Horse Inn. Enjoy your stay!

(注) local　地元の　　proudly　誇りをもって　　serve～　～を出す
dining room　ダイニングルーム(食事室)
check in/out　チェックイン・チェックアウト　　towel　タオル

① この「お客様ご案内」の内容と合うように，次の英文の(　　)に最も適当な英単語1語を書きなさい。ただし，本文中の英単語を必要に応じて適当な形に変えて答えること。

For more than 300 years, the Dancing Horse Inn has welcomed people who visit Green Country. At the restaurant, you can enjoy local vegetables (　　) in their garden.

② この「お客様ご案内」の内容に合っているものを，次のア～エのうちから一つ選び，その符号を書きなさい。

ア　Local people in Green Country sell vegetables from their garden at the restaurant.
イ　To have breakfast earlier than 7:30 a.m., you need to leave the room before 11:00 a.m.
ウ　You can use the Internet and have dinner at 7:00 p.m. in the restaurant.
エ　If you want clean towels every day, you have to leave them on the bed.

(2) 次の英文を読んで，あとの問いに答えなさい。

Let's play an English word game. You change the order of the letters in a word or phrase and make a (Ⓐ) word or phrase. For example, the word "silent" can become "listen." Like this, you can make new words related to the original words. Here is another good example: "canoe." You know a canoe can take us to the "ocean." Now let's try with two words: "they see." Do you have an answer? One answer is "the eyes." How about this? "One plus twelve." Well, this phrase becomes "(Ⓑ) plus eleven." Also, how many letters are in these phrases?

(注) order　順序　　letter　文字　　phrase　句　　silent　静かな
related to～　～と関係のある　　canoe　カヌー　　plus～　～を加えて

本文中の(Ⓐ)，(Ⓑ)に入る最も適当な語を，それぞれ次のア～エのうちから一つずつ選び，その符号を書きなさい。

Ⓐ　ア　different　　イ　kind　　ウ　long　　エ　useful
Ⓑ　ア　one　　イ　two　　ウ　six　　エ　ten

6 次の英文は，カイト(Kaito)が行ったプレゼンテーションの原稿です。この原稿を読んで，あとの(1)～(5)の問いに答えなさい。

Hello, everyone. Today, I will talk about children and schools around the world. I think schools are important. They help children to realize their dreams. Do you know how many children have the chance to go to school in our country? As you know, it is not so difficult to go to school in Japan. But how about children in other countries?

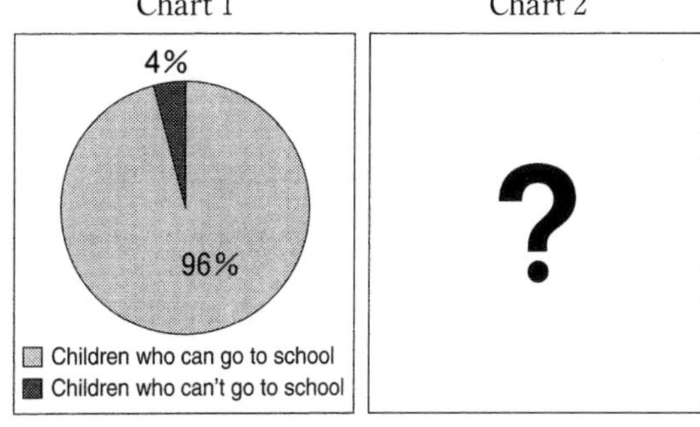

Look at these two charts. Each chart shows what percent of children can go to school. Look at Chart 1. It shows the situation in high-income countries like Japan. The chart explains that most children can go to school. On the other hand, Chart 2 shows the situation in low-income countries, like some countries in Africa. It means one in five children can't go to school. [ア] UNESCO says that about 63, 300, 000 children in the world couldn't go to school in 2016.

Why is it difficult for so many children to go to school especially in low-income countries? First, a lot of children live far from schools. Second, there are not enough teachers, and there is not enough money to hire more teachers. [イ] Third, many children have to stay home to take care of their younger brothers or sisters while their parents are working. If children can't go to school, it's very difficult for them to learn how to read and write, get enough information to live, and choose a job easily.

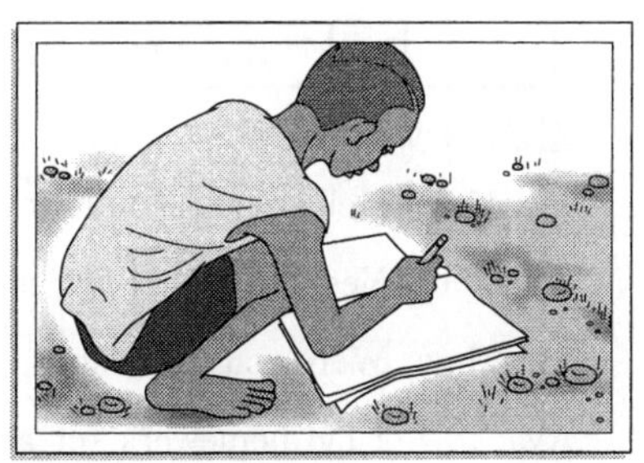

I was very sad when I learned about these serious situations in the world. But, are we really happier than children who can't go to school? Look at this picture. I found it in a book. As you can see, a boy is studying outside. [ウ] He can't go to school because he must help his family. But he is studying by himself to become a doctor in the future. Though we can go to school, are we studying to realize our dreams?

Now, I want to tell you my dream. My dream is to build a school to help children who can't go to school in other countries. [エ] Thank you for listening.

(注) realize～　～を実現する　　chart　グラフ　　high-income countries　*高所得国
on the other hand　一方　　low-income countries　*低所得国
UNESCO　国連教育科学文化機関　　hire～　～を雇う
(*は国連機関である世界銀行の基準による)

(1) Chart 2 を表すグラフとして最も適当なものを，次の**ア**～**エ**のうちから一つ選び，その符号を書きなさい。

ア
20%
80%
Children who can go to school
Children who can't go to school

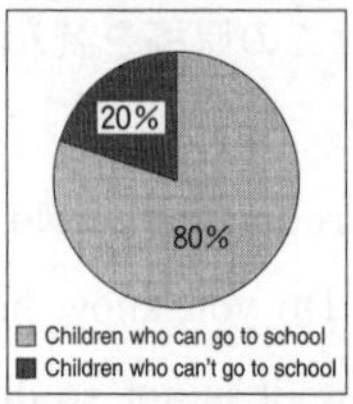

イ
10%
90%
Children who can go to school
Children who can't go to school

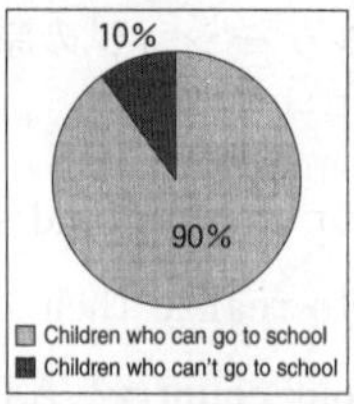

ウ
50%
50%
Children who can go to school
Children who can't go to school

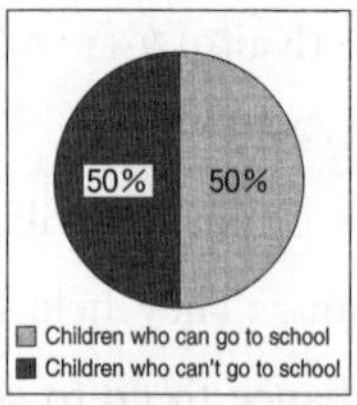

エ
20%
80%
Children who can go to school
Children who can't go to school

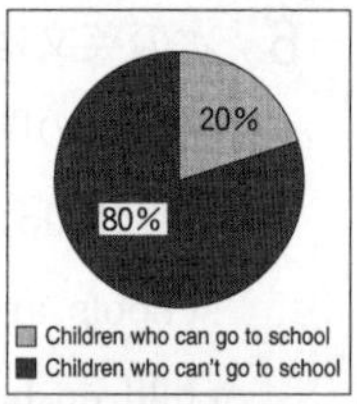

(2) 本文の内容に関する次の質問に，英語で答えなさい。

Why do many children have to stay home in low-income countries?

(3) 次の英文を入れるのに最も適当な場所を，本文中の［ア］～［エ］のうちから一つ選び，その符号を書きなさい。

By studying, children can get the power to realize their dreams.

(4) 本文の内容に合っているものを，次の**ア**～**エ**のうちから一つ選び，その符号を書きなさい。

ア Chart 1 shows about 63, 300, 000 children can go to school in low-income countries.

イ Most teachers in low-income countries have enough money to live by themselves.

ウ Learning how to read and write is hard for children who can't go to school.

エ Kaito's dream is to meet the boy in the picture and build a new school for him.

(5) 次の英文は，カイトのプレゼンテーションを聞いた，ある生徒の感想です。[　　　]に入る最も適当な<u>連続する3語</u>を本文中から抜き出して書きなさい。

> *I'm very glad I can go to school every day. But, actually, some children can't go. I hope that all children will get the [　　　　　] to school.*

7 アメリカに留学中のアヤ(Aya)がメイ先生(Mr. May)と話をしています。この対話文を読んで，［(1)］～［(4)］に入る最も適当な英文を，それぞれあとの**ア**～**エ**のうちから一つずつ選び，その符号を書きなさい。

Mr. May: Hello, Aya. You look sleepy this morning.

Aya: Yes. ［(1)］ last night.

Mr. May: Were you studying?

Aya: I did homework for about an hour, but after that, I watched a TV program for two hours. It was very interesting, so I couldn't stop watching it.

Mr. May: ［(2)］

Aya: It was about music in different countries. I found there is a lot of good music in the world. I especially loved the music from Brazil, but I wanted to know the meaning of the words they were singing.

Mr. May: Music can be a way of communicating without words. If you just listen to a song, you can know whether it is a happy song or a sad song. You don't have to ［(3)］

Aya: I see. Have you listened to music from Japan?

Mr. May: Actually, no, I haven't. But I'd like to try to listen to it. Could you ［(4)］

Aya: OK! I'll bring some nice CDs for you. I'm sure you'll enjoy them.

（注）　communicate　コミュニケーションをとる　　whether～　～かどうか

(1)　ア　I went to bed very early　　イ　I ate a lot of delicious food

　　ウ　I slept for only four hours　　エ　I sang all night

(2)　ア　What TV program were you watching?

　　イ　Why were you watching the TV program?

　　ウ　When were you watching the TV program?

　　エ　Where were you watching the TV program?

(3)　ア　listen to music from Brazil.　　イ　learn how to sing the song.

　　ウ　love your language and culture.　　エ　understand the language.

(4)　ア　teach me some Japanese words?　　イ　introduce some Japanese songs to me?

　　ウ　talk about Japanese culture to me?　　エ　sing some Japanese songs for me?

社　会

1　次の文章を読み，あとの(1)～(3)の問いに答えなさい。

さつまいも(a)は，享保の飢饉(ききん)(b)の対策に苦慮していた徳川吉宗の指示により試作栽培が行われて以降，関東地方に広まりました。千葉市花見川区幕張町と山武郡(さんぶぐん)九十九里町には，さつまいもの試作地となったことを記した碑(ひ)が建てられています。現在では，さつまいもを利用したバイオマス発電(c)も行われるなど，その利用方法は多岐(たき)にわたっています。

(1)　下線部aに関連して，次の表中のA～Dは，それぞれさつまいもの栽培が盛んな茨城県，宮崎県，鹿児島県及び千葉県のいずれかを示している。表中のA～Dが示す県の組み合わせとして最も適当なものを，あとのア～エのうちから一つ選び，その符号を書きなさい。

単位：(億円)

	石油・石炭製品出荷額等(2016年)	ブロイラー(肉用若鶏(わかどり))の産出額(2016年)	茶の産出額(2016年)	野菜の産出額(2016年)
A	60	584	166	616
B	780	38	3	2,150
C	46	730	18	771
D	22,323	55	0	1,927

(注)　単位に満たない場合は，「0」としている。

(農林水産省「2017年生産農業所得統計」及び経済産業省「2017年工業統計表」より作成)

ア　A：鹿児島県　B：茨城県　C：宮崎県　D：千葉県

イ　A：茨城県　B：鹿児島県　C：宮崎県　D：千葉県

ウ　A：鹿児島県　B：茨城県　C：千葉県　D：宮崎県

エ　A：茨城県　B：鹿児島県　C：千葉県　D：宮崎県

(2)　下線部bに関連して，次のア～ウの文は，享保の飢饉以降の日本のできごとについて述べたものである。ア～ウを年代の**古いものから順に**並べ，その符号を書きなさい。

ア　天保の飢饉に苦しむ人々を見かねた大塩平八郎たちは，大阪で挙兵したが，鎮圧された。

イ　シベリア出兵を見越した買い占めで米価が上昇すると，米騒動が全国に広がった。

ウ　天明の飢饉が起こって百姓一揆や打ちこわしが急増し，田沼意次は老中を退いた。

(3)　下線部**c**に関連して，次の文中の［　　］にあてはまる適当な語を**漢字４字**で書きなさい。

> 資源の有効活用や環境問題への対策の一つとして，太陽光・風力・地熱・バイオマスといった［　　］エネルギーの利用が進められている。

2　次の図を見て，あとの(1)〜(4)の問いに答えなさい。

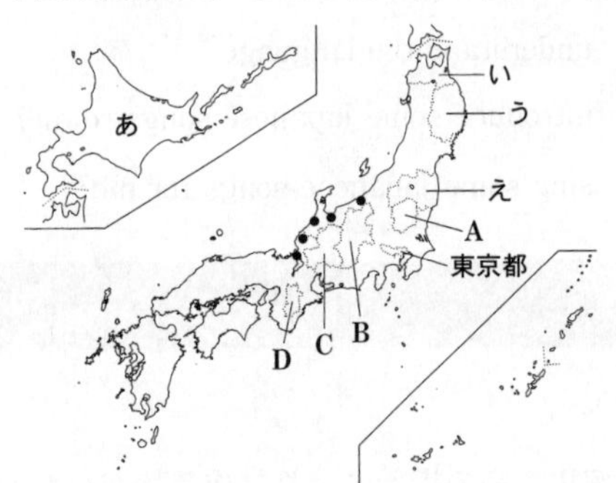

(注) ●：１月の降水量が250 mm以上の地点。降水量は1981年から2010年までの平均値を用いている。

(「理科年表平成30年」より作成)

(1)　図中の**A**〜**D**の県のうち，それぞれの県に接している府県の数が最も多い県の県名を書きなさい。

(2)　右の**資料**は，米の収穫量上位５都道府県の全国の米の収穫量に占める割合を示したものであり，次の文章は，社会科の授業で，ゆうたさんが，**資料**中の**X**における米づくりについてまとめたレポートの一部である。**資料**中及び文章中の［**X**］に共通してあてはまる道県として最も適当なものを図中の**あ**〜**え**のうちから一つ選び，その符号を書きなさい。また，文章中の［**Y**］にあてはまる適当な語を**漢字４字**で書きなさい。

資料　**米の収穫量上位５都道府県の全国の米の収穫量に占める割合(2016年)**

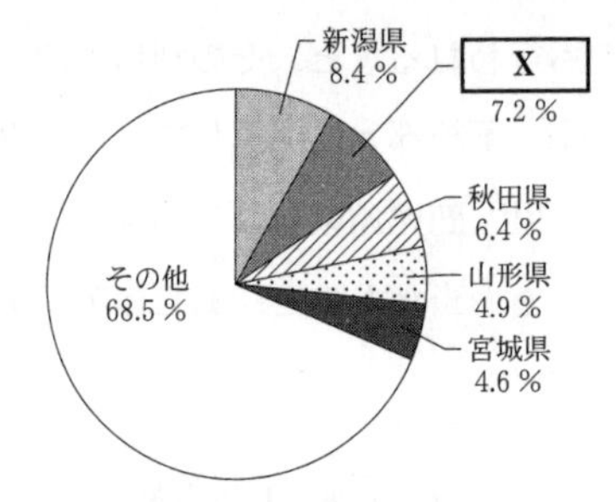

(「データで見る県勢2018年版」より作成)

> 稲の生育期間である夏季の気温が低い［**X**］は，もともと稲作には不向きな地域でした。しかし，寒さに強い稲を生み出すための［**Y**］が重ねられたことなどで，日本有数の米の生産地となりました。

(3)　次の文は，ゆうたさんが，図中に●で示した１月の降水量が250 mm以上の地点で，太平洋側と比べて１月の降水量が多くなる理由をまとめたレポートの一部である。文中の［　　］にあてはまる最も適当なものを，あとの**ア**〜**エ**のうちから一つ選び，その符号を書きなさい。

> これらの地点がある北陸で，１月の降水量が多くなるのは，主に［　　］が，日本海をわたるときに水分をふくんで雲をつくり，山地にぶつかって雪や雨を降らせるためです。

ア　南東の季節風　　**イ**　南西の季節風　　**ウ**　北東の季節風　　**エ**　北西の季節風

(4)　次の**地形図１**，**地形図２**は，それぞれ昭和32年及び平成20年発行の東京都のある地域を示したものであり，あとの文章は，ゆうたさんが，この２枚の地形図を見て，読み取ったことがらをまとめたレポートの一部である。文章中の下線部**ア**～**エ**のうち，内容が**誤っている**ものを一つ選び，その符号を書きなさい。

地形図１

(国土地理院　昭和32年発行1：25,000「武蔵府中」原図より作成)

地形図２

(国土地理院　平成20年発行1：25,000「武蔵府中」原図より作成)

めもり　0　5　10 cm

昭和32年ごろ，「せいせきさくらがおか」駅の周囲には水田(**ア**)が広がっていましたが，新たに住宅などがつくられました。**地形図１**中の**A**地点のほぼ北東の方向には新たに老人ホーム(**イ**)や病院がつくられました。**地形図１**中の**B**地点は，最寄り駅まで直線距離で2.0 km以上(**ウ**)ありましたが，その後，鉄道が開通し駅が近くなって便利になりました。また，**地形図２**中の**C**地点と**D**地点の標高差は50 m以上(**エ**)となっています。

3　次の**図１**は，東京を中心とし，東京からの距離と方位が正しい地図である。これを見て，あとの(1)～(4)の問いに答えなさい。

図１

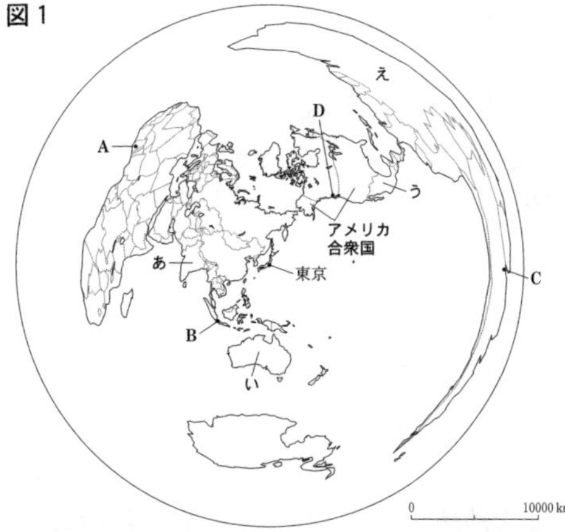

(注)　島等は省略したものもある。また，国境に一部未確定部分がある。

(1)　次の**ア**～**エ**の文のうち，**図１**中の東京と**A**～**D**の都市との位置関係について正しく述べたものはどれか。最も適当なものを一つ選び，その符号を書きなさい。

ア　**A**は東京から見て，ほぼ北西の方向にあり，**A**～**D**の都市のうち最も東京から遠い。

イ　**B**は東京から見て，ほぼ南東の方向にあり，**A**～**D**の都市のうち最も東京に近い。

ウ　**C**は東京から見て，ほぼ西の方向にあり，**A**～**D**の都市のうち3番目に東京に近い。

エ　**D**は東京から見て，ほぼ北東の方向にあり，**A**～**D**の都市のうち2番目に東京に近い。

(2)　次の文章は，社会科の授業で，あいさんが，**図1**中のアメリカ合衆国の工業についてまとめたレポートの一部である。文章中の □ にあてはまる適当な語を**カタカナ5字**で書きなさい。

> □ は北緯37度付近から南に位置する地域で，航空宇宙産業やコンピュータ関連産業などが発達しています。特に，サンフランシスコ郊外のシリコンバレーには，先端技術産業などが集まっています。

(3)　次の文章は，前のページの**図1**中の**あ**～**え**の国のうち，いずれかの国について述べたものである。この文章はどの国について述べたものか。最も適当なものを一つ選び，その符号を書きなさい。

> かつて，イギリスの植民地であったこの国では，1970年代までヨーロッパ系の白人以外の移民を制限する政策をとっていました。その後，アジア諸国との結びつきが強くなったことなどから，政策を変更し多文化主義に基づく社会づくりを進めています。

(4)　あいさんは，前のページの**図1**の地図では面積などを正しく表すことができないため，地球儀を作成することにし，**図2**のような部品1から部品8までの地図を準備しました。地球儀は球体にこれらの部品を貼（は）り合わせることで完成し，貼る位置は地球儀を北極点の真上から見て**図3**のとおりです。**図4**の**Ⅰ**，**Ⅱ**はそれぞれ何番と何番の部品を表したものか。**Ⅰ**，**Ⅱ**と部品番号の組み合わせとして最も適当なものを，あとの**ア**～**エ**のうちから一つ選び，その符号を書きなさい。

図2

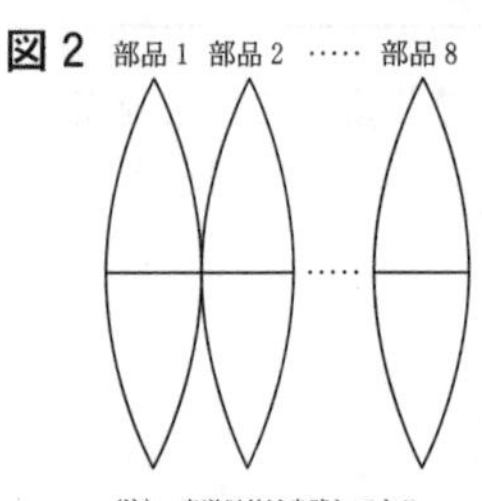

(注)　赤道以外は省略してある。

図3

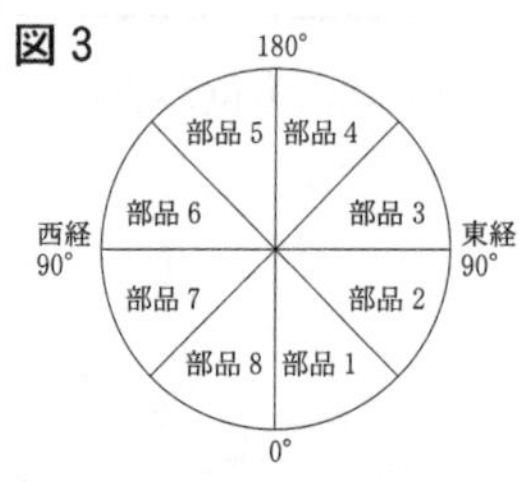

図4

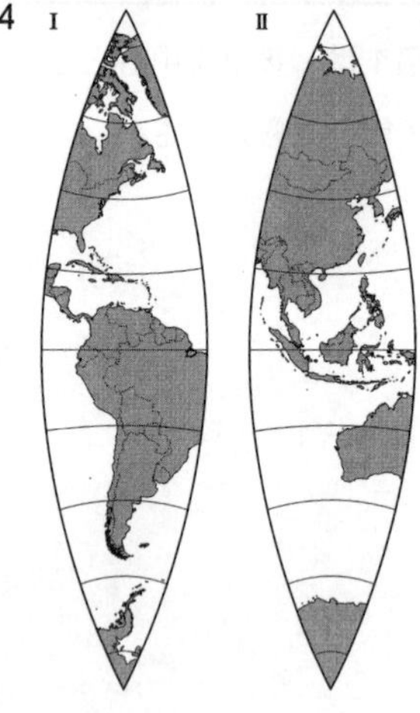

ア　Ⅰ：部品6　Ⅱ：部品3　　**イ**　Ⅰ：部品6　Ⅱ：部品4

ウ　Ⅰ：部品7　Ⅱ：部品3　　**エ**　Ⅰ：部品7　Ⅱ：部品4

4　次の**A**～**D**のパネルは，社会科の授業で，こうじさんたちの班が，日本と関わりのある外国人に関連することがらについて調べ，まとめたものの一部である。これらを見て，あとの(1)～(5)の問いに答えなさい。

A

孔子（こうし）は，思いやりの心と正しい行いを基本とした政治をすべきだと説きました。その教えは儒教（儒学）として朝鮮や日本にも伝わり，大きな影響を与えました。

B

鑑真（がんじん）は，日本に渡ろうとしたものの，何度も航海に失敗しました。それでも強い意志を持ち続けて来日すると，唐の仏教を伝え，奈良に唐招提寺を開きました。

C

元（げん）の皇帝フビライ・ハンは，高麗（コリョ／こうらい）に続き日本を従えようと，元軍が二度にわたり襲来しました。幕府軍を苦しめましたが，暴風雨のために打撃を受け，引きあげました。

D

アメリカ東インド艦隊司令長官ペリーは，4隻（せき）の軍艦を率いて浦賀に来航しました。そして日本の開国を求める大統領の国書を幕府に受け取らせました。

(1)　パネル**A**の人物が活動した地域の古代文明の説明として最も適当なものを，次の**ア**～**エ**のうちから一つ選び，その符号を書きなさい。

ア　モヘンジョ・ダロなどの都市では，インダス文字が使われた。

イ　殷（いん）という国がおこり，亀の甲や牛の骨に甲骨文字が刻まれた。

ウ　ナイル川流域に国々が生まれ，太陽暦や象形文字が発明された。

エ　くさび形文字が使用され，太陰暦や60進法が考え出された。

(2)　パネル**B**に関連して，鑑真が来日した奈良時代のことがらについて述べたものとして最も適当なものを，次の**ア**～**エ**のうちから一つ選び，その符号を書きなさい。

ア　日本で最初の仏教文化が栄え，法隆寺の釈迦（しゃか）三尊像がつくられた。

イ　かな文字を用いた文学がさかんになり，「古今和歌集」が編集された。

ウ　天台宗や真言宗が日本に伝えられ，山奥の寺で学問や修行が行われた。

エ　神話や国の成り立ちを記した，「古事記」や「日本書紀」がつくられた。

(3)　次の文章は，パネル**C**の時期の日本の様子について，こうじさんが書いたレポートの一部である。文章中の［　　　］にあてはまる適当な語を**漢字3字**で書きなさい。

> 御家人たちは元軍に立ち向かいましたが，防衛戦であったため，鎌倉幕府は恩賞を十分に与えることができませんでした。また，領地の分割相続によって生活が苦しくなり，土地を手放す者もいました。幕府は，領地を売ったり質に入れたりして御家人が手放した土地を返させる［　　　］を出して，御家人を救おうとしました。

(4)　次の文章は，パネル**D**より前にアジアで起こったことがらについて述べたものである。文章中の［　　　］にあてはまることばを，「南京条約」「香港」という二つの語を用いて，**25字以内**（読点を含む。）で書きなさい。

> 清がアヘンを厳しく取りしまると，1840年にイギリスは清に艦隊を派遣して戦争を始めた。この戦争に勝利したイギリスは，清と［　　］を支払わせた。また，上海や広州など五つの港を開かせた。

(5) 次の文章は，パネル**D**より後の時期のことがらについて述べたものである。文章中の［ I ］，［ II ］にあてはまる語の組み合わせとして最も適当なものを，あとの**ア**～**エ**のうちから一つ選び，その符号を書きなさい。

> 江戸幕府は日米修好通商条約を結んだが，この条約は日本に［ I ］がない不平等条約であった。外国との貿易が始まると，米や生活用品が値上がりし，民衆の不満は高まっていった。幕府の威信が弱まる中，15代将軍となった徳川慶喜は，新しい政権の中で主導権を確保しようと［ II ］を申し出た。

ア　I：関税自主権　　II：大政奉還
イ　I：関税自主権　　II：王政復古の大号令
ウ　I：治外法権(領事裁判権)　　II：大政奉還
エ　I：治外法権(領事裁判権)　　II：王政復古の大号令

5 次の**A**～**D**のカードは，社会科の授業で，まみさんたちの班が，「明治時代以降の歴史」について調べ，まとめたものの一部である。これらを読み，あとの(1)～(4)の問いに答えなさい。

A 明治	政府は富国強兵をスローガンに近代化を進めました。自由民権運動の後，大日本帝国憲法が制定されて帝国議会が開かれました。その後，日清戦争や日露戦争をへて，大陸進出を図りました。文化面でも欧米の影響を受けて<u>新しい近代文化</u>(a)が生まれました。
B 大正	第一次世界大戦に連合国側として参戦した日本は，戦勝国となりました。国内では<u>大正デモクラシー</u>(b)の風潮が高まり，人々が求めていた普通選挙(男子普通選挙)が実現しました。同じ年に治安維持法も制定され，思想の取りしまりが強化されました。
C 昭和	度重なる不況の中で，満州事変が起こりました。<u>日中戦争から第二次世界大戦では多くの被害が出ました。敗戦後はサンフランシスコ平和条約で独立を回復し，その後，国際連合に加盟しました</u>(c)。また，高度経済成長により経済大国となりました。
D 平成	バブル経済が崩壊すると，日本は長い不況の時期が続きました。深刻な被害をもたらした災害などもあり，防災対策の重要性が注目されました。<u>地球温暖化</u>(d)が指摘される中，2018年は，日本の観測史上，最高気温が更新されました。

(1) **A**のカード中の下線部**a**に関連して，次の文章は，まみさんがこの時代の文化についてまとめたものの一部である。文章中の［ I ］，［ II ］にあてはまる語の組み合わせとして最も適当なものを，あとの**ア**～**エ**のうちから一つ選び，その符号を書きなさい。

> 明治時代には，欧米の文化に向き合う知識人の視点から小説が書かれ，［　Ⅰ　］は「舞姫」を発表しました。美術では，［　Ⅱ　］が伝統的な技術に西洋の写実性を加え，右の写真の「老猿」という彫刻を制作しました。

ア　Ⅰ：森鷗外　Ⅱ：滝廉太郎　　　**イ**　Ⅰ：夏目漱石　Ⅱ：滝廉太郎

ウ　Ⅰ：森鷗外　Ⅱ：高村光雲　　　**エ**　Ⅰ：夏目漱石　Ⅱ：高村光雲

(2)　**B**のカード中の下線部**b**に関連して，次の文章は，この時期の思想について述べたものである。文章中の［　　　］にあてはまる適当な語を**漢字４字**で書きなさい。

> 吉野作造は政治の目的を民衆の幸福や利益に置き，民意に基づいた政治を実現していく方法を説いた。この主張は［　　　］と呼ばれた。

(3)　**C**のカード中の下線部**c**の時期に起こったことがらを，次の**ア**～**エ**のうちから**三つ**選び，年代の**古いものから順に**並べ，その符号を書きなさい。

ア　日本国内の公害問題の深刻化を受けて，公害対策基本法が制定された。

イ　朝鮮戦争が始まると，日本に警察予備隊が新設された。

ウ　日本で国家総動員法が制定され，政府は議会の承認なく労働力や物資を動員可能になった。

エ　満州などでソ連軍にとらえられた約60万人の人々が，シベリアに送られた。

(4)　**D**のカード中の下線部**d**に関連して，次の文章は，地球温暖化防止への取り組みについて述べたものである。文章中の［　Ⅰ　］，［　Ⅱ　］にあてはまる語の組み合わせとして最も適当なものを，あとの**ア**～**エ**のうちから一つ選び，その符号を書きなさい。

> 1997年，地球温暖化の原因とされる［　Ⅰ　］など温室効果ガスの排出削減に向けて［　Ⅱ　］議定書が採択された。この［　Ⅱ　］議定書は，2005年に発効した。

ア　Ⅰ：オゾン層　　Ⅱ：水俣　　　**イ**　Ⅰ：オゾン層　　Ⅱ：京都

ウ　Ⅰ：二酸化炭素　Ⅱ：水俣　　　**エ**　Ⅰ：二酸化炭素　Ⅱ：京都

6　次の文章を読み，あとの(1)～(3)の問いに答えなさい。

政府は，<u>自由な経済活動</u>a のための環境を整えたり，家計や企業だけでは解決できない課題に取り組んだりするなど，さまざまな<u>対策</u>b を行っています。このような取り組みをとおして，<u>経済成長</u>c など，国民生活の向上を目指しています。

(1)　下線部**a**に関連して，次の文章は，市場における競争をうながすために制定された法律について述べたものである。文章中の［　　　］にあてはまる適当な語を**漢字４字**で書きなさい。

> 市場における公正で自由な競争をうながすために，日本では［　　　］法が制定されている。そして，この法律を運用するために公正取引委員会が設置されている。

(2) 下線部**b**に関連して，次の**ア**～**エ**の文のうち，セーフティネットについて説明しているものはどれか。最も適当なものを一つ選び，その符号を書きなさい。

ア　将来の世代の幸福と現代の世代の幸福とが両立できるような発展を目指す考え方のことである。

イ　失業による経済的な問題などに備えた，社会に安全や安心を提供するためのさまざまなしくみのことである。

ウ　プライバシーの権利のもと，行政機関や民間業者に対し，個人情報の慎重な管理を義務づけたしくみのことである。

エ　道路やダムなどの大規模な開発事業を行う前に，環境への影響を調査・評価していくことである。

(3) 下線部**c**に関連して，次の文章は，社会科の授業で，まりさんたちの班が，右のページの**資料**を見ながら「日本の景気をよくする方法」について話し合っている場面の一部である。文章中の［X］，［Y］にあてはまるものとして最も適当なものを，それぞれあとの選択肢**ア**～**エ**のうちから一つずつ選び，その符号を書きなさい。

まりさん：この**資料**を見ると，各国の実質経済成長率は，年によって違うことがわかるね。
けんさん：そうだね。**資料**から，［X］ということがわかるよ。
みきさん：2008年の世界金融危機(世界同時不況)のときは，多くの国が深刻な不景気になったけど，日本の経済も大きな打撃を受けたんだよね。日本では不景気のときに［Y］という方法をとることがあるね。政府や日本銀行によるさまざまな政策は，景気をよくする上で大切なことだと思うな。

資料　国別の実質経済成長率の推移

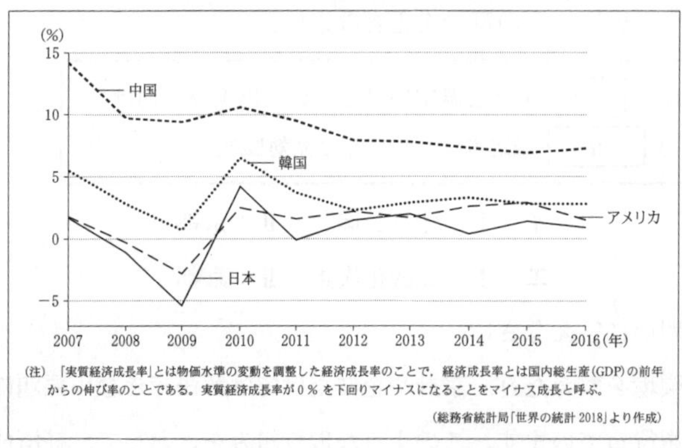

(注)「実質経済成長率」とは物価水準の変動を調整した経済成長率のことで，経済成長率とは国内総生産(GDP)の前年からの伸び率のことである。実質経済成長率が0％を下回りマイナスになることをマイナス成長と呼ぶ。

(総務省統計局「世界の統計 2018」より作成)

［X］の選択肢

ア　日本の実質経済成長率は，2007年から2016年までの間，他の3か国と比べると毎年一番低く，マイナス成長を記録したことも一度あった

イ　アメリカの実質経済成長率は，2007年から2016年までの間，5％を超えたことは一度もないが，マイナス成長を記録したことも一度もない

ウ　韓国の実質経済成長率は，2007年から2016年までの間，マイナス成長を記録したことは一度もないが，実質経済成長率が5％を超えたことも一度もない

エ　中国の実質経済成長率は，2007年から2016年までの間，他の3か国と比べると毎年一番高いが，2007年の実質経済成長率を上回る年は一度もない

［　**Y**　］の選択肢

ア　一般の銀行が企業に貸し出す際の金利を引き上げ，生産活動を縮小させる

イ　政府が増税をして，家計や企業の消費活動を縮小させる

ウ　日本銀行が国債などを積極的に買い上げ，一般の銀行の資金量を増加させる

エ　政府が公共投資(公共事業)を減少させて，民間企業の仕事を減少させる

7　次の文章を読み，あとの(1)～(3)の問いに答えなさい。

民主政治が十分に機能するためには，自由な話し合いができること，自由権や社会権 **a** などの基本的人権が保障されていることが大切です。また，国民一人ひとりが政治に関心を持つ **b** ことが求められます。**c** みなさん一人ひとりの意思が，民主政治を支えているのです。

(1)　下線部 **a** に関連して，次の **ア**～**エ** のカードは，たけるさんが，日本国憲法における社会権について調べ，それぞれの内容をまとめたものである。これらのカードのうち，**資料** と関係の深い権利の内容をまとめたカードはどれか。最も適当なものを一つ選び，その符号を書きなさい。

ア

第25条で示され，健康で文化的な最低限度の生活を営む権利である。

イ

第26条で示され，全ての子どもが学校で学ぶことを保障した権利である。

ウ

第27条で示され，全ての国民に働く機会を保障した権利である。

エ

第28条で示され，労働三権と呼ばれる労働者のための権利である。

資料　国民健康保険被保険者証

千葉県
国民健康保険
被保険者証
有効期限　平成○○年○○月○○日
記号 ○ 番号 ○○○○○○○○
氏名
生年月日
住所
性別 ○
見本
世帯主
適用開始年
交付年月日
負担金 ○ 割
保険者番号 ○○○○○○　○○市　印

(2)　下線部 **b** に関連して，次の文は，世論について述べたものである。文中の［　　　］にあてはまる適当なことばを，「社会」「人々」の二つの語を用いて **20字以内**(読点を含む。)で書きなさい。

世論とは，政治や［　　　］のことで，世論の形成に大きな影響をあたえるのが，マスメディアである。

(3)　下線部 **c** に関連して，次の文章は，地方自治における人々の意思の表明方法の一つについて述べたものである。文章中の［　　　］に共通してあてはまる適当な語を **漢字4字** で書きなさい。

［　　　］は，地域の重要な問題について，地域の人々が賛成・反対の意思を表明するために実施される。この［　　　］は，地方議会で定めた条例に基づいて実施され，法的な拘束(こうそく)力はないが，地域の政策決定に大きな影響をあたえることがある。

理　科

1　ある地域の地点A，Bで，地層の**観察**や岩石の採取を行い，また採取した岩石を用いて**実験**を行いました。さらに，**資料**を使って，地点A～Dの地下における地層のようすを調べました。これに関して，あとの(1)～(4)の問いに答えなさい。

観察

地点Aで泥(でい)岩の地層を観察した。この泥岩はもろくなっており，図1のように表面がぼろぼろになっていた。

図1

実験

地点Bで見られたれき岩には，生物の死がい(遺骸(いがい))が固まってできた岩石の破片(かけら)が，れきとなって入っていた。この岩石の破片を採取して持ち帰り，うすい塩酸を2，3滴(てき)かけたところ，気体が発生した。

資料

図2　ある地域における東西方向の断面の模式図

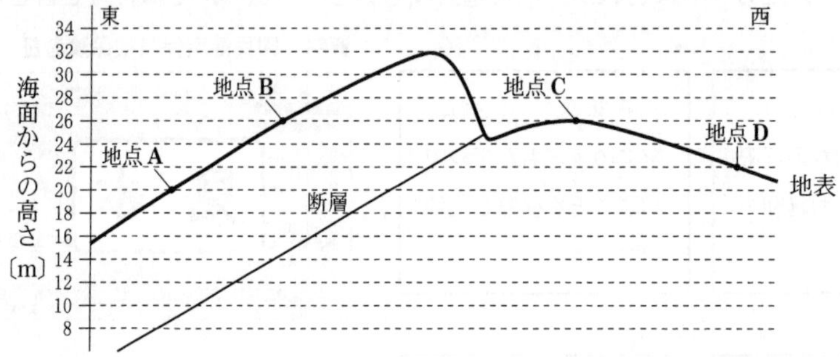

・この地域の地層の各層は，水平に重なっており，地域全体に均一の厚さで広がっている。
・この地域の地層は，断層によって上下にずれている。しゅう曲はしていない。

図3　**図2**の地点A，B，Cにおける深さ10mのボーリングにより作成した柱状図

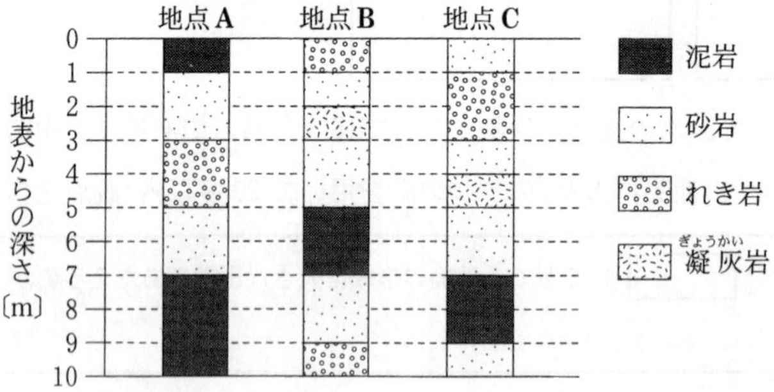

・この地域には，凝灰岩の地層は1つだけである。

(1)　**図1**のように，岩石の表面が温度変化や水のはたらきによってぼろぼろになり，長い間に細かくなっていく現象を何というか，書きなさい。

(2)　**実験**で調べた岩石の破片は，何という名称の岩石か。次の**ア**～**エ**のうちから最も適当なものを一つ選び，その符号を書きなさい。

ア　玄武岩　　　**イ**　石灰岩　　　**ウ**　凝灰岩　　　**エ**　チャート

(3)　**図2**の断層は，地層に東西方向の力がはたらいてできたものである。断層による地層のずれと，地層にはたらいた力の向きを表した模式図として最も適当なものを，次の**ア**～**エ**のうちから一つ選び，その符号を書きなさい。ただし，模式図中の細い矢印は地層のずれの向き，太い矢印は地層にはたらいた力の向きを示している。

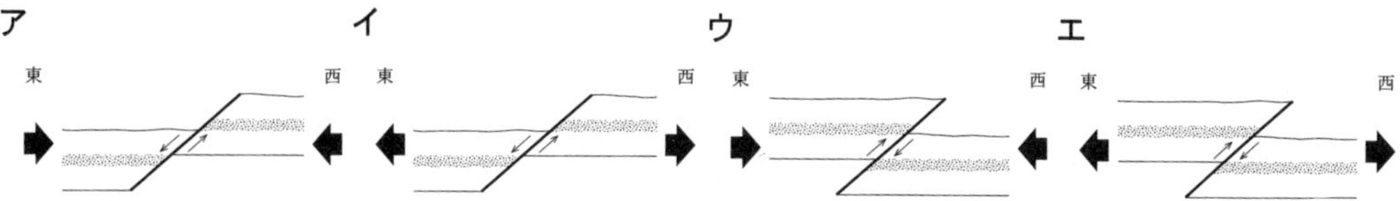

(4)　**図2**の地点**D**において地表から真下に穴を掘りすすめるとき，地点**C**でのボーリングで見つかった泥岩の地層と同一である泥岩の地層が現れはじめるのは，地表からの深さが何mのところか，書きなさい。

2　水中で生活している微小な生物を調べるため，池の水の**採集**を行い，また，集めた池の水の**観察**を行いました。これに関して，あとの(1)～(4)の問いに答えなさい。

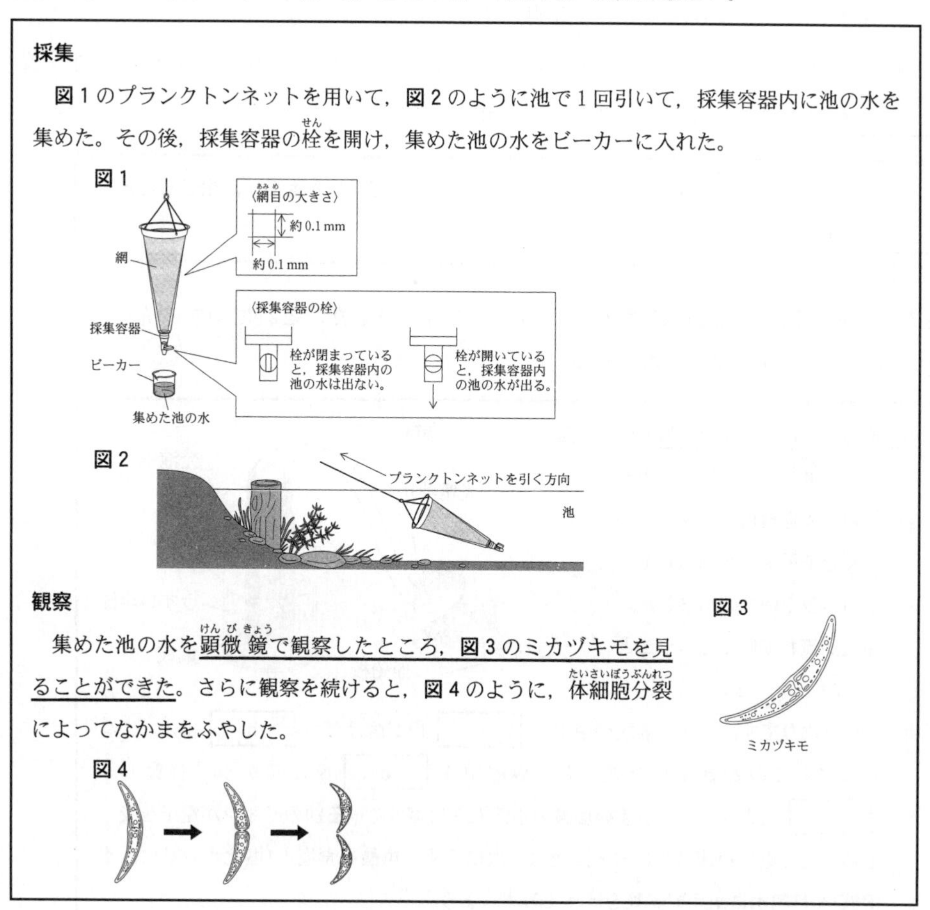

(1)　ミカヅキモと同じように，1つの細胞だけで体ができている生物を，次の**ア**～**オ**のうちから**すべて選び**，その符号を書きなさい。

ア　ウニ　　　**イ**　ゾウリムシ　　　**ウ**　オオカナダモ

エ　クラゲ　　　**オ**　アメーバ

(2) **採集**の池の水の集め方では，ミカヅキモ以外の水中の微小な生物は採集できなかった。プランクトンネットを用いて，この池にいるミカヅキモ以外の水中の微小な生物を採集する方法として，次の**ア**～**エ**のうちから**適当でない**ものを一つ選び，その符号を書きなさい。

ア　プランクトンネットを引く深さを変える。

イ　プランクトンネットで採集する季節を変える。

ウ　プランクトンネットの網目の大きさを大きいものにする。

エ　プランクトンネットを引く回数を増やす。

(3) **観察**の下線部について，低倍率で観察後，レボルバーを回して高倍率の対物レンズにかえたときに，見える範囲(はんい)と視野全体の明るさはどのように変化するか。次の**ア**～**エ**のうちから最も適当なものを一つ選び，その符号を書きなさい。

ア　見える範囲はせまくなり，視野全体は暗くなる。

イ　見える範囲はせまくなり，視野全体は明るくなる。

ウ　見える範囲は広くなり，視野全体は暗くなる。

エ　見える範囲は広くなり，視野全体は明るくなる。

(4) 次の文は，**観察**のミカヅキモのような生物のふえ方について述べたものである。文中の［　　］にあてはまる最も適当なことばを書きなさい。

> ミカヅキモのふえ方のように，体細胞分裂により，親と同じ形質をもつ子が生じることを［　　］生殖(せいしょく)という。

3　Sさんは，電池について調べるため，次の実験を行いました。これに関する先生との会話文を読んで，あとの(1)～(4)の問いに答えなさい。

Sさん：図のように，うすい塩酸の中によく磨(みが)いた亜鉛(あえん)板と銅板を入れ，光電池用モーターにつなぐとモーターが回転して，プロペラが回り始めました。電流が流れているということですね。

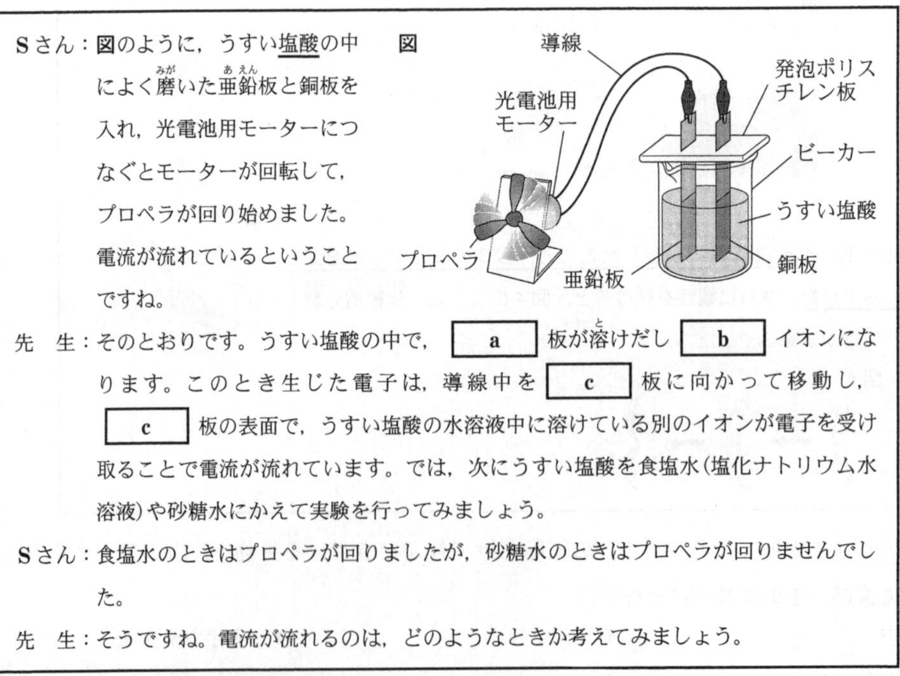

先　生：そのとおりです。うすい塩酸の中で，［ a ］板が溶(と)けだし［ b ］イオンになります。このとき生じた電子は，導線中を［ c ］板に向かって移動し，［ c ］板の表面で，うすい塩酸の水溶液中に溶けている別のイオンが電子を受け取ることで電流が流れています。では，次にうすい塩酸を食塩水(塩化ナトリウム水溶液)や砂糖水にかえて実験を行ってみましょう。

Sさん：食塩水のときはプロペラが回りましたが，砂糖水のときはプロペラが回りませんでした。

先　生：そうですね。電流が流れるのは，どのようなときか考えてみましょう。

⑴　会話文中の下線部について，塩酸は，気体の塩化水素が水に溶けた水溶液である。塩化水素が水溶液中で電離（でんり）するようすを表す次の式の［ m ］，［ n ］にあてはまる最も適当なイオン式を，それぞれ書きなさい。

HCl → ［ m ］＋［ n ］

⑵　会話文中の［ a ］～［ c ］にあてはまることばの組み合わせとして最も適当なものを，次の**ア**～**エ**のうちから一つ選び，その符号を書きなさい。

ア　a：亜　鉛　　b：陰　　c：銅
イ　a：亜　鉛　　b：陽　　c：銅
ウ　a：銅　　b：陰　　c：亜　鉛
エ　a：銅　　b：陽　　c：亜　鉛

⑶　次の文章は，実験の結果をまとめたものである。文章中の［ x ］にあてはまる最も適当なことばを書きなさい。

> 塩化水素や塩化ナトリウムのように，水に溶かしたとき水溶液に電流が流れる物質を［ x ］という。［ x ］の水溶液に亜鉛板と銅板を入れると，電池ができる。

⑷　**図**のように，化学変化によって電気エネルギーをとり出している例として最も適当なものを，次の**ア**～**エ**のうちから一つ選び，その符号を書きなさい。

ア　ネオン管にセーターでこすったプラスチックの下じきを近づけると，ネオン管が光る。
イ　検流計につないだコイルに磁石を近づけると，検流計の針が振れる。
ウ　豆電球を手回し発電機につなぎハンドルを回すと，豆電球が光る。
エ　燃料電池に電子オルゴールを接続すると，電子オルゴールが鳴る。

4　小球の運動について調べるため，次の**実験**1，2を行いました。これに関して，あとの⑴～⑷の問いに答えなさい。ただし，レールの斜面と水平面はなめらかにつながっており，小球とレールの間の摩擦（まさつ）および空気による抵抗（ていこう）はないものとします。また，レールの厚さはないものとします。

実験1

図1のように，斜面1，2と水平面1，2のあるレールを用意し，小球を斜面1の**P**の位置に置いた。小球から静かに手をはなしたところ，レール上の**A**，**B**，**C**，**D**の位置を通過した。

図2は，0.2秒間隔（かんかく）で発光するストロボスコープを用いて，小球の水平面1における**A**から**B**までの運動を記録したものである。

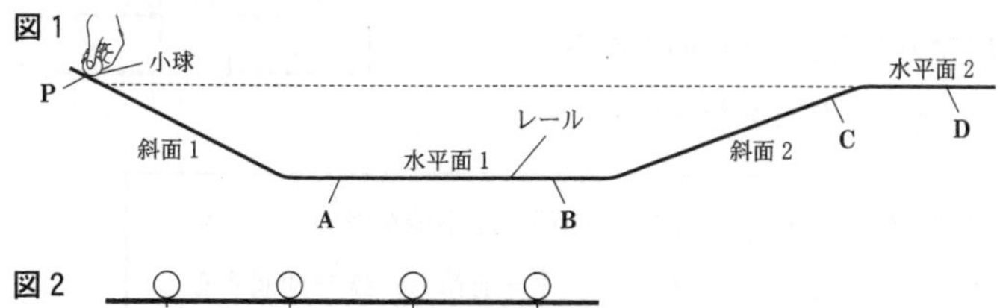

実験2

図3のように，**実験**1と同じレールで，斜面1の小球を置く位置を，**C**と同じ高さである

Q の位置に変えた。小球から静かに手をはなしたところ，レール上の **A**，**B** の位置を通過し，斜面 2 の **C** に達したあと，斜面 2 を下り始めた。

図 3

小球
Q
斜面 1
レール
水平面 1
A
B
斜面 2
C
水平面 2
D

(1) **実験 1** で，**AB** 間における小球の平均の速さは何 cm/s か，書きなさい。

(2) **実験 1** で，小球が斜面 2 を **C** に向かって運動しているとき，小球にはたらく力として最も適当なものを，次の**ア**～**エ**のうちから一つ選び，その符号を書きなさい。ただし，矢印は力の大きさと向きを表している。

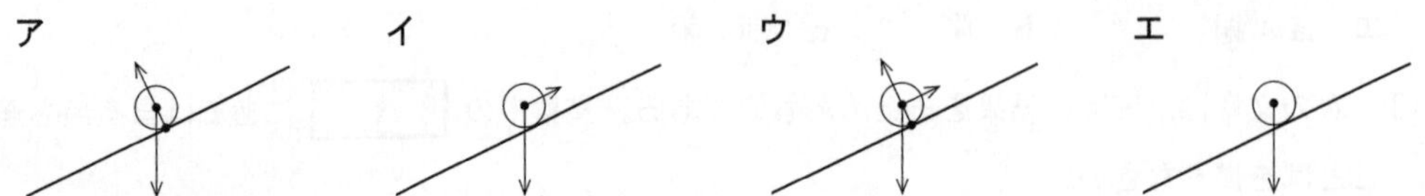

(3) **図 4** は，**実験 2** において，**Q** の位置での小球の位置エネルギーを 3 としたときの，**QC** 間の小球の位置と小球の位置エネルギーの関係を表している。このとき，**QC** 間の小球の位置と小球の運動エネルギーの関係を表したものとして最も適当なものを，次の**ア**～**エ**のうちから一つ選び，その符号を書きなさい。

図 4

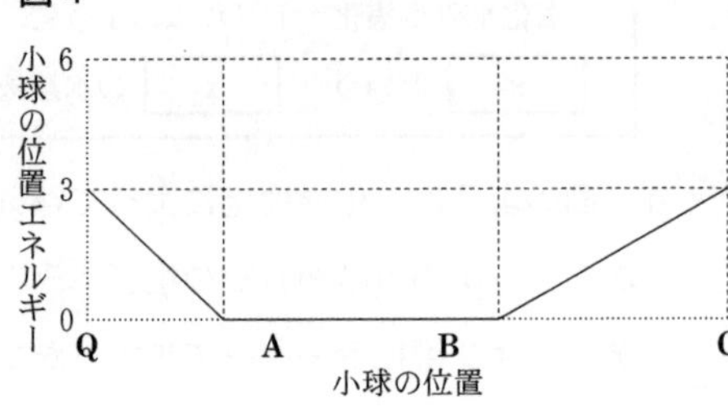

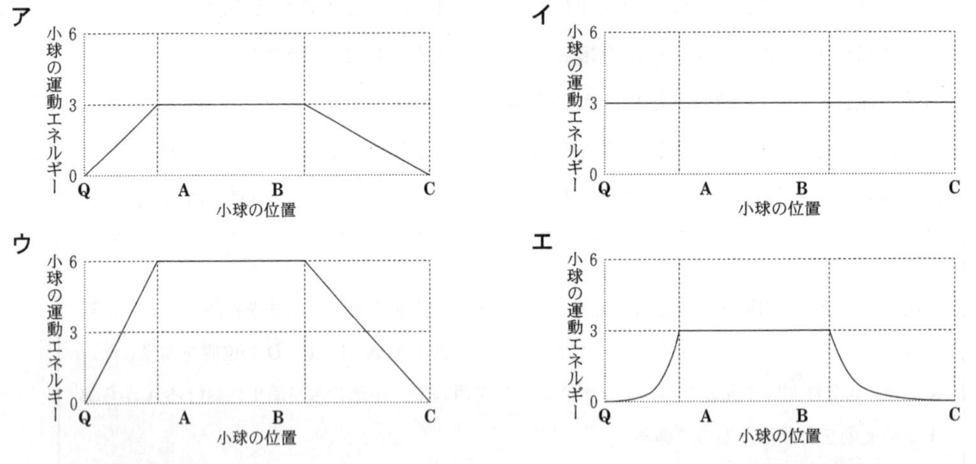

(4) 次の文章は，**実験 1**，2 について述べたものである。文章中の [**x**]，[**y**] にあてはまる最も適当なことばを，それぞれ書きなさい。

> **実験 1** で，小球がはじめに持つ位置エネルギーは，水平面 2 で小球が持つ位置エネルギーより [**x**] ので，水平面 2 でも小球は運動エネルギーを持ち，**D** を通過する。
> また，**実験 2** では，小球がはじめに持つ位置エネルギーと，小球が **C** で持つ位置エネルギーの大きさは [**y**] ので，小球は **C** に達し，その後，斜面 2 を下り始める。

5　**S** さんは千葉県内の地点 **A** において，ある年の夏至(げし)の日と冬至(とうじ)の日に太陽の位置を調べ，透明(とうめい)半球に記録しました。これに関する先生との会話文を読んで，あとの(1)～(4)の問いに答えなさい。

S さん：**図1**は，夏至の日の午前8時から午後4時まで，1時間ごとに太陽の位置を記録した透明半球です。透明半球のふちと同じ大きさの円の中心Oと，ペンの先端(せんたん)の影(かげ)が一致(いっち)する透明半球上の位置に，●をつけました。その後，●をなめらかな曲線で結んで，太陽の通り道をかき，それを透明半球のふちまで延ばしました。●と●の間隔(かんかく)はすべて2.4 cmになっていました。

図1

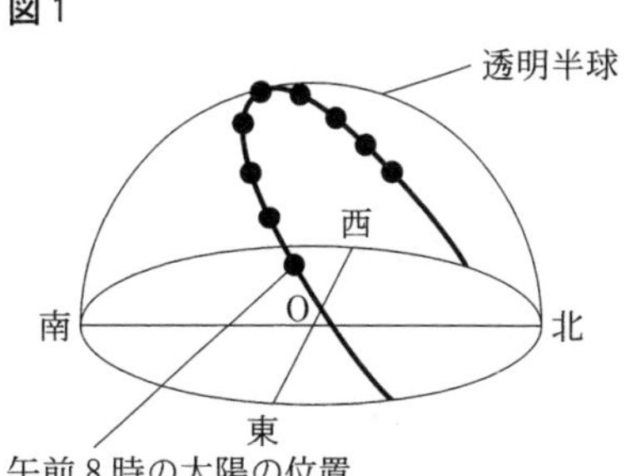

先　生：そうですね。透明半球に記録されたように，太陽は朝，東からのぼって，夕方西の空に沈(しず)んでいきます。このような1日の動きを，[w]といいます。●と●の間隔は同じであることから，[w]で太陽が動く速さは一定だとわかります。このことから，**図1**の記録より，この日のおおよその日の出の時刻を求められますね。

S さん：はい。**図1**の記録では，午前8時の●から東側の透明半球のふちまでの曲線の長さは，8.6 cmでした。ですから，地点 **A** におけるこの日の日の出の時刻は，おおよそ午前[x]と計算できます。

先　生：そうです。よく計算できましたね。

S さん：**図2**は，地点 **A** で調べた冬至の日の太陽の通り道を，夏至の日の太陽の通り道とともに，一つの透明半球に点線で示したものです。太陽の通り道は，夏至の日と冬至の日では異なることがわかりました。

図2

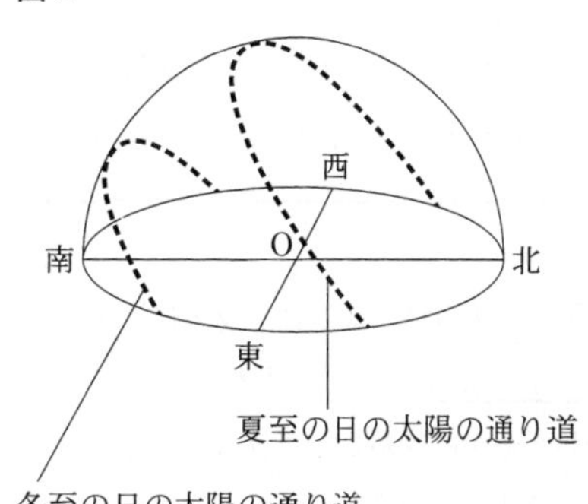

先　生：そうですね。ではなぜこのように，同じ地点でも季節によって，記録される太陽の通り道が異なるのでしょうか。

S さん：地球は，地軸が[y]に対して，約23.4°傾(かたむ)いたまま自転しながら，太陽のまわりを公転しているからです。

先　生：そのとおりです。

S さん：ところで先生，同じ1日なら地球上のどの地点で調べても，透明半球に記録される太陽の通り道は同じ曲線になるのですか。

先　生：それは良いところに注目しましたね。実は日本が夏至の日に，赤道上にある地点 **B** で太陽の通り道を記録すると，[z]の図の透明半球にかかれた曲線になります。地球上の他の地点ではどのようになるか，調べてみましょう。

(1)　会話文中の[w]にあてはまることばとして最も適当なものを，次の**ア**～**エ**のうちから一つ選び，その符号を書きなさい。

ア　日　食　　　**イ**　黄　道　　　**ウ**　年周運動　　　**エ**　日周運動

(2)　会話文中の[x]にあてはまる時刻として最も適当なものを，次の**ア**～**エ**のうちから一つ選び，その符号を書きなさい。

ア　4時25分　　**イ**　4時35分　　**ウ**　5時25分　　**エ**　5時35分

(3)　会話文中の **y** にあてはまる内容として最も適当なものを，次の**ア**～**エ**のうちから一つ選び，その符号を書きなさい。

ア　北極点における水平面

イ　北極点における水平面に立てた垂線（北極点における水平面に垂直な方向）

ウ　地球の公転面

エ　地球の公転面に立てた垂線（地球の公転面に垂直な方向）

(4)　会話文中の **z** にあてはまる図として最も適当なものを，次の**ア**～**エ**のうちから一つ選び，その符号を書きなさい。

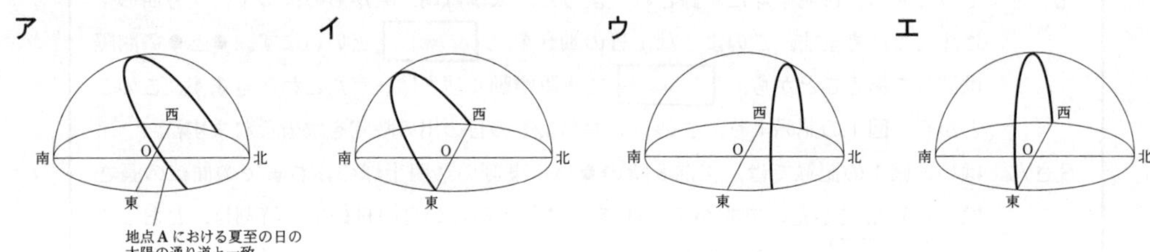

6　エタノールと水の混合物にふくまれている物質を分離するため，次の**実験**を行いました。これに関して，あとの(1)～(4)の問いに答えなさい。

実験

①　**図1**のように，枝つきフラスコにエタノールと水の混合物10 gを入れ，ガスバーナーでおだやかに加熱し，ガラス管の先から出てくる液体を試験管に集めた。液体が2 cm^3集まるたびに試験管をとりかえ，順に試験管**W**，**X**，**Y**，**Z**とした。また，試験管に液体を集めているときの枝つきフラスコ内の温度をそれぞれ記録した。

②　試験管**W**の中に集めた液体を蒸発皿に移し，**図2**のように，火のついたマッチを集めた液体に近づけたときのようすを観察した。

③　試験管**W**を試験管**X**，**Y**，**Z**にかえて，②と同じ操作を行った。

表は**実験**の結果をまとめたものである。

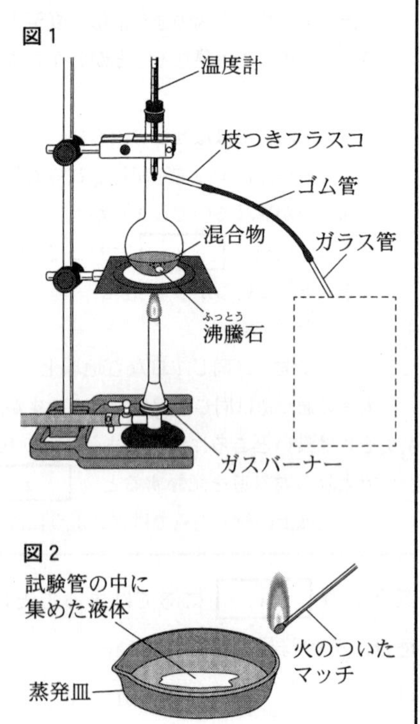

表

	試験管に液体を集めているときの枝つきフラスコ内の温度〔℃〕	火のついたマッチを集めた液体に近づけたときのようす
試験管W	73.2～79.5	長く燃えた。
試験管X	79.5～86.0	長く燃えた。
試験管Y	86.0～91.5	少し燃えるが，すぐに消えた。
試験管Z	91.5～99.7	燃えなかった。

(1) **図1**の［　］の部分にあてはまる模式図として最も適当なものを，次の**ア**～**エ**のうちから一つ選び，その符号を書きなさい。

(2) **実験**のように，液体を熱して沸騰させ，出てくる気体をまた液体にしてとり出すことを何というか。次の**ア**～**エ**のうちから最も適当なものを一つ選び，その符号を書きなさい。

ア 燃　焼　　**イ** 蒸　留　　**ウ** 還　元　　**エ** ろ　過

(3) **表**から，試験管**W**，**X**の液体にはエタノールが多くふくまれていることがわかる。このことから，エタノールは，水と比べてどのような特徴（とくちょう）があるといえるか，「**沸点**」ということばを用いて**20字以内**(句読点を含む。)で説明しなさい。

(4) 今回の**実験**で使用した下線部のエタノールと水の混合物の質量パーセント濃度（のうど）は40％である。この混合物10gを水でうすめて質量パーセント濃度を5％にするには，何gの水を加えればよいか，書きなさい。ただし，エタノールを溶質（ようしつ），水を溶媒（ようばい）とする。

7 電流と電流がつくる磁界の関係と，電流の流れている金属が磁界から受ける力について調べるため，次の**実験1**～**3**を行いました。これに関して，あとの(1)～(3)の問いに答えなさい。

実験1

① **図1**のように，スイッチを切った状態で，穴を開けた厚紙に，エナメル線を垂直に通してコイルをつくり，**P**の位置に方位磁針**p**を置き固定した。

② スイッチを入れ，**図1**に示す矢印の方向に電流を流したところ，厚紙を真上から見ると方位磁針の針の向きが**図2**のようになった。

③ スイッチを切り，**図3**のように，厚紙の上の**A**，**B**，**C**の位置に，それぞれ方位磁針**a**，**b**，**c**を置き固定した。その後，再びスイッチを入れ，それぞれの方位磁針の針の向きを調べた。

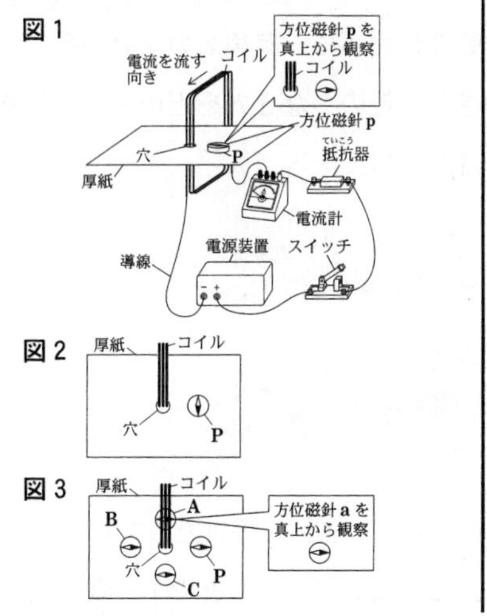

実験2

図4のように，コイル，U字型磁石を用いて装置をつくった。スイッチを入れ，電流を流したところ，コイルは矢印(⇦)で示した方向に動いて止まった。

図4

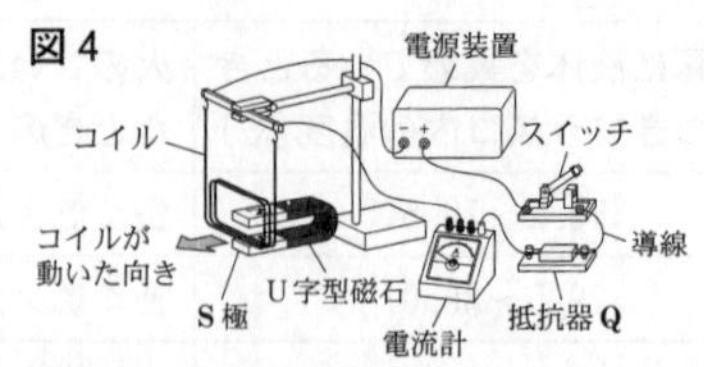

実験3

図5のように，金属レール，アルミニウム製のパイプ，U字型磁石を用いて装置をつくった。スイッチを入れ，電流を流したところ，アルミニウム製のパイプは，U字型磁石の向きと導線のつなぎ方によって，**X**側や**Y**側に動いた。

図5

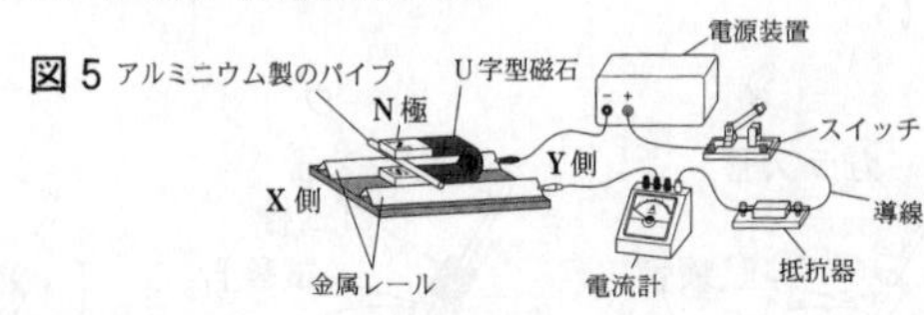

(1) **実験**1の③で，再びスイッチを入れたとき，**図**3の**A**～**C**の位置に置いた方位磁針**a**～**c**の針の向きの組み合わせとして最も適当なものを，次の**ア**～**エ**のうちから一つ選び，その符号を書きなさい。

	A	B	C
ア			
イ			
ウ			
エ			

(2) **実験**2で用いた抵抗器**Q**と，抵抗の大きさが等しい抵抗器**R**を1個用意した。**図**4の装置で，電源装置の電圧を変えずに，抵抗器**R**を抵抗器**Q**と並列につなぎ，スイッチを入れ，電流を流したところ，コイルは矢印で示した方向に**実験**2のときよりも大きく動いて止まった。コイルが大きく動いたのはなぜか，その理由を簡潔に書きなさい。

(3) **実験**3において，**実験**2の結果から，アルミニウム製のパイプが**Y**側に動くのは，U字型磁石の向きと導線のつなぎ方をどのようにしたときか。次の**ア**～**エ**のうちから**すべて選び**，その符号を書きなさい。

8 **S**さんたちは，刺激（しげき）を受けとってから，反応が起こるまでの時間を調べるため，次の**実験**を行いました。これに関して，あとの(1)～(3)の問いに答えなさい。

実験

① **図**のように，**A** さん，**B** さん，**C** さん，**D** さん，**E** さんが軽く手をつないで横一列に並び，**S** さんは **A** さんたちから見えるように少し離(はな)れて向かい合わせに立った。

② **A** さんはストップウォッチを右手に用意し，**S** さんは懐中(かいちゅう)電灯を **A** さん，**E** さんから等距離(とうきょり)になるような位置に用意した。

③ **S** さんは予告や合図なしに静かに懐中電灯を点灯させた。その点灯を見て，**A** さんはすぐに右手を握(にぎ)ってストップウォッチの計測をスタートし，**E** さんはすぐに右手で **D** さんの左手を握った。

④ **E** さんに左手を握られたことを感じた **D** さんはすぐに右手で **C** さんの左手を握った。同様に，**C** さんは **B** さん，**B** さんは **A** さんの左手を握った。

⑤ **A** さんは左手を握られたことを感じるとすぐに右手を握ってストップウォッチの計測を止めた。**表**は，この**実験**を5回行った結果をまとめたものである。

図

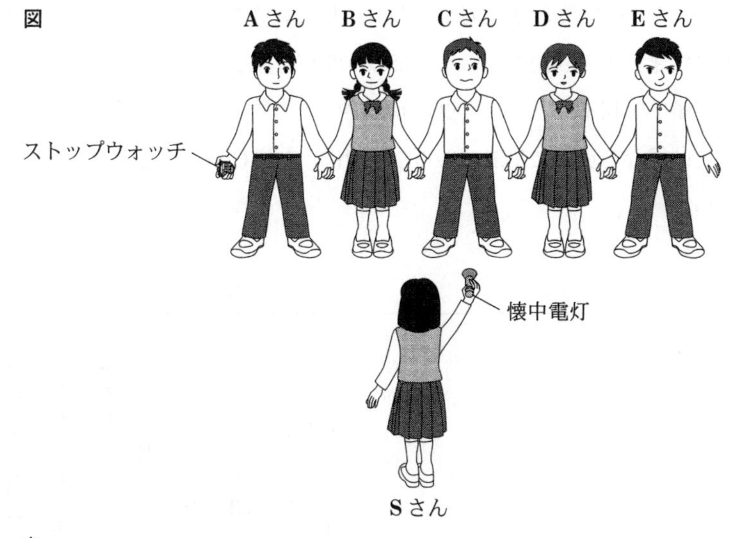

表

1回目	2回目	3回目	4回目	5回目
0.74 秒	0.82 秒	0.78 秒	0.84 秒	0.81 秒

(1) 次の文章は，**実験**の③で **A** さんがストップウォッチの計測をスタートさせるときや **E** さんが **D** さんの手を握るときについて述べたものである。このことについて，あとの(a)，(b)の問いに答えなさい。

> 目に懐中電灯を点灯したときの光の刺激が入ると，その刺激は目の［ x ］の細胞(さいぼう)でまず［ y ］を伝わる信号に変えられる。その信号が脳に伝えられると，ものが見えたと感じる。脳では，いろいろな信号を選び分けて，その内容を判断したり，どのように反応するかが決められたりする。その決定にしたがって，脳を出た信号が［ z ］により筋肉へ伝えられると，手を握るという反応が起こる。

(a) 文章中の［ x ］にあてはまることばとして最も適当なものを，次の**ア**～**エ**のうちから一つ選び，その符号を書きなさい。

ア 角膜　　**イ** 虹彩　　**ウ** レンズ　　**エ** 網膜

(b) 文章中の **y** ， **z** にあてはまることばの組み合わせとして最も適当なものを，次の**ア**～**エ**のうちから一つ選び，その符号を書きなさい。

ア　**y**：感覚神経　　**z**：運動神経

イ　**y**：運動神経　　**z**：感覚神経

ウ　**y**：末しょう神経　　**z**：中枢神経

エ　**y**：中枢神経　　**z**：末しょう神経

(2) **実験**で，左手を握られるという刺激を受けとってから右手を握るという反応が起こるまでの1人あたりの平均の時間はおよそ何秒か。次の**ア**～**エ**のうちから最も適当なものを一つ選び，その符号を書きなさい。ただし，**実験**では，**A**さんがストップウォッチの計測をスタートさせるときと**E**さんが**D**さんの手を握るときが同じとして，**D**さんが左手を握られてから**A**さんが右手を握ってストップウォッチの計測を止めるまでの時間が計測されている。

ア 0.16秒　　**イ** 0.18秒　　**ウ** 0.20秒　　**エ** 0.22秒

(3) **実験**で調べた反応とは異なる反応に**反射**がある。**反射**は，刺激に対してどのように起こる反応か。簡潔に書きなさい。

いて、どのようなことを意味しているかがわかるように説明し、次に、はじめに選んだAかBに関わる自分自身の体験（見たり聞いたりしたことも含む。）を書くこと。

なお、どちらを選んでも、そのこと自体が採点に影響することはありません。

〈注意事項〉

① AとBのうちから**一つ**選び、その符号を**○で囲む**こと。

② 氏名や題名は書かないこと。

③ 原稿用紙の適切な使い方にしたがって書くこと。

ただし、〜〜や――などの記号を用いた訂正はしないこと。

（注3）　檀那＝文章中の「旦那」に同じ。寺院に金品を寄付する信者。
（注4）　かはばかま＝けものの皮で作った袴（はかま）。袴は和装で着物の上から下半身に付ける衣類。

(1)　文章中の<u>かはりたまひて</u>（A）を現代仮名づかいに改め、ひらがなで書きなさい。

(2)　文章中に<u>こびたる旦那</u>（B）とあるが、この人物は一休をどのように思っているか。最も適当なものを、次のア～エのうちから一つ選び、その符号を書きなさい。

ア　幼い一休が修行する姿をけなげだと思っている。
イ　将来有望な一休をとても頼もしいと思っている。
ウ　一休に才知があることを好ましいと思っている。
エ　一休の創意工夫に自分も学びたいと思っている。

(3)　文章中の<u>きんぜい</u>（C）を漢字に直すとき、最も適当なものを、次のア～エのうちから一つ選び、その符号を書きなさい。

ア　均整　　イ　謹製　　ウ　近世　　エ　禁制

(4)　次の文章は、中学生の二宮さんが授業でこの場面を読んで、友達の三田さんと意見交換を行ったものです。文章中の［Ⅰ］～［Ⅲ］に入る言葉を書きなさい。ただし、［Ⅰ］、［Ⅱ］は文章中からそれぞれ**抜き出して**、［Ⅰ］は**八字**、［Ⅱ］は**二字**で書き、［Ⅲ］は自分の言葉で**八字以内**で書くこと。

二宮さん　私は、旦那がわざと「かはばかま」を着て来たのではないかと考えました。普段から寺に来ている時の、一休に対する態度を表す「［Ⅰ］」という記述に注目したからです。そのような人物なら、一休がどうするか、試してやろうと考えたのかもしれません。

三田さん　一休もまた、「［Ⅱ］」という言葉をわざと平仮名で書いたのかもしれませんね。初めから二つの意味を込めた言葉遊びで旦那をやり込めるつもりだったのでしょう。

二宮さん　二人は互いに相手の出方を試したんだと思います。一休が旦那を「ちらと見」ただけで書付の文言を書き上げた行動からは、一休が見事に［Ⅲ］ということが読み取れて、おもしろいですね。

七

「転石苔（こけ）を生ぜず」ということわざは、本来、次のAのような意味で使われていたものが、Bのような意味でも使われるようになってきています。

A　一か所に落ち着かない者は成功しない。

B　絶えず活動している者は新鮮である。

このことについて、次の〈条件〉にしたがい、〈注意事項〉を守って、あなたの考えを書きなさい。

〈条件〉
①　**一段落構成**とし、**七行以内**で書くこと。
②　はじめに、AとBのうちどちらかを選び、「苔が生える」ことにつ

る物語。

エ　世界中の子どもが話の中で主人公になりきることができた、有名な物語。

(6)　文章中における筆者の主張についてまとめた次の文章を完成させなさい。ただし、[Ⅰ]はあとの**ア**～**エ**のうちから最も適当なものを一つ選び、その符号を書き、[Ⅱ]は文章中の言葉を使って**十五字以上二十五字以内**で書くこと。

> 大人にとっての読書は、常に読んでいる自分を[Ⅰ]に見ているという特徴がある。一方、子どもにとっての読書は、主人公と完全に一体化しつつ、物語世界に没入することにより得た経験が、子どもの[Ⅱ]という意味において、特別なものである。

ア　主体的　**イ**　主観的　**ウ**　受動的　**エ**　客観的

(7)　この文章についての説明として最も適当なものを、次の**ア**～**エ**のうちから一つ選び、その符号を書きなさい。

ア　大人と子どもの本の読み方の違いを指摘し、大人の読書のあり方について、読者に反省を促そうとしている。

イ　読書についてある考えを提示し、それについて自らの経験や聞いたことをふまえて、その考えを深めている。

ウ　読書の質的変化について問題を提起し、事例に基づき問題を解決しつつ、分かりやすい文章にまとめている。

エ　子どもの遊びの話題から読者に幼少期の読書を回想させ、子どもの読書こそが真の読書であると訴えている。

六　次の文章を読み、あとの(1)～(4)の問いに答えなさい。

(注1)一休和尚(いっきうをしゃう)は、いとけなき時(幼い)より、常の人にはAかはりたまひて、利根(りこん)発明なりける(であったそうだよ)とかや。師の坊(師匠の僧)をば(注2)養叟(やうそう)和尚と申しける。Bこびたる旦那(小利口なことを言う)ありて、常に来りて、和尚に参学などし侍り(はべ)ては(いつも来て、和尚に仏教を学んだりしましては)、一休の発明なるを心地よく思ひて、折々はたはぶれをいひて(ときどき冗談を言って)、問答などしけり。

ある時かの(注3)檀那(だんな)、(注4)かはばかまを着て来りけるを、一休門外にてちらと見、内へはしり入りて、へぎ(薄い木の板)に書付(かきつけ)立てられけるは、

この寺の内へかはのたぐひ、かたくCきんぜいなり。もしかはの物入る時は、その身にかならずばちあたるべし

と書きて置かれける。

かの旦那これを見て、「皮のたぐひにばちあたるならば、このお寺の太鼓は何とし給(たま)ふぞ(どうなさるおつもりか)」と申しける。一休聞き給ひ、「さればとよ(だからですよ)、夜昼三度づつばちあたる間、その方へも太鼓のばちをあて申さん、皮のはかまきられけるほどに」とおどけられけり。

(『一休ばなし』による。)

(注1)　一休和尚＝一休宗純(そうじゅん)。室町時代の僧。

(注2)　養叟和尚＝養叟宗頤(そうい)。室町時代の僧。

親しくなるきっかけにと持っていったおさるの指人形を出して、このおさるさんはおなかがすいているのだ、といったのだそうです。すると、聞き手の子どものなかのひとりが、すぐバナナをさしだしてくれました(注2)（うそこのバナナです）。指人形のおさるは、皮をむき、バナナを食べました。

それから、さて、コルウェルさんが、お話をしようと椅子に腰をおろそうとしたとたん、子どもたちから、いっせいに「ああっ！　だめ！」と、声が上がりました。その椅子は、さっきおさるがむいたバナナの皮をおいたところだったのです！　子どもたちには、椅子の上におかれた、うそこのバナナの皮がちゃんと見えていたのです。

この「何かを何かに見立てる力」「何かになったつもりになれる力」「見えないものを見る力」は、子ども特有の能力です。本を読むときにも、この能力はいかんなく発揮されます。主人公との完全な一体化が可能なのは、子どものこの特性によります。すぐれた物語に出会えば、子どもは、文字通り「物語を生きる」ことができるのです。生きられた物語は、当然のことながら、子どもの中に深い刻印を残し、いわば子どもの精神世界の骨格となり血肉となって、のちのちまで長続きする影響を与えます。

どんなにすばらしい作品であったとしても、おとなの読者が、これほどの集中と、作中人物との一体感をもって本を読むことは、非常に稀、いや、まず不可能といっていいでしょう。読んでいるあいだ、たえず「読んでいる自分」の意識があり、夢中になりつつも、どこかに批判的な見方が働いていますから。十六歳までの読書だけが、ほんとうにその人のものになるのだという説は、こういうことではないだろうかと、わたしは考えています。

（松岡享子『子どもと本』による。）

（注1）　いみじくも＝まことにうまく。非常に巧みに。

（注2）　うそこ＝子どもの間でよく用いられる「うそ」の言い換え。

(1)　文章中の〰〰〰①～④の**四つ**の「の」のうち、一つだけ**働きの異なるもの**がある。その符号を書きなさい。

(2)　文章中の昔は、どの言葉にかかるか。文章中から**抜き出して**、**一文節**で書きなさい。

(3)　文章中の［　B　］に入る言葉として最も適当なものを、次の**ア**～**エ**のうちから一つ選び、その符号を書きなさい。

ア　そこにいない　　**イ**　返事をしたくない

ウ　声が出ない　　**エ**　名前を忘れてしまう

(4)　文章中にバナナをさしだしてくれましたとあるが、この行為はどのようなことの現れか。それを説明した次の文の［　　］に入る言葉を、文章中から**十四字**で**抜き出して**書きなさい。

> 子どもたちは［　　］であるということの現れ。

(5)　文章中の生きられた物語を説明したものとして最も適当なものを、次の**ア**～**エ**のうちから一つ選び、その符号を書きなさい。

ア　多くの子どもに世代を超えて読み継がれてきている、古典としての物語。

イ　子どもの想像力をかきたて、かけがえのない経験をさせる力をもつ物語。

ウ　作中人物への共感や反発をおぼえながら、自己の成長を感じ取れ

(5) 文章中に空気の抜けた紙風船のようであった(E)とあるが、この表現について説明したものとして最も適当なものを、次の**ア**～**エ**のうちから一つ選び、その符号を書きなさい。

ア 尊敬する元信と気持ちが通じ合い、源四郎の心中に穏やかな思いが生まれている様子を表している。

イ 絵の手法を巡る問答において元信を言い負かし、源四郎がむなしさを感じている様子を表している。

ウ 気難しい元信とのやりとりをやっと乗り切り、源四郎に精神的な疲れが出ている様子を表している。

エ 精一杯気を張っていた元信とのやりとりが終わり、源四郎の肩の力が抜けている様子を表している。

(6) 文章中のひたすらに待っていた。日輪が、日輪の本性を出すであろうその一瞬を。(F)には倒置法が用いられている。この表現から読み取れることを述べた次の文の［Ⅰ］、［Ⅱ］に入る言葉を書きなさい。ただし、［Ⅰ］は文章中から**抜き出して十四字**で書き、［Ⅱ］は「自分」、「粉本」という言葉を使って**十五字以内**で書くこと。

> 源四郎が、待ち続けていた［Ⅰ］に立ち会うことで、［Ⅱ］を捉えようとする強い思いを抱いていることを、読者に印象づけている。

五

次の文章を読み、あとの(1)～(7)の問いに答えなさい。

昔(A)、何かで、ほんとうに人をつくるのは十六歳までの読書だという意味のことばを読んだ憶え(おぼ)があります。なぜ十六なのか、その根拠はわかりません。けれども、ひとついえることは、この十五、六歳というの(①)が、経験的にいっても、本の読みかたに大きな質的変化が起きる時期だということです。子どもの本の読みかたは、おとなのそれ(②)とは違います。わかりやすいので物語(フィクション)を例にとって考えてみると、子どもの場合は、主人公と完全に一体化して読むの(③)がふつうです。また、物語世界への没入の度合いが徹底しています。子どもは、主人公になりきって、すっぽり物語の中にはいりこむことができるのです。夢中になっているときは、それこそどこにいるかも、自分が何者かも忘れてしまいます。

あるとき、図書館の仲間たちと話していて、子どものとき、親からよく、「本を読んでいると、呼んでも返事をしない」と、叱られたということが話題になりました。本が好きな者たちの集まりですから、だれしも憶えがあり、「そう、そう」「わたしも」ということになったのですが、そのとき、ひとりの人が、いみじくも(注1)「だって［B］んだもの！」といったので、大笑いになりました。そうなんです。本の中の世界にはいっているときは、「［B］」のです。それほどの集中が可能なの(④)は、子どものときをおいてほかにありません。

また、幼い子どもたちの遊びを見ているとわかることですが、子どもたちは、「みたて」や「つもり」の天才です。瓦のかけらをカツレツに見たててままごとをし、かいじゅうになったつもりであばれまわります。

イギリスの児童図書館員の大先達で、すぐれたお話の語り手であったアイリーン・コルウェルさんから聞いたのですが、彼女が、幼い子どもたちの集まりにお話をしに行ったときのこと。はじめに、子どもたちと

話は終わりのようだった。すくりと立ち上がった元信は、とにかく飯くらいは食べるようにの、と言い残してこの場を去ってしまった。元信のいなくなってしまったこの場は、E空気の抜けた紙風船のようであった。

気の抜けかけた空間に、源四郎は自分の気を満たす。そうして元の静寂を取り戻した源四郎は、元信の持ってきてくれた茶碗の水をすすりながら、Fひたすらに待っていた。日輪が、日輪の本性を出すであろうその一瞬を。

（谷津矢車『洛中洛外画狂伝　狩野永徳』による。）

（注1）　厠＝便所。

（注2）　高を括る＝せいぜいそんな程度だろうと決めてかかる。みくびる。甘く見る。

（注3）　反駁＝他人の意見や攻撃に対して論じ返すこと。反論。

（注4）　粉本＝絵の手本。ここでは、狩野家において祖父元信や父松栄らによって代々作り上げられてきたものを指す。

(1)　文章中にA誰も源四郎に話しかけなくなってきたとあるが、このときの周囲の人々の心情を説明したものとして最も適当なものを、次の**ア**～**エ**のうちから一つ選び、その符号を書きなさい。

ア　一人になりたがっている源四郎の気持ちを気づかっている。

イ　正気とは思えない行動を続ける源四郎の扱いに困っている。

ウ　源四郎と話すことで松栄の怒りにふれることを恐れている。

エ　自分自身の信念に基づき行動している源四郎を敬っている。

(2)　文章中にBいや、違うとあるが、このときの源四郎の心情を説明したものとして最も適当なものを、次の**ア**～**エ**のうちから一つ選び、その符号を書きなさい。

ア　元信の言葉は自分の行動の真意を理解したものではないと感じ、心の内で抵抗している。

イ　元信は自分の芸術観の理解者だと信じていたが、そうではなかったと知り幻滅している。

ウ　元信が日蝕など起こるはずがないと心の中で思っていたことに気が付き、反発している。

エ　体調を崩してまでも座り続けた自分の真剣さに気付かぬ元信に対して、いらだっている。

(3)　文章中にC手を動かしておらず、待っているとあるが、このことがなぜ源四郎にとって絵を描いていることになるのか。その理由を説明した**一文**を文章中から**抜き出し**、**はじめの五字**を書きなさい。

(4)　文章中にDはっ、と破顔して見せたとあるが、元信はなぜ顔をほころばせたのか。元信の心情を説明したものとして最も適当なものを、次の**ア**～**エ**のうちから一つ選び、その符号を書きなさい。

ア　絵の本質について理路整然と語る源四郎の姿に、跡継ぎらしい意気を感じたから。

イ　絵に対する己の思いを何とか言い表そうとする源四郎を、いじらしく感じたから。

ウ　源四郎とのやりとりから、源四郎の絵に対する信念を感じ、頼もしく思ったから。

エ　本物の絵師に近づきつつある源四郎の描いた絵を、粉本に加えたいと思ったから。

ていた。

「じ、じい様」

声がかすれる。

「飲めい。無茶をする奴よ」

言葉に甘えて水を喉に流し込む。最初、うまく水が喉に通っていかないことに戸惑いを憶えた。しばし遅れてようやく喉に水が流れていく。焼けた砂に水がしみ込んでいく様に似ていた。

ふう。元信はこれ見よがしに息を吐いた。

「もう、十日、ぞ。お前がこうして日を眺め続けてから」

「そんなに経ちまするか」

「日蝕を待っておるのか。お前らしいの」

B いや、違う。源四郎は心の中で反駁(注3)する。わしが待っているのは、日輪が本来の姿を現すその一瞬だ、と。

源四郎は元信に聞く。

「今日は、何日にございまするか」

「今日は十八日だぞ」

「ありがとう、ござりまする」

源四郎は空を見上げた。しんと澄み切った空の上に輝く太陽はまるで欠ける予兆がない。本当に、日が欠けるなんてことなどありえるのだろうか。そんな気にさえさせる。

「源四郎」

「はい」

不意に呼びかけられて、源四郎は元信の顔を見据えた。元信はといえば、庇の向こうに広がる青い空模様を見上げて固まっていた。

「なぜお前は粉本(注4)を見ない？　あの粉本は、わしが作ったものぞ。粉本を見ないということはつまり、どういうことか分かっておるのか」

恐る恐る頷いた。粉本を作った元信への反抗と取られても仕方がないことはわきまえている。

源四郎は頭を振った。

「分かっております。されど――」

「されど、なんだ」

「絵を描いている気分にならぬのです。少なくとも、わしがわしの手で絵を描いている気分にはなりませぬ」

「――では、お前にとり、絵を描いているとはどういうことを言う？」

切り返されてしまうと、源四郎にもうまく応じることが出来ない。自分では、絵を描いている瞬間のことをありありと思い浮かべることが出来る。言葉では形にならない。でも――。

源四郎は、あえて自分の心のままを口にした。

「今がまさに、絵を描いている瞬間です」

「ほう？　C 手を動かしておらず、待っているときが、か」

「はい」

誰にも分からない。源四郎はそう決めてかかっている。絵を描くときに湧き上がってくる衝動、予感、確信、これらの想いをひっくるめたものが、絵を描くということだった。

しかし、元信は、D はっ、と破顔して見せた。

「よかろう。そういうことならば、やりたいようにやってみるがよいぞ。――お前の見た天地を描いてみせい」

ても検討しようとした。

(3)　(問いを放送します。)

[選択肢]

ア　地元の野菜ならではの新鮮さ

イ　小松菜に関わる人たちの願い

ウ　町おこしを引き起こすパワー

エ　皆を健康にする栄養価の高さ

(4)　(問いを放送します。)

[選択肢]

ア　森川町の小松菜は一年中売られていますが、味は同じですか。

イ　森川町にある畑は、なぜ小松菜の栽培に適しているのですか。

ウ　手間がかかるのに、なぜ無農薬で小松菜を栽培するのですか。

エ　給食用の小松菜は、週にどれほどの量を納めているのですか。

聞き取り検査終了後、3ページ以降も解答しなさい。

二　次の(1)〜(4)の――の漢字の読みを、**ひらがな**で書きなさい。

(1)　帰途に就く。

(2)　歴史を過去に遡る。

(3)　用意万端整った。

(4)　粉骨砕身して事に当たる。

三　次の(1)〜(5)の――のカタカナの部分を**漢字**に直して、楷書で書きなさい。

(1)　お皿を割ってしまったことを素直にアヤマる。

(2)　アツみのある天然の氷を切り出す。

(3)　模型飛行機をソウジュウする。

(4)　テッキン五階建てのビル。

(5)　オヤコウコウな兄妹。

四　次の文章を読み、あとの(1)〜(6)の問いに答えなさい。

後に高名な絵師、狩野永徳（かのうえいとく）となる源四郎（げんしろう）は、この時、まだ十歳。祖父元信（もとのぶ）と師匠である父松栄（しょうえい）のもと、絵の修行をしていた。将軍から、扇に日輪、すなわち太陽を描くよう直々に命じられた源四郎は、その数日後、近いうちに日蝕（にっしょく）(日食)が起こることを知る。

源四郎はそれからずっと、日が上っている時間には縁側に座り続けた。

最初は、職人たちや使用人たちも呆（あき）れ顔を隠さなかった。松栄も苦々しい顔を浮かべてしっかりしろ云々（うんぬん）と小言を向けてきた。日が高いうちには厠（かわや）(注1)にも行かず何も飲み食いしない生活が数日続くうち、A誰も源四郎に話しかけなくなってきた。

源四郎自身、体の変調に気付きつつある。指の関節が悲鳴を上げる。周りの声も聞こえづらくなっている。夕飯はしっかり食べているから心配なかろうと高（たか）を括（くく）(注2)っていたものの、実際には相当体力を消耗しているらしい。

源四郎を照らす日輪は、欠ける様子もなく天の頂点に座している。

と――。

源四郎の脇で、ことんと音がした。

ふと見ると、そこには水がなみなみと入った茶碗（ちゃわん）と、玄米が盛られたお椀（わん）が載った盆が置かれていた。その横には、いつの間にか元信が座っ

※注意　各ページの全ての問題について、解答する際に字数制限がある場合には、句読点や「　」などの符号も字数に数えること。

一　森川中学校では総合的な学習の時間に、地域について学習しています。河合さん、山田さん、里中さんの三人は、森川町の特産野菜である小松菜の魅力を調べるため、取材に出かけました。これから、それぞれの「取材メモ」をもとに、「森川町の小松菜ならではの魅力は何か」について話し合っている場面と、それに関連した問いを四問放送します。1ページの「取材メモ」を見ながら放送を聞き、それぞれの問いに答えなさい。

（放送が流れます。）

「取材メモ」

【河合】　取材先…給食室の栄養士さん
・小松菜はカルシウムが豊富
・一年を通して手に入りやすい
・献立に多く登場
・栄養士さんの考え

【山田】　取材先…地元の商店街のかた
・小松菜を使った商品
・味のよさ
・新鮮さを保つための保存方法
・商店街のかたの思い

【里中】　取材先…地元の小松菜農家のかた
・小松菜を使った料理
・柔らかくあくが少ない
・無農薬なので手間がかかる

(1)　（問いを放送します。）

〔選択肢〕

ア　友達の意見を肯定的に聞き、自分の提案の根拠とできるよう分析して発言している。

イ　友達の意見と自分の意見との共通点を見出し、三人の考えをまとめて発言している。

ウ　友達の意見に、自分の取材結果が埋もれぬよう、自分の個性を大切に発言している。

エ　友達の意見に、自分の取材結果を結び付け、話し合いを進展させる発言をしている。

(2)　（問いを放送します。）

〔選択肢〕

ア　森川町の小松菜の特徴について結論を急ぎすぎたので、冷静に考えるよう促そうとした。

イ　森川町の小松菜の情報が多すぎるので、さらに吟味して話し合うよう提案しようとした。

ウ　森川町の小松菜の魅力から話題がそれてきたので、話し合いの方向を修正しようとした。

エ　森川町の小松菜の長所が他の野菜と変わらないので、短所につい

（18秒空白）
（合図音B）
山田　それはいいね。地元の商店街には、小松菜を練り込んだラーメンやパンがあったよ。森川町の小松菜はおいしいんだって。
里中　味のよさは魅力だね。森川町の小松菜は柔らかくてあくが少ないそうだよ。
河合　小松菜って一年を通して手に入りやすいそうよ。うちの冷蔵庫にはいつも入っているわ。
山田　うちの冷蔵庫も同じだよ。小松菜は根を下にして保存すると、新鮮さが長持ちするんだよ。
里中　ちょっと待って。僕たちは何のために話し合っていたのか考えようよ。
（合図音A）
問いの(2)　里中さんが河合さんと山田さんのやりとりを止めた意図として最も適当なものを、選択肢ア～エのうちから一つ選び、その符号を書きなさい。
（18秒空白）
（合図音B）
山田　こんな情報はどうかな。スーパーでは、森川町で収穫した小松菜をその日のうちに店頭に並べるから新鮮なんだって。
河合　栄養士さんも、新鮮だから栄養価が高いと言っていたわ。
里中　農家のかたは、手間がかかるけれど、農薬を使わないで育てていると言っていたよ。
山田　そういえば、商店街のかたが森川町の小松菜を有名にしてこの町を元気にしたいって言っていたよ。
河合　そうね。栄養士さんが献立に多く採り入れているのは、育ち盛りの私たちが健康でいてほしいと考えているからだそうよ。
里中　商店街のかたも栄養士さんもみんな願いを持って仕事をしているんだね。これこそが森川町の小松菜ならではの魅力だと思うな。
山田・河合　そうだね。
（合図音A）
問いの(3)　三人は、何が森川町の小松菜ならではの魅力だと考えましたか。最も適当なものを、選択肢ア～エのうちから一つ選び、その符号を書きなさい。
（15秒空白）
（合図音B）
里中　今日の話し合いからすると、僕の取材には足りないところがあったよ。もう一度取材してこなくちゃ。
（合図音A）
問いの(4)　この後の取材で、里中さんが農家のかたにする質問として、最も適当なものを、選択肢ア～エのうちから一つ選び、その符号を書きなさい。
（5秒空白）
放送は以上です。3ページ以降も解答しなさい。

国　語

平成三十一年度　後期選抜　学力検査　国語聞き取り検査放送用CD台本

（チャイム）
これから、国語の学力検査を行います。まず、問題用紙の1ページと2ページがあることを確認しますので、放送の指示に従いなさい。
（2秒空白）
では、問題用紙の1ページと2ページを開きなさい。
（3秒空白）
確認が終わったら、問題用紙を閉じなさい。1ページと2ページがない人は手を挙げなさい。
（10秒空白）
次に、解答用紙を表にし、受検番号、氏名を書きなさい。
（20秒空白）
最初は聞き取り検査です。これは、放送を聞いて問いに答える検査です。問題用紙の1ページと2ページを開きなさい。
（4秒空白）

一　森川中学校では総合的な学習の時間に、地域について学習しています。河合さん、山田さん、里中さんの三人は、森川町の特産野菜である小松菜の魅力を調べるため、取材に出かけました。これから、それぞれの「取材メモ」をもとに、「森川町の小松菜ならではの魅力は何か」について話し合っている場面と、それに関連した問いを四問放送します。1ページの「取材メモ」を見ながら放送を聞き、それぞれの問いに答えなさい。
（2秒空白）
なお、やりとりの途中、（合図音A）という合図のあと、問いを放送します。また、（合図音B）という合図のあと、場面の続きを放送します。
1ページと2ページの余白にメモをとってもかまいません。では、始めます。

河合　小松菜の魅力は栄養価の高さだと思うわ。給食室の栄養士さんによると、小松菜にはカルシウムがたくさん含まれているそうよ。
山田　河合さんはいいことを聞いてきたね。カルシウムは体に必要な栄養素だから、小松菜の魅力と言えるね。里中さんはどう思う？
里中　二人の言うとおりだね。僕は、地元の小松菜農家のかたを取材した時に、小松菜を使った料理をいろいろごちそうになったんだ。栄養価に加えて小松菜の料理も取り上げていこうよ。
（合図音A）
問いの(1)　里中さんの発言を評価したものとして最も適当なものを、選択肢ア～エのうちから一つ選び、その符号を書きなさい。

千葉県公立　平成30年度前期選抜学力検査

数　学

1　次の(1)～(6)の問いに答えなさい。

(1)　$(-4)+(-8)$　を計算しなさい。

(2)　$(-3)^2+12\div(-2)$　を計算しなさい。

(3)　$\frac{2}{3}(5a-3b)-3a+4b$　を計算しなさい。

(4)　連立方程式　$\begin{cases} 2x+3y=9 \\ y=3x+14 \end{cases}$　を解きなさい。

(5)　$2\sqrt{27}-\frac{6}{\sqrt{3}}$　を計算しなさい。

(6)　$(x+3)(x-5)+2(x+3)$　を因数分解しなさい。

2　次の(1)～(5)の問いに答えなさい。

(1)　y は x に反比例し，$x=3$ のとき，$y=6$ である。y を x の式で表したときの比例定数を，次の**ア**～**エ**のうちから１つ選び，符号で答えなさい。

ア　2　　**イ**　3　　**ウ**　9　　**エ**　18

(2)　右の表は，ある中学校のバレーボール部員30人の身長をまとめた度数分布表である。

身長が170 cm以上の人数は，このバレーボール部員30人の何％になるか，求めなさい。

階級(cm) 以上　未満	度数(人)
155 ～ 160	1
160 ～ 165	5
165 ～ 170	12
170 ～ 175	5
175 ～ 180	6
180 ～ 185	1
計	30

(3)　右の図は，三角柱の投影図である。この三角柱の体積を求めなさい。

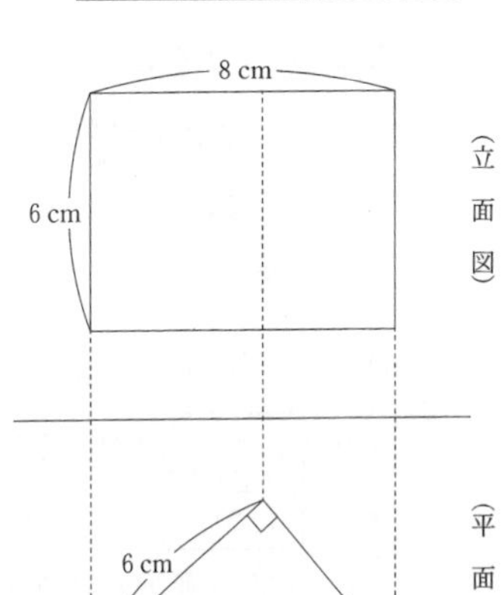

(4)　大小２つのさいころを同時に投げるとき，出る目の数の和が素数になる確率を求めなさい。

ただし，さいころを投げるとき，１から６までのどの目が出ることも同様に確からしいものとする。

(5)　右の図のように，$\angle B=90°$ の直角三角形ABCがある。辺AB，BC，CA上にそれぞれ点P，Q，Rをとり，四角形PBQRが正方形となるように３点P，Q，Rを作図によって求めなさい。また，３点の位置を示す文字P，Q，Rも書きなさい。

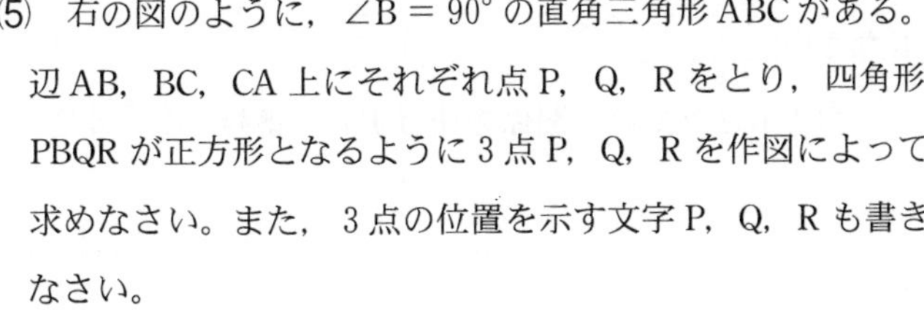

ただし，三角定規の角を利用して平行線や垂線をひくことはしないものとし，作図に用いた線は消さずに残しておくこと。

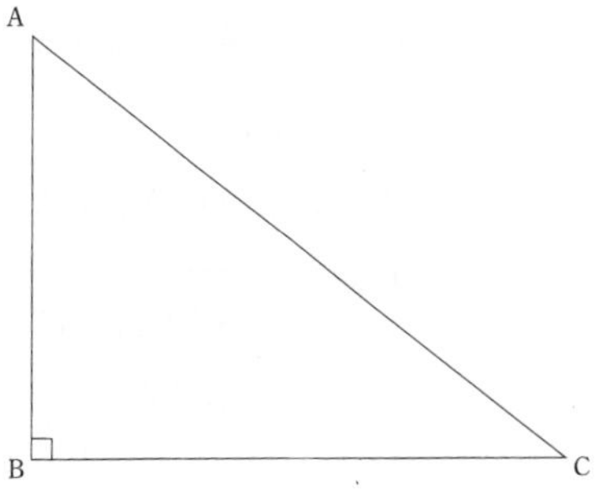

3 下の図のように，関数 $y=ax^2$ のグラフと関数 $y=bx^2$ のグラフがある。ただし，a，b はともに正の数で，$a>b$ とする。

関数 $y=ax^2$ のグラフ上に点A(1，2)があり，原点Oと点Aを通る直線を ℓ とする。直線 ℓ と関数 $y=bx^2$ のグラフは点Bで交わり，OA：OB＝1：4となった。また，点Bを通り，x 軸に平行な直線 m と関数 $y=ax^2$ のグラフとの交点のうち，x 座標が負である点をCとする。

このとき，次の(1)，(2)の問いに答えなさい。

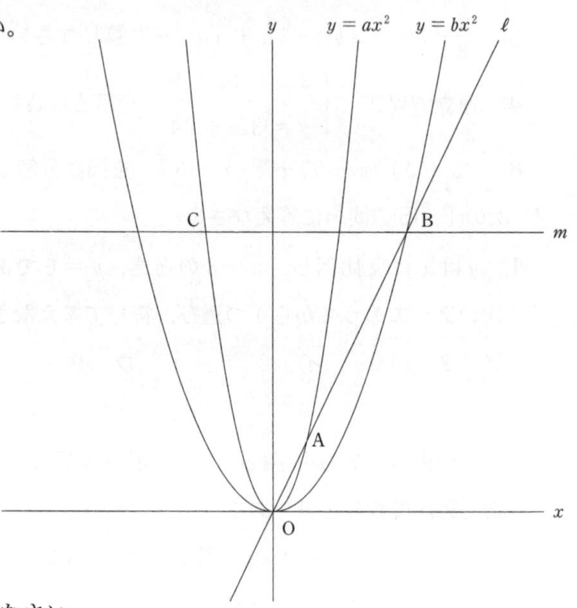

(1) a の値を求めなさい。

(2) x 軸上に点Dを，四角形OBCDが平行四辺形になるようにとる。

ただし，点Dの x 座標は負とする。

このとき，次の①，②の問いに答えなさい。

① 2点C，Dを通る直線の式を求めなさい。

② 辺CD上に点Pをとり，台形OAPDをつくる。台形OAPDの面積と平行四辺形OBCDの面積の比が3：8となるとき，点Pの座標を求めなさい。

4 下の図のように，平行な2直線 ℓ，m がある。ℓ 上に2点A，Bをとり，点Aから直線 m に垂線ACをひき，線分ACの中点をDとする。2点B，Dを通る直線と直線 m との交点をEとする。さらに，∠BDF＝90°となるように，直線 m 上に点Fをとり，点BとFを結ぶ。

このとき，次の(1)，(2)の問いに答えなさい。

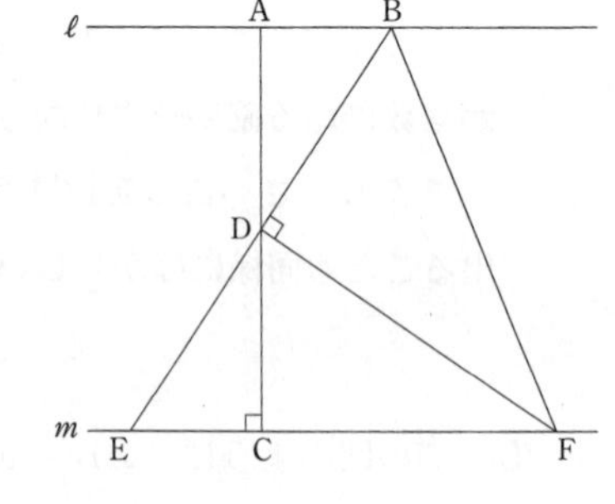

(1) △BEFが二等辺三角形となることの証明を，次ページの［　　］の中に途中まで示してある。

［(a)］，［(b)］に入る最も適当なものを，次ページの**選択肢**の**ア～カ**のうちからそれぞれ1つずつ選び，符号で答えなさい。また，［(c)］には証明の続きを書き，**証明**を完成させなさい。

ただし，［　　］の中の①～④に示されている関係を使う場合，番号の①～④を用いてもかまわないものとする。

証明

△ABDと△CEDにおいて，

仮定より，

AD＝CD　　……①

$\ell \mathbin{/\!/} m$ より，

平行線の［(a)］は等しいので，

　∠BAD ＝ ∠ECD ＝ 90°　　　　……②

対頂角は等しいので，

　∠ADB ＝［(b)］　　　　……③

①，②，③より，

1組の辺とその両端の角がそれぞれ等しいので，

　△ABD ≡ △CED　　　　……④

(c)　次に，△BDF と△EDF において，

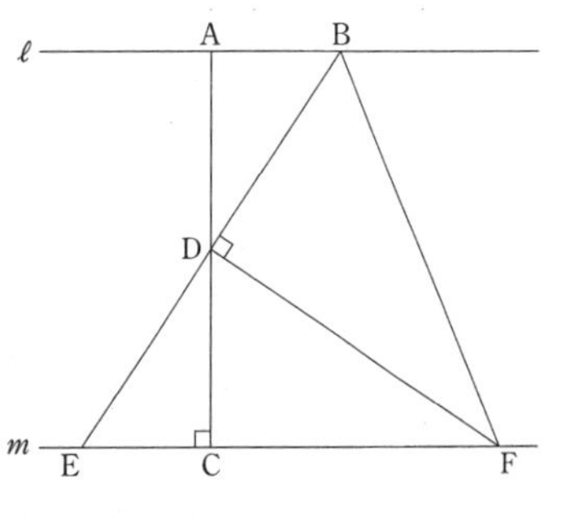

選択肢

ア　錯　角	**イ**　同位角	**ウ**　対頂角
エ　∠ECD	**オ**　∠DEC	**カ**　∠CDE

(2)　AB ＝ 4 cm，AC ＝12 cm，点 G を，線分 CF 上に CE＝ CG となるようにとる。

　このとき，3 点 B，F，G を通る円の半径を求めなさい。

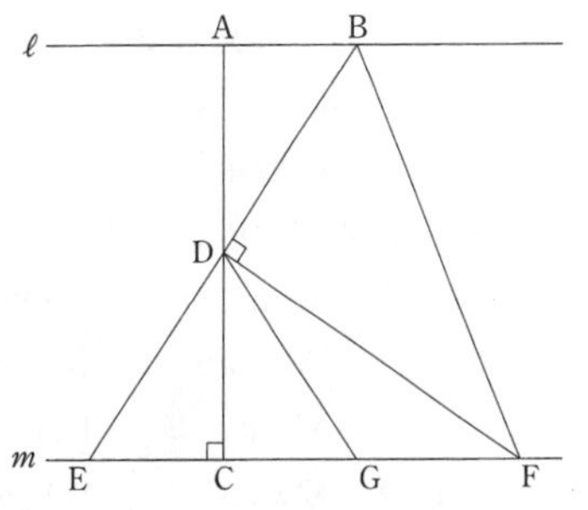

5　右の**図 1** のように，同じ大きさの青紙と白紙がたくさんある。これらの青紙と白紙を，下の**図 2** のように，交互に一定の規則にしたがって，1 番目，2 番目，3 番目，4 番目，……と並べて階段状の図形をつくっていく。下の**表**は，**図 2** で，各図形をつくるときに使った青紙の枚数，白紙の枚数，紙の総枚数をまとめたものである。

　このとき，あとの(1)~(4)の問いに答えなさい。

図 1

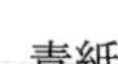

青紙　白紙

図 2　1 番目　2 番目　3 番目　4 番目　……

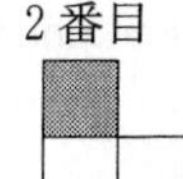
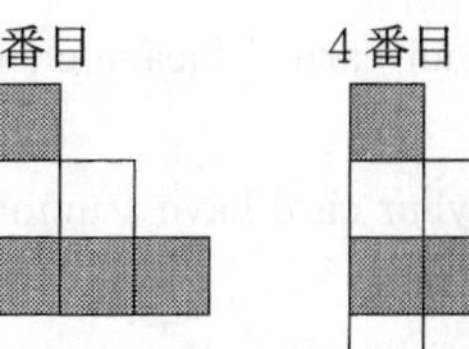

……

表

	1 番目	2 番目	3 番目	4 番目	5 番目	6 番目	……
青紙の枚数	1	1	4	4	**(ア)**		……
白紙の枚数	0	2	2	6		**(イ)**	……
紙の総枚数	1	3	6	10			……

⑴　表の(ア)，(イ)に入る数をそれぞれ書きなさい。

⑵　青紙の枚数がはじめて36枚になるのは何番目のときか，求めなさい。

⑶　30番目のとき，紙の総枚数は何枚になるか，求めなさい。

⑷　紙の総枚数が1275枚のとき，白紙の枚数は何枚になるか，求めなさい。

英　語

平成30年度 前期選抜 学力検査　英語リスニングテスト放送用CD台本

(チャイム)

これから，英語の学力検査を行います。まず，問題用紙の1ページ目があることを確認しますので，放送の指示に従いなさい。(間2秒)では，問題用紙の1ページ目を開きなさい。(間3秒)確認が終わったら，問題用紙を閉じなさい。1ページ目がない人は手を挙げなさい。

(間10秒)次に，解答用紙を表にし，受検番号，氏名を書きなさい。

(間20秒)それでは，問題用紙の1ページを開きなさい。(間3秒)リスニングテストの問題は，1から4の四つです。

では，1から始めます。

1は，英語の対話を聞いて，最後の文に対する受け答えを選ぶ問題です。受け答えとして最も適当なものを，問題用紙の**A**から**D**のうちから一つずつ選んで，その符号を書きなさい。なお，対話はそれぞれ2回放送します。では，始めます。

No. 1　Man:　Do you like chocolate?
Woman:　Of course!
Man:　Here you are.

No. 2　Man:　Whew! We've finished all our classes!
Woman:　Yes, it was a long week.
Man:　Have a nice weekend.

No. 3　Woman:　You look so tired.
Man:　Yes, I couldn't ride my bike because it was broken.
Woman:　Well, how did you come to school today?

次は2です。

2は，英語の対話を聞いて，それぞれの内容についての質問に答える問題です。質問の答えとして最も適当なものを，問題用紙の**A**から**D**のうちから一つずつ選んで，その符号を書きなさい。なお，英文と質問はそれぞれ2回放送します。では，始めます。

No. 1　Ken:　Ellen, here are four cards. Please choose one and don't show it to me.
Ellen:　OK, I got one.
Ken:　All right. Does your card have a number?
Ellen:　Yes.
Ken:　Is it larger than five?
Ellen:　Yes.
Ken:　Now, I know what your card is.

Question: Which is Ellen's card?

No. 2　Student:　Hello, Mr. Brown. Do we have a meeting today?
Mr. Brown:　Yes, we do. It will be in the Computer Room.
Student:　Where is the Computer Room?

Mr. Brown: It is on this floor. We are now at the Art Room. Go out of this room and walk to the left. It is the second room on your right.

Question: Where will they have a meeting today?

次は3です。

3は，英語の文章又は英語の対話を聞いて，それぞれの内容についての質問に答える問題です。質問の答えとして最も適当なものを，問題用紙の**A**から**D**のうちから一つずつ選んで，その符号を書きなさい。なお，英文と質問はそれぞれ2回放送します。では，始めます。

No. 1　Hi, I'm Ken. Today, I'd like to talk about my family. Look at this picture. The woman next to me is my sister. She is a university student. This is my brother. He is in Africa and works as a volunteer. This is my mother. She teaches piano at home. This is my father. He works at the hospital near my house.

Question: What does Ken's brother do?

No. 2　(電話の着信音)

Woman: Hello. This is the City Zoo information desk.

Man: Hi, my family wants to join the night tour at the zoo. What time does it start?

Woman: At 6:30. But you have to come by 6 o'clock.

Man: Why?

Woman: Because our night tour is very popular. So, if you don't come earlier, you can't get a ticket.

Man: All right. We will be at the zoo at 5:30.

Question: What time will the night tour begin?

次は4です。

4は，英語の文章を聞いて，その内容について答える問題です。問題は，No. 1，No. 2の二題です。問題用紙には，それぞれの英語の文章の内容に関する一文が書かれています。(間3秒)その文を完成するために，①，②にあてはまる英単語を書きなさい。ただし，□には1**文字**ずつ入るものとします。なお，英文はそれぞれ2回放送します。では，始めます。

No. 1　Bob, Jim, and Mary are going to play music at the school festival. Bob will play the guitar, Jim will play the drums, and Mary will sing. Bob and Jim wanted to practice after school on Friday, but Mary has a dance lesson then. So, they decided to practice every Sunday morning.

No. 2　Tomoya needed a piece of paper, colored pencils, and an apple for his homework. He went to a shop to buy all of them. At the shop, he was lucky to find everything he needed. A piece of paper was 100 yen, colored pencils were 500 yen, and an apple was 200 yen. After buying them, he came home and did his homework.

以上で，リスニングテストを終わります。2ページ以降の問題に答えなさい。

1 英語リスニングテスト(**放送**による**指示**に従って答えなさい。)

No. 1	A. Me, too. C. Thank you.	B. So-so. D. Too bad.
No. 2	A. What's wrong? C. How are you?	B. You're welcome. D. You, too.
No. 3	A. For fifty minutes. C. Because I had to.	B. I walked. D. I'm fine.

2 英語リスニングテスト(**放送**による**指示**に従って答えなさい。)

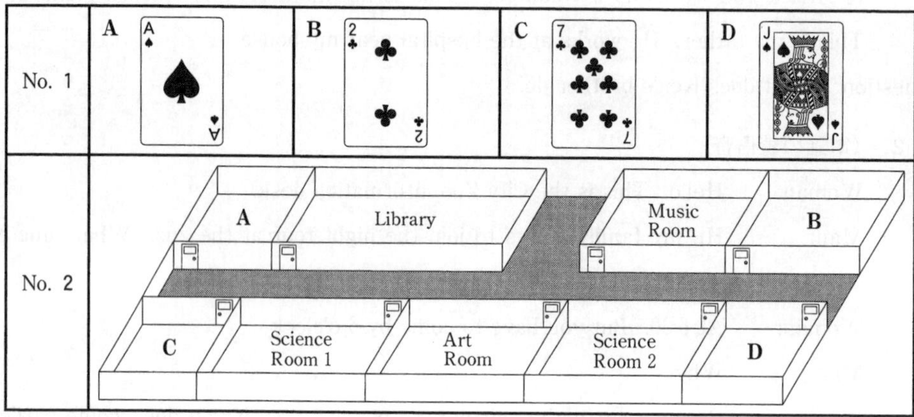

3 英語リスニングテスト(**放送**による**指示**に従って答えなさい。)

No. 1	A. He studies at university. C. He teaches piano.	B. He works as a volunteer. D. He works at a hospital.
No. 2	A. At 5:00. C. At 6:00.	B. At 5:30. D. At 6:30.

4 英語リスニングテスト(**放送**による**指示**に従って答えなさい。)

No. 1	Mary will (①□□□□) at the festival, so she will practice with her friends every (②□□□□□□).
No. 2	Tomoya needed (①□□□□□) hundred yen to buy everything for his (②□□□□□□□□).

5 次の(1)～(5)のそれぞれの対話文を完成させなさい。

(1)，(2)については，(　　　)の中の語を最も適当な形にしなさい。ただし，**1語**で答えること。

また，(3)～(5)については，それぞれの(　　　)の中の**ア**～**オ**を正しい語順に並べかえ，その順序を符号で示しなさい。

(1) A: This song has (be) famous in Japan for a long time.
　B: Yes, my grandfather sometimes listens to it.

(2) A: Which is Naomi's new bicycle?
　B: The red one is (she).

(3) A: What (ア is　イ your　ウ spoken　エ language　オ in) country?
　B: English and French.

(4) A: I'm worried about my new school life.
　B: Don't worry. We (ア when　イ other　ウ can　エ each　オ help) we have trouble.

(5) A: Do you remember the first (ア brother　イ word　ウ said　エ younger　オ your)?
　B: Yes. It was "No."

6 ハヤト(Hayato)と留学生のナンシー(Nancy)は，町で人気のハンバーガー店に行きました。この場面で，ハヤトの質問に対してナンシーは何と答えると思いますか。その言葉を英語で書きなさい。

ただし，語の数は**20語程度**(. , ? ! などの符号は語数に含まない。)とすること。

7 次の(1)~(3)の英文を読んで，それぞれの問いに答えなさい。

(1) A long time ago, a Chinese emperor thought that there were many bad things in water. He believed it was (Ⓐ) to drink boiled water because it was safe. One day, he felt tired when he was traveling across the country. He sat under a tree and made boiled water to drink. At that time, strong wind blew and some leaves fell into it. The boiled water with the leaves looked so good that he drank it. He was surprised because it was delicious. He loved it very much, and in this way the first "tea" was (Ⓑ).

(注) emperor 皇帝　boiled 沸騰(ふっとう)させた　safe 安全な　blew (風が)吹いた

本文中の（ Ⓐ ），（ Ⓑ ）に入る最も適当な語を，それぞれ次の**ア**～**エ**のうちから一つずつ選び，その符号を書きなさい。

Ⓐ **ア** better　**イ** newer　**ウ** harder　**エ** stronger

Ⓑ **ア** sold　**イ** shared　**ウ** born　**エ** bought

⑵ Jun was five years old. He was very excited to go to the hospital with his father. When Jun entered his mother's room, she was holding a baby in her arms. She said, "Risa, this is your brother. He came to see you." "She has Father's face," Jun said. Then, he took a box of cookies out of his bag. The cookies were in shapes of different animals. He liked lions the most. He looked for a lion cookie and found it. He tried to give it to his sister. Then, his mother said, "Jun, you are very kind, but she can't eat cookies yet. You'll be a good brother."

（注） cookie　クッキー

① 本文の内容と合うように，次の英文の（　　）に入る最も適当な英単語**1語**を書きなさい。

Jun tried to give a lion cookie to Risa because lions were his （　　） animal.

② 本文の内容に合っているものを，次の**ア**～**エ**のうちから一つ選び，その符号を書きなさい。

ア ジュンは一人で母親に会いに病院へ行った。

イ ジュンはリサが父親に似ていると思った。

ウ リサはジュンを見てうれしそうに笑った。

エ リサはジュンが持って来たクッキーを食べた。

⑶ 次はある施設(center)が作ったポスター(poster)です。

Dogs from the Animal Care Center

Why don't you become a new parent for these dogs?

They are waiting for you.

Boy, 2 years old,
White, 30kg

He is very friendly. He loves to stay with people. He likes to run and catch balls. Please take him to a park.

Boy, 2 years old,
Brown, 6kg

He is friendly. He is happy if you touch him and sleep with him. Don't leave him alone.

Girl, 4 years old,
Black, brown, and white, 8kg

She is quiet and smart. She needs time to make friends with new people, but she will help you when she becomes your friend.

	Check here!
Do you have enough money to keep a dog?	□ Yes □ No
Is it OK to keep a dog at your home?	□ Yes □ No
Do you have time to walk a dog?	□ Yes □ No
Are you ready to take care of a dog when it becomes old?	□ Yes □ No
Will your family welcome a dog?	□ Yes □ No
※If you want to have a dog, you need to answer these five questions with "Yes."	

☎111-63-8729

(注) smart　頭が良い　　walk～　～を散歩させる

① 次の質問に，英語で答えなさい。

What can the Animal Care Center do for the dogs with this poster?

② このポスターの内容に合っているものを，次のア～エから一つ選び，その符号を書きなさい。

ア The black, brown, and white dog is younger than the brown one.

イ All the dogs are friendly, so it won't take a long time to become their friend.

ウ You need to return the dog to the Animal Care Center when it gets old.

エ You have to check "Yes" for all the questions to get a dog.

8 次の英文を読んで，あとの(1)～(4)の問いに答えなさい。

What is real *omotenashi*?

Can you guess how many people traveled to Japan in 2016? The answer is 24, 039, 700. In 2006, the number of visitors was only 7, 334, 077. [ア] Are you surprised? Why do so many people want to come to Japan? Here are three stories about visitors from other countries to Japan.

＊＊＊＊＊＊＊＊

One day, a family from America went to Tokyo station. They were surprised that most trains were coming on time. So, they thought that traveling by trains was very convenient in Japan. The next day, they planned to visit Tokyo Tower by train. They were surprised again because there were a lot of train lines in Tokyo. [イ] They took some wrong lines but finally got to Tokyo Tower. They said, "We wanted to ask someone for help, but everybody looked very busy, so we couldn't."

A woman from Canada had a great time in Japan. "I have wanted to come to Tokyo since I was a child. [ウ] Yesterday, I went to some temples and shrines. Today, I took a lesson on how to wear a *kimono*. The teacher tried to teach me many things about *kimonos* in English, but she didn't put some special Japanese words into English. I had to look up those words on the Internet. If I can wear a *kimono* by myself someday, I want to teach my family how to wear one."

A man from China came to Japan for the first time. He was a big fan of Japanese *anime*. [エ] One day, he visited a famous *anime* book shop in Tokyo. The shop had so many *anime* books with good stories and pictures that he couldn't choose which one to buy. He asked some people in the shop, "Which is the best book to buy?" in Chinese. Nobody in the shop spoke Chinese, but he was very happy that everyone tried to help him to buy it.

＊＊＊＊＊＊＊＊

The Japanese government says Japan is going to welcome more than 40, 000, 000 people in 2020. These three stories show that studying foreign languages is important. The stories also tell that it is more important for you to (　　　) what visitors want and take good care of them. Some people say it is *omotenashi* in Japanese. You should not be afraid of trying to talk with visitors, even if they speak different languages. The year 2020 will be a good chance to send a great message from Japan to the world.

（注）on time　時間通りに　　convenient　便利の良い　　Tokyo Tower　東京タワー
line　路線　　put～into…　～を…に直す　　look up～　～を調べる
government　政府　　even if～　たとえ～でも

(1) 本文の内容に合っているグラフを，次のア～エのうちから一つ選び，その符号を書きなさい。なお，2020年は目標値とします。

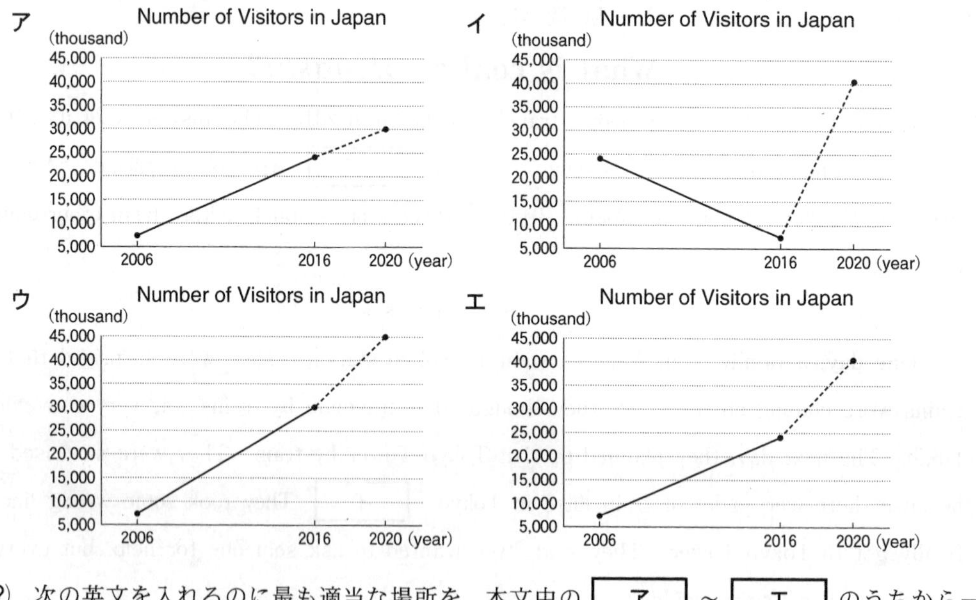

(2) 次の英文を入れるのに最も適当な場所を，本文中の [ア] ～ [エ] のうちから一つ選び，その符号を書きなさい。

It is a good place to learn about traditional Japanese culture.

(3) 本文中の(　　　)に入る最も適当な英単語1語を書きなさい。

(4) 本文の内容に合っているものを，次のア～エのうちから一つ選び，その符号を書きなさい。

ア　An American family easily visited the tower because people taught how to get there.

イ　A woman from Canada wants to give her family a *kimono* in the future.

ウ　A man from China couldn't choose one *anime* book from many in the shop at first.

エ　The visitors shouldn't be afraid of sending a message to Japan.

9　マイ(Mai)とサム(Sam)が話をしています。この対話文を読んで，[(1)]～[(4)]に入る最も適当な英文を，それぞれあとのア～エのうちから一つずつ選び，その符号を書きなさい。

Mai:　Sam, you speak Japanese very well. Is it hard for you to memorize Japanese words?

Sam:　Why do you ask?

Mai:　Because it's very difficult for me to memorize English words.

Sam:　Is it? [(1)]

Mai:　I always write an English word many times.

Sam:　Oh, really? Why don't you memorize words in context?

Mai:　In context? [(2)] to memorize words in context?

Sam:　Memorize words in a sentence. Don't memorize just one word.

Mai:　That's a good idea.

Sam:　Yes. But you need one more thing.

Mai:　What is that?

Sam:　After you've learned the meaning of the words, try to use those words many times when you talk. [(3)]

Mai:　Yes, I do! My friends in tennis club like English.

Sam:　Good. Why don't you talk only in English when you have lunch together?

Mai:　That's great! We can enjoy eating and talking at the same time.

Sam:　[(4)] That will make you a good English speaker in "context."

(注)　memorize～　～を覚える　　context　前後関係　　sentence　文

(1)　ア　Why do you do it?　　イ　How do you do it?

　　ウ　What does it mean?　　エ　When do you do it?

(2)　ア　What should I do　　イ　Why is it hard

　　ウ　Where do I go　　エ　How often is it used

(3)　ア　Do you have any friends who like English?

　　イ　Do you have any friends who don't talk a lot?

　　ウ　Do you need any friends who play tennis?

　　エ　Do you need any friends who write an English word many times?

(4)　ア　I can't eat while talking.　　イ　I don't think so.

　　ウ　I'm sure you will.　　エ　I'll talk to you later.

社　会

1　次の文章を読み，あとの(1)～(4)の問いに答えなさい。

千葉県の北総地域では，江戸の文化(a)を取り入れることにより，城下町の佐倉，門前町の成田，商業の町の佐原，港町の銚子(b)という四つの特色ある都市(c)が発展しました。江戸時代の４種の町並みや風景が残り，現在も江戸情緒を体感できる，これら四つの都市の文化財(d)をつなぐストーリーが，2016年４月，日本遺産に認定されました。

(注)　日本遺産は,地域の歴史的魅力や特色を通じて,日本の文化・伝統等を語るストーリーを文化庁が認定するものである。

(1)　下線部**a**に関連して，次の**ア**～**ウ**のカードは，社会科の授業で，ひろとさんが，日本の文化についてまとめたものの一部である。これらのうち，化政文化の作品について書かれているカードが１枚だけある。そのカードはどれか。最も適当なものを一つ選び，その符号を書きなさい。

ア

俵屋宗達の影響を受けた尾形光琳が，大和絵のような優美な装飾画をすずり箱に描いた。

イ

浮世絵の風景画に優れた作品を多く残した葛飾北斎が，「富嶽(ふがく)三十六景」を描いた。

ウ

城内の書院造の広間に，華やかなふすま絵などを描いた狩野永徳が，「唐獅子(からじし)図屏風(ずびょうぶ)」を描いた。

(2)　下線部**b**に関連して，次の文は，東日本の太平洋沖の海域について述べたものである。文中の［ I ］，［ II ］にあてはまる適当な語を，それぞれ**漢字２字**で書きなさい。

> 暖流の［ I ］（日本海流）と寒流の［ II ］（千島海流）とが出合うことで，魚の餌(えさ)となるプランクトンが発生しやすく，東日本の太平洋沖は豊かな漁場となっている。

(3)　下線部**c**に関連して，これら四つの都市が位置する現在の佐倉市，成田市，香取市及び銚子市は，いずれも景観に関する条例を定めている。条例について述べた，次の文章中の［ X ］，［ Y ］にあてはまる語の組み合わせとして最も適当なものを，あとの**ア**～**エ**のうちから一つ選び，その符号を書きなさい。

> 条例は，地方公共団体が法律の範囲内で独自に定める決まりである。条例の制定・改廃については，住民の直接請求権が認められており，住民は，有権者の［ X ］以上の署名を集めて［ Y ］に請求することができる。

ア　**X**：50分の１　**Y**：首　長　　**イ**　**X**：３分の１　**Y**：監査委員
ウ　**X**：３分の１　**Y**：首　長　　**エ**　**X**：50分の１　**Y**：監査委員

(4)　下線部**d**に関連して，次の文章は，社会科の授業で，ゆみさんが，**資料**を見ながら，「文化財と地域の活性化」についてまとめたレポートの一部である。文章中の［　　］にあてはまることばとして最も適当なものを，あとの**ア**～**エ**のうちから一つ選び，その符号を書きなさい。

> 私たちの暮らしている地域の文化財や伝統文化を通じて地域の活性化を図ることが求められています。下の**資料**を見ると，アンケート調査の結果から［　　］ことがわかります。

資料　地域の文化的環境に関するアンケート調査の結果

質問1　「伝統的な祭りや歴史的な建物などの存在が，その地域の人々にとって地域への愛着や誇りとなる」との考え方について，あなたはどのように思いますか。

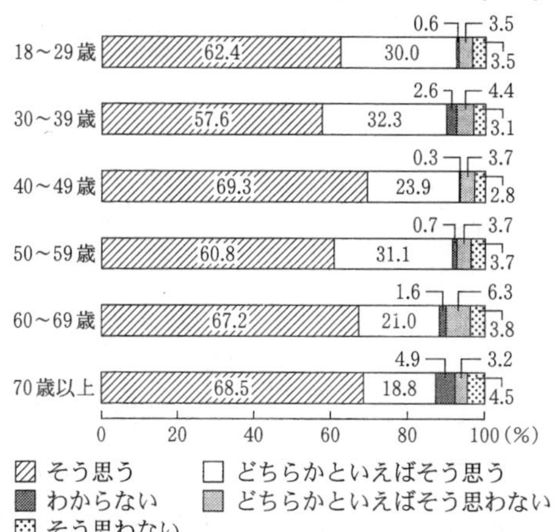

質問2　あなたは，文化芸術を鑑賞したり習い事をしたりする機会や文化財・伝統的町並みの保存・整備など，お住まいの地域での文化的な環境に満足していますか。

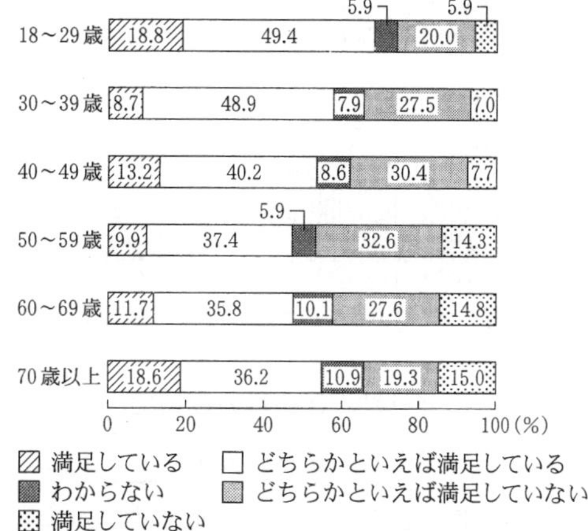

(注)　四捨五入の関係で，合計しても100％にならない場合がある。

(内閣府政府広報室「文化に関する世論調査(平成28年9月調査)」より作成)

ア　質問1について「そう思う」と「どちらかといえばそう思う」の割合の合計が最も高いのは，40～49歳であり90％以上である。また，質問2について「満足している」と「どちらかといえば満足している」の割合の合計が最も高いのは，18～29歳であり70％以上である

イ　質問1について「そう思う」と「どちらかといえばそう思う」の割合の合計が最も低いのは，70歳以上であり90％未満である。また，質問2について「満足している」と「どちらかといえば満足している」の割合の合計が最も低いのは，60～69歳であり50％未満である

ウ　質問1について「そう思わない」と「どちらかといえばそう思わない」の割合の合計が最も高いのは，60～69歳であり10％以上である。また，質問2について「満足していない」と「どちらかといえば満足していない」の割合の合計が最も高いのは，50～59歳であり45％以上である

エ　質問1について「そう思わない」と「どちらかといえばそう思わない」の割合の合計が最も低いのは，40～49歳であり7％以下である。また，質問2について「満足していない」と「どちらかといえば満足していない」の割合の合計が最も低いのは，30～39歳であり35％以下である

2　次の図を見て，あとの(1)～(4)の問いに答えなさい。

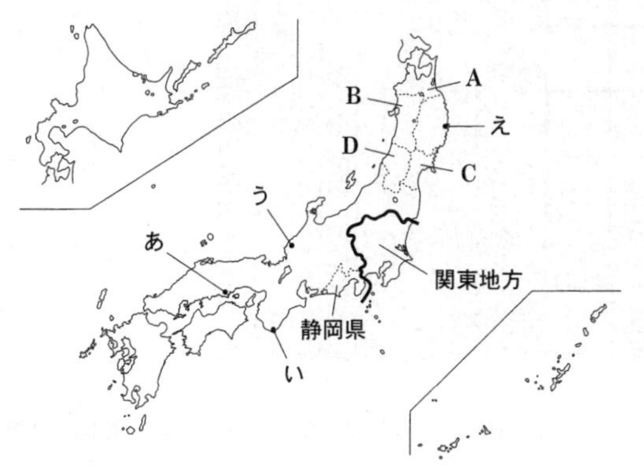

(1)　日本を七つの地方に区分したとき，図中の関東地方に属する都県のうち，新潟県に隣接している県が一つだけある。その県の県庁所在地名を**漢字**で書きなさい。

(2) 次の**ア**～**エ**のグラフは，それぞれ図中に示した**あ**～**え**のいずれかの地点における月平均気温と月降水量の変化の様子を示したものである。これらのうち，**あ**の地点のグラフとして最も適当なものを一つ選び，その符号を書きなさい。

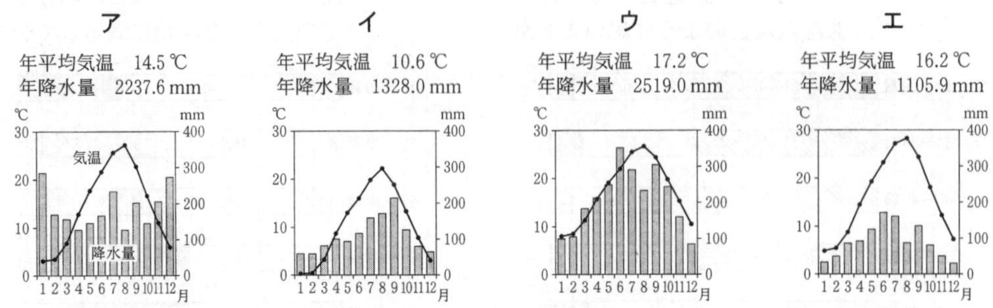

(注)　グラフ中のデータは1981年から2010年までの平均値を示す。

(「理科年表平成29年」より作成)

(3) 次の文章は，社会科の授業で，たくまさんが，日本の夏祭りについて調べ，まとめたレポートの一部である。文章中の [　　　] にあてはまる適当な語を**漢字2字**で書きなさい。また，その語と同じ県名の県として最も適当なものを図中の**A**～**D**のうちから一つ選び，その符号を書きなさい。

> 右の写真は，[　　　] 竿燈(かんとう)まつりの様子を撮影したものです。この祭りは，稲穂が描かれた提灯(ちょうちん)を米俵に見立てて，米の豊作などを祈るものです。

(4) 次の地形図は，前のページの図に示した**静岡県**のある地域を示したものである。これを見て，あとの①，②の問いに答えなさい。

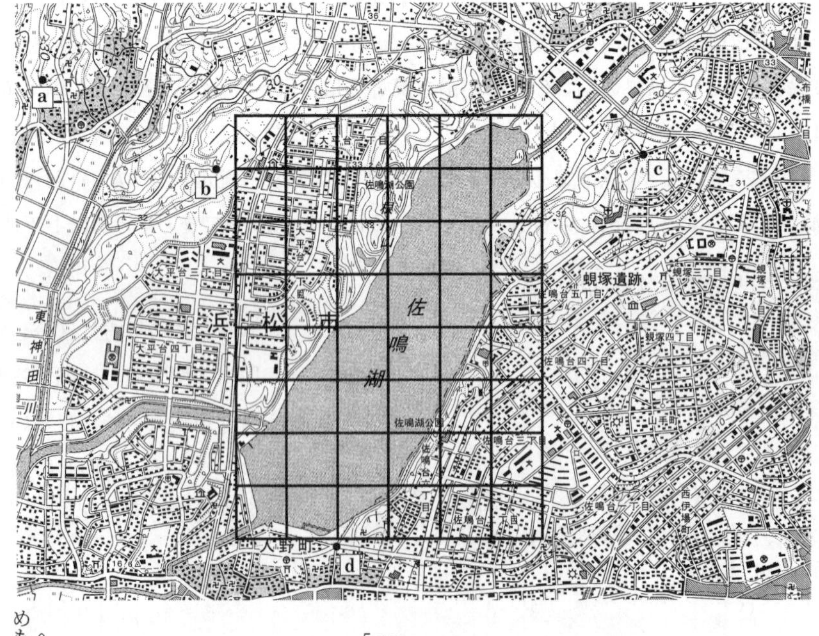

めもり　0　5 cm

(国土地理院　平成19年発行 1:25,000「浜松」原図より作成)

① 地形図中の佐鳴(さなる)湖の面積は約何 km^2 か。地形図に描かれている，1辺が1cmの方眼を参考に，次の**ア**～**エ**のうちから最も適当なものを一つ選び，その符号を書きなさい。

ア 約1km^2　**イ** 約3km^2　**ウ** 約10km^2　**エ** 約30km^2

② 上の地形図を正しく読み取ったことがらとして最も適当なものを，次の**ア**～**エ**のうちから一つ選び，その符号を書きなさい。

ア 東神田川の西側一帯には荒地が広がっている。

イ **a** 地点と **b** 地点の標高差は30m以上である。

ウ **c** 地点から最も近い病院は，**c** 地点から直線距離で500m以内にある。

エ **d** 地点から見て蜆塚(しじみづか)遺跡は，ほぼ北西の方向にある。

3 次の図を見て，あとの(1)～(5)の問いに答えなさい。

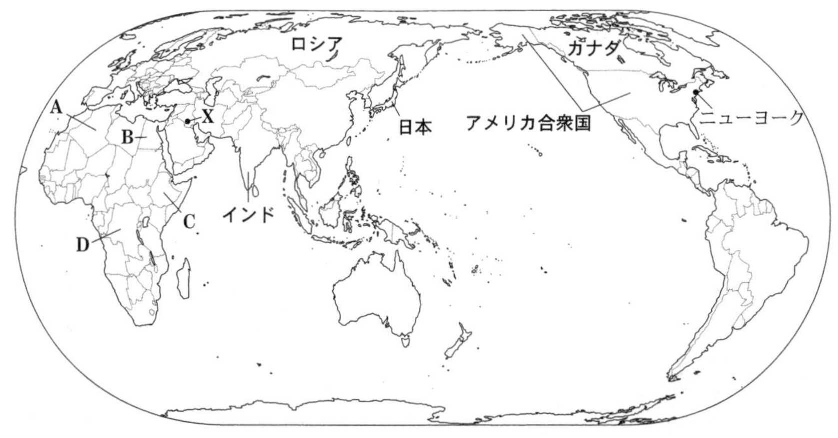

（注） 島等は省略したものもある。また，国境に一部未確定部分がある。

(1) 図中に示した **X** 地点は「北緯30度，東経45度」の位置にある。**X** 地点の，地球上の正反対にある地点の位置を緯度，経度を用いて表したものとして最も適当なものを，次の**ア**～**エ**のうちから一つ選び，その符号を書きなさい。

ア 南緯30度，西経45度　**イ** 南緯30度，西経135度

ウ 南緯60度，西経135度　**エ** 南緯60度，西経45度

(2) 右の写真は，図中のアメリカ合衆国で行われている農業のうち，カンザス州などで見られるセンターピボット方式の農業の様子を示したものである。この農業の説明として最も適当なものを，次の**ア**～**エ**のうちから一つ選び，その符号を書きなさい。

ア スプリンクラーが自走しながらかんがいし，小麦やとうもろこしなどを栽培している。

イ 乳牛ややぎなどを飼育し，生乳やバター・チーズなどの乳製品を生産している。

ウ 山林や草原を焼いて，その灰を肥料として活用し，いも類などを栽培している。

エ 季節風の影響で降水量が多いことを生かし，茶の栽培や米の二期作を行っている。

(3) 前のページの図中の**A**～**D**の国のうち，第一次世界大戦の開戦時にヨーロッパ諸国の植民地とならず，独立国であった国が一つだけある。その国はどれか。最も適当なものを一つ選び，その符号を書きなさい。

(4) 前のページの図中のニューヨークでは，西経75度の経線で標準時を定めている。ニューヨークが2月20日午後7時のとき，日本では2月何日の何時かを書きなさい。なお，午前，午後については，解答用紙の「午前」，「午後」のいずれかを ◯ で囲むこと。

(5) 次の**資料1**は，前のページの図中のカナダ，ロシア，インド及び日本の2013年の原油自給率及び1人あたり国民総所得を，**資料2**は，これら4か国の一次エネルギーの国内供給の推移を示したものである。**資料1**と**資料2**から読み取れることとして最も適当なものを，あとの**ア**～**エ**のうちから一つ選び，その符号を書きなさい。

資料1　カナダ，ロシア，インド及び日本の2013年の原油自給率及び1人あたり国民総所得

(%)
原油自給率
250
200
150
100
50
0
ロシア
カナダ
インド
日本
0　10000　20000　30000　40000　50000　60000
(ドル)
1人あたり国民総所得

資料2　カナダ，ロシア，インド及び日本の一次エネルギーの国内供給の推移

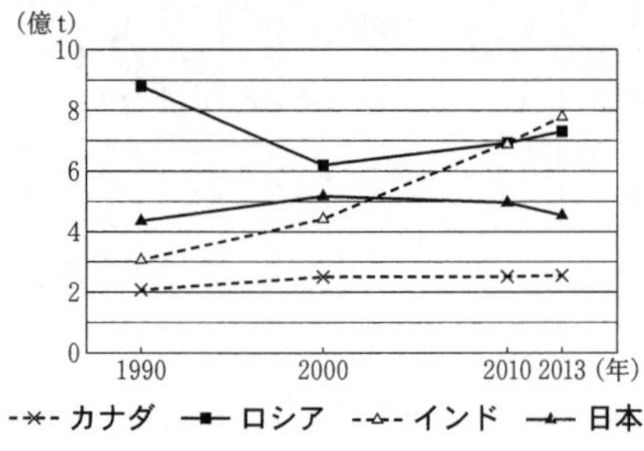

(注)　・1人あたり国民総所得とは，国民総所得を人口で割ったものである。
・一次エネルギーとは，石炭，石油，天然ガス，原子力，水力，地熱，風力などである。
・国内供給は石油換算しており，国内生産に輸出入と在庫の増減を加味したものである。

(**資料1**，**資料2**とも，「世界国勢図会 2016/17」より作成)

ア　2013年の原油自給率及び1人あたり国民総所得は，ともにカナダが4か国中最も高く，カナダの一次エネルギーの国内供給は，1990年と比べ2013年は2億t以上高い。

イ　2013年の1人あたり国民総所得は，ロシアが日本の半分以下であり，ロシアの一次エネルギーの国内供給は，1990年と比べ2013年は1億t以上高い。

ウ　2013年の原油自給率及び1人あたり国民総所得は，ともにインドがカナダよりも低く，インドの一次エネルギーの国内供給は，1990年と比べ2013年は3億t以上高い。

エ　2013年の原油自給率及び1人あたり国民総所得は，ともに日本が4か国中最も低く，日本の一次エネルギーの国内供給は，1990年と比べ2013年は2億t以上高い。

4　次の**A**～**D**のカードは，社会科の授業で，さえこさんたちの班が，「日本の歴史」について調べ，まとめたものの一部である。これらを見て，あとの(1)～(5)の問いに答えなさい。

A：律令国家の成立

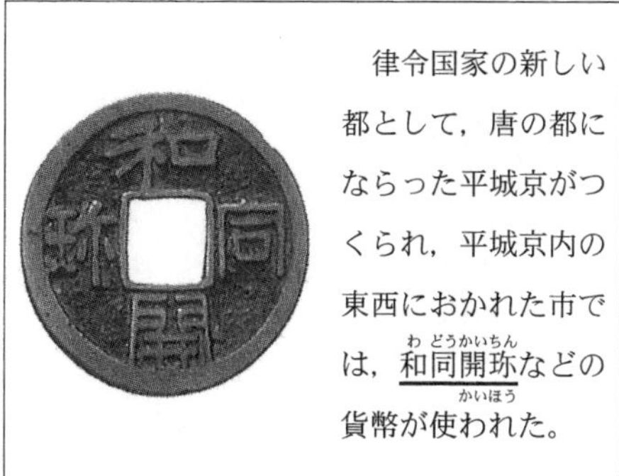

B：鎌倉幕府のしくみ

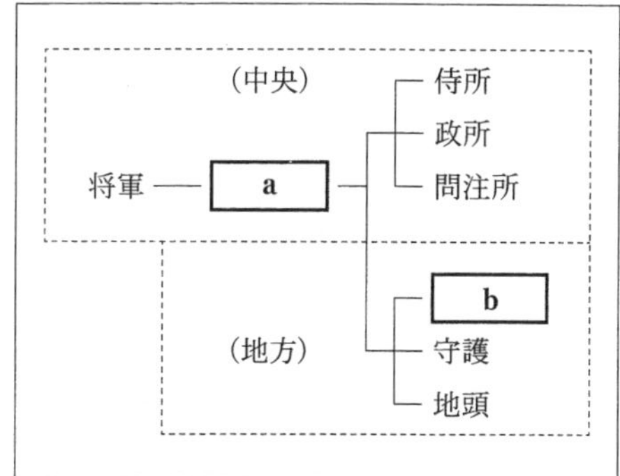

C：室町幕府のしくみ

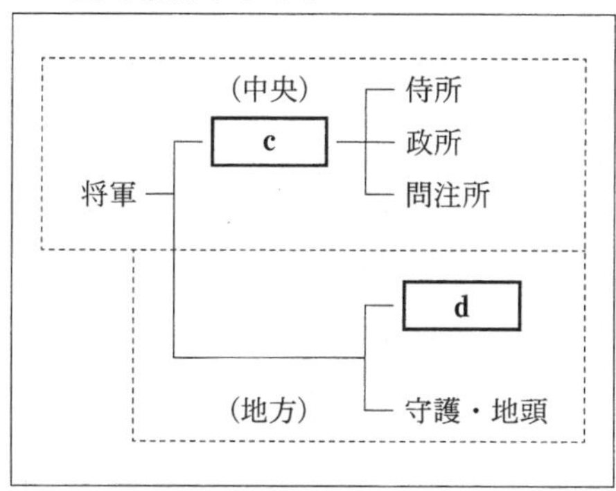

D：江戸時代の学問

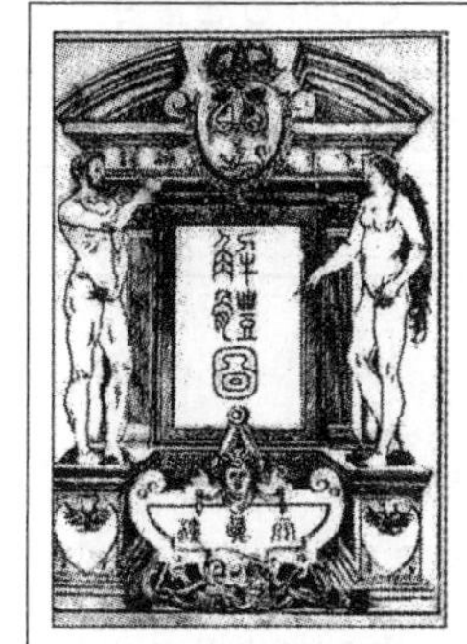

杉田玄白らは，オランダ語の人体解剖（かいぼう）書を翻訳（ほんやく）した「解体新書」を出版し，オランダ語で西洋の学問を学ぶ蘭学の基礎を築いた。

(1)　次の文は，Aのカード中の下線部の貨幣より前につくられた貨幣について述べたものである。文中の □ にあてはまる適当な語を**漢字3字**で書きなさい。

□ は，日本で最初につくられたとされる銅銭である。

(2)　B，Cのカード中の a ～ d には，「執権」「管領」「鎌倉府」「六波羅探題」のいずれかの語があてはまる。これらのうち， d にあてはまる語の説明として最も適当なものを，次の**ア**～**エ**のうちから一つ選び，その符号を書きなさい。

ア　将軍の補佐役として，各地の有力な守護（守護大名）が任命された。
イ　承久の乱の後に置かれて，京都の警備や朝廷の監視などを行った。
ウ　長官を足利氏の一族が受け継いで，関東などを支配した。
エ　北条氏が代々この地位を独占して御家人をまとめ，幕府の政治を動かした。

(3)　Bのカードに関連して，鎌倉時代につくられたものとして最も適当なものを，次の**ア**～**エ**のうちから一つ選び，その符号を書きなさい。

ア　東大寺南大門の金剛力士（こんごうりきし）像

イ　平等院鳳凰（ほうおう）堂の阿弥陀如来（あみだにょらい）像

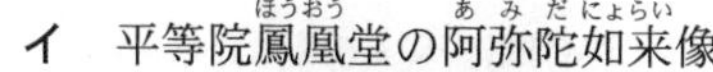

ウ　正倉院の鳥毛立女屏風（とりげりつじょのびょうぶ）

エ　広隆寺の弥勒菩薩像（みろくぼさつ）

(4)　Cのカードに関連して，次の文章は，室町時代の社会の様子について述べたものである。［Ⅰ］，［Ⅱ］にあてはまる語の組み合わせとして最も適当なものを，あとのア～エのうちから一つ選び，その符号を書きなさい。

> 農村では，有力な農民を中心に［Ⅰ］とよばれる自治組織がつくられた。また，交通のさかんなところでは，物資の陸上輸送をあつかう［Ⅱ］とよばれる運送業者が活躍した。

ア　Ⅰ：惣（そう）　Ⅱ：土　倉　　　イ　Ⅰ：座　Ⅱ：馬　借

ウ　Ⅰ：座　Ⅱ：土　倉　　　エ　Ⅰ：惣　Ⅱ：馬　借

(5)　Dのカードに関連して，次の文は，江戸時代の教育について述べたものである。文中の［　　］にあてはまる適当なことばを，「寺子屋」「諸藩」「藩校」の三つの語を用いて，**20字以内**(読点を含む。)で書きなさい。

> 庶民は，読み・書き・そろばんなどを［　　］に学問や武道を教えて人材の育成を図った。

5　次のA～Dのパネルは，社会科の授業で，よしひこさんが，「20世紀のできごと」について調べ，まとめたものの一部である。これらを見て，あとの(1)～(5)の問いに答えなさい。

A：パリ講和会議

ドイツが降伏して第一次世界大戦が終わると，その翌年に連合国はパリで講和会議を開き，ドイツと［Ⅰ］条約を結びました。この条約では，戦勝国の利益が優先されました。

B：世界恐慌

アメリカでは，ルーズベルト大統領がニューディール政策（X）を進めました。また，イギリスやフランスは，ブロック経済（Y）とよばれる政策によって恐慌を乗り切ろうとしました。

C：第二次世界大戦

ドイツが［ Ⅱ ］に侵攻すると，イギリス・フランスがドイツに宣戦布告しました。その後，日本はハワイの真珠湾を攻撃するとともにイギリス領の［ Ⅲ ］に上陸しました。

D：石油危機

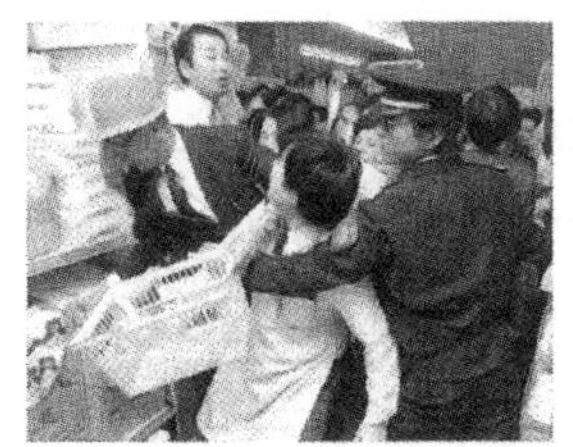

<u>第四次中東戦争</u>（Z）のときのアラブ諸国の対応から石油の価格が高騰（こうとう）し，その影響で物価も急上昇しました。先進工業国の経済は不況になり，日本でも高度経済成長が終わりました。

(1)　Aのパネルに関連して，次の文は，この会議で結ばれた条約について述べたものである。文中とAのパネル中の［ Ⅰ ］に共通してあてはまる適当な語を**カタカナ**で書きなさい。

> ［ Ⅰ ］条約により，ドイツは植民地を失い，領土を縮小され，軍備の制限や巨額の賠償（ばいしょう）金の支払いなどを命じられた。

(2)　Bのパネル中の下線部Xと下線部Yについて，それぞれの内容として最も適当なものを，次の**ア**～**オ**のうちから一つずつ選び，その符号を書きなさい。

ア　本国と植民地との関係を密接にし，関税を高くして他国の商品をしめ出した。

イ　国際世論を無視して軍備を増強し，領土の拡大によって景気を回復させた。

ウ　積極的に公共事業をおこして失業者を助け，労働者の権利を保護した。

エ　国民政府軍が各地の軍閥を倒し，国内の統一を進めた。

オ　五か年計画とよばれる計画経済によって，工業化と農業の集団化を進めた。

(3)　Cのパネル中の［ Ⅱ ］，［ Ⅲ ］にあてはまる語の組み合わせとして最も適当なものを，次の**ア**～**エ**のうちから一つ選び，その符号を書きなさい。

ア　Ⅱ：ポーランド　Ⅲ：サイパン島　　**イ**　Ⅱ：ソ　連　Ⅲ：サイパン島

ウ　Ⅱ：ポーランド　Ⅲ：マレー半島　　**エ**　Ⅱ：ソ　連　Ⅲ：マレー半島

(4)　Cのパネルに関連して，次の絵画は，反戦の意図をこめて描かれたといわれるものである。この絵画を描いた人物名として最も適当なものを，あとの**ア**～**エ**のうちから一つ選び，その符号を書きなさい。

ア　レオナルド・ダ・ビンチ　　　　**イ**　ピカソ

ウ　フェノロサ　　　　**エ**　ミケランジェロ

(5)　**D**のパネル中の下線部**Z**のできごとより前に起こったことがらを，次の**ア**～**エ**のうちから**三つ**選び，年代の**古いものから順に**並べ，その符号を書きなさい。

ア　日本はポツダム宣言を受け入れて降伏することを決めた。

イ　東京でオリンピックが開かれた。

ウ　自衛隊がイラクへ復興支援を目的として派遣された。

エ　第1回原水爆禁止世界大会が広島で開かれた。

6　次の文章を読み，あとの(1)～(3)の問いに答えなさい。

国や地方公共団体の経済活動を財政といいます。国や地方公共団体は，税金(a)などによって収入を得て，少子高齢社会(b)への対応など，様々な社会に必要な支出にあてています。税金だけでは必要な収入をまかなえない場合，国は国債(c)，地方公共団体は地方債を発行して資金を借り入れます。

(1)　下線部**a**に関連して，次の文章は，日本の税金の種類について述べたものである。文章中の［Ｉ］，［Ⅱ］にあてはまる語の組み合わせとして最も適当なものを，あとの**ア**～**エ**のうちから一つ選び，その符号を書きなさい。

> 税金には，国税と地方税とがあり，それぞれに直接税と間接税とがある。国税のうち，直接税には所得税や［Ｉ］税などがあり，間接税には［Ⅱ］税などがある。一方，地方税のうち，直接税には道府県民税や市町村民税などがあり，間接税には地方［Ⅱ］税などがある。

ア　Ｉ：固定資産　Ⅱ：消　費　　　**イ**　Ｉ：法　人　Ⅱ：消　費

ウ　Ｉ：法　人　Ⅱ：事　業　　　**エ**　Ｉ：固定資産　Ⅱ：事　業

(2)　下線部**b**に関連して，次の文は，日本の介護保険制度について述べたものである。文中の［　　］にあてはまる適当なことばを，「40歳」「保険料」「介護」の三つの語を用いて**30字以内**(読点を含む。)で書きなさい。

> 高齢者の介護を社会全体で支えることを目指して，2000年から，［　　］ときに，介護サービスを受けることができる介護保険制度が始まった。

(3)　下線部**c**に関連して，次の文章は，社会科の授業で，としおさんたちの班が，右のページの**資料1**と**資料2**を見ながら，「日本の財政の課題」について話し合っている場面の一部である。文章中の［Ａ］，［Ｂ］にあてはまるものとして最も適当なものを，それぞれあとの選択肢**ア**～**エ**のうちから一つずつ選び，その符号を書きなさい。

なお，**資料2**中の［Ｂ］～［Ｅ］には，［Ｂ］の選択肢**ア**～**エ**のいずれかの語があてはまり，文章中と**資料2**中の［Ｂ］には同じものがあてはまる。

> としおさん：**資料1**を見ると［Ａ］ことがわかるね。
> よしみさん：少子高齢社会を迎えて，私たちの健康や生活を守るために使われる［Ｂ］費がより多く必要になるのよね。**資料2**を見ても，国の2017年度の一般会計

予算における歳出全体に占める **B** 費の割合が最も高いわ。
かずきさん：国債費の割合も **B** 費の次に高いよ。将来の世代に負担を先送りにしないよう，財政の健全化に向けての取り組みを真剣に考えなければいけないね。

資料１　高齢化の推移と将来推計

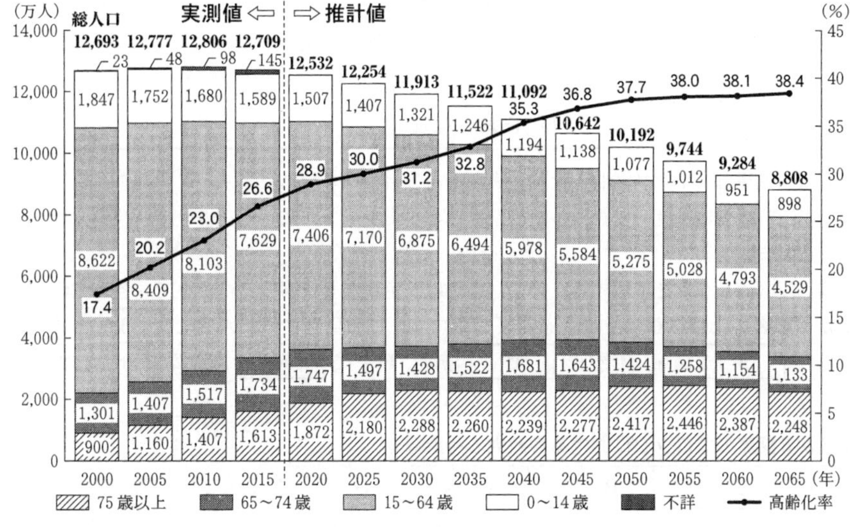

（注）　高齢化率とは，総人口に占める65歳以上人口の割合である。なお，2000～2015年の高齢化率の算出の際は，分母から年齢不詳を除いている。

（内閣府「高齢社会白書（平成29年度版）」より作成）

資料２　国の2017年度の一般会計予算における歳出内訳

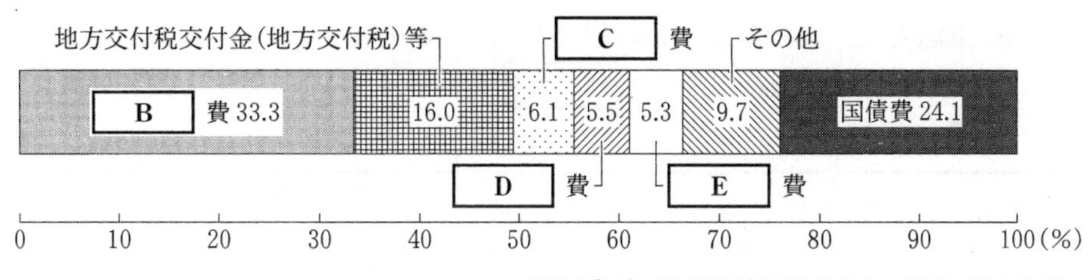

（財務省「日本の財政関係資料（平成29年4月）」などより作成）

A の選択肢

ア　2020年以降，高齢化率の推計値は一度も下がることなく上がり続け，2065年の高齢化率は，2000年の高齢化率の3倍以上になると推計されている

イ　2020年以降，15～64歳の人口の推計値は一度も増加することなく減少し続け，2065年の総人口に占める15～64歳の人口の割合は50％以下になると推計されている

ウ　65歳以上の人口は，2015年には総人口の3分の1以下だったけれども，2065年には総人口の3分の1以上になると推計されている

エ　75歳以上の人口は，2015年には総人口の10分の1以下だったけれども，2065年には総人口の4分の1以上になると推計されている

B の選択肢

ア　社会保障関係　　イ　文教及び科学振興　　ウ　防衛関係　　エ　公共事業関係

7 次の文章を読み，あとの(1)～(3)の問いに答えなさい。

国民主権は日本国憲法の基本原理の一つです。日本国憲法では，議会制民主主義を採用しており，国民主権は選挙(a)で正当に選ばれた国会(b)における代表者を通じて実現されます。その一方で，憲法改正の国民投票(c)など，国民が直接意思を表明する直接民主制の要素もとり入れられています。

(1) 下線部aに関連して，次の文章は，社会科の授業で，さやかさんが，「日本の衆議院議員選挙における比例代表制の議席配分のしくみ」について調べ，まとめたレポートの一部である。文章中の［ I ］～［ Ⅳ ］にあてはまる数字の組み合わせとして最も適当なものを，あとのア～エのうちから一つ選び，その符号を書きなさい。

> 衆議院議員選挙は，小選挙区制と比例代表制を組み合わせて行われます。このうち，比例代表制では，有権者は政党名で投票し，得票数に応じてドント方式(ドント式)で各政党に議席が配分されます。
>
> この議席配分のしくみを理解するために，例えば，定数が5議席のブロックで，各政党の得票数が下の表のようになった場合を考えてみます。この場合には，A党に［ I ］議席，B党に［ Ⅱ ］議席，C党に［ Ⅲ ］議席，D党に［ Ⅳ ］議席が配分されます。
>
> **表　定数が5議席のブロックにおける各政党の得票数**

政　党	A　党	B　党	C　党	D　党
得票数	15,000	12,000	6,000	3,000

ア　I：3　Ⅱ：2　Ⅲ：0　Ⅳ：0　　イ　I：2　Ⅱ：2　Ⅲ：1　Ⅳ：0
ウ　I：3　Ⅱ：1　Ⅲ：1　Ⅳ：0　　エ　I：2　Ⅱ：1　Ⅲ：1　Ⅳ：1

(2) 下線部bに関連して，次の文は，日本国憲法に定められている，予算の議決における衆議院の優越について述べたものである。文中の［　　］にあてはまる適当なことばを，**20字以内**(読点を含む。)で書きなさい。

> 予算について，参議院で衆議院と異なった議決をした場合に，［　　］とき，または，参議院が，衆議院の可決した予算を受け取った後，30日以内に，議決しないときは，衆議院の議決が国会の議決となる。

(3) 下線部cに関連して，次の文章は，日本国憲法の改正手続きについて説明したものである。文章中の［ X ］，［ Y ］にあてはまる語の組み合わせとして最も適当なものを，あとのア～エのうちから一つ選び，その符号を書きなさい。

> 憲法改正には，衆議院と参議院それぞれの［ X ］の3分の2以上の賛成で国会が発議し，国民投票において，その過半数の賛成を得ることが必要である。憲法改正について国民の承認が得られたときは，［ Y ］が国民の名で公布する。

ア　X：総議員　　Y：内閣総理大臣　　イ　X：出席議員　　Y：内閣総理大臣
ウ　X：出席議員　Y：天　皇　　　　　エ　X：総議員　　　Y：天　皇

8 次の文章を読み，あとの(1)，(2)の問いに答えなさい。

貿易の自由化(a)が進んだことなどによって経済のグローバル化が進展し，人，もの，資金，情報などが国境を越えて活発に行き交うようになりました。国家間の相互依存の関係が進み，災害，貧困(b)，飢餓など，様々な問題に国際社会が協力して取り組む必要が増えてきています。

(1) 下線部 a に関連して，次の文は，日本における自由貿易の推進について述べたものである。文中の □ にあてはまる経済連携協定の略称として適当なものを，**アルファベット3字**で書きなさい。

> 日本は，自由貿易協定(FTA)をさらに拡大し，投資や人の移動なども含めて幅広い経済関係の強化を目指した協定である，経済連携協定(□)を推進している。

(2) 下線部 b に関連して，次の**ア**～**エ**の文のうち，フェアトレードについて説明しているものはどれか。最も適当なものを一つ選び，その符号を書きなさい。

ア 発展途上国を中心として，世界各国の社会・経済発展に貢献するために，様々な技術指導や教育に従事する隊員を派遣する制度のことをいう。

イ 一人一人の人間に着目し，人権侵害，貧困などの様々な問題から人々を守り，全ての人々が人間らしく安心して生きることができる社会を目指す考え方のことをいう。

ウ 発展途上国でつくられた農作物や製品を適正な価格で取り引きし，先進国の人々が継続して購入することで，発展途上国の生産者の生活を支えようとするしくみのことをいう。

エ 国際的な人権保障の実現など，様々な課題について，国境を越えて活動する非営利の民間組織のことをいう。

理　科

1 次の(1)～(4)の問いに答えなさい。

(1) **図1**はマツの枝の先端(せんたん)を模式的に表したものである。雄花(おばな)は**図1**の**ア**～**エ**のうちのどれか。最も適当なものを一つ選び，その符号を書きなさい。

図1

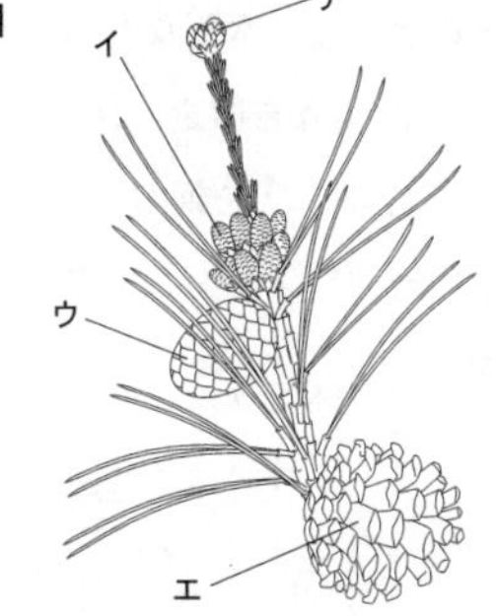

(2) 海岸の埋立地(うめたてち)や河川沿(ぞ)いの砂でできたやわらかい土地で，地震の揺(ゆ)れにより地中の土砂と水がふき出したり，地面が陥没(かんぼつ)したりする現象を何というか。次の**ア**～**エ**のうちから最も適当なものを一つ選び，その符号を書きなさい。

ア 津波(つなみ)　　**イ** 土石流　　**ウ** 液状化　　**エ** 高潮

(3) ナトリウムイオンのでき方を説明したものとして最も適当なものを，次の**ア**～**エ**のうちから一つ選び，その符号を書きなさい。

ア ナトリウム原子が電子を1個失う。　　**イ** ナトリウム原子が電子を2個失う。

ウ ナトリウム原子が電子を1個受けとる。　　**エ** ナトリウム原子が電子を2個受けとる。

⑷ 図2のように，コイルに棒磁石を入れたり出したりすることで，コイルに電流が流れる。この現象を何というか，書きなさい。

図2

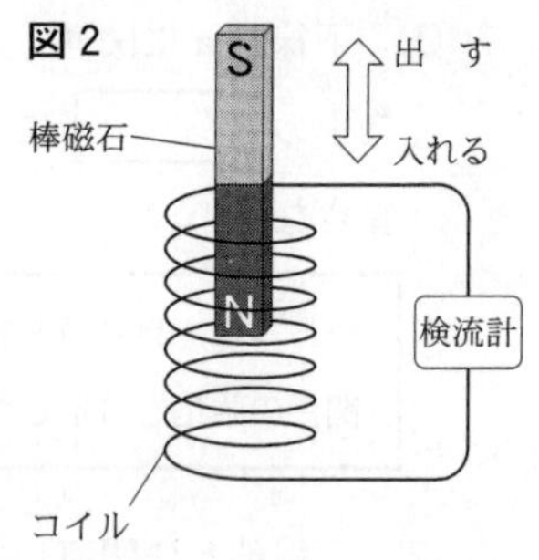

2 Sさんは，空気とガラスの境界における光の進み方を調べるため，次の**実験**1，2を行いました。これに関して，あとの⑴～⑶の問いに答えなさい。

実験1

図1のように，水平な台の上に直方体ガラスと光源装置を用意し，光源装置を直方体ガラスに向けて置いた。光源装置のスイッチを入れ，光の道すじを観察した。**図2**は，空気中から直方体ガラスに進む光の道すじを真上から見た図である。

図1

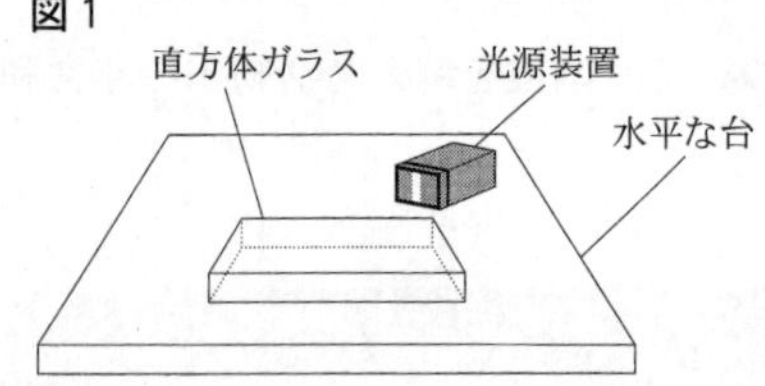

図2

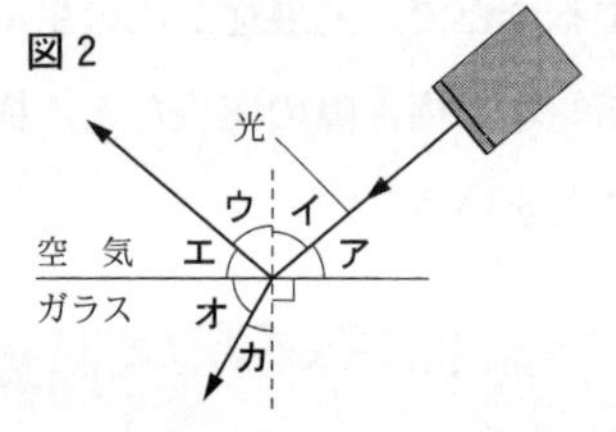

実験2

図3のように，水平な台の上に半円形ガラスと光源装置を用意した。**図4**は，半円形ガラスの**A**に光源装置を置き，**D**に光をあてたときの光の道すじを真上から見た図である。**A**から入射した光は，**D**を通り，そのまま真っすぐ進んだ。次に，**D**に光があたるようにしながら，半円形ガラスに沿って**B**，**C**へ光源装置を動かし，光の道すじを観察した。

図3　　　図4

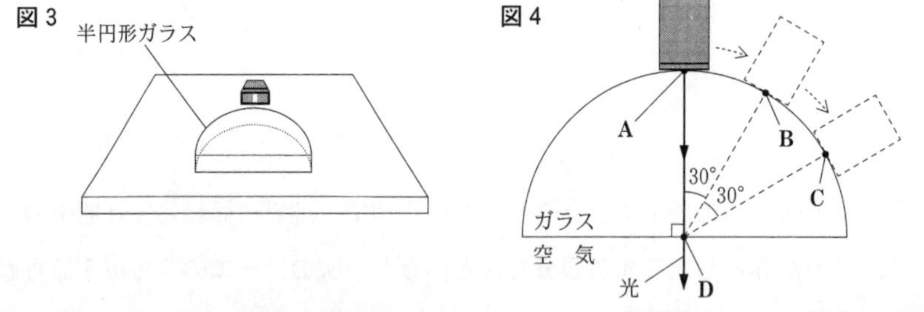

⑴ **実験1**の**図2**で，空気中からガラスに光をあてたときの入射角と屈折角を表しているものはどれか。最も適当なものを，**図2**の**ア**～**カ**のうちからそれぞれ一つずつ選び，その符号を書きなさい。

⑵ 次の文章は，**実験2**で，**B**に光源装置を置いたときの光の道すじを予想し，実験した**S**さんと先生の会話である。会話文中の［ **x** ］にあてはまる図として最も適当なものを，あとの**ア**～**エ**のうちから一つ選び，その符号を書きなさい。

> 先　生：光源装置を**B**に動かすと，光の道すじはどうなりますか。
> **S**さん：**実験**1において，さらにガラスから空気中に光が進む道すじを観察しました。このことから光源装置を**B**に置いたときの光の道すじを模式的に表すと，［ **x** ］の図のようになると予想しました。
> 先　生：では，実験をして確かめてみましょう。
> **S**さん：実験結果は，自分の予想と同じになりました。
> 先　生：そうですね。［ **x** ］の図のようになりましたね。

ア　30°　　**イ**　15°　　**ウ**　30°　　**エ**　15°

(3)　次の文章は，**実験**2で，半円形ガラスに沿って**B**から**C**へ光源装置を動かし，光の道すじを観察した**S**さんと先生の会話である。会話文中の［ **y** ］にあてはまる最も適当なことばを書きなさい。

> **S**さん：はじめ，2つの光の道すじが観察できましたが，あるところから，光が2方向に分かれなくなりました。**図5**は，光源装置を**C**に置いたときの光の道すじです。
> 先　生：そうですね。あるところからは，屈折する光がなくなり，反射する光だけになります。この現象を［ **y** ］といいます。

図5

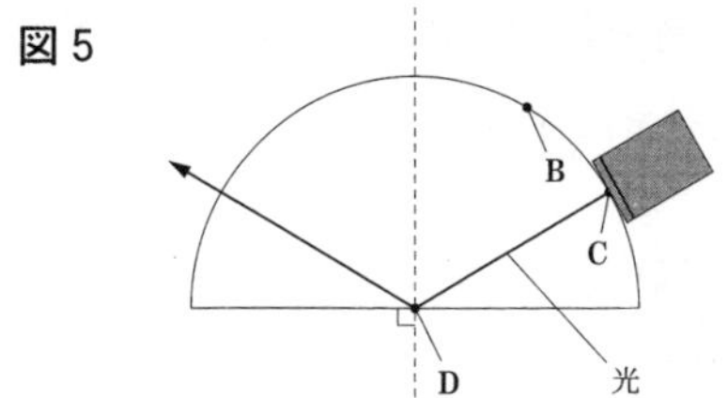

3　生物の体と細胞（さいぼう）のつくりを調べるため，オオカナダモとタマネギを用いて，次の**観察**を行いました。これに関して，あとの(1)～(4)の問いに答えなさい。

> **観察**
>
> スライドガラスを2枚用意し，それぞれにオオカナダモの葉を1枚ずつのせ，1枚には水を1滴（てき）落とし，もう1枚には染色（せんしょく）液として酢酸（さくさん）オルセイン溶液（ようえき）を1滴落とした。3分後，それぞれにカバーガラスをかけ，顕微鏡（けんびきょう）を用いて観察した。**図1**は水を落としたもの，**図2**は染色液を落としたもののスケッチである。
>
> **図1**
>
> 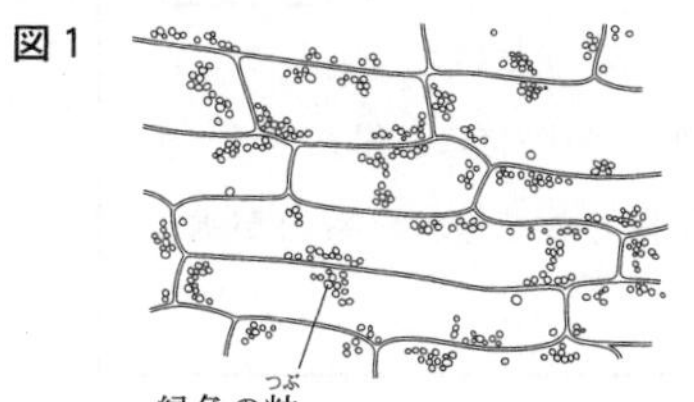
>
>
> **図2**
>
> 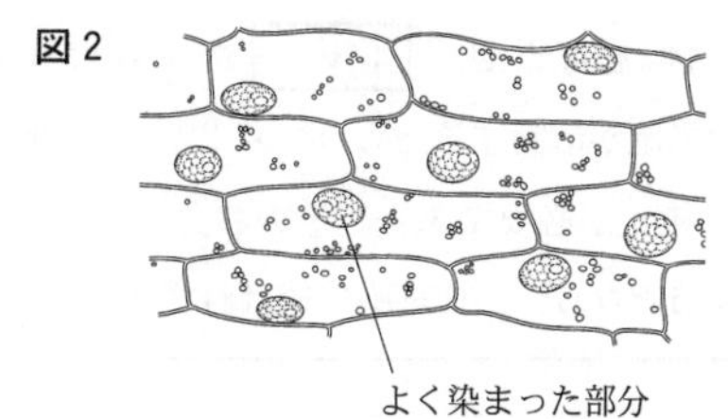
>

スライドガラスを２枚用意し，それぞれにタマネギのりん茎（けい）（タマネギの内側）から表皮を切り取ったものを１枚ずつのせ，１枚には水を１滴落とし，もう１枚には染色液として酢酸オルセイン溶液を１滴落とした。３分後，それぞれにカバーガラスをかけ，顕微鏡を用いて観察した。**図３**は水を落としたもの，**図４**は染色液を落としたもののスケッチである。

図３

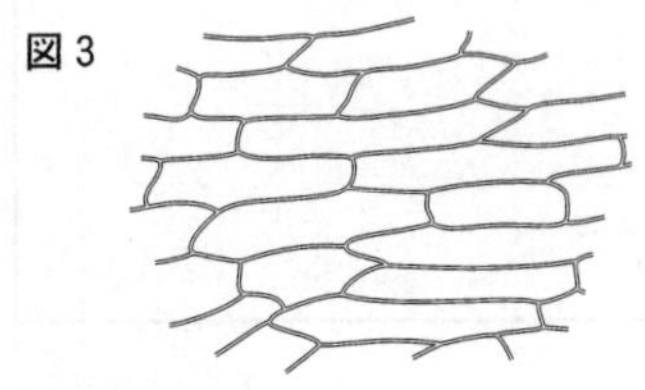

図４

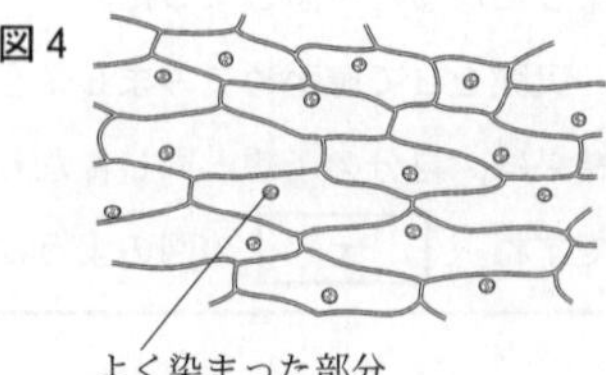

気がついたこと

オオカナダモの葉の細胞とタマネギの表皮の細胞の共通点として，どちらも同じような形の細胞がすき間なく並び（下線部a），それぞれの細胞に染色液でよく染まった部分（下線部b）があった点があげられる。また，オオカナダモの葉の細胞とタマネギの表皮の細胞の相違（そうい）点として，オオカナダモの葉の細胞にはたくさんの緑色の粒が見られたが，タマネギの表皮の細胞にはそれらが見られなかった（下線部c）点があげられる。

⑴　オオカナダモやタマネギと同じように，多くの細胞から体ができている生物を，次の**ア**～**オ**のうちから**すべて選び**，その符号を書きなさい。

ア　ゾウリムシ　　**イ**　アメーバ　　**ウ**　ホウセンカ　　**エ**　ミカヅキモ　　**オ**　ウ　ニ

⑵　**気がついたこと**の下線部**a**について，オオカナダモの葉の細胞とタマネギの表皮の細胞で見られた同じような形の細胞は，それぞれ同じようなはたらきをもっている。このように形やはたらきが同じ細胞が集まったものを何というか。その名称を書きなさい。

⑶　**気がついたこと**の下線部**b**について，この部分の名称と特徴（とくちょう）の組み合わせとして最も適当なものを，次の**ア**～**エ**のうちから一つ選び，その符号を書きなさい。

	名　称	特　　徴
ア	核（かく）	植物の細胞にも動物の細胞にも見られる
イ	核	植物の細胞にのみ見られる
ウ	液胞（えきほう）	植物の細胞にも動物の細胞にも見られる
エ	液　胞	植物の細胞にのみ見られる

⑷　次の文章は，**気がついたこと**の下線部**c**について述べたものである。文章中の［ x ］～［ z ］にあてはまるものの組み合わせとして最も適当なものを，あとの**ア**～**エ**のうちから一つ選び，その符号を書きなさい。

> オオカナダモの葉の細胞で見られた緑色の粒は葉緑体である。このことから，［ x ］の細胞は光合成を行うが，［ y ］の細胞は光合成を行わないといえる。しかし，［ y ］の細胞が活動するためのエネルギーを細胞の呼吸（細胞呼吸）により得るとき，養分（栄養分）と酸素が必要である。その養分は，おもに他の細胞でつくられたものが水に［ z ］物質となり，この細胞に運ばれてきたものである。

ア　x：オオカナダモの葉　　y：タマネギの表皮　　z：溶けやすい

イ　x：オオカナダモの葉　　y：タマネギの表皮　　z：溶けにくい

ウ　x：タマネギの表皮　　y：オオカナダモの葉　　z：溶けやすい

エ　x：タマネギの表皮　　y：オオカナダモの葉　　z：溶けにくい

4　Sさんは，火山の形を調べるため実験を行いました。これに関する先生との会話文を読んで，あとの(1)～(4)の問いに答えなさい。

Sさん：火山の形を調べる実験がしたいです。実際の火山のように，マグマから気体が発生して噴火(ふんか)するような実験はありませんか。

先　生：それでは，水，石膏(せっこう)，洗濯(せんたく)のり，炭酸水素ナトリウムの混合物から，二酸化炭素が発生することを利用した実験をしましょう。ビーカーに水 45 cm^3，石膏，洗濯のりを入れて混ぜます。これを三角フラスコに入れて，炭酸水素ナトリウムを加えてよく混ぜ合わせます。その後，**図1**のように，ガラス管のついたゴム栓(せん)と板でふたをして，ようすを観察しましょう。

図1

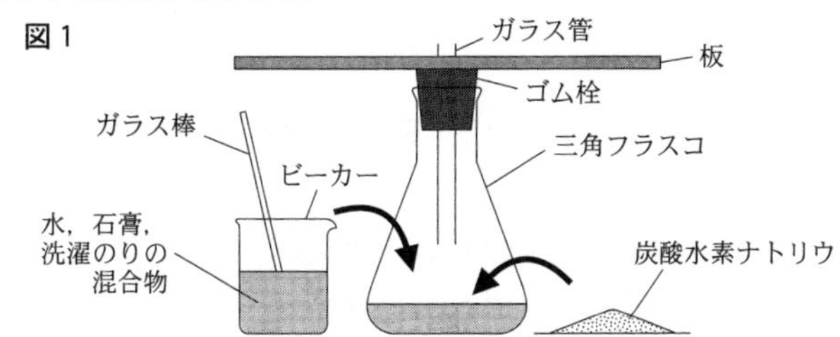

Sさん：三角フラスコの中で気体が発生して，混合物がふくらんでいます。混合物がガラス管からふき出して，板の上に**図2**のように広範囲(はんい)に広がった傾斜(けいしゃ)のゆるい山ができました。

図2

先　生：発生した気体は，火山ガスに相当するものです。実際の火山ガスには，今回発生した二酸化炭素のほかに，<u>有毒な気体</u>[a]も含(ふく)まれているので注意が必要です。
次に水の量だけ 15 cm^3 に変えて，ほかは同じ条件で実験しましょう。

Sさん：今度は，板の上に**図3**のように盛り上がり，おわんをふせたような形の山ができました。

図3

先　生：**図2**のような山は［　x　］と似ていて，このような形の実際の火山からふき出した溶岩や火山灰は［　y　］色になることが多いです。**図3**のような山は昭和新山とよく似ていますね。実験では，水の量を減らすことによって，混合物の［　z　］状態になりました。実際の火山でも，マグマの性質の違いによって火山の形に違いが生じます。

Sさん：すると昭和新山は，**図2**のような形の山と比べて，マグマの［　z　］といえますね。

先　生：そのとおりです。

> **S**さん：実験だけでなく，実際の噴火のようすを見たくなってきました。
> 先　生：火山の噴火は危険です。雲仙普賢岳(うんぜんふげんだけ)(平成新山)では，1991年に大規模な<u>火砕流</u>(かさいりゅう)ｂが発生しました。火山のもたらす災害について，もっと調べてみましょう。

(1) 会話文中の下線部**a**について，火山ガスに含まれる有毒な気体として最も適当なものを，次の**ア**～**エ**のうちから一つ選び，その符号を書きなさい。

ア　水蒸気　　**イ**　窒(ちっ)　素(そ)　　**ウ**　二酸化硫黄(いおう)　　**エ**　酸　素

(2) 会話文中の［ x ］，［ y ］にあてはまるものの組み合わせとして最も適当なものを，次の**ア**～**エ**のうちから一つ選び，その符号を書きなさい。

ア　**x**：雲仙普賢岳(平成新山)　　**y**：白っぽい
イ　**x**：雲仙普賢岳(平成新山)　　**y**：黒っぽい
ウ　**x**：マウナロア　　**y**：白っぽい
エ　**x**：マウナロア　　**y**：黒っぽい

(3) 昭和新山のような火山をつくったマグマの性質について，会話文中の［ z ］にあてはまる内容を簡潔に書きなさい。

(4) 会話文中の下線部**b**について，火砕流の説明として最も適当なものを，次の**ア**～**エ**のうちから一つ選び，その符号を書きなさい。

ア　火山灰などが高温の溶岩とともに低速で斜面を流れ下る現象
イ　火山灰などが高温の溶岩とともに高速で斜面を流れ下る現象
ウ　火山灰などが高温の火山ガスとともに低速で斜面を流れ下る現象
エ　火山灰などが高温の火山ガスとともに高速で斜面を流れ下る現象

5　3種類の固体の物質**X**，**Y**，**Z**が水に溶(と)けるようすについて調べるため，次の**実験**1～3を行いました。**図**は，物質**X**，**Y**，**Z**をそれぞれ100gの水に溶かして飽和水溶液(ほうわすいようえき)にするときの，水に溶ける物質の質量と水の温度との関係を表したグラフです。これに関して，あとの(1)～(3)の問いに答えなさい。ただし，ある温度で水に対して溶かすことのできる物質の質量は，水の質量に比例します。

> **実験1**
> 60℃の水100gを入れた3つのビーカー**a**，**b**，**c**を用意した。ビーカー**a**には物質**X**を50g，ビーカー**b**には物質**Y**を70g，ビーカー**c**には物質**Z**を90gそれぞれ加えて，ガラス棒でかき混ぜながらすべて溶けるかどうかを観察した。
>
> **実験2**
> **実験**1のビーカー**c**の水溶液の温度をゆっくりと下げていくと，物質**Z**の結晶(けっしょう)が出てきた。水溶液の温度を20℃まで下げていくと，物質**Z**の結晶がたくさん出てきた。出てきた物質**Z**の結晶を取り出すため，<u>ろ過</u>した。
>
> **実験3**
> **実験**1のビーカー**b**の水溶液を，ガラス棒でかき混ぜながら70℃までゆっくり加熱した。この温度を保ち加熱を続け，10gの水を蒸発させた。加熱をやめ，ビーカー**b**の水溶液の温度を20℃まで下げていくと，物質**Y**の結晶がたくさん出てきた。

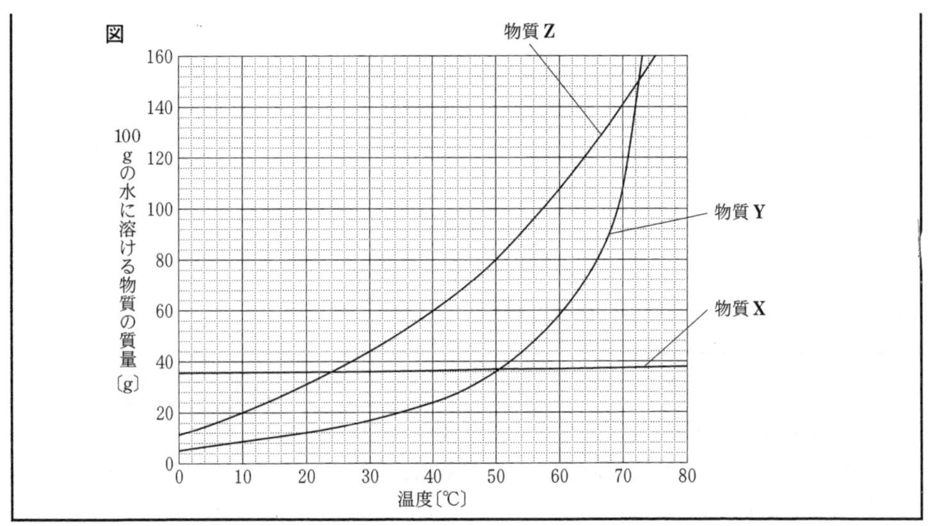

(1) **実験**1で，物質**X**，**Y**，**Z**が60℃の水100gに溶けるようすについて述べたものとして最も適当なものを，次の**ア**～**エ**のうちから一つ選び，その符号を書きなさい。

ア　物質**X**，**Y**はすべて溶け，物質**Z**は溶けきれずに残る。

イ　物質**Z**はすべて溶け，物質**X**，**Y**は溶けきれずに残る。

ウ　物質**X**，**Y**，**Z**ともすべて溶ける。

エ　物質**X**，**Y**，**Z**とも溶けきれずに残る。

(2) **実験**2の下線部の操作について，ろ過のしかたを模式的に表したものとして最も適当なものを，次の**ア**～**エ**のうちから一つ選び，その符号を書きなさい。

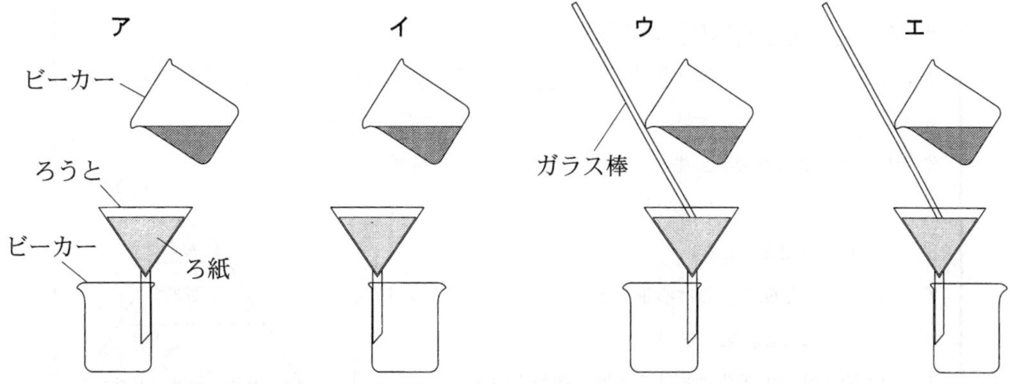

(3) 次の文章は，**実験**3で，ビーカー**b**の水溶液の温度を20℃まで下げることで物質**Y**の結晶が何g出てくるかについての考えを表したものである。文章中の［ r ］にあてはまるものとして最も適当なものを，あとの**ア**～**エ**のうちから一つ選び，その符号を書きなさい。また，［ s ］にあてはまる数値を，小数第1位を四捨五入して書きなさい。

> **実験**3の70℃のビーカー**b**の水溶液には，物質**Y**が70g溶けている。
> また,**図**から20℃の水100gに溶かすことのできる物質**Y**の質量は12gである。ビーカー**b**の水溶液から10gの水を蒸発させたので，20℃の水90gに溶かすことのできる物質**Y**の質量**M**〔g〕を求める必要がある。水の温度が同じであれば，水に対して溶かすことのできる物質**Y**の質量**M**〔g〕は，水の質量に比例するから

90：**M** ＝ [**r**]

の関係式が成り立つ。この式から**M**の数値を求める。ここで求めた質量**M**〔g〕を超えた分の物質**Y**が結晶となって出てくるので，20 ℃まで下げることで出てくる物質**Y**の結晶の質量は [**s**] 〔g〕になる。

ア　100：12　　**イ**　12：100　　**ウ**　100：112　　**エ**　112：100

6　**S**さんと**T**さんは，自然界のつながりについて調べて発表しました。これに関する先生との会話文を読んで，あとの(1)～(4)の問いに答えなさい。

Sさん：私は，**図1**のように生態系における炭素の循環についてまとめました。無機物に含まれる炭素は，大気中では二酸化炭素として存在し，生産者に取り込まれ，生物どうしの食べる・食べられるの関係によって，有機物に含まれる炭素として生物の中を巡っていきます。

図1

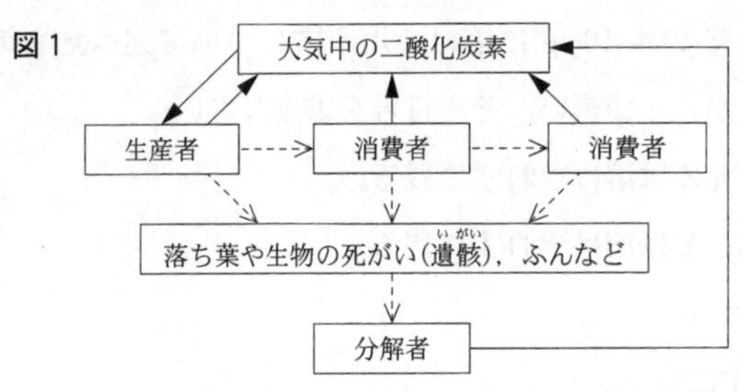

Tさん：大気中の二酸化炭素は，生産者に取り込まれたあとどうなるのですか。

Sさん：光合成により有機物(a)になります。

Tさん：それでは，**図1**の一番下にある分解者(b)はどのような役割を果たしているのですか。

Sさん：落ち葉や生物の死がい，ふんなどの有機物を分解して，無機物にします。

先　生：そのとおりです。生物のはたらきで作られた有機物が，生物のはたらきで無機物に戻っていくことがよくわかる発表でした。

Tさん：私は，生態系における生物どうしのつながりについてまとめました。**図2**を見てください。

図2

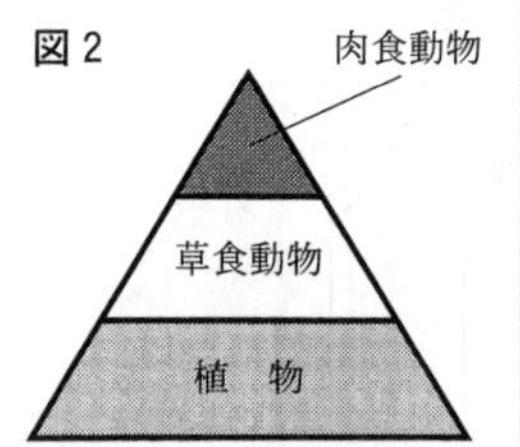

先　生：**図2**は，生態系における生物の数量の関係を表す図ですね。生物の数量のつり合いが保たれている状態ではピラミッドのような形をしています。

図3

肉食動物
草食動物
植　物

Tさん：**図2**のような生態系において，生物の数量のつり合いが崩れたらどうなるかについて説明します。まず，**図3**のように何らかの理由で草食動物が増えたとします。

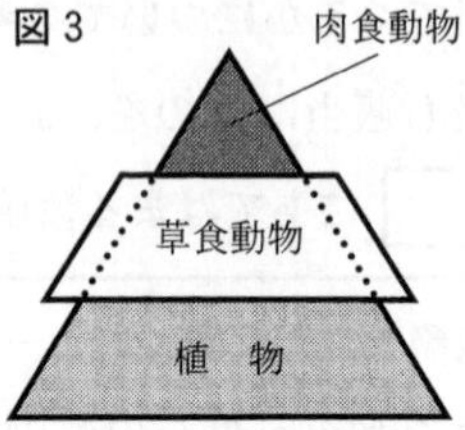

Sさん：図の点線は何を表しているのですか。

Tさん：この生態系で，生物の数量のつり合いが保たれている状態です。次に**図4**を見てください。何らかの理由で草食動物が増えたので，①のように [**x**] ことになります。すると，②のように草食動物が減ります。草食動物が減ったので，③のように草食動物を食べる肉食動物が減り，草食動物に食べられる植物が増えます。結果として，生物の数量のつり合いが保たれているもとの状態に戻ります。

図4

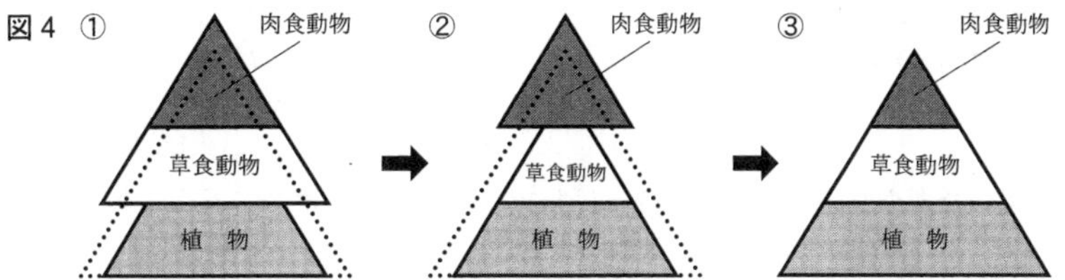

先　生：そのとおりです。生態系において，生物の数量に一時的に変化が起きてつり合いが崩れても，再びもとに戻りつり合いは保たれるということがよくわかる発表でした。ところで，実際の自然界における生物どうしの関係は，食べる・食べられるという1対1の食物連鎖（れんさ）というつながりではなく，複数対複数の複雑なつながり（c）になっています。自然界のつながりについて，もっと調べてみましょう。

(1)　会話文中の下線部**a**について，光合成によりできる有機物として最も適当なものを，次の**ア**～**エ**のうちから一つ選び，その符号を書きなさい。

ア　アンモニア　　**イ**　デンプン　　**ウ**　タンパク質　　**エ**　脂肪（しぼう）

(2)　会話文中の下線部**b**の具体例として最も適当なものを，次の**ア**～**エ**のうちから一つ選び，その符号を書きなさい。

ア　シデムシ，アオカビ，乳酸菌（にゅうさんきん）　　**イ**　モグラ，ミミズ，ダンゴムシ

ウ　モグラ，トカゲ，シデムシ　　**エ**　トカゲ，アオカビ，乳酸菌

(3)　会話文中の［ x ］にあてはまる最も適当な説明を，草食動物が増えたときの肉食動物と植物の数量の変化について，食べる・食べられるの関係にふれながら，**35字以内**（読点を含む。）で書きなさい。

(4)　会話文中の下線部**c**について，このつながりを何というか。その名称を書きなさい。

7　ばねにはたらく力の大きさとばねの長さの関係を調べるため，次の**実験1～3**を行いました。これに関して，あとの(1)～(3)の問いに答えなさい。ただし，斜面（しゃめん）を使うとき，ばねは斜面に沿（そ）ってのみのび，たるまないものとします。また，斜面に沿ったばねののびの大きさは，斜面に沿ってばねを引く力の大きさに比例するものとします。糸，ばね，および滑車（かっしゃ）の質量，糸と滑車との間の摩擦（まさつ），台車と斜面との間の摩擦，糸ののび縮みは考えないものとし，100 gの物体にはたらく重力の大きさを1 Nとします。

実験1

図1のように，ばねと動滑車および定滑車を糸でつなげた装置に，100 gのおもりを1個つるしたところ，ばねがのびて静止した。このときのばねの長さを調べた。さらに，同じ装置に同じおもりを2個，3個…と増やしながらつるし，ばねがのびて静止したときのばねの長さを調べた。**表**はその結果をまとめたものである。

図1

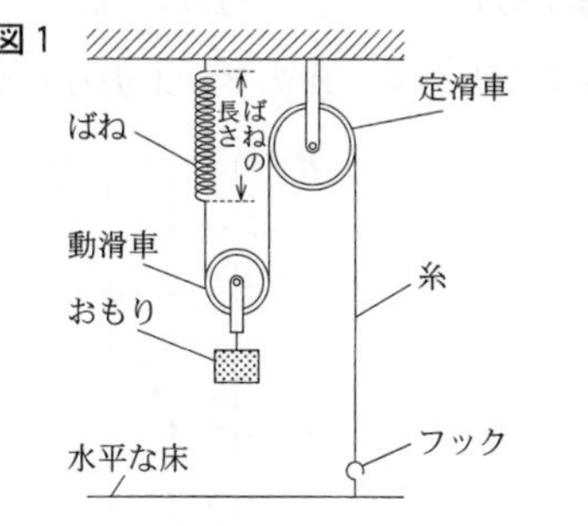

表

おもりの個数〔個〕	0	1	2	3	4	5	6
ばねの長さ〔cm〕	10.0	11.0	12.0	13.0	14.0	15.0	16.0

実験 2

図 2 のように，斜面上に置いた質量 200 g の台車を，**実験 1** と同じばねで斜面に沿って引いたところ，ばねがのびて台車は静止した。

図 2

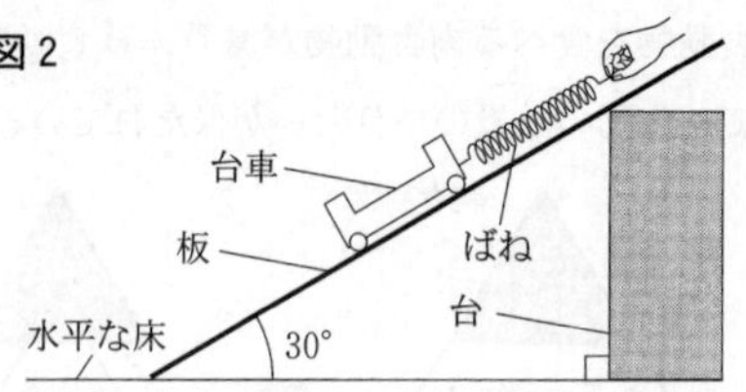

実験 3

異なる斜面上に置いたおもりをのせた台車を，ばねで引いたときのばねの長さを調べるため，質量 200 g の同じ 2 台の台車 **A**，**B** と，**実験 1** と同じ 2 本のばね **a**，**b** を用意した。

① **図 3** のように，**斜面 1** 上に台車 **A** を置き，ばね **a** で斜面に沿って引いて，台車 **A** が静止したときのばね **a** の長さを調べ，同様に，**斜面 2** 上に台車 **B** を置き，ばね **b** で斜面に沿って引いて，台車 **B** が静止したときのばね **b** の長さを調べた。このとき，ばね **a**，**b** の長さは異なっていた。

図 3

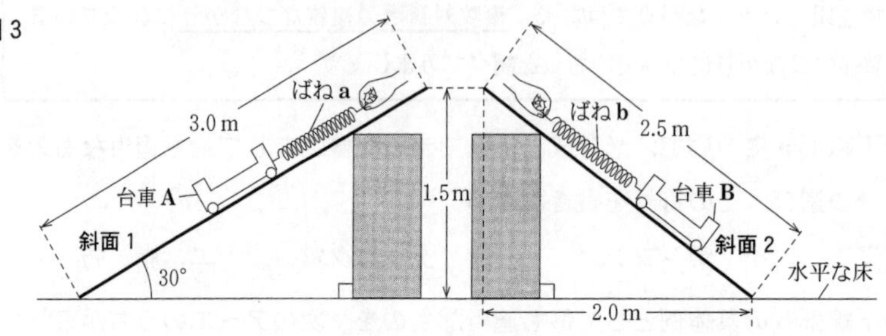

② 台車 **A** に 100 g のおもりを 1 個のせ，台車 **A** が静止したときのばね **a** の長さを調べた。台車 **A** にのせる 100 g のおもりの個数を 2 個，3 個…としたときのばね **a** の長さをそれぞれ調べた。

③ ②と同様に，台車 **B** に 100 g のおもりを 1 個，2 個，3 個…とのせたときのばね **b** の長さをそれぞれ調べた。すると，台車 **A** にのせたおもりと，台車 **B** にのせたおもりが，それぞれある個数のとき，ばね **a**，**b** の長さが等しくなることがあった。

(1) **実験 1** において，ばねがのびて静止しているとき，おもりにはたらく力はつり合っている。次の文は，力のつり合いについて述べたものである。文中の [x] にあてはまる最も適当なことばを書きなさい。

> 2 つの力がつり合っているとき，2 つの力の大きさは [x] ，2 つの力の向きは反対で，2 つの力は一直線上にある。

(2) **実験 1** の**表**をもとに，ばねにはたらく力の大きさとばねののびの関係を表したグラフとして最も適当なものを，次の**ア**～**エ**のうちから一つ選び，その符号を書きなさい。

ア

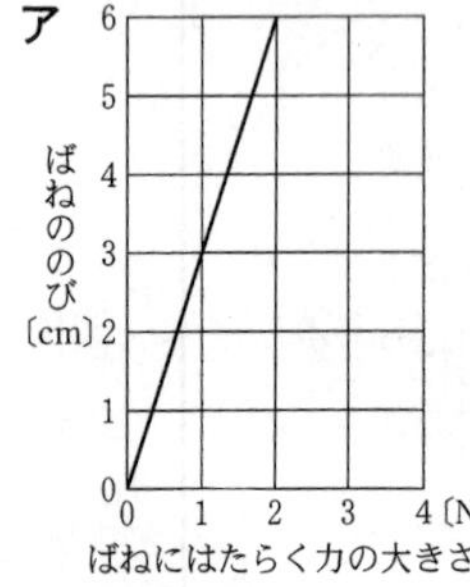

イ

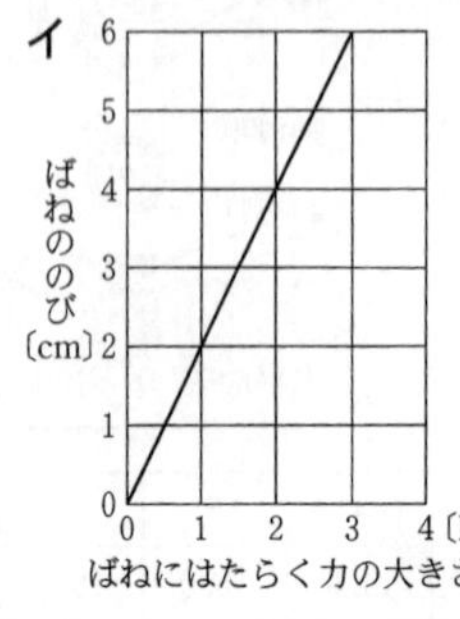

ウ

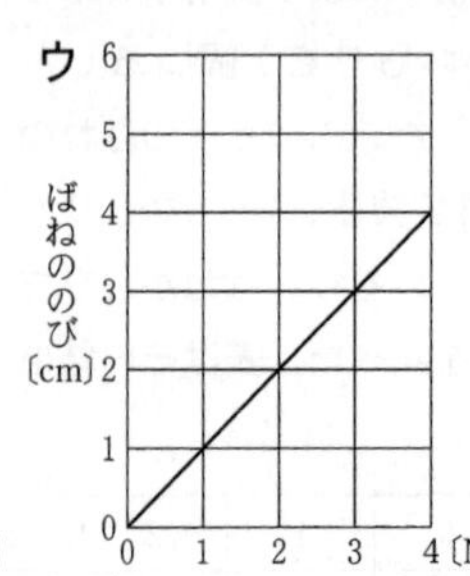

エ

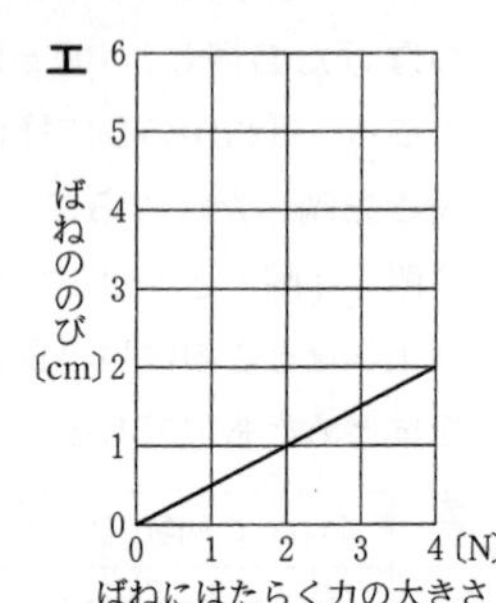

(3) **実験**2，3について，次の(a)，(b)の問いに答えなさい。

(a) **図**4の矢印は，**実験**2における，台車にはたらく重力を示している。重力の斜面に平行な分力を，解答欄の図中に矢印でかきなさい。なお，重力の作用点は，すでに示してある・を使うこと。また，作図の参考のため方眼を示してある。

図4

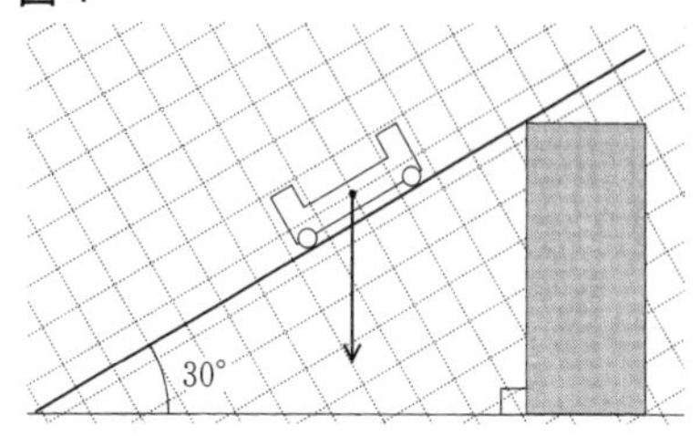

(b) **実験**3の③で，ばね**a**，**b**の長さが等しくなったのは，台車**A**と台車**B**にそれぞれおもりを何個のせたときか。最も少ないおもりの個数の組み合わせを書きなさい。

8 **S**さんは，地球温暖化と電池について調べました。これに関する先生との会話文を読んで，あとの(1)～(3)の問いに答えなさい。

> **S**さん：化石燃料を燃やすことで生じる<u>二酸化炭素</u>（**a**）などの気体には温室効果があり，それらの気体の増加が，地球温暖化の原因になっていることがわかりました。
>
> 先　生：地球温暖化を防止するためには，化石燃料に頼（たよ）らない，効率的な電気エネルギーのつくり方を考えなければなりません。
>
> **S**さん：二酸化炭素を排出（はいしゅつ）しない電気エネルギーのつくり方として，私は，授業で学んだ電池について興味を持ちました。
>
> 先　生：電池には，充電（じゅうでん）ができる［　x　］電池と，充電ができない［　y　］電池があります。携帯（けいたい）電話に使われる［　z　］は充電ができる電池でしたね。
>
> **S**さん：はい。電池の中でも私が特に興味を持ったのは，燃料電池です。燃料電池は，<u>水素と酸素を反応させて</u>（**b**）電気エネルギーを取り出すしくみです。燃料電池がもっと普及（ふきゅう）したら，化石燃料の消費が減り，地球温暖化を防止できるのではないかと考えています。
>
> 先　生：燃料電池について，もっと詳（くわ）しく調べてみましょう。

(1) 会話文中の下線部**a**について，二酸化炭素を発生させる方法として最も適当なものを，次の**ア**～**エ**のうちから一つ選び，その符号を書きなさい。

ア　石灰石（せっかいせき）に塩酸を加える。

イ　亜鉛（あえん）に塩酸を加える。

ウ　二酸化マンガンにうすい過酸化水素水を加える。

エ　塩化アンモニウムと水酸化バリウムを混ぜ，水を加える。

(2) 会話文中の［　x　］～［　z　］にあてはまるものの組み合わせとして最も適当なものを，次の**ア**～**エ**のうちから一つ選び，その符号を書きなさい。

ア　**x**：一　次　　**y**：二　次　　**z**：マンガン乾電池

イ　**x**：一　次　　**y**：二　次　　**z**：リチウムイオン電池

ウ　x：二　次　　　y：一　次　　　z：マンガン乾電池

エ　x：二　次　　　y：一　次　　　z：リチウムイオン電池

(3)　会話文中の下線部bについて，次の①，②の問いに答えなさい。

①　水素と酸素が化合して水ができるときの化学変化を表したモデルとして最も適当なものを，次のア～エのうちから一つ選び，その符号を書きなさい。ただし，水素原子を○，酸素原子を●，水分子を○●○で表すものとする。

ア　○○　＋　●　→　○●○

イ　○　○　＋　●　→　○●○

ウ　○○　○○　＋　●●　→　○●○　○●○

エ　○　○　○　○　＋　●　●　→　○●○　○●○

②　水素と酸素が化合して水ができるときの化学変化を化学反応式で書きなさい。

9　Sさんは，ある年の12月に大分県の祖父のところへ行ったときの**天気のようす**をまとめました。これに関して，あとの(1)～(3)の問いに答えなさい。

天気のようす

12月の2日から3日，九州地方は移動性高気圧に覆(おお)われ，おだやかに晴れていた。祖父の家のある大分県の日田(ひた)でも，12月2日は朝から夜まで晴れていた。3日の朝6時に家の外に出てみると，一面に<u>霧(きり)</u>が発生していた。この霧は9時を過ぎると晴れ始め，10時以降は夜まで晴れだった。

図は，12月3日9時の天気図，**表1**は，12月3日の日田における気温と湿度(しつど)を表したものである。

図

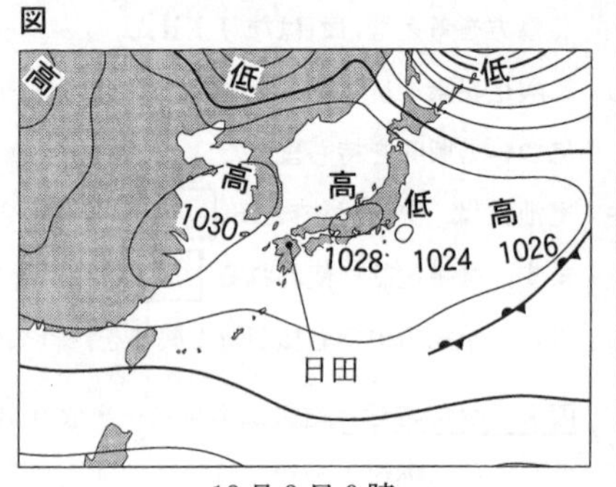

12月3日9時

表1

時　刻〔時〕	5	6	7	8	9	10	11	12	13
気　温〔℃〕	1.2	1.0	0.6	0.7	2.0	6.3	10.6	13.4	16.0
湿　度〔%〕	100	100	100	100	100	79	60	49	44

(1)　**天気のようす**の下線部について，霧を表す天気記号はどれか。次の**ア**～**エ**のうちから最も適当なものを一つ選び，その符号を書きなさい。

ア 　　イ 　　ウ　　エ 

(2)　次の文章は，霧の発生について述べたものである。あとの①，②の問いに答えなさい。

くもった日と比べると，風がない晴れた日の夜は，<u>熱が地面から宇宙空間へ逃(に)げて</u>，地面の温度と気温が大きく下がりやすい。気温が下がって地表付近の空気が［　x　］に達すると，空気中に含(ふく)まれていた［　y　］の一部が細かい［　z　］となる。これが霧である。

① 文章中の下線部は，離(はな)れた物体へ熱が移動する現象を表している。このような熱の伝わり方を何というか。次の**ア**～**エ**のうちから最も適当なものを一つ選び，その符号を書きなさい。

ア 伝　導　　**イ** 対　流　　**ウ** 放　射　　**エ** 吸　収

② 文章中の［ x ］～［ z ］にあてはまるものの組み合わせとして最も適当なものを，次の**ア**～**エ**のうちから一つ選び，その符号を書きなさい。

ア x：露(ろ)点(てん)　y：水(すい)滴(てき)　z：水蒸気

イ x：露　点　y：水蒸気　z：水　滴

ウ x：融　点　y：水　滴　z：水蒸気

エ x：融　点　y：水蒸気　z：水　滴

(3) **表2**は，気温と飽和(ほうわ)水蒸気量の関係を表したものである。12月3日13時の日田における空気 $1\ m^3$ の中には，何 g の水蒸気が含まれているか。小数第3位を四捨五入して書きなさい。

表2

気　温〔℃〕	10.0	11.0	12.0	13.0	14.0	15.0	16.0	17.0	18.0	19.0
飽和水蒸気量〔g/m^3〕	9.4	10.0	10.7	11.4	12.1	12.8	13.6	14.5	15.4	16.3

〈条件〉

① **二段落構成**とし、**十行以内**で書くこと。

② 前段では、**ポスター2**がどのように工夫されているかについて、**ポスター1**との違いをふまえて書くこと。

③ 後段では、**ポスター2**で、なぜマナーが改善されたのか、あなたの考えを書くこと。

〈注意事項〉

① 氏名や題名は書かないこと。

② 原稿用紙の適切な使い方にしたがって書くこと。
ただし、〜や──などの記号を用いた訂正はしないこと。

資料

ポスター1

図書館使用マナー向上委員会

食べたり飲んだりしないこと
本を乱暴に扱わないこと
館内で騒がないこと
返却期限を超えないこと

ポスター2

図書館使用マナー向上委員会

感性を味わい、知恵を栄養に
本は友だち、優しい心で
読書に夢中、学習に集中
感動をリレーしよう

（絵文字は、公益財団法人図書館振興財団が作成したもの）

エ　光國は兄思いの根が優しい人物として、兄は物静かだが自分にも他人にも厳しい人物として描かれている。

七

次の文章を読み、あとの(1)～(4)の問いに答えなさい。

小寺金七(注1)、その弟五左衛門、及び弟子二、三人も引き連れ、大阪へ勧進能(注2)に行く。金七は石橋(注3)をうつ。大阪の旅宿へ着くと、五左衛門も弟子も、朝暮に［ A ］をなす。金七はただ一度扇にていささか下稽古し、その余（そのほか）はただ散歩して（遊び歩いて）在宿せず。当日に至つて、石橋をよくうち、諸人に誉めらる。他日弟子どもこのことを言ひ出して、「B及ぶべからず」といふ。金七微笑していはく、「予が弟も何れも方も（我が弟も弟子の皆様も）、大鼓の下稽古めさるる（なさるのは）、悪しきことにてはなし。しかれども C平生の心持ち、今少し行き届かず。稽古済みてばちを下に置かるると、最早胸中に大鼓なし。予は二六時中（一日中）、胸中に大鼓なきときあらず」といひしとかや。この語至理あり（きわめてもっともな道理がある）。(注4)芸文のこと、全くこのとおりなるぞ。

（『孔雀楼筆記』による。）

（注1）　小寺金七＝当時の大鼓の名手。
（注2）　勧進能＝見物料をとって演ずる能。
（注3）　石橋＝能の曲目。
（注4）　芸文＝芸術、学問。

(1)　文章中の いはく を現代仮名づかいに改め、**全てひらがな**で書きなさい。

(2)　文章中の［ A ］に入る言葉を、文章中から**六字**で**抜き出して**書きなさい。

(3)　文章中に B及ぶべからず とあるが、弟子たちは金七についてどのように思って「及ぶべからず」と言っているのか。最も適当なものを、次の**ア**～**エ**のうちから一つ選び、その符号を書きなさい。

ア　金七は、公演直前まで指導に心を砕き、能舞台の本番を迎えている。
イ　金七は、練習をさほどしていないのに、本番で上手に大鼓を打てる。
ウ　金七は、何度も練習を重ね、万全の態勢を整えて本番に臨んでいる。
エ　金七は、宿には居着かず出歩いて、一度も練習せずに本番に臨める。

(4)　文章中に C平生の心持ち とあるが、金七の考える「平生の心持ち」をまとめた次の文章の［　］に入る言葉を、**十字以内**で書きなさい。ただし、二つの［　］には同じ言葉を入れること。

> 大鼓が上手になるためには、常に［　］という心掛けが大切である。私は一日中、［　］。

八

下の**資料**は図書館に掲示したポスターです。この図書館では、もともと**ポスター1**を掲示していましたが、**ポスター2**に張り替えたところ、マナーの改善が見られるようになりました。このことについて、次の〈条件〉にしたがい、〈注意事項〉を守って、あなたの考えを書きなさい。

（注4）　二度と稽古はやらない＝兄はかつて、対抗心むき出しの稽古をする光國に対し、二度と稽古はしないと伝えていた。
（注5）　肝試し、体力試し＝武士としての度胸をつけるための厳しい試練。
（注6）　子龍＝光國の別名。

(1)　文章中のAむやみと背に火を付けられたような焦り（あせ）とは、具体的にどのような気持ちか。次の文の［　］に入る言葉を、「兄」という言葉を使って**十字以内**で書きなさい。

> 「何としてでも、おれが世子になる。［　］。」という気持ち。

(2)　文章中の［B］に入る言葉として最も適当なものを、次の**ア**～**エ**のうちから一つ選び、その符号を書きなさい。
ア　光國の疱瘡を治療した
イ　光國の憤りを和らげた
ウ　光國を孤独から救った
エ　光國を穏やかに諭した

(3)　文章中の［C］に入る、心情を表す言葉を、［C］**より前**の文章中から**三字**で**抜き出して**書きなさい。

(4)　文章中にD稽古をしようよとあるが、この言葉は光國のどのような思いから発せられた言葉か。最も適当なものを、次の**ア**～**エ**のうちから一つ選び、その符号を書きなさい。
ア　兄への謝罪や感謝といった今の自分の気持ちを、何とかして伝えなければならないという思いから。
イ　兄に対する怒りが悲しみに変わったことにより、自分がどうしてよいかわからないという思いから。
ウ　自分も兄と同じ病気を克服したことで、兄の頼もしさが理解できたことを伝えたいという思いから。
エ　自分が世子であることへの不安を消し去ってくれた兄に、親愛の気持ちを伝えたいという思いから。

(5)　文章中にE同じように真面目な顔をしてみせながら告げたとあるが、この表現から読み取れる、光國の気持ちとして最も適当なものを、次の**ア**～**エ**のうちから一つ選び、その符号を書きなさい。
ア　兄の献身的な看病の末に命が救われたことで、生き残ろうとする力が少しずつわき上がり、兄に感謝する気持ち。
イ　兄の、父に対する思いを誤解していたことに気付いたことで、同じ父親をもつ兄弟として、兄に共感する気持ち。
ウ　兄との会話の中で頼もしさと恰好良さを感じたことで、兄こそが世子になるべきだと思い、兄を尊敬する気持ち。
エ　兄が自分を見守ってくれていると理解できたことで、自分にとって頼りになる存在として、兄を信頼する気持ち。

(6)　文章中に描かれている光國と兄の人物像の説明として最も適当なものを、次の**ア**～**エ**のうちから一つ選び、その符号を書きなさい。
ア　光國は負けず嫌いで幼さが残る人物として、兄は温和で人間としての器が大きい人物として描かれている。
イ　光國は素直で明るく前向きな性格の人物として、兄は思慮深くて気配りができる人物として描かれている。
ウ　光國は内気な性格で冷静さを併せ持つ人物として、兄は穏やかで弟思いの優しい人物として描かれている。

という誇りの根源たる名である。

光國にとっては、兄のこの名を聞くだけで、

(おれが世子(注2)だぞ)

A むやみと背に火を付けられたような焦りを感じさせられるのが常だった。これもまた、父・頼房がもたらした混乱の種だ。父はたいてい光國を幼名の「お長」と呼ぶ。そして「長」もまた一般的に長子を連想させる。まるで世子が二人いるかのような扱いだった。

そういう焦慮と混乱が、綺麗に消えていた。すっかり心が変質してしまったようだった。意識して自分を焚きつけねば、それまでのように兄の存在に対して激しい憤りを感じられなくなっていた。

兄はそんな光國の心情を知ってか知らずか、ほぼ毎日、顔を見に来てくれた。そのたびに家の様子を事細かに話し、[B]。

ひと月ほどして喉の痛みが治まり、がらがら声で喋ることができるようになった頃、やっと兄について理解できていた。兄は病気に倒れた者の孤独をよく知っているのだ。

自身も疱瘡に罹り、全快までに一年半余も費やしたのだから当然である。そのとき兄が抱いたであろう孤独が光國にも理解できる。いや、弟たちの誰一人として見舞いに来なかったのだ。光國以上の、凍えるような寂しさの中で、死病と闘っていたはずだった。

ひどく申し訳なかった。死に損ないなんて思ってごめんなさい。もらった犬人形(注3)に向かってだけは、[C] そう謝れた。だが兄に対して直接口にすることはなかった。これまで抱いてきた激しい思いとあまりに違いすぎて、どうしていいかわからなかった。

代わりに、手や顔の発疹が次々にかさぶたになって剝がれるようになったある日、

D「稽古をしようよ」

小さな声で言った。あまりに声が掠れて小さすぎた。だから聞こえていないと思った。だが手拭いを絞っていた兄は、ひょいと振り返って、にこりと笑った。

「元気になったらな」

途端に、ぱっと光國の中で花でも咲いたような明るさが湧いた。二度(注4)と稽古はやらないと改めて言われると思っていた。無性に嬉しかった。答えを聞いた後で胸がどきどきした。

ふいに兄が真顔になり、

「その前に、覚悟しておかなくちゃいけないぞ。父上のことだ」

「父上？」

「あの人は、試さずにはいられないんだ」

父の肝試し(注5)、体力試しのことだった。光國はうなずいた。正直、不安には思わなかった。それよりも兄が父を「あの人」と呼んだことが大人っぽくて驚いた。ひどく恰好良く、頼もしかった。自分にはこの兄がいる。その事実が勇気を与えてくれるなどとは、それまで考えたこともなかった。

「おれは大丈夫」

E 同じように真面目な顔をしてみせながら告げた。

「頑張れ、子龍(注6)」

兄は優しく微笑みながらうなずいてくれた。

(冲方丁『光圀伝』による。)

(注1)　長子＝長男。家名を継ぐべき子。

(注2)　世子＝大名の世継ぎ。

(注3)　犬人形＝兄がくれた小さな赤い犬の人形。厄除けのお守り。

う特徴。

ウ　性別や年齢などの違いを表すための語彙が、豊富に存在するという特徴。

エ　一つの言葉が、場面や状況に応じた多様なニュアンスをもつという特徴。

(2) 文章中に「人さまから叱責される」ことを指すさまざまな語彙の中で、今、現実の会話の中に残っているのは、ほとんど「怒られる」という言い回しだけである[B] とあるが、この例からわかることを説明した次の文の［　　］に入る言葉を、文章中から**十二字**で**抜き出して**書きなさい。

> 私たちが言葉を使う際に、［　　］ことを怠っているということ。

(3) 文章中の［C］に入る言葉として最も適当なものを、文章中から**抜き出して**、**漢字三字**で書きなさい。

(4) 文章中に自分を鍛えない限り[D] とあるが、筆者が述べる「自分を鍛える」ということについてまとめた次の文の［Ⅰ］、［Ⅱ］に入る言葉を書きなさい。ただし、［Ⅰ］は文章中から**抜き出して六字**で書き、［Ⅱ］は「心」、「言葉」という言葉を使って**十五字以内**で書くこと。

> 自分が得た感動を、「よかった」「面白かった」などの言葉で済ませてしまうような［Ⅰ］をせず、［Ⅱ］ことを繰り返すことが大切である。

(5) この文章についての説明として最も適当なものを、次の**ア**～**エ**のうちから一つ選び、その符号を書きなさい。

ア　客観的な事実に基づいて意見を述べ、筆者が感じた疑問点を段階的に整理している。

イ　普遍的な問題について、読者に身近な例を挙げながら、多様な解決策を示している。

ウ　誰もが感じる疑問をテーマにして、その疑問に答えていく形で文章をまとめている。

エ　筆者が感じている問題点について、具体例の提示を通じて読者に注意を促している。

六　次の文章を読み、あとの(1)～(6)の問いに答えなさい。

〔世継ぎに決まっていた徳川光國は、命にかかわる恐ろしい伝染病だった疱瘡に罹り、家族から隔離されてしまう。そのような中、世継ぎ話が光國から兄の頼重(幼名竹丸)に傾くかに思われた。光國は兄に強い対抗心を抱いていたが、兄は光國のもとをたびたび訪れ、いろいろな話をする。ある日、兄の話の中で、大人たちの心をも読める兄の力量に驚き、感銘を受ける。〕

(すごいな)

闘病生活で弱り切っているせいか、これまでになく素直に感心した。何より、さんざん投げられたり竹刀で叩かれたりする以上の衝撃だった。

(竹の字に負けるものか)

という、いつもの競争心を刺激されなかった。「竹」は徳川家において(注1)は長子を意味する。初代家康の幼名がそうだったからだ。家光も家康と同じ、竹千代の幼名を与えられている。家光の、「生まれながらの将軍」

それがどうした、大した問題ではないだろう……とお思いかもしれないが、実はそうでもない。語彙の減少は、［C］の鈍化につながっているからである。

先日、若い人と映画を見た。終わってからお茶を飲み、見てきたばかりの映画の話になったのだが、若者が「よかったですね」と言ったので、私は別に深い意味はなく、「どこがよかった？」と尋ねてみた。すると若者は驚いた顔をして「どこがって……」と口ごもるのである。辛うじて「映像がきれいでー」とか「音楽がよくってー」という感想は述べてくれたが、それ以上の感想はない。終いには「そんな、責めないでくださいよおー」と不機嫌な顔で言い返されてしまった。

単に表面的に「よかった」とするだけで、どこがどんなふうによかったか、心の奥深くで感じることなく、また感じたとしても言語化することができないようなのだ。

これは若者に限ったことではない。四十代の私の友人も、私から借りていった本を返してくれたとき、「よかったわあ」と言ったので、「どこがよかった？」と聞いてみた。すると彼女も「どこがって……」と口ごもるのだ。それでも私がしつこく尋ねると、最後には、「泣けたのよ。とにかくよかったの！　いいじゃないの、よかったんだから……」と怒り出す始末。私は苦笑して、そして考え込んだ。

他人事ではない。自分のこととして考えてみても、何かの本を読んだ後、映画を見た後、芝居を見た後、音楽を聴いた後、私はその感動を深く掘り下げて感じ、言語化しているだろうか。やはり映画を一緒に見た若者のように、あるいは本を貸した友人のように、単に「よかった！」で終わらせてしまっていないだろうか。

急に恐ろしくなった。「よかった」「面白かった」で、すべてを片づけ、それ以上の掘り下げをしない……というのは、説教の種類を何でもかんでも「怒られた」で済ませてしまうのと似ている。

私たちはつまり、日々押し寄せる膨大な量の新しい情報の波をかぶり、それらを処理することのみに追われながら、人間の感性や思考を育む部分では、大幅な手抜きをして生活しているのである。確かに情報には強い人間になるかもしれない。けれども、一人の人間としての感受性や思考能力は、どんどん衰えてゆきはしないだろうか。日本語の語彙が減少してきているという事実は、私たちの感性がいかに鈍くなってきたかを表している。

心の時代とか、心の豊かさという言葉をよく耳にするが、それらは社会が与えてくれるものではなく、結局、私たち自身が心の中に手を突っ込んで、糠床(注)をかき回すようにして自分を鍛えない限り(D)、手に入らないし身につかないものだと私は思う。

（神津十月『あなたの弱さは幸せの力になる』による。なお、一部表記を省略したところがある。）

（注）　糠床＝米糠に塩などを混ぜ、野菜などを漬け込むためのもの。

(1)　文章中に特徴的だった日本語の語彙の豊かさ(A)とあるが、日本語の語彙の豊かさについて、筆者はどのような特徴があると考えているか。最も適当なものを、次の**ア**～**エ**のうちから一つ選び、その符号を書きなさい。

ア　自分自身を表す言葉が時代や生活環境を問わず多く存在するという特徴。

イ　同様の意味や主旨をもつが、ニュアンスの異なる言葉が多いとい

係が適切になるように書き改めなさい。

(2) 文章中の[B]た と同じ意味で使われているものとして最も適当なものを、次の**ア**～**エ**のうちから一つ選び、その符号を書きなさい。

ア 空にかかった虹の美しさに見とれる。
イ たった今家を出たと電話で連絡する。
ウ 昨日見た番組について友だちと語る。
エ 風景が描かれたカレンダーをかざる。

(3) 文章中の[C]もらいました を適切な謙譲語に直して、一文節で書きなさい。

(4) 文章中の［　D　］に入ることわざとして最も適当なものを、次の**ア**～**エ**のうちから一つ選び、その符号を書きなさい。

ア 百聞は一見にしかず　　**イ** 目は口ほどにものを言う
ウ 木を見て森を見ず　　**エ** 人のふり見て我がふり直せ

五

次の文章を読み、あとの(1)～(5)の問いに答えなさい。

最近、日本語の「語彙」がとても減ってきているのだそうだ。

もともと日本語というのは語彙が豊富な言語で、同じ意味のことでも、さまざまな言葉や言い回しがあり、その中のどれを使うかによって、いろいろなことが想像できるような仕組みになっている。たとえば「自分自身」を指す言葉ひとつとっても「わたし」「わたくし」「あたし」、あるいは「僕」「俺」「わし」「自分」、変わったところでは「おいら」「こちとら」とさまざまである。

そして、相手がどのように自分を言うかによって、性別や年齢、生活環境などが何となくわかる。私たちは無意識の中で、そのような多様な言葉を見聞きしながら、実は言葉のニュアンスを感じて、言葉以上のものを推理したり想像したりしているわけである。

ところが冒頭で述べたように、最近はこの[A]特徴的だった日本語の語彙の豊かさが、薄れ始めているというのである。

例を挙げてみる。「怒られる」という言葉がある。この言葉に類するものには「叱られる」「雷を落とされる」「お目玉を食らう」「小言を言われる」「諭される」「戒められる」「諫められる」などがある。

けれどもこの、[B]「人さまから叱責される」ことを指すさまざまな語彙の中で、今、現実の会話の中に残っているのは、ほとんど「怒られる」という言い回しだけである。

女子高校生が駅のホームで、「私、昨日の夜さあ、親に諫められちゃったー！」などと言っている光景に出会ったことなど、まずないはずである。

言葉としては、「戒められる」も「小言を言われる」も残ってはいるだろうが、現実的にはほとんど使われない。つまりそれらは死語になりつつあるのだ。

丁寧に言い回しを比べてみると、それぞれにはやはり違ったニュアンスがある。「小言」と「諭」は明らかに説教内容が違うだろうし、「お目玉を食らう」のと「諫められる」のでは説教の重さが違うし、「怒られた」のと「叱られた」のでは非の度合いが違うだろう。けれども、それらのニュアンスの異なる言い回しはほとんど、「怒られる」一つに統一されてしまった。

つまり言葉を使う側も、言葉を受け止める側も、ニュアンスの差を考慮することがなくなってしまったのである。

これはほんの一つの例だが、豊富な語彙が一つ二つの言い回しに統一される現象は、多くの言葉に見られることなのである。

ア　この詩のある言葉について、記念式典の厳かな雰囲気に合う、あらたまった表現を提案している。

イ　この詩のある言葉について、詩を聞く人に意味や意図が伝わるように、別の言葉を提案している。

ウ　この詩のある言葉について、詩の内容を多面的な視点から捉えながら、複数の例を提案している。

エ　この詩のある言葉について、強調部分を明確にするために、用語を吟味することを提案している。

聞き取り検査終了後、3ページ以降も解答しなさい。

二　次の(1)～(4)の――の漢字の読みを、**ひらがな**で書きなさい。

(1)　詳しい状況を尋ねる。

(2)　緑の芝生は市民の憩いの場だ。

(3)　作品の巧拙は問わない。

(4)　これはあくまでも暫定的な計画である。

三　次の(1)～(5)の――のカタカナの部分を**漢字**に直して、楷書で書きなさい。

(1)　彼は調査隊をヒキいて北極点を目指した。

(2)　ケワしい山道を登る。

(3)　飛行機のモケイを作る。

(4)　セツビの整った体育館で練習する。

(5)　簡単にできると思っていても、ユダンタイテキだ。

四　次の文章は、高校生の松本さんに対して、中学生の島田さんと山内さんが、高校進学に向けての心構えなどについてインタビューしている様子です。これを読み、あとの(1)～(4)の問いに答えなさい。

島田さん　学習面で、大切にしていたことはありますか。

松本さん　それは、三つありますね。毎日の授業をきちんと受けることと、得意科目も不得意科目もバランスよく学習すること、そして、わずかな時間も有効に使うことです。

山内さん　「毎日の授業をきちんと受ける」ということですが、何か心がけていたことはありますか。

松本さん　特に心がけていたことは、授業に積極的に参加するために、予習や復習にしっかり取り組みました[A]。

山内さん　勉強していて、くじけそうになったときは、どのようにして乗り越えたのですか。

松本さん　学習面では、難しい問題があっても、あきらめずに、先生や友だちに何度も質問するようにしました。また、気持ちの面では、秋の体育祭のときにクラスメートと撮っ[B]た写真を見て、やる気を奮い立たせてきました。

島田さん　最後に、志望校を選ぶときのアドバイスをお願いします。

松本さん　高校を選ぶための資料は、担任の先生から、たくさんもらいましたが[C]、やはり自分で足を運び、確かめるのがいいですね。文化祭などに行くと、高校の雰囲気などがよくわかると思います。

山内さん　まさに、［　D　］ということわざのとおりですね。

---

(1)　文章中の取り組みました[A]を、特に心がけていたことは　との関

※注意　各ページの全ての問題について、解答する際に字数制限がある場合には、句読点や「　」などの符号も字数に数えること。

一　これから、中学校の創立五十周年記念式典に向けて、作った詩を朗読する宮田さんと、友人の山崎さんが会話をする場面と、それに関連した問いを四問放送します。詩は1ページに印刷されています。よく聞いて、それぞれの問いに答えなさい。

（放送が流れます。）

［宮田さんの詩］

僕たちの桜

桜の木よ
僕たちが生まれるはるか昔から
この場所に立ち続けてきたんだね

桜の木よ
来る年も来る年も中学生を迎えてくれた
優しさの花びらで

桜の木よ
うれしい時や楽しい時
見守ってくれたね　僕たちの笑顔を

桜の木よ
さびしい時や悲しい時
寄り添ってくれたね　僕たちの涙に

これからも
枝を伸ばし花を咲かせて
応援しておくれ
僕たちの向上を

(1)（問いを放送します。）

［選択肢］

ア　親しい仲間に呼びかけるように、全てを明るく元気な声で読んでいる。

イ　木の枝の先まで声が届くように、だんだん声を大きくして読んでいる。

ウ　気持ちの高ぶりを表すように、少しずつ読む速度を上げて読んでいる。

エ　さまざまな思いを語りかけるように、抑揚を明らかにして読んでいる。

(2)（問いを放送します。）

［選択肢］

ア　桜の木が、創立当時から中学校の象徴になっていること。

イ　桜の木が、満開の花を咲かせて新入生を迎えていること。

ウ　桜の木が、常に生徒たちの学校生活とともにあったこと。

エ　桜の木が、中学生の努力する姿を励まし導いていくこと。

(3)（問いを放送します。）

(4)（問いを放送します。）

［選択肢］

桜の木よ
来る年も来る年も中学生を迎えてくれた
優しさの花びらで

桜の木よ
さびしい時や悲しい時
寄り添ってくれたね　僕たちの涙に

山崎　いい詩だね。「桜の木よ」の読み方が工夫されていて、とてもよかったよ。
（合図音A）
問いの(1)　山崎さんが感じた、宮田さんの読み方の工夫について、最も適当なものを、選択肢ア～エのうちから一つ選び、その符号を書きなさい。
（15秒空白）
（合図音B）
山崎　それから、特に、対句の部分は、リズムが感じられて、印象に残るね。
宮田　そこは、いちばん伝えたいことだったから、印象に残るように対句を使ってみたんだ。
（合図音A）
問いの(2)　宮田さんの言う、いちばん伝えたいこととして最も適当なものを、選択肢ア～エのうちから一つ選び、その符号を書きなさい。
（15秒空白）
（合図音B）
山崎　一箇所、読み方で気になるところがあったよ。せっかく歳月の流れを反復表現を使って表しているのに、今の読み方だと思いが伝わってこないのではないかな。もっとゆっくり感情を込めて読んだほうがいいと思うよ。
（合図音A）
問いの(3)　山崎さんが、宮田さんの読み方について指摘した部分はどこですか。詩の中から十字以内で抜き出して書きなさい。
（18秒空白）
（合図音B）
山崎　もう一つ、詩の言葉についてなのだけれど、最後に出てくる「向上」という言葉は、言い換えたらどうかな。例えば「成長」なんてどうだろう。この詩を初めて聞く人は「向上」という言葉を聞いても、すぐには意味が思い浮かびにくいと思うんだ。この詩は、記念式典で読む詩だし、私たちが桜の木に見守られながら、これからも歩んでいくことを表しているよね。だから、一人一人が伸びていくという意味もあるし、もっと吟味したらいいのではないかな。
宮田　確かにそうだなあ。ありがとう。
（合図音A）
問いの(4)　山崎さんのアドバイスの仕方を説明したものとして最も適当なものを、選択肢ア～エのうちから一つ選び、その符号を書きなさい。
（5秒空白）
放送は以上です。3ページ以降も解答しなさい。

国語

平成三十年度　前期選抜　学力検査　国語聞き取り検査放送用CD台本

（チャイム）

これから、国語の学力検査を行います。まず、問題用紙の1ページと2ページがあることを確認しますので、放送の指示に従いなさい。

（2秒空白）

では、問題用紙の1ページと2ページを開きなさい。

（3秒空白）

確認が終わったら、問題用紙を閉じなさい。1ページと2ページがない人は手を挙げなさい。

（10秒空白）

次に、解答用紙を表にし、受検番号、氏名を書きなさい。

（20秒空白）

最初は聞き取り検査です。これは、放送を聞いて問いに答える検査です。問題用紙の1ページと2ページを開きなさい。

（4秒空白）

一　これから、中学校の創立五十周年記念式典に向けて、作った詩を朗読する宮田さんと、友人の山崎さんが会話をする場面と、それに関連した問いを四問放送します。詩は1ページに印刷されています。よく聞いて、それぞれの問いに答えなさい。

（2秒空白）

なお、やりとりの途中、（合図音A）という合図のあと、問いを放送します。また、（合図音B）という合図のあと、場面の続きを放送します。

1ページと2ページの余白にメモをとってもかまいません。では、始めます。

宮田　いよいよ来月、僕たちの学校の記念式典があるね。式典の中で発表する詩の原案ができたから、感想や気付いたことがあったら、どんなことでもアドバイスしてほしいんだ。試しに読んでみるね。

僕たちの桜
桜の木よ
僕たちが生まれるはるか昔から
この場所に立ち続けてきたんだね

桜の木よ
うれしい時や楽しい時
見守ってくれたね　僕たちの笑顔を

これからも
枝を伸ばし花を咲かせて
応援しておくれ
僕たちの向上を

千葉県公立　平成30年度後期選抜学力検査

数　学

1 次の(1)～(6)の問いに答えなさい。

(1) $-10-(-4)$ を計算しなさい。

(2) $6\times\left(-\dfrac{2}{3}\right)^2$ を計算しなさい。

(3) $4(3x-2y)-5(x-2y)$ を計算しなさい。

(4) $xy^2\div 2y\times 8x$ を計算しなさい。

(5) $\sqrt{3}(\sqrt{12}+\sqrt{6})$ を計算しなさい。

(6) 二次方程式　$2x^2-3x-4=0$ を解きなさい。

2 次の(1)～(5)の問いに答えなさい。

(1) 右の図の直方体において，辺ABとねじれの位置にある辺を，次の**ア**～**エ**のうちから1つ選び，符号で答えなさい。

ア　辺BC　　　**イ**　辺FG

ウ　辺GH　　　**エ**　辺BF

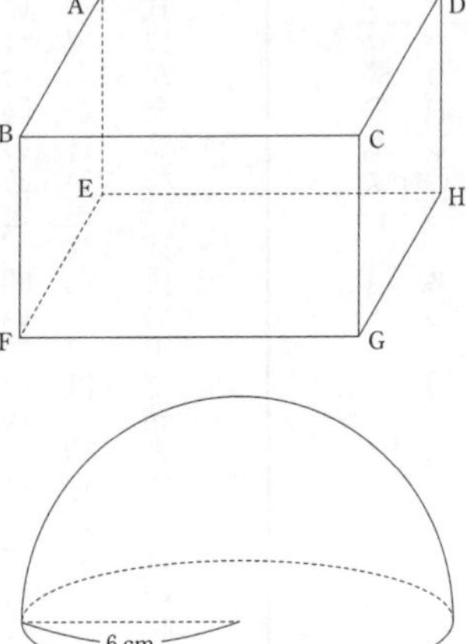

(2) 右の図のように，半径6cmの半球がある。この半球の体積を求めなさい。

ただし，円周率はπを用いることとする。

(3) 関数$y=ax^2$について，xの値が2から6まで増加するときの変化の割合は-4である。このとき，aの値を求めなさい。

(4) 下の図のように，袋Aには，1，3，5，7，9の数字が1つずつ書かれた5枚のカードが入っている。また，袋Bには，2，4，6，8の数字が1つずつ書かれた4枚のカードが入っている。

この2つの袋の中から，それぞれ1枚ずつカードを取り出したとき，その2枚のカードに書かれた数の積が，6の倍数となる確率を求めなさい。

ただし，それぞれの袋について，どのカードの取り出し方も同様に確からしいものとする。

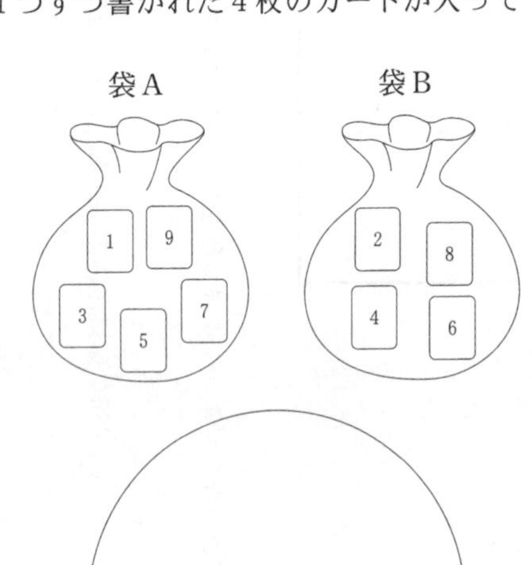

(5) 右の図のように，線分ABを直径とする半円がある。線分ABの中点をOとし，$\overset{\frown}{AB}$上に点Pをとり，$\angle POB=30^\circ$となる線分OPを作図によって求めなさい。また，2点の位置を示す文字O，Pも書きなさい。

ただし，三角定規の角を利用して直線をひくことはしないものとし，作図に用いた線は消さずに残しておくこと。

3 下の図のように，関数$y=ax^2$のグラフ上に，3点A，B，Cがある。点Aの座標は$(-2,1)$で，点B，Cのx座標は，それぞれ2，6である。また，原点O，点B，C，Aを結び，四角形OBCAをつくる。

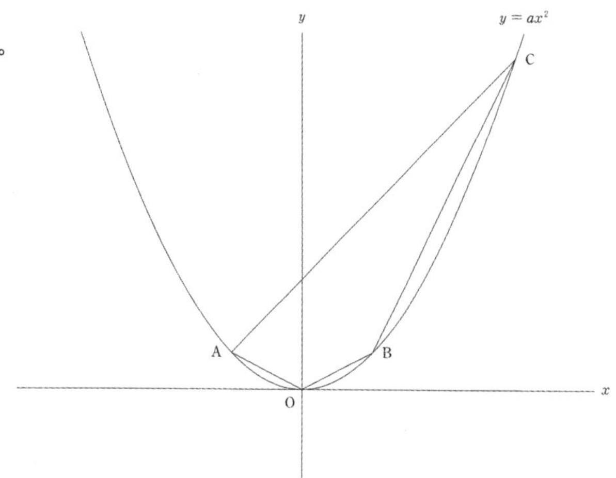

このとき，次の(1)～(3)の問いに答えなさい。

ただし，$a>0$とする。

(1) aの値を求めなさい。

(2) 2点O，Cを通る直線に平行で，点Bを通る直線の式を求めなさい。

(3) 点Cを通り，四角形OBCAの面積を2等分する直線と直線OAの交点の座標を求めなさい。

4 右の図のように，AB＝ACの二等辺三角形ABCがある。辺ACの延長線上に点Dを，AC＝CDとなるようにとり，点Bと点Dを結ぶ。また，辺AB，ACの中点をそれぞれE，Fとし，線分BFと線分CEの交点をGとする。

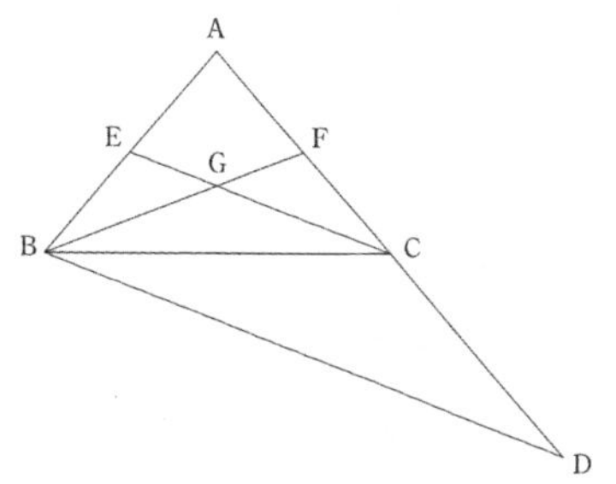

このとき，次の(1)，(2)の問いに答えなさい。

(1) △BEG∽△DFBとなることの証明を，下の［　　］の中に途中まで示してある。

［(a)］，［(b)］に入る最も適当なものを，次ページの**選択肢のア～カ**のうちからそれぞれ1つずつ選び，符号で答えなさい。また，［(c)］には証明の続きを書き，**証明**を完成させなさい。

ただし，［　　］の中の①～④に示されている関係を使う場合，番号の①～④を用いてもかまわないものとする。

証明

△BCEと△CBFにおいて，

AB＝ACで，点E，Fはそれぞれ

辺AB，ACの中点であるから，

BE＝CF　……①

△ABCは，二等辺三角形であるから，

∠CBE＝［(a)］　……②

共通な辺は等しいので，

BC＝CB　……③

①，②，③より，

［(b)］がそれぞれ等しいので，

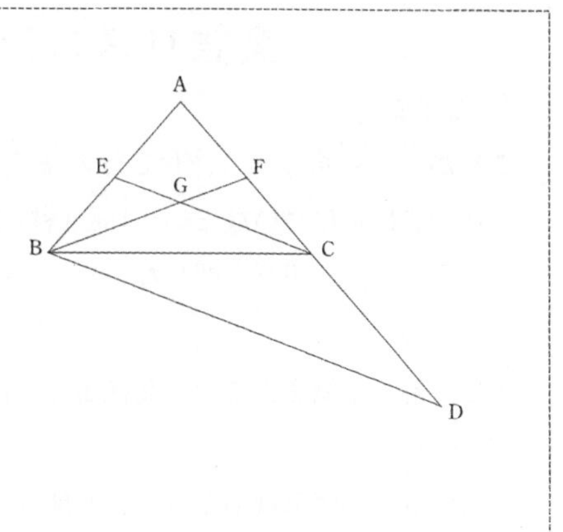

$\triangle BCE \equiv \triangle CBF$ ……④

(c)

選択肢

ア　∠CBF	**イ**　∠CFB	**ウ**　∠BCF
エ　3組の辺	**オ**　2組の辺とその間の角	**カ**　1組の辺とその両端の角

(2)　△BEGの面積が1 cm^2 のとき，△ABDの面積を求めなさい。

5　2つの自然数 a，b に対して，a を b で割ったときの商を[a ☆ b]，余りを[a ◎ b]で表すこととする。ただし，商は0以上の整数とする。

例えば，20を3で割ると商が6，余りが2であるから，[20 ☆ 3]＝6，[20 ◎ 3]＝2となる。また，3を5で割ると商が0，余りが3であるから，[3 ☆ 5]＝0，[3 ◎ 5]＝3となる。

このとき，次の(1)~(4)の問いに答えなさい。

(1)　次の［(ア)］，［(イ)］に入る数をそれぞれ書きなさい。

[37 ☆ 7]＝［(ア)］，[37 ◎ 7]＝［(イ)］である。

(2)　[a ☆ 7]＝7を成り立たせる自然数 a は全部で何個あるか，求めなさい。

(3)　[a ☆ 14]＝3…①，[a ◎ 7]＝3…②とするとき，①，②をともに成り立たせる自然数 a を，すべて求めなさい。

(4)　[a ◎ 3]＝1…①，[a ◎ 4]＝3…②とするとき，①，②をともに成り立たせる自然数 a のうち，2けたの自然数は全部で何個あるか，求めなさい。

英　語

英語リスニング放送台本

平成30年度　後期選抜　学力検査
英語リスニングテスト放送用CD台本

(チャイム)

これから，英語の学力検査を行います。まず，問題用紙の1ページ目があることを確認しますので，放送の指示に従いなさい。(間2秒)では，問題用紙の1ページ目を開きなさい。(間3秒)確認が終わったら，問題用紙を閉じなさい。1ページ目がない人は手を挙げなさい。

(間10秒)

次に，解答用紙を表にし，受検番号，氏名を書きなさい。

(間20秒)

それでは，問題用紙の1ページを開きなさい。(間3秒)リスニングテストの問題は，1と2の二つです。

では，１から始めます。

１は，英語の対話又は英語の文章を聞いて，それぞれの内容についての質問に答えるものです。質問の答えとして最も適当なものを，問題用紙の**A**から**D**のうちから一つずつ選んで，その符号を書きなさい。なお，英文と質問はそれぞれ２回放送します。

では，始めます。

No. 1　Waiter:　What would you like to have?

Woman:　I'd like to have Today's Lunch.

Waiter:　All right. Today's salad is tomato salad. You can choose spaghetti or pizza, and coffee, tea, or orange juice for your drink.

Woman:　OK. Let's see. Pizza and orange juice, please.

Waiter:　Would you like to have cake after lunch?

Woman:　No, thank you. Can you make the orange juice without ice?

Waiter:　Sure.

Question: What will the woman have at the restaurant?

No. 2　Diane:　Hi, Masaru. I heard you have a dog in your house.

Masaru:　Yes. His name is Ben and his bed is by the window in my room.

Diane:　Is he a good boy?

Masaru:　Hmm... not really. He never uses his bed. He is always on mine, so I can't sleep there.

Diane:　Oh, that's too bad. Where do you usually sleep?

Masaru:　I sleep on the floor by my bed.

Question: Where does Ben like to sleep?

No. 3　（校内放送のチャイム）

Hello, students. Next summer, our school will have programs for studying abroad. You can study in the United States or Canada for two weeks. If you are interested in these programs, please ask Ms. Watanabe and get more information. This will be a good chance for you to study English and to learn a lot about other cultures.

Question: What is this man talking about?

No. 4　（携帯電話の着信音）

Father:　Hello.

Alice:　Hello, Dad. Did you call me?

Father:　Yes. Alice, where are you now? Can you help me to clean the garden?

Alice:　Sorry, I can't. I'm doing my homework at the library now.

Father:　Oh, I see.

Alice:　Can you ask Tom?

Father:　He is playing soccer in the park now. I don't think he will be back soon.

Alice:　Well, I'll finish my homework in ten minutes. Then I'll be home to help you.

Question: What is Alice doing now?

No. 5　Hi, I'm Tomomi. Today I'm going to talk about an interesting dream I had yesterday. In the dream, my sister Kaori was speaking to a flower in my room. When she said to the flower, "Big," it answered, "Small." When she said, "Long," the flower answered, "Short." It was very interesting, so I tried after my sister. I said to the flower, "Old." You all know what the flower said to me.

Question: What was the flower's answer to Tomomi?

次は２です。

２は，英語の対話を聞いて，数字と英単語を答えるものです。この対話では女性が話した内容を男性がメモを取っています。①にはあてはまる数字を，②にはあてはまる英単語１語を書いてそのメモを完成させなさい。ただし，□には１文字ずつ入るものとします。なお，対話は２回放送します。

では，始めます。

Man: Will you tell me where you work, Ms. Tracy?

Ms. Tracy: Yes. My office is at 1520 (fifteen-twenty) Green Street, Melbourne, Australia.

Man: Uh-huh. Please tell me how to write "Melbourne."

Ms. Tracy: OK. M-e-l-b-o-u-r-n-e.

Man: Thanks a lot.

以上で，リスニングテストを終わります。２ページ以降の問題に答えなさい。

1　英語リスニングテスト（放送による指示に従って答えなさい。）

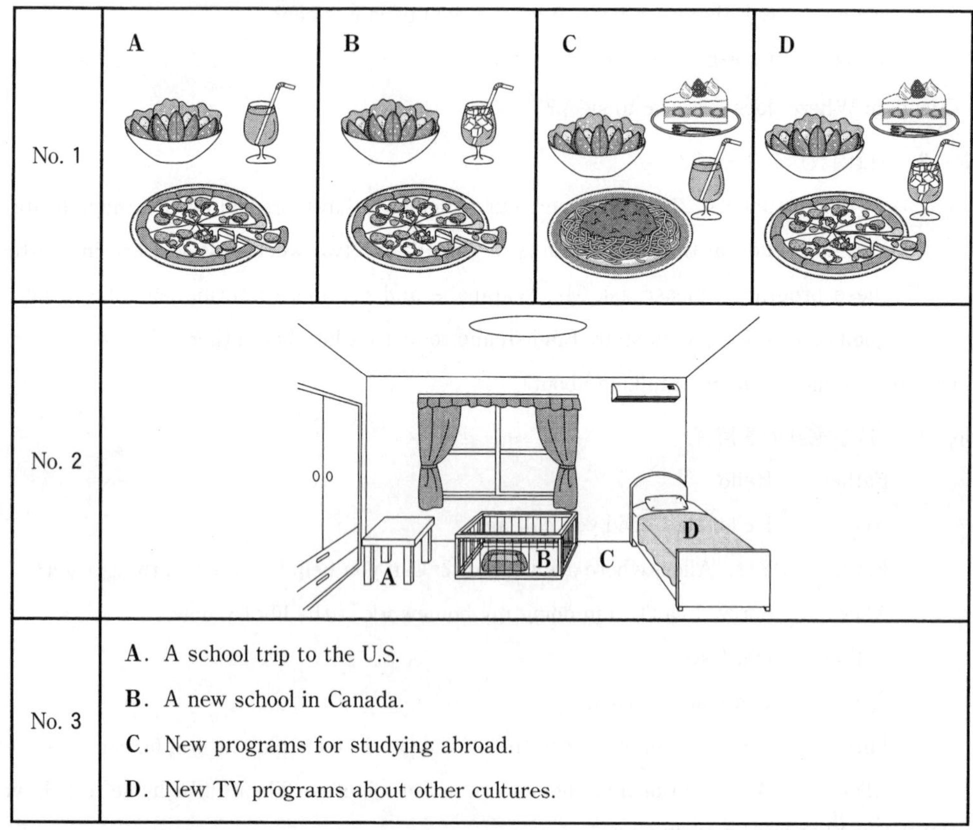

No. 4	**A**. She is cleaning the garden. **B**. She is doing her homework. **C**. She is playing soccer. **D**. She is helping her father.
No. 5	**A**. Animal. **B**. Brother. **C**. One. **D**. Young.

2　英語リスニングテスト(**放送**による**指示**に従って答えなさい。)

Ms. Tracy's office
(① □□□□) *Green Street*
(② M□□□□□□□□□), *Australia*

3　次の(1)~(3)のそれぞれの対話文を完成させなさい。ただし，(　　　)の中の**ア**~**オ**を正しい語順に並べかえ，その順序を符号で示しなさい。

(1) A: My house (**ア** of　**イ** the　**ウ** end　**エ** at　**オ** is) this street.
B: OK. Let's go.

(2) A: Why were you so late?
B: Because I didn't know (**ア** I　**イ** take　**ウ** bus　**エ** which　**オ** should).

(3) A: Do you have any plans for this holiday?
B: Yes. I'll go to an island (**ア** is　**イ** for　**ウ** that　**エ** its　**オ** famous) beautiful beaches.

4　次の**質問**に対し，あなたの考えを英語で書き，**答え**を完成させなさい。

Ⓐは，I think so, too. またはI don't think so. のいずれか一方を選んで ◯ で囲み，Ⓑには，Ⓐを説明する内容の英文を書くこと。

ただし，Ⓑについては，**15語程度**(. , ? ! などの符号は語数に含まない。)とし，2文以上になってもよい。

質問　Some people say that it is better for us to learn English and one more language from other countries. What do you think about this?

答え　Ⓐ { I think so, too. / I don't think so. }　Ⓑ (　　　　　　　　　　　　)

5　次の(1)，(2)の問いに答えなさい。

(1) 次の英語の広告を読んで，あとの①，②の問いに答えなさい。

Special Train Time Table

This special train will run between Shiokaze station and Aozora station from March 16th to June 3rd.

Days: From Shiokaze to Aozora — On Fridays and Saturdays

Days: From Aozora to Shiokaze — On Saturdays and Sundays

Important **The special train does not run between May 11th and 17th.**

Arrive / Leave	Station	Arrive / Leave
-- / 15:00	Shiokaze	11:15 / --
15:12 / 15:14	Chiba Tower	11:01 / 11:03
15:32 / 15:34	Baseball Stadium	10:41 / 10:43
16:02 / 16:04	Chiba Airport	10:11 / 10:13
16:15 / 16:20	Airport Town	9:55 / 10:00
16:39 / 16:41	Flower Park	9:34 / 9:36
--	New Town	--
--	Nanohana	--
17:03 / 17:05	Yamanaka	9:10 / 9:12
17:15 / --	Aozora	-- / 9:00
Arrive / Leave	Station	Arrive / Leave

Please call us or send an e-mail for tickets.

☎ **00-1234-5678**　✉ special-train-ticket@nanohanarw.com

Important **You'll get free drinks if you buy the train ticket 7 days before riding the train.**

(注)　time table　時刻表　　　ticket　乗車券

①　この広告の内容と合うように，次の英文の(　　　)に最も適当な英単語１語を書きなさい。

To get free drinks, you must buy the train ticket one (　　　) before you ride the train.

②　この広告の内容に合っているものを，次のア～エのうちから一つ選び，その符号を書きなさい。

ア　The special train will run every Saturday between April 1st and May 31st.

イ　You can go from Shiokaze to Aozora and come back to Shiokaze on the same day.

ウ　You can take the special train from Yamanaka to Chiba Airport on Sundays in April.

エ　The special train takes you from Flower Park to Chiba Tower in an hour.

(2)　次の英文を読んで，あとの①，②の問いに答えなさい。

It is sometimes difficult for us to be nice to others. When we are busy, angry, or really sick, we sometimes forget to say polite words such as "hello," "please," and "thank you." Some people do not use these words even when everything is fine. This isn't good because it doesn't show much respect to others.

A coffee shop in the U.S. set an interesting sign which asked people to be nice. If you order a cup of coffee in a nice way, you can buy it for the regular price. If you order it with just a few words or without saying "hello," the price is higher. One of the workers there wrote the sign as a joke at first, but it really worked well. No one has paid $5 for a small coffee yet. The worker said, "Take the time to say hello. Doing this will make the world a little kinder."

（注） polite　礼儀正しい　　such as～　～のような　　respect　敬意　　sign　看板
ask～to…　～に…するように頼む　　order～　～を注文する　　regular　通常の
price　値段　　joke　冗談　　paid～　pay～（～を支払う）の過去分詞

① 本文の内容に関する次の質問に，英語で答えなさい。

What should we do to show respect to others?

② 本文の内容から考えられる看板を，次の**ア**～**エ**のうちから一つ選び，その符号を書きなさい。

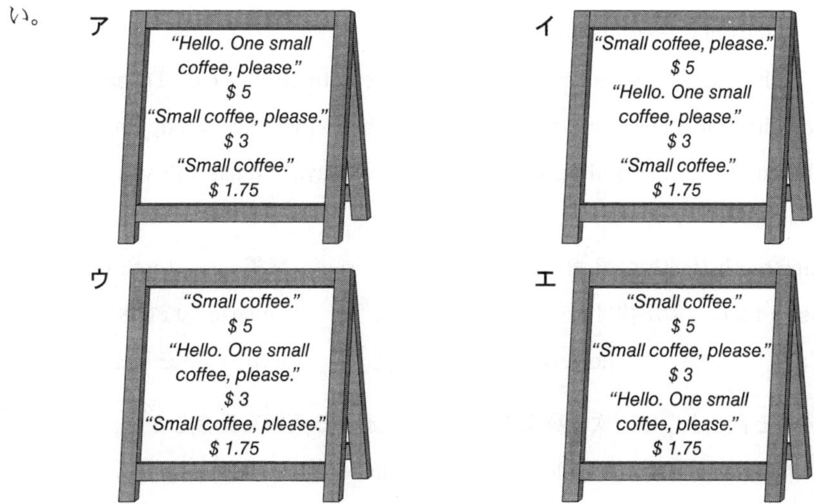

6 留学生のエイミー（Amy）が，中学生のトシオ（Toshio）と妹のマヤ（Maya）の家にホームステイをしています。次の英文を読んで，あとの(1)～(4)の問いに答えなさい。

"Amy and Toshio, look at this!" said Maya. She showed them her baby tooth in her hand. Toshio said, "Your tooth came out! Let's throw it on the roof." "Does everybody throw baby teeth in Japan?" asked Amy. "A lot of people do. We throw them on the roof or on the ground. We hope that our new teeth will become straight," he answered. Amy was surprised and said, "That's very interesting. Children in my country don't throw their teeth but give them to the tooth fairy."

Amy told Toshio and Maya the story of the tooth fairy. "In my country, when children lose one of their baby teeth, they put it under their pillow when they go to bed. The next morning, they cannot find the tooth but they find some money there. The tooth fairy comes and takes the baby tooth and leaves money."

"In other countries," Amy continued, "the tooth fairy is often a mouse. When a child loses a baby tooth, he or she leaves the tooth in a box by the bed. While sleeping, the mouse collects the tooth and brings a gift. Sometimes, a child puts his or her baby tooth in a glass of water before going to bed. The mouse comes during the night, drinks the water, takes the tooth, and leaves candy in the glass."

Amy, Toshio, and Maya were excited to know what children in different countries and cultures do when they lose one of their baby teeth. They used the Internet to learn more.

Children in some countries throw their baby teeth like Japanese children. However, they throw their teeth in different places, for example, into the sea, the river, or at the sun. ①

Some children drop their baby teeth into a mouse hole. They ask a mouse to make their teeth as strong as the mouse's teeth. ②

In one culture, children's mothers and grandmothers take baby teeth and put them in a hole in a tree. Then all the family members dance together around the tree. They believe this makes new teeth as straight as trees. ③

Amy, Toshio, and Maya enjoyed finding different tooth stories. Toshio said, "People in the world do different things with their baby teeth, but I think everybody hopes that their new teeth will become (　　　) and strong." Amy asked Maya, "What will you do when you lose your next tooth?"

（注） baby tooth（teeth）　乳歯（歯の複数形）　roof　屋根　tooth fairy　歯の妖精
lose a tooth　歯が抜ける　pillow　まくら　mouse　ねずみ
glass　コップ　however　しかしながら　drop～　～を落とす　hole　穴

⑴　本文の内容と合うように，次の英文の（　　　）に適する英語を書きなさい。

In Amy's story, the tooth fairy leaves（　　　）under the children's pillow.

⑵　本文中の①～③のそれぞれの内容を表す最も適当な絵を，次の**ア**～**エ**のうちから一つずつ選び，その符号を書きなさい。ただし，同じ符号を二度選んではいけません。

⑶　本文中の（　　　）に入る最も適当な英単語１語を，本文中から抜き出して書きなさい。

(4) 本文の内容に合っているものを，次の**ア**～**オ**のうちから**二つ**選び，その符号を書きなさい。

ア When one of Maya's baby teeth came out, she showed it to Amy and Toshio.

イ Toshio was surprised to hear that Amy didn't throw her baby teeth.

ウ A child gets a present while sleeping if he or she puts his or her tooth in a box by the bed.

エ A mouse gives candy to children because the mouse hopes to have stronger teeth.

オ Amy told Maya to put her next baby tooth under the pillow when it was lost.

7 ケイ(Kei)とオーストラリアのシドニー(Sydney)からやって来たマーク(Mark)が，ケイの家で話をしています。この対話文を読んで，[(1)] ～ [(4)] に入る最も適当な英文を，それぞれあとの**ア**～**エ**のうちから一つずつ選び，その符号を書きなさい。

Kei: How was your flight?

Mark: Not bad. [(1)] and I was able to sleep well.

Kei: Oh, it takes about the same time to fly from San Francisco to Tokyo.

Mark: Really? Have you ever been to San Francisco?

Kei: Yes, I have. I went there for a home stay during this winter vacation.

Mark: That's great! [(2)]

Kei: For twelve days. I came back to Japan only three days ago.

Mark: Do you still have jet lag?

Kei: Not at all. How about you?

Mark: I'm fine because the time difference between Sydney and Tokyo is only two hours.

Kei: Now it's 7 p.m. here, so it's 5 p.m. in Sydney, right?

Mark: [(3)] Tokyo is two hours behind.

Kei: Ah, I see. Well, have you ever come to Japan before?

Mark: No. It's my first time here in Japan. I hope I can do everything!

Kei: What do you want to do tonight?

Mark: Well, [(4)] because I'm a little tired. Is that OK?

Kei: Of course, I'll show you how to use it.

(注) flight　飛行機の旅　　San Francisco　サンフランシスコ　　jet lag　時差ぼけ
time difference　時差　　behind　遅れて

(1) **ア** It was better than yours　　**イ** It took about ten hours
ウ I've never been there　　**エ** I had good food

(2) **ア** Was it very cold there?　　**イ** You just came back, right?
ウ How long did you stay there?　　**エ** Why did you go there?

(3) **ア** No. It's 3 p.m. in Sydney.　　**イ** Yes. It's 5 p.m. in Sydney.
ウ No. It's 7 p.m. in Sydney.　　**エ** No. It's 9 p.m. in Sydney.

(4) **ア** I want to have dinner　　**イ** I want to sleep for a long time
ウ I'd like to take a bath　　**エ** I'd like to visit interesting places

社　会

1　次の文章を読み，あとの(1)～(3)の問いに答えなさい。

1950年代から<u>千葉県</u>[a]の東京湾岸の埋め立てが本格化しました。浦安市から富津市までの東京湾岸には京葉工業地域が形成されており，多くの<u>企業</u>[b]の工場などが集まっています。また，<u>交通網の整備</u>[c]にともなって県内各地に工業団地などがつくられ，内陸部の工業も発展しています。

(1)　下線部**a**に関連して，次の**資料**は，東京都，神奈川県，埼玉県及び千葉県の製造品出荷額等割合と合計額を示したものである。**A**～**D**のグラフは，それぞれどの都県のものか。その組み合わせとして最も適当なものを，あとの**ア**～**エ**のうちから一つ選び，その符号を書きなさい。

資料　東京都，神奈川県，埼玉県及び千葉県の製造品出荷額等割合と合計額（2014年）

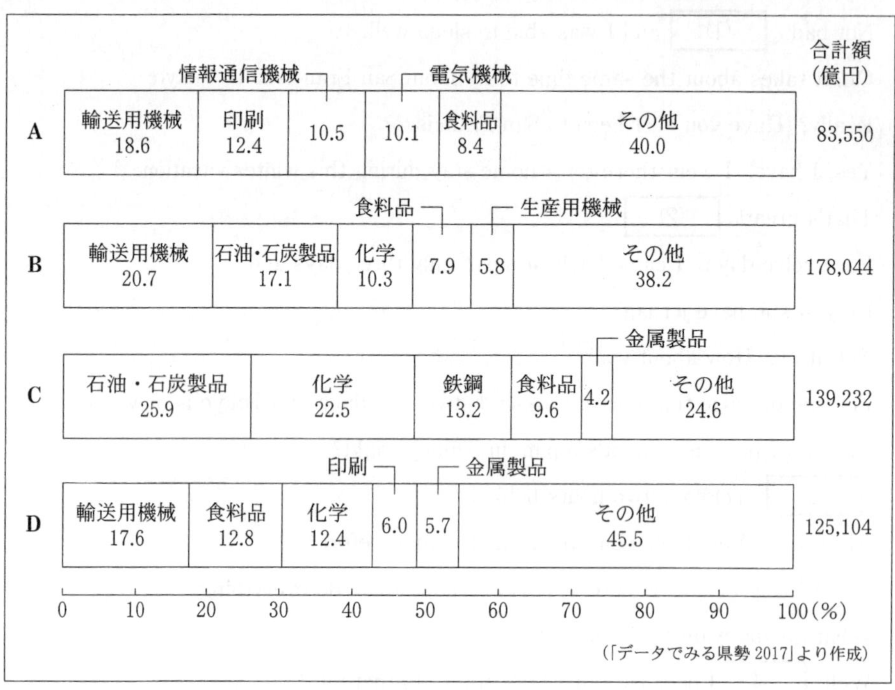

ア	**A**：東京都	**B**：神奈川県	**C**：埼玉県	**D**：千葉県
イ	**A**：東京都	**B**：神奈川県	**C**：千葉県	**D**：埼玉県
ウ	**A**：神奈川県	**B**：東京都	**C**：千葉県	**D**：埼玉県
エ	**A**：神奈川県	**B**：東京都	**C**：埼玉県	**D**：千葉県

(2)　下線部**b**に関連して，次の文章は，企業の主な役割について述べたものである。文章中の［　　］に共通してあてはまる適当な語を**漢字1字**で書きなさい。

> 企業は，経済活動のうち，土地・設備・労働力などの生産要素を使って，私たちの生活に必要な［　　］やサービスを生産する役割を主に担（にな）っている。［　　］は形のある商品のことをいい，サービスは形のない商品のことをいう。

(3)　下線部**c**に関連して，次の**ア**～**ウ**のカードは，社会科の授業で，やすこさんが，第二次世界大戦後の千葉県の交通網の整備について調べ，作成したものの一部である。**ア**～**ウ**のカードを，それぞれのカード中に書かれていることがらの年代の**古いものから順に**並べ，その符号を書きなさい。

ア	イ	ウ
所得倍増をスローガンにかかげた池田内閣が成立したのと同じ年に，京葉道路の東京都の一之江(いちのえ)と千葉県の船橋(海神(かいじん))との間が開通しました。	地球温暖化防止京都会議が開催されたのと同じ年に，神奈川県の川崎と千葉県の木更津とを結ぶ東京湾アクアラインが開通しました。	環境庁(現在の環境省)が発足したのと同じ年に，新空港自動車道(現在の東関東自動車道)の千葉(宮野木(みやのぎ))と富里との間が開通しました。

2 次の図を見て，あとの(1)～(4)の問いに答えなさい。

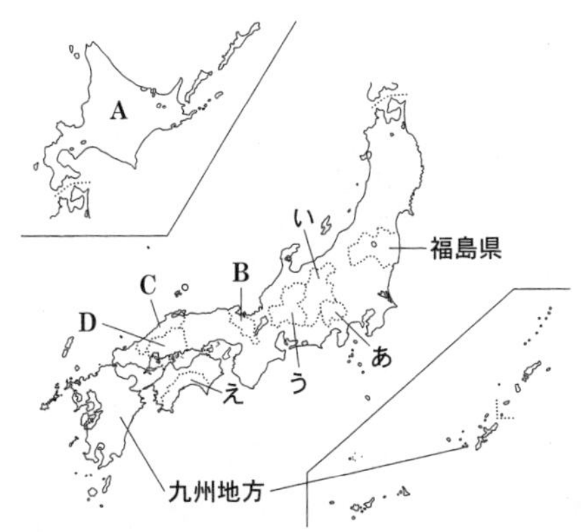

(1) 図中の**A**～**D**の四つの道府県のうち，自然遺産に分類される世界遺産があり，かつ，道府県名と道府県庁所在地名が異なる道府県が一つある。その道府県の道府県庁所在地名を書きなさい。

(2) 次の**ア**～**エ**の文のうち，日本を七つの地方に区分したとき，図中の**九州地方**に関連することがらを正しく述べているものはどれか。最も適当なものを一つ選び，その符号を書きなさい。

ア 1960年代以降，エネルギー革命が進むと，筑豊(ちくほう)などの鉄鉱地域では鉱山が閉山されて鉄鋼の生産が大幅に減ったため，繊維(せんい)や食料品などの軽工業への転換が図られた。

イ シラスが広がる九州南部は，肥沃(ひよく)な土壌の三角州がつくられて豊富な水の供給があるため，稲作がさかんに行われている。

ウ 20世紀初めに官営八幡製鉄所が建設された福岡県福岡市は，洞海湾(どうかい)の環境改善などの公害対策に取り組み，ペットボトルなどをリサイクルする工場が集まるエコタウンとなった。

エ 九州には，阿蘇(あそ)山，桜島，雲仙(うんぜん)岳，くじゅう連山などの活動している火山があり，温泉などの観光資源に恵まれ，地熱は大分県などで発電に利用されている。

(3) 次の文章は，社会科の授業で，あきこさんが，高原(高冷地)野菜の出荷について，次のページの**資料**を見ながらまとめたレポートの一部である。文章中と**資料**中に共通する**X**県として最も適当なものを，図中の**あ**～**え**のうちから一つ選び，その符号を書きなさい。

> **X**県や群馬県では，レタスなどの高原(高冷地)野菜の栽培がさかんです。レタスの出荷量に関する**資料**を見ると，茨城県や静岡県の出荷量の減る夏の期間に，**X**県と群馬県の出荷量が茨城県や静岡県の出荷量よりも多くなっていることがわかります。

資料　東京都中央卸売市場へのレタスの出荷量上位4県の月別出荷量(2016年)

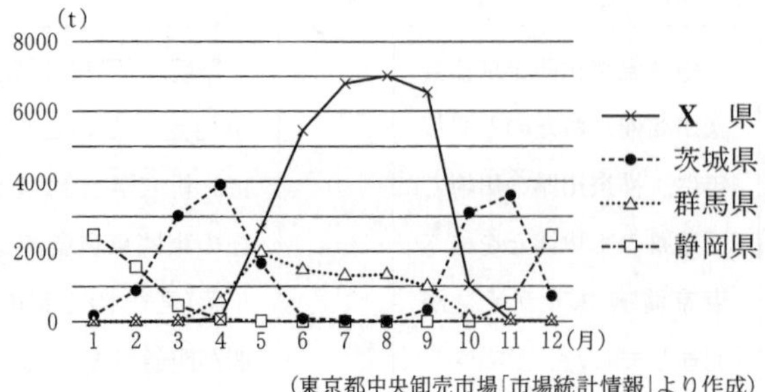

(東京都中央卸売市場「市場統計情報」より作成)

⑷　次の地形図は，前のページの図中の**福島県**のある地域を示したものである。この地形図を正しく読み取ったことがらとして最も適当なものを，あとの**ア**～**エ**のうちから一つ選び，その符号を書きなさい。

(国土地理院　平成20年発行　1：25,000「須賀川東部」原図より作成)

ア　**A**地点から**B**地点までの直線距離は，約1.5 kmである。

イ　市役所は，**C**地点から見てほぼ南東の方向にある。

ウ　浜尾の寺院を中心とした半径750 mの範囲内には，郵便局が一つある。

エ　朝日田の学校と**D**地点の標高差は，80 m以上である。

3　次の図を見て，あとの⑴～⑷の問いに答えなさい。

(1)　右の写真は，図中のコートジボワールで行われている，ある作物の収穫作業の様子を示したものである。コートジボワールが世界第１位の生産量(2013年)である，この作物は何か。最も適当なものを，次の**ア**～**エ**のうちから一つ選び，その符号を書きなさい。

ア　カカオ　　**イ**　コーヒー　　**ウ**　オリーブ　　**エ**　なつめやし

(2)　図中のケープタウン，テヘラン，ホーチミン，ウェリントン及びオタワの五つの都市のうち，二つの都市は同じ気候帯に属している。その二つの都市が属している気候帯として最も適当なものを，次の**ア**～**エ**のうちから一つ選び，その符号を書きなさい。

ア　熱　帯　　**イ**　乾燥帯　　**ウ**　温　帯　　**エ**　冷　帯(亜寒帯)

(3)　次の文章は，社会科の授業で，たろうさんが，図中のイギリスについてまとめたレポートの一部である。文章中の[　　　]にあてはまる適当な語を**カタカナ７字**で書きなさい。

> イギリスは，四つの地域が連合して成り立っている国です。イギリスの国旗は，ユニオンジャックとよばれ，イングランド，[　　　]，アイルランドの旗を組み合わせたものです。

(4)　次の**資料１**は，上の図中のナイジェリア，フランス，アメリカ合衆国及びブラジルの森林面積と農地面積を，**資料２**は，これら４か国の木材伐採高(ばっさいだか)における薪炭材(しんたん)と用材の割合を示したものである。**資料１**と**資料２**から読み取れることとして最も適当なものを，あとの**ア**～**エ**のうちから一つ選び，その符号を書きなさい。

(注)　薪炭材とは薪(たきぎ)や木炭など燃料に用いる木材であり，用材とは建築・土木工事・紙など産業に用いる木材である。

資料１　ナイジェリア，フランス，アメリカ合衆国及びブラジルの森林面積と農地面積

	森林面積(万 ha)		農地面積(万 ha)	
	2009年	2013年	2009年	2013年
ナイジェリア	945	781	7,450	7,080
フランス	1,591	1,676	2,927	2,877
アメリカ合衆国	30,364	30,955	40,345	40,544
ブラジル	52,172	49,551	26,450	27,881

(「世界国勢図会 2016/17」などより作成)

資料2　ナイジェリア，フランス，アメリカ合衆国及びブラジルの木材伐採高における薪炭材と用材の割合(2013年)

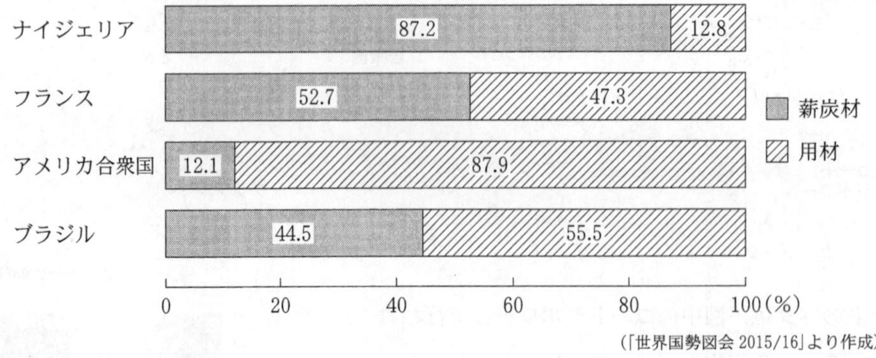

(「世界国勢図会 2015/16」より作成)

ア　森林面積と農地面積がともに，2009年と比べて2013年は減少したナイジェリアは，2013年の木材伐採高における用材の割合が85％以上である。

イ　森林面積が2009年と比べて2013年は増加し，農地面積が2009年と比べて2013年は減少したフランスは，2013年の木材伐採高における薪炭材の割合が50％以下である。

ウ　森林面積と農地面積がともに，2009年と比べて2013年は増加したアメリカ合衆国は，2013年の木材伐採高における薪炭材の割合が10％以下である。

エ　森林面積が2009年と比べて2013年は減少し，農地面積が2009年と比べて2013年は増加したブラジルは，2013年の木材伐採高における用材の割合が50％以上である。

4　次の**A**～**D**のカードは，社会科の授業で，まきこさんが，「鎖国下の四つの窓口」について調べ，まとめたものの一部である。これらを見て，あとの(1)～(5)の問いに答えなさい。

A：中国とオランダ

中国人と，ヨーロッパの国々の中ではオランダ人（X）だけが長崎での貿易を許されました。中国（Y）やオランダとの貿易では，生糸や絹織物などが輸入されました。

B：朝鮮

朝鮮との国交は［ I ］藩の仲立ちで回復し，将軍の代がわりごとなどに朝鮮から通信使が派遣されました。［ I ］藩は，木綿や朝鮮人参(にんじん)などを朝鮮から輸入しました。

C：琉球王国

15世紀初めに建国され，独立国であった琉球王国は，江戸時代の初期に［ II ］藩に武力で征服され服属しましたが，中国にも朝貢し交易を続けました。

D：アイヌの人々

アイヌの人々との交易は，蝦夷地(えぞち)の南部を領地とした［ III ］藩が独占しました。アイヌの人々は，和人とだけではなく，千島列島や樺太，中国の人々とも交易を行っていました。

(1)　**A**のカード中の下線部**X**に関連して，次の文章中の［　　］にあてはまる適当な語を**7字**で書きなさい。

幕府がオランダ人に海外の情勢を文書にまとめて提出することを義務づけたことから，オランダ商館長は［　　　］とよばれる報告書を幕府に提出した。この報告書は，幕府にとって世界の動きを知る貴重な情報源の一つとなった。

(2) **A**のカード中の下線部**Y**に関連して，第１回遣唐使の派遣から遣唐使の停止までの間に起こったことがらとして最も適当なものを，次の**ア**～**エ**のうちから一つ選び，その符号を書きなさい。

ア　30ほどの国々を従えていたとされる邪馬台国の女王卑弥呼が，中国に使いを送った。

イ　朝廷は，坂上田村麻呂を征夷大将軍に任命して東北地方に大軍を送った。

ウ　藤原氏は，藤原道長と，その子頼通のときに，朝廷の主な役職を一族で占めた。

エ　瀬戸内海地方で藤原純友が，周辺の武士らを率いて反乱を起こした。

(3) **A**のカードに関連して，オランダ商館が平戸から長崎の出島に移される前に起こったことがらを，次の**ア**～**エ**のうちから**三つ**選び，年代の**古いものから順に**並べ，その符号を書きなさい。

ア　フランシスコ・ザビエルが来日し，鹿児島や山口などでキリスト教の布教活動を行った。

イ　宋に渡った栄西や道元が，座禅によって自らさとりを開こうとする禅宗を日本に伝えた。

ウ　間宮林蔵が樺太を探検し，樺太が島であることを確認した。

エ　山田長政がシャムに渡り，アユタヤの日本町の指導者となった。

(4) **B**のカード中の［　Ⅰ　］，**C**のカード中の［　Ⅱ　］及び**D**のカード中の［　Ⅲ　］に，それぞれあてはまる語の組み合わせとして最も適当なものを，次の**ア**～**エ**のうちから一つ選び，その符号を書きなさい。

ア　Ⅰ：長　州　Ⅱ：薩　摩　Ⅲ：対　馬　　**イ**　Ⅰ：対　馬　Ⅱ：土　佐　Ⅲ：松　前

ウ　Ⅰ：対　馬　Ⅱ：薩　摩　Ⅲ：松　前　　**エ**　Ⅰ：長　州　Ⅱ：土　佐　Ⅲ：対　馬

(5) 次の**ア**～**エ**のカードは，まきこさんが，さらに「世界の歴史」について調べ，まとめたものの一部である。これらのうち，17世紀から19世紀までの間に起こったことがらについて書かれているものはどれか。最も適当なものを一つ選び，その符号を書きなさい。

ア

ルターが，教会の資金集めのために免罪符の販売を認めたローマ教皇を批判した。

イ

コロンブスが，大西洋を西に進み，アメリカ大陸付近の島に達した。

ウ

キリスト教の聖地をイスラム教徒から奪い返すため，十字軍の遠征がくり返された。

エ

圧政の象徴とされたバスティーユ(バスチーユ)牢獄(ろうごく)をパリの民衆が襲撃した。

5　次の略年表は，社会科の授業で，まさひろさんが，千葉県ゆかりの人物である柳宗悦(やなぎむねよし)について調べ，まとめたものである。これを見て，あとの(1)～(4)の問いに答えなさい。

年代	主なできごと
1889	東京で生まれる
	↕ **A**
1914	結婚して我孫子(あびこ)に住む
	↕ **B**
1924	朝鮮民族美術館を設立する
1936	日本民藝(みんげい)(芸)館の初代館長となる
	↕ **C**
1957	文化功労者に選ばれる
1961	72歳で亡(な)くなる

(1)　次の文章は，略年表中の**A**の時期に起こったことがらについて述べたものである。文章中の［　Ⅰ　］，［　Ⅱ　］にあてはまる語の組み合わせとして最も適当なものを，あとの**ア**～**エ**のうちから一つ選び，その符号を書きなさい。

> 1912年に［　Ⅰ　］が3度目の組閣をすると，議会を無視する態度が立憲政治に反したやり方だとして，憲法にもとづく政治を守ろうとする［　Ⅱ　］運動が起こった。それを支持する民衆運動も各地で起こり，［　Ⅰ　］内閣は退陣に追い込まれた。

ア　Ⅰ：桂太郎　　Ⅱ：第一次護憲　　　**イ**　Ⅰ：桂太郎　　Ⅱ：自由民権
ウ　Ⅰ：原　敬　　Ⅱ：第一次護憲　　　**エ**　Ⅰ：原　敬　　Ⅱ：自由民権

(2)　略年表中の**B**の時期に朝鮮で起こった三・一独立運動に，柳宗悦は理解を示した。これに関連して，資本主義の発展にともなう列強の動きについて述べた，次の文章中の［　　］にあてはまる適当なことばを，「資源」「市場」「軍事力」の三つの語を用いて**25字以内**(読点を含む。)で書きなさい。

> 19世紀後半からの資本主義の発展とともに，列強は，アジアやアフリカなどへ［　　］を広げていった。こうした動きは帝国主義とよばれる。

(3) 次の**ア**～**エ**の文は，略年表中の**C**の時期に起こったことがらを述べたものである。これらを年代の**古いものから順に**並べ，その符号を書きなさい。

ア　サンフランシスコ平和条約とともに，日米安全保障条約が結ばれた。

イ　日本は日ソ共同宣言に調印して，ソ連との国交を回復した。

ウ　北京(ペキン)郊外で起こった盧溝橋(ルーコウチアオ／ろこうきょう)事件をきっかけとして，日中戦争が始まった。

エ　日本は北方の安全を確保しながら南進を続けるため，日ソ中立条約を結んだ。

(4) 略年表に関連して，柳宗悦が一時期住んでいた我孫子には，白樺(しらかば)派の人々が集まっていた。大正時代の文学について述べた，次の文章中の［　　　］にあてはまる人物名として最も適当なものを，あとの**ア**～**エ**のうちから一つ選び，その符号を書きなさい。

> 人道主義の理想をかかげた［　　　］らの白樺派をはじめ，谷崎潤一郎や芥川龍之介などが優れた作品を発表して人々に親しまれた。また小林多喜二らのプロレタリア文学も生まれた。

ア　樋口一葉　　**イ**　志賀直哉　　**ウ**　西田幾多郎　　**エ**　平塚らいてう

6 次の文章を読み，あとの(1)～(3)の問いに答えなさい。

家計は所得を得て，消費に支出しています。消費者は，自分の意思で適切な<u>商品</u>(a)を選び，購入することができる権利を持っています。<u>消費者の安全と権利を守るため，様々な法律や制度が定められており</u>(b)，<u>消費者問題の解決</u>(c)に向けた取り組みが進められています。

(1) 下線部**a**に関連して，次の文は，商品の流通の効率化について述べたものである。文中の［　　　］にあてはまる，販売時点の情報を管理するシステムの略称として適当なものを，**アルファベット3字**で書きなさい。

> スーパーマーケットやコンビニエンスストアなどでは，商品のバーコードをレジで読み取って，どの商品がいつ，どこで販売されたかなど，販売された商品のデータを集計する［　　　］システムとよばれるしくみを使って商品の流通の効率化を図っている。

(2) 下線部**b**に関連して，次の**ア**～**エ**の文のうち，日本における消費者保護に関連することがらについて正しく述べているものはどれか。最も適当なものを一つ選び，その符号を書きなさい。

ア　1962年に国際連合の機関の一つであるユニセフが提唱した，意見を反映させる権利などの「消費者の四つの権利」は，日本の消費者基本法にもつながる考え方である。

イ　契約(けいやく)上のトラブルを防止するため，消費者契約法により，商品を売買するときには契約書を作成することが販売者に義務づけられている。

ウ　訪問販売などで商品を購入した場合，契約時点からある一定期間内であれば，消費者が理由にかかわりなく契約を取り消すことができるというクーリング・オフ制度が定められている。

エ　製造物責任法の施行によって，欠陥商品により損害を受けた消費者が企業側の過失であることを証明できた場合に限り，企業側に損害賠償を求めることができるようになった。

(3)　下線部 **c** に関連して，次の文章は，社会科の授業で，つばささんたちの班が，下の**資料**を見ながら，「高齢者をめぐる消費者問題の解決に向けた方策」について話し合っている場面の一部である。文章中の［　　］にあてはまる最も適当なことばを，あとの選択肢**ア**～**エ**のうちから一つ選び，その符号を書きなさい。

> つばささん：「消費者白書」に，65歳以上の高齢者に関する消費生活相談が依然（いぜん）として高い水準にあることが書いてあったよ。こうした問題にどう取り組めばいいのかな。
>
> さわこさん：まずは，この**資料**から，65歳未満と65歳以上では，販売購入形態別相談割合に，どのような違いがあるのかを見てみましょうよ。
>
> ゆきなさん：そうね。例えば，この**資料**を見ると，［　　］ということがわかるわね。

資料　販売購入形態別相談割合の推移

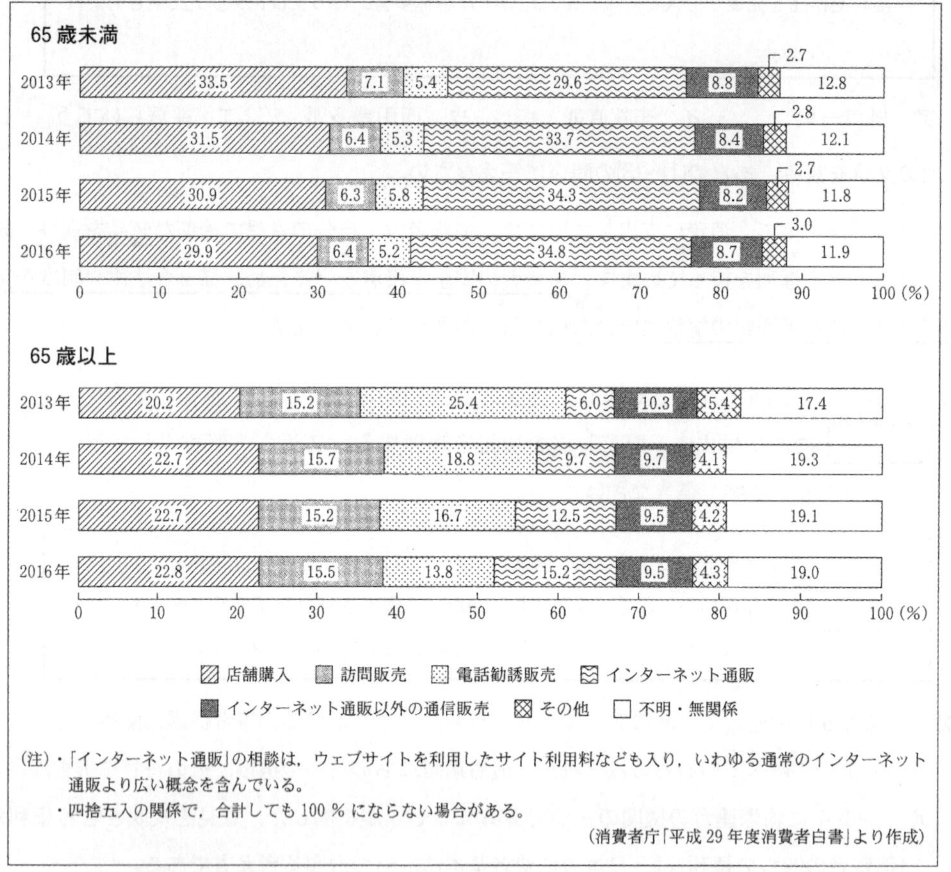

(注)・「インターネット通販」の相談は，ウェブサイトを利用したサイト利用料なども入り，いわゆる通常のインターネット通販より広い概念を含んでいる。
・四捨五入の関係で，合計しても100％にならない場合がある。

(消費者庁「平成29年度消費者白書」より作成)

ア　2013年から2016年までの全ての年で，65歳以上と65歳未満のどちらも最も相談割合が高いのは「店舗購入」だけれども，「インターネット通販」の相談割合は65歳以上と65歳未満のどちらも2013年から2016年にかけて増加し続けている

イ　2013年から2016年までの全ての年で，「訪問販売」と「電話勧誘販売」の相談割合の合計は，65歳未満では「店舗購入」と「インターネット通販」のどちらの相談割合よりも低い一方で，65歳以上では「店舗購入」の相談割合より高くて「インターネット通販」の相談割合より低い

ウ　65歳未満では，「店舗購入」の相談割合が2013年から2016年にかけて減少し続けている一方で，「インターネット通販」の相談割合は2013年から2016年にかけて増加し続けていて，2016年には同じ年の65歳以上の「インターネット通販」の相談割合の3倍以上である

エ　65歳以上では，「電話勧誘販売」の相談割合が2013年から2016年にかけて減少し続けている一方で，「インターネット通販」の相談割合は2013年から2016年にかけて増加し続けていて，2016年には2013年の相談割合の2倍以上になっている

7　次の文章を読み，あとの(1)～(3)の問いに答えなさい。

基本的人権とは，生まれながらにして持つ人間としての権利であり，その保障は近代憲法において確立されてきました。日本国憲法においても，個人の尊重の原理に基づいて(a)基本的人権が保障され(b)，基本的人権が侵害された場合には，裁判所で公正な裁判(c)を受ける権利が保障されています。

(1)　下線部**a**に関連して，次の文章は，「新しい人権」として主張されるようになった自己決定権について述べたものである。文章中の［　　　］にあてはまる適当なことばを，「医師」「患者」「治療方法」の三つの語を用いて**30字以内**(読点を含む。)で書きなさい。

> 個人の生き方や生活のスタイルなどは，自分の考え方に従って決定する自由が保障されるべきであるという自己決定権が尊重されるようになってきている。例えば，医療の現場において，［　　　］するというインフォームド・コンセントの考え方などがある。

(2)　下線部**b**に関連して，次の文章は，社会科の授業で，ひとみさんたちの班が，「基本的人権の公共の福祉による制限」について話し合っている場面の一部であり，文章中の下線部**ア～エ**は，いずれも公共の福祉によって基本的人権が制限される例にあたる。これらのうち，「財産権の保障」が制限される例を示したものとして最も適当なものを一つ選び，その符号を書きなさい。

> ひとみさん：公共の福祉によって基本的人権が制限される例には，どのようなものがあるか整理してみましょう。
>
> はやとさん：一つにはデモの規制(ア)があるよね。交通量の多い道路などでデモを行うことは，交通渋滞の原因にもなりそうだし，制限する必要があるんじゃないかな。
>
> ちあきさん：やっぱり他人の名誉を傷つける行為の禁止(イ)も大事よね。思ったことを何でも言って良いわけないわ。
>
> かずとさん：資格のない人の営業の禁止(ウ)もあるね。例えば，無免許で医師として働くなんて，当然認められないよね。なりたければ免許を取るべきだよ。
>
> さおりさん：私は，不備な建築の禁止(エ)も重要だと思うわ。やはり定められた基準に基づいて建築する必要があるわよね。
>
> ひとみさん：いろいろな意見が出たわね。でも，基本的人権を制限する場合には，具体的にどのような公共の利益のためであるのか慎重に検討する必要があるわよね。

(3)　下線部**c**に関連して，次の文章は，民事裁判について述べたものである。文章中の［　Ⅰ　］，［　Ⅱ　］にあてはまる適当な語を，それぞれ**漢字2字**で書きなさい。

> 民事裁判とは，一般に，個人と個人の間などで意見が違っていて争いになった場合に，どちらか一方が相手方を訴えることによって始まる裁判である。この裁判において，訴えた側を［　Ⅰ　］，訴えられた側を［　Ⅱ　］とよぶ。

理　科

1　**S**さんは，太陽の表面を調べるため，**図1**のように天体望遠鏡に太陽投影(とうえい)板をとりつけ，ある年の10月22，24，26日に観察を行いました。これに関する先生との会話文を読んで，あとの(1)~(3)の問いに答えなさい。

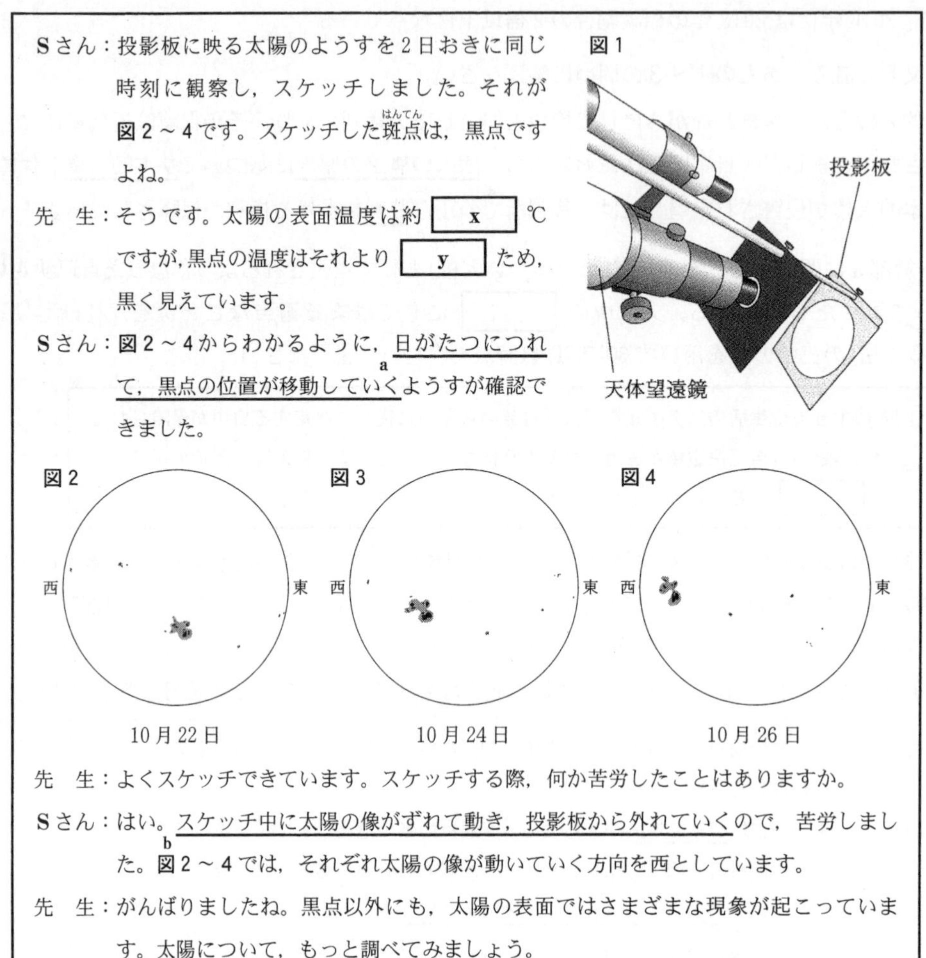

Sさん：投影板に映る太陽のようすを2日おきに同じ時刻に観察し，スケッチしました。それが**図2～4**です。スケッチした斑点(はんてん)は，黒点ですよね。

先　生：そうです。太陽の表面温度は約 [**x**] ℃ですが，黒点の温度はそれより [**y**] ため，黒く見えています。

Sさん：**図2～4**からわかるように，<u>日がたつにつれて，黒点の位置が移動していく</u>(**a**)ようすが確認できました。

先　生：よくスケッチできています。スケッチする際，何か苦労したことはありますか。

Sさん：はい。<u>スケッチ中に太陽の像がずれて動き，投影板から外れていく</u>(**b**)ので，苦労しました。**図2～4**では，それぞれ太陽の像が動いていく方向を西としています。

先　生：がんばりましたね。黒点以外にも，太陽の表面ではさまざまな現象が起こっています。太陽について，もっと調べてみましょう。

(1)　太陽のように，自ら光を出している天体を何というか。その名称を書きなさい。

(2)　黒点が黒く見える理由について，会話文中の [**x**]，[**y**] にあてはまるものの組み合わせとして最も適当なものを，次の**ア～エ**のうちから一つ選び，その符号を書きなさい。

ア	**x**：4000	**y**：高　い	**イ**	**x**：4000	**y**：低　い
ウ	**x**：6000	**y**：高　い	**エ**	**x**：6000	**y**：低　い

(3)　会話文中の下線部**a**，**b**について，黒点の位置や太陽の像がこのように移動していくおもな理由は何か。次の**ア～エ**のうちから最も適当なものをそれぞれ一つずつ選び，その符号を書きなさい。

ア　太陽が自転しているため。　　　**イ**　太陽が公転しているため。

ウ　地球が自転しているため。　　　**エ**　地球が公転しているため。

2 **S** さんは，4種類の気体 **A**～**D** の性質を調べるため，次の**実験** 1～4を行いました。これに関して，あとの(1)～(4)の問いに答えなさい。ただし，気体 **A**～**D** は塩素，酸素，水素，アンモニアのいずれかであるものとします。

> **実験 1**
> 気体 **A**～**D** のにおいを調べると，気体 **A**，**B** はにおいがなく，気体 **C**，**D** には刺激臭（しげきしゅう）があった。
>
> **実験 2**
> 気体 **A** の入った試験管に火のついた線香（せんこう）を入れると，線香は激しく燃えた。
>
> **実験 3**
> 気体 **B** の入った試験管の口にマッチの火をすばやく近づけると，気体 **B** は燃えて水滴（すいてき）ができた。
>
> **実験 4**
> 気体 **C** の入った試験管の口に赤インクをつけたろ紙を近づけると，赤インクの色が消えた。

(1) 気体 **A** は何か，その物質の名称を書きなさい。

(2) 次の文章は，気体 **B** についてまとめたものである。文章中の **x** ， **y** にあてはまるものの組み合わせとして最も適当なものを，あとの**ア**～**エ**のうちから一つ選び，その符号を書きなさい。

> 気体 **B** は，1種類の原子からできている **x** である。気体 **B** は， **y** にマグネシウムを入れると発生する気体である。

ア　**x**：単　体　　**y**：塩　酸　　　**イ**　**x**：単　体　　**y**：水酸化ナトリウム水溶液（すいようえき）
ウ　**x**：化合物　　**y**：塩　酸　　　**エ**　**x**：化合物　　**y**：水酸化ナトリウム水溶液

(3) 気体 **C** の性質として最も適当なものを，次の**ア**～**エ**のうちから一つ選び，その符号を書きなさい。

ア　空気より軽く，無色である。　　　**イ**　空気より軽く，黄緑色である。
ウ　空気より重く，無色である。　　　**エ**　空気より重く，黄緑色である。

(4) 次の文章は，気体 **D** の性質と集め方について話し合ったときの先生と **S** さんの会話である。会話文中の **m** にあてはまる気体 **D** の性質として最も適当なものを **M** 群の**ア**～**ウ**のうちから，また， **n** にあてはまる気体 **D** の集め方を模式的に表したものとして最も適当なものを **N** 群の**ア**～**ウ**のうちから，それぞれ一つずつ選び，その符号を書きなさい。

> **S** さん：塩化アンモニウムと水酸化ナトリウムの混合物に少量の水を加えると，気体 **D** が発生しますよね。
> 先　生：そうです。塩化アンモニウムと水酸化カルシウムの混合物を加熱しても気体 **D** が発生します。発生する気体 **D** を集めるには，どのような方法で集めたらいいかわかりますか。

Sさん：発生する気体**D**は［ m ］ため，気体**D**を試験管に集めるときは［ n ］の図のように行います。 先　生：そのとおりです。

M群

ア 水に溶(と)けにくい　**イ** 水に溶けやすく，空気より重い　**ウ** 水に溶けやすく，空気より軽い

N群

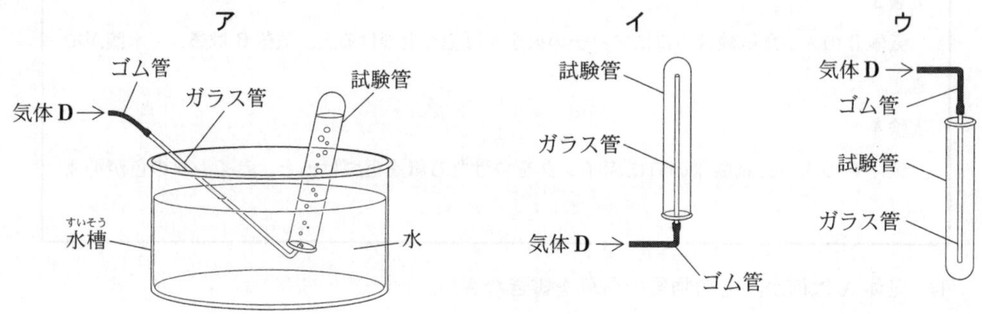

3 **S**さんは，直流と交流の違(ちが)いについて調べるため，次の**実験**を行いました。また，**S**さんの家で使われている電気と電気器具について**調べたこと**としてまとめました。これに関して，あとの(1)，(2)の問いに答えなさい。

実験

① 発光ダイオード，直流と交流をスイッチで切りかえることができる電源装置，抵抗(ていこう)器を用意した。

② **図1**のように，発光ダイオードの長いあしを＋極，短いあしを－極につないだ。電源装置を直流に設定し，発光ダイオードに電流を流したところ，発光ダイオードが光った。発光ダイオードを一定の速さで左右に動かし，観察すると，**図2**のような発光ダイオードの光るようすが見えた。

③ 電源装置を交流に設定し，発光ダイオードに電流を流したところ，発光ダイオードが光った。発光ダイオードを一定の速さで左右に動かし，観察すると，**図3**のような発光ダイオードの光るようすが見えた。

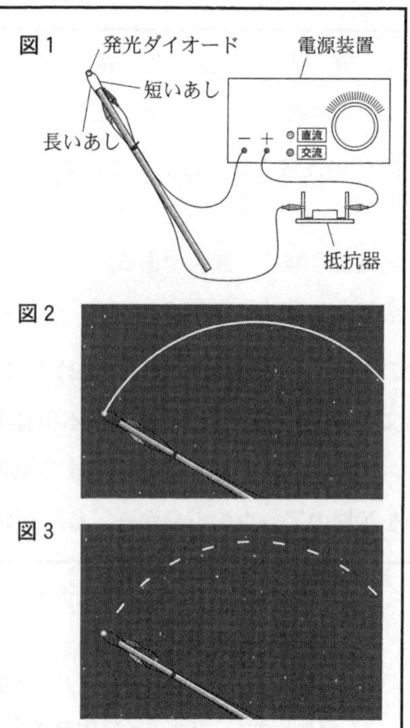

調べたこと

① 家庭でコンセントからとり出している電流は交流で，電圧は100Vであった。

② **図4**の電源タップに複数の電気器具をつなぐと，並列につながる。また，電源タップを調べると，コードをしっかりのばすことで安全に使用できる最大電流が15Aであった。

③ 家にある電気器具を，100Vの電圧で使用したときに消費する電力を**表**にまとめた。

図4

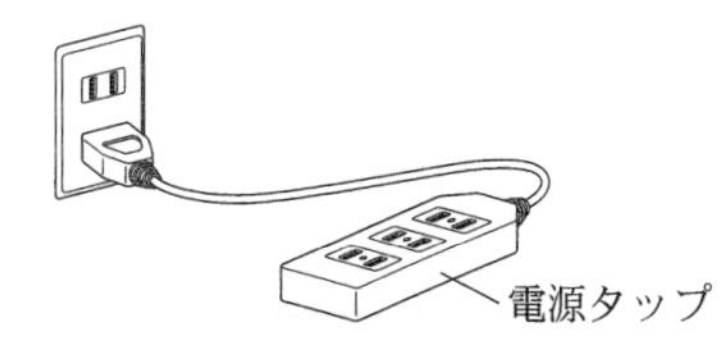

表

電気器具の種類	消費する電力〔W〕
オーブントースター	750
電気ポット	500
電気スタンド	20
炊飯器(すいはん)	350
アイロン	900
ノートパソコン	50
ヘアドライヤー	1000

(1) **実験**の③で，発光ダイオードが**図3**のように光ったのはなぜか。その理由を，電流の向きにふれながら簡潔に書きなさい。

(2) **調べたこと**について，次の(a)，(b)の問いに答えなさい。ただし，使用している間の電気器具の消費する電力は一定であるとする。また，使用する電気器具にかかる電圧は100Vとする。なお，それぞれの電気器具は一台ずつ使用する。

(a) **図4**の電源タップに，**表**の電気器具をいくつか接続して同時に使用することを考えるとき，流れる電流が15Aを超(こ)えるため**適当でない**組み合わせを，次の**ア**～**オ**のうちから**すべて選び**，その符号を書きなさい。

ア　オーブントースターと電気ポットと電気スタンド

イ　オーブントースターと電気ポットと炊飯器

ウ　電気ポットと電気スタンドと炊飯器

エ　炊飯器とアイロン

オ　アイロンとヘアドライヤー

(b) **表**のノートパソコンを30分間使用するときに消費する電力量は何Jか，また，その電力量で**表**のヘアドライヤーは何分何秒使用できるか，それぞれ書きなさい。

4 植物の体のつくりとなかま分けについて調べるため，学校の近くで見られる植物を観察し，その結果をまとめました。**図1**はそのときのスケッチとなかま分けです。これに関して，あとの(1)～(4)の問いに答えなさい。なお，なかま分けの結果として，同じ特徴(とくちょう)のなかまどうしを同じ種類の枠(わく)線(せん)で囲み，グループ**A**～**C**としています。

図1

学校の近くで見られる植物のスケッチ

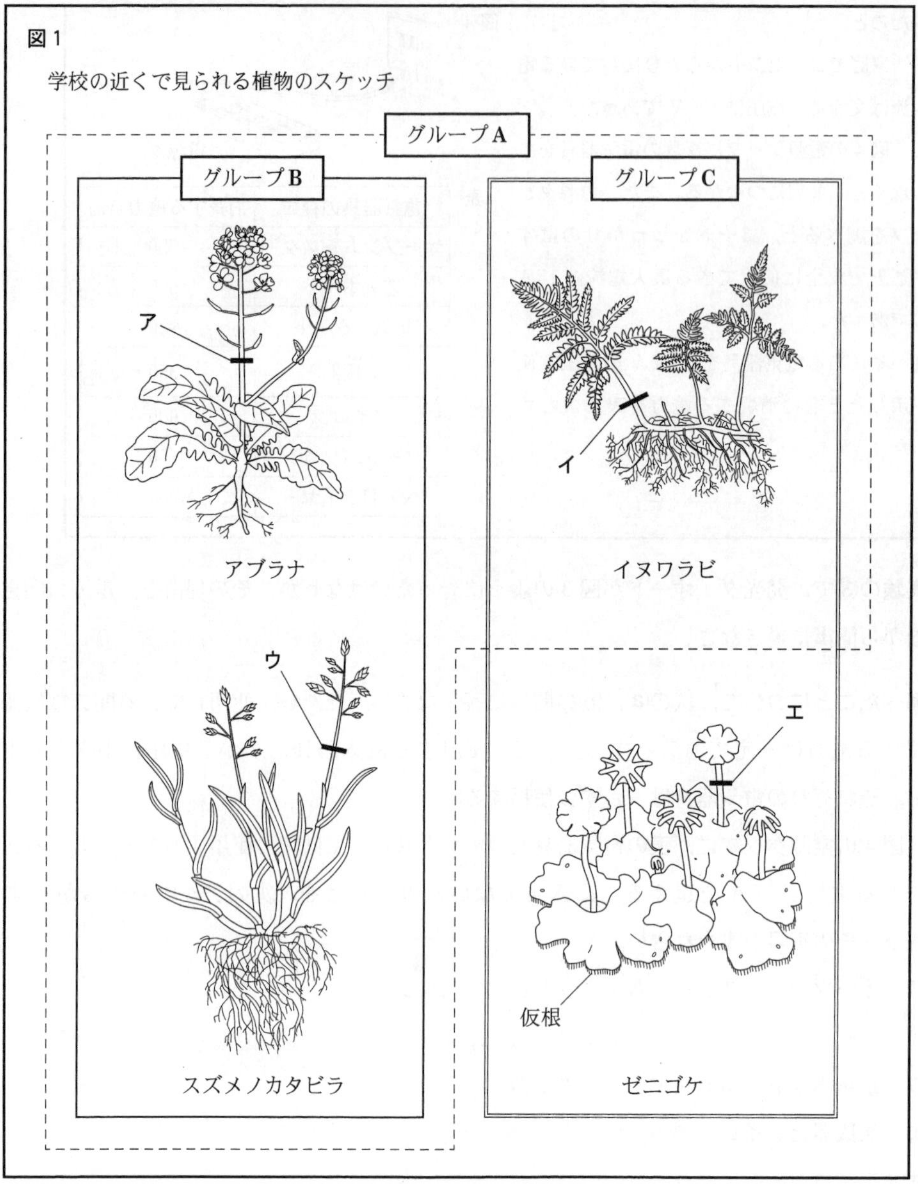

グループA

グループB

ア

アブラナ

ウ

スズメノカタビラ

グループC

イ

イヌワラビ

エ

仮根

ゼニゴケ

(1) **図2**は，観察した植物のある部分の断面のスケッチである。どの部分の断面のスケッチか。**図1**の**ア**～**エ**のうちから最も適当なものを一つ選び，その符号を書きなさい。

図2

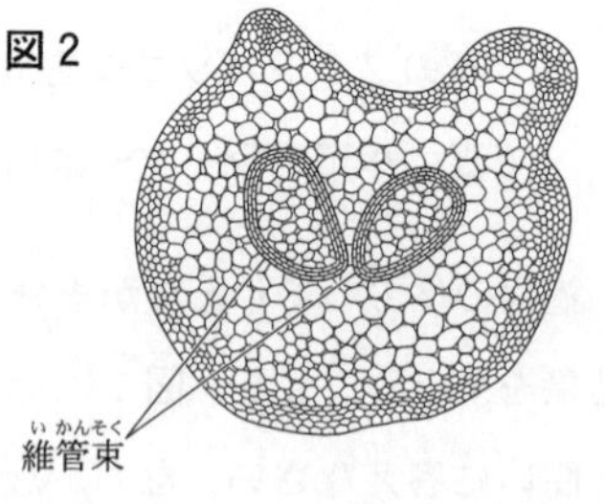

(2) **図1**のアブラナは，双子葉類で離弁花類である。離弁花類の植物として最も適当なものを，次の**ア**～**エ**のうちから一つ選び，その符号を書きなさい。

ア　ツツジ　　**イ**　タンポポ　　**ウ**　サクラ　　**エ**　ユリ

(3) **図1**のゼニゴケにはグループ**A**のなかまとは異なり，根のように見える仮根が観察された。ゼニゴケの仮根のおもなはたらきは何か。簡潔に書きなさい。

(4) **図1**のグループ**C**のなかまの特徴として最も適当なものを，次の**ア**～**エ**のうちから一つ選び，その符号を書きなさい。

ア 網状脈(もうじょうみゃく)である。　　　**イ** 胚珠(はいしゅ)がむき出しである。

ウ 雌株(めかぶ)と雄株(おかぶ)の区別がない。　　　**エ** 胞子(ほうし)でふえる。

5 黒色の2種類の粉末**X**，**Y**を用いて，次の**実験1**，**2**を行いました。これに関して，あとの(1)～(3)の問いに答えなさい。ただし，黒色の粉末**X**，**Y**は，酸化銀，活性炭のいずれかであるものとします。

実験1

図1のように，黒色の粉末**X** 3.0 g と鉄粉 6.0 g を蒸発皿に入れ，よくかき混ぜた。これに5％食塩水を 5.0 mL 加えて，**図2**のように温度変化を調べたら，はじめ 24.0 ℃ の温度が8分後には 63.2 ℃ になった。

図1

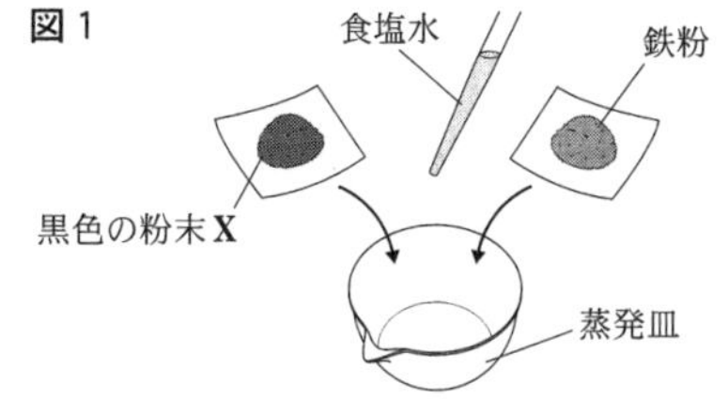

図2

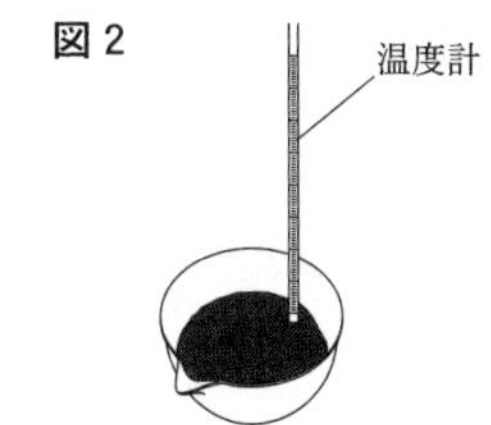

実験2

① 黒色の粉末**Y** 2.9 g を試験管**A**に入れ，**図3**のようにガスバーナーで加熱した。このとき，発生した気体が試験管**B**内のガラス管から出てきたが，石灰水(せっかいすい)は変化しなかった。

② 気体が発生しなくなったところで，試験管**B**からガラス管を取り出し，加熱をやめた。

図3

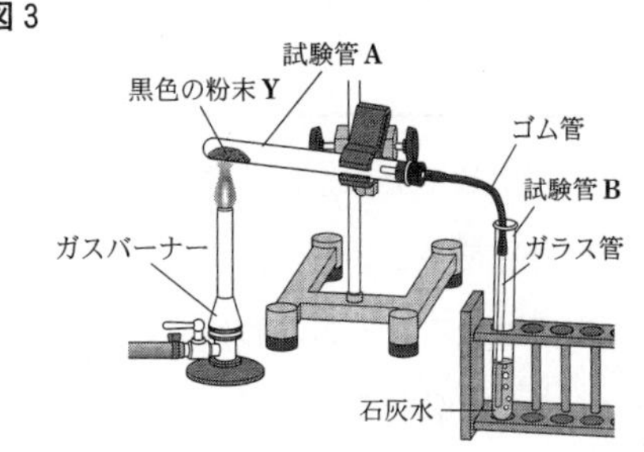

③ 試験管**A**が冷めた後，試験管**A**内に残った白い固体の物質の質量をはかった。

④ 黒色の粉末**Y**の質量を 5.8 g，8.7 g にかえて，それぞれ①～③の操作を行った。**表**はその結果をまとめたものである。

表

黒色の粉末Yの質量〔g〕	2.9	5.8	8.7
試験管A内に残った白い固体の物質の質量〔g〕	2.7	5.4	8.1

(1) **実験1**について，次の(a)，(b)の問いに答えなさい。

(a) 黒色の粉末**X**と鉄粉の混合物に食塩水を加えると，熱が発生し温度が上がった。このような熱を発生する化学変化を何というか，書きなさい。

(b) 温度が上がったのは，鉄粉が空気に含(ふく)まれるある気体と化合したからである。その気体として最も適当なものを，次の**ア**～**エ**のうちから一つ選び，その符号を書きなさい。

ア 窒素(ちっそ)　　**イ** 酸素　　**ウ** 水素　　**エ** 二酸化炭素

(2) **実験2**の①で，加熱した試験管**A**内で起きた化学変化を，化学反応式で書きなさい。

(3) **実験2**の①で，黒色の粉末**Y**の質量を4.0gにかえて実験を行うと，加熱後に試験管**A**内に残る白い固体の物質の質量は何gになるか。**実験2**の**表**をもとに計算し，小数第2位を四捨五入して書きなさい。

6 動物のふえ方について調べるため，学校の近くに生息するカエルを観察しました。これに関して，あとの(1)～(4)の問いに答えなさい。

観察のまとめ

図1は観察したヒキガエルです。春にこのカエルが生息する地域の池に，**図2**のような長いひも状のものがあり，中にたくさんの黒っぽい粒を観察することができました。この黒っぽい粒を持ち帰り，成長のようすを観察したところ，**図3**のように育ったので，この粒はヒキガエルの受精卵であることがわかりました。

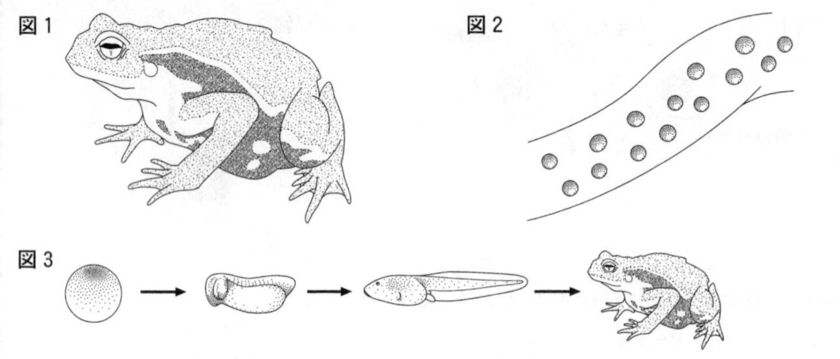

(1) カエルは両生類である。両生類の特徴として最も適当なものを，次の**ア**～**エ**のうちから一つ選び，その符号を書きなさい。

ア　体の表面はうろこでおおわれている。　　**イ**　軟体動物である。

ウ　子はえらで呼吸する。　　**エ**　恒温動物である。

(2) 動物の受精について最も適当なものを，次の**ア**～**エ**のうちから一つ選び，その符号を書きなさい。

ア　1つの精細胞が卵の中に入る。　　**イ**　1つの精子が卵の中に入る。

ウ　1つの卵が精細胞の中に入る。　　**エ**　1つの卵が精子の中に入る。

(3) 動物の受精と発生について述べた文として**適当でないもの**を，次の**ア**～**エ**のうちから一つ選び，その符号を書きなさい。

ア　雌の生殖細胞は卵巣でつくられる。

イ　受精卵は分裂をして胚になる。

ウ　胚の細胞は数がふえると，形やはたらきの違うさまざまな部分に分かれる。

エ　胚になるとすぐに，自分で食物をとりはじめる。

(4) **図4**は，動物のふえ方における細胞の分裂と染色体の数について模式的に表したものである。**図4**の［ **x** ］，［ **y** ］にあてはまるものの組み合わせとして最も適当なものを，あとの**ア**～**エ**のうちから一つ選び，その符号を書きなさい。

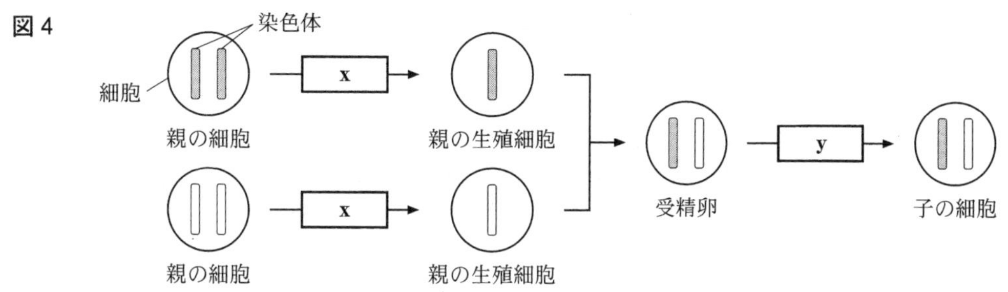

ア　x：体細胞分裂　　y：体細胞分裂　　イ　x：体細胞分裂　　y：減数分裂

ウ　x：減数分裂　　y：体細胞分裂　　エ　x：減数分裂　　y：減数分裂

7　**図1**は，ある年の10月23日3時の天気図で，**図2**は，その日の**図1**の千葉における気象要素の変化を表したものです。これに関して，あとの(1)，(2)の問いに答えなさい。

図1

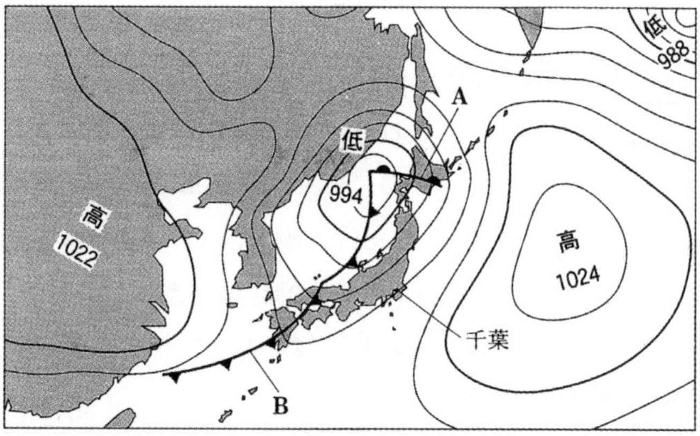

10月23日3時

図2

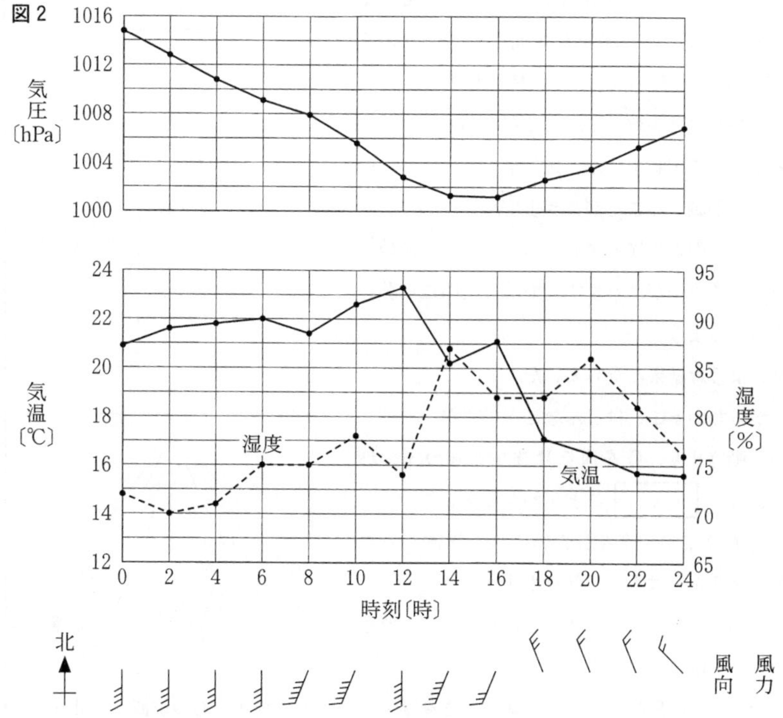

(1) **図1**の**A**のような種類の前線を何というか。その名称を書きなさい。また，この種類の前線による雨の降り方にはどのような特徴があるか。雨の降る範囲(はんい)と，雨の降る時間の長さにふれながら，簡潔に書きなさい。

(2) 次の文章は，千葉における前線**B**の通過について述べたものである。あとの①，②の問いに答えなさい。

> **図2**を見ると，［ x ］を境に，気象要素のうち［ y ］と［ z ］が大きく変化している。このことから，千葉を前線**B**が通過したのは［ x ］だと判断できる。

① 文章中の［ x ］にあてはまる時間帯として最も適当なものを，次の**ア**～**エ**のうちから一つ選び，その符号を書きなさい。

ア　4時から6時の間　　　**イ**　10時から12時の間

ウ　16時から18時の間　　**エ**　22時から24時の間

② 文章中の［ y ］，［ z ］にあてはまる気象要素として最も適当なものを，次の**ア**～**オ**のうちからそれぞれ一つずつ選び，その符号を書きなさい。

ア 気　圧　　**イ** 気　温　　**ウ** 湿　度　　**エ** 風　向　　**オ** 風　力

8　**S**さんは，物体の運動と仕事とエネルギーについて調べるため，次の**実験1**，**2**を行いました。これに関する先生との会話文を読んで，あとの(1)～(3)の問いに答えなさい。ただし，空気抵抗(ていこう)，球とレールの摩擦(まさつ)は考えないものとし，糸の質量やのび縮みはないものとします。また，100 g の物体にはたらく重力の大きさを1 N とします。

先　生：**実験1**として，振(ふ)り子の運動の観察をしましょう。**図1**のように，球を基準面から10 cm の高さまで持ち上げ，その位置を**P**とします。それでは，静かに球を離(はな)してみてください。

Sさん：振り子が動き出しました。振り子がどのように動いているか調べることができますか。

先　生：一定の時間間隔(かんかく)で光るストロボスコープを使い，写真をとる方法があります。では，実際に実験をしてみましょう。

Sさん：**図2**のような結果になりました。

先　生：**図2**からわかることはどんなことですか。

Sさん：**P**から動き出し，**Q**を通り**R**までの振り子の球の速さは，［ x ］ことがわかりました。

先　生：そのとおりです。速さが速いほど，物体がもつ運動エネルギーは大きくなります。

Sさん：そうなんですね。では，球の高さを変えると位置エネルギーはどうなりますか。

先　生：それでは，次に**実験2**として，球の高さを変えたときの，物体がもつ位置エネルギー

図1

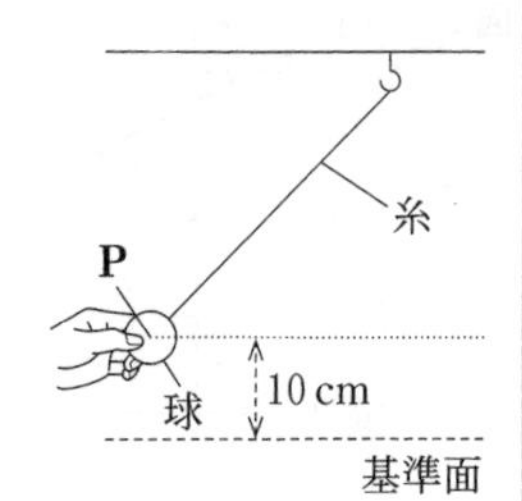

図2

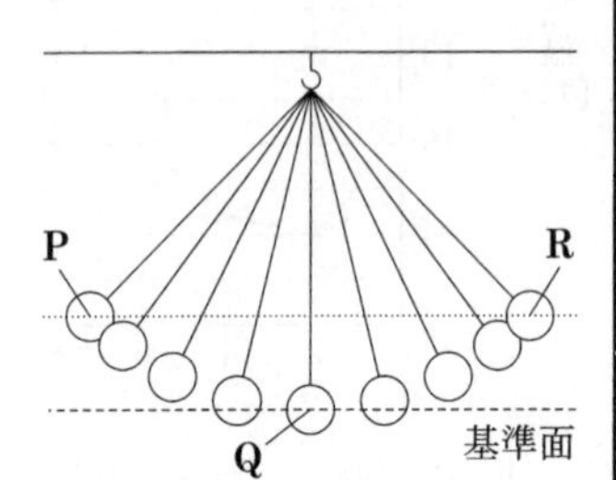

について調べてみましょう。**図3**の装置を用いて実験を行います。モーターを使って，質量15 gの球を水平な台に対して垂直に持ち上げ，球をレールの上に置きます。静かに離し，球を運動させて木片に当て，木片の移動距離を調べます。球を離すときの，基準面からの高さを5 cm，10 cm，15 cm，20 cmにして実験を行ってください。次に，質量30 gの球で同様の実験をします。

図3

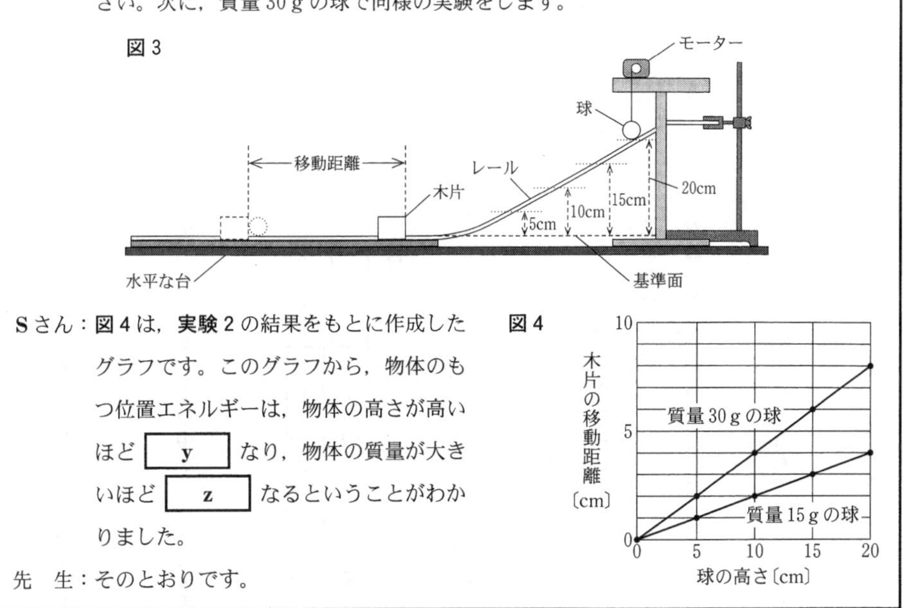

Sさん：**図4**は，**実験2**の結果をもとに作成したグラフです。このグラフから，物体のもつ位置エネルギーは，物体の高さが高いほど［ y ］なり，物体の質量が大きいほど［ z ］なるということがわかりました。

先　生：そのとおりです。

(1) 会話文中の［ x ］にあてはまる最も適当なものを，次の**ア**～**エ**のうちから一つ選び，その符号を書きなさい。

ア　**P**から**Q**までの間はしだいに速くなり，**Q**から**R**までの間はしだいに遅くなる

イ　**P**から**Q**までの間はしだいに速くなり，**Q**から**R**までの間はさらに速くなる

ウ　**P**から**Q**までの間はしだいに遅くなり，**Q**から**R**までの間はさらに遅くなる

エ　**P**から**Q**までの間はしだいに遅くなり，**Q**から**R**までの間はしだいに速くなる

(2) 会話文中の［ y ］，［ z ］にあてはまることばの組み合わせとして最も適当なものを，次の**ア**～**エ**のうちから一つ選び，その符号を書きなさい。

ア　**y**：大きく　**z**：大きく　　**イ**　**y**：大きく　**z**：小さく

ウ　**y**：小さく　**z**：大きく　　**エ**　**y**：小さく　**z**：小さく

(3) **実験2**で，仕事率0.03 Wのモーターを使って，質量30 gの球を基準面から垂直に20 cmの高さまで，静かに持ち上げた。このとき，モーターが質量30 gの球にした仕事は何Jか，また，このときにかかる時間は何秒か，それぞれ書きなさい。

（注1）　鍼医＝主に針状の器具を用いた医療を専門として行う医者。
（注2）　三位卿＝三位は貴族の位。卿は敬称。三位殿も同じ。

(1)　文章中の　いにしへ　を現代仮名づかいに改め、**全てひらがな**で書きなさい。

(2)　登場人物たちの関係を表現している言葉を、文章中から**六字**で**抜き出して**書きなさい。

(3)　この話のおもしろさを説明した次の文の　Ⅰ　と　Ⅱ　に入る言葉を書きなさい。ただし、　Ⅰ　は文章中から**二字**で**抜き出し**、　Ⅱ　は**十五字以内**で書くこと。

> 自分が贈った鯉魚が、だれにも　Ⅰ　されることなく、結局は　Ⅱ　こと。

(4)　最後の短歌が表現していることとして最も適当なものを、次の**ア**～**エ**のうちから一つ選び、その符号を書きなさい。

ア　文章中の出来事について、登場人物を表す言葉をたとえに使い、遊び心を用いつつ表現している。
イ　文章中の登場人物の心情を、その人物に関係あるものにたとえておもしろおかしく表現している。
ウ　文章中の出来事から得られた教訓について、しゃれを効果的に織り交ぜ、印象深く表現している。
エ　文章中の登場人物の生き生きとした言動を、さまざまな表現技法を駆使して力強く表現している。

七　次の二つの意見を読んで、あとの〈条件〉にしたがい、〈注意事項〉を守って、あなたの考えを書きなさい。

> **意見A**
> 「私は、友だちとの会話の中では、互いの考えていることを、できるだけ言葉に表して伝え合うのがよいと思います。」

> **意見B**
> 「私は、友だちとの会話の中では、互いの考えていることを、全部は言わなくても、できるだけ察し合って心を通わせるのがよいと思います。」

〈条件〉
①　**一段落構成**とし、**七行以内**で書くこと。
②　はじめに、**意見A**と**意見B**のうち、あなたが大切だと思う意見とその理由を書き、次に、このことに関連して、友だちとのコミュニケーションにおいて大切にしていることについて、あなたの考えを書くこと。
なお、どちらを選んでも、そのこと自体が採点に影響することはありません。

〈注意事項〉
①　氏名や題名は書かないこと。
②　原稿用紙の適切な使い方にしたがって書くこと。
ただし、〜や═などの記号を用いた訂正はしないこと。

イ　土手に線香花火のような彼岸花が咲いている。
ウ　あなたとは以前にお会いしたような気がする。
エ　時間通り到着できるような計画を立てている。

(2)　文章中から次の［　］の一文が抜き出されている。入るべき場所として最も適当な箇所を、文章中の［ア］～［エ］のうちから一つ選び、その符号を書きなさい。

> その情景をきっかけに、私の記憶は息づき始める。

(3)　文章中の「金盥（かなだらい）傾け干すや白木槿（しろむくげ）」は秋の句であるが、俳句で秋の季語として用いられる言葉を、文章中から**二字で抜き出して**書きなさい。ただし、この俳句に用いられている言葉以外から抜き出すこと。

(4)　文章中の［A］に入る言葉として最も適当なものを、次の**ア**～**エ**のうちから一つ選び、その符号を書きなさい。

ア　他方で　　イ　このように
ウ　言い換えれば　　エ　なぜなら

(5)　文章中にB何もなかった日、日常そのものだった日のことは思い出せないとあるが、このことについて、筆者はどのように考えているか。最も適当なものを、次の**ア**～**エ**のうちから一つ選び、その符号を書きなさい。

ア　筆者は、記憶とは適当に忘れてしまうものだと自覚しているので、思い出せないものは仕方ない、と考えている。
イ　筆者は、記憶は消え去っていくものと認識しているので、特別な出来事の記憶だけは失いたくない、と考えている。
ウ　筆者は、どのような日でも記憶の抽斗は必ず開かれると信じているので、平凡な日も大切にしたい、と考えている。
エ　筆者は、ごく普通の日常にも価値を感じているので、思い出せないと気がかりで心が落ち着かない、と考えている。

(6)　筆者のいう俳句とはどのようなものか。それを説明した次の文の［I］、［II］に入る言葉を、文章中の言葉を用いて書きなさい。ただし、［I］は**七字以内**で書き、［II］は「豊か」という言葉を使って**十字以上、二十字以内**で書くこと。

> 俳句そのものは、限定された十七音の言葉が［I］をもつだけのものだが、忘れ去る記憶を［II］ものでもある。

六　次の文章を読み、あとの(1)～(4)の問いに答えなさい。

いにしへの事にや。京都に浦井（うらゐ）何某（なにがし）（なんとかという）といへる町人と、又鍼医（はりい）（注1）に何とやらんいふものと、園池三位卿（そのいけさんみきやう）（注2）と三人、常々花鳥風月の友なりしが、ある時、浦井より医者のもとへ鯉魚（りぎよ）（鯉）を送りけるを、この医、又園池殿へ進上せり。園池殿にも見事なる鯉なればとて（なので）、又浦井が方へ給はり（たま）（くださった）ぬ。浦井は我もとより送りし魚なれば、よくも見覚えたるや。かの鍼医を招き、某（それがし）（わたくしが）こころざして参らせたる鯉を、料理はなさで、園池殿へは送り給ふといへば、医も驚き何として知れたるといふに、右の由（よし）（事情）を咄（はな）して笑ひける。この事、三位殿聞き給ひ、浦井に見せよとて、はり先にかかりし魚をその池へはなせばもとの浦井へぞ行く

（『牛馬問（ぎうばもん）』による。）

だったか思い出せない。しかし、まったく忘れているわけではない。何かのきっかけがあれば思い出せる。喩(たと)えて言うならば、そのきっかけになる言葉が俳句なのだと私は考えている。【イ】

　　(注1)金盥(かなだらい)傾け干すや白木槿(しろむくげ)(注2)　　軽舟(けいしゅう)

ここが更地になる前には、玄関の脇に木槿があって、毎年夏から秋にかけて次々に白い花を咲かせていたのだ。残暑厳しいある日、玄関の傍(かたわ)らの塀に立てかけて金盥が干してあった。【ウ】

ずいぶん昔からそこにあるらしい眼医者だった。私は診てもらったことがないし、人が出入りするところも見かけない静かな眼医者だった。金盥は昔なつかしい古風なものだったが、その眼医者の玄関先にはよく似合っていた。目立たない眼医者だったのに、更地になって初めて意外なほど広い地所だったことに気づく。間もなくここにはマンションが建ち、新しい住民を迎えることになるらしい。彼らは木槿のことなど知る由(よし)もない。【エ】

私の俳句はその眼医者をことさら丹念に描写したものではない。しかし、この句の言葉をいとぐちにして、私はそこにあった眼医者をありありと思い出すことができる。きっかけさえ与えてやれば、記憶は隅々まで像を結ぶ。[　A　]この句からまったく別の記憶を呼び覚まされる読者もいるだろう。それは例えば今はもうこの世に存在しない読者の実家の情景かもしれない。作者の私が知らない読者の実家の記憶が、私の俳句によって読者の頭の中に甦(よみがえ)るのである。

俳句とは記憶の抽斗(ひきだし)を開ける鍵のようなものだ。読者がそれぞれの抽斗を開けてそこに見出(みいだ)すものは同じではない。俳句が引き出す情景は作者が頭に思い浮かべていた情景に限定されない。読者それぞれの抽斗が引かれればそれでよいのだ。

たった五七五、十七音しかない俳句が豊かな内容を持ち得るのは、このように読者が脳裏に収めているさまざまな情景を思い出すという過程を内包しているからである。五七五に限定された言葉が直接指し示すものの情報量はわずかだが、それをきっかけに引き出される読者の記憶の情報量は限りを知らない。

見慣れた町並みにぽっかり空いた更地は、日記をつけ忘れた一日に似ている。忙しくて日記を何日かつけ忘れた。思い出して書こうとするのだが、ほんの数日前のことなのに何があったか思い出せない。特別な出来事があった日は事細かく思い出せるが、B何もなかった日、日常そのものだった日のことは思い出せない。

それは見慣れた町並みにできた更地を前にするように私を心許(もと)ない気持ちにさせる。思い出せないからどうでもよい一日なのだと割り切ればそれでよいのだが、何か大事なものを失(な)くしたような気分になる。

俳句はそのようにして忘れ去っていく日常のなんでもない日の記憶を甦らせてくれるものでもある。

（小川軽舟(おがわけいしゅう)『俳句と暮らす』による。）

(注1)　金盥＝金属製のたらい、洗面器。

(注2)　木槿＝生け垣や庭木として植える、アオイ科の落葉低木。白木槿は、その花の色が白いもの。

(1)　文章中の　ような　と同じ意味で使われているものとして最も適当なものを、次の**ア**～**エ**のうちから一つ選び、その符号を書きなさい。

ア　彼はまだ決心できないような表情をしている。

イ　「わたし」の絵をほめる一方で、皮肉を込めつつ満麿の絵の欠点を指摘し、二人を競わせたい。

ウ　「わたし」の絵をほめて自信をもたせる一方で、満麿に謙虚さをもたせ、基礎から学ばせたい。

エ　「わたし」の絵をほめるとともに、絵を描くことの本質を示すことで、満麿に奮起を促したい。

(3)　文章中に[C]わたしはどんな油絵よりも、たった一枚だけの満麿の水彩画に感心したとあるが、「わたし」は満麿の水彩画のどのようなことに感心したのか。最も適当なものを、次の**ア**～**エ**のうちから一つ選び、その符号を書きなさい。

ア　満麿の絵が、これまでの筆使いにさらに磨きをかけ、自分の個性を表現している絵となっていたこと。

イ　満麿の絵が、今まで身に付けてきた技術を捨てた末に、自分の思いが込められた絵となっていたこと。

ウ　満麿の絵が、これまでと違う水彩画で表現されたことで、より繊細な描きぶりの絵となっていたこと。

エ　満麿の絵が、今までとは全く違う単純な構図を用い、写真のように美しい色調の絵となっていたこと。

(4)　文章中に[D]……よしとあるが、この表現に込められた満麿の心情を説明したものとして最も適当なものを、次の**ア**～**エ**のうちから一つ選び、その符号を書きなさい。

ア　自分の絵が「わたし」に評価され、絵に対する自信を深めている。

イ　自分の絵が「わたし」にほめられ、すっかり有頂天になっている。

ウ　自分の絵が「わたし」に理解され、和睦できたことを喜んでいる。

エ　自分の絵が「わたし」に認められ、競争心をかき立てられている。

(5)　文章中に[E]満麿の一言が、身うちがゾクゾクするほどうれしかったとあるが、「わたし」はなぜうれしかったのか。「共感」という言葉を使って**二十字以上、三十字以内**で書きなさい。

(6)　この文章について説明したものとして最も適当なものを、次の**ア**～**エ**のうちから一つ選び、その符号を書きなさい。

ア　絵画に自信をもっている主人公の姿を、心情を表した比喩を用いて描いている。

イ　少年たちが絵画に真剣に取り組む姿を、五感を通してみずみずしく描いている。

ウ　主人公の少年時代の思い出を、視覚的なイメージを効果的に用いて描いている。

エ　二人の少年の激しく揺れ動く心の内を、はずむような会話を通じて描いている。

五

次の文章を読み、あとの(1)～(6)の問いに答えなさい。

毎日のように歩く見慣れた町並みに、ある日ぽっかりと更地ができている。昨日通った時には気づかなかったが、すでにきれいに整地されていて、そこにあったはずのものは跡形もない。そして、見慣れた町並みだったというのに、昨日までそこに何があったのか、思い出そうとしても思い出せない。［ア］

私たちの記憶とはそのようなものではないか。目にするものすべてを克明に意識していては暮らして行けない。見慣れたと言いながら適当に忘れているのである。その忘れている部分を隠されてみると、それが何

そののちしばらくして、わたしと満麿とはつまらぬことで仲たがいし、口をきかなくなった。

晩秋に絵画部の展覧会があり、満麿も一点だけ水彩画を出していた。それを見て、驚いた。トンネルが画面のまんなかに黒い半楕円の影をつくり、その前は真赤に枯れた草が一面ぼうぼうと描かれているだけなのだ。最初にわたしをびっくりさせたような丹念な筆致はない。まして、元町のガクブチ屋の絵ではない。構図は至って単純だけれど、枯れ草の赤が冴えながらひどく寂しい。トンネルの穴にも、空虚な重さが詰めこまれているといった情感がある。Cわたしはどんな油絵よりも、たった一枚だけの満麿の水彩画に感心した。

満麿と和睦したのは、展覧会がすんでしばらくしてである。どんなきっかけだったかもわからないような仲直りであった。

和睦した日の昼休み、わたしと満麿とは日のあたる校舎の、煉瓦の壁に背をくっつけてならんでいた。冬にはいってポプラの葉はいっせいに散り、空だけが青い。

満麿が、ぽつりといった。

「展覧会のおれの絵、見たか?」

「見た。トンネルに赤い草の絵」

「どうだった?」

「よかった。こんどの展覧会で一番よかった」

「ほんとにそう思ったか?」

「ほんまだ。(注4)おべんちゃらやない」

「ほんとか。D……よし」

満麿はさっきから青空に目を据えたままであったが、その「よし」というときは気合いをかけるような調子になった。

それから、間をおいていった。

「お前は、絵がわかる」

わたしには、その満麿の一言が、E身うちがゾクゾクするほどうれしかったことをいまも覚えている。そして、赤枯れた草のなかのトンネルは、その日から四十年以上もたったいまも、わたしの大脳の壁面に(注5)褪色することもなく掛かっているのだ。

満麿はきっと、図画教師から「元町のガクブチ屋の絵」といわれた日から、苦しみつづけていたのにちがいなかった。そのひそかな若い苦悩と格闘とがトンネルのなかに(注6)充塡されているように思い返された。

（足立巻一『親友記』による。）

（注1）大連＝中国の都市名。満麿が転校前に住んでいた場所。
（注2）元町＝兵庫県神戸市にある商店街。
（注3）この君＝ここでは「わたし」を指す。「君」は敬称。
（注4）おべんちゃら＝軽薄なお世辞。
（注5）褪色＝色があせること。
（注6）充塡＝ものを詰めて満たすこと。

(1) 文章中の［A］に入る言葉として最も適当なものを、次のア～エのうちから一つ選び、その符号を書きなさい。

ア 困　惑　　イ 満　足　　ウ 軽　蔑　　エ 感　心

(2) 文章中にB赤の色がおもしろいね。神経が出てるよとあるが、この言葉から教師のどのような意図が読み取れるか。最も適当なものを、次のア～エのうちから一つ選び、その符号を書きなさい。

ア 「わたし」の絵に興味を示すとともに、その長所を伝えることで「わたし」に努力をさせたい。

エ　キャッチフレーズの候補を他に挙げさせ、二つの案と比べてキャッチフレーズを一つに絞る。

聞き取り検査終了後、3ページ以降も解答しなさい。

二　次の(1)～(4)の――の漢字の読みを、**ひらがな**で書きなさい。

(1) 貪るように本を読む。
(2) 今年の冬は殊に寒い。
(3) 穏便に取り計らう。
(4) 海岸に押し寄せる魚を一網打尽にする。

三　次の(1)～(5)の――のカタカナの部分を**漢字**に直して、楷書で書きなさい。

(1) ごはんをよくムらす。
(2) 体操で体を弓なりにソらす。
(3) 鉄道のウンチンを調べる。
(4) 客船がキテキを鳴らす。
(5) ランオウに砂糖を混ぜてお菓子を作る。

四　次の文章を読み、あとの(1)～(6)の問いに答えなさい。

〔二学期になり、旧制中学校の二年生（現在の中学二年生にあたる）だった「わたし」の学級に、満麿（みつまろ）が転校してきた。席が前後だったことから、二人はすぐに仲良くなった。図画（現在の美術にあたる）の時間に校庭の風景を描く中で、満麿はたいへん上手に写生をし、その技量の高さに「わたし」は驚いた。そこへ図画の教師がやって来た。〕

「きみは相当描きこんでいるらしいね。どれ」と、教師は満麿のスケッチブックを取り上げた。つられて、わたしも満麿も立ち上がった。スケッチブックが一枚ずつ繰られてゆく。リンゴや花のスケッチがあり、波止場や公園の並み木の風景があった。どれも大連(注1)で描いたものらしいが筆致はこまやかで、色調が美しい。

先生はスケッチブックを満麿に返すと、実に意外なことをいった。

「元町(注2)のガクブチ屋の絵だね」

わたしもその絵のことは知っている。その店には富士山とか山の湖とか、色つき写真のようにきれいな絵がならんでいた。が、それを図画教師がむしろ［ A ］しきっていることは、わたしにもその語調ですぐわかったものの、なぜ、満麿の絵がそうなのかは呑みこめない。つづいて、教師は、もっと意外なことをいった。

「君はうまいよ。でも、もっと思いきって描かないといけないね。その点、この君(注3)の絵のほうがずっとおもしろい」

そういって指さしたのは、地面に投げ出したように置いたわたしの絵であった。

「B赤の色がおもしろいね。神経が出てるよ」

「神経」ということばも、意外であったが、それから教師はふたたび満麿にいった。

「君は才能があるんだから、いまのまま固まってはいけない。いまの描きかたをこわすようにやって見給え」

最後のことばは、やさしい調子になっていた。そして、わたしたちを離れ、手をうしろに組んだ、背の低いうしろ姿が遠ざかっていった。

満麿の顔は、急に白くなっているように見えた。教師のことばにも、終始だまりこくっていたけれど、かれが怒っていることはよくわかった。そのため、わたしまで気まずくなった。

その日、級長が絵を集めに来たとき、満麿は出さなかった。

※注意　各ページの全ての問題について、解答する際に字数制限がある場合には、句読点や「　」などの符号も字数に数えること。

一　吉村さんの学級では、「ちばアクアラインマラソン」を応援する横断幕に書くキャッチフレーズを決めています。「ちばアクアラインマラソン」は、東京湾を横断する海上の道路を走るマラソン大会です。これから、話し合いをしている場面と、それに関連した問いを四問放送します。よく聞いて、それぞれの問いに答えなさい。

（放送が流れます。）

「ちばアクアラインマラソン 2016 実施報告書」より

(1)　（問いを放送します。）

〔選択肢〕

ア　このマラソンの目的を説明して、目的を表すのにふさわしい表現の仕方について述べている。

イ　このマラソンの魅力を最初に挙げて、どのようなイメージを伝えたいかを明確に述べている。

ウ　キャッチフレーズの特徴を明確にし、そこに込められた選手たちの心情を詳しく述べている。

エ　キャッチフレーズに込められた表現の工夫を具体的に説明し、その効果について述べている。

(2)　（問いを放送します。）

〔選択肢〕

ア　長所や短所を整理した後、推薦理由を具体的に述べている。

イ　根拠をもとに自分の考えを述べて、結論に結び付けている。

ウ　相手の意見との相違点を整理し、最後に結論を述べている。

エ　自分の体験を述べ、その体験を推薦理由と結び付けている。

(3)　（問いを放送します。）

どちらのキャッチフレーズも、［　　］があるという特徴をもっていること。

(4)　（問いを放送します。）

〔選択肢〕

ア　二つのキャッチフレーズの問題点に着目させ、改善しながらキャッチフレーズを一つに絞る。

イ　みんなの意見と自分の考えを比べてどちらがよいか、司会がキャッチフレーズを一つに絞る。

ウ　二つの推薦理由を整理して、他の人から質問や意見を求めてキャッチフレーズを一つに絞る。

田　中　僕は「海と走る　海を走る」を推薦します。「海と走る」と「海を走る」という似た言い方の繰り返しをすることで、リズムが生まれ、印象的なキャッチフレーズになっています。また、「海と走る」は海と一緒に走っている姿を想像させ、「海を走る」は海の上を走るアクアラインマラソンの魅力そのものを表現しています。「と」と「を」を使い分けるだけで表現が豊かになります。

（合図音A）

問いの(1)　田中さんの説明の仕方について述べたものとして最も適当なものを、選択肢ア～エのうちから一つ選び、その符号を書きなさい。

（18秒空白）

（合図音B）

吉　村　次に、木内さん、お願いします。

木　内　私は、キャッチフレーズは、心に残るものがよいと思います。「君よ今　アクアラインの風になれ」は、五・七・五のリズムになっているので心に残り、親しみがもてます。また、「君よ」と呼びかけることで、自分に言われているようで、参加者の関心を引くと思いますし、ランナーたちを応援する言葉にもなっていると思います。だから私は「君よ今　アクアラインの風になれ」がよいと思います。

（合図音A）

問いの(2)　木内さんの発言の構成や展開について述べたものとして最も適当なものを、選択肢ア～エのうちから一つ選び、その符号を書きなさい。

（15秒空白）

（合図音A）

問いの(3)　田中さんと木内さんの推薦理由に共通する点について、問題用紙の空欄に三字で言葉を補い、完成させなさい。

（12秒空白）

（合図音B）

吉　村　二人ともありがとうございました。

（合図音A）

問いの(4)　このあと、司会の吉村さんは、どのように話し合いを進めていけばよいですか。最も適当なものを、選択肢ア～エのうちから一つ選び、その符号を書きなさい。

（5秒空白）

放送は以上です。3ページ以降も解答しなさい。

国語

平成三十年度　後期選抜　学力検査　国語聞き取り検査放送用ＣＤ台本

（チャイム）

これから、国語の学力検査を行います。まず、問題用紙の1ページと2ページがあることを確認しますので、放送の指示に従いなさい。

（2秒空白）

では、問題用紙の1ページと2ページを開きなさい。

（3秒空白）

確認が終わったら、問題用紙を閉じなさい。1ページと2ページがない人は手を挙げなさい。

（10秒空白）

次に、解答用紙を表にし、受検番号、氏名を書きなさい。

（20秒空白）

最初は聞き取り検査です。これは、放送を聞いて問いに答える検査です。問題用紙の1ページと2ページを開きなさい。

（4秒空白）

一　吉村さんの学級では、「ちばアクアラインマラソン」を応援する横断幕に書くキャッチフレーズを決めています。「ちばアクアラインマラソン」は、東京湾を横断する海上の道路を走るマラソン大会です。これから、話し合いをしている場面と、それに関連した問いを四問放送します。よく聞いて、それぞれの問いに答えなさい。

（2秒空白）

なお、やり取りの途中、（合図音A）という合図のあと、問いを放送します。また、（合図音B）という合図のあと、場面の続きを放送します。

1ページと2ページの余白にメモをとってもかまいません。

では、始めます。

吉　村　前回は、海の上を走るマラソンの魅力を伝えるキャッチフレーズにする、ということで、キャッチフレーズの候補を二つに絞りました。一つは「海と走る　海を走る」。もう一つは「君よ今　アクアラインの風になれ」です。今日は、キャッチフレーズをどちらかに決定します。まず、それぞれのキャッチフレーズの推薦者から再度、意見を聞きます。そして、話し合って決めます。それでは、田中さんからお願いします。

第 2 部

国立木更津工業高等専門学校

国立木更津工業高等専門学校

数　学

1 次の各問いに答えなさい。

(1) $\dfrac{1}{\sqrt{3}} \div \left(-\dfrac{1}{2}\right)^2 - \sqrt{6} \times \dfrac{\sqrt{2}}{4}$ を計算すると $\dfrac{\boxed{ア}\sqrt{\boxed{イ}}}{\boxed{ウ}}$ である。

(2) x についての2次方程式 $x^2 + ax - 6 = 0$ の解の1つが-3であるとき，a の値は $\boxed{エ}$ であり，もう1つの解は $\boxed{オ}$ である。

(3) 関数 $y = -\dfrac{1}{4}x^2$ について，x の値が-3から7まで増加するときの変化の割合は $\boxed{カキ}$ である。

(4) 右の図のように，関数 $y = ax^2$ のグラフ上に2点A，Bがあり，関数 $y = -x^2$ のグラフ上に2点C，Dがある。線分ABと線分CDは x 軸に平行である。A，Dの x 座標はそれぞれ2，1であり，台形ABCDの面積は11である。このとき，$a = \dfrac{\boxed{ク}}{\boxed{ケ}}$ である。ただし，$a > 0$ である。

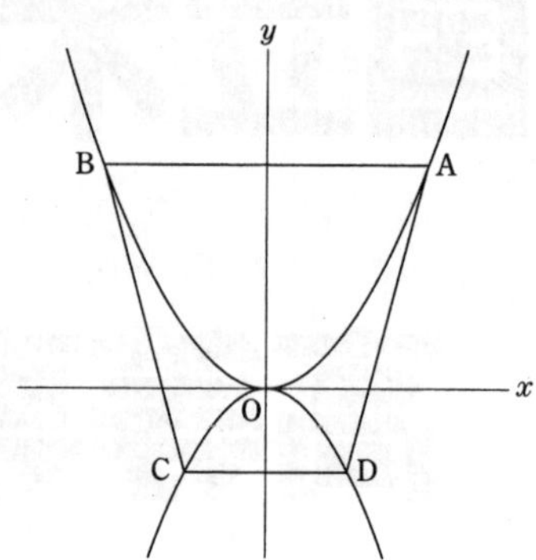

(5) 箱の中に，1，2，3，4，5，6の数字を1つずつ書いた6枚のカードが入っている。この箱の中から，カードを同時に2枚取り出すとき，この2枚のカードの数字の和が素数となる確率は $\dfrac{\boxed{コ}}{\boxed{サシ}}$ である。ただし，どのカードが取り出されることも同様に確からしいものとする。

(6) 下の図は，ある中学3年生40人が行った10点満点の試験の点数をヒストグラムで表したものである。平均値を x，中央値（メジアン）を y，最頻値（モード）を z とするとき，x，y，z の関係を正しく表している不等式を，下のⓐからⓕまでの中から選ぶと $\boxed{ス}$ である。

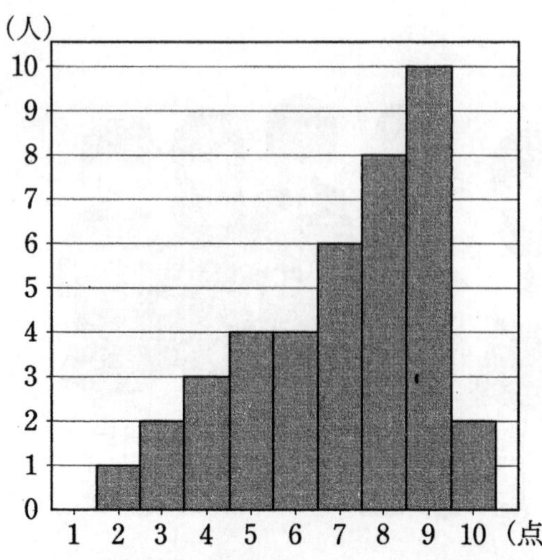

ⓐ $x < y < z$　　ⓑ $x < z < y$
ⓒ $y < x < z$　　ⓓ $y < z < x$
ⓔ $z < x < y$　　ⓕ $z < y < x$

(7) 右の図において，△ABCの辺AB，ACの中点をそれぞれD，Eとする。線分BC上にBF：FC＝1：3となる点Fをとり，線分AFと線分DEの交点をGとする。このとき，△ADGの面積をS，四角形EGFCの面積をTとしてS：Tを最も簡単な自然数比で表すと［セ］：［ソ］である。

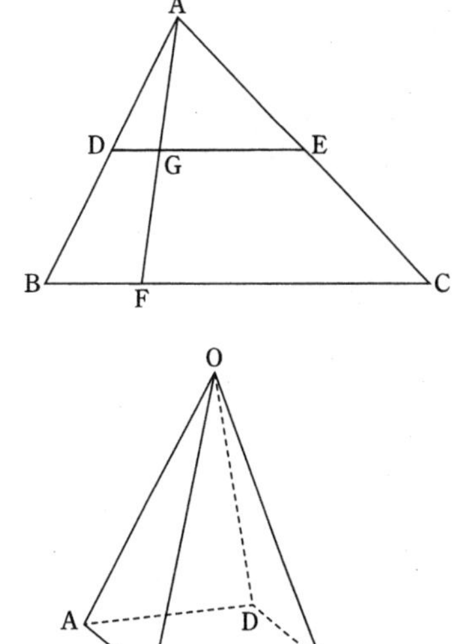

(8) 右の図のように，AB＝6 cm，BC＝8 cmの長方形ABCDを底面とし，OA＝OB＝OC＝ODの四角錐がある。この四角錐の体積が192 cm^3 であるとき，OA＝［タチ］cmである。

2 AさんとBさんは，公園内にあるP地点とQ地点を結ぶ1 kmのコースを走った。下の図は，AさんとBさんがそれぞれ9時x分にP地点からy km離れているとして，グラフに表したものである。

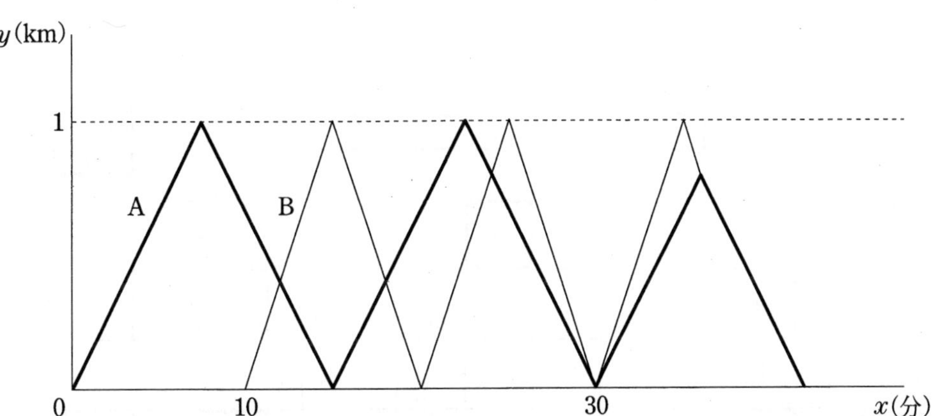

• 9時から9時30分まで

Aさんは9時にP地点を出発し，一定の速さで走った。そしてP地点とQ地点の間を2往復し，9時30分にP地点に戻った。

Bさんは9時10分にP地点を出発し，Aさんより速い一定の速さで走った。そしてP地点とQ地点の間を2往復し，9時30分にAさんと同時にP地点に戻った。

• 9時30分より後

9時30分に2人は同時に，それぞれそれまでと同じ速さでP地点を出発した。

BさんはQ地点で折り返して，Aさんと出会ってからはAさんと同じ速さで走ってP地点に戻った。

AさんはBさんと出会うと，そこから引き返し，それまでと同じ速さでBさんと一緒に走って同時にP地点に戻った。そこで，2人は走り終えた。

このとき，次の各問いに答えなさい。

(1) Aさんが初めてQ地点で折り返してからP地点に戻るまでの x と y の関係を式で表すと

$y=-\dfrac{\boxed{ア}}{\boxed{イウ}}x+\boxed{エ}$ である。また，Bさんが9時10分にP地点を出発してからQ地点で折り返すまでの x と y の関係を式で表すと $y=\dfrac{\boxed{オ}}{\boxed{カ}}x-\boxed{キ}$ である。

(2) Aさんが9時にP地点を出発した後，初めて2人が出会うのは，P地点から $\boxed{ク}.\boxed{ケ}$ km離れている地点である。

(3) 2人が最後にP地点に戻ったのは9時 $\boxed{コサ}$ 分である。

(4) Aさんは合計で $\boxed{シ}.\boxed{ス}$ km走った。

3 図1のように，横にとなり合う2つの正方形の中に書かれた数の和が，その2つの正方形の真上にある正方形の中の数になるようにする。このとき，次の各問いに答えなさい。

図1

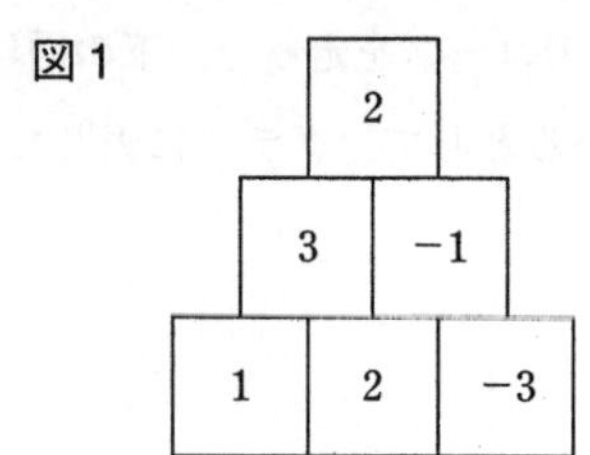

(1) 図2において，$a=\boxed{ア}$，$b=p+\boxed{イ}q+\boxed{ウ}r+s$，$c=\dfrac{\boxed{エオ}}{\boxed{カ}}$ である。

図2

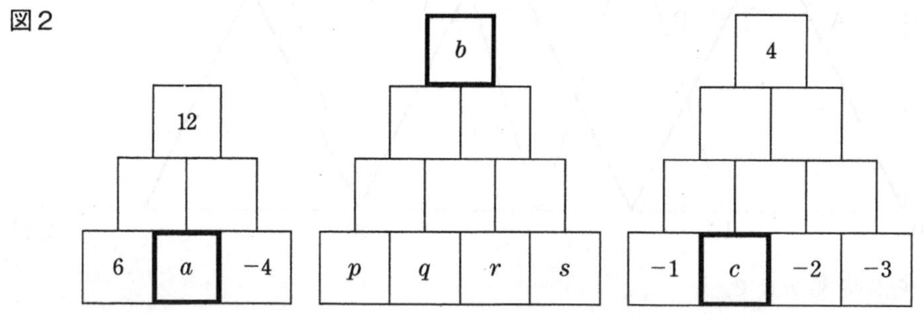

(2) 図3において，どの正方形の中にも，絶対値が6以下の整数しか入らないこととする。このとき，どのように数を入れても，$d=\boxed{キ}$ である。よって，条件を満たす e は，全部で $\boxed{ク}$ 個ある。

図3

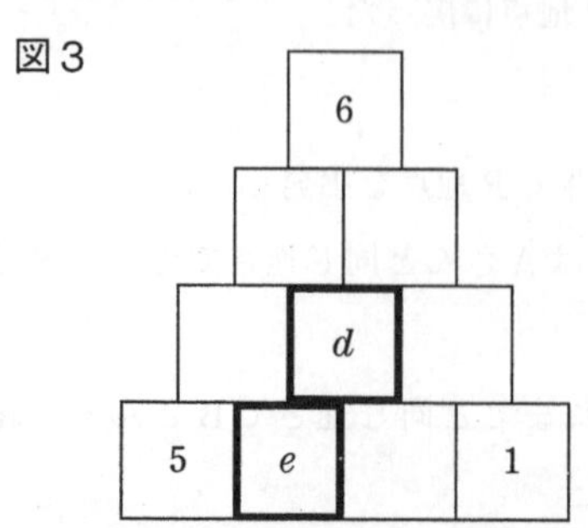

(3) 図４において，$f=$ ケコ，$g=$ サ である。

図４

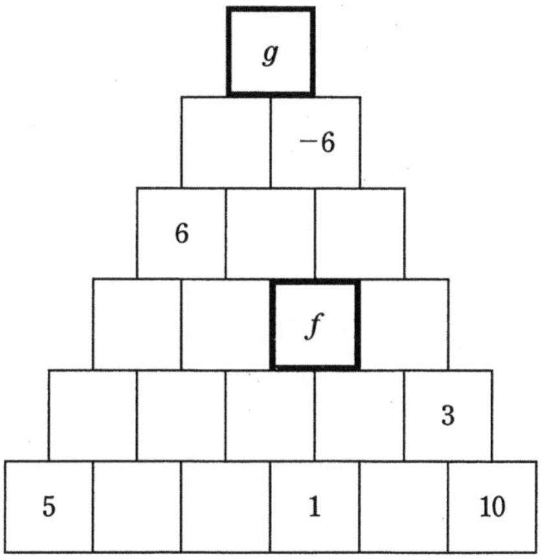

			g			
				−6		
		6				
				f		
					3	
5			1		10	

4 図１のように，長さ２の線分 AB を直径とする円 O の周上に点 C をとる。点 C から線分 AB に垂線を引き，その交点を H とすると，AH：CH＝2：1 である。

このとき，次の各問いに答えなさい。

図１

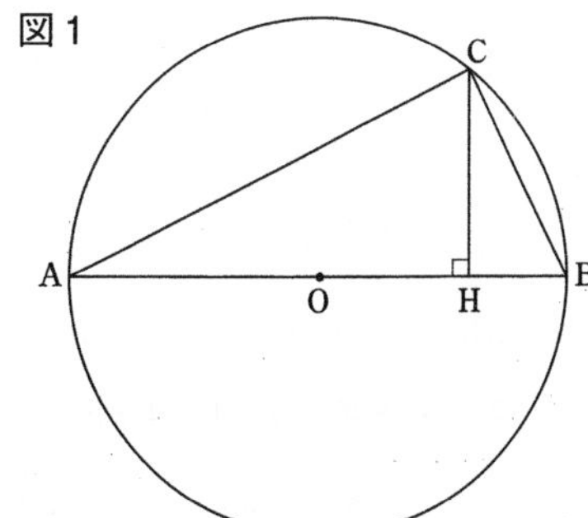

(1) $\mathrm{AH}=\dfrac{\boxed{ア}}{\boxed{イ}}$ である。

(2) 図２のように，弧 AB の点 C のある側に AD＝AH となるように点 D をとり，∠ADB の二等分線と線分 AB の交点を E とする。このとき，

∠ADE＝ ウエ °

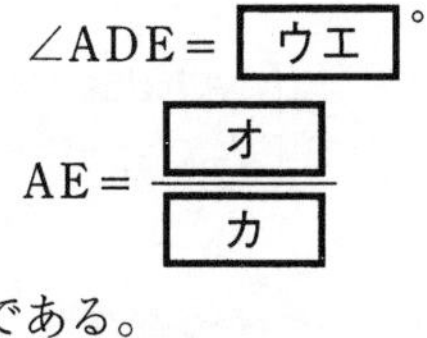

$\mathrm{AE}=\dfrac{\boxed{オ}}{\boxed{カ}}$

である。

図２

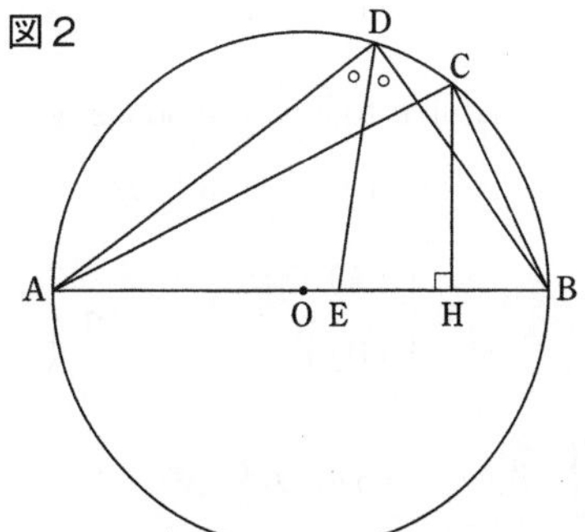

(3) 図３のように，図２の線分 DE を E の方向に延ばした直線と円 O の交点を F とする。このとき，

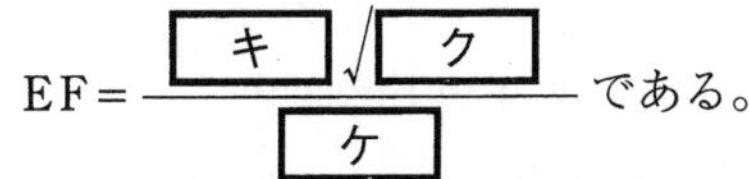

$\mathrm{EF}=\dfrac{\boxed{キ}\sqrt{\boxed{ク}}}{\boxed{ケ}}$ である。

図３

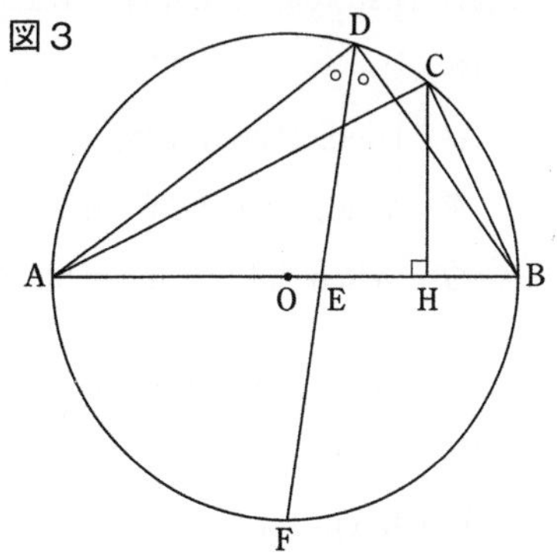

英 語

1 次の各組の英文がほぼ同じ意味を表すように，（　A　）と（　B　）に入れるのに最も適当な組み合わせをア～エの中から一つずつ選びなさい。

1. What is your （　A　） movie?
   What is the movie you （　B　） the best?

   ア (A) best (B) raise　　イ (A) interesting (B) want　　ウ (A) happy (B) read　　エ (A) favorite (B) like

2. September （　A　） August.
   August comes （　B　） September.

   ア (A) continues (B) between　　イ (A) follows (B) before　　ウ (A) comes (B) after　　エ (A) jumps (B) next

3. When I （　A　） the news, I was very happy.
   The news （　B　） me happy.

   ア (A) heard (B) made　　イ (A) knew (B) used　　ウ (A) read (B) studied　　エ (A) watched (B) lived

4. Mary doesn't want to leave Japan （　A　） visiting Kyoto.
   Mary wants to visit Kyoto （　B　） she is in Japan.

   ア (A) while (B) without　　イ (A) in (B) before　　ウ (A) without (B) while　　エ (A) before (B) until

5. I'd like to live in a house （　A　） has a large kitchen.
   I'd like to live in a house （　B　） a large kitchen.

   ア (A) that (B) on　　イ (A) who (B) in　　ウ (A) which (B) with　　エ (A) this (B) at

2 次の１～５の会話文の（　　）に入る適切なものを，ア～エの中から一つずつ選びなさい。

1. A: Yesterday a man asked me in English where the bus stop was.
   B: (　　　　　　)
   A: I tried. Actually, he understood a little Japanese.

   ア Where was he from?　　イ Did you answer in English?
   ウ When did you meet him?　　エ Did he come from the station?

2. A: Hello. This is Emma. Can I speak to Mary, please?
   B: I think (　　　　　　). There is no one named Mary here.
   A: Oh, I'm sorry.

ア she will be busy　　イ you are welcome
ウ she just came back　　エ you have the wrong number

3．A：I want to go to the movie today.
B：Well, it's so nice outside. Let's go to the beach. We can go to the movie tomorrow.
A：(　　　　　) because the movie is going to finish today.
ア Let's go to the beach　　イ I can't wait until tomorrow
ウ Let's go to the movie tomorrow　　エ We can't go to the park tomorrow

4．A：Jane will return to our soccer team tomorrow.
B：That's good. How long was she in the hospital?
A：Well, (　　　　　). I'm not sure when she got out.
B：Did you visit her?
ア she broke her leg about two months ago　　イ she came from Canada
ウ she was good at playing soccer　　エ she became a doctor

5．A：Have you been to the new restaurant?
B：Yes. The pizza there was very good. Have you been there?
A：No, but (　　　　　). I'm looking forward to it.
ア I didn't know it was a new shop　　イ I ate pizza there with my family last week
ウ I don't like their food at all　　エ I will go there with my sister next Sunday

3 次の文章をよく読んで，後の問いに答えなさい。

John and Mary got married forty years ago. They lived together in a big house in London. However, they felt that they didn't need (　1　) a large house. They began to think they should move to a smaller one. Then they found a good house on the next street and they (　2　) to buy it. John called a moving company and asked them to take all the furniture to the new house.

There was a very tall and beautiful old clock in the living room of their house. The clock was very special for John because he bought it when he got married. He and his wife loved the clock and enjoyed (　3　) to the beautiful sound of its bell. The clock was as tall as John and was more than 30 kg. He planned to put it in the living room of their new house.

When the men from the moving company came, John thought, "Oh, they look very busy. I'm (　4　) they won't carry my special clock carefully. They may break it! I will carry it by myself." So he held the clock in his arms and began to walk to the new house.

The clock was so big and heavy (　5　) he had to stop many times to have a rest. When he turned a corner, a small boy came along the street. The boy looked at him and began to laugh. The boy said to John, "Hey, why don't you buy a (　6　) to know the time?"

（注）move 引っ越す　　moving company 引っ越し業者　　furniture 家具
living room 居間　　carefully 慎重に，注意して　　have a rest 一休みする

問1　本文中の（1）～（6）に入れるのに適切なものを，ア～エの中から一つずつ選びなさい。

（ 1 ）　ア much　イ so　ウ such　エ very

（ 2 ）　ア decided　イ forgot　ウ kept　エ learned

（ 3 ）　ア listen　イ listened　ウ listening　エ to listening

（ 4 ）　ア afraid　イ glad　ウ going　エ happy

（ 5 ）　ア that　イ these　ウ they　エ those

（ 6 ）　ア company　イ house　ウ street　エ watch

問2　本文の内容と合うものを次のア～オの中から一つ選びなさい。

ア　John wants to live in the new house with his daughter.

イ　John took all the furniture to the new house by himself.

ウ　John wanted the men from the moving company to break his clock.

エ　The small boy thought that John was carrying the clock to know the time.

オ　It was easy for John and the men from the moving company to carry the clock together.

4　次の1～6の会話文の（　　）内の語句を並べ替え，それぞれの文を完成しなさい。解答は，<u>（　　）内において3番目と5番目にくるもの</u>の記号を選びなさい。なお，文頭にくる語も小文字で書かれています。

1．A：What is that old building?

　B：That is（ア a hotel　イ built　ウ century　エ in　オ eighteenth　カ the).

　A：Really? I'd like to stay there someday.

2．A：Is your basketball team going to join the tournament next month?

　B：Yes,（ア each　イ must　ウ of　エ practice　オ to　カ us）win the tournament. We are practicing for three hours every day.

　A：Wow! You are practicing a lot.

3．A：（ア do　イ know　ウ playing　エ the girl　オ the piano　カ you）on the stage?

　B：Yes, she is Kate. She is my classmate.

4．A：You and Bill are good friends.

　B：Yes. He was（ア me　イ person　ウ spoke　エ the first　オ to　カ who）in this class. He is very kind and helpful.

5．A：Do you know（ア has　イ hospitals　ウ how　エ many　オ our　カ town)?

　B：I think there are five or six.

6．A：Your shirt is very nice. It looks very expensive.

　B：No, it was only ten dollars.

　A：Really? I（ア fifty dollars　イ it　ウ more　エ or　オ thought　カ was).

5　次の文章と図は，ある学校のクラス対抗球技大会（sports festival）に関するものです。これらをよく読んで，後の問いに答えなさい。なお，解答に際しては，問題文と図にある事実以外を考慮する必要はありません。

Takashi is a junior high school student. There are five classes in his school. Mayumi is Takashi's classmate. She is one of the fourteen girls in her class. Kenji, Hiroshi, and Yuri are their friends but not their classmates.

One day, a sports festival was held at their school. They had soccer, basketball, volleyball, and softball tournaments. All the students in each class chose one of the four sports and took part in the games.

Takashi was a member of the soccer team. His team had seven boys and four girls. In his first game, his team played against Kenji's team and won the game. The next game for Takashi's team was the final game. Hiroshi's soccer team won the first game, but they did not play against Takashi's team in the tournament. The diagram shows the results.

Mayumi took part in the basketball tournament. The number of boys and the number of girls on her team was the same. The opponent for their first game was Yuri's team. Mayumi's team got twelve points in the first ten minutes and there was a difference of eight points between the two teams at that time. After that, each team got another twelve points and the game ended. Yuri's team won. Her team won another two games after the game against Mayumi's team.

The volleyball team of Takashi's class had seven girls and no boys. There were nine boys and no girls on the softball team of Takashi's class.

（注）final game 決勝戦　　diagram 図　　result 結果　　opponent 対戦相手

Soccer Tournament

A B C D E

（例）太線は「勝ち上がり」を表す。下の表では、チームSはチームRに勝ち、次の試合でチームTに負けたことを表す。チームTは次の試合でチームPに勝って優勝した。

［問い］ 本文の内容から考えて，次の１～５の英文の（　　）に入る適切なものをア～エの中から一つずつ選びなさい。

1．Takashi was on team（　　）in the soccer tournament.

ア A　　イ B　　ウ C　　エ E

2．Yuri's team got（　　）points in its first game.

ア 8　　イ 12　　ウ 28　　エ 32

3．Mayumi was on team（　　）in the basketball tournament.

ア F　　イ G　　ウ H　　エ I

4. Mayumi's team had (　　) members.

ア 5　　イ 6　　ウ 7　　エ 8

5. Takashi's class has (　　) boys.

ア 14　　イ 19　　ウ 33　　エ 43

6 次の文章をよく読んで，後の問いに答えなさい。

It is said that English has many more words than most other languages. Why does English have so many words? How does the number of words keep growing? There are several reasons for this.

First, about 1,000 years ago, France occupied England for several hundred years. About 10,000 words came into English at that time. Words like *ticket, beef,* and *dinner* are some of these.

Second, in the nineteenth century, English was the language of an empire. England occupied many countries. English people took their culture and language with them to these countries. When they returned to England, [1].

Third, foreign people often go to English-speaking countries to live and bring new words with them. For example, *concert* and *hamburger* look like English words, but [2]. Which languages did they come from? Check your dictionary.

Fourth, English uses prefixes and suffixes to create new words. A prefix is the part of a word that is added to the beginning of a word to change its meaning and make a new word. By adding *in, un, im, pre, dis,* lots of new English words can be made. Each prefix has its own meaning. The prefix *pre*, for example, means "before someone or something." So you can easily guess the meaning of the word *prehistory*. It means [3]. A suffix is the part of a word that is added to the end of a word. If we add *ish, ness, ful, er,* to the end of a word, more words can be made. The suffix *er* means "someone who does something." If you don't know the meaning of the word *trainer*, you can guess it. It means [4].

Fifth, English is always adding compound words. *Airport, bookstore, classroom,* and *homework* are some compound words. [5] For example, *playground* means an area for children to play, especially at a school or in a park.

Finally, many words are just created. *Dog* and *fun* are examples. These words just entered the language, became popular, and then were used widely.

Will the number of English words continue to grow in the future? The answer is "yes." Most English-speaking people don't mind this. However, [6].

(注) occupy 占領する　empire 帝国　prefix 接頭辞　suffix 接尾辞
beginning 始めの部分　compound word 複合語　widely 広く　mind 気にする

問1 本文中の空所 [1] に入れるのに適切なものを次のア～ウの中から一つ選びなさい。

ア they occupied the whole world

イ they spoke French better than English

ウ　they brought new words back with them

問2　本文中の空所 [2] に入れるのに適切なものを次のア～ウの中から一つ選びなさい。

ア　they entered English from other languages

イ　they came from different parts of England

ウ　they were originally born in America

問3　本文中の空所 [3] に入れるのに適切なものを次のア～ウの中から一つ選びなさい。

ア　all the things that will happen in the future

イ　the time in history before people began to write about events

ウ　a short time from now, or after something else happens

問4　本文中の空所 [4] に入れるのに適切なものを次のア～ウの中から一つ選びなさい。

ア　a person who teaches people or animals to do a job or skill well

イ　a person who travels on a train to sell and check tickets

ウ　warm clothes that you wear to play sports in winter

問5　本文中の空所 [5] に入れるのに適切なものを次のア～ウの中から一つ選びなさい。

ア　They are used only for buildings.

イ　It's easy to guess what they mean.

ウ　It's necessary to know which language they come from.

問6　本文中の空所 [6] に入れるのに適切なものを次のア～ウの中から一つ選びなさい。

ア　no new words will be added to the English language

イ　English-speaking people will stop using compound words

ウ　this is a problem for people who learn English as a foreign language

問7　本文の内容と合うものを次のア～ウの中から一つ選びなさい。

ア　France was occupied by England at the end of the eleventh century.

イ　A prefix is put at the end of a word to create a new word.

ウ　To understand more English words, you should know how words are put together.

社　会

[1]　問1から問4までの各問いに答えよ。

問1　次の**表1**は，ヨーロッパ，アフリカ，オセアニア，アジア各州の人口密度と人口高齢化率※を示したものである。**表1**の**a**から**c**は，ヨーロッパ，アフリカ，オセアニア各州のいずれかである。州の組み合わせとして正しいものを，次の**ア**から**カ**のうちから一つ選べ。

表１　各州の人口密度と人口高齢化率

	a	b	c	アジア州
人口密度（2018年）（人／㎢）	5	34	43	146
人口高齢化率（2018年）（％）	12.5	18.6	3.5	8.4

※　人口高齢化率は，65歳以上人口の全人口に占める割合である。
（『日本国勢図会 2019/20年版』，『世界国勢図会 2018/19年版』より作成）

	ア	イ	ウ	エ	オ	カ
ヨーロッパ州	a	a	b	b	c	c
アフリカ州	b	c	a	c	a	b
オセアニア州	c	b	c	a	b	a

問２　下の図１のアからエは，フランス（2016年），日本（2017年），中国（2016年），インド（2011年）のいずれかの人口ピラミッドである。次の説明文を参考にして，フランスの人口ピラミッドを下の図１のアからエのうちから一つ選べ。

説明文

- フランスは，欧米諸国のなかでも比較的早く人口減少が始まったため，出生率の低下を抑える政策を進め，低下に歯止めをかけることに成功した。
- 日本は，40年ほど前から出生率が減少傾向にあり，現在は人口を一定に保つ水準を下回っている。
- 中国は，1970年代末から一人っ子政策で人口増加の抑制を試みたが，年代別人口構成はいびつな形になってしまった。
- インドは，最近では出生率が抑えられつつあるが，依然として他国と比べて出生率・死亡率ともに高い。

図１

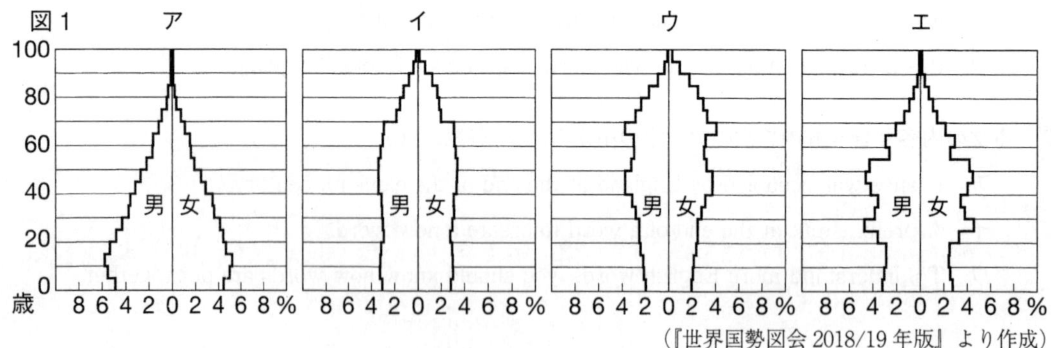

（『世界国勢図会 2018/19年版』より作成）

問３　次の図２中の矢印アからキは，大航海時代以降の世界の人の移動の一部を示したものである。次の説明文に当てはまる矢印を，次の図２のアからキのうちから一つ選べ。

説明文　移動元の国々からやって来た人々が，移動先の先住民の国々を滅ぼして植民地として支配した。その結果，矢印のような人の移動が盛んになった。移動して来た人々とその子孫が生活する地域では，先住民も含めて，スペイン語やポルトガル語が話されるようになり，キリスト教も広まった。

図２　大航海時代以降の世界の人の移動の一部

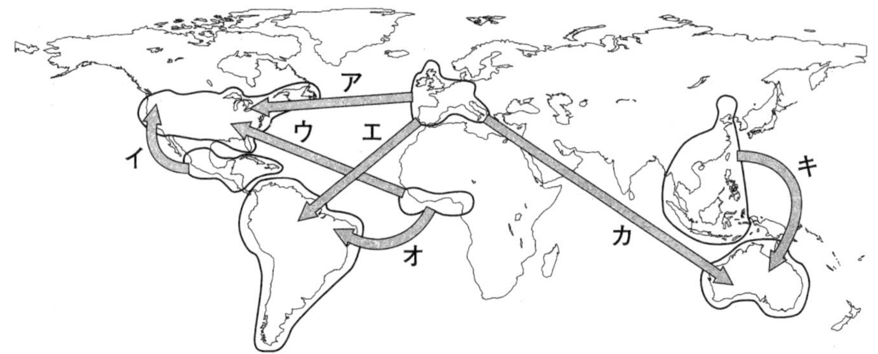

※　矢印の始点・終点と囲みは，おおよその位置を示している。矢印は移動経路を正確に示してはいない。

問４　次の**表２**は，国際連合公用語６言語の母語人口と使用国・地域数を示したものである。**表２**のＷからＺの言語についての説明として正しいものを，下の**ア**から**エ**のうちから一つ選べ。

表２　国際連合公用語６言語の母語人口・使用国・地域数

国際連合公用語	W	スペイン語	X	Y	ロシア語	Z
母語人口（百万人）※	1311	460	379	319	154	77
使用国・地域数※※	39	31	137	59	19	54

※　　母語人口は，幼児期に最初に習得する言語の人口である。
※※　使用国・地域数とは，その言語を第一言語として使っている国・地域の数である。
(Ethnologue, Languages of the world. Summary by language size（2019）より作成)

ア　Ｗは中国語であり，母語人口は６言語のうちでは最も多いが，使用国・地域数は50か国を下回っている。

イ　Ｘは英語であり，母語人口は６言語のうち最も多く，使用国・地域数も最も多い。

ウ　Ｙはアラビア語であり，母語人口は６言語のうち最も少なく，使用国・地域数も最も少ない。

エ　Ｚはフランス語であり，母語人口は６言語のうち英語に次いで２番目に多く，使用国・地域数も２番目に多い。

2　**図１**の**い**から**に**の都市について，問１から問３までの各問いに答えよ。

問１　**図２**中のＡからＤは，**図１**の**い**から**に**で観測された気温と降水量を示している。**図１**中の都市と**図２**のグラフの組み合わせとして正しいものを，後の**ア**から**エ**のうちから一つ選べ。

図１

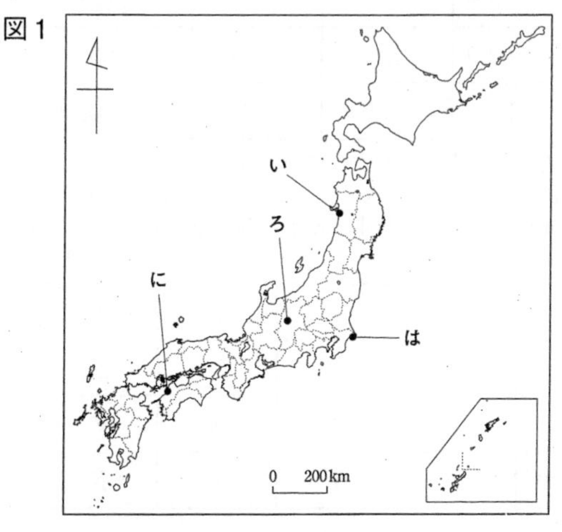

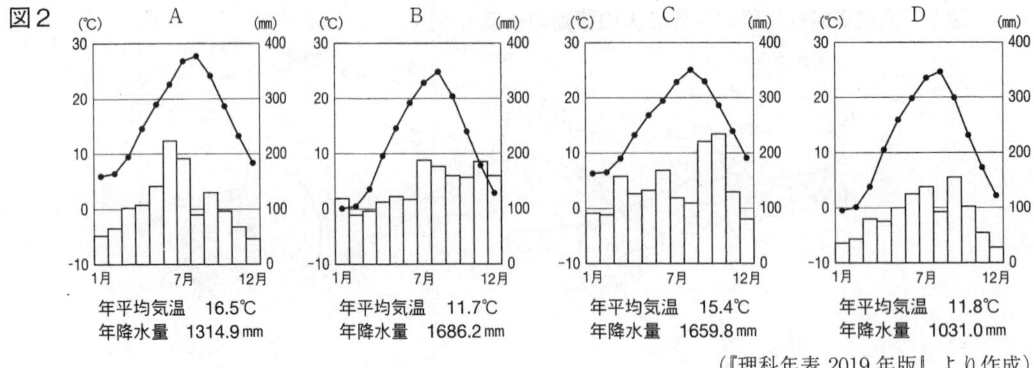

（『理科年表 2019年版』より作成）

ア　い－A　　イ　ろ－B　　ウ　は－C　　エ　に－D

問2　**表1**は，県別の品目別農業産出額および総計についてまとめたものである。**表1**中の**ア**から**エ**は，**図1**中の**い**から**に**の都市が位置する県のいずれかである。**図1**中の**ろ**が位置する県に当てはまるものを，**表1**中の**ア**から**エ**のうちから一つ選べ。

表1　品目別農業産出額（2016年）（単位　億円）

	米	野菜	果実	乳用牛	豚	その他	総計
ア	454	897	557	132	53	372	2465
イ	157	243	555	44	126	216	1341
ウ	666	1927	185	283	499	1151	4711
エ	944	287	72	37	185	220	1745

（『データでみる県勢 2019年版』より作成）

問3　**表2**は，**図1**中の**い**から**に**の都市が位置する県の産業別製造品出荷額および総計についてまとめたものである。**表2**中のXからZは，輸送用機械器具，石油・石炭製品，電子部品・デバイス・電子回路のいずれかである。**表2**中のXからZに当てはまる組み合わせとして正しいものを，下の**ア**から**カ**のうちから一つ選べ。

表2　産業別製造品出荷額（2017年）（単位　億円）

	食料品	電気機械器具	X	Y	Z	その他	総計
いの県	982	256	46	597	3005	5960	10846
ろの県	5557	3109	74	3727	5968	27770	46205
はの県	14264	1609	20681	1017	2033	65219	104823
にの県	2591	1015	3596	2804	342	24232	34580

※　従業者4名以上の事業所のみを対象とする。
※　デバイスとは，パソコン・スマートフォンなどを構成する内部装置・周辺機器を指す。
※　輸送用機械器具には，自動車・船舶・航空機・鉄道車両等が含まれる。

（『平成29年 工業統計表』より作成）

	ア	イ	ウ	エ	オ	カ
輸送用機械器具	X	X	Y	Y	Z	Z
石油・石炭製品	Y	Z	X	Z	X	Y
電子部品・デバイス・電子回路	Z	Y	Z	X	Y	X

3 問1，問2に答えよ。

問1 **表1**は，世界文化遺産が位置するAからCの3か国について，首都の位置，国際観光客数，日本人観光客数をまとめたものである。**写真1**の①から③は，**表1**中のAからCの国に位置する世界文化遺産のいずれかを撮影したものである。**表1**中のAからCと**写真1**の①から③の組み合わせとして正しいものを，後のアからエのうちから一つ選べ。

表1 世界文化遺産の位置する国と国際観光の状況

	首都の位置		国際観光客数（千人，2015年）	日本人観光客数（千人，2015年）
	緯度	経度		
A	北緯 30度	東経 31度	9139	16
B	北緯 39度	東経 116度	56886	2498
C	北緯 37度	東経 23度	23599	10

（『UNWTO Tourism Highlights 2017 Edition 日本語版』，『観光白書（平成30年版）』より作成）

写真1

①

②

③

ア A－① B－②　イ A－② B－③　ウ B－① C－③　エ B－② C－①

問2 **写真2**は，世界自然遺産に指定された日本のある地域を衛星から撮影したものである。この地域が位置する都道府県の観光について述べたものを，次のアからエのうちから一つ選べ。

ア 流氷が近付く2月頃には，多くの観光客が訪れる。

イ 西陣織（にしじんおり）などの伝統工芸品が有名で，国際的な観光都市として発展している。

ウ 江戸幕府の将軍がまつられた神社があり，国内の修学旅行生も多く訪れる。

エ 輪島塗（わじまぬり）などの伝統工芸品が有名で，新鮮な海産物が並ぶ朝市も人気を集めている。

写真2

※この世界自然遺産は，半島とその周辺の海により育まれた多様な生態系が評価された。

（衛星写真より作成）

4 次の**略地図**を見て，問 1，問 2 に答えよ。

略地図

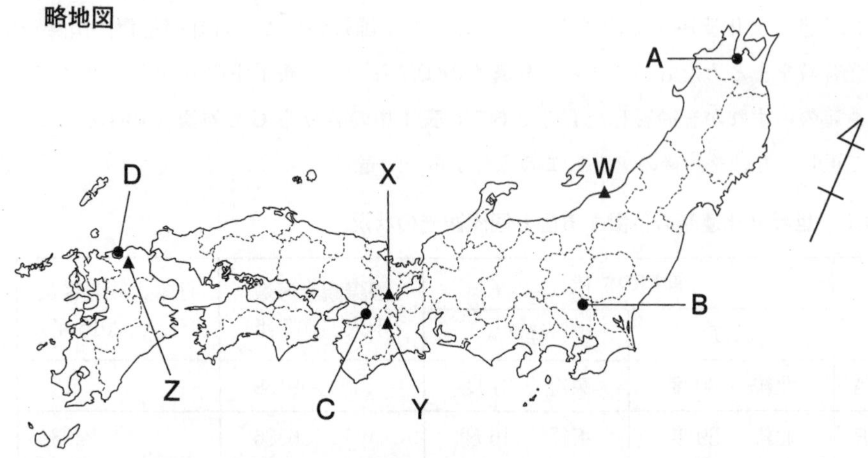

問 1　**略地図**中の **A** から **D** は，遺跡や有名な遺物が発見された場所を示している。**い**から**は**の三つの写真と，①から③の三つの説明文を組み合わせたとき，場所・写真・説明文の組み合わせとして正しいものを，後のアからクのうちから一つ選べ。

い　漢委奴国王印

ろ　百舌鳥（もず）古墳群

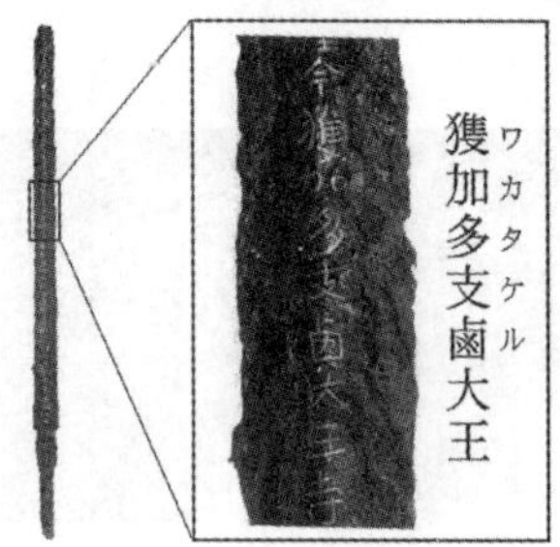

は　稲荷山古墳出土鉄剣

（『最新日本史図表』第一学習社，国土地理院 HP 空中写真より作成）

① 縄文時代に大規模な集落が営まれていたことが明らかになった。

② 1 世紀ころ中国の王朝に朝貢して「王」の称号を得た権力者の実在が明らかになった。

③ 5 世紀ころには朝廷の勢力範囲が大きく広がっていたことが明らかになった。

ア　**A**－**ろ**－①　　イ　**A**－**い**－③　　ウ　**B**－**ろ**－②　　エ　**B**－**は**－①
オ　**C**－**は**－②　　カ　**C**－**ろ**－①　　キ　**D**－**い**－②　　ク　**D**－**は**－③

問 2　**略地図**中の **W** から **Z** は，7 世紀から 8 世紀にかけて建造された施設の場所を示している。**W** から **Z** についての説明として正しいものを，次のアからエのうちから一つ選べ。

ア　**W**は，初期の城柵（じょうさく）の推定地で，坂上田村麻呂はここで征夷大将軍に任命された。

イ　**X**は，桓武天皇が建設させた都であり，10 年ほどで近くの平安京へ遷（うつ）された。

ウ　**Y**は，天智天皇の時代に中国にならって建設された，日本で最初の本格的な都である。

エ　**Z**は，唐・百済（くだら／ペクチェ）連合軍との戦いに敗れた後，外国の侵入に備えて建設された山城（やまじろ）である。

5 次の **A** から **D** の**史料**を読み，問 1 から問 3 までの各問いに答えよ。なお，いずれの**史料**も現代語に訳し，一部を変えたり省略したりしてある。

史料A
冬十月十五日，天皇は詔（みことのり）として次のようにおっしゃった。「……天平（てんぴょう）十五年十月十五日をもって，人々の救済を願う菩薩（ぼさつ）の大願（たいがん）を発して，盧舎那仏（るしゃなぶつ）の金銅像一体を造りたてまつる。国中の銅を尽くして像を鋳造（ちゅうぞう）し，大きな山を削って仏殿を構え，広く世界中に伝えて……ともに仏恩（ぶつおん）にあずかり，悟りの境地に達して救われたいと思う。……もし一枝の草，ひとすくいの土であっても，持ち寄って仏像の建造に協力したいと願うものがあれば，願うままに認めよ。……」

（続日本紀）

史料B
天下をお治めになること十四年。太子に譲位して上皇となり，世の政（まつりごと）をはじめて院でおとりになった。後に出家なされても，そのまま崩御（ほうぎょ）のときまで政務をおとりになった。退位なされた後も政務をおとりになることなど昔はなかったことである。

（神皇正統記）

史料C
これまで委任されていた政権を返上し，将軍職を辞退したいという徳川内大臣（ないだいじん）からの二つの申し出を，天皇はこのたびはっきりとお聞き入れになった。……未曾有（みぞう）の国難が続き，先代の天皇がお心を悩ませていらっしゃったことのしだいは人々の知るところである。そこで天皇はお考えをお決めになり，王政復古，国威回復の御基本を確立なされたので……

（法令全書）

史料D
保元（ほうげん）の乱，<u>平治（へいじ）の乱</u>……以来，武家の支配が政務を思いのままにしてきたが，元弘（げんこう）三年の今，天下の国政が天皇のもとで一つにまとまったのはすばらしいことである。天皇の御親政は……延喜（えんぎ）・天暦（てんりゃく）の昔に立ちかえって，武家は穏やかに過ごし，庶民も声をそろえて誉めたたえ……貴族がそれぞれの位に昇進したさまは，まことに喜ばしい善政であった。

（梅松論）

※　延喜・天暦の昔とは，天皇の親政が理想的におこなわれたと当時の人々が考えていた時期のこと。

問1　AからDの**史料**は，それぞれある出来事を示したものである。**史料A**の時期のようすとして正しいものを，次の**ア**から**エ**のうちから一つ選べ。

ア　全国の田畑の面積や土地のよしあしを調べて収穫高を石高で表し，検地帳を作成して，耕作者を記録した。

イ　全国の土地の地価を定め，それぞれの土地の所有者を確定して，土地所有者が現金で税を納めることにした。

ウ　新しく開墾した土地を私有地にすることが認められたことで，貴族や寺社が大規模な開墾を進め，私有地を広げはじめた。

エ　荘園や公領ごとに地頭を置くことが認められ，年貢の取り立てや土地の管理などを行うようになった。

問２　史料Ｄの下線部の説明として正しいものを，次のアからエのうちから一つ選べ。

ア　この争いで勝利した天皇は，公家や武士を従えて，天皇を中心とした新しい政治をめざして年号を建武（けんむ）と改めた。

イ　この争いでは，国司であった人物が武士を率いて瀬戸内海で反乱を起こし，朝廷の貴族に大きな衝撃を与えた。

ウ　この争いでは，全国の守護大名が二つの陣営に分かれて10年あまり戦い，戦場になった都は荒廃した。

エ　この争いで勝利した人物は，上皇の信任を得て，武士としてはじめて太政大臣（だいじょうだいじん）の位に就き，権力をふるった。

問３　ＡからＤの史料が示す出来事を年代の古い順に並べ直したとき，2番目と3番目の間に入る出来事を，次のアからエのうちから一つ選べ。

ア　ポルトガルがアジアに進出し，香辛料を中心とする貿易を始めた。

イ　ローマ教皇の呼びかけによって，十字軍が数回にわたって遠征した。

ウ　インドでシャカ（釈迦（しゃか），釈迦牟尼（しゃかむに），ガウタマ＝シッダールタ）が仏教を開いた。

エ　女真族（じょしんぞく）が清を建国し，明に代わって，中国を支配した。

6　次のＡからＤの自伝の各文章は，それぞれの時代の女性が「この年」の前後の経験について語った想定の文章である。問１から問４までの各問いに答えよ。なお，ＡからＤの文中の「この年」は年代順に並べてある。

自伝

Ａ　私は地方の中級武士の家の次女に生まれました。政府が近在（きんざい）に洋式製糸場を建てるというので，知人の薦（すす）めで女工に志願しました。私たちは和服の上に袴（はかま）をはき，ブリュナ殿がフランスから招いた女性たちから指導を受けました。フランスの方々は前年末で契約終了となり，この年フランスにお帰りになりました。翌年には西日本で大きな内乱がありました。

Ｂ　私は横浜のキリスト教系の女学校へ通いました。新たに赴任された校長の下で，前年の震災で倒壊した校舎の建て替えが始まり，水兵さんの軍服を真似た制服もこの年に採用されました。この頃はまだ女学校へ進学する女性はわずかでしたが，世間では電話交換士やバスガールなどになって働く女性もあらわれました。

Ｃ　当時私が通っていた高等女学校では，厚生省の奨励で多くの女生徒がもんぺとよばれる作業着を着させられました。戦争が激しくなると，私は勤労動員で近くの軍需工場へ働きに行かされました。この年，兄は学徒出陣で戦場へ行き，国民学校に通っていた弟は長野県へ集団疎開しました。戦争は翌年に終わりました。

D　この年，地方の高校を卒業後直ちに，集団就職で京浜地区の電機会社に就職して，トランジスタラジオ工場で働き始めました。しかし，前年のオリンピックが終わった反動の不景気で会社は私が就職したその年の年末には倒産してしまいました。私は赤坂の洋食屋で新たに雇っていただけることになりました。この二年後にはイギリス出身の有名なモデルさんが来日し，ミニスカートが大流行しました。

問１　次の文章は，**自伝**のいずれか一つの続きである。この文章が続くと思われる元の**自伝**を，下の**ア**から**エ**のうちから一つ選べ。

前年まで発行されていた『白樺』には志賀直哉らが投稿していました。また，芥川龍之介が前年から別の文芸雑誌に「侏儒の言葉」を連載し始めました。そしてなにより私たちを夢中にさせたのが竹久夢二の作品で，ある雑誌の表紙に使われたこの年の木版画の「秋のしらべ」もたいへんな人気になりました。また，翌年には東京からのラジオの本放送が始まりました。

ア　A　　**イ**　B　　**ウ**　C　　**エ**　D

問２　次の画像①と②が示す出来事を**自伝**の年代に対応させたとき，それぞれに当てはまる時期を，下の**ア**から**エ**のうちから一つずつ選べ。

①

（夢の超特急第一列車の発車式（撮影地：東京駅））

②

（安達吟光「新皇居於テ正殿憲法発布式之図」の一部分）

ア　Aより前　　**イ**　AとBの間　　**ウ**　BとCの間　　**エ**　CとDの間

問３　次の**表**は**自伝**のAの年とBの年の日本の貿易額に生糸，綿花，綿糸が占める割合を示したものである。**表**のXからZに当てはまる品目の組み合わせとして正しいと思われるものを，次の**ア**から**カ**のうちから一つ選べ。

表

品目	Aの年の輸入額に占める割合	Aの年の輸出額に占める割合	Bの年の輸入額に占める割合	Bの年の輸出額に占める割合
X	1.90%	0%	24.67%	0%
Y	17.37%	0%	0.18%	6.12%
Z	0%	47.63%	0.11%	37.81%

（『日本貿易精覧』東洋経済新報社より作成）

品目	ア	イ	ウ	エ	オ	カ
X	綿花	綿花	綿糸	綿糸	生糸	生糸
Y	綿糸	生糸	綿花	生糸	綿花	綿糸
Z	生糸	綿糸	生糸	綿花	綿糸	綿花

問4　自伝のCとDの間の時期に起きた出来事を，次のアからエのうちから一つ選べ。

ア　中華人民共和国が成立した。　　イ　日中平和友好条約が締結された。

ウ　アヘン戦争が起きた。　　エ　辛亥(しんがい)革命が起きた。

7　次のⅠからⅢの内容を読み，問1から問3までの各問いに答えよ。

Ⅰ　そもそも国政は，国民の厳粛な信託によるものであつて，(1)その権威は国民に由来し，その権力は国民の代表者がこれを行使し，その福利は国民がこれを享受する。

Ⅱ　この憲法が国民に保障する(2)基本的人権は，侵すことのできない永久の権利として，現在及び将来の国民に与へられる。

Ⅲ　(3)憲法改正について前項の承認を経たときは，天皇は，国民の名で，この憲法と一体を成すものとして，直ちにこれを公布する。

問1　下線部(1)に関して，次の図中のAからCは，国会，内閣，裁判所の三権のいずれかで，矢印P, Qはその方向にはたらきかけることができる権限の一部を示している。また，矢印XからZは，国民が三権に対してはたらきかけることができることを示している。XからZについての下の記述の中から，正しいものをすべて選んだものを，後のアからキのうちから一つ選べ。

図

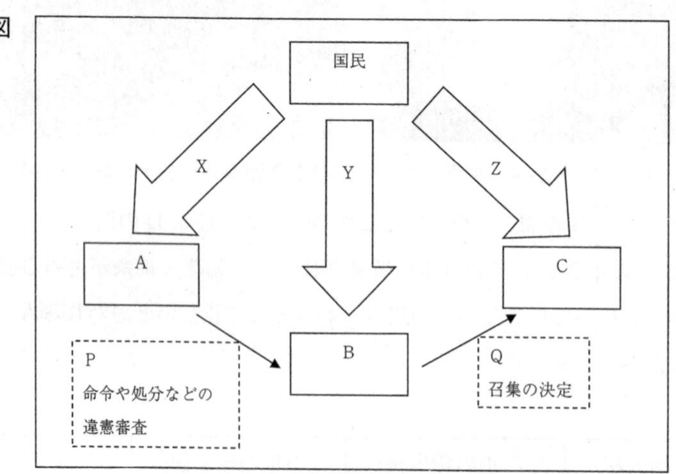

X　国民審査を行い，Aの主な役職を任命する。

Y　報道機関などが行う調査を通じて，Bに対する支持や不支持といった意見を表明する。

Z　投票することにより，Cを構成する議員を選ぶ。

ア　X　　イ　Y　　ウ　Z　　エ　XとY

オ　XとZ　　カ　YとZ　　キ　XとYとZ

問２　下線部(2)に関して，次の**説明文**①から④は，日本国憲法で保障されている基本的人権に関わる訴訟を示している。これらの訴訟において，原告側または被告側のいずれかによって主張されたことについての説明として最も適当なものを，下の**ア**から**エ**のうちから一つ選べ。

説明文

①　改修した河川の堤防が決壊し，多くの家が流されたり浸水したりしたため，被害を受けた人々が河川の管理にあたっていた国の責任を問い，損害賠償を求めて訴えた。

②　県に薬局の営業許可を求めたところ，近くに他の薬局があるという理由で許可されなかったため，不許可の処分を取り消して営業できるようにすることを求めて訴えた。

③　日本名で就職試験を受けて採用が決まった在日外国人が，のちに日本国籍をもたないことをその企業に伝えたところ採用取り消しとなったため，取り消し無効を求めて訴えた。

④　長年の入院で生活が苦しいため生活保護を受けていたが，兄から仕送りを受けられるようになると生活保護が減額されたため，生活保護の基準が低すぎるとして訴えた。

ア　①は，国が責任を負わないことは参政権を十分に保障していないと主張された訴訟である。

イ　②は，営業不許可処分は他の薬局の表現の自由の保障のためであると主張された訴訟である。

ウ　③は，採用を取り消すことは企業側の職業選択の自由にあたると主張された訴訟である。

エ　④は，生活保護の基準は生存権を十分に満たすものではないと主張された訴訟である。

問３　下線部(3)に関して，憲法改正の発議と承認についての記述として正しいものを，次の**ア**から**エ**のうちから一つ選べ。

ア　憲法改正の発議は，衆議院と参議院が合同で審議し，採決にあたっては二院の定数の合計の３分の２以上の賛成を必要とする。

イ　憲法改正の発議は，衆議院と参議院が別々に審議し，採決にあたってはそれぞれの院でその定数の過半数の賛成を必要とする。

ウ　国会による発議の後，その承認には18歳以上の有権者が投票権をもつ国民投票を実施し，有効投票総数の過半数の賛成を必要とする。

エ　国会による発議の後，その承認には有権者のうち投票の時点で成人となっている者が投票権をもつ国民投票を実施し，有効投票総数の３分の２以上の賛成を必要とする。

8　問１から問４までの各問いに答えよ。

問１　わが国における最近の労働および雇用の状況についての説明として正しいものを，次の**ア**から**エ**のうちから一つ選べ。

ア　経済のグローバル化と技術革新の進展によって，賃金のあり方を能力主義から年功序列賃金に見直す企業が増加してきている。

イ　終身雇用を採用している企業の正規雇用者は，採用時に企業と結んだ雇用契約が定年退職するときまで有効となるので，労働組合への加入ができない。

ウ　経済状況に応じて雇用を調整しやすく，正規雇用者に比べて賃金が低い非正規雇用者の割合は，全雇用者の30％を超えている。

エ　成果主義を導入する企業が増加したことで，ワーク・ライフ・バランスの実現が可能となり，働きすぎによる過労死の問題がなくなった。

問２　自由競争が行われている市場では，図１のように需要量と供給量が一致するところで商品の価格が決まるとされ，このようにして決まる価格を均衡（きんこう）価格と呼ぶ。しかしながら，さまざまな理由によって需要曲線や供給曲線は移動することがあり，その結果，均衡価格は上昇したり，下落したりすることがある。図２に示したように需要曲線が矢印の方向に移動した結果，均衡価格が上昇したとき，その理由として最も適当なものを，下のアからエのうちから一つ選べ。ただし，いずれの場合も他の事情は一定であるとし，<u>また，供給曲線の移動はないものとする。</u>

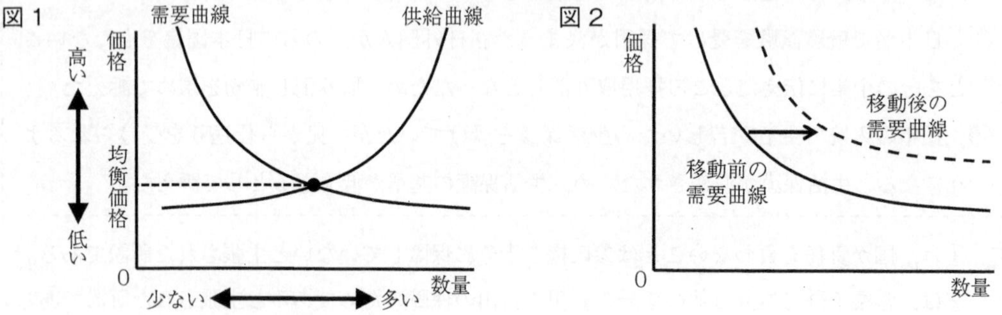

ア　この商品がテレビ番組や雑誌で取り上げられて人気が出た。

イ　この商品の原材料費が高騰（こうとう）して原材料を入手しにくくなった。

ウ　この商品と競合する新たな商品の生産・販売が開始された。

エ　この商品の生産に新しい技術が導入され，生産費が低下した。

問３　金融と企業の資金調達についての説明として正しいものを，次のアからエのうちから一つ選べ。

ア　預金として預かったお金を，銀行が家計や企業に貸し出しするときには，預金者が貸出先を決めることになる。

イ　預金としてお金を預かった銀行は，預金額に応じて，利潤の一部を配当（配当金）として預金者に分配することになる。

ウ　株式の売買は証券会社の仲介（ちゅうかい）によって行われるので，企業が株式を発行して資金を調達することを間接金融という。

エ　株式会社が倒産したときは，購入した株式の価値がなくなるだけで，株主は出資した金額以上の責任を負うことはない。

問４　私企業は，自社の利潤を追求するだけではなく，法令を遵守（じゅんしゅ）し，社会の一員としての責任を果たさなければならない。企業の経済活動とそれに関連する法律についての説明として正しいものを，次のアからエのうちから一つ選べ。

ア　男女雇用機会均等法では，事業主は労働者の性別を理由として，労働者の配置，昇進，降格，退職の勧奨（かんしょう），職種および雇用形態の変更について差別的な取り扱いをしてはならないとしている。

イ　製造物責任法（PL法）では，欠陥製品で被害を受けた消費者が，製品の欠陥の原因がその製品を製造した企業の過失であると証明しない限り，被害を受けた消費者はその企業に損害賠償を求めることはできないとしている。

ウ　独占禁止法では，過度な価格競争の結果によって企業の倒産や市場からの撤退があいつぎ，最終的に一つの企業が市場を独占することにならないように，企業数が少ない寡占（かせん）市場では企業間で協定を結んで価格を定めるように指導している。

エ　消費者基本法では，商品を購入した消費者の個人情報を保護する観点から，企業がPOSシステム（販売時点情報管理システム）を利用して，商品を販売したときに得た情報から商品の販売動向を分析することは，一切認めないとしている。

理　科

1　下の問1，問2に答えよ。

問1　けいこさんは，電気抵抗，電源装置とスイッチSを用意して電気回路を作った。この実験で使用するスイッチSは，回路を流れる電流が0.30 Aより大きくなると，自動的に開く仕組みを持っている。電源装置の電圧を3.0 Vにして，スイッチSを閉じてから，以下の実験1と実験2を行った。下の1，2に答えよ。

実験1　図1のように，抵抗値が2.0 Ωの電気抵抗と抵抗Rを直列につなぎ，スイッチSが開くかどうかを実験した。抵抗Rの大きさは，3.0 Ω，5.0 Ω，7.0 Ω，9.0 Ωのどれかである。

実験2　図2のように，抵抗値が30 Ωの電気抵抗と抵抗Rを並列につなぎ，スイッチSが開くかどうかを実験した。抵抗Rの大きさは，10 Ω，20 Ω，30 Ω，40 Ωのどれかである。

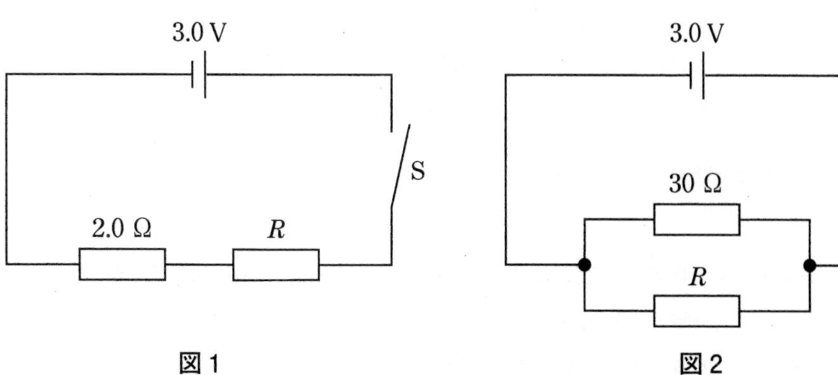

図1　　図2

1　実験1において，抵抗Rの大きさについて，スイッチSが開く場合は○，開かない場合は×としたとき，正しい組み合わせを次のアからオの中から選べ。

	3.0 Ω	5.0 Ω	7.0 Ω	9.0 Ω
ア	○	○	○	○
イ	○	○	○	×
ウ	○	○	×	×
エ	○	×	×	×
オ	×	×	×	×

2　実験2において，抵抗 R の大きさについて，スイッチSが開く場合は○，開かない場合は×としたとき，正しい組み合わせを次のアからオの中から選べ。

	10 Ω	20 Ω	30 Ω	40 Ω
ア	○	○	○	○
イ	○	○	○	×
ウ	○	○	×	×
エ	○	×	×	×
オ	×	×	×	×

問2　かおりさんが留学している国では，コンセントから供給される電源の電圧が250 Vである。かおりさんは留学先の家庭で，消費電力が1500 Wのエアコン，1250 Wの電子レンジ，750 Wの掃除機を使用する。かおりさんの過ごす部屋では，電流の合計が10 Aより大きくなると，安全のために電源が遮断され，電気器具が使えなくなる。次の1，2に答えよ。

1　電力について，正しく述べている文を，次のアからオの中から2つ選べ。

ア　電力は，1秒間に消費された電気エネルギーに，使用時間をかけたものを表す。

イ　電力は，1秒間あたりに消費される電気エネルギーを表す。

ウ　電力の大きさは，電気器具にかかる電圧と流れる電流の大きさの和で表される。

エ　電力の大きさは，電気器具にかかる電圧と流れる電流の大きさの積で表される。

オ　電力の大きさは，電気器具を流れる電流が一定のとき，かかる電圧の大きさに反比例する。

2　次の①から④について，かおりさんの過ごす部屋で使うことができる場合は○，使うことができない場合は×をそれぞれ選べ。

①　エアコンと電子レンジを同時に使用する。

②　エアコンと掃除機を同時に使用する。

③　電子レンジと掃除機を同時に使用する。

④　エアコンと電子レンジと掃除機を同時に使用する。

2　消化について次の実験を行った。下の問1から問3に答えよ。

実験

①　試験管A，Bを用意し，表のように溶液を入れて40℃で10分間保った。

②　それぞれの試験管から溶液をとり，試薬を用いてデンプンとデンプンの分解物（デンプンが分解されてできたもの）の有無を調べた。

表

試験管	溶　液	試薬X	試薬Y
A	1％デンプン溶液2 mL ＋水2 mL	×	○
B	1％デンプン溶液2 mL ＋だ液2 mL	○	×

○：反応あり，×：反応なし

問1　この実験に関連して，正しいことを述べている文を次のアからカの中から2つ選べ。

ア　試薬Xはヨウ素液である。

イ　試験管Aにはデンプンの分解物が含まれていた。

ウ　だ液に含まれる消化酵素は温度が高くなるほどよくはたらく。

エ　だ液に含まれる消化酵素をリパーゼという。

オ　だ液に含まれる消化酵素と同じはたらきをする消化酵素は，すい液にも含まれている。

カ　デンプンの最終分解物は小腸で吸収されて毛細血管に入る。

問2　この実験について，友人と次のような会話をした。空欄（1），（2）にあてはまる文として適当なものを，下のアからエの中からそれぞれ選べ。

友　人「この実験からいえることは，40℃にすると，だ液がデンプンの分解物に変化する，ということ？」

わたし「それは違うと思うな。こういう実験をすればはっきりするよ。
新しい試験管に（　1　）を入れて40℃で10分間保った後，試験管の液にデンプンとデンプンの分解物があるかを調べよう。（　2　），だ液がデンプンの分解物に変化したのではない，といえるよね。」

（1）の選択肢	（2）の選択肢
ア　1%デンプン溶液4 mL	ア　デンプンが検出されれば
イ　だ液2 mLと1%ブドウ糖水溶液2 mL	イ　デンプンが検出されなければ
ウ　だ液2 mLと水2 mL	ウ　デンプンの分解物が検出されれば
エ　水4 mL	エ　デンプンの分解物が検出されなければ

問3　図はヒトの体内の器官の一部を模式的に表したものである。下の1から3にあてはまる器官を図中のアからクの中からそれぞれ選べ。なお，同じ選択肢を選んでもよい。

1　ペプシンを含む酸性の消化液を出す器官

2　消化酵素を含まないが，脂肪の消化を助ける液を出す器官

3　ブドウ糖をグリコーゲンに変えて蓄える器官

図

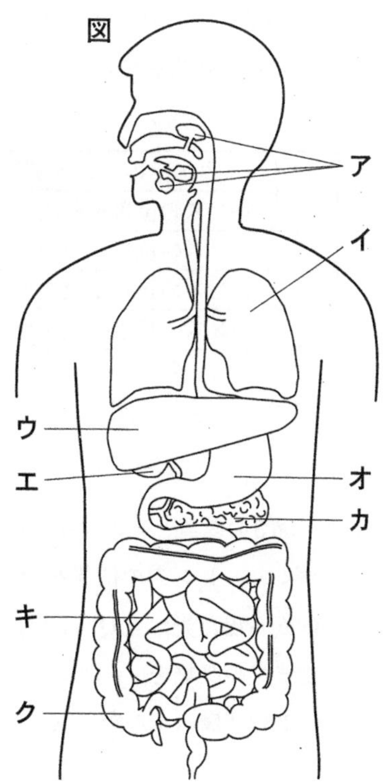

3 図1はヒトの目のつくり，図2はヒトの耳のつくりを表している。ヒトの感覚器官と，それに関連する実験について，下の問1から問4に答えよ。

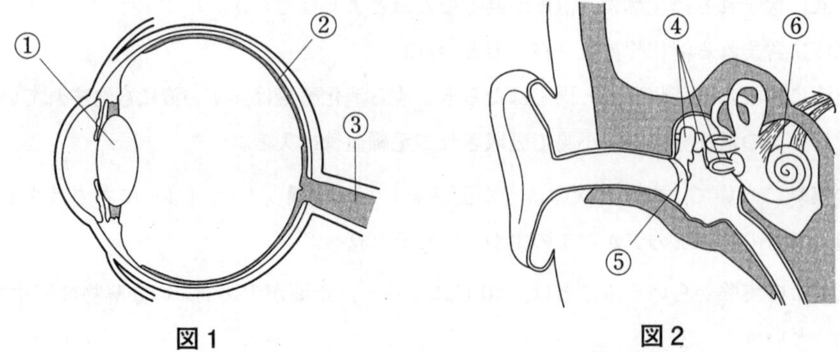

図1　　**図2**

問1　①から⑥のそれぞれの部位の名称を，次のアからクの中から選べ。

ア　うずまき管　　イ　ガラス体　　ウ　虹彩（こうさい）　　エ　鼓膜（こまく）　　オ　耳小骨（じしょうこつ）

カ　神経　　キ　網膜（もうまく）　　ク　レンズ（水晶体）

問2　図3のように装置を配置すると，スクリーンに像が映った。厚紙には矢印の形の穴が空いており，電球の光を通すようになっている。図1の①から③に対応するものは，図3の中のどれか。次のアからカの中から選べ。

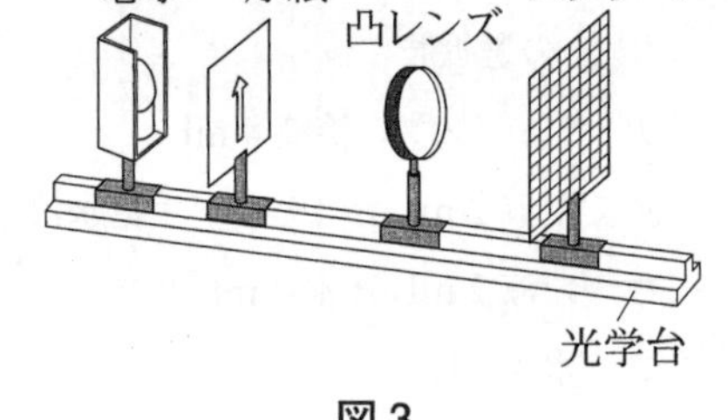

図3

ア　電球　　イ　厚紙

ウ　凸レンズ　　エ　スクリーン

オ　光学台　　カ　対応するものはない

問3　目の構造は，図4のようにしばしばカメラの構造に例えられる。物がはっきり映るために，カメラと目のピントを調整する仕組みとして，正しい組み合わせを次のアからエの中から選べ。

	カメラのピント調整	目のピント調整
ア	レンズの位置を前後させる	レンズの位置を前後させる
イ	レンズの位置を前後させる	レンズの焦点距離を変える
ウ	レンズの焦点距離を変える	レンズの位置を前後させる
エ	レンズの焦点距離を変える	レンズの焦点距離を変える

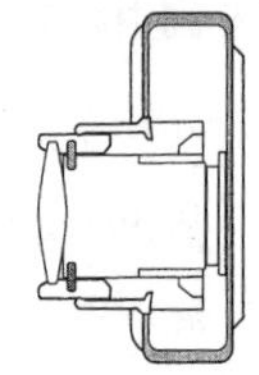

カメラ

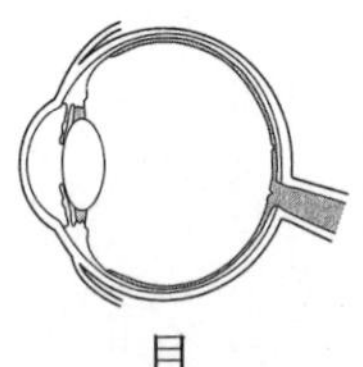

目

図4

問4　図3の装置と光の進み方を模式的に表したものを図5に示す。凸レンズの左側に矢印(**PQ**)があり，レンズの位置を調整すると，スクリーン上に像（**P′Q′**）が映った。このとき，点**Q**から出た光は点**Q′**に集まっている。aはレンズから矢印までの距離を，bはレンズから像までの距離を，fはレンズの焦点距離を表す。この関係から焦点距離fを求めるとき，次の文の空欄（1）から（5）にあてはまるものとして適当なものを，各選択肢の中から選べ。

図5

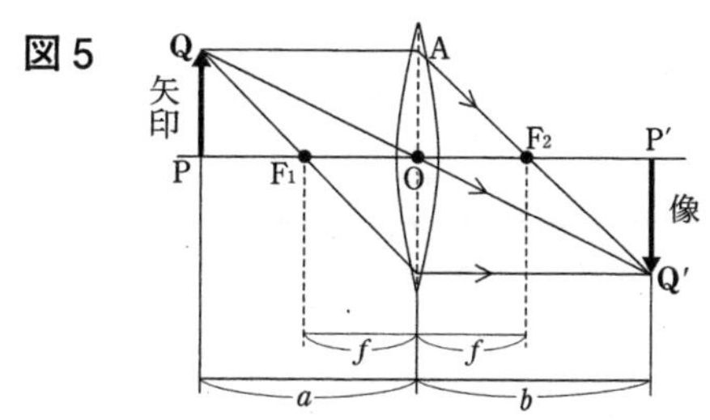

⊿ **PQO** と⊿ **P′Q′O** は，互いに（ 1 ）の関係にあり，映った像 **P′Q′** は（ 2 ）である。**PQ**：**P′Q′** は（ 3 ）である。同様に，⊿ **P′Q′F**$_2$ と⊿ **OAF**$_2$ は，互いに（ 1 ）の関係にあり，**OA**：**P′Q′** は（ 4 ）である。**PQ** ＝ **OA** より，（ 3 ）＝（ 4 ）である。これより f ＝（ 5 ）が言える。

（1），（2）の選択肢

ア　実像　　イ　虚像　　ウ　焦点　　エ　合同　　オ　相似

（3）の選択肢

ア　$a:b$　　イ　$b:a$　　ウ　$a:f$　　エ　$f:a$　　オ　$b:f$　　カ　$f:b$

（4）の選択肢

ア　$a:b$　　イ　$b:a$　　ウ　$(a-f):f$

エ　$f:(a-f)$　　オ　$f:(b-f)$　　カ　$(b-f):f$

（5）の選択肢

ア　$\dfrac{ab}{a+b}$　　イ　$\dfrac{a^2}{a+b}$　　ウ　$\dfrac{b^2}{a+b}$　　エ　$\dfrac{ab}{a-b}$　　オ　$\dfrac{a^2}{a-b}$　　カ　$\dfrac{b^2}{a-b}$

4　ある日に大きな地震が発生し，震源から数百 km の範囲で地震の揺れが観測された。図1の地点Aから地点Dではこの地震による地震波を観測した。図1に示された範囲内は全て同じ標高で，点線は 10 km おきにひいてある。この地震で，地震波であるP波の速さは 6.0 km/s，S波の速さは 4.0 km/s，震源の深さ（震源から震央までの距離）は 30 km であった。地震波が到達するまでの時間と震源からの距離の関係を図2に，地震発生から地震波が各地点に到達するまでの時間と震央からの距離を表に示した。後の問1から問4に答えよ。

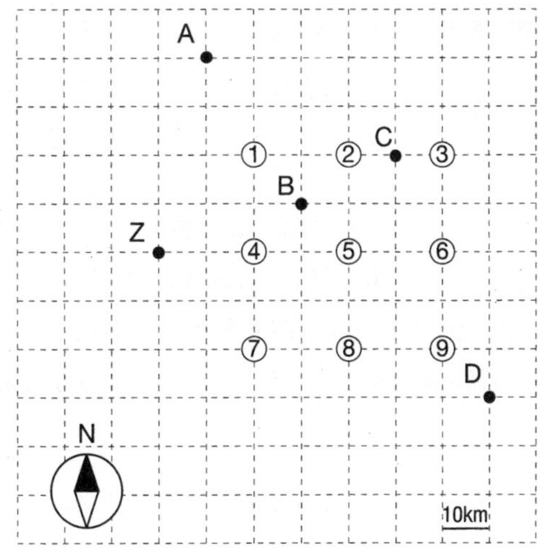

図1

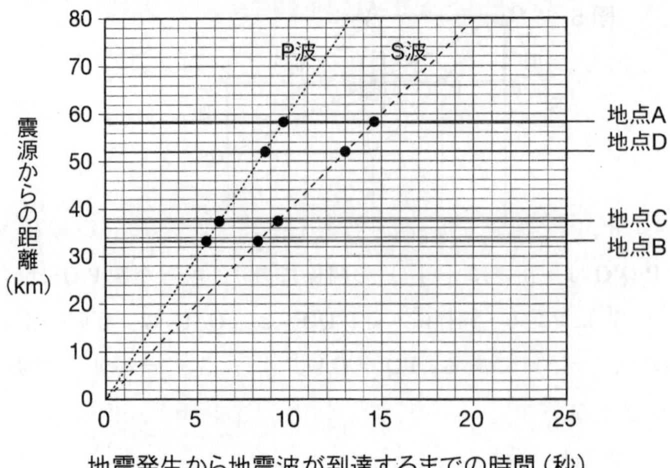

図2

表

地点	震央からの距離〔km〕	P波の到達時間〔秒〕	S波の到達時間〔秒〕
A	50.0	9.7	14.6
B	14.1	5.5	8.3
C	22.4	6.2	9.4
D	42.4	8.7	13.0

問1　震源から60 kmの地点で大きな揺れ（主要動）が観測されるのは地震発生から何秒後か答えよ。［アイ］秒後

問2　この地震の震央は図1の地点①から地点⑨のどこであると考えられるか。最も適当な地点を選べ。

問3　図1の地点Zは震源から何kmの地点に位置するか整数で答えよ。［アイ］km

問4　この地震による揺れを地点Zで観測したとすると，初期微動継続時間は何秒であるか。次のアからカの中から最も適当なものを選べ。

ア　2.5秒　　イ　3.3秒　　ウ　4.2秒
エ　6.6秒　　オ　10.0秒　　カ　12.5秒

5　花子さんは，所属する化学クラブで中和に関する実験を行った。まず，AからEの5個のビーカーを準備し，ある濃度のうすい塩酸（以後，塩酸aと呼ぶ）と，ある濃度のうすい水酸化ナトリウム水溶液（以後，水酸化ナトリウム水溶液bと呼ぶ）を，それぞれ別々の割合で混合した。その後，実験1および実験2を行ったところ，表に示すような結果になった。次の問1から問4に答えよ。

実験1　各ビーカーの水溶液をそれぞれ試験管に少量とり，フェノールフタレイン溶液を加えて色の変化を調べた。

実験２　各ビーカーの水溶液をそれぞれガラス棒に付けて少量とり，青色リトマス紙に付けて色の変化を調べた。

表

ビーカー	A	B	C	D	E
塩酸 a の体積〔cm^3〕	10	12	14	16	18
水酸化ナトリウム水溶液 b の体積〔cm^3〕	30	30	30	30	30
実験１の結果	赤色	無色	無色	無色	無色
実験２の結果	変化なし	変化なし	赤色	赤色	赤色

問１　E のビーカーの水溶液に亜鉛板を入れたとき，発生する気体を次の**ア**から**オ**の中から選べ。

ア　酸素　　**イ**　塩素　　**ウ**　水素　　**エ**　二酸化炭素　　**オ**　窒素

問２　A のビーカーの水溶液を試験管に少量とり，緑色の BTB 溶液を加えると何色に変化するか，次の**ア**から**オ**の中から選べ。

ア　無色　　**イ**　青色　　**ウ**　緑色のまま　　**エ**　黄色　　**オ**　赤色

問３　A から E の５個のビーカーに，実験１，実験２を行う前の混合溶液を再度用意し，それらをすべて混ぜ合わせた。その後，この溶液を中和して中性にした。このとき，何の水溶液を何 cm^3 加えたか，次の**ア**から**カ**の中から選べ。

ア　塩酸 a を 12 cm^3　　**イ**　塩酸 a を 25 cm^3
ウ　塩酸 a を 30 cm^3　　**エ**　水酸化ナトリウム水溶液 b を 12 cm^3
オ　水酸化ナトリウム水溶液 b を 25 cm^3　　**カ**　水酸化ナトリウム水溶液 b を 30 cm^3

問４　酸とアルカリの中和において，イオンの数の変化を考える。例えば，100 個の水素イオンと 70 個の水酸化物イオンが混合されると，70 個の水酸化物イオンはすべて反応し 70 個の水分子ができ，30 個の水素イオンは未反応のまま残ることになる。

6 cm^3 の塩酸 a を新たなビーカーにとり，このビーカーに 25 cm^3 の水酸化ナトリウム水溶液 b を少しずつ加えた。このときの水溶液中の①ナトリウムイオン，②塩化物イオン，③水酸化物イオンの数の変化を示したグラフとして適切なものを，次の**ア**から**カ**の中からそれぞれ選べ。

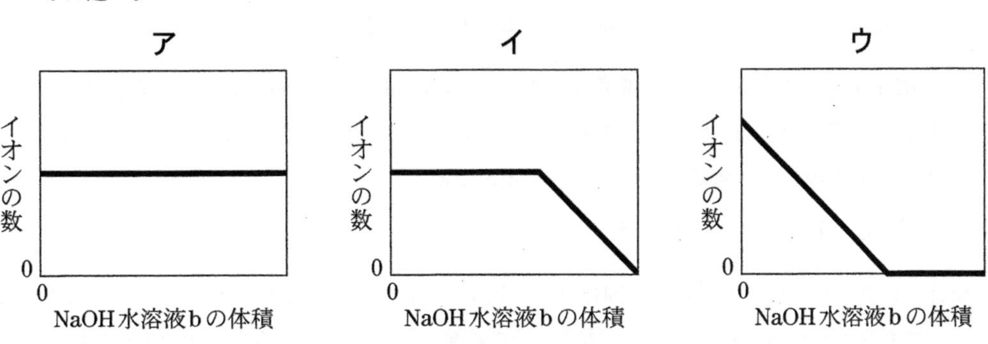

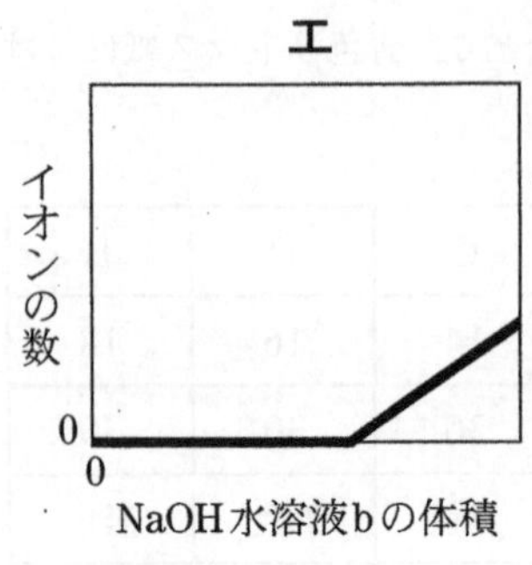

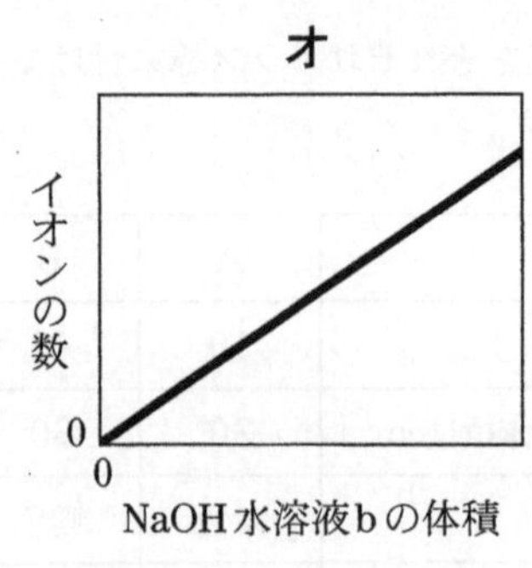

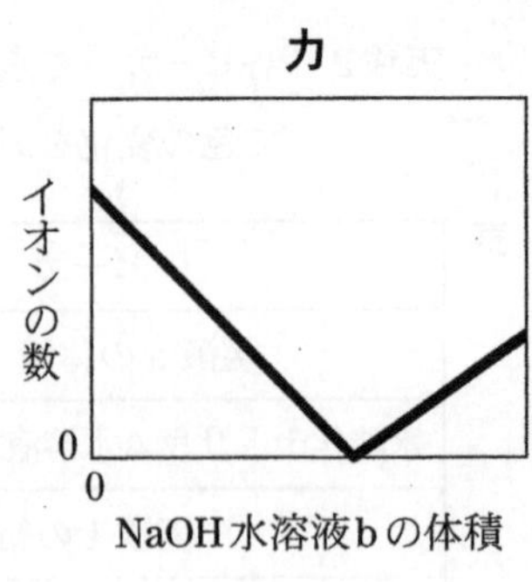

6 図のような実験装置を用いて酸化銀1.00 gを十分に加熱したところ，酸化銀が変化するようすが観察された。

同様の実験を酸化銀2.00 g，3.00 g，4.00 g，5.00 gについても行い，加熱前の皿全体の質量と加熱後の皿全体の質量とを測定したところ，表に示すような結果になった。下の問1から問5に答えよ。

図

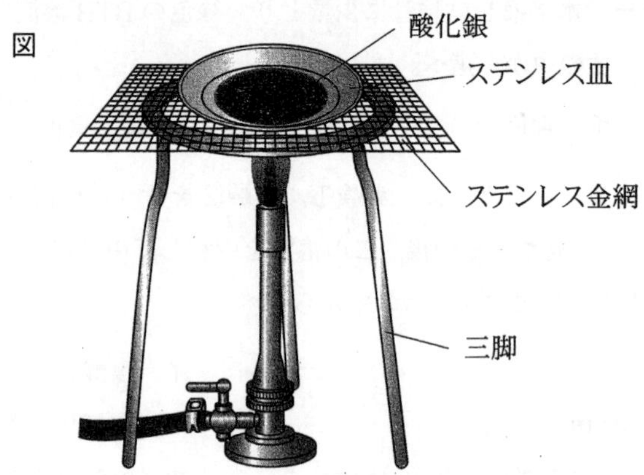

表

酸化銀の質量〔g〕	1.00	2.00	3.00	4.00	5.00
加熱前の皿全体の質量〔g〕	13.56	14.55	15.58	16.54	17.53
加熱後の皿全体の質量〔g〕	13.49	14.41	15.37	16.26	17.18

問1　次の文は酸化銀が変化するようすを表したものである。（1），（2）にあてはまる色として最も適当なものを下のアからオの中から選べ。

酸化銀を加熱すると固体の色は（　1　）色から（　2　）色に変化した。

ア　青　　イ　赤　　ウ　緑　　エ　黒　　オ　白

問2　酸化銀を加熱すると，銀と酸素に分解することが知られている。この化学変化を次の化学反応式で表した。（a）から（c）にあてはまる数字をそれぞれ選べ。なお，この問題では「1」と判断した場合には省略せずに「1」を選ぶこと。

（a）Ag_2O → （b）Ag ＋ （c）O_2

問3　ステンレス皿の上に残った固体は，一見すると銀には見えない。そこで，この固体が金属であることを調べたい。調べる方法とその結果として適切なものを，次のアからオの中から

3つ選べ。

ア　ステンレス製薬さじのはらで残った固体をこすると，きらきらとした光沢が現れる。

イ　残った固体に磁石を近づけると引き寄せられる。

ウ　残った固体をたたくとうすく広がり，板状になる。

エ　残った固体を電池と豆電球でつくった回路にはさむと，豆電球が点灯する。

オ　残った固体を水に入れると，よく溶ける。

問4　酸化銀 1.00 g を十分に加熱したときに発生した酸素の質量の値を表をもとに求めよ。

［ア］.［イウ］g

問5　酸化銀 6.00 g を十分に加熱したときに生成する銀の質量の値を表をもとに推定して求めよ。

［ア］.［イウ］g

7　次の文章は「ハビタブルゾーン」について説明したものである。下の問1から問4に答えよ。

地球のように，生命が生存することが可能な領域を「ハビタブルゾーン」と呼ぶ。生命が生存するためには，液体の水が存在することが必要である。惑星に液体の水が存在するための条件の一つに，A恒星からの距離が挙げられる。恒星である太陽からの距離が近すぎず，遠すぎず，B太陽からのエネルギーによりあたためられる惑星の温度が適当であることが必要である。また，C惑星の大気による気圧や温室効果の度合いなども関連していると考えられている。液体の水が存在する地球では，水蒸気，水，氷と状態を変えながら，D水は地球中を循環し，移動している。

問1　下線部Aに関連して，次の図1と図2を参考にして，火星が受け取るエネルギー量を試算したい。図1は，太陽からの距離と照らされる面積の関係を，図2は，太陽から光を受ける面の大きさと光を受ける火星の関係を模式的に表した。以下の文中の空欄（1）から（4）にあてはまる数値はいくらか。下のアからシの中からそれぞれ選べ。

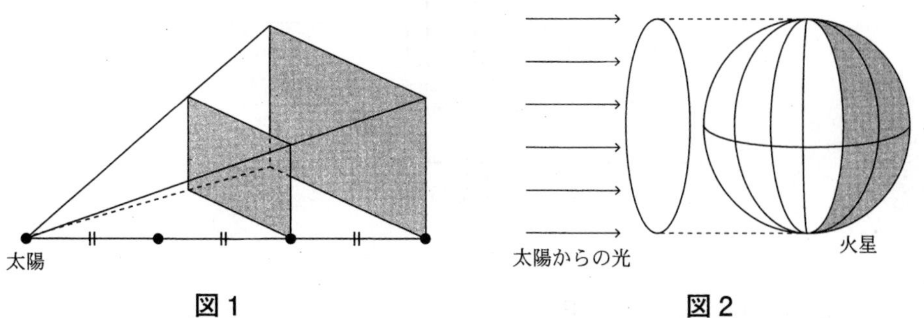

図1　　図2

太陽から火星までの距離は，太陽から地球までの距離の1.5倍である。太陽光線は太陽から四方八方に均等に放たれ，途中で無くなることはないものとする。図1より，太陽からの距離が1.5倍離れると，（　1　）倍の面積を照らすようになり，単位面積あたりの光のエネルギー量は約（　2　）倍になる。

また，火星の半径は地球の半分であるため，図2より火星が太陽からの光を受ける面は地球の約（　3　）倍になる。

以上より，火星全体が受け取るエネルギー量は，地球の約（　4　）倍になる。

ア $\frac{1}{9}$　　イ $\frac{4}{9}$　　ウ $\frac{1}{6}$　　エ $\frac{1}{4}$　　オ $\frac{9}{4}$　　カ $\frac{2}{3}$

キ $\frac{1}{2}$　　ク $\frac{3}{2}$　　ケ 2　　コ 4　　サ 6　　シ 9

問2　下線部Bに関連して，太陽から地球へのエネルギーの伝わり方について，その名称と特徴として正しいものはどれか。次のアからカの中からそれぞれ選べ。

【名称】 ア 対流　　イ 放射　　ウ 伝導

【特徴】 エ 接触している物質間でエネルギーが移動する

オ 物質の移動に伴いエネルギーが移動する

カ 接触していない物質間でエネルギーが移動する

問3　下線部Cに関連して，太陽系の惑星の大気や表面の特徴について説明した文として，波線部に誤りを含むものはどれか。次のアからエの中から選べ。

ア　水星の大気はほとんど存在しないため，昼夜の温度差が大きい。

イ　金星の大気は主に二酸化炭素から構成されており，温室効果が大きい。

ウ　火星の大気は地球同様，窒素と酸素から構成されている。

エ　木星の表面は気体でおおわれており，大気の動きがうず模様として観測できる。

問4　下線部Dに関連して，水の移動について考える。乾いた平面に，ある一度の降雨により水たまりが生じた。この際の水の移動を図3に模式的に表した。平面に降った水量をR，平面から蒸発した水量をE，水たまりの水量をP，水たまりに入らず平面に残った水量をF，平面から地下に浸透した水量をGとする。なお，図中の矢印は水の移動における出入りを表し，矢印以外に水の移動はないものとする。下の1，2に答えよ。

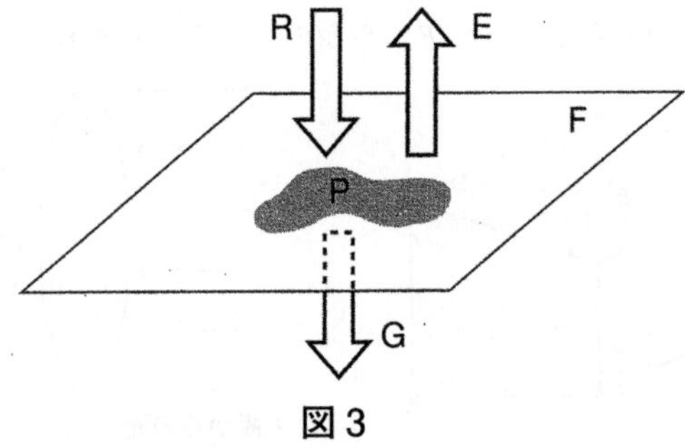

図3

1　水の移動について考えると，Pはどのように表されるか。次のアからエの中から選べ。

ア　P=R+E+F+G　　イ　P=−R+E+F+G

ウ　P=R+E−F−G　　エ　P=R−E−F−G

2　この降雨で100 m^2 の地面に5 mmの降水があり，そのうち10％分が地中に浸透した。浸透した水の量は何Lか。次のアからクの中から選べ。

ア　10 L　　イ　45 L　　ウ　50 L　　エ　55 L

オ　100 L　　カ　450 L　　キ　500 L　　ク　550 L

問5　本文中に、(4)家からじゃないよ、さっきのあの……　とあるが、「わたし」がいいかけてやめたのはなぜか。その説明として最も適当なものを、次の**ア**から**エ**までの中から一つ選べ。

ア　父と姉の言うことに逆らうのはまずいと思ったが、二人の態度がさっきと違って優しいことに何かのたくらみを感じたから。

イ　父と姉の言うことがおかしいと思って訂正しようとしたが、二人の姿が自分の記憶と違うことに気づき戸惑いを覚えたから。

ウ　父と姉の言うことを修正しようとしたが、自分の知らないうちに二人が服を着替えていたとわかって返事をためらったから。

エ　父と姉の言うことには納得がいかないと思ったが、自分の記憶が次々と否定されていくため急に自信が持てなくなったから。

問6　本文中に、(5)家に着くまで、わたしは窓越しにずっとその星をみつめつづけた。とあるが、このときの「わたし」についての説明として最も適当なものを、次の**ア**から**エ**までの中から一つ選べ。

ア　家族のもとに自分を導いてくれる北極星を目に焼きつけ、今後一人になっても、家族がいることのありがたさを決して忘れまいと心に刻んだ。

イ　家族に心配させたことを後悔して、今後は迷わず一人で家に帰れるように、夜空に輝く北極星を決して消えない目印として覚えこもうとした。

ウ　北極星を見つめながら様々なことが起きた一日を振り返って、自分の態度を改めて反省し、悲しいときには今日の星空を思い出そうと決めた。

エ　家への道順をもう一度記憶し直すとともに、家族と一緒に過ごす安心感に浸り、これから先はけんかをせずに仲良くしようと北極星に誓った。

問7　この小説の表現の特徴を説明したものとして最も適当なものを、次の**ア**から**エ**までの中から一つ選べ。

ア　時間の経過に応じて、鮮やかな色彩と光の描写がちりばめられ、その多彩さが家族と「わたし」の揺れ動く関係を表現している。

イ　明るい場面に暗い内心を、暗い場面には星の光を取り合わせ、その明暗のコントラストが「わたし」の心の矛盾を表現している。

ウ　少女の複雑な内面を一人称視点で描き出し、華やかな色彩と光の描写によって、繊細な「わたし」にひそむ不安を表現している。

エ　場面の変化に伴い周囲の光の描写が変化し、その推移が「わたし」の心情と重なって、主人公の気分の浮き沈みを表現している。

葬儀の帰りに思うところあって、わたしは助手席のうしろからあの忘れがたい、不可思議な午後の記憶を三人に話して聞かせた。だれも信じてくれなかった。「夢だろう。」と父はいい、「こわい話ね。」と母はいった。姉は後部座席で半分目をつむりながら、げらげらわらっていた。

わたしの頰のほくろは時を経るにつれすこしずつかたちを変えて、いまではすっかりハート形になっている。

（青山七恵（あおやまななえ）「わかれ道」による）

問1　本文中の、(a)おろしたばかり、(b)しおらしく　の意味として最も適当なものを、それぞれ次の**ア**から**エ**までの中から選べ。

(a)　**ア**　合わせただけ　**イ**　洗い立て　**ウ**　使い始めてすぐ　**エ**　ちょうど良いくらい

(b)　**ア**　あっさりと　**イ**　あつかましく　**ウ**　こっそりと　**エ**　おとなしく

問2　本文中に、(1)まだ赤ちゃんなんだ、と思った。とあるが、「わたし」の気持ちとして最も適当なものを、次の**ア**から**エ**までの中から一つ選べ。

ア　決めたとおりに行動できる自分のことを誇らしく思い、無邪気にふるまう子どもたちを幼く感じている。

イ　子どもたちの行動が昔の自分のようで懐かしく思い、店では騒がない自分のことを大人だと思っている。

ウ　人の迷惑を考えない子どもたちを苦々しく思い、お菓子を買うのを我慢した自分の成長を実感している。

エ　ひとりで歩いている自分を頼もしく思い、お菓子を手にしてはしゃぐ子どもたちを冷ややかに見ている。

問3　本文中に、(2)二車線の道路の、左側の歩道を歩いた。とあるが、なぜか。その理由として最も適当なものを、次の**ア**から**エ**までの中から一つ選べ。

ア　車にはねられないように、明るい店が並び運転手からよく見える左側を歩きたいと思ったから。

イ　父と姉が車から自分を見つけ、声をかけてくれることを待ち受けるような気持ちがあったから。

ウ　父が自分に気づいてくれるか心配で、自分が先に父の車を見つけて合図をしようと考えたから。

エ　ちっとも自分を見てくれていない父と姉に絶対見つからないよう、暗い方を歩きたかったから。

問4　本文中に、(3)周りの景色はぼやけ、お腹の底が冷たくなった。とあるが、このときの「わたし」についての説明として最も適当なものを、次の**ア**から**エ**までの中から一つ選べ。

ア　予想外の事態におびえ、すっかり日が暮れたことにも気づいて、寒さと空腹とで急に目がかすみお腹が痛くなっている。

イ　見捨てられるはずはないと思っていたのに、父が自分を完全に無視したとわかり、あまりのショックにあ然としている。

ウ　自分が意地を張ってさえいれば、家族のほうから折れてくれるという見通しが外れ、反省しながらも途方に暮れている。

エ　家族の車が通り過ぎてしまい、そのうえ自分ではない誰かが乗っていたことに衝撃を受け、悲しみと恐れを感じている。

「今日はお母さんと留守番してるはずだったんじゃないの？　ここまで家からひとりで歩いてきたの？　なんで？」

(4)「家からじゃないよ、さっきのあの……」

いいかけて、わたしは姉の格好に気づいた。姉はワンピースを着ていたけれど、その色は覚えていたえんじ色ではなく、青に近いむらさき色だった。うしろに立つ父は、灰色のセーターによれよれのジーンズを穿いていた。ふたりとも、わたしが覚えていた格好とはすこしだけちがっていた。

「お母さんには、ちゃんといってきたのか？」

父が近づいてきて、からだをかがめる。その朝きれいに剃ったばかりのひげが、鼻のしたにうっすら生えている。

「ここまで歩いてきたのは立派だけど、こんな時間にひとりで出歩いちゃだめだぞ。お父さんたちとここで会えなかったらどうするつもりだったんだ？」

父はわたしの背中を押して、車に向かわせた。１２の１８。ナンバープレートに並ぶ数字は、わたしの誕生日の日付そのままだった。でも、最後の一桁は7だったはずだ。父がはじめてこの車に乗って家に帰ってきた日、わたしは何度も、「どうしてあと一つちがう番号をもらえなかったの？」と、しつこく文句をいったはずだ。

「お父さん、いつ車の番号変えたの？」

父はわらって、「変えてないよ。」とこたえた。

姉は助手席のドアを開けず、向こうがわに回って後部座席に乗り込んだ。そこにはだれも座っていなかった。置き去りにしてきたはずのポシェットも見当たらなかった。父は車を発進させた。街灯のしたを過ぎていく風景は、ふだんとなにも変わらなかった。住宅街と畑と学校が、覚えている通りの順番に現れる。それはわたしがよく知っている道、完璧に記憶に刷りこんであるいつもの道だった。

カーステレオからは、低いヴォリュームで父のお気にいりのフォークソングが流れていた。姉とわたしはでたらめな歌詞をつけて、大声で一緒に歌った。途中、北極星がみつからないというと、姉はすぐ窓におでこをくっつけて、その小さな白い星を指差してくれた。(5)家に着くまで、わたしは窓越しにずっとその星をみつめつづけた。かぼそい光を強く目に焼きつけた。これから先、またひとりぼっちになることがあっても、二度とその光を見失わないように……。

それから三十年の時間が経って、先月、長らく患っていた年上のいとこが亡くなった。葬儀の日、喪服すがたでそれぞれの住まいから駅に到着した姉とわたしを、父がロータリーで拾った。父はいま、白いプリウスに乗っている。去年買い替えたばかりだというけれど、シートにはすでに煙草の匂いが染みついている。助手席には母が座り、母のうしろにはわたしが座り、わたしの隣に姉が座る。むかしから変わらない、おなじ位置だった。

　お父さんもお姉ちゃんも、どうしてわたしに気づかなかったんだろう？　歩いているわたしが、家や車のなかにいるわたしとぜんぜんちがうふうに見えたから？　そしてあの子、助手席のうしろに座っていたあの子は……？　ぼんやりしている頭のなかに、徐々にその誰かの輪郭が引かれていった。それは白い上着に濃い色のズボンを穿き、頬にハート形のほくろのあるだれかだった。そのだれかがスーパーでみつけられ、父と姉と一緒にあの車に乗り、わたしのふりをして家に帰るのだ。そして待っていた母に「おかえり」といわれ、食卓のわたしの席に座り、わたしのベッドで眠るのだ。

　いつのまにか、すっかり日は暮れていた。対向車のヘッドライトがまぶしい。スーパーのなかではからだじゅうに満ちあふれていた力が、もうどこにもなかった。気づけば目から、涙がぽろぽろあふれていた。

　じっとしているうちに、セーター一枚では寒さがこらえがたくなってきた。首をすぼめ、セーターの袖に手をひっこめて、わたしはとぼとぼ歩きはじめた。あれだけ確信していた道のりも、もう定かではなくなっている。もっとまえに右か左に曲がるべきだったかもしれないし、目のまえに見えているカーブの先にはどう道が続いているのか、いつものようにはっきりとは思い出せない。

　空の高いところでは星が輝きだしていた。わたしは再び立ちどまり、夏休みにプラネタリウムで覚えた北極星を探そうとした。夜じゅうずっとおなじ場所で光っていて、大むかしの砂漠の旅人たちに帰り道を教えたという星……家の庭から何度も姉とみたことのある星なのに、いまはどんなに目をこらしてもみつけられない。

　もしもう一度――歩き出したとき、わたしはこころに誓った。もしもう一度あの車に乗って、家族みんなでおばあちゃんちに行ったり、バッティングセンターでボールを打ったり、デパートに行って食品フロアを歩いたりすることができるのなら、もう二度と車のなかで泣きわめいたりはしない。二度とお姉ちゃんをぶったりしないし、黙っているお父さんをずるだとも思わない。

　道はようやく、ゆるいカーブに差しかかりはじめていた。カーブの先には左に折れる道があり、角にはその年できたばかりのコンビニエンスストアが青白く光っていた。そしてその駐車場の一番端に、みなれた深緑色の車が停まっていた。

「なにしてるの？」

　ちょうど明るい店内から出てきた姉が、わたしの顔をみておどろいた。

「お父さん、来て。」

　姉は半開きになった店のドアの向こうに叫んだ。出てきた父も、わたしをみておなじように目を丸くする。

「歩いてきたの？」

　わたしはうなずいた。姉はえーっと大声を出して、持っていた白いビニール袋を振りまわした。

らけの町の名前だった。続けて呼ばれた名前もわたしの名前だった。年齢もおなじ。「白っぽい上着に、濃い色のズボン……」それだけがちがう。その日わたしが着ていたのは、淡いピンク色のセーターに紺色のスカートだった。

お父さんもお姉ちゃんも、わたしのことをちっともみていないんだ！　その日父が何を着ていたか、姉がなに色の靴をはいていたか、わたしはちゃんとみていたし、はっきり覚えていた。姉はえんじ色のワンピース、父は黒いセーターに(a)おろしたばかりのまだ生地の固いジーンズだ。「右の頰に、ハート形のほくろがあります……」思わず頰に手をやった。わたしのほくろはハート形なんかじゃなくて、ただの三角形だった。お父さんもお姉ちゃんも、ほんとうになんにもみていない！

すこし離れたところから、細長い卵のパックを手に持った女のひとが、じっとこちらをみていた。そばで小さな男の子が、「お母さん、お母さん。」と花柄のスカートの裾をひっぱっていた。

だれにもみつからないように、わたしは走って店を出た。広い駐車場のどこかには、わたしを探す父の車が停(と)まっているはずだった。でもその車のまえでふたりを待ちぶせて、(b)しおらしく許しを乞(こ)う気はしなかった。バイパス道路とぶつかる大きな交差点の信号は青だった。駆けだすと同時に、横断歩道の青信号が点滅しはじめる。まえかがみになって全速力で走った。渡りきる直前に、信号は赤に変わった。

(2)二車線の道路の、左側の歩道を歩いた。道の左側にはパチンコ店とお好み焼き屋が並んでいて、右側にはガラス張りのマクドナルドがある。もうすこし歩けば、広い市民運動場がみえてくる。まだあたりは明るかった。このまま歩きつづけて、そのうち日が暮れて、夜になってしまってもかまわないと思った。

横の車道ではひっきりなしに、車がわたしを追いこしていった。そのうちの一台が速度をゆるめて助手席の窓を開け、なかにいる父が姉と声を合わせてわたしの名前を呼ぶところを想像した。そうなれば、しばらく振りかえらずにいるつもりだった。そしてたっぷり時間を置いたあと、「ひとりで帰れるから、放っておいて。」と叫んでもいいし、なにもいわずにずっと無視していてもいい。

また一台、車が脇を通りこしていった。

はっとして立ちどまった。父の車だった。

遠ざかっていくその車は、みあやまりようもない、わたしがいつまでもすきになれないあの深緑色の、わたしの誕生日に近い数字がナンバープレートに並ぶ、父の車だった。一瞬だったけれども、後部座席の左側にだれかが座っているのがみえた。顔はこちらを向いていた。

スピードをゆるめることなく、車は道の先のカーブに消えていった。

奇妙な感覚に囚(とら)われたまま、わたしはしばらくそこに立ちつくしていた。(3)周りの景色はぼやけ、お腹(なか)の底が冷たくなった。

ア　多くの「普通の発見」だけでなくノーベル賞を受賞した業績にも誤りがあるという事実は、科学に進歩はないということを象徴している。

イ　権威主義に陥ることなく修正を続けて「科学的な根拠」を得た強靭な仮説だけが、現実を説明する「不動の真理」として認められている。

ウ　人間には「分からない」状態から逃れてしまいたいという指向性があり、非専門家は科学の権威にすがって安心しようと思いがちである。

エ　基礎科学か応用科学かの違いによって「科学的な知見」の適応度は異なるため、非専門家は権威者の言説を参考にして判断すべきである。

4

次の文章を読んで、後の問いに答えよ。

父の車で家に帰る途中、後部座席の「わたし」と助手席の姉はけんかをはじめた。二人は泣きわめき、最初は黙っていた父も、ついに「けんかするなら二人とも降りなさい。」と言った。姉は泣きやもうとしたが、一人だけけんかをやめようとする姉にもっと腹が立った「わたし」はかんしゃくを起こし、黄信号の急ブレーキで前につんのめった拍子に、自分でも驚くほど大きな金切り声を上げてしまった。

スーパーのなかは明るかった。

夕食の材料や一週間分のお菓子でいっぱいになったピンク色のカートが、ちょうどわたしの目の高さで通路を行き交っていた。

車から飛びだしたときにはなにも考えられなかったけれど、家族連れでにぎわう店内を一人で歩いているうちに、なにかとても勇気ある、ほかの子どもにはなかなか真似(まね)のできない、立派なことをしたような気持ちになってきた。でもたいしたことじゃない。これは家出なんかじゃない。わたしはひとりで、歩いて家に帰ることを決めただけ。そういいきかせて、胸を張って歩いた。

お菓子売り場で、家の近くのスーパーには売っていないチョコレートのお菓子をみつけた。パッケージの写真には、チョコと一緒にきらきら光る赤や黄色のペンダントが写っていて、必ずどれか一つがなかに入っているらしい。ビニールのがま口が入ったポシェットは後部座席に置いてきた。お金があれば買えたのにと思うと悔しかったけれど、わたしはまだ、ひとりで買い物をしたことがなかった。月に一度、町の本屋に漫画雑誌を買いにいくときは、必ず姉か友だちが一緒だった。

お菓子の箱を戻して、しばらく店内を歩きまわった。通路を走って転んだり、カートにしがみついている小さな子どもたちがたくさんいた。(1)まだ赤ちゃんなんだ、と思った。わたしはひとりでずんずんと売り場の通路を進んでいった。ふしぎとすこしもこころぼそくなかった。端から端まで歩いたらここを出て家に帰ろう、お父さんたちには絶対にみつからないように、ひとりで歩いて家に帰ろう、道はわかってるんだから。からだじゅうに力がみなぎっていた。なにも買えなくたって、このスーパーに売っているもののすべては自分のものだという気さえした。

そのときふと、店内に流れていた音楽が止まった。「迷子のお知らせをいたします。M町からお越しの……」これから帰ろうとしている、ねぎ畑だ

ア　科学界最高の栄誉であるノーベル賞を受賞した医学生物学の業績の中にも、誤った仮説が存在すると証明されたから。
イ　修正が許されない医学生物学の業績にさえ、信用できないものが数多く含まれているということが明確になったから。
ウ　ノーベル賞だけでなく『ネイチャー』誌に掲載された医学生物学論文までもが、有用でないことが裏づけられたから。
エ　現実を正しく説明していると考えられていた医学生物学論文の多くに、誤りが含まれている可能性が高くなったから。

問5　本文中に、(2)それはまるで生態系における生物の「適者生存」のようである。とあるが、どういうことか。その説明として最も適当なものを、次のアからエまでの中から一つ選べ。
ア　過去の業績をすべて蓄積して活用する科学の姿勢は、長い時間にわたって遺伝子を保存する生物進化のプロセスに似ているということ。
イ　科学が絶え間なく仮説を修正して確度を高めるサイクルは、変化を生み出して適応できた生物が生き残るあり方に似ているということ。
ウ　過去の蓄積を記録して改良を加える科学のサイクルは、生物が環境に適応するために自らを改変していくあり方に似ているということ。
エ　科学的な知見は必ず修正されるべきだという考え方は、生物の多くの種が進化の途中で絶滅していったプロセスに似ているということ。

問6　本文中に、(3)「原理的に不完全な」科学的知見　とあるが、科学的知見が「原理的に不完全」であるとはどういうことか。その説明として最も適当なものを、次のアからエまでの中から一つ選べ。
ア　確度を高めるために仮説を修正し続ける科学は、科学的知見が完全な真理に達したことを判定する仕組みを持たないということ。
イ　現実の世界に絶対の真理は存在しないことが論理的に認められたため、科学的知見は常に修正され続ける宿命にあるということ。
ウ　科学は不動の真理を目指していないので、どんなに修正を続けても科学的知見が完全な正しさに到達することはないということ。
エ　仮説は修正され続ける運命にあり、真理を求める科学的知見であっても確度の低いものが混じっている可能性は高いということ。

問7　本文中に、(4)「神託を担う科学」とあるが、それは科学者の立場からするとどういう態度か。その説明として最も適当なものを、次のアからエまでの中から一つ選べ。
ア　科学の専門家たちが社会との接点で権威者の言葉を神のお告げのように広め、自分たちが有利になるように社会を変えようとする態度。
イ　科学の専門家たちが論文中の専門用語を神のお告げのように利用して、一般の人々の不安をことごとく取り除こうとする宗教的な態度。
ウ　科学の専門家たちが専門用語や科学論文の言葉を神のお告げのように扱い、科学的知見を人々に押しつけて批判を許そうとしない態度。
エ　科学の専門家たちが科学論文を神のお告げのように披露し、科学的知見がすべて正しいと非専門家に信じさせようとする教条的な態度。

問8　この文章の内容に合致するものを、次のアからエまでの中から一つ選べ。

しまいたい、そんな心理をどこかに持っているのではないかと思うのだ。拠りどころのない「分からない」という不安定な状態でいるよりは、とりあえず何かを信じて、その不安から逃れてしまいたいという指向性が、心のどこかに潜んでいる。権威主義は、そこに忍び込む。

そして行き過ぎた権威主義は、科学そのものを社会において特別な位置に置くことになる。「神託を担う科学」[(4)]である。倒錯した権威主義の最たるものが、科学に従事している研究者の言うことなら正しい、というような誤解であり、また逆に科学に従事する者たちが、非専門家からの批判は無知に由来するものとして、聖典の寓言(注9)のような専門用語や科学論文の引用を披露することで、高圧的かつ一方的に封じ込めてしまうようなことも、「科学と社会の接点」ではよく見られる現象である。

こういった人の不安と権威という構図は、宗教によく見られるものであり、「科学こそが、最も新しく、最も攻撃的で、最も教条的な宗教的制度」というポール・カール・ファイヤアーベントの言は、示唆に富んでいる。「権威が言っているから正しい」というのは、本質的に妄信的な考え方であり、いかに美辞を弄しようと、とどのつまりは何かにしがみついているだけなのだ。

（中屋敷均『科学と非科学』による）

（注1）漸進＝段階を追って少しずつ進むこと。（注2）『ネイチャー』誌＝英国の科学雑誌。
（注3）教条主義＝特定の考え方を絶対的なものとして機械的に適用しようとする立場。（注4）可塑性＝自在に変化することのできる性質。
（注5）峻別＝厳しく区別すること。（注6）塗師＝漆器などの製造に従事する職人。塗り師。
（注7）バグ＝コンピュータのプログラムなどにある欠陥。（注8）セキュリティーホール＝システムの安全機能上の欠陥。
（注9）寓言＝教訓を述べるためのたとえ話。

問1　空欄 A に入る語として適当なものを、次のアからオまでの中から一つ選べ。

ア　ひま　イ　いとま　ウ　かぎり　エ　きり　オ　はてし

問2　本文中の、玉石混交[(B)]の意味として最も適当なものを、次のアからエまでの中から一つ選べ。

ア　固いものと柔らかいものが入り混じった状態　イ　良いものと悪いものが入り混じった状態
ウ　新しいものと古いものとの区別がつかない状態　エ　本物とにせ物との区別がつかない状態

問3　空欄 a 、 b 、 c に入る語として適当なものを、それぞれ次のアからエまでの中から選べ。**ただし、同じ語は二回入らない。**

ア　もちろん　イ　すなわち　ウ　たとえば　エ　しかし

問4　本文中に、衝撃的なレポート[(1)]とあるが、なぜ「衝撃的」なのか。その理由として最も適当なものを、次のアからエまでの中から一つ選べ。

野なのか、あるいはどんな手法で調べられたものなのかなどによって、確度が大きく異なったものが混在している。ほぼ例外なく現実を説明できる非常に確度の高い法則のようなものから、その事象を説明する多くの仮説のうちの一つに過ぎないような確度の低いものまで、幅広く存在している。それらの確からしさを正確に把握して峻別(しゅんべつ)(注5)していけば、少なくともより良い判断ができるはずである。

[a]、近年、医学の世界で提唱されているevidence-based medicine（ＥＢＭ）という考え方では、そういった科学的知見の確度の違いを分かりやすく指標化しようとする試みが行われている。これは医学的な知見（エビデンス）を、調査の規模や方法、また分析手法などによって、階層化して順位付けし、臨床判断の参考にできるように整備することを一つの目標としている。同じ科学的な知見と言っても、より信頼できるデータはどれなのかを判断する基準を提供しようとする、意欲的な試みと言えるだろう。

[b]、こういった非専門家でも理解しやすい情報が、どんな科学的知見に対しても公開されている訳ではもちろんないし、科学的な情報の確度というものを単純に調査規模や分析方法といった画一的な視点で判断して良いのか、ということにも、実際は深刻な議論がある。一つの問題に対して専門家の間でも意見が分かれることは非常に多く、そのような問題を非専門家が完全に理解し、それらを統合して専門家たちを上回る判断をすることは、現実的には相当に困難なことである。

こういった科学的知見の確度の判定という現実的な困難さに忍び寄って来るのが、いわゆる権威主義である。たとえばノーベル賞を取ったから、『ネイチャー』に載った業績だから、有名大学の教授が言っていることだから、といった権威の高さと情報の確度を同一視して判断するというやり方だ。この手法の利点は、なんと言っても分かりやすいことで、現在の社会で「科学的な根拠」の確からしさを判断する方法として採用されているのは、この権威主義に基づいたものが主であると言わざるを得ないだろう。

[c]こういった権威ある賞に選ばれたり、権威ある雑誌に論文が掲載されるためには、多くの専門家の厳しい審査があり、それに耐えてきた知見はそうでないものより強靭さを持っている傾向が一般的に認められることは、間違いのないことである。また、科学に限らず、音楽家であろうが、塗師(ぬし)(注6)であろうが、ヒヨコ鑑定士であろうが、専門家は非専門家よりもその対象をよく知っている。だから、何事に関しても専門家の意見は参考にすべきである。それも間違いない。多少の不具合はあったとしても、どんな指標も万能ではないし、権威主義による判断も分かりやすくある程度、役に立つなら、それで十分だという考え方もあろうかと思う。

しかし、なんと言えばよいのだろう。かつてアインシュタインは「何も考えずに権威を敬うことは、真実に対する最大の敵である」と述べたが、この権威主義による言説の確度の判定という手法には、どこか拭い難い危うさが感じられる。それは人の心が持つ弱さと言えばいいのか、人の心理というシステムが持つバグ(注7)、あるいはセキュリティーホール(注8)とでも言うべき弱点と関連した危うさである。端的に言えば、人は権威にすがりつき安心して

餌のビタミンA欠乏が主因であったことなどが次々と明らかになった。

ノーベル賞を受賞した業績でも、こんなことが起こるのだから、多くの「普通の発見」であれば、誤りであった事例など、実は[注2]枚挙に［　A　］がない。誤り、つまり現実に合わない、現実を説明していない仮説が提出されることは、科学において日常茶飯事であり、2013年の『ネイチャー』誌には、医学生物学論文の70%以上で結果を再現できなかったという(1)<u>衝撃的なレポート</u>も出ている。

しかし、そういった(B)<u>玉石混交</u>の科学的知見と称されるものの中でも、現実をよく説明する「適応度の高い仮説」は長い時間の中で批判に耐え、その有用性や再現性故に、後世に残っていくことになる。そして、その仮説の適応度をさらに上げる修正仮説が提出されるサイクルが繰り返される。(2)<u>それはまるで生態系における生物の「適者生存」のようである</u>。ある意味、科学は「生きて」おり、生物のように変化を生み出し、より適応していたものが生き残り、どんどん成長・進化していく。それが最大の長所である。現在の姿が、いかに素晴らしくとも、そこからまったく変化しないものに発展はない。[注3]教条主義に陥らない[注4]〝可塑性〟こそが科学の生命線である。

しかし、このことは「科学が教えるところは、すべて修正される可能性がある」ということを論理的必然性をもって導くことになる。科学の進化し成長するという素晴らしい性質は、その中の何物も「不動の真理」ではない、ということに論理的に帰結してしまうのだ。たとえば夜空の星や何百年に1回しかやってこない彗星（すいせい）の動きまで正確に予測できたニュートン力学さえも、アインシュタインの一般相対性理論の登場により、一部修正を余儀なくされている。法則中の法則とも言える物理法則でさえ修正されるのである。科学の知見が常に不完全ということは、ある意味、科学という体系が持つ構造的な宿命であり、絶え間ない修正により、少しずつより強靭（きょうじん）で真実の法則に近い仮説ができ上がってくるが、それでもそれらは決して100%の正しさを保証しない。

より正確に言えば、もし100%正しいところまで修正されていたとしても、それを完全な100%、つまり科学として「それで終わり」と判定するようなプロセスが体系の中に用意されていない。どんなに正しく見えることでも、それをさらに修正するための努力は、科学の世界では決して否定されない。だから科学的知見には、「正しい」or「正しくない」という二つのものがあるのではなく、その仮説がどれくらい確からしいのかという確度の問題が存在するだけなのである。

では、我々はそのような(3)<u>「原理的に不完全な」</u>科学的知見をどう捉えて、どのように使っていけば良いのだろうか？　一体、何が信じるに足るもので、何を頼りに行動すれば良いのだろう？　優等生的な回答をするなら、より正確な判断のために、対象となる科学的知見の確からしさに対して、正しい認識を持つべきだ、ということになるのだろう。

「科学的な知見」という大雑把なくくりの中には、それが基礎科学なのか、応用科学なのか、成熟した分野のものか、まだ成長過程にあるような分

イ　季節や年月などによって変化しないものだけを描くことで、かえって移ろいゆく秋のはかなさを体感させるような文章である点。
ウ　空と風に焦点をしぼりながら、天地宇宙の全体が秋の涼気とともに緊張へと向かう様子を直覚的な認識にもとづき描いている点。
エ　秋という季節にふさわしい景物を次々に描いていくことによって、この国の秋のけはいが十分に感じ取れるような文章である点。

問5　本文中に、(4)まことにみごとだ。とあるが、そう言えるのはなぜか。その説明として最も適当なものを、次の**ア**から**エ**までの中から一つ選べ。
ア　『新古今集』を代表する、寂蓮法師、西行法師、藤原定家という三人の名手の和歌を隣り合うように並べているから。
イ　「秋の夕暮」という同じ季節や時刻を歌いながらも、山、沢、浦など地勢に応じた様々な趣の和歌を並べているから。
ウ　直立する「槙」、飛び立つ「鴫」と、静から動へ題材を配列した後、「浦の苫屋」という静のものを並べているから。
エ　否定の言い方を用いた三首を取り上げて、「なかりけり」、「なき」、「なかりけり」と変化を持たせて並べているから。

問6　本文中に、(5)こうしたものが象徴的な点景としてとり上げられているのも、中世的な秋といってよい。とあるが、「象徴的な点景」とは**言えないもの**を、次の**ア**から**オ**までの中から**二つ**選び、それぞれ解答欄にマークせよ。なお、解答の順番は問わない。
ア　紅葉した木がない秋の夕ぐれの山路　　イ　沢から今まさに飛び立とうとする鴫　　ウ　鴫に流浪の自画像を重ねる旅の僧侶
エ　古典に多く用いられている花や紅葉　　オ　古来わびしいものとされる浦の苫屋

問7　本文中の三夕の歌に共通して用いられている修辞技巧は何か。その組み合わせとして最も適当なものを、次の**ア**から**エ**までの中から一つ選べ。
ア　体言止め・倒置法　　イ　擬人法・体言止め　　ウ　掛詞・擬人法　　エ　倒置法・掛詞

3

次の文章を読んで、後の問いに答えよ。

科学と生命は、実はとても似ている。それはどちらも、その存在を現在の姿からさらに発展・展開させていく性質を内包しているという点においてである。その特徴的な性質を生み出す要点は二つあり、一つは過去の蓄積をきちんと記録する仕組みを持っていること、そしてもう一つはそこから変化したバリエーションを生み出す能力が内在していることである。この二つの特徴が漸進的(注1)な改変を繰り返すことを可能にし、それを長い時間続けることで、生命も科学も大きく発展してきた。

だから、と言って良いのかよく分からないが、科学の歴史を紐解け(ひもと)ば、たくさんの間違いが発見され、そして消えていった。科学における最高の栄誉とされるノーベル賞を受賞した業績でも、後に間違いであることが判明した例もある。たとえば1926年にデンマークのヨハネス・フィビゲルは、世界で初めて「がん」を人工的に引き起こす事に成功したという業績で、ノーベル生理学・医学賞を受賞した。しかし、彼の死後、寄生虫を感染させることによって人工的に誘導したとされたラットの「がん」は、実際には良性の腫瘍であったことや、腫瘍の誘導そのものも寄生虫が原因ではなく、

彼をそうさせたものは鴫だという。鳥の上に流浪（るろう）の旅の自画像を重ねていることはいうまでもない。

そして最後が浦である。これは『源氏物語』の中に入りこんだ歌だといわれるが、それを切り離してみると、やはり通常のはなやぎをみせる花、紅葉を否定するところに、新しい発見がある。前の二首の山の槇、沢の鴫に対するものが浦の苫屋である。苫屋など、およそ古来わびしいものと相場がきまっていた。

(5)こうしたものが象徴的な点景としてとり上げられているのも、中世的な秋といってよい。いずれも春、夏、冬にはそぐわない点景のように思えるが、いかがであろう。

また三首に共通することば遣いは、「なかりけり」「なき」「なかりけり」という否定である。秋の風景は否定の言い方と、心の深奥（しんおう）の部分で、無意識的に結びついているのにちがいない。

（中西進（なかにしすすむ）『ことばのこころ』による）

（注1）『紫式部日記』＝紫式部が中宮彰子に仕えた時の見聞や感想を記したもの。

（注2）遣水＝庭に水を引き入れて流れるようにした水路。　（注3）不断の御読経＝一定の期間、昼夜絶え間なくお経を読むこと。

（注4）寂蓮法師＝平安末期から鎌倉初期の歌人。西行法師、藤原定家も同じ。　（注5）浦の苫屋＝海辺にある粗末な小屋。

問1　本文中に、(1)宮廷の女房たちが優雅な生活を楽しむようになり、じゅうぶんな文化の享受者として、かずかずのことばの花を咲かせるようになった。とあるが、その具体例となる文学作品を、次の**ア**から**エ**までの中から一つ選べ。

ア　土佐日記　**イ**　枕草子　**ウ**　方丈記　**エ**　徒然草

問2　『紫式部日記』の本文中に、(2)言はむ方なくをかし。とあるが、その現代語訳として最も適当なものを、次の**ア**から**エ**までの中から一つ選べ。

ア　言いようもないくらい奇妙である。　**イ**　言うまでもなく笑えて仕方がない。

ウ　言う人がいないのは不思議である。　**エ**　言い表しようもないくらい趣深い。

問3　本文中の(a)から(d)の「ない」のうち、**他と異なるもの**を、次の**ア**から**エ**までの中から一つ選べ。

ア　さすがという他はない(a)。　**イ**　秋の景物がない(b)。　**ウ**　しつらえにすぎない(c)。　**エ**　そこにあるにちがいない(d)。

問4　本文中に、(3)この文章が名文といえる理由はどこにあるのだろう。とあるが、「この文章が名文といえる理由」はどのような点にあるか。その説明として最も適当なものを、次の**ア**から**エ**までの中から一つ選べ。

ア　秋には限定されないさまざまな景物を取り上げながら、全体が一つの生命体として感じられるように秋のけはいを描いている点。

だということを中心として、梢や叢の色づきつづける姿とも、読経の声々とも、それぞれに空は連動している。

そしてまた、風の様子と遣水の音もばらばらではなく、しかも遣水の夜もすがらの音は読経の声とも聞きまちがえられるというほどに、区別しがたい。

こうした作者の目や耳に、あれこれの景物が一つの生命体をなして感じられることこそ、自然の季節を深めゆく営みとの、いちばん深い対面なのであろう。

この文章が、名文をもって聞こえる理由も、そこにあるにちがいない。(d)

自然は人事を包含してしまうものだということを、この文章を見ながら、わたしはつくづくと思う。

ところで、古典文学について秋をいうのなら、とうぜん三夕(さんせき)の歌にふれなければならない。

三夕とは『新古今集』巻四、秋の歌の上に並べられた三首の夕ぐれの歌のことだ。作者はまさに『新古今集』の中でも、いずれ劣らぬ名手。その作を同じ主題のままに並べたのは、もちろん意図的な配列である。

さびしさはその色としもなかりけり　槇(まき)立つ山の秋の夕暮(ゆうぐれ)　(注4)寂蓮法師(じゃくれん)
心なき身にもあはれは知られけり　鴫(しぎ)立つ沢の秋の夕暮　西行法師(さいぎょう)
見わたせば花も紅葉もなかりけり　(注5)浦の苫屋(とまや)の秋の夕暮　藤原定家(ふじわらのさだいえ)

『新古今集』はよく知られているように、編集をくり返した歌集である。だからこの三首も、現在のこの形について配列の意図を考えることになるが、さて配列は、(4)まことにみごとだ。

まず三者三様、山、沢、浦と場所をかえて、秋の夕ぐれという同じ季節の同じ時刻を歌う形をとる。日本列島の中で、それぞれの地勢に応じて、秋の夕ぐれはこのようですよと、いってもいい。

それでは山はどうか。槇という土地に直立する木々におおわれた山は、どこといって変哲もないのだが、さて秋の夕ぐれの槇山は寂寥(せきりょう)にみちる。

旅人はあわてる。いったいなぜか、と。しかし見まわしてみても、何がどう寂しさを見せるというのでもない。それが日本の秋の山路の夕景だといわれると、どう思うだろう。

なまじ真っ赤に紅葉した木でもあれば、寂寥はよほど軽くなる。しかし「その色としもない」風景こそが、典型的な山路の夕ぐれの秋なのである。

ついで沢では、渡り鳥の鴫が飛び立つことで秋のあわれが身にせまるという。西行は『新古今集』一番の歌人だし、生得(しょうとく)(生まれつき)の歌人とさえいわれているが「自分は心なき身だ。」と、抒情(じょじょう)に溺れることをいったん拒否する。

この「心なき身」とは僧であることをいうのだろう。その上で「あわれ」と受容することで、「あわれ」はいっそう深まる。

国語

1 次の(1)から(6)までの傍線部の漢字表記として適当なものを、それぞれアからエまでの中から一つずつ選べ。

(1) 同窓会のカン事を務める。　ア 管　イ 幹　ウ 官　エ 勧

(2) 将軍に対する武士の忠セイ心。　ア 精　イ 聖　ウ 誓　エ 誠

(3) 仏前に花をソナえる。　ア 備　イ 具　ウ 供　エ 据

(4) コウ鉄で造られた船。　ア 鋼　イ 厚　ウ 鉱　エ 剛

(5) 人口の分プを調査する。　ア 府　イ 負　ウ 布　エ 符

(6) 世間の風チョウに流される。　ア 潮　イ 調　ウ 徴　エ 兆

2 次の文章を読んで、後の問いに答えよ。

平安時代も十一世紀になると、(1)宮廷の女房たちが優雅な生活を楽しむようになり、じゅうぶんな文化の享受者として、かずかずのことばの花を咲かせるようになった。

秋を述べた名文も多い。とりわけ人びとに親しまれ、暗誦(あんしょう)する人も多いと思われるものは、『紫式部日記(むらさきしきぶ)』(注1)のつぎの部分であろう。

秋のけはひたつままに、土御門殿(つちみかどどの)のありさま、(2)言はむ方なくをかし。池のわたりの梢(こずえ)ども、遣水(やりみず)(注2)のほとりの叢(くさむら)、おのがじし色づきわたりつつ、おほかたの空も艶(えん)なるにもてはやされて、(注3)不断の御読経(みどきょう)の声々あはれまさりけり。やうやう涼しき風のけしきにも、例の、絶えせぬ水のおとなむ、夜もすがら聞きまがはさる。

筆者・紫式部は『源氏物語』の作者であり、さすがという他は(a)ない。とくに、ここは冒頭の部分、いちだんと入念な筆づかいだったはずである。土御門殿とは中宮彰子(しょうし)の父、藤原道長(ふじわらのみちなが)の邸(やしき)で、いましも彰子は出産のために里の邸に下っている。出産の予定は九月、いまは秋七月の立秋のけはいも実感できる初秋のころと思われる。

さて、(3)この文章が名文といえる理由はどこにあるのだろう。

まず、この描写の中には何一つ、きわ立った秋の景物が(b)ない。梢だって叢だって、いつも見える。遣水も、平凡な庭のしつらえにすぎ(c)ない。特段にどこの何が秋めくというのでもなく、それでいて秋のけはいがたつという季節の体感こそが、じつはこの国の秋の感触なのだろう。

空もおおかたの様子が艶だといい、秋のけはいとともに感じるものは、これまた風のけしきだという。

とくに涼気が漂ってきた、天地宇宙の全体が緊張へと向かっていく、そんな季節の移行が秋なのであろう。

また、きわめて直覚的な季節の認識が、それぞれの景物の中で連動して感じられているのも、この文章の特徴であろう。おおかたの空が艶なる様子

第 3 部

千葉県内
私立高等学校編

市原中央高等学校

数学

【1】 次の各問いに答えなさい.

問1 $-36+6\times(-4)^2-5^2=$ [1][2] である.

問2 $(3x+2)(x-1)=$ [3] x^2-x- [4] である.

問3 $x^2+4x-32=(x+$ [5] $)(x-$ [6] $)$ である.

問4 2次方程式 $3x^2+5x-2=0$ の解は $x=\dfrac{[7]}{[8]}$, [9][10] である.

問5 連立方程式 $\begin{cases} x-3y=4 \\ 2x+5y=-3 \end{cases}$ の解は $x=$ [11], $y=$ [12][13] である.

問6 $\dfrac{\sqrt{2}-1}{\sqrt{12}}$ を有理化すると, $\dfrac{\sqrt{[14]}-\sqrt{[15]}}{[16]}$ である.

【2】 図Iのような正6角形ABCDEFの頂点を結ぶことによってできる正多角形は, △ACE, △BDFのような正3角形と正6角形自身の2種類できる. また, 正多角形の個数は正3角形2個, 正6角形1個の合計3個できる. これと同様に, **正2020角形**の頂点を結んで正多角形をつくることを考える. 以下の問いに答えなさい.

問1 正多角形は正2020角形自身を含めて [17][18] 種類できる.

ただし, 合同な多角形同士は同じ種類と考えることにする.

問2 正多角形は正2020角形自身を含めて [19][20][21][22] 個できる.

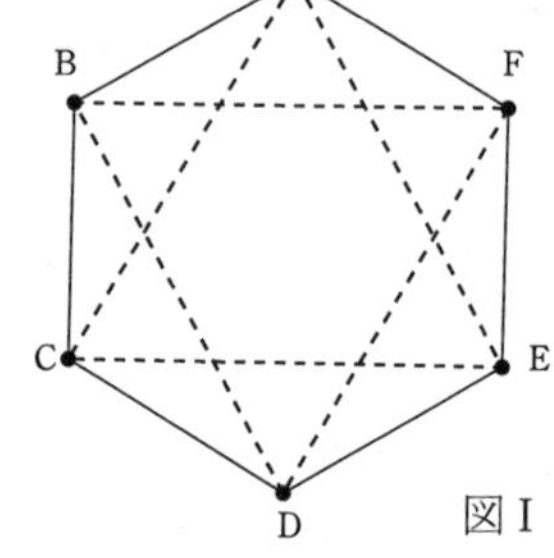

図I

【3】 さいころが2個あり, どの面の出やすさも同様に確からしいとする. 2個のさいころを同時に投げ, 出た目の数の和を a, 積を b とし, a と b の最小公倍数を L とする. 以下の問いに答えなさい.

問1 L が5の倍数である確率は $\dfrac{[23][24]}{[25][26]}$ である.

問2 L を3で割ったとき, 余りが1である確率は $\dfrac{[27]}{[28]}$ である.

【4】 x 軸上に点Aをとり, 図のような放物線 $y=\dfrac{\sqrt{3}}{9}x^2$ ……①と $y=\dfrac{1}{\sqrt{3}}x$ ……② について, ①と②の交点で原点でないものを点Bとする.

さらに直線ABと放物線 $y=ax^2\ (a<0)$ ……③の交点のうち, x 座標が正であるものを点Cとする. △OABはOA＝ABを満たし, △OBCは∠BOC＝90°を満たす.

以下の問いに答えなさい.

問1　点Bの座標は$\left(\boxed{29}, \sqrt{\boxed{30}}\right)$である.

問2　点Aの座標は$\left(\boxed{31}, \boxed{32}\right)$である.

問3　$a = \boxed{33}\sqrt{\boxed{34}}$である.

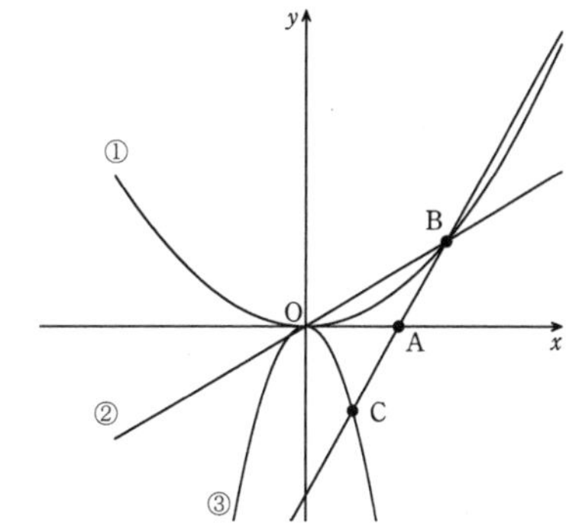

【5】 次の各問いに答えなさい.

問1　図Ⅰのように半径が2である2つの円O_1, O_2がある. これらは2点A, Bで交わっており, AB＝2である.

（1）図Ⅰにおいてxの値は$\boxed{35}\boxed{36}$° である.

（2）$\triangle AO_1B$をABを軸として1回転させたときの体積は$\boxed{37}\,\pi$である.

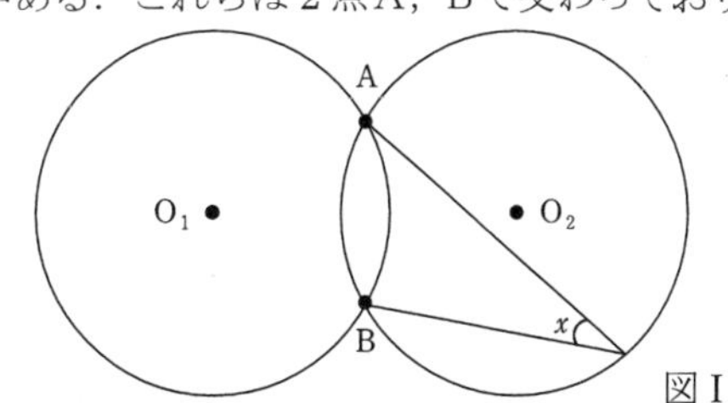

図Ⅰ

問2　図Ⅱにおいて△ABCは∠ACB＝90°, BC＝1の直角二等辺三角形である.
∠DAC＝∠EAD＝45°, ∠ADC＝∠AED＝90° となるようにD, Eをとる.
さらに線分BEと線分AD, 線分ACとの交点をそれぞれF, Gとする.

（1）∠DFE＋∠CGB＝$\boxed{38}\boxed{39}\boxed{40}$° である.

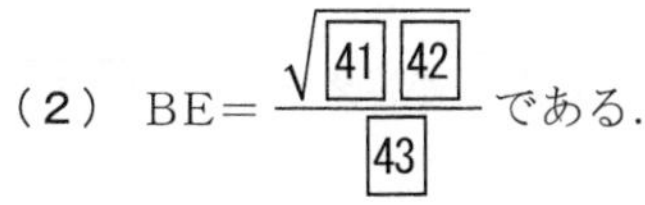

（2）$\mathrm{BE} = \dfrac{\sqrt{\boxed{41}\boxed{42}}}{\boxed{43}}$である.

（3）EF : FG＝$\boxed{44}$: $\boxed{45}$である.

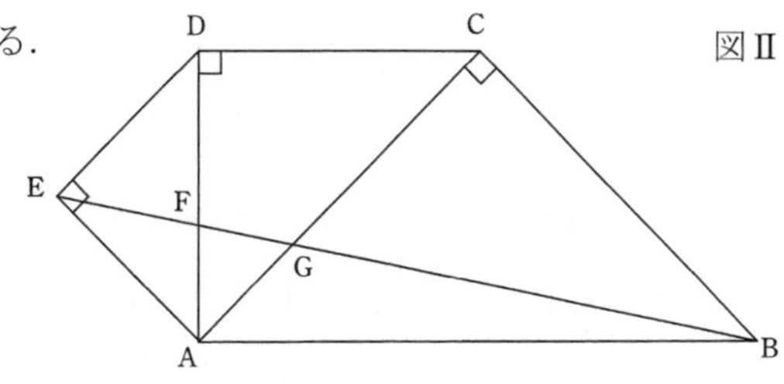

図Ⅱ

【6】 次の各問いに答えなさい.

問1　2種類の記号●, ○を用いて, ●○○○●●のように, 6個並べたものの場合の数を考える.
上の例を含め, 全部で$\boxed{46}\boxed{47}$通りできる.

点字は縦3箇所, 横2箇所の計6箇所のいずれかに凸の突起を作り, その形によって文字を表すものである. 以下, ●が凸部分, ○は**何もない平らな部分**としたモデル図を考え, 下のルールに従って表現できる文字を考えてみよう.

[ルール]

●は1個から最大6個まで打つことができる. 各位置で●か○どちらにするかを考え, それにより何種類かの図ができる. できた図1つと1文字を対応させる.
ただし点字は触ったときの凸部分のみで判断するので, ●1個の例（①), ●2個の例（②）のように●の位置が異なっていても, これらは区別がつかず**同じ1種類の文字を表す**と考える. また、③のようにすべて平らな図は**文字を表さない**ものと考える.

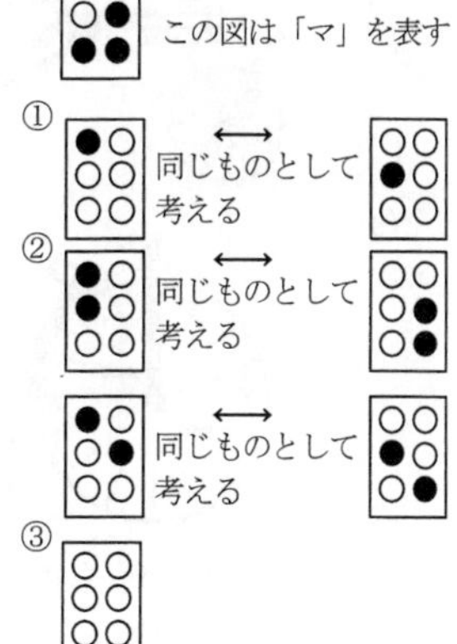

問2　表現できる文字は$\boxed{48}\boxed{49}$種類作ることができる.

英　語

第1問　次の英文を読んで、後の設問（問1～問5）に答えなさい。（［1］～［5］）

The story of bicycles started about two hundred years ago.

The first bicycle was made around 1820. It had a handle and two wheels but did not have pedals. So people had to kick the ground with their feet to move forward.

［A］ (1)People were showed great interests in bicycles, and they soon became very popular. People wanted to ride faster, so they worked hard to make better bicycles.

About 60 years passed and bicycles changed a lot. There were three differences between the bicycles in the 1880s and those in the 1820s. The front wheel got much larger than the back wheel. The pedals were on the front wheel, so people had to sit over the front wheel. This kind of bicycles was called an "ordinary bicycle." ［B］ This "ordinary bicycle" became very popular among people because it could go (2). However, it had a big problem. The seat was set very high, so the bicycle was not easy to ride. ［C］ People found it dangerous to get on the "ordinary bicycle". Then a new kind of bicycle called a "safety bicycle" was made. ［D］

The front wheel of this bicycle was as large as the back one, and the pedals were not at the front. "Safety bicycles" became more popular than "ordinary bicycles".

Bicycles were introduced into Japan around 1870. At first, some people working at the post offices used them. After this, bicycles became popular, and more people started to use them. But they were not for children. Smaller bicycles for children have been popular since about 1960. Today, almost all children have a bicycle. Bicycles are getting better, and now there is even a bicycle with a computer.

問1　次の英文を補うのに、最も適した箇所を本文中の［A］～［D］から選んで答えなさい。［1］

It was almost like the bicycles of today.

① ［A］　② ［B］　③ ［C］　④ ［D］

問2　下線部 (1) と同じ意味の英文になるように、( ) 内に入る語を選んで答えなさい。［2］

People were very (　　) in bicycles.

① introduced　② interested　③ interesting　④ interests

問3　空欄 (2) に入れるのに最も適切な語を選んで答えなさい。［3］

① larger　② heavier　③ faster　④ slower

問4　"ordinary bicycle" を下から選んで答えなさい。なお、イラストは左をすべて前とする。［4］

①　② 　③ 　④

問5　本文の内容に合うものを１つ選んで、答えなさい。［5］

① It took a long time for the first bicycle to become popular.

② The bicycles between in the 1880s and in the 1820s had no differences.

③ It was dangerous for people to ride the "ordinary bicycles" because the seat was set too high.

④ In Japan small bicycles for children were made soon after bicycles were introduced.

第２問　次の各組で、下線部の発音が他と異なるものを選びなさい。（ 6 ～ 10 ）

問１ 6

① house　② cloud　③ young　④ mouth

問２ 7

① even　② pretty　③ meter　④ sleep

問３ 8

① fly　② study　③ worry　④ country

問４ 9

① stand　② fan　③ animal　④ father

問５ 10

① forest　② soft　③ borrow　④ hole

第３問　各組の英文（問１～問５）がほぼ同じ意味になるように空欄（ 11 ～ 15 ）に入れるのに、最も適切なものを選んで答えなさい。

問１ We have a lot of rain in June.

We have [11] rain in June.

① many　② more　③ very　④ much

問２ There are two libraries in this town.

This town [12] two libraries.

① is　② are　③ has　④ have

問３ This is my book.

This book is [13].

① mine　② my　③ me　④ I

問４ He was our English teacher.

He [14] us English.

① taught　② teaching　③ teach　④ teaches

問５ She can swim faster than I.

I can't swim as [15] as she.

① slow　② fast　③ slower　④ faster

第４問　各文（問１～問５）の空欄（ 16 ～ 20 ）に入れるのに、最も適切なものを選んで答えなさい。

問1 This train [16] Tokyo station at 9 o'clock in the morning.

① arrive　② arrives　③ arrives at　④ arrives for

問２ I want something hot [17].

① eats　② eating　③ eat　④ to eat

問３ I have a friend [18] is very kind.

① where　② who　③ which　④ what

問４ He likes [19].

① run　② runs　③ running　④ ran

問５ [20] is the tenth month of the year.

① October　② May　③ December　④ January

第５問　次の会話文（問1～問5）を完成させるために、最も適切な英文を選んで答えなさい。

問１　A: Do you know where the bookstore is?　（ 21 ～ 25 ）

B: Yes. Turn left at the second corner. You'll find it on your right. 21

① I hope so.　② You can't miss it.　③ I don't care.　④ How do you get there?

問２　A: I'd like to speak with Mr. Ueshima, please.

B: 22

A: Oh, really? Is this 363-7131?

B: No, it's 363-7141.

① What number are you calling?　② Sure. May I have your name, please?

③ Sorry, we have no Ueshima in our office.　④ It seems to be different, but I'll try.

問３　A: Hi! It's good to see you again.

B: Hello! 23

A: Yes, it's three years since we last met in London.

① Say hello to your parents from me.　② I haven't seen you for ages.

③ I'm looking forward to seeing you again.　④ So long!

問４　A: This will be your room, Jack.

B: Thanks. What a lovely view!

A: 24

① Do yourself at home.　② Help yourself at home.

③ Feel yourself at home.　④ Make yourself at home.

問５　A: Nice to meet you, Brian. So, 25

B: I'm a university student. How about you?

① how are you doing?　② how do you do?

③ what do you do?　④ what do you think of this poverty?

第６問　与えられた日本文の意味になるよう英文（問１～問５）を完成し、（　）内の語句で3番目と５番目にくる語の組み合わせとして最も適切なものを選んで答えなさい。

問１　26　（ 26 ～ 30 ）

こんなにおいしいコーヒーを飲んだのは初めてです。

This (ア ever　イ that　ウ drunk　エ have　オ coffee　カ is　キ the　ク best　ケ I).

①　カ－ク　②　ウ－エ　③　オ－ア　④　ク－イ

問２　27

私はあの本よりこの本の方が面白いと思いました。

(ア I　イ interesting　ウ one　エ than　オ found　カ that　キ more　ク this book).

①　ア－ウ　②　ク－イ　③　エ－イ　④　カ－イ

問３　28

私は頭上を飛んでいる鳥の写真を撮りました。

I took a (ア my　イ flying　ウ of　エ picture　オ a　カ over　キ head　ク bird).

①　オ－イ　②　ウ－ク　③　イ－カ　④　エ－ア

問４　29

この本を読めば、インドでの暮らしぶりが分かります。

This (ア live　イ how　ウ show　エ book　オ will　カ you　キ they) in India.

①　イ－オ　②　ウ－ア　③　ア－キ　④　ウ－イ

問５　30

大切なのは、あなたが全力を尽くすかどうかです。

What is (ア you イ important ウ best エ do オ is カ whether キ your) or not.

① アーエ ② カーエ ③ アーウ ④ カーウ

第７問 次の会話文を完成させるために、空欄（ 31 〜 35 ）に入れるのに最も適切なものを選びなさい。

Yuna : The weather's been so cold the past few days. I think I've caught a cold. My head hurts, my throat hurts. I've tried to just relax and stay warm in the evening, but I'm not getting any better.

Shota : [31], Yuna. Maybe you'd better go and see a doctor.

Yuna : I know I should go to a doctor, but I'm too busy to go now. I have to give an important presentation in a few days. I just want this cold to go away.

Shota : Instead of going to a doctor, [32]? There are cold medicines you can buy without a prescription. I get colds often, but I always take medicines from the drugstore. It's right near my house, so it really comes in handy when I don't have time to go to the doctor.

Yuna : [33] I'll stop at a drugstore on the way home and ask them what they recommend. Lisa, do you have any medicines you recommend?

Lisa : Not really, Yuna. [34]. If you have a cold, the best way to stop it is to get lots of vitamin C. Eat lots of oranges and other fruits, and drink lots of juice. If all you have is a little bit of a sore throat, it should work for you right away. [35], exercising every day is a good way to keep your body healthy. Make sure you move around so you can stay strong and fight off colds. But if you think your cold is getting worse, maybe it's best to go to the hospital. The doctor can give you medicine that's better than what you get at a drugstore.

問１ [31]

① I'm excited about that
② I'm disappointed to know that that is true
③ I'm sorry to hear that
④ I'm afraid you cannot relax and stay warm in the evening

問２ [32]

① when will you go to a drugstore
② how come you go to a drugstore
③ what makes you go to a drugstore
④ why don't you go to a drugstore

問３ [33]

① That's a great idea. ② Can I take a message? ③ Take your time. ④ What a pity!

問４ [34]

① Just because a medicine works for Shota means it will work for you
② Just because a medicine works for Shota means it won't work for you
③ Just because a medicine works for Shota doesn't mean it will work for you
④ Just because a medicine works for Shota doesn't mean it won't work for you

問５ [35]

① For instance ② Also ③ However ④ First of all

第８問 次の英文を読んで、後の設問（問１〜問４）に答えなさい。（ 36 〜 40 ）

Mary and Peter James were on holiday in the U.S.A. They were young and it was their first time away from home in England. They had a car and were visiting many famous and interesting places.

"I want to see New York," Mary said one morning. "Let's go there."

"Mmm, (1) <u>I don't know, my love</u>. Everyone says New York is a dangerous place and there are a lot of very strange people there," her husband answered. "We'll be careful," said Mary. "Then we won't have any problems."

They left a small town early in the morning, arrived in New York in the evening and found a hotel. Later they went out and drove around streets. There were lots of people and cars on the streets. They were lucky; they didn't have any problems. "See," Mary said. "We don't have to be afraid (A) anything."

They had dinner in a good restaurant and then went to a movie.

In the movie a man with a black dog killed many young people. They didn't like it at all and arrived back (B) their hotel late at night. Under the hotel was a garage, so they drove into it and left the car. It was quite dark there and they couldn't see very well.

"Where's the elevator?" Mary asked.

"Over there, I think near the door," Peter answered.

"Come on. Let's go."

Suddenly they saw a very tall young man with a big black dog. They were very surprised to see him. He looked like the man in the movie. Then they passed him to the elevator quickly. The door of the elevator opened and Mary and Peter got in. Before the doors closed, the man and the dog jumped in. Three people and one big black dog in the elevator. Mary and Peter tried to be quiet.

"On the floor, Girl!" the tall man said. Mary and Peter were afraid now, so they quickly got down on the floor. When the elevator stopped at the next floor, they stood up, (2) (money / they / all / gave / the / had / the / man) and got out fast. The man with the dog was very surprised and said something but Mary and Peter didn't hear anything.

"He was a bad man! Maybe he had a gun… It's dangerous here!" Peter said.

"We're going to leave New York now!"

"Yes, you're right." Mary answered. "There are some dangerous people in New York."

First thing next morning they took their room key to the front desk and gave it to the woman. "There's (3) to pay, Mr. James," she said. "A tall young man with a nice dog came here late last night and paid for your room. Oh, wait a minute – he left this for you, too." She gave Peter an envelop.

He opened it carefully and took out a letter. They read it together. "Here's your money and I'm sorry I made you afraid in the elevator last night. I wanted to stop you, but you got out so fast that I couldn't.

'Girl' is the name of my dog."

問1 [36]

下線部 (1) について、なぜこのように言ったのか、理由を選んで答えなさい。

① 有名な面白い場所を訪れようと思ったが、車を持っていなかったから。

② 二人ともまだ若く、イギリスの家から離れるのが初めてだったから。

③ ニューヨークへどのように行ったらよいか分からなかったから。

④ ニューヨークは危険なところと聞いているので、ためらう気持ちがあったから。

問2 [37]

下線部 (2) の語句を意味が通るように並びかえた時、4番目に来るものを答えなさい。

① money　② man　③ had　④ all

問3 [38]

空欄 (3) に入れるのに適切な語を選んで答えなさい。

① nothing　② lots　③ little　④ few

問4 [39] [40]

空欄 (A) (B) に入れるのに最も適した前置詞を選んで答えなさい。

(A) [39]

① at　② in　③ over　④ of

(B) [40]

① for　② of　③ from　④ over

社　会

Ⅰ 次の関東に関する年表について，あとの各問いに答えなさい。

飛鳥～平安時代	律令制度のもとでおもに東国から九州の防衛のために防人が送られた……A
鎌倉時代	承久の乱に勝利した幕府は，東日本の御家人を全国の地頭に任命した……B
江戸時代	江戸幕府のもと，関東のほとんどは幕領，親藩・譜代の領地とされた……C
明治～昭和時代	政治の中心とされた東京を中心に交通網が整備された………………………D

(1) Aに関連して述べた次の文①～④について，正しいものの組み合わせを下の**ア～エ**より１つ選び，記号で答えなさい。[1]

① 大宝律令は唐の律令にならったもので，律は刑罰の決まりをあらわしたもので現在の刑法，令は政治のきまりを表したもので現在の民法・行政法にあたる。

② 大宝律令は隋の律令にならったもので，律，令ともに現在には伝えられていないが，鎌倉時代に制定された御成敗式目により，その内容を知ることができる。

③ 防人は調・庸を課せられたすべての男子に課せられ，３～４人に１人の割合で１年間，北九州の防衛のために派遣された。

④ 防人に選ばれた者は，北九州に行くまでの食料，武器などは自分で調達しなければならなかったことから，大きな負担となった。「万葉集」に防人の悲しみをうたった歌が収められている。

ア ①・③　　**イ** ①・④　　**ウ** ②・③　　**エ** ②・④

(2) Bに関連して述べた次の文①～④について，正しいものの組み合わせを下の**ア～エ**より１つ選び，記号で答えなさい。[2]

① 壇ノ浦の戦いで平氏を滅ぼした源頼朝は，平氏の残党を取り締まる目的で，朝廷の許可を得ないまま，国ごとに守護，荘園・公領に地頭を配置した。

② 守護や地頭に任命された御家人は，将軍と主従関係を結んだ武士で，将軍とは土地を仲立ちとした御恩と奉公の主従関係で結ばれていた。

③ 源氏の将軍が３代で絶えたのをきっかけとして，後鳥羽上皇が中心となり倒幕のための兵が挙げたが，幕府の大軍に敗れた。このとき，源頼朝の妻北条政子が御家人に頼朝の恩を説いたとされる。

④ 全国に配置された地頭は，元寇に際して元軍と戦った中心となった。元軍を退けたことから多くの恩賞を得た地頭は，その地位を高め，幕府の支配はより強固なものとなった。

ア ①・③　　**イ** ①・④　　**ウ** ②・③　　**エ** ②・④

(3) Cに関連して述べた次の文①～④について，正しいものの組み合わせを下の**ア～エ**より１つ選び，記号で答えなさい。[3]

① 江戸幕府は，幕領と直属の家来である旗本・御家人の領地を合わせると，全国の石高の約４分の１を支配し，さらに鉱山などを直轄地としたため，諸藩に比べて抜き出た経済力を持っていた。

② １万石以上の領地を持つ武士を大名とよび，石高に関係なく軍役，城づくりなどのお手伝いを課せられたことから，小大名はしだいにつぶれ，藩の数は幕末にかけて減少していった。

③ 親藩のうち，紀伊徳川家からは８代将軍徳川吉宗，水戸徳川家からは 15 代将軍徳川慶喜が将軍となったが，尾張徳川家から将軍となったものはいない。

④ 老中・若年寄などの幕府の要職にはそのほとんどが譜代大名や旗本から任命されたが，幕末に大老に就任した井伊直弼は外様藩の島津家出身であった。

ア ①・③　　**イ** ①・④　　**ウ** ②・③　　**エ** ②・④

(4) Dに関連して述べた次の文①～④について，正しいものの組み合わせを下の**ア～エ**より１つ選び，記号で答えなさい。[4]

① 1872 年，貿易の窓口となっていた横浜と新橋（東京）間に鉄道が開通し，数年後には神戸・大阪間，大阪・京都間にも開通した。

② 鉄道は，はじめ国が中心となって整備したが，負担が大きくなったことから，民営化がすすめられ，1906 年にはほとんどの官営鉄道が民営化された。

③ 1964 年のオリンピック東京大会にあわせて東海道新幹線が開業し，その後も東京を中心とする新

幹線網が整備された。

④ 高度経度成長にともなって発生した公害問題が深刻となり，自動車の排出ガスが大きく規制されたことで，東京を中心とする高速道路網の整備は凍結されている。

ア ①・③　　**イ** ①・④　　**ウ** ②・③　　**エ** ②・④

Ⅱ 次の戦いや騒動に関連する資料について，あとの各問いに答えなさい。

A

B

C

D

＊A真如堂縁起　B地租改正反対農民一揆　錦絵（茨城県立歴史館）　C蒙古襲来絵詞　D米騒動絵巻

(1) 資料Aの出来事の説明として，正しいものを下の**ア〜エ**より１つ選び，記号で答えなさい。［5］

ア ２度にわたる源氏と平氏を巻き込んだ騒乱の結果，平清盛が勝利し，天皇家との関係を深めるなどして政治の実権を握った。

イ 将軍の後継者争いなどをきっかけに，全国の守護大名が東軍と西軍に分かれ，京都を中心に11年間も争いが続いた。

ウ 豊臣秀吉の死後，江戸を中心に実力を蓄えていた徳川家康と，豊臣政権を存続させようとする石田三成らとの対立が高まり，関ヶ原で大規模な戦いが行われた。

エ 幕府がキリスト教徒の弾圧を強めたため，キリスト教を信仰する天草四郎を中心とする農民らが九州で一揆を起こしたが，幕府の大軍に鎮圧された。

(2) 資料Bは地租改正に対して起こった一揆の様子をあらわしたものである。地租改正に反対する一揆が起こった説明として，正しいものを下の**ア〜エ**より１つ選び，記号で答えなさい。［6］

ア 地租改正により，それまで耕していた田畑を地主に返還しなければならなくなったから。

イ 地租改正で定められた地価の３%は，それまでの年貢とくらべて全体としては軽減されていなかったから。

ウ 地租改正により，跡取りではない農家の次男・三男は兵役の義務を課せられたから。

エ 地租改正では，豊作のときほど高い税金を払うことが定められたから。

(3) 資料Dに関連しないものを下の**ア〜エ**より１つ選び，記号で答えなさい。［7］

ア 富山県の主婦　　**イ** シベリア出兵　　**ウ** 日比谷焼き討ち事件　　**エ** 原敬

(4) 資料A〜Dを古い順に並べたとき，２番目と３番目になる組み合わせとして正しいものを下の**ア〜カ**より１つ選び，記号で答えなさい。［8］

ア ２番目…A　３番目…B　　**イ** ２番目…A　３番目…C　　**ウ** ２番目…B　３番目…A
エ ２番目…B　３番目…C　　**オ** ２番目…C　３番目…A　　**カ** ２番目…C　３番目…B

Ⅲ あとの各問いに答えなさい。

(1) 日本と同緯度に位置する国としてあてはまらないものを下の**ア〜オ**より１つ選び，記号で答えなさい。
［9］

ア トルコ　　**イ** イタリア　　**ウ** イラン　　**エ** ペルー　　**オ** アメリカ合衆国

(2) 市原君はニューヨークに単身赴任している父親に会うため，12月28日19時40分発の航空機で成田国際空港を出発した。航空機は 12 時間 45 分後にジョン・F・ケネディ空港に着陸する予定である。ジョン・F・ケネディ空港のあるアメリカ合衆国・ニューヨーク州の到着時の現地時間は何月何日の何時になるか。正しいものを下の**ア～エ**より 1 つ選び，記号で答えなさい。なお，アメリカのニューヨーク州における標準時子午線は西経 75 度である。[10]

ア 12 月 28 日 6 時 25 分　**イ** 12 月 28 日 18 時 25 分　**ウ** 12 月 29 日 6 時 25 分　**エ** 12 月 29 日 18 時 25 分

Ⅳ あとの各問いに答えなさい。

(1) 次の資料は，ほぼ同緯度に位置している秋田市と宮古市の 1 年間の月別平均気温である。東北地方の気候は，中央を南北に走る奥羽山脈によって太平洋側と日本海側とでちがいがみられる。図を参考に気温に影響を与えている海流の組み合わせを，下の**ア～カ**より 1 つ選び，記号で答えなさい。[11]

資料

気温（℃）

	1月	2月	3月	4月	5月	6月	7月	8月	9月	10月	11月	12月	年
秋田市	0.1	0.5	3.6	9.6	14.6	19.2	22.9	24.9	20.4	14.0	7.9	2.9	11.7
宮古市	0.3	0.4	3.3	8.7	13.0	16.0	19.8	22.2	18.8	13.3	7.8	3.1	10.6

（気象庁）

図

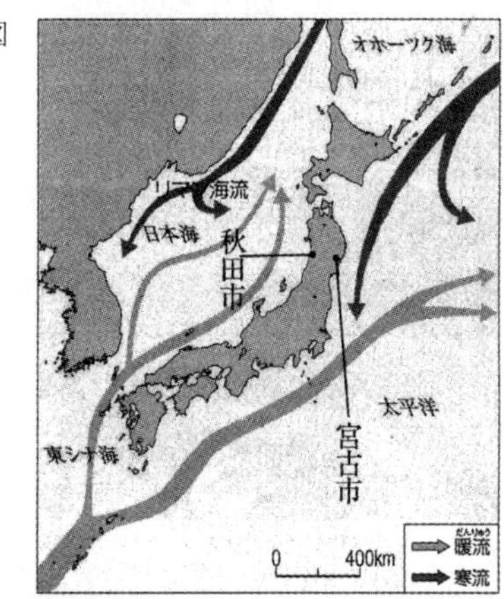

ア　秋田市－親潮　宮古市－黒潮
イ　秋田市－親潮　宮古市－対馬海流
ウ　秋田市－対馬海流　宮古市－黒潮
エ　秋田市－対馬海流　宮古市－親潮
オ　秋田市－黒潮　宮古市－対馬海流
カ　秋田市－黒潮　宮古市－親潮

(2) 次の表は，北海道，千葉県，愛知県，沖縄県の製造品出荷額の割合を記したものである。このうち，千葉県にあたるものを**ア～エ**より 1 つ選び，記号で答えなさい。[12]

	製造品出荷額等割合
ア	石油・石炭製品 19.5%，化学 19.1%，食料品 13.3%，鉄鋼 13.0%，金属製品 5.3%，その他 29.8%
イ	輸送用機械 55.8%，生産用機械 4.7%，電気機械 4.7%，鉄鋼 4.5%，食料品 3.7%，その他 26.6%
ウ	食料品 38.1%，飲料・飼料 15.7%，窯業・土石 13.7%，金属製品 9.5%，鉄鋼 4.6%，その他 18.4%
エ	食料品 35.5%，石油・石炭製品 12.9%，鉄鋼 7.4%，パルプ・紙 6.6%，輸送用機械 6.1%，その他 31.5%

（統計はすべて 2016 年。2019 年版「データでみる県勢」）

Ⅴ あとの各問いに答えなさい。

(1) 次のグラフは，2017 年における日本，中国，韓国の貿易相手先を記したものである。表から読み取れる文として正しいものを，下の**ア～エ**から 1 つ選び，記号で答えなさい。[13]

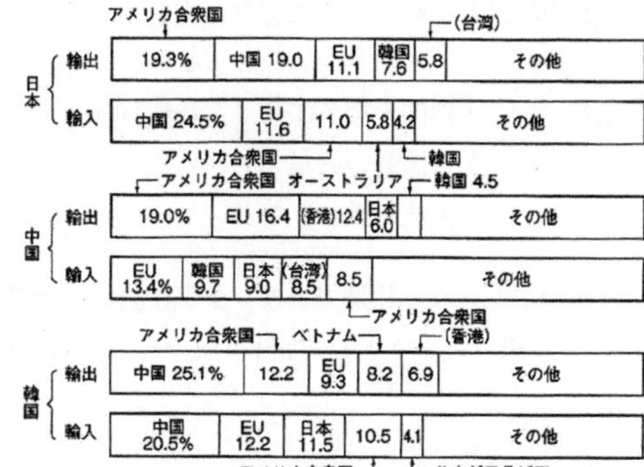

（統計はすべて 2017 年。2019/20 年版「世界国勢図会」）

ア　日本，中国，韓国ともに最大の貿易相手国はアメリカ合衆国である。
イ　日本に比べて，中国・韓国は輸出・輸入共にＥＵの占める割合が高い。

ウ　韓国は日本からの輸入に関し上位5位に入っていないが，日本への輸出は上位5位に入っている。

エ　中国，韓国ともに輸出先の上位5位のなかには香港がみられる。

(2) 次の文は，中国に関する説明を記した文である。この文のうち，適切でないものを下の**ア～エ**より1つ選び，記号で答えなさい。[14]

ア　人口は14億人を超え，その9割以上を漢民族が占めている。

イ　沿岸部と内陸部の経済格差が大きく，深刻な問題となっている。

ウ　広大な国土に豊かな資源があるため，エネルギー資源はほとんど輸入していない。

エ　気候・土壌の違いにより，南部では稲作，北部では畑作中心の農業が行われている。

Ⅵ　次の文章を読んで，あとの各問いに答えなさい。

> 人権思想を学ぶ上で，ヨーロッパ諸国の歴史を避けて通ることはできない。まず，王政のもとで国王の支配に制限を与え民主主義の基となったといえる，A<u>マグナ・カルタ，権利の請願，権利の章典</u>は，いずれも同じヨーロッパの国で発表され，人権の確立を唱えたB<u>人権宣言</u>もヨーロッパの国で発せられた。さらに，C<u>人間たる生活を保障する社会権を世界で初めて憲法に明記</u>したのもヨーロッパの国であった。このように人権思想が発達してきたヨーロッパでは，現在，内戦などによって生存が脅かされ中東から移動してくる人々が増大し，D<u>難民問題</u>が各国で深刻さを増している。

(1) 下線部A～Cと関連のある図中①～③国と，その国の現在の様子について述べたa～cの組み合わせとして正しいものを，下の**ア～コ**より1つ選び，記号で答えなさい。[15]

a　国で使用する電力の7割以上を原子力発電に頼っている。国民の選挙により大統領を選出する共和制の国である。

b　ＥＵ最大の工業国。女性首相が国を率いる連邦共和制の国である。

c　ＥＵ離脱をめぐる混乱の中で首相が交代した，立憲君主制の国である。

ア	A－①－a　C－②－b	**イ**	A－①－b　C－②－c
ウ	A－①－b　C－③－a	**エ**	A－①－c　C－③－a
オ	A－①－c　C－③－b	**カ**	B－①－a　C－②－b
キ	B－①－a　C－②－c	**ク**	B－①－b　C－②－a
ケ	B－①－b　C－③－c	**コ**	B－①－c　C－③－b

(2) 下線部Dに関連して，難民を保護する活動の中心となっている国連機関の略称を次の**ア～エ**から1つ選び，記号で答えなさい。[16]

ア　UNHCR　　**イ**　UNCTAD　　**ウ**　UNICEF　　**エ**　WTO

Ⅶ　次の文章を読み，あとの問いに答えなさい。

> 2019年は天皇の退位により，5月1日から元号がそれまでの平成から令和へと変わった。天皇は大日本帝国憲法下では国の主権者であったが，日本国憲法では「日本国と日本国民統合の象徴」とされ，政治についての権限は持たず，A<u>内閣</u>の助言と承認のもとに国事行為を行うと定められた。
>
> 日本国憲法に定められた主な国事行為
>
> ・国会の指名に基づく内閣総理大臣の任命　　・内閣の指名に基づくB<u>最高裁判所長官</u>の任命
>
> ・C<u>憲法改正</u>，法律，条約などの公布　　・D<u>国会</u>の召集
>
> ・衆議院の解散　　・栄典の授与　など

(1) 下線部Aに関連して，行政を担当する内閣は政府の中心となる機関であり，景気の安定も重要な役割の1つである。不景気となった場合，政府がとる政策の組み合わせとして正しいものを下の**ア～カ**から1つ選び，記号で答えなさい。[17]

①　銀行が持つ国債などを買い上げ，代金を銀行に支払う。

②　銀行に対して国債などを売って，代金を受け取る。

③　公共事業を増やして民間企業に仕事を発注する。

④ 減税をして家計や企業の消費を増やそうとする。

⑤ 増税を行って家計や企業の消費を抑えようとする。

ア ① **イ** ② **ウ** ①・③ **エ** ②・⑤ **オ** ③・④ **カ** ①・③・④

(2) 下線部Bに関連して，裁判所に関連する記述として適切でないものを下の**ア～エ**より1つ選び，記号で答えなさい。18

ア 裁判は原則として3回まで受けられる。これを三審制という。

イ 裁判所は最高裁判所とその他の下級裁判所で構成されている。

ウ 2009年から導入された裁判員裁判は，すべての刑事裁判の第一審で行われている。

エ 最高裁判所の裁判官は，任命後初めて行われる衆議院議員総選挙の際に国民の審査に付される。

(3) 下線部Cの憲法改正に関連して，国会が憲法改正を発議するために必要な条件として正しいものを下の**ア～ク**から1つ選び，記号で答えなさい。19

ア 衆議院の総議員の4分の3以上の賛成

イ 衆議院・参議院それぞれの総議員の4分の3以上の賛成

ウ 衆議院の総議員の3分の2以上の賛成

エ 衆議院・参議院それぞれの総議員の3分の2以上の賛成

オ 衆議院の総議員の過半数の賛成

カ 衆議院・参議院それぞれの総議員の過半数の賛成

キ 衆議院・参議院それぞれの出席議員の3分の2以上の賛成

ク 衆議院・参議院それぞれの出席議員の過半数の賛成

(4) 下線部Dの国会に関連して，毎年1月中に召集され，主に次年度の予算について審議する国会を下の**ア～エ**より1つ選び，記号で答えなさい。20

ア 常会（通常国会） **イ** 臨時会（臨時国会） **ウ** 特別会（特別国会） **エ** 参議院の緊急集会

理　科

第1問

I 図1のように，なめらかな斜面上に鉄球がある。斜面上で鉄球を静かにはなすと，鉄球は斜面にそって移動し，斜面を下り終えると音を出したりはねたりすることなく水平面上を移動した。鉄球をはなす位置の水平面からの高さを100cmとして，斜面の角度をいろいろ変えて，鉄球が動き始めてからの時間と移動距離を調べた。次の問いに答えなさい。

斜面　鉄球　水平面からの高さ　斜面の角度　水平面

<図1>

(1) 斜面と鉄球を模式的に表した以下の図で，作用と反作用の関係にある2力を矢印で図示したものとして，最も適切なものを，次の①～⑥から選びなさい。1

①
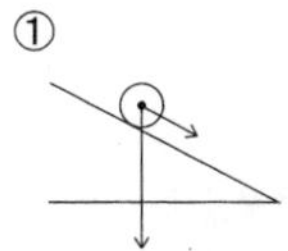
②
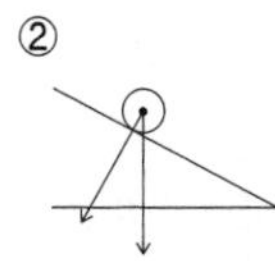
③
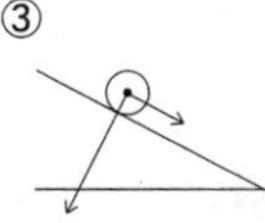
④
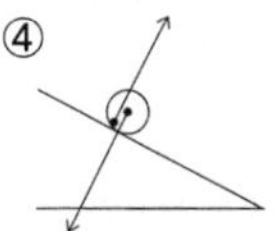
⑤
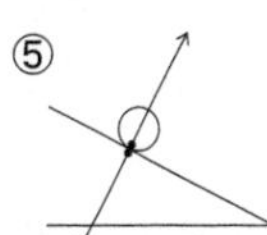
⑥
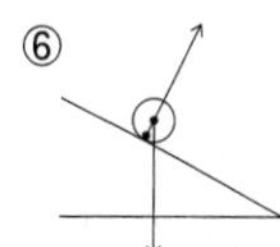

(2) 斜面の角度がある大きさのとき，鉄球が動き始めてからの時間と，動き始めてからの斜面上での移動距離の関係を調べたところ，およそ次の表のようになった。このとき，0.2秒後から0.3秒後までの間の鉄球の平均の速さとして，最も適切なものを，次の①～⑥から選びなさい。2

<表>

動き始めてからの時間〔s〕	0	0.1	0.2	0.3	0.4	0.5
斜面上での移動距離〔cm〕	0	2	8	18	32	50

① 10cm/s　② 40cm/s　③ 60cm/s　④ 100cm/s　⑤ 250cm/s　⑥ 260cm/s

(3) 図2のように，鉄球をはなす位置の真下の点から，斜面を下り終えて水平面になる点までの長さが200cmである斜面Aと，長さが50cmである斜面Bについて，鉄球をはなしてから斜面を下り終えるまでの時間と，下り終えたときの速さについて述べたものとして，正し

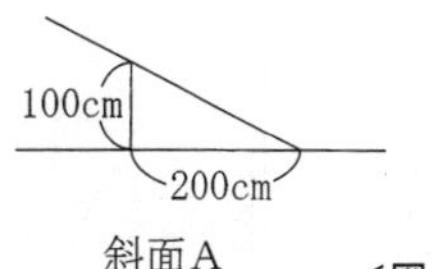

斜面A

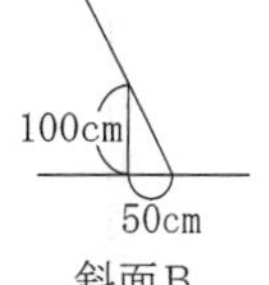

斜面B

<図2>

いものを次の①～⑥から選びなさい。［ 3 ］

① 下り終えるまでの時間は斜面Aの方が長く，下り終えたときの速さは斜面Aの方が速い。
② 下り終えるまでの時間は斜面Aの方が長く，下り終えたときの速さは斜面Bの方が速い。
③ 下り終えるまでの時間は斜面Aの方が長く，下り終えたときの速さは斜面A，Bともに等しい。
④ 下り終えるまでの時間は斜面Bの方が長く，下り終えたときの速さは斜面Aの方が速い。
⑤ 下り終えるまでの時間は斜面Bの方が長く，下り終えたときの速さは斜面Bの方が速い。
⑥ 下り終えるまでの時間は斜面Bの方が長く，下り終えたときの速さは斜面A，Bともに等しい。

Ⅱ 次の問いに答えなさい。

(1) 図1のように，光の道すじを調べるために，光源装置の光を空気中から半円形レンズに当てた。光源装置を出た光が点Oを通過してから進む道筋として可能性のあるものを，次の①～⑥から2つ選びなさい。［ 4 ］，［ 5 ］

① ア　② イ　③ ウ　④ エ　⑤ オ　⑥ カ

＜図1＞

(2) 図2のように，光学台に光源，物体，凸レンズA，半透明のスクリーンを置いた装置を組み立てた。物体は図3のようにFの形を切りぬいた光を通さない厚紙である。凸レンズAの位置は固定して，物体の位置と半透明のスクリーンの位置を動かして調節したところ，物体の像がスクリーンにはっきりと映った。このとき，観察者が図2の位置から見たときの，スクリーンに映った像の形として，最も適切なものを次の①～⑥から選びなさい。［ 6 ］

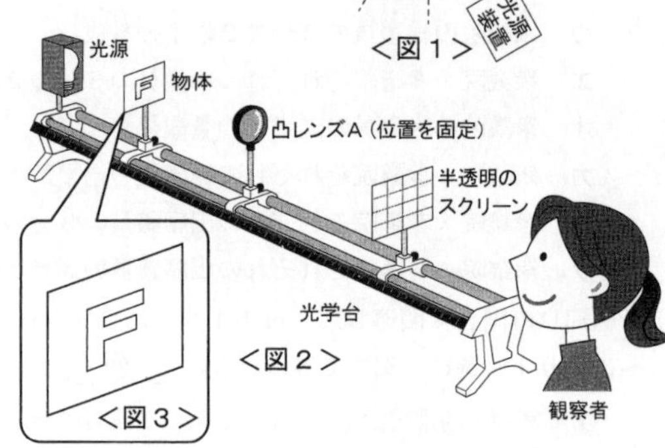

＜図2＞
＜図3＞

① 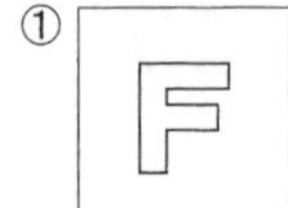
② 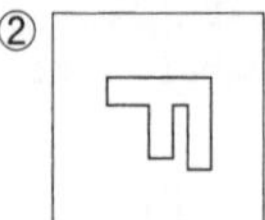
③ 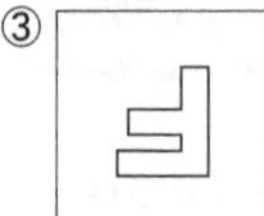
④ 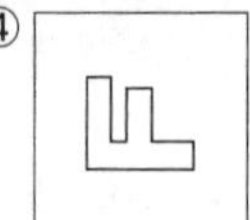
⑤ 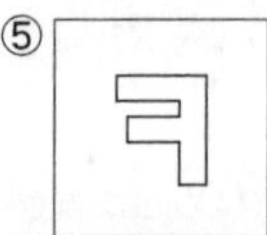
⑥ 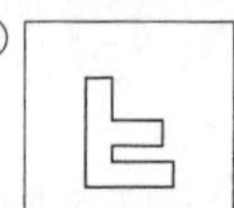

(3) 図2の凸レンズAを用いて，図4のように，凸レンズの中心Oを通る光と，それと平行な2本の光を当てたところ，3本の光はレンズの中心Oから12cmの距離にある点Xで交わった。(2)のときの操作で，スクリーンにはっきり映るようにしたスクリーンの像の大きさが，もとの物体の大きさと等しいとき，物体から凸レンズAまでの距離は何cmか。最も適切なものを，次の①～⑥から選びなさい。必要があれば次ページの方眼を自由に使ってよい。［ 7 ］

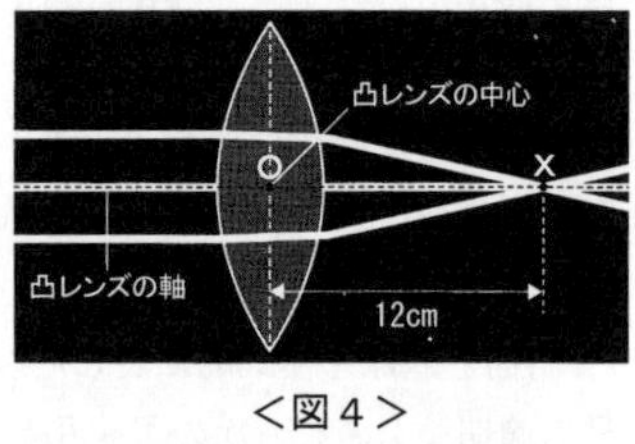

＜図4＞

① 6cm　② 12cm　③ 18cm　④ 24cm　⑤ 30cm　⑥ 36cm

第2問

Ⅰ 図1のように，室温の水100gをメスシリンダーに入れた。この水に塩化ナトリウムの結晶を加えてよく混ぜたときの体積を調べる実験を行った。塩化ナトリウムを18g加えると，塩化ナトリウムはすべてとけてメスシリンダーの水面は図2のようになった。さらに塩化ナトリウムを18g加えると，塩化ナトリウムはすべてとけてメスシリンダーの水面は図3のようになった。さらに塩化ナトリウムを18g加えると，加えた分の塩化ナトリウムは水溶液にはとけず，結晶のまますべてメスシリンダーの底に沈殿し，水面は図4のようになった。下の問いに答えなさい。

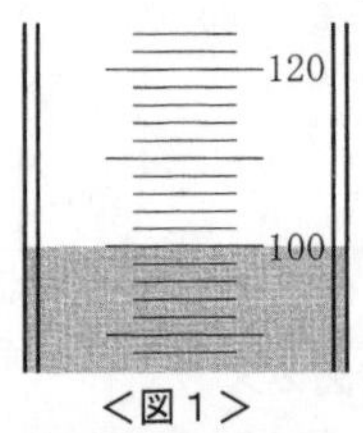

＜図1＞

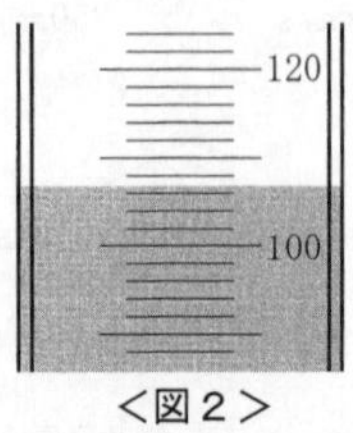

＜図2＞

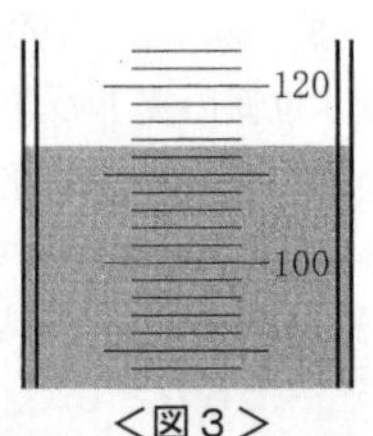

＜図3＞

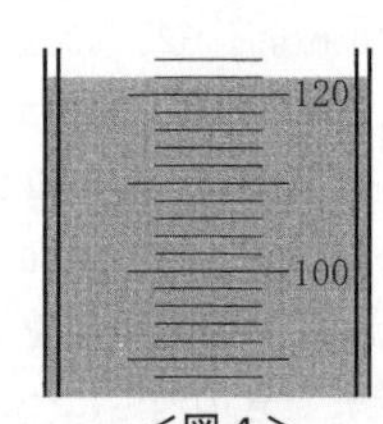

＜図4＞

(1) 図４の塩化ナトリウム水溶液の質量パーセント濃度は何パーセントになるか。最も適切なものを，次の①～⑥から選びなさい。 8

① 15%　② 18%　③ 26%　④ 36%　⑤ 45%　⑥ 54%

(2) 塩化ナトリウムの結晶の密度は何g/cm³と考えられるか。最も適切なものを，次の①～⑥から選びなさい。 9

① 1.2 g/cm³　② 1.8 g/cm³　③ 2.1g/cm³　④ 2.7 g/cm³　⑤ 3.6 g/cm³　⑥ 4.8g/cm³

(3) 水にとけた塩化ナトリウムは水溶液中ですべて電離する。ナトリウムイオン１個と塩化物イオン１個の質量比は２：３であり，ナトリウムイオン１個と水酸化物イオン１個の質量比は23：17である。実験と同じ温度の塩化ナトリウム飽和水溶液340cm³をすべて電気分解したとき，水溶液中のすべてのナトリウムイオンが反応してできる水酸化ナトリウムの質量は何gになるか。最も適切なものを，次の①～⑥から選びなさい。 10

① 43 g　② 54g　③ 65g　④ 75g　⑤ 93 g　⑥ 108g

Ⅱ 銅，鉄，亜鉛，マグネシウムの４種類の金属板を用意し，うすい塩酸を入れたビーカーに，図１のように電圧計を接続した２枚の金属板を入れて，２つの金属板の間に生じる電圧を調べた。次の表はその結果をまとめたものの一部である。下の問いに答えなさい。

金属板A	金属板B	電圧〔V〕
銅	鉄	0.6
亜鉛	マグネシウム	1.3
鉄	マグネシウム	1.5

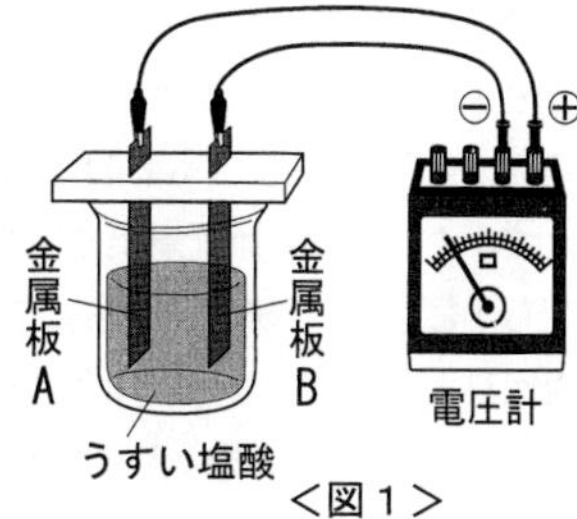

＜図１＞

(1) ビーカーに入れる液体を，うすい塩酸から別の液体に変えたとき，金属板の間に電圧が生じない液体を，次の①～⑥から選びなさい。 11

① うすい硫酸　② 食塩水　③ 水酸化ナトリウム水溶液
④ エタノール水溶液　⑤ アンモニア水　⑥ 塩化銅水溶液

(2) 図１の装置の電圧計を，図２のように光電池用モーターにかえて，銅を金属板A，亜鉛を金属板Bとしてうすい塩酸に入れると，モーターが回転し，金属板A，Bの表面にはそれぞれ気体が発生した。このとき，導線に流れる電流の向きとして適切なものは図２のア，イのどちらか。また，金属板Bの表面に発生した気体として適切なものは次のウ～オのどれか。電流の向きと発生する気体の組み合わせとして最も適切なものを，下の①～⑥から選びなさい。 12

気体：ウ　酸素　エ　水素　オ　塩素

＜図２＞

① ア，ウ　② ア，エ　③ ア，オ
④ イ，ウ　⑤ イ，エ　⑥ イ，オ

(3) 図１のうすい塩酸に入れた金属板A，Bの組み合わせのうち，生じる電圧が最も高くなると考えられるものはどれか，次の①～⑥から選びなさい。 13

① 銅，鉄　② 銅，亜鉛　③ 銅，マグネシウム
④ 鉄，亜鉛　⑤ 鉄，マグネシウム　⑥ 亜鉛，マグネシウム

第３問

Ⅰ 次の文を読み，下の問いに答えなさい。

酸素はほとんどすべての動物の生命維持に不可欠だ。2019年のノーベル生理学・医学賞は，細胞が周囲の酸素レベルを感知し，それに応答する仕組みを解明した米ジョンズ・ホプキンズ大学のセメンザ（Gregg L. Semenza）教授，英オックスフォード大学のラトクリフ（Sir Peter J. Ratcliffe）教授，米ハーバード大学のケーリン（William G. Kaelin）教授に贈られる。

身体が低酸素状態になると腎臓がエリスロポエチンというホルモンを分泌して（　あ　）を増やし，酸素の

運搬能力を上げようとする。セメンザ教授はこの反応を制御する分子を探索し，肝細胞を用いた実験で，低酸素状態のときにエリスロポエチン遺伝子を活性化するタンパク質を発見。HIF-1（低酸素誘導因子，hypoxia-inducible factor 1）と名付けた。1995年にHIF-1の遺伝子を同定し，HIF-1 αとARNTという2つの転写因子の複合タンパク質であることをつきとめ，これが低酸素感知機構を解明する出発点となった。

その後の研究で，環境中に酸素が十分にあるときは，細胞内にHIF-1 αがほとんどないことがわかった。HIF-1 αにはユビキチンという「標識」がついており，これを目印に働くプロテアソームという細胞内の酵素によって分解される。一方，酸素が少ない環境ではHIF-1 αにユビキチンが付かず，分解されないため増えていく。だが，細胞がどうやって周囲の酸素環境を感知しているのかは謎のままだった。

この疑問に答えを出したのが，がんの研究者であるケーリン教授と，泌尿器科医のラトクリフ教授だ。ケーリン教授は，がんが多発する遺伝性疾患フォン・ヒッペル・リンドウ病の患者ではVHLというがん抑制遺伝子に変異があることをつきとめた。さらにVHLが欠損したがん細胞では，低酸素応答に関連する遺伝子が異常に強く発現することを見いだした。一方，ラトクリフ教授は，このVHLとHIF-1 αの相互作用が，HIF-1 αの分解に必須であることを示した。両教授は2001年にそれぞれ，酸素がある環境下ではHIF-1 αがプロリン水酸化酵素によって水酸化され，それによってVHLがHIF-1 αに結合し，ユビキチンが付いてHIF-1 αの分解に至るという一連のプロセスの全体を明らかにした。

研究の過程で，HIF-1 αには多様な作用があることがわかった。（　あ　）を増やして酸素の運搬能力を高めるだけでなく，がんの血管新生や浸潤を促進するなどの望ましくない作用もある。近年，免疫に関与していることも明らかになり，「研究がさらに盛り上がっている」と，セメンザ教授の研究室でHIF-1の研究に携わっていた関西医科大学の広田喜一特命教授は話す。今年9月には，プロリン水酸化酵素を阻害してHIF-1 αを活性化し，腎性貧血を治療する薬も承認された。「人間に必須の酸素を感知して応答するという非常にファンダメンタルな機能にかかわる仕組みが，極めて幅広い役割を果たしていることがわかった。HIFに関する論文は年間1700本ほど出ており，必ずノーベル賞が出るだろうと思っていた」と広田教授は話している。（古田彩）

日経サイエンスより

(1)　文章中の（　あ　）に入る最も適切なものを，次の①～⑧から選びなさい。 14

① 薬緑体　② 細胞壁　③ 細胞膜　④ 液胞
⑤ 赤血球　⑥ 白血球　⑦ 血小板　⑧ 血しょう

(2)　文章中の（　あ　）は，酸素と結びつくことができる物質をふくんでおり，この物質のはたらきによって酸素を運搬する。この物質の性質として最も適切なものを，次の①～⑥から選びなさい。 15

① 酸素が多いところでも，酸素が少ないところでも酸素と結びつく。
② 酸素が多いところでは酸素と結びつき，酸素が少ないところでは酸素をはなす。
③ 酸素が多いところでは酸素をはなし，酸素が少ないところでは酸素と結びつく。
④ 酸素が多いところでも，酸素が少ないところでも酸素をはなす。
⑤ 二酸化炭素が多いところでは酸素と結びつき，二酸化炭素が少ないところでは酸素をはなす。
⑥ 二酸化炭素が多いところでは酸素をはなし，二酸化炭素が少ないところでは酸素と結びつく。

(3)　文章中で述べている内容として，正しくないものを，次の①～⑥から選びなさい。 16

① エリスロポエチンというホルモンの量が増加すると，酸素を運搬するはたらきが強くなる。
② HIF-1というタンパク質は，エリスロポエチンをつくる作用を強める。
③ HIF-1 αは，酸素が十分にあるときは，生産されても分解されてしまい，ほとんど存在しない。
④ VHLはHIF-1 αと結合することによって，HIF-1 αが分解する方向に進む。
⑤ がん細胞では，酸素の運搬を少なくする遺伝子が強く発現する。
⑥ HIF-1 αは，酸素の運搬以外に，さまざまなはたらきに関係している。

Ⅱ　ある種類のオシロイバナには，自家受粉させると代々赤花を咲かせる株と代々白花を咲かせる株がある。この赤花のめしべに白花の花粉を受粉させてできた種子から育った株はすべてピンク色の花になる。ピンク色の花を自家受粉させてできた種子から育てたオシロイバナでは赤花，白花，ピンク色の花の3種類が，ある<u>決まった数の比</u>で現れる。次の問いに答えなさい。

(1)　上の文の下線部の決まった数の比として，最も適切なものを，次の①～⑥から選びなさい。ただし，比

は（赤花）:（白花）:（ピンク色の花）を表すものとする。 17

① 1:1:1　② 1:2:1　③ 1:1:2　④ 2:1:1　⑤ 2:1:2　⑥ 1:2:2

(2) ピンク色の花の株を自家受粉させてできた種子から育てた株の花の色の現れ方について述べた文として最も適切なものを，次の①～⑥から選びなさい。 18

① 花の色は，1つの株について3種類の数がほぼ決まった割合で，それぞれ現れる。
② 花の色は，1つの株について3種類の花が現れるが，1株についてはさまざまな割合になり，すべての株の花を合わせた数が，色ごとにほぼ決まった割合になる。
③ 花の色は，赤花だけ，白花だけ，ピンク色の花だけの株のいずれかになり，それぞれの株の数がほぼ決まった割合になる。
④ 花の色は，赤花とピンク色の花，白花とピンク色の花の2種類の株になる。これらの花の数を合わせた数が，色ごとにほぼ決まった割合になる。
⑤ 花の色は，赤花だけ，白花だけ，赤花とピンク色の花，白花とピンク色の花の4種類の株になる。これらの花の数を合わせた数が，色ごとにほぼ決まった割合になる。
⑥ 花の色は，赤花だけ，白花だけ，ピンク色の花だけ，赤花と白花，赤花とピンク色の花，白花とピンク色の花の6種類の株になる。これらの花の数を合わせた数が，色ごとにほぼ決まった割合になる。

(3) オシロイバナの赤花だけをさかせる株，白花だけをさかせる株，ピンク色の花だけを咲かせる株を，それぞれ1:2:3の割合で用意した。これらの株をかけあわせてできた種子から育てたオシロイバナの花の色の数の比として理論的に最も適切なものを，次の①～⑥から選びなさい。ただし，比は（赤花）:（白花）:（ピンク色の花）を表すものとし，どの花のめしべにどの花の花粉がつくかは同様に確からしいものとする。

19

① 1:2:3　② 1:4:9　③ 3:6:13　④ 13:19:20　⑤ 19:37:44　⑥ 25:49:70

第4問

千葉県のある地点で，金星を継続的に観測した。右図は，金星と地球の軌道を模式的に表したものである。図中のア～カは地球と太陽に対する金星の位置を表し，矢印は地球の公転の向きを示している。次の問いに答えなさい。

カ　金星の軌道　ア　太陽　オ　地球の軌道　イ　エ　ウ　公転の向き　地球

(1) 長期間観測を継続していると，見かけの金星のすがたは観測した時期によって変わって見えた。金星が右図のアの位置にあるときの，見かけの金星のすがたとして最も適切なものを，次の①～⑥から選びなさい。ただし，①～⑥の金星は，肉眼で見たときの位置に直して，同じ倍率で示してあるものとする。 20

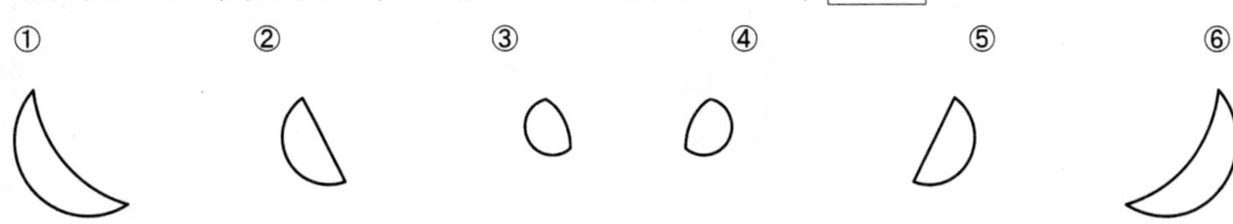

(2) ある年の1月上旬に10日間にわたって毎日，金星の観測を行った。この期間中，金星は夕方に見られ，観測の初日から5日目までは，日没から金星が地平線に沈むまでの時間は少しずつ長くなり，6日目以降は，日没から金星が地平線に沈むまでの時間は少しずつ短くなっていった。図に示したア～カのうち，観測5日目の金星の位置を表すものとして最も適切なものを，次の①～⑥から選びなさい。 21

① ア　② イ　③ ウ　④ エ　⑤ オ　⑥ カ

(3) 地球の公転周期は1年，金星の公転周期は約0.62年である。地球と金星は太陽を中心とする同心円上をそれぞれ一定の速さで公転しているとする。金星が地球に最も近い位置にあったとき（太陽，金星，地球の順に一直線上にあったとき）から，次に金星が地球から最も遠い位置になる（金星，太陽，地球の順に一直線上になる）までにかかる期間として最も適切なものを，次の①～⑥から選びなさい。 22

① 約4か月　② 約5か月　③ 約7か月　④ 約10か月　⑤ 約15か月　⑥ 約19か月

③ 大げさなこと　　④ きまりや命令がころころ変わること
⑤ 多数の意見が一致すること　　⑥ 初めは盛んで、終わりが駄目なこと
⑦ 一番大切なきまり　　⑧ 気を許すと失敗の原因になること

問4 次の駅員さんの敬語の使い方で正しいものを次の①～⑤のうちから一つ選び、その番号をマークしなさい。解答番号は[40]。

① 「まもなく一番ホームに入る電車は回送車ですので、ご乗車できません。」
② 「お客様、スイカ（Ｓｕｉｃａ）のご購入については、隣の窓口で担当者にお聞きください。」
③ 「車内が混み合いますので、乗りましたら、順に中ほどへお入りください。」
④ 「降りる際には忘れ物を致されませんように。」
⑤ 「電車とホームの間が大きく開いておりますので、どうぞ、お気をおつけになってください。」

問5 例文の二重傍線部と同じ意味・用法のものを次の①～⑤の傍線部のうちから一つ選び、その番号をマークしなさい。解答番号は[41]。

〔例文〕病気をして五キロばかりやせてしまった。

① ちょっと目を離したばかりに逃げられてしまった。
② 弟は毎晩宿題もせずに、ゲームばかりしている。
③ 少しばかりの謝礼をもらってもしようがない。
④ 彼は暇さえあれば、本ばかり読んでいる。
⑤ さっき教えたばかりなのに、もう忘れてしまったの？

問6 次の返り点に従って読む順序として最も適当なものを次の①～⑤のうちから一つ選び、その番号をマークしなさい。

解答番号は[42]。

□二□□レ□二□□一

① [3][4][2][1][5][6]。
② [4][1][3][2][5][6]。
③ [4][2][3][1][5][6]。
④ [6][1][2][5][3][4]。
⑤ [6][1][5][4][2][3]。

解答番号は 32 。

① 一日のうち、ひと時の間でも少しでも利益の多いようなことを行い、大事なことを急ぐべきである。
② どれもこれも捨てまいと心に執着するならば、一つのことも成就するはずはない。
③ 時間は限られているので、後悔しないように優先順位を定めて、やりたいことを一つずつ消化していくのが望ましい。
④ 主要な願望の中から、その中でも第一位と考えられることだけに精励すべきである。

【4】次の問いに答えなさい。

問1 次のⅠ・Ⅱの冒頭文を読み、その作品名と成立時代の組み合わせとして最も適当なものを次の①~⑥のうちからそれぞれ一つずつ選び、その番号をマークしなさい。解答番号はⅠが 33 、Ⅱが 34 。

Ⅰ 祇園精舎の鐘の声、諸行無常の響きあり。
Ⅱ むかし、男、初冠して、奈良の京春日の里にしるよしして狩にいにけり。

① 『源氏物語』― 平安時代　② 『平家物語』― 鎌倉時代　③ 『方丈記』― 鎌倉時代
④ 『奥の細道』― 江戸時代　⑤ 『竹取物語』― 平安時代　⑥ 『伊勢物語』― 平安時代

問2 次の和歌の中で枕詞が**用いられていないもの**を次の①~⑤のうちから一つ選び、その番号をマークしなさい。解答番号は 35 。

① あしひきの山鳥の尾のしだり尾のながながし夜をひとりかも寝む
② 人もなき空しき家は草枕旅にまさりて苦しかりけり
③ ひさかたの光のどけき春の日にしづ心なく花の散るらむ
④ ちはやぶる神世もきかず竜田川からくれなゐに水くくるとは
⑤ 朝ぼらけ有明の月と見るまでに吉野の里に降れる白雪

問3 次のⅠ・Ⅱの四字熟語の空欄に当てはめるのに最も適当な漢字とその意味を、次の①~⑧のうちからそれぞれ一つずつ選び、その番号をマークしなさい。解答番号はⅠの漢字が 36 、意味が 37 、Ⅱの漢字が 38 、意味が 39 。

Ⅰ 金科（　　）条　　　Ⅱ 朝（　　）暮改

漢字　① 大　② 針　③ 玉　④ 頭　⑤ 口　⑥ 令　⑦ 離　⑧ 断

意味　① 筋道が立たず、ばらばらであること　② 自分に都合良くすること

① 乗馬や歌謡を始めていくうちに、様々なことに長けた人間こそが、民衆の前に立って説経できる立場であると考えるようになり、説経師としてせめて乗馬や歌謡だけでも極めたいと考えるようになったから。

② 説経を学ぶ手始めとして乗馬や歌謡を習ったのだが、乗馬や歌謡の奥深さを知ったことで、乗馬や歌謡を極めた法師になることがふさわしいのではないかと考えるようになったから。

③ 本来、説経師になるために乗馬や歌謡という二つのことを学んだのに、それらが熟達の境地に入ってきたので、ますます心を入れて稽古していたら、説経を習うはずの時間がなくなってしまったから。

④ 説経師になるために説経を習うことに時間を費やすべきであったが、乗馬や歌謡の楽しさに改めて気づかされ、説経師になることが馬鹿らしく思えるようになったから。

問5　空欄 E に当てはまる語句として最も適当なものを次の①〜④のうちから一つ選び、その番号をマークしなさい。解答番号は 29 。

① のみにもあらず　② さへあらぬ　③ になくはなく　④ ばかりにあり

問6　傍線部F世間の人、なべてこの事ありとあるが、「世間の人」にあることを述べたものとして**ふさわしくないもの**を次の①〜④のうちから一つ選び、その番号をマークしなさい。解答番号は 30 。

① 思ったように立身出世できず、一つの道に上達することもできず、後悔しても取り返すことのできる年齢ではないので、どんどん衰えてゆく。

② 立身出世を果たそうとか、大きな専門の道を成し遂げようとか、芸能を身につけようとか欲張りになるのは、若いうちのことだけである。

③ さしあたっている目の前のことだけに心をとらわれて月日を過ごすので、どれもこれも成就することができずに年老いてしまう。

④ 若いうちは色々なことに関して思いを巡らし、気にはかけていながらも、一生をのんびりしたものと思ってつい怠けてしまう。

問7　傍線部Gむねとあらまほしからん事とあるが、その現代語訳として最も適当なものを次の①〜④のうちから一つ選び、その番号をマークしなさい。解答番号は 31 。

① 全てあり得ないこと　② 主にあるべきこと　③ 大部分に当てはまりそうなこと　④ 主として望ましいようなこと

問8　本文に述べられている筆者の考えに**合致しないもの**を次の①〜④のうちから一つ選び、その番号をマークしなさい。

③　法師になるために因果応報の道理を知る必要があり、法師になった後は一般民衆を教化して立派に生きていってほしい。

④　経文を説き聞かせて、一般民衆を教化するために、因果応報の道理を知った法師になることは当然であり、法師として社会的自立を果たしてほしい。

問2　傍線部　先づ馬に乗りならひけり[B]　とあるが、その理由を述べたものとして最も適当なものを次の①～④のうちから一つ選び、その番号をマークしなさい。解答番号は 26 。

①　輿か牛車か馬で法事に出向くことになるが、その中で最も訓練が必要とされる乗馬の基本を身につけておくことが、導師として生きるために最低限必要なことだと判断したから。

②　法事に招かれる際に、牛車よりも馬で出向くことは多いが、すわりの悪い尻でも落下しないための術を身につけておくことが、導師としての嗜(たしな)みであると思ったから。

③　法事を導く者として招かれ、馬に乗って出向いたものの、すわりの悪い自分の尻のせいで落下してしまうのは情けなく、そういう事態を回避するため。

④　法事を導く者として招かれるような時に、馬などで迎えに寄こすことが多いが、乗馬に慣れていないことで馬から落下してしまうのは恥ずかしいから。

問3　傍線部　早歌といふことを習ひけり[C]　とあるが、その理由を述べたものとして最も適当なものを次の①～④のうちから一つ選び、その番号をマークしなさい。解答番号は 27 。

①　法事の後の供養の席で、酒を嗜むこともできないだけでなく、芸も全くできなかったら、法師として立つ瀬がないから。

②　法師ができる手っ取り早い芸として、歌謡がふさわしいと考え、歌謡で施主の心を少しでも癒やすことができればよいと考えたから。

③　法師として歌謡さえできなければ、法事で施主が肩身の狭い思いをすることになってしまうだろうから。

④　法事の後に酒を勧められた際、施主が興ざめしないように何か芸ができた方がよいと考え、その芸として歌謡が適していると思ったから。

問4　傍線部　説経習ふべき隙なくて、年寄りにけり[D]　とあるが、こうなった経緯を述べたものとして最も適当なものを次の①～④のうちから一つ選び、その番号をマークしなさい。解答番号は 28 。

その番号をマークしなさい。解答番号は 24 。

① フェアリー　② ハートライト　③ ハルカム　④ ヴィジー

【3】 次の文章を読んで、後の**問1**から**問8**に答えなさい。

[A]或者、子を法師になして、「学問して因果の理をも知り、説経などして世わたるたづきともせよ」と言ひければ、教のままに、説経師（注）にならんために、[B]先づ馬に乗りならひけり。輿（こし）・車は持たぬ身の、導師に請（しやう）ぜられん時（注）、馬など迎へにおこせたらんに、桃尻（注）にて落ちなんは、心憂かるべしと思ひけり。次に、仏事ののち、酒などすすむる事あらんに、法師の無下に能なきは、檀那（だんな）（注）すさまじく思ふべしとて、[C]早歌（注）といふことを習ひけり。二つのわざ、やうやう境に入りければ、いよいよよくしたく覚えて嗜（たしな）みけるほどに、[D]説経習ふべき隙（ひま）なくて、年寄りにけり。

この法師 E 、[F]世間の人、なべてこの事あり。若き程は、諸事につけて、身を立て、大きなる道をも成じ、能をもつき、学問をもせんと、行末久しくあらます事ども心にはかけながら、世を長閑（のどか）に思ひてうち怠りつつ、まづさしあたりたる目の前の事にのみまぎれて月日を送れば、ことごと成す事なくして、身は老いぬ。終にものの上手（注）にもならず、思ひしやうに身をも持たず（注）、悔ゆれども取り返さるる齢（よはひ）ならねば、走りて坂を下る輪のごとくに衰へゆく。

されば、一生のうち、[G]むねとあらまほしからん事の中に、いづれかまさるとよく思ひくらべて、第一の事を案じ定めて、その外は思ひ捨てて、一事をはげむべし。一日の中、一時の中にも、あまたのことの来らんなかに、少しも益のまさらん事を営みて、その外をばうち捨てて、大事を急ぐべきなり。何方をも捨てじと心に執り持ちては、一事も成るべからず。

『徒然草』

《注》説経師……説経を専門とする法師。　導師に請ず……法会の儀式を導く者に頼んで招く。

桃尻……桃の実のようにすわりの悪い尻つき。　檀那……僧に財物を施し与える信者。施主。

早歌……鎌倉末期に鎌倉地方を中心にして大成された歌謡。

ものの上手……諸道の上達者。　身をも持つ……立身出世する。

問1 傍線部[A]或者、子を法師になして とあるが、「或者」の「子」に対する考えとして最も適当なものを次の①～④のうちから一つ選び、その番号をマークしなさい。解答番号は 25 。

① 暮らしていくために社会的地位の高い法師になることが先決であり、法師になった後も多くのことを学んでほしい。

② 暮らしていく手立てとして法師になり、学んで因果応報の道理を知り、一般民衆に経文を説き聞かせてほしい。

い。解答番号は 20 。

① 対句法　② 反復法　③ 擬人法　④ 擬態法

問6 本文中に、次の一文が抜けている。文中の【 ア 】～【 エ 】のうち、どこに入れたら最も適当か。次の①～④のうちから一つ選び、その番号をマークしなさい。解答番号は 21 。

嬉しそうな表情が、きれいな顔にぱっと広がったが、それは急に日が差したような感じであった。

① 【 ア 】　② 【 イ 】　③ 【 ウ 】　④ 【 エ 】

問7 (F)【人間的関心事の～嗜みにすぎない。】とあるが、この部分の内容説明として最も適当なものを次の①～④のうちから一つ選び、その番号をマークしなさい。解答番号は 22 。

① 私達人間は、日々の生活の中において常に自然世界に癒やしを求めることが最大の関心事であるので、精神的・感情的な恋愛事はなかなか入り込む隙がないのである。

② 書物の中の世界と現実生活との間には、不思議なくらい関連性に乏しいものであるが、現代の詩人達が大仰に自然の美しさを感嘆するのは理解の範囲内である。

③ 我々人間が自然世界の美を鑑賞する能力は生まれ持ったものではなく、しかも恋愛事等の人間的関心事が優先している状況下では、ほとんど発揮されることはないのである。

④ 漁や狩猟を行って生活を成り立たせている人々は、職に関係のない大地の美に対しては得てして無関心であるが、唯一書物の中の自然鑑賞だけは、芸術の名の下に嗜んでいるのである。

問8 傍線部 H 人間の運命と、人間を乗せている球体の運命の間に、量り知れないほどの開きがある とあるが、この部分の内容説明として最も適当なものを次の①～④のうちから一つ選び、その番号をマークしなさい。解答番号は 23 。

① 人間の精神性は永遠であるが、地球はいつか滅びる運命にあるということ。

② 人間はいつか死を迎えるが、地球は永遠に滅びることはないということ。

③ 人間の喜びは不滅であるが、地球の苦しみは永遠であるということ。

④ 人間は神が創造した永遠物であるが、地球は人間が創造した暫定物であるということ。

問9 傍線部 I 心底ほっとしたのだった とあるが、「ほっとした人物（主語）」は誰か。適当なものを次の①～④のうちから一つ選び、

フェアリー嬢に紹介されたとき、私の心を悩ませた、彼女か私のどちらかに何かが欠けているというあの奇妙な感覚が、まだ私に付き纏(まと)っていたことも、この気持と無関係ではあるまい。とにかく夕食の時刻がきて、孤独から解放され、婦人達の仲間にもう一度加わることになったとき、心底ほっとしたのだった。

（ウィルキー・コリンズ『白衣の女』（中島賢二訳）より）

《注》東屋……四方の柱だけで壁がない小屋。庭園などの休憩所とする。
威容……威厳のある立派な姿。

問1　傍線部A 私が初めてフェアリー嬢を見たとき、私の心は激しい感情に揺さぶられた とあるが、この場面の心情説明として最も適当なものを次の①～④のうちから一つ選び、その番号をマークしなさい。解答番号は16。

① 私は顔の魅力やしぐさにどこか不完全なところがあると悩みながらも、フェアリー嬢に大変感心したということ。
② 私は身分の違いを嘆き、最終的には諦める結論を出しながらも、フェアリー嬢に深い愛情を覚えたということ。
③ 私は妹のハルカム嬢と比較し、何が欠けているのか迷いながらも、フェアリー嬢に多大な好奇心を持ったということ。
④ 私はお互いに何かが欠けているような奇妙な感覚を持ちながらも、フェアリー嬢に強い好意を抱いたということ。

問2　傍線部①～④の「し」の中で、「強意の（働きを持つ）助詞」を一つ選び、その番号をマークしなさい。解答番号は17。

問3　傍線部B 例によって機転をきかせ、気さくな態度で とあるが、その意味として最も適当なものを次の①～④のうちから一つ選び、その番号をマークしなさい。解答番号は18。

① いつもの通り場に応じた適切で機敏な心遣いをし、気取らない様子で
② 過去の経験に従って冗談を交えながら、明るい調子で
③ 例文を引用しながらもアレンジを加え、創造性に富む言葉で
④ これまでと同じように場の空気を読み、より落ち着いた大人の雰囲気で

問4　空欄 C ・ E ・ G に入るべき四字熟語の組み合わせとして最も適当なものを次の①～④のうちから一つ選び、その番号をマークしなさい。解答番号は19。

① C 杓子定規　E 大同小異　G 神出鬼没
② C 一刀両断　E 滅茶苦茶　G 森羅万象
③ C 公平無私　E 支離滅裂　G 千載一遇
④ C 言語道断　E 自暴自棄　G 優柔不断

問5　傍線部D ゴトゴト とあるが、この語の修辞法として最も適当なものを次の①～④のうちから一つ選び、その番号をマークしなさ

そうだ！ここで告白するのを許していただくが、初端（しょっぱな）の日に、うかつにも私はフェアリー嬢の魅力にすっかり心を奪われてしまい、自分の身分も、置かれている立場も忘れてしまっていたのだ。鉛筆の使い方、絵の具の混ぜ方といったごく些細な、私に向けられた質問、私の教えることはすべて学びとり、理解しようと私の眼をじっと見つめる愛らしい眼の表情などが、私の頭をぼうっとさせてしまったのだ。そのため、馬車から見た素晴らしい眺め、起伏に富んだヒースの高地、平坦な海岸線を彩る壮大な光と影の交錯する様も、さほど私の注意を引くことはなかった。

（F）【人間的関心事の優先しているときは、いつでも、いかなる状況下でも、私達の住む自然世界の対象物は、私達の精神、感情をしかと捉えることがあまりないということは、思えば不思議なことと言えよう。苦しいときに自然に慰めを求め、嬉しいときに自然に共感を求めるのは、けだし書物の中のことにすぎない。現代の詩人達が大仰（おおぎょう）に、声高に書き立てる無生物である自然の美しさを感嘆する心情は、我々大半の者にあっては生まれながら兼ね備わった性質のものではない。子供の頃は、誰しもそんな心情は持っていなかったろう。無教育の男女も、それとは無縁である。日々の生活を、刻々変わりゆく海と陸の壮大な大自然の驚異の中でもっぱら暮らしている人々は、己れの天職と直接関わることのない自然の様相には、得てして無関心な人々でもある。我々がその上に住む大地の美を鑑賞する能力は、実は芸術の名の下に後から修得した、洗練された嗜（たしな）みにすぎない。】

さらに言わせてもらえば、その能力も、我々の精神が最も暇で、他に何も活動する必要のないときにのみ発揮されるものなのだ。自然の魅力が、我々自身、また我々の友人の喜び溢れる心情や、苦しみに満ちた感情なりにどれほど与（あずか）るところがあっただろうか？我々が日々交わす無数の会話の中に、大自然の美という話題がどれほど上るだろうか？大地の表面が壮大な美を示そうと示すまいと、我々の精神が受容するもの、我々の感性が獲得するものに変わりがあるわけではない。神の創造物である人間と、彼を取りまく［　G　］の間に、真の共感が成り立ち得ない理由があることは確かである。H人間の運命と、人間を乗せている球体の運命の間に、量り知れないほどの開きがあることがその理由かもしれない。我々の眼にする、どんなに威容（いよう）（注）を誇る山並もいつかは滅ぶべき運命にあるが、我々の純なる感性の感じ取ることのできるものは、どんなにささやかなものであっても不滅であるからなのだ。ほぼ三時間、戸外を巡ってきた後で、私達の馬車は再びリマリッジ館の門を潜（くぐ）った。帰りの道すがら、私は、明日の午後私の指導の下でスケッチをする場所を、二人に決めてもらった。二人が晩餐のための着替えに退き、私が再び居間に一人きりになったとき、突然これまでの元気が急に失せていくような気がした。どうしてなのかよくは分からなかったが、気持が落ち着かなくなり、そんな自分が気に食わなかった。思うに、一介の絵の教師という自分の身分をつい忘れて、館の客になったような気分でドライブを満喫していたことを、一人になってようやく気づいたからであろう。初めて

フェアリー嬢も、いかにも楽しそうに笑い声をあげた。【　イ　】

「誉められるに値しないことで誉められたときは、自惚(うぬぼ)れてはいけないんです」と、彼女は言いながら、澄んだ真摯(しんし)な青い眼を私とハルカム嬢とに交互に向けるのだった。「絵は大好きですけど、駄目なことが分かっていますから描きたいんですけど描くのが恐いんです。でも、ハートライト先生がいらしたから、子供の頃、もうこんなにできない子には教えたくない、と先生に言われるのを心配しながらお勉強のおさらいをしたみたいに、スケッチブックのおさらいをしているんです。」【　ウ　】

彼女はこんな告白を、可愛らしい無邪気な、ちょっと子供っぽい口調で語りながら、スケッチブックを自分の方に引き寄せた。ハルカム嬢はフェアリー嬢の可愛い心配を、思いきりよく［　C　］に切り捨てた。

「優、良、可には関係なく、生徒のスケッチは先生の厳しい評価を受けるものなの。それでおしまい。さあ、ローラ、そのスケッチを持って馬車で出かけましょう。まず最初に、でこぼこ道をゴトゴト(D)と馬車で揺られ続けている間に、ハートライトさんにそれを見ていただきましょう。揺れている馬車の中ならハートライトさんも、馬車から見る自然と、スケッチブックに描かれた自然の相違に区別がつかなくなっておしまいになり、後はもう、［　E　］にお世辞を言うしかないとお思いになるはずだから、私達のつまらない自尊心も傷つかずに済みますよ。」【　エ　】

「私は、ハートライト先生にお世辞を言っていただきたくありません」と、フェアリー嬢は、私達が東屋[注]を後にしかけているとき言った。

「どうしてそう仰るのですか？」と私は聞いてみた。

「私は、先生の仰ることを信じるからです」と彼女は素直に答えた。

こんなわずかな言葉の中にも、彼女の全性格を解く鍵が無意識のうちに出ていたのだ。つまり、自分自身が正直なので、他人も正直であろうと無邪気に信じているのだった。そのときは、直観でそう分かった。今ではそれを経験で知っている。

馬車に乗ってひと廻りしに出かける前に、私達は、まだ一人で昼食のテーブルに座っているヴィジー夫人を立たせるのに少々手間取った。老婦人とハルカム嬢が後ろの席に、やっと見せてもらえることになったスケッチブックを間に置いてフェアリー嬢と私が前の座席に座った。絵に関する真面目な批評は、私にその気があったにしても述べるわけにはいかなかったろう。ハルカム嬢は、妹も自分も含め、女性一般によって行われる芸術活動の滑稽な面しか見ないという態度を明らかにしていたからだ。ざっと眼を通したスケッチの記憶よりも、そのとき交わされた会話の方を私はよく覚えている。とくに、フェアリー嬢が加わった会話は、それを聞いたのがわずか数時間前であったかのように、今も鮮やかに私の記憶に残っている。

である。

③　日本では、生まれた子供に使い古されていない新しい既製品をあてがうが、欧米では親が名前を選ぶオーダーメイドの考え方がある。

④　日本では生まれた子供に対し、独自の新しい生き方を望んでいるのに対し、欧米ではこれまでの偉人を理想とした生き方を望んでいる。

【2】次の文章を読んで、後の問1から問9に答えなさい。

A私が初めてフェアリー嬢を見たとき、私の心は激しい感情に揺さぶられた。その感情は、我々誰し①もがよく知っているもので、たいていの人の場合は再びすぐに消えてしまうが、ごく少数の者にとっては新たに生き生きと蘇(よみがえ)ってくる性質のものであった。その中に、フェアリー嬢を前にし②ていると奇妙に矛盾するような、何とも説明のつけがたいある思いが混っていて、私の心を執拗に悩ませるのであった。

顔形の魅力、惚れぼれするような表情、人を引きつけてやまない純真そのもののようなし③ぐさに混って、それとは知らぬうちに私の心に忍びこんでくるもう一つの印象があるのだった。それがどうしてなのか分からぬまま、私は、何かが欠けている、との思いから逃れることができなかった。フェアリー嬢に何かが欠けていると思えるときもあったし④、私の方に何かが欠けているので、正当に彼女を理解すべきなのに、それを妨げているのだと思えるときもあった。この印象が一番強くなるのが、彼女が私を見るときだというのも、まことに理屈に合わないことに思われた。つまり私は彼女の美しい顔の魅力を強く意識しながらも、それと同時に、どこかに不完全なところがあるという意識から逃れられないでいた。何かが欠けている。何か欠けたものがある。だが、どこが欠けているのか、何が欠けているのか、私にはまだ分からなかった。

こんな奇妙な気の迷いのせいで（そのときは、そう信じていたのだ）、フェアリー嬢に最初に会ったときは気持が落ち着かず、彼女から優しい歓迎の言葉をかけられても、ありきたりのお礼の言葉さえうまく口から出ぬ始末だった。私が口籠(くちごも)っているのを見てハルカム嬢は、そう思われて当然なのだが、私がはにかんでいるものと思い、B例によって機転をきかせ、気さくな態度で会話を引き取ってくれた。

【　ア　】

「ほら、御覧なさいよ、ハートライトさん」と、ハルカム嬢はスケッチブックと、依然としてそれを弄(もてあそ)んでいるきれいな手を指差して言うのだった。「やっとのこと、あなたの模範生を見つけたとお分かりになったでしょう？　妹はあなたがここにおいでになったと知り、大切なスケッチブックを手にして、万物、自然をじっと観察し、さあ、描くぞ、という気になっているんですもの！」

① 名付けに限らず、一般的に常識といわれているものも、多くの学者のさまざまな意見に触れると、常識とは言えなくなるものだということ。

② 個人名は明らかに固有名詞であるという常識すらも、多くの学者の意見を踏まえれば初めから全くあてにならないものであるということ。

③ 固有名詞とはその指示対象がひとつであることを常識として考えはじめても、他の多くの学者がたどりつけないのと同様、その本質を定めることは難しいものだということ。

④ 言語学者の世界では、固有名詞と結論付けられている単語があまりに多く、それぞれの固有名詞の意味を定めることすら多くの論議を呼んでいるということ。

問8 傍線部1いささか及び腰の考えかたとあるが、どのような考え方をいうのか。それを説明したものとして最も適当なものを次の①～④のうちから一つ選び、その番号をマークしなさい。解答番号は 14 。

① 固有名詞とは何かという概念は言語学者が定めるべきものなのに、学者以外のすべての人間によって個々に定義されるものであるべきだという本末転倒の考え方。

② 言語学的、論理的に、固有名詞というものを分類することはできず、日常生活の中で自らが面白い、笑顔にさせられるものを、その人にとっての固有名詞と呼ぶ考え方。

③ もともと単語の中に固有名詞という領域は存在せず、自らが他に類のないものとして強く意識してその対象をさし示す時にこそれが固有名詞化するという考え方。

④ 言語学者としては、固有名詞という領域を定めたいものだが、擬人化的認識によって学者が対象に向かう時にのみ、その単語を固有名詞と呼ぶことができるという考え方。

問9 名前をつけることに対する、日本と欧米の差について説明したものとして最も適当なものを次の①～④のうちから一つ選び、その番号をマークしなさい。解答番号は 15 。

① 日本では、名付け親の意志や好みで自由に名前を創作することができるが、欧米では生まれた赤ん坊と、伝統的にある名前を結びつけるという発想がある。

② 日本では生まれた子供に、好みの、あるいは尊敬する人物の名前を付けることが多く、欧米の名づけと基本的には同じ考え方

のでも発明できるものである。

問4　傍線部Ｃ西洋風の固有名詞論を読んで奇異の念をいだかずにはいられない　とあるが、それはなぜか。その理由を説明したものとして最も適当なものを次の①～④のうちから一つ選び、その番号をマークしなさい。解答番号は［7］。

①　西洋的固有名詞観は、一つの名前を私有とみる私たちの考え方と異なり、同名の名前を持つ複数の人間を一括で処理しようとする考え方がみられるから。

②　ここで述べられた西洋風の固有名詞観は、たまたま手に取った多数の中のあるひとつの事典が採用したもので、実際の固有名詞観とはかけ離れたものだったから。

③　西洋的な言語理論では、固有名詞を説明するに当たって、それがさし示す指向対象にまで言及していて、日本的な固有名詞論では見られないものだったから。

④　意味論や論理学を扱う世界の言語学者たちは、固有名詞の定義を考えるにあたり、わかりきったこととは思いながらも西洋的な考え方をうまく処理できず困っているから。

問5　空欄［D］・［F］・［G］・［J］に入るべき副詞・接続詞として最も適当なものを次の①～⑧のうちから一つ選び、その番号をマークしなさい。解答番号は［8］～［11］。

①　たとえば　②　むしろ　③　おそらく　④　もちろん

⑤　だから　⑥　すなわち　⑦　ところで　⑧　しかし

問6　傍線部Ｅほとんど《必然の一致》なのであった　とあるが、同名別人の《必然の一致》を解決する方法を説明したものとして、最も適当なものを次の①～④のうちから一つ選び、その番号をマークしなさい。解答番号は［12］。

①　自分の姓名に加えて、日常の所有物のナンバーを同時に示すようにする。

②　欧米においても、生まれた赤ん坊に創作的な名付けができるように方針転換する。

③　複数の姓名をもち、その場に集まる人々の名前を確認しながらそれらを使い分ける。

④　名前と姓の間に、いくつかのミドルネーム（セカンドネーム）を加えるようにする。

問7　傍線部Ｈ常識主義もいつのまにか学者たちのにぎやかな論争に巻き込まれてしまう　とあるが、これはどういうことか。その説明として最も適当なものを次の①～④のうちから一つ選び、その番号をマークしなさい。解答番号は［13］。

3 ルイセキ
① カンルイにむせぶ
② 他にルイを見ない実績
③ 徳川家ルイダイの墓所
④ ドルイを築いて侵入を防ぐ

4 シュウシュウ
① 派閥が離合シュウサンを繰り返す
② シュウトク物
③ シュウジン環視の的となる
④ 今月は先月のシュウニュウを下回った

問2 傍線部A太郎や花子などという名前とあるが、これについての筆者の考えとして最も適当なものを次の①～④のうちから一つ選び、その番号をマークしなさい。解答番号は 5 。

① 私たち日本人にとって、『太郎や花子』という名前は、生活の中で切っても切り離すことのできないそれぞれの心にしみいる名称であると考えている。

② 『太郎や花子』という名前と同様、私たちは他の人と自分を区別できる独自の名称を、普通、一人ひとつずつ持っていると考えている。

③ 私たちには、それぞれたいていは一つの名前があるが、『太郎や花子』という名前を用いることで他人に関心を持ってもらうためのツールになると考えている。

④ 『太郎や花子』という日本人を代表とする名称は、外国の人に対して、私たちが日本人であることを示す固有の名称であると考えている。

問3 傍線部B個人がやたらに単語を発明するというわけにはいかないとあるが、これはどういうことか。その説明として最も適当なものを次の①～④のうちから一つ選び、その番号をマークしなさい。解答番号は 6 。

① 言語における単語とは、世の中に広く通用していることが前提であるため、私たち自身が勝手に発明できるものは一切ないといえる。

② 言語は社会で通用する必要があるため、親が子の意見を無視してつけた名前、すなわち発明された単語であっても、役所に届ける必要がある。

③ 言語が社会的な制度であるにもかかわらず、人の名前はその個人のものなので親は勝手に作成することができ、当の子供だけがそれを認知していれば良いとされる

④ 言語における単語は、社会の多くの人々に共有されることが必要であるが、人の名前は固有であるため、個人がどのようなも

もそうだし「神」も（唯一の神なら）そうだ。God と対比されたときには Man もまた固有名詞となる……という趣旨の、ある大言語学者の意見を思い出したり、固有名詞は指示作用をもつが意味作用をもたぬ……その他さまざまの見解を思い浮かべたりしているうちに、何のことはない、H常識主義もいつのまにか学者たちのにぎやかな論争に巻き込まれてしまうのである。

そこで、思い切って単純化をねらい、論理的＝実証的には固有名詞という特有のカテゴリーは成立しない……と言ってみよう。そして、私たちが、あるユニークなものをまさにユニークなものとして見立てたいときにもちいる呼び名が固有名詞なのだ……と、Iいささか及び腰の考えかたでお茶をにごしてみよう。

要するに、英語やフランス語であなたが名詞を大文字で書きはじめたいと感じたときにそれは固有名詞となる、という本末転倒ぎみの擬似論理を、私は暫定的に提案しようというのだ。つまり、白状すれば、ほとんど何も提案しないということに近い。ある特定の理論体系の構造化をめざす場合（今はその場合ではない）以外は、弾力的な概念は弾力的なままにしておく――ただしその弾力性を自覚しながら――ということだ。そして当面私がわずかに提案しかけているのは、一種の擬人化的認識によって対象を名づけ呼ぶとき、［J］敵味方を問わず知り合いの人間に対するような関心と態度をもって対象に向かうときの私たちの呼びかけを、固有名詞ということにする、という考えかたである。もちろんそれは、背番号と固有名詞が共有する論理的な識別価値を無視している以上、一面的でしかないが。たとえば、私たちが冷静この上ないとき、自然は nature というふつうの名詞で呼ばれるが、私たちを恐れおののかせ、あるいは感動させるとき Nature は大文字で始まる固有名詞の存在となる。同様に、あなたにとって切実なかかわりをもたないように見えるとき、多くの人間たちは固有名詞を一時的に失い、「彼ら」や「人々」となる。

（佐藤　信夫『レトリックの記号論』より）

《注》〔……〕……引用文の一部を省略することを示す記号。

問1　二重傍線部1～4の漢字と同じものを、次の各群の①～④のうちからそれぞれ一つずつ選び、その番号をマークしなさい。

解答番号は［1］～［4］。

1 キケツ
- ① キミョウな岩のある洞窟
- ② キタクの時刻を守る
- ③ 勝利へのキタイを込める
- ④ そのキカク自体が白紙に戻る

2 カジョウ
- ① ヨジョウ米を保管する
- ② ジョウシキからはずれた行動をとる
- ③ 放射ジョウに広がる街並み
- ④ カンジョウが一気に爆発する

る。が、私たちにとって、同名現象はあくまで《偶然の一致》であり、したがって同名の人間を一括して把握するというような不思議な理解のしかたはなじみにくい。

そこで、ふと思いあたることは、欧米における名づけのしきたりである。たとえばフランスでは、生まれた赤ん坊に特異な創作的な名前をつけることは許されていない。伝統的な、それぞれに由緒ある何百かの名前の有限のリストから選ばなければならない。とすれば、フランスじゅうにジャンだのポールだのピエールだのミッシェルだのという男たちばかりが無数に発生するのは論理的に当然のキケツ[1]であり、彼らの恋人たちがみんなジャンヌだのカトリーヌだのブリジットだのニコルなどというありさまになるのもまた避けがたいことであって、彼らの国における同名別人の現象は、偶然の一致にはほど遠いほとんど《必然の一致》なのであった。[E]（中略）

さて、必然の一致を何とか解決しなければならぬ場合もあるわけで、彼らもまた、いっそう厳密に本人を本人として登録せざるを得ないときは、人口カジョウ[2]な私どもの国の電話番号の局番や自動車のナンバープレートのように、桁数の増加によって対処するほかはない。正式となると個人名を三桁も四桁も、そして、さらにもっと多くの名前をルイセキ[3]させて当人の自己同一性を確保する仕儀となる。もちろん日常用でも二桁ぐらいはざらで、たとえばジャン＝ポールという二階だての名前をもつ著名な現代人を、誰でも、最低ふたりはたちどころに思い出すことができるだろう。

彼らの名づけの意識の中には、既製品の単語と新しく生まれた人間とのめぐり会い＝結合……という発想が潜在し、私たちの場合には、新しく登場した人間のために、ゼロから新規の名称を案出するという発想がひそむ。[F]私たちの国でも「ちなむ」、「あやかる」という考えかたは十分にあるけれど、私は、ともかく既製品かオーダーメイドかという原則的な差が、言語論、記号論における固有名詞観にいくらか影響しているに相違ないと推定している。

種々さまざまの固有名詞論を気にかけはじめるとシュウシュウ[4]がつかなくなるので、さしあたりはずぼらに常識一本槍で考えようとしてもやはり、たちまち固有名詞の本質は得体が知れなくなる。太郎とかジャンのような個人名が固有名詞であることは明瞭で、つまり常識は（くどいようだが同名異人《偶然の一致》は別として）名ざされる物件がひとつしか存在しない場合、その名前を固有名詞と呼ぶ。

[G]、名字（姓）は少なくとも家族全員をさし示している。名字が集団的固有名詞だとしたら、集団一般の名称はどうか、グループといっても大小があり、漫才コンビの名前から「江戸っ子」というような一般的なものまである。国の名が固有名詞だとしたら、「日本人」という集団名は何か。地名が固有名詞なら、それの拡大されたものとして「地球」はどうか。唯一の物件というのなら、「太陽」

国語

【１】次の文章を読んで、後の問１から問９に答えなさい。

太郎とか花子などという名前は固有名詞の一種と見なされていて、私たちはそういう名称をひとり一個ずつ（たいてい一個ずつ）自分に《固有》のものとして所有している。そして、それを、無記名の財布やライターのように落としたり忘れたりする心配のない、文字どおりユニークな、純粋に私有のものだと思っている。

言語はもっとも社会的な制度だから、個人がやたらに単語を発明するというわけにはいかない（発明は自由だが通用は別だ）けれど、人の名前はまぎれもなく私有のものだから、個人的に勝手にこしらえていいように思われる。固有名詞も言語の単語の一種だとすれば、これは、個人のわがままな創作の許される唯一の種類だということになる。当の本人の意見はまったく無視される（あれは、たしか、生後二週間かそこらのうちに役所へ届けなければならぬわけで、当人の意志だの好みなどというものの発現を待ってはいられない）にしても、父親か誰かの意志や好みで、ともかく個人レベルでどんな「単語」を作成してもいいことになっている。（中略）

そういう創作的固有名詞に慣れているせいで、私たちは、西洋風の固有名詞論を読んで奇異の念をいだかずにはいられないことがある（常識の世界ではわかりきっているとしか思われぬ《固有名詞とは何か》というような問題に、意味論や論理学はけっこう手を焼いているようである）。［ D ］、手あたり次第にその辺にあった『言語学用語辞典』（ジャン・デュボワその他によるラルース版）をめくって固有名詞の項を見ると、こんな文章を読むことになる……

「［……］固有名詞によって意味されるものとは、その名前（名称）それ自身以外の何ものでもない。たとえば、《ジャン》という固有名詞がさし示す対象は、《ジャン》と名づけられているありとあらゆる個人全員におよぶわけで《ジャン》という名前の発揮する対象指向作用はひとえに《ジャン》という呼称作用だけである。［……］」

私どもの素朴な（そして恐らく健全な）感覚は、こういう定義を読んで、ただ、あっけにとられるほかはない。いや、これはほんの一例であって、ほかにも、単純な論理をつきつめて行った結果、常識から見るとあいた口のふさがらぬような苦しまぎれの奇怪な定義を立てる羽目に追い込まれている実例は山ほどあるのだ。もっとも、今ここに引用したのは、多数のなかのある一さつの辞典が採用している定義の一例にすぎず笑って無視してもいいけれど、ともかく、多種多様な西欧的固有名詞観のうちにかなり見られる暗黙の前提として、同名の人間の複数の存在を当然の現象と見て一括して処理しかねない考えかたがある。なるほど私たちの国にも同名別人はいくらでもい

桜 林 高 等 学 校

数 学

第1問

(1) $3+(-4)^2\div 2=$ アイ

(2) $\frac{3}{4}\times\frac{2}{5}+\left(-\frac{1}{3}\right)=\frac{\text{ウエ}}{\text{オカ}}$

(3) $-6x^5y^6\div 3x^2y^3\times 7xy^4=$ キクケ $x^{\text{コ}}y^{\text{サ}}$

(4) $2(3a-b)-3(a-2b)=$ シ $a+$ ス b

(5) $\frac{9}{\sqrt{3}}+\sqrt{75}-2\sqrt{12}=$ セ $\sqrt{\text{ソ}}$

(6) 135 と 180 の最大公約数は タチ である。

第2問

(1) $(5a-3b)^2=$ アイ a^2- ウエ $ab+$ オ b^2

(2) $a^2+7ab-44b^2=(a+$ カキ $b)(a-$ ク $b)$

(3) 2次方程式　$7x^2+6x+1=0$　の解は

$$x=\frac{\text{ケコ}\pm\sqrt{\text{サ}}}{\text{シ}}$$

(4) 半径が6㎝、中心角が100°のおうぎ形がある。
このおうぎ形の面積は スセ πcm²である。ただし、円周率はπとする。

(5) 相似比が3:5である2つの三角形の面積比を最小の自然数で表すと
ソ : タチ である。

(6) 右の図において、四角形ABCDは1辺の長さが5㎝のひし形である。対角線の交点を点Oとし、AC=4㎝のとき、BO= $\sqrt{\text{ツテ}}$ ㎝である。

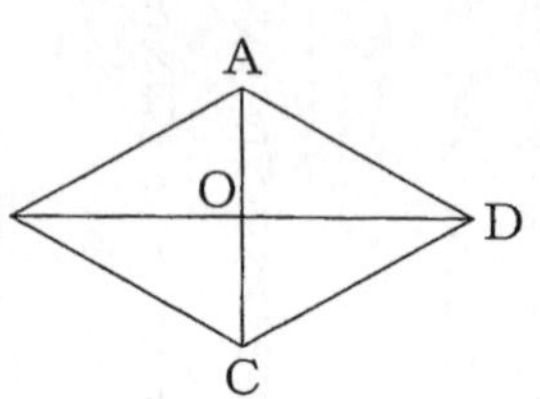

第3問

(1) ある電話会社には次のようなプランがある。

	月額基本使用料	1分ごとの通話料
Aプラン	3300円	30円
Bプラン	1500円	45円

[アイウ] 分より多く通話すると、1か月の使用料がAプランの方が安くなる。
なお、(1か月の使用料)=(月額基本使用料)+(1分ごとの通話料)×(通話時間「分」)とする。

(2) 大小2つのサイコロを同時に投げるとき次の問いに答えなさい。
なお、どの目の出方も同様に確かである。

① 出た目の和が5以上となる確率は $\dfrac{\boxed{エ}}{\boxed{オ}}$ である。

② 下の数直線上の0の位置に点Pがある。この点Pが大きいサイコロの出た目だけ右に、小さいサイコロが出た目だけ左に動くとき、0または2で止まる確率は $\dfrac{\boxed{カ}}{\boxed{キク}}$ である。

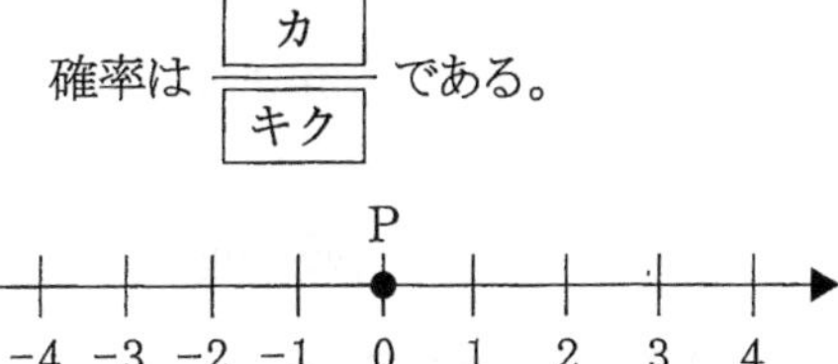

第4問

(1) 右の図のように、2次関数 $y=ax^2$ のグラフ上に2点A、Bがあり、Aの座標は(2、2)である。
直線ABは x 軸に平行で、この直線と y 軸との交点をCとする。線分OCの中点をPとするとき次の問いに答えなさい。

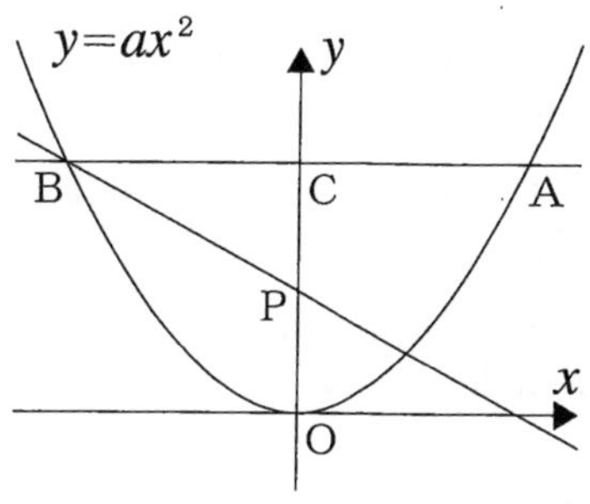

① a の値は $\dfrac{\boxed{ア}}{\boxed{イ}}$ である。

② 直線BPの方程式は $y=\dfrac{\boxed{ウエ}}{\boxed{オ}}x+\boxed{カ}$ である。

③ 直線ABを軸として△PABを1回転させたときにできる立体の体積は $\dfrac{\boxed{キ}}{\boxed{ク}}\pi$ である。

(2) 右の図の点A、B、C、Dは点Oを中心とする円の円周上の点である。
直径ACと線分BDとの交点をEとする。
∠AOB=90°、∠ADO=15°とするとき次の問いに答えなさい。

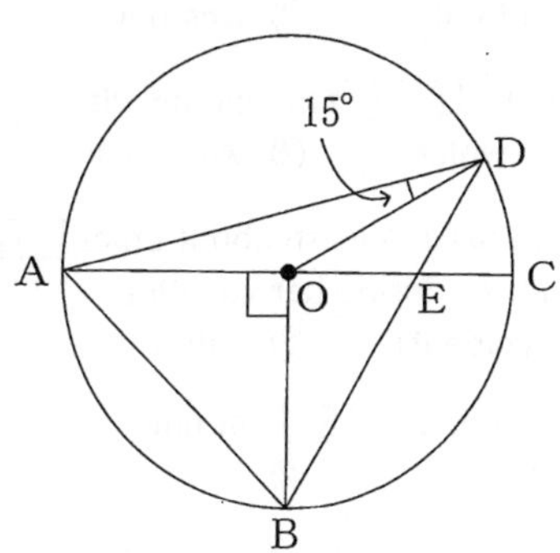

① ∠BADの大きさは [ケコ]° である。

② 円Oの半径が3㎝のとき、線分BEの長さは $\boxed{サ}\sqrt{\boxed{シ}}$ ㎝である。

英　語

1 次の問い(A, B)に答えなさい。

A. 次の1～4において下線部の発音が他の三つと異なるものをそれぞれ①～④から選びなさい。

問1 [1]
① mouth　② cloud　③ young　④ house

問2 [2]
① says　② get　③ said　④ wait

問3 [3]
① children　② drink　③ sick　④ drive

問4 [4]
① road　② abroad　③ boat　④ coat

B. 次の1～3において第一アクセント（第一強勢）の位置が他の三つと異なるものをそれぞれ①～④から選びなさい。

問1 [5]
① en-joy　② din-ner　③ mu-sic　④ al-ways

問2 [6]
① an-i-mal　② beau-ti-ful　③ to-mor-row　④ fam-i-ly

問3 [7]
① in-ter-na-tion-al　② Feb-ru-ar-ry
③ in-for-ma-tion　④ u-ni-ver-si-ty

2 次の問い(問1～10)の [8] ～ [17] に入れるものとして最も適当なものをそれぞれ①～④から選びなさい。

問1 Jack [8] well every night.
① sleep　② sleeps　③ slept　④ sleeping

問2 [9] Spanish taught at your school?
① Do　② Does　③ Is　④ Are

問3 I [10] watch news on TV yesterday.
① did not　② was not　③ am not　④ have not

問4 I enjoyed [11] the movie with my friend.
① to watch　② watching　③ watched　④ watch

問5 Suzan likes to learn about other [12] . She travels to many countries during her vacation.
① accidents　② cultures　③ prizes　④ vacations

問6 You are tall. [13] I'm not.
① But　② Or　③ So　④ Because

問7 She comes to school [14] bus every day.
① by　② at　③ in　④ on

問 8 Have you [15] lunch yet?
① did ② had ③ do ④ when

問 9 We know the girl [16] brother is an artist.
① who ② whom ③ whose ④ that

問10 [17] me back my pen please.
① Give ② Buy ③ Take ④ Make

3 次の問い（問1～4）の対話文において [18] ～ [21] に適する表現をそれぞれ①～④から選びなさい。

問 1 A：Let's go to the aquarium tomorrow.
B：[18]
① Yes, we are. ② No, I don't.
③ Sorry, I'm busy. ④ Yes, we did.

問 2 A：Who's that little boy?
B：That's Connor Brown. He is Mr. Brown's [19].
① daughter ② aunt ③ sister ④ son

問 3 A：Your jacket is very nice! [20] Alex?
B：My mom bought it for me as a birthday present.
① Where were you going, ② What color is it,
③ When was your birthday, ④ Where did you get it,

問 4 A：Excuse me. Could you tell me the way to the bus station?
B：[21]
A：Thank you very much.
① Go straight and turn right. ② Yes, you are right.
③ OK. See you later. ④ No, I'm not police officer.

4 各文を読み、以下の問いの答えとして適切なものを①～④から選びなさい。

問 1 Thomas is a junior high school student. He usually plays baseball with his friends on weekends. But this weekend, it was raining very hard, so he stayed home and read some books.
What did Thomas do this weekend? [22]
① He went to friend's house. ② He played baseball.
③ He studied hard. ④ He read some books.

問 2 John usually comes home at six and takes a walk with his dog. But yesterday, he came home at seven thirty. He had an important meeting at five thirty and left his office at seven.
What time does John usually come home? [23]
① At 5:30. ② At 6:00. ③ At 7:00. ④ At 7:30.

問 3 This summer, Emily visited her grandmother in Canada. She arrived on August 10, and stayed for a week. On the fourth day of the visit, Emily's grandmother took her to a very beautiful garden. Emily still remembers the view from the garden.
How long did Emily stay in Canada? [24]
① For three days. ② For four days.
③ For seven days. ④ For ten days.

5 次の文はオーストラリア出身のキャメロンとサクラの会話です。以下の問いに答えなさい。

Cameron is from Australia. He has just arrived in Japan as a high school exchange student. He is talking to Sakura, one of his new classmates.

Sakura: So, are you getting used to life in Japan?

Cameron: [25] Everyone has been so friendly. I really feel at home here.

Sakura: That's great. I've wanted to ask you something. I heard that Japanese manga are popular in Australia. Is this true?

Cameron: [26] A lot of Japanese comics are being translated into English and other languages. They are really popular.

Sakura: Did you read manga when you were living in Australia?

Cameron: Yeah, ① I used to read *Sazaesan* books in English when I was a middle school student.

Sakura: Really!? That's interesting.

Cameron: Now I want to read them in Japanese. I think it will be a good way to study Japanese.

Sakura: That's a great idea. You know, my little brother has a bunch of *Sazaesan* books! I'm sure he will be happy to lend them to you.

Cameron: Thanks, Sakura!

※exchange student＝交換留学生　※middle school student＝中学生
※translated＝翻訳された　※lend＝貸す　※a bunch of 〜＝たくさんの〜

問 1 [25] に適する表現として正しいものを①〜④から選びなさい。

① Yes, you are.　② No, I'm not.
③ Yes, I am.　④ No, they aren't.

問 2 [26] に適する表現として正しいものを①〜④から選びなさい。

① Yes, in the future.　② I don't know.
③ Not really.　④ Yeah, it's true.

問 3 下線部①の日本語訳として正しいものを①〜④から選びなさい。[27]

① 中学生になる頃にはサザエさんを英語に訳してみたいです。
② 中学生になる頃にはサザエさんを英語で読んでみたいです。
③ 中学生の頃にサザエさんをよく日本語にして読んでいました。
④ 中学生の頃にサザエさんをよく英語で読んでいました。

問 4 本文の内容として正しくないものを①〜④から選びなさい。[28]

① サクラは、オーストラリアに住んでいる交換留学生である。
② キャメロンは日本の生活に慣れてきている。
③ 日本の小説はオーストラリアで人気がある。
④ サクラの兄は「サザエさん」の本をたくさん持っている。

問 5 本文の要約として正しいものを①〜④から選びなさい。[29]

① キャメロンとサクラは友達同士である。キャメロンは学生で、オーストラリアのマンガ本を読むのが好きである。
② キャメロンは交換留学生である。サクラは彼女の新しい友人である。彼女はマンガ本を読むことによって日本語を勉強しようとしている。
③ キャメロンとサクラは高校のクラスメートである。彼女らはオーストラリアに住んでおり、「サザエさん」などの日本のマンガを読むのが好きである。
④ キャメロンとサクラはSNSで知り合った友達である。共通のマンガがきっかけで、キャメロンは今度サクラの弟と会う予定である。

6 次の文を読んで以下の問いに答えなさい。

Many Japanese people know about Christmas and Christmas Eve. But do you know what Boxing Day is? It is not a day that people have boxing matches. This event may not be popular in Japan, but it has an important meaning in some countries.

Boxing Day is usually celebrated on the day after Christmas, on December 26. If that day is Sunday, the next day will be a public holiday. The UK, Australia, Canada, and some other countries celebrate this day. Like Christmas, Boxing Day is a national holiday.

Boxing day started a long time ago. There are many stories about how it started. Some people say that servants and mail carriers were given presents from their employers on the 26th. They received their gifts in boxes. They didn't have to work, and enjoyed time with their families on this special day.

Even today, this tradition continues. Some people give small gifts or money to people who work for them. Also, many people go shopping on Boxing Day. Many stores open earlier than usual and have a big sale on this day. Things are very cheap. Some customers go to stores very early in the morning to buy thins that they want. Stores and shopping malls are very crowded. Boxing Day is a very special holiday in some countries.

※servant=使用人　※mail carrier=郵便局員

問 1　When is Boxing Day? 30

① The day after Christmas Eve.　② The day after Christmas Day.
③ The day before Christmas Eve.　④ Sunday and the next day.

問 2　If Boxing Day is on a Sunday, what happens on Monday? 31

① People need to work.　② People watches boxing matches.
③ It becomes a holiday.　④ There is no Christmas Day that year.

問 3　What many people do on Boxing Day now? 32

① They go to church.　② They eat Christmas dinner.
③ They go to shopping.　④ They celebrate Christmas.

問 4　What is this story about? 33

① How to celebrate Christmas.
② How to buy Christmas gifts.
③ A holiday that ended many years ago.
④ A holiday in some countries.

7 次の問い(問1～2)において、それぞれ下の［1］～［6］の語句を並べかえて、2番目と4番目にくるものの組み合わせとして、正しいものをそれぞれ①～④から選びなさい。ただし、文頭の語も小文字になっています。

問 1　私が昨日買ったDVDはどこにありますか。 34

［1］the DVD　［2］I　［3］where is
［4］yesterday?　［5］bought　［6］that

①［2］-［1］　②［1］-［2］　③［6］-［5］　④［1］-［6］

問 2　ハナコはエミリーほど英語を上手に話すことができません。 35

［1］cannot speak　［2］Hanako　［3］Emily
［4］as　［5］well as　［6］English

①［3］-［2］　②［2］-［6］　③［1］-［6］　④［1］-［4］

問二　「風やとくらむ」の現代語訳として適切なものを次の中から選び、記号で答えなさい。33

①風が早く吹いたのだろうか。　②風が解かしているだろうか。
③風がささやいたのだろうか。　④風が吹いているだろうか。

問三　Ⅱの歌について次の問いに答えなさい。「たえて」の意味として適切なものを次の中から選び、記号で答えなさい。34

①途絶えて　②全く　③ほとんど　④耐えて

問四　Ⅲの歌について次の問いに答えなさい。「昔の人」とはどのような人か。次の中から適切なものを選び、記号で答えなさい。35

①古代人　②故人　③昔の知人　④昔の恋人

問五　Ⅳの歌について次の問いにそれぞれ答えなさい。何句切れの歌か。次の中から適切なものを選び、記号で答えなさい。A 36

A　区切れ

①一　②二　③三　④四

問六　次の文はⅣの歌に込められた作者の心情を説明したものである。空所A～Cに当てはまる語句として適切なものを次の中から選び、記号で答えなさい。A 37　B 38　C 39

A はいつの季節でも寂しいものだが、とりわけ、B はなおさらである。人の訪れもなくなり、草木も枯れてしまい、その C が格別に感じられる。

①秋　②冬　③山里　④寂しさ

問七　Ⅴの歌について次の問いに答えなさい。「三笠の山に出でし月かも」に込められた作者の心情として適切なものを次の中から選び、記号で答えなさい。40

①希望　②落胆　③望郷　④感動

②レトリックは、人間の中にある無意識な心の回路を固定した解釈に組替えるものであるから。
③レトリックは、人間の心理という現代社会の中心をなす論理を解明する可能性を秘めているから。
④レトリックは、我々を取り巻く世界そのものの意味の構造を変える可能性を秘めているから。

五

次の和歌を読み、後の問いに答えなさい。

Ⅰ　袖ひちてむすびし水の凍れるを春立つ今日の風やとくらむ　紀貫之（きのつらゆき）

Ⅱ　世の中にたえて桜のなかりせば春の心はのどけからまし　在原業平（ありはらのなりひら）

Ⅲ　五月（さつき）待つ花橘（たちばな）の香（か）をかげば昔の人の袖の香ぞする　よみ人知らず

Ⅳ　山里は冬ぞ寂しさまさりける人目も草もかれぬと思へば　源宗于（みなもとのむねゆき）

Ⅴ　天（あま）の原振りさけ見れば春日（かすが）なる三笠（みかさ）の山に出（い）でし月かも　阿倍仲麻呂（あべのなかまろ）

（注1）袖ひちて＝袖も濡（ぬ）れるほどにして。
（注2）五月待つ＝五月を待っているかのように咲いている。
（注3）花橘＝ミカン科の常緑小高木。花は初夏に咲き、白色で香り高い。
（注4）三室の山＝神の降臨する山。ここでは龍田（たつた）山を指すか。
（注5）天の原＝大空。
（注6）春日＝現在の奈良県奈良市街東方の丘陵地を指す。三笠山もこれに含まれる。

問一　Ⅰの歌について次の問いにそれぞれ答えなさい。この歌に表現されている季節として適切なものを次の中から一つずつ選び、記号で答えなさい。［A 30］［B 31］［C 32］

袖ひちてむすびし水＝［A］　水の凍れる＝［B］　春立つ＝［C］

①春　②夏　③秋　④冬

問二　波線部（a）・（b）の意味として最も適切なものを次の中からそれぞれ一つ選び、記号で答えなさい。（a）19　（b）20

（a）①根拠　②現状　③手段　④様子

（b）①どうしても　②どこまでも　③どのぐらい　④どのような

問三　空欄［A］・［B］に入る語句として最も適切なものを次の中からそれぞれ一つ選び、記号で答えなさい。

A 21　B 22

［A］①もし　②まるで　③おそらく　④決して

［B］①しかし　②つまり　③だから　④それから

問四　傍線部（2）・（3）とは、それぞれどういうことか。最も適切なものを次の中からそれぞれ一つ選び、記号で答えなさい。（2）23　（3）24

①理屈では割り切れない言語表現を把握するために既知の世界の中で思考をめぐらすこと。

②新たな言語表現を生み出すために既知の世界にいる人が未知の世界に思いを馳（は）せること。

③新たな言葉の用法を追究して生まれた未知の世界の理解のために、既知の世界の思考から脱却すること。

④既知の世界を表現する言葉の変化の早さに追いつくために、思考のスピードを上げようとすること。

⑤既知の世界と未知の世界を融合させていくために、新たな言語表現を生み出していこうとすること。

⑥理屈を超えた思い、考えをより的確に表現するために、新たな言葉の用法を生み出していくこと。

問五　波線部（c）を次のように用いたとき、A～Dはどんな意味で使われているか。最も適切なものを次の中からそれぞれ一つ選び、記号で答えなさい。A 25　B 26　C 27　D 28

A　追って沙汰を出す。　B　地獄の沙汰も金次第。　C　音沙汰がない。　D　世間で取り沙汰される。

①うわさ　②便り　③訴訟　④指示

問六　傍線部（5）のように言えるのはなぜか。理由として最も適切なものを次の中から選び、記号で答えなさい。29

①レトリックは、現在にまで生き続けている古典文化の伝統を研究する手段になるから。

界》という枠のなかで展開してゆくものである。そして言葉を規則通りに使っているうちは、この枠からはみ出ることはあまりない。 B レトリックという《もうひとつ文法》は、言葉をこの既知の世界から切り離し、未知の言葉の連関を自己増殖させてゆく。それが表す世界は、もはや理屈の通る世界ではない。それを理解しようと思うなら、私たちは自ら慣れ親しんだ世界の外へ出で立たねばならない。見方によっては、これは狂気の（c）沙汰(さた)である。

中世の歌人たちは、しかしこの「物狂(ものぐるい)」の道を択(えら)んだ。思考に合わせて言葉の枠を限るよりも、言葉の切り開く世界に合わせて思考を広げようとしたのである。もちろんこれは、知識を増やすとか推論の技術を学ぶといったことではない。私たち自身にも半ば無意識な心の回路を組替(くみか)え、世界に対する身構えを切替えることである。異様な言葉を「頭でわかる」のではなく、「呑(の)みこみ」「腹に入れ」「腑(ふ)に落ちる」ように付き合うなら、言葉は私たちの思考法を変え、世界は新しい姿をもって私たちの前に立ち現れるであろう。世界観が変わるとは、世界そのものの意味の構造が変わるということなのだから。**（4）歌人はそのようなレトリックの力を信じたのである。**

言葉が意味を失うぎりぎりのところでレトリックの極限を実験したのは少数の歌人であったかもしれないが、彼らが切り開いた手法は和歌の世界だけでなく、広く文芸一般から今日の広告コピーにいたるまで、ごく当たり前のように用いられている。けれども、その仕掛けが持つ力の射程と、美学的な意義の深さとはまだ十分に明らかではない。というのも、レトリックの仕掛けを探るとは、言葉の操作法の問題を超えて、私たち自身にさえまだよくわかっていない心の働き方の仕組みを探ることであるためだろう。そして**（5）これは、いうまでもなく、現代の美学・哲学における最先端の問題とじかにつながっている。**

（尼ヶ崎彬著『日本のレトリック』より）

（注1）語彙—ある特定の範囲についての単語の集まり。
（注2）レトリック—言い回し、修辞技巧。

問一 傍線部（1）・（4）の意味として最も適切なものを次の中からそれぞれ一つ選び、記号で答えなさい。

（1）17 （4）18

（1） ①言葉を道具にできない ②論理的に説明できない ③正しい文法にならない ④上手に言葉に表せない

（4） ①力の行く方向 ②力の及ぶ範囲 ③力の複雑な様子 ④力の巧みな使い方

①表面的には平和な家族を演じているが、実は父・母・娘の間に微妙な気持ちのずれがある。
②家族の原点を追憶しているが、すでにそれは失われており、もう取り戻すことはできない。
③失われていた、家族にとって大切なものを再確認し、平和な家庭を回復している。
④親子の価値観の違いは埋めがたいほど溝が深く、家庭は崩壊状態である。

問六　次の慣用句の中から「あれこれ理屈を並べて言い返す」という意味を持つものを一つ選び、記号で答えなさい。［16］
①口が減らない　②とりつく島もない　③手も足も出ない　④口さがない

［四］次の文章を読み、後の問いに答えなさい。

人が言葉を語るとき、たいていは自分の考えていることを他人に伝えるためである。そこで一般に、言葉とは思考を表現するための道具とみなされている。しかし心の中にあるものの全てが言葉に乗りやすいわけではない。自然の美しさ、恋の思い、そういったものは、いくら語彙(ごい)と文法を学んでも、(1)**うまく記号化できるものではない**。しばしば「言語に絶する」とか「とても口では言えない」と形容される(a)**ゆえん**である。どうすれば言葉は思考に追いつくことができるか。理屈を超えたものを語るためには、通常の文法を超える言葉の用法が必要であるだろう。こうして、もうひとつの文法である「言葉のあや」、即ちレトリックが登場する。佐藤信夫(さとうのぶお)氏のいうように、レトリックとは文法に逆らってまで正確な表現をめざすことなのである。

このようなレトリックを最も必要としたのは、いうまでもなく詩人であった。日本とて例外ではない。千年の昔、日本最古の文学論である『古今集』仮名序(かなじょ)が書かれたとき、筆者紀貫之(きのつらゆき)の関心は、「心に思うこと」を(b)**いかなる**レトリックによって言葉に表すかにあった。詩歌とは思いの表現であるということを前提にするなら、どうすれば(2)**言葉は思考に追いつくか**ということがまず問題となるのは当然であるだろう。［A］今日でも、大部分の歌人にとって事情は変わらないだろう。

しかし日本の文学史を振り返れば、歌人たちはそんな問題は簡単に解決し、その向こうにさらに別の問題を見出したようである。それは、(3)**思考は言葉に追いつくか**、という問題であった。ふつう私たちの思考は、《私たちの知っている世

眺めた。ハンサムな若い父親と、かわいらしい母親と、怖がりの赤ん坊の三人がもしかしたら見えないかと思って。でも目に映るのは、群れ飛ぶカモメの姿だけだった。

（注１）今の二人の生活―「まつり」の両親の生活のこと。
（注２）灰色マン―思春期を迎えた「まつり」は両親との間にやや距離を置くようになり、父のことも陰でこう呼んでいる。

（加藤幸子著『茉莉花の日々』より）

問一 傍線部（１）**「ふーん」**と「まつり」が答えたのはなぜか。最も適切なものを次の中から一つ選び、記号で答えなさい。 11

①父親の話を聞くのがつらく、はぐらかすため。　②父親の話に現実味を感じられなかったため。
③父親の話がつまらなかったため。　④父親の話が余りに意外だったため。

問二 傍線部（２）**「二の句がつげなかった」**の意味として最も適切なものを次の中から一つ選び、記号で答えなさい。 12

①相手の調子に合わせないこと。　②言葉の意味がわからないこと。
③続きの言葉が出ないこと。　④小声でささやくこと。

問三 傍線部（３）**「いいじゃない」**に込められた「まつり」の気持ちとして最も適切なものを次の中から一つ選び、記号で答えなさい。 13

①母がつくった弁当を早く食べたい気持ち。　②思い出にすがる父をうとましく思う気持ち。
③昔と海岸が違っても当然だと思う気持ち。　④気落ちした父を慰めようとする気持ち。

問四 本文に描かれた「まつり」の説明として最も適切なものを次の中から一つ選び、記号で答えなさい。 14

①消えた砂浜のように、自分たち家族の心の交流ももう失われてしまったと惜しんでいる。
②落胆する父親や誠心こめて弁当をつくる母を気遣うあまり、逆に孤独感を募らせている。
③過去の両親の生活を知ったことを通して自分への愛情を改めて確認でき、共感を寄せつつある。
④様々な趣向を凝らして退院のお祝いをする両親に感謝し、喜びをかみしめている。

問五 本文からうかがえる家族像として最も適切なものを次の中から一つ選び、記号で答えなさい。 15

三 次の文章を読み、後の問いに答えなさい。

――右足を骨折して入院していた「まつり」は、退院の日に父親と幼い頃住んでいた町に出かけた。

「それで……お父さんは今の会社に通ってたの？ここからじゃ大変だったでしょう」

「まあね。朝六時には家を出て、まだうす暗い道を電車の駅までテクテク歩いていくんだ。でも気分よかったなあ、空気はすがすがしいし、美しい鳥の声が聞こえるし、冬は寒かったけれど、若かったから辛いなんて感じなかったよ」

「**(1) ふーん**」わたしは**(2) 二の句がつげなかった**。今の二人の生活からは想像もできないような光景だった。まるで別の人間の物語のように。

「じゃあ、そろそろ海岸のほうに行くか……」父親は特に名残り(なご)おしそうもない様子で、車をターンさせた。

でもさっきよりももっと機嫌がよくなって、昔のポップスらしい曲を小声で口ずさみはじめた。

ふいにフロントガラスの正面に、目を一瞬閉じたほどきらめく海がせりあがってきた。運転席の父親は歌をやめると、少し首をかしげた。「この近くに砂浜があるはずなんだが」海岸線と平行につけられた道をしばらく走ったが、堤防とうず高く積まれたテトラポットが海とわたしたちのあいだをふさいでいるばかりだった。

「だめだね」と父親はとうとう言った。「すっかり変わっちゃった。十五年以上も前の話だものね」彼は疲れて悲しそうに見えた。急に〝灰色マン〟が戻ってきた。

「**(3) いいじゃない**。堤防に腰かけて食べようよ、まつりもうお腹(なか)すいて死にそう」とわたしは言った。

わたしは父親の手につかまって、怖々(こわごわ)と車から降りた。考えてみると、病院の外で歩くのはこれが初めてだったのだ。細くなった右足は痛くはないが、ぐにゃりと曲がりそうな感じだった。やっと押しあげられた堤防に、父親と並んで座り、娘の退院のお祝いに、母親が誠心こめてつくったであろうおにぎりとチキンの唐揚げとサラダを食べた。魔法瓶の熱いコーヒーが感激するほどおいしかった。

「砂浜は消えたらしい」と父親はまだ残念がった。「まつりは波をかぶって泣きだした。お母さんは貝殻拾いに夢中だったな」目の前にはテトラポットがごろごろしていた。その向こうで波はなだめられ、息をするように隙間(すきま)から出入りしていた。でも海の青い光だけは、そのころと変わっていないにちがいない。わたしはまぶしさをこらえて、遠くの水面をじっと

国語

一

次の1～5の傍線部の漢字の読みとして、適当なものを一つ選びなさい。

1　腎臓移植は成功した。 1
(①しんぞう　②じんぞう　③かんぞう　④すいぞう)

2　軍を統帥する将軍。 2
(①とうそつ　②とういつ　③とうすい　④とうせい)

3　平安京遷都は七九四年。 3
(①せんと　②かんと　③へんと　④ゆうと)

4　人影もない森閑とした境内。 4
(①しんりん　②しんせん　③しんび　④しんかん)

5　監督として委嘱される。 5
(①いたく　②いかん　③いしょく　④いぞく)

二

次の1～5の傍線部のカタカナを漢字に直すと、どの熟語になるか適切なものを一つ選びなさい。

1　室内ソウショクが終わった。 6
(①草食　②僧職　③総食　④装飾)

2　成績フシンの原因を調べる。 7
(①腐心　②不振　③不信　④浮心)

3　危険には近づかない方がケンメイだ。 8
(①懸命　②賢明　③建明　④件名)

4　ゲンコウ一致の日常生活を心がける。 9
(①原稿　②言行　③減光　④原鉱)

5　一国のサイショウとしての責任。 10
(①細小　②最相　③最少　④宰相)

木 更 津 総 合 高 等 学 校

数 学

【1】 次の各問いに答えなさい。

問1 $5-(-2)$ を計算しなさい。

問2 $(6x-3)-(2x+5)$ を計算しなさい。

問3 $(32x-8)\div\dfrac{4}{5}$ を計算しなさい。

問4 比例式 $x:8=5:2$ を解きなさい。

問5 $(2x-3)^2$ を展開しなさい。

問6 方程式 $0.1x+0.72=0.9x$ を解きなさい。分数で答えること。

問7 $(\sqrt{3}+4)(\sqrt{3}-4)$ を展開しなさい。

【2】 次の各問いに答えなさい。

問1 y は x に比例し，$x=2$ のとき $y=-3$ である。
$x=-7$ のとき y の値を求めなさい。分数で答えること。

問2 2点 $(-2,-5)$，$(8,5)$ を通る直線の式を求めなさい。

問3 正十角形の1つの外角の大きさを求めなさい。

問4 $-\sqrt{3}<n\leqq\sqrt{16}$ を満たす整数 n は何個あるか求めなさい。

【3】 右の図の直角三角形ABCで，点PはAを出発して，辺AB上をBまで動く。点PがAから x cm 動いたときの△PBCの面積を y cm^2 として，次の各問いに答えなさい。

問1 y を x の式で表しなさい。

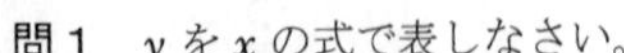

問2 △PBCの面積が24cm^{2}になるのは
PがAから何cm動いたときか求めなさい。

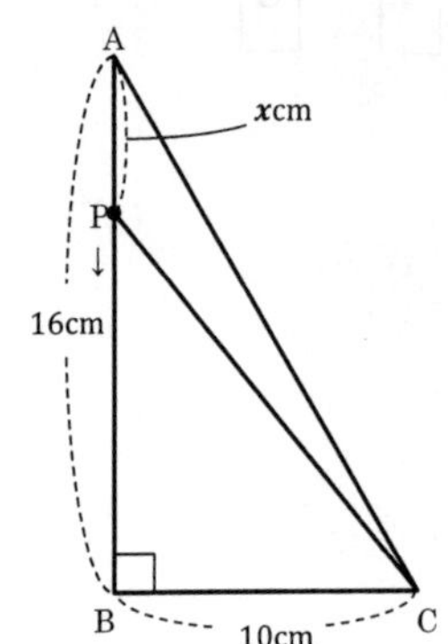

【4】 A君，B君，C君の男子3人とDさん，Eさんの女子2人がチームを組んでリレー競争に選手として参加する。ただし，男子→女子→男子→女子→男子の順で走るものとする。このとき，次の各問いに答えなさい。

問1 5人の走る順番は全部で何通りあるか求めなさい。

問2 くじ引きで走る順番を決めるとき，C君が最終走者になる確率を求めなさい。

【5】 右の図はOA＝OB＝OC＝OD＝$\sqrt{10}$ cm，AB＝BC＝CD＝DA＝2cmの正四角錐O－ABCDである。点Hは，正方形ABCDの対角線の交点である。このとき，次の各問いに答えなさい。

問1 線分AHの長さを求めなさい。

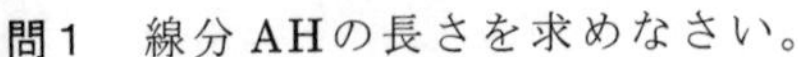

問2 △OBCの面積を求めなさい。

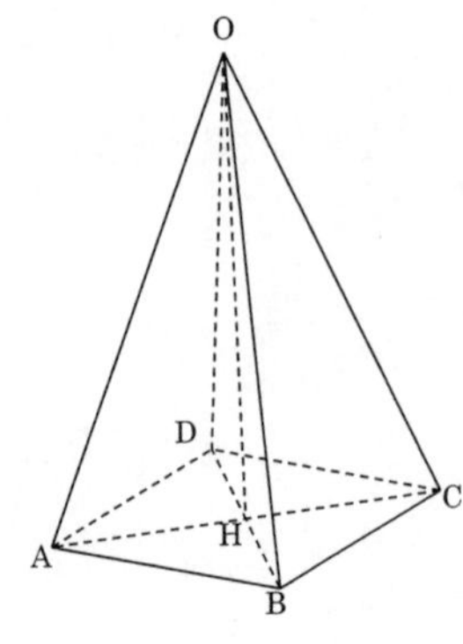

【6】 右の図のように，放物線 $y = x^2$ と直線 $y = x + 6$ の交点をA，Bとする。点Pは直線 $y = x + 6$ 上をAからBまで毎秒 $\sqrt{2}$ の速さで動く。点Pを通り y 軸に平行な直線と放物線 $y = x^2$ の交点をQとする。このとき，次の各問いに答えなさい。

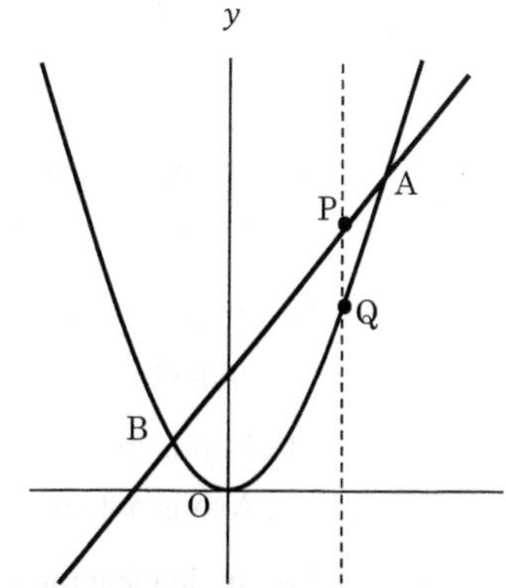

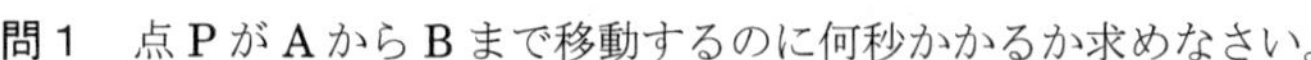

問1 点PがAからBまで移動するのに何秒かかるか求めなさい。

問2 点Aを出発してから1秒後の点Pの座標を求めなさい。

問3 △ABQの面積が10となるのは2回あるが，そのうち時間のかかる方は何秒後か求めなさい。

英 語

【1】次の各組において、下線部の発音が見出しの語と**異なるもの**をア～エから1つずつ選び、記号で答えなさい。

1	hard	: ア heart	イ heard	ウ card	エ art
2	food	: ア roof	イ kangaroo	ウ shampoo	エ foot
3	washed	: ア played	イ cooked	ウ watched	エ stopped
4	made	: ア name	イ came	ウ drank	エ station

【2】次の各組において、アクセントの位置が見出しの語と**同じもの**をア～エから1つずつ選び、記号で答えなさい。

1	be-hind	: ア pic-ture	イ dis-cuss	ウ ro-bot	エ ar-gue
2	re-mem-ber	: ア beau-ti-ful	イ com-put-er	ウ pop-u-lar	エ cu-cum-ber
3	yes-ter-day	: ア De-cem-ber	イ an-oth-er	ウ Wed-nes-day	エ mu-se-um

【3】空欄に入るもっとも適切な語（句）をア～エから1つずつ選び、記号で答えなさい。

1 私の姉は東京に住んでいます。
My sister (　　　) Tokyo.
ア live　　イ live in　　ウ lives　　エ lives in

2 今、何時ですか。
(　　　) time is it now?
ア How　　イ What　　ウ Why　　エ Whose

3 トムはとても上手に英語を話すことができる。
Tom (　　　) speak English very well.
ア will　　イ may　　ウ must　　エ can

4 私は医者になりたい。
I want (　　　) a doctor.
ア be　　イ to be　　ウ become　　エ to being

5 着物を着ている女性を見てください。
Look at the woman (　　　) is wearing a kimono.
ア which　　イ what　　ウ who　　エ whom

【４】次の各組において①と②がほぼ同じ意味になるとき、空欄に入るもっとも適切な語を答えなさい。

1　① She wrote the letter in Chinese.
　② The letter (　　　)(　　　) in Chinese by her.

2　① Ken began to study English in junior high school.
　② Ken began (　　　) English in junior high school.

3　① Mt. Fuji is higher than Mt. Aso.
　② Mt. Aso is not so (　　　)(　　　) Mt. Fuji.

4　① My uncle gave me a watch.
　② My uncle gave a watch (　　　)(　　　).

5　① We have a lot of rain in June.
　② We have (　　　) rain in June.

【５】日本文の意味を表すように（　　）内の語（句）を並べ替えて英文を作るとき、（　　　）内で２番目と５番目にくる語（句）を記号で答えなさい。ただし、文頭にくる語（句）も小文字になっています。

1　メアリーのことは 1980 年から知っている。
　（ア　have　イ　I　ウ　since　エ　Mary　オ　known ）1980.

2　来週の日曜日に映画に行くのはどうですか。
　（ア　about　イ　to　ウ　how　エ　going　オ　next
　カ　the movie ）Sunday?

3　毎日早起きすることは簡単ではない。
　（ア　get up　イ　not　ウ　to　エ　is　オ　easy
　カ　it　キ　early ）everyday.

4　明日、彼女に会うつもりですか。
　（ア　going　イ　are　ウ　meet　エ　to　オ　you
　カ　her ）tomorrow?

5　月曜日には何時間授業がありますか。
　（ア　classes　イ　you　ウ　on　エ　how many　オ　have
　カ　do ）Monday?

【６】次の会話文を読み、以下の設問に答えなさい。なお、＊のついている語（句）には注があります。

Ken　: Are you going to anywhere this summer vacation, John?

John　: I don't know yet. I was looking at *holiday pamphlets yesterday, but *everywhere seems so expensive. Do you have any idea?

Ken　: Yes. I saw a *leaflet for cheap packages recently, and places ①(Mongolia / seemed / like / and Taiwan) quite cheap to me.

John　: Really? How much were they?

Ken　: I don't remember *exactly, but I'm sure you can get an air ticket to *Ulan Bator for less than 50,000 yen.

John : Sounds great. Does that include the hotel?

Ken : Yes, it was a special offer, three nights and all meals included.

John : That sounds good. Have you ever (②) to Mongolia, Ken?

Ken : No, I haven't. But my friend went last year, and he said it was good.

John : Really?

Ken : Yes. But he advised (③) to learn Mongol before going to Mongolia.

John : Mongol grammar is *similar to Japanese, isn't it?

Ken : I've never studied it, so ④ I've got(　　) idea. Anyway, why don't we go together, if you've got no other plans?

John : ⑤ I'd love to.

≪語注≫

holiday pamphlet　休暇や連休の旅行を特集したパンフレット
everywhere　あらゆる場所　　leaflet　(広告の）チラシ　　exactly　正確に
Ulan Bator　ウランバートル　　similar　似ている

1　Ken と John の会話の内容を以下のようにまとめた時、(　　) に適切な日本語を書きなさい。
- Ken と John は（　A　）の計画について話している。
- John が昨日見たパンフレットでは、どこも（　B　）が高い。
- Ken が最近見たチラシによると、ウランバートル行きの（　C　）券は 50,000 円以下である。
- Ken の友人は（　D　）モンゴルへ行った。
- Ken はモンゴル語を（　E　）したことがない。

2　下線部①を適切な語順に並べ替えなさい。答えは（　　　）内のみを書くこと。

3　(②) に適切な語を書きなさい。

4　(③) に適切な語を次の**ア～エ**の中から選び、記号で答えなさい。

ア　I　　**イ**　my　　**ウ**　me　　**エ**　mine

5　下線部④が「わからない」という意味になるように、(　) に適切な語を書きなさい。

6　下線部⑤の意味を次の**ア～エ**の中から選び、記号で答えなさい。

ア　ごめんなさい。　**イ**　大好きだよ。　**ウ**　喜んで。　**エ**　どういたしまして。

【7】次の英文を読んで後の設問に答えなさい。なお、* のついている語（句）には注があります。

As you know, we have (①) kinds of coins in Japan. They are 1, 5, 10, 50, 100 and 500 yen coins. We see them almost every day, but can you remember their *designs? Let's think about some of these coins. On 10 yen coins, there is a very famous building. On 100 yen coins, there are *cherry blossoms. *By the way, have you ever thought about what each design means? It is very interesting to study this because we can learn something about Japan.

Now, remember the design of the 5 yen coin. There are (②) things in it. We can see a *rice plant. We can also see a *gear around the hole. The last one is the most difficult. We can see the lines under the hole. Those lines are water. All three things were chosen for the design of the 5 yen coin in 1949. What can we learn from these things? A rice plant means growing rice. A gear means making things in factories. Water means catching fish in the sea and rivers. ③ These show the three jobs many people did in those days in Japan.

About 70 years have passed since this design was made. We still have these three jobs now, but we have new ways to do them. People have generally used computers to do these jobs. ④ They make the jobs easier.

If a new design for the 5 yen coin is made, what will it be?

≪語注≫

design デザイン　cherry blossom 桜（の花）　by the way ところで

rice plant 稲　gear 歯車

1 （ ① ）、（ ② ）にあてはまる数字を英語で書きなさい。

2 次の表は、第２段落の内容をまとめたものです。（ ）に適切な日本語を書きなさい。

５円玉に描かれているもの	描かれているものの意味
稲	（ イ ）を作ること
歯車	（ ウ ）でものを作ること
線＝（ ア ）のこと	海や川で（ エ ）をとること

3 下線部③ “many” の直前にはある語が省略されていると考えられる。もっとも適切な語をア～エから１つ選び、記号で答えなさい。

ア what　イ which　ウ who　エ whom

4 下線部④を、“They” の内容を明らかにして日本語にしなさい。

【８】次の英文を読んで後の問いに答えなさい。なお、* のついている語（句）には注があります。

It was 10 o'clock at night. A *chilly wind blew. Rain began to fall. A policeman was walking along the lonely street.

The policeman tried doors as he went, turned his *club around, and often looked back to see every corner of the street. He looked like a *guardian of the peace. A cigar store and an *all-night lunch counter were lit up, but most of the doors were closed long ago.

At about the middle of the block the policeman suddenly began to walk slowly. There was a man in front of the door of a dark *hardware store. He had a cigar in his mouth. The cigar was not lit. As the policeman walked up to him, the man spoke up quickly.

"It's all right, officer," he said. "I'm just waiting for a friend. We made an ① appointment twenty years ago. It sounds a little funny to you, doesn't it? Well, about twenty years ago, this place used to be a restaurant — * 'Big Joe' Brady's restaurant."

"Until five years ago," said the policeman. "It *was torn down then."

"Twenty years ago tonight," said the man, "I had dinner here at 'Big Joe' Brady's with Jimmy Wells. He was my best friend and the finest man in the world. He and I ②(be) brought up here in New York, like two brothers. I was eighteen and Jimmy was twenty. The next morning I was going to start for *the West to make a lot of money. Jimmy stayed in New York. Well, we agreed that we would meet here again twenty years from that day. We promised to come in any situation from any *distance."

"It sounds interesting," said the policeman. "Haven't you *heard from your friend since you left?"

"Well, yes, for a time we wrote letters," said the man. "But after a year or two we didn't know where the other was and ③(doing / he / what / was). You see, the West is a big place and I kept traveling around it. But I know Jimmy will meet me here if he's alive. He was always the truest man in the world. He'll never forget. I came a thousand *miles to stand in front of this door tonight."

The waiting man pulled out a beautiful watch. The *lid of the watch had small diamonds.

"④ Three minutes (　) ten," he said. "It was just ten o'clock. We said goodbye to each other at the restaurant door at ten o'clock."

"You did pretty well in the West, didn't you?" asked the policeman.

"You're right! I hope Jimmy has done as well as me. He was too *straight, though he was a good man. I've had to fight with a lot of people in the West. A man has to be sharp like a *razor-edge when he tries to make money in the West."

The policeman turned his club around and took a step or two.

"I'll be on my way. I hope your friend comes around all right. Are you going to be here only until ten?"

"Of course not!" said the other. "I'll give him half an hour at least. If Jimmy is alive, he'll be here by ⑤ that time. *So long, officer."

"Good night, sir," said the policeman and walked down the street.

He waited about twenty minutes. Then a tall man in a long overcoat hurried across the street.

"Is that you, Bob?" he asked.

"Is that you, Jimmy Wells?" cried the man in the door.

"Bless my heart!" cried the newcomer. "It's Bob. Sure. I was certain I would find you here if you were still alive."

≪語注≫

chilly　冷たい　club　警棒　guardian　守護神　all-night lunch counter　深夜営業の軽食堂
hardware　金物　'Big Joe' Brady's restaurant　「のっぽのジョー」ブレイディーのレストラン
was torn down　取り壊された　the West　（アメリカ）西部　distance　距離
hear from ～　～から便りがある　mile　マイル　lid　ふた　straight　真面目な
razor-edge　カミソリの刃　So long　さようなら

1　下線部①の意味としてもっともふさわしい日本語を**ア～エ**から１つ選び、記号で答えなさい。

ア　再会　**イ**　約束　**ウ**　信頼　**エ**　取り締まり

2　２０年前のこの晩、金物屋のドアの前にいた男は何をしましたか。もっとも適切なものを次の**ア～エ**から１つ選び、記号で答えなさい。

ア　お金を稼ぐために金物屋で働いた。　**イ**　ジミーとレストランで夕食を食べた。
ウ　ダイヤを探しにアメリカ西部に向けて出発した。　**エ**　警察官にレストランへの行き方を尋ねた。

3　下線部②の（　）内の語を適切な形に直しなさい。

4　下線部③の英語を適切に並べ替えなさい。答えは（　）内のみを書くこと。

5　下線部④が「９時５７分」という意味になるように、（　）に適切な語を書きなさい。

6　下線部⑤が指す時刻を数字で答えなさい。

ア　漢字で書いた紙を散らかしてしまった様子。　イ　漢字で散らし書きを書いている様子。
ウ　漢字でちらしを書いている様子。　エ　漢字を書き散らしている様子。

問4　――線④「行くするうたてのみはべれば」とは、どのようになっていくことか。その内容を説明している最も適当なものを、次の中から一つ選び、符号で答えなさい。

ア　将来は、ますます頼もしくなっていくこと。　イ　将来は、ますますひどくなっていくこと。
ウ　将来は、ますます遠い存在になっていくこと。　エ　将来は、ますます調子がよくなっていくこと。

問5　――線⑤「をかしきことも見すぐさぬほどに」とあるが、「をかしきこと」とはどのようなことか。最も適当なものを、次の中から一つ選び、符号で答えなさい。

ア　興味がないこと。　イ　はっきりしていないこと。　ウ　趣のあること。
エ　失笑を買うこと。　オ　どうでもよいこと。　カ　さりげないこと。

問6　本文の説明として、最も適当なものを次の中から一つ選び、符号で答えなさい。

ア　作者の清少納言に対する悪口はひどいけれども、その理由と具体的な内容は全く記載されていない。
イ　自己主張が強くて、わがままな清少納言の将来は、決してよいものではないと、作者は言い切っている。
ウ　作者の清少納言に対する批評は、少し遠慮して述べられていて、具体性に欠けている。
エ　作者は、清少納言を厳しく批判していて、その批判の内容は具体的に記載されている。

問7　本文の作者である紫式部の作品を、次の中から一つ選び、符号で答えなさい。

ア　宇治拾遺物語　イ　今昔物語　ウ　平家物語　エ　源氏物語

問8　この作品『紫式部日記』の成立時代を、次の中から一つ選び、符号で答えなさい。

ア　奈良時代　イ　平安時代　ウ　鎌倉時代　エ　室町時代

エ 中学校で陸上部だった町田は、ケガで陸上が続けられなくなり、高校では放送部に入ろうと宮本を誘った。

問6 [A] [B] [C] [D] [E] に入る最も適当な組み合わせを、次の中から一つ選び、符号で答えなさい。

ア A そして B きっと C しかし D たとえ E だから
イ A しかし B だから C そして D きっと E たとえ
ウ A しかし B だから C そして D たとえ E きっと
エ A そして B きっと C しかし D だから E たとえ

【7】 次の文章を読んで、後の問いに答えなさい。

清少納言こそ、①したり顔にいみじうはべりける人。さばかり②さかしだち、③真名(まな)書きちらしてはべるほども、よく見れば、まだいとたらぬこと多かり。かく、人にことならむと思ひこのめる人は、かならず見劣りし、④行くすゑうたてのみはべれば、艶(えん)になりぬる人は、いとすごうすずろなるをりも、もののあはれにすすみ、⑤をかしきことも見すぐさぬほどに、おのづからさるまじくあだなるさまにもなるにはべるべし。そのあだになりぬる人のはて、いかでかはよくはべらむ。

（紫式部『紫式部日記』）

問1 ――線①「したり顔にいみじうはべりける人」とあるが、「したり顔」の意味として、最も適当なものを次の中から一つ選び、符号で答えなさい。

ア 聡明な顔　**イ** 嫉妬深い顔　**ウ** 笑い顔　**エ** あきれ顔　**オ** 得意顔　**カ** 不満顔

問2 ――線②「さかしだち」の意味として、最も適当なものを次の中から一つ選び、符号で答えなさい。

ア 利口そうにふるまって　**イ** 何もなかったようにふるまって
ウ 具合が悪そうにふるまって　**エ** 人が良さそうにふるまって

問3 ――線③「真名書きちらしてはべるほども」は、どのような様子を表しているか。その内容を説明している最も適当なものを、次の中から一つ選び、符号で答えなさい。

問1　――線①「正面からミサイルが飛んできたような衝撃」を説明したものとして最も適当なものを、次の中から一つ選び、符号で答えなさい。

ア　宮本が自分の話を、退屈そうに目を閉じて聞いていることへの衝撃。
イ　宮本ともっと高校生活についての話をしたかったが、食べ終わったら速攻で解散しなければならなくなったことへの衝撃。
ウ　母や良太が避けている部活動の話について、宮本が突然聞いてきたことへの衝撃。
エ　大事な部活動の話を、宮本が呑気にポテトを食べながら、間接的に聞いてきたことへの衝撃。

問2　――線②「何か重い塊が落ちたような気分」に使われている用法を、次の中から一つ選び、符号で答えなさい。

ア　擬人法　　イ　倒置法　　ウ　直喩法　　エ　リフレイン

問3　――線③「そう」が指す内容として最も適当なものを、次の中から一つ選び、符号で答えなさい。

ア　何かスポーツがしたかったのに、ケガのせいで運動部への入部をあきらめた。
イ　高校にはスポーツ推薦で入学が決まっていたが、続ける根性はなく、入部をあきらめた。
ウ　中学時代に続き、高校でも県内の精鋭に交ざって運動部で活動したかった。
エ　県内の精鋭が集まる運動部に交ざっていける根性は自分にはないから、最初から運動部は考えていなかった。

問4　――線④「訂正する気力は削がれていく」の部分を説明したものとして最も適当なものを、次の中から一つ選び、符号で答えなさい。

ア　本当は放送部の活動にかなり乗り気だったが、宮本の荒い鼻息に元気をなくした。
イ　撮影には興味があったが、宮本が勧めるアナウンスには興味がなかった。
ウ　自分から食事に誘ったので、宮本が勧める活動にも同調したかった。
エ　あまりにも宮本が乗り気で、実は放送部の全ての活動に興味はないと言えなかった。

問5　本文の内容と合致するものとして、最も適当なものを、次の中から一つ選び、符号で答えなさい。

ア　中学校で陸上部だった町田は、高校入学後、同じ中学校だった宮本に放送部に入ろうと誘われた。
イ　同じ中学校で陸上部だった宮本と町田は、高校では一緒に放送部に入部しようと考えている。
ウ　中学校でケガをした宮本は、陸上を続けられなくなり、町田を誘って放送部に入部しようと考えている。

宮本は声のトーンを少し落とした。
「俺は、脚本家を目指しているんだ」
顔を上げると、宮本の表情はこれまでになく真剣なものになっていた。
脚本家。ドラマや映画の脚本を書く人だというくらいの認識はある。
母さんは時々、テレビを見ながら「やっぱり、この人の話はおもしろいわね」などと言っているけれど、僕にはそれが、脚本家のことなのか、原作の小説家のことなのかすらわからない。
「だから、放送部に入る」
宮本の熱意は感じるけれど、どうにもピンとこない。
「文芸部じゃなくて？」
確か、文化部一覧に載っていた。本を書くのならこちらではないか。
「いや、放送部なんだ」
宮本は譲らない。もう一度、放送部のチラシを見たものの、どこが脚本家に通じるところなのか分からない。
「これ」
宮本が指をさした。「作品制作」の項目だ。
「この、作品というのは、ドラマのことなんだ。ラジオやテレビの」
「なるほど」
ようやく、脚本家と放送部が繋（つな）がった。放送部とはそんなことをするのか、とも。
チラシにひと言書いておけばいいのに、と思ったものの、それが載っていたとしても、僕のような初めから興味のないヤツは、読みもしないのだから、効果は同じなのだろう。
「俺はラジオドラマを作りたい、だから」
宮本は再び僕をまっすぐ見つめた。
「町田、一緒に放送部に入ろう！」

（湊かなえ『ブロードキャスト』）

「自覚してないの？　もったいない。まあ、自分の声って頭がい骨に響くとかで、他人に聞こえているようには、聞こえてないもんな。ましてや、マイクを通したらどんな声になるかなんて、想像しないだろうし」

「マイク？」

「そう。町田の声はそのままでもいいけれど、マイクを通した方がもっといい」

宮本は自信たっぷりな様子で断言した。一緒にカラオケに行ったこともないのに。

「根拠でもあるの？」

「俺さ、ラジオが好きなんだ。だから、こうやって生の声を聞いているときも、マイクを通したらこんな声だろうなって、想像しちゃうんだよね」

「そうなんだ……」

［D］、時々、目を閉じていたのか。とはいえ、洋服が透けて見えちゃうんだよね、と同じニュアンスに思えて、気持ち悪い。

愛想笑いをうかべながら、椅子から少し腰を浮かせる。ガタンと鳴った。

「ああ、待って。本題はこれからだから」

本題？　理解できないまま座り直す。

「今まで、町田とあまりしゃべったことなかったから自信がなかったけど、今日、話しているうちに、やっぱり、俺の目利き、いや、耳利きは間違いなかったって、確信したよ」

宮本は胸を反らせて、まっすぐ僕を見た。つられて、こちらも姿勢を正してしまう。愛の告白らしきことなら、直ちに逃げよう。［E］、走れない僕に、宮本がすぐ追いついてくるとしても。

「町田の声は、俺の理想の声なんだ！」

ガヤガヤと賑（にぎ）わっている店内に、宮本の声が響き渡った。

周囲の視線を感じ、僕は身を縮めて俯（うつむ）いた。恥ずかしくて、顔を上げることができない。ましてや、声を出すことなんて。

今、この状況で、僕の声に興味を持った人は少なからずいるはずだ。そして、僕が少しでも声を発したとたん、たいしたことないじゃん、とがっかりされる。

「ゴメン、なんか熱くなって」

音楽については書かれていないため、こちらが思う内容とは違うみたいだけど、目を輝かせるようなポイントは見当たらない。

強いていえばアナウンスだろうか。

宮本はアナウンサーを目指している？　申し訳ないけれど、それほどいい声をしているとは思えない。

だけど、僕はその道のプロではない。向き不向きや、才能があるかないかなんて、本人にもわからないということは、身を以て知っている。

他人の夢を否定してはならない、ということも。

「ふうん。おもしろそうだね」

とりあえず、同調してみた。食事に誘ったり、今日の僕は、宮本相手に慣れないことばかりしている。

「だろ？　ってか、町田はどの活動に興味を持った？」

宮本がテーブル越しに体を乗り出してくる。余計なことを言うんじゃなかったと後悔しても、宮本の荒い鼻息を前にすると、④訂正する気力は削がれていく。

興味と言われても……。

「アナウンス、かな」

やはり、これが一番無難なのではないか。

「すごいよ、町田！　自覚してんじゃん」

「はあ？」

僕のこと？　訳がわからない。

「おまえの声って、ホント、いいもんな」

表情から見て、お世辞ではなさそうだ。

僕の声がいい？　そんなの、生まれてこのかた、一度も言われたことがない。

陸上部での「ラスト一周」といった声出しのときだって、鼻にかかったような僕の声は、他のヤツらのようにグラウンドの端まで響き渡らず、ほんの数メートル先で空気に混じって消えていくように感じていた。

自分では、あまり好きじゃない声だ。

「そうかな……」

歌と一緒に思い浮かぶのは、それを聞きながら走っている自分の姿だけだ。

「俺はさ、入りたい部活があるんだ。そのために、青梅、受けたようなものだし」

宮本のまっすぐな物言いに、ピキン、と音が聞こえたような気がした。テーブルを挟んだ二人の間にひびが入り、溝が生じた音が。希望を持たずに入学した僕と、希望を抱いて入学した宮本。

選択科目のことを話しているときとは、目の輝きがまったく違う。

「宮本って、中学、何部だった？」

「卓球だけど、それはもういいんだ」

宮本は新品のブレザーの袖口でテーブルを拭った。たいして汚れていなかったけど、母さんが見たら卒倒しそうだ。よほど大切なものを置くのかと思いきや、ブレザーのポケットから、折りたたんだザラ紙を取り出して広げた。僕が読みやすい向きで、テーブルの真ん中に置く。

部活勧誘のチラシだ。

「放送部？」

確認するように宮本に訊ねた。もったいぶりながら出したけど、間違えたんじゃないのか、と。

「そう、放送部」

宮本は大きく頷いた。

中学のとき、放送委員会というのがあった。給食の時間に好きな音楽を流してくれるので、何度かリクエストしたことがある。あれと同じだろうか。

チラシに書かれた、活動内容を見てみる。

＊学校行事の司会・撮影

＊地域行事の司会・撮影等の補助

＊作品制作

＊アナウンス・朗読

以上。

「杖なしで歩いてるから忘れてたけど、もう大丈夫なの？」
「まあ、ぼちぼちかな」
「そっか。もし、陸上とか、何かスポーツしたかったのに、ケガのせいで、なんてことになってたらと思ってさ……」
本当に勘のいいヤツだ。僕の左足にはボルトが入っている。
「いや、いや、いや。事故とか関係なく、運動部なんて最初から考えてなかったから。スポーツ推薦で、どの種目も県内の精鋭が集まってきてるのに、そこに交ざっていける根性なんてないよ」
入学前から、必死で自分自身に言い聞かせていたことを、他人の前で口にしてみると、事故に遭う前から③そう思っていたような気分になれた。
同時に、自分がどうしようもなくつまらない生き物のように思えてきて、魂が蒸発していくのをぼんやり眺めるように、ガラス越しの空を見上げた。
「根性ね……」
宮本は僕に同調するようにつぶやいた。コーラの入ったLサイズのカップを取り、ズズッと音を立てて飲み干す。
互いのトレイの上は紙くずだけになり、そろそろ解散の頃合いだ。
「でもさ！」
宮本がカップを置いた。手際よく、自分のゴミと僕のゴミをひとまとめにすると、二枚のトレイを重ねて、脇へ寄せる。
「中学のときは、吹奏楽部以外、よほどの理由がない限り、運動部に入らなきゃいけないって空気が流れてたけど、高校って、そういうの感じないよな」
宮本は声を若干弾ませて言った。
「そうかな……」
僕だって、交通事故後、高校生活を一度も前向きに考えなかったわけではない。
部活動は必須ではないけれど、スポーツ以外の何か新しいことを始めてみようと思い、青梅学院の入学案内に記載されている、文化部をチェックした。
音楽が好きだから、軽音楽部はどうだろうと考えてみたものの、歌う自分も、楽器を演奏する自分も想像できなかった。好きな

などと思いながら、フライドポテトをまとめて数本口に運んだ。
「ところで、町田は部活、もう決めた？」
耳を疑った。①正面からミサイルが飛んできたような衝撃だった。
母さんも良太も入るのをためらっている領域に、宮本はポテトを片手に、呑気（のんき）な口調で踏み込んできた。
ポテトをほおばっていたおかげで、すぐに答えずにすんでいるけれど、自分は今どんな表情になっているのか、見当もつかない。
「中学のときは、何部だった？」
宮本が呑気さに輪をかけて訊いてくる。
［C］、ふと、肩からボトリと②何か重い塊が落ちたような気分になった。
宮本は僕が陸上部だったことを知らない。僕も宮本が何部だったかを知らない。
互いに、青海学院を受験した理由も知らない。
スポーツ推薦ではないのだから、青海学院に入学した理由を、一流大学への進学が目的だと思われる方が自然だ。
宮本から、同情されることはない。
「陸上部、だったけど」
「そうなんだ……　。あっ！」
宮本はハッとしたように、フライドポテトの油で指先がテラテラと光る片手で口を押さえた。
あのことは知っているのだろう。
「ゴメン。失礼なこと訊いたかも」
「何で？」
とぼけた調子で訊き返した。
「町田って、卒業式、松葉杖（づえ）で来てたよな。確か、交通事故に遭ったって」
「そうだけど」
合格発表の帰り道、自転車で青信号の交差点を直進していると、ものすごい勢いで自動車が右折してきて、僕の意識はぶっとんだ。
意識が戻った僕の目に、最初に飛び込んできたのは、ギプスで固められた足だった。

「今日って、妹の、三崎中入学式だから、そっちに行ってるんだよ」

僕が思ったことを顔に出しやすいのか、宮本の勘がいいのか。とにかく、なんだそうか、と安心した。そして、高校では、学校行事に必ずしも親が参加する必要はない、ということに思い至った。

「そっか。じゃあ、昼飯、一緒に食べない？」

自分から誰かを誘うのは、もしかすると人生初ではないだろうか。デートではなく昼飯で、おまけに相手は男子だけど。

「いいけど、お母さんは？」

宮本は遠慮がちに母さんの方を見た。

「いいのよ。友だち同士の方が楽しいに決まっているじゃない。迷惑じゃなかったら、付き合ってやって、ね」

母さんはそう言うと、両手をひらひらと振りながら、足早に去っていった。

「ホントによかったの？」

宮本に訊かれる。

「午後から、仕事だから」

とっさに、宮本を誘ったものの、何を食べて、どんな話をするのか。

とりあえず、駅に向かうことにした。

ファストフードのハンバーガーショップで定番のセットメニューを注文した。

周囲は青海学院の新人生ばかりだ。親と一緒のヤツなんてほとんどいない。芸術の選択科目を何にしたかという会話が聞こえてきて、僕も同様のことを宮本に訊ねた。

とはいえ、クラスも違うし、同じ科目を選んでいても、一緒だね、と喜ぶ気持ちは湧かない。

互いに、へえ、と興味なさそうに返すだけだ。

友だちらしい会話と言えば、宮本から「くんを付けなくてもいいよ」と言われ、「僕もいいよ」と返し、互いにぎこちなく呼び捨てし合うようになったことくらいか。

時折、僕が話している途中で、宮本が目を閉じるのが気になった。［　B　］、退屈なのだろう。食べ終わったら速攻で解散だな、

後ろの席に座っていた……。

「三崎中出身の、宮本正也です」

そう、宮本！　僕が名前を憶えていないことを悟って、わざわざ母さんに自己紹介してくれたのだろうか。

「あら、お友だちが、他にもいたのね」

母さんはそう言って、嬉しそうに、宮本に「何組なの？」などと話しかけている。

友だちじゃない、と訂正はしない。同じ中学出身という広い意味で「友だち」と言っていることはわかっている。

それより、他にも、の方が気に障る。良太くん以外にも、と言えばいいのに。

良太は春休み中から陸上部の練習に出ていたのか、今朝、偶然、この門の前で会ったときも、上級生のように慣れた様子で、体育館の場所を教えてくれた。

お気に入りの「カモシカくん」に会えたというのに、母さんは「入学おめでとう」と笑いかけただけだった。陸上の「り」の字も出していない。

良太も同じで、「ありがとうございます」と答えただけだ。そして、僕に言った。

――また、いろいろと、よろしく。

いろいろ、とは何だろう。便利な言葉だ。近頃の僕に対する周囲からの声かけは、こんな曖昧な表現ばかりが使われる。

目指せ全国大会！　と周囲も自分も、明確な目的を口にしていたころが何年も前、はるかに遠い日のように感じられた。

――こっちも、いろいろと、よろしく。

僕は良太にそう返した。そして、クルッと背中を向けて軽快に走っていく良太を見つめながら後悔した。どうして「部活、がんばれよ」と言わなかったのか、と。

僕がこんな調子だから、気を遣われてしまうのだ。良太にも、母さんにも……。

「宮本くん、家の人は？」

少し辺りを見回して訊ねた。

「俺の親、来ていないんだ」

宮本は愛想のいい口調で答えたけれど、軽率な質問だったかもと、今になって気付く。

イ　「外に向かう言葉」を磨くことによって、相手の胸に響く言葉を生み出す。
ウ　納得と共感・共鳴こそが、コミュニケーションの醍醐味である。
エ　言葉の技術だけが伝わり方や心への響き方に影響を与えているわけではない。

【6】次の文章を読んで、後の問いに答えなさい。

桜の花は春休み中に散っていたので、入学式らしいものといえば、正門に立てかけられた「青梅学院高等学校　入学式」と書かれたシンプルな看板くらいだった。めでたさも華やかさもない。[A]、夢も希望もない。僕の高校生活を暗示しているかのようだ。

高校生にもなるとさすがに母さんも、二人並んで写真を撮ろうとは言い出さなかった。看板横があいた隙に、「速く速く」と僕を急(せ)かして立たせ、スマホで数枚写した。

画像を確認し、満足そうに頷(うなず)いている。その様子をぼんやり眺めていると、五、六人の男女を交えた上級生がバッと寄ってきて、「よろしくね」などと言いながら、僕の手にザラ紙を押し付けてきた。

部活動の勧誘チラシだった。サッカー部、バレー部、書道部、吹奏楽部、放送部、陸上部、……。僕はそれらを全部まとめてぐしゃぐしゃに丸め、新品の制服のブレザーのポケットに押し込んだ。

「何か食べて帰る？」

横から、明るい口調で母さんに訊(き)かれた。

「午後から出勤じゃなかった？」

「フルコースさえ食べなきゃ、大丈夫よ」

明らかに、僕を気遣ってくれているとわかるのがつらい。

「でもな……」

僕は足元に目を落とした。新品の黒い革靴が、妙に浮いて見える。

「町田くん！」

突然、背後から声をかけられた。振り返ると、見憶(みおぼ)えのあるヤツが立っていた。名前は思い出せない。入試の会場で、僕の二つ

問1 ――線①「ツーカーの仲」の意味と違うものを次の中から一つ選び、符号で答えなさい。

ア 以心伝心　イ 気の置けない　ウ 阿吽（あうん）の呼吸　エ 二階から目薬

問2 ② ③ ④ ⑤ に入る最も適当な組み合わせを、次の中から一つ選び、符号で答えなさい。

ア ②共感・共鳴 ― ③納得 ― ④理解 ― ⑤不理解・誤解
イ ②不理解・誤解 ― ③理解 ― ④納得 ― ⑤共感・共鳴
ウ ②理解 ― ③納得 ― ④共感・共鳴 ― ⑤不理解・誤解
エ ②不理解・誤解 ― ③納得 ― ④理解 ― ⑤共感・共鳴

問3 Ⅰ Ⅱ には人間の体の部分に関する語が入る。最も適当な組み合わせを次の中から一つ選び、符号で答えなさい。

ア Ⅰ腹 ― Ⅱ口　イ Ⅰ目 ― Ⅱ指　ウ Ⅰ肩 ― Ⅱ毛　エ Ⅰ胸 ― Ⅱ足

問4 ⑥ に共通して入る言葉として、最も適当なものを、次の中から一つ選び、符号で答えなさい。

ア つまり　イ あるいは　ウ しかし　エ まずは

問5 ⑦ に入る最も適当な言葉を、次の中から一つ選び、符号で答えなさい。

ア 整理　イ 理解　ウ 誤解　エ 評価

問6 ――線⑧「多くの人が言葉に対して抱えている課題」とは何か、最も適当なものを、次の中から一つ選び、符号で答えなさい。

ア 相手の言葉に対して理解できないため何も感じることができていないこと。
イ 「何だか嘘っぽい」という印象を持たれる可能性があること。
ウ 言葉は過不足なく伝わっているが、相手の心を動かすことはできていないこと。
エ 「言葉づかいが下手だな」といった言葉づかいそのものへの評価が下がってしまうこと。

問7 ――線⑨「内なる言葉」とは何か、最も適当なものを、次の中から一つ選び、符号で答えなさい。

ア 日常のコミュニケーションで用いる言葉。
イ 重みや深さのある、納得感のある言葉。
ウ 職業人として生み出す言葉。
エ 思考を深めるために用いている言葉。

問8 この文章の内容として一致しないものを、次の中から一つ選び、符号で答えなさい。

ア 「内なる言葉」に意識を向けることで、思考を豊かにすることができる。

れることもある。そのため、言葉の技術だけが伝わり方や心への響き方に影響を与えているわけではないと言えよう。

では、言葉の理解度の差を生んでいる壁とは何なのだろうか。

その壁を乗り越えるための、具体的な方法はあるのだろうか。

そのカギとして本書でテーマにしたいのが「⑨内なる言葉」の存在である。自分の頭の中に生まれている「内なる言葉」に幅や奥行きを持たせることによって得られる、言葉の重みである。

そう、相手の胸に響く言葉を生み出すために必要なのは、実際に書いたり、話したり、入力したりする「外に向かう言葉」そのものを磨くことではないのだ。

「内なる言葉」とは、日常のコミュニケーションで用いる言葉とは別物であり、無意識のうちに頭に浮かぶ感情や、自分自身と会話をすることで考えを深めるために用いている言葉である。考えるという行為は、頭の中でこの「内なる言葉」を駆使していると言い換えることもできる。

頭に浮かぶあらゆる感情や考えは、この「内なる言葉」によってもたらされている。その事実に気が付き、意識を向けることが、あらゆる行動の源泉となる思考を豊かにすることに寄与する。そして、「今自分が何を考えているのか」「頭の中にどんな内なる言葉が生まれているのか」を正確に把握することで、自然と「外に向かう言葉」は磨かれていく。その結果、言葉に重みや深さが生まれ、納得感のある言葉を用いることができるようになるのだ。

私は、コピーライターとして10年ほど過ごしているのだが、このことに気が付いたのは5年目にさしかかった時であった。その前後では、自分の生み出す言葉の質が一変したと断言できる。それからというもの、職業人として生み出す言葉だけではなく、あらゆる局面でのコミュニケーションが一気に円滑になったと実感している。

使う言葉を変えたわけではない。小手先の言葉の技術を学んだわけでもない。

常に頭の中に浮かぶ「内なる言葉」の存在に意識を向け、「内なる言葉」を磨く鍛錬を積んだだけである。その結果、言葉が生まれる源泉としての思考が鍛えられ、湧いて出てくる言葉に重みや深みが増したに過ぎないのだ。

（梅田悟司『「言葉にできる」は武器になる。』）

4 [⑤]見聞きした内容を理解した上で、心が動かされ、自らの解釈が加わっている状態。相手の意見や感情などに「その通りだ」と感じ、自分なりの考えを加えたり、自分にもできることがないかと協力を申し出るといった行動を起こしたくなる。

このように見てみると、理解まで至れば合格点ではあるものの、納得と共感・共鳴こそが、コミュニケーションの醍醐味であることが分かる。しかしながら、そのレベルにまでコミュニケーションを高めることがいかに難しいかは、あえて言うまでもないだろう。

誰かと話をしたり、誰かが書いた文章を読んだ時の伝わり方も、不理解・誤解から共感・共鳴のうちのどれかに当てはまる。

そこで思い出してみていただきたいことがある。

それは、意味が分かりにくかったり、相手の言葉に対して何も感じることがなかった場合、[⑥]、コミュニケーションが不理解・誤解、理解で留まり、納得や共感・共鳴にまで達していなかった場合、自分が相手をどのように評価していたか、である。

おそらく、その多くは「言葉づかいが下手だな」「もっと上手く言えばいいのに」といった言葉づかいそのものへの評価ではなく、「言いたいことが整理されていないな」「薄っぺらな考えだな」「深く考えていないな」といった相手の人格に対するものではなかっただろうか。

[⑥]人間は、相手の言葉に宿る重さや軽さ、深さや浅さを通じて、その人の人間性そのものを無意識のうちに[⑦]しているのである。

⑧多くの人が言葉に対して抱えている課題は、「どんなに言葉を尽くしても、相手の心に響いている気がしない」「周囲を巻き込もうと声を出しても、空回りして、誰も動いてくれない」といった、理解はされるものの、納得や共感・共鳴にまで達しないといったものであろう。そのため、言葉そのものに致命的な問題があるわけではなく、むしろ、言葉の軽さや浅さにこそ、問題があるように思えてならない。

そこで思っていることを自在に話す術を得たとしても、話したり書いたりする中身が変わるわけではないため、逆に「何だか嘘っぽい」「[Ⅱ]先だけな気がする」という印象を持たれる可能性すらある。

その一方で、言葉少なであったり、決して流暢(りゅうちょう)でなくとも、「この人の話していることは信用できる」「妙に惹かれる」と思わ

るためには、話す、書く、入力するなどして、言葉で表現せざるを得ないことに変わりはない。
そこで生じるのが「伝えよう」と思ってどんなに言葉を尽くしても、実は「伝わっていなかった」「伝わりきっていなかった」という問題である。
言葉を、コミュニケーションを取るための道具と考えるならば、言葉を発する側と、受け取る側がいることが前提となる。「伝わった」という状況は、この両者、つまり、話す側と聞く側や、書く側と読む側の共同作業によってもたらされるのだ。
とはいえ、聞く側や読む側といった受け取る相手の感じ方を変えることは難しい。
親しい友人や同僚、家族間であれば、①ツーカーの仲を築くことで、相手からの理解の歩み寄りを期待することができるかもしれない。
しかしながら、通常の生活において、コミュニケーションを取るべき相手との関係性は多岐(たき)にわたっている。お互いに何の前提も共有できていない、初対面の人と意思疎通を図らなければならないことも多い。
その意味では、伝わる精度を高めるために変えることができるのは、伝えようとする張本人である自分以外いないことは明らかであろう。
「伝わった」「伝わっていない」という伝わり方のレベルを細分化して考えると、次のような段階に整理することができる。

1 ［②］
そもそも話が伝わっていない、もしくは、内容が誤って伝わっている状態。伝えた側と伝えられた側に、認識のズレが生じている。実生活においては「言った、聞いてない」「聞いた、言っていない」といった問題として表面化することが多い。

2 ［③］
伝えた内容が、過不足なく伝わっている状態。相手が話したことをヌケモレなく正しく把握している。しかし、理解以上の解釈が行われているわけではなく、「頭では分かっているが、心がついていかない」といった状況にも陥りやすい。

3 ［④］
相手が話したことを、頭で理解しただけでなく、内容が［Ⅰ］に落ちている状態。そのため、理解に比べ、自分ゴトとして捉えることができている。話を聞いている時に「なるほど」「確かに」といった感情を伴うことが多い。

惑わないようにするために、どうしたらよいか。その説明として最も適当なものを、次の中から一つ選び、符号で答えなさい。

ア 日常の暮らしの中で、正解のない問題に直面した時に、主体的に考えて、周囲も納得する答えを出そうとすること。

イ 日常の暮らしの中で、正解のない問題に出くわした場合に、他の人が良いと思う答えとは別に、自分なりの答えを出そうと考えること。

ウ 日常の暮らしの中で、正解のない問題に直面した時には、専門のマニュアルに頼って、解決しようとすること。

エ 日常の暮らしの中で、正解のない問題に出くわした場合に、よく考えて、自分なりに答えを出そうとすること。

問8 ――線⑦「日本ではとくに困ったことに」とあるが、困るのはどうしてか。それについて述べている最も適当なものを、次の中から一つ選び、符号で答えなさい。

ア 答えがない勉強をする人の中には、自分で出した結論に意味があると思う人は少なくないから。

イ 答えのある勉強に慣れている人は、社会に出てから、答えのない問題に全く歯が立たなくなることがあるから。

ウ 社会人は、答えのない勉強に向き合いながら、答えのある勉強にも取り組み続けないといけないから。

エ 社会人は、答えの見えない問題を解くことが多いが、自分なりに出した答えを、確認する機会は少ないから。

問9 [A] [B] [C] [D] に入る最も適当な組み合わせを、次の中から一つ選び、符号で答えなさい。

ア A つまり　B おそらく　C しかし　D 例えば

イ A 例えば　B つまり　C しかし　D おそらく

ウ A しかし　B つまり　C おそらく　D 例えば

エ A つまり　B しかし　C 例えば　D おそらく

オ A おそらく　B しかし　C 例えば　D つまり

カ A 例えば　B つまり　C おそらく　D しかし

キ A 例えば　B しかし　C つまり　D おそらく

ク A おそらく　B 例えば　C つまり　D しかし

【5】 次の文章を読んで、後の問いに答えなさい。

「言葉」と一言で言えども、様々な種類が存在する。

話す言葉、書く言葉、聞く言葉。さらに、パソコンやスマートフォンで入力する言葉。

自分の考えていることや感じていることを相手に伝えるためには、言葉を用いて、感情を表現する必要がある。

最近では、絵文字や写真、スタンプなどで気持ちを伝えることも多くなっているものの、自分の感情を正確に、過不足なく伝え

も適当なものを、次の中から一つ選び、符号で答えなさい。

ア　基礎学力をつけることと、自分ができる問題を探して、問題を解いていくプロセスを大切にすること。

イ　勉強と向き合う環境が違っても、自分にできる問題だけを選び、よく考えて主体的に解答すること。

ウ　何かを決断したり、選択したりする時に、知り得た知識や情報を、どのように役立てたらよいかを深く考えること。

エ　役立つ知識や情報を覚えることではなく、「何故こうなるのか」と、考えること。

問4　（ a ）（ b ）に適語を入れると、「すぐれたものとつまらないものが、入りまじっていること」という意味の四字熟語が完成する。（ a ）（ b ）に入れる漢字の組み合わせとして最も適当なものを、次の中から一つ選び、符号で答えなさい。

ア　a 一　b 二　　イ　a 二　b 川　　ウ　a 三　b 杉　　エ　a 桑　b 山

オ　a 矢　b 吉　　カ　a 明　b 家　　キ　a 玉　b 混　　ク　a 善　b 人

問5　――線④「勉強の仕方も大きく変化が求められていく可能性があります」とあるが、これからの時代に求められる勉強について、説明している最も適当なものを、次の中から一つ選び、符号で答えなさい。

ア　学校や塾などに行かずに、自分の頭で考え、自分の判断力で学ぶ勉強。

イ　他に用意されたレールに乗って、与えられたカリキュラムをこなす勉強。

ウ　自分の頭で考え、自分で判断する力をつけるための勉強。

エ　自分が大事だと思う問題を選び、深く考えて、自分の判断力で学ぶ独学。

問6　――線⑤「正解が書かれていない問題があると、読者に非常に嫌われます」とあるが、正解がないと読者に嫌われるのはどうしてか。その理由として最も適当なものを、次の中から一つ選び、符号で答えなさい。

ア　解答後、客観的に正解を再考しないと、不安な気持ちになってしまうから。

イ　解答後、正解を確認して学習を終わらせる習慣がついているから。

ウ　解答後に、正解を確認して学習を終わらせないと、気持ちがおさまらないから。

エ　目標設定をして学習をするクセがついているため、正解がない問題だと、学習意欲が湧かなくなってしまうから。

問7　――線⑥「いきなり社会に出て、正解のない問題に直面して戸惑ってしまうことになります」とあるが、社会に出てから戸

戸惑ってしまうことになります。そして、それまでの勉強のパターンが通用しないために、「学校で勉強したことは、何にも役に立たない」となってしまうわけです。

私も一緒に書いた『決断という技術』（日本経済新聞出版社）という本の中で、ロンドン在住だった水野弘道氏（現在ＧＰＩＦ）が、イギリスの中学校での歴史教育についておもしろい話をしています。例えば、８世紀の農家の記録として、農家の日記、領主の記録、後世にオックスフォード大学の先生が書いた教科書を見せて、どの文献がより正確だと思うか、理由を説明せよ、という問題が出るんだそうです。この問題には、いわゆる「正解」はないのです。どれもある意味、不十分な資料を用いて考えさせるところに教育の重点があります。

⑦日本ではとくに困ったことに、社会に出てからも、答えのある勉強が続く場合がしばしばです。会社へ入っても、資格試験を受けろだの昇進試験を受けろだのと言われて、答えのある勉強も続けなくてはなりません。

でも考えようによっては、答えのある勉強に追われる環境だからこそ、そうでない勉強をきちんとしていくかどうかで差がつくのだと私は思います。

（柳川範之『東大教授が教える独学勉強法』）

問１　――線①「そういう場面」とはどういう場面か。最も適当なものを、次の中から一つ選び、符号で答えなさい。

ア　誰にでも訪れる、二者択一の選択を迫られる場面。
イ　人生のターニングポイントで、運命の分かれ目の場面。
ウ　人生の岐路に立って、途方に暮れている場面。
エ　人生で幾度も訪れる選択を強く求められる場面。

問２　――線②「その本を読んだということの価値というのは、どんどんと下がってしまうのです」とあるが、このような状態になってしまうのはどうしてか。それを説明している最も適当なものを、次の中から一つ選び、符号で答えなさい。

ア　ネットによる洋書の通信販売の活用、かつ、新聞・テレビのマスメディア利用によって、知りたい情報と知識を入手できるから。
イ　ネットやモバイル機器の発達によって、知りたい情報や知識を、瞬時に広く浅く、簡単に得られるようになったから。
ウ　アナログ人間であった人たちが、情報を知り得る手段として、ネットを巧みに利用するようになってきたから。
エ　コンピュータを使って、知りたい情報と知識を、すぐに検索したり調べたりすることができるようになったから。

問３　――線③「勉強の本質が変わったわけではない」とあるが、筆者が考えている「勉強の本質」とは何か。その説明として最

深く考えることの重要性のウエイトが高まってきています。

いわば勉強において本質的に大事だった、深く考えて「選ぶ」「決める」ということが、主役としてクローズアップされてくる時代になったと言えます。

[C]、そこまでの変化はまだ顕在化していないように思われるかもしれませんが、これからまもなく、さらに大きな価値観の転換期がやってくるのは間違いありません。この価値観の変化が与えるインパクトは、非常に大きいものとなるはずです。

これまで博学だけで生きてきたような人もいましたが、そうした人たちは時代の変化によって大きなダメージを受けることになるかもしれません。

④勉強の仕方も大きく変化が求められていく可能性があります。学校や塾から与えられたコースに従って、ただ勉強して知識を集めて、詰め込んでいくだけでは、もはや通用しない時代になるはずです。

これからは、自分の頭で考え、自分自身で判断する力をつけるための勉強が求められる時代になるのです。そして、そのための有効な手段の一つが「独学」だと私は思っています。

〈 中略 〉

教科書や参考書をつくるとき、⑤正解が書かれていない問題があると、読者に非常に嫌われます。というのも、読者は自分が出した答えが正解かどうかを、確かめたいという気持ちがあるようで、本を探せばどこかに答えがあって、自分の解答が正解なのか誤りなのかを示してくれることを期待しているのでしょう。答え合わせをして、勉強を完結するクセがついてしまっているのだと思うのです。

[D]、実際には深く勉強していけばいくほど、正解がないというケースがあちこちに出てきます。学者が研究している問題のほとんどは、はっきりした答えというものはありません。誰も歩いていないところを切り開いて歩いてみて、何か新しい「答え」を発見してこそ学者としての業績になるからです。もちろんその「答え」はあくまで、その人なりの答えであって、正解とは限らない。

学問に限らず、世の中のほとんどのことについて、何が正解なのかよくわかっていないのです。だから、仕事においても、生活においても、本当に重要なのは、正解のない問題にぶつかったときに、自分なりに答えを出そうとして考えていくことだと思うのです。

ところが、正解か不正解かがはっきりしている勉強に慣れきってしまうと、⑥いきなり社会に出て、正解のない問題に直面して

自信を持って決められるようになる」というのが本来の勉強の目的であり成果だと思います。

もちろん、本当に何が正しいかというのは、勉強してわからないのですが、それでも、自分の中で少しでも納得したり、自信を持って選んだり決めたりできるようにはなると思うのです。

これまでは、勉強の目的というと、何か役に立つ知識や情報を覚えるためというのが大部分の人の考え方でした。実際に、勉強といえば、何かを覚えるための作業が圧倒的に多かったのですが、最近になってこうした「知識や情報を覚える」という比重がどんどん下がっているように思います。

それには、モバイル機器が発達してインターネットがいつでも使えるようになったことが大きく影響しています。モバイル機器が手元になかったころは、人よりも知識や情報を持っているということだけで、優位に立てましたし、偉そうにもできました。でも、今では誰もが、その場でネットで検索をしたり調べたりすることができ、すぐに情報や知識を得られるようになりました。その結果、何かを詳しく知っていることの有利性は大きく低下しています。

［ A ］、明治時代には、船で何カ月もかけてヨーロッパに留学をして、洋書を持って帰ってくるだけで偉い学者になれたという例がよくありました。極端な話、持って帰った洋書を翻訳しようものなら、それだけで一生食べていけるという時代があったのです。

ところが、それが船便や航空便で洋書が手に入るようになって、翻訳だけでは食べていけない時代がやってきました。さらにここ数年になって、ネットを使えば瞬時に海外の事情もわかり、海外の論文や本もその場で見られるようになっています。そうなると、その洋書を持っていたり、②その本を読んだということの価値というのは、どんどんと下がってしまうのです。

しかし、ここで大事なポイントは、ネットやモバイル機器が発達したことで、勉強の形は変化していますが、③勉強の本質が変わったわけではないということです。これまでも、ただ知識を持っていただけでは、意味のあるものにはなっていませんでした。問題はその先に求められているもの、［ B ］、得た知識や情報を使って、何かを決めたり、選んだりするときにどう役立てるかという点にあったはずです。

ですから、勉強の本質は昔も今も、究極的な目的はあまり変わっていないのです。昔はそのために持っておくべき知識のウエイトが非常に高かったけれども、今は、ネットのおかげで知識の比重が軽くてすむようになったというわけです。

その分だけ、逆に、（ a ）石（ b ）淆の情報が氾濫しています。その中で、何か選択を迫られたときにどう判断すればよいか、

国語

【1】次の（1）～（5）の――線の漢字の読みをひらがなで書きなさい。

（1）こつを会得する。（2）暖簾を分ける。（3）川底に堆積する土砂。（4）雪崩を打つ。（5）疾病にかかる。

【2】次の（1）～（5）の――線のカタカナを漢字で書きなさい。

（1）青春をギセイにして研究に打ち込んだ。（2）動物をホカクする。

（3）積雪によって交通がジュウタイする。（4）苦労してキョオクの富を築いた。

（5）費用をガイサンする。

【3】次の（1）～（3）の意味を表すものとして、最も適当なものを、次の中から一つずつ選び、符号で答えなさい。

（1）目的を達成するために、たいへんな苦労を重ねること。

ア　鶏口牛後　　イ　快刀乱麻　　ウ　一蓮托生　　エ　臥薪嘗胆

（2）一度、敗れた者が、ふたたび、勢いをもりかえして、やってくること。

ア　切磋琢磨　　イ　疲労困憊　　ウ　捲土重来　　エ　一騎当千

（3）自分の気の向くままに、のんびりと生活をすること。

ア　自給自足　　イ　泰然自若　　ウ　晴耕雨読　　エ　順風満帆

【4】次の文章を読んで、後の問いに答えなさい。

そもそも、私たちは何のために勉強をするのでしょうか。

私なりに考えてみると、それは生きていくための知恵を身につけるためだと思います。知恵というのは、ちょっとわかりにくいかもしれませんが、例えば、人間が生きていくには、選択を迫られる場面が何度も出てきます。①そういう場面において、「少し

敬愛学園高等学校

数学

1 次の計算をしなさい。

(1) $-(12-23)=$ アイ

(2) $(3a^2b)^3\times(\sqrt{2}ab^2)^4\div(6a^2b^2)^2=$ ウ $a^{エ}b^{オ}$

(3) $(\sqrt{5}+3)(\sqrt{5}-1)-\dfrac{2}{\sqrt{5}}=$ カ $+\dfrac{キ\sqrt{ク}}{ケ}$

(4) $(2x+5y)(3x-12y)=$ コ x^2- サ $xy-$ シス y^2

(5) $x^3y+6x^2y^2+9xy^3=xy(x+$ セ $y)^{ソ}$

(6) x, y についての連立方程式

$$\begin{cases}\dfrac{x}{2}+\dfrac{y}{3}=2\\ 9x-7y=-3\end{cases}$$

の解は $x=$ タ, $y=$ チ である。

(7) x についての 2 次方程式 $x^2+ax+12a=0$ の 1 つの解が -4 のとき a の値は ツテ, 他の解は ト である。

2 次の問いに答えなさい。

(1) ある美術館において, 大人の入館料は, 子どもの入館料の 1.5 倍である。
また, 子ども 4 人, 大人 3 人で入館したときの入館料の合計は 2210 円である。
このとき, 子どもの入館料は ナニヌ 円である。

(2) 5 %の食塩水と 10 %の食塩水を混ぜ, 8 %の食塩水を 300 g 作る。
このとき, 5 %の食塩水は ネノハ g, 10 %の食塩水は ヒフヘ gである。

(3) 次の図において $x=$ ホ, $y=$ マミ である。

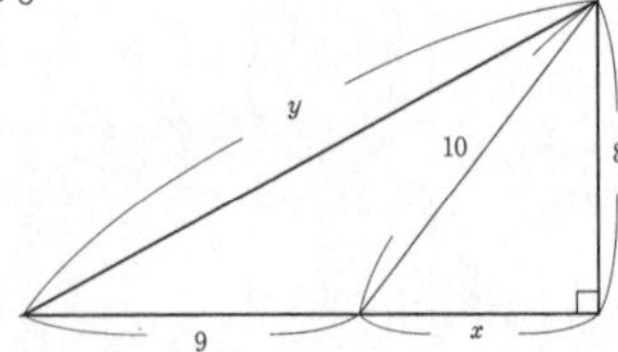

(4) 関数 $y=ax^2$ において, x の値が -3 から 2 まで増加するときの変化の割合が 11 のとき, a の値は ムメモ である。

(5) 同じ大きさの小さな玉がたくさん入った箱がある。箱から 40 個の玉を取り出し, 印を付け, 箱にもどした。箱の中の玉を十分にまぜ, 再度 40 個の玉を取り出したところ, 印の付いた玉は 8 個であった。箱の中の玉はおよそ ヤユヨ 個と推測できる。

(6)　右の図において，直線 l_1，l_2 は 2 点 A，B で円に接する平行な直線である。 2 点 C，D において，線分 CD は線分 AB とは異なる円の直径で，直線 CD と直線 l_1，l_2 の交点をそれぞれ点 E，点 F とする。

$\angle EFB = 48^\circ$ のとき，

$\angle FEA =$ ラリ°，

$\angle FCA =$ ルレ° である。

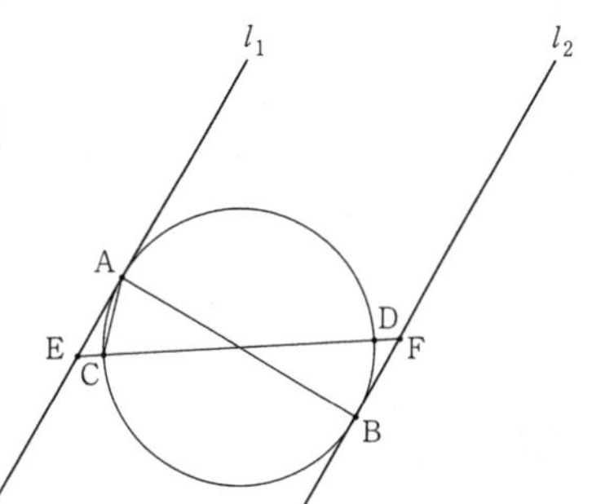

3　下図のような 1 辺の長さが 3 の立方体 ABCD－EFGHについて，次の問いに答えなさい。

(1)　線分 EG の長さは ロ$\sqrt{ワ}$ で，線分 AG の長さは ヲ$\sqrt{ン}$ である。

(2)　三角形 BDE の面積は $\dfrac{あ\sqrt{い}}{う}$，三角錐 A－BDE の体積は $\dfrac{え}{お}$ である。

(3)　点 A から平面 BDE 上に垂線 AI を下ろすとき，線分 AI の長さは $\sqrt{か}$ である。

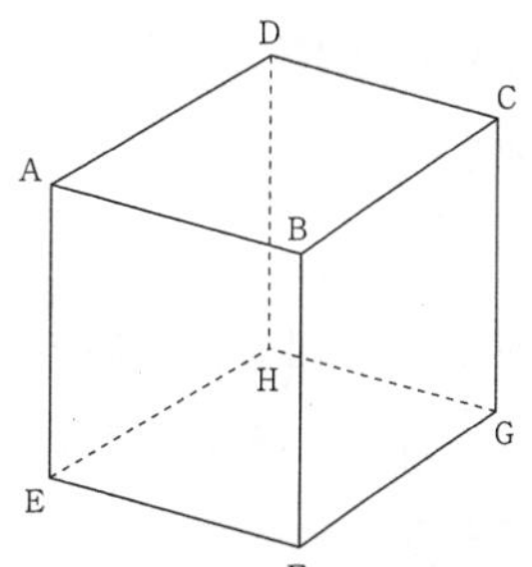

4　右図のように，2 点 A（3，3），B（−3，0）において，点 A を通る放物線 $y = ax^2$ と 2 点 A，B を通る直線 l がある。直線 l と y 軸の交点を点 C とする。点 A から x 軸に下した垂線との交点を点 H，放物線 $y = ax^2$ と直線 l の交点のうち，x 座標が負になる点を点 D とする。原点を O とするとき，次の問いに答えなさい。

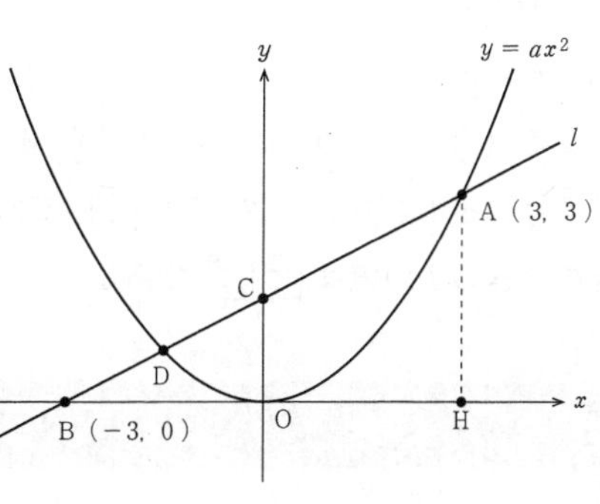

(1)　$a = \dfrac{き}{く}$ であり，直線 l の方程式は $y = \dfrac{け}{こ}x + \dfrac{さ}{し}$ である。

(2)　点 D の座標は $\left(-\dfrac{す}{せ},\ \dfrac{そ}{た}\right)$ である。

(3)　△OCD の面積 S_1 と台形 OCAH の面積 S_2 の比は $S_1 : S_2 =$ ち：つ である。

(4)　△CHA を x 軸の周りに 1 回転させて出来る立体の体積は $\dfrac{てと}{な}\pi$，y 軸の周りに 1 回転してできる立体の体積は にぬ π である。

5 A 君は ○，× のいずれかが正解である問題に，でたらめに ○，× をつけて解答します。このとき，次の問いに答えなさい。

(1) 問題が2問出題されたとき，どちらも正解する確率は $\dfrac{\boxed{ね}}{\boxed{の}}$ である。

(2) 問題が2問出題されたとき，正解，不正解がともに1題ずつとなる確率は

$\dfrac{\boxed{は}}{\boxed{ひ}}$ である。

(3) 問題が3問出題されたとき，2題正解，1題不正解となる確率は $\dfrac{\boxed{ふ}}{\boxed{へ}}$ である。

(4) 問題が4問出題され，3題以上正解すれば合格となる。

A 君が合格する確率は $\dfrac{\boxed{ほ}}{\boxed{ま}\boxed{み}}$ である。

6 次の空欄を埋めなさい。

(1) 105 を素因数分解すると $105 = \boxed{む} \times \boxed{め} \times \boxed{も}$ である。ただし $\boxed{む} < \boxed{め} < \boxed{も}$ とする。

(2) m，n は $m < n$ を満たす自然数とする。$mn = 105$ を満たす自然数（m，n）の組は $\boxed{や}$ 組ある。このうち，m の最小の値は $\boxed{ゆ}$ であり，そのときの n の値は $\boxed{よ}\boxed{ら}\boxed{り}$ である。また，m の最大の値は $\boxed{る}$ であり，そのときの n の値は $\boxed{れ}\boxed{ろ}$ である。

(3) k，l は自然数とする。

$\sqrt{l^2 + 105} = k$

となる（k，l）の組は全部で $\boxed{わ}$ 組である。このうち，k の最小の値は $\boxed{を}\boxed{ん}$ であり，そのときの l の値は $\boxed{ガ}$ である。また，k の最大の値は $\boxed{ギ}\boxed{グ}$ であり，そのときの l の値は $\boxed{ゲ}\boxed{ゴ}$ である。

英 語

1 次の英文中の語の下線部と同じ発音を持つものを1つ選び、①～④の番号で答えなさい。

1. This desk is made of w<u>oo</u>d. 問題番号①

① r<u>oo</u>f　② f<u>oo</u>d　③ w<u>oo</u>l　④ ch<u>oo</u>se

2. I have r<u>ea</u>d this story before. 問題番号②

① pol<u>i</u>ce　② t<u>ea</u>ch　③ rec<u>ei</u>ve　④ m<u>ea</u>nt

3. I h<u>ear</u>d the sound of a violin. 問題番号③

① <u>ear</u>th　② <u>ear</u>　③ w<u>ear</u>　④ h<u>ear</u>t

4. I found his house easily. 問題番号④
① country ② would ③ trouble ④ cloudy

5. "How is the weather in Tokyo, today?" "It's raining today." 問題番号⑤
① through ② thank ③ thousand ④ together

2 次の各文の空欄に入る最も適切なものを1つ選び、①～④の番号で答えなさい。

6. When I woke up this morning, it ( ). 問題番号⑥
① will snow ② snows
③ has already snowed ④ was snowing

7. May I ( ) your pen? 問題番号⑦
① use ② lend ③ rent ④ want

8. This is the umbrella ( ) my grandmother bought for me. 問題番号⑧
① which ② how ③ who ④ what

9. How ( ) do the buses come? 問題番号⑨
① often ② long ③ many ④ when

10. Every child ( ) talent. 問題番号⑩
① has ② have ③ is having ④ are having

11. Please keep quiet ( ) the baby is sleeping. 問題番号⑪
① that ② so ③ while ④ and

12. "Must I eat all of these?" "No, you ( )." 問題番号⑫
① cannot ② don't have to ③ must not ④ may not

13. Takeru is my ( ). He is my uncle's son. 問題番号⑬
① aunt ② nephew ③ daughter ④ cousin

3 次の下線部が答えの中心となる疑問文として最も適切なものを1つ選び、①～④の番号で答えなさい。

14. My shoes are 7,000 yen. 問題番号⑭
① What money are your shoes? ② How much are your shoes?
③ Are they your shoes? ④ How are your shoes?

15. I went to Kagoshima by plane. 問題番号⑮
① When did you go to Kagoshima? ② Did you go to Kagoshima?
③ How did you go to Kagoshima? ④ Why did you go to Kagoshima?

16. I went to the bookstore to buy a book about Japanese culture. 問題番号⑯
① Do you like Japanese culture?
② How did you go to the bookstore?
③ When did you buy a book?
④ What did you go to the bookstore for?

17. No, I'm not. I am <u>a soccer player.</u> 問題番号⑰

① Are you a baseball player or a soccer player?
② Aren't you a baseball player?
③ Do you play baseball?
④ What sport do you play?

4 次の各組の２つの文がほぼ同じ意味を表すように空欄に単語を入れたときに（ ＊ ）に入る最も適切なものを１つ選び、①～④の番号で答えなさい。

18. Mary went to the country and she isn't here now. 問題番号⑱
Mary has（ ＊ ）（ ） the country.
① gone ② been ③ went ④ visited

19. Your bicycle is better than mine. 問題番号⑲
My bicycle is not（ ）（ ＊ ）as yours.
① good ② well ③ best ④ better

20. This question is too difficult for me to answer. 問題番号⑳
This question is（ ＊ ）difficult（ ）I can't answer it.
① many ② much ③ very ④ so

21. What do you call this flower in Spanish? 問題番号㉑
What（ ）this flower（ ＊ ）in Spanish?
① told ② called ③ spoken ④ talked

5 次の日本語の意味になるように（ ）内の語（句）を並べ替えたとき、<u>（ ）内で４番目にくる語（句）</u>を１つ選び、①～④の番号で答えなさい。尚、文頭に来る語も小文字で示されています。

22. これは1735年にその王が建てた城です。 問題番号㉒
(the king / the castle / built / this is / by) in 1735.
① the castle ② by ③ built ④ the king

23. 彼女はいつも部屋をきれいにしている。 問題番号㉓
She (clean / always / keeps / her room).
① her room ② clean ③ keeps ④ always

24. あなたはジムがどこに住んでいるのか知っていますか。 問題番号㉔
Do you (where / Jim / lives / know)?
① where ② lives ③ know ④ Jim

25. 何か電車で食べるものを買ってきてください。 問題番号㉕
Please (buy / eat / train / the / something / to / on).
① something ② eat ③ to ④ on

26. 富士山は日本で最も高い。 問題番号㉖
Mt. Fuji is (in Japan / higher / other / than / any / mountain).
① any ② higher ③ other ④ than

6 次の会話文の空欄に入る最も適切なものを１つ選び、①～④の番号で答えなさい。

27. A：I visited Okinawa last week.
B：(　　　) 問題番号㉗

① Naha-city.　② My uncle lives there.
③ What time will your plane arrive?　④ Where did you go last week?

28. A：Shall we go swimming?
B：(　　　) 問題番号㉘

① Not at all.　② No, I don't.
③ Here we are.　④ Yes, let's.

29. A：Why don't we have a cup of coffee after lunch?
B：(　　　) 問題番号㉙

① Because we want to.　② It was good.
③ Take it easy.　④ That sounds nice.

30. A：Dinner is ready, Masashi.
B：(　　　) 問題番号㉚

① OK, I'm coming.　② Of course. I'm eating.
③ You're welcome.　④ Thank you. I'm going.

31. A：(　　　)
B：I can't find my pen. 問題番号㉛

① What would you like?　② What is it like?
③ What's the matter?　④ What do you want?

7 次のグラフは、年ごとの海外に留学する日本人大学生の人数の変化を表したものである。グラフを見て、文中の空欄**32**～**35**に入る最も適切なものをそれぞれ１つ選び、①～④の番号で答えなさい。

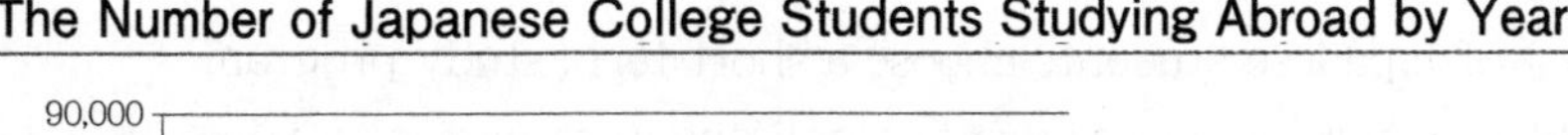

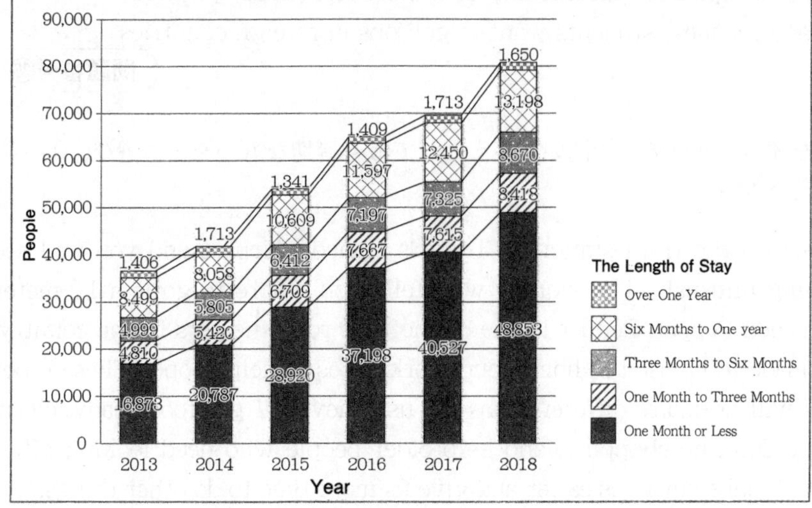

The total number of Japanese college students studying abroad has increased in the past few years. There is a small difference by year, but we can tell every length of stay has increased in (**32**). In 2018 about 81,000 people studied abroad in total, and this means the total number (**33**) from 2013 to 2018.

Paying attention to each year, we notice the number of students studying abroad over one year (**34**) in the past six years, but the number of one month or less has increased without stop. If you look at the graph of one month or less, the number has risen between two to three times in these six years. In 2017, almost 98% of Japanese students studying abroad chose a short study program of one year or less. In a short-term stay, many Japanese students have experienced volunteer programs and overseas internships. It is difficult for them to go abroad for a long time, because the job searching season in Japan starts early. Therefore, (**35**).

注）paying attention to ～に注目すると
internships 大学生の実務研修
therefore それゆえに

32. ① 2014　② 2015　③ 2016　④ 2017

問題番号㉜

33. ① more than doubled　② less than doubled
③ has not changed so much　④ has grown more than four times

問題番号㉝

34. ① has not really changed　② has increased year by year
③ has decreased　④ has changed sharply

問題番号㉞

35. ① it is helpful to have experiences studying abroad
② the number of students who choose a long-term study program is increasing year by year
③ a lot of Japanese students choose a short-term study program
④ many Japanese students want to get jobs in foreign countries

問題番号㉟

8 次の英文を読み、それぞれの問いの答えとして最も適切なものを１つ選び、①～④の番号で答えなさい。

36. Walk into the train station at Tokyo's Haneda Airport and you will see something unusual. The worker who tells you where to go is a 1.2-meter robot named Pepper. Pepper is one of the first robot helpers in the country. It was made to be used in homes and workplaces to help people. These robot helpers will do many different jobs for us. They will get food ready, clean, open the door, go shopping, and help older people who need looking after. They will make our lives easier and give us more time to do other things.

What is the main idea of the passage? 問題番号㊱

① Pepper is a robot in Tokyo.
② Robots are being used to help with everyday jobs.
③ Robots can now do everything that people can do.
④ Everybody thinks that robot helpers are a good idea.

37. Have you ever seen a giraffe at the zoo? Giraffes are the tallest animals in the world. The average height of a giraffe is 16-18 feet tall. This animal has a very long neck and legs. Giraffes eat the leaves from tall trees. Other animals cannot reach that high. Male giraffes are even taller than female giraffes.

What is the main idea of the passage? 問題番号㊲

① Giraffes are extremely tall animals.
② Giraffes don't sleep very much.
③ Giraffes are popular animals at the zoo.
④ Giraffes eat leaves.

38. A long time ago, in a small house in Scotland, two friends lived together. Their names were John and Bobby. John and Bobby were not rich, but they were happy. They had a warm fire when it was cold outside. They had good food to eat when they were hungry. They were never lonely because they had each other. John and Bobby liked to take long walks together. After their walk, John usually cooked dinner. John and Bobby ate dinner and then sat in front of the fire. They had a simple but good life.

Then, in the spring of 1858, John got sick and died. He was buried in a cemetery in Edinburgh, Scotland. After John was buried, Bobby stood at John's grave and cried. "Come on, Bobby," friends said. "It's time to go home." Bobby went home, but later he returned to the cemetery. He sat down near John's grave. He stayed there all night.

Bobby stayed at the cemetery the next day, and the next day, and the next. For the next 14 years, Bobby never left the cemetery. When the weather was cold or rainy, he slept in a small house at the cemetery. When the weather was warm, he slept on the ground near John's grave. Finally, in 1872, Bobby died, too. Friends buried him in a little grave near John.

Sandra Hayer, *TRUE STORIES IN THE NEWS*

注）cemetery 墓地　bury 埋葬する　grave 墓

Why was Bobby's grave little? 問題番号㊳

① Bobby was a very old and small man.
② Bobby's friends didn't like him very much.
③ John and Bobby were not rich but happy.
④ Bobby, John's best friend, was a dog.

イ　立って見たり、座って見たりして、あたりを見るが、去年のありさまによく似ている。
ウ　立って見たり、座って見たりして、あたりを見るが、去年のありさまに似ていない。
エ　立って見たり、座って見たりして、あたりを見るが、去年のありさまからは想像できない。

問九　傍線部⑩【なる】の文法的説明として最も適切なものを次のア～エの中から一つ選びなさい。　問題番号㊹
ア　断定の助動詞「なり」の連体形　　イ　形容動詞「あばらなり」の連体形活用語尾
ウ　推定の助動詞「なり」の連体形　　エ　ラ行四段活用「成る」の連体形

問十　傍線部⑪【春や昔の春ならぬ】の「ぬ」は助動詞である。このときの意味として最も適切なものを次のア～エの中から一つ選びなさい。　問題番号㊺
ア　確述　　イ　完了　　ウ　打消　　エ　並列

問十一　本文は『伊勢物語』の一節であるが、次の『伊勢物語』についての説明文の空欄に入るものとして、最も適切なものを次のア～エの中から一つずつ選びなさい。

全体の約三分の二の段が（　⑫　）を描き、残りの段が、肉親の情愛・主従の情・友情・旅情などを描く。平安貴族が理想とした（　⑬　）の精神を基調とし、愛の真実を求めて生きる人々の姿が描かれている。
典型的な（　⑭　）で、各段とも必ず一首、あるいは数首の歌を含み、その歌を中心として物語が展開される。多くは「昔、男ありけり」で始まり、根幹部分では「男」（主人公）は（　⑮　）を暗示する。「元服」から「死」までをおおよそ年代順に並べ、（　⑯　）のように構成されているが、実際には事実と虚構が入り交じっている。

⑫　ア　友との友愛　　イ　親子の愛情　　ウ　男女の愛情　　エ　子弟の愛情　問題番号㊻
⑬　ア　みやび　　イ　をかし　　ウ　わび　　エ　さび　問題番号㊼
⑭　ア　作り物語　　イ　歌物語　　ウ　擬古物語　　エ　歴史物語　問題番号㊽
⑮　ア　喜撰法師　　イ　僧正遍照　　ウ　大友黒主　　エ　在原業平　問題番号㊾
⑯　ア　日記　　イ　紀伝体　　ウ　一代記　　エ　史実　問題番号㊿

ア 心ざし深かりける人　**イ** すむ人　**ウ** 東の五条　**エ** 大后の宮

問二　傍線部②【対】、⑦【去年】の漢字の読みとして最も適切なものを次の**ア**～**エ**の中から一つ選びなさい。 問題番号㊱

②　対

ア ない　**イ** たい　**ウ** とい　**エ** うい

⑦　去年 問題番号㊲

ア ことせ　**イ** いどし　**ウ** こそ　**エ** こぞ

問三　傍線部③【正月】とあるが、旧暦一月を何と言うか。最も適切なものを次の**ア**～**エ**の中から一つ選びなさい。 問題番号㊳

ア 睦月　**イ** 卯月　**ウ** 師走　**エ** 水無月

問四　傍線部④【人のいき通ふべき所にもあらざりければ】の「人」とはどのような「人」か。最も適切なものを次の**ア**～**エ**の中から一つ選びなさい。 問題番号㊴

ア 身分の高い人　**イ** 普通の身分の人間　**ウ** 殿上人　**エ** 天皇

問五　傍線部⑤【ける】の活用形として、最も適切なものを次の**ア**～**エ**の中から一つ選びなさい。 問題番号㊵

ア 未然形　**イ** 連用形　**ウ** 已然形　**エ** 連体形

問六　傍線部⑥【またの年】とはいつのことか。最も適切なものを次の**ア**～**エ**の中から一つ選びなさい。 問題番号㊶

ア 二年後　**イ** 翌年　**ウ** 十年後　**エ** 去年

問七　傍線部⑧【いき】の主語として最も適切なものを次の**ア**～**エ**の中から一つ選びなさい。 問題番号㊷

ア すむ人　**イ** 心ざし深かりける人　**ウ** ほか　**エ** 大后の宮

問八　傍線部⑨【立ちて見、ゐて見、見れど、去年に似るべくもあらず。】の現代語訳として、最も適切なものを次の**ア**～**エ**の中から一つ選びなさい。 問題番号㊸

ア 立って見たり、座って見たりして、あたりを見るが、去年のありさまに似るはずもない。

びなさい。

ア　A　　イ　B　　ウ　C　　エ　D

問題番号㉜

問十一　この文章の構成や表現として適切なものはどれか。最も適切なものを次の**ア**～**エ**の中から一つ選びなさい。

ア　中高生の会話を題材とし、そこに内在する問題点を指摘し、文章の結びでその問題に対する自分の意見を述べている。

イ　筆者の体験した身近な出来事や関連した資料を活用し、説得力を持たせつつ、文章の結びで自身の主張をまとめている。

ウ　文章のはじめの方で自身の主張を述べ、その根拠を道筋を立てて説明しながら、比喩を用いて分かりやすくしている。

エ　文章のはじめに意見の根拠を示すとともに、文末を敬体で統一することにより、抵抗感なく読めるようにしている。

問題番号㉝

四

次の文章を読んで、後の問いに答えなさい。

むかし、東の五条に、大后の宮①おはしましける西の②対に、すむ人ありけり。それを、本意にはあらで、心ざしふかかりける人、ゆ③きとぶらひけるを、正月の十日ばかりのほどに、ほかにかくれにけり。あり所は聞けど、④人のいき通ふべき所にもあらざりければ、⑤なほ憂しと思ひつつなむありける。

⑥またの年の正月に、梅の花ざかりに、⑦去年を恋ひて⑧いきて、⑨立ちて見、ゐて見、見れど、去年に似るべくもあらず。うち泣きて、⑩あばらなる板敷に、月のかたぶくまでふせりて、去年を思ひでてよめる。

⑪月やあらぬ春や昔の春ならぬわが身ひとつはもとの身にして

とよみて、夜のほのぼのと明くるに、泣く泣くかへりにけり。

（小学館『新編日本古典文学全集12』所収「伊勢物語」）

問一　傍線部①【おはしまし】は敬語である。次の問に答えなさい。

㈠傍線部①の敬語の種類として最も適切なものを次の**ア**～**エ**の中から一つ選びなさい。

ア　謙譲　　**イ**　尊敬　　**ウ**　丁寧　　**エ**　自尊

問題番号㉞

㈡敬意の対象として最も適切なものを次の**ア**～**エ**の中から一つ選びなさい。

問題番号㉟

問六　傍線部⑤【「言葉」がたまらないといけない】とあるが、これはどういうことか。最も適切なものを次の**ア**～**エ**の中から一つ選びなさい。
問題番号㉘

ア　趣味の合う仲間と美意識の批判をし合い、批評のための言葉を得ること。
イ　他人と共通する「自己ルール」を持ち、批評する言葉を成熟させること。
ウ　単なる好き嫌いではなく、理由を伴った説明に必要な言葉を増やすこと。
エ　親から自立し、自分の周囲のさまざまなものを批判する言葉を持つこと。

問七　傍線部⑥【「原理＝キーワード」をだんだん鍛えてゆくのと、同じ原理】とあるが、何が「同じ」なのか。最も適切なものを次の**ア**～**エ**の中から一つ選びなさい。
問題番号㉙

ア　「自己ルール」を確かめあうこと　　**イ**　「自己ルール」を交換しあうこと
ウ　「自己ルール」を調整しあうこと　　**エ**　「自己ルール」を形成していくこと

問八　傍線部⑦【人間は他人を通してしか自分を理解することはできない】とあるが、それはなぜか。最も適切なものを次の**ア**～**エ**の中から一つ選びなさい。
問題番号㉚

ア　「自己ルール」の特徴に気がつくのは、他人と自分が見ているものとの違いや、偏りに気づくときだけだから。
イ　「自己ルール」は長い時間をかけて形成されたものなので、誰もその感受性のメガネを外すことはできないから。
ウ　われわれは誰もが、自分だけの善悪・美醜の「自己ルール」を、いわば感受性のメガネとしてかけているから。
エ　「自己ルール」のメガネを外せないなら、それがわれわれにとっては、〝正常な〟世界であるから。

問九　この文章で筆者の考えとして**当てはまらない**ものを次の**ア**～**エ**の中から一つ選びなさい。
問題番号㉛

ア　各人が自己の「道徳」のルールを、自分の理性の力で内的に打ち立てる点に、近代人の「道徳」の本質がある。
イ　まだ言葉が十分に成熟しないあいだは、子供の「批判」は、単なる不平不満にほかならない。
ウ　美意識をもっているかいないかが問題であり、自己ロマンの強い人は、美醜のルールが強く形成される傾向がある。
エ　すべての人が自分なりの「メガネ」をかけているので、絶対に正しい「自己ルール」というものはない。

問十　この文章を意味段落に分ける時、二段落のはじめはどこからになるのが適切か。最も適切なものを次の**ア**～**エ**の中から一つ選

ⓐ 象チョウ的
ア チョウ所と短所。 イ 特チョウのある顔立ち。 ウ チョウ理師免許を得る。 エ チョウ常現象に驚く。 問題番号㉑

ⓑ キョ容
ア キョ大な組織。 イ 入室をキョ可する。 ウ キョ動不審な人物。 エ 廃キョと化した病院。 問題番号㉒

ⓒ ゲン密
ア ゲン罰に処する。 イ ゲン界を迎える。 ウ ゲン則に従う。 エ ゲン代文の試験。 問題番号㉓

問二 傍線部①【前者】が指している内容で最も適切なものを次の**ア**～**エ**の中から一つ選びなさい。 問題番号㉔

ア ものごとについて「自分で考える方法」
イ 「自己」自身について考えるためのすぐれた原理
ウ 人間関係や社会をうまく調整するために必要な智恵を蓄えること
エ 個々人がよく生きるための考えを成熟させること

問三 傍線部②【私はこれにつけくわえて】とあるが、筆者が了解しなおすべきと考えているものに**当てはまらない**ものを次の**ア**～**エ**の中から一つ選びなさい。 問題番号㉕

ア 「美醜」のルール **イ** 「自己ルール」 **ウ** 「よい―悪い」のルール **エ** 「哲学」のルール

問四 傍線部③【子供の「批判」】とあるが、次のある四人の会話のうち「批判」であるものとして最も適切なものを次の**ア**～**エ**の中から一つ選びなさい。 問題番号㉖

ア 「このブランドだからお気に入りなんだよね」 **イ** 「分かる。素材も良いし、僕も好きだよ」
ウ 「でも、価格が高いから私は遠慮するかな」 **エ** 「うん、僕も何となく好きになれないな」

問五 傍線部④【「批判は」すこしずつ「批評」になってゆく】とあるが、「批判」が「批評」なるにはどうすればよいのか。最も適切なものを次の**ア**～**エ**の中から一つ選びなさい。 問題番号㉗

ア 好き嫌いをしないこと **イ** 中高生から大学生に進学すること
ウ 不平不満を言わないこと **エ** 理由がしっかりと言えること

ことで、友だちと自分の「自己ルール」を交換しあい、確かめあい、そしてそのことでそれを調整しあっていくということです。

これはちょうど、「哲学のテーブル」で、いろんな人が自分のよいアイディア（原理＝キーワード）を出しあってあれこれ言いあい、そのことでその「⑥原理＝キーワード」をだんだん鍛えてゆくのと、同じ原理なのです。

Dじつは、友だちとのこういった「批評」しあう関係によってしか、人は、自分の「自己ルール」を理解することはできません。よく、「他人こそは自分を写す鏡だ」と言います。⑦人間は他人を通してしか自分を理解することはできない、と。その通りですが、その意味を、哲学的に言うとこんな具合になります。

われわれは誰でも、自分だけの善悪・美醜の「自己ルール」を、いわば感受性のメガネとしてかけている。そしてそれは長い時間をかけて形成されたものなので、誰もこのメガネを外すことはできない。もし、青いメガネをかけていたら、すべてが青っぽく見える。メガネのレンズが少しゆがんでいたら、すべてが歪んでみえる。でも、われわれがこのメガネを外せないなら、それがわれわれにとっては、〝正常な〟世界です。

つまりふつうは、自分のメガネが歪んでいるのか、色がついているのか、誰にも決して分からない。このことに気がつくのは、他人がみているものと、自分が見ているものとの違い、偏りに気づくときだけです。これを「視線の偏差」とか「視差」と言います。もしわれわれが、自分の好き嫌い、つまり趣味批判だけで生きていれば、「自己ルール」の形がどうなっているのか、理解することはできない。「批評」しあうことではじめて、人は自分の「良し悪し・美醜」のルールが他人と違うことに気づき、またそれを交換することができるのです。

もちろん、他の人もみな自分の「自己ルール」を自分のメガネとしてかけている。だから、例えば相手の感受性や美意識が「正しい」とはかぎらない。ⓒゲン密に言うと、すべての人が自分なりの「メガネ」をかけているので、絶対に正しい「メガネ」というものはないのです。

しかし、われわれは相互の批評を通して、さまざまな人の「自己ルール」と自分の「自己ルール」との偏差を少しずつ理解し、そのことではじめて自分の「自己ルール」の大きな傾向性や問題性を了解することができるわけです。

（『中学生からの哲学「超」入門　自分の意思を持つということ』竹田　青嗣　筑摩書房）

問一　波線部ⓐ～ⓒの漢字のうち、次の傍線部で示された部分と同じ漢字を含むもので最も適切なものを次の**ア**～**エ**の中からそれぞれ一つずつ選びなさい。

Aでは、どうしたら自分の「自己ルール」を了解しなおすことができるか。いくつかポイントがあります。まず重要なのは、言葉が〝たまる〟ことです。

われわれは教育で、少しずつごく日常で使う言葉以外のいろんな言葉を覚えていくのだけど、自分を理解するのに必要な言葉がたまってくるのは、ふつうは高校から大学にかけてです。ⓐ象チョウ的に言えば、それは「批評する言葉」としてたまってくる。

中学、高校くらいになると、誰でも、まず親に対して批判的になって、批判の言葉をもちます。お母さんはいつも口うるさいけど、自分はきまぐれだとか、お父さんはいつも威張っているけどほんとは気が小さい、とか考えるようになる。

子供は、自分はまだ親に養われていて一人前ではないのだけど、周りのいろんなことを批判する言葉をもちはじめる。これがいわば人間の心の「自由」の開始点です。哲学ではこれを「自己意識の自由」と言います。「自己意識」の内側では自分のまわりのどんなことも批判できる。でも、まだ言葉が十分に成熟しないあいだは、子供の③「批判」は、単なる不平不満、つまりこれこれは「気にくわない」、です。

中学生や高校生どうしでは、趣味があうことが大事で、趣味があうと友だちになれる。「私、椎名林檎、好き」「うそ、私も大好き！やったー！」。「あの映画見た？ めっちゃよかったよね？」、「うんすごーく、よかったー！」。「でも、私、あれは嫌い、ダサーい！」「そう、私も。超ダサーい！」。これが中学、高校生の趣味的「批判」ごっこです。好き嫌いがあるだけの批判です。

Bしかし、大学生くらいになると、④「批判」はすこしずつ「批評」になってゆく。「私、あの音楽大好き、なぜって、ここのフレーズとこの歌詞がぴったりあってるんだ」、「あー、わかる、だけど、ちょっとイントロはゆるくない？」

「批評」は、単なる「好き嫌いの批判」ではなく、好きときらいの〝理由〟が入っています。好き嫌いの理由がちゃんと言えるようになると、趣味は「批評」に近づく。で友だちづきあいも、単に好きな者どうしではなく、趣味の違いがⓑキョ容できるつきあいになる。つまり、趣味自体よりも、美意識をちゃんともっているかどうかが問題になります。ともあれ、このことがとても大事だが、「批評」ができるには⑤「言葉」がたまらないといけない。

友だちどうしで「批評」がしあえる、というのは、じつは、互いに「自己ルール」を交換しあっているということです。「自己ルール」とは、その人がいつの間にか身につけている「よい—悪い」のルール、また「美醜」のルールです。「美醜のルール」は簡単に言うと、各人が身につけた美的センス、美意識です。自己ロマンの強い人は、美醜のルールが強く形成される傾向がある。

Cともあれ、高校くらいまでに、人間は、自分の「よい—わるい」と「美醜」のルールを形成していく。で、「自己意識」が強くなるにしたがって、それでいろんなものを「批判」（趣味判断）するようになる。でも、大事なのは、いろんなものを「批評」しあう

ア　「働く」ことで得られる生きがいを見出せずにいたため、仕事をやめる決心がついたということ。

イ　この女性は、自分の女優という職業に誇りを持っているため、「働く」ことにやりがいを見出したということ。

ウ　自殺しようとしていた女性は死ぬ勇気が出ずにいたが、慎一の話から後押しされたということ。

エ　慎一が話した仕事を生きがいとしていた父親の話から、「働く」ことが命をかけるに値することを知ったということ。

問題番号⑲

問八　本文全体の内容として、最も適切なものを次の**ア**～**エ**の中から一つ選びなさい。

ア　会話文にある「……」は、女性の発言のみに用いられ、女性が考えながら発言していることを想起させている。

イ　人間が死のうと考えているときは、誰かの助けを必要としており、勇気を出して声をかけるべきだと慎一の父親は考えていた。

ウ　この文章は、昼下がりの海での出来事であり、その情景を思わせる技法が文章全体に織り交ぜられている。

エ　人間はほかの人間のことでも特に生死に関しては理解ができず、苦しむがそれに耐えなければいけないと慎一の父親は考えていた。

問題番号⑳

三

次の文章を読んで、後の問いに答えなさい。

私ははじめに、哲学とはものごとについて「自分で考える方法」だと言いました。そしてまた、とくに「自己自身について考える方法」だとも言いました。というのは、近代哲学では、とくにこの「自己」自身について考えるためのすぐれた原理が、積み上げられてきたからです（ただし、十分に理解されているとは言えません）。

近代以後の哲学は大きく二つの課題をもっている。一つは人間関係や社会をうまく調整するために必要な智恵を蓄えること。もう一つは、個々人がよく生きるための考えを成熟させることです。そして、①前者は、後者の考えから取り出されるので、やはり基本は「自己了解」の智恵という点にある。

カントによると、各人が、自己の「道徳」のルール（よし悪しのルール）を、自分の理性の力で内的に打ち立てる点に、近代人の「道徳」の本質がある。たしかにその通りですが、②私はこれにつけくわえて、そのためには、人は、青年期のうちに、それまで形成されてきた「自己ルール」の形をはっきり了解しなおす必要がある、と言いたいと思います。

イ 慎一の心配をよそに冷たい態度をとってしまったことを反省し、取ってつけたように表情を変えたから。

ウ 女はひどく疲れているため、感情のコントロールができずに発言と反対の表情をしていることに気が付かなかったから。

エ 年上であるこの女は、弱いところを見せたくなく、自殺をしようとしていたことを悟られたくないから。

問四　傍線部②【親父は泣いていました】について、その時の父親の心情の説明として最も適切なものを次の**ア**～**エ**の中から一つ選びなさい。　問題番号⑯

ア 父親にとって、大物を仕留め、自分の子どもに見せることは夢であったため、夢が叶い喜ぶ気持ち。

イ 父親は、生命からがら大物を仕留め、もう気力がなくなってしまい情けないという気持ち。

ウ 父親は、漁師であることを生きがいとしており、大物を仕留めることで生きている実感があったから。

エ 父親は、大物を仕留めはしたが生命からがらであったことにより、自分の限界を感じでしまったから。

問五　傍線部③【やめなさい、っていうつもりじゃない】について、この言葉から読み取れる慎一の考えについて最も適切なものを次の**ア**～**エ**の中から一つ選びなさい。　問題番号⑰

ア 女が自殺しようとしていることを悟り、自殺した父親の話を引き合いに出す考え。

イ 女の行動に対して、意見をいうことはできないと謙遜する考え。

ウ 女に嫌われてしまうと思い、慌てて機嫌をとろうとする考え。

エ 女が自殺してもしなくても慎一には関係がないので、女のしたいようにさせる考え。

問六　傍線部④【ずっと勇気のいること】について、どういう意味であるのか。その説明として最も適切なものを次の**ア**～**エ**の中から一つ選びなさい。　問題番号⑱

ア 人間が生きるか死ぬかの肝心なことは、ほかの人間には分からず、その分からないことに耐えるしかないから。

イ この女性は、何を考えているのか分からないところがあり、必要以上に声をかけない方が良いから。

ウ 死のうとしている人に声をかけることは、非常に勇気のあることであり並大抵の精神力ではないから。

エ 自殺しようとしている人が目の前にいるにもかかわらず、なにも出来ないのは、正義感の強い慎一にとって苦しいから。

問七　傍線部⑤【働くってことの意味】について、その説明として最も適切なものを次の**ア**～**エ**の中から一つ選びなさい。

彼はただ、小さなその町に今日も溢（あふ）れている無数の都会の人びと、その人びとがそれぞれに生きている夏の一つ、そんな他人の夏の一つが、しだいに視野を遠ざかるのだけを見ていた。

（『夏の葬列』所収「他人の夏」山川　方夫　集英社）

問一　傍線部**A**～**C**のことばの意味として最も適切なものを次の**ア**～**エ**の中から一つずつ選びなさい。

A　うきうきと　　**問題番号⑪**

ア　心がはずむ様子。　**イ**　水に浮かんでいる様子。

ウ　騒々しい様子。　**エ**　大勢いる様子。

B　不断　　**問題番号⑫**

ア　思いがけないこと。　**イ**　通常通りのこと。

ウ　絶え間がないこと。　**エ**　はっきりしていること。

C　軽蔑（けいべつ）　　**問題番号⑬**

ア　好意をもつこと。　**イ**　軽々しいこと。

ウ　ばかにすること。　**エ**　嫌っていること。

問二　本文中には、「夏」「避暑地」「休暇」のように「　」がついている単語がある。なぜ「　」が付くのか。その理由として最も適切なものを次の**ア**～**エ**の中から一つ選びなさい。　**問題番号⑭**

ア　三つとも夏を連想させる単語という共通点があるから。

イ　海岸の町の人たちのものではなく、都会からやってきた他人のものであるから。

ウ　この文章のキーワードであるので、強調したいから。

エ　自分は受験生で、お祭りには積極的に参加できないので、他人事であるから。

問三　傍線部①【笑った】とあるが、なぜ拒む描写で笑っているのか。その説明として最も適切なものを次の**ア**～**エ**の中から一つ選びなさい。　**問題番号⑮**

ア　泳ぎに自信のある女は、年下の慎一に心配されたことが悔しく余裕を見せたいと思ったから。

「ほっといてよ。……あなたには、関係ないことだわ」
「べつに、③やめなさい、っていうつもりじゃないんですよ」
女は、ヒステリックにいった。
「からかうの？　C軽蔑（けいべつ）しているのね、私を。子どものくせに」
あわてて、慎一はいった。
「ちがいます。親父がぼくにいったんです。死のうとしている人間を、軽蔑しちゃいけない。どんな人間にも、その人なりの苦労や、正義がある。その人だけの生甲斐（いきがい）ってやつがある。そいつは、他の人間には、絶対にわかりっこないんだ、って」
女は無言だった。遠く、波打ち際で砕ける波の音がしていた。
「人間には、他の人間のこと、ことにその生きるか死ぬかっていう肝心のことなんかは、決してわかりっこないんだ、人間は、だれでもそのことに耐えなくちゃいけないんだ、って。……だから、目の前で人間が死のうとしても、それをとめちゃいけない。その人を好きなように死なしてやるほうが、ずっと親切だし、ほんとうは、④ずっと勇気のいることなんだ、って……」
女の顔に夜光虫の緑の燐光（りんこう）が照って、それが呼吸（いき）づくように明るくなり、また暗くなった。女は怒ったような目つきで、海をみつめていた。「ぼくの親父も、自殺したんです。背骨を打ってもう漁ができなくなって、この沖で錘をからだに結（ゆ）わえつけてとびこんじゃったんです。……あなたも、ぼくはとめはしません」
彼は岸に顔を向けた。そのままゆっくりと引きかえした。真暗な夜の中で、ただ夜光虫だけが彼につづき、波間にあざやかに濡（ぬ）れた色の燐光を散らしていた。
真赤なスポーツ・カーが、慎一のいるガソリン・スタンドに止まったのは、翌日の夕暮れ近くだった。ガソリンを入れに近づく慎一の顔を見て、女はサン・グラスをとり、急に目を大きくした。
「昨夜は」といい、女は笑いかけた。「……ねえ、あのお話、ほんとう？」
「ほんとうです」と、慎一は答えた。
「……そう。ありがと。私、あれから一時間近くかかって、やっと岸に着いたわ」
女は慎一の手を握った。
「あなたに、勇気を教えられたわ。それと、⑤働くってことの意味とを」
国道を真赤なスポーツ・カーが小さくなるのを、慎一はぼんやりと見ていた。女の言葉の意味が、よくわからなかった。

「かまわないで」

ほんの二メートルほど先の海面で、波の襞(ひだ)とともに夜光虫の光に顔をかすかに浮きあがらせた女は、睨(にら)むような目をしていた。ああ、と慎一は思った。彼は、その顔をおぼえていた。

今日、真赤なスポーツ・カーにひとりで乗ってきた女だった。目の大きな、呼吸(いき)をのむほど美しいまだ若い女で、同級生の兄は、あれは有名な映画女優にちがいないぞといった。

「……あなた、この町の人ね?」

女の顔は見えなかった。彼は答えた。

「そうです。だからこの海にはくわしいんです」

「漁師さんなの?」

「……親父(おやじ)が漁師でした」と彼はいった。「親父は、沖で一人底引き網をやってたんです。銛(もり)も打ったんです。二十八貫もあるカジキを、三日がかりでつかまえたこともあります」

自分でも、なぜこんなことをしゃべりはじめたのか、見当がつかなかった。ただ、なんとなく女を自分とつなぎとめておきたかったのかもしれない。

「そのときは、親父も生命(いのち)からがらだったんです。牛みたいな大きなカジキを、ふらふらになって担ぎながら、親父は精も魂もつき果てたっていう感じでした。……でもその夜、親父はそのカジキの背をたたきながらぼくにいったんです。おい、よく見ろ、おれは、こいつに勝ったんだぞ。生きるってことは、こういう、この手ごたえのことなんだよ。……あのとき、②親父は泣いていました」

「銛で打ったの?」

「そうです。とても重い銛なんです」

「ずいぶん、原始的ね」女はひきつったような声で笑った。「で、お父さんは?」

「死にました。去年」

女はだまった。ゆっくりとその女のそばをまわりながら、彼はいった。

「……あなたは、自殺するつもりですか?」

喘ぐ呼吸が聞こえ、女は反抗的に答えた。

来年、彼は近くの工業高校に進学するつもりでいた。それを母に許してもらうため、すこしでも貯金をしておこうと、その夏、慎一は同級生の兄が経営するガソリン・スタンドに、アルバイトとしてやとわれていた。都会から来た連中が占領していたのは町だけではなく、もちろん、海もだった。海岸に咲いた色とりどりのビーチ・パラソルや天幕(テント)がしまわれるのは、夜も九時をすぎてからだろうか。それからもひとしきり海岸は、ダンスやら散歩やら音楽やらでにぎわう。海辺から人びとのざわめきがひっそりと途絶えるのは、それが終わってから朝までのごく短い時間なのだ。

八月のはじめの、ひどく暑い日だった。その日は夜ふけまで暑さがつづいていた。それで海へ駈(か)けつけてきた連中も多いらしく、自動車を水洗いする仕事が午前一時すぎまでかかった。慎一が、久しぶりに海で泳いだのはその夜だった。

自分の町の海、幼いころから慣れきった海だというのに、こうして人目をさけてこっそりと泳ぐなんて、なんだかよその家の庭にしのびこんでいるみたいだ。「お客さん」たちに遠慮しているようなそんな自分がふとおかしかったが、慎一はすぐそんな考えも忘れた。冷たい海の肌がなつかしく、快かった。

やはり、海は親しかった。月はなかった。が、頭上にはいくつかの星が輝き、黒い海にはきらきらと夜光虫が淡い緑いろの光の呼吸をしている。

夜光虫は、泳ぐ彼の全身に瞬きながらもつれ、まつわりつき、波が崩れるとき、一瞬だけ光を強めながら美しく散乱する。……慎一は、知らぬまにかなり沖にきていた。

ふと、彼は目をこらした。すぐ近くの暗黒の海面に、やはり夜光虫らしい仄(ほの)かな光の煙をきらめかせて、なにかが動いている。

「……だあれ？　あなた」

若い女の声が呼んだ。まちがいなく若い女がひとり、深夜の海を泳いでいるのだった。

「知らない人ね、きっと。……」

女は、ひとりごとのようにいった。はじめて慎一は気づいた。女の声はひどく疲れ、喘(あえ)いでいた。

「大丈夫ですか？」

慎一はその声の方角に向いていった。

「いいの。ほっといてよ」

女は答え、①笑った。だが、声は苦しげで、笑い声もうまく続かなかった。慎一はその方向に泳ぎ寄った。

「……あぶないですよ、この海は。すぐうねりが変わるんです。もっと岸の近くで……」

ア　周りが敵ばかりの状態。　　イ　歌声がとても美しい事。
ウ　根本的な判断が間違っていること。　　エ　遠くまで自分の名声が轟くこと。

問六　『方丈記』の作者として最も適切なものを次のア～エの中から一つ選びなさい。　問題番号⑦
ア　紫式部　　イ　鴨長明　　ウ　清少納言　　エ　兼好法師

問七　『徒然草』の書かれた時代として最も適切なものを次のア～エの中から一つ選びなさい。　問題番号⑧
ア　近代　　イ　上代　　ウ　近世　　エ　中世

問八　志賀直哉の作品として**適切でない**ものを次のア～エの中から一つ選びなさい。　問題番号⑨
ア　暗夜行路　　イ　小僧の神様　　ウ　友情　　エ　和解

問九　井伏鱒二の作品として最も適切なものを次のア～エの中から一つ選びなさい。　問題番号⑩
ア　沈黙　　イ　暗い絵　　ウ　黒い雨　　エ　野火

二

次の文章を読んで、後の問いに答えなさい。

海岸のその町は、夏になると、急に他人の町になってしまう。—都会から、らくに日帰りができるという距離のせいか、避暑客たちが山のように押し寄せてくるのだ。夏のあいだじゅう、町は人口も倍近くにふくれあがり、海水浴の客たちがすっかり町を占領して、夜も昼も、A<u>うきうきとそうぞうしい</u>。

その年も、いつのまにか夏がきてしまっていた。ぞくぞくと都会からの海水浴の客たちがつめかけ、例年どおり町をわがもの顔に歩きまわる。大きく背中をあけた水着にサンダルの女。ウクレレを持ったサン・グラスの男たち。写真機をぶらさげ子どもをかかえた家族連れ。真赤なショート・パンツに太腿（ふともも）をむきだしにした麦藁帽（むぎわらぼう）の若い女たち。そんな人びとの高い笑い声に、自動車の警笛がB<u>不断の伴奏のように鳴りつづける</u>。

そこには、たしかに「夏」があり「避暑地」があり、決して都会では味わえない「休暇」の感触があったが、でも、その町で生まれ、その町で育った慎一には、そのすべてはひとごとでしかなかった。いわば、他人たちのお祭りにすぎなかった。だいいち、彼には「休暇」も「避暑地」もなかったのだ。

国語

一 次の問いに答えなさい。

問一 次の慣用句を完成させるために空欄に当てはまるものとして最も適切なものを次のア～エの中から一つ選びなさい。

横やりを（　）。

ア 入れる　イ 貫く　ウ 投げる　エ 突く

問題番号①

問二 次の外来語の意味として最も適切なものを次のア～エの中から一つ選びなさい。

カオス

ア 超越　イ 秩序　ウ 困難　エ 混沌

問題番号②

問三 次の傍線部の語句の意味として最も適切なものを次のア～エの中から一つ選びなさい。

彼はこだわりが強すぎるきらいがある

ア 弱点　イ 傾向　ウ 嫌気　エ 習慣

問題番号③

問四 次の傍線部の箇所を訂正するときに最も適切なものを次のア～エの中から一つ選びなさい。

「当方の施設をぜひ一度、拝見ください。」

ア ご拝見ください　イ ご覧ください　ウ 見学ください　エ 見てください

問題番号④

問五 次の四字熟語の意味として最も適切なものを次のア～エの中から一つ選びなさい。

画竜点睛

ア 物事の最後に加える大切な仕上げ。

イ 天に昇るほど勢いのあること。

ウ 豪快に物事を進める様子。

エ 晴れ晴れとした気持ちで物事に取り組むこと。

問題番号⑤

四面楚歌

問題番号⑥

志　学　館　高　等　部

数　学

1 次の(1)～(6)の問いに答えなさい。

(1) $8-3^2\times\frac{4}{9}$ を計算しなさい。

(2) $(3a-b)^2+(a+b)(7a-b)$ を計算しなさい。

(3) $(1+\sqrt{2})^2-\frac{4}{\sqrt{2}}$ を計算しなさい。

(4) $(x+4y)(x-4y)+6xy$ を因数分解しなさい。

(5) 関数$y=2x^2$において，xの値が２から５まで増加するときの変化の割合を求めなさい。

(6) xについての２次方程式　$x^2+ax-10=0$　があり，その解の１つが5のとき，もう１つの解を求めなさい。

2 右の図のように，正六角形ＡＢＣＤＥＦがあり，頂点Ａ上に黒のコマ，頂点Ｆ上に白のコマがある。

１から６までの目が出る大小２つのサイコロを同時に投げ，大きいサイコロの出た目の数をa，小さいサイコロの出た目の数をbとして，黒と白のコマを次のように動かす。

黒のコマは頂点Ａを出発し，矢印の方向に$a+b$の値の数だけ，Ｂ→Ｃ→Ｄ→Ｅ→Ｆ→Ａ→…と頂点上を動かす。また，白のコマは頂点Ｆを出発し，矢印の方向に$a\times b$の値の数だけ，Ｅ→Ｄ→Ｃ→Ｂ→Ａ→Ｆ→…と頂点上を動かす。

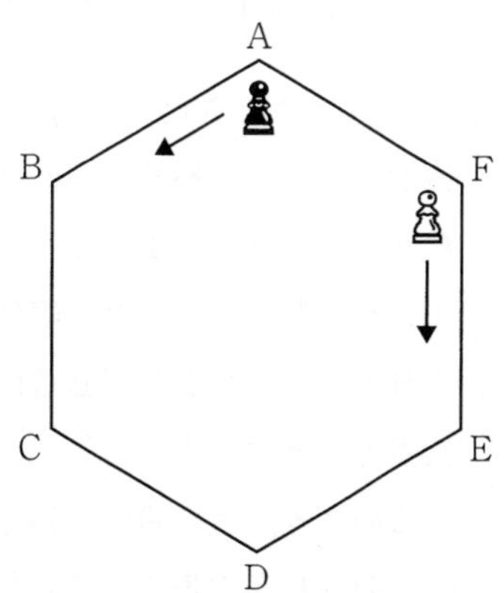

例えば，大きいサイコロの出た目の数が3，小さいサイコロの出た目の数が6のとき，$3+6=9$より，黒のコマを頂点Ｄまで動かし，$3\times6=18$より，白のコマを頂点Ｆまで動かす。

このとき，次の問いに答えなさい。

ただし，サイコロは，１から６までのどの目が出ることも同様に確からしいものとする。

(1) 白のコマを頂点Ｂまで動かす確率を求めなさい。

(2) 黒と白のコマをどちらも頂点Ｆまで動かす確率を求めなさい。

3 右の図のように，自然数が書かれたカードを，上から奇数段目に７枚，偶数段目に６枚となるように規則的にすき間なく並べていく。

このとき，下の問いに答えなさい。

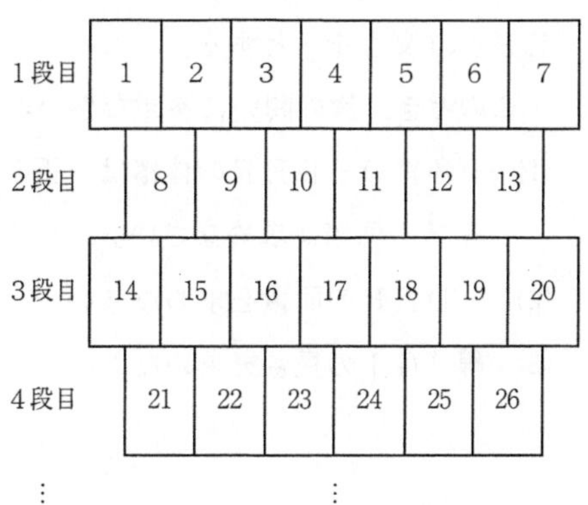

(1) ８段目の左から５番目のカードに書かれた数を求めなさい。

(2) 150が書かれたカードが並ぶのは何段目か求めなさい。

(3) nが奇数のとき，n段目の右端のカードに書かれた自然数を，nを使った式で表しなさい。

4 右の図で，曲線ℓは関数$y=ax^2$のグラフ，直線mは関数$y=x+6$のグラフである。２点Ａ，Ｂは曲線ℓと直線mとの交点であり，そのx座標はそれぞれ-3，６である。

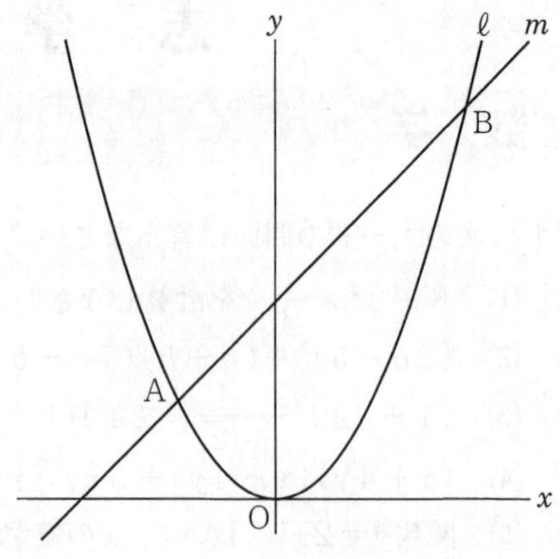

このとき，次の問いに答えなさい。

(1) aの値を求めなさい。

(2) y軸上に２点Ａ，Ｂからの距離が等しくなるように点Ｐをとるとき，線分ＡＰの長さを求めなさい。

(3) 点Ｂとy軸について対称となる点Ｃをとり，直線ＯＣと直線mとの交点をＤとする。また，直線m上に，x座標が点Ｄのx座標より大きい点Ｑをとる。

△ＣＤＱの面積が△ＡＤＯの面積の12倍になるとき，点Ｑの座標を求めなさい。

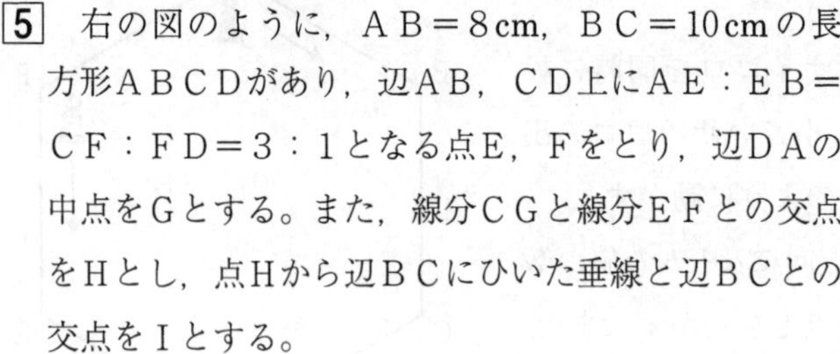

5 右の図のように，ＡＢ＝８cm，ＢＣ＝10cmの長方形ＡＢＣＤがあり，辺ＡＢ，ＣＤ上にＡＥ：ＥＢ＝ＣＦ：ＦＤ＝３：１となる点Ｅ，Ｆをとり，辺ＤＡの中点をＧとする。また，線分ＣＧと線分ＥＦとの交点をＨとし，点Ｈから辺ＢＣにひいた垂線と辺ＢＣとの交点をＩとする。

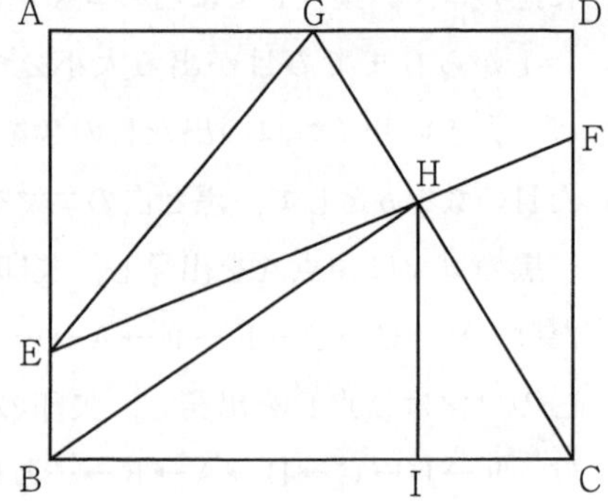

このとき，次の問いに答えなさい。

(1) 線分ＥＦの長さを求めなさい。

(2) △ＥＧＨの面積を求めなさい。

(3) 点Ｉと直線ＥＧとの距離を求めなさい。

6 右の図のように，１辺が６cmの正四面体Ｏ－ＡＢＣがある。辺ＯＡ，ＯＢ，ＯＣの中点をそれぞれＤ，Ｅ，Ｆとし，線分ＯＤ，ＢＥの中点をそれぞれＧ，Ｈとする。また，辺ＢＣの中点をＩとし，直線ＧＩと△ＤＥＦとの交点をＪとする。

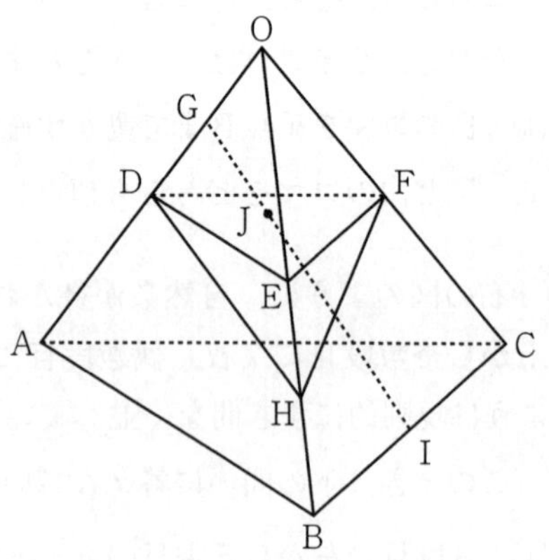

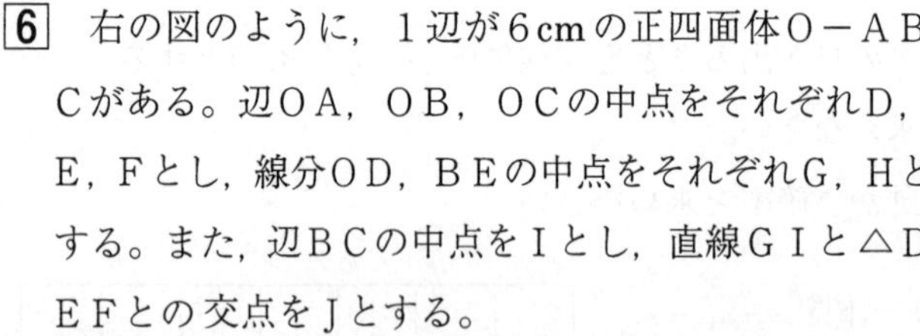

このとき，次の問いに答えなさい。

(1) 三角錐Ｏ－ＤＥＦの体積は，正四面体Ｏ－ＡＢＣの体積の何倍か求めなさい。

(2) △ＤＨＦの面積を求めなさい。

(3) 線分ＧＪの長さを求めなさい。

英　語

1　次の英文を読んで，あとの(1)~(4)の問いに答えなさい。

When we look at the earth from *space, we can see large areas of blue sea water. It is the home for different kinds of fish and sea animals. Many fish and sea animals live near the *surface of the sea water between 0-200 meters. They live there because light from the sun enters the sea water. So they can easily find a lot of *seaweed and *plankton which grow there and eat them. Sea water becomes dark and cold below 200 meters. Few fish and sea animals can live there because it is very difficult for them to find food. Fish near the surface can find a lot of food to eat, but there is also a lot of *risk in swimming there. It is easy for big fish and sea birds to eat them. For that reason, small fish swim in one large group, so they will not to be eaten.

For a very long time in our history, humans have used boats and *nets for fishing. Today, big fishing boats can stay at sea for weeks and months, and there is also a problem of (Ⓐ). There is not enough time for the number of fish to grow again. The nets are put in the sea for a long time, so the fishing boats also catch *sea turtles. Small fish can swim through the nets, but sea turtles are too big to get out of them. When sea turtles are caught in the nets, they often die because they cannot swim to the surface to get air. It is said that baby sea turtles need to get some fresh air every 20 minutes and adult sea turtles every hour and a half. It is important to find ways to save sea animals. For example, some countries have no-fishing areas to protect them.

Plastic in the sea is another big problem for fish and sea animals. Many sea turtles and sea birds eat pieces of plastic bottles and bags in the sea and die. We should do something to save their lives. For example, we can go to the beach on weekends to (Ⓑ) plastic bottles and bags.

（注） space 宇宙　surface 水面　seaweed 海藻　plankton プランクトン　risk 危険
net 網　sea turtle ウミガメ

(1) 文中の(Ⓐ)に入れるのに最も適切な語句を次の**ア**~**エ**の中から１つ選び，その符号を書きなさい。

ア breaking boats　　**イ** catching too many fish
ウ losing their way　　**エ** using a lot of sea water

(2) 文中の(Ⓑ)に入れるのに最も適切な語句を次の**ア**~**エ**の中から１つ選び，その符号を書きなさい。

ア worry about　**イ** give up　**ウ** throw away　**エ** pick up

(3) 次の英文が本文の内容と合うようにするとき，(　　)に入れるのに最も適切な，本文中の連続する**5語**を書きなさい。

Thanks to light from the sun, fish and sea animals living near the surface can (　　).

(4) 本文の内容と合うものを次の**ア**~**オ**の中から**2つ**選び，その符号を書きなさい。

ア It's necessary for small fish living near the surface to swim in one large group.
イ Fish grow well in the nets which are in the sea for a long time.
ウ Baby turtles can swim through the nets because they are small.
エ Some people say that adult sea turtles need to get air every 20 minutes.
オ Many sea turtles and sea birds die from eating pieces of plastic bottles and bags in the sea water.

2 次の対話文を読んで，あとの(1)，(2)の問いに答えなさい。

Meg: Jun, I went to the festival in my town last week. I joined a Japanese game with my friends there. It's called *Hyakunin Isshu Karuta*. But I didn't play it well because I didn't know the rules. Can you explain the game to me?

Jun: Sure. *Hyakunin Isshu* means "one hundred *poems" in English. It's a traditional Japanese card game of 100 poems. There are two sets of 100 cards. The *yomi fuda* which means a reading card has both the first part and the second part of the poem and a picture of the poem. The *tori fuda* which means a playing card has only the second part of the poem.

Meg: I see. We all sat in a *circle on the floor and spread some cards around us. A woman read a poem from a card, and the other people looked for a *matching card. There were so many cards on the floor.

Jun: It's a *race to find the matching card.

Meg: Yes, but how can you find the card so quickly?

Jun: At school, we had to learn all 100 poems during our Japanese class.

Meg: Really? That's great!

Jun: It took a long time, and it was a lot of hard work.

Meg: I wish I could study the poems, too! I'd like to play the game again after I learn more about the poems.

Jun: We can go to see the *karuta* *competition at my sister's high school next month. It will be fun to watch the competition. The players wear traditional Japanese clothes, and they sit across each other with the cards in the *middle.

Meg: I'd really like to go with you! I've been very interested in traditional Japanese clothes since I saw some young people wearing them near my house last year.

Jun: Then, you'll also enjoy watching the players.

Meg: I think I will. Well, it must be exciting because the players must be very quick to choose the matching card.

Jun: It's so fast. When a player *slaps the card away, it makes a big sound.

Meg: Well, thank you for inviting me. I'll go to the school library now to find the poems.

（注） poem 詩，韻文　circle 円　matching 合っている　race 競争　competition 競技会
middle 真ん中　slap～ ～をたたく

(1) 本文の内容と合うものを次の**ア**～**オ**の中から**2つ**選び，その符号を書きなさい。

ア Last week, Meg learned the rules of *Hyakunin Isshu Karuta*, so she played it well.

イ Meg was surprised to know that all 100 poems were learned during the Japanese class.

ウ The *karuta* competition will be held at Jun's school next month.

エ Next month, Meg will see traditional Japanese clothes for the first time.

オ Meg will go to the school library to find the poems of *Hyakunin Isshu Karuta*.

(2) 次の英文が本文の内容と合うようにするとき，（　　）に入れるのに最も適切な１語を書きなさい。

Meg thinks that it must be exciting to see the (　　　) choosing the matching cards very quickly in the competition.

3 次の英文を読んで，あとの(1)〜(7)の問いに答えなさい。

Ken moved to Chicago from Tokyo last week. His father found a new job in Chicago and wanted the family to go with him. Ken lived in New York for two years from the age of six to eight because of his father's work, and he was already able to communicate in English. [ア] He wasn't worried about his English so much, but he wanted to stay in Tokyo because he was the star player on his basketball team at his junior high school. His father said, "Ken, you can play basketball in Chicago, too. It will be a new challenge for you." Ken was (①), but he said to himself, "Father is right. If I practice hard, maybe I can play basketball at an American university in the future."

On Ken's first day at school, he got on the school bus near his house. A few minutes later, a boy got on the bus and sat next to him. He was tall and looked strong, and he was carrying a basketball. The boy said to Ken with a smile, "Hey, I'm Mike. You are a new student from Japan, aren't you? I like your basketball shoes." Ken felt happy, and he talked to Mike about himself. [イ] Mike was surprised that Ken spoke English well, and he told Ken that there was a basketball *tryout. It was a basketball test for students after school that day. Mike said, "I'd like to go to the tryout. I hope I can pass it. If you want to join the team, you have to pass it, too." Ken wanted to join the basketball team, but he was *gradually feeling afraid because he thought that other boys who would go to the tryouts must be tall and strong like Mike. He didn't think he could play as well as them.

When Ken arrived at school, he looked at his class schedule and went to his first class, science. The teacher began the lesson, and soon Ken became nervous. He turned the pages in his book, and he knew that he needed to study a lot. He thought, "When I was in Japan, I *was confident in my English. But I don't understand these *scientific terms. Can I *get along here at this school?" In the next class, ②<u>the same thing</u> happened to him. [ウ]

At lunch time, Ken went to the cafeteria to buy his school lunch. After choosing his lunch, he walked around and looked for a seat. Then, someone said, "Hi, Ken. Do you want to sit with us?" Ken looked back and found Mike and his friends. Ken was surprised and said, "Hi, Mike. Thank you. I will." Mike said, "You look *down. What's up?" Ken told them about his classes he had that morning. Then, Mike said, "I will help you with your studies if you want. You can ask me anything. And, let's pass the tryout together today and play basketball on the same team. You'll have a lot of friends there." Ken was very happy to hear ③<u>that</u>, and he *plucked up his courage. [エ]

At the end of the school day, Ken ran to the school gym. The basketball tryout started and the coach *watched the students play a game. When it was Ken's turn, he *concentrated hard. He kept his eyes on the ball and watched how the other players moved. He moved quickly, found his chance, and got a point. After the tryout finished, the coach called Ken's name with ten other students. Mike was one of them, too. Ken and Mike smiled at each other. The coach said to the students, "You passed the test. You are on the team now." Ken was happy, and he thought, "I'll try to do everything with courage. Then, I'll be a good player and do well in my studies."

（注） tryout 適性試験　gradually 次第に　be confident in〜 〜に自信がある
scientific term 科学用語　get along うまくやっていく　down 落ち込んで
pluck up his courage 勇気がわいてくる　watch〜… 〜が…するのを見る　concentrate 集中する

(1) 本文中にHe got worried. という英文を補うとき，ア～エの□の中から最も適切な場所を1つ選び，その符号を書きなさい。

(2) 文中の（ ① ）に入れるのに最も適切な1語を次のア～エの中から1つ選び，その符号を書きなさい。
ア glad　イ excited　ウ sad　エ warm

(3) 下線部②の内容として，最も適切なものを次のア～エの中から1つ選び，その符号を書きなさい。
ア 健(Ken)は教室を見つけることができなかった。
イ 健は自分の英語がシカゴでも通用すると思った。
ウ 健は先生に指名されると思って緊張した。
エ 健は授業で使われる用語が理解できなかった。

(4) 下線部③の内容として最も適切なものを次のア～エの中から1つ選び，その符号を書きなさい。
ア Mike hopes that Ken will eat lunch with him and his friends at the cafeteria.
イ Mike will help Ken with his studies and hopes to play basketball with Ken on the same team.
ウ Mike is worried about Ken's problem because Ken always helps Mike at school.
エ Mike told Ken about the classes and answered all of his questions.

(5) 次の英文が本文の内容と合うようにするとき，（ ）に入れるのに最も適切な語をそれぞれ1語ずつ書きなさい。
Ken felt （ ⓐ ） because he thought that tall and strong boys like （ ⓑ ） would come to the tryout.

(6) 次の英文が本文の内容と合うようにするとき，（ ）に入れるのに最も適切なものをそれぞれ下のア～エの中から1つずつ選び，その符号を書きなさい。
ⓐ After talking with his father, Ken thought that （ ）.
ア he could play basketball at an American university in the future
イ he wanted to stay in Tokyo to be the star player at school
ウ he had to be more confident in his English
エ playing basketball in Chicago was his dream

ⓑ Ken concentrated hard during the tryout, （ ）.
ア because the coach made Ken confident
イ but his name wasn't called after that
ウ so he could move quickly to get a point
エ so he didn't see other players at all

(7) 次の**問い**と**答え**の文が本文の内容と合うようにするとき，（ ）に入れるのに最も適切な語をそれぞれ1語ずつ書きなさい。
問い How many students passed the tryout?
答え （ ⓐ ）（ ⓑ ） did.

4 次の(1)～(4)の各組の対話文が成り立つように，（ ）内の語を最も適切な形(1語)に変えて書きなさい。

(1) *A:* You worked at this restaurant for a year, didn't you?
B: Yes. （ *Wash* ） the dishes was my first job here.

(2) *A:* Do you like this picture?

B: Yes, very much. I think it's the (*good*) of all pictures in this art museum.

(3) *A:* I can't read the letter (*write*) in Japanese.

B: OK. I'll read it for you.

(4) *A:* Now we can see baby lions that (*be*) born in the zoo last month.

B: Really? I want to see them.

5 次の(1)～(3)の日本語に合う英文になるように，(　　)内の語を並べかえるとき，**不要な語がそれぞれ１語ずつある。**その語を書きなさい。ただし，文頭にくる語の最初の文字も小文字で示している。

(1) 私はその子どもたちが以前に北海道を訪れたことがあるとは思いません。

(have / I / the / yet / visited / before / think / children / Hokkaido / don't).

(2) 彼は驚いて何を言うか忘れてしまいました。

(what / was / should / and / he / say / forgot / surprised / to).

(3) 私をあなたが昨日訪れた公園に連れて行ってください。

(the / you / yesterday / park / me / place / please / visited / take / to).

6 次の(1)，(2)の英文を読むとき，**１回区切って**読むとすれば，どこで区切るのがよいか。**ア～エ**の中からそれぞれ１つずつ選び，その符号を書きなさい。

(1) The girls ア singing イ English songs ウ will エ have a concert.

(2) My brother always finishes ア doing イ his homework ウ before エ he has dinner.

7 次の(1)，(2)の対話文を読むとき，Bの文の下線部で，ふつう**最も強く発音する語**はどれか。**ア～エ**の中からそれぞれ１つずつ選び，その符号を書きなさい。

(1) *A:* Can you tell me about the event in June?

B: Sure. Here(ア) is(イ) the website(ウ) of the event(エ).

(2) *A:* This singer is very popular in America, right?

B: Yes. He(ア) is popular(イ) among young(ウ) people(エ).

8 次の(1)～(3)の英文の下線部と同じ発音を持つ語を**ア～エ**の中からそれぞれ１つずつ選び，その符号を書きなさい。

(1) I usually paint one or two pictures every day.

ア either　　イ neighbor　　ウ receive　　エ said

(2) My sister wears the soccer uniform.

ア full　　イ hundred　　ウ busy　　エ cute

(3) In our city, there are twenty junior high schools.

ア century　　イ catch　　ウ culture　　エ country

イ　家族や弟子は、晴遠が生き返ることを閻魔王や冥官に祈った。
ウ　晴遠は代々伝わる舞を弟子に教えた後、再び亡くなった。
エ　還城楽という舞は、晴遠が死んだことで失われてしまった。

4　次の詩を読んで、あとの⑴・⑵の問いに答えなさい。

郊外の春　　室生犀星

1　桃と桜と若い大木らのみどりの
2　その雑った美しさは
3　まるでよい音楽をきいたあとの
4　澄みきったあたまのようだ
5　あれらのそろいもそろった微妙さ！
6　春はあさいほど深い妙なる色を生みつける
7　人間の心にまで生みつける

⑴　この詩に用いられていない表現技法を次のア～エの中から一つ選び、その符号を書きなさい。
ア　直喩　　イ　体言止め　　ウ　擬人法　　エ　倒置

⑵　生徒たちがこの詩について話し合っている。これを読んで、あとの①～③の問いに答えなさい。

Aさん　私はこの詩の［a］行目に、作者の考えが最もよく表れていると思うな。
Bさん　たしかに、その行は対照的な言葉をうまく用いて、印象を強めているよ。作者は、［b］に感動しているんだね。
Cさん　この詩と似たような情景を詠んだ和歌を思い出したよ。今も昔も人の感じることは変わらないんだね。

①　［a］に入る行番号を書きなさい。
②　［b］に入る言葉として最も適当なものを次のア～エの中から一つ選び、その符号を書きなさい。
ア　春のさまざまな植物が作り出す色彩の調和
イ　長い冬を耐えてついに花開いた植物の生命力
ウ　満開の桃と桜による濃淡のピンクの華やかさ
エ　自然の美に触れてよみがえる感性の鋭敏さ
③　Cさんが話題にしている和歌として最も適当なものを次のア～エの中から一つ選び、その符号を書きなさい。
ア　霞立ち木の芽もはるの雪降れば花なき里も花ぞちりける
イ　薄く濃き野辺の緑の若草に跡まで見ゆる雪のむら消え
ウ　春の苑紅にほふ桃の花下照る道に出で立つ乙女
エ　見渡せば柳桜をこきまぜて都ぞ春の錦なりける

5　次の⑴～⑸の傍線部の漢字の読みを、ひらがなで書きなさい。
⑴　試合で負った傷が癒える。
⑵　仕送りで生活費を賄う。
⑶　道は三方向に分岐している。
⑷　秩序ある行動をする。
⑸　火薬で岩石を粉砕する。

6　次の⑴～⑸の傍線部のカタカナを、漢字で書きなさい。
⑴　店のドアには休業のフダがかかっている。
⑵　少子化によって若年人口がへる。
⑶　一泊二日のリンカイ学校に参加する。
⑷　昼と夜のカンダンの差が激しい。
⑸　タンサン飲料は苦手だ。

●思考や作業の過程を大事にし、[　　]習慣を身につけること。

(6) この文章から読み取れる筆者の考えと合っているものを次の**ア**～**エ**の中から一つ選び、その符号を書きなさい。

ア 人や国がそれぞれ独自の考え方や文化をもち、多様であることは、物理の根本原則にも合う、ごく自然な状態である。

イ 科学の研究においては、勇気をもって人と違うことを考えたり試したりすることが本質を見抜くために重要である。

ウ グローバル化の進む現代においては、多様な国の人々が共存していくために知識や考え方の統一が求められる。

エ 現代では、インターネットなどを活用して多様な情報を大量に取り込むことで、創造的な知的活動を促進できる。

3 次の文章を読んで、あとの(1)～(5)の問いに答えなさい。

南都（奈良）に舞の師、晴遠（はるとお）といふものありけり。重代（先祖代々）にて、(注1)還城楽（げんじょうらく）を舞ひて、君（天皇）に、Aつかうまつりける（お仕えしていたが）ほどに、この舞、いまだ人に教**ア**へざりける前に、病つきて失せ（う）にけり。(注2)土用のころなりければ、かの棺（ひつぎ）を森に置けりける。

さて、二、三日ありて、その前を木こり過ぎけるに、もののうめく音のしければ、あやしく思ひ**イ**て、かの葬家にB告げければ、妻子、親類行きて見るに、生き返りたりければ、家に具し来たりて（連れ帰って）、やうやうに助けあつかひける（世話するうちに）ほどに、次第に人心地出で来（い）にけり（意識がはっきりして落ち着いてきた）。語り**ウ**ていはく、

「われ、閻魔（えんま）王の宮に参りて、罪定められし時、一人の(注3)冥官（みょうかん）申すやう、『日の本の舞の師、晴遠、いまだ還城楽を伝へぬ前に、その身を召されたり。今度、返し遣はして、舞を伝へさせて、召さるれば（お呼びになれば）、よろしからむ』と申す**エ**。その時、おのおの議して（皆で相談をして）、『まことにCしかるべし。かつは（そして）、今度の(注4)常楽会（じょうらくえ）の舞、つかうまつれ（舞ってきなさい）』とて、返さると思ひつるほどに、生き出でたるなり」と語る。親しきものども喜びて、「あさましく（驚くほど）、あらたなること（ご利益のあること）」といひ**オ**けり。

そののち、この舞を弟子に伝へ給（たま）ひて、また失せにけり。

（「十訓抄」より）

(注1) 還城楽＝舞楽の曲名。
(注2) 土用のころ＝土の気が強い時期のため、穴を掘ることなどはしないほうがよいとされた。
(注3) 冥官＝閻魔王に仕える地獄の役人。
(注4) 常楽会＝仏教における大切な行事。

(1) Aつかうまつりける を**すべてひらがな**で現代仮名遣いに直して書きなさい。

(2) ══線**ア**～**オ**の中から、動作主が同じものを**二つ**選び、その符号を書きなさい。

(3) B告げければ とあるが、どのようなことを告げたのか。「**晴遠**」という語を用いて**十五字以上二十字以内**の**現代語**で書きなさい。

(4) Cしかるべし とあるが、ここでの意味として最も適当なものを次の**ア**～**エ**の中から一つ選び、その符号を書きなさい。

ア しかたのないことだ
イ そうするのがよい
ウ どうすべきだろうか
エ けしからぬことだ

(5) この文章の内容と合っているものを次の**ア**～**エ**の中から一つ選び、その符号を書きなさい。

ア 舞を閻魔王に見せるため、晴遠は地獄に呼び出された。

とのできる独自の視点を持つことが重要です。

現代では便利なことに、わからない言葉や概念があっても、インターネットで検索すれば瞬時に多くの情報が出てきます。しかし、それらの情報からすぐに本質をとらえることができるわけではありません。ここで、情報を十分検討した後に、時間をかけて結果を得る態度が重要です。実際、すぐに結果が出るようなこと、誰でもすぐに答えが出せるような問題は、すでに答えがわかっていたり、たいした問題ではなかったりすることがほとんどです。大きな問題や重要な問題ほど、難しくて結果はすぐ出ないものです。

また、Eの傍線部「最終的な結果が出なくても、成果がないとは限りません」。一連の知的活動の過程の中にも、新たな発見があることもあります。最初に考えていた仮説を調べている間に、ひょっとしたら、こんな考え方ができるのではないかと思いつくかもしれません。

例えば、(注1)ガリレオが活躍していた時代、天体観測をするためには、まず望遠鏡を自分で作らなければなりませんでした。そこで望遠鏡を作ってみると、より遠くを鮮明に見ようと試行錯誤する過程で、天文学とは分野の異なる光学上の発見がなされました。たとえ新たな天体の発見がなくても、高感度の望遠鏡を発展させることができたことでしょう。

思考や作業の過程には、予期せぬ発見が潜んでいます。ですから、結果を性急に求めないで、過程を大事にするという態度が大事です。(注2)ネットサーフィンをしたり、ぼうっとテレビを見たりしていると、次々と出てくる情報を漫然と受け取りがちです。そういった受け身の態度ではなく、自分から能動的に考える習慣がついていないと、急に何かを独力で考えようとしてもうまくできません。難しいことですが、想像力を働かせて考えることが重要です。

（下村裕「卵が飛ぶまで考える」より）

（注1）ガリレオ＝十六～十七世紀に活躍したイタリアの物理学者・天文学者。

（注2）ネットサーフィン＝インターネット上でウェブサイトを次々と見て回ること。

---

(1) [A]に入る言葉として最も適当なものを次の**ア**～**エ**の中から一つ選び、その符号を書きなさい。

ア 鳶が鷹を生む　　**イ** 覆水盆に返らず

ウ 朱に交われば赤くなる　　**エ** 雨垂れ石を穿つ

(2) [B]の段落のエピソードを紹介した筆者の意図を説明した次の文の[a]・[b]に入る最も適当な言葉を、文章中からaは**五字**、bは**三字**で抜き出して書きなさい。

● 一様なものは[a]が、多様な世界は[b]だという考え方をわかりやすく説明するため。

(3) [C]・[D]に入る言葉の組み合わせとして最も適当なものを次の**ア**～**エ**の中から一つ選び、その符号を書きなさい。

ア C　むしろ　　D　したがって

イ C　けれども　　D　あるいは

ウ C　たとえば　　D　つまり

エ C　さらに　　D　しかし

(4) E「最終的な結果が出なくても、成果がないとは限りません」とあるが、ここでいう「成果」の具体例を文章中から**六字**で抜き出して書きなさい。

(5) 筆者は、新たな発見をするためにはどのようなことが大切だと述べているか。次の文の[　]に入る適当な言葉を、「**想像力**」という言葉を用いて**十五字以上二十字以内**で書きなさい。

す。そういう行為は他の人から見ると、「一様」ではない、「非一様」な行為といえます。一様とは、どこをとっても同じという意味だからです。

この非一様という状態は、いわゆる「エントロピー増大の法則」に反しています。エントロピーとは、熱力学で用いられる言葉で、無秩序や乱雑さの度合いを表します。「エントロピーが増大する」とは、あらゆるものは整然と秩序ある姿をしていても、時間とともに必ず無秩序へ向かうということです。つまり、部屋は放っておくとだんだん乱雑になるが、逆に何もしなくても偶然に片付く可能性はほぼないという自然の法則を表しています。この法則は、「形ある物は壊れる」、「[A]」、「秩序から無秩序へ移行する」、という言葉で説明されます。エントロピー増大の法則は、物質やエネルギーのやり取りがない孤立した世界では成り立ちます。

水面に黒いインクを落としたとしましょう。そのとき、インクが入った水は均一でない、「非一様」な状態にありますが、徐々にまわりの水とランダムに混じり合い、やがては一様なインク濃度の水溶液となりますね。

あらゆるものは混じり合って、均一な無秩序状態に移行することが、物理の根本原則から導き出されます。つまり、非一様な状態から一様な状態に移行していくのです。

このように、自然現象は「エントロピー増大の法則」に従いますが、せめて人間の思考や行動はこの法則に抵抗し、一様にならない勇気を持ちたいものです。多様性のある非一様な世界は魅力的なものです。

私の家内は変わり者で、コーヒーにミルクを入れても、あるいはアイスコーヒーに砂糖を入れても混ぜません。どうして混ぜないのかと訊(き)くと、混ぜてしまうと味が一様になってつまらないと言うのです。砂糖を入れて混ぜないと砂糖はカップの底に溜(た)まります。そのコーヒーは、始めは甘くないけれど、残り少なくなったとき底に溜まったすごく甘い部分をすするように飲むとおいしいというのです。アイスコーヒーでも、固形の砂糖を入れれば、そのじゃりじゃりとした食感がストローから口の中に流れ込み、さらに味わい深い。そんな多様な味を楽しめるから、混ぜない方が好きだそうです。こんなささいなことでも、とても愉快な気がして、私は共感しています。[B]

近年、「グローバル化」という言葉が合言葉のようにいろいろな場面で聞こえます。「全地球的標準化」という意味にとらえると、これはまさに一様化することです。

もちろん現代人は広い世界を知らない「井の中の蛙(かわず)」ではいられません。日本とは異なるさまざまな国の人、社会、歴史、地理、文化等を知ることは大変重要です。[C]、世界レベルで活躍することも必要でしょう。

しかし、何もかも多様な国々を同じ規格にしてしまうと、季節のない1年のような、変化のない単調な世界になってしまいます。また、個々の多様性を排除して、皆が同じ思想や体制となることは危険なことだと思います。地域の特色や歴史を捨てて、形だけグローバル化することは望ましくないでしょう。

皆と同じでない方がいいといっても、そうなるためには今まで蓄積した知識や見方を捨てて一からやり直すことが必要となり、これは大変勇気のいることです。[D]、何か新しいものを創造するためには、ときには必要なことです。

科学では、仮説を検証した結果、部分的には成功していても、本質において正しくなければ棄却しなければなりません。世界中の人が共通して持つような凝り固まった概念ではなく、何が本質かを見抜くこ

先生って言った時の表情、見た？　尊敬っていう顔だったよ」
そんなことはどうでもいい。
後藤のばかやろう。
立ち去っていく後藤の背中にシューズを投げつけたかった。

（にしがきようこ「ピアチェーレ　風の歌声」より）

（注）キャン＝嘉穂の飼い犬の名前。

(1) A大人の思惑　について説明した次の文の□に入る適当な言葉を、「株」という言葉を用いて**二十五字以上三十字以内**で書きなさい。

●合唱コンクールで嘉穂が上手な歌を披露すれば、地元の有力者が□という村上先生の考え。

(2) ①目を見開いて・②髪の毛が逆立った・③笑っていた　とあるが、これらが表している嘉穂の心情の組み合わせとして最も適当なものを次の**ア**～**エ**の中から一つ選び、その符号を書きなさい。

ア　①　怒り　②　恐怖　③　嘲り（あざけり）
イ　①　驚き　②　怒り　③　満足
ウ　①　不安　②　嫌悪（けんお）　③　得意
エ　①　衝撃　②　落胆　③　喜び

(3) B荒立ち、沸騰するような心をおさえるのには、慣れている　とあるが、普段の嘉穂の考え方が述べられている**一文**を文章中から探し、**初めの五字**を抜き出して書きなさい。

(4) □C□に入る言葉として最も適当なものを**ひらがな二字**で書きなさい。

(5) Dもしかして、松本さんの先生って、あの後藤先生なの？　とあるが、このときの村上先生の気持ちとして最も適当なものを次の**ア**～**エ**の中から一つ選び、その符号を書きなさい。

ア　自分も知っている高名な後藤先生の教え子なのかと期待する気持ち。
イ　自分もお世話になった後藤先生に習っているのかと親しみを覚える気持ち。
ウ　厳しいことで有名な後藤先生の教え子なら実力は十分だと励ます気持ち。
エ　本当にあの高名な後藤先生に習っているのだろうかと疑う気持ち。

(6) Eとちんなよ　と言った後藤の心情について説明した次の文の□に入る最も適当な言葉を、文章中から**二字**で抜き出して書きなさい。

●□な性格の嘉穂をさらに挑発して負けん気をあおり、歌に対して前向きな気持ちにさせようとしている。

(7) この文章の表現の特徴として最も適当なものを次の**ア**～**エ**の中から一つ選び、その符号を書きなさい。

ア　（　）書きで嘉穂の真情を明らかにすることで、心とは裏腹の会話をしている嘉穂の複雑な心情をありありと表現している。
イ　緊迫した場面を擬声語や擬態語を多用して描写することで、嘉穂が見聞きした物事と人物の心情をわかりやすく表現している。
ウ　会話文以外の地の文で、短文を多用して嘉穂の思いを述べることで、心情の変化をきめ細やかに生き生きと表現している。
エ　声の調子や物音など聴覚的な描写を多用して、歌や音楽に対して人一倍敏感な嘉穂の繊細な心の動きを感覚的に表現している。

2　次の文章を読んで、あとの(1)～(6)の問いに答えなさい。

何事も、人と違うことを考えたり試したりするのは、勇気がいりま

顔が熱くなってくる。

「声もでていないし、音程も微妙に狂う。下手。一言ですよ」

この言葉で、(注)キャンのノミを探すとき以上に、②髪の毛が逆立った。

「う、歌えるわよ。下手って、なによ」

「そうよね。大丈夫、わたしが保証するから」

村上先生の言葉なんか耳にはいらない。

嘉穂は後藤に向きあって、あやうくなぐりかかろうとした。歌うのが下手なのはよくわかっている。でもそんな風に残酷に言わなくたっていいじゃないか。後藤の心根が絶対許せないことのように嘉穂には思えた。

後藤の顔が③笑っていた。

「ほれ、歌うことになったようだぜ。おまえ、単純」

え?

嘉穂は慌てた。

今、嘉穂が頭から煙をあげるように怒りまくっているのは、歌うとか歌わないとかということとは違って、残酷な言葉を平気で言う後藤に対してだ。なのに話は違う方向へとそれ、そして決まっていた。

「いえ、歌いません。そうじゃなくて」

完全に勢いをなくした嘉穂の言葉に、じゃ、どうなんだと後藤のくちびるが動く。

「大丈夫よ。あれだけ声がでるって、中学生ではめずらしいんだから。それに後藤君のピアノも素晴らしいし……」

だから歌わないって言ってるでしょ、と心の中で思いながら、嘉穂はへとへとになっていた。B荒立ち、沸騰するような心をおさえるのには、慣れているはずなのに、後藤が相手だと、調子が狂った。

「嘉穂、歌ってよ。あたし、嘉穂の歌、好きだよ」

ひとみ、お前もか、と嘉穂の心はがっくりと折れた。最後の頼みの［C］だったひとみまで嘉穂の希望と別の事を言いだしている。

(あたしは一人だ)

と嘉穂はしみじみと思った。

「じゃ、歌うのは、さっきの歌ということで。Dもしかして、松本さんの先生って、あの後藤先生なの?」

力なくうなずく。

「じゃ、あたしからもよーく頼んでおくから」

「そんなことしなくていいです」

嘉穂は気持ちを落ちこませてそうつぶやいた。

「じゃ、そういうことで……」

どういうことなんだろうと、混乱した頭を振りながら先生の顔を見あげたとたん、ひとみに抱きつかれた。

「キャー。すご。おもしろそ」

ひとみには他人事なんだ。おもしろくなんかない。絶対に顔なんか見ないと思っていた後藤が笑いをふくんだ声で言う。

「Eとちんなよ」

むっとして、顔をあげた。その時にはもう、後藤は後ろ姿だけを見せて廊下を歩いていった。

大変なことになってしまった。

どうしよう。

歌うしかないのか。

だれか、助けてよ。歌いたくなんかないよ。

先生に一礼をして、ひとみと連れだって歩きだした。

「ね、ね、後藤先生って、すごいんだね。だって、村上先生が、後藤

国語

1 次の文章を読んで、あとの(1)～(7)の問いに答えなさい。

（松本嘉穂は、クラスメイトの後藤の母に声楽を教わっており、同じ教室で菊池ひとみもピアノを習っている。ある日、学校の合唱コンクールの練習の途中、突然後藤がピアノを弾き、嘉穂に独唱をさせた。）

音楽室での練習のあと、嘉穂とひとみと後藤が村上先生に呼びだされた。

「ねぇ、歌ってみない」

（なんのこと?）

「今度の合唱コンね、地元の有力者なんかが来るのよ。音楽室の楽器や、ピアノなんか知ってるでしょ？ 特に古くて、すぐに音が狂うのよ。寄付してくれないかななんて、あたし、下心があるのよ」

そんなこと、嘉穂には関係ないだろうと思うのに、村上先生は熱弁をふるう。

「合唱コンでさぁ、松本さん、歌ってよ。こんな才能のある子がわが校にいるんですよって、あたし、見せつけたいのよ」

「才能なんて、あたし、無いです」

嘉穂は言い返したが、完全に無視された。

「そんなことないわよ。素晴らしいわ。そんな才能の持ち主を指導しているわたしの株もあげたい」

（それは先生の勝手でしょ。A大人の思惑にまきこまれたくはない）

嘉穂は村上先生にいちいち反発した。どうせ、後藤もひとみも嘉穂の味方だ。こんな自分勝手な先生のもうしでを受けたりはしないだろう。

「後藤君はピアノ担当で、菊池さんは譜面めくり、ねぇ、松本さん、歌ってよ」

「いやです」

嘉穂にしてはきっぱりと断りの返事ができた。これはひどくめずらしい。いつも波風を立てないことを大切にしてきていた嘉穂だ。でもこれだけは譲れないとばっかりに言いきった。

「あたし、そんなに上手じゃないし、人前で歌うなんてとんでもないです」

「大丈夫よ」

とどこに根拠があるのかわからないのに、村上先生がねちっこく説得しはじめる。

「嫌なものは、イヤです」

「そうだよな」

黙って横に突っ立っていた後藤がつぶやいた。

（ほら、味方があたしにはいるんだから）

嘉穂はちょっとほっとした。

「こいつ、人前で歌えるほどうまくない」

おじいちゃんが庭木を切る時も、こんな風にスパッとは切らないと思えるほど、切って捨てられた。

ひとみが①目を見開いて後藤を見、嘉穂の様子をうかがっている。

嘉穂の心が沸騰した。

（なんだ、その言い草は。味方をしてくれるのなら、もっと他の言い方があるだろう）

拓殖大学紅陵高等学校

数　学

1　次の(1)〜(5)の問いに答えなさい。

(1)　-3×6　を計算しなさい。

(2)　$\dfrac{x+3y}{2}-\dfrac{x+5y}{3}$　を計算しなさい。

(3)　$\sqrt{7}+\sqrt{63}$　を計算しなさい。

(4)　2次方程式　$x^2+3x-28=0$　を解きなさい。

(5)　$(x+4)(x-2)-(x-3)^2$　を計算しなさい。

2　次の(1)〜(4)の問いに答えなさい。

(1)　yがxに反比例し，$x=2$のとき$y=-10$である関数において，$x=4$のときのyの値を求めなさい。

(2)　半径が$\sqrt{6}$ cmの球の体積を求めなさい。ただし，円周率はπとする。

(3)　1から6までの目が出る大小2つのさいころを同時に投げるとき，出る目の数の和が12の約数になる確率を求めなさい。ただし，さいころはどの目が出ることも同様に確からしいものとする。

(4)　右の図で，△ＡＢＣは直角三角形である。
ＡＥ＝ＡＦのとき，$\angle x$の大きさを求めなさい。

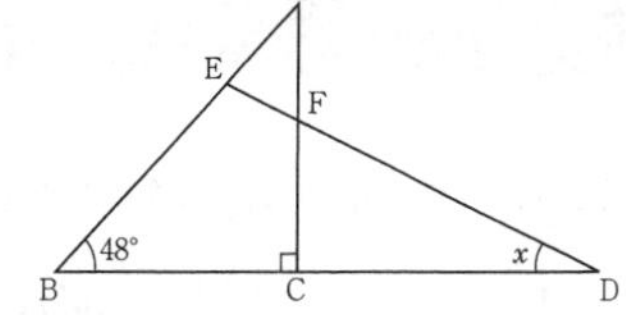

3　ある文房具(ぶんぼうぐ)店では，ファイルを1冊250円，ノートを1冊200円で販売している。
このとき，次の問いに答えなさい。ただし，消費税は考えないものとする。

(1)　ノートの冊数がファイルの冊数の3倍より4冊少なくなるように買ったところ，代金の合計は3450円であった。このとき，買ったファイルの冊数を求めなさい。

(2)　特売日には，ファイルとノートはそれぞれ何％か値引きされた値段で買うことができる。特売日にファイルを4冊，ノートを9冊買うと，代金の合計は2500円であり，ファイルを7冊，ノートを6冊買うと代金の合計は2620円である。ファイルとノートは，特売日にはそれぞれ何％値引きされるか求めなさい。

4　右の図において，曲線ℓは関数$y=\dfrac{1}{3}x^2$のグラフである。曲線ℓ上にx座標が-6である点Aとx座標が3である点Bをとり，点Bを通り，x軸に平行な直線と曲線ℓとの交点をCとする。また，直線mは関数$y=2x-6$のグラフであり，直線m上に点Pをとる。
　このとき，次の問いに答えなさい。

(1)　△ＢＣＯの面積を求めなさい。

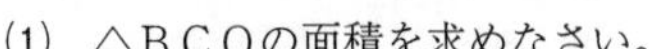

(2)　点Pのx座標が4のとき，2点A，Pを通る直線の式を求めなさい。

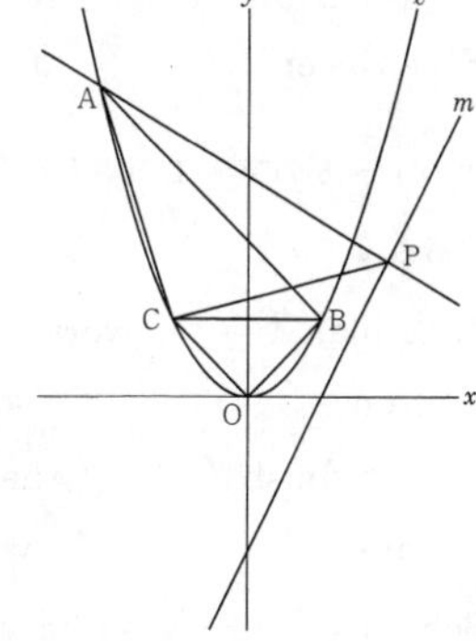

(3)　△ＡＣＢの面積と△ＡＣＰの面積が等しくなるとき，点Pの座標を求めなさい。

5　次の図のように，ＡＢ＝12cm，ＡＣ＝8cmの△ＡＢＣがある。辺ＡＢの中点をＤとし，点Ｄを通り，辺ＡＣに平行な直線と辺ＢＣとの交点をＥとする。また，線分ＡＥと線分ＣＤとの交点をＦとする。
　このとき，次の問いに答えなさい。

(1) 線分ＤＥの長さを求めなさい。

(2) △ＤＥＦの面積は△ＤＢＥの面積の何倍か，求めなさい。

(3) 点Ｄを中心とする円が３点Ａ，Ｂ，Ｃを通るとき，△ＡＢＣの面積を求めなさい。

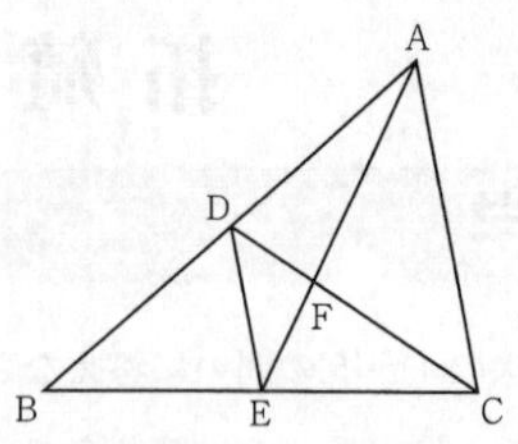

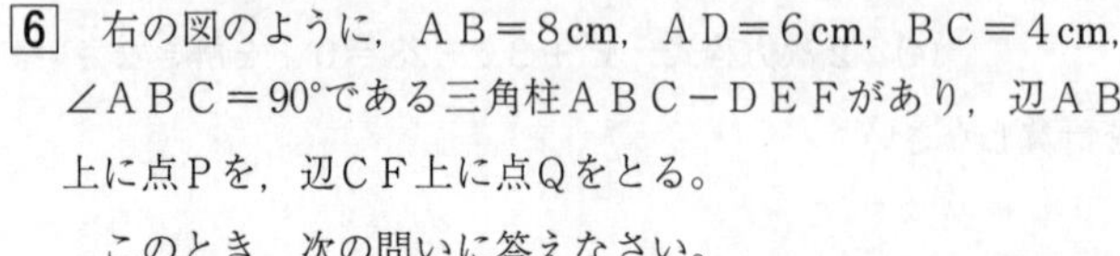

6 右の図のように，ＡＢ＝８cm，ＡＤ＝６cm，ＢＣ＝４cm，∠ＡＢＣ＝90°である三角柱ＡＢＣ－ＤＥＦがあり，辺ＡＢ上に点Ｐを，辺ＣＦ上に点Ｑをとる。

このとき，次の問いに答えなさい。

(1) 辺ＡＣの長さを求めなさい。

(2) ＣＰ＋ＰＤの長さが最も短くなり，点Ｑが辺ＣＦの中点であるとき，四角錐Ｐ－ＢＥＱＣの体積を求めなさい。

(3) ＰＱ＝ＱＥ，ＥＦ＝ＱＦのとき，△ＰＱＥの面積を求めなさい。

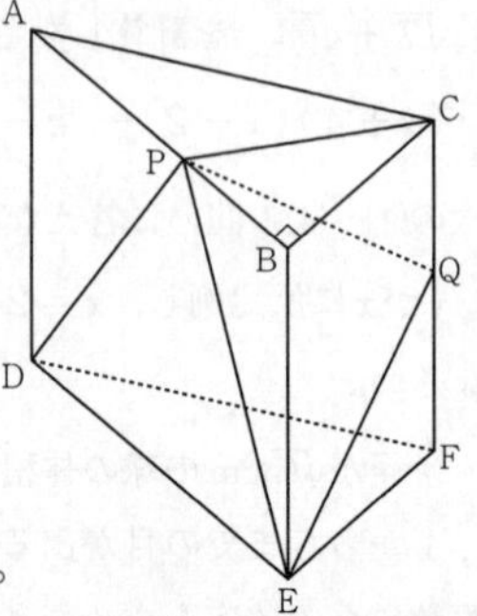

英　語

1 次の**ア**～**ク**の中から，下線部の発音が同じ組を**4つ**選び，その符号を書きなさい。

ア	call / ate	イ	boat / grow	ウ	since / ice	エ	rule / cool
オ	else / meter	カ	though / thirsty	キ	touch / run	ク	pay / main

2 次の(1)～(4)の**ア**～**エ**の中から，最も強く発音する部分が**他と異なるもの**をそれぞれ１つずつ選び，その符号を書きなさい。

(1) ア a-ble　イ lat-er　ウ hun-gry　エ e-nough

(2) ア sur-prised　イ writ-er　ウ mis-take　エ be-gin

(3) ア a-maz-ing　イ com-put-er　ウ vi-o-lin　エ de-part-ment

(4) ア e-ras-er　イ sim-i-lar　ウ sci-en-tist　エ choc-o-late

3 次の(1)～(5)の**ア**～**エ**の中から，（　　）に入れるのに最も適切な語をそれぞれ１つずつ選び，その符号を書きなさい。

(1) That plan (　　) very interesting.

ア listens　イ sounds　ウ hears　エ tells

(2) I must finish (　　) the e-mail now.

ア write　イ wrote　ウ written　エ writing

(3) Bob was (　　), so he went to bed early last night.

ア sleeps　イ sleeping　ウ sleepy　エ slept

(4) (　　) you like some coffee? — Yes, please.

ア Did　イ Were　ウ Can　エ Would

(5) Our train has not arrived (　　).

ア yet　イ already　ウ until　エ still

4 次の(1)～(5)の〔　〕内の**ア～カ**の語を並べかえて，日本語に合う英文を完成するとき，**ア～カの中で始めから３番目と５番目**の語の符号をそれぞれ書きなさい。ただし，文頭の語の最初の文字も小文字で示していることがある。

(1) あなたは今日，夕食を作る必要はありません。
〔ア dinner　イ don't　ウ cook　エ to　オ you　カ have〕today.

(2) 彼女はそのゲームの遊びかたを理解しました。
She〔ア the　イ how　ウ game　エ to　オ play　カ understood〕.

(3) これは彼によって描かれた絵です。
This〔ア painted　イ picture　ウ is　エ him　オ by　カ a〕.

(4) 私のクラスでは，野球はサッカーよりも人気があります。
In my class,〔ア more　イ is　ウ popular　エ baseball　オ soccer　カ than〕.

(5) 私は今何時かわかりません。
I〔ア is　イ it　ウ what　エ don't　オ time　カ know〕now.

5 次の対話文を読んで，あとの(1)～(6)の問いに答えなさい。

Ken is a Japanese junior high school student in Yokohama. He is talking to Lisa, an American student. She studies at Ken's school.

Ken: Lisa, do you like to take pictures?

Lisa: Yes, I do. I often send pictures to my family and friends in America because they want to know about my life in Japan. [　①　] My friends liked my Japanese school uniform and my Japanese *obento*.

Ken: That's good. I like to take pictures, too. I have ②(*be*) in the *photography club at our school for two years.

Lisa: What kind of picture are you interested in?

Ken: Well, I enjoy taking pictures of people. On weekends, I take my camera with me and walk in the streets. It's a lot of fun to watch many people.

Lisa: ③<u>I agree.</u> Sometimes you can talk to people who you don't know and become friends, can't you?

Ken: Yes. Last Sunday, I went to a photography *exhibition which showed pictures of nature and sea in different countries. I was looking for some new ideas. There was a picture of a boy who was swimming in the sea with a *dolphin. His face (　④　) me very happy.

Lisa: I went to that exhibition last Saturday, too! It must be exciting to travel all over the world and take pictures. I want to study photography when I go to university.

Ken: Do you know there is a photography contest at our school next summer? I want to send a picture to the contest.

Lisa: Yes, our teacher talked about it in class today, and he said the pictures should be about nature. Shall we take some pictures after school tomorrow?

Ken: Yes, let's. There are many trees in front of our school and we can find some interesting birds and animals there. I want to take pictures of them.

Lisa: ⑤That's a great idea! We can also take pictures of the *sunset.

Ken: Yes. It will be beautiful when the sun goes down in the evening. I'll meet you in your classroom after school. Don't forget to bring your camera.

Lisa: Of course. [⑥]

Ken: I hope so, too.

(注) photography club 写真部　exhibition 展覧会　dolphin イルカ　sunset 夕日

(1) ①, ⑥の[ ]に入れるのに最も適切な文を次のア～カの中からそれぞれ1つずつ選び，その符号を書きなさい。

ア I don't have a good camera.

イ You can take nice pictures in your house.

ウ Last week, I took pictures of my classroom and classmates.

エ I want to buy a new camera next weekend.

オ They are not so interested in my school.

カ I hope it will be sunny tomorrow.

(2) ②の(　)内の語を最も適切な形(1語)にかえなさい。

(3) 下線部③が表している内容を次のア～エの中から1つ選び，その符号を書きなさい。

ア 知らない人々に話しかけるのはおもしろいと思う。

イ さまざまな種類の写真に興味を持っていると思う。

ウ カメラを持って道を歩くのは人気のあることだと思う。

エ たくさんの人々を観察するのはとても楽しいと思う。

(4) ④の(　)に入れるのに最も適切な語を次のア～エの中から1つ選び，その符号を書きなさい。

ア taught　　イ made　　ウ felt　　エ met

(5) 下線部⑤が表している内容を次のア～エの中から1つ選び，その符号を書きなさい。

ア 学校の前の木々にいるおもしろい鳥や動物の写真を撮ること。

イ コンテストに写真を送ること。

ウ 放課後に夕日を見に行くこと。

エ 自然の写真を撮ることを忘れないようにすること。

(6) 次の英文が本文の内容と一致するように，(　)に入れるのに最も適切な1語を書きなさい。

Where will Ken meet Lisa after school tomorrow?

— He will meet her in her (　　).

6 次の英文を読んで，あとの(1)～(5)の問いに答えなさい。

Mika liked to go shopping, and she had a lot of clothes. One day, she was in her room, and she decided to *try on all her clothes. She thought, "I think I have too many clothes. I should only keep the clothes which I want to wear." She checked all her clothes. There were some clothes which she didn't need, but she didn't want to *throw them away because she wore them only a few times. [ア]

That evening, Mika talked with her friend Jane on the phone and asked her, "Jane, what can I do with my old clothes? Do you have any good ideas?" Jane said, "I also have clothes which I don't wear anymore, so why don't we *exchange our old clothes?" Mika liked Jane's idea, and she decided to invite her classmates to her house and have a party the next Saturday afternoon. [イ]

The night (①) the party, Mika washed some of her old clothes. She took pictures of her clothes because she wanted to remember them. Her grandmother bought the clothes on her birthday, but they were too small for her now. [ウ] She thought, "It's sad, but if someone can wear them, I think that she will be happy."

The next day, Mika's classmates came to her house with their old clothes. [エ] Mika said to them, "If you like some of the clothes, you can take them home with you." They were excited to look at the clothes and began to try them on. A girl with long hair asked, "Whose shirt is this? How cute! I like the design with blue flowers on it." Jane said, "It's mine! The shirt is too big for me."

Mika's classmates stayed at her house for three hours. A lot of her classmates ②(*find*) clothes which they liked. They put the clothes in their bags to take them home. At the end of the party, Mika asked her classmates, "What can we do with the clothes which are still on the table?" One of her classmates said, "There is a big *charity shop in front of our school. We can take many kinds of things which we don't use to the shop. It sells these things and gives the money to people who need it." Mika and her classmates decided to take the old clothes to the shop.

Mika was happy to recycle her old clothes. She thought, "Now, my classmates can enjoy different clothes (③) buying new ones. The clothes which they didn't choose will go to the charity shop and they will help people."

(注) try on ～ ～を着てみる　throw ～ away ～を捨てる　exchange ～ ～を交換する
charity 慈善，チャリティ

(1) 本文中にⓐ，ⓑの英文を補うとき，**ア**～**エ**の[ ]の中から最も適切な場所をそれぞれ１つずつ選び，その符号を書きなさい。

ⓐ They all put their clothes on the table.

ⓑ She asked them to bring their old clothes.

(2) 美香(Mika)はジェーン(Jane)の「古い服を交換する」というアイデアを気に入り，何をすることを決めましたか。その内容を次のように書き表すとき，(　　)に入れるのに最も適切な日本語を**15字以内**で書きなさい。

次の土曜日の午後に，(　　　　　　　)して，パーティーを開くということ。

(3) ①，③の(　　)に入れるのに最も適切な語を次の**ア**～**オ**の中からそれぞれ１つずつ選び，その符号を書きなさい。

ア without　**イ** through　**ウ** under　**エ** among　**オ** before

(4) ②の(　　)内の語を最も適切な形(１語)にかえなさい。

(5) 本文の内容と一致するものを次の**ア**～**エ**の中から１つ選び，その符号を書きなさい。

ア Mika wanted to throw her clothes away, but she didn't do that.

イ Mika took a picture of her grandmother because Mika loved her.

ウ Jane got the shirt which the girl with long hair brought to Mika's party.

エ Mika decided to take the clothes any of her classmates didn't want to the shop in front of their school.

(3) C に入る言葉として最も適当なものを次のア〜エより選び、その符号を書きなさい。

ア うれし　**イ** にくし　**ウ** さびし　**エ** たのし

(4) 文章中で翁が腹を立てた様子を見せなかった理由として最も適当なものを次のア〜エより選び、その符号を書きなさい。

ア 自分が屋敷にいないときに起きたことなので、本当に召し使いの男がやったことか判断できなかったから。

イ 牡丹の花はまだたくさんあるので、特に大切にしていた花がだめになっても怒るほどのことはないと考えたから。

ウ 牡丹の花は自分の楽しみのために育てているので、それが理由で腹を立てるのはおかしなことだから。

エ 牡丹の花をだめにした召し使いに怒っても、だめになった花が元通りになることはないから。

4 次の(1)〜(4)の問いに答えなさい。

(1) 次の文の傍線部の文の成分をあとのア〜エより選び、その符号を書きなさい。

●彼こそ吹奏楽部の部長にふさわしい。

ア 主語　**イ** 述語　**ウ** 修飾語　**エ** 接続語

(2) 次の文の傍線部と同じ品詞のものをあとのア〜エより選び、その符号を書きなさい。

●青い海の中を魚がすいすい泳ぐ。

ア 東の空が明るくなる。　**イ** どれがあなたのものですか。

ウ 毎朝牛乳を一杯飲む。　**エ** 大きな声ではっきり答える。

(3) 次の①・②の語の類義語をあとのア〜エよりそれぞれ選び、その符号を書きなさい。

① 合点

ア 合格　**イ** 納得　**ウ** 完全　**エ** 集合

② 気象

ア 晴天　**イ** 天災　**ウ** 天気　**エ** 性分

(4) 次の①・②の漢字の部首名をあとのア〜エよりそれぞれ選び、その符号を書きなさい。

① 防

ア こざとへん　**イ** おおざと

ウ ほうへん　**エ** りっしんべん

② 程

ア きへん　**イ** くちへん

ウ のぎへん　**エ** おうへん

5 次の(1)〜(5)の傍線部の漢字の読みを、ひらがなで書きなさい。

(1) 肉の表面を焦がす。

(2) 小さな子どもも室内で騒ぐ。

(3) 冗長な話を簡潔にまとめる。

(4) 人を疑わない純粋な人。

(5) 全身の力を使って跳躍する。

6 次の(1)〜(5)の傍線部のカタカナの部分を、漢字で書きなさい。

(1) 日本全国におシロは多くある。

(2) サカんな拍手で迎えられる。

(3) 幹線道路がリッキョウをくぐる。

(4) 睡眠のヨッキュウを満たす。

(5) 日本のボウエキ相手国を調べる。

ウ　人間が地球上で繁栄できたのは、優れた脳があるからだというのがひとつの理由だということ。

エ　人間はジャングルで生き残るためのサバイバルの知識を、優れた脳によって生み出したということ。

(2)　傍線部B コミュニケーション能力は、鋭い牙や速い足や鋭敏な感覚にもひけをとらないほどサバイバルにとって有利に働く　とあるが、筆者がこのように述べる理由を説明した次の文の□Ⅰ・Ⅱに入る最も適当な言葉を、文章中からⅠは**九字**、Ⅱは**六字**で抜き出して書きなさい。

●会話によって目標を共有することで□Ⅰができ、個人が経験して得た知恵を他者に□Ⅱことで知識が蓄えられるから。

(3)　□C、□Dに入る最も適当な言葉を次の**ア**～**オ**よりそれぞれ選び、その符号を書きなさい。

ア　ところが　　**イ**　たとえば　　**ウ**　つまり

エ　また　　**オ**　ところで

(4)　傍線部E それ　が指している内容を、文章中から**十六字**で抜き出して書きなさい。

(5)　傍線部F 他の動物に対して私たちは圧倒的に有利な位置からスタートできる　とあるが、それはなぜか。理由を説明した次の文の□に入る最も適当な言葉を、文章中から**四字**で抜き出して書きなさい。

●知識や経験を得るために一人一人が□する必要がないから。

(6)　傍線部G 人間も社会なしには生きてゆくことができない　とあるが、ここでいう「社会」とはどのようなものかを説明した次の文の□に入る最も適当な言葉を、文章中から**十四字**で抜き出して書きなさい。

●社会とは、人間が知恵を□することで作り上げた、そこで生きる限り快適に生活できる人工環境である。

3　次の文章を読んで、あとの(1)～(4)の問いに答えなさい。

翁(おきな)、牡丹(ぼたん)を好みてあまた A植ゑ(う)られける中、ことに心を尽くされける花あり。(注1)ややけしきばめる頃、翁(注2)宿におはさぬ程、(注3)やつこ戯(たわぶ)れしてかの花を踏み折りけり。「こは」と驚けど(注4)せんすべなし。とかくする程翁帰り、やがて園中に至り、やつこは(注5)しとどになりて生くる心地なし。翁いとさりげなく、二日三日ふれど何の気(け)色(しき)もなし。人々なほあやしむ。ある人このことを聞きて、翁にむかひ、「Bしかじかのことありと聞く。さこそ□Cと思(おぼ)すらめ」と言ひければ、翁うち笑みて、「をのれは楽しびに花を植ゑ侍(はべ)り。さてそれがために怒るべきかは」といへりけりとぞ。

（加藤景範「間思随筆」より）

(注1)　ややけしきばめる頃＝だんだん咲きかけていた頃。
(注2)　宿におはさぬ程＝屋敷にいらっしゃらない間に。
(注3)　やつこ＝召し使いの男。
(注4)　せんすべなし＝どうしようもない。
(注5)　しとどになりて＝びっしょり汗をかいて。

(1)　傍線部A 植ゑられける　の読み方を、現代仮名遣いに直して**すべてひらがな**で書きなさい。

(2)　傍線部B しかじかのこと　とあるが、具体的にはどういうことか。それを説明した次の文の□に入る最も適当な言葉を、文章中から**四字**で抜き出して書きなさい。

●召し使いの男が、翁の大切にしていた花を□、だめにしてしまったこと。

外の動物の行動は主に二つのメカニズムによって規定される。

一つは生得的にプログラムされた行動パタンである。一般に本能などと呼ばれるもので、特定の刺激に対して特定の反応が生じるようにあらかじめ体内に仕組みができている。捕食行動や性行動など、その種に特有の習性として認められるものだ。

もう一つが個々の経験によって獲得される学習性の行動である。それぞれの環境の違いに適合できるよう、エサの獲得や危険の回避に役立つ行動は自然に出現しやすくなる。

たとえば、レバーを押すとエサが出てくる仕掛けの中にラットなどを入れておくと、試行錯誤の末、次第にレバーを押す行動が増えてくる。［C］、エサが出る条件を変えると、ラットはそれに合わせて面白いように行動パタンを変化させる。心理学では有名な実験だ。

しかし、その学習効果も個体が死んでしまえば消えてなくなってしまう。他の個体が同じ行動パタンを獲得するには、同じ経験をして学習しなければならない。［D］、個体から別な個体にそのコツが伝授されれば、試行錯誤を繰り返す必要はない。「この崖を降りてゆくと薬草がある」とか、「この色のキノコを食べると腹が痛くなる」とか、個人が経験して獲得した知恵を他者にも伝達できる。これがコミュニケーション能力の提供してくれたもう一つの利益である。

たとえ、経験した個人が死んでも、次の世代がこれを継承してゆくし、また、これに新たな知識が付け加わってゆくことになる。

このようにして、生活を豊かにするための多くの知識が私たちの社会には蓄えられている。

料理のレシピも医学の知識も、食料生産や工業の技術も、文学や絵画や映画などの芸術も誰かがどこかで見つけた知恵を寄せ集め、組み合わせ、体系化してきたものである。[E]それを現代の私たちは受け継ぎ、有効に使いながら現代のこの生活を享受している。

伝染病に冒されても、病院に行けば適切な抗生物質を投与してもらえる。腹が減ればスーパーで食料を調達できる。泥棒に入られたら警察が犯人を捕まえてくれる。喉が渇けば蛇口をひねればいいし、排泄(はいせつ)物(ぶつ)もボタン一つで清潔に処理できる。退屈になれば、テレビをつけてみるのもよい。スポーツ観戦でもドラマでも好きなものを楽しめる。

よく考えてみるとすごいことだ。部屋の中を明るくするために、一人一人が電球を発明する必要はない。様々な技術やシステムは過去に誰かが作ったものだ。それを私たちは産まれたときから利用している。社会に生きている限り、[F]他の動物に対して私たちは圧倒的に有利な位置からスタートできるのだ。

社会は私たちが快適に生活できるよう長い年月をかけて作り、維持してきた人工環境である。丁度、魚が水の中でしか生きられないように、[G]人間も社会なしには生きてゆくことができない。ジャングルで生き抜くためのサバイバルの知識でさえ、社会から与えられるものだ。一言で言えば、人間とはまさに社会的動物である。社会を作って生活する動物というだけでなく、社会なくしては生きられない動物という意味である。社会とは、私たちを生かしてくれる生命維持装置そのものなのである。

（菅原健介「羞恥心はどこへ消えた？」より。一部省略等がある。）

(1) 傍線部[A]それもひとつだ とあるが、どういうことか。最も適当なものを次の**ア**～**エ**より選び、その符号を書きなさい。

ア 人間がジャングルの中で生き残るために必要な能力のひとつが、優れた脳であるということ。

イ 人間には鋭い牙や鋭敏な感覚がないが、それを補うためにただひとつ優れた脳があるということ。

うことを「すごくヘンなこと」だと思ったのか。最も適当なものを次の**ア**～**エ**より選び、その符号を書きなさい。

ア　三野田の気持ちを考えずに藤川さんを紹介したこと。
イ　三野田をトイレの前から廊下の端へ連れて行ったこと。
ウ　藤川さんの気持ちを確かめずに三野田に声をかけたこと。
エ　自分が一緒に歌いたい三野田に藤川さんを紹介したこと。

(5)　傍線部E両手でバッテンを作ってみせたとあるが、この動作はどのようなことを意味しているか。最も適当なものを次の**ア**～**エ**より選び、その符号を書きなさい。

ア　自分は藤川さんと違って組みたい相手に声をかけることができるということ。
イ　自分は三野田と一緒にデュエットをするつもりはまったくないということ。
ウ　自分もデュエットを一緒に歌う相手がまだ決まっていないということ。
エ　自分は三野田のように堂々と楽しそうに歌うことはできないということ。

(6)　傍線部F恥ずかしくて死にたいとあるが、このようなときに使う次のことわざの□に入る最も適当な**漢字一字**を書きなさい。

●□があったら入りたい

(7)　傍線部G自分が卑怯者みたいな気がしたとあるが、それはなぜか。最も適当なものを次の**ア**～**エ**より選び、その符号を書きなさい。

ア　藤川さんを利用して三野田とペアを組むという策が、あまりにもうまくいったから。
イ　三野田に藤川さんをすすめておきながら、自分が彼とペアになったから。
ウ　藤川さんの気持ちを裏切って、三野田に自分とペアを組むようにすすめたから。
エ　藤川さんの気持ちも三野田の気持ちも考えず、自分の都合だけで話をすすめたから。

2　次の文章を読んで、あとの(1)～(6)の問いに答えなさい。

たとえば、乗っている飛行機が墜落し、ジャングルの中であなた一人だけが生き残ったとしたら、果たしてどれだけ生存できるだろうか。サバイバルの専門知識がなければ、ほどなくケガや病気で死んでしまうことだろう。人間には獣のような牙(きば)もないし、うさぎや猫のように鋭敏な感覚もない。それなのに、私たちはなぜ地球上でこれほどのさばっていられるのだろうか。

人間には優れた脳があると考える人がいるかもしれない。確かに、Aそれもひとつだ。しかし、人間の脳の仕組みはチンパンジーと比べてもそれほど大きな違いはない。少なくとも、今の彼らと私たちとの境遇の違いを脳の構造だけから説明できるほどの差異ではない。

そこで、もうひとつ、最近注目されているのが「コミュニケーション能力」である。このBコミュニケーション能力は、鋭い牙や速い足や鋭敏な感覚にもひけをとらないほどサバイバルにとって有利に働く。

第一に、会話をすることで目標を共有し、そのための作業を分担することが可能になる。たとえば、狩(かり)をする場合、獲物を追い立てる役割とそれを待ち構えて狩る役割を分ければ、一人一人がばらばらに追いかけまわすよりもずっと効率がよい。コミュニケーションはいわば人の群れを組織に変えたのである。

コミュニケーション能力の第二の効果はさらに重要である。人間以

「あのさあ、三野田さ、藤川さんに申し込みしてみない？　あのコもまだ決まってなくて、自分から声かけたりできないみたいだし、もしよかったらさ……」

言いながら、Dすごくヘンなことをしてるって思った。おせっかいババアみたいだよ。

「なんでよ？」

三野田は妙にクールな目をしてる。

「や、だから、三野田は藤川さんのこと……」

私は言いかけて絶句して赤面した。何をやっているのだ、おまえ――広谷美緒。

「だから、なんで広谷がそんなこと俺に言いにくるのさ？」

昨日の部活の時に見た藤川さんの目が……なんて説明できないよ。困りきって黙っていると、三野田は聞いてきた。

「で、広谷の相手は？」

私はE両手でバッテンを作ってみせた。

「おまえ、人の世話、焼いてる場合？」

呆れた声で三野田に言われて、私は力なくハハハと笑った。F恥ずかしくて死にたい。

「どうよ？　俺」

三野田は自分の鼻を指差して尋ねた。

「広谷、俺と歌わね？」

「ええー？」

力一杯叫んでしまい、三野田はショックを受けたように廊下の床にヘタリこんだ。

「だって、私のこと好きじゃないでしょ？」

普通は聞けないような質問をぶつけると、

「これは、そういうことじゃないでしょ？」

真面目な顔で見上げて答える。私は自分を馬鹿だと思うのも忘れて、三野田って意外と渋くてカッコイイと思った。

「広谷、前に俺の歌、誉めてくれたじゃん」

三野田は座ったままで言った。

「あれ、けっこう嬉しかった」

「うん」

「やろうよ」

「……うん」

ペアが成立してしまった。どうしよう？　Gこうなることを望んでいたのに、いや、だからこそ余計に自分が卑怯者みたいな気がした。

（佐藤多佳子「デュエット」より）

---

(1)　傍線部A私はうめいたとあるが、このときの「私」の気持ちを説明した次の文の［　］Ⅰ・Ⅱに入る最も適当な言葉を、文章中からⅠは**十三字**、Ⅱは**六字**で抜き出して書きなさい。

●男子と［Ⅰ］ならば誘いたい人はいるが、その人は好きなコに申し込むかもしれないので、［Ⅱ］と考えている。

(2)　［B］に入る最も適当な言葉を次の**ア**～**エ**より選び、その符号を書きなさい。

ア　不機嫌そうな　　**イ**　恥ずかしそうな
ウ　悲しそうな　　**エ**　不思議そうな

(3)　傍線部C代わりにとあるが、何の「代わり」なのか。それを説明した次の文の［　］に入る最も適当な言葉を、文章中から**九字**で抜き出して書きなさい。

●藤川さんに「三野田にデュエットの［　］」と聞く代わり。

(4)　傍線部Dすごくヘンなことをしてるとあるが、「私」はどうい

国語

1 次の文章を読んで、あとの(1)～(7)の問いに答えなさい。

「美緒はどうするの？」

いきなりサッチにずばりと聞かれて、A私はうめいた。もし、自分から動かなければならないのなら、彼しかない――という人がいた。好きとかいうんじゃないけど、気になる子なんだ。軟式テニス部の三野田司。背が低くて痩せていて、地味なタイプだけど、声がキレイなんだよね、ボーイ・ソプラノで。一学期の歌のテストで、みんなが恥ずかしがったり緊張したりする中、キレイな声を張り上げて堂々と歌っていた。ほんとに楽しそうに。後から、「歌よかったよ」って声かけたら、急に［B］顔になって「よくないって。ガキの声で」って笑っていた。

どうしても男子とデュエットしないといけないなら、三野田がいいな。でも、あいつ、好きなコいるって噂なんだよね。私と同じ書道部の藤川さん。すらっとした物静かな美人で三野田よりだいぶ背が高い。よく見とれてるの、知ってるんだ。藤川さんはまだペアが決まってないみたいだから、三野田は思い切って申し込むかもしれない。邪魔できないよね。

なんだか急に三野田と藤川さんのことばかり気になってしまって、休み時間なんか、いつも二人がどこにいるかって捜してる。ペアはどんどん決まっている。クラス一おとなしい小川香がクラス一うるさい金沢尚人に申し込んだり、山口宏樹がついでに恋の告白もして林麻美とカップルになったり。リエは加瀬グループに参加。サッチはまだ工藤を捕まえていない。

部活で藤川さんと隣の机になった時、聞いてみた。音楽テストどうする？ って。

「私、あぶれると思う」

藤川さんは生真面目にそんなことを言う。

「私もー」

大声で同意すると、顔を見合わせて爆笑した。藤川さんて、こんなゲラゲラ笑う人なんだ。部活が一緒でもなんとなく近寄りがたくてあんまり口きいたこともないんだけど。三野田のことをしゃべろうかなって思ったけど、なんて言ったらいいのかわかんない。

「もったいない。ビジンさんなのに」

C代わりにそんなことを言うと、

「美緒のほうがしゃべりやすいよ」

と藤川さんは言うのだ。

「私は、ダメだなあ」

「ダメなんて言うなあ！」

背中をドシンと叩くと、藤川さんは涼しい顔立ちでニッコリして、その目が少しだけ淋しくて、私はなんか胸がきゅんとした。三野田はきっと彼女のこんなとこが好きなんだなって思って。

男子を待ち伏せするって意外とむずかしくて、三野田をやっと捕まえたのがトイレの前で、何？ って聞かれて、こんなとこで言いたくないや。廊下のはしっこまで引っ張っていって、音楽テストのことを尋ねた。まだ決まってないと答えるので、思い切って言った。

千葉英和高等学校

数学

注意 $\boxed{1}$ ～ $\boxed{58}$ に解答となる符号または数字を一つずつ入れなさい．例えば，$\dfrac{\boxed{2}}{\boxed{3}}$ は分数を表し，$\boxed{2}$ が分子，$\boxed{3}$ が分母になります．分数が約分できるときは，約分しなさい．$\boxed{4}\boxed{5}$ は2桁の数，または1桁の負の数になります．

1 次の各問いに答えなさい．

(1) 次の計算をしなさい．

(ア) $-\dfrac{1}{2}-\left(-\dfrac{4}{5}\right)=\dfrac{\boxed{1}}{\boxed{2}\boxed{3}}$ (イ) $3(2a-4b)-2(a-b)=\boxed{4}\,a-\boxed{5}\boxed{6}\,b$

(ウ) $\dfrac{12}{\sqrt{2}}-\sqrt{6}\times\sqrt{3}=\boxed{7}\sqrt{\boxed{8}}$

(2) 1次方程式 $\dfrac{x-2}{4}=\dfrac{2x+1}{3}$ の解は，$x=\boxed{9}\boxed{10}$ である．

(3) 連立方程式 $\begin{cases} x-3y=6 \\ 2x-4y=10 \end{cases}$ の解は，$x=\boxed{11}$，$y=\boxed{12}\boxed{13}$ である．

(4) $(x+5)^2-64$ を因数分解すると，$(x+\boxed{14}\boxed{15})(x-\boxed{16})$ となる．

(5) 2次方程式 $(x+2)^2=7x+3$ の解は，$x=\dfrac{\boxed{17}\pm\sqrt{\boxed{18}}}{\boxed{19}}$ である．

(6) 右の表は，バスケットボール部の生徒24人がフリースローを8本ずつ行ったとき，シュートの入った本数をまとめたものである．

シュートの入った本数の中央値は $\boxed{20}.\boxed{21}$ 本である．

本数(本)	人数(人)
0	0
1	0
2	1
3	1
4	4
5	6
6	7
7	3
8	2
計	24

(7) 3％の食塩水200gと $\boxed{22}$ ％の食塩水300gを混ぜると，6％の食塩水ができる．

(8) 右の図で，△ABCはAB＝BCの二等辺三角形である．

辺ABを直径とする円と辺ACとの交点をDとし，点Dを含まない $\overset{\frown}{AB}$ 上に点Eをとり，点Aと点E，点Dと点Eをそれぞれ結ぶ．

∠ABC＝48°のとき，∠AED＝$\boxed{23}\boxed{24}$ °である．

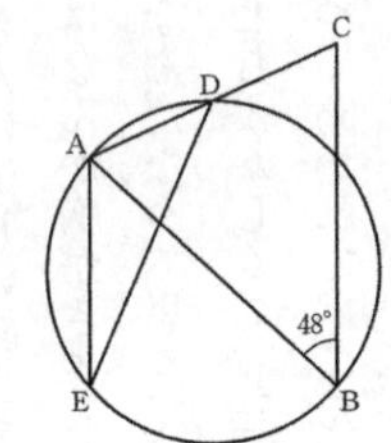

2 右の図のように，関数 $y=x^2$ のグラフ上の x 座標が正の部分に点Pをとり，点Pを通り y 軸に平行な直線と関数 $y=\dfrac{1}{4}x^2$ のグラフとの交点をQとする．

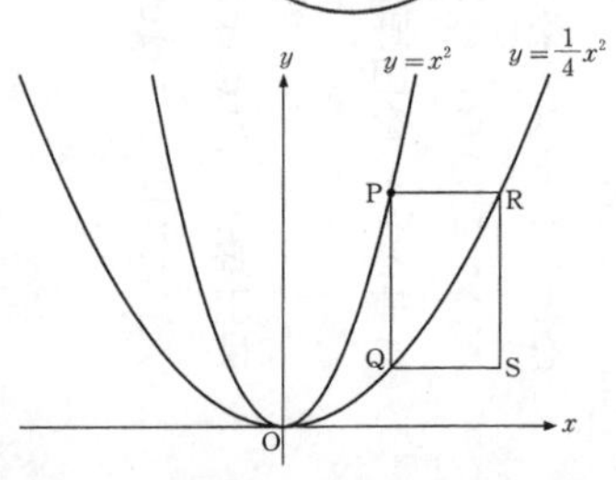

また，点Pを通り x 軸に平行な直線と関数 $y=\frac{1}{4}x^2$ のグラフとの交点のうち，x 座標が正のほうをRとし，四角形PQSRが長方形となるように点Sをとる．

(1) 点Qの y 座標が1のとき，点Pの y 座標は $\boxed{25}$ である．

(2) 点Pの x 座標を t とする．

点Sの x 座標を t を用いて表すと，$\boxed{26}\,t$ である．

(3) 関数 $y=\frac{5}{9}x$ のグラフが長方形PQSRの面積を2等分するとき，長方形PQSRの面積は $\frac{\boxed{27}\boxed{28}}{\boxed{29}}$ である．

3 表が白色で，裏が黒色のカードが6枚あり，右の**図1**のように，6枚のカードをすべて表にして，横1列に並べる．

図1

1つのさいころを続けて2回投げ，1回目に出た目の数を a，2回目に出た目の数を b とし，次のルールにしたがってカードを裏返す．

> （ルール）
> ① はじめに，左から a 枚のカードをすべて裏返す．
> ② 次に，①の状態のまま，右から b 枚のカードをすべて裏返す．

例えば，$a=3$，$b=4$ のときは，はじめに左から3枚のカードをすべて裏返し，次に，右から4枚のカードをすべて裏返すと，右から4枚目のカードは表に戻るので，右の**図2**のようになる．

図2

(1) $a=5$，$b=4$ のとき，裏になっているカードは $\boxed{30}$ 枚ある．

(2) 6枚のカードがすべて裏になっている確率は $\frac{\boxed{31}}{\boxed{32}\boxed{33}}$ である．

(3) 左から2枚目のカードが裏になっている確率は $\frac{\boxed{34}\boxed{35}}{\boxed{36}\boxed{37}}$ である．

4 右の図で，四角形ABCDは平行四辺形である．

辺BC上に，BE：EC＝2：1となる点Eをとり，辺CD上に，CF：FD＝2：1となる点Fをとる．

線分AEと線分BFの交点をGとし，点Cと点Gを結ぶ．

また，直線AEと直線CDの交点をHとする．

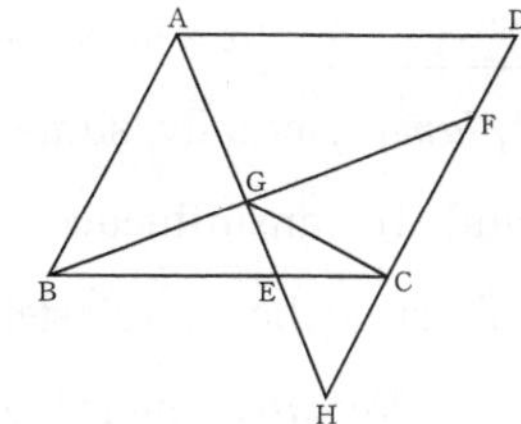

(1) 線分DFの長さと線分CHの長さの比を最も簡単な整数の比で表すと，$\boxed{38}:\boxed{39}$ である．

(2) △ABGの面積は，平行四辺形ABCDの面積の $\frac{\boxed{40}}{\boxed{41}\boxed{42}}$ 倍である．

(3) △BEGの面積が12のとき，△CFGの面積は $\boxed{43}\boxed{44}$ である．

5 右の図の立体A－BCDは，AB＝8，BC＝BD＝6，∠ABC＝∠ABD＝∠CBD＝90°の三角すいである．

頂点Bから辺ACにひいた垂線と辺ACとの交点をEとする．

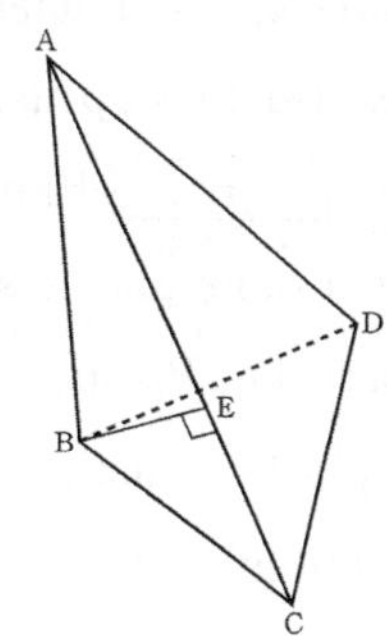

(1) 線分AEの長さは $\frac{\boxed{45}\boxed{46}}{\boxed{47}}$ である．

(2) △ACD の面積は $\boxed{48}\sqrt{\boxed{49}\boxed{50}}$ である.

(3) 円周率を π とすると，△ACD を，直線 AB を軸として 1 回転させたときにできる立体の体積は $\boxed{51}\boxed{52}\,\pi$ である.

6 右の**図 1** のように，1 辺の長さが 1 の正方形を，縦に 3 個，横に n 個並べて大きな長方形をつくり，その中に，正方形が何個あるかを考える.

例えば，右の**図 2** は，$n=4$ のときを表していて，1 辺の長さが 1 の正方形が 12 個，1 辺の長さが 2 の正方形が 6 個，1 辺の長さが 3 の正方形が 2 個あるから，正方形の総数は 20 個である.

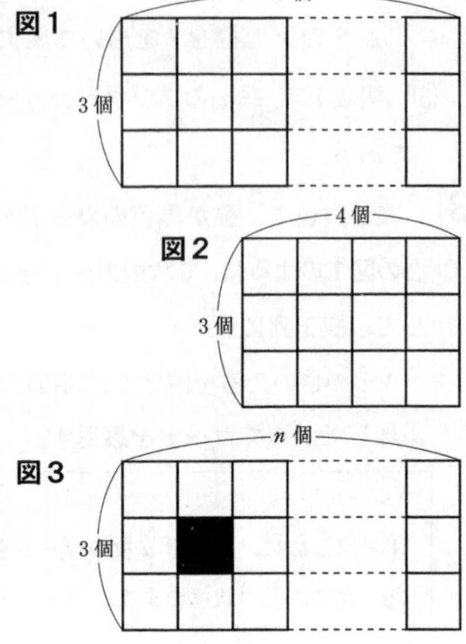

(1) $n=5$ のとき，正方形の総数は $\boxed{53}\boxed{54}$ 個である.

(2) 正方形の総数が 188 個であるとき，$n=\boxed{55}\boxed{56}$ である.

(3) 右の**図 3** は，**図 1** において，$n \geqq 2$ のとき，左から 2 個目，上から 2 個目の 1 辺の長さが 1 の正方形が 1 個抜けた場合を表している.

正方形が抜けた部分は，正方形や正方形の一部として考えないものとする.

正方形の総数が 271 個であるとき，$n=\boxed{57}\boxed{58}$ である.

英　語

1 次の文章を読んで、設問に答えなさい。（＊が付いている単語・語句には、本文の後に注があります。）

These days we often hear that we should do more to protect the earth. It sounds really ア.(　　), but also very イ.(　　). [A] What can one person do to protect a whole **planet*? Actually, some small changes in lifestyle can make a big difference **over a lifetime*, and we can influence other people to try to protect ウ.(　　), too. It's important that we all try to be more friendly to the earth and think about how to reduce waste.

**Recently* I heard something interesting. One of my friends told me that her daughter was going to be on TV. When I asked her why, she said it was because of her new **personal challenge*. "Personal challenge? What personal challenge?" I asked. She said, "My daughter decided to stop using **disposable* plastic, **completely*!"

[B] I know it is good to reduce the **amount* of plastic we use, but to use NO disposable plastic sounds **impossible*! Think about all the plastic we use and **throw away* every day. Plastic bags, plastic bottles, plastic **straws*, foods, and other goods that エ.(　　) in plastic, plastic **trays* and boxes for foods from supermarkets and convenience stores .... There is so much plastic!

[C] But how オ.(　　) of this plastic do we really NEED? If we bring our own *reusable bags, we don't need plastic bags when we go shopping. If we use our own bottles, we don't need to buy drinks in disposable bottles. Of course, we don't need straws, but we like to use them. We can drink カ.(　　) straws, or we can bring our own reusable straws! *As for goods and foods that are sold with a lot of plastic wrapping or in plastic trays or boxes, we have to *try not to buy them. This can キ.(**very convenient / because / life / difficult / make / be / they**). But it is important to remember that *even if we recycle plastic, using plastic takes a lot of energy and is not good for the environment. [D] It is better to use no plastic, *if possible!

Perhaps ZERO PLASTIC is just too difficult for some people, but all of us can make some small changes to reduce the amount of plastic we use. Please think about using your own bag, bottle, and straw, and buying ク.(　　) food in disposable plastic *containers. *Who knows? Maybe one day you will be on TV, too!

（注） planet　惑星　　over a lifetime　生涯にわたり　　recently　最近
personal challenge　個人的な課題　　disposable　使い捨ての　　completely　完全に
amount　量　　impossible　不可能な　　throw away　捨てる　　straw　ストロー
tray　トレー　　reusable　再利用できる　　as for ～　～に関していえば
try not to ～　～しないようにする　　even if ～　たとえ～だとしても
if possible　可能なら　　container　容器　　Who knows?　ひょっとするとね。

1．下線部ア、イに入る語の組み合わせとして最も適当なものを選び、番号で答えなさい。 [1]
①ア．difficult　イ．good　　②ア．good　イ．good
③ア．difficult　イ．difficult　　④ア．good　イ．difficult

2．下線部ウに入る語（句）を選び、番号で答えなさい。 [2]
①energy　　②reusable things
③the environment　　④disposable things

3．次の質問の答えを選び、番号で答えなさい。 [3]
What is the personal challenge of the daughter of the writer's friend?
①To be on TV to show many people all the plastic we use.
②To stop using disposable plastic completely.
③To do something interesting for her parents.
④To reduce the amount of plastic she uses.

4．下線部エに入る語（句）を選び、番号で答えなさい。 [4]
①are wrapped　②wrap　③are wrapping　④to wrap

5．下線部オに入る語を選び、番号で答えなさい。 [5]
①often　②long　③much　④many

6．下線部カに入る語を選び、番号で答えなさい。 [6]
①by　②from　③at　④without

7．下線部キを正しく並べかえるとき、4番目にくる語を選び、番号で答えなさい。 [7]
①because　②be　③make　④they

8．下線部クに入る語（句）を選び、番号で答えなさい。 [8]

① less ② more ③ enough ④ a few

9．次の文を入れる場所として最も適当なものを A ～ D から選び、番号で答えなさい。 9

I was surprised to hear this.

① A ② B ③ C ④ D

10．本文の内容と一致するものを１つ選び、番号で答えなさい。 10

① To reduce waste is important to us, but it is impossible to think about how to reduce it.

② We have a lot of plastic around us, so it is very difficult for us to use no disposable plastic.

③ It is necessary to bring our own reusable bags when we go shopping because plastic bags are very expensive these days.

④ There are many disposable plastic containers we can use, and they are good for the earth.

2 次の文章は日本の中学校に通う英語部のサヤ(Saya)が英語の授業で自分の宝物について発表したスピーチの原稿です。ただし、**A**～**D**は書かれた順番に並んでいません。これらを読んで、設問に答えなさい。(＊が付いている単語・語句には、本文の後に注があります。)

Hi, everyone. Here I have an old red *jump rope*. I got it when I was seven. At first, I didn't like it, but it became one of my treasures when I was eleven. What happened to me that year? I'm going to talk about it.

A

On the morning of Sports Day, Jun said, "You've practiced so hard. You can do it." The relay *race* started, and I jumped rope better and ran faster than before. I passed a blue jump rope to the next player Eri in first place among five teams. So I thought [ ]. In the end, we were second, but I felt really good.

B

The next Sunday morning, when I was cleaning my room, I found a red jump rope under the bed. Then I remembered that I got it from my father some years before. He wanted me to enjoy jumping rope with it, but I wasn't interested in doing that. I put it under the bed, and forgot about it. So it looked new. I felt really sorry when I saw it. I decided to use it and practice jumping rope. I went to Jun's room and said, "I'll do it."

C

One day in April, I talked with my brother Jun at home. I said, "I'm going to run in the jump rope relay race on Sports Day." He said, "Really? That will be fun." I answered, "No. I don't like it. I'm not good at jumping rope." He said, "How about practicing with me? I ran in a jump rope relay race when I was your age." I only said, "Well, I'll think about it."

D

Jun and I started practicing in front of our house from the next day. Jun showed me good ways to jump rope and run fast. It was difficult for me, and I soon got tired. He often said, "Jump higher, Saya! Don't look at the ground when you're jumping!" We practiced every day for about two weeks.

> I always remember the event when I see my jump rope. It *cheers me up* when I have to try difficult things. Thank you for listening.

（注）jump rope　縄跳び(をする)　　race　競争　　cheer ～ up　～をはげます

1．本文中の**A**～**D**の段落を書かれた順に並べかえたものとして、最も適当なものを1つ選び、番号で答えなさい。 11

① **B** → **C** → **A** → **D**　　② **B** → **C** → **D** → **A**

③ **C** → **A** → **D** → **B**　　④ **C** → **B** → **D** → **A**

2．本文中の ［　　　　］ に入る語句を選び、番号で答えなさい。 12

① my team would win the race　② the other players couldn't get it

③ she would not get first place　④ I would jump rope faster than her

3．本文の内容に関する次の質問の答えとして最も適当な文を1つ選び、番号で答えなさい。 13

What is the main topic of Saya's speech?

① Practicing for an important event at her junior high school

② How her jump rope became one of her treasures

③ When she got her jump rope and who gave it to her

④ Her kind brother and practicing with him

4．本文の内容と一致するものを1つ選び、番号で答えなさい。 14

① Saya got her red jump rope from her brother.

② Jun ran in a jump rope relay race when he was seven.

③ Saya found her jump rope under the bed in her room.

④ Jun and Saya practiced jumping rope together for a month.

3 次のグラフの内容について、設問に答えなさい。（＊が付いている単語・語句には、本文の後に注があります。）

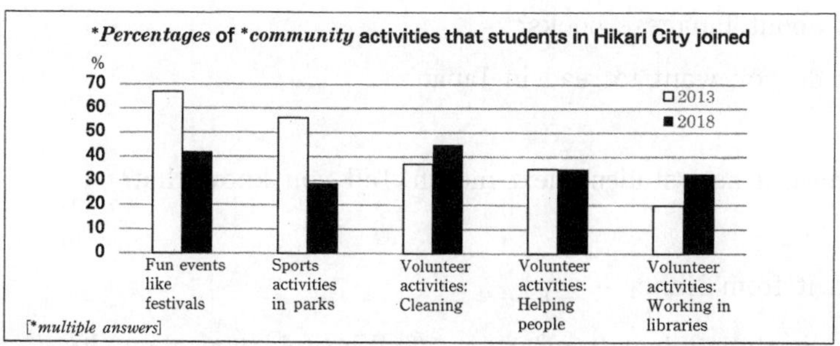

（注）percentage　割合　　community　地域　　multiple answers　複数回答あり

1．このグラフの内容と一致するように、（　　　）内に入る最も適当なものを1つ選び、番号で答えなさい。 15

In 2018, (　　　) community activities became more popular than in 2013.

① three out of five　② more than three　③ only one　④ two kinds of

2．このグラフの内容に関する次の(1)、(2)の質問の答えとして最も適当な文を1つ選び、番号で答えなさい。

（1）What is the main purpose of this graph? 16

① To explain the reasons for doing community activities and how to join them in Hikari City.

② To explain the number of community activities Hikari City had for three years.

③ To explain which community activities became more popular or less popular in 2018 than in 2013.

④ To explain how many students in Hikari City joined or stop doing community activities from 2013 to 2018.

（2）Which community activities did students in Hikari City join the most in 2018? 17

① Cleaning.　　② Fun events like festivals.

③ Helping people.　　④ Sports activities in parks.

3．このグラフの内容と一致するものを１つ選び、番号で答えなさい。 18

① A higher percentage of students joined sports activities in parks than volunteer activities in libraries in 2018.

② About the same percentage of students joined volunteer activities to help people in 2013 and in 2018.

③ About 30% of students joined volunteer activities in libraries in 2013.

④ Sports activities in parks in 2013 were more popular than fun events like festivals in 2013.

4 次の会話文を読み、（　　　）内に入る最も適当な文を１つ選び、番号で答えなさい。

1． 19

A : Excuse me. Do you have English books at this bookstore?

B : Yes, we do. (　　　　　　　　　　　　　　　　　　)

A : About Japanese culture.

① Do you want me to show them to you?

② Which one do you want to sell?

③ What kinds of books are you looking for?

④ What about Japanese books?

⑤ What do you want to read in Japan?

2． 20

A : We'll have a new student next month. Did you know that?

B : No. (　　　　　　　　　　　　　　　　　　)

A : I heard it from Nancy.

① Where is the student from?　　② Who told you about it?

③ When did you hear about it?　　④ How will you know that?

⑤ Why don't you ask me first?

3． 21

A : Tom and I are going to play badminton now. Why don't you join us?

B : (　　　　　　　　　　　　　　　　　　) I'll go after that.

A : All right. We'll be waiting for you in the gym.

① Sorry, but I'm really busy today.

② Thank you, but I have to go to the gym soon.

③ I'd like to, but I'm not free today.

④ Well, I have to go to the teachers' room now.

⑤ That's great, but tomorrow is a holiday.

4. [22]

A : I visited Blue Park Museum last Sunday.

B : Did you? How was it?

A : (　　　　　　　　　　　　　　　　) You should go there.

① It was about Chinese artists.　② It was sunny, but a little cold.

③ I can't say before visiting it.　④ It was a really long day for me.

⑤ I enjoyed a lot of beautiful pictures.

5. [23]

A : Oh! You look tired, Sam. Are you OK?

B : Yes, I am. But I'm a little hungry. Mom, can we have dinner soon?

A : (　　　　　　　　　　　　　　　　)

B : Oh, no. We have two more hours!

① No, you should wait until six.　② No, do your homework first.

③ Yes, I'm cooking it now.　④ Yes, it's almost dinner time.

⑤ OK, please cook it with Jack.

6. [24]

A : Hello. This is Jane.

B : Hi, Jane. This is Max. Can I speak to Fred?

A : Well, he's in the next room. (　　　　　　　　　　　　　　　　)

B : OK. Thank you.

① I'll call him later.　② So he's not at home.

③ I'll get him right now.　④ You can take a message.

⑤ Please speak in a loud voice.

[5] 次の各問いに答えなさい。

1．次の英文の（　　　）内に入る最も適当な語（句）を選び、番号で答えなさい。

(1) Bob had an accident and (　　　) his car yesterday, but he was fine. [25]

① born　② burn　③ died　④ damaged　⑤ brush

(2) Alex and Jake have (　　　) classmates for two years. [26]

① been　② made　③ felt　④ got　⑤ became

(3) No one in my family (　　　) any food because we had lunch just now. [27]

① want　② wants　③ don't want　④ didn't want　⑤ wanted

(4) I hear some boys (　　　) John will visit America next month. [28]

① to　② at　③ between　④ next　⑤ including

（5）Ms. Lee says that her dreams (　　) come true some day. 29

① have　② has to　③ will　④ will be　⑤ must be

2．与えられた日本語を参考にして、(　　) 内の語（句）を並べかえて意味が通るように英文を作るとき、(　　) 内の４番目にくる語（句）を選び、番号で答えなさい。

（1）あの店で，あなたは抹茶を作る教室に参加できます。 30

At that shop, you can (① a class　② part　③ to　④ in　⑤ take) make *matcha.*

（2）もし本当に必要なら，助けを求めることをおそれないで。 31

Don't be (① help　② afraid　③ for　④ asking　⑤ of) if you really need it.

（3）今日の満月は１年で最も輝いています。 32

Today's (① the　② of　③ full　④ brightest　⑤ moon is) the year.

（4）ジュディはケンに英語で手紙を書く方法についての助言をしました。 33

Judy (① to　② some advice　③ Ken　④ gave　⑤ about how) write a letter in English.

6　次の各組について下線部の発音が他の語と異なるものを１つ選び、番号で答えなさい。

	①	②	③	④	⑤	
1	p<u>u</u>blic	dr<u>u</u>m	p<u>u</u>sh	l<u>u</u>cky	s<u>u</u>ch	34
2	increa<u>se</u>	rai<u>se</u>	el<u>se</u>	purpo<u>se</u>	wor<u>se</u>	35
3	w<u>oo</u>d	st<u>oo</u>d	f<u>oo</u>t	l<u>oo</u>k	sh<u>oo</u>t	36
4	f<u>a</u>mous	n<u>eigh</u>bor	m<u>ai</u>n	rec<u>ei</u>ve	expl<u>ai</u>n	37
5	p<u>ar</u>ty	guit<u>ar</u>	w<u>ar</u>m	c<u>ar</u>d	d<u>ar</u>k	38

社　会

1　次の文章を読み，あとの(1)～(5)の問いに答えなさい。

芸術の発展は，a<u>宗教</u>の歴史と深い関わりをもっています。b<u>ヨーロッパ</u>では，キリスト教の信仰が認められていなかった時代に，カタコンベと呼ばれる地下のc<u>墓所</u>の壁に象徴的な絵画が描かれることがありました。４世紀になり，キリスト教がローマ帝国の国教となってd<u>信仰</u>が認められるようになると，各地に聖堂や教会がつくられるようになりました。e<u>14世紀</u>にはじまったルネサンスのころには，教会の依頼などで，キリスト教に関する題材を扱った絵画が数多く描かれました。

(1)　下線部aに関連して，右の略地図は，東南アジア諸国について，信仰している人口が最も多い宗教ごとに塗り分けたものである。略地図中のA～Cにあてはまる宗教の組み合わせとして最も適当なものを，次の①～④のうちから一つ選びなさい。 1

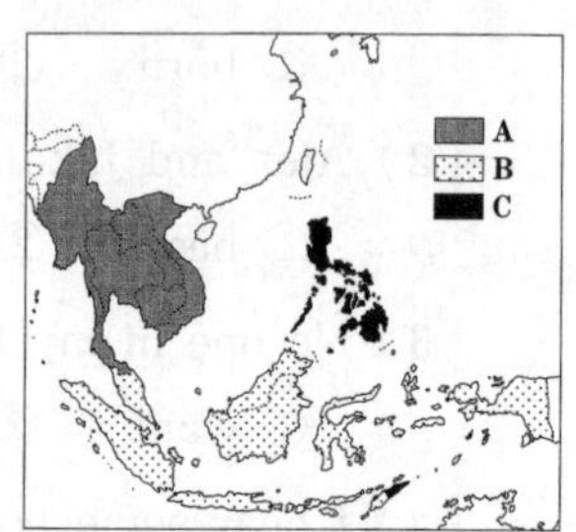

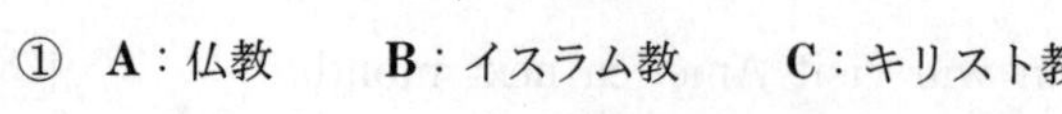
①　A：仏教　B：イスラム教　C：キリスト教

② A：仏教　B：キリスト教　C：イスラム教

③ A：イスラム教　B：仏教　C：キリスト教

④ A：キリスト教　B：仏教　C：イスラム教

(2) 下線部bに関連して，次の**資料**は，ヨーロッパ州に属しているイタリア，ギリシャ，ベルギー及びポルトガルの人口，面積，国民総所得を示したものである。この**資料**から読み取れることとして最も適当なものを，あとの①～④のうちから一つ選びなさい。 2

資料　イタリア，ギリシャ，ベルギー及びポルトガルの人口，面積，国民総所得(2016年)

	人口(万人)	面積(万km²)	国民総所得(億ドル)
イタリア	5,980	30.2	19,231
ギリシャ	1,092	13.2	2,051
ベルギー	1,137	3.1	4,746
ポルトガル	1,030	9.2	2,053

(「データブック オブ・ザ・ワールド2019年版」などより作成)

① 4か国のうち，一人あたりの国民総所得が最も少ない国は，人口が最も多い。

② イタリアの国民総所得は，他の3か国の国民総所得の合計の3倍以上である。

③ 4か国のうち，国民総所得が最も少ない国は，国土面積が最も小さい。

④ ギリシャの人口密度は，ベルギーの人口密度より低い。

(3) 下線部cに関連して，右の略地図中の①～④は，古代の主な遺跡の位置を示したものである。日本最大の古墳である大仙(大山)古墳の位置として最も適当なものを，略地図中の①～④のうちから一つ選びなさい。 3

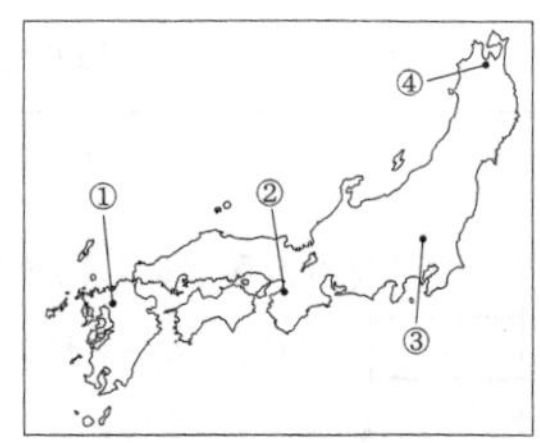

(4) 下線部dに関連して，信仰の自由(信教の自由)は，自由権のうちの精神の自由(精神活動の自由)に分類される。次のⅠ～Ⅳは，日本国憲法の条文の一部を示したものである。Ⅰ～Ⅳの条文のうち，精神の自由に分類される権利を定めたものはいくつあるか。あとの①～④のうちから一つ選びなさい。 4

Ⅰ 思想及び良心の自由は，これを侵してはならない。

Ⅱ 何人(なんぴと)も，いかなる奴隷的拘束も受けない。

Ⅲ 集会，結社及び言論，出版その他一切の表現の自由は，これを保障する。

Ⅳ 何人も，公共の福祉に反しない限り，居住，移転及び職業選択の自由を有する。

① 一つ　② 二つ　③ 三つ　④ 四つ

(5) 下線部eに関連して，14世紀に日本で起こったできごととして最も適当なものを，次の①～④のうちから一つ選びなさい。 5

① 足利義政のあとつぎ争いなどから，有力な守護大名らが11年にわたって京都で戦いを続けた。

② 安土城を築いた織田信長は，商工業を盛んにするため，城下町で楽市楽座の政策を行った。

③ 保元の乱，平治の乱に勝利した平清盛は，武士として初めて太政大臣となった。

④ 吉野に逃れた後醍醐天皇が京都とは別に朝廷を開き，二つの朝廷が対立する時代になった。

2 次の図を見て，あとの(1)〜(4)の問いに答えなさい。

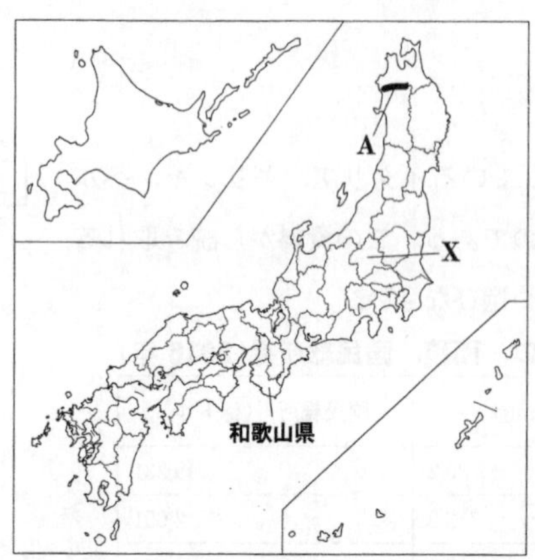

(1) 次の文章は，四国地方に位置する四つの県のうちのいずれかの県について述べたものである。この県にあてはまる最も適当なものを，あとの①〜④のうちから一つ選びなさい。 6

> この県の県庁所在地名は県名と同じである。また，本州四国連絡橋のうちの一つによって，最終的に本州と結ばれている。

① 愛媛県　② 高知県　③ 香川県　④ 徳島県

(2) 図中のAの山地には，ぶなの原生林など豊かな自然が残っており，世界自然遺産に登録されている。Aの山地の名称として最も適当なものを，次の①〜④のうちから一つ選びなさい。 7

①　出羽山地　　②　白神山地　　③　紀伊山地　　④　北見山地

(3) 次の**資料**は，しんじさんが，キャベツの生産が盛んな都道府県について調べ，まとめたものの一部である。**資料**中の［　I　］にあてはまることばとして最も適当なものを，あとの①〜④のうちから一つ選びなさい。また，グラフ中のYにあてはまる県名として最も適当なものを，あとの⑤〜⑧のうちから一つ選びなさい。 8 9

資料

図中とグラフ中のXは同じ県を示しており，Xの県では，［　I　］を利用したキャベツの抑制栽培が行われています。

グラフ中のYの県ではキャベツのほかに，人工的に光をあてることで出荷時期を調整した，電照菊の栽培も盛んです。

キャベツの都道府県別生産量
(2016年)

X 18.0%
Y 17.4
千葉県 8.9
茨城県 7.4
神奈川県 5.2
その他 43.1

(「日本国勢図会 2018/19 年版」より作成)

Iの選択肢：①　夏の高温多湿な気候　　②　夏でも冷涼な気候
　　　　　③　冬でも温暖な気候　　　④　冬の寒冷な気候

Yの選択肢：⑤　長野県　　⑥　埼玉県　　⑦　宮崎県　　⑧　愛知県

(4) 次の地形図は，前のページの図中の**和歌山県**のある地域を示したものである。これを見て，あとの❶〜❸の問いに答えなさい。

めもり

(国土地理院　平成18年発行1：25,000「湯浅」より作成)

❶ 地形図中の吉備湯浅 PA と湯浅 IC の実際の距離として最も適当なものを，次の①～④のうちから一つ選びなさい。 10

① 1 km　② 2 km　③ 3 km　④ 4 km

❷ 地形図中に **X** で示した範囲の中に，次の I ～Ⅳの施設は合計でいくつあるか。あとの①～④のうちから一つ選びなさい。ただし，同じ地図記号であっても，複数ある場合は複数の施設として数えることとする。 11

I 郵便局　Ⅱ 警察署　Ⅲ 図書館　Ⅳ 消防署

① 一つ　② 二つ　③ 三つ　④ 四つ

❸ 地形図中に **Y** で示した範囲の土地利用について述べた文として最も適当なものを，次の①～④のうちから一つ選びなさい。 12

① 平地は田や果樹園として利用されており，山の斜面には果樹園や針葉樹林が見られる。

② 平地は畑や果樹園として利用されており，山の斜面には果樹園や針葉樹林が見られる。

③ 平地には田の他に広葉樹林が見られ，山の斜面には広葉樹林や針葉樹林が見られる。

④ 平地には畑の他に広葉樹林が見られ，山の斜面には広葉樹林や針葉樹林が見られる。

3 次の図を見て，あとの**(1)**～**(6)**の問いに答えなさい。

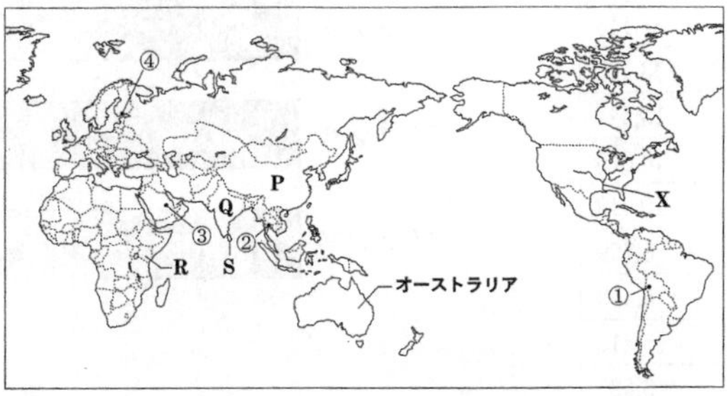

(1) 東経 30 度の経線と，南緯 30 度の緯線がともに国土を通過する国として最も適当なものを，次の①～④のうちから一つ選びなさい。 13

① メキシコ　② エジプト　③ アルゼンチン　④ 南アフリカ共和国

(2) 次の文章は，図中の①～④のいずれかの都市における気候の特色について述べたものである。この都市として最も適当なものを，①～④のうちから一つ選びなさい。 14

この都市は，標高が高いところに位置しているため，同じ緯度の標高が低い地域よりも気温が低くなる。1月の平均気温は 9.4℃，7月の平均気温は 6.3℃である。

(3) 図中の **X** の河川の名称として最も適当なものを，次の①～④のうちから一つ選びなさい。 15

① アマゾン川　② ガンジス川　③ ナイル川　④ ミシシッピ川

(4) 次の文章は，図中のオーストラリアに関することがらについて述べたものである。文章中の［ I ］，［ Ⅱ ］にあてはまる語の組み合わせとして最も適当なものを，あとの①～④のうちから一つ選びなさい。 16

オーストラリアには，先住民である［ I ］が居住していたが，18 世紀にイギリスの植民地となった。20 世紀初めから 1970 年代にかけて，ヨーロッパ系以外の移民を制限する［ Ⅱ ］という政策がとられてきたが，現在では，多文化社会をめざしている。

① Ⅰ：マオリ　Ⅱ：白豪主義　② Ⅰ：マオリ　Ⅱ：アパルトヘイト
③ Ⅰ：アボリジニ　Ⅱ：白豪主義　④ Ⅰ：アボリジニ　Ⅱ：アパルトヘイト

(5) 右のグラフは，ある農産物の2016年における国別生産量の割合を示したもので，グラフ中のP～Sは，前のページの図中のP～Sの国である。このグラフにあてはまる農産物として最も適当なものを，次の①～④のうちから一つ選びなさい。 17

① 米　② 茶　③ 小麦　④ 大豆

ある農産物の国別生産量（2016年）

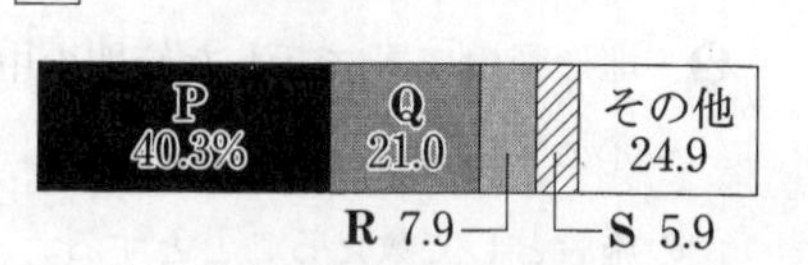

（「世界国勢図会 2018/19年版」より作成）

(6) みどりさんは，世界の国別発電量の上位10か国について調べ，**資料1**にまとめた。この10か国のうち7か国では，その国の発電量全体の50％以上が火力発電によることに気づいたみどりさんは，残りの3か国について，発電源別発電量の割合を**資料2**にまとめた。あとのⅠ～Ⅳの文のうち，**資料1**，**資料2**から読み取れることについて正しく述べている文はいくつあるか。最も適当なものを，あとの①～④のうちから一つ選びなさい。 18

資料1　国別発電量上位10か国（2015年）

国名	発電量（億kWh）
中国	58,146
アメリカ合衆国	43,172
インド	13,544
ロシア連邦	10,675
日本	10,413
カナダ	6,709
ドイツ	6,469
ブラジル	5,812
フランス	5,685
韓国	5,529
世界合計	243,216

資料2　3か国の発電源別発電量の割合（2015年）

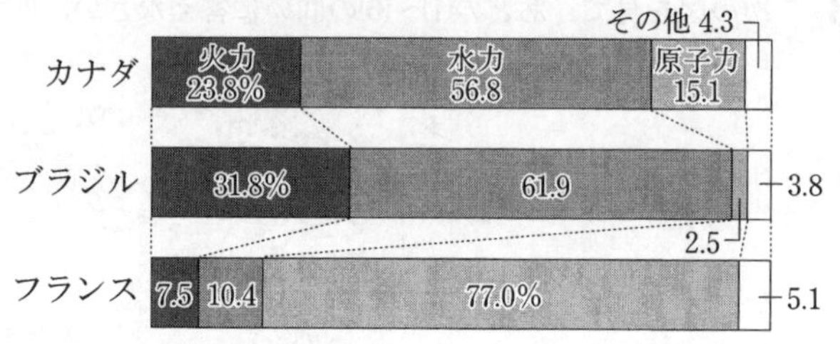

（**資料1**・**資料2**とも，「データブック オブ・ザ・ワールド2019年版」より作成）

Ⅰ　2015年の国別発電量上位10か国のうち，アジア州に属する国は3か国である。
Ⅱ　2015年において，中国の発電量は，世界全体の発電量の30％以上を占めている。
Ⅲ　2015年において，水力発電による発電量はブラジルよりもカナダの方が多い。
Ⅳ　2015年において，フランスの原子力による発電量は4000億kWh以上である。

① 一つ　② 二つ　③ 三つ　④ 四つ

4 次の略年表は，社会科の授業で，けんさんが，「飛鳥時代から江戸時代までの法令などに関する主なできごと」について調べ，まとめたものである。これを見て，あとの(1)～(5)の問いに答えなさい。

年代	主なできごと	
604	聖徳太子（厩戸皇子）によって十七条の憲法が定められる	↑
		X
701	中国の制度にならい，大宝律令が制定される	↓
743	聖武天皇によって$_a$<u>土地制度に関する法令</u>が出される	
757	大宝律令を修正した内容の養老律令が施行される	↑
		Y
1232	御成敗式目が定められる	↓

1588	b 豊臣秀吉が刀狩令を出す
1615	徳川秀忠の名で，武家諸法度が制定される
1742	c 徳川吉宗が公事方御定書を定める

(1) 略年表中のXの時期のできごとについて述べた文として**適当でないもの**を，次の①～④のうちから一つ選びなさい。 19

① 中国の都である長安にならった平城京に都が移された。

② 白村江の戦いで，日本は唐と新羅の連合軍に敗れた。

③ 天智天皇の死後壬申の乱が起こり，大海人皇子が勝利した。

④ 小野妹子を隋に派遣して，対等な関係で国交を築こうとした。

(2) 略年表中の下線部aに関連して，次の文章は，この法令について述べたものである。文章中の［Ｉ］，［Ⅱ］にあてはまる語の組み合わせとして最も適当なものを，あとの①～④のうちから一つ選びなさい。 20

> この法令は，［Ｉ］と呼ばれている。この法令によって，それまで国のものとされていた土地の私有が認められるようになり，後に，有力な貴族や寺院は各地に［Ⅱ］をもつようになった。

① Ｉ：墾田永年私財法　Ⅱ：口分田　② Ｉ：墾田永年私財法　Ⅱ：荘園

③ Ｉ：班田収授法　Ⅱ：口分田　④ Ｉ：班田収授法　Ⅱ：荘園

(3) 次のＩ～Ⅲの文は，略年表中のYの時期に起こったできごとについて述べたものである。それぞれのできごとを年代の**古いものから順に**並べたものを，あとの①～④のうちから一つ選びなさい。 21

Ｉ 藤原道長が摂政となり，大きな権力を握った。

Ⅱ 源頼朝が本格的な武士の政権である鎌倉幕府を開いた。

Ⅲ 桓武天皇が坂上田村麻呂を征夷大将軍に任命して東北地方の平定に向かわせた。

① Ｉ→Ⅱ→Ⅲ　② Ｉ→Ⅲ→Ⅱ　③ Ⅲ→Ｉ→Ⅱ　④ Ⅲ→Ⅱ→Ｉ

(4) 略年表中の下線部bに関連して，次の文章は，豊臣秀吉と同じ時期に活躍した人物について述べたものである。文章中の［Ｉ］，［Ⅱ］にあてはまる語の組み合わせとして最も適当なものを，あとの①～④のうちから一つ選びなさい。 22

> 豊臣秀吉に仕えた［Ｉ］は，茶の湯を大成した。絵画の分野では，「唐獅子図屏風」などの障壁画を描いた［Ⅱ］が活躍した。

① Ｉ：千利休　Ⅱ：狩野永徳　② Ｉ：千利休　Ⅱ：菱川師宣

③ Ｉ：雪舟　Ⅱ：狩野永徳　④ Ｉ：雪舟　Ⅱ：菱川師宣

(5) 略年表中の下線部cに関連して，徳川吉宗が行った政治の内容について述べたものとして最も適当なものを，次の①～④のうちから一つ選びなさい。 23

① 昌平坂学問所を設立し，朱子学以外の学問を禁止した。また，飢饉(ききん)に備えて米を蓄えさせたり，江戸に出稼ぎにきていた農民を農村に帰らせたりするなどの政策を行った。

② 物価を安定させるために，同業者の組合である株仲間を解散させた。また，江戸や大阪

周辺の土地を幕府の直轄地にしようとする政策を試みた。

③　株仲間の結成を奨励し，大商人の力を利用して幕府の財政を立て直そうとした。また，蝦夷地と呼ばれた北海道の開発や印旛沼の干拓を行おうとした。

④　庶民の意見を政治に反映させるために，江戸城の外に目安箱を設置した。また，参勤交代における大名の江戸滞在期間を短くする代わりに各藩に米を差し出させた。

5　次のA～Dのカードは，さとみさんが20世紀に行われた会議や会談についてまとめたものである。これらのカードを読み，あとの**(1)**～**(6)**の問いに答えなさい。

A　ポーツマス会議(1905年)

この会議は，日露戦争を終結させるため，アメリカの仲介の下，アメリカのポーツマスで開かれました。
この会議によって，日本は朝鮮半島における優越権などを得ましたが，日本国民からは，不満の声が上がりました。

B　パリ講和会議(1919年)

この会議は，第一次世界大戦の戦後処理のため，フランスのパリで開かれました。
この会議で締結された条約によって，東ヨーロッパでは多くの国が独立を認められましたが，アジアにおける植民地の独立は認められませんでした。

C　[X]講和会議(1951年)

この会議は，連合国と日本との戦争状態を終結させるため，アメリカの[X]で開かれました。
日本と48か国との間で条約が締結され，日本の主権が回復しました。また，同時に[Y]も結ばれました。

D　マルタ会談(1989年)

アメリカのブッシュ大統領と，ソビエト連邦のゴルバチョフ書記長が，地中海のマルタ島で会談を行いました。
この会談では，冷戦(冷たい戦争)の終結が宣言され，この2年後にはソ連が解体されることとなりました。

(1)　Aのカードの下線部に関連して，右のグラフは，日清戦争と日露戦争における日本の死者数と戦費を示したものであり，次の文は，この資料について述べたものである。文中の[Ⅰ]，[Ⅱ]にあてはまる語の組み合わせとして最も適当なものを，あとの①～④のうちから一つ選びなさい。　24

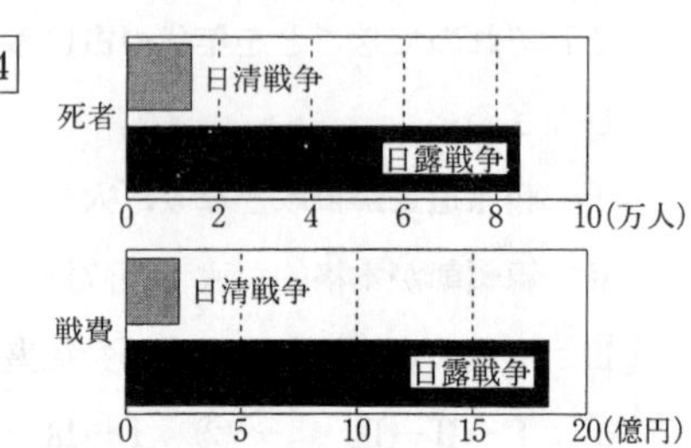

日露戦争では，日清戦争に比べて被害が大きく，戦費もかかったにも関わらず，[Ⅰ]ことなどから，国民の間で不満が高まり，[Ⅱ]などの暴動が起こった。

①　Ⅰ：領土を得られなかった　　Ⅱ：米騒動
②　Ⅰ：領土を得られなかった　　Ⅱ：日比谷焼き打ち事件
③　Ⅰ：賠償金を得られなかった　Ⅱ：米騒動
④　Ⅰ：賠償金を得られなかった　Ⅱ：日比谷焼き打ち事件

(2)　Bのカードの下線部に関連して，このことが一因となって朝鮮半島で起こったできごととして最も適当なものを，次の①～④のうちから一つ選びなさい。　25

①　三・一独立運動　　②　五・四運動　　③　甲午農民戦争　　④　義和団事件

(3)　次のⅠ～Ⅲの文は，Bのカードの会議が開かれた年と，Cのカードの会議が開かれた年の間の時期に起こったできごとについて述べたものである。それぞれのできごとを年代の**古いものから順に**並べたものを，あとの①～④のうちから一つ選びなさい。　26

Ⅰ　ニューヨークで株価が暴落したことをきっかけに，世界中に不況が広がった。

Ⅱ　日本で，満25歳以上のすべての男子に選挙権が与えられたが，同時に治安維持法が制定された。

Ⅲ　国家総動員法が制定され，日本国民は生活物資などの購入を制限されるようになった。

①　Ⅰ→Ⅱ→Ⅲ　②　Ⅰ→Ⅲ→Ⅱ　③　Ⅱ→Ⅰ→Ⅲ　④　Ⅱ→Ⅲ→Ⅰ

(4)　Cのカード中の［X］，［Y］にあてはまる語の組み合わせとして最も適当なものを，次の①～④のうちから一つ選びなさい。［27］

① X：ワシントン　Y：日米安全保障条約　② X：ワシントン　Y：日米修好通商条約

③ X：サンフランシスコ　Y：日米安全保障条約　④ X：サンフランシスコ　Y：日米修好通商条約

(5)　Dのカードの下線部に関連して，1949年に二つの国として独立し，その後，冷戦の象徴とされる壁が築かれた国として最も適当なものを，次の①～④のうちから一つ選びなさい。［28］

①　ドイツ　②　フランス　③　イタリア　④　ポーランド

(6)　Dのカードの会談が開かれた年よりあとに起こったできごとについて述べた文として最も適当なものを，次の①～④のうちから一つ選びなさい。［29］

①　第四次中東戦争がきっかけとなって，石油危機(オイルショック)が起こった。

②　ヨーロッパ共同体(EC)が政治的な統合をめざして，ヨーロッパ連合(EU)へと発展した。

③　第1回主要国首脳会議(サミット)がフランスのランブイエで開かれた。

④　東海道新幹線が開通し，同じ年に東京でアジア初のオリンピックが開かれた。

6

次の文章を読み，あとの(1)～(5)の問いに答えなさい。

外交や経済政策，a社会保障，公共事業などといった，さまざまな政策を実行に移すことを行政といいます。日本において，国の行政権を担う組織がb内閣です。c内閣総理大臣は国会の指名によって選ばれ，内閣総理大臣は国務大臣を任命します。内閣総理大臣と国務大臣は閣議を開き，行政の運営などについて決定します。一方，地方自治において，行政をつかさどるのは首長です。首長は，d住民から直接選挙で選ばれます。地方自治では，首長を直接選挙で選ぶこと以外にも，e住民が政治に参加する機会が多いという特徴があります。

(1)　文章中の下線部aに関連して，社会保障制度は，日本国憲法で定められたある権利を保障するための制度である。この権利として最も適当なものを，次の①～④のうちから一つ選びなさい。［30］

①　財産権　②　選挙権　③　請願権　④　生存権

(2)　文章中の下線部bに関連して，内閣の仕事について述べた文として最も適当なものを，次の①～④のうちから一つ選びなさい。［31］

①　予算を審議して議決し，決算の承認を行う。

②　天皇の国事行為に対して助言と承認を与える。

③　国会の制定した法律が憲法に違反していないか審査する。

④　弾劾裁判所を設置して裁判官をやめさせるかどうか判断する。

(3)　文章中の下線部cに関連して，次の文章は，内閣総理大臣の指名について述べたものである。文章中の［Ⅰ］，［Ⅱ］にあてはまる語の組み合わせとして最も適当なものを，あと［32］

の①～④のうちから一つ選びなさい。

> 内閣総理大臣は，国会において I の中から指名される。衆議院と参議院の議決が異なった場合には，最終的には II の議決が優先される。

① I：国会議員　II：衆議院　② I：国会議員　II：参議院

③ I：衆議院議員　II：衆議院　④ I：衆議院議員　II：参議院

(4) 文章中の下線部 **d** に関連して，都道府県知事と市(区)町村長の被選挙権が与えられる年齢の組み合わせとして最も適当なものを，次の①～④のうちから一つ選びなさい。 33

① 都道府県知事：25 歳以上　市(区)町村長：25 歳以上

② 都道府県知事：25 歳以上　市(区)町村長：30 歳以上

③ 都道府県知事：30 歳以上　市(区)町村長：25 歳以上

④ 都道府県知事：30 歳以上　市(区)町村長：30 歳以上

(5) 文章中の下線部 **e** に関連して，次の表は，地方自治における直接請求権についてまとめたものである。 I ～ IV に入るものの組み合わせとして最も適当なものを，あとの①～④のうちから一つ選びなさい。 34

請求内容	必要な署名	請求先
条例の制定・改廃	有権者の I 以上	III
議会の解散 首長や議員の解職	有権者の II 以上	IV

(注)有権者数が 40 万人以下の地方公共団体の場合。

① I：3分の1　II：50 分の1　III：首長　IV：選挙管理委員会

② I：3分の1　II：50 分の1　III：選挙管理委員会　IV：首長

③ I：50 分の1　II：3分の1　III：首長　IV：選挙管理委員会

④ I：50 分の1　II：3分の1　III：選挙管理委員会　IV：首長

7 次の文章を読み，あとの(1)～(4)の問いに答えなさい。

経済活動全体の動きを a 景気といいます。景気は，b 国内だけでなく，国外もふくめたさまざまな要因によって変動するので，それに合わせた対応が必要です。政府は，公共事業への支出を増減させることや，c 税制を変えることなどによって，景気を安定させようとします。また，d 日本の中央銀行である日本銀行も景気を調整する役割を担っています。

(1) 文章中の下線部 **a** に関連して，好景気(好況)のときの経済の様子について述べた文として最も適当なものを，次の①～④のうちから一つ選びなさい。 35

① 物価は上がることが多く，企業の倒産件数や失業者の数は増加することが多い。

② 物価は上がることが多く，企業の倒産件数や失業者の数は減少することが多い。

③ 物価は下がることが多く，企業の倒産件数や失業者の数は増加することが多い。

④ 物価は下がることが多く，企業の倒産件数や失業者の数は減少することが多い。

(2) 文章中の下線部 **b** に関連して，次の文章は，為替相場について述べたものである。文章中の I ， II にあてはまる語の組み合わせとして最も適当なものを，あとの①～④のうちから一つ選びなさい。 36

> 「1ドル＝120円」から「1ドル＝100円」になったときのような場合を，［ Ⅰ ］という。このような状況は，日本では製品を［ Ⅱ ］するときに有利にはたらく。

① Ⅰ：円高 Ⅱ：輸出　② Ⅰ：円高 Ⅱ：輸入　③ Ⅰ：円安 Ⅱ：輸出　④ Ⅰ：円安 Ⅱ：輸入

(3) 文章中の下線部 **c** に関連して，次の文章は，ある税金について述べたものである。この税金の名称として最も適当なものを，あとの①～④のうちから一つ選びなさい。 [37]

> この税は，企業に対して課税される国税である。また，納税の仕方では，税を負担する企業が直接納税するので，直接税に分類することができる。

① 所得税　② 消費税　③ 相続税　④ 法人税

(4) 文章中の下線部 **d** に関連して，不景気(不況)のときに日本銀行が行う対策について述べた文として最も適当なものを，次の①～④のうちから一つ選びなさい。 [38]

① 国債などを銀行から買うことで，銀行から企業への貸し出しを増やそうとする。
② 国債などを銀行から買うことで，銀行から企業への貸し出しを減らそうとする。
③ 国債などを銀行に売ることで，銀行から企業への貸し出しを増やそうとする。
④ 国債などを銀行に売ることで，銀行から企業への貸し出しを減らそうとする。

8 次の文章を読み，あとの(1)，(2)の問いに答えなさい。

情報通信技術が発展したことによって，**a** 現代社会は大きな変化をとげてきました。インターネットや **b** 携帯電話などの普及率は年々高まり，AI(人工知能)などの新しい技術も活用されるようになってきています。一方，インターネットなどに関わるトラブルや犯罪も増加しています。私たち一人一人が情報を正しく活用する力を身につけていくことが重要です。

(1) 文章中の下線部 **a** に関連して，現代の日本の社会について正しく述べた文として最も適当なものを，次の①～④のうちから一つ選びなさい。 [39]

① 食料自給率が低く，特に米の自給率が低くなっている。
② グローバル化が進み，外国からの労働者や留学生の数が増加している。
③ 核家族世帯や単独世帯が増加し，1世帯あたりの人数が増加している。
④ 地方よりも都市部において急速に高齢化が進んでいる。

(2) 文章中の下線部 **b** に関連して，次の**資料1**は，情報通信サービスへの年間世帯支出と世帯消費支出の推移を，**資料2**は，情報通信サービスへの年間世帯支出の内訳をまとめたものである。あとのⅠ～Ⅳの文のうち，**資料1**，**資料2**から読み取れることについて正しく述べている文はいくつあるか。最も適当なものを，下の①～④のうちから一つ選びなさい。 [40]

資料1　情報通信サービスへの年間世帯支出と世帯消費支出の推移(二人以上の世帯)

	2000年	2018年
情報通信サービスへの年間世帯支出(円)	118,327	175,851
世帯消費支出(円)	3,805,600	3,447,782

資料2　情報通信サービスへの年間世帯支出の内訳の推移

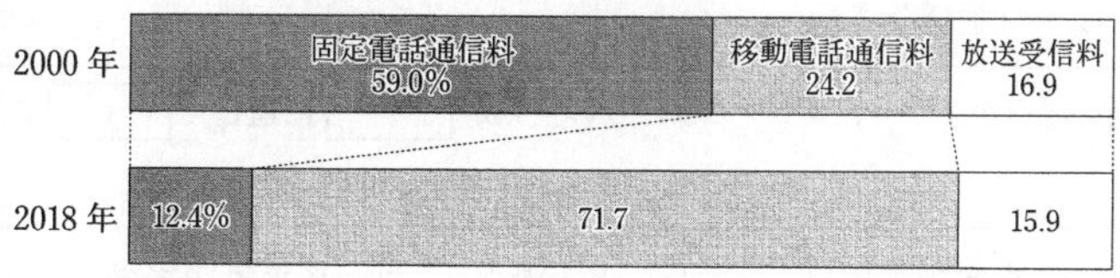

	固定電話通信料	移動電話通信料	放送受信料
2000年	59.0%	24.2	16.9
2018年	12.4%	71.7	15.9

(注)四捨五入の関係で，合計が100%にならない場合がある。

(**資料1**・**資料2**とも，総務省「情報通信統計データベース」より作成)

Ⅰ　2018年における情報通信サービスへの年間世帯支出は，2000年と比べて50,000円以上増加している。

Ⅱ　2018年における情報通信サービスへの年間世帯支出が世帯消費支出に占める割合は，2000年の2倍以上になっている。

Ⅲ　2000年において，固定電話通信料は移動電話通信料の3倍以上であった。

Ⅳ　2018年における移動電話通信料は，2000年と比べて4倍以上になっている。

①　一つ　　②　二つ　　③　三つ　　④　四つ

理　科

必答問題　1～7は必答問題です。1～7のすべての問題に答えなさい。

1　Sさんは，空気中の水蒸気について調べるため，次の**実験1**，**2**を行いました。これに関して，あとの(1)～(5)の問いに答えなさい。

実験1

図1のように，金属製のコップに室温と同じ温度の水を入れ，砕いた氷を入れた試験管で水をかき混ぜながら少しずつ水温を下げていった。金属製のコップの表面がくもり始めたときの水温を測定した。

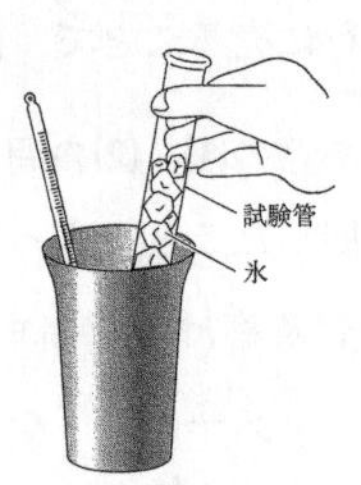

図1

実験2

実験1と同様の実験を次の日にも行った。実験を行ったときの気温は**実験1**のときよりも高く，金属製のコップの表面がくもり始めたときの水温は**実験1**と同じであった。

図2は，**実験1**を行ったときの実験室の乾湿計を表したものであり，**表1**は，湿度表の一部を表したものである。

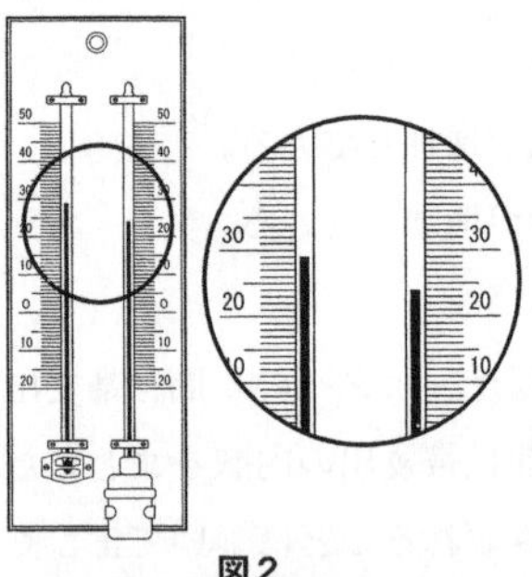
図2

表1

乾球〔℃〕	乾球と湿球の示度の差〔℃〕 1.0	2.0	3.0	4.0	5.0	6.0
30	92	85	78	72	65	59
29	92	85	78	71	64	58
28	92	85	77	70	64	57
27	92	84	77	70	63	56
26	92	84	76	69	62	55
25	92	84	76	68	61	54
24	91	83	75	68	60	53
23	91	83	75	67	59	52
22	91	82	74	66	58	50
21	91	82	73	65	57	49

(1)　**実験1**を行ったときの実験室の湿度は何%か。［1］，［2］に解答となる数字を一つずつ入れなさい。［1］［2］%　　［1］［2］

(2)　次の文は，**実験1**で，金属製のコップの表面がくもった理由について述べたものである。文中の［x］，［y］にあてはまるものの組み合わせとして最も適当なものを，あとの①～④のうちから一つ選びなさい。　［3］

> コップの表面の温度が下がり，コップのまわりの空気が［x］に達して［y］に変化したため。

①　x：沸点　　y：水滴が水蒸気　　②　x：沸点　　y：水蒸気が水滴
③　x：露点　　y：水滴が水蒸気　　④　x：露点　　y：水蒸気が水滴

(3) **表2**は，気温と飽和水蒸気量との関係を表したものである。**表2**から，**実験1，2**で，金属製のコップの表面がくもり始めた温度は何℃か。[4]，[5]に解答となる数字を一つずつ入れなさい。 4 5

[4][5]℃

表2

気温〔℃〕	飽和水蒸気量〔g/m³〕	気温〔℃〕	飽和水蒸気量〔g/m³〕
15	12.8	23	20.6
16	13.6	24	21.8
17	14.5	25	23.1
18	15.4	26	24.4
19	16.3	27	25.8
20	17.3	28	27.2
21	18.3	29	28.8
22	19.4	30	30.4

(4) 次の文は，**実験2**を行ったときの湿度について述べたものである。文中の[6]にあてはまる最も適当なものを6群の①～③のうちから，[7]にあてはまる最も適当なものを7群の①～③のうちから，それぞれ一つずつ選びなさい。 6 7

> **実験2**では**実験1**と比べ，気温が高く，空気1 m³中の水蒸気量が[6]ことから，実験室の湿度は[7]と考えられる。

6群　①　多い　②　少ない　③　変わらない

7群　①　**実験1**よりも高い　②　**実験1**よりも低い　③　**実験1**と同じ

(5) 雲ができやすい条件として最も適当なものを，次の①～④のうちから一つ選びなさい。 8

① 山頂からふもとに向かって空気が移動するとき。　② 上空の冷たい空気が下降するとき。

③ 地表付近の空気があたためられるとき。　④ 高気圧の中心部。

2

Sさんは，エリマキトカゲが水面を走るという話を聞き，エリマキトカゲについて**調べたこと**をまとめました。これに関して，あとの(1)～(5)の問いに答えなさい。

調べたこと

エリマキトカゲは，オーストラリアなどの森林に生息する。基本的には樹上で生活するが，採食などのために地表に降りることがあり，地表では後ろ足だけで直立し走行する。危険を感じるとえりまき状の皮膚を広げて威嚇(いかく)する。また，その際には，後ろ足だけで立ち上がって走ることもある。体長は60～90 cmで，おもに昆虫を食べる。ハチュウ類で，尾は体長の三分の二を占めることなどが分かった。しかし，エリマキトカゲが，水面を走るという話は，間違いのようであった。

水面を走るハチュウ類を調べてみると，バシリスクという動物がいることが分かった。バシリスクは，エリマキトカゲと同じように樹上で生活し，危険を感じると後ろ足で立ち上がって走る。潜水や泳ぐことも可能である。バシリスクは，体長60～80 cmで，後ろ足には細長い指があり，その指の間に皮膚の膜があるため，他の生物から逃げたり，えさ場などを移動したりするときに，短距離ではあるが，水面を走ることができる。

エリマキトカゲやバシリスクは，セキツイ動物のうちのハチュウ類に分類される。ハチュウ類を含めたセキツイ動物について**表**にまとめた。

表

	魚類	両生類 幼生	両生類 成体	ハチュウ類	鳥類	ホニュウ類
生活場所	水中		陸上			
呼吸	えら呼吸		肺呼吸			
体表面のようす	[11]		[12]			
体温の保ち方	変温動物				恒温動物	
子の残し方	卵生					胎生

(1) イモリ，ヘビ，フナ，カメのうち，エリマキトカゲやバシリスクと同じハチュウ類の動物の組み合わせとして最も適当なものを，次の①～⑥のうちから一つ選びなさい。 9

① イモリとヘビ　② イモリとフナ　③ イモリとカメ

④ ヘビとフナ　⑤ ヘビとカメ　⑥ フナとカメ

(2) 次の文章は，エリマキトカゲが食べる昆虫について述べたものである。文章中の m ， n にあてはまるものの組み合わせとして最も適当なものを，あとの①～④のうちから一つ選びなさい。 10

> 昆虫類は無セキツイ動物の節足動物である。体が，頭部，胸部，腹部に分かれ，胸部にはあしが m あり， n から空気を取り入れて呼吸している。

① m：2対　n：気門　② m：2対　n：気孔

③ m：3対　n：気門　④ m：3対　n：気孔

(3) 表の 11 ， 12 にあてはまる最も適当なものを，次の①～④のうちから，それぞれ一つずつ選びなさい。 11 12

① うすい湿った皮膚でおおわれている　② うろこでおおわれている

③ 毛でおおわれている　④ 羽毛でおおわれている

(4) 鳥類やホニュウ類の心臓のつくりとして最も適当なものを，次の①～④のうちから一つ選びなさい。 13

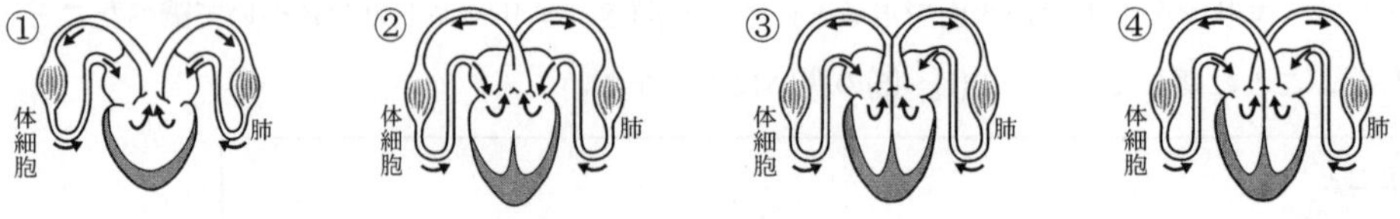

①　②　③　④

体細胞　肺

(5) 次の文章は，セキツイ動物の子の残し方について述べたものである。文章中の x ～ z にあてはまるものの組み合わせとして最も適当なものを，あとの①～④のうちから一つ選びなさい。 14

> 魚類や両生類は， x 卵を水中に産むが，ハチュウ類や鳥類は， y 卵を陸上に産む。これは，卵が z 陸上にたえられるように，進化したものと考えられる。

① x：殻のない　y：殻のある　z：乾燥した　② x：殻のない　y：殻のある　z：酸素の少ない

③ x：殻のある　y：殻のない　z：乾燥した　④ x：殻のある　y：殻のない　z：酸素の少ない

3 Sさんは，水溶液について調べるため，次の**実験1**，**2**を行いました。これに関して，あとの(1)～(5)の問いに答えなさい。

> **実験1**
>
> ① 塩酸を入れた試験管と水酸化ナトリウム水溶液を入れた試験管を用意し，それぞれの水溶液をガラス棒で赤色リトマス紙につけたところ，水酸化ナトリウム水溶液をつけたリトマス紙だけが青色に変わった。次に，それぞれの水溶液をガラス棒で青色リトマス紙につけたところ，塩酸をつけたリトマス紙だけが赤色に変わった。
>
> ② ①の2本の試験管にマグネシウムの小片を入れたところ，塩酸に入れたマグネシウムだけが泡を出しながら溶けた。

③ 新たに，塩酸を入れた試験管と水酸化ナトリウム水溶液を入れた試験管を用意し，２本の試験管に銅の小片を入れたところ，どちらとも変化が見られなかった。

④ 新たに，塩酸を入れた試験管と水酸化ナトリウム水溶液を入れた試験管を用意し，２本の試験管にアルミニウムの小片を入れたところ，どちらの水溶液でもアルミニウムが泡を出しながら溶けた。

実験２

① 濃度の異なる塩酸**A**，**B**と，濃度の異なる水酸化ナトリウム水溶液**C**，**D**を用意した。

② 塩酸**A** 10 cm^3をビーカーに入れ，BTB液を数滴加えた水溶液をかき混ぜた。水酸化ナトリウム水溶液**C**を4.0 cm^3加えたところで水溶液が緑色になった。

③ 塩酸**A** 10 cm^3を新しいビーカーに入れ，BTB液を数滴加えてかき混ぜた。水酸化ナトリウム水溶液**D**を12.5 cm^3加えたところで水溶液が緑色になった。

④ 塩酸**B** 10 cm^3を新しいビーカーに入れ，BTB液を数滴加えてかき混ぜた。水酸化ナトリウム水溶液**C**を6.0 cm^3加えたところで水溶液が緑色になった。

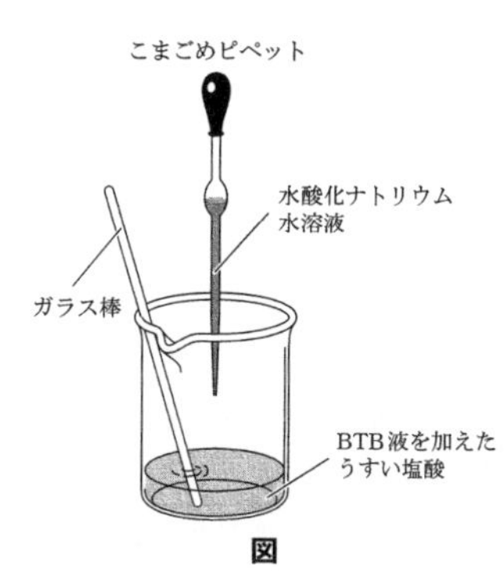

図

⑤ ②～④の水溶液をそれぞれ蒸発皿に少量入れて加熱したところ，結晶が析出した。

(1) **実験１**の②，④で発生した気体はすべて同じであった。発生した気体の化学式として最も適当なものを，次の①～⑥のうちから一つ選びなさい。 [15]

① O_2　② H_2　③ N_2　④ Cl_2　⑤ CO_2　⑥ NH_3

(2) 塩酸とアルミニウムを入れたビーカーに水酸化ナトリウム水溶液を加え続けたとき，発生する気体のようすとして最も適当なものを，次の①～④のうちから一つ選びなさい。 [16]

① とくに変化は見られない。　② 気体の発生が強まっていく。

③ 気体の発生が弱まっていき，やがて止まる。その後加え続けても気体は発生しない。

④ 気体の発生が弱まっていき，やがて止まるが，その後加え続けると再び気体が発生する。

(3) **実験２**の⑤で，析出した結晶の形として最も適当なものを，次の①～④のうちから一つ選びなさい。 

 　 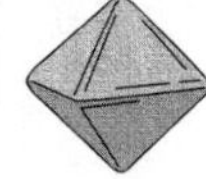　③ 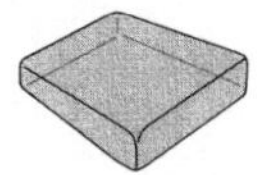　④ 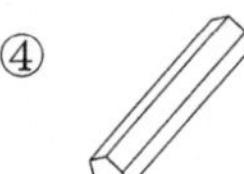

(4) 水酸化ナトリウム水溶液**D** 15 cm^3をビーカーに入れ，BTB液を数滴加えてかき混ぜた。この水溶液に塩酸**B**を何cm^3加えたところで水溶液が緑色になるか。[18]，[19]に解答となる数字を一つずつ入れなさい。ただし，答えが１桁のときは十の位は０をマークしなさい。 [18] [19]

[18][19] cm^3

(5) **実験２**から，塩酸**A**と塩酸**B**の同体積中に含まれている塩化物イオンの数を最も簡単な整数比で表すと，どうなると考えられるか。[20]，[21]に解答となる数字を一つずつ入れなさい。  [21]

[20] ： [21]

4 Sさんは，像のでき方を調べるため，次の**実験**を行いました。これに関して，あとの(1)～(5)の問いに答えなさい。

実験

① **図**のように，光学台の中央に凸レンズを置き，凸レンズの一方の側に物体と光源の電球を置いた。

図

光源
物体
凸レンズ
スクリーン
光学台
凸レンズと物体の距離
物体とスクリーンの距離

② 凸レンズのもう一方の側にスクリーンを置いた。

③ 凸レンズは動かさずに，物体とスクリーンの位置を調節し，スクリーンにはっきりとした像ができたときの凸レンズと物体の距離と，物体とスクリーンの距離を測定した。**表**は，その結果をまとめたものである。

表

凸レンズと物体の距離	物体とスクリーンの距離
70 cm	98 cm
60 cm	90 cm
40 cm	80 cm
5 cm	スクリーンに像はできなかった

④ スクリーンにはっきりと像ができているときに，凸レンズの上半分を黒い紙でおおい，像の変化を確認した。

(1) **実験**で用いた凸レンズの焦点距離は何cmか。[22]，[23] に解答となる数字を一つずつ入れなさい。 [22] [23]

[22][23] cm

(2) **実験**でスクリーンにはっきりとした像ができたときの像として最も適当なものを，次の①～④のうちから一つ選びなさい。 [24]

① 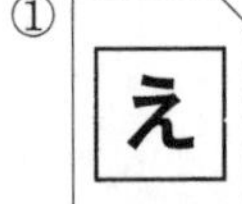
② 
③ 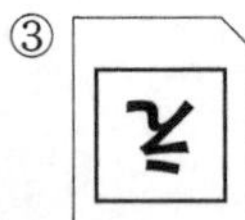
④ 

(3) 次の文は，スクリーンにできる像の大きさについて述べたものである。文中の [x]，[y] にあてはまるものの組み合わせとして最も適当なものを，あとの①～④のうちから一つ選びなさい。 [25]

> **表**から，凸レンズと物体の距離を70 cmから40 cmまで短くしていくと，スクリーンにはっきりした像ができるときの凸レンズとスクリーンの距離が，[x] なっていくため，像の大きさは，[y] なっていく。

① **x**：短く　**y**：小さく　② **x**：短く　**y**：大きく
③ **x**：長く　**y**：小さく　④ **x**：長く　**y**：大きく

(4) 次の文章は，**実験**の③でスクリーンに像ができなかったときについて述べたものである。文章中の 26 にあてはまる最も適当なものを26群の①～④のうちから， 27 にあてはまる最も適当なものを27群の①，②のうちから，それぞれ一つずつ選びなさい。 26 27

> 凸レンズと物体の距離が5 cmのとき，スクリーンをはずし，凸レンズを通して物体を見ると，上下左右が 26 が見られる。この像や 27 は，実際に光が集まってできた像ではない。

26群 ① 同じ実像　② 同じ虚像　③ 逆の実像　④ 逆の虚像

27群 ① カメラの撮像素子やフィルムにうつる像　② 鏡にうつる像

(5) **実験**の④で，凸レンズの上半分を黒い紙でおおったとき，スクリーンにできた像のようすとして最も適当なものを，次の①～④のうちから一つ選びなさい。 28

① 物体の上半分だけの像ができる。　② 物体の下半分だけの像ができる。
③ 像が全くできなくなる。　④ 物体全体の暗い像ができる。

5

Sさんは，メンデルの遺伝の法則について**調べたこと1**，**2**をまとめました。これに関して，あとの(1)～(4)の問いに答えなさい。

調べたこと1

図のように，代々丸い種子をつけるエンドウと代々しわのある種子をつけるエンドウをかけ合わせたところ，子の代ではすべて丸い種子ができた。次に，できた子の代の丸い種子をまいて育て，めしべに同じ花のおしべの花粉を受粉させて孫の代をつくった。**表**の①～③は，同じつくり方で孫の代をつくった3つの実験結果をまとめたものである。

代々丸い種子　代々しわのある種子
丸い種子

図

表

①	丸い種子が5474個，しわのある種子が1850個できた。
②	丸い種子が7235個，しわのある種子が2412個できた。
③	丸い種子が4266個，しわのある種子が1456個できた。

実験によって，個々の個体数には多少違いがあったが，そこから判断されることは同じであった。また，エンドウの種子の形の結果のみをまとめたが，他の植物の他の形質についても同じような結果が見られ，メンデルの遺伝の法則が成り立っていることが確認できた。親として用いた「代々丸い種子をつけるエンドウ」や「代々しわのある種子をつけるエンドウ」は，その形質の［　　］とよばれる。この［　　］をどのようにして得ているのか疑問が生じたため，先生に相談したところ，孫の代をつくるときに行った自家受粉を繰り返すことで，［　　］が得られることを教わった。そこで，自家受粉の実験について調べた。

調べたこと2

調べたこと1でできた子の代の丸い種子と同じ遺伝子の組み合わせをもつエンドウをまいて育て，自家受粉させて孫の代をつくる。さらに，孫の代のそれぞれの種子をまいて育て，自家受粉させてひ孫の代をつくる。このように，自家受粉を繰り返していくと，［　　］を得ることができることが分かった。

(1) 次の文章は，植物の生殖について述べたものである。文章中の x ， y にあてはまるものの組み合わせとして最も適当なものを，あとの①～④のうちから一つ選びなさい。 29

> エンドウなどの植物は，生殖細胞である精細胞と卵細胞が［ x ］することで種子ができる。生殖細胞がつくられるとき，対になっている親の遺伝子が減数分裂によって染色体とともに移動し，それぞれ別の生殖細胞に入ることを［ y ］の法則という。

① x：発生　y：分離　② x：発生　y：独立　③ x：受精　y：分離　④ x：受精　y：独立

(2) **調べたこと１**，**２**の文章中の［　　］に共通してあてはまる最も適当なものを，次の①～④のうちから一つ選びなさい。 [30]

①　純系　　②　同系　　③　優性　　④　劣性

(3) 次の文章は，**調べたこと２**について述べたものである。文章中の [31] ～ [36] に解答となる数字を一つずつ入れなさい。ただし，比は最も簡単な整数の比で表すものとする。 [31] [32] [33] [34] [35] [36]

> **調べたこと１**で，代々丸い種子をつけるエンドウの遺伝子の組み合わせを**AA**，代々しわのある種子をつけるエンドウの遺伝子の組み合わせを**aa**とすると，子の代の丸い種子の遺伝子の組み合わせは**Aa**となる。子の代の丸い種子をまいて育て，自家受粉させてつくる孫の代の遺伝子の組み合わせは，**AA**：**Aa**：**aa**＝ [31] ： [32] ： [33] の比となり，孫の代のそれぞれの種子をまいて育て，自家受粉させてつくるひ孫の代の遺伝子の組み合わせは，**AA**：**Aa**：**aa**＝ [34] ： [35] ： [36] の比となる。よって，自家受粉を繰り返していくと，しだいに遺伝子の組み合わせが**AA**と**aa**の割合が高くなる。

(4) **調べたこと１**でできた子の代の丸い種子をまいて育てたエンドウのめしべに，代々しわのある種子をつけるエンドウの花粉を受粉させ，1000個の種子を得たとき，代々しわのある種子をつけるエンドウと遺伝子の組み合わせが同じ種子の数として最も適当なものを，次の①～⑤のうちから一つ選びなさい。 [37]

①　0個　　②　250個　　③　500個　　④　750個　　⑤　1000個

6

Sさんは，気体**A**～**F**について**発生方法**をまとめました。これに関して，あとの(1)～(4)の問いに答えなさい。

> **発生方法**
>
> 気体**A**　炭酸水素ナトリウムを加熱する。
>
> 気体**B**　塩化アンモニウムと水酸化バリウムを混ぜる。
>
> 気体**C**　塩素系の漂白剤と酸性の洗剤を混ぜる。
>
> 気体**D**　過酸化水素水に二酸化マンガンを入れる。
>
> 気体**E**　うすい水酸化ナトリウム水溶液に電流を流すと陽極から発生する。
>
> 気体**F**　うすい水酸化ナトリウム水溶液に電流を流すと陰極から発生する。
>
> 気体**A**～**F**を区別するため，次の**実験**①～⑥を行った。
>
> **実験**
>
> **①**　気体**A**～**F**の色を調べた。　　**②**　気体**A**～**F**のにおいを調べた。
>
> **③**　気体**A**～**F**をそれぞれ水に通して水への溶けやすさを調べた。
>
> **④**　③で水に溶けた気体の水溶液に，それぞれフェノールフタレイン液を加えて水溶液の性質を調べた。
>
> **⑤**　**図１**のように，③で水に溶けた気体を入れた試験管にそれぞれ石灰水を入れてよく振り，石灰水の変化を調べた。

⑥ **図2**のように，気体**A**～**F**を入れた試験管にそれぞれ火のついた線香を入れて線香の火のようすを調べたところ，２つの試験管で線香が炎を上げて激しく燃えるのが見られた。

図1

石灰水

図2

火のついた線香

(1) 気体**A**～**F**の中で，同じ気体の組み合わせとして最も適当なものを，次の①～⑧のうちから一つ選びなさい。 38

① 気体**A**と**E**　② 気体**A**と**F**　③ 気体**B**と**E**　④ 気体**B**と**F**
⑤ 気体**C**と**E**　⑥ 気体**C**と**F**　⑦ 気体**D**と**E**　⑧ 気体**D**と**F**

(2) 次の文は，**実験**の①について述べたものである。文中の 39 にあてはまる最も適当なものを39群の①～④のうちから， 40 にあてはまる最も適当なものを40群の①～④のうちから，それぞれ一つずつ選びなさい。 39 40

気体**A**～**D**のうち，色のついた気体は 39 で，その色は 40 色である。

39群 ① 気体**A**　② 気体**B**　③ 気体**C**　④ 気体**D**
40群 ① 白　② 赤褐　③ 青紫　④ 黄緑

(3) 次の文章は，**実験**の②～⑤について述べたものである。文章中の **x** ～ **z** にあてはまるものの組み合わせとして最も適当なものを，あとの①～⑧のうちから一つ選びなさい。 41

実験の③で，水に溶けた気体は３つあった。**実験**の④でフェノールフタレイン液を加えたときに赤色に変化した水溶液は **x** で，**実験**の⑤で石灰水を白くにごらせた気体の水溶液と **y** 性質である。また，**実験**の④，⑤で反応が見られなかった残り１つの気体について，においは **z** 。

① **x**：酸性　**y**：同じ　**z**：あった　② **x**：酸性　**y**：同じ　**z**：なかった
③ **x**：酸性　**y**：異なる　**z**：あった　④ **x**：酸性　**y**：異なる　**z**：なかった
⑤ **x**：アルカリ性　**y**：同じ　**z**：あった　⑥ **x**：アルカリ性　**y**：同じ　**z**：なかった
⑦ **x**：アルカリ性　**y**：異なる　**z**：あった　⑧ **x**：アルカリ性　**y**：異なる　**z**：なかった

(4) 気体**A**～**D**のうち，空気より重い気体をすべて選んだものを，次の①～④のうちから一つ選びなさい。 42

① 気体**A**のみ　② 気体**B**と**C**　③ 気体**B**と**D**　④ 気体**A**と**C**と**D**

7 Sさんは，磁界について調べるため，次の**実験1**，**2**を行いました。これに関して，あとの**(1)**～**(4)**の問いに答えなさい。

実験1

図1のように，コイルの下の導線がU字形磁石の間を通るようにつるし，コイルに電源装置とスイッチ，電圧計，抵抗値が10Ωの抵抗器をつないだ。スイッチを入れたところ，コイルに**a**→**b**→**c**→**d**の順に電流が流れ，コイルが ➡ の向きに動いた。このとき，抵抗器の両端につないだ電圧計は5Vを示した。回路をつなぎかえて，コイルに**d**→**c**→**b**→**a**の順に電流を流すと，

コイルは ➡ とは逆の向きに動いた。

図1

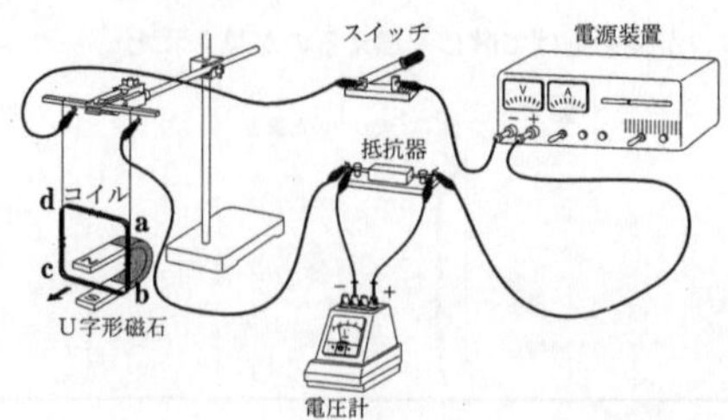

実験2

同じ巻き方で同じ数巻いた2つのコイルP，Qを用意した。コイルの中心線が一直線上に並ぶように直列に接続し，中心に軸を通して回転できるようにした棒磁石を2つのコイルの間に置いた。**図2**のように，回路に検流計を接続し，棒磁石のN極がeの位置にある状態から，棒磁石のN極がe→f→g→hの順に通るように一定の速さで1回転させた。棒磁石のN極がeからfへ動いたとき検流計の針は右に振れた。

図2

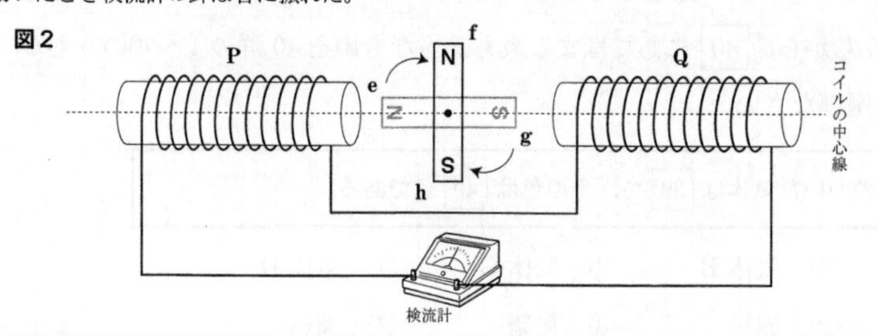

(1) **実験1**で，抵抗器に流れた電流の大きさは何Aか。[43]，[44]に解答となる数字を一つずつ入れなさい。 43 44

[43].[44] A

(2) 次の文章は，**実験1**のコイルの動き方について述べたものである。文章中の[m]，[n]にあてはまるものの組み合わせとして最も適当なものを，あとの①～④のうちから一つ選びなさい。 45

> **図1**の装置で，コイルの動く向きを逆にするためには，U字形磁石の上下の極を逆にすることと，コイルの巻き方を逆にすることの[m]を行ってもよい。また，コイルをより大きく動かすには，[n]などの方法がある。

① **m**：両方　　　**n**：コイルの巻き数を増やす

② **m**：両方　　　**n**：抵抗器をより抵抗値の大きな抵抗器にかえる

③ **m**：どちらか一方　**n**：コイルの巻き数を増やす

④ **m**：どちらか一方　**n**：抵抗器をより抵抗値の大きな抵抗器にかえる

(3) 次の文章は，**実験2**で起こった電流が流れる現象について述べたものである。文章中の[x]，[y]にあてはまるものの組み合わせとして最も適当なものを，あとの①～④のうちから一つ選びなさい。 46

> **実験2**では，棒磁石を動かしたことで，コイルを貫く磁界が変化し，コイルに電圧が生じて電流が流れた。この現象を[x]といい，この現象を利用したものに[y]などがある。

① x：電磁誘導　y：IH 調理器　② x：電磁誘導　y：モーター
③ x：放電　y：IH 調理器　④ x：放電　y：モーター

(4) **実験2**で，棒磁石を1回転させたときの検流計の針の振れとして最も適当なものを，次の①～④のうちから一つ選びなさい。 47

① 右に振れたままであった。　② 右に振れた後，0に戻った。
③ 右に振れた後，左に振れた。　④ 右，左，右，左の順に振れた。

選択問題　8と9は選択問題です。8か9のどちらかを選択して答えなさい。

8 Sさんは，緊急地震速報について**調べたこと**をまとめました。これに関して，あとの(1)～(4)の問いに答えなさい。ただし，地震波は一定の速さで伝わるものとします。

調べたこと

地震発生後，大きな揺れが到達する数秒から数十秒前に警報を発する気象庁のシステムを緊急地震速報という。地震の発生直後に，震源に近い観測点の地震計でとらえられた［x］のデータを解析して，震源の位置や［y］（マグニチュード）を直ちに推定し，これに基づいて各地での主要動の到達時刻や震度を予測し，可能な限りすばやく知らせるものである。

次の**資料1**，**2**は，過去に発生した地震の資料である。

資料1

表は，同じ地震を観測した地点A，Bについて，震源からの距離と初期微動が始まった時刻，主要動が始まった時刻をまとめたものである。また，この地震では，地震が発生してから4秒後に緊急地震速報が発信されていた。

表

地点	震源からの距離	初期微動が始まった時刻	主要動が始まった時刻
A	108 km	7時24分14秒	7時24分26秒
B	162 km	7時24分23秒	7時24分41秒

資料2

図は，深さ50 kmを震源とするマグニチュード7.1の地震で観測された各地の震度の分布を表したものである。

図

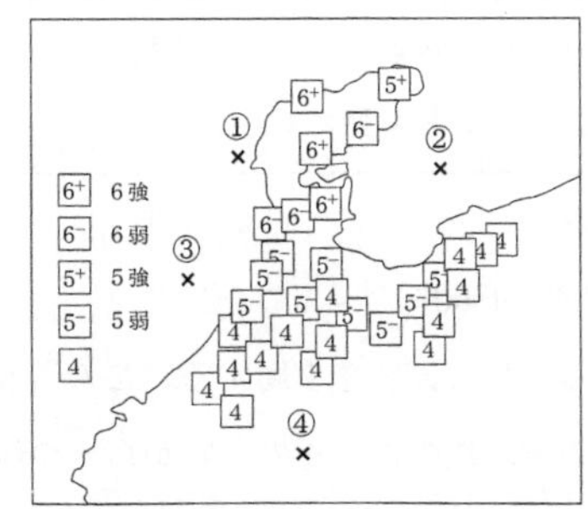

(1) **調べたこと**の［x］，［y］にあてはまるものの組み合わせとして最も適当なものを，次の①～④のうちから一つ選びなさい。 48

① x：S波　y：揺れの大きさ　② x：S波　y：地震の規模
③ x：P波　y：揺れの大きさ　④ x：P波　y：地震の規模

(2) **資料1**の地震で，震源からの距離が189 kmの地点における初期微動継続時間は何秒か。 49 50
［49］，［50］に解答となる数字を一つずつ入れなさい。

［49］［50］秒

(3) **資料1**の地震で，緊急地震速報を受信してから，11秒後に主要動が始まる地点は，震源か 51

らの距離が何 km の地点か。51，52 に解答となる数字を一つずつ入れなさい。 52

51 52 km

(4) **資料 2** の地震の震央として最も適当なものを，**図**の①～④のうちから一つ選びなさい。 53

9

S さんは，太陽の動きを調べるため，日本のある地点で**観測**を行いました。これに関して，あとの**(1)**～**(4)**の問いに答えなさい。

観測

① 画用紙に方位を記入し，その上に透明半球を固定したものを用意した。

② 秋分の日に①の装置を平らな場所に設置し，9 時から 15 時までの 1 時間ごとに天球上の太陽の位置を透明半球上に記録したところ，ちょうど正午に南中した。

③ **図**のように，記録した点をなめらかな曲線で結び，その曲線を透明半球のふちまで延長した。9 時と 10 時の点どうしの間隔を測定したところ，2.5 cm であった。

④ 透明半球のふちと画用紙上の南北を結んだ線との交点のうち南側との交点を **A**，太陽が南中したときに記録した点を **B** とし，**AB** 間の距離を測定したところ，9.0 cm であった。

⑤ ホームステイで来ていたことのある友人が，南半球のオーストラリアにいることを思い出したため，メールで連絡をとり，同様の観測を次の日，オーストラリアでも行ってもらった。

図

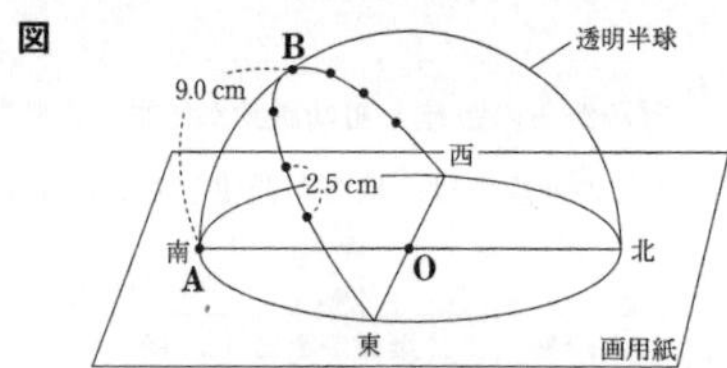

(1) 次の文章は，太陽について述べたものである。文章中の 54 にあてはまる最も適当なものを 54 群の①～③のうちから，55 にあてはまる最も適当なものを 55 群の①，②のうちから，それぞれ一つずつ選びなさい。 54 55

太陽は 54 であり，自ら光や熱を宇宙空間に放射している。太陽の表面温度は約 6000℃で，黒点はそれより 55 温度が低いため，黒く見えている。

54 群　① 衛星　② 惑星　③ 恒星

55 群　① 1500～2000℃　② 4000～4500℃

(2) **観測**で，地平線の下も考えると太陽は 1 日で天球を 1 周する。このような太陽の 1 日の見かけの動きの名称として最も適当なものを，次の①～④のうちから一つ選びなさい。 56

① 自転　② 公転　③ 日周運動　④ 年周運動

(3) **観測**で，太陽が天球上を 24 時間で 1 周するものとすると，観測を行った日本のある地点での南中高度は何度か。57，58 に解答となる数字を一つずつ入れなさい。 57 58

57 58 度

(4) **観測**の**⑤**について，オーストラリアで観測された記録として最も適当なものを，次の①～④のうちから一つ選びなさい。 59

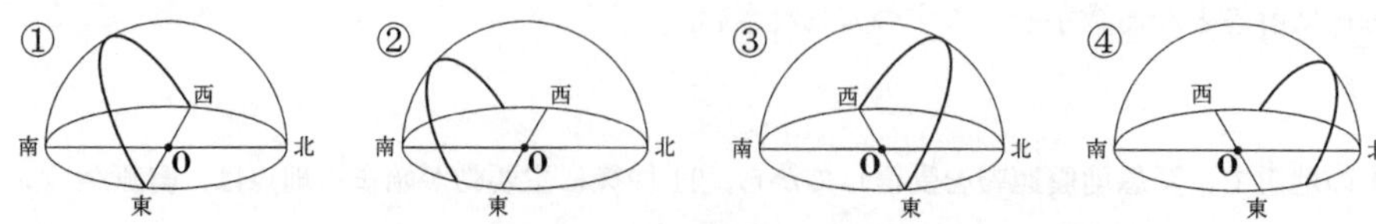

ら外に出て、皆で呪文を唱えて貧乏神を探してまわった。
③ 大晦日に、円浄房が、弟子と小法師に桃の木の枝で家の中の物を突いてまわらせ、自分は貧乏神を呼ぶ呪文を唱えた。
④ 大晦日に、円浄房が呪文を唱えながら、弟子と小法師とともに手に持った桃の木の枝で家の中のあちこちを叩(たた)いてまわった。
⑤ 大晦日に、円浄房が桃の木の枝を持って家の外で呪文を唱え、弟子と小法師にも桃の木の枝を持たせて家の中を打ち回らせた。

問四　傍線部D「門を立てけり」とあるが、これはどういうことか。その説明として最も適当なものを、次の中から一つ選びなさい。　解答番号は45

① 貧乏神が自由に動けないように、円浄房たちが家の門の中へ閉じ込めたということ。
② 貧乏神が中に戻ってこないように、円浄房たちが家の門を閉めたということ。
③ 貧乏神が円浄房たちを追いかけてきて、家の門をくぐって外に出たということ。
④ 貧乏神が外に出ていくように、円浄房たちが家の門を開いたということ。
⑤ 貧乏神が円浄房たちに追いつめられて、自ら家の門を閉めたということ。

問五　傍線部E「その後の夢」とあるが、この夢の内容の説明として最も適当なものを、次の中から一つ選びなさい。　解答番号は46

① 貧乏神と思われる僧が、古い堂に座って円浄房に別れの挨拶をしたとき、雨に降られて激しく泣いていた。
② 見知らぬ痩せた僧が、貧乏神が雨に降られてどこにも行けず嘆いていることを、古い堂で円浄房に話していた。
③ 円浄房が、古い堂で貧乏神に丁寧に別れを告げたところ、突然の降雨におそわれ、悲しみがこみあげて泣いていた。
④ 貧乏神が、僧の姿になって古い堂に座り、追い出された恨みを円浄房に告げると、貧乏神の涙と思うような雨が降ってきた。
⑤ 円浄房が、貧乏神とともに古い堂でともに暮らした日々を懐(なつ)かしんでいると、雨が降り出し、二人で泣いていた。

問六　傍線部F「この貧窮、いかに侘びしかるらん」の現代語訳として最も適当なものを、次の中から一つ選びなさい。　解答番号は47

① この貧乏神は、どうしてつらそうにしているのだろうか。
② この貧乏神が、つらいと感じているとはどうしても思えない。
③ この貧乏神が、どうすればつらさを感じないだろうか。
④ この貧乏神は、どれほどつらく思っているだろうか。
⑤ この貧乏神が、どうかつらさを感じないでほしい。

問七　傍線部H「世間事欠けずして過ぎけり」とはどういうことか。最も適当なものを、次の中から一つ選びなさい。　解答番号は48

① 円浄房が、世間の誰もが知るほど有名になったということ。
② 円浄房が、常に世の中のために働くようになったということ。
③ 円浄房が、毎日神仏に祈って過ごすようになったということ。
④ 円浄房が、神仏に助けられて生活をしていたということ。
⑤ 円浄房が、何の不自由もない生活を送ったということ。

問八　本文の内容として**適当でないもの**を、次の中から一つ選びなさい。　解答番号は49

① 円浄房は、夢を見たあと、貧乏神のことを思い、泣いた。
② 円浄房は、自分の貧しい身の上を切ないと思っていた。
③ 普通は前世の行いによって貧乏神がつくと思われている。
④ 円浄房と貧乏神の話を、筆者は人から聞いて知った。
⑤ 筆者は、貧しい人を神仏が助けないので疑問に思っている。

⑤ 少年とお母さんの親密なやりとりを展開させる中で、自然の音に満ちた情景と、おとぎばなしや地獄の鬼といった異世界を対照的に描写することによって、少年とお母さんの気持ちのずれを強調している。

六

次の文章は『沙石集』の一節である。これを読んで、後の問いに答えなさい。

(注1)尾州に、円浄房と云ふ僧ありけり。世間貧しくして、年齢も五(注2)旬に及びけるが、(注3)真言の習ひか、(ア)若しは(注4)陰陽に付きたる法をA知りたりけるにや、弟子の僧一人に、小法師一人ありける。「かく、(イ)年来あまりに貧窮なるが悲しければ、B貧窮を、今は追はんとC思ふなり」とて、十二月(注5)晦日の夜、(注6)桃の木の枝を、我も持ち、弟子にも、小法師にも持たせて、呪を誦して、家の内より、次第に物を追ふ様に打ち打ちして、「今は(注7)貧窮殿、出でおはせ、出でおはせ」と云ひて、門まで追ひて、D門を立てけり。

Eその後の夢に、痩せたる法師一人、古堂に居て、「年比候ひつれども、追はせ給へば、罷り出候ふ」とて、雨に降りこめられて、打ち泣きて有りと見て、F円浄房語りけるは、「この貧窮、いかに侘びしかるらん」と、打ち泣きけるこそ、(ウ)情けありてG覚ゆれ。

それより後、H世間事欠けずして過ぎけり。この事、慥に聞きたる人の説なり。貧窮も(注8)先世の業にて、仏神の助けも叶はぬ事にてこそ、多くはあるに、不思議なりける。

(注) 1 尾州…尾張国。現在の愛知県西部。
2 五旬…五十歳。
3 真言の習ひ…仏教の真言宗の習慣。
4 陰陽…陰陽道。天文、暦学を説明する学問。日常生活の吉凶などを占った。
5 晦日…月末。
6 桃の木…魔よけの力があるとされていた。
7 貧窮殿…貧乏神。
8 先世の業…前世の行為の結果、現世にはね返る事柄。

問一 傍線部(ア)「若しは」、(イ)「年来」、(ウ)「情けありて」の現代語訳として最も適当なものを、それぞれ一つずつ選びなさい。 解答番号は40・41・42

(ア)「若しは」
① ただし ② たとえば ③ ひょっとすると
④ さては ⑤ それとも

(イ)「年来」
① ずっと昔 ② 永遠に ③ 長年の間
④ ちょうど今 ⑤ 将来

(ウ)「情けありて」
① 風情があって ② 思いやりがあって ③ 遠慮があって
④ 気まずさがあって ⑤ 縁があって

問二 傍線部A「知りたりける」、C「思ふ」、G「覚ゆれ」の動作主の組み合わせとして最も適当なものを、次の中から一つ選びなさい。 解答番号は43

① A 円浄房 C 円浄房 G 筆者
② A 円浄房 C 弟子の僧 G 筆者
③ A 円浄房 C 円浄房 G 弟子の僧
④ A 筆者 C 弟子の僧 G 弟子の僧
⑤ A 筆者 C 円浄房 G 弟子の僧

問三 傍線部B「貧窮を、今は追はん」とあるが、この実際の様子の説明として最も適当なものを、次の中から一つ選びなさい。 解答番号は44

① 大晦日に、円浄房が呪文を唱えながら、桃の木の枝を持った弟子と小法師を連れて家中を歩き、物を次々に外へ出した。
② 大晦日に、円浄房と弟子と小法師が桃の木の枝を持ち、家か

うとしている様子。

問八　傍線部G「鬼の鼓の音」とあるが、遠い音についてこのように言ったお母さんの心情や意図の説明として最も適当なものを、次の中から一つ選びなさい。　解答番号は37

①　遠い音について、言い伝えられたおはなしのように鬼が近づいてくる音であろうと気付き、少年をこわがらせないように抱きしめながら、詳しく教えようとしている。

②　遠い音を、鬼が近づいてくるときの音だと創作して少年をおびえさせ、わがままにおはなしをねだってなかなか眠ろうとしない少年を遠回しにこらしめてやろうとしている。

③　遠い音を地獄の鬼というこわいおはなしにつなげながら少年を抱きしめてやることで、おはなしが好きな少年の気持ちを引きつけつつ落ち着かせようとしている。

④　遠い音を聞いて地獄の鬼が近づいてくるというおはなしをふと思いついたので、少年に聞かせて、おはなしを聞くことが好きな少年を喜ばせようとしている。

⑤　遠い音を聞いて恐怖がわいてきたので、少年を抱きしめながら、遠い音にまつわる奇妙な鬼の話をすることで、自分の気持ちを落ち着けようとしている。

問九　傍線部H「遠い音は聞こえなくなり、少年は、すぐ、笹の葉になって川にうかんでいる夢をみはじめる」とあるが、この場面の説明として最も適当なものを、次の中から一つ選びなさい。　解答番号は38

①　「あっちいけ」という言葉で、少年がお母さんのおはなしが終わったことを悟って気が緩んで、だんだんと眠くなっていったことが感じられる。

②　お母さんの「あっちいけ」という言葉によって、少年の意識が薄れていき、おはなしの続きも聞かないままますっと眠ったことが感じられる。

③　「あっちいけ」という言葉でお母さんのおはなしが終わって、少年がおはなしの世界から現実に引き戻され、ようやく眠りにつこうとした様子が感じ取れる。

④　「あっちいけ」という言葉の効果もなく、鬼が少年をさらっていってしまうのではないかという恐怖から、笹の葉になって流れる夢を少年が見たと感じさせている。

⑤　お母さんの「あっちいけ」という言葉のおかげで、鬼が追い払われて、音が聞こえなくなり、少年に安心が訪れたかのように感じさせている。

問十　本文の説明として最も適当なものを、次の中から一つ選びなさい。　解答番号は39

①　親子二人の何気ない日常の中で、対照的な少年とお母さんの心情を描写しつつ、こわいお父さんや不安定な環境を、鬼や違和感のある音に重ねることで、全体にもの悲しい雰囲気を漂わせている。

②　少年の視点とお母さんの視点を交互に取り入れて二人の生活を描写しながら、少年やお父さんに対するお母さんの思いをより具体的に説明することで、お母さんの切実な苦しみを強調している。

③　少年とお母さんの過ごす部屋に聞こえてくるさまざまな音に注目し、その音の変化を描写することによって、少年の心情の変化を表現し、お母さんと離れることになるであろう未来を予感させている。

④　前半では少年とお母さんのありふれた日常の様子をありのままに描写し、後半では非現実的な空想の世界を比喩を用いて描写することによって、二人の置かれた孤独な環境を幻想的に表現している。

② 季節の生き物のいる風景を幻想的に描写して心地よさを感じさせながら、それに続けてお母さんの淋しさを強調する心情描写や様子の描写をすることで、読み手に驚きを与え、お母さんの淋しさを印象づけようとしている。

③ お母さんと少年の暮らしている簡素な部屋の様子とお母さんの言動と様子に焦点を当てて淡々と描くことで、心情を直接描写することなく、お母さんと少年の置かれた孤独な状況を明確にして強調し、読み手に印象づけようとしている。

④ お母さんと少年の置かれた状況のわびしさを暗示する季節の風景を描写したあと、その風景に関連づけながらお母さんが神妙にもの思いにふける様子を続けて描いて、お母さんの淋しさを強調し、感傷的な場面として表現している。

⑤ お母さんと少年のそばにいる小さな生き物の動きをユーモラスに描写したうえで、お母さんの不安そうな様子や孤独を感じる心情を描くことで、深刻な場面でありながらもおかしみを感じさせるように表現している。

問六 傍線部E「なぜ、お母さんは――さびしいねえ、などというのだろうかと不思議に思った」とあるが、少年がこのように思った理由として最も適当なものを、次の中から一つ選びなさい。 解答番号は35

① 少年は、今の生活に満足している一方で、お父さんと暮らしていたころについては嫌な思い出だけが残っているため、お母さんがお父さんと楽しく過ごした日々を懐(なつ)かしむとは思いもしなかったから。

② 少年は、冷たいお父さんと離れてお母さんと穏やかに過ごせることを幸せに感じていて、お母さんも同じ気持ちだと思っているため、お母さんが二人きりの生活に不安やさびしさを感じていることなど想像できなかったから。

③ 少年は、こわくてたまらないお父さんのことは早く忘れたいと思っていて、お母さんも同じように感じていると信じているため、お母さんがお父さんを忘れられないでいることに気付くことができなかったから。

④ 少年は、港の町での生活の苦しさに比べると、今はお祖父さんの助けもあって裕福に過ごすことができていると思い込んでいるので、お母さんが今の生活にむなしさや不満を感じることなど想像もつかなかったから。

⑤ 少年は、お父さんがお母さんにひどい態度を見せることを許せないと感じていて、今の生活では自分がお母さんを支えることができていると思っているため、お母さんが心細さを感じることなど思いもよらなかったから。

問七 傍線部F「少年は耳をうかせて」とあるが、この少年の様子の説明として最も適当なものを、次の中から一つ選びなさい。 解答番号は36

① 川の流れの音がうるさくて、美しいリズムを刻んでいる音があまり聞き取れないことにいらだち、集中して音を聞こうとしている様子。

② 鼓のような音が小さく聞こえてくることにはっと気づいて、どこの野面から聞こえてくるのか外に出て聞いてみようとしている様子。

③ 川の流れの音を聞いていると、鼓のような聞いたことのない音が聞こえてきたのでこわがって、思わず耳をふさいで聞こえないようにしている様子。

④ 川の流れの音がいつもよりも近くに聞こえてくるように感じることに驚いて、思わず耳を傾けて、その音に聞き入っている様子。

⑤ 川の流れの音とは異なる、どこかからひそかに聞こえる音に興味をもって、その小さな音に耳を向けて何とかして聞き取ろ

慣れたことで、そのような不気味さや怖さを自然のことと受け入れて、面白さを感じるようになっている。

② 川の流れの音が毎日聞こえてくることについて、当たり前のこととして心地よさを感じるようになり、その音を聞くと安心できるような思いになっている。

③ 川の流れの音がいつも聞こえてくることについて、やはり気になってしまうものの、ここで暮らすため我慢しなくてはいけないとあきらめを感じている。

④ 毎日聞こえてくる川の流れの音について、その美しさを教えられたことで、川の流れの音を聞くのが楽しみになり、音が聞こえないと満足できなくなっている。

⑤ いつも川の流れの音が聞こえてくることで、自分の居場所ができたように感じて気持ちが落ち着き、もっと幼い頃のように、自由な気持ちになっている。

問三　傍線部B「少年も、自分でそのおとぎばなしのあとを追うことができるほどになってしまっていた」とあるが、これはどういうことか。最も適当なものを、次の中から一つ選びなさい。

解答番号は32

① 少年が、お母さんにいつもおとぎばなしをしてもらっていた影響で、そのおとぎばなしの言葉を覚えて、自分からお母さんにおとぎばなしを話すことができるようになったということ。

② 少年が、お母さんにいつもおとぎばなしをしてもらっていた影響ですっかりおとぎばなしを好きになり、お母さんに積極的におとぎばなしをしてほしいと頼んでいたということ。

③ 少年が、お母さんの話してくれるおとぎばなしをすっかり覚えていたので、お母さんが話し始めたら、それがどのおとぎばなしであれ、一緒に声に出して話すことができたということ。

④ 少年が、お母さんの話してくれるおとぎばなしのあらすじをすっかり覚えていたので、お母さんが話している部分のあとの内容を、聞かされなくてもわかっていたということ。

⑤ 少年が、お母さんの話してくれるおとぎばなしの言葉をすっかり暗記していて、お母さんの話した部分に続けて、声に出しておとぎばなしを話すことができたということ。

問四　傍線部C『お母さん、むかしむかしのおはなし聞かせて——』とかといって、ねだった」とあるが、このようなときの少年の様子として最も適当なものを、次の中から一つ選びなさい。

解答番号は33

① お母さんにおはなしをしてもらうことが心から楽しみで、喜びに満ちた態度で、無邪気にお母さんにあまえている様子。

② お母さんがそばに来てくれたことで不安が消えて、お母さんにかまってもらえるように、必死に願い事をしている様子。

③ 新しいおはなしが聞きたいが、毎日同じおはなししかできないお母さんに気を遣って、うれしそうな態度をとっている様子。

④ おはなしは特に聞きたくないが、お母さんにかまってほしくて、お母さんに気を遣うこともなくしつこくあまえている様子。

⑤ お母さんがどのおはなしをしてくれるのか期待と不安が入りまじり、おそるおそるお母さんに願い事をしている様子。

問五　傍線部D「蚊帳のまわりを、蚊がないてとんでいた。お母さんは、その蚊の翅の音に耳をすましてでもいるように、そんな時、淋しそうにくびをかしげて、じっとどこかを見つめていた」とあるが、この部分の表現の説明として最も適当なものを、次の中から一つ選びなさい。

解答番号は34

① 夏特有の風景を細やかに描写したあとに、お母さんの行動やお母さんの淋しさについて具体的に説明することによって、場面と人物を生々しく表現し、お母さんのつらさに読み手が共感できるようにしている。

年をにらみつけていた。そんなお父さんは、お母さんにもこわいお父さんであった。そのことも少年は知っていた。お父さんに苛められているお母さんを、少年は、港の町の家で幾度見たかしれなかった。少年がお母さんにあまえているところなど、もし、お父さんに見つけられると、お父さんの顔はみるみる赤鬼のようになって、少年もお母さんも、(ア)脚がすくんでしまった。だから、そんなお父さんがいなくて、お母さんと二人だけで、毎日、お母さんにあまえていることのできることは、少年にとっては、たのしくてならないことであったのだ。

お母さんがだまってしまうと、川の水の音がきゅうに近くなったように、聞こえてきた。そして、その流れる水の音に(イ)まぎれるように、どこか遠くの(注2)野面からトントントンとかすかに鼓をうつような(ウ)単調な音が聞こえてくる。しばらく聞こえては、とだえ、とだえては、また、今度はもっともっと遠いところから、それは、トントントントン……ともっとかすかに聞こえてくるのだった。

F少年は耳をうかせて、

「お母さん、聞こえてくるよ」

といった。

お母さんも耳をすますと、その遠い音は、また近づいて聞こえてくる。

G「鬼の鼓の音」

お母さんはそっといった。地の底にあるこの世でない世界から、その音は聞こえてくる。地獄の鬼が、――寝ない子をもらおう、と、鼓をうちながら、川むこうの隣りの村のまだむこうの村から、眠っていない子供をさがしもとめて近づいてくる。お母さんは、少年を痩せた胸にしっかり抱きしめて、そういってきかせてくれた。そして、それから、

「もう眼をつむって、寝んねしなさいよ、鬼さん、あっちいけ、あっちいけ」

お母さんはいう。H遠い音は聞こえなくなり、少年は、すぐ、笹の葉になって川にうかんでいる夢をみはじめる。その夢もすぐどこかへ消えていってしまって、少年は、お母さんの小さな乳房に頬をおしつけて、眠ってしまった。

(注) 1 蚊帳…蚊を防ぐために、寝床につりさげて覆うとばり。

2 野面…野原。

問一　傍線部（ア）「脚がすくんで」、（イ）「まぎれる」、（ウ）「単調な」の本文中における意味として最も適当なものを、それぞれ一つずつ選びなさい。　解答番号は28・29・30

（ア）「脚がすくんで」

① 恐怖に足がこわばり自由に動かなくなって
② 緊張で落ち着かずしっかり立てなくなって
③ 危険が迫ったので必死に逃げようとして
④ ためらって足踏みしてとどまって
⑤ 混乱して足もとが安定しなくなって

（イ）「まぎれる」

① 負けないくらい目立つ　② 影響を受けて動き出す
③ 圧倒されて消え失せる　④ まじって区別がつかなくなる
⑤ 不自然に合わせる

（ウ）「単調な」

① 明確でわかりやすい　② 美しく整っている
③ 変化の乏しい　④ とぎれとぎれの
⑤ ゆっくりとした

問二　傍線部A「サワサワと聞こえるその冷たく堅い水音は、それが聞こえなければ、かえって眠れない子守唄のように、少年には思えはじめた」とあるが、この部分の少年の心情として最も適当なものを、次の中から一つ選びなさい。　解答番号は31

① 川の流れの音に不気味さや怖さを感じていたが、毎日聞いて

② Sタイプの植物と雑草の戦略の違いは、Sタイプの植物が生息に向かない環境でもひたすら耐えるのに対して、雑草が変化の激しい環境に適応する点である。

③ 人類の作り出した村や田畑などの環境は、自然界においては特殊な環境であり、雑草以外の野生の植物にとっては、生息していくのは難しいものだった。

④ 氷河期の終わりごろに氷河が溶けて洪水が起き、大きく環境が変わるという攪乱が起きたことによって、雑草と呼ばれる植物の祖先が生まれ進化した。

⑤ 雑草が強い植物から逃げ続けることができないという事実は、雑草を人間のあり方や人類の作り出した環境の発展に利用している日本人にも重要な事実である。

五

次の文章は、田宮虎彦（たみやとらひこ）の小説「小さな赤い花」の一節である。少年とお母さんは、お母さんの病気のため、北の国にある港の町から南の国にあるお祖父（じい）さんの家に帰ってきた。お祖父さんの家の離れで二人きりで住むことになったが、その離れでは毎夜、川土手のむこうの、川の流れの水音がサワサワと聞こえてくる。そのせいで少年は、川の流れに自分が小さな笹（ささ）の葉になって流れている夢をよく見るようになった。お母さんは、少年に川の音なんかすぐなれると励ました。本文はそれに続く場面である。これを読んで、後の問いに答えなさい。

お母さんがいったように、静かな川の流れの音に、少年は、半月とたたぬうちになれていった。Aサワサワと聞こえるその冷たく堅い水音は、それが聞こえなければ、かえって眠れない子守唄のように、少年には思えはじめた。少年は、もう一度赤ん坊になってしまったようにお母さんにあまえた。お母さんのこしらえてくれる二人だけのままごとのような夕方の御飯がすむと、お母さんの吊（つ）ってくれた青い(注1)蚊帳（かや）の中へはいって、お母さんを呼んで、お母さんに絵本を読んでもらったり、むかしむかしのおとぎばなしをしてもらったりした。絵本の数は少なくて、少年は、表紙の絵を見るだけで、中に書かれている言葉をすっかりそらでいうことができた。また、お母さんの話してくれる遠い遠いどこかの国のおとぎばなしも、お母さんが一番はじめに言いだす言葉を聞いただけで、お母さんの声につづけて、B少年も、自分でそのおとぎばなしのあとを追うことができるほどになってしまっていた。だが、少年は、毎夜、はじめて読んでもらう絵本のように、また、はじめて話してもらうおとぎばなしのように、お母さんがそばに来てくれると、

「お母さん、絵本よんで――」

とか、

C「お母さん、むかしむかしのおはなし聞かせて――」

とかといって、ねだった。

お母さんが読んでくれたり聞かせてくれたりする絵本やおはなしには、極楽があったり地獄があったりした。また森の中に小人の国があったり、賑（にぎ）やかな町があったりして、そこには貧しい機織（はたお）り娘ややさしい王様や王子がいた。

少年は、そうした毎夜がたのしくてならなかった。少年は、お母さんと二人だけでならいつまでもお祖父さんの家の離れにいたかった。だが、お母さんは、時々、ふっと言葉をとぎらせて、

「さびしいねえ」

と溜息（ためいき）をつくように言った。D蚊帳のまわりを、蚊がないてとんでいた。お母さんは、その蚊の翅（はね）の音に耳をすましてでもいるように、そんな時、淋（さび）しそうにくびをかしげて、じっとどこかを見つめていた。少年は、そうしたお母さんの淋しさはわからなくて、Eなぜ、お母さんは――さびしいねえ、などというのだろうかと不思議に思った。港の町のお父さんは、少年にはこわいお父さんであった。少年は、お父さんの笑った顔を見たことがなかった。絵本にかいてある地獄の赤鬼や青鬼のように、いつもギラギラ光るような眼（め）で少

問七　傍線部G「特殊な進化を遂げた雑草の祖先にとって劇的なチャンスが現れた」とあるが、これはどういうことか。次の文の［　］に入る最も適当なものを、あとの中から一つ選びなさい。　解答番号は24

・雑草は、攪乱が起こった土地で育つように進化をするものなので、［　］ということ。

①　人類が農耕を開始してそれまでにない不毛の土地を作り出したことは、雑草のさらなる繁栄につながった

②　人類が農耕を開始し木々の生えない特殊な環境を作ったことは、雑草が他の植物と競合しつつ拡大することに役立った

③　人類の農耕によって氷河期にはなかったような平穏な環境が作られたことが、雑草に安定的な進化をもたらした

④　人類が農耕を始め、野生の植物の生きやすい環境を作ったことは、雑草がいっきに進化していくきっかけになった

⑤　人類の農耕で、植物の生えることのない環境が作られたことは、雑草がそれ以外の環境でさらに拡大する一助になった

問八　傍線部H「日本人もまた、『変化に強い』特徴をもつ」とあるが、このことに対する筆者の考えとして最も適当なものを、次の中から一つ選びなさい。　解答番号は25

①　本来は変化への適応を苦手としているにもかかわらず勇気をもって変化を受け入れる点が、日本人と雑草に共通する、日本の風土を生き抜くための知恵であるとして評価している。

②　変化を恐れずに積極的に受け入れる性質の日本人は、雑草の気質と同様で、日本の風土の影響を受けており、このような性質のおかげで困難を乗り越え発展してきたと高く評価している。

③　日本人は雑草と同様に変化に強いが、本来は保守的な気質であったのに、天災に見舞われる歴史をくり返す中で、雑草から変化を受け入れることを学んだのではないかと推測している。

④　日本人は変化を嫌う傾向があるが、元来はその気候風土の影響で、変化を受け入れ適応することで発展してきたので、日本人と雑草の共通点に改めて目を向けるべきだと指摘している。

⑤　変化は雑草や日本人にとって重要なテーマであり、雑草が生き抜くために変化したように、自らが発展していくために環境の変化を求め続けている日本人に対して感心している。

問九　この文章の論の進め方や内容の説明として最も適当なものを、次の中から一つ選びなさい。　解答番号は26

①　日本人と雑草の特徴を、自然界を生き抜くための戦略として具体例を取り入れながら説明し、他の植物の戦略の特徴も論じることで、雑草の戦略が優位であるという結論を述べている。

②　最初に雑草が自然界で弱い立場にあるという主題を打ち出し、その根拠として雑草と他の植物の自然界での戦略を順序立てて説明したあとに、日本人と自然界の関係を論じている。

③　自然界において立場の弱い雑草が生き抜くための戦略を、日本人の発展をたとえとして用いて詳細に論じたあとで、簡潔に他の植物の戦略についても触れて、比較をしている。

④　弱い雑草が自然界を生き抜くための戦略の特徴とその成功について、他の植物の戦略も示して比較した上で明確にし、その雑草の特徴を日本人のあり方とも結びつけて論じている。

⑤　日本人のあり方は雑草を参考にしたものだということを文章の前半で明確に打ち出し、他の植物の戦略と日本人の戦略を比較して、雑草の戦略こそが正しいという結論を述べている。

問十　本文の内容として**適当でないもの**を、次の中から一つ選びなさい。　解答番号は27

①　強い植物との戦いを避ける雑草の一つである日本のタンポポは、自然が豊かであるために、競合、競争する植物が多い日本の風土に適合したものである。

H「予想不能な変化に強い」。これが雑草の特徴である。

日本人もまた、「変化に強い」特徴をもつ、と私は思う。

一般的なイメージでは、保守的で変化を好まない民族であると言われる。

しかし、（中略）日本人は地震や水害など天災のたびに立ち上がり、再起を果たしてきた。［Ｉ］、歴史を見ても、日本人は変化を恐れず、変化を進んで受け入れることによって発展を遂げてきた。

日本人は変化を恐れない。むしろ変化を受け入れることによって発展を遂げてきた国民と言えるのではないだろうか。

これこそが、まさに雑草の気質そのものなのである。

（稲垣栄洋（いながきひでひろ）『雑草が教えてくれた日本文化史』による）

問一　本文中から、次の一文が抜けている。この一文が入る最も適当な箇所を、本文中の【①】〜【⑤】から一つ選びなさい。　解答番号は［16］

・もっとも、すべての植物がこのいずれかのタイプに分けられるというわけではなく、すべての植物がこの三つの要素をもちながら、それぞれの戦略を組み立てていると考えられている。

問二　空欄［Ａ］・［Ｃ］・［Ｉ］に入る最も適当な言葉を、次の中から一つずつ選びなさい。　解答番号は［17］・［18］・［19］

①　だから　②　また　③　たとえば
④　すなわち　⑤　しかし　⑥　さて

問三　傍線部Ｂ「これ」の指し示す内容として最も適当なものを、次の中から一つ選びなさい。　解答番号は［20］

①　植物がいつ勝負のための戦術を身に付けたのかということ。
②　植物が強い植物とどのように勝負するのかということ。
③　自然界を生き抜くためには逃げていてはいけないということ。
④　自然界を生き抜くために、いつ何と戦うかということ。
⑤　自然界を生き抜くために、どう変化するのかということ。

問四　傍線部Ｄ「強い植物だけが成功するかと言えば、そうでもない」とあるが、これはなぜか。最も適当なものを、次の中から一つ選びなさい。　解答番号は［21］

①　強い植物は、過酷な環境のもとで他の植物との競合に勝つことはできるが、過酷でもないただ予測不能な条件に置かれると生きることができず、他の植物が有利になるから。
②　自然界では強い植物が力を発揮するのを防ぐために、他の植物が強い植物の生息することができないような環境を作り上げているところがあり、そこでは他の植物が成功しているから。
③　強い植物が力を発揮できないような過酷な状況や変化においては、ストレス耐性型や攪乱耐性型の植物の力の方が強くなり、強い植物はそれらの植物との直接の勝負で負けてしまうから。
④　強い植物は限定的な条件のもとで競争に勝つことができるが、過酷な環境や予期しない変化の中では競争する余裕がなく、他の植物の方が環境に適応して生き抜くことができるから。
⑤　強い植物は、穏やかな環境のもとでは力を発揮できるが、そのような場所では他の植物も生き抜くことができるので、過酷な環境や変化に強い植物の方が成功しているといえるから。

問五　空欄［Ｅ］に入る最も適当な言葉を、次の中から一つ選びなさい。　解答番号は［22］

①　ストレスを避ける　②　ストレスを取り除く
③　我慢するのをやめる　④　強くなろうとする
⑤　じっとしている

問六　空欄［Ｆ］に入る最も適当な言葉を、次の中から一つ選びなさい。　解答番号は［23］

①　逆境をコントロールする　②　逆境を懸命に耐え抜く
③　逆境をプラスに変える　④　逆境をはねのける
⑤　逆境に敢えて飛びこむ

この三つの戦略型は「CSR戦略」と呼ばれている。[C]、Cという戦略とSという戦略、Rという戦略の三つがあるとされているのである。

Cタイプは競合型である。Cタイプは、競争を意味する「Competitive」の頭文字を取っている。Cタイプは競争や競合に強い。いわゆる「強い植物」である。

しかし、[D]強い植物だけが成功するかと言えば、そうでもないところが自然界の面白いところである。じつは自然界には、Cタイプが力を発揮できないような状況も多いのである。

【②】

Cタイプが力を発揮できない場所で、成功するのがSタイプとRタイプである。

【③】

Sタイプは「Stress tolerance」である。これはストレス耐性型と呼ばれている。このタイプは過酷な環境下に生育する植物である。植物にとっての「ストレス」とは、生息に不適な環境である。たとえば水がないという乾燥条件や光が当たらないという被蔭（ひいん）条件や、気温が低いという寒冷な環境がストレスとなる。Sタイプは、このストレスにめっぽう強いのである。たとえば、砂漠に生えるサボテンや氷雪に耐える高山植物がSタイプの例である。じっと我慢の「忍耐タイプ」なのである。

そしてRタイプは、「Ruderal」である。Ruderalは「荒地に生きる」という意味だが、日本語では「攪乱耐性型（かくらんたいせいがた）」と呼ばれている。攪乱というのは、「かき乱すこと」を言う。つまりは、予測不能な変化である。R対応は、変化の激しい環境に適応しているのである。

何が起こるかわからないという予測不能な条件のもとであれば、競合型のCタイプはとてもゆっくりと体を大きくしたり、競争している余裕がないのだ。Sタイプも[E]だけで、即応の戦略となりえない。

【④】

そして、雑草は、この変化に強いRタイプの要素を強くもっているとされているのである。

[F]。それが雑草の基本戦略である。

そして、植物にとって最大の難関の逆境とは、「攪乱」である。

【⑤】

平穏な安定した植物の生息環境が、ある日突然掻（か）き乱される。これが攪乱である。

自然界であれば、洪水や山火事、土砂崩れなどの天変地異が攪乱の一例である。

雑草と呼ばれる植物の祖先が生まれたのは、氷河期の終わりごろであると言われている。

氷河によって地面は削られ、氷河が溶ければ洪水が起こる。こうして、環境が変化し、他の植物が生えることのできないような不毛の土地が生まれるようになったのである。そして、こうした攪乱が起こった土地に生えるように進化をした特殊な植物が雑草だったのである。

そして、一万年ほど前になると、[G]特殊な進化を遂げた雑草の祖先にとって劇的なチャンスが現れた。それが、人類による農耕の始まりである。

人類は森や原野を切り拓（ひら）き、村や畑を作った。人類が作った村は、木々が生えない不毛の土地である。そして、人類が土を耕すことは、植物にとってはまさに「攪乱」である。人間が農耕によって作り上げた環境は、雑草の祖先に適した特殊な環境だったのである。やがて雑草の祖先は、村や田畑を生息地とするようになり、農耕が広がるにつれて、生息地を拡大していった。

人類の作り出した環境は、野生の植物にとって決して居心地の良いものではない。しかし、雑草たちは、その攪乱をチャンスと捉えて、成功していったのである。

すぐにわかってしまうそうです④。部員のみなさんは、満足のいく作品が完成するまであきらめずに熱心に取り組んでいます⑤。部長の山下さんは「絵画展にはたくさんの方に来てもらいたいです」と話していました。絵画展には、きっとすばらしい作品が並ぶことでしょう。

問一　波線部①～⑤のうち二つの文節の関係が**他と異なるもの**を、一つ選びなさい。　解答番号は11

問二　傍線部A「で」と同じ意味・用法で使われているものとして最も適当なものを、次の中から一つ選びなさい。　解答番号は12

① この部屋は暖かで、とても気持ちがよい。
② 雪が積もっているので、気をつけてください。
③ 百人の中学生が体育館で、バレーボールの練習をした。
④ いとこはピアニストであり、外国を飛び回っている。
⑤ 姉はクッキーを焼いているようである。

問三　傍線部B「花」の文字を次のように行書で書くと、行書の特徴の一つである筆順の変化がみられる。このように筆順が変化している行書の漢字として最も適当なものを、あとの中から一つ選びなさい。　解答番号は13

花

① 取　② 雲　③ 説　④ 北　⑤ 河

問四　傍線部C「百里を行く者は、九十を半ばとす。これ末路の難きを言うなり」と読めるように、「行百里者、半於九十。此言末路之難。」に返り点をつけたものとして最も適当なものを、次の中から一つ選びなさい。　解答番号は14

① 行レ百里者、半レ於九十。此二言レ末路之難一。
② 行二百里一者、半於二九十一。此言二末路之難一。
③ 行二百里者一、半二於九十一。此二言レ末路之難一。
④ 行二百里一者、半二於九十一。此言二末路之難一。
⑤ 行二百里一者、半二於九十一。此言二末路之一難。

問五　傍線部D「言う」、E「来てもらいたい」を、それぞれ適切な敬語表現に直したものの組み合わせとして最も適当なものを、次の中から一つ選びなさい。　解答番号は15

① D　おっしゃる　　E　来てさしあげたい
② D　申し上げる　　E　来ていただきたい
③ D　おっしゃる　　E　来ていただきたい
④ D　申し上げる　　E　いらっしゃりたい
⑤ D　申し上げる　　E　来ていらっしゃりたい

四

次の文章を読んで、あとの問いに答えなさい。

強い者との戦いを避ける日本のタンポポやミツバチの戦略は、雑草の戦略にも通ずる。雑草は弱い、だから強い植物とは戦わないのである。

これは自然が豊かで、ライバルや敵の多い日本の風土の中で、特に磨かれていった戦術であろう。

［A］、ずっと逃げているわけにもいかない。自然界を生き抜くためには、どこかで勝負しなければならないのだ。

それでは、どこで勝負をするのか。これが自然界を生き抜くすべての生き物たちにとって、もっとも重要なことである。

雑草は強い植物とは戦わない。

それでは雑草は、いったい何と戦うというのだろうか。

それこそが、日本人にとっても重要なキーワードである「変化」なのである。

【①】

植物の成功戦略には、三つの戦略型があると言われている。

国語

一

問一　次の□に入る語を、あとの中から一つずつ選びなさい。　解答番号は1・2・3

(1) 長い言い争いに、ようやく□がついたようだ。
(2) 彼は市長という地位に□をかいて、努力を怠った。
(3) チームの選手を□にかけて、レギュラーを選ぶ。

① えりもと　② あぐら　③ さじ　④ ふるい
⑤ あご　⑥ 火　⑦ けり　⑧ 肌

問二　次の(1)・(2)の熟語の組み合わせがそれぞれ類義語となるように、空欄に入る共通の漢字を、あとの中から一つずつ選びなさい。　解答番号は4・5

(1) 休□・静□　(2) □転・□知

① 回　② 業　③ 機　④ 養　⑤ 横　⑥ 急

二

次の(1)～(5)の傍線部と同じ漢字を使うものを、それぞれ一つずつ選びなさい。　解答番号は6～10

(1) 飲食店のエイセイ管理に気を使う。
① エイリな道具　② 書店のケイエイ
③ キョウエイ選手　④ 専守ボウエイ
⑤ エイガ館

(2) 仕事のホウシュウを受けとる。
① 液体のホウワ　② 野鳥のホウコ　③ 社会ホウシ
④ 絵画のモホウ　⑤ 新聞ホウドウ

(3) 研究がキドウに乗る。
① 人生のキロに立つ　② キガに苦しむ
③ ジョウキを逸する　④ 平和へのキボウ
⑤ キ金属の加工

(4) これはシュコウをこらした小説である。
① シュミに興じる　② ヒンシュ改良　③ シュイロ
④ シュリョウ生活　⑤ 武者シュギョウ

(5) 彼は用意シュウトウな人間だ。
① 電気のテントウ　② トウロン会
③ 選挙のトウヒョウ　④ セイトウ政治
⑤ 頂点にトウタツする

三

次の文章は、わかば中学校の新聞部の生徒が学校新聞のあるコーナーに掲載する記事の下書きとして書いたものです。これを読んで、後の問いに答えなさい。

今回は、美術部の活動について取材をしました。

わかば中学校の美術部は、水彩画や油絵といった絵画制作を中心に①活動しています。取材をしたこの九月は、十一月に開催される市の合同絵画展に向けて、作品づくりの真っ最中でした。今年の絵画展の募集テーマは「緑」で、[A]山や草花[B]などの自然を描く人が多いようです。部員のみなさんに目標を②たずねてみたところ、「緑の色づかいが印象的な③作品にしたい」「細部までしっかりこだわって仕上げたい」という意気ごみを聞くことができました。

さて、美術部のモットーは「[C]百里を行く者は、九十を半ばとす。これ末路の難き（かた）を言うなり」だそうです。この言葉は、顧問の田村（たむら）先生が教えてくださったそうです。何ごとも終わりの部分で苦労が多いのであと少しのところで気を抜くのはよくないという心構えを表しています。先生が言[D]うには、仕上げで手を抜いた作品は、見て

千葉学芸高等学校

数学

1 次の（1）～（10）の問いに答えなさい。

（1）$2000-100\div(-5)$　を計算しなさい。

（2）$\dfrac{3}{4}+0.25-\dfrac{1}{3}$　を計算しなさい。

（3）$\sqrt{2}-\sqrt{8}+\sqrt{18}$　を計算しなさい。

（4）$5(a+3b)-3(2a-5b)$　を計算しなさい。

（5）$\dfrac{(2a+b)^2+(a-2b)^2}{5}$　を計算しなさい。

（6）$3x^2y-12y^3$　を因数分解しなさい。

（7）$4x^2+16x-48$　を因数分解しなさい。

（8）方程式 $\dfrac{x+3}{2}=\dfrac{x-3}{5}$　を解きなさい。

（9）連立方程式 $\begin{cases} 2x+5y=-1 \\ -4x+3y=-11 \end{cases}$　を解きなさい。

（10）2次方程式　$3x^2+9x-6=0$　を解きなさい。

2 次の問いの答えとして正しいものを①～⑤から選び，番号で答えなさい。

（1）$5<\sqrt{a}<6$ を満たす整数 a のうち最大であるものはどれですか。

① 5　② 5.5　③ 25　④ 35　⑤ 36

（2）250 を素因数分解した式はどれですか。

① 2×5^2　② 2×5^3　③ $2\times3\times5^2$　④ $2^2\times3\times5^3$　⑤ $2^2\times3^2\times5^2$

（3）1辺が 8cm である正三角形の高さはどれですか。

① 4cm　② $4\sqrt{2}$ cm　③ $4\sqrt{3}$ cm　④ 6cm　⑤ 8cm

（4）2次方程式 $ax^2+2x-3a=0$ のひとつの解が -2 であるとき，もうひとつの解はどれですか。

① $\dfrac{1}{4}$　② $\dfrac{3}{2}$　③ $\dfrac{2}{3}$　④ 2　⑤ 4

（5）5本のうちあたりが2本入っているくじがあります。同時に2本ひくとき，2本ともあたりである確率はどれですか。

① $\dfrac{1}{2}$　② $\dfrac{1}{4}$　③ $\dfrac{1}{5}$　④ $\dfrac{2}{5}$　⑤ $\dfrac{1}{10}$

（6）国語，数学，英語の3科目のテストの平均点は72点でした。国語の点数は数学の点数よりも9点高く，数学は英語よりも6点低い点数でした。国語の点数はどれですか。

① 73点　② 74点　③ 75点　④ 76点　⑤ 77点

3 次の問いに答えなさい。

（1）$a=\sqrt{5}+\sqrt{2}$，$b=\sqrt{5}-\sqrt{2}$　であるとき，a^2+b^2 の値を求めなさい。

（2）y は x に反比例し，$x=2$ のとき，$y=3$ になります。$x=6$ のときの y の値を求めなさい。

(3) $\sqrt{12+a}$ が整数になるような自然数 a のうち一番小さい数を答えなさい。

(4) 袋の中に1から4までの整数が1つずつ書かれた4枚のカードが入っています。この中から2枚を取り出し，横に並べて2けたの整数を作ります。でき上がった2けたの整数が3の倍数になっている確率を答えなさい。

4 右の図は $y=x^2$ と $y=2x+n$ のグラフです。点Aと点Bは2つのグラフの交点，点Cは直線と y 軸の交点，点Oは原点です。

次の各問いに答えなさい

(1) 点Aと点Bの座標を答えなさい。

(2) n の値を求めなさい。

(3) 三角形OBC：三角形OAC（面積の比）を答えなさい。

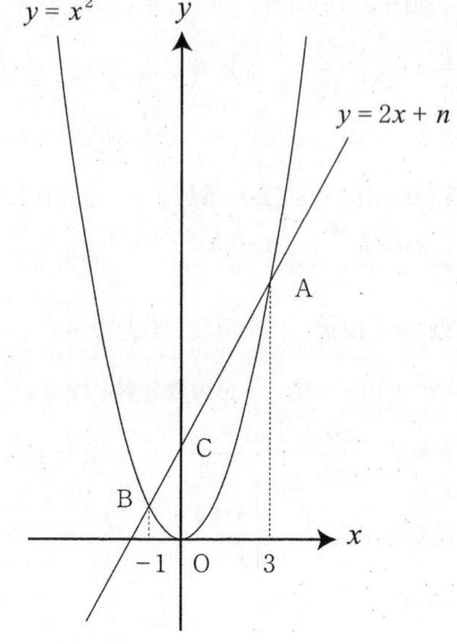

5 ある店で税抜きで定価が1個150円のハンバーガー4個と，税抜きで1個170円のチーズバーガーを3個と，税抜きで定価が200円のコーヒーを2個と，税抜きで定価が1個120円のフライドポテトを2個を注文しました。この店では，店内で飲食をする時には購入した品物に対して10%の消費税がかかり，持ち帰る時には，8%の消費税がかかります。

小数点以下の金額は店が負担するものとして，整数で答えなさい。

(1) 店内で食べて帰るとき，現金での支払金額の合計はいくらになりますか。

(2) 持ち帰って食べるとき，現金での支払金額の合計はいくらになりますか。

(3) 購入した品物を店内で食べて帰るとき，支払い時に「ハンバーガー1個30%引きクーポン」が2枚と「フライドポテト1個50%引きクーポン」が1枚あったのですべて利用しました。現金での支払金額の合計はいくらになりますか。

(4) また，この店ではキャッシュレス払いを利用すると消費税を含む支払金額の合計から5%の値引きをしてくれます。(3) の割引きクーポンをすべて使い，持ち帰って食べるとき，値引きの金額は合計いくらになりますか。

6 次の図中の x の値を求めなさい。

(1)

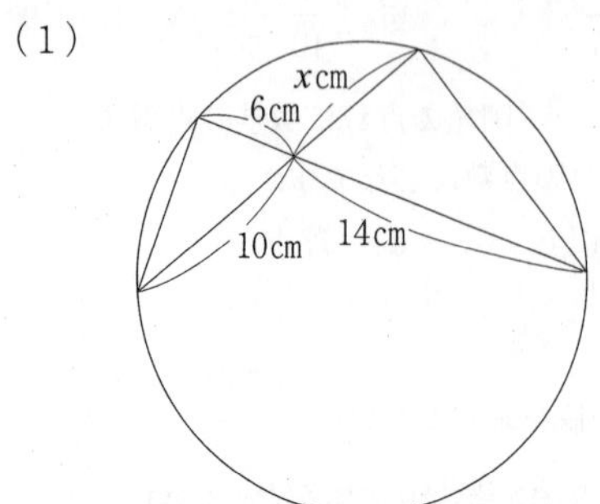

(2)

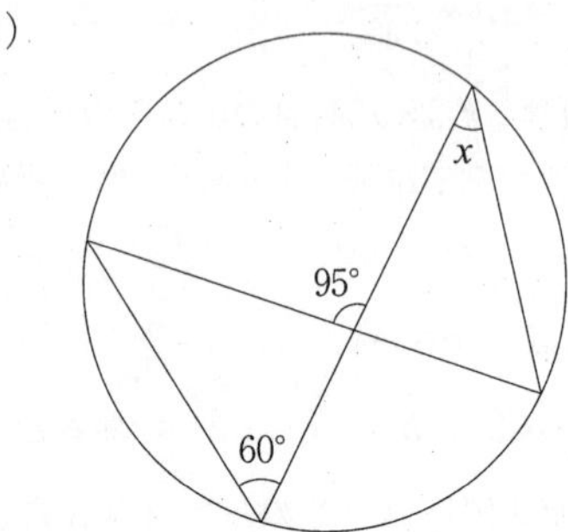

（3）

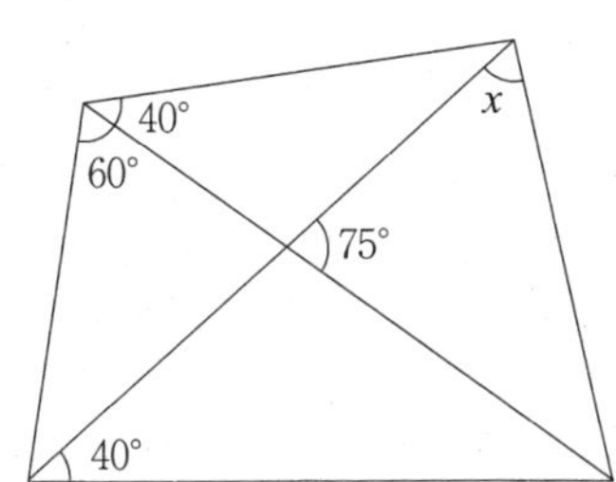

（4）

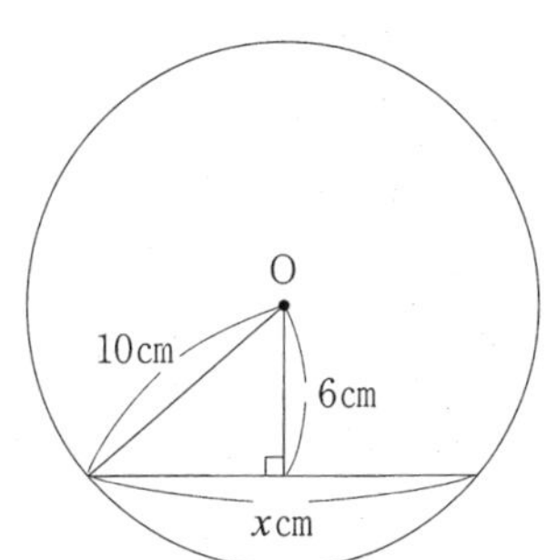

7 競技用の自転車は，ペダル横のギア（歯車）と後輪のギアがチェーンで結ばれており，ペダルを踏んだ分だけ前進し，空転はしないようになっています。たとえば，前のギアの歯が50個，後ろのギアの歯が25個であるとき，前のギアを1回転させると後輪は2回転します。

次の各問いに答えなさい。ただし，円周率はπとします。

（1）後輪の直径を70cm，前のギアの歯が50個，後ろのギアの歯が14個とします。時速36kmの一定の速度で走り続けているとき，前のギアは1分間に何回転していますか。

（2）後輪の直径を70cm，前のギアの歯の数が50個，後ろのギアの歯の数が21個とします。前のギアを１分間に100回転させる速さでペダルを踏み続けているとき，自転車の速度は時速何kmですか。

（3）後輪の直径を70cm，前のギアの歯の数が50個，後ろのギアの歯の数が14個とします。（2）と同じ速度で走るためには，前のギアは１分間に何回転させることになりますか。

競技用自転車

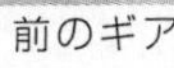

前のギア

後ろのギア

英　語

1 これから英文を読みます。それぞれの質問の答えとして最も適切な絵をア～エのうちから一つ選び，記号で答えなさい。英文はそれぞれ2回繰り返します。

No 1

Jack and his friends played baseball yesterday.

Question： Which of these did they use?

No2

Maria is going to go to Tokyo from Osaka.

Question：What is the fastest way to get there?

No3

You can see three trees in this picture. A is as tall as C. B is the tallest of the three.

Question：Which picture shows this?

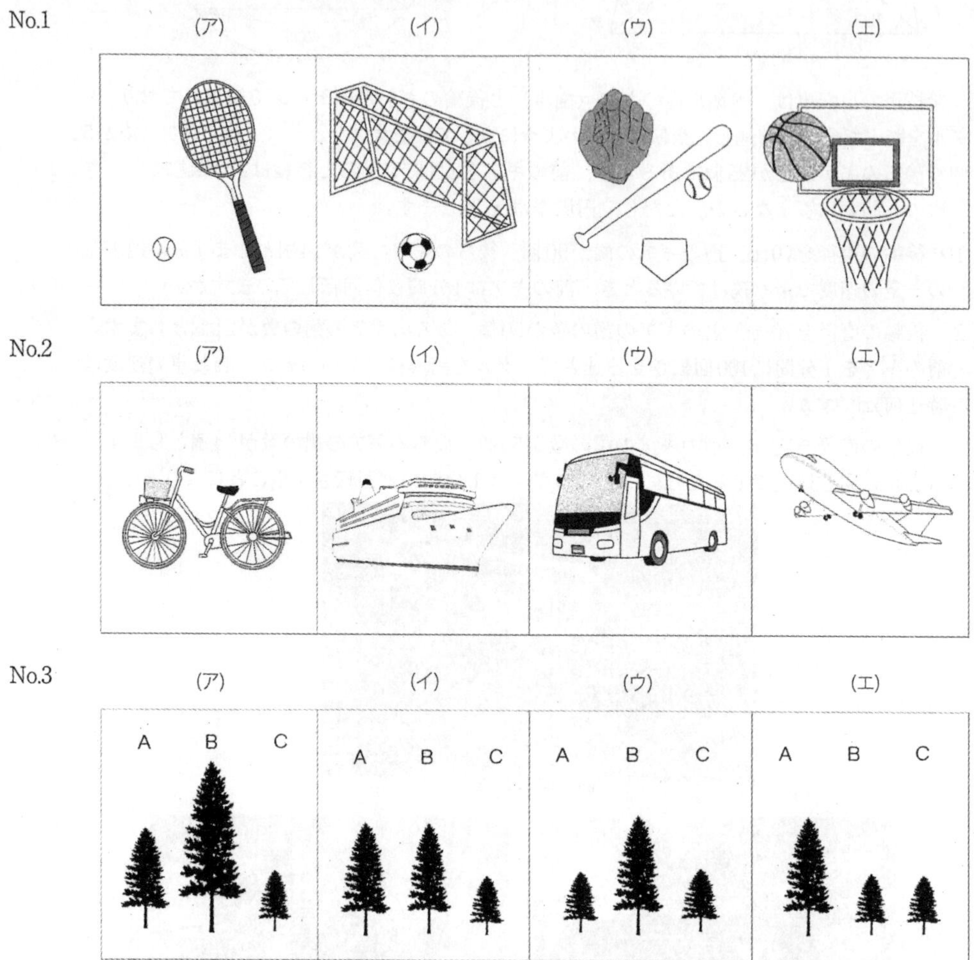

2 これから会話文を読みます。次にその内容について2つの質問をします。その質問の答えとして最も適当なものをア～オのうちから一つ選び，記号で答えなさい。英文は2回繰り返します。

No.1［ 電話の音 ］

A: Hello, this is the City Library.

B: Hello, this is Keiko Suzuki. I am calling about your opening hours.
Can I use the library in this evening?

A: What time do you want to come, Ms. Suzuki?

B: I think I will be there at seven. Is it all right?

A: Yes. And we close at nine.

B: I didn't know that. Thank you.

A: You're welcome.

Question No.1 : What time does Keiko want to arrive at the City Library?

ア. At seven in the morning.

イ. At noon.

ウ. At seven in the evening.

エ. At nine in the evening.

オ. After school.

Question No.2: Did Keiko know she could use the library so late?

ア. No, she couldn't.

イ. Because she was late.

ウ. Yes, she was.

エ. No, she didn't.

オ. Yes, she could.

以上でリスニングテストを終わります。問題 3 以降に答えなさい。

3 次の（　　）内に入れるのに最も適切な語を選び，番号で答えなさい。

(1) I (　　) to get up early to go to work tomorrow.
① has　② will　③ have　④ must

(2) I wanted you (　　) there alone.
① go　② will go　③ to go　④ can go

(3) Have you ever (　　) such a pretty bird?
① see　② saw　③ sees　④ seen

4 次の日本語の意味に合うように, 英語の（　　）に入る最も適切な語を答えなさい。

(1) 私の趣味は, 映画をみることです。
My hobby is (　　) (　　).

(2) この手紙は私の父が書きました。
This letter (　　) (　　) (　　) my father.

(3) 彼女はまだ夕食を食べていません。
She (　　) not eaten dinner (　　).

5 次の各文の意味がほぼ同じになるように（　　）に適切な語を答えなさい。

(1) I can play the guitar.
= I (　　) (　　) (　　) play the guitar.

(2) It was too hot for him to sleep.
= It was (　　) hot (　　)(　　) could not sleep.

(3) He has a friend who lives in Okinawa.
= He has a friend (　　) in Okinawa.

6 次の日本文と同じ意味になるように英語を並び替え，【　　】内の１番目と４番目にあたる英語を記号で答えなさい。

(1) 地球は太陽よりずっと小さい。
The【 ア the / イ smaller / ウ sun / エ much / オ earth / カ is / キ than 】.

(2) これは父が撮った写真です。
This is【 ア a / イ my / ウ father / エ by / オ picture / カ taken 】.

(3) 彼女はすでに駅へ着いたところです。
She【 ア arrived / イ has / ウ the / エ already / オ station / カ at 】.

(4) 彼の名は, 世界の多くの人に知られています。
His name【 ア many / イ people / ウ to / エ known / オ is 】in the world.

7 A〜Eの英文について，あとの問いに答えなさい。

A. What month does the Tokyo Olympic Games begin ?

B. How many rings are there in the Olympic flag?

C. 70% of the earth is covered by (　　　　) and 30% is covered by land.

D. (　　　　) passes around the earth 7 and a half times in a second.

E. 満月

問1　Aの英語の質問に英語で答えなさい。

問2　Bの英語の質問に英語で答えなさい。

問3　Cの（　　）の中に入る英語を答えなさい。

問4　Dの（　　）の中に入る英語を答えなさい。

問5　Eの日本語を英語に直しなさい。

8 次の会話文を読んで，各問いに答えなさい。

高校生のアキは, クラスメイトのマイクと話しています。マイクはオーストラリアからアキの学校に来ている留学生です。

Aki: My uncle has a friend in England. His name is Jordan Smith.

Mike: Really? (①) does he live in England?

Aki: In London. Do you know the city?

Mike: Yes. My aunt lives there, too. She often tells me about London. She says, "We have a lot of interesting things in London." I like Big Ben and Tower Bridge very much.

Aki: Who is Ben?

Mike: It's a very big clock.

Aki: Clock?

Mike: Yes. It's the clock tower of *the Houses of Parliament. Well, do you know Tower Bridge?

Aki: Is it London Bridge? I know a song about it. "London Bridge is falling down …"

Mike: No, it isn't, Aki. They are bridges across the Thames river, (②) they are different.

Aki: Oh, really? (③) is the bridge like?

Mike: It's a *movable bridge. It can move up, (④) boats can go under it.

Aki: Oh, that's interesting.

Mike: My aunt says, "Many people come and see the bridge. <u>But the bridge doesn't move up (　　) (　　).</u>"（ア）

Aki: Oh, they are not happy. Well, do you have a picture of Tower of Bridge?

Mike: Yes, I do. The bridge is moving up in the picture. And I have a picture of Big Ben, too. You can see them at my house. Can you come after school today?

Aki: Sure.

*the Houses of Parliament : 国会議事堂　*movable bridge : 可動橋

問1 本文の（①）～（④）に入る最も適切な語を次から選び，記号で答えなさい。

① : ア. Who　イ. Which　ウ. Why　エ. Where
② : ア. so　イ. but　ウ. and　エ. because
③ : ア. What　イ. How　ウ. Which　エ. Where
④ : ア. however　イ. so　ウ. and　エ. because

問2 次の日本語訳を参考にして，下線部アの2つの（　）に入る英語を，答えなさい。
日本語訳：しかし，その橋はそんなに頻繁にあがらない。

問3 本文の内容に合うように，次の質問に英語で答えなさい。
<質問> Where is Aki going to visit after school?

問4 本文の内容と合うものを，ア～カから3つ選び記号で答えなさい。
ア．アキの友人はロンドンに住んでいる。
イ．ビッグベンはロンドンにある時計台のことである。
ウ．アキはタワーブリッジの歌を知っている。
エ．タワーブリッジは，船を通すために，1日に1回上にあがる。
オ．タワーブリッジとロンドンブリッジはテムズ川にかかっている。
カ．マイクはビッグベンの写真を持っている。

問5 イギリス以外であなたが訪れたい国や場所と，その理由を，15語以内の英語で述べなさい。
I want to go toに続けて書きなさい。

9 次の英文を読み，各問いに答えなさい。

Japan is now preparing for the Tokyo Olympic and Paralympic Games. Japan is building many buildings, for example, the *Tokyo Aquatics Center and the Olympic Village. ①Do you know what will happen after finishing the Games? At first, the stadiums were new, but now, in some countries, they are getting old and broken. It is difficult to keep them, because it costs much money. This is not good for people who live there and the environment. The *Tokyo Organizing Committee is planning to change this.

The New National Stadium finished building on the 30th of November 2019. It can hold 68,000 people. It will be used for opening and closing *ceremonies and other events. It is a very special stadium and a part of the roof was made of wood from the 47 prefectures of Japan.

After the games are finished, the New National stadium will be used for many other events, for example, soccer games and concert events.

The Olympic Village is on the *Harumi waterfront area. There are many buildings which have thousands of rooms with beds in the village. After the games, they will be changed to apartments. This area will be called "HARUMI FLAG". Schools, shopping centers and hospitals will be built there.

People in the world hope the Olympic Games will be good for people and the environment during and after the Olympics.

*Tokyo Aquatics Center：東京アクアティクスセンター（水泳競技場）
*Tokyo Organizing Committee：東京オリンピック競技大会組織委員会
*ceremony：式典　　*Harumi waterfront area：晴海湾岸エリア

問1　下線部①を日本語に訳しなさい。

問2　本文の内容に合うように，（　　）に入る語をア～コから選び，記号を答えなさい。
(1) 日本は東京オリンピックに向けて（　　）を建設している。
(2) 競技場を良い状態に保存しておくには多くの（　　）が必要だ。
(3) オリンピック選手村には（　　）付の部屋がたくさんある。
(4) オリンピック選手村には大会後，（　　）ができる。

ア．管理人　イ．学校　ウ．地下鉄　エ．金　オ．ボランティア
カ．ベッド　キ．ホテル　ク．晴海区　ケ．選手村　コ．トイレ

問3　本文の内容に合うように，次の質問に英語で答えなさい。
(1) What happened to the stadiums after the Olympic Games in some countries?
(2) What will the Olympic Village be called after the Olympic Games?

問4　新国立競技場について，本文の内容に合うように書かれているものをア～オ から1つ選び，記号を答えなさい。
ア．新国立競技場は，大会後は使われる予定がない。
イ．新国立競技場の材料には，日本各地の木が使われている。
ウ．新国立競技場は，大会後，晴海湾岸エリアになる。
エ．新国立競技場は，大会後ラグビーの試合で使われる。
オ．新国立競技場は，マラソン競技には使われない。

問6　――線⑤「珍しい涙」とは具体的にどのような涙なのか。最も適当なものを次のア～オのうちから一つ選び記号で答えなさい。
ア　智恵子の悲しみから生まれてきた涙。
イ　悲しくもないのに流れてしまう涙。
ウ　涙なのに涙ではないような不可思議な涙。
エ　私を目覚めさせてくれた美しい涙。
オ　泣いたことがない人が泣いた時の涙。

問7　この詩において「わたくし」はどのような心情か。最も適当なものを次のア～オのうちから一つ選び記号で答えなさい。
ア　いつも笑顔の智恵子のそばにいると、なぜか勇気があふれてくる。
イ　智恵子の神秘的な不可思議な力で、わたくしを救ってくれたことに感動し、感謝している。
ウ　智恵子はわたくしを優しく包みこみ、不思議と悲しい気持ちにさせる。
エ　不良のわたくしと真剣に向き合ってくれたことに、智恵子の純粋な正義感を感じている。
オ　智恵子のわたくしへの愛情があふれているのを感じ、智恵子のために不良性を捨てようと思っている。

7　次の題名で作文を書きなさい。

「道（みち）」

〔原稿用紙一枚に**横書き**にすること。一行目に題名、二行目に受験番号と氏名を記入し、本文は三行目から書き始めること。〕

⑧「べし」をふさわしい形になおしなさい。

問7　この古文の内容として適当なものを、次のア～オのうちから一つ選び記号で答えなさい。

ア　長い間逢っていなかった人と再会した喜びを語っている。
イ　話をするときや話を聞くときの態度として、よくない事例をあげている。
ウ　よい人の話をよく聞き、よくない人の話を聞いてはいけないと戒めている。
エ　教養がある人は、自分が話すばかりで、人の話を全然聞かないのでよくないと批判している。
オ　話し方や聴き方によって、人の品位を判断してはいけないと注意している。

6

次の詩を読んで、後の問いに答えなさい。

あの頃

人を信ずることは人を救う。
かなり不良性のあったわたくしを
智恵子は頭から信じてかかった。
いきなり①内懐（うちぶところ）に飛びこまれて
わたくしは自分の②不良性を失った。
わたくし自身も知らない③何ものかが
④こんな自分の中にあることを知らされて
わたくしはたじろいた。
少しめんくらって立ちなおり
智恵子のまじめな純粋な
息をもつかない肉薄に
或日はっと気がついた。
わたくしの眼から⑤珍しい涙がながれ、
わたくしはあらためて智恵子に向った。
智恵子はにこやかにわたくしを迎え、
その清浄な甘い香りでわたくしを包んだ。
わたくしはその甘美に酔って一切を忘れた。
わたくしの猛獣性をさえ物ともしない
この天の族なる一女性の不可思議力に
無頼（ぶらい）のわたくしは初めて自己の位置を知った。

注　無頼＝無法な行いをすること。

『智恵子抄』より

山荘の作者
昭和26年　68歳

問1　この詩の作者名をすべて漢字で答えなさい。

問2　――線①「内懐」とはこの詩の場合、どういう意味か。最も適当なものを次のア～オのうちから一つ選び記号で答えなさい。

ア　頭の中　　イ　自分のすぐ近く　　ウ　心の内側
エ　懐かしい記憶　　オ　忘れたい思い出

問3　――線②「不良性」と同じような意味で使われている語句を詩中より三文字で抜き出し答えなさい。

問4　――線③「何ものか」とはどのような心なのか。最も適当なものを次のア～オのうちから一つ選び記号で答えなさい。

ア　向上心　　イ　強欲心　　ウ　邪　心
エ　真　心　　オ　道徳心

問5　――線④「こんな自分」とはどのような自分なのか。詩中から十字以上、十四字以内で抜き出し答えなさい。

問6 ――線④「逃がした小鳥」とあるが、それは誰のことを指しているのか。

問7 ――線⑤「願いを、聞いた」とあるが、この時の王の心情として最も適当なものを次のア～オのうちから一つ選び記号で答えなさい。

ア メロスのあまりの真剣さに、人の心を信じたくなった。
イ 友を身代わりにするほど妹の幸せを願うメロスに感動した。
ウ 人の心は信じられないことを、世の中に知らしめたい。
エ 王の威厳を改めて民衆に示す、良い機会である。
オ 人の心は信じられないが、情けだけはかけてやろう。

問8 ――線⑥「おまえの心は、わかっているぞ」とあるが、王はメロスがこれからどうすると思っているのか。簡潔に答えなさい。

問9 ――線⑦「セリヌンティウスは無言でうなずき、メロスをひしと抱きしめた」とあるが、この時のセリヌンティウスの心情として最も適当なものを次のア～オのうちから一つ選び記号で答えなさい。

ア 無二の友人であるメロスを深く信頼する気持ち。
イ このままでは自分が死んでしまうのではという恐怖心。
ウ 良き友のために、必ず帰って来てくれと願う気持ち。
エ 約束通り帰って来て、憎い王をこらしめようとする気持ち。
オ 王が人を信じるように、互いに頑張ろうという強い決意。

5 次の古文を読んで、後の問いに答えなさい。

久しく隔たりて逢ひたる人の、わが方にありつること、かずかずに残りなく語り続くるこそ、①あひなけれ。隔てなく慣れぬ(a)る人も、ほど経て見るは、恥づかしからぬかは。つぎさまの人は、あからさまに立ち出でても、今日ありつることとて、息もつぎあへず語り興ずるぞかし。②よき人の物語するは、人③あまたあれど、ひとりに向きて言ふを、おのづから人も聞くにこそあれ。よからぬ(c)人は、誰ともなく、あまたの中にうち出でて、見ることのやうに④語りなせば、みな同じく笑ひ⑤ののしる、いと⑥らうがはし。をかしきことを言ひてもいたく興ぜぬ(d)と、興なきことを言ひても、よく笑ふに⑦ぞ、品のほど計られぬ⑧べし。

『徒然草』より

問1 ――線①・⑥の歴史的仮名遣いを、現代仮名遣いになおし、すべてひらがなで答えなさい。

問2 ――線②「よき人」の話し方を、現代語で簡潔に答えなさい。

問3 ――線③「あまた」・⑤「ののしる」の意味を、次のア～オのうちからそれぞれ一つずつ選び記号で答えなさい。

③「あまた」
ア 優しい　イ もう一度　ウ たくさん
エ わずかに　オ 本当に

⑤「ののしる」
ア 悪口を言う　イ 話をする　ウ ばかにして笑う
エ 大声で騒ぐ　オ 秘密をばらす

問4 ――線④「語りなせば」の主語を古文中から五字以内で抜き出し答えなさい。

問5 ＝線a～dのうち、用法の違うものを一つ選び記号で答えなさい。

問6 ――線⑦「ぞ」と係り結びの関係になるように、――線

た。

「そうです。帰って来るのです。」メロスは必死で言い張った。

「私は約束を守ります。私を、三日間だけ許して下さい。妹が、私の帰りを待っているのだ。そんなに私を信じられないならば、よろしい、この市にセリヌンティウスという石工がいます。私の無二の友人だ。あれを、人質としてここに置いて行こう。私が逃げてしまって、三日目の日暮まで、ここに帰って来なかったら、あの友人を絞め殺して下さい。たのむ、そうして下さい。」

それを聞いて王は、残虐な気持で、そっとほくそえんだ。生意気なことを言うわい。どうせ帰って来ないにきまっている。この嘘つきにだまされた振りして、放してやるのもおもしろい。そうして身代りの男を、三日目に殺してやるのも気味がいい。人は、これだから信じられぬと、わしは悲しい顔して、その身代りの男を処刑してやるのだ。世の中の、正直者とかいうやつばらにうんと見せつけてやりたいものさ。

「⑤願いを、聞いた。その身代りを呼ぶがよい。三日目には日没までに帰って来い。遅れたら、その身代りを、きっと殺すぞ。ちょっと遅れて来るがいい。おまえの罪は、永遠に許してやろうぞ。」

「なに、何をおっしゃる。」

「はは。命が大事だったら、遅れて来い。⑥おまえの心は、わかっているぞ。」

メロスは悔しくてしかたなかった。ものも言いたくなくなった。

竹馬の友、セリヌンティウスは、深夜、王城に召された。暴君ディオニスの面前で、良き友と良き友は、二年ぶりで相逢うた。メロスは、友に一切の事情を語った。⑦セリヌンティウスは無言でうなずき、メロスをひしと抱きしめた。友と友の間は、それでよかった。セリヌンティウスは、縄打たれた。メロスは、すぐに出発した。初夏、満天の星である。

『走れメロス』より

注1　蒼白＝青白く血色が悪い様子。
注2　下賤＝いやしい身分。

問1　この作品の作者を次のア～オのうちから一つ選び記号で答えなさい。

ア　川端康成　　イ　宮沢賢治　　ウ　夏目漱石
エ　芥川龍之介　　オ　太宰　治

問2　——線①「若い衆は、首を振って答えなかった」とあるが、なぜ答えなかったのか。その理由を簡潔に答えなさい。

問3　[A] にあてはまる最も適当な語句を次のア～オのうちから一つ選び記号で答えなさい。

ア　単　純　　イ　神経質　　ウ　横　暴
エ　慎　重　　オ　短　気

問4　——線②「その王の顔は蒼白で、眉間のしわは、刻み込まれたように深かった」とあるが、この表情には王のどのような心情が表れているのか。最も適当な語句を本文中から二文字で抜き出し答えなさい。

問5　——線③「人の腹わたの奥底」とあるが、王はそこには何があると考えているのか。最も適当な語句を本文中から二文字で抜き出し答えなさい。

「はい、はじめは王様の妹婿さまを。それから、御自身のお世つぎを。それから、妹さまを。それから、妹さまの御子さまを。それから、皇后さまを。それから、賢臣のアレキス様を。」

「おどろいた。国王は乱心か。」

「いいえ、乱心ではございませぬ。人を、信ずる事ができぬ、というのです。このごろは、臣下の心をも、お疑いになり、少しく派手な暮らしをしている者には、人質ひとりずつ差し出すことを命じております。御命令を拒めば十字架にかけられて、殺されます。今日は、六人殺されました。」

聞いて、メロスは激怒した。「あきれた王だ。生かしておけぬ。」

メロスは、［A］な男であった。買い物を、背負ったままで、のそのそ王城に入って行った。たちまち彼は、警官に捕まった。調べられて、メロスの懐中からは短剣が出てきたので、騒ぎが大きくなってしまった。メロスは、王の前に引き出された。「この短刀で何をするつもりであったか。言え！」暴君ディオニス[注1]は静かに、けれども威厳をもって問いつめた。②その王の顔は蒼白で、眉間のしわは、刻み込まれたように深かった。

「市を暴君の手から救うのだ。」とメロスは悪びれずに答えた。

「おまえがか？」王は、笑った。「仕方のないやつじゃ。おまえには、わしの孤独がわからぬ。」

「言うな！」とメロスは、いきり立って反論した。「人の心を疑うのは、最も恥ずべき悪徳だ。王は、民の忠誠をさえ疑っていられる。」

「疑うのが、正当の心構えなのだと、わしに教えてくれたのは、おまえたちだ。人の心は、あてにならない。人間は、もともと私欲のかたまりさ。信じては、ならぬ。」暴君は落ち着いてつぶやき、ほっとため息をついた。「わしだって、平和を望んでいるのだが。」

「なんのための平和だ。自分の地位を守るためか。」こんどはメロスが笑った。「罪の無い人を殺して、何が平和だ。」

「だまれ、下賤（げせん）[注2]の者。」王は、さっと顔を挙げて報いた。「口では、どんな清らかな事でも言える。わしには、③人の腹わたの奥底が見え透いてならぬ。おまえだって、いまに、はりつけになってから、泣いてわびたって聞かぬぞ。」

「ああ、王はりこうだ。うぬぼれているがよい。私は、ちゃんと死ぬる覚悟でいるのに。命乞いなど決してしない。ただ、……」と言いかけて、メロスは足もとに視線を落とし瞬時ためらい、

「ただ、私に情をかけたいつもりなら、処刑までに三日間の日限を与えて下さい。たった一人の妹に、亭主を持たせてやりたいのです。三日のうちに、私は村で結婚式を挙げさせ、必ず、ここへ帰って来ます。」

「ばかな。」と暴君は、しわがれた声で低く笑った。「とんでもない嘘を言うわい。④逃がした小鳥が帰って来るというのか。」

国語

1 次の(1)~(6)の——線部について漢字の読み方をひらがなで書き、カタカナを漢字で書きなさい。

(1) 緩やかな坂道。　(2) 物語も佳境に入る。
(3) あいさつの励行。　(4) 財布をフンシツする。
(5) 感情をヨクセイする。　(6) 豪雨への対策をウナガす。

2 次の(1)~(5)の語句と同じ意味になるものを、ア~エのうちから一つ選び記号で答えなさい。

(1) 力の限り努力すること。
ア 日進月歩　イ 粉骨砕身　ウ 大願成就　エ 徹頭徹尾

(2) 一生に一度限りであること。
ア 一朝一夕　イ 時期尚早　ウ 一期一会　エ 一進一退

(3) 小さなことを大げさに言うこと。
ア 針小棒大　イ 大器晩成　ウ 大器小用　エ 大同小異

(4) かげりのない澄んだ心境。
ア 山紫水明　イ 明鏡止水　ウ 鏡花水月　エ 行雲流水

(5) 敵同士が同じ場所にいあわせること。
ア 天下無敵　イ 付和雷同　ウ 大胆不敵　エ 呉越同舟

3 次のア~カの文の、——線部の敬語の使い方が正しいものを二つ選び記号で答えなさい。

ア 伯父は、海外勤務でシンガポールにいらっしゃいます。
イ 今日は、かぜのため休ませていただきます。
ウ 係の者が参りますので、こちらで待たれてください。
エ みなさま、お誘いあわせのうえご出席ください。
オ 社長には、部長からおっしゃってください。
カ お客様、あの映画を拝見されましたか。

4 次の文章を読んで、後の問いに答えなさい。

メロスは父母も妻もなく、妹と二人で暮らす村の牧人であった。ある日、メロスは妹の結婚式の準備のため、十里離れたシラクスの街にやってきた。

メロスには竹馬の友があった。セリヌンティウスである。今はこのシラクスの市で、石工(いしく)をしている。その友を、これから訪ねてみるつもりなのだ。久しく逢わなかったのだから、訪ねて行くのが楽しみである。歩いているうちにメロスは、街の様子を怪しく思った。ひっそりしている。もうすでに日も落ちて、街の暗いのは当たり前だが、けれども、なんだか、夜のせいばかりではなく、市全体が、やけに寂しい。のんきなメロスも、だんだん不安になってきた。道で逢った若い衆をつかまえて、何かあったのか、二年前にこの市に来たときは、夜でも皆が歌を歌って、街はにぎやかであったはずだが、と質問した。①若い衆は、首を振って答えなかった。しばらく歩いて老人に逢い、今度はもっと、語勢を強くして質問した。老人は答えなかった。メロスは両手で老人のからだをゆすぶって質問を重ねた。老人は、あたりをはばかる低い声で、わずかに答えた。

「王様は、人を殺します。」
「なぜ殺すのだ。」
「悪心を抱いている、というのですが、誰もそんな、悪心を持ってはおりませぬ。」
「たくさんの人を殺したのか。」

千葉商科大学付属高等学校

数　学

1. 次の問いに答えなさい。

(1) $(-5)^2-\{-3^2+(-4)^2\}$ を計算しなさい。

(2) 連立方程式 $\begin{cases} 3x-2y=-4 \\ 2x+3y=19 \end{cases}$ を解きなさい。

(3) y は x に反比例し, $x=6$ のとき $y=-4$ である。このとき, $x=-8$ のときの y の値を求めなさい。

(4) 2次方程式 $x^2-4x+4=5$ を解きなさい。

(5) 3つの内角がそれぞれ $30°, 60°, 90°$ の直角三角形の辺の比を, 長さの短い順に答えなさい。

(6) 次の図において, ∠A から ∠E までの和は何度か求めなさい。

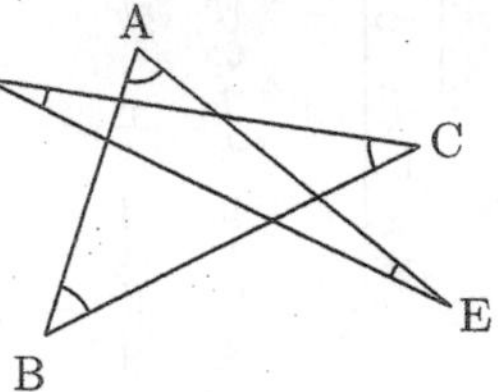

(7) 袋の中に赤玉2個, 白玉3個入っている。この袋の中から玉を1個取り出し, 色を確認してからもとに戻し, もう一度袋の中から玉を取り出す。このとき, 2回とも同じ色を取り出す確率を求めなさい。

(8) 3つの連続する正の整数をかけて, 初めて66の倍数になったときの一番小さい数を答えなさい。

2. 次の図のように, △ABC の辺 AB 上を動く点 P を与える。点 P より辺 BC に平行な直線を引き, 辺 AC との交点を Q とすると, △ABC ∽ △APQ となる。

また, AB=1 で △ABC の面積が $\frac{1}{3}$ であり, AP=x, △APQ の面積を y とする。このとき, 次の問いに答えなさい。

(1) △APQ と △ABC の相似比を x を用いて表しなさい。

(2) x と y の関係を式で表しなさい。

(3) △APQ の面積が, △ABC の面積の $\frac{1}{3}$ になるときの x の値を求めなさい。

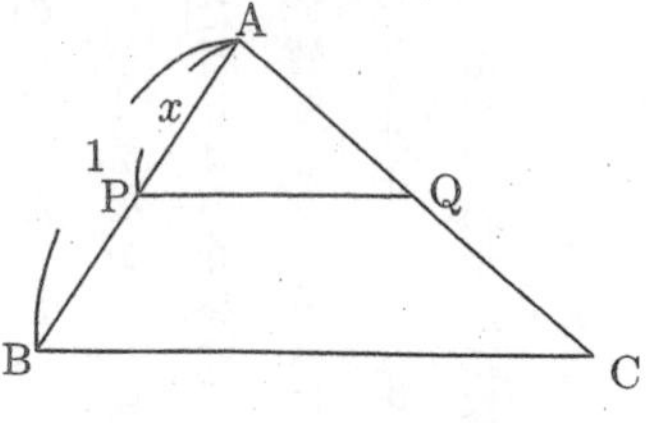

3. 次の図のように, 点 O を中心とする半径1の円上の点 S をおき, 等間隔に S を含めて12個点を打つ。大小2つのサイコロを1回だけ振り, 大きいサイコロの目を x, 小さいサイコロの目を y とする。S を基準に時計回りに x 動かした点を P, 反時計回りに y 動かした点を Q とする。

このとき, 次の問いに答えなさい。

(1) P= 2, Q= 1 のときの四角形 SQOP の面積を求めなさい。

(2) 4 点 S, Q, O, P を結んだときに四角形にならない x, y のとり方は全部で何通りあるか答えなさい。

(3) 四角形 SQOP の面積の最大値を答えなさい。

4. ある高校の男子生徒 120 人と女子生徒 100 人対象に学力テストを行った。このとき, 次の問いに答えなさい。

(1) 次の表は, 男子生徒 120 人の学力テストの点数を度数分布表にまとめたものである。 x , y にあてはまる数を求めなさい。ただし ア, イ には何らかの値が入るものとする。

階級（点）	度数 (人数)	相対度数
以上　未満		
0 ～ 20	6	0.05
20 ～ 40	x	y
40 ～ 60	48	0.4
60 ～ 80	(ア)	0.2
80 ～ 100	12	(イ)

(2) テスト実施日に女子生徒 5 人が欠席したため, 当日は女子生徒 95 人で学力テストを実施した。女子生徒 95 人の平均点を計算すると, ちょうど 65 点であった。数日後, 欠席した女子生徒 5 人も受験をし, 欠席者も含めて平均点を計算したところ, ちょうど 66 点になった。欠席した女子生徒 5 人だけの平均点を求めなさい。

英　語

【1】 C 群と D 群の関係が, A 群と B 群との関係と同じになるように, D 群に入る最も適切な英語 1 語を答えなさい。

	A 群		B 群	C 群		D 群
(1)	you are	―	you're	I would	―	(　　)
(2)	he	―	himself	they	―	(　　)
(3)	sing	―	sung	fall	―	(　　)
(4)	young	―	youngest	many	―	(　　)
(5)	act	―	action	choose	―	(　　)

【2】 次の各組の単語の中で, 下線部の発音が他と異なるものを 1 つ選び, 記号で答えなさい。

(1)	ア f<u>a</u>mous	イ m<u>a</u>p	ウ <u>a</u>pple	エ m<u>a</u>nager
(2)	ア g<u>a</u>me	イ gr<u>ea</u>t	ウ r<u>a</u>dio	エ s<u>ai</u>d
(3)	ア mov<u>ed</u>	イ marri<u>ed</u>	ウ work<u>ed</u>	エ studi<u>ed</u>
(4)	ア cou<u>gh</u>	イ fi<u>gh</u>t	ウ thou<u>gh</u>	エ ni<u>gh</u>t
(5)	ア h<u>i</u>story	イ l<u>i</u>festyle	ウ <u>i</u>ncrease	エ f<u>i</u>ll

【3】次の各文の（　　）に入る最も適切なものを下のア～エからそれぞれ1つずつ選び，記号で答えなさい。

(1) He (　　) not able to meet his friend last month.
ア is　イ can　ウ were　エ was

(2) Be kind to (　　).
ア other　イ others　ウ some　エ one

(3) We have a good movie next month. You should not (　　) it.
ア see　イ lose　ウ take　エ miss

(4) The languages (　　) in Canada are English and French.
ア speak　イ speaks　ウ spoke　エ spoken

(5) Let's go shopping, (　　) we?
ア will　イ shall　ウ can　エ should

(6) Every child (　　) a different dream.
ア having　イ are having　ウ have　エ has

(7) Who (　　) this picture of the beautiful mountain?
ア take　イ took　ウ is taken　エ does it take

(8) She says that students should not wear school uniforms, but I don't agree (　　) her.
ア with　イ in　ウ from　エ of

(9) That girl (　　) long hair is my classmate.
ア in　イ at　ウ by　エ with

(10) Please give me (　　).
ア hot something to drink　イ to drink something hot
ウ something hot to drink　エ to drink hot something

【4】次の各組の英文がほぼ同じ内容を表すように，（　　）に適切な語を1語ずつ入れなさい。

(1) Tokyo is the largest city in Japan.
Tokyo is larger than (　　) other city in Japan.

(2) What is the name of this animal in French ?
What do you (　　) this animal in French ?

(3) I often hear from Mary.
Mary often (　　) to me.

(4) What made her so happy?
(　　) was she so happy?

(5) How is the weather in Okinawa?
What is the weather (　　) in Okinawa?

【5】次の英文を読んで，文中の(　1　)～(　5　)に入る最も適切なものを，下のア～カからそれぞれ1つずつ選び，記号で答えなさい。なお，同じ語を2度以上用いてはならない。

I had a wonderful experience today.

All the students in my school go to work for three days in June. I think this system is good because we will have to choose a job in the future.

I went to *Jarbalhohie Kindergarten* with some friends of mine. There were 15 children in our class. It was a lot of fun to (1) care of them. The children were cute, and we enjoyed talking and singing with them. I taught an English song to them, *Head, Shoulders, Knees and Toes.* At (2) the English song was difficult for the children, but finally they could sing it! They looked happy when they were singing in English.

After lunch the children gave us pictures of our faces. What nice (3) they gave! I wanted to stay with them longer but couldn't. They had to go home after (4) us the pictures.

On our way home, one of my friends said, "I really enjoyed working at the kindergarten. When I was making a sand castle, I felt happy and the children seemed to be happy. I think it is wonderful to do something for other people. Today I (5) an important thing." I thought so, too.

Next week, I will have to go back to the U.S. I want to come back to this country and see the children someday.

【語群：ア giving　イ presents　ウ take　エ look　オ learned　カ first】

【6】次の会話文の空所(1)～(5)に当てはまる最も適切なものを下から選び，記号で答えなさい。

Rina　: Shelly, there's a concert next week. I have two tickets. (1)
Shelly : Of course. When is the concert?
Rina　: Next Sunday.
Shelly : Whose concert is it?
Rina　: It's the concert of a *CUC band. My brother belongs to it.
Shelly : Really? I want to go. (2)
Rina　: At the *City Music Hall.
Shelly : I see. What time will the concert start?
Rina　: At seven o'clock in the evening.
Shelly : OK.
Rina　: (3)
Shelly : Sounds good! But I have to visit my friend before going to the hall.
Rina　: Uh-huh, then do you know the post office near the hall?
Shelly : (4) It isn't so far from the hall.
Rina　: Let's meet there.
Shelly : I'll go there after going to my friend's house. What time shall we meet?
Rina　: How about six o'clock? Is it early?
Shelly : I don't think so. (5)
Rina　: That's right.
Shelly : See you next week.
Rina　: See you.

*CUC band：架空の音楽団体　City Music Hall：市民音楽ホール

ア Let's go to the hall together.　イ Where are they going to have a concert?
ウ If we go early, we can get good seats.　エ Would you like to come with me?
オ Let me check it out..., I got it!

【7】日本語に合うように（　　）内の語または語句を並べかえて文を作る時，余分なものがそれぞれ1つずつあります。その記号を答えなさい。

(1) 彼がその試合に勝つことは確かだ。
It（ア the　イ to　ウ certain　エ win　オ he　カ that　キ will　ク is）game.

(2) 彼は芸術を学ぶためにフランスへ行った。
He（ア France　イ order　ウ went　エ for　オ to　カ to　キ study　ク in）art.

(3) 彼は3日間学校を休んでいます。
He（ア been　イ three　ウ absent　エ since　オ from　カ has　キ days　ク for　ケ school）.

(4) 彼女は新しい靴をとても気に入っています。
She（ア with　イ her　ウ very　エ is　オ shoes　カ pleased　キ favorite　ク new）.

(5) あちらに立っている少女は、私の妹です。
The（ア over　イ who　ウ sister　エ standing　オ is　カ there　キ girl　ク my）.

【8】次の英文を読んで，後の問いに答えなさい。なお，＊がついている語(句)は，本文の最後に(注)がついています。

Long ago, people in every part of the world looked up at the sky, the same way we do now. The two most important things they saw were the Sun and the Moon.

The Sun gave a lot of light, but the Moon gave only a little. So many people thought the Sun was a man god, and the Moon a woman god – a goddess.

And people saw a face on the Moon. They called it "the Man in the Moon." Parents still tell their children about him today.

Then people studied ①astronomy, and they thought about how the Moon changed. In the end, the astronomers understood. The Moon was a big ball!

They understood that the Moon and the Earth go around the Sun. The Sun shines light on half of the Earth all the time – this gives us (　②　) and night. The Sun shines on half of the Moon all the time, too. But from the Earth, we can't always see all of the light on the Moon. When the half of the Moon with light is away from us, the sky is dark. This is called a new moon. When we can see all of the light on the Moon, it's a full moon. Between the new moon and the full moon, there are half moons and *crescent moons.

In 1969, three American astronauts flew in a rocket to the Moon. *Neil Armstrong was the first man to walk on the Moon. When he was there, he talked to people on Earth on the radio. ③But they heard him 1.25 seconds later. That's because it's more than 350,000 kilometers from the Moon to the Earth.

The Moon pulls the Earth. Because of this, ④the Earth is turning more and more slowly. Our day is getting 0.000015 seconds longer every year. But, of course, we don't feel the difference.

The Moon goes around the Earth, but really, the Earth and the Moon go around each other. At the same time, the Earth and the Moon, together, go around the Sun. (　W　)

The Earth has a *tilt of 23.5 degrees. Because of the pull of the Moon, this tilt doesn't change. And that's a good thing, because it's the Earth's tilt that gives us our seasons. Thanks to the Moon, we enjoy spring, summer, fall, and winter. And the Earth doesn't get too hot or too cold for life.

The Moon's pull gives us *tides, too. The Moon pulls the sea, and the water goes up and down. The Sun also pulls the sea and gives us tides, but the Moon's tides are much bigger because it is closer to the Earth. (　X　)

Tides can help us. We can use them to make electricity for our factories and homes. And that electricity is clean to make. (　Y　)

The Moon also helps sailors on boats at sea. At night, they can see where the Moon is – if there are no clouds. Then they know where to go. (　Z　)

The Moon helps animals, too. Many animals go out at night. A little moonlight helps them to see.

Of course, for some small animals, that's not always a good thing. Big animals can see them in the moonlight and eat them!

The Moon can also tell animals where to go. *Baby olive ridley turtles start their life in a hole in the sand on a beach. They use the Moon to find the sea.

(注)　crescent moons　三日月　Neil Armstrong　ニール・アームストロング(名前)
tilt 傾き　tides　潮の干満　Baby olive ridley turtles　ヒメウミガメの赤ちゃん

問1　本文中の下線部①の表す意味を下のア～エから１つ選び，記号で答えなさい。

ア　生物学　イ　地質学　ウ　天文学　エ　物理化学

問2　本文中の空所（　②　）に当てはまる１語を本文中から抜き出して答えなさい。

問3　本文中の下線部③の意味として最も適切なものを，下のア～エから１つ選び，記号で答えなさい。

ア　しかし，アームストロングには３人の宇宙飛行士の声が 1.25 秒遅れて聞こえた。

イ　しかし，３人の宇宙飛行士には地球の人々の声が 1.25 秒遅れて聞こえた。

ウ　しかし，３人の宇宙飛行士にはアームストロングの声が 1.25 秒遅れて聞こえた。

エ　しかし，地球の人々にはアームストロングの声が 1.25 秒遅れて聞こえた。

問4　本文中の下線部④のような現象が起こる理由を本文中から探し，１５字以内の日本語で答えなさい。

問5　次の文が入る適切な場所を(W)～(Z)の中から選び，記号で答えなさい。

It isn't bad for plants and animals.

問6　本文の内容と一致するものには○，一致しないものには×で答えなさい。

1　The Moon doesn't go around the Sun.

2　The first man who walked on the Moon was an American astronaut.

3　The sea is pulled by both the Sun and the Moon.

4　The Earth's tilt has bad effects on the environment.

5　The moonlight is useful for big animals to find small animals.

れど、敢へて音もなし。母おほきに恨みて、この児を抱きて、日本へ向きて、児の首に、「　Ⅱ　」という札を書きて、結ひつけて、「宿世あらば、親子の中は行きあひなん」といひて、海に投げ入れて帰りぬ。

父ある時難波の浦の辺を行くに、沖の方に鳥の浮びたる1やうにて、白き物見ゆ。近くなるままに見れば、童に見なしつ。怪しければ、馬を控へて見れば、いと近く寄りくるに、四つばかりなる児の、白くをかしげなる、波につきてC寄り来たり。馬をうち寄せて見れば、2おほきなる魚の背中に乗れり。従者をもちて、抱き取らせてD見ければ、首に札あり。遣唐使それがしが子と書けり。さは、我が子にこそありけれ。唐にて言ひ契りし児を、問はずとて、母が腹立ちて、海に投げ入れてけるが、然るべき縁ありて、かく魚に乗りて来たるなめりと、3あはれに覚えて、いみじうかなしくて養ふ。遣唐使の行きけるにつけて、この由を書きやりたりければ、母も、今ははかなきものに思ひけるに、かくと聞きてなん、希有の事なりと悦びける。

問一　傍線部1「やうにて」、傍線部2「おほきなる」を現代仮名遣いに直しなさい。

問二　二重傍線部A～Dの主語の組み合わせとして、最も適当なものを次の中から一つ選び、記号で答えなさい。

ア　A　子　B　父　C　母　D　子
イ　A　父　B　母　C　子　D　母
ウ　A　子　B　子　C　父　D　子
エ　A　父　B　母　C　子　D　父

問三　空欄　Ⅰ　にあてはまる語として最も適当なものを次の中から一つ選び、記号で答えなさい。

ア　さへ　イ　こそ　ウ　すら　エ　や

問四　空欄　Ⅱ　にあてはまる語句を本文中から過不足なく抜き出して答えなさい。

問五　傍線部3「あはれに覚えて」の現代語訳として最も適当なものを次の中から一つ選び、記号で答えなさい。

ア　残念に思って　イ　悲しく感じて　ウ　胸うたれて　エ　心に刻んで

問六　本文の内容として最も適当なものを次の中から一つ選び、記号で答えなさい。

ア　母親は子どもの健やかな成長のために札を海に投げ入れた。
イ　父親は子どもが乳母から離れる頃に迎えに来ると約束した。
ウ　母親はまだ子どもが小さいときに日本へ帰っていった。
エ　父親は子どもの首に札を書いて日本へ帰っていった。

四　次の1～5について、最も適当なものをア～シから一つ選び、それぞれ記号で答えなさい。

1　「小説の神様」と呼ばれた志賀直哉の作品の中で唯一の長編小説。
2　実際の放火事件をもとに描かれた三島由紀夫の代表的な作品。
3　原爆の悲劇を描いた戦争文学『黒い雨』などの作品で知られる人物。
4　雑誌「アララギ」で活躍し『赤光』などの作品で知られる人物。
5　尾崎紅葉の代表的な小説であり読売新聞に連載された未完の作品。

ア　高村光太郎　イ　村上春樹　ウ　谷崎潤一郎
エ　斎藤茂吉　オ　井伏鱒二　カ　金閣寺
キ　暗夜行路　ク　みだれ髪　ケ　細雪
コ　金色夜叉　サ　三四郎　シ　羅生門

（２）二重傍線部③「抜け」の活用の行と種類、活用形を答えなさい。

（３）二重傍線部④の「ない」と同じ品詞のものを次の中から一つ選び、記号で答えなさい。

ア　彼の言っていることに怪しい点はない。

イ　あの人の行動はとてもはしたない。

ウ　彼のコメントは今のところいらない。

エ　この音楽を聞くとせつない気分になる。

問三　太線部１「客観的」の対義語を漢字で答えなさい。

問四　太線部２「トンチンカンなこと」とありますが、これはどのようなことですか。最も適当なものを次の中から一つ選び、記号で答えなさい。

ア　希衣は千帆の仲間であり、蘭子が本気を出しても自分たちには勝てないということ。

イ　蘭子は千帆をライバルだと認識しており、去年インハイで戦えなくて残念に思っていること。

ウ　舞奈が不機嫌なのは、恵梨香がスマホに夢中になっているからだと思っていること。

エ　千帆と蘭子はライバルであり、千帆が本気を出せば蘭子に勝つこともできるということ。

問五　空欄 3 にあてはまるものとして最も適当なものを次の中から一つ選び、記号で答えなさい。

ア　一方的　　イ　消極的　　ウ　空想的　　エ　合理的

問六　太線部４「二位と七位より、一位と七位の方が速い」とありますが、この部分を具体的に説明したものとして正しいものを次の中から一つ選び、記号で答えなさい。

ア　希衣と千帆より、蘭子と千帆のほうが速い

イ　千帆と希衣より、恵梨香と希衣のほうが速い

ウ　千帆と蘭子より、恵梨香と蘭子のほうが速い

エ　蘭子と希衣より、千帆と希衣のほうが速い

問七　太線部５「誰かの幻想」とありますが、次の問いに答えなさい。

（１）「誰」の幻想ですか。最も適当なものを次の中から一つ選び、記号で答えなさい。

ア　希衣　　イ　千帆　　ウ　恵梨香　　エ　舞奈

（２）「幻想」とは「どのような」幻想ですか。解答欄に続くように本文中から二十五字で抜き出して答えなさい。

問八　本文の内容として最も適当なものを次の中から一つ選び、記号で答えなさい。

ア　舞奈は先輩たちがペアを解消することに賛成はしていない。

イ　恵莉香は先輩の話を不安そうに最初から聞いていた。

ウ　千帆はペアでは必ず相手のフォームに合わせてきた。

エ　希衣はスマホに夢中である恵莉香に対し不快感を示した。

三　次の文章は『宇治拾遺物語』の一節です。これを読んで後の問いに答えなさい。（なお、漢字は適宜ひらがなに直しました。）

今は昔、遣唐使（けんたうし）の唐（もろこし）にある間（あひだ）に、妻を設けて、子を生（う）ませつ。その子いまだいとけなき程に、Ａ日本に帰る。妻に契（ちぎ）りて曰（いは）く、「異（こと）遣唐使行（い）かんにつけて、消息（せうそこ）やるべし。またこの子、乳母（めのと）離れん程には迎へ取るべし」と契りて帰朝しぬ。母、遣唐使の来（く）るごとに、「消息 Ⅰ ある」とＢ尋ぬ

「分かるでしょ、意味は。湧別さん、あなたはどう思うの。もし千帆とあなたが組んだら、速くなれると思う？」

ガタン、と電車が大きく揺れた。二人と一人に挟まれた舞奈は、ぎゅっと身を縮こまらせる。千帆と希衣はずっと昔から相棒だというのに、どうしてそんなことが言えるのだろう。結果が絆(きずな)以上に重視すべきものだとは、舞奈にはどうも思えない。

dシアンするように、恵梨香は自身の顎(あご)を軽く擦った。やがて、開いた唇からため息と共に声がこぼれる。

「正直に言って、もし誰かとペアをやらなきゃいけないとしたら、私は鶴見先輩の方を希望します」

「なんで」

予想外の展開だったのだろう、希衣が大きく身を仰(の)け反らした。二人から目を逸(そ)らしたまま、恵梨香が口早に説明する。

「フォームの差です。天神先輩は小柄だし、ストロークが小さい。一人でやってるところを見ても、パドル数の多さでカバーしてる。そして、鶴見先輩はペアの時、そんな天神先輩に合わせてる。でも、私はそのやり方を真似(まね)できません。回数で稼ぐタイプじゃないし、そもそも私のフォームに合わせてもらわないと困ります。だから、もし私がペアをやるにしても、相手は……」

先輩相手に気を遣ったのか、恵梨香はそこで言葉をe濁した。小さいギアと大きいギア。数日前の千帆の柔らかな声音が、舞奈の耳奥で蘇(よみがえ)る。

思わず立ち上がった希衣を手で制し、千帆は静かに微笑(ほほえ)んだ。睫毛(まつげ)に縁取られた＊双眸(そうぼう)に、うっすらと透明な膜が張っている。ゆらめく涙を瞼(まぶた)の奥に押し込み、千帆は喉を震わせた。

「そう、だね。4二位と七位より、一位と七位の方が速い」

「千帆！　それは――」

「私も、それがいいと思う。希衣はペアが得意だから、きっと恵梨香ちゃんとでも上手くやれるよ。それに、」

躊躇(ちゅうちょ)したのか、千帆は一度言葉を区切った。言い淀(よど)み、思い悩み、それでも千帆は正面から希衣の顔を見つめた。強張(こわば)る希衣の手を握り締め、千帆は掠(かす)れた声で囁(ささや)いた。

「それに、ほっとしてるんだ。希衣が追ってる理想の私に、今の私はなれないから。希衣の夢は、私にはちょっと重すぎるよ」

舞奈は初めて見た。言葉が、5誰かの幻想を殺すところを。

希衣の口から、ひゅっと鈍い音が漏れた。舞奈は想像する、その柔らかな心臓が千帆の本音に貫かれているところを。傷口から漏れる黒々とした液体は、自責と悲哀で出来ていた。

そっと、千帆が希衣から手を離す。窓の外へと目線を移した彼女は、「もうすぐ駅だね」と明るく言った。

＊剣呑…あやういこと。あやぶむこと。

＊インハイ…インターハイの略。高校生の全国大会のこと。

＊双眸…左右両方のひとみ。両眼。

問一　傍線部a～eのカタカナを漢字に、漢字を平仮名に直しなさい。

問二　次の（1）～（3）の問いに答えなさい。

（1）二重傍線部①「ようやく」、②「少ない」の品詞を次の中からそれぞれ選び、記号で答えなさい。

ア　動詞　イ　形容詞　ウ　形容動詞　エ　名詞　オ　副詞

カ　連体詞　キ　接続詞　ク　感動詞　ケ　助動詞　コ　助詞

な顔でスマホの画面を凝視[c]している。電車に乗ってからというもの、恵梨香はずっとスマホに夢中だ。嫌だな、と舞奈は内心で独り言ちた。恵梨香は好きだけど、他人と一緒にいるのにスマホを使う人は好きじゃない。尊重されていない感じがするから。

結われた髪の片方の束を握り締め、千帆は深く息を吸い込んだ。桜貝にも似た彼女の爪は、白い爪先部分が全くない。農園部の時に土が入ると嫌だから、と彼女が話していたのを舞奈は不意に思い出した。

「希衣はさ、いつの私を見てるの」

「いつって、今だよ」

「だったらそんなトンチンカンなこと[2]言わないでしょ。大体、蘭子ちゃんは東京だし、私たちが去年*インハイに進めなかったのは別の子たちに負けたからじゃん。そっちに向き合わないで蘭子ちゃんばっかり見てるのは、なんか、馬鹿みたいだよ」

「よく言うよ。千帆が一番、利根蘭子のこと引きずってるくせに」

「別に引きずってない」

「引きずってるよ。千帆は、一位になりたいんでしょ」

二人の声の調子は普段と変わらず、それがまた舞奈の不安を煽った。取っ組み合いの喧嘩でも始めてくれれば、無理にでも宥めることができるのに。恐れを押し付けるように恵梨香にしがみつくと、彼女はようやく面を上げた。左耳からイヤホンを引き抜き、恵梨香は片眉の端を跳ね上げた。

「何かありました?」

後輩の一声に、二人の口論はピタリと止んだ。両腕を組んで不機嫌さを露わにする希衣に対し、千帆は曖昧な微笑を浮かべている。

「特になんでもないんだよ、気にしないで」

「なんでもないことないでしょ」

千帆の台詞に覆いかぶせるようにして、希衣が唸った。

「今年、利根蘭子はペアには出ないって言ってた、シングルに絞るって。じゃ、千帆が本気出してやれば、ペアで一位を狙えるんだよ」

「そんな馬鹿なこと言って」

「馬鹿じゃない。千帆と湧別さんが組めば、インハイ優勝だってありえると私は思ってる」

「はぁ?」

千帆があんぐりと口を開ける。その一言に、拒絶にも似た深い嫌悪が滲んでいた。見開かれた彼女の両目が、信じられないと言外に叫んでいる。

「何言ってるの?」

「湧別さんは速いよ。この子なら県大会で一位を取るどころか、もっと上を目指せる。じゃあ、ペアは千帆と湧別さんが組んだ方がいいでしょ。去年のシングル、埼玉県大会で私は七位で、千帆は二位だった。小学生でも分かることだよ。二位と七位が組むより、一位と二位が組んだ方がいい」

「カヌーがそんな単純なもんじゃないって、希衣だってわかってんでしょ」

「でもそれが一番［ 3 ］じゃん。分かってないのはどっちよ。大体——」

「あの、ちょっといいですか?」

白熱するやり取りに割り込むように、恵梨香が小さく手を挙げた。興奮で我を忘れていた二人も、そこで冷静さを取り戻したらしい。コホンと、希衣が気まずそうに咳払いした。

「なに?」

「いや、私の名前が出てたので」

「あぁ、ごめんね。希衣がわけのわかんないこと言って」

際的な規模で行われることによって、開発資金が膨大になり、かえって生活が貧しくなるということ。

ウ　人間は文学や芸術の分野において過去の作品を超えるようなテーマや技法を生み出し、文化を発展させてきた。しかし、過去の作品を超えるテーマや技法は、過去の作品を知らない人々の想像力を超えてしまったため、理解されないこともあるということ。

エ　人間は欲望を満たすために環境を無視して道具を開発し、大量生産大量消費の豊かな生活を手に入れた。しかし、豊さに慣れてしまい、壊れたら廃棄するようになったため公害問題が生まれ、人間の生活を脅かすことになったということ。

問六　太線部5「科学技術はバラ色でした」とありますが、科学技術のどのような点を「バラ色」と表現しているのですか。解答欄に続くように、本文中から十四字で抜き出して答えなさい。

問七　空欄［A］～［D］にあてはまる語として適当なものをそれぞれ一つずつ選び、記号で答えなさい。

ア　しかし　イ　たしかに　ウ　さて　エ　つまり

二　次の文章は武田綾乃著『君と漕(こ)ぐ　ながとろ高校カヌー部』の一節です。これを読んで後の問いに答えなさい。（━部の漢字には振り仮名を付しました。）

砂時計を逆さまにするみたいに、行きとは逆の順序で駅への道を辿(たど)る。合同練習はa滞りなく終わり、日が暮れるより先に無事解散となった。練習会場から家まで、二時間を掛けた電車の旅だ。大宮で乗り換え、熊谷(くまがや)でさらに乗り換え、①ようやく秩父(ちちぶ)鉄道に乗る。ここからは電車一本で波久礼(はぐれ)に着く。リュックサックを抱きしめ、舞奈はシートに深く座り直した。

車内に他の乗客の姿が②少ないとは言え、部員全員が並んで座れたのは幸運だった。舞奈を挟(はさ)むようにして、左手に千帆と希衣(きえ)が、右手には恵梨香が座っている。気を③抜けば睡魔に負けそうな舞奈を他所(よそ)に、先輩たちは話し続けている。

「蘭子(らんこ)ちゃん、また速くなってたね」

「まあ、それは認めるけど」

「なんで希衣は不機嫌になってるの」

「別に」

「別にってことはないでしょ」

「単純に、なんで千帆は焦(あせ)ら④ないんだろうって思っただけ。ライバルが強くなってるのに」

「ライバルって」

千帆が笑う。喜びではなく、呆(あき)れを含んだ声色(こわいろ)で。吐き出された感情の粒が、カツンと床に跳ね落ちる。希衣が息を呑(の)んだ。彼女の喉(のど)の奥で、小さな熱がせぐり上げるのを感じた。

「違うって言うの?」

「いや、1客観的に見て選手としての格が違うじゃん。見たでしょ、今日の漕ぎ」

「私は千帆があの子に負けてるなんて思ったことないよ。きっと本気を出せば、千帆だってまた――」

「そういうの、やめてよ」

目を伏せ、千帆が静かに首を振った。穏やかな表情とはbタイショウ的に、膝に置かれた指先は苛立(いらだ)たしげに上下している。狭い車内に、*剣呑(けんのん)な空気が混じる。ちらりと隣の恵梨香を盗み見れば、イヤホンを付けたまま真面目(まじめ)

ところが、4これが両刃(もろは)の剣(つるぎ)でした。単独の科学的知見や技術的成果であれば、その影響力は人間の想像力の範囲内です。しかし、どんどん累積的に発展してくると、あまりにも規模が大きく、強力になりすぎて、人間の想像力の限界を超えてしまいます。そうすると、予期せぬ副作用が生じたりして、事故につながったり、あるいはアスベスト*のように気づかないうちに人間の健康を蝕(むしば)んだりする場合が出てきます。現在の科学技術には、このような側面があります。

そうなると、今までは夢をかなえ、希望を実現してくれる存在だった科学技術が、生活や健康をd脅かすものとしてクローズアップされてきます。公害問題などがあったとはいえ、一九六〇年代、七〇年代までは、まだ5科学技術はバラ色でした。それがじわじわと副作用が気になりだし、地球環境問題が国際的に取り上げられるようになると、一気にネガティブなイメージが噴出します。これには、科学技術が実際にネガティブに作用することが増えてきたという面もたしかにありますが、メリットの方に対する感動がインフレを起こして、ありがたみがeウスれてしまったという部分もあるように思います。

ともあれ、科学技術とわたしたちの距離は、ものすごく遠くなってしまいました。科学技術に対するわたしたちのイメージが変わったと言ってもいいかもしれません。

*アスベスト…かつて保温・耐火材として用いられたが、発ガン性が指摘されている。

問一 傍線部a～eのカタカナを漢字に、漢字を平仮名に直しなさい。

問二 太線部1「技術の発展による便利さや快適さがわたしたちにもたらすものは、すべてが歓迎すべきことだったのでしょうか」とありますが、筆者の考えとして最も適当なものを次の中から一つ選び、記号で答えなさい。

ア 技術の発展はわたしたちの機能をパワーアップさせるものだから、積極的に歓迎すべきものである。

イ 技術の発展は人間に備わった機能を磨かなくなりがちであるから、歓迎されることばかりではない。

ウ 技術の発展は便利さよりも悪い面の方が多いのだから、歓迎するどころかもうやめた方が良い。

エ 技術の発展はわたしたちの英知の結晶であるので、メリットのみを追い求めるべきだ。

問三 太線部2「環境世界」とありますが、これはどのようなものですか。本文中から二十字以内で抜き出して答えなさい。

問四 太線部3「旺盛(おうせい)」とありますが、この言葉を使った例文として最も適当なものを次の中から一つ選び、記号で答えなさい。

ア 十月になっても旺盛な暑さだ。　イ 彼の食欲はとても旺盛だ。

ウ この扇風機の風量は旺盛だ。　エ 兄の旺盛な態度に腹を立てた。

問五 太線部4「これが両刃(もろは)の剣(つるぎ)でした」とありますが、その説明として最も適当なものを次の中から一つ選び、記号で答えなさい。

ア 人間は生活を便利にするために次々と新しい道具を開発し、そのことにより科学技術は発展し知識は蓄積されていった。しかし、科学技術の規模が人間の想像力を超えるほど大きくなりすぎたため、人間の生活に害を与えることもあるということ。

イ 人間はできなかったことができるようになりたいという強い好奇心によって科学技術を発展させてきた。しかし、新しい技術の開発が国

てきます。全自動洗濯機の話を、もう一度思い出してください。最初にそれが来たときにものすごく感動したのは、面倒な洗濯作業が（干すところをのぞけば）すべて自動で行われ、その分、今まで持つことのできなかった自由時間が手に入ったからです。［C］、自分を取り巻く世界が変わったわけです。道具は、科学技術は、わたしたちの身の回りの世界を変える力を持っています。メガネを普段かけている人は、はじめてメガネをかけたときに、なんと世の中がくっきりと見えるのだろうと感動した経験があると思います。あれと同じです。

ドイツの動物行動学者（出身はエストニア）のヤーコプ・フォン・ユクスキュルという人は、あらゆる生物はその種に特有の[2]「環境世界」に住んでいると唱えました。物理的な環境は同じでも、その環境の中のどの情報を使うかは、生物の種類によって大きく異なります。人間が見える光の波長は可視光の範囲に限られますが、モンシロチョウなどは紫外線も感知することができますし、ガラガラヘビやマムシは赤外線を感知する[b]キカンを持っています。音でも同じことで、コウモリやイルカが人間には聞こえない超音波（超高周波）を使って外界の障害物を認識したり餌を発見したりするのは有名です。逆にゾウは、人間に聞こえない超低周波を聞くことができると言われています。動物の体温を敏感に感じて取り付くノミなどの寄生虫もいますし、明暗だけしか感じることのできない魚もいます。このように、動物たちが見たり感じたりしている世界は、さまざまなのです。これをユクスキュルは、それぞれの動物にとっての「環境世界」と表現したわけです。

科学技術は、人間にとっての環境世界を大きく変えてきました。人間単独では見えない世界、できない世界を、見える世界、可能な世界に変えてきたわけです。

もともと人間は、好奇心が非常に[3]旺盛な生き物です。今まで感じることのできなかった環境世界を感知することができるようになれば、それだけでも大きな満足です。さらに、行けないところに行けるようになる、持ち上げられなかった物が持ち上げられるようになる、作れなかった物も作れるようになる、もうこうなってくると、好奇心というよりも欲望と言った方がいいかもしれませんが、それを実現することを、科学技術は可能にしてくれたのです。

当然これは、人間にとってはおもしろいしありがたいことですから、どんどん先へと進みます。科学技術は、ある意味、夢をかなえてくれる道具だったのです。科学技術の歴史は、人間がその夢をかなえ、欲望を満たすための道具を開発してきた歴史だと言ってもいいでしょう。

［D］、問題は、科学技術の発展が累積的だということです。自転車ができて速く遠くへ移動できるようになったら、次は、より速く、より大量に移動できるように改良したり、新しい道具を開発したりします。今、到達しているところが、次への出発点になるのですね。だから、全自動洗濯機がはじめて届いて感動していても、しばらく経つとそれが標準の状態になってしまって、さらなる便利さを求めていくわけです。

この累積性というのは、科学技術に限らず人間の文化現象すべてに共通の特徴です。文学作品だって美術作品だって、今までには表現されていないテーマや技法を求めて、作家たちは苦労しています。過去が蓄積されていて、そこから出発しているわけです。科学技術も累積的に発展してきたからこそ、これだけ[c]膨大な知識を集めることができ、強大な道具を作ることができるようになったわけです。

国語

一　次の文章は佐倉統、古田ゆかり、リビング・サイエンス・ラボ著『おはようからおやすみまでの科学』の一節です。読んで後の問いに答えなさい。（なお、本文中の小見出しは省略し、一部の漢字には振り仮名を付しました。）

達成したい目的――遠くに行きたい、食べ物を手に入れたい、安全に暮らしたい、光や暖かさがほしい、見えないものが見えるようになる――は、限りのないものです。人は古くから、自分たちの欲求をできるだけ満たそうと、工夫を凝らしてきました。

古代にさかのぼれば、石を使ってタガヤ[a]したり、刈り取りをしたり、その石を使いやすいように加工したりしました。やがて、石よりも使いやすく丈夫で加工しやすい青銅や鉄を生み出します。鉄は、農機具としても、安全を守り領地を広げるための戦いをする武器としても幅広く活用され、現在では工業社会を支える大きな力となっています。目的を達成するために効率を上げ、大規模な産業へと発展させ、産業の形態や生活のスタイルを大きく変える転機となったのが産業革命でした。こうしてさまざまな道具にわたしたちの望む仕事をさせて、より多くのものを手に入れること、これが技術の発展であり、便利さの実現です。

では、[1]技術の発展による便利さや快適さがわたしたちにもたらすものは、すべてが歓迎すべきことだったのでしょうか。

「えっ？　どうして？　便利っていいことじゃないの？　悪いことなんてあるの？」と思うかもしれませんね。

物理学者でもあり、科学者の社会的責任などについて活発に発言している池内了さんは、「便利さとは、自分自身の中にある能力を失うこと」と述べています。【中略】。

ナイフと電動えんぴつ削りの関係を思い出すと、池内氏の言葉の意味がわかるのではないでしょうか。鉛筆を穴に入れるだけできれいに削れる電動えんぴつ削りはたしかに早くて便利ですが、使い慣れてしまうと、ナイフを使いこなして、鉛筆の先を細く削りだしていく自分の技術を磨く必要はなくなるからです。

道具やエネルギーに多くを依存していると、これらが使えない状況になったときにとても困ることは、経験した人はもちろん、そうでない人も容易に想像できるでしょう。

自動は［A］便利です。ただし、どの部分を「自動化」し、どの部分を、わたしたちの内的能力を高めることで処理していくか、わたしたち自身が考えて決めていく必要があります。便利さをどんどん取り入れていくことは、最初は「よい面」がよく見え、あたかも「よい面」しかないように思えます。［B］、それはほんの一面に過ぎません。わたしたちは、「便利」や「自動」を受け入れるときには、それによって現れるかもしれない「悪い面」も予測できなければならないと思います。便利を受け入れる「実力」を身につける必要があるのです。

今まで述べてきたように、人間ははるか昔からいろいろな道具を使って生活を便利にしてきました。自分たちの手足、あるいは目、耳、鼻などを延長し、機能をパワーアップさせてきたわけです。

当然、その結果として、動ける範囲や見えるもの、できることが変わっ

成田高等学校

数学

1 次のア〜タの$\boxed{}$に当てはまる数や符号を答えなさい。

(1) $7-(-3)\times(-2)^2-5^2=\boxed{\text{アイ}}$

(2) $\dfrac{3x+4}{2}-\dfrac{5x-2}{3}=\dfrac{\boxed{\text{ウエ}}}{\boxed{\text{オ}}}x+\dfrac{\boxed{\text{カ}}}{\boxed{\text{キ}}}$

(3) $\dfrac{\sqrt{147}}{5}-\sqrt{27}+\dfrac{\sqrt{108}}{7}\div\dfrac{15}{14}=\dfrac{\boxed{\text{クケ}}\sqrt{\boxed{\text{コ}}}}{\boxed{\text{サ}}}$

(4) $-x^2y\div\dfrac{16}{21}xy^2\times\left(-\dfrac{4}{3}x^2y^3\right)^2=\dfrac{\boxed{\text{シス}}}{\boxed{\text{セ}}}x^{\boxed{\text{ソ}}}y^{\boxed{\text{タ}}}$

2 次のア〜タの$\boxed{}$に当てはまる数や符号を答えなさい。

(1) 下の度数分布表は，あるペットショップの1週間の来客数を曜日ごとにまとめたものである。1週間の来客数の平均は275人であり，日曜日の来客数は木曜日よりも60人多かった。このとき，$x=\boxed{\text{アイウ}}$，$y=\boxed{\text{エオカ}}$ である。

曜日	月	火	水	木	金	土	日
人数	250	200	240	x	255	300	y

(2) $\dfrac{7}{26}$ と $\dfrac{21}{65}$ のそれぞれに同じ分数を掛けてともに積が自然数となる分数のうち，最も小さいものは $\dfrac{\boxed{\text{キクケ}}}{\boxed{\text{コ}}}$ である。

(3) 1個当たり原価5000円で仕入れた品物に対して，原価のx%の利益を見込んで定価をつけて売ってみたところ，売れ行きが悪かったため定価のx%引きの4800円で売った。このとき，$x=\boxed{\text{サシ}}$ である。

(4) 図のように，1辺が2の正六角形ABCDEFがあり，この正六角形のすべての辺に接する円Oがある。辺EF, FAと円Oとの接点をそれぞれG, Hとする。線分ADと円Oとの交点のうち，点Dに近い方の点をIとする。このとき四角形OIGHの面積は $\dfrac{\boxed{\text{ス}}\sqrt{\boxed{\text{セ}}}+\boxed{\text{ソ}}}{\boxed{\text{タ}}}$ である。

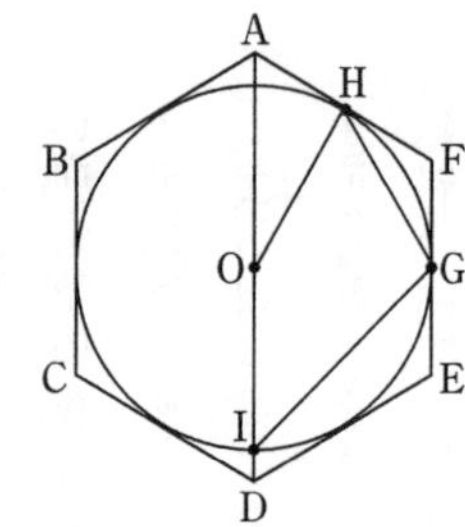

3
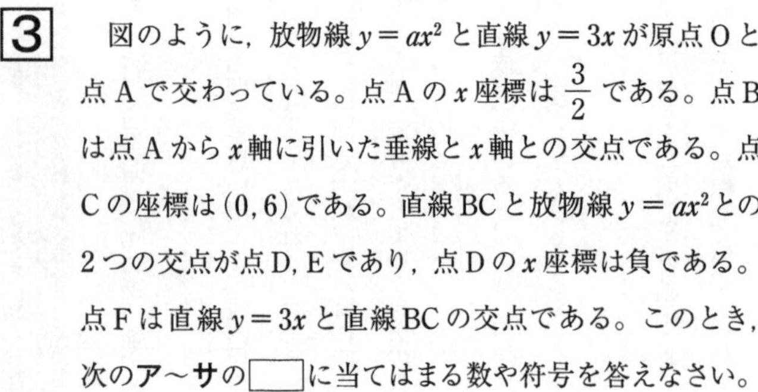
図のように，放物線$y=ax^2$と直線$y=3x$が原点Oと点Aで交わっている。点Aのx座標は$\dfrac{3}{2}$である。点Bは点Aからx軸に引いた垂線とx軸との交点である。点Cの座標は$(0, 6)$である。直線BCと放物線$y=ax^2$との2つの交点が点D, Eであり，点Dのx座標は負である。点Fは直線$y=3x$と直線BCの交点である。このとき，次のア〜サの$\boxed{}$に当てはまる数や符号を答えなさい。

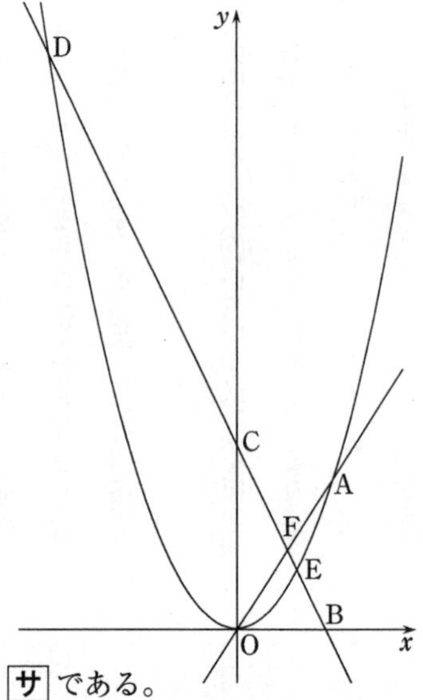

(1) $a=\boxed{\text{ア}}$である。

(2) D($\boxed{\text{イウ}}$, $\boxed{\text{エオ}}$)，E($\boxed{\text{カ}}$, $\boxed{\text{キ}}$)である。

(3) △AEFと△ABEの面積比を最も簡単な整数比で表すと$\boxed{\text{ク}}:\boxed{\text{ケ}}$である。

(4) △ABFと△ODFの面積比を最も簡単な整数比で表すと$\boxed{\text{コ}}:\boxed{\text{サ}}$である。

4 図のように，正八角形 ABCDEFGH があり，頂点 A に黒と白の石がある。大小 2 つのさいころを同時に 1 回だけ振る。黒の石は大きいさいころの出た目の数だけ時計回りに，白の石は小さいさいころの出た目の数だけ反時計回りに頂点を移動する。

このとき，次の**ア**～**サ**の$\boxed{}$に当てはまる数や符号を答えなさい。

(1) 大小 2 つのさいころの目の出方は全部で$\boxed{アイ}$通りある。

(2) 2 つの石を移動した後に，2 つの石が同じ頂点にある確率は $\dfrac{\boxed{ウ}}{\boxed{エオ}}$ である。

(3) 2 つの石を移動した後に，2 つの石がある頂点を結んだ線分が，正八角形の辺になる確率は $\dfrac{\boxed{カ}}{\boxed{キク}}$ である。

(4) 2 つの石を移動した後に，2 つの石がある頂点を結んだ線分が，正八角形の対角線になる確率は $\dfrac{\boxed{ケ}}{\boxed{コサ}}$ である。

5 図のように，2 つの円 A と円 B が点 C で接している。直線 ℓ はこの 2 つの円に接し，それぞれの接点を D, E とする。点 C における 2 つの円の接線を m とし，ℓ と m の交点を F とする。2 つの円 A, B の中心を通る直線を n とし，ℓ と n の交点を G とする。AG ＝ 2，∠AGD ＝ 30° のとき，次の**ア**～**サ**の$\boxed{}$に当てはまる数や符号を答えなさい。ただし，円周率は π とする。

(1) ∠DAG ＝$\boxed{アイ}$° である。

(2) 斜線部分のうち，図㋐の面積は $\dfrac{\sqrt{\boxed{ウ}}}{\boxed{エ}} - \dfrac{\boxed{オ}}{\boxed{カ}}\pi$ である。

(3) BE ＝$\boxed{キ}$である。

(4) 斜線部分のうち，図㋑の面積は $\boxed{ク}\sqrt{\boxed{ケ}} - \dfrac{\boxed{コ}}{\boxed{サ}}\pi$ である。

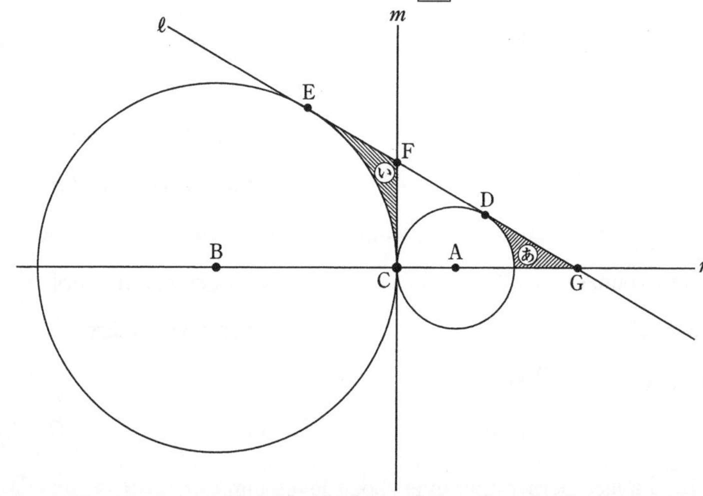

英語

1 対話とナレーションを聞き，それぞれの質問に対する答えとして最も適切なものを次の①～④から一つずつ選びなさい。

(1) $\boxed{\ 1\ }$

① His parents　② His cousin　③ His friend　④ His younger brother

(2) $\boxed{\ 2\ }$

① Walk to Sakura station. ② Miss the next train.

③ Take a taxi to Sakura station. ④ Wait for the next train.

(3) [3]

① Twice and 3 kilometers ② Four times and 12 kilometers

③ Twice and 9 kilometers ④ Four times and 36 kilometers

(4) [4]

① The food his host family served ② The view of Sydney Harbor

③ Learning English at university ④ Communication with his host family

(5) [5]

① Sea turtles have long lives and some live for as long as 80 years.

② Some mother turtles have babies when they become thirty years old.

③ More and more people use fishing nets to catch turtles for their meat or shells.

④ Sea turtles are killed by various things made by humans.

2 [ ] に入る最も適切なものを次の①～④から一つずつ選びなさい。

(1) My grandfather often [6] me that he wanted to visit New York.

① told ② spoke ③ said ④ talked

(2) Most children [7] go camping are between the ages of seven and sixteen.

① whom ② which ③ who ④ whose

(3) Could you [8] me your umbrella?

① borrow ② lend ③ use ④ take

(4) [9] in French?

① What is called this flower ② What is this flower called

③ How called is this flower ④ How is called this flower

(5) Tomoko is [10] than Satoru. She was in elementary school when he was born.

① seven years younger ② younger seven years

③ seven years older ④ older seven years

(6) I will wait for you [11] five o'clock.

① until ② before ③ for ④ by

(7) John is [12] a nice person that everybody loves him.

① very ② so ③ too ④ such

(8) A: I haven't seen Paul recently. What happened to him?

B: Don't you know he [13] Spain about a month ago to study art?

① has been in ② has visited ③ left for ④ went

3 次の各文において，日本語の意味に合うようにそれぞれ下の①～⑤の語句を並べ替えて空所を補い，文を完成させなさい。ただし，文頭にくる単語も小文字で始めてあります。解答は [14] ～

[23]に入るものの番号のみを答えなさい。

(1) 宿題を手伝ってくれてありがとう。

____ [14] ____ [15] ____ help me with my homework.

① nice　② to　③ it's　④ of　⑤ you

(2) そのイスを見るといつも私は祖母を思い出す。

I can't see ____ [16] ____ [17] ____ .

① thinking　② of　③ without　④ the chair　⑤ my grandmother

(3) その男は自分がどれほど運が良いかについて話した。

The man talked ____ [18] ____ [19] ____ .

① lucky　② about　③ he　④ how　⑤ was

(4) その当時90歳まで生きる人は，ほとんどいませんでした。

____ [20] ____ [21] ____ 90 in those days.

① few　② to　③ lived　④ people　⑤ be

(5) この授業を取れば，歴史がもっとよくわかるようになるでしょう。

____ [22] ____ [23] ____ a better understanding of history.

① lead　② you　③ this class　④ to　⑤ will

4

次の英文を読んで，後の問いに答えなさい。*の付いている語句には注があります。

(　　ア　　) What were our *ancestors like?

In 1974, 40 percent of a female *skeleton was found in *Ethiopia. Scientists called her Lucy(イ). She lived about 3.2 million years ago. She was about 1.1 meters tall and probably *weighed about 29 kilograms. Her skull was small, so she didn't have a big brain.

In 1984, another skeleton, called Turkana Boy(イ), was found in Kenya. It's the oldest nearly *complete human skeleton we have today. He lived about 1.5 million years ago. Scientists think he was between 8 and 12 years old when he died, and about 1.6 meters tall.

From *fossils, scientists know that the first humans lived in Africa about 4 million years ago. But where did they go next? Probably to Southeast Asia, but for many years, scientists didn't discover any really old human bones there. Then, in 2009, a piece of skull was found in *Laos. It was more than 46,000 years old and showed that early groups of people traveled through this country, maybe on their way to China.

Sometimes when we find old bones, we don't know what kind of person they came from. In 1996, a skeleton was discovered in the state of Washington, USA. Scientists called it Kennewick Man. At first, scientists said he was a white man, but Native Americans said he belonged to them. The two groups started fighting over Kennewick Man. The scientists wanted to study the skeleton, but the Native Americans wanted to *bury him. *For the time being, the bones were put in a museum, and the Native Americans went there often to pray.

(①) They studied the skeleton and discovered Kennewick Man was about 40 years old when he died, weighed about 73 kilograms, and was 1.73 meters tall. (②) He ate fish and other sea animals. (③) They also discovered that he lived about 9,300 years ago! (④) So, he wasn't white or Native American. In fact, his people probably came from southern Asia.

In 2013, Richard Ⅲ, an English king who died in 1485, was suddenly in the news again. His skeleton was found under a parking lot in *Leicester, England. This was exciting for science, but a problem, too. Where should they bury him? Some people said in Leicester, near where he was found. Others said London was the right place for an important king. And other people said in *York, where his family was important.

ウ<u>Bones can also tell us a lot of about the lives of famous people from the past.</u> In 1922, to the surprise of the whole world, a *fantastic *tomb was discovered in Egypt. Inside the *coffin, there was a *mummy. Long ago, when important Egyptian people died, their bodies were made into mummies. Water was taken out of the body with salt. Then special *chemicals were used to stop nature from *destroying the body.

出典 *BONES AND THE STORIES THEY TELL* 一部改変 CAMBRIDGE UNIVERSITY PRESS

注 ancestor : 先祖　skeleton : がい骨　Ethiopia : エチオピア　weigh～ : ～の重さである
complete : 完全な　fossil : 化石　Laos : ラオス　bury～ : ～を埋葬する
for the time being : さしあたって　Leicester : 英国の町　York : 英国の町　fantastic : 素晴らしい
tomb : 墓　coffin : ひつぎ　mummy : ミイラ　chemical : 薬品　destroy～ : ～を損傷する

(1) (**ア**) に入る最も適切なものを次の①～④から一つ選びなさい。 **24**

① When did humans first begin to use tools?

② Where did humans first live?

③ What kind of food did first humans eat?

④ How were humans buried first?

(2) 下線部**イ**のLucyとTurkana Boyの記述について，本文の内容に**合わないもの**を次の①～④から一つ選びなさい。 **25**

① The 60 percent of Lucy's skeleton was missing.

② Lucy's brain was thought to be small from her skull.

③ Turkana Boy was at about the same age as Lucy when he died.

④ Turkana Boy's skeleton was more complete than Lucy's.

(3) 本文中に次の一文を補うとすればどこが適当か。本文中の (①) ～ (④) から一つ選びなさい。 **26**

In the end, the scientists won.

(4) 下線部**ウ**の中で文法的な誤りを含むものを次の①～④から一つ選びなさい。 **27**

① can also tell us　② a lot of about

③ the lives of famous people　④ from the past

(5) 本文の内容に合うものを次の①～⑥から**二つ**選びなさい。解答の順序は問いません。

28 29

① The scientists are sure where the first humans lived and when they were born.

② The skull discovered in Laos in 2009 was much older than Lucy or Turkana Boy.

③ Native Americans wanted to put Kennewick Man in the museum and pray there.

④ The scientists found Kennewick Man was taller and lived longer than Turkana Boy.

⑤ Everyone thought Leicester was the right place to bury the skeleton of Richard Ⅲ.

⑥ Ancient Egyptians knew that using salt water could destroy the dead body.

5 次の英文を読んで，後の問いに答えなさい。*の付いている語句には**注**があります。

Once upon a time, there was a rich man in *Thailand. His name was Chulong. He was a very rich man. But he wanted more money.

One day he was walking in his garden. He saw a strange bird in a *bush. It was very small. But it had excellent and colorful *features. Its voice was also very sweet. Chulong had never seen such a bird in his life. He slowly went near the bush quietly. He caught the bird. Now the bird began to speak.

"Why have you caught me?" the bird asked. "I want to make money. I can sell you for a lot of money," said Chulong.

"But you are already rich. Why do you want more?" asked the bird. "Because I want to become richer and richer," answered Chulong. "But do not dream of making money through me!" said the bird. "You cannot sell me. Nobody will buy me, because, *in imprisonment, I lose my beauty and my sweet voice." Then it slowly turned into a black bird.

The beautiful bird now looked like a *crow. Chulong's (ア). He said angrily, "I will kill you, and I will eat your meat." イ"食えるものなら食ってみろよ。小さくて肉なんて取れやしないぜ," replied the bird.

Chulong could not answer. The bird then *suggested, "Well, set me free. In return I will teach you three simple but useful rules." ウ"What is the use of the rules? I want only money," said Chulong. He was *irritated.

"But these rules can *profit you greatly," added the bird. "Profit me! Really? Then I will set you free. But how can I trust you? You may fly away," said Chulong. "I give you my word. And I always keep my word," said the bird.

Chulong wanted to take a chance. He released the bird. It flew up at once. Then it sat on the branch of a tree. Its color started changing. It became beautiful again. Chulong asked, "Now teach me the rules."

"Certainly," said the bird. Then it added, "The first rule is Never believe everything others say. The second rule is Never be sad about something you do not have. The third rule is Never throw away the thing you have in your hand."

“You *silly bird,” shouted Chulong. And he added, “These three rules are known to everyone. You have *cheated me!”

But the bird said, “Chulong, just sit down for a while. Think about all your actions of today. You had me in your hands, but you threw me away and released me. You believed all that I said. And you are sad about not having me. The rules are simple. But (エ). Now do you see the value of the rules?” said the bird and it flew away.

出典：http://www.english-for-students.com/Three-Simple-Rules.html　一部改変

注　Thailand：タイ　bush：やぶ　feature：特徴　in imprisonment：とらわれている状態で
crow：カラス　suggest：提案する　irritated：いらいらして　profit～：～に利益をもたらす
silly：愚かな　cheat～：～をだます

(1) (ア)に入る最も適切なものを次の①～④から一つ選びなさい。 30

① dreams of keeping the bird were coming true　② hopes of making money were broken
③ wishes of listening to the bird's song crushed　④ ideas of eating the bird went away

(2) 下線部イを英文に直したものとして最も適切なものを次の①～④から一つ選びなさい。 31

① You must eat me! I'm so small that you can get some meat out of me
② You must eat me! I'm too small for you to get any meat out of me
③ You cannot eat me! I'm so small that you can get some meat out of me
④ You cannot eat me! I'm too small for you to get any meat out of me

(3) 下線部ウに込められているChulongの気持ちとして最も適切なものを次の①～④から一つ選びなさい。 32

① I really want to know the meaning of the rules.
② I don't know how to use the rules.
③ I have never heard of such simple and useful rules.
④ I'm not interested in such rules at all.

(4) (エ)に入る最も適切なものを次の①～④から一つ選びなさい。 33

① you understood them very well　② you practiced all of them
③ you never followed any of them　④ you didn't even listen to me

(5) 本文の内容に合うものを次の①～⑥から**二つ**選びなさい。解答の順序は問いません。

34 35

① A lot of people were trying to catch the beautiful bird when Chulong found it.
② It was the first time for Chulong to see the beautiful bird with a sweet voice.
③ After Chulong released the bird, it suddenly changed into a dark winged bird.
④ Chulong got angry to hear the three rules because they were not new to him.
⑤ Chulong told the beautiful bird that he would sell its meat after he killed it.
⑥ At last, Chulong understood the value of useful rules and they made him much richer.

エ　①　じょうたつぶ　②　かみだちぶ
③　かみだつめ　④　かんだちめ

問四　傍線部A「いかがすべからむ」を単語に分けたものとして最も適当なものを次の①～④から一つ選びなさい。解答番号は40。

①　いかが　すべ　からむ　②　いかが　すべ　から　む
③　いかが　す　べから　む　④　いかが　す　べか　らむ

問五　傍線部B「胸つぶれて、いまさらになにせむにか」の気持ちとして最も適当なものを次の①～④から一つ選びなさい。解答番号は41。

①　夫が今さら息子のことを援助すると言っても、夫婦の仲は回復しないと悲しみにくれる思い。
②　思いがけず夫の優しい申し出を受けて、夫婦の仲を回復できるかもしれないと期待する思い。
③　重ねて準備のことを言ってきて、道綱にも会いたがる夫に対し、そのしつこさに呆れる思い。
④　病気の退屈しのぎに息子に会いたがる夫に対し、あまりの身勝手な行動に我慢できない思い。

問六　傍線部C「いかがは見ざらむとて」の解釈として最も適当なものを次の①～④から一つ選びなさい。解答番号は42。

①　どういう方法で道綱が舞っている所を見つけ出そうか。
②　どういう方法であっても道綱の舞を見ることはできないだろう。
③　どうしても道綱が舞っている所を見ないではいられない。
④　どうしても道綱が舞っている所を見たくない。

問七　傍線部D「見し人々のあるなりけり」について、作者はどのようなことを推測したのか。最も適当なものを次の①～④から一つ選びなさい。解答番号は43。

①　車を取り巻く人々は官吏たちなので、祭りを司る内親王がいると推測した。
②　車を取り巻く人々の顔に見覚えがあったので、兼家もいると推測した。
③　車を取り巻く人々は中流貴族で兼家と働いていたので、兼家がいると推測した。
④　車を取り巻く人々の表情や態度から、車の主は兼家の妻であると推測した。

問八　傍線部E「我が思ふ人、にはかに出でたるほどよりは」の意味として最も適当なものを次の①～④から一つ選びなさい。解答番号は44。

①　道綱は、指名されることが予想できたにしては、準備にあまりゆとりがなく
②　道綱は、急に祭りに参加することになり、急いで準備したにしては
③　道綱は、兼家に準備をしてもらえず、役を務めることになってしまい
④　道綱は、練習したようには見えない急ごしらえの舞人たちの中では

問九　『蜻蛉日記』が成立した年代として最も適当なものを次の①～④から一つ選びなさい。解答番号は45。

①　奈良時代　②　平安時代
③　鎌倉時代　④　室町時代

れば、いかがすべからむ。いとおぼつかなきこと」とあり。胸つぶれて、いまさらになにせむにかと思ふこと、しげければ、[注6]作者と「疾くさうぞきて、[注7]かしこへ御詣れ」とて急がしやりたりければ、まづぞうち泣かれける。もろもに立ちて、舞ひとわたり習させて、詣らせてけり。

祭の日、いかがは見ざらむとて、出でたれば、北の面に、[注8]なでふことも[注9]なき枇榔毛、後、口、[注10]うちおろして立てり。口の方、簾の下より清げなる掻練に[注11]紫の織物かさなりたる袖ぞさし出でためる。女車なりけりと見るところに、車の後の方にあたりたる人の家の門より、六位なる者の太刀佩きたる、[注12]ふるまひ出て来て、[注13]前の方に膝まづきて、物をいふに、おどろきて目をとどめて見れば、彼が出で来つる車のもとには、赤き人・黒き人おしこりて、[注14]数も知らぬほどに立てりけり。よく見もていけば、見し人々のあるなりけりと思ふ。例の年よりは事疾う成りて、[注15]上達部の車、かいつれて来る者、みな彼を見てなべし、[注16]そこに止まりて、おなじ所に口をつどへて立ちたり。

我が思ふ人、にはかに出でたるほどよりは、供人なども、きらきらしう見えたり。上達部、手ごとに、くだものなどさし出でつつ、物いひなどし給へば、面立たしき心地す。

(『蜻蛉日記』角川書店より)

注1 試楽……舞人らの宮中の楽所に参って行う予行練習。
注2 けがらひの暇……穢れがあるため、宮中の出仕を欠勤する。
注3 えまゐるまじきを、……参上することはできまいから、
注4 見出だし立てむ……道綱の面倒を見て送り出そう。
注5 寄せ給ふまじかなれば、……私がそちらの家に立ち寄れそうにもないので、
注6 思ふこと、しげければ、……いろいろと考えてしまうので、
注7 さうぞきて、……衣装を着て、
注8 北の面……道の北側。
注9 なでふこともなき枇榔毛、……目立たない飾り模様、
注10 後、口、うちおろして立てり。……(牛車が)後ろも前も簾を下して止まっていた。
注11 掻練……柔らかい絹布。
注12 六位なる者……貴族の位階。
注13 ふるまひ出て来て、……肩・ひじをはって出て来て、
注14 赤き人・黒き人おしこりて、……四位・五位の貴族の位の人々が集まっていて、
注15 例の年よりは事疾う成りて、……例年より進行が早くなり、
注16 見てなべし、……見てであろう、

問一 波線部a「内裏」・b「手ごと」の意味として最も適当なものをそれぞれ次の①～④から一つずつ選びなさい。解答番号は順番に 34 ・ 35 。

a ① 家の裏 ② 御所 ③ 試楽をする場所 ④ 賀茂神社

b ① おのおの ② 空いた手で ③ 全ての手段で ④ その都度

問二 二重傍線部ア「急がしやりたりければ」・イ「立ちて」の主語として最も適当なものをそれぞれ次の①～④から一つずつ選びなさい。解答番号は順番に 36 ・ 37 。

ア ① 兼家 ② 助 ③ 作者 ④ 従者

イ ① 兼家と助 ② 兼家と作者 ③ 助と作者 ④ 助と従者

問三 二重傍線部ウ「簾」・エ「上達部」の読み方として最も適当なものをそれぞれ次の①～④から一つずつ選びなさい。解答番号は順番に 38 ・ 39 。

ウ ① よしず ② のれん ③ すだれ ④ すのこ

問十一　傍線部G「私に任せて御置きなさい」と言う理由として最も適当なものを次の①～④から一つ選びなさい。解答番号は31。

① これまで自分を信じてくれた権助が仙人になれないわけはないと確信しているから。

② 自分の言うことを聞いていればよいのだと、非情になれない夫をたしなめたいから。

③ あきらめて降りるにせよ、落ちて死んでも、自分には何の損もないと考えているから。

④ たがが木登りに失敗したくらいでは、人が死ぬはずはないと高をくくっているから。

問十二　傍線部H「おかげ様で」という発言に込められた権助の気持ちとして最も適当なものを次の①～④から一つ選びなさい。解答番号は32。

① 妻の真意には気づいていたが、結果的に仙人になれたのでまず感謝しようという気持ち。

② 仙人になったことで精神的にも成長し、いろいろな人へ素直に感謝したいという気持ち。

③ 自分の以前からの望みをかなえてくれた医者夫妻に対して、心の底から感謝する気持ち。

④ 二十年の間苦労を重ねてきたことがやっと報われたということを神様に感謝する気持ち。

問十三　この文章の表現についての説明として最も適当なものを次の①～④から一つ選びなさい。解答番号は33。

① 非常に多くの人物が登場しているが、一人一人の性格が明示されるエピソードを積み重ねることによって人物像の整理がしやすくなっている。

② 直接話法を使う場面と間接話法を使う場面を組み合わせることによって、作者が読者に強く印象付けたい台詞を強調することに成功している。

③ 作品の外にいる語り手の三人称によってそれぞれの登場人物の内面に必要以上に入り込むことなく、過去の逸話として作品を成立させている。

④ 時間の流れを意図的に分断し入れ替えることで現実感を出し、過去に起こったという事を現代に通じる教訓を持った話として描きなおしている。

三

次の文章は藤原道綱母（みちつなのはは）が記した蜻蛉（かげろう）日記の一節である。説明文とを読んで後の問いに答えなさい。但し、設問の都合上、表記・記号を一部変えたところがある。

作者道綱母は夫・藤原兼家（かねいえ）（後の一位・太政大臣）と長く疎遠で離れて暮らしていた。子息・道綱（本文中では助と呼ばれている）が名誉なことに賀茂神社の祭りの舞人（まいびと）に選ばれた。その後、夫・兼家から手紙が届き、さらに舞人になった道綱に必要な援助の品が送られてきた。以下はその数日後の出来事である。

試楽（しがく）[注1]の日、あるやう、兼家「けがらひ[注2]の暇（いとま）なるところなれば、内裏にも、[a]えまゐるまじきを、まゐり来て、見出だし[注4]立てむとするを、寄せ給ふ[注5]まじかな

③　妻が仙人になるための手法を知っているが、この場で口に出してよいのかどうか決めかねているため。
④　番頭に不意をつかれてしまい答えに迷ってしまっているので、少し時間をかけて考えをまとめるため。

問六　傍線部B「何も知らない」とあるが、どのようなことを「知らない」というのか、最も適当なものを次の①～④から一つ選びなさい。解答番号は 26 。
①　妻の狙っている事が何かを知らないということ。
②　人間の悪意のすさまじさを知らないということ。
③　仙人のことについて一つも知らないということ。
④　医者と仙人との間の関係を知らないということ。

問七　傍線部C「かえって案外だったのでしょう」とあるが、その説明として最も適当なものを次の①～④から一つ選びなさい。解答番号は 27 。
①　仙人になって栄耀栄華を極めたいと考えているからには、お金がないはずなのにきちんとした羽織を持っていたから。
②　仙人になりたいなどという望みを持った人物なので、よほど変わった人物なのだろうという先入観を抱いていたから。
③　仙人になりたいと言っている権助は大した田舎者だと聞いていたが、都会の大阪にいる人と変わらなくて驚いたから。
④　仙人になりたいなどという非常識な願いを持っている人物が、羽織をつけて礼を重んずる姿がとても意外だったから。

問八　傍線部D「はい。はい。」という権助の返答から読み取れる心情として最も適当なものを次の①～④から一つ選びなさい。解答番号は 28 。
①　我欲の深さが表に出ている妻のことを内心では侮蔑している。
②　自分の望みは決して俗人には理解されないとあきらめている。
③　望みがかなえられるなら何でもしようと乗り気になっている。
④　医者の妻の態度を不審に思い本心を出さないようにしている。

問九　傍線部E「女房は平気なものです」とあるが、その理由として最も適当なものを次の①～④から一つ選びなさい。解答番号は 29 。
①　無給で働く下男を雇うのにいい機会だったので、少しぐらいの嘘は仕方なかったと腹をくくっているため。
②　愛する夫につれなくされても、自分には深い考えがあってこのような事をしているという思いがあるため。
③　権助のような世間ずれしていない、善良な人物を思いのままに操るのは簡単なことだと確信しているため。
④　絶対に実行不可能な難題を申し付けて、それができないならば権助のせいにすればよいと考えているため。

問十　傍線部F「ほくほく喜びながら、女房のいいつけを待っていました」とあるが、権助がこのようにしている理由として最も適当なものを次の①～④から一つ選びなさい。解答番号は 30 。
①　これまで尽くしてきたことがやっと報われるのだと思い喜びの気持ちが生じてきているから。
②　あれだけ自信に満ちた回答をする医者の妻を最後まで信じていれば安心だと考えているから。
③　誠心誠意仕えてきた自分のことをだましたり裏切ったりするはずはないと信じ込んでいるから。
④　仙人になれれば無理難題を言ってきた医者の妻に一泡吹かせることができると思っているから。

権助はその言葉が終らない内に、思い切って左手も放しました。何しろ木の上に登ったまま、両手とも放してしまったのですから、落ちずにいる訳はありません。あっという間に権助の体は、権助の着ていた紋附の羽織は、松の梢から離れました。が、離れたと思うと落ちもせずに、不思議にも昼間の中空(なかぞら)へ、まるで操り人形のように、ちゃんと立止(たちどま)ったではありませんか？

「どうもありがとうございます。Hおかげ様で私も一人前の仙人になれました。」

権助は叮嚀(ていねい)に御辞儀をすると、静かに青空を踏みながら、だんだん高い雲の中へ昇って行ってしまいました。

医者夫婦はどうしたか、それは誰(たれ)も知っていません。唯その医者の庭の松は、ずっと後までも残っていました。何でも淀屋辰五郎[注4]は、この松の雪景色を眺めるために、四抱えにも余る大木をわざわざ庭へ引かせたそうです。

（芥川龍之介著『仙人』岩波文庫より）

注1　権助……下男を指す江戸方言。
注2　麝香獣……芳香を出す獣のこと。
注3　太閤……豊臣秀吉のこと。
注4　淀屋辰五郎……江戸時代の大阪の豪商。

問一　二重傍線部a～dの本文中における意味として最も適当なものをそれぞれ①～④から一つずつ選びなさい。解答番号は順番に17・18・19・20。

a　一向
①　いつになっても　②　全くもって
③　予想に反して　④　一部分しか

b　せち辛い
①　働きにくい　②　情けのない
③　生きにくい　④　お金がない

c　慇懃に
①　ねんごろに　②　ゆっくりと
③　おもむろに　④　せかせかと

d　閉口した
①　悲しくなってしまった。
②　怒りを感じてしまった。
③　過去を反省してしまった。
④　困り果ててしまった。

問二　波線部w～zの中で性質が違うものを次の①～④から一つ選びなさい。解答番号は21。

①　w　②　x　③　y　④　z

問三　Ⅰ・Ⅲに入る語として最も適当なものをそれぞれ①～④から一つずつ選びなさい。解答番号は順番に22・23。

Ⅰ　①　老練な　②　聡明な　③　陰険な　④　狡猾な
Ⅲ　①　時代　②　立場　③　義理　④　性格

問四　Ⅱには「インド」を指す国名が入る。その国名として最も適当なものを次の①～④から一つ選びなさい。解答番号は24。

①　震旦　②　南蛮　③　天竺　④　高麗

問五　傍線部A「庭の松ばかり眺めていました。」とあるが、それはなぜか、最も適当なものを次の①～④から一つ選びなさい。解答番号は25。

①　どう答えたらよいのか見当もつかないお願いであり、諦めて帰ってもらおうと返答を引き延ばすため。
②　番頭の期待には応えてやりたいと思うが、自分でもどのような手段を用いればよいかわからないため。

「それでは今日から私の所に、二十年の間奉公おし。そうすればきっと二十年目に、仙人になる術を教えてやるから。」

「さようでございますか？　それは何よりありがとうございます。」

「その代り向う二十年の間は、一文も御給金はやら[x]ないからね。」

[D]「はい。はい。承知致しました。」

それから権助は二十年間、その医者の家に使われていました。水を汲む。薪を割る。飯を炊く。拭き掃除をする。おまけに医者が外へ出る時は、薬箱を背負って伴をする。――その上給金は一文でも、くれといった事がないのですから、この位重宝な奉公人は、日本中探してもありますまい。

が、とうとう二十年たつと、権助はまた来た時のように、紋附の羽織をひっかけながら、主人夫婦の前へでました。そうして[c]慇懃に二十年間、世話になった礼を述べました。

「ついては兼ね兼ね御約束の通り、今日は一つ私にも、不老不死になる仙人の術を教えてもらいたいと思いますが。」

権助にこういわれると、[d]閉口したのは主人の医者です。何しろ一文も給金をやらずに、二十年間も使った後ですから、今更仙術は知らぬなぞとは、いえた【Ⅲ】ではありません。医者はそこで仕方なしに、

「仙人になる術を知っているのは、おれの女房の方だから、女房に教えてもらうが好い。」と、素っ気なく横を向いてしまいました。

しかし[E]女房は平気なものです。

「では仙術を教えてやるから、その代りどんなむずかしい事でも、私の[y]いう通りにするのだよ。さもないと仙人になれないばかりか、また向う二十年の間、御給金なしに奉公しないと、すぐに罰が当たって死んでしまうからね。」

「はい。どんなむずかしい事でも、きっと仕遂げて御覧に入れます。」

[F]権助はほくほく喜びながら、女房のいいつけを待っていました。

「それではあの庭の松に御登り。」

女房はこういいつけました。もとより仙人になる術なぞは、知っているはずがありませんから、何でも権助に出来そうもない、むずかしい事をいいつけて、もしそれが[z]出来ない時には、また向う二十年の間、唯で使おうと思ったのでしょう。しかし権助はその言葉を聞くとすぐに庭の松へ登りました。

「もっと高く。もっとずっと高く御登り。」

女房は縁先に佇みながら、松の上の権助を見上げました。権助の着た紋附の羽織は、もうその大きな庭の松でも、一番高い梢にひらめいています。

「今度は右の手を御放し。」

権助は左手にしっかりと、松の太枝をおさえながら、そろそろ右の手を放しました。

「それから左の手も放しておしまい。」

「おい。おい。左の手を放そうものなら、あの田舎者は落ちてしまうぜ。落ちれば下には石があるし、とても命はありはしない。」

医者もとうとう縁先へ、心配そうな顔を出しました。

「あなたの出る幕ではありませんよ。まあ、[G]私に任せて御置きなさい。――さあ、左の手を放すのだよ。」

② 落語の『寿限無』を中心に命名することの難しさを説いている。軽妙洒脱な表現が多く見られ、筆者の文学的センスが光っている。

③ 筆者の古典的教養が随所に垣間見られる。最終的な結論として命名することの意味を最後に述べるという典型的な尾括型構成である。

④ 昭和という時代をベースにそれ以前の古典作品とそれ以後の落語の演目を筆者の視点で比較し、それぞれの長所と短所を述べている。

二

次の文章を読んで後の問いに答えなさい。

昔、大阪の街へ奉公（住み込みで家事・家業に従事すること）に来た「権助[注1]」が、口入れ屋（仕事の斡旋をする店）の番頭に、「仙人になれるところに住みこませてほしい」と言ってきた。困った番頭は近所の医者の所へ相談に行く。

「如何でしょう？ 先生。仙人になる修行をするには、何処へ奉公するのが近路でしょう？」

と、心配そうに尋ねました。

A これには医者も困ったのでしょう。暫くはぼんやり腕組みをしながら、庭の松ばかり眺めていました。が番頭の話を聞くと、直ぐに横から口を出したのは、古狐という渾名のある、[Ⅰ]医者の女房です。

「それはうちへおよこしよ。うちにいれば二、三年中には、きっと仙人にして見せるから。」

「さようですか？ それは善い事を伺いました。では何分願います。どうも仙人と御医者様とは、何処か縁が近いような心もちが致しておりましたよ。」

B 何も知らない番頭は、頻に御辞儀を重ねながら、大喜びで帰りました。

医者は苦い顔をしたまま、その後を見送っていましたが、やがて女房に向かいながら、

「お前は何という莫迦な事をいうのだ？ もしその田舎者が何年いても、a 一向仙術を教えてくれぬなぞと、不平でもいい出したら、どうする気だ？」

と忌々しそうに小言をいいました。

しかし女房はあやまるどころか、鼻の先でふふんと笑いながら、

「まあ、あなたは黙っていらっしゃい。あなたのように莫迦正直では、このb せち辛い世の中に、御飯を食べる事も出来はしません」と、あべこべに医者をやりこめるのです。

さて明くる日になると約束通り、田舎者の権助は番頭と一しょにやって来ました。今日はさすがに権助も、初の御目見えだと思ったせいか、紋附の羽織を着ていますが見た所は唯の百姓と少しも違った容子はありません。C それがかえって案外だったのでしょう。医者はまるで[Ⅱ]から来た麝香獣[注2]でも見る時のように、じろじろその顔を眺めながら、

「お前は仙人になりたいのだそうだが、一体どういう所から、そんな望みを起したのだ？」

と、不審そうに尋ねました。すると権助が答えるには、

「別にこれという訳もございませんが、唯あの大阪の御城を見たら太閤様[注3]のように偉い人でも、何時か一度は死んでしまう、して見れば人間というものは、いくら栄耀栄華をしても、W 果ないものだと思ったのです。」

「では仙人になれさえすれば、どんな仕事でもするだろうね？」

狡猾な医者の女房は、隙かさず口を入れました。

「はい。仙人になれさえすれば、どんな仕事でも致します。」

問六 傍線部C「周梨槃特は～をしめした」とあるが、これはどういうことか。最も適当なものを次の①～④から一つ選びなさい。解答番号は 11 。

① もの忘れが激しいという自分の性質を正面から受け入れて、死んだ後も茗荷となってその性質を示し続けたということ。

② 自分の名を看板にして全国を行脚(あんぎゃ)することで、釈迦の弟子「周梨槃特」の名に恥じぬ一生を行動で示したということ。

③ 文字通り自分の名前を背負って一生を送り、人間は自身の名前に生涯責任を持つという生き方の模範を見せたということ。

④ 自分の名前を忘れない工夫をして一生を送り、なんとしてでも名前を背負って生きてやるという意地を見せつけたということ。

問七 傍線部D「ドラマ」とあるが、本文に登場する人物の中でこれとは**関係のないもの**を次の①～④から一つ選びなさい。解答番号は 12 。

① 名なしの権兵衛　② 周梨槃特　③ 留吉　④ 寿限無

問八 傍線部E「和子という～和ではない」とあるが、これはどういうことか。最も適当なものを次の①～④から一つ選びなさい。解答番号は 13 。

① 「和子」という命名は、名付けられた当時が「昭和」だったからで、命名者の「平和に生きよ」という願いからではないということ。

② 「和子」という命名は、単に元号の「昭和」によるもので、「昭和」期の一般の人々が心から望んだ「平和」からではないということ。

③ 「和子」という命名は、「昭和」の時代の中で一番流行(はや)ったもので、世界「平和」とか人類の「平和」などとは全く無関係だということ。

④ 「和子」という命名は、「昭和」という時代の最先端をリードして生きよという親の思いからで、「平和」とは無関係だということ。

問九 傍線部F「命名する側～ころがある」とあるが、これはどういうことか。最も適当なものを次の①～④から一つ選びなさい。解答番号は 14 。

① 命名する者が期待した生き方を、命名された子供が受け継ぐかどうかは時の運だということ。

② 名付けられた者の行く末は、名付けた者の思いの通りにはそうそうならないということ。

③ 子供にゆだねた親の精神的遺産は、絶妙なタイミングがなければ子供は受け取らないということ。

④ 将来はこうなってほしいと悲願を込めた命名をすれば、未来はまずまずそうなるものだということ。

問十 傍線部G「……客には『摺り～はいけない」とあるが、その理由として最も適当なものを次の①～④から一つ選びなさい。解答番号は 15 。

① 客は、間違った解釈の『寿限無』を正しいと思っているので、落語家は本質的に正しい解釈を暗々裏に教えるべきだから。

② 本当なら「摺り切れず」でなくてはならず、これは「摺り切れ」以上に果てしなく長い時間を表せて、長寿の命名にふさわしいから。

③ 落語家は、定番表現の「摺り切れ」と口には出すが、語りのプロとして文脈的に順当な、元来の表現を客に想起させるべきだから。

④ 落語家は、実質的に「摺り切れ」も「摺り切れず」も大差はないと意識しながらも、正確な表現を伝えなければならないから。

問十一 この文章の特徴として最も適当なものを次の①～④から一つ選びなさい。解答番号は 16 。

① 命名することについて述べた文章である。命名に関するエピソードが盛り込まれ、話題が途切れることなく書かれている。

注1　戸板康二先生……一九一五（大正四）年―一九九三（平成五）年歌舞伎評論家。小説家。
注2　吉行和子……一九三五（昭和一〇）年―女優。エッセイスト。
注3　戦後も六十年……二〇〇五（平成一七）年頃のこと。
注4　ソニーの盛田さん……電気機器メーカー、ソニー創業者の一人の盛田昭夫のこと。
注5　柳多留……『誹風柳多留』の略。江戸時代中期から幕末まで、ほぼ毎年刊行されていた川柳の句集。

問一　[Ⅰ]～[Ⅲ]に入るものとして最も適当なものをそれぞれ①～④から一つずつ選びなさい。解答番号は順番に[1]・[2]・[3]。

Ⅰ　①　言葉には意味がある　②　物には名前がある
　　③　名前は背負うもの　④　出会いは大切

Ⅱ　①　貧乏暇なし　②　足らず余らず子三人
　　③　貧すれば鈍する　④　貧乏人の子沢山

Ⅲ　①　ところで　②　つまり　③　しかし　④　たとえば

問二　波線部x・yの意味として最も適当なものをそれぞれ①～④から一つずつ選びなさい。解答番号は順番に[4]・[5]。

x　意にそまない
　①　意に介さない　②　気に食わない
　③　身に染みない　④　人目につかない

y　ことほど左様に
　①　異なる例として　②　以下のように
　③　言うまでもなく　④　これほどまでに

問三　二重傍線部a～cのカタカナで書かれている熟語に使われている漢字を含むものをそれぞれ①～④から一つずつ選びなさい。解答番号は順番に[6]・[7]・[8]。

a　コジ
　①　コグン奮闘する。　②　サンコの礼で応ずる。
　③　コキョウに帰る。　④　コト奈良を訪れる。

b　バンカン
　①　準備バンタン整った。　②　バンシュウの候となる。
　③　バンキン屋に車を出す。　④　掃除トウバンを決める。

c　カイム
　①　カイセン問屋から卸す。　②　台風による建物ソンカイ。
　③　カイキン賞をもらう。　④　ドッカイが難しい文章。

問四　傍線部A「名前は全人格の象徴のようなもの」とあるが、その理由として最も適当なものを次の①～④から一つ選びなさい。解答番号は[9]。

①　名前というものは、名付親によってその人の一生を如実に示していると言えるから。
②　名前というものは、特にその人が持つ精神的な特徴を表現したものだから。
③　名前というものは、どんな立場の人でも人間ならば否応なく背負っていくものだから。
④　名前というものは、その人は他者とは違うということを認識させる拠り所であるから。

問五　傍線部B「雅号をつけるケース」とあるが、その具体的な例として最も適当なものを次の①～④から一つ選びなさい。解答番号は[10]。

①　空海　②　森鷗外　③　市川團十郎（だんじゅうろう）　④　貴景勝（たかけいしょう）

問 そうした命名と時代背景の関連で言えば、『柳多留』[注5]の

留吉は一人息子の名ではなし

などは「 Ⅱ 」に悩むひとの多かった時代ならではの悲願がこめられているけれど、だからと言ってこの留吉に弟や妹がいないときまったものではない。ことほど左様に[Y]、誠実一筋に生きてほしいとの願いをこめて誠一と名づけられたひとが、そうした生き方を貫き通すかと言えば、けっしてそんなことはないのである。[F]どうやら命名する側の託すものと、された側の将来には、千番に一番の兼合いみたいなところがあるようだ。

核家族化がすすんだ昨今では、生まれた子供の命名は親がするのがふつうだが、むかしは名付親というのがあって、おおむね一家一族の長がこれにあたった。ゴッドファーザーである。

このゴッドファーザー役を寺の和尚にたのみ、またこの和尚さんが、無病息災で長寿をまっとうしてほしいと願う親心に、精一杯応えてみせたおかげで、とてつもなく長い名前のつけられたことから引き起こされる騒動がおなじみの『寿限無』で、まだ一度も落語をきいたことがないというお方でも、このはなしぐらいは知っている。その長い名前。

寿限無寿限無　五劫の擦り切れ
海砂利水魚の水行末　雲来末　風来末
食う寝るところに住むところ
ヤブラコウジのヤブコウジ
パイポパイポ　パイポのシュウリンガン
シュウリンガンのグウリンダイ
グウリンダイのポンポコナー
ポンポコナーのポンポコピー
長久命の長助

と、ざっと百三十字からなる。

一九六四年に没した三代目三遊亭金馬は、博識で知られたひとだったが、『浮世断語』（有信堂）という著書のなかに「寿限無論」の項があり、それによると寿限無の名付親が和尚なのは大阪型の演出だそうで、東京は横丁のご隠居による命名で、たしかに金馬はご隠居で演っていた。いずれにしても出典は『陀羅尼品』なる仏典だそうだ。

さらに金馬は、「五劫の擦り切れ」はほんらい「擦り切れず」で、[G]落語家は「擦り切れ」と言って、客には「擦り切れず」にきこえさせなくてはいけないと書いている。

三千年に一度下界に下る天女が巌を衣でひと撫でする、その巌がすり切れるのが一劫で、五劫といったらその五倍。となるとたしかに「擦り切れ」よりも「擦り切れず」のほうが、より途方もない時間ということになる。名前はさらに天然自然の悠久無限の彼方とつづき、パイポ国なる長命の国の国王と后の系図に発展するのだから、気の遠くなるような永遠の流れをしめしてくれている。

Ⅲ 現行の戸籍法によるならば、「子の名には、常用平易な文字を用いなければならない」として「常用平易な文字の範囲は、法令でこれを定める」という規定があり、「人名に使用できる常用漢字」が別に定められているが、その長さに関しては特別の規制はないようだ。「常用平易な文字」を用いている「寿限無寿限無……」も認められるのだろうか。

（矢野誠一『人生読本　落語版』岩波新書より）

国語

一 次の文章を読んで後の問いに答えなさい。

ヘレン・ケラーは、アン・サリバンというすぐれた教師に出会ったおかげで、言葉の存在を知るのだが、そのサリバンが彼女に最初に教えたのは、「［ I ］」ということだった。

あたりまえのことだが、ひともそれぞれ自分の名前を持っている。あの「名なしの権兵衛」さんだって、権兵衛という名を持っている。それが自分と他人をはっきり区別するよすがになるのだから、[A]名前は全人格の象徴のようなものだ。なのにその大切な自分の名前を、自分でつけることができない。長ずるに及んで、自分の名が[X]意にそまないと、法的処置をたのんで改名したり、あえて別名を名乗ったり、[B]雅号をつけるケースもあるけれど、まず大方は他人がつけてくれた名前を自分のものとして、一生背負っていくことになる。

名前を背負うと言えば、もの忘れが激しくて大切な自分の名前まで忘れてしまう周梨槃特（しゅりはんどく）なる釈迦（しゃか）の弟子は、自分の名を大書してその身に背負って歩いたという。この槃特が世を去ってのち、墓所に名の知れぬ草が生え出したので、自分の名を背負って歩いた[a]コジにちなんで「茗荷（みょうが）」と名づけられたという。茗荷を食べるともの忘れをするという言い伝えはここからきてるのだが、考えてみれば[C]周梨槃特は、自分の名を背負ってすごす人間の一生の規範をしめしたことにもなる。

一生背負っていくおのれの名前が、他人によってきめられるという、生きとし生けるものの宿命が引き起こす[D]ドラマもけっして少なくはない。悲劇にしろ喜劇にしろ、そうした事態が出来（しゅったい）するのは、その子が成長するに及んでのことであって、命名された時点にあっては、命名者なりの託したいと願う[b]バンカンの思いがこめられていたはずである。

そうした思いにも、時世時節に応じた流行のようなものがあるのが面白く、毎年公表される新生児のネーミング人気ベストいくつというのを見ると、いうところの高齢者にしか見当たらない男の何右衛門だの、平仮名あるいは片仮名二文字の御婦人名は[c]カイムだし、ひと頃主流を占めていた男名前の某夫、女名前の某子もすっかり影をひそめている。

三十年ほどむかし、元気だった[注1]戸板康二（やすじ）先生が[注2]吉行和子さんにむかって、[E]「和子というのは昭和の和で、平和の和ではないでしょう」と、「ちょっといい話」ばりのジョークをとばし一座をわかせたものだが、三十年前だからジョークとして通用したが、[注3]戦後も六十年をとっくに越してしまっては、ジョークにならない。

ところで元号が昭和と定められた一九二六年頃には、あの「昭」という字はまったくと言っていいほど一般に使われてなかったそうだ。なるほど手もとの『岩波 新漢語辞典』をひいても、「昭代」「昭明」と二つの熟語用例があるだけだ。だから[注4]ソニーの盛田さんのような例外もあるが、ほとんどの昭夫さんや昭子さんは、一九二六年のそれも十二月二十五日以降の生まれであるという。

第４部

紙上公開もし

第１回紙上公開もし（令和元年９月実施）

第２回紙上公開もし（令和元年10月実施）

第３回紙上公開もし（令和元年11月実施）

第４回紙上公開もし（令和元年12月実施）

第５回紙上公開もし（令和２年１月実施）

紙上公開もし解答と解説

第１回紙上公開もし（令和元年９月実施）

数　学

1　次の⑴～⑹の問いに答えなさい。

⑴　$-6-(-10)$　を計算しなさい。

⑵　$(-2)^2+(-3)\times 3$　を計算しなさい。

⑶　$\frac{2}{5}(5a-10b)-a+6b$　を計算しなさい。

⑷　方程式　$1.2x-0.3=0.5x+6$　を解きなさい。

⑸　$\sqrt{55}\div(-\sqrt{5})$　を計算しなさい。

⑹　x^2-49y^2　を因数分解しなさい。

2　次の⑴～⑸の問いに答えなさい。

⑴　$t=-\frac{1}{3}$のとき，それぞれの値を小さい方から順に並べるとき，２番目にくるものを，次の**ア**～**エ**のうちから１つ選び，符号で答えなさい。

ア　tの２乗　　**イ**　tの２倍　　**ウ**　tの逆数　　**エ**　tの絶対値

⑵　右の表は，あるクラスの生徒21人の反復横とびの記録を度数分布表に表したものである。この表から記録の最頻値(さいひんち)（モード）を求めなさい。

階級（回）	度数（人）
以上　未満 35 ～ 40	1
40 ～ 45	3
45 ～ 50	8
50 ～ 55	6
55 ～ 60	3
計	21

⑶　A，B，Cの３人の体重は，それぞれ43 kg，44 kg，39 kgである。この３人にDが加わると，４人の体重の平均は41 kgになるという。Dの体重を求めなさい。

⑷　右の図のように，袋の中に，１，２，３，４，５の数字が１つずつ書かれた５個の玉が入っている。

この袋の中から１個目の玉を取り出し，玉に書かれた数を確認し，それをもとにもどさずに，２個目の玉を取り出し，玉に書かれた数を確認する。１個目の玉に書かれた数をa，２個目の玉に書かれた数をbとする。

このとき，$\frac{b}{a}$の値が整数となる確率を求めなさい。
ただし，どの玉の取り出し方も同様に確からしいものとする。

⑸　右の図は，円Oの一部である。円Oの中心Oを作図によって求めなさい。また，円Oの中心の位置を示す文字Oも書きなさい。

ただし，三角定規の角を利用して直線をひくことはしないものとし，作図に用いた線は消さずに残しておくこと。

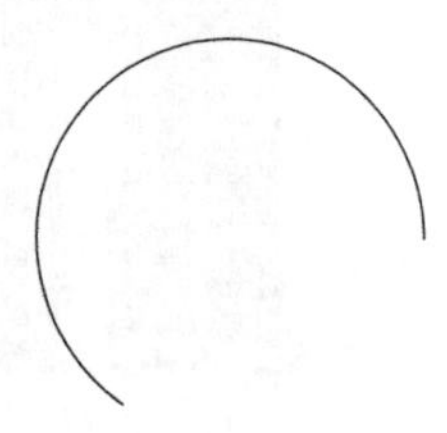

3 下の図のように，関数$y=4x-8$のグラフと関数$y=\frac{a}{x}$のグラフが２点Ａ，Ｂで交わっている。２点Ａ，Ｂのx座標がそれぞれ４，－２であるとき，次の(1)，(2)の問いに答えなさい。

ただし，原点Ｏから点（１，０）までの距離及び原点Ｏから点（０，１）までの距離をそれぞれ１cmとする。

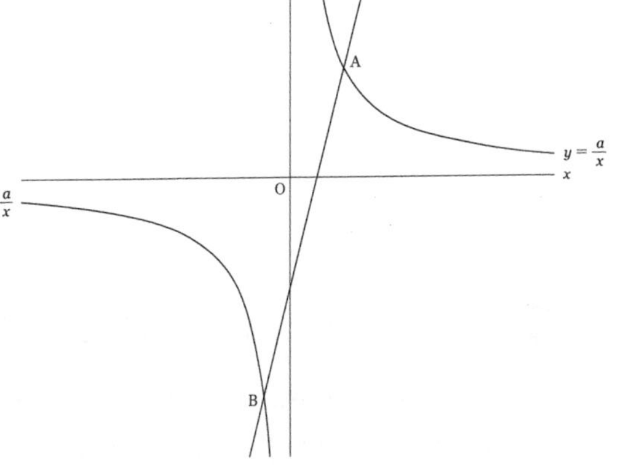

(1)　aの値を求めなさい。

(2)　原点Ｏを回転の中心として，点Ｂを点対称移動した点をＣとする。

このとき，次の①，②の問いに答えなさい。

①　点Ｃの座標を求めなさい。

②　線分ＡＢが正方形の対角線となるとき，その正方形の面積を２等分し，点Ｃを通る直線の式を求めなさい。

4 右の図のように，ＡＢ＝８cm，ＢＣ＝４cmの長方形ＡＢＣＤを対角線ＡＣを折り目として折り返す。点Ｂの移った点をＥとし，線分ＡＥと線分ＣＤとの交点をＦとする。

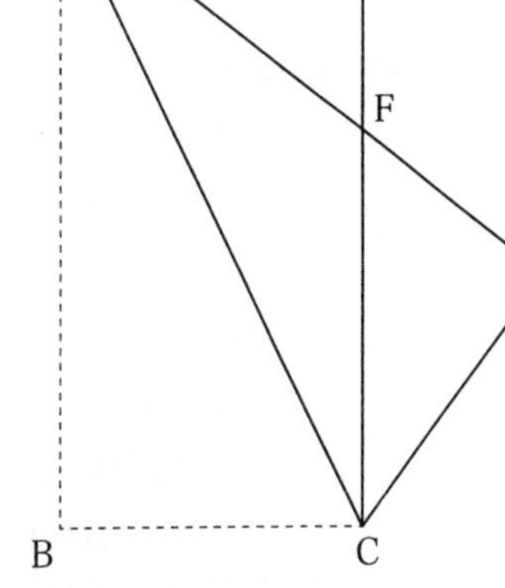

このとき，次の(1)，(2)の問いに答えなさい。

(1)　△ＡＤＦ≡△ＣＥＦとなることの証明を，下の［　　］の中に示してある。［(a)］，［(b)］に入る最も適当なものを，下の**選択肢**の**ア**～**カ**のうちからそれぞれ１つずつ選び，符号で答えなさい。また，［(c)］には最も適当な三角形の合同条件を書き，**証明**を完成させなさい。

証明

△ＡＤＦと△ＣＥＦにおいて，

四角形ＡＢＣＤは長方形なので，

∠ＡＤＦ＝∠ＣＥＦ＝90°　……①

ＡＤ＝ＢＣ　……②

また，ＣＥ＝ＣＢ　……③

②，③より，［(a)］　……④

対頂角は等しいので，∠ＡＦＤ＝∠ＣＦＥ　……⑤

∠ＤＡＦ＝180°－（∠ＡＤＦ＋∠ＡＦＤ）

＝90°－∠ＡＦＤ　……⑥

［(b)］＝180°－（∠ＣＥＦ＋∠ＣＦＥ）

＝90°－∠ＣＦＥ　……⑦

⑤，⑥，⑦より，　∠DAF＝ (b) ……⑧
①，④，⑧より，
(c) がそれぞれ等しいので，
△ADF≡△CEF

選択肢

ア	AF＝CF	**イ**	AD＝CE	**ウ**	DF＝EF
エ	∠ACF	**オ**	∠CAF	**カ**	∠ECF

(2)　DF＝3cmのとき，△ACFを，線分AEを軸として，１回転してできる立体の体積を求めなさい。
ただし，円周率はπを用いることとする。

5

次の**はるひさんと手品師の会話**を読み，あとの(1)～(3)の問いに答えなさい。

はるひさんと手品師の会話

手品師：この箱の中に１枚のメダルを入れます。
ふたを閉めて魔法をかけるとメダルが２枚になります。この２枚のメダルの入った箱にもう１回魔法をかけるとメダルは４枚になります。この魔法を**魔法A**とします。
はるひ：はい。
手品師：**魔法B**もあるのです。
箱の中に１枚のメダルを入れます。ふたを閉めて**魔法B**をかけるとメダルが４枚になります。この４枚のメダルの入った箱にもう１回**魔法B**をかけるとメダルは７枚になります。
はるひ：とても不思議です。でも，わかりました。
手品師：よく見ていてください。今度は，箱の中に３枚のメダルを入れて**魔法B**をかけるとメダルが６枚になりました。それでは，この６枚のメダルの入った箱に**魔法B**をかけるとメダルは何枚になるか当ててみてください。
はるひ： (ア) 枚ですか。
手品師：ちがいます。それは**魔法A**をかけた場合ですね。
はるひ：そうですね。わかりました。**魔法B**をかけると (イ) 枚になると思います。
手品師：その通りです。**魔法B**をかけると，ほら， (イ) 枚になりました。

(1)　会話中の (ア) ， (イ) に入る数をそれぞれ書きなさい。

(2)　箱の中に５枚のメダルを入れ，順に**魔法A**，**魔法B**をかけると，メダルは何枚になるか，求めなさい。

(3)　箱の中に１枚のメダルを入れ，**魔法A**，**魔法B**を組み合わせて，魔法を４回かけるときメダルは何枚になるか，最も多い枚数(最大値)と，最も少ない枚数(最小値)を求めなさい。

英　語

英語リスニング放送台本

これから英語のテストを行います。最初はリスニングテストです。リスニングテストはすべて放送で行います。リスニングテスト終了までは，**2**ページ以降を開かないで下さい。

それでは，問題用紙の**1**ページを開いてください。リスニングテストの問題は**1**から**4**の四つです。

では，**1**から始めます。

1は，英語の対話を聞いて，最後の文に対する受け答えを選ぶ問題です。受け答えとして最も適当なものを，問題用紙のAからDのうちから一つずつ選んで，その符号を書きなさい。なお，対話はそれぞれ**2**回放送します。では，始めます。

No. 1　Boy : I'll go to the food festival with Lucy this Saturday.
Girl : Oh, really?　That sounds nice.
Boy : Will you come with us?
繰り返します。（対話を繰り返す。）

No. 2　Boy : There are many good bags here!
Girl : Right.
Boy : Which one do you like?
繰り返します。（対話を繰り返す。）

次は**2**です。

2は，英語の対話又は英語の文章を聞いて，それぞれの内容についての質問に答える問題です。質問の答えとして最も適当なものを，問題用紙のＡからＤのうちから一つずつ選んで，その符号を書きなさい。なお，英文と質問はそれぞれ**2**回放送します。では，始めます。

No. 1　Boy : I'm a member of the music club.
Girl : That's good.　I like music, and I want to join you.　Can I visit your club to learn about it?
Boy : Sure.　We practice every Monday, Tuesday, Wednesday, and Friday after school. Why don't you visit us today after school?
Girl : Sorry, I can't.　I go to piano school every Monday.　So I'll visit you tomorrow.
Boy : OK.
Question : What day is it today?
繰り返します。（対話と質問文を繰り返す。）

No. 2　I'm Rina.　Today, I'm going to visit my grandfather in Midori City.　I took the train at Kita Station and I'm going to get off at Midori Station.　I've been on the train for fifteen minutes.　The next station is Aozora Station, and I'll get to Midori Station about thirty minutes later.
Question : What station is Rina at now?
繰り返します。（英文と質問文を繰り返す。）

次は**3**です。

3は，英語の文章又は英語の対話を聞いて，それぞれの内容についての質問に答える問題です。質問の答えとして最も適当なものを，問題用紙のＡからＤのうちから一つずつ選んで，その符号を書きなさい。なお，英文と質問はそれぞれ**2**回放送します。では，始めます。

No. 1　Today, many people have pets, and I'm one of them.　I have a dog, and he is important to my family.　I sleep with him every day.　I think people should love and think about their pets, but some people don't do those things. I think that's bad. People should make their pets happy if they have one. I think it's important.

Question : What does the girl think about having pets?

繰り返します。（英文と質問文を繰り返す。）

No. 2 Bob : I play tennis. How about you, Yui?

Yui : Me, too, Bob. All my family members like sports.

Bob : Oh, really?

Yui : Yes. Last Sunday, I went to the park with my mother and father to play tennis.

Bob : That's good. My mother, father and sister don't play any sports, but my brother does. I often play tennis with him.

Yui : I see.

Bob : Well, let's play tennis together next Sunday!

Yui : OK, Bob.

Question : Who went to the park with Yui last Sunday?

繰り返します。（対話と質問文を繰り返す。）

No. 3 〈電話の音〉

Liz : Hi, Jim. This is Liz.

Jim : Oh, Liz. How are you?

Liz : I'm fine. Are you enjoying your life in Japan?

Jim : Yes, I am. People here are always kind to me. My host mother cooks well, and I sometimes cook with her. My host father likes movies, and I often go to see a movie with him.

Liz : That's great. You often played the guitar in Australia. Do you play it in Japan, too?

Jim : No. I didn't bring my guitar to Japan.

Liz : I see. What do you usually talk about with your friends?

Jim : I often talk about music. My good friend, Taro, often tells me about Japanese music.

Liz : That's good. Have you bought any Japanese music CDs yet?

Jim : No, but I'll go shopping to buy some tomorrow.

Question : What will Jim do tomorrow?

繰り返します。（対話と質問文を繰り返す。）

次は**4**です。

4は，ヒントとなる英文を聞いて，英単語を答える問題です。□には１文字ずつ入れるものとします。ただし，⑴～⑶については，最初の文字が決められています。英文はそれぞれ**2**回放送します。では，始めます。

⑴ We drink it and need it to live.

⑵ You use this word when your idea is the same as someone else.

⑶ This is a word, and it means someone or something is known to many people.

⑷ The number between seven and nine.

以上で，リスニングテストを終わります。**2**ページ以降の問題に答えなさい。

1 英語リスニングテスト（**放送**による**指示**に従って答えなさい。）

No.1	A．I like festivals very much. C．I want to, but I can't.	B．Lucy is my good friend. D．We often go to the festival.
No.2	A．I want a bag. C．Two.	B．This one. D．For my sister.

2 英語リスニングテスト（**放送**による**指示**に従って答えなさい。）

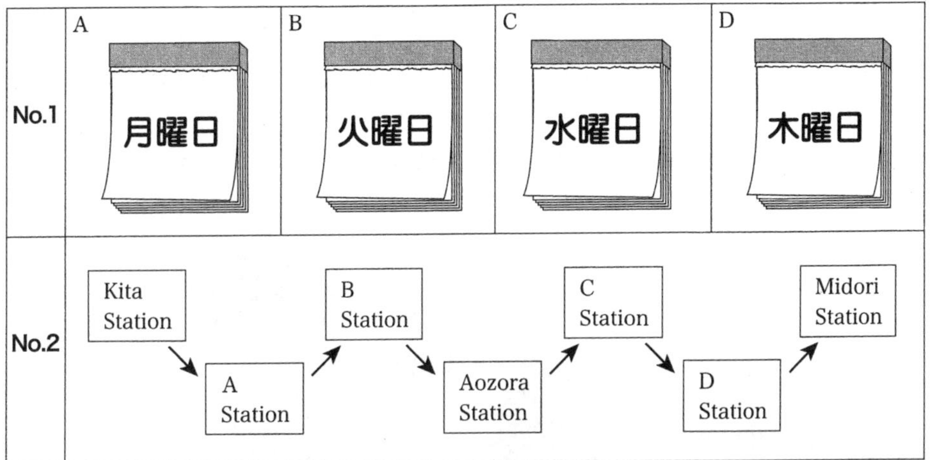

3 英語リスニングテスト（**放送**による**指示**に従って答えなさい。）

No.1	A. People can become happy if they have pets. B. People should have a lot of pets if they like animals. C. People must take care of their pets if they have ones. D. People will make their pets happy if they sleep with them.	
No.2	A. Her mother and father did. C. Her sister and brother did.	B. Her mother and sister did. D. Bob did.
No.3	A. He'll cook Japanese food. C. He'll play the guitar.	B. He'll see a movie. D. He'll buy some Japanese music CDs.

4 英語リスニングテスト（**放送**による**指示**に従って答えなさい。）

(1) w□□□□	(2) a□□□□	(3) f□□□□□	(4) □□□□□

5 次の(1)～(5)のそれぞれの対話文を完成させなさい。

(1), (2)については，（　　）の中の語を最も適当な形にしなさい。ただし，**１語**で答えること。また，(3)～(5)については，それぞれの（　　）の中の**ア～オ**を正しい語順に並べかえ，その順序を符号で示しなさい。なお，文頭に来るべき語も小文字で示してあります。

(1) A：This house is (we).
　　B：Oh, your house is nice.

(2) A：Do you know the movie, "A Good Dog"?
　　B：Yes. I've (see) it before.

(3) A：Father, (**ア** you　**イ** to　**ウ** are　**エ** use　**オ** going) this computer today?
　　B：No. You can use it.

(4) A：I (**ア** love　**イ** they're　**ウ** cats　**エ** cute　**オ** because).
　　B：Me, too.

⑸ A：(ア Jun イ call ウ my エ me オ friends).
B：I see.

6 デイビッド(David)と母親が会話をしています。この場面で，デイビッドの言葉に対して母親は何と答えると思いますか。その言葉を英語で書きなさい。
ただし，語の数は**20語程度**(. , ? ! などの符号は語数に含まない。)とすること。

(**注**) be late for～ ～に遅刻する

7 次の⑴～⑶の英文を読んで，それぞれの問いに答えなさい。

⑴ Yuko is a junior high school student. She is a kind girl. When she was practicing the piano at ten this morning, her friend, Moe, called her. She said, "I'm doing my math homework now, but it's (Ⓐ) for me. Can you help me?" Yuko said, "OK, but I'm practicing the piano now. So, can we do it this afternoon?" Moe said, "Sure. Thank you." In the afternoon, Yuko went to Moe's house and helped her. Moe said, "I could (Ⓑ) it! You're my good math teacher!" Yuko was happy about Moe's words.

本文中の (Ⓐ)，(Ⓑ) に入る最も適当な語を，それぞれ次の**ア**～**エ**のうちから一つずつ選び，その符号を書きなさい。

Ⓐ **ア** young **イ** sad **ウ** difficult **エ** wonderful
Ⓑ **ア** understand **イ** teach **ウ** write **エ** watch

⑵ Hi. I'm Goro. I'm fifteen years old. I live with my father, mother, brother Yuta, and grandfather in Chiba. My grandfather is sixty-nine and *grows oranges. My father works at a *trading company and he speaks English well. My mother likes to walk and she walks in the park every morning before breakfast. I do that with her on weekends. My brother is thirteen and he likes science. He looks at the *stars every night. I like my family very much. Thank you.

(**注**) grow～ ～を育てる trading company 貿易会社 star 星

① 本文の内容と合うように，次の英文の (　　　) に入る，数字を表す英単語**１語**を書きなさい。

Goro lives with (　　　) people in Chiba.

② 本文の内容に合っているものを，次の**ア**～**エ**のうちから一つ選び，その符号を書きなさい。

ア 五郎(Goro)の祖父は，リンゴを育てている。

イ 五郎の父親は英語教師であり，英語を上手に話す。

ウ 五郎の母親は朝食後，毎日公園で散歩をする。

エ 雄太(Yuta)は五郎の弟であり，理科が好きである。

(3) 次は，ある旅行会社が作ったツアー(tour)の案内です。

Why don't you enjoy trip in Japan?

Hokkaido Tour	Kansai Tour
You can enjoy the *snow festival.	You can enjoy traditional Japanese things.
Date: February 3～February 6	Date: November 3～November 5
*Destination: Sapporo	Destination: Osaka, Kyoto, Nara
*Price: 110,000 *yen～	Price: 80,000 yen～

Hokuriku Tour	Kyushu Tour
You can enjoy a lot of *seafood.	You can enjoy *hot springs.
Date: November 24～November 27	Date: December 15～December 19
Destination: Ishikawa, Toyama, Fukui	Destination: Nagasaki, Oita
Price: 70,000 yen～	Price: 100,000 yen～

(**注**) snow 雪　destination 行先　price 価格　yen 円(日本の通貨単位)
seafood 海産物　hot spring 温泉

① 次の質問に，**5語**以上の英語で答えなさい。
What can people enjoy if they join the Kansai Tour?

② この案内の内容に合っているものを，次の**ア**～**エ**のうちから一つ選び，その符号を書きなさい。

ア The Hokkaido Tour starts on February 6.

イ The price of the Kyushu Tour is the highest of all.

ウ People should join the Hokuriku Tour if they like to eat.

エ People will enjoy trip for three days if they join the Kyushu Tour.

8 次の英文を読んで，あとの(1)～(4)の問いに答えなさい。

Hello. My name is Aya. I'm a student in Chiba. My mother is from Shiga, and her father lives there. Last summer, I went to Shiga to see him with my mother. *On the way to Shiga, I learned an interesting thing from her. Today, I'll talk about that.

In spring 1999, Kusatsu in Shiga became the first city to use *local money in Japan. In many other cities, people started to use their *own money after that. [**ア**] They can't buy *tickets for trains at the station or food at *markets with local money, but they can get some *services if they want ones with it. People pay the local money when they get services by other people in their *community. [**イ**] The local money is used for many services.

The *table shows the services *unit by the hour in City X and City Y. For example, if an old woman in City X hopes that her *neighbour will *remove snow for two hours, she must read a book to the neighbour's child for an hour every day from Monday to Saturday. ［ウ］ That child can *pay her each day by *walking her two dogs for an hour. People can use their local money (　　) in their own community, so people in City X can't get services from people in City Y.

How do people in the community feel about local money? You can *guess the *feelings of the old woman, her neighbour and the child in City X. Their *ages are very different but they feel like friends when they use local money. ［エ］ It gives people the *chance to help and *communicate with other people in their community. They say that the local money *project has *deepened the ties between people in the community.

(注) on the way to～　～へ行く途中で　local money　地域通貨　own　自身の
ticket　切符　market　市場　service　サービス　community　地域社会
table　表　unit by the hour　1時間当たりの単位　neighbour　隣人
remove snow　除雪する　pay　支払う　walk a dog　犬を散歩させる
guess～　～を想像する　feelings　気持ち　age　年齢　chance　機会
communicate　意思疎通を図る　project　企画　deepen the ties　結びつきを深める

(1)　本文の内容に合っている表を，次の**ア**～**エ**のうちから一つ選び，その符号を書きなさい。

ア

Service and Local money (unit by the hour)		
Service ＼ City	City X	City Y
Helping old people	10	20
Reading books	15	15
Removing snow	30	—
Walking one dog	5	5
Going shopping	15	10

イ

Service and Local money (unit by the hour)		
Service ＼ City	City X	City Y
Helping old people	20	20
Reading books	10	15
Removing snow	30	—
Walking one dog	5	5
Going shopping	15	10

ウ

Service and Local money (unit by the hour)		
Service ＼ City	City X	City Y
Helping old people	20	15
Reading books	10	15
Removing snow	30	—
Walking one dog	10	10
Going shopping	15	10

エ

Service and Local money (unit by the hour)		
Service ＼ City	City X	City Y
Helping old people	10	15
Reading books	15	15
Removing snow	30	—
Walking one dog	10	10
Going shopping	15	10

(2)　次の英文を入れるのに最も適当な場所を，本文中の［ア］～［エ］のうちから一つ選び，その符号を書きなさい。

Then, what can people buy with local money?

(3)　本文中の(　　)に入る適当な英単語**1語**を書きなさい。

⑷ 本文の内容に合っているものを，次の**ア**～**エ**のうちから一つ選び，その符号を書きなさい。

ア Aya went to Shiga with her mother and grandfather last summer.

イ Chiba became the first city to use local money in Japan in spring 1999.

ウ People can buy tickets for trains at the station or food at markets with local money.

エ People can help and communicate with other people in their community with local money.

9 ビル(Bill)と次郎(Jiro)が学校で話をしています。この対話文を読んで，［⑴］～［⑷］に入る最も適当な英文を，それぞれあとの**ア**～**エ**のうちから一つずつ選び，その符号を書きなさい。

Bill：Hi, Jiro. Where are you going?

Jiro：To the library.

Bill：Good. I like books, so I'll go there with you.

Jiro：OK. ［⑴］

Bill：Books about other countries. How about you?

Jiro：I usually read books about a doctor.

Bill：［⑵］

Jiro：Yes, and I want to help a lot of people. My father is a doctor, and he has his hospital in our city. I want to work there.

Bill：That's good.

Jiro：［⑶］

Bill：Yes. It's to be a *photographer. I want to travel all over the world and take a lot of pictures. Then, I want to show many different ways of living in other countries.

Jiro：That's a wonderful dream. ［⑷］

Bill：OK. I'll take good ones!

（**注**）photographer 写真家

⑴ **ア** What will you do there?
イ What country do you want to visit?
ウ What book do you usually read?
エ Why do you like books about other countries?

⑵ **ア** Oh, do you want to be a doctor in the future?
イ Oh, do you want to work in other countries?
ウ Well, your father works at the library, right?
エ Well, do you go to the library every day, too?

⑶ **ア** Is your father working in a hospital, too?
イ Are you interested in taking pictures?
ウ Do you like my idea?
エ Do you have a dream?

⑷ **ア** I want to buy a good camera.
イ I want to see your pictures in the future.
ウ I want to work with you.
エ I want to learn about your dream.

社　会

1　次の文章を読み，あとの(1)～(5)の問いに答えなさい。

［　Ⅰ　］地方から［　Ⅱ　］地方北部にかけて，多くの人口が集中していて，工場が帯のように立ち並んでいる地域を a太平洋ベルトとよんでいます。この太平洋ベルトで，日本の工業生産額の約３分の２を占めています。この中心となっているのが， b中京，阪神，京浜の三つの工業地帯で，三大工業地帯とよばれています。以前は，北九州を含めて四大工業地帯とよばれていましたが， c他の工業地域の生産が北九州を上回るようになり， d現在では北九州は除かれています。

(1)　文章中の［　Ⅰ　］，［　Ⅱ　］にあてはまる語の組み合わせとして最も適当なものを，次の**ア**～**エ**のうちから一つ選び，その符号を書きなさい。

ア　Ⅰ：東北　Ⅱ：近畿　　**イ**　Ⅰ：東北　Ⅱ：九州

ウ　Ⅰ：関東　Ⅱ：近畿　　**エ**　Ⅰ：関東　Ⅱ：九州

(2)　下線部ａに関連して，次の**資料１**は，世界の三大洋の面積を比較したものである。**資料１**中のX，Yにあてはまる大洋名を書きなさい。

資料１

	太平洋	X	Y
面積(万 km^2)	16624.1	8655.7	7342.7

(3)　下線部ｂに関連して，中京，阪神，京浜の三つの工業地帯の位置は，右の図中のＰ～Ｒのどれにあてはまるか。その組み合わせとして最も適当なものを，次の**ア**～**エ**のうちから一つ選び，その符号を書きなさい。

ア　Ｐ：中京工業地帯　Ｑ：阪神工業地帯　Ｒ：京浜工業地帯

イ　Ｐ：京浜工業地帯　Ｑ：中京工業地帯　Ｒ：阪神工業地帯

ウ　Ｐ：京浜工業地帯　Ｑ：阪神工業地帯　Ｒ：中京工業地帯

エ　Ｐ：中京工業地帯　Ｑ：京浜工業地帯　Ｒ：阪神工業地帯

(4)　下線部ｃに関連して，次の**資料２**は，北九州，瀬戸内，東海，京葉の四つの工業地域の製造品出荷額とその内訳を示している。**資料２**から読み取れることとして最も適当なものを，次の**ア**～**エ**のうちから一つ選び，その符号を書きなさい。

資料２

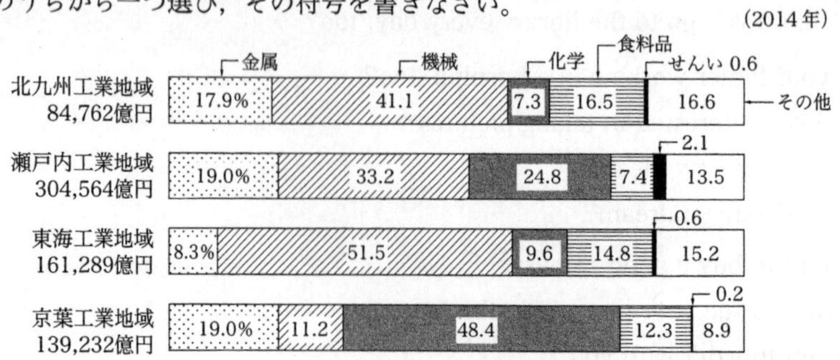

(「日本国勢図会 2017/18」より作成)

ア　四つの工業地域のうち，機械の出荷額が最も多いのは，東海工業地域である。

イ　四つの工業地域のうち，重化学工業出荷額の割合が最も大きいのは，瀬戸内工業地域である。

ウ　四つの工業地域のうち，化学の出荷額の割合が最も大きい工業地域は，せんいの出荷額の割合が最も小さい。

エ　瀬戸内工業地域と京葉工業地域の金属の出荷額はほぼ同じである。

(5)　下線部ｄに関連して，次の文章中の［　Ｘ　］にあてはまる適当な語を書きなさい。

> 北九州工業地帯は，明治時代につくられた官営の［　Ｘ　］製鉄所を中心に発展した。しかし，鉄鉱石や石炭の輸入先の変化などから，全国の工業生産額に占める割合が低下し，現在では北九州工業地域とよばれている。

2　次の図を見て，あとの(1)～(5)の問いに答えなさい。

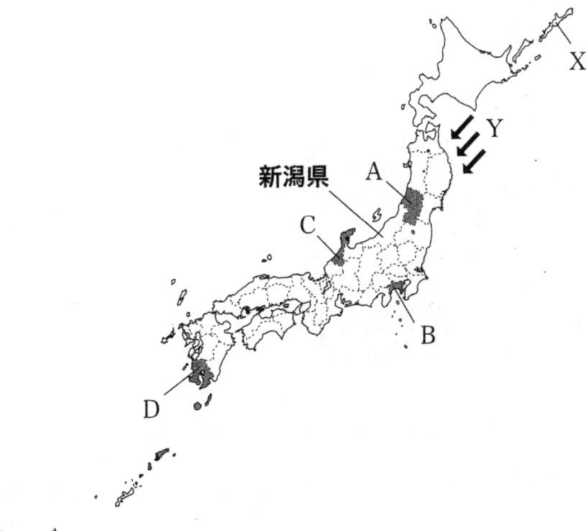

(1)　図中のＸは，日本の領土の最北端に位置する島を示している。この島が属する都道府県の都道府県庁所在地名を書きなさい。

(2)　次の文章は，図中のＹについて述べたものである。文章中の［　　　］にあてはまる適当な語を書きなさい。

> 図中のＹは，初夏に東北地方の太平洋側にふく［　　　］とよばれる北東風を示している。この風がふくと，東北地方に冷害が発生することもある。

(3)　次の文章は，ある県の特徴について述べたものである。この特徴にあてはまる県として最も適当なものを，図中のＡ～Ｄのうちから一つ選び，その符号を書きなさい。

> この県には，火山の噴火物が積もってつくられたシラス台地が広がっている。畜産業がさかんで，豚の飼育数が多い。価格の安い外国産の食肉との競争力を高めるために多くの農家や会社で，安全で質の高い牛肉や豚肉を，ブランド化した商品として生産している。2011年に新幹線が開通し，国内の他の地域への移動時間が短縮された。

⑷　右の**資料**は，日本を七つの地方に区分し，各地方の人口と面積との関係を示したものである。**資料**中のａ～ｄは，北海道，関東，中部，中国・四国のいずれかである。ｃにあてはまる地方名を書きなさい。

資料

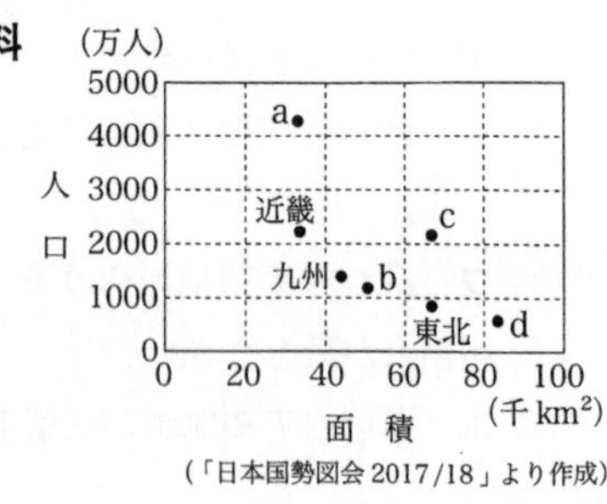

(「日本国勢図会 2017/18」より作成)

⑸　次の地形図は，前のページの図に示した**新潟県**のある地域を示したものである。これを見て，あとの①，②の問いに答えなさい。

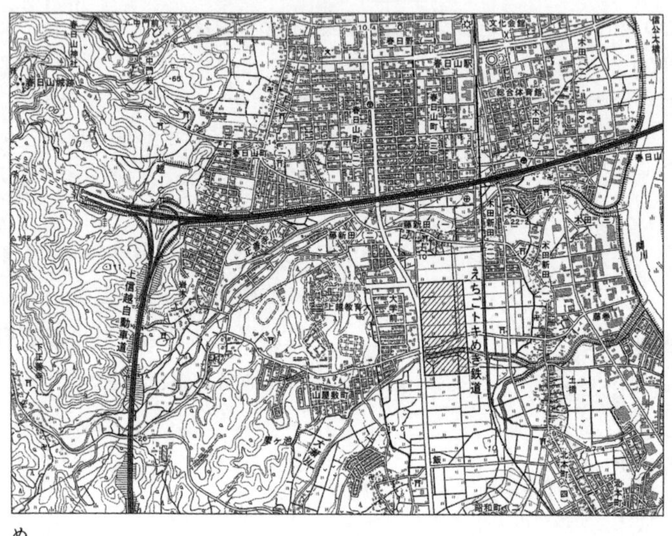

めもり　0　　5cm　(国土地理院　平成27年発行１：25,000「高田西部」原図より作成)

①　地形図中の斜線(▨)で示した部分の土地の面積は約何 km^2 か。最も適当なものを，次の**ア**～**エ**のうちから一つ選び，その符号を書きなさい。

ア　0.125 km^2　　**イ**　0.25 km^2　　**ウ**　0.5 km^2　　**エ**　1.25 km^2

②　次の**ア**～**ウ**の文は，上の地形図から読み取ったことがらである。内容が適切であれば○，不適切な点があれば×をそれぞれ書きなさい。

ア　正善寺川は，上信越自動車道とえちごトキめき鉄道の下を通り，関川に合流している。

イ　えちごトキめき鉄道の春日山駅から南へ向かう線路沿いには，果樹園が広がっている。

ウ　市役所から見て，ほぼ西の方向に，春日山城跡がある。

3　次の図を見て，あとの⑴～⑹の問いに答えなさい。

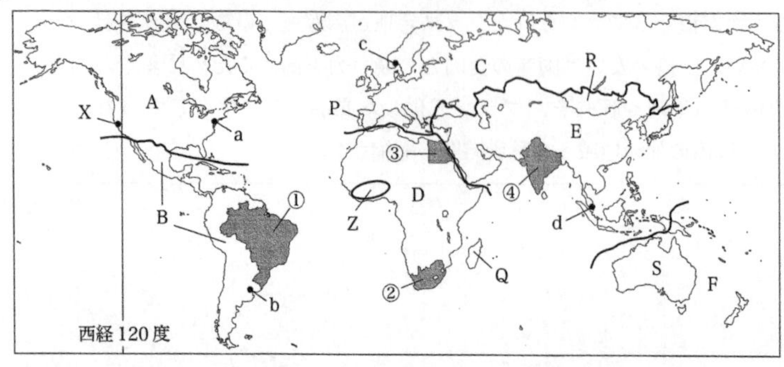

⑴　右のグラフは，図中のａ～ｄのいずれかの都市の月平均気温と月降水量の変化の様子を示したものである。このグラフにあてはまる都市はどれか。最も適当なもの一つ選び，その符号を書きなさい。

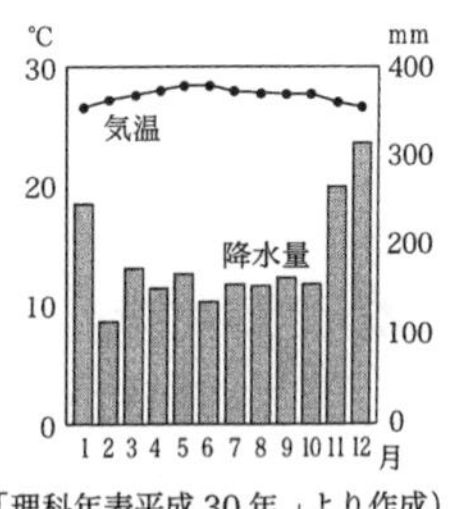

（「理科年表平成30年」より作成）

⑵　図中のＸの都市は，西経120度の経線で標準時を定めている。Ｘが９月４日午後６時のとき，日本では９月何日の何時かを書きなさい。ただし，サマータイムは考えないものとする。なお，午前，午後については，解答用紙の「午前」，「午後」のいずれかを◯で囲むこと。

⑶　次の**資料１**は，九つの国を，国土が海に囲まれた島国のグループ，国土が海に面していない内陸国のグループ，国土の全体，または大半が半島に位置するグループに分けたもので，Ⅰ～Ⅲは，それぞれ三つのグループのいずれかにあてはまる。**資料１**中の［　Ｙ　］にあてはまる国を，図中のＰ～Ｓのうちから一つ選び，その符号を書きなさい。

資料１

Ⅰ	Ⅱ	Ⅲ
フィリピン	ノルウェー	ボリビア
キューバ	韓国	スイス
イギリス	Ｙ	ザンビア

⑷　図中にＺで示した地域は，ある農作物の世界有数の産地である。この農作物として最も適当なものを，次の**ア～エ**のうちから一つ選び，その符号を書きなさい。

ア　小麦　　**イ**　綿花　　**ウ**　バナナ　　**エ**　カカオ豆

⑸　次の文章にあてはまる国として最も適当なものを，図中の①～④のうちから一つ選び，その国名を書きなさい。

17世紀半ばからオランダ，19世紀前半からはイギリスの植民地となった。20世紀初めに独立したが，白人政権は黒人の政治的・社会的・経済的権利をはく奪するアパルトヘイト（人種隔離政策）を実施し，国際社会から厳しい非難を浴びた。

⑹　次の**資料２**は，図中のＡ～Ｆの地域の人口とエネルギー消費量を示したものである。また，**資料３**は，**資料２**をグラフに表したものである。これについて述べたあとの文中の［　　　］にあてはまる適当なことばを書きなさい。

資料２　（2013年）

	A	B	C	D	E	F
人口（百万人）	355	617	742	1,111	4,299	38
エネルギー消費量（石油換算百万ｔ）	2,806	583	2,684	705	6,615	149

（「世界国勢図会」などより作成）

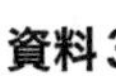
資料３

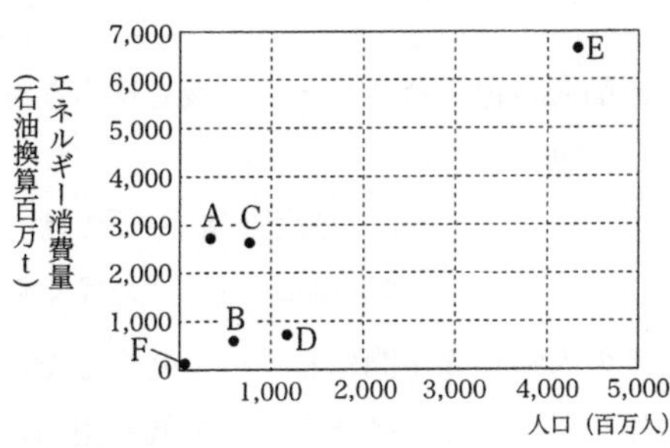

資料２，３から，Ｄの地域の特徴は，他の地域と比べると，□が最も少ないことである。

4 「日本銀行券の肖像になった人物」について調べることになり，たけおくんの班は，明治時代に活躍した人物を担当しました。そのときの資料の一部である次のＡ～Ｄのカードを見て，あとの⑴～⑸の問いに答えなさい。

Ａ　1963年発行開始の1000円札の肖像

Ｂ　1984年発行開始の1000円札の肖像

Ｃ　2004年発行開始の5000円札の肖像

Ｄ　1984年発行開始の10000円札の肖像

⑴　Ａのカードに関連して，次の①，②の問いに答えなさい。

①　次の文章は，この人物について述べたものである。文章中の［X］，［Y］にあてはまる適当な語を書きなさい。

> ヨーロッパに渡り，［X］について学び，帰国後は自らが中心となって［X］の草案を作成した。また，1885年に［Y］制度ができると，初代の［Y］総理大臣に就任した。

②　この人物に関係が深い語として最も適当なものを，次の**ア～エ**のうちから一つ選び，その符号を書きなさい。

ア　富岡製糸場　　**イ**　韓国統監府　　**ウ**　西南戦争　　**エ**　学制

⑵　Ｂのカードに関連して，次の文中の□にあてはまる適当な語を書きなさい。

> この人物が「吾輩は猫である」を発表した1905年は，約１年半におよぶ戦争が終わり，アメリカ大統領の仲立ちで□条約が結ばれた年である。

⑶　Ｃのカードに関連して，この人物名と作品名の組み合わせとして最も適当なものを，次の**ア～エ**のうちから一つ選び，その符号を書きなさい。

ア　与謝野晶子，「君死にたまふことなかれ」　　**イ**　与謝野晶子，「たけくらべ」
ウ　樋口一葉，「君死にたまふことなかれ」　　**エ**　樋口一葉，「たけくらべ」

⑷　Ｄのカードに関連して，次の**資料**は，この人物が５年間にわたって発表した作品の一部である。この作品が発表された時期の日本の様子について述べた文として最も適当なものを，あと

の**ア**～**エ**のうちから一つ選び，その符号を書きなさい。

資料

> 天は人の上に人を造らずと云へり
> 人は生まれながら平等であると言われているが，現実には大きな差がある。
> それはなぜであろうか。その理由は，学んだか学ばなかったかによるものである。
> 学問を身につけ，自分の役割を果たし独立すべき。
> 自由とわがままは異なる。学問とはその分限を知ることである。

ア　三国干渉によって，日清戦争で得た領土の一部を清に返還した。
イ　ロシアとの間に樺太・千島交換条約を結び，千島列島のすべてを領有した。
ウ　衆議院議員選挙が行われ，第一回の帝国議会が開かれた。
エ　小村寿太郎外相による交渉で，関税自主権が完全に回復した。

(5)　次の文は，たけおくんが追加で作成した資料の一部である。文中の［Ⅰ］，［Ⅱ］にあてはまる語の組み合わせとして最も適当なものを，あとの**ア**～**エ**のうちから一つ選び，その符号を書きなさい。

> このほか，明治時代に活躍し日本銀行券の肖像になった人物としては，自由民権運動の中心人物となり，［Ⅰ］の党首となった板垣退助や，欧米使節団の全権大使となった［Ⅱ］などがいる。

ア　Ⅰ：自由党　Ⅱ：岩倉具視　　**イ**　Ⅰ：自由党　Ⅱ：西郷隆盛
ウ　Ⅰ：立憲改進党　Ⅱ：岩倉具視　　**エ**　Ⅰ：立憲改進党　Ⅱ：西郷隆盛

5　次のA～Eのカードは，社会科の授業でかおるさんたちの班が「大正時代以降の近代日本の様子」をテーマに調べ，まとめたものである。これについて，あとの(1)～(6)の問いに答えなさい。

A	護憲運動が広がるなか，［X］は，普通選挙によって国民の意向を政治に反映させるという民本主義を唱えました。
B	第一次世界大戦が起こり，日本は日英同盟を理由に a連合国側で参戦しました。この戦争では，飛行機などの新兵器の登場によって多くの死傷者が出ました。
C	b第一次世界大戦中，欧米列強のアジアへの関心がうすれたのを機に，日本は中国に対して，満州での権益の拡大をもりこんだ二十一か条の要求を示しました。
D	盧溝橋(ろこうきょう)付近での日中両軍の武力衝突をきっかけに日中戦争が始まりました。翌年には c戦争体制を強化する法律が制定されました。
E	日本軍は，ハワイの真珠湾を攻撃するとともに，イギリス領のマレー半島に上陸し，d太平洋戦争が始まりました。

(1)　カードA中の［X］にあてはまる人物として最も適当なものを，次の**ア**～**エ**のうちから一つ選び，その符号を書きなさい。

ア　原敬　　**イ**　平塚らいてう　　**ウ**　吉野作造　　**エ**　幸徳秋水

⑵　カードＢ中の下線部ａに関連して，連合国側にあてはまる国の組み合わせとして最も適当なものを，次の**ア**～**エ**のうちから一つ選び，その符号を書きなさい。

ア　ドイツ，フランス，イギリス　　**イ**　ロシア，フランス，イギリス
ウ　ドイツ，オーストリア，イタリア　　**エ**　ロシア，イタリア，オーストリア

⑶　カードＣ中の下線部ｂに関連して，右の**資料**は，日本の貿易額の推移を示したもので，**資料**中のＹの期間は，第一次世界大戦の期間を示している。この**資料**について述べた次の文中の［　　］にあてはまる適当なことばを，「ヨーロッパ」「アジア」「輸出」の三つの語を用いて書きなさい。

資料

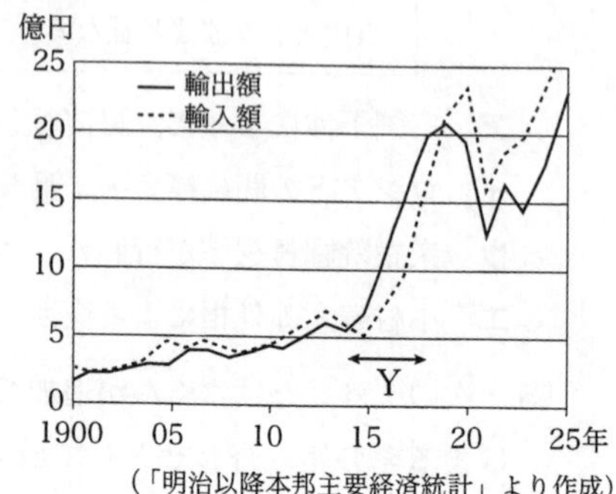

（「明治以降本邦主要経済統計」より作成）

第一次世界大戦中，日本は綿織物などの工業製品を，大戦中の［　　］ようになったため，輸出額が輸入額を上回り，貿易額が黒字で推移している。

⑷　カードＤ中の下線部ｃに関連して，次の文章中の［　　］にあてはまる最も適当な語を書きなさい。

戦争が長引くにつれて，政府は国民を戦争に動員する「戦時体制」を強めていった。1938年には［　　］を公布し，国の産業や経済から国民の生活のすべてにわたって，戦争に動員できる権限を持った。

⑸　カードＥ中の下線部ｄに関連して，太平洋戦争について述べた文として最も適当なものを，次の**ア**～**エ**のうちから一つ選び，その符号を書きなさい。

ア　徴兵を猶予(ゆうよ)されていた大学生などが軍隊に召集される学徒出陣が行われた。
イ　新兵器として，毒ガスや戦車，飛行機などが初めて用いられた。
ウ　東郷平八郎を司令長官とする日本海軍は，日本海海戦で勝利をおさめた。
エ　戦後，世界平和を維持するための機関として国際連盟が成立した。

⑹　次のⅠ～Ⅲの文は，カードＥよりも後に起こったできごとを示したものである。Ⅰ～Ⅲのできごとを起こった順に並べたものとして最も適当なものを，あとの**ア**～**エ**のうちから一つ選び，その符号を書きなさい。

Ⅰ　日本がポツダム宣言を受け入れる。
Ⅱ　アメリカ軍が沖縄に上陸する。
Ⅲ　広島・長崎に原子爆弾が投下される。

ア　Ⅰ→Ⅱ→Ⅲ　　**イ**　Ⅱ→Ⅲ→Ⅰ　　**ウ**　Ⅲ→Ⅰ→Ⅱ　　**エ**　Ⅱ→Ⅰ→Ⅲ

6　次の略年表を見て，あとの⑴～⑹の問いに答えなさい。

年代	主なできごと
1947	日本国憲法が施行される……………………………Ａ

	ア
1951	サンフランシスコ平和条約が結ばれる……………………B
1956	日本が国際連合に加盟する…………………………………C
	イ
1965	ベトナム戦争が激化する……………………………………D
	ウ
1968	核兵器拡散防止条約が結ばれる
	エ
1972	沖縄が日本に復帰する
	↕ X
2000	九州・沖縄サミットが開かれる

(1) 略年表中のAに関連して，次の文章は，日本国憲法にもとづき，同じ年に制定された法律について述べたものである。文章中の［　　］にあてはまる法律名を書きなさい。

> ［　　］は，日本国憲法の精神に基づき，日本の教育の基本的なあり方を明示した法律である。義務教育や家庭教育，生涯学習などについて，それぞれの基本方針を定めた18条からなる。

(2) 略年表中のBに関連して，この条約に調印した人物として最も適当なものを，次の**ア**～**エ**のうちから一つ選び，その符号を書きなさい。

ア 佐藤栄作　**イ** 岸信介　**ウ** 田中角栄　**エ** 吉田茂

(3) 略年表中のCに関連して，これと最も関係の深いできごとを，次の**ア**～**エ**のうちから一つ選び，その符号を書きなさい。

ア 中国と平和条約を結ぶ。　**イ** 韓国と基本条約を結ぶ。
ウ 中国との国交を正常化する。　**エ** ソ連との国交を回復する。

(4) 略年表中のDに関連して，次の文章中の［　　］に共通してあてはまる国名を書きなさい。

> 中国やソ連の支援を受ける北ベトナムに対し，南ベトナムを支援する［　　］が軍隊を派遣し，大規模な攻撃を行った。この軍事介入によって戦争は激化し，1973年に［　　］が撤退するまで続いた。

(5) 次の文は，略年表中のどの時期にあてはまるか。**ア**～**エ**のうちから最も適当なものを一つ選び，その符号を書きなさい。

> 朝鮮戦争が起こり，国内では警察予備隊がつくられた。

(6) Xの時期の日本のできごととして最も適当なものを，次の**ア**～**エ**のうちから一つ選び，その符号を書きなさい。

ア 国民総生産が，初めてアメリカについで資本主義国の中で第２位となった。
イ 大量の資金が株式や土地に投資され，バブル経済とよばれる状態が続いた。
ウ 農地改革が行われ，多くの小作農が，土地を持つ自作農となった。
エ オリンピック開催にあわせて，東海道新幹線が開通した。

理　科

1　次の⑴～⑷の問いに答えなさい。

⑴　現在知られている原子は約何種類か。次の**ア**～**エ**のうちから最も適当なものを一つ選び，その符号を書きなさい。

ア　約30種類　　**イ**　約70種類　　**ウ**　約110種類　　**エ**　約150種類

⑵　顕微鏡を用いて観察を行うときの操作のうち，接眼レンズをのぞいたまま**行ってはならないもの**を，次の**ア**～**エ**のうちから一つ選び，その符号を書きなさい。

ア　反射鏡を調節して，視野を明るくする。

イ　対物レンズをプレパラートにできるだけ近づける。

ウ　対物レンズをプレパラートから遠ざけながら，ピントを合わせる。

エ　倍率を高くする前に，対象物が視野の中心にくるようにする。

⑶　**図**は，地震計のつくりを模式的に表したものである。地震によって，**図**の矢印の向きに揺れが起こったとき，動かない部分はどこか。最も適当な部分を，**図**中のＡ～Ｄのうちから一つ選び，その符号を書きなさい。

図

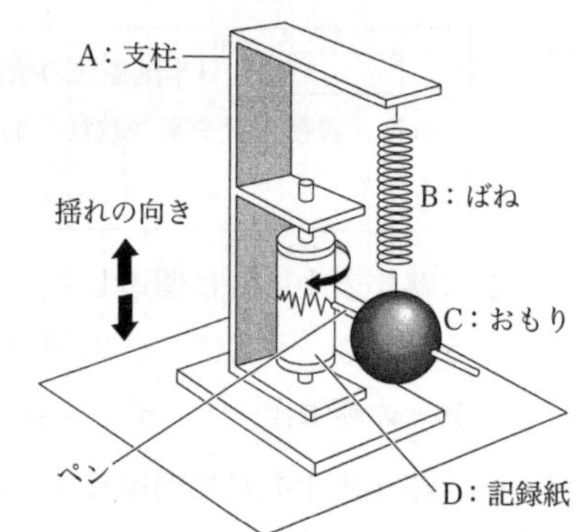

⑷　次の文章は，一般の家庭のコンセントからとり出される電流について述べたものである。文章中の□にあてはまる最も適当なことばを書きなさい。

> 日本において，一般の家庭のコンセントからとり出される電流は交流（交流電流）である。交流（交流電流）の流れる向きは周期的に変化しているが，電流の向きの変化が１秒間にくり返す回数を，交流（交流電流）の□という。

2　火山灰に含まれる鉱物や火山灰などをつくるマグマの性質を調べるため，次の**観察**を行いました。これに関して，あとの⑴～⑶の問いに答えなさい。

観察　①　A，B二つの班に分かれ，A班は伊豆大島火山の火山灰を，B班は雲仙普賢岳の火山灰をそれぞれ蒸発皿にとった。

②　①のあと，**図**のように，火山灰を入れた蒸発皿に水を加え，<u>ある操作</u>を行ったあと，にごった水を捨てた。

③　②を，水のにごりがなくなるまでくりかえし行った。

④　蒸発皿に残った粒をペトリ皿に移し，双眼実体顕微鏡でのぞきながら，柄つき針を使って，有色の粒と無色の粒に分け，それらの数を数えた。**表**は，この結果をまとめたものである。

図

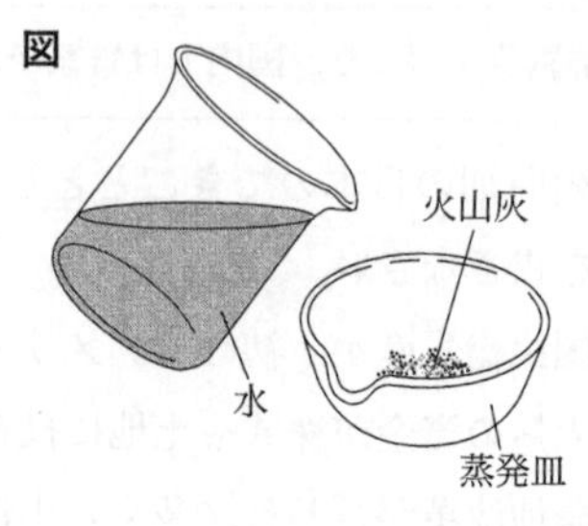

表

班	火山	有色の粒の数〔個〕	無色の粒の数〔個〕
A	伊豆大島火山	45	8
B	雲仙普賢岳	4	38

⑴　**観察**の②で行った，下線部のある操作とはどのような操作か。「**親指**」「**腹**」ということばを用いて，簡潔に書きなさい。

⑵　次の文章は，観察した火山灰をつくるマグマの性質と，火山の形や噴火のようすについて述べたものである。あとの(a)，(b)の問いに答えなさい。

> **表**から，伊豆大島火山をつくるマグマのねばりけに比べ，雲仙普賢岳をつくるマグマのねばりけは［ x ］ことがわかる。よって，雲仙普賢岳は［ y ］噴火をすることが多く，［ z ］形をしていると考えられる。

(a)　［ x ］にあてはまる最も適当なことばを書きなさい。

(b)　［ y ］，［ z ］にあてはまるものの組み合わせとして最も適当なものを，次の**ア**～**エ**のうちから一つ選び，その符号を書きなさい。

ア　y：おだやかな　　z：盛り上がった　　**イ**　y：激しい　　z：盛り上がった

ウ　y：おだやかな　　z：傾斜の緩やかな　　**エ**　y：激しい　　z：傾斜の緩やかな

⑶　観察した粒のうち，A班の無色の粒と，B班の無色の粒の多くは，白色やうすい桃色で柱状や短冊状の形をしていた。この鉱物の名称を書きなさい。

3

気圧を低くした空間を電流が流れる現象を調べるため，次の**実験**を行いました。これに関して，あとの⑴～⑶の問いに答えなさい。

実験　①　蛍光板の入ったクルックス管にある装置の＋極，－極からの導線をつなぎ，電圧を加えたところ，蛍光板に直線状の明るいすじが見られた。

②　①の状態から，電源装置の＋極，－極からの導線を端子につないで電圧を加えたところ，**図**のように，明るいすじが上向きに曲がった。

図

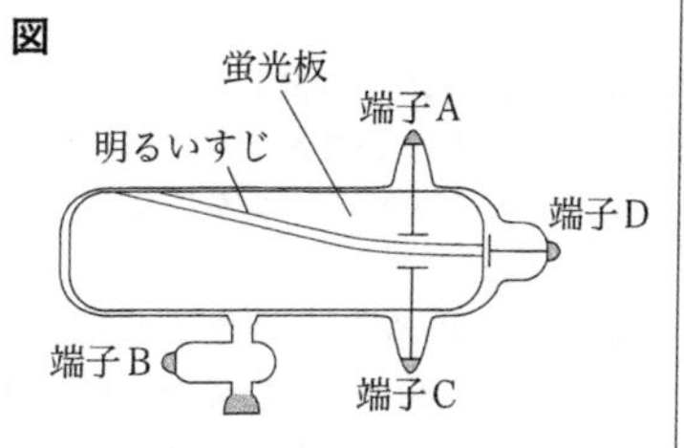

⑴　**実験**で使用した，大きな電圧を発生させることができる下線部のある装置として最も適当なものを，次の**ア**～**エ**のうちから一つ選び，その符号を書きなさい。

ア　誘導コイル　　**イ**　真空ポンプ　　**ウ**　ストロボスコープ　　**エ**　オシロスコープ

⑵　次の文章は，蛍光板に見られた明るいすじについて述べたものである。文章中の［ x ］，［ y ］にあてはまる最も適当なことばを，それぞれ書きなさい。

> **実験**の①で，クルックス管に電圧を加えたとき蛍光板に見られた明るいすじを［ x ］という。また，この明るいすじは，－の電気をもつ粒である［ y ］の流れである。

⑶　**図**のクルックス管において，電源装置の＋極とつないでいる端子として最も適当なものを，端子A～Dのうちから一つ選び，その符号を書きなさい。

4

セキツイ動物のなかまである，ワニ，スズメ，クジラについて，体表のようすとなかまのふやし方や体温の変化について調査しました。そのあと，それぞれの動物の骨格について調査しました。**図**は，調査した骨格のうち，ワニの前あし，スズメのつばさ，クジラの

図

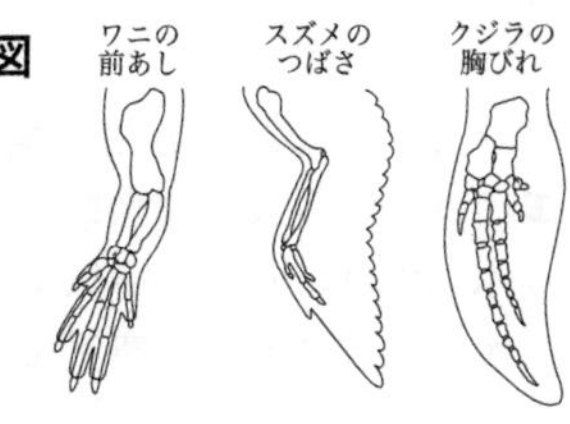

胸(むな)びれの骨格を示したものです。これに関して，次の(1)～(3)の問いに答えなさい。

(1) 次の文章は，調査からわかったことについて述べたものである。あとの(a)，(b)の問いに答えなさい。

> 調査の結果，ワニの体表はうろこにおおわれていて，スズメの体表は［ x ］におおわれていることがわかった。また，クジラのなかまのふやし方を［ y ］といい，気温と体温の関係が，ワニのような動物を［ z ］動物という。

(a) ［ x ］にあてはまることばとして最も適当なものを，次の**ア**～**エ**のうちから一つ選び，その符号を書きなさい。

ア うろこ　**イ** 外骨格　**ウ** 羽毛　**エ** 毛

(b) ［ y ］，［ z ］にあてはまることばの組み合わせとして最も適当なものを，次の**ア**～**エ**のうちから一つ選び，その符号を書きなさい。

ア y：卵生　z：恒温　**イ** y：胎生　z：恒温
ウ y：卵生　z：変温　**エ** y：胎生　z：変温

(2) **図**のそれぞれの部分は，外形やはたらきが異なっているが，進化の過程で，同じものから変化したと考えられる。このような体の部分を何器官というか，書きなさい。

(3) セキツイ動物を５つのなかまに分類した場合，地球上に現れた年代が最も古いものは何類のなかまか，書きなさい。

5

アンモニアの性質を調べるため，次の**実験**を行いました。これに関して，あとの(1)～(3)の問いに答えなさい。

実験
① 試験管に，塩化アンモニウム３g，水酸化ナトリウム３g，水５mLを順に加え，発生したアンモニアを，丸底フラスコ内に集めた。
② ①でアンモニアを集めた丸底フラスコを用いて，**図**のような装置を組み立てた。
③ 次に，スポイトに入れていた水を丸底フラスコ内に押し出したところ，フェノールフタレイン液を加えた水が，ガラス管の先から丸底フラスコ内に噴水のようにふき出した。

図

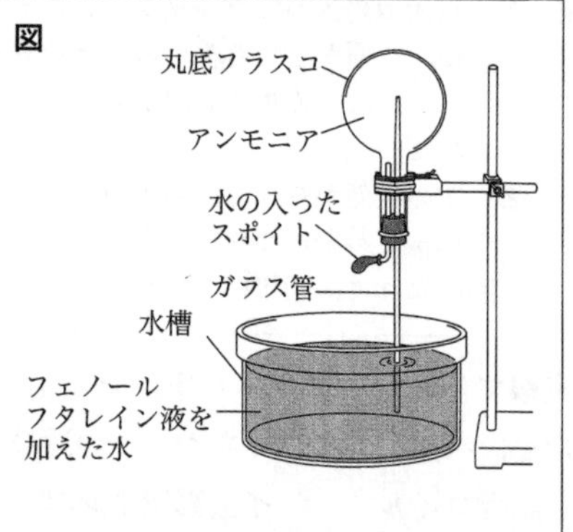

(1) **実験**の①で，発生したアンモニアを丸底フラスコに集める方法について，次の(a)，(b)の問いに答えなさい。

(a) **実験**の①で，発生したアンモニアを丸底フラスコに集める方法として最も適当なものを，次の**ア**～**ウ**のうちから一つ選び，その符号を書きなさい

ア

イ

ウ

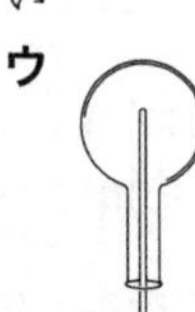

(b) アンモニアを(a)の方法で集めたのは，アンモニアにどのような性質があるからか。次の**ア**～**エ**のうちから最も適当なものを一つ選び，その符号を書きなさい。

ア 水に溶けにくく，空気よりも密度が小さいから。

イ 水に溶けにくく，空気よりも密度が大きいから。

ウ　水に溶けやすく，空気よりも密度が小さいから。
エ　水に溶けやすく，空気よりも密度が大きいから。

(2)　次の文章は，**実験**の③の結果について述べたものである。文章中の［ a ］，［ b ］にあてはまるものの組み合わせとして最も適当なものを，あとの**ア〜カ**のうちから一つ選び，その符号を書きなさい。

> **実験**の③で，ガラス管の先から丸底フラスコ内にふき出した水は，［ a ］に変化した。このことから，アンモニアは水に溶けると［ b ］を示すことがわかった。

ア　a：赤色　b：酸性　　**イ**　a：赤色　b：アルカリ性
ウ　a：青色　b：酸性　　**エ**　a：青色　b：アルカリ性
オ　a：黄色　b：酸性　　**カ**　a：黄色　b：アルカリ性

(3)　アンモニアは，肥料の原料などにも使われている。これは，アンモニアに植物が成長するために必要な養分(水や空気からとり込みにくい養分)のもとになる原子が含まれているからである。この原子の名称を書きなさい。

6

花粉のはたらきについて調べるため，次の**観察**を行いました。これに関して，あとの(1)〜(4)の問いに答えなさい。

観察　①　ホールスライドガラスのくぼみに，ショ糖水溶液を入れたあと，筆の先につけたホウセンカの花粉をまばらになるように，ショ糖水溶液の上にまいた。
②　次に，①のホールスライドガラスを，**図１**のようにして，15分ほど放置した。
③　②のあと，ホールスライドガラスをとり出し，花粉のようすを顕微鏡で観察した。
④　③で顕微鏡の視野に見られた，いくつかの花粉のようすを，**図２**のようにかきうつした。

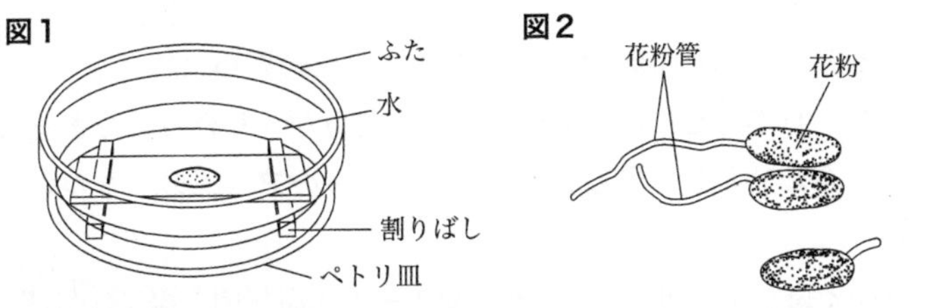

(1)　**観察**で使用したショ糖水溶液は，ホウセンカの花でめしべの先の，受粉が行われる部分の状態を模したものである。下線部の部分を何というか，その名称を**漢字２字**で書きなさい。

(2)　**観察**の②で，花粉を放置しておく際に，**図１**のようにしておいた理由として最も適当なものを，次の**ア〜エ**のうちから一つ選び，その符号を書きなさい。
ア　空気中のごみが入らないようにするため。　**イ**　花粉が飛んでいかないようにするため。
ウ　花粉の温度が高くなりすぎないようにするため。　**エ**　花粉が乾燥しないようにするため。

(3)　次の文章は，**図２**の花粉管について述べたものである。文章中の［ a ］，［ b ］にあてはまるものの組み合わせとして最も適当なものを，あとの**ア〜エ**のうちから一つ選び，その符号を書きなさい。

> 実際の花では，受粉すると，花粉管はめしべの子房の中にある胚珠までのび，その中にある生殖細胞が，花粉管を通って運ばれてきた生殖細胞である［ a ］を受け入れて受精し，それぞれの核が合体する。そのあと，受精卵は分裂をくり返して，成長すると葉や根のもとになる部分である［ b ］となる。

ア　a：精細胞　　b：胚　　　　**イ**　a：卵細胞　　b：胚
ウ　a：精細胞　　b：種子　　　**エ**　a：卵細胞　　b：種子

(4)　**実験**で使用したホウセンカのなかまのふやし方である有性生殖に対し，体細胞の分裂などによってなかまをふやす方法を無性生殖という。無性生殖のうち，サツマイモがいもでふえたり，さし木などでふえたりする，植物の体の一部から新しい個体ができるものを，特に何生殖というか，書きなさい。

7　日本の６月から７月にかけての特徴的な天気について調べました。この時期は，日本列島付近に，東西に長くのびた停滞前線が見られます。**図１**は，ある年の６月20日午前９時の天気図（停滞前線の記号は省略している）です。これに関して，あとの(1)～(3)の問いに答えなさい。

図１

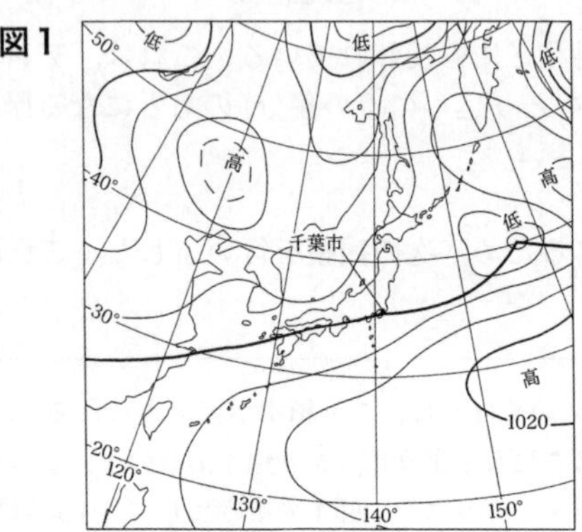

(1)　**図２**は，**図１**の停滞前線の一部を拡大したものである。停滞前線の記号を，解答欄の図中にかきなさい。

図２

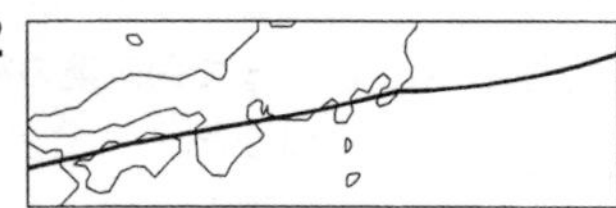

(2)　**図１**の天気図に見られる停滞前線について，次の①，②の問いに答えなさい。

①　この停滞前線は，日本付近にある２つの気団の勢力がつり合ってできたものである。この２つの気団の組み合わせとして最も適当なものを，次の**ア**～**エ**のうちから一つ選び，その符号を書きなさい。

ア　シベリア気団と揚子江気団　　　**イ**　オホーツク海気団と揚子江気団
ウ　シベリア気団と小笠原気団　　　**エ**　オホーツク海気団と小笠原気団

②　この時期に見られる停滞前線を特に何前線というか，書きなさい。

(3)　次の文章は，**図１**の天気図の時期からあとの天気について述べたものである。文章中の［ a ］，［ b ］にあてはまることばの組み合わせとして最も適当なものを，あとの**ア**～**エ**のうちから一つ選び，その符号を書きなさい。

> **図１**の日からしばらくすると，停滞前線をつくっている一方の気団の勢力が強くなって，停滞前線が［ a ］に移動して，日本列島をこの気団がおおうようになる。そうなると，日本列島では［ b ］日が多くなる。

ア　a：南　　b：蒸し暑い　　　**イ**　a：北　　b：蒸し暑い
ウ　a：南　　b：乾燥した　　　**エ**　a：北　　b：乾燥した

8　鉄と硫黄の混合物を加熱したときの化学変化について調べるため，次の**実験**を行いました。これに関して，あとの(1)～(4)の問いに答えなさい。

実験 ①　鉄粉７ｇと硫黄４ｇを乳鉢でよく混ぜ合わせ，２本の試験管Ａ，Ｂに分けて入れた。
②　次に，**図**のように，試験管Ａをスタンドにとりつけ，ガスバーナーで加熱した。このとき，試験管Ｂは，何もせずにそのままにしておいた。
③　②のあと，試験管Ａに入れた混合物の一部が赤くなったところで加熱をやめたが，反応は混合物がすべて反応するまで続いた。
④　そのあと，試験管Ａが冷えるまで待ち，試験管Ａ，Ｂ内の物質が磁石に引き寄せられるかどうか調べた。
⑤　さらに，試験管Ａ，Ｂ内の物質を少量ずつとって，うすい塩酸の入った別々の試験管に入れ，発生した気体のにおいを調べた。
⑥　④，⑤の結果から，試験管Ａ，Ｂ内の物質が異なるものであることが確認できた。

図

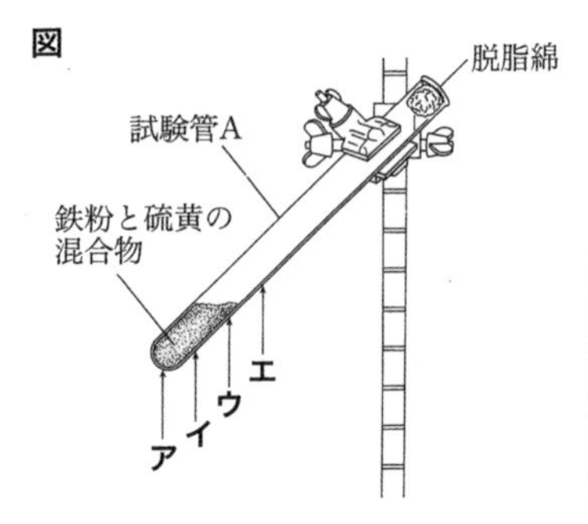

(1)　**実験**の②で混合物を加熱するとき，混合物を入れた試験管Ａにガスバーナーの炎をあてる部分として最も適当なものを，**図**中の**ア**～**エ**のうちから一つ選び，その符号を書きなさい。

(2)　**実験**の③で，加熱をやめたにも関わらず，下線部のように，反応が，混合物がすべて反応するまで続いたのはなぜか。その理由を，混合物に起こった反応にふれながら，**30字以内**(句読点を含む。)で書きなさい。

(3)　**実験**の③で，試験管Ａに入れた混合物に起こった化学変化を，化学反応式で書きなさい。

(4)　試験管Ａ内の物質における，**実験**の④，⑤の結果の組み合わせとして最も適当なものを，次の**ア**～**エ**のうちから一つ選び，その符号を書きなさい。

ア　④：引き寄せられた　⑤：無臭　　**イ**　④：引き寄せられた　⑤：刺激臭
ウ　④：引き寄せられなかった　⑤：無臭　　**エ**　④：引き寄せられなかった　⑤：刺激臭

9

力やばねののびについて調べるため，次の**実験**を行いました。これに関して，あとの(1)～(4)の問いに答えなさい。ただし，質量100ｇの物体にはたらく重力の大きさを１Ｎとし，ばねやばねばかりの質量，木片と床との間の摩擦は考えないものとします。

実験 ①　ばねＰの一端を壁に固定し，もう一端を直方体の形をした，質量800ｇの木片につないで，水平な床の上に置いた。
②　①のあと，**図１**のように，木片にばねばかりをつなぎ，ばねばかりを**図１**の矢印(→)の向きに引き，ばねばかりが示す値とばねＰの長さを調べ，ばねＰののびを計算した。
③　②の結果を，**表**のようにまとめた。

図１

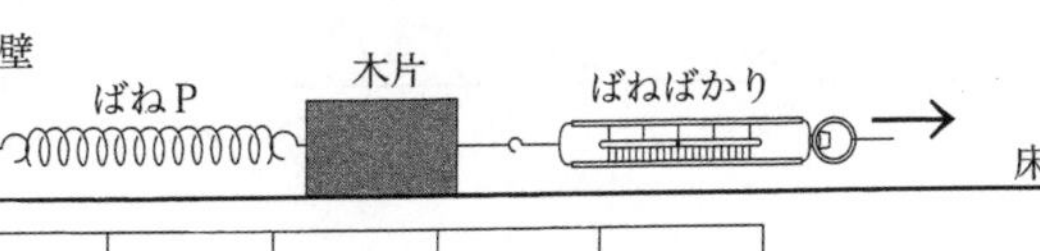

表

ばねばかりが示す値〔N〕	0	0.5	1.0	1.5	2.0
ばねＰの長さ〔cm〕	12.0	13.5	15.0	16.5	18.0
ばねＰののび〔cm〕	0	1.5	3.0	4.5	6.0

⑴　**図２**は，**実験**の①で床に置いた木片を真横から見たものである。この木片にはたらく重力を，解答欄の図中に力の矢印で表しなさい。ただし，図の１目盛りは２Ｎを表すものとし，力の作用点を●ではっきりと示すこと。

図２

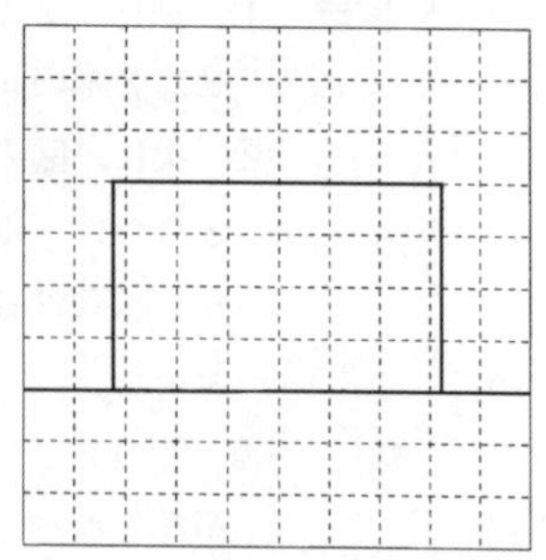

⑵　のばされたばねには，弾性力がはたらいている。この弾性力がはたらくもとになっている「弾性」とはどのような性質か。「**変形された物体**」ということばを用いて，簡潔に書きなさい。

⑶　次の文章は，ばねＰにはたらく力とばねＰののびについて述べたものである。文章中の［　　　］にあてはまる最も適当なことばを書きなさい。

> **表**から，ばねＰののびは，ばねＰにはたらく力の大きさに比例することがわかる。この関係を，発見した科学者の名前にちなんで［　　　］の法則という。

⑷　**実験**と同様にばねばかりを引いて，ばねＰの長さが14.1 cmになったとき，ばねばかりが示す値は何Ｎか。

【資料】

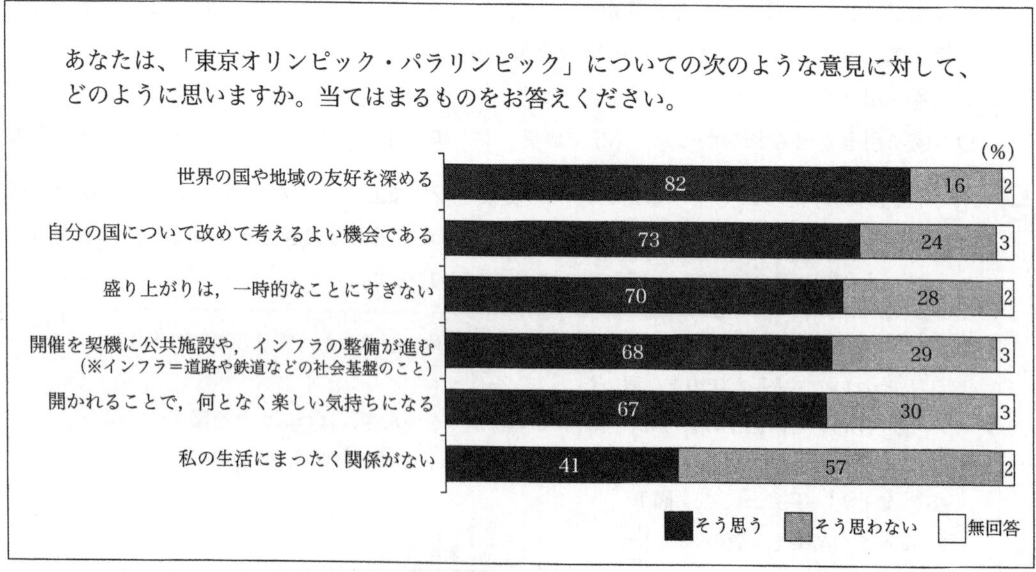

「東京オリンピック・パラリンピックに関する世論調査」(2016年)より作成

し皮のもの入る時は、その身に必ず罰(ばち)当たるべし」と書きて置かれけり。かの旦那、これを見て、「 D 」に罰当たるならば、この寺の太鼓(たいこ)は何とし給(たま)ふぞ」と申しけり。一休<u>聞き給ひ</u>[E]、「さ(そう)ればとよ(だからですよ)、夜昼三度づつ罰当たるあひだ(太鼓に罰が当たるのは)。<u>その方へも太鼓のばちを当て申さん</u>[F]。皮のはかま着られけるほどに」とおどけられけり。

(『一休ばなし』による。なお、一部表記を改めたところがある。)

(注１)旦那＝寺の信者。檀家(だんか)。
(注２)和尚＝一休の師である、養叟(ようそう)和尚という人物。
(注３)参学＝仏の教えを学ぶこと。
(注４)皮ばかま＝動物の皮で作られたはかま。　(注５)へぎ＝木の板。

(1) 文章中の <u>思ひ</u>[A] <u>走り入り</u>[C] の主語の組み合わせとして最も適当なものを、次の**ア**～**エ**のうちから一つ選び、その符号を書きなさい。

ア　A＝旦那　C＝一休　　**イ**　A＝和尚　C＝一休
ウ　A＝旦那　C＝旦那　　**エ**　A＝和尚　C＝旦那

(2) 文章中の <u>たはぶれを言ひて</u>[B] の意味として最も適当なものを、次の**ア**～**エ**のうちから一つ選び、その符号を書きなさい。

ア　遊びの約束をして　　**イ**　口汚くののしり合って
ウ　和歌などを詠(よ)んで　　**エ**　おどけたことを言って

(3) 文章中の D に入る言葉を、 D **より前**の文章中から**三字**で**抜き出して**書きなさい。

(4) 文章中の <u>聞き給ひ</u>[E] を現代仮名づかいに改め、**全てひらがな**で書きなさい。

(5) 文章中に <u>その方へも太鼓のばちを当て申さん</u>[F] とあるが、一休は、旦那のどのような行為に対して、罰を与えると言っているのか。その内容を、「……という行為。」につながる形で、「寺」という言葉を使って、**十五字以上、二十字以内**の現代語で書きなさい。

八

下の**資料**(グラフ)は、全国の成人男女、約三六〇〇人に対し、二〇二〇年に開催される「東京オリンピック・パラリンピック」について、どのような考えをもっているか、調査を行い、その回答をまとめたものです。これを見て、次の〈条件〉にしたがい、〈注意事項〉を守ってあなたの考えを書きなさい。

〈条件〉
① **二段落構成**とし、**八行以上、十行以内**で書くこと。
② 前段では、下の**資料**(グラフ)から読み取ったことを書くこと。
③ 後段では、二〇二〇年に開催される「東京オリンピック・パラリンピック」の意義について、あなたの考えを書くこと。

〈注意事項〉
① 氏名や題名は書かないこと。
② 原稿用紙の適切な使い方にしたがって書くこと。

エのうちから一つ選び、その符号を書きなさい。

ア　当番でもない自分が弓道場の鍵を開けること。
イ　上級生の由佳が弓道場の鍵を持っていたこと。
ウ　実良が上級生の由佳に弓道場の鍵を預けたこと。
エ　弓道場の鍵の当番を下級生だけが受け持つこと。

(2)　次の一文は本文の一部である。この一文を文章中にもどす場合に、最も適当な箇所を、文章中の【a】～【d】のうちから一つ選び、その符号を書きなさい。

> それどころか、「残りの荷物はどうなったんやろうか」なんて、自分が残してきた荷物の心配なんかしている。

(3)　文章中にB早弥ちゃんもそう思うよね　とあるが、由佳は、実良のどのようなところを「天才」だと思っているのか。その内容を説明した次の文の［Ⅰ］、［Ⅱ］に入る言葉を、それぞれ書きなさい。ただし、［Ⅰ］は**十字以上、十五字以内**で考えて書き、［Ⅱ］は文章中から**九字**で**抜き出して**書きなさい。

> 弓道の初心者にもかかわらず、入部してすぐに［Ⅰ］ところや、新人戦という、実良にとって［Ⅱ］でも、緊張することなく、決勝戦にまで進んだところ。

(4)　文章中にC由佳の顔からはいつの間にか、笑いが消えていた　とあるが、このときの由佳の心情として最も適当なものを、次の**ア**～**エ**のうちから一つ選び、その符号を書きなさい。

ア　大きな大会で自分よりもよい成績を残している実良を、ねたましいと感じてしまった自分を恥じている。
イ　せっかく豊かな才能を持っているにもかかわらず、地道な努力を怠(おこた)っている実良に、怒りを覚えている。
ウ　実良の弓道の上達の早さに、上級生である自分の立場を危うく感じるようになり、緊張を隠せずにいる。
エ　実良の弓道における人並外れた才能には疑う余地などないと確信し、改めて実良の実力に感心している。

(5)　文章中にDフォームの美しさ　とあるが、実良の「フォーム」の美しさを、比喩を使って表現している部分を、文章中から**十四字で抜き出して**、**はじめの五字**を書きなさい。

(6)　文章中にEわたしには、才能ないのかも　とあるが、このように言ったときの早弥の気持ちについて説明した次の文の［　］に入る言葉を、**五字以上、十字以内**で書きなさい。

> 実良と同じ時期に弓道を始めたのに、実良の成長や進歩の早さについていけず、違いをまざまざと見せつけられた自分を［　］気持ち。

七

次の文章を読み、あとの(1)～(5)の問いに答えなさい。

> こびたる(教養のある)旦那(だんな)(注1)ありて、常に来たりて和尚(をしやう)(注2)に参学(さんがく)(注3)などし侍りて(はべりて)(しておりました)は、一休の発明なる(賢いさま)を心地よくA思ひて、折々(をりをり)はBたはぶれを言ひて問答などしけり。ある時、かの旦那、皮ばかま(注4)を着て来たりけるを、一休、門外にてちらと見、内へ走り入りて、Cへぎ(注5)に書き付け、立てられけるは、「この寺の内へ皮の類(たぐひ)、固く禁制なり。も

「ねえ、早弥ちゃん、実良ちゃん今度は何したんやか。服装指導かな」

「そうですねえ」

実良が何をしたのか、考えようとしてすぐにやめた。むだやし。実良の非常識な行動には、バリエーション(注2)がありすぎて、早弥には考えがおよばない。【d】

「早めに帰してもらわんとねえ。試合も近いし」

「大丈夫じゃないですか。実良、天才だし」

ぼそっとつぶやくと、由佳は興奮ぎみに手をぱたぱたと振った。

「そうそう、B早弥ちゃんもそう思うよね。始めたばっかりで、あの的中率はありえんよね」

幼いころから弓道をやっている有段者の由佳が言うのだからまちがいはないだろう。

確かに実良は、入部したときからほかの部員とは明らかにちがった。初心者にもかかわらず、的打ちですぐに中りを連発したのだ。

「勘がいいですね」

見ていた監督の顔色が変わったのを、よく覚えている。

一方の早弥はといえば、初めて持つ弓の長さに戸惑い、弦を引くどころではないありさまで、初日から暗い気持ちになったものだ。

「C去年の新人戦もすごかったよねえ」

由佳の顔からはいつの間にか、笑いが消えていた。ありえない歴史を語るときのように密やかな声で言う。

これにもうなずくしかない。初めての大きな大会だというのに、実良はまったく緊張していなかった。ひるむことも、気負うこともなかった。それどころか楽しそうに的を射続けて、気がつくと決勝戦まで進んでいた。

さすがに優勝は逃してしまったけれど、Dフォームの美しさでは相手に負けていなかった。背が高い実良が弓を構えると、それだけで迫力がある。それでいて細長い腕はしなやかで、武道というよりバレエでも見ているような感じだ。けれど力はしっかりとこめられていて、弓から放たれた矢は、迷うことなく、一直線に的に向かう。

それに引きかえ、自分は石、だった。緊張のあまりがちがちに固まってしまい、所作はおろか、息の仕方も忘れたくらいだ。始めて一年と三か月。今だって、やっと弦がまともに引けるようになったレベルだ。まだまだ的に中るとか、そういう次元ではない。

「Eわたしには、才能ないのかも」

心の中で言うつもりだったのに、砂を吐き出すような声が出た。

「そんなことないよ。早弥ちゃんがんばっとるやん。そのうち結果がついてくるはずっちゃ」

そのうち、はず、ねえ。

早弥は小さなため息をついて、荷物を持った。うじゃうじゃとついた派手な小物や縫いぐるみのマスコットが、盛大に揺れた。

（まはら三桃『たまごを持つように』による。）

（注1）上がりかまち＝上がり口に取り付けた横木。
（注2）バリエーション＝変化。変動。

(1) 文章中にA早弥は不思議に思いながら とあるが、早弥はどのようなことを不思議に思ったのか。最も適当なものを、次の**ア**～

② 「日本語がヨーロッパの言語のような論理性をもたない、また、もつ必要」がなかったとあるが、その理由について説明した次の文の［　］に入る言葉を、**十字以上、二十字以内**で書きなさい。

> 日本人には、長い間、比較的閉鎖的な小社会に定住してきたという歴史があり、日本語を使って［　］がなかったから。

(5) この文章で述べられていることとして最も適当なものを、次の**ア～エ**のうちから一つ選び、その符号を書きなさい。

ア 日本人政治家の多くは、国内向けと外国人相手とで言葉づかいや態度を変えるので、軽薄なイメージをもたれている。

イ 異民族が複雑に入り混じるアメリカ社会では、小範囲の人とのコミュニケーションを可能とする言語が必要とされる。

ウ 他国の人がもっている日本人に対する先入観を取り除くために、日本人は人を笑わせるための話術を磨くべきである。

エ 言語は、特定の人間関係の歴史と深い関係をもつため、異なる社会の言語を翻訳することは本来不可能であるといえる。

六

次の文章を読み、あとの(1)～(6)の問いに答えなさい。

〔弓道部に所属する、中学二年生の伊吹早弥が、放課後、弓道場にやってきた場面である。〕

背後から地鳴りのような音がし始めた。近づいてくる。どうやら人の足音のようだ。「はあ、はあ」と、ときどき苦しそうな息づかいが混じっている。

振り返ったとたん、山のような人影が倒れこむようにやってきた。三年生の柏木由佳だった。体積がいつもの二倍はあると思ったら大荷物だ。両方の肩、腕、手と、持てるだけ持っている。

「はー、疲れた」

由佳は体を震わせるようにして、ぜいぜいと荒い息を吐いた。

「先輩、大丈夫ですか？」

「あー、きつかった。結局追いつかんやった。早弥ちゃんのこと、昇降口を出たとこで見つけて追いかけたのに、急に走り出すんやもん。はい、鍵」

「？」

通常、弓道場の鍵は、A<u>当番の下級生が開けることになっている</u>。なのになぜ先輩が？ 早弥は不思議に思いながらも鍵を受け取り、ぎしがしと戸を開けた。

「ちょっと持ってもらおうと思ったんやけどね」

由佳はその大荷物を、「どっこいしょ」と上(注1)がりかまちに置いた。弓ケースと通学かばんとサブバッグを二つずつ。【a】

だれのやろう？ と考える間もなく、サブバッグについたおびただしい数のマスコットやストラップが目に入った。

持ち主、当番、ともに判明。

「さっき実良ちゃんがねえ」

由佳は昔話でも語り始めるような、のどかな調子で説明しだした。【b】

「部室の前で古賀先生にまたつかまっとってね」

古賀先生というのは、生徒指導の先生だ。

「引っ張られていきながら、『これこれ』て、わたしに荷物、押しやったんよ。まあ持てるだけ持ってはきたけど」

先輩に荷物を？ 早弥はあきれかえったが、持たされた由佳は、さして怒っているふうでもない。【c】

日本語は論理的でないからダメだと悲観する人があるが、これは日本語がヨーロッパの言語のような論理性をもたない、また、もつ必要のなかった背後の言語生活を考慮に入れない見当違いの意見である。レトリックと論理を軸とする大陸的コミュニケーションではどうしてもうるおいに欠けるが、それを補うものとしてヒューマー(注6)やジョークが発達する。人を笑わせる話術にすぐれている。さきの国際会議でもさかんにたえずみんなを笑わせたそうである。

こう考えてくると、国語の違いこそ、人間関係の独自性の証人だということができる。普遍的言語や一般的人間関係というものは存在しない。あるのは特定社会の人間とその言語で、「ことばは国の手形」だというが、両者の間には切っても切れない関係がある。外国語の翻訳はその意味からいえば不可能になる。

（外山滋比古『省略の文学』による。）

（注１）玄人筋＝長年その分野を専門にしている人たち。
（注２）某氏＝ある人物。
（注３）ニュアンス＝言葉などの微妙な意味合い。
（注４）混淆＝いりまじること。
（注５）レトリック＝言葉を巧みに用いて効果的に表現すること。
（注６）ヒューマー＝ユーモア。上品で、笑いを誘うしゃれ。

(1) 文章中の［A］に入る言葉として最も適当なものを、次の**ア**～**エ**のうちから一つ選び、その符号を書きなさい。

ア 砂　**イ** 唇　**ウ** つめ　**エ** ほぞ

(2) 文章中に まったく同感である とあるが、筆者は、どのようなことに共感しているのか。その内容として最も適当なものを、次の**ア**～**エ**のうちから一つ選び、その符号を書きなさい。

ア 日本人が、外国人に評価されようとして、大げさな身ぶりを交えて熱弁をふるう必要はないということ。

イ 日本人が、もてなしのためとはいえ、外国人の好みに合わせておもしろい話をする必要はないということ。

ウ 日本人が、外国人とコミュニケーションをとる場合には、考え方や話し方を見直す必要があるということ。

エ 日本人が、国際社会に進出するためには、英語でスピーチする能力を身につける必要があるということ。

(3) 文章中に われわれは家族を相手に、ジェスチャーたっぷりの演説を試みたりはしない とあるが、その理由について説明した次の文の［　］に入る言葉を、文章中から**八字**で**抜き出して**書きなさい。

> 会話にジェスチャーを取り入れなくても、家族であれば互いに［　］を感じ取ることができ、十分にコミュニケーションが成立するから。

(4) 文章中の 日本語がヨーロッパの言語のような論理性をもたない、また、もつ必要のなかった背後の言語生活を考慮に入れない見当違いの意見である について、次の①、②の問いに答えなさい。

① 「ヨーロッパの言語のような論理性」の具体的な内容について説明した次の文の［Ⅰ］、［Ⅱ］に入る言葉を、文章中から**抜き出して**、それぞれ**八字**で書きなさい。

> ヨーロッパの言語は、相手に［Ⅰ］を理解してもらうための［Ⅱ］を重視するという傾向を持っているということ。

(2) 文章中の〰〰①～④の**四つ**の動詞のうち、一つだけ**活用形**が**異なるもの**がある。その符号を書きなさい。

(3) 文章中の B花火 を、行書で次のように書いた時の特徴として**適当でないもの**を、あとの**ア～エ**のうちから一つ選び、その符号を書きなさい。

花火

ア 点画が連続している。
イ 点画が省略されている。
ウ 楷書に比べて筆順が変化している。
エ 楷書に比べて点画の位置が変化している。

五

次の文章を読み、あとの(1)～(5)の問いに答えなさい。

最近日本で開かれたある日米国際会議についてこんな話をきいた。夕方、一日の会議が終わると、くつろいだ懇親会になるのだが、その時の両国代表者たちの話ぶりがいかにも対照的だった、というのである。日本側の代表がたいてい、用意したメモなどを見ながらまるで［A］をかむような単調なスピーチをしたのに、相手側は身振りよろしく熱弁をふるい、かつおもしろいことを言ってみんなをさかんに笑わせた。

日本側で話をしたのはいずれも政界の有力者で玄人筋(注1)(くろうとすじ)からきわめて高く評価されている人たちばかりだが、こういう席ではまったく神通力を失ってしまう。しかし、もし、かりにかれらがその時の外国人のような雄弁(ゆうべん)をふるったらどうであろう。かえって軽いとか、小物だとかいった批判をされるにちがいない。日本のコミュニケーションはどうも外国人と異質なところがあるようだ。いや、国内向けと外国人相手とでは、発想も、話し方もちがわなくてはならないようだ。この裏話を伝えてくれた某氏(注2)(ぼうし)はそう結論したが、B まったく同感である。近頃、国際主義が流行しているが、こと言語に関しては、簡単にインターナショナルになれない関所のあることを忘れてはならない。

われわれの言語は過去の長い人間関係の歴史によって枠をはめられている。その枠のことは日本人同士では気づかずにいるが、いったん外国人と交渉をもつようになると、いやでも意識させられるようになる。

われわれは一民族一言語の歴史をながくつづけてきているから、日本語は小範囲の伝達のためにはじつによく発達しているが、未知の人間との意志疎通にはあまり有効でないところがある。日本人が比較的閉鎖的な小社会に定住していた歴史の長かった証拠である。

C われわれは家族を相手に、ジェスチャーたっぷりの演説を試みたりはしない。家族間の会話はもっとも親密なもので、それだけにニュアンス(注3)に富んでいる。半分まで言えばわかってしまう。こういう間柄では言葉の微妙な変化にも敏感であるから、大きな身振りのことばにはテレる。――そういった言葉の特質が日本語全体を通しても認められるのである。小味で、適当にアイマイで、情緒的で、敬語が多いというわけである。

それにひきかえ、たとえばアメリカのように異民族の混淆(注4)(こんこう)のいちじるしい社会では、伝達範囲はずっと大きくて開放的である。どこの馬の骨かもわからないような人間を相手にして、こまかいニュアンスやことばのアヤを問題とするのは賢明ではない。自然、最小限必要なことをわからせようとすることになるであろう。レトリック(注5)と論理が発達せざるを得ない。

※注意　各ページの全ての問題について、解答する際に字数制限がある場合には、句読点や「　」などの符号も字数に数えること。

一

これから、中学生の娘とその父親が話している一場面と、それに関連した問いを四問放送します。よく聞いて、それぞれの問いに答えなさい。

(1)（問いを放送します。）

［選択肢］

ア　対句　イ　擬人法　ウ　倒置法　エ　体言止め

(2)（問いを放送します。）

［選択肢］

ア　杞憂(きゆう)　イ　矛盾　ウ　杜撰(ずさん)　エ　蛇足

(3)（問いを放送します。）

［選択肢］

ア　自分の本当の夢を見つけるには、大学に入るのが一番の近道だということ。

イ　その時、その時の自分のやりたいことを追いかけることが大切だということ。

ウ　中学生の時に、自分の夢を持っていなくても、何も問題はないということ。

エ　何にでもなれるという自分の可能性を、決して捨ててはいけないということ。

(4)（問いを放送します。）

［選択肢］

ア　自分の好みの洋服を作ってみたい。

イ　服飾デザイナーとして活躍したい。

ウ　モデルになって有名になりたい。

エ　おしゃれな服をいっぱい着たい。

聞き取りテスト終了後、３ページ以降も解答しなさい。

二

次の(1)～(4)の――の漢字の読みを、**ひらがな**で書きなさい。

(1)　細かい砂の粒子が付着する。　(2)　忘却し得ない出来事だった。

(3)　その場を繕って言い逃れる。　(4)　その道を究めた人から学ぶ。

三

次の(1)～(4)の――のカタカナの部分を**漢字**に直して、楷書(かいしょ)で書きなさい。（正確にていねいに書きなさい。）

(1)　遭難した人のアンピを気づかう。

(2)　自分の絵画をテンラン会に出品する。

(3)　日がクれて辺りが薄暗くなる。

(4)　一代で莫大(ばくだい)な財産をキズく。

四

次の文章を読み、あとの(1)～(3)の問いに答えなさい。

Ａ私が小学生だった時、友だちの一人に、父親がラムネを作る工場の経営者だという子がいた。時々、その友だちに①誘われて、その工場に見物に②行き、できたてのラムネを③もらって④飲んだ。ラムネというものは、決してじっくり味わうというものではないがＢ花火などと同じ類の、何か楽しい味のものであった。今はなつかしい思い出の味となっている。

(1)　文章中のＡ私が小学生だった時、友だちの一人に、父親がラムネを作る工場の経営者だという子がいたの部分には、**名詞**がいくつ含まれているか。名詞の数を**漢数字**で書きなさい。

(合図音B)

父　つじつまは合ってるよ。お父さんが本当にやりたいことを見つけたのは大学生の時なんだ。つまり、その時、その時に自分がやりたいと思ったことを追いかけていくうちに、本当の夢を見つけることができたんだよ。

娘　つまり、少しずつ変わっていったということね、自分のやりたいことや夢が。

父　そういうことだね。だから、お父さんが言いたいのは、夢はいくつも持っていいし、今、夢をもっていなくても、何の問題はないってことなんだ。夢を持っていないというのは、自分が何にでもなれるということでもあるんだよ。だから、一つ忘れてほしくないのは、自分の可能性だけは捨てないでほしいということだね。

(合図音A)

問いの(3)　父親が、やりたいことが見つけられないという娘に対して送ったアドバイスの内容として適当でないものを、選択肢ア～エのうちから一つ選び、その符号を書きなさい。繰り返します。父親のアドバイスの内容として適当でないものを、選択肢ア～エのうちから一つ選び、その符号を書きなさい。

(約10秒間休止)

(合図音B)

娘　私、何を基準に高校を選べばいいのかわからないよ、自分がやりたいことを見つけられていないから。

父　むずかしく考えすぎじゃないかな。お父さんが、プロ野球選手になりたいと思ったのなんて、その時に夢中になれるものを追いかけようとしただけで、単なる思い付きみたいなものだったよ。でも、その思い付きがきっかけで野球の強い高校を選んで入ったら、最終的には大学でまったく別の夢にいきついていたんだ。

娘　私、重く考えすぎていたのかなあ、自分の夢というものを。思い付きでいいのなら、たとえば……

(合図音A)

問いの(4)　ここで娘は、自分のやりたいことの具体例を挙げました。次に続く会話を参考にして、娘が挙げた具体例として最も適当なものを、選択肢ア～エのうちから一つ選び、その符号を書きなさい。

(約2秒間休止)

(合図音B)

父　いいと思うよ。だったら、その思い付きを一歩進めて、モデルになって服を着たいのか、デザイナーになって自分の気に入った服を作って着るのか、自分のやりたいことを具体的にイメージしてみてごらん。おしゃれな服を着るにしてもいろんな方法があるから、自分が一番夢中になれそうなものが何かを想像してみるんだよ。

娘　そうやって広げていくのね、想像を。少しわかった気がするわ。今日はありがとう、お父さん。

(チャイム)

放送は以上です。3ページ以降も解答しなさい。

国語

国語聞き取りテスト台本

〈チャイム〉

これから、国語の聞き取りテストを行います。これは、放送を聞いて問いに答える問題です。それでは問題用紙の1ページと2ページを開きなさい。　**(約2秒間休止)**

これから、中学生の娘とその父親が話している一場面と、それに関連した問いを四問放送します。よく聞いて、それぞれの問いに答えなさい。　**(約2秒間休止)**

なお、会話の途中と最後に、(合図音A)という合図のあと、問いを放送します。また、(合図音B)という合図のあと、会話の場面の続きを放送します。

1ページと2ページにメモをとってもかまいません。

では、始めます。

〈チャイム〉

父　そろそろ進路を決めなきゃならないんだろう? どの高校を受けるか、もう決めたのかい。

娘　迷っているのよ、まだ。お父さんは迷わなかったの、自分の進路を?

父　それは迷ったよ。プロ野球選手や建築士、歴史学者と、その当時はなりたいものがたくさんあったからね。

娘　そうかあ、私にはないのよね、やりたいことが。やっぱり持ってないとだめなのかなあ、自分の夢を。

父　そんなことはないよ。お父さんも、中学生の頃の夢を、何ひとつ達成することはできなかったわけだしね。

娘　つまり、夢なんて持ってもしかたがないって言いたいわけ、お父さんは?

父　そうじゃないよ。だって、お父さんは今、自分がやりたいと思っていたことを、実際にやれているからね。

娘　え? さっき言ったよ、達成することができなかったって。つじつまが合わないわ、さっき言ったことと。

(合図音A)

問いの(1)　娘のここまでの話し方には、ある表現技法を用いるという特徴がありました。その表現技法を、選択肢ア〜エのうちから一つ選び、その符号を書きなさい。　**(約5秒間休止)**

問いの(2)　娘の発言の中に「つじつまが合わない」とありましたが、「つじつまが合わないこと」という意味の故事成語を、選択肢ア〜エのうちから一つ選び、その符号を書きなさい。　**(約5秒間休止)**

第２回紙上公開もし（令和元年10月実施）

数　学

1　次の(1)～(6)の問いに答えなさい。

(1)　$(-15)\div(-5)$　を計算しなさい。

(2)　$(-3^2)+\left(-\dfrac{1}{4}\right)\times 12$　を計算しなさい。

(3)　$6\left(\dfrac{1}{2}a-\dfrac{1}{3}b\right)-a+3b$　を計算しなさい。

(4)　連立方程式 $\begin{cases}3x-y=8\\x-2y=6\end{cases}$　を解きなさい。

(5)　$-\sqrt{28}+\dfrac{28}{\sqrt{7}}$　を計算しなさい。

(6)　二次方程式　$(x-2)^2=25$　を解きなさい。

2　次の(1)～(5)の問いに答えなさい。

(1)　次の**ア**～**エ**のうちから，正しいものを１つ選び，符号で答えなさい。

ア　$\sqrt{49}=\pm 7$ である。　　**イ**　$-\sqrt{(-2)^2}=2$ である。

ウ　$-\sqrt{6}$ は６の平方根の１つである。　　**エ**　$\sqrt{25}$ の平方根は ± 5 である。

(2)　下の資料は，ある都市の１日の最高気温を１週間分記録したものである。
最高気温の中央値(ちゅうおうち)（メジアン）を求めなさい。

26.7	26.5	30.2	29.8	28.3	26.9	27.2

（単位：℃）

(3)　右の図のように，底面の半径が３cm，母線の長さが６cmの円錐(えんすい)がある。この円錐の表面積を求めなさい。
ただし，円周率は π を用いることとする。

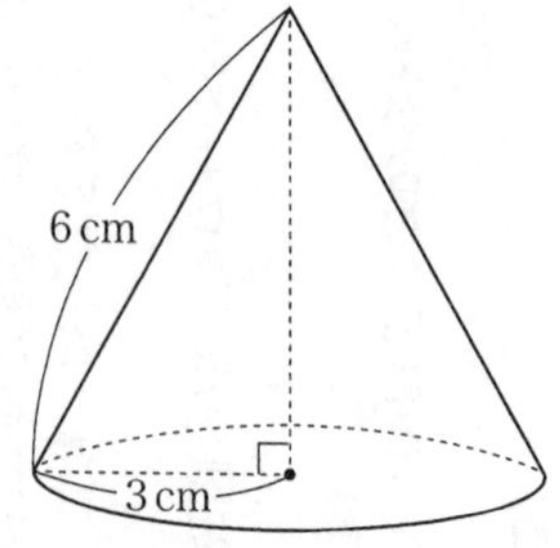

(4)　下の図のように，１，２，３，４，５，６，７，８の数字が１枚に１つずつ書かれた８枚のカードがある。この８枚のカードを裏返しにしてよく混ぜ，同時に２枚取り出す。
このとき，取り出した２枚のカードに書かれた数の和が３の倍数になる確率を求めなさい。
ただし，どのカードの取り出し方も同様に確からしいものとする。

1	2	3	4	5	6	7	8

⑸ 右の図のように，線分ＡＢ，ＢＣ，ＣＤがある。この３本の線分に接する円Ｏの中心Ｏを作図によって求めなさい。また，中心Ｏの位置を示す文字Ｏも書きなさい。

ただし，三角定規の角を利用して直線をひくことはしないものとし，作図に用いた線は消さずに残しておくこと。

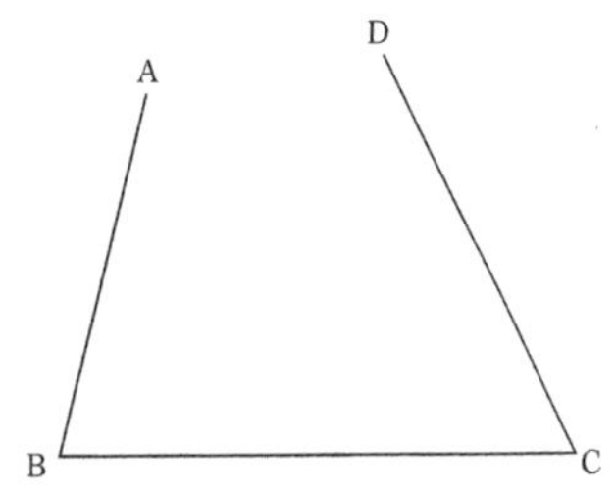

3 下の図のように，関数$y=x+5$のグラフと関数$y=ax-4$のグラフが点Ａで交わっている。x軸上に点Ｐをとり，点Ｐを通るy軸に平行な直線ℓをひく。直線ℓと関数$y=x+5$のグラフ，関数$y=ax-4$のグラフとの交点をそれぞれＱ，Ｒとする。点Ｑを通るx軸に平行な直線と関数$y=ax-4$のグラフとの交点をＳ，点Ｒを通るx軸に平行な直線と関数$y=x+5$のグラフとの交点をＴとする。点Ａのx座標が-3であるとき，次の⑴～⑶の問いに答えなさい。

ただし，点Ｐのx座標は$x>-3$とする。

また，原点Ｏから点(１，０)までの距離及び原点Ｏから点(０，１)までの距離をそれぞれ1 cmとする。

⑴ aの値を求めなさい。

⑵ 点Ｐのx座標が３のとき，線分ＳＱの長さを求めなさい。

⑶ 線分ＳＱの長さと線分ＴＲの長さの和が45 cmのとき，点Ｐのx座標を求めなさい。

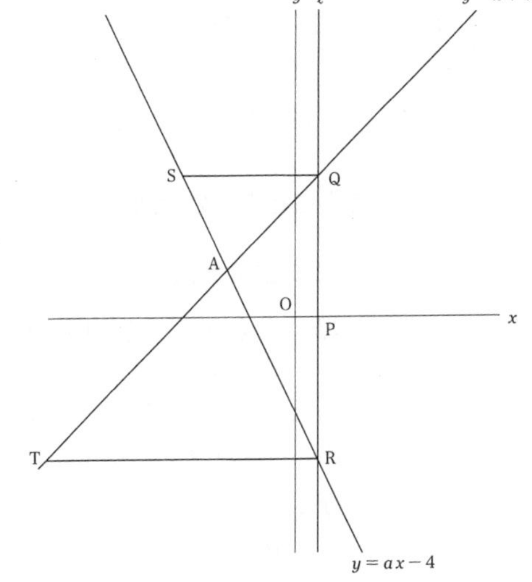

4 右の図のように，△ＡＢＣがある。辺ＢＣの垂直二等分線ℓをかき，直線ℓと辺ＡＣ，辺ＢＣとの交点をそれぞれＤ，Ｅとし，点Ｂと点Ｄを結ぶ。

このとき，次の⑴，⑵の問いに答えなさい。

⑴ ＢＤ＝ＣＤとなることの証明を，次の［　　］の中に途中まで示してある。

［(a)］に入る最も適当なものを，次の**選択肢**の**ア～ウ**のうちから，［(b)］に入る最も適当なものを，次の**選択肢**の**エ～カ**のうちからそれぞれ１つずつ選び，符号で答えなさい。また，［(c)］には証明の続きを書き，**証明**を完成させなさい。

ただし，［　　］の中の①，②に示されている関係を使う場合，番号の①，②を用いてもかまわないものとする。

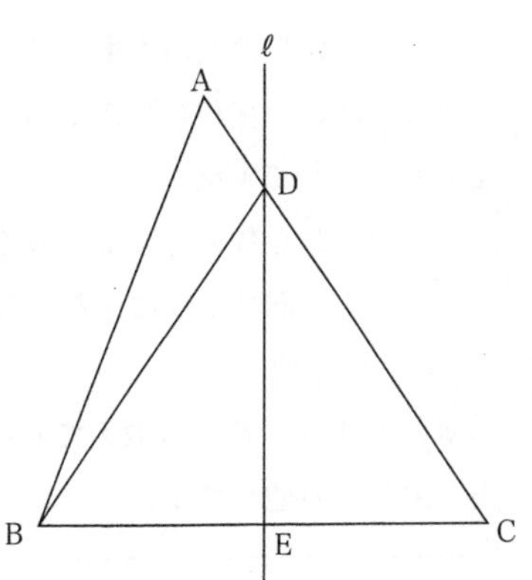

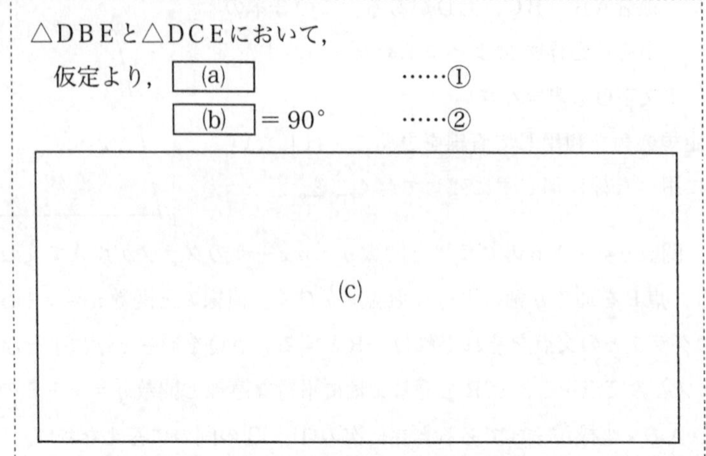

選択肢

ア	∠ＢＡＣ＝∠ＢＣＡ	**イ**	ＡＢ＝ＢＣ	**ウ**	ＢＥ＝ＣＥ
エ	∠ＤＢＥ＝∠ＤＣＥ	**オ**	∠ＢＤＥ＝∠ＣＤＥ	**カ**	∠ＢＥＤ＝∠ＣＥＤ

⑵　∠ＢＡＣ＝ a°，∠ＡＣＢ＝ b°のとき，∠ＡＢＤの大きさを a，b を用いた式で表しなさい。

5

次の**ふゆこさんと先生の会話**を読み，あとの⑴〜⑶の問いに答えなさい。

ふゆこさんと先生の会話

先　生：48個の分数が，ある規則にしたがって並んでいます。

$$\frac{49}{2},\ \frac{48}{3},\ \frac{47}{4},\ \frac{46}{5},\ \cdots$$

これらの数の列を，分母と分子に分けて整理して下さい。

ふゆこ：分母は2からはじまって，1ずつ増加しています。
分子は49からはじまって，1ずつ減少しています。

先　生：そうですね。左から数えて5番目の数は $\frac{45}{6}$ であり，8番目の数は［㋐］です。
この数の列の1番最後，つまり左から数えて48番目の数を求めて下さい。

ふゆこ：はい。左から数えて48番目の数は［㋑］です。

先　生：そうですね。
左から数えて n 番目の数の分母を n を使った最も簡単な式で表すと［㋒］になります。同じように，左から数えて n 番目の数の分子を n を使った最も簡単な式で表しましょう。

ふゆこ：はい。左から数えて n 番目の数の分子は［㋓］になります。

先　生：その通りです。

⑴　会話中の［㋐］〜［㋓］に入る最も適当な数または式をそれぞれ書きなさい。

⑵　48個の分数のうち，1に最も近いものを求めなさい。

⑶　48個の分数のうち，約分できる数の個数を求めなさい。

英　語

英語リスニング放送台本

これから英語のテストを行います。最初はリスニングテストです。リスニングテストはすべて放送で行います。リスニングテスト終了までは，**2**ページ以降を開かないでください。

それでは，問題用紙の**1**ページを開いてください。リスニングテストの問題は**1**から**4**の四つです。

では**1**から始めます。

1は，英語の対話を聞いて，最後の文に対する受け答えを選ぶ問題です。受け答えとして最も適当なものを，問題用紙のAからDのうちから一つずつ選んで，その符号を書きなさい。なお，対話はそれぞれ**2**回放送します。では，始めます。

No. 1　Woman : You'll go to Fred's house, right?
Boy : Right.
Woman : I see. Come home before six.
繰り返します。（対話を繰り返す。）

No. 2　（電話音）
Girl : Hello. This is Jane.
Boy : Hello, Jane. This is Mike.
Girl : Hi, Mike. May I speak to Liz?
繰り返します。（対話を繰り返す。）

No. 3　Boy : What did you do yesterday?
Girl : I went to see a movie with Alice and Mary.
Boy : That's good. How was it?
繰り返します。（対話を繰り返す。）

次は**2**です。

2は，英語の対話を聞いて，それぞれの内容についての質問に答える問題です。質問の答えとして最も適当なものを，問題用紙のAからDのうちから一つずつ選んで，その符号を書きなさい。なお，英文と質問はそれぞれ**2**回放送します。では，始めます。

No. 1　Girl : Is this yours?
Boy : Yes. My brother used it, but he doesn't use it now. So he gave it to me.
Girl : I see. Do you use it often?
Boy : Yes. I usually use it when I go to school. So I don't have to walk to school.
Question : What did the boy get from his brother?
繰り返します。（対話と質問文を繰り返す。）

No. 2　Boy : Where is my camera? Do you know, mom? I looked in my bag, but it wasn't there.
Woman : Did you look for it on your desk? You usually put it there, right?
Boy : Right, but it wasn't there. I also looked on my bed, but I couldn't find it there either.
Woman : Oh, look. I can see your camera there. You didn't look there.
Question : Where is the boy's camera?
繰り返します。（対話と質問文を繰り返す。）

次は**3**です。

3は，英語の文章又は英語の対話を聞いて，それぞれの内容についての質問に答える問題です。質問の答えとして最も適当なものを，問題用紙のＡからＤのうちから一つずつ選んで，その符号を書きなさい。なお，英文と質問はそれぞれ**2**回放送します。では，始めます。

No. 1　Hello. I'm Rika. I like English and I study it for two hours every day. I went to Canada to study it three years ago and stayed there for five months. I stayed with Mr. and Mrs. Green, and their two children, Beth and Ann. They were nice and I learned a lot of English from them. I had a good time.

Question : How many people did Rika stay with in Canada?

繰り返します。（英文と質問文を繰り返す。）

No. 2　Boy : Your bag is nice! It has a picture of a dog on it.

Girl : Thank you. I like dogs, so my mother bought it for me on my birthday.

Boy : I see. Do you have a dog?

Girl : Yes. I have a brown dog. Do you have a dog, too?

Boy : No, but I have a white cat.

Girl : That's nice. I like cats, too.

Question : What animal does the boy have?

繰り返します。（対話と質問文を繰り返す。）

次は**4**です。

4は，英語の文章を聞いて，その内容について答える問題です。問題は，**No.1**，**No.2**の二題です。問題用紙には，それぞれの英語の文章の内容に関する一文が書かれています。（間３秒）その文を完成するために，①，②にあてはまる英単語を書きなさい。ただし，□には**1文字**ずつ入るものとします。なお，英文はそれぞれ**2**回放送します。では，始めます。

No. 1　Lucy is a junior high school student. She has a sister, Jane. She is a high school student. She is always kind to people around her, so everyone likes her very much. Lucy wants to be a person like her.

No. 2　Tim likes sports very much. Baseball is his favorite sport and he often plays it with his friends. He is going to play it with them next Sunday. So he hopes that the weather will be good that day.

以上で，リスニングテストを終わります。**2**ページ以降の問題に答えなさい。

1

英語リスニングテスト（**放送**による**指示**に従って答えなさい。）

No.1	A．You're welcome. C．Yes, let's.	B．Excuse me. D．OK, I will.
No.2	A．Sorry, she isn't at home now. C．Oh, I hope I can.	B．Yes, please call me again. D．Then, I'll leave you a message.
No.3	A．They are my good friends. C．The story was about animals.	B．It was exciting. D．In the morning.

2 英語リスニングテスト（**放送**による**指示**に従って答えなさい。）

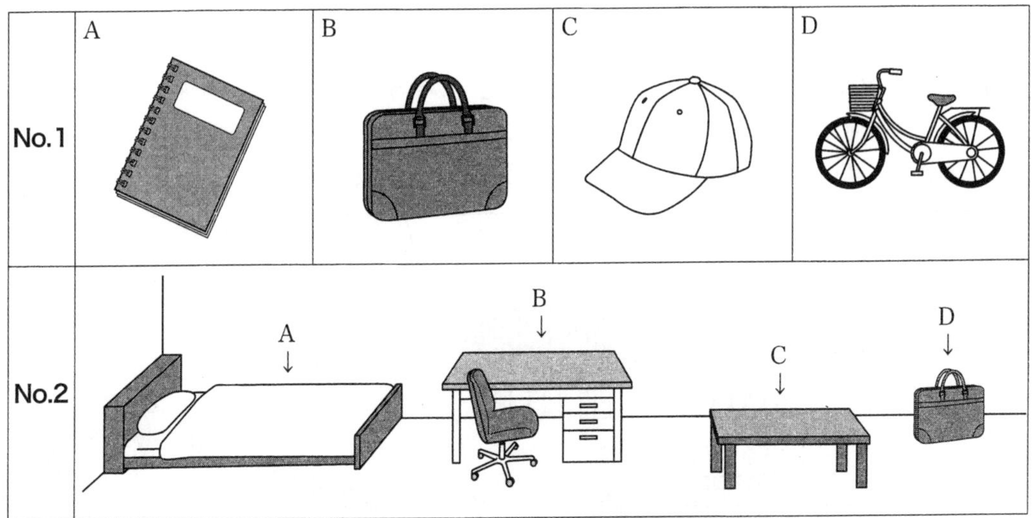

3 英語リスニングテスト（**放送**による**指示**に従って答えなさい。）

No.1	A．She stayed with two people. C．She stayed with four people.	B．She stayed with three people. D．She stayed with five people.
No.2	A．He has a white dog. C．He has a brown dog.	B．He has a white cat. D．He has a brown cat.

4 英語リスニングテスト（**放送**による**指示**に従って答えなさい。）

No.1	Lucy wants to be a（①□□□□□□）like her（②□□□□□□）.
No.2	Tim hopes the（①□□□□□□□）will be good next（②□□□□□□）.

5 次の(1)～(5)のそれぞれの対話文を完成させなさい。

(1)，(2)については，（　　）の中の語を最も適当な形にしなさい。ただし，**１語**で答えること。また，(3)～(5)については，それぞれの（　　）の中の**ア**～**オ**を正しい語順に並べかえ，その順序を符号で示しなさい。なお，文頭に来るべき語も小文字で示してあります。

(1) A：Alice is my friend. This book is (she).
　　B：I see.

(2) A：Are you the (tall) in your family?
　　B：Yes, I am.

(3) A：Judy, (**ア** by　**イ** school　**ウ** is　**エ** cleaned　**オ** your) students?
　　B：No. Our teachers join, too.

(4) A：(**ア** makes　**イ** eating　**ウ** happy　**エ** food　**オ** me).
　　B：That's good.

(5) A：I have a good friend, Emily. (ア small イ gave ウ a エ me オ she) bag on my birthday.
B：Oh, she is kind!

6 ケイト(Kate)とアレックス(Alex)が会話をしています。この場面で，ケイトの言葉に対してアレックスは何と答えると思いますか。その言葉を英語で書きなさい。
ただし，語の数は**20語程度**(. , ? ! などの符号は語数に含まない。)とすること。

7 次の(1)～(3)の英文を読んで，それぞれの問いに答えなさい。

(1) One day, Goro went to a shop to buy a new *pencase. In the shop, he looked at some pencases, but he didn't buy (Ⓐ) at the shop. There were no good ones for him. After that, he went to another shop. He found a blue one there, and he liked it a lot. Then, he bought it.

The next day, he took the pencase to his school. His classmates saw it and said, "Your new pencase is nice!" Goro was (Ⓑ) to hear that.

(注) pencase ふでばこ

本文中の (Ⓐ)，(Ⓑ) に入る最も適当な語を，それぞれ次の**ア**～**エ**のうちから一つずつ選び，その符号を書きなさい。

Ⓐ ア something イ anything ウ everything エ nothing
Ⓑ ア glad イ tired ウ interested エ important

(2) My name is Tom. I'm a junior high school student in London. I have a brother, John. He goes to a *university in Chiba. Last summer, I visited Chiba to meet him. I stayed at his house for two weeks. I went to many famous places with him. One day, John took me to his good friend's house. His name is Taro. He had a piano in his room, and he played the piano for us. His piano music was very beautiful, so I asked him, "(　　　)" He answered, "For fifteen years." After that, we talked a lot about music in English, and I learned about Japanese famous *singers from him. I did a lot of things during my stay in

Chiba, but my visit to Taro's house was the best *memory. I want to see him again.

(注) university 大学　singer 歌手　memory 思い出

① 本文中の（　　）に入る質問文を**７語**の英語で書きなさい。

② 本文の内容に合っているものを，次の**ア**～**エ**のうちから一つ選び，その符号を書きなさい。

ア トム(Tom)はジョン(John)の友だちである。

イ トムは，この前の夏に千葉に１週間滞在した。

ウ 太郎(Taro)は，ジョンとトムのためにピアノを弾いた。

エ ジョンと太郎は，日本語で日本の歌手について話した。

(3) 次は，光町で催される祭りのポスターです。

Hikari World Festival

～Let's enjoy different *culture!～

Date　November 10, 11

Time　from 10:00 *a.m. to 4:00 *p.m.

Place　Hikari *Community Center

In the festival, you can enjoy a lot of things with people from other countries.

Time	*Activity	Place
10:00 a.m. ～ 10:45 a.m.	Enjoy *dancing	Room A
11:00 a.m. ～ 11:40 a.m.	Enjoy reading picture books	Room B
1:00 p.m. ～ 1:30 p.m.	Enjoy singing songs	Room A
2:00 p.m. ～ 2:50 p.m.	Enjoying playing sports	Sports Room

(注) culture 文化　a.m. 午前　p.m. 午後　Community Center 公民館
activity 活動　dance 踊る

① 次の質問に，**主語と動詞を含む**英語で答えなさい。
What activity can people enjoy in Room B?

② このポスターの内容に合っているものを，次の**ア**～**エ**のうちから一つ選び，その符号を書きなさい。

ア People can enjoy the festival only on November 10.

イ People can learn about their own culture in the festival.

ウ People can enjoy dancing from eleven in the morning.

エ People can play sports for fifty minutes in the Sports Room.

8 次の英文を読んで，あとの(1)～(4)の問いに答えなさい。

Hello, everyone. I'm Ryo. I'm a high school student in Chiba. When I was a junior high school student, I learned about some *environmental problems during the science class. It was my first time to think about these problems. I got interested in them then. [ア]

After that, I went to the city library to learn about the environmental problems. There were many books about them. Soon, I found a book about *pollution. It was written by a woman, Ariyoshi Sawako. She was born in Wakayama. She wrote many interesting stories about Wakayama, but why did she write such a book about this environmental problem? [イ]

When Ms. Ariyoshi was young, she lived in Wakayama. She enjoyed her school days with beautiful *nature there. But after (live) in Tokyo for many years, the world around her *changed a lot. She learned about a lot of *facts about pollution. [ウ] She couldn't close her eyes to the facts. So, she showed them as examples in her book. The water in the seas and rivers was *polluted by *factories. The *air was polluted by cars.

At that time, people didn't know that these were big environmental problems. But she *knew that. She studied these problems by reading about 300 books. She also visited many places to study pollution. And she started to write many things about pollution. People were very surprised when they read about the *danger of pollution. And, this became their first step to think about the environment.

In Japan, there are still beautiful mountains, rivers and the sea. [エ] We should be more *careful to *save the nature in our own country. What can we do to save the environment? Let's think about it and work together to spend happy days with nature. Thank you.

(注) environmental　環境の　　pollution　汚染　　nature　自然　　change　変わる
fact　事実　　pollute～　～を汚染する　　factory　工場　　air　空気
knew　knowの過去形　　danger　危険性　　careful　注意深く　　save～　～を守る

(1) 次の英文を入れるのに最も適当な場所を，本文中の[ア]～[エ]のうちから一つ選び，その符号を書きなさい。

They were all around her.

(2) 下線部の（　　）内の語を最も適当な形にしなさい。ただし，**１語**で答えること。

(3) 次の[　　　]内は，本文の内容に関する質問とその答えの文である。本文の内容と合うように，（　　）に適する**２語**の英語を書き入れ，答えの文を完成させなさい。

質 問 文：How many books did Ms. Ariyoshi read to study environmental problems?
答えの文：She read about（　　　）books.

(4) 本文の内容に合っているものを，次の**ア**～**エ**のうちから一つ選び，その符号を書きなさい。

ア Ryo got interested in environmental problems when he was a high school student.
イ Ryo learned about Ariyoshi Sawako on the Internet at the city library.
ウ Ariyoshi Sawako was born in Chiba and she learned about environmental problems there.
エ Ryo hopes people will think about the environmental problems to save the nature.

9 アオイ(Aoi)とボブ(Bob)が話をしています。この対話文を読んで，[(1)]～[(4)]に入る最も適当な英文を，それぞれあとの**ア**～**エ**のうちからそれぞれ一つずつ選び，その符号を書きなさい。

Aoi：I went to Hawaii* with my family during summer vacation. We took a lot of pictures there. [(1)]

Bob：Yes, please!

Aoi：OK. Here you are. It's my favorite one.

Bob：Oh, you're wearing a nice aloha* shirt. My grandfather lives in Hawaii, and he has his aloha shirt shop there. There are many colors of aloha shirts.

Aoi：Oh, really? That's nice.

Bob：[(2)]

Aoi：Oh, please tell me about that.

Bob：OK. The first aloha shirts were made by people from Japan. They were made from Japanese *kimonos*.

Aoi：Oh, really?

Bob：Yes. Many people came to live in Hawaii from many different countries. They brought* many things from their own countries and made new things. [(3)]

Aoi：I see. Today, aloha shirts are one of the most popular things of Hawaiian* culture*. I want to know more about Hawaiian culture.

Bob：OK. I know a good place, the restaurant in the City Museum.

Aoi：[(4)]

Bob：We can have "mixed* plate" there. It is one of the famous Hawaiian dishes*, and many foods of different countries are put in it.

Aoi：Oh, Hawaiian culture is like "mixed plate."

（注）Hawaii　ハワイ　　aloha shirt　アロハシャツ　　brought　bringの過去形
Hawaiian　ハワイの　　culture　文化
mixed plate　ミックスプレート（２種類以上の主要料理が皿に乗ったランチメニュー）
dish　料理

(1) **ア** Do you want to go there with me?　**イ** Do you want to see them?
ウ Can you take me there?　**エ** Can you listen to my story?

(2) **ア** I learned an interesting history of aloha shirts from him.
イ I really like Japanese *kimonos*.
ウ You should study Japanese history.
エ You can buy a lot of nice things in Hawaii.

(3) **ア** Japanese *kimonos* have nice pictures.
イ Japanese *kimonos* are not used for Aloha shirts.
ウ Aloha shirts are good examples.
エ Aloha shirts don't have many colors.

(4) **ア** From different countries?　**イ** Your shop?
ウ About Hawaiian culture?　**エ** A restaurant?

社　会

1　次の文章を読み，あとの⑴～⑸の問いに答えなさい。

日本は，自然環境や生活・a 文化の違いに着目して，b 太平洋側と日本海側，東日本と西日本というように，大きく二つに区分することができます。地理の学習では，地方の政治を行うための基本となる都道府県をいくつかまとめて，北海道，東北，関東，中部，c 近畿，中国・四国，九州の７地方に区分する方法がよく使われます。また，地理的・歴史的な結びつきの視点から，中部地方は，東海・d 中央高地・北陸の三つに，中国・四国地方は e 山陰・瀬戸内・南四国の三つに細かく区分される場合もあります。

⑴　下線部ａに関連して，右の図は，19世紀後半，日本に欧米の文化がさかんに取り入れられた様子を示している。このように，日本の生活様式が欧米風に変化したことを何というか。**漢字４字**で書きなさい。

⑵　下線部ｂに関連して，太平洋側の気候の特色について述べた文として最も適当なものを，次の**ア～エ**のうちから一つ選び，その符号を書きなさい。

ア　年間を通して気温は低く，昼と夜，夏と冬の気温の差が大きい。
イ　夏に季節風の影響を受けるため，雨が多くなる。
ウ　年間を通して雨が少なく，晴れたおだやかな気候の日が多い。
エ　冬に季節風の影響を受けるため，雪や雨が多くなる。

⑶　下線部ｃに関連して，近畿地方で起こったできごととして最も適当なものを，次の**ア～エ**のうちから一つ選び，その符号を書きなさい。

ア　平将門の乱　　**イ**　関ヶ原の戦い　　**ウ**　元寇　　**エ**　大塩平八郎の乱

⑷　下線部ｄに関連して，次の**資料**は，中央高地と北陸に属する七つの県の人口，人口に占める65歳以上の人口割合，第一次産業就業者割合，人口10万人あたりの医師数を示したものである。**資料**から読み取れることとして最も適当なものを，次の**ア～エ**のうちから一つ選び，その符号を書きなさい。

資料

	人口 (万人) (2016年)	65歳以上の 人口割合(%) (2016年)	第一次産業就業者割合 (%) (2015年)	10万人あたりの 医師数(人) (2014年)
新潟県	288.6	30.6	5.9	188.2
富山県	106.1	31.1	3.3	234.9
石川県	115.9	28.4	3.1	270.6
福井県	78.2	29.3	3.8	240.0
岐阜県	202.2	28.8	3.2	202.9
長野県	208.8	30.7	9.3	216.8
山梨県	83.0	29.1	7.3	222.4

(「データでみる県勢2018」などより作成)

ア　北陸地方の四つの県は，いずれも 65 歳以上の人口が 30 万人を超えている。

イ　65 歳以上の人口割合が低い県ほど，第一次産業就業者の割合も低い。

ウ　石川県の第一次産業就業者数は，福井県の第一次産業就業者数より多い。

エ　最も医師の数が少ないのは新潟県で，5000 人以下である。

(5)　下線部ｅに関連して，山陰地方に含まれる県として適当なものを，次の**ア**～**オ**のうちから**二つ**選び，その符号を書きなさい。

ア　島根県　　**イ**　広島県　　**ウ**　岡山県　　**エ**　鳥取県　　**オ**　徳島県

2

次のＡ～Ｄは，それぞれ日本の県のいずれかを示している。これらの図を見て，あとの(1)～(5)の問いに答えなさい。

A
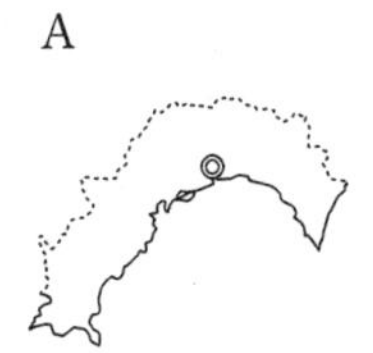
B
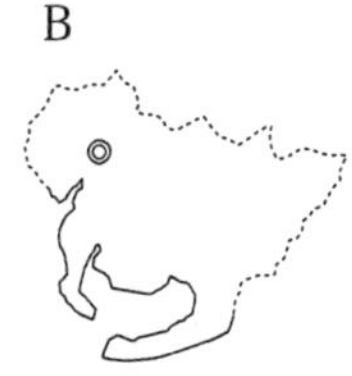
C
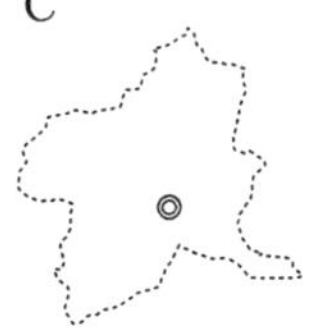
D

(注)・── は海岸線，…… は県境を示している。
・縮尺は図によって異なる。
・Ａ～Ｄとも，方位はすべて上が北になるように描いている。
・一部離島は省略してある。

(1)　図中の◎は，それぞれ県庁所在地を示している。これらの県庁所在地のうち，最も北に位置するものを一つ選び，その県庁所在地名を書きなさい。

(2)　右の**資料１**は，Ａ～Ｄのうち，いずれかの県の農業産出額に占める米，野菜，畜産の割合を示したものである。**資料１**にあてはまる県として最も適当なものを，Ａ～Ｄのうちから一つ選び，その符号を書きなさい。

資料１　(2015 年)

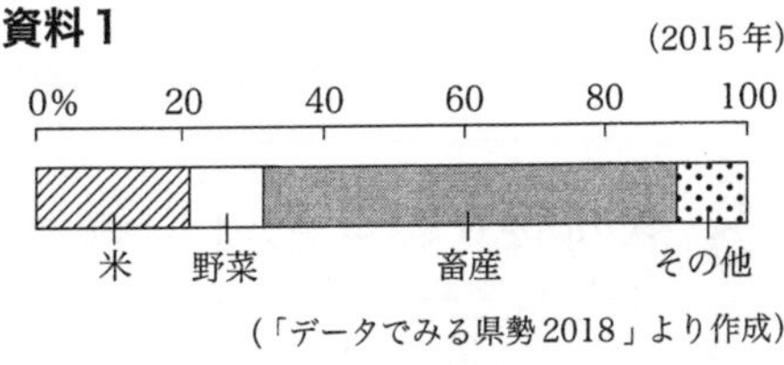

(「データでみる県勢 2018」より作成)

(3)　次の文章は，Ａの県について述べたものである。文章中の［　　　］にあてはまる適当な語を**漢字**で書きなさい。

> Ａの県の山間地域では，［　　　］化が進んでおり，若者が流出し，高齢者の割合が高まっている。これに対して，統廃合された学校の建物を，高齢者のための介護施設に再利用するなど，さまざまな対策が行われている。

(4)　次の**資料２**は，Ｂの県の一部を含む工業地帯の製造品出荷額の内訳を示している。**資料２**中のＸ～Ｚにあてはまる語の組み合わせとして最も適当なものを，あとの**ア**～**エ**のうちから一つ選び，その符号を書きなさい。

資料２　(2014 年)

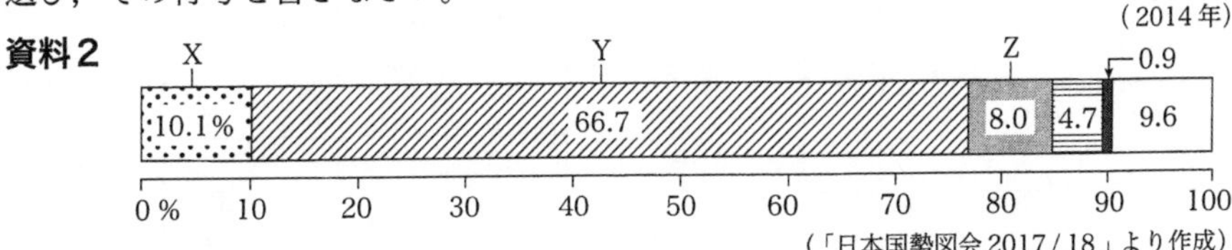

(「日本国勢図会 2017／18」より作成)

ア　Ｘ：機械　Ｙ：金属　Ｚ：化学　　**イ**　Ｘ：金属　Ｙ：化学　Ｚ：機械

ウ　Ｘ：機械　Ｙ：化学　Ｚ：金属　　**エ**　Ｘ：金属　Ｙ：機械　Ｚ：化学

⑸　次の地形図は，前のページの図に示したＣの県のある地域を示したものである。これを見て，あとの①，②の問いに答えなさい。

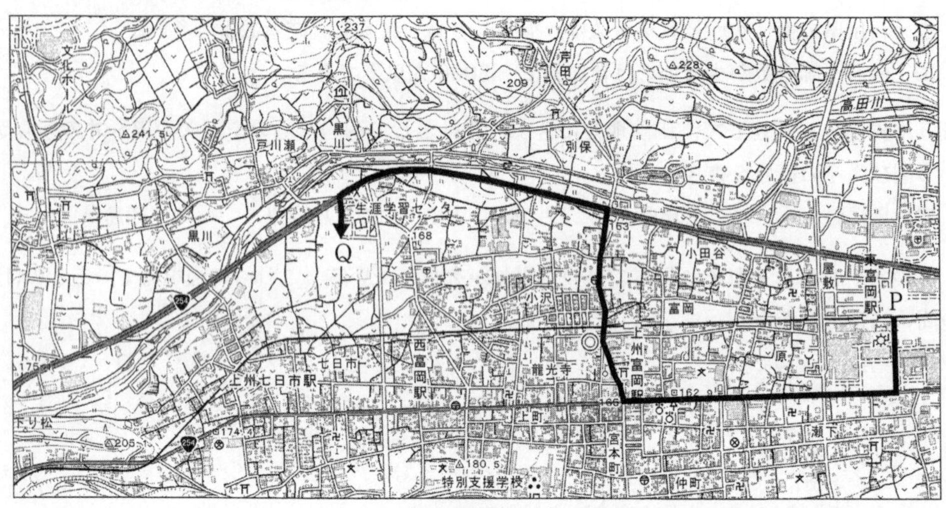

（国土地理院　平成29年発行１：25,000「富岡」原図より作成）

①　地形図中の老人ホームから見た市役所の方向を，八方位で書きなさい。

②　次のア～ウは，上の地形図中のＰ地点からＱ地点まで，━━▶で示した経路上を歩いたときに書かれたメモである。これらを歩いた順に並べ，その符号を書きなさい。

> **ア**　神社を右に見たあと，踏切をわたった。
> **イ**　発電所・変電所を右に見ながら進み，右折して小・中学校に向かった。
> **ウ**　川に沿った道路周辺には田が広がっていた。

3　次の図を見て，あとの⑴～⑸の問いに答えなさい。

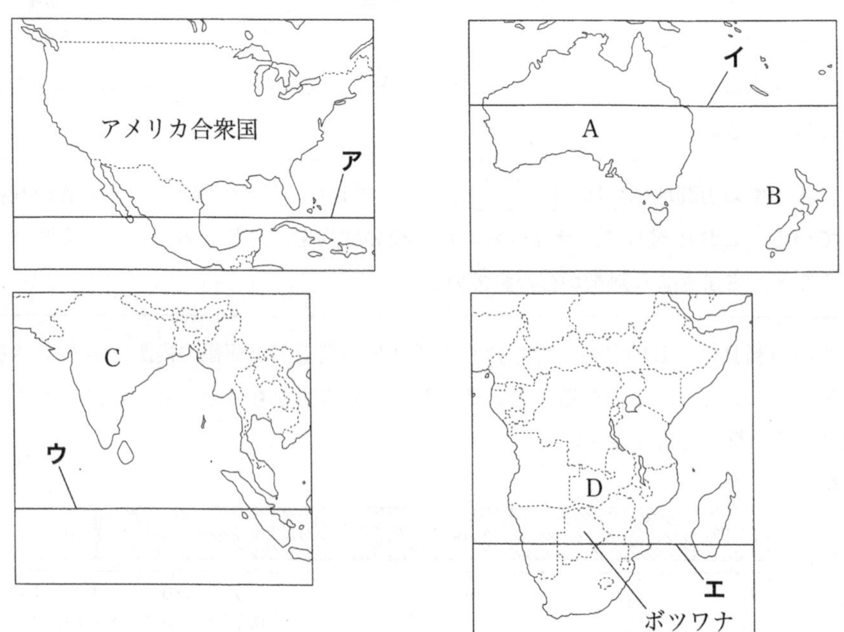

（注）・国境は一部省略している。また，国境に未確定な部分がある。
　　　・縮尺はすべて異なる。

⑴　図中に**ア〜エ**で示した緯線のうち，赤道を示しているものとして最も適当なものを一つ選び，その符号を書きなさい。

⑵　日本の標準時子午線上にある国として最も適当なものを，図中のＡ〜Ｄのうちから一つ選び，その符号と国名を書きなさい。

⑶　次の文章は，図中のアメリカ合衆国について述べたものである。文章中の［　　　］にあてはまる適当な語を書きなさい。

> アメリカ合衆国では，近年，北緯37度以南に位置する温暖な地域が工業の中心となっている。この地域は［　　　］とよばれており，ハイテク産業や情報技術産業などがさかんである。

⑷　次の**資料１**は，図中のＡの国の輸出相手国と輸入相手国について，それぞれ輸出額，輸入額が多い順に１位から４位までを示したものである。**資料１**中の［　　　］に共通してあてはまる国名を書きなさい。

資料１　Ａ国の輸出相手国（2015年）

	国名	輸出額（百万ドル）
１位	中国	60,774
２位	［　　　］	29,976
３位	大韓民国	13,369
４位	アメリカ合衆国	10,242

Ａ国の輸入相手国（2015年）

	国名	輸入額（百万ドル）
１位	中国	46,255
２位	アメリカ合衆国	22,578
３位	大韓民国	14,813
４位	［　　　］	10,993

（「世界国勢図会 2017/18」より作成）

⑸　次の**資料２**は，図中のＤの国とボツワナの輸出額と輸出品目割合を示したものである。**資料２**から読み取れる，Ｄの国とボツワナの共通した貿易上の課題を，「依存」の語を用いて書きなさい。

資料２　(2015年)

（「世界国勢図会 2017/18」より作成）

4

次の表は，「日本の文化の歴史」についてまとめたものである。これを見て，あとの⑴〜⑹の問いに答えなさい。

時代	主なできごと
古墳	a 大陸からさまざまな文化が伝わる
飛鳥	b 遣隋使が送られる
奈良	c 歴史書や歌集がつくられる
平安	d 日本独自の貴族文化が栄える
e 鎌倉	新しい仏教の教えが広まる

室町	Ⅰ が大成される
安土桃山	Ⅱ が流行する
江戸	Ⅲ が大成される

⑴　下線部ａに関連して，このころ朝鮮半島から日本に移り住んで，さまざまな文化を伝えた人々を何というか。**漢字３字**で書きなさい。

⑵　下線部ｂに関連して，遣隋使を送った人物について述べた文として最も適当なものを，次の**ア～エ**のうちから一つ選び，その符号を書きなさい。

ア　中臣鎌足らとともに蘇我氏をたおし，新しい政治のしくみをつくる改革を行った。

イ　国ごとに国分寺をつくったり，鑑真を招くなど仏教を広めることに力を入れた。

ウ　壬申の乱に勝利し即位すると，天皇の地位をおおはばに高めた。

エ　家柄にかかわらず，能力のあるものを役人に登用するため，冠位十二階を定めた。

⑶　下線部ｃに関連して，次の文章は，奈良時代につくられた歴史書や歌集について述べたものである。文章中の X ， Y にあてはまる語の組み合わせとして最も適当なものを，あとの**ア～エ**のうちから一つ選び，その符号を書きなさい。

> 奈良時代になると，国際交流もさかんになり，日本の国のおこりや，天皇が国をおさめるようになったいわれを確認しようとする動きが起こった。そのため神話や伝承などをもとにまとめた歴史書の X と「日本書紀」がつくられた。また，和歌もさかんになり，天皇や貴族，農民などの歌をおさめた Y がつくられた。

ア　X：古事記　Y：万葉集　　**イ**　X：古事記　Y：古今和歌集

ウ　X：風土記　Y：万葉集　　**エ**　X：風土記　Y：古今和歌集

⑷　下線部ｄに関連して，次の**資料**は，このころに政治の実権をにぎった人物が，自らの栄華をよんだ歌である。この歌をよんだ人物名を書きなさい。また，この人物に関係が深い語として最も適当なものを，あとの**ア～エ**のうちから一つ選び，その符号を書きなさい。

資料

> この世をば　わが世とぞ思う　望月の欠けたることも　無しと思えば　（「小右記」）

ア　執権政治　**イ**　律令政治　**ウ**　幕藩政治　**エ**　摂関政治

⑸　下線部ｅに関連して，次の文章は，鎌倉時代の農民について述べたものである。文章中の □ に共通してあてはまる適当な語を書きなさい。

> 農民は年貢を荘園や公領の領主におさめていたが， □ になった武士が土地や農民を勝手に支配するようになり，領主と対立するようになった。その結果， □ に土地の半分が与えられるなど， □ の権利は，しだいに領主と同じように強いものとなっていった。

⑹　表中の Ⅰ ～ Ⅲ にあてはまる語の組み合わせとして最も適当なものを，次の**ア～エ**のうちから一つ選び，その符号を書きなさい。

ア　Ⅰ：かぶき踊り　Ⅱ：水墨画　Ⅲ：国学

イ　Ⅰ：水墨画　　Ⅱ：かぶき踊り　　Ⅲ：国学
ウ　Ⅰ：かぶき踊り　　Ⅱ：国学　　Ⅲ：水墨画
エ　Ⅰ：水墨画　　Ⅱ：国学　　Ⅲ：かぶき踊り

5　年代の古い順に並べた次のＡ～Ｅのカードを見て，あとの(1)～(5)の問いに答えなさい。

Ａ　大日本帝国憲法が発布され，天皇が国の元首とされる。

Ｂ　欧化政策がとられ，国際社交場の鹿鳴館がつくられる。

Ｃ　パリ講和会議が開かれ，ベルサイユ条約が結ばれる。

Ｄ　北京郊外での武力衝突をきっかけに，日中戦争が始まる。

Ｅ　サンフランシスコ平和条約が結ばれ，日本が独立を回復する。

(1)　Ａに関連して，次の**ア～ウ**の文は，いずれもこの前後に起こったできごとについて述べたものである。これらを年代の**古いものから順に**並べ，その符号を書きなさい。
ア　国会期成同盟が結成される。
イ　第一回帝国議会が開かれる。
ウ　西南戦争が起こる。

(2)　Ｂに関連して，右の**資料**は，鹿鳴館で開かれた舞踏会の様子を示している。このように，社交場に外国人を招いて舞踏会を開いた目的を，「条約」の語を用いて書きなさい。

(3)　Ｄに関連して，次の文は，このころの中国の国内の動きについて述べたものである。文中の［　　］にあてはまる適当な語を書きなさい。

　中国では，国民党と共産党の内戦が続いていたが，日本の中国北部への侵略に対抗するため，国民党と共産党の協力体制が実現し，［　　］戦線が結成された。

(4)　Ｅに関連して，これと同時に，アメリカ合衆国との間で結ばれた条約を何というか，書きなさい。

(5)　次の文があてはまる時期として最も適当なものを，あとの**ア～エ**のうちから一つ選び，その符号を書きなさい。

五・一五事件が起こり，犬養毅首相が暗殺された。

ア　Ａのカードとのカード Ｂのカードの間　　**イ**　ＢのカードとＣのカードの間
ウ　ＣのカードとＤのカードの間　　**エ**　ＤのカードとＥのカードの間

6 次の文章を読み，あとの(1)～(4)の問いに答えなさい。

日本では，近年，a総人口に占める高齢者の割合が高くなるとともに，子どもの割合が低くなっており，b少子高齢化が急速に進んでいる。そのため，医療や介護，教育の制度やしくみの整備が求められている。また，現代社会は情報通信技術（ＩＣＴ）が急速に発達し，cインターネットの利用者が増加しており，高度情報化社会となっている。このような社会では，情報を正しく判断して活用する能力である，情報［ X ］を身につけることが重要である。

(1) 下線部ａに関連して，総人口に占める高齢者の割合（2015年）が最も高い地域として適当なものを，次の**ア～エ**のうちから一つ選び，その符号を書きなさい。

ア アジア州　**イ** アフリカ州　**ウ** ヨーロッパ州　**エ** オセアニア州

(2) 下線部ｂに関連して，次の**資料１**は，公的年金の負担に関して，１人の高齢者を何人の生産年齢人口で支えるかを示したものである。少子高齢化が進むことによって，公的年金の面で，どのような問題が生じると考えられるか。**資料１**を参考にして，「負担」の語を用いて，簡潔に書きなさい。

資料１

	1970年	2010年	2050年(予測)
高齢者 (65歳以上)	1人	1人	1人
生産年齢人口 (15～64歳)	9.7人	2.6人	1.2人

(「厚生労働省資料」より作成)

(3) 下線部ｃに関連して，右の**資料２**は，日本のインターネットの普及率や情報通信機器の保有率を示したものである。**資料２**から読み取れることとして最も適当なものを，次の**ア～エ**のうちから一つ選び，その符号を書きなさい。

資料２

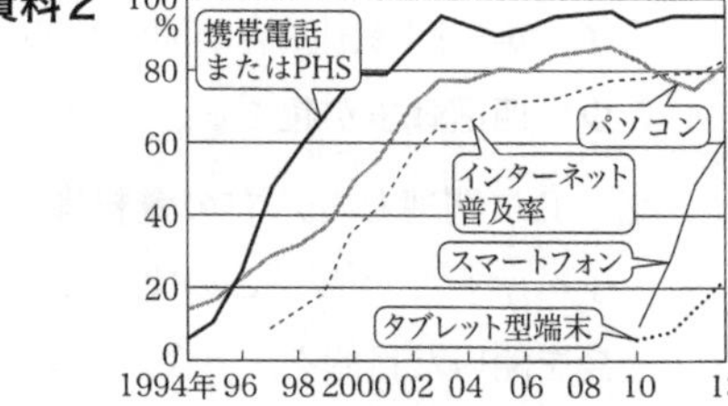

(2014年刊「情報通信白書」ほかより作成)

ア 2000年以降，情報通信機器の保有率は全体としては低下傾向にある。

イ 2008年以降，パソコンの保有率は低下し続けている。

ウ 2010年から2013年にかけては，スマートフォンよりも携帯電話のほうが保有率の伸びが大きい。

エ インターネットの普及率が50％を越えたのは2000年～2002年の間である。

(4) 文章中の［ X ］にあてはまる適当な語を，**カタカナ**で書きなさい。

7 次の資料を見て，あとの(1)～(4)の問いに答えなさい。

資料１　**日本国憲法の基本原則**

資料２　**憲法改定の手続き**

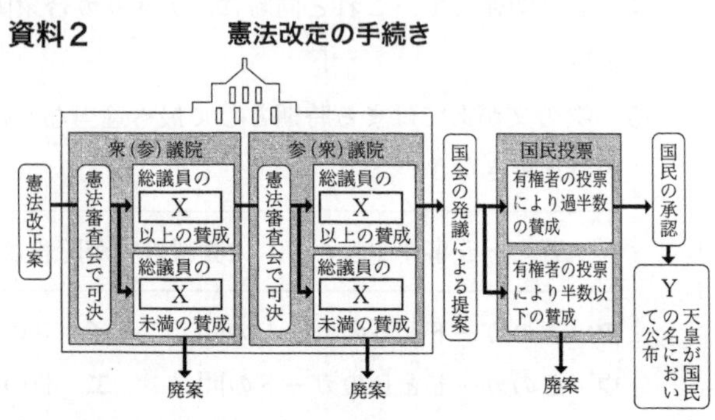

(1) **資料１**に関連して，日本国憲法が取り入れている，権力を分散し，互いに抑制と均衡をはかるしくみを何というか。**漢字４字**で書きなさい。

(2) **資料１**中の「国民主権」に関連して，次の文章は，日本国憲法における天皇の地位について述べたものである。文章中の［　　］にあてはまる適当な語を書きなさい。

> 日本国憲法では，天皇は主権者ではなく，日本国と日本国民統合の［　　］となった。天皇は，政治についての決定権を持たない。

(3) **資料２**中の［ X ］にあてはまる数として最も適当なものを，次の**ア〜エ**のうちから一つ選び，その符号を書きなさい。

ア　３分の１　　**イ**　２分の１　　**ウ**　３分の２　　**エ**　４分の３

(4) **資料２**中のYは，日本国憲法が定める天皇が行う行為の一つである。これに対して助言と承認を与える機関として最も適当なものを，次の**ア〜エ**のうちから一つ選び，その符号を書きなさい。

ア　国会　　**イ**　裁判所　　**ウ**　内閣　　**エ**　自衛隊

理　科

1　次の(1)〜(4)の問いに答えなさい。

(1) **図１**の器官Pは，血液中から尿素などの不要物をこしとるはたらきをしている。器官Pの名称として最も適当なものを，次の**ア〜エ**のうちから一つ選び，その符号を書きなさい。

ア　心臓　　**イ**　じん臓

ウ　肝臓　　**エ**　すい臓

図１

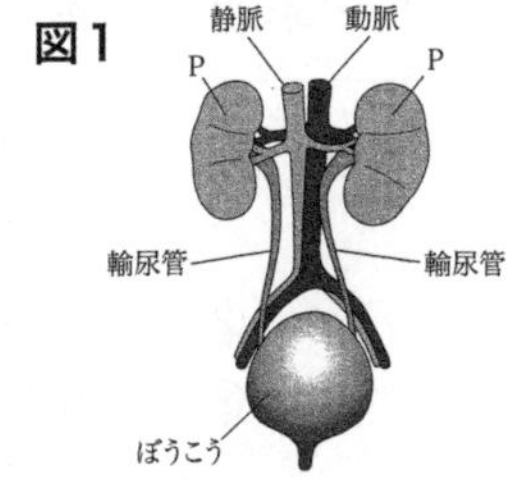

(2) 長い間の気温の変化や水のはたらきなどによって表面がぼろぼろになった地表の岩石は，風や流水などによって削られていく。このような風や流水のはたらきを何というか。次の**ア〜エ**のうちから最も適当なものを一つ選び，その符号を書きなさい。

ア　侵食　　**イ**　運搬　　**ウ**　風化　　**エ**　堆積

(3) 500mLのビーカーを用意し，その中に水を50mL入れてビーカーのふちを割りばしで軽くたたき，出た音を聞いた。さらに，水を300mL追加したあと，先ほどと同じ強さでビーカーのふちを割りばしで軽くたたき，出た音を聞いた。このとき出た音について説明した文として最も適当なものを，次の**ア〜エ**のうちから一つ選び，その符号を書きなさい。

ア　水の量が多くなると，ビーカーの振幅が小さくなり，音が低くなった。

イ　水の量が多くなると，ビーカーの振幅が大きくなり，音が高くなった。

ウ　水の量が多くなると，ビーカーの振動数が小さくなり，音が低くなった。

エ　水の量が多くなると，ビーカーの振動数が大きくなり，音が高くなった。

(4) **図２**は，銅原子と硫黄原子が１：１の個数の割合で結びついた化合物のモデル図である。この化合物の化学式を書きなさい。

図２

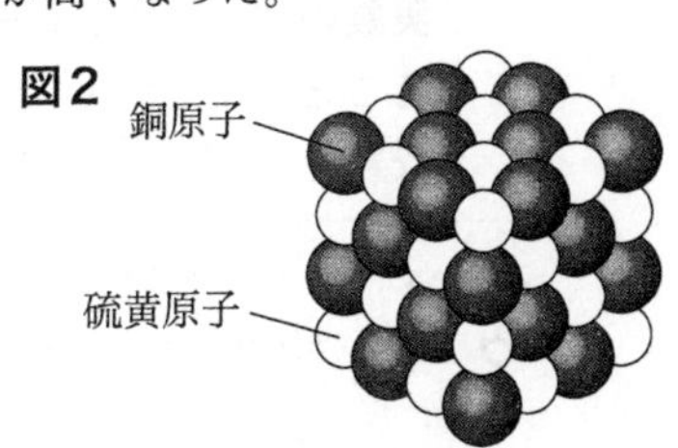

2 **図**は，理科の授業で使用した顕微鏡を表したものです。これに関して，次の(1)～(3)の問いに答えなさい。

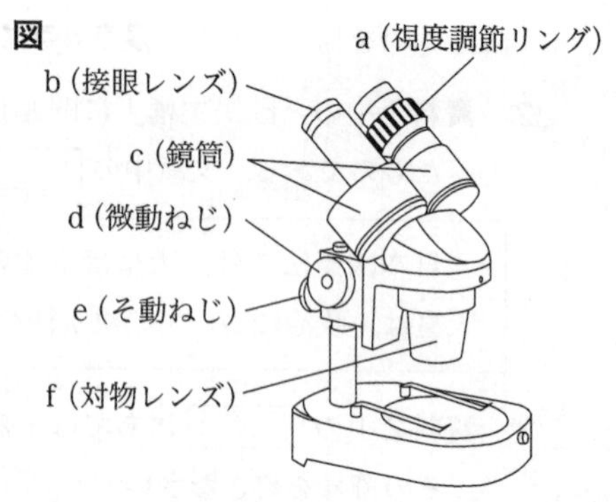

(1) **図**の顕微鏡の利点として**適当でないもの**を，次の**ア～エ**のうちから一つ選び，その符号を書きなさい。

ア 視野の上下左右が実際と同じである。
イ 対象物を動かしながら観察できる。
ウ 対象物を立体的に観察できる。
エ 数百倍程度の高倍率で観察できる。

(2) **図**の顕微鏡を何というか。その名称を書きなさい。

(3) **図**の顕微鏡の使い方について，次の①，②の問いに答えなさい。

① 観察を行うために，**図**のａ，ｄ，ｅのリングやねじを操作する順序として最も適当なものを，次の**ア～カ**のうちから一つ選び，その符号を書きなさい。

ア ａ→ｄ→ｅ　　**イ** ｄ→ａ→ｅ　　**ウ** ｅ→ａ→ｄ
エ ａ→ｅ→ｄ　　**オ** ｄ→ｅ→ａ　　**カ** ｅ→ｄ→ａ

② **図**の顕微鏡で，左右の視野が重なるようにするために調節する部分として最も適当なものを，ａ～ｆのうちから一つ選び，その符号を書きなさい。

3 摩擦によって生じる電気について調べるため，次の**実験**を行いました。これに関して，あとの(1)～(3)の問いに答えなさい。

実験 ① 同じ材質でできたストローＡ，Ｂと電気を通さない糸，ティッシュペーパーを準備した。
② ストローＡを，電気を通さない糸でつり下げた。
③ ②のあと，ストローＡ，Ｂを同時にティッシュペーパーで摩擦した。
④ そのあと，**図**のようにストローＢをストローＡに近づけたところ，ストローＡはストローＢから遠ざかるように動いた。
⑤ つぎに，摩擦したティッシュペーパーをストローＡに近づけ，ストローＡの動きを調べた。

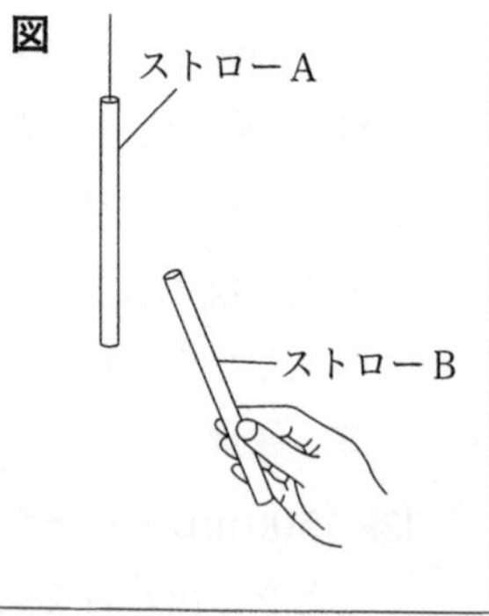

(1) **実験**の⑤で，ストローＡはどのような動きをしたか。簡潔に書きなさい。

(2) 次の文章は，**実験**で，ストローやティッシュペーパーに生じた電気について述べたものである。文章中の［ x ］にあてはまる最も適当なことばを書きなさい。また，［ y ］，［ z ］にあてはまるものの組み合わせとして最も適当なものを，あとの**ア～エ**のうちから一つ選び，その符号を書きなさい。

> **実験**の③で，ストローとティッシュペーパーが帯びた電気のように，物体どうしを摩擦することによって生じる電気を［ x ］という。この電気は，［ y ］の電気をもった小さな粒である［ z ］が，物体間を移動することによって生じたものである。

ア ｙ：＋(プラス)　ｚ：陽子　　**イ** ｙ：－(マイナス)　ｚ：陽子
ウ ｙ：＋(プラス)　ｚ：電子　　**エ** ｙ：－(マイナス)　ｚ：電子

(3) 摩擦したストローやティッシュペーパーを，電気を通しやすい物体にふれさせると，たまっていた電気が流れ出す。このような現象を何というか。

4 Ｓさんは，雲のでき方を調べる実験を行いました。これに関する先生との会話文を読んで，あとの(1)～(3)の問いに答えなさい。

先　生：丸底フラスコ内を少量の水で湿らせたあと，線香の煙を入れて，**図**のように，丸底フラスコに栓をして，大型の注射器のピストンを勢いよく引いてみましょう。

Ｓさん：<u>大型の注射器のピストンを引いたら，丸底フラスコ内に白いくもりができました。</u>

先　生：丸底フラスコ内を少量の水で湿らせたのは，丸底フラスコ内の水蒸気量を大きくして，少しの温度変化で，白いくもりを生じさせるためです。線香の煙を入れたのはなぜだかわかりますか。

Ｓさん：はい。線香の煙を［　　　　］にして，白いくもりをできやすくするためだと思います。

先　生：その通りです。

図

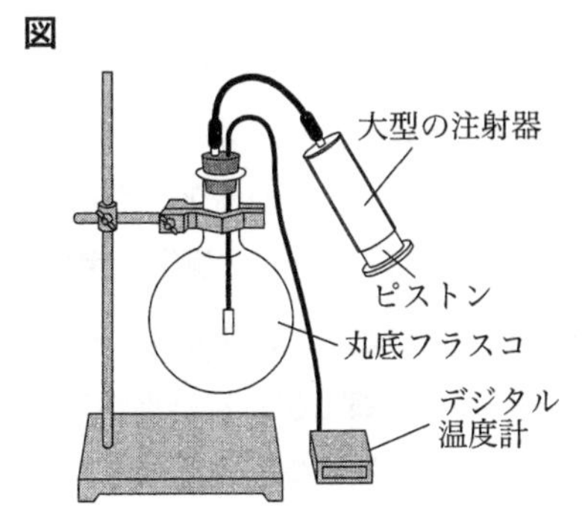

(1) 会話文中の［　　　　］にあてはまる内容を，簡潔に書きなさい。

(2) 次の文は，実験で，丸底フラスコ内に白いくもりが見られるまでの過程について述べたものである。文中の［　a　］，［　b　］にあてはまる最も適当なことばを書きなさい。

　大型の注射器のピストンを強く引いたときに，丸底フラスコ内の空気が［　a　］して，温度が低下し，水蒸気が水滴に変化し始める温度である［　b　］に達し，さらに温度が下がって，水滴が白いくもりとなって現れる。

(3) 大型の注射器のピストンを引く前の温度計の示度が18.0℃，白いくもりができ始めた瞬間の温度計の示度が17.0℃であったとすると，大型の注射器を操作する前の丸底フラスコ内の空気の湿度はおよそ何％であったか。次の**ア**～**エ**のうちから最も適当なものを一つ選び，その符号を書きなさい。ただし，気温17.0℃と18.0℃の飽和水蒸気量を，それぞれ14.5 g/m^3，15.4 g/m^3とする。

ア　約88％　　**イ**　約91％　　**ウ**　約94％　　**エ**　約98％

5 物質に起こる化学変化と熱の関係について調べるため，次の**実験**を行いました。これに関して，あとの(1)～(3)の問いに答えなさい。

実験　①　ビーカーに鉄粉と活性炭をそれぞれ適量ずつ入れてから温度計を差し込み，温度を調べた。

②　**図**のように，①のビーカーに食塩水を加え，ガラス棒でよくかき混ぜてから放置した。

③　②のあと，しばらくして再びビーカー内の物質の温度を調べたところ，①で調べたときの温度とは異なっていた。

図

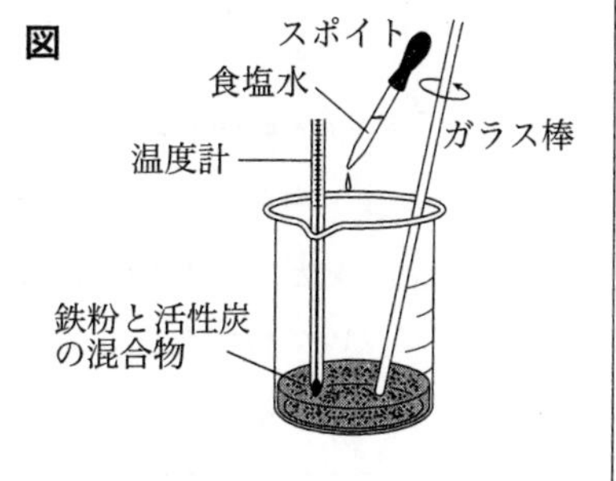

(1) 次の文章は，**実験**の①，③で調べた，ビーカー内の物質の温度について述べたものである。文章中の［ a ］，［ b ］にあてはまることばの組み合わせとして最も適当なものを，あとの**ア**～**エ**のうちから一つ選び，その符号を書きなさい。

> **実験**の①で調べたときの温度と比べると，**実験**の③で調べたときの温度は［ a ］なっていた。これは，ビーカー内の物質に起こった化学変化により，熱が［ b ］からである。

ア　a：低く　b：発生した　　**イ**　a：高く　b：発生した
ウ　a：低く　b：吸収された　　**エ**　a：高く　b：吸収された

(2) **実験**で，ビーカーに入れた鉄粉には空気中の酸素と結びつく化学変化が起こった。物質が他の物質と結びつく化学変化のうち，鉄粉に起こった化学変化のように，酸素と結びつく化学変化を何というか。**漢字２字**で書きなさい。

(3) 化学変化における熱の出入りについて，次の(a)，(b)の問いに答えなさい。

(a) **実験**で起こった化学変化と同じような，熱の出入りをともなう化学変化を何反応というか，書きなさい。

(b) 熱の出入りが，**実験**で起こった化学変化とは**逆になる**化学変化が起こるものはどれか。次の**ア**～**エ**のうちから最も適当なものを一つ選び，その符号を書きなさい。

ア　塩化アンモニウムと水酸化バリウムを反応させる。
イ　エタノールやメタンなどの有機物に火をつける。
ウ　炭酸カルシウムに水を加える。
エ　鉄と硫黄の混合物を加熱する。

6

マツバボタンの花の色の遺伝について調べるため，次の**実験**を行いました。**図**は，**実験**のようすを，模式的に表したものです。これに関して，あとの(1)～(4)の問いに答えなさい。ただし，マツバボタンの花の色には，赤色と白色の２種類があるものとします。

実験

① 赤色の花を咲かせる純系のマツバボタンどうしをかけ合わせ，できた種子をまいて育てたところ，すべて赤色の花を咲かせる株であった。

② 赤色の花を咲かせる純系のマツバボタンと，白色の花を咲かせる純系のマツバボタンをかけ合わせ，できた種子をまいて育てたところ，すべて赤色の花を咲かせる株であった。

③ 白色の花を咲かせる純系のマツバボタンどうしをかけ合わせ，できた種子をまいて育てたところ，すべて白色の花を咲かせる株であった。

図

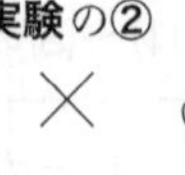

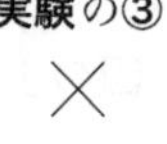

(1) **実験**で使用したマツバボタンの赤色と白色の花の色のように，どちらか一方しか現れない形

質どうしを何形質というか。次の**ア**～**エ**のうちから最も適当なものを一つ選び，その符号を書きなさい。

ア　対抗形質　　**イ**　対照形質　　**ウ**　対立形質　　**エ**　相対形質

(2)　**実験**で使用したマツバボタンの純系とは，どのようなものをいうか。「代を重ねても」という書き出しに続け，「形質」ということばを用いて，簡潔に書きなさい。

(3)　**実験**で使用した赤色と白色の花を咲かせる純系のマツバボタンにおける遺伝子の組み合わせを，それぞれAA，aaとすると，**実験**の②で得られた種子をまいて育てたマツバボタンの遺伝子の組み合わせはどのように表されるか，書きなさい。

(4)　次の文は，マツバボタンのかけ合わせによって現れる形質について説明したものである。文中の［　　　］にあてはまる比として最も適当なものを，あとの**ア**～**オ**のうちから一つ選び，その符号を書きなさい。

> **実験**の②でできた種子をまいて育てた株と，**実験**の③でできた種子をまいて育てた株とをかけ合せ，できた種子をすべてまいて育てると，赤色の花を咲かせる株の数と白色の花を咲かせる株の数の比はおよそ［　　　］となる。

ア　1：1　　**イ**　1：2　　**ウ**　1：3　　**エ**　3：1　　**オ**　2：1

7

３種類の粉末Ａ～Ｃがそれぞれ何という物質であるかを見分けるため，次の**実験**を行いました。これに関して，あとの(1)～(3)の問いに答えなさい。ただし，粉末Ａ～Ｃは，食塩，砂糖，プラスチックの粉末のいずれかであることがわかっています。

実験　①　アルミニウムはくを巻いた燃焼さじに粉末Ａを少量のせ，**図１**のようにして，ガスバーナーを使って加熱を行い，粉末のようすを調べた。

②　①で火がついた粉末は，**図２**のように，別の集気瓶に入れ，火が消えたら燃焼さじをとり出して，集気瓶に石灰水を入れ，ふたをして振り，石灰水のようすを調べた。

③　粉末Ｂ，Ｃについても，①，②と同様のことを行い，結果を**表**のようにまとめた。また，別の集気瓶に石灰水だけ入れ，ふたをして振ったところ，石灰水には変化がなかった。

表

粉末	加熱したときのようす	石灰水のようす
A	すすが出て燃えた。	白く濁った。
B	茶色くなったあと，燃えた。	白く濁った。
C	燃えなかった。	

図１

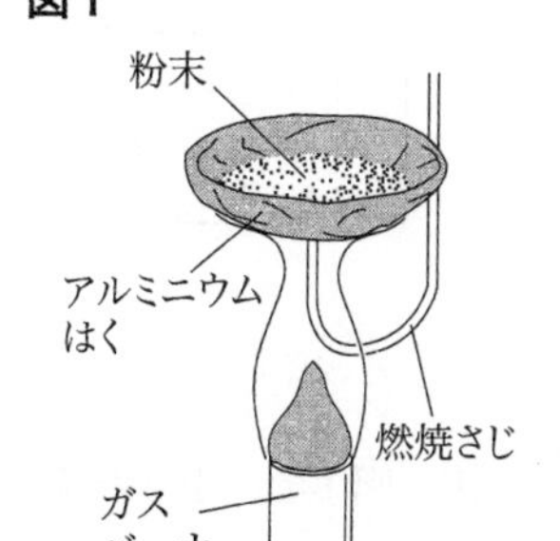

図２

⑴　次の文章は，**実験**の②からわかったことについて述べたものである。文章中の［　a　］，［　b　］にあてはまる最も適当な化学式やことばを書きなさい。

> **実験**の②で，粉末A，Bが燃えたあとの集気瓶に入れた石灰水は，どちらも白く濁ったため，粉末A，Bが燃えると，化学式で［　a　］と表される気体が発生したことがわかる。粉末A，Bのように，燃えて［　a　］が発生したり，加熱すると黒い炭ができたりする物質を，まとめて［　b　］という。

⑵　**実験**では，粉末AとBの区別がつきにくかった。粉末AとBを区別するための操作として最も適当なものを，次の**ア**～**エ**のうちから一つ選び，その符号を書きなさい。

ア　電流を通してみる。　　　　**イ**　ヨウ素液をかけてみる。
ウ　水に溶かしてみる。　　　　**エ**　磁石を近づけてみる。

⑶　**実験**に使用したプラスチックは，略号でＰＰと表されるプラスチックであった。このプラスチックの名称を書きなさい。

8

ある日の８時36分10秒に，九州地方北部で発生した地震Ｘの揺れのようすを調べるため，震源から140 km離れた観測地点Ａに設置された地震計に記録された地震Ｘの揺れのようすを，**図１**のようにかきうつしました。また，いろいろな地点で地震Ｘによる２つの波(Ｐ波，Ｓ波)が到着した時刻を調べ，その結果を，**図２**のようにグラフに表しました。これに関して，あとの⑴～⑷の問いに答えなさい。

図１

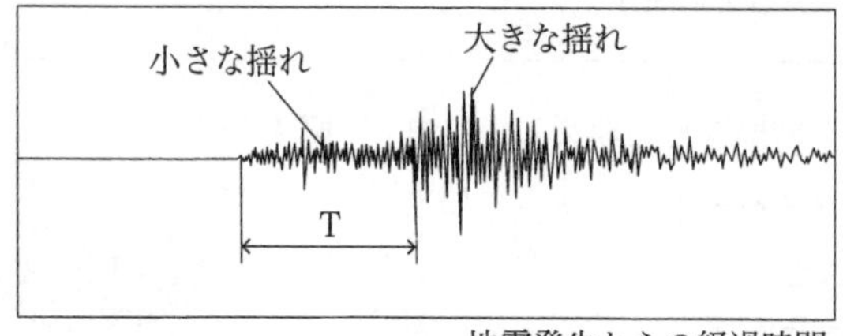

図２

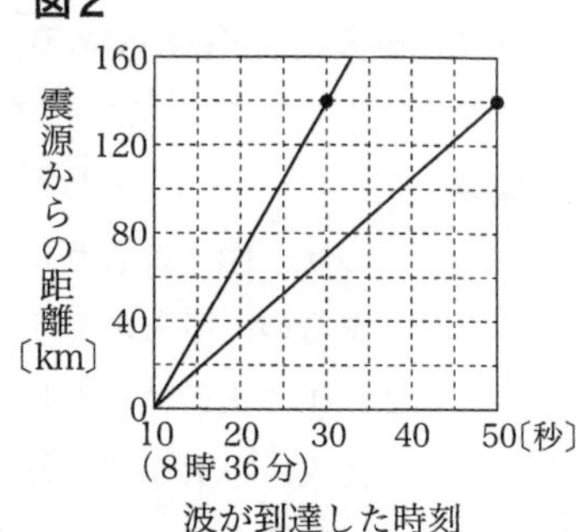

⑴　**図１**で，小さな揺れのあとに起こる大きな揺れを何というか。その名称を書きなさい。

⑵　次の文は，震源から離れた観測地点で小さな揺れと大きな揺れが始まる時刻に差が生じる理由について述べたものである。文中の［　　　］にあてはまることばとして最も適当なものを，あとの**ア**～**エ**のうちから一つ選び，その符号を書きなさい。

> 地震が起こったときに，小さな揺れを引き起こすＰ波と大きな揺れを引き起こすＳ波は同時に発生するが，これらの波は［　　　］ため，震源から離れた観測地点では，小さな揺れと大きな揺れが始まる時刻に差が生じると考えられる。

ア　発生する場所が同じ　　　　**イ**　同じ速さで伝わる
ウ　発生する場所が異なる　　　**エ**　伝わる速さが異なる

⑶　**図２**から，地震ＸによるＰ波の伝わる速さは何km/sか，書きなさい。

(4)　**図２**を参考にして，**図１**にＴで示した時間(小さな揺れが続く時間)と震源からの距離との関係を表すグラフを，解答欄の図にかきなさい。

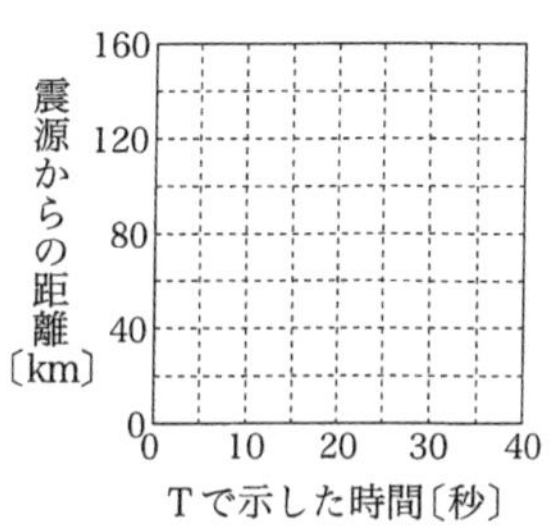

9　物体の運動について調べるため，次の**実験**を行いました。これに関して，あとの(1)～(4)の問いに答えなさい。ただし，台車にはたらく，空気の抵抗や摩擦は考えないものとします。

実験　①　**図１**のように，斜面上に台車を置いて手で支え，１秒間に50回打点する記録タイマーに通した紙テープを台車の後方にはりつけ，紙テープのたるみをなくした。
②　次に，記録タイマーのスイッチを入れると同時に台車から静かに手を離したところ，台車は運動を始め，その台車の運動のようすが紙テープに記録された。
③　②のあと，台車の運動が記録された紙テープを，打点がはっきりとわかる点から５打点ごとに切りとって，順にA，B，C，D，Eとし，並べて台紙にはりつけた。
④　③で台紙にはりつけた紙テープの長さをはかって，**図２**のように書き込んだ。

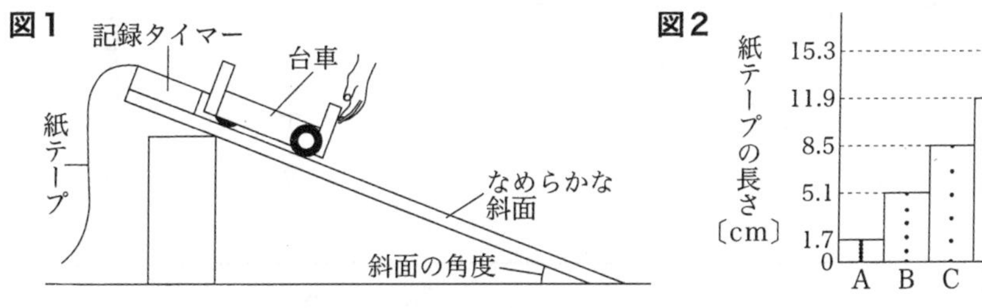

(1)　**図２**の紙テープ１本分の運動を記録するのにかかった時間として最も適当なものを，次の**ア**～**エ**のうちから一つ選び，その符号を書きなさい。

ア　0.02秒　　**イ**　0.1秒　　**ウ**　0.5秒　　**エ**　5秒

(2)　**図２**の紙テープBとCを記録した区間における台車の平均の速さは何cm/sか，書きなさい。

(3)　次の文章は，**実験**の②で斜面上を運動する台車にはたらく力について述べたものである。文章中の［x］～［z］にあてはまるものの組み合わせとして最も適当なものを，あとの**ア**～**カ**のうちから一つ選び，その符号を書きなさい。

図２で，一定時間ごとに記録した紙テープの長さが，しだいに長くなっていることから，台車の速さはしだいに［x］なっていることがわかる。また，紙テープの長さが長くなる割合から，台車を運動させる力(台車にはたらく力の合力)は，［y］にはたらいていて，その大きさは，［z］ことがわかる。

ア　x：速く　y：斜面に沿った下向き　z：しだいに大きくなっていく
イ　x：速く　y：斜面に垂直上向き　z：しだいに大きくなっていく
ウ　x：速く　y：斜面に沿った下向き　z：一定である
エ　x：遅く　y：斜面に垂直上向き　z：一定である
オ　x：遅く　y：斜面に沿った下向き　z：一定である
カ　x：遅く　y：斜面に垂直上向き　z：しだいに大きくなっていく

(4)　台車を置く斜面の角度を90度にして，台車から手を離すと，台車は自然に真下に落ちる。このときの台車の運動を何運動というか。その名称を書きなさい。

（注４）願＝仏の力によって人々を救いたいという心。
（注５）供養＝供え物をして奉仕すること。
（注６）布袈裟＝僧の衣服。

(1) 文章中の たふとき を現代仮名づかいに改め、**全てひらがな**で書きなさい。

(2) 文章中に Aあまねくたづね給ひける とあるが、その目的について説明した次の文の□に入る言葉を、文章中から**十三字**で**抜き出して、はじめと終わりの三字**を書きなさい。

□を見つけ出し、自分の発願(ほつがん)を成就(じょうじゅ)させるため。

(3) 文章中の Bありのままに言はば、よも受けじ について、次の①、②の問いに答えなさい。

① 「ありのまま」の具体的な内容を説明した次の文の□に入る言葉を、**十字以上、十五字以内**の現代語で書きなさい。

献上された布袈裟は、□ものであるということ。

② 「よも受けじ」とあるが、仙命聖人（聖）が、受け取らないと思った理由として最も適当なものを、次の**ア**～**エ**のうちから一つ選び、その符号を書きなさい。

ア 仙命聖人が小法師しか信用していないから。
イ 仙命聖人がまったく欲を持たない人だから。
ウ 仙命聖人が望むものとは少し違っているから。
エ 仙命聖人が皇后の人柄を理解していないから。

(4) この文章から読み取れる内容として最も適当なものを、次の**ア**～**エ**のうちから一つ選び、その符号を書きなさい。

ア 皇后が小法師と一緒に立てた計画は、水の泡に終わった。
イ 小法師の助言のおかげで、皇后の願いは見事にかなった。
ウ 仙命聖人は、布袈裟を谷底に投げ捨てたことを後悔した。
エ 仙命聖人は、布袈裟を仏様からいただいたことを喜んだ。

八

「長所は短所、短所は長所」ということわざについて、次の〈条件〉にしたがい、〈注意事項〉を守って、あなたの考えを書きなさい。

〈条件〉
① **二段落構成**とし、**八行以上、十行以内で**書くこと。
② 前段では、「長所は短所、短所は長所」ということわざから、あなたが考えたことや、感じたことを書くこと。
③ 後段では、前段の内容をふまえた上で、自分の長所、もしくは短所について、あなたの考えを書くこと。

〈注意事項〉
① 氏名や題名は書かないこと。
② 原稿用紙の適切な使い方にしたがって書くこと。

ことにより、ひときわ目立ってしまっているということ。

エ　海浜の小屋で働いている人々の貧しい生活の様子が、裸電球の小さな明かりでも、はっきりと見て取れるということ。

(4)　文章中に D この自然のあやなす神秘的な光景 とあるが、その内容を具体的に説明した次の文の［　］に入る言葉を、文章中から**二十字**で**抜き出して**、**はじめと終わりの四字**を書きなさい。

> 夜光虫によって、［　］光景。

(5)　文章中に F ついに私は捕えたのだ、その幻覚ともまがう燐光の源を とあるが、この部分の表現について説明した次の文の［Ⅰ］、［Ⅱ］に入る言葉を、それぞれ書きなさい。ただし、［Ⅰ］は**漢字二字**で考えて書き、［Ⅱ］は後の**ア**～**エ**のうちから一つ選び、その符号を書くこと。

> 念願だった夜光虫を、やっとのことで捕まえることができたという［Ⅰ］冷めやらぬ「私」の気持ちを、［Ⅱ］を使って強調して表現している。

ア　倒置法　　**イ**　擬人法

ウ　対句法　　**エ**　体言止め

(6)　文章中に G これがあの魔法の光彩の主だとはとても信じられなかった…… とあるが、このときの「私」の気持ちについて説明した次の文の［Ⅰ］、［Ⅱ］に入る言葉を、それぞれ書きなさい。ただし、［Ⅰ］は文章中から**抜き出して**、**九字**で書き、［Ⅱ］は**四字以上、八字以内**で考えて書くこと。

> 「私」の人生の中で、［Ⅰ］を見せてくれた神秘的な光の源が、米粒よりずっと小さな、白っぽい、中に黒点のある粒のようなものであったことを知り、［Ⅱ］気持ち。

七

次の文章を読み、あとの(1)～(4)の問いに答えなさい。

> 近き頃(そう遠くない昔)、仙命聖人とてたふとき人ありけり。この聖、みづから朝夕の事(注1)を知らず。一人使ひける小法師、一日の餉(注2)を乞ひて養ひけるほかには、何も人の施しを受けざりけり。時の后の宮(注3)、願(注4)を発して、「世にすぐれてたふとからむ僧を供養(注5)せむ」とこころざして、A あまねくたづね給ひけるに、この聖のやむごとなき由(並大抵ではないこと)を聞き給ひて、すなはち、みづから布袈裟(注6)を縫ひ給ひて、B「ありのままに言はば、よも受けじ(決して受け取らないだろう)」と思して、とかくかまへて(あれこれ計画を立てて)、この小法師に心を合はせてなむ、「思ひがけぬ人のたまはせたりつる」とて奉りければ、聖、これを取つてよくよく見て、「三世の仏(すべての仏様よ)、得給へ」とて、谷へ投げ捨ててげれば(投げ捨ててしまったので)、言ふかひなくてやみにけり。
>
> (鴨長明『発心集』による。なお、一部表記を改めたところがある。)
>
> (注1)　朝夕の事＝(食事などの)日常生活。暮らしむき。
> (注2)　餉＝炊いた飯を干したもの。
> (注3)　時の后の宮＝その当時の皇后。

い。そんな彼女もセーラー服のスカートを持ちあげて、波打際でぼんやりとこの光輝に見入っていたようだ。私たちが何か言葉を交わしたかどうかはすっかり忘れてしまっている。

昆虫マニアになったように生来好奇心の強かった私が、Dこの自然のあやなす神秘的な光景に姉の何層倍も夢中になったのは当然のことだったろう。

私は半ズボンをはいていたが、そのズボンが濡(ぬ)れるのもかまわず海の中へ入って、何とかして夜光虫の正体を知ろうと夢中になった。その青白い光は黒い波頭に乗ってきて、すっと溶けたと思うと、ふたたび(注３)幽鬼(ゆうき)じみた輝きを波のまにまに漂わすのであった。うまく掌(てのひら)ですくったと思った瞬間、その燐光は海水と共にこぼれ落ちてしまう。ともあれ、正体がまったく分からないため、なおさら海一面が漠(ばく)とした不可思議な美しさに満ち満ちていたと言える。[E]妖精(ようせい)たちのしわざかのように。暗い海上はその妖精の微小な冷光のため、一面青白く光り、その波頭に浜辺の灯火や赤と緑のネオンサインの色が映えて、いっそう美々(びび)しいものになっていた。

だが、Fついに私は捕えたのだ、その幻覚ともまがう燐光の源を。それは掌から滴(したた)り落ちたが、なおその一つ二つを私はしっかりと手に握りしめていた。

私は浜辺へ走って行って、映写機の傍(かたわ)らにつけられた電灯の下でわくわくする気持ちで調べてみた。正直に言ってがっかりした。幻滅と言ってもよかった。なぜなら砂にまじって掌にあったものは、米粒よりずっと小さな、G白っぽい、中に黒点のある粒のようなものに過ぎなかったからだ。これがあの魔法の光彩(こうさい)の主(ぬし)だとはとても信じられなかった……。

(北杜夫(きたもりお)『夜光虫』による。)

(注１) 葦簾＝ヨシの茎を編んで日よけなどに用いるすだれ。
(注２) 燐光＝暗がりで見る青白いかすかな光。
(注３) 幽鬼じみた＝霊的なものを感じさせるような。

(1) 文章中の[A]、[E]に入る言葉の組み合わせとして最も適当なものを、次の**ア～エ**のうちから一つ選び、その符号を書きなさい。

ア A＝くしくも　E＝えてして
イ A＝すこぶる　E＝あたかも
ウ A＝ことのほか　E＝ましてや
エ A＝あくまでも　E＝さながら

(2) 文章中にB母の言動は実にきっぱりしていたとあるが、このときの母の様子として最も適当なものを、次の**ア～エ**のうちから一つ選び、その符号を書きなさい。

ア 娯楽への興味を捨て、規律を守ることに全力を注ぐ様子。
イ 自分の意志を、断固とした姿勢でもって明快に示す様子。
ウ 自分が優れているという意識が強く、相手を見下す様子。
エ 感情に流されることなく、物事を客観的に判断する様子。

(3) 文章中にCかえってその粗末な小屋の列を貧相に見せていたとあるが、この内容を説明したものとして最も適当なものを、次の**ア～エ**のうちから一つ選び、その符号を書きなさい。

ア 裸電球やネオンサインでいろどられた売店も、夜光虫の輝きの前では、殺風景なものとしか感じられないということ。
イ 閑散とした小屋の様子が、母と一緒に映画会に来られなかった「私」の悲しい気持ちを、より増幅させるということ。
ウ 食物や娯楽売店のみすぼらしいつくりが、明るく照らされる

能力を[Ｉ]に持っていたとしても、すべてを使いこなすことはできず、かえって能力を埋没させることになるため、むしろ[Ⅱ]しているほうが、ある才能を際立たせることができてよい。

(5) 文章中の[Ｅ]に入る言葉として最も適当なものを、次のア～エのうちから一つ選び、その符号を書きなさい。

ア　いとおしい　　イ　違和感のない
ウ　圧倒される　　エ　もの足りない

(6) 文章中にＦゴッホは、自分の進むべき世界をみつけたとあるが、ゴッホが見つけた「自分の進むべき世界」について述べている部分を、文章中から**二十三字で抜き出して、はじめの五字**を書きなさい。

六

次の文章を読み、あとの(1)～(6)の問いに答えなさい。

その夏の一夜、私はこれまでの人生の中でも、もっとも美しい光景を見ることができた。同時に、わが人生の最高の一刻(いっとき)とも言うべき、歓喜と誇り(ほこ)を味わうことができたのだ。もとより、それは[Ａ]子供心のみに感じたことかも知れないが。

その夜は海浜(かいひん)で映画がもよおされることになっていた。

私と姉は夕食を済ますと、すぐそこへ行ってみた。母はついて来なかった。どうせつまらぬ映画だと決めこんだからかも知れない。そういう点で、Ｂいつも母の言動は実にきっぱりしていた。また、小学生の子供を親の監視なしで遊びに行かせることなど平気であった。

私の記憶の中では、確か姉と二人だけでいたように覚えている。兄と妹は学校か何かの都合で、その日はいなかったとしか思われぬ。

砂浜の一隅に丸太が組まれ、その間に夜目(よめ)にも白い布があるかないかの風にゆらめきながら張られようとしていた。要するに白い幕にこちらから映写機を向けるというちゃちな映画なのであった。

一方、砂浜と陸地の間には、(注1)葦簾(よしず)がけの小屋がずらりと並んでいた。氷屋とか焼トウモロコシの店、さては射的屋(しゃてきや)とか弓屋などの小屋である。映画会があるから特に出たものではなく、夏の間はどこの海水浴場にも見られる食物や娯楽売店であった。裸電球の光がまばゆく照り輝き、Ｃかえってその粗末な小屋の列を貧相に見せていた。その中で、森永の売店だけがひときわ大きく、ネオンサインをつけていた。その明滅する赤と緑のどぎつい光は、かなり離れた黒い海にまで映えているのだった。

映画がなかなか始まらないので、私と姉は波打際(なみうちぎわ)へ行ってみた。

そして見たのだ、黒い海が一面に青白い光輝に満たされているのを。それはお伽(とぎ)の世界の(注2)燐光(りんこう)と言ってよかった。幼い魂を心底から驚愕(きょうがく)させるに足る、あやしい輝きであった。

これは夜光虫(やこうちゅう)だ、と胸をときめかせながら私は思った。その現物に会うのは初めてだったが、それまでに少年読物か人の話かで、夜光虫という言葉だけは知っていたらしい。それにしても、夜の海辺へ散策に来ることも少なくなかったのに、夜光虫を見るのは初めての体験であった。しかも暗い広大な海をおおう大群にいきなり出会ったのだ。

二歳違いの姉はあるいはもう女学生になっていたかも知れな

のコントラストである影があって強調されるものです。影のない光には、何か［E］明るさがあります。ですから影のない絵を描くことは、光と影の世界を描くことではありません。

影を消すことで、ゴッホは何かを強調しようとしたわけです。ゴッホの絵の前に立ったときに感じる、すさまじいエネルギー、それこそがゴッホが描こうとしたものなわけです。見えるものをあえて描かないことで浮き上がる世界があるのです。

先に書いたように、少年時代のゴッホは、陰影のあるデッサンを描いていました。光と影のコントラストを描く。それはゴッホが生まれたヨーロッパ絵画の伝統的なやり方でした。まずはゴッホも、その伝統にしたがったのです。しかしこれは、二つあるものの見方の一つにすぎませんでした。光と影を描くという絵を探求していくことで、もう一つのものの見方が欠落していきます。そんなとき、その欠落を埋める絵である浮世絵に出会ったのです。これには雷のような衝撃があったことでしょう。

F ゴッホは、自分の進むべき世界をみつけたのです。

影のない「ひまわり」を描くことで、ゴッホは一つの世界を極めたのです。

（布施英利(ふせひでと)『子どもに伝える美術解剖学　目と脳を磨く絵画教室』による。なお、一部表記を改めたところがある。）

（注）コントラスト＝絵画や写真などの画像の、明るい部分と暗い部分との明暗の差。明暗比。

(1) 文章中に A ゴッホが十歳のときに描いた絵、あれには影が描かれているではありませんか とあるが、筆者は、この事実を示すことで、あることを証明しようとしているが、その内容として**適当でないもの**を、次の**ア～エ**のうちから一つ選び、その符号を書きなさい。

ア ゴッホは、幼少時から、誰にも教えられていないのに影を描くことができる天才だったということ。

イ 少年時代のゴッホは、ヨーロッパ絵画の伝統的な手法を守って、陰影のある絵を描いていたこと。

ウ 「ひまわり」の絵を描く際に、ゴッホが、影を描かないという方法を意図的に選択したこと。

エ ゴッホが、「ひまわり」の絵を描く以前に、影を絵画の中に描写する技法を知っていたこと。

(2) 文章中の B そういうこと が指す内容について説明した次の文の［　］に入る言葉を、**十五字以上、二十字以内**で書きなさい。

> ゴッホの「ひまわり」に影がないのは、ゴッホが、［　　　］からだということ。

(3) 文章中に C ゴッホが絵に描こうとしたのは、影ではない「もっと他のもの」だったのでしょう とあるが、ゴッホが絵に描こうとした「他のもの」とは何か。文章中から**二十八字**で**抜き出して、はじめの五字**を書きなさい。

(4) 文章中に D 才能論 とあるが、筆者が考える「才能論」の内容について説明した次の文の［Ⅰ］、［Ⅱ］に入る言葉を、文章中から**抜き出して**それぞれ書きなさい。ただし、［Ⅰ］は**二字**、［Ⅱ］は**八字**で抜き出すこと。

五

次の文章を読み、あとの(1)〜(6)の問いに答えなさい。

ゴッホに「ひまわり」を描いた名画があります。ゴッホの「ひまわり」の絵には、明るい光が満ち溢れています。

しかし光のあるところには影ができます。薄暗い場所の光は、さほど(注)コントラストが強くなく淡いものですが、強烈な光に照らされると、そこにできる影も黒く濃いものになります。

だから「ひまわり」の絵には、光が溢れていると同時に、わずかな陰の部分に強烈な影ができるはずです。ところが、ゴッホの「ひまわり」を見ると、影が描かれていません。ゴッホの「ひまわり」の絵には、影がないのです。

どうして、ゴッホは影を描かなかったのでしょうか。ゴッホの目には、影というものが見えなかったのでしょうか。

それに、Aゴッホが十歳のときに描いた絵、あれには影が描かれているではありませんか。ゴッホは、絵のスタイルとしてあえて陰影を描いていないのです。

なぜゴッホの「ひまわり」には影がないのか。

その答えは簡単です。ゴッホが影響を受けた日本の浮世絵を見ますと、「ひまわり」と同じく影がありません。ゴッホは、その描き方を真似たのです。

でも問題は、Bそういうことではありません。江戸時代の浮世絵師は、どうして影を描かなかったのでしょうか。またどうして、ゴッホは、そのような絵に共感して影のない絵を描くやり方を選んだのでしょうか。

影が見えない目、などというものはありません。人の目の網膜には、光と影が映るのです。だれの目にも、必ず影は見えているはずです。

しかしその光と影の視覚情報が、脳の中で情報処理されて、影の情報が捨てられる、ということはあり得ます。目が影を見ても、脳がそれを無視することは可能なのです。

脳は見たいものを見て、見たくないものは見ない。いや「見たくない」という言い方は正しくありません。もっとほかに見るべきものがあるから、その情報は扱わない、どれもこれも扱う余裕がない、といったら良いのでしょうか。

Cゴッホが絵に描こうとしたのは、影ではない「もっと他のもの」だったのでしょう。それは線や形や空間や動き、というものだったのかもしれません。

そもそも「何かを描く」ということは「何かを描かない」ということでもあります。何かを描かないことで、描くべきものがより浮かび上がるのです。

話が飛躍するようですが、才能というのも、そういうものだと考えます。才能がある、というのは、他人よりも能力が過剰にあることではなくて、何かの能力が欠如していることなのかもしれません。

だいたいゴッホの天才ぶりというのも、能力の欠如によると思えて仕方ありません。ある部分の能力が欠けていたがゆえに、別の能力が際立ち、それがゴッホを天才たらしめた。

D才能論に立ち入ると話が逸れてしまうので、これくらいで止しますが、「何かが欠けている」というのはとても大切なことだと思います。

ゴッホの「ひまわり」に影が描かれていない、ということは、影以外の何かが特に際立ってくるのです。その「何か」とは何でしょう。光でしょうか。たしかに「ひまわり」には影がないせいで画面全体が明るく輝いているようです。しかし光の輝きは、そ

(2)（問いを放送します。）

［選択肢］

ア

イ

ウ

エ

(3)（問いを放送します。）

［選択肢］

ア

イ

ウ

エ

(4)（問いを放送します。）

聞き取りテスト終了後、３ページ以降も解答しなさい。

二

次の(1)〜(4)の――の漢字の読みを、**ひらがな**で書きなさい。

(1) 江戸時代に主要な街道が整備された。

(2) ロープを使って岩壁を下る。

(3) 保存食で飢えをしのぐ。

(4) 寂れた駅舎で電車を待つ。

三

次の(1)〜(4)の――のカタカナの部分を、**漢字**に直して、楷書（かいしょ）で書きなさい。（正確にていねいに書きなさい。）

(1) 現在の医療制度をヘンカクする。

(2) プレゼントをホウソウ紙でくるむ。

(3) 言うこととやることがウラハラだ。

(4) 夕日が海を赤くソめる。

四

次の文章を読み、あとの(1)〜(3)の問いに答えなさい。

> 今日は皆さんに「[A]譲（ゆず）ル㆓一歩（いっぽ）ヲ㆒為（な）ス㆑高（たか）シト」という言葉を[B]ご紹介したいと思います。これは「他人に譲る気持ちこそ貴いものだ」という意味で、高校時代の恩師が、私に[C]くださった手紙の中に書かれていた言葉です。他人と争い、押しのけようとする人は、どうしても反感を買ってしまいます。自分から一歩退くという[D]心がけが大切だということを、この言葉は示しているのです。

(1) 文章中の [A]譲（ゆず）ル㆓一歩（いっぽ）ヲ㆒為（な）ス㆑高（たか）シト の部分を書き下し文に直し、**全てひらがな**で書きなさい。

(2) 文章中の [B]ご紹介したい と [C]くださった の敬語表現についての説明として最も適当なものを、次の**ア**〜**エ**のうちから一つ選び、その符号を書きなさい。

ア B・Cは両方とも尊敬語である。

イ B・Cは両方とも謙譲語である。

ウ Bは尊敬語で、Cは謙譲語である。

エ Bは謙譲語で、Cは尊敬語である。

(3) 文章中の [D]心がけが 大切だと の文節相互の関係として最も適当なものを、次の**ア**〜**エ**のうちから一つ選び、その符号を書きなさい。

ア 主語・述語の関係　　**イ** 修飾（しゅうしょく）・被修飾の関係

ウ 補助の関係　　**エ** 並立の関係

選択肢　ア　木の幹が削られているという問題があった。　イ　木の根が張る場所の地質に問題があった。

ウ　木の根元に生えている雑草に問題があった。　エ　木の葉に散布した消毒液に問題があった。

繰り返します。（ア～エ繰り返し）

〈チャイム〉

問いの(2)　スピーチの中の「話を聞いた」の部分には、敬語が正しく使われていませんでした。正しく敬語に直したものを、次に読み上げるア～エのうちから一つ選び、その符号を書きなさい。（約7秒間休止）

選択肢　ア　話をうかがわれた　イ　話をお聞きくださった

ウ　話をうかがった　エ　話をお聞きになった

繰り返します。（ア～エ繰り返し）

〈チャイム〉

問いの(3)　スピーチの中で、樹木医になるための審査を受けるには、どのようなことが必要だと述べられていましたか。最も適当なものを、次に読み上げるア～エのうちから一つ選び、その符号を書きなさい。（約5秒間休止）

選択肢　ア　緑化ボランティアの検定試験を、二十五歳までに受けること。

イ　緑化ボランティアの経験を、七年以上積んでいること。

ウ　樹木の診断や治療の検定試験を、二十五歳までに受けること。

エ　樹木の診断や治療の経験を、七年以上積んでいること。

繰り返します。（ア～エ繰り返し）

〈チャイム〉

問いの(4)　発表者は、一日でも早く樹木医になるために、何をしたいと述べていましたか。（約8秒間休止）その内容を、解答欄に合うように、五字以上、十字以内で書きなさい。（約8秒間休止）

放送は以上です。解答を続けなさい。

※注意　各ページの全ての問題について、解答する際に字数制限がある場合には、句読点や「　」などの符号も字数に数えること。

一　これから、昨年度、ある中学校で行われた「朝の三分間スピーチ」の内容と、それに関連した問いを放送します。それぞれの問いの放送の後、解答用紙に答えを書きなさい。

(1)（問いを放送します。）

［選択肢］

ア

イ

ウ

エ

国　語

国語聞き取りテスト台本

〈チャイム〉
これから、国語の聞き取りテストを行います。問題用紙の１ページと２ページを開きなさい。
(約５秒間休止)

これから、昨年度、ある中学校で行われた「朝の三分間スピーチ」の内容と、それに関連した問いを放送します。よく聞いて、それぞれの問いの放送の後、解答用紙に答えを書きなさい。１ページと２ページにメモをとってもかまいません。
(約２秒間休止)

それでは、スピーチの内容と問いを一回だけ放送します。問いは、全部で四問です。問いの⑴、問いの⑵、問いの⑶は、選択肢から選ぶ問題です。なお、選択肢は二回読み上げます。
では、始めます。

〈チャイム〉
私は、将来、樹木医(じゅもくい)になりたいと思っています。樹木医というのは聞きなれない言葉だと思いますが、易しく言うと木のお医者さんです。私は、造園業を営んでいる祖父に付き添って、木の植え替え作業を見学したことがあります。シダレザクラという種類の木で、まわりの樹木が緑の葉を青々と茂らせている中、その木だけ、半分くらいの枝にしか葉っぱがついておらず、かなり弱っている様子でした。実は、弱っていると教えてくださったのが、樹木医の光山(みつやま)先生でした。先生は、シダレザクラが弱ってしまった原因を探るため、ショベルカーで土を掘ったそうです。そして、その結果、木の根っこが張っている場所の土に問題があることを突き止め、祖父に木の植え替えを依頼したのでした。今年の春に、そのシダレザクラを見に行ったところ、見事な花を咲かせていました。先生に話を聞いたところ、あのシダレザクラはまだ樹齢も若く、根っこからうまく栄養をとることさえできれば助かると思ったそうです。樹木は、自分の不調を口に出して説明することができません。ですから、木のお医者さんである樹木医が、きちんと症状を見極めて、適切に処理してやることが重要なのです。樹木医の資格を得るには、審査に合格しなければなりませんが、その審査を受けるのが大変です。樹木の診断や治療などの経験を七年以上積まなければ、審査を受けることもできないのです。私は、高校を卒業したらすぐに祖父の元で働こうと思っていますが、そこから考えると、どんなに早くても、二十五歳まで、私は樹木医の資格を得ることができないということになります。道のりを考えると、まだまだ遥(はる)か先のことですが、一日でも早く樹木医になれるよう、まずは祖父のもとで、植物の取り扱い方について、少しずつ勉強していきたいと思っています。

〈チャイム〉
これから、問いを放送します。
問いの⑴　スピーチの中では、シダレザクラが弱っていた原因について、どのように述べられていましたか。最も適当なものを、次に読み上げるア～エのうちから一つ選び、その符号を書きなさい。

第３回紙上公開もし（令和元年11月実施）

数　学

1　次の(1)～(6)の問いに答えなさい。

(1)　$4-11$　を計算しなさい。

(2)　$2^2 \div \left(-\dfrac{2}{3}\right)+8$　を計算しなさい。

(3)　$3(a-2b)-2(5a-6b)$　を計算しなさい。

(4)　等式　$3x-2y=6$　をyについて解きなさい。

(5)　$3\sqrt{3}-\sqrt{48}+\sqrt{12}$　を計算しなさい。

(6)　二次方程式　$x^2+3x+1=0$　を解きなさい。

2　次の(1)～(5)の問いに答えなさい。

(1)　nを18以下の自然数とする。$\dfrac{n}{18}$が約分できる自然数nは何個あるか，その個数を，次の**ア**～**エ**のうちから１つ選び，符号で答えなさい。

ア　7個　　**イ**　12個　　**ウ**　14個　　**エ**　16個

(2)　ある中学校のバスケットボール部の部員20人がフリースローを１人５回ずつ行った。下の表は最初にフリースローを行った18人分の結果を度数分布表にまとめたものである。

その後，遅れてきた残りの部員２人がフリースローを行った結果を加えて，部員20人のボールがゴールに入った回数の平均値を計算したところ，3.1回となった。

このとき，遅れてきた残りの部員２人のボールがゴールに入った回数の合計を求めなさい。

ただし，平均値は正確な値であり四捨五入などはされていないものとする。

ボールがゴールに入った回数（回）	度数（人）
0	2
1	1
2	2
3	6
4	4
5	3
計	18

(3)　大人と子どもを合わせて29人がバスに乗っていた。停留所で子どもが４人降り，大人が５人乗ったところ，大人の人数が子どもの人数の２倍になった。

停留所に着く前にバスに乗っていた大人と子どもの人数をそれぞれ求めなさい。

(4)　大小２つのさいころを同時に投げる。大きいさいころの出た目の数をa，小さいさいころの出た目の数をbとする。

このとき，xについての方程式$5x-ab=0$の解が整数となる確率を求めなさい。

ただし，さいころを投げるとき，１から６までのどの目が出ることも同様に確からしいものとする。

(5) 右の図のように，五角形ＡＢＣＤＥがある。辺ＡＥ上にあり，直線ＡＢ，ＣＤから等しい距離にある点Ｐを作図によって求めなさい。また，点Ｐの位置を示す文字Ｐも書きなさい。

ただし，三角定規の角を利用して直線をひくことはしないものとし，作図に用いた線は消さずに残しておくこと。

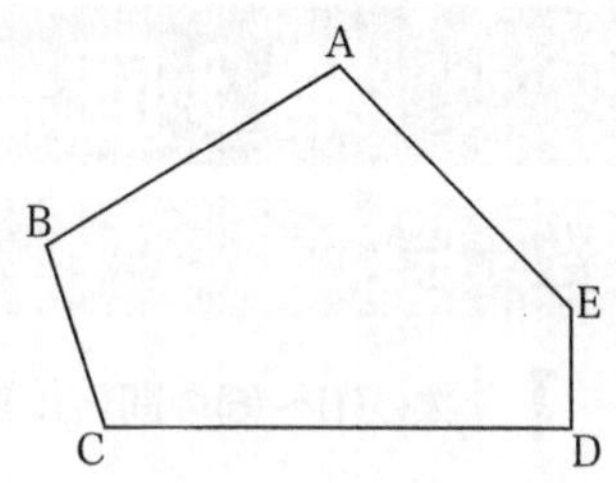

3 右の図のように，関数$y = ax^2$のグラフと関数$y = -x + 8$のグラフが，２点Ａ，Ｂで交わっている。また，原点Ｏを通り，関数$y = -x + 8$のグラフと平行な直線と関数$y = ax^2$のグラフとの交点のうち原点Ｏ以外の点をＣとする。３点Ａ，Ｂ，Ｃのx座標がそれぞれ－８，４，－４であるとき，次の(1)～(3)の問いに答えなさい。

ただし，原点Ｏから点（１，０）までの距離及び原点Ｏから点（０，１）までの距離をそれぞれ１cmとする。

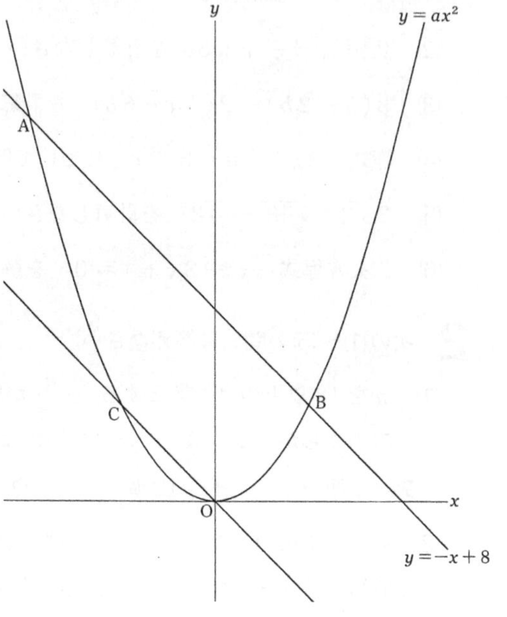

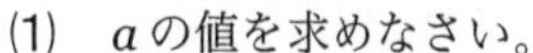

(1) aの値を求めなさい。

(2) △ＯＡＢの面積を求めなさい。

(3) 原点Ｏを通り，四角形ＡＣＯＢの面積を二等分する直線の式を求めなさい。

4 右の図のように，１辺の長さが８cmの正方形ＡＢＣＤがある。辺ＡＢ上に点Ｅ，辺ＡＤ上に点Ｆ，辺ＤＣ上に点Ｇをとり，３点Ｅ，Ｆ，Ｇをそれぞれ結ぶ。ＥＦ＝ＦＧ，∠ＥＦＧ＝90°のとき，次の(1)，(2)の問いに答えなさい。

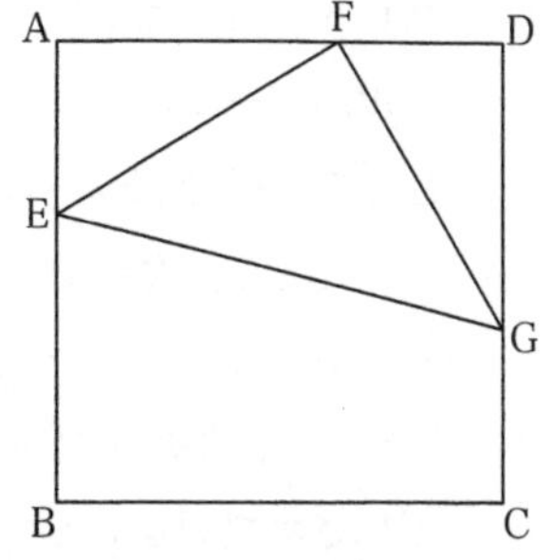

(1) △ＡＥＦ≡△ＤＦＧとなることの証明を，下の［　　］の中に途中まで示してある。

［(a)］，［(b)］に入る最も適当なものを，次の**選択肢**の**ア～カ**のうちからそれぞれ１つずつ選び，符号で答えなさい。また，［(c)］には証明の続きを書き，**証明**を完成させなさい。

ただし，［　　］の中の①～④に示されている関係を使う場合，番号の①～④を用いてもかまわないものとする。

証明

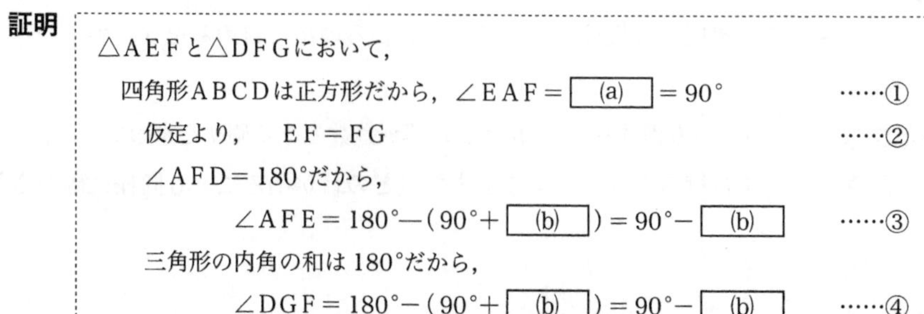

△ＡＥＦと△ＤＦＧにおいて，

四角形ＡＢＣＤは正方形だから，∠ＥＡＦ＝［(a)］＝90°　……①

仮定より，　ＥＦ＝ＦＧ　……②

∠ＡＦＤ＝180°だから，

∠ＡＦＥ＝180°－（90°＋［(b)］）＝90°－［(b)］　……③

三角形の内角の和は180°だから，

∠ＤＧＦ＝180°－（90°＋［(b)］）＝90°－［(b)］　……④

(c)

選択肢

ア	∠ＥＦＧ	**イ**	∠ＦＤＧ	**ウ**	∠ＥＢＣ
エ	∠ＤＦＧ	**オ**	∠ＡＥＦ	**カ**	∠ＦＥＧ

⑵　∠ＡＦＥ＝22°のとき，∠ＢＥＧの大きさを求めなさい。

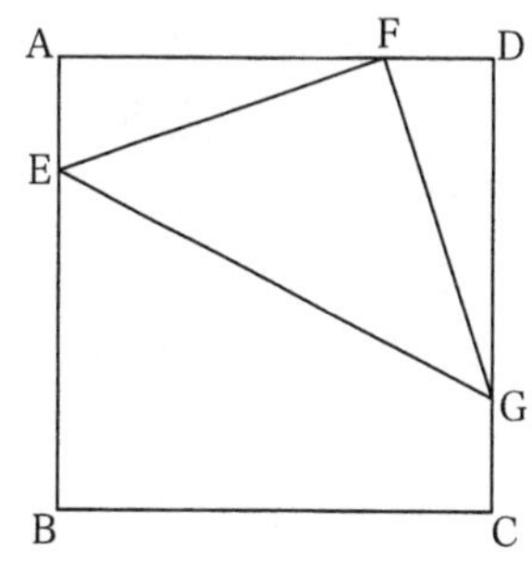

5　下の図の１，２，３，４，５，６は円周を６等分した目盛りである。この目盛りと目盛り上を動く３つの点Ｐ，Ｑ，Ｒを使っての作業についての**ふゆかさんと先生の会話**を読み，あとの⑴〜⑶の問いに答えなさい。

ふゆかさんと先生の会話

先　生：点Ｐ，Ｑ，Ｒは１秒ごとに次の規則にしたがって動きます。

点Ｐは，点１から時計回りに１目盛り
点Ｑは，点１から時計回りに２目盛り
点Ｒは，点１から時計回りに３目盛り

ふゆか：点Ｐ，Ｑ，Ｒは，はじめは１にあるのですね。
そして，１秒後には，Ｐは２，Ｑは３，Ｒは４にあるのですね。

先　生：はい，その通りです。その後も３点Ｐ，Ｑ，Ｒは後戻りせずに時計回りに動きます。そして，３点Ｐ，Ｑ，Ｒを結んでできる三角形の形が１秒ごとに変化する様子を観察しましょう。

ふゆか：１秒後の三角形ＰＱＲは二等辺三角形ですね。そして，２秒後のＰ，Ｑ，Ｒはそれぞれ３，５，１にありますから，三角形ＰＱＲは正三角形になります。

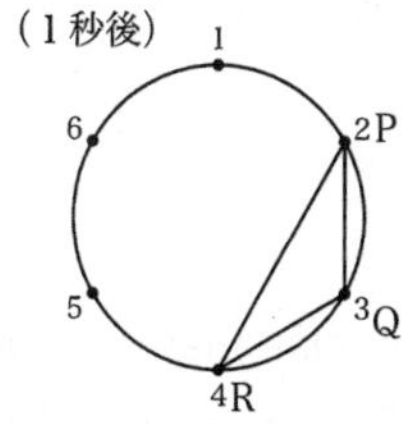

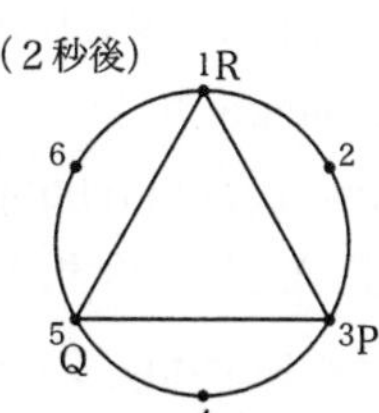

先　生：よくできました。

⑴　10秒間で，正三角形ができる回数を求めなさい。

⑵　20秒間で，三角形ができない回数を求めなさい。
ただし，はじめの状態（０秒）は回数には含めないものとする。

⑶　50秒後の△ＰＱＲはどのような形か，次の**ア**〜**エ**のうちから１つ選び，符号で答えなさい。

ア　正三角形
イ　二等辺三角形
ウ　３辺の長さがすべて異なる三角形
エ　三角形はできない

英　語

英語リスニング放送台本

これから英語のテストを行います。最初はリスニングテストです。リスニングテストはすべて放送で行います。リスニングテスト終了までは，**2**ページ以降を開かないで下さい。

それでは，問題用紙の**1**ページを開いて下さい。リスニングテストの問題は，**1**から**3**の三つです。

では，**1**から始めます。

1は，英語の対話を聞いて，最後の文に対する受け答えを選ぶ問題です。受け答えとして最も適当なものを，問題用紙のAからDのうちから一つずつ選んで，その符号を書きなさい。なお，対話はそれぞれ**2**回放送します。では，始めます。

No. 1　Boy：Are you OK?
Girl：Well, I'm hungry.
Boy：Then, let's go to the restaurant!
繰り返します。(対話を繰り返す。)

No. 2　Boy：Is this your pen?
Girl：No, it isn't.
Boy：Then, whose is it?
繰り返します。(対話を繰り返す。)

次は**2**です。

2は，英語の対話又は英語の文章を聞いて，それぞれの内容についての質問に答える問題です。質問の答えとして最も適当なものを，問題用紙のAからDのうちから一つずつ選んで，その符号を書きなさい。なお，英文と質問はそれぞれ**2**回放送します。では，始めます。

No. 1　Boy：Look. That dog is very cute.
Girl：Right. We can see a lot of cute animals here.
Boy：You have a cat, right? Did you buy it here?
Girl：Yes. She is a good cat. We travelled with her last summer.
Boy：Really? That's nice.
Question：Where are the two people talking?
繰り返します。(対話と質問文を繰り返す。)

No. 2　Hello. I'm Yui. Last Monday, I asked my classmates, "What sport do you like the best?" Today, I'll talk about that. Baseball is the most popular in my class. Soccer is as popular as basketball. I like tennis the best, but it's not so popular in my class. Each student likes a different sport and that's interesting.
Question：Which is Yui's favorite sport?
繰り返します。(英文と質問文を繰り返す。)

次は**3**です。

3は，英語の文章又は英語の対話を聞いて，それぞれの内容についての質問に答える問題です。質問の答えとして最も適当なものを，問題用紙のAからDのうちから一つずつ選んで，その符号を書きなさい。なお，英文と質問はそれぞれ**2**回放送します。では，始めます。

No. 1　Hello. I'm Miki. I'm fifteen. I love music. I play the piano and I started to play it when I was three. My mother is a piano teacher, and I've learned it from her. So, I don't go to a piano school. My sister doesn't play the piano, but she plays the guitar. We often play music together and we enjoy that a lot. Music makes us happy. Why don't you enjoy music, too?

Question：What can we say about Miki?

繰り返します。(英文と質問文を繰り返す。)

No. 2　Sae：　Mike, you went to Midori Park yesterday, right?

Mike：Right, Sae. I went there with my brother. Were you there, too?

Sae：　No, but my sister was there. She went there with her friends and she saw you.

Mike：Oh, I see. Midori Park is very nice. I like that park very much.

Sae：　That's great. I've never been there, but I want to go there!

Mike：Shall we go there next Sunday?

Sae：　Sounds nice!

Question：Who went to Midori Park with Mike yesterday?

繰り返します。(対話と質問文を繰り返す。)

No. 3　Tim：　You look happy, Yumi.

Yumi：Yes, I am, Tim. I got a letter from my sister, and she'll come to Australia to see me next month!

Tim：　Oh, next month? When?

Yumi：On January 17th. Her birthday is January 16th, so I'll give a present to her.

Tim：　That's great. How old will she be?

Yumi：She'll be twenty. She studies English at school, and she speaks English well.

Tim：　She sounds nice. I want to meet her. Can I?

Yumi：Sure. I'll tell her about you.

Tim：　Thank you.

Question：How old is Yumi's sister now?

繰り返します。(対話と質問文を繰り返す。)

以上で，リスニングテストを終わります。**2**ページ以降の問題に答えなさい。

1　英語リスニングテスト (**放送**による**指示**に従って答えなさい。)

No.1	A．Yes, you can.	B．That's a good idea.
	C．Nice to meet you.	D．Me, too.
No.2	A．She is Emily.	B．It's mine.
	C．I have some.	D．I don't know.

2 英語リスニングテスト（**放送**による**指示**に従って答えなさい。）

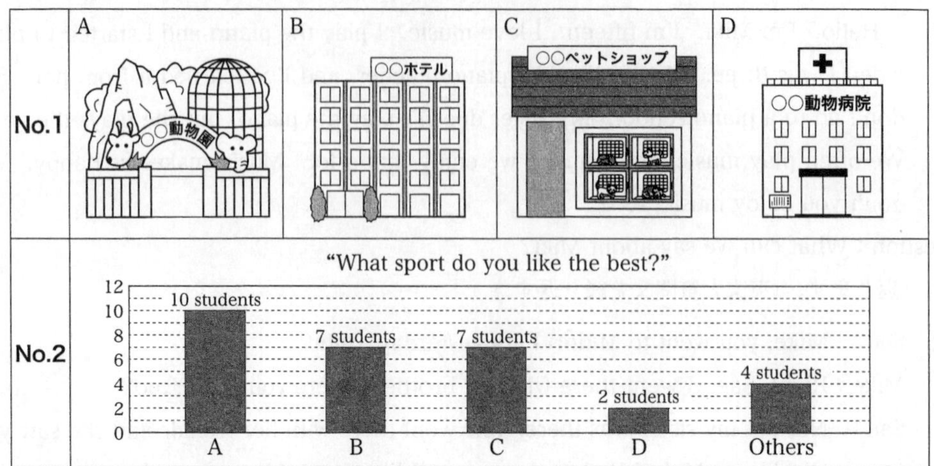

3 英語リスニングテスト（**放送**による**指示**に従って答えなさい。）

No.1	A．She has played the piano for twelve years. B．She goes to a piano school. C．She often learns the piano from her sister. D．She says you should enjoy music.	
No.2	A．Sae did. C．His sister did.	B．His brother did. D．Sae and her sister did.
No.3	A．She is sixteen. C．She is nineteen.	B．She is seventeen. D．She is twenty.

4 次の⑴～⑷の英単語を，それぞれのヒントと例文を参考にして完成させなさい。ただし，英単語の□には**１文字**ずつ入るものとします。なお，例文の（　　　）にはその英単語が入ります。

⑴　w□□m
　ヒント　not cold
　例　文　It's very (　　　) today.

⑵　v□□□o
　ヒント　thing to watch on TV
　例　文　I have an exciting (　　　).

⑶　b□□□□w
　ヒント　use something for* free
　例　文　Let's (　　　) some books at the library.

（注）for free　無料で

⑷　D□□□□□□r
　ヒント　the month after November
　例　文　My birthday is (　　　) 25.

5 次の(1)〜(5)のそれぞれの対話文を完成させなさい。

(1)，(2)については，（　　　）の中の語を最も適当な形にしなさい。ただし，**１語**で答えること。

また，(3)〜(5)については，それぞれの（　　　）の中の**ア〜オ**を正しい語順に並べかえ，その順序を符号で示しなさい。なお，文頭に来るべき語も小文字で示してあります。

(1)　A：Is Ann (make) a bag in her room now?
　　B：Yes. She likes to make bags.

(2)　A：I (eat) *natto* for breakfast yesterday.
　　B：I like *natto* very much, too.

(3)　A：(**ア** to　**イ** do　**ウ** get　**エ** have　**オ** we) up early tomorrow?
　　B：Yes. We'll leave home at five.

(4)　A：(**ア** made　**イ** so　**ウ** what　**エ** sad　**オ** him)?
　　B：I don't know.

(5)　A：Is (**ア** for　**イ** to　**ウ** you　**エ** interesting　**オ** it) write a story?
　　B：Yes. I'll show it to you after writing it.

6 ビル(Bill)と純也(Junya)が，公園で会話をしています。この場面で，ビルの言葉に対して純也は何と答えると思いますか。その言葉を英語で書きなさい。

ただし，語の数は**20語程度**(. , ? ! などの符号は語数に含まない。)とすること。

7 次の(1)〜(3)の英文を読んで，それぞれの問いに答えなさい。

(1)　My name is Yuji. I (Ⓐ) near a mountain, and I like the mountain. The mountain becomes very beautiful in spring and fall. In spring, we can see *bright green *leaves, and in fall, the leaves *turn red and yellow. So, in those seasons, I go to the mountain (Ⓑ) every weekend. I think I can take a lot of good pictures *especially in spring, because everything on the mountain looks happy after a long cold winter.

(**注**) bright　明るい　　leaves　leaf「葉」の複数形　　turn〜　〜に変わる
especially　特に

本文中の（　Ⓐ　），（　Ⓑ　）に入る最も適当な語を，それぞれ次の**ア**～**エ**のうちから一つずつ選び，その符号を書きなさい。

Ⓐ　**ア**　watch　　**イ**　live　　**ウ**　look　　**エ**　know
Ⓑ　**ア**　very　　**イ**　many　　**ウ**　most　　**エ**　almost

(2)　Aya is a junior high school student. English is her favorite subject, and she studies it for two hours every day. One Tuesday, her classmate, Shota, came to her and said, "Hi, Aya. You are always studying English hard when I see you. Why do you study it so hard?" Aya said, "Because I want to be an English teacher in the future. I like English and teaching something to other people." Shota said, "Great. My grandmother is seventy now, and she was an English teacher when she was young." Aya said, "Oh, really? Do you live with her?" Shota said, "Yes." Aya said, "Good! I want to see her to listen to her story about her young days." Shota said, "OK. I'll tell her about you." The next day, Shota talked to Aya again. "Hi, Aya. Yesterday, I told my grandmother about you. She said she wanted to see you, too! So, why don't you come to my house after school today?" Aya said, "Good. Thank you very much." That day, Aya had a good time with Shota's grandmother.

①　本文の内容と合うように，次の英文の（　　　）に入る英単語**１語**を書きなさい。
Aya went to Shota's house to see his grandmother on (　　　).

②　本文の内容に合っているものを，次の**ア**～**エ**のうちから一つ選び，その符号を書きなさい。

ア　彩(Aya)は英語が大好きで，毎日英語を３時間勉強している。
イ　翔太(Shota)は，なぜ彩が英語の先生になりたいのかたずねた。
ウ　翔太の祖母は，若いころ英語の先生だった。
エ　彩は翔太の祖母に，家を訪問してよいか直接電話でたずねた。

(3)　次は，あるホームページ（website）の映画情報の英語版です。

The Movie *Information

*Title	The Long Street	Taro's Life	Black Bird	The Letter
*Genre	*Adventure	*Comedy	*Anime	Love story
Time	10:10～12:50	10:00～12:00	10:50～12:20	10:30～13:00
	14:20～17:00	13:30～15:30	13:05～14:35	14:05～16:35
	18:05～20:45	17:10～19:10	15:00～16:30	18:30～21:00
Place	*Theater A	Theater B	Theater C	Theater D

*Entrance Fee
Children under 3 …*free of charge
Children (4 to 15 years old) …800 yen
*Adults (16 years old and over) …1,200 yen

(注) information　情報　　title　タイトル　　genre　ジャンル　　adventure　冒険
comedy　お笑い　　anime　アニメ　　theater　劇場　　entrance fee　入場料
free of charge　無料　　adult　大人

① 次の質問に，**6語以上**の英語で答えなさい。ただし，数字も英語で書くこと。
How long will people see a movie if they see 'The Letter'?

② この映画情報の内容に合っているものを，次の**ア**〜**エ**のうちから一つ選び，その符号を書きなさい。

ア If you want to see 'Taro's Life,' you can see it in Theater A.
イ People can see 'The Letter' only in the afternoon.
ウ If you are interested in comedy, you will enjoy 'The Long Street.'
エ If you are fourteen, you will need 800 yen to see a movie.

8 次の英文を読んで，(1)〜(4)の問いに答えなさい。

Ryo is sixteen. Three years ago, his sister, Emi, brought a baby dog to their house. When she showed the dog to their *parents, their father said, "I don't like dogs because they *bark *noisily." Their mother said, "Having a dog isn't easy. We can't have one." Emi started to *cry. Ryo *felt sorry for Emi, and said, "Father and Mother, I will help Emi. We can take care of the dog together. So, can we have it?" They said, "Yes," *finally.

Ryo's family called the dog, Momo. Ryo and Emi started to take care of her *in turn. [ア] At first, Emi and Ryo enjoyed *walking their dog, but Emi soon started to *skip her *turn. She said, "It's raining, so I don't go out with Momo." Ryo went to see Momo because she was barking. Momo watched him and moved her *tail. Her eyes said, "Ryo, please walk me." He went out with her in the rain. [イ] Sometimes he felt tired from studying and didn't want to walk Momo.

One day, when Momo and Ryo were walking to the park, a big dog *jumped out from *behind the trees. He was *scared and couldn't move. [ウ] Then, Momo jumped on the dog and saved him. He was all right but Momo got *injured. At the hospital the doctor told Ryo's family that Momo needed a few weeks to get well. He was sad. He *sat by Momo and *stroked her *gently. Then, Emi and their father sat by Ryo and did the same thing. [エ] Ryo said, "Father, I thought you didn't like dogs." He said, "That's right, Ryo. I don't like dogs, but Momo is not (j　　) a dog. She saved you."

Now, Momo is well. Emi and Ryo enjoy walking with her every day. Sometimes their mother comes with them. Ryo thinks Momo has *become a member of their family.

(注) parent　親　　bark　吠える　　noisily　うるさく　　cry　泣く
feel sorry for〜　〜を気の毒に思う　　finally　最終的に　　in turn　交代で
walk〜　〜を散歩させる　　skip〜　〜をさぼる　　turn　順番　　tail　しっぽ
jump　とびはねる　　behind〜　〜の後ろ　　scared　恐れて　　injured　けがをした
sat　sitの過去形　　stroke〜　〜をなでる　　gently　優しく
become　becomeの過去分詞

(1) 次の英文を入れるのに最も適当な場所を，本文中の［ア］～［エ］のうちから一つ選び，その符号を書きなさい。

He started to understand taking care of animals was hard.

(2) 本文中の（　　）に入る適当な英単語**１語**を書きなさい。ただし，（　　）内に示された文字で書き始め，その最初の文字を含めた完全な形で書きなさい。

(3) 次の［　　］内は，本文の内容に関する質問文と答えの文である。本文の内容と合うように，（　　）に適する**２語**の英語を書き入れ，答えの文を完成させなさい。

質問文：Who brought Momo to Ryo's house three years ago?
答えの文：(　　　　) did.

(4) 本文の内容に合っているものを，次の**ア～エ**のうちから一つ選び，その符号を書きなさい。

ア Ryo's mother doesn't like dogs because they bark noisily.

イ Emi always walked Momo, but Ryo sometimes skipped his turn.

ウ Momo saved Ryo from a big dog when they were walking.

エ Ryo stroked Momo gently when she got injured, but his father didn't.

9 リズ(Liz)と，萌(Moe)が学校で話をしています。この対話文を読んで，［(1)］～［(4)］に入る最も適当な英文を，それぞれあとの**ア～エ**のうちから一つずつ選び，その符号を書きなさい。

Liz and Moe are students in Chiba. One day, Liz sees Moe on the street and she talks to her.

Liz： Hi, Moe. Where are you going?

Moe：Hi, Liz. I'm going home from the library. I did my math homework there. ［(1)］

Liz： I'm going to Asahi CD shop.

Moe：［(2)］

Liz： Yes. I like music very much. Last night, my mother and I saw a Japanese girls' group on TV. They were singing some songs. The songs were very nice, and I want to buy their CD.

Moe：That's good. You *became a *fan of them, right?

Liz： Right.

Moe：What's the name of the group?

Liz： The group is very popular in Japan, but I can't remember the name.

Moe：I see. ［(3)］

Liz： Five girls.

Moe：［(4)］ I want to know your favorite group!

Liz： Sure. Let's go together.

（注）became　becomeの過去形　　fan　ファン

(1) **ア** How are you?　**イ** How about you?
ウ What are you looking at?　**エ** What did you do there?

(2) **ア** Oh, are you going to buy a CD?　**イ** Oh, do you like the song?
ウ Oh, did you learn about the group?　**エ** Oh, was their song beautiful?

(3) **ア** Well, what song were they singing?
イ Well, who was the tallest of all?
ウ Well, where are they from?
エ Well, how many girls did you see in the group?

(4) **ア** Can you sing a famous song in your country?
イ Can you tell me about your family?
ウ Can I go to the CD shop with you?
エ Can I ask your favorite singer?

社 会

1 次の文章を読み，あとの(1)～(5)の問いに答えなさい。

日本はａアメリカ合衆国や[X]とならび，世界有数の高度な工業技術を持った工業国です。しかし，近年では，韓国や中国，ｂ東南アジア諸国でも工業化が進んでいます。これらの新興工業国は，ｃ賃金の安さを利用して工業製品の生産を増大させています。日本も，中国や東南アジア諸国などの賃金の安い国に多くの工場を進出させた結果，いくつかの業種では，日本国内から工場がほとんどなくなる，産業の[Y]化が進んでいます。

(1) 下線部ａに関連して，次の文章中の[　　]にあてはまる適当な語を書きなさい。

> カリフォルニア州のサンフランシスコ郊外にある，コンピューターや半導体関連の先端技術産業が集中している地域は[　　]とよばれている。これは，半導体の原料名から名づけられたものである。

(2) 次の文は，[X]にあてはまる国について説明したものである。これを読み，[X]にあてはまる国名を書きなさい。

> この国はＥＵ最大の工業国で，国内で産出する石炭などを原料に，古くから鉄鋼業がさかんであった。近年は，鉄鋼業は徐々におとろえ，ミュンヘンなどを中心にハイテク(先端技術)産業が大きく成長している。

(3) 下線部ｂに関連して，右の図は，17世紀前半，幕府が商人や大名に対して発行した渡航許可証を示している。この渡航許可証を持った船が東南アジア諸国の保護を受けて貿易を行った。この貿易として最も適当なものを，次の**ア**～**エ**のうちから一つ選び，その符号を書きなさい。

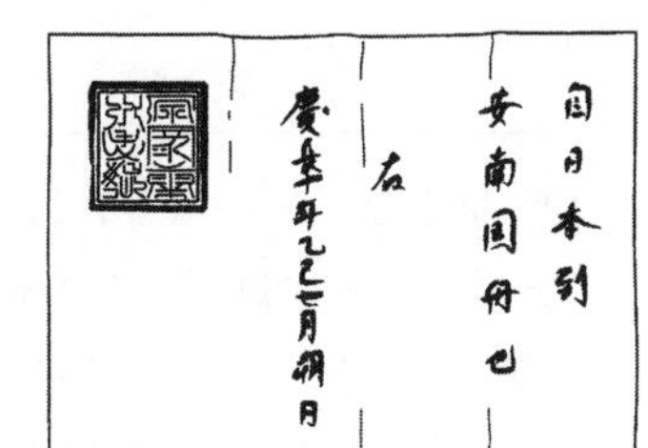

ア 南蛮貿易　　**イ** 勘合貿易
ウ 日宋貿易　　**エ** 朱印船貿易

(4) 下線部ｃに関連して，次の**資料**は，各国の製造業の全雇用者の１時間あたり賃金の推移を示したものである。**資料**から読み取れることとして最も適当なものを，あとの**ア**～**エ**のうちから一つ選び，その符号を書きなさい。

資料

	1時間あたり賃金（ドル）		
	2000年	2010年	2015年
韓国	7.01	14.26	18.20
日本	20.87	26.01	19.33
フィリピン	0.90	1.71	1.98
シンガポール	9.91	16.09	20.79
アメリカ合衆国	19.86	26.26	28.77
オーストラリア	13.33	31.65	31.10

（「世界国勢図会 2017/18」より作成）

ア　2000年から2015年にかけて，1時間あたり賃金の上昇率が最も高いのは，シンガポールである。

イ　2010年から2015年にかけて，1時間あたり賃金が下がったのは日本だけである。

ウ　労働者の賃金のことだけを考えると，日本国内の工場をオーストラリアへ移転することは経費の節減につながると考えられる。

エ　2015年において，シンガポールの，フィリピンと比較した1時間あたり賃金の格差は10倍以上である。

⑸　［ Y ］にあてはまる適当な語を書きなさい。

2　次の図を見て，あとの⑴～⑷の問いに答えなさい。

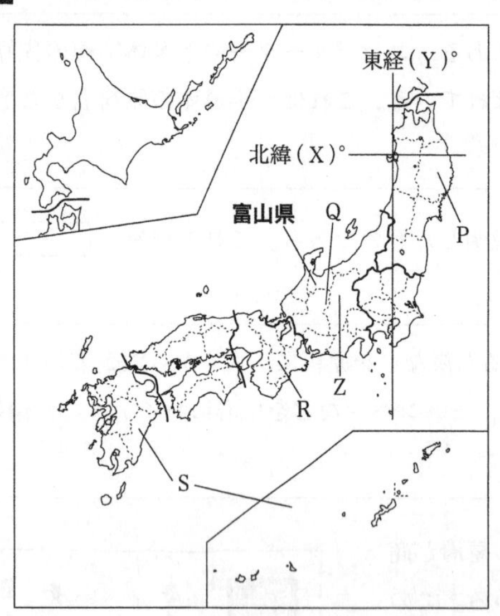

⑴　図中のP～Sの地方のうち，府県名と府県庁所在地名が異なる府県が最も少ない地方を一つ選び，その地方名を書きなさい。

⑵　図中の（X），（Y）にあてはまる数字の組み合わせとして最も適当なものを，次の**ア**～**エ**のうちから一つ選び，その符号を書きなさい。

ア　X：35　　Y：140　　　**イ**　X：35　　Y：145

ウ　X：40　　Y：140　　　**エ**　X：40　　Y：145

⑶　次の表は，図中のZの県で生産がさかんな農産物の生産量の上位３県（2015年）を示しており，数値は各項目の全国に占める割合（%）を示している。表中のA～Cにあてはまる農産物の組み合わせとして最も適当なものを，あとの**ア**～**エ**のうちから一つ選び，その符号を書きなさい。また，Zの県名を書きなさい。

	A
山梨県	22.9
Z県	15.7
山形県	10.1

	B
青森県	57.9
Z県	19.4
山形県	6.2

	C
Z県	33.7
茨城県	15.4
群馬県	8.6

(「日本国勢図会 2017/18」より作成)

ア　A：レタス　B：ぶどう　C：りんご　**イ**　A：ぶどう　B：りんご　C：レタス
ウ　A：レタス　B：りんご　C：ぶどう　**エ**　A：ぶどう　B：レタス　C：りんご

(4)　次の地形図は，前のページの図に示した**富山県**のある地域を示したものである。これを見て，あとの①，②の問いに答えなさい。

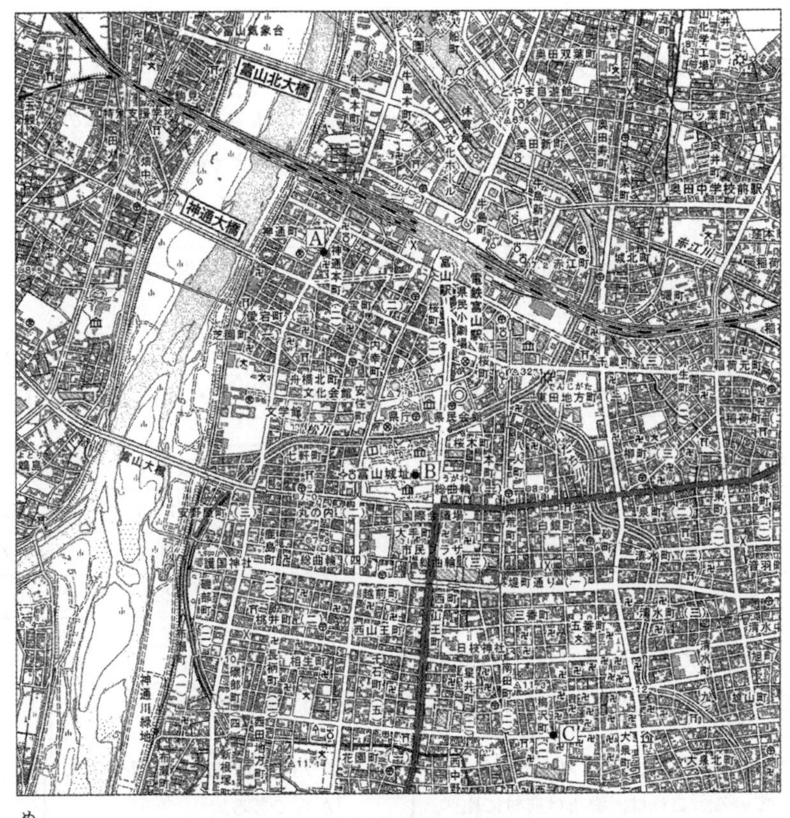

(国土地理院　平成27年発行1:25,000「富山」原図より作成)

①　地形図中のA地点からB地点までの直線距離として最も適当なものを，次の**ア～エ**のうちから一つ選び，その符号を書きなさい。

ア　250m　**イ**　625m　**ウ**　1000m　**エ**　1250m

②　上の地形図を正しく読み取ったことがらとして最も適当なものを，次の**ア～エ**のうちから一つ選び，その符号を書きなさい

ア　「富山北大橋」と「神通大橋」の間の河川敷一帯は，水田として利用されている。

イ　A地点の南西の方向には，富山市役所がある。

ウ　B地点のある富山城址には，地図記号 [地図記号] が記されていることから，博物館があることがわかる。

エ　C地点のある梅沢町(二)とその周辺には，寺院が集まっている。

3 次の図を見て，あとの(1)～(5)の問いに答えなさい。

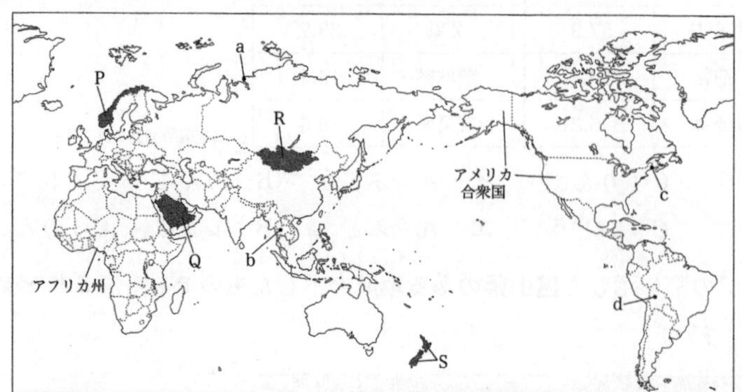

(1) 世界の三大洋のうち，図中のアメリカ合衆国が**面していない**海洋名を書きなさい。

(2) 次の**ア**～**エ**の表は，図中のａ～ｄで示したいずれかの都市の１月，７月，全年の平均気温と降水量を示している。ｄの都市にあてはまるものを，**ア**～**エ**のうちから一つ選び，その符号を書きなさい。

ア

	平均気温(℃)	降水量(mm)
1月	9.0	242.2
7月	7.7	26.1
全年	8.5	816.5

イ

	平均気温(℃)	降水量(mm)
1月	1.0	82.5
7月	25.3	111.4
全年	13.2	1145.4

ウ

	平均気温(℃)	降水量(mm)
1月	−24.8	35.7
7月	5.0	33.5
全年	−11.1	383.6

エ

	平均気温(℃)	降水量(mm)
1月	27.3	15.1
7月	29.3	171.4
全年	28.9	1653.1

(3) 次の文章は，図中のアフリカ州について述べたものである。文章中の［　　］にあてはまる適当なことばを，「仕事」「収入」の二つの語を用いて，簡潔に書きなさい。

> アフリカ州では，中国やインド，東南アジアの国々と同じように，農村から都市への人口流入が起こっている。これは，都市は農村に比べ，［　　］からである。

(4) 次の表は，図中のＰ～Ｓの４か国についてまとめたものである。Ｐの国にあてはまるものを，表中の**ア**～**エ**のうちから一つ選び，その符号を書きなさい。また，その国名を書きなさい。

	首都の位置(経度)	人口(千人)	主な産業
ア	東経46度41分	32938	原油の産出量が多く，日本の最大の原油輸入相手国である。
イ	東経10度46分	5303	高水準の社会保障が整えられている。海岸には，氷河によってつくられたフィヨルドが発達している。
ウ	東経106度58分	3076	鉱業と畜産業が中心産業。経済的には中国，ロシアに依存している。
エ	東経174度46分	4706	世界屈指の農業国で，輸出総額の約半分は農産物である。とくに，牧羊や酪農がさかんである。

(「2018データブック　オブ・ザ・ワールド」などより作成)

(5) 次の文章は，図中のアメリカ合衆国について述べたものである。文章中の［　　］にあてはまる適当な語を，**カタカナ**で書きなさい。

> アメリカ合衆国では，不法移民が急増している。このうちの多くは，隣接するメキシコや中南米諸国を出身国とし，スペイン語を話す［　　］とよばれる人々である。このような不法移民対策として，国境に壁を建設することが宣言され，話題となった。

4 年代の古い順に並べた次のＡ～Ｅのカードを見て，あとの(1)～(5)の問いに答えなさい。

Ａ　中大兄皇子は，百済を救済するために朝鮮半島に軍を送った。

Ｂ　紫式部や清少納言などの女性作家が優れた作品を残した。

Ｃ　国ごとに守護，荘園や公領ごとに地頭が設置された。

Ｄ　織田信長が足利義昭を京都から追放し，幕府が滅亡した。

Ｅ　老中の松平定信は，徳川吉宗の政治を理想として改革をすすめた。

(1) Ａに関連して，次の**ア**～**ウ**の文は，いずれもこの後に起こったできごとについて述べたものである。これらを年代の**古いものから順に**並べ，その符号を書きなさい。

ア 奈良に平城京がつくられた。
イ 壬申の乱が起こった。
ウ 聖武天皇が国分寺の建立を命じた。

(2) Ｂに関連して，この時代の中国の様子について述べた文として最も適当なものを，次の**ア**～**エ**のうちから一つ選び，その符号を書きなさい。

ア 清が成立し，支配領域を広めた。
イ 漢が領土を広げ，西方との交通路も開かれた。
ウ 秦が中国を統一し，政治のしくみを整えた。
エ 唐の国内が乱れ，勢力が急速に衰えた。

(3) Ｃに関連して，次の資料は，このころの様子をえがいたものである。資料中の［　　］にあてはまる人物として最も適当なものを，あとの**ア**～**エ**のうちから一つ選び，その符号を書きなさい。

> 「反乱が起こるたびに鎌倉から軍勢を派遣するのは，時間や資金のむだですから，あらかじめ守護と地頭を設置しておけばよいと考えます。」［　　］は大変感心してこの意見を採用することにした。
> （「吾妻鏡」より）

ア 源頼朝　　**イ** 源義経　　**ウ** 平将門　　**エ** 平清盛

(4) Ｄに関連して，次の文章は織田信長について述べたものである。文章中の［　　］にあてはまる適当な語を書きなさい。

> 織田信長は，甲斐の武田氏を長篠の戦いで破ると，翌年には安土城を築いた。城下には［　　］の政策によって商人を招き，座や各地の関所を廃止して商工業の発展を図った。

(5) Ｅに関連して，この改革では，都市に出かせぎにきた農民を，農村に戻そうとする政策が行われた。その目的を，「武士の生活」「年貢」の二つの語を用いて，簡潔に書きなさい。

5 次の略年表を見て，あとの(1)～(5)の問いに答えなさい。

年 代	主なできごと
1871	廃藩置県が行われる……………………………………………A
1875	樺太・［ X ］交換条約が結ばれる
	I
1902	日英同盟が結ばれる
	II
1923	関東大震災が起こる
	III
1937	日中戦争が始まる
	IV
1940	日独伊三国同盟が結ばれる………………………………B
1945	ＧＨＱのもとで民主化が始まる
	↕C
1978	日中平和友好条約が結ばれる

(1) 略年表中のＡに関連して，廃藩置県について述べた文として最も適当なものを，次の**ア**～**エ**のうちから一つ選び，その符号を書きなさい。

ア 強い統一国家をつくるため，薩摩藩と長州藩が連合して倒幕をめざした。

イ 住民の直接選挙によって都道府県の知事が選出されることになった。

ウ 政府によって新たに任命された府知事や県令が中央から派遣された。

エ 幕府は，藩のとりつぶしや領地がえを行うなど大名の配置を工夫した。

(2) 次の文は，年表中の［ X ］について述べたものである。年表中と文中の［ X ］に共通してあてはまる適当な語を書きなさい。

> 日本は，樺太と交換する形で［ X ］列島を日本領としたが，日露戦争後に結んだポーツマス条約で，樺太の北緯50度以南を獲得した。

(3) 略年表中のＢに関連して，このころの日本の様子を述べた文として最も適当なものを，次の**ア**～**エ**のうちから一つ選び，その符号を書きなさい。

ア 幕末に結ばれた不平等条約の改正交渉をしていた。

イ 日中戦争が長期化していた。

ウ 義和団事件で中国へ出兵中であった。

エ ポツダム宣言を受諾しようとしていた。

(4) 次のＰ～Ｒの文は，略年表中のⅠ～Ⅳのうち，どの時期のことがらか。正しく組み合わせたものとして最も適当なものを，あとの**ア**～**エ**のうちから一つ選び，その符号を書きなさい。

Ｐ　教育勅語が出されて忠君愛国の道徳が示され，教育の柱とされた。

Ｑ　国家総動員法が出され，政府が国民生活すべてにわたり統制する権限を得た。

R　アメリカやイギリスなどと協調して，ロンドン海軍軍縮条約を結んだ。

ア　P：Ⅰ　Q：Ⅱ　R：Ⅲ　　**イ**　P：Ⅰ　Q：Ⅳ　R：Ⅲ
ウ　P：Ⅳ　Q：Ⅲ　R：Ⅰ　　**エ**　P：Ⅳ　Q：Ⅱ　R：Ⅰ

(5)　略年表中のＣに関連して，この期間に日本で起きたことがらを，次の**ア〜エ**のうちから**三つ**選び，年代の**古いものから順に**並べ，その符号を書きなさい。
ア　ソ連と国交を回復し，国際連合に加盟した。
イ　中華人民共和国と共同声明を発表し，国交を正常化した。
ウ　日米安全保障条約を改定し，アメリカとの関係を強化した。
エ　国際連合の平和維持活動（PKO）に参加した。

6　次の表は，さちこさんのクラスが行うまとめ学習の班ごとのテーマを示したものである。これについて，あとの(1)〜(5)の問いに答えなさい。

班	テーマ
Ａ班	人権思想の広がり
Ｂ班	天皇と国民主権
Ｃ班	日本の平和主義
Ｄ班	基本的人権と個人の尊重
Ｅ班	社会の変化と新しい人権

(1)　Ａ班のテーマに関連して，次の表は，17世紀〜18世紀のヨーロッパで人権思想に大きな影響を与えた思想家をまとめたものである。表中のＸ〜Ｚにあてはまる語の組み合わせとして最も適当なものを，あとの**ア〜エ**のうちから一つ選び，その符号を書きなさい。

思想家	国	著書	主な主張
Ｘ	イギリス	「統治二論」	抵抗権
ルソー	Ｚ	「社会契約論」	人民主権
Ｙ	フランス	「法の精神」	三権分立

ア　Ｘ：ロック　Ｙ：モンテスキュー　Ｚ：イギリス
イ　Ｘ：ロック　Ｙ：モンテスキュー　Ｚ：フランス
ウ　Ｘ：モンテスキュー　Ｙ：ロック　Ｚ：イギリス
エ　Ｘ：モンテスキュー　Ｙ：ロック　Ｚ：フランス

(2)　Ｂ班のテーマに関連して，次の文は，日本国憲法に定める天皇の地位について述べたものである。文中の[　　]にあてはまる適当な語を書きなさい。

日本国憲法第１条では，天皇は主権者ではなく，日本国と日本国民統合の[　　]であるとされており，天皇が行う国事行為にはすべて，内閣の助言と承認が必要とされている。

(3)　Ｃ班のテーマに関連して，次の文中の[　　]にあてはまる適当な語を書きなさい。

日本は，過去の経験から，核兵器を「持たず，[　　]，持ちこませず」という非核三原則をかかげてきた。

(4)　Ｄ班のテーマに関連して，日本国憲法で保障されている基本的人権のうち，自由権について述べた文として最も適当なものを，次の**ア～エ**のうちから一つ選び，その符号を書きなさい。

ア　自由権とは，人間らしく生きる権利を保障したものであり，社会的責任をもつことができる成人のみを対象としたものである。

イ　自由権とは，国家が個人の自由を侵害した場合に保障される権利であり，個人が個人の自由を侵害する場合には保障されない。

ウ　自由権の一つとして，精神の自由があり，国が許可した宗教についての信教の自由が保障されている。

エ　自由権の一つとして，経済活動の自由があるが，公共の福祉を実現するという考えに立ち，一定の制限をともなう場合がある。

(5)　Ｅ班のテーマに関連して，右の資料は，臓器提供意思表示カード(ドナーカード)を示したものである。このカードの所持と同種の考え方に基づくものとして最も適当なものを，次の**ア～エ**のうちから一つ選び，その符号を書きなさい。

ア　個人情報保護　　　**イ**　環境アセスメント

ウ　インフォームド・コンセント　　　**エ**　情報公開

7　次の**資料１～３**を見て，あとの(1)～(3)の問いに答えなさい。

資料１

選挙区	候補者	政党	得票数
1区	A	X党	100
	B	Y党	95
	C	Z党	40
2区	D	X党	120
	E	Y党	80
3区	F	Z党	90
	G	X党	70

資料２

政党	政党の名簿順位			得票数
X党	1位　A	2位　D	3位　G	1200
Y党	1位　B	2位　E		400
Z党	1位　C	2位　F		720

資料３　一票の格差

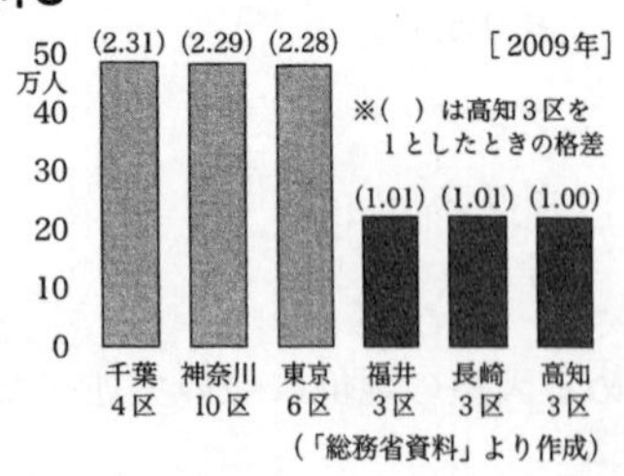

(「総務省資料」より作成)

(1)　**資料１**に関連して，次の①，②の問いに答えなさい。

①　この選挙が小選挙区制によるものであるとしたとき，１区～３区のＸ党の当選者数の合計を書きなさい。

②　この選挙が，三つの選挙区を一つとした定数３の大選挙区制によるものであるとしたときの３名の当選者を，Ａ～Ｇの符号で書きなさい。

(2)　**資料２**に関連して，次の①，②の問いに答えなさい。

① この選挙が定数3の比例代表制によるもので，各政党の得票数に応じて議席が配分されたとき，政党名簿順位にもとづいた当選者の組み合わせとして最も適当なものを，次の**ア～エ**のうちから一つ選び，その符号を書きなさい。

ア A，B，C　　**イ** A，D，E
ウ A，B，D　　**エ** A，C，D

② 比例代表制による選挙の特色として最も適当なものを，次の**ア～エ**のうちから一つ選び，その符号を書きなさい。

ア 小さい政党でも議席を獲得しやすい。　　**イ** 死票が多くなりやすい。
ウ 政党より個人が重視される。　　**エ** 二大政党制が形成されやすい。

(3) **資料3**に関連して，このように，「一票の格差」が生じる理由を，「選挙区」「有権者」の二つの語を用いて，簡潔に書きなさい。

理　科

1 次の(1)～(4)の問いに答えなさい。

(1) いろいろな雲のうち，最も低いところにできる雲として適当なものを，次の**ア～エ**のうちから一つ選び，その符号を書きなさい。

ア 層雲　　**イ** 高積雲　　**ウ** 積乱雲　　**エ** 巻雲

(2) **図**の袋状のつくりには，イヌワラビがなかまをふやすための胞子がつまっている。葉の裏側に見られる，このつくりを何というか，書きなさい。

図

(3) 磁力線の特徴として**当てはまらないもの**を，次の**ア～エ**のうちから一つ選び，その符号を書きなさい。

ア N極から出て，S極に入る向きに矢印で表す。
イ 磁界が強いほど，磁力線の間隔がせまい。
ウ 磁石のまわりにまいた鉄粉がつくる模様と垂直に交わる。
エ 磁力線は，枝分かれしたり交わったりしない。

(4) **表**は，5種類の物質の融点と沸点をまとめたものである。**表**の物質について述べた次の文中の［ x ］，［ y ］にあてはまるものの組み合わせとして最も適当なものを，あとの**ア～エ**のうちから一つ選び，その符号を書きなさい。

> **表**の物質のうち，0℃で気体の物質は［ x ］で，0℃で固体，100℃で液体の物質は［ y ］である。

表

物質	融点〔℃〕	沸点〔℃〕
塩化ナトリウム	801	1413
パルミチン酸	63	351
水銀	−39	357
エタノール	−115	78
窒素	−210	−196

ア　x：水銀　y：エタノール　　**イ**　x：窒素　y：エタノール
ウ　x：水銀　y：パルミチン酸　　**エ**　x：窒素　y：パルミチン酸

2　物体にはたらく力や，物体がほかの物体におよぼす圧力について調べるため，次の**実験**を行いました。これに関して，あとの(1)～(3)の問いに答えなさい。ただし，質量100gの物体にはたらく重力の大きさを1Nとします。

実験　①　３辺の長さが2cm，5cm，8cmで，質量が300gの直方体の形をした物体Pと，やわらかいゴム板を用意した。
②　**図１**のように，物体Pの面A～Cを順に上にして，物体Pをゴム板の上に置き，ゴム板がへこんだ深さを比較した。

図１
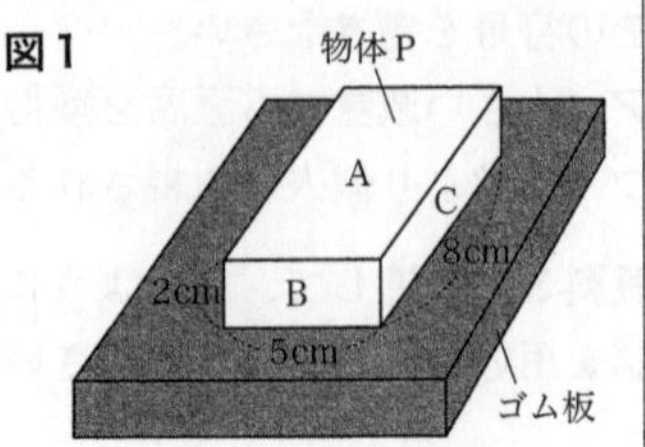

(1)　**図２**は，面Aを上にした物体Pをゴム板の上に置いたようすをB面側から見たものである。このとき，物体Pにはたらいている重力を，解答欄の図に矢印で表しなさい。ただし，**図２**の方眼の１目盛りは1Nを表すものとし，力の作用点を●ではっきりと示すこと。

図２
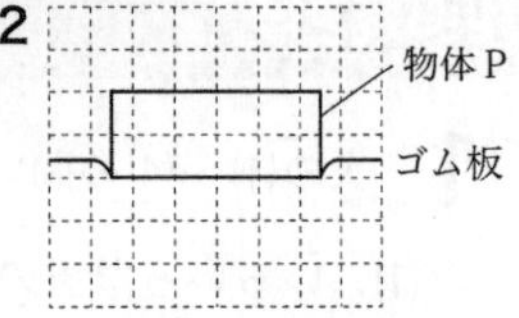

(2)　**実験**の②で，面Aを上にして，物体Pがゴム板の上に置いたとき，物体Pがゴム板におよぼす圧力の大きさは何Paか，書きなさい。

(3)　次の文章は，**実験**の②の結果について述べたものである。文章中の［ x ］にあてはまる符号として最も適当なものを，**図１**のA～Cのうちから一つ選び，その符号を書きなさい。また，［ y ］，［ z ］にあてはまるものの組み合わせとして最も適当なものを，あとの**ア～エ**のうちから一つ選び，その符号を書きなさい。

> ゴム板がへこんだ深さが最も深くなったのは，**図１**の面［ x ］を上にして，物体Pをゴム板の上に置いたときである。これは，上にする面をかえて，物体Pをゴム板の上に置いたとき，ゴム板を押す力の大きさが［ y ］ことから，物体Pがゴム板におよぼす圧力の大きさは，物体Pとゴム板が接する面の面積に［ z ］するからである。

ア　y：異なる　z：比例　　**イ**　y：一定である　z：比例
ウ　y：異なる　z：反比例　　**エ**　y：一定である　z：反比例

3　インターネットでヒトの心臓のつくりや血液の循環について調べました。**図**は，あるWebサイトにのっていた，模式的に表したヒトの心臓のつくりをかきうつしたものです。また，**図**中のA～Dは心臓につながる血管を示していて，Cは肺動脈とよばれる血管です。これに関して，次の(1)～(3)の問いに答えなさい。

図
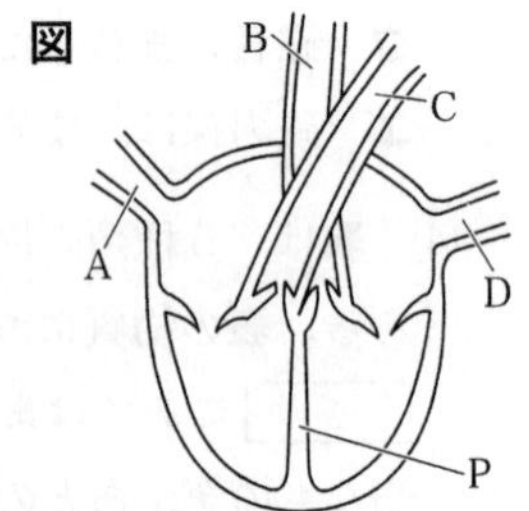

(1)　**図**で，動脈血が流れている血管として適当なものを，血管A～Dのうちから**すべて選び**，その符号を書きなさい。

(2)　次の文章は，血液の循環と心臓の部屋について述べたものである。文章中の［ x ］にあてはまる最も適当なことばを書きなさい。また，［ y ］にあてはまる心臓の部屋の名称として最も適当なものを，あとの**ア～エ**のうちから一つ選び，その符号を書きなさい。

> 血液は心臓から送り出され，体のすみずみにまでいきわたり，再び心臓へ戻ってくる。このうちの，心臓から出て，肺以外の全身を通って心臓に戻ってくる血液の経路を［ x ］循環という。また，**図**のCで示した肺動脈につながる心臓の部屋を［ y ］という。

ア　右心房　　**イ**　右心室　　**ウ**　左心房　　**エ**　左心室

⑶　トカゲなどのハチュウ類では，**図**のＰで示した心臓の壁のようすが，ヒトなどのホニュウ類の心臓と異なっているため，酸素を全身に送り届ける効率が悪くなっている。このようになる理由を，ハチュウ類における，**図**のＰで示した心臓の壁のようすにふれながら，「**動脈血**」「**静脈血**」ということばを用いて，**35字以内**(句読点を含む。)で書きなさい。

4

Ｓさんは，日本周辺にあるプレートのようすを調べました。これに関する先生との会話文を読んで，あとの⑴～⑶の問いに答えなさい。

先　生：**図**は，日本の東北地方付近における，太平洋から大陸にかけての地下のようすを模式的に表したものです。**図**における，陸のプレートと海のプレートは何というプレートかわかりますか。

Ｓさん：はい。**図**の陸のプレートは［ａ］プレートで，海のプレートは［ｂ］プレートです。

図

先　生：そうですね。それでは，**図**の海溝はどのようにしてできたのでしょうか。

Ｓさん：はい。海溝は，［ｃ］できました。

先　生：その通りです。

⑴　会話文中の［ａ］，［ｂ］にあてはまるものの組み合わせとして最も適当なものを，次の**ア**～**エ**のうちから一つ選び，その符号を書きなさい。

ア　ａ：北アメリカ　ｂ：太平洋　　**イ**　ａ：ユーラシア　ｂ：太平洋
ウ　ａ：北アメリカ　ｂ：フィリピン海　　**エ**　ａ：ユーラシア　ｂ：フィリピン海

⑵　会話文中の［ｃ］にあてはまる内容(海溝のでき方)を，「**陸のプレート**」「**海のプレート**」ということばを用いて，簡潔に書きなさい。

⑶　次の文章は，プレートの境界で起こる地震について述べたものである。文章中の［ｘ］，［ｙ］にあてはまる最も適当なことばを，それぞれ書きなさい。

一般に，プレートの境界で起こる地震は，プレート内の活断層が動いて起こる地震に比べて，規模が［ｘ］。また，**図**の地域において，プレートの境界で起こる地震の震源の深さは，大陸側から太平洋側に向かって［ｙ］なっている。

5

電流が流れる水溶液について調べるため，次の**実験**を行いました。これに関して，あとの⑴～⑶の問いに答えなさい。

実験　①　ビーカーに入れた水に塩化銅を溶かし，塩化銅水溶液をつくった。

②　①の塩化銅水溶液に，２本の炭素棒Ａ，Ｂをひたしてから，炭素棒に導線をつなぎ，**図**のような回路を組み立てた。

③　次に，電源装置のスイッチを入れ，回路に電圧を加えたところ，電流計の針が振れ，回路に電流が流れていることがわかった。

④　しばらくすると，電源装置の－極側につないだ炭素棒Ａの表面に赤色の物質が付着しているのが見られた。また，電源装置の＋極側につないだ炭素棒Ｂからは気体の発生が見られた。

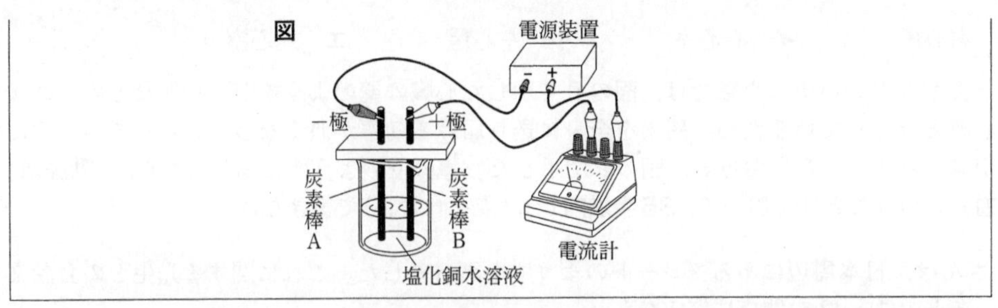

(1) **実験**で用いた塩化銅のような，電解質の物質を水に溶かしたとき，陽イオンと陰イオンに分かれることを何というか，書きなさい。

(2) 次の文は，塩化物イオンのでき方について述べたものである。文中の［　　］にあてはまる内容を，簡潔に書きなさい。

> 塩化物イオンは，電気的に中性な塩素原子が，－(負)の電気をもった粒である［　　］，全体として－の電気を帯びたものである。

(3) 次の(a)，(b)の問いに答えなさい。

(a) 塩化銅水溶液において，塩化銅が水に溶けてイオンに分かれているようすを表した模式図として最も適当なものを，次の**ア**～**エ**のうちから一つ選び，その符号を書きなさい。ただし，●が銅イオンを，○が塩化物イオンを表すものとする。

ア 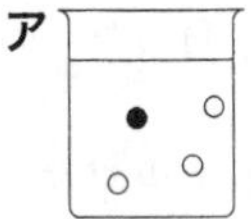
イ 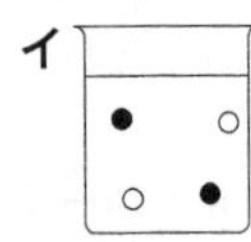
ウ 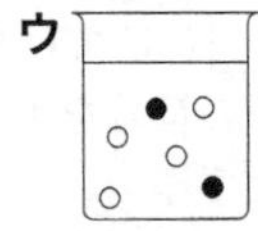
エ 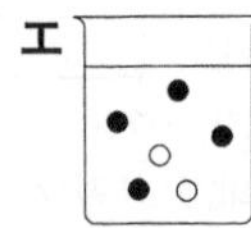

(b) **実験**の④で，炭素棒Aに付着した物質と，炭素棒Bから発生した気体の組み合わせとして最も適当なものを，次の**ア**～**エ**のうちから一つ選び，その符号を書きなさい。

ア　A：炭素　B：塩素　　**イ**　A：銅　B：塩素
ウ　A：炭素　B：水素　　**エ**　A：銅　B：水素

6

植物が体の外に水分を放出する現象について調べるため，次の**実験**を行いました。これに関して，あとの(1)～(3)の問いに答えなさい。

実験　① 同じくらいの大きさの葉が同じ枚数ついている，ある植物の枝を３本用意し，それぞれ水を入れたメスシリンダーにさして装置A～Cとした。

② 装置Aの葉の表側全体と，装置Bの葉の裏側全体にワセリンをぬり，装置Cの葉をすべて切りとって，その切り口にワセリンをぬった。

③ ②のあと，**図**のように，水面に少量の油をたらし，装置A～C，それぞれの全体の質量をはかった。

④ 装置A～Cを明るく風通しのよい場所にしばらく置いたあと，再び装置A～C，それぞれの全体の質量をはかった。

表は，③，④の結果から減少した質量を求め，それらをまとめたものである。

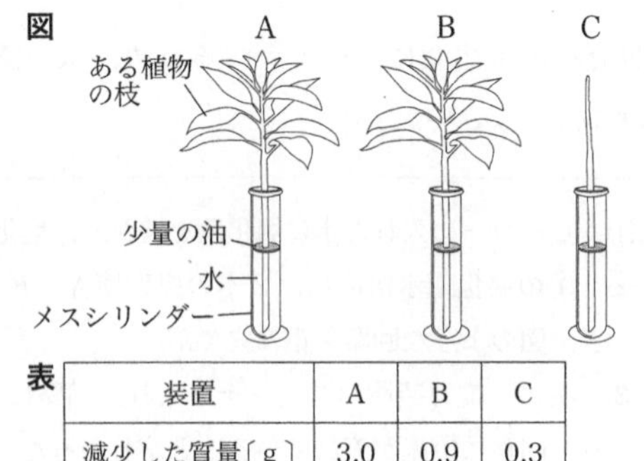

表

装置	A	B	C
減少した質量〔g〕	3.0	0.9	0.3

(1) **実験**の③で，下線部のような操作を行った理由として最も適当なものを，次の**ア**～**エ**のうちから一つ選び，その符号を書きなさい。

ア　水面の位置をわかりやすくするため。　**イ**　水が水面から蒸発するのを防ぐため。
ウ　植物が水を吸い上げやすくするため。　**エ**　水温が高くなるのを防ぐため。

(2)　次の文章は，**実験**で見られた現象について述べたものである。文章中の［ x ］，［ y ］にあてはまる最も適当なことばを，それぞれ**漢字２字**で書きなさい。

> 植物によって吸い上げられた水は，植物の体内を［ x ］という管を通って運ばれる。また，植物が吸い上げた水の大部分は，葉や茎の表面にある小さなすき間から水蒸気として体外に放出されている。このような現象を［ y ］という。

(3)　**実験**と同じ条件の植物の枝を準備して，どの部分にもワセリンをぬらずに，**実験**と同様に放置したとき，水の減少した質量は何ｇになると考えられるか。**表**を参考にして求めなさい。ただし，減少した水は，すべて植物が体外に放出したものとする。

7　日本の冬の季節に特有の天気について調べたところ，冬の日本は，大陸上の高気圧の下で発達する気団の影響を強く受けることがわかりました。**図１**は，冬のある日の午前９時における日本付近の気圧配置を示したもので，日本列島の西の大陸上には高気圧が，東の太平洋上には低気圧が見られます。これに関して，次の(1)～(4)の問いに答えなさい。

図１

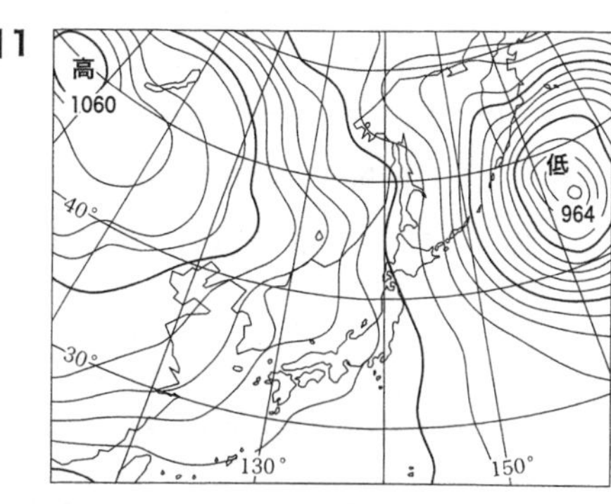

(1)　**図２**は，**図１**に見られる低気圧の中心部の地表（海面）付近における大気の流れの向きを表そうとしたものである。解答欄の図中の●から，大気の流れの向きを表す矢印をかきなさい。ただし，図中の「低」は低気圧の中心を表している。

図２

●
● 低 ●
●

(2)　下線部の気団を何気団というか，書きなさい。また，この気団の性質として最も適当なものを，次の**ア**～**エ**のうちから一つ選び，その符号を書きなさい。

ア　あたたかくて乾燥している。　**イ**　冷たくて乾燥している。
ウ　あたたかくて湿っている。　**エ**　冷たくて湿っている。

(3)　**図１**のような，日本の冬の季節に特有な気圧配置を何というか。**漢字４字**で書きなさい。

(4)　次の文は，**図１**の気圧配置のときの日本付近の天気について述べたものである。文中の［ a ］，［ b ］にあてはまるものの組み合わせとして最も適当なものを，あとの**ア**～**エ**のうちから一つ選び，その符号を書きなさい。

> **図１**のような気圧配置のとき，日本列島には［ a ］の季節風がふきつけ，日本海側では雪や雨の地域が多く，太平洋側では［ b ］の地域が多くなる。

ア　a：北西　b：乾燥した晴天　**イ**　a：南東　b：乾燥した晴天
ウ　a：北西　b：じめじめしたくもり　**エ**　a：南東　b：じめじめしたくもり

8　酸化銅と炭素の粉末の混合物を加熱したときの反応について調べるため，次の**実験**を行いました。これに関して，あとの(1)～(4)の問いに答えなさい。

実験　①　酸化銅4.0ｇと炭素の粉末0.3ｇを乳鉢に入れてよく混ぜ合わせたあと，試験管

Aに入れた。

② 次に，図のような装置を組み立て，試験管A内の混合物を加熱したところ，気体が発生し，試験管Bに入れた石灰水が白く濁った。

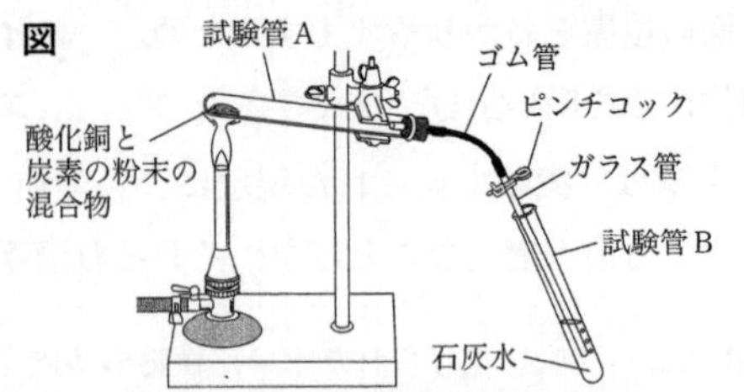

③ 気体の発生が止まってから加熱を止め，ピンチコックでゴム管を閉じた。

④ ③のあと，試験管Aが十分に冷えるまで待ち，試験管A内にできた銅をとり出し，質量をはかったところ，3.2gであった。

(1) **実験**の③で，下線部の操作を行った理由として最も適当なものを，次の**ア**～**エ**のうちから一つ選び，その符号を書きなさい。

ア 試験管A内の物質の温度をすばやく下げるため。
イ 試験管A内の物質の温度をゆっくりと下げるため。
ウ 試験管A内に空気が入らないようにするため。
エ 試験管A内の空気を外に出さないようにするため。

(2) 次の文章は，**実験**で，試験管A内の物質に起こった化学変化について述べたものである。文章中の［　　］にあてはまる最も適当なことばを書きなさい。

> 酸化銅と炭素を混ぜ合わせて加熱すると，酸化銅から酸素がとり去られて銅が残った。このように，酸化物から酸素がとり去られる化学変化を［　　］という。

(3) **式**は，**実験**で試験管A内の物質に起こった化学変化を，化学反応式で表そうとしたものである。**式**中の［ x ］，［ y ］にあてはまる化学式を書きなさい。ただし，［ x ］に銅の化学式が入るものとし，必要な場合は係数をつけること。

式　$2CuO + C \rightarrow$ ［ x ］ $+$ ［ y ］

(4) **実験**で，酸化銅と炭素の粉末は過不足なく反応した。酸化銅10.0gと炭素の粉末0.6gを混ぜ合わせて加熱した場合，発生する気体の質量は何gと考えられるか。

9

物体がもつエネルギーについて調べるため，次の**実験**を行いました。これに関して，あとの(1)～(4)の問いに答えなさい。ただし，質量100gの物体にはたらく重力の大きさを1Nとし，金属球とレールとの間の摩擦や空気の抵抗などは考えないものとします。

実験 ① レールをなめらかに曲げて，**図**のようなコースをつくった。
② レールの水平部分(基準面とする)のある点に木片を置いた。
③ 次に，質量30gの金属球を，基準面からの高さが4.0cmのレール上の点から静かに転がして木片に衝突させ，木片の移動距離を調べた。
④ ③のあと，木片を元の位置に戻し，金属球を転がす基準面からの高さを6.0cm，8.0cmにかえ，③と同様のことを行った。
⑤ さらに，質量60g，90gの金属球についても，②～④と同様のことを行った。

表は，③～⑤の結果をまとめたものである。

図

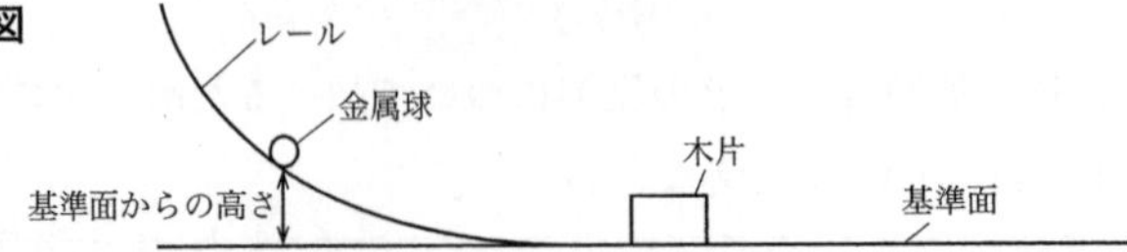

表

基準面からの高さ〔cm〕		4.0	6.0	8.0
木片の移動距離〔cm〕	30gの金属球	3.0	4.5	6.0
	60gの金属球	6.0	9.0	12.0
	90gの金属球	9.0	13.5	18.0

(1) **実験**の③で，金属球が転がり始めてから木片に衝突するまでの時間がt秒，基準面からの高さが4.0 cmのレール上の点から木片までのレールに沿った距離が$x$cmであったとすると，金属球が転がり始めてから木片に衝突するまでの金属球の平均の速さを表す式として最も適当なものを，次の**ア**～**エ**のうちから一つ選び，その符号を書きなさい。

ア $x\times t$　　**イ** $x+t$　　**ウ** $x\div t$　　**エ** $t\div x$

(2) 次の文は，**実験**の結果からわかることについて述べたものである。文中の［a］，［b］にあてはまるものの組み合わせとして最も適当なものを，あとの**ア**～**エ**のうちから一つ選び，その符号を書きなさい。

木片の移動距離は，基準面からの高さに［a］し，金属球の質量に［b］する。

ア　a：比例　b：比例　　**イ**　a：反比例　b：比例

ウ　a：比例　b：反比例　　**エ**　a：反比例　b：反比例

(3) **実験**と同様にして，質量80 gの金属球を基準面からの高さが5.0 cmのレール上の点から静かに転がした場合，木片の移動距離は何cmになると考えられるか。

(4) **実験**で，金属球が転がり始めてから木片に衝突するまでの間に，金属球がもつ位置エネルギーは運動エネルギーに移り変わっていくが，位置エネルギーと運動エネルギーの和は変化しない。この位置エネルギーと運動エネルギーの和を何というか，書きなさい。

資料１　自分のことが好きですか

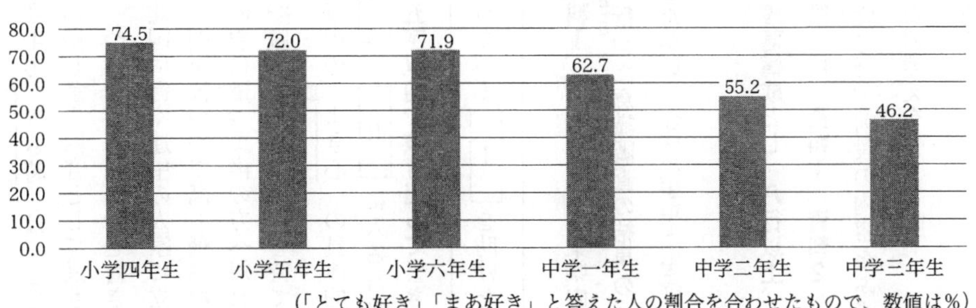

(「とても好き」「まあ好き」と答えた人の割合を合わせたもので、数値は％)

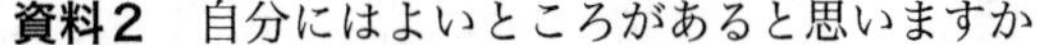

資料２　自分にはよいところがあると思いますか

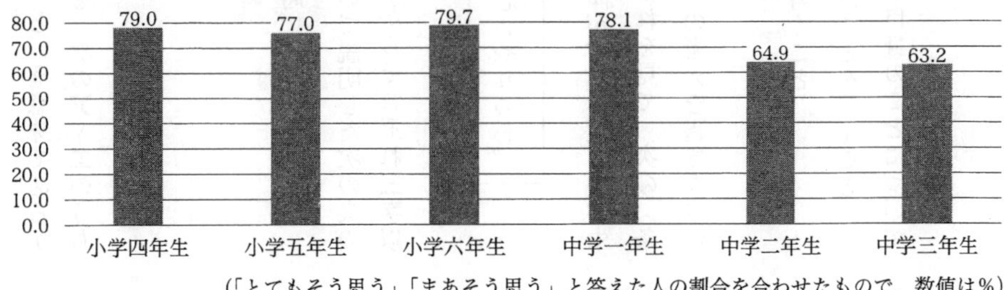

(「とてもそう思う」「まあそう思う」と答えた人の割合を合わせたもので、数値は％)

七

次の文章を読み、あとの(1)～(5)の問いに答えなさい。

ある人、雪国を旅しけるに、吹雪(ふぶき)にまどひて宿り(やど)をこへば、迎へいるる家あり。家の主、土間のすみに雁(かり)と真鴨(まがも)を竹かごに入れて飼ひおけり。(泊めてほしいと頼んだところ)「旅人に食はせんためにや」と、主に問へば、「さることにはあらず。今年は南の国の早く春づきしに、時を違(たが)へて、北国をさしてこの地まで来たるが、野も岡(おか)もひた白にて、何(なに)食ふ所もなし。されば、飛びかへらんとしけるが、吹雪にあひてまどひ、人家の近き所に下りたるなり。日ごろは人を恐れて高く飛ぶ鳥どもなれど、さる時は人を頼みて、かく近づくがいとしければ、稲を食はせて飼ひたるなり。やうやうのどけくならば、放ちやらん」と語る。よき心かなとおぼえけり。(気候がおだやかになったら、放してやりたい)

(建部綾足(たけべあやたり)『折々草(おりおりぐさ)』による。)

(1) 文章中の飼ひおけりを現代仮名づかいに改め、**全てひらがな**で書きなさい。

(2) 文章中の[A]旅人に食はせんためにやの意味として最も適当なものを、次の**ア**～**エ**のうちから一つ選び、その符号を書きなさい。

ア 私にどうか食べさせてくれないだろうか。
イ 旅人に食べさせる目的で飼っているのか。
ウ 私には食べさせず、自分だけ食べるのか。
エ 旅人には決して食べさせるつもりはない。

(3) 文章中に[B]野も岡もひた白にてとあるが、具体的にはどのような状況を表現したものか。その内容について説明した次の文の[　]に入る言葉を、**五字以上、十字以内**の現代語で書きなさい。

野山が[　]ため、辺り一帯が真っ白になっている状況。

(4) 文章中の[C]さる時は、「そのような時」という意味であるが、それが指し示す内容として最も適当なものを、次の**ア**～**エ**のうちから一つ選び、その符号を書きなさい。

ア 北国に行く途中の人家に立ち寄った時。
イ 人間を怖がって高く飛べなくなった時。
ウ 吹雪に遭(あ)って南の方へ帰れなくなった時。
エ 空腹のため春の訪れを待てなくなった時。

(5) 文章中の[D]よき心の具体的な内容について説明した次の文の[Ⅰ]、[Ⅱ]に入る言葉を、文章中からそれぞれ**三字以上、五字以内**で**抜き出して**書きなさい。

困っている[Ⅰ]を助けた[Ⅱ]の思いやりの心。

八

下の**資料1**、**資料2**は、千葉県内のある自治体が、小学生と中学生を対象に行(おこな)った意識調査の結果の一部です。これを見て、次の〈条件〉にしたがい、〈注意事項〉を守って、あなたの考えを書きなさい。

〈条件〉
① **二段落構成**とし、**八行以上、十行以内**で書くこと。
② 前段では、**資料1**、**資料2**から読み取ったことを書くこと。
③ 後段では、前段の内容をふまえて、自分自身のことについて、あなたの考えを書くこと。

〈注意事項〉
① 氏名や題名は書かないこと。
② 原稿用紙の適切な使い方にしたがって書くこと。

(1) 文章中に A父は小さく笑い声をたてた とあるが、このときの父の様子を説明したものとして最も適当なものを、次の**ア**～**エ**のうちから一つ選び、その符号を書きなさい。

ア 絶対に触れられたくない真実を音和に指摘されたため、そのことをごまかそうとする様子。

イ 音和が、突拍子もないことを言い出したので、どうにかして笑いをこらえようとする様子。

ウ 音和の言ったことは確かにまぎれもない事実であるということを、それとなく肯定する様子。

エ 音和が、事態をあまりに重く受け止めているようなので、気持ちを和らげようとする様子。

(2) 文章中に B可愛げのない弟だね とあるが、音和は、父のどのようなところを可愛げがないと言っているのか。最も適当なものを、次の**ア**～**エ**のうちから一つ選び、その符号を書きなさい。

ア 兄の立場を考えず、自分の都合を押しつけるところ。

イ 兄に対していこじになり、心を許そうとしないところ。

ウ 兄の言うことに逆らって、身勝手な行動をするところ。

エ 兄に対して恨みを抱き、いつまでも忘れないところ。

(3) 文章中に Cもし弟か妹がいて、彼か彼女がおかあさんと暮らしたいと云ったら、おまえも向こうへいったんだろうな とあるが、父が、このように言った理由について説明した次の文の［　］に入る言葉を、**五字以上、十字以内**で書きなさい。

生活のためとはいえ、自分たちの生活圏でチラシ配りの仕事をしていることで、音和を［　］と思ったから。

(4) 文章中に D筋は通ってるね とあるが、音和のこの言葉の内容を説明したものとして最も適当なものを、次の**ア**～**エ**のうちから一つ選び、その符号を書きなさい。

ア 効率性を重視しつつ利益を追求する伯父の考えに、整合性があるということ。

イ 弟の意見に耳を傾けない伯父の姿勢が、幼い頃から一貫しているということ。

ウ 先のことを考えながらチラシ配りをする父の計画に、矛盾がないということ。

エ 弟を陰ながら助けようとする伯父の思いに、感情を揺さぶられるということ。

(5) 文章中に E意識のなかでくすぶっていた父への不満やわだかまり とあるが、この内容が具体的に述べられている**一文**を文章中から**抜き出して**、**はじめの五字**を書きなさい。

(6) この文章について説明したものとして最も適当なものを、次の**ア**～**エ**のうちから一つ選び、その符号を書きなさい。

ア 父親を慕う息子と、息子をうとましく思う父親とを対照的に描くことで、二人の心のすれ違いが表現されている。

イ 父親と伯父との不和により自分の居場所を失った少年の孤独な思いが、情景描写をうまく使って表現されている。

ウ 晴れ晴れとした気持ちへと変化していく主人公の少年の心情や様子が、父親との会話文を中心に表現されている。

エ 息子と父親の視点を交互に入れかえつつ話を展開することにより、親子の愛情の深さが印象的に表現されている。

て感光していて、プリントができないんだ。寝ているあいだに、兄がカメラの裏ブタをあけるんだよ。証拠はなかったが、ほかに理由は考えられない。そういう兄と、どうして仲良くなれると思う？」

「それもゆがんだ愛情表現なのかも。」

「わかったふうな口をきくなよ。その手の知らなくてもいい俗な云い草を、いったいどこから仕入れてくるんだ？」

おとうさんの書棚にあったミステリー、とは答えず、音和はべつのことを口にした。

「ぼくにもきょうだいがいれば、おとうさんの気持ちも、もう少しわかったと思うけど。」

「……C もし弟か妹がいて、彼か彼女がおかあさんと暮らしたいと云ったら、おまえも向こうへいったんだろうな。」

「そのほうがよかった？」

「私が訊いているんだよ。父親の仕事が自分の生活圏でのチラシ配りだなんて、がっかりだろう？」

「……ぼくは、」

この父を好きだと、いまなら迷いなく答えられる。自分たちの都合だけで離婚話を持ちだした両親に腹を立て、意地をはって、好きでもない父といっしょに暮らすのだと思いもしたし、態度にもあらわした音和だったが、かつてのぜいたくさのかけらもない今の暮らしが、さほど苦にならないのは、身近になった父が、ありのままの姿を示してくれるからだった。

「……いまのおとうさんのほうが……好きだから。かっこうつけているときより、ずっといいよ。」

父は箸をおき、ありがとう、と頭をさげた。そのとたん音和の目に涙があふれた。父はタオルをさしだした。

「チラシ配りは、私が志願してはじめたことなんだよ。サービスでつけているフレームのデザインを変えたほうがいいと提案したら、伯父さんはサービスなんだからデザインに凝る必要はないと云いつつも、企画は承認してくれた。そのかわり、効果があがったとはっきり数字に出ないときは、新しいフレームとチラシの製作費を給料からさしひくと云われた。」

「D 筋は通ってるね。」

父は軽快な笑い声をたてた。

「なまいき云ってないで、もう寝ろ。」

音和はたたみの部屋に布団を敷いた。昼のあいだに祖母がきて、日にあてておいてくれた布団は、まだ温かさがのこっていた。音和はほほをあてながら、声をはずませて父をよんだ。

「おとうさん、この布団、ひなたの匂いがするんだよ。」

「……それが、うれしいのか？」

「うん、うれしい。すごく気持ちがいい。」

「もっとはやく知りたかったよ。おまえをよろこばせるのが、そんなに安あがりなことだったとはね。」

「ぼくも、ひなたの匂いがこんなにいいものだなんて思わなかった。」

音和は、しばらく布団にうつぶせていた。彼が味わっていたのは、ひなたの匂いばかりではなかった。E 意識のなかでくすぶっていた父への不満やわだかまりが融けてゆく、そのここちよさをいっしょに味わった。

（長野まゆみ『野川』による。）

次の**ア**〜**エ**のうちから一つ選び、その符号を書きなさい。

ア 仮説をもとに、「自然文化」と「都市文化」の違いを説明している。

イ 歴史的な観点から、「都市文化」の成り立ちや特徴を説明している。

ウ 筆者の体験をもとに、人間の意識や感覚の曖昧さを解説している。

エ 科学的な見地から、自然災害が起きた際の対処法を解説している。

(5) 文章中に D環境保護派といわれる側からの非難の声が結構あるとあるが、何に対して非難の声を上げているのか。その内容を説明した次の文の□に入る言葉を、**十五字以上、二十字以内**で書きなさい。

「自然文化」的な観点から、□が取り組もうとしている自然保護の運動。

(6) この文章で述べられていることとして最も適当なものを、次の**ア**〜**エ**のうちから一つ選び、その符号を書きなさい。

ア 「都市文化」的な生活様式を取り入れた結果、人間は森を「生態資源」の宝庫としてうまく活用できるようになった。

イ 自然環境を再生するには、人間は自然に守られて生きているという考え方を、人類すべてが共有しなければならない。

ウ 自然との共生をはかるには、これまでの生物資源の観点ではなく、「人のため」という観点から自然を見る必要がある。

エ 以前の「自然文化」に戻ることは不可能であるため、地球全体を新しい総合的な共生空間として捉え直すべきである。

六

次の文章を読み、あとの(1)〜(6)の問いに答えなさい。

中学二年生の「音和(おとわ)」は、事業に失敗し、借金を背負った父親と二人暮らしをしている。

「心配をかけて、すまなかった。でも、私は平気だから。おまえもよけいなことで気をもまなくていい。自分のことに集中してろ。これでも、おまえが思っているよりはずっとタフなんだよ。とくに、伯父(おじ)さんにたいしては。」

いつもの父の意地がでる。

「そういう態度だから反感を買うんじゃないの?」

「おとなしく頭をさげれば、よけいにたたかれるだけさ。……子どものころから、そういう兄だった。」

「憎しみあってるの?」

A父は小さく笑い声をたてた。

「ただの兄弟ゲンカだよ。いまは借金があるから、ほんとうのケンカはそれを返してからだ。そう思って辛抱(しんぼう)してる。それに、いつまでも兄の世話にはならないさ。」

音和はようやく、自分が考えるほど父はこのチラシ配りを深刻に受けとめていないのだと安堵(あんど)した。

「B可愛(かわい)げのない弟だね。」

「おたがいさまだ。六歳ちがいの弟に、バスでも新幹線でも飛行機でも、窓側の席を一度もゆずったことのない兄だよ。われわれの亡(な)き父親は、……音和が好きだったおじいちゃんは、兄にも私にも小学生のときからひとつずつカメラを持たせてくれた。だが、旅行先からもどってフィルムを現像にだすと、私のはきまっ

は、明らかに周囲の環境からすべての資源を調達しなければならない都市文化に特有の考え方である。

⑥　このように、森を自然科学として理解するあり方や資源として保護しようとするあり方が、実は両方とも都市文化そのものだということがわかる。現代が直面する環境問題が地球規模にまで急速に拡大した根本原因はまさにこの都市文化にあり、これは明らかに現在の自然から資源を奪い浪費するだけの都市のあり方が問題にされているのである。かといって、かつてのように狭い地域の自然と一体になった共生的空間に人が閉じこもるわけにはいかない。人々の意識と移動とはもはや地球規模にまで拡大し、宇宙にまでその足跡が及ぼうとしている。『宇宙船地球号』はもはや観念だけのものではなく、日々テレビで目にする地球の映像と相(あい)まって、まさにわれわれの世界像そのものである。地球はもはや、人の背後にあって人を支えている森と、その森に支えられて生活する人とを一体のものとしてのせている、宇宙を漂うただ一つの村にすぎない。都市文化を否定するのではなく、地球をトータルに「生態資源」とする新しい自然像を人々に供給しうる科学こそが新しい文明への転換をなし得るものではないかと思う。

（渡辺隆一(わたなべりゅういち)『ブナの森で考えたこと』による。）

(1)　文章中にA目先の欲望を抑制する技術、文化を創りあげてきたとあるが、その内容を説明したものとして最も適当なものを、次の**ア**～**エ**のうちから一つ選び、その符号を書きなさい。

ア　地球規模にまで拡大した環境破壊を厳しく取り締まり、人間よりも自然を第一に考える姿勢を貫いてきたということ。

イ　大規模な都市を建設することで、人間が生活するのに必要な資源を森だけに依存しない方法を考え出したということ。

ウ　資源の過剰な収奪を避けつつ、人と自然との共生の場として森を維持し続けることに価値を見出してきたということ。

エ　資源が手軽に入手できる森での生活を諦めるかわりに、遠くから資源が供給される生活様式が開発されたということ。

(2)　文章中の［B］、［E］に入る言葉の組み合わせとして最も適当なものを、次の**ア**～**エ**のうちから一つ選び、その符号を書きなさい。

ア　B＝だから　E＝ただし

イ　B＝こうして　E＝たとえば

ウ　B＝つまり　E＝かりに

エ　B＝ところが　E＝なぜなら

(3)　文章中にC森は遠い存在でしかなく、森を訪れることも少なくなったとあるが、森を身近なものに感じられなくなった人々は、どのようになったと筆者は述べているか。その内容を説明した次の文の［I］、［II］に入る言葉を、それぞれ書きなさい。ただし、［I］は文章中から**抜き出して八字**で書き、［II］は**五字以上、十字以内**で考えて書くこと。

> 人々は、森を［I］として利用すべきもの、もしくは、［II］として科学的知識を与えてくれるものと認識するようになった。

(4)　④段落の内容や働きを説明したものとして最も適当なものを、

生態系の中でその資源が絶えないように暮らさねばならないからであり、Aそのような目先の欲望を抑制する技術、文化を創りあげてきた人々のみが永続しえてきたというのが人類の歴史であったはずである。しかし、人は次第に都市に住むようになり、必要なものを個々の資源として遠い自然から収奪してくるだけの生活様式を創りあげてきた。［B］、自然の中に一体的に暮らす「自然文化」と、自然を資源の供給源としてその外におくことで成立する「都市文化」という新たな対比が生まれた。それは当然人の生き方、考え方にも大きな相違を生じさせてきただろう。

3 かつて、村の周辺の自然は生活上の環境として日々認識され、そこからの糧（かて）を頼りに日々の生活が営まれてきた。しかし、森との共生を失った都市にとって、Cもはや森は遠い存在でしかなく、森を訪れることも少なくなった。そして、森を木材やレクリエーション資源としてしかその意味を見出（みいだ）し得ないようになってしまった。人から見えなくなった森は木材資源の供給地として伐採され年々その面積を狭め、その豊かさと多様な機能とは急速に失われてきた。残り少なくなった森は科学、主として生態学の対象として研究され、むしろ本やテレビをとおしての、その成果が人々の森への間接的な認識となった。かつては一体のものであった人々の森に対する認識と利用形態とは、都市文化にあっては、森の科学的認識と資源利用とにみごとに分断されてしまった。

4 近代科学が対象をより客観化するとすれば、科学はまさに都市の文化ともいえ、その一つの典型である。森が身近にあるうちは、あえて切り刻み数字化するような科学的調査を行う必要はなかったのではないだろうか。たとえば、ブナ林に台風の被害があったとしても、それは森に入って一回りすれば、その全体像が数字としてではなくともどれほどのものであったかは、かなり明確に意識され得たのではないかと思われる。それは被害にあった身近な人々の悲しみや生活のあり様を必ずしも科学的に私たちが認識しないまでも、私たちはそれらを十分に理解し、共感しつつ共に暮らしているのにほぼ等しいものではないだろうか。

5 それでも科学的な価値としてだけではない森の意味を考え、森に共感をよせるわずかな人々が自然保護に取り組み始めている。だが、その自然保護の運動はなぜか評判が良くない。自然を壊す側のいわゆる開発派からではなく、Dむしろ環境保護派といわれる側からの非難の声が結構ある。いわく、「自然保護」などはおこがましい、人間は自然に守られて生きているのであって、そうした保護という考え方こそ改めなければならない、というのである。しかし、それには疑問がある。いったい何のために自然保護がおこなわれるのだろうか。自然保護についての論説の多くは結果的に「人のため」に行きつく。［E］、きれいな水や空気は豊かで健全な自然があってはじめて人に供給されるし、食料も産業の資源も、もとはすべて自然からである。ガンなどの特効薬の発見にも熱帯のジャングルなどあらゆる生物の宝庫である自然地域が必要とされている。現在では、こうした自然を生物資源の観点からみることがその保護を考える上でも重要な根拠になっているのだが、それ

(3)（問いを放送します。）

［選択肢］

ア　生徒の父兄が一致団結して企画に取り組むという視点。

イ　文化祭を見に来る生徒の父兄を楽しませるという視点。

ウ　生徒と父兄との関係を、いっそう深めるという視点。

エ　生徒の父兄にも企画を盛り上げてもらうという視点。

(4)（問いを放送します。）

聞き取りテスト終了後、３ページ以降も解答しなさい。

二

次の(1)～(4)の――の漢字の読みを、**ひらがな**で書きなさい。

(1)　すばらしい演奏に心酔する。

(2)　通常の軌道を外れる。

(3)　悲しみで胸が塞がる。

(4)　賛否を巡って議論が紛糾する。

三

次の(1)～(4)の――のカタカナの部分を**漢字**に直して、楷書(かいしょ)で書きなさい。（正確にていねいに書きなさい。）

(1)　正直者がソンをするのはよくない。

(2)　イレイの早さで出世する。

(3)　昔の思い出をホガらかに話す。

(4)　友人たちと肩をナラべて歩く。

四

次の文章を読み、あとの(1)～(3)の問いに答えなさい。

私は、困ったことがあると、いつも父に相談します。父がいつも言うのは、目の前のことだけを考えてはいけないと言います(A)。物事の結果にはすべて原因があるのだから、目先(B)の結果ではなく、その結果の原因を探ることが大切だという意味だと私はとらえています。私は、父のこの言葉を、心に深く刻んで、忘れないようにしたい(C)と思います。

(1)　文章中のA言いますを、父がいつも言うのはとの関係が適切になるように、**三字以上、六字以内**で書き改めなさい。

(2)　文章中のB目先の熟語の読み方として最も適当なものを、次の**ア～エ**のうちから一つ選び、その符号を書きなさい。

ア　音読み＋音読み　　イ　音読み＋訓読み

ウ　訓読み＋訓読み　　エ　訓読み＋音読み

(3)　文章中にC心に深く刻んで、忘れないようにしたいとあるが、「心に深く刻んで忘れない」という意味の慣用句として最も適当なものを、次の**ア～エ**のうちから一つ選び、その符号を書きなさい。

ア　心に任せる　　イ　肝に銘じる

ウ　腹に収める　　エ　胸に応える

五

次の文章を読み、あとの(1)～(6)の問いに答えなさい。（文章中の[1]～[6]は、段落の番号を示している。）

[1]　森は森としてそこにあることで、その全体がまさに「生態資源」なのである。材木の寄せ集めではない生きた森だからこそ有効な人と自然との共生がここには見られる。

[2]　こうしたあり方は、考えてみれば人が自然の中で暮らすときにはごくあたりまえのことである。人は自分も含めた

ます。そこで、そうした方たちが、一緒に参加できる企画として、「校内スタンプラリー」や「中庭ドミノ倒し」を考えたんです。だから、これらの企画の実現を、ぜひとも検討してもらいたいと思っています。

坂巻　わかりました。文化祭の企画に、そのような視点を取り入れることは、とても重要だと私も思います。そう考えると、「校内スタンプラリー」というのは、父兄の方たちも参加しやすい企画だといえますね。

（合図音A）

問いの(3)　坂巻さんは、文化祭にどのような視点を取り入れることが重要だと述べていましたか。最も適当なものを、選択肢ア～エのうちから一つ選び、その符号を書きなさい。

（約7秒間休止）

（合図音B）

岡田　ところで、文化祭の来場者についてですが、現在は生徒やその父兄に限定されていますよね。それを変更して文化祭の来場者の範囲を広げられないでしょうか。

坂巻　それは生徒会だけでは決められませんね。ちなみに、どうして文化祭の来場者の範囲を広げたいのですか？

岡田　実は、私の家の近所に、来年、若葉中学に入学する予定の小学六年生の女の子をもつお母さんがいます。その人から、若葉中学のことをよく聞かれるのです。たぶんですが、ご自分の娘さんが入学する前に、若葉中学の様子や雰囲気を知りたいと思っているのだと思います。そんな人たちに、この文化祭を見ていただければ、多少なりともわかってもらえることもあるのかなあと思ったのです。

坂巻　とてもすばらしい提案だと思います。先生方にも相談してみましょう。

（合図音A）

問いの(4)　岡田さんは、文化祭の来場者の範囲を広げることで、どのような人に来てもらいたいと考えていますか。その内容を、解答欄に合うように、五字以上、十字以内で書きなさい。繰り返します。解答欄に合うように、五字以上、十字以内で書きなさい。

（約10秒間休止）

〈チャイム〉

放送は以上です。３ページ以降も解答しなさい。

※注意　各ページの全ての問題について、解答する際に字数制限がある場合には、句読点や「　」などの符号も字数に数えること。

一

これから、若葉中学の生徒会長である坂巻さんと、生徒会役員である岡田さんという二人の生徒が話している場面と、それに関連した問いを放送します。よく聞いて、それぞれの問いに答えなさい。

(1)（問いを放送します。）

企画案の提示順	一番目・二番目・三番目・四番目

(2)（問いを放送します。）

［選択肢］

ア　文化祭の生徒会企画について話し合いを行うということ。
イ　堅くまじめな企画を、生徒会として提案するということ。
ウ　実行の可否を考慮せず、自由に企画案を出すということ。
エ　体育館のステージ上で行えるものを企画するということ。

国語

国語聞き取りテスト台本

〈チャイム〉
これから、国語の聞き取りテストを行います。これは、放送を聞いて問いに答える問題です。それでは問題用紙の1ページと2ページを開きなさい。
（約2秒間休止）
これから、若葉中学の生徒会長である坂巻さんと、生徒会役員である岡田さんという二人の生徒が話している場面と、それに関連した問いを四問放送します。よく聞いて、それぞれの問いに答えなさい。
（約2秒間休止）
なお、話し合いの途中、（合図音A）という合図のあと、問いを放送します。また、（合図音B）という合図のあと、話し合いの場面の続きを放送します。
1ページと2ページにメモをとってもかまいません。では、始めます。
〈チャイム〉
坂巻　本日は、文化祭の生徒会企画について話し合いをします。昨年度の討論会は盛り上がりに欠けたので、今年の文化祭では、より多くの人が楽しめる企画を行いたいと考えています。何かよい企画案はありますか？
岡田　これまでの文化祭企画は、堅くまじめなものばかりでした。もっと気楽な感じの企画でもよいですか？
坂巻　ええ、企画として実行できるかどうかを考えず、これまでにはない発想を出してみてください。
岡田　私が考えた案は四つあります。一つ目は「校内スタンプラリー」、二つ目は「エアバンドコンテスト」、三つ目が「部活動対抗ファッションショー」、四つ目は「中庭ドミノ倒し」です。
坂巻　なるほど、「校内スタンプラリー」、「エアバンドコンテスト」、「部活動対抗ファッションショー」、「中庭ドミノ倒し」ですね。しかし、校舎の外で行うものは、当日の天候に左右されますから、むずかしいかもしれません。また、これまでの生徒会企画は、すべて体育館のステージ上で行ってきましたので、学校中を歩き回るような企画も、実現できるかどうかわかりません。だから、条件に合う、残りの二つの案を詳しく検討していきましょう。
岡田　ちょっと待ってください。先ほど言っていたこととは違うことを言っていますよ。
（合図音A）
問いの(1)　坂巻さんは、提示された企画案のうち、何番目と何番目を詳しく検討していきたいと述べていましたか。当てはまる項目二つを、丸で囲みなさい。繰り返します。当てはまる項目二つを、丸で囲みなさい。
（約7秒間休止）
問いの(2)　岡田さんは、「先ほど言っていたこととは違う」と述べていましたが、「先ほど言っていた」という坂巻さんの発言内容として最も適当なものを、選択肢ア～エのうちから一つ選び、その符号を書きなさい。
（約7秒間休止）
（合図音B）
岡田　私は、生徒だけでなく、文化祭を見に来てくださる生徒の父兄の方たちにも楽しんでもらいたいと思ってい

第４回紙上公開もし（令和元年12月実施）

数　学

1　次の(1)～(6)の問いに答えなさい。

(1)　$(-7)\times(-3)$　を計算しなさい。

(2)　$(-4^2)-16\div\left(-\dfrac{4}{3}\right)$　を計算しなさい。

(3)　$3\left(\dfrac{1}{2}x+\dfrac{2}{3}y\right)-\dfrac{1}{2}x+y$　を計算しなさい。

(4)　連立方程式 $\begin{cases}2x+3y=8\\ y=2x+8\end{cases}$　を解きなさい。

(5)　$(3\sqrt{2}-\sqrt{3})^2$　を計算しなさい。

(6)　$(x+4)(x-6)+2(x+4)$　を因数分解しなさい。

2　次の(1)～(5)の問いに答えなさい。

(1)　$(x^2+3x-1)(2x^2-x+3)$を展開したときのx^2の項の係数を，次の**ア～エ**のうちから１つ選び，符号で答えなさい。

ア　−３　　**イ**　−２　　**ウ**　２　　**エ**　３

(2)　右の図は，あるクラスの生徒40人のハンドボール投げの記録をヒストグラムに表したものである。この40人の記録の中央値（メジアン）を含む階級の相対度数を求めなさい。

　ただし，小数第３位を四捨五入して小数第２位まで求めること。

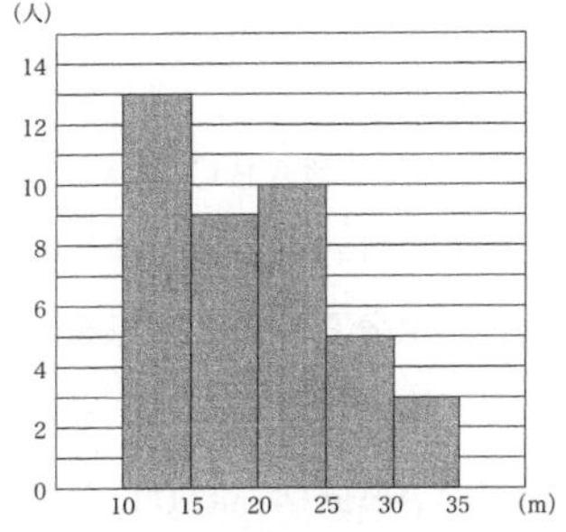

(3)　右の図の△ABCで，点D，E，Fはそれぞれ辺BC，CA，ABの中点である。△ABCの周の長さが28 cmのとき，△DEFの周の長さを求めなさい。

(4)　右の図のように，箱の中に１，２，３，４，５の数字が１枚に１つずつ書かれた５枚のコインが入っている。この箱の中からコインを同時に２枚取り出すとき，取り出した２枚のコインに書かれた数の積が，箱の中に残った３枚のコインに書かれた数の和より小さくなる確率を求めなさい。

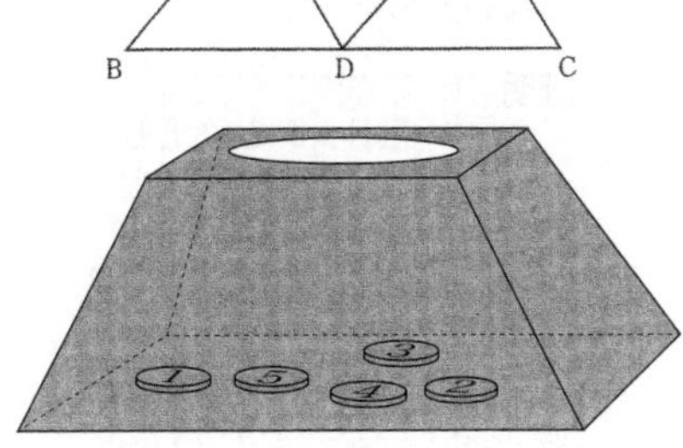

(5) 右の図のように，△ＡＢＣがあり，辺ＡＣ上に点Ｐがある。中心Ｏが辺ＢＣ上にあり，辺ＡＣに点Ｐで接する円Ｏを作図によって求めなさい。また，円Ｏの中心の位置を示す文字Ｏも書きなさい。

ただし，三角定規の角を利用して直線をひくことはしないものとし，作図に用いた線は消さずに残しておくこと。

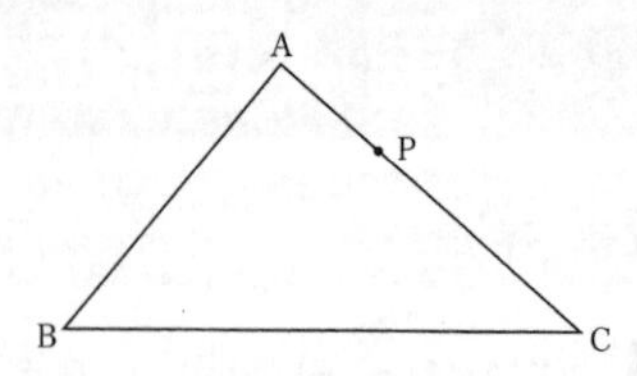

3 下の図のように，関数$y=ax^2$のグラフと関数$y=x+4$のグラフが，２点Ａ，Ｂで交わっている。関数$y=x+4$のグラフとx軸との交点をＣとし，点Ｂからx軸に垂線ＢＤをひく。２点Ａ，Ｂのx座標が，それぞれ-2，４であるとき，次の(1)，(2)の問いに答えなさい。

ただし，原点Ｏから点(１，０)までの距離及び原点Ｏから点(０，１)までの距離をそれぞれ１cmとする。

(1) aの値を求めなさい。

(2) 関数$y=ax^2$のグラフ上に点Ｐがある。△ＰＣＤと△ＰＢＤの面積の比が１：３のとき，次の①，②の問いに答えなさい。

ただし，点Ｐのx座標は$0<x<4$とする。

① 点Ｐのx座標を求めなさい。

② △ＰＢＤを，直線ＢＤを軸として１回転させてできる立体の体積を求めなさい。

ただし，円周率はπを用いることとする。

4 右の図のように，ＡＢ＝12cm，ＢＣ＝24cmの平行四辺形ＡＢＣＤがある。辺ＢＡの延長線上にＡＥ＝４cmとなる点Ｅをとり，線分ＥＣと辺ＡＤ，線分ＢＤとの交点をそれぞれＦ，Ｇとするとき，次の(1)，(2)の問いに答えなさい。

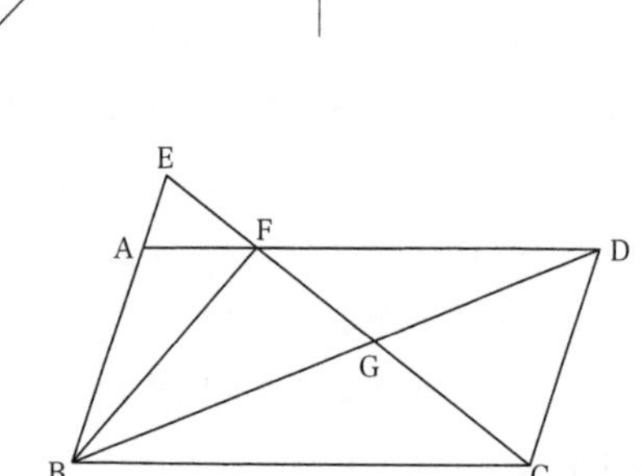

(1) △ＡＢＦ∽△ＣＢＤとなることの証明を，下の［　　］の中に途中まで示してある。

［(a)］，［(b)］に入る最も適当なものを，次の**選択肢**の**ア～カ**のうちからそれぞれ１つずつ選び，符号で答えなさい。また，［(c)］には証明の続きを書き，**証明**を完成させなさい。

ただし，［　　］の中の①～③に示されている関係を使う場合，番号の①～③を用いてもかまわないものとする。

証明

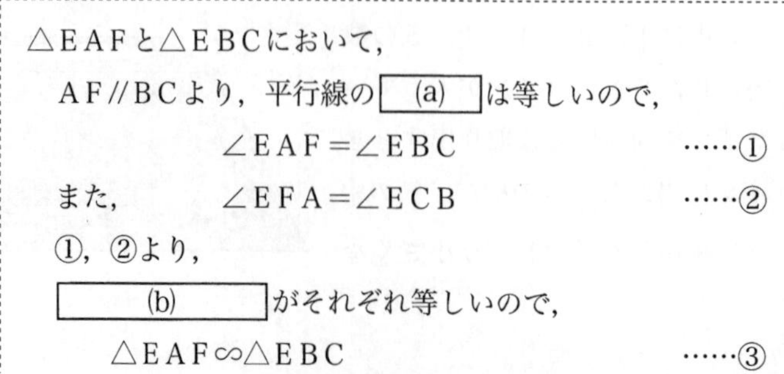
△ＥＡＦと△ＥＢＣにおいて，

ＡＦ//ＢＣより，平行線の［(a)］は等しいので，

∠ＥＡＦ＝∠ＥＢＣ ……①

また， ∠ＥＦＡ＝∠ＥＣＢ ……②

①，②より，

［(b)］がそれぞれ等しいので，

△ＥＡＦ∽△ＥＢＣ ……③

次に，△ＡＢＦと△ＣＢＤにおいて，

(c)

選択肢

ア	錯角	**イ**	同位角	**ウ**	対頂角
エ	３組の辺の比	**オ**	２組の辺の比とその間の角	**カ**	２組の角

(2)　△ＧＢＣの面積と平行四辺形ＡＢＣＤの面積の比を，最も簡単な整数の比で表しなさい。

5

次の**いつきさんと先生の会話**を読み，あとの(1)～(3)の問いに答えなさい。

いつきさんと先生の会話

先　生：第１の作業の説明をします。

いつき：定規と分度器を使って図をかくのですね。

先　生：そうです。手順にしたがって，図をかいてください。直線を１本かきます。これを１本目の直線とします。この直線上に点をとり，この点を通り１本目の直線と10°の角をつくる２本目の直線をかきます。次に，２本目の直線と10°の角をつくる３本目の直線をかきます。

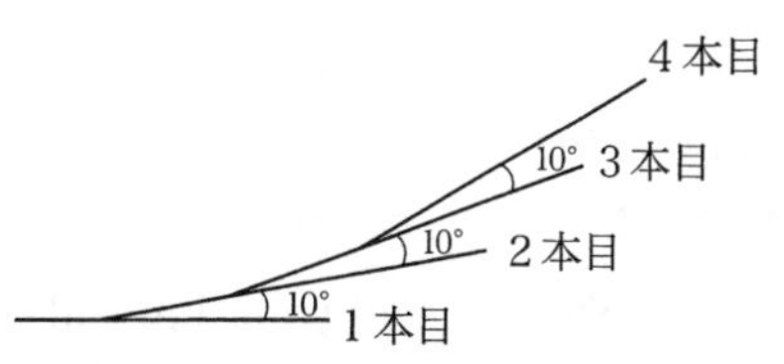

いつき：３本目の直線と10°の角をつくるのが４本目の直線ですね。

先　生：はい，そうです。同じ要領で５本目，６本目……と10°の角をつくって次々と直線をかいていきます。

いつき：直線をたくさんかいていくとおもしろい図形になりますね。

先　生：この作業は新しくかいた直線が１本目の直線と平行になるか重なったら終了とします。第１の作業が終了するとき，何本目の直線がかかれるかわかりますか。

いつき：計算できました。［ (ア) ］本目の直線をかくとき，１本目の直線と平行になって作業は終了します。

先　生：残念ながらまちがえていますよ。その計算には１本目の直線が入っていないと思います。

いつき：わかりました。正しい答えは［ (イ) ］本目です。

先　生：正解です。それでは，次に第２の作業の説明をします。
直線を１本かきます。これを１本目の直線とします。この直線上に点をとり，１本目の直線と10°の角をつくる２本目の直線をかきます。次に，２本目の直線と20°の角をつくる３本目の直線をかきます。さらに，３本目の直線と30°の角をつくる４本目の直線をかきます。このあとも同じ要領で５本目，６本目……とつくる角度を10°ずつ増やして次々と直線をかいていきます。この作業は新しくかいた直線が１本目の直線と平行になるか重なったら終了とします。

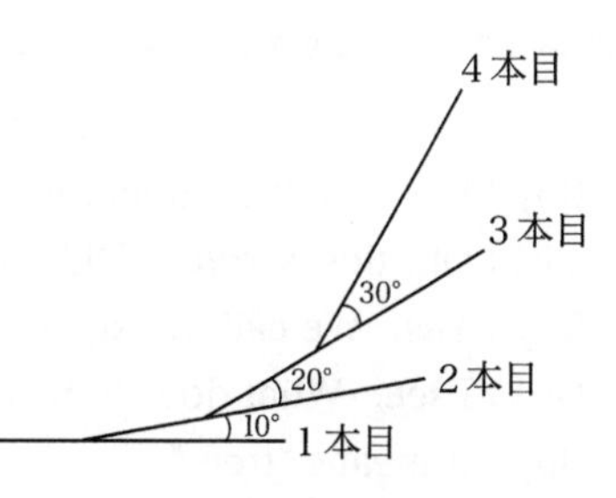

いつき：第１の作業と第２の作業の違いはつくる角度が10°ずつ増えているところですね。

先　生：そうです。第２の作業でも次々と直線をかき加えてください。

(1)　会話中の［ (ア) ］，［ (イ) ］に入る数をそれぞれ書きなさい。

(2)　会話中の第２の作業は何本目の直線をかくとき終了するか，求めなさい。
ただし，直線が重なる場合も本数として数えるものとする。

(3)　会話中の第２の作業で７本目の直線までかいたとき，互いに垂直な２本の直線が２組ある。それは何本目と何本目か，２組とも求めなさい。

英　語

英語リスニング放送台本

これから英語のテストを行います。最初はリスニングテストです。リスニングテストはすべて放送で行います。リスニングテスト終了までは，**2**ページ以降を開かないでください。

それでは，問題用紙の**1**ページを開いてください。リスニングテストの問題は**1**から**4**の四つです。では**1**から始めます。

1は，英語の対話を聞いて，最後の文に対する受け答えを選ぶ問題です。受け答えとして最も適当なものを，問題用紙のAからDのうちから一つずつ選んで，その符号を書きなさい。なお，対話はそれぞれ**2**回放送します。では，始めます。

No.1　Boy : Happy birthday, Kate!
Girl : Thank you, John.
Boy : This is a present for you.
繰り返します。（対話を繰り返す。）

No.2　Boy : Nice to meet you. I'm Hideki.
Girl : Nice to meet you, too, Hideki. I'm Mary.
Boy : Mary, I'm from Japan. How about you?
繰り返します。（対話を繰り返す。）

No.3　Man : Nancy, did you do your homework?
Girl : No, Father.
Man : When will you start it?
繰り返します。（対話を繰り返す。）

次は**2**です。

2は，英語の対話を聞いて，それぞれの内容についての質問に答える問題です。質問の答えとして最も適当なものを，問題用紙のAからDのうちから一つずつ選んで，その符号を書きなさい。なお，英文と質問はそれぞれ**2**回放送します。では，始めます。

No.1　Girl : Jack, what are you doing now?
Boy : I'm studying Japanese, Ann.
Girl : Oh, this is *kanji*. Did you write it?
Boy : Yes. We call it, "*ki*," in Japanese.
Girl : I see. What does it mean?
Boy : It means "tree."
Question : Which word did Jack write?
繰り返します。（対話と質問文を繰り返す。）

No.2　Boy : Naoki ran very fast yesterday! He ran the fastest of the four boys, Naoki, Jun, Fumiya, and Kenta!
Girl : Yes. He is a member of the soccer team.
Boy : Kenta ran fast, too, but Naoki ran faster than Kenta.
Girl : Right. Fumiya ran as fast as Kenta.
Question : Which boy is Jun?
繰り返します。（対話と質問文を繰り返す。）

次は**3**です。

3は，英語の文章又は英語の対話を聞いて，それぞれの内容についての質問に答える問題です。質問の答えとして最も適当なものを，問題用紙のＡからＤのうちから一つずつ選んで，その符号を書きなさい。なお，英文と質問はそれぞれ**2**回放送します。では，始めます。

No. 1 Hi. I'm Takeshi. I'll talk about my favorite place. This is Hikari Park. Many people visit this park every day. Some people run or walk, some walk with their dogs, some play sports, and some take pictures of the flowers. I usually play tennis or basketball with my friends there. How about visiting Hikari Park?

Question : What does Takeshi usually do in Hikari Park?

繰り返します。（英文と質問文を繰り返す。）

No. 2 Boy : Becky, do you have any plans for next weekend?

Girl : Yes, I do. My family and I will go to Osaka from Saturday to Sunday.

Boy : That's great. I hope it'll be sunny those days.

Girl : Thanks. But, it will be cloudy those days. Well, do you have any plans?

Boy : Sure. I'll go to Kamakura with my brother on Sunday. We wanted to go there on Saturday, but it'll be rainy there on that day, so we'll go on Sunday.

Girl : I see.

Question : How will the weather be in Kamakura on Saturday?

繰り返します。（対話と質問文を繰り返す。）

次は**4**です。

4は，英語の文章を聞いて，その内容について答える問題です。問題は，**No.1**，**No.2**の二題です。問題用紙には，それぞれの英語の文章の内容に関する一文が書かれています。（間３秒）その文を完成するために，①，②にあてはまる英単語を書きなさい。ただし，□には**1文字**ずつ入るものとします。なお，英文はそれぞれ**2**回放送します。では，始めます。

No. 1 Paul came to Japan from Canada with his family last October. He has a good friend in Canada, and his name is Ben. Ben will come to Japan to see Paul next March. They played soccer together in Canada, and they will play it when Ben comes to Japan.

No. 2 Haruto likes to study very much. He likes all the subjects but his favorite is science. He studies it for two hours from Monday to Friday. On Saturday, he studies it for three hours, and on Sunday, he studies it for five hours. He really likes science.

以上で，リスニングテストを終わります。**2**ページ以降の問題に答えなさい。

1 英語リスニングテスト（**放送**による**指示**に従って答えなさい。）

No.1	A. Happy birthday, John. C. Can I open it?	B. Sure, you can! D. You're welcome.
No.2	A. I come from Australia. C. Please call me Mary.	B. I came here last week. D. I am fifteen years old, too.
No.3	A. I did that before watching TV. C. I'll start it with my friend.	B. I'll finish it in my room. D. I'll do that after reading this book.

2 英語リスニングテスト（**放送**による**指示**に従って答えなさい。）

	A	B	C	D
No.1	き	木	気	キ
No.2	A	B	C	D

3 英語リスニングテスト（**放送**による**指示**に従って答えなさい。）

No.1	A. He usually runs in the park. B. He usually walks with his dog in the park. C. He usually plays sports in the park. D. He usually takes pictures of the flowers in the park.
No.2	A. It will be rainy. B. It will be sunny. C. It will be cloudy. D. It will be cloudy and sunny.

4 英語リスニングテスト（**放送**による**指示**に従って答えなさい。）

No.1	Ben is a (①□□□□□□□) player in Canada, and he will come to Japan to see Paul next (②□□□□□□).
No.2	Haruto studies (①□□□□□□□□) for (②□□□□□□□□□) hours every week.

5 次の⑴～⑸のそれぞれの対話文を完成させなさい。

⑴，⑵については，（　　）の中の語を最も適当な形にしなさい。ただし，**１語**で答えること。

また，⑶～⑸については，それぞれの（　　）の中の**ア～オ**を正しい語順に並べかえ，その順序を符号で示しなさい。

⑴ A：It's (hot) today than yesterday.
B：I think so, too.

⑵ A：Have you finished (cook) dinner?
B：Yes, I have.

⑶ A：We (**ア** about **イ** to **ウ** think **エ** where **オ** must) have the party.
B：Right. How about my house?

⑷ A：Is (**ア** Japan **イ** this **ウ** in **エ** a watch **オ** made)?
B：Yes, it is.

⑸ A：Kate is the girl (**ア** this song **イ** best **ウ** that **エ** the **オ** sings) in my class.
B：She is great.

6 フレッド(Fred)とメグ(Meg)が会話をしています。この場面で，フレッドの質問に対してメグは何と答えると思いますか。その言葉を英語で書きなさい。

ただし，語の数は**20語程度**（．，？！などの符号は語数に含まない。）とすること。

7 次の(1)～(3)の英文を読んで，それぞれの問いに答えなさい。

(1) Chie went to London last year. She stayed with a (Ⓐ) family for three weeks. There were five children. In the first week, it was hard for her to live in London because she couldn't speak English well. But the children helped her and *taught her a lot. They were very kind to her. Sometimes they asked her about Japanese *culture. She taught them how to make *origami* birds. But when she was asked about other Japanese things, for example, *kabuki* or *rakugo*, she couldn't talk about them. She found she didn't know a lot about the culture of her own (Ⓑ). Now she wants to learn more about it.

(注) taught teachの過去形　culture 文化

本文中の（ Ⓐ ），（ Ⓑ ）に入る最も適当な語を，それぞれ次の**ア～エ**のうちから一つずつ選び，その符号を書きなさい。

Ⓐ **ア** bad　**イ** few　**ウ** little　**エ** big

Ⓑ **ア** country　**イ** language　**ウ** school　**エ** idea

(2) Aoi is a high school student. She has a good friend, Mie. Last Sunday morning, they went to the library together. They wanted to finish their homework for winter vacation. The library opens at 9 o'clock and Mie went to Aoi's house at 8:30. They went to the library by their bikes. When they got there 20 minutes later, there were already some people *in front of the *building. Mie thought they were too late, but they found desks. They studied together until noon. Then Aoi left there to eat lunch at home. But Mie stayed and studied for another hour. Then she *decided to go home because it began to look cloudy. Mie got home before it started to rain, so she felt *lucky.

(注) in front of～ ～の前に　building 建物　decide～ ～を決める　lucky 幸運な

① 次の質問に，英語で答えなさい。

Why did Aoi and Mie go to the library?

② 本文の内容に合っているものを，次の**ア**～**エ**のうちから一つ選び，その符号を書きなさい。

ア 葵(Aoi)と美恵(Mie)は，仲のよい姉妹である。

イ 葵と美恵が行った図書館は，８時30分から開いている。

ウ 葵はこの前の日曜日，家で昼食を食べた。

エ 葵と美恵は，雨が降り始める前にいっしょに図書館を出た。

(3) 次は，お別れ会(farewell party)の案内です。

Alex's Farewell Party

Our good friend, Alex, is going to leave our school on January 31. He was always kind to us and did a lot of things for us. Let's show our *gratitude to him at the party.

Date : Sunday, January 27
Time : 12:00 p.m. ― 3:00 p.m.
Place : Tim's house

About ten people will come to this party, so please bring some food to this party. We can enjoy many kinds of food.
We are going to sing his favorite song for him as a present.
Let's take a lot of pictures and make good *memories with him.

From Jack

(注) gratitude　感謝　　memory　思い出

① このお別れ会の案内の内容と合うように，次の英文の（　　）に入る最も適当な英単語**１語**を書きなさい。

Alex is going to leave Jack's school (　　) days after the farewell party.

② このお別れ会の案内の内容に合っているものを，次の**ア**～**エ**のうちから一つ選び，その符号を書きなさい。

ア The farewell party is going to start at three in the afternoon.

イ Jack is going to have the farewell party at his house.

ウ Jack wants Alex to sing his favorite song at the party.

エ People who will go to the party have to take some food there.

8 次の英文を読んで，(1)～(4)の問いに答えなさい。

Yuta started to play *rugby when he was seven. He was one of the best players on his team. His father often took him to watch *professional rugby games.

When Yuta was fifteen, he said to his father and mother, "I want to be a professional rugby player. So, I want to go to Hikari High School." The school was famous because its rugby team was very strong. His father said, "No! You can't go to Hikari High School, Yuta." Yuta asked, "Why?" But his father didn't answer his question. He only said, "You just can't! Your brother and sister went to Kita High School. You should go there, too." Yuta said again, "Why?" His father said nothing. "Are you worrying about money? If I become a professional player, I'll make a lot of money," Yuta said. Then his father said, "You know nothing." Yuta couldn't understand him. He looked at his mother, (Ⓐ). Yuta was sad. He went to his room without saying a word.

Some days later, Yuta's family was eating dinner when a *coach at Hikari High School called his father. He said to the coach, "Thank you for saying so, but I don't think it is easy." Yuta stopped eating and listened to him. His mother also did so. His father said, "I know he's a good rugby player now, but there are many good players who can play rugby as well as Yuta. I think they want to be professional players, too. They also practice hard for their dreams. But I know that many people among them will stop doing so because it's hard to be professional players. If he is one of them, he'll be sad."

Yuta finished dinner and went to his room. When he talked about going to Hikari High School, his father said, "No." It wasn't a money problem. He *understood his father. He thought and thought, but he could never change his *mind. Then his mother came into his room and said, "Some days ago, your father said he didn't want you to go to Hikari High School. Do you know why he said so?" Yuta said, "Yes, but I still want to go…" She said, "Well, I really understand you. You should go to Hikari High School. Talk to your father again."

Yuta's father also came into his room. Yuta didn't know what he should say. His father said, "When I was a junior high school student, I was (Ⓑ) you. I thought that I was a good rugby player. But later I learned many people were better than I. I didn't think that I could be a professional player. So I *gave up my dream. I felt very sad. If you don't think you can be a professional player, you'll also have to say goodbye to your dream. If you really want to be a professional player, think about the things you should do to be a better player and do them every day. Can you do that?" Yuta looked at him and answered, "Yes, Father. I can do that!" His father said, "I'm happy to hear that. Now I know your dream isn't just a dream. Go to Hikari High School, Yuta."

Now Yuta practices the hardest in his team at Hikari High School. And he always has two things in his mind — "I can do it!" and "I'll never give up."

(注) rugby ラグビー　professional プロの　coach コーチ
understood understandの過去形　mind 気持ち　give up〜 〜をあきらめる

(1) 本文中の (Ⓐ) に入る最も適当なものを，次の**ア〜エ**のうちから一つ選び，その符号を書きなさい。

ア but she worried about him　**イ** but she said nothing

ウ so she helped him　**エ** so she was excited

(2) 本文中の (Ⓑ) に入る最も適当な英単語**1語**を書きなさい。

(3) 次の□内は，本文の内容に関する質問文と答えの文である。本文の内容に合うように，( ) に入る適当な**3語**の英語を書き入れ，答えの文を完成させなさい。

質 問 文：How old was Yuta when he started to play rugby? 答えの文：He was ( ) then.

(4) 本文の内容に合っているものを，次の**ア〜エ**のうちから一つ選び，その符号を書きなさい。

ア Yuta's sister and brother were students of Hikari High School.

イ When a coach at Hikari High School called Yuta's father, Yuta was practicing rugby.
ウ Yuta's father didn't want Yuta to go to Hikari High School because he had no money.
エ Yuta's father told him to think of what he should do to be a better player.

9 エイミー(Amy)と紗枝(Sae)が学校で話をしています。この対話文を読んで，[(1)]～[(4)]に入る最も適当な英文を，それぞれあとの**ア**～**エ**のうちから一つずつ選び，その符号を書きなさい。

Amy：Are you OK, Sae? You look sad. Did something bad happen* to you?
Sae：[(1)]
Amy：Do you think that I can't help you? You know we are friends. You should tell me about your problems.
Sae：OK. [(2)] This morning, I argued* with my mother.
Amy：Oh, really? Why did you argue?
Sae：Because she didn't wake* me up this morning. I had a lot of homework last night. But I was very tired and sleepy*. So I asked my mother to wake me up at 5 o'clock this morning.
Amy：Did you want to do your homework early in the morning?
Sae：Right. But I got up at 6:30 because she didn't wake me up at 5 o'clock.
Amy：Why?
Sae：She said to me, "[(3)] But you didn't get up!" When I heard this, I became* really angry*. I think that mothers should help their children.
Amy：Oh, Sae. [(4)]
Sae：Yes.
Amy：I think you are wrong. You are a high school student now. You should manage* yourself*.
Sae：Oh, my mother told me the same thing this morning.

(注) happen 起こる　argue 口論する　wake～up ～を起こす　sleepy 眠い
became becomeの過去形　angry 怒って　manage～ ～を管理する
yourself あなた自身

(1) ア Oh, can I help you?
イ Oh, you have a lot of friends at school.
ウ Well, I don't like to get up early.
エ Well, I don't want to talk about it to anyone.

(2) ア I know everything.
イ I will tell you.
ウ You have some problems.
エ You will get up early tomorrow.

(3) ア I tried to wake you up at 5 o'clock.
イ I tried to go to bed at ten last night.
ウ You tried to sleep longer.
エ You tried to be kind to me.

(4) ア Are you happy about that now?
イ Do you really think so?
ウ Is she your child?
エ Does she agree with your idea?

社 会

1 次の文章を読み，あとの(1)〜(5)の問いに答えなさい。

日本は a 島国なので，国際間の b 通信は通信衛星や海底ケーブルにたよっています。国際電話や c インターネットの普及によって，日本国内だけでなく，d 世界各地とも，情報の交換や商品の取り引きがわずかな時間で簡単にできるようになりました。特にインターネットは，通信販売のほか，乗り物や旅行の予約，電子メールのやり取りなどに利用され，私たちの生活のさまざまな場面で役立っています。一方，通信施設の整備が遅れている地域では，固定電話よりも通信衛星を利用した e 携帯電話が普及している例もあります。

(1) 下線部 a に関連して，日本と同じ島国として最も適当なものを，次の**ア〜エ**のうちから一つ選び，その符号を書きなさい。

ア ノルウェー　**イ** エクアドル　**ウ** スリランカ　**エ** ミャンマー

(2) 下線部 b に関連して，日本で郵便制度が整えられたころのできごとについて述べた文として最も適当なものを，次の**ア〜エ**のうちから一つ選び，その符号を書きなさい。

ア 町や農村に多くの寺子屋が開かれた。
イ 群馬県に官営の富岡製糸場がつくられた。
ウ 義務教育が６年に延長され，就学率も 97％に達した。
エ 東京，大阪でラジオ放送が開始された。

(3) 下線部 c に関連して，次の文章は，インターネットを利用する上での注意点について述べたものである。文章中の［　　］に共通してあてはまる適当な語を書きなさい。

> ウェブページに，自分の作品や意見を発表するときには，他人の［　　］を侵害しないよう，気をつけなければならない。［　　］の権利は，憲法に具体的に規定されてはいないが，新しい人権として求められている。

(4) 下線部 d に関連して，次の文章中の［　　］にあてはまる適当な語を書きなさい。

> 交通・通信技術の発達や国際的な取り決めの結果，大量の人，商品，お金，情報などが，国境を越えて容易に移動できるようになり，世界の一体化が進んでいる。これを［　　］化という。

(5) 下線部 e に関連して，次の**資料**は，携帯電話，スマートフォンの普及率（携帯電話には，スマートフォンを含む）とインターネット利用者数の推移を示したものである。**資料**から読み取れることとして最も適当なものを，あとの**ア〜エ**のうちから一つ選び，その符号を書きなさい。

資料

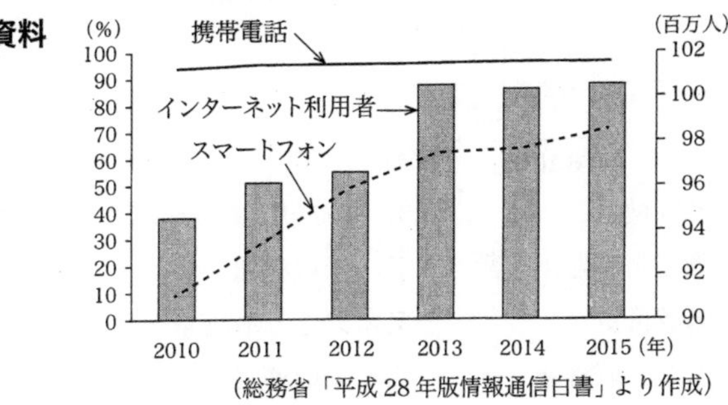

（総務省「平成 28 年版情報通信白書」より作成）

ア　2010年から2015年にかけて，インターネット利用者数は増加し続けている。
イ　スマートフォン以外の携帯電話の普及率は，ほとんど変化していない。
ウ　インターネット利用者数が１億人を超えている年は，スマートフォンの普及率は70％を超えている。
エ　スマートフォンの普及率が大きく上昇した2010年から2013年にかけて，インターネットを利用している人は，500万人以上増えた。

2　次の図を見て，あとの⑴～⑷の問いに答えなさい。

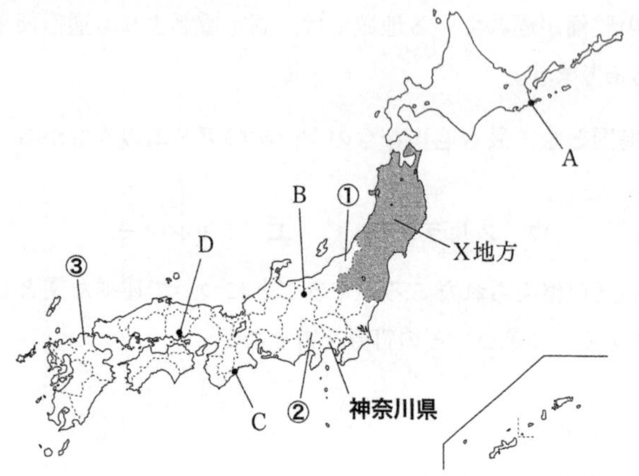

⑴　次の文章は，図中のX地方に属するある県の特色を述べたものである。この県の県庁所在地名を，**漢字**で書きなさい。

> 県の面積は北海道に次いで広く，リアス海岸が発達しており，こんぶやわかめの養殖がさかんである。また，南部鉄器は，伝統的工芸品として指定されている。

⑵　次の表は，図中のA～Dの四つの都市の降水量と年平均気温を示したものである。Bにあてはまるものはどれか。表中の**ア～エ**のうちから最も適当なものを一つ選び，その符号を書きなさい。

図に示した都市	降水量(mm)			年平均気温(℃)
	1月	7月	年平均	
ア	100.7	397.2	3848.8	16.1
イ	51.1	134.4	932.7	11.9
ウ	35.5	121.7	1020.8	6.3
エ	34.2	160.9	1105.9	16.2

（「日本国勢図会 2018/19」より作成）

⑶　次の表は，図中に①～③で示した三つの県の統計を示しており，数値は各項目の全国に占める割合を示している。表中のX～Zにあてはまる項目の組み合わせとして最も適当なものを，あとの**ア～エ**のうちから一つ選び，その符号を書きなさい。

(％)

	X（2014年）	Y（2016年）	Z（2016年）
①	0.3	1.4	8.4
②	0.2	23.7	0.3
③	4.0	4.5	2.2

（「データでみる県勢 2018」より作成）

ア　X：ぶどう収穫量　Y：米収穫量　Z：輸送用機器出荷額
イ　X：ぶどう収穫量　Y：輸送用機器出荷額　Z：米収穫量
ウ　X：輸送用機器出荷額　Y：米収穫量　Z：ぶどう収穫量
エ　X：輸送用機器出荷額　Y：ぶどう収穫量　Z：米収穫量

(4) 次の地形図は，前のページの図に示した**神奈川県**のある地域を示したものである。これを見て，あとの①，②の問いに答えなさい。

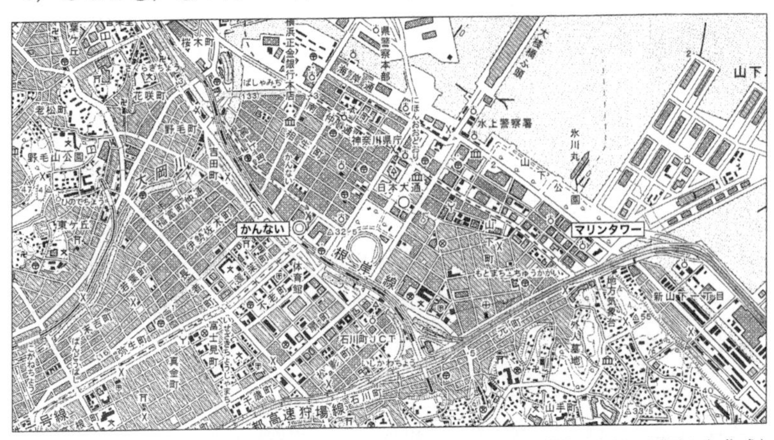

（国土地理院 平成25年発行１：25,000「横浜東部」原図より作成）

① 地形図中のマリンタワーから見ると，「かんない」駅はどちらの方向にあたるか。８方位で書きなさい。

② 上の地形図について述べた次の文章中の下線部ａ～ｃの内容が正しければ○，誤っていれば×を，それぞれ書きなさい。

> 「かんない」駅前から，鉄道沿いに進み，スタジアムの先の交差点を左折する。直進すると左手に a <u>郵便局</u>がある。水上警察署手前の交差点を右折すると，すぐ右手に b <u>図書館</u>がある。山下公園を左手にしてさらに直進すると，マリンタワーの前に出る。ここまでの道路をたどると，地図上で約８cmなので，実際の距離は，c <u>2000m</u> 程度である。

3 次の図や資料を見て，あとの(1)～(5)の問いに答えなさい。

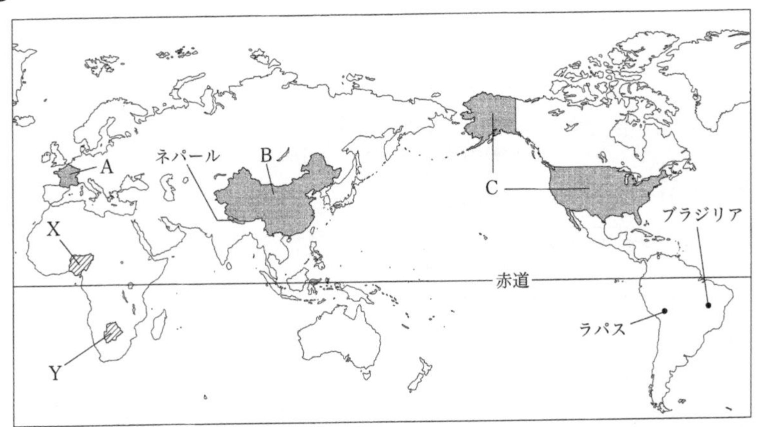

(1) 右の**資料１**のＰ，Ｑは，図中のラパス，ブラジリアのいずれかの月平均気温の変化を示したものである。ラパスの気温とこの地域で多く飼われている家畜の組み合わせとして最も適当なものを，次の**ア**～**エ**のうちから一つ選び，その符号を書きなさい。

資料１

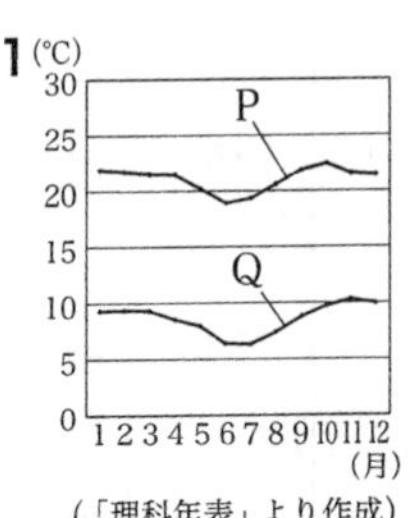

（「理科年表」より作成）

ア 気温：Ｐ 家畜：カリブー　　**イ** 気温：Ｐ 家畜：リャマ

ウ 気温：Ｑ 家畜：カリブー　　**エ** 気温：Ｑ 家畜：リャマ

⑵ 図中のＡの国に関連して述べた次の文章中の［　　］にあてはまる適当な語を書きなさい。

> Ａの国では，かつてはフランとよばれる通貨が使用されていたが，現在は，［　　］が使用されている。これは，現在，ヨーロッパ連合（EU）加盟国の中の19の国で共通して使用されている通貨である。

⑶ 図中のＢの国に関連して，この国とネパールの国境付近には，8000ｍ級の山々が連なる山脈がある。この山脈が属する造山帯名を書きなさい。

⑷ 次の**資料２**は，図中のＡ～Ｃの国と日本の産業別就業人口割合と１人あたり国民総所得を示したものである。Ｃの国にあてはまるものとして最も適当なものを，**資料２**中の**ア**～**エ**のうちから一つ選び，その符号を書きなさい。

資料２

	産業別就業人口割合(%)			１人あたり国民総所得(ドル)(2015年)
	第一次産業(2016年)	第二次産業(2016年)	第三次産業(2016年)	
ア	3.6	25.5	70.9	35939
イ	2.8	20.0	77.1	36894
ウ	27.4	28.3	44.3	8119
エ	1.6	18.4	80.0	57481

（「世界国勢図会 2017/18」より作成）

⑸ 次の**資料３**は，図中のＸの国とＹの国の2015年における輸出品の内訳を示したものである。アフリカの多くの国では，この２国と同様の輸出の特徴がみられ，そのため，国の経済が安定しにくくなっている。その理由を，輸出の特徴と関連づけて，「価格や輸出量」の語を用いて，簡潔に書きなさい。

資料３

Ｘ 1029億ドル	原油 72.9%	8.5（液化天然ガス）	その他
Ｙ 63.2億ドル	ダイヤモンド 82.6%	ニッケル鉱 5.1	その他

（「世界国勢図会 2017/18」より作成）

4 次の略年表を見て，あとの⑴～⑸の問いに答えなさい。

年代	主なできごと
604	十七条の憲法が定められる……………………………Ａ
753	［Ｘ］が来日する
	Ⅰ
935	平将門の乱が起こる
	Ⅱ
1185	壇ノ浦の戦いで平氏が滅亡する
	Ⅲ
1333	鎌倉幕府が滅亡する
	Ⅳ
1588	刀狩令が出される……………………………Ｂ

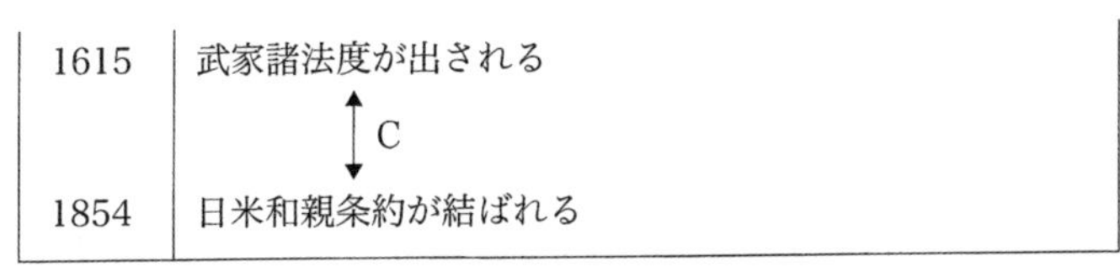

1615	武家諸法度が出される
	↕ C
1854	日米和親条約が結ばれる

(1) 略年表中のＡの内容について述べた文として最も適当なものを，次の**ア〜エ**のうちから一つ選び，その符号を書きなさい。

ア　６歳以上の男女には，性別や身分に応じて口分田を与え，死ねば返させる。

イ　天皇の命令に従うべきことなど，役人の心構えを示す。

ウ　都には太政官をはじめとする二官八省の役所を置いて政治を行う。

エ　家柄にとらわれず，才能や功績のある者を役人に取り立てる。

(2) 次の文は，略年表中の［Ｘ］の人物について述べたものである。年表中と文中の［Ｘ］に共通してあてはまる適当な人物名を書きなさい。また，文中の［Ｙ］にあてはまる語として最も適当なものを，あとの**ア〜エ**のうちから一つ選び，その符号を書きなさい。

> ［Ｘ］は，中国の高僧で，日本の要請に応じ，五回の渡航失敗と失明にもかかわらず，［Ｙ］にともなわれて来日すると，日本に正しい仏教の教えを広めた。

ア　通信使　　**イ**　遣隋使　　**ウ**　遣唐使　　**エ**　宣教師

(3) 略年表中のＢに関連して，刀狩を命じた人物について述べた文として最も適当なものを，次の**ア〜エ**のうちから一つ選び，その符号を書きなさい。

ア　城下には楽市・楽座の制度によって商人を招き，商工業の発展を図った。

イ　敵対するようになった15代将軍足利義昭を京都から追放し，幕府を滅ぼした。

ウ　検地帳に登録された農民に土地の所有権を認め，年貢を納めさせた。

エ　堺などの自治都市や，比叡山延暦寺など自分に従わない仏教勢力を屈服させた。

(4) 次のＰ〜Ｒの文は，略年表中のⅠ〜Ⅳのうち，どの時期のことがらか。正しく組み合わせたものとして最も適当なものを，あとの**ア〜エ**のうちから一つ選び，その符号を書きなさい。

Ｐ　貴族である藤原氏が，摂政や関白として政治の実権をにぎるようになった。

Ｑ　京都南部で，武士や農民が守護大名を追い払う山城国一揆が起こった。

Ｒ　京都に朝廷を監視するための役所である六波羅探題が設置された。

ア　Ｐ：Ⅰ　Ｑ：Ⅱ　Ｒ：Ⅲ　　**イ**　Ｐ：Ⅰ　Ｑ：Ⅳ　Ｒ：Ⅲ

ウ　Ｐ：Ⅳ　Ｑ：Ⅲ　Ｒ：Ⅰ　　**エ**　Ｐ：Ⅳ　Ｑ：Ⅱ　Ｒ：Ⅰ

(5) 略年表中のＣに関連して，この期間に起きたことがらを，次の**ア〜エ**のうちから**三つ**選び，年代の**古いものから順に**並べ，その符号を書きなさい。

ア　徳川綱吉が将軍となり，生類憐みの令を出した。

イ　オランダの商館が長崎の出島に移され，鎖国が完成した。

ウ　日米修好通商条約が結ばれ，アメリカとの貿易が始まった。

エ　もと幕府の役人で陽明学者の大塩平八郎が反乱を起こした。

5 次のＡ～Ｅのパネルは，つよしさんのクラスが文化祭で行った「歴史発表会」に使用したパネルである。これらを見て，あとの(1)～(5)の問いに答えなさい。

Ａ

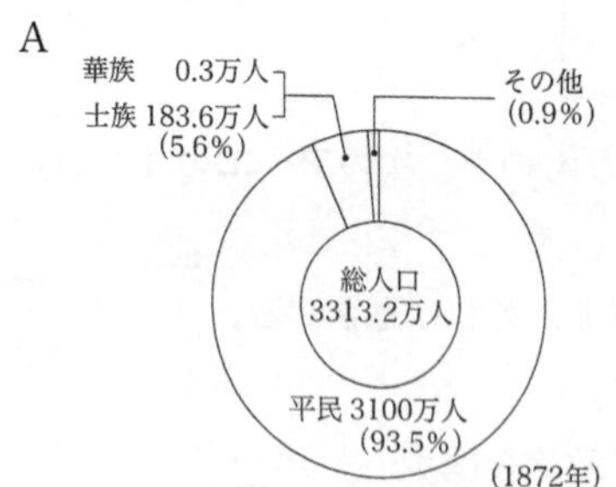

Ｂ

Ｃ

Ｄ

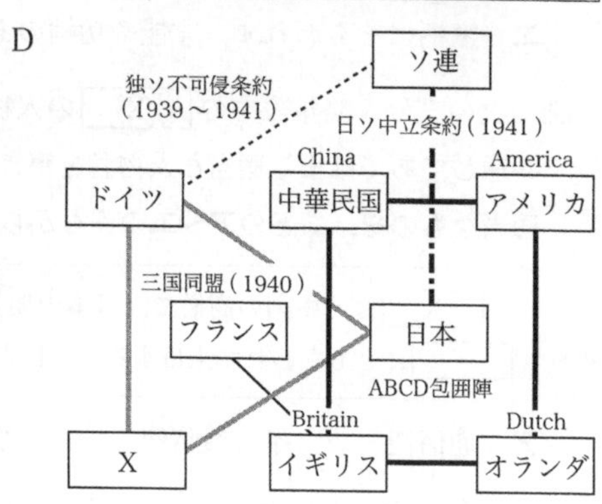

Ｅ

(1)　Ａのパネルに関連して，明治時代の初めに「平民」とされたのは，それまでどのような人々であったか。次の**ア～エ**のうちから**すべて**選び，その符号を書きなさい。

ア　僧　　　**イ**　百姓　　　**ウ**　商人　　　**エ**　職人

(2)　Ｂのパネルに関連して，次の文章は，日本で初めての衆議院議員選挙について述べたものである。文章中の［　Ⅰ　］，［　Ⅱ　］にあてはまる数字の組み合わせとして最も適当なものを，あとの**ア～エ**のうちから一つ選び，その符号を書きなさい。

> この選挙において選挙権が与えられたのは，直接国税を15円以上納める満［　Ⅰ　］歳以上の男子だけであった。そのため，有権者となったのは，総人口の約［　Ⅱ　］%にすぎなかった。

ア　Ⅰ：20　Ⅱ：1　　　**イ**　Ⅰ：20　Ⅱ：5
ウ　Ⅰ：25　Ⅱ：1　　　**エ**　Ⅰ：25　Ⅱ：5

(3)　Ｃのパネルに関連して，次の文中の［　　　］に共通してあてはまる適当な語を書きなさい。

> 1918年，シベリア出兵をきっかけとした［　　　］の買い占めから，［　　　］の値段が大幅に上がったため，［　　　］騒動が起こり，全国に広がった。

(4)　Dのパネル中の［　X　］にあてはまる，太平洋戦争が始まる前年に，日本，ドイツと軍事同盟を結んだ国名を書きなさい。

(5)　Eのパネルに関連して，次の文中の［　　］にあてはまる適当なことばを，簡潔に書きなさい。

> 1973年，第四次中東戦争をきっかけに，中東のアラブ諸国が，［　　］する政策を実施したため，日本などの先進国の経済は大きな打撃を受け，混乱した。

6　次の表は，まりこさんのクラスが行うまとめ学習の班ごとのテーマを示したものである。これについて，あとの(1)～(5)の問いに答えなさい。

班	テーマ
A班	民主主義の種類
B班	政党のはたらき
C班	選挙の基本原則
D班	日本の選挙制度
E班	国民の政治参加

(1)　A班のテーマに関連して，次の文章中の［　　］に共通してあてはまる適当な語を書きなさい。

> 一度に大勢が集まって話し合いをするのは困難である。そのため，多くの国では，代表者を選挙で選び，その代表者が集まって［　　］をつくり，ものごとを話し合って決めるという［　　］制民主主義がとられている。

(2)　B班のテーマに関連して，複数の政党が内閣を組織して政権を担うことがあるが，この目的を，「過半数」の語を用いて書きなさい。

(3)　C班のテーマに関連して，次の**ア**～**エ**の文は，それぞれ選挙の４原則のいずれかについて述べたものである。これらのうち，秘密選挙にあてはまるものはどれか。最も適当なものを一つ選び，その符号を書きなさい。

ア　投票用紙には無記名で投票する。　　**イ**　だれでも一人一票の原則である。
ウ　有権者が自ら候補者に投票する。　　**エ**　選挙資格には年齢以外の制限がない。

(4)　D班のテーマに関連して，比例代表制について述べたものとして最も適当なものを，次の**ア**～**エ**のうちから一つ選び，その符号を書きなさい。

ア　大政党の候補者に有利である。　　**イ**　死票が多くなりやすい。
ウ　少数意見も反映されやすい。　　**エ**　衆議院では289名を選出する。

(5)　E班のテーマに関連して，次の文章中の［　　］に共通してあてはまる適当な語を**カタカナ**で書きなさい。

> ラジオ，新聞，テレビなどの［　　］は，世論を形成するのに大きな力を持っている。そのため，［　　］は，正確な情報を人々に伝えるよう努力する必要がある。

7　次の文章を読み，あとの(1)～(5)の問いに答えなさい。

国の権力は三つに分けられ，それぞれ a <u>国会</u>，内閣，b <u>裁判所</u>という独立した機関によって担当されています。このように，国の政治組織を三権に分けることを c 三権分立といいます。d 議院内閣制をとる日本では，国会は三権の中でも中心的な地位を占めており，内閣や裁判所に対して，さまざまな権限を持っています。他方，e 国会も内閣や裁判所の統制を受けます。このように，三権がたがいに抑制し合い，均衡を保つことによって，権力の行き過ぎを防いで，バランスのとれた政治が行われるのです。

(1) 下線部ａに関連して，国会において，「衆議院の優越」が認められているのは，衆議院は参議院よりも国民の意見を反映しやすいと考えられているからである。その理由として最も適当なものを，次の**ア～エ**のうちから一つ選び，その符号を書きなさい。

ア 衆議院は参議院に比べ，任期が長く，解散がないため。
イ 衆議院は参議院に比べ，任期が長く，解散があるため。
ウ 衆議院は参議院に比べ，任期が短く，解散がないため。
エ 衆議院は参議院に比べ，任期が短く，解散があるため。

(2) 下線部ｂに関連して，次の文章は，三審制について述べたものである。文章中の［　　］にあてはまる適当な語を書きなさい。

> 裁判は事件の内容によって，まず簡易裁判所，家庭裁判所，地方裁判所のいずれかで行われる。その判決に不服であれば，上級の裁判所に控訴し，さらに［　　］することができる。

(3) 下線部ｃに関連して，国会について述べた次の文中の［　　］にあてはまる適当な語を書きなさい。

> 国会は，唯一の［　　］機関であり，その他のいかなる機関も法律をつくることはできない。

(4) 下線部ｄについて，次の文章は，議院内閣制について述べたものである。文章中の［ Ⅰ ］，［ Ⅱ ］にあてはまる語の組み合わせとして最も適当なものを，あとの**ア～エ**のうちから一つ選び，その符号を書きなさい。

> 内閣は，国会の信任にもとづいて成り立ち，国会に対して連帯して責任を負う。解散総選挙後の［ Ⅰ ］が開かれると，必ず内閣は総辞職し，国会によって新しい内閣総理大臣が［ Ⅱ ］される。

ア Ⅰ：臨時会　Ⅱ：指名　　**イ** Ⅰ：特別会　Ⅱ：指名
ウ Ⅰ：臨時会　Ⅱ：任命　　**エ** Ⅰ：特別会　Ⅱ：任命

(5) 下線部ｅに関連して，裁判所による国会の統制にあてはまるものを，次の**ア～エ**のうちから一つ選び，その符号を書きなさい。

ア 弾劾裁判を行う。　　**イ** 違憲審査を行う。
ウ 国政調査を行う。　　**エ** 国民審査を行う。

理　科

1 次の(1)～(4)の問いに答えなさい。

(1) 有機物に必ず含まれている原子の，原子を表す記号として最も適当なものを，次の**ア～エ**のうちから一つ選び，その符号を書きなさい。

ア O　　**イ** H　　**ウ** N　　**エ** C

(2) 凸レンズの軸（光軸）に平行な光は，凸レンズを通ると１つの点に集まる。この点を何というか，書きなさい。

(3) **図**は，日本付近を，前線をともなう温帯低気圧が通過しているときの天気図である。**図**中に見られる温暖前線が通過するときの雨の降り方や天気の変化として最も適当なものを，次の**ア**～**エ**のうちから一つ選び，その符号を書きなさい。

図

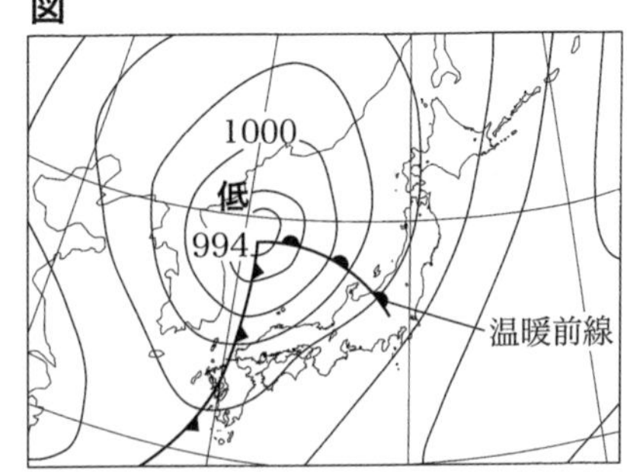

ア おだやかな雨がしばらく続いたあと，温暖前線が通過すると雨がやむことが多い。

イ 激しい雨が短時間に降ったあと，温暖前線が通過すると雨がやむことが多い。

ウ 温暖前線が通過したあと，おだやかな雨が比較的長い時間降ることが多い。

エ 温暖前線が通過すると，激しい雨が短時間に降ることが多い。

(4) 次の文章は，生殖細胞がつくられるときの細胞分裂について述べたものである。文章中の［ a ］，［ b ］にあてはまるものの組み合わせとして最も適当なものを，あとの**ア**～**エ**のうちから一つ選び，その符号を書きなさい。

> 生殖細胞は，［ a ］分裂という特別な分裂によってつくられる。この分裂では，細胞が分裂後，生殖細胞の染色体の数は，もとの細胞の染色体の数の［ b ］になる。

ア a：減数　b：２倍　　**イ** a：体細胞　b：２倍

ウ a：減数　b：半分　　**エ** a：体細胞　b：半分

2 海に面した地域で，晴れた日の昼間と夜間でふく向きが変わる風について調べるため，次の**実験**を行いました。これに関して，あとの(1)～(3)の問いに答えなさい。

実験 ① 透明な箱，砂を入れたペトリ皿，水を入れたペトリ皿，２個の電球(白熱電球)を用いて，**図**のような装置を組み立てた。このとき，砂と水の温度は，気温と同じであった。

② 電球のスイッチを入れ，電球の熱によって砂と水をしばらく熱したあと，電球を消した。

図

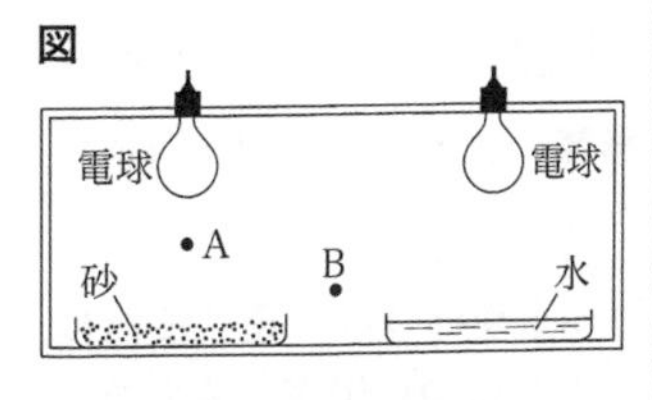

(1) **実験**の②のあとの，ペトリ皿に入れた砂と水の温度について述べたものとして最も適当なものを，次の**ア**～**ウ**のうちから一つ選び，その符号を書きなさい。

ア 砂の方が高くなっている。　　**イ** どちらも同じである。

ウ 水の方が高くなっている。

(2) **実験**の②のあと，**図**の点Ａ(砂の上方)と点Ｂ(砂と水の間)における，空気の移動する向きの組み合わせとして最も適当なものを，次の**ア**～**カ**のうちから一つ選び，その符号を書きなさい。

ア Ａ：下　Ｂ：上　　**イ** Ａ：下　Ｂ：左　　**ウ** Ａ：下　Ｂ：右

エ Ａ：上　Ｂ：上　　**オ** Ａ：上　Ｂ：左　　**カ** Ａ：上　Ｂ：右

(3) **実験**で調べた現象について，次の(a)，(b)の問いに答えなさい。

(a) **実験**と同じような原理によって，晴れた日の昼間に，海に面した地域でふくことが多い風を何というか，書きなさい。

(b) 日射の強い夏の季節に，日本列島にふくことが多くなる季節風の風向として最も適当なものを，次の**ア**～**エ**のうちから一つ選び，その符号を書きなさい。

ア 北西　　**イ** 北東　　**ウ** 南西　　**エ** 南東

3 混合物から１つの物質をとり出すため，次の**実験**を行いました。これに関して，あとの(1)～(3)の問いに答えなさい。

実験 ① 水とエタノールを混ぜ合わせた混合物を40 mLつくり，その混合物を沸騰石とともに枝つきフラスコに入れた。
② ①の枝付きフラスコを用いて，**図**のような装置を組み立てて，ガスバーナーで混合物をおだやかに加熱した。
③ 試験管に液体が３mLたまるごとに試験管をかえ，順にA～Eとした。ガラス管を試験管Eから抜いたあと火を止めた。
④ 試験管A～Eの液体をそれぞれ脱脂綿にふくませて，火をつけたところ，試験管A，Bの液体は燃えたが，Cの液体はすぐに火が消え，D，Eの液体は燃えなかった。

図

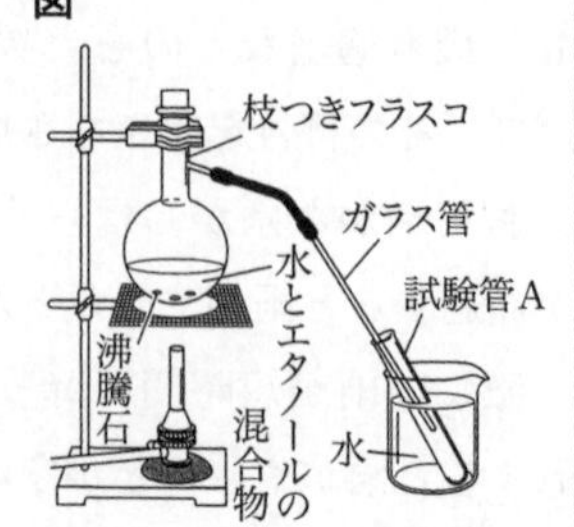

(1) ガスバーナーの火を消す正しい手順となるように，次の**ア～ウ**を左から順に並べて，その符号を書きなさい。

ア ガス調節ねじを閉じる。　**イ** 空気調節ねじを閉じる。　**ウ** 元栓を閉じる。

(2) 次の文章は，**実験**の結果について述べたものである。あとの(a)，(b)の問いに答えなさい。

実験の④の結果から，先に試験管に出てきた液体の多くは［ x ］であることがわかる。このことから，物質が液体から気体に状態変化するときの温度である［ y ］は，水よりもエタノールの方が［ z ］ことがわかる。

(a) ［ x ］，［ z ］にあてはまるものの組み合わせとして最も適当なものを，次の**ア～エ**のうちから一つ選び，その符号を書きなさい。

ア x：エタノール　z：低い　**イ** x：水　z：低い
ウ x：エタノール　z：高い　**エ** x：水　z：高い

(b) ［ y ］にあてはまる最も適当なことばを，**漢字２字**で書きなさい。

(3) **実験**のように，液体を加熱して気体にし，それを再び液体にして集める方法を何というか，書きなさい。

4 花のつくりについて調べるため，次の**観察**を行いました。**観察**のあと，理科の資料集を用いて，花のつくりについて調べました。これに関して，あとの(1)～(3)の問いに答えなさい。

観察 ① アブラナの花を１つつみとり，ピンセットを使って，外側のつくりから順にはがしていった。
② ①ではがしたつくりを同じ種類ごとにまとめ，**図**のように台紙にはりつけた。このとき，はがした順番がわからなくなってしまい，台紙にはりつけた順番は，つくりをはがした順番通りにはなっていない。
③ ツツジの花についても，アブラナの花と同様の操作を行い，それぞれの花のつくりを調べた。

図

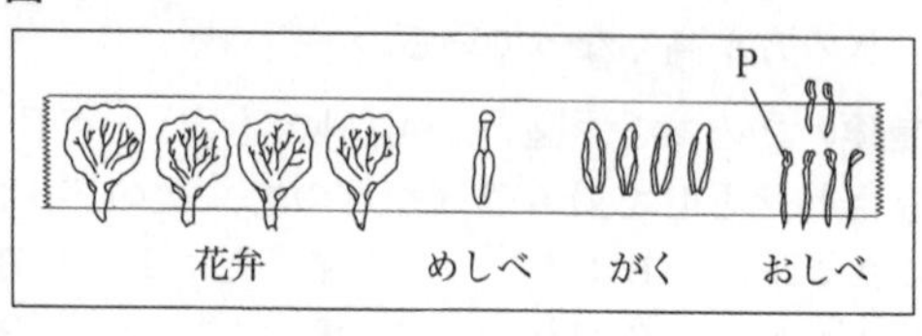

(1) 次の文章は，**図**のアブラナの花のつくりについて述べたものである。文章中の［ a ］，［ b ］にあてはまるものの組み合わせとして最も適当なものを，あとの**ア～エ**のうちから一つ選び，その符号を書きなさい。

図で，おしべのＰで示した部分は「やく」とよばれ，中に［ a ］が入っている。また，図のつくりを外側から順に並べたとき，２番目のつくりは［ b ］である。

ア　a：花粉　b：おしべ　　**イ**　a：胚珠　b：おしべ
ウ　a：花粉　b：花弁　　**エ**　a：胚珠　b：花弁

(2)　**観察**の③で調べたツツジの花を，アブラナの花と区別して何というか。その特徴とともに，**30字以内**（句読点を含む。）で書きなさい。

(3)　植物を細かく分類したとき，アブラナと同じなかまに分類される植物として最も適当なものを，次の**ア**～**エ**のうちから一つ選び，その符号を書きなさい。

ア　アサガオ　　**イ**　エンドウ　　**ウ**　イネ　　**エ**　イチョウ

5

電流が，磁石の力がはたらく空間から受ける力について調べるため，次の**実験**を行いました。これに関して，あとの(1)～(3)の問いに答えなさい。

実験

①　電源装置，電熱線，アルミニウムのパイプ，方位磁針，割りばし，U字形磁石，導線などを準備した。

②　①で準備したものを用いて，**図１**のような回路を組み立て，電源装置のスイッチを入れて回路に電流を流し，方位磁針の針の向きを調べた。その結果，アルミニウムのパイプには，**図１**のＡからＢの向きに電流が流れ，方位磁針はＮ極がある向きを指して静止した。

③　②のあと，方位磁針をとりのぞき，**図２**のように，U字形磁石をアルミニウムのパイプをはさむように置いてから電源装置のスイッチを入れたところ，アルミニウムのパイプが矢印（⇨）の向きに振れた。

図１

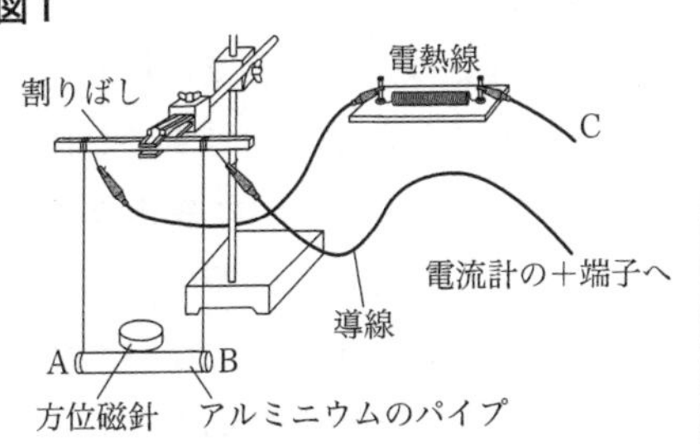

図２

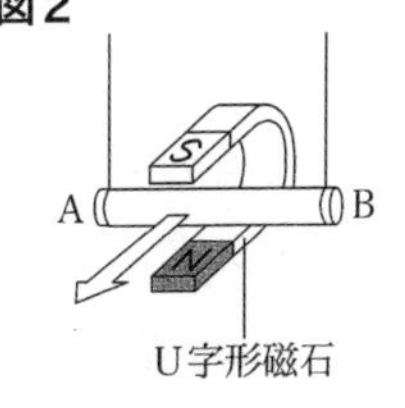

(1)　次の文章は，**図１**の回路の正しいつなぎ方と磁石の力がはたらく空間について述べたものである。文章中の［ x ］にあてはまることばとして最も適当なものを，あとの**ア**～**ウ**のうちから一つ選び，その符号を書きなさい。また，［ y ］にあてはまる最も適当なことばを書きなさい。

図１の回路を正しくつなぐためには，導線の端Ｃは［ x ］につなぐ必要がある。また，**実験**に用いたU字形磁石の極付近のように，磁石の力がはたらく空間を［ y ］という。

ア　電源装置の＋極　　**イ**　電源装置の－極　　**ウ**　電流計の－極

(2)　**図３**は，**実験**の②で回路に電流を流したときの方位磁針のようすを真上から見た模式図である。このときの方位磁針の針のようすを，解答欄の図中にかきなさい。ただし，方位磁針の針は，図中の例を参考にすること。

図３

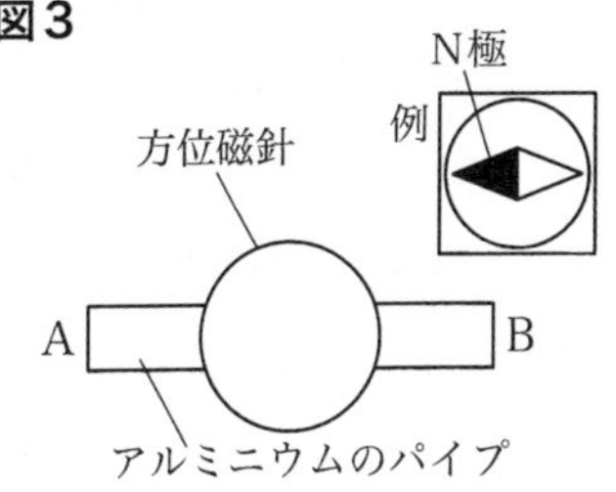

(3)　**実験**の③のあと，１つだけ条件を変えてアルミニウムのパイプに電流を流したとき，アルミニウムのパイプが**図２**の矢印の向きに，**実験**の③のときよりも小さく振れた。**実験**の③

のときから変えた条件として最も適当なものを，次の**ア～オ**のうちから一つ選び，その符号を書きなさい。

ア　電源装置の電圧を大きくした。　　**イ**　抵抗の大きな電熱線に変えた。
ウ　U字形のN極とS極を入れかえた。　　**エ**　パイプを流れる電流の向きを変えた。
オ　U字形磁石を磁力が強いものに変えた。

6　地層の広がりについて調べるため，ある地域で，大地に穴をほって地層の試料をとり出し，その試料をもとに，調査を行いました。**図１**は，調査を行った地域の地形図を模式的に表したもので，曲線は等高線を，数値は標高を示しています。また，O，A～C地点は，調査を行った地点で，A，B，C地点は，O地点から，それぞれ，真南，真北，真西に位置しています。**図２**は，各地点でとり出した試料をもとに作成した柱状図です。これに関して，次の⑴～⑷の問いに答えなさい。ただし，この地域では，地層に上下の逆転や断層はなく，ほぼ平行に重なった地層が，ある方角に一定の割合で低くなるように傾いていることがわかっています。

図１

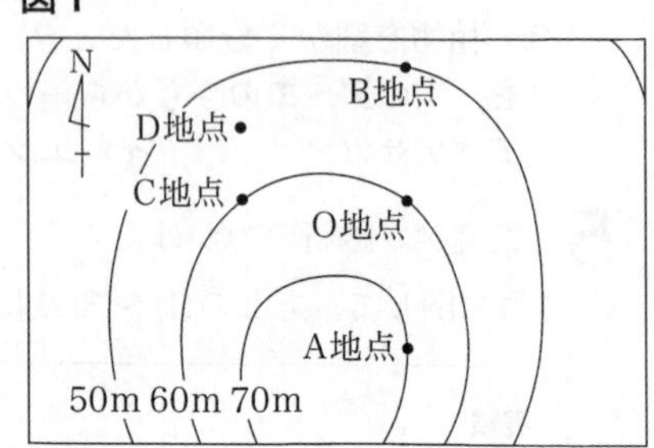

図２

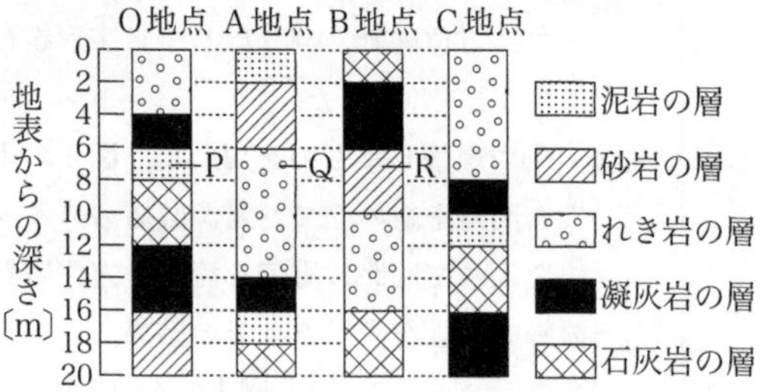

O地点　A地点　B地点　C地点
地表からの深さ〔m〕 0 2 4 6 8 10 12 14 16 18 20
P　Q　R
泥岩の層
砂岩の層
れき岩の層
凝灰岩の層
石灰岩の層

⑴　調査で行った，大地に穴をほって地層の試料をとり出す方法を何というか。その名称として最も適当なものを，次の**ア～エ**のうちから一つ選び，その符号を書きなさい。

ア　カーリング　　**イ**　セーリング　　**ウ**　ボーリング　　**エ**　ツーリング

⑵　次の文章は，**図２**の地層をつくる岩石について述べたものである。文章中の［ x ］，［ y ］にあてはまるものの組み合わせとして最も適当なものを，あとの**ア～エ**のうちから一つ選び，その符号を書きなさい。

> **図２**のP，Q，Rで示した泥岩，れき岩，砂岩は，岩石をつくる粒の［ x ］によって区別されている。また，石灰岩は［ y ］などが押し固められてできた堆積岩である。

ア　x：大きさ　y：生物の遺がい　　**イ**　x：かたさ　y：生物の遺がい
ウ　x：大きさ　y：火山噴出物　　**エ**　x：かたさ　y：火山噴出物

⑶　**図１**の地形図と**図２**のO地点およびA～C地点の柱状図から，この地域の地下にある地層は，どの方位に向かって低くなるように傾いていることがわかるか。最も適当な方位を，４方位で書きなさい。

⑷　D地点は，C地点の真北にあり，標高が54ｍの地点である。D地点の地表から地下20ｍまでにおける凝灰岩の層を，解答欄の図中に黒くぬって示しなさい。

7　酸性やアルカリ性を示す水溶液について調べるため，次の**実験**を行いました。これに関して，あとの⑴～⑷の問いに答えなさい。

実験 ① ガラス板の上に，食塩水をしみ込ませたろ紙をしき，その上に，**図**のように，赤色のリトマス紙A，Bと青色のリトマス紙C，Dを置いた。

② 次に，ガラス板とろ紙の両端を金属製のクリップではさみ，それぞれのクリップに電源装置の＋極と－極からの導線をつないだ。

③ さらに，中央にうすい水酸化ナトリウム水溶液をしみ込ませたろ紙を置いたあと，電源装置のスイッチを入れ，クリップ間に電圧を加え電流を流したところ，しばらくして，４つのリトマス紙のうち，１つのリトマス紙の色が変化した。

図

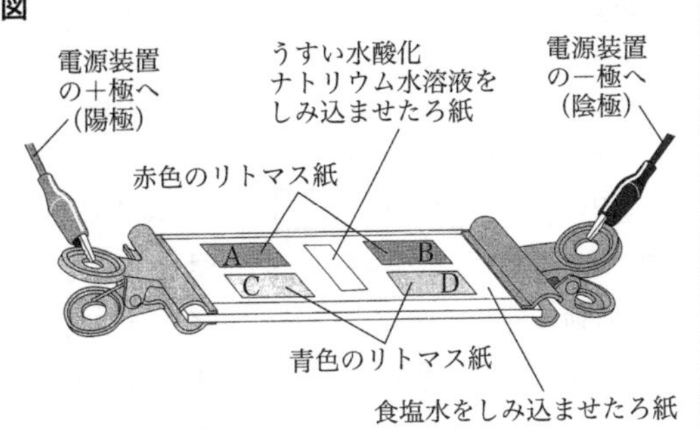

(1) **実験**の①で，ガラス板にのせるろ紙に食塩水をしみ込ませたのは何のためか。純粋な水の性質も含め，「クリップ間」ということばを用いて，簡潔に書きなさい。

(2) リトマス紙を使うと色の変化によって，液体が酸性，中性，アルカリ性のどれであるかを判別することができる。このような薬品を何というか。その名称を書きなさい。

(3) **実験**で使用した水酸化ナトリウム水溶液において，溶質である水酸化ナトリウムが水溶液中で電離しているようすを，化学式とイオン式を使って表しなさい。

(4) 次の文章は，**実験**の結果について述べたものである。文章中の［ x ］にあてはまる符号として最も適当なものを，**図**のリトマス紙A～Dのうちから一つ選び，その符号を書きなさい。また，［ y ］，［ z ］にあてはまるものの組み合わせとして最も適当なものを，あとの**ア**～**エ**のうちから一つ選び，その符号を書きなさい。

> **実験**の③でしばらく電流を流したとき，色が変化したリトマス紙は，リトマス紙［ x ］である。このリトマス紙の色の変化から，水酸化ナトリウム水溶液が［ y ］性を示す原因となっているイオンは，［ z ］イオンであることがわかる。

ア y：酸　z：ナトリウム　**イ** y：アルカリ　z：ナトリウム
ウ y：酸　z：水酸化物　**エ** y：アルカリ　z：水酸化物

8

Sさんは，ヒトの目のつくりや腕のつくりについて，インターネットで調べました。**図１**，**２**は，調べたサイトにのっていた，ヒトの目のつくりと腕のつくりを模式的に表したものです。これに関する先生との会話文を読んで，あとの(1)～(4)の問いに答えなさい。

先　生：目のように，まわりのさまざまな状態を刺激として受けとることができる体の部分を何といいますか。

Sさん：はい。そのような部分を［ a ］器官といいます。

先　生：そうですね。目で受けとった光の刺激によって生じる感覚を［ b ］といいます。それで

図１

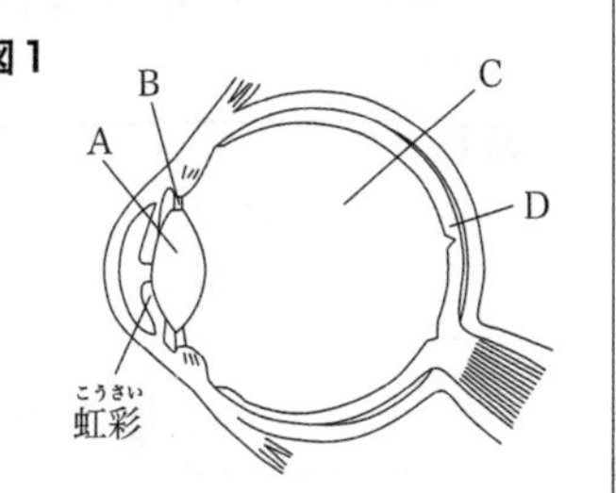

は，**図１**の目のつくりのうち，光の刺激を受けとる細胞があるのはどこかわかりますか。

Ｓさん：はい。**図１**の［ c ］で示した部分です。

先　生：その通りです。次に，腕を動かすしくみについて，どのようなことがわかりましたか。

Ｓさん：**図２**のＰで示した部分は，筋肉が骨とつながる部分で非常に丈夫なつくりです。**図２**の状態から，腕をのばす場合，筋肉［ d ］が縮むことで骨格を動かします。

図２

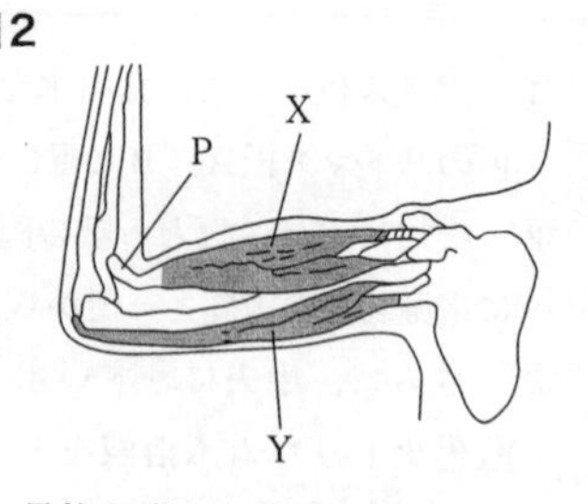

⑴　会話文中の［ a ］，［ b ］にあてはまるものの組み合わせとして最も適当なものを，次の**ア**～**カ**のうちから一つ選び，その符号を書きなさい。

ア　a：運動　　b：聴覚　　**イ**　a：感覚　　b：聴覚
ウ　a：運動　　b：触覚　　**エ**　a：感覚　　b：触覚
オ　a：運動　　b：視覚　　**カ**　a：感覚　　b：視覚

⑵　会話文中の［ c ］にあてはまる部分として最も適当なものを，**図１**のＡ～Ｄのうちから一つ選び，その符号を書きなさい。

⑶　**図１**の虹彩のはたらきとして最も適当なものを，次の**ア**～**エ**のうちから一つ選び，その符号を書きなさい。

ア　レンズの表面についた汚れをとるはたらきをしている。
イ　目に入る光の量を調節するはたらきをしている。
ウ　レンズの厚みを変えるはたらきをしている。
エ　目が乾燥するのを防ぐはたらきをしている。

⑷　**図２**のＰで示した，会話文中の下線部のつくりを何というか，書きなさい。また，会話文中の［ d ］にあてはまる筋肉として適当なものを，**図２**のＸ，Ｙのうちから一つ選び，その符号を書きなさい。

9

仕事について調べるため，次の**実験**を行いました。これに関して，あとの⑴～⑷の問いに答えなさい。ただし，質量100ｇの物体にはたらく重力の大きさを１Ｎとし，糸や動滑車の質量，糸と滑車の間の摩擦などは考えないものとする。

実験　①　床の上にある質量600ｇの物体に糸をとりつけ，**図１**のように，天井からつり下げた定滑車に糸を通した。

②　①のあと，糸の端Ｐを真下に引き，床からの高さが40cmになるまで物体を引き上げた。

③　次に，床の上にある質量600ｇの物体と動滑車をつなぎ，**図２**のように，天井からつり下げた糸を動滑車に通したあと，天井に固定した定滑車に通した。

④　③のあと，糸の端Ｑを真下に引き，床からの高さが40cmになるまで物体を引き上げた。

図１

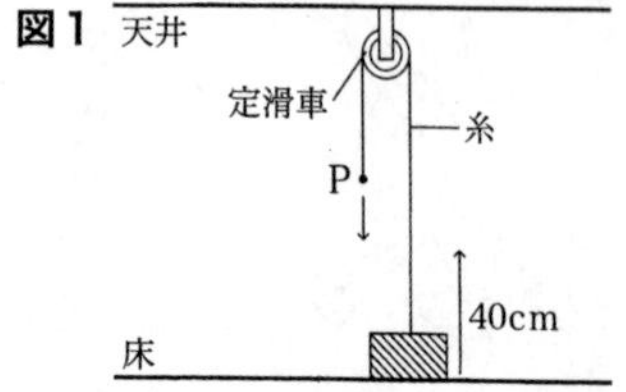

図２

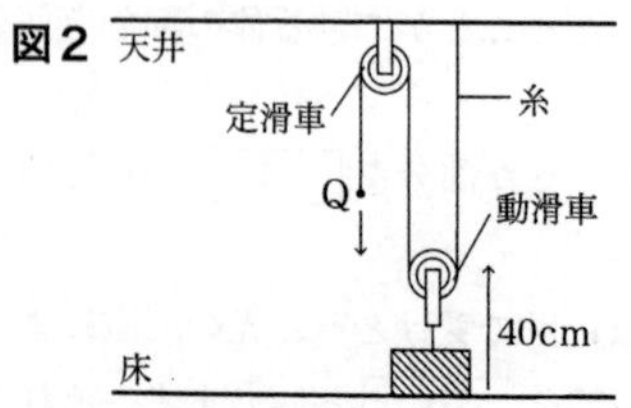

⑴ **図１**で，床の上に静止した物体には，慣性がはたらいている。この性質により，この物体はどのようになるか。簡潔に書きなさい。

⑵ **実験**の②で，物体がされた仕事の大きさは何Ｊか，書きなさい。

⑶ **実験**の④で，床からの高さが40 cmになるまで物体を引き上げたとき，糸の端Ｑを引いた力の大きさと引いた距離の組み合わせとして最も適当なものを，次の**ア**～**エ**のうちから一つ選び，その符号を書きなさい。

ア　力：３Ｎ　距離：20 cm　　**イ**　力：12Ｎ　距離：20 cm

ウ　力：３Ｎ　距離：80 cm　　**エ**　力：12Ｎ　距離：80 cm

⑷ 次の文章は，**実験**の②，④で，物体に対して行った仕事の大きさについて述べたものである。文章中の［　　］にあてはまる最も適当なことばを書きなさい。

> **実験**の②，④で，動滑車の質量などを無視すると，物体に対して行った仕事の大きさは等しくなる。このように，同じ物体を同じ高さまで引き上げる場合，道具などを使っても，仕事の大きさは変わらない。このことを［　　］という。

イ　周処が里人のために戦ってくれたから。
ウ　周処が蛟に勝てないことを知ったから。
エ　周処が蛟とともに死んだと思ったから。

(4)　文章中にD自ら改むるの意有りとあるが、周処は、何を改めようと思ったのか。その内容を説明した次の文の□に入る言葉を、文章中から**抜き出して**、**四字**で書きなさい。

自分の□な性格を改めようと思った。

八

中学生のAさんは、自分の描いた「冬ざれ」という題名の絵画に解説文をつけて掲示することになり、当初は**解説文1**をつけていましたが、先生の指導を受けて**解説文2**を作成しました。この**解説文1**と**解説文2**を読み、次の〈条件〉にしたがい、〈注意事項〉を守って、あなたの考えを書きなさい。

〈条件〉
① **二段落構成**とし、**八行以上**、**十行以内**で書くこと。
② 前段では、**解説文2**がどのような工夫をされているかについて、**解説文1**との違いをふまえて書くこと。
③ 後段では、前段の内容をふまえた上で、人をひきつける文章表現について、あなたの考えを書くこと。

〈注意事項〉
① 氏名や題名は書かないこと。
② 原稿用紙の適切な使い方にしたがって書くこと。

題名　冬ざれ

解説文１
木枯らしが木の枝に吹きつけて、残り少なくなった葉を散らしている。

解説文２
冷たい風に吹かれ、枝がひゅうひゅうと悲痛な声を上げて泣いている。

(5) 文章中の[E]に入る心情を表現した言葉を、**五字以内**で考えて書きなさい。

(6) この文章の特徴を説明したものとして最も適当なものを、次の**ア**～**エ**のうちから一つ選び、その符号を書きなさい。

ア 精神的に未熟な主人公と、自立した先輩とを比較して見せることで、二人の違いを客観的に描いている。

イ 方言を含んだ会話文を中心にして、主人公の視点から、その心情の移り変わりを生き生きと描いている。

ウ 「私」が過去を回想する形をとり、人生を変えてくれた先輩との出会いについて、感動的に描いている。

エ 対立しつつも徐々に友情を深めていく二人の少女の姿を、感情を抑えた表現により、淡々と描いている。

七

次の文章を読み、あとの(1)～(4)の問いに答えなさい。

周処(注1)、年少き時、凶強侠気(極めて乱暴で勇ましくて)にして、A郷里の患ふる所と為る。また、義興(注2)の水中に蛟(注3)有り、山中に虎有り。皆、百姓(人々を襲い傷つけた)を暴犯す。義興の人謂ひて三横(注4)と為す。しかして処、もっとも劇し。Bある人、処に虎を殺し、蛟を斬らんことを説く。実は、三横のただその一を余さんことをこひねがふなり。処、すなはち虎を刺殺し、また水に入りて蛟を撃つ。蛟、或いは浮き、或いは没して行くこと数十里(注5)、処、これとともに三日三夜を経たり。郷里の皆、すでに死したりと謂ひ、Cこもごも相慶ぶ(互いに喜び合った)。つひに蛟を殺して出づ。里人の相慶ぶを聞き、はじめて人情の患ふる所と為るを知り、D自ら改むるの意有り。

(注1) 周処＝人名。文中の「処」も同じ人物を指す。
(注2) 義興＝地名。
(注3) 蛟＝(想像上の生きものである)竜。
(注4) 三横＝三つの邪悪なものたち。
(注5) 数十里＝「里」は距離の単位。

(『世説新語』による。なお、一部表記を改めたところがある。)

(1) 文章中のA郷里の患ふる所と為るについて、

① 次の**ア**～**エ**のうち「郷里の患ふる所と為る」と訓読できるものを一つ選び、その符号を書きなさい。

ア 為$^{ル}_{二}$郷里^{ノ}所$^{ト}_{レ}$患^{フル}　**イ** 為$^{ル}_{二}$郷里$^{ノ}_{一}$所$^{ト}_{レ}$患^{フル}

ウ 為$^{ル}_{二}$郷里$^{ノ}_{レ}$所^{ト}患$^{フル}_{一}$　**エ** 為$^{ル}_{三}$郷里$^{ノ}_{二}$所^{ト}患$^{フル}_{一}$

② この部分の意味として最も適当なものを、次の**ア**～**エ**のうちから一つ選び、その符号を書きなさい。

ア 郷里の人々に不満をこぼしていた。

イ 郷里の人々から迷惑がられていた。

ウ 郷里の人々を心から憎んでいた。

エ 郷里の人々の同情を買っていた。

(2) 文章中にBある人、処に虎を殺し、蛟を斬らんことを説くとあるが、このように言った理由を説明した次の文の[　]に入る言葉を、**三字以上、六字以内**の現代語で書きなさい。

「三横」のうちの、せめて二つだけでも[　]と思ったから。

(3) 文章中にCこもごも相慶ぶとあるが、その理由として最も適当なものを、次の**ア**～**エ**のうちから一つ選び、その符号を書きなさい。

ア 周処がしぶとく生き抜いてくれたから。

「そんなふうに、人と自分を勝手に比べて壁を作ってたらあかんよ。あの三人が『特別なええ子』なように、うちから見たら綾香ちゃんかて『特別なええ子』なんやさかい。」

私が……特別なええ子？　驚いて先輩の顔を見ると、ちょっと照れくさそうな笑みを浮かべて肩をすくめた。

「あ、なんか『らしくない』こと言うてしもたけど。いや、でもホンマ、自分のこと『しょうもない子』やなんて思ったらあかんよ。綾香ちゃんが今までずっと一人でがんばってきたこと、絶対誰にも負けてないんやから、自信もってええから。」

今まで気付かなかったけど。いつもお気楽に過ごしてるみたいに見えるし、パート(注)も違ってるのに、ノリコ先輩、私のことちゃんと見ててくれたんだ。

「ど、どうしたん、うち、なんか変なこと言うたっけ？」

急に私が泣き出してしまったので、ノリコ先輩がおろおろしている。周りを歩いていた他の男子の先輩たちも集まってきて、「ノリコ〜、なに新人泣かしとんねんや。」とか口々に言ってる声が聞こえた。私は泣きじゃくりながら、「違うんです、違うんですぅ〜。」と言い続けた。「［E］から、泣いてるんですぅ〜。」とも言うと、先輩たちがどっと笑っていたように思う。

（風野潮(かぜのうしお)『モデラートで行こう♪』による。なお、一部表記を改めたところがある。）

(注) パート＝自分が受け持つ楽器の担当のこと。

(1) 文章中にA何言うてんの とあるが、このときの「私」の気持ちとして最も適当なものを、次の**ア**〜**エ**のうちから一つ選び、その符号を書きなさい。

ア　的はずれなことを言わないでほしいという気持ち。

イ　見下したような発言をしないでほしいという気持ち。

ウ　調子のいいことを言わないでほしいという気持ち。

エ　泣かせるような発言をしないでほしいという気持ち。

(2) 文章中にBうちはこんな性格やさかい とあるが、ノリコ先輩の言う「こんな性格」とは、具体的にどのような性格か。最も適当なものを、次の**ア**〜**エ**のうちから一つ選び、その符号を書きなさい。

ア　誠実で誰にでも頼られる性格。

イ　勝手気ままでわがままな性格。

ウ　用心深く抜け目のない性格。

エ　明るくさばさばとした性格。

(3) 文章中の［C］に入る言葉として最も適当なものを、次の**ア**〜**エ**のうちから一つ選び、その符号を書きなさい。

ア　罪悪感　　**イ**　絶望感

ウ　不信感　　**エ**　安心感

(4) 文章中にD人と自分を勝手に比べて壁を作ってたらあかんよ とあるが、ノリコ先輩の言う「壁を作る」とは、「私」のどのような様子を述べたものか。その内容を説明した次の文の［Ⅰ］、［Ⅱ］に入る言葉を、それぞれ書きなさい。ただし、［Ⅰ］は文章中から**抜き出して、十三字**で書き、［Ⅱ］は**十字以上、十五字以内**で考えて書きなさい。

> 「私」が、自分自身のことを［Ⅰ］だと決めつけ、そのせいで［Ⅱ］と思いこんでいる様子。

展させるために必死の努力を続けている現代の若い科学者たちを賞賛している。

エ　実際の医療現場で起きている世代間の考え方の違いについての事例を挙げて、科学技術だけを信頼し、依存する現代の若者を批判している。

六

次の文章を読み、あとの(1)～(6)の問いに答えなさい。

〔高校一年生で、吹奏楽部に所属する「私（綾香）」は、同級生のほかの三人が寮に入っていて一緒に帰れず、寂しく思っていた。ある日の部活終了後の帰り道、そんな「私」に、同じ部活の「ノリコ先輩」が声をかけてきた。〕

「綾香ちゃん、いっつも一人で帰ってたら寂しいんちゃう。」

「え、いや、あ……はい。」

そう答えたとき、私はなんだか泣きそうになってしまった。実際、寂しくてしかたなかったのだけれど、こうして口に出してみると、余計に自分がみじめに感じてしまって。こんなこと、平気で尋ねてくるノリコ先輩の無頓着さがたまらなく嫌に思えた。

「綾香ちゃんの気持ち、わかるわぁ、うち。」

うんうん、うなずきながらノリコ先輩が言った。

A何言うてんの。先輩たちの学年は、女子の自宅生は奈緒先輩と二人いてるくせに。私はちょっとムッとしてノリコ先輩をにらんだ。だけど、先輩はそれには全然気付かない様子で、遠くを見るような目をしながら話し出した。

「うちも最初の頃ずーっと、一人で帰ってたもんなぁ。真琴と恵美は寮生やし、奈緒は学校のまん前が自宅やったさかいに。」

「あっ。」

うっかりしてた。奈緒先輩って寮生とほとんど変わらないくらい、家が学校と近かったんだ。

「けどまあ、Bうちはこんな性格やさかい、男の先輩らの中にもすぐ溶け込めたからよかったんやけど……綾香ちゃん、なかなかそれも難しそうやし、うち心配やねん。もし良かったら、これからも一緒に帰れるよう待っててくれたらうれしいんやけど、あかんかな？」

つぶらな目を細めた人なつっこい笑顔で、私の顔をのぞきこんでくる。なんだか恥ずかしくて目をそらしてしまった。うれしかったのに、先輩の意図を誤解していた［C］で、すぐにうなずくことができない。すると先輩はまた優しく言った。

「こんなこと言うたらかえって気ぃ悪いかもしれんけど、綾香ちゃん、部活中もなんか他の三人から孤立してるように見えるねん。もっと積極的に話しかけてみたらええと思うんやけどなあ。」

先輩の言うとおり、帰りだけじゃなく部活の休憩中なんかも、やっぱりまだ完全には寮生の輪の中に入り込めてないのは確かだった。

「けど……あの三人って、すごいバランスええっていうか……私の入っていく余地なんか、ない気がするんです。花蓮はしっかりしてて頼れるし、弥生はほんまかわいらしいし、裕子はハキハキして明るいし……私だけがこんなイジイジしたしょうもない子で……。」

ああ、言ってしまった。やっぱり口に出すと、どうしようもなくみじめになる。涙がこぼれそうになってきてどうしよう、と思ったとき、ノリコ先輩がポンポンと私の肩を叩いた。

こす。診察している間中うろうろ落ち着かなかったり、急に怒り出したりとか、気に入らないことがいっぱいある。それに比べたら検査のデータというのは非常にきれいであり清潔です。ところがそれを生き物と錯覚しているところがあるんです。ここでも話がまったく逆転しています。生きているものはもうちょっと変なものなのです。

（養老孟司・茂木健一郎『スルメを見てイカがわかるか！』による。）

（注）ＭＲＩとかＸ線＝どちらも人体の内部の画像を撮影するために使う。

(1) 文章中にAさっきからしゃべっている話をもう一回ちゃんと繰り返してみろといわれるとこれは難しいとあるが、これが難しいのはなぜか。その理由を、「……から。」につながる形で、文章中から**二十五字**で**抜き出して**、**はじめ**と**終わり**の**五字**を書きなさい。

(2) 文章中にBロボットは止まっているとあるが、その内容を説明したものとして最も適当なものを、次の**ア**～**エ**のうちから一つ選び、その符号を書きなさい。

ア　ロボットは、人間の話を理解することはできるが、自分の意思で人間に話しかけることを許されていないということ。

イ　同じ一つのロボットの経年変化を見たときに、過去よりも現在のほうが、明らかに動きが鈍くなっているということ。

ウ　ロボットは、同じ状態を保つことが可能で、人間のように年をとって、身体的な変化が現れることがないということ。

エ　ロボット製造工場では、新しい機能を備えたロボットが次々と作られ、古いものがすぐに廃棄されているということ。

(3) 文章中の［C］に入る言葉として最も適当なものを、次の**ア**～**エ**のうちから一つ選び、その符号を書きなさい。

ア　その情報の方に属しています

イ　そのシステムの方に属しています

ウ　その両方に属しています

エ　そのどちらにも属していません

(4) 文章中にD専門の科学者というのは、論文を書く人でありとあるが、科学者が論文を書く理由について、筆者はどのように述べているか。その内容について説明した次の文の［　］に入る言葉を、「評価」「確保」という二つの言葉を使って、**二十字以上、二十五字以内**で書きなさい。

> 論文を書くことにより、［　］ことを容易にするため。

(5) 文章中にE患者と検査データの違いとあるが、その具体的な「違い」について説明した次の文の［Ⅰ］、［Ⅱ］に入る言葉を、文章中から**抜き出して**それぞれ書きなさい。ただし、［Ⅰ］は**十字**で、［Ⅱ］は**七字**で書くこと。

> 患者は、［Ⅰ］ため、扱いにくいが、検査データは、整然としているため、［Ⅱ］という違いがある。

(6) この文章についての説明として最も適当なものを、次の**ア**～**エ**のうちから一つ選び、その符号を書きなさい。

ア　対照的な二つの事柄における長所と短所を詳細に分析しつつ、両者の共通点を導き出し、現代社会で生きていくための知恵を提示している。

イ　現代社会や科学のあり方が、物事の本質を見誤っていることを、具体例を挙げながら指摘し、そのようなことが起きた原因を説明している。

ウ　既存の発想や枠組みから飛び出して、最先端の科学技術を発

た。言葉というのは、しゃべっているときはすぐになくなると感じますが、じつは絶対になくならない。テープレコーダーに録(と)ったら止まってしまう。一〇〇年経(た)って聞いても、同じことをしゃべっている。ところがＡさっきからしゃべっている話をもう一回ちゃんと繰り返してみろといわれるとこれは難しい。さっきと同じ話は絶対にできません。

人間と情報の一番大きな違いは何か。情報は、はなから止まっているけれども人間は動いているという点です。人間はいつでも動いていて、二度と同じ状態がとれない。そういうものが人間です。人が生きているというのはそういうことなんです。

そして情報。あらゆる情報は全部止まっている。言葉もまた止まっている。今日のテレビのニュースを、ビデオに録って五〇年経って見る。ちゃんと同じように映る。今日のニュースは一見動いているように見えますが本当は止まっているのです。

五〇年後にテレビの中でニュースをしゃべっているアナウンサーはどうなっているか。人によってはお墓に入っている。人によっては白髪になっている。ヨレヨレになっている。

Ｂロボットは止まっていると考えれば、それは情報に非常に近い。しかしここで問題になってくるのは、むしろ逆に、生きているということは、そういうふうに二度と同じ状態はとれないという点です。時々刻々と変化する。しかし恐らく現代社会生活においては、われわれが時々刻々と変化するというふうな印象を持つことはありません。「人間は変わらないけれど、情報は毎日変わる」と思っている。ちょうど逆になっている。そういう逆なところから話をするから分からなくなるのです。

生き物というのはひたすら変化していくシステムです。しかしシステムという言葉もいい加減な言葉で、私はその納得のいく定義を聞いたことがありません。そこで私は、完全なシステムというものを細胞として考えます。つまり細胞が持っているような性質が、システムが持っている性質なんです。部分的に細胞がやっているようなことを取り上げて、そういう性質を持ったものを考えたときに、われわれはそれをシステムというのです。

われわれが扱っている相手は二つあります。一つは停止したものとしての情報。もう一つはひたすら変わっていくものとしてのシステム。言葉というのは［　Ｃ　］。

現在の科学は、専門の科学者によって運営されています。じつはこれが大きな問題なのです。Ｄ専門の科学者というのは、論文を書く人であり、生物学者であれば生物を題材にして論文を書く。論文を書かなければ学者として認められず、評価されない。研究費がこない、仕事にならない。だから論文を書くのです。

ところがその作業をよく考えてみると、論文を書くというのは、生きたシステムとしての生き物を止めてしまうということです。ページに書いてある、論文に書いてある言葉の羅列(られつ)を生き物だと思う人はいません。すでに生き物が情報となって止まっているのですから。

そのことをしみじみと感じるのは、Ｅ患者と検査データの違いです。病院の外来に行くと、若い医者もいます。彼らの中にはパソコンの画面と検査の結果を書いた紙と、ＭＲＩ(注)とかＸ線の写真を見て、患者の顔を見ないという人がかなりいます。実際に、お年寄りのお母さんを連れて外来に行った娘さんがこうこぼしていました。「先生は診察している間に、一度も母の顔を見なかった」。

生きたものを扱えなくなっているのです。生きたものは不潔で、あてにならなくて、怖くて、ややこしい。でも、情報化したものはきれいです。言葉もそうです。紙の上にきれいに並んでいるから、処理がしやすい。それに対して患者はいろんな問題を起

ア
イ
ウ
エ

(3)（問いを放送します。）

［選択肢］

ア
イ
ウ
エ

(4)（問いを放送します。）

聞き取りテスト終了後、３ページ以降も解答しなさい。

二

次の(1)～(4)の――の漢字の読みを、**ひらがな**で書きなさい。

(1) 社交場に紳士と淑女が集まる。

(2) 天賦の才能に恵まれる。

(3) 話し合いへの参加を促す。

(4) 味方が来るまで時を稼ぐ。

三

次の(1)～(4)の――のカタカナの部分を、**漢字**に直して、楷書（かいしょ）で書きなさい。（正確にていねいに書きなさい。）

(1) ノウコウと牧畜で生計を立てる。

(2) 優勝のシュクガ会を開催する。

(3) 熱い思いにムネをこがす。

(4) 大役をウケタマワる。

四

次の文章を読み、あとの(1)～(3)の問いに答えなさい。

生徒「先日、先生がお配りになられたプリントを、もう一枚いただけませんか。文学史の解説をしているプリントです。」
先生「それは構わないけど、『お配りになられた』という表現は誤っているよ。正しい尊敬語に改めたほうがいいね。」
生徒「具体的には、どのように直せばよいでしょうか。」
先生「同じ種類の敬語を二度使っているから、この場合は、『お配りになった』、もしくは、『配られた』のどちらかだね。」

(1) 文章中のAのと同じ意味・用法のものを、次のア～エのうちから一つ選び、その符号を書きなさい。

ア　南国なので冬でも暖かい。
イ　手紙の返事をしたためる。
ウ　本を読むのがとても速い。
エ　文章の上手な人に憧れる。

(2) 文章中にB尊敬語とあるが、尊敬語が使われている文を、次のア～エのうちから一つ選び、その符号を書きなさい。

ア　大臣にお目にかかる。　　イ　新築の家にうかがう。
ウ　飲み物を召し上がる。　　エ　土産物を差し上げる。

(3) 文章中のC度という漢字と総画数が同じものを、次のア～エのうちから一つ選び、その符号を書きなさい。（ア～エの漢字を楷書体に直したときの総画数で考えなさい。）

ア　祖　イ　素　ウ　妻　エ　庭

五

次の文章を読み、あとの(1)～(6)の問いに答えなさい。

最近は機械が発達し、じつにたちの悪いことが分かってきまし

繰り返します。（ア～エ繰り返し）　（約８秒間休止）

〈チャイム〉

問いの(2)　Bさんが、人類の生存や地球の存続の危うさを訴えるのに使った具体例として適当でないものを、次に読み上げるア～エのうちから一つ選び、その符号を書きなさい。繰り返します。適当でないものを一つ選び、その符号を書きなさい。

選択肢　ア　自然破壊や環境汚染被害の拡大。　イ　富裕層と貧困層との格差の拡大。
ウ　AIと呼ばれる人工知能の開発。　エ　遺伝子操作によるクローンの開発。

繰り返します。（ア～エ繰り返し）

〈チャイム〉

問いの(3)　AさんとBさんの意見には、共通する部分もありました。その内容として最も適当なものを、次に読み上げるア～エのうちから一つ選び、その符号を書きなさい。　（約５秒間休止）

選択肢　ア　新しい領域に挑戦しようとする姿勢が、科学者には必要だということ。
イ　著しい進歩を遂げる現代の科学に、歯止めをかけるべきだということ。
ウ　人間の力だけでは、科学の進歩を止めることはできないということ。
エ　科学によってもたらされた発見を、悪用してはいけないということ。

繰り返します。（ア～エ繰り返し）

〈チャイム〉

問いの(4)　Aさんは、科学と技術とを区別して説明していましたが、技術とは、どのようなものだと述べていましたか。その内容を、解答欄に合うように、五字以上、十字以内で書きなさい。　（約10秒間休止）

放送は以上です。３ページ以降も解答を続けなさい。　（約７秒間休止）

〈チャイム〉

※注意　各ページの全ての問題について、解答する際に字数制限がある場合には、句読点や「　」などの符号も字数に数えること。

一

これから、ある高校で行われた討論会での一場面と、それに関連した問いを放送します。それぞれの問いの放送の後、解答用紙に答えを書きなさい。

(1)　（問いを放送します。）

〔選択肢〕

ア

イ

ウ

エ

(2)　（問いを放送します。）

〔選択肢〕

国語

国語聞き取りテスト台本

〈チャイム〉

これから、国語の聞き取りテストを行います。問題用紙の1ページと2ページを開きなさい。

(約5秒間休止)

これから、ある高校で行われた討論会での一場面と、それに関連した問いを放送します。よく聞いて、それぞれの問いの放送の後、解答用紙に答えを書きなさい。1ページと2ページにメモをとってもかまいません。

(約2秒間休止)

それでは、討論会での一場面と問いを一回だけ放送します。問いは、全部で四問です。問いの(1)、問いの(2)、問いの(3)は、選択肢から選ぶ問題です。なお、選択肢は二回読み上げます。

では、始めます。

〈チャイム〉

Aさん　私は、発見を積み重ね、新しい事実を少しずつ明らかにしていくことこそ、科学の目指すべき方向だと考えます。ノーベル賞を受賞した物理学者である小柴昌俊(こしばまさとし)博士は、世界中の科学者が、誰も観測することができなかったニュートリノという物質を、十年余りかけて観測することに成功しました。これにより、新しい学問分野が切り開かれ、物理学上の多くの発見が生まれました。ですから、科学を進歩させるためには、まだ誰も足を踏み入れていない領域に挑戦しようとする、積極的な姿勢が重要だと私は考えます。

Bさん　私は、Aさんの意見に少し疑問をもっています。科学上の新しい発見により、確かに、人間や社会は著しく進歩し、豊かになりました。しかし、その一方で、自然破壊や環境汚染の被害は拡大していますし、また、AI(エーアイ)と呼ばれる人工知能や、遺伝子操作によるクローンの開発などが、人類の生存だけでなく、地球の存続さえも危うくしています。ですから、科学的な発見を悪用させないようにする方法を考えたり、何らかの方法で科学の進歩に歯止めをかけたりするべきだと私は思います。

Aさん　私も、科学のもたらした発見を悪用することには反対です。しかし、Bさんは、科学と技術とを混同して意見を述べていらっしゃるので、そこを区別して考える必要があると思います。つまり、真理とは何か、自然とは何かを知りたいという動機で研究するのが科学であり、その科学の成果を道具として活用するのが技術です。ですから、人間が知的欲求をもつ限り、科学の進歩を止めることはできないのです。

〈チャイム〉

これから、問いを放送します。

問いの(1)　Aさんが述べていた、小柴昌俊(こしばまさとし)博士の業績として最も適当なものを、次に読み上げるア〜エのうちから一つ選び、その符号を書きなさい。

選択肢　ア　二十年余りかけてニュートリノという物質を観測した。
イ　二十年余りかけてニホニウムという元素を観測した。
ウ　十年余りかけてニュートリノという物質を観測した。
エ　十年余りかけてニホニウムという元素を観測した。

第５回紙上公開もし（令和２年１月実施）

数　学

1　次の⑴～⑹の問いに答えなさい。

⑴　$-27 \div 9$　を計算しなさい。

⑵　$(-5)^2 - 10 \times \dfrac{3}{2}$　を計算しなさい。

⑶　$8\left(\dfrac{1}{4}a - \dfrac{1}{2}b\right) - 3a + 2b$　を計算しなさい。

⑷　方程式　$\dfrac{x-1}{3} = \dfrac{3x+7}{4}$　を解きなさい。

⑸　$\sqrt{27} - \sqrt{48} + \dfrac{18}{\sqrt{3}}$　を計算しなさい。

⑹　$(x-4)^2 - 7(x-4) + 12$　を因数分解しなさい。

2　次の⑴～⑸の問いに答えなさい。

⑴　関数$y = -x^2$について，xの変域が$-1 \leqq x \leqq 2$のときのyの変域を，次の**ア**～**エ**のうちから１つ選び，符号で答えなさい。

ア　$y \leqq -4$　　**イ**　$-4 \leqq y \leqq -1$　　**ウ**　$-4 \leqq y \leqq 0$　　**エ**　$-1 \leqq y \leqq 0$

⑵　右の表は，あるクラスの生徒20人が１学期間に読んだ本の冊数を調べ度数分布表にまとめたものである。

この表から求めた生徒が読んだ本の冊数の平均値が6.6冊のとき，x，yの値をそれぞれ求めなさい。

ただし，平均値は正確な値であり四捨五入などはされていないものとする。

階級(冊) 以上　未満	度数(人)
1 ～ 3	2
3 ～ 5	x
5 ～ 7	6
7 ～ 9	5
9 ～ 11	y
計	20

⑶　右の図で，４点A，B，C，Dは円Oの円周上にあり，$\angle ABD = 62°$，$\angle ADB = 33°$である。

このとき，$\angle x$の大きさを求めなさい。

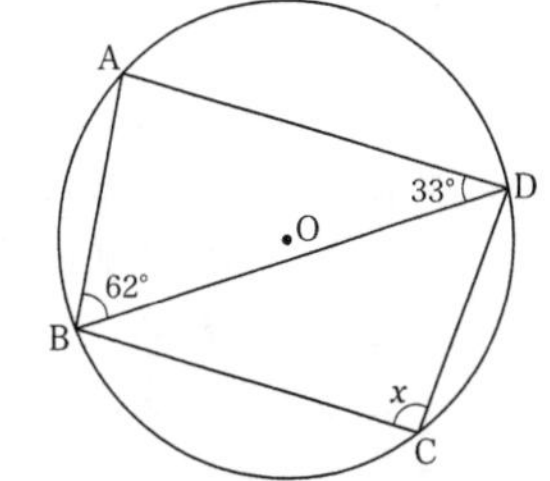

⑷　10円，50円，100円の硬貨が１枚ずつある。この３枚の硬貨を同時に１回投げるとき，表の出た硬貨の金額の合計が10円以上100円未満である確率を求めなさい。

ただし，すべての硬貨の表と裏の出方は同様に確からしいものとする。

⑸　右の図のような△ABCの紙がある。辺ACの中点をMとし，頂点Bが点Mに重なるように折る。

このとき，紙につく折り目を表す直線を作図によって求めなさい。また，点Mの位置を示す文字Mも書きなさい。

ただし，三角定規の角を利用して直線をひくことはしないものとし，作図に用いた線は消さずに残しておくこと。

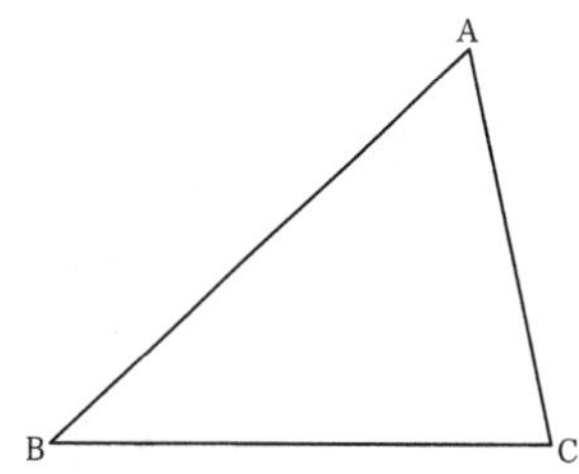

3 下の**図１**のように，関数$y=\frac{1}{2}x^2$のグラフと直線ℓが，２点Ａ，Ｂで交わっている。２点Ａ，Ｂのx座標が，それぞれ－４，２であるとき，次の⑴，⑵の問いに答えなさい。

ただし，原点Ｏから点(１，０)までの距離及び原点Ｏから点(０，１)までの距離をそれぞれ１cmとする。

⑴ 直線ℓの式を求めなさい。

⑵ 下の**図２**は，**図１**において，点Ａからx軸へ垂線ＡＣをひいたものである。さらに，点Ａからy軸へ垂直な直線をひき，関数$y=\frac{1}{2}x^2$のグラフとの交点をＤとする。関数$y=\frac{1}{2}x^2$のグラフ上の点Ｂと点Ｄの間を動く点Ｐをとるとき，次の①，②の問いに答えなさい。

① △ＢＡＣの面積を求めなさい。

② △ＰＡＣと△ＰＡＤの面積比が２：１のとき，点Ｐの座標を求めなさい。

図１

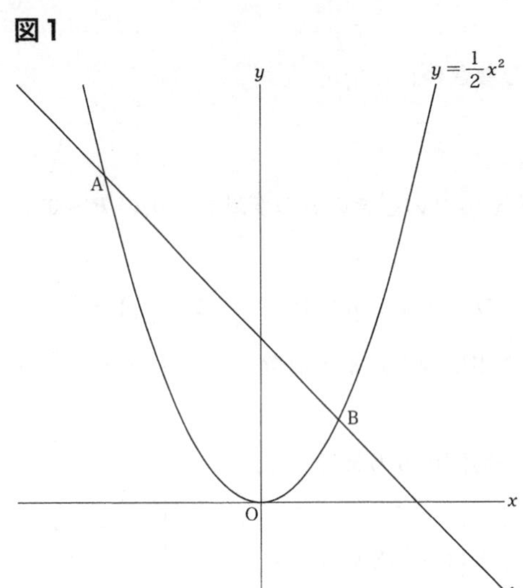

図２

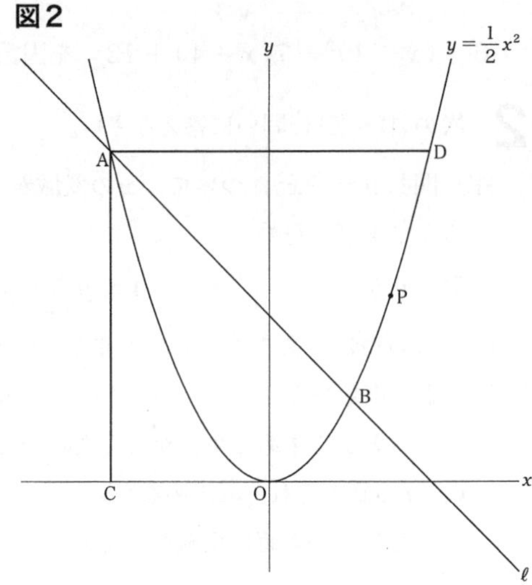

4 右の図のように，∠ＡＢＣ＝90°，∠ＢＡＣ＝60°の直角三角形ＡＢＣがある。辺ＡＣ上の２点Ａ，Ｃとは異なる点Ｏを中心とする円Ｏが，辺ＢＣと点Ｄで接している。また，円Ｏと辺ＡＣとの交点を頂点Ａに近い方から順にＥ，Ｆとし，点Ｄと点Ｅ，点Ｆをそれぞれ結ぶ。

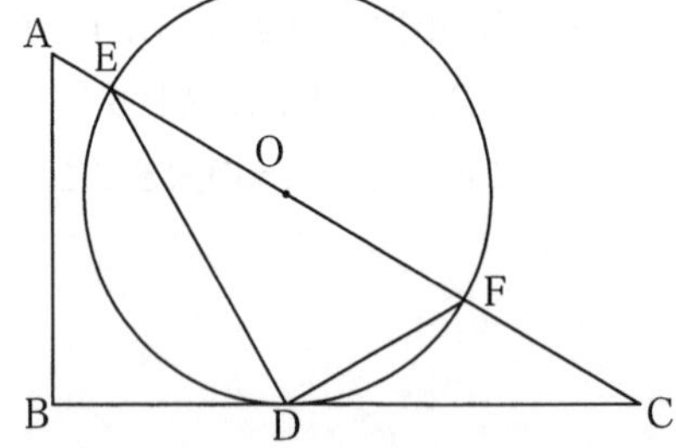

このとき，次の⑴，⑵の問いに答えなさい。

⑴ △ＡＢＣ∽△ＦＤＥとなることの証明を，下の［　　］の中に途中まで示してある。

［ (a) ］，［ (b) ］に入る最も適当なものを，次の**選択肢**の**ア～カ**のうちからそれぞれ１つずつ選び，符号で答えなさい。また，［ (c) ］には証明の続きを書き，**証明**を完成させなさい。

ただし，［　　］の中の①～⑥に示されている関係を使う場合，番号の①～⑥を用いてもかまわないものとする。

証明

△ＡＢＣと△ＦＤＥにおいて，
仮定から，　∠ＡＢＣ＝90°　……①
線分ＥＦは円Ｏの直径なので，［ (a) ］＝90°　……②
①，②より，　∠ＡＢＣ＝［ (a) ］　……③
仮定から，　∠ＢＡＣ＝60°　……④

点Ｏと点Ｄを結ぶと，辺ＢＣは円Ｏの接線なので，
ＯＤ⊥ＢＣであり，①より，［(b)］が等しいので，ＡＢ∥ＯＤ
これより，平行線の［(b)］は等しいので，
∠ＦＯＤ＝∠ＢＡＣ＝60°　……⑤
円Ｏの半径なので，ＯＤ＝ＯＦ　……⑥

［(c)］

選択肢

ア	∠ＯＤＣ	**イ**	∠ＯＤＢ	**ウ**	∠ＦＤＥ
エ	錯角	**オ**	同位角	**カ**	対頂角

(2)　点Ｄが辺ＢＣの中点のとき，△ＦＤＥの面積と四角形ＡＢＤＥの面積の比を，最も簡単な整数の比で表しなさい。

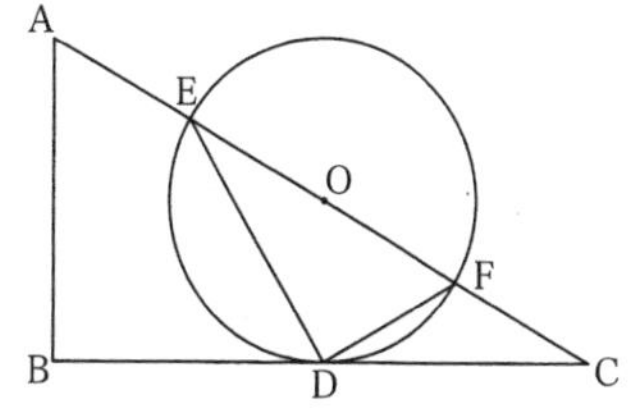

5　Ｓ社は，ジュースの空(あ)きビン３本を，新しいジュース１本と交換するサービスを始めた。このサービスについての**みさおさんとみつるさんの会話**を読み，あとの(1)～(3)の問いに答えなさい。

みさおさんとみつるさんの会話

みさお：このジュースを５本買うと，空きビンが５本になるよね。
みつる：５本の空きビンのうちの３本で，新しいジュースが１本もらえるので，残りの空きビン２本にもう１本加わってこれで新しいジュースが１本もらえるから，全部で７本飲めることになるね。
みさお：このジュースを10本買うと何本飲めるか，考えてみよう。
みつる：ジュースを５本買ったら７本飲めるから，10本買ったら，２倍で14本飲めそうだね。
みさお：はっきりとはいえないけれど，そんなに単純ではないように思うわ。順番に考えてみようよ。
みつる：まず，10本の空きビンを交換してもらうには，10÷３＝３あまり１だから，さらに３本飲めるよね。ここまでで，空きビンが（１＋３＝）４本あるから，４÷３＝１あまり１と計算して，さらに１本もらえる。残りの空きビンは（１＋１＝）２本なので，これ以上もらえるジュースはないね。
つまり，（10＋３＋１＝）14本飲める。さっきの直感であたっていたね。
みさお：私は違う考え方でジュースを10本買う場合を考えるね。ジュース10本を１度に買うのではなくて，「まず３本だけ買って，さらに２本ずつを買いたしていく」買い方で考えるよ。下の図で，○は買ったジュース（10本）を，●は空きビン３本で交換してもらったジュースを表すよ。

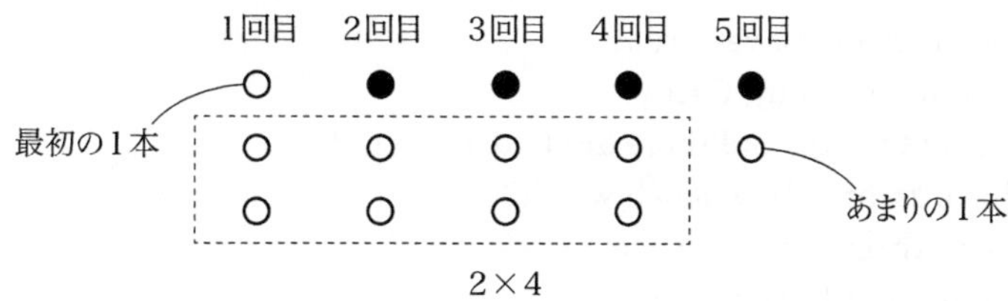

点線（-------）の中にあるように，２本が4回で（２×４＝）８本。最初の１本と，あまりの１本を加えて10本となるのよ。
みつる：そうすると，飲めるジュースの数は，この図の全部，○と●の合計になるから，
３×４＋２＝14（本）となるね。
みさお：ジュースを20本買う場合を考えてみましょうよ。

みつる：20本を１度に買うのではなくて，まず３本だけ買って，さらに２本ずつ買いたしていく考え方だね。この方法で計算してみると，20本買う場合は，［　　］本飲めることがわかるね。

⑴　会話中の［　　］に入る数を求めなさい。

⑵　ジュースを30本買うとき，全部で何本飲めるか，求めなさい。

⑶　全部でジュースを100本飲むためには，少なくともジュースを何本買えばよいか，求めなさい。

英　語

英語リスニング放送台本

これから英語のテストを行います。最初はリスニングテストです。リスニングテストはすべて放送で行います。リスニングテスト終了までは，２ページ以降を開かないで下さい。

それでは,問題用紙の１ページを開いてください。リスニングテストの問題は１から４の四つです。

では１から始めます。

１は，英語の対話を聞いて，最後の文に対する受け答えを選ぶ問題です。受け答えとして最も適当なものを，問題用紙のＡからＤのうちから一つずつ選んで，その符号を書きなさい。なお，対話はそれぞれ２回放送します。では，始めます。

No. 1　Boy:　I'm going to see a soccer game this afternoon.
Girl:　That's nice.
Boy:　Do you want to come with me?
繰り返します。（対話を繰り返す。）

No. 2　Boy:　Natsumi, can you help me?
Girl:　OK, Bob.　What can I do for you?
Boy:　I'm reading a book in Japanese.　What does this *kanji* mean?
繰り返します。（対話を繰り返す。）

No. 3　Boy:　What did you do yesterday, Miku?
Girl:　I visited my uncle with my family.
Boy:　Oh, I see.　Where does he live?
繰り返します。（対話を繰り返す。）

次は２です。

２は，英語の対話を聞いて，それぞれの内容についての質問に答える問題です。質問の答えとして最も適当なものを，問題用紙のＡからＤのうちから一つずつ選んで，その符号を書きなさい。なお，英文と質問はそれぞれ２回放送します。では，始めます。

No. 1　Girl:　I went shopping yesterday.
Boy:　What did you buy, Cathy?
Girl:　I bought a bag, and there are two dogs on it.
Boy:　That's great.　How much was it?
Girl:　It was three thousand yen.
Question:　Which bag did Cathy buy?
繰り返します。（対話と質問文を繰り返す。）

No. 2　Boy:　Last Sunday, I was very busy.　I cleaned my room, did my homework, played tennis with my father, and walked with my dog.
Girl:　Wow, you were so busy.　You cleaned your room in the morning, right?
Boy:　Yes.　After that, we played tennis, and then I did my homework for three hours.
Girl:　I see.

Question: When did the boy do his homework?
繰り返します。（対話と質問文を繰り返す。）

次は３です。

３は，英語の文章又は英語の対話を聞いて，それぞれの内容についての質問に答える問題です。質問の答えとして最も適当なものを，問題用紙のＡからＤのうちから一つずつ選んで，その符号を書きなさい。なお，英文と質問はそれぞれ２回放送します。では，始めます。

No. 1 Hi. I'm Kenji. I asked my classmates the question, "What is your favorite season?" Most students said, "I like summer the best." I'm one of them. Winter was more popular than spring and fall.

Question: What is Kenji's favorite season?
繰り返します。（英文と質問文を繰り返す。）

No. 2 Boy: What are you reading, Kate?
Girl: Oh, Tim. I'm reading a book about science.
Boy: That's great. Did you buy it at the bookstore?
Girl: No, I borrowed it at the library last Wednesday. The library is new, and it opened last Monday.
Boy: I see. I want to go there today.
Girl: It is closed every Friday so it is closed today. How about going tomorrow?
Boy: OK, I will.

Question: What day will Tim go to the new library?
繰り返します。（対話と質問文を繰り返す。）

次は４です。

４は，英語の文章を聞いて，その内容について答える問題です。問題は，No. 1，No. 2 の二題です。問題用紙には，それぞれの英語の文章の内容に関する一文が書かれています。（間３秒）その文を完成するために，①，②にあてはまる英単語を書きなさい。ただし，□には**１文字**ずつ入るものとします。なお，英文はそれぞれ２回放送します。では，始めます。

No. 1 Lucy's house is not near her school, so she doesn't walk to school. She usually goes there by bike, but she goes there by train on rainy days.

No. 2 Our English teacher, Mr. Brown, went back to his country last month. This morning, we got a letter from him. It said, "You taught me some Japanese songs, right? I sang one of them to the students here. It was very popular!"

以上で，リスニングテストを終わります。２ページ以降の問題に答えなさい。

1 英語リスニングテスト（**放送**による**指示**に従って答えなさい。）

No.1	A． Yes, I want to play it. C． No, I'll go with you.	B． OK, you can't see. D． I'm sorry, but I am busy this afternoon.
No.2	A． It is "water" in English. C． Please tell me about that.	B． Yes, this is *kanji*. D． I don't speak Japanese well.
No.3	A． He lives with his cats. C． He lives near our house.	B． He has lived there for two years. D． He has his own house.

2 英語リスニングテスト（**放送**による**指示**に従って答えなさい。）

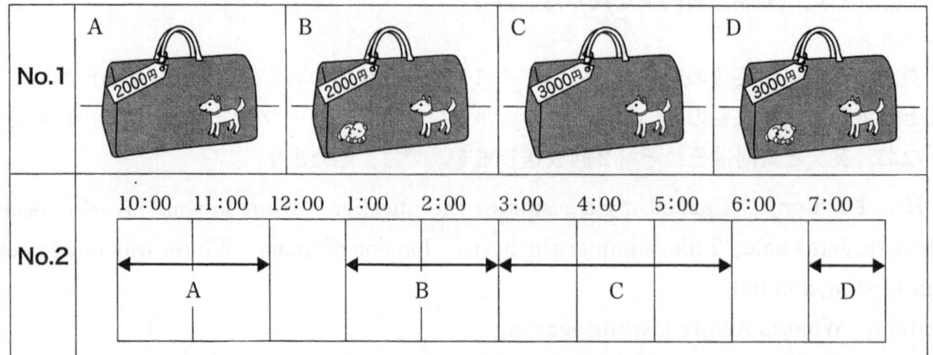

3 英語リスニングテスト（**放送**による**指示**に従って答えなさい。）

No.1	A. Spring.	B. Summer.	C. Fall.	D. Winter.
No.2	A. On Monday.	B. On Wednesday.	C. On Friday.	D. On Saturday.

4 英語リスニングテスト（**放送**による**指示**に従って答えなさい。）

No.1	Lucy usually goes to school by（①□□□□）, but she takes a train to go to school on（②□□□□□）days.
No.2	The（①□□□□□□□）from Mr. Brown said, "A Japanese（②□□□□）was very popular."

5 次の⑴～⑸のそれぞれの対話文を完成させなさい。

⑴，⑵については，（　　）の中の語を最も適当な形にしなさい。ただし，**１語**で答えること。

また，⑶～⑸については，それぞれの（　　）の中の**ア～オ**を正しい語順に並べかえ，その順序を符号で示しなさい。なお，文頭に来るべき語も小文字で示してあります。

⑴　A：My brother got home at five and (finish) his homework at six.
　　B：That's great.

⑵　A：The story (tell) to me by Sally yesterday was very interesting.
　　B：Really? What story did Sally tell you?

⑶　A：(**ア** has　**イ** visited　**ウ** Hikari Park　**エ** never　**オ** Nancy).
　　B：Then, shall we take her to the park?

⑷　A：John, (**ア** played tennis　**イ** is　**ウ** with you　**エ** who　**オ** the boy) yesterday your brother?
　　B：No, he is my friend, Paul.

⑸　A：Do you know (**ア** Kate　**イ** lived　**ウ** how　**エ** long　**オ** has) here?
　　B：No, I don't.

6 アレックス(Alex)とジェーン(Jane)が会話をしています。この場面で，アレックスの言葉に対してジェーンは何と答えると思いますか。その言葉を英語で書きなさい。

ただし，語の数は**20語程度**（. , ? ! などの符号は語数に含まない。）とすること。

(注) somewhere どこかに　memory 思い出

7 次の(1)～(3)の英文を読んで，それぞれの問いに答えなさい。

(1) Do you usually eat *fast food? Today, there are many fast food restaurants in many places. Why is fast food so popular? For one *reason, we feel *safe because we know what the food is like. We can eat the same fast foods like *hamburgers in many countries. For another reason, many people are very busy. (Ⓐ) is very important for them. They don't have to (Ⓑ) for a long time and can eat their lunch very fast. Also, they usually don't spend a lot of money here. Some people say that eating fast food is bad for our *health, but people still like them.

(注) fast food ファストフード　reason 理由　safe 安全な
hamburger ハンバーガー　health 健康

本文中の (Ⓐ), (Ⓑ) に入る最も適当な語を，それぞれ次の**ア～エ**のうちから一つずつ選び，その符号を書きなさい。

Ⓐ **ア** Life　**イ** Food　**ウ** Time　**エ** Water
Ⓑ **ア** wait　**イ** sleep　**ウ** sing　**エ** speak

(2) Hello, everyone. I'm Kazuya. I'm a member of the English club. It's time for our English news. I'll tell you the news of this week.

On Monday, three students from Australia came to our school. They are fifteen years old. They visited our club and talked a lot about their country. After that, they enjoyed making Japanese food with us. We had a good time.

On Thursday, the member of the soccer club cleaned many places around the station. They cleaned for two hours and thirty minutes. Some people in the town *smiled and said, "Thank you." They were very happy to hear that. On the same day, the member of the music club visited the old people at the hospital. They played the guitar for them. Doing good things makes people happy.

Thank you for listening. See you next time.

(注) smile ほほえむ

① 次の質問に，**3語**以上の英語で答えなさい。
How many students from Australia came to Kazuya's school on Monday?

② 本文の内容に合っているものを，次の**ア**～**エ**のうちから一つ選び，その符号を書きなさい。

ア 和哉(Kazuya)は音楽部の一員で，木曜日に病院を訪れた。

イ オーストラリアからやって来た生徒たちは，英語部の部員といっしょに日本食を作った。

ウ サッカー部の部員たちは，木曜日に駅の周りを３時間半そうじした。

エ 和哉は，ほほえむことは人々を幸せにすると言っている。

(3) 次は，ふたば博物館の案内です。

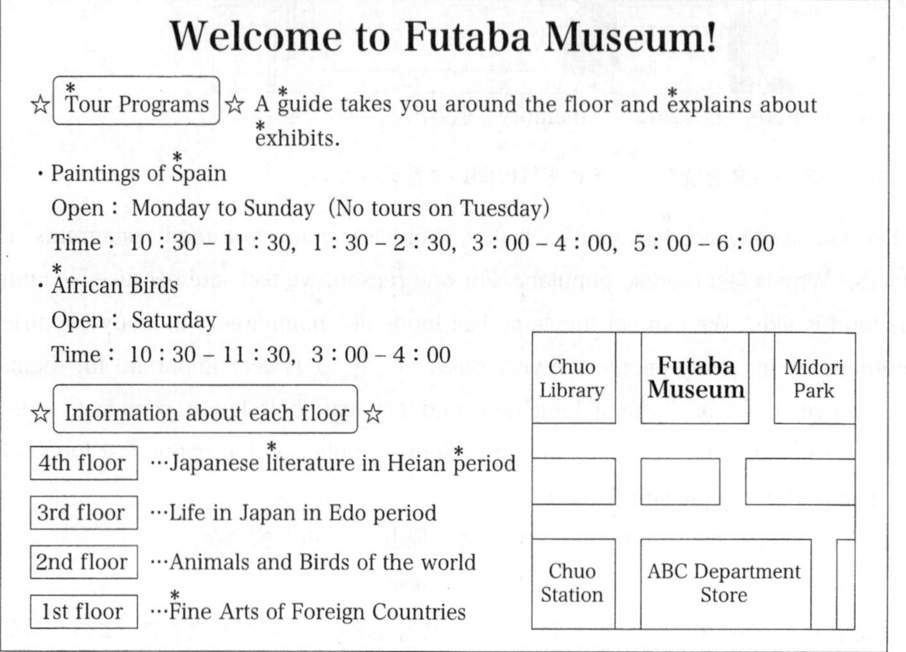

(注) tour ツアー，見学　guide 案内人　explain 説明する　exhibit 展示物
Spain スペイン　African アフリカの　literature 文学　period 時代
fine art 美術品

① この案内の内容と合うように，次の英文の（　　）に入る最も適当な英単語**１語**を書きなさい。

Futaba Museum doesn't have a tour "Painting of Spain" on (　　　).

② この案内の内容に合っているものを，次の**ア**～**エ**のうちから一つ選び，その符号を書きなさい。

ア It takes two hours to join the tour "Paintings of Spain."

イ You cannot join the tour "African Birds" at one thirty on Saturday.

ウ Futaba Museum is between Chuo Library and ABC Department Store.

エ Futaba Museum has five floors and it has the two tours on only one floor.

8 次の英文を読んで，(1)～(4)の問いに答えなさい。

Hello, everyone. I'm Kumiko. I'm a junior high school student. Today, I'll talk about my favorite country, *New Zealand.

New Zealand is a beautiful country that has two big *islands, *North Island and *South Island. There are five *national parks, one on North Island and four on South Island. [ア]

There are beautiful *lakes, mountains, and many kinds of animals and flowers. People in New Zealand *protect *nature *carefully. All the people that visit there may leave their *tracks, but they must not leave their *trash.

Do you know New Zealand has four seasons that are *opposite from Japan? [イ] Look at the *temperature and *rainfall from February to December in *Table A. On North Island, the temperature is *mild but it doesn't rain much in New Zealand in the summer. So people give water to the *grass with a big *machine on the *grasslands because it will die soon without *enough water. On South Island, there are many *rocks on the ground and most grasses can't grow there. [ウ] So people in New Zealand have found strong grasses for *farm animals to eat. We may (c) New Zealand a country made with nature by people. And people in New Zealand use nature very well. They use water power, wind power, and *stream power from the ground.

New Zealand is about as large as Japan without Hokkaido, and it has about four *million people. 80% of them have a *European *background, 5% have a *Polynesian background, 2% have an *Asian background, and 13% are *native *Maori people. [エ]

There are many people living in New Zealand now, but only Maori people lived there before other peoples came to the islands. The New Zealand *government thinks students should learn the Maori language and *culture in most schools. It has a *woodcarving school for Maori people to keep their own culture in New Zealand.

(**注**) New Zealand　ニュージーランド　　island　島　　North Island　北島
South Island　南島　　national　国立の　　lake　湖　　protect～　～を保護する
nature　自然　　carefully　注意深く　　track　跡　　trash　ゴミ　　opposite　反対の
temperature　気温　　rainfall　雨量　　table　表　　mild　穏やかな　　grass　草
machine　機械　　grassland　牧草　　enough　十分な　　rock　岩　　farm　牧場の
stream power　流水力　　million　100万　　European　ヨーロッパの
background　背景　　Polynesian　ポリネシアの　　Asian　アジアの
native　先住の　　Maori people　マオリ(部)族　　government　政府
culture　文化　　woodcarving　木彫りの

(1) 次の英文を入れるのに最も適当な場所を，本文中の [ア] ～ [エ] のうちから一つ選び，その符号を書きなさい。

Please remember that about 30% of New Zealand is national parks.

(2) 本文の内容に合っている表を，次の**ア**～**エ**のうちから一つ選び，その符号を書きなさい。

ア　Table A

Temperature and Rainfall on North Island						
Month	Feb.	Apr.	Jun.	Aug.	Oct.	Dec.
Temperature (℃)	15.1	11.6	9.1	9.5	13.7	16.7
Rainfall (mm)	100	103	132	140	55	111

イ Table A

Temperature and Rainfall on North Island						
Month	Feb.	Apr.	Jun.	Aug.	Oct.	Dec.
Temperature (℃)	15.1	11.6	9.1	9.5	13.7	16.7
Rainfall (mm)	141	120	60	70	95	100

ウ Table A

Temperature and Rainfall on North Island						
Month	Feb.	Apr.	Jun.	Aug.	Oct.	Dec.
Temperature (℃)	16.7	13.7	9.5	9.1	11.6	15.1
Rainfall (mm)	65	103	141	134	111	86

エ Table A

Temperature and Rainfall on North Island						
Month	Feb.	Apr.	Jun.	Aug.	Oct.	Dec.
Temperature (℃)	16.7	13.7	9.5	9.1	11.6	15.1
Rainfall (mm)	132	112	55	85	100	120

⑶ 本文中の（　　）に入る適当な英単語**１語**を書きなさい。ただし，（　　）内に示された文字で書き始め，その最初の文字を含めた完全な形で書きなさい。

⑷ 本文の内容に合っているものを，次の**ア**～**エ**のうちから一つ選び，その符号を書きなさい。

ア There are five national parks on South Island in New Zealand.

イ North Island has many rocks on the ground and most grasses can't grow there.

ウ New Zealand is about as large as Hokkaido, and it has about four million people.

エ In New Zealand, there is a woodcarving school for Maori people to keep their own culture.

9 由衣（Yui）とアン（Ann）が由衣の家で話をしています。この対話文を読んで，［⑴］～［⑷］に入る最も適当な英文を，それぞれあとの**ア**～**エ**のうちから一つずつ選び，その符号を書きなさい。

Yui：This is my house. Please come in.

Ann：Thank you.

Yui：It's very cold today. Here is our *kotatsu*.

Ann：Wow! I saw it *for the first time. ［⑴］

Yui：It's easy. *Switch on, and get in. Come here, Ann.

Ann：Oh, it's warm, and it's nice to sit on the *floor. ［⑵］

Yui：That's good.

Ann：Well, what do Japanese people do at the *kotatsu*?

Yui：［⑶］ And, we always drink tea here after dinner.

Ann：*Anything else?

Yui：Well, on *New Year's Day, we sit at the *kotatsu* and watch TV together almost all day.

We also talk a lot.

Ann : I see. Talking with your family is important. Is *communication *among family members easier at the *kotatsu*?

Yui : I think so. The *kotatsu* is useful for talking more. [(4)] When I do my homework here, I can always find someone to help me.

Ann : That's nice. Family members can help each other.

(注) for the first time 初めて switch on スイッチを入れる floor 床
Anything else? 他には？ New Year's Day 正月
communication コミュニケーション among～ ～の間

(1) **ア** Let's use it. **イ** I'll tell you what it is.
ウ Show me how to use it. **エ** It looks nice.

(2) **ア** I have one at my house in my country.
イ Your *kotatsu* is better than mine.
ウ All of my family members often use it.
エ I like it very much!

(3) **ア** We just sit and talk. **イ** We use it when it's cold.
ウ We can buy it in many shops. **エ** We never sleep in it.

(4) **ア** Oh, I have to help my mother.
イ Oh, there is another good thing.
ウ Well, there are many important things about it.
エ Well, I have to do my homework.

社 会

1 次の文章を読み，あとの(1)～(5)の問いに答えなさい。

a ブラジルは，日本から最も遠い地域にありますが，戦前戦後を通じて数多くの日本人が移住し，日系人数約190万人にもおよんでいます。日系人のブラジル社会での活躍にはめざましいものがあり，b 日本との結びつきは強まりつつあります。このような背景のもと，千葉県では，c 1979年，ブラジルのパラー州と姉妹県州関係を結びました。パラー州は当時，農業主体の州から国の開発計画等により産業の多様化が進み，調和のとれた産業州へと発展しつつあり，千葉県の生い立ちとよく似ていました。d アマゾン川と密林におおわれた広大なこの地域の開発は，他の地域に比べ遅れていましたが，近年の大規模開発の進展にともない，産業・経済構造において第二次，e 第三次産業の振興が著しく，州全体が活気にみちています。

(1) 下線部ａに関連して，ブラジルを通る経線として最も適当なものを，次の**ア**～**エ**のうちから一つ選び，その符号を書きなさい。

ア 東経45度 **イ** 東経90度 **ウ** 西経45度 **エ** 西経90度

(2) 下線部ｂに関連して，次の**資料**は，日本のブラジルとの貿易について示したものである。**資料**から読み取れることとして最も適当なものを，あとの**ア**～**エ**のうちから一つ選び，その符号を書きなさい。

資料

（2017年）

ブラジルへの輸出品	輸出額（百万円）	ブラジルからの輸入品	輸入額（百万円）
機械類	143010	鉄鉱石	316571
自動車部品	64848	肉類	105726
有機化合物	22792	コーヒー	51490
自動車	19970	とうもろこし	48724
金属製品	19706	アルミニウム	36407
鉄鋼	15276	有機化合物	34352
プラスチック	9365	鉄鋼	33367
計（その他含む）	380468	計（その他含む）	804112

（「日本国勢図会 2018/19」より作成）

ア　ブラジルへの輸出総額は，ブラジルからの輸入総額の２倍以上である。

イ　ブラジルからの肉類の輸入額は，輸入総額の 12 ％以上である。

ウ　ブラジルへの輸出品であり，輸入品でもあるのは，鉄鋼だけである。

エ　ブラジルからの輸入品は，工業製品が中心となっている。

⑶　下線部ｃに関連して，次の文章は，1979 年に日本で批准（ひじゅん）されたある条約について述べたものである。文章中の［　　］に共通してあてはまる適当な語を**漢字２字**で書きなさい。

> 国際的な［　　］保障では国際連合が中心となり，1948 年には世界［　　］宣言が，1966 年には国際［　　］規約が採択された。国際［　　］規約は，条約の形で締約国を拘束するもので，日本では 1979 年に批准された。

⑷　下線部ｄに関連して，アマゾン川について述べた文として最も適当なものを，次の**ア**〜**エ**のうちから一つ選び，その符号を書きなさい。

ア　アンデス山脈に水源があり，流域面積は世界最大である。

イ　アンデス山脈に水源があり，川の長さは世界最長である。

ウ　ヒマラヤ山脈に水源があり，流域面積は世界最大である。

エ　ヒマラヤ山脈に水源があり，川の長さは世界最長である。

⑸　下線部ｅに関連して，第三次産業の就業人口比率が 70 ％を超える県として**あてはまらないもの**を，次の**ア**〜**エ**のうちから一つ選び，その符号を書きなさい。

ア　沖縄県　　**イ**　東京都　　**ウ**　京都府　　**エ**　愛知県

2

次の図を見て，あとの⑴〜⑷の問いに答えなさい。

⑴　図中のＡ〜Ｄの県のうち，県名と県庁所在地名とが異なるものを一つ選び，その県庁所在地名を書きなさい。

⑵ 次の文章は，図中の夕張市について述べたものである。文章中の［ X ］，［ Y ］にあてはまる適当な語をそれぞれ書きなさい。

> 夕張市は，かつて［ X ］の採掘で栄えていたが，1970年代から1990年までに全ての鉱山が閉鎖された。人口が減少したこともあり，2007年に財政再生団体となっている。
> 現在は，農業が夕張市の基幹産業の一つとなった。特産物である「夕張メロン」は，比較的輸送コストは高いものの，すばやく消費地に運ぶことができる［ Y ］が主な輸送機関となっている。

⑶ 次の**資料**は，図中の宮城県，群馬県，静岡県，島根県に関するもので，**資料**中のＰ～Ｓは，それぞれこのうちのいずれかの県にあてはまる。ＰとＱにあてはまる県の組み合わせとして最も適当なものを，あとの**ア～エ**のうちから一つ選び，その符号を書きなさい。

資料

P	Q	R	S
この県では，鳴子（なるこ）こけしなどの伝統的工芸品が有名で，毎年８月に「七夕まつり」が開かれる。	この県には，韓国との間で領土問題を抱える島がある。また，人口減少による過疎化が問題となっている。	この県には，世界文化遺産に登録された富岡製糸場がある。また，山間部では高原野菜の生産もさかんである。	この県では，茶やみかんなどの農産物の生産がさかんであるとともに，臨海部には工業地域も広がっている。

ア　Ｐ：宮城県　Ｑ：静岡県　　**イ**　Ｐ：宮城県　Ｑ：島根県
ウ　Ｐ：群馬県　Ｑ：静岡県　　**エ**　Ｐ：群馬県　Ｑ：島根県

⑷ 次の地形図は，前のページの図に示した**山口県**のある地域を示したものである。これを見て，あとの①，②の問いに答えなさい。

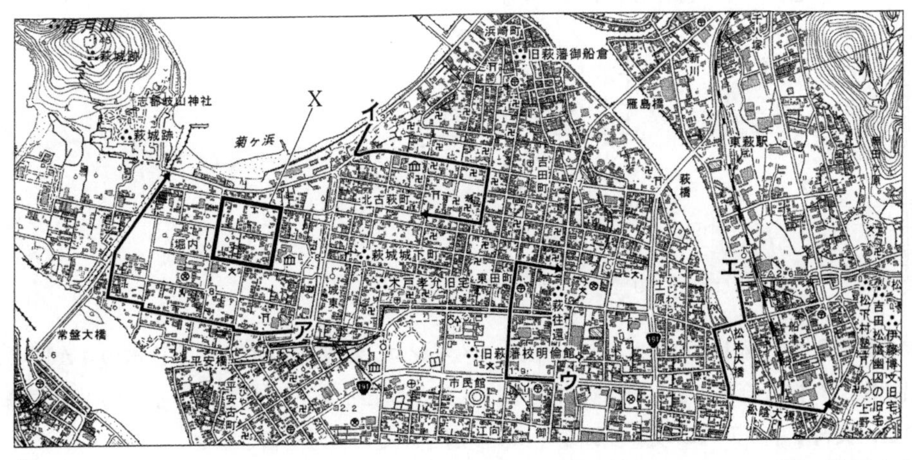

めもり 0　5cm（国土地理院　平成26年発行　1：25,000「萩」原図より作成）

① 地形図中の□で囲まれたＸの部分の実際の面積に近いものを，次の**ア～エ**のうちから一つ選び，その符号を書きなさい。

ア　10000 m²　**イ**　25000 m²　**ウ**　40000 m²　**エ**　62500 m²

② 次の２つの文は，地形図中の**ア～エ**のいずれかの地点を出発点とする経路の特徴について示したものである。２つの文のいずれにもあてはまる経路として最も適当なものを，**ア～エ**のうちから一つ選び，その符号を書きなさい。

・道路沿いに果樹園が見られる。
・出発地点は，到着地点よりも南に位置している。

3 次の**図1**〜**図3**を見て，あとの(1)〜(5)の問いに答えなさい。

図1

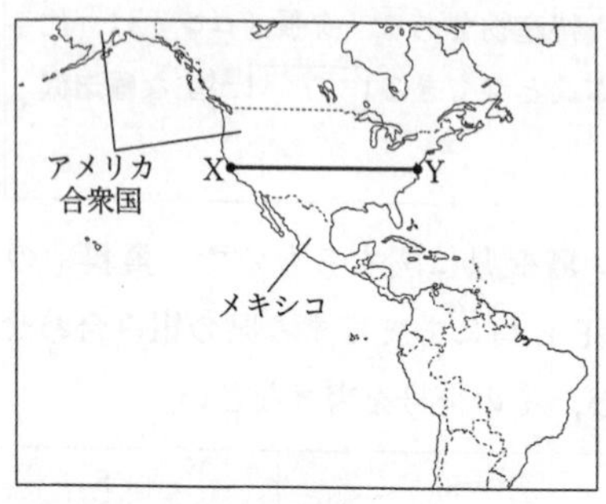

図2

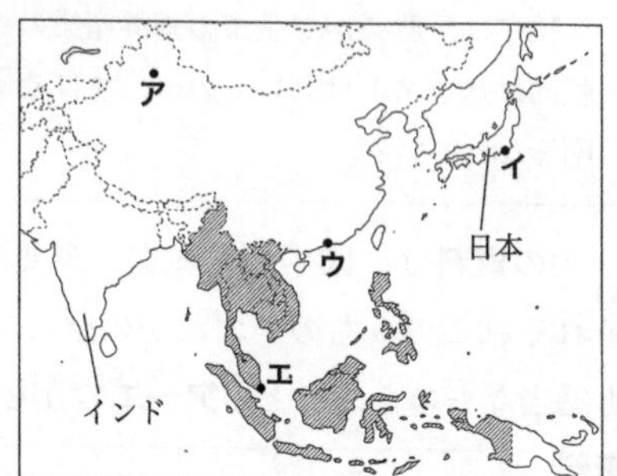

図3

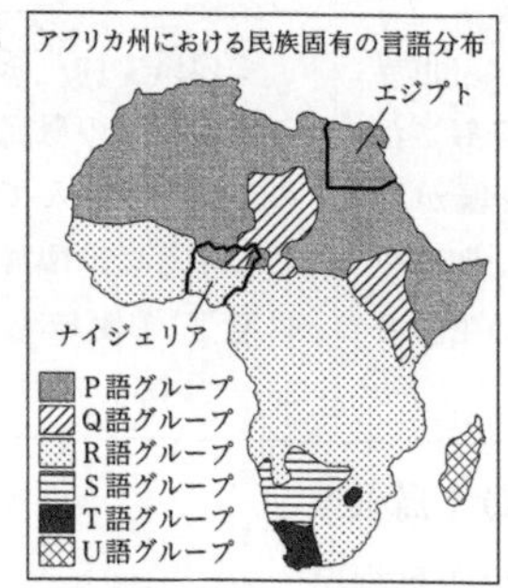

(「国立民族学博物館資料」ほかより作成)

(1) **図1**中のX－Yの断面を模式的に表しているものはどれか。次の**ア**〜**エ**のうちから最も適当なものを一つ選び，その符号を書きなさい。

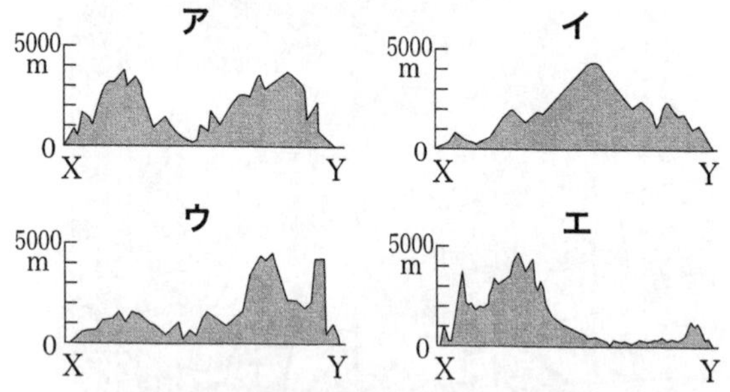

(2) 次の**資料1**は，**図1**中のアメリカ合衆国，メキシコ，**図2**中のインド，日本の4か国の人口，輸出総額，穀物自給率を示したものである。メキシコとインドにあてはまるものとして適当なものを，**資料1**中の**ア**〜**エ**のうちから一つずつ選び，その符号を書きなさい。

資料1

	人口 (千人) (2017年)	輸出総額 (百万ドル) (2015年)	穀物自給率 (%) (2013年)
ア	324459	1503870	126
イ	129163	380601	69
ウ	1339180	264381	111
エ	127484	624787	24

(「世界国勢図会2017/18」より作成)

⑶ **図２**中の で示した地域に位置する10か国は，1967年に結成された組織の加盟国（2018年７月現在）である。この組織名を書きなさい。

⑷ 右の**資料２**は，**図２**中の**ア**～**エ**のいずれかの都市の月平均気温と月降水量の変化を示したものである。**資料２**にあてはまる都市を，**ア**～**エ**のうちから一つ選び，その符号を書きなさい。

資料２

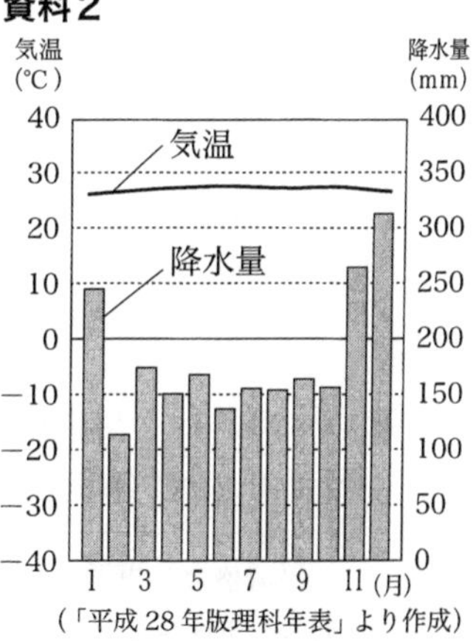

（「平成28年版理科年表」より作成）

⑸ 次の文章は，**図３**に関連して述べたものである。文章中の［　　］にあてはまる適当なことばを，簡潔に書きなさい。

> かつてイギリスの植民地であったエジプトとナイジェリアを比べると，現在，エジプトの公用語は英語ではないが，ナイジェリアの公用語は英語になっている。これは，ナイジェリアには，［　　］ため，共通の言語が必要であったためと考えられる。

4 「古代～近世の重要人物」についてまとめた次の表を見て，あとの⑴～⑸の問いに答えなさい。

人物名	関連するできごと
中大兄皇子	中臣鎌足らとともに蘇我氏をたおし，大化の改新を始めた。a のちに即位して天智天皇となり，政治の改革を進めた。
b 平清盛	［Ⅰ］で源氏を破り，勢力をのばした。武士として初めて太政大臣の位についた。
北条政子	後鳥羽上皇が幕府に対して兵をあげ，［Ⅱ］を起こしたが，御家人たちに結束を訴え，これを破った。
足利義政	後継者の争いから始まった［Ⅲ］は，京都を中心に11年間続き，幕府の力がおとろえた。
［X］	関ヶ原の戦いで勝利して全国支配の実権をにぎった。征夷大将軍に任命され，c 約260年続く幕府を開いた。
［Y］	物価の上昇をおさえるため，株仲間の解散を命じたり，印旛沼（いんばぬま）の干拓を進めたりしたが，改革は２年余りで失敗した。

⑴ 下線部ａに関連して，次の文章は，このころに起こった朝鮮半島での争いについて述べたものである。文章中の［　　］にあてはまる国を，次の**図**中の**ア**～**エ**のうちから一つ選び，その符号を書きなさい。

朝鮮半島では，[ ]が唐と結んで，百済や高句麗を滅ぼした。663年，日本は百済を助けるために大軍を送ったが，[ ]と唐の連合軍に敗れた。これを，白村江の戦いという。その後，[ ]は唐とも戦い，朝鮮半島を統一した。

図

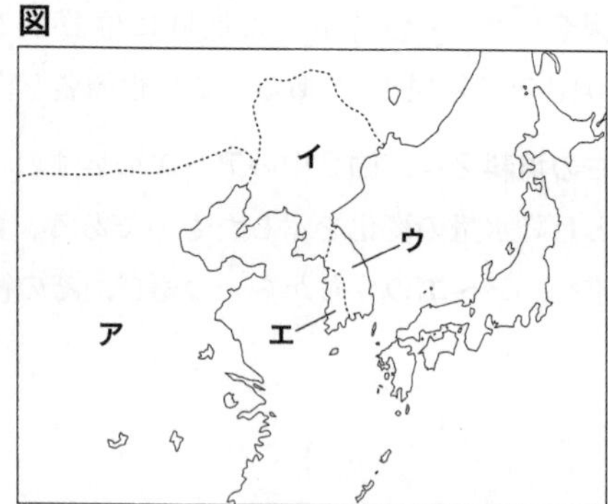

⑵　次の文は，下線部ｂの人物について述べたものである。[ ]にあてはまる適当なことばを，「娘」の語を用いて，簡潔に書きなさい。

平清盛は，摂関政治で栄えた藤原氏と同じように[ ]ことによって天皇家と結び，政治の実権をにぎると，一族で高官の地位を独占した。

⑶　[Ⅰ]～[Ⅲ]にあてはまる語の組み合わせとして最も適当なものを，次の**ア**～**エ**のうちから一つ選び，その符号を書きなさい。

ア　Ⅰ：承久の乱　Ⅱ：平治の乱　Ⅲ：応仁の乱
イ　Ⅰ：承久の乱　Ⅱ：応仁の乱　Ⅲ：平治の乱
ウ　Ⅰ：平治の乱　Ⅱ：応仁の乱　Ⅲ：承久の乱
エ　Ⅰ：平治の乱　Ⅱ：承久の乱　Ⅲ：応仁の乱

⑷　下線部ｃに関連して，この時代にあてはまることがらとして最も適当なものを，次の**ア**～**エ**のうちから一つ選び，その符号を書きなさい。

ア　茶の湯が流行し，千利休が，質素なわび茶の作法を完成させた。
イ　本居宣長が，古来の伝統を評価する「古事記伝」を著し，国学を大成した。
ウ　兼好法師は，随筆集の「徒然草」で生き生きとした民衆の姿を取り上げた。
エ　浄土信仰がおこり，京都の宇治には，平等院鳳凰堂が建てられた。

⑸　[X]，[Y]にあてはまる人物にそれぞれ関係が深い語の組み合わせとして最も適当なものを，次の**ア**～**エ**のうちから一つ選び，その符号を書きなさい。

ア　X：武家諸法度　Y：寛政の改革　**イ**　X：武家諸法度　Y：天保の改革
ウ　X：公事方御定書　Y：寛政の改革　**エ**　X：公事方御定書　Y：天保の改革

5

次の略年表を見て，あとの⑴～⑸の問いに答えなさい。

年代	主なできごと
1868	戊辰戦争が始まる
	Ⅰ
1895	日清戦争の講和条約が結ばれる……………………………A
1900	義和団が北京の外国公使館を取り囲む
	Ⅱ
1914	第一次世界大戦が始まる……………………………………B
	Ⅲ
1929	世界恐慌が起こる……………………………………………C

	Ⅳ
1939	ドイツがポーランドに侵攻する
1949	北大西洋条約機構（ＮＡＴＯ）がつくられる
	↕Ｄ
1978	日本と中国の平和友好条約が結ばれる

(1) 略年表中のＡに関連して，この直後に起こったできごとについて述べた文として最も適当なものを，次の**ア～エ**のうちから一つ選び，その符号を書きなさい。

ア 徴兵令が出され，満20歳以上の男子に兵役の義務が課された。

イ ロシアとの間で樺太・千島交換条約が結ばれ，千島列島が日本領となった。

ウ イギリス，フランス，アメリカ，オランダの艦隊が下関砲台を占領した。

エ ロシア，フランス，ドイツが，遼東半島の清への返還を日本に求めた。

(2) 略年表中のＢに関連して，この戦争と日本とのかかわりについて述べた文として**適当でないもの**を，次の**ア～エ**のうちから一つ選び，その符号を書きなさい。

ア 中国政府に二十一か条の要求を提出した。　**イ** 北京郊外の盧溝橋で中国軍と衝突した。

ウ 山東半島のドイツの拠点を占領した。　**エ** 日英同盟を理由にドイツに宣戦布告した。

(3) 略年表中のＣに関連して，次の文章中の［　　］にあてはまる適当な語を，**カタカナ**で書きなさい。

> 世界恐慌におちいると，アメリカは公共事業をおこし，イギリスやフランスは植民地との結びつきを強めた。これに対し，ドイツやイタリアは，軍事力を背景に民主主義を否定し，国民の自由を奪う独裁政治を行った。このような全体主義的な政治形態を［　　］という。

(4) 次のＰ～Ｒの文は，略年表中のⅠ～Ⅳのうち，どの時期のできごとか。その組み合わせとして最も適当なものを，あとの**ア～エ**のうちから一つ選び，その符号を書きなさい。

ア Ｐ：Ⅰ　Ｑ：Ⅱ　Ｒ：Ⅲ

イ Ｐ：Ⅰ　Ｑ：Ⅲ　Ｒ：Ⅱ

ウ Ｐ：Ⅳ　Ｑ：Ⅲ　Ｒ：Ⅱ

エ Ｐ：Ⅳ　Ｑ：Ⅱ　Ｒ：Ⅲ

Ｐ　福沢諭吉が「学問のすゝ(す)め」を著す。

Ｑ　ラジオ放送が開始される。

Ｒ　官営八幡製鉄所が操業を開始する。

(5) 次の**ア～エ**は，略年表中のＤの時期のできごとである。これらのできごとを年代の**古いものから順に**並べ，その符号を書きなさい。

ア 沖縄が日本に復帰した。　**イ** ソ連との国交を回復した。

ウ 日韓基本条約を結んだ。　**エ** サンフランシスコ平和条約を結んだ。

6

「日本国憲法と民主政治」についてまとめた４枚のカードを見て，あとの(1)～(5)の問いに答えなさい。

「人権と日本国憲法」	「国会と内閣」
・ 日本国憲法の基本原理 ・ 社会の変化と a 新しい人権	・ 国会のしくみとはたらき ・ b 国会と内閣の均衡

「c 裁判所のはたらき」
- 司法権の独立
- 司法制度改革と d 裁判員制度

「地方自治」
- e 地方自治の制度
- 地方公共団体の財政

(1) 次の文章は，下線部ａの一つについて述べたものである。文章中の [　　] にあてはまる適当な語を書きなさい。

> 個人が自分の生き方や生活のしかたについて自由に決定する権利は，自己決定権とよばれる。例えば，医療に関しては，治療を受ける患者の自己決定権のために，[　　]（十分な説明に基づく同意）が重要になっている。

(2) 下線部ｂに関連して，次の**図１**は，国会と内閣の関係を示したものである。**図１**中の下線部①，②には，衆議院の優越が認められている。参議院に比べ，衆議院に強い権限が与えられている理由を，「任期」「解散」「反映」の三つの語を用いて，簡潔に書きなさい。

図１

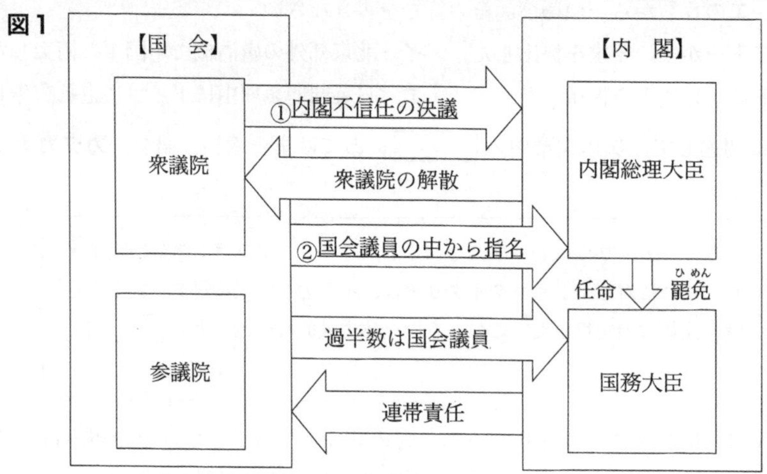

(3) 下線部ｃに関連して，右の**図２**で示した都市に設置されている裁判所の種類として最も適当なものを，次の**ア**〜**エ**のうちから一つ選び，その符号を書きなさい。

ア 最高裁判所　　**イ** 高等裁判所
ウ 地方裁判所　　**エ** 簡易裁判所

図２

札幌
仙台
東京
大阪
広島
福岡
高松
名古屋

(4) 下線部ｄに関連して，次の文は，裁判員制度について述べたものである。文中の [Ⅰ]，[Ⅱ] にあてはまる語の組み合わせとして最も適当なものを，あとの**ア**〜**エ**のうちから一つ選び，その符号を書きなさい。

> 裁判員制度の対象となるのは，誘拐や殺人などの重大な犯罪で，裁判員が参加するのは，[Ⅰ] 裁判における，[Ⅱ] までである。

ア Ⅰ：民事　Ⅱ：第一審　　**イ** Ⅰ：民事　Ⅱ：第二審
ウ Ⅰ：刑事　Ⅱ：第一審　　**エ** Ⅰ：刑事　Ⅱ：第二審

(5) 下線部ｅに関連して，次の文章は，地方議会のはたらきについて述べたものである。文章中の［　　］に共通してあてはまる適当な語を書きなさい。

> 地方議会は，地方公共団体独自の法である［　　］を制定する。［　　］は，各地方公共団体が，法律の範囲内で自由に制定できる。

7

次の文章を読み，あとの(1)～(5)の問いに答えなさい。

起業とは，新たに事業を起こすことです。現在，市場やａ労働者を求めてｂ世界に進出している企業の中には，自由な発想をもとに起業し，これまでにない商品やサービスを開発して大企業へと成長したものもあります。事業を起こす際に，設備の購入などに多くの資金が必要になる場合は，企業は金融機関から借り入れを行ったり，自社のｃ株式を発行したりして，資金を集める工夫を行っています。一方，消費者の［Ｘ］を確保し，より良い財(もの)やサービスを提供することは，企業に課せられた社会的責任の一つです。そこで，企業が利潤を追求するあまり，消費者の［Ｘ］を脅(おびや)かすことがないよう，政府はｄ消費者を保護する政策を行っています。

(1) 下線部ａに関連して，次の文は，労働者の権利に関する法律について述べたものである。文中の［　　］にあてはまる適当な語を書きなさい。

> 労働者が［　　］を結成し，労働条件の改善を企業側に求めることを保障する法をはじめ，労働基準法，労働関係調整法を労働三法とよぶ。

(2) 下線部ｂに関連して，複数の国に生産，販売拠点を所有して，世界的規模で活動する巨大企業を何というか。**漢字５字**で書きなさい。

(3) 下線部ｃに関連して，次の**ア**～**エ**のうち，株式会社について正しく述べているものを**二つ**選び，その符号を書きなさい。

ア　全ての株主は，取締役会に出席することができる。
イ　株式会社は，文化的な活動を支援することが禁止されている。
ウ　企業が発行した株式は，証券取引所で売買される。
エ　株主には，利潤の一部が配当として分配される。

(4) 文章中の［Ｘ］には，アメリカのケネディ大統領が，「消費者の四つの権利」の中でも「［Ｘ］を求める権利」として示した語があてはまる。［Ｘ］にあてはまる適当な語を**漢字２字**で書きなさい。

(5) 下線部ｄに関連して，右の**資料**は，危害や危険がある可能性のある製品の情報件数の推移を示したものである。次の文にあてはまる法律が制定された時期として最も適当なものを，**資料**中の**ア**～**エ**のうちから一つ選び，その符号を書きなさい。

> 欠陥商品によって消費者が被害を受けた場合には，企業側の過失を証明できなくても，消費者が損害賠償を求めることができる。

資料

(「国民生活センター資料」より作成)

理　科

1　次の(1)～(4)の問いに答えなさい。

(1)　飲料の容器などの材料に使われているポリエチレンテレフタラートとよばれるプラスチックの略号（略称）として最も適当なものを，次の**ア**～**エ**のうちから一つ選び，その符号を書きなさい。

ア　PE　　**イ**　PP　　**ウ**　PET　　**エ**　PVC

(2)　スピードガンなどのように，ごく短い時間に移動した距離をその時間で割って求めた速さを瞬間の速さというのに対して，物体がある区間を一定の速さで走ったと考え，移動した距離を移動するのにかかった時間で割って求めた速さを何の速さというか，書きなさい。

(3)　**図**は，正しく方位を合わせた風向計を真上から見たようすで，Nは北，Sは南，Eは東，Wは西の方角を表している。次の文章は，**図**の風向計が示す風向について述べたものである。文章中の［a］，［b］にあてはまるものの組み合わせとして最も適当なものを，あとの**ア**～**エ**のうちから一つ選び，その符号を書きなさい。

図

N

W　　E

S

> 風向は，風が［a］向きで表す。よって，風向計が**図**のような場合，風向は［b］と判断する。

ア　a：ふいてくる　b：西北西　　**イ**　a：ふいていく　b：西北西
ウ　a：ふいてくる　b：東南東　　**エ**　a：ふいていく　b：東南東

(4)　カエルとフナに共通する特徴を述べた文として最も適当なものを，次の**ア**～**エ**のうちから一つ選び，その符号を書きなさい。

ア　卵からかえった子は，しばらくの間，親から食物をもらって育つ。
イ　外界の気温が変化しても，体温をほぼ一定に保つことができる。
ウ　雌の子宮の中で卵が育ち，子として体ができてから生まれる。
エ　水中で生活する時期があり，水中では，えらで呼吸を行う。

2　理科の資料集を使って，マグマのねばりけと，噴火のようすや溶岩の色などの関係について調べました。**表**は，調べた結果をまとめたものです。これに関して，あとの(1)～(3)の問いに答えなさい。

表

マグマのねばりけ	弱い　←→　強い		
噴火のようす	A　←→　B		
溶岩の色	L　←→　M		
代表的な火山の形	P	Q	R

(1)　次の文章は，火山が噴火するとき，火口からふき出されるものについて述べたものである。文章中の［a］にあてはまる最も適当なことばを書きなさい。また，［b］にあてはまることばとして最も適当なものを，あとの**ア**～**エ**のうちから一つ選び，その符号を書きなさい。

> 火山が噴火するとき，火口からふき出されるものを，まとめて［a］という。このうち，気体であるものをまとめて火山ガスといい，その大部分は［b］である。

ア　二酸化炭素　　**イ**　二酸化硫黄　　**ウ**　硫化水素　　**エ**　水蒸気

⑵　**表**で，Ａ，Ｌにあてはまる，ねばりけの弱いマグマがふき出したときの，噴火のようすと流れ出て固まった溶岩の色について，**30字以内**(句読点を含む。)で書きなさい。

⑶　**表**で，Ｒにあてはまる代表的な火山の形(断面)を示しているものはどれか。Ｘ群の**ア〜ウ**のうちから最も適当なものを一つ選び，その符号を書きなさい。また，Ｒのような形をした火山として最も適当なものを，Ｙ群の**ア〜エ**のうちから一つ選び，その符号を書きなさい。

Ｘ群　**ア**

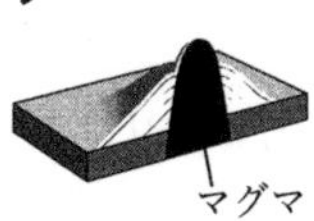

イ

マグマ

ウ

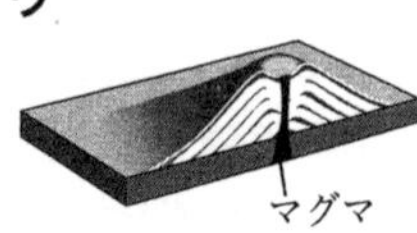

Ｙ群　**ア**　富士山　　**イ**　雲仙普賢岳　　**ウ**　伊豆大島三原山　　**エ**　キラウエア

3

凸レンズによってできる像について調べるため，次の**実験**を行いました。これに関して，あとの⑴〜⑶の問いに答えなさい。

実験　①　ろうそく，凸レンズ，スクリーンを直線上に並べて，ろうそくと凸レンズ，凸レンズとスクリーンの距離をどちらも24cmにしたところ，スクリーン上にはろうそくと同じ大きさのはっきりとした像ができた。**図**の３本の矢印は，このときの，ろうそくの炎の先端から出た光の進む道すじを途中まで示したものである。

②　①のあと，ろうそくと凸レンズの距離を4cmにしたところ，スクリーンをどの位置に動かしてもスクリーン上にはっきりとした像はできなかった。このとき，スクリーン側から凸レンズをのぞくと，<u>大きく拡大されたろうそくの像</u>が見えた。

図

凸レンズ
光軸
ろうそく
スクリーン

⑴　**図**で，３つの光が凸レンズを通過後にスクリーンまで進む道すじを，それぞれ解答欄の図に実線でかきなさい。

⑵　次の文章は，ろうそくと**実験**で用いた凸レンズについて述べたものである。文章中の［　a　］にあてはまる最も適当なことばを書きなさい。また，［　b　］にあてはまる値として最も適当なものを，あとの**ア〜エ**のうちから一つ選び，その符号を書きなさい。

> ろうそくのように，自ら光を出す物体を［　a　］という。また，**実験**の①から，**実験**で用いた凸レンズの焦点距離は［　b　］と考えられる。

ア　8cm　　**イ**　12cm　　**ウ**　24cm　　**エ**　48cm

⑶　**実験**の②で見えた下線部の像のような，そこから光が出ているように見える像を何というか，その名称を書きなさい。また，その像の，実物のろうそくに対する上下の向きと左右の向きの組み合わせとして最も適当なものを，次の**ア〜エ**のうちから一つ選び，その符号を書きなさい。

ア　上下：同じ向き　　左右：同じ向き　　**イ**　上下：逆向き　　左右：同じ向き
ウ　上下：同じ向き　　左右：逆向き　　**エ**　上下：逆向き　　左右：逆向き

4

酸の水溶液とアルカリの水溶液を混ぜ合わせたときの反応を調べるため，次の**実験**を行いました。これに関して，あとの⑴〜⑶の問いに答えなさい。

実験　①　30mLの水酸化ナトリウム水溶液を入れたビーカーに，BTB液を２，３滴加え，水溶液の色を調べた。

② ①のビーカーに，**図**のようにして，加えた塩酸の合計の体積が20mLになるまで，塩酸を５mLずつ加えていった。塩酸を加えるたびに水溶液をかき混ぜ，水溶液の色を調べた。

③ ①，②の結果を，**表**のようにまとめた。

図

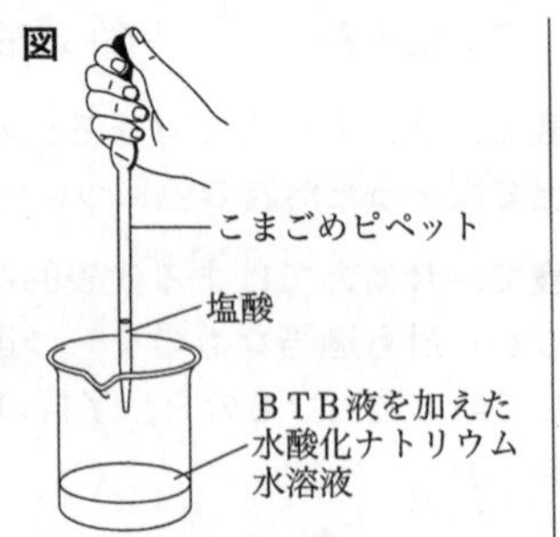

表

加えた塩酸の合計の体積〔mL〕	0	5	10	15	20
水溶液の色	青色	青色	青色	緑色	黄色

(1) **実験**で用いた水酸化ナトリウム水溶液において，溶質である水酸化ナトリウムが電離しているようすを，化学式とイオン式を使って表しなさい。

(2) 次の文章は，**実験**で起こった化学変化について述べたものである。文章中の［ａ］にあてはまる最も適当なことばを，**漢字２字**で書きなさい。また，［ｂ］にあてはまる値として最も適当なものを，あとの**ア**～**エ**のうちから一つ選び，その符号を書きなさい。

> アルカリ性の水溶液に，酸性の水溶液を加えていくと，互いの性質を打ち消し合う［ａ］とよばれる反応が起こる。**実験**のあと，塩酸を20mL加えて黄色になった水溶液を緑色にするためには，水酸化ナトリウム水溶液を［ｂ］加えればよい。

ア 5mL　　**イ** 10mL　　**ウ** 20mL　　**エ** 40mL

(3) **実験**と同様に，ビーカーに入れた水酸化バリウム水溶液に，硫酸を少量ずつ加えたとき，水溶液にどのような変化が見られるか。見た目でわかる変化について，簡潔に書きなさい。

5

土の中の微生物のはたらきについて調べるため，次の**実験**を行いました。これに関して，あとの(1)～(3)の問いに答えなさい。

実験 ① 培地をつくるため，0.1％のデンプン溶液100mLに，寒天粉末２ｇを入れ，加熱して溶かしたものを滅菌(めっきん)したペトリ皿Ａ，Ｂに入れてふたをした。

② 水を入れたビーカーに，学校の裏山で採取した落ち葉の下の土を入れ，よくかき混ぜたあと，**図１**のように，しばらく置いた。

③ ペトリ皿Ａには②の上ずみ液を何もせずに，ペトリ皿Ｂには②の<u>上ずみ液を煮沸(しゃふつ)</u>して冷ましたものを同量ずつ加えて，30℃の暗い場所に５日間置いた。

④ ③のあと，Ａ，Ｂの培地の表面のようすを観察した。さらに，Ａ，Ｂの培地の表面にヨウ素液を加えて色の変化を調べた。

⑤ ④の結果を，**表**のようにまとめた。

図１

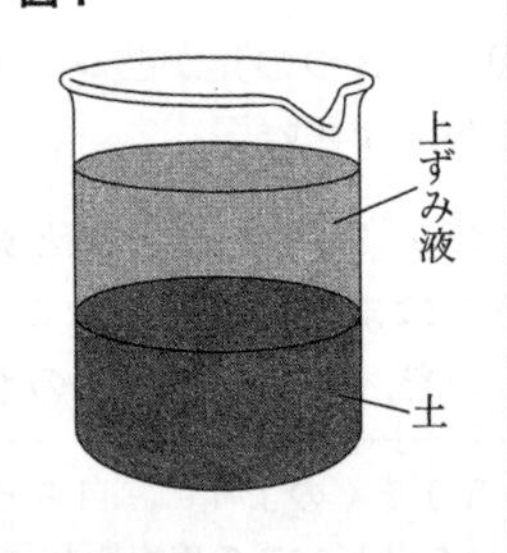

表

ペトリ皿	培地の表面のようすとヨウ素液による色の変化
A	表面には，**図２**のように，いくつかのかたまりが見られ，表面全体は青紫色に変化したが，かたまりとその周辺は色が変化しなかった。
B	表面には何も観察されず，表面全体が青紫色に変化した。

図２

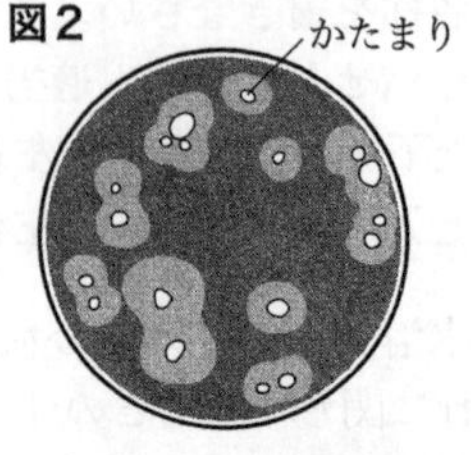

(1) **実験**の③で，下線部のように，上ずみ液を煮沸したのは何のためか。その理由を，「**微生物**」ということばを用いて，簡潔に書きなさい。

(2) 次の文章は，**実験**の結果について述べたものである。文章中の［ｘ］にあてはまる内容として最も適当なものを，あとの**ア**～**エ**のうちから一つ選び，その符号を書きなさい。また，［ y ］にあてはまる最も適当なことばを書きなさい。

実験の④で，ペトリ皿Aの表面に見られたかたまりは，土の中の［ x ］，目に見えるかたまりになったものである。このかたまりの周囲でヨウ素液の色が変化しなかったのは，微生物がデンプンをとり込み，エネルギーを得るための［ y ］とよばれるはたらきによって無機物にまで分解し，デンプンがなくなったためと考えられる。

ア　微生物が死滅し　　**イ**　微生物の体が大きくなり
ウ　微生物の数がふえ　　**エ**　微生物がほかの生物に食べられ

(3)　土の中の微生物と同じように，有機物をとり入れて無機物に分解するはたらきを行っている分解者とよばれる生物として適当なものを，次の**ア**～**エ**のうちから**二つ選び**，その符号を書きなさい。

ア　アオカビ　　**イ**　ムカデ　　**ウ**　モグラ　　**エ**　ダンゴムシ

6

化学反応の前後において，物質の質量がどのように変化するのかを調べるため，次の**実験**を行いました。これに関して，あとの(1)～(4)の問いに答えなさい。

実験
① ふたのついたプラスチック容器Xに，石灰石の粉末0.5gを入れた。
② **図**のように，うすい塩酸10.0gが入った小さなカップを容器X内につり下げ，ふたをして容器Xを密閉したあと，電子てんびんを用いて容器X全体の質量をはかった。
③ ②のあと，容器Xを傾けてうすい塩酸をすべてこぼし，石灰石の粉末と反応させたところ，気体が発生した。
④ 気体の発生が止まってから，容器X全体の質量をはかった。
⑤ 容器Xのふたをゆるめてしばらく待ってから，容器X全体の質量をはかった。
⑥ 容器Xに入れる石灰石の粉末の質量のみを変え，②～⑤と同様の操作を行った。
⑦ 石灰石の粉末の質量と②，④～⑥の結果について，**表**のようにまとめた。

図

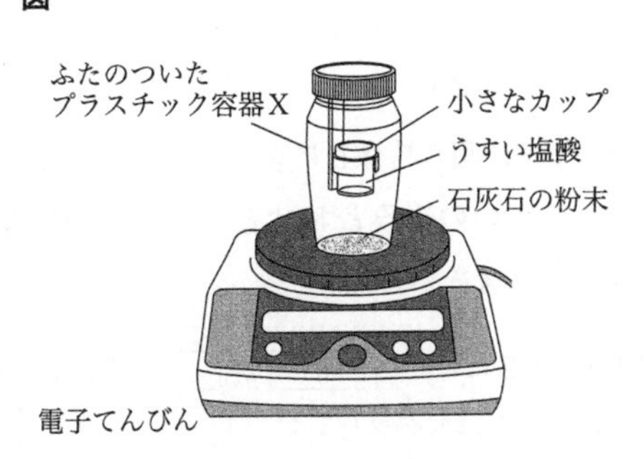

表

石灰石の粉末の質量〔g〕	0.5	1.0	1.5	2.0	2.5
②ではかった質量〔g〕	82.5	83.0	83.5	84.0	84.5
④ではかった質量〔g〕	82.5	83.0	83.5	84.0	84.5
⑤ではかった質量〔g〕	82.3	82.6	82.9	83.4	83.9

(1)　次の文章は，**表**の，②ではかった質量と④ではかった質量の結果について述べたものである。文章中の［　　］にあてはまる最も適当なことばを書きなさい。

表より，②ではかった質量と④ではかった質量はすべて同じになっていることがわかる。このように，密閉した容器内で化学反応が起こったとき，反応の前後で全体の質量が変化しないことを［　　］の法則という。

(2)　**実験**の③で発生した気体と同じ気体が発生する操作として最も適当なものを，次の**ア**～**エ**のうちから一つ選び，その符号を書きなさい。

ア　酸化銀を加熱する。　　**イ**　炭酸水素ナトリウムを加熱する。
ウ　酸化銅を加熱する。　　**エ**　アンモニア水を加熱する。

(3) **実験**で，容器Xに入れる石灰石の粉末の質量が2.5gのとき，発生した気体の質量は何gか，書きなさい。

(4) **実験**と同様にして，**実験**で使用したうすい塩酸30.0gと石灰石の粉末3.0gを反応させたときに発生する気体の質量として最も適当なものを，次の**ア**～**エ**のうちから一つ選び，その符号を書きなさい。

ア 0.6g　　**イ** 0.8g　　**ウ** 1.2g　　**エ** 1.8g

7 身近な植物(ユリ，サクラ，イヌワラビ，マツ，ツツジ)について，特徴A～Dをあげ，それらの特徴にあてはまる場合は「はい」，あてはまらない場合は「いいえ」で答えることによって分類を行いました。**図**はその結果をまとめたものです。これに関して，あとの(1)～(4)の問いに答えなさい。

図

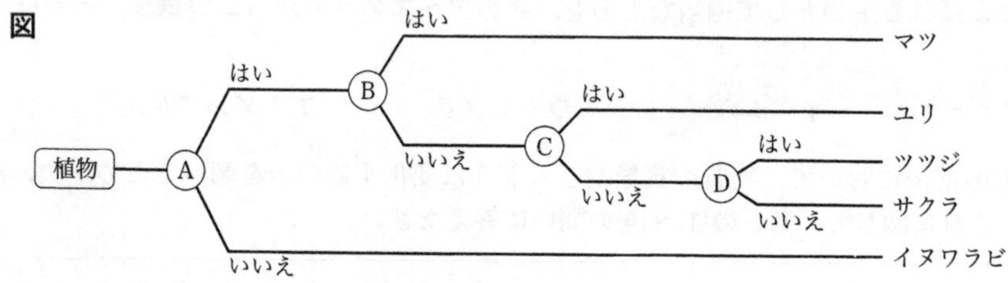

(1) **図**の特徴Aには，「種子をつくってなかまをふやす」があてはまる。種子をつくらない植物であるイヌワラビは何をつくってなかまをふやしているか。その名称を書きなさい。

(2) 次の文章は，**図**の特徴Bによる分類について述べたものである。文章中の［x］～［z］にあてはまるものの組み合わせとして最も適当なものを，あとの**ア**～**エ**のうちから一つ選び，その符号を書きなさい。

> **図**の特徴Bには，「［x］が［y］」が入る。この特徴に「いいえ」と答えた植物(ユリ，ツツジ，サクラ)には，「［x］が［z］」という特徴がある。

ア x：子房　y：むき出しになっている　z：胚珠に包まれている
イ x：子房　y：胚珠に包まれている　z：むき出しになっている
ウ x：胚珠　y：むき出しになっている　z：子房に包まれている
エ x：胚珠　y：子房に包まれている　z：むき出しになっている

(3) **図**の特徴Cで分類されたツツジやサクラの根のようすを，解答欄の図中に，その特徴がわかるようにかきなさい。

(4) **図**の特徴Dとして最も適当なものを，次の**ア**～**エ**のうちから一つ選び，その符号を書きなさい。

ア 葉脈が網目状に通っている。　**イ** 葉脈が平行に通っている。
ウ 花弁が1枚1枚離れている。　**エ** 花弁がつながっている。

8 電熱線による発熱について調べるため，次の**実験**を行いました。これに関して，あとの(1)～(4)の問いに答えなさい。ただし，回路内には電熱線以外に抵抗はないものとします。

実験 ① 発泡ポリスチレンの容器に，くみ置きの水100gを入れ，その水に電熱線Pを入れて，**図**のような回路を組み立てた。

② ①のあと，電源装置の電圧を3.0Ｖに合わせて，回路に電流を流し，電圧計と電流計の値をそれぞれ調べた。

③ 回路に５分間電流を流してから電源装置のスイッチを切り，その直後に水の温度をはかって，５分間での水の上昇温度を計算した。

④ 電源装置の電圧だけを，6.0Ｖ，9.0Ｖと変えて，①～③と同様の操作を行った。

⑤ ①～④の結果を，**表**のようにまとめた。

図

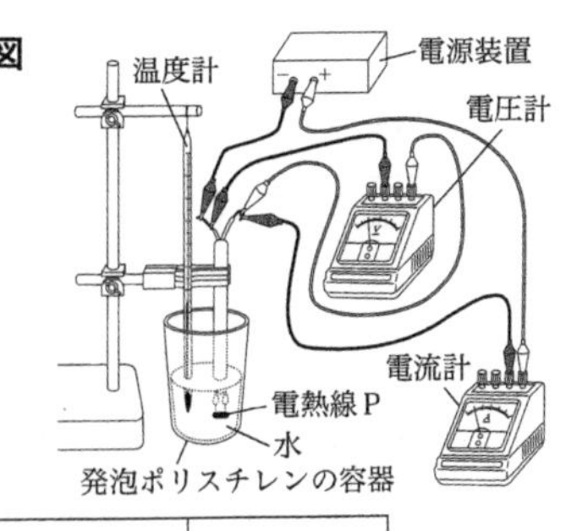

表

電圧計の値〔Ｖ〕	3.0	6.0	9.0
電流計の値〔Ａ〕	0.9	1.8	2.7
５分間での水の上昇温度〔℃〕	1.8	7.2	16.2

⑴ **実験**で，水を入れる容器に，金属性やガラス製のものではなく，発泡ポリスチレン製のものを用いたのはなぜか。その理由として最も適当なものを，次の**ア～エ**のうちから一つ選び，その符号を書きなさい。

ア 水の熱が逃げないようにするため。　**イ** 誤って電流が流れないようにするため。
ウ 水の熱をすばやく放出するため。　**エ** 水のようすがよく見えるようにするため。

⑵ 次の文は，電力について述べたものである。文中の［ａ］，［ｂ］にあてはまるものの組み合わせとして最も適当なものを，あとの**ア～カ**のうちから一つ選び，その符号を書きなさい。

電気器具が［ａ］あたりに使う電気の量を電力といい，電気器具に加わる電圧〔Ｖ〕と流れる電流〔Ａ〕の［ｂ］で求める。

ア ａ：１時間　ｂ：和　**イ** ａ：１時間　ｂ：積
ウ ａ：１分間　ｂ：和　**エ** ａ：１分間　ｂ：積
オ ａ：１秒間　ｂ：和　**カ** ａ：１秒間　ｂ：積

⑶ **実験**の③で，電源装置の電圧を3.0Ｖに合わせて，電熱線Ｐに５分間電流を流したとき，電熱線Ｐから発生した熱量は何Ｊか，書きなさい。

⑷ **実験**の結果から，電圧計の値（Ｘ）と，５分間での水の上昇温度（Ｙ）の関係として最も適当なものを，次の**ア～エ**のうちから一つ選び，その符号を書きなさい。

ア ＹはＸに比例する。　**イ** ＹはＸの２乗に比例する。
ウ ＹはＸに反比例する。　**エ** ＹはＸの２乗に反比例する。

9 １月のある日，千葉市内で星の動きを調べるため，次の**観察**を行いました。これに関して，あとの⑴～⑶の問いに答えなさい。

観察 ① 空全体が見わたせる場所に行き，東，西，南，北の４つの方角に向けてカメラを設置した。

② 午後８時から２時間シャッターを開いたままにして，星の動きを撮影した。**図**のａ～ｄは，いずれかの方角の星の動きを，写真をもとにして模式的に表したものである。

③ **図**のｄを撮影した方角の空では，シャッターを開いていた２時間の間に，星Ｐが，星Ｏを中心にある角度だけ移動して見えたが，星Ｏの位置はほとんど変わっていないように見えた。

図 a　b　c　d

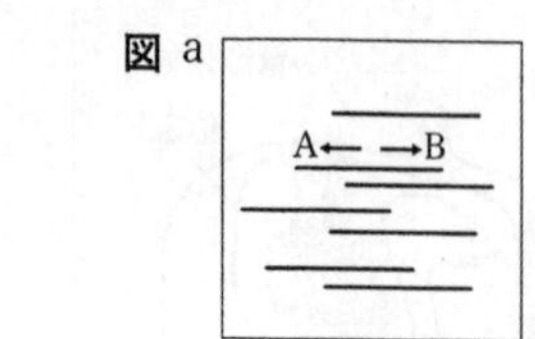

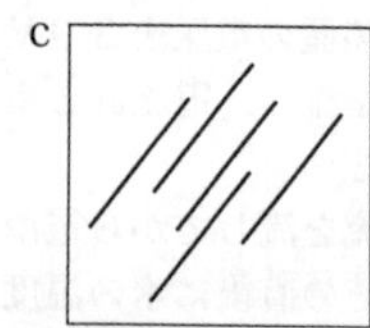

P　O

⑴　**図**のa～dのうち，aで星の移動した向きと，西の方角の星の動きを表しているものの組み合わせとして最も適当なものを，次の**ア**～**エ**のうちから一つ選び，その符号を書きなさい。

ア　向き：A　　西：b　　　**イ**　向き：B　　西：b

ウ　向き：A　　西：c　　　**エ**　向き：B　　西：c

⑵　それぞれの方角の星の動きのように，夜空の星は時間がたつとそれぞれ決まった向きに移動するように見える。このような星の動きを星の何運動というか，書きなさい。

⑶　次の文章は，**図**のdについて述べたものである。あとの⒜，⒝の問いに答えなさい。

> **図**のdで，星Pの回転の中心に見えた星Oを［ x ］という。時間が経過してもこの星の見える位置がほとんど変わらなかったのは，この星が地球の［ y ］のほぼ延長上にあるからである。星Pは，２時間で星Oを中心として約［ z ］度回転して見えた。

⒜　［ x ］にあてはまる星の名称として最も適当なものを，次の**ア**～**エ**のうちから一つ選び，その符号を書きなさい。また，［ z ］にあてはまる最も適当な数値を，**整数**で書きなさい。

ア　リゲル　　**イ**　アンタレス　　**ウ**　北斗七星　　**エ**　北極星

⒝　［ y ］にあてはまる最も適当なことばを書きなさい。

て、あなたの考えを書きなさい。

> 「群疑（ぐんぎ）によりて独見を阻むことなかれ。己の意に任せて人の言を廃することなかれ。」
>
> 意味……多くの人が疑っているからといって自分の意見を捨ててはならない。また、自分の意見を押し通して他人の発言を塞（ふさ）いではならない。

〈条件〉

①　**二段落構成**とし、**八行以上**、**十行以内**で書くこと。

②　前段では、右の文章に書かれている内容についてあなたの考えを、あなた自身の体験に触れながら書くこと。

③　後段では、前段の内容をふまえて、「自分の意見を持つ」ことについて、あなたの考えを書くこと。

〈注意事項〉

①　氏名や題名は書かないこと。

②　原稿用紙の適切な使い方にしたがって書くこと。

ウ　自分のために泣いてくれている父親を慰めたいと切実に思っているが、その方法がわからず、あせっている様子。

エ　父親の流す涙と、日焼けした肌を見て、父親に苦労をかけていることに改めて気づかされ、胸を揺さぶられる様子。

七

次の文章は、真如親王(平城天皇の第三皇子)が、仏の教えを求め、天竺(インド)に向かっている道中の出来事を述べたものである。これを読み、あとの(1)〜(5)の問いに答えなさい。

渡り給ひける(天竺に向かいなさる)道の用意に、大柑子(注1)を三つ持ち給ひたりけるを、つかれたる姿したる人(空腹でやつれた様子をした人)出で来て、①乞ひければ、取り出でて、中にも小さきを②与へ給ひけり。この人、「同じくは、大きなるをあづからばや」と③いひければ、「我はこれにて(ここから)A末もかぎらぬ道を行くべし。汝はここのもと人なり(あなたはこの土地に暮らす人だ)。さしあたる飢ゑをふせぎては足りぬべし」とありければ、この人、「菩薩(注2)の行は、さる事なし。B汝、心小さし。心小さき人の施す物をば受くべからず」とて、④かき消ち失せにけり。真如親王、あやしくて、我が心を、化人(注3)の出で来て、はかり給ひけるにこそと、悔しく、あぢきなし(情けなく思った)。さて、やうやう進み行くほどに、つひに虎に行き会ひて、むなしく命終りぬとなん。

(『閑居友』による。なお、一部表記を改めたところがある。)

(注1) 大柑子＝大きなみかん。
(注2) 菩薩＝悟りを求めて修行をする人。
(注3) 化人＝神仏の化身。

(1) 文章中の 飢ゑをふせぎて を現代仮名づかいに改め、**全てひらがな**で書きなさい。

(2) 文章中の ―― ①〜④のうち、一つだけ**主語が異なるもの**がある。その符号を書きなさい。

(3) 文章中の A末もかぎらぬ の意味として最も適当なものを、次の**ア〜エ**のうちから一つ選び、その符号を書きなさい。

ア　生きて帰れない。　**イ**　誰にも止められない。
ウ　迷うことのない。　**エ**　終わりのわからない。

(4) 文章中に、真如親王が思ったこととして「　」が付けられる箇所がある。その箇所を文章中から**抜き出して、はじめと終わりの三字**を書きなさい。

(5) 文章中に B汝、心小さし とあるが、どのようなところを見て、心が小さいと言っているのか。その内容について説明した次の文の Ⅰ 、 Ⅱ に入る言葉を、**五字以上、十字以内**の現代語でそれぞれ書きなさい。

> 真如親王が、空腹で困っている人の「 Ⅰ 」という望みを拒み、自分のことを Ⅱ ところ。

八

次の文章は、十六世紀後半の中国の書物『菜根譚』の一節である。この文章を読み、あとの〈条件〉にしたがい、〈注意事項〉を守っ

ていた。口を少し開き、みひらいた眼から涙があふれるのを隠していなかった。弥五兵衛の顔には、愚人に似た放心した表情があらわれている。

父親の横顔を尾をひいて走った涙が、日焼けした首までつたい落ちるのを、弥太郎は少し当惑した気分で眺めた。(F)

（藤沢周平（ふじさわしゅうへい）『一茶（いっさ）』による。なお、一部表記を改めたところがある。）

（注１）煙管＝刻みたばこを詰めて吸う道具。
（注２）逡巡＝ぐずぐずし、ためらうこと。
（注３）凝然＝じっとして動かないさま。

(1) 文章中に首を振ってもう少し行こうと言った(A)とあるが、別れを決断することができない父親とは対照的に、未練を捨てた弥太郎の気持ちが表現されている部分を文章中から**三十二字**で**抜き出して**、**はじめの四字**を書きなさい。

(2) 文章中の［B］に入る言葉を、［B］**より前**の文章中から**五字**で**抜き出して**書きなさい。

(3) 文章中に弥太郎はそのことを少しうっとうしく感じていた(C)とあるが、具体的には、どのようなことを「うっとうしく」思っていたのか。その内容を、**二十字以上、二十五字以内**で書きなさい。

(4) 文章中にぎごちない微笑をうかべている(D)とあるが、このときの弥五兵衛の心情として最も適当なものを、次の**ア**～**エ**のうちから一つ選び、その符号を書きなさい。

ア 別れの場にふさわしくない言葉を言ってしまい、気まずさを覚えている。
イ 自分の言葉に耳を傾けず、反抗的な態度を見せる息子を、怖がっている。
ウ 緊張のあまりこわばっている息子の表情を、和らげたいと思っている。
エ 本当に言いたいことを言い出せずにいることを、もどかしく感じている。

(5) 文章中に弥太郎がほっとして(E)とあるが、弥太郎がほっとした理由について説明した次の文の［Ⅰ］、［Ⅱ］に入る言葉を、文章中から**抜き出して**それぞれ書きなさい。ただし、［Ⅰ］は**八字**で、［Ⅱ］は**二字**で書くこと。

> 弥太郎を［Ⅰ］という決断が、［Ⅱ］の選択であったということを、父親が別れの言葉の中に入れてくるのではないかと予想し、不安に思っていたが、そうした事態にはならなかったから。

(6) 文章中に弥太郎は少し当惑した気分で眺めた(F)とあるが、この表現から読み取れる、弥太郎の様子として最も適当なものを、次の**ア**～**エ**のうちから一つ選び、その符号を書きなさい。

ア 父親が泣くのを見ても心を揺さぶられることなく、むしろ冷淡に受け止めている自分自身にとまどっている様子。
イ 感動的な場面を演出されて泣く寸前だったのに、自分よりも先に父親に泣かれてしまったため、閉口している様子。

でもついてくるような気がしたのだった。

「そうだな……」

弥五兵衛は立ちどまって、またひとしきり胸元に流れる汗をぬぐった。それから不意に眼(め)がさめたような顔になって、弥太郎の顔を見つめると、ほんとだ、［　B　］なとつぶやいた。

ほんの少し、待ってくれるかねと弥五兵衛が言うと、赤渋村の男は手を振って微笑し、腰の煙管(注1)(きせる)をさぐった。

弥太郎はうつむいていた。父親が、どこかで別れの言葉を、それも改まった口調で言い出しそうな気がして、C弥太郎はそのことを少しうっとうしく感じていたのである。そのときが来たようだった。

弥太郎を江戸に奉公に出すことは、だれにすすめられたわけでもなく、父親の弥五兵衛が決めたことだった。弥五兵衛は、何度も親戚の家々をたずねて相談し、長い間逡巡(注2)(しゅんじゅん)していたようにみえたが、最後にそういう形でさっと、生さぬ仲の弥太郎との間の不和にひとまずけりをつけたのであった。

だが、むろん弥五兵衛は、その処置に満足し、これで家の中が平穏になると喜んでいるのではなかった。切羽(せっぱ)つまって、そう決めたことである。決めた後にも、父親の苦渋が尾を引いている。十五の弥太郎には、おおよそういう父親の立場がわかっていた。だが弥太郎は同時に、別れるときに父親がそのことを言い出すのではないかと恐れてもいた。てれくさかった。別れの言葉は簡単にしてもらいたかった。

「あのな……」

弥五兵衛はそう言った。だが、そのままいつまでも黙っている。

弥太郎が顔をあげると、放心したような父親の横顔が見えた。

「身体(からだ)に気をつけろ」

不意に弥五兵衛は、弥太郎に向き直って言った。Dぎごちない微笑をうかべている。

「はじめての土地では、水になれるまで用心しないとな。それからな……」

弥五兵衛は、弥太郎をのぞきこむようにして、ちょっと口ごもってから言った。

「お前は気が強い。ひとと争うなよ」

弥太郎は、父親がお前はひねくれているからと言おうとしたのかも知れないと思ったが、素直にうなずいた。

弥五兵衛は、低い声でぽつりぽつりと訓戒めいた言葉を続け、最後に時どき便りしろ、辛抱できないときは、遠慮なく帰って来い、と言った。

「では、ひとが待っているから、行くか」と弥五兵衛が言った。それで別れの儀式が終わったようだった。

E弥太郎がほっとして道ばたにいる連れを振り返ったとき、後ろで奇妙な声がした。振りむいた弥太郎から顔をそむけて、弥五兵衛が言い直した。

「ほんとうはな……」

言い直したが、まだ喉がつまった声になっていた。

「江戸になど、やりたくはなかったぞ」

「………」

「わかるな」

弥五兵衛は、弥太郎からそらした眼を、凝然(注3)と北の空にむけ

一つ選び、その符号を書きなさい。

ア　人々が美しいと感じる場面では、風景という言葉だけが使われ、景色や景観や光景や情景という言葉を適用しない点。

イ　風景という言葉が、景色や景観や光景や情景という言葉よりも美しい日本語であると、多くの人に認識されている点。

ウ　風景という言葉のほうが、景色や景観や光景や情景という言葉よりも重きを置かれ、多用される傾向にあるという点。

エ　風景という言葉は日常生活で適用され、景色や景観や光景や情景という言葉はそれ以外の場面で使用されるという点。

(5)　文章中にE近代市民社会に成立した風景画を人々が見ることによって育成されてきた心象意識が、日常的場面、場面への風景概念のそうした適用の中に、潜在的な構想力として生きて働いている　とあるが、その内容について説明した次の文の［Ⅰ］、［Ⅱ］に入る言葉を、文章中からそれぞれ**十一字**で**抜き出して、はじめの六字**を書きなさい。

> 風景画を見ることによって、人々の間につちかわれた意識が、［Ⅰ］の中にひそんでいる［Ⅱ］ことに貢献しているということ。

(6)　この文章で述べられていることとして最も適当なものを、次の**ア**～**エ**のうちから一つ選び、その符号を書きなさい。

ア　元来、自然の美しさを表現する言葉であった「風景」を、それ以外の事柄を言い表すために使うべきではない。

イ　私たちが、人間の生活の場面、場面を生活風景として語るのは、自然風景に対して憧れをもっているからだ。

ウ　現代社会には、平和や静けさ、休息のない人工的な場所が増えているので、自然風景に立ち返ることが重要だ。

エ　「景色画」という言葉が普及しなかったのは、正岡子規が景色という言葉の意味を理解できなかったからだ。

六

次の文章を読み、あとの(1)～(6)の問いに答えなさい。

> 「弥太郎」(のちの小林一茶)は、生さぬ仲(血のつながらない親子の関係)の母「さつ」との折り合いが悪かったため、郷里である信濃国(現在の長野県)の柏原を出て、江戸に奉公(商店に住み込みで働くこと)に行くことになった。次は、見送りに来た父親「弥五兵衛」との別れの場面である。

「このへんで、いいよ」

弥太郎は立ちどまると父の弥五兵衛を振りむいて言った。弥五兵衛は、弥太郎を江戸まで連れて行ってくれる隣村の赤渋村の男と話しながら、ひと足遅れて歩いてきたが、ちらと弥太郎を見上げると、A首を振ってもう少し行こうと言った。

丘の道は、ある程度登ってしまうと、平らなところが続いたり、わずかにくだる箇所があったり、それほど険しい登り道ではなかった。だが弥五兵衛は、右手に手拭いをつかんで、首筋や、はだけた胸元のあたりを、しきりにぬぐいながら歩いていた。疲れているようにみえた。

「でも、きりがないよ」

父親が追いつくのを待って、弥太郎は少し強い口調で言った。どうせ郷里を出ると決めたのだから、いさぎよく別れたいという気持ちもあったが、一方では、そう言わなければ、父親がどこま

さて、このことと関連しまして、<u>もう一つ興味深い点</u>(D)を、右の風景の言葉の使用の仕方の中から取り出すことができると思うのです。風景という言葉が日常生活の場面、場面に適用されるのをよく観察いたしますと、日本語では景色や景観や光景や情景というような、いろいろとそれ自体として美しい言葉がありますのに、それらの言葉がそうした場面、場面に適用されないで、「風景」という言葉が優先され愛されて、それらに対して使用されています。それはなぜなのか、と言いますと、今も述べましたように、人間の生活の場面、場面が生活風景として語られることの中には、自然風景が隠喩として語られている、ということがあると思うのです。そして風景という概念の日常化の中に隠喩関係がひそんでいるとすると、この隠喩の関係を成立させるのには、ここでもまた風景画が役立っているのではないか、と考えられるのです。それは、ここでも無意識の底にある意識といたしまして、風景画によって育成されてきた意識が深層に横たわっている、と言えるのではないかと思います。

E<u>近代市民社会に成立した風景画を人々が見ることによって育成されてきた心象意識が、日常的場面、場面への風景概念のそうした適用の中に、潜在的な構想力として生きて働いているのだ</u>、と言えるでしょう。この「風景画」という言葉についてですが、ここでもまた不思議に思われますことに、「景色画」とか「景観画」とか「光景画」とかいう概念は作られなかったのです。「風景画」だけが存在いたしました。［F］正岡子規(まさおかしき)は「景色画」をよく使用していますが、しかしこれは一般化しませんでした。

さて、風景画が深層心理に定着していたのだといたしますと、風景という言葉の使用のそのような日常的拡大の中には、また逆の心的流れとして、本来の生きた自然風景への憧れが、同じく深層心理として働いているのだ、と言ってもいいでしょう。

（内田芳明(うちだよしあき)『風景の発見』による。）

---

(1) 文章中にA<u>風景という言葉にはなにか平和な状態性、静かで親しみある平和的な情景というものがイメージとしてふくまれていると言える</u>とあるが、筆者が、このように考える理由について説明した次の文の［　］に入る言葉を、**三十字以上、四十字以内**で書きなさい。

風景という言葉は、［　　］という性質を持っているから。

(2) 文章中のB<u>風景としてとらえる</u>を、別の言葉で言い換えている部分を直後の段落中から**三十一字で抜き出して、はじめの四字**を書きなさい。

(3) 文章中の［C］、［F］に入る言葉の組み合わせとして最も適当なものを、次の**ア**～**エ**のうちから一つ選び、その符号を書きなさい。

ア　C＝ところで　F＝例えば
イ　C＝ところが　F＝だから
ウ　C＝ただし　F＝なぜなら
エ　C＝よって　F＝すなわち

(4) 文章中にD<u>もう一つ興味深い点</u>とあるが、その具体的な内容についての説明として最も適当なものを、次の**ア**～**エ**のうちから

返り点をつけなさい。ただし、必要な返り点のみを□内に書き入れること。

李□下ニ□不ず□正サ□冠ヲ□

(2) 文章中の B入れ という動詞の活用形として最も適当なものを、次の**ア**～**エ**のうちから一つ選び、その符号を書きなさい。

ア 未然形　**イ** 連用形　**ウ** 連体形　**エ** 仮定形

(3) 文章中の C誤解 と熟語の構成が同じものを、次の**ア**～**エ**のうちから一つ選び、その符号を書きなさい。

ア 辞職　**イ** 虚実　**ウ** 公園　**エ** 貯蓄

五

次の文章を読み、あとの(1)～(6)の問いに答えなさい。

風景という言葉は広く日常的生活の様々の場面、場面に使用されてはいますが、この言葉が使用されない方面があることも事実です。例えば、戦争・闘争・爆発・噴火・火炎・突進、などという方面にはまさか風景という言葉が使われることはないでしょう。むしろ「光景」ならば、「爆破の光景」「火山噴火の光景」「車の暴走する光景」、などと言われうるでしょう。このように考えてきますと、風景という言葉の使い方の中には、戦争とか爆破とか暴走とか、なにかそういう、現象や行為の破壊的な方面、劇的な動的な瞬間的状況などの方面、Aとは正反対の方面のことに使われているように思うのです。つまり風景という言葉にはなにか平和な状態性、静かで親しみある平和的な情景というものがイメージとしてふくまれていると言えるのではないでしょうか。

風景概念のこのような使用のされ方の中には、その本質の一つの要素として、この平和的なるもの、静かなるもの、生活的なるもののたたずまい、一瞬とどまって休息しているたたずまい、すなわち「姿・形」という、意味がふくまれているようなのです。つまりは戦争とか闘争とか労働とか運動とかいうものの対極にある一つの世界、がその概念の含蓄として余韻としてふくまれていると思うわけです。例えば「練習風景」という時に、そこでイメージされているのは、まさか練習そのものの動的な変化の過程ではないでしょう。そうではなくて、練習の一場面の一瞬をとどまる姿として、いわばB風景としてとらえるイメージが、その関心事であるはずです。

人は無意識に風景という言葉を、そのように日常化して多用しているわけなのですけれども、しかし人がそのように日常化し多用して風景という言葉を使い、風景という言葉への愛好を示していることの無意識の底には、風景概念の持っているこの実に本質的な契機として、見られる対象の生活状況を、一瞬のとどまった「姿・形」として見るという心的契機、つまり風景として見るという心的契機がふくまれていると思われるのです。C 風景がこのように平和と静けさと休息とを語るその本来の場所は、そのような人工の場所や生活の諸場面や文化的場面などでは決してなく、ほかならぬ自然なのであり、自然風景であるということ、そしてこの自然風景の隠喩として表現されているのだ、ということも、またそこから推察されるのです。したがいまして、私たちはこの本来の風景の発源地、すなわち自然風景に立ち返ることがまず求められているのだと思います。

注目を集める工夫。

ウ　本題に入る前に、自分の人となりを紹介することで聞き手の信頼を得ようとする工夫。

エ　本題に入る前に、プレゼンテーションのテーマの重要性を聞き手に意識させる工夫。

(2)　(問いを放送します。)

[**選択肢**]

ア　親しげに呼びかけるような口調。

イ　怒りのこもった不快そうな口調。

ウ　冗談半分にからかうような口調。

エ　ゆったりとした落ち着いた口調。

(3)　(問いを放送します。)

[**選択肢**]

ア　知らない人から嫉妬され、恨みを買うおそれがあるから。

イ　自分の家族や友だちに迷惑がかかるおそれがあるから。

ウ　知られたくない情報を他人に知られるおそれがあるから。

エ　インターネットの利用を制限されるおそれがあるから。

(4)　(問いを放送します。)

[**選択肢**]

ア　スライドの内容を分割して、写真関連のことをまとめたスライドを作る。

イ　写真に関することをスライドの中からすべて削除し、内容を簡略化する。

ウ　インターネット上に写真を公開することの利点だけをスライドに表示する。

エ　スライド内の「インターネットを使ってできること」の項目を一つに絞る。

聞き取りテスト終了後、３ページ以降も解答しなさい。

二　次の(1)〜(4)の――の漢字の読みを、**ひらがな**で書きなさい。

(1)　甲殻類の調査研究を行う。

(2)　衷心よりご多幸を申し上げる。

(3)　食事の量を控えて運動をする。

(4)　美しい風景にじっと目を凝らす。

三　次の(1)〜(4)の――のカタカナの部分を**漢字**に直して、楷書(かいしょ)で書きなさい。(正確にていねいに書きなさい。)

(1)　家を一軒一軒ホウモンして歩く。

(2)　春は花粉が多くヒサンする季節だ。

(3)　ヒロった落とし物を交番に届ける。

(4)　三か国語を巧みにアヤツって話す。

四　次の文章を読み、あとの(1)〜(3)の問いに答えなさい。

> 妹…お兄ちゃん、「$\overset{A}{\text{李下(りか)に冠を正さず}}$」の意味を教えて。
> 兄…「李下」というのは「すももがなっている木の下」という意味だよ。その木の下で冠を頭から外していたら、すももを盗み取って冠に$\overset{B}{\text{入れ}}$ようとしているのではないかと疑われるので、やめたほうがよい、ということだね。つまり、$\overset{C}{\text{誤解}}$を招くような行動は慎んだほうがよいという意味だよ。

(1)　文章中の$\overset{A}{\text{李下に冠を正さず}}$を漢文で表すと「李下不正冠」となる。この漢文が「李下に冠を正さず」と訓読できるように、

る場合もあります。例を使って説明すると、友だちと待ち合わせをしている時に、確認のため、何の気なしに「今どこ？　早く来て」というメッセージを書きこみます。しかし、相手には、不満があるかのように「今どこ？　早く来て」と言っているように誤解され、けんかになってしまったことがありました。

村本　プレゼンテーションの場で話す際には、「今どこ？　早く来て」の言い方に変化をつけないと、聞いている人には違いがわからないよ。後の「今どこ?早く来て」の口調には、わかりやすく変化をつけたほうがいいね。

（合図音A）

問いの(2)　宮田さんは、村本さんの助言に従い、後に出てくる「今どこ？　早く来て」の口調に変化をつけることにしました。具体的には、どのような口調で読むのがよいですか。最も適当なものを、選択肢ア～エのうちから一つ選び、その符号を書きなさい。　（約5秒間休止）

（合図音B）

宮田　次に、ソーシャルメディア、いわゆるSNSに写真を公開する際の注意点です。自分と友だちが写った写真を、友だちの許可なくアップロードして、トラブルに発展することがあります。また、自分しか写っていないからといって、その写真を軽々しく公開するのも危険です。写真の背景などから、自分の居場所を突き止められる場合があるからです。インターネット上に一度公開したものを後で消すことはとても難しいので、写真を載せる前に、本当に問題がないか確認をしましょう。また、写真でいうと、他人になりすまし……。

村本　ちょっと待って。このスライドに書かれていないことを付け加えすぎだよ。写真については、話題がもっと多くありそうだから、一枚のスライドに入りきらないなら、スライドの作り方自体を変えた方がいいね。

（合図音A）

問いの(3)　宮田さんは、自分一人しか写っていない写真であっても、公開するのは危険だと述べていましたが、その理由として最も適当なものを、選択肢ア～エのうちから一つ選び、その符号を書きなさい。　（約7秒間休止）

問いの(4)　村本さんは、スライドの作り方を変えたほうがよいと提案していましたが、その具体的な内容として最も適当なものを、選択肢ア～エのうちから一つ選び、その符号を書きなさい。　（約8秒間休止）

〈チャイム〉

放送は以上です。3ページ以降も解答しなさい。

※注意　各ページの全ての問題について、解答する際に字数制限がある場合には、句読点や「　」などの符号も字数に数えること。

一　これから、高校生の宮田(みやた)さんが、同級生の村本(むらもと)さんに助言をもらいつつ、プレゼンテーションの練習をしている場面と、それに関連した問いを四問放送します。1ページにある、プレゼンテーションの際に使用する〔スライド〕を見ながら放送を聞き、それぞれの問いに答えなさい。

(1)　（問いを放送します。）

〔**選択肢**〕

ア　本題に入る前に、冗談を言って緊張している聞き手の気持ちを和らげようとする工夫。

イ　本題に入る前に、まったく関係のない話をして聞き手を驚かせ、

国語

国語聞き取りテスト台本

〈チャイム〉

これから、国語の聞き取りテストを行います。これは、放送を聞いて問いに答える問題です。それでは問題用紙の1ページと2ページを開きなさい。

（約2秒間休止）

これから、高校生の宮田さんが、同級生の村本さんに助言をもらいつつ、プレゼンテーションの練習をしている場面と、それに関連した問いを四問放送します。1ページにある、プレゼンテーションの際に使用する［スライド］を見ながら放送を聞き、それぞれの問いに答えなさい。

（約2秒間休止）

なお、プレゼンテーションの練習の途中と最後に、（合図音A）という合図のあと、問いを放送します。また、（合図音B）という合図のあと、プレゼンテーションの練習場面の続きを放送します。1ページと2ページにメモをとってもかまいません。では、始めます。

〈チャイム〉

宮田　本番を想定して、スライドを使いながら、プレゼンテーションをするので、おかしなところがあったら、村本さん、指摘や助言をお願いしますね。じゃあ、始めるよ。若葉中学の一年生のみなさん、こんにちは。今日は、どのようにしてインターネットと関わっていけばよいか、ということについて、みなさんにお話させていただきたいと思います。よろしくお願いします。では、こちらのスライドを見てください……。

村本　いったんストップ。本題に入るのが早すぎると思うよ。もう少し工夫してみたらどうかな。たとえば……。

（約3秒間休止）

（合図音B）

宮田　村本さんの助言を生かし、言葉を加えて言い直してみるから、聞いてみて。いくよ。若葉中学の一年生のみなさん、こんにちは。みなさんは、インターネットを利用していますか。中学生になると、小学生の時以上に、インターネット機器に触れる機会が増えます。インターネットは便利な反面、使い方を誤ると、とても危険です。そこで今日は、どのようにしてインターネットと関わっていけばよいか、ということについて、みなさんにお話させていただきたいと思います。よろしくお願いします。

（合図音A）

問いの(1)　宮田さんは、村本さんの指摘を受けて、どのような工夫をしていましたか。最も適当なものを、選択肢ア〜エのうちから一つ選び、その符号を書きなさい。

（約10秒間休止）

（合図音B）

宮田　では、こちらのスライドを見てください。このスライドには、インターネットの三つの便利な使い方と、私たちが体験したトラブルの実例を記しています。まず、一番上の「コミュニケーション」ですが、インターネットは、友だちと気軽に連絡を取り合える便利さがある一方で、相手の受け取り方によってはトラブルにな

紙上公開もし

解答と解説

第１回 紙上公開もし（令和元年9月実施）

解　答

【国語】

配点／二・三・六(3) 各2点，五(4)② 4点，八 10点，他 各3点

一　(1)　**ウ**　(2)　**イ**　(3)　**ア**　(4)　**エ**
二　(1)　りゅうし　(2)　ぼうきゃく　(3)　つくろ（って）　(4)　きわ（めた）
三　(1)　安否　(2)　展覧　(3)　暮（れて）　(4)　築（く）
四　(1)　十（漢数字のみ可）　(2)　①　(3)　**イ**
五　(1)　**ア**　(2)　**ウ**　(3)　言葉の微妙な変化
　(4)　①Ⅰ：最小限必要なこと　Ⅱ：レトリックと論理（完答）
　　②〔例〕未知の人間と意志疎通をする必要　(5)　**エ**
六　(1)　**イ**　(2)　【ｃ】　(3)　Ⅰ：〔例〕的打ちで中りを連発した　Ⅱ：初めての大きな大会
　(4)　**エ**　(5)　バレエでも　(6)　〔例〕情けなく思う
七　(1)　**ア**　(2)　**エ**　(3)　皮の類　(4)　ききたまい（ひらがなのみ可）
　(5)　〔例〕皮ばかまを身に着けたまま寺の中に入る（という行為。）
八　二段落構成とし、前段では、提示されている資料から読み取った内容を書くこと。前段は、「資料から、東京オリンピック・パラリンピックを、世界の人々と友好を深めるためのよい機会と前向きにとらえている人が多くいる一方で、約四割の人が他人事として、冷めた目でとらえていることもわかる。」といった形でまとめるのが望ましい。また、後段では、東京オリンピック・パラリンピックの意義について、自分の考えを具体的に述べているかどうかを総合的に判断し、採点する。

【数学】

配点／5(1) 各2点，4(1)(a)・(b)・5(3) 各3点，4(1)(c) 4点，他 各5点

1　(1)　4　(2)　-5　(3)　$a+2b$　(4)　$x=9$
　(5)　$-\sqrt{11}$　(6)　$(x+7y)(x-7y)$
2　(1)　**イ**　(2)　47.5回　(3)　38 kg　(4)　$\frac{1}{4}$　(5)　右図
3　(1)　$a=32$　(2)　①（2，16）　②　$y=20x-24$
4　(1)　(a) **イ**　(b) **カ**　(c) 1組の辺とその両端の角　(2)　$\frac{80}{3}\pi\ \mathrm{cm}^3$
5　(1)　(ア) 12　(イ) 9　(2)　13枚
　(3)　最大値　32枚，最小値　10枚

2(5)

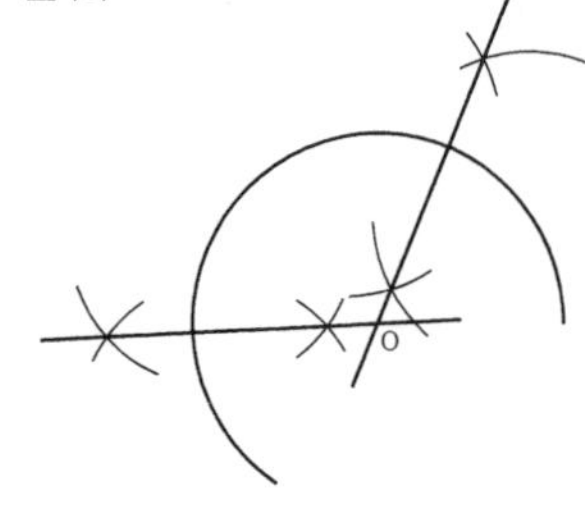

【社会】

配点／1 各2点，他 各3点

1　(1)　**エ**　(2)　X：大西洋　Y：インド洋（完答）　(3)　**イ**　(4)　**ウ**　(5)　八幡
2　(1)　札幌（市）　(2)　やませ　(3)　D　(4)　中部（地方）
　(5)　①**ア**　②**ア**　○　**イ**　×　**ウ**　○（完答）
3　(1)　d　(2)　（9月）5（日）(午前)・午後 11（時）（完答）　(3)　P　(4)　**エ**
　(5)　南アフリカ共和国　(6)　〔例〕1人あたりのエネルギー消費量
4　(1)　①X：憲法　Y：内閣（完答）　②**イ**　(2)　ポーツマス
　(3)　**エ**　(4)　**イ**　(5)　**ア**
5　(1)　**ウ**　(2)　**イ**　(3)　〔例〕ヨーロッパに代わってアジアへ輸出する
　(4)　国家総動員法　(5)　**ア**　(6)　**イ**
6　(1)　教育基本法　(2)　**エ**　(3)　**エ**　(4)　アメリカ合衆国
　(5)　**ア**　(6)　**イ**

解　答

【理科】

配点／2(2)・3(2)・4(1)・5(1) 各2点，他 各3点

1 (1) **ウ**　(2) **イ**　(3) C　(4) 周波数
2 (1) 〔例〕親指の腹でこする。　(2) ⓐ 強い　ⓑ **イ**　(3) チョウ石
3 (1) **ア**　(2) x：電子線（陰極線）　y：電子　(3) A
4 (1) ⓐ **ウ**　ⓑ **エ**　(2) 相同（器官）　(3) 魚（類）
5 (1) ⓐ **ウ**　ⓑ **ウ**　(2) **イ**　(3) 窒素（原子）
6 (1) 柱頭（漢字のみ可）　(2) **エ**　(3) **ア**　(4) 栄養（生殖）
7 (1) 右図　(2) ① **エ**　② 梅雨（前線）　(3) **イ**
8 (1) **ウ**　(2) 〔例〕熱が発生する反応が起こり，その熱で反応が進んだから。
(3) Fe ＋ S → FeS　(4) **エ**
9 (1) 右図　(2) 〔例〕変形された物体が，元の形に戻ろうとする性質。
(3) フック　(4) 0.7（N）

7(1)

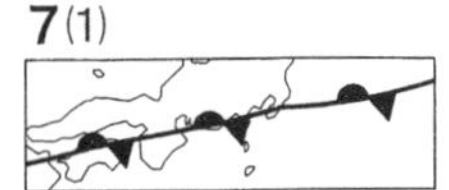

9(1)

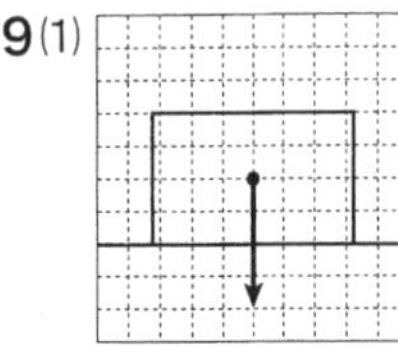

【英語】

配点／6 8点，7(3)① 5点，他 各3点

1 No.1 C　No.2 B
2 No.1 A　No.2 B
3 No.1 C　No.2 A　No.3 D
4 (1) water　(2) agree　(3) famous　(4) eight
5 (1) ours　(2) seen
(3) **ウ→ア→オ→イ→エ**　(4) **ア→ウ→オ→イ→エ**　(5) **ウ→オ→イ→エ→ア**
6 〔例〕Don't worry about that. It's Sunday and you have no classes today. So you don't have to go to school.
7 (1) Ⓐ **ウ**　Ⓑ **ア**　(2) ① four　② **エ**
(3) ①〔例〕They can enjoy traditional Japanese things.　② **ウ**
8 (1) **イ**　(2) **ア**　(3) only　(4) **エ**
9 (1) **ウ**　(2) **ア**　(3) **エ**　(4) **イ**

リスニング本文

1 No.1 Boy : I'll go to the food festival with Lucy this Saturday.　Girl : Oh, really? That sounds nice.
Boy : Will you come with us?
No.2 Boy : There are many good bags here!　Girl : Right.　Boy : Which one do you like?

2 No.1 Boy : I'm a member of the music club.
Girl : That's good. I like music, and I want to join you. Can I visit your club to learn about it?
Boy : Sure. We practice every Monday, Tuesday, Wednesday, and Friday after school. Why don't you visit us today after school?
Girl : Sorry, I can't. I go to piano school every Monday. So I'll visit you tomorrow.　Boy : OK.
Question : What day is it today?
No.2 I'm Rina. Today, I'm going to visit my grandfather in Midori City. I took the train at Kita Station and I'm going to get off at Midori Station. I've been on the train for fifteen minutes. The next station is Aozora Station, and I'll get to Midori Station about thirty minutes later.
Question : What station is Rina at now?

3 No.1 Today, many people have pets, and I'm one of them. I have a dog, and he is important to my family. I sleep with him every day. I think people should love and think about their pets, but some people don't do those things. I think that's bad. People should make their pets happy if they have one. I think it's important.
Question : What does the girl think about having pets?
No.2 Bob : I play tennis. How about you, Yui?
Yui : Me, too, Bob. All my family members like sports.　Bob : Oh, really?
Yui : Yes. Last Sunday, I went to the park with my mother and father to play tennis.
Bob : That's good. My mother, father and sister don't play any sports, but my brother does. I often play tennis with him.
Yui : I see.　Bob : Well, let's play tennis together next Sunday!　Yui : OK, Bob.
Question : Who went to the park with Yui last Sunday?
No.3 Liz : Hi, Jim. This is Liz.　Jim : Oh, Liz. How are you?
Liz : I'm fine. Are you enjoying your life in Japan?
Jim : Yes, I am. People here are always kind to me. My host mother cooks well, and I sometimes cook with her. My host father likes movies, and I often go to see a movie with him.
Liz : That's great. You often played the guitar in Australia. Do you play it in Japan, too?
Jim : No. I didn't bring my guitar to Japan.
Liz : I see. What do you usually talk about with your friends?
Jim : I often talk about music. My good friend, Taro, often tells me about Japanese music.
Liz : That's good. Have you bought any Japanese music CDs yet?
Jim : No, but I'll go shopping to buy some tomorrow.
Question : What will Jim do tomorrow?

4 (1) We drink it and need it to live.　(2) You use this word when your idea is the same as someone else.
(3) This is a word, and it means someone or something is known to many people.
(4) The number between seven and nine.

解　説

【国語】

四 ⑴ 名詞は、「私」「小学生」「時」「友だち」「一人」「父親」「ラムネ」「工場」「経営者」「子」の十。
⑵ 「誘わ」は五段活用の動詞「誘う」の未然形。「行き」「もらっ」「飲ん」は連用形。
⑶ 行書で書かれた「花」という漢字の部首「艹（くさかんむり）」の部分を見ると、「点画の連続」「筆順の変化」「点画の位置の変化」がわかる。ただし、「点画の省略」はどこにも見られない。

五 ⑴ 「砂をかむような」は、「味わいやおもしろみが、まったくないことのたとえ」として使われる慣用句。
⑵ Ｂ――の直前にある「日本のコミュニケーションはどうも外国人と異質なところがあるようだ。いや、国内向けと外国人相手とでは、発想も、話し方もちがわなくてはならないようだ」という某氏の結論に、筆者は共感している。よって、この二文の内容がまとめられているものを選ぶ。
⑶ Ｃ――と同じ段落に「（家族間という親密な）間柄では言葉の微妙な変化にも敏感であるから、大きな身振りのことばにはテレる。――そういった言葉の特質が日本語全体を通しても認められる」とあるのに注目する。つまり、家族などの親しい間柄では、敏感に「言葉の微妙な変化」を感じ取ることができるため、「ジェスチャーたっぷりの演説」は必要ないのである。
⑷ ① ヨーロッパの言語の論理性については、直前の段落でアメリカを例にして述べられている。特に「（異民族の混淆のいちじるしい社会であるため）最小限必要なことをわからせようとすることになる」、「レトリックと論理が発達せざるを得ない」の部分に注目する。
② 日本人が、ヨーロッパの言語のような論理性と無縁であった理由は、日本の社会が「比較的閉鎖的」であった結果、「未知の人間との意志疎通」に向かない言語体系を作り上げたからであると、第四段落に述べられている。
⑸ **ア**「（日本人政治家の多くは）軽薄なイメージをもたれている」、**イ**「アメリカ社会では、小範囲の人とのコミュニケーションを可能とする言語が必要とされる」、**ウ**「日本人は人を笑わせるための話術を磨くべき」の部分が、それぞれ適当ではない。

六 ⑴ 早弥は、由佳に「はい、鍵」と言われ、鍵を差し出されている。早弥は、そのことに対して、「なぜ先輩が？」と、由佳が鍵を持っていたことに疑問を抱いているのである。
⑵ 脱文挿入問題は、脱文の中の「指示語」や「接続詞」などをヒントに解いていく。この設問の場合、脱文の冒頭にある「それどころか」という接続詞をヒントにする。「それどころか」は、ある事柄をあげて、それを否定することによって、後の内容を強調する際に用いられる接続語で、【ｃ】の前にある部分と合わせて、「由佳は怒るどころか、心配までしている」となり、由佳が「心配」していることを強調する働きをしているのである。
⑶ Ｂ――の直後に、「始めたばっかりで、あの的中率はありえんよね」とあることから、実良が、弓道部に入部したての初心者であったにもかかわらず、的打ちですぐに中りを連発したところから、「天才」と言っていることがわかる。さらに、Ｂ――の十二行後に、「去年の新人戦もすごかったよねえ」とあることから、実良が、初めての大きな大会でも、緊張せずに勝ち上がり、決勝戦まで進んだところも、「天才」と思っている。
⑷ Ｃ――の直後に、「ありえない歴史を語るときのように」という比喩表現があるが、これは、現実とは信じられないような出来事について、感嘆の気持ちを込めて話す、といった意味に置き換えることができる。由佳は、実良の才能のすばらしさを素直に認め、彼女を称賛し、尊敬する気持ちになっている。
⑹ 本文にある「一方の早弥はといえば、初めて持つ弓の長さに戸惑い弦を引くどころではないありさまで、初日から暗い気持ちになったものだ」や、「それに引きかえ、自分は石、だった。緊張のあまりがちがちに固まってしまい……息の仕方も忘れたくらいだ」から読み取れるように、早弥は、実良と自分とをしきりに比較し、弓道を始めた時期は同じなのに、その後は成長や進歩の違いをまざまざと見せつけられるばかりの自分を、情けなく感じている。

七 ⑸ Ｆ――と、直後にある「皮のはかま着られけるほどに」の部分を合わせて、倒置法が使われており、本来の語順に直すと、「皮のはかま着られけるほどに、その方へも太鼓のばちを当て申さん（＝皮のはかまを着用なさっているので、あなたにも太鼓のばちを当てて差し上げましょう）」となる。
<現代語訳>
教養のある旦那（＝寺の信者）がいて、ひんぱんに寺にやってきて（一休の師である）養叟和尚について仏の教えを学ぶなどしておりましたが、一休の賢いさまを魅力に感じて、ときどきおどけたことを言って（一休と）議論などをしていた。ある時、その旦那が、皮ばかまを着て（寺に）やって来たのを、一休は（寺の）門の外でちらっと見かけ、急いで寺の中へ駆け戻って、木の板に書きつけて、立てなさったものには、「この寺の中へ皮の類（が入るのは）、固く禁じられたことである。もし皮の物が入る場合は、その身に必ず罰が当たるだろう」と書いて置きなさった。その旦那はこれ（＝一休の書いた立て札）を見て、「皮の類に罰が当たるならば、この寺の太鼓はどうお考えになるのか」と申した。一休は（その旦那の言葉を）お聞きになって、「そうだからですよ、夜と昼に三度ずつ太鼓にばち（罰）が当たるのは。あなたにも太鼓のばちを当てて差し上げましょう。皮のはかまを着用なさっているので」と、冗談をおっしゃった。

八 <作文解説>
一　原稿用紙の正しい使い方で書く。
①文章の書き出しは一マスあける。　②一マスには一字、一記号を入れる。　③どの行でも、一番最初のマスには「、」や「。」は書かない。　④改行したら（二段落目に入ったら）最初の一マスはあける。
二　二段落構成とし、条件に沿った文章を書く。
三　最後に見直しをする。
・八行以上、十行以内で書いているか。　　・自分の考えをはっきり書いているか。
・一文が長すぎず、すっきりとわかりやすい文章で書いているか。
・常体文（～だ。～である。）と敬体文（～ます。～です。）が交じっていないか。
・文法上の間違いはないか。
・誤字、脱字がなく、送り仮名、句読点、符号などは適切か。

以上のことに気をつけて作文する。作文は、すぐに上手に書けるようになるものではないので、日頃から短文を書く練習をしたり、日記をつけたりして、作文に慣れておくことが大事である。

解 説

【数学】

1 (1) $-6-(-10)=-6+10=10-6=4$

(2) $(-2)^2+(-3)\times 3=4+(-9)=4-9=-5$

(3) $\frac{2}{5}(5a-10b)-a+6b=\frac{10a}{5}-\frac{20b}{5}-a+6b=2a-4b-a+6b=2a-a-4b+6b=a+2b$

(4) $1.2x-0.3=0.5x+6$，両辺を10倍して，$12x-3=5x+60$，$12x-5x=60+3$，$7x=63$，$x=9$

(5) $\sqrt{55}\div(-\sqrt{5})=-\frac{\sqrt{55}}{\sqrt{5}}=-\sqrt{11}$

(6) $x^2-49y^2=x^2-(7y)^2=(x+7y)(x-7y)$

2 (1) **ア** $\left(-\frac{1}{3}\right)^2=\frac{1}{9}$　**イ** $-\frac{1}{3}\times 2=-\frac{2}{3}$　**ウ** -3　**エ** $\frac{1}{3}$　値の小さい方から２番目は**イ**

(2) 度数が最も多いのは８人で，その階級は45回以上50回未満である。この階級の階級値は$(45+50)\div 2=47.5$(回)

(3) Dの体重をx kgとすると，方程式$43+44+39+x=41\times 4$が成り立つ。これを解いて，$x=38$ (kg)

(4) $\frac{b}{a}$が整数となるのは，aがbの約数となるときである。
右のような表をかいて考える。
すべての場合の数は20通り。aがbの約数となるのは○印をつけた５通り。
したがって，求める確率は$\frac{5}{20}=\frac{1}{4}$となる。

2(4)

b＼a	1	2	3	4	5
1	*				
2	○	*			
3	○		*		
4	○	○		*	
5	○				*

(5) ①…円弧上に２点A，Bをとり，この２点をそれぞれ中心として，等しい半径の円をかく。
②…この２つの円の交点をC，Dとして，直線CDをひく。
③…円弧上に他の２点E，Fをとり，この２点をそれぞれ中心として，等しい半径の円をかく。
④…この２つの円の交点をG，Hとして，直線GHをひく。直線CDと直線GHとの交点が求める中心Oである。

2(5)

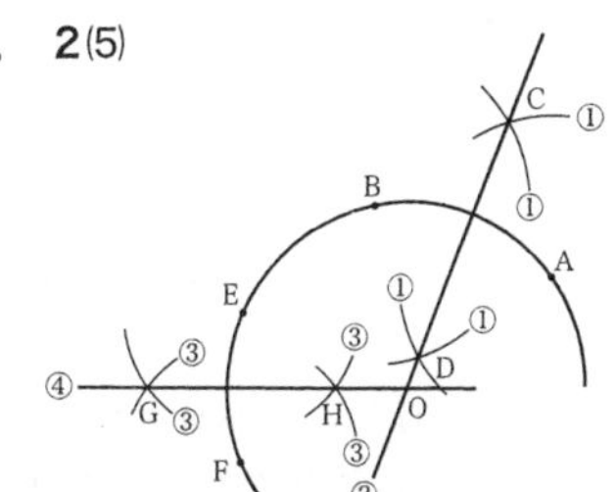

3 (1) 点Aは関数$y=4x-8$のグラフ上の点だから，
この式に$x=4$を代入して，$y=4\times 4-8=8$ より，点A(4，8)
点Aは関数$y=\frac{a}{x}$のグラフ上にもあるので，
この式に，$x=4$，$y=8$を代入して，$8=\frac{a}{4}$，$a=32$

(2) ① 点Bは関数$y=\frac{32}{x}$のグラフ上の点だから，
この式に$x=-2$を代入して，$y=\frac{32}{-2}=-16$　よって，点B$(-2,\ -16)$
原点Oが回転の中心だから，点Cのx座標，y座標の絶対値は，点Bのx座標，y座標の絶対値とそれぞれ等しく，符号が逆になる。したがって，点C(2，16)

② 正方形の面積を２等分する直線は，正方形の２本の対角線の交点を通る。この点は線分ABの中点だから，２点A，Bの中点Dを求める。
$\frac{4-2}{2}=1$，$\frac{8-16}{2}=-4$　より，点D$(1,\ -4)$
２点C，Dを通る直線の傾きは$\frac{-4-16}{1-2}=20$　これより，$y=20x+b$に$x=1$，$y=-4$を代入して，$-4=20\times 1+b$，$b=-24$ したがって，求める式は$y=20x-24$

4 (2) $\triangle ADF\equiv\triangle CEF$より，FE＝3 cm，AF＝AE－FE＝5 cm
したがって，求める立体の体積は$\pi\times 4^2\times 8\times\frac{1}{3}-\pi\times 4^2\times 3\times\frac{1}{3}=\frac{80}{3}\pi$ (cm^3)

5 (1) (ア) 誤った枚数は魔法Aをかけた場合なので，$6\times 2=12$ (枚)
(イ) ６枚のメダルの入った箱に魔法Bをかけると，$6+3=9$ (枚)

(2) 魔法Aはメダルの枚数を２倍にし，魔法Bはメダルの枚数を３枚増やす。$5\times 2+3=13$ (枚)

(3) 魔法Aを１回かけると$1\times 2=2$ (枚)，２回目で$2\times 2=4$ (枚)，３回目で$4\times 2=8$ (枚)になる。
魔法Bを１回かけると$1+3=4$ (枚)，２回目で$4+3=7$ (枚)，３回目で$7+3=10$ (枚)になる。
このことから，メダルの枚数が４枚以上のとき，魔法Aをかける方が魔法Bをかけるよりメダルの増え方は大きくなることがわかる。よって，魔法を４回かけるとき，メダルの枚数が最も多くなるのは魔法をBAAAの順にかけるときであり，枚数が最も少なくなるのは魔法をAABBの順にかけるときである。
最大値は$(1+3)\times 2\times 2\times 2=32$ (枚)
最小値は$1\times 2\times 2+3+3=10$ (枚)となる。

解　説

【社会】

1 ⑵ 三大洋は，面積が広い順に，太平洋，大西洋，インド洋となる。

⑷ **ウ**にあてはまるのは京葉工業地域である。**ア**機械の出荷額が最も多いのは，東海工業地域ではなく瀬戸内工業地域である。**イ**重化学工業に分類されるのは，金属，機械，化学である。この割合が最も大きいのは京葉工業地域である。**エ**金属の割合は同じであるが，総出荷額は瀬戸内工業地域が２倍以上あるため，金属の出荷額も２倍以上になる。

⑸ かつては中国からの原料輸入が多かったが，現在はオーストラリアやブラジルなどからの輸入が増え，太平洋側に面した地域のほうが輸入に便利になった。

2 ⑴ Ｘは，日本の最北端にあたる択捉島を示している。

⑵ やませは，親潮（千島海流）上の冷たい空気を運んでくるため，東北地方の太平洋側や北海道の南東部に冷害をもたらすことがある。

⑶ Ｄは鹿児島県を示している。Ａは山形県，Ｂは神奈川県，Ｃは石川県を示している。

⑷ ａは関東地方，ｂは中国・四国地方，ｄは北海道地方があてはまる。

⑸ ① ▨の部分の面積は，地形図上では，１cm×２cmなので，実際の距離では0.25km×0.5km＝0.125km^2となる。

② 線路沿いに果樹園（ ）は見られない。

3 ⑴ グラフは，年間を通して気温が高く，降水量が多い熱帯の気候を示している。ｄはシンガポールである。

⑵ 日本の標準時子午線となっているのは東経135度の経線である。西経120度のＸとの経度差は255度で，時差は255÷15より17時間である。

⑶ Ⅱは国土の大半が半島に位置する国のグループである。Ｐは国土全体がイベリア半島に位置するポルトガルである。Ⅰは島国のグループ，Ⅲは内陸国のグループである。

⑷ Ｚはコートジボアールやガーナを含む地域で，カカオ豆の生産地として知られている。

⑹ Ｄのアフリカでは，人口が急激に増加し続けており，これを人口爆発とよんでいる。

4 ⑴ ① Ａの人物は伊藤博文である。1885年に内閣制度が整うと，初代内閣総理大臣に就任した。

② 伊藤博文は，韓国統監府の初代統監となった。

⑵ Ｂの人物は夏目漱石である。このころ起こっていた戦争は日露戦争である。

⑷ Ｄの人物は福沢諭吉で，**資料**が示しているのは「学問のすゝめ」である。「学問のすゝめ」は1872年～1876年にかけて出版された。**ア**の三国干渉は1895年，**イ**は1875年，**ウ**は1890年，**エ**は1911年のできごとである。

5 ⑴ Ａのカードは，大正デモクラシーに関する内容である。

⑵ 下線部ａの連合国側とは，イギリス，フランス，ロシアの三国協商を中心としていた。これに対し，ドイツ，オーストリア，イタリアは三国同盟を結んでいた。のちに，イタリアは連合国側について参戦した。

⑶ 第一次世界大戦中の好景気を大戦景気とよんでいる。

⑸ 学徒出陣は，太平洋戦争終盤の1943年に兵力不足を補うために行われた。**イ**と**エ**は第一次世界大戦について，**ウ**は日露戦争に関して述べたものである。

⑹ Ⅱ（1945年３月）→Ⅲ（1945年８月６日，９日）→Ⅰ（1945年８月14日）の順である。

6 ⑴ 太平洋戦争後，連合国軍最高司令官総司令部（GHQ）の指令に従って，日本政府が政策を実施する形で，さまざまな戦後改革が行われた。教育基本法は，民主主義の教育の基本を示すものであった。

⑶ 1956年，日ソ共同宣言により，日本とソ連の国交が回復した。これにより，日本が国際連合に加入することが可能となった。**ア**は1978年，**イ**は1965年，**ウ**は1972年のできごとである。

⑷ ベトナム戦争の際には，世界各地で反戦運動が高まった。アメリカ合衆国が中国との関係を改善し，1973年にベトナムから撤退すると，緊張緩和はアジアにも広がった。

⑸ 朝鮮戦争が始まったのは1950年である。その後，警察予備隊は発展して保安隊を経て，1954年に現在の自衛隊となった。

⑹ バブル経済とは，一般に1980年代後半の好景気の時期をさす。

解　説

【理科】

1　(1)　1869年にロシアのメンデレーエフが周期表をつくったころは，約60種類程の原子しか知られていなかった。

(2)　接眼レンズをのぞいたままで，**イ**の操作を行うと，対物レンズがプレパラートにぶつかる危険がある。

(3)　上下に揺れが起こったとき，おもりとペンは動かず，地面と一緒に動く記録紙に揺れのようすが記録される。

(4)　周波数の単位は，音の振動数の単位と同じHz（ヘルツ）を使う。また，東日本では50Hz，西日本では60Hzの交流が使われている。

2　(1)　粒の表面についている細かい粒などを落として，洗い流すことで，一つ一つの粒が観察しやすくなる。

(2)　マグマのねばりけが強いと，マグマが噴出してできる火山は，雲仙普賢岳のような盛り上がった形となることが多い。また，このようなマグマが固まってできる溶岩や火山灰は有色鉱物の割合が小さく，白っぽい色になることが多い。

(3)　雲仙普賢岳の火山灰に含まれる無色鉱物のほとんどはチョウ石であるが，無色で不規則に割れる特徴があるセキエイも含まれている。

3　(1)　空間に電流を流すためには，非常に大きな電圧を加える必要がある。ストロボスコープは物体の運動を調べるときなどに使用される装置で，オシロスコープは電気の信号を目に見えるようにする装置である。

(2)　蛍光板に見られた明るいすじは，はじめ，－極につないだ電極から出ていることから，陰極線とよばれたが，のちに，電子の流れであることがわかり，現在は電子線とよばれている。

(3)　電子線をつくる電子が端子Dから飛び出していることから，この端子に誘導コイルの－極がつながれていることがわかる。また，同じ種類の電気は退け合い，異なる種類の電気は引き合う性質があり，電子線が上向きに曲がったことから，端子A，Cにそれぞれ電源装置の＋極，－極がつながれていたことがわかる。

4　(1)　魚類の体はうろこにおおわれており，両生類の皮ふはしめっている。また，クジラはホニュウ類に属する動物で，子は雌の子宮の中である程度育ってから生まれる。ホニュウ類と鳥類の多くは気温が変化しても体温をほぼ一定に保つことができる恒温動物である。魚類，両生類，ハチュウ類の多くは変温動物である。

(2)　相同器官は，ある生物が変化して別の生物が生じることを示す証拠の一つであると考えられている。

(3)　５億年ほど前に魚類のなかまが出現し，そのあと，両生類，ハチュウ類のなかまが現れたことが，化石などの調査からわかっている。

5　(1)　通常，水に溶けにくい気体は水上置換法で集める。水に溶けやすい気体は，密度を空気の密度と比較して，小さければ上方置換法，大きければ下方置換法で集める。

(2)　丸底フラスコにスポイトの水を入れると，アンモニアがその水に溶け，丸底フラスコ内の圧力が小さくなる。すると，フェノールフタレイン液を加えた水が大気圧に押され，ガラス管を通って丸底フラスコ内にふき出す。フェノールフタレイン液は，酸性と中性では無色であるが，アルカリ性で赤色を示す。

(3)　アンモニア分子は，一つの窒素原子に三つの水素原子が結びついた構造をしている。

6　(1)　花粉がめしべの先端にある柱頭につくことを受粉という。受粉後，花粉は花粉管をのばし始める。

(3)　受粉後，花粉管を通って精細胞が胚珠にある卵細胞まで運ばれ，受精が行われる。そのあと，受精卵は胚となり，胚珠全体は成長して種子になる。

(4)　有性生殖は，雌雄の区別のある生殖細胞の合体によってなかまをふやす方法である。

7　(1)　日本付近の停滞前線は，暖気が北に進もうとし，寒気が南に進もうとしてぶつかり合っている。

(2)　湿り気の多い二つの気団（オホーツク海気団と小笠原気団）の勢力がつり合い，日本列島に長雨をもたらす。この時期の停滞前線を特に梅雨前線という。

(3)　夏が近づくと，あたたかく湿り気の多い小笠原気団の勢力が強くなるため，停滞前線が北に押し上げられ，小笠原気団が日本列島をおおうようになる。

8　(1)　試験管の底の部分を加熱すると激しい反応で物質が飛び出すおそれがあるため，混合物の上部を加熱する。

(2)，(3)　試験管Ａ内では，鉄と硫黄が結びつく化合が起こった。この反応は，発熱反応であるため，反応後にガスバーナーの火を消しても反応によって出される熱によって，反応が次々に進む。

(4)　試験管Ａ内の物質（硫化鉄）は，鉄とは異なる性質となるため，磁石に引き寄せられない。また，塩酸と反応して刺激臭がある硫化水素が発生する。

9　(1)　$800 \div 100 = 8$〔N〕の重力がはたらいていて，**図２**の１目盛りが２Ｎを表すことから，木片の中心に●をとり，そこから下向きに$8 \div 2 = 4$〔目盛り〕分の長さの矢印をかけばよい。

(2)　曲げられた弓や，つぶされたゴムボールなどにも弾性力がはたらいている。

(4)　**表**から，ばねＰは1.0Nの力で3.0 cmのびることがわかる。よって，ばねＰが$14.1 - 12.0 = 2.1$〔cm〕のびているとき，$1.0 \times \frac{2.1}{3.0} = 0.7$〔N〕の力がはたらいている。

解　説

【英語】

1・2・3・4 リスニング台本を参照。

5 ⑴ 「この家は私たちのものです」という意味。ours「私たちのもの」。

⑵ 「私はそれを以前に見たことがあります」という意味。経験を表す現在完了の文は，〈have〔has〕+過去分詞〉で表す。seeの過去分詞はseen。

⑶ 「お父さん，あなたは今日このコンピュータを使う予定ですか」という意味。〈be going to+動詞の原形〉「～する予定」の疑問文。

⑷ 「ネコは可愛いので，私はネコが大好きです」という意味。接続詞because～「～なので」の後ろは〈主語+動詞〉が続く。

⑸ 「私の友だちは私のことをジュンと呼びます」という意味。call A B「AをBと呼ぶ」。

6 デイビッドのセリフは，「ああ，もう８時15分だ！ 学校に遅れるよ！」という意味。日めくりカレンダーから今日が日曜日であることがわかるので，「今日は日曜日だから，学校に行く必要がない」ようなことを言えばよい。「～しなくてもよい」は〈don't have to+動詞の原形〉で表す。

7 ⑴ Ⓐ 「私は今，数学の宿題をしていますが，それは私にとって（　　）です」という意味。直後に「手伝ってくれますか」とあるので，**ウ**の「難しい」が入るとわかる。

Ⓑ 「私はそれを（　　）できました」という意味。直後に「あなたは私の良い数学の先生です」とあるので，**ア**の「理解する」が入るとわかる。

⑵ ① 「五郎は千葉で（　　）人と住んでいます」という意味。４文目参照。「私は，千葉で父と母，弟の雄太，祖父と住んでいます」とあるので，４人と住んでいるとわかる。

② **ア**…第５文目参照。「祖父は69歳で，オレンジを育てている」と書かれているので誤り。

イ…第６文目参照。「父は貿易会社で働いていて英語を上手に話します」と書かれているので誤り。

ウ…第７文目参照。「母は歩くことが好きで，朝食前に毎朝，公園を散歩しています」と書かれているので誤り。

エ…第９文目参照。「弟は13歳で，理科が好きです」と書かれている。冒頭で五郎は「15歳」と言っているので，雄太は弟とわかる。同じ内容なので正しい。

⑶ ① 質問は「人々は関西ツアーに参加するなら，何を楽しむことができますか」という意味。関西ツアーの説明の中にYou can enjoy traditional Japanese things.と書かれている。

② **ア**…「北海道ツアーは２月６日の出発である」案内には２月３日～６日の予定が書かれているので誤り。

イ…「九州ツアーの料金が，全部の中で一番高い」料金は，北海道ツアーが110,000円で一番高いので誤り。

ウ…「もし食べることが好きならば，北陸ツアーに参加するべきだ」北陸ツアーには，たくさんの海産物を楽しめると書かれているので正しい。

エ…「九州ツアーに参加すれば3日間旅が楽しめる」九州ツアーは12月15日～19日で５日間の旅なので誤り。

8 ⑴ 表について説明しているのは第３段落である。「たとえば，もしX市のお年寄りの女性が隣人が２時間雪かきをすることを望むなら，彼女は月曜日から土曜日の毎日１時間，その隣人の子どもに本を読んであげなければなりません」とあり，また，「その子どもは１時間，彼女の２匹の犬を散歩させることによって彼女に支払うことができます」とあるので，**イ**が適切である。

⑵ 「それでは，人々は地域通貨で何を買うことができるのでしょうか」という意味。**ア**の直後に「彼ら（＝人々）は地域通貨で電車の切符や市場で食べ物を買うことができません」とあるので，**ア**に入れると判断できる。

⑶ 地域通貨は他の地域では使うことはできないので，onlyが入るとわかる。

⑷ **ア**…第1段落参照。あや（Aya）は母親と，滋賀の祖父のところへ行ったので誤り。

イ…第2段落前半参照。1999年の春に地域通貨を初めて使い始めたのは滋賀の草津なので誤り。

ウ…第2段落半ば参照。地域通貨では，駅での切符や市場の食べ物は買えないので誤り。

エ…最終段落参照。同じ内容が書かれているので正しい。

9 ⑴ 直後でビルが本について言っているので，**ウ**「あなたはたいていどんな本を読みますか」が適当。

⑵ 直前で次郎が医者についての本を読んでいると発言しているので，**ア**「ああ，あなたは将来医者になりたいのですか」が適当。

⑶ 直後でビルが「それは写真家になることです」と答えているので，**エ**「あなたには夢がありますか」が適当。

⑷ 直前でビルが写真家になりたいという夢について話しているので，**イ**「私は将来あなたの写真を見たいです」が適当。

第２回 紙上公開もし（令和元年10月実施）

解　答

【国語】

配点／二・三・六(6) 各2点，五(2) 4点，八 10点，他 各3点

一　(1) **イ**　(2) **ウ**　(3) **エ**　(4) 〔例〕（祖父のもとで、）植物の取り扱い方（について勉強したい。）
二　(1) かいどう　(2) がんぺき　(3) う（え）　(4) さび（れた）
三　(1) 変革　(2) 包装　(3) 裏腹　(4) 染（める）
四　(1) いっぽをゆずるをたかしとなす（ひらがなのみ可）　(2) **エ**　(3) **ア**
五　(1) **ア**　(2) 〔例〕影のない日本の浮世絵の描き方を真似た　(3) ゴッホの絵
　(4) Ⅰ：過剰　Ⅱ：何かの能力が欠如（完答）　(5) **エ**　(6) 見えるもの
六　(1) **エ**　(2) **イ**　(3) **ウ**　(4) はじめ：黒い海が　終わり：れている（完答）
　(5) Ⅰ：〔例〕興奮　Ⅱ：**ア**（完答）　(6) Ⅰ：もっとも美しい光景　Ⅱ：〔例〕がっかりする
七　(1) とうとき（ひらがなのみ可）　(2) はじめ：世に　終わり：む僧（完答）
　(3) ①〔例〕皇后がみずから縫いなさった　②**イ**　(4) **ア**
八　二段落構成とし、前段では、「長所は短所、短所は長所」ということわざから考えたことや感じたことを書くこと。前段は、「私は、『長所は短所、短所は長所』ということわざを、長所は短所にもなり、短所は長所にもなりうるという意味で捉えた。つまり、短所をことさらに嘆く必要も、長所を得意がることもないということである。」といった形でまとめるのが望ましい。また、後段では、前段の内容をふまえた上で、自分の長所、もしくは短所について、自分の考えを具体的に述べているかどうかを総合的に判断し、採点する。

【数学】

配点／4(1)(a)・(b) 各2点，5(1) 各1点，5(2)・(3) 各6点，他 各5点

1　(1) 3　(2) -12　(3) $2a+b$　(4) $x=2$，$y=-2$（完答）
　(5) $2\sqrt{7}$　(6) $x=-3$，7（完答）
2　(1) **ウ**　(2) 27.2 ℃　(3) $27\pi\,\mathrm{cm}^2$　(4) $\frac{5}{14}$　(5) 右図

2(5)

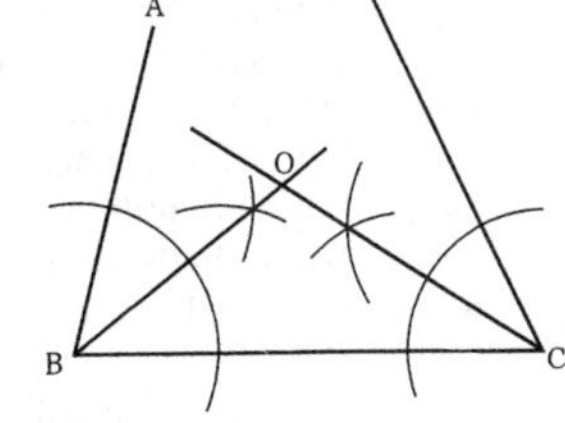

3　(1) $a=-2$　(2) 9 cm　(3) 7
4　(1) (a)**ウ**　(b)**カ**
　(c)〔例〕
　　共通な辺だから，DE＝DE　……③
　　①，②，③より，
　　２組の辺とその間の角がそれぞれ等しいので，
　　　△DBE≡△DCE
　　合同な図形の対応する辺の長さは等しいので，
　　　BD＝CD

　(2) $180-a-2b$ 度
5　(1) (ア) $\frac{42}{9}$　(イ) $\frac{2}{49}$　(ウ) $n+1$　(エ) $-n+50$　(2) $\frac{25}{26}$　(3) 18個

【社会】

配点／1 各2点，他 各3点

1　(1) 文明開化（漢字のみ可）　(2) **イ**　(3) **エ**　(4) **ウ**　(5) **ア**，**エ**（順不同・完答）
2　(1) 盛岡（市）　(2) D　(3) 過疎（漢字のみ可）　(4) **エ**
　(5) ① 南東　② **イ→ア→ウ**（完答）
3　(1) **ウ**　(2) 符号：A　国名：オーストラリア（完答）　(3) サンベルト　(4) 日本
　(5) 〔例〕輸出を特定の鉱産資源に大きく依存していること。
4　(1) 渡来人（漢字のみ可）　(2) **エ**　(3) **ア**　(4) 人物名：藤原道長　符号：**エ**（完答）
　(5) 地頭　(6) **イ**
5　(1) **ウ→ア→イ**（完答）　(2) 〔例〕不平等な条約を改正するため。
　(3) 抗日民族統一　(4) 日米安全保障条約　(5) **ウ**
6　(1) **ウ**　(2) 〔例〕生産年齢人口の一人にかかる負担が重くなる。
　(3) **エ**　(4) リテラシー（カタカナのみ可）
7　(1) 三権分立（漢字のみ可）　(2) 象徴　(3) **ウ**　(4) **ウ**

解 答

【理科】

配点／2(3)・3(2)・4(2)・5(3) 各2点，他 各3点

1 (1) イ (2) ア (3) ウ (4) CuS
2 (1) エ (2) 双眼実体（顕微鏡） (3) ① カ ② c
3 (1) 〔例〕ティッシュペーパーに近づくように動いた。
(2) x：静電気 y，z：エ (3) 放電
4 (1) 〔例〕白いくもりができるときの核 (2) a：膨脹 b：露点 (3) ウ
5 (1) イ (2) 酸化（漢字のみ可） (3) (a) 発熱（反応） (b) ア
6 (1) ウ (2) （代を重ねても）〔例〕親と同じ形質が現れ続けるもの。
(3) Aa (4) ア
7 (1) a：CO_2 b：有機物 (2) ウ (3) ポリプロピレン
8 (1) 主要動 (2) エ (3) 7.0（km/s） (4) 右図
9 (1) イ (2) 68（cm/s） (3) ウ (4) 自由落下（運動）

8(4)

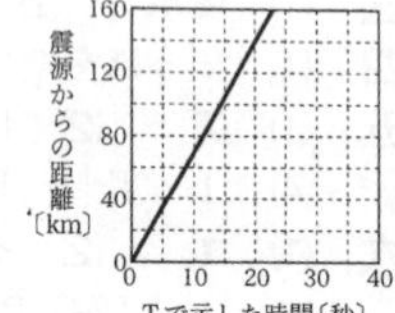

【英語】

配点／6 8点，7(2)① 5点，他 各3点

1 No.1 D No.2 A No.3 B
2 No.1 D No.2 C
3 No.1 C No.2 B
4 No.1 ① person ② sister No.2 ① weather ② Sunday
5 (1) hers (2) tallest
(3) ウ→オ→イ→エ→ア (4) イ→エ→ア→オ→ウ (5) オ→イ→エ→ウ→ア
6 〔例〕I'm sorry, Kate. I have just got up and I'm still at home now. I'll come to you soon.
7 (1) Ⓐ イ Ⓑ ア (2) ①〔例〕How long have you played the piano? ② ウ
(3) ①〔例〕They can enjoy reading picture books. ② エ
8 (1) ウ (2) living (3) three hundred (4) エ
9 (1) イ (2) ア (3) ウ (4) エ

リスニング本文

1 No.1 Woman : You'll go to Fred's house, right? Boy : Right.
Woman : I see. Come home before six.
No.2 (電話音) Girl : Hello. This is Jane.
Boy : Hello, Jane. This is Mike. Girl : Hi, Mike. May I speak to Liz?
No.3 Boy : What did you do yesterday? Girl : I went to see a movie with Alice and Mary.
Boy : That's good. How was it?

2 No.1 Girl : Is this yours? Boy : Yes. My brother used it, but he doesn't use it now. So he gave it to me.
Girl : I see. Do you use it often?
Boy : Yes. I usually use it when I go to school. So I don't have to walk to school.
Question : What did the boy get from his brother?
No.2 Boy : Where is my camera? Do you know, mom? I looked in my bag, but it wasn't there.
Woman : Did you look for it on your desk? You usually put it there, right?
Boy : Right, but it wasn't there. I also looked on my bed, but I couldn't find it there either.
Woman : Oh, look. I can see your camera there. You didn't look there.
Question : Where is the boy's camera?

3 No.1 Hello. I'm Rika. I like English and I study it for two hours every day. I went to Canada to study it three years ago and stayed there for five months. I stayed with Mr. and Mrs. Green, and their two children, Beth and Ann. They were nice and I learned a lot of English from them. I had a good time.
Question : How many people did Rika stay with in Canada?
No.2 Boy : Your bag is nice! It has a picture of a dog on it.
Girl : Thank you. I like dogs, so my mother bought it for me on my birthday.
Boy : I see. Do you have a dog? Girl : Yes. I have a brown dog. Do you have a dog, too?
Boy : No, but I have a white cat. Girl : That's nice. I like cats, too.
Question : What animal does the boy have?

4 No.1 Lucy is a junior high school student. She has a sister, Jane. She is a high school student. She is always kind to people around her, so everyone likes her very much. Lucy wants to be a person like her.
No.2 Tim likes sports very much. Baseball is his favorite sport and he often plays it with his friends. He is going to play it with them next Sunday. So he hopes that the weather will be good that day.

解　説

【国語】

四 ⑵ 「紹介する」の謙譲語は「ご紹介する」、「与える」「くれる」の尊敬語は「くださる」。
⑶ 「心がけが」「大切だ」は、「何が＋どんなだ」という主語＋述語の関係で成り立っている。

五 ⑴ **ア**「誰にも教えられていない」という内容は、本文には述べられていない。
⑵ Ｂ――の直前にある「ゴッホが影響を受けた日本の浮世絵を見ますと、『ひまわり』と同じく影がありません。ゴッホは、その描き方を真似たのです」という二文の内容を、空欄に合わせてまとめる。
⑶ 本文の終わりから四つめの段落に「影を消すことで、ゴッホは何かを強調しようとしたわけです。ゴッホの絵の前に立ったときに感じる、すさまじいエネルギー、それこそがゴッホが描こうとしたものなわけです」とあるのに注目する。
⑷ 「能力の欠如が、別の能力を際立たせるのではないか」というのが、「才能」についての筆者の基本的な考え方である。Ｄ――の二段落前にある「才能がある、というのは、他人よりも能力が過剰にあることではなくて、何かの能力が欠如していることなのかもしれません」や、直前の段落にある「ある部分の能力が欠けていたがゆえに、別の能力が際立ち」という部分をヒントに、空欄に入る語句を探す。
⑸ 光を強調するには、影を描けばよいのであるが、ゴッホの絵には影が描かれていないため、光の部分が強調されず、影を描いたものに比べると「もの足りない」と感じさせるのである。
⑹ ゴッホは、目に見えるものをすべて描き出すという従来の絵画手法を捨て、何かを描かないことで、何かを浮かび上がらせるという浮世絵的な絵画の技法を取り入れた。そのことにより、「見えるものをあえて描かないことで浮き上がる世界」（Ｆ――の九～十行前）というものを発見したのである。

六 ⑵ Ｂ――の直前に「そういう点で」とあるので、その前に述べられている「母」の言動に注目する。映画に対して興味をもたなかった「母」が、「私」と姉だけを映画に行かせ、自分は行かなかったことを、「きっぱり」と表現しているのであり、**イ**「自分の意志を……明快に示す」という内容と対応していることがわかる。
⑶ Ｃ――中にある「かえって」は、「反対に」「逆に」という意味であり、本文の場合は「まばゆく照り輝く裸電球の光とは反対に、粗末な小屋の列はあまりに貧相だった」というつながりになっている。
⑷ Ｄ――の光景が、海の中で光を放つ大量の夜光虫によってつくり出されていることは明らかなので、その内容が表現されている部分を探せばよい。Ｄ――の十二～十三行前にある「そして見たのだ、黒い海が一面に青白い光輝に満たされているのを」を導き出す。
⑸ 夜光虫の正体を知りたいと思い、海の中に何度も手を入れてすくいあげようとしたが、なかなか捕まえることができず、やっとのことで捕まえることができた、という経緯や状況から考えて、［Ⅰ］には「興奮」「高揚」「感激」といった言葉を入れる。また、Ｆ――を、もとの語順に直すと「その幻覚ともまがう燐光の源を、ついに私は捕えたのだ」となることから、語順を入れかえることによって感動を強調する表現技法である「倒置法」が使われているとわかる。
⑹ ［Ⅰ］は、「人生の中で」という言葉をヒントに、「私はこれまでの人生の中でも、もっとも美しい光景を見ることができた」とある、本文の一文目を導き出す。また、［Ⅱ］は、Ｇ――の二～三行前にある「正直に言ってがっかりした。幻滅と言ってもよかった」という部分を参考にまとめる。

七 ⑵ 時の后の宮は、「世にすぐれてたふとからむ僧を供養せむ（＝とてもすぐれていて尊い僧に供え物をして奉仕したい）」と心に決めて、そういった人物を探していたのである。
⑶ 本文の前半に、自分自身の日常生活をかえりみることなく修行を積み、必要最小限の食べ物を受け取るだけで、それ以外の物を受け取らなかったとあるので、仙命聖人が、僧の勤めに必要なもの以外は受け取らない、物欲のない人物だということがわかる。そのような人物に、后の宮が「布袈裟を縫ったので受け取ってほしい」と、事実をありのままに言っても、容易に受け取るはずがないと考えたのである。
⑷ **イ**「皇后の願いは見事にかなった」、**ウ**「（仙命聖人は）後悔した」、**エ**「（仙命聖人は）喜んだ」の部分が、それぞれ適当ではない。
<現代語訳>
　そう遠くない昔、仙命聖人という尊い人がいた。この聖は、自分の（食事などの）日常生活の事を気にすることがなかった。（聖が）めし使っている一人の小法師が、（毎日）一日分の炊いた飯を干したものを頼み求めて歩き、（聖の食事の）世話を見ているほかには、人から与えられた物を何一つ受け取らなかった。その当時の皇后が、仏の力によって人々を救いたいという心を起こして、「とてもすぐれていて尊い僧に供え物をして奉仕したい」と思い立ち、（それにふさわしい人物を）広く探し求めなさったところ、この聖（＝仙命聖人）が並大抵ではないことをお聞きになり、すぐに、自分で布袈裟を縫いなさって、「もしありのままに言ったならば、（物欲を持たない聖のことだから、この布袈裟も）決して受け取らないだろう」とお思いになって、あれこれ計画を立てて、（聖がめし使っている）小法師と示し合わせて、「思いがけない人物がくださいました」と言って（皇后が縫いなさった布袈裟を、聖に）献上したところ、聖は、これ（＝布袈裟）を手に取り、じっくりと見て、「すべての仏様よ、（この布袈裟を）受け取ってください」と言って、谷へ投げ捨ててしまったので、どうすることもできなくて、（その供養の話は）終わってしまった。

八 <作文解説>
一　原稿用紙の正しい使い方で書く。
　①文章の書き出しは一マスあける。　②一マスには一字、一記号を入れる。　③どの行でも、一番初めのマスには「、」や「。」は書かない。　④改行したら（二段落目に入ったら）最初の一マスはあける。
二　二段落構成とし、条件に沿った文章を書く。
三　最後に見直しをする。
・八行以上、十行以内で書いているか。
・自分の考えをはっきり書いているか。
・一文が長すぎず、すっきりとわかりやすい文章で書いているか。
・常体文（～だ。～である。）と敬体文（～ます。～です。）が交じっていないか。
・文法上の間違いはないか。
・誤字、脱字がなく、送り仮名、句読点、符号などは適切か。
　以上のことに気をつけて作文する。作文は、すぐに上手に書けるようになるものではないので、日頃から短文を書く練習をしたり、日記をつけたりして、作文に慣れておくことが大事である。

解　説

【数学】

1　(1)　$(-15)\div(-5)=+\dfrac{15}{5}=3$

(2)　$(-3^2)+\left(-\dfrac{1}{4}\right)\times12=(-9)-\dfrac{12}{4}=-9-3=-12$

(3)　$6\left(\dfrac{1}{2}a-\dfrac{1}{3}b\right)-a+3b=3a-2b-a+3b=3a-a-2b+3b=2a+b$

(4)　(上の式)×２－(下の式)より，$5x=10$，$x=2$　この値を(下の式)に代入して，$2-2y=6$，$y=-2$

(5)　$-\sqrt{28}+\dfrac{28}{\sqrt{7}}=-2\sqrt{7}+\dfrac{28\sqrt{7}}{7}=-2\sqrt{7}+4\sqrt{7}=2\sqrt{7}$

(6)　$(x-2)^2=25$，$x-2=\pm\sqrt{25}$，$x-2=\pm5$　よって，$x=2+5=7$　または　$x=2-5=-3$

2　(1)　**ア**　$\sqrt{49}=7$（誤）　**イ**　$-\sqrt{(-2)^2}=-2$（誤）　**エ**　$\sqrt{25}=5$　よって，平方根は$\pm\sqrt{5}$（誤）

(2)　資料を値の小さい方から順に並べると，
26.5　26.7　26.9　27.2　28.3　29.8　30.2　中央にあたる４番目は　27.2℃

(3)　底面積は$3^2\times\pi=9\pi\,(\mathrm{cm}^2)$　側面積は$6^2\times\pi\times\dfrac{3\times2\times\pi}{6\times2\times\pi}=18\pi\,(\mathrm{cm}^2)$
よって，$9\pi+18\pi=27\pi\,(\mathrm{cm}^2)$

(4)　右のような，表をかいて考える。
同時に２枚取り出すので＊印は数えない。
すべての場合の数は28通り。
２数の和が３の倍数になるのは○印の10通り。
したがって，求める確率は$\dfrac{10}{28}=\dfrac{5}{14}$となる。

2(4)

	1	2	3	4	5	6	7	8
1	＊	③	4	5	⑥	7	8	⑨
2	＊	＊	5	⑥	7	8	⑨	10
3	＊	＊	＊	7	8	⑨	10	11
4	＊	＊	＊	＊	⑨	10	11	⑫
5	＊	＊	＊	＊	＊	11	⑫	13
6	＊	＊	＊	＊	＊	＊	13	14
7	＊	＊	＊	＊	＊	＊	＊	⑮
8	＊	＊	＊	＊	＊	＊	＊	＊

和

(5)　円の性質より３本の線分との距離が等しい点が円Ｏの中心Ｏとなる。
①…点Ｂを中心として円をかき，線分ＡＢ，ＢＣとの交点をそれぞれＥ，Ｆとする。②…点Ｅ，Ｆを中心として等しい半径の円をかき，その交点の１つをＧとする。③…直線ＢＧをひく。この直線ＢＧが∠ＡＢＣの二等分線である。④…点Ｃを中心として円をかき，線分ＢＣ，ＣＤとの交点をそれぞれＨ，Ｉとする。⑤…点Ｈ，Ｉを中心として，等しい半径の円をかき，その交点の１つをＪとする。⑥…直線ＣＪをひく。この直線ＣＪが∠ＢＣＤの二等分線である。直線ＢＧとＣＪとの交点が求める点Ｏとなる。

2(5)

3　(1)　点Ａは関数$y=x+5$のグラフ上の点なので，この式に$x=-3$を代入して，$y=-3+5=2$より，点Ａ$(-3,\ 2)$
点Ａは関数$y=ax-4$のグラフ上の点でもあるので，この式に$x=-3$，$y=2$を代入して，$2=-3a-4$より，$a=-2$

(2)　点Ｐ$(3,\ 0)$より，点Ｑのx座標は３だから，$y=3+5=8$より，点Ｑ$(3,\ 8)$　これより，点Ｓのy座標は８だから，$8=-2x-4$，$x=-6$より，点Ｓ$(-6,\ 8)$　したがって，$\mathrm{SQ}=3-(-6)=9$（cm）

(3)　点Ｐのx座標をtとすると，点Ｑ$(t,\ t+5)$　これより，点Ｓのy座標は$t+5$だから，
$t+5=-2x-4$，$x=-\dfrac{t+9}{2}$より，点Ｓ$\left(-\dfrac{t+9}{2},\ t+5\right)$　よって，$\mathrm{SQ}=t-\left(-\dfrac{t+9}{2}\right)=\dfrac{3t+9}{2}$…①
また，点Ｒ$(t,\ -2t-4)$　点Ｔのy座標は$-2t-4$だから，$-2t-4=x+5$，$x=-2t-9$　より，点Ｔ$(-2t-9,\ -2t-4)$　したがって，$\mathrm{TR}=t-(-2t-9)=3t+9$…②
①，②より，方程式$\dfrac{3t+9}{2}+3t+9=45$が成り立つ。これを解いて，$t=7$

4　(2)　△ＤＢＣは二等辺三角形だから，$\angle\mathrm{DBC}=\angle\mathrm{DCB}=b^\circ$
三角形の外角と内角の関係より，$\angle\mathrm{ADB}=\angle\mathrm{DBC}+\angle\mathrm{DCB}=2b^\circ$
△ＡＢＤにおいて，三角形の内角の関係より，$\angle\mathrm{ABD}=180^\circ-a^\circ-2b^\circ$となる。

5　(1)　(ウ)　２からはじまって１ずつ増加するから，$2+(n-1)=n+1$
(エ)　49からはじまって１ずつ減少するから，$49-(n-1)=-n+50$

(2)　分母の数と分子の数の和は51　１に近い数は$\dfrac{26}{25}$，$\dfrac{25}{26}$
$\dfrac{26}{25}=1+\dfrac{1}{25}$，$\dfrac{25}{26}=1-\dfrac{1}{26}$であり，$\dfrac{1}{25}>\dfrac{1}{26}$だから，１に最も近いのは$\dfrac{25}{26}$

(3)　分母の数と分子の数の和である51は　$51=3\times17$となり，３も17も素数であることに注目する。
17で約分できるものは，分母，分子がどちらも17の倍数でなければならないから，分母，分子は$17\times$(和が３)の形の２数の組み合わせになる。つまり，$\dfrac{17\times2}{17\times1}$，$\dfrac{17\times1}{17\times2}$の２個である。
３で約分できるものは，分母，分子がどちらも３の倍数でなければならないから，分母，分子は$3\times$(和が17)の形の２数の組み合わせになる。
つまり，$\dfrac{3\times16}{3\times1}$，$\dfrac{3\times15}{3\times2}$，$\dfrac{3\times14}{3\times3}$，　…　$\dfrac{3\times2}{3\times15}$，$\dfrac{3\times1}{3\times16}$の16個である。
したがって，求める個数は　$2+16=18$（個）となる。

解　説

【社会】

1 ⑵　太平洋側は，夏に南東の季節風の影響を受けるため，降水量が多くなる。**ア**は内陸性(中央高地)の気候，**ウ**は瀬戸内の気候，**エ**は日本海側の気候の特色について述べている。

⑶　**ア**は関東地方，**イ**は中部地方，**ウ**は九州地方で起こったできごとである。

⑷　山梨県，長野県，岐阜県の北部は中央高地に属する。**ウ**石川県の第一次産業就業者は，115.9万人×0.031より約3.6万人，福井県は，78.2万人×0.038より約3.0万人で石川県の方が多い。**ア**福井県の65歳以上の人口は，78.2万人×0.293より約23万人である。**エ**新潟県は，人口1万人あたりの医師数は約19人である。よって，医師数は，19人×288.6より，約5483人である。

2 ⑴　北から順に，盛岡市(D)，前橋市(C)，名古屋市(B)，高知市(A)となる。

⑵　**資料1**は，畜産の割合が高いことから，Dの岩手県があてはまる。

⑶　Aの県は高知県である。過疎化とは，人口の減少が著しく，社会生活が困難になることである。

⑷　Bの県は愛知県で，愛知県の一部は中京工業地帯に含まれる。中京工業地帯は，豊田市を中心とする自動車産業がさかんで，機械工業の割合が大きい。

⑸　①　老人ホームの地図記号は⌂，市役所の地図記号は◎である。

3 ⑵　日本の標準時子午線は東経135度の経線である。Aはオーストラリア，Bはニュージーランド，Cはインド，Dはザンビアを示している。

⑶　サンベルトでは，もともと農業がさかんであったが，近年は石油産業や航空機・電子などの先端技術産業が発達している。

⑷　オーストラリアは日本に対して石炭，液化天然ガス，鉄鉱石などの資源を輸出している。

⑸　アフリカや南アメリカなどの途上国のなかには，特定の農産物や鉱産資源に大きく依存している国がある。農産物や鉱産資源は価格が変動しやすいため，経済が不安定になりがちである。

4 ⑴　渡来人は4世紀から7世紀頃に大陸および朝鮮半島から日本に移住した。

⑵　遣隋使を送った人物とは聖徳太子である。**ア**は中大兄皇子(天智天皇)，**イ**は奈良時代の聖武天皇，**ウ**は大海人皇子(天武天皇)について述べた文である。

⑶　風土記は歴史書ではなく，地方の国ごとにつくられた地理書である。古今和歌集は，平安時代につくられた歌集である。

⑸　鎌倉時代の地頭の中には，年貢を横取りしたり，いろいろな新しい税を農民に課す者もいた。

⑹　水墨画を大成したのは雪舟，かぶき踊りを流行させたのは出雲阿国である。国学を大成させたのは，「古事記伝」を著した本居宣長である。

5 ⑴　**ウ**は1877年，**ア**は1880年，**イ**は1890年のできごとである。

⑵　政府は，不平等条約を改正するため，日本が文明国であることを諸外国に示す必要があると考え，欧化政策を推進し，欧米風の社交施設を建設して外国使節を接待した。

⑶　抗日民族統一戦線は，日本の侵略を実力ではねつける(抗日)ため，中国人どうしの争いをやめ，力を結集しようというものであった。

⑷　日米安全保障条約によって，日本の独立後もアメリカ軍が日本国内に駐留することが約束された。

⑸　五・一五事件が起こったのは，1932年のことである。Cのカードは1919年，Dのカードは1937年のできごとなので，この間の時期にあてはまる。

6 ⑴　**ウ**ヨーロッパの高齢者の割合は27.8%。先進国が多い地域ほど，高齢化が進む傾向がある。

⑵　**資料1**は，現在のしくみを維持した場合の試算だが，制度維持のために，支給開始年齢の引き上げや給付水準の引き下げ，保険料負担の引き上げなどが検討されている。

⑶　**ア**情報通信機器の保有率は，全体としては上昇傾向にある。**イ**2008年以降もパソコンの保有率が上昇している期間がある。**ウ**保有率自体は携帯電話のほうが高いが，伸びはスマートフォンのほうが大きい。

7 ⑴　18世紀半ば，フランスの思想家モンテスキューが，「法の精神」を著し，三権分立を唱えた。

⑷　日本国憲法が定める天皇が行う行為は，国事行為といわれ，内閣総理大臣や最高裁判所長官の任命，憲法改正・法律・政令・条約の公布，国会の召集，衆議院の解散，栄典の授与，外国の大公使の接授などがある。

解　説

【理科】

1　(1)　じん臓では血液中から尿素などの不要物をこしとり，ぼうこうなどを通して体外に出すはたらきをしている。

(2)　長い間に気温の変化や水のはたらきなどによって，岩石が表面からぼろぼろになる現象を風化という。

(3)　音の高さに関係しているのは音源の振動数である。振動数が大きいものほど高い音となる。

(4)　硫化銅（CuO）のように，複数の原子が，ある個数の割合で結びついた化合物は，それらの最小の個数の比で代表させて記号に置きかえて化学式に表す。

2　(1)，(2)　**図**の顕微鏡を双眼実体顕微鏡という。この顕微鏡は，倍率が数倍から数十倍程度と比較的低いが，対象物を動かしながら，立体的に観察することができる。また，観察するためにプレパラートをつくる必要もない。

(3)　①　右目だけでのぞきながら，そ動ねじ（e）をゆるめて鏡筒を上下させ，ほぼピントを合わせてから微動ねじ（d）でしっかりピントを合わせる。そのあと，左目だけでのぞきながら，視度調節リング（a）を左右に回してピントを合わせる。

3　(1)，(2)　摩擦によって，一方の物体からもう一方の物体に電子が移動し，電子をわたした方の物体は＋の電気，電子を受けとった方の物体は－の電気を帯びる。同じ種類の電気は退け合い，異なる種類の電気は引き合う性質がある。

(3)　気圧を低くした空間に電気が流れる現象を真空放電といい，雷のように空気中を電気が流れる現象を火花放電という。

4　(1)　線香のけむりの粒子を凝結核とすることで，水滴ができやすくなる。

(2)　大型注射器のピストンを引くと，丸底フラスコ内をふくむ空間が広くなり，空気が膨張して気温が下がる。丸底フラスコ内の空気の温度が，露点に達すると空気中の水蒸気が飽和して水蒸気の凝結が始まる。

(3)　丸底フラスコ内の空気の湿度は$\frac{14.5}{15.4}\times 100 = 94.1\cdots$〔％〕

5　(1)，(2)　**実験**では，鉄粉が空気中の酸素と化合している。鉄が酸素と化合する化学変化は，熱を発生する化学変化である。そのため，周囲の温度（温度計が示す温度）は高くなる。

(3)　(a)　熱が発生し，周囲の温度が高くなる化学変化を発熱反応といい，熱を吸収し，周囲の温度が低くなる化学変化を吸熱反応という。

(b)　選択肢**イ**，**ウ**，**エ**は，いずれも発熱反応の例である。吸熱反応である**ア**では，塩化アンモニウムと水酸化バリウムが反応して，気体のアンモニアが発生する。

6　(3)　赤色の花を咲かせる純系の親からA，白色の花を咲かせる純系の親からａの遺伝子を受けつぐため，子の遺伝子の組み合わせは，すべてAａとなる。

(4)　Aａからは，Aとａの遺伝子，ａａからはａの遺伝子がそれぞれ受けつがれるので，できる種子は，遺伝子の組み合わせがAａとａａのものが理論上１：１の割合となる。

7　(1)　燃えて二酸化炭素が発生する有機物には，炭素が含まれていることがわかる。また，有機物以外の物質を無機物という。

(2)　粉末Cは燃えなかったため，食塩であることがわかる。よって，砂糖とプラスチックが区別できる方法を選ぶ。

(3)　ポリエチレンはPE，ポリエチレンテレフタラートはPET，ポリ塩化ビニルはPVCという略号で表される。

8　(1)　はじめに起こる小さな揺れを初期微動といい，あとから起こる大きな揺れを主要動という。初期微動を伝えるP波の到着から主要動を伝えるS波の到着までの，小さな揺れが続く時間を初期微動継続時間という。

(3)　**図２**から，P波が震源から140 km離れた観測地点Aまで伝わるのに$30-10=20$〔秒〕かかっていることがわかる。よって，その伝わる速さは$140\div 20 = 7.0$〔km/s〕

(4)　**図２**より，初期微動継続時間は震源からの距離が遠くなるほど長くなり，震源からの距離に比例することがわかる。震源からの距離が140 kmの観測地点Aでの初期微動継続時間が$50-30=20$〔秒〕なので，原点と点（20，140）を通る直線を引けばよい。

9　(1)　記録タイマーが１打点打つのに$\frac{1}{50}$秒かかる。よって，５打点では$\frac{1}{50}\times 5 = 0.1$〔秒〕

(2)　$(5.1+8.5)$〔cm〕$\div(0.1\times 2)$〔秒〕$=68$〔cm/s〕

(3)　紙テープの長さが一定の割合で長くなっていることから，一定の大きさの力がはたらいていることがわかる。このときはたらいている力は，台車の重力と台車が斜面から受ける垂直抗力の合力で，斜面に沿って下向きの力である。重力も垂直抗力も一定の大きさより，これらの合力である斜面に沿った下向きの力も一定である。

(4)　自由落下（運動）では，物体に常に重力がはたらいているため，速さがしだいに速くなる。

解　説

【英語】

1・2・3・4 リスニング台本を参照。

5 (1) 「この本は彼女のものです」という意味。hers「彼女のもの」。

(2) 「あなたはあなたの家族の中でいちばん背が高いですか」という意味。「～の中でいちばん…」は〈the＋最上級+in〔of〕～〉で表す。tallの最上級はtallest。

(3) 「ジュディ，あなたの学校は生徒によって掃除されていますか」という意味。〈be動詞+過去分詞〉「～される（されている）」の疑問文。

(4) 「食べ物を食べることは私を幸せにします」という意味。make A B「AをBにする」。

(5) 「彼女は私の誕生日に小さなかばんをくれました」という意味。〈give＋人＋物〉「人に物を与える」

6 イラストから，ケイトとアレックスは待ち合わせをしていたものの，アレックスが寝坊をして待ち合わせに遅れているという状況が読み取れる。ケイトがWhere are you now?「あなたは今どこにいますか」と聞いているので，I'm still at home now.「今まだ家にいます」などと答えるとよい。また，待ち合わせに遅れているので，I'm sorry, but …「すみません…」と謝る表現もあるとよい。そのあとでI'll come to you soon.「すぐに行きます」などと続けるとよい。

7 (1) Ⓐ 直後に「彼にとって良いもの（＝ふでばこ）がありませんでした」とあるので，最初の店では何も買わなかったとわかる。否定文の中なのでanythingを使うのが適切。

Ⓑ 「五郎（Goro）はそれを聞いて（　　　）」という意味。直前で「あなたの新しいふでばこはすてきですね！」とクラスメイトから言われており，喜んだとわかるので，gladが適切。

(2) ① 直後でFor fifteen years.「15年間です」と答えているので，期間をたずねていることがわかる。期間をたずねる場合，How long～?「どのくらいの間～」を使って表す。また，直前でピアノの話をしているので，「どのくらいの間ピアノを弾いているのか」ということをたずねたとわかる。ある過去から現在までの継続的な状態や動作を表すとき，現在完了〈have〔has〕＋過去分詞〉を使う。現在完了の疑問文は，have〔has〕を主語の前に置く。

② **ア**…１行目参照。ジョンはトムの兄なので誤り。
イ…２～３行目参照。２週間滞在したと書かれているので誤り。
ウ…４～５行目参照。同じ内容なので正しい。
エ…６～７行目参照。英語で話したとあるので誤り。〈in＋言語〉「～語で」。

(3) ① 質問は「人々はルームＢで何の活動を楽しむことができますか」という意味。表からreading picture booksとわかる。主語と動詞を含むので，Theyを主語にしてcan enjoy～を続ける。

② **ア**…祭りは11月の10日と11日の２日間あるので，誤り。
イ…ポスターに，祭りでは，「外国の人たちとたくさんのことを楽しめる」と書かれているので，誤り。
ウ…踊りは午前10時から楽しめるので，誤り。
エ…ポスターの表より「スポーツルームで50分間スポーツをすることができる」ことがわかるので正しい。

8 (1) Theyが何を指しているかを考える。Theyはa lot of facts about pollutionを指している。

(2) 直前に前置詞afterがあり，１語という指定があるので，動名詞にするのが適切。

(3) 質問は「有吉さん（Ms. Ariyoshi）は環境問題を勉強するために何冊の本を読みましたか」という意味。〈How many＋名詞の複数形～?〉は数をたずねる疑問文。４段落２行目参照。「彼女は約300冊の本を読むことによってこれらの問題（＝環境問題）を勉強しました」とある。

(4) **エ**「涼（Ryo）は自然を守るために人々が環境問題について考えることを望んでいます」

9 (1) 直後のYes, please!から，**イ**「それら（＝たくさんの写真）を見たいですか」が適当。

(2) 直後で「それについて教えて」とあるので，**ア**「私は彼からアロハシャツのおもしろい歴史を学びました」が適当。

(3) 直前の流れから，**ウ**「アロハシャツが（新しく作られた物の）良い例です」が適当。

(4) 直前でレストランの話をしているので，**エ**「レストランですか」が適当。

第３回 紙上公開もし（令和元年11月実施）

解答

【国語】

配点／二・三 各2点，五(5)・六(3) 各4点，八 10点，他各3点

一 (1) 一番目・（二番目）・（三番目）・四番目　(2) **ウ**　(3) **イ**
(4) 〔例〕（若葉中学に）入学する予定の子ども（をもっている人。）
二 (1) しんすい　(2) きどう　(3) ふさ（がる）　(4) めぐ（って）
三 (1) 損　(2) 異例　(3) 朗（らかに）　(4) 並（べて）
四 (1) 〔例〕いうことです　(2) **ウ**　(3) **イ**
五 (1) **ウ**　(2) **イ**　(3) Ⅰ：木材資源の供給地　Ⅱ：〔例〕生態学の研究対象（完答）
(4) **ア**　(5) 〔例〕森の意味を考え、森に共感をよせる人々　(6) **エ**
六 (1) **エ**　(2) **イ**　(3) 〔例〕がっかりさせている　(4) **ア**　(5) 自分たちの　(6) **ウ**
七 (1) かいおけり（ひらがなのみ可）　(2) **イ**　(3) 〔例〕雪に覆われている　(4) **ウ**
(5) Ⅰ：雁と真鴨　Ⅱ：家の主（完答）
八　二段落構成とし、前段では、提示されている二つの資料から読み取ったことを書くこと。前段は、「資料１から、学年が上がるにつれ、自分のことが好きだと答えた人の割合が下がっていることがわかる。また資料２からは、自分にはよいところがあると答えた中学二年と三年の割合が、他の学年に比べて低いことが読み取れる。」といった形でまとめるのが望ましい。また、後段では、前段の内容をふまえて、自分自身のことについて、自分の考えを書いているかどうかを総合的に判断し、採点する。

【数学】

配点／4(1)(a)・(b) 各2点，4(1)(c) 6点，他 各5点

1 (1) -7　(2) 2　(3) $-7a+6b$　(4) $y=\frac{3}{2}x-3$　(5) $\sqrt{3}$　(6) $x=\frac{-3\pm\sqrt{5}}{2}$
2 (1) **イ**　(2) 8回　(3) 大人15人，子ども14人（完答）
(4) $\frac{11}{36}$　(5) 右図

2(5)

3 (1) $a=\frac{1}{4}$　(2) 48cm^2　(3) $y=-3x$
4 (1) (a) **イ**　(b) **エ**
(c)〔例〕
③，④より，$\angle AFE=\angle DGF$　……⑤
①，②，⑤より，直角三角形の斜辺と１つの鋭角がそれぞれ等しいので，
$\triangle AEF\equiv\triangle DFG$
(2) 67度
5 (1) 4回　(2) 6回　(3) **ア**

【社会】

配点／1 各2点，他 各3点

1 (1) シリコンバレー　(2) ドイツ　(3) **エ**　(4) **エ**　(5) 空洞
2 (1) 九州（地方）　(2) **ウ**　(3) 符号：**イ**　県名：長野（県）（完答）　(4) ① **ウ**　② **エ**
3 (1) インド洋　(2) **ア**　(3) 〔例〕仕事が多く，高い収入が得られる
(4) 符号：**イ**　国名：ノルウェー（完答）　(5) ヒスパニック（カタカナのみ可）
4 (1) **イ→ア→ウ**（完答）　(2) **エ**　(3) **ア**　(4) 楽市・楽座
(5) 〔例〕武士の生活を支える年貢を確保するため。
5 (1) **ウ**　(2) 千島　(3) **イ**　(4) **イ**　(5) **ア→ウ→イ**（完答）
6 (1) **イ**　(2) 象徴　(3) つくらず　(4) **エ**　(5) **ウ**
7 (1) ① 2（名）　② A，B，D（順不同・完答）　(2) ① **エ**　② **ア**
(3) 〔例〕選挙区によって，議員一人あたりの有権者の数に大きな差があるから。

解答

【理科】

配点／3(3) 4点，2(3)・4(3)・5(3) 各2点，他 各3点

1 (1) ア (2) 胞子のう (3) ウ (4) エ
2 (1) 右図 (2) 750（Pa） (3) x：B y，z：エ
3 (1) B，D（完答） (2) x：体 y：イ（完答）
(3) 〔例〕壁が完全にふさがっていないので，動脈血と静脈血が混ざり合うため。
4 (1) ア (2) 〔例〕陸のプレートが海のプレートに引き込まれて
(3) x：大きい y：浅く
5 (1) 電離 (2) 〔例〕電子を１個受けとって (3) ⓐウ ⓑイ
6 (1) イ (2) x：道管（漢字のみ可） y：蒸散（漢字のみ可） (3) 3.6（g）
7 (1) 右図 (2) 名称：シベリア（気団） 性質：イ（完答）
(3) 西高東低（漢字のみ可） (4) ア
8 (1) ウ (2) 還元 (3) x：2Cu y：CO_2（完答） (4) 2.2（g）
9 (1) ウ (2) ア (3) 10（cm） (4) 力学的エネルギー

2(1)
物体P
ゴム板

7(1)
低

【英語】

配点／6 8点，7(3)① 5点，他 各3点

1 No.1 B No.2 D
2 No.1 C No.2 D
3 No.1 A No.2 B No.3 C
4 (1) warm (2) video (3) borrow (4) December
5 (1) making (2) ate
(3) イ→オ→エ→ア→ウ (4) ウ→ア→オ→イ→エ (5) オ→エ→ア→ウ→イ
6 〔例〕Well, we should not play it today because there are some small children over there. Let's do other things.
7 (1) Ⓐイ Ⓑエ (2) ① Wednesday ② ウ
(3) ①〔例〕They will see it for two hours and thirty minutes. ② エ
8 (1) イ (2) just (3) His sister (4) ウ
9 (1) イ (2) ア (3) エ (4) ウ

リスニング本文

1
No.1 Boy：Are you OK? Girl：Well, I'm hungry.
Boy：Then, let's go to the restaurant!
No.2 Boy：Is this your pen? Girl：No, it isn't.
Boy：Then, whose is it?

2
No.1 Boy：Look. That dog is very cute. Girl：Right. We can see a lot of cute animals here.
Boy：You have a cat, right? Did you buy it here?
Girl：Yes. She is a good cat. We travelled with her last summer. Boy：Really? That's nice.
Question：Where are the two people talking?
No.2 Hello. I'm Yui. Last Monday, I asked my classmates, "What sport do you like the best?" Today, I'll talk about that. Baseball is the most popular in my class. Soccer is as popular as basketball. I like tennis the best, but it's not so popular in my class. Each student likes a different sport and that's interesting.
Question：Which is Yui's favorite sport?

3
No.1 Hello. I'm Miki. I'm fifteen. I love music. I play the piano and I started to play it when I was three. My mother is a piano teacher, and I've learned it from her. So, I don't go to a piano school. My sister doesn't play the piano, but she plays the guitar. We often play music together and we enjoy that a lot. Music makes us happy. Why don't you enjoy music, too?
Question：What can we say about Miki?
No.2 Sae： Mike, you went to Midori Park yesterday, right?
Mike：Right, Sae. I went there with my brother. Were you there, too?
Sae： No, but my sister was there. She went there with her friends and she saw you.
Mike：Oh, I see. Midori Park is very nice. I like that park very much.
Sae： That's great. I've never been there, but I want to go there!
Mike：Shall we go there next Sunday? Sae：Sounds nice!
Question：Who went to Midori Park with Mike yesterday?
No.3 Tim： You look happy, Yumi.
Yumi：Yes, I am, Tim. I got a letter from my sister, and she'll come to Australia to see me next month!
Tim： Oh, next month? When?
Yumi：On January 17th. Her birthday is January 16th, so I'll give a present to her.
Tim： That's great. How old will she be?
Yumi：She'll be twenty. She studies English at school, and she speaks English well.
Tim： She sounds nice. I want to meet her. Can I?
Yumi：Sure. I'll tell her about you. Tim：Thank you.
Question：How old is Yumi's sister now?

解　説

【国語】

四 ⑵ 「目」の音読みは「モク」「ボク」、「先」の音読みは「セン」。
⑶ **ア**「心に任せる」は「自分の思う通りに行う」「勝手気ままにふるまう」、**ウ**「腹に収める」は「他人に言わず心の中にしまっておく」、**エ**「胸に応える」は「心に強く感じる」という意味。

五 ⑴ A——の直前に「そのような」という指示語があり、さらにその前に「生態系の中でその資源が絶えないように暮らさねばならない」とあるので、A——の「目先の欲望」が、「生態系のことを考慮せず、人間の欲望のままに資源を使うこと」を指していることがわかる。そうしたことを「抑制する」のだから、「資源の過剰な収奪を避け(る)」とある、**ウ**が適当である。
⑶ C——の後に続く「森は木材資源の供給地として伐採され」、「森は科学、主として生態学の対象として研究され、むしろ本やテレビをとおしての、その成果が人々の森への間接的な認識となった」という内容をヒントに、空欄に当てはまる言葉を探す。
⑷ ④段落の三文目にある「たとえば、ブナ林に台風の被害があったとしても」は、「自然文化」における森に対する認識のありようを説明するために、筆者がたてた仮説である。これにより、「自然文化」の内容を説明し、「都市文化」との違いを明確に示そうとしているのである。
⑸ D——の二文前に「科学的な価値としてだけではない森の意味を考え、森に共感をよせるわずかな人々が自然保護に取り組み始めている」とあり、こうした人々の自然保護運動への取り組みに、非難の声が上がっていると筆者は述べている。「科学的な価値としてだけではない森」とは「自然文化」の観点から見た森のことである。
⑹ **ア**「(人間は森を)うまく活用できるようになった」、**イ**「人間は自然に守られて生きているという考え方を、人類すべてが共有しなければならない」、**ウ**「『人のため』という観点から自然を見る必要がある」の部分が、それぞれ適当ではない。

六 ⑴ A——の四～五行後に「音和はようやく、自分が考えるほど父はこのチラシ配りを深刻に受けとめていないのだと安堵した」とあるので、それ以前は、父と伯父との関係を本気で心配し、深刻に受け止めていたことがわかる。父はそうした音和の気持ちを察して、笑ったのである。
⑵ B——の十一行前にある「いつもの父の意地がでる」や、「いつまでも兄の世話にはならないさ」という父の会話文をヒントに考える。兄に対して意地を張り、決して仲よくしようとしない父の姿勢や態度をみて、音和は「可愛げのない弟」と言っているのである。
⑶ C——には、父の弱気な気持ちが表れているが、それは、事業に失敗し、現在は「自分の生活圏でのチラシ配り」を仕事としていることに負い目を感じているからである。そのことで、音和をがっかりさせているだろうと思い込んでいるため、つい弱気な発言が口をついて出たものと考えられる。
⑷ 「筋」が「通っている」というのは、「サービスなんだからデザインに凝る必要はない」「効果があがったとはっきり数字に出ないときは、新しいフレームとチラシの製作費を給料からさしひく」という伯父の言葉に対するもので、経営者として利益を考えた場合に、伯父の言葉は正しいということを言っているのである。
⑹ **ア**「父親を慕う息子と、息子をうとましく思う父親とを対照的に描く」「二人の心のすれ違い」、**イ**「情景描写をうまく使って」、**エ**「息子と父親の視点を交互に入れかえ」の部分が、それぞれ適当ではない。

七 ⑶ 北国＝雪国という関係から、白＝雪を想像する。B——の直後にある「何食ふ所もなし(＝どこにも食べ物がある場所がない)」もヒントにして、野山一面が雪に覆われていて、どこにも食べ物を得る場所がないのだと考える。
⑷ C——の一～二行前に「飛びかへらんとしけるが、吹雪にあひてまどひ、人家の近き所に下りたるなり(＝南の国に飛んで帰ろうとしたが、吹雪に遭って迷い、人家の近くに下りてきたのである)」とあるのをヒントに考える。
⑸ 雪国で吹雪に遭って迷い込んだ「雁と真鴨」にえさをやり、気候がおだやかになった時に放してやろうという「家の主」の温かい心を、「よき心」と言っているのである。
〈現代語訳〉ある人が雪国を旅していた時に、吹雪で迷って(ある家の主人に)泊めてほしいと頼んだところ、迎え入れてくれる家があった。その家の主人が、土間のすみに雁と真鴨を竹かごに入れて飼っていた。(「ある人」が)「(この雁と真鴨は)旅人に食べさせる目的で飼っているのか」と、その家の主人に尋ねたところ、「そうではない。今年は南の国が早く春めいたので、(渡り鳥である雁や真鴨が)時節を誤って、北国を目指してこの地までやって来たのだが、野も岡も雪で一面真っ白で、どこにも食べ物がある場所がない。そういうわけで、南の国に飛んで帰ろうとしたが、吹雪に遭って迷い、人家の近くに下りてきたのである。(雁や真鴨は)日ごろは人間を恐れて空の高い場所を飛ぶ鳥であるのだが、そのような時(＝吹雪で飛べなくなった時)は人間を頼みとして、このように近づいてくるのをかわいらしく感じられるので、稲を食べさせて飼っているのである。だんだんと気候がおだやかになったら、放してやりたい」と語った。(思いやりのある)善良な心であるなあと思った。

八 ＜作文解説＞
一　原稿用紙の正しい使い方で書く。
①文章の書き出しは一マスあける。　②一マスには一字、一記号を入れる。　③どの行でも、一番最初のマスには「、」や「。」は書かない。　④改行したら(二段落目に入ったら)最初の一マスはあける。
二　二段落構成とし、条件に沿った文章を書く。
三　最後に見直しをする。
・八行以上、十行以内で書いているか。　・自分の考えをはっきり書いているか。
・一文が長すぎず、すっきりとわかりやすい文章で書いているか。
・常体文(～だ。～である。)と敬体文(～ます。～です。)が交じっていないか。
・文法上の間違いはないか。
・誤字、脱字がなく、送り仮名、句読点、符号などは適切か。
以上のことに気をつけて作文する。作文は、すぐに上手に書けるようになるものではないので、日頃から短文を書く練習をしたり、日記をつけたりして、作文に慣れておくことが大事である。

解　説

【数学】

1 (1) $4-11=-(11-4)=-7$

(2) $2^2\div\left(-\dfrac{2}{3}\right)+8=4\times\left(-\dfrac{3}{2}\right)+8=-6+8=8-6=2$

(3) $3(a-2b)-2(5a-6b)=3a-6b-10a+12b=3a-10a-6b+12b=-7a+6b$

(4) $3x-2y=6$，$-2y=-3x+6$，$y=\dfrac{-3x+6}{-2}$，$y=\dfrac{3x-6}{2}$，$y=\dfrac{3}{2}x-3$

(5) $3\sqrt{3}-\sqrt{48}+\sqrt{12}=3\sqrt{3}-4\sqrt{3}+2\sqrt{3}=\sqrt{3}$

(6) 解の公式を使って，$x=\dfrac{-3\pm\sqrt{3^2-4\times1\times1}}{2\times1}=\dfrac{-3\pm\sqrt{5}}{2}$

2 (1) 求める自然数nは，2，3，4，6，8，9，10，12，14，15，16，18の12個である。

(2) 遅れてきた２人の合計をx回とすると，$\dfrac{0\times2+1\times1+2\times2+3\times6+4\times4+5\times3+x}{20}=3.1$が成り立つ。これを解いて，$x=8$（回）

(3) 停留所に着く前に乗っていた大人の人数をx人，子どもの人数をy人とすると，

連立方程式 $\begin{cases}x+y=29\\x+5=2(y-4)\end{cases}$ が成り立つ。これを解いて，$x=15$，$y=14$

2(4)

	1	2	3	4	5	6
1					○	
2					○	
3					○	
4					○	
5	○	○	○	○	○	○
6					○	

(4) $5x=ab$，$x=\dfrac{ab}{5}$より，xが整数となるためにはabが5の倍数である必要がある。

すべての場合の数は36通り。

abが5の倍数となるのは，右図の○印の11通り。

したがって，求める確率は$\dfrac{11}{36}$

(5) ２本の直線から等しい距離にある点の集まりは，２直線のつくる角の二等分線であることを利用する。

①…辺ABの延長線と辺DCの延長線をひき，その交点をFとする。

②…点Fを中心とする円をかき，直線AB，DCとの交点をそれぞれG，Hとする。

③…点G，Hを中心として等しい半径の円をかき，その交点の１つをIとする。

④…直線FIをひく。この直線が２直線AB，DCのつくる角の二等分線であり，辺AEとの交点がPである。

2(5)

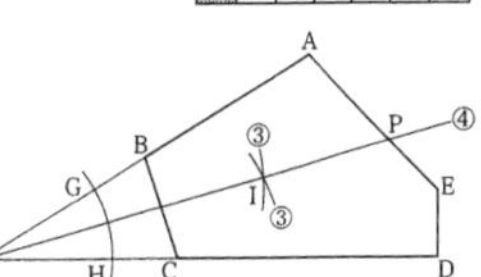

3 (1) 点Bは関数$y=-x+8$のグラフ上の点だから，この式に$x=4$を代入して，$y=-4+8=4$　よって，点B（4，4）

点Bは関数$y=ax^2$のグラフ上にもあるから，この式に$x=4$，$y=4$を代入して，$4=16a$，$a=\dfrac{1}{4}$

(2) 点Aは関数$y=-x+8$のグラフ上の点だから，この式に$x=-8$を代入して，$y=-(-8)+8=16$　よって，点A（-8，16）

したがって，△OABの面積は

△ADO＋△BDO$=8\times8\times\dfrac{1}{2}+8\times4\times\dfrac{1}{2}=32+16=48$（$\mathrm{cm}^2$）

3(2)

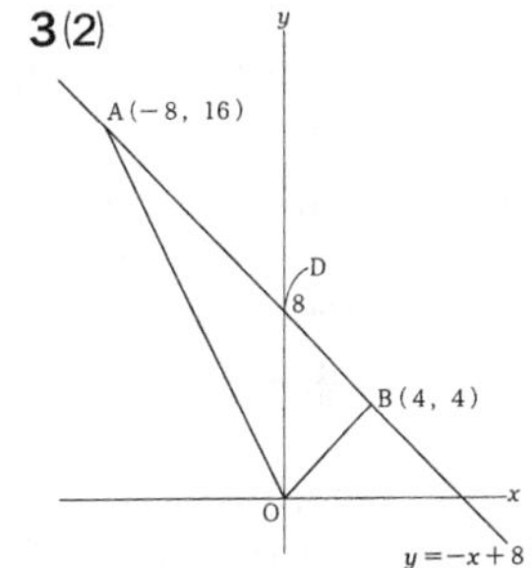

(3) 直線OCの式は，$y=-x$　よって，この式に$x=-4$を代入して，$y=-(-4)=4$より，点C（-4，4）

右図において，四角形ACOB＝△ACE＋平行四辺形ECOD＋△DOB，△ACE＝△DOB，△ECO＝△EODだから，四角形ACOBの面積を二等分する直線は，平行四辺形ECODを二等分する直線，つまり直線OEで，

$y=\dfrac{12}{-4}x$，$y=-3x$となる。

3(3)

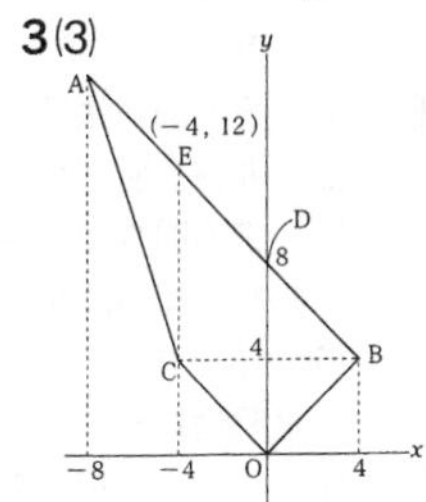

4 (2) △FEGは直角二等辺三角形だから，∠FGE＝45°

△AEF≡△DFGより，∠DGF＝∠AFE＝22°

AB//DCより，平行線の錯角は等しいので，

∠BEG＝∠DGE＝∠DGF＋∠FGE＝22°＋45°＝67°

5 ３点P，Q，Rの位置を整理し，表にまとめる

秒後	1	2	3	4	5	6	7	8	9	10	11	12
P	2	3	4	5	6	1	2	3	4	5	6	1
Q	3	5	1	3	5	1	3	5	1	3	5	1
R	4	1	4	1	4	1	4	1	4	1	4	1
できる三角形	二	正	×	正	二	×	二	正	×	正	二	×

（二‥二等辺三角形　正‥正三角形　×‥三角形はできない）

(1) 正三角形ができるのは，2，4，8，10秒後の４回

(2) 三角形ができないのは3秒ごとだから，$20\div3=6$あまり2より，6回（3，6，9，12，15，18秒後）

(3) Pは6秒ごと，Qは3秒ごと，Rは2秒ごとに同じ点にとまる。できる三角形のパターンは6秒ごとに繰り返されている。50秒後は$50\div6=8$あまり2より，2秒後と同じ，つまり正三角形である。

解　説

【社会】

1 ⑴　シリコンバレーには，半導体産業や大手コンピューターメーカー，ソフトメーカー，ハイテクベンチャーなどを中心としたＩＴ企業，研究所や関連企業が密集している。

⑵　ドイツは，ルール工業地域を中心に工業が発達し，EU最大の工業国となった。

⑷　**ア**シンガポールではなく，韓国である。**イ**日本だけでなく，オーストラリアもあてはまる。**ウ**オーストラリアは日本よりも労働者の賃金が高いため，経費の節減にはならない。

⑸　企業の生産拠点が海外に移転し，国内産業が衰退していく現象を産業の空洞化という。

2 ⑴　Ｓの九州地方で県名と県庁所在地名が異なるのは，沖縄県（那覇市）だけである。Ｐの東北地方は二つ，Ｑの中部地方とＲの近畿地方は，ともに三つである。

⑵　北緯40度と東経140度が交わる点は，秋田県大潟村に位置する。北緯40度上には，ペキン，マドリード，ニューヨークなどがある。

⑶　寒暖の差が大きいＺの長野県は，果樹栽培に適している。

⑷　①　4 cm×25000＝100000 cm＝1000 mとなる。

②　**ア**水田ではなく荒地，**イ**南西ではなく南東，**ウ**博物館ではなく図書館である。

3 ⑴　アメリカ合衆国は太平洋と大西洋に面している。

⑵　ｄはボリビアの首都ラパスを示している。ラパスは，アンデス山脈に位置しており，高山気候に属している。ａが**ウ**，ｂが**エ**，ｃが**イ**にあてはまる。

⑷　Ｐはノルウェーを示している。Ｑはサウジアラビアで**ア**，Ｒはモンゴルで**ウ**，Ｓはニュージーランドで**エ**があてはまる。

⑸　ヒスパニックは高い出生率と移民を背景に，将来的には白人の人口を上回ると推測されている。

4 ⑴　**ア**は710年，**イ**は672年，**ウ**は741年のできごとである。

⑵　**ア**清の成立は17世紀，**イ**漢が栄えたのは紀元前１世紀～１世紀ごろ，**ウ**秦が中国を統一したのは紀元前３世紀である。

⑶　守護や地頭に任命されたのは，鎌倉幕府の御家人であった。

⑷　楽市・楽座令は，城下町の繁栄を目的としたものであった。

⑸　松平定信は，江戸幕府の老中として寛政の改革を行った。徳川吉宗の享保の改革を理想とし，質素倹約をすすめた。

5 ⑴　廃藩置県によって，版籍奉還後も各藩を支配していた旧大名を東京に移住させ，かわりに政府の役人を府知事，県令として派遣した。これにより，中央集権の体制が確立した。

⑵　樺太・千島交換条約では，それまで日本とロシア雑居の地とされていた樺太がロシアの領土とされ，千島列島が日本の領土とされた。

⑶　1937年に始まった日中戦争は長期化し，1945年まで続いた。**ア**，**ウ**は明治時代，**エ**は1945年のできごとである。

⑷　Ｐは1890年のできごと，Ｑは1938年のできごと，Ｒは1930年のできごとである。

⑸　**ア**は1956年，**イ**は1972年，**ウ**は1960年，**エ**は1992年のできごとである。

6 ⑵　日本国憲法前文と日本国憲法第１条が国民主権を定めている。

⑶　非核三原則は，1967年，佐藤栄作首相が国会で表明した政府の方針である。

⑷　**ア**人間らしく生きる権利は社会権である。**イ**自由権などの基本的人権はすべての国民に保障されている。**ウ**宗教に国の許可は必要ない。

⑸　インフォームド・コンセントは，患者が医師から，病気の内容，治療法，治る確率やその治療法の問題点，危険性などを詳しく知らされ，患者が納得してから治療を受けることで，自己決定権の一つである。

7 ⑴　①　小選挙区制は，一つの選挙区から最も得票数が多い１名を選出する。Ｘ党は，１区と２区でそれぞれ１名ずつ選出される。

②　大選挙区制は，一つの選挙区から得票数が多い順に複数名を選出する。

⑵　①　比例代表制では，政党が獲得した得票数に比例して各政党に議席が配分される。

②　**イ**，**エ**は小選挙区制の特色である。**ウ**は選挙区制（小，大ともに）の特色である。

⑶　「一票の格差」が大きいと，法の下の平等に反し，憲法に違反するとして争われている。

解 説

【理科】

1 (1) 層雲は，山腹などにかかる雲や高いところにある霧のことである。また，巻雲は雲の中で最も高い空にできる。
(2) イヌワラビの葉の裏側に見られる**図**のつくりを胞子のうという。
(3) 磁力線は，鉄粉がつくる模様や方位磁針の指す向きを線でつないだものである。
(4) 0℃で気体の物質は，沸点が0℃よりも低い物質である。また，0℃で固体，100℃で液体の物質は，融点が0℃よりも高くて，100℃よりも低く，沸点が100℃よりも高い物質である。

2 (1) 重力を力の矢印で表すときには，物体の中心を作用点とする。また，重力は地球の中心(真下)に向かってはたらいている。
(2) $300〔g〕\times \frac{1〔N〕}{100〔g〕} = 3〔N〕$の力が$0.05〔m〕\times 0.08〔m〕= 0.004〔m^2〕$の面に加わっているので，圧力は$3〔N〕\div 0.004〔m^2〕= 750〔Pa〕$
(3) どのような置き方をしても，物体Pがゴム板を押す力の大きさは変わらない。力の大きさが一定であるとき，圧力は接する面の面積に反比例する。

3 (1) 心臓内の弁の向きから血液の流れる向きがわかる。また，肺動脈は心臓から肺へ向かう血液が流れる血管である。血液は，肺で酸素を受けとって動脈血となり，いったん心臓に戻ってから全身へ送り出される。
(2) 体循環のほかに，心臓から出て肺を通り再び心臓に戻る肺循環もある。また，血液によって体のすみずみに運ばれたさまざまな物質は，血しょうが毛細血管からしみ出した組織液を通して，細胞にわたされる。
(3) 鳥類やホニュウ類の心臓は，全身から戻ってきた静脈血と肺から戻ってきた動脈血が混ざり合わないため，効率よく酸素を全身に届けることができる。

4 (1) 日本付近では，陸のプレートであるユーラシアプレートと北アメリカプレート，海のプレートである太平洋プレートとフィリピン海プレートが押し合っている。
(2) 海のプレートが陸のプレートの下にもぐり込むように動いている。陸のプレートの先端が，海のプレートに引き込まれ，深い溝(海溝)ができる。
(3) プレートの境界で起こる地震の規模に比べて，プレート内の活断層が動いて起こる地震の規模は小さいことが多いが，震源が浅いため，被害が大きくなることがある。

5 (1) 物質が水に溶けて陽イオンと陰イオンに分かれることを電離といい，電離する物質をまとめて，電解質という。また，電離しない物質を非電解質という。
(2) 原子が電子を失って，全体として＋の電気を帯びたものを陽イオンという。
(3) (a) 塩化銅は，$CuCl_2 \rightarrow Cu^{2+} + 2Cl^-$のように電離している。したがって，水溶液中の銅イオンの数：塩化物イオンの数＝１：２となる。
(b) 炭素棒Aでは，水溶液中の銅イオンが炭素棒から電子をもらって銅原子になり，水溶液中の塩化物イオンが炭素棒Bに電子をわたして塩素原子になり，それが２つ結びついて塩素分子となっている。

6 (1) 水面から水が蒸発すると，植物が吸い上げた水の量がわからなくなる。
(2) 植物が根などから吸い上げた水は，道管を通って運ばれる。また，植物が根から吸い上げた水の大部分は，葉や茎の表面にある小さなすき間である気孔から体外に放出される。植物に見られるこの現象を蒸散という。
(3) 装置Aは葉の裏側と茎から，Bは葉の表側と茎から，Cは茎からの蒸散量を表している。よって，葉の裏側，表側からの蒸散量はそれぞれ，$A - C = 3.0 - 0.3 = 2.7〔g〕$，$B - C = 0.9 - 0.3 = 0.6〔g〕$より，全体では，$2.7 + 0.6 + 0.3 = 3.6〔g〕$

7 (1) 低気圧の中心部の地表付近では，外側から低気圧の中心に向かって，反時計回りに風がふき込んでいる。
(2)，(4) 日本の冬の季節に大きな影響をおよぼす気団は，日本列島の西の大陸上に発達するシベリア気団である。この気団から，冷たく乾燥した北西の風が日本列島に向けてふきつける。また，シベリア気団からの風は，日本海上空で大量の水蒸気を含んで日本列島に届き，日本海側の地域に大量の雪や雨をもたらす。日本海側で雪や雨を降らせたあとの空気が，山を越えて太平洋側に移動する。

8 (1) 高温の銅は，酸素と結びつきやすくなっている。
(2) 物質から酸素がとり去られる化学変化を還元，物質が酸素と結びつく化学変化を酸化という。還元と酸化は同時に起こる。
(4) **実験**で発生した気体の質量は$4.0 + 0.3 - 3.2 = 1.1〔g〕$である。酸化銅10.0gと炭素の粉末0.6gを混ぜ合わせて加熱した場合，酸化銅8.0gと炭素の粉末0.6gが反応して二酸化炭素が$1.1 \times \frac{0.6}{0.3} = 2.2〔g〕$発生する。

9 (1) 平均の速さ＝移動した距離÷かかった時間で求められる。
(3) 質量30gの金属球を基準面からの高さが4.0cmの点から転がした場合の木片の移動距離が3.0cmで，木片の移動距離は，金属球の質量，転がす基準面からの高さそれぞれに比例する。
よって，$3.0 \times \frac{80}{30} \times \frac{5.0}{4.0} = 10.0〔cm〕$
(4) 物体がもつ位置エネルギーと運動エネルギーの和を力学的エネルギーという。摩擦などが無視できる場合，力学的エネルギーは一定に保たれる。これを力学的エネルギーの保存(力学的エネルギー保存の法則)という。

解　説

【英語】

１・２・３　リスニング台本を参照。

４　⑴「暖かい」，⑵「ビデオ」，⑶「借りる」，⑷「12月」

５　⑴「アンは今，彼女の部屋でかばんを作っているところですか」という意味。現在進行形〈主語＋be動詞＋動詞の～ing形〉「～しているところです」の疑問文。

⑵「私は昨日，朝食に納豆を食べました」という意味。eatの過去形はate。

⑶「私たちは明日早く起きる必要がありますか」という意味。〈have［has］to＋動詞の原形〉「～しなければならない」の疑問文。

⑷「何が彼をそんなに悲しませたのですか」という意味。make A Bで「AをBの状態にする」。

⑸「あなたにとって物語を書くことは興味深いことですか」という意味。〈It's［It is］～（for＋人）to …〉「（人にとって）…することは～である」の疑問文。

６　ビルのセリフは，「サッカーをしよう！」という意味。イラストから，むこうに子どもたちがいるからサッカーをするのをやめようと言おうとしていることが推測できる。「～すべきではない」は〈should not＋動詞の原形〉，「～してはいけない」は〈Don't＋動詞の原形～.〉で表す。

７　⑴　Ⓐ「私は山の近くに（　　），私はその山が好きです」という意味。文脈から，**イ**「住んでいる」が入るとわかる。

Ⓑ「だから，それらの季節（＝春や秋）には，私は（　　）毎週末に山に行きます」という意味。every weekend「毎週末」を修飾できるものなので，**エ**「ほとんど」が入るとわかる。

⑵　①「彩は（　　）に翔太の祖母に会うために彼の家に行きました」という文。火曜日に翔太は彩に自分の祖母について話して，その翌日（＝水曜日）に「今日の放課後に家に来ませんか」と誘っているので，「水曜日」とわかる。

②　**ア**…１～２行目参照。２時間勉強していると書かれているので誤り。
イ…３～４行目参照。翔太がたずねたのは，彩が英語を一生懸命勉強している理由なので誤り。
ウ…５～６行目参照。同じ内容なので正しい。
エ…８行目参照。彩が直接たずねたのではなく，翔太が聞いてくれたので誤り。

⑶　①　質問は「もし人々が『The Letter』を見るならば，どのくらいの間映画を見ますか」という意味。表からThe Letterの上映時間は２時間半だとわかる。〈How long～?〉「どのくらいの間～」は期間をたずねる疑問文。

②　ホームページの入場料の部分に，４歳から15歳は800円と書かれているので，**エ**「もしあなたが14歳なら，映画を見るのに800円が必要です」が適当。

８　⑴「彼は動物の世話をすることが大変だということを理解し始めました」という文を入れる。**イ**の前後に，雨の中散歩に連れて行く場面や，勉強で疲れていて散歩に連れて行きたくないという内容が書かれているので，**イ**とわかる。

⑵「私は犬が好きではないけれど，モモ（Momo）は（　　）犬ではありません」という意味。直後に「彼女（＝モモ）は君を助けてくれた」とあることからも，just「ただの」が入るとわかる。

⑶「だれが３年前にモモを涼（Ryo）の家に連れてきたのですか」が質問。第１段落参照。

⑷　**ア**…第１段落参照。犬は吠えるので嫌いだと言っているのは父親なので誤り。
イ…第２段落前半参照。モモの散歩をさぼり始めたのはエミ（Emi）なので誤り。
ウ…第３段落参照。同じ内容が書かれているので正しい。
エ…第３段落半ば参照。傷ついたモモをなでたのは涼だけでなく，エミと父親もなので誤り。

９　⑴　直後でリズが自分の行き先を話しており，前でリズが萌にWhere are you going?と聞いているので，**イ**「あなたはどうですか」が適当。

⑵　直前にCD店に行くとあり，また直後でYesと答え，「彼らのCDを買いたい」と言っているので，**ア**「ああ，CDを買うつもりですか」が適当。

⑶　直後で「５人の少女です」と人数を答えているので，**エ**「ええと，あなたはそのグループで何人の少女を見ましたか」が適当。

⑷　直後に「あなたのお気に入りのグループを知りたいです」とあるので，**ウ**「あなたといっしょにCD店に行ってもいいですか」が適当。

第４回 紙上公開もし（令和元年12月実施）

解　答

【国語】

配点／二・三・六(4) 各2点，五(4) 4点，八 10点，他 各3点

一　(1) **ウ**　(2) **イ**　(3) **エ**　(4) 〔例〕（科学の成果を）道具として活用する（というもの。）
二　(1) しゅくじょ　(2) てんぷ　(3) うなが（す）　(4) かせ（ぐ）
三　(1) 農耕　(2) 祝賀　(3) 胸　(4) 承（る）
四　(1) **イ**　(2) **ウ**　(3) **ア**
五　(1) はじめ：人間はいつ　終わり：がとれない（から。）（完答）　(2) **ウ**　(3) **ア**
(4) 〔例〕学者としての評価を上げ、研究費や仕事を確保する
(5) Ⅰ：いろんな問題を起こす　Ⅱ：処理がしやすい（完答）　(6) **イ**
六　(1) **ウ**　(2) **エ**　(3) **ア**
(4) Ⅰ：イジイジしたしょうもない子　Ⅱ：〔例〕寮生三人の輪の中に入れない
(5) 〔例〕うれしい　(6) **イ**
七　(1) ① **ア**　② **イ**　(2) 〔例〕取り除きたい　(3) **エ**　(4) 凶強侠気
八　二段落構成とし、前段には、解説文２がどのような工夫をされているかについて、解説文１との違いをふまえて書くこと。前段では、「解説文２には解説文１にはなかった擬音語を用いる工夫がされている。これにより、見る人の聴覚に訴え、絵のイメージをふくらませることができるという効果が期待できる。」といった形でまとめるのが望ましい。また、後段では、前段の内容をふまえた上で、人をひきつける文章表現について、自分の考えを書いているかどうかを総合的に判断し、採点する。

【数学】

配点／4(1)(a)・(b) 各2点，4(1)(c) 6点，他 各5点

1　(1) 21　(2) -4　(3) $x+3y$　(4) $x=-2,\ y=4$（完答）
(5) $21-6\sqrt{6}$　(6) $(x+4)(x-4)$
2　(1) **イ**　(2) 0.23　(3) 14 cm　(4) $\frac{3}{5}$　(5) 右図
3　(1) $a=\frac{1}{2}$　(2) ① $\frac{4}{3}$　② $\frac{512}{27}\pi$ (cm³)
4　(1) (a) **イ**　(b) **カ**
(c)〔例〕平行四辺形の対角は等しいので，
$\angle BAF=\angle BCD$　……④
仮定より，$BA:BC=12:24=1:2$　……⑤
③より，
$AF:BC=EA:EB=4:(4+12)=1:4$
よって，$AF=BC\times\frac{1}{4}=24\times\frac{1}{4}=6$ (cm)　……⑥
⑥より，$AF:CD=6:12=1:2$　……⑦
④，⑤，⑦より，
２組の辺の比とその間の角がそれぞれ等しいので，
$\triangle ABF \backsim \triangle CBD$
(2) $\triangle GBC$：平行四辺形$ABCD=2:7$
5　(1) (ア) 18　(イ) 19（完答）　(2) 9本目　(3) 2本目と5本目，4本目と6本目（完答）

2(5)
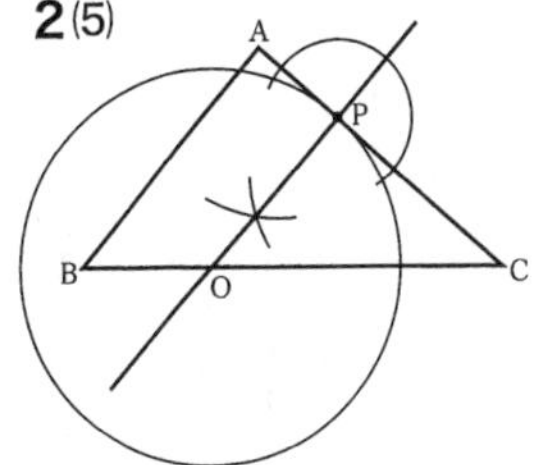

【社会】

配点／1 各2点，他 各3点

1　(1) **ウ**　(2) **イ**　(3) プライバシー　(4) グローバル　(5) **エ**
2　(1) 盛岡（市）(漢字のみ可)　(2) **イ**　(3) **エ**　(4) ① 西　② a：○　b：×　c：○（完答）
3　(1) **エ**　(2) ユーロ　(3) アルプス・ヒマラヤ（造山帯）　(4) **エ**
(5) 〔例〕わずかな種類の輸出品に頼っているため，それらの価格や輸出量の変動に左右されるから。
4　(1) **イ**　(2) X：鑑真　Y：**ウ**（完答）　(3) **ウ**　(4) **イ**　(5) **イ→ア→エ**（完答）
5　(1) **イ，ウ，エ**（順不同・完答）　(2) **ウ**　(3) 米　(4) イタリア
(5) 〔例〕石油の価格を値上げ
6　(1) 議会　(2) 〔例〕国会で過半数の議席を確保するため。　(3) **ア**　(4) **ウ**
(5) マスメディア（カタカナのみ可）
7　(1) **エ**　(2) 上告　(3) 立法　(4) **イ**　(5) **イ**

解答

【理科】

配点／4(2) 4点，**2**(3)・**3**(2)・**5**(1) 各2点，他 各3点

1　(1) **エ**　(2) 焦点　(3) **ア**　(4) **ウ**
2　(1) **ア**　(2) **オ**　(3) (a) 海風 (b) **エ**
3　(1) **イ→ア→ウ**（完答）　(2) (a) **ア** (b) 沸点（漢字のみ可）　(3) 蒸留
4　(1) **ウ**　(2)〔例〕花弁が１つにつながっていることから，合弁花という。
　(3) **イ**
5　(1) x：**ア**　y：磁界　(2) 右図　(3) **イ**
6　(1) **ウ**　(2) **ア**　(3) 西　(4) 右図
7　(1)〔例〕純粋な水は電流を通しにくいので，小さな電圧でクリップ間に電流を流すため。
　(2) 指示薬　(3) $NaOH \rightarrow Na^{+} + OH^{-}$　(4) x：A　y，z：**エ**（完答）
8　(1) **カ**　(2) D　(3) **イ**　(4) P：けん　d：Y（完答）
9　(1)〔例〕静止し続ける。　(2) 2.4（J）　(3) **ウ**　(4) 仕事の原理

5(2)

方位磁針
A　B
アルミニウムのパイプ

6(4)

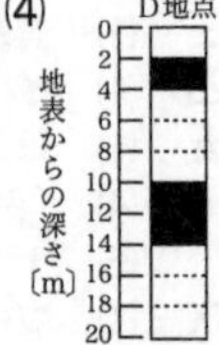

【英語】

配点／6 8点，**7**(2)① 5点，他 各3点

1　**No.1** C　**No.2** A　**No.3** D
2　**No.1** B　**No.2** D
3　**No.1** C　**No.2** A
4　**No.1** ① soccer ② March　**No.2** ① science　② eighteen
5　(1) hotter　(2) cooking
　(3) **オ→ウ→ア→エ→イ**　(4) **イ→エ→オ→ウ→ア**　(5) **ウ→オ→ア→エ→イ**
6　〔例〕Yes. He is in the library. I think he is doing his math homework there. Why don't you go there?
7　(1) Ⓐ **エ** Ⓑ **ア**
　(2) ①〔例〕Because they wanted to finish their homework for winter vacation.　② **ウ**
　(3) ① four　② **エ**
8　(1) **イ**　(2) like　(3) seven years old　(4) **エ**
9　(1) **エ**　(2) **イ**　(3) **ア**　(4) **イ**

リスニング本文

1　**No.1**　Boy：Happy birthday, Kate!　Girl：Thank you, John.
Boy：This is a present for you.
No.2　Boy：Nice to meet you. I'm Hideki.　Girl：Nice to meet you, too, Hideki. I'm Mary.
Boy：Mary, I'm from Japan. How about you?
No.3　Man：Nancy, did you do your homework?　Girl：No, Father.
Man：When will you start it?

2　**No.1**　Girl：Jack, what are you doing now?　Boy：I'm studying Japanese, Ann.
Girl：Oh, this is *kanji*. Did you write it?　Boy：Yes. We call it, "*ki*," in Japanese.
Girl：I see. What does it mean?　Boy：It means "tree."
Question：Which word did Jack write?
No.2　Boy：Naoki ran very fast yesterday! He ran the fastest of the four boys, Naoki, Jun, Fumiya, and Kenta!
Girl：Yes. He is a member of the soccer team.
Boy：Kenta ran fast, too, but Naoki ran faster than Kenta.　Girl：Right. Fumiya ran as fast as Kenta.
Question：Which boy is Jun?

3　**No.1**　Hi. I'm Takeshi. I'll talk about my favorite place. This is Hikari Park. Many people visit this park every day. Some people run or walk, some walk with their dogs, some play sports, and some take pictures of the flowers. I usually play tennis or basketball with my friends there. How about visiting Hikari Park?
Question：What does Takeshi usually do in Hikari Park?
No.2　Boy：Becky, do you have any plans for next weekend?
Girl：Yes, I do. My family and I will go to Osaka from Saturday to Sunday.
Boy：That's great. I hope it'll be sunny those days.
Girl：Thanks. But, it will be cloudy those days. Well, do you have any plans?
Boy：Sure. I'll go to Kamakura with my brother on Sunday. We wanted to go there on Saturday, but it'll be rainy there on that day, so we'll go on Sunday.
Girl：I see.
Question：How will the weather be in Kamakura on Saturday?

4　**No.1**　Paul came to Japan from Canada with his family last October. He has a good friend in Canada, and his name is Ben. Ben will come to Japan to see Paul next March. They played soccer together in Canada, and they will play it when Ben comes to Japan.
No.2　Haruto likes to study very much. He likes all the subjects but his favorite is science. He studies it for two hours from Monday to Friday. On Saturday, he studies it for three hours, and on Sunday, he studies it for five hours. He really likes science.

解　説

【国語】

四 (1) A——の「の」と、**イ**の「の」はともに、連体修飾語をつくる格助詞。**ア**は接続助詞「ので」の一部、**ウ**は「こと」などの名詞に置きかえることができるもの(＝体言に準じる形で用いるもの)、**エ**は「が」に置きかえることができるもの(＝主語を表すもの)である。

五 (1) 人間は「しゃべっている話をもう一回ちゃんと繰り返し」て話すことができない。なぜなら、人間とは、「いつでも動いていて、二度と同じ状態がとれない」(第二段落の三文目)生き物だからである、と筆者は述べている。

(2) 人間と情報とを比較し、「情報は、はなから止まっているけれども人間は動いている」という違いを指摘した上で、ロボットは「情報に近い」ということをB——の直後に述べているので、人間⇔情報＝ロボットという関係が成り立つとわかる。B——の直前の段落に、アナウンサーを例に挙げ、人間が「動いている」ということは「お墓に入っている(＝死)」、「白髪になっている。ヨレヨレになっている(＝加齢による身体の変化や衰え)」ことであると説明しているので、人間とは対照的な存在であるロボットには、身体的な変化や衰えもなく、死がない(＝止まっている)ということになる。

(3) [C]の八〜十行後に「論文に書いてある言葉の羅列を生き物だと思う人はいません。すでに生き物が情報となって止まっている」とあるので、言葉＝情報＝止まっているものとなる。

(4) D——と同じ段落にある「論文を書かなければ学者として認められず、評価されない。研究費がこない、仕事にならない」という部分を参考にして、条件に合うようにまとめる。

(5) 本文の最終段落にある「情報化したものはきれいです。言葉もそうです。紙の上にきれいに並んでいるから、処理がしやすい。それに対して患者はいろんな問題を起こす」という部分に注目する。

(6) **ア**「現代社会で生きていくための知恵を提示している」、**ウ**「現代の若い科学者たちを賞賛している」、**エ**「医療現場で起きている世代間の考え方の違い」の部分が、それぞれ適当ではない。

六 (1) 自宅生の同級生がいない「私」に、自宅生の同級生がいる「ノリコ先輩」が、「綾香ちゃんの気持ち、わかるわぁ、うち。」と言ってきたことに対し、言葉の薄っぺらさを感じ、「私」は反発しているのである。「私」に合わせて適当なことを言わないでほしいという気持ちが、「何言うてんの」という心の中の言葉に表れているのである。

(2) B——の直後にある「男の先輩らの中にもすぐ溶け込めた」という部分や、本文の終わりから九〜十行目にある「いつもお気楽に過ごしてるみたいに見える」といった表現をヒントにする。

(4) D——の少し前にある「私(綾香)」の会話文に注目する。ノリコ先輩は、「私の入っていく余地なんか、ない気がするんです」「私だけがこんなイジイジしたしょうもない子で」という「私」の発言を聞き、「私」が自分自身を低く見すぎていることが、寮生の三人との間に「壁(＝人間関係の隔たり)」を作っていると指摘している。

(5) [E]の六〜七行前に、「ノリコ先輩、私のことちゃんと見ててくれたんだ」とあることから、「私」が泣いているのは、「ノリコ先輩」の思いやりに触れられて、うれしかったのが理由だとわかる。

(6) **ア**「(『私』と先輩を比較して)二人の違いを客観的に描いている」、**ウ**「過去を回想する」「人生を変えてくれた先輩との出会い」、**エ**「感情を抑えた表現により、淡々と描いている」の部分が、それぞれ適当ではない。

七 (1) ② A——「郷里の患ふる所と為る」を直訳すると「郷里の人々の心配事になっている」となるが、これは、「郷里の人々に恐れられていた」などのように受け身の文で言い換えることができる。

(2) B——の直後に「実は、三横のただその一を余さんことをこひねがふなり(＝実のところ、周処・蛟・虎という三つの邪悪なものたちのうち、せめて一つだけを残すようにしたいと切に願っていたのであった)」とあるのに注目する。このことから、「ある人」は、周処と蛟、周処と虎をそれぞれ戦わせるよう仕向けて、三者のうちの二者を取り除こうと計略を立てていたことがわかる。

〈現代語訳〉
周処は、まだ若い時、極めて乱暴で勇ましくて、(彼が暮らす) 郷里の人々に迷惑がられていた。また、(周処のほかにも) 義興という土地には、川の水の中に蛟 (＝竜) がおり、山中には虎がいた。いずれも皆、(義興で暮らす) 人々を襲い傷つけた。義興の人は (この三者を)「三横 (＝三つの邪悪なものたち)」と呼んでいた。しかしながら、(その「三横」の中でも) 周処が最もひどかった。ある人が、周処に、「虎を殺し、蛟を斬ってはどうか」と諭した。(このように諭した人は) 実のところ、周処・蛟・虎という三つの邪悪なものたちのうち、せめて一つだけを残すようにしたいと切に願っていたのであった。周処は、すぐさま虎を刺し殺し、さらに水の中に入って蛟を討とうとした。蛟は (周処と戦いながら、川の中を) 浮かんだり沈んだりして、数十里も進んでいき、周処は、その蛟と一緒に三日三晩もの間 (格闘しながら) 過ごした。郷里に暮らしている人々は皆、周処はもはや死んだのだろうと言って、互いに喜び合った。(そうしているうちに、周処は) とうとう蛟を殺して (川の中から) 出てきた。(すると、自分が死んだと思って) 郷里の人々が喜び合う声を聞き、はじめて (自分が) 人々から迷惑がられていることを理解し、自分からすすんで (自分の性格や行いを) 改善しようという気持ちになったのである。

八 〈作文解説〉

一　原稿用紙の正しい使い方で書く。
①文章の書き出しは一マスあける。　②一マスには一字、一記号を入れる。　③どの行でも、一番最初のマスには「、」や「。」は書かない。　④改行したら(二段落目に入ったら)最初の一マスはあける。

二　二段落構成とし、条件に沿った文章を書く。

三　最後に見直しをする。
・八行以上、十行以内で書いているか。　・自分の考えをはっきり書いているか。
・一文が長すぎず、すっきりとわかりやすい文章で書いているか。
・常体文(〜だ。〜である。)と敬体文(〜ます。〜です。)が交じっていないか。
・文法上の間違いはないか。
・誤字、脱字がなく、送り仮名、句読点、符号などは適切か。

以上のことに気をつけて作文する。作文は、すぐに上手に書けるようになるものではないので、日頃から短文を書く練習をしたり、日記をつけたりして、作文に慣れておくことが大事である。

解　説

【数学】

1 (1) $(-7)\times(-3)=+7\times3=21$

(2) $(-4^2)-16\div\left(-\dfrac{4}{3}\right)=(-16)+\dfrac{16\times3}{4}=-16+12=12-16=-4$

(3) $3\left(\dfrac{1}{2}x+\dfrac{2}{3}y\right)-\dfrac{1}{2}x+y=\dfrac{3}{2}x+2y-\dfrac{1}{2}x+y=\dfrac{3}{2}x-\dfrac{1}{2}x+2y+y=x+3y$

(4) (下の式)を(上の式)に代入して，$2x+3(2x+8)=8$，$2x+6x+24=8$，$8x=-16$，$x=-2$
この値を(下の式)に代入して，$y=2\times(-2)+8=-4+8=4$

(5) $(3\sqrt{2}-\sqrt{3})^2=(3\sqrt{2})^2+2\times3\sqrt{2}\times(-\sqrt{3})+(-\sqrt{3})^2=18-6\sqrt{6}+3=21-6\sqrt{6}$

(6) $(x+4)(x-6)+2(x+4)=x^2-2x-24+2x+8=x^2-16=x^2-4^2=(x+4)(x-4)$

2 (1) 式をすべて展開しなくても，x^2の係数だけを計算すればよい。

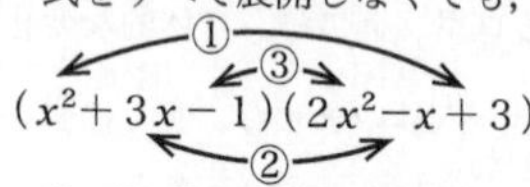

①，②，③の組をかけ合わせるとx^2の項となる。係数だけを計算する。①$1\times3=3$　②$3\times(-1)=-3$
③$(-1)\times2=-2$　したがって，$3-3-2=-2$　答えは**イ**

(2) 40人の生徒の記録を値の小さい方から並べて中央にあたる20番目，21番目の生徒は15m以上20m未満の階級に入っているから，この階級の相対度数は$9\div40=0.225$　小数第3位を四捨五入して0.23

(3) 中点連結定理より，$\mathrm{FE}=\dfrac{1}{2}\mathrm{BC}$，$\mathrm{ED}=\dfrac{1}{2}\mathrm{AB}$，$\mathrm{DF}=\dfrac{1}{2}\mathrm{CA}$

したがって，$\mathrm{FE}+\mathrm{ED}+\mathrm{DF}=\dfrac{1}{2}\mathrm{BC}+\dfrac{1}{2}\mathrm{AB}+\dfrac{1}{2}\mathrm{CA}=\dfrac{1}{2}(\mathrm{AB}+\mathrm{BC}+\mathrm{CA})=\dfrac{1}{2}\times28=14$ (cm)

(4) 右のような表を書いて考える。表の左側には取り出す2枚のコインと，その2枚のコインに書かれた数の積，右側には残った3枚のコインと，その3枚のコインに書かれた数の和を示してある。
すべての場合の数は10通り。
取り出した2枚のコインに書かれた数の積が残った3枚のコインに書かれた数の和より小さくなる場合の数は✓印をつけた6通り。
したがって，求める確率は$\dfrac{6}{10}=\dfrac{3}{5}$

2(4)

取り出すコイン			残りのコイン				
1	2	2	3	4	5	12	✓
1	3	3	2	4	5	11	✓
1	4	4	2	3	5	10	✓
1	5	5	2	3	4	9	✓
2	3	6	1	4	5	10	✓
2	4	8	1	3	5	9	✓
2	5	10	1	3	4	8	
3	4	12	1	2	5	8	
3	5	15	1	2	4	7	
4	5	20	1	2	3	6	
		(積)				(和)	

(5) 円の接線は，接点と中心を結んだ半径に垂直であることを利用する。
①…点Pを中心とする円をかき，辺ACとの交点をD，Eとする。②…点D，Eをそれぞれ中心とする等しい半径の円をかき，その交点の1つをFとする。③…直線PFをひく。直線PFと辺BCとの交点が，円の中心Oである。また，線分OPを半径とする円が求める円Oである。

2(5)

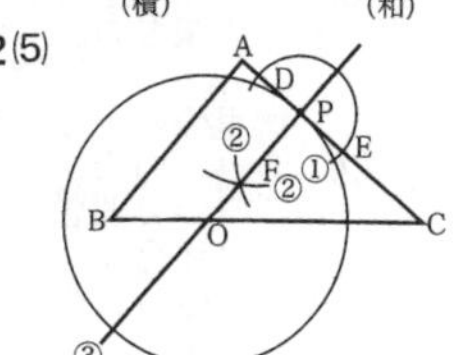

3 (1) 点Aは関数$y=x+4$のグラフ上の点なので，この式に$x=-2$を代入して，$y=-2+4=2$より，点A$(-2,\ 2)$
点Aは関数$y=ax^2$のグラフ上にもあるので，この式に$x=-2$，$y=2$を代入して，$2=4a$，$a=\dfrac{1}{2}$

(2) ① 点Pのx座標をtとすると，点P$\left(t,\ \dfrac{1}{2}t^2\right)$
点Pから線分CDと線分BDに垂線PE，PFをひき，それぞれを2つの三角形の高さとする。
また，点B(4，8)，点C(−4，0)，点D(4，0)から，CD＝8cm，BD＝8cm
$\triangle\mathrm{PCD}=8\times\dfrac{1}{2}t^2\times\dfrac{1}{2}=2t^2$　$\triangle\mathrm{PBD}=8\times(4-t)\times\dfrac{1}{2}=4(4-t)$
このことから，$2t^2:4(4-t)=1:3$　が成り立つ。これを解いて，$3t^2=8-2t$，$3t^2+2t-8=0$，
$t=\dfrac{-2\pm10}{6}$　$t=\dfrac{4}{3}$，-2　$0<t<4$より　$t=\dfrac{4}{3}$

② 点P$\left(\dfrac{4}{3},\ \dfrac{8}{9}\right)$より，$\mathrm{PF}=4-\dfrac{4}{3}=\dfrac{8}{3}$ (cm)
求める体積は$\left(\dfrac{8}{3}\right)^2\times\pi\times\dfrac{8}{9}\times\dfrac{1}{3}+\left(\dfrac{8}{3}\right)^2\times\pi\times\left(8-\dfrac{8}{9}\right)\times\dfrac{1}{3}=\left(\dfrac{8}{3}\right)^2\times\pi\times8\times\dfrac{1}{3}=\dfrac{512}{27}\pi$ (cm^3)

4 (2) △EBGと△CDGにおいて，EB//DCで錯角は等しく，2組の角がそれぞれ等しいので，△EBG∽△CDG
BG：DG＝EB：CD＝(4＋12)：12＝4：3　△GBC＝$4s$とすると，BG：DG＝4：3より，△CDG＝$3s$
平行四辺形ABCD＝(△GBC＋△CDG)×2＝$(4s+3s)\times2=14s$　よって，$4s:14s=2:7$

5 (1) 1本目から10°ずつの間隔で直線ができるから，180°÷10°＝18(本目)と考えた。…(ア)
1本目から数えると19本目となる。…(イ)

(2) 2本目は1本目と10°の角をつくる。3本目から順に求める。
10°＋20°＝30°(3本目)，30°＋30°＝60°(4本目)，60°＋40°＝100°(5本目)，100°＋50°＝150°(6本目)，150°＋60°＝210°(7本目)，210°＋70°＝280°(8本目)，280°＋80°＝360°(9本目)
1本目と360°の角をつくる9本目は平行または重なっている。

(3) (2)で計算したのは1本目とつくる角だから，差が90°になる組を7本の中からさがせばよい。
100°－10°＝90°(2本目と5本目)，150°－60°＝90°(4本目と6本目)

解　説

【社会】

1　⑴　スリランカは，インドの南東に位置し，インド洋に浮かぶ島国である。

⑵　日本で郵便制度が整えられたのは，明治時代初めの1871年である。**ア**は江戸時代，**ウ**は1907年，**エ**は1925年のできごとである。

⑶　プライバシーの権利は「私生活をみだりに公開されない権利」とされている。

⑸　**ア** 2013年から2014年にかけて減少している。**イ**スマートフォンの普及率は上昇したにもかかわらず，携帯電話の普及率は伸びていないことからスマートフォン以外の携帯電話利用者が減少していると考えられる。**ウ** 2013年，2014年は超えていない。

2　⑴　Ｘは東北地方で，岩手県の県庁所在地は盛岡市である。

⑵　Ｂは長野市で内陸性気候に属する。Ａは根室市で**ウ**，Ｃは尾鷲市で**ア**，Ｄは岡山市で**エ**があてはまる。

⑶　①は新潟県で米の生産がさかんである。②は山梨県でぶどうの生産が多い。③は福岡県で輸送用機器の生産が多い。

⑷　②　ｂは図書館ではなく，博物館・美術館である。

3　⑴　ラパスは，アンデス山脈の高地に位置するため，低緯度でも比較的気温が低い。アンデスの高地で飼育されている家畜はリャマやアルパカである。

⑵　Ａはフランスを示している。

⑷　Ｃはアメリカ合衆国である。１人あたりの国民総所得が最も高く，第三次産業就業人口割合が最も高い**エ**があてはまる。**ア**は日本，**イ**はＡのフランス，**ウ**はＢの中国があてはまる。

⑸　Ｘはナイジェリア，Ｙはボツワナを示している。わずかな種類の輸出品に頼る経済をモノカルチャー経済という。

4　⑴　**ア**は班田収授法，**ウ**は律令制の政治のしくみ，**エ**は冠位十二階の制について述べている。

⑵　奈良時代，聖武天皇のころ，鑑真に対して来日が要請された。

⑶　刀狩を命じたのは豊臣秀吉である。**ウ**は太閤検地について述べており，豊臣秀吉に関することがらである。**ア**，**イ**，**エ**は織田信長に関することがらである。

⑷　Ｐは平安時代の９世紀後半のできごと，Ｑは室町時代のできごと，Ｒは鎌倉時代のできごとである。

⑸　**イ**は1641年，**ア**は17世紀後半，**エ**は1837年のできごとである。**ウ**は1858年のできごとである。

5　⑴　明治の初め，公家や大名は華族，武士は士族，百姓，商人，職人などは平民とされた。

⑵　第１回衆議院議員選挙における有権者は，総人口の約1.1％（約45万人）であった。

⑶　米騒動は，1918年，富山県の漁村から全国の主要都市に広まった。

⑷　日本は，民主主義や自由主義を否定するファシズムの体制をしくドイツやイタリアと日独伊三国同盟を結んだ。

⑸　石油危機の影響で，石油やそれを原料とする製品が値上がりし，それを見こした買いだめも行われた。

6　⑴　議会制民主主義は，直接民主制に対して間接民主制ともいわれる。

⑵　複数の政党が内閣を組織して担当する政権を連立政権という。

⑶　**イ**は平等選挙，**ウ**は直接選挙，**エ**は普通選挙について述べている。

⑷　**ア**，**イ**，**エ**は小選挙区制について述べている。

⑸　世論の形成に大きな影響を与える新聞やラジオ，テレビなどをマスメディアという。

7　⑴　日本では，衆議院と参議院による二院制をとっており，衆参の議決が異なり対立した場合，国の政治が停滞してしまうため，法律案の議決，予算の議決，条約の承認，内閣総理大臣の指名などにおいて衆議院の優越が認められている。

⑵　三審制の目的は，慎重な裁判を行い，人権を守ることである。

⑶　日本国憲法では国会について，「国権の最高機関」であり「唯一の立法機関」であるとされている。

⑷　衆議院解散後の総選挙から，30日以内に開かれるのが特別会である。

⑸　**ア**は国会から裁判所へ対する権限，**ウ**は国会から内閣へ対する権限，**エ**は国民から裁判所に対する権限である。

解 説

【理科】

1 (1) 燃えて炭ができたり，二酸化炭素が発生したりする物質を有機物といい，有機物には炭素が含まれている。
(2) 焦点は，凸レンズの前後に１つずつある。また，凸レンズの中心から焦点までの距離を焦点距離という。
(3) 温暖前線は，暖気が寒気の上にはい上がっていくため，前線の前方の範囲におだやかな雨をもたらす。
(4) 体細胞分裂では，分裂後の細胞にも元の細胞と同じ数の染色体がある。

2 (1) 水はほかの物質に比べて，あたたまりにくく，冷めにくい。
(2) 温度が高い砂の上の空気はあたためられて上向きに移動する。よって，砂の上は低圧部になる。空気は高圧部から低圧部に向かって流れるので，点Ｂでは空気は左向きに移動する。
(3) (a) 晴れた日の海に面した地域では，昼間には海風が，夜間には陸風がふくことが多くなる。これらの風をまとめて海陸風という。
(b) 夏にはユーラシア大陸上が低圧部に，太平洋上が高圧部になり，南東の季節風がふき，冬にはユーラシア大陸上が高圧部に，太平洋上が低圧部になり，北西の季節風がふくことが多くなる。

3 (1) 火を消すときの操作は，火をつけるときの操作と逆の手順で行う。
(2) 液体が沸騰して，気体に状態変化するときの温度を沸点という。沸点は物質ごとに決まっている。水の沸点は100℃，エタノールの沸点は約78℃である。これらの混合物を加熱すると，沸点の低いエタノールが先に出てくる。
(3) **実験**と同じような方法で，原油からガソリンなどがとり出されている。

4 (1) おしべの先端にあるやくには花粉が入っている。被子植物の花では，外側から順に，がく→花弁→おしべ→めしべの順についている。
(2) アブラナの花弁は１枚１枚離れているが，ツツジの花弁は１枚につながっている。アブラナのような花を離弁花，ツツジのような花を合弁花という。
(3) アサガオは花弁がつながっている合弁花類，イネは単子葉類，イチョウは裸子植物に分類される。

5 (1) この場合には，電流計の－端子は電源装置の－極側に接続する。また，磁石の力（磁力）がはたらく空間を磁界という。磁力は，電気の力や重力などと同じように，物体どうしが離れていてもはたらく。
(2) 電流がつくる磁界の向きは，電流の流れる向きに向かって，同心円状に時計回りの向きである。また，磁石による磁界の向きは，Ｎ極から出てＳ極に入る向きである。
(3) パイプの振れる幅を小さくするためには，「パイプを流れる電流の大きさを小さくする」「Ｕ字形磁石を磁力の弱いものに変える」などの方法がある。また，選択肢**ウ**または**エ**の操作を行うと，アルミニウムのパイプは**実験**の③のときと逆向きに振れる。

6 (2) 粒の直径が0.06～２mmのものが砂，これより小さいものが泥，大きいものがれきと決められている。これらの粒はどれも川などの流水によって運ばれた土砂である。また，石灰岩は生物の遺がいなどが，凝灰岩は火山噴出物が，それぞれ押し固められてできた堆積岩である。
(3) **図２**で，厚さ２mの凝灰岩の層の上面が，Ｏ地点では60－４＝56〔m〕，Ａ地点では70－14＝56〔m〕，Ｃ地点では60－８＝52〔m〕となり，南北方向には水平で，西に向かって低くなっていることがわかる。
(4) 南北方向には水平だから，厚さ２mの凝灰岩の層の上面はＣ地点と同じ標高52mである。Ｄ地点の標高が54mより，地表から54－52＝２〔m〕の地点にある。また，そこから８m下の２＋８＝10〔m〕の地点から厚さ４mの凝灰岩の層がある。

7 (1) 電圧によってイオンを移動させる必要があるため，中性となる電解質水溶液をろ紙にしみ込ませている。
(2) ＢＴＢ液やフェノールフタレイン液も指示薬の一つである。
(3) 水酸化ナトリウム（$NaOH$）は，水に溶けて，陽イオンであるナトリウムイオン（Na^+）と陰イオンである水酸化物イオン（OH^-）に電離する。
(4) アルカリ性の性質を示す水酸化物イオン（OH^-）は陽極に引かれて移動するため，陽極側（**図**では左側）に置いた赤色リトマス紙が青色に変化する。

8 (1) 目は，光の刺激を受けとることができる感覚器官で，受けとった刺激が脳に伝えられることで，視覚が生じる。
(2) **図１**で，Ａはレンズ，Ｂはレンズの厚みを変える筋肉，Ｄは光の刺激を受けとる細胞がある網膜である。光の刺激は，網膜で神経を通る信号に変えられたあと，視神経を通って脳に伝えられる。
(4) 筋肉が縮むことで，骨格が引っ張られ，関節の部分で曲がるしくみになっている。腕をのばすときには，**図２**のＹの筋肉が縮み，Ｘの筋肉がゆるむ。腕を曲げるときには，逆に，Ｘの筋肉が縮み，Ｙの筋肉がゆるむ。

9 (1) 慣性により，静止している物体は静止し続けようとし，運動している物体は等速直線運動を続けようとする。
(2) 600÷100＝６（N）の力で40cm（0.4m）動かしたので，仕事の大きさは６×0.4＝2.4〔J〕
(3) 動滑車を使うと直接持ち上げる力の半分の力ですむが，引く距離は２倍になる。
(4) **実験**の④の場合の仕事の大きさは，３〔N〕×0.8〔m〕＝2.4〔J〕となり，**実験**の②の場合と変わらない。

解　説

【英語】

1・2・3・4　リスニング台本を参照。

5　⑴　「今日は昨日より暑いです」という意味。thanに注目する。比較級の文。hot – hotter – hottestと変化する。

⑵　「あなたは夕食を作り終えたところですか」という意味。finish　～ingで「～し終える」という意味。finishの後ろに動詞を置く場合，動名詞(～ing)にすることに注意する。

⑶　「私たちはどこでパーティーを開くかを考えなければなりません」という意味。〈where　to＋動詞の原形〉で「どこで～すべきか」という意味。

⑷　「これは日本で作られた時計ですか」という意味。過去分詞の形容詞的用法。a　watchをmade　in　Japanが後ろから修飾している。

⑸　「ケイトは私のクラスでこの歌をいちばん上手に歌う女の子です」という意味。主格の関係代名詞を使った文。the girlをthat sings this song the best in my classが後ろから修飾している。

6　フレッドのセリフは，「一郎(Ichiro)はどこですか。あなたはそれを知っていますか」という意味。イラストの内容から，メグは一郎の居場所を知っており，図書館で数学を勉強しているだろうとわかる。Do　you～?で聞かれているので，まずYes.などを使って答える。次に，一郎が図書館で数学を勉強していることを答える。「～している」は現在進行形〈be動詞の現在形＋～ing〉で表す。

7　⑴　Ⓐ　「彼女は３週間（　　）家族のところに滞在しました」という意味。直後の文に，「５人の子どもたちがいました」とあることから，**エ**「大きな」が入るとわかる。

Ⓑ　「彼女は自身の（　　）の文化について多くを知らないということに気づきました」という意味。直前に「*kabuki*(歌舞伎)」「*rakugo*(落語)」という日本文化が書かれているので，**ア**「国」が入るとわかる。

⑵　①　質問は「葵と美恵はなぜ図書館に行きましたか」という意味。２行目参照。「彼女たちは冬休みの宿題を終わらせたかった」とある。Why～?「なぜ～」には，Because～.「なぜなら～」で答えるのが基本。

②　**ア**…１行目参照。葵と美恵は友だちと書かれているので誤り。

イ…３行目参照。図書館は９時から開くので誤り。

ウ…６行目参照。同じ内容なので正しい。

エ…６～７行目参照。葵は先に帰ったので誤り。

⑶　①　「アレックス(Alex)はお別れ会の（　　）日後にジャック(Jack)の学校を離れる予定です」という意味の文。アレックスは１月31日に学校を離れるとあり，お別れ会は１月27日にあるので，fourが入るとわかる。

②　**ア**…お別れ会が始まるのは12時からなので，誤り。

イ…案内にはティム(Tim)の家で開くと書かれているので，誤り。

ウ…アレックスの好きな歌は，プレゼントとして出席者が彼のために歌うので，誤り。

エ…「パーティー(＝お別れ会)に行く人たちはそこにいくつかの食べ物を持っていかなければなりません」同じ内容が案内に書かれているので，正しい。

8　⑴　直後に「優太(Yuta)は悲しくなりました」とあることに注目する。

⑵　「私が中学生だったとき，私はあなた（　　）でした」という意味。優太の父親が自分の過去の話をしており，それが今の優太のようだったと読み取れるので，likeが入るとわかる。ここでのlikeは前置詞。

⑶　「優太がラグビーを始めたとき何歳でしたか」が質問。第１段落１行目参照。

⑷　**エ**「優太の父親は優太により良い選手なるためにどうすべきかを考えるように言いました」

9　⑴　直後に「私があなたを助けられないと思いますか。……あなたは私にあなたの問題を話すべきです」とあるので，**エ**「ええと，私はそれについてだれにも話したくありません」が適当。

⑵　直前でOK.とあるので，**イ**「私はあなたに話します」が適当。

⑶　直後で「でもあなたは起きませんでした！」とあるので，**ア**「私はあなたを５時に起こそうとしました」が適当。

⑷　エイミーは紗枝の話を聞いて，紗枝の考えは間違っていると思っているので，**イ**「あなたは本当にそう思っていますか」が適当。

第５回 紙上公開もし（令和２年１月実施）

解答

【国語】

配点／二・三 各2点，五(1)・六(3) 各4点，八 10点，他 各3点

一 (1) **エ** (2) **イ** (3) **ウ** (4) **ア**
二 (1) こうかく (2) ちゅうしん (3) ひか（えて） (4) こ（らす）
三 (1) 訪問 (2) 飛散 (3) 拾（った） (4) 操（って）
四 (1) 李 下 不レ正レ冠 (2) **ア** (3) **ウ**
五 (1)〔例〕現象や行為の破壊的な方面、劇的な動的な瞬間的状況などの方面に使われることがない
(2) 見られる (3) **ア** (4) **ウ**
(5) Ⅰ：風景という概 Ⅱ：隠喩の関係を（完答） (6) **イ**
六 (1) どうせ郷 (2) きりがない (3)〔例〕父親が、別れの言葉を改まった口調で言い出すこと。
(4) **エ** (5) Ⅰ：江戸に奉公に出す Ⅱ：苦渋（完答） (6) **ア**
七 (1) うえをふせぎて (2) ② (3) **エ** (4) はじめ：我が心 終わり：にこそ（完答）
(5) Ⅰ：〔例〕大きなみかんがほしい Ⅱ：〔例〕優先に考えた（完答）
八 二段落構成とし、前段には、提示されている文章の内容についての考えを、自分自身の体験に触れながら書くこと。前段では、「自分の思いや考えを貫くことは難しいことだが、とても大切なことだと私は思う。小学生の時、ささいなことでけんかをして友人が仲間外れにされたことがあり、私もついみんなに同調してしまった。その後、仲直りはできたが、自分の行いをずっと後悔していた。」といった形でまとめるのが望ましい。また、後段では、前段の内容をふまえて、「自分の意見を持つ」ことについて、自分の考えが書かれているかどうかを総合的に判断し、採点する。

【数学】

配点／4(1)(a)・(b) 各2点，4(1)(c) 6点，他 各5点

1 (1) -3 (2) 10 (3) $-a-2b$ (4) $x=-5$ (5) $5\sqrt{3}$ (6) $(x-7)(x-8)$
2 (1) **ウ** (2) $x=3$，$y=4$（完答） (3) 95度 (4) $\frac{3}{8}$ (5) 下図
3 (1) $y=-x+4$ (2) ① $24\,\text{cm}^2$ ② $\left(3,\ \frac{9}{2}\right)$
4 (1) (a) **ウ** (b) **オ**
(c)〔例〕
⑤，⑥より，△ODFは正三角形なので，
∠DFE＝60° ……⑦
④，⑦より，∠BAC＝∠DFE ……⑧
③，⑧より，２組の角がそれぞれ等しいので，
△ABC∽△FDE
(2) △FDE：四角形ABDE＝２：５
5 (1) 29 (2) 44本 (3) 67本

2(5)

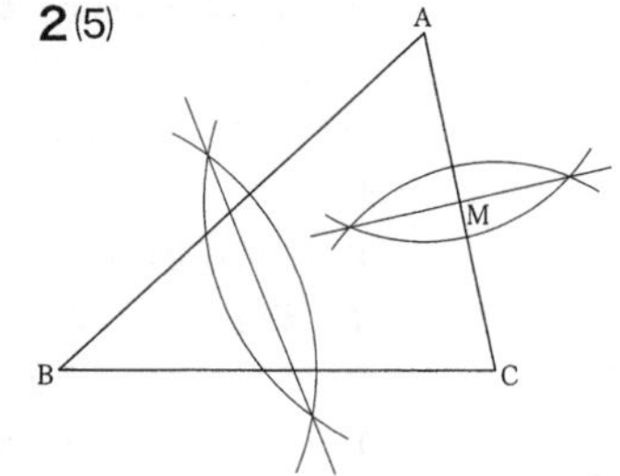

【社会】

配点／1 各2点，他 各3点

1 (1) **ウ** (2) **イ** (3) 人権（漢字のみ可） (4) **ア** (5) **エ**
2 (1) 金沢（市） (2) X：石炭 Y：飛行機（航空機）（完答） (3) **イ** (4) ① **エ** ② **ア**
3 (1) **エ** (2) メキシコ：**イ** インド：**ウ**（完答） (3) アセアン（東南アジア諸国連合）
(4) **エ** (5)〔例〕異なる（三つの）固有の言語をもつ民族が共存している
4 (1) **ウ** (2)〔例〕自分の娘を天皇のきさきとする (3) **エ** (4) **イ** (5) **イ**
5 (1) **エ** (2) **イ** (3) ファシズム（カタカナのみ可） (4) **イ** (5) **エ→イ→ウ→ア**（完答）
6 (1) インフォームド・コンセント
(2)〔例〕衆議院は参議院に比べ，任期が短く，解散もあるため，国民の意思を反映しやすいから。
(3) **イ** (4) **ウ** (5) 条例
7 (1) 労働組合 (2) 多国籍企業（漢字のみ可） (3) **ウ・エ**（順不同・完答）
(4) 安全（漢字のみ可） (5) **ウ**

解答

【理科】

配点／2(2) 4点，3(2)・4(2)・5(2) 各2点，他 各3点

1 (1) ウ　(2) 平均（の速さ）　(3) ア　(4) エ
2 (1) a：火山噴出物　b：エ（完答）
(2)〔例〕おだやかな噴火となることが多く，溶岩の色は黒っぽい。
(3) 形：ア　火山：イ（完答）
3 (1) 右図　(2) a：光源　b：イ　(3) 名称：虚像　向き：ア（完答）
4 (1) $NaOH \rightarrow Na^{+} + OH^{-}$　(2) a：中和（漢字のみ可）　b：イ
(3)〔例〕白い濁りが生じる。
5 (1)〔例〕微生物を死滅させるため。　(2) x：ウ　y：呼吸
(3) ア，エ（順不同・完答）
6 (1) 質量保存　(2) イ　(3) 0.6（g）　(4) ウ
7 (1) 胞子　(2) ウ　(3) 右図　(4) エ
8 (1) ア　(2) カ　(3) 810（J）　(4) イ
9 (1) イ　(2) 日周（運動）　(3) (a) x：エ　z：30（完答）　(b) 地軸

3(1)
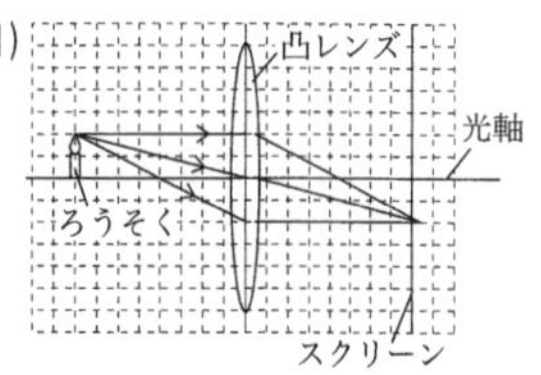

7(3)
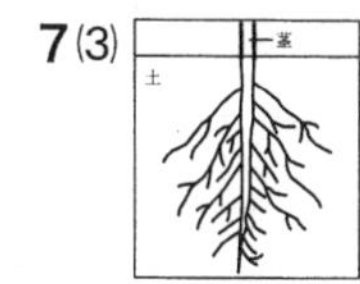

【英語】

配点／6 8点，7(2)① 5点，他 各3点

1 **No.1** D　**No.2** A　**No.3** C
2 **No.1** D　**No.2** C
3 **No.1** B　**No.2** D
4 **No.1** ① bike　② rainy　**No.2** ① letter　② song
5 (1) finished　(2) told
(3) オ→ア→エ→イ→ウ　(4) イ→オ→エ→ア→ウ　(5) ウ→エ→ア→オ→イ
6〔例〕That's a good idea. Then, how about going to a zoo? She is interested in animals, so she can enjoy watching them.
7 (1) Ⓐ ウ　Ⓑ ア　(2) ①〔例〕Three students did.　② イ　(3) ① Tuesday　② イ
8 (1) ア　(2) ウ　(3) call　(4) エ
9 (1) ウ　(2) エ　(3) ア　(4) イ

リスニング本文

1 **No.1** Boy : I'm going to see a soccer game this afternoon.　Girl : That's nice.
Boy : Do you want to come with me?
No.2 Boy : Natsumi, can you help me?　Girl : OK, Bob. What can I do for you?
Boy : I'm reading a book in Japanese. What does this *kanji* mean?
No.3 Boy : What did you do yesterday, Miku?　Girl : I visited my uncle with my family.
Boy : Oh, I see. Where does he live?

2 **No.1** Girl : I went shopping yesterday.　Boy : What did you buy, Cathy?
Girl : I bought a bag, and there are two dogs on it.　Boy : That's great. How much was it?
Girl : It was three thousand yen.
Question : Which bag did Cathy buy?
No.2 Boy : Last Sunday, I was very busy. I cleaned my room, did my homework, played tennis with my father, and walked with my dog.
Girl : Wow, you were so busy. You cleaned your room in the morning, right?
Boy : Yes. After that, we played tennis, and then I did my homework for three hours.　Girl : I see.
Question : When did the boy do his homework?

3 **No.1** Hi. I'm Kenji. I asked my classmates the question, "What is your favorite season?" Most students said, "I like summer the best." I'm one of them. Winter was more popular than spring and fall.
Question : What is Kenji's favorite season?
No.2 Boy : What are you reading, Kate?　Girl : Oh, Tim. I'm reading a book about science.
Boy : That's great. Did you buy it at the bookstore?
Girl : No, I borrowed it at the library last Wednesday. The library is new, and it opened last Monday.
Boy : I see. I want to go there today.
Girl : It is closed every Friday so it is closed today. How about going tomorrow?　Boy : OK, I will.
Question : What day will Tim go to the new library?

4 **No.1** Lucy's house is not near her school, so she doesn't walk to school. She usually goes there by bike, but she goes there by train on rainy days.
No.2 Our English teacher, Mr. Brown, went back to his country last month. This morning, we got a letter from him. It said, "You taught me some Japanese songs, right? I sang one of them to the students here. It was very popular!"

解説

【国語】

四 ⑵ 動詞の未然形は「ない」「う（よう）」「れる（られる）」に接続する形。

⑶ 「誤解」は「誤った理解や解釈」という意味で、上の漢字が下の漢字を修飾している。これと同じ構成の熟語は、**ウ**「公園（公の庭園や遊園地）」となる。

五 ⑴ Ａ――と同じ段落にある「戦争・闘争・爆発・噴火・火炎・突進、などという方面にはまさか風景という言葉が使われることはない」、「風景という言葉の使い方の中には、戦争とか爆破とか暴走とか、なにかそういう、現象や行為の破壊的な方面、劇的な動的な瞬間的状況などの方面、とは正反対の方面のことに使われているように思う」という部分を参考にまとめる。

⑵ Ｂ――の直後の段落に「見られる対象の生活状況を、一瞬のとどまった『姿・形』として見るという心的契機、つまり風景として見るという心的契機がふくまれている」とあることから、「風景としてとらえる（＝風景として見る）」＝「見られる対象の生活状況を、一瞬のとどまった『姿・形』として見る」という関係になっていることがわかる。

⑷ Ｄ――の直後の文中にある「日本語では景色や景観や光景や情景というような、いろいろとそれ自体として美しい言葉がありますのに、それらの言葉がそうした場面、場面に適用されないで、『風景』という言葉が優先され愛されて、それらに対して使用されています」という部分に、「風景」という言葉の使われ方として、筆者が「興味深い」と感じている内容が述べられている。「『風景』という言葉が優先され愛されて、それら（＝景色や景観や光景や情景という言葉）に対して使用されています」という内容と、**ウ**「風景という言葉のほうが、景色や景観や光景や情景という言葉よりも重きを置かれ、多用される」という内容とが一致する。

⑸ Ｅ――の中にある「そうした適用」は、Ｅ――の少し前にある「人間の生活の場面、場面が生活風景として語られることの中には、自然風景が隠喩として語られている、ということ」という部分を指している。このことから、Ｅ――には「風景という概念の日常化」の中には隠喩関係がひそんでいて、この「隠喩の関係を成立させる」のに、風景画が役立っているという内容が述べられているとわかる。

⑹ **ア**「（『風景』を、自然の美しさ）以外の事柄を言い表すために使うべきではない」、**ウ**「現代社会には、平和や静けさ、休息のない人工的な場所が増えている」、**エ**「正岡子規が景色という言葉の意味を理解できなかったから」の部分が、それぞれ適当ではない。

六 ⑴ Ａ――の八〜九行後にある「どうせ郷里を出ると決めたのだから、いさぎよく別れたいという気持ちもあった」という部分を見つける。

⑵ 弥太郎「きりがないよ」→弥五兵衛「そうだな」→弥五兵衛「ほんとだ」というつながりから、弥太郎の「きりがないよ」という言葉に対して、弥五兵衛が「ほんとだ」と言っていることがわかる。

⑶ Ｃ――の中にある「そのこと」という指示語をヒントに、直前の「どこかで別れの言葉を、それも改まった口調で言い出しそうな気がして」の部分を使ってまとめればよい。

⑷ 別れの最後の時になって、弥五兵衛が声を詰まらせながら本心を語っていることから、本当に言いたいことを言い出せなかったため、笑いもどこか不自然なものになってしまったのだと推察できる。

⑸ Ｅ――の十八行前に「あのな」と弥五兵衛が話を切り出す場面があるが、その直前にある二つの段落に、別れの言葉を言われる前の弥太郎の心境が述べられているので、その二つの段落の内容に注目する。

⑹ Ｆ――の二〜三行前にある「弥五兵衛の顔には、愚人に似た放心した表情があらわれている」という表現から、弥太郎が、泣いている父親の様子や表情を冷淡な視線で見ていることがわかる。泣いている父親に当惑しているというよりは、それを冷静に眺めている自分に気づいて、弥太郎は「当惑」しているのである。

七 ⑸ 「つかれたる姿したる人」から「同じくは、大きなるをあづからばや（＝どうせなら、大きなみかんを与えてもらいたいものだ）」と言われた真如親王は、「私は終わりのわからない道を行くのに、少しでも多くの食料が必要である」と、自分の旅の道中の食料であるみかんを惜しむ態度を見せた。つまり、飢えている人よりも、自分のことを心配したので、「心小さき」と言われたのである。

〈現代語訳〉

（真如親王は）天竺（＝インド）に向かいなさる旅の道中の準備として、大きなみかんを三つお持ちになっていたところ、空腹でやつれた様子をした人が（真如親王の前に）現れて、（みかんを）欲しがったので、（みかんを）取り出して、その中の一番小さいものをお与えになった。この（空腹でやつれた様子の）人は、「どうせなら、大きなみかんを与えてもらいたいものだ」と言ったので、（真如親王は）「私はこれから終わりのわからない道を進まなければならない。あなたはこの土地に暮らす人だ。（この小さなみかんで）さしあたりの飢えをしのげば足りるだろう」と答えたところ、この人は、「悟りを求めて修行する人は、そのようなことをしない。お前は心が小さい（人物だ）。心の小さい人物が恵む物を受け取る気はない」と言って、一瞬のうちに消え失せてしまった。親王は不思議に思って、「私の心の中を、神仏の化身が出てきて、お試しになったに違いない」と（考えて）後悔し、情けなく思った。そうして、だんだんと進んでいくうちに、結局、虎に出くわし、（真如親王は）はかなくも命の終わりを迎えたそうだ。

八 〈作文解説〉

一　原稿用紙の正しい使い方で書く。

①文章の書き出しは一マスあける。　②一マスには一字、一記号を入れる。　③どの行でも、一番最初のマスには「、」や「。」は書かない。　④改行したら（二段落目に入ったら）最初の一マスはあける。

二　二段落構成とし、条件に沿った文章を書く。

三　最後に見直しをする。

・八行以上、十行以内で書いているか。　・自分の考えをはっきり書いているか。
・一文が長すぎず、すっきりとわかりやすい文章で書いているか。
・常体文（〜だ。〜である。）と敬体文（〜ます。〜です。）が交じっていないか。
・文法上の間違いはないか。
・誤字、脱字がなく、送り仮名、句読点、符号などは適切か。

以上のことに気をつけて作文する。作文は、すぐに上手に書けるようになるものではないので、日頃から短文を書く練習をしたり、日記をつけたりして、作文に慣れておくことが大事である。

解　説

【数学】

1　(1)　$-27\div 9=-\dfrac{27}{9}=-3$

(2)　$(-5)^2-10\times\dfrac{3}{2}=25-\dfrac{10\times 3}{2}=25-15=10$

(3)　$8\left(\dfrac{1}{4}a-\dfrac{1}{2}b\right)-3a+2b=2a-4b-3a+2b=2a-3a-4b+2b=-a-2b$

(4)　両辺を12倍して，$4(x-1)=3(3x+7)$，$4x-4=9x+21$，$-5x=25$，$x=-5$

(5)　$\sqrt{27}-\sqrt{48}+\dfrac{18}{\sqrt{3}}=\sqrt{3^3}-\sqrt{2^4}\times 3+\dfrac{18\sqrt{3}}{3}=3\sqrt{3}-4\sqrt{3}+6\sqrt{3}=5\sqrt{3}$

(6)　$x-4$をMとおくと，$(x-4)^2-7(x-4)+12=M^2-7M+12=(M-3)(M-4)$　Mをもとに戻して，$(M-3)(M-4)=\{(x-4)-3\}\{(x-4)-4\}=(x-7)(x-8)$

2　(1)　右図のように，$x=2$のとき，$y=-2^2=-4$（最小値）
$x=0$のとき，$y=0$（最大値）　よって，$-4\leqq y\leqq 0$

2(1)

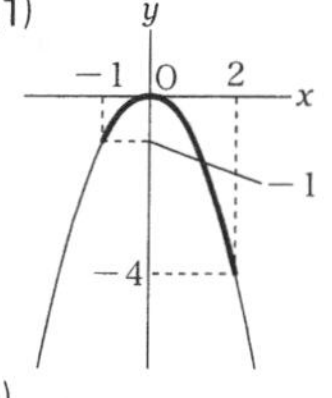

(2)　度数の関係より，$2+x+6+5+y=20$
冊数の合計の関係より，$2\times 2+4x+6\times 6+8\times 5+10y=6.6\times 20$
これら２つの式を整理して連立方程式として解くと，$x=3$，$y=4$

(3)　２点A，Cを結ぶ。$\overset{\frown}{AB}$に対する円周角より，$\angle ACB=\angle ADB=33°$
$\overset{\frown}{AD}$に対する円周角より，$\angle ACD=\angle ABD=62°$
これより，$\angle x=\angle BCD=\angle ACB+\angle ACD=33°+62°=95°$

(4)　右表のように，表を○，裏を×として表をかいて考える。すべての場合の数は８通り。
合計金額が10円以上100円未満である場合の数は✓印をつけた３通り。
したがって，求める確率は$\dfrac{3}{8}$となる。

2(4)

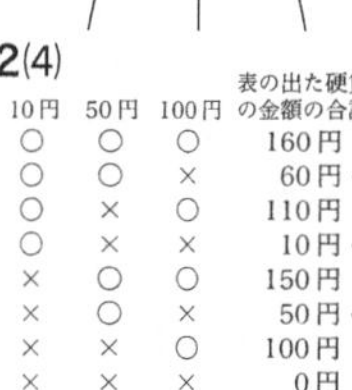

10円	50円	100円	表の出た硬貨の金額の合計
○	○	○	160円
○	○	×	60円 ✓
○	×	○	110円
○	×	×	10円 ✓
×	○	○	150円
×	○	×	50円 ✓
×	×	○	100円
×	×	×	0円

(5)　折ることで頂点Bと点Mが重なるということは，折り目の線に対して頂点Bと点Mは線対称の関係にあるということであり，折り目の直線は線分BMの垂直二等分線になる。
①…点A，Cをそれぞれ中心とする等しい半径の円をかき，２つの円の交点をD，Eとする。
②…直線DEをひく。直線DEと辺ACとの交点が，辺ACの中点Mである。
③…点B，Mをそれぞれ中心とする等しい半径の円をかき，２つの円の交点をF，Gとする。
④…直線FGをひく。この直線FGが求める折り目の直線である。

3　(1)　２点A，Bは関数$y=\dfrac{1}{2}x^2$のグラフ上にあるから，そのy座標はそれぞれ，$y=\dfrac{1}{2}\times(-4)^2=8$，$y=\dfrac{1}{2}\times 2^2=2$　よって，点A$(-4,\ 8)$，点B$(2,\ 2)$
直線AB（ℓ）の傾きは$\dfrac{2-8}{2-(-4)}=-1$　直線ℓの式を$y=-x+b$とすると，直線ℓは点B$(2,\ 2)$を通るから，$2=-2+b$より，$b=4$　したがって，求める式は$y=-x+4$

(2)　①　点C$(-4,\ 0)$より，$\triangle BAC=8\times(4+2)\times\dfrac{1}{2}=24\ (\text{cm}^2)$

②　点D$(4,\ 8)$　点Pの座標を$\left(t,\ \dfrac{1}{2}t^2\right)$とし，点Pから線分ACにひいた垂線をPQ，点Pから線分ADにひいた垂線をPRとすると，

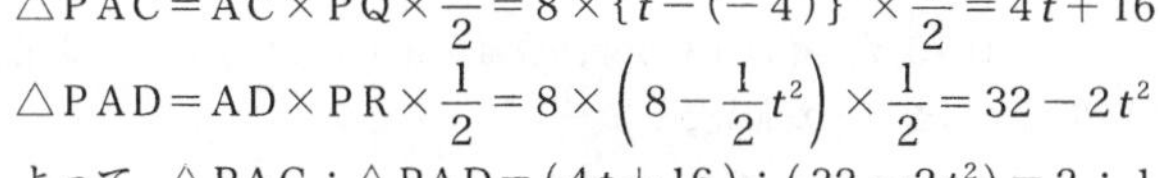

$\triangle PAC=AC\times PQ\times\dfrac{1}{2}=8\times\{t-(-4)\}\times\dfrac{1}{2}=4t+16$

$\triangle PAD=AD\times PR\times\dfrac{1}{2}=8\times\left(8-\dfrac{1}{2}t^2\right)\times\dfrac{1}{2}=32-2t^2$

よって，$\triangle PAC:\triangle PAD=(4t+16):(32-2t^2)=2:1$が成り立つ。これを解いて，$4t+16=2(32-2t^2)$，
$t^2+t-12=0$，$(t+4)(t-3)=0$，$t=-4$，$t=3$

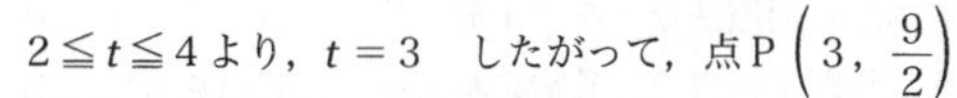

$2\leqq t\leqq 4$より，$t=3$　したがって，点P$\left(3,\ \dfrac{9}{2}\right)$

3(2)

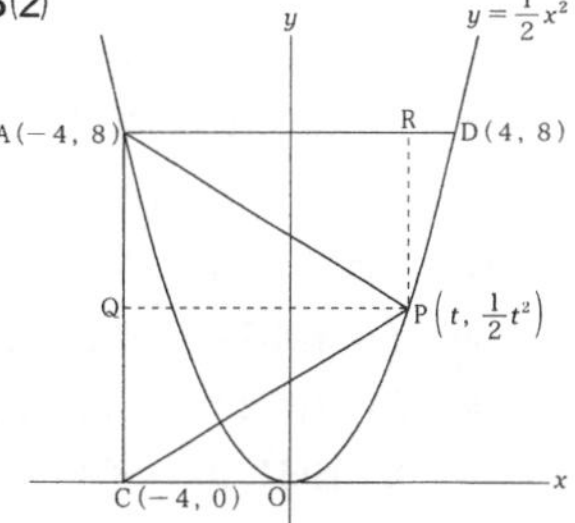

4　(2)　$\triangle ABC\backsim\triangle ODC$で，その相似比は２：１
よって，$\triangle ABC:\triangle ODC=2^2:1^2=4:1$より，四角形ABDO：$\triangle ODC=3:1$…①
$\triangle ODF$は正三角形，$\triangle FDC$，$\triangle OED$は二等辺三角形であり，EO＝OF＝FCだから，$\triangle ODF=\triangle FDC=\triangle OED$…②
$\triangle OED=s$とすると，①，②より，$\triangle ODC=2s$，四角形ABDO＝$6s$，四角形ABDE＝$5s$，$\triangle FDE=2s$　したがって，求める面積の比は，$\triangle FDE$：四角形ABDE＝$2s:5s=2:5$

5　(1)　$(20-1)\div 2=9$あまり１と計算して，ジュースを２本または３本買った回数は９回
よって，飲めるジュースは$3\times 9+2=29$（本）

(2)　みさおさんの考えを利用する。$(30-1)\div 2=14$あまり１より，最初の１本を差し引いて２本ずつ買った回数は14回　これより，飲めるジュースは$3\times 14+2=44$（本）となる。

(3)　同様に，みさおさんの考えを利用する。ただし，逆向きに計算することになる。
$100\div 3=33$あまり１より，２本または３本買った回数は33回で，あまりの１本は空きビン３本で交換してもらったジュース。最低の本数を求めればよいから，少なくとも$1+2\times 33=67$（本）買えばよい。

解　説

【社会】

1 ⑴ 日本から最も遠いということは，経度差が約180度であると考えられる。

⑵ **ア**輸入総額が輸出総額の２倍以上になっている。**ウ**鉄鋼だけでなく，有機化合物もあてはまる。**エ**上位の品目に工業製品は見られない。

⑷ アマゾン川は，南アメリカ北部を流れ，大西洋へ注ぐ大河。アンデス山脈の水源から河口まで全長約6516 kmで，世界で２番目に長く，流域面積は世界最大である。

⑸ 愛知県は，豊田市の自動車産業を中心に工業がさかんなため，第二次産業の就業人口割合が高く，第三次産業の就業人口割合はそれほど高くない。沖縄県や京都府は観光業がさかんなことから，第三次産業の就業人口割合が高い。

2 ⑴ Ａは山形県，Ｂは石川県，Ｃは徳島県，Ｄは大分県を示している。

⑵ 石炭は，かつて日本のエネルギーの中心で，1960年の石炭自給率は86％であった。しかし，現在は，国内の炭鉱はほぼ閉山し，自給率は0.7％(2017年)となった。

⑶ Ｒは群馬県，Ｓは静岡県である。

⑷ ① 太枠で囲まれた部分は，地形図上で１cm×１cmである。縮尺が25000分の１なので，
１cm×25000＝25000 cm＝250ｍとなり，実際の面積は，250ｍ×250ｍ＝62500 m^2となる。

② 果樹園が見えるのは**ア**，**イ**，**エ**。また，出発地点が到着地点より南に位置するのは**ア**，**ウ**である。

3 ⑴ Ｘの西海岸側に高くて険しいロッキー山脈，Ｙの東海岸側にゆるやかなアパラチア山脈がある。

⑵ **ア**は輸出総額が最も多く，穀物自給率も最も高いアメリカ合衆国，**エ**は穀物自給率が最も低い日本，残った**イ**と**ウ**のうち，人口が多い**ウ**がインドである。

⑶ アセアンは，ブルネイ，カンボジア，インドネシア，ラオス，マレーシア，ミャンマー，フィリピン，シンガポール，タイ，ベトナムの東南アジア10か国による地域共同体である。

⑷ 月平均気温が年間を通して高いことから，赤道周辺の**エ**(シンガポール)を選ぶ。

⑸ ナイジェリアは，それぞれ固有の言語を持つ民族が共存していることから，共通の言語として，植民地時代に使用するようになった英語を公用語としている。

4 ⑴ **ウ**は７世紀後半に朝鮮半島を統一した新羅である。**ア**は唐，**イ**は高句麗，**エ**は百済を示している。

⑵ 平清盛は娘を高倉天皇のきさきとし，生まれた子が1180年に安徳天皇となった。

⑶ 平治の乱は1159年，承久の乱は1221年，応仁の乱は1467年に起こった。

⑷ ｃの時代は江戸時代，**ア**は安土桃山時代，**ウ**は鎌倉時代，**エ**は平安時代の内容である。

⑸ Ｘにあてはまるのは，江戸幕府の初代将軍の徳川家康，Ｙにあてはまるのは水野忠邦である。

5 ⑴ **エ**は三国干渉について述べている。**ア**は1873年，**イ**は1875年，**ウ**は1864年のできごとである。

⑵ **イ**は1937年のできごとで，日中戦争のきっかけとなった。

⑷ Ｐは1872～76年，Ｑは1925年，Ｒは1901年のできごとである。

⑸ **エ**(1951年)→**イ**(1956年)→**ウ**(1965年)→**ア**(1972年)となる。

6 ⑴ インフォームド・コンセントとは，患者が医師から治療法などを「十分に知らされたうえで同意」すること。

⑵ 衆議院の優越は，他に予算先議権や，法律案，予算案の議決，条約の承認などに認められている。

⑶ **ア**は東京に，**ウ**は各都府県に１か所，北海道に４か所，**エ**は全国の主要，中小都市を中心に438か所設置されている。

7 ⑴ 労働組合法は，憲法28条の保障する労働基本権を基礎に，労働組合，団体交渉権などについて規定する法律である。

⑶ **ア**全ての株主が出席することができるのは，株主総会である。

⑷ ケネディ大統領が示した「消費者の四つの権利」は，ほかに「知らされる権利」，「選択する権利」，「意見を反映させる権利」である。

⑸ 文が示しているのは，1994年に制定された製造物責任法(ＰＬ法)である。

解　説

【理科】

1 (1)　PEはポリエチレン，PPはポリプロピレン，PVCはポリ塩化ビニルの略号である。

(3)　風向は，風がふいてくる向きで表す。よって，風向計では，その先端が指している方角が風向を表す。

(4)　選択肢**ア**は鳥類，**イ**は恒温動物であるホニュウ類や鳥類，**ウ**はホニュウ類に属する動物の特徴である。

2 (1)　火山噴出物には，火山弾や軽石のような大きなものや，小さな粒である火山灰などがある。また，マグマから出てきた気体を火山ガスという。火山ガスの大部分は水蒸気で，そのほかに二酸化炭素や二酸化硫黄なども含まれている。

(2)　マグマのねばりけが強い場合，爆発的な激しい噴火となることが多く，溶岩の色は白っぽいものが多い。

(3)　ねばりけが強いマグマは流れにくいため，盛り上がった形の火山となることが多い。逆に，ねばりけが弱いマグマは流れやすいため，傾斜のゆるやかな形の火山となることが多い。

3 (1)　凸レンズの中心を通る光はそのまま直進する。光軸に平行に進んで凸レンズに入った光は，凸レンズを通過後，スクリーン側の焦点を通って進む。手前の焦点を通って凸レンズに入った光はその後光軸に平行に進む。スクリーン上にはっきりとした像ができているとき，光源の１点から出て凸レンズを通った光は，スクリーン上の１点に集まる。

(2)　物体を凸レンズから焦点距離の２倍の位置に置いたとき，凸レンズから焦点距離の２倍の位置に置いたスクリーン上に物体と同じ大きさの実像ができる。よって，$24 \div 2 = 12$〔cm〕

(3)　**実験**の①でスクリーン上にできた像のように，実際に光が集まってできる像を実像という。

4 (2)　酸性の水溶液に含まれる水素イオンと，アルカリ性の水溶液に含まれる水酸化物イオンが結びついて水ができる反応を中和という。中和が起こるとき，水とともにできる物質を塩という。**表**から，水酸化ナトリウム水溶液と塩酸は体積比，$30 : 15 = 2 : 1$で中性となる。よって，塩酸20mLを中性にするには，

$20 \times \frac{2}{1} = 40$〔mL〕の水酸化ナトリウム水溶液が必要なので，あと$40 - 30 = 10$〔mL〕加えればよい。

(3)　$Ba(OH)_2 + H_2SO_4 \rightarrow 2H_2O + BaSO_4$　という反応が起こり，水と硫酸バリウムができる。硫酸バリウムは白色で水に溶けない性質があるため，水溶液内に白い濁りが生じ，沈殿する。

5 (1)　**実験**では，土の中の微生物のはたらきを確かめるため，微生物のいる状態といない状態をつくっている。

(2)　**実験**で用いた上ずみ液の中の微生物一つ一つは，顕微鏡でしか見えないほど小さいが，デンプンをとり込み，呼吸によって分解してエネルギーを得てその数をふやし，目に見えるようなかたまりになる。

(3)　ムカデやモグラは小動物を食べる消費者である。

6 (2)　**実験**で発生した気体は二酸化炭素である。選択肢**ア**では酸素が，**イ**では二酸化炭素と水が，**エ**ではアンモニアがそれぞれ発生する。

(3)　④ではかった質量と⑤ではかった質量の差が発生した気体の質量である。よって，$84.5 - 83.9 = 0.6$〔g〕

(4)　**表**から，うすい塩酸10.0gと石灰石の粉末1.5gが過不足なく反応して，0.6gの気体が発生することがわかる。よって，うすい塩酸30.0gに石灰石の粉末3.0gを加えると，石灰石の粉末がすべて反応して，

$0.6 \times \frac{3.0}{1.5} = 1.2$〔g〕の気体が発生する。

7 (2)　特徴Bには，裸子植物であるマツにあてはまる内容が入る。裸子植物は胚珠がむき出しになっている。また，胚珠が子房に包まれている植物のなかまを被子植物という。

(3)　ツツジ，サクラが属する双子葉類の根は，茎からのびる１本の太い主根から細い側根がいくつものびる。

(4)　ツツジにあてはまり，サクラにあてはまらない内容を選ぶ。どちらも被子植物の双子葉類で，ツツジは花弁がつながっている合弁花類，サクラは花びらが１枚１枚離れている離弁花類に属する。

8 (2)　１秒あたりに使う電気エネルギーの量を電力といい，電力〔W〕＝電圧〔V〕×電流〔A〕で求められる。

(3)　発熱量〔J〕＝電力〔W〕×時間〔秒〕＝電圧〔V〕×電流〔A〕×時間〔秒〕より，

3.0〔V〕×0.9〔A〕×5×60（秒）＝810〔J〕

(4)　回路に加える電圧が２倍になると，回路を流れる電流の大きさが２倍になる。また，(3)の公式から，電圧と電流がそれぞれ２倍になると，発熱量が４倍になることがわかる。**表**でも，５分間での水の上昇温度は$\frac{7.2}{1.8} = 4$〔倍〕，$\frac{16.2}{1.8} = 9$〔倍〕となっている。

9 (1)　南の空の星は東から西へ（左から右へ）動いて見え，西の空の星は右下に下がっていくように見える。

(2)　太陽や星が約１日で地球を１周回るように見える運動を日周運動という。日周運動は地球の自転による見かけの運動である。

(3)　北極星は地球の自転の軸である地軸のほぼ延長上にあるため，時間が経過してもほとんど同じ位置に見える。約24時間で１回転（360度回転）するので，２時間では$\frac{360}{24} \times 2 = 30$〔度〕動いて見える。

解 説

【英語】

1・2・3・4 リスニング台本を参照。

5 (1)「私の兄〔弟〕は５時に帰ってきて６時に宿題を終えました」という意味。接続詞andの前で過去形gotが使われているので，andの後ろでも過去形にする。

(2)「サリーによって昨日私に話された話はとてもおもしろかったです」という意味。過去分詞の形容詞用法を使った文。The storyをtold to me by Sally yesterdayが後ろから修飾している。

(3)「ナンシーは光公園へ行ったことがありません」という意味。現在完了の経験用法の否定文。〈主語＋have［has］never＋過去分詞～〉で表す。

(4)「ジョン，昨日あなたがいっしょにテニスをした少年はあなたの兄〔弟〕ですか」という意味。Noで答えているので，ここでのwhoは疑問詞ではないと推測できる。このwhoは関係代名詞で，人を表す名詞のあとに置かれる。the boyをwho played tennis with you yesterdayが後ろから修飾している。疑問文なのでisを主語の前に置く。

(5)「ケイトがどのくらいの間ここに住んでいるかを知っていますか」という意味。間接疑問文は語順に注意する。通常の現在完了の疑問文ではhas［have］を主語の前に置くが，間接疑問文内では，〈主語＋has［have］＋過去分詞〉という語順になる。

6 アレックスのセリフは，「花子(Hanako)は日本に戻る予定です。だからどこかに行って彼女と良い思い出を作りましょう」という意味。イラストの内容から，ジェーンは動物園に行こうと提案していることが推測できる。提案するには，How about～?「～はどうですか」やLet's～.「～しましょう」，Shall we～?「～しましょうか」などを使うとよい。そのあとは，提案した理由を述べるとよい。

7 (1) Ⓐ「(　　)は彼らにとってとても大切です」という意味。直前で「多くの人はとても忙しい」とあるので，**ウ**「時間」が入るとわかる。

Ⓑ「彼らは長い間(　　)必要がなく，とても速く昼食を食べることができます」という意味。とても速く食べることができるとあるので，**ア**「待つ」が入るとわかる。

(2) ① 質問は「何人の生徒が月曜日に和哉の学校に来ましたか」という意味。第２段落１行目参照。〈How many＋名詞の複数形～?〉「いくつの～」は数をたずねる疑問文。〈How many＋名詞の複数形〉が主語で一般動詞の過去の疑問文なので，〈主語＋did.〉で答えるのが基本。

② **ア**…第１段落１行目参照。和哉は英語部に所属しているので誤り。

イ…第２段落参照。同じ内容なので正しい。

ウ…第３段落２行目参照。掃除をしたのは２時間30分なので誤り。

エ…第３段落４～５行目参照。良いことをすることは人々を幸せにすると言っているので誤り。

(3) ①「ふたば博物館は(　　)には『スペインの絵画』ツアーを催していません」という意味の文。

② **イ**「あなたたちは土曜日の１時半に『アフリカの鳥』ツアーに参加することができません」

8 (1)「ニュージーランドの約30％が国立公園だということを覚えておいてください」という文を挿入する。国立公園の話をしているのは第２段落。

(2) ニュージーランドは日本と四季が逆なので，12月や２月は夏にあたる。ニュージーランドの夏については，気温は穏やかだが雨はあまり降らないとあるので，**ウ**が適切とわかる。

(3)「私たちはニュージーランドを人々によって自然とともに作られた国と(　　)」という意味。〈call A B〉で「AをBと呼ぶ」という意味。

(4) **エ**「ニュージーランドでは，マオリ族の人たちが自分たちの文化を守るための木彫りの学校があります」

9 (1) 直前で「私はそれ(＝こたつ)を初めて見ました」とあるので，**ウ**「私にそれの使い方を見せてください」が適当。

(2) こたつを使ってみての感想が入る。直後でThat's good.とあるので，アンがこたつを気に入ったとわかる。

(3) 直前で「こたつで日本人は何をするのですか」と聞いている。**ア**「私たちはただ座って話します」が適当。

(4) 直前でこたつの良い点を言っており，直後でまたこたつの良い点を言っているので，**イ**「ああ，もう一つの良い点があります」が適当。

第 5 部

解　答　編

令和2年度 公立高等学校 前期・後期
選抜学力検査解答

31・30年度 公立高等学校 前期・後期
選抜学力検査解答

令和2年度 国立木更津工業高等専門学校解答

令和2年度 私立高等学校入試問題解答

千葉県公立高等学校選抜検査解答

令和2年度前期選抜検査解答

数　学

1 (1) 7　(2) -13　(各5点)

(3) $\frac{1}{2}x+9y$　※ $\frac{x+18y}{2}$ でもよい。

(4) $x=-12$　(5) $4\sqrt{2}$

(6) $2(x+4)(x-4)$

2 (1) エ　(2) 0.25　(各5点)

(3) $15\sqrt{11}(cm^3)$　(4) $\frac{2}{9}$

(5)

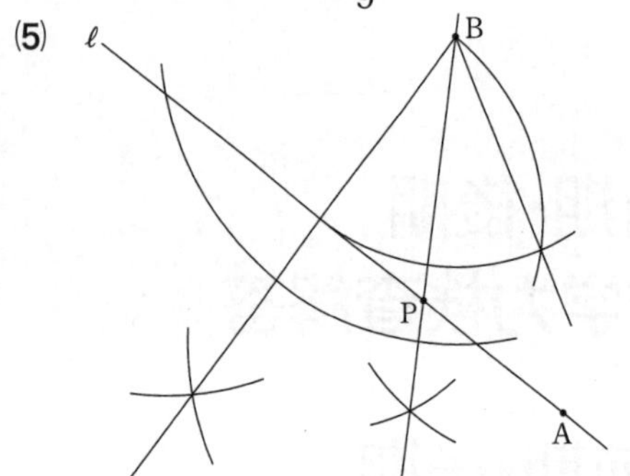

※異なる作図の方法でも，正しければ，5点を与える。

3 (1) $a=\frac{4}{9}$　(各5点)

(2) ① $y=\frac{1}{2}x+\frac{5}{2}$　② $(\frac{15}{4}, \frac{25}{4})$

4 (1) (a) ウ　(b) カ　(各2点)

(c)　(6点)

△EADと△EFBにおいて，

④より，

$\angle AOD=\angle BOD$ …………⑤

1つの弧に対する円周角は，その弧に対する中心角の半分であるから，

$\angle AED=\frac{1}{2}\angle AOD$ ………⑥

$\angle FEB=\frac{1}{2}\angle BOD$ ………⑦

⑤，⑥，⑦より，

$\angle AED=\angle FEB$ …………⑧

また，$\overset{\frown}{AE}$に対する円周角は等しいので，

$\angle ADE=\angle FBE$ …………⑨

⑧，⑨より，

2組の角はそれぞれ等しいので，

$\triangle EAD \backsim \triangle EFB$

※異なる証明でも，正しければ6点を与える。

また，部分点を与えるときは，3点とする。

(2) $\frac{24}{13}(cm^2)$　(5点)

5 (1) 450(個)　(2) 4(個)　(各3点)

(3) 箱Aを2回，箱Bを1回，箱Xを2回使うので，　(4点)

$1\times3^2\times5\times x^2=540x$

これを解くと，

$45x^2-540x=0$

$x^2-12x=0$

$x(x-12)=0$

$x=0, 12$

xは自然数だから，$x=12$

※異なる過程でも，正しければ4点を与える。

また，部分点を与えるときは，2点とする。

(4) $\frac{5}{16}$　(5点)

英　語

1 **No.1** D　**No.2** A　**No.3** B　(各3点)

2 **No.1** C　**No.2** D

3 **No.1** B　**No.2** A

4 **No.1** ① beautiful　② January　(各3点)

No.2 ① stories　② taught

5 (1) sung　(2) twelfth　(各3点)

(3) オ　ウ　イ　ア　エ　(各3点)

(4) エ　イ　ア　オ　ウ

(5) イ　オ　エ　ウ　ア

※順序が全てそろって正解とする。

6 **(解答例1)**　(8点)

I bought a white cup yesterday, but you sent me a black one. Can you send me a white cup? (20語)

(解答例2)

I bought a white cup with a star on it from your Internet shop on June 4. I was sad to find the cup was black. What should I do? (30語)

※各学校において統一した基準により適切に採点すること。［部分点可］

7 (1) Ⓐ イ　Ⓑ エ　(各3点)

(2) ① **(解答例)**　(4点)

He liked spending time with his family (the best about his trip).

※各学校において統一した基準により適切に採点すること。［部分点可］

(　　)内は省略が可能。

② エ　(3点)

(3) ① ア　② ウ　(各3点)

8　(1)　jobs　(4点)
※問題の主旨に合っていれば点を与える。
(2)　イ　(3)　ウ　(4)　hard work　(各3点)
9　(1)　ウ　(2)　ア　(3)　イ　(4)　エ　(各3点)

社　会

1　(1)　エ　(各3点)
(2)　バリアフリー　※カタカナ指定
(3)　**年代の古い順**　1　2　3
符号　イ　ア　ウ
※全部できた場合，点を与える。
(4)　ウ
2　(1)　島根（県）　※ひらがなでもよい。　(3点)
(2)　ウ　(3点)
(3)　移動時間が短縮され，　(4点)
人や物の流れが活発
※正解文の趣旨にそっていればよい。
※部分点を与えてもよい。
(4)　①　エ　. ②　リアス　(各3点)
※②はカタカナ３字指定
3　(1)　東経　・　(西経)　90　度　(各3点)
(2)　経済特区　※漢字4字指定
(3)　イ　(4)　ウ　(5)　ア
4　(1)　イ　(3点)
(2)　後鳥羽上皇を破って隠岐に流し，　(4点)
朝廷を監視するため六波羅探題
※正解文の趣旨にそっていればよい。
※部分点を与えてもよい。
(3)　ア　(4)　g　(各3点)
(5)　産業革命　※漢字4字指定
5　(1)　**年代の古い順**　1　2　3　(各3点)
符号　ウ　エ　ア
※全部できた場合，点を与える。
(2)　イ　(3)　エ
(4)　民族自決　※漢字4字指定
(5)　イ
6　(1)　**Ⅰ**株主　**Ⅱ**　配当　(4点)
※**Ⅰ**，**Ⅱ**とも漢字２字指定
※両方できた場合，点を与える。
(2)　ウ　(3)　エ　(各3点)
7　(1)　ウ　(各3点)
(2)　象徴　※漢字2字指定
(3)　衆議院の議決が国会の議決となり，　(4点)
Xが内閣総理大臣
※正解文の趣旨にそっていればよい。
※部分点を与えてもよい。
8　(1)　UNICEF　※ユニセフでもよい。　(各3点)
(2)　ア

理　科

1　(1)　ウ　(2)　イ　(3)　屈折　(各3点)
(4)　エ　※(3)はかなでもよい。
2　(1)　エ　(2)　立体　的　(各3点)
(3)　エ→ア→イ→ウ　(4)　10　倍
※(2)は漢字指定 。※(3)は完答。
3　(1)　**名称**　硫化鉄　**化学式**　FeS　(2点)
※名称はかなでもよい。
※両方とも正しいときに点を与える。
(2)　イ　(3点)
(3)　**方法**　手であおいでかぐ。　**x**　イ　(各2点)
※方法は各学校において統一した基準により採点すること。
(4)　**物質名**　鉄　**質量**　9.9　g　(3点)
※物質名はかなでもよい。
※両方とも正しいときに点を与える。
4　(1)　イ　(3点)
(2)　**y** 公転　**z** 太陽　(3点)
(3)　**1ヶ月後**　ア　**11ヶ月後**　エ　(各3点)
※(2)はかなでもよい。
※(2), (3)両方とも正しいときに点を与える。
(4)　ア　(3点)
5　(1)　8　N　(3点)
(2)　（物体Aと物体Bの運動エネルギーの大きさは）同じである。
※各学校において統一した基準により採点すること。
(3)　(各3点)

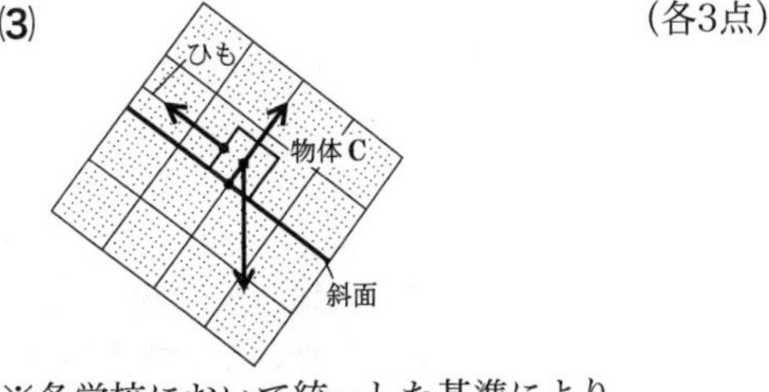

※各学校において統一した基準により採点すること。
※部分点を与えてもよい。
(4)　**質量**　1 kg　**仕事**　3 J
※両方とも正しいときに点を与える。
6　(1)　ア　(2)　エ　(各2点)
(3)　①　午前 7 時 19 分 21 秒　(3点)
②　**グラフ**　(3点)

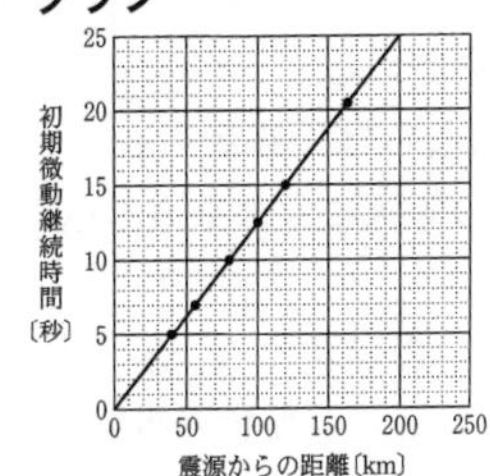

符号　ウ
※各学校において統一した基準により採点すること。
※②は両方とも正しいときに点を与える。

7　(1)　エ　　(2) 2700 J　(各2点)
(3)　**最大**　ウ　**最小**　ア　(各3点)
※両方とも正しいときに点を与える。
(4)　20 Ω

8　(1)　脊椎動物（セキツイ動物）　(各2点)
※かなでもよい。
(2)　ア，ウ
※完答。順不同。
(3)　空気とふれる表面積が大きくなる　(3点)
※各学校において統一した基準により採点すること。
(4)　**Ⅰ群**　イ　**Ⅱ群**　ア　(3点)
※両方とも正しいときに点を与える。

9　(1)　Cl_2　(2点)
(2)　発生した気体は水に溶けやすいため。(2点)
※各学校において統一した基準により採点すること。
(3)　**Ⅰ群**　エ　**Ⅱ群**　ウ　(3点)
※両方とも正しいときに点を与える。
(4)　イ　(3点)

国　語

一　(1)　ウ　(2)　ア　(3)　エ　(各2点)
(4)　めぐみの　(4点)
※同趣旨ならば正解とする。

二　(1)　は　(2)　たび　(各2点)
(3)　たいよ　(4)　はくらく

三　(1)　垂　(2)　耕　(各2点)
(3)　収益　(4)　登録　(5)　針小棒大

四　(1)　イ　(2)　しないことです　(各2点)
※(2)は同趣旨ならば正解とする。
(3)　求ムル三木之ノ長キヲ一者ハ、必ズ固クス三其ノ根本ヲ一。　(2点)
〔左へ90°回転して掲載している。〕
(4)　いただけるとは　(2点)

五　(1) (a) イ　(2点)
(b) Ⅰ 異なる立場　(各3点)
Ⅱ 伝えるための最大限の努力
(2)　エ　(3)　ウ　(各2点)
(4) Ⅰ 違いを認める　(3点)
※同趣旨ならば正解とする。
Ⅱ 相手の領域に大きく踏み込む　(3点)
(5)　エ　(2点)

六　(1)　ア　(2)　ウ　(3)　イ　(各3点)
(4)　家のことよりも尚七の将来　(4点)
※同趣旨ならば正解とする。
※部分点を与えてもよい。
(5)　Ⅰ 息子に学問の才を生かせる場所を与えてやれなかった　(4点)
※同趣旨ならば正解とする。
※部分点を与えてもよい。
Ⅱ ア　(3点)

七　(1)　おしえたまいし　(2)　のちの人　(各2点)
(3)　エ　(4)　イ
(5)　Ⅰ 伝え方を変える　(2点)
※同趣旨ならば正解とする。
※部分点を与えてもよい。
Ⅱ 自分の意見を相手にわかってもらいやすい　(2点)
※同趣旨ならば正解とする。
※部分点を与えてもよい。

八　**（解答例）**　(12点)

資料1から、家族や同じ地域出身の友人など身近な人々の間で方言を使うことが多いと分かる。だから地域の特産品や商業施設の名前が方言であると、地元の人々が産物を誇りに思い、郷土愛を深める効果があると思う。
一方、他の地域の人々に方言を使うことは少ないと分かる。だが、特産品や施設の名前に方言を使い、その意味に興味を持ってもらうことで、他の地域の人々にもその土地や人々への親近感を抱かせる効果が期待できる。

※以下の観点を参考に、採点基準の細部については各学校で定める。
○内容
○字数制限・段落構成
○表現・表記
※全ての条件を満たしていない場合でも、部分点を与えてもよい。

令和2年度後期選抜検査解答

数　学

1　(1)　-18　(2)　-1　(各5点)
(3)　$3ab^2$　(4)　$x=5,\ y=2$
(5)　$-8\sqrt{3}$
(6)　$x=\dfrac{-5\pm\sqrt{5}}{2}$

2　(1)　イ　(2)　22.5(m)　(各6点)
(3)　17(度)　(4)　$\dfrac{4}{15}$

(5)

※異なる作図の方法でも，正しければ，6点を与える。
また，部分点を与えるときは，3点とする。

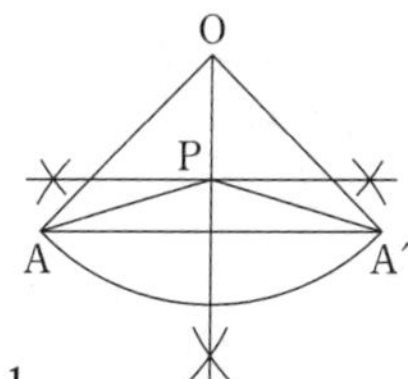

3 (1) $a=\frac{1}{4}$ (4点)

(2) ① $-\frac{3}{2}$　② $\frac{7}{4}\pi\ (cm^3)$ (各3点)

4 (1) (a) ウ　(b) オ (各2点)

(c) (6点)

⑤より，

$\angle DBC=\angle EAC$ ………⑥

△ABCは，AC = BC の二等辺三角形であるから，

$\angle BAC=\angle DBC$ ………⑦

⑥，⑦より，

$\angle BAC=\angle EAC$

したがって，

直線ACは∠BAEの二等分線である。

※異なる証明でも，正しければ6点を与える。

また，部分点を与えるときは，3点とする。

(2) $\sqrt{3}a\ (cm^2)$ (5点)

5 (1) 20(秒後)　(2) 40(秒後) (3点)

(3) 21(cm) (3点)

(4) ① $S=\frac{63}{10}x$　② $x=\frac{180}{11}$ (各3点)

英　語

1 **No.1** A　**No.2** B　**No.3** D (各4点)
No.4 A　**No.5** C

2 ① 0 4 9 6 3 8　② Vaughan (各4点)
※②は各学校において統一した基準により適切に採点すること。

3 (1) オ　エ　イ　ウ　ア (各4点)
(2) エ　ア　ウ　イ　オ
(3) ウ　イ　オ　エ　ア
※順序が全てそろって正解とする。

4 **(解答例1)** (8点)
Ⓐ〔 I think so, too. 〕
Ⓑ (They can talk with their friends. It's difficult to talk when they ride their bikes.)
(Ⓑは15語)

(解答例2)
Ⓐ〔 I don't think so. 〕
Ⓑ (We can go to school faster by bike. It gives us more time to study.)
(Ⓑは15語)
※各学校において統一した基準により適切に採点すること。［部分点可］

5 (1) Ⓐ ウ　Ⓑ イ (各4点)
(2) ① (It's)10p.m.(on)Monday. (4点)
② ア (4点)
※①は各学校において統一した基準により適切に採点すること。［部分点可］
(　　　)内は省略が可能。

6 (1) エ (4点)
(2) Ⓐ イ　Ⓑ ウ　Ⓒ ア (4点)
※すべて正しいときに点を与える。
(3) Because they eat plastic waste (by mistake). (4点)
※各学校において統一した基準により適切に採点すること。［部分点可］
※(　　　)内は省略が可能。
(4) stop (4点)
(5) エ (4点)

7 (1) エ　(2) イ　(3) イ　(4) ウ (各4点)

社　会

1 (1) ア (3点)
(2) 公務員　※漢字3字指定 (4点)
(3) エ (3点)

2 (1) イ (4点)
(2) **符　号**　う (4点)
都市名　広島（市）
※両方できた場合，点を与える。
※都市名はひらがなでもよい。
(3) ウ　(4) エ (各4点)

3 (1) イ (3点)
(2) ドバイ ※カタカナ3字指定 (4点)
(3) C　(4) ウ (各4点)

4 (1) エ (3点)
(2) ウ (4点)
(3) 下剋上の風潮が広がり，戦国大名 (4点)
※正解文の趣旨にそっていればよい。

※部分点を与えてもよい。

(4)　ア　(5)　イ　(各4点)

5　(1)　**年代の古い順　1　2　3**　(4点)

符号　イ　ア　エ

※全部できた場合，点を与える。

(2)　ユダヤ(人)　※カタカナ3字指定　(4点)

(3)　ウ　(4)　イ　(各4点)

6　(1)　ア　(4点)

(2)　**X** 好況　**Y** 不況　(4点)

※**X**，**Y**とも漢字2字指定

※両方できた場合，点を与える。

(3)　ウ　(4点)

7　(1)　勤労　※漢字2字指定　(4点)

(2)　「法の下の平等」に違反している　(4点)

※正解文の趣旨にそっていればよい。

※部分点を与えてもよい。

(3)　イ　(4点)

理　科

1　(1)　ウ　(2)　イ　(3)　エ　(各3点)

(4)　地層が堆積した当時の環境　**が推定できる**

※各学校において統一した基準により　(3点)

採点すること。

2　(1)　水が逆流する　(3点)

※各学校において統一した基準により

採点すること。

(2)　ウ　(3)　イ　(各3点)

(4)　**y** 2　**z** CO_2　(3点)

※両方とも正しいときに点を与える。

3　(1)　(沸とう石を加えて，ガスバーナーで)加熱する。

※各学校において統一した基準により　(3点)

採点すること。

(2)　**w** ア　**x** ウ　**y** イ　**z** エ　※完答　(3点)

(3)　ア　(3点)

(4)　**胃液中の消化酵素**　イ　(各2点)

すい液中の消化酵素　エ

4　(1)　イ　(3点)

(2)　(各3点)

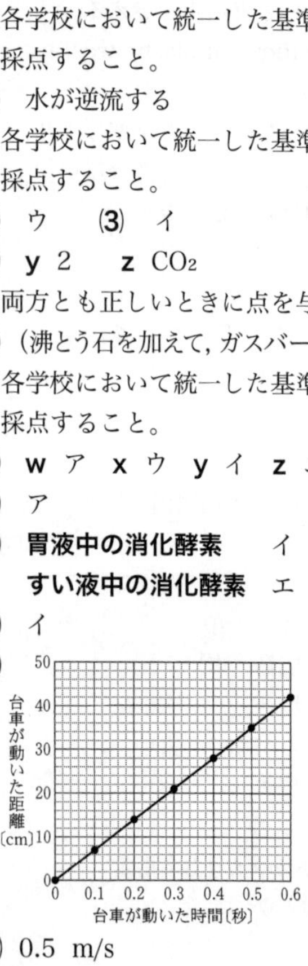

台車が動いた距離〔cm〕

台車が動いた時間〔秒〕

(3)　0.5　m/s

※(2)は各学校において統一した

基準により採点すること。

(4)　**x** 変わらない　**y** 大きくなる　(各2点)

※各学校において統一した基準により

採点すること。

5　(1)　エ　(2)　ア　(各3点)

(3) (a) 生物　濃縮　(b) ウ　(各3点)

※(a)はかなでもよい。

6　(1)　エ　(3点)

(2)　B → C → A　(4点)

(3)　エ　(4)　ア　(各3点)

7　(1)　ア　(2)　79 %　(各3点)

(3)　季節風　(3点)

※モンスーンでもよい。※かなでもよい。

(4)　勢力がほぼ同じ(つり合っている)　(4点)

オホーツク海気団と小笠原気団が

ぶつかっているから。

※各学校において統一した基準により

採点すること。

※部分点を与えてもよい。

8　(1)　音源　(3点)

※発音体でもよい。※かなでもよい。

(2)　ウ　(3)　1190 m　(各3点)

(4)　イ　(3点)

国　語

一　(1)　エ　(2)　ウ　(各3点)

(3)　ア　(4)　イ

二　(1)　ひより　(2)　し　(各2点)

(3)　せんりつ　(4)　かんきゅうじざい

三　(1)　生　(2)　肥　(各2点)

(3)　穀物　(4)　口座　(5)　角砂糖

四　(1)　ア　(2)　ウ　(各3点)

(3)　**Ⅰ** 一足先に未来へ進んでいくような　(各3点)

Ⅱ 未来に乗り遅れてもいいかもしれない

※同趣旨ならば正解とする。

※部分点を与えてもよい。

(4)　新しいパン　(3点)

(5)　**Ⅰ** ア　**Ⅱ** ウ　(各4点)

五　(1)　③　(2)　イ　(3)　ア　(各3点)

※(1)は数字だけで○がなくても点を与える。

(4)　**Ⅰ**　「体感」する　(各3点)

Ⅱ　エ

Ⅲ　かくれた意図

(5)　作品を批評する役目と　(5点)

作品そのものを書く役目

※同趣旨ならば正解とする。

※部分点を与えてもよい。

六　(1)　くもい　(2点)

(2)　エ　(3点)

(3)　**Ⅰ**　鳴くほととぎす　(各3点)

Ⅱ　都の父を思ふ真心

Ⅲ　イ

七　**(解答例)**　(10点)

街の中にあまりごみ箱を設置しない方がよい。安易に捨てられる場所があると余計にごみが増え、処理をする費用や手間が増えることになるからだ。駅の構内は、ごみ箱の数は少なくても、ホームがごみであふれていることはない。自分の出したごみは責任を持って持ち帰るべきだと思う。

※以下の観点を参考に、採点基準の細部については各学校で定める。

○内容

○字数制限・段落構成

○表現・表記

※全ての条件を満たしていない場合でも、部分点を与えてもよい。

平成31年度前期選抜検査解答

数　学

1　(1)　-5　(2)　10　(各5点)

(3)　$5x-2y$

(4)　$b=-3a+\frac{2}{3}$　※ $b=\frac{-9a+2}{3}$ でもよい。

(5)　$-\sqrt{2}$　(6)　$x=\frac{-1\pm\sqrt{33}}{4}$

2　(1)　ウ　(2)　-3　(各5点)

(3)　14(個)　(4)　$\frac{5}{9}$

(5)

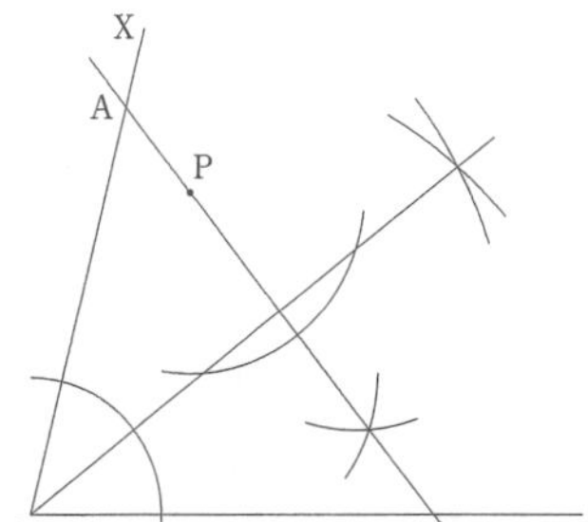

※異なる作図の方法でも，正しければ，5点を与える。

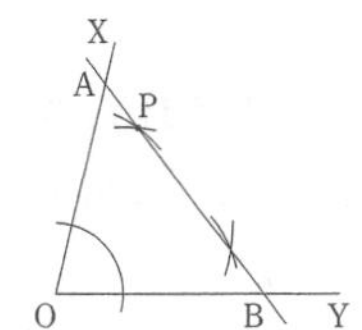

3　(1)　$a=\frac{1}{2}$　(各5点)

(2)　①　6　②　$\frac{9}{2}$

4　(1)　(a) イ　(b) カ　(各2点)

(c)　(6点)

△RQEと△SGFにおいて，

④より，同位角は等しいので，

$\angle REQ=\angle EFC$　……………⑤

対頂角は等しいので，

$\angle EFC=\angle SFG$　……………⑥

⑤，⑥より，

$\angle REQ=\angle SFG$　……………⑦

また，四角形PRQSはひし形だから，

平行四辺形である。

したがって，PS//RQ　………………………⑧

⑧より，錯角は等しいので，

$\angle QRE=\angle GSF$　……………⑨

⑦，⑨より，

2組の角が，それぞれ等しいので，

$\triangle RQE \backsim \triangle SGF$

※異なる証明の方法でも，正しければ6点を与える。

また，部分点を与えるときは，3点とする。

(2)　$\frac{8\sqrt{2}}{9}$ (cm)　(5点)

5　(1)　①$72\pi$ (cm^3)　②$\frac{32}{3}\pi$ (cm^3)　(各3点)

(2)　**(容器Aの水の体積)**　(4点)

$=\frac{1}{3}\times\pi\times5^3=\frac{125}{3}\pi$ (cm^3)　…………①

(容器Bに入る水の体積)

$=\pi\times5^3-\frac{1}{2}\times\frac{4}{3}\times\pi\times5^3$

$=\frac{125}{3}\pi$ (cm^3)　…………………………②

①と②は等しいので，

容器Bから水はあふれない。

※異なる説明でも，正しければ4点を与える。

また，部分点を与えるときは，2点とする。

(3)　$\frac{17}{3}\pi$ (cm^3)　(5点)

英　語

1　**No.1**　B　**No.2**　D　**No.3**　A　(各3点)

2　**No.1**　D　**No.2**　C

3　**No.1**　B　**No.2**　C

4　**No.1**　①　highest　②　river　(各3点)

No.2　①　October　②　health

5　(1)　practicing　(2)　musician　(各3点)

(3)　オ　ウ　ア　エ　イ　(各3点)

(4)　ウ　イ　ア　オ　エ

(5)　イ　オ　エ　ア　ウ

※順序が全てそろって正解とする。

6 **(解答例1)** (8点)

Sure, but I must study English hard, too. Can I ask you questions about English while we are studying together? (20語)

(解答例2)

I want to study with you, but I can't. My grandmother is sick, so I will visit her after school. (20語)

※各学校において統一した基準により適切に採点すること。［部分点可］

7 (1) Ⓐ イ　Ⓑ ア (各3点)

(2) ① **(解答例)** (5点)

He wanted to fly to it (in space, like a bird).

※各学校において統一した基準により適切に採点すること。［部分点可］

(　　) 内は省略が可能。

② ウ (3点)

(3) ① エ　② イ (各3点)

8 (1) looking　(2) traditional (各3点)

※ (1) 問題の主旨に合っていれば点を与える。

(3) ウ　(4) エ (各3点)

9 (1) ア　(2) イ　(3) ア　(4) ウ (各3点)

社　会

1 (1) ア (各3点)

(2) 国会議員　※漢字4字指定

(3) イ　(4) エ

2 (1) 高松（市）※漢字指定 ((1)〜(3) 各3点)

(2) イ　(3) ウ

(4) ① ア　② エ (各3点)

3 (1) エ　(2) あ ((1)〜(4) 各3点)

(3) フィヨルド ※カタカナ指定

(4) ウ

(5) 資源や農産物から機械類などの工業製品 (4点)

※正解文の趣旨にそっていればよい。

※部分点を与えてもよい。

4 (1) 大宝律令　※漢字4字指定 (3点)

(2) 倭寇を取りしまり，正式な貿易船には明から与えられた勘合 (4点)

※正解文の趣旨にそっていればよい。

※部分点を与えてもよい。

(3) ウ ((3)〜(5) 各3点)

(4) **年代の古い順　1　2　3**

符号　イ　エ　ア

※全部できた場合，点を与える。

(5) イ

5 (1) ウ　(2) イ (各3点)

(3) ファシズム　※カタカナ5字指定

(4) ア　(5) エ

6 (1) イ　(2) 4000 ((1)3点、(2)4点)

(3) ウ (3点)

7 (1) 国民主権　※漢字4字指定 (各3点)

(2) エ

(3) 裁判官とともに刑事裁判に参加し，被告人 (4点)

※正解文の趣旨にそっていればよい。

※部分点を与えてもよい。

8 (1) BRICS (各3点)

※アルファベット大文字5字指定

(2) ウ

理　科

1 (1) ア　(2) 深成岩　(3) イ (各3点)

(4) 生産者　※(2), (4)はかなでもよい。

2 (1) 飽和水蒸気量　(2) エ (各3点)

(3) **y** ア，**z** イ (3点)

※(1)はかなでもよい。

※(3)は両方とも正しいときに点を与える。

(4) イ (3点)

3 (1) 40 Ω　(2) ウ (各3点)

(3) (a) (2点)

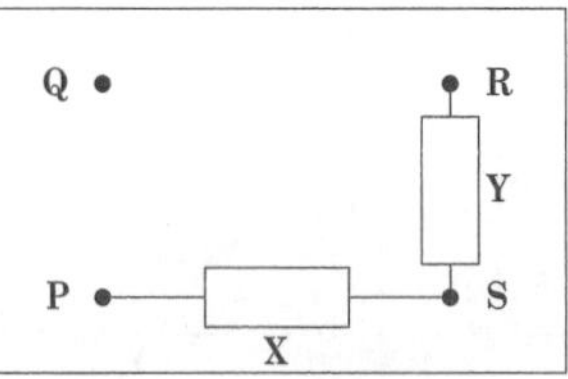

※各学校において統一した基準により適切に採点すること。

(b) **抵抗器X** ウ，**抵抗器Y** エ (2点)

※両方とも正しいときに点を与える。

4 (1) ウ　(2) エ (各2点)

(3) (a) **w** 水素イオン，**x** 水酸化物イオン (3点)

y 水

※全て正しいときに点を与える。

※かなでもよい。

(b) NaCl　(3点)

5　(1) イ　(2) ウ　(各2点)
(3) 蒸散　(4) エ　(各3点)
※(3)はかなでもよい。

6　(1) (a) **v** 比例，**w** フック　(3点)
※かなでもよい。
※両方とも正しいときに点を与える。
(b) **x** 2，**y** 2　(3点)
※両方とも正しいときに点を与える。
(2) (a) エ　(2点)
(b) 重力と浮力の合力の大きさ　(4点)
※各学校において統一した基準により採点すること。
※部分点を与えてもよい。

7　(1) ① 質量保存　② ア　(①2点、②3点)
※①はかなでもよい。
(2) ①　(4点)

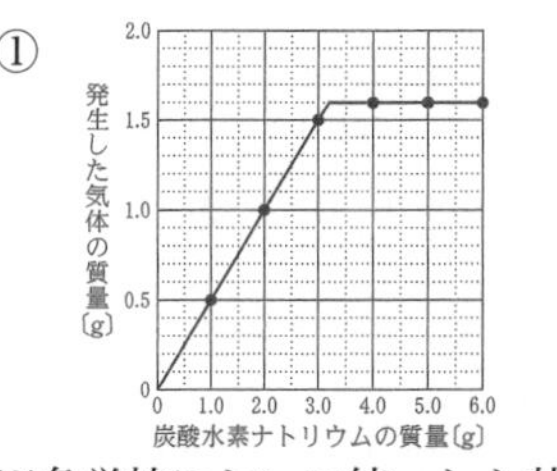

※各学校において統一した基準により採点すること。
※部分点を与えてもよい。
② 2.8 g　(3点)

8　(1) 対立形質　※かなでもよい。　(3点)
(2) ① **v** ウ　**w** オ　**x** エ　**y** ア　**z** イ　(3点)
※全て正しいときに点を与える。
※**y, z**は順不同。
② 染色体の数は半分になる。　(3点)
※各学校において統一した基準により採点すること。
③ ウ　(3点)

9　(1) 地球型惑星　(2) エ　(各2点)
※(1)はかなでもよい。
(3) イ　(4) イ　(各3点)

国　語

一　(1) ㋑，㋔　(2) エ　(各2点)
(3) ア　(4) ウ
※(1)は順不同。カタカナだけで○がなくても点を与える。

二　(1) はず　(2) わ　(各2点)
(3) くじょ　(4) とうしゅう

三　(1) 編　(2) 退　(3) 沿革
(4) 支障　(5) 起死回生　(各2点)

四　(1) ③　(2) 読まれて　(各2点)
(3) 少年易ク レ老イ学難シ レ成リ、一寸ノ光陰不レ可カラ レ軽ンズ。　(2点)
〔左へ90°回転して掲載している。〕
※(1)は数字だけで○がなくても点を与える。
(4) エ　(2点)

五　(1) **A** イ　**B** オ　(各2点)
(2) 何を考えていたか　(3点)
(3) エ　(3点)
(4) 切実なこころのありよう　(3点)
(5) 呼吸における吸うことと吐くことのように一つの行為の二つの側面である。　(4点)
※同趣旨ならば正解とする。
※部分点を与えてもよい。
(6) エ　(3点)

六　(1) イ　(2) ア　(3) ウ　(各2点)
(4) 自分の名前　(4点)
(5) **Ⅰ** イ　**Ⅱ** うっとりとした顔つき　(各3点)
(6) 養生なつめによってお客さまが健やかになる　(4点)
※同趣旨ならば正解とする。
※部分点を与えてもよい。

七　(1) まいり　(2) ア　(各2点)
(3) **Ⅰ** 俊頼　(2点)
Ⅱ 自らの老い　**Ⅲ** よみ上げられる　(各3点)
※**Ⅱ**，**Ⅲ**は同趣旨ならば正解とする。

八　**(解答例)**　(12点)

「巨人の肩の上に立つ」とは、私たちが、人類が長い年月をかけて築き上げてきた偉大な文明の遺産を譲り受けた立場にいる、ということだと思う。

過去を学び、その学びを次の世代へと受け継いでいくことは、今を生きる私たちの務めだと思う。私は今後、過去のことを含めて多くを学び、自分にできることを考えたい。そして、自分の夢を実現させることで、社会がより発展するための貢献をしていきたい。

※以下の観点を参考に、採点基準の細部については各学校で定める。
○内容
○字数制限・段落構成
○表現・表記
※全ての条件を満たしていない場合でも、部分点を与えてもよい。

平成31年度後期選抜検査解答

数　学

1　**(1)**　18　　**(2)**　−20　　(各5点)

(3)　$2a+\frac{5}{2}b$　※$\frac{4a+5b}{2}$でもよい。

(4)　$x=4,\ y=-3$

(5)　$13-3\sqrt{21}$　**(6)**　$(x-4)(x+5)$

2　**(1)**　ウ　　**(2)**　$15\pi\ (cm^3)$　　(各6点)

(3)　42(度)　　**(4)**　$\frac{3}{5}$

(5)

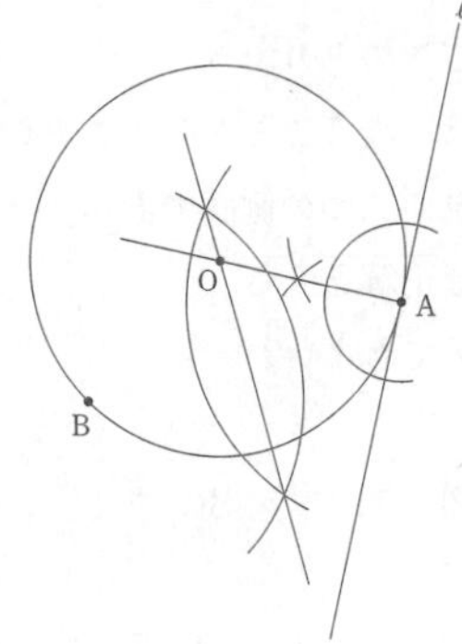

※異なる作図の方法でも，正しければ，6点を与える。また，部分点を与えるときは，3点とする。

3　**(1)**　$a=\frac{1}{2}$　　**(2)**　$6\sqrt{5}(cm)$　　(各3点)

(3)　11　　(4点)

4　**(1)**　**(a)** ア　　**(b)** エ　　(各2点)

(c)　　(6点)

△BFEと△BFGにおいて，

③より，

∠FBE＝∠FBG　……………④

仮定より，

∠BFE＝∠BFG＝90°　……⑤

BFは共通　………………⑥

④，⑤，⑥より，

1組の辺とその両端の角がそれぞれ等しいので，

△BFE≡△BFG

したがって，

FE＝FG

※異なる証明の方法でも，正しければ，6点を与える。

また，部分点を与えるときは，3点とする。

(2)　3：40　　(5点)

5　**(1)**　29　　(3点)

(2)　15(枚目) イ(の部分)　　(4点)

※完答で得点を与える。

(3)　①　$4n$　　②　$4n+2$　　(各2点)

③　33　　(4点)

英　語

1　**No.1**　A　**No.2**　C　**No.3**　D　(各4点)

No.4　B　**No.5**　C

2　①　4 1 6 3　②　terentius　　(各4点)

※②は各学校において統一した基準により適切に採点すること。

3　**(1)**　エ　オ　イ　ア　ウ　　(各4点)

(2)　イ　エ　ウ　オ　ア

(3)　ウ　オ　ア　エ　イ

※順序が全てそろって正解とする。

4　**(解答例1)**

Ⓐ〔 (I think so, too.) 〕　　(8点)

Ⓑ (Winning is everything to me. I practice hard every day to be a great player.)

(Ⓑは15語)

(解答例2)

Ⓐ〔 (I don't think so.) 〕

Ⓑ (I play sports with my friends for my health. Winning or losing is not important.)

(Ⓑは15語)

※各学校において統一した基準により適切に採点すること。［部分点可］

5　**(1)**　① grown　② ウ　　(各4点)

(2)　Ⓐ ア　Ⓑ イ　　(各4点)

6　**(1)**　ア　　(4点)

(2) (解答例1)　　(4点)

To take care of their younger brothers or sisters (while their parents are working).

(解答例2)

Because they have to take care of their younger brothers or sisters (while their parents are working).

※各学校において統一した基準により適切に採点すること。［部分点可］

※(　　　)内は省略が可能。

(3)　エ　**(4)**　ウ　**(5)**　chance to go　(各4点)

7　**(1)**　ウ　**(2)**　ア　**(3)**　エ　**(4)**　イ　(各4点)

社　会

1 (1) ア (3点)
(2) **年代の古い順** 1 2 3 (3点)
符号 ウ ア イ
※全部できた場合，点を与える。
(3) 再生可能 ※漢字4字指定 (4点)

2 (1) 長野（県） ※ひらがなでもよい。 (4点)
(2) **X** あ **Y** 品種改良 (4点)
※**Y**は漢字4字指定
※両方できた場合，点を与える。
(3) エ (4) ウ (各4点)

3 (1) エ (3点)
(2) サンベルト ※カタカナ5字指定 (4点)
(3) い (4) ウ (各4点)

4 (1) イ (3点)
(2) エ (3) 徳政令 ※漢字3字指定 (各4点)
(4) 南京条約を結んで，香港を手に入れ多額の賠償金 (4点)
※正解文の趣旨にそっていればよい。
※部分点を与えてもよい。
(5) ア (4点)

5 (1) ウ (2) 民本主義 ※漢字4字指定 (各4点)
(3) **年代の古い順** 1 2 3 (4点)
符号 ウ エ イ
※全部できた場合，点を与える。
(4) エ (4点)

6 (1) 独占禁止（法） ※漢字4字指定 (4点)
(2) イ (4点)
(3) **X** エ **Y** ウ (各2点)

7 (1) ア (各4点)
(2) 社会について，多くの人々がもっている意見
※正解文の趣旨にそっていればよい。
※部分点を与えてもよい。
(3) 住民投票 ※漢字4字指定 (4点)

理　科

1 (1) 風化 ※かなでもよい。 (2) イ (各3点)
(3) ウ (4) 3 m ((3)3点、(4)4点)

2 (1) イ，オ (2) ウ (各3点)
(3) ア (4) 無性
※(1)は全て正しいときに点を与える。
※(4)はかなでもよい。

3 (1) **m** H^+ **n** Cl^- (各2点)
(2) イ (3) 電解質 (4) エ (各3点)
※(1)は**m**，**n**は順不同。※(3)はかなでもよい。

4 (1) 50 cm/s (2) ア (3) ア (各3点)
(4) **x** 大きい **y** 等しい (4点)
※**x**，**y**はかなでもよい。
※両方とも正しいときに点を与える。
※各学校において統一した基準により採点すること。

5 (1) エ (2) ア (3) エ (4) ウ (各3点)

6 (1) エ (2) イ (各3点)
(3) エタノールの沸点は，水の沸点より低い。
※各学校において統一した基準により採点すること。 (3点)
(4) 70 g (3点)

7 (1) ウ (4点)
(2) コイルに流れた電流の大きさが大きくなったから。 (4点)
※各学校において統一した基準により採点すること。
※部分点を与えてもよい。
(3) イ，ウ (4点)
※全て正しいときに点を与える。

8 (1) (a) エ (b) ア (各3点)
(2) ウ (3点)
(3) 意識とは無関係に起こる。 (4点)
（別解例：無意識に起こる。）
※各学校において統一した基準により採点すること。
※部分点を与えてもよい。

国　語

一 (1) エ (2) ウ (各3点)
(3) イ (4) ウ

二 (1) つ (2) さかのぼ (各2点)
(3) ばんたん (4) ふんこつさいしん

三 (1) 謝 (2) 厚 (各2点)
(3) 操縦 (4) 鉄筋
(5) 親孝行

四 (1) イ (2) ア (各3点)
(3) 絵を描くと (4点)
(4) ウ (5) エ (各3点)
(6) **I** 日輪が本来の姿を現すその一瞬 (4点)
II 粉本によらない自分なりの日輪 (4点)

※同趣旨ならば正解とする。
※部分点を与えてもよい。

五 (1) ②　(2) 読んだ　(各2点)
※(1)は数字だけで○がなくても点を与える。
(3) ア　(3点)
(4) 「みたて」や「つもり」の天才　(3点)
(5) イ　(3点)
(6) Ⅰ エ　(4点)
Ⅱ 精神世界の骨格や血肉となり、長く影響を与える　(4点)
※同趣旨ならば正解とする。
※部分点を与えてもよい。
(7) イ　(3点)

六 (1) かわりたまいて　(2点)
(2) ウ　(2点)
(3) エ　(2点)
(4) Ⅰ たはぶれをいひて　Ⅱ ばち　(各2点)
Ⅲ 機転（気転）をきかせた
※Ⅲは同趣旨ならば正解とする。

七 (解答例)　(10点)

Aの場合

「苔が生える」とは、同じ場所で年月を重ねることで、成果や信用などが得られることを意味していると思う。私は小学校の頃から図書委員を続けてきた。毎日図書室にいることで顔を覚えてもらうようになり、感想を述べ合う仲間もできた。読書の楽しみが広がったのは、長く委員を続けたおかげだと思う。

Bの場合

「苔が生える」とは、同じやり方を続けることで、考え方や感性が凝り固まったり、古くなったりしてしまうことを意味していると思う。和食を極めた料理人が、活躍の場を海外に求め、日本料理の手法をその国の伝統的な料理に取り入れ、新境地を開こうとする姿を本で読んだことがあり、感動した。

※以下の観点を参考に、採点基準の細部については各学校で定める。
○内容
○字数制限・段落構成
○表現・表記
※全ての条件を満たしていない場合でも、部分点を与えてもよい。

平成30年度前期選抜検査解答

数　学

1 (1) -12　(2) 3　(各5点)
(3) $\frac{1}{3}a+2b$　※ $\frac{a+6b}{3}$ でもよい。
(4) $x=-3,\ y=5$
(5) $4\sqrt{3}$　(6) $(x+3)(x-3)$

2 (1) エ　(2) $40(\%)$　(各5点)
(3) $36\sqrt{7}(cm^3)$　(4) $\frac{5}{12}$
(5)

※異なる作図の方法でも, 正しければ, 5点を与える。

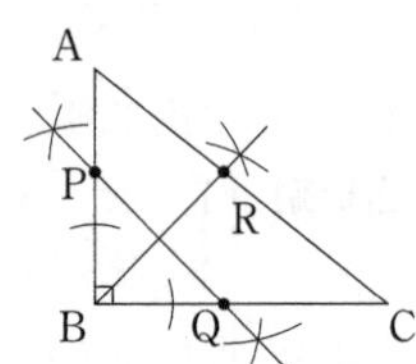

3 (1) $a=2$　(5点)
(2) ① $y=2x+12$　② $(-4,\ 4)$　(各5点)

4 (1) (a) ア　(b) カ　(各2点)
(c)　(6点)
次に, △BDFと△EDFにおいて,
④より,
BD＝ED　…………………………⑤
共通な辺なので,
DF＝DF　…………………………⑥
仮定より,
∠BDF＝∠EDF＝90°　………………⑦
⑤, ⑥, ⑦より,
2組の辺とその間の角がそれぞれ等しいので,
△BDF≡△EDF
よって, BF＝EF
△BEFの2辺が等しいので,
△BEFは二等辺三角形となる。
※異なる証明の方法でも,正しければ6点を与える。

また，部分点を与えるときは，3点とする。

(2) $\frac{13}{2}$(cm)　(5点)

5 (1) **(ア)**9　**(イ)**12　(各2点)

(2) 11(番目)　(3点)

(3) 465(枚)　(4) 650(枚)　((3)(4) 各4点)

英　語

1 **No.1** C　**No.2** D　**No.3** B　(各3点)

2 **No.1** C　**No.2** A　(各3点)

3 **No.1** B　**No.2** D　(各3点)

4 **No.1** ① sing　② Sunday　(各3点)

No.2 ① eight　② homework

5 (1) been　(2) hers　(各3点)

(3) エ　ア　ウ　オ　イ

(4) ウ　オ　エ　イ　ア

(5) イ　オ　エ　ア　ウ

※順序が全てそろって正解とする。

6 **(解答例1)**　(8点)

I would like to wait because all of my friends say this is the best hamburger shop in this town. (20語)

(解答例2)

I want to come to this shop with you tomorrow because I don't like to wait for a long time. (20語)

※各学校において統一した基準により適切に採点すること。［部分点可］

7 (1) Ⓐ ア　Ⓑ ウ　(各3点)

(2) ① favorite　(3点)

※問題の主旨に合っていれば点を与える。

② イ　(3点)

(3) ① It can find new parents (for them).

※各学校において統一した基準により適切に採点すること。［部分点可］

(　　) 内は省略が可能。　(4点)

② エ　(3点)

8 (1) エ　(2) ウ　((1)(2) 各3点)

(3) **(解答例)** understand / know　(4点)

※問題の主旨に合っていれば点を与える。

(4) ウ　(3点)

9 (1) イ　(2) ア　(3) ア　(4) ウ　(各3点)

社　会

1 (1) イ　(各3点)

(2) **I** 黒潮　**II** 親潮

※**I**，**II**とも漢字2字指定

※両方できた場合，点を与える。

(3) ア　(4) ウ　((3)(4) 各3点)

2 (1) 前橋（市）※漢字指定　(3点)

(2) エ

(3) **語** 秋田　**県** B　(3点)

※語は漢字2字指定

※両方できた場合，点を与える。

(4) ① ア　② ウ　((4) 各3点)

3 (1) イ　(2) ア　(各3点)

(3) C

(4) 2月21日 (午前) 午後 9時

(5) ウ

4 (1) 富本銭　※漢字3字指定　((1)〜(4) 各3点)

(2) ウ　(3) ア　(4) エ

(5) 寺子屋で学び，諸藩は藩校を設立し，武士

※正解文の趣旨にそっていればよい。

※部分点を与えてもよい。　((5) 4点)

5 (1) ベルサイユ　(各3点)

※カタカナ指定

※「ヴェルサイユ」でもよい。

(2) **X** ウ　**Y** ア

※両方できた場合，点を与える。

(3) ウ　(4) イ

(5) **年代の古い順**　**1**　**2**　**3**

符　　　号　ア　エ　イ

※全部できた場合，点を与える。

6 (1) イ　(3点)

(2) 40歳以上の人が加入して保険料を支払い，介護の必要がある　(4点)

※正解文の趣旨にそっていればよい。

※部分点を与えてもよい。

(3) **A** ウ　**B** ア　(各2点)

7 (1) イ　(3点)

(2) 両院協議会を開いても意見が一致しない (4点)

※正解文の趣旨にそっていればよい。

※部分点を与えてもよい。

(3) エ　(3点)

8 (1) EPA　※アルファベット3字指定　(各3点)

(2) ウ

理　科

1　⑴　イ　　⑵　ウ　　⑶　ア　　（各3点）

⑷　電磁誘導　※⑷はかなでもよい。

2　⑴　入射角　イ　　屈折角　カ　　（各2点）

⑵　ウ　（3点）

⑶　全反射　※かなでもよい。　（3点）

3　⑴　ウ, オ　（2点）

※全て正しいときに点を与える。

⑵　組織　※かなでもよい。　（3点）

⑶　ア　（2点）

⑷　ア　（3点）

4　⑴　ウ　　⑵　エ　　（⑴⑵ 各2点）

⑶　ねばりけが強い（大きい）　（3点）

※各学校において統一した基準により採点すること。

⑷　エ　（3点）

5　⑴　イ　⑵　エ　（各2点）

⑶　**r**　ア　　**s**　59 g　（各3点）

6　⑴　イ　（2点）

⑵　ア　（3点）

⑶　草食動物を食べる肉食動物が増え，草食動物に食べられる植物が減る　（4点）

※各学校において統一した基準により採点すること。

※部分点を与えてもよい。

⑷　食物網　※かなでもよい。　（3点）

7　⑴　等しく　（2点）

※各学校において統一した基準により採点すること。

⑵　イ　（3点）

⑶　(a)　（3点）

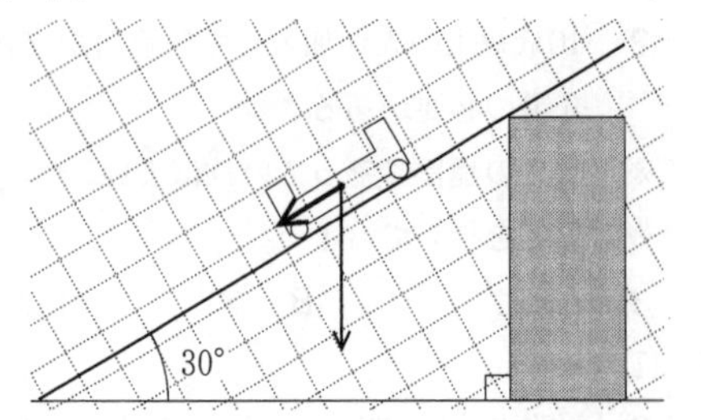

※各学校において統一した基準により採点すること。

(b)　**台車A**　4 個　　**台車B**　3 個　（4点）

※両方とも正しいときに点を与える。

8　⑴　ア　　⑵　エ　（⑴⑵ 各3点）

⑶　① ウ　（2点）

② $2H_2 + O_2 \rightarrow 2H_2O$　（4点）

※各学校において統一した基準により採点すること。

※部分点を与えてもよい。

9　⑴　エ　（各3点）

⑵　① ウ　　② イ

⑶　5.98 g

国　語

一　⑴　エ　　⑵　ウ　（⑴⑵ 各2点）

⑶　来る年も来る年も　（⑶⑷ 各3点）

⑷　イ

二　⑴　くわ　　⑵　いこ　（各2点）

⑶　こうせつ　⑷　ざんてい

三　⑴　率　　⑵　険　　⑶　模型

⑷　設備　　⑸　油断大敵　（各2点）

四　⑴　取り組んだことです　　⑵　ウ（各2点）

⑶　いただきました　　⑷　ア

※⑴、⑶は同趣旨ならば正解とする。

五　⑴　イ　（⑴～⑶ 各3点）

⑵　ニュアンスの差を考慮する

⑶　感受性

⑷　**Ⅰ** 大幅な手抜き　（⑷ 各4点）

Ⅱ 心の奥深くで感じ、言葉にする

※⑷Ⅱは同趣旨ならば正解とする。

部分点を与えてもよい。

⑸　エ　（3点）

六　⑴　兄には負けられない　（4点）

※同趣旨ならば正解とする。

部分点を与えてもよい。

⑵　ウ　（4点）

⑶　素直に　　⑷　ア　（⑶～⑹ 各3点）

⑸　エ　　⑹　ア

七　⑴　いわく　（2点）

⑵　大鼓の下稽古　（3点）

⑶　イ　（3点）

⑷　大鼓のことを忘れない　（4点）

※同趣旨ならば正解とする。

部分点を与えてもよい。

八　**（解答例）**　（12点）

ポスター1は、図書館における禁止事項をそのまま列挙したものであるが、ポスター2は、図書

館利用者の本来あるべき姿や、読書の目的とその効果などについて前向きな表現で書かれている。

ポスター2の方が、利用者にとっては押しつけられている感じがなく、心に残る言葉によって、図書館でのマナーを共感的に受け止められたことで、利用者のマナーの改善につながったと考えられる。

※以下の観点を参考に、採点基準の細部については各学校で定める。

○内容

○字数制限・段落構成

○表現・表記

※全ての条件を満たしていない場合でも、部分点を与えてもよい。

平成30年度後期選抜検査解答

数　学

1　(1)　-6　　(2)　$\frac{8}{3}$　　(各5点)

(3)　$7x+2y$　　(4)　$4x^2y$

(5)　$6+3\sqrt{2}$　　(6)　$x=\frac{3\pm\sqrt{41}}{4}$

2　(1)　イ　　(2)　144π　(cm^3)　　(各6点)

(3)　$a=-\frac{1}{2}$　　(4)　$\frac{11}{20}$

(5)

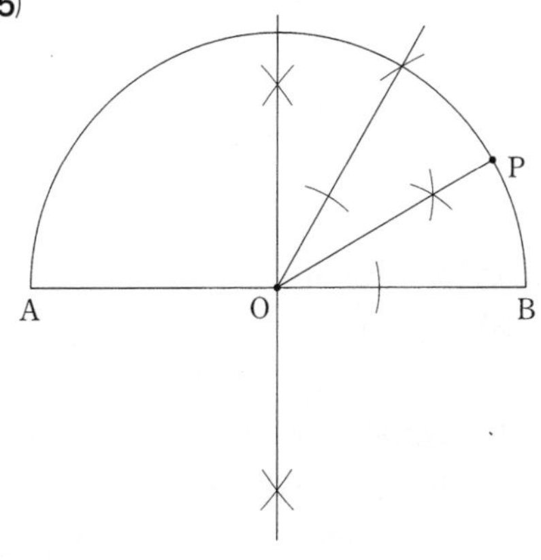

※異なる作図の方法でも，正しければ，6点を与える。

また，部分点を与えるときは，3点とする。

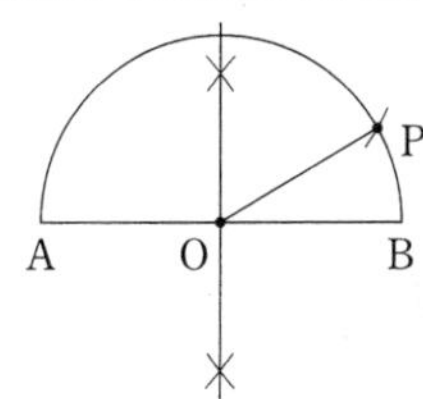

3　(1)　$a=\frac{1}{4}$　　(2)　$y=\frac{3}{2}x-2$　　((1)(2) 各3点)

(3)　$(-\frac{1}{2}, \frac{1}{4})$　　((3) 4点)

4　(1)　(a)　ウ　　(b)　オ　　(各2点)

(c)　　(6点)

△BEGと△DFBにおいて，

④より，

∠BEG＝∠DFB ……………………… ⑤

△ABDで，点C, Eは，それぞれ

辺AD, ABの中点であるから，

中点連結定理より，

BD // EC ……………………………… ⑥

⑥より，

平行線の錯角は等しいので，

∠BGE＝∠DBF ……………………… ⑦

⑤, ⑦より，

2組の角がそれぞれ等しいので，

△BEG∽△DFB

※異なる証明の方法でも，正しければ6点を与える。

また，部分点を与えるときは，3点とする。

(2)　12(cm^2)　　(5点)

5　(1)　(ア)5　　(イ)2　　(3点)

※両方とも正解のとき3点を与える。

(2)　7 (個)　　(3点)

(3)　a=45, 52　　(4点)

※完答で得点を与える。

(4)　7 (個)　　(5点)

英　語

1　No.1　A　　No.2　D　　(各4点)

No.3　C　　No.4　B　　No.5　D

2　①　1520　　②　Melbourne　(各4点)

※②は，各学校において統一した基準により適切に採点すること。

3　(1)　オ　エ　イ　ウ　ア

(2)　エ　ウ　ア　オ　イ

(3)　ウ　ア　オ　イ　エ　　(各4点)

※順序が全てそろって正解とする。

4　**(解答例1)**　　(8点)

Ⓐ〔 I think so, too. 〕

Ⓑ (It is useful to learn Chinese because a lot of Chinese people come to Japan.)

(Ⓑは15語)

(解答例2)

Ⓐ〔 I don't think so. 〕

Ⓑ (If we have to study another language, we don't have enough time to study English.)　(Ⓑは15語)

※各学校において統一した基準により適切に採点すること。［部分点可］

5 (1) ① week　② ウ　(各4点)

(2) ① **(解答例)**　(4点)

We should say polite words (such as "hello," "please," and "thank you") (to show respect to others).

※各学校において統一した基準により適切に採点すること。［部分点可］

(　)は省略が可能。

② エ　(4点)

6 (1) (some) money　(4点)

※(　)は省略が可能。

(2) ① エ　② ア　③ イ　(4点)

※全て正しいときに点を与える。

(3) straight　(4点)

(4) ア　ウ　※順不同　(各4点)

7 (1) イ　(2) ウ　(3) エ　(4) ウ　(各4点)

社　会

1 (1) イ　(4点)

(2) 財　※漢字1字指定　(3点)

(3) **年代の古い順　1　2　3**　(3点)

符　号　ア　ウ　イ

※全部できた場合，点を与える。

2 (1) 札幌（市）※ひらがなでもよい　(4点)

(2) エ　(3) い　(4) ウ　((2)～(4) 各4点)

3 (1) ア　(3点)

(2) ウ　(4点)

(3) スコットランド ※カタカナ7字指定　(4点)

(4) エ　(4点)

4 (1) オランダ風説書　※7字指定　(4点)

(2) イ　(4点)

(3) **年代の古い順　1　2　3**　(4点)

符　号　イ　ア　エ

※全部できた場合，点を与える。

(4) ウ　(4点)

(5) エ　(3点)

5 (1) ア　(各4点)

(2) 資源や市場を求めて進出し、軍事力によって植民地

※正解文の趣旨にそっていればよい。

※部分点を与えてもよい。

(3) **年代の古い順　1　2　3　4**

符　号　ウ　エ　ア　イ

※全部できた場合，点を与える。

(4) イ

6 (1) ＰＯＳ(システム)　(各4点)

※アルファベット3字指定

(2) ウ　(3) エ

7 (1) 医師から十分な説明を受け，患者が自分自身で治療方法を選択　(各4点)

※正解文の趣旨にそっていればよい。

※部分点を与えてもよい。

(2) エ

(3) **Ⅰ** 原告　**Ⅱ** 被告

※Ⅰ，Ⅱとも漢字2字指定

※両方できた場合，点を与える。

理　科

1 (1) 恒星　※かなでもよい。　(各3点)

(2) エ　(3) **a** ア　**b** ウ

2 (1) 酸素　※かなでもよい。　(2点)

(2) ア　(3) エ　(各3点)

(3) **M群** ウ　**N群** イ　(4点)

※両方とも正しいときに点を与える。

3 (1) 電流の向きが周期的にかわるため。

※各学校において統一した基準により採点すること。

※部分点を与えてもよい。

(2) (a) イ，オ　(3点)

※全て正しいときに点を与える。

(b) **電力量**　90000 J　(各3点)

時　間　1 分 30 秒

4 (1) イ　(2) ウ　((1)(2) 各3点)

(3) 体を地面に固定するはたらき　(4点)

※各学校において統一した基準により採点すること。

※部分点を与えてもよい。

(4) エ　(3点)

5 (1) (a) 発熱反応　(b) イ (各3点)

※(a)はかなでもよい。

(2) $2Ag_2O \rightarrow 4Ag + O_2$　(3点)

(3) 3.7　g　(4点)

6 (1) ウ　(2) イ　(3) エ　(4) ウ　(各3点)

7 (1) **名称**　温　暖　前線　※かなでもよい。(3点)

特徴　広い範囲に，長く降る。　(4点)

※各学校において統一した基準により採点すること。

※部分点を与えてもよい。

(2) ①　**x**　ウ　(各2点)

②　**y**　イ　**z**　エ　※ **y, z**は順不同

8 (1) ア　(2) ア　(各3点)

(3) **仕事**　0.06　J　**時間**　2　秒

国　語

一 (1) エ　(2) イ　(各3点)

(3) リズム　(4) ウ

※ (3)は同趣旨ならば正解とする。

二 (1) むさぼ　(2) こと　(各2点)

(3) おんびん　(4) いちもうだじん

三 (1) 蒸　(2) 反　(3) 運賃　(各2点)

(4) 汽笛　(5) 卵黄

四 (1) ウ　(3点)

(2) エ　(3) イ　(4) ア　(各4点)

(5) 満麿が苦悩の末に描き上げた絵のすばらしさに共感できたから。　(5点)

※同趣旨ならば正解とする。

部分点を与えてもよい。

(6) ウ　(4点)

五 (1) イ　(2) ウ　(3) 残暑　(各3点)

(4) ア　(5) エ

※(2)はウだけでも点を与える。

(6) Ⅰ　わずかな情報量　(4点)

Ⅱ　豊かに思い出させるきっかけになる　(5点)

※Ⅰ、Ⅱともに同趣旨ならば正解とする。

※Ⅰ、Ⅱともに部分点を与えてもよい。

六 (1) いにしえ　(2) 花鳥風月の友　(各2点)

(3) Ⅰ　料理　(2点)

Ⅱ　自分のもとに戻ってきてしまった　(3点)

※Ⅱは同趣旨ならば正解とする。

部分点を与えてもよい。

(4) ア　(3点)

七 (解答例)　(10点)

私は、意見Aが大切だと思います。なぜなら、考えていることをきちんと言葉に表して伝えなければ、誤解が生じてしまうことがあると思うからです。私は、友だちとのコミュニケーションにおいては、言葉を通じて、自分の意思を伝え、相手の考えを理解することを大切にしています。

私は、意見Bが大切だと思います。コミュニケーションの中では、言葉にできないような思いが表情やしぐさなどに表れることがあるからです。私は、友だちとのコミュニケーションにおいては、言葉を用いなくても、相手の気持ちを理解して、心と心を通じ合わせる姿勢を大切にしています。

※以下の観点を参考に、採点基準の細部については各学校で定める。

○内容

○字数制限・段落構成

○表現・表記

※全ての条件を満たしていない場合でも、部分点を与えてもよい。

国立木更津工業高等専門学校解答

数　学

1 (1)ア 5　イ 3　ウ 6
(2)エ 1　オ 2
(3)カ －　キ 1
(4)ク 2　ケ 3
(5)コ 7　サ 1　シ 5
(6)ス a
(7)セ 1　ソ 9
(8)タ 1　チ 3

2 (1)ア 2　イ 1　ウ 5　エ 2
オ 1　カ 5　キ 2
(2)ク 0　ケ 4
(3)コ 4　サ 2
(4)シ 5　ス 6

3 (1)ア 5　イ 3　ウ 3
エ 1　オ 4　カ 3
(2)キ 0　ク 7
(3)ケ －　コ 3　サ 0

4 (1)ア 8　イ 5
(2)ウ 4　エ 5　オ 8　カ 7
(3)キ 5　ク 2　ケ 7

英　語

1 1 エ　2 イ　3 ア　4 ウ　5 ウ

2 1 イ　2 エ　3 イ　4 ア　5 エ

3 問1 (1)ウ　(2)ア　(3)ウ
(4)ア　(5)ア　(6)エ
問2 エ

4 1　3番目 エ　5番目 オ
2　3番目 カ　5番目 エ
3　3番目 イ　5番目 ウ
4　3番目 カ　5番目 オ
5　3番目 イ　5番目 カ
6　3番目 カ　5番目 エ

5 1 イ　2 エ　3 ウ　4 イ　5 イ

6 問1 ウ　問2 ア　問3 イ　問4 ア
問5 イ　問6 ウ　問7 ウ

社　会

1 問1 エ　問2 イ　問3 エ　問4 ア

2 問1 ウ　問2 ア　問3 ウ

3 問1 エ　問2 ア

4 問1 キ　問2 イ

5 問1 ウ　問2 エ　問3 イ

6 問1 イ　問2 ① エ　② イ
問3 ア　問4 ア

7 問1 カ　問2 エ　問3 ウ

8 問1 ウ　問2 ア　問3 エ　問4 ア

理　科

1 問1 1 イ　2 エ
問2 1 イ　エ
2 ① ×　② ○　③ ○　④ ×

2 問1 オ　カ
問2 (1)ウ　(2)エ
問3 1 オ　2 エ　3 ウ

3 問1 ① ク　② キ　③ カ
④ オ　⑤ エ　⑥ ア
問2 ① ウ　② エ　③ カ
問3 イ
問4 (1)オ　(2)ア　(3)ア　(4)オ　(5)ア

4 問1 ア 1　イ 5　問2 5
問3 ア 5　イ 0　問4 ウ

5 問1 ウ　問2 イ　問3 オ
問4 ① オ　② ア　③ エ

6 問1 (1)エ　(2)オ
問2 (a)2　(b)4　(c)1
問3 ア　ウ　エ
問4 ア 0　イ 0　ウ 7
問5 ア 5　イ 5　ウ 8

7 問1 (1)オ　(2)イ　(3)エ　(4)ア
問2 名称 イ　特徴 カ
問3 ウ　問4 1 エ　2 ウ

国　語

1 (1)イ　(2)エ　(3)ウ
(4)ア　(5)ウ　(6)ア

2 問1 イ　問2 エ　問3 ウ　問4 ア
問5 イ　問6 ウ エ　問7 ア

3 問1 イ　問2 イ
問3 a ウ　b エ　c ア
問4 エ　問5 イ　問6 ア
問7 ウ　問8 ウ

4 問1 (a)ウ　(b)エ
問2 ア　問3 イ　問4 エ
問5 イ　問6 ア　問7 エ

千葉県内私立高等学校解答

市原中央高等学校

数学

【1】問1 [1][2]　35

問2 [3]x^2-x-[4]　$3x^2-x-2$

問3 $(x+$[5]$)(x-$[6]$)$　$(x+8)(x-4)$

問4 $x=\frac{[7]}{[8]}$，[9][10]　$x=\frac{1}{3}$，-2

問5 $x=$[11]，$y=$[12][13]　$x=1$，$y=-1$

問6 $\frac{\sqrt{[14]}-\sqrt{[15]}}{[16]}$　$\frac{\sqrt{6}-\sqrt{3}}{6}$

【2】問1 [17][18] 種類　10

問2 [19][20][21][22] 個　1254

【3】問1 $\frac{[23][24]}{[25][26]}$　$\frac{17}{36}$

問2 $\frac{[27]}{[28]}$　$\frac{1}{9}$

【4】問1（[29]，$\sqrt{[30]}$）　$(3, \sqrt{3})$

問2（[31]，[32]）　$(2, 0)$

問3 $a=$[33]$\sqrt{[34]}$　$a=-\sqrt{3}$

【5】問1 (1) [35][36]°　30°

(2) [37]π　2π

問2 (1) [38][39][40]°　135°

(2) $\frac{\sqrt{[41][42]}}{[43]}$　$\frac{\sqrt{13}}{2}$

(3) [44]：[45]　3：2

【6】問1 [46][47]　64

問2 [48][49]　44

英語

第1問　問1 [1] ④　問2 [2] ②　問3 [3] ③
　問4 [4] ③　問5 [5] ③

第2問　問1 [6] ③　問2 [7] ②　問3 [8] ①
　問4 [9] ④　問5 [10] ④

第3問　問1 [11] ④　問2 [12] ③　問3 [13] ①
　問4 [14] ①　問5 [15] ②

第4問　問1 [16] ③　問2 [17] ④　問3 [18] ②
　問4 [19] ③　問5 [20] ①

第5問　問1 [21] ②　問2 [22] ①　問3 [23] ②
　問4 [24] ④　問5 [25] ③

第6問　問1 [26] ④　問2 [27] ②　問3 [28] ①
　問4 [29] ④　問5 [30] ②

第7問　問1 [31] ③　問2 [32] ④　問3 [33] ①
　問4 [34] ③　問5 [35] ②

第8問　問1 [36] ④　問2 [37] ④　問3 [38] ①
　問4 [39] ④　[40] ②

社会

Ⅰ (1) [1] イ　(2) [2] ウ　(3) [3] ア　(4) [4] ア

Ⅱ (1) [5] イ　(2) [6] イ　(3) [7] ウ　(4) [8] ア

Ⅲ (1) [9] エ　(2) [10] イ

Ⅳ (1) [11] エ　(2) [12] ア

Ⅴ (1) [13] エ　(2) [14] ウ

Ⅵ (1) [15] オ　(2) [16] ア

Ⅶ (1) [17] オ　(2) [18] ウ　(3) [19] エ　(4) [20] ア

理科

第1問　Ⅰ (1) [1] ⑤　(2) [2] ④　(3) [3] ③
　Ⅱ (1) [4] ③　[5] ⑥（順不同、完答）
　(2) [6] ③　(3) [7] ④

第2問　Ⅰ (1) [8] ③　(2) [9] ③　(3) [10] ④
　Ⅱ (1) [11] ④　(2) [12] ②　(3) [13] ③

第3問　Ⅰ (1) [14] ⑤　(2) [15] ②　(3) [16] ⑤
　Ⅱ (1) [17] ③　(2) [18] ③　(3) [19] ⑥

第4問　(1) [20] ④　(2) [21] ②　(3) [22] ④

国語

【1】問1　1 [1] ②　2 [2] ①　3 [3] ③　4 [4] ④
　問2 [5] ②　問3 [6] ④　問4 [7] ①
　問5 D [8] ①　F [9] ④　G [10] ⑧　J [11] ⑥
　問6 [12] ④　問7 [13] ③
　問8 [14] ③　問9 [15] ①

【2】問1 [16] ④　問2 [17] ①　問3 [18] ①
　問4 [19] ②　問5 [20] ④　問6 [21] ②
　問7 [22] ③　問8 [23] ①　問9 [24] ②

【3】問1 [25] ②　問2 [26] ③
　問3 [27] ④　問4 [28] ③
　問5 [29] ①　問6 [30] ②
　問7 [31] ④　問8 [32] ③

【4】問1　Ⅰ [33] ②　Ⅱ [34] ⑥　問2 [35] ⑤
　問3　Ⅰ 漢 [36] ③　Ⅰ 意 [37] ⑦
　Ⅱ 漢 [38] ⑥　Ⅱ 意 [39] ④
　問4 [40] ②　問5 [41] ③　問6 [42] ⑤

桜林高等学校

数学

第1問 (1) ア 1　イ 1
(2) ウ −　エ 1　オ 3　カ 0
(3) キ −　ク 1　ケ 4　コ 4　サ 7
(4) シ 3　ス 4　(5) セ 4　ソ 3
(6) タ 4　チ 5

第2問 (1) ア 2　イ 5　ウ 3　エ 0　オ 9
(2) カ 1　キ 1　ク 4
(3) ケ −　コ 3　サ 2　シ 7
(4) ス 1　セ 0
(5) ソ 9　タ 2　チ 5
(6) ツ 2　テ 1

第3問 (1) ア 1　イ 2　ウ 0
(2) ① エ 5　オ 6　② カ 5　キ 1　ク 8

第4問 (1) ① ア 1　イ 2
② ウ −　エ 1　オ 2　カ 1
③ キ 4　ク 3
(2) ① ケ 6　コ 0　② サ 2　シ 3

英語

1　A 問1③　問2④　問3④　問4②
B 問1①　問2③　問3②

2　問1②　問2③　問3①　問4②　問5②
問6①　問7①　問8②　問9③　問10①

3　問1③　問2④　問3④　問4①

4　問1④　問2②　問3③

5　問1③　問2④　問3④　問4③　問5②

6　問1②　問2③　問3③　問4④

7　問1②　問2④

国語

一　1②　2③　3①　4④　5③

二　1④　2②　3②　4②　5④

三　問一 ④　問二 ③　問三 ④
問四 ③　問五 ②　問六 ①

四　問一 (1) ④　(4) ②
問二 (a) ①　(b) ④
問三 A ③　B ①
問四 (2) ⑥　(3) ③
問五 A ④　B ③　C ②　D ①
問六 ④

五　問一 A ②　B ④　C ①
問二 ②　問三 ②
問四 ④　問五 ③
問六 A ③　B ②　C ④
問七 ③

木更津総合高等学校

数学

【1】問1 7　問2 $4x-8$
問3 $40x-10$　問4 $x=20$
問5 $4x^2-12x+9$　問6 $x=\frac{9}{10}$
問7 −13

【2】問1 $y=\frac{21}{2}$　問2 $y=x-3$
問3 36°　問4 6 個

【3】問1 $y=-5x+80$　問2 $\frac{56}{5}$ cm

【4】問1 12 通り　問2 $\frac{1}{3}$

【5】問1 $\sqrt{2}$ cm　問2 3 cm^2

【6】問1 5 秒　問2 (2, 8)
問3 4 秒後

英語

【1】1 イ　2 エ　3 ア　4 ウ

【2】1 イ　2 イ　3 ウ

【3】1 エ　2 イ　3 エ　4 イ　5 ウ

【4】1 was written　2 studying
3 high as　4 to me　5 much

【5】1 2番目 ア　5番目 ウ
2 2番目 ア　5番目 カ
3 2番目 エ　5番目 ウ
4 2番目 オ　5番目 ウ
5 2番目 ア　5番目 オ

【6】1 A 夏休み　B 値段　C 航空
D 昨年[去年]　E 勉強
2 like Mongolia and Taiwan seemed
3 been　4 ウ　5 no　6 ウ

【7】1 ① six　② three
2 ア 水　イ 米　ウ 工場　エ 魚
3 イ
4 コンピュータによって、仕事はより容易になっている。
(コンピュータが仕事をより容易にしている。)

【8】1 イ　2 イ　3 were
4 what he was doing
5 to　6 10時 30分

国　語

【1】(1) えとく　(2) のれん　(3) たいせき
(4) なだれ　(5) しっぺい

【2】(1) 犠牲　(2) 捕獲　(3) 渋滞
(4) 巨億　(5) 概算

【3】(1) エ　(2) ウ　(3) ウ

【4】問1 エ　問2 エ　問3 ウ
問4 キ　問5 ウ　問6 イ
問7 エ　問8 ウ　問9 カ

【5】問1 エ　問2 イ　問3 ア　問4 ア
問5 エ　問6 ウ　問7 エ　問8 イ

【6】問1 ウ　問2 ウ　問3 エ
問4 エ　問5 ア　問6 エ

【7】問1 オ　問2 ア　問3 エ　問4 イ
問5 ウ　問6 エ　問7 エ　問8 イ

敬愛学園高等学校

数　学

ア	1	イ	1	ウ	3	エ	6	オ	7
カ	2	キ	8	ク	5	ケ	5	コ	6
サ	9	シ	6	ス	0	セ	3	ソ	2
タ	2	チ	3	ツ	−	テ	2	ト	6
ナ	2	ニ	6	ヌ	0	ネ	1	ノ	2
ハ	0	ヒ	1	フ	8	ヘ	0	ホ	6
マ	1	ミ	7	ム	−	メ	1	モ	1
ヤ	2	ユ	0	ヨ	0	ラ	4	リ	8
ル	6	レ	9	ロ	3	ワ	2	ヲ	3
ン	3	あ	9	い	3	う	2	え	9
お	2	か	3	き	1	く	3	け	1
こ	2	さ	3	し	2	す	3	せ	2
そ	3	た	4	ち	1	つ	6	て	2
と	7	な	2	に	1	ぬ	8	ね	1
の	4	は	1	ひ	2	ふ	3	へ	8
ほ	5	ま	1	み	6	む	3	め	5
も	7	や	4	ゆ	1	よ	1	ら	0
り	5	る	7	れ	1	ろ	5	わ	4
を	1	ん	1	ガ	4	ギ	5	グ	3
ゲ	5	ゴ	2						

英　語

1	3	2	4	3	1	4	4	5	4
6	4	7	1	8	1	9	1	10	1
11	3	12	2	13	4	14	2	15	3
16	4	17	2	18	1	19	1	20	4
21	2	22	2	23	2	24	2	25	2
26	3	27	2	28	4	29	4	30	1
31	3	32	3	33	1	34	1	35	3
36	2	37	1	38	4				

国　語

1	ア	2	エ	3	イ	4	イ	5	ア
6	ア	7	イ	8	エ	9	ウ	10	ウ
11	ア	12	ウ	13	ウ	14	イ	15	エ
16	ウ	17	ア	18	ア	19	エ	20	エ
21	イ	22	イ	23	ア	24	ウ	25	エ
26	エ	27	エ	28	ウ	29	ウ	30	ア
31	ア	32	ア	33	ウ	34	イ	35	エ
36	イ	37	エ	38	ア	39	イ	40	エ
41	イ	42	イ	43	ア	44	イ	45	ウ
46	ウ	47	ア	48	イ	49	エ	50	ウ

志学館高等部

数　学

1 (1) 4　(2) $16a^2$
(3) 3　(4) $(x+8y)(x-2y)$
(5) 14　(6) $x=-2$

2 (1) $\frac{1}{6}$　(2) $\frac{1}{9}$

3 (1) 51　(2) 23 段目　(3) $\frac{13n+1}{2}$

4 (1) $a=\frac{1}{3}$　(2) $3\sqrt{5}$　(3) (4 , 10)

5 (1) $2\sqrt{29}\ cm$　(2) $14\ cm^2$　(3) $\frac{52\sqrt{61}}{61}\ cm$

6 (1) $\frac{1}{8}$ 倍　(2) $\frac{9\sqrt{6}}{4}\ cm^2$　(3) $\frac{3}{2}\ cm$

英　語

1 (1) イ　(2) エ
(3) find a lot of food〔seaweed〕
(4) ア　オ　※ 順不同，それぞれ得点

2 (1) イ　オ　※ 順不同，それぞれ得点
(2) players

3 (1) ウ　(2) ウ　(3) エ　(4) イ
(5) ⓐ afraid〔nervous / worried〕 ⓑ Mike
(6) ⓐ ア　ⓑ ウ
(7) ⓐ Eleven〔11〕　ⓑ students〔boys〕
※ ⓐ Only〔Just〕 ⓑ Eleven〔11〕の組み合わせも○
※ (5), (7) それぞれ両方できて得点

4 (1) Washing (2) best
(3) written (4) were
5 (1) yet (2) should (3) place
6 (1) ウ (2) ウ
7 (1) ウ (2) ウ
8 (1) イ (2) エ (3) ア

国　語

1 (1) (例) 寄付をしてくれるかもしれないし、自分の株もあがるだろう
※25字以上30字以内で、「株」という言葉を用い、「寄付をしてくれる」「自分の株が上がる」という二つの内容を含んでいれば可。
前後の「合唱コンクールで嘉穂が上手な歌を披露すれば、地元の有力者が……という村上先生の考え。」と続かないもの不可。
(2) イ (3) いつも波風
(4) つな (5) ア
(6) 単純 (7) ウ
2 (1) イ
(2) a つまらない b 魅力的 (完答)
(3) エ (4) 光学上の発見
(5) (例)想像力を働かせて、自分から能動的に考える
※15字以上20字以内で、「想像力」という言葉を用い、「(自分から) 想像力を働かせて考える」という内容を含んでいれば可。
前後の「思考や作業の過程を大事にし、……習慣を身につけること。」と続かないもの不可。
(6) イ
3 (1) つこうまつりける
(2) ア ウ (順不同、完答)
(3) (例) 晴遠の棺からうめき声がするということ。
※15字以上20字以内で、「晴遠」という言葉を用い、現代語で同様の内容であれば可。
(4) イ (5) ウ
4 (1) エ
(2) ① 6 ② ア ③ エ
5 (1) 癒える いえる (2) 賄う まかなう (3) 分岐 ぶんき
(4) 秩序 ちつじょ (5) 粉砕 ふんさい
6 (1) フダ 札 (2) へる 減る (3) リンカイ 臨海
(4) カンダン 寒暖 (5) タンサン 炭酸

拓殖大学紅陵高等学校

数　学

1 (1) -18 (2) $\frac{x-y}{6}$
(3) $4\sqrt{7}$ (4) $x=-7, 4$
(5) $8x-17$
2 (1) $y=-5$ (2) $8\sqrt{6}\pi\ cm^3$
(3) $\frac{1}{3}$ (4) 21 度
3 (1) 5 冊 (2) **ファイル** 12 % **ノート** 10 %
4 (1) 9 (2) $y=-x+6$
(3) $\left(\frac{18}{5}, \frac{6}{5}\right)$
5 (1) $4\ cm$ (2) $\frac{1}{3}$ 倍 (3) $16\sqrt{5}\ cm^2$
6 (1) $4\sqrt{5}\ cm$ (2) $\frac{96}{5}\ cm^3$ (3) $4\sqrt{15}\ cm^2$

英　語

1 イ エ キ ク ※順不同, それぞれ得点
2 (1) エ (2) イ (3) ウ (4) ア
3 (1) イ (2) エ (3) ウ (4) エ (5) ア
4 (1) **3番目** カ **5番目** ウ
(2) **3番目** エ **5番目** ア
(3) **3番目** イ **5番目** オ
(4) **3番目** ア **5番目** カ
(5) **3番目** ウ **5番目** イ
※それぞれ両方できて得点
5 (1) ① ウ ⑥ カ (2) been (3) エ
(4) イ (5) ア (6) classroom
6 (1) ⓐ エ ⓑ イ
(2) クラスメートたちを家に招待
(3) ① オ ③ ア (4) found (5) エ

国　語

1 (1) I デュエットしないといけない
II 邪魔できない (完答)
(2) イ (3) 申し込みしてみない
(4) エ (5) ウ (6) 穴 (7) イ
2 (1) ウ
(2) I 作業を分担すること
II 継承してゆく (完答)
(3) C エ D ア (完答)
(4) 生活を豊かにするための多くの知識
(5) 試行錯誤
(6) 寄せ集め、組み合わせ、体系化
3 (1) うえられける (2) 踏み折り
(3) イ (4) ウ
4 (1) ア (2) エ

(3) ① イ　② ウ　(4) ① ア　② ウ

5 (1) 焦　がす　(2) 騒　ぐ　(3) 冗　長
こ　がす　さわ　ぐ　じょうちょう
(4) 純　粋　(5) 跳　躍
じゅんすい　ちょうやく

6 (1) シ　ロ　(2) サカ ん　(3) リッキョウ
城　盛 ん　陸　橋
(4) ヨッキュウ　(5) ボウエキ
欲　求　貿　易

千葉英和高等学校

数学

1 (1) (ア) $\frac{3}{10}$　(イ) 4a−10b
(ウ) $3\sqrt{2}$
(2) $x=-2$　(3) $x=3,\ y=-1$
(4) $(x+13)(x-3)$　(5) $x=\frac{3\pm\sqrt{5}}{2}$
(6) 5.5 本　(7) 8 %
(8) 24 度

2 (1) 4　(2) $2t$
(3) $\frac{16}{9}$

3 (1) 3 枚　(2) $\frac{5}{36}$
(3) $\frac{11}{18}$

4 (1) 2:3　(2) $\frac{3}{13}$
(3) 21

5 (1) $\frac{32}{5}$　(2) $6\sqrt{41}$
(3) 48π

6 (1) 26 個　(2) $n=32$
(3) $n=47$

英語

1 1 ④　2 ③　3 ②　4 ①　5 ③
6 ④　7 ④　8 ①　9 ②　10 ②

2 11 ④　12 ①　13 ②　14 ③

3 15 ④　16 ③　17 ①　18 ②

4 19 ③　20 ②　21 ④　22 ⑤　23 ①　24 ③

5 25 ④　26 ①　27 ②　28 ⑤　29 ③　30 ①
31 ③　32 ④　33 ⑤

6 34 ③　35 ②　36 ⑤　37 ④　38 ③

社会

1 (1) 1 ①　(2) 2 ④　(3) 3 ②　(4) 4 ②
(5) 5 ④

2 (1) 6 ④　(2) 7 ②　(3) 8 Ⅰ：②　9 Y：⑧
(4) 10 ❶：①　11 ❷：④　12 ❸：①

3 (1) 13 ④　(2) 14 ①　(3) 15 ④　(4) 16 ③
(5) 17 ②　(6) 18 ②

4 (1) 19 ①　(2) 20 ②　(3) 21 ③　(4) 22 ①
(5) 23 ④

5 (1) 24 ④　(2) 25 ①　(3) 26 ③　(4) 27 ③
(5) 28 ①　(6) 29 ②

6 (1) 30 ④　(2) 31 ②　(3) 32 ①　(4) 33 ③
(5) 34 ③

7 (1) 35 ②　(2) 36 ②　(3) 37 ④　(4) 38 ①

8 (1) 39 ②　(2) 40 ②

理科

1 (1) 1 ⑥　2 ④　(2) 3 ④
(3) 4 ②　5 ①　(4) 6 ③　7 ②　(5) 8 ③

2 (1) 9 ⑤　(2) 10 ③　(3) 11 ②　12 ①
(4) 13 ④　(5) 14 ①

3 (1) 15 ②　(2) 16 ④　(3) 17 ①
(4) 18 ⓪　19 ⑧　(5) 20 ②　21 ③

4 (1) 22 ②　23 ⓪　(2) 24 ③
(3) 25 ④　(4) 26 ②　27 ②
(5) 28 ④

5 (1) 29 ③　(2) 30 ①
(3) 31 ①　32 ②　33 ①　34 ③　35 ②　36 ③
(4) 37 ③

6 (1) 38 ⑦　(2) 39 ③　40 ④
(3) 41 ⑦　(4) 42 ④

7 (1) 43 ⓪　44 ⑤　(2) 45 ③
(3) 46 ①　(4) 47 ③

8 (1) 48 ④　(2) 49 ②　50 ①
(3) 51 ⑤　52 ④　(4) 53 ①

9 (1) 54 ③　55 ①　(2) 56 ③
(3) 57 ⑤　58 ④　(4) 59 ③

国語

一 問一(1) ⑦　(2) ②　(3) ④
問二(1) ④　(2) ③

二 (1) ④　(2) ⑤　(3) ③　(4) ①　(5) ⑤

三 問一 ③　問二 ④　問三 ①　問四 ④
問五 ③

四 問一 ④　問二 A⑤　C④　I②
問三 ④　問四 ④　問五 ⑤　問六 ③

問七 ①　問八 ②　問九 ④　問十 ⑤

五 問一 (ア) ①　(イ) ④　(ウ) ③　問二②
問三 ⑤　問四 ①　問五 ④　問六 ②
問七 ⑤　問八 ③　問九 ⑤　問十 ①

六 問一 (ア) ⑤　(イ) ③　(ウ) ②　問二 ①
問三 ④　問四 ②　問五 ①
問六 ④　問七 ⑤　問八 ⑤

千葉学芸高等学校

数学

1 (1) 2020　(2) $\frac{2}{3}$　(3) $2\sqrt{2}$
(4) $-a+30b$　(5) a^2+b^2　(6) $3y(x+2y)(x-2y)$
(7) $4(x-2)(x+6)$　(8) $x=-7$
(9) $x=2,\ y=-1$　(10) $x=\frac{-3\pm\sqrt{17}}{2}$

2 (1) ④　(2) ②　(3) ③
(4) ②　(5) ⑤　(6) ⑤

3 (1) 14　(2) $y=1$　(3) $a=4$　(4) $\frac{1}{3}$

4 (1) A(3 , 9)　B(−1 , 1)　(2) $n=3$　(3) 1 : 3

5 (1) 1925 円　(2) 1890 円
(3) 1760 円　(4) 1641 円

6 (1) $x=\frac{42}{5}$ cm　(2) $x=35°$
(3) $x=60°$　(4) $x=16$ cm

7 (1) $\frac{240}{\pi}$ 回転　(2) 時速 10π km
(3) 1分間に $\frac{200}{3}$ 回転

英語

1 No.1 ウ　No.2 エ　No.3 ウ

2 No.1 ウ　No.2 エ

3 (1) ③　(2) ③　(3) ④

4 (1) watching movies　(2) was written by
(3) has yet

5 (1) am able to　(2) so that he
(3) living

6 (1) 1番目オ　4番目イ　(2) 1番目ア　4番目エ
(3) 1番目イ　4番目カ　(4) 1番目カ　4番目ア

7 問1 July　問2 Five
問3 Ocean / Water　問4 Light
問5 Full moon

8 問1 ① エ　② イ　③ ア　④ イ
問2 so often
問3 She is going to visit Mike's house.
問4 イ　オ　カ
問5 I want to go to Mexico. Because I like Mexican food and speak Spanish.

9 問1 オリンピックの後, 何が起こるか知っていますか。
問2 (1) ケ　(2) エ　(3) カ　(4) イ
問3 (1) They are getting old and broken.
(2) It will be called HARUMI FLAG.
問4 イ

国語

1 (1) ゆる　(2) かきょう　(3) れいこう
(4) 紛失　(5) 抑制　(6) 促

2 (1) イ　(2) ウ　(3) ア
(4) イ　(5) エ

3 エ　オ

4 問1 オ
問2 王の話をすると殺されるという恐怖心のため。
問3 ア　問4 孤独　問5 私欲
問6 メロス　問7 ウ
問8 自分が助かるために、友を身代わりにするつもりだと思っている。
問9 ア

5 問1 ① あいなけれ　② ろうがわし
問2 たくさん人がいても、全員ではなく一人に向かって話す。
問3 ③ ウ　⑤ エ
問4 よからぬ人
問5 a　問6 べき　問7 イ

6 問1 高村光太郎　問2 ウ
問3 猛獣性　問4 エ
問5 かなり不良性のあった（わたくし）
問6 エ　問7 イ

千葉商科大学付属高等学校

数学

1 (1) 18　(2) $x=2,\ y=5$
(3) $y=3$　(4) $x=2\pm\sqrt{5}$
(5) $1:\sqrt{3}:2$　(6) 180 度
(7) $\frac{13}{25}$　(8) 9

2 (1) $x:1$　(2) $y=\frac{x^2}{3}$　(3) $x=\frac{\sqrt{3}}{3}\left(\frac{1}{\sqrt{3}}\right)$

3 (1) $\frac{1+\sqrt{3}}{4}$　(2) 16 通り　(3) $\frac{2+\sqrt{3}}{4}$

4 (1) $x=30,\ y=0.25$　(2) 85 点

英語

【1】(1) I'd　(2) themselves　(3) fallen
(4) most　(5) choice

【2】(1) ア　(2) エ　(3) ウ　(4) ア　(5) イ
【3】(1) エ　(2) イ　(3) ア　(4) エ　(5) イ
(6) エ　(7) イ　(8) ア　(9) エ　(10) ウ
【4】(1) any　(2) call　(3) writes
(4) Why　(5) like
【5】(1) ウ　(2) カ　(3) イ　(4) ア　(5) オ
【6】(1) エ　(2) イ　(3) ア　(4) オ　(5) ウ
【7】(1) イ　(2) エ　(3) エ　(4) キ　(5) イ
【8】問1 ウ　問2 day　問3 エ
問4 月が地球を引っぱっているから。
問5 Y
問6 1 ×　2 ○　3 ○　4 ×　5 ○

国　語

一　問一　a 耕　b 器官　c ぼうだい
d おびや　e 薄
問二　イ
問三　動物たちが見たり感じたりしている世界
問四　イ　問五　ア
問六　夢をかなえてくれる道具だった
問七　A イ　B ア　C エ　D ウ
二　問一　a とどこお　b 対照　c ぎょうし
d 思案　e にご
問二　(1) ① オ　② イ
(2) カ **行** 五段 **活用** 仮定 **形**　(3) ウ
問三　主観的　問四　エ
問五　エ　問六　イ
問七　(1) ア
(2) 千帆と湧別さんが組めば、インハイ優勝だってありえる　**という幻想**
問八　ア
三　問一　1 ようにて　2 おおきなる
問二　エ　問三　エ
問四　遣唐使それがしが子
問五　ウ　問六　イ
四　1 キ　2 カ　3 オ　4 エ　5 コ

成田高等学校

数　学

1　(1) ア －　イ 6
(2) ウ －　エ 1　オ 6　カ 8　キ 3
(3) ク －　ケ 4　コ 3　サ 5
(4) シ －　ス 7　セ 3　ソ 5　タ 5

2　(1) ア 3　イ 1　ウ 0　エ 3　オ 7　カ 0
(2) キ 1　ク 3　ケ 0　コ 7
(3) サ 2　シ 0
(4) ス 3　セ 3　ソ 6　タ 4
3　(1) ア 2
(2) イ －　ウ 3　エ 1　オ 8　カ 1　キ 2
(3) ク 2　ケ 7　(4) コ 1　サ 8
4　(1) ア 3　イ 6　(2) ウ 5　エ 3　オ 6
(3) カ 5　キ 1　ク 8
(4) ケ 7　コ 1　サ 2
5　(1) ア 6　イ 0
(2) ウ 3　エ 2　オ 1　カ 6
(3) キ 3　(4) ク 3　ケ 3　コ 3　サ 2

英　語

1　(1) 1 ②　(2) 2 ①　(3) 3 ④
(4) 4 ④　(5) 5 ③
2　(1) 6 ①　(2) 7 ③　(3) 8 ②　(4) 9 ②
(5) 10 ③　(6) 11 ①　(7) 12 ④　(8) 13 ③
3　※同順完答のみ可。
(1) 14 ①　15 ⑤　(2) 16 ③　17 ②
(3) 18 ④　19 ③　(4) 20 ④　21 ②
(5) 22 ⑤　23 ②
4　(1) 24 ②　(2) 25 ③　(3) 26 ①　(4) 27 ②
(5) 28 29 ① ④(逆も可)
5　(1) 30 ②　(2) 31 ④　(3) 32 ④　(4) 33 ③
(5) 34 35 ② ④(逆も可)

国　語

一　1 ②　2 ④　3 ①　4 ②
5 ④　6 ③　7 ①　8 ③
9 ④　10 ②　11 ③　12 ①
13 ①　14 ②　15 ③　16 ①
二　17 ②　18 ③　19 ①　20 ④
21 ①　22 ④　23 ③　24 ③
25 ②　26 ①　27 ②　28 ③
29 ④　30 ①　31 ③　32 ③　33 ③
三　34 ②　35 ①　36 ③　37 ①
38 ③　39 ④　40 ③　41 ①
42 ③　43 ②　44 ②　45 ②

第６部

資　料　編

令和２年度
千葉県公立高等学校入学者選抜学力検査の結果

千葉県教育委員会

Ⅰ　概　　要

1　はじめに

令和２年度千葉県公立高等学校入学者選抜では、前期選抜及び後期選抜において学力検査を実施した。その結果をもとに作成した「学力検査の結果」を、本県中学校及び高等学校において教科指導力向上のための資料の一つとして活用願いたい。

2　実施日、教科

前期選抜の学力検査は、令和２年２月１２日（水）に、国語・社会・数学・理科・英語の５教科、各５０分、各１００点満点で実施した。

後期選抜の学力検査は、令和２年３月２日（月）に、国語・社会・数学・理科・英語の５教科、各４０分、各１００点満点で実施した。

3　調査の対象

本結果は、令和２年度千葉県公立高等学校入学者選抜の前期選抜及び後期選抜の学力検査で、全日制の課程（特別入学者選抜、地域連携アクティブスクール４校を除く）を受検した者（前期選抜では３５，５９９名、後期選抜では１４，５９９名）の結果についてまとめたものである。

なお、正答率・無答率については、各教科とも全日制の課程の全受検者のうちから抽出した答案（全体の約１０％）によって算出した。

4　学力検査問題の特徴

学力検査問題の作成に当たっては、各教科とも中学校学習指導要領に基づき、総合的な力をみることができるよう配慮した。

令和２年度の学力検査問題の特徴は、次の２点である。

○　基礎的・基本的な事項の正確な理解度をみることができるよう、複数の解答について全て正しい場合にのみ正解とする問題や、理由を書かせる問題を設定した。

○　学習した基礎的知識を応用して答えを導く問題や思考力、判断力、表現力を総合的にみることができるような問題を設定した。

上記２点を柱に、「自ら学び、思考し、表現する力」をみる問題を充実させた。

5　結果の概要

【表】各教科及び５教科の平均点　　　　　　　　　　（　）内は標準偏差

		国　語	社　会	数　学	理　科	英　語	５ 教 科
令和２年度	前期	４６．０ （１７．３）	６０．７ （２２．６）	５１．４ （１９．８）	４８．８ （１７．８）	５４．６ （２２．９）	２６１．６ （９０．６）
	後期	５４．７ （１６．５）	６２．１ （２０．８）	５９．０ （１８．９）	５９．７ （２１．５）	５１．５ （２４．２）	２８７．２ （９２．６）
平成３１年度	前期	５４．２ （１５．４）	５６．６ （２０．９）	５４．５ （１８．７）	６０．６ （２０．８）	５３．６ （２４．５）	２７９．６ （９３．２）
	後期	５９．２ （１５．１）	６５．８ （２２．０）	６１．０ （１９．１）	６１．６ （１９．３）	６１．９ （２３．７）	３０９．５ （８８．８）

【図】５教科の平均点の経年変化

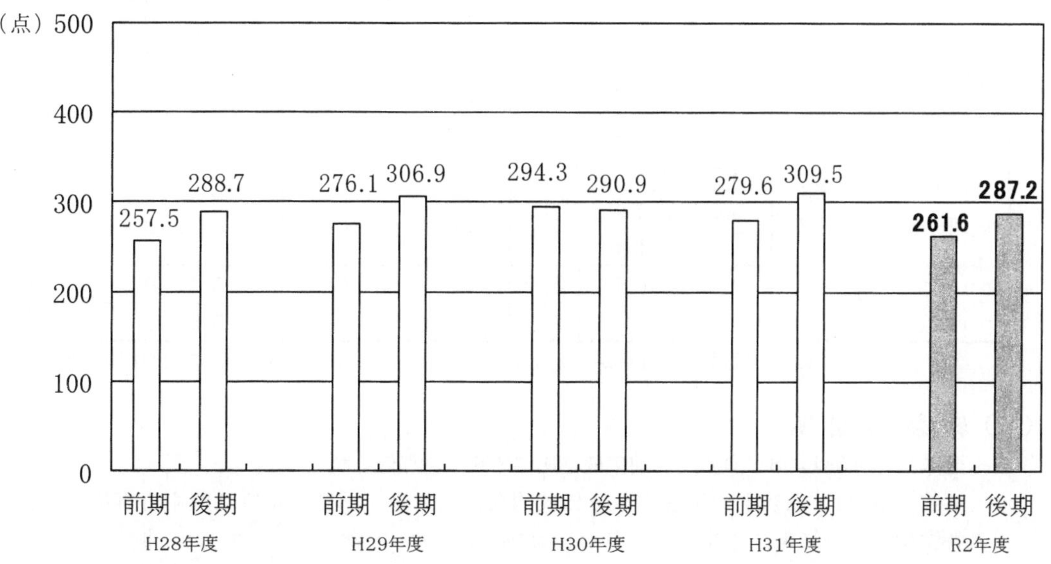

前期・後期選抜の各教科及び５教科の平均点は、【表】に示したとおりである。

また、５教科の平均点の経年変化を【図】に示した。令和２年度の前期選抜及び後期選抜の５教科の平均点を見ると、前期選抜は前年度より１８．０点低くなり、後期選抜は前年度よりも２２．３点低くなった。

なお、受検者の得点分布については、前期選抜は１４、１５ページ、後期選抜は２６、２７ページに示した。

Ⅱ　【前期選抜】教科別の結果

1　国　　語（前　期）

（1）出　題　方　針

ア　学習指導要領に基づき、３領域（「話すこと・聞くこと」、「書くこと」、「読むこと」）の基礎的・基本的な力を身に付けているかをみることができるようにした。

イ　〔伝統的な言語文化と国語の特質に関する事項〕の基礎的・基本的な力を身に付けているかをみることができるようにした。

ウ　様々な文章について、内容を的確に理解し、書き手の伝えたいことなどを考察する力をみることができるようにした。

エ　与えられた材料について、自分の言葉で考えを適切にまとめたり、相手に的確に伝えたりする力をみることができるようにした。

（2）正答率の概況

抽出答案数＝3, 629

領　域（事　項）・内　容			問　題・配　点		正答率（％）
話すこと・聞くこと	放送による聞き取り		**一**	１０点	５９．４
書　く　こ　と	作文		**八**	１２点	２３．９※
読　む　こ　と	説明的な文章		**五**	２０点	５１．３
	文学的な文章		**六**	２０点	４５．２※
伝統的な言語文化と国語の特質に関する事項	伝統的な言語文化に関する事項（古典）		**七**	１２点	３７．１※
	言葉の特徴やきまりに関する事項		**四**	８点	６２．２
	漢字に関する事項	読み	**二**	８点	５４．９
		書き	**三**	１０点	５６．３

※の数値は、部分点がある設問について得点率を正答率として計算してある。

（3）結　果　の　説　明

全体の平均点は４６．０点で、前年度と比べて８．２点低くなった。

領域（事項）・内容別の正答率は、伝統的な言語文化と国語の特質に関する事項の「言葉の特徴やきまりに関する事項」が６２．２％と最も高く、次いで、話すこと・聞くことの「放送による聞き取り」が５９．４％であった。一方、書くことの「作文」が２３．９％と最も低かった。

また、次の表にあるように、正答率が高かったのは、大問**四**の⑴「語句の理解」、大問**五**の⑴(a)「文章の内容の理解」、大問**二**「漢字（読み）」の⑴「映える」であった。一方、正答率が低かったのは、大問**八**「資料をふまえての二段落構成の作文（２００字以内）」、大問**五**の⑷Ⅰ「文章の内容の理解と表現（７字以内）」及び大問**六**⑸Ⅰ「登場人物の心情の理解と表現（２５字以内）」であった。無答率が高かったのは、大問**七**の⑸Ⅱ「文章の内容の理解と表現（１５字以上、２０字以内）」、大問**五**⑷Ⅱ「文章の内容の理解（１３字）」及び大問**六**⑸Ⅰ「登場人物の心情の理解と表現（２５字以内）」であった。

問題の内容及び正答率・無答率

問			問題の内容		問題形式			正答率(%)	無答率(%)
					選択	短答	記述		
一	(1)		放送による聞き取り 俳句についての発表	雨の呼び名を表すもの	○			76.5	0.1
	(2)			会話から読み取れる俳句の情景	○			71.4	0.1
	(3)			発言の工夫	○			76.2	0.3
	(4)			説明する内容の表現(5字以内)			○	13.3	22.2
二	(1)		漢字(読み)	映(える)[は]		○		82.1	0.4
	(2)			足袋[たび]		○		72.7	4.7
	(3)			貸与[たいよ]		○		21.7	13.2
	(4)			剥落[はくらく]		○		43.2	11.0
三	(1)		漢字(書き)	垂(れ)		○		65.7	19.9
	(2)			耕(す)		○		79.1	7.6
	(3)			収益		○		45.5	22.4
	(4)			登録		○		65.0	9.7
	(5)			針小棒大		○		26.2	41.2
四	(1)		宿題についての生徒同士の会話	語句の理解	○			90.3	0.2
	(2)			文の構成(文の成分の照応)		○		64.1	5.2
	(3)			漢文(返り点)		○		55.6	5.2
	(4)			敬語(謙譲表現)		○		38.6	4.3
五	(1)	(a)	説明的な文章『対話をデザインする』	文章の内容の理解	○			86.4	0.5
		(b) Ⅰ		文章の内容の理解(5字)		○		50.0	28.9
		(b) Ⅱ		文章の内容の理解(12字)		○		51.2	30.1
	(2)			文章の内容の理解	○			58.8	1.1
	(3)			文章の内容の理解	○			47.3	2.0
	(4)	Ⅰ		文章の内容の理解と表現(7字以内)			○	6.0	36.6
		Ⅱ		文章の内容の理解(13字)		○		32.8	52.7
	(5)			文章の内容の理解	○			77.9	2.3
六	(1)		文学的な文章『六花落々』	登場人物の心情の理解	○			59.5	1.4
	(2)			登場人物の心情の理解	○			59.1	2.3
	(3)			登場人物の心情の理解	○			76.4	3.5
	(4)	4点		登場人物の心情の理解と表現(13字以内)			○	13.8	
		1〜3点						12.1	
		無答							37.2
	(5) Ⅰ	4点		登場人物の心情の理解と表現(25字以内)			○	11.5	
		1〜3点						8.1	
		無答							49.9
	(5) Ⅱ			登場人物の人物像の理解	○			40.9	11.6
七	(1)		古典『筑波問答』	歴史的仮名遣い		○		68.2	7.7
	(2)			文章の内容の理解(4字)		○		26.3	12.0
	(3)			文章の内容の理解	○			45.1	7.9
	(4)			文章の内容の理解	○			29.2	12.6
	(5) Ⅰ	2点		文章の内容の理解と表現(10字以内)			○	32.6	
		1点						3.1	
		無答							44.6
	(5) Ⅱ	2点		文章の内容の理解と表現(15字以上、20字以内)			○	17.8	
		1点						3.7	
		無答							55.3
八	12点		条件作文「方言を活用することの効果」	資料をふまえての二段落構成の作文(200字以内)・前段部分は地元の人々に対する効果・後段部分は他の地域の人々に対する効果			○	4.0	
	8〜11点							11.9	
	4〜7点							17.7	
	1〜3点							14.3	
	無答								11.7

2 社　会（前 期）

(1) 出 題 方 針

ア　学習指導要領に基づき、地理的分野、歴史的分野及び公民的分野からバランスよく出題し、学習の成果を総合的にみることができるようにした。

イ　基礎的・基本的な知識及び技能を身に付けているかをみることができるようにするとともに、現代社会の諸問題に対する関心や理解の程度をみることができるようにした。

ウ　統計や地形図、写真などの諸資料を活用して、社会的事象を判断・分析する力、そしてそれを表現する力をみることができるようにした。

エ　社会的事象を総合的に考察する力や筋道を立てて思考する力をみることができるようにした。

(2) 正答率の概況

抽出答案数＝3, 629

分野・内容		問題	配点	正答率（%）	
総合	総合問題	**1**	12点	７１．２	
地理的分野	日本地理	**2**	16点	７１．９※	７１．４※
	世界地理	**3**	15点	７０．９	
歴史的分野	前近代史	**4**	16点	４９．０※	４５．９※
	近・現代史	**5**	15点	４２．８	
公民的分野	国民生活と経済・社会	**6**	10点	６５．０	６２．３※
	日本の政治制度	**7**	10点	５４．６※	
	国際社会	**8**	6点	６９．８	

※の数値は、部分点がある設問について得点率を正答率として計算してある。

(3) 結 果 の 説 明

全体の平均点は６０．７点で、前年度と比べて４．１点高くなった。

分野・内容別の正答率は、地理的分野の「日本地理」が７１．９％と最も高く、歴史的分野の「近・現代史」が４２．８％と最も低かった。

また、次の表にあるように、小問で正答率が高かった問題は、大問**2**の(4)②「リアス海岸」、大問**2**の(4)①「地形図の方位や距離等の読み取り」、大問**3**の(3)「インドの社会とヒンドゥー教」であった。逆に正答率が低かった問題は、大問**4**の(2)「承久の乱とその後の鎌倉幕府の動きについての記述」、大問**5**の(1)「民撰議院設立建白書と第一回帝国議会の間のことがら」、大問**7**の(3)「内閣総理大臣の指名についての記述」であった。

無答率が高かった問題は、大問**4**の(2)「承久の乱とその後の鎌倉幕府の動きについての記述」、大問**7**の(3)「内閣総理大臣の指名についての記述」、大問**3**の(2)「経済特区」であった。

問題の内容及び正答率・無答率

問			問題の内容		問題形式			正答率（%）	無答率（%）
					選択	短答	記述		
1	(1)		総合問題	地中海式農業	○			78.6	0.0
	(2)			バリアフリー		○		76.2	3.8
	(3)			千葉県に関係するできごと	○			45.8	0.4
	(4)			前回の東京オリンピックとパラリンピック開催前と今回の東京オリンピックとパラリンピック開催前の日本の状況の比較に関する資料の読み取り	○			84.3	0.3
2	(1)		日本地理	島根県		○		57.3	4.1
	(2)			中京工業地帯・阪神工業地帯・京葉工業地域の製造品出荷割合と出荷額	○			54.0	0.2
	(3)	4点		瀬戸大橋の開通にともなう変化についての記述			○	44.1	
		1～3点						34.0	
		無答							4.7
	(4)	①		地形図の方位や距離等の読み取り	○			93.4	0.1
		②		リアス海岸		○		93.7	2.7
3	(1)		世界地理	時差を用いた経度の計算		○		52.5	4.0
	(2)			経済特区		○		67.1	17.6
	(3)			インドの社会とヒンドゥー教	○			89.3	0.1
	(4)			雨温図の読み取り	○			74.7	0.1
	(5)			アメリカ合衆国・オーストラリア・中国の貿易に関する資料の読み取り	○			71.0	0.2
4	(1)		前近代史	系図中の人物やその時代について述べた文の正誤の判定	○			35.5	0.1
	(2)	4点		承久の乱とその後の鎌倉幕府の動きについての記述			○	14.4	
		1～3点						12.6	
		無答							24.7
	(3)			室町時代にさかんに読まれた絵入りの物語（お伽草子）	○			50.7	0.3
	(4)			参勤交代が制度として定められたときの将軍	○			73.9	0.5
	(5)			江戸時代にイギリスで始まった変化（産業革命）		○		64.2	8.8
5	(1)		近・現代史	民撰議院設立建白書と第一回帝国議会の間のことがら	○			17.7	0.2
	(2)			第一回帝国議会と第一次護憲運動の間のことがら	○			51.3	0.1
	(3)			孫文とレーニン	○			56.8	0.1
	(4)			民族自決		○		44.6	9.9
	(5)			1925年から1993年の間のことがら	○			43.8	0.1
6	(1)		経済	株主の権利		○		55.1	3.6
	(2)			就労等に関する若者の意識調査の結果に関する資料の読み取り	○			76.6	0.2
	(3)			労働者の権利	○			63.2	0.2
7	(1)		政治	日本国憲法における基本的人権	○			53.9	0.3
	(2)			日本国憲法における天皇の地位		○		72.2	5.1
	(3)	4点		内閣総理大臣の指名についての記述			○	32.7	
		1～3点						10.1	
		無答							18.1
8	(1)		国際	ＵＮＩＣＥＦ（ユニセフ）		○		61.8	5.1
	(2)			安全保障理事会の常任理事国と拒否権	○			77.7	0.4

※ 無答率の「０．０％」はごくわずかではあるが無解答の者がいた場合であり、「０％」は該当者がいない場合である。

3　数　学（前　期）

（1）出　題　方　針

ア　学習指導要領に基づき、数学の基礎的・基本的な知識及び技能を身に付けているかをみることができるようにした。

イ　多面的にものを見ることや論理的に考えることの基となる、数学の理解力をみることができるようにした。

ウ　事象を数理的に考察し処理するための判断力及び表現力をみることができるようにした。

エ　数学的な見方や考え方を総合的に活用するための思考力をみることができるようにした。

（2）正答率の概況

抽出答案数＝3, 629

領域・内容		問題・配点		正答率（%）	
数と式	数と式の計算	**1**	３０点	８１．６	６４．０※
	式の活用	**5**	１５点	３７．５※	
図形	平面図形	**2**の(5)、**4**の(2)	１０点	４．３	４１．７※
	空間図形	**2**の(3)	５点	６１．７	
	図形の証明	**4**の(1)	１０点	６０．０※	
関数	関数 $y=ax^2$	**2**の(1)、**3**	２０点		４５．２
資料の活用	相対度数	**2**の(2)	５点	７４．９	５１．６
	確率	**2**の(4)	５点	２８．３	

※の数値は、部分点がある設問について得点率を正答率として計算してある。

（3）結　果　の　説　明

全体の平均点は５１．４点で、前年度と比べて３．１点低くなった。

領域別の正答率は、数と式が６４．０％と最も高く、図形が４１．７％と最も低かった。

また、次の表にあるように、数と式の領域では、大問**1**の(1)「正の数・負の数（加法）」の正答率が９８．４％と最も高く、大問**5**の(3)「式の活用（二次方程式の利用）」の正答率が１２．４％と最も低かった。

図形の領域では、大問**4**の(1)(a)「図形の証明（穴埋め）」の正答率が９７．６％と最も高く、大問**4**の(2)「平面図形（図形の相似の利用）」の正答率が０．８％と最も低かった。

関数の領域では、大問**3**の(1)「関数$y=ax^2$（関数の決定）」の正答率が８２．５％と最も高く、大問**3**の(2)②「点の座標（面積の比）」の正答率が３．９％と最も低かった。

資料の活用の領域では、大問**2**の(2)「資料の散らばりと代表値（相対度数）」の正答率が７４．９％、大問**2**の(4)「確率」の正答率が２８．３％であった。

無答率が高かったのは、大問**4**の(2)「平面図形（図形の相似の利用）」、大問**3**の(2)②「点の座標（面積の比）」及び大問**5**の(3)「式の活用（二次方程式の利用）」であった。

問題の内容及び正答率・無答率

問				問題の内容	問題形式 選択	問題形式 短答	問題形式 記述	正答率(%)	無答率(%)
1	(1)		数と式	正の数・負の数(加法)		○		98.4	0.0
1	(2)		数と式	正の数・負の数(四則計算：累乗を含む)		○		82.2	0.7
1	(3)		数と式	文字式の計算(分配法則)		○		77.5	1.6
1	(4)		数と式	一次方程式		○		72.1	3.9
1	(5)		数と式	平方根(根号を含む式の計算)		○		89.6	2.9
1	(6)		数と式	因数分解		○		69.9	5.3
2	(1)		関数	関数 $y=ax^2$ (xの変域)	○			57.7	0.7
2	(2)		資料	資料の散らばりと代表値(相対度数)		○		74.9	3.4
2	(3)		図形	空間図形(三角柱の体積)		○		61.7	4.5
2	(4)		資料	確率		○		28.3	8.8
2	(5)		図形	平面図形(作図)			○	7.7	32.1
3	(1)		関数	関数 $y=ax^2$ (関数の決定)		○		82.5	3.1
3	(2)	①	関数	2点を通る直線の式		○		36.7	17.9
3	(2)	②	関数	点の座標(面積の比)		○		3.9	57.5
4	(1)	(a)	図形	図形の証明(穴埋め)	○			97.6	0.4
4	(1)	(b)	図形	図形の証明(穴埋め)	○			68.6	0.3
4	(1)	(c) 6点	図形	図形の証明(三角形の相似)			○	11.0	
4	(1)	(c) 3点	図形	図形の証明(三角形の相似)			○	5.4	
4	(1)	(c) 無答	図形	図形の証明(三角形の相似)			○		46.2
4	(2)		図形	平面図形(図形の相似の利用)		○		0.8	61.3
5	(1)		数と式	式の活用		○		72.6	2.0
5	(2)		数と式	式の活用(素因数分解)		○		42.0	22.3
5	(3)	4点	数と式	式の活用(二次方程式の利用)			○	12.4	
5	(3)	2点	数と式	式の活用(二次方程式の利用)			○	10.6	
5	(3)	無答	数と式	式の活用(二次方程式の利用)			○		50.8
5	(4)		数と式	式の活用(確率)		○		17.5	38.3

※ 無答率の「0．0％」はごくわずかではあるが無解答の者がいた場合であり、「0％」は該当者がいない場合である。

4 理　科（前　期）

（1）出 題 方 針

ア　学習指導要領に基づき、第１分野、第２分野からバランスよく出題し、学習の成果を総合的にみることができるようにした。

イ　基礎的・基本的な知識及び技能並びに科学的な見方や考え方を身に付けているかをみることができるようにした。

ウ　図や表を基に、科学的に判断する力や結果などを表現する力をみることができるようにした。

エ　課題を多面的、総合的にとらえ、科学的に思考し、解決する力をみることができるようにした。

（2）正答率の概況

抽出答案数＝3,629

分　野・内　容			問 題・配 点		正答率（%）	
第1分野	物 理	光の屈折	**1**(3)	３点	８８．４	２９．１※
		運動とエネルギー	**5**	１２点	９．６※	
		電流とその利用	**7**	１０点	３３．８	
	化 学	無機物	**1**(1)	３点	５０．２	５３．５
		化学変化と原子・分子	**3**	１２点	６２．０	
		化学変化とイオン	**9**	１０点	４３．６	
第2分野	生 物	メンデル	**1**(4)	３点	８９．７	６４．４
		植物の生活と種類	**2**	１２点	５６．７	
		動物の生活と生物の変遷	**8**	１０点	６５．８	
	地 学	天気図に使う記号	**1**(2)	３点	７８．３	５４．２
		地球と宇宙	**4**	１２点	４０．５	
		大地の成り立ちと変化	**6**	１０点	６１．９	

※の数値は、部分点がある設問について得点率を正答率として計算してある。

（3）結 果 の 説 明

全体の平均点は４８．８点で、前年度と比べて１１．８点低くなった。

分野・内容別の正答率は、第２分野・生物の大問**8**「動物の生活と生物の変遷」が６５．８％と最も高く、次いで第１分野・化学の大問**3**「化学変化と原子・分子」が６２．０％であった。逆に、第１分野・物理の大問**5**「運動とエネルギー」が９．６％と最も低かった。なお、大問**1**は各分野の基礎的・基本的な知識を問う小問集合であり、正答率の平均が７６．７％であった。

また、次の表にあるように、小問で正答率が高かった問題は、大問**3**の(3)方法「試験管から発生する気体のにおいの嗅ぎ方」、大問**6**の(1)「震央の位置と震度分布の関係」及び大問**8**の(1)「セキツイ動物」であった。逆に、正答率が低かった問題は、大問**5**の(3)「物体**C**にはたらく力の作図」、大問**5**の(4)「物体**C**の質量の計算、物体**C**にした仕事の計算」及び大問**5**の(1)「物体**B**を支える力の大きさの計算」であった。

無答率が高かった問題は、**5**の(4)「物体**C**の質量の計算、物体**C**にした仕事の計算」、大問**7**の(4)「電熱線**C**の抵抗の値の計算」及び大問**9**の(2)「塩酸の電気分解で、電極**b**側に集まった気体が少ない理由」であった。

問題の内容及び正答率・無答率

問			問題の内容	問題形式 選択	短答	記述	正答率(%)	無答率(%)
1	(1)		無機物	○			50.2	0.1
	(2)		天気図に使う記号	○			78.3	0.0
	(3)		光の屈折		○		88.4	1.1
	(4)		メンデル	○			89.7	0.1
2	(1)		アブラナの花のつくり	○			79.3	0.1
	(2)		双眼実体顕微鏡の見え方		○		73.8	3.6
	(3)		微生物の大きさの計算	○			66.0	0.1
	(4)		対物レンズの倍率		○		7.7	4.7
3	(1)		鉄と硫黄の反応で生じた物質の名称と化学式		○		66.3	5.6
	(2)		発熱反応・吸熱反応	○			41.3	0.9
	(3)	方法	試験管から発生する気体のにおいの嗅ぎ方			○	95.7	1.4
		x	試験管から発生する気体のにおい	○			82.5	0.4
	(4)		反応せずに残る物質、反応してできた硫化鉄の質量の計算		○		24.4	7.1
4	(1)		2か月後の北斗七星の位置	○			47.0	0.4
	(2)		地球の公転と、その星座を見ることができなくなる位置		○		54.2	1.4
	(3)		1か月後および11か月後にリゲルが南中する時刻の計算	○			33.3	0.8
	(4)		リゲルが1年中地平線の下にある地域	○			27.6	3.3
5	(1)		物体**B**を支える力の大きさの計算		○		4.8	8.8
	(2)		物体**A**、**B**の運動エネルギーの大きさの関係			○	27.1	13.6
	(3)	3点	物体**C**にはたらく力の作図			○	1.4	
		1～2点					2.0	
		無答						8.0
	(4)		物体**C**の質量の計算、物体**C**にした仕事の計算		○		4.1	28.5
6	(1)		震央の位置と震度分布の関係	○			92.2	0.2
	(2)		地震波の発生と揺れ	○			59.3	0.3
	(3)	①	地震発生時刻の計算		○		64.7	10.5
		②	震源距離と初期微動継続時間の関係（グラフ）、震源距離の推定			○	31.2	8.4
7	(1)		電流計の一端子へのつなぎ方	○			69.3	1.0
	(2)		電熱線**A**で発生する熱量の計算		○		46.0	8.9
	(3)		消費する電力が最大と最小の電熱線	○			6.6	3.7
	(4)		電熱線**C**の抵抗の値の計算		○		13.4	26.3
8	(1)		セキツイ動物		○		86.3	2.4
	(2)		恒温動物である動物	○			69.7	1.5
	(3)		肺胞の数が多いことによってガス交換が効率よくできる理由			○	44.4	4.8
	(4)		イモリとトカゲの特徴	○			62.6	2.0
9	(1)		塩素の化学式		○		30.2	10.2
	(2)		塩酸の電気分解で、電極**b**側に集まった気体が少ない理由			○	47.4	18.0
	(3)		電極**a**側に集まった気体を調べる操作と、同じ気体が発生する化学変化	○			47.3	4.1
	(4)		水の電気分解で発生する気体とその体積比	○			49.4	6.2

※ 無答率の「0．0％」はごくわずかではあるが無解答の者がいた場合であり、「0％」は該当者がいない場合である。

5 英　語（前　期）

（1）出 題 方 針

ア　学習指導要領に基づき、英語の基礎的・基本的な知識及び技能を、全領域にわたり身に付けているかをみることができるようにした。

イ　「聞くこと」の領域では、音声を通しての理解力や応答力、大切な事柄を落とさず聞き取り、適切に判断して答える力などをみることができるようにした。また、「話すこと」の領域では、対話文等により、文脈を理解し適切に発話する力をみることができるようにした。

ウ　「読むこと」の領域では、文や句の意味についての知識だけでなく、文章の概要や要点を把握する力、筆者の意図や考え、文脈などを把握する力、文章や図表等から読み取った情報を基に判断して思考する力をみることができるようにした。

エ　「書くこと」の領域では、基本的な単語を書く力とともに、条件作文の中で、英語を用いて自分の考えなどをまとめ、表現する力をみることができるようにした。

（2）正答率の概況

抽出答案数＝3,629

領域	内容	問題	配点	正答率（%）	
聞くこと（話すこと）	リスニングテスト（対話を聞いて答える）	1	9点	８５．１	６８．８
	リスニングテスト（絵を見て答える）	2	6点	６８．６	
	リスニングテスト（対話やまとまりのある文章を聞いて答える）	3	6点	６８．６	
	リスニングテスト（文章を聞いてその内容を表す文の空欄に英単語を答える）	4	１２点	５６．９	
読むこと（話すこと）	短い文章の読解	7	１９点	５１．０※	５０．３※
	長い文章の読解	8	１３点	３６．０	
	対話文の流れの理解	9	１２点	６３．６	
書くこと（話すこと）	文法及び文構造	5	１５点	４８．９	４５．５※
	英語による自己表現（絵を見て状況を把握し、対話を完成する）	6	8点	２８．８※	

※の数値は、部分点がある設問について得点率を正答率として計算してある。

（3）結 果 の 説 明

全体の平均点は５４．６点で、前年度と比べて１．０点高くなった。

領域・内容別の正答率は、聞くこと(話すこと)の「リスニングテスト（対話を聞いて答える）」が８５．１％と最も高かった。逆に、書くこと（話すこと）の「英語による自己表現（絵を見て状況を把握し、対話を完成する）」が２８．８％と最も低かった。

また、次の表にあるように、正答率が高かったのは、大問**1**のNo.1「対話の最後の発話に対する応答を選ぶ」、大問**2**のNo.1「対話を聞いて絵を選ぶ」及び大問**1**のNo.2「対話の最後の発話に対する応答を選ぶ」であった。逆に、正答率が低かったのは、大問**8**の(4)「内容と合うよう英語を補充する」、大問**6**「英語による自己表現（絵を見て状況を把握する）」及び大問**8**の(1)「内容と合うよう英語を補充する」であった。

無答率が高かったのは、大問**8**の(4)「内容と合うよう英語を補充する」、大問**4**のNo.2②「文章を聞き、その内容を表す文の空欄に taught のつづりを完成する」及び大問**7**の(2)①「英語の質問に英語で答える」であった。

問題の内容及び正答率・無答率

問			領域	問題の内容	選択	短答	記述	正答率（%）	無答率（%）
1	No. 1		リスニング	対話の最後の発話に対する応答を選ぶ	○			90.2	0
1	No. 2		リスニング	対話の最後の発話に対する応答を選ぶ	○			83.1	0
1	No. 3		リスニング	対話の最後の発話に対する応答を選ぶ	○			82.1	0
2	No. 1		リスニング	対話を聞いて絵を選ぶ	○			88.8	0.0
2	No. 2		リスニング	文章を聞いて絵を選ぶ	○			48.3	0
3	No. 1		リスニング	対話を聞いて英語を選ぶ	○			67.0	0.2
3	No. 2		リスニング	文章を聞いて英語を選ぶ	○			70.1	0.6
4	No. 1	①	リスニング	文章を聞き、その内容を表す文の空欄に beautiful のつづりを完成する		○		64.2	9.1
4	No. 1	②	リスニング	文章を聞き、その内容を表す文の空欄に January のつづりを完成する		○		67.1	9.8
4	No. 2	①	リスニング	文章を聞き、その内容を表す文の空欄に stories のつづりを完成する		○		65.7	11.0
4	No. 2	②	リスニング	文章を聞き、その内容を表す文の空欄に taught のつづりを完成する		○		30.6	19.5
5	(1)		文法・文構造	動詞 sing を過去分詞形 sungにする		○		50.5	1.8
5	(2)		文法・文構造	名詞 twelve を序数 twelfth にする		○		34.3	5.9
5	(3)		文法・文構造	語順整序（We don't have to wait for him.）	○			78.3	0.1
5	(4)		文法・文構造	語順整序（but it is more expensive than that one.）	○			51.5	0.4
5	(5)		文法・文構造	語順整序（Could you tell me where the museum is?）	○			29.9	0.1
6	8点		自己表現	英語による自己表現（絵を見て状況を把握する） （解答例） I bought a white cup yesterday, but you sent me a black one. Can you send me a white cup?			○	5.4	
6	5～7点		自己表現					19.0	
6	1～4点		自己表現					29.2	
6	無答		自己表現						13.7
7	(1)	Ⓐ	短文読解	文脈に合わせて英語を選ぶ	○			45.2	0.1
7	(1)	Ⓑ	短文読解	文脈に合わせて英語を選ぶ	○			62.3	0.3
7	(2) ①	4点	短文読解	英語の質問に英語で答える			○	11.6	
7	(2) ①	1～3点	短文読解					22.4	
7	(2) ①	無答	短文読解						15.4
7	(2)	②	短文読解	内容と合う英語を選ぶ	○			63.5	0.4
7	(3)	①	短文読解	英語の質問に対する答えを選ぶ	○			79.4	0.3
7	(3)	②	短文読解	内容と合う英語を選ぶ	○			32.8	0.6
8	(1)		長文読解	内容と合うよう英語を補充する		○		10.3	11.5
8	(2)		長文読解	英語の質問に対する答えを選ぶ	○			61.0	1.4
8	(3)		長文読解	内容と合う英語を選ぶ	○			67.8	2.0
8	(4)		長文読解	内容と合うよう英語を補充する		○		4.7	28.7
9	(1)		対話文読解	文脈に合わせて英語を選ぶ	○			77.2	0.6
9	(2)		対話文読解	文脈に合わせて英語を選ぶ	○			58.4	1.0
9	(3)		対話文読解	文脈に合わせて英語を選ぶ	○			64.1	1.8
9	(4)		対話文読解	文脈に合わせて英語を選ぶ	○			54.7	2.5

※ 無答率の「０．０％」はごくわずかではあるが無解答の者がいた場合であり、「０％」は該当者がいない場合である。

Ⅲ　【前期選抜】受検者の得点分布

1　国語

平均点　46.0　　標準偏差　17.3

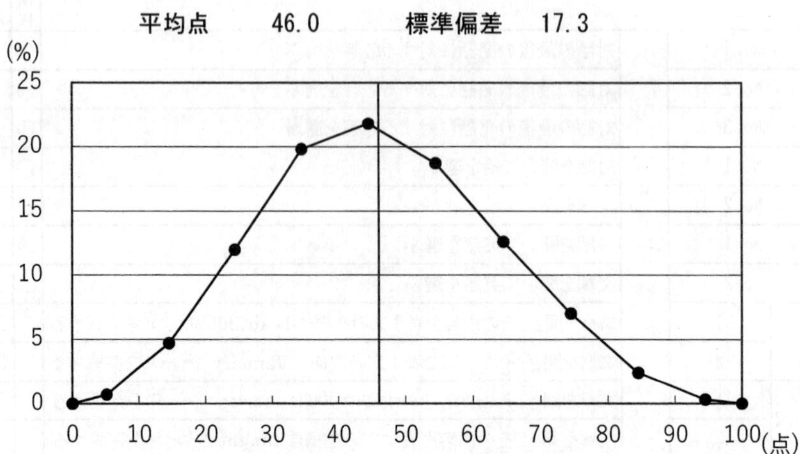

2　社会

平均点　60.7　　標準偏差　22.6

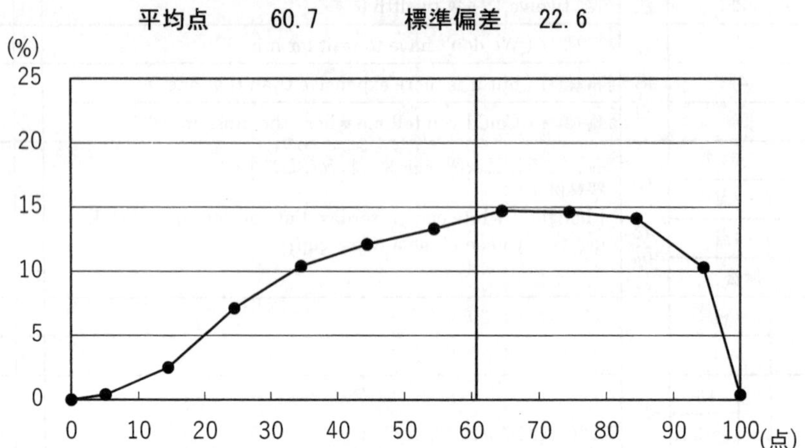

3　数学

平均点　51.4　　標準偏差　19.8

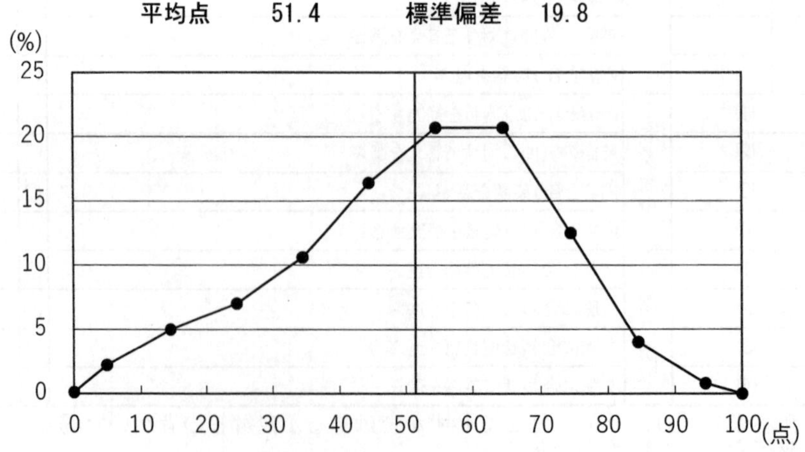

4　理科

平均点　48.8　　標準偏差　17.8

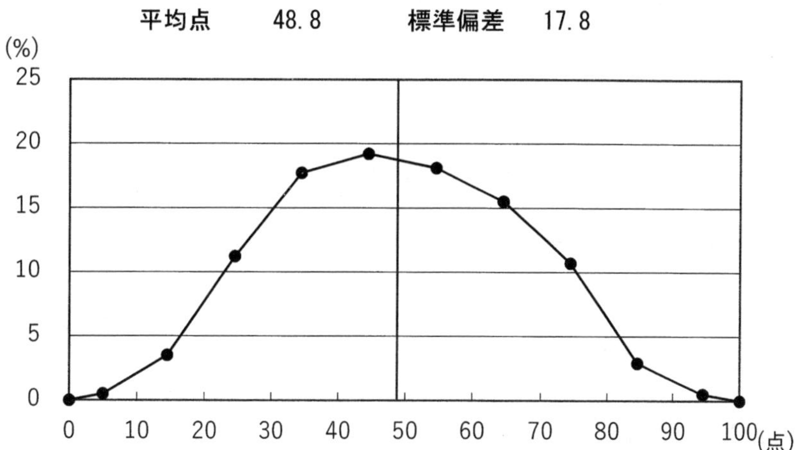

5　英語

平均点　54.6　　標準偏差　22.9

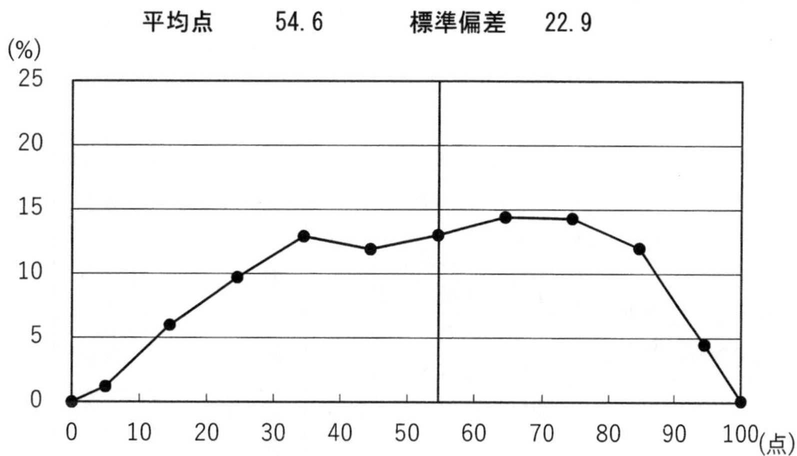

6　5教科得点合計

平均点　261.6　　標準偏差　90.6

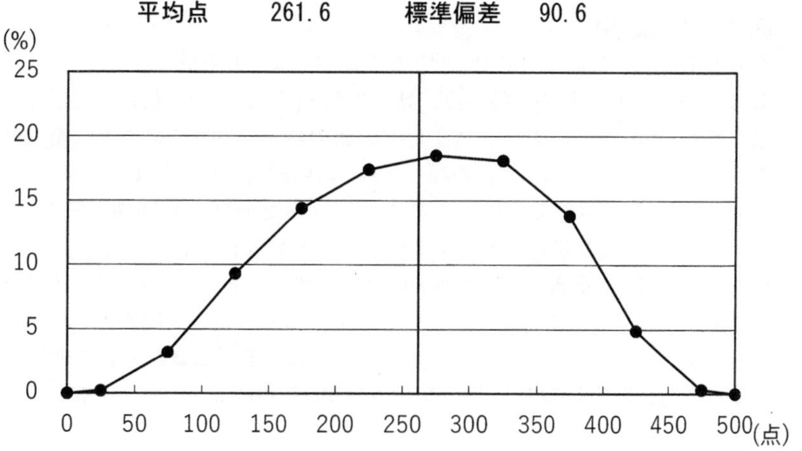

Ⅳ　【後期選抜】教科別の結果

1　国　　語（後　期）

（1）出　題　方　針

ア　学習指導要領に基づき、３領域（「話すこと・聞くこと」、「書くこと」、「読むこと」）の基礎的・基本的な力を身に付けているかをみることができるようにした。

イ　〔伝統的な言語文化と国語の特質に関する事項〕の基礎的・基本的な力を身に付けているかをみることができるようにした。

ウ　様々な文章について、内容を的確に理解し、書き手の伝えたいことなどを考察する力をみることができるようにした。

エ　与えられた材料について、自分の言葉で考えを適切にまとめたり、相手に的確に伝えたりする力をみることができるようにした。

（2）正答率の概況

抽出答案数＝1,512

領　域（事　項）・内　容			問　題・配　点	正答率（%）
話すこと・聞くこと	放送による聞き取り		**一**　１２点	６８．８
書　く　こ　と	作文		**七**　１０点	４９．９※
読　む　こ　と	説明的な文章		**五** (2) (3) (4) (5)　２０点	４１．９※
	文学的な文章		**四**　２３点	６０．２※
伝統的な言語文化と国語の特質に関する事項	伝統的な言語文化に関する事項（古典）		**六**　１４点	４６．０
	言葉の特徴やきまりに関する事項		**五** (1)　３点	６２．３
	漢字に関する事項	読み	**二**　８点	６６．１
		書き	**三**　１０点	５９．０

※の数値は、部分点がある設問について得点率を正答率として計算してある。

（3）結　果　の　説　明

全体の平均点は５４．７点で、前年度と比べて４．５点低くなった。

領域（事項）・内容別の正答率は、話すこと・聞くことの「放送による聞き取り」が６８．８％と最も高く、次いで伝統的な言語文化と国語の特質に関する事項の「漢字に関する事項（読み）」が６６．１％であった。一方、読むことの「説明的な文章」が４１．９％と最も低かった。

また、次の表にあるように、正答率が高かったのは、大問**四**の(5)Ⅰ「文章の内容の理解」、大問**一**の(3)「会話の理解」及び大問**四**の(1)「登場人物の心情の理解」であった。一方、正答率が低かったのは、大問**五**の(5)「文章の内容の理解と表現（１５字以上、２５字以内）」、大問**七**「条件をふまえて書く一段落構成の作文（１４０字以内）」及び大問**六**の(3)Ⅰ「和歌の内容の理解（７字）」であった。無答率が高かったのは、大問**五**の(5)「文章の内容の理解と表現（１５字以上、２５字以内）」、大問**五**の(4)Ⅰ「文章の内容の理解（６字）」及び大問**五**の(4)Ⅲ「文章の内容の理解（６字）」であった。

問題の内容及び正答率・無答率

問			問題の内容		問題形式 選択	短答	記述	正答率（%）	無答率（%）
一	(1)		放送による聞き取り 食品ロスの問題について考える話合い	発言の意図	○			78.6	0.1
	(2)			提示資料の理解	○			44.6	0.1
	(3)			会話の理解	○			86.3	0.1
	(4)			話合いの流れを受けての展望	○			65.7	0
二	(1)		漢字（読み）	日和[ひより]		○		58.7	1.3
	(2)			強（いる）[し]		○		80.8	2.0
	(3)			戦慄[せんりつ]		○		63.6	5.8
	(4)			緩急自在[かんきゅうじざい]		○		61.1	2.3
三	(1)		漢字（書き）	生（い）		○		57.2	23.5
	(2)			肥（えた）		○		58.7	16.6
	(3)			穀物		○		51.5	11.4
	(4)			口座		○		55.9	14.7
	(5)			角砂糖		○		71.6	5.2
四	(1)		文学的な文章 『ままならないから私とあなた』	登場人物の心情の理解	○			81.3	0.4
	(2)			登場人物の心情の理解	○			35.9	0.5
	(3) Ⅰ	3点		文章の内容の理解と表現（15字以内）			○	39.3	
		1～2点						12.2	
		無答							15.5
	(3) Ⅱ	3点		文章の内容の理解と表現（20字以内）			○	44.5	
		1～2点						10.1	
		無答							17.8
	(4)			表現の理解（5字）		○		56.1	13.0
	(5) Ⅰ			文章の内容の理解	○			90.4	0.9
	(5) Ⅱ			文章の内容の理解	○			62.6	0.9
五	(1)		説明的な文章（言葉の特徴やきまりに関する事項） 『翻訳って何だろう？あの名作を訳してみる』	品詞の識別	○			62.3	1.0
	(2)			文章の内容の理解	○			57.7	0.5
	(3)			文章の内容の理解	○			55.7	1.3
	(4) Ⅰ			文章の内容の理解（6字）		○		26.8	38.7
	(4) Ⅱ			文章の内容の理解	○			45.2	7.0
	(4) Ⅲ			文章の内容の理解（6字）		○		57.2	33.1
	(5)	5点		文章の内容の理解と表現（15字以上、25字以内）			○	4.4	
		1～4点						8.9	
		無答							51.3
六	(1)		古典 『奇談雑史』	歴史的仮名遣い		○		81.2	1.8
	(2)			文章の内容の理解	○			57.1	2.6
	(3) Ⅰ			和歌の内容の理解（7字）		○		23.7	18.0
	(3) Ⅱ			和歌の内容の理解（8字）		○		28.4	27.1
	(3) Ⅲ			和歌の内容の理解	○			39.7	8.7
七	10点		条件作文 「ごみ箱をあまり設置しない方がよい」という意見に反対する立場での意見文	条件をふまえて書く一段落構成の作文（140字以内） ・「ごみ箱をあまり設置しない方がよい」という立場に立った上で、経験をふまえながら〈日本でも街の中にごみ箱を多く設置しようという意見〉への反対意見を書く。			○	21.2	
	6～9点							30.6	
	1～5点							19.1	
	無答								7.3

※ 無答率の「０．０％」はごくわずかではあるが無解答の者がいた場合であり、「０％」は該当者がいない場合である。

2 社　会（後　期）

（1）出 題 方 針

ア　学習指導要領に基づき、地理的分野、歴史的分野及び公民的分野からバランスよく出題し、学習の成果を総合的にみることができるようにした。

イ　基礎的・基本的な知識及び技能を身に付けているかをみることができるようにするとともに、現代社会の諸問題に対する関心や理解の程度をみることができるようにした。

ウ　統計や地形図、写真などの諸資料を活用して、社会的事象を判断・分析する力、そしてそれを表現する力をみることができるようにした。

エ　社会的事象を総合的に考察する力や筋道を立てて思考する力をみることができるようにした。

（2）正答率の概況

抽出答案数＝1, 512

分野・内容		問題・配点		正答率（%）	
総　合	総合問題	**1**	10点	67．5	
地理的分野	日本地理	**2**	16点	73．0	64．4
	世界地理	**3**	15点	55．8	
歴史的分野	前近代史	**4**	19点	61．3※	59．6※
	近・現代史	**5**	16点	57．5	
公民的分野	国民生活と経済・社会	**6**	12点	62．8	59．1※
	日本の政治制度	**7**	12点	55．3※	

※の数値は、部分点がある設問について得点率を正答率として計算してある。

（3）結 果 の 説 明

全体の平均点は62．1点で、前年度と比べて3．7点低くなった。

分野・内容別の正答率は、地理的分野の「日本地理」が73．0％と最も高く、公民的分野の「日本の政治制度」が55．3％と最も低かった。

また、次の表にあるように、小問で正答率が高かった問題は、大問**5**の⑵「杉原千畝とユダヤ人」、大問**6**の⑶「日本の国債残高と国債依存度の推移グラフの読み取り」、大問**2**の⑵「広島市」であった。逆に正答率が低かった問題は、大問**7**の⑵「違憲立法審査権についての記述」、大問**6**の⑵「景気変動（景気循環）」、大問**3**の⑵「ドバイ（アラブ首長国連邦）」であった。

無答率が高かった問題は、大問**7**の⑵「違憲立法審査権についての記述」、大問**6**の⑵「景気変動（景気循環）」、大問**3**の⑵「ドバイ（アラブ首長国連邦）」であった。

問題の内容及び正答率・無答率

問		分野	問題の内容	問題形式 選択	短答	記述	正答率(%)	無答率(%)
1	(1)	総合問題	田沼意次	○			80.5	0.1
	(2)		公務員		○		62.4	8.5
	(3)		国の伝統的工芸品の指定品目の多い京都府・新潟県・沖縄県の３府県と千葉県に関する５種類のデータの読み取り	○			59.7	0
2	(1)	日本地理	北方領土と日本の領域の西端	○			48.5	0
	(2)		広島市	○	○		84.9	0.7
	(3)		りんごの収穫量上位４県の全国のりんごの収穫量に占める割合と青森県の伝統的工芸品	○			83.9	0.1
	(4)		地形図の読み取り	○			74.7	0
3	(1)	世界地理	ロシアの自然	○			53.7	0
	(2)		ドバイ（アラブ首長国連邦）		○		24.7	11.2
	(3)		ニュージーランド	○			67.7	0.3
	(4)		世界の小麦及び米の生産量・輸出量・輸入量の上位５か国に関する資料の読み取り	○			77.0	0.1
4	(1)	前近代史	菅原道真についての説明	○			70.1	0.1
	(2)		資料が示している文学作品（「平家物語」）	○			69.7	0.1
	(3) 4点		下剋上と戦国大名についての記述			○	38.1	
	(3) 1～3点						19.6	
	(3) 無答							9.5
	(4)		蔵屋敷と元禄文化	○			70.5	0
	(5)		17世紀の世界のことがら	○			48.3	0.1
5	(1)	近・現代史	1900年から1924年までの日本の動き	○			40.2	0.1
	(2)		杉原千畝とユダヤ人		○		89.3	2.1
	(3)		1939年から1947年までに日本で起こったことがら	○			34.7	0.1
	(4)		明治時代から現代までの日本の様子	○			65.7	0.1
6	(1)	経済	所得税と消費税の比較	○			79.4	0.1
	(2)		景気変動（景気循環）		○		21.9	12.4
	(3)		日本の国債残高と国債依存度の推移グラフの読み取り	○			87.0	0.1
7	(1)	政治	日本国憲法における国民の義務		○		66.1	2.7
	(2) 4点		違憲立法審査権についての記述			○	20.0	
	(2) 1～3点						5.6	
	(2) 無答							22.3
	(3)		NGO	○			77.1	0.4

※ 無答率の「0．0％」はごくわずかではあるが無解答の者がいた場合であり、「0％」は該当者がいない場合である。

3 数　学（後　期）

（1）出 題 方 針

ア　学習指導要領に基づき、数学の基礎的・基本的な知識及び技能を身に付けているかをみることができるようにした。

イ　多面的にものを見ることや論理的に考えることの基となる、数学の理解力をみることができるようにした。

ウ　事象を数理的に考察し処理するための判断力及び表現力をみることができるようにした。

エ　数学的な見方や考え方を総合的に活用するための思考力をみることができるようにした。

（2）正答率の概況

抽出答案数＝1, 512

領域・内容		問題・配点		正答率（%）	
数と式	数と式の計算	**1**	３０点	８９．２	８８．２
	文字式の利用	**2**の(1)	６点	８２．３	
図形	平面図形	**2**の(3)(5)、**4**の(2)	１７点	３５．１※	５２．７※
	図形の証明	**4**の(1)	１０点	７０．３※	
関数	関数 $y=ax^2$	**3**	１０点	４８．０	３８．２
	一次関数の利用	**5**	１５点	３２．３	
資料の活用	最頻値	**2**の(2)	６点	５６．４	４５．６
	確率	**2**の(4)	６点	３４．７	

※の数値は、部分点がある設問について得点率を正答率として計算してある。

（3）結 果 の 説 明

全体の平均点は５９．０点で、前年度と比べて２．０点低くなった。

領域別の正答率は、数と式が８８．２％と最も高く、関数が３８．２％と最も低かった。

また、次の表にあるように、数と式の領域では、大問**1**の(1)「正の数・負の数（乗法）」の正答率が９８．９％と最も高く、大問**1**の(5)「平方根（根号を含む式の計算）」の正答率が７８．２％と最も低かった。

図形の領域では、大問**4**の(1)(b)「図形の証明（穴埋め）」の正答率が９３．９％と最も高く、大問**4**の(2)「平面図形（三平方の定理の利用）」の正答率が７．３％と最も低かった。

関数の領域では、大問**5**の(1)「グラフの利用（動点の到着時間）」の正答率が８２．４％と最も高く、大問**5**の(4)②「一次関数の利用」の正答率が０．２％と最も低かった。

資料の活用の領域では、大問**2**の(2)「資料の散らばりと代表値（最頻値）」の正答率が５６．４％、大問**2**の(4)「確率」の正答率が３４．７％であった。

無答率が高かったのは、大問**5**の(4)②「一次関数の利用」、大問**4**の(2)「平面図形（三平方の定理の利用）」及び大問**5**の(4)①「一次関数（図形の面積）」であった。

問題の内容及び正答率・無答率

問			領域	問題の内容	問題形式 選択	問題形式 短答	問題形式 記述	正答率(%)	無答率(%)
1	(1)		数と式	正の数・負の数(乗法)		○		98.9	0
	(2)			正の数・負の数(四則計算：累乗を含む)		○		92.1	0.8
	(3)			文字式の計算(乗法・除法)		○		90.1	1.1
	(4)			連立二元一次方程式		○		88.4	3.0
	(5)			平方根(根号を含む式の計算)		○		78.2	2.6
	(6)			二次方程式(二次方程式の解の公式)		○		87.2	3.2
2	(1)		数と式	不等式の表す意味	○			82.3	0.1
	(2)		資料	資料の散らばりと代表値(最頻値)		○		56.4	3.3
	(3)		図形	平面図形(円周角の定理)		○		65.1	4.3
	(4)		資料	確率		○		34.7	5.5
	(5)	6点	図形	平面図形(作図)			○	30.4	
		3点						5.0	
		無答							26.8
3	(1)		関数	関数 $y=ax^2$ (関数の決定)		○		77.7	4.8
	(2)	①		直線と x 軸の交点の座標		○		53.3	14.6
		②		y 軸を軸とする回転体の体積		○		12.9	40.9
4	(1)	(a)	図形	図形の証明(穴埋め)	○			91.1	0.5
		(b)		図形の証明(穴埋め)	○			93.9	0.6
		(c) 6点		図形の証明(角の二等分線)			○	23.3	
		(c) 3点						5.3	
		(c) 無答							52.9
	(2)			平面図形(三平方の定理の利用)		○		7.3	62.6
5	(1)		関数	グラフの利用(動点の到着時間)		○		82.4	6.3
	(2)			グラフの利用(面積が最大となる時間)		○		28.1	20.9
	(3)			グラフの利用(線分の長さ)		○		40.3	21.9
	(4)	①		一次関数(図形の面積)		○		10.3	59.5
		②		一次関数の利用		○		0.2	69.2

※ 無答率の「0．0％」はごくわずかではあるが無解答の者がいた場合であり、「0％」は該当者がいない場合である。

4 理　科（後 期）

(1) 出 題 方 針

ア　学習指導要領に基づき、第１分野、第２分野からバランスよく出題し、学習の成果を総合的にみることができるようにした。

イ　基礎的・基本的な知識及び技能並びに科学的な見方や考え方を身に付けているかをみることができるようにした。

ウ　図や表を基に、科学的に判断する力や結果などを表現する力をみることができるようにした。

エ　課題を多面的、総合的にとらえ、科学的に思考し、解決する力をみることができるようにした。

(2) 正答率の概況

抽出答案数＝1,512

分野・内容			問題・配点		正答率（%）	
第1分野	物 理	運動とエネルギー	**4**	１３点	４８．１	４９．１
		身近な物理現象	**8**	１２点	５０．３	
	化 学	化学変化と原子・分子	**2**	１２点	６５．９	６６．９
		身の回りの物質	**6**	１３点	６７．８	
第2分野	生 物	動物の生活と生物の変遷	**3**	１３点	６０．９	６０．７
		生命の連続性	**5**	１２点	６０．６	
	地 学	大地の成り立ちと変化	**1**	１２点	７０．８	６３．２※
		気象とその変化	**7**	１３点	５５．７※	

※の数値は、部分点がある設問について得点率を正答率として計算してある。

(3) 結 果 の 説 明

全体の平均点は５９．７点で、前年度と比べて１．９点低くなった。

分野・内容別の正答率は、第２分野・地学の大問**1**「大地の成り立ちと変化」が７０．８％と最も高く、次いで第１分野・化学の大問**6**「身の回りの物質」が６７．８％であった。逆に、第１分野・物理の大問**4**「運動とエネルギー」が４８．１％と最も低かった。

また、次の表にあるように、小問で正答率が高かった問題は、大問**1**の⑵「アンモナイト」、大問**5**の⑴「外来種」及び大問**3**の⑶「水でうすめただ液を水に変えて実験を行った理由」であった。逆に、正答率が低かった問題は、大問**4**の⑶「斜面上を運動する台車の平均の速さの計算」、大問**7**の⑷「梅雨前線が停滞する理由」及び大問**8**の⑶「スピーカーから**C**地点までと、**D**地点までの直線距離の差」であった。

無答率が高かったのは、大問**5**の⑶(a)「生物濃縮」、大問**7**の⑷「梅雨前線が停滞する理由」及び大問**4**の⑶「斜面上を運動する台車の平均の速さの計算」であった。

問題の内容及び正答率・無答率

問			問題の内容	問題形式 選択	短答	記述	正答率(%)	無答率(%)
1	(1)		堆積物が固められてできる岩石	○			71.1	0.1
	(2)		アンモナイト	○			96.6	0
	(3)		示準化石である貝の化石	○			54.8	0.3
	(4)		示相化石から推定できるもの			○	60.6	5.3
2	(1)		炭酸水素ナトリウムの分解における実験操作			○	71.0	2.6
	(2)		水ができたことを調べる試薬とその変化	○			63.0	0.1
	(3)		加熱後に残る白い物質の水溶液の性質	○			61.3	0.1
	(4)		炭酸水素ナトリウムの分解の化学反応式		○		68.4	5.5
3	(1)		ベネジクト液によって麦芽糖を検出する実験の操作			○	51.0	11.6
	(2)		だ液によりデンプンが分解された試験管、麦芽糖ができた試験管	○			74.9	0.3
	(3)		水でうすめただ液を水に変えて実験を行った理由	○			83.9	0.3
	(4)	胃液中の消化酵素	胃液中の消化酵素が分解する物質	○			45.8	0.4
		すい液中の消化酵素	すい液中の消化酵素が分解する物質	○			48.7	0.7
4	(1)		平面上を運動する台車にはたらく力	○			40.1	0.3
	(2)		平面上を運動する台車が動いた時間と距離の関係(グラフ)			○	52.9	13.5
	(3)		斜面上を運動する台車の平均の速さの計算		○		22.8	18.6
	(4)	x	傾斜角を大きくしたとき、斜面上の台車にはたらく重力の大きさ		○		55.9	3.7
		y	傾斜角を大きくしたとき、斜面上の台車にはたらく重力の、斜面方向の分力の大きさ		○		69.0	3.4
5	(1)		外来種	○			90.7	0.1
	(2)		カンジキウサギとヤマネコの個体数と、その増減	○			83.0	0
	(3)	(a)	生物濃縮		○		33.4	21.3
		(b)	**L**湖の大型の鳥が大型の魚を食べる数量	○			35.1	2.4
6	(1)		メスシリンダーの目もりの読み方	○			81.2	0.2
	(2)		アルミニウム、鉄、銅の密度		○		51.9	0.6
	(3)		プラスチックの液体中の浮き沈みと密度	○			65.2	0.5
	(4)		金属およびプラスチックの性質	○			72.9	0.5
7	(1)		砂と水のあたたまり方のちがいと、水そう内の空気の流れ	○			51.1	0.3
	(2)		乾湿計による湿度の読み取り		○		69.6	9.3
	(3)		季節風		○		71.7	2.4
	(4)	4点	梅雨前線が停滞する理由			○	26.7	
		1〜3点	〃			〃	7.4	
		無答	〃			〃		20.1
8	(1)		音源		○		80.6	4.6
	(2)		振動数が1/2倍の音叉を用いたときの音の波形	○			43.0	1.3
	(3)		スピーカーから**C**地点までと**D**地点までの直線距離の差		○		27.6	16.7
	(4)		スピーカーの位置の決定	○			49.8	4.6

※ 無答率の「0．0％」はごくわずかではあるが無解答の者がいた場合であり、「0％」は該当者がいない場合である。

5 英　語（後　期）

（1）出 題 方 針

ア　学習指導要領に基づき、英語の基礎的・基本的な知識及び技能を、全領域にわたり身に付けているかをみることができるようにした。

イ　「聞くこと」の領域では、音声を通しての理解力や応答力、大切な事柄を落とさず聞き取り、適切に判断して答える力などをみることができるようにした。また、「話すこと」の領域では、対話文等により、文脈を理解し適切に発話する力をみることができるようにした。

ウ　「読むこと」の領域では、文や句の意味についての知識だけでなく、文章の概要や要点を把握する力、筆者の意図や考え、文脈などを把握する力、文章や図表等から読み取った情報を基に判断して思考する力をみることができるようにした。

エ　「書くこと」の領域では、基本的な単語を書く力とともに、条件作文の中で、英語を用いて自分の考えなどをまとめ、表現する力をみることができるようにした。

（2）正答率の概況

抽出答案数＝1,512

領　域・内　容		問題・配点	正答率（%）	
聞くこと（話すこと）	リスニングテスト（絵を見て答える、対話やまとまりのある文章を聞いて答える）	**1**　２０点	６０．４	５４．１
	リスニングテスト（対話を聞いて空所にあてはまる数字や語を答える）	**2**　８点	３８．３	
読むこと（話すこと）	短い文章の読解	**5**　１６点	４３．９	５３．５※
	長い文章の読解	**6**　２０点	５１．３※	
	対話文の流れの理解	**7**　１６点	６５．８	
書くこと（話すこと）	文法及び文構造	**3**　１２点	４０．１	３９．４※
	英語による自己表現（ある意見に対する賛否とその理由を記述する）	**4**　８点	３７．５※	

※の数値は、部分点がある設問について得点率を正答率として計算してある。

（3）結 果 の 説 明

全体の平均点は５１．５点で、前年度と比べて１０．４点低くなった。

領域・内容別の正答率は、読むこと（話すこと）の「対話文の流れの理解」が６５．８％と最も高かった。逆に、書くこと（話すこと）の「英語による自己表現（ある意見に対する賛否とその理由を記述する）」が３７．５％と最も低かった。

また、次の表にあるように、正答率が高かったのは、大問**6**の⑴「内容と合う絵を選ぶ」、大問**7**の⑵「文脈に合わせて英語を選ぶ」及び大問**1**のNo.１「対話を聞いて絵を選ぶ」であった。逆に、正答率が低かったのは、大問**2**の②「対話を聞いて空所にあてはまる語を答える(Vaughan)」、大問**4**「英語による自己表現（ある意見に対する賛否とその理由を記述する）」及び大問**6**の⑷「内容と合うよう英語を補充する」であった。

無答率が高かったのは、大問**6**の⑷「内容と合うよう英語を補充する」、大問**6**の⑶「英語の質問に英語で答える」及び大問**5**の⑵①「英語の質問に英語で答える」であった。

問題の内容及び正答率・無答率

問			問題の内容		問題形式 選択	短答	記述	正答率 (%)	無答率 (%)
1	No. 1		リスニング	対話を聞いて絵を選ぶ	○			82.7	0
	No. 2			対話を聞いて絵を選ぶ	○			63.2	0
	No. 3			文章を聞いて英語を選ぶ	○			64.7	0.1
	No. 4			対話を聞いて英語を選ぶ	○			50.3	0.1
	No. 5			文章を聞いて英語を選ぶ	○			41.1	0.1
2	①			対話を聞いて空所にあてはまる数字を答える（049638）		○		70.8	3.0
	②			対話を聞いて空所にあてはまる語を答える（Vaughan）		○		5.8	4.5
3	(1)		文法・文構造	語順整序（I have never been there before.）	○			61.6	0.4
	(2)			語順整序（The tall man standing next to Laura is Bob.）	○			32.5	0.6
	(3)			語順整序（These are the letters Mom sent to me when I was thirteen years old.）	○			26.1	0.8
4	8点		自己表現	英語による自己表現（ある意見に対する賛否とその理由を記述する）（解答例）Ⓐ（I think so, too.）Ⓑ（They can talk with their friends. It's difficult to talk when they ride their bikes.）			○	11.4	
	5〜7点							23.5	
	1〜4点							27.0	
	無答								10.5
5	(1)	Ⓐ	短文読解	文脈に合わせて英語を選ぶ		○		51.4	0.1
		Ⓑ		文脈に合わせて英語を選ぶ	○			57.0	0.2
	(2)	① 4点		英語の質問に英語で答える			○	20.7	
		① 1〜3点						6.7	
		① 無答							20.4
		②		内容と合う英文を選ぶ	○			43.1	0.5
6	(1)		長文読解	内容と合う絵を選ぶ	○			86.7	0.3
	(2)			内容と合う英語を選び表を完成する	○			63.6	1.5
	(3)	4点		英語の質問に英語で答える			○	39.0	
		1〜3点						22.1	
		無答							23.3
	(4)			内容と合うよう英語を補充する	○			19.2	23.5
	(5)			内容と合う英文を選ぶ		○		36.9	5.2
7	(1)		対話文読解	文脈に合わせて英語を選ぶ	○			77.9	1.0
	(2)			文脈に合わせて英語を選ぶ	○			85.9	1.2
	(3)			文脈に合わせて英語を選ぶ	○			42.5	1.8
	(4)			文脈に合わせて英語を選ぶ	○			56.7	2.1

※ 無答率の「０．０％」はごくわずかではあるが無解答の者がいた場合であり、「０％」は該当者がいない場合である。

V 【後期選抜】受検者の得点分布

1 国語

平均点 54.7 標準偏差 16.5

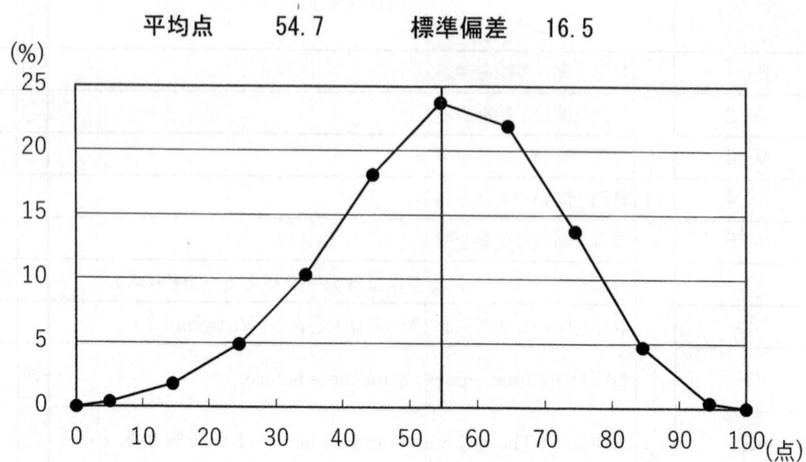

2 社会

平均点 62.1 標準偏差 20.8

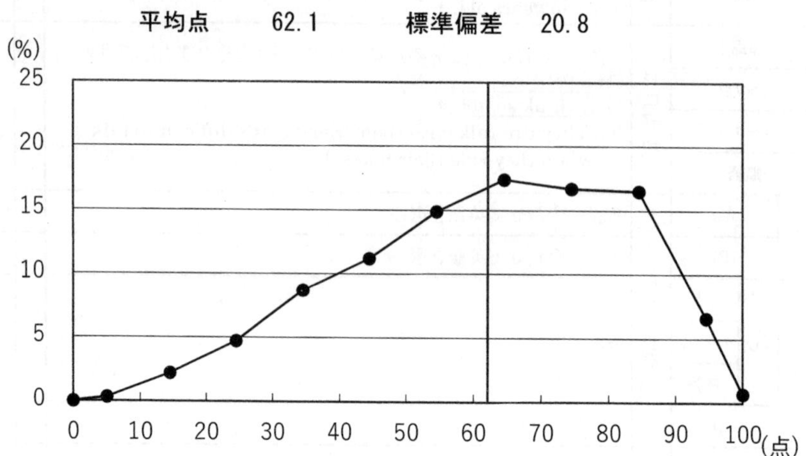

3 数学

平均点 59.0 標準偏差 18.9

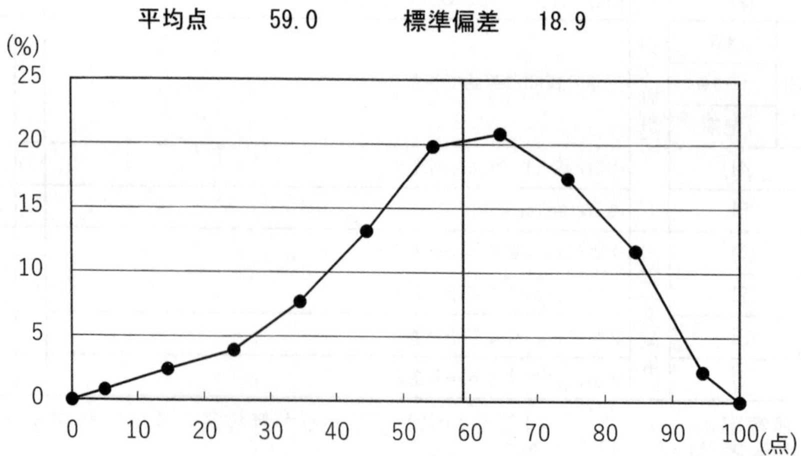

4　理科

平均点　59.7　標準偏差　21.5

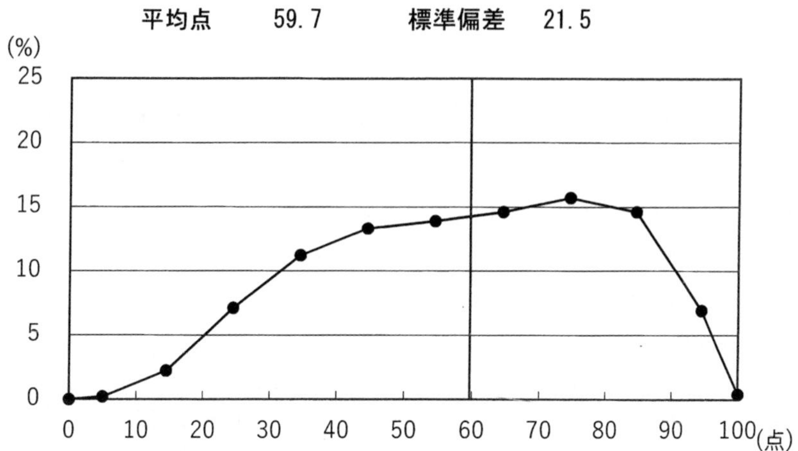

5　英語

平均点　51.5　標準偏差　24.2

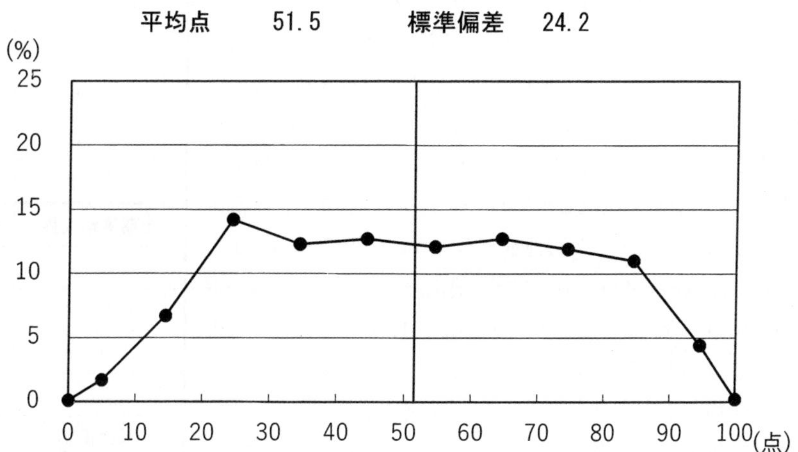

6　5教科得点合計

平均点　287.2　標準偏差　92.6

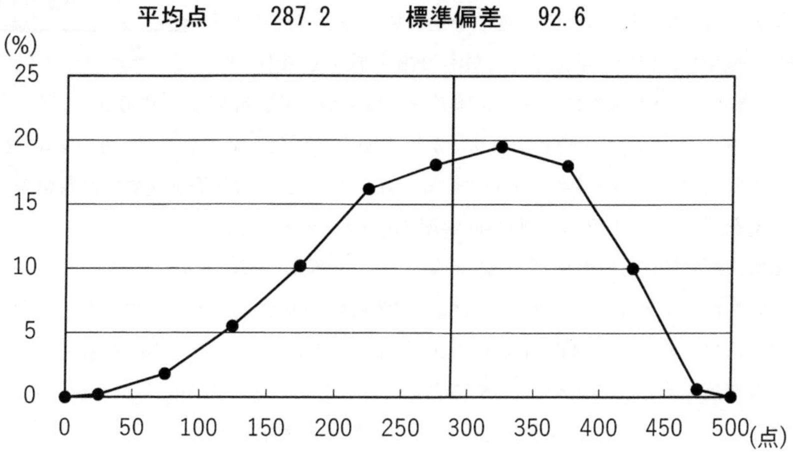

千葉県公立高校入試／令和2年度の概要

（株）総進図書　岡山 栄一

過去最大を更新、37 校 54 学科（927 名）で二次募集！上位校も志願者減！

平成 23 年度入試において前期選抜及び後期選抜という入試制度となって 10 年目の入試であった。既に決定した事項として、来年度より、入試が一本化（選抜の機会が 1 回のみ）となる為、現行の入試制度での最後の年度であった。したがって、入試制度自体の変更点はなく、「県立学校改革推進プラン」の第 4 次実施プログラムにより、今年度は、四街道北高校に「保育基礎コース」、犢橋に「福祉コース」、成田北に「医療コース」、姉崎に「ものづくりコース」、天羽に「工業基礎コース」が設置された。平成 24 年度より始まった「県立学校改革推進プラン」もほぼ完了の域に達しており、残すは、君津高校と上総高校の統合（2021 年度より）、定時制課程の船橋高校と行徳高校の統合（2022 年度より）、佐倉南高校の三部制定時制高校への移行（2022 年度より）だけとなった。

前期予定人員	21,758 人（268 人減）
志願者数	36,644 人（1,043 人減）
志願倍率	**1.68 倍**（1.71 倍）
欠席者数	116 人（123 人）
受検者数	36,528 人（1,036 人減）
合格者数	21,111 人（440 人減）
実質倍率	1.73 倍（1.74 倍）
後期募集人員	11,351 人（9 人減）
志願者数（2/25）	14,743 人（662 人減）
志願者確定数	14,740 人（665 人減）
志願倍率	**1.30 倍**（1.36 倍）
欠席者数	11 人（6 人減）
受検者数	14,729 人（659 人減）
合格者数	10,442 人（102 人減）
実質倍率	1.41 倍（1.46 倍）

新しい入試制度については、毎年開かれる「入学者選抜方法等改善協議会」においてより具体的な選抜方法等の内容が審議・検討される予定であったが、年 3 回の開催予定が、9 月の台風被害等による理由で 10 月実施の第 2 回目の開催が見送られ、7 月と 11 月の年 2 回の開催となった。その為、新入試制度について目新しい進展事項は少なく、選抜日程が決定したのみに留まった。より具体的な選抜方法や本検査と追検査の公正性をどのように確保するべきかといった問題等には幾分不安が残る結果と思える。一本化初年度の選抜日程は、出願－令和 3 年 2 月 9 日・10 日・12 日、学力検査等の実施－2 月 24 日・25 日、追検査－3 月 3 日、発表－3 月 5 日と発表され、一年前の本小論で予想していた日程通りになった。

今年度の前期選抜は、昨年度と同一日の 2 月 12 日（水）、13 日（木）に実施された。予定人員 21,758 人に対し、36,644 人が志願し、志願倍率は 1.68 倍となった。進学予定者数の減少（昨年度より約 480 名減少）に伴い、前期予定人員も 268 名減少したが（昨年度の大幅な倍率低下を踏まえ例年より減少幅は大きい）、それを大幅に上回る志願者数の減少があり、昨年度より 0.03 ポイント下降した。昨年度も前年度より 0.03 ポイント下降しており、2 年連続の大幅な下降であった。例年高い倍率を示す普通科だが、今年度は 1.83 倍とここ 2・3 年は下降の傾向が続いている。2.50 倍を超す異常な倍率の学校・学科についても、昨年度を下回り、14 校 15 学科（昨年度 16 校 18 学科）に留まった。上位校の学校の倍率も今年度に関して言えば、幾分抑えられた感がある。昨年度 3 倍を超える高い倍率を記録した市立松戸（普通科）、成田国際（普通科）は、その反動は大きく、大幅な志願者数の減少であった。昨年度より大幅な倍率上昇を示したのは、津田沼で、昨年度の 2.07 倍から 3.08 倍まで上昇した。また、昨年度も高倍率を記録した 3 学区の柏の葉は、今年度も志願者を増やし 2.99 倍まで上昇した。一方、志願倍率が 1.00 倍以下の学校・学科は、25 校 39 学科（昨年度 22 校 32 学科）となり、昨年度より大幅な増加を示した。昨年度は上位校と下位校の二極化の状態が顕著であったが、今年度に限って言えば、上位校から下位校まで万遍なく志願者の減少が見られ、また地域的にも都市部及び郡部隔たりなく減少の傾向で、特に郡部の落ち込みが例年以上に顕著であったと言える。学科別では、先にも述べたが、普通科は下降傾向が続いており、「理数に関する学科」は大きく昨年度を下回る結果となった。逆に伸びを示した学科は、「看護に関する学科」、「国際関係に関する学科」、「情報に関する学科」が挙げられる。

後期選抜は 3 月 2 日に実施され、予定人員 11,351 人に対し 14,740 人が志願した。志願倍率は、1.30 倍で昨年度より 0.06 ポイント下降した。後期選抜の下降傾向は非常に顕著で、平成 29 年度に 1.44 倍あった倍率は、平成 30 年度 1.40 倍、平成 31 年度 1.36 倍、今年度 1.30 倍となった。昨年度より志願倍率を上昇させた学区は、前期選抜も好調であった第 3 学区（柏・流山・我孫子他）と第 9 学区（市原・木更津他）のみで、特に第 3 学区は、第 2 学区の松戸地域からの流入により大幅な倍率上昇となった。都市部の第 1 学区（千葉市）及び第 4 学区（成田・佐倉他）は昨年度を大幅に下回り、特に第 4 学区については、昨年度より 0.18 ポイント（1.46 倍→1.28 倍）も下降という結果となった。第 5 学区～第 8 学区については、軒並み 1.00 倍に満たない低調な志願倍率となった。志願・希望変更を行った受検者は約 300 人で、昨年度と同様、船橋・市川・松戸の第 2 学区、柏を中心とした第 3 学区に大きな変動が見られた。八千代東（18 人増）、津田沼（27 人減）、沼南（23 人増）、佐倉南（24 人減）などが大きな数字を示した。2.00 倍を超えた学校・学科は、昨年度より減少し、10 校 11 学科であった。県内トップ層のうち、県立船橋と東葛飾は昨年度を上回り、特に東葛飾は、昨年度の 2.09 倍から 2.46 倍と大きく志願倍率を上昇させた。一方、県立千葉、千葉東はともに 1.82 倍と志願者数は減少し、少数激戦の入試となった。また、昨年度高い倍率を示した佐倉、成田国際の普通科、小金も 2.00 倍を超えず、昨年度と比較して幾分緩やかな入試状況となった。他では、県内トップの志願倍率を示した松戸国際の国際教養、前期選抜において大幅な志願者増を示した津田沼の倍率上昇が顕著であった。志願倍率が 1.00 倍に満たない学校・学科は、大幅増の昨年度をさらに上回る結果となった。1.00 倍に満たない学校・学科は 36 校 54 学科（一昨年度 26 校 38 学科→昨年度 37 校 50 学科）にまで達した。地区上位校の成東や安房の各学校も 1.00 倍に達せず、低調な入試となった。その後に実施された二次募集は、例年にない募集人員（870 名）を記録した昨年度をさらに上回り、927 名の大募集となった。927 名の募集に対し、158 名が志願し、志願倍率 0.17 倍、20 名を足切りし、合格者 134 名で、この時点で公立全日制には約 800 名の空き定員が生じる結果となった。

各学区の概況（第 3・9 学区以外、軒並み志願倍率下降！）

[1 学区－千葉市]

学区（地域）	前期選抜	後期選抜
1 学区(千葉市)	1.80 倍(1.87)	1.45 倍(1.55)
2 学区(船橋・松戸他)	1.85 倍(1.84)	1.41 倍(1.47)
3 学区(柏・流山他)	1.76 倍(1.73)	1.42 倍(1.32)
4 学区(佐倉・四街道他)	1.69 倍(1.74)	1.28 倍(1.46)
5 学区(佐原・銚子他)	1.20 倍(1.27)	0.76 倍(0.97)
6 学区(成東・東金他)	1.29 倍(1.46)	0.81 倍(1.05)
7 学区(茂原・いすみ他)	1.17 倍(1.23)	0.88 倍(0.98)
8 学区(安房・館山他)	1.11 倍(1.21)	0.45 倍(0.56)
9 学区(木更津・市原他)	1.52 倍(1.50)	1.11 倍(1.08)

昨年度大幅な定員減であった学区だが、今年度は地域連携アクティブスクールの泉高校のみの定員減であった。前期選抜及び後期選抜ともに、昨年度より志願者数を減らし、志願倍率は大幅な下降となった。県トップの県立千葉の前期選抜は、志願者数を少し減らし 2.97 倍に留まり、後期選抜もここ数年では最も低い 1.82 倍となった。2 番手の千葉東も志願者数は減少傾向で、前期選抜の志願者は昨年度比 90 名の減少となった。昨年度の定員減も影響したのではないかと思われる。市立千葉の普通科は、昨年度より若干志願者減であったが、ほぼ昨年度並みの志願状況となった。理数科は、前期、後期選抜ともに厳しい入試（前期 2.70 倍、後期 2.40 倍）が続いている。隔年減少が見られる市立稲毛の普通科は、今年度は志願者増が予想されたが、思った程志願者は増えず、ほぼ昨年度なみの入試となった。昨年度文字通り総合学科となった幕張総合は、3 年前に話題となった不明瞭な選抜方法から志願者数を減らしていたが、徐々に回復し、今年度は前期選抜 2.68 倍まで上昇した。千葉南、検見川、磯辺の各高校は、安定した入試状況が続い

ており、特に検見川は、昨年度の定員減で志願者数を減らしたが、今年度は志願者を増やし、前期選抜は 2.50 倍を超える厳しい入試となった。逆に、少し陰りが見えるのが、千葉西、千葉女子、千葉北である。千葉北の前期選抜は、大幅な志願者減で、倍率も昨年度の 2.01 倍から 1.52 倍まで下降した。千葉西、千葉女子も志願者数に減少傾向が見られ、特に、千葉女子の前期選抜の志願者数は、全体定員（280 名）を割る 274 名に留まった。柏井、土気、犢橋の各高校は、緩やかな入試状況が続いている。専門学科では、市立稲毛の国際教養が、昨年度（2.07 倍）とほぼ同じレベルで推移した。幕張総合の看護科は 2.25 倍で、例年になく低調な入試状況となった昨年度を大きく上回った。京葉工業、千葉工業といった工業系の学科は依然苦戦の状況で、ほとんどの学科において前期選抜で定員を満たすことができなかった。千葉商業は、とても安定した入試状況（1.35 倍前後）が続いている。

表：前期選抜で志願倍率が高かった学校・学科

県立船橋	普通	3.39 倍
津田沼	普通	3.08 倍
東葛飾	普通	3.01 倍
柏の葉	普通	2.99 倍
県立千葉	普通	2.97 倍
小金	総合学科	2.79 倍
千葉東	普通	2.70 倍
市立千葉	普通	2.70 倍
市立千葉	理数	2.70 倍
幕張総合	総合学科	2.68 倍
鎌ケ谷	普通	2.62 倍
佐倉	普通	2.60 倍
柏南	普通	2.54 倍
市立松戸	普通	2.53 倍
検見川	普通	2.51 倍

［２学区－船橋・市川・松戸他］

第２学区の前期選抜は、ほぼ昨年度なみであったが、後期選抜は、松戸地区から柏方面への流出が影響したか、昨年度より倍率を下げた。定員減は、津田沼、船橋豊富、市川工業（建築）及び市川東の 40 名×4＝160 名であった。この定員減に伴い、船橋豊富、市川工業（建築）及び市川東は志願者数を減らすが、津田沼だけは、「制服が新しくなります」といった理由も影響したか、昨年度より大幅に志願者数を増やし（143 名増）、前期選抜 3.08 倍（昨年度 2.07 倍）、後期選抜 2.03 倍（同 1.66 倍）となった。

船橋地区のトップ校県立船橋は、今年度も前期選抜県内普通科Ｎｏ.1 の倍率を記録した。前期、後期選抜ともに志願者数を増やし、前期選抜 3.39 倍、後期選抜 2.31 倍の志願倍率を記録した。丁寧なかつ中身の濃い進学指導を理由に、幅広い地域から志願者を集めており、激戦の状況で安定した入試が続いている。昨年度やや持ち直した２番手の薬園台は、今年度は志願者を減らし、立ち直りの気配は見えないままである。低調な入試が続く中、今後の進学実績等に不安が持たれる。逆に、２年連続低調な入試となった船橋東には、回復の兆しが見られ、前期選抜では昨年度を大きく上回る 461 名（昨年度比 112 名増）の志願者を確保した。来年度に反動がでないか不安は残るが、進学実績等優れた面があるのも事実で安定した状況が期待される。同レベルの八千代の普通科は、安定した入試が続いていたが、今年度は若干志願者を減らす結果となった。中堅校の船橋芝山は、昨年度より志願者数を減らすが、比較的安定した入試が続いている。この船橋・八千代地区は、かなり高校の２極化現象が顕著で、八千代東、八千代西、船橋豊富及び船橋北は非常に低調な入試が今年度も続いており、特に船橋豊富は、定員を 40 名減らしたにもかかわらず、48 名の大規模な二次募集を実施した。一方、地域連携アクティブスクールの船橋古和釜は、具体的な指導やアクティブスクールとしての特長が良く理解され、大幅な志願者増を記録した。

市川地区の国府台は、志願者数に減少の傾向は見られるが、比較的まだ安定した入試状況が続いている。しかし、国分については、２年連続の高倍率の反動か、約 150 名の志願者の減少となった。市川昴は、昨年度市立松戸の影響で大幅に志願者数を減らしたが、今年度はやや持ち直し、前期選抜 1.98 倍まで回復した。松戸地区では、小金、松戸国際（普通科）の人気が依然高いが、今年度は若干勢いが止まった感がある。小金は以前の生徒の自主性を重視する方針から、その伝統を継承しつつ進学指導にも力を入れてきており、進学実績等の向上も見られ、今後の伸びにも期待を持たれている。松戸国際の国際教養科は、第一志望率が高く、後期選抜では、県内トップの 2.88 倍を記録した。以前の松戸国際は圧倒的に女子が多かったが、男子の志願者が増加傾向にあり、その点を考えれば進学実績も今後伸びていくと思われる。昨年度の前期選抜において 3.14 倍という異常な倍率を記録した市立松戸は、100 名の志願者減であったが、倍率は 2.53 倍で依然厳しい入試が続いた。「市松改革」がどこまで浸透・継続していくか今後も注視する必要がある。一方、昨年度定員減及び市立松戸の影響で、大幅に志願者数を減らした松戸六実は、やや回復し、前期選抜約 60 名の志願者増であった。下位校では、松戸馬橋が安定して志願者数を確保している。

表：後期選抜で志願倍率が高かった学校・学科

松戸国際	国際教養	2.88 倍
東葛飾	普通	2.46 倍
市立千葉	理数	2.40 倍
県立船橋	普通	2.31 倍
市立稲毛	国際教養	2.10 倍
木更津東	普通	2.06 倍
津田沼	普通	2.03 倍
柏南	普通	2.00 倍
市立習志野	商業	2.00 倍
成田国際	普通	1.99 倍
市立千葉	普通	1.98 倍
小金	総合学科	1.95 倍
鎌ケ谷	普通	1.94 倍
柏の葉	普通	1.94 倍
幕張総合	総合学科	1.91 倍

[3学区－柏・流山・野田・我孫子・鎌ケ谷]

第 3 学区は、前期選抜及び後期選抜ともに昨年度を上回る志願状況となった。特に後期選抜は、2 学区からの流入などにより、昨年度を 0.1 ポイント上回る 1.42 倍と高い志願倍率を示した。定員減は、昨年度に大幅な二次募集を実施した鎌ケ谷西のみで、鎌ケ谷西は、前期選抜は低調な志願状況に終わったが、後期選抜では志願が調整され、定員を確保する結果となった。東葛地区のトップ校である東葛飾は、昨年度県立東葛飾中学校の進学者の関係上定員を 80 名減じ、志願者数を約 150 名減らした。今年度の前期選抜は、ほぼ昨年度と同数の志願者数であったが、後期選抜では、約 35 名の志願者増で、志願倍率も 2.09 倍から 2.46 倍まで上昇した。学区 2 番手の県立柏の普通科は、隔年現象か、今年度は昨年の志願者を大きく上回り、前期選抜では 2.26 倍まで回復させた。但し、このレベルの学校ではやはり物足りない数字である。鎌ヶ谷及び柏南は、ともに安定した入試状況が続いている。依然、前期選抜 2.50 倍（後期 2.00 倍前後）を超える厳しい入試が続いている。鎌ヶ谷、柏南ともに、進学実績が伸びてきており、入学後の学習指導や進路指導にさらなる充実ぶりが期待されている。さらに、昨年度も厳しい入試であった柏の葉は、今年度も志願者数を伸ばし、前期選抜では 2.99 倍まで上昇した。柏の葉キャンパスという好立地の環境の為、生徒には非常に人気が高く、今後は進学実績などの出口の充実が期待されている。柏の葉と同レベルの柏中央は、今年度も志願者数を減らし、前期選抜 1.77 倍となった。これは、志願者数（382 名）が全体定員（360 名）をかろうじて上回る状況であり、360 名という定員が大きすぎる感がある。流山おおたかの森は、やや志願者数を減らすが、安定した入試状況が続いている。地元に人気が薄い我孫子は、今年度も前期・後期選抜ともに緩やかな入試となり、2 年連続で前期選抜の志願者数が募集定員の 320 名を下回る結果となった。下位校では、アクティブスクールの流山北が、昨年度に引き続き健闘しており、アクティブスクールとしての特長が浸透してきている。鎌ケ谷西、沼南、我孫子東、関宿などについては、大幅な二次募集を実施した昨年度ほどではないが、依然志願の状況には厳しいものが残った。

[4学区－成田・印旛・佐倉・四街道他]

今年度は定員の増減はなく、昨年度の高倍率の影響か、前期選抜・後期選抜ともに大きく志願倍率を下降させた。前期選抜が 1.74 倍から 1.69 倍に、後期選抜はさらに大きく下降し、1.46 倍から 1.28 倍になった。倍率の下降を顕著に示したのが、成田国際の普通科であった。27 年度からのグローバルスクールの設置を背景に志願者数を伸ばしてきたが、今年度に限って言えば、前期選抜で約 100 名の志願者減となった。倍率も 3.03 倍から 2.18 倍と急降下した。しかし、国際科は昨年度とほぼ同レベルの志願者数で、2.03 倍と厳しい入試状況が続いている。トップ校の佐倉の普通科も、昨年度の反動が大きく、前期選抜で 2.60 倍（昨年度 2.92 倍）、後期 1.76 倍（同 2.46 倍）に留まった。特に後期選抜の約 80 名の志願者の減少が大きかった。同校の理数科はほぼ昨年度なみの志願状況で、理数志向の生徒をしっかりと確保した。中堅校では、幅は大きくないが、成田北が志願者増、印旛明誠と四街道は志願者減であった。佐倉東の普通科は、今年度も志願者を増やし、前期選抜では2.18倍と厳しい入試となった。一方、富里は前期選抜で約50名志願者を減らし、後期でも定員を満たすことができず、二次募集を実施する結果となった。下位校では、2022年度に三部制の定時制高校への移行が予定されている佐倉南が志願者増で、後期選抜では顕著な志願変更が見られた。

[５学区ー銚子・香取・旭他]

低調な入試が続く学区である。今年度も志願者数は大きく減少した。前期選抜1.20倍（昨年度1.27倍）と下降し、後期選抜では学区全体で定員割れの0.76倍（同0.97倍）となった。トップ校の佐原の普通科は、志願者数を減らし、前期選抜の志願者数は231名で全体定員（240名）を割り、後期ではやや持ち直したものの、1.16倍と非常に低調な入試となった。理数科も低調で、後期選抜においてかろうじて定員を確保する状況であった。好調であった佐原白楊にも、ここ３年間は下降傾向が見られ、後期選抜1.03倍とこちらもかろうじて定員を確保できた状況である。小見川も、大幅に志願者数を減らし、後期選抜でも定員を確保できず二次募集を実施した。また伝統校の匝瑳高校も、今年度も志願者数が伸びず、普通科及び理数科ともに２年連続で二次募集を実施した。匝瑳高校の二次募集の定員は昨年度よりさらに拡大した。さらに、市立銚子も、志願者数は伸びず、後期選抜でも定員を満たせず、3年連続で二次募集を実施した。このような大幅な志願者減の中、県立銚子は、前期選抜で志願者数を伸ばし、例年を上回る1.92倍となった。

[６学区ー山武・東金他]

東金・山武地域では、全体として比較的緩やかな状況が続いていたが、今年度の志願状況はさらに緩やかなものとなった。40名の定員減があった松尾高校のみ、ほぼ昨年度なみの志願者数を維持できた為、前期選抜、後期ともに志願倍率を上げげた。トップ校の成東の普通科は、昨年度よりさらに志願者数を減らし、後期でも定員を確保できず二次募集を実施した。東金の普通科も、前期では約50名の志願者減で、後期でも志願倍率1.09倍の非常に緩やかな入試となった。東金商業も、前期選抜で志願者数を約40名減らし、志願倍率1.03倍、不合格者４名という低調な入試であった。普通科の他専門学科を設置する大網は、近年安定した状況が続いていたが、今年度は、どの学科も志願者数は伸びず、食品科学、生物工学の両学科で二次募集を実施した。九十九里は、昨年度よりさらに志願者数を減らし、募集人員69名の大規模な二次募集を、3年連続で実施した。

[７学区ー茂原・いすみ他]

７学区トップの長生の普通科では、前期選抜の志願者数が大幅な減少（約100名）を示した。前期選抜の志願倍率は1.63倍で、志願者数が全体定員（240名）を割る状況となった。その他の普通科である茂原及び大多喜は、志願者数は増加傾向にあり、今年度も若干であるが志願者数を伸ばした。総合学科の大原では、今年度も後期選抜で定員を満たせず、大規模な二次募集が続いている。農業系と工業系の学科を有する茂原樟陽は、農業系の学科は安定して志願者を確保できているが、工業系の学科は苦戦が続いている。この学区は、前期選抜1.17倍、後期選抜0.88倍が示すとおり、昨年度に引き続き非常に緩やかな入試状況が続いている。

[８学区ー鴨川・館山他]

前期選抜1.11倍（昨年度1.21倍)、後期選抜0.45倍（0.56倍）と、昨年度よりさらに緩やかな入試となった。トップ校の安房の志願者数は、ほぼ昨年度と同じで、後期でも定員を満たせず２年連続で二次募集を実施した。この学区の学校・学科全てで、二次募集を実施した。

[9学区－木更津・君津・市原他]

第 9 学区は、前期選抜、後期選抜ともに若干であるが志願倍率を上昇させた。前期選抜 1.52 倍（昨年度 1.50 倍）、後期選抜 1.11 倍（同 1.08 倍）であった。定員の増減は、総合学科の君津青葉及び京葉に各 40 名の定員減があった。トップ校の木更津は、2 年連続で志願者が減少し、前期選抜 1.91 倍、後期 1.37 倍に留まった。君津も志願者数を減らし、特に後期選抜では 1.13 倍と近年で最も低い倍率となった。他では、志願者数に増加傾向が見られる木更津東の普通科、袖ケ浦の前期選抜、定員減の京葉、一昨年のレベルを回復した市原八幡が、昨年度と比較して厳しい入試となった。

令和2年度
前期選抜２日目/各高等学校における検査内容

令和2年5月13日現在　集計　(株)総進図書

○第1学区○

高校名	学科	検査項目	検査内容
千葉	普通	作文	時間６０分、字数６００～８００字 テーマ：「日本を初めて訪れた人に、日本を知ってもらうため、何を紹介したいと思いますか。理由も含めて書きなさい。」
千葉女子	普通	面接（集団）	検査官３人・受検生５人、１５分 志願理由、中学校で頑張ったこと、高校に入って頑張りたいこと、最近で感動したこと、自分の長所、将来の夢、など
	家政	適性検査	小・中学校で学習する被服に関する実技を伴う適性検査：裁縫（まち針付け、なみ縫い、まつり縫い、本返し縫い、全て一本どりで縫う、＊「三つ折りしたところに縫う」や、「○cm幅で縫う」などの、縫い方に細かい指示あり　３０分
千葉東	普通	作文	時間６０分、字数６００～８００字 テーマ：「プラスチックごみの問題に取り組む必要性を考え、１つの高校としてできること、またその中であなたができることは何だと思いますか。」
千葉商業	※商業・情報システム	自己表現	【口頭による自己表現】（日本語による自己アピール）５～１０分程度(発表する時間は３分) 【実技による自己表現】男子のみ：野球、サッカー、女子のみ：バレーボール、ソフトボール、共通：陸上競技、ソフトテニス、ハンドボール、バスケットボール、バドミントン、柔道、剣道、吹奏楽、から選択。個人またはグループで発表、１人５～１０分程度、１グループ３０～６０分程度
京葉工業	全科	面接（集団）	検査官３人・受検生５人、２０分 この学科を選んだ理由ややりたい事、中学校で頑張ったこと(生徒会、委員会、部活等)、興味のある電子機器、高校に入って作りたいもの、建設と土木で知っていること、本校の説明会に参加したか、取得したい資格、興味のある建物、今まで作ったもので印象に残っているもの(理由も)、など
千葉工業	全科	自己表現	【口頭による自己表現】日本語による自己表現(３分)を行い、その後質疑応答を行う。個人で発表、検査時間５分 【実技による自己表現】男子のみ：バレーボール、野球、ラグビー、共通：サッカー、陸上競技、柔道、体操、から選択　それぞれの部活動に関する基本的な実技を行い、その後質疑応答を行う。個人で発表(団体種目は複数人数で実施)、個人種目１人５分程度、団体種目２０～３０分、質疑応答１人２～３分 ＊理数工学科は口頭による自己表現のみ、その他の学科は口頭か実技による自己表現のどちらかを選択
千葉南	普通	面接（集団）	検査官２人・受検生５人、１５分 志願理由、中学校で頑張ったこと、高校で頑張りたいこと、など
検見川	普通	作文	時間５０分、字数５００～６００字 テーマ：「自分が思う検見川高校での高校生活を漢字一字で示し、その漢字一字を含めて理由も書きなさい。」
千葉北	普通	面接（集団）	検査官３人・受検生６人、１５分 志願理由、中学校で最も力を入れて頑張ったこと、高校で積極的に頑張りたいこと、など
若松	普通	自己表現	【口頭による自己表現】日本語または英語による自己アピール（３分程度） 【実技による自己表現】(文化系)共通：吹奏楽、合唱、から選択し、個人で発表（３分）　(運動系)男子のみ：野球、サッカー、女子のみ：ソフトテニス、バレーボール、共通：陸上競技、ハンドボール、テニス、バスケットボール、卓球、バドミントン、剣道、から選択　個人で発表(団体競技は複数人数)、５分～３０分程度
千城台	普通	面接（集団）	検査官３人・受検生６人、１０分 志願理由、中学校で頑張ったこととそれについて学んだこと、中学校の思い出、高校で頑張りたいこと、将来の夢とその理由、など
生浜	普通	面接（個人）	検査官２人、７～８分程度 志願理由とその詳細、中学校３年間で頑張ったこと、入学後に何を頑張りたいか、生浜高校について知っていること、なぜ午前部(午後部)か、部活について、卒業後の進路、自分のモットー、長所と短所、など

高校名	学科	検査項目	検査内容
磯辺	普通	面接（集団）	検査官２人・受検生６人、１５分 志願理由、中学校での思い出、高校で頑張りたいこと、自分のモットー、長所、合格したら入学まで何をするのか、中学校と高校の大きな違い、好きな言葉（理由も）、もしクラスの長縄で失敗してしまった人がいたらどうするか、公共マナーを守らない人を見てどう思うか、もし１つだけ願いが叶うとしたら、など
泉	普通	１日目：作文	時間５０分、字数５００～６００字 テーマ：「中学校生活でやっておけばよかったこと、泉高校でやり抜きたいこと。」
		面接（個人）	検査官３人、５分 志願理由、自己ＰＲ、中学校での１番の思い出と嫌な思い出、高校で頑張りたいこと、将来の夢、など
幕張総合	総合学科	面接（個人）	検査官２人、３分程度 志願理由、中学校生活で取り組んできたことの中で特に努力したこと、中学校生活での役割や得たもの(学習、生徒会、部活動)、総合学科の印象やどのような学校生活を送りたいか、高校で頑張りたいこと(高校の特色を踏まえて)、将来の夢、最近気になる出来事で特に印象に残っているもの、普段の生活で大切にしていること(理由も)、コミュニケーションをとるときに気を付けていること、幕張でも東京オリンピックやパラリンピックが行われるがスポーツは人にどのような影響を与えるか、など
	看護	面接（個人）	検査官３人、１０分程度 志願理由(看護科を選んだ理由やきっかけ)、なぜ大学や専門学校ではなく本校を選択したのか、本校の特色などで知っていること、看護科は５年間同じ仲間と過ごしていくがどのようにしていくか、理想の看護師、看護に必要なこと、看護師にむいていると思うところ、現在の医療システムについての関心と考え、中学校生活で印象に残った事やそれによって学んだこと、得意教科や不得意教科、中学校での部活について、高校でどのような生活を送りたいか、悩みなどは誰に相談したか、最近読んだ本についてと感想、どんな人になりたいか、など
柏井	普通	自己表現	【文章による自己表現】５０分、字数６０１～８００字 テーマ：「中学校での目標とその目標を達成するためにどのような努力をしたか、また高校での目標とそれを達成するためにどのような努力をするか」 【運動系実技による自己表現】男子のみ：野球、サッカー、女子のみ：ソフトボール、共通：陸上競技、ソフトテニス、バレーボール、バスケットボール、剣道、卓球、テニス、から選択　個人で発表(団体種目は複数人数)、約５０分
土気	普通	自己表現	【口頭による自己表現】日本語による自己アピール　個人で発表、３分程度 【実技による自己表現】男子のみ：野球、サッカー、共通：卓球、剣道、柔道、ハンドボール、バレーボール、バスケットボール、から選択　個人ごとの実施(実技によりグループで実施)、３０～５０分程度(種目や受検者数による)
千葉西	普通	面接（集団）	検査官３人・受検生５人、１０分 志願理由、中学校での学校生活(委員会や部活動)で得たもの、高校生活で頑張りたいこと、長所と短所、中学校と高校の違いについて、今まで読んだ本で印象に残っているもの、最近気になるニュース、日々心がけていること、など
犢橋	普通	面接（集団）	検査官３人・受検生４～５人、１５分 志願理由、中学校で３年間努力してきたこと、学校規則について、基本的生活習慣の指導についてどう思うか、遅刻や頭髪や服装に厳しい校風だがどう思うかと校則を守れるか、高校で挑戦したいこと、高校卒業後の進路、自分の長所と短所、など
		自己表現	【文章による自己表現】５０分、字数４００～６００字 テーマ：「あなたの長所は何ですか、またその長所を高校生活でどういかしたいですか、具体的に書きなさい。」 【実技による自己表現】男子のみ：野球、サッカー、共通：バスケットボール、バレーボール、剣道、テニス、陸上競技、から選択　個人またはグループで実施、５０分
市立千葉	全科	小論文	時間５０分、字数５００～６００字 テーマ：「海洋プラスチックごみによる地球的規模の環境問題について」
市立稲毛	全科	面接（集団）	検査官３人・受検生５人、１２分 志願理由(具体的に)、最近気になる世界の出来事、あなたが思う「グローバル・リーダー」とはどんな人材か、尊敬している人、目標にしている人、熱中していること、心がけていること、中学と高校の勉強の違い、国際教養科を選んだ理由、など

○第2学区○

高校名	学科	検査項目	検査内容
八千代	普通	集団討論	検査官２人・受検生６人、１０分、 グループの中から１人司会役を選出（立候補） 討論のテーマ：「災害についての対策と、起こったときにどうするべきか」
	家政	面接（個人）	検査官２人、受験生５人、１０分 志願理由、成人の基準が２０歳から１８歳とされることについて、どう思うか
		適性検査	はさみを使って切り取って、山折り、谷折りをする(約2分間)
	体育	面接（個人）	検査官３人、５分 志願理由、体育科を志望した理由、高校入学後と卒業後の抱負、中学校時代の部活の成績、中学校の部活動・クラブでの思い出、文武両道のためには何をすればよいか、など
		適性検査	【基礎運動能力検査】バスケットボール（ドリブル・レイアップシュート）、バレーボール（直上トス・アンダー・サーブ・アタック）ハードル（ミニハードル）、マット（倒立前転）、縄跳び（二重とび・三重とび） 【専門種目運動能力検査】男子のみ：サッカー、共通：ソフトボール、陸上競技、テニス、ハンドボール、バスケットボール、バレーボール、水球、体操、柔道、剣道、から選択
八千代東	普通	自己表現	【口頭による自己表現】検査官２人、受験生１人　３分間スピーチと質疑応答 中学校で頑張ったことや思い出に残ったこと、自分を成長させるためにしていること 【部活動実技による自己表現】男子のみ：野球、サッカー、女子のみ：バレーボール、共通：陸上競技、バスケットボール、剣道、吹奏楽、書道、から選択し発表や実技。それに対する質疑応答
八千代西	普通	面接（個人）	検査官３人　５分 【面接】志願理由、高校の印象、長所、中学校と高校の違い、校則が厳しいが守れるか、中学校で印象に残った事、将来の夢、入学後は何をしたいか、尊敬する先生、本校について知っていること、苦手科目、ゲームは好きですか、など
津田沼	普通	自己表現	【スピーチによる自己表現】検査官２人・受検生１人、３分程度 自己アピール（１分）とアピール内容に関連した質問。（質問例）自分の強みは何か？　高校に入ってやりたいこと、中学校で力を入れてきたことは？など 【音楽による自己表現】歌唱または器楽演奏。時間は１曲を１分間で。 歌唱は、中学校の教科書に掲載されている楽曲から１曲を選んで歌う。楽譜を見るのは可、伴奏はない。 器楽演奏はピアノ・フルート・オーボエ・クラリネット・ファゴット・サクソフォーン・ホルン・トランペット・トロンボーン・ユーフォニアム・チューバ・マリンバ・ヴァイオリン・ヴィオラ・チェロ・コントラバス、から選択し任意の１曲を演奏。楽譜は見てよいが、楽譜めくりの補助はない。 【スポーツによる自己表現】サッカー、バレーボール、バスケットボール、陸上競技、柔道、から選択
実籾	普通	面接（集団）	検査官３人・受検生５人、１０分程度 志願理由、中学校で頑張った事や思い出、将来の夢とその理由、趣味、 今関心のあるもの・熱中しているものは何か？、最近気になる時事ニュース、など
市立習志野	全科	面接（集団）	検査官２人・受検生５人、１０分 志願理由、入学後の抱負、など
		自己表現	【口頭による自己表現】個人の自己ＰＲ・スピーチ（３分以内） 中学校での自分自身の活動についてＰＲする。テーマは受検生が決める （期待する生徒像に基づいた内容）※道具やメモの持ち込みはできない 【実技による自己表現】男子のみ：サッカー、柔道、共通：バレーボール、バスケットボール、ソフトボール、体操、剣道、基礎運動能力、吹奏楽から選択。 ※道具やメモ、指定された大型楽器の持ち込みはできない
船橋	全科	面接（集団）	検査官２人・受検生６人、１５分 志願理由、中学校で頑張った事、最近関心があること、中学校で一番印象に残っていること、高校への抱負、最近一番興味のあること、日常生活で気を付けていること、理系科目を学習する上で一番大切な事、理数科を志望した理由、船橋高校のイメージ、将来の夢、大人になってやりたいこと、など

高校名	学科	検査項目	検査内容
薬園台	普通	面接（集団）	検査官２人・受検生５人　１０分 志願理由、高校生活で頑張りたいこと、日頃心がけていること、中学校で頑張ったこと、将来の夢、今まで生きてきて感動したこと、自分で自信があること、　など
	園芸	面接（個人）	検査官３人　５分 志願理由、園芸科について知っていること、園芸のどんなところに興味があるか、卒業後の進路、中学校生活で一番頑張ったこと、農業をやったことがあるか、など
船橋東	普通	面接（集団）	検査官２人・受検生４人、１０分 志望理由、高校に入って何がしたいか、誰よりも優れているところ・自信があるところ、東京オリンピックのメリット・デメリット、など
船橋啓明	普通	面接（集団）	検査官３人・受検生５人、１５分 志願理由、中学校で一番印象に残っている事、中学校で頑張ったことを高校でどのように活かせるか、最近の気になるニュース、高校に入ってしてみたいこと、自己ＰＲ（１分）など
船橋芝山	普通	面接（集団）	検査官２人・受検生５人、１０分 志願理由、高校に入って頑張りたいこと、中学校で頑張ったこと・一番印象に残っていること、中学生と高校生の違いは何か、高校で規律を守るためにすることは、得意科目・不得意科目、など
船橋二和	普通	自己表現	【口頭による自己表現】検査官２人・受検生１人、１分間スピーチ（テーマは自由）自己ＰＲ　２分間質問、志望動機、高校で頑張りたいこと、将来の夢、中学校で印象に残っていること、など 【実技による自己表現】男子のみ：野球、サッカー、共通：バスケットボール、バレーボール、体操、美術、書道、から選択
船橋古和釜	普通	１日目：作文	時間３０分　３０１字～４００字 テーマ「良好な人間関係を築くために心がけていることを二つあげ、具体的に書きなさい」
		面接（個人）	検査官２人、１０分 志願理由、本校について知っていること、長所・短所、苦手な科目、あなたが思う高校生活、アクティブスクールについて、将来の夢、校則を守れるか、中学校で先生に怒られたこと、高校で頑張りたいこと、部活動について、キャリア教育に期待すること、遅刻の回数、など
船橋法典	普通	面接（集団）	検査官３人、受験生５人　１５分 志願理由、将来について、中学校で心がけていた事、高校の校則について、卒業後の進路、中学校生活で一番努力した事、入学後何を頑張りたいか、長所・短所、染髪やピアス・化粧禁止をどう思うか、３年間部活は続けられるか、など
		自己表現	【スピーチによる自己表現】７０～９０秒、「自己アピール」「高校での抱負」「将来の夢」 【実技による自己表現】男子のみ：野球、女子のみ：バレーボール、共通：陸上競技、バスケットボール、サッカー、卓球、書道、吹奏楽、合唱、から選択
船橋豊富	普通	面接（個人）	検査官３人　５分 志願理由、中学校で頑張ったこと、部活動で一番印象に残っていること、趣味、特技、委員会の仕事について、部活動で何を得たか、本校について知っていること・印象は、高校で何を頑張りたいか、自慢できること　など
船橋北	普通	自己表現	【口頭による自己表現】『中学校３年間で一番成長した経験と、その理由』について、１分間で考えて、１分間のスピーチ、その後質問（３分程） 【実技による自己表現】男子のみ：野球、サッカー、テニス、女子のみ：ソフトボール、バレーボール、ソフトテニス、共通：陸上競技、バスケットボール、剣道、弓道、吹奏楽、美術、書道、から選択

高校名	学科	検査項目	検査内容
市立船橋	普通	自己表現	【口頭による自己表現】検査官３人　自分でテーマを決めて３分間のスピーチ ※自己ＰＲ・志願理由・中学校で頑張ったこと・高校で頑張りたいこと、など 【実技による自己表現】ソフトボール、陸上競技、バスケットボール、サッカー、バレーボール、剣道、柔道、体操、基礎的運動能力、から選択
	商業	面接（個人）	検査官２人　３分 志願理由、なぜ商業科を志願したか、何部に入りたいか、卒業後の進路、将来の夢、中学校での一番の思い出、中学校で頑張った事、高校で頑張りたいこと、長所と短所、得意科目・不得意科目、中学校で熱心に取り組んだこと、最近気になるニュース、など
		自己表現	【口頭による自己表現】検査官３人　自分でテーマを決めて３分間のスピーチ ※自己ＰＲ・志願理由・中学校で頑張ったこと・高校で頑張りたいこと、など 【実技による自己表現】普通科と同一
	体育	適性検査	適性検査Ⅰは５０ｍ走、立ち幅跳び、ハンドボール投げ 適性検査Ⅱはソフトボール、陸上競技、バスケットボール、サッカー、バレーボール、剣道、柔道、体操、から選択
市川工業	全科	面接（個人）	検査官２人、約５分 志願理由、入学後の抱負、中学校生活の思い出や頑張った事、そしてそこから学んだこと、卒業後の進路、欠席日数とその理由、長所と短所、自己ＰＲ、入学後取得したい資格、取得した資格をどう活かしたいか、高校に入学してどんな行事に参加したいか、部活動は何に入りたいか、 本校について知っていること、学校説明会に参加したか、体験入学の感想、苦手な教科の勉強方法は？、入学後制作したいものは何か、得意な教科、など
		適性検査	時間５０分 機械科：角の二等分線・投影図・展開図・見取り図、 インテリア科：椅子の模写、 電気科：回路図を配線図に直す、グラフの読み取り・作成、はんだづけ、 建築科：「Ｙ」の文字を２倍に拡大してレタリングする、 立体図形の平面図の作図。
国府台	普通	作文	時間５０分、字数５００字～６００字程度 テーマ：「挑戦することの大切さについて（自分の体験をふまえて）」
国分	普通	面接（集団）	検査官３人・受検生５人、約１０分 志願理由、高校生活で頑張りたい事、中学校で頑張った事、卒業後の進路、 自己ＰＲ、今努力していること、学力検査はどうだったか？、など
行徳	普通	面接（個人）	検査官３人、約１０分 志願理由、入学後の抱負、中学校で頑張ったことや思い出、学校行事で頑張ったことをエピソードを一つ挙げて話してください、将来の夢、校則について、 マナーや服装・頭髪について、ルールやマナーをなぜ守らないといけないか？、中学校での部活動・委員会や係について、自分が自信を持っていることは何か？、入学後、部活動をする意志はあるか、また３年間続けられるか？、部活引退後の時間はどのように過ごしていたか、休日は何をして過ごしているか、放課後の過ごし方について、得意・不得意教科、将来のためにしていること、長所・短所、行事について、行徳高校の生徒として気を付けたいこと、など
市川東	普通	面接（集団）	検査官２人・受検生５人、約１２分 志願理由、中学で一番頑張ったこと、高校卒業後の進路とその進路に向けて何をするか、将来の夢とそれに向かって頑張っていること、入学後の抱負、自分の自信があるところ、自分の長所、大学や進学についてどう思っているか、など
市川昴	普通	面接（集団）	検査官３人・受検生５人、約１５分 志願理由、入学後の抱負、どんな高校生活にしたいか、中学校で頑張った事、　将来の夢、卒業後の進路、長所・短所、趣味・特技、最近の気になるニュース、自分の自信があるところ、本校についてどう思うか、など
市川南	普通	面接（集団）	検査官３人・受検生６人、８分程度 志願理由、入学後の抱負、中学校で印象に残った行事や頑張ったこと、説明会で感じた市川南のよさは？、趣味、長所、など
		自己表現	【文章による自己表現】時間３０分、字数４００字以内 テーマ「高校生活をどのようにして過ごしていきたいか」 【実技による自己表現】男子のみ：野球、サッカー、バスケットボール、 女子のみ：ソフトボール、共通：陸上競技、卓球、柔道、書道、吹奏楽、 から選択

高　校　名	学　　科	検 査 項 目	検　　査　　内　　容
浦安	普通	自己表現	【スピーチによる自己表現】１分間のスピーチ（自己ＰＲ） ※スピーチ前に１分間考える時間あり。スピーチに関する質問はなし。 【実技による自己表現】男子のみ：野球、サッカー、女子のみ：バスケットボール、共通：陸上競技、から選択
浦安南	普通	面接（個人）	検査官３人、５分程度 志願理由、入学後の抱負、中学校で頑張った事、将来の夢、進学について、長所と短所、最近の気になるニュース、高校生活を行う上で規則正しい生活を送るためにはどうするか、中学校の部活のエピソード、部活動で得たことをどう活かすか？、地域の特色、最近読んだ本は？、これまでしたボランティアは？、　本校の特色とそれを何で知ったかを具体的に話してください、長所、長所はどんなときに発揮されるか、体験授業は何をうけたか、勉強が難しくなるがそれについてどう思うか、入学後のあなたの活動に期待してもいいですか？、人と会話する時に気をつけること、など
松戸	普通	面接（集団）	検査官３人・受検生６人、１５分程度 志願理由、中学校生活で力を入れた事、日本に来た外国人に紹介したい日本の魅力とは、など
	芸術	面接（集団）	質問内容は普通科と同じ
		適性検査	時間１００分、鉛筆デッサン（箱の上に置いたリンゴ）
小金	総合学科	作文	時間５０分、字数５００～７００字 テーマ：「総合学科である小金高校を選択した理由、このことについて将来にどう結びつけようと考えていますか。」
松戸国際	全科	面接（集団）	検査官３人・受検生６～７人、１５分程度 ３０秒で考え、１分間スピーチ（２問） 「中学校で頑張ったこととその実績」 「高校への抱負、学科（普通・国際教養）を選んだ理由」
松戸六実	普通	面接（個人）	検査官２人、２分 志願理由、中学校生活で努力したこと、所属したい部活動について、３年間部活を続ける意思があるか、入りたい部活はあるかなど
		自己表現	【口頭による自己表現】スピーチ（２分） テーマ：「将来の夢、またそれを実現するために高校生活で頑張りたいこと」 【実技による自己表現】男子のみ：野球、サッカー、女子のみ：テニス、ソフトテニス、共通：バドミントン、バスケットボール、卓球、柔道、剣道、陸上競技、吹奏楽、書道、から選択
松戸馬橋	普通	面接（集団）	検査官３人、受検生４～６人、２０分 志願理由、中学校で努力したこと、高校で努力したいこと、最近の日本の社会で気になるニュース、苦手教科に勉強方など
		自己表現	【文章による自己表現】時間５０分　文字数　６００字程度 テーマ：「３年後の自分は何をしているかを想像し、それを達成するために高校で努力したいこと」 【実技による自己表現】男子のみ：野球、サッカー、共通：バレーボール、バスケットボール、柔道、陸上競技、吹奏楽、から選択
松戸向陽	普通	面接（集団）	検査官３人・受検生５～６人、１５分 志願理由、中学校生活をふまえ高校で頑張りたいこと、卒業後の進路、など
	福祉教養	面接（個人）	検査官３人、５分 志願理由、高校生活で頑張りたいこと、なぜ福祉を学びたいと思ったか、どんな介護福祉士になりたいか、卒業後の進路、通学時間など

高校名	学科	検査項目	検査内容
市立松戸	普通	自己表現	【文章による自己表現】時間５０分、字数７００字～８００字 テーマ：「高校を卒業するとき、どのような自分になっていたいのか。また、そのために高校で努力すること」 【実技による自己表現】男子のみ：野球、ラグビー、女子のみ：ソフトボール、共通：サッカー、陸上競技、弓道、テニス、柔道、剣道、バレーボール、バスケットボール、バドミントン、卓球、吹奏楽、合唱、美術、から選択
	国際人文	面接（集団）	検査官２人・受検生４人、１０分 志願理由、中学校生活で努力したこと、高校で努力したいこと、２回ある海外研修に向けて事前にどのようなことを調べたらよいか、３０秒間自己ＰＲ
		作文	時間５０分、字数７００～８００字 テーマ：「あなたが海外の人々に伝えたい日本の魅力とその理由」
松戸南	普通	面接（個人）	検査官２人 志願理由、休日や家での過ごし方、いじめを見かけたらどうするか、本校を知った経緯、説明会等に参加したか、など
		小論文	時間４０分　字数３０１字～６００字以内 テーマ：「あなたはＳＮＳでの『みんな』との繋がりについてどのように考えますか、またあなたはどのような友人関係を築きたいと考えますか」

○第3学区○

高校名	学科	検査項目	検査内容
鎌ヶ谷	普通	作文	時間５０分、字数４５１字～６００字 テーマ：「理想の人物像になるために鎌ヶ谷高校で身につけたい力」
鎌ヶ谷西	普通	面接（集団）	検査官３人・受検生５人、１５分 志願理由、最近のニュースについて、高校で頑張りたい事、中学校での思い出、言語の乱れについてどう思うか、正しい服装についてどう思うか、高校生活はどのように過ごしたいか、中学３年間で頑張ったこと、卒業後の進路、電車に乗るときに気を付けていること、など
		自己表現	【文章による自己表現】時間５０分、字数６００字 テーマ：「思いやりについて」 【実技による自己表現】男子のみ：野球、サッカー、バレーボール、共通：硬式テニス、バスケットボール、ソフトテニス、剣道、弓道、美術、書道、合唱、吹奏楽、から選択
東葛飾	普通	作文	時間５０分、字数５００～６００字 テーマ：「共生」
柏	全科	面接（集団）	検査官２人・受検生６人、１５分 志願理由、中学校で頑張った事、高校でやりたい事、将来の夢、最近気になった社会的出来事とその理由、中学校で印象に残った授業とその理由、など
柏南	普通	面接（集団）	検査官２人・受検生５人、１０分 志願理由、中学校の思い出、高校でやりたい事、自分の長所、得意教科とその理由、など
柏陵	普通	面接（集団）	検査官３人・受検生６人、１５分 志願理由、高校でやりたい事、中学校で頑張ったこと、最近のニュース、得意・不得意科目、長所と短所、など
		自己表現	【文章による自己表現】時間６０分、字数５００～６００字 テーマ：「今まで努力したこと、この経験を高校生活にどのように生かすか」 【実技による自己表現】男子のみ：野球、サッカー、女子のみ：バレーボール、ソフトボール、共通：陸上競技、テニス、バドミントン、ハンドボール、バスケットボール、フェンシング、剣道、柔道、から選択
柏の葉	全科	面接（集団）	検査官２人・受検生５人、１５分 志願理由、中学校生活で印象に残っている事、高校でやりたい事、合格するために頑張ったこと、自己アピール、人間関係を作るうえで重要なこと、感謝している人、など

高校名	学科	検査項目	検査内容
市立柏	普通	面接（集団）	検査官３人・受検生５人、１０分 中学校で頑張ったこと、志望理由、好きな教科、高校での抱負、など
		自己表現	【論述による自己表現】時間５０分、字数５００～６００字 テーマ：「将来の目標ために、どのような高校生活を送りたいか」 【実技による自己表現】男子のみ：野球、柔道、共通：陸上競技、サッカー、バスケットボール、バレーボール、剣道、ソフトテニス、テニス、吹奏楽、美術、書道、から選択
	スポーツ科学	面接（集団）	検査官３人・受検生５人、１０分 志願理由、中学校で頑張ったこと、将来の夢、高校での抱負など
		適性検査	【運動基礎能力及び専門種目の運動能力による適性検査】 男子のみ：野球、サッカー、柔道、共通：陸上競技、バレーボール、バスケットボール、剣道、から選択
柏中央	普通	面接（集団）	検査官３人・受検生５人、１５分 志願理由、将来の夢、中学校と高校の違い、長所、卒業後の進路、最近の気になるニュース、最近読んだ本、中学校で頑張った事、など
沼南	普通	面接（集団）	検査官３人・受検生５人、１５分 志願理由、中学校で頑張った事、高校でやりたい事、長所と短所、卒業後の進路について、校則について、など
沼南高柳	普通	面接（個人）	検査官２人、１０分 志願理由、中学校で頑張った事、高校で頑張りたい事、得意な教科と苦手な教科、将来の夢とその理由、校則について、高校で入りたい部活、提出物の提出率、など
流山	全科	面接（個人）	検査官３人、５分 志願理由、本校について知っていること、中学校で頑張った事、高校でやりたい事、どんな資格がとりたいか、ボランティア活動に参加したことがあるか、長所について、など
流山 おおたかの森	普通	面接（集団）	検査官２人・受検生６人、１５分 志願理由、中学校で頑張った事、高校で不安な事、自己アピール、気になるニュースについて、好きな科目、部活動は何をしたいか、将来の夢、など
	国際 ｺﾐｭﾆｹｰｼｮﾝ	面接（個人）	検査官２人、９分 志願理由、最近のニュース、中学校で頑張った事、将来の夢、長所と短所、自己アピール、など
		適性検査	すべて英語の指示で、事前に配布された英文の書かれた用紙を３０秒で黙読し音読した後、英文に関する質問に答える
流山南	普通	自己表現	【口頭による自己表現】①中学校での活動内容に関する自己ＰＲによる表現 ②所属する文化系部活動等に関連する実技による表現 【実技による自己表現】男子のみ：野球、サッカー、相撲、女子のみ：バレーボール、共通：ソフトテニス、バスケットボール、バドミントン、卓球、陸上競技、剣道、柔道、弓道、から選択
流山北	普通	１日目：作文	時間５０分、字数４８０字～５２０字 テーマ：「中学校生活で印象に残っていること、高校で頑張りたいこと」
		面接（個人）	検査官２人、５分 志願理由、中学校で頑張った事、高校でやりたい事、学校見学に来た感想、長所と短所、など
		自己表現	【口頭による自己表現】自己アピール（１分） 【実技による自己表現】男子のみ：野球、サッカー、バスケットボール、共通：陸上競技、バドミントン、から選択

高校名	学科	検査項目	検査内容
野田中央	普通	自己表現	【スピーチによる自己表現】検査時間　４分（質疑・準備を含む） テーマ：「公共の場でのマナー違反についてどう思うか」 【実技による自己表現】男子のみ：野球、サッカー、レスリング、女子のみ：ソフトボール、バレーボール、共通：バスケットボール、陸上競技、テニス、ソフトテニス、吹奏楽、演劇、から選択（検査時間は２０分程度）
清水	全科	面接（個人）	検査官３人、１０分 志願理由、中学校の思い出、中学校で一番努力したこと、高校で努力したいこと、学科の種類、高校で学びたいこと、どのような資格を取りたいか、など
		適性検査	【課題による適性検査】３０分　食品科：小麦粉・片栗粉・米粉・水２００mlがあり、３つの粉の中から指示された物を選択する。水を５０mlを計り、粉と混ぜこねて指定された形を作る。工業系：完成図・展開図から、実際に工作用紙を使用して制作する。
関宿	普通	面接（個人）	検査官２人、１０分程度 志願理由、高校でやりたい事、中学校の規則は守れたか高校の規則は守れるか、部活動に入るか、部活動以外で努力したいこと、通学手段・時間、担任の先生についてなど
		作文	【文章による自己表現】時間５０分、字数４００字以上～５００字以内 テーマ：「高校生活でチャレンジしたいこと」
我孫子	普通	自己表現	【文章による自己表現】時間６０分、字数８００字 テーマ：「１０年後の理想の自分と今後の高校生活について」 【実技による自己表現】男子のみ：野球、サッカー、女子のみ：ソフトボール、ハンドボール、共通：陸上競技、バスケットボール、バレーボール、ソフトテニス、卓球、剣道、ラグビー、から選択
我孫子東	普通	面接（個人）	検査官２人、１０分 志願理由、中学校で頑張った事、最近読んだ本、高校でやりたい事、ルールについて、どんな校則があるか、趣味・特技、卒業後の進路、など

○第4学区○

高校名	学科	検査項目	検査内容
白井	普通	面接（集団）	検査官２人・受検生５人、１５分 志望理由、中学校で頑張ったこと（部活動と学習面）、高校で頑張りたいこと、勉強で苦労することは？、など
印旛明誠	普通	面接（集団）	検査官３人・受検生３～４人、１５分 中学校で辛かった事、好きな教科、将来の夢、卒業後の進路、校則について、など
成田西陵	全科	面接（集団）	検査官３人・受検生５人、１５分 志願理由、その学科で何を学びたいか、中学校で頑張った事、将来の夢、など
成田国際	全科	自己表現	【口頭による自己表現】検査官２人　５分 普通科：中学校で頑張ったこと、高校で頑張りたいこと、自己アピール、など 国際科：将来の夢（英語で回答）、印象に残っている思い出は、など 【実技による自己表現】男子のみ：野球、テニス、女子のみ：バレーボール、ソフトボール、共通：サッカー、バスケットボール、卓球、陸上競技、剣道、から選択
成田北	普通	自己表現	【口頭による自己表現】３分　学習や課外活動などについての自己アピール（１分程度）と、それに対する質疑応答 【実技による自己表現】男子のみ：バスケットボール、女子のみ：バレーボール、共通：野球、サッカー、バドミントン、卓球、陸上競技、から選択
下総	園芸 情報処理	面接（個人）	検査官３人、７～８分 寮生活は大丈夫か、校則は守れるか、自己アピール、今まで何か育てた事があるか、など
	自動車	適性検査	提示された図の展開図を書き、立体図形を工作する（２種類）
富里	普通	自己表現	【口頭による自己表現】５分　自己アピール（２分）に対する質疑応答 【実技による自己表現】男子のみ：野球、サッカー、共通：バスケットボール、バレーボール、テニス、ソフトテニス、陸上競技、柔道、剣道、から選択

高校名	学科	検査項目	検査内容
佐倉	全科	面接（集団）	検査官２人・受検生７～８人、１０分 志望理由、中学校生活で頑張ったこと、など
佐倉東	普通	面接（個人）	検査官２人、５分 自己アピールに関する質問、将来の夢、など
		自己表現	【口頭による自己表現】自己アピール（２分） 【実技による自己表現】男子のみ：野球、女子のみ：ソフトボール、共通：テニス、バスケットボール、から選択
	調理国際 服飾デザイン	面接（個人）	検査官２人、５分 （調理）母の手料理が１番好きなものは、食に関するニュースで興味あることは、など （服飾）ファッションについての質問（好きなファッション、今まで何か作った事はあるか・どんな服を作りたいか）、など
佐倉西	普通	自己表現	【口頭による自己表現】３分　自己アピール（１分）に対する質疑応答 【実技による自己表現】男子のみ：野球、サッカー、女子のみ：バレーボール、共通：バドミントン、バスケットボール、ソフトテニス、陸上競技、卓球、レスリング、から選択
佐倉南	普通	面接（集団）	検査官２人・受検生５人、１５分 志願理由、高校での目標、中学校で頑張ったこと、感動したこと、など
		自己表現	【スピーチによる自己表現】自己アピール（２分） 【実技による自己表現】男子のみ：野球、サッカー、女子のみ：バレーボール、ソフトボール、共通：陸上競技、バスケットボール、ソフトテニス、バドミントン、書道、美術工芸、吹奏楽、合唱、から選択
八街	総合学科	面接（集団）	検査官３人・受検生６人、２０分 志願理由、挨拶はなぜ大切か、携帯電話を使用する際に気を付けていること、など
		適性検査	【集団による適性検査】受検生６人、４０分 テーマを元にグループ内で協議・討論 テーマ：[何でも解決してくれるロボットと何でも相談に乗ってくれるロボットのどちらの欲しいか」
四街道	普通	自己表現	【口頭による自己表現】自己アピール（３分） 【実技による自己表現】男子のみ：野球、女子のみ：ソフトボール、共通：陸上競技、ソフトテニス、バスケットボール、バレーボール、レスリング、卓球、書道、から選択
四街道北	普通	面接（集団）	検査官３人、受験生５名、１５分 志願理由、高校でやりたい事、将来の夢、など
		自己表現	【スピーチによる自己表現】自己アピール（１分） 【実技による自己表現】男子のみ：野球、共通：ソフトテニス、バスケットボール、陸上競技、から選択

○第5学区○

高校名	学科	検査項目	検査内容
佐原	全科	作文	時間５０分、６００字以内 テーマ：「将来の夢は何か？その為に高校で頑張りたいことを具体的に書きなさい」
佐原白楊	普通	作文	時間５０分、６００字以内 テーマ：「あなたが一番感動した言葉は何か？その理由も書きなさい」
小見川	普通	自己表現	【口頭による自己表現】３分　自己アピール（２分）に対する質疑 【運動による自己表現】男子のみ：野球、サッカー、共通：バスケットボール、バレーボール、ソフトテニス、バドミントン、卓球、陸上競技、剣道、ボート、カヌー、吹奏楽、から選択

高校名	学科	検査項目	検査内容
多古	全科	面接（個人）	検査官３人、８分 志願理由、遅刻・欠席について、スマートフォン使用時（ＬＩＮＥなど）に注意していること、校則は守れていたか、など
		自己表現	【文章による自己表現】時間５０分、字数６００字 テーマ：「あなたの通学している学校で自慢できる事を一つ挙げなさい」 【運動等による自己表現】男子のみ：野球、共通：ソフトテニス、バスケットボール、陸上競技、剣道、柔道、卓球、ゴルフ、バレーボール、吹奏楽、から選択
銚子	普通	面接（集団）	検査官３人・受検生４人、１０分 志願理由、入学後頑張りたい事、１８歳の誕生日どういう人になって迎えたいか、選挙権が与えられたらどういう成人になりたいか、など
銚子商業	全科	自己表現	【口頭による自己表現】自己アピール（１分）、それに対する質疑応答など 【運動等による自己表現】男子のみ：野球、共通：陸上競技、卓球、バレーボール、体操、剣道、吹奏楽、から選択
市立銚子	※普通・理数	自己表現	【文章による自己表現】時間４０分 期待する生徒像の４項目から１つ選択し、文章による自己アピール 日本語：６００～８００字、英語：１５０～２００語 【実技による自己表現】男子のみ：野球、サッカー、共通：バスケットボール、バレーボール、ソフトテニス、卓球、陸上競技、柔道、剣道、弓道、吹奏楽、から選択
旭農業	全科	面接	畜産・園芸：【個人面接】検査官３人、７分 食品科学：【集団面接】検査官３人・受検生３人、１０分 志願理由、ペットと家畜の違いは、家で何を育てているか、取りたい資格は、部活動と委員会等への活動意欲、校外活動に参加するか、など
東総工業	全科	自己表現	【口頭による自己表現】自己アピール（３分） 【実技による自己表現】男子のみ：野球、サッカー、バレーボール、バスケットボール、陸上競技、剣道、共通：柔道、から選択
匝瑳	全科	作文	時間５０分、字数４８０字～６００字 テーマ：「中学校で打ち込んできたものは何か？そこから何を学んだか？また、高校生活でどのように活かしていきたいか具体的に書きなさい」

○第6学区○

高校名	学科	検査項目	検査内容
松尾	普通	面接（集団）	検査官３人・受検生３人、１０分 志願理由、中学校生活で頑張ったこと、高校に入って何を頑張りたいか、中学校生活で苦労したこと、それを乗り越えるためにしたこと、など
成東	全科	面接（集団）	検査官３人・受検生５～７人、１５分 志願理由、高校生活で頑張りたい事、日常生活で気を付けていること、将来の夢とそのきっかけ、最近読んだ本、勉強以外で頑張ったこと、など
東金	普通	自己表現	【スピーチによる自己表現】スピーチによる自己アピール（２分） 入学後の抱負、将来の夢、など
	国際教養	面接（個人）	検査官２人、５分 志願理由、将来どのように英語を生かしたいか、どのような能力を身に着けたいか、高校生活で頑張りたいこと、など
東金商業	※商業・情報処理	自己表現	【口頭による自己表現】５分　自己アピール（３分）に対する質疑 【実技による自己表現】男子のみ：野球、サッカー、女子のみ：バレーボール、ソフトボール、共通：陸上競技・ソフトテニス・バスケットボール・柔道・剣道・卓球・吹奏楽、から選択

高校名	学科	検査項目	検査内容
大網	全科	面接（個人）	検査官２人、６分 志願理由、中学校で頑張った事、高校で頑張りたい事、卒業後の進路について、など
九十九里	普通	面接（個人）	検査官３人、１０分 志願理由、中学校で頑張ったこと、自己アピール、高校で頑張りたいこと，最近気になるニュース、卒業後の進路，など

○第7学区○

高校名	学科	検査項目	検査内容
長生	全科	作文	時間５０分、字数４００字～５００字 テーマ：「あなたの考える『優しさ』とはどのようなものですか。」
茂原	普通	自己表現	【スピーチによる自己表現】検査官２人・スピーチ（３分） 志願理由、中学校生活で頑張った事、高校生活での目標など（質疑応答なし） 【実技による自己表現】男子のみ：野球、女子のみ：バレーボール、共通：ソフトテニス、バスケットボール、陸上競技、剣道、から選択
茂原樟陽	全科	面接（個人）	検査官２人、５分 志願理由、志願する学科について、体験入学に参加したか、自分の長所と短所、中学校生活で頑張ったこと、部活動で学んだこと、高校卒業後の進路や将来の夢、取得したい資格とその理由、など
		自己表現	【口頭による自己表現】自己アピール（３分） テーマ：「中学校で取り組んだこと、高等学校で意欲的に取り組みたいこと、将来の夢」など 【実技による自己表現】男子のみ：野球、サッカー　共通：柔道、剣道、卓球、テニス、ソフトテニス、陸上競技、バレーボール、バスケットボール、バドミントン、音楽、美術、から選択
一宮商業	※商業・情報処理	自己表現	【口頭による自己表現】自己アピールに対する質疑（３～５分） 【実技による自己表現】男子のみ：野球、サッカー、女子のみ：バレーボール、共通：バスケットボール、ソフトテニス、バドミントン、卓球、剣道、吹奏楽、珠算、簿記、ワープロ、情報、から選択
大多喜	普通	自己表現	【口頭による自己表現】自己アピール（３分）テーマ：「中学校で頑張った事」「アピールしたいこと」など 【実技による自己表現】男子のみ：野球、サッカー、共通：バスケットボール、陸上競技、卓球、剣道、柔道、から選択
大原	総合学科	面接（個人）	検査官３人、１０分 志願理由、中学校生活で頑張ったことは何か、高校入学後何を頑張りたいか、将来の夢は何か、２年次より選択して学ぶ４つの系列について知っているか、志願する学校の魅力は何か、など

○第8学区○

高校名	学科	検査項目	検査内容
長狭	普通	面接（個人）	検査官２人、８分 志願理由、得意科目・不得意科目とその理由、勉強時間はどのくらいか、勉強と部活動を両立させるにはどうすれば良いか、高校で学びたいことは何か、進路や将来の夢について、関心のあるニュース、など
安房拓心	総合学科	面接（個人）	検査官３人、５～１０分 志願理由、中学校生活で頑張ったことは何か、長所と短所、入学後入りたい部活動とその理由、最近読んだ本・見たニュースで印象に残ったものは何か、入学後に学びたい系列とその理由、高校卒業後の進路や将来の夢について、など
安房	普通	面接（個人）	検査官２人、５分 志願理由、現在の体調はどうか、中学校生活で思い出に残ったことは何か、自分の長所と短所、高校卒業後の進路や将来の夢（実現するために努力していることは何か）、入学後に入りたい部活動とその理由、部活動で大変だったことや学んだことは何か、得意科目・不得意科目についてどう活かすか・克服するか、どのような高校生活を送りたいか、勉強時間はどのくらいか、など
館山総合	全科	面接（個人）	検査官３人、１０分 志願理由、志願する学科とコースについて知っているか、出身中学校の紹介・中学校の校長先生の名前、クラスや委員会での自分の係り、やっていた部活動は何か（高校でも続けるか）、得意科目・不得意科目とその理由、最近の気になるニュースは何か、好きな言葉は何か、体験入学（公開実習）に参加したか、高校卒業後の進路や将来の夢、など（志願する学科・コースについてどのような資格を取得できるか・したいかなど各科の特色に合わせて質問される）

○第9学区○

高校名	学科	検査項目	検査内容
君津商業	※商業・情報処理	自己表現	【プレゼンテーションによる自己表現】３分程度 ①生徒会活動・ボランティア活動・作品紹介等の口頭による発表 ②①以外の実技・実演等 【実技による自己表現】１人あたり１５分（種目により異なる） 男子のみ：野球、サッカー、女子のみ：ソフトボール　共通：バスケットボール、バレーボール、バドミントン、卓球、剣道、陸上競技、ソフトテニス、吹奏楽、から選択
天羽	普通	１日目：作文	時間：５０分、６００～８００字 テーマ「将来の夢と夢を実現するためにどのような高校生活を送りたいか」
		面接（個人）	検査官２人、１０分 得意・不得意科目、将来の夢、中学校の思い出、卒業後の進路、最近のニュース、長所と短所、など
		自己表現	【スピーチによる自己表現】５分以内でスピーチ(準備時間も含む) 【実技による自己表現】男子のみ：サッカー、相撲、女子のみ：バレーボール、共通：柔道、剣道、弓道、野球、ソフトテニス、バスケットボール、卓球、吹奏楽、合唱、美術、書道、から選択
木更津	全科	面接（集団）	検査官３人・受検生５人、１５分 中学校生活で印象に残っていること、なぜ理数科ではなく普通科を選んだのか、社会で興味のある出来事、小・中学校の先生の心に残っている言葉、など
木更津東	全科	自己表現	【口頭による自己表現】スピーチ（３分）テーマは自由（例：興味や関心がある事、長所、入学後の抱負、将来の夢、など） 【実技による自己表現】バレーボール、バスケットボール、バドミントン、卓球、書道、音楽（独唱）、から選択
君津	普通	面接（個人）	検査官２人、３分 得意・不得意科目、将来の夢、中学校の思い出、卒業後の進路、最近のニュース、長所と短所、など
		自己表現	【口頭による自己表現】９０秒程度で自己アピール 【実技による自己表現】男子のみ：野球、女子のみ：ソフトボール、 共通：陸上競技、ソフトテニス、バレーボール、バスケットボール、卓球、バドミントン、剣道、書道、から選択
上総	全科	面接（個人）	検査官３人、１０分 志望理由、中学校生活で印象に残っていること、積極的に取り組んだこと。将来の夢
君津青葉	総合学科	面接（個人）	検査官３人 、１０分 志願理由、高校に入って何をしたいか、中学校生活で印象に残ってること、体験入学に参加したか、学科コースについての希望、など
袖ヶ浦	全科	面接（個人）	検査官２人、３分 将来の夢、中学校生活で印象に残っていること、中学校での活動を入学後に続けるかどうか？（部活動、生徒会活動など）、高校体験で感じたこと
		自己表現	【口頭による自己表現】自己アピール（３分） 【実技による自己表現】男子のみ：野球、サッカー、新体操、女子のみ：テニス、共通：バレーボール、バスケットボール、卓球、バドミントン、ソフトテニス、陸上競技、剣道、柔道、吹奏楽、書道、から選択
市原	全科	面接（個人）	検査官３人、１０分 志望理由、将来の夢、長所と短所、中学校生活で感動したこと、住んでいる地域のよいところ、など
京葉	普通	自己表現	【口頭による自己表現】自己アピール（３分） 【実技による自己表現】男子のみ：野球、サッカー、女子のみ：ソフトボール、バレーボール、共通：バスケットボール、バドミントン、剣道、ソフトテニス、陸上競技、吹奏楽、囲碁、から選択

高校名	学科	検査項目	検査内容
市原緑	普通	面接（個人）	検査官２人、５分 志願理由、自己表現に関すること（スピーチの内容、実技）について
		自己表現	【口頭による自己表現】スピーチ（３分） 【実技による自己表現】男子のみ：野球、サッカー、バスケットボール、テニス、女子のみ：バレーボール、共通：剣道、柔道、卓球、ソフトテニス、バドミントン、から選択
姉崎	普通	面接（個人）	検査官２人、２分 志願理由、中学校生活で印象に残っていること、高校生活で頑張りたいこと
		自己表現	【口頭による自己表現】検査官２人、２分　テーマは自由、終了後にテーマに関する質疑応答 【実技による自己表現】男子のみ：野球、サッカー、女子のみ：バレーボール、共通：ソフトテニス、バドミントン、陸上競技、卓球、から選択
市原八幡	普通	自己表現	【口頭による自己表現】検査官２人、３分 日本語によるスピーチ（１分程度）スピーチ後、質疑応答（スピーチの内容について２分程度） 【実技による自己表現】男子のみ：野球、サッカー、女子のみ：ソフトボール、共通：陸上競技、テニス、バドミントン、卓球、バスケットボール、剣道、柔道、吹奏楽、から選択

NO.	面接時の主な質問内容
1	この学校を志望した動機･理由を答えてください。
2	将来の夢（高校卒業後の進路等）は何ですか。
3	中学校生活の中での一番の思い出や頑張った事は何ですか。
4	出身中学校についてどんな学校かを述べてください。
5	自分の長所及び短所を述べてください。
6	あなたの趣味･特技は何ですか。
7	好きな教科と嫌いな教科は何ですか。また、その理由は。
8	高校に入学したら何をしたいですか。
9	所属していた部活動は何ですか。また、部活動を続けた事で何が得られましたか。
10	最近のニュースや社会問題で気になる事は何ですか。
11	最近読んだ本は何ですか。また、その感想を述べてください。
12	この学科（専門学科）で何を勉強するか知っていますか。
13	自己ＰＲをしてください。
14	体験入学に来ましたか。また、本校の特徴で知っている事を述べてください。
15	高等学校と中学校の違いは何だと思いますか。
16	休日はどのように過ごしますか。

実技における自己表現・適性検査の主な実施内容

種目	主な実施内容
野球・ソフトボール	素振り・ステップスロー・ノック・キャッチボール・トスバッティング・ダッシュ・ベースランニング・立ち幅跳び・３０Ｍ走・５０Ｍ走　ハンドボール投げ・メディシンボール投げ・反復横跳び　など
サッカー	リフティング・パス回し・ドリブル・シュート・ミニゲーム・ダッシュ　など
バスケットボール	パス・ドリブル・シュート・フリーフロー・１対１・ランニング・ミニゲーム　など
テニス（軟式・硬式）	サーブ・レシーブ・ストローク・ボレー・ラリー・スマッシュ・乱打　など
バドミントン	サーブ・ラリー・スマッシュ・乱打　など
バレーボール	パス・トス・サーブ・スパイク・ブロック・ランニング　など
ハンドボール	ハンドボール投げ・立ち幅跳び・３０Ｍ走　など
卓球	フォア打ち・ドライブ・スマッシュ・ストローク・サーブ・フットワーク　など
陸上競技	短距離走・長距離走・立ち幅跳び・タイムトライアル　など （雨天時）：反復横跳び・ミニハードル走・腹筋・シャトルラン　など
剣道	切返し・打込み（面・小手・胴）・応じ技（面・小手に対し）・素振り・地稽古　など
柔道	受け身・投込み・打込み・寝技・乱取り　など
美術	静物デッサン・鉛筆デッサン・白黒デッサン　など
吹奏楽	合奏・任意の曲の演奏・基礎技能実技（基本の音階・半音階） ピアノ演奏（バッハ・ベートベン・ショパンなどの作曲から１つ選び演奏）など
書道	検査当日に指定される文字の清書・楷書・行書　など

※実施校により、実施内容が異なります

その他　実施校が少なかった種目一覧

種目	実施校
新体操	袖ヶ浦
ハンドボール	千葉商業・若松・土気・八千代（体）・柏陵・我孫子
水球	八千代（体）
レスリング	野田中央・佐倉西・四街道
ラグビー	千葉工業・市立松戸（普）・我孫子
フェンシング	柏陵
弓道	船橋北・市立松戸（普）・鎌ヶ谷西・流山南・市立銚子・天羽
ゴルフ	多古
ボート・カヌー	小見川
相撲	流山南・天羽
囲碁	京葉
工芸	佐倉南
歌唱・音楽　他	津田沼［歌唱］・茂原樟陽[音楽]・木更津東[音楽]
合唱	若松・船橋法典・市立松戸（普）・鎌ヶ谷西・佐倉南・天羽
演劇	野田中央
珠算・簿記	一宮商業
ワープロ・情報	一宮商業

令和２年度
千葉県公立高等学校
入試結果データ

資料提供
SOSHIN TOSOH 総進図書

千葉県公立高等学校の通学区域

1. 県立高等学校の通学区域

県立高等学校の全日制普通科には、志願に関して次のような学区制限があり、その学区内の高等学校を志願しなければなりません。

（1）志願者及び保護者の居住する市町村が属し、かつ志願者の在籍あるいは卒業した中学校の所在する市町村が属する学区

（2）（1）に掲げる学区に隣接する学区

＊女子校（千葉女子高校及び木更津東高校）の２校、専門学科、総合学科、定時制及び通信制の課程には志願に関する学区制限はありません。県内全域から志願することができます。

各市町村の学区

学区	市町村
第１学区	千葉市
第２学区	市川市　船橋市　松戸市　習志野市　八千代市　浦安市
第３学区	野田市　柏市　流山市　我孫子市　鎌ヶ谷市
第４学区	成田市　佐倉市　四街道市　八街市　印西市　白井市　富里市　印旛郡内全町
第５学区	銚子市　香取市　匝瑳市　旭市　香取郡内全町
第６学区	東金市　山武市　大網白里市　山武郡内全町
第７学区	茂原市　勝浦市　いすみ市　長生郡内全町村　夷隅郡内全町
第８学区	館山市　鴨川市　南房総市　鋸南町
第９学区	木更津市　市原市　君津市　富津市　袖ヶ浦市

志願者の受験可能学区（全日制普通科）

居住学区＼高校所在学区	第１学区	第２学区	第３学区	第４学区	第５学区	第６学区	第７学区	第８学区	第９学区
第１学区	●	●		●		●	●		●
第２学区	●	●	●	●					
第３学区		●	●	●					
第４学区	●	●	●	●	●	●			
第５学区				●	●	●			
第６学区	●			●	●	●	●		
第７学区	●					●	●	●	●
第８学区							●	●	●
第９学区	●						●	●	●

2. 市立高等学校の通学区域

市立高等学校の志願については、下記の学区制限があります。

学校	学科	学区制限
千葉市立千葉	普通	千葉市内のみ可能（本人及び保護者が千葉市内に居住する者）
	理数	県内全域から可能
千葉市立稲毛	普通	千葉市内
	国際教養	県内全域
習志野市立習志野	普通	第１･第２･第３･第４学区の市町（県立高校と同じ扱い）
	商業	県内全域
船橋市立船橋	普通	第１･第２･第３･第４学区の市町（県立高校と同じ）
	商業	県内全域
	体育	県内全域
松戸市立松戸	普通	第１･第２･第３･第４学区の市町（県立高校と同じ）
	国際人文	県内全域
柏市立柏	普通	第２･第３･第４学区の市町（県立高校と同じ）
	ｽﾎﾟｰﾂ科学	県内全域
銚子市立銚子	普通・理数（くくり募集）	第４･第５･第６学区の市町（県立高校と同じ）

県立高等学校全日制の課程普通科通学区域図

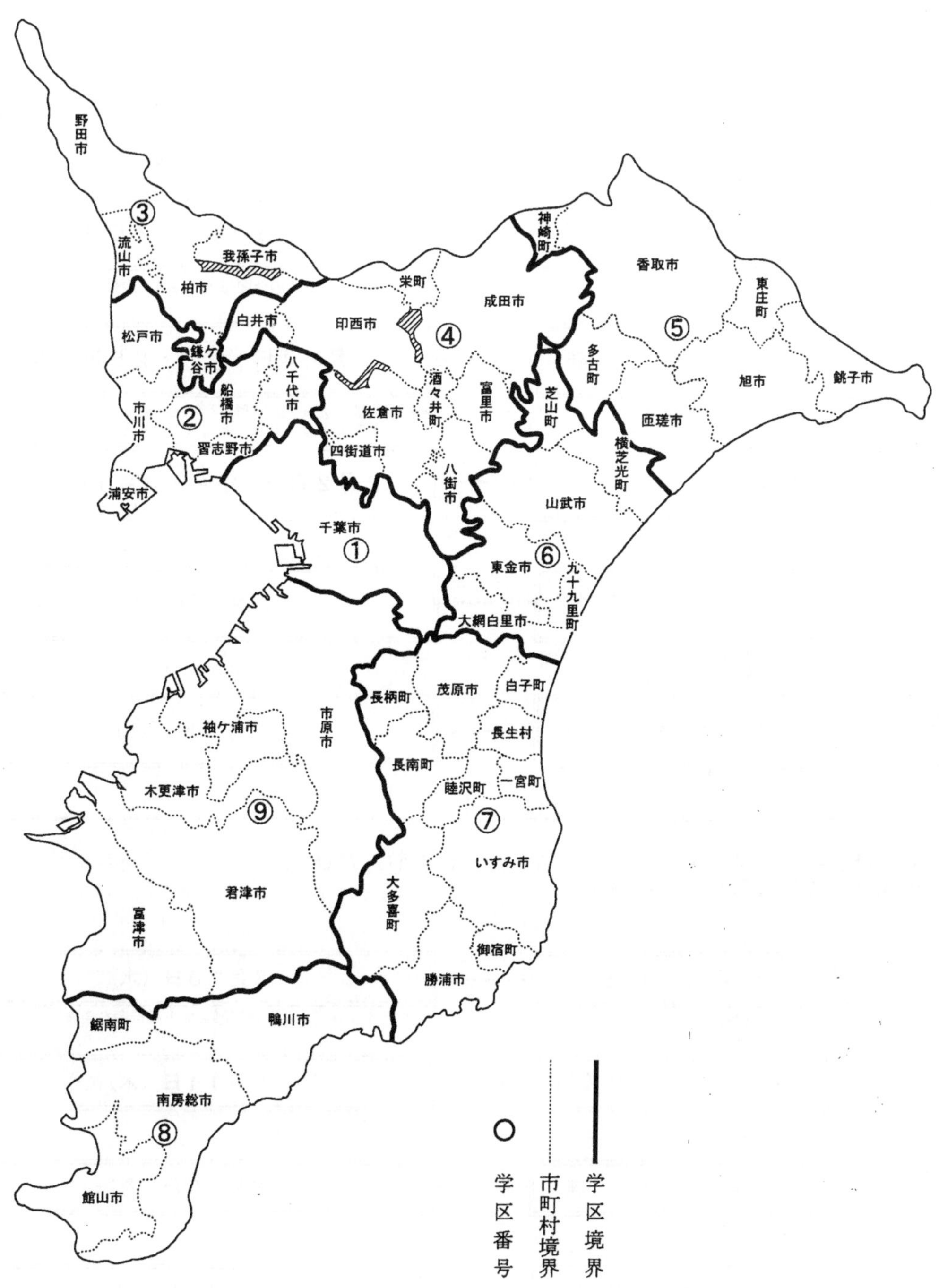

令和3年度（来春） 千葉県公立高等学校 選抜日程

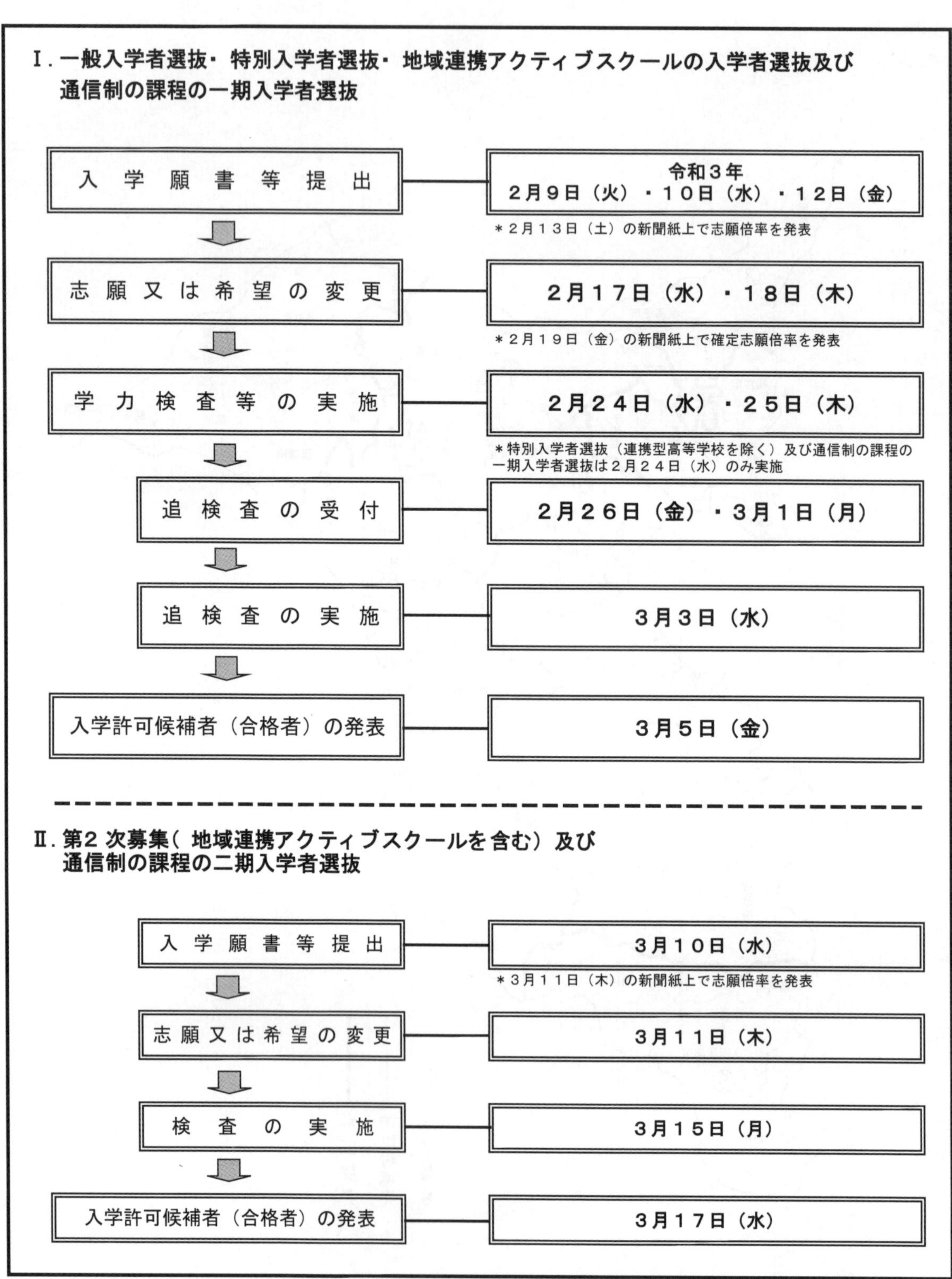

旧選抜制度と新選抜制度の相違点

❶受検する機会が、旧選抜においては前期選抜・後期選抜の２回あったものが、新入試選抜では１回のみとなります。

❷学力検査が、２日に亘って実施されます。（旧選抜では１日に国数英理社の５教科を実施）

❸英語の学力検査の時間が６０分となります。（他の４教科は５０分で実施、旧選抜では全ての教科を前期５０分、後期４０分で実施）

❹調査書の評定において、算式による統一した補正は実施しません。

❺本検査の他に、追検査が実施されます。（インフルエンザ罹患等のやむを得ない理由のみ受検可能）

	旧制度（令和2年度入学者選抜）		新制度（令和3年度入学者選抜）
名称	前期選抜	後期選抜	一般入学者選抜（本検査）
検査日 発表日	令和2年2月12日（火） 13日（水） 令和2年2月19日（水）	令和2年3月2日（月） 令和2年3月6日（金）	令和3年2月24日（水） 25日（木） 令和3年3月5日（金）
検査内容	第1日　5教科の学力検査（1教科50分） 第2日　各高等学校において、面接、自己表現、作文、適性検査等から一つ以上の検査を実施	5教科の学力検査（1教科40分）、面接等各高等学校が必要に応じて実施する検査	第1日　3教科（国語・数学・英語）の学力検査（国語・数学は50分、**英語は60分**） 第2日　2教科（理科・社会）の学力検査（1教科50分）、各高等学校において、面接、自己表現、作文、適性検査等から、一つ以上の検査を実施
選抜方法	調査書、学力検査の成績、各高等学校において実施した検査の結果等を資料とし、各高等学校が総合的に判定する。 調査書の評定は、算式1を使用する。	調査書、学力検査の成績、各高等学校が必要に応じて実施した検査の結果等を資料とし、各高等学校が総合的に判定する。 調査書の評定は、算式1を使用する。 B組の判定には算式2を使用する。	調査書の評定の全学年の合計値及びその他の記載事項、学力検査の成績、各高等学校において実施した検査の結果等を資料とし、各高等学校が総合的に判定する。また、選抜資料は原則として得点（数値）化し、各高等学校は、選抜・評価方法において公表する。 調査書の評定は、全学年の合計値を使用する。算式による補正は行わない。
追検査	実施していない。	実施していない。	実施する。（インフルエンザ罹患等の理由のみ）

「一般入学者選抜」の検査内容と選抜方法

1．本検査

（1）検査内容等

	検査の内容		時間・配点
第1日	【学力検査】国語・数学・英語	国語の問題は、放送による聞き取り検査を含む。英語の問題は、放送によるリスニングテストを含む。	国語・数学は５０分 英語は６０分 各教科１００点
第2日	【学力検査】理科・社会		各教科５０分 各教科１００点
	【各高等学校が定める検査】	各高等学校において、面接、集団討論、自己表現、作文、適性検査、学校独自問題及びその他の検査のうちからいずれか一つ以上の検査を実施する。	検査の時間等については、各高等学校が定める。

＊【各高等学校が定める検査】の各検査の概略

○面接-学習活動や学校生活に対する意欲・関心、あるいは一般常識を問う。
○集団討論-複数の受検者に、同一のテーマを与えて自由に討論させる。
○自己表現-決められた時間内に、受検者があらかじめ提出したテーマに従って発表する。
○作文-指示された題名のもとに文書を作成する。
○小論文-ある文章を与え、その全体又は一部について問い、受検者のものの考え方等を見る。
○適性検査-学校・学科の特色に応じて行う実技等の検査で、運動能力に関する検査、各学校が指定する検査等を行う。
○学校独自問題-高校が独自に作成し、受検者に課す筆記試験。
○その他の検査（集団適性検査）-集団に課題を与えて活動を観察する検査。

（2）検査時間割

	第１日		第２日	
本検査	9:30	集合	9:30	集合
	9:30～　9:40	受付・点呼	9:30～　9:40	受付・点呼
	9:40～　9:55	注意事項伝達	9:40～　9:55	注意事項伝達
	10:10～11:00	国語	10:10～11:00	理科
	11:20～12:10	数学	11:20～12:10	社会
	12:10～12:55	昼食・休憩	12:10～12:55	昼食・休憩
	13:05～14:05	英語	13:05～ ～16:30	各高等学校が定める検査

（3）選抜方法等

「調査書の評定の全学年の合計値及びその他の記載事項」、「学力検査の成績」、「各高等学校において実施した検査の結果」等を資料とし、**各高等学校が総合的に判定して、**入学者の選抜を行うものとする。また、選抜資料は原則として得点（数値）化するものとし、各高等学校は、選抜の手順、各選抜資料の配点等を定め、**選抜・評価方法において公表する。**

学力検査の成績	調査書		第２日の検査の得点	総得点	備考
	調査書の評定	記載事項			
国数英理社 （５００点）	９教科×５点×３学年 （１３５点）	□点 各校で定める	△点 各校で定める	◎◎◎点	調査書の評定は、算式による統一した補正は実施しない

選抜方法の例

❶「学力検査を重視する選抜」 **❷「特別活動等に重点を置く選抜」** **❸「❶及び❷の両方を組み合わせた選抜」**

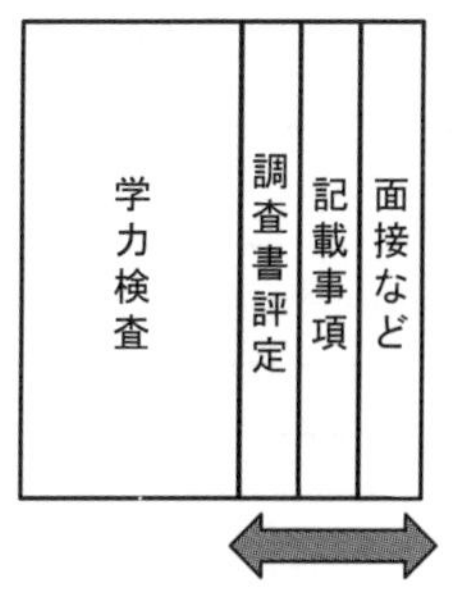

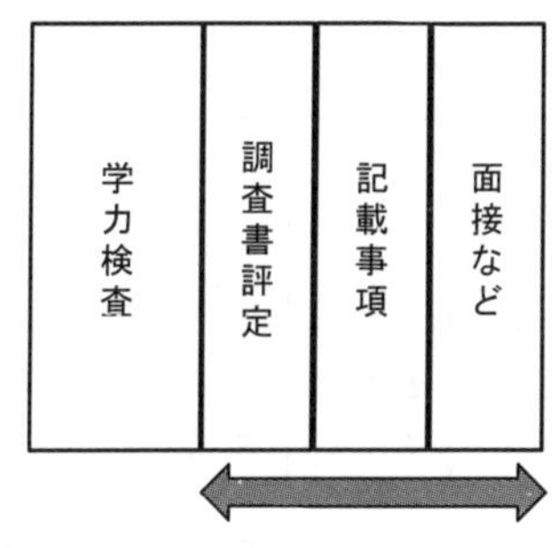

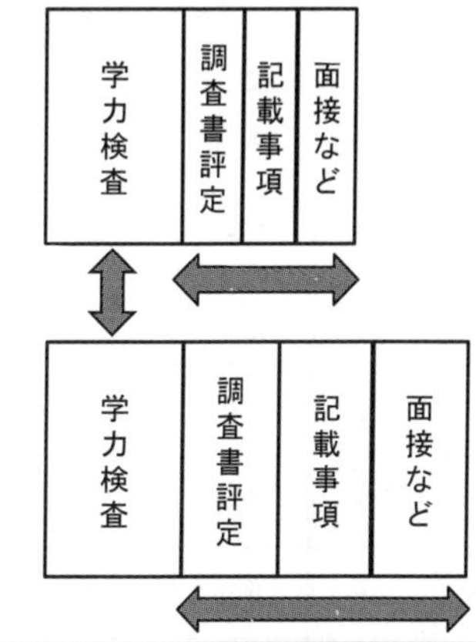

例Ａ【総得点に基づく一括選抜】

「学力検査の成績」、「第２日の検査の得点」、「調査書」等を全て合計した「総得点」により順位をつけ、各選抜資料の評価等について慎重に審議しながら、募集人員までを入学許可候補者として内定する。

<総得点の満点の内訳>❶「学力検査の成績を重視した選抜」

学力検査の成績	調査書の評定	記載事項	第２日の検査の得点	総得点
５００点	１３５点	１０点	１０点	６５５点

<総得点の満点の内訳>❷「特別活動等に重点を置いた選抜」

学力検査の成績	調査書の評定	記載事項	第２日の検査の得点	総得点
５００点	１３５点	２１５点	２５０点	１１００点

例Ｂ【総得点に基づく二段階選抜】❸「❶及び❷の両方を組み合わせた選抜」

ア「学力検査の成績」、「第２日の検査の得点」、「調査書」等を全て合計した表１の「総得点」により順位をつけ、各選抜資料の評価等について慎重に審議しながら、募集人員の７０％以内にある者を、入学許可候補者として内定する。

表１<総得点の満点の内訳>

学力検査の成績	調査書の評定	記載事項	第２日の検査の得点	総得点
５００点	１３５点	１５点	１０点	６５５点

イ　上記アで決まらなかった者については、「学力検査の成績」、「第２日の検査の得点」、「調査書」等を全て合計した表２の「総得点」により順位をつけ、各選抜資料の評価等について慎重に審議しながら、募集人員までを入学許可候補者として内定する。

表２<総得点の満点の内訳>

学力検査の成績	調査書の評定	記載事項	第２日の検査の得点	総得点
５００点	２７０点	３０点	２０点	８２０点

＊表１に比べ、総得点における「学力検査の成績」の比重が低い。

２．追検査（受検資格及び手続、実施場所、検査内容等及び選抜結果の発表）

●インフルエンザ罹患による急な発熱で別室での受検も困難である等、やむを得ない理由により本検査を全て受検できなかった者のうち、所定の手続き（追検査受検願・医師の診断書等の提出）により、志願する高等学校の校長に承認を受けた者が受検できます。

●検査は本検査に準じ、志願した高等学校で実施します。学力検査（国数理社は５０分、英語は６０分）及び各高等学校が定める検査（学校裁量）を１日で実施します。

●選抜結果の発表は、本検査の結果と併せて同一日に発表されます。

前期選抜における評価項目と評価基準①

学校名	学科	学力検査	調査書		第2日目の検査		総得点	選抜の方法
			学習成績	他各記録	内容	配点		
		A	B	C	D		A～D	
千葉	普通	500	0	0	作文	5	505	「総得点」により順位付け
千葉女子	普通	500	135	35	面接	30	700	「総得点」により順位付け
	家政	500	135	35	適性検査	60	730	「総得点」により順位付け
千葉東	普通	500	54	0	作文	10	564	「総得点」により順位付け
千葉商業	全科	500	135	20	自己表現	140	795	①「A+B」により順位付けし、上位から予定人員の70%以内 ②残りの予定人員を「総得点」により順位付け
京葉工業	全科	500	135	90	面接	105	830	「総得点」により順位付け
千葉工業	全科	500	135	65	自己表現	150	850	「総得点」により順位付け
千葉南	普通	500	135	30	面接	20	685	「総得点」により順位付け
検見川	普通	500	135	25	作文	15	675	「総得点」により順位付け
千葉北	普通	500	135	40	面接	20	695	「総得点」により順位付け
若松	普通	500	135	20	自己表現	150	805	①「A+B+C」により順位付けし、上位から予定人員の60%以内 ②残りの予定人員を「総得点」により順位付け
千城台	普通	500	270	35	面接	15	820	①「A+B+C」により順位付けし、上位から予定人員の80%以内 ②残りの予定人員を「総得点」により順位付け
生浜	普通	500	135	50	面接 自己表現	100 160	945	「総得点」により順位付け
磯辺	普通	500	135	45	面接	18	698	①「A+B+C」により順位付けし、上位から予定人員の80%以内 ②残りの予定人員を「総得点」により順位付け
幕張総合	総合	500	135	50	面接	20	705	①「A+B」により順位付けし、上位から予定人員の70%以内 ②残りの予定人員を「総得点」により順位付け
	看護	500	135	5	面接	30	670	「総得点」により順位付け
柏井	普通	500	135	0	自己表現	160	795	①「A+B」により順位付けし、上位から予定人員の50%以内 ②残りの予定人員を「総得点」により順位付け
土気	普通	500	135	46	自己表現	100	781	「総得点」により順位付け
千葉西	普通	500	135	33	面接	10	678	「総得点」により順位付け
犢橋	普通	500	135	215	面接 自己表現	90 160	1100	「総得点」により順位付け
市立千葉	全科	500	135	15	小論文	10	660	「総得点」により順位付け
市立稲毛	全科	500	135	30	面接	30	695	①「B」及び「A+D」での順位付けでともに予定人員の80%以内 ②残りの予定人員を「総得点」により順位付け
八千代	普通	500	135	40	集団討論	40	715	「総得点」により順位付け
	家政	500	135	15	面接 適性検査	40 40	730	「総得点」により順位付け
	体育	500	135	0	面接 適性検査	40 410	1085	「総得点」により順位付け
八千代東	普通	500	135	60	自己表現	120	815	「総得点」により順位付け

前期選抜における評価項目と評価基準②

学校名	学科	学力検査	調査書		第２日目の検査		総得点	選抜の方法
			学習成績	他各記録	内容	配点		
		A	B	C	D		A～D	
八千代西	普通	500	135	25	面接	120	780	「総得点」により順位付け
津田沼	普通	500	135	8	自己表現	50	693	「総得点」により順位付け
実籾	普通	500	135	30	面接	30	695	①「A+B+C」により順位付けし、上位から予定人員の80%以内 ②残りの予定人員を「総得点」により順位付け
市立 習志野	全科	500	135	0	面接 自己表現	48 400	1083	「総得点」により順位付け ※<普通科のみ>習志野市内生48名程度の優先入学あり
船橋	普通	500	67.5	0	面接	10	577.5	「総得点」により順位付け
	理数	600	67.5	0	面接	10	677.5	「総得点」により順位付け
薬園台	普通	500	135	10	面接	10	655	「総得点」により順位付け
	園芸	500	135	10	面接	90	735	「総得点」により順位付け
船橋東	普通	500	270	10	面接	3	783	「総得点」により順位付け
船橋啓明	普通	500	135	25	面接	15	675	「総得点」により順位付け
船橋芝山	普通	500	135	40	面接	9	684	①「A+B」により順位付けし、上位から予定人員の70%以内 ②残りの予定人員を「総得点」により順位付け
船橋二和	普通	500	135	65	自己表現	70	770	「総得点」により順位付け
船橋法典	普通	500	135	60	面接 自己表現	96 200	991	「総得点」により順位付け
船橋豊富	普通	500	135	136	面接	84	855	「総得点」により順位付け
船橋北	普通	500	135	35	自己表現	150	820	「総得点」により順位付け
市立船橋	普通	500	135	75	自己表現	120	830	「総得点」により順位付け ※船橋市内生48名程度の優先入学あり
	商業	500	135	45	面接 自己表現	80 120	880	「総得点」により順位付け
	体育	500	135	0	適性検査	350	985	「総得点」により順位付け
市川工業	全科	500	135	80	面接 適性検査	80 40	835	「総得点」により順位付け
国府台	普通	500	135	25	作文	40	700	①「A+B+C」により順位付けし、上位から予定人員の80%以内 ②残りの予定人員を「総得点」により順位付け
国分	普通	500	135	30	面接	30	695	①「A+B」により順位付けし、上位から予定人員の80%以内 ②残りの予定人員を「総得点」により順位付け
行徳	普通	500	135	15	面接	180	830	「総得点」により順位付け
市川東	普通	500	135	20	面接	18	673	「総得点」により順位付け
市川昴	普通	500	135	65	面接	36	736	「総得点」により順位付け
市川南	普通	500	135	49	面接 自己表現	40 60	784	「総得点」により順位付け
浦安	普通	500	135	45	面接 自己表現	30 40	750	①「A+B+C」により順位付けし、上位から予定人員の80%以内 ②残りの予定人員を「総得点」により順位付け

前期選抜における評価項目と評価基準③

学校名	学科	学力検査	調査書		第２日目の検査		総得点	選抜の方法
			学習成績	他各記録	内容	配点		
		A	B	C	D		A～D	
浦安南	普通	500	135	65	面接	120	820	「総得点」により順位付け
松戸	普通	500	135	32	面接	12	679	「総得点」により順位付け
	芸術	500	135	32	面接 適性検査	12 200	879	「総得点」により順位付け
小金	総合	500	135	0	作文	10	645	①「A+B」により順位付けし、上位から予定人員の80%以内 ②残りの予定人員を「総得点」により順位付け
松戸国際	普通	500	135	0	面接	40	675	「総得点」により順位付け
	国際教養	550	135	0	面接	40	725	「総得点」により順位付け
松戸六実	普通	500	135	15	面接 自己表現	30 120	800	「総得点」により順位付け
松戸向陽	全科	500	135	70	面接	40	745	「総得点」により順位付け
松戸馬橋	普通	500	135	30	面接 自己表現	90 180	935	「総得点」により順位付け
市立松戸	普通	500	135	60	自己表現	100	795	「総得点」により順位付け ※松戸市内生56名程度の優先入学あり
	国際人文	550	135	60	面接 作文	20 20	785	「総得点」により順位付け
鎌ヶ谷	普通	500	135	35	作文	20	690	「総得点」により順位付け
鎌ヶ谷西	普通	500	270	80	面接 自己表現	100 120	1070	「総得点」により順位付け
東葛飾	普通	500	135	0	作文	60	695	「総得点」により順位付け
柏	普通	500	135	10	面接	15	660	「総得点」により順位付け
	理数	600	135	15	面接	15	765	「総得点」により順位付け
柏南	普通	500	135	30	面接	20	685	「総得点」により順位付け
柏陵	普通	500	135	80	面接 自己表現	45 90	850	「総得点」により順位付け
柏中央	普通	500	135	40	面接	5	680	①「A+B+C」により順位付けし、上位から予定人員の80%以内 ②残りの予定人員を「総得点」により順位付け
柏の葉	普通	500	135	60	面接	30	725	「総得点」により順位付け
	情報理数	500	135	60	面接	30	725	「総得点」により順位付け
沼南	普通	500	135	50	面接 自己表現	90 160	935	「総得点」により順位付け
沼南高柳	普通	500	270	30	面接	100	900	「総得点」により順位付け
市立柏	普通	500	135	20	面接 自己表現	30 200	885	「総得点」により順位付け
	ｽﾎﾟｰﾂ科学	500	135	0	面接 適性検査	30 480	1145	「総得点」により順位付け
流山	全科	500	135	40	面接	45	720	「総得点」により順位付け

前期選抜における評価項目と評価基準④

学校名	学科	学力検査	調査書		第２日目の検査		総得点	選抜の方法
			学習成績	他各記録	内容	配点		
		A	B	C	D		A～D	
流山おおたかの森	普通	500	135	100	面接	30	765	①「A+B」により順位付けし、上位から予定人員の50%以内 ②残りの予定人員を「総得点」により順位付け
	国際コミュニケーション	550	135	110	面接 適性検査	30 20	845	①「A+B」により順位付けし、上位から予定人員の50%以内 ②残りの予定人員を「総得点」により順位付け
流山南	普通	500	135	105	自己表現	160	900	「総得点」により順位付け
野田中央	普通	500	270	230	自己表現	150	1150	「総得点」により順位付け
清水	全科	500	135	50	面接 適性検査	120 120	925	①「A+B+C」により順位付けし、上位から予定人員の80%以内 ②残りの予定人員を「総得点」により順位付け
関宿	普通	500	135	65	面接 作文	200 100	1000	①「A+B+C」により順位付けし、上位から予定人員の80%以内かつ「D」の評価がA　②残りの予定人員を「総得点」により順位付け
我孫子	普通	500	135	0	自己表現	100	735	「総得点」により順位付け
我孫子東	普通	500	135	10	面接	100	745	「総得点」により順位付け
白井	普通	500	135	100	面接	100	835	「総得点」により順位付け
印旛明誠	普通	500	135	60	面接	30	725	「総得点」により順位付け
成田西陵	全科	500	135	65	面接	100	800	「総得点」により順位付け
成田国際	普通	500	135	0	自己表現	30	665	①「A+B」により順位付けし、上位から予定人員の80%以内 ②残りの予定人員を「総得点」により順位付け
	国際	550	135	0	自己表現	30	715	①「A+B」により順位付けし、上位から予定人員の80%以内 ②残りの予定人員を「総得点」により順位付け
成田北	普通	500	135	50	面接	30	715	「総得点」により順位付け
下総	園芸 情報処理	500	135	65	面接	300	1000	「総得点」により順位付け
	自動車	500	135	65	適性検査	300	1000	「総得点」により順位付け
富里	普通	500	270	21	自己表現	180	971	「総得点」により順位付け
佐倉	普通	500	135	0	面接	30	665	「総得点」により順位付け
	理数	600	135	0	面接	30	765	「総得点」により順位付け
佐倉東	普通	500	135	50	面接 自己表現	60 60	805	「総得点」により順位付け
	服飾ﾃﾞｻﾞｲﾝ 調理国際	500	135	50	面接	60	745	「総得点」により順位付け
佐倉西	普通	500	135	40	自己表現	100	775	「総得点」により順位付け
佐倉南	普通	500	135	40	面接 自己表現	60 60	795	「総得点」により順位付け
八街	総合	500	135	130	面接 集団適性検査	150 75	990	「総得点」により順位付け
四街道	普通	500	135	50	自己表現	120	805	「総得点」により順位付け
四街道北	普通	500	270	80	面接 自己表現	180 60	1090	「総得点」により順位付け

前期選抜における評価項目と評価基準⑤

学校名	学科	学力検査	調査書		第2日目の検査		総得点	選抜の方法
			学習成績	他各記録	内容	配点		
		A	B	C	D		A～D	
佐原	普通	500	135	5	作文	15	655	「総得点」により順位付け
	理数	600	135	5	作文	15	755	「総得点」により順位付け
佐原白楊	普通	500	135	30	作文	30	695	①「A+B」により順位付けし、上位から予定人員の40%以内 ②残りの予定人員を「総得点」により順位付け
小見川	普通	500	270	115	自己表現	150	1035	「総得点」により順位付け
多古	全科	500	135	60	面接 自己表現	90 180	965	「総得点」により順位付け
銚子	普通	500	270	170	面接	60	1000	「総得点」により順位付け
銚子商業	全科	500	135	35	自己表現	120	790	「総得点」により順位付け
市立銚子	全科	500	135	55	自己表現	60	750	「総得点」により順位付け
旭農業	全科	500	135	50	面接	240	925	「総得点」により順位付け
東総工業	全科	500	135	95	自己表現	80	810	「総得点」により順位付け
匝瑳	普通	500	135	105	作文	45	785	「総得点」により順位付け
	理数	600	135	105	作文	45	885	「総得点」により順位付け
松尾	普通	500	135	30	面接	60	725	「総得点」により順位付け
成東	普通	500	135	40	面接	30	705	「総得点」により順位付け
	理数	600	135	15	面接	30	780	「総得点」により順位付け
東金	普通	500	135	30	自己表現	30	695	「総得点」により順位付け
	国際教養	550	135	37.5	面接	30	752.5	「総得点」により順位付け
東金商業	全科	500	135	25	自己表現	90	750	①「A+B」により順位付けし、上位から予定人員の60%以内 ②残りの予定人員を「総得点」により順位付け
大網	全科	500	135	90	面接	120	845	「総得点」により順位付け
九十九里	普通	500	135	20	面接	150	805	「総得点」により順位付け
長生	普通	500	135	10	作文	10	655	「総得点」により順位付け
	理数	600	135	0	作文	10	745	「総得点」により順位付け
茂原	普通	500	135	30	自己表現	100	765	「総得点」により順位付け
茂原樟陽	全科	500	135	30	面接 自己表現	60 60	785	「総得点」により順位付け
一宮商業	全科	500	135	65	自己表現	100	800	「総得点」により順位付け
大多喜	普通	500	135	120	面接	60	815	「総得点」により順位付け

前期選抜における評価項目と評価基準⑥

学校名	学科	学力検査	調査書		第2日目の検査		総得点	選抜の方法
			学習成績	他各記録	内容	配点		
		A	B	C	D		A～D	
大原	総合	500	270	110	面接	120	**1000**	①「A+学習の記録(135点満点)」により順位付けし、上位から予定人員の60%以内 ②残りの予定人員を「総得点」により順位付け
長狭	普通	500	135	80	面接	80	**795**	「総得点」により順位付け
安房拓心	総合	500	135	20	面接	60	**715**	「総得点」により順位付け
安房	普通	500	135	80	面接	40	**755**	①「A+B」により順位付けし、上位から予定人員の80%以内 ②残りの予定人員を「総得点」により順位付け
館山総合	全科	500	135	60	面接	84	**779**	「総得点」により順位付け
君津商業	全科	500	135	60	自己表現	50	**745**	「総得点」により順位付け
木更津	全科	500	135	0	面接	30	**665**	「総得点」により順位付け
木更津東	全科	500	135	20	自己表現	100	**755**	「総得点」により順位付け
君津	普通	500	135	0	面接 自己表現	32 48	**715**	①「A+B」により順位付けし、上位から予定人員の80%以内 ②残りの予定人員を「総得点」により順位付け
上総	全科	500	405	50	面接	150	**1105**	「総得点」により順位付け
君津青葉	総合	500	135	45	面接	60	**740**	「総得点」により順位付け
袖ヶ浦	全科	500	135	0	面接 自己表現	40 60	**735**	①「A+B」により順位付けし、上位から予定人員の50%以内 ②残りの予定人員を「総得点」により順位付け
市原	全科	500	135	165	面接	200	**1000**	「総得点」により順位付け
京葉	普通	500	135	45	自己表現	200	**880**	「総得点」により順位付け
市原緑	普通	500	135	40	面接 自己表現	50 100	**825**	「総得点」により順位付け
姉崎	普通	500	135	95	面接 自己表現	60 60	**850**	「総得点」により順位付け
市原八幡	普通	500	135	60	自己表現	75	**770**	「総得点」により順位付け

地域連携アクティブスクールにおける評価項目と評価基準

〈注〉　学力検査は3教科（国語・数学・英語）での実施

学校名	学科	学力検査	調査書		第2日目の検査		総得点	選抜の方法
			学習成績	他各記録	内容	配点		
		A	B	C	D		A～D	
泉	普通	300	180	50	作文 面接	※	−	面接の評価により3つのグループに分け、各グループで「A+B+C」で順位付けし、作文の評価の内容を加味して総合的に判断。
船橋古和釜	普通	300	135	100	面接 作文	160 30	**725**	「総得点」により順位付け
流山北	普通	300	135	265	面接 自己表現 作文	※	−	面接･自己表現･作文の各評価ABCによりAAA～CCCの27ブロックを、A評価の個数等により8グループに分ける。各グループ内で「A+B+C」で順位付けし、上位グループから審議。
天羽	普通	300	135	65	面接 自己表現 作文	200 100 100	**900**	「総得点」により順位付け

学区別／専門学科設置高等学校

＊印はくくり募集

	学科名	学区別設置高校								
		第１学区	第２学区	第３学区	第４学区	第５学区	第６学区	第７学区	第８学区	第９学区
総合	総合学科	幕張総合	小金		八街			大原	安房拓心	君津青葉
理数	理数	市立千葉	船橋	柏	佐倉	佐原	成東	長生		木更津
						＊市立銚子				
						匝瑳				
外国語系学科	国際教養	市立稲毛	松戸国際				東金			
	国際人文		市立松戸							
	国際				成田国際					
	国際ｺﾐｭﾆｹｰｼｮﾝ			流山おおたかの森						
商業系学科	商業	＊千葉商業	市立習志野	＊流山		＊銚子商業	＊東金商業	＊一宮商業	館山総合	＊君津商業
			市立船橋							
	情報処理	＊千葉商業		＊流山	成田西陵	＊銚子商業	＊東金商業	＊一宮商業		＊君津商業
					下総					
	情報理数			柏の葉						
	情報ｺﾐｭﾆｹｰｼｮﾝ									袖ケ浦
工業系学科	工業								館山総合	
	理数工学	千葉工業								
	機械	京葉工業	市川工業	＊清水						
	電子機械	千葉工業				東総工業		茂原樟陽		
	自動車				下総					
	電気	千葉工業	市川工業	＊清水		東総工業		茂原樟陽		
	電子工業	京葉工業								
	情報技術	千葉工業				東総工業				
	設備ｼｽﾃﾑ	京葉工業								
	環境化学			＊清水				茂原樟陽		
	工業化学	千葉工業								
	建築		市川工業							
	建設	京葉工業				東総工業				
	インテリア		市川工業							
家政系	家政	千葉女子	八千代						館山総合	木更津東
	調理国際				佐倉東					
	服飾ﾃﾞｻﾞｲﾝ				佐倉東					
芸術系	芸術		松戸							
看護系	看護	幕張総合								
	福祉教養		松戸向陽							
体育系学科	体育		八千代							
			市立船橋							
	ｽﾎﾟｰﾂ科学			市立柏						
農業系学科	農業						大網	茂原樟陽		
	園芸		薬園台	流山	成田西陵	多古				君津
					下総	旭農業				市原
	土木造園				成田西陵			茂原樟陽		
	畜産					旭農業				
	食品科学			清水	成田西陵	旭農業	大網	茂原樟陽		
	生物工学						大網			
水産系	海洋					銚子商業			館山総合	

県立学校改革推進プラン/第3次プログラム・第4次実施プログラム

実施年度のうち、［令和３年度］の項目が来春の入試に関係します。

Ⅰ【魅力ある県立学校づくりの推進】

（教員基礎コースの設置）

対象高校	実施年度
我孫子 普通科	平成３０年度
君津 普通科	平成３０年度

（農業に関する学科の学科再構成）

対象高校	実施年度
流山 成田西陵 下総 多古 旭農業 大網 茂原樟陽 鶴舞桜が丘	平成３０年度 農業に関する学科を園芸科、農業科、食品科学科、土木造園科、畜産科、生物工学科に再構成

（工業に関する学科の学科再構成）

対象高校	実施年度
下総 航空車両整備	平成３０年度 自動車科に再構成

（商業に関する学科の学科再構成）

対象高校	実施年度
流山 千葉商業 成田西陵 下総 君津商業	平成３０年度 商業に関する学科を商業科、情報処理科に再構成

（単位制の導入）

対象高校	実施年度
安房 普通科	平成３０年度

（保育基礎コースの設置）

対象高校	実施年度
市川南 普通科	平成３１年度 （令和元年度）

（福祉コースの設置）

対象高校	実施年度
我孫子東 普通科	平成３１年度 （令和元年度）

（総合学科の設置）

対象高校	実施年度
幕張総合 普通科	平成３１年度 （令和元年度）

（防災の学びの導入）

対象高校	実施年度
市原八幡 普通科	平成３１年度 （令和元年度）

（保育基礎コースの設置）

対象高校	実施年度
四街道北 普通科	令和２年度

（福祉コースの設置）

対象高校	実施年度
犢橋 普通科	令和２年度

（医療コースの設置）

対象高校	実施年度
成田北 普通科	令和２年度

（ものづくりコースの設置）

対象高校	実施年度
姉崎 普通科	令和２年度

（工業基礎コースの設置）

対象高校	実施年度
天羽 普通科	令和２年度

（定時制高校の工業に関する学科の再構成）

対象高校	実施年度
千葉工業 機械・電気	令和２年度 工業科に再構成
市川工業 機械電気・建築	令和２年度 工業科に再構成

（定時制高校の商業に関する学科の再構成）

対象高校	実施年度
木更津東 普通科	令和２年度 普通科に商業に関するコースを設置 商業科は募集停止

Ⅱ【県立学校の適正規模・適正配置】

対象高校	実施年度	設置学科と設置系列	使用校舎及び備考
市原 鶴舞桜が丘	平成３１年度 （令和元年度）	普通科・園芸科	市原 ＊鶴舞桜が丘高校は実習場として使用
君津 上総	令和３年度	普通科・園芸科	君津 ＊上総高校は実習場として使用
船橋 行徳 （定時制課程）	令和４年度	総合学科 （普通科を改編し、総合学科を設置）	船橋 ＊定時制課程を統合、行徳高校定時制課程は募集停止
佐倉南	令和４年度	普通科	三部制定時制高校を設置 佐倉南高校全日制課程は募集停止、佐倉東高校定時制課程は募集停止、佐倉東高校定時制課程の在校生転入

令和2年度千葉県公立高校入試概況

【全日制の課程】

前期選抜

＊海外帰国子女、外国人、中国等引揚者子女等の特別入学者選抜も含む。

募集人員	21, 758名	昨年度より268名減
志願者数	36, 644名	昨年度より1, 043名減
志願倍率	1. 68倍	昨年度より0. 03ポイント下降
受検者数	36, 528名	昨年度より1, 036名減
内定者数	21, 111名	昨年度より440名減
実質倍率	1. 73倍	昨年度より0. 01ポイント下降

後期選抜

募集人員	11, 351名	昨年度より9名減
志願確定者数	14, 740名	昨年度より665名減
志願倍率	1. 30倍	昨年度より0. 06ポイント下降
欠席・取消者数	11名	昨年度より6名減
受検者数	14, 729名	昨年度より659名減
合格者数	10, 442名	昨年度より102名減
実質倍率	1. 41倍	昨年度より0. 05ポイント下降

【定時制の課程】

＊三部制の定時制を含む

前期選抜		後期選抜	
募集人員	760名	募集人員	713名
志願者数	745名	志願確定者数	295名
志願倍率	0. 98倍	志願倍率	0. 41倍
欠席・取消者数	17名	欠席・取消者数	5名
受検者数	728名	受検者数	290名
合格者数	519名	合格者数	254名
実質倍率	1. 40倍	実質倍率	1. 14倍

【通信制の課程】

第一期入学者選抜

募集人員 225名　志願者数 91名　受検者数 87名　合格者数 87名

第二期入学者選抜

募集人員 182名　志願者数 17名　受検者数 17名　合格者数 17名

令和２年度千葉県公立高校入試結果（１学区：千葉市）

高校名	学科名	年度	全体定員	前期選抜					後期選抜					
				定員	志願者数	受検者数	合格者数	実質倍率	定員	志願者数	志願倍率	受検者数	合格者数	実質倍率
千葉	普通	30	240	144	432	421	144	2.92	101	197	1.95	197	108	1.82
		31	240	144	458	454	144	3.15	96	218	2.27	217	96	2.26
		2	240	144	428	428	144	2.97	97	177	1.82	177	97	1.82
千葉女子 女子校	普通	30	280	168	356	355	168	2.11	112	212	1.89	212	113	1.88
		31	280	168	293	292	168	1.74	113	155	1.37	155	113	1.37
		2	280	168	274	274	168	1.63	112	151	1.35	151	112	1.35
	家政	30	40	40	69	69	40	1.73	募集なし					
		31	40	40	62	62	40	1.55	募集なし					
		2	40	40	47	47	40	1.18	募集なし					
千葉東	普通	30	360	216	701	686	216	3.18	145	305	2.10	302	150	2.01
		31	320	192	612	605	192	3.15	128	260	2.03	260	131	1.98
		2	320	192	518	515	192	2.68	128	233	1.82	233	128	1.82
千葉商業	★くくり募集 商業(240) 情報システム(80)	30	320	320	438	436	326	1.34	募集なし					
		31	320	320	429	428	320	1.34	募集なし					
		2	320	320	440	438	322	1.36	募集なし					
京葉工業	機械	30	80	80	80	80	78	1.03	2	3	1.50	3	2	1.50
		31	80	80	87	87	80	1.09	募集なし					
		2	80	80	71	71	75	0.95	5	4	0.80	4	4	1.00
	電子工業	30	80	80	88	87	80	1.09	募集なし					
		31	80	80	87	87	80	1.09	募集なし					
		2	80	80	81	80	80	1.00	募集なし					
	設備システム	30	40	40	41	40	40	1.00	募集なし					
		31	40	40	46	46	40	1.15	募集なし					
		2	40	40	27	27	29	0.93	11	11	1.00	11	11	1.00
	建設	30	40	40	43	43	38	1.13	2	3	1.50	3	2	1.50
		31	40	40	47	47	40	1.18	募集なし					
		2	40	40	46	46	40	1.15	募集なし					
千葉工業	電子機械	30	80	80	97	97	80	1.21	1	2	2.00	2	1	2.00
		31	80	80	83	83	80	1.04	3	3	1.00	3	3	1.00
		2	80	80	68	68	67	1.01	13	2	0.15	2	2	1.00
	電気	30	80	80	95	95	80	1.19	2	5	2.50	5	2	2.50
		31	80	80	87	87	80	1.09	2	3	1.50	3	2	1.50
		2	80	80	65	64	64	1.00	16	6	0.38	6	6	1.00
	情報技術	30	40	40	50	50	40	1.25	募集なし					
		31	40	40	46	44	40	1.10	募集なし					
		2	40	40	28	28	28	1.00	13	4	0.31	4	4	1.00
	工業化学	30	40	40	43	43	40	1.08	募集なし					
		31	40	40	52	52	40	1.30	募集なし					
		2	40	40	29	29	29	1.00	11	9	0.82	9	9	1.00
	理数工学	30	40	40	32	30	34	0.88	9	6	0.67	6	6	1.00
		31	40	40	46	45	40	1.13	募集なし					
		2	40	40	31	30	29	1.03	13	10	0.77	10	10	1.00
千葉南	普通	30	320	192	375	374	192	1.95	129	193	1.50	192	129	1.49
		31	320	192	348	347	192	1.81	130	189	1.45	189	130	1.45
		2	320	192	378	377	192	1.96	129	203	1.57	203	129	1.57
検見川	普通	30	360	216	543	535	216	2.48	145	251	1.73	251	145	1.73
		31	320	192	454	453	192	2.36	129	230	1.78	230	130	1.77
		2	320	192	482	482	192	2.51	128	211	1.65	211	128	1.65
千葉北	普通	30	360	216	381	377	216	1.75	145	201	1.39	201	145	1.39
		31	320	192	385	385	192	2.01	129	177	1.37	177	129	1.37
		2	320	192	292	292	192	1.52	128	180	1.41	179	129	1.39

高校名	学科名	年度	全体定員	前期選抜					後期選抜					
				定員	志願者数	受検者数	合格者数	実質倍率	定員	志願者数	志願倍率	受検者数	合格者数	実質倍率
若松	普通	30	320	192	344	343	192	1.79	128	180	1.41	180	128	1.41
		31	320	192	369	369	192	1.92	128	212	1.66	212	128	1.66
		2	320	192	429	428	192	2.23	128	180	1.41	180	128	1.41
千城台	普通	30	320	192	327	326	192	1.70	128	179	1.40	179	128	1.40
		31	320	192	415	415	192	2.16	128	212	1.66	212	128	1.66
		2	320	192	366	364	192	1.90	128	164	1.28	164	128	1.28
生浜	普通	30	80	48	107	106	48	2.21	32	51	1.59	51	33	1.55
		31	80	48	94	92	48	1.92	32	43	1.34	43	32	1.34
		2	80	48	97	97	48	2.02	32	44	1.38	44	32	1.38
磯辺	普通	30	320	192	334	334	192	1.74	128	213	1.66	213	128	1.66
		31	320	192	369	366	192	1.91	128	213	1.66	212	128	1.66
		2	320	192	352	351	192	1.83	131	211	1.61	210	132	1.59
泉 アクティブスクール	普通 (−40)	30	200	140	150	149	140	1.06	60	68	1.13	68	60	1.13
		31	200	140	155	153	140	1.09	60	70	1.17	70	60	1.17
		2	160	112	137	136	112	1.21	49	63	1.29	63	49	1.29
幕張総合	普通	30	720	432	990	987	432	2.28	288	469	1.63	467	289	1.62
		31	680	408	1005	1002	408	2.46	273	453	1.66	453	274	1.65
		2	680	408	1093	1087	408	2.66	273	522	1.91	522	273	1.91
	看護	30	40	40	99	99	40	2.48	募集なし					
		31	40	40	74	74	40	1.85	募集なし					
		2	40	40	90	89	40	2.23	募集なし					
柏井	普通	30	320	192	241	239	192	1.24	128	119	0.93	119	119	1.00
		31	280	168	244	239	168	1.42	112	133	1.19	133	113	1.18
		2	280	168	198	198	168	1.18	112	110	0.98	110	108	1.02
土気	普通	30	320	192	317	317	192	1.65	128	153	1.20	153	130	1.18
		31	320	192	281	280	192	1.46	128	148	1.16	148	129	1.15
		2	320	192	266	265	192	1.38	128	143	1.12	143	128	1.12
千葉西	普通	30	360	216	492	489	216	2.26	147	239	1.63	239	150	1.59
		31	320	192	405	404	192	2.10	129	180	1.40	180	129	1.40
		2	320	192	371	371	192	1.93	130	175	1.35	175	130	1.35
犢橋	普通	30	280	168	297	291	168	1.73	112	141	1.26	140	112	1.25
		31	280	168	246	246	168	1.46	112	133	1.19	133	112	1.19
		2	280	168	251	251	168	1.49	112	131	1.17	131	112	1.17
市立千葉	普通	30	280	168	414	412	168	2.45	112	207	1.85	207	119	1.74
		31	280	168	476	474	168	2.82	112	229	2.04	229	112	2.04
		2	280	168	453	451	168	2.68	112	222	1.98	222	112	1.98
	理数	30	40	30	79	77	30	2.57	10	23	2.30	23	10	2.30
		31	40	30	74	74	30	2.47	10	26	2.60	26	10	2.60
		2	40	30	81	81	30	2.70	10	24	2.40	24	10	2.40
市立稲毛	普通	30	200	120	310	308	120	2.57	80	151	1.89	151	81	1.86
		31	200	120	242	240	120	2.00	80	137	1.71	137	80	1.71
		2	200	120	259	259	120	2.16	80	135	1.69	135	80	1.69
	国際教養	30	40	30	82	81	30	2.70	10	33	3.30	32	10	3.20
		31	40	30	62	61	30	2.03	10	20	2.00	20	10	2.00
		2	40	30	61	61	30	2.03	10	21	2.10	21	10	2.10

令和２年度入試結果（２学区：八千代市・船橋市・習志野市・市川市・浦安市・松戸市）

高校名	学科名	年度	全体定員	前期選抜					後期選抜					
				定員	志願者数	受検者数	合格者数	実質倍率	定員	志願者数	志願倍率	受検者数	合格者数	実質倍率
八千代	普通	30	280	168	436	434	168	2.58	112	240	2.14	239	118	2.03
		31	280	168	448	446	168	2.65	112	234	2.09	234	113	2.07
		2	280	168	405	404	168	2.40	112	200	1.79	200	112	1.79
	家政	30	40	40	49	49	40	1.23	募集なし					
		31	40	40	56	56	40	1.40	募集なし					
		2	40	40	49	49	40	1.23	募集なし					
	体育	30	40	40	60	60	41	1.46	募集なし					
		31	40	40	59	59	40	1.48	募集なし					
		2	40	40	52	52	40	1.30	募集なし					
八千代東	普通	30	320	192	279	279	192	1.45	128	141	1.10	141	128	1.10
		31	320	192	247	246	192	1.28	128	139	1.09	138	128	1.08
		2	320	192	279	277	192	1.44	128	115	0.90	115	115	1.00
八千代西	普通	30	200	120	139	138	120	1.15	80	85	1.06	85	80	1.06
		31	200	120	134	134	120	1.12	80	73	0.91	72	72	1.00
		2	200	120	137	137	120	1.14	80	80	1.00	80	76	1.05
津田沼	普通（−40）	30	360	216	492	490	216	2.27	147	247	1.68	247	151	1.64
		31	360	216	448	447	216	2.07	147	244	1.66	244	147	1.66
		2	320	192	591	587	192	3.06	129	262	2.03	261	129	2.02
実籾	普通	30	360	216	451	447	216	2.07	144	211	1.47	211	147	1.44
		31	320	192	348	347	192	1.81	128	156	1.22	155	128	1.21
		2	320	192	340	340	192	1.77	128	171	1.34	171	128	1.34
市立習志野	普通	30	240	144	243	242	144	1.68	96	119	1.24	119	101	1.18
		31	240	144	264	264	144	1.83	96	116	1.21	116	96	1.21
		2	240	144	248	245	144	1.70	96	109	1.14	109	96	1.14
	商業	30	80	64	115	115	64	1.80	16	38	2.38	38	18	2.11
		31	80	64	113	113	64	1.77	16	26	1.63	26	16	1.63
		2	80	64	114	114	64	1.78	16	32	2.00	32	16	2.00
船橋	普通	30	320	192	672	663	192	3.45	128	311	2.43	310	132	2.35
		31	320	192	631	627	192	3.27	128	283	2.21	283	129	2.19
		2	320	192	650	650	192	3.39	128	296	2.31	296	128	2.31
	理数	30	40	24	72	69	24	2.88	16	27	1.69	27	16	1.69
		31	40	24	107	107	24	4.46	16	42	2.63	42	16	2.63
		2	40	40	71	71	40	1.78	1	2	2.00	2	1	2.00
薬園台	普通	30	280	168	353	351	168	2.09	112	165	1.47	164	113	1.45
		31	280	168	378	376	168	2.24	113	195	1.73	195	113	1.73
		2	280	168	342	342	168	2.04	112	186	1.66	186	112	1.66
	園芸	30	40	40	42	42	40	1.05	募集なし					
		31	40	40	30	30	29	1.03	11	3	0.27	3	3	1.00
		2	40	40	52	51	40	1.28	募集なし					
船橋東	普通	30	320	192	349	349	192	1.82	128	213	1.66	213	128	1.66
		31	320	192	349	349	192	1.82	128	232	1.81	232	132	1.76
		2	320	192	461	460	192	2.40	128	242	1.89	242	129	1.88
船橋啓明	普通	30	320	192	330	329	192	1.71	130	207	1.59	207	130	1.59
		31	320	192	337	336	192	1.75	128	170	1.33	169	129	1.31
		2	320	192	338	335	192	1.74	128	165	1.29	165	128	1.29
船橋芝山	普通	30	360	216	462	459	216	2.13	144	247	1.72	245	152	1.61
		31	320	192	413	411	192	2.14	130	218	1.68	217	132	1.64
		2	320	192	381	381	192	1.98	128	201	1.57	201	128	1.57
船橋二和	普通	30	320	192	313	313	192	1.63	128	168	1.31	168	132	1.27
		31	320	192	290	289	192	1.51	128	154	1.20	154	130	1.18
		2	320	192	293	292	192	1.52	128	121	0.95	121	121	1.00

高校名	学科名	年度	全体定員	前期選抜					後期選抜					
				定員	志願者数	受検者数	合格者数	実質倍率	定員	志願者数	志願倍率	受検者数	合格者数	実質倍率
船橋古和釜 アクティブスクール	普通	30	240	240	327	321	244	1.32	募集なし					
		31	240	240	293	289	243	1.19	募集なし					
		2	240	240	357	354	242	1.46	募集なし					
船橋法典	普通	30	240	144	293	292	144	2.03	96	126	1.31	125	96	1.30
		31	240	144	246	246	144	1.71	96	118	1.23	117	96	1.22
		2	240	144	226	224	144	1.56	96	103	1.07	103	96	1.07
船橋豊富	普通 (−40)	30	240	144	146	145	141	1.03	99	83	0.84	83	81	1.02
		31	240	144	123	121	115	1.05	126	71	0.56	71	63	1.13
		2	200	120	86	85	77	1.10	123	81	0.66	81	75	1.08
船橋北	普通	30	240	144	176	176	144	1.22	96	110	1.15	110	96	1.15
		31	240	144	204	204	144	1.42	96	107	1.11	107	96	1.11
		2	240	144	198	198	144	1.38	96	113	1.18	113	96	1.18
市立船橋	普通	30	240	144	266	265	144	1.84	96	147	1.53	146	101	1.45
		31	240	144	258	257	144	1.78	96	140	1.46	140	97	1.44
		2	240	144	265	265	144	1.84	96	153	1.59	153	96	1.59
	商業	30	80	80	154	154	80	1.93	募集なし					
		31	80	80	131	131	80	1.64	1	5	5.00	5	1	5.00
		2	80	80	154	154	81	1.90	募集なし					
	体育	30	80	80	88	88	80	1.10	募集なし					
		31	80	80	85	85	80	1.06	募集なし					
		2	80	80	81	81	81	1.00	募集なし					
市川工業	機械	30	80	80	73	73	72	1.01	8	4	0.50	4	4	1.00
		31	80	80	78	78	78	1.00	2	1	0.50	1	1	1.00
		2	80	80	81	81	75	1.08	5	4	0.80	4	2	2.00
	電気	30	80	80	92	90	80	1.13	募集なし					
		31	80	80	73	72	70	1.03	10	10	1.00	10	10	1.00
		2	80	80	81	81	75	1.08	6	6	1.00	6	6	1.00
	建築 (−40)	30	80	80	69	69	76	0.91	4	3	0.75	3	1	3.00
		31	80	80	75	75	74	1.01	7	6	0.86	6	5	1.20
		2	40	40	57	57	40	1.43	1	2	2.00	2	1	2.00
	インテリア	30	40	40	59	59	41	1.44	募集なし					
		31	40	40	50	50	40	1.25	募集なし					
		2	40	40	37	37	37	1.00	3	2	0.67	2	3	0.67
国府台	普通	30	320	192	420	417	192	2.17	129	232	1.80	232	132	1.76
		31	320	192	404	403	192	2.10	132	207	1.57	207	134	1.54
		2	320	192	370	367	192	1.91	128	215	1.68	214	128	1.67
国分	普通	30	320	192	508	505	192	2.63	128	231	1.80	231	131	1.76
		31	320	192	521	521	192	2.71	128	246	1.92	246	128	1.92
		2	320	192	374	373	192	1.94	128	191	1.49	191	128	1.49
行徳	普通	30	200	120	118	116	112	1.04	88	49	0.56	48	46	1.04
		31	200	120	128	128	120	1.07	80	57	0.71	56	53	1.06
		2	200	120	134	133	120	1.11	80	62	0.78	61	56	1.09
市川東	普通 (−40)	30	360	216	500	497	216	2.30	144	269	1.87	269	144	1.87
		31	360	216	531	525	216	2.43	145	271	1.87	271	145	1.87
		2	320	192	455	448	192	2.33	128	237	1.85	236	128	1.84
市川昴	普通	30	320	192	440	435	192	2.27	128	221	1.73	221	131	1.69
		31	320	192	346	344	192	1.79	128	205	1.60	204	128	1.59
		2	320	192	382	380	192	1.98	129	206	1.60	206	129	1.60
市川南	普通	30	320	192	320	318	192	1.66	128	188	1.47	188	128	1.47
		31	320	192	402	400	192	2.08	128	165	1.29	165	128	1.29
		2	320	192	315	314	192	1.64	129	160	1.24	160	129	1.24
浦安	普通	30	240	144	185	182	144	1.26	96	102	1.06	102	96	1.06
		31	240	144	229	228	144	1.58	96	126	1.31	126	96	1.31
		2	240	144	214	212	144	1.47	96	76	0.79	76	76	1.00

高校名	学科名	年度	全体定員	前期選抜					後期選抜					
				定員	志願者数	受検者数	合格者数	実質倍率	定員	志願者数	志願倍率	受検者数	合格者数	実質倍率
浦安南	普通	30	160	96	94	91	89	1.02	71	60	0.85	59	55	1.07
		31	160	96	103	103	96	1.07	64	53	0.83	53	52	1.02
		2	160	96	120	119	96	1.24	64	62	0.97	62	60	1.03
松戸	普通	30	200	120	255	254	120	2.12	80	106	1.33	106	82	1.29
		31	200	120	221	221	120	1.84	80	106	1.33	106	80	1.33
		2	200	120	232	230	120	1.92	80	100	1.25	100	80	1.25
	芸術	30	40	40	66	66	40	1.65	募集なし					
		31	40	40	77	77	40	1.93	募集なし					
		2	40	40	62	61	40	1.53	募集なし					
小金	総合学科	30	320	192	544	540	192	2.81	128	244	1.91	244	129	1.89
		31	320	192	560	557	192	2.90	128	286	2.23	286	128	2.23
		2	320	192	535	534	192	2.78	128	249	1.95	249	128	1.95
松戸国際	普通	30	240	144	350	350	144	2.43	96	185	1.93	185	96	1.93
		31	240	144	369	369	144	2.56	96	178	1.85	178	97	1.84
		2	240	144	338	336	144	2.33	97	169	1.74	169	97	1.74
	国際教養	30	120	96	206	205	96	2.14	24	63	2.63	63	24	2.63
		31	120	96	162	161	96	1.68	24	42	1.75	42	24	1.75
		2	120	96	208	207	96	2.16	24	69	2.88	69	24	2.88
松戸六実	普通	30	360	216	389	388	216	1.80	145	187	1.29	187	147	1.27
		31	320	192	303	303	192	1.58	128	161	1.26	161	129	1.25
		2	320	192	360	360	192	1.88	128	145	1.13	145	128	1.13
松戸向陽	普通	30	240	144	210	209	144	1.45	96	108	1.13	108	96	1.13
		31	240	144	188	188	144	1.31	96	105	1.09	105	96	1.09
		2	240	144	185	185	144	1.28	96	105	1.09	105	96	1.09
	福祉教養	30	40	40	33	33	33	1.00	7	5	0.71	5	5	1.00
		31	40	40	59	59	40	1.48	募集なし					
		2	40	40	33	33	33	1.00	7	4	0.57	4	4	1.00
松戸馬橋	普通	30	320	192	351	350	192	1.82	128	177	1.38	177	135	1.31
		31	320	192	314	313	192	1.63	128	165	1.29	165	129	1.28
		2	320	192	358	357	192	1.86	128	160	1.25	160	129	1.24
市立松戸	普通	30	320	192	422	420	192	2.19	129	155	1.20	155	136	1.14
		31	280	168	528	527	168	3.14	112	197	1.76	197	117	1.68
		2	280	168	425	425	168	2.53	112	184	1.64	184	115	1.60
	国際人文	30	40	40	86	86	40	2.15	募集なし					
		31	40	40	101	100	40	2.50	募集なし					
		2	40	40	74	72	40	1.80	募集なし					

令和２年度入試結果（３学区：鎌ヶ谷市・柏市・我孫子市・流山市・野田市）

高校名	学科名	年度	全体定員	前期選抜					後期選抜					
				定員	志願者数	受検者数	合格者数	実質倍率	定員	志願者数	志願倍率	受検者数	合格者数	実質倍率
鎌ヶ谷	普通	30	320	192	559	558	192	2.91	128	272	2.13	271	132	2.05
		31	320	192	516	515	192	2.68	128	238	1.86	238	129	1.84
		2	320	192	503	503	192	2.62	128	248	1.94	248	128	1.94
鎌ケ谷西	普通	30	280	168	213	211	168	1.26	112	113	1.01	113	112	1.01
		31	280	168	151	150	150	1.00	130	103	0.79	103	100	1.03
	（－40）	2	240	144	174	174	144	1.21	96	97	1.01	97	96	1.01
東葛飾	普通	30	320	192	590	584	192	3.04	128	333	2.60	333	132	2.52
		31	240	144	432	431	144	2.99	98	205	2.09	205	98	2.09
		2	240	144	433	433	144	3.01	97	239	2.46	239	97	2.46
柏	普通	30	280	168	396	393	168	2.34	112	215	1.92	215	118	1.82
		31	280	168	328	328	168	1.95	112	183	1.63	183	112	1.63
		2	280	168	382	380	168	2.26	112	190	1.70	190	112	1.70
	理数	30	40	40	88	88	40	2.20	募集なし					
		31	40	40	107	106	40	2.65	募集なし					
		2	40	40	67	66	40	1.65	1	1	1.00	1	1	1.00
柏南	普通	30	360	216	564	564	216	2.61	144	292	2.03	292	152	1.92
		31	360	216	546	545	216	2.52	144	281	1.95	281	147	1.91
		2	360	216	549	549	216	2.54	144	288	2.00	288	144	2.00
柏陵	普通	30	360	216	408	408	216	1.89	144	186	1.29	186	144	1.29
		31	360	216	381	380	216	1.76	144	182	1.26	182	144	1.26
		2	360	216	415	414	216	1.92	144	197	1.37	196	144	1.36
柏の葉	普通	30	240	144	408	408	144	2.83	96	176	1.83	176	99	1.78
		31	240	144	410	409	144	2.84	96	190	1.98	189	98	1.93
		2	240	144	431	430	144	2.99	96	186	1.94	185	96	1.93
	情報理数	30	40	40	77	76	41	1.85	募集なし					
		31	40	40	70	69	41	1.68	4	6	1.50	6	4	1.50
		2	40	40	89	88	41	2.15	募集なし					
柏中央	普通	30	360	216	434	433	216	2.00	144	258	1.79	258	148	1.74
		31	360	216	440	440	216	2.04	144	232	1.61	232	146	1.59
		2	360	216	382	382	216	1.77	145	212	1.46	211	145	1.46
沼南	普通	30	200	120	127	126	118	1.07	82	86	1.05	86	78	1.10
		31	200	120	107	106	105	1.01	96	64	0.67	64	62	1.03
		2	200	120	100	99	99	1.00	101	100	0.99	100	97	1.03
沼南高柳	普通	30	240	144	187	185	144	1.28	96	115	1.20	114	96	1.19
		31	240	144	186	186	144	1.29	96	82	0.85	82	81	1.01
		2	240	144	250	247	144	1.72	96	122	1.27	122	96	1.27
流山	園芸	30	120	120	139	138	122	1.13	募集なし					
		31	120	120	116	115	118	0.97	2	1	0.50	1	1	1.00
		2	120	120	128	127	121	1.05	募集なし					
	★くくり募集	30	80	80	116	116	81	1.43	募集なし					
	商業(40)	31	80	80	88	88	80	1.10	募集なし					
	情報処理(40)	2	80	80	112	112	81	1.38	募集なし					
流山おおたかの森	普通	30	320	192	372	372	192	1.94	128	184	1.44	184	135	1.36
		31	320	192	393	393	192	2.05	128	202	1.58	202	128	1.58
		2	320	192	388	385	192	2.01	128	177	1.38	177	128	1.38
	国際コミュニケーション	30	40	40	53	53	40	1.33	募集なし					
		31	40	40	63	63	40	1.58	募集なし					
		2	40	40	62	62	40	1.55	募集なし					
流山南	普通	30	320	192	271	270	192	1.41	128	178	1.39	178	135	1.32
		31	320	192	260	259	192	1.35	128	147	1.15	147	130	1.13
		2	320	192	250	250	192	1.30	128	139	1.09	139	128	1.09

高校名	学科名	年度	全体定員	前期選抜 定員	志願者数	受検者数	合格者数	実質倍率	後期選抜 定員	志願者数	志願倍率	受検者数	合格者数	実質倍率
流山北 アクティブスクール	普通	30	240	192	208	206	192	1.07	48	60	1.25	60	48	1.25
		31	240	192	276	270	192	1.41	48	64	1.33	62	48	1.29
		2	**240**	**192**	**258**	**256**	**192**	**1.33**	**48**	**56**	**1.17**	**56**	**48**	**1.17**
野田中央	普通	30	320	192	381	381	192	1.98	128	175	1.37	175	135	1.30
		31	320	192	338	338	192	1.76	128	144	1.13	144	128	1.13
		2	**320**	**192**	**284**	**283**	**192**	**1.47**	**128**	**158**	**1.23**	**158**	**128**	**1.23**
清水	食品科学	30	40	40	58	57	41	1.39	募集なし					
		31	40	40	51	51	41	1.24	募集なし					
		2	**40**	**40**	**31**	**31**	**40**	**0.78**	**募集なし**					
	★くくり募集	30	120	120	115	113	120	0.94	1	0	0.00	0	0	0.00
	機械(40) 電気(40)	31	120	120	144	140	122	1.15	募集なし					
	環境化学(40)	**2**	**120**	**120**	**153**	**153**	**120**	**1.28**	**募集なし**					
関宿 中高連携校	普通	30	120	108	73	72	72	1.00	48	19	0.40	18	18	1.00
		31	120	108	55	55	54	1.02	66	7	0.11	7	7	1.00
		2	**120**	**108**	**56**	**55**	**54**	**1.02**	**66**	**26**	**0.39**	**26**	**26**	**1.00**
我孫子	普通	30	320	192	341	340	192	1.77	128	190	1.48	190	132	1.44
		31	320	192	296	294	192	1.53	128	155	1.21	154	128	1.20
		2	**320**	**192**	**311**	**310**	**192**	**1.61**	**128**	**151**	**1.18**	**150**	**128**	**1.17**
我孫子東	普通	30	280	168	238	237	168	1.41	112	115	1.03	114	112	1.02
		31	280	168	187	185	168	1.10	112	66	0.59	66	65	1.02
		2	**280**	**168**	**218**	**217**	**168**	**1.29**	**112**	**103**	**0.92**	**102**	**99**	**1.03**
市立柏	普通	30	280	168	272	272	168	1.62	112	123	1.10	123	118	1.04
		31	280	168	254	253	168	1.51	112	118	1.05	117	114	1.03
		2	**280**	**168**	**261**	**261**	**168**	**1.55**	**112**	**135**	**1.21**	**135**	**113**	**1.19**
	ｽﾎﾟｰﾂ科学	30	40	40	44	44	41	1.07	募集なし					
		31	40	40	43	43	41	1.05	募集なし					
		2	**40**	**40**	**45**	**45**	**40**	**1.13**	**募集なし**					

令和２年度入試結果（４学区：白井市・印西市・富里市・成田市・八街市・佐倉市・四街道市）

高校名	学科名	年度	全体定員	前期選抜					後期選抜					
				定員	志願者数	受検者数	合格者数	実質倍率	定員	志願者数	志願倍率	受検者数	合格者数	実質倍率
白井	普通	30	240	144	242	242	144	1.68	96	108	1.13	108	96	1.13
		31	240	144	216	215	144	1.49	96	109	1.14	109	96	1.14
		2	**240**	**144**	**278**	**277**	**144**	**1.92**	**96**	**117**	**1.22**	**117**	**96**	**1.22**
印旛明誠	普通	30	200	120	215	215	120	1.79	80	110	1.38	110	82	1.34
		31	200	120	240	239	120	1.99	80	101	1.26	101	80	1.26
		2	**200**	**120**	**217**	**216**	**120**	**1.80**	**80**	**101**	**1.26**	**101**	**80**	**1.26**
成田西陵	園芸	30	80	80	65	65	76	0.86	4	4	1.00	4	4	1.00
		31	80	80	73	73	80	0.91	募集なし					
		2	**80**	**80**	**92**	**91**	**80**	**1.14**	**募集なし**					
	土木造園	30	40	40	39	39	41	0.95	募集なし					
		31	40	40	33	33	37	0.89	3	1	0.33	1	1	1.00
		2	**40**	**40**	**42**	**42**	**40**	**1.05**	**募集なし**					
	食品科学	30	40	40	56	56	41	1.37	募集なし					
		31	40	40	51	51	40	1.28	募集なし					
		2	**40**	**40**	**49**	**48**	**40**	**1.20**	**募集なし**					
	情報処理	30	40	40	54	54	41	1.32	募集なし					
		31	40	40	44	44	40	1.10	募集なし					
		2	**40**	**40**	**53**	**53**	**40**	**1.33**	**募集なし**					
成田国際	普通	30	200	120	339	339	120	2.83	80	171	2.14	171	84	2.04
		31	200	120	363	363	120	3.03	80	201	2.51	201	80	2.51
		2	**200**	**120**	**263**	**261**	**120**	**2.18**	**80**	**159**	**1.99**	**159**	**80**	**1.99**
	国際	30	120	120	249	249	122	2.04	募集なし					
		31	120	120	247	246	120	2.05	募集なし					
		2	**120**	**120**	**245**	**244**	**120**	**2.03**	**募集なし**					
成田北	普通	30	280	168	263	263	168	1.57	112	137	1.22	137	116	1.18
		31	280	168	291	290	168	1.73	112	142	1.27	142	113	1.26
		2	**280**	**168**	**317**	**315**	**168**	**1.88**	**112**	**135**	**1.21**	**135**	**112**	**1.21**
下総	園芸	30	80	80	58	58	58	1.00	22	1	0.05	1	1	1.00
		31	80	80	54	54	51	1.06	29	3	0.10	3	3	1.00
		2	**80**	**80**	**44**	**44**	**43**	**1.02**	**37**	**5**	**0.14**	**5**	**5**	**1.00**
	自動車	30	40	40	43	42	40	1.05	募集なし					
		31	40	40	33	33	32	1.03	8	1	0.13	1	1	1.00
		2	**40**	**40**	**29**	**29**	**27**	**1.07**	**13**	**6**	**0.46**	**6**	**2**	**3.00**
	情報処理	30	40	30	26	26	26	1.00	14	9	0.64	9	9	1.00
		31	40	30	28	28	27	1.04	13	6	0.46	6	6	1.00
		2	**40**	**30**	**38**	**38**	**30**	**1.27**	**10**	**13**	**1.30**	**13**	**11**	**1.18**
富里	普通	30	240	144	232	231	144	1.60	96	103	1.07	103	100	1.03
		31	240	144	229	229	144	1.59	96	111	1.16	111	97	1.14
		2	**240**	**144**	**181**	**181**	**144**	**1.26**	**96**	**85**	**0.89**	**85**	**85**	**1.00**
佐倉	普通	30	280	168	453	451	168	2.68	112	212	1.89	212	118	1.80
		31	280	168	490	489	168	2.91	112	276	2.46	276	112	2.46
		2	**280**	**168**	**436**	**436**	**168**	**2.60**	**112**	**197**	**1.76**	**197**	**112**	**1.76**
	理数	30	40	30	67	65	30	2.17	10	23	2.30	23	10	2.30
		31	40	30	67	67	30	2.23	10	20	2.00	20	10	2.00
		2	**40**	**30**	**66**	**66**	**30**	**2.20**	**10**	**19**	**1.90**	**19**	**10**	**1.90**
佐倉東	普通	30	160	96	158	158	96	1.65	64	75	1.17	75	64	1.17
		31	160	96	177	177	96	1.84	64	87	1.36	87	64	1.36
		2	**160**	**96**	**211**	**209**	**96**	**2.18**	**64**	**84**	**1.31**	**84**	**64**	**1.31**
	調理国際	30	40	40	58	58	40	1.45	募集なし					
		31	40	40	52	52	40	1.30	募集なし					
		2	**40**	**40**	**66**	**65**	**40**	**1.63**	**募集なし**					

高校名	学科名	年度	全体定員	前期選抜					後期選抜					
				定員	志願者数	受検者数	合格者数	実質倍率	定員	志願者数	志願倍率	受検者数	合格者数	実質倍率
佐倉東	服飾ﾃﾞｻﾞｲﾝ	30	40	40	51	51	40	1.28	募集なし					
		31	40	40	33	33	33	1.00	7	3	0.43	3	3	1.00
		2	**40**	**40**	**55**	**55**	**40**	**1.38**	**募集なし**					
佐倉西	普通	30	200	120	210	209	120	1.74	80	88	1.10	88	80	1.10
		31	200	120	193	193	120	1.61	80	95	1.19	95	81	1.17
		2	**200**	**120**	**145**	**144**	**120**	**1.20**	**80**	**86**	**1.08**	**86**	**80**	**1.08**
佐倉南	普通	30	200	120	137	136	120	1.13	80	82	1.03	82	80	1.03
		31	160	96	102	100	96	1.04	64	63	0.98	63	62	1.02
		2	**160**	**96**	**143**	**142**	**96**	**1.48**	**64**	**84**	**1.31**	**84**	**64**	**1.31**
八街	総合学科	30	160	160	203	202	160	1.26	募集なし					
		31	160	160	175	175	160	1.09	募集なし					
		2	**160**	**160**	**183**	**183**	**161**	**1.14**	**募集なし**					
四街道	普通	30	320	192	419	419	192	2.18	128	187	1.46	187	135	1.39
		31	320	192	425	425	192	2.21	128	186	1.45	185	128	1.45
		2	**320**	**192**	**396**	**396**	**192**	**2.06**	**128**	**151**	**1.18**	**151**	**128**	**1.18**
四街道北	普通	30	240	144	266	265	144	1.84	96	139	1.45	138	96	1.44
		31	240	144	299	297	144	2.06	96	172	1.79	172	96	1.79
		2	**240**	**144**	**254**	**253**	**144**	**1.76**	**96**	**133**	**1.39**	**133**	**96**	**1.39**

令和２年度入試結果（５学区：香取市・銚子市・旭市・匝瑳市・多古町）

高校名	学科名	年度	全体定員	前期選抜					後期選抜					
				定員	志願者数	受検者数	合格者数	実質倍率	定員	志願者数	志願倍率	受検者数	合格者数	実質倍率
佐原	普通	30	280	168	270	270	168	1.61	112	131	1.17	131	118	1.11
		31	240	144	268	266	144	1.85	96	128	1.33	128	98	1.31
		2	**240**	**144**	**231**	**231**	**144**	**1.60**	**96**	**111**	**1.16**	**111**	**96**	**1.16**
	理数	30	40	40	57	57	40	1.43	募集なし					
		31	40	40	44	44	40	1.10	2	0	0.00	0	2	—
		2	**40**	**40**	**35**	**35**	**35**	**1.00**	**5**	**5**	**1.00**	**5**	**5**	**1.00**
佐原白楊	普通	30	200	120	249	249	120	2.08	80	116	1.45	116	84	1.38
		31	200	120	218	218	120	1.82	80	97	1.21	97	80	1.21
		2	**200**	**120**	**206**	**206**	**120**	**1.72**	**80**	**82**	**1.03**	**82**	**80**	**1.03**
小見川	普通	30	160	96	160	160	96	1.67	64	69	1.08	69	67	1.03
		31	160	96	173	173	96	1.80	64	82	1.28	82	65	1.26
		2	**160**	**96**	**132**	**132**	**96**	**1.38**	**64**	**51**	**0.80**	**51**	**51**	**1.00**
多古	普通	30	80	48	52	52	48	1.08	32	11	0.34	11	11	1.00
		31	80	48	65	65	48	1.35	32	23	0.72	23	23	1.00
		2	**80**	**48**	**48**	**46**	**46**	**1.00**	**34**	**7**	**0.21**	**7**	**7**	**1.00**
	園芸	30	40	40	19	19	18	1.06	22	1	0.05	1	1	1.00
		31	40	40	42	42	40	1.05	募集なし					
		2	**40**	**40**	**22**	**21**	**20**	**1.05**	**20**	**6**	**0.30**	**6**	**6**	**1.00**
銚子	普通	30	160	96	156	156	96	1.63	64	65	1.02	65	64	1.02
		31	160	96	159	159	96	1.66	64	69	1.08	69	65	1.06
		2	**160**	**96**	**184**	**184**	**96**	**1.92**	**64**	**73**	**1.14**	**73**	**67**	**1.09**
銚子商業	★くくり募集	30	200	200	219	218	205	1.06	募集なし					
	商業(160)	31	200	200	207	206	204	1.01	募集なし					
	情報処理(40)	**2**	**200**	**200**	**230**	**230**	**200**	**1.15**	**募集なし**					
	海洋	30	80	80	58	57	65	0.88	15	1	0.07	1	1	1.00
		31	80	80	37	36	35	1.03	45	1	0.02	1	0	—
		2	**80**	**80**	**32**	**32**	**45**	**0.71**	**36**	**4**	**0.11**	**4**	**4**	**1.00**
旭農業	畜産	30	40	40	27	26	26	1.00	14	2	0.14	2	2	1.00
		31	40	40	29	29	29	1.00	11	2	0.18	2	2	1.00
		2	**40**	**40**	**33**	**33**	**29**	**1.14**	**11**	**6**	**0.55**	**6**	**5**	**1.20**
	園芸(−40)	30	80	80	57	56	61	0.92	19	8	0.42	8	8	1.00
		31	80	80	72	72	73	0.99	7	3	0.43	3	3	1.00
		2	**40**	**40**	**40**	**40**	**40**	**1.00**	**募集なし**					
	食品科学	30	40	40	46	46	41	1.12	募集なし					
		31	40	40	41	41	40	1.03	募集なし					
		2	**40**	**40**	**40**	**40**	**40**	**1.00**	**募集なし**					
東総工業	電子機械	30	40	40	38	38	40	0.95	募集なし					
		31	40	40	45	45	40	1.13	募集なし					
		2	**40**	**40**	**37**	**37**	**40**	**0.93**	**募集なし**					
	電気	30	40	40	47	47	40	1.18	募集なし					
		31	40	40	36	36	38	0.95	2	0	0.00	0	0	—
		2	**40**	**40**	**44**	**44**	**40**	**1.10**	**募集なし**					
	情報技術	30	40	40	36	36	38	0.95	2	2	1.00	2	2	1.00
		31	40	40	42	42	40	1.05	募集なし					
		2	**40**	**40**	**46**	**46**	**40**	**1.15**	**募集なし**					
	建設	30	40	40	50	50	40	1.25	募集なし					
		31	40	40	31	31	33	0.94	7	2	0.29	2	2	1.00
		2	**40**	**40**	**46**	**46**	**40**	**1.15**	**募集なし**					
匝瑳	普通	30	240	144	228	228	144	1.58	96	103	1.07	103	96	1.07
		31	240	144	207	207	144	1.44	96	93	0.97	93	92	1.01
		2	**240**	**144**	**182**	**182**	**144**	**1.26**	**96**	**60**	**0.63**	**60**	**60**	**1.00**

高校名	学科名	年度	全体定員	前期選抜 定員	前期選抜 志願者数	前期選抜 受検者数	前期選抜 合格者数	前期選抜 実質倍率	後期選抜 定員	後期選抜 志願者数	後期選抜 志願倍率	後期選抜 受検者数	後期選抜 合格者数	後期選抜 実質倍率
匝瑳	理数	30	40	40	29	29	29	1.00	11	7	0.64	7	10	0.70
		31	40	40	27	27	27	1.00	13	2	0.15	2	2	1.00
		2	**40**	**40**	**12**	**12**	**10**	**1.20**	**30**	**5**	**0.17**	**5**	**4**	**1.25**
市立銚子	★くくり募集	30	320	192	300	300	192	1.56	128	124	0.97	124	124	1.00
	普通(280)	31	320	192	314	314	192	1.64	128	126	0.98	126	125	1.01
	理数(40)	**2**	**320**	**192**	**308**	**307**	**192**	**1.60**	**128**	**121**	**0.95**	**121**	**119**	**1.02**

令和２年度入試結果（６学区：山武市・東金市・九十九里町・大網白里市）

高校名	学科名	年度	全体定員	前期選抜					後期選抜					
				定員	志願者数	受検者数	合格者数	実質倍率	定員	志願者数	志願倍率	受検者数	合格者数	実質倍率
松尾	普通（－40）	30	160	96	148	148	96	1.54	64	68	1.06	68	64	1.06
		31	160	96	132	132	96	1.38	64	61	0.95	61	61	1.00
		2	**120**	**72**	**129**	**129**	**72**	**1.79**	**48**	**64**	**1.33**	**64**	**49**	**1.31**
成東	普通	30	240	144	290	290	144	2.01	97	137	1.41	137	103	1.33
		31	240	144	267	267	144	1.85	96	137	1.43	137	98	1.40
		2	**240**	**144**	**240**	**240**	**144**	**1.67**	**97**	**88**	**0.91**	**88**	**84**	**1.05**
	理数	30	40	32	64	64	32	2.00	10	13	1.30	13	10	1.30
		31	40	32	43	43	32	1.34	8	10	1.25	10	8	1.25
		2	**40**	**32**	**50**	**50**	**32**	**1.56**	**9**	**8**	**0.89**	**8**	**7**	**1.14**
東金	普通	30	160	96	183	183	96	1.91	64	90	1.41	90	64	1.41
		31	160	96	209	209	96	2.18	64	85	1.33	85	64	1.33
		2	**160**	**96**	**152**	**152**	**96**	**1.58**	**64**	**70**	**1.09**	**70**	**64**	**1.09**
	国際教養	30	40	40	50	50	40	1.25	募集なし					
		31	40	40	53	53	40	1.33	募集なし					
		2	**40**	**40**	**60**	**60**	**40**	**1.50**	**募集なし**					
東金商業	★くくり募集 商業(120) 情報処理(40)	30	160	160	151	151	151	1.00	9	8	0.89	8	8	1.00
		31	160	160	202	202	162	1.25	募集なし					
		2	**160**	**160**	**164**	**164**	**160**	**1.03**	**募集なし**					
大網	普通（－40）	30	80	48	56	55	48	1.15	32	39	1.22	38	32	1.19
		31	80	48	66	66	48	1.38	32	42	1.31	42	32	1.31
		2	**40**	**24**	**34**	**34**	**24**	**1.42**	**16**	**17**	**1.06**	**17**	**16**	**1.06**
	農業	30	40	40	45	45	40	1.13	募集なし					
		31	40	40	56	56	41	1.37	募集なし					
		2	**40**	**40**	**41**	**41**	**39**	**1.05**	**1**	**1**	**1.00**	**1**	**1**	**1.00**
	食品科学	30	40	40	52	52	41	1.27	募集なし					
		31	40	40	51	51	40	1.28	募集なし					
		2	**40**	**40**	**39**	**39**	**39**	**1.00**	**1**	**0**	**0.00**	**0**	**0**	**－**
	生物工学	30	40	40	50	50	40	1.25	募集なし					
		31	40	40	56	56	40	1.40	募集なし					
		2	**40**	**40**	**27**	**27**	**27**	**1.00**	**13**	**4**	**0.31**	**4**	**5**	**0.80**
九十九里	普通	30	120	72	59	58	58	1.00	62	10	0.16	10	10	1.00
		31	120	72	41	41	41	1.00	79	26	0.33	26	25	1.04
		2	**120**	**72**	**46**	**46**	**43**	**1.07**	**77**	**12**	**0.16**	**12**	**8**	**1.50**

令和２年度入試結果（７学区：茂原市・いすみ市・勝浦市・一宮町・大多喜町）

高校名	学科名	年度	全体定員	前期選抜					後期選抜					
				定員	志願者数	受検者数	合格者数	実質倍率	定員	志願者数	志願倍率	受検者数	合格者数	実質倍率
長　生	普　通	30	280	168	315	314	168	1.87	112	160	1.43	160	112	1.43
		31	240	144	328	327	144	2.27	96	163	1.70	163	96	1.70
		2	**240**	**144**	**234**	**234**	**144**	**1.63**	**96**	**122**	**1.27**	**122**	**96**	**1.27**
	理　数	30	40	32	38	38	32	1.19	8	10	1.25	10	8	1.25
		31	40	32	41	41	32	1.28	8	14	1.75	14	8	1.75
		2	**40**	**32**	**46**	**46**	**32**	**1.44**	**9**	**9**	**1.00**	**9**	**9**	**1.00**
茂　原	普　通	30	200	120	164	163	120	1.36	80	81	1.01	80	80	1.00
		31	200	120	181	181	120	1.51	80	77	0.96	77	76	1.01
		2	**200**	**120**	**191**	**191**	**120**	**1.59**	**80**	**93**	**1.16**	**93**	**81**	**1.15**
茂原樟陽	農　業	30	40	40	47	47	40	1.18	募集なし					
		31	40	40	41	41	40	1.03	募集なし					
		2	**40**	**40**	**51**	**51**	**40**	**1.28**	**募集なし**					
	食品科学	30	40	40	46	46	40	1.15	募集なし					
		31	40	40	46	46	40	1.15	募集なし					
		2	**40**	**40**	**54**	**54**	**40**	**1.35**	**募集なし**					
	土木造園	30	40	40	41	40	40	1.00	募集なし					
		31	40	40	42	42	40	1.05	募集なし					
		2	**40**	**40**	**45**	**45**	**40**	**1.13**	**募集なし**					
	電子機械	30	40	40	41	40	40	1.00	募集なし					
		31	40	40	33	33	33	1.00	7	4	0.57	4	4	1.00
		2	**40**	**40**	**40**	**40**	**38**	**1.05**	**2**	**0**	**0.00**	**0**	**0**	**—**
	電　気	30	40	40	36	36	36	1.00	4	2	0.50	2	2	1.00
		31	40	40	37	37	37	1.00	3	4	1.33	4	3	1.33
		2	**40**	**40**	**38**	**38**	**38**	**1.00**	**2**	**0**	**0.00**	**0**	**0**	**—**
	環境化学	30	40	40	46	46	40	1.15	募集なし					
		31	40	40	36	36	36	1.00	4	3	0.75	3	3	1.00
		2	**40**	**40**	**31**	**31**	**29**	**1.07**	**11**	**7**	**0.64**	**7**	**7**	**1.00**
一宮商業	★くくり募集	30	160	160	173	173	163	1.06	募集なし					
	商業(120)	31	160	160	168	168	162	1.04	募集なし					
	情報処理(40)	**2**	**160**	**160**	**167**	**167**	**163**	**1.02**	**募集なし**					
大多喜	普　通	30	160	96	126	126	96	1.31	64	38	0.59	38	38	1.00
		31	160	96	132	132	96	1.38	64	46	0.72	46	46	1.00
		2	**160**	**96**	**144**	**144**	**96**	**1.50**	**64**	**54**	**0.84**	**54**	**54**	**1.00**
大　原	総合学科	30	240	240	136	135	127	1.06	113	39	0.35	39	31	1.26
		31	200	200	136	136	134	1.01	66	11	0.17	11	9	1.22
		2	**200**	**200**	**116**	**116**	**110**	**1.05**	**90**	**25**	**0.28**	**25**	**22**	**1.14**

令和２年度入試結果（８学区：鴨川市・南房総市・館山市）

高校名	学科名	年度	全体定員	前期選抜					後期選抜					
				定員	志願者数	受検者数	合格者数	実質倍率	定員	志願者数	志願倍率	受検者数	合格者数	実質倍率
長　狭	普　通	30	160	96	180	180	96	1.88	64	83	1.30	83	67	1.24
		31	160	96	143	143	96	1.49	64	48	0.75	48	48	1.00
		2	**160**	**96**	**133**	**133**	**96**	**1.39**	**64**	**38**	**0.59**	**38**	**38**	**1.00**
安房拓心	総合学科	30	160	160	204	204	163	1.25	募集なし					
		31	160	160	150	150	150	1.00	10	0	0.00	0	0	―
		2	**160**	**160**	**127**	**127**	**126**	**1.01**	**34**	**1**	**0.03**	**1**	**1**	**1.00**
安　房	普　通	30	240	144	255	254	144	1.76	99	109	1.10	109	99	1.10
		31	240	144	224	224	144	1.56	96	84	0.88	84	84	1.00
		2	**240**	**144**	**229**	**229**	**144**	**1.59**	**101**	**89**	**0.88**	**89**	**89**	**1.00**
館山総合	工　業	30	40	30	38	38	30	1.27	10	10	1.00	10	10	1.00
		31	40	30	34	33	30	1.10	10	4	0.40	4	2	2.00
		2	**40**	**30**	**16**	**16**	**16**	**1.00**	**24**	**0**	**0.00**	**0**	**0**	**―**
	商　業	30	40	30	32	32	30	1.07	10	4	0.40	4	4	1.00
		31	40	30	30	30	30	1.00	10	1	0.10	1	1	1.00
		2	**40**	**30**	**38**	**38**	**30**	**1.27**	**10**	**8**	**0.80**	**8**	**8**	**1.00**
	海　洋	30	80	40	43	42	38	1.11	42	14	0.33	14	12	1.17
		31	80	40	30	30	23	1.30	58	5	0.09	5	2	2.50
		2	**80**	**40**	**19**	**19**	**19**	**1.00**	**61**	**0**	**0.00**	**0**	**0**	**―**
	家　政	30	40	30	33	33	30	1.10	10	8	0.80	8	8	1.00
		31	40	30	32	32	30	1.07	10	2	0.20	2	2	1.00
		2	**40**	**30**	**28**	**28**	**28**	**1.00**	**12**	**1**	**0.08**	**1**	**1**	**1.00**

令和２年度入試結果（９学区：富津市・君津市・木更津市・袖ヶ浦市・市原市）

高校名	学科名	年度	全体定員	前期選抜					後期選抜					
				定員	志願者数	受検者数	合格者数	実質倍率	定員	志願者数	志願倍率	受検者数	合格者数	実質倍率
天羽 アクティブスクール	普通	30	120	96	84	84	80	1.05	41	32	0.78	32	28	1.14
		31	120	96	83	83	78	1.06	42	14	0.33	14	11	1.27
		2	**120**	**120**	**90**	**90**	**85**	**1.06**	**37**	**11**	**0.30**	**11**	**11**	**1.00**
君津商業	★くくり募集	30	200	200	258	258	204	1.26	募集なし					
	商業(160)	31	200	200	207	207	200	1.04	募集なし					
	情報処理(40)	**2**	**200**	**200**	**209**	**208**	**200**	**1.04**	**募集なし**					
木更津	普通	30	280	168	372	371	168	2.21	112	195	1.74	195	116	1.68
		31	280	168	346	346	168	2.06	112	174	1.55	173	113	1.53
		2	**280**	**168**	**321**	**321**	**168**	**1.91**	**113**	**155**	**1.37**	**155**	**114**	**1.36**
	理数	30	40	40	38	38	31	1.23	15	17	1.13	17	15	1.13
		31	40	40	51	51	40	1.28	7	8	1.14	8	7	1.14
		2	**40**	**40**	**50**	**50**	**40**	**1.25**	**5**	**6**	**1.20**	**6**	**5**	**1.20**
木更津東女子校	普通	30	120	72	134	134	72	1.86	48	84	1.75	84	49	1.71
		31	120	72	152	152	72	2.11	48	79	1.65	79	49	1.61
		2	**120**	**72**	**168**	**168**	**72**	**2.33**	**48**	**99**	**2.06**	**99**	**49**	**2.02**
	家政	30	40	40	61	61	40	1.53	募集なし					
		31	40	40	59	59	40	1.48	募集なし					
		2	**40**	**40**	**60**	**60**	**40**	**1.50**	**募集なし**					
君津	普通	30	240	144	272	272	144	1.89	102	127	1.25	127	108	1.18
		31	240	144	306	306	144	2.13	104	146	1.40	146	104	1.40
		2	**240**	**144**	**264**	**264**	**144**	**1.83**	**105**	**119**	**1.13**	**119**	**105**	**1.13**
上総	普通	30	80	48	45	44	38	1.16	42	14	0.33	14	11	1.27
		31	80	48	41	41	38	1.08	42	10	0.24	10	9	1.11
		2	**80**	**48**	**37**	**37**	**37**	**1.00**	**43**	**10**	**0.23**	**10**	**8**	**1.25**
	園芸	30	40	28	19	18	17	1.06	23	2	0.09	2	1	2.00
		31	40	28	31	31	28	1.11	12	2	0.17	2	0	—
		2	**40**	**28**	**32**	**32**	**28**	**1.14**	**12**	**6**	**0.50**	**6**	**6**	**1.00**
君津青葉	総合学科	30	160	128	92	92	89	1.03	71	32	0.45	32	28	1.14
		31	160	128	90	90	87	1.03	73	24	0.33	24	19	1.26
	(−40)	**2**	**120**	**96**	**84**	**84**	**81**	**1.04**	**39**	**20**	**0.51**	**20**	**16**	**1.25**
袖ケ浦	普通	30	240	144	328	328	144	2.28	98	163	1.66	163	103	1.58
		31	240	144	286	286	144	1.99	99	155	1.57	155	100	1.55
		2	**240**	**144**	**322**	**320**	**144**	**2.22**	**97**	**143**	**1.47**	**143**	**98**	**1.46**
	情報コミュニケーション	30	40	40	69	68	41	1.66	募集なし					
		31	40	40	66	66	40	1.65	募集なし					
		2	**40**	**40**	**58**	**58**	**40**	**1.45**	**募集なし**					
市原	普通	30	120	72	69	69	66	1.05	54	25	0.46	25	24	1.04
		31	120	72	76	76	72	1.06	48	27	0.56	27	25	1.08
		2	**120**	**72**	**76**	**76**	**71**	**1.07**	**49**	**17**	**0.35**	**17**	**16**	**1.06**
	園芸	30	80	56	34	33	29	1.14	51	10	0.20	10	7	1.43
	30年度は鶴舞桜が丘、31年度からは市原高校	31	40	28	31	31	25	1.24	15	8	0.53	8	5	1.60
		2	**40**	**28**	**21**	**21**	**20**	**1.05**	**20**	**6**	**0.30**	**6**	**5**	**1.20**
京葉	普通	30	160	96	170	170	96	1.77	64	87	1.36	87	66	1.32
		31	160	96	150	150	96	1.56	64	65	1.02	65	64	1.02
	(−40)	**2**	**120**	**72**	**136**	**136**	**72**	**1.89**	**48**	**58**	**1.21**	**58**	**48**	**1.21**
市原緑	普通	30	120	72	143	142	72	1.97	48	84	1.75	83	48	1.73
		31	120	72	138	138	72	1.92	48	59	1.23	59	48	1.23
		2	**120**	**72**	**113**	**113**	**72**	**1.57**	**48**	**54**	**1.13**	**54**	**48**	**1.13**
姉崎	普通	30	160	96	151	151	96	1.57	64	88	1.38	88	67	1.31
		31	160	96	132	132	96	1.38	64	68	1.06	68	64	1.06
		2	**160**	**96**	**139**	**139**	**96**	**1.45**	**64**	**76**	**1.19**	**76**	**64**	**1.19**

高校名	学科名	年度	全体定員	前期選抜					後期選抜					
				定員	志願者数	受検者数	合格者数	実質倍率	定員	志願者数	志願倍率	受検者数	合格者数	実質倍率
市原八幡	普　通	30	240	144	292	291	144	2.02	97	138	1.42	138	100	1.38
		31	240	144	245	245	144	1.70	96	107	1.11	107	96	1.11
		2	**240**	**144**	**283**	**283**	**144**	**1.97**	**96**	**132**	**1.38**	**132**	**96**	**1.38**

令和２年度定時制及び通信制の課程/入試結果

【定時制の課程】

高校名	学科	年度	全体定員	前期選抜					後期選抜					
				定員	志願者数	受検者数	合格者数	実質倍率	定員	志願者数	志願倍率	受検者数	合格者数	実質倍率
千葉商業	商業	31	80	48	37	37	32	1.16	48	16	0.33	15	13	1.15
		2	**80**	**48**	**31**	**31**	**25**	**1.24**	**55**	**7**	**0.13**	**7**	**6**	**1.17**
千葉工業	機械・電気	31	80	48	24	24	18	1.33	62	10	0.16	10	6	1.67
	工業	2	**40**	**24**	**16**	**16**	**14**	**1.14**	**26**	**4**	**0.15**	**4**	**4**	**1.00**
生浜	普/午前	31	70	39	74	74	39	1.90	27	33	1.22	33	27	1.22
		2	**70**	**39**	**82**	**81**	**39**	**2.08**	**27**	**45**	**1.67**	**45**	**27**	**1.67**
	普/午後	31	70	39	58	55	39	1.41	27	34	1.26	32	27	1.19
		2	**70**	**39**	**83**	**82**	**39**	**2.10**	**27**	**40**	**1.48**	**39**	**27**	**1.44**
	普/夜間	31	70	39	26	24	18	1.33	48	23	0.48	22	21	1.05
		2	**70**	**39**	**38**	**37**	**34**	**1.09**	**32**	**30**	**0.94**	**30**	**32**	**0.94**
船橋	普通	31	120	72	36	34	31	1.10	89	18	0.20	18	15	1.20
		2	**120**	**72**	**47**	**46**	**43**	**1.07**	**77**	**17**	**0.22**	**17**	**15**	**1.13**
市川工業	機電・建築	31	80	80	15	15	14	1.07	66	7	0.11	7	6	1.17
	工業	2	**40**	**40**	**24**	**24**	**23**	**1.04**	**17**	**7**	**0.41**	**7**	**7**	**1.00**
行徳	普通	31	40	24	6	6	6	1.00	34	1	0.03	1	1	1.00
		2	**40**	**24**	**4**	**4**	**4**	**1.00**	**36**	**2**	**0.06**	**2**	**2**	**1.00**
松戸南	普/午前	31	110	62	160	156	62	2.52	42	63	1.50	63	42	1.50
		2	**110**	**62**	**128**	**126**	**62**	**2.03**	**42**	**42**	**1.00**	**41**	**41**	**1.00**
	普/午後	31	110	62	147	141	62	2.27	42	63	1.50	59	42	1.40
		2	**110**	**62**	**106**	**99**	**62**	**1.60**	**42**	**47**	**1.12**	**46**	**42**	**1.10**
	普/夜間	31	70	39	49	49	39	1.26	27	35	1.30	35	27	1.30
		2	**70**	**39**	**38**	**38**	**35**	**1.09**	**31**	**24**	**0.77**	**23**	**26**	**0.88**
東葛飾	普通	31	80	48	30	30	28	1.07	52	13	0.25	10	10	1.00
		2	**80**	**48**	**42**	**42**	**42**	**1.00**	**38**	**11**	**0.29**	**11**	**11**	**1.00**
佐倉東	普通	31	40	24	29	28	24	1.17	16	12	0.75	12	12	1.00
		2	**40**	**24**	**26**	**25**	**24**	**1.04**	**16**	**7**	**0.44**	**7**	**6**	**1.17**
佐原	普通	31	40	24	7	7	7	1.00	33	2	0.06	2	2	1.00
		2	**40**	**24**	**3**	**3**	**3**	**1.00**	**37**	**2**	**0.05**	**2**	**2**	**1.00**
銚子商業	商業	31	40	32	7	6	4	1.50	36	2	0.06	2	2	1.00
		2	**40**	**32**	**9**	**9**	**8**	**1.13**	**32**	**0**	**0.00**	**0**	**0**	**—**
匝瑳	普通	31	40	24	5	5	5	1.00	35	0	0.00	0	0	—
		2	**40**	**24**	**7**	**7**	**7**	**1.00**	**33**	**2**	**0.06**	**2**	**2**	**1.00**
東金	普通	31	40	24	16	16	16	1.00	24	2	0.08	2	2	1.00
		2	**40**	**24**	**20**	**20**	**20**	**1.00**	**20**	**0**	**0.00**	**0**	**0**	**—**
長生	普通	31	40	24	14	13	12	1.08	28	0	0.00	0	0	—
		2	**40**	**24**	**11**	**10**	**10**	**1.00**	**30**	**2**	**0.07**	**2**	**2**	**1.00**
長狭	普通	31	40	24	2	2	2	1.00	38	0	0.00	0	0	—
		2	**40**	**24**	**2**	**2**	**2**	**1.00**	**38**	**0**	**0.00**	**0**	**0**	**—**
館山総合	普通	31	40	24	3	3	3	1.00	37	0	0.00	0	0	—
		2	**40**	**24**	**7**	**7**	**7**	**1.00**	**33**	**0**	**0.00**	**0**	**0**	**—**
木更津東	普通	31	40	24	19	17	17	1.00	23	4	0.17	2	2	1.00
		2	**40**	**24**	**21**	**19**	**16**	**1.19**	**24**	**6**	**0.25**	**5**	**2**	**2.50**
	商業	31	40	40	3	3	3	1.00	37	0	0.00	0	0	—
		2	**募集停止**											

【通信制の課程】

高校名	学科	年度	全体定員	第一期入学者選抜					第二期入学者選抜					
				定員	志願者数	受検者数	合格者数	実質倍率	定員	志願者数	志願倍率	受検者数	合格者数	実質倍率
千葉大宮	普通	31	500	225	95	93	90	1.03	180	27	0.15	26	26	1.00
		2	**500**	**225**	**91**	**87**	**87**	**1.00**	**182**	**17**	**0.09**	**17**	**17**	**1.00**

令和２年度全日制・定時制の課程二次募集及び通信制第三期入学者選抜/入試結果

【全日制の課程】

高校名	学科名	募集定員	志願者数	志願倍率	受検者数	合格者数	実質倍率
京葉工業	機械	1	0	0.00	0	0	—
千葉工業	電子機械	11	3	0.27	3	3	1.00
	電気	10	0	0.00	0	0	—
	情報技術	10	4	0.40	4	4	1.00
	工業化学	2	0	0.00	0	0	—
	理数工学	3	0	0.00	0	0	—
柏井	普通	4	2	0.50	2	2	1.00
八千代東	普通	13	8	0.62	8	8	1.00
八千代西	普通	4	6	1.50	6	4	1.50
船橋二和	普通	7	2	0.29	2	2	1.00
船橋豊富	普通	48	18	0.38	18	15	1.20
市川工業	機械	3	2	0.67	2	1	2.00
行徳	普通	24	14	0.58	14	10	1.40
浦安	普通	20	11	0.55	11	10	1.10
浦安南	普通	4	2	0.50	2	1	2.00
松戸向陽	福祉教養	3	0	0.00	0	0	—
沼南	普通	4	5	1.25	5	4	1.25
関宿	普通	40	9	0.23	9	9	1.00
我孫子東	普通	13	12	0.92	12	12	1.00
下総	園芸	32	4	0.13	4	3	1.33
	自動車	11	2	0.18	2	0	—
富里	普通	11	6	0.55	6	5	1.20
小見川	普通	13	0	0.00	0	0	—
多古	普通	27	2	0.07	2	0	—
	園芸	14	0	0.00	0	0	—
銚子商業	海洋	32	0	0.00	0	0	—
旭農業	畜産	6	1	0.17	1	1	1.00
匝瑳	普通	36	2	0.06	2	1	2.00
	理数	26	0	0.00	0	0	—
成東	普通	13	7	0.54	7	7	1.00
	理数	2	0	0.00	0	0	—
大網	食品科学	1	2	2.00	2	1	2.00
	生物工学	8	2	0.25	2	2	1.00
九十九里	普通	69	3	0.04	3	2	1.50
茂原樟陽	電子機械	2	0	0.00	0	0	—
	電気	2	0	0.00	0	0	—
	環境化学	4	1	0.25	1	1	1.00
大多喜	普通	10	5	0.50	5	5	1.00
大原	総合学科	68	2	0.03	2	1	2.00
長狭	普通	26	0	0.00	0	0	—
安房拓心	総合学科	33	0	0.00	0	0	—
安房	普通	12	1	0.08	1	1	1.00
館山総合	工業	24	0	0.00	0	0	—
	商業	2	0	0.00	0	0	—
	海洋	61	0	0.00	0	0	—
	家政	11	0	0.00	0	0	—
天羽	普通	26	1	0.04	1	1	1.00
上総	普通	35	2	0.06	2	2	1.00
	園芸	6	0	0.00	0	0	—
君津青葉	総合学科	23	4	0.17	4	3	1.33
市原	普通	33	7	0.21	7	7	1.00
	園芸	15	2	0.13	2	2	1.00
市立銚子	普通・理数	9	4	0.44	4	4	1.00
37校	**54学科**	**927名**	**158名**	**0.17**	**158名**	**134名**	**1.18**

【定時制の課程】

高校名	学科名	募集定員	志願者数	志願倍率	受検者数	合格者数	実質倍率
千葉商業	商業	49	7	0.14	7	7	1.00
千葉工業	工業	22	1	0.05	1	0	—
船橋	普通	62	6	0.10	6	6	1.00
市川工業	工業	10	1	0.10	1	1	1.00
行徳	普通	34	3	0.09	3	1	3.00
松戸南	普/午前	1	0	0.00	0	0	—
	普/夜間	5	1	0.20	1	1	1.00
東葛飾	普通	27	6	0.22	6	6	1.00
佐倉東	普通	10	3	0.30	3	3	1.00
佐原	普通	35	0	0.00	0	0	—
銚子商業	商業	32	0	0.00	0	0	—
匝瑳	普通	31	0	0.00	0	0	—
東金	普通	20	0	0.00	0	0	—
長生	普通	28	0	0.00	0	0	—
長狭	普通	38	0	0.00	0	0	—
館山総合	普通	33	0	0.00	0	0	—
木更津東	普通	22	2	0.09	2	2	1.00
16校	**16学科**	**459名**	**30名**	**0.07**	**30名**	**27名**	**1.11**

【通信制の課程】

高校名	学科名	募集定員	志願者数	志願倍率	受検者数	合格者数	実質倍率
千葉大宮	普通	173	21	0.12	21	21	1.00

平成31年３月

高等学校別
卒業生の進路資料

（令和元年6月調査）

資料提供
NPO法人　親子進路応援センター

県立 1学区

千葉 高等学校

普通科

平成３１年３月卒業生　男 193　女 124　計 317

進路種別		男	女	計
4年制大学	国公立	69	30	99
	私立	47	48	95
短期大学	国公立	0	0	0
	私立	0	0	0
専門学校		0	0	0
就職・自営		0	1	1
その他（未定）		77	45	122

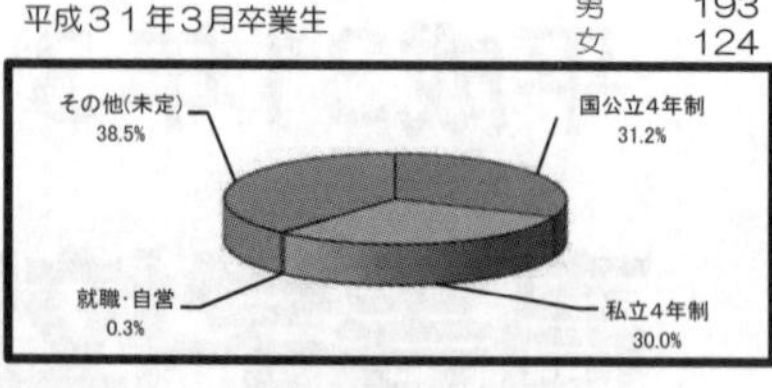

指定校推薦のある大学・学部	
早稲田大	商・先進理工
早稲田大	法・基幹理工
早稲田大	文・文化構想
早稲田大	政治経済
慶応大	法・商・理工
国際基督教大	教養

進学実績
●４年制大学　東京大12　京都大6　一橋大8　東京工業大11　北海道大3　東北大2　名古屋大2　大阪大5
千葉大26　筑波大4　お茶の水女子大1　東京外国語大2　東京芸術大1　東京学芸大1
早稲田大23　慶応大21　上智大4　東京理科大12　明治大9　立教大4

就職実績　歯科助手
部活動　男子弓道部(H30年度ｲﾝﾀｰﾊｲ団体6位入賞)　将棋部・囲碁部・書道部(H30年度全国大会出場)
競技かるた愛好会(H30年度県選抜ﾁｰﾑの一員として1名全国大会出場)
陸上競技部(H30年度関東大会出場)　他

千葉女子 高等学校

普通科
家政科

平成３１年３月卒業生　女 315　計 315

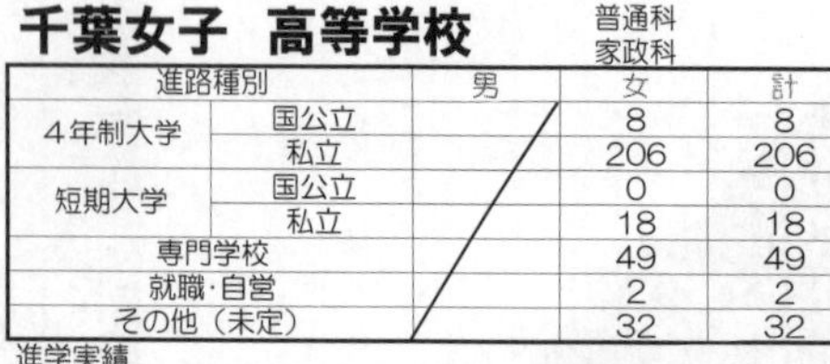

進路種別		男	女	計
4年制大学	国公立		8	8
	私立		206	206
短期大学	国公立		0	0
	私立		18	18
専門学校			49	49
就職・自営			2	2
その他（未定）			32	32

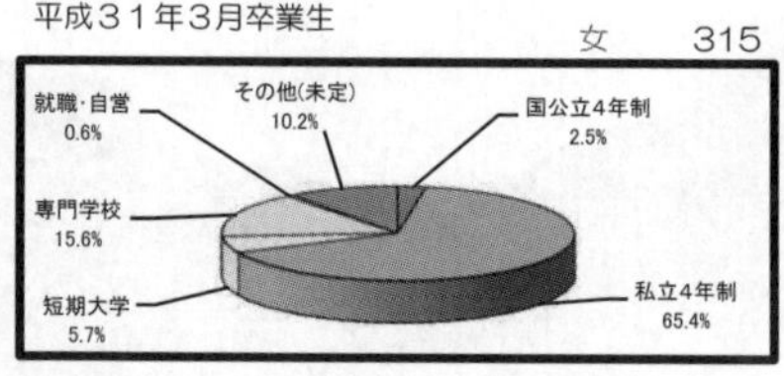

指定校推薦のある大学・学部	
学習院大	文・法
学習院大	理・経済
立教大	文・現代心理
中央大	理工
法政大	経済
東京理科大	理・理工
成蹊大	全学部
成城大	文芸
日本大	法・理工
日本大	生産工・薬
東京女子大	現代教養
日本女子大	文・人間社会
駒澤大	文
明治学院大	文・経済
明治学院大	法・社会

進学実績
●４年制大学　学習院大7　東邦大4　国学院大5　日本大6　東京女子大4　日本女子大4　跡見学園女子大4　神田外語大4
大妻女子大12　東京家政大10　千葉工業大4　帝京平成大4　和洋女子大10　聖心女子大8　共立女子大6
昭和女子大5　淑徳大5　聖徳大6　城西国際大8
●短期大学　千葉経済大短大部　大妻女子大短大部　共立女子短大　東京家政大短大部　昭和音楽大短大部
●専門学校　青葉看護　船橋市立看護　千葉中央看護　神田外語学院　日本工学院　大原学園

就職実績　ｴｲﾁｹｲｱｰﾙ
部活動　なぎなた部・ｵｰｹｽﾄﾗ部・弁論部・美術部・書道部・ﾏﾝﾄﾞﾘﾝ・ｷﾞﾀｰ部(全国大会出場)
合唱部・百人一首歌留多部(関東大会出場)

千葉東 高等学校

普通科

平成３１年３月卒業生　男 177　女 179　計 356

進路種別		男	女	計
4年制大学	国公立	54	51	105
	私立	70	96	166
短期大学	国公立	0	0	0
	私立	0	1	1
専門学校		0	1	1
就職・自営		0	0	0
その他（未定）		53	30	83

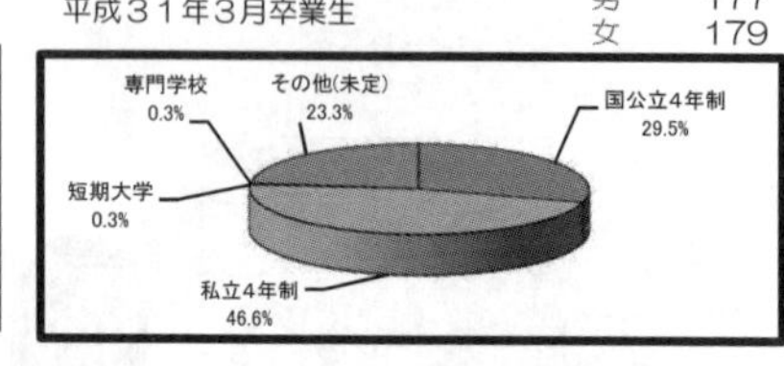

指定校推薦のある大学・学部	
早稲田大	法・基幹理工
早稲田大	商・文化構想
早稲田大	文・先進理工
慶応大	法・理工・商
東京理科大	理・経営
東京理科大	工・理工
他	

進学実績
●４年制大学　東京大2　京都大1　北海道大5　東北大10　東京工業大3　一橋大3　九州大1　筑波大5　千葉大42
東京海洋大2　お茶の水女子大1　横浜国立大2　東京外国語大2　電気通信大3　東京農工大5
首都大学東京3　慶応大12　早稲田大14　上智大6　東京理科大12
●短期大学　山野美容芸術短大
●専門学校　日本外国語

部活動　男女山岳部・男子陸上競技部(ｲﾝﾀｰﾊｲ出場)　音楽部・囲碁同好会・文学部(全国総合文化祭出場)

千葉商業 高等学校

商業科
情報処理科

平成３１年３月卒業生　男 151　女 172　計 323

進路種別		男	女	計
4年制大学	国公立	0	0	0
	私立	78	33	111
短期大学	国公立	0	0	0
	私立	1	11	12
専門学校		26	27	53
就職・自営		35	89	124
その他（未定）		11	12	23

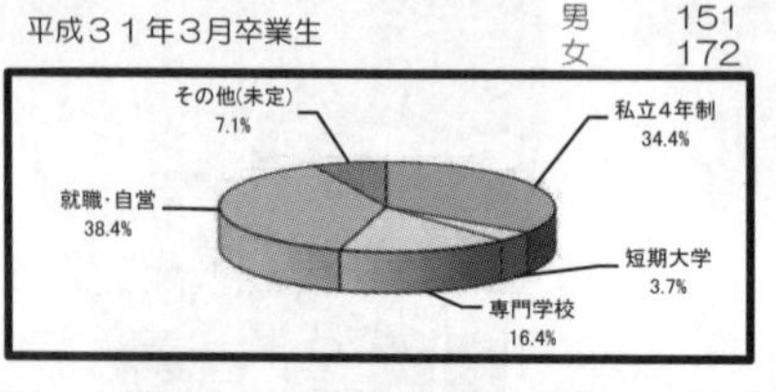

指定校推薦のある大学・学部	
明治大	経営
中央大	商・経済
法政大	法・経営
学習院大	法・経済
明治学院大	経済
同志社大	商
立命館大	経営
武蔵大	経済
日本大	商・経済・生産工
東洋大	経営
駒澤大	経済
専修大	ﾈｯﾄﾜｰｸ情報・商
神田外語大	外国語
東京経済大	経済・経営
東京経済大	現代法
千葉工業大	社会ｼｽﾃﾑ科学

進学実績
●４年制大学　明治大3　中央大8　法政大2　学習院大2　明治学院大1　立命館大1　日本大8　東洋大2　駒澤大2　専修大2
武蔵大1　国学院大1　二松学舎大2　国士舘大7　拓殖大5　立正大3　千葉商科大21　千葉工業大9　他
●短期大学　大妻女子大短大部　昭和学院短大　千葉経済大短大部　千葉明徳短大　貞静学園短大　戸板女子短大　他
●専門学校　東京IT会計法律　早稲田速記医療福祉　大原医療秘書福祉　日本工学院　東洋理容美容　神田外語学院
船橋情報ﾋﾞｼﾞﾈｽ　八千代ﾘﾊﾋﾞﾘﾃｰｼｮﾝ学院　国際理工情報ﾃﾞｻﾞｲﾝ　東洋公衆衛生学院　帝京高等看護学院

就職実績　ｲｵﾝﾘﾃｰﾙ　ANAｽｶｲﾋﾞﾙｻｰﾋﾞｽ　ちばぎん証券　JFEｽﾁｰﾙ　JFE物流　関電工　ﾌｼﾞｸﾗ　京成電鉄　京葉瓦斯
京葉住設　ﾄｯﾊﾟﾝ・ﾌｫｰﾑｽﾞ　ﾄﾖﾀｶﾛｰﾗ千葉　東京ｶﾞｽﾊﾟｲﾌﾟﾈｯﾄﾜｰｸ　日本郵便　阪上製作所　千葉製粉　他

部活動　ｿﾌﾄﾃﾆｽ部(全国大会・関東大会個人出場)　簿記部(全国大会団体佳良賞・個人優良賞・個人佳良賞)
情報処理部(全国大会団体9位)　ﾜｰﾌﾟﾛ部(全国大会団体出場、関東地区大会団体2位・個人3位・個人4位)　他

県立　1学区

京葉工業　高等学校

機械科　設備システム科　電子工業科　建設科

平成３１年３月卒業生　男 209　女 9　計 218

進路種別		男	女	計
４年制大学	国公立	0	0	0
	私立	29	1	30
短期大学	国公立	2	0	2
	私立	0	0	0
専門学校		39	2	41
就職･自営		137	5	142
その他（未定）		2	1	3

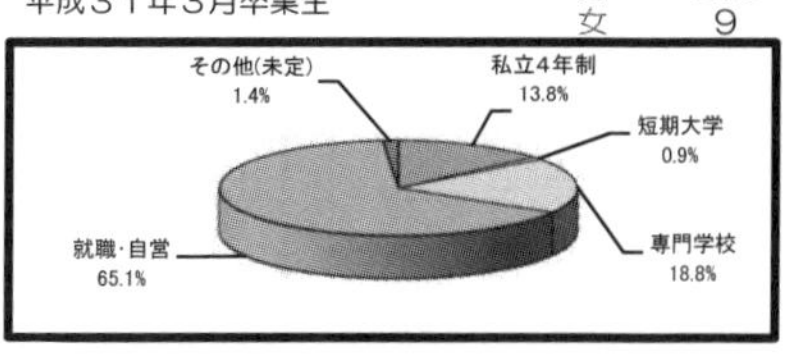

指定校推薦のある大学・学部	
日本大	生産工
千葉工業大	創造工･先進工
千葉工業大	社会ｼｽﾃﾑ科学
千葉工業大	情報科学
東京情報大	総合情報･看護
千葉科学大	薬･危機管理
拓殖大	工
神奈川大	工
東京工芸大	工･芸術
関東学院大	理工
江戸川大	社会
江戸川大	ﾒﾃﾞｨｱｺﾐｭﾆｹｰｼｮﾝ
神奈川工科大	工･創造工･情報
神奈川工科大	応用ﾊﾞｲｵ科学
千葉商科大	ｻｰﾋﾞｽ創造
他	

進学実績
- ●４年制大学　日本大5　千葉工業大7　東京情報大2　拓殖大3　清和大1　日本工業大1　千葉商科大2　淑徳大1　千葉経済大1　城西国際大2　江戸川大1　湘南工科大2　横浜美術大1　東洋学園大1
- ●短期大学　千葉職業能力開発短大校
- ●専門学校　船橋情報ﾋﾞｼﾞﾈｽ　県自動車整備　県自動車大学校　千葉調理師　国際理工情報ﾃﾞｻﾞｲﾝ　中央工学校　日本工学院　日本電子　成田つくば航空　東京医療

就職実績　双葉電子工業　出光興産　千葉都市ﾓﾉﾚｰﾙ　文化ｼﾔｯﾀｰｻｰﾋﾞｽ　JFE建材　住友重機械工業　古河機械金属　TDK　東京湾横断道路　帝人　日本工業検査　日鉄SGﾜｲﾔ　千葉製粉　日立建機日本　ﾃﾞﾝｶ　ﾅﾌﾞｺｼｽﾃﾑ　ｾｲｺｰﾀｲﾑｼｽﾃﾑ　ﾏﾂﾀﾞﾛｼﾞｽﾃｨｸｽ　JR東日本ﾒｶﾄﾛﾆｸｽ　住友精化　日立化成　ｷｰｺｰﾋｰ　ｼﾁｽﾞﾝ千葉精密　ﾌｼﾞｸﾗ　ﾄﾖﾀ自動車　他

部活動　ﾚｽﾘﾝｸﾞ部(関東大会出場)　自動車部･ﾏｲｺﾝ研究部･建設研究部(ものづくりｺﾝﾃｽﾄ関東大会出場)　他

千葉工業　高等学校

電子機械科　情報技術科　理数工学科　電気科　工業化学科

平成３１年３月卒業生　男 248　女 21　計 269

進路種別		男	女	計
４年制大学	国公立	2	0	2
	私立	35	3	38
短期大学	国公立	0	0	0
	私立	8	0	8
専門学校		28	3	31
就職･自営		173	13	186
その他（未定）		2	2	4

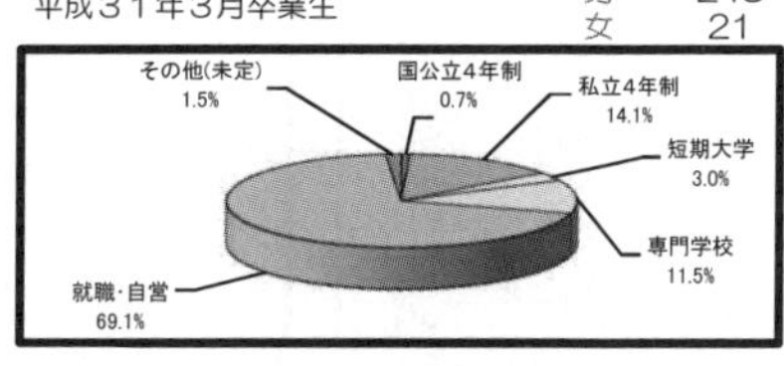

指定校推薦のある大学・学部	
芝浦工業大	ｼｽﾃﾑ理工
芝浦工業大	ﾃﾞｻﾞｲﾝ工
千葉工業大	創造工･先進工
千葉工業大	情報科学
千葉工業大	社会ｼｽﾃﾑ科学
日本大	生産工･工
東京電機大	理工･工Ⅱ
東京電機大	ｼｽﾃﾑﾃﾞｻﾞｲﾝ工
東京理科大	理Ⅱ
国士舘大	理工
東京工科大	ｺﾝﾋﾟｭｰﾀｻｲｴﾝｽ
東京工科大	応用生物･工
工学院大	工
他	

進学実績
- ●４年制大学　千葉大1　筑波技術大1　日本大7　東京電機大3　千葉工業大10　工学院大1　東京情報大3　国士舘大1　ものつくり大1　東京工科大3　千葉経済大1　淑徳大2　敬愛大3　中央学院大1　仙台大1　洗足学園音楽大1
- ●短期大学　千葉職業能力開発短大校　日本大短大部
- ●専門学校　日本自動車大学校　県自動車整備　県自動車大学校　日本工学院　国際理工情報ﾃﾞｻﾞｲﾝ　青葉看護　他

就職実績　市原市消防局　千葉県警　海上自衛隊　千葉県職員　JFEﾃｸﾉﾘｻｰﾁ　JFEｹﾐｶﾙ　JFEｽﾁｰﾙ　双葉電子工業　住化ｶﾗｰ　理研ﾋﾞﾀﾐﾝ　東邦化学工業　千葉製粉　ﾌｼﾞｸﾗ　ｷﾔﾉﾝ　富士通ｾﾞﾈﾗﾙ　三井化学　NTT東日本-南関東　荏原製作所　JR東日本　京成電鉄　千葉都市ﾓﾉﾚｰﾙ　日産自動車　日野自動車　日立ﾋﾞﾙｼｽﾃﾑ　白鳥製薬　他

部活動　ﾊﾞﾚｰﾎﾞｰﾙ部(県総体出場)　理数工学研究部(Chiba Cross School Science Festival 2018発表)　弓道部(県大会出場)　工業化学研究部(つくば Science Edge 2018発表、第12回高校生理科研究発表)　他

千葉南　高等学校

普通科

平成３１年３月卒業生　男 180　女 136　計 316

進路種別		男	女	計
４年制大学	国公立	1	1	2
	私立	113	92	205
短期大学	国公立	0	0	0
	私立	1	7	8
専門学校		10	18	28
就職･自営		3	1	4
その他（未定）		52	17	69

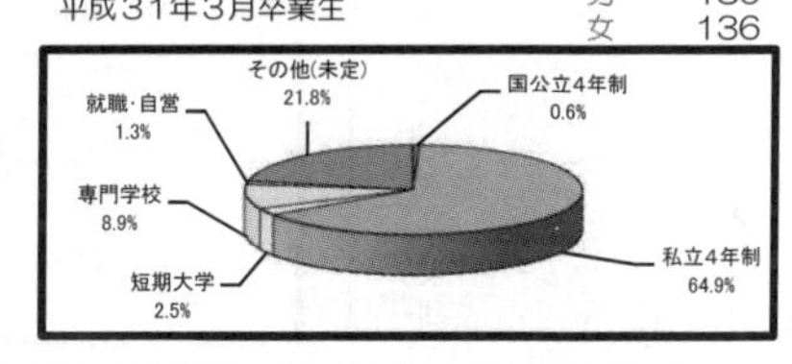

指定校推薦のある大学・学部	
青山学院大	理工
東京理科大	理工
明治大	経営
中央大	経済･理工
法政大	理工･生命科学
法政大	経営･経済
学習院大	経済･法
成城大	経済
成蹊大	経済･法
東邦大	薬･理･健康科学
日本大	経済･法
日本大	生産工･理工
東洋大	経済･社会
東洋大	生命科学･理工
駒澤大	法
千葉工業大	全学部
他	

進学実績
- ●４年制大学　県立保健医療大1　茨城大1　青山学院大1　東京理科大1　明治大7　中央大2　法政大2　学習院大4　東邦大14　日本大20　東洋大12　駒澤大6　明治学院大6　成蹊大3　国士舘大1　千葉工業大5　大東文化大2　神田外語大7　文教大3　帝京大3
- ●短期大学　帝京短大　日本歯科大東京短大　千葉敬愛短大　日本大短大部　大妻女子大短大部　千葉経済大短大部　他
- ●専門学校　青葉看護　千葉医療ｾﾝﾀｰ附属看護　千葉中央看護　他

就職実績　千葉県警　千葉市消防局

部活動　ｿﾌﾄﾃﾆｽ部･水泳部(ｲﾝﾀｰﾊｲ出場)　弓道部(全国高校弓道選抜大会出場)　美術部(全国高校総合文化祭出展)　吹奏楽部(東関東大会出場)　陸上競技部(関東高校新人大会出場)

検見川　高等学校

普通科

平成３１年３月卒業生　男 217　女 142　計 359

進路種別		男	女	計
４年制大学	国公立	0	2	2
	私立	164	106	270
短期大学	国公立	0	0	0
	私立	0	5	5
専門学校		8	17	25
就職･自営		3	2	5
その他（未定）		42	10	52

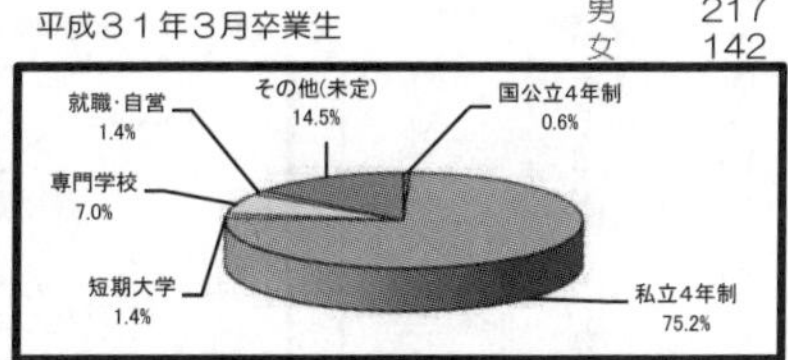

指定校推薦のある大学・学部	
青山学院大	経営･経済
中央大	商･経済･理工
明治大	理工
法政大	経済･経営
法政大	文･人間環境
東京理科大	理工
学習院大	経済･法
成城大	法･経済
成蹊大	経済･法･理工
明治学院大	文･社会･法
明治学院大	経済･国際
国学院大	文･法
獨協大	外国語･法･経済
武蔵大	経済
日本大	法･経済･理工
日本大	生産工･文理
他	

進学実績
- ●４年制大学　県立保健医療大1　静岡県立大1　早稲田大1　東京理科大2　青山学院大4　明治大4　学習院大4　中央大7　法政大11　成城大3　成蹊大4　武蔵大6　明治学院大7　国学院大9　獨協大4　立命館大1　日本大10　東洋大12　専修大4　駒澤大7
- ●短期大学　日本歯科大東京短大　大妻女子大短大部　杉野服飾大短大部　千葉職業能力開発短大校
- ●専門学校　千葉医療ｾﾝﾀｰ附属看護　青葉看護　神田外語学院　大原簿記公務員　日本工学院

就職実績　ﾔｵｺｰ

部活動　ﾌｪﾝｼﾝｸﾞ部･放送委員会(全国大会出場)　水泳部(関東大会出場)　書道部(県知事賞受賞)　ﾊﾞﾄﾞﾐﾝﾄﾝ部･ﾗｸﾞﾋﾞｰ部(県大会ﾍﾞｽﾄ8)

県立 1学区

千葉北 高等学校

普通科　　平成31年3月卒業生　男 204　女 149　計 353

進路種別		男	女	計
4年制大学	国公立	1	1	2
	私立	140	88	228
短期大学	国公立	0	0	0
	私立	4	14	18
専門学校		13	34	47
就職･自営		2	0	2
その他（未定）		44	12	56

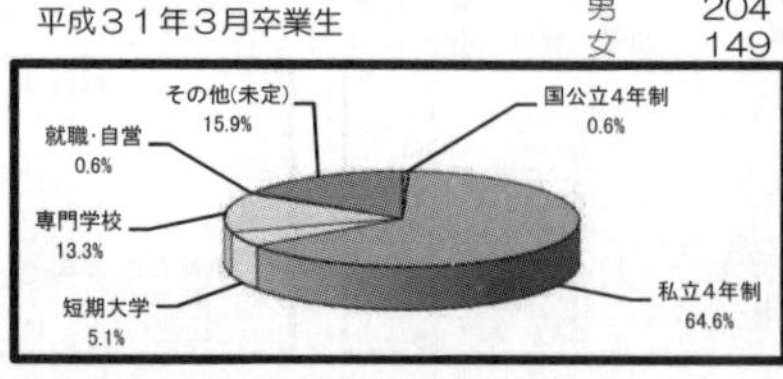

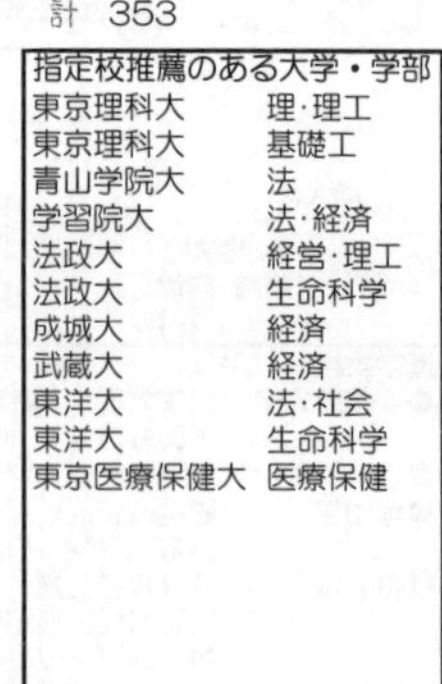

指定校推薦のある大学・学部	
東京理科大	理･理工
東京理科大	基礎工
青山学院大	法
学習院大	法･経済
法政大	経営･理工
法政大	生命科学
成城大	経済
武蔵大	経済
東洋大	法･社会
東洋大	生命科学
東京医療保健大	医療保健

進学実績
- ●4年制大学　県立保健医療大2　東京理科大1　青山学院大2　学習院大3　立教大1　明治大3　法政大2　成城大2　東邦大5　東洋大10　日本大15　立正大10　千葉工業大7　神田外語大6　国際医療福祉大6　昭和女子大5　千葉商科大10　淑徳大9　帝京平成大12　麗澤大7
- ●短期大学　千葉経済大短大部　大妻女子大短大部　日本大短大部
- ●専門学校　青葉看護　千葉医療ｾﾝﾀｰ附属看護　神田外語学院　日本工学院

就職実績　千葉県警　大幸建設

部活動　ﾜﾝﾀﾞｰﾌｫｰｹﾞﾙ部･生物部(全国大会出場)　弓道部(関東大会出場)　ﾗｸﾞﾋﾞｰ部(県新人大会3位)

若松 高等学校

普通科　　平成31年3月卒業生　男 131　女 188　計 319

進路種別		男	女	計
4年制大学	国公立	0	0	0
	私立	50	48	98
短期大学	国公立	0	0	0
	私立	0	25	25
専門学校		35	83	118
就職･自営		18	11	29
その他（未定）		28	21	49

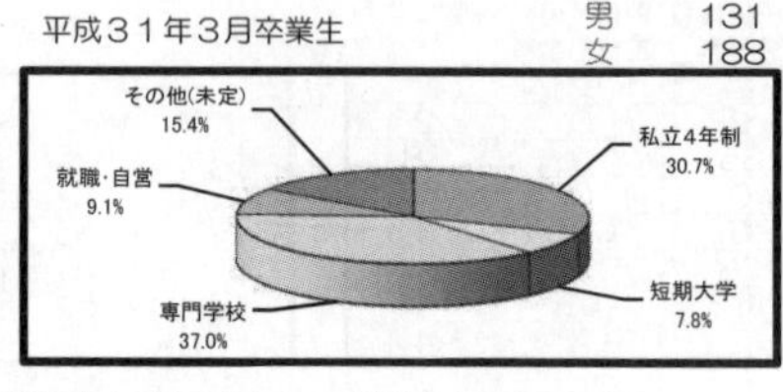

指定校推薦のある大学・学部	
東洋大	文･法
日本大	理工･生産工
東邦大	理
国士舘大	政経
二松学舎大	文
二松学舎大	国際政治経済
立正大	仏教･文･法
立正大	経済･経営
千葉工業大	創造工･先進工
千葉工業大	工･情報科学
千葉工業大	社会ｼｽﾃﾑ科学
千葉商科大	全学部
麗澤大	外国語･経済
他	

進学実績
- ●4年制大学　法政大1　東洋大4　東邦大1　日本大1　専修大1　駒澤大1　順天堂大1　二松学舎大1　国士舘大3　千葉工業大4　千葉商科大5　帝京大1　神田外語大1　東京家政大1　女子美術大1　淑徳大8　日本体育大1　和洋女子大7　城西国際大7　麗澤大1
- ●短期大学　植草学園短大　大妻女子大短大部　昭和学院短大　千葉敬愛短大　他
- ●専門学校　君津中央病院附属看護　千葉医療ｾﾝﾀｰ附属看護　青葉看護　千葉中央看護　神田外語学院　他

就職実績　日本郵便　日産ﾌﾟﾘﾝｽ千葉販売　京葉臨海鉄道　袖ヶ浦ｶﾝﾂﾘｰ倶楽部　東京国税局　千葉県警　八千代市消防　自衛隊　他

部活動　合唱部･陸上競技部(関東大会出場)　ﾊﾝﾄﾞﾎﾞｰﾙ部(男子県大会ﾍﾞｽﾄ8、女子県大会ﾍﾞｽﾄ4)

千城台 高等学校

普通科　　平成31年3月卒業生　男 130　女 184　計 314

進路種別		男	女	計
4年制大学	国公立	0	1	1
	私立	61	75	136
短期大学	国公立	0	0	0
	私立	0	24	24
専門学校		31	69	100
就職･自営		8	7	15
その他（未定）		30	8	38

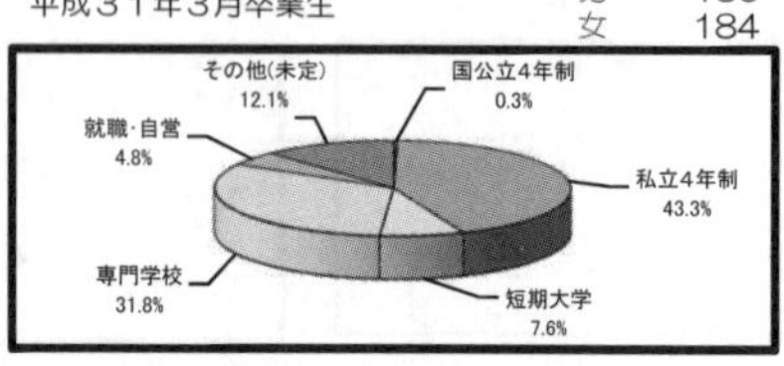

指定校推薦のある大学・学部	
東京理科大	理工
学習院大	経済･法
中央大	商
東邦大	理
東洋大	理工･経済･法
日本大	法･生産工
日本大	理工
神田外語大	外国語
他	

進学実績
- ●4年制大学　東京理科大1　青山学院大1　学習院大1　中央大1　明治学院大1　東洋大1　専修大1　北里大2　国士舘大1　神田外語大3　千葉工業大10　拓殖大1　亜細亜大1　国際医療福祉大2　神奈川大1　聖徳大5　昭和女子大2　淑徳大13　城西国際大7　秀明大1
- ●短期大学　大妻女子大短大部　共立女子短大　実践女子大短大部　千葉敬愛短大　植草学園短大　千葉経済大短大部　他
- ●専門学校　青葉看護　日本医科大看護　大原簿記公務員　神田外語学院　日本工学院　千葉美容　香川調理製菓　他

就職実績　千葉市職員　警視庁　千葉市消防局　日本郵便　美光商会　佐川急便　泰平商事　MSK　他

部活動　美術部(全国高校総合文化祭出品)　男女ｸﾗｲﾐﾝｸﾞ部(県新人大会準優勝)　女子ﾊﾞﾚｰﾎﾞｰﾙ部(県新人大会ﾍﾞｽﾄ8)

生浜 高等学校

普通科　　平成31年3月卒業生　男 41　女 35　計 76

進路種別		男	女	計
4年制大学	国公立	0	0	0
	私立	15	3	18
短期大学	国公立	0	0	0
	私立	0	2	2
専門学校		13	15	28
就職･自営		5	11	16
その他（未定）		8	4	12

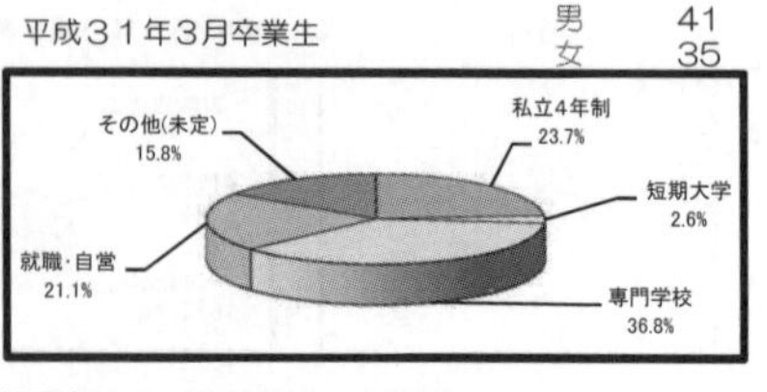

指定校推薦のある大学・学部	
日本大	生産工
千葉工業大	社会ｼｽﾃﾑ科学
千葉工業大	工
立正大	経済
拓殖大	工
敬愛大	経済･国際
淑徳大	総合福祉
淑徳大	ｺﾐｭﾆﾃｨ政策

進学実績
- ●4年制大学　淑徳大4　東京情報大7　敬愛大1　千葉商科大1　千葉経済大2　帝京平成大1　城西国際大2
- ●短期大学　千葉経済大短大部
- ●専門学校　国際理工情報ﾃﾞｻﾞｲﾝ　神田外語学院　文化服装学院　京葉介護福祉

就職実績　自衛隊　JFEｽﾁｰﾙ　JFE物流　川島屋　ﾏﾙｴﾂ　千葉京成ﾎﾃﾙ　ﾊﾛｰｽﾞ　東洋ﾄﾗﾌｨｯｸｻｰﾋﾞｽ　日本通運　ﾄﾘﾝﾌﾟ･ｲﾝﾀｰﾅｼｮﾅﾙ･ｼﾞｬﾊﾟﾝ　季美の森ﾘﾊﾋﾞﾘﾃｰｼｮﾝ病院　ﾊﾟｰﾙ歯科医院

部活動　将棋部(全国高校総合文化際出場)　ｱｰﾁｪﾘｰ部(県新人大会2位、関東選抜大会個人3位)　ｻｯｶｰ部(県総合体育大会ﾍﾞｽﾄ32)　女子ﾊﾞﾚｰﾎﾞｰﾙ部･ﾃﾆｽ部(県総合体育大会出場)

県立　１学区

磯辺　高等学校

普通科　　平成３１年３月卒業生　　男 145　女 170　計 315

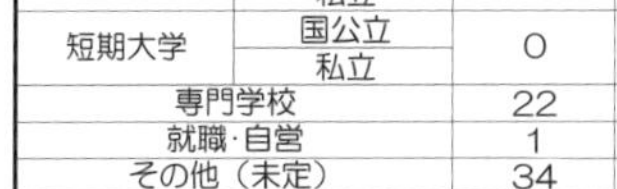

進路種別		男	女	計
４年制大学	国公立 私立	88	97	185
短期大学	国公立 私立	0	17	17
専門学校		22	43	65
就職･自営		1	1	2
その他（未定）		34	12	46

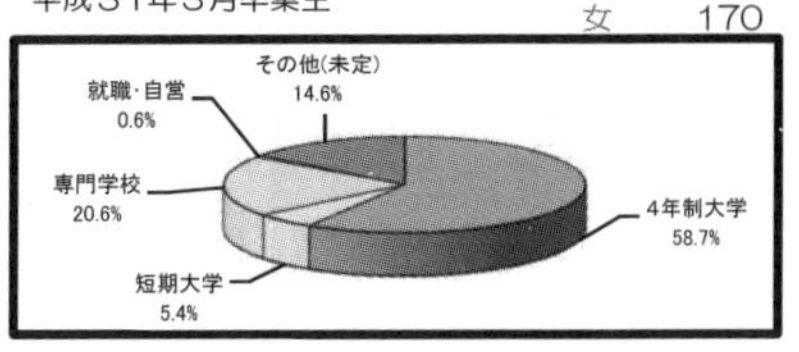

部活動　　ﾖｯﾄ部、ｱｰﾁｪﾘｰ部

泉　高等学校

普通科　　平成３１年３月卒業生　　男 95　女 57　計 152

進路種別		男	女	計
４年制大学	国公立	0	0	0
	私立	16	9	25
短期大学	国公立	1	0	1
	私立	1	3	4
専門学校		25	16	41
就職･自営		45	26	71
その他（未定）		7	3	10

その他(未定) 6.6%　私立4年制 16.4%　短期大学 3.3%　就職・自営 46.7%　専門学校 27.0%

指定校推薦のある大学・学部	
日本大	生産工
国士舘大	法
東京電機大	工
淑徳大	総合福祉
和洋女子大	人文
東京情報大	総合情報
城西国際大	国際人文
千葉商科大	商経
千葉経済大	経済
敬愛大	経済
千葉科学大	薬
流通経済大	経済
開智国際大	教育
植草学園大	発達教育
江戸川大	社会
愛国学園大	人間文化
他	

進学実績
●４年制大学　日本大1　国士舘大1　神田外語大1　東京情報大5　城西国際大1　千葉商科大2　和洋女子大1
植草学園大5　江戸川大3　千葉経済大2　敬愛大1　開智国際大1　宝塚大1
●短期大学　千葉職業能力開発短大校　千葉敬愛短大　日本大短大部　千葉経済大短大部　昭和学院短大
●専門学校　ｱｲｴｽﾃｨｯｸ　国際ﾄﾗﾍﾞﾙ･ﾎﾃﾙ･ﾌﾞﾗｲﾀﾞﾙ　ﾊｯﾋﾟｰ製菓調理　国際理工情報ﾃﾞｻﾞｲﾝ　千葉ﾃﾞｻﾞｲﾅｰ学院　東京IT会計法律
東京ｽﾎﾟｰﾂ･ﾚｸﾘｴｰｼｮﾝ　千葉調理師　ﾊﾞﾝﾀﾝｹﾞｰﾑｱｶﾃﾞﾐｰ　船橋情報ﾋﾞｼﾞﾈｽ　八千代ﾘﾊﾋﾞﾘﾃｰｼｮﾝ学院　佐伯栄養　他
就職実績　日本郵便　住友重機械工業　ﾔﾏﾄ運輸　ﾄﾖﾀｶﾛｰﾗ千葉　佐川急便　西濃運輸　ｾｺﾑ　ｶｽﾐ　せんどう　千葉薬品
築地すし好　川上塗料　宗家源吉兆庵　ﾐｭｾﾞﾌﾟﾗﾁﾅﾑ　ｹﾝﾄ照明　親和ﾊﾟｯｹｰｼﾞ　羽田空港ｸﾞﾗﾝﾄﾞｻｰﾋﾞｽ　ﾌｼﾞﾌｰｽﾞ
住友建機　住重ﾛｼﾞﾃｯｸ　名鉄ｺﾞｰﾙﾃﾞﾝ航空　ﾜﾀｷｭｰｾｲﾓｱ　つるや　勝浦ﾎﾃﾙ三日月　ｻﾝﾃﾞﾘｶ　第一ｻｯｼ工業　他
部活動　男子ﾊﾞｽｹｯﾄﾎﾞｰﾙ部(県大会出場)　文化部も地道に活動に取り組み、成果を上げている。

幕張総合　高等学校

総合学科・看護科　　平成３１年３月卒業生　　男 341　女 382　計 723

進路種別		男	女	計
４年制大学	国公立	23	22	45
	私立	195	257	452
短期大学	国公立	1	0	1
	私立	0	6	6
専門学校		11	31	42
就職･自営		2	2	4
その他（未定）		109	64	173

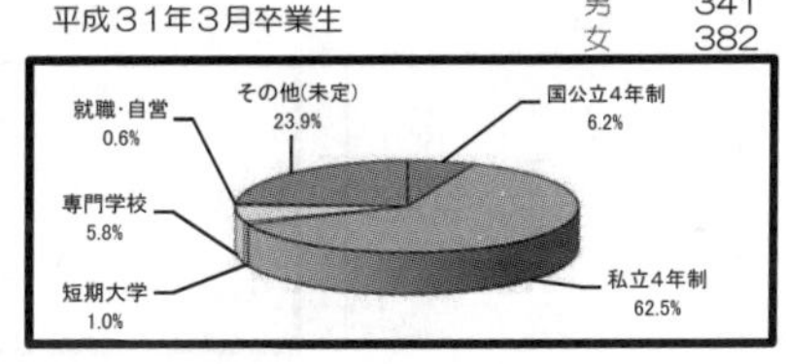

指定校推薦のある大学・学部
明治大
青山学院大
立教大
中央大
法政大
他

進学実績
●４年制大学　東京工業大1　東京芸術大4　東京海洋大2　東京医科歯科大1　東京学芸大1　筑波大1　千葉大9
埼玉大2　宇都宮大3　茨城大4　信州大2　岩手大1　山形大1　慶応大3　早稲田大5　上智大1
青山学院大10　学習院大9　中央大8　法政大23　他
●短期大学　大分県立芸術文化短大　大妻女子大短大部　他
●専門学校　神田外語学院　文化服装学院　山野美容　他
就職実績　千葉県職員　東京消防庁　他
部活動　陸上競技部･女子柔道部･男女卓球部･女子水球部･ﾀﾞﾝｽ部･ﾜﾝﾀﾞｰﾌｫｰｹﾞﾙ部･男女弓道部(全国大会出場)
将棋部･ｼﾝﾌｫﾆｯｸｵｰｹｽﾄﾗ部･合唱部･書道部･放送委員会･写真部･美術部(全国大会出場)
男子ﾊﾞﾚｰﾎﾞｰﾙ部･男子ﾊﾞｽｹｯﾄﾎﾞｰﾙ部･女子ﾊﾝﾄﾞﾎﾞｰﾙ部･男子ﾃﾆｽ部(関東大会出場)　他

柏井　高等学校

普通科　　平成３１年３月卒業生　　男 167　女 182　計 349

進路種別		男	女	計
４年制大学	国公立	0	0	0
	私立	86	53	139
短期大学	国公立	0	0	0
	私立	3	34	37
専門学校		51	81	132
就職･自営		10	10	20
その他（未定）		17	4	21

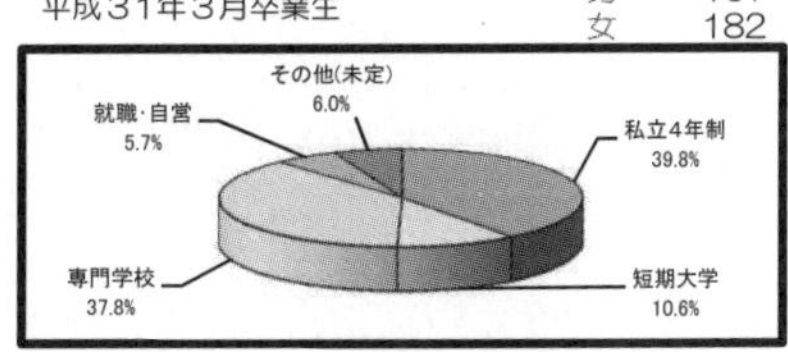

指定校推薦のある大学・学部	
日本大	生産工･理工
武蔵野大	全学部
立正大	経済･仏教
立正大	文･法
大妻女子大	比較文化
実践女子大	文･人間社会
大東文化大	外国語
和洋女子大	全学部
亜細亜大	都市創造
工学院大	工･情報
工学院大	先進工
東京家政学院大	現代生活

進学実績
●４年制大学　青山学院大1　国士舘大1　日本大6　駒澤大1　武蔵野大3　立正大5　千葉工業大7　実践女子大1
大東文化大2　二松学舎大3　千葉商科大6　流通経済大7　女子栄養大1　跡見学園女子大1　和洋女子大4
聖徳大2　桜美林大1　東海大1　東北福祉大1　文化学園大1
●短期大学　大妻女子大短大部　共立女子短大　昭和学院短大　千葉経済大短大部　国学院大北海道短大部　他
●専門学校　国際理工情報ﾃﾞｻﾞｲﾝ　県自動車大学校　慈恵柏看護　千葉医療ｾﾝﾀｰ附属看護　野田看護　中央工学校
君津中央病院附属看護　八千代ﾘﾊﾋﾞﾘﾃｰｼｮﾝ学院　青葉看護　東京電子　日本工学院
就職実績　ｲｵﾝﾘﾃｰﾙ　ｳﾞｨ･ﾄﾞ･ﾌﾗﾝｽ　かに道楽　くすりの福太郎　ｹｲｽﾞｸﾞﾙｰﾌﾟ　航空保安事業ｾﾝﾀｰ　山崎製ﾊﾟﾝ　ﾕｰﾆｯｸ
部活動　女子ﾊﾞﾚｰﾎﾞｰﾙ部(全日本県代表決定戦２位･総体３位･関東大会ﾍﾞｽﾄ16)　ｿﾌﾄﾎﾞｰﾙ部･弓道部(関東大会出場)

県立　1学区

土気　高等学校

普通科　　平成３１年３月卒業生　　男 140　女 162　計 302

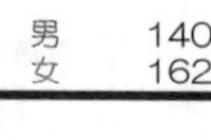

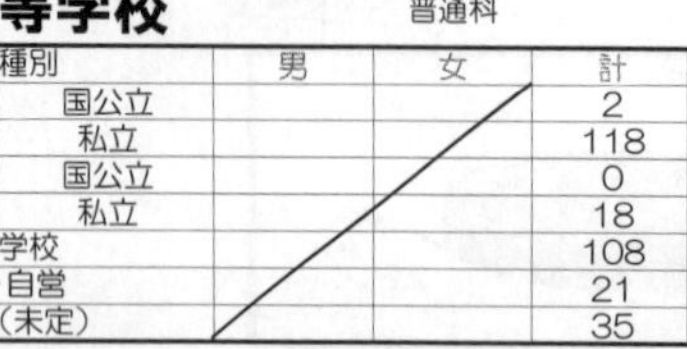

進路種別		男	女	計
４年制大学	国公立			2
	私立			118
短期大学	国公立			0
	私立			18
専門学校				108
就職・自営				21
その他（未定）				35

その他(未定) 11.6%　国公立4年制 0.7%　就職・自営 7.0%　私立4年制 39.1%　専門学校 35.8%　短期大学 6.0%

進学実績
- ●４年制大学　県立保健医療大1　東京学芸大1　東邦大1　東洋大1　日本大3　専修大1　武蔵野大1　立正大5　大妻女子大2　神田外語大4　国士舘大2　千葉工業大4　亜細亜大1　和洋女子大7　玉川大1　日本体育大1　千葉商科大9　敬愛大5　淑徳大17　帝京平成大8
- ●短期大学　昭和学院短大　千葉敬愛短大　千葉経済大短大部　千葉明徳短大　洗足こども短大　戸板女子短大　他
- ●専門学校　大原学園　国際理工情報ﾃﾞｻﾞｲﾝ　東京IT会計法律　千葉中央看護　鶴舞看護　青葉看護

就職実績　安房郡市消防本部　市原市職員　警視庁　山武郡市消防本部　千葉県警　日本郵便　そごう・西武　房総信用組合　ｵﾘｴﾝﾀﾙﾗﾝﾄﾞ

部活動　吹奏楽部(H29年度東関東吹奏楽ｺﾝｸｰﾙ金賞)　ｻｯｶｰ部(ﾋﾞｰﾁｻｯｶｰ関東大会出場)　演劇部(H29年度県高校演劇中央発表会優良賞)

指定校推薦のある大学・学部
東洋大
専修大
武蔵野大
国士舘大
神田外語大
千葉工業大
大妻女子大
立正大
目白大
日本薬科大
東京工科大
亜細亜大
和洋女子大
東京情報大
千葉商科大
淑徳大
他

千葉西　高等学校

普通科　　平成３１年３月卒業生　　男 168　女 193　計 361

進路種別		男	女	計
４年制大学	国公立	5	4	9
	私立	115	139	254
短期大学	国公立	0	0	0
	私立	0	6	6
専門学校		4	25	29
就職・自営		0	1	1
その他（未定）		44	18	62

就職・自営 0.3%　その他(未定) 17.2%　国公立4年制 2.5%　専門学校 8.0%　短期大学 1.7%　私立4年制 70.4%

進学実績
- ●４年制大学　千葉大4　茨城大2　埼玉大1　電気通信大1　県立保健医療大1　早稲田大2　明治大3　立教大1　法政大18　青山学院大2　学習院大5　中央大1　日本大34　東洋大15　駒澤大3　専修大1　東邦大10　大妻女子大12　昭和女子大8　共立女子大7
- ●短期大学　大妻女子大短大部　東京家政大短大部　日本大短大部　千葉敬愛短大
- ●専門学校　青葉看護　千葉医療ｾﾝﾀｰ附属看護　船橋市立看護　山王看護　昭和大医学部附属看護　日本外国語　日本工学院

就職実績　北千葉整形外科

部活動　放送技術部(全国総合文化祭・NHK全国放送ｺﾝｸｰﾙ出場)　美術部(全日本学生美術展出展)　箏曲部、女子ｻｯｶｰ部がある。

指定校推薦のある大学・学部	
東京理科大	基礎工・工
学習院大	経済
法政大	ｷｬﾘｱﾃﾞｻﾞｲﾝ
東邦大	理・薬・健康科学
専修大	法
成蹊大	理工
成城大	法
日本大	生産工
日本大	文理・理工
東洋大	経営
明治学院大	経済・国際・心理
国学院大	文
学習院女子大	国際文化交流
大妻女子大	文
神田外語大	外国語
共立女子大	家政
昭和女子大	人間社会

犢橋　高等学校

普通科　　平成３１年３月卒業生　　男 132　女 121　計 253

進路種別		男	女	計
４年制大学	国公立	0	0	0
	私立	42	16	58
短期大学	国公立	0	0	0
	私立	3	10	13
専門学校		45	50	95
就職・自営		23	32	55
その他（未定）		19	13	32

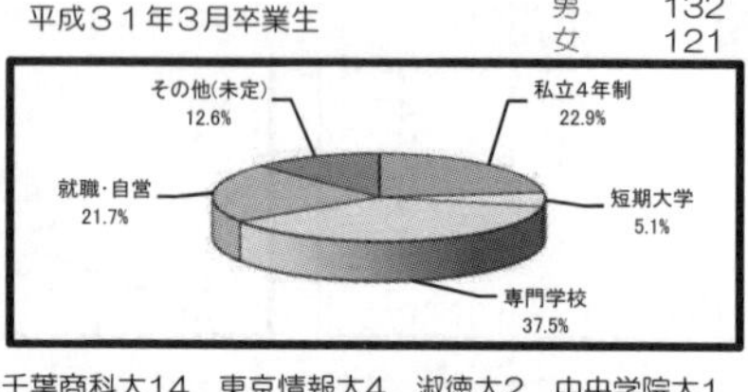

進学実績
- ●４年制大学　武蔵野大2　日本大2　千葉工業大5　神田外語大2　千葉商科大14　東京情報大4　淑徳大2　中央学院大1　千葉経済大8　敬愛大5　聖徳大1　和洋女子大1　帝京平成大1　明海大2　千葉科学大1　城西国際大3　他
- ●短期大学　大妻女子大短大部　千葉経済大短大部　千葉敬愛短大　昭和学院短大　千葉明徳短大　東京経営短大　他
- ●専門学校　青葉看護　聖和看護　北原学院千葉歯科衛生　八千代ﾘﾊﾋﾞﾘﾃｰｼｮﾝ学院　県自動車大学校　東洋理容美容　国際理工情報ﾃﾞｻﾞｲﾝ　ｱｲｴｽﾃﾃｨｯｸ　千葉調理師　船橋情報ﾋﾞｼﾞﾈｽ　国際ﾄﾗﾍﾞﾙ・ﾎﾃﾙ・ﾌﾞﾗｲﾀﾞﾙ

就職実績　千葉県警　陸上自衛隊　ｲｵﾝﾘﾃｰﾙ　そごう・西武　千葉ﾏﾂﾀﾞ　ALSOK千葉　成田空港警備　美光商会　航空保安事業ｾﾝﾀｰ　日立産機ﾄﾞﾗｲﾌﾞ・ｿﾘｭｰｼｮﾝｽﾞ　SEMITEC　八千代特殊金属　千葉神社　他

部活動　男子陸上競技部(全国総体400mﾊｰﾄﾞﾙ出場)　男子弓道部(県大会団体出場)

指定校推薦のある大学・学部	
日本大	生産工
国士舘大	政経
千葉工業大	工・創造工
千葉工業大	社会ｼｽﾃﾑ科学
千葉工業大	先進工
千葉商科大	全学部
淑徳大	総合福祉
淑徳大	ｺﾐｭﾆﾃｨ政策

県立 2学区

八千代 高等学校

普通科 体育科 家政科

平成31年3月卒業生 男 182 女 181 計 363

進路種別		男	女	計
4年制大学	国公立	6	10	16
	私立	116	123	239
短期大学	国公立	0	0	0
	私立	1	5	6
専門学校		6	25	31
就職・自営		0	5	5
その他（未定）		53	13	66

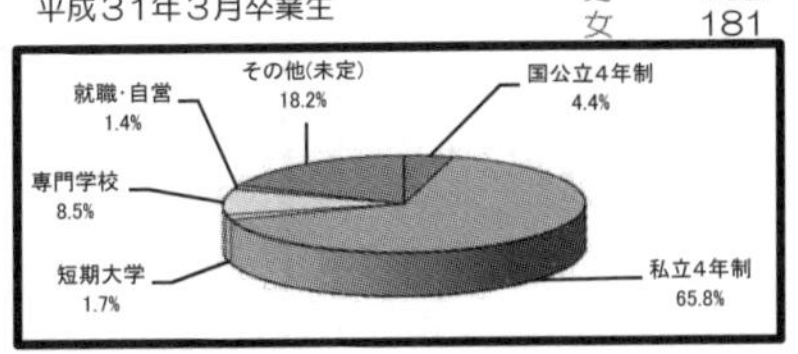

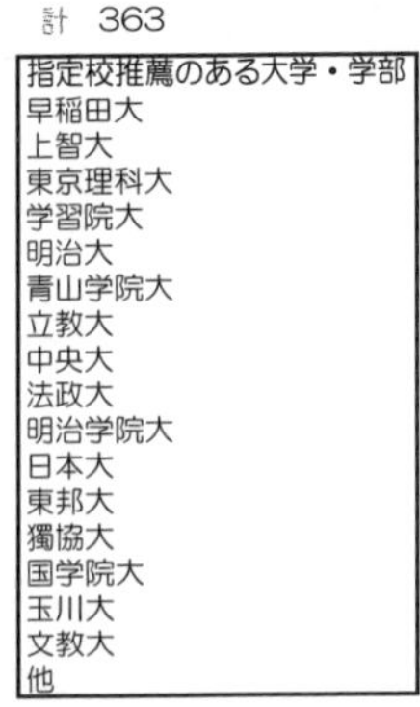

指定校推薦のある大学・学部
早稲田大
上智大
東京理科大
学習院大
明治大
青山学院大
立教大
中央大
法政大
明治学院大
日本大
東邦大
獨協大
国学院大
玉川大
文教大
他

進学実績
●4年制大学　東京外国語大1　千葉大3　埼玉大1　県立保健医療大4　秋田大1　宇都宮大1　静岡大1　静岡県立大1　島根大1　富山大1　宮崎大1　早稲田大7　上智大10　東京理科大8　学習院大9　明治大32　青山学院大9　立教大26　中央大18　法政大48
●短期大学　昭和学院短大　千葉敬愛短大　日本大短大部　女子栄養大短大部
●専門学校　文化服装学院　千葉調理師　成田航空ビジネス　ドレスメーカー学院　香川調理製菓　日本菓子　東京服飾　他
就職実績　国家公務員　八千代市消防本部　JR東日本　JSS　ヤブサキ産業
部活動　柔道部(県大会個人優勝・団体準優勝、全国大会・関東大会出場)　吹奏楽部(日本管楽合奏コンテスト全国大会金賞)　男子バスケットボール部(県大会準優勝、関東大会出場)　男子陸上競技部(県大会100m2位、関東大会出場)　鼓組(全国総合文化祭優良賞)　女子テニス部・男子バレーボール部(県大会3位、関東大会出場)　他

八千代東 高等学校

普通科

平成31年3月卒業生 男 152 女 198 計 350

進路種別		男	女	計
4年制大学	国公立	0	0	0
	私立	79	69	148
短期大学	国公立	0	0	0
	私立	0	27	27
専門学校		43	87	130
就職・自営		8	5	13
その他（未定）		22	10	32

その他(未定) 9.1%
就職・自営 3.7%
私立4年制 42.3%
専門学校 37.1%
短期大学 7.7%

指定校推薦のある大学・学部	
日本大	理工・生産工
駒澤大	経営
専修大	法
国士舘大	政経・理工
千葉工業大	創造工・工
神田外語大	外国語
立正大	経済・法
麗澤大	外国語・経済
秀明大	看護
和洋女子大	看護
他	

進学実績
●4年制大学　日本大15　駒澤大2　東洋大2　千葉工業大15　国士舘大3　順天堂大2　城西国際大5　国際医療福祉大2　神田外語大2　立正大8　亜細亜大2　目白大5　千葉商科大9　和洋女子大12　淑徳大8　了徳寺大10　他
●短期大学　東京家政大短大部　東京歯科大短大　日本大短大部　大妻女子大短大部　実践女子大短大部　昭和学院短大　他
●専門学校　慈恵柏看護　千葉医療センター附属看護　日本大医学部附属看護　青葉看護　神田外語学院　彰栄保育福祉　日本工学院　日本電子　船橋情報ビジネス　他
就職実績　千葉県警　京成電鉄　くすりの福太郎　八千代リハビリテーション病院　他
部活動　吹奏楽部(県吹奏楽コンクール金賞)　書道部(第71回県書き初め展覧会優良賞)　男子バスケットボール部・サッカー部・ソフトボール部・ソフトテニス同好会(県大会ベスト32)　他

八千代西 高等学校

普通科

平成31年3月卒業生 男 103 女 65 計 168

進路種別		男	女	計
4年制大学	国公立	0	0	0
	私立	16	0	16
短期大学	国公立	0	0	0
	私立	0	2	2
専門学校		37	21	58
就職・自営		47	27	74
その他（未定）		3	15	18

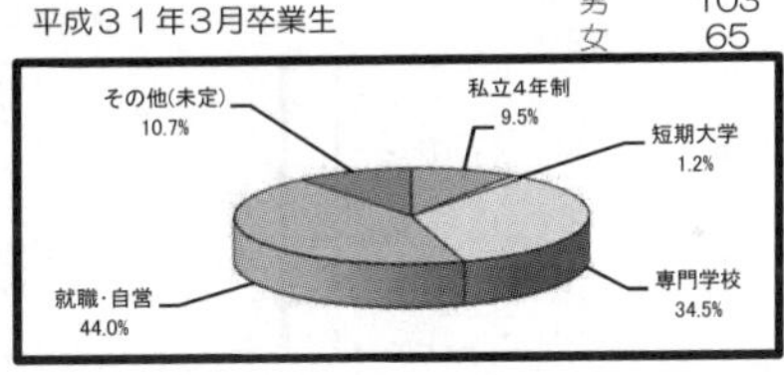

指定校推薦のある大学・学部	
日本大	生産工
千葉科学大	危機管理
亜細亜大	経済
千葉工業大	
江戸川大	
淑徳大	
敬愛大	
千葉商科大	
東京情報大	
城西国際大	
流通経済大	
東京成徳大	
中央学院大	
千葉経済大	
和洋女子大	
明海大	
秀明大	
他	

進学実績
●4年制大学　日本大1　千葉工業大1　東京成徳大1　千葉商科大3　敬愛大1　中央学院大2　千葉経済大2　江戸川大3　東京工芸大1　共栄大1
●短期大学　国際短大　東京経営短大
●専門学校　コーセー美容　日本外国語　東京YMCA社会体育・保育　大原簿記公務員　スカイ総合ペット　千葉調理師　千葉女子　日本自動車大学校　国際理工情報デザイン　東洋理容美容　東京動物　東京デザイン　船橋高等技術　他
就職実績　信和産業　成田空港美整社　アブアブ赤札堂　成田空港警備　富士薬品　タカラスタンダード　ヤマト運輸　八千代美香会　日本郵便　東洋佐々木ガラス　トヨタカローラ千葉　ジェイ・エス・エス　日本郵便輸送　三浦印刷　那須電機鉄工　サンコー・エア・セルテック　銀座木村家　エヌデーシー　自衛官　他
部活動　ウェイトリフティング部(インターハイ出場)

津田沼 高等学校

普通科

平成31年3月卒業生 男 182 女 178 計 360

進路種別		男	女	計
4年制大学	国公立	1	6	7
	私立	114	123	237
短期大学	国公立	0	0	0
	私立	1	8	9
専門学校		11	24	35
就職・自営		3	1	4
その他（未定）		52	16	68

就職・自営 1.1%
その他(未定) 18.9%
国公立4年制 1.9%
専門学校 9.7%
短期大学 2.5%
私立4年制 65.8%

指定校推薦のある大学・学部	
立教大	文
明治大	理工
法政大	人間環境
法政大	社会・理工
日本大	文理・法・理工
武蔵大	経済
成蹊大	理工
成城大	経済・法・文芸
明治学院大	全学部
他	

進学実績
●4年制大学　千葉大2　東京芸術大1　北海道大1　東京学芸大1　埼玉大1　防衛大学校1　早稲田大1　東京理科大3　明治大7　立教大4　法政大5　日本大32　東洋大6　駒澤大7　成城大6　東京音楽大3　立正大4　東京家政大8　千葉工業大15　和洋女子大6　他
●短期大学　大妻女子大短大部　東京家政大短大部　共立女子短大　有明教育芸術短大　日本歯科大東京短大　他
●専門学校　千葉医療センター附属看護　県自動車大学校　神田外語学院　東京スクール・オブ・ビジネス　桑沢デザイン研究所　大原学園　香川調理製菓　他
就職実績　国家公務員　千葉市消防局
部活動　アーチェリー部(全国大会・関東大会出場)　弓道部・合唱部・理科部(関東大会出場)　ダブルダッチ部(U-19全国大会3位、様々なイベントに参加)

県立 2学区

実籾 高等学校

普通科

平成31年3月卒業生　男 170　女 174　計 344

進路種別		男	女	計
4年制大学	国公立	1	0	1
	私立	98	72	170
短期大学	国公立	0	0	0
	私立	1	23	24
専門学校		45	59	104
就職・自営		5	13	18
その他（未定）		20	7	27

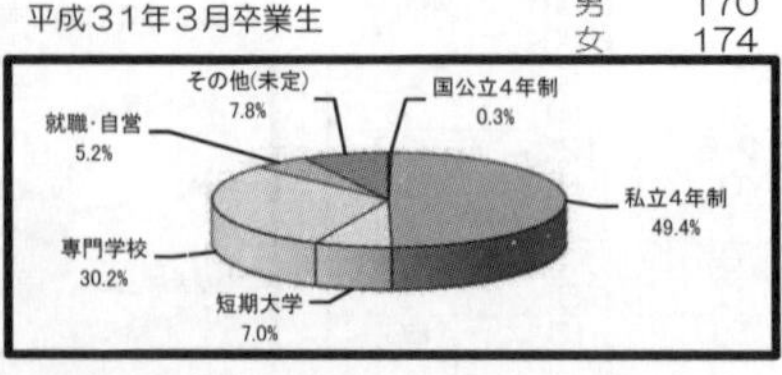

指定校推薦のある大学・学部	
日本大	理工・生産工
東洋大	文
東京電機大	理工・工
工学院大	工・情報
国士舘大	理工・文
二松学舎大	国際政治経済
立正大	法
大東文化大	文・外国語
拓殖大	工・政経・外国語
武蔵野大	
実践女子大	
千葉工業大	
淑徳大	
東京情報大	
和洋女子大	
千葉商科大	
他	

進学実績
- ●4年制大学　琉球大1　日本大9　東洋大2　武蔵野大1　北里大1　東邦大1　千葉工業大18　立正大2　大正大4　二松学舎大1　東京農業大1　国士舘大1　神田外語大1　玉川大1　桜美林大2　大東文化大3　帝京大2　千葉商科大11　和洋女子大9　実践女子大2
- ●短期大学　戸板女子短大　桐朋学園芸術短大　千葉経済大短大部　昭和学院短大　千葉明徳短大　植草学園短大　他
- ●専門学校　船橋市立看護　日本医科大看護　二葉看護学院　太陽歯科衛生士　東京医療　八千代ﾘﾊﾋﾞﾘﾃｰｼｮﾝ学院　日本電子　日本工学院　神田外語学院　国際航空　東京愛犬　国際理容美容　上野法律　武蔵野調理師　他

就職実績　八千代市役所　ﾔﾏﾄ運輸　東武百貨店　京成電鉄　日本郵便　ｼﾞｰﾕｰ　ﾌｧｲﾝｽﾞ東京　ﾔｵｺｰ　ﾆｭｰﾃﾞﾝﾀﾙ　ｼﾞｪｲ･ｴｽ･ｴｽ

部活動　射撃部(県大会優勝、全国選抜・関東選抜出場)　陸上競技部(国体出場)　写真部(県写真展県知事賞・教育長賞)　ﾊﾞｽｹｯﾄﾎﾞｰﾙ部・ﾊﾞﾄﾞﾐﾝﾄﾝ部(県大会出場)　他

船橋 高等学校

普通科　理数科

平成31年3月卒業生　男 209　女 150　計 359

進路種別		男	女	計
4年制大学	国公立	93	56	149
	私立	46	71	117
短期大学	国公立	0	0	0
	私立	0	0	0
専門学校		1	1	2
就職・自営		0	0	0
その他（未定）		69	22	91

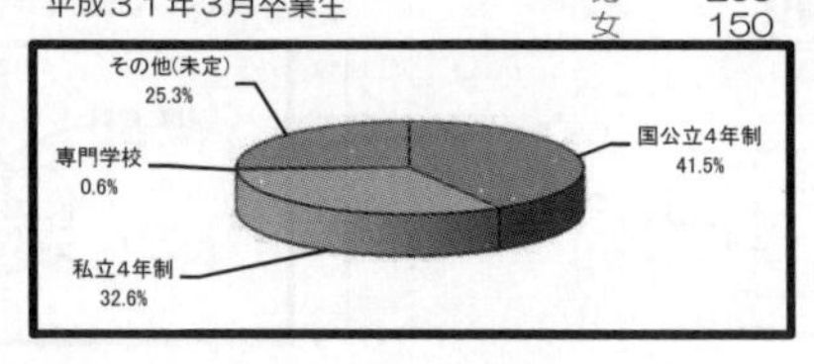

指定校推薦のある大学・学部	
早稲田大	法・文化構想
早稲田大	商・基幹理工
早稲田大	教育・創造理工
早稲田大	先進理工
慶応大	商・理工・薬
他	

進学実績
- ●4年制大学　東京大6　一橋大14　東京工業大9　東北大10　筑波大24　千葉大35　横浜国立大15　東京外国語大6　お茶の水女子大3　京都大4　大阪大3　神戸大2　早稲田大22　慶応大9　上智大4　東京理科大15　明治大21　立教大6

部活動　ｱｰﾁｪﾘｰ部(全国大会・関東大会出場)　ｵｰｹｽﾄﾗ部・自然科学部(全国大会出場)　生物部(生物学ｵﾘﾝﾋﾟｯｸ本選出場)　数学同好会(数学ｵﾘﾝﾋﾟｯｸ本選出場)　放送委員会(関東大会出場)　他

薬園台 高等学校

普通科　園芸科

平成31年3月卒業生　男 159　女 156　計 315

進路種別		男	女	計
4年制大学	国公立	17	13	30
	私立	88	94	182
短期大学	国公立	0	0	0
	私立	0	3	3
専門学校		8	16	24
就職・自営		3	8	11
その他（未定）		43	22	65

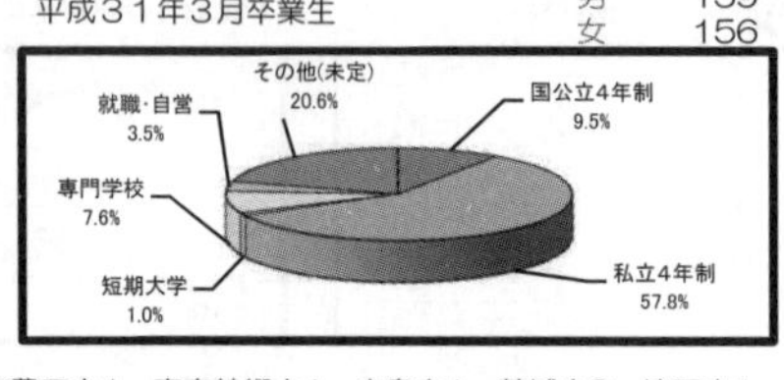

指定校推薦のある大学・学部	
早稲田大	人間科学・文
早稲田大	文化構想・商
早稲田大	創造理工
早稲田大	基幹理工
東京理科大	理・基礎工
東京理科大	理工・経営
学習院大	文・経済・理
明治大	法・政治経済
明治大	理工・総合数理
立教大	文・経済
立教大	法・観光
他	

進学実績
- ●4年制大学　一橋大1　筑波大2　東京外国語大3　千葉大8　東京農工大1　東京芸術大1　広島大1　茨城大2　埼玉大1　早稲田大22　慶応大4　明治大25　立教大18　東京理科大10　学習院大4　中央大6　青山学院大6　法政大13　日本大5　東洋大4
- ●短期大学　実践女子大短大部　千葉経済大短大部　東京経営短大
- ●専門学校　東京墨田看護　神田外語学院　船橋情報ﾋﾞｼﾞﾈｽ　我孫子高等技術　他

就職実績　JAちば東葛　新東京ﾌｰﾄﾞ　ｻｼﾞｯﾄﾏﾈｼﾞﾒﾝﾄ　ﾐｯｸﾏﾑ　他

部活動　将棋部(全国大会出場)　ﾊﾞﾚｰﾎﾞｰﾙ部・ｿﾌﾄﾃﾆｽ部・ﾊﾞｽｹｯﾄﾎﾞｰﾙ部・演劇部(県大会出場)　他

船橋東 高等学校

普通科

平成31年3月卒業生　男 164　女 155　計 319

進路種別		男	女	計
4年制大学	国公立	25	24	49
	私立	96	110	206
短期大学	国公立	0	0	0
	私立	0	0	0
専門学校		0	1	1
就職・自営		0	2	2
その他（未定）		43	18	61

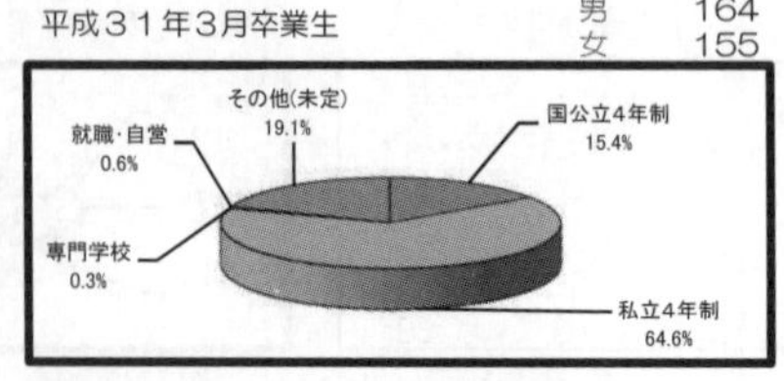

指定校推薦のある大学・学部	
早稲田大	法・創造理工
早稲田大	基幹理工
上智大	総合人間科学
上智大	理工
立教大	現代心理
東京理科大	薬・工・基礎工
東京理科大	理工・経営
明治大	政治経済
青山学院大	文・経済・経営
青山学院大	教育人間科学
中央大	法・商・理工
法政大	法・社会・経済
法政大	理工・情報科学
法政大	生命科学
学習院大	全学部
他	

進学実績
- ●4年制大学　千葉大23　筑波大2　東京工業大1　県立保健医療大8　埼玉大2　茨城大2　早稲田大6　慶応大1　上智大2　東京理科大6　明治大14　法政大14　立教大7　青山学院大6　中央大5　学習院大6　東邦大7　日本大15　東洋大13　東京農業大8
- ●専門学校　東京工学院

就職実績　警視庁　杉浦本店

部活動　吹奏楽部(日本管楽合奏ｺﾝﾃｽﾄ出場、日本ｼﾞｭﾆｱ管打楽器ｺﾝｸｰﾙ ﾄﾛﾝﾎﾞｰﾝの部第1位)　華道部(花の甲子園北関東大会敢闘賞)　水泳部・空手道部・陸上競技部・卓球部・男子ﾊﾞﾚｰﾎﾞｰﾙ部(県大会ﾍﾞｽﾄ16)

県立　2学区

船橋啓明　高等学校

普通科　　平成３１年３月卒業生　　男 179　女 178　計 357

進路種別		男	女	計
4年制大学	国公立	0	1	1
	私立	115	92	207
短期大学	国公立	0	0	0
	私立	0	18	18
専門学校		25	55	80
就職・自営		5	3	8
その他（未定）		34	9	43

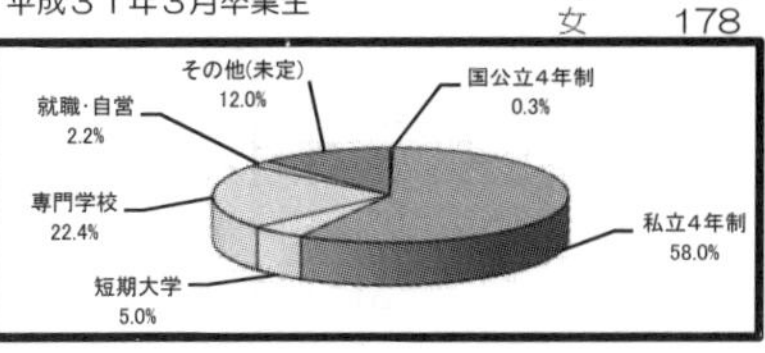

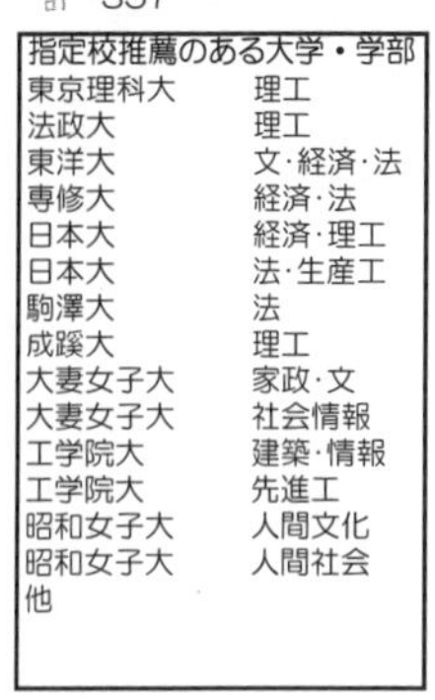
指定校推薦のある大学・学部
東京理科大　理工
法政大　理工
東洋大　文・経済・法
専修大　経済・法
日本大　経済・理工
日本大　法・生産工
駒澤大　法
成蹊大　理工
大妻女子大　家政・文
大妻女子大　社会情報
工学院大　建築・情報
工学院大　先進工
昭和女子大　人間文化
昭和女子大　人間社会
他

進学実績
●4年制大学　県立保健医療大1　青山学院大1　中央大1　法政大3　明治大1　津田塾大1　駒澤大3　専修大2　東洋大9　日本大15　北里大1　東邦大3　獨協大4　文教大2　東京電機大2　帝京大2　東京都市大1　昭和女子大4　実践女子大1　共立女子大1
●短期大学　大妻女子大短大部　戸板女子短大　聖徳大短大部　東京家政大短大部　昭和学院短大　千葉経済大短大部
●専門学校　日本医科大看護　船橋市立看護　野田看護　神田外語学院　東洋公衆衛生学院　舞台芸術学院　船橋情報ﾋﾞｼﾞﾈｽ
就職実績　千葉地方法務局　千葉県職員　ﾔﾏﾄ運輸　JR東日本ｽﾃｰｼｮﾝｻｰﾋﾞｽ
部活動　多くの体育系部活動が県大会に出場している。

船橋芝山　高等学校

普通科　　平成３１年３月卒業生　　男 179　女 145　計 324

進路種別		男	女	計
4年制大学	国公立	0	0	0
	私立	120	82	202
短期大学	国公立	0	0	0
	私立	3	18	21
専門学校		24	35	59
就職・自営		3	4	7
その他（未定）		29	6	35

就職・自営 2.2%　その他(未定) 10.8%　専門学校 18.2%　私立4年制 62.3%　短期大学 6.5%

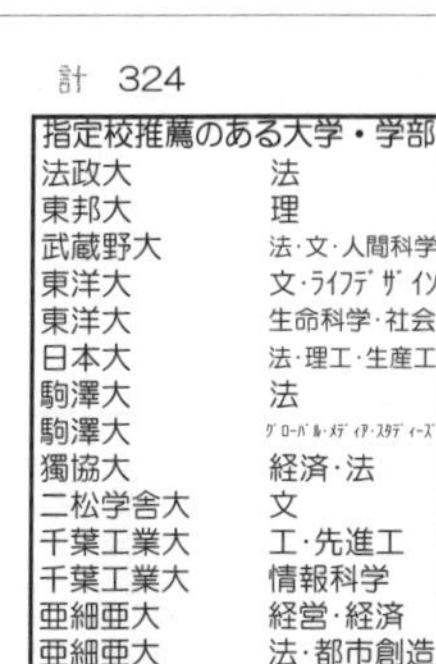
指定校推薦のある大学・学部
法政大　法
東邦大　理
武蔵野大　法・文・人間科学
東洋大　文・ﾗｲﾌﾃﾞｻﾞｲﾝ
東洋大　生命科学・社会
日本大　法・理工・生産工
駒澤大　法
駒澤大　ｸﾞﾛｰﾊﾞﾙﾒﾃﾞｨｱｽﾀﾃﾞｨｰｽﾞ
獨協大　経済・法
二松学舎大　文
千葉工業大　工・先進工
千葉工業大　情報科学
亜細亜大　経営・経済
亜細亜大　法・都市創造
東京家政大　家政・人文

進学実績
●4年制大学　早稲田大1　青山学院大1　法政大2　成蹊大2　成城大1　学習院大1　芝浦工業大1　獨協大2　国学院大1　日本大15　東洋大5　駒澤大8　専修大5　東邦大3　東京農業大1　順天堂大2　神田外語大4　千葉工業大15　東京電機大1　国際医療福祉大1
●短期大学　大妻女子大短大部　共立女子短大　聖徳大短大部　千葉敬愛短大　戸板女子短大　日本大短大部　他
●専門学校　神田外語学院　千葉医療ｾﾝﾀｰ附属看護　船橋市立看護　八千代ﾘﾊﾋﾞﾘﾃｰｼｮﾝ学院　東京動物　日本大松戸歯学部附属歯科衛生　船橋情報ﾋﾞｼﾞﾈｽ　他
就職実績　千葉市役所　浦安市役所　京成電鉄　新京成電鉄　日本郵便　ｻﾝﾚｲ工機　弘成会
部活動　弓道部(県総体男子団体4位、県新人大会男子団体3位、関東大会女子団体出場、東日本大会男女団体出場)　男子ﾃﾆｽ部(県大会団体ﾍﾞｽﾄ16)　ｿﾌﾄﾎﾞｰﾙ部(県大会ﾍﾞｽﾄ16)　他

船橋二和　高等学校

普通科　　平成３１年３月卒業生　　男 157　女 205　計 362

進路種別		男	女	計
4年制大学	国公立	0	1	1
	私立	57	38	95
短期大学	国公立	0	0	0
	私立	2	27	29
専門学校		72	109	181
就職・自営		13	20	33
その他（未定）		13	10	23

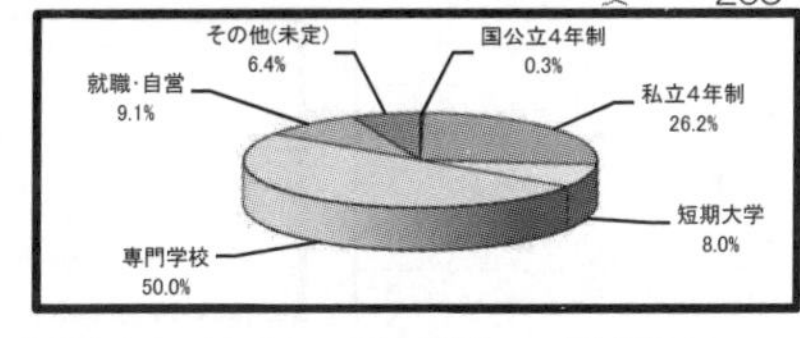

指定校推薦のある大学・学部
日本大　生産工
二松学舎大　国際政治経済
目白大　外国語・社会
千葉工業大　工・先進工
千葉工業大　社会ｼｽﾃﾑ科学
淑徳大　人文
亜細亜大　法
拓殖大　政経
千葉商科大　ｻｰﾋﾞｽ創造
千葉商科大　商経・政策情報
千葉商科大　人間社会
帝京平成大　健康医療ｽﾎﾟｰﾂ
敬愛大　経済
千葉経済大　経済
秀明大　英語情報ﾏﾈｼﾞﾒﾝﾄ
麗澤大　外国語・経済
他

進学実績
●4年制大学　東京芸術大1　国学院大1　日本大2　国士舘大1　二松学舎大3　立正大1　千葉工業大9　東京情報大1　亜細亜大3　千葉商科大18　拓殖大1　目白大2　帝京平成大2　淑徳大1　流通経済大2　日本体育大1　他
●短期大学　千葉経済大短大部　聖徳大短大部　千葉明徳短大　戸板女子短大　昭和音楽大短大部　昭和学院短大　他
●専門学校　葵会柏看護　お茶の水はりきゅう　千葉医療ｾﾝﾀｰ附属看護　日本健康医療　二葉看護学院　船橋市立看護　東京医薬　青山製図　千葉こども　千葉女子　東洋理容美容　日本工学院　日本電子　神田外語学院　船橋情報ﾋﾞｼﾞﾈｽ　大原簿記公務員医療情報ﾋﾞｼﾞﾈｽ　東放学園　東京ｽﾎﾟｰﾂ・ﾚｸﾘｴｰｼｮﾝ　ﾊｯﾋﾟｰ製菓調理　他
就職実績　警視庁　自衛隊　千葉県警　船橋市消防局　くすりの福太郎　日本郵便　ｾﾛﾘｿﾞﾌ　ﾔﾏﾄ運輸　ﾔﾏﾀﾞ電機　他
部活動　女子体操部(県大会・県新人大会団体6位)　男子ﾊﾞﾚｰﾎﾞｰﾙ部(県総体8位)

船橋古和釜　高等学校

普通科　　平成３１年３月卒業生　　男 141　女 69　計 210

進路種別		男	女	計
4年制大学	国公立	0	0	0
	私立	29	9	38
短期大学	国公立	0	0	0
	私立	3	3	6
専門学校		53	28	81
就職・自営		48	27	75
その他（未定）		8	2	10

その他(未定) 4.8%　私立4年制 18.1%　就職・自営 35.7%　短期大学 2.9%　専門学校 38.6%

指定校推薦のある大学・学部
千葉工業大
国士舘大
淑徳大
関東学院大
城西国際大
目白大
敬愛大
東京情報大
千葉商科大
流通経済大
千葉経済大
東京福祉大
東京成徳大
江戸川大
中央学院大
明海大
他

進学実績
●4年制大学　千葉工業大2　国士舘大1　東京有明医療大1　淑徳大3　関東学院大1　城西国際大1　目白大1　敬愛大2　東京情報大1　千葉商科大5　流通経済大2　千葉経済大2　東京福祉大2　東京成徳大1　江戸川大6　中央学院大2　埼玉学園大1　明海大2　東洋学園大1
●短期大学　千葉経済大短大部　東京交通短大　有明教育芸術短大　聖徳大短大部　東京経営短大
●専門学校　神田外語学院　大原学園　日本工学院　千葉調理師　千葉女子　山王看護　他

就職実績　日本郵便　西友　さとう歯科医院　他

県立　2学区

船橋法典　高等学校

普通科　　平成31年3月卒業生　　男 97　女 126　計 223

進路種別		男	女	計
４年制大学	国公立	0	0	0
	私立	20	23	43
短期大学	国公立	0	0	0
	私立	0	11	11
専門学校		40	43	83
就職･自営		34	44	78
その他（未定）		3	5	8

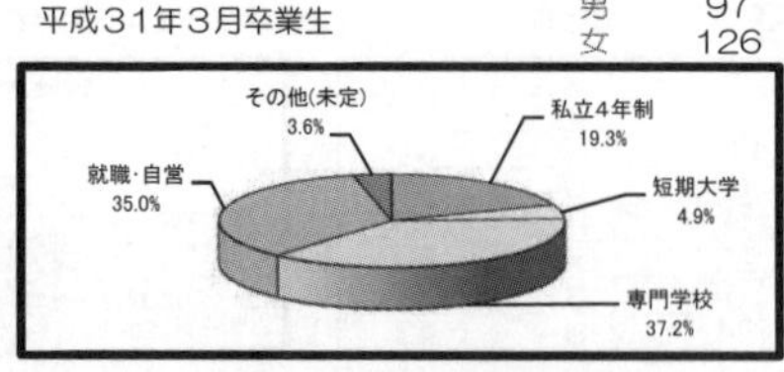

指定校推薦のある大学・学部

大学	学部
千葉工業大	工
千葉工業大	社会ｼｽﾃﾑ科学
東京情報大	総合情報
淑徳大	ｺﾐｭﾆﾃｨ政策
千葉商科大	ｻｰﾋﾞｽ創造
千葉商科大	人間社会
流通経済大	社会
千葉経済大	経済
中央学院大	法
江戸川大	ﾒﾃﾞｨｱｺﾐｭﾆｹｰｼｮﾝ
江戸川大	社会
東洋学園大	人間科学
東洋学園大	ｸﾞﾛｰﾊﾞﾙ･ｺﾐｭﾆｹｰｼｮﾝ
文京学院大	外国語･経営
他	

進学実績
- ●４年制大学　東洋大1　駒澤大1　神田外語大1　東京農業大1　千葉工業大3　東京情報大3　城西国際大2　聖徳大2　和洋女子大3　日本体育大1　国際武道大1　埼玉工業大1　淑徳大3　千葉商科大3　流通経済大1　他
- ●短期大学　昭和学院短大　聖徳大短大部　千葉経済大短大部　東京経営短大
- ●専門学校　日本電子　船橋情報ﾋﾞｼﾞﾈｽ　ちば愛犬動物ﾌﾗﾜｰ　千葉･柏ﾘﾊﾋﾞﾘﾃｰｼｮﾝ学院　了徳寺学園医療　千葉調理師　千葉美容　千葉こども　早稲田速記医療福祉　神田外語学院　千葉中央看護　大原簿記法律　東洋美術　他

就職実績　ｴｽﾌｰｽﾞ　ﾌｼﾞｯｺ　ﾋﾀﾞﾝ　ｱｰﾄｺｰﾎﾟﾚｰｼｮﾝ　ﾏﾙｴﾂ　東武百貨店　玉屋　鎌ヶ谷ｶﾝﾄﾘｰ倶楽部　日本郵便　ﾊﾟﾙｼｽﾃﾑ千葉　東京ｶﾞｽﾗｲﾌﾊﾞﾙ千葉　日本通運　ｼﾞｪｲ･ｴｽ･ｴｽ　石井食品　自衛隊　千葉県職員　千葉県警　他

部活動　書道部(全国大会出場)　陸上競技部(男子400mH･男子円盤投･女子800m･女子10000m関東大会出場)　女子ｻｯｶｰ部･写真部(関東大会出場)　他

船橋豊富　高等学校

普通科　　※昨年度データ　　男 105　女 104　計 209

進路種別		男	女	計
４年制大学	国公立	0	0	0
	私立	27	5	32
短期大学	国公立	0	0	0
	私立	0	9	9
専門学校		32	29	61
就職･自営		39	41	80
その他（未定）		7	20	27

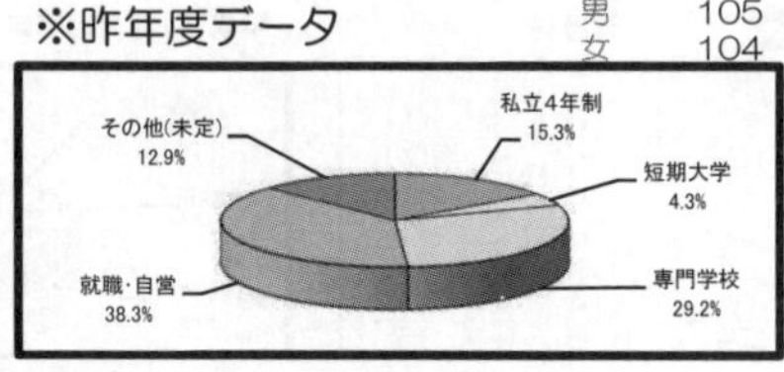

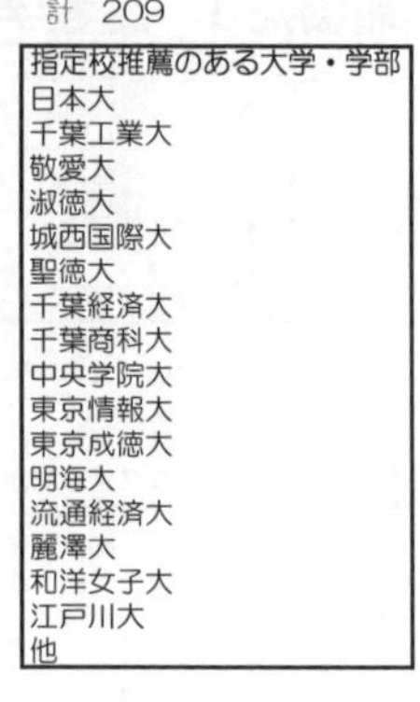
指定校推薦のある大学・学部

日本大
千葉工業大
敬愛大
淑徳大
城西国際大
聖徳大
千葉経済大
千葉商科大
中央学院大
東京情報大
東京成徳大
明海大
流通経済大
麗澤大
和洋女子大
江戸川大
他

進学実績
- ●４年制大学　日本大2　千葉工業大1　東京情報大6　清和大1　千葉経済大6　明海大4　江戸川大2　千葉商科大2　麗澤大2　植草学園大1　中央学院大1　ﾃﾞｼﾞﾀﾙﾊﾘｳｯﾄﾞ大1　東京成徳大1　流通経済大1　東京未来大1
- ●短期大学　聖徳大短大部　昭和音楽大短大部　東京経営短大　戸板女子短大　植草学園短大　有明教育芸術短大
- ●専門学校　大原簿記公務員医療情報ﾋﾞｼﾞﾈｽ　神田外語学院　太陽歯科衛生士　船橋高等技術　船橋情報ﾋﾞｼﾞﾈｽ　千葉美容　千葉調理師　千葉女子　織田調理師　中央自動車大学校　国際ﾄﾗﾍﾞﾙ･ﾎﾃﾙ･ﾌﾞﾗｲﾀﾞﾙ　竹早教員保育士養成所　他

就職実績　日本郵便　ﾄﾖﾀｶﾛｰﾗ千葉　東武百貨店　芝浦ｼｬﾘﾝｸﾞ　ﾖｰｸﾏｰﾄ　ｾﾚｸｼｮﾝ　ﾌﾞﾗｲﾄﾝｺｰﾎﾟﾚｰｼｮﾝ　鎌ケ谷ｶﾝﾄﾘｰ倶楽部　日鉄住金SGﾜｲﾔ　多田機工　伊藤園　ﾕｰﾆｯｸ　ﾊﾑｺﾐｭﾆﾃｨ建設　東京BK足場　ｵｰﾂｶ　東京納品代行　ﾋﾀﾞﾝ　日本通運　東葉警備保障　朋和産業　ﾌｼﾞﾌｰｽﾞ　ｻﾝﾃﾞﾘｶ　山崎製ﾊﾟﾝ　松田硝子工芸　八千代特殊金属　他

部活動　女子ﾊﾞｽｹｯﾄﾎﾞｰﾙ部･弓道部(県大会出場)

船橋北　高等学校

普通科　　平成31年3月卒業生　　男 110　女 100　計 210

進路種別		男	女	計
４年制大学	国公立	0	0	0
	私立	33	10	43
短期大学	国公立	2	0	2
	私立	0	7	7
専門学校		43	41	84
就職･自営		28	33	61
その他（未定）		4	9	13

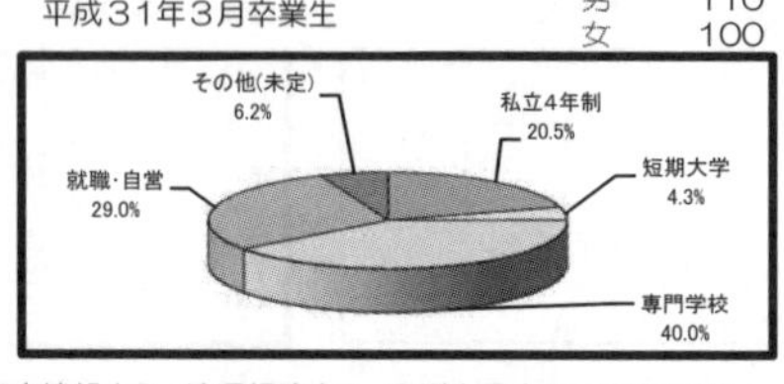

指定校推薦のある大学・学部

大学	学部
日本大	生産工
東京電機大	ｼｽﾃﾑﾃﾞｻﾞｲﾝ工
東京電機大	理工
千葉工業大	工
千葉工業大	社会ｼｽﾃﾑ科学
淑徳大	総合福祉･経営
淑徳大	ｺﾐｭﾆﾃｨ政策
国士舘大	理工
千葉商科大	商経･人間社会
千葉商科大	ｻｰﾋﾞｽ創造
千葉商科大	政策情報
東京情報大	総合情報･看護
流通経済大	全学部
麗澤大	経済･外国語
和洋女子大	全学部
他	

進学実績
- ●４年制大学　日本大1　千葉工業大1　千葉商科大8　明海大5　東京情報大8　流通経済大2　和洋女子大1　江戸川大1　淑徳大1　麗澤大1　敬愛大2　国際武道大1　千葉経済大1　城西国際大1　東洋学園大1　中央学院大4　他
- ●短期大学　昭和学院短大　千葉明徳短大　千葉経済大短大部　東京経営短大　千葉職業能力開発短大校
- ●専門学校　県自動車大学校　中央自動車大学校　国際理工情報ﾃﾞｻﾞｲﾝ　日本大松戸歯学部附属歯科衛生　千葉中央看護　八千代ﾘﾊﾋﾞﾘﾃｰｼｮﾝ学院　ﾕﾆﾊﾞｰｻﾙﾋﾞｭｰﾃｨｰｶﾚｯｼﾞ　東京IT会計法律　国際理容美容　武蔵野栄養　青山製図　他

就職実績　千葉県警　陸上自衛隊　ｸﾎﾞﾀ　日鉄鋼板　日鉄電磁　山崎製ﾊﾟﾝ　石井食品　ﾄﾖﾀｶﾛｰﾗ千葉　JR東日本　京成電鉄　新京成電鉄　東武百貨店　ｼｰﾎﾞﾝ　ﾊﾟｼﾌｨｯｸｺﾞﾙﾌﾏﾈｰｼﾞﾒﾝﾄ　船橋ｶﾝﾄﾘｰ倶楽部　菊川工業　他

部活動　弓道部(県大会男女団体準優勝、関東選抜大会個人出場、東日本弓道大会出場)　ｻｯｶｰ部･ﾊﾞｽｹｯﾄﾎﾞｰﾙ部･女子ﾊﾞﾚｰﾎﾞｰﾙ部･ｿﾌﾄﾎﾞｰﾙ部･剣道部(県大会ﾍﾞｽﾄ16)　他

市川工業　高等学校

機械科　建築科　電気科　インテリア科　　平成31年3月卒業生　　男 170　女 52　計 222

進路種別		男	女	計
４年制大学	国公立	0	0	0
	私立	16	4	20
短期大学	国公立	0	0	0
	私立	3	2	5
専門学校		32	14	46
就職･自営		115	31	146
その他（未定）		4	1	5

その他(未定) 2.3%　私立４年制 9.0%　短期大学 2.3%　専門学校 20.7%　就職・自営 65.8%

指定校推薦のある大学・学部

日本大
千葉工業大
日本工業大
東京情報大
他

進学実績
- ●４年制大学　日本大1　千葉工業大5　日本工業大8　淑徳大1　江戸川大2　明海大1　千葉経済大1　ものつくり大1
- ●短期大学　聖徳大短大部　千葉職業能力開発短大校　他
- ●専門学校　中央工学校　国際理工情報ﾃﾞｻﾞｲﾝ　日本自動車大学校　東京ｸｰﾙｼﾞｬﾊﾟﾝ　中央自動車大学校　日本工学院　日本電子　東京観光　東京福祉　国際ﾄﾗﾍﾞﾙ･ﾎﾃﾙ･ﾌﾞﾗｲﾀﾞﾙ　千葉ﾃﾞｻﾞｲﾅｰ学院　日本ﾌﾗﾜｰｶﾚｯｼﾞ　他

就職実績　日立産機ﾄﾞﾗｲﾌﾞ･ｿﾘｭｰｼｮﾝｽﾞ　宝塚舞台　日産自動車　日本製鉄　京成電鉄　新京成電鉄　関電工　NTT東日本-南関東　大京ﾘﾌｫｰﾑ･ﾃﾞｻﾞｲﾝ　大京穴吹建設　一条工務店　LIXIL　住友林業ﾎｰﾑｴﾝｼﾞﾆｱﾘﾝｸﾞ　ｱｰﾋﾞｯｸ建設　帆風　ｲｵﾝﾃﾞｨﾗｲﾄ　ﾌｼﾞﾊﾟﾝ　住友建機　東京ｱｰﾄ　東洋ｶﾞﾗｽ　興亜硝子　ﾀﾞｲﾆｯｾｲ　自衛官　他

部活動　ﾛﾎﾞｯﾄ技術研究部(WRO JAPAN出場)　ｲﾝﾃﾘｱﾃﾞｻﾞｲﾝ部(ﾌｧｯｼｮﾝ甲子園出場)　機械研究部　他

県立　2学区

国府台　高等学校

普通科　　平成３１年３月卒業生　男 152　女 164　計 316

進路種別		男	女	計
４年制大学	国公立	2	5	7
	私立	126	149	275
短期大学	国公立	0	0	0
	私立	1	1	2
専門学校		3	4	7
就職･自営		0	0	0
その他（未定）		20	5	25

専門学校 2.2%　その他(未定) 7.9%　国公立4年制 2.2%　短期大学 0.6%　私立4年制 87.0%

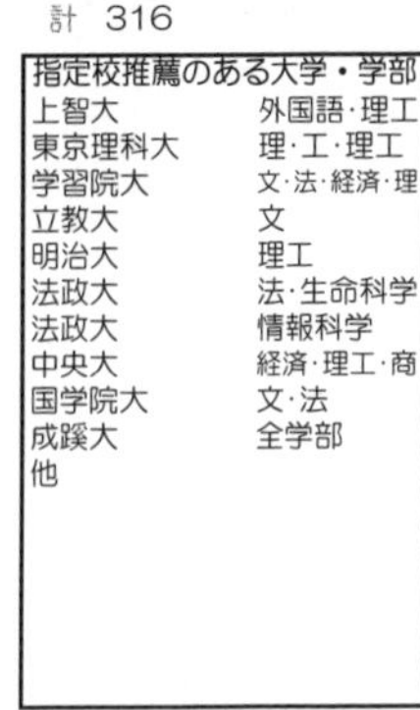

指定校推薦のある大学・学部	
上智大	外国語･理工
東京理科大	理･工･理工
学習院大	文･法･経済･理
立教大	文
明治大	理工
法政大	法･生命科学
法政大	情報科学
中央大	経済･理工･商
国学院大	文･法
成蹊大	全学部
他	

進学実績
- ●４年制大学　お茶の水女子大1　筑波大1　千葉大1　前橋工科大1　茨城大1　県立保健医療大2　早稲田大4　上智大4　東京理科大4　青山学院大3　明治大14　立教大7　中央大5　法政大6　学習院大7　芝浦工業大15　国学院大6　成蹊大11　成城大3　東邦大11
- ●専門学校　神田外語学院　他

部活動　ﾎﾞｰﾄ部(ｲﾝﾀｰﾊｲ･関東大会出場)　書道部(全国総合文化祭出場)　吹奏楽部(東関東大会出場)　ﾌｪﾝｼﾝｸﾞ部･水泳部(関東大会出場)　多くの部活動が県大会に出場している。

国分　高等学校

普通科　　平成３１年３月卒業生　男 148　女 174　計 322

進路種別		男	女	計
４年制大学	国公立	1	1	2
	私立	104	138	242
短期大学	国公立	0	0	0
	私立	1	7	8
専門学校		3	17	20
就職･自営		0	1	1
その他（未定）		39	10	49

就職･自営 0.3%　その他(未定) 15.2%　国公立4年制 0.6%　専門学校 6.2%　短期大学 2.5%　私立4年制 75.2%

指定校推薦のある大学・学部	
青山学院大	法
明治大	理工
立教大	法
法政大	文･経済･理工
成城大	経済
成蹊大	文･経済･理工
東洋大	生命科学･文
東洋大	法･経済

進学実績
- ●４年制大学　埼玉大1　県立保健医療大1　明治大4　青山学院大3　立教大2　中央大2　法政大7　武蔵大3　日本大26　東洋大4　専修大2　東邦大5　成蹊大8　成城大3　武蔵野大6　獨協大4　立正大10　東京電機大8　文教大8　帝京大9
- ●短期大学　実践女子大短大部　日本大短大部　大妻女子大短大部　東京歯科大短大　帝京大短大
- ●専門学校　日本医科大看護　日本大松戸歯学部附属歯科衛生　獨協医科大附属看護

就職実績　総務省統計局

部活動　男子ﾊﾞﾚｰﾎﾞｰﾙ部(H28･29年度県大会ﾍﾞｽﾄ16)　吹奏楽部(H28年度東関東吹奏楽ｺﾝｸｰﾙ銀賞)　ｻｯｶｰ部･野球部(H28年度県大会ﾍﾞｽﾄ16)　他

行徳　高等学校

普通科　　平成３１年３月卒業生　男 99　女 59　計 158

進路種別		男	女	計
４年制大学	国公立	0	0	0
	私立	30	4	34
短期大学	国公立	0	0	0
	私立	0	1	1
専門学校		24	29	53
就職･自営		41	17	58
その他（未定）		4	8	12

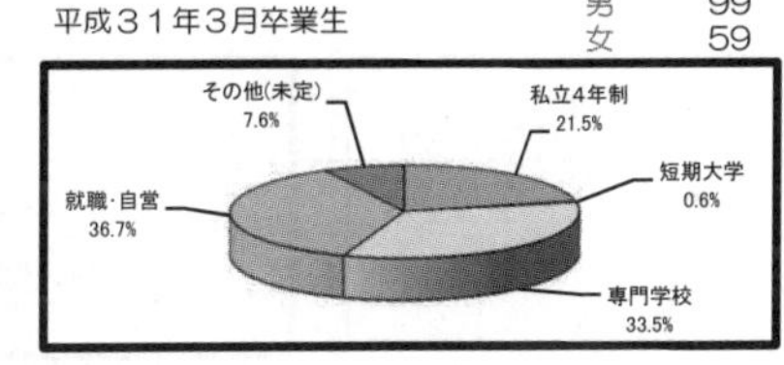

指定校推薦のある大学・学部	
日本大	生産工
千葉工業大	工･社会ｼｽﾃﾑ科学
東京情報大	看護･総合情報
大正大	全学部
東京農業大	生物産業
国士舘大	21世紀ｱｼﾞｱ
国士舘大	理工
関東学院大	理工
愛知工業大	全学部
川村学園女子大	文･生活創造
淑徳大	総合福祉･人文
淑徳大	ｺﾐｭﾆﾃｨ政策･経営
千葉商科大	商経･ｻｰﾋﾞｽ創造
千葉商科大	政策情報･人間社会
東京工芸大	工
開智国際大	教育･国際教養
他	

進学実績
- ●４年制大学　日本大1　千葉工業大5　東京情報大2　千葉商科大6　明海大9　敬愛大2　植草学園大1　江戸川大1　千葉経済大4　産業能率大1　東洋学園大1　国立台湾体育運動大1
- ●短期大学　聖徳大短大部
- ●専門学校　県自動車大学校　尚美ﾐｭｰｼﾞｯｸｶﾚｯｼﾞ　華調理製菓　彰栄保育福祉　東京文化美容　駿台ﾄﾗﾍﾞﾙ&ﾎﾃﾙ　日本工学院　東京ﾋﾞｼﾞｭｱﾙｱｰﾂ　東京ﾍﾞﾙｴﾎﾟｯｸ美容　大原簿記公務員医療情報ﾋﾞｼﾞﾈｽ　ちば愛犬動物ﾌﾗﾜｰ　ﾊﾟﾘ総合美容　他

就職実績　東武百貨店　日産自動車　ﾋﾞｯｸｶﾒﾗ　東武鉄道　ﾔｵｺｰ　ｺﾛﾝﾊﾟﾝ　PALTAC　木村屋總本店　ﾎﾃﾙｽﾌﾟﾘﾝｸﾞｽ幕張　浦安ﾌﾞﾗｲﾄﾝﾎﾃﾙ　ﾏﾙｴﾂ　三越伊勢丹　共同印刷　ﾆｯｶ　和幸　興亜硝子　ｵﾘｴﾝﾀﾙﾗﾝﾄﾞ　東洋冷蔵　芝浦ｼｬﾘﾝｸﾞ　ﾌｼﾞﾌｰｽﾞ　福山通運　ﾖｰｸﾏｰﾄ　名糖運輸　ｶｽﾐ　ﾜｰﾙﾄﾞｽﾄｱﾊﾟｰﾄﾅｰｽﾞ　三陽商会　他

部活動　書道部(県小中高校席書大会千葉日報社賞受賞)　音楽部(市川地域のｲﾍﾞﾝﾄ参加)　他

市川東　高等学校

普通科　　平成３１年３月卒業生　男 154　女 201　計 355

進路種別		男	女	計
４年制大学	国公立	0	1	1
	私立	100	130	230
短期大学	国公立	0	0	0
	私立	1	7	8
専門学校		10	48	58
就職･自営		3	5	8
その他（未定）		40	10	50

就職・自営 2.3%　その他(未定) 14.1%　国公立4年制 0.3%　専門学校 16.3%　短期大学 2.3%　私立4年制 64.8%

指定校推薦のある大学・学部	
法政大	理工
日本大	生物資源科学
日本大	法･理工･生産工
東洋大	文･法･社会
駒澤大	法
専修大	経済Ⅱ
成蹊大	理工
千葉工業大	
東京電機大	

進学実績
- ●４年制大学　茨城大1　慶応大1　明治大2　中央大1　法政大3　東邦大3　武蔵大3　日本大17　東洋大9　駒澤大4　成蹊大2　芝浦工業大1　千葉工業大6　神田外語大4　東京電機大2
- ●短期大学　日本歯科大東京短大　有明教育芸術短大　東京成徳短大
- ●専門学校　日本電子　読売理工医療福祉　日本医科大看護　日本美容

就職実績　千葉県職員　千葉県警　自衛隊　はとﾊﾞｽ

部活動　なぎなた部(ｲﾝﾀｰﾊｲ･全国新人大会･関東大会出場)　水泳部(県総体･県選手権･県新人戦決勝進出)　女子ﾊﾞｽｹｯﾄﾎﾞｰﾙ部･ｻｯｶｰ部(県大会ﾍﾞｽﾄ32)　男子ﾊﾞｽｹｯﾄﾎﾞｰﾙ部･ﾊﾞﾄﾞﾐﾝﾄﾝ部(県大会出場)

県立 2学区

市川南 高等学校

普通科　　平成３１年３月卒業生　　男 162　女 191　計 353

進路種別		男	女	計
４年制大学	国公立	0	0	0
	私立	85	39	124
短期大学	国公立	0	0	0
	私立	1	15	16
専門学校		56	93	149
就職･自営		13	32	45
その他（未定）		7	12	19

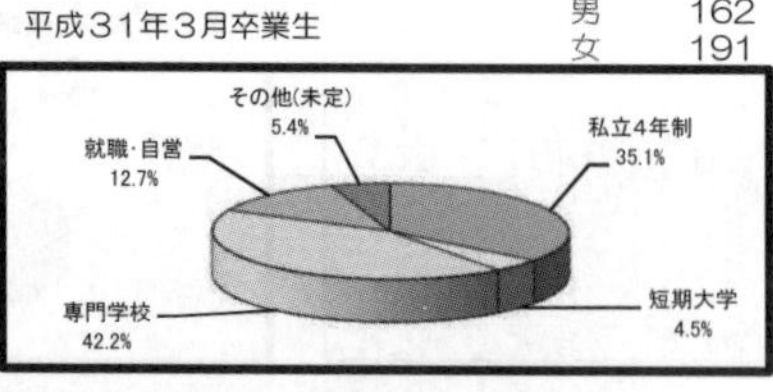

指定校推薦のある大学・学部	
日本大	生産工
千葉工業大	工
千葉工業大	社会ｼｽﾃﾑ科学
武蔵野大	文･ｸﾞﾛｰﾊﾞﾙ
武蔵野大	法･経営･経済
武蔵野大	ﾃﾞｰﾀｻｲｴﾝｽ
武蔵野大	人間科学･工
国士舘大	理工･法
拓殖大	政経･国際
二松学舎大	国際政治経済
大東文化大	文･外国語
大東文化大	国際関係
和洋女子大	人文･家政
麗澤大	経済

進学実績
- ●４年制大学　日本大5　武蔵野大1　獨協大1　千葉工業大4　国士舘大4　二松学舎大4　拓殖大4　東京情報大5　千葉商科大29　淑徳大8　明海大9　和洋女子大2　敬愛大6　了徳寺大4　聖徳大2　江戸川大4　千葉経済大4　流通経済大4　東京医療保健大2　日本女子体育大1
- ●短期大学　大妻女子大短大部　昭和学院短大　有明教育芸術短大　国際短大　聖徳大短大部　千葉敬愛短大　他
- ●専門学校　船橋情報ﾋﾞｼﾞﾈｽ　大原簿記公務員医療情報ﾋﾞｼﾞﾈｽ　駿台ﾄﾗﾍﾞﾙ&ﾎﾃﾙ　早稲田速記医療福祉　千葉女子　千葉医療ｾﾝﾀｰ附属看護　板橋中央看護　他

就職実績　千葉県警　自衛隊　新京成電鉄　ﾄﾖﾀｶﾛｰﾗ千葉　信濃運輸　名糖運輸　ｲﾄｰﾖｰｶ堂　資生堂ﾊﾟｰﾗｰ　東武百貨店　日本郵便　ｱｰﾄｺｰﾎﾟﾚｰｼｮﾝ　今半　全日警　ｽﾀｰﾂｹｱｻｰﾋﾞｽ　丸一鋼管　ﾐｭｾﾞﾌﾟﾗﾁﾅﾑ　他

市川昴 高等学校

普通科　　平成３１年３月卒業生　　男 154　女 200　計 354

進路種別		男	女	計
４年制大学	国公立	0	0	0
	私立	98	74	172
短期大学	国公立	0	0	0
	私立	1	15	16
専門学校		29	100	129
就職･自営		2	2	4
その他（未定）		24	9	33

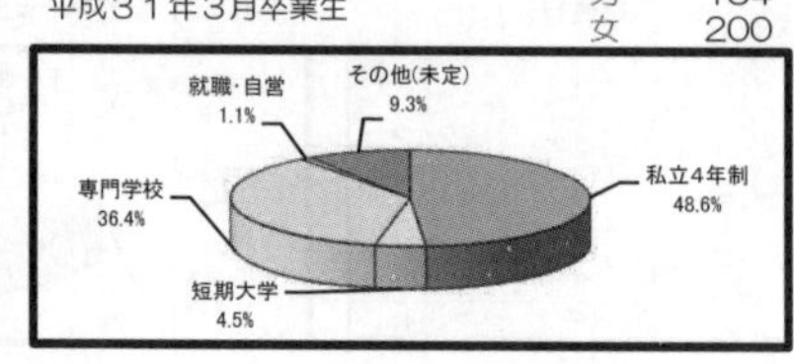

指定校推薦のある大学・学部	
武蔵野大	全学部
日本大	生産工･理工･工
東洋大	文Ⅱ･経済Ⅱ
東洋大	社会Ⅱ
駒澤大	法
二松学舎大	文･国際政治経済
女子栄養大	栄養
立正大	社会福祉
立正大	法･仏教
亜細亜大	経営･経済
国士舘大	政経
国士舘大	21世紀ｱｼﾞｱ
大妻女子大	文･社会情報
大妻女子大	人間関係
工学院大	工･情報･先進工
東京医療保健大	医療保健
他	

進学実績
- ●４年制大学　国学院大1　日本大8　東洋大2　駒澤大2　武蔵野大1　二松学舎大5　東京農業大1　立正大5　神田外語大2　国士舘大4　大東文化大2　千葉工業大11　亜細亜大4　帝京大2　大妻女子大1　東京家政大1　玉川大1　千葉商科大19　麗澤大3　東京家政学院大1
- ●短期大学　大妻女子大短大部　千葉経済大短大部　戸板女子短大　昭和学院短大　千葉敬愛短大　東京経営短大　他
- ●専門学校　青山製図　国際理工情報ﾃﾞｻﾞｲﾝ　日本工学院　慈恵柏看護　江戸川看護　早稲田速記医療福祉　中央医療技術　北原学院歯科衛生　日本大松戸歯学部附属歯科衛生　東京医学技術　八千代ﾘﾊﾋﾞﾘﾃｰｼｮﾝ学院　日本電子　他

就職実績　ﾏﾙｿﾞｸ　吉川運輸　美工ｻｰﾋﾞｽ　東京都職員

部活動　ｳｴｲﾄﾘﾌﾃｨﾝｸﾞ部(全国総体出場)　ﾃﾆｽ部･ﾊﾞﾄﾞﾐﾝﾄﾝ部(県大会ﾍﾞｽﾄ16)　吹奏楽部(東関東ﾏｰﾁﾝｸﾞｺﾝﾃｽﾄB部門金賞、関東ｶﾗｰｶﾞｰﾄﾞｺﾝﾃｽﾄ銀賞、東関東吹奏楽ｺﾝｸｰﾙA部門銅賞)　他

浦安 高等学校

普通科　　平成３１年３月卒業生　　男 116　女 112　計 228

進路種別		男	女	計
４年制大学	国公立	0	0	0
	私立	36	14	50
短期大学	国公立	0	0	0
	私立	1	11	12
専門学校		45	63	108
就職･自営		18	15	33
その他（未定）		16	9	25

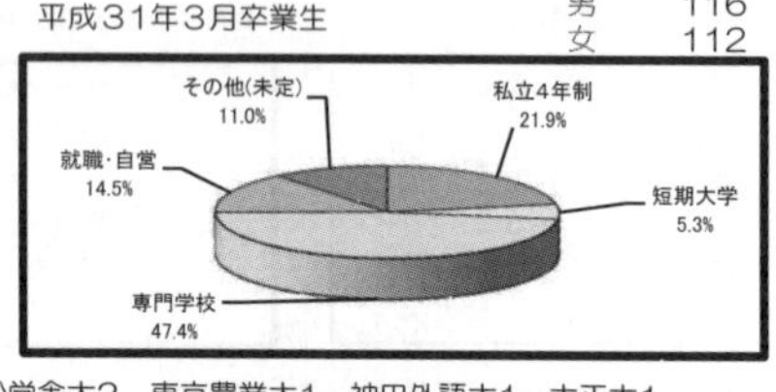

指定校推薦のある大学・学部	
日本大	生産工
千葉工業大	工
国士舘大	21世紀ｱｼﾞｱ
大東文化大	社会
帝京大	経済･理工
東京農業大	生物産業
亜細亜大	都市創造
淑徳大	総合福祉
城西大	経済
中央学院大	法
千葉商科大	ｻｰﾋﾞｽ創造
明海大	外国語
敬愛大	経済
江戸川大	社会
開智国際大	教育
ものつくり大	技能工芸
他	

進学実績
- ●４年制大学　日本大1　東洋大1　国士舘大1　千葉工業大1　二松学舎大2　東京農業大1　神田外語大1　大正大1　亜細亜大1　和洋女子大1　共立女子大1　千葉商科大9　千葉経済大3　江戸川大1　明海大3　敬愛大8
- ●短期大学　植草学園短大　自由が丘産能短大　昭和学院短大　女子美術大短大部　千葉経済大短大部　東京経営短大
- ●専門学校　江戸川看護　新宿医療　鶴舞看護　東京医薬　日本ﾘﾊﾋﾞﾘﾃｰｼｮﾝ　国際理工情報ﾃﾞｻﾞｲﾝ　東京自動車大学校　音響芸術　日本工学院　織田調理師　資生堂美容技術　草苑保育　上野法律　東京ｱﾅｳﾝｽ学院　山脇美術　他

就職実績　ﾄﾖﾀｶﾛｰﾗ千葉　日本郵便　ｲﾄｰﾖｰｶ堂　信濃運輸　濃飛倉庫運輸　ﾔｵｺｰ　市川ﾋﾞﾙｻｰﾋﾞｽ　第一ﾎﾃﾙ両国　第一ﾋﾞﾙﾒﾝﾃﾅﾝｽ　ﾄﾗｲ企画　ﾄﾗｼﾞ　日本通運　ﾘｴｲ　ｺﾛﾝﾊﾞﾝ　ｼｰﾎﾞﾝ　東京鉄製　麻布成形　ｶｸﾔｽ　ﾀｲﾍｲ　他

部活動　女子ｻｯｶｰ部(県新人大会ﾍﾞｽﾄ8、県総体ﾍﾞｽﾄ16)　男子陸上競技部(県新人大会400mﾊｰﾄﾞﾙ9位)　ｿﾌﾄﾃﾆｽ部(県大会ﾍﾞｽﾄ16)　書道部(第16回和洋女子大競書大会優秀団体賞)　野球部(県大会出場)

浦安南 高等学校

普通科　　平成３１年３月卒業生　　男 60　女 43　計 103

進路種別		男	女	計
４年制大学	国公立	0	0	0
	私立	11	3	14
短期大学	国公立	0	0	0
	私立	0	1	1
専門学校		14	5	19
就職･自営		25	21	46
その他（未定）		10	13	23

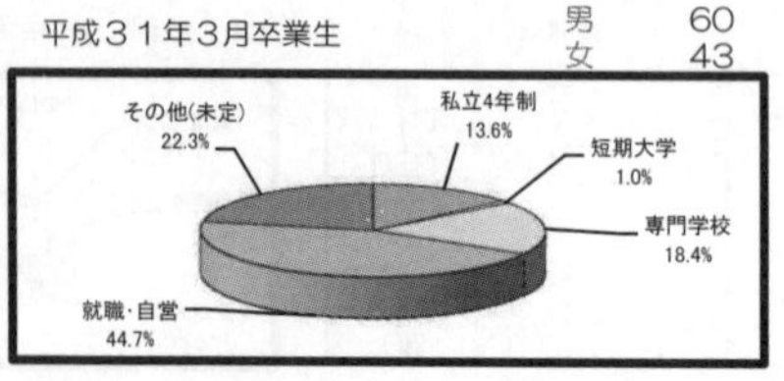

指定校推薦のある大学・学部
日本大
千葉商科大
東京情報大
城西国際大
流通経済大
淑徳大
江戸川大
敬愛大
千葉経済大
日本薬科大

進学実績
- ●４年制大学　日本大1　東京情報大2　日本薬科大1　千葉商科大2　敬愛大1　明海大2　江戸川大3　埼玉学園大1　東洋学園大1
- ●短期大学　帝京短大
- ●専門学校　日本工学院　船橋情報ﾋﾞｼﾞﾈｽ　織田調理師　日本電子　千葉美容　船橋高等技術　青山製図　ｽｶｲ総合ﾍﾟｯﾄ　東京ｱﾅｳﾝｽ学院　二葉栄養　神田外語学院　他

就職実績　ﾌｼﾞﾊﾟﾝ　ﾕｰﾆｯｸ　ｺｰﾅﾝ商事　さんひで　進日本工業　山田総業　鈴木建設　SBSｾﾞﾝﾂｳ　ﾎﾟﾌﾟﾗ社　ﾏﾂﾔ　MPS　山喜　山口封筒店　ｳﾞｨｱﾗ　ﾔｵｺｰ　吉川運輸　柳屋　明治鋼業　ﾛﾊｽ　ﾘﾌﾞﾏｯｸｽ　くすりの福太郎　早野商事　聖隷佐倉市民病院　新浦安歯科医院　Coo&RIKU　KIE　他

部活動　ﾎﾞﾗﾝﾃｨｱ部(新浦安駅にて募金活動や地域のお祭り等ｲﾍﾞﾝﾄの手伝い、挨拶運動等を行っている)

県立 2学区

松戸 高等学校

普通科 芸術科 平成31年3月卒業生 男 84 女 187 計 271

進路種別		男	女	計
4年制大学	国公立	0	0	0
	私立	50	72	122
短期大学	国公立	0	0	0
	私立	1	9	10
専門学校		20	83	103
就職・自営		2	10	12
その他（未定）		11	13	24

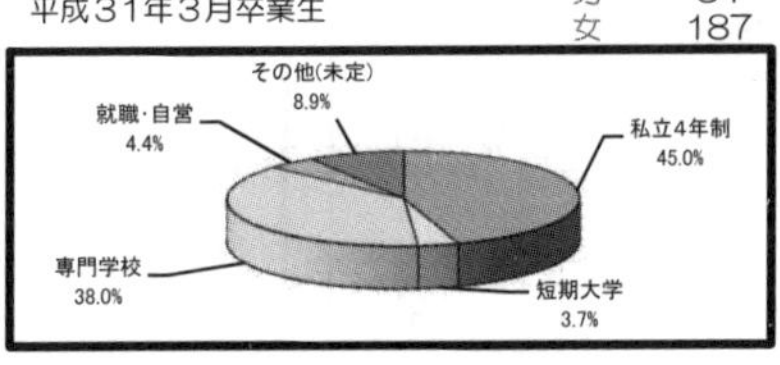

進学実績
●4年制大学　法政大1　東邦大2　東洋大5　駒澤大2　日本大5　二松学舎大3　女子美術大3　国士舘大1　文教大4　千葉工業大7　東京電機大3　玉川大2　多摩美術大2　亜細亜大4　立正大6　大東文化大1　武蔵野美術大2　共立女子大2　昭和女子大1　大正大4
●短期大学　大妻女子大短大部　共立女子短大　実践女子大短大部　昭和学院短大　千葉経済大短大部　東京立正短大　他
●専門学校　道灌山学園保育福祉　日本健康医療　千葉・柏ﾘﾊﾋﾞﾘﾃｰｼｮﾝ学院　阿佐ヶ谷美術　神田外語学院　東洋美術　北原学院歯科衛生　慈恵柏看護　日本大松戸歯学部附属歯科衛生　松戸市立総合医療ｾﾝﾀｰ附属看護　他
就職実績　松戸市消防局　伊藤ﾊﾑﾋﾞｼﾞﾈｽｻﾎﾟｰﾄ　精工技研　ﾄﾖﾀﾚﾝﾀﾘｰｽ千葉　虎屋　日産ｻﾃｨｵ千葉北　ﾍﾙｼｰｻｰﾋﾞｽ　ﾒﾘｰﾁｮｺﾚｰﾄｶﾑﾊﾟﾆｰ　ﾖｰｸﾏｰﾄ　京葉瓦斯　明治神宮
部活動　ﾌｪﾝｼﾝｸﾞ部・演劇部(関東大会出場)

指定校推薦のある大学・学部	
法政大	経営
武蔵大	社会
日本大	生産工
駒澤大	法
東洋大	文
女子美術大	芸術
文教大	情報
二松学舎大	文
拓殖大	政経
大妻女子大	文
東京電機大	未来科学
大東文化大	法
亜細亜大	経営
実践女子大	文
立正大	文
大正大	文
他	

小金 高等学校

総合学科 平成31年3月卒業生 男 121 女 204 計 325

進路種別		男	女	計
4年制大学	国公立	10	19	29
	私立	65	151	216
短期大学	国公立	0	0	0
	私立	0	1	1
専門学校		0	4	4
就職・自営		0	0	0
その他（未定）		46	29	75

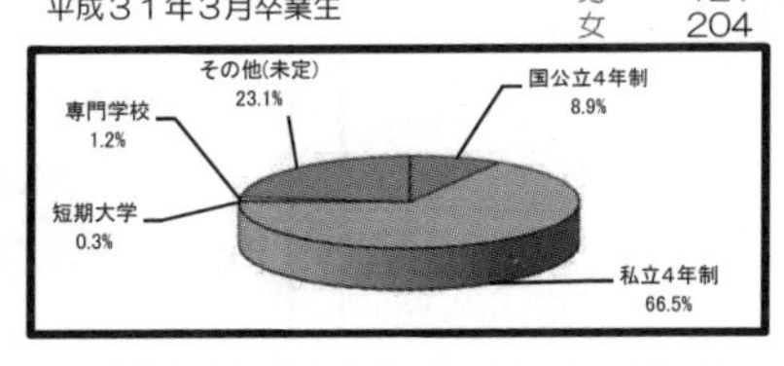

進学実績
●4年制大学　千葉大8　筑波大4　東京医科歯科大1　東京外国語大1　東京学芸大1　東京芸術大1　神戸大1　新潟大1　埼玉大1　茨城大2　県立保健医療大1　埼玉県立大1　国立看護大学校1　早稲田大4　慶応大3　上智大7　東京理科大7　明治大17　立教大19　青山学院大12
●短期大学　聖徳大短大部
●専門学校　神田外語学院　日本外国語　松戸市立総合医療ｾﾝﾀｰ附属看護　東京医学技術
部活動　陸上競技部(U20陸上競技選手権大会・関東大会出場)　吹奏楽部(全国総文祭出場)　写真部(全国写真甲子園本選大会出場)　放送局(NHK杯放送ｺﾝﾃｽﾄ全国大会ﾃﾚﾋﾞﾄﾞｷｭﾒﾝﾄ部門入選)

指定校推薦のある大学・学部	
慶応大	商
東京理科大	理工
青山学院大	文・経済・法
青山学院大	総合文化政策
立教大	文・経済
立教大	現代心理
明治大	文・商
明治大	政治経済
法政大	法・経済
中央大	法・商・理工
学習院大	文・法・理
学習院大	国際社会科学
他	

松戸国際 高等学校

普通科 国際教養科 平成31年3月卒業生 男 121 女 239 計 360

進路種別		男	女	計
4年制大学	国公立	1	3	4
	私立	77	165	242
短期大学	国公立	0	0	0
	私立	1	5	6
専門学校		9	39	48
就職・自営		2	2	4
その他（未定）		31	25	56

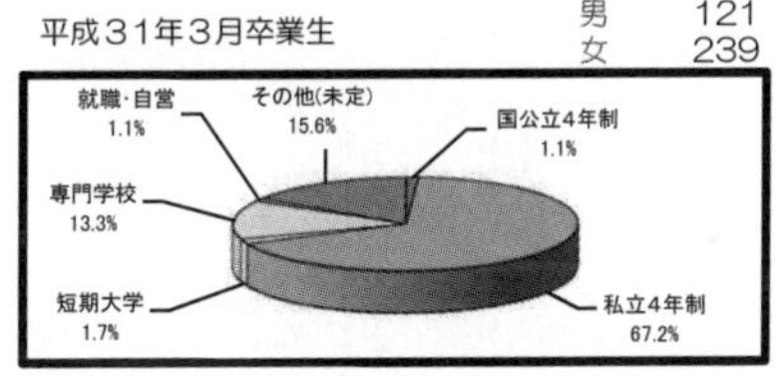

進学実績
●4年制大学　千葉大1　埼玉県立大1　県立保健医療大1　東京理科大3　上智大2　国際基督教大1　明治大3　立教大3　青山学院大4　学習院大4　中央大2　法政大11　立命館大1　武蔵大5　成蹊大4　成城大4　明治学院大4　獨協大26　国学院大6　津田塾大1
●短期大学　女子栄養大短大部　日本大短大部　共立女子短大
●専門学校　慈恵看護　千葉医療ｾﾝﾀｰ附属看護　北里大保健衛生　武蔵野調理師　竹早教員保育士養成所　国際理容美容　神田外語学院
就職実績　警視庁　はとﾊﾞｽ　他
部活動　ｳｴｲﾄﾘﾌﾃｨﾝｸﾞ部(五輪選手輩出)　陸上競技部(全国大会ﾊｰﾄﾞﾙ優勝)　ﾃﾞｨﾍﾞｰﾄ部　他

指定校推薦のある大学・学部	
青山学院大	法
青山学院大	地球社会共生
学習院大	経済・法・理
立教大	文・経営
法政大	法・文
法政大	経済・経営
津田塾大	学芸
他	

松戸六実 高等学校

普通科 平成31年3月卒業生 男 175 女 192 計 367

進路種別		男	女	計
4年制大学	国公立	1	1	2
	私立	100	68	168
短期大学	国公立	1	0	1
	私立	0	19	19
専門学校		38	95	133
就職・自営		11	4	15
その他（未定）		24	5	29

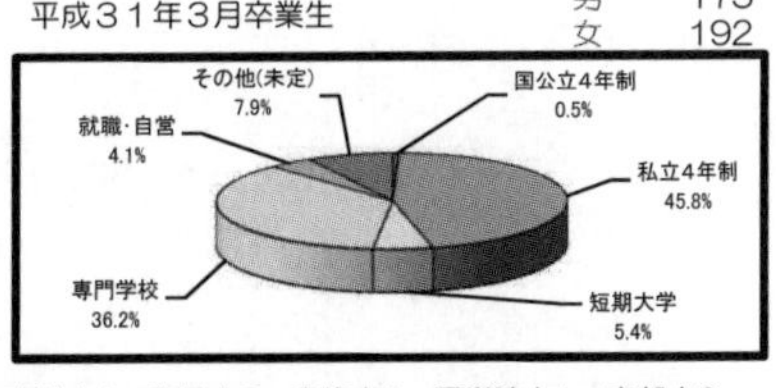

進学実績
●4年制大学　筑波大1　県立保健医療大1　立命館大1　日本大5　東洋大1　駒澤大2　専修大1　国学院大1　東邦大3　獨協大1　立命館ｱｼﾞｱ太平洋大1　神田外語大2　武蔵野大2　東京農業大2　昭和女子大1　東京電機大1　亜細亜大3　創価大1　多摩美術大1　日本社会事業大1
●短期大学　国立清水海上技術短大校　大妻女子大短大部　千葉経済大短大部　東京家政大短大部　戸板女子短大　他
●専門学校　千葉中央看護　日本医科大看護　船橋市立看護　松戸市立総合医療ｾﾝﾀｰ附属看護　慈恵柏看護　東葛看護　大原簿記法律　神田外語学院　住田美容　道灌山学園保育福祉
就職実績　千葉県庁　白井市役所　柏市消防局　千葉県警　自衛隊　ｲｵﾝﾘﾃｰﾙ
部活動　吹奏楽部(全日本ﾏｰﾁﾝｸﾞｺﾝﾃｽﾄ出場)　陸上競技部・弓道部(ｲﾝﾀｰﾊｲ出場)　美術部、ﾀﾞﾝｽ部も優れた成績をあげている

指定校推薦のある大学・学部
日本大
駒澤大
獨協大
東邦大
女子栄養大
大東文化大
東京電機大
文教大
国際医療福祉大
大妻女子大
東京農業大
工学院大
実践女子大
亜細亜大
東京家政大

県立 2学区

松戸馬橋 高等学校

普通科

平成３１年３月卒業生

男 167
女 150
計 317

進路種別		男	女	計
4年制大学	国公立	0	0	0
	私立	64	23	87
短期大学	国公立	0	0	0
	私立	1	8	9
専門学校		52	68	120
就職･自営		40	36	76
その他（未定）		10	15	25

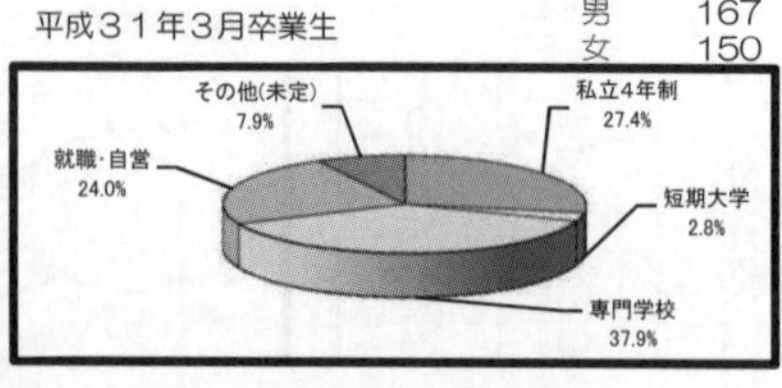

指定校推薦のある大学・学部	
二松学舎大	国際政治経済
流通経済大	経済･社会
千葉商科大	商経･人間社会
千葉商科大	商経･人間社会
千葉商科大	ｻｰﾋﾞｽ創造
千葉経済大	経済
明海大	外国語
江戸川大	社会
江戸川大	ﾒﾃﾞｨｱｺﾐｭﾆｹｰｼｮﾝ
麗澤大	経済
中央学院大	商

進学実績
●４年制大学　千葉工業大5　二松学舎大4　大東文化大1　城西国際大２　城西大1　大妻女子大1　国士舘大1
中央学院大10　埼玉学園大1　東洋学園大3　川村学園女子大1　江戸川大6　聖徳大1　日本工業大3
淑徳大1　敬愛大1　千葉経済大2　千葉商科大12　流通経済大11　麗澤大4
●短期大学　昭和学院短大　埼玉東萌短大　千葉明徳短大　聖徳大短大部　東京交通短大　城西短大
●専門学校　彰栄保育福祉　江戸川学園おおたかの森　東葛看護　千葉・柏ﾘﾊﾋﾞﾘﾃｰｼｮﾝ学院　日本電子　大原学園
上野法律　中央工学校　日本工学院　道灌山学園保育福祉　他

就職実績　新京成電鉄　JR東日本　日本郵便　ﾕｰﾆｯｸ　ﾌｧﾝｹﾙ美健　日立物流首都圏　稲葉製作所
部活動　男女ﾊﾞﾚｰﾎﾞｰﾙ部、男女ﾊﾞｽｹｯﾄﾎﾞｰﾙ部、ｻｯｶｰ部、ﾊﾞﾄﾞﾐﾝﾄﾝ部、野球部、陸上部

松戸向陽 高等学校

普通科
福祉教養科

平成３１年３月卒業生

男 86
女 168
計 254

進路種別		男	女	計
4年制大学	国公立	0	1	1
	私立	15	18	33
短期大学	国公立	0	0	0
	私立	0	16	16
専門学校		21	55	76
就職･自営		44	69	113
その他（未定）		6	9	15

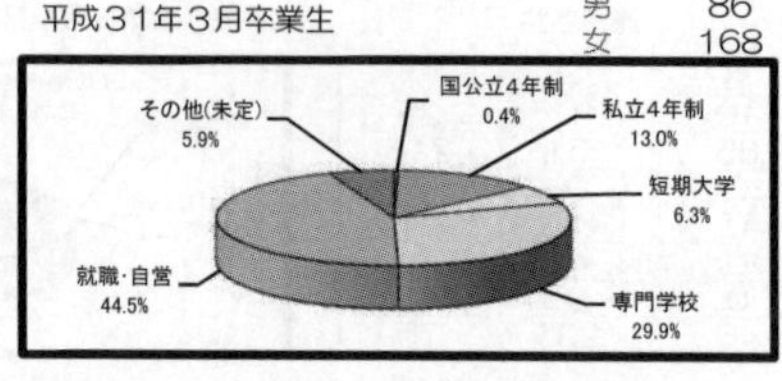

指定校推薦のある大学・学部	
日本大	生産工
千葉工業大	工
目白大	人間
淑徳大	総合福祉
流通経済大	経済
城西大	経済
千葉商科大	商経
聖徳大	児童
和洋女子大	人文
開智国際大	教育
城西国際大	経営情報
中央学院大	商
江戸川大	社会
千葉経済大	経済
麗澤大	経済
埼玉工業大	工
他	

進学実績
●４年制大学　県立保健医療大1　日本大1　東京家政大1　流通経済大2　東京情報大1　目白大1　千葉商科大6　淑徳大3
川村学園女子大2　敬愛大2　東都大1　城西国際大1　聖徳大1　和洋女子大1　江戸川大4　麗澤大2　他
●短期大学　植草学園短大　昭和学院短大　千葉経済大短大部　貞静学園短大　戸板女子短大　東京経営短大　目白大短大部
●専門学校　神田外語学院　日本工学院　国際ﾄﾗﾍﾞﾙ･ﾎﾃﾙ･ﾌﾞﾗｲﾀﾞﾙ　船橋情報ﾋﾞｼﾞﾈｽ　国際理工情報ﾃﾞｻﾞｲﾝ　武蔵野調理師
日本外国語　千葉医療秘書　東京医薬　江戸川学園おおたかの森　東京ﾃﾞｻﾞｲﾅｰ学院　土浦看護　他
就職実績　山崎製ﾊﾟﾝ　全日警　つくばｴｸｽﾌﾟﾚｽ　ﾄﾖﾀｶﾛｰﾗ千葉　ﾒﾘｰﾁｮｺﾚｰﾄｶﾑﾊﾟﾆｰ　伊藤ﾊﾑ　紀文食品　ｺｼﾞﾏ　丸中
日本郵便　ｼﾞｰﾕｰ　京浜急行電鉄　ｼﾏﾀﾞﾔ関東　帝産観光ﾊﾞｽ　内田工務店　すかいらーくﾚｽﾄﾗﾝﾂ　ﾔｵｺｰ
ﾄｰｶﾝ　昭和精機　精工技研　ﾄｯﾊﾟﾝｺﾐｭﾆｹｰｼｮﾝﾌﾟﾛﾀﾞｸﾂ　淀川製鋼所　勝浦ﾎﾃﾙ三日月　ﾚﾝｺﾞｰ　土谷ｺﾞﾑ化成　他
部活動　ﾎﾞﾗﾝﾃｨｱ部、絵本研究部、ｲﾗｽﾄ･漫画部　他

県立 3学区

鎌ヶ谷 高等学校

普通科　平成３１年３月卒業生　男 132　女 192　計 324

進路種別		男	女	計
4年制大学	国公立	3	6	9
	私立	110	147	257
短期大学	国公立	0	0	0
	私立	0	7	7
専門学校		5	16	21
就職・自営		1	3	4
その他（未定）		13	13	26

就職・自営 1.2%
その他(未定) 8.0%
国公立4年制 2.8%
専門学校 6.5%
短期大学 2.2%
私立4年制 79.3%

進学実績
●4年制大学　千葉大3　茨城大2　琉球大2　県立保健医療大2　早稲田大2　東京理科大5　明治大7　立教大12　青山学院大4　中央大6　法政大14　学習院大7　国学院大2　成蹊大3　明治学院大2　芝浦工業大1　東邦大10　東京農業大6　日本女子大1　東京電機大8
●短期大学　聖徳大短大部　東京家政大短大部　昭和学院短大　帝京短大　日本大短大部
●専門学校　日本医科大看護　日本大松戸歯学部附属歯科衛生　野田看護　二葉看護学院　船橋市立看護　他
就職実績　海上自衛隊　千葉県職員　あおば歯科ｸﾘﾆｯｸ　伊丹皮ﾌ科ｸﾘﾆｯｸ
部活動　百人一首かるた部(全国小倉百人一首かるた選手権大会ﾍﾞｽﾄ8)　吹奏楽部(県吹奏楽ｺﾝｸｰﾙA部門金賞)　男子ﾊﾞｽｹｯﾄﾎﾞｰﾙ部(県大会8位、県新人体育大会ﾍﾞｽﾄ16)

指定校推薦のある大学・学部	
東京理科大	理・基礎工
東京理科大	理工・経営
立教大	法・文
青山学院大	文・法
明治大	理工
中央大	理工
学習院大	法・文
学習院大	国際社会科学
法政大	文・人間環境
法政大	経営・情報科学
法政大	理工・経済
法政大	生命科学
明治学院大	全学部
芝浦工業大	全学部
日本大	理工・生産工
日本大	経済・法
他	

鎌ヶ谷西 高等学校

普通科　平成３１年３月卒業生　男 110　女 135　計 245

進路種別		男	女	計
4年制大学	国公立	0	0	0
	私立	44	23	67
短期大学	国公立	0	0	0
	私立	0	9	9
専門学校		27	51	78
就職・自営		36	30	66
その他（未定）		3	22	25

その他(未定) 10.2%
私立4年制 27.3%
就職・自営 26.9%
短期大学 3.7%
専門学校 31.8%

進学実績
●4年制大学　東京理科大2　日本大2　千葉工業大3　国士舘大2　二松学舎大4　拓殖大1　淑徳大1　東京情報大3　跡見学園女子大1　流通経済大7　千葉商科大6　明海大3　川村学園女子大1　麗澤大5　聖徳大2　他
●短期大学　聖徳大短大部　千葉経済大短大部　千葉敬愛短大
●専門学校　日本医科大学校　東葛看護　日本美容　亀田医療技術　葵会柏看護　千葉・柏ﾘﾊﾋﾞﾘﾃｰｼｮﾝ学院　東京電子　道灌山学園保育福祉　国際理容美容　船橋情報ﾋﾞｼﾞﾈｽ　新宿調理師　国際動物　日本工学院　神田外語学院　北原学院歯科衛生　日本健康医療　東京教育　中央工学校　日本電子　ﾄﾞﾚｽﾒｰｶｰ学院　香川調理製菓　他
就職実績　千葉県警　陸上自衛隊　航空自衛隊　日本郵便　ｲﾄｰﾖｰｶ堂　ﾖｰｸﾏｰﾄ　日産ﾌﾟﾘﾝｽ千葉販売　日本美容化学　東京ﾒﾄﾛ　第一ﾎﾃﾙ両国　ENEOSｳｲﾝｸﾞ　ﾐｭｾﾞﾌﾟﾗﾁﾅﾑ　ｴｰﾋﾞｰｼｰ・ﾏｰﾄ　ｲｰｽﾄﾎﾞｰｲ　日立物流　ﾊﾟﾙｼｽﾃﾑ千葉

指定校推薦のある大学・学部	
東京理科大	理Ⅱ
日本大	生産工・理工
千葉工業大	創造工・先進工
千葉工業大	工・社会ｼｽﾃﾑ科学
東京電機大	ｼｽﾃﾑﾃﾞｻﾞｲﾝ工
東京電機大	理工・工Ⅱ
立正大	仏教
国士舘大	理工・法
二松学舎大	文・国際政治経済
大妻女子大	社会情報
拓殖大	政経・工
跡見学園女子大	文・ﾏﾈｼﾞﾒﾝﾄ
跡見学園女子大	観光ｺﾐｭﾆﾃｨ
中央学院大	全学部
聖徳大	児童・心理・福祉
聖徳大	文・音楽・人間栄養
他	

東葛飾 高等学校

普通科　平成３１年３月卒業生　男 172　女 150　計 322

進路種別		男	女	計
4年制大学	国公立	53	40	93
	私立	61	86	147
短期大学	国公立	0	0	0
	私立	0	0	0
専門学校		0	3	3
就職・自営		0	0	0
その他（未定）		58	21	79

その他(未定) 24.5%
国公立4年制 28.9%
専門学校 0.9%
私立4年制 45.7%

進学実績
●4年制大学　東京大1　京都大1　北海道大1　東北大5　一橋大4　東京外国語大3　東京工業大8　東京芸術大1　東京海洋大2　筑波大28　千葉大20　埼玉大4　横浜国立大3　早稲田大30　慶応大11　上智大2　東京理科大18　明治大12　北里大2　星薬科大2
●専門学校　慈恵柏看護
部活動　美術部(全国学生美術展佳作)　ﾌｪﾝｼﾝｸﾞ部(ｼﾞｭﾆｱ・ｵﾘﾝﾋﾟｯｸ・ｶｯﾌﾟ出場)

指定校推薦のある大学・学部	
早稲田大	文・先進理工
早稲田大	法・文化構想
早稲田大	教育・創造理工
早稲田大	商・基幹理工
慶応大	法・理工・商
上智大	理工
東京理科大	理・理工
東京理科大	工・経営
青山学院大	総合文化政策
青山学院大	文・理工
学習院大	文・法
学習院大	経済・理
立教大	現代心理
法政大	理工
中央大	理工
日本女子大	人間社会
津田塾大	学芸・総合政策

柏 高等学校

普通科　理数科　※昨年度データ　男 187　女 132　計 319

進路種別		男	女	計
4年制大学	国公立	24	7	31
	私立	109	111	220
短期大学	国公立	0	0	0
	私立	0	0	0
専門学校		3	1	4
就職・自営		0	2	2
その他（未定）		51	11	62

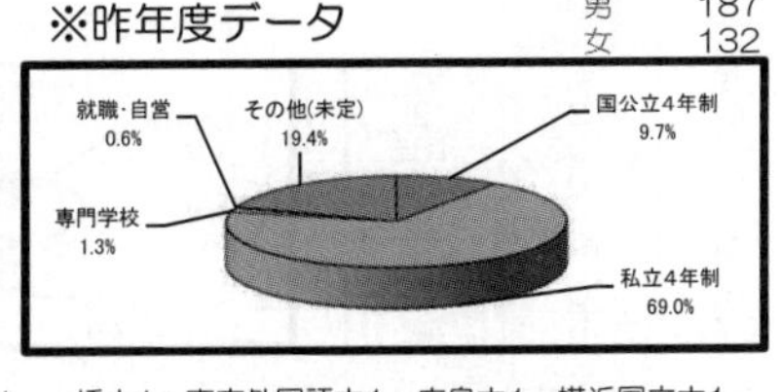

進学実績
●4年制大学　千葉大6　筑波大8　埼玉大3　茨城大3　名古屋大1　一橋大1　東京外国語大1　広島大1　横浜国立大1　東京農工大1　早稲田大14　慶応大1　東京理科大12　上智大4　立教大12　明治大15　中央大7　法政大11　青山学院大7　学習院大6
●専門学校　千葉医療ｾﾝﾀｰ附属看護　日本外国語　東京環境工科　東京ｻｲｸﾙﾃﾞｻﾞｲﾝ
就職実績　野田岩

指定校推薦のある大学・学部	
早稲田大	基幹理工
早稲田大	先進理工
早稲田大	創造理工
早稲田大	商・文化構想
立教大	法・文
立教大	現代心理
上智大	理工
東京理科大	薬・理工
東京理科大	工・経営
東京理科大	基礎工
明治大	政治経済
明治大	総合数理
中央大	法・理工
青山学院大	教育人間科
青山学院大	経済・経営・法
津田塾大	学芸
他	

県立 3学区

柏南 高等学校

普通科　平成３１年３月卒業生　男 205　女 159　計 364

進路種別		男	女	計
4年制大学	国公立			11
	私立			274
短期大学	国公立			1
	私立			2
専門学校				18
就職・自営				2
その他（未定）				56

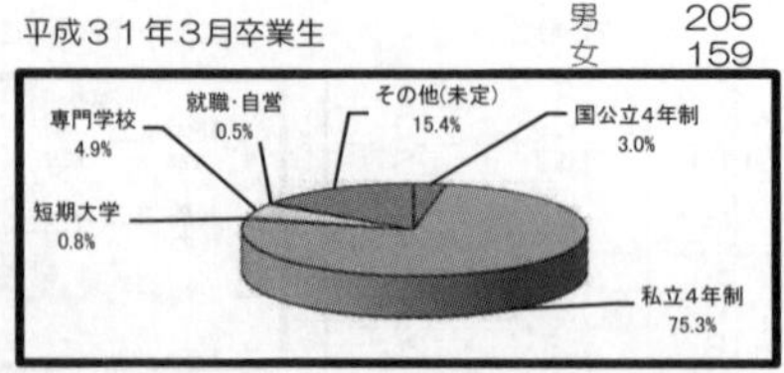

指定校推薦のある大学・学部

東京理科大　工・理工
立教大
明治大
中央大
法政大
学習院大
芝浦工業大
明治薬科大
日本大
他

進学実績

●４年制大学　千葉大2　北海道大1　埼玉大1　信州大1　首都大学東京2　防衛大学校2　県立保健医療大2　早稲田大5　慶応大1　東京理科大6　青山学院大8　立教大12　明治大3　法政大12　学習院大7　中央大6　成蹊大4　成城大6　芝浦工業大5　東洋大15　日本大15　駒澤大9　明治薬科大3　神田外語大3　順天堂大5　他

●短期大学　千葉職業能力開発短大校　共立女子短大　東京家政大短大部

●専門学校　船橋市立看護　慈恵柏看護　慈恵看護　東京電子　大原法律　大原簿記法律　神田外語学院　中央工学校　他

就職実績　柏市職員　他

部活動　陸上部・水泳部(毎年関東大会出場)　放送部(全国高文連大会出場)　ｻｯｶｰ部(県大会ﾍﾞｽﾄ16)　他

柏陵 高等学校

普通科　平成３１年３月卒業生　男 142　女 205　計 347

進路種別		男	女	計
4年制大学	国公立	0	0	0
	私立	68	65	133
短期大学	国公立	0	0	0
	私立	1	16	17
専門学校		37	108	145
就職・自営		6	8	14
その他（未定）		30	8	38

その他(未定) 11.0%　就職・自営 4.0%　私立4年制 38.3%　専門学校 41.8%　短期大学 4.9%

指定校推薦のある大学・学部

法政大	法
東邦大	理
日本大	生産工・理工
駒澤大	法
東洋大	生命科学・理工
東洋大	国際Ⅱ・社会Ⅱ
武蔵野大	法・工・経済
武蔵野大	文・人間科学
武蔵野大	ｸﾞﾛｰﾊﾞﾙ
東京農業大	生物産業
亜細亜大	経済・法・都市創造
大妻女子大	文・社会情報
大妻女子大	人間関係・比較文化
獨協大	経済
千葉工業大	全学部
立正大	経済・経営・法
他	

進学実績

●４年制大学　中央大1　法政大1　日本大1　東洋大2　駒澤大1　専修大1　獨協大1　東邦大1　千葉工業大4　神田外語大1　立正大3　東京農業大1　大妻女子大5　国士舘大9　東京電機大4　帝京大3　二松学舎大1　武蔵野大1　他

●短期大学　大妻女子大短大部　帝京短大　川口短大　千葉経済大短大部　戸板女子短大　昭和学院短大　植草学園短大　他

●専門学校　葵会柏看護　野田看護　神田外語学院　道灌山学園保育福祉　慈恵柏看護　船橋情報ﾋﾞｼﾞﾈｽ　船橋市立看護　国際ﾄﾗﾍﾞﾙ・ﾎﾃﾙ・ﾌﾞﾗｲﾀﾞﾙ　国際理容美容　資生堂美容技術　日本美容　日本工学院　国際理工情報ﾃﾞｻﾞｲﾝ　二葉看護学院　大原簿記法律　武蔵野調理師　ｽｶｲ総合ﾍﾟｯﾄ　東京ﾘｿﾞｰﾄ&ｽﾎﾟｰﾂ　竹早教員保育士養成所　他

就職実績　千葉県警　柏市消防局　自衛隊　白井市役所　ALSOK東京　我孫子ｺﾞﾙﾌ倶楽部　日本医科大学千葉北総病院　他

部活動　ﾌｪﾝｼﾝｸﾞ部(ｲﾝﾀｰﾊｲ男子ﾌﾙｰﾚ3位・女子ｴﾍﾟ7位・団体男女ﾍﾞｽﾄ16、国体・全国選抜出場)　陸上競技部(関東大会出場)　演劇部(県演劇研究発表会優秀賞第3席)　他

柏中央 高等学校

普通科　平成３１年３月卒業生　男 180　女 181　計 361

進路種別		男	女	計
4年制大学	国公立	3	4	7
	私立	146	125	271
短期大学	国公立	0	0	0
	私立	0	7	7
専門学校		5	35	40
就職・自営		3	3	6
その他（未定）		23	7	30

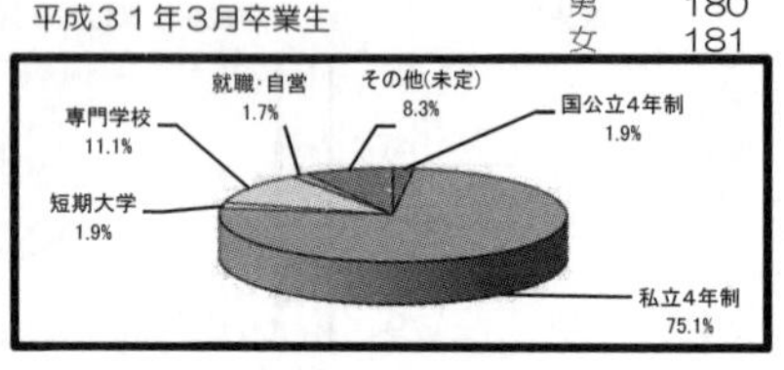

指定校推薦のある大学・学部

早稲田大	人間科学
東京理科大	理工・基礎工
学習院大	法・経済
法政大	生命科学・理工
中央大	理工
成城大	経済
明治学院大	法・経済
明治学院大	社会・文
武蔵大	社会・経済
日本大	経済・理工
日本大	法・生産工
東洋大	生命科学・経営
東洋大	総合情報・法・文
駒澤大	法
芝浦工業大	全学部
獨協大	全学部
神田外語大	外国語

進学実績

●４年制大学　千葉大1　首都大学東京1　県立保健医療大2　奈良女子大1　早稲田大2　東京理科大4　上智大1　立教大1　学習院大3　法政大6　中央大1　芝浦工業大4　日本大38　東洋大8　駒澤大9　専修大2　東邦大8　獨協大6　順天堂大7　東京農業大5

●短期大学　実践女子大短大部　共立女子短大　大妻女子大短大部　聖徳大短大部

●専門学校　日本工学院　獨協医科大附属看護　慈恵看護　野田看護

就職実績　柏市役所　自衛隊

部活動　写真部(全国高校総文祭文化連盟賞)　陸上競技部(U18日本陸上競技選手権大会出場)

柏の葉 高等学校

普通科　情報理数科　平成３１年３月卒業生　男 144　女 176　計 320

進路種別		男	女	計
4年制大学	国公立	0	2	2
	私立	80	105	185
短期大学	国公立	0	0	0
	私立	3	5	8
専門学校		19	59	78
就職・自営		5	0	5
その他（未定）		37	5	42

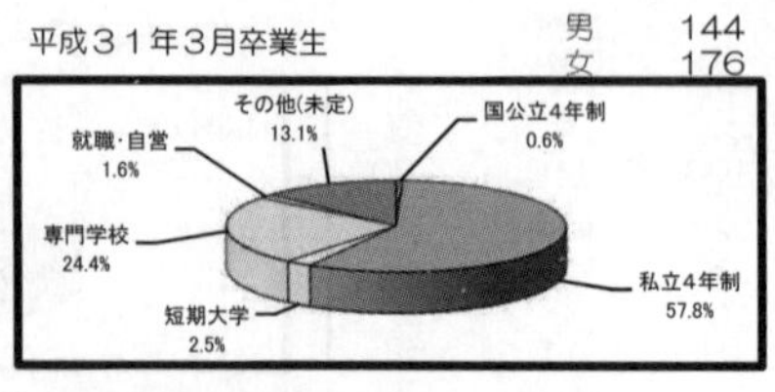

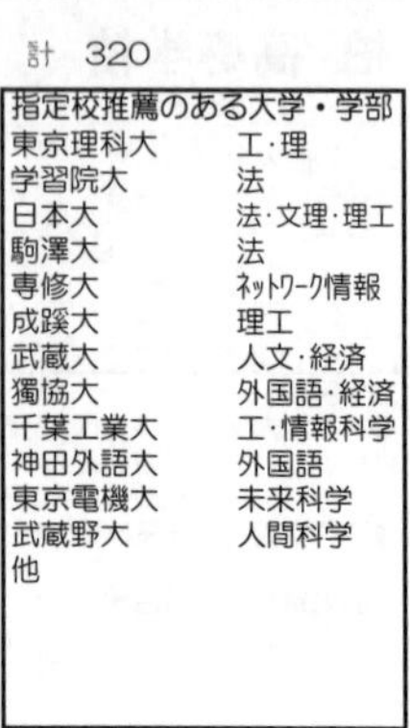

指定校推薦のある大学・学部

東京理科大	工・理
学習院大	法
日本大	法・文理・理工
駒澤大	法
専修大	ﾈｯﾄﾜｰｸ情報
成蹊大	理工
武蔵大	人文・経済
獨協大	外国語・経済
千葉工業大	工・情報科学
神田外語大	外国語
東京電機大	未来科学
武蔵野大	人間科学
他	

進学実績

●４年制大学　県立保健医療大2　慶応大1　東京理科大5　明治大2　青山学院大1　立教大1　学習院大4　武蔵大3　日本大18　東洋大8　駒澤大3　成蹊大2　東邦大5　獨協大12　順天堂大2　立正大3　武蔵野大7　千葉工業大5　東京電機大4　武蔵野美術大1

●短期大学　目白大短大部　桐朋学園芸術短大　東京家政大短大部　淑徳大短大部　川口短大　日本大短大部

●専門学校　野田看護　神田外語学院　北原学院歯科衛生　慈恵柏看護　慈恵看護　日本ﾎﾃﾙｽｸｰﾙ　国際理容美容　日本外国語　日本大松戸歯学部附属歯科衛生　日本大歯学部附属歯科衛生　日本医科大看護　東京栄養食糧　文化服装学院　松戸市立総合医療ｾﾝﾀｰ附属看護

就職実績　自衛隊　日本郵便　JR東日本

部活動　女子ｻｯｶｰ部

県立　3学区

流山　高等学校

園芸科　商業科　情報処理科

平成３１年３月卒業生　男 91　女 102　計 193

進路種別		男	女	計
４年制大学	国公立	0	0	0
	私立	34	18	52
短期大学	国公立	0	0	0
	私立	0	1	1
専門学校		30	36	66
就職・自営		25	45	70
その他（未定）		2	2	4

その他(未定) 2.1%
私立４年制 26.9%
短期大学 0.5%
専門学校 34.2%
就職・自営 36.3%

指定校推薦のある大学・学部	
武蔵大	経済
日本大	生物資源科学
専修大	商
東京農業大	生物産業
東京電機大	ｼｽﾃﾑﾃﾞｻﾞｲﾝ工
玉川大	農・経営・芸術・工
城西大	経済
千葉工業大	全学部
拓殖大	商
城西国際大	経営情報
千葉商科大	商経・ｻｰﾋﾞｽ創造
千葉商科大	政策情報
千葉商科大	人間社会
和洋女子大	家政
聖徳大	児童

進学実績
- ●４年制大学　中央大2　法政大1　日本大6　駒澤大4　専修大1　東京農業大1　東京電機大1　千葉工業大2　獨協大1　玉川大1　城西大1　立正大2　千葉商科大5　聖徳大1　中央学院大2　城西国際大2　日本工業大1　他
- ●短期大学　戸板女子短大
- ●専門学校　東葛看護　千葉・柏ﾘﾊﾋﾞﾘﾃｰｼｮﾝ学院　東京IT会計　大原簿記法律　ﾃｸﾉ・ﾎﾙﾃｨ園芸　東京動物　日本工学院　東京聖栄大附属調理師　中央医療技術　船橋情報ﾋﾞｼﾞﾈｽ　県立農業大学校　国際理容美容　香川調理製菓　他

就職実績　陸上自衛隊　海上自衛隊　神奈川県警　日本郵便　ﾄﾖﾀｶﾛｰﾗ千葉　東武ｽﾃｰｼｮﾝｻｰﾋﾞｽ　千葉ﾄﾖﾀ自動車　ﾏﾙｴﾂ　JAちば東葛　ﾍﾞﾙｸ　ﾍﾞｽﾄﾗｲﾌ　高島屋　ANAｽｶｲﾋﾞﾙｻｰﾋﾞｽ　伊藤ﾊﾑ　うさぎ薬局　ﾅｶﾉ商会　ﾌｧﾝｹﾙ美健　ﾍﾞｲｼｱ　ﾜｰﾙﾄﾞｽﾄｱﾊﾟｰﾄﾅｰｽﾞ　丸和運輸機関　東武ｽﾄｱ　恒栄電設　新柏倉庫　銚子商工信用組合　他

部活動　ﾎﾞｸｼﾝｸﾞ部(全国選抜大会３位、関東大会・県大会女子個人優勝)　簿記部(全国大会個人4位・団体5位)

流山おおたかの森　高等学校

普通科　国際コミュニケーション科

平成３１年３月卒業生　男 145　女 217　計 362

進路種別		男	女	計
４年制大学	国公立	0	0	0
	私立	81	90	171
短期大学	国公立	0	0	0
	私立	3	11	14
専門学校		24	88	112
就職・自営		5	9	14
その他（未定）		32	19	51

その他(未定) 14.1%
就職・自営 3.9%
私立４年制 47.2%
専門学校 30.9%
短期大学 3.9%

指定校推薦のある大学・学部	
日本大	生産工・理工
東洋大	文・総合情報
東洋大	生命科学
東洋大	経済・社会
獨協大	経済
武蔵野大	文・ｸﾞﾛｰﾊﾞﾙ
武蔵野大	法・経済・経営
武蔵野大	ﾃﾞｰﾀｻｲｴﾝｽ
武蔵野大	人間科学・工
千葉工業大	全学部
東京電機大	全学部
国士舘大	政経・法・理工
拓殖大	全学部
聖徳大	全学部
工学院大	工・情報・先進工
亜細亜大	法
他	

進学実績
- ●４年制大学　東京理科大3　武蔵大1　国学院大1　日本大10　東洋大2　駒澤大2　獨協大6　千葉工業大12　武蔵野大1　順天堂大1　神田外語大6　聖徳大9　近畿大1　工学院大1　桜美林大1　帝京平成大18　産業能率大1　東京都市大2　流通経済大8　日本体育大1
- ●短期大学　戸板女子短大　東京成徳短大　日本大短大部　聖徳大短大部　埼玉女子短大　埼玉東萌短大　東京立正短大
- ●専門学校　野田看護　葵会柏看護　松戸市立総合医療ｾﾝﾀｰ附属看護　北原学院歯科衛生　東葛看護　慈恵柏看護　昭和大医学部附属看護　獨協医科大附属看護　大原簿記法律　神田外語学院　道灌山学園保育福祉　他

就職実績　千葉県警　野田市消防本部　共同印刷　ﾄﾖﾀｶﾛｰﾗ千葉　ｾｷ薬品　ｲﾝｸﾞ　ｴｰｼﾞｰﾋﾟｰ開発　高速　幸田　他

部活動　ｱｰﾁｪﾘｰ部(全国選抜大会出場、関東大会優勝)　ｱﾅｳﾝｽ映像部(NHK全国放送ｺﾝｸｰﾙ入賞)　他

流山南　高等学校

普通科

平成３１年３月卒業生　男 165　女 143　計 308

進路種別		男	女	計
４年制大学	国公立	0	0	0
	私立	36	14	50
短期大学	国公立	0	0	0
	私立	1	1	2
専門学校		76	81	157
就職・自営		41	43	84
その他（未定）		11	4	15

その他(未定) 4.9%
私立４年制 16.2%
短期大学 0.6%
就職・自営 27.3%
専門学校 51.0%

指定校推薦のある大学・学部	
日本大	生産工
国士舘大	
拓殖大	

進学実績
- ●４年制大学　日本大1　国士舘大1　拓殖大1　千葉工業大2　立正大1　文教大1　千葉商科大3
- ●短期大学　帝京短大　創価女子短大
- ●専門学校　中央工学校　野田看護　道灌山学園保育福祉

就職実績　日本郵便　ｲﾄｰﾖｰｶ堂　日立物流　ﾄﾗｽｺ中山

部活動　陸上競技部は、部員数が115名おり県大会や関東大会に多数出場している。
相撲部があり、卒業生には現在大相撲で活躍している幕内の阿炎、大翔鵬がいる。

流山北　高等学校

普通科

平成３１年３月卒業生　男 104　女 86　計 190

進路種別		男	女	計
４年制大学	国公立	0	0	0
	私立	22	4	26
短期大学	国公立	0	0	0
	私立	0	1	1
専門学校		19	21	40
就職・自営		57	43	100
その他（未定）		6	17	23

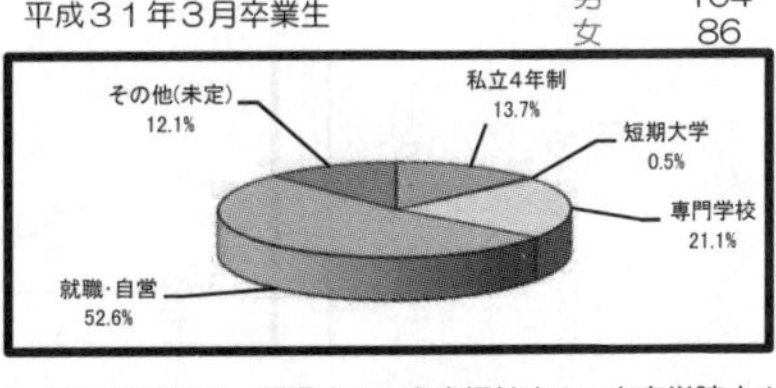

指定校推薦のある大学・学部	
千葉工業大	工
東京理科大	理Ⅱ
亜細亜大	法・都市創造
国士舘大	21世紀ｱｼﾞｱ
千葉商科大	商経・政策情報
流通経済大	経済
江戸川大	社会
麗澤大	経済
中央学院大	法・商
他	

進学実績
- ●４年制大学　江戸川大12　国士舘大1　千葉工業大1　中央学院大4　流通経済大4　麗澤大2　東京福祉大1　文京学院大1
- ●短期大学　聖徳大短大部
- ●専門学校　我孫子高等技術　江戸川学園おおたかの森　大原簿記法律　国際理容美容　中央工学校　東京自動車大学校　日本電子　華調理製菓　中央動物　阿佐ヶ谷美術　成田つくば航空　東京福祉　日本外国語　葵会柏看護　他

就職実績　かに道楽　ｷｯｺｰﾏﾝﾌｰﾄﾞﾃｯｸ　第一ﾎﾃﾙ両国　東武ｽﾃｰｼｮﾝｻｰﾋﾞｽ　ﾄﾖﾀﾚﾝﾀﾘｰｽ新千葉　ﾄﾖﾀｶﾛｰﾗ千葉　日本通運　日本郵便　野田病院　ﾋﾞｯｸｶﾒﾗ　福山通運　山崎製ﾊﾟﾝ　宗家源吉兆庵　敷島製ﾊﾟﾝ　ｶｲﾝｽﾞ　ｶｸﾔｽ　ｶｽﾐ　ｻﾝﾃﾞﾘｶ　ｴﾙｾｰﾇ・ﾌｧｸﾄﾘｰ　ｸﾗｳﾝ・ﾊﾟｯｹｰｼﾞ　ｹｲﾊｲ　ｾｺﾑｼﾞｬｽﾃｨｯｸ　鎌ケ谷ｶﾝﾄﾘｰ倶楽部　ﾆﾁｲ学館　ﾄｰｲﾝ　日立化成　他

県立 3学区

清水 高等学校

食品科学科 電気科
機械科 環境化学科

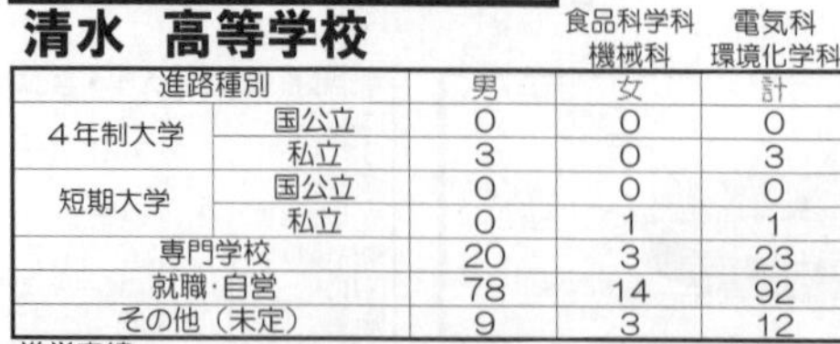

進路種別		男	女	計
4年制大学	国公立	0	0	0
	私立	3	0	3
短期大学	国公立	0	0	0
	私立	0	1	1
専門学校		20	3	23
就職・自営		78	14	92
その他（未定）		9	3	12

平成31年3月卒業生　男 110　女 21　計 131

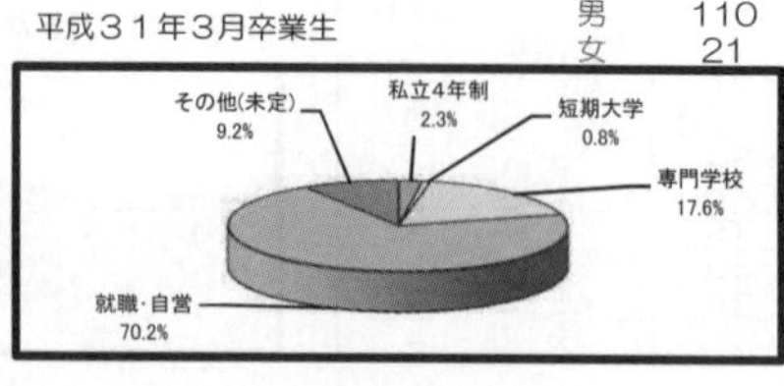

指定校推薦のある大学・学部
東京理科大
千葉工業大
日本工業大
流通経済大
東京電機大
埼玉工業大
東京情報大
千葉科学大
足利大
湘南工科大
ものつくり大
江戸川大
他

進学実績
- ●4年制大学　東京電機大1　日本工業大1　流通経済大1
- ●短期大学　国際学院埼玉短大
- ●専門学校　華学園栄養　東京製菓　東京ﾋﾞｭｰﾃｨｰｱｰﾄ　東京環境工科　東京ｻｲｸﾙﾃﾞｻﾞｲﾝ　江戸川学園おおたかの森　東京ﾃﾞｻﾞｲﾝ　関東工業自動車大学校　日本自動車大学校　東京電子　大原簿記法律　船橋高等技術　他

就職実績　ｷｯｺｰﾏﾝ食品　三菱ﾏﾃﾘｱﾙ　ｷﾔﾉﾝ　日本製紙　関電工　敷島製ﾊﾟﾝ　ｴｽﾋﾞｰｽﾊﾟｲｽ工業　ｸﾞﾘｺ千葉ｱｲｽｸﾘｰﾑ　日立造船　稲葉製作所　ｲﾁｶﾜ　伊藤ﾊﾑ　東武ﾋﾞﾙﾏﾈｼﾞﾒﾝﾄ　ｻｶﾀｲﾝｸｽ　東芝ｴﾚﾍﾞｰﾀ　川岸工業　ﾆｯｶｳｷｽｷｰ　天馬　ﾍﾟｰﾊﾟｰｳｪｱ　ﾅｶｵｻ　ﾘｮｰﾄｰﾌｧｲﾝ　KHK野田　本町化学工業

部活動　電気研究部(WROJapanﾚｷﾞｭﾗｰｶﾃｺﾞﾘｰｴｷｽﾊﾟｰﾄ競技ｼﾆｱ部門特別賞、ﾛﾎﾞﾌｪｱ2018ﾛﾎﾞｯﾄﾌｫｰﾙﾎﾞｰﾙﾌｧｲﾄ準優勝)
柔道部(県新人大会個人81kg級ﾍﾞｽﾄ8)

野田中央 高等学校

普通科

平成31年3月卒業生　男 131　女 184　計 315

進路種別		男	女	計
4年制大学	国公立	0	0	0
	私立	33	36	69
短期大学	国公立	0	0	0
	私立	0	14	14
専門学校		54	101	155
就職・自営		33	27	60
その他（未定）		11	6	17

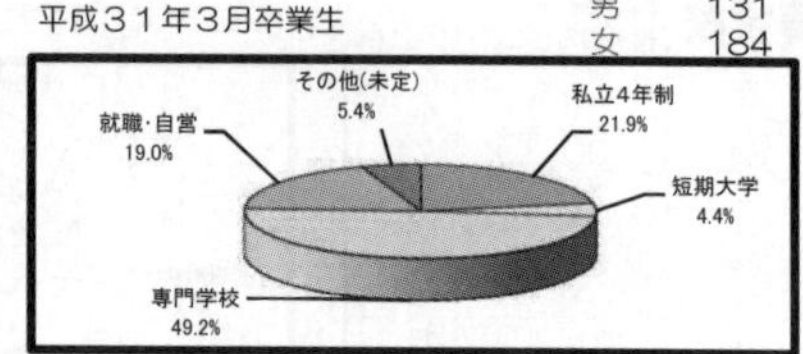

指定校推薦のある大学・学部	
東京理科大	理工
日本大	理工・生産工
国士舘大	理工
東京電機大	理工
大東文化大	法
駒沢女子大	人間総合
聖徳大	児童
上武大	ﾋﾞｼﾞﾈｽ情報
共栄大	教育
他	

進学実績
- ●4年制大学　東洋大1　日本大1　日本薬科大1　千葉工業大2　立正大1　文教大2　東京電機大1　二松学舎大2　大正大2　聖徳大2　江戸川大6　大東文化大1　国際武道大3　流通経済大5　千葉商科大3　麗澤大3　他
- ●短期大学　愛国学園短大　昭和学院短大　日本歯科大東京短大　川口短大
- ●専門学校　葵会柏看護　春日部市立看護　野田看護　大原簿記法律　東京自動車大学校　東京ｽｸｰﾙ･ｵﾌﾞ･ﾋﾞｼﾞﾈｽ　日本工学院　千葉・柏ﾘﾊﾋﾞﾘﾃｰｼｮﾝ学院　国際理容美容　大宮こども　他

就職実績　ﾄｰｲﾝ　ｲﾄｰﾖｰｶ堂　野田ｶﾞｽ　ｲｵﾝﾘﾃｰﾙ　ﾔｵｺｰ　ｾｷ薬品　ｾｺﾑｼﾞｬｽﾃｨｯｸ　LIXIL　東京ﾍﾞｲ信用金庫　日立物流　日本郵便　千葉ｶﾝﾄﾘｰ倶楽部

部活動　陸上競技部(全国総体短距離出場)　ﾚｽﾘﾝｸﾞ部(全国大会・関東大会出場)
ｻｯｶｰ部(県大会決勝ﾄｰﾅﾒﾝﾄ進出)　多くの部が県大会に出場している。

関宿 高等学校

普通科

平成31年3月卒業生　男 54　女 28　計 82

進路種別		男	女	計
4年制大学	国公立	0	0	0
	私立	5	1	6
短期大学	国公立	0	0	0
	私立	0	0	0
専門学校		10	6	16
就職・自営		37	18	55
その他（未定）		2	3	5

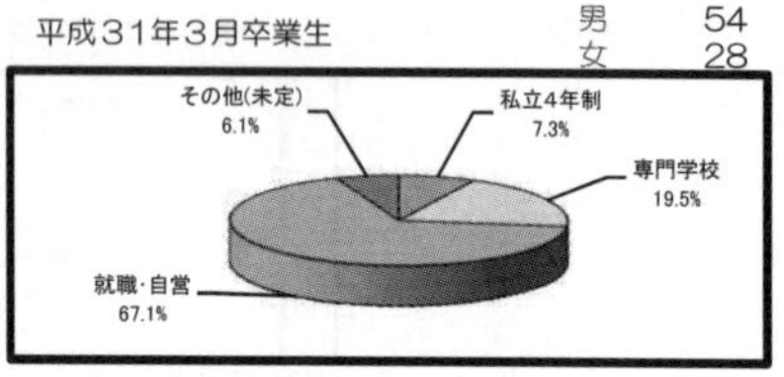

指定校推薦のある大学・学部	
流通経済大	経済・社会
流通経済大	流通情報・法
東京電機大	理工
東京情報大	総合情報・看護
川村学園女子大	文・生活創造
中央学院大	全学部
江戸川大	社会
江戸川大	ﾒﾃﾞｨｱｺﾐｭﾆｹｰｼｮﾝ
聖徳大	全学部
東京成徳大	経営・応用心理
他	

進学実績
- ●4年制大学　流通経済大2　中央学院大1　国際武道大1　日本工業大1　江戸川大1
- ●専門学校　尚美ﾐｭｰｼﾞｯｸｶﾚｯｼﾞ　埼玉自動車大学校　中央工学校　越谷保育　大原簿記法律　東京国際ﾋﾞｼﾞﾈｽｶﾚｯｼﾞ　国際文化理容美容　華調理製菓　東京ﾀﾞﾝｽ&ｱｸﾀｰｽﾞ　江戸川学園おおたかの森　成田つくば航空　他

就職実績　野田市消防本部　ﾅｶｵｻ　角田電気工業　ｻﾝﾃﾞﾘｶ　ｶｲﾝｽﾞ商配　ﾓﾝﾃｰﾙ　日産ｽﾌﾟﾘﾝｸﾞ　ﾂﾁｻｶ　ﾃﾞｨ・ｴｽ物流　音頭金属　天馬　加貫ﾛｰﾗ製作所　ｳｴﾆ貿易物流ｾﾝﾀｰ　ｸﾗｳﾝ・ﾊﾟｯｹｰｼﾞ　ｾｷ薬品　日本郵便　ｸﾞﾘｺ千葉ｱｲｽｸﾘｰﾑ　敷島製ﾊﾟﾝ　京都ｽﾍﾟｰｻｰ　佐川急便　他

部活動　ﾚｽﾘﾝｸﾞ部(過去、全国大会に何度も出場)

我孫子 高等学校

普通科

平成31年3月卒業生　男 168　女 150　計 318

進路種別		男	女	計
4年制大学	国公立	1	0	1
	私立	107	76	183
短期大学	国公立	0	0	0
	私立	1	16	17
専門学校		21	50	71
就職・自営		3	6	9
その他（未定）※		35	2	37

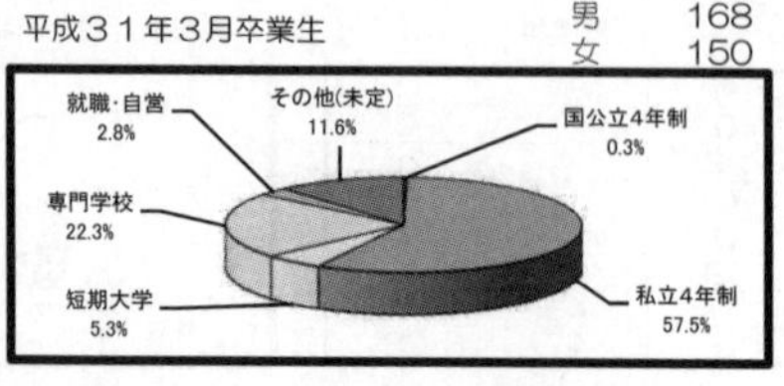

指定校推薦のある大学・学部
東京理科大
日本大
東洋大
駒澤大
国学院大
獨協大
千葉工業大
亜細亜大
千葉商科大

進学実績　※留学者含む
- ●4年制大学　岩手大1　法政大2　東京理科大1　日本大27　東洋大7　駒澤大4　専修大2　国学院大2　東邦大4　東京農業大1　芝浦工業大2　獨協大6　玉川大2　文教大6　国士舘大13　千葉工業大6　亜細亜大4　跡見学園女子大4　大妻女子大2
- ●短期大学　東京家政大短大部　女子栄養大短大部　大妻女子大短大部　東京成徳短大
- ●専門学校　慈恵柏看護　神田外語学院　松戸市立総合医療ｾﾝﾀｰ附属看護　道灌山学園保育福祉　野田看護

就職実績　防衛省　千葉県警　東京消防庁　流山市消防本部　野田市消防本部　我孫子ｺﾞﾙﾌ倶楽部

部活動　陸上競技部(全国総体・関東大会やり投出場)　吹奏楽部(県吹奏楽ｺﾝｸｰﾙ金賞・本選大会出場)
女子剣道部(関東大会団体出場)　女子ﾊﾝﾄﾞﾎﾞｰﾙ部(県大会ﾍﾞｽﾄ8)

県立 3学区

我孫子東 高等学校

普通科　平成３１年３月卒業生　男 133　女 113　計 246

進路種別		男	女	計
4年制大学	国公立	0	0	0
	私立	24	12	36
短期大学	国公立	0	0	0
	私立	2	6	8
専門学校		31	29	60
就職･自営		67	54	121
その他（未定）		9	12	21

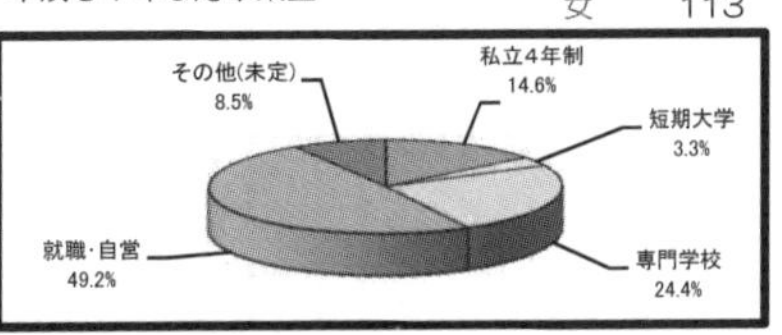

指定校推薦のある大学・学部	
日本大	生産工
東京電機大	ｼｽﾃﾑﾃﾞｻﾞｲﾝ工
東京電機大	理工･工Ⅱ
中央学院大	全学部
千葉商科大	商経･政策情報
千葉商科大	ｻｰﾋﾞｽ創造
千葉商科大	人間社会
他	

進学実績
●4年制大学　日本大1　千葉工業大1　千葉商科大4　帝京科学大1　東京工芸大1　東京電機大1　江戸川大2　聖徳大2　川村学園女子大1　明海大1　中央学院大10　国際武道大1　帝京平成大1　関東学院大1　城西国際大1　他
●短期大学　聖徳大短大部　東京成徳短大　千葉敬愛短大　千葉経済大短大部　東京経営短大
●専門学校　船橋情報ﾋﾞｼﾞﾈｽ　山野美容　日本自動車大学校　北原学院歯科衛生　千葉･柏ﾘﾊﾋﾞﾘﾃｰｼｮﾝ学院　他

就職実績　日本郵便　東京ﾒﾄﾛ　日本通運　ﾄﾖﾀｶﾛｰﾗ千葉　稲葉製作所　ｲﾝﾀｰﾅｼｮﾅﾙｶﾞｰﾃﾞﾝﾎﾃﾙ成田　日本食研ﾎｰﾙﾃﾞｨﾝｸﾞｽ　ｲﾄｰﾖｰｶ堂　他
部活動　ﾚｽﾘﾝｸﾞ部　硬式野球部(実績はあまりないが、一所懸命に活動している)

沼南 高等学校

普通科　平成３１年３月卒業生　男 105　女 46　計 151

進路種別		男	女	計
4年制大学	国公立	0	0	0
	私立	24	2	26
短期大学	国公立	0	0	0
	私立	0	2	2
専門学校		23	14	37
就職･自営		45	23	68
その他（未定）		13	5	18

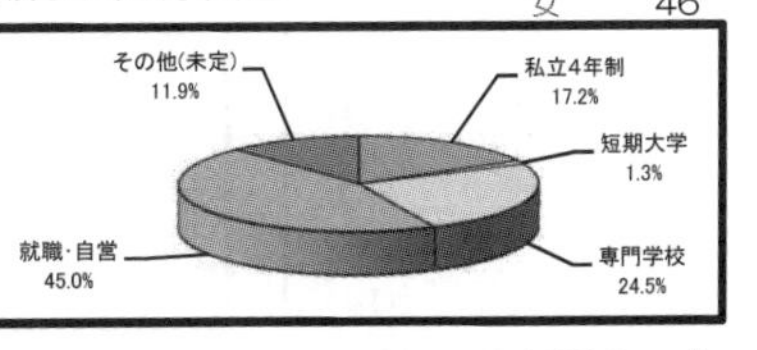

指定校推薦のある大学・学部	
千葉工業大	工
流通経済大	ｽﾎﾟｰﾂ健康科学
流通経済大	経済･社会
筑波学院大	経営情報
江戸川大	社会
中央学院大	法
麗澤大	経済
東京福祉大	心理
札幌大	ｽﾎﾟｰﾂ文化

進学実績
●4年制大学　国士舘大1　千葉工業大1　江戸川大5　流通経済大5　麗澤大3　聖徳大1　中央学院大4　筑波学院大1　他
●短期大学　聖徳大短大部
●専門学校　ｽｶｲ総合ﾍﾟｯﾄ　山野美容　大原簿記法律　日本工学院　武蔵野調理師　ESPｴﾝﾀﾃｲﾝﾒﾝﾄ東京　東京自動車大学校　葵会柏看護　華学園栄養　国際理工情報ﾃﾞｻﾞｲﾝ　明生情報ﾋﾞｼﾞﾈｽ　東京商科･法科学院　ちば愛犬動物ﾌﾗﾜｰ　他
就職実績　日立化成　日立物流首都圏　日本通運　ﾏﾙｴﾂ　あさくま　東武ﾋﾞﾙﾏﾈｼﾞﾒﾝﾄ　稲葉製作所　日本食研ﾎｰﾙﾃﾞｨﾝｸﾞｽ　東京ｷﾘﾝﾋﾞﾊﾞﾚｯｼﾞｻｰﾋﾞｽ　佐川急便　ﾔﾏﾄ運輸　ｶﾅｲ商会　ｾｺﾑｼﾞｬｽﾃｨｯｸ　ﾏﾙｴﾂﾌﾚｯｼｭﾌｰｽﾞ　王将ﾌｰﾄﾞｻｰﾋﾞｽ　ｲｰｽﾄﾎﾞｰｲ　日清医療食品　川光物産　中輝工務店　羽田ﾀｰﾄﾙ　ｱｰﾄｺｰﾎﾟﾚｰｼｮﾝ　ﾕｰﾆｯｸ　千葉県警　自衛隊　他
部活動　ﾎﾞｸｼﾝｸﾞ部(全国総体出場、関東大会ﾗｲﾄｳｴﾙﾀｰ級優勝･ﾗｲﾄﾌﾗｲ級優勝･ﾋﾟﾝ級準優勝、県大会団体2位)　男子柔道部(県大会100kg級3位)　吹奏楽部(県吹奏楽ｺﾝｸｰﾙC部門銀賞)　他

沼南高柳 高等学校

普通科　平成３１年３月卒業生　男 124　女 103　計 227

進路種別		男	女	計
4年制大学	国公立	0	0	0
	私立	32	8	40
短期大学	国公立	0	0	0
	私立	1	5	6
専門学校		41	50	91
就職･自営		49	40	89
その他（未定）		1	0	1

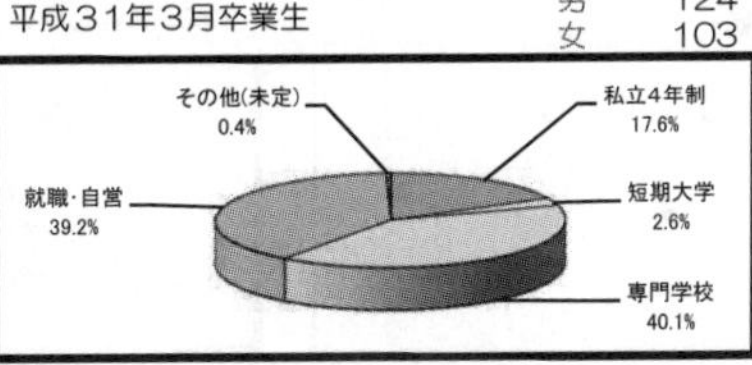

指定校推薦のある大学・学部	
日本大	生産工
淑徳大	人文
千葉工業大	工
千葉工業大	社会ｼｽﾃﾑ科学
江戸川大	社会
江戸川大	ﾒﾃﾞｨｱｺﾐｭﾆｹｰｼｮﾝ
聖徳大	児童･文
麗澤大	経済
和洋女子大	人文
開智国際大	教育
他	

進学実績
●4年制大学　日本大1　二松学舎大1　国士舘大1　千葉工業大2　東京造形大2　江戸川大8　千葉商科大2　中央学院大6　淑徳大1　明海大1　流通経済大5　敬愛大1　和洋女子大2　麗澤大1　開智国際大1　埼玉学園大2　他
●短期大学　東京経営短大　千葉敬愛短大　拓殖大北海道短大　昭和学院短大　千葉経済大短大部
●専門学校　葵会柏看護　日本大松戸歯学部附属歯科衛生　日本外国語　東京福祉　千葉･柏ﾘﾊﾋﾞﾘﾃｰｼｮﾝ学院　東洋美術　東京教育　東京柔道整復　国立音楽院　中央自動車大学校　愛国学園保育　草苑保育　武蔵野調理師　他
就職実績　陸上自衛隊　千葉県警　天野製作所　東武百貨店　ｲﾄｰﾖｰｶ堂　ﾄﾖﾀｶﾛｰﾗ千葉　日本通運　ｴﾃﾞｨｵﾝ　ﾄｰｲﾝ　ﾆｯｶ　ﾌｼﾞｯｺ　ﾏﾙｴﾂ　ﾔｵｺｰ　ALSOK東京　高伴　敷島製ﾊﾟﾝ　富士薬品　一条工務店　山崎製ﾊﾟﾝ　他
部活動　工芸部(全国総合文化祭県代表)　書道部(高野山競書大会毎日新聞社賞)　ﾃﾆｽ部･ｻｯｶｰ部･剣道部･陸上競技部(県大会出場)

千葉県立特別支援学校 流山高等学園

園芸技術科 生活技術科　工業技術科 福祉流通サービス科　平成３１年３月卒業生　男 62　女 28　計 90

進路種別		男	女	計
4年制大学	国公立	0	0	0
	私立	0	0	0
短期大学	国公立	0	0	0
	私立	0	0	0
専門学校		0	0	0
就職･自営		60	26	86
その他（未定）		2	2	4

その他(未定) 4.4%　就職・自営 95.6%

就職実績　日本郵便　ﾈｯﾂﾄﾖﾀ東都　日立物流首都圏　ｳﾞｨｸﾄﾘｱ　他

部活動　卓球部(第18回全国障害者ｽﾎﾟｰﾂ大会優勝)　水泳部(第18回全国障害者ｽﾎﾟｰﾂ大会25mﾊﾞﾀﾌﾗｲ優勝)　美術部(全国教育美術展入選)　卒業生にはﾊﾟﾗﾘﾝﾋﾟｯｸ卓球日本代表や知的障がい者ｻｯｶｰ日本代表がいる。

県立 4学区

白井 高等学校

普通科　　平成31年3月卒業生　男 114　女 102　計 216

進路種別		男	女	計
4年制大学	国公立	0	0	0
	私立	29	12	41
短期大学	国公立	0	0	0
	私立	0	7	7
専門学校		44	57	101
就職・自営		30	15	45
その他（未定）		11	11	22

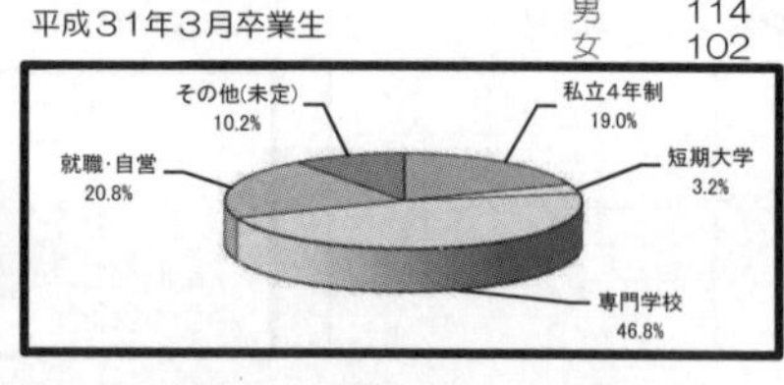

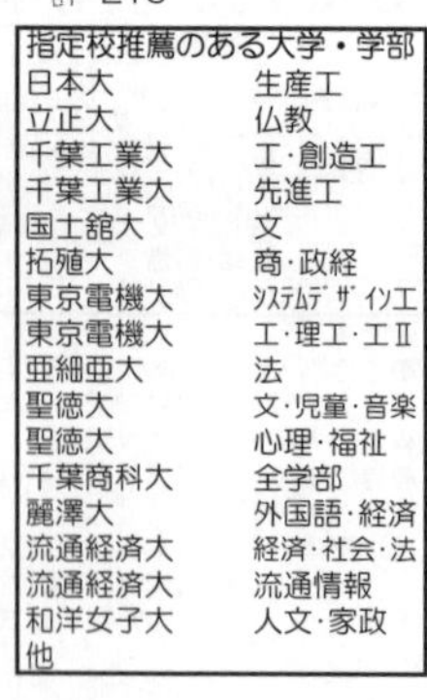

指定校推薦のある大学・学部	
日本大	生産工
立正大	仏教
千葉工業大	工・創造工
千葉工業大	先進工
国士舘大	文
拓殖大	商・政経
東京電機大	ｼｽﾃﾑﾃﾞｻﾞｲﾝ工
東京電機大	工・理工・工Ⅱ
亜細亜大	法
聖徳大	文・児童・音楽
聖徳大	心理・福祉
千葉商科大	全学部
麗澤大	外国語・経済
流通経済大	経済・社会・法
流通経済大	流通情報
和洋女子大	人文・家政
他	

進学実績
- ●4年制大学　文教大1　立正大2　千葉工業大1　拓殖大3　東京電機大1　二松学舎大2　大東文化大1　千葉商科大8　千葉経済大1　流通経済大1　中央学院大2　江戸川大6　敬愛大3　国際武道大2　日本女子体育大1　他
- ●短期大学　昭和学院短大　聖徳大短大部　千葉敬愛短大　千葉経済大短大部
- ●専門学校　大原簿記法律　船橋情報ﾋﾞｼﾞﾈｽ　ｽｶｲ総合ﾍﾟｯﾄ　国際理容美容　日本工学院　千葉・柏ﾘﾊﾋﾞﾘﾃｰｼｮﾝ学院　北原学院歯科衛生　葵会柏看護　八千代ﾘﾊﾋﾞﾘﾃｰｼｮﾝ学院　香川調理製菓　国際ﾄﾗﾍﾞﾙ・ﾎﾃﾙ・ﾌﾞﾗｲﾀﾞﾙ　他

就職実績　白井市役所　航空保安事業ｾﾝﾀｰ　稲葉製作所　ﾄﾖﾀﾚﾝﾀﾘｰｽ千葉　ﾊﾞﾙﾗｲﾝ　ﾏﾙｴﾂ　宗家源吉兆庵　京成電鉄　坂善商事　日本郵便　ﾓﾛｿﾞﾌ　米屋　ｶﾞﾙﾊﾞﾃｯｸｽ　ｻﾝﾚｲ工機　ｱｻﾋﾛｼﾞｽﾃｨｸｽ　ﾅｶﾉ商会　海上自衛隊　他

部活動　柔道部(関東大会出場)　男子ﾊﾞﾚｰﾎﾞｰﾙ部・ﾊﾞﾄﾞﾐﾝﾄﾝ部・ｿﾌﾄﾃﾆｽ部・陸上競技部(県大会出場)　部員数100人を超えるｻｯｶｰ部等、活動状況はとても盛んで、やりがいのある部活動が多い。

印旛明誠 高等学校

普通科　　平成31年3月卒業生　男 81　女 78　計 159

進路種別		男	女	計
4年制大学	国公立	1	2	3
	私立	46	37	83
短期大学	国公立	0	0	0
	私立	0	6	6
専門学校		21	23	44
就職・自営		5	4	9
その他（未定）		8	6	14

その他(未定) 8.8%　就職・自営 5.7%　国公立4年制 1.9%　専門学校 27.7%　私立4年制 52.2%　短期大学 3.8%

指定校推薦のある大学・学部
日本大
拓殖大
麗澤大

進学実績
- ●4年制大学　防衛大学校1　県立保健医療大2　立教大1　中央大1　東京女子大1　東洋大11　日本大3　駒澤大1　東邦大1　神奈川大1　二松学舎大2　清泉女子大1　亜細亜大1　東京電機大1　国士舘大2　帝京大2　東海大2
- ●短期大学　実践女子大短大部　植草学園短大　東京経営短大
- ●専門学校　慈恵柏看護　東京女子医科大看護　日本医科大看護　獨協医科大附属看護　千葉女子　船橋情報ﾋﾞｼﾞﾈｽ

就職実績　東京都特別区　千葉県市町村立学校事務

部活動　ｺﾞﾙﾌ部(全国大会出場)　陸上競技部(関東大会出場)

成田西陵 高等学校

園芸科　食品科学科　土木造園科　情報処理科　　平成31年3月卒業生　男 103　女 67　計 170

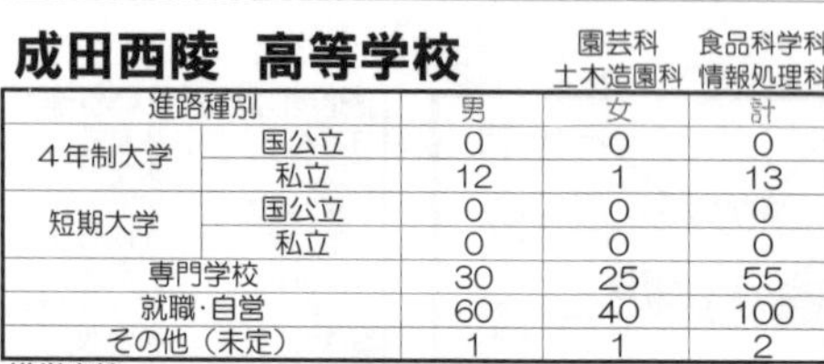

進路種別		男	女	計
4年制大学	国公立	0	0	0
	私立	12	1	13
短期大学	国公立	0	0	0
	私立	0	0	0
専門学校		30	25	55
就職・自営		60	40	100
その他（未定）		1	1	2

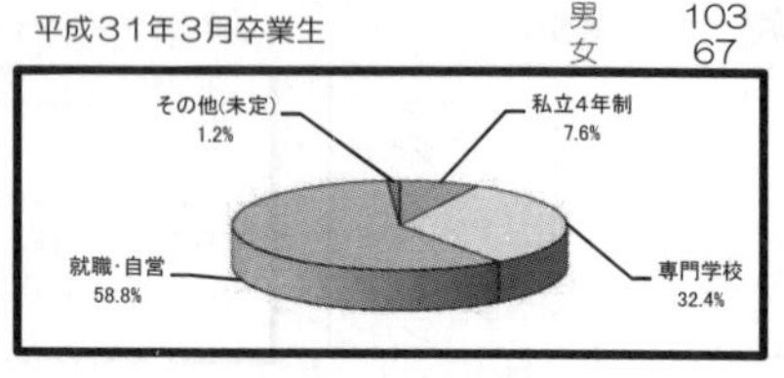

指定校推薦のある大学・学部	
日本大	生産工
大妻女子大	社会情報
千葉工業大	工
女子栄養大	栄養
淑徳大	総合福祉
城西大	経済
城西国際大	福祉総合
中央学院大	商・法
千葉商科大	商経
流通経済大	経済
敬愛大	経済
山梨学院大	法
愛国学園大	人間文化

進学実績
- ●4年制大学　東京農業大1　城西国際大1　千葉工業大1　千葉商科大2　東京情報大2　敬愛大2　中央学院大1　南九州大1　明海大1　ﾃﾞｼﾞﾀﾙﾊﾘｳｯﾄﾞ大1
- ●専門学校　二葉看護学院　東京動物　千葉調理師　船橋情報ﾋﾞｼﾞﾈｽ　中央工学校　市原高等技術　我孫子高等技術　県立農業大学校

就職実績　印旛沼土地改良区　栄町役場　成田ｴｱｶｰｺﾞｻｰﾋﾞｽ　JA成田市　ｶｲﾝｽﾞ　ﾄﾖﾀｶﾛｰﾗ千葉　ﾋﾞｯｸｶﾒﾗ　ｲｴﾛｰﾊｯﾄ　久能ｶﾝﾄﾘｰ倶楽部　鴨川ｼｰﾜｰﾙﾄﾞ　全日警　ﾌｼﾞｸﾗ　ﾚﾝｺﾞｰ　東京めいらく　米屋　我孫子ｺﾞﾙﾌ倶楽部　洋菓子のﾋﾛﾀ　一条工務店

部活動　地域生物研究部

成田国際 高等学校

普通科　国際科　　平成31年3月卒業生　男 113　女 209　計 322

進路種別		男	女	計
4年制大学	国公立	6	7	13
	私立	79	153	232
短期大学	国公立	0	0	0
	私立	1	7	8
専門学校		3	15	18
就職・自営		0	9	9
その他（未定）		24	18	42

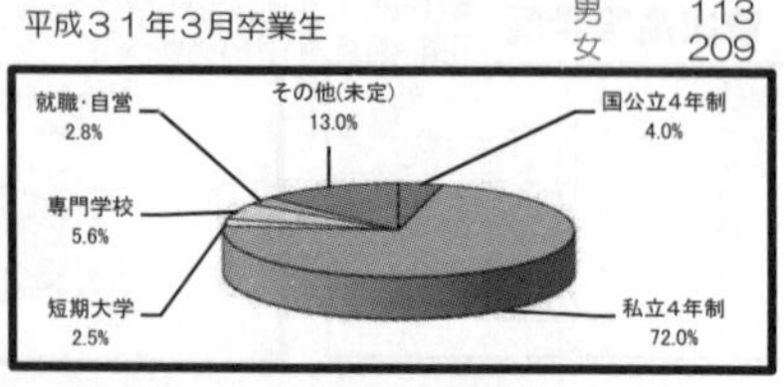

指定校推薦のある大学・学部	
東京理科大	理工・基礎工
青山学院大	文・法
青山学院大	地球社会共生
学習院大	全学部
立教大	異文化ｺﾐｭﾆｹｰｼｮﾝ
立教大	経営・文
立教大	現代心理
法政大	経済・国際文化
法政大	法・文・人間環境
法政大	GIS・生命科学
立命館大	経済
関西学院大	総合政策
成城大	経済・法
成蹊大	文・理工
明治学院大	文・社会・法
明治学院大	経済・社会
他	

※合格実績
- ●4年制大学　筑波大1　東京外国語大1　国際教養大1　電気通信大1　千葉大6　県立保健医療大1　埼玉大1　茨城大1　島根大1　早稲田大7　上智大2　東京理科大4　青山学院大6　立教大14　学習院大7　明治大16　法政大20　中央大1　立命館大1　成城大5　成蹊大6　明治学院大12　武蔵大7　武蔵野大7　東邦大7　日本大68　東洋大51　駒澤大13　専修大4　国学院大7　獨協大29　芝浦工業大9　国士舘大6　他
- ●短期大学　共立女子短大　聖徳大短大部　千葉敬愛短大　千葉明徳短大　大妻女子大短大部
- ●専門学校　成田航空ﾋﾞｼﾞﾈｽ　ｴｺｰﾙ辻東京　東京動物　日本工学院　御茶の水美術　東京医学技術　神田外語学院　慈恵柏看護　藤ﾘﾊﾋﾞﾘﾃｰｼｮﾝ学院　東京観光　千葉美容　東京IT会計法律　横浜中央病院附属看護　他

就職実績　国家公務員　東京税関職員　千葉県職員　成田市職員　印旛郡職員　印西市役所職員　ﾋﾞｰｽﾀｲﾙ　他

県立 4学区

成田北 高等学校

普通科　　平成３１年３月卒業生　　男 144　女 134　計 278

進路種別		男	女	計
４年制大学	国公立	0	0	0
	私立	78	47	125
短期大学	国公立	0	0	0
	私立	1	11	12
専門学校		46	62	108
就職・自営		8	10	18
その他（未定）		11	4	15

その他(未定) 5.4%
就職・自営 6.5%
私立4年制 45.0%
専門学校 38.8%
短期大学 4.3%

指定校推薦のある大学・学部	
東邦大	理
東洋大	文・法
日本大	理工・生産工
専修大	商
国学院大	文
立正大	仏教・文・経済
立正大	経営・法・心理
立正大	地球環境科学
東京農業大	生物産業
女子栄養大	栄養
大妻女子大	文・社会情報
大妻女子大	比較文化
千葉工業大	全学部
大東文化大	文・外国語
中央学院大	全学部
拓殖大	政経・外国語
他	

進学実績
●４年制大学　東京理科大1　青山学院大1　学習院大1　東邦大2　日本大8　東洋大4　専修大1　国学院大1　立正大8　神田外語大6　千葉工業大6　東京農業大1　聖徳大3　城西国際大2　帝京平成大9　目白大2　亜細亜大1　大妻女子大1　淑徳大5　大東文化大2　拓殖大1　中央学院大5　帝京大1　東京情報大5　和洋女子大2　他
●短期大学　神奈川歯科大短大部　昭和学院短大　千葉敬愛短大　千葉経済大短大部　東京歯科大短大　日本大短大部　他
●専門学校　ICM国際ﾒﾃﾞｨｶﾙ　北原学院歯科衛生　慈恵柏看護　千葉医療ｾﾝﾀｰ附属看護　青葉看護　千葉中央看護　東京医薬　東京ﾒﾃﾞｨｶﾙ・ｽﾎﾟｰﾂ　日本医科大看護　日本鍼灸理療　藤ﾘﾊﾋﾞﾘﾃｰｼｮﾝ学院　二葉看護学院　他
就職実績　国家公務員　陸上自衛官候補生　すかいらーくﾎｰﾙﾃﾞｨﾝｸﾞｽ　ﾅﾘｺｰ　CKD日機電装　JA成田市　JR東日本　他
部活動　美術部(全国総文祭出場)　陸上競技部・少林寺拳法部(関東大会出場)
卓球部・ｿﾌﾄﾃﾆｽ部・ﾃﾆｽ部・ｻｯｶｰ部・女子ﾊﾞﾚｰﾎﾞｰﾙ部・ﾊﾞｽｹｯﾄﾎﾞｰﾙ部・ﾊﾞﾄﾞﾐﾝﾄﾝ部・女子ｻｯｶｰ部・弓道部(県大会出場)

富里 高等学校

普通科　　平成３１年３月卒業生　　男 129　女 104　計 233

進路種別		男	女	計
４年制大学	国公立	0	0	0
	私立	42	17	59
短期大学	国公立	0	0	0
	私立	0	10	10
専門学校		49	49	98
就職・自営		30	21	51
その他（未定）		8	7	15

その他(未定) 6.4%
私立4年制 25.3%
就職・自営 21.9%
専門学校 42.1%
短期大学 4.3%

指定校推薦のある大学・学部	
国学院大	経済
日本大	理工・生産工
千葉工業大	工
国士舘大	法・政経
東京電機大	理工
和洋女子大	人文
中央学院大	商
千葉商科大	商経
千葉経済大	経済
麗澤大	経済

進学実績
●４年制大学　国学院大1　日本大3　千葉工業大2　国士舘大1　獨協大1　中央学院大1　流通経済大1　聖徳大３　淑徳大7　城西国際大3　帝京平成大5　東京電機大1　千葉科学大1　麗澤大1　和洋女子大3　千葉商科大9　他
●短期大学　千葉経済大短大部　千葉明徳短大
●専門学校　千葉中央看護　藤ﾘﾊﾋﾞﾘﾃｰｼｮﾝ学院　二葉看護学院　八千代ﾘﾊﾋﾞﾘﾃｰｼｮﾝ学院　国際ﾄﾗﾍﾞﾙ・ﾎﾃﾙ・ﾌﾞﾗｲﾀﾞﾙ　大原簿記公務員
就職実績　ANAｸﾗｳﾝﾌﾟﾗｻﾞﾎﾃﾙ成田　ｶｽﾐ　かね貞　千葉交通　東京めいらく　東都観光企業総轄本社　JA成田市　日本郵便　JR東日本　ﾋﾙﾄﾝ成田　ﾍﾞｲｼｱ　ﾌｼﾞｸﾗ　CKD日機電装　空港協力事業　千葉県警　陸上自衛隊
部活動　ｼﾞｬｽﾞｵｰｹｽﾄﾗ部(第1回日本ｽﾁｭｰﾃﾞﾝﾄ・ｼﾞｬｽﾞ・ｺﾝﾃｽﾄ最優秀賞)　女子ｿﾌﾄﾃﾆｽ部(県新人戦ﾍﾞｽﾄ16)
男子ﾊﾞｽｹｯﾄﾎﾞｰﾙ部(関東大会県予選・県総体・県新人戦ﾍﾞｽﾄ16)　陸上競技部(県新人戦砲丸投7位入賞)

佐倉 高等学校

普通科　理数科　　平成３１年３月卒業生　　男 182　女 139　計 321

進路種別		男	女	計
４年制大学	国公立	51	39	90
	私立	92	80	172
短期大学	国公立	0	0	0
	私立	0	1	1
専門学校		0	1	1
就職・自営		0	0	0
その他（未定）		39	18	57

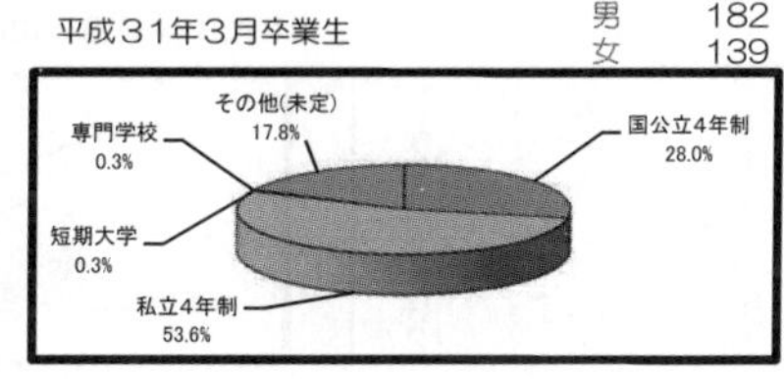

指定校推薦のある大学・学部	
早稲田大	法・文化構想
早稲田大	文・創造理工
早稲田大	基幹理工・商
上智大	経済
慶応大	法・理工
青山学院大	文・経営・理工
青山学院大	総合文化政策
学習院大	文・経済・理
学習院大	国際社会科学
中央大	法・商・理工
明治大	法・政治経済
明治大	経営・総合数理
立教大	法・観光
立教大	ｺﾐｭﾆﾃｨ福祉
日本大	薬
同志社大	理工・心理
他	

進学実績
●４年制大学　北海道大3　東北大4　筑波大11　千葉大32　東京工業大4　一橋大1　信州大6　東京外国語大1　東京医科歯科大1　名古屋大1　神戸大2　早稲田大26　慶応大6　明治大16　立教大10　法政大9　青山学院大7　学習院大7　上智大3　東京理科大8
●短期大学　桐朋学園芸術短大
●専門学校　日本医科大看護
部活動　将棋部(全国選手権ﾍﾞｽﾄ16、全国総文祭出場)　ｶﾇｰ部(全国総合体育大会・関東選抜大会出場)
工芸部(全国総文祭出展)　野球部(第91回選抜大会21世紀枠千葉県候補校)　男子ﾚｽﾘﾝｸﾞ部(関東大会個人出場)

佐倉東 高等学校

普通科　服飾デザイン科　調理国際科　　平成３１年３月卒業生　　男 70　女 162　計 232

進路種別		男	女	計
４年制大学	国公立	0	1	1
	私立	23	24	47
短期大学	国公立	0	0	0
	私立	1	23	24
専門学校		28	74	102
就職・自営		14	32	46
その他（未定）		4	8	12

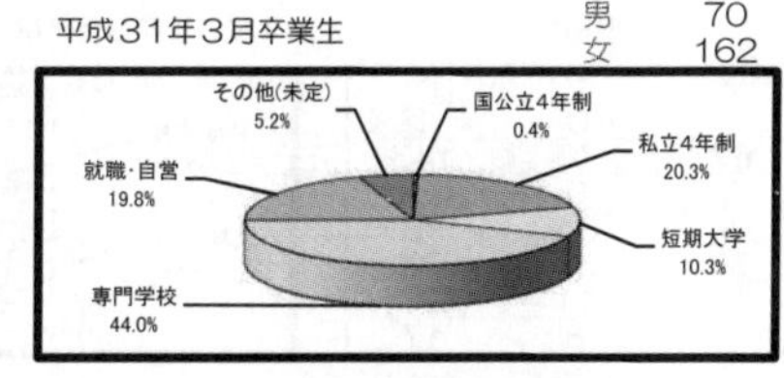

指定校推薦のある大学・学部	
日本大	生産工
文化学園大	全学部
立正大	文
目白大	人間・ﾒﾃﾞｨｱ
目白大	社会・外国語
千葉工業大	工・創造工
千葉工業大	社会ｼｽﾃﾑ科学
千葉工業大	先進工
千葉商科大	全学部
拓殖大	政経
女子美術大	芸術
麻布大	生命・環境科学
城西大	経済・経営
城西大	現代政策
川村学園女子大	全学部
関東学院大	社会
他	

進学実績
●４年制大学　県立保健医療大1　日本大1　武蔵野大1　駒澤大2　千葉工業大3　目白大1　淑徳大2　聖徳大2　立正大2　和洋女子大8　城西国際大1　千葉商科大1　東京情報大1　明海大1　敬愛大6　中央学院大3　他
●短期大学　千葉経済大短大部　千葉敬愛短大　植草学園短大　昭和学院短大　聖徳大短大部　千葉明徳短大
●専門学校　県立農業大学校　ｴｺｰﾙ辻東京　千葉女子　国際ﾄﾗﾍﾞﾙ・ﾎﾃﾙ・ﾌﾞﾗｲﾀﾞﾙ　国際理工情報ﾃﾞｻﾞｲﾝ　神田外語学院　北原学院千葉歯科衛生　山王看護　東京医薬　日本自動車大学校　日本写真芸術　華服飾　織田きもの　青葉看護　千葉中央看護　土浦協同病院附属看護　東京動物　二葉看護学院　了徳寺学園医療　他
就職実績　ﾌｼﾞｸﾗ　ｼﾞｬﾊﾟﾝｲﾏｼﾞﾈｰｼｮﾝ　NAAﾘﾃｲﾘﾝｸﾞ　ｱﾙﾌｧ・ｵｲｺｽ　大志満　千疋屋総本店　谷屋呉服店　東都観光企業総轄本社　ﾋﾞｯｸ・ﾏﾏ　ﾓﾛｿﾞﾌ　ｱｰｽｻﾎﾟｰﾄ　朝倉海苔店　ｲﾄｰﾖｰｶ堂　はとﾊﾞｽ　ﾐｭｾﾞﾌﾟﾗﾁﾅﾑ　他

県立 4学区

佐倉西 高等学校

普通科　　平成３１年３月卒業生　男 133　女 99　計 232

進路種別		男	女	計
４年制大学	国公立	0	0	0
	私立	44	17	61
短期大学	国公立	0	0	0
	私立	0	12	12
専門学校		48	42	90
就職･自営		38	25	63
その他（未定）		3	3	6

その他(未定) 2.6%
私立4年制 26.3%
就職・自営 27.2%
専門学校 38.8%
短期大学 5.2%

指定校推薦のある大学・学部	
東京理科大	理Ⅱ
日本大	生産工
千葉工業大	工
東京情報大	総合情報
大東文化大	外国語
大妻女子大	文
国士舘大	法･理工
城西国際大	経営情報
淑徳大	総合福祉
千葉商科大	商経
中央学院大	法･商
明海大	外国語
和洋女子大	人文･家政
工学院大	工
実践女子大	文
聖徳大	児童
他	

進学実績
●４年制大学　日本大1　神田外語大1　千葉工業大4　東京情報大6　拓殖大1　千葉商科大8　ﾌｪﾘｽ女学院大1　中央学院大5　東京聖栄大1　千葉経済大3　東京成徳大1　流通経済大2　東京電機大1　聖徳大2　他
●短期大学　大妻女子大短大部　昭和学院短大　千葉敬愛短大　千葉経済大短大部　千葉明徳短大　戸板女子短大　他
●専門学校　千葉医療ｾﾝﾀｰ附属看護　二葉看護学院　北原学院千葉歯科衛生　太陽歯科衛生士　八千代ﾘﾊﾋﾞﾘﾃｰｼｮﾝ学院　国際理工情報ﾃﾞｻﾞｲﾝ　中央工学校　日本自動車大学校　日本電子　船橋情報ﾋﾞｼﾞﾈｽ　県立農業大学校　千葉調理師　千葉美容　東京IT会計法律　日本工学院　他
就職実績　陸上自衛隊　海上自衛隊　佐倉市八街市酒々井町消防組合　千葉県警　ｱｺｰﾃﾞｨｱ･ｺﾞﾙﾌ　ﾀﾂﾉ化学　東京納品代行　日本梱包運輸倉庫　ﾎﾝﾀﾞｶｰｽﾞ千葉　石井食品　関電工　京成車両工業　日本食研ﾎｰﾙﾃﾞｨﾝｸﾞｽ　ﾌｼﾞｸﾗ　他

佐倉南 高等学校

普通科　　平成３１年３月卒業生　男 68　女 109　計 177

進路種別		男	女	計
４年制大学	国公立	0	0	0
	私立	21	18	39
短期大学	国公立	0	1	1
	私立	1	11	12
専門学校		27	48	75
就職･自営		14	25	39
その他（未定）		5	6	11

その他(未定) 6.2%
私立4年制 22.0%
就職・自営 22.0%
短期大学 7.3%
専門学校 42.4%

指定校推薦のある大学・学部	
日本大	生産工
東洋大	文
国士舘大	法･政経
立正大	文･経済
目白大	ﾒﾃﾞｨｱ･人間
目白大	社会･外国語
大東文化大	外国語
千葉工業大	工
千葉工業大	社会ｼｽﾃﾑ科学
城西大	全学部
他	

進学実績
●４年制大学　法政大1　立正大1　国士舘大2　千葉工業大1　東京情報大2　城西国際大2　淑徳大6　目白大1　明海大2　千葉商科大3　中央学院大2　多摩大1　亀田医療大1　文化学園大1　江戸川大2　敬愛大4　千葉経済大4　他
●短期大学　千葉職業能力開発短大校　千葉経済大短大部　東京経営短大　植草学園短大　千葉敬愛短大
●専門学校　大原簿記公務員　ｱｲｴｽﾃﾃｨｯｸ　国際ﾄﾗﾍﾞﾙ･ﾎﾃﾙ･ﾌﾞﾗｲﾀﾞﾙ　船橋情報ﾋﾞｼﾞﾈｽ　東洋理容美容　他
就職実績　日本郵便　ﾄﾖﾀｶﾛｰﾗ千葉　日本食研ﾎｰﾙﾃﾞｨﾝｸﾞｽ　ﾌﾟｰﾏｼﾞｬﾊﾟﾝ　航空保安事業ｾﾝﾀｰ　東京めいらく　ﾌｼﾞｸﾗ　千葉日産自動車　ｶﾜﾁ薬品　湘南積水工業　他

八街 高等学校

総合学科　　平成３１年３月卒業生　男 92　女 92　計 184

進路種別		男	女	計
４年制大学	国公立	0	0	0
	私立	9	5	14
短期大学	国公立	1	0	1
	私立	0	6	6
専門学校		16	21	37
就職･自営		61	53	114
その他（未定）		5	7	12

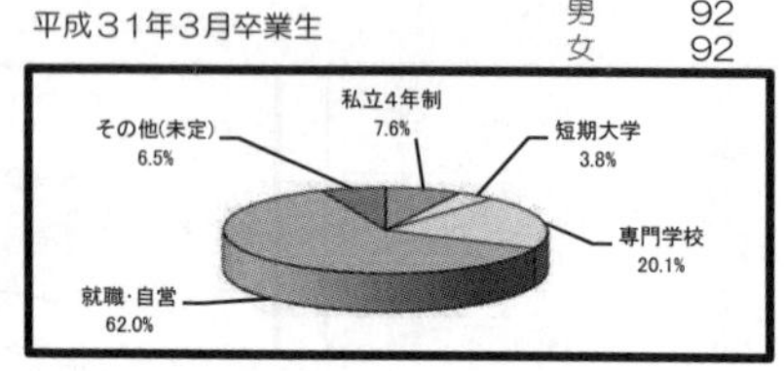

指定校推薦のある大学・学部	
東洋大	経済Ⅱ
国士舘大	理工
千葉工業大	工
東京情報大	総合情報
淑徳大	総合福祉
千葉商科大	商経
敬愛大	国際
東洋学園大	ｸﾞﾛｰﾊﾞﾙ･ｺﾐｭﾆｹｰｼｮﾝ

進学実績
●４年制大学　東京情報大4　淑徳大2　千葉商科大1　敬愛大5　東洋学園大1
●短期大学　千葉明徳短大　千葉経済大短大部　昭和学院短大　千葉職業能力開発短大校
●専門学校　国際ﾄﾗﾍﾞﾙ･ﾎﾃﾙ･ﾌﾞﾗｲﾀﾞﾙ　国際理工情報ﾃﾞｻﾞｲﾝ　山王看護　千葉調理師　東洋理容美容　ちば愛犬動物ﾌﾗﾜｰ　他
就職実績　MBKP Golf Management　ﾌﾟｰﾏｼﾞｬﾊﾟﾝ　航空保安事業ｾﾝﾀｰ　県立市町村立学校事務　山崎製ﾊﾟﾝ　市川ｺﾞﾑ工業　ｼﾞｪｲ･ｴｽ･ｴｽ　成田空港美整社　古河機械金属　日本ﾋﾞｭｰﾎﾃﾙ　BRAST　かね貞
部活動　女子ﾊﾞﾚｰﾎﾞｰﾙ部(県大会ﾍﾞｽﾄ16)　男子ﾊﾞﾚｰﾎﾞｰﾙ部(県大会ﾍﾞｽﾄ32)　男子ﾊﾞﾄﾞﾐﾝﾄﾝ部(県大会ｼﾝｸﾞﾙｽ出場)　男子ﾊﾞｽｹｯﾄﾎﾞｰﾙ部･男女ﾃﾆｽ部(県大会出場)

四街道 高等学校

普通科　　平成３１年３月卒業生　男 136　女 188　計 324

進路種別		男	女	計
４年制大学	国公立	1	0	1
	私立	67	76	143
短期大学	国公立	0	0	0
	私立	4	34	38
専門学校		39	59	98
就職･自営		16	11	27
その他（未定）		9	8	17

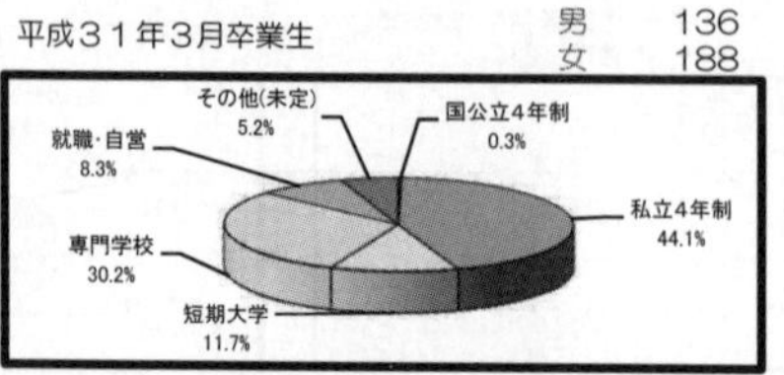

指定校推薦のある大学・学部	
武蔵大	人文
東洋大	経済
専修大	経済
日本大	経済･理工･生産工
立正大	文･経済･経営
東邦大	理
大正大	全学部
大東文化大	法
亜細亜大	経営･経済･法
国士舘大	法･政経
二松学舎大	国際政治経済
二松学舎大	文
東都大	ﾋｭｰﾏﾝｹｱ
拓殖大	外国語･政経
大妻女子大	社会情報
大妻女子大	比較文化
他	

進学実績
●４年制大学　防衛大学校1　武蔵大1　東洋大2　日本大8　専修大1　立正大5　大正大2　武蔵野大1　東邦大1　神田外語大4　亜細亜大1　大東文化大2　国士舘大5　東海大1　玉川大1　順天堂大1　日本体育大4　二松学舎大2　国際医療福祉大1　東都大2
●短期大学　東京家政大短大部　戸板女子短大　大妻女子大短大部　昭和学院短大　千葉経済大短大部　千葉明徳短大　他
●専門学校　千葉医療ｾﾝﾀｰ附属看護　青葉看護　千葉中央看護　おだわら看護　昭和医療技術　東京医学技術　了徳寺学園医療　東京柔道整復　北原学院千葉歯科衛生　藤ﾘﾊﾋﾞﾘﾃｰｼｮﾝ学院　八千代ﾘﾊﾋﾞﾘﾃｰｼｮﾝ学院　他
就職実績　国家公務員　自衛隊　千葉県警　千葉市消防局　四街道市消防本部　野田市消防本部　ｲｵﾝﾘﾃｰﾙ　ﾌｼﾞｸﾗ　他
部活動　ﾚｽﾘﾝｸﾞ部･写真部(関東大会･全国大会入賞)　ﾀﾞﾝｽ部(全国大会入賞)　女子ﾊﾞﾚｰﾎﾞｰﾙ部(関東大会出場)　男子ﾊﾞﾚｰﾎﾞｰﾙ部(県総体ﾍﾞｽﾄ16)　野球部(西千葉大会ﾍﾞｽﾄ8)

県立 4学区

四街道北 高等学校

普通科

平成３１年３月卒業生

男 93
女 139
計 232

進路種別		男	女	計
４年制大学	国公立	0	0	0
	私立	27	17	44
短期大学	国公立	0	0	0
	私立	0	8	8
専門学校		48	68	116
就職・自営		16	30	46
その他（未定）		2	16	18

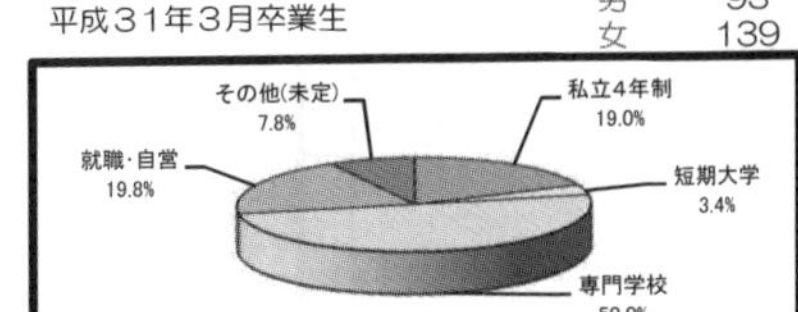

指定校推薦のある大学・学部	
日本大	生産工
立正大	文・仏教
国士舘大	政経
東京情報大	総合情報・看護
千葉工業大	創造工・先進工
千葉工業大	工・社会ｼｽﾃﾑ科学
千葉商科大	商経・政策情報
千葉商科大	人間社会
千葉商科大	ｻｰﾋﾞｽ創造
流通経済大	経済・社会
流通経済大	流通情報・法
和洋女子大	全学部
明海大	外国語・経済
明海大	不動産
秀明大	看護
東京電機大	工Ⅱ
他	

進学実績

●４年制大学　日本大1　立正大1　国士舘大2　千葉工業大1　千葉商科大4　淑徳大4　東京情報大3　千葉経済大9　植草学園大1　和洋女子大2　城西国際大2　中央学院大1　麗澤大1　東洋学園大2　了徳寺大1　他

●短期大学　植草学園短大　千葉敬愛短大　千葉経済大短大部　千葉明徳短大

●専門学校　北原学院歯科衛生　国際医療福祉　山王看護　青葉看護　千葉医療ｾﾝﾀｰ附属看護　日本健康医療　千葉女子　東京柔道整復　国際理工情報ﾃﾞｻﾞｲﾝ　県自動車整備　東洋理容美容　武蔵野調理師　日本電子　日本工学院　大原簿記公務員　日本外国語　神田外語学院　ちば愛犬動物ﾌﾗﾜｰ　東京服飾　国際ﾄﾗﾍﾞﾙ・ﾎﾃﾙ・ﾌﾞﾗｲﾀﾞﾙ　他

就職実績　ｲｵﾝﾘﾃｰﾙ　ｲﾄｰﾖｰｶ堂　そごう・西武　ﾋﾞｯｸｶﾒﾗ　宗家源吉兆庵　千葉薬品　川島屋　空港協力事業　ﾌｼﾞｸﾗ　ｾﾝﾄﾗﾙ警備保障　航空保安事業ｾﾝﾀｰ　東都観光企業総轄本社　千葉神社　日本郵便　ｶﾜｾｺﾝﾋﾟｭｰﾀｻﾌﾟﾗｲ　他

部活動　陸上競技部(関東大会出場)　ﾊﾞｽｹｯﾄﾎﾞｰﾙ部・ｿﾌﾄﾃﾆｽ部・ﾊﾞﾄﾞﾐﾝﾄﾝ部・弓道部・ｿﾌﾄﾎﾞｰﾙ部(県総体出場)　他

下総 高等学校

園芸科　情報処理科　自動車科

平成３１年３月卒業生

男 99
女 21
計 120

進路種別		男	女	計
４年制大学	国公立	0	0	0
	私立	4	0	4
短期大学	国公立	0	0	0
	私立	0	0	0
専門学校		20	2	22
就職・自営		72	17	89
その他（未定）		3	2	5

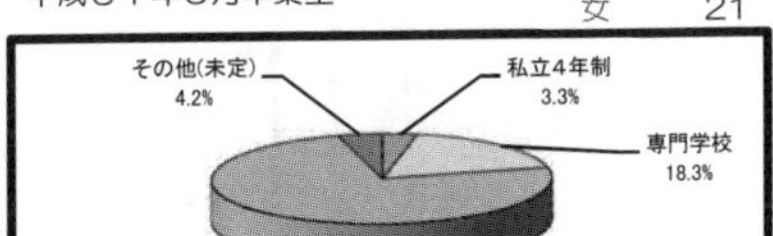

指定校推薦のある大学・学部	
東京情報大	総合情報
千葉商科大	商経・ｻｰﾋﾞｽ創造
千葉商科大	政策情報
千葉商科大	人間社会
千葉科学大	危機管理
城西国際大	経営情報・観光
城西国際大	福祉総合
城西国際大	環境社会
城西国際大	国際人文
他	

進学実績

●４年制大学　東京情報大1　千葉商科大1　国際武道大1　湘南工科大1

●専門学校　県立農業大学校　国際理工情報ﾃﾞｻﾞｲﾝ　船橋情報ﾋﾞｼﾞﾈｽ　東京IT会計法律　ｴｺｰﾙ辻東京　ﾃﾞｼﾞﾀﾙｱｰﾂ東京　日本自動車大学校　県自動車大学校　国際ﾄﾗﾍﾞﾙ・ﾎﾃﾙ・ﾌﾞﾗｲﾀﾞﾙ　東京ｱﾅｳﾝｽ学院　他

就職実績　自衛隊　ﾌｼﾞｸﾗ　三菱日立ﾂｰﾙ　MHIﾊｾｯｸ　ｼﾞｪｲﾌｨﾙﾑ　AGC　米屋　ﾅﾘｺｰ　ｶｽﾐ　ｺﾒﾘ　日本通運　他

部活動　自動車部(全国大会4連覇)

県立 5学区

佐原 高等学校

普通科
理数科

平成31年3月卒業生　男 164　女 146　計 310

進路種別		男	女	計
4年制大学	国公立	47	34	81
	私立	82	92	174
短期大学	国公立	0	0	0
	私立	0	1	1
専門学校		7	5	12
就職・自営		2	3	5
その他（未定）		26	11	37

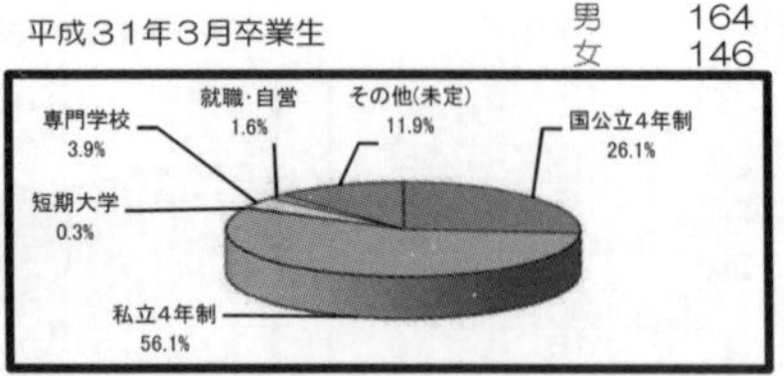

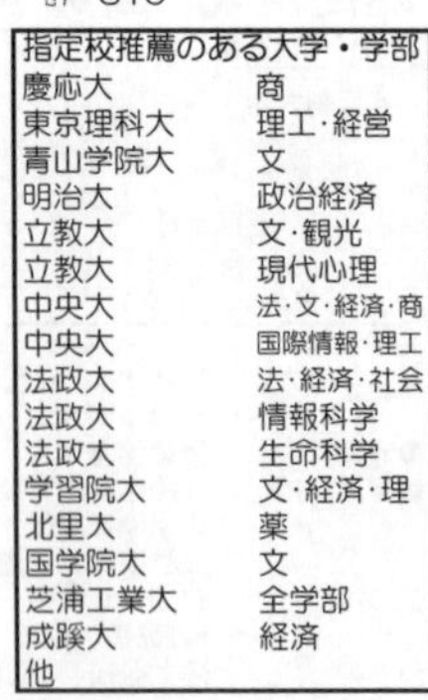

指定校推薦のある大学・学部	
慶応大	商
東京理科大	理工・経営
青山学院大	文
明治大	政治経済
立教大	文・観光
立教大	現代心理
中央大	法・文・経済・商
中央大	国際情報・理工
法政大	法・経済・社会
法政大	情報科学
法政大	生命科学
学習院大	文・経済・理
北里大	薬
国学院大	文
芝浦工業大	全学部
成蹊大	経済
他	

進学実績
- ●4年制大学　お茶の水女子大1　横浜国立大1　東京学芸大1　東北大3　千葉大9　北海道大1　神戸大1　茨城大22　横浜市立大1　埼玉大3　九州大1　信州大5　浜松医科大1　早稲田大3　慶応大2　青山学院大1　立教大8　明治大3　中央大9　学習院大1
- ●短期大学　大妻女子大短大部
- ●専門学校　日本工学院　国際理容美容　東京IT会計

就職実績　千葉県職員　成田市消防本部　自衛隊一般曹候補生

佐原白楊 高等学校

普通科

平成31年3月卒業生　男 76　女 123　計 199

進路種別		男	女	計
4年制大学	国公立	4	2	6
	私立	41	64	105
短期大学	国公立	0	0	0
	私立	1	9	10
専門学校		16	29	45
就職・自営		10	17	27
その他（未定）		4	2	6

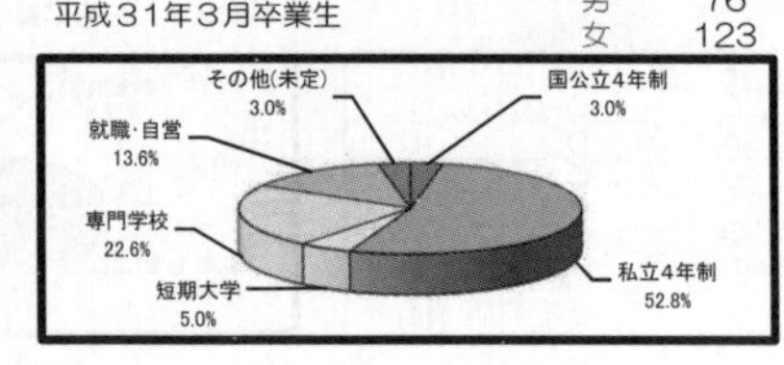

指定校推薦のある大学・学部	
法政大	情報科学
東邦大	理
獨協大	外国語・経済
日本大	理工
国際医療福祉大	全学部
千葉工業大	全学部
他	

進学実績
- ●4年制大学　筑波大1　千葉大1　山形大1　県立保健医療大1　秋田県立大2　明治大5　中央大1　青山学院大1　法政大7　日本大6　東洋大5　駒澤大13　専修大2　獨協大4　明治学院大5　国際医療福祉大9　埼玉医科大1　神田外語大5　日本女子大1　北里大3
- ●短期大学　上智大短大部　千葉敬愛短大
- ●専門学校　旭中央病院附属看護　日本医科大看護　東京IT会計法律

就職実績　国家公務員　他

部活動　女子陸上競技部（全国大会・関東大会やり投げ出場）　女子ボート部（関東大会シングルスカル出場）

小見川 高等学校

普通科

進路種別		男	女	計
4年制大学	国公立			
	私立			
短期大学	国公立			
	私立			
専門学校				
就職・自営				
その他（未定）				

データなし

多古 高等学校

普通科
園芸科

平成31年3月卒業生　男 78　女 34　計 112

進路種別		男	女	計
4年制大学	国公立	0	0	0
	私立	13	0	13
短期大学	国公立	0	0	0
	私立	0	2	2
専門学校		25	9	34
就職・自営		38	19	57
その他（未定）		2	4	6

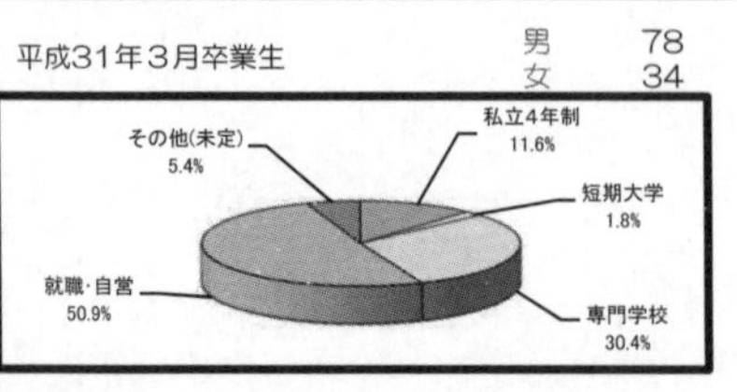

進学実績
- ●4年制大学　江戸川大1　敬愛大1　淑徳大1　清和大1　中央学院大1　千葉科学大1　千葉工業大1　千葉商科大1　東京情報大4　了徳寺大1
- ●短期大学　千葉敬愛短大
- ●専門学校　ちば愛犬動物フラワー　パリ総合美容　旭中央病院附属看護　国際医療福祉　千葉調理師　藤リハビリテーション学院　東京コミュニケーションアート　成田国際福祉　八千代リハビリテーション学院　二葉看護学院　日本自動車大学校　大原簿記公務員　スカイ総合ペット　千葉こども　他

就職実績　多古町役場　自衛官一般曹候補生　日立化成　石川商会　スプレーイングシステムスジャパン　三水鐵工　シグナル　三門興産　寿樹工舎　NAAリテイリング　日清医療食品　三菱日立ツール　龍角散　フジクラ　ジェイアールバス関東　東電通アクセス　東京納品代行　ジェイ・エス・エス　成田空港美整社　朋和産業　フルサポート　ハーバーコスメティクス　東洋トラフィックサービス　日本通運　三栄メンテナンス　朝日森運輸　山九　他

県立　5学区

銚子　高等学校

普通科　　平成３１年３月卒業生　　男 57　女 106　計 163

進路種別		男	女	計
４年制大学	国公立	0	2	2
	私立	29	51	80
短期大学	国公立	0	0	0
	私立	0	10	10
専門学校		20	26	46
就職･自営		7	13	20
その他（未定）		1	4	5

その他(未定) 3.1%　国公立4年制 1.2%　就職・自営 12.3%　専門学校 28.2%　私立4年制 49.1%　短期大学 6.1%

指定校推薦のある大学・学部	
武蔵野大	文
獨協大	経済
千葉工業大	社会ｼｽﾃﾑ科学

進学実績
- ●４年制大学　県立保健医療大2　武蔵野大1　獨協大1　日本大4　東洋大2　駒澤大1　専修大1　麻布大1
- ●短期大学　聖徳大短大部　千葉敬愛短大　千葉経済大短大部　他
- ●専門学校　旭中央病院附属看護　亀田医療技術　日本医科大看護　他

就職実績　ﾔﾏｻ醤油　日本郵便　環境省　千葉県警　銚子市役所　他

部活動　弓道部(全国大会･関東大会出場)　美術部(二科展新人奨励賞受賞)

銚子商業　高等学校

商業科　海洋科　情報処理科

進路種別		男	女	計
４年制大学	国公立			
	私立			
短期大学	国公立			
	私立			
専門学校				
就職･自営				
その他（未定）				

データなし

旭農業　高等学校

畜産科　食品科学科　園芸科　　平成３１年３月卒業生　　男 70　女 70　計 140

進路種別		男	女	計
４年制大学	国公立	0	0	0
	私立	1	1	2
短期大学	国公立	0	0	0
	私立	0	3	3
専門学校		17	20	37
就職･自営		47	38	85
その他（未定）		5	8	13

私立4年制 1.4%　短期大学 2.1%　その他(未定) 9.3%　専門学校 26.4%　就職・自営 60.7%

指定校推薦のある大学・学部	
東京情報大	総合情報・看護
淑徳大	総合福祉
淑徳大	ｺﾐｭﾆﾃｨ政策
千葉科学大	全学部
城西国際大	経営情報
城西国際大	国際人文
城西国際大	福祉総合
城西国際大	環境社会
城西国際大	観光･ﾒﾃﾞｨｱ
敬愛大	経済・国際
千葉経済大	経済
愛国学園大	人間文化
東京聖栄大	
東京成徳大	
東京工芸大	
東京家政学院大	
他	

進学実績
- ●４年制大学　千葉科学大1　城西国際大1
- ●短期大学　千葉経済大短大部　昭和学院短大
- ●専門学校　東京IT会計法律　千葉ﾃﾞｻﾞｲﾅｰ学院　ちば愛犬動物ﾌﾗﾜｰ　国際ﾄﾗﾍﾞﾙ･ﾎﾃﾙ･ﾌﾞﾗｲﾀﾞﾙ　東洋理容美容　千葉医療秘書　青葉看護　亀田医療技術　千葉調理師　大原簿記公務員　千葉こども　日本自動車大学校　ﾊｯﾋﾟｰ製菓調理　他

就職実績　JAちばみどり　石川商会　ﾋｹﾞﾀ醤油　成田の森ｶﾝﾄﾘｰｸﾗﾌﾞ　空港協力事業　ｴｽﾌｰｽﾞ　山崎製ﾊﾟﾝ　東総食肉ｾﾝﾀｰ　東急百貨店　千葉交通　ｱｻｼｮｳ　千葉県食肉公社　佐川急便　龍角散　ｾｺﾑ　三島光産　小林商事　山九　他

部活動　農業ｸﾗﾌﾞ（日本学校農業ｸﾗﾌﾞ全国大会農業鑑定の部優秀賞）　男女ﾊﾞﾚｰﾎﾞｰﾙ部(県大会･県新人大会出場)　ﾊﾞﾄﾞﾐﾝﾄﾝ部･陸上部･卓球部(県大会出場)　吹奏楽部(県吹奏楽ｺﾝｸｰﾙB部門銅賞)　他

東総工業　高等学校

電子機械科　情報技術科　電気科　建設科　　※昨年度データ　　男 148　女 10　計 158

進路種別		男	女	計
４年制大学	国公立	1	0	1
	私立	13	0	13
短期大学	国公立	2	0	2
	私立	0	0	0
専門学校		31	3	34
就職･自営		101	7	108
その他（未定）		0	0	0

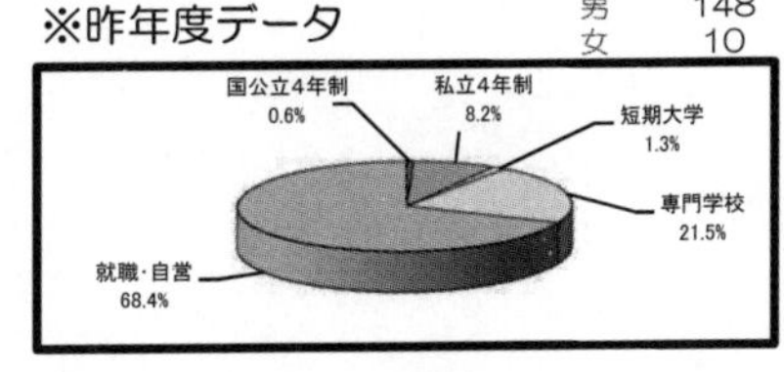

指定校推薦のある大学・学部	
日本大	工･生産工
千葉工業大	全学部
東京情報大	看護･総合情報
千葉科学大	全学部
東京電機大	理工･工Ⅱ
東京工科大	ｺﾝﾋﾟｭｰﾀｻｲｴﾝｽ
東京工科大	応用生物
東京工科大	工･ﾒﾃﾞｨｱ
東京工芸大	工･芸術
神奈川工科大	工･情報･創造工
淑徳大	総合福祉･経営
淑徳大	ｺﾐｭﾆﾃｨ政策
愛知工業大	全学部
日本工業大	全学部
城西大	経済･経営
城西大	現代政策
他	

進学実績
- ●４年制大学　茨城大1　日本大1　千葉工業大3　酪農学園大1　東京情報大2　日本工業大1　千葉科学大2　国際武道大1　城西国際大1　ものつくり大1
- ●短期大学　千葉職業能力開発短大校
- ●専門学校　旭高等技術　県立農業大学校　国際理工情報ﾃﾞｻﾞｲﾝ　船橋情報ﾋﾞｼﾞﾈｽ　日本自動車大学校　ﾊﾟﾘ総合美容　千葉ﾃﾞｻﾞｲﾅｰ学院　日本工学院　横浜歯科医療　成田航空ﾋﾞｼﾞﾈｽ　千葉こども　千葉ﾘｿﾞｰﾄ&ｽﾎﾟｰﾂ　東放学園　他

就職実績　国家公務員　千葉県職員　旭市職員　JR東日本　日本郵便　JA山武郡市　JA多古町　新日鐵住金　花王　ｸﾗﾚ　旭硝子　ﾔﾏｻ醤油　ﾋｹﾞﾀ醤油　ﾗｲｵﾝｹﾐｶﾙ　古河電気工業　住友重機械工業　日本食研ﾎｰﾙﾃﾞｨﾝｸﾞｽ　ﾌｼﾞｸﾗ　関電工　JFEﾌﾟﾗﾝﾄｴﾝｼﾞ　JFE物流　金太郎ﾎｰﾑ　三菱日立ﾂｰﾙ　東京ｶﾞｽｴﾈﾙｷﾞｰ　TDK　沢井製薬　東洋合成工業　他

部活動　機械情報部(相撲ﾛﾎﾞｯﾄ全国大会9年連続出場)

県立 5学区

匝瑳 高等学校

普通科
理数科

進路種別		男	女	計
４年制大学	国公立			
	私立			
短期大学	国公立			
	私立			
専門学校				
就職･自営				
その他（未定）				

データなし

県立 6学区

松尾 高等学校

普通科

進路種別		男	女	計
４年制大学	国公立			
	私立			
短期大学	国公立			
	私立			
専門学校				
就職･自営				
その他（未定）				

データなし

成東 高等学校

普通科
理数科

平成３１年３月卒業生　男 157　女 120　計 277

進路種別		男	女	計
４年制大学	国公立	18	6	24
	私立	103	85	188
短期大学	国公立	0	0	0
	私立	0	2	2
専門学校		4	12	16
就職･自営		1	5	6
その他（未定）		31	10	41

その他(未定) 14.8%　国公立4年制 8.7%　私立4年制 67.9%　短期大学 0.7%　専門学校 5.8%　就職・自営 2.2%

指定校推薦のある大学・学部	
東京理科大	理工･工
東京理科大	理･経営
明治大	政治経済･理工
青山学院大	文･経済･理工
中央大	法･経済
中央大	商･理工
法政大	法･文･情報科学
法政大	経済･デザイン工
北里大	薬
学習院大	経済･文･法･理
東邦大	薬･理
日本大	法･経済･薬
日本大	生産工･理工
駒澤大	文
専修大	法
国学院大	法
他	

進学実績
- ●４年制大学　千葉大10　東北大1　筑波大1　茨城大4　群馬大1　埼玉大1　北海道教育大1　県立保健医療大2　慶応大1　早稲田大3　東京理科大3　明治大4　青山学院大3　立教大3　中央大6　法政大10　学習院大3　日本大21　東邦大13　神田外語大7
- ●短期大学　植草学園短大　東京家政大短大部
- ●専門学校　旭中央病院附属看護　亀田医療技術　北原学院千葉歯科衛生　東京医薬　大原簿記公務員　神田外語学院　他

就職実績　国家公務員　千葉県職員　山武市職員　自衛官候補生

部活動　陸上競技部(全国総体ハンマー投出場、関東大会やり投･5000m競歩出場)　ホッケー部(関東大会出場)　女子卓球部(県新人大会3位、関東大会シングルス出場)　男子山岳部(県大会団体3位、関東大会出場)

東金 高等学校

普通科
国際教養科

平成３１年３月卒業生　男 104　女 129　計 233

進路種別		男	女	計
４年制大学	国公立	2	3	5
	私立	66	65	131
短期大学	国公立	0	0	0
	私立	0	12	12
専門学校		11	35	46
就職･自営		5	7	12
その他（未定）		20	7	27

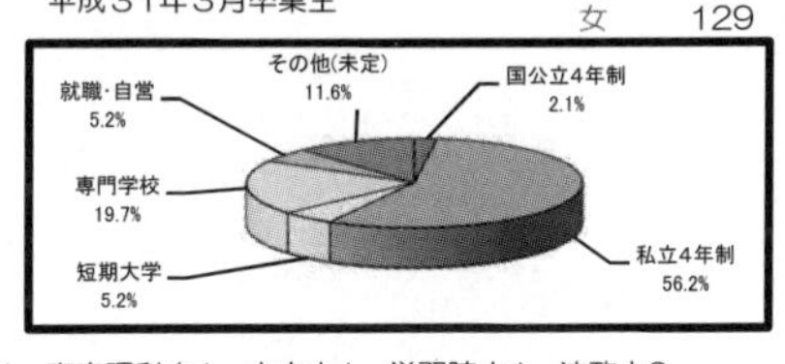

指定校推薦のある大学・学部	
学習院大	文
法政大	法
武蔵大	人文
明治学院大	文
日本大	経済･理工
東洋大	経済･法
専修大	経済
獨協大	法･外国語
神田外語大	外国語
立正大	文･法
創価大	経済･文
他	

進学実績
- ●４年制大学　山形大1　茨城大1　県立保健医療大2　都留文科大1　東京理科大1　中央大1　学習院大1　法政大2　明治学院大1　日本大12　東洋大6　駒澤大1　専修大1　順天堂大1　神田外語大5　神奈川大1　昭和大1　創価大3　東海大1　跡見学園女子大1
- ●短期大学　大妻女子大短大部　実践女子大短大部　戸板女子短大　他
- ●専門学校　京都府立農業大学校　旭中央病院附属看護　山王看護　二葉看護学院　千葉中央看護　他

就職実績　国家公務員　東京都特別職　千葉県警　千葉県職員　山武市職員　大網白里市職員　日本郵便

部活動　箏曲部(全国大会出場)　新体操部･山岳部･番組制作同好会(関東大会出場)　野球部･バレーボール部･バスケットボール部･ソフトボール部･卓球部･空手道部･ソフトテニス部･剣道部･サッカー部･陸上競技部(県大会出場)

東金商業 高等学校

商業科
情報処理科

平成３１年３月卒業生　男 85　女 72　計 157

進路種別		男	女	計
４年制大学	国公立	0	0	0
	私立	25	10	35
短期大学	国公立	0	0	0
	私立	1	5	6
専門学校		36	22	58
就職･自営		22	33	55
その他（未定）		1	2	3

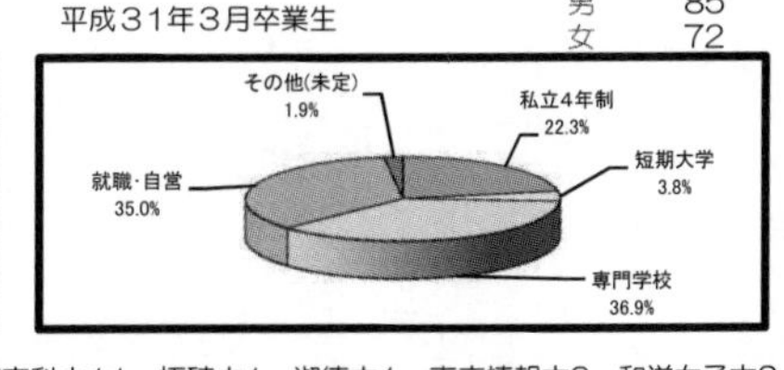

指定校推薦のある大学・学部
日本大
専修大
東洋大
千葉工業大
千葉商科大
東京情報大
淑徳大
拓殖大
大東文化大
神奈川大
城西国際大
千葉経済大
東京工科大
聖徳大
植草学園大
敬愛大
他

進学実績
- ●４年制大学　日本大3　専修大1　東洋大1　千葉工業大3　千葉商科大11　拓殖大1　淑徳大1　東京情報大2　和洋女子大2　敬愛大2　植草学園大2　東京工科大1　江戸川大1　千葉経済大1　了徳寺大1　日本映画大1　山梨学院大1
- ●短期大学　昭和学院短大　戸板女子短大　千葉経済大短大部　植草学園短大　他
- ●専門学校　東京IT会計法律　大原簿記公務員　国際理工情報デザイン　船橋情報ビジネス　千葉デザイナー学院　ハッピー製菓調理　日本工学院　八千代リハビリテーション学院　国際トラベル･ホテル･ブライダル　東洋理容美容　亀田医療技術　国際医療福祉　他

就職実績　千葉県警　山武郡市広域行政組合　日本郵便　山崎製パン　イオンリテール　千葉トヨタ自動車　銚子信用金庫　フジクラ　トヨタ部品千葉共販　三水鐵工　シミズオクト　東急リゾートサービス　出光ユニテック　ヤマト運輸　TOTOハイリビング　他

部活動　簿記部･情報処理部･吹奏楽部(全国大会出場)　陸上競技部(関東大会出場)

県立 6学区

大網 高等学校

普通科　食品科学科
農業科　生物工学科

平成３１年３月卒業生　男 102　女 111　計 213

進路種別		男	女	計
４年制大学	国公立	0	0	0
	私立	16	6	22
短期大学	国公立	0	0	0
	私立	1	4	5
専門学校		44	34	78
就職・自営		34	53	87
その他（未定）		7	14	21

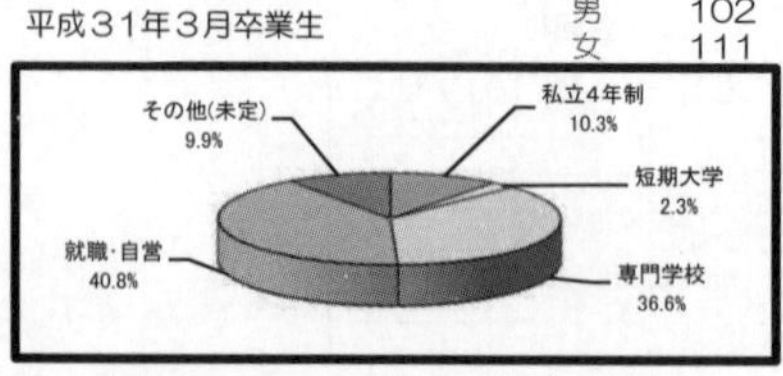

指定校推薦のある大学・学部	
東京農業大	生物産業
東京情報大	総合情報・看護
城西国際大	ﾒﾃﾞｨｱ・経営情報
城西国際大	国際人文・観光
城西国際大	福祉総合・看護
千葉商科大	商経・ｻｰﾋﾞｽ創造
千葉商科大	人間社会・政策情報
和洋女子大	家政・人文
千葉経済大	経済
敬愛大	経済・国際
東洋大	生命科学
淑徳大	総合福祉・人文
淑徳大	経営・ｺﾐｭﾆﾃｨ政策
東京家政学院大	現代生活
流通経済大	経済・社会
流通経済大	法・流通情報
他	

進学実績
●４年制大学　東京農業大1　東京情報大1　和洋女子大1　千葉経済大3　千葉科学大2　城西国際大2　千葉商科大5　他
●短期大学　愛国学園短大　昭和学院短大　千葉敬愛短大　千葉明徳短大
●専門学校　県立農業大学校　千葉調理師　東京動物　千葉情報経理　千葉美容　ちば愛犬動物ﾌﾗﾜｰ　東京IT会計法律　ﾊｯﾋﾟｰ製菓調理　鶴舞看護　北原学院千葉歯科衛生　日本工学院　日本自動車大学校　東京医薬　千葉女子　他

就職実績　大網白里市役所　JFEｽﾁｰﾙ　TOTOﾊｲﾘﾋﾞﾝｸﾞ　JA山武郡市　房総信用組合　朋和産業　ﾌｼﾞｯｺ　山崎製ﾊﾟﾝ　昭和産業　米屋　食研　川島屋　敷島製ﾊﾟﾝ　ﾊﾔｼ　高春堂　鴻池運輸　妙中鉱業　和信産業　千葉日産自動車　電洋社　JFE物流　大塚商会　日本郵便　古河機械金属　ALSOK千葉　ﾀｲﾖｰ　勝浦ﾎﾃﾙ三日月　三真　他

部活動　植物工場部・食品化学部・組織培養部(関東農業ｸﾗﾌﾞ大会出場)

九十九里 高等学校

普通科

平成31年3月卒業生　男 60　女 46　計 106

進路種別		男	女	計
４年制大学	国公立	0	0	0
	私立	8	7	15
短期大学	国公立	0	0	0
	私立	1	4	5
専門学校		22	8	30
就職・自営		28	22	50
その他（未定）		1	5	6

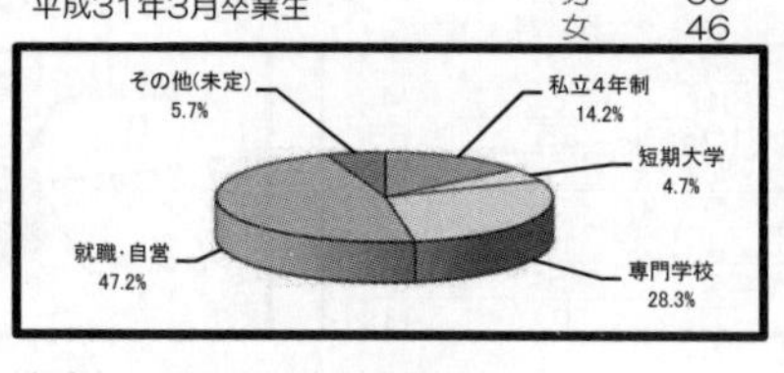

指定校推薦のある大学・学部
日本大
国士舘大
立正大
拓殖大
東京情報大
淑徳大
千葉工業大
千葉商科大
千葉科学大
千葉経済大
流通経済大
和洋女子大
城西大
城西国際大
川村学園女子大
敬愛大
他

進学実績
●４年制大学　日本大1　千葉工業大1　東京情報大2　千葉商科大5　淑徳大1　立正大1　植草学園大2　敬愛大1　開智国際大1
●短期大学　千葉明徳短大　千葉経済大短大部
●専門学校　日本自動車大学校　ｱｲｴｽﾃﾃｨｯｸ　国際理工情報ﾃﾞｻﾞｲﾝ　千葉ﾃﾞｻﾞｲﾅｰ学院　東京自動車大学校　ﾊｯﾋﾟｰ製菓調理　千葉調理師　国際医療福祉　ｼﾞｪｲﾍｱﾒｲｸ　東洋理容美容　千葉ﾘｿﾞｰﾄ&ｽﾎﾟｰﾂ　ﾊﾟﾘ総合美容　桑沢ﾃﾞｻﾞｲﾝ研究所

就職実績　千葉県観光公社　日本郵便　菅原工芸硝子　ｺﾒﾘ　JFE物流　鴨川ｸﾞﾗﾝﾄﾞﾎﾃﾙ　山崎製ﾊﾟﾝ　一幸　JA山武郡市　AOKI　ﾊﾟﾗﾏｳﾝﾄﾍﾞｯﾄﾞ　成田空港警備　洋菓子のﾋﾛﾀ　吉田屋　勝浦ﾎﾃﾙ三日月　そごう・西武　ﾇｰｳﾞｪﾙｺﾞﾙﾌ倶楽部

県立　7学区

長生　高等学校

普通科
理数科

平成３１年３月卒業生　男 179　女 137　計 316

進路種別		男	女	計
４年制大学	国公立	36	28	64
	私立	79	86	165
短期大学	国公立	0	0	0
	私立	0	0	0
専門学校		1	4	5
就職･自営		0	1	1
その他（未定）		63	18	81

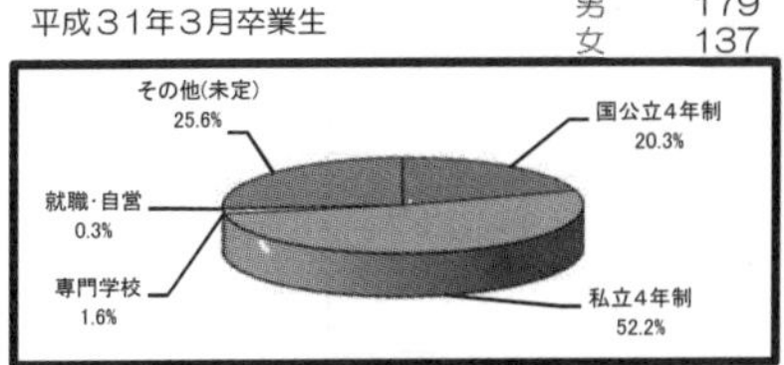

指定校推薦のある大学・学部	
首都大学東京	健康福祉
早稲田大	法・人間科学
早稲田大	創造理工
早稲田大	基幹理工
早稲田大	先進理工
慶応大	理工
東京理科大	理工・経営
明治大	政治経済
立教大	経営・文
立教大	現代心理
青山学院大	文・法・経営
法政大	法・理工
中央大	商・法・国際経営
中央大	理工・国際情報
明治薬科大	薬
東京女子大	現代教養
他	

進学実績
●４年制大学　一橋大1　東京工業大1　東北大1　北海道大1　筑波大1　首都大学東京2　千葉大20　東京海洋大2
電気通信大1　県立保健医療大10　早稲田大7　慶応大3　東京理科大5　明治大7　立教大6　青山学院大4
中央大10　法政大11　学習院大4　津田塾大2

●専門学校　日本医科大看護　日本菓子　日本電子

就職実績　千葉県警
部活動　ｻｲｴﾝｽ部・写真部・美術部(全国大会出場)　弓道部・剣道部・陸上競技部(関東大会出場)

茂原　高等学校

普通科

平成３１年３月卒業生　男 71　女 132　計 203

進路種別		男	女	計
４年制大学	国公立	3	5	8
	私立	42	71	113
短期大学	国公立	0	0	0
	私立	0	9	9
専門学校		7	39	46
就職･自営		10	5	15
その他（未定）		9	3	12

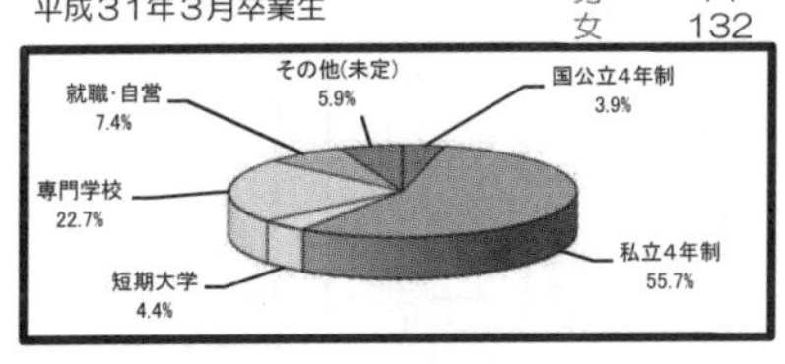

指定校推薦のある大学・学部	
東邦大	理
東洋大	社会
日本大	文理・生産工
立正大	文・社会福祉
立正大	仏教・経済・法
立正大	地球環境科学
千葉工業大	全学部
東京電機大	全学部
文教大	情報
二松学舎大	国際政治経済
実践女子大	全学部
大妻女子大	人間関係
淑徳大	人文・総合福祉
淑徳大	ｺﾐｭﾆﾃｨ政策
淑徳大	看護栄養・経営
他	

進学実績
●４年制大学　千葉大1　東京芸術大1　茨城大2　前橋工科大1　県立保健医療大3　法政大1　明治学院大1　東邦大5
日本大4　東洋大3　駒澤大4　専修大1　獨協大1　東京農業大1　神田外語大6　千葉工業大4
大妻女子大1　淑徳大17　帝京平成大5　城西国際大7
●短期大学　千葉敬愛短大　千葉経済大短大部　昭和学院短大　女子美術大短大部　創価女子短大　東京経営短大
●専門学校　中央医療技術　千葉医療ｾﾝﾀｰ附属看護　青葉看護　千葉中央看護　君津中央病院附属看護　神田外語学院
千葉労災看護　大原簿記公務員　東京IT会計法律　文化服装学院　国際ﾄﾗﾍﾞﾙ･ﾎﾃﾙ･ﾌﾞﾗｲﾀﾞﾙ　他
就職実績　国家公務員　千葉県職員　千葉県警　夷隅郡市広域市町村圏事務組合消防本部　日本郵便　塩田記念病院　他
部活動　射撃部・陸上競技部・美術部(全国大会出場)　ｿﾌﾄﾃﾆｽ部・水泳部(関東大会出場)
他の運動部も県大会で活躍している。特徴のある部活としてﾏﾝﾄﾞﾘﾝ部や箏曲部などもある。

茂原樟陽　高等学校

農業科　土木造園科　電気科
食品科学科　電子機械科　環境化学科

平成３１年３月卒業生　男 146　女 70　計 216

進路種別		男	女	計
４年制大学	国公立	0	0	0
	私立	20	5	25
短期大学	国公立	0	0	0
	私立	0	5	5
専門学校		34	19	53
就職･自営		91	40	131
その他（未定）		1	1	2

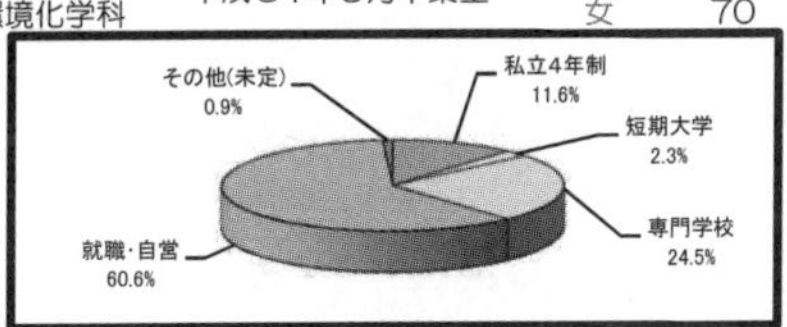

指定校推薦のある大学・学部	
日本大	生産工・工
千葉工業大	全学部
東京情報大	総合情報・看護
和洋女子大	家政
淑徳大	総合福祉・経営
淑徳大	ｺﾐｭﾆﾃｨ政策
千葉科学大	危機管理・薬
清和大	法
麻布大	生命・環境科学
敬愛大	経済・国際
城西国際大	福祉総合
城西国際大	経営情報
城西国際大	国際人文
城西国際大	観光・ﾒﾃﾞｨｱ
植草学園大	発達教育
愛国学園大	人間文化
他	

進学実績
●４年制大学　日本大5　千葉工業大4　国士舘大1　和洋女子大1　大正大1　淑徳大1　千葉経済大3　清和大3　東都大1
城西国際大2　江戸川大1　新潟食料農業大1
●短期大学　千葉敬愛短大　千葉経済大短大部　千葉明徳短大
●専門学校　ﾊｯﾋﾟｰ製菓調理　鯉淵学園農業栄養　ｱｲｴｽﾃﾃｨｯｸ　日本自動車大学校　国際理工情報ﾃﾞｻﾞｲﾝ　千葉ﾃﾞｻﾞｲﾅｰ学院
中央工学校　東京IT会計法律　船橋情報ﾋﾞｼﾞﾈｽ　大原簿記公務員　国際ﾄﾗﾍﾞﾙ･ﾎﾃﾙ･ﾌﾞﾗｲﾀﾞﾙ
就職実績　千葉県職員　千葉県土地改良事業団体連合会　山武郡市広域水道企業団　千葉県警　陸上自衛隊　JFEｽﾁｰﾙ
JFE物流　TOTOﾊｲﾘﾋﾞﾝｸﾞ　ﾃﾞﾝｶ　宇部興産　関電工　双葉電子工業　丸山製作所　丸善石油化学
合同資源　伊勢化学工業　ｼﾞｬﾊﾟﾝﾃﾞｨｽﾌﾟﾚｲ　新生酪農　千葉日産自動車　他
部活動　射撃部(県総体団体8連覇)　畜産部(2018ｾﾝﾄﾗﾙｼﾞｬﾊﾟﾝ全日本ﾎﾙｽﾀｲﾝ共進会最優秀学校賞)

一宮商業　高等学校

商業科
情報処理科

※昨年度データ　男 77　女 80　計 157

進路種別		男	女	計
４年制大学	国公立	0	0	0
	私立	21	12	33
短期大学	国公立	0	0	0
	私立	0	9	9
専門学校		26	22	48
就職･自営		30	36	66
その他（未定）		0	1	1

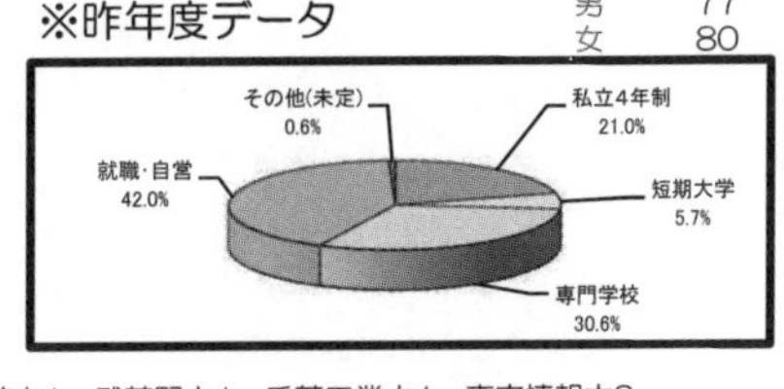

指定校推薦のある大学・学部	
日本大	商
東洋大	経営
国学院大	経済
国士舘大	政経
駒澤大	経済
文教大	情報
千葉商科大	商経・政策情報
千葉商科大	人間社会
東京情報大	総合情報
亜細亜大	経営
淑徳大	総合福祉
桜美林大	ﾘﾍﾞﾗﾙｱｰﾂ
大妻女子大	社会情報
高千穂大	商・経営
多摩大	経営情報
他	

進学実績
●４年制大学　国学院大1　日本大3　駒澤大1　亜細亜大1　国士舘大1　武蔵野大1　千葉工業大1　東京情報大2
城西国際大1　日本女子体育大1　敬愛大2　千葉商科大12　淑徳大3　明海大1　尚美学園大1
●短期大学　昭和学院短大　千葉敬愛短大　千葉経済大短大部　千葉明徳短大　東京経営短大　他
●専門学校　亀田医療技術　青葉看護　千葉医療秘書　東京IT会計法律　大原簿記公務員　大原医療秘書福祉　他

就職実績　JR東日本　京葉銀行　銚子信用金庫　沢井製薬　ちばぎん証券　JFEｽﾁｰﾙ　JR東日本ｽﾃｰｼｮﾝｻｰﾋﾞｽ
JA長生　日本郵便　合同資源　伊勢化学工業　日宝化学　日本天然ｶﾞｽ　塩田病院　塩田記念病院　他
部活動　電算部(全国ﾌﾟﾛｸﾞﾗﾐﾝｸﾞｺﾝﾃｽﾄ･ｱﾌﾟﾘ甲子園出場)　ﾜｰﾌﾟﾛ部(全国ﾜｰﾌﾟﾛ競技大会出場)
女子ﾊﾞｽｹｯﾄﾎﾞｰﾙ部・男子卓球部(関東大会出場)

県立 7学区

大多喜 高等学校

普通科

進路種別		男	女	計
4年制大学	国公立			
	私立			
短期大学	国公立			
	私立			
専門学校				
就職・自営				
その他（未定）				

データなし

大原 高等学校

総合学科

進路種別		男	女	計
4年制大学	国公立	0	0	0
	私立	18	9	27
短期大学	国公立	0	0	0
	私立	2	3	5
専門学校		21	31	52
就職・自営		46	54	100
その他（未定）		4	3	7

※昨年度データ

男 91
女 100
計 191

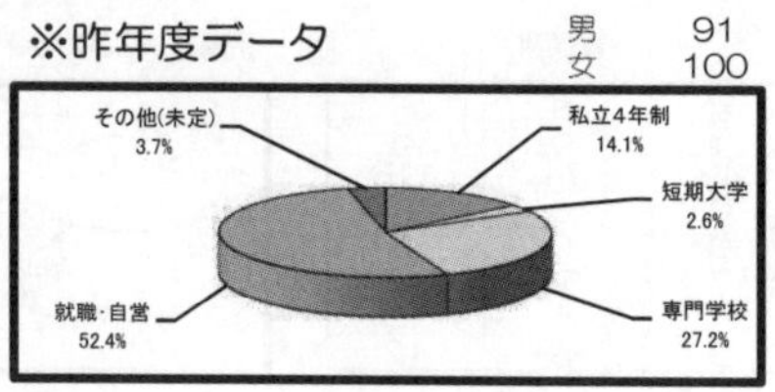

指定校推薦のある大学・学部	
東京農業大	生物産業
日本大	生産工
千葉工業大	工・創造工
千葉工業大	社会ｼｽﾃﾑ科
帝京大	医療技術
実践女子大	文
鎌倉女子大	全学部
麗澤大	経済
山梨学院大	法・現代ﾋﾞｼﾞﾈｽ
淑徳大	総合福祉・人文
淑徳大	看護栄養・経営
淑徳大	ｺﾐｭﾆﾃｨ政策
城西大	経済・経営・薬
城西大	現代政策
明海大	不動産・経済
明海大	外国語
他	

進学実績

●4年制大学　東京農業大　国学院大　東海大　国士舘大　拓殖大　千葉工業大　淑徳大　和洋女子大　亀田医療大　植草学園大　国際武道大　中央学院大　敬愛大　千葉経済大

●短期大学　千葉敬愛短大　千葉明徳短大　植草学園短大

●専門学校　安房医療福祉　県自動車大学校　千葉調理師　千葉美容　東京IT会計法律　県立農業大学校　市原高等技術　亀田医療技術　君津中央病院附属看護　八千代ﾘﾊﾋﾞﾘﾃｰｼｮﾝ学院　東金高等技術　鶴舞看護　大原簿記公務員

就職実績　千葉県職員　夷隅郡市消防本部　JAいすみ　日本郵便　JFEﾌﾟﾗﾝﾄｴﾝｼﾞ　日鉄住金ﾃｯｸｽｴﾝｼﾞ　日鉄住金物流　山崎製ﾊﾟﾝ　大塚商会　ﾒｶﾞﾃｯｸ　亀田総合病院　房総信用組合　朋和産業　山九　佐久間　ｼﾙﾊﾞｰｶﾞｰﾃﾞﾝ　他

部活動　女子柔道部(全国大会個人出場、関東大会団体出場)　女子ﾎﾞｰﾄ部(全国大会個人出場)　男女ﾎｯｹｰ部(関東大会出場)　生物部(県児童生徒科学論文展県知事賞受賞、日本学生科学賞入選3等受賞)

県立 8学区

長狭 高等学校

普通科

進路種別		男	女	計
4年制大学	国公立			
	私立			
短期大学	国公立			
	私立			
専門学校				
就職･自営				
その他（未定）				

データなし

安房拓心 高等学校

総合学科

※昨年度データ

男 77
女 76
計 153

進路種別		男	女	計
4年制大学	国公立	0	0	0
	私立	3	3	6
短期大学	国公立	0	0	0
	私立	0	0	0
専門学校		21	24	45
就職･自営		51	49	100
その他（未定）		2	0	2

その他(未定) 1.3%
私立4年制 3.9%
専門学校 29.4%
就職・自営 65.4%

進学実績
●4年制大学　ものつくり大1　城西国際大3　川村学園女子大1　亀田医療大1
●専門学校　県立農業大学校　東京ｽﾎﾟｰﾂ･ﾚｸﾘｴｰｼｮﾝ　東京IT会計法律　織田きもの　ちば愛犬動物ﾌﾗﾜｰ　千葉医療福祉　亀田医療技術　東京栄養食糧　東洋理容美容　県自動車総合大学校　鯉淵学園農業栄養　東京ｺﾐｭﾆｹｰｼｮﾝｱｰﾄ　東京動物　外語ﾋﾞｼﾞﾈｽ　国際理工情報ﾃﾞｻﾞｲﾝ　千葉こども　国際ﾄﾗﾍﾞﾙ･ﾎﾃﾙ･ﾌﾞﾗｲﾀﾞﾙ　成田航空ﾋﾞｼﾞﾈｽ　他

就職実績　千葉県職員　神奈川県職員　陸上自衛隊　JR東日本　日本郵便　安房郡市広域市町村圏事務組合　新日鐵住金　ﾔﾏﾄ運輸　日本食研ﾎｰﾙﾃﾞｨﾝｸﾞｽ　山九　亀田総合病院　千葉県土地改良事業団体連合会　ﾌｼﾞﾊﾟﾝ　ｴｽﾌｰｽﾞ　ﾘｿﾞｰﾄﾄﾗｽﾄ　勝浦ﾎﾃﾙ三日月　亀田産業　吉澤石灰工業　井上工業　石井工務店　ときわや　東京一番ﾌｰｽﾞ　岡部建設　鴨川ｸﾞﾗﾝﾄﾞﾎﾃﾙ　金太郎ﾎｰﾑ　新ｺｽﾓｽ電機ﾒﾝﾃﾅﾝｽ　津田屋　ﾊﾞﾛｯｸｼﾞｬﾊﾟﾝﾘﾐﾃｯﾄﾞ　朋和産業　他

指定校推薦のある大学・学部	
東京農業大	生物産業
日本大	生産工
亀田医療大	看護
淑徳大	総合福祉･経営
淑徳大	ｺﾐｭﾆﾃｨ政策
東京情報大	総合情報
埼玉工業大	工･人間社会
植草学園大	発達教育
日本文化大	法
南九州大	環境園芸
南九州大	健康栄養
北翔大	生涯ｽﾎﾟｰﾂ
北翔大	教育文化
東京家政学院大	現代生活
愛知工業大	工･経営･情報科
足利工業大	工
他	

安房 高等学校

普通科

平成31年3月卒業生

男 119
女 121
計 240

進路種別		男	女	計
4年制大学	国公立	18	12	30
	私立	56	70	126
短期大学	国公立	0	0	0
	私立	1	5	6
専門学校		12	17	29
就職･自営		14	9	23
その他（未定）		18	8	26

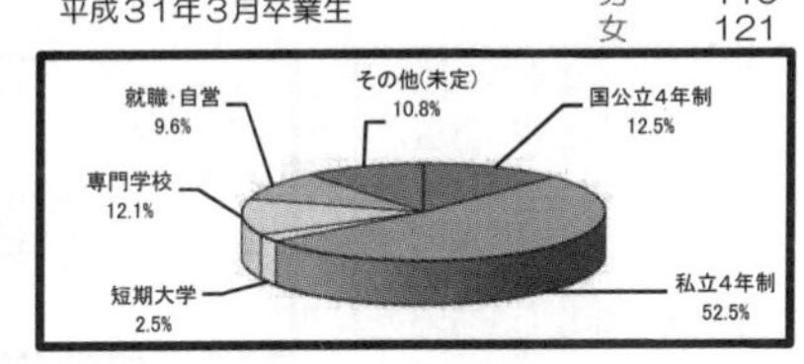

進学実績
●4年制大学　北海道大1　筑波大2　千葉大4　埼玉大1　静岡大1　茨城大7　帯広畜産大1　富山大1　山梨大1　県立保健医療大5　茨城県立医療大1　福島大1　早稲田大3　上智大1　立教大1　明治大2　青山学院大3　中央大2　法政大3　学習院大3
●短期大学　昭和学院短大　聖徳大短大部　駒沢女子短大　戸板女子短大　日本大短大部
●専門学校　安房医療福祉　君津中央病院附属看護　千葉労災看護　二葉看護学院　国際理容美容　東京IT会計法律　大原簿記公務員　千葉医療福祉　千葉こども　尚美ﾐｭｰｼﾞｯｸｶﾚｯｼﾞ　東京ﾃﾞｻﾞｲﾅｰ学院　日本外国語　他
就職実績　国家公務員　千葉県職員　千葉県警　館山市職員　木更津市職員　君津市職員　安房郡市消防本部　自衛官　日本製鉄　JR東日本　日本郵便　坂口電機工業　横浜港湾作業　小林病院　佐々木歯科ｸﾘﾆｯｸ　三平商会　他
部活動　剣道部･陸上競技部(2018年度ｲﾝﾀｰﾊｲ出場)　剣道部･陸上競技部･弓道部(2017年度ｲﾝﾀｰﾊｲ出場)

指定校推薦のある大学・学部	
早稲田大	人間科学
上智大	法
東京理科大	経営･理工
青山学院大	文･法
明治大	法･理工
立教大	文
法政大	文･経済
法政大	情報科学
中央大	文･経済･法･理工
学習院大	文･法･経済
成城大	経済
東邦大	理
武蔵野大	経済
北里大	看護
日本大	法･経済･文理
日本大	生産工･理工
他	

館山総合 高等学校

家政科　工業科
商業科　海洋科

平成31年3月卒業生

男 86
女 58
計 144

進路種別		男	女	計
4年制大学	国公立	0	0	0
	私立	2	2	4
短期大学	国公立	1	0	1
	私立	0	5	5
専門学校		18	9	27
就職･自営		57	36	93
その他（未定）		8	6	14

その他(未定) 9.7%
私立4年制 2.8%
短期大学 4.2%
専門学校 18.8%
就職・自営 64.6%

進学実績
●4年制大学　東京福祉大1　千葉工業大1　千葉商科大1　尚美学園大1
●短期大学　国立清水海上技術短大校　千葉経済大短大部　相模女子大短大部　清和大短大部　杉野服飾大短大部　他
●専門学校　安房医療福祉　ちば愛犬動物ﾌﾗﾜｰ　ﾀｶﾗ美容　ﾍﾞﾙｴﾎﾟｯｸ美容　大原学園　東京IT会計法律　東洋理容美容　東京福祉　市原高等技術

就職実績　亀田総合病院　館山病院　ｴﾋﾞﾊﾗ病院　亀田産業　紀伊乃国屋　西濃運輸　ﾌｼﾞﾊﾟﾝ　寅丸　ﾁﾊﾞｺｰ　JR東日本　JFEﾌﾟﾗﾝﾄｴﾝｼﾞ　東京ｴﾈｼｽ　協生　極洋船舶工業　ﾄﾖﾀｶﾛｰﾗ千葉　千葉県職員
部活動　男子柔道部(県総合体育大会団体ﾍﾞｽﾄ16)　男子ﾊﾞﾚｰﾎﾞｰﾙ部･剣道部(県総合体育大会･県新人大会出場)

指定校推薦のある大学・学部	
日本大	生産工
淑徳大	総合福祉
千葉工業大	工･情報科学
千葉工業大	社会ｼｽﾃﾑ科学
帝京大	理工
千葉商科大	商経
東京福祉大	社会福祉･教育
植草学園大	発達教育
杉野服飾大	服飾
千葉経済大	経済

県立 9学区

君津商業 高等学校

商業科
情報処理科

平成３１年３月卒業生　男 145　女 81　計 226

進路種別		男	女	計
４年制大学	国公立	0	0	0
	私立	19	4	23
短期大学	国公立	0	0	0
	私立	2	2	4
専門学校		42	29	71
就職･自営		78	43	121
その他（未定）		4	3	7

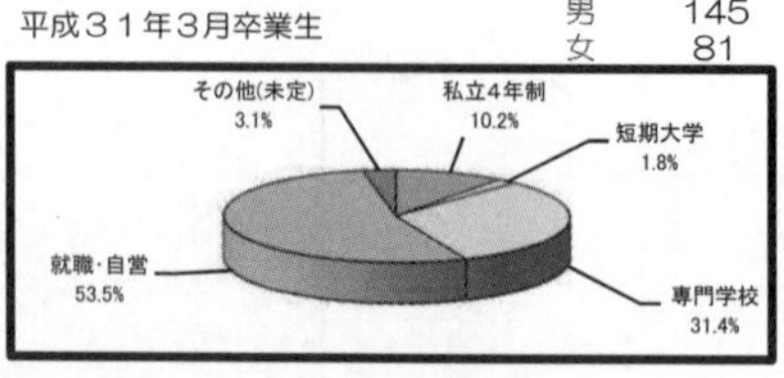

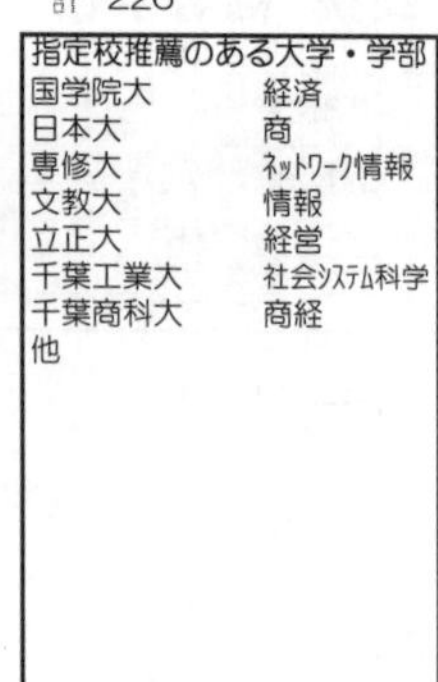
指定校推薦のある大学・学部

国学院大	経済
日本大	商
専修大	ﾈｯﾄﾜｰｸ情報
文教大	情報
立正大	経営
千葉工業大	社会ｼｽﾃﾑ科学
千葉商科大	商経
他	

進学実績
- ●４年制大学　国学院大1　専修大1　日本大1　文教大1　武蔵野大1　立正大1　東京工科大1　東京電機大1　東京福祉大1　帝京平成大1　淑徳大2　明海大1　千葉商科大7　敬愛大2　横浜美術大1
- ●短期大学　千葉職業能力開発短大校　昭和学院短大　城西短大　清和大短大部
- ●専門学校　君津中央病院附属看護　亀田医療技術　千葉医療福祉　文化服装学院　華服飾　武蔵野栄養　千葉調理師

就職実績　日本郵便　日本製鉄　富士石油　丸善石油化学　日本板硝子　日産化学　国際石油開発帝石　吉野石膏　住友重機械ﾓﾀﾞﾝ　片倉ｺｰﾌﾟｱｸﾞﾘ　亀田総合病院　他

部活動　珠算部(全国大会出場)　卓球部･商業研究部(関東大会出場)

天羽 高等学校

普通科

平成３１年３月卒業生　男 50　女 48　計 98

進路種別		男	女	計
４年制大学	国公立	0	0	0
	私立	4	0	4
短期大学	国公立	0	0	0
	私立	0	1	1
専門学校		9	14	23
就職･自営		32	28	60
その他（未定）		5	5	10

指定校推薦のある大学・学部

東京情報大	総合情報･看護
淑徳大	総合福祉･経営
淑徳大	ｺﾐｭﾆﾃｨ政策
植草学園大	発達教育
和洋女子大	人文･家政
清和大	法
城西国際大	ﾒﾃﾞｨｱ
敬愛大	経済･国際
千葉経済大	経済
秀明大	総合経営
秀明大	英語情報ﾏﾈｼﾞﾒﾝﾄ
秀明大	観光ﾋﾞｼﾞﾈｽ
東京成徳大	人文･経営
東京成徳大	応用心理
他	

進学実績
- ●４年制大学　東京成徳大1　千葉経済大1　埼玉工業大1　城西国際大1
- ●短期大学　植草学園短大
- ●専門学校　大原簿記公務員　千葉情報経理　亀田医療技術　木更津看護学院　西武学園医学技術　千葉こども　国際ﾄﾗﾍﾞﾙ･ﾎﾃﾙ･ﾌﾞﾗｲﾀﾞﾙ　ﾊｯﾋﾟｰ製菓調理　千葉美容　ﾊﾟﾘ総合美容　東洋理容美容　ちば愛犬動物ﾌﾗﾜｰ　ｽｶｲ総合ﾍﾟｯﾄ　東京声優ｱｶﾃﾞﾐｰ　東京ｺﾐｭﾆｹｰｼｮﾝｱｰﾄ　東京ｸｰﾙｼﾞｬﾊﾟﾝ　県自動車整備

就職実績　千葉県警　日本郵便　日東交通　館山信用金庫　原田内科小児科医院　さくらｸﾘﾆｯｸ　日鉄ﾃｸﾉﾛｼﾞｰ　日鉄物流君津　山九　日鉄環境　石川金属工業　富士鉄鋼ｾﾝﾀｰ　東邦化学工業　寺田冷機　ｶｽﾔ精工　ﾊﾔｼﾚﾋﾞｯｸ　ｾｺﾑ　航空保安事業ｾﾝﾀｰ　勝浦ﾎﾃﾙ三日月　山崎製ﾊﾟﾝ　風鈴堂　はぎわら病院　他

木更津 高等学校

普通科
理数科

平成３１年３月卒業生　男 152　女 169　計 321

進路種別		男	女	計
４年制大学	国公立	31	26	57
	私立	69	117	186
短期大学	国公立	0	0	0
	私立	0	1	1
専門学校		4	3	7
就職･自営		2	2	4
その他（未定）		46	20	66

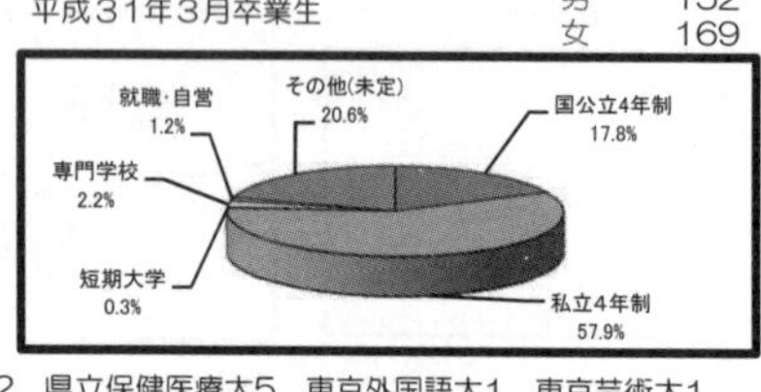

指定校推薦のある大学・学部

慶応大	法
東京理科大	経営･工
東京理科大	基礎工
立教大	文
学習院大	文･経済･理･法
青山学院大	文･経営
中央大	法･理工･文
明治大	政治経済
法政大	理工･情報科学
法政大	生命科学･法
横浜市立大	

進学実績
- ●４年制大学　千葉大18　東北大3　筑波大3　北海道大2　埼玉大2　県立保健医療大5　東京外国語大1　東京芸術大1　東京工業大1　横浜国立大1　大阪大1　東京農工大1　宇都宮大1　防衛大学校1　早稲田大5　慶応大3　上智大2　東京理科大4　明治大8　立教大5　中央大5
- ●短期大学　大妻女子大短大部

就職実績　地方公務員

部活動　地学部(全国総合文化祭自然科学部門･地学部門最優秀賞)　囲碁部(全国大会出場)　水泳部･弓道部･陸上競技部(関東大会出場)　ｼﾞｬｸﾞﾘﾝｸﾞ部、和楽部など珍しい部活もある。

君津 高等学校

普通科

平成３１年３月卒業生　男 132　女 150　計 282

進路種別		男	女	計
４年制大学	国公立	4	3	7
	私立	76	73	149
短期大学	国公立	0	0	0
	私立	0	8	8
専門学校		14	48	62
就職･自営		11	11	22
その他（未定）		27	7	34

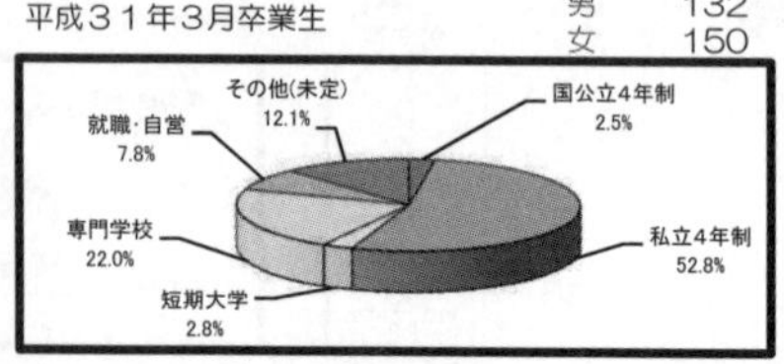

指定校推薦のある大学・学部

東京理科大	理工･基礎工
法政大	経済
関西学院大	法
明治学院大	社会･法
明治学院大	文･経済
東邦大	理･薬
日本大	工･理工
日本大	文理･法
東洋大	生命科学
駒澤大	法
専修大	経済･法
芝浦工業大	ｼｽﾃﾑ理工
東京農業大	生物産業
東京薬科大	薬･生命科学
東京電機大	未来科学
女子栄養大	栄養
他	

進学実績
- ●４年制大学　千葉大2　埼玉大1　信州大1　滋賀大1　県立保健医療大2　東京理科大1　明治大1　青山学院大1　法政大4　関西学院大1　東邦大7　専修大2　東洋大5　日本大15　玉川大2　東京農業大1　神奈川大7　二松学舎大4　東京医科大1　神田外語大8
- ●短期大学　埼玉女子短大　千葉敬愛短大　千葉経済大短大部　共立女子短大　戸板女子短大
- ●専門学校　君津中央病院附属看護　千葉労災看護　亀田医療技術　日本医科大看護　桑沢ﾃﾞｻﾞｲﾝ研究所　文化服装学院　神田外語学院　東京文化美容　服部栄養　大原簿記公務員　東京IT会計法律　他

就職実績　国家一般行政　県学校事務　東京消防庁　君津市職員　木更津市職員　富津市職員　日本製鉄　京葉銀行　他

部活動　水泳部(ｲﾝﾀｰﾊｲ出場)　書道部(全国総合文化祭特別賞受賞)

県立　9学区

木更津東　高等学校

普通科
家政科

平成３１年３月卒業生　女 153　計 153

進路種別		男	女	計
４年制大学	国公立		0	0
	私立		13	13
短期大学	国公立		0	0
	私立		15	15
専門学校			62	62
就職・自営			59	59
その他（未定）			4	4

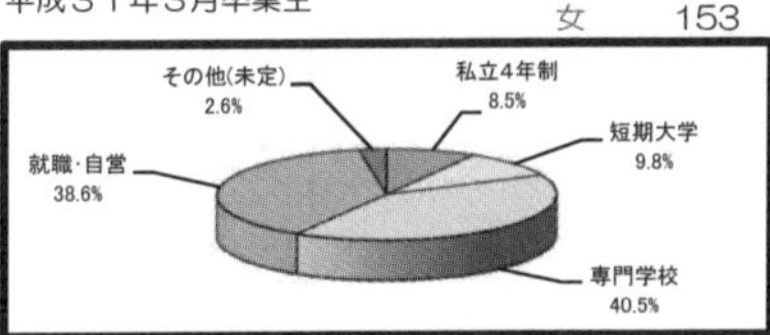

指定校推薦のある大学・学部	
女子栄養大	栄養
大妻女子大	文
実践女子大	文
千葉工業大	工
駒沢女子大	人間総合
拓殖大	外国語
跡見学園女子大	文
千葉商科大	商経
和洋女子大	家政
関東学院大	国際文化
川村学園女子大	文
東京家政学院大	現代生活
杉野服飾大	服飾
他	

進学実績
●４年制大学　大妻女子大1　神田外語大1　城西国際大3　淑徳大1　亀田医療大1　和洋女子大2　植草学園大2　東京工芸大1　千葉経済大1
●短期大学　東京歯科大短大　千葉経済大短大部　東京経営短大　千葉明徳短大　清和大短大部　植草学園短大
●専門学校　亀田医療技術　君津中央病院附属看護　千葉医療福祉　千葉医療ｾﾝﾀｰ附属看護　日本健康医療　神田外語学院　青葉看護　山王看護　千葉中央看護　北原学院千葉歯科衛生　佐伯栄養　千葉調理師　京葉介護福祉　他
就職実績　日本郵便　日本製鉄　山九　小湊鐵道　勝浦ﾎﾃﾙ三日月　亀田総合病院　君津共同火力　ｺﾒﾘ　ｼﾞｰﾕｰ　そごう・西武　ﾄﾖﾀｶﾛｰﾗ千葉　ﾄﾘﾝﾌﾟ･ｲﾝﾀｰﾅｼｮﾅﾙ･ｼﾞｬﾊﾟﾝ　ﾌﾞｰﾏｼﾞｬﾊﾟﾝ　他
部活動　ﾃﾆｽ部・ﾊﾞﾚｰﾎﾞｰﾙ部・ﾊﾞｽｹｯﾄﾎﾞｰﾙ部・卓球部・陸上競技部(県大会出場)　ﾀﾞﾝｽ部、筝曲部、軽音楽部、食物部、語学部、書道部、音楽部、手芸部、写真部

上総　高等学校

普通科
園芸科

平成３１年３月卒業生　男 49　女 26　計 75

進路種別		男	女	計
４年制大学	国公立	0	0	0
	私立	0	1	1
短期大学	国公立	0	0	0
	私立	0	3	3
専門学校		4	1	5
就職・自営		42	16	58
その他（未定）		3	5	8

その他(未定) 10.7%　私立4年制 1.3%　短期大学 4.0%　専門学校 6.7%　就職・自営 77.3%

指定校推薦のある大学・学部	
東京農業大	生物産業
淑徳大	総合福祉・経営
淑徳大	ｺﾐｭﾆﾃｨ政策
東京情報大	総合情報・看護
清和大	法
城西国際大	経営情報・観光
城西国際大	国際人文・ﾒﾃﾞｨｱ
城西国際大	福祉総合
千葉商科大	商経
千葉経済大	経済

進学実績
●４年制大学　淑徳大1
●短期大学　千葉明徳短大　清和大短大部
●専門学校　木更津看護学院　県自動車整備　千葉調理師　服部栄養　ﾊｯﾋﾟｰ製菓調理

就職実績　自衛隊　JAきみつ　JA木更津市　日鉄ﾃｸﾉﾛｼﾞｰ　日鉄環境　日鉄ﾃｯｸｽｴﾝｼﾞ　山九　ｱｲﾃｯｸ　黒崎播磨　君津とまとｶﾞｰﾃﾞﾝ　木更津病院　一幸　ｱｰﾄｺｰﾎﾟﾚｰｼｮﾝ　ﾀｲﾍｲ　鴨川ｼｰﾜｰﾙﾄﾞ　ｲｴﾛｰﾊｯﾄ　ﾌｼﾞﾌｰｽﾞ

君津青葉　高等学校

総合学科

平成３１年３月卒業生　男 56　女 45　計 101

進路種別		男	女	計
４年制大学	国公立	0	0	0
	私立	1	0	1
短期大学	国公立	0	0	0
	私立	0	1	1
専門学校		7	6	13
就職・自営		46	35	81
その他（未定）		2	3	5

その他(未定) 5.0%　私立4年制 1.0%　短期大学 1.0%　専門学校 12.9%　就職・自営 80.2%

指定校推薦のある大学・学部	
日本大	生産工
千葉商科大	商経・政策情報
千葉商科大	ｻｰﾋﾞｽ創造
千葉商科大	人間社会
東京情報大	総合情報
敬愛大	経済・国際
千葉経済大	経済
清和大	法
和洋女子大	人文・家政
城西国際大	福祉総合
城西国際大	環境社会
城西国際大	経営情報
淑徳大	総合福祉
淑徳大	経営・人文
他	

進学実績
●４年制大学　鶴見大1
●短期大学　昭和学院短大
●専門学校　君津中央病院附属看護　千葉医療福祉　国際理工情報ﾃﾞｻﾞｲﾝ　ちば愛犬動物ﾌﾗﾜｰ　千葉こども　船橋情報ﾋﾞｼﾞﾈｽ

就職実績　ﾌｼﾞﾊﾟﾝ　はぎわら病院　日本郵便　日鉄物流君津　日産化学　ｶｽﾔ精工　ﾏｻﾞｰ牧場　千葉県森林組合　日本金属　吉川工業

袖ヶ浦　高等学校

普通科
情報ｺﾐｭﾆｹｰｼｮﾝ科

平成３１年３月卒業生　男 130　女 152　計 282

進路種別		男	女	計
４年制大学	国公立	0	0	0
	私立	56	46	102
短期大学	国公立	0	0	0
	私立	0	22	22
専門学校		34	61	95
就職・自営		31	22	53
その他（未定）		9	1	10

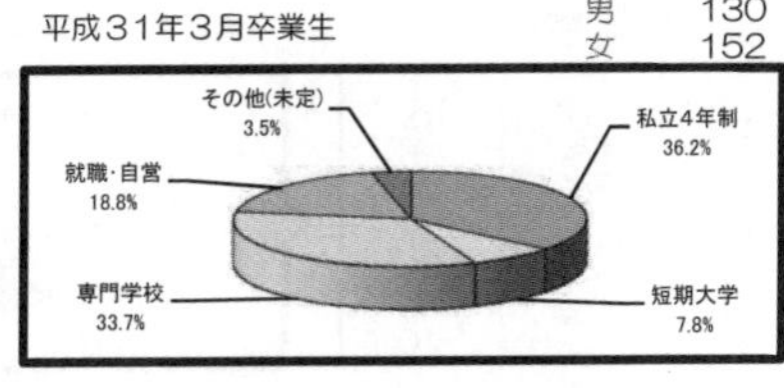

指定校推薦のある大学・学部	
法政大	ｷｬﾘｱﾃﾞｻﾞｲﾝ
東邦大	理
日本大	文理・生産工
東洋大	文・法
二松学舎大	文・国際政治経済
国士舘大	理工・法
千葉工業大	工・社会ｼｽﾃﾑ科学
千葉工業大	創造工・情報科学
東京電機大	ｼｽﾃﾑﾃﾞｻﾞｲﾝ工
東京電機大	工・理工
東京農業大	生物産業
大妻女子大	文・人間関係
神奈川大	法・経済・工
神奈川大	外国語・理
千葉商科大	全学部
東京医療保健大	千葉看護
他	

進学実績
●４年制大学　法政大1　北里大1　専修大2　東洋大1　大妻女子大4　共立女子大1　和洋女子大10　二松学舎大1　国士舘大2　国際医療福祉大1　日本大9　千葉工業大10　神奈川大3　関東学院大1　敬愛大5　淑徳大7　千葉経済大3　千葉商科大7　東京聖栄大1　立正大7
●短期大学　大妻女子大短大部　共立女子短大　実践女子大短大部　千葉敬愛短大　昭和学院短大　戸板女子短大　他
●専門学校　千葉医療ｾﾝﾀｰ附属看護　鶴舞看護　青葉看護　千葉中央看護　君津中央病院附属看護　千葉医療福祉　千葉労災看護　昭和医療技術　国際ﾄﾗﾍﾞﾙ・ﾎﾃﾙ・ﾌﾞﾗｲﾀﾞﾙ　県自動車整備　東京IT会計法律　千葉調理師　他
就職実績　千葉県職員　千葉県警　袖ヶ浦市役所　木更津市役所　富津市役所　袖ヶ浦市消防本部　日本製鉄　ﾌｼﾞﾌｰｽﾞ　JR東日本　丸善石油化学　日鉄ﾋﾞｼﾞﾈｽｻｰﾋﾞｽ千葉　日鉄ﾃｸﾉﾛｼﾞｰ　ｲｵﾝﾘﾃｰﾙ　富士臨海　勝浦ﾎﾃﾙ三日月　他
部活動　ﾊﾞｽｹｯﾄﾎﾞｰﾙ部、剣道部、ｿﾌﾄﾃﾆｽ部、野球部、陸上競技部、書道部、茶道部、美術部、音楽部、吹奏楽部　他

県立　9学区

市原　高等学校

普通科
園芸科

進路種別		男	女	計
４年制大学	国公立			
	私立			
短期大学	国公立			
	私立			
専門学校				
就職･自営				
その他（未定）				

データなし

京葉　高等学校

普通科　　平成31年３月卒業生　　男 87　女 74　計 161

進路種別		男	女	計
４年制大学	国公立	0	0	0
	私立	20	15	35
短期大学	国公立	0	0	0
	私立	0	9	9
専門学校		36	33	69
就職･自営		27	17	44
その他（未定）		4	0	4

その他(未定) 2.5%
私立4年制 21.7%
短期大学 5.6%
専門学校 42.9%
就職・自営 27.3%

進学実績
- ●４年制大学　順天堂大1　神田外語大1　二松学舎大1　東京情報大3　千葉商科大4　亀田医療大1　淑徳大5　秀明大2　和洋女子大1　城西国際大1　帝京平成大1　聖徳大1　千葉経済大2　駿河台大1　麗澤大1　福井工業大1　他
- ●短期大学　千葉経済大短大部　千葉敬愛短大　昭和学院短大　植草学園短大
- ●専門学校　ｱｲｴｽﾃｨｯｸ　大原簿記公務員　国際理工情報ﾃﾞｻﾞｲﾝ　日本ｳｪﾙﾈｽｽﾎﾟｰﾂ　国際ﾄﾗﾍﾞﾙ･ﾎﾃﾙ･ﾌﾞﾗｲﾀﾞﾙ　千葉こども　千葉医療秘書　千葉調理師　東放学園　東洋理容美容　日本工学院　東関東馬事　ﾊｯﾋﾟｰ製菓調理　他

就職実績　日本郵便　ﾃﾞﾝｶ　山九　ｺｽﾓ石油　京成電鉄　丸善石油化学　JA市原市　千葉ﾒﾃﾞｨｶﾙｾﾝﾀｰ　銚子市漁業協同組合　JR東海ﾊﾟｯｾﾝｼﾞｬｰｽﾞ　日陸　東急ﾘｿﾞｰﾄｻｰﾋﾞｽ　ｺｽﾓﾍﾟﾄﾛｻｰﾋﾞｽ　ﾐｽﾞﾚｯｸ　ﾆﾁｱｽ　ﾃﾞﾝｶﾎﾟﾘﾏｰ　他

部活動　剣道部(国民体育大会出場)　ｱｰﾁｪﾘｰ部(全国ｱｰﾁｪﾘｰ選抜大会出場)　囲碁部(関東選手権出場)

指定校推薦のある大学・学部
日本大
二松学舎大
千葉工業大
東京情報大
拓殖大
千葉商科大
亀田医療大
帝京平成大
敬愛大
千葉経済大
秀明大
東京電機大
淑徳大
和洋女子大
植草学園大
明海大
他

市原緑　高等学校

普通科　　平成31年３月卒業生　　男 53　女 58　計 111

進路種別		男	女	計
４年制大学	国公立	0	0	0
	私立	2	6	8
短期大学	国公立	0	0	0
	私立	0	4	4
専門学校		13	17	30
就職･自営		31	26	57
その他（未定）		7	5	12

その他(未定) 10.8%
私立4年制 7.2%
短期大学 3.6%
専門学校 27.0%
就職・自営 51.4%

進学実績
- ●４年制大学　淑徳大2　城西国際大1　東京情報大1　中央学院大1　千葉経済大3
- ●短期大学　千葉経済大短大部　千葉明徳短大
- ●専門学校　市原高等技術　国際理工情報ﾃﾞｻﾞｲﾝ　中央工学校　千葉中央看護　ｱｲｴｽﾃｨｯｸ　東京ｽｸｰﾙｵﾌﾞﾐｭｰｼﾞｯｸ&ﾀﾞﾝｽ　ﾊﾟﾘ総合美容　ﾕﾆﾊﾞｰｻﾙﾋﾞｭｰﾃｨｰｶﾚｯｼﾞ　東京総合美容　大原医療秘書福祉　国際ﾄﾗﾍﾞﾙ･ﾎﾃﾙ･ﾌﾞﾗｲﾀﾞﾙ　東放学園　東京YMCA国際ﾎﾃﾙ　成田つくば航空　東京IT会計法律　ちば愛犬動物ﾌﾗﾜｰ　東京ｽﾎﾟｰﾂ･ﾚｸﾘｴｰｼｮﾝ　他

就職実績　陸上自衛隊　千葉県警　市原市消防局　日本製鉄　日鉄ﾃｸﾉﾛｼﾞｰ　JFEﾌﾟﾗﾝﾄｴﾝｼﾞ　辰巳病院　清流園　山口病院　JA市原市　親和ﾊﾟｯｹｰｼﾞ　ﾒｶﾞﾃｯｸ　山九　出光ﾌﾟﾗﾝﾃｯｸ千葉　三島光産　楠原輸送　日本板硝子ﾋﾞﾙﾃﾞｨﾝｸﾞﾌﾟﾛﾀﾞｸﾂ　日本貨物鉄道　ｺｽﾓﾍﾟﾄﾛｻｰﾋﾞｽ　他

指定校推薦のある大学・学部	
千葉工業大	工･社会ｼｽﾃﾑ科学
帝京平成大	現代ﾗｲﾌ
帝京平成大	健康ﾒﾃﾞｨｶﾙ
帝京平成大	健康医療ｽﾎﾟｰﾂ
淑徳大	総合福祉･経営
淑徳大	ｺﾐｭﾆﾃｨ政策
明海大	外国語･経済
明海大	不動産
城西国際大	福祉総合･ﾒﾃﾞｨｱ
城西国際大	経営情報･観光
城西国際大	国際人文
城西国際大	環境社会
千葉商科大	商経･政策情報
千葉商科大	ｻｰﾋﾞｽ創造
東京情報大	総合情報
中央学院大	全学部
他	

姉崎　高等学校

普通科　　平成31年３月卒業生　　男 77　女 74　計 151

進路種別		男	女	計
４年制大学	国公立	0	0	0
	私立	19	6	25
短期大学	国公立	0	0	0
	私立	0	5	5
専門学校		22	36	58
就職･自営		31	22	53
その他（未定）		5	5	10

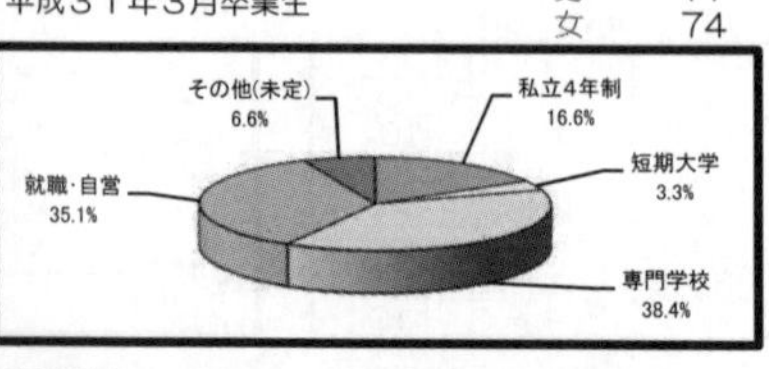

進学実績
- ●４年制大学　順天堂大1　千葉工業大3　二松学舎大1　淑徳大1　国際武道大2　明海大1　城西国際大2　千葉商科大8　聖徳大1　和洋女子大1　植草学園大1　千葉経済大1　敬愛大2
- ●短期大学　千葉敬愛短大　千葉経済大短大部　聖徳大短大部　千葉明徳短大
- ●専門学校　亀田医療技術　北原学院千葉歯科衛生　千葉医療福祉　鶴舞看護　千葉情報経理　日本電子　東京医学技術　国際理工情報ﾃﾞｻﾞｲﾝ　県自動車整備　東京柔道整復　東京ﾒﾃﾞｨｶﾙ･ｽﾎﾟｰﾂ　日本工学院　船橋情報ﾋﾞｼﾞﾈｽ　他

就職実績　日産ﾌﾟﾘﾝｽ千葉販売　ｻﾞ･ｶﾝﾄﾘｰｸﾗﾌﾞ･ｼﾞｬﾊﾟﾝ　日本製鉄　出光ﾌﾟﾗﾝﾃｯｸ千葉　東ﾚ･ﾀﾞｳｺｰﾆﾝｸﾞ　ｶｽﾔ精工　ﾃﾞﾝｶ　丸善石油化学　古河電気工業　AGC　不二ﾗｲﾄﾒﾀﾙ　日本郵便　山九　ﾄﾖﾀｶﾛｰﾗ千葉　日鉄建材　ｼﾝﾃﾞﾝ　他

部活動　陸上競技部(ｲﾝﾀｰﾊｲ･関東選手権大会･全国選抜大会出場)　写真部(関東地区高等学校写真展奨励賞)　書道部(全日本高校･大学生書道展優秀賞)　他

指定校推薦のある大学・学部	
日本大	国際関係
千葉工業大	先進工･創造工
千葉工業大	社会ｼｽﾃﾑ科学･工
東京工科大	ﾒﾃﾞｨｱ･工
東京工科大	応用生物
日本薬科大	薬
東京情報大	看護･総合情報
淑徳大	総合福祉･経営
淑徳大	ｺﾐｭﾆﾃｨ政策
明海大	外国語
城西国際大	福祉総合･観光
城西国際大	経営情報･ﾒﾃﾞｨｱ
城西国際大	国際人文
和洋女子大	人文･家政
東京福祉大	全学部
清和大	法
他	

県立　9学区

市原八幡　高等学校

普通科　　平成３１年３月卒業生　　男 96　女 133　計 229

進路種別		男	女	計
４年制大学	国公立	0	0	0
	私立	53	28	81
短期大学	国公立	0	0	0
	私立	0	24	24
専門学校		27	58	85
就職･自営		8	17	25
その他（未定）		8	6	14

進学実績

●４年制大学　東京理科大1　日本大3　武蔵野大2　神田外語大1　二松学舎大1　大東文化大1　立正大3　大正大1　千葉工業大11　麗澤大3　千葉商科大8　淑徳大5　帝京平成大4　東京工科大3　敬愛大7　明海大7　和洋女子大6　流通経済大2　城西国際大2　秀明大1

●短期大学　共立女子短大　昭和学院短大　植草学園短大　千葉敬愛短大　千葉経済大短大部

●専門学校　千葉医療ｾﾝﾀｰ附属看護　青葉看護　千葉労災看護　千葉中央看護　君津中央病院附属看護　国際医療福祉　鶴舞看護　北原学院千葉歯科衛生　大原簿記公務員　国際ﾄﾗﾍﾞﾙ･ﾎﾃﾙ･ﾌﾞﾗｲﾀﾞﾙ　東洋理容美容　神田外語学院　ちば愛犬動物ﾌﾗﾜｰ　船橋情報ﾋﾞｼﾞﾈｽ　県自動車大学校　文化服装学院　東京栄養食糧　御茶の水美術　他

就職実績　不二ｻｯｼ　ﾄﾖﾀｶﾛｰﾗ千葉　古河電気工業　三菱製鋼　日本曹達　JFEｽﾁｰﾙ　前田製作所　せんどう　山九　他

部活動　囲碁･将棋部･理科部(全国大会出場)

指定校推薦のある大学・学部	
日本大	理工･生産工
東京農業大	生物産業
二松学舎大	文
東京電機大	理工
大東文化大	外国語
立正大	文･法
千葉工業大	全学部
千葉商科大	全学部
淑徳大	全学部
敬愛大	経済･国際
千葉経済大	経済
和洋女子大	全学部
麗澤大	経済
明海大	全学部
中央学院大	全学部
産業能率大	情報ﾏﾈｼﾞﾒﾝﾄ
他	

市立

市立千葉　高等学校

普通科
理数科

平成３１年３月卒業生　男 147　女 169　計 316

進路種別		男	女	計
４年制大学	国公立	24	25	49
	私立	61	110	171
短期大学	国公立	0	0	0
	私立	1	2	3
専門学校		1	3	4
就職･自営		0	0	0
その他（未定）		60	29	89

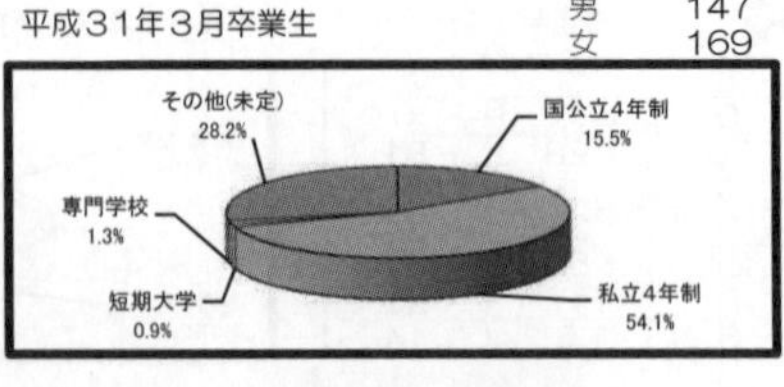

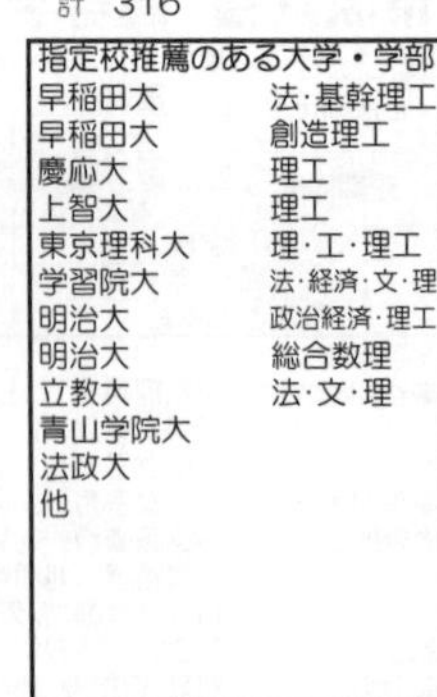

指定校推薦のある大学・学部	
早稲田大	法･基幹理工
早稲田大	創造理工
慶応大	理工
上智大	理工
東京理科大	理･工･理工
学習院大	法･経済･文･理
明治大	政治経済･理工
明治大	総合数理
立教大	法･文･理
青山学院大	
法政大	
他	

進学実績

●４年制大学　東京大1　北海道大3　東北大1　筑波大2　千葉大15　横浜国立大2　首都大学東京2　茨城大5
早稲田大12　慶応大5　上智大2　東京理科大6　学習院大5　明治大13　立教大10　法政大14
青山学院大4　日本大18　東洋大10

●短期大学　日本大短大部　他

●専門学校　千葉医療ｾﾝﾀｰ附属看護　他

部活動　水泳部(全国大会･関東大会個人出場)　男子ﾊﾞﾄﾞﾐﾝﾄﾝ部(県大会ﾍﾞｽﾄ4)
吹奏楽部、書道部、文学部

市立稲毛　高等学校

普通科
国際教養科

平成３１年３月卒業生　男 136　女 185　計 321

進路種別		男	女	計
４年制大学	国公立	18	13	31
	私立	88	149	237
短期大学	国公立	0	0	0
	私立	0	3	3
専門学校		1	2	3
就職･自営		0	0	0
その他（未定）		29	18	47

専門学校 0.9%　その他(未定) 14.6%　国公立4年制 9.7%　短期大学 0.9%　私立4年制 73.8%

指定校推薦のある大学・学部	
早稲田大	文化構想･法
早稲田大	国際教養
東京理科大	理工･基礎工･経営
学習院大	全学部
明治大	政治経済
明治大	総合数理
青山学院大	教育人間科学
青山学院大	経営･社会情報
青山学院大	総合文化政策･文
立教大	文･法･経営
立教大	現代心理
中央大	経済･理工
中央大	国際経営
法政大	GIS･情報科学
成蹊大	経済･法
成城大	社会ｲﾉﾍﾞｰｼｮﾝ
他	

進学実績

●４年制大学　一橋大1　東北大1　東京外国語大1　東京学芸大1　電気通信大1　東京海洋大1　東京農工大1　北海道大2
千葉大17　埼玉大1　群馬大1　県立保健医療大3　早稲田大15　慶応大1　東京理科大3　上智大11
明治大23　立教大16　青山学院大10　中央大8　法政大3　学習院大3　津田塾大4

●短期大学　共立女子短大　新渡戸文化短大　昭和学院短大

●専門学校　東京ｱﾆﾒｰﾀｰ学院　船橋情報ﾋﾞｼﾞﾈｽ　ﾋｭｰﾏﾝ国際大学機構

部活動　ﾖｯﾄ部(国体2位)　ESS部(全国高校生ﾃﾞｨﾍﾞｰﾄ大会3位)　ﾀﾞﾝｽﾄﾞﾘﾙ部･放送部(全国大会出場)
運動系部活動は、ほとんどがﾌﾞﾛｯｸ大会を勝ち抜き、県大会ﾚﾍﾞﾙで活躍している。
文化系部活動を含め部活動数が多く、選択肢が幅広い。

市立習志野　高等学校

普通科
商業科

平成３１年３月卒業生　男 167　女 147　計 314

進路種別		男	女	計
４年制大学	国公立	1	0	1
	私立	120	87	207
短期大学	国公立	0	0	0
	私立	0	7	7
専門学校		25	45	70
就職･自営		11	6	17
その他（未定）		10	2	12

その他(未定) 3.8%　国公立4年制 0.3%　就職･自営 5.4%　専門学校 22.3%　短期大学 2.2%　私立4年制 65.9%

指定校推薦のある大学・学部	
学習院大	法
明治学院大	社会
東邦大	理
日本大	理工･経済･文理
日本大	法･商･生産工
駒澤大	経済
武蔵野大	ｸﾞﾛｰﾊﾞﾙ･文
武蔵野大	法･経済･工
武蔵野大	人間科学
武蔵大	経済
東京家政学院大	現代生活
東京家政学院大	人間栄養
日本体育大	ｽﾎﾟｰﾂﾏﾈｼﾞﾒﾝﾄ

進学実績

●４年制大学　立教大1　学習院大1　東邦大3　東洋大3　専修大3　明治学院大2　順天堂大1　神田外語大3
二松学舎大2　千葉工業大5　東京農業大2　大妻女子大3　亜細亜大5　東京家政大1　女子美術大2
国際医療福祉大2　淑徳大6　工学院大1　昭和女子大1　秀明大1　他

●短期大学　大妻女子大短大部　上智大短大部　聖徳大短大部　共立女子短大　千葉経済大短大部　他

●専門学校　青山製図　大原簿記公務員医療情報ﾋﾞｼﾞﾈｽ　慈恵柏看護　船橋市立看護　日本外国語　他

就職実績　ｲｵﾝﾘﾃｰﾙ　ｷﾕｰﾋﾟｰﾀﾏｺﾞ　日本製鉄　南信重機興業　日本郵便　ﾔﾏﾄ運輸　千葉ﾛｯﾃﾏﾘｰﾝｽﾞ

部活動　ｻｯｶｰ部･男子ﾊﾞﾚｰﾎﾞｰﾙ部･ﾎﾞｸｼﾝｸﾞ部･柔道部･体操競技部(ｲﾝﾀｰﾊｲ出場)　硬式野球部(第91回選抜野球大会出場)
吹奏楽部は毎年のように吹奏楽ｺﾝｸｰﾙやﾏｰﾁﾝｸﾞｺﾝﾃｽﾄなどで輝かしい実績を残している。

市立船橋　高等学校

普通科　体育科
商業科

平成３１年３月卒業生　男 206　女 196　計 402

進路種別		男	女	計
４年制大学	国公立	2	1	3
	私立	150	84	234
短期大学	国公立	0	0	0
	私立	0	22	22
専門学校		28	70	98
就職･自営		18	17	35
その他（未定）		8	2	10

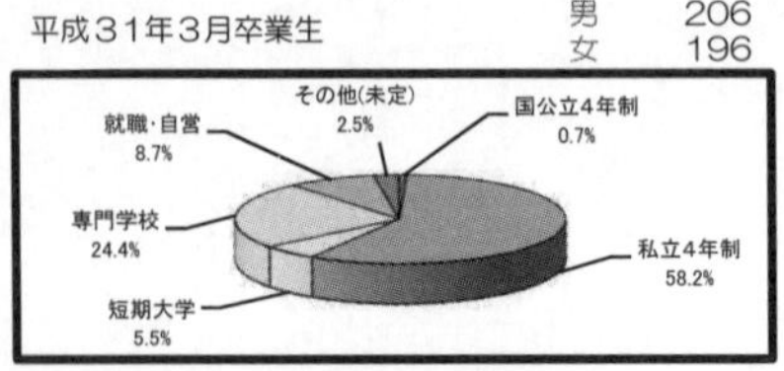

指定校推薦のある大学・学部	
立教大	ｺﾐｭﾆﾃｨ福祉
法政大	経営･法
日本大	国際関係･商
日本大	生産工･理工
日本大	ｽﾎﾟｰﾂ科学
東洋大	経済･経営･文
東洋大	社会･国際
駒澤大	経済･法
国学院大	人間開発
神田外語大	外国語
帝京大	医療技術･経済
亜細亜大	経営･法
亜細亜大	国際関係
国士舘大	21世紀ｱｼﾞｱ
国士舘大	政経･理工
敬愛大	国際･経済
他	

進学実績

●４年制大学　筑波大1　東京学芸大1　鹿屋体育大1　早稲田大4　立教大2　法政大2　中央大2　東邦大3
東京農業大4　日本大10　東洋大11　駒澤大4　専修大2　国士舘大9　神田外語大1　順天堂大3
近畿大1　亜細亜大2　日本体育大1　東海大3

●短期大学　浦和大短大部　大妻女子大短大部　共立女子短大　千葉敬愛短大　千葉経済大短大部　戸板女子短大　他

●専門学校　ｲﾑｽ横浜国際看護　慈恵柏看護　青葉看護　船橋市立看護　二葉看護学院　亀田医療技術　神田外語学院
ｱｲｴｽﾃﾃｨｯｸ　大原簿記公務員　織田製菓　県自動車大学校　東京医薬　東京工学院　東京文化ﾌﾞﾗｲﾀﾞﾙ　他

就職実績　千葉ﾄﾖﾀ自動車　日本製鉄　東武百貨店　ｲﾄｰﾖｰｶ堂　JR東海　東京ﾒﾄﾛ　東京ﾍﾞｲ信用金庫　日本郵便　原田　他

部活動　体操部(全国大会団体優勝)　ｻｯｶｰ部(全国大会2回戦敗退)　ﾊﾞｽｹｯﾄﾎﾞｰﾙ部(全国大会出場)
男女ﾊﾞﾚｰﾎﾞｰﾙ部(全国大会決勝ﾄｰﾅﾒﾝﾄ1回戦敗退)　吹奏楽部(東関東吹奏楽ｺﾝｸｰﾙ銀賞)

市立・国立高専

市立松戸　高等学校

普通科
国際人文科

平成３１年３月卒業生　男 177　女 186　計 363

進路種別		男	女	計
４年制大学	国公立	0	0	0
	私立	115	84	199
短期大学	国公立	0	0	0
	私立	1	19	20
専門学校		43	69	112
就職･自営		2	10	12
その他（未定）		16	4	20

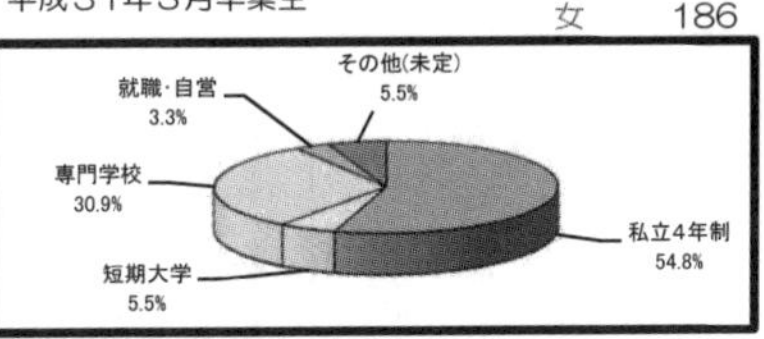

指定校推薦のある大学・学部
東京理科大
学習院大
日本大
東洋大
駒澤大
国士舘大
千葉工業大
二松学舎大
文教大
拓殖大
立正大
亜細亜大
東京電機大
工学院大
大東文化大
玉川大
他

進学実績
●４年制大学　東京理科大1　学習院大1　法政大1　武蔵大1　日本大8　駒澤大2　国士舘大4　獨協大1　拓殖大7　千葉工業大12　東京農業大1　東京電機大3　二松学舎大1　神田外語大6　文教大4　立正大2　亜細亜大4　順天堂大2　大正大1　大東文化大2　東海大1　帝京大2　玉川大1　千葉商科大10　神奈川大1　他
●短期大学　大妻女子大短大部　共立女子短大　実践女子大短大部　淑徳大短大部　貞静学園短大　戸板女子短大　他
●専門学校　野田看護　慈恵柏看護　松戸市立総合医療ｾﾝﾀｰ附属看護　国際ﾄﾗﾍﾞﾙ･ﾎﾃﾙ･ﾌﾞﾗｲﾀﾞﾙ　竹早教員保育士養成所　国際理容美容　駿台外語&ﾋﾞｼﾞﾈｽ　ﾄﾖﾀ東京自動車大学校　武蔵野調理師　東洋美術　神田外語学院　他
就職実績　東京消防庁　千葉県警　ｲﾄｰﾖｰｶ堂　今半　ｱｰﾊﾞﾝｾｷｭﾘﾃｨ　ｼﾏﾀﾞﾔ関東　瀬里奈　東京千住青果　ﾏﾘｰｸﾜﾝﾄｺｽﾒﾁｯｸｽ
部活動　弓道部･陸上競技部(全国総体出場)　美術部(全国総合文化祭出展)　書道部(高野山競書大会･全国競書大会入賞)　吹奏楽部(東関東ｺﾝｸｰﾙ金賞)　合唱部(関東ｺﾝｸｰﾙ金賞)　女子ｻｯｶｰ部(県大会ﾍﾞｽﾄ8)　他

市立柏　高等学校

普通科
スポーツ科学科

平成３１年３月卒業生　男 157　女 159　計 316

進路種別		男	女	計
４年制大学	国公立	0	0	0
	私立	88	53	141
短期大学	国公立	0	0	0
	私立	1	13	14
専門学校		37	72	109
就職･自営		24	19	43
その他（未定）		7	2	9

その他(未定) 2.8%
就職･自営 13.6%
私立４年制 44.6%
専門学校 34.5%
短期大学 4.4%

指定校推薦のある大学・学部

大学	学部
学習院大	経済
武蔵大	経済
日本大	生産工
東洋大	法･ﾗｲﾌﾃﾞｻﾞｲﾝ
獨協大	経済･国際教養
国士舘大	法･理工
千葉工業大	社会ｼｽﾃﾑ科学
玉川大	教育
拓殖大	商･政経
亜細亜大	経営
二松学舎大	文
麗澤大	外国語
共栄大	教育
和洋女子大	家政
産業能率大	経営
産業能率大	情報ﾏﾈｼﾞﾒﾝﾄ

進学実績
●４年制大学　東京理科大1　学習院大1　立命館大1　武蔵大2　獨協大2　東洋大4　日本大2　拓殖大3　玉川大3　順天堂大1　千葉工業大5　帝京大1　東京電機大1　文教大2　亜細亜大4　大妻女子大2　神田外語大3　立正大3　淑徳大5　千葉科学大1
●短期大学　大妻女子大短大部　国学院大北海道短大部　女子栄養大短大部　川口短大　埼玉東萌短大　千葉敬愛短大
●専門学校　慈恵柏看護　東葛看護　日本大医学部附属看護　日本工学院　日本電子　神田外語学院
就職実績　千葉県警　柏市消防局　陸上自衛隊　東京ﾍﾞｲ信用金庫　高島屋　JR東日本ｽﾃｰｼｮﾝｻｰﾋﾞｽ　日立物流首都圏　他
部活動　吹奏楽部(全日本高校吹奏楽大会優勝･文部科学大臣賞)　ｿﾌﾄﾃﾆｽ部(全国総体出場)　女子ﾊﾞｽｹｯﾄﾎﾞｰﾙ部･女子ﾊﾞﾚｰﾎﾞｰﾙ部･剣道部(関東大会出場)　他

市立銚子　高等学校

普通科
理数科

進路種別		男	女	計
４年制大学	国公立			
	私立			
短期大学	国公立			
	私立			
専門学校				
就職･自営				
その他				

データなし

木更津工業高等専門学校

機械工学科　電子制御工学科　情報工学科
電気電子工学科　環境都市工学科

平成３１年３月卒業生　男 153　女 34　計 187

進路種別		男	女	計
４年制大学	国公立			32
	私立			6
高専専攻科		28	2	30
専門学校		0	0	0
就職･自営		88	25	113
その他（未定）		5	1	6

その他(未定) 3.2%
国公立４年制 17.1%
私立４年制 3.2%
専攻科 16.0%
就職･自営 60.4%

進学実績
●４年制大学　千葉大3　東京農工大1　長岡技術科学大11　豊橋技術科学大7　電気通信大1　茨城大1　九州工業大1　山梨大1　信州大2　佐賀大1　三重大1　室蘭工業大1　新潟大1　同志社大1　日本大2　千葉工業大2　大阪産業大1

就職実績　出光興産　JR東海　NTT東日本-南関東　ｻﾝﾄﾘｰﾌﾟﾛﾀﾞｸﾂ　SUBARU　ANAﾗｲﾝﾒﾝﾃﾅﾝｽﾃｸﾆｸｽ　MBM　ﾒﾝﾊﾞｰｽﾞ　資生堂　朋栄　黒田精工　日本ｵｰﾁｽ･ｴﾚﾍﾞｰﾀ　JNC石油化学　JR東日本ｺﾝｻﾙﾀﾝﾂ　ｷﾔﾉﾝﾒﾃﾞｨｶﾙｼｽﾃﾑｽﾞ　ﾆﾌﾃｨ　ﾏﾌﾞﾁﾓｰﾀｰ　ｻｸﾗ　明電舎　君津共同火力　三井化学　三井不動産　住友電設　森ﾄﾗｽﾄ･ﾋﾞﾙﾏﾈｼﾞﾒﾝﾄ　東芝ｴﾚﾍﾞｰﾀ　東京湾横断道路　日立化成　成田空港給油施設　東京ｶﾞｽﾊﾟｲﾌﾟﾗｲﾝ　東京電力ﾎｰﾙﾃﾞｨﾝｸﾞｽ　全日本空輸　富士ﾌｲﾙﾑﾒﾃﾞｨｶﾙ　日本空港ﾃｸﾉ　横浜市水道局　他

部活動　ﾛﾎﾞｯﾄ研究同好会

定時制・通信制

生浜　高等学校

三部制定時制
普通科

平成３１年３月卒業生　男 77　女 58　計 135

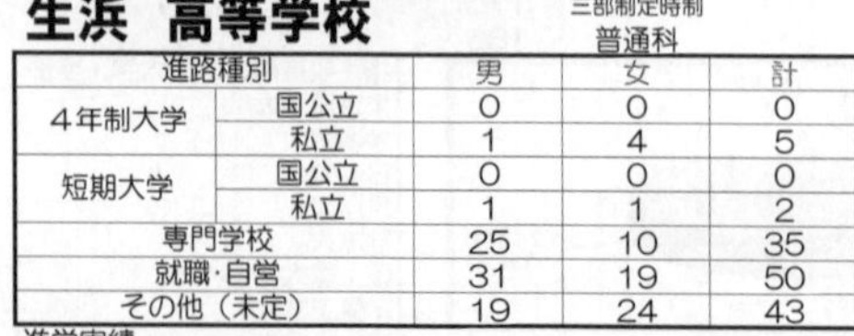

進路種別		男	女	計
４年制大学	国公立	0	0	0
	私立	1	4	5
短期大学	国公立	0	0	0
	私立	1	1	2
専門学校		25	10	35
就職・自営		31	19	50
その他（未定）		19	24	43

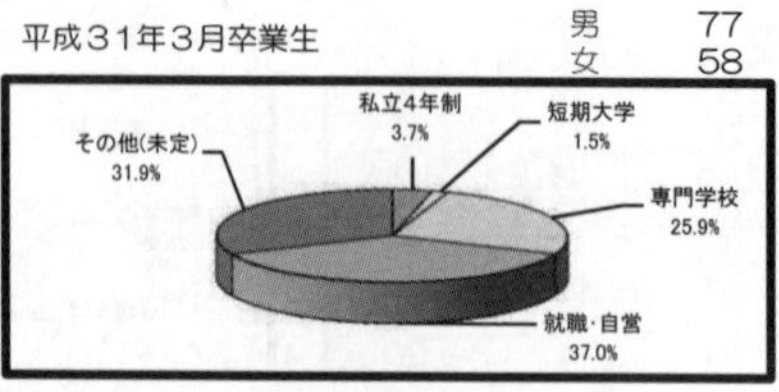

指定校推薦のある大学・学部

大学	学部
淑徳大	ｺﾐｭﾆﾃｨ政策
千葉商科大	商経
東都大	幕張ﾋｭｰﾏﾝｹｱ
三育学院大	看護

進学実績
- ●４年制大学　淑徳大1　東都大1　和洋女子大1
- ●短期大学　昭和学院短大
- ●専門学校　大原簿記公務員　千葉情報経理　船橋高等技術　市原高等技術

就職実績　ｲｵﾝﾘﾃｰﾙ　ﾏﾙﾊﾆﾁﾛ物流ｻｰﾋﾞｽ関東　ｶｲﾝｽﾞ　JNC石油化学　日本通運　日鉄ﾃｸﾉﾛｼﾞｰ

部活動　ﾊﾞｽｹｯﾄﾎﾞｰﾙ部・剣道部・ｿﾌﾄﾃﾆｽ部・陸上競技部・ﾊﾞﾄﾞﾐﾝﾄﾝ部(全国定通体育大会出場)

千葉大宮　高等学校

通信制
普通科

平成３１年３月卒業生　男 65　女 127　計 192

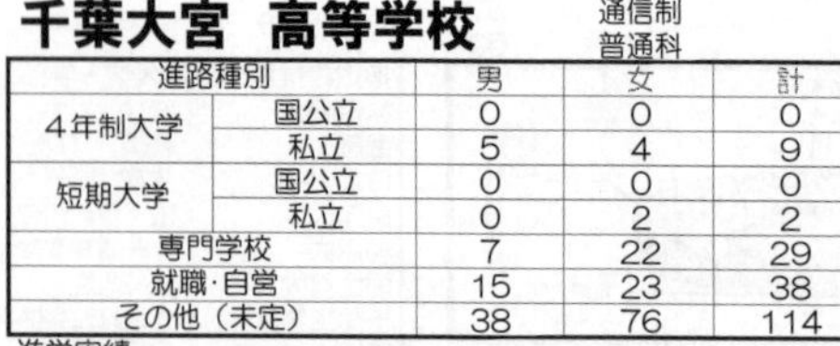

進路種別		男	女	計
４年制大学	国公立	0	0	0
	私立	5	4	9
短期大学	国公立	0	0	0
	私立	0	2	2
専門学校		7	22	29
就職・自営		15	23	38
その他（未定）		38	76	114

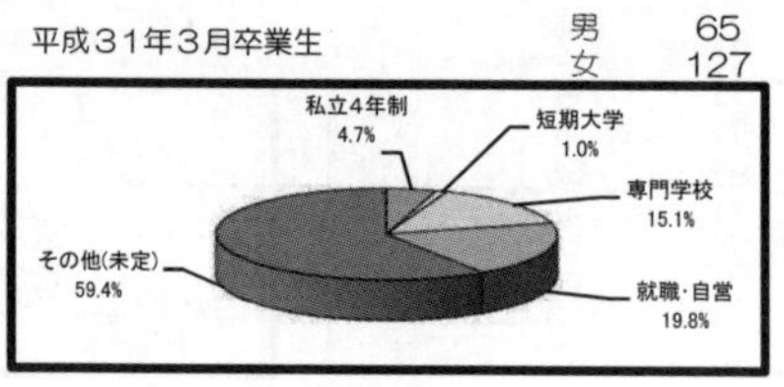

指定校推薦のある大学・学部

大学	学部
専修大	法Ⅱ
東洋大	文Ⅱ
淑徳大	全学部
千葉経済大	経済
他	

進学実績
- ●４年制大学　立命館大1　獨協大1　東洋大1　武蔵野美術大1　淑徳大1　千葉経済大1　城西国際大1　明海大1　東京未来大1
- ●短期大学　千葉経済大短大部　千葉明徳短大
- ●専門学校　ﾄﾖﾀ東京自動車大学校　ちば愛犬動物ﾌﾗﾜｰ　北原学院千葉歯科衛生　青葉看護　東葛看護　織田栄養　服部栄養　神田外語学院　東洋美術　他

就職実績　千葉県庁　成田空港警備　三晃自動車　東急ｾﾌﾞﾝﾊﾝﾄﾞﾚｯﾄﾞｸﾗﾌﾞ　金太郎ﾎｰﾑ　ｺﾝﾄﾗｸﾄﾛｼﾞｽﾃｨｸｽ　ｲﾝﾀｰﾅｼｮﾅﾙｴｸｽﾌﾟﾚｽ　ｻｲﾊﾞｰﾈｯﾄ　ﾊﾟﾜｰﾃｸﾉ　他

部活動　女子ﾊﾞﾚｰﾎﾞｰﾙ部・男女ｿﾌﾄﾃﾆｽ部(全国定通体育大会出場)

松戸南　高等学校

三部制定時制
普通科

平成３１年３月卒業生　男 92　女 91　計 183

進路種別		男	女	計
４年制大学	国公立	0	0	0
	私立	22	18	40
短期大学	国公立	0	0	0
	私立	0	4	4
専門学校		29	20	49
就職・自営		23	24	47
その他（未定）		18	25	43

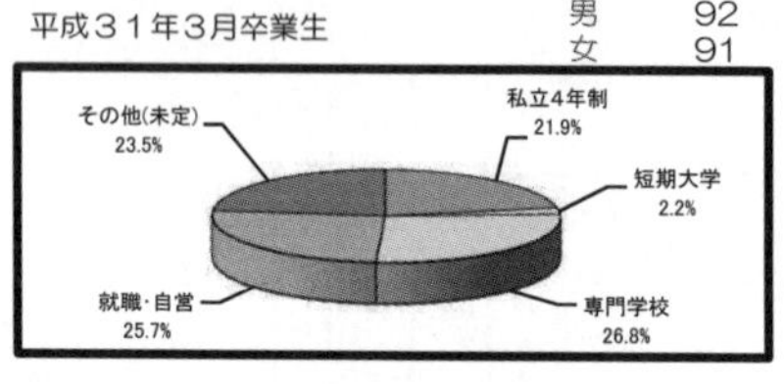

指定校推薦のある大学・学部

大学	学部
東洋大	文
専修大	法
国士舘大	21世紀ｱｼﾞｱ
千葉工業大	工・社会ｼｽﾃﾑ科学
東京情報大	総合情報
日本薬科大	薬
淑徳大	総合福祉
淑徳大	人文・経営
千葉商科大	人間社会
千葉商科大	政策情報
敬愛大	経済・国際
江戸川大	社会
江戸川大	ﾒﾃﾞｨｱｺﾐｭﾆｹｰｼｮﾝ
東京家政学院大	現代生活
開智国際大	教育・国際教養
和洋女子大	人文・家政
他	

進学実績
- ●４年制大学　東邦大1　東洋大1　駒澤大1　東京農業大1　千葉工業大1　大正大2　川村学園女子大1　淑徳大2　立命館ｱｼﾞｱ太平洋大1　聖徳大3　江戸川大6　千葉商科大3　流通経済大1　中央学院大3　開智国際大1　他
- ●短期大学　川口短大　自由が丘産能短大　東京経営短大
- ●専門学校　葵会柏看護　江戸川学園おおたかの森　御茶の水美術　千葉・柏ﾘﾊﾋﾞﾘﾃｰｼｮﾝ学院　ちば愛犬動物ﾌﾗﾜｰ　東京法律　千葉情報経理　中央自動車大学校　東京文化美容　日本工学院　文化服装学院　習志野調理師　日本電子　埼玉歯科技工士　東京医療福祉　東洋美術　船橋情報ﾋﾞｼﾞﾈｽ　ﾊﾟﾘ総合美容　読売理工医療福祉　他

就職実績　ｴﾇ・ｼｰ・ﾌｰｽﾞ　岡部ﾊﾞﾙﾌﾞ工業　ｸﾞﾘｰﾝﾀﾞｲﾆﾝｸﾞ　空港協力事業　新京成電鉄　制研化学工業　ｾﾚﾌﾞﾘｯｸｽ　甲羅　東葛食品　東葉警備保障　羽田ﾀｰﾄﾙｻｰﾋﾞｽ　藤田鋼板ﾘｰｽ　ﾌｼﾞﾌｰｽﾞ　GHﾌｰｽﾞﾀﾞｲﾆﾝｸﾞ　ｱｰﾊﾞﾝｾｷｭﾘﾃｨ　他

船橋　高等学校

定時制
普通科

平成３１年３月卒業生　男 34　女 11　計 45

進路種別		男	女	計
４年制大学	国公立	0	0	0
	私立	3	0	3
短期大学	国公立	0	0	0
	私立	0	0	0
専門学校		5	6	11
就職・自営		7	3	10
その他（未定）		19	2	21

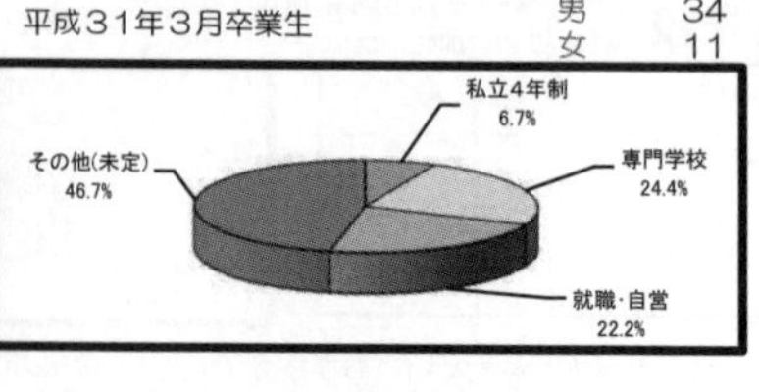

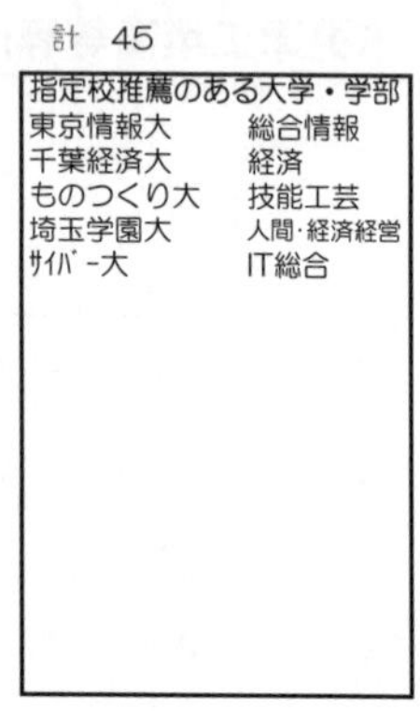

指定校推薦のある大学・学部

大学	学部
東京情報大	総合情報
千葉経済大	経済
ものつくり大	技能工芸
埼玉学園大	人間・経済経営
ｻｲﾊﾞｰ大	IT総合

進学実績
- ●４年制大学　法政大1　国士舘大1　千葉経済大1
- ●専門学校　東京福祉　新宿調理師　船橋情報ﾋﾞｼﾞﾈｽ　東洋理容美容　ﾌｧｯｼｮﾝｶﾚｯｼﾞ桜丘　華学園栄養　江戸川学園おおたかの森　東京ﾃﾞｻﾞｲﾝ　音響芸術

就職実績　ｾﾝｺｰｸﾘｴｲﾃｨﾌﾞﾏﾈｼﾞﾒﾝﾄ　ｹﾐｺｰﾄ　ｾｺﾒﾃﾞｨｯｸ病院　石井食品　ﾆｭｰﾃﾞﾝﾀﾙ　ﾏﾏｼｮｯﾌﾟ加納　ｵｰｹｰ　ﾀﾂﾉ化学　日本郵便　自衛官

部活動　男子ﾊﾞｽｹｯﾄﾎﾞｰﾙ部・ｻｯｶｰ部(県定通体育大会優勝)　男子陸上競技部(県定通体育大会走り幅跳び優勝)　卓球部・ﾊﾞﾄﾞﾐﾝﾄﾝ部・野球部・ﾃﾆｽ部(県春季・秋季定通体育大会出場)　書道部・美術部・写真部(県定通文化大会参加)

私立高校

千葉聖心　高等学校

普通科　　平成３１年３月卒業生　　女 114　　計 114

進路種別		男	女	計
４年制大学	国公立		0	0
	私立		18	18
短期大学	国公立		0	0
	私立		12	12
専門学校			58	58
就職・自営			20	20
その他（未定）			6	6

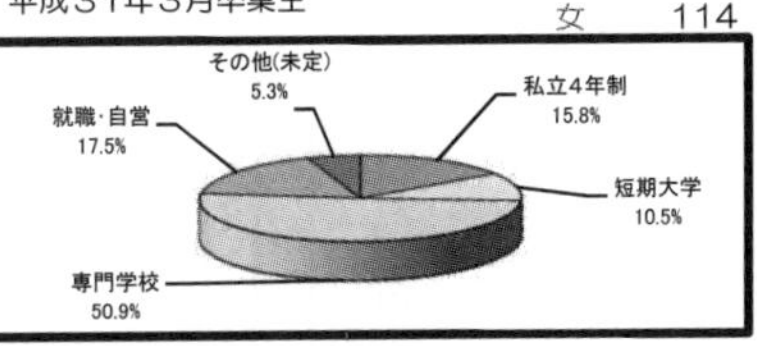

進学実績
●４年制大学　国士舘大1　東京農業大1　千葉工業大1　東京情報大1　日本女子体育大1　聖心女子大1　敬愛大1　大正大1　帝京平成大2　東都大2　和洋女子大3　聖徳大1　植草学園大1　杉野服飾大1
●短期大学　日本歯科大東京短大　植草学園短大　共立女子短大　昭和学院短大　千葉敬愛短大　洗足こども短大　他
●専門学校　千葉女子　青葉看護　北原学院歯科衛生　神田外語学院　大原情報ﾋﾞｼﾞﾈｽ　ちば愛犬動物ﾌﾗﾜｰ　東京ｱﾅｳﾝｽ学院　他
就職実績　陸上自衛隊　日本郵便　ﾎﾃﾙｽﾌﾟﾘﾝｸﾞｽ幕張　白洋舎　ﾖｰｸﾏｰﾄ　袖ヶ浦ｶﾝﾂﾘｰ倶楽部　小田急ﾚｽﾄﾗﾝｼｽﾃﾑ　清和園　京葉ｶﾝﾄﾘｰｸﾗﾌﾞ
部活動　ｶｰﾚｯﾄ部(全日本ｶｰﾚｯﾄ競技大会・2018ｼﾞｬﾊﾟﾝｶｯﾌﾟ優勝)　ｿﾌﾄﾃﾆｽ部(関東大会出場、県大会団体5位)　ﾊﾞﾄﾞﾐﾝﾄﾝ部(県新人体育大会団体ﾍﾞｽﾄ16)

指定校推薦のある大学・学部
東都大
城西大
城西国際大
東京情報大
秀明大
植草学園大
川村学園女子大
敬愛大
実践女子大
淑徳大
聖徳大
和洋女子大
他

植草学園大学附属　高等学校

普通科
英語科
平成３１年３月卒業生　　男 8　女 213　　計 221

進路種別		男	女	計
４年制大学	国公立	0	4	4
	私立	5	131	136
短期大学	国公立	0	0	0
	私立	0	19	19
専門学校		0	38	38
就職・自営		1	8	9
その他（未定）		2	13	15

就職・自営 4.1%　その他(未定) 6.8%　国公立４年制 1.8%　専門学校 17.2%　短期大学 8.6%　私立４年制 61.5%

進学実績
●４年制大学　千葉大1　岩手大1　県立広島大1　植草学園大28　法政大1　成蹊大1　日本大3　星薬科大1　国士舘大2　東京薬科大1　二松学舎大3　文教大1　千葉工業大5　神田外語大6　東京家政大1　国際医療福祉大1　桜美林大2　大妻女子大7　清泉女子大1　昭和女子大1
●短期大学　植草学園短大　千葉経済大短大部　昭和学院短大　聖徳大短大部　戸板女子短大
●専門学校　獨協医科大附属看護　江戸川看護　山王看護　青葉看護　文化服装学院
就職実績　ﾎﾃﾙｽﾌﾟﾘﾝｸﾞｽ幕張　そごう・西武　京成ﾊﾞｽ　はぎわら病院　ｾｷｭﾘﾃｨﾜﾝ
部活動　ﾊﾞﾄﾝﾄﾜﾘﾝｸﾞ部(ｼﾞｬﾊﾟﾝｶｯﾌﾟ全国大会2位、全国大会銀賞、関東大会金賞)　ｿﾌﾄﾃﾆｽ部・なぎなた部(ｲﾝﾀｰﾊｲ・関東大会出場)　ﾊﾞﾚｰﾎﾞｰﾙ部(全国私学大会・関東大会出場)

指定校推薦のある大学・学部

立命館大	理工
国士舘大	政経
神田外語大	外国語
東京医療保健大	千葉看護
千葉工業大	社会ｼｽﾃﾑ科学
千葉工業大	創造工
二松学舎大	文
大妻女子大	家政・文
大妻女子大	社会情報
文京学院大	外国語・経営
麗澤大	外国語
共立女子大	文芸
文化学園大	服装

敬愛学園　高等学校

普通科　　平成３１年３月卒業生　　男 180　女 142　　計 322

進路種別		男	女	計
４年制大学	国公立	1	4	5
	私立	116	74	190
短期大学	国公立	0	0	0
	私立	2	10	12
専門学校		16	16	32
就職・自営		11	5	16
その他（未定）		34	33	67

その他(未定) 20.8%　国公立４年制 1.6%　就職・自営 5.0%　専門学校 9.9%　私立４年制 59.0%　短期大学 3.7%

進学実績
●４年制大学　東京外国語大1　都留文科大1　県立保健医療大2　早稲田大1　上智大1　東京理科大3　学習院大2　立教大1　法政大3　聖ﾏﾘｱﾝﾅ医科大1　立命館ｱｼﾞｱ太平洋大2　東邦大3　日本大14　東洋大4　専修大1　駒澤大4　順天堂大1　神田外語大3　和洋女子大5　敬愛大15
●短期大学　千葉敬愛短大　共立女子短大　有明教育芸術短大　昭和学院短大　創価女子短大　戸板女子短大　他
●専門学校　千葉医療ｾﾝﾀｰ附属看護　池見東京医療　日本航空大学校　大原学園　千葉こども　千葉ﾘｿﾞｰﾄ&ｽﾎﾟｰﾂ　他
就職実績　警視庁　千葉県警　自衛隊　千葉市職員　JFEﾒｶﾌﾛﾝﾄ千葉　ｴﾑｵｰﾃｯｸ　ｸﾞﾘｰﾝｽﾃｰｼﾞ　そら　ﾃﾞｨｽﾌﾟﾚｰちば　他
部活動　女子ﾊﾞﾚｰﾎﾞｰﾙ部・自転車競技部・弁論部・ｿﾌﾄﾃﾆｽ部・空手部(全国大会ﾚﾍﾞﾙ)　男女ﾊﾞﾄﾞﾐﾝﾄﾝ部・ｻｯｶｰ部・陸上競技部(関東大会ﾚﾍﾞﾙ)　他

指定校推薦のある大学・学部

東京理科大	理・基礎工
学習院大	経済・法
武蔵大	社会
東邦大	理
日本大	法・理工
日本大	生産工・工
駒澤大	経済
立命館ｱｼﾞｱ太平洋大	ｱｼﾞｱ太平洋
立命館ｱｼﾞｱ太平洋大	国際経営
他	

千葉経済大学附属　高等学校

普通科　情報処理科
商業科
平成３１年３月卒業生　　男 236　女 335　　計 571

進路種別		男	女	計
４年制大学	国公立	0	2	2
	私立	156	130	286
短期大学	国公立	0	0	0
	私立	0	67	67
専門学校		48	98	146
就職・自営		8	14	22
その他（未定）		24	24	48

その他(未定) 8.4%　国公立４年制 0.4%　就職・自営 3.9%　専門学校 25.6%　私立４年制 50.1%　短期大学 11.7%

進学実績
●４年制大学　千葉大1　東京学芸大1　学習院大2　中央大1　国学院大2　順天堂大2　獨協大3　武蔵野大1　東邦大3　日本大18　東洋大5　駒澤大6　専修大3　東京家政大2　帝京大5　実践女子大1　立正大3　大妻女子大8　東京農業大1　拓殖大2　二松学舎大3　国士舘大5　神田外語大1　千葉工業大5　他
●短期大学　千葉職業能力開発短大校　共立女子短大　創価女子短大　大妻女子大短大部　戸板女子短大　他
●専門学校　日本自動車大学校　青葉看護　東京法律　日本工学院　神田外語学院　東京観光　八千代ﾘﾊﾋﾞﾘﾃｰｼｮﾝ学院　他
就職実績　陸上自衛隊　千葉県警　JA市原市　ﾀｶｷﾞ　千葉窯業　ﾐｭｾﾞﾌﾟﾗﾁﾅﾑ　小松川信用金庫　ﾔﾏﾄ運輸　他
部活動　柔道部(全国体育大会・関東ｼﾞｭﾆｱ体重別大会100kg級優勝)　簿記部(日商簿記1級1名合格)　珠算部(全国珠算競技大会読上暗算競技優勝)　ｿﾌﾄﾎﾞｰﾙ部(全国総合体育大会出場、関東私立大会優勝)　ﾎﾞｸｼﾝｸﾞ部(関東大会ﾗｲﾄ級3位)　男子卓球部(関東体育大会学校対抗3位)　他

指定校推薦のある大学・学部

学習院大	経済・法
国学院大	文
成蹊大	理工
獨協大	法
東邦大	理
東京家政大	家政・人文
日本薬科大	薬
日本大	生産工・経済
日本大	薬・文理・理工
東洋大	総合情報・文
東洋大	生命科学
東洋大	経済・理工
駒澤大	経済・法
専修大	商・ﾈｯﾄﾜｰｸ情報
文教大	情報・経営
二松学舎大	文
他	

私立高校

千葉明徳　高等学校

普通科　　平成３１年３月卒業生　男 161　女 126　計 287

進路種別		男	女	計
４年制大学	国公立	3	1	4
	私立	125	90	215
短期大学	国公立	0	0	0
	私立	0	8	8
専門学校		14	21	35
就職･自営		2	2	4
その他（未定）		17	4	21

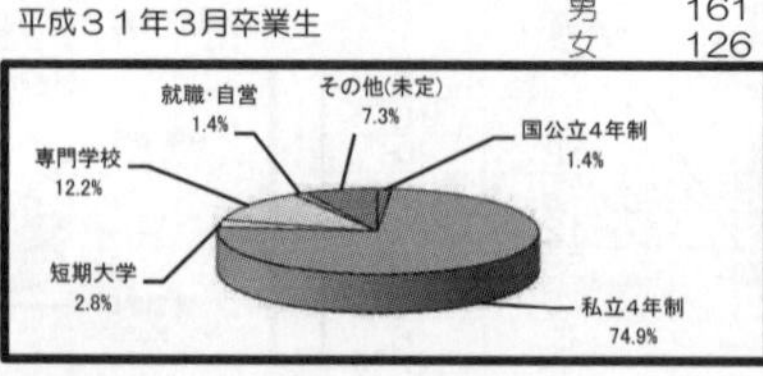

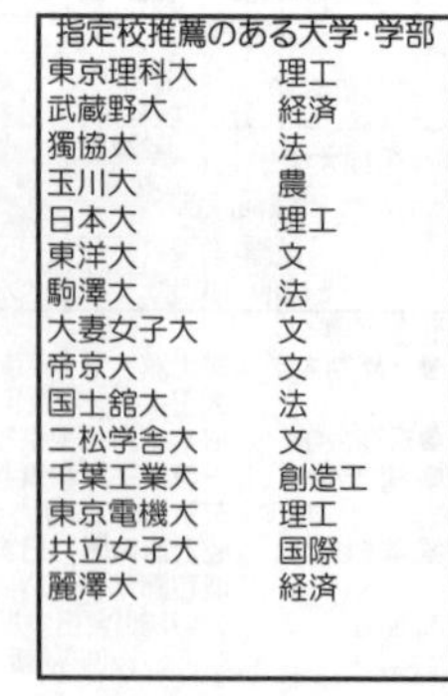

指定校推薦のある大学･学部	
東京理科大	理工
武蔵野大	経済
獨協大	法
玉川大	農
日本大	理工
東洋大	文
駒澤大	法
大妻女子大	文
帝京大	文
国士舘大	法
二松学舎大	文
千葉工業大	創造工
東京電機大	理工
共立女子大	国際
麗澤大	経済

進学実績
- ●４年制大学　千葉大2　首都大学東京1　秋田大1　早稲田大1　慶応大1　上智大1　東京理科大1　明治大3　立教大1　青山学院大3　中央大1　法政大1　立命館大1　成蹊大1　明治学院大1　東邦大6　獨協大4　日本大13　東洋大5　駒澤大3
- ●短期大学　目白大短大部　千葉経済大短大部　昭和学院短大　植草学園短大
- ●専門学校　神田外語学院　千葉女子　東京栄養食糧　東京ﾓｰﾄﾞ学園　東洋理容美容　日本医歯薬　日本工学院　大原簿記　日本ﾎﾃﾙｽｸｰﾙ　ﾊﾘｳｯﾄﾞ美容　山野美容　早稲田外語　千葉ﾘｿﾞｰﾄ&ｽﾎﾟｰﾂ　ﾊﾞﾝﾀﾝﾃﾞｻﾞｲﾝ研究所　HAL東京

就職実績　海上保安庁　自衛隊　警視庁　日本郵便

部活動　ﾁｱﾘｰﾃﾞｨﾝｸﾞ部(JAPAN CUP2018日本選手権大会DIVISION1第3位)　ﾊﾞﾄﾞﾐﾝﾄﾝ部(全国大会出場)　水泳部(ｲﾝﾄﾞﾈｼｱ2018ｱｼﾞｱﾊﾟﾗ大会出場、関東大会出場)　柔道部(関東大会出場)

昭和学院秀英　高等学校

普通科　　平成３１年３月卒業生　男 166　女 135　計 301

進路種別		男	女	計
４年制大学	国公立	37	28	65
	私立	67	84	151
短期大学	国公立	0	0	0
	私立	0	0	0
専門学校		1	3	4
就職･自営		0	1	1
その他（未定）		61	19	80

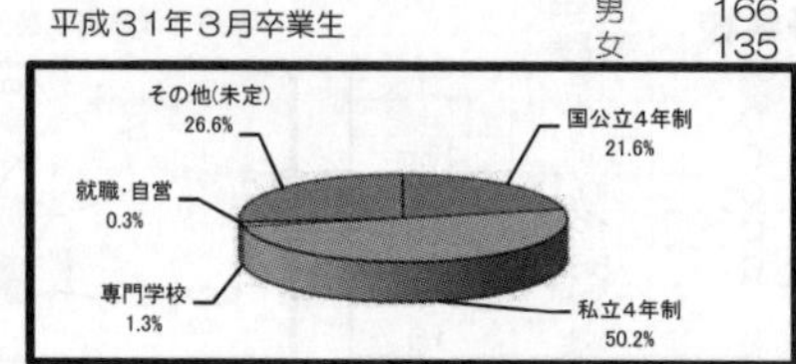

指定校推薦のある大学･学部
慶応大
早稲田大
上智大
他

進学実績
- ●４年制大学　東京工業大2　一橋大3　お茶の水女子大3　北海道大3　東北大4　大阪大2　筑波大2　横浜国立大6　千葉大24　国際教養大2　慶応大20　早稲田大20　上智大8　東京理科大9　明治大16　立教大6　青山学院大6　中央大4　法政大8　学習院大4
- ●短期大学　埼玉医科大短大
- ●専門学校　大原法律　国際理工情報ﾃﾞｻﾞｲﾝ

就職実績　市原市役所

部活動　ﾁｱﾀﾞﾝｽ部(全国大会出場)　新体操部、ﾗｸﾞﾋﾞｰ部、ﾗｸﾛｽ同好会なども活躍している。

渋谷教育学園幕張　高等学校

普通科

進路種別		男	女	計
４年制大学	国公立			
	私立			
短期大学	国公立			
	私立			
専門学校				
就職･自営				
その他（未定）				

データなし

桜林　高等学校

普通科　　平成３１年３月卒業生　男 144　女 46　計 190

進路種別		男	女	計
４年制大学	国公立	1	0	1
	私立	57	11	68
短期大学	国公立	1	0	1
	私立	2	3	5
専門学校		53	18	71
就職･自営		23	12	35
その他（未定）		7	2	9

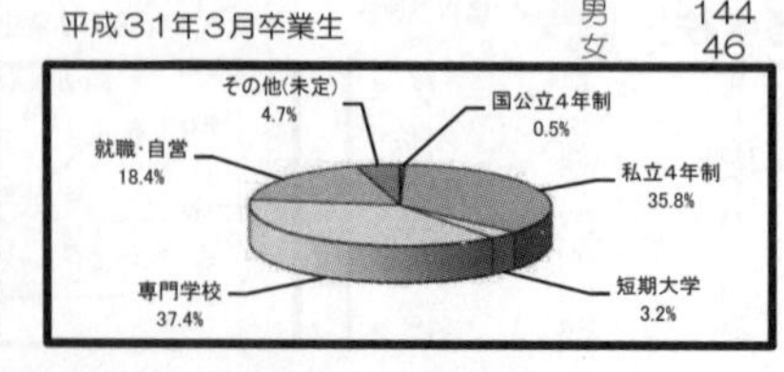

指定校推薦のある大学･学部	
駒澤大	仏教
国士舘大	21世紀ｱｼﾞｱ
立正大	文･仏教
立正大	社会福祉
千葉工業大	工･社会ｼｽﾃﾑ科学
東京情報大	総合情報･看護
帝京大	外国語
目白大	人間･外国語
桜美林大	ﾘﾍﾞﾗﾙｱｰﾂ
千葉商科大	ｻｰﾋﾞｽ創造
千葉商科大	人間社会･商経
千葉商科大	政策情報
淑徳大	人文･経営
淑徳大	ｺﾐｭﾆﾃｨ政策
淑徳大	総合福祉
和光大	現代人間
他	

進学実績
- ●４年制大学　秋田大1　明治大1　中央大1　駒澤大1　日本大2　国士舘大1　二松学舎大1　拓殖大1　立正大2　千葉商科大5　城西国際大4　淑徳大9　敬愛大3　日本体育大2　和洋女子大1　千葉経済大7　江戸川大2　植草学園大3　中央学院大1　国際武道大2
- ●短期大学　国立清水海上技術短大校　国学院大北海道短大部　千葉経済大短大部　聖徳大短大部　東京経営短大　他
- ●専門学校　東京調理製菓　国際理工情報ﾃﾞｻﾞｲﾝ　大原簿記公務員　東京福祉　ｼﾞｪｲﾍｱﾒｲｸ　千葉情報経理　日本工学院　県自動車大学校　千葉調理師　国際文化理容美容　佐伯栄養　ちば愛犬動物ﾌﾗﾜｰ　中央工学校　他

就職実績　陸上自衛隊　海上自衛隊　日本郵便　JA千葉みらい　日本通運　千葉ﾏﾂﾀﾞ　国際医療福祉大成田病院　成田空港警備　あおば歯科ｸﾘﾆｯｸ　登戸　ﾌﾟﾚｼﾞｬｰﾈｸｽﾄ　ﾆｯﾌﾟﾝﾄﾞｰﾅﾂ　ｱｺｰﾃﾞｨｱ･ｺﾞﾙﾌ　東陽電気工事　他

部活動　少林寺拳法部(全国総体男子組演武の部･女子組演武の部･男子団体演武の部優勝)　他

私立高校

秀明大学学校教師学部附属秀明八千代　高等学校　普通科

平成３１年３月卒業生　男 202　女 120　計 322

進路種別		男	女	計
４年制大学	国公立	0	1	1
	私立	127	54	181
短期大学	国公立	0	0	0
	私立	2	10	12
専門学校		44	35	79
就職･自営		3	11	14
その他（未定）		26	9	35

その他(未定) 10.9%　国公立４年制 0.3%　就職・自営 4.3%　専門学校 24.5%　短期大学 3.7%　私立４年制 56.2%

指定校推薦のある大学･学部

東京理科大	理工･理
学習院大	法･経済
国学院大	文
東邦大	理
日本大	国際関係･経済
日本大	生産工･理工
東洋大	文･経済･国際
東洋大	理工･生命科学
専修大	商
獨協大	外国語
麻布大	生命･環境科学
玉川大	芸術･ﾘﾍﾞﾗﾙｱｰﾂ
東京農業大	生物産業
創価大	理工･経済･経営
千葉工業大	工･創造工･先進工
大東文化大	法･国際関係
他	

進学実績

●４年制大学　秀明大37　早稲田大1　東京理科大4　立教大1　学習院大2　国学院大1　東邦大3　昭和女子大1
日本大9　東洋大2　専修大3　大妻女子大3　創価大2　二松学舎大6　神田外語大1　千葉工業大8
淑徳大6　城西国際大6　千葉商科大7　聖徳大9

●短期大学　千葉経済大短大部　聖徳大短大部　昭和学院短大

●専門学校　山野美容　日本工学院　大原簿記公務員医療情報ﾋﾞｼﾞﾈｽ

就職実績　自衛隊　佐川急便　ｾﾞﾝｺｰ　わかさ生活

部活動　男子ﾃﾆｽ部(ｲﾝﾀｰﾊｲ団体･ｼﾝｸﾞﾙｽ･ﾀﾞﾌﾞﾙｽ三冠優勝)　女子ﾃﾆｽ部(ｲﾝﾀｰﾊｲ団体１１年連続出場･ｼﾝｸﾞﾙｽ･ﾀﾞﾌﾞﾙｽﾍﾞｽﾄ8)
女子硬式野球部(全国選抜大会準優勝、全日本選手権大会ﾍﾞｽﾄ8)　吹奏楽部(東関東ｺﾝｸｰﾙB部門銅賞)
空手道部(全国選抜大会5年連続出場、ｲﾝﾀｰﾊｲ女子個人形3位･女子個人組手3位)　他

千葉英和　高等学校　普通科 英語科

平成３１年３月卒業生　男 157　女 214　計 371

進路種別		男	女	計
４年制大学	国公立	3	2	5
	私立	116	144	260
短期大学	国公立	0	0	0
	私立	2	17	19
専門学校		12	31	43
就職･自営		0	1	1
その他（未定）※		24	19	43

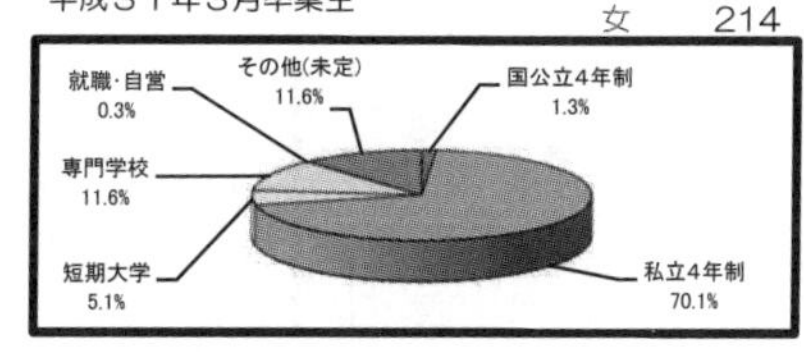

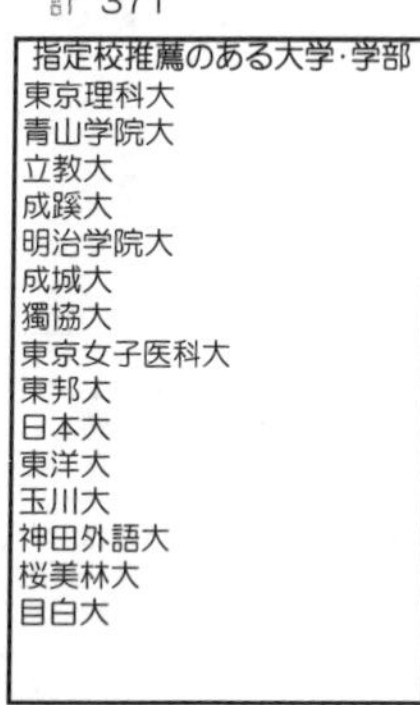
指定校推薦のある大学･学部
東京理科大
青山学院大
立教大
成蹊大
明治学院大
成城大
獨協大
東京女子医科大
東邦大
日本大
東洋大
玉川大
神田外語大
桜美林大
目白大

進学実績　※留学者含む

●４年制大学　千葉大1　東京芸術大1　信州大1　長岡造形大1　県立保健医療大1　早稲田大1　上智大2　東京理科大3
青山学院大6　立教大2　中央大1　明治大1　法政大3　津田塾大1　東京女子大2　日本大8　東洋大9
神田外語大7　清泉女子大3　東京都市大1

●短期大学　東京家政大短大部　大妻女子大短大部　戸板女子短大　日本大短大部　千葉経済大短大部　実践女子大短大部
昭和学院短大　有明教育芸術短大　国学院大北海道短大部

●専門学校　神田外語学院　大原簿記　日本美容　東京ﾓｰﾄﾞ学園　山脇美術　東洋公衆衛生学院

部活動　男女ｱｰﾁｪﾘｰ部(県大会団体優勝)

八千代松陰　高等学校　普通科

平成３１年３月卒業生　男 362　女 305　計 667

進路種別		男	女	計
４年制大学	国公立	257	251	508
	私立			
短期大学	国公立	5	10	15
	私立			
専門学校		17	19	36
就職･自営		3	1	4
その他（未定）		80	24	104

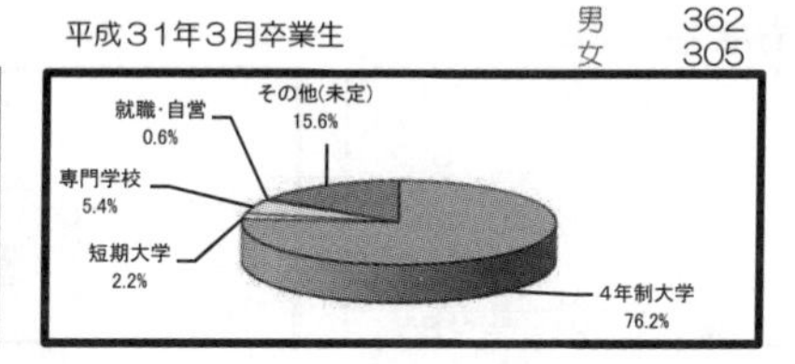

※合格実績

●４年制大学　京都大1　筑波大2　東北大1　北海道大1　東京外国語大1　東京学芸大2　千葉大7　横浜国立大1　電気通信大1
県立保健医療大1　横浜市立大1　茨城大2　埼玉大3　首都大学東京2　信州大1　早稲田大9　慶応大2
上智大5　国際基督教大2　東京理科大12　明治大22　青山学院大12　立教大17　中央大14　法政大30
学習院大13　同志社大1　立命館大1　明治学院大16　成蹊大13　成城大12　武蔵大5　国学院大13　他

部活動　陸上競技部･男子ﾊﾞｽｹｯﾄﾎﾞｰﾙ部･新体操部などは全国大会上位のﾚﾍﾞﾙ。ﾗｸﾞﾋﾞｰ部･ﾚｽﾘﾝｸﾞ部など運動系ｸﾗﾌﾞは活発に活動している。
文化系では吹奏楽部･合唱部･韓国文化研究部･漫画部･ｺﾝﾋﾟｭｰﾀ部などは、いわゆる強豪ﾚﾍﾞﾙ。

東邦大学付属東邦　高等学校　普通科

平成３１年３月卒業生　男 228　女 133　計 361

進路種別		男	女	計
４年制大学	国公立	55	16	71
	私立	64	78	142
短期大学	国公立	0	0	0
	私立	0	1	1
専門学校		0	0	0
就職･自営		1	0	1
その他（未定）		108	38	146

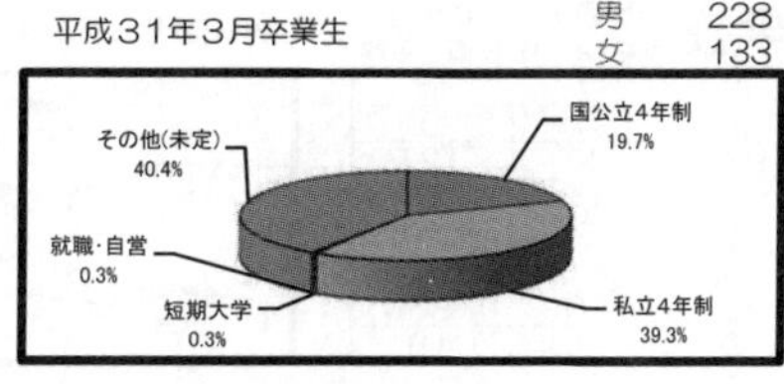

指定校推薦のある大学･学部

慶応大	法･商
慶応大	理工･薬
早稲田大	文化構想
早稲田大	基幹理工
早稲田大	創造理工
早稲田大	先進理工
早稲田大	法･教育
上智大	文･理工

進学実績

●４年制大学　東京大7　一橋大1　東京工業大2　お茶の水女子大2　東京外国語大1　横浜国立大2　筑波大8
千葉大27　東北大2　北海道大5　名古屋大1　広島大1　九州大1　慶応大13　早稲田大25
上智大4　明治大6　青山学院大5　中央大5　法政大5

私立高校

千葉日本大学第一 高等学校

普通科　平成31年3月卒業生　男 273　女 125　計 398

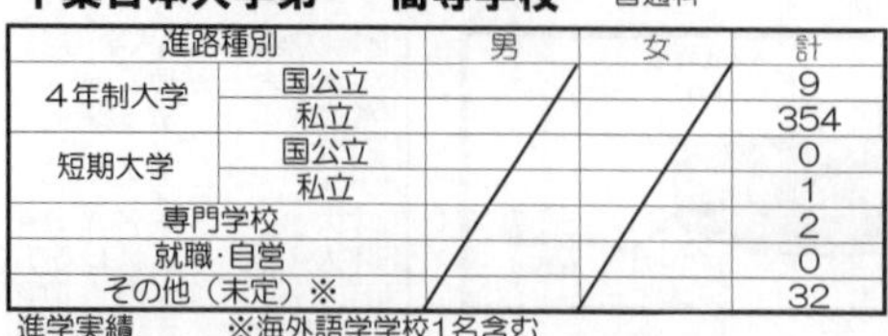

進路種別		男	女	計
4年制大学	国公立			9
	私立			354
短期大学	国公立			0
	私立			1
専門学校				2
就職・自営				0
その他（未定）※				32

専門学校 0.5%
その他(未定) 8.0%
国公立4年制 2.3%
短期大学 0.3%
私立4年制 88.9%

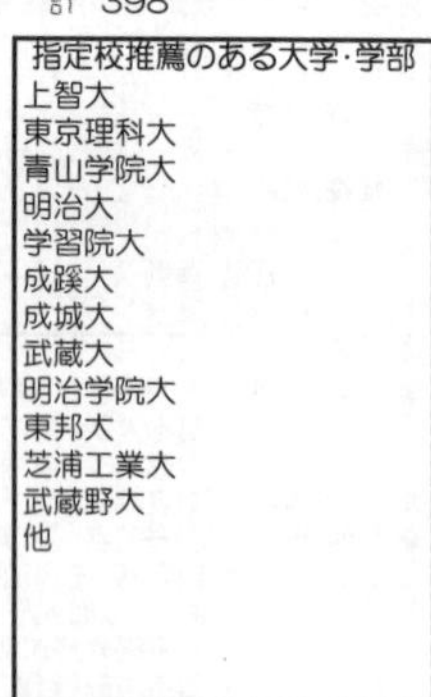

指定校推薦のある大学・学部
上智大
東京理科大
青山学院大
明治大
学習院大
成蹊大
成城大
武蔵大
明治学院大
東邦大
芝浦工業大
武蔵野大
他

進学実績　※海外語学学校1名含む
●4年制大学　東北大2　千葉大3　横浜国立大2　山形大1　高崎経済大1　早稲田大3　上智大4　東京理科大21
学習院大4　明治大10　青山学院大9　立教大4　中央大18　法政大16　関西大2　関西学院大2
立命館大3　日本大275
●短期大学　大妻女子大短大部
●専門学校　神田外語学院　代々木ｱﾆﾒｰｼｮﾝ学院

部活動　ｺﾞﾙﾌ部・ｱﾒﾘｶﾝﾌｯﾄﾎﾞｰﾙ部・吹奏楽部・物理部(関東大会ﾚﾍﾞﾙ)
ﾗｸﾞﾋﾞｰ部・ｻｯｶｰ部・陸上競技部・ﾊﾞﾄﾞﾐﾝﾄﾝ部・硬式ﾃﾆｽ部(県大会上位)

東葉 高等学校

普通科　平成31年3月卒業生　男 109　女 76　計 185

進路種別		男	女	計
4年制大学	国公立	1	0	1
	私立	63	35	98
短期大学	国公立	0	0	0
	私立	1	3	4
専門学校		18	32	50
就職・自営		4	2	6
その他（未定）		22	4	26

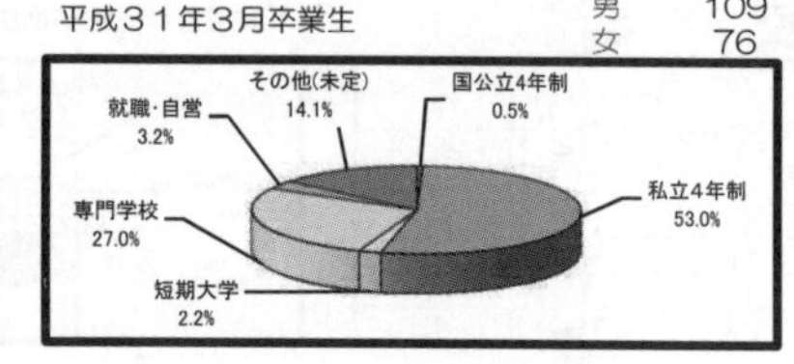

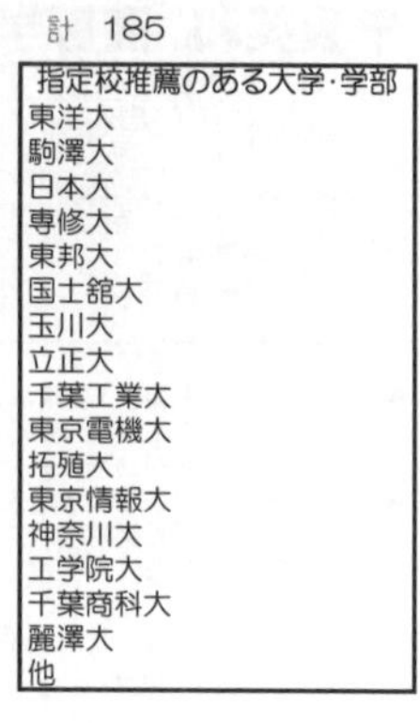

指定校推薦のある大学・学部
東洋大
駒澤大
日本大
専修大
東邦大
国士舘大
玉川大
立正大
千葉工業大
東京電機大
拓殖大
東京情報大
神奈川大
工学院大
千葉商科大
麗澤大
他

進学実績
●4年制大学　山形大1　学習院大1　日本大5　駒澤大2　星薬科大1　獨協大1　武蔵野大1　東邦大1　北里大1
神田外語大1　国士舘大3　千葉工業大1　東海大1　帝京大1　帝京平成大5　城西国際大6　千葉商科大8
秀明大3　敬愛大7　千葉経済大1
●短期大学　戸板女子短大　千葉経済大短大部　植草学園短大
●専門学校　青葉看護　山王看護　北原学院歯科衛生　東京福祉　日本写真芸術　千葉こども　東京ﾘｿﾞｰﾄ&ｽﾎﾟｰﾂ
神田外語学院　東京ﾍﾞﾙｴﾎﾟｯｸ製菓調理　東京ﾍﾞﾙｴﾎﾟｯｸ美容　東京動物
就職実績　千葉県警　所沢第一病院　空港協力事業　永坂更科布屋太兵衛　ﾎｰﾑｸﾞﾗｳﾝﾄﾞ
部活動　ﾀﾞﾝｽﾄﾞﾘﾙ部(第2回ﾘｽﾞﾑﾀﾞﾝｽ選手権全国大会・第8回ｱｼﾞｱｴｱﾛﾋﾞｸｽ&ﾀﾞﾝｽ選手権大会ﾘｽﾞﾑﾀﾞﾝｽ団体部門優勝、
USA School&College Nationals2018高校編成HipHop部門Small3位)　他

日本大学習志野 高等学校

普通科　平成31年3月卒業生　男 264　女 175　計 439

進路種別		男	女	計
4年制大学	国公立	18	12	30
	私立	181	141	322
短期大学	国公立	0	0	0
	私立	0	0	0
専門学校		1	1	2
就職・自営		0	0	0
その他（未定）		64	21	85

その他(未定) 19.4%
国公立4年制 6.8%
専門学校 0.5%
私立4年制 73.3%

指定校推薦のある大学・学部

大学	学部
早稲田大	法・基幹理工
早稲田大	創造理工
早稲田大	先進理工
慶応大	理工
上智大	理工・外国語
東京理科大	基礎工・理
東京理科大	理工・経営
明治大	政治経済・商
明治大	理工・総合数理
青山学院大	文・法・経営・理工
立教大	文・現代心理
立教大	法・理・経済
中央大	法・経済・商・理工
法政大	法・文・経済
法政大	経営・理工
法政大	ﾃﾞｻﾞｲﾝ工
他	

進学実績
●4年制大学　東京工業大2　東北大1　筑波大3　東京外国語大1　東京芸術大1　千葉大8　横浜国立大1　埼玉大2
横浜市立大1　早稲田大7　慶応大4　上智大7　東京理科大14　明治大13　立教大10　青山学院大7
学習院大6　中央大14　法政大12　日本大133

部活動　美術部(全日本学生美術展特選・佳作受賞、NU祭「絵画・書道展」校友会特別賞)
男女ﾌｪﾝｼﾝｸﾞ部(関東大会団体出場)　陸上部(関東新人大会走り幅跳び出場)
ﾁｱﾘｰﾀﾞｰ部(関東選手権大会20位)　山岳部・水泳同好会(関東大会出場)

東京学館船橋 高等学校

普通科　食物調理科　情報ﾋﾞｼﾞﾈｽ科　美術工芸科　平成31年3月卒業生　男 189　女 94　計 283

進路種別		男	女	計
4年制大学	国公立	0	0	0
	私立	97	30	127
短期大学	国公立	0	0	0
	私立	0	5	5
専門学校		56	41	97
就職・自営		26	10	36
その他（未定）		10	8	18

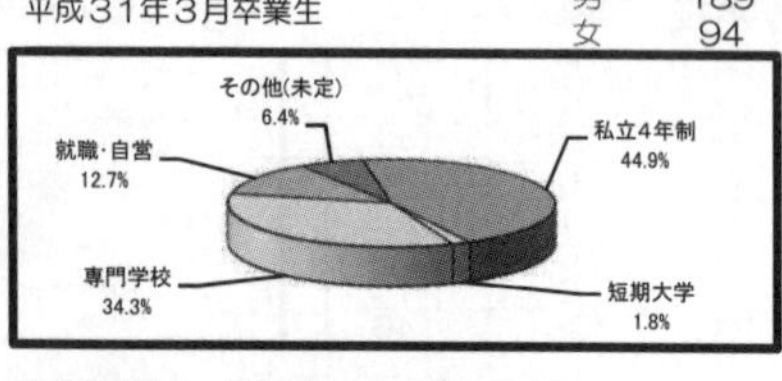

指定校推薦のある大学・学部

大学	学部
日本大	生産工
千葉工業大	社会ｼｽﾃﾑ科学
千葉工業大	情報科学
千葉工業大	創造工
拓殖大	政経・商
大東文化大	文
千葉商科大	政策情報・商経
千葉商科大	人間社会
東京造形大	造形
他	

進学実績
●4年制大学　国学院大2　日本大2　専修大1　東洋大1　拓殖大6　東京農業大2　亜細亜大1　千葉工業大7
帝京大2　大東文化大2　千葉商科大13　東京造形大2　多摩美術大1　和洋女子大1　他
●短期大学　昭和学院短大　戸板女子短大　千葉経済大短大部　ﾔﾏｻﾞｷ動物看護専門職短大
●専門学校　大原簿記公務員医療情報ﾋﾞｼﾞﾈｽ　日本工学院　華調理製菓　神田外語学院　東洋理容美容
桑沢ﾃﾞｻﾞｲﾝ研究所　愛知県立瀬戸窯業高校専攻科　他

就職実績　陸上自衛隊　ｾｺﾑ　ﾛｲﾔﾙ空港高速ﾌｰﾄﾞｻｰﾋﾞｽ　ﾎﾃﾙｵｰｸﾗ東京ﾍﾞｲ　精養軒　東武百貨店　木村屋總本店　他
部活動　ﾃﾆｽ部・陸上競技部(全国大会出場)　美術部(第68回学展入賞)　男子ﾊﾞﾚｰﾎﾞｰﾙ部(関東大会出場)
軽音楽部(県大会準決勝進出)　野球部(指定強化部)　陶芸部(美術工芸科ならではの設備環境)

私立高校

市川　高等学校

普通科　　平成３１年３月卒業生　男 243　女 172　計 415

進路種別		男	女	計
４年制大学	国公立			85
	私立			181
短期大学	国公立	0	0	0
	私立	0	0	0
専門学校		1	0	1
就職･自営		0	0	0
その他（未定）		106	42	148

その他(未定) 35.7%
国公立４年制 20.5%
専門学校 0.2%
私立４年制 43.6%

指定校推薦のある大学･学部	
慶応大	法･商･理工･薬
早稲田大	法･政治経済
早稲田大	商･基幹理工
早稲田大	文･創造理工
早稲田大	先進理工
早稲田大	文化構想
早稲田大	人間科学･教育
東京理科大	理･理工
東京理科大	薬･経営
中央大	法･商･理工
中央大	総合政策
立教大	理
法政大	理工･ﾃﾞｻﾞｲﾝ工
明治大	文･理工
青山学院大	文･総合文化政策
青山学院大	理工･社会情報
学習院大	法･文･理

進学実績
●４年制大学　東京大14　京都大4　一橋大2　東京工業大7　北海道大1　東北大4　筑波大6　千葉大17　東京外国語大3　お茶の水女子大3　東京学芸大4　東京農工大1　横浜国立大3　九州大2　東京海洋大2　埼玉大1　信州大2　防衛医科大学校1　国際教養大1　国立看護大学校1　横浜市立大1　早稲田大35　慶応大23　上智大6　東京理科大11　明治大28　青山学院大5　立教大7　中央大6　法政大6　学習院大1　国際基督教大1　成城大2　明治学院大1　国学院大2　芝浦工業大2　津田塾大2　東京女子大4　神奈川大1　日本女子大2　他

部活動　男子ﾊﾝﾄﾞﾎﾞｰﾙ部(ｲﾝﾀｰﾊｲ出場)
水泳部、山岳部、囲碁･将棋部、応援部、ﾌﾞﾗｽﾊﾞﾝﾄﾞ部

千葉商科大学付属　高等学校

普通科　商業科　　平成３１年３月卒業生　男 175　女 101　計 276

進路種別		男	女	計
４年制大学	国公立	2	1	3
	私立	146	63	209
短期大学	国公立	0	0	0
	私立	0	12	12
専門学校		11	16	27
就職･自営		2	1	3
その他（未定）		14	8	22

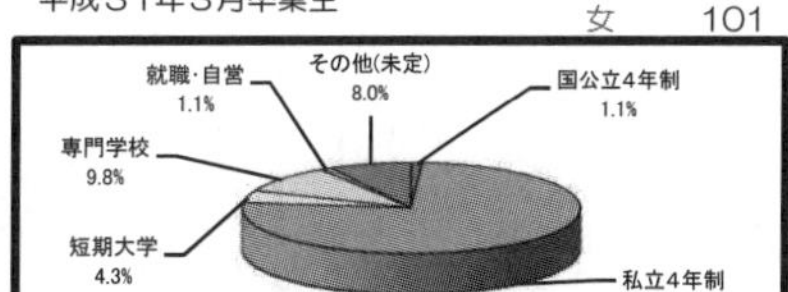

指定校推薦のある大学･学部	
国学院大	文･人間開発
東洋大	国際･社会･文
日本大	商･法
武蔵野大	ｸﾞﾛｰﾊﾞﾙ･文
武蔵野大	経済･経営
武蔵野大	法･人間科学
獨協大	経済･法
亜細亜大	法･都市創造･経営
国士舘大	政経
大東文化大	外国語･法･社会
大東文化大	ｽﾎﾟｰﾂ･健康科学
東京農業大	生物産業
立正大	文･地球環境科学
立正大	経済･法･仏教
千葉工業大	社会ｼｽﾃﾑ科学
帝京大	経済･法
他	

進学実績
●４年制大学　千葉大1　県立保健医療大1　秋田県立大1　島根大1　早稲田大1　東京理科大1　明治大1　立教大3　法政大1　成蹊大1　獨協大4　国学院大2　日本大14　東洋大4　駒澤大1　専修大3　武蔵野大2　亜細亜大1　東京農業大2　東京薬科大1　東京電機大1　東海大1　文教大2　帝京大3　和洋女子大3
●短期大学　大妻女子大短大部　千葉経済大短大部　聖徳大短大部　女子栄養大短大部　共立女子短大　昭和学院短大　他
●専門学校　葵会柏看護　北原学院千葉歯科衛生　慈恵柏看護　東京女子医科大看護　日本大松戸歯学部附属歯科衛生　首都医校　中央医療技術　東京栄養食糧　大原簿記　神田外語学院　新宿調理師　東京ﾋﾞｭｰﾃｨｰｱｰﾄ　他

就職実績　日本医科大学千葉北総病院　昭和機工　大和化学工業

国府台女子学院　高等部

普通科　英語科　　平成３１年３月卒業生　女 318　計 318

進路種別		男	女	計
４年制大学	国公立		24	24
	私立		259	259
短期大学	国公立		0	0
	私立		3	3
専門学校			0	0
就職･自営			2	2
その他（未定）※			30	30

就職･自営 0.6%
その他(未定) 9.4%
国公立４年制 7.5%
短期大学 0.9%
私立４年制 81.4%

進学実績　※留学2名含む
●４年制大学　東京大1　千葉大6　筑波大5　早稲田大8　慶応大5　上智大6　東京理科大4　明治大13　青山学院大6　立教大8　中央大8　法政大7　学習院大8　明治学院大5　国学院大8　東邦大13　国際医療福祉大8　日本女子大7　昭和女子大10　星薬科大5

就職実績　東京都職員　自衛隊
部活動　合唱部･ｿﾌﾄﾎﾞｰﾙ部･百人一首競技かるた部(県大会上位ﾚﾍﾞﾙ)　硬式ﾃﾆｽ部･ﾊﾞｽｹｯﾄﾎﾞｰﾙ部･剣道部(県大会ﾚﾍﾞﾙ)
特徴のある部活としてﾀｯﾁﾗｸﾞﾋﾞｰ部、ﾏﾝﾄﾞﾘﾝ部がある。

昭和学院　高等学校

普通科　　平成３１年３月卒業生　男 183　女 225　計 408

進路種別		男	女	計
４年制大学	国公立	2	4	6
	私立	126	150	276
短期大学	国公立	0	0	0
	私立	2	22	24
専門学校				46
就職･自営				7
その他（未定）				49

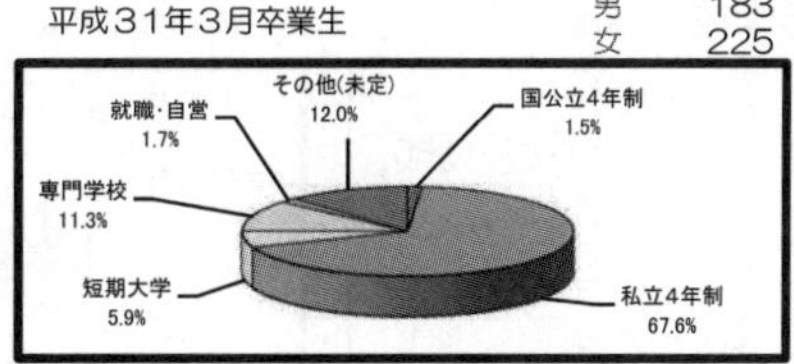

指定校推薦のある大学･学部	
法政大	情報科学
武蔵大	全学部
日本大	理工･文理･法
駒澤大	経済
東邦大	理
工学院大	全学部
東京電機大	全学部
杏林大	総合政策
杏林大	外国語

進学実績
●４年制大学　千葉大1　首都大学東京1　東京海洋大1　茨城大1　都留文科大1　弘前大1　早稲田大3　東京理科大3　明治大4　立教大4　青山学院大3　中央大2　法政大9　学習院大4　国学院大4　津田塾大3　東邦大13　日本女子大3　順天堂大6　東京農業大7
●短期大学　昭和学院短大　大妻女子大短大部　共立女子短大　国学院大栃木短大　東京交通短大　戸板女子短大　他
●専門学校　千葉医療ｾﾝﾀｰ附属看護　日本大医学部附属看護　日本大松戸歯学部附属歯科衛生
就職実績　警察庁　京成電鉄　藤井興業　ｺｼﾞﾏ　美光商会　秀孝会　他
部活動　新体操部(全国総合体育大会団体優勝)　女子ﾊﾞｽｹｯﾄﾎﾞｰﾙ部(ｳｨﾝﾀｰｶｯﾌﾟ2018第3位)
ﾊﾝﾄﾞﾎﾞｰﾙ部･水泳部･吹奏楽部･放送部･ﾊﾞﾄﾝ部(全国大会出場)

私立高校

不二女子　高等学校

普通科　　平成３１年３月卒業生　　女　139　　計　139

進路種別		男	女	計
４年制大学	国公立		0	0
	私立		17	17
短期大学	国公立		0	0
	私立		9	9
専門学校			70	70
就職･自営			30	30
その他（未定）			13	13

その他(未定) 9.4%　私立4年制 12.2%　短期大学 6.5%　就職･自営 21.6%　専門学校 50.4%

指定校推薦のある大学･学部	
目白大	人間･社会
千葉商科大	商経･ｻｰﾋﾞｽ創造
和洋女子大	人文･家政
江戸川大	社会
江戸川大	ﾒﾃﾞｨｱｺﾐｭﾆｹｰｼｮﾝ
川村学園女子大	文
千葉経済大	経済
他	

進学実績
- ●４年制大学　東京家政大1　大妻女子大1　立正大1　淑徳大1　目白大1　千葉商科大4　帝京科学大1　文京学院大1　川村学園女子大1　和洋女子大1　東京未来大2　東洋学園大1　高千穂大1
- ●短期大学　大妻女子大短大部　戸板女子短大　淑徳大短大部　東京経営短大　有明教育芸術短大　聖徳大短大部
- ●専門学校　江戸川看護　日本医科大看護　東京女子医科大看護　草苑保育　東京文化美容　大原法律　文化服装学院　日本外国語　東洋美術　東京医学技術　ｽｶｲ総合ﾍﾟｯﾄ　他

就職実績　日本郵便　日本ﾛｼﾞｽﾃｯｸ　ﾄｰﾊﾝｽﾁｰﾙ　西濃運輸　佐川急便　ﾌﾟﾛﾝﾄｻｰﾋﾞｽ　ﾗｲﾌｺｰﾎﾟﾚｰｼｮﾝ　伊豆榮　他

和洋国府台女子　高等学校

普通科　ファッションテクニックス科　　平成３１年３月卒業生　　女　199　　計　199

進路種別		男	女	計
４年制大学	国公立		2	2
	私立		154	154
短期大学	国公立		0	0
	私立		6	6
専門学校			16	16
就職･自営			1	1
その他（未定）			20	20

就職･自営 0.5%　その他(未定) 10.1%　国公立4年制 1.0%　専門学校 8.0%　短期大学 3.0%　私立4年制 77.4%

指定校推薦のある大学･学部	
上智大	文
東京理科大	理Ⅱ･理工
東京理科大	基礎工
学習院大	文･理
法政大	経済･社会
立命館大	理工
成蹊大	全学部
成城大	文芸
明治学院大	文･社会
明治学院大	法･経済
日本大	法･経済･薬
日本大	生産工･松戸歯
東洋大	文･理工
駒澤大	法
東邦大	理･健康科学
国学院大	文･経済
他	

進学実績
- ●４年制大学　筑波大1　東京理科大1　立教大1　法政大1　学習院大2　成蹊大3　成城大2　明治学院大2　日本大2　駒澤大1　東洋大3　専修大3　獨協大3　国学院大1　武蔵大1　玉川大2　芝浦工業大1　津田塾大1　東京女子大3　日本女子大1　白百合女子大1　清泉女子大2　聖心女子大2　和洋女子大44　他
- ●短期大学　共立女子短大

部活動　卓球部･水泳部(ｲﾝﾀｰﾊｲ常連)　ﾀﾞﾝｽ部(全国大会優勝実績あり)

日出学園　高等学校

普通科　　平成３１年３月卒業生　　男　70　女　75　　計　145

進路種別		男	女	計
４年制大学	国公立	8	0	8
	私立	43	64	107
短期大学	国公立	0	0	0
	私立	1	0	1
専門学校		1	6	7
就職･自営		1	0	1
その他（未定）		16	5	21

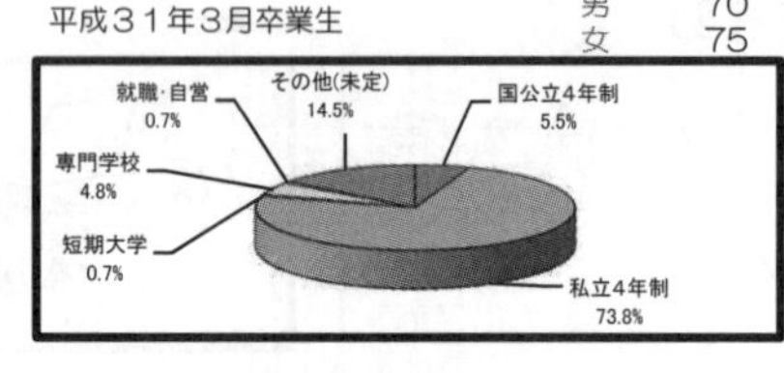

指定校推薦のある大学･学部	
上智大	理工
東京理科大	薬･理工･理
学習院大	経済･文
立教大	文
東邦大	薬･理

進学実績
- ●４年制大学　東京大1　千葉大1　筑波大1　山梨大1　鳥取大1　高崎経済大1　愛媛大1　東京学芸大1　早稲田大2　慶応大1　東京理科大1　学習院大1　青山学院大1　立教大4　明治学院大4　東邦大1　成城大1　成蹊大2　日本大9　芝浦工業大1
- ●短期大学　日本大短大部
- ●専門学校　ﾋﾞｼﾞｮﾅﾘｰｱｰﾂ　中央工学校　東放学園　松戸市立総合医療ｾﾝﾀｰ附属看護　青葉看護

就職実績　kookoo&co
部活動　ﾊﾞﾄﾝﾄﾜﾘﾝｸﾞ部(全日本ﾊﾞﾄﾝﾄﾜｰﾘﾝｸﾞ選手権関東支部大会出場)　女子硬式ﾃﾆｽ部(第10地区新人大会ﾀﾞﾌﾞﾙｽ優勝)

東海大学付属浦安　高等学校

普通科　　平成３１年３月卒業生　　男　287　女　134　　計　421

進路種別		男	女	計
４年制大学	国公立	0	0	0
	私立	266	100	366
短期大学	国公立	0	0	0
	私立	5	17	22
専門学校		2	9	11
就職･自営		1	0	1
その他（未定）		13	8	21

専門学校 2.6%　就職･自営 0.2%　その他(未定) 5.0%　短期大学 5.2%　私立4年制 86.9%

進学実績
- ●４年制大学　慶応大1　東京理科大1　青山学院大2　明治大1　法政大1　明治学院大1　東洋大2　駒澤大1　順天堂大3　武蔵野大2　国士舘大2　拓殖大1　東京医療保健大1　帝京大1　帝京平成大3　東京音楽大2　大阪音楽大1　和洋女子大2　山梨学院大3　東海大314
- ●短期大学　東海大短大部　東海大医療技術短大　共立女子短大　ﾊﾜｲ東海ｲﾝﾀｰﾅｼｮﾅﾙｶﾚｯｼﾞ
- ●専門学校　東京女子医科大看護　亀田医療技術　東京医薬　東京健康科学　神田外語学院　日本外国語　ｽﾘﾑﾋﾞｭｰﾃｨﾊｳｽｱｶﾃﾞﾐｰ

就職実績　ﾘﾚｰｼｮﾝ
部活動　柔道部、剣道部、水泳部、陸上競技部

私立高校

東京学館浦安　高等学校　普通科

平成３１年３月卒業生　男 288　女 190　計 478

進路種別		男	女	計
4年制大学	国公立	5	1	6
	私立	150	110	260
短期大学	国公立	0	0	0
	私立	1	11	12
専門学校		52	55	107
就職･自営		6	8	14
その他（未定）		74	5	79

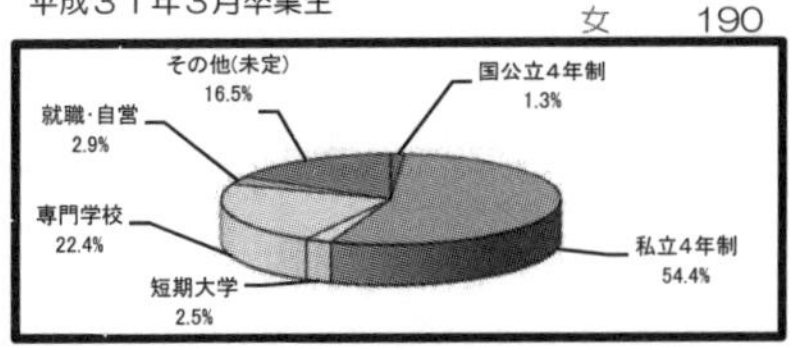

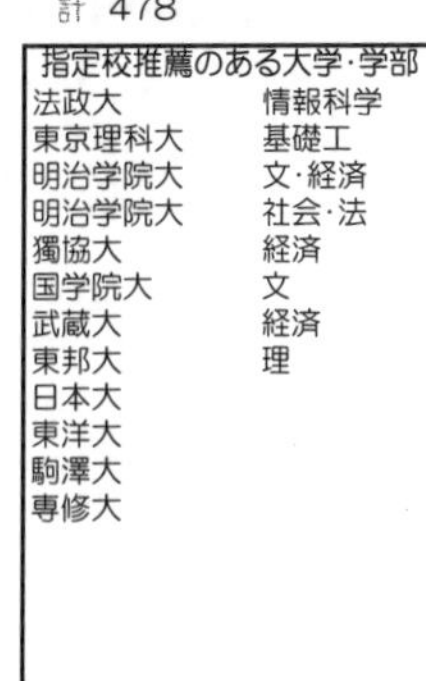

指定校推薦のある大学･学部	
法政大	情報科学
東京理科大	基礎工
明治学院大	文･経済
明治学院大	社会･法
獨協大	経済
国学院大	文
武蔵大	経済
東邦大	理
日本大	
東洋大	
駒澤大	
専修大	

進学実績
- ●4年制大学　筑波大1　東京学芸大1　千葉大2　新潟大1　岩手大1　慶応大1　東京理科大1　明治大1　青山学院大1　中央大1　法政大1　明治学院大5　獨協大3　武蔵大1　日本女子大1　東邦大2　日本大12　東洋大10　駒澤大5　専修大2
- ●短期大学　共立女子短大　千葉経済大短大部　東京経営短大　昭和学院短大　他
- ●専門学校　青山製図　神田外語学院　国際航空　東京ｺﾐｭﾆｹｰｼｮﾝｱｰﾄ　東京ｽﾎﾟｰﾂ･ﾚｸﾘｴｰｼｮﾝ　日本外国語　早稲田美容　他

部活動　ﾃﾆｽ部･卓球部(全国選抜大会出場)　女子剣道部(関東大会個人優勝、県新人大会団体優勝)
野球部(西千葉大会準優勝)　ﾁｱﾀﾞﾝｽ部(USA Regionals千葉大会Song/Pom dance部門1位)

聖徳大学附属女子　高等学校　普通科　音楽科

平成３１年３月卒業生　女 112　計 112

進路種別		男	女	計
4年制大学	国公立		0	0
	私立		91	91
短期大学	国公立		0	0
	私立		13	13
専門学校			7	7
就職･自営			0	0
その他（未定）			1	1

その他(未定) 0.9%　専門学校 6.3%　短期大学 11.6%　私立4年制 81.3%

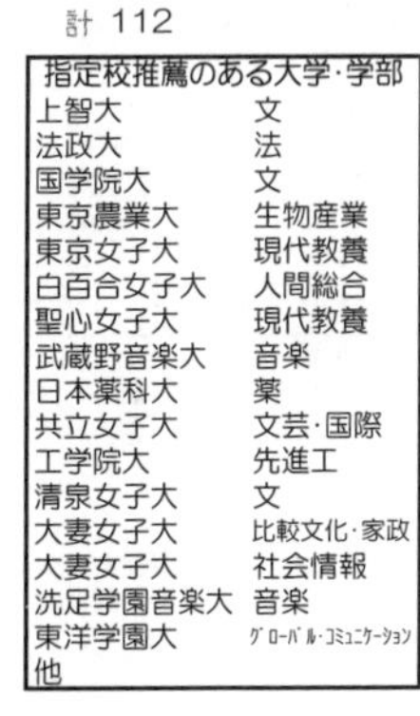

指定校推薦のある大学･学部	
上智大	文
法政大	法
国学院大	文
東京農業大	生物産業
東京女子大	現代教養
白百合女子大	人間総合
聖心女子大	現代教養
武蔵野音楽大	音楽
日本薬科大	薬
共立女子大	文芸･国際
工学院大	先進工
清泉女子大	文
大妻女子大	比較文化･家政
大妻女子大	社会情報
洗足学園音楽大	音楽
東洋学園大	ｸﾞﾛｰﾊﾞﾙ･ｺﾐｭﾆｹｰｼｮﾝ
他	

進学実績
- ●4年制大学　聖徳大25　上智大2　青山学院大1　明治学院大1　立教大1　法政大1　東京農業大2　国学院大1　神田外語大1　日本女子大1　東京女子大1　共立女子大3　学習院女子大1　大妻女子大4　白百合女子大1　ﾌｪﾘｽ女学院大2　聖心女子大2　国立音楽大4　桐朋学園大3　武蔵野音楽大2　洗足学園音楽大2　他
- ●短期大学　聖徳大短大部　東京経営短大　大垣女子短大
- ●専門学校　ﾍﾞﾙｴﾎﾟｯｸ美容　東京ｺﾐｭﾆｹｰｼｮﾝｱｰﾄ　江戸川学園おおたかの森　埼玉ﾍﾞﾙｴﾎﾟｯｸ製菓調理　神田外語学院　東京ｽｸｰﾙｵﾌﾞﾐｭｰｼﾞｯｸ&ﾀﾞﾝｽ

部活動　書道部(第60回全国書道展外務大臣賞、全国総合文化祭文化連盟賞、第62回全国学芸ｻｲｴﾝｽｺﾝｸｰﾙ学校奨励賞)
ｽｷｰ部(全国大会回転競技･大回転競技出場)　ﾊﾞﾄﾝ部(第46回ﾊﾞﾄﾝﾄﾜｰﾘﾝｸﾞ全国大会銀賞)
ﾀﾞﾝｽ部(全国ﾀﾞﾝｽﾄﾞﾘﾙ選手権大会出場)　吹奏楽部(第18回東日本吹奏楽大会銀賞)　他

専修大学松戸　高等学校　普通科

平成３１年３月卒業生　男 244　女 171　計 415

進路種別		男	女	計
4年制大学	国公立	197	155	352
	私立			
短期大学	国公立	0	3	3
	私立			
専門学校		1	1	2
就職･自営		0	0	0
その他（未定）		46	12	58

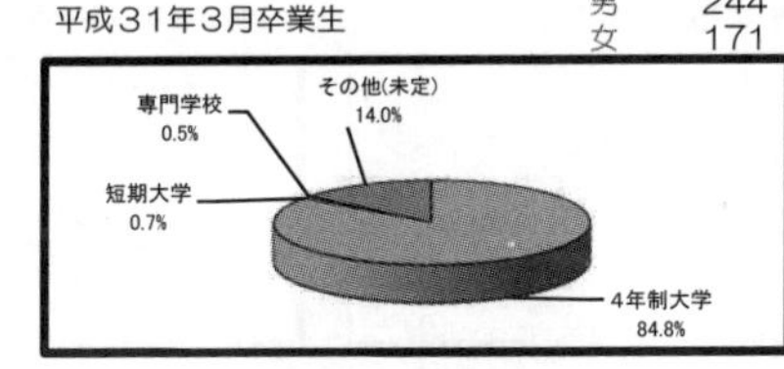

指定校推薦のある大学･学部	
早稲田大	文化構想･商
早稲田大	基幹理工
早稲田大	創造理工
上智大	理工･外国語
上智大	総合人間科学
上智大	文･経済･法
上智大	綜合ｸﾞﾛｰﾊﾞﾙ
東京理科大	理工･薬･理
東京理科大	基礎工･経営
明治大	文･政治経済
青山学院大	理工･法
青山学院大	総合文化政策

進学実績
- ●4年制大学　早稲田大10　慶応大10　上智大21　東京理科大17　明治大13　青山学院大10　立教大16　中央大11　法政大25　学習院大10　日本大15　東洋大10　芝浦工業大9　専修大47
- ●短期大学　上智大短大部　共立女子短大

部活動　相撲部(県大会個人軽重量級3位)　陸上競技部(H29年度全国競技大会2000m障害8位入賞)
ﾗｸﾞﾋﾞｰ部(H29年度県大会準優勝)　野球部(H29年度夏季県大会ﾍﾞｽﾄ8)　合唱部(H29年度県ｺﾝｸｰﾙ金賞)　他

芝浦工業大学柏　高等学校　普通科

平成３１年３月卒業生　男 200　女 81　計 281

進路種別		男	女	計
4年制大学	国公立	27	6	33
	私立	126	67	193
短期大学	国公立	0	0	0
	私立	0	0	0
専門学校		0	0	0
就職･自営		0	0	0
その他（未定）※		47	8	55

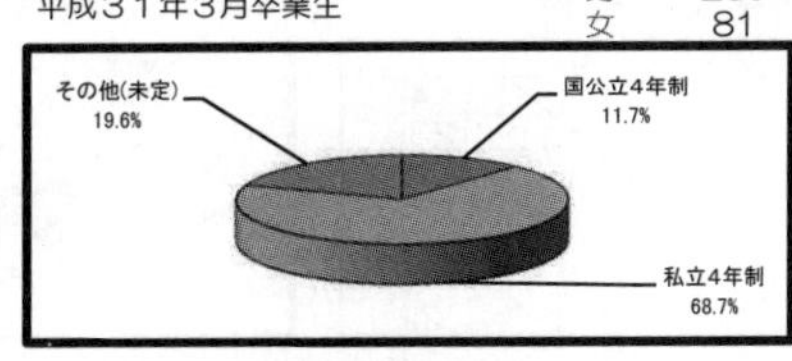

指定校推薦のある大学･学部	
首都大学東京	都市環境
慶應大	理工
早稲田大	基幹理工
早稲田大	創造理工
上智大	理工
東京理科大	理工･薬
明治大	理工
立教大	理
中央大	理工
法政大	理工
学習院大	文･法
獨協大	外国語
東邦大	理
他	

進学実績　※海外1名含む
- ●4年制大学　東京大3　東京工業大2　筑波大2　千葉大7　九州大1　東京海洋大1　首都大学東京3　茨城大3　信州大1　早稲田大11　慶應大2　上智大6　東京理科大18　学習院大8　青山学院大2　中央大8　明治大6　立教大13　同志社大1　立命館大1

部活動　科学部(日本学生科学賞日本科学未来館賞受賞、日本代表ISEF派遣決定)　水泳部(全日本ﾕｰｽ水球大会2位)
ｻｯｶｰ部(県新人大会ﾍﾞｽﾄ8、県大会ﾍﾞｽﾄ16)　ﾗｸﾞﾋﾞｰ部(県大会ﾍﾞｽﾄ8)
陸上競技部、吹奏楽部等も活躍している。

私立高校

日本体育大学柏　高等学校　普通科

平成３１年３月卒業生　男 305　女 210　計 515

進路種別		男	女	計
４年制大学	国公立	3	2	5
	私立	181	114	295
短期大学	国公立	0	0	0
	私立	1	12	13
専門学校		54	66	120
就職・自営		13	4	17
その他（未定）		53	12	65

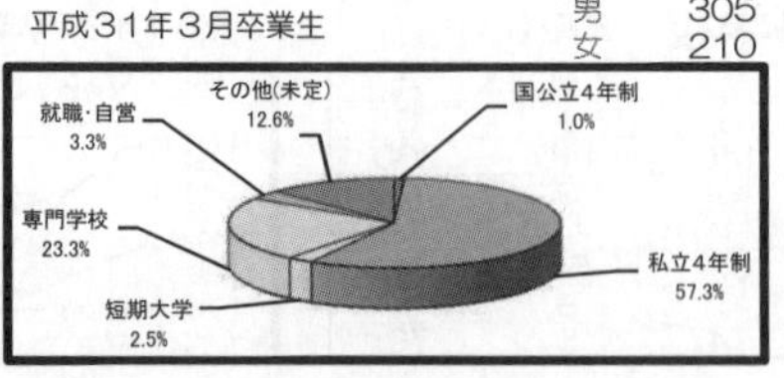

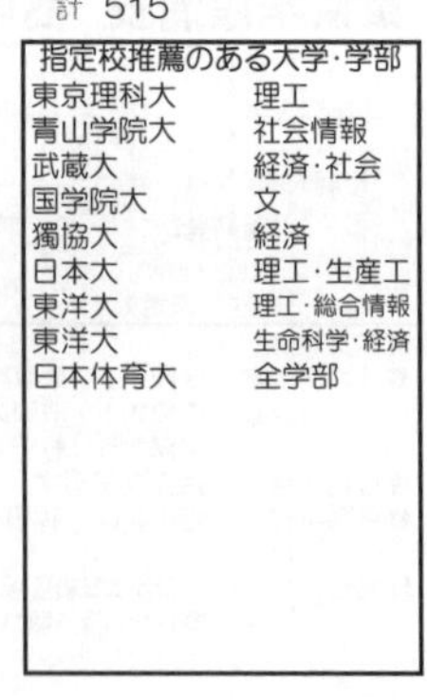

指定校推薦のある大学・学部	
東京理科大	理工
青山学院大	社会情報
武蔵大	経済・社会
国学院大	文
獨協大	経済
日本大	理工・生産工
東洋大	理工・総合情報
東洋大	生命科学・経済
日本体育大	全学部

進学実績
●４年制大学　筑波大1　横浜市立大1　琉球大1　福島大1　早稲田大2　東京理科大1　明治大2　立教大1　青山学院大1　法政大2　中央大1　学習院大1　武蔵大2　成蹊大1　国学院大3　獨協大3　明治学院大1　日本大16　東洋大9　日本体育大41
●短期大学　国学院大北海道短大部
●専門学校　慈恵柏看護　葵会柏看護　松戸市立総合医療ｾﾝﾀｰ附属看護
就職実績　千葉県警　日立柏ﾚｲｿﾙ　日本郵便
部活動　ﾚｽﾘﾝｸﾞ部(ｲﾝﾀｰﾊｲ学校対抗戦・男子125kg級優勝、国体男子55kg級・125kg級優勝)
陸上競技部(U-18日本選手権男子棒高跳5位、ｲﾝﾀｰﾊｲ男女棒高跳出場)
男子ﾊﾞｽｹｯﾄﾎﾞｰﾙ部(ｳｨﾝﾀｰｶｯﾌﾟ県予選優勝、全国大会出場)

麗澤　高等学校　普通科

平成３１年３月卒業生　男 121　女 131　計 252

進路種別		男	女	計
４年制大学	国公立	11	10	21
	私立	87	107	194
短期大学	国公立	0	0	0
	私立	2	2	4
専門学校		2	2	4
就職・自営		0	0	0
その他（未定）		19	10	29

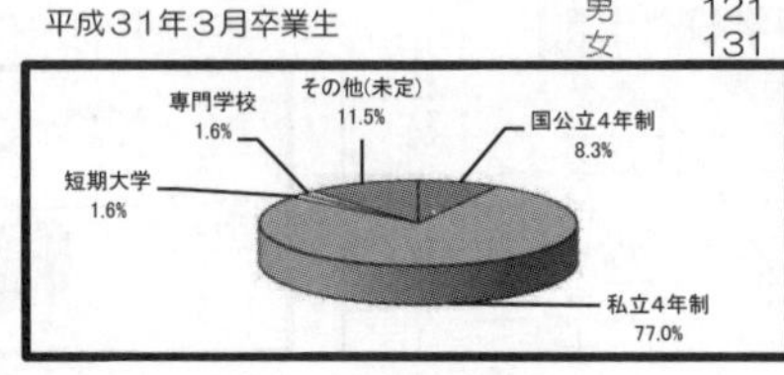

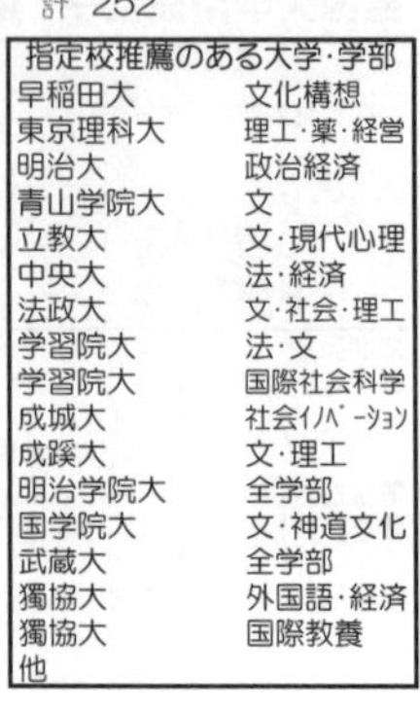

指定校推薦のある大学・学部	
早稲田大	文化構想
東京理科大	理工・薬・経営
明治大	政治経済
青山学院大	文
立教大	文・現代心理
中央大	法・経済
法政大	文・社会・理工
学習院大	法・文
学習院大	国際社会科学
成城大	社会ｲﾉﾍﾞｰｼｮﾝ
成蹊大	文・理工
明治学院大	全学部
国学院大	文・神道文化
武蔵大	全学部
獨協大	外国語・経済
獨協大	国際教養
他	

進学実績
●４年制大学　北海道大1　東京外国語大1　筑波大2　千葉大3　東京学芸大1　東京農工大1　首都大学東京1　信州大2　静岡大1　国際教養大1　大阪市立大1　早稲田大3　慶応大1　東京理科大9　上智大1　明治大7　青山学院大3　立教大4　中央大5　法政大4

部活動　ｺﾞﾙﾌ部(H29年度全国大会団体準優勝)　百人一首研究会(H29年度全国大会出場)
空手道部(H29年度関東大会団体形ﾍﾞｽﾄ16)　ﾗｸﾞﾋﾞｰ部(H29年度関東合同ﾁｰﾑ大会出場)　他

流通経済大学付属柏　高等学校　普通科

平成３１年３月卒業生　男 230　女 159　計 389

進路種別		男	女	計
４年制大学	国公立	5	2	7
	私立	176	122	298
短期大学	国公立	0	0	0
	私立	0	2	2
専門学校		14	20	34
就職・自営		8	1	9
その他（未定）		27	12	39

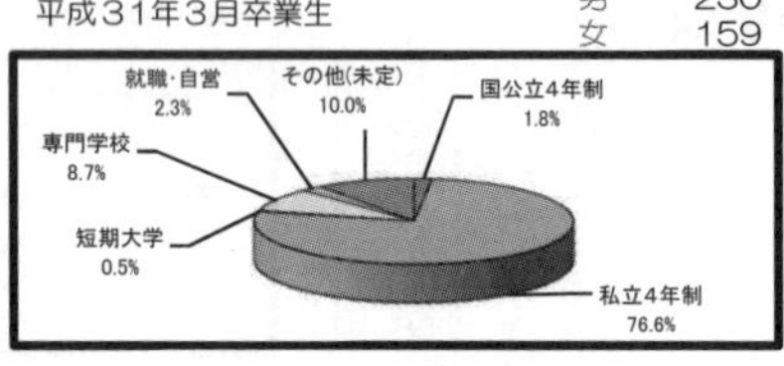

指定校推薦のある大学・学部	
東京理科大	理工
青山学院大	法
学習院大	法・文
法政大	法・経済
法政大	ｷｬﾘｱﾃﾞｻﾞｲﾝ
成城大	経済・文芸
武蔵大	経済・社会
芝浦工業大	全学部
東邦大	理
日本女子大	人間社会
明治学院大	経済・社会
明治学院大	文・法
東京農業大	生物産業
聖心女子大	現代教養

進学実績
●４年制大学　筑波大1　千葉大1　電気通信大2　横浜市立大1　埼玉大1　茨城大1　埼玉県立大1　早稲田大1　東京理科大1　学習院大3　明治大3　青山学院大5　立教大2　法政大7　中央大1　立命館大1　東邦大4　日本女子大1　東京女子医科大1　明治学院大4
●短期大学　大妻女子大短大部　実践女子大短大部
●専門学校　船橋市立看護　野田看護　慈恵看護　慈恵柏看護
就職実績　鹿島ｱﾝﾄﾗｰｽﾞFC　琉球ﾌｯﾄﾎﾞｰﾙｸﾗﾌﾞ
部活動　男子ｻｯｶｰ部(全国高校ｻｯｶｰ選手権2年連続準優勝)　ﾗｸﾞﾋﾞｰ部(全国ﾗｸﾞﾋﾞｰﾌｯﾄﾎﾞｰﾙ大会第3位)

二松学舎大学附属柏　高等学校　普通科

平成３１年３月卒業生　男 159　女 142　計 301

進路種別		男	女	計
４年制大学	国公立			4
	私立			238
短期大学	国公立			0
	私立			7
専門学校				27
就職・自営				3
その他（未定）				22

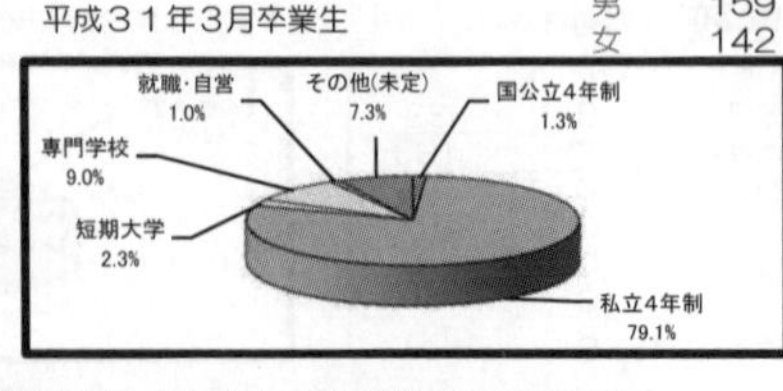

指定校推薦のある大学・学部	
東京理科大	理工
同志社大	経済
武蔵大	人文・経済
日本女子大	文
獨協大	経済・法
東洋大	法・経営・文
東洋大	生命科学
日本大	商・法・理工
日本大	文理・生産工
専修大	文
駒澤大	法
二松学舎大	文・国際政治経済

進学実績
●４年制大学　筑波大2　茨城大1　埼玉県立大1　早稲田大1　東京理科大2　明治大1　青山学院大2　中央大2　法政大1　学習院大1　武蔵大1　芝浦工業大1　成城大2　日本女子大2　獨協大6　明治学院大1　北里大1　東洋大5　日本大7　二松学舎大45
●短期大学　戸板女子短大　国際学院埼玉短大　香蘭女子短大　東京経営短大　東邦音楽短大　聖徳大短大部
●専門学校　葵会柏看護　慈恵柏看護　東京警察病院看護　松戸市立総合医療ｾﾝﾀｰ附属看護　日本外国語　神田外語学院　桑沢ﾃﾞｻﾞｲﾝ研究所　尚美ﾐｭｰｼﾞｯｸｶﾚｯｼﾞ　東京工学院　他

私立高校

西武台千葉　高等学校

普通科　　平成３１年３月卒業生　　男 187　女 122　計 309

進路種別		男	女	計
4年制大学	国公立	8	1	9
	私立	130	75	205
短期大学	国公立	0	0	0
	私立	0	5	5
専門学校		15	27	42
就職･自営		5	5	10
その他（未定）		29	9	38

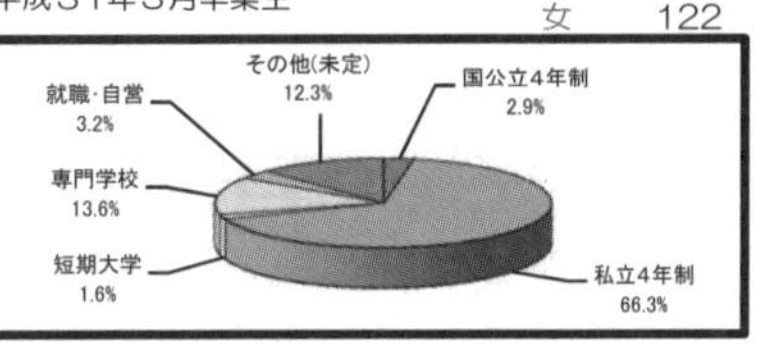

指定校推薦のある大学･学部
東京理科大
法政大
成城大
獨協大
日本大
東洋大
駒澤大
国学院大
文教大

進学実績
- ●4年制大学　横浜国立大1　筑波大2　茨城大1　静岡大1　山口大1　埼玉県立大1　青山学院大1　中央大1　法政大5　学習院大1　成城大1　成蹊大1　獨協大6　国学院大5　順天堂大1　駒澤大3　専修大1　東洋大10　日本大18　文教大5
- ●短期大学　山村学園短大　聖徳大短大部　実践女子大短大部　東京成徳短大　戸板女子短大
- ●専門学校　野田看護　獨協医科大附属看護　春日部市立看護　中央工学校　他

就職実績　公務員　日本郵便　ｼﾞｪｲｱｰﾙ東海ﾊﾟｯｾﾝｼﾞｬｰｽﾞ　日立物流　他

部活動　陸上競技部(全国大会100m･走幅跳優勝)　ﾊﾞﾄﾞﾐﾝﾄﾝ部(全国選抜大会ｼﾝｸﾞﾙｽ2位)　ﾀﾞﾝｽﾄﾞﾘﾙ部(全日本大会入賞)

我孫子二階堂　高等学校

普通科　　平成３１年３月卒業生　　男 110　女 72　計 182

進路種別		男	女	計
4年制大学	国公立			0
	私立			62
短期大学	国公立			0
	私立			5
専門学校				74
就職･自営				19
その他（未定）				22

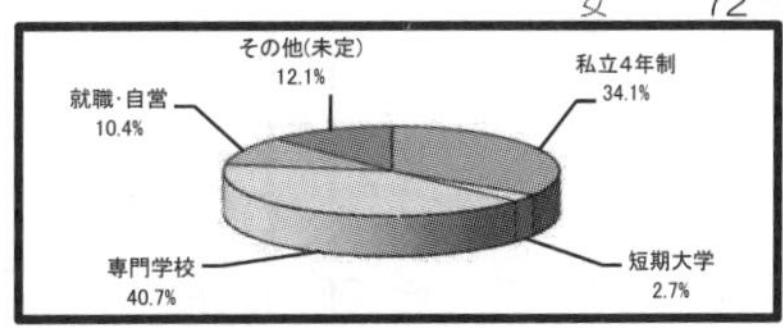

指定校推薦のある大学･学部
拓殖大
江戸川大
流通経済大
跡見学園女子大
帝京科学大
聖徳大
他

進学実績
- ●4年制大学　千葉工業大2　川村学園女子大1　江戸川大6　千葉商科大6　流通経済大6　帝京科学大5
- ●短期大学　共立女子短大　昭和学院短大　日本大短大部　目白大短大部　聖徳大短大部
- ●専門学校　葵会柏看護　国際理容美容　日本外国語　船橋情報ﾋﾞｼﾞﾈｽ　他

就職実績　警察官　自衛官候補生　SIA　岡本硝子　ｶｸﾔｽ　KHK野田　他

部活動　書道部(第23回全日本高校･大学生書道展大賞･全国第1席を獲得)　柔道部(県大会3位･男子団体ﾍﾞｽﾄ16)

中央学院　高等学校

普通科　　平成３１年３月卒業生　　男 192　女 167　計 359

進路種別		男	女	計
4年制大学	国公立	1	0	1
	私立	159	116	275
短期大学	国公立	0	0	0
	私立	0	12	12
専門学校		15	34	49
就職･自営		3	1	4
その他（未定）		14	4	18

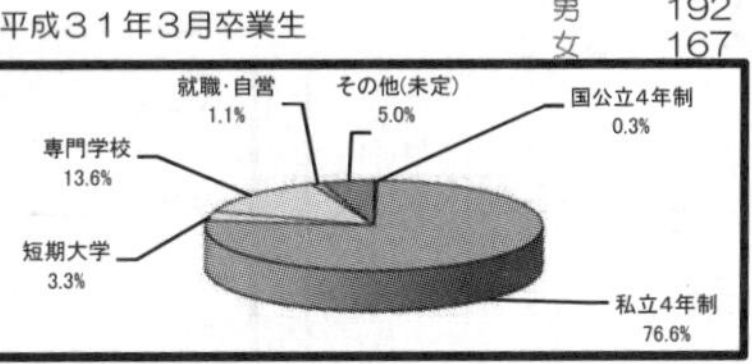

指定校推薦のある大学･学部
獨協大
武蔵野大
日本大
東洋大
駒澤大
専修大
帝京大
東海大
玉川大
千葉工業大
国士舘大
大東文化大
拓殖大
大妻女子大
亜細亜大
共立女子大
他

進学実績
- ●4年制大学　防衛大学校1　獨協大1　武蔵野大4　日本大6　東洋大4　駒澤大4　専修大1　帝京大4　東京農業大1　神田外語大1　千葉工業大5　東海大4　立正大10　大東文化大4　亜細亜大3　拓殖大5　東京電機大4　産業能率大2　明海大8　東京経済大5
- ●短期大学　共立女子短大　上智大短大部　大妻女子大短大部　戸板女子短大　千葉敬愛短大　淑徳大短大部　千葉経済大短大部　貞静学園短大　聖徳大短大部　他
- ●専門学校　慈恵柏看護　太陽歯科衛生士　大原簿記　山手調理製菓　北原学院歯科衛生　竹早教員保育士養成所　東葛看護　日本航空　日本自動車大学校　江戸川学園おおたかの森　他

就職実績　ﾔｵｺｰ　ｾｶﾞｻﾐｰﾎｰﾙﾃﾞｨﾝｸﾞｽ　東苑　俵屋旅館

部活動　野球部(春夏甲子園大会出場)　書道部(書道甲子園出場)

愛国学園大学附属四街道　高等学校

普通科　　平成３１年３月卒業生　　女 66　計 66

進路種別		男	女	計
4年制大学	国公立		0	0
	私立		3	3
短期大学	国公立		0	0
	私立		7	7
専門学校			34	34
就職･自営			13	13
その他（未定）			9	9

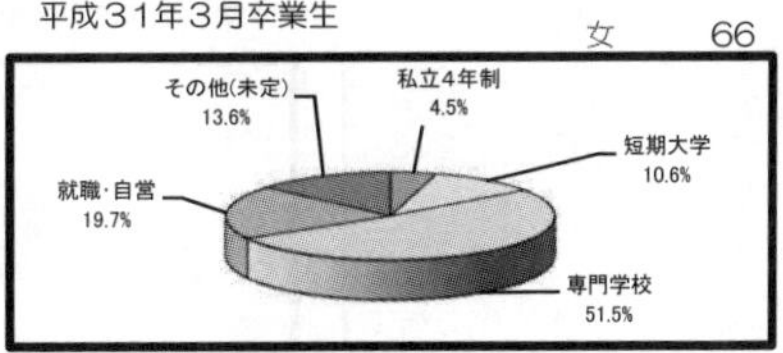

指定校推薦のある大学･学部
千葉商科大
和洋女子大
城西国際大
東京情報大
川村学園女子大
東京成徳大
千葉経済大
中央学院大
植草学園大
他

進学実績
- ●4年制大学　城西国際大1　和洋女子大1　千葉経済大1
- ●短期大学　愛国学園短大　文化学園大短大部　千葉経済大短大部
- ●専門学校　愛国学園保育　国際ﾄﾗﾍﾞﾙ･ﾎﾃﾙ･ﾌﾞﾗｲﾀﾞﾙ　大原医療秘書福祉　千葉ﾋﾞｭｰﾃｨｰ&ﾌﾞﾗｲﾀﾞﾙ　国際理工情報ﾃﾞｻﾞｲﾝ　ちば愛犬動物ﾌﾗﾜｰ　新国際福祉ｶﾚｯｼﾞ　千葉医療秘書　千葉こども　千葉女子　他

就職実績　Blue Ocean　麻倉ｺﾞﾙﾌ倶楽部　航空保安事業ｾﾝﾀｰ　ｵｰｹｰ　東洋ﾄﾗﾌｨｯｸｻｰﾋﾞｽ　山田ｺﾞﾙﾌ倶楽部　ｴﾇﾃｰｱｸｱｻｲﾝｽﾞ　ﾌｰﾄﾞｻﾌﾟﾗｲ　ﾜﾀｷｭｰｾｲﾓｱ　ｹｰｽﾞﾈｯﾄﾜｰｸ　ﾐｭｾﾞﾌﾟﾗﾁﾅﾑ　ｾﾞﾈﾗﾙｻｰﾋﾞｽ

部活動　吹奏楽部(ｺﾝｸｰﾙ上位入賞を目指して毎日活動している)　ﾊﾞﾚｰﾎﾞｰﾙ部、ﾊﾞｽｹｯﾄﾎﾞｰﾙ部、ｿﾌﾄﾃﾆｽ部、JRC部

私立高校

千葉敬愛 高等学校

普通科　　平成３１年３月卒業生　男 222　女 251　計 473

進路種別		男	女	計
4年制大学	国公立	3	3	6
	私立	138	158	296
短期大学	国公立	0	0	0
	私立	1	9	10
専門学校		16	52	68
就職·自営		5	0	5
その他（未定）		59	29	88

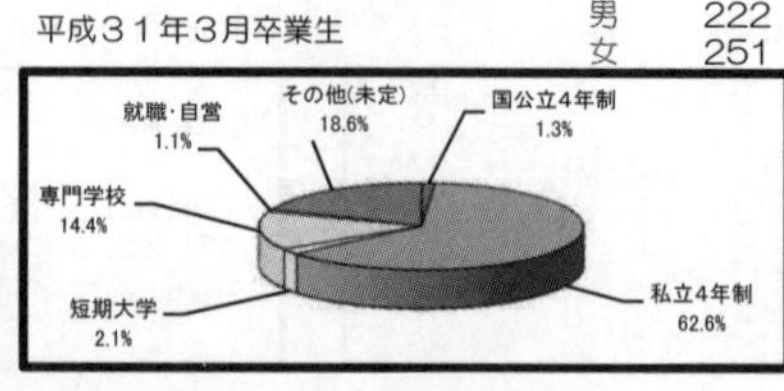

指定校推薦のある大学·学部	
明治大	理工
立教大	文
中央大	理工
法政大	理工
青山学院大	地球社会共生
学習院大	法·経済
東京理科大	

進学実績
●4年制大学　東京工業大1　千葉大1　横浜国立大1　東京学芸大1　県立保健医療大1　静岡文化芸術大1　東京理科大1　青山学院大2　立教大2　明治大3　学習院大3　東邦大7　日本大19　東洋大8　駒澤大2　専修大7　神田外語大6　武蔵野大6　立正大12　千葉商科大11
●短期大学　千葉敬愛短大

就職実績　千葉県警　八千代市消防本部　佐倉市八街市酒々井町消防組合

東京学館 高等学校

普通科　　平成３１年３月卒業生　男 216　女 119　計 335

進路種別		男	女	計
4年制大学	国公立	2	1	3
	私立	123	60	183
短期大学	国公立	0	0	0
	私立	0	9	9
専門学校		47	39	86
就職·自営		26	5	31
その他（未定）※		18	5	23

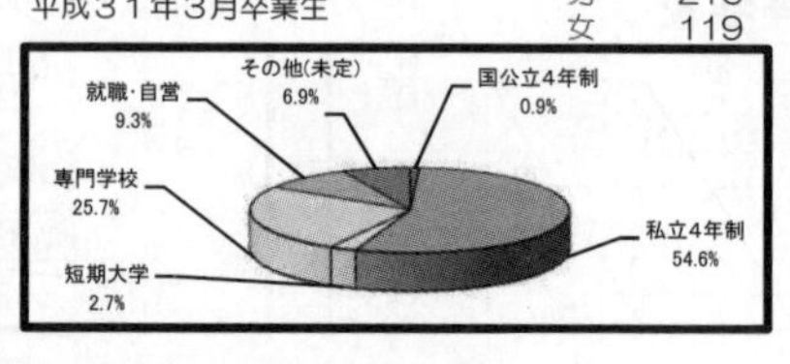

指定校推薦のある大学·学部	
東京理科大	理
獨協大	法
東邦大	理
武蔵野大	経済
玉川大	経営·工·農·教育
駒澤大	法
東洋大	経済
日本大	生産工·理工
実践女子大	人間社会
大妻女子大	文·家政
立正大	文·経済·法
立正大	社会福祉
国士舘大	法
帝京大	経済
亜細亜大	経済·経営·法
亜細亜大	国際関係
他	

進学実績　※留学2名含む
●4年制大学　千葉大3　東京理科大1　上智大2　成城大1　国学院大1　獨協大1　東邦大4　東京家政大1　文教大1　武蔵野大6　玉川大5　駒澤大1　東洋大7　日本大8　神田外語大1　大妻女子大2　立正大5　千葉工業大7　国士舘大1　神奈川大1　国際医療福祉大1　京都先端科学大1
●短期大学　千葉敬愛短大　千葉経済大短大部　東京経営短大　千葉明徳短大　植草学園短大
●専門学校　神田外語学院　国際理工情報ﾃﾞｻﾞｲﾝ　亀田医療技術　二葉看護学院　船橋情報ﾋﾞｼﾞﾈｽ　山野美容　八千代ﾘﾊﾋﾞﾘﾃｰｼｮﾝ学院　日本工学院　東京法律　上野法律
就職実績　千葉県警　自衛隊　日本郵便　山崎製ﾊﾟﾝ　JFEﾌﾟﾗﾝﾄｴﾝｼﾞ　ｺｸﾖ　ｼﾞｪｲ·ｴｽ·ｴｽ　住友建機　米屋　JALｶｰｺﾞ ﾊﾝﾄﾞﾘﾝｸﾞ
部活動　体操部·陸上競技部(ｲﾝﾀｰﾊｲ出場)

千葉黎明 高等学校

普通科　生産ビジネス科　　平成３１年３月卒業生　男 158　女 104　計 262

進路種別		男	女	計
4年制大学	国公立	0	1	1
	私立	104	57	161
短期大学	国公立	0	0	0
	私立	6	15	21
専門学校		31	20	51
就職·自営		12	11	23
その他（未定）		5	0	5

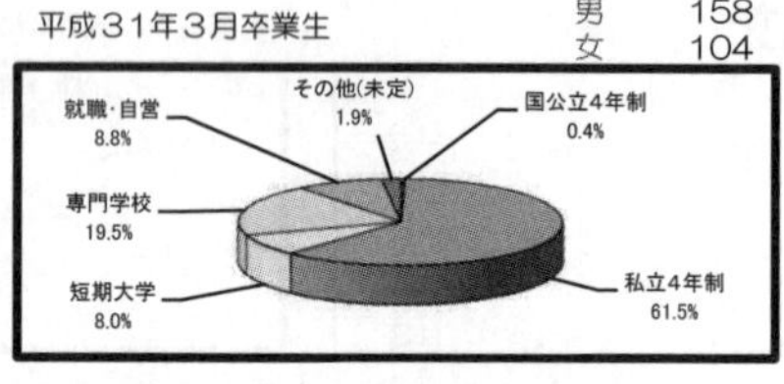

指定校推薦のある大学·学部	
日本大	理工·生産工
東洋大	経済
駒澤大	法
専修大	経済
東邦大	理
玉川大	工·経営·芸術
女子栄養大	栄養
亜細亜大	経営·法
帝京大	文
共立女子大	国際
東京電機大	ｼｽﾃﾑﾃﾞｻﾞｲﾝ工
東京電機大	理工
和洋女子大	全学部

進学実績
●4年制大学　千葉大1　東京理科大2　明治大1　国学院大1　日本大3　東洋大2　駒澤大1　専修大2　東邦大3　順天堂大2　北里大1　東海大1　亜細亜大3　国士舘大3　二松学舎大3　大東文化大1　帝京大1　神田外語大2　東京家政大3　国際医療福祉大3
●短期大学　国学院大北海道短大部　帝京短大　戸板女子短大　昭和学院短大　千葉敬愛短大　植草学園短大　他
●専門学校　中央医療技術　八千代ﾘﾊﾋﾞﾘﾃｰｼｮﾝ学院　東京IT会計法律　東京商科·法科学院　早稲田美容
就職実績　陸上自衛隊　千葉県警　JR東日本　国際医療福祉大学　新八街総合病院　ﾄｳｽﾞ
部活動　ｺﾞﾙﾌ部(全国大会·関東大会出場)　ｱｰﾁｪﾘｰ部(ｲﾝﾀｰﾊｲ出場)　工学部(ｿｰﾗｰｶｰﾚｰｽ鈴鹿E1ｸﾗｽ準優勝)　ｿﾌﾄﾃﾆｽ部(ｲﾝﾀｰﾊｲ女子個人出場、関東大会男女出場)　吹奏楽部(日本管楽合奏ｺﾝﾃｽﾄ出場)　野球部·陸上競技部(関東大会出場)　女子ｿﾌﾄﾎﾞｰﾙ部(東日本大会出場)

成田 高等学校

普通科　　平成３１年３月卒業生　男 198　女 137　計 335

進路種別		男	女	計
4年制大学	国公立	31	17	48
	私立	98	107	205
短期大学	国公立	0	0	0
	私立	0	0	0
専門学校		1	1	2
就職·自営		3	1	4
その他（未定）		65	11	76

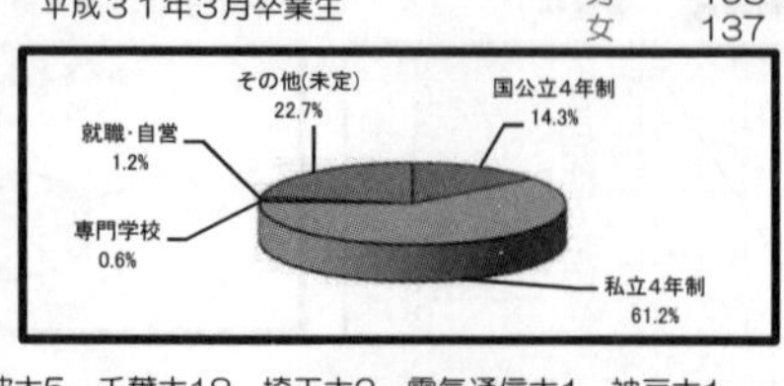

指定校推薦のある大学·学部	
東京理科大	理工·経営·工
明治大	理工·経営
明治大	政治経済
青山学院大	経営·文
立教大	経済·文·法
中央大	商·法
法政大	法·経済·理工
学習院大	文·法·経済·理

進学実績
●4年制大学　一橋大1　大阪大1　九州大1　東京外国語大2　筑波大5　千葉大18　埼玉大2　電気通信大1　神戸大1　長崎大1　琉球大1　早稲田大3　慶応大3　東京理科大4　学習院大7　明治大6　青山学院大2　立教大7　中央大3　法政大9

部活動　野球部、陸上競技部、競技かるた部、放送部、水泳部、弓道部、ﾀﾞﾝｽﾄﾞﾘﾙ部　他

私立高校

千葉萌陽　高等学校

普通科　平成31年３月卒業生　女 40　計 40

進路種別		男	女	計
４年制大学	国公立		0	0
	私立		2	2
短期大学	国公立		0	0
	私立		3	3
専門学校			15	15
就職・自営			18	18
その他（未定）			2	2

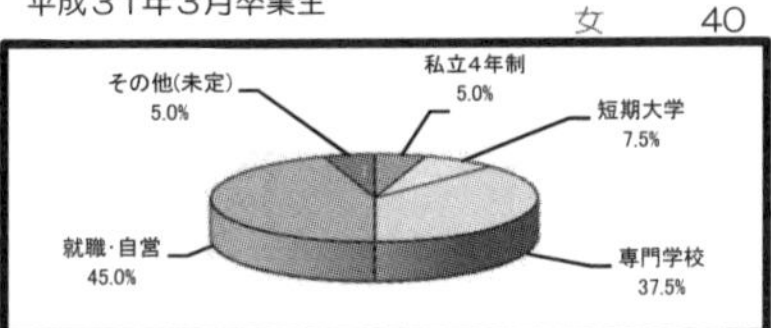

指定校推薦のある大学・学部	
城西国際大	全学部
江戸川大	全学部
千葉商科大	全学部
千葉科学大	全学部
淑徳大	全学部
駒沢女子大	全学部
東京家政学院大	現代生活
川村学園女子大	全学部
和洋女子大	全学部
敬愛大	全学部
千葉経済大	全学部
聖徳大	全学部
多摩大	全学部
東洋学園大	全学部
他	

進学実績
- ●４年制大学　城西国際大1　和洋女子大1
- ●短期大学　千葉経済大短大部　昭和学院短大　千葉明徳短大
- ●専門学校　白十字看護　服部栄養　東京ﾍﾞﾙｴﾎﾟｯｸ製菓調理　千葉ﾋﾞｭｰﾃｨｰ&ﾌﾞﾗｲﾀﾞﾙ　ｱｲｴｽﾃﾃｨｯｸ　ｼﾞｪｲﾍｱﾒｲｸ　千葉情報経理　国際理工情報ﾃﾞｻﾞｲﾝ　国際ﾄﾗﾍﾞﾙ･ﾎﾃﾙ･ﾌﾞﾗｲﾀﾞﾙ　千葉ﾃﾞｻﾞｲﾅｰ学院　ちば愛犬動物ﾌﾗﾜｰ　ﾋｺ･みづのｼﾞｭｴﾘｰｶﾚｯｼﾞ

就職実績　佐原信用金庫　佐原税理士法人　青柳食品　ﾊｰﾊﾞｰｺｽﾒﾃｨｸｽ　町山製作所　成田空港警備　ﾃｨｴﾌｹｰ　ｶｽﾐ　ﾜｰﾙﾄﾞｴﾝﾀﾌﾟﾗｲｽﾞ　清水物産　石田丸漁業　Soymilk　さざんか園　石毛ﾓｰﾀｰｽ

部活動　ｼﾝｾｻｲｻﾞｰｵｰｹｽﾄﾗ部

敬愛大学八日市場　高等学校

普通科　平成31年３月卒業生　男 79　女 68　計 147

進路種別		男	女	計
４年制大学	国公立	0	0	0
	私立	25	13	38
短期大学	国公立	0	0	0
	私立	3	11	14
専門学校		23	17	40
就職・自営		20	20	40
その他（未定）		8	7	15

その他(未定) 10.2%　私立４年制 25.9%　就職・自営 27.2%　短期大学 9.5%　専門学校 27.2%

指定校推薦のある大学・学部	
日本大	生産工
東邦大	理
東京農業大	生物産業
国士舘大	理工
帝京大	法・医療技術
千葉工業大	全学部
淑徳大	総合福祉・経営
淑徳大	ｺﾐｭﾆﾃｨ政策
東京情報大	総合情報・看護
川村学園女子大	全学部
千葉科学大	全学部
明海大	外国語・経済
明海大	不動産
聖徳大	児童・文・音楽
聖徳大	心理・福祉
和洋女子大	人文・家政
他	

進学実績
- ●４年制大学　駒澤大1　国士舘大1　千葉工業大2　国際医療福祉大1　淑徳大2　城西国際大5　清和大1　麗澤大1　川村学園女子大2　帝京平成大3　東京工科大1　明海大1　和洋女子大1　秀明大1　敬愛大10　他
- ●短期大学　千葉敬愛短大　植草学園短大　鎌倉女子大短大部　千葉経済大短大部　千葉明徳短大
- ●専門学校　旭中央病院附属看護　神田外語学院　国際理工情報ﾃﾞｻﾞｲﾝ　日本自動車大学校　旭高等技術　千葉医療秘書　千葉ﾋﾞｭｰﾃｨｰ&ﾌﾞﾗｲﾀﾞﾙ　ちば愛犬動物ﾌﾗﾜｰ　中央工学校　千葉ﾘｿﾞｰﾄ&ｽﾎﾟｰﾂ　首都医校　白十字看護　他

就職実績　JR東日本　航空保安事業ｾﾝﾀｰ　ｶｽﾐ　高圧化工　国際空港上屋　大栄ｼｽﾃﾑ　ﾀｲﾍｲ　東総工業　やすらぎ園　ひかり歯科ｸﾘﾆｯｸ　成田空港警備　芳源ﾏｯｼｭﾙｰﾑ　村瀬硝子　杜の家くりもと

部活動　男子ﾊﾞﾚｰﾎﾞｰﾙ部(県大会ﾍﾞｽﾄ4)　男子ﾊﾞｽｹｯﾄﾎﾞｰﾙ部(県大会ﾍﾞｽﾄ8)

横芝敬愛　高等学校

普通科　平成31年３月卒業生　男 82　女 26　計 108

進路種別		男	女	計
４年制大学	国公立	0	0	0
	私立	18	9	27
短期大学	国公立	0	0	0
	私立	0	0	0
専門学校		17	8	25
就職・自営		44	9	53
その他（未定）		3	0	3

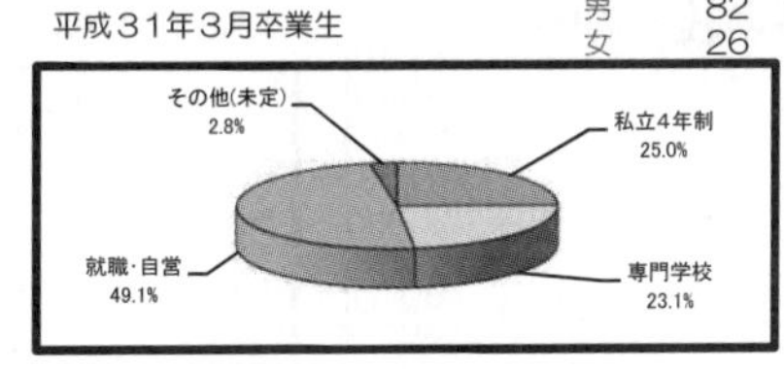

指定校推薦のある大学・学部	
日本大	生産工
東京電機大	工
国士舘大	法・理工
拓殖大	外国語
城西国際大	看護・薬
東京情報大	看護
淑徳大	総合福祉
千葉商科大	商経
千葉科学大	看護・薬
桜美林大	ﾘﾍﾞﾗﾙｱｰﾂ
敬愛大	経済・国際
他	

進学実績
- ●４年制大学　敬愛大10　国士舘大1　城西大1　城西国際大3　千葉商科大3　千葉科学大2　東京情報大1　淑徳大2　桜美林大1　国際武道大2　植草学園大1
- ●専門学校　東京医薬　日本自動車大学校　大原簿記公務員　千葉調理師　船橋情報ﾋﾞｼﾞﾈｽ　ｱｲｴｽﾃﾃｨｯｸ　千葉女子　東京動物　国際理工情報ﾃﾞｻﾞｲﾝ

就職実績　千葉県庁　JAちばみどり　JFEｽﾁｰﾙ　ﾌｼﾞｸﾗ　山九　銚子信用金庫　ﾋｹﾞﾀ醤油　TBC　JX ANCI　日立化成　高圧化工　他

部活動　硬式野球部(2017･2018NPBﾄﾞﾗﾌﾄにて指名あり)　自動車部、少林寺拳法部

千葉学芸　高等学校

普通科　平成31年３月卒業生　男 91　女 60　計 151

進路種別		男	女	計
４年制大学	国公立	0	0	0
	私立	19	14	33
短期大学	国公立	0	0	0
	私立	0	4	4
専門学校		31	25	56
就職・自営		26	10	36
その他（未定）		15	7	22

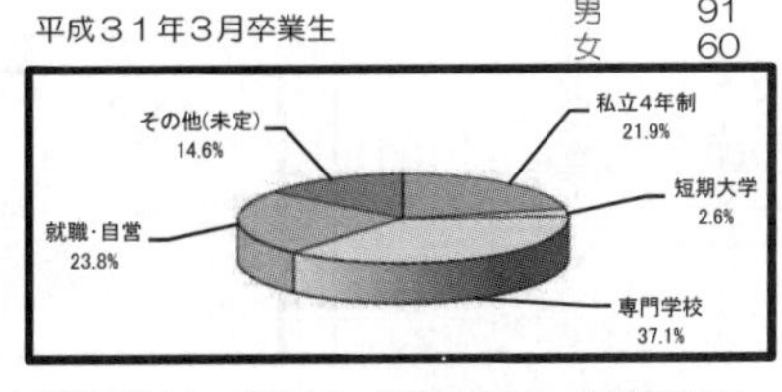

指定校推薦のある大学・学部	
日本大	生産工
千葉工業大	社会ｼｽﾃﾑ科学
千葉工業大	工
国士舘大	21世紀ｱｼﾞｱ
国士舘大	理工
淑徳大	総合福祉
城西国際大	福祉総合
城西国際大	国際人文
城西国際大	経営情報
和洋女子大	人文・家政
聖徳大	児童・文
千葉科学大	全学部
敬愛大	経済・国際
他	

進学実績
- ●４年制大学　法政大1　順天堂大1　駒澤大1　玉川大1　立正大1　千葉工業大1　淑徳大1　城西国際大5　千葉商科大1　東京情報大2　和洋女子大2　聖徳大1　清和大2　中央学院大4　敬愛大6　九州共立大1　日本体育大1　他
- ●短期大学　千葉経済大短大部　昭和学院短大
- ●専門学校　京葉介護福祉　国際理工情報ﾃﾞｻﾞｲﾝ　神田外語学院　ちば愛犬動物ﾌﾗﾜｰ　県自動車大学校　千葉情報経理　東京IT会計　東京福祉　東洋理容美容　大原簿記　他

就職実績　日本郵便　ｼﾞｪｲｴｽｴｽ　勝浦ﾎﾃﾙ三日月　三真　ｸﾁｰﾚ　美研　ｻｶｲ引越ｾﾝﾀｰ　東千葉ｶﾝﾄﾘｰｸﾗﾌﾞ　成田空港警備　他

部活動　ｺﾞﾙﾌ部(全国大会連続出場)　自転車競技部(全国大会出場)　弓道部(全国選抜大会出場、県新人戦優勝)　ｺﾝﾋﾟｭｰﾀ部(全国eｽﾎﾟｰﾂ選手権出場)　野球部(東総地区大会優勝)　他

私立高校

茂原北陵　高等学校

普通科
家政科

平成３１年３月卒業生　　男 95　女 66　計 161

進路種別		男	女	計
４年制大学	国公立	0	0	0
	私立	17	12	29
短期大学	国公立	0	0	0
	私立	0	5	5
専門学校		39	36	75
就職･自営		39	10	49
その他（未定）		0	3	3

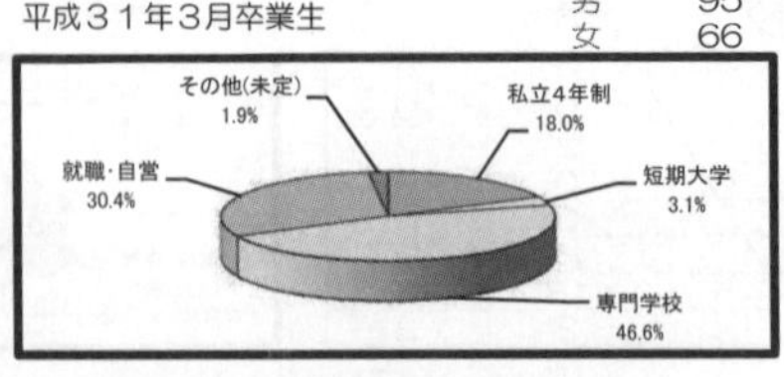

指定校推薦のある大学･学部	
国士舘大	理工
淑徳大	総合福祉･経営
淑徳大	ｺﾐｭﾆﾃｨ政策･人文
城西国際大	経営情報･ﾒﾃﾞｨｱ
城西国際大	国際人文･看護
城西国際大	福祉総合･薬
東京情報大	総合情報･看護
川村学園女子大	全学部
帝京平成大	現代ﾗｲﾌ
帝京平成大	健康ﾒﾃﾞｨｶﾙ
千葉商科大	商経･人間社会
千葉商科大	ｻｰﾋﾞｽ創造
千葉商科大	政策情報
植草学園大	発達教育
聖徳大	児童･文･音楽
聖徳大	心理･福祉
他	

進学実績
- ●４年制大学　法政大2　同志社大1　東邦大1　順天堂大1　武蔵野大2　二松学舎大1　国際医療福祉大1　淑徳大2　帝京平成大1　城西国際大4　東京情報大2　明海大3　千葉商科大2　和洋女子大1　聖徳大2　敬愛大1　他
- ●短期大学　ﾔﾏｻﾞｷ動物看護専門職短大　千葉経済大短大部　千葉明徳短大
- ●専門学校　ｱｲｴｽﾃﾃｨｯｸ　神田外語学院　国際医療福祉　国際ﾄﾗﾍﾞﾙ･ﾎﾃﾙ･ﾌﾞﾗｲﾀﾞﾙ　千葉情報経理　大原簿記公務員　千葉調理師　県自動車整備　ちば愛犬動物ﾌﾗﾜｰ　千葉こども　千葉美容　東金高等技術　県立農業大学校　他

就職実績　日本郵便　JA長生　JFEﾃｸﾉﾜｲﾔ　JFEﾌﾟﾗﾝﾄｴﾝｼﾞ　せんどう　千葉薬品　ｳﾞｨｯｸｽﾘｱﾙｴｽﾃｰﾄ　ﾌﾟﾚﾊﾌﾞ機工　TOTOﾊｲﾘﾋﾞﾝｸﾞ　TOTOﾌﾟﾗﾃｸﾉ　ｶｽﾐ　ｼﾞｪｲ･ｴｽ･ｴｽ　ｼﾞｬﾊﾟﾝﾃﾞｨｽﾌﾟﾚｲ　ﾗｲﾌｸﾘｴｲﾄ　千葉精密ﾌﾟﾚｽ　ｺｰｹﾝ　他

部活動　ﾀﾞﾝｽ部(ｳｨﾝﾀｰｶｯﾌﾟﾘﾘｶﾙ部門優勝、関東大会ﾘﾘｶﾙ部門優勝、関東秋季大会ﾘﾘｶﾙ部門優勝)　女子柔道部(県総体3位)　剣道部(県総体ﾍﾞｽﾄ8)　吹奏楽部(個人ｺﾝｸｰﾙ地区予選ｵｰﾎﾞｴ･ｸﾗﾘﾈｯﾄ･打楽器金賞)　他

文理開成　高等学校

普通科

※昨年度データ　　男 18　女 12　計 30

進路種別		男	女	計
４年制大学	国公立	0	0	0
	私立	5	4	9
短期大学	国公立	0	0	0
	私立	0	0	0
専門学校		1	4	5
就職･自営		9	3	12
その他（未定）		3	1	4

その他(未定) 13.3%　私立４年制 30.0%　就職・自営 40.0%　専門学校 16.7%

指定校推薦のある大学･学部	
国士舘大	理工
東京農業大	生物産業
亀田医療大	看護
千葉工業大	工
横浜薬科大	薬
淑徳大	総合福祉
山梨学院大	法
植草学園大	発達教育

進学実績
- ●４年制大学　日本大1　国士舘大1　亀田医療大2　横浜薬科大1　東京電機大1　神戸松蔭女子学院大1　植草学園大1　明星大1
- ●専門学校　大原簿記公務員　横浜歯科医療　日本外国語　ｷﾉｼﾀ学園日本語学校　東京富士語学院

就職実績　亀田総合病院　全日警　安房地域医療ｾﾝﾀｰ　白寿会　加藤建設　木村屋　中村建設　ﾊﾘﾏ　ﾐﾗﾘｼﾞｬﾊﾟﾝ

千葉県安房西　高等学校

普通科

平成３１年３月卒業生　　男 23　女 39　計 62

進路種別		男	女	計
４年制大学	国公立	0	2	2
	私立	2	5	7
短期大学	国公立	0	0	0
	私立	0	6	6
専門学校		5	8	13
就職･自営		15	15	30
その他（未定）		1	3	4

その他(未定) 6.5%　国公立４年制 3.2%　私立４年制 11.3%　短期大学 9.7%　専門学校 21.0%　就職・自営 48.4%

指定校推薦のある大学･学部	
専修大	経済Ⅱ
東京農業大	生物産業
玉川大	経営･芸術
玉川大	観光･工
千葉工業大	社会ｼｽﾃﾑ科学
千葉工業大	工
大東文化大	外国語
城西大	経済･経営
城西大	現代政策
淑徳大	総合福祉･経営
淑徳大	ｺﾐｭﾆﾃｨ政策
東京情報大	総合情報･看護
亀田医療大	看護
三育学院大	看護
他	

進学実績
- ●４年制大学　茨城大1　県立保健医療大1　上智大1　大東文化大1　日本体育大1　亜細亜大1　東京情報大1　聖徳大1　秀明大1
- ●短期大学　鎌倉女子大短大部　千葉経済大短大部　昭和学院短大　植草学園短大　清和大短大部
- ●専門学校　亀田医療技術　安房医療福祉　横浜中央病院附属看護　日本工学院　日本外国語　国立音楽院　千葉医療福祉　他

就職実績　日本製鉄　日本郵便　東京ﾒﾄﾛ　日野自動車　安房郡市広域市町村圏事務組合　館山信用金庫　黒崎播磨　日鉄ﾃｯｸｽｴﾝｼﾞ　日鉄環境　山九　ALSOK千葉　JFE物流　濱田重工　他

部活動　柔道部(県新人戦個人優勝)　卓球部(県新人戦団体ﾍﾞｽﾄ8)　ｱﾆﾒｽﾄﾘｰﾄ部

翔凜　高等学校

国際科

平成３１年３月卒業生　　男 100　女 85　計 185

進路種別		男	女	計
４年制大学	国公立	1	2	3
	私立	68	60	128
短期大学	国公立	0	0	0
	私立	0	3	3
専門学校		12	13	25
就職･自営		4	2	6
その他（未定）		15	5	20

就職・自営 3.2%　その他(未定) 10.8%　国公立４年制 1.6%　専門学校 13.5%　短期大学 1.6%　私立４年制 69.2%

指定校推薦のある大学･学部
上智大
東京理科大
立教大
東洋大
日本大

進学実績
- ●４年制大学　筑波大1　お茶の水女子大1　早稲田大1　上智大4　国際基督教大1　東京理科大1　青山学院大2　中央大1　法政大2　明治大1　立教大5　立命館大2　国学院大2　駒澤大3　日本大5　東洋大2
- ●短期大学　千葉敬愛短大　昭和学院短大　清和大短大部
- ●専門学校　君津中央病院附属看護　神田外語学院　東京外語

就職実績　陸上自衛隊　南房総市職員　日鉄ﾃｸﾉﾛｼﾞｰ　ﾎﾞﾃﾞｨｾﾗﾋﾟｽﾄｴｰｼﾞｪﾝｼｰ　epm不動産　ｴｽﾍﾟﾗﾝｻ･ｽﾎﾟｰﾂｸﾗﾌﾞ

部活動　ﾁｱﾀﾞﾝｽ部(世界大会優勝)　英語部(全国大会優勝)　剣道部

私立高校

暁星国際　高等学校

普通科　　平成３１年３月卒業生　　男 89　女 45　計 134

進路種別		男	女	計
４年制大学	国公立	2	3	5
	私立	61	35	96
短期大学	国公立	0	0	0
	私立	1	0	1
専門学校		4	1	5
就職・自営		7	2	9
その他（未定）		14	4	18

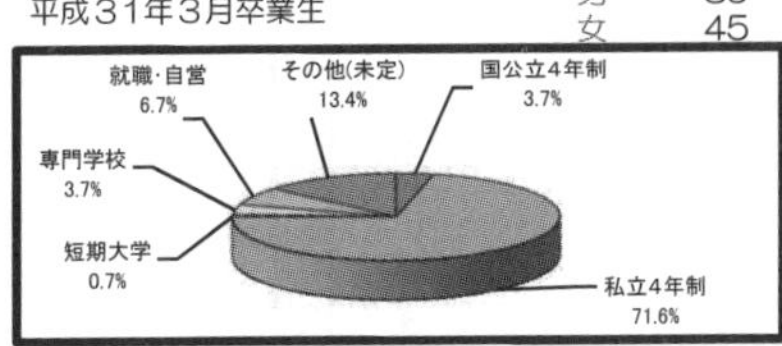

指定校推薦のある大学・学部	
上智大	外国語
東京理科大	理工・経営
東京理科大	基礎工
立教大	現代心理
立命館大	国際関係
立命館大	ｸﾞﾛｰﾊﾞﾙ教養
学習院大	国際社会科学
学習院大	文
関西学院大	商・総合政策
関西学院大	経済・社会
明治学院大	経済
聖ﾏﾘｱﾝﾅ医科大	医
岩手医科大	医

進学実績
●４年制大学　東京大1　横浜国立大1　広島大2　慶応大3　早稲田大6　上智大2　東京理科大4　立教大1　立命館大5
学習院大2　青山学院大1　中央大1　法政大3　関西学院大2　明治学院大3

就職実績　日本製鉄　ｶﾞｽﾀｰ　VONDS市原
部活動　女子ｻｯｶｰ部(H30年度県総体・県選手権大会優勝、H29年度県新人大会優勝、H29年度県選手権大会準優勝)
男子ｻｯｶｰ部(H29年度県予選ﾍﾞｽﾄ4、県一部ﾘｰｸﾞ5位)　他

拓殖大学紅陵　高等学校

普通科　　平成３１年３月卒業生　　男 274　女 116　計 390

進路種別		男	女	計
４年制大学	国公立	0	0	0
	私立	115	29	144
短期大学	国公立	1	0	1
	私立	3	10	13
専門学校		71	37	108
就職・自営		70	34	104
その他（未定）		14	6	20

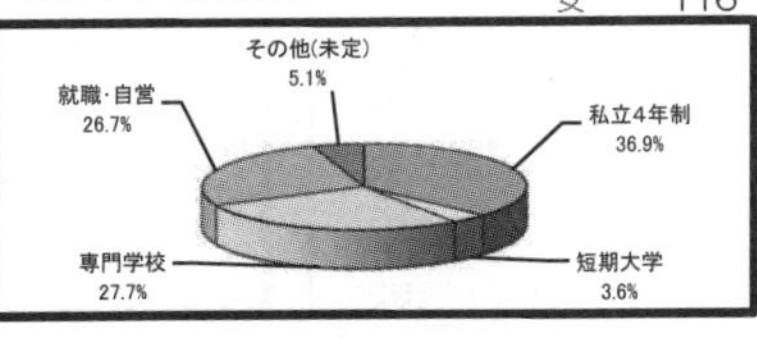

指定校推薦のある大学・学部	
日本大	理工・生産工
東洋大	理工
東邦大	理
国士舘大	政経・理工
二松学舎大	文
亀田医療大	看護
立正大	文・経営
立正大	地球環境科学
東京医療保健大	医療保健
千葉工業大	工・創造工
千葉工業大	社会ｼｽﾃﾑ科学
千葉工業大	先進工
他	

進学実績
●４年制大学　拓殖大36　明治大1　青山学院大1　立教大1　法政大1　日本大12　東洋大2　駒澤大1　専修大1
国学院大1　東邦大2　神田外語大2　国士舘大2　立正大2　大東文化大2　東海大1　帝京大4　他
●短期大学　国立清水海上技術短大校　大妻女子大短大部　拓殖大北海道短大　帝京短大　植草学園短大　昭和学院短大　他
●専門学校　君津中央病院附属看護　亀田医療技術　南多摩看護　千葉医療福祉　国際医療福祉　新東京歯科衛生士
太陽歯科衛生士　昭和医療技術　神田外語学院　東京IT会計法律　県自動車整備　他
就職実績　木更津市消防本部　警視庁　千葉県警　自衛隊　日本製鉄　JFEｽﾁｰﾙ　日産ﾌﾟﾘﾝｽ千葉販売　ﾄﾖﾀｶﾛｰﾗ千葉
千葉日産自動車　JA市原市　千葉京成ﾎﾃﾙ　日鉄ﾃｸﾉﾛｼﾞｰ　富士薬品　三井造船特機ｴﾝｼﾞﾆｱﾘﾝｸﾞ　津田屋　他
部活動　空手道部(全国大会男子団体形優勝、関東大会個人形優勝)　相撲部(全国大会出場、関東大会団体優勝・個人2位)
ｺﾞﾙﾌ部(全国大会個人2位)　自転車競技部・ｽｷｰ競技部・水泳部・書道部(全国大会出場)　他

木更津総合　高等学校

普通科　　平成３１年３月卒業生　　男 322　女 406　計 728

進路種別		男	女	計
４年制大学	国公立	1	2	3
	私立	167	118	285
短期大学	国公立	0	0	0
	私立	9	52	61
専門学校		63	106	169
就職・自営		80	126	206
その他（未定）		2	2	4

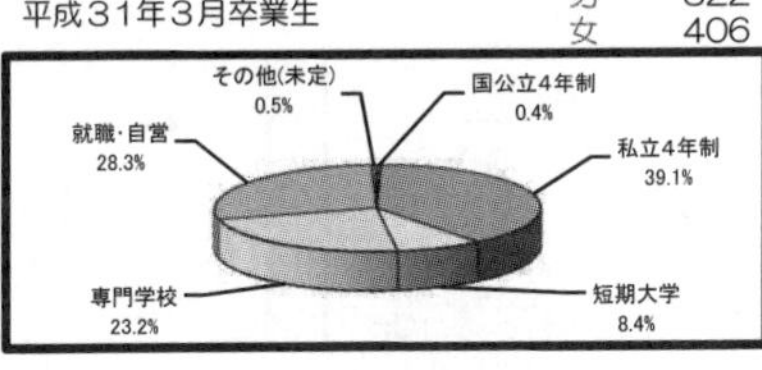

指定校推薦のある大学・学部	
日本大	法・生産工
東洋大	ﾗｲﾌﾃﾞｻﾞｲﾝ
東邦大	理
玉川大	文・芸術・観光
玉川大	ﾘﾍﾞﾗﾙｱｰﾂ・農・工
国士舘大	21世紀ｱｼﾞｱ
国士舘大	政経・理工
神奈川大	工
東京電機大	全学部
関東学院大	国際文化・社会
関東学院大	経済・経営
関東学院大	建築・環境
関東学院大	人間共生・法
他	

進学実績
●４年制大学　清和大60　県立保健医療大2　山形大1　明治大1　青山学院大1　立教大1　法政大2　獨協大1
国学院大1　日本大7　東洋大4　専修大2　東邦大1　神田外語大3　国士舘大6　近畿大1　玉川大1
順天堂大1　神奈川大2　東京女子医科大1
●短期大学　清和大短大部　昭和学院短大　戸板女子短大　東京経営短大　大妻女子大短大部　上智大短大部　他
●専門学校　君津中央病院附属看護　鶴舞看護　千葉労災看護　国際理工情報ﾃﾞｻﾞｲﾝ　千葉調理師　神田外語学院　他
就職実績　千葉県学校事務　千葉県警　木更津市役所　三郷市消防本部　日本郵便　日本通運　ﾈｸｽｺ東日本ｴﾘｱｻﾎﾟｰﾄ
加賀屋　佐藤写真　赤星工業　三笠会館　日本製鉄　日鉄ﾃｸﾉﾛｼﾞｰ　他
部活動　硬式野球部(全国選手権大会3年連続7回目出場)　卓球部(関東大会・高校総体・全国選抜出場)
ｿﾌﾄﾃﾆｽ部(関東大会・高校総体・全日本選抜出場)　柔道部(関東大会・高校総体・国民体育大会出場)　他

志学館　高等部

普通科　　平成３１年３月卒業生　　男 150　女 114　計 264

進路種別		男	女	計
４年制大学	国公立	19	7	26
	私立	98	85	183
短期大学	国公立	0	0	0
	私立	2	4	6
専門学校		2	4	6
就職・自営		0	0	0
その他（未定）		29	14	43

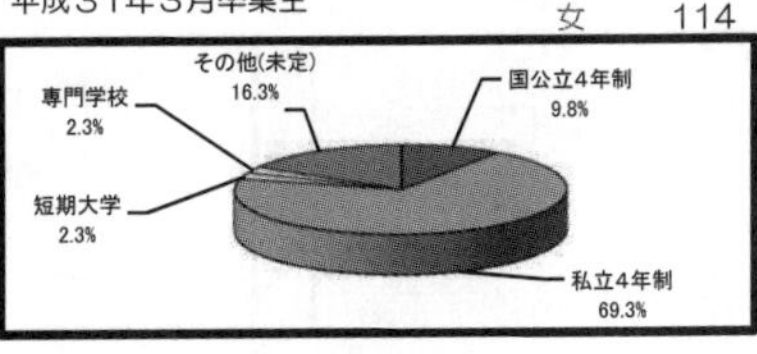

指定校推薦のある大学・学部
早稲田大
慶応大
東京理科大
青山学院大
学習院大
中央大
法政大
明治大
同志社大
他

進学実績
●４年制大学　東北大1　筑波大1　横浜国立大2　千葉大9　大阪大1　名古屋大1　岩手大2　宮崎大2
早稲田大3　慶応大1　東京理科大2　立教大2　明治大3　中央大3　法政大5　青山学院大2
学習院大2　日本大18　駒澤大3　東洋大3
●短期大学　日本大短大部　大妻女子大短大部　他

部活動　少林寺拳法部・囲碁部(全国大会・関東大会出場多数)　書道部(全国ﾚﾍﾞﾙでの入選多数)
硬式野球部(甲子園出場1回、県大会準優勝1回)

私立高校

東海大学付属市原望洋 高等学校　普通科

平成３１年３月卒業生　男 192　女 105　計 297

進路種別		男	女	計
４年制大学	国公立	0	0	0
	私立	173	68	241
短期大学	国公立	0	0	0
	私立	6	14	20
専門学校		10	18	28
就職･自営		2	3	5
その他（未定）		1	2	3

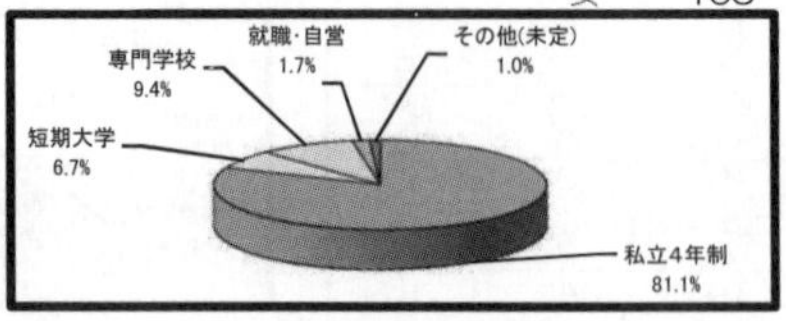

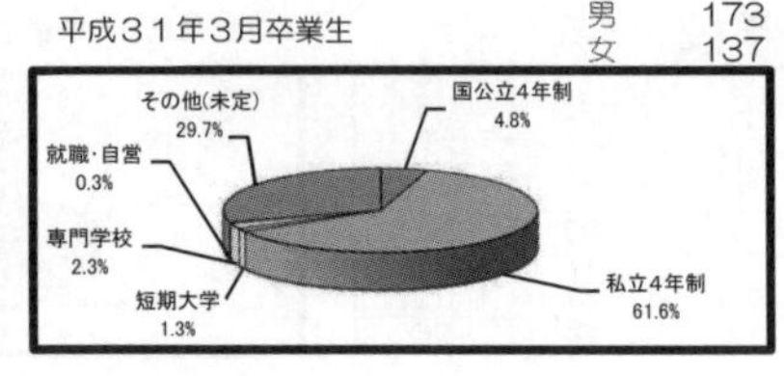

進学実績
●４年制大学　東海大203　順天堂大1　日本大2　和洋女子大2　他
●短期大学　東海大短大部　他
●専門学校　亀田医療技術　ESPｴﾝﾀﾃｲﾝﾒﾝﾄ東京　他

就職実績　千葉県警　ゆりかもめ　日本製鉄　ｻﾆｸﾘｰﾝ　日鉄物流君津
部活動　射撃部(全国大会出場)　陸上競技部(ｲﾝﾀｰﾊｲ出場)

市原中央 高等学校　普通科

平成３１年３月卒業生　男 173　女 137　計 310

進路種別		男	女	計
４年制大学	国公立	11	4	15
	私立	101	90	191
短期大学	国公立	0	0	0
	私立	0	4	4
専門学校		2	5	7
就職･自営		1	0	1
その他（未定）		58	34	92

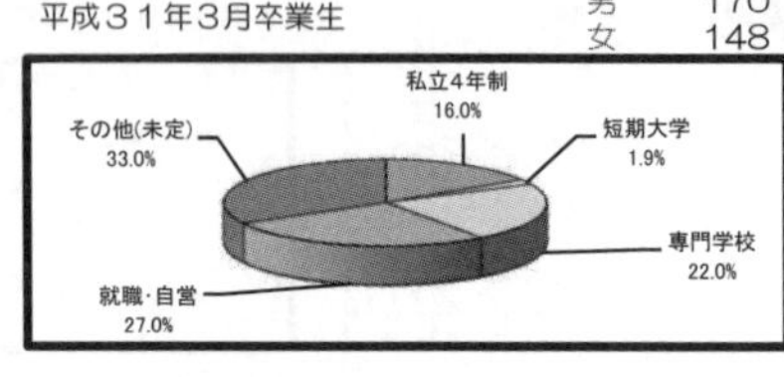

指定校推薦のある大学･学部	
東京理科大	理･基礎工
東京理科大	理工･経営
青山学院大	法
中央大	理工
法政大	法･経済･社会
明治大	政治経済
立教大	ｺﾐｭﾆﾃｨ福祉
学習院大	文

進学実績
●４年制大学　一橋大2　千葉大3　筑波大2　首都大学東京1　岩手大1　愛媛大1　埼玉大1　山形大2　秋田大1
横浜市立大1　早稲田大1　慶応大3　上智大2　東京理科大1　明治大5　青山学院大2　立教大2
中央大2　法政大8　学習院大1

明聖 高等学校　普通科

平成３１年３月卒業生　男 170　女 148　計 318

進路種別		男	女	計
４年制大学	国公立	0	0	0
	私立	30	21	51
短期大学	国公立	0	0	0
	私立	2	4	6
専門学校		38	32	70
就職･自営		43	43	86
その他（未定）		57	48	105

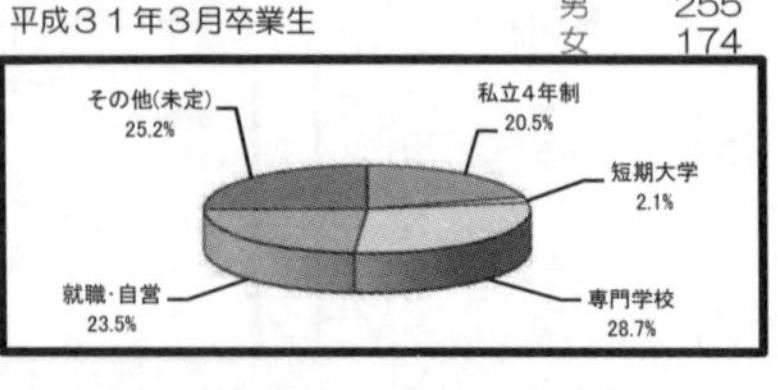

指定校推薦のある大学･学部	
獨協大	法
杏林大	外国語
淑徳大	総合福祉･経営
淑徳大	ｺﾐｭﾆﾃｨ政策
城西国際大	経営情報･観光
城西国際大	国際人文･ﾒﾃﾞｨｱ
城西国際大	福祉総合
城西大	現代政策
城西大	経営･理
明海大	外国語･経済
明海大	不動産
和洋女子大	看護･家政
東京成徳大	応用心理
東京情報大	総合情報
和光大	現代人間
開智国際大	教育･国際教養
他	

進学実績
●４年制大学　東京理科大1　法政大1　獨協大1　日本大2　神田外語大1　淑徳大3　和洋女子大1　城西国際大4　明海大2
東京情報大2　植草学園大2　江戸川大1　清和大1　和光大1　千葉経済大2　中央学院大4　文京学院大1　他
●短期大学　桐朋学園芸術短大　千葉経済大短大部　東京経営短大　千葉明徳短大　横浜女子短大
●専門学校　千葉ﾃﾞｻﾞｲﾅｰ学院　池見東京医療　京葉介護福祉　県自動車大学校　国際理工情報ﾃﾞｻﾞｲﾝ　香川調理製菓
千葉こども　東京ｽﾎﾟｰﾂ･ﾚｸﾘｴｰｼｮﾝ　神田外語学院　国際ﾄﾗﾍﾞﾙ･ﾎﾃﾙ･ﾌﾞﾗｲﾀﾞﾙ　東京IT会計法律　日本工学院　他
就職実績　三井物産ｸﾞﾛｰﾊﾞﾙﾛｼﾞｽﾃｨｸｽ　ﾜｰﾙﾄﾞ　白洋舎　ｴｲﾁ･ｴｽ･ｴｰ　宮崎工業　南八街病院　ｹｰｽﾞﾈｯﾄﾜｰｸ　基行　ｶﾜﾁ薬品
東京美装興業　協和警備保障　浩豊商事　小貫歯科医院　ﾀﾀﾞﾁ　ｶﾀｵｶﾌﾟﾗｾｽ　他
部活動　ｻｰﾌｨﾝ部(世界大会など数々の実績を誇り、毎年全日本選手権に多数の出場者を輩出)
硬式野球部、ｻｯｶｰ部、硬式ﾃﾆｽ部、ﾊﾞｽｹｯﾄﾎﾞｰﾙ部、卓球部、ﾁｱﾘｰﾃﾞｨﾝｸﾞ部、吹奏楽部、ﾊﾟｿｺﾝ部　他

わせがく 高等学校　普通科

平成３１年３月卒業生　男 255　女 174　計 429

進路種別		男	女	計
４年制大学	国公立	0	0	0
	私立	52	36	88
短期大学	国公立	0	0	0
	私立	2	7	9
専門学校		75	48	123
就職･自営		66	35	101
その他（未定）		60	48	108

指定校推薦のある大学･学部
専修大
東洋大
日本薬科大
城西大
淑徳大
多摩大
和洋女子大
茨城ｷﾘｽﾄ教大
明海大
東京福祉大
江戸川大
東京工芸大
埼玉学園大
埼玉工業大
聖学院大
横浜美術大
他

進学実績
●４年制大学　同志社大1　日本大2　専修大2　東洋大1　東京家政大2　立正大2　国士舘大1　大正大3　帝京大3
女子美術大3　跡見学園女子大3　目白大1　明海大4　千葉商科大2　茨城ｷﾘｽﾄ教大1　桐朋学園大1
東京国際大2　聖学院大6　多摩大1
●短期大学　女子栄養大短大部　足利短大　育英短大　秋草学園短大　東京福祉大短大部　東京交通短大　他
●専門学校　日本工学院　東群馬看護　東京ｺﾐｭﾆｹｰｼｮﾝｱｰﾄ　埼玉ｺﾝﾋﾟｭｰﾀ&医療事務　日本外国語　西武学園医学技術
東京ﾃﾞｻﾞｲﾝﾃｸﾉﾛｼﾞｰｾﾝﾀｰ　神田外語学院　東京栄養食糧　太田医療技術　他
就職実績　自衛隊　富士薬品　ﾀｶﾗｺｰﾎﾟﾚｰｼｮﾝ　ﾅﾘﾀﾌｧｰﾑ　ﾗｲﾌﾃﾞｻﾞｲﾝ　西濃運輸　ｵｵｲﾃｯｸ　ﾄﾈｶﾞﾜ　ITS　ｲｴﾛｰﾊｯﾄ
ｼﾑｯｸｽ　盛備　他

私立高校

中山学園　高等学校

普通科　　平成３１年３月卒業生　男 48　女 39　計 87

進路種別		男	女	計
４年制大学	国公立	0	0	0
	私立	3	1	4
短期大学	国公立	0	0	0
	私立	0	1	1
専門学校		24	16	40
就職･自営		11	12	23
その他（未定）		10	9	19

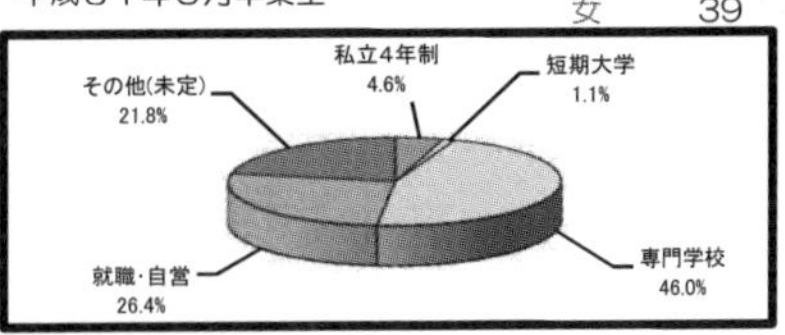

指定校推薦のある大学･学部	
城西国際大	福祉総合･ﾒﾃﾞｨｱ
城西国際大	環境社会
城西国際大	経営情報
城西国際大	国際人文
千葉商科大	商経･人間社会
東京成徳大	応用心理
東京情報大	総合情報
江戸川大	社会
江戸川大	ﾒﾃﾞｨｱｺﾐｭﾆｹｰｼｮﾝ
埼玉工業大	工･人間社会
開智国際大	国際教養
愛国学園大	人間文化
日本経済大	経営
東京富士大	経営
ｻｲﾊﾞｰ大	IT総合
日本福祉大	経済･国際福祉開発
他	

進学実績
●４年制大学　千葉商科大1　江戸川大1　東京経済大1　恵泉女学園大1
●短期大学　聖徳大短大部
●専門学校　日本電子　ﾕﾆﾊﾞｰｻﾙﾋﾞｭｰﾃｨｰｶﾚｯｼﾞ　東京IT会計法律　読売理工医療福祉　織田きもの　県自動車大学校　千葉情報経理　船橋情報ﾋﾞｼﾞﾈｽ　早稲田速記医療福祉　東京ｺﾐｭﾆｹｰｼｮﾝｱｰﾄ　東京医療秘書福祉　HAL東京　大原簿記公務員医療情報ﾋﾞｼﾞﾈｽ　新宿医療　東京福祉　千葉ﾃﾞｻﾞｲﾅｰ学院

就職実績　日本郵便　ﾔﾏﾄ運輸　東京美装興業　ﾊｲﾃｸﾉ　神谷商事　ｱｰﾄｺｰﾎﾟﾚｰｼｮﾝ　ﾒｲﾄ･商會　ﾜｰﾙﾄﾞｽﾄｱﾊﾟｰﾄﾅｰｽﾞ　ﾙｰﾄｲﾝｼﾞｬﾊﾟﾝ　大三ﾐｰﾄ産業　ｻﾞ･ｷｯﾄﾞ　てらお食品　ｴﾁｾﾞﾝ　ｱｰﾙﾃﾞｨｰｼｰ　弘成会　ﾛﾝ･ﾘﾊﾞｲｽ　ｴｽ･ｱｲ･ﾋﾟｰ　ﾋﾀﾞﾝ　ｴﾌﾋﾟｺﾀﾞｯｸｽ　他

部活動　卓球部(全国大会出場、県定時制通信制大会準優勝)　ﾊﾞｽｹｯﾄﾎﾞｰﾙ部(県定時制通信制大会ﾍﾞｽﾄ4)

あずさ第一　高等学校

普通科　　平成３１年３月卒業生　男 188　女 331　計 519

進路種別		男	女	計
４年制大学	国公立	1	0	1
	私立	24	28	52
短期大学	国公立	0	0	0
	私立	0	3	3
専門学校		54	106	160
就職･自営		24	41	65
その他（未定）		85	153	238

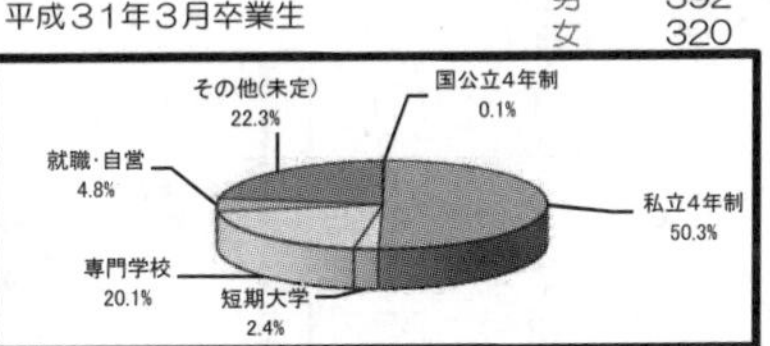

指定校推薦のある大学･学部	
日本薬科大	薬
横浜薬科大	薬
東京情報大	総合情報
多摩大	経営情報
多摩大	ｸﾞﾛｰﾊﾞﾙｽﾀﾃﾞｨｰｽﾞ
日本福祉大	経済
日本福祉大	国際福祉開発
西武文理大	ｻｰﾋﾞｽ経営
相模女子大	学芸･人間社会
東京成徳大	応用心理･人文
日本経済大	経営
他	

進学実績
●４年制大学　福知山公立大1　日本薬科大1　横浜薬科大1　東京情報大2　桜美林大1　城西国際大1　大正大1　目白大1　東京家政学院大1　川村学園女子大1　跡見学園女子大1　女子美術大1　淑徳大1　東洋学園大1　他
●短期大学　国際短大　昭和学院短大　武蔵丘短大
●専門学校　大原簿記公務員　大宮ﾋﾞｭｰﾃｨｰ&ﾌﾞﾗｲﾀﾞﾙ　埼玉ﾍﾞﾙｴﾎﾟｯｸ製菓調理　ESPｴﾝﾀﾃｲﾝﾒﾝﾄ東京　千葉こども　東京観光　東京ｺﾐｭﾆｹｰｼｮﾝｱｰﾄ　日本工学院　日本ﾃﾞｻﾞｲﾅｰ学院　他

就職実績　野田病院　B-Rｻｰﾃｨﾜﾝｱｲｽｸﾘｰﾑ　銀座ﾙﾉｱｰﾙ　ｽｲｯﾁｺﾈｸｼｮﾝ　東京ﾄﾞｰﾑ　ﾄﾞﾝ･ｷﾎｰﾃ　ﾌﾞｰﾙﾐｯｼｭ　明治屋　米久　孝明会　千里会　東京ｵﾌｨｽｻｰﾋﾞｽ　山形化学　他

中央国際　高等学校

普通科　　平成３１年３月卒業生　男 392　女 320　計 712

進路種別		男	女	計
４年制大学	国公立	1	0	1
	私立	203	155	358
短期大学	国公立	0	0	0
	私立	2	15	17
専門学校		71	72	143
就職･自営		25	9	34
その他（未定）		90	69	159

その他(未定) 22.3%　国公立4年制 0.1%　就職・自営 4.8%　私立4年制 50.3%　専門学校 20.1%　短期大学 2.4%

指定校推薦のある大学･学部	
亀田医療大	看護
城西大	現代政策
城西国際大	経営情報･観光
尚美学園大	芸術情報
尚美学園大	総合政策
駿河台大	ﾒﾃﾞｨｱ情報
他	

進学実績
●４年制大学　東京芸術大1　明治大3　青山学院大2　法政大1　成蹊大2　成城大2　明治学院大2　日本大8　専修大4　東洋大1　駒澤大1　国学院大3　玉川大3　武蔵野大7　国士舘大2　多摩大5　和光大8　東海大7　南山大1　中部大4
●短期大学　帝京大短大　国際短大　新渡戸文化短大　東京経営短大　東京交通短大　松本短大
●専門学校　国際観光　日本工学院　南多摩看護　阿佐ヶ谷美術　織田調理師　他

就職実績　神戸屋　佐川急便　川島ｺｰﾎﾟﾚｰｼｮﾝ　多田設備工業　ｱｵｷｽｰﾊﾟｰ　いその　ｶﾈ美食品　きかんし　ﾕﾆ･ｼｽﾃﾑ　日陸　Style Agent

部活動　ｻｯｶｰ部は全日の大会に参加。野球部、ﾊﾞｽｹｯﾄﾎﾞｰﾙ部、柔道部が活動中。

私立高校

足立学園 高等学校

普通科

平成３１年３月卒業生　男 364　計 364

進路種別		男	女	計
4年制大学	国公立	8		8
	私立	241		241
短期大学	国公立	0		0
	私立	2		2
専門学校		13		13
就職・自営		1		1
その他（未定）		99		99

就職・自営 0.3%
その他(未定) 27.2%
国公立4年制 2.2%
専門学校 3.6%
短期大学 0.5%
私立4年制 66.2%

指定校推薦のある大学・学部	
慶応大	理工
上智大	理工
東京理科大	理工・工・理
東京理科大	基礎工・経営
青山学院大	法
中央大	理工・商
中央大	総合政策
学習院大	法
学習院大	国際社会科学
明治大	経営・理工
同志社大	商
芝浦工業大	工・建築
明治薬科大	薬
立教大	
法政大	
専修大	
他	

進学実績
- ●4年制大学　東京大1　筑波大2　千葉大1　首都大学東京1　埼玉大1　茨城大1　海上保安大学校1　早稲田大6　慶応大3　上智大1　東京理科大4　学習院大5　明治大7　青山学院大3　中央大4　立教大1　法政大3　日本大18　東洋大13　専修大6
- ●短期大学　日本大短大部　拓殖大北海道短大
- ●専門学校　東京法律　北里大保健衛生　大宮ｽｲｰﾂ&ｶﾌｪ　日本医学柔整鍼灸　日本外国語　東京自動車大学校　他

就職実績　陸上自衛隊

部活動　柔道部(国際大会・全国大会個人優勝)　ｱﾒﾘｶﾝﾌｯﾄﾎﾞｰﾙ部(全国大会出場、関東大会準優勝)　剣道部(全国大会出場、関東大会第3位)　卓球部・ﾊﾞｽｹｯﾄﾎﾞｰﾙ部・ｿﾌﾄﾎﾞｰﾙ部(全国大会出場)　書道部(全国優秀団体賞)　将棋部(全国大会A級ﾍﾞｽﾄ8・B級第3位)　吹奏楽部(都大会8回連続金賞)

江戸川学園取手 高等学校

普通科

平成３１年３月卒業生　男 219　女 188　計 407

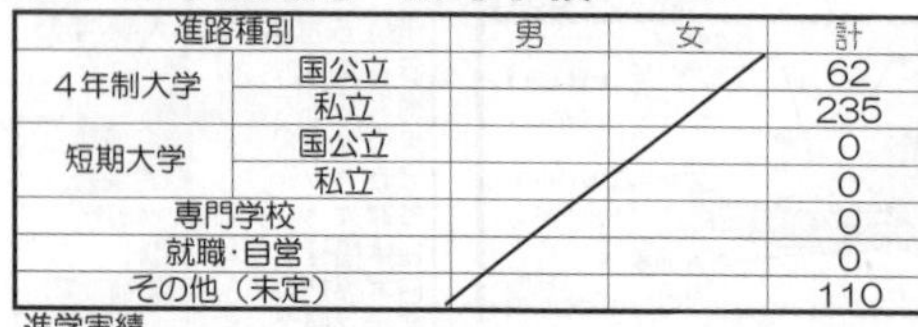

進路種別		男	女	計
4年制大学	国公立			62
	私立			235
短期大学	国公立			0
	私立			0
専門学校				0
就職・自営				0
その他（未定）				110

その他(未定) 27.0%
国公立4年制 15.2%
私立4年制 57.7%

指定校推薦のある大学・学部	
早稲田大	基幹理工・商
早稲田大	先進理工・文
早稲田大	創造理工・教育
早稲田大	政治経済
早稲田大	人間科学
慶応大	商・薬・理工
東京理科大	基礎工・経営
東京理科大	理工・薬・工
明治大	
青山学院大	
立教大	
中央大	
学習院大	
国際基督教大	

進学実績
- ●4年制大学　東京大5　一橋大1　東京工業大4　北海道大2　東北大1　大阪大1　筑波大8　千葉大6　首都大学東京3　横浜市立大2　早稲田大21　慶応大9　上智大3　東京理科大26　明治大18　青山学院大7　立教大10　中央大5　法政大9　学習院大6

部活動　ﾁｱﾘｰﾀﾞｰ部・ｽｷｰ部(全国大会出場)

江戸川女子 高等学校

普通科
英語科

平成３１年３月卒業生　女 390　計 390

進路種別		男	女	計
4年制大学	国公立		41	41
	私立		297	297
短期大学	国公立		0	0
	私立		3	3
専門学校			6	6
就職・自営			1	1
その他（未定）			42	42

専門学校 1.5%
就職・自営 0.3%
その他(未定) 10.8%
国公立4年制 10.5%
短期大学 0.8%
私立4年制 76.2%

指定校推薦のある大学・学部	
早稲田大	文化構想・法
早稲田大	基幹理工
慶応大	法
上智大	文・理工・外国語
東京理科大	理・工・基礎工
東京理科大	理工・経営
青山学院大	教育人間科学
青山学院大	法・経営
学習院大	全学部
中央大	法・理工
法政大	ﾃﾞｻﾞｲﾝ工
法政大	人間環境
明治大	文・政治経済
明治大	経営・理工
立教大	文・法・経済
立教大	現代心理
他	

進学実績
- ●4年制大学　千葉大15　東北大1　神戸大1　筑波大5　お茶の水女子大3　横浜国立大1　東京学芸大1　電気通信大1　福島県立医科大1　早稲田大9　慶応大6　上智大17　東京理科大9　明治大17　青山学院大8　立教大14　中央大5　法政大6　学習院大5

部活動　放送部(NHK杯放送ｺﾝﾃｽﾄ全国大会出場)　弦楽部(日本学校合奏ｺﾝｸｰﾙｸﾞﾗﾝﾄﾞｺﾝﾃｽﾄ全国大会金賞)　吹奏楽部(東京都吹奏楽ｺﾝｸｰﾙA組金賞)

関東第一 高等学校

普通科

平成３１年３月卒業生　男 296　女 296　計 592

進路種別		男	女	計
4年制大学	国公立			6
	私立			362
短期大学	国公立			0
	私立			19
専門学校				122
就職・自営				17
その他（未定）				66

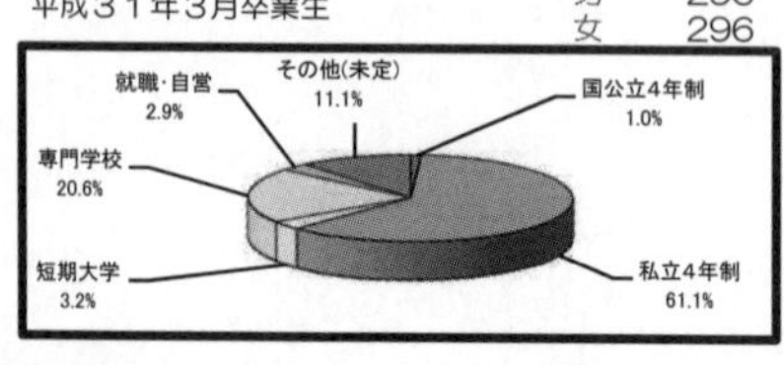

指定校推薦のある大学・学部	
日本大	法・生産工
日本大	理工・文理
駒澤大	法
専修大	法・商
武蔵野大	ｸﾞﾛｰﾊﾞﾙ・工
立正大	心理・法
国士舘大	政経
亜細亜大	都市創造
拓殖大	政経・工
拓殖大	外国語・商
大東文化大	ｽﾎﾟｰﾂ・健康科学
大東文化大	文・法・社会
玉川大	工・芸術
玉川大	農・経営
帝京大	外国語・法
帝京大	経済・理工
他	

進学実績
- ●4年制大学　山口大1　埼玉大1　防衛医科大学校1　東京理科大3　青山学院大1　中央大2　同志社大1　成城大1　成蹊大1　明治学院大3　獨協大3　国学院大10　武蔵大2　芝浦工業大1　東京女子医科大1　順天堂大8　東邦大1　北里大3　日本大15　東洋大13　他
- ●短期大学　大妻女子大短大部　共立女子短大　帝京短大　戸板女子短大　他
- ●専門学校　大原学園　神田外語学院　新宿調理師　中央工学校　広尾看護　日本外国語　日本工学院　山野美容　日本航空大学校　文化服装学院　真野美容　早稲田美容　他

就職実績　千葉県警　小松川信用金庫　ｼﾞｬﾄｺ　佐川急便　ﾎﾃﾙｲｰｽﾄ21東京　中日ﾄﾞﾗｺﾞﾝｽﾞ　他

部活動　男女ﾊﾞﾄﾞﾐﾝﾄﾝ部(ｲﾝﾀｰﾊｲ出場)　演劇部(東京都私学大会最優秀賞、韓国全国大会上演)　吹奏楽部(日本管楽合奏ｺﾝﾃｽﾄ全国大会出場)　ﾁｱﾘｰﾀﾞｰ部(USA Nationals Japan2019全国大会出場)　他

私立高校

クラーク記念国際 高等学校 千葉キャンパス　普通科

平成３１年３月卒業生　男 41　女 19　計 60

進路種別		男	女	計
４年制大学	国公立	0	0	0
	私立	25	11	36
短期大学	国公立	0	0	0
	私立	2	1	3
専門学校		8	5	13
就職・自営		1	0	1
その他（未定）		5	2	7

就職・自営 1.7%
その他(未定) 11.7%
専門学校 21.7%
私立４年制 60.0%
短期大学 5.0%

指定校推薦のある大学・学部	
早稲田大	文・商・教育
早稲田大	文化構想
上智大	文・法
東洋大	国際
駒澤大	経済・法
駒澤大	医療健康科学
専修大	法・経済・経営
国士舘大	21世紀ｱｼﾞｱ

進学実績
●４年制大学　明治大2　青山学院大1　成蹊大1　日本大1　順天堂大1　東京農業大1　立正大3　神田外語大1　東海大1　清泉女子大1　千葉工業大3　日本薬科大1　東京経済大1　日本女子体育大1　創価大1　千葉商科大3　城西国際大4　淑徳大2　和洋女子大3　大正大1
●短期大学　東京経営短大　昭和学院短大　創価女子短大
●専門学校　日本健康医療　東京国際ﾋﾞｼﾞﾈｽｶﾚｯｼﾞ　東京ｺﾐｭﾆｹｰｼｮﾝｱｰﾄ　山手調理製菓
就職実績　ｴｸｽﾃﾘｱ井上
部活動　軟式野球部(県定通大会優勝)　ﾗｸﾞﾋﾞｰ部(県大会決勝ﾄｰﾅﾒﾝﾄ進出)　ﾊﾝﾄﾞﾎﾞｰﾙ部(県大会出場)
ﾀﾞﾝｽ部、軽音楽部、写真部、ｽﾎﾟｰﾂｺｰｽ(ﾌｯﾄｻﾙ専攻)も設置されている。

駒込 高等学校　普通科

平成３１年３月卒業生　男 246　女 239　計 485

進路種別		男	女	計
４年制大学	国公立			14
	私立			388
短期大学	国公立	0	5	5
	私立			
専門学校		9	10	19
就職・自営		0	0	0
その他（浪人）		38	21	59

専門学校 3.9%
その他(未定) 12.2%
国公立４年制 2.9%
短期大学 1.0%
私立４年制 80.0%

指定校推薦のある大学・学部	
上智大	経済
東京理科大	理工・経営
東京理科大	理・基礎工
青山学院大	地球社会共生
青山学院大	法・理工
法政大	人間環境
法政大	情報科学
法政大	現代福祉・文
明治大	理工
学習院大	法
武蔵大	人文
成蹊大	全学部
明治学院大	文・法・経済
明治学院大	社会・国際
獨協大	外国語・経済・法
日本女子大	家政・人間社会
他	

※合格実績
●４年制大学　筑波大1　千葉大2　東京外国語大1　東京学芸大1　東京農工大1　信州大1　神戸大1　琉球大1　防衛大学校1　宇都宮大1　高崎経済大1　岩手県立大1　秋田県立大1　長野大1　公立諏訪東京理科大5　早稲田大9　慶応大6　上智大8　東京理科大19　明治大28　青山学院大8　立教大14　中央大17　法政大31　学習院大9　国際基督教大2　成蹊大10　成城大3　明治学院大11　日本大37　専修大15　東洋大44　駒澤大15　獨協大33　国学院大15　武蔵大17　神奈川大1　玉川大2　大東文化大5　東海大19　帝京大16　拓殖大5　芝浦工業大13　日本女子大6　北里大7　武蔵野大16　他

部活動　和太鼓部・美術部(全国ﾚﾍﾞﾙ)

潤徳女子 高等学校　普通科

平成３１年３月卒業生　女 137　計 137

進路種別		男	女	計
４年制大学	国公立		2	2
	私立		90	90
短期大学	国公立		0	0
	私立		11	11
専門学校			25	25
就職・自営			1	1
その他（未定）			8	8

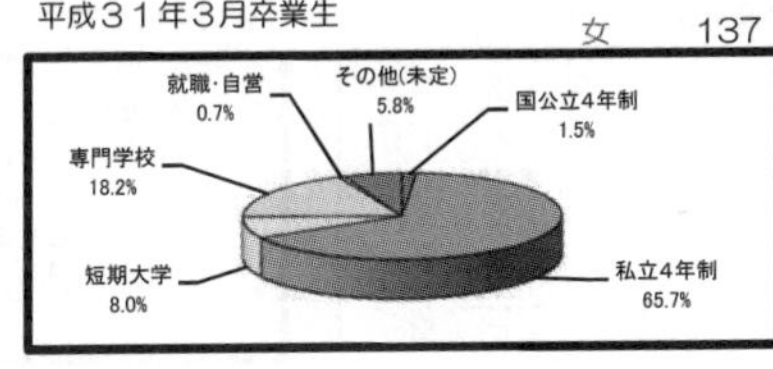

指定校推薦のある大学・学部	
学習院大	経済
国学院大	経済
日本女子大	文
東洋大	文・経済・理工
東洋大	法・生命科学
専修大	商・経済
日本大	文理・生産工
日本大	国際関係
駒澤大	ｸﾞﾛｰﾊﾞﾙ･ﾒﾃﾞｨｱ･ｽﾀﾃﾞｨｰｽﾞ

進学実績
●４年制大学　福井大1　愛知県立芸術大1　青山学院大1　明治大1　学習院大1　国学院大1　成蹊大1　日本女子大3　日本赤十字看護大1　日本大3　東洋大3　駒澤大1　女子美術大3　亜細亜大1　大正大2　二松学舎大1　文教大1　武蔵野美術大2　多摩美術大2　東京造形大3
●短期大学　大妻女子大短大部　共立女子短大　実践女子大短大部　女子美術大短大部
●専門学校　東京歯科衛生　東京墨田看護　神田外語学院

就職実績　ﾀｶﾎﾞｼ
部活動　新体操部(第34回全国新体操選抜大会団体5位)　吹奏楽部(東京都吹奏楽ｺﾝｸｰﾙA組金賞受賞26回)

大智学園 高等学校　普通科

平成３１年３月卒業生　男 99　女 26　計 125

進路種別		男	女	計
４年制大学	国公立	0	0	0
	私立	48	9	57
短期大学	国公立	0	0	0
	私立	0	2	2
専門学校		29	11	40
就職・自営		13	3	16
その他（未定）		9	1	10

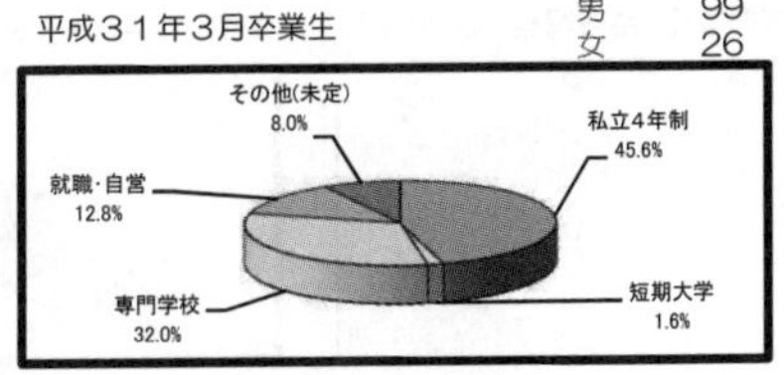

指定校推薦のある大学・学部	
法政大	現代福祉
専修大	法
帝京大	法
国士舘大	21世紀ｱｼﾞｱ
城西大	現代政策
東京有明医療大	保健医療
他	

進学実績
●４年制大学　法政大1　駒澤大1　専修大1　帝京大1　大東文化大1　国士舘大1　帝京平成大2　東京富士大3　和光大1　こども教育宝仙大1　東京福祉大4　嘉悦大1　江戸川大1　多摩大1　聖学院大3　日本経済大2　尚美学園大2　東京国際大1　帝京科学大1　東京未来大1
●短期大学　国際短大　有明教育芸術短大
●専門学校　東京多摩調理製菓　首都医校　服部栄養　日本工学院　山野美容　日本電子　他
就職実績　ﾔﾏﾄ運輸　明邦空調　ｲﾝﾃﾞｨﾗ　藤井工務店　あまいけ　日本中央不動産ﾚｼﾞﾃﾞﾝｼｬﾙ　ﾏﾙﾊﾆﾁﾛ物流ｻｰﾋﾞｽ関東　他
部活動　体操部(全国大会優勝)　陸上部・卓球部・柔道部(全国定通大会出場)　野球部・ﾃﾆｽ部(東京都定通大会上位入賞)
ｻｯｶｰ部(元日本代表が総監督、ｺｰﾁとして指導)

私立高校

中央大学 高等学校　普通科

平成３１年３月卒業生　男 80　女 94　計 174

進路種別		男	女	計
４年制大学	国公立	9	6	15
	私立	70	85	155
短期大学	国公立	0	0	0
	私立	0	0	0
専門学校		0	1	1
就職・自営		0	0	0
その他（未定）		1	2	3

その他(未定) 1.7%　国公立4年制 8.6%　専門学校 0.6%　私立4年制 89.1%

指定校推薦のある大学・学部
立教大　現代心理

進学実績
●４年制大学　中央大146　一橋大1　東京工業大1　お茶の水女子大2　横浜国立大2　東京医科歯科大1　筑波大4　北海道大1　首都大学東京1　埼玉大1　埼玉県立大1　早稲田大2　上智大2　東京理科大1　立教大2　日本大1　星薬科大1

●専門学校　東京ｽｸｰﾙｵﾌﾞﾐｭｰｼﾞｯｸ&ﾀﾞﾝｽ

土浦日本大学 高等学校　普通科

平成３１年３月卒業生　男 372　女 297　計 669

進路種別		男	女	計
４年制大学	国公立	54	30	84
	私立	279	234	513
短期大学	国公立	0	0	0
	私立	1	3	4
専門学校		12	19	31
就職・自営		3	4	7
その他（未定）		23	7	30

専門学校 4.6%　就職・自営 1.0%　その他(未定) 4.5%　国公立4年制 12.6%　短期大学 0.6%　私立4年制 76.7%

指定校推薦のある大学・学部
早稲田大
上智大
東京理科大
国際基督教大
青山学院大
学習院大
中央大
明治大
法政大
同志社大
立命館大
成蹊大
成城大
東京女子大
芝浦工業大
獨協大
他

進学実績
●４年制大学　東京大3　東北大3　東京外国語大1　北海道大1　筑波大30　茨城大28　横浜市立大1　早稲田大7　慶応大1　上智大2　東京理科大7　国際基督教大1　青山学院大4　学習院大5　中央大9　明治大9　法政大1　立教大6　関西学院大1　日本大308
●短期大学　日本大短大部　茨城女子短大　国学院大北海道短大部
●専門学校　日本大医学部附属看護　日本大歯学部附属歯科衛生　つくば看護　他
就業実績　ｶﾙﾃﾙ　埼玉県民球団　ALSOK茨城　雪印ﾒｸﾞﾐﾙｸ　陸上自衛隊
部活動　硬式野球部(第100回全国野球選手権大会出場)　ﾚｽﾘﾝｸﾞ部(全国総体92kg優勝、国体84kg優勝)　ﾊﾞｽｹｯﾄﾎﾞｰﾙ部(全国総体男女出場、国体男子出場、ｳｨﾝﾀｰｶｯﾌﾟ女子出場)　男子ﾖｯﾄ部(全国総体出場)　男子ﾊﾞﾚｰﾎﾞｰﾙ部(全国総体・国体・春高ﾊﾞﾚｰ出場)　囲碁・将棋部(全国総合文化祭出場)　他

帝京ロンドン学園 高等部

※昨年度データ　男 11　女 1　計 12

進路種別		男	女	計
４年制大学	国公立	0	0	0
	私立	9	1	10
短期大学	国公立	0	0	0
	私立	0	0	0
専門学校		0	0	0
就職・自営		0	0	0
その他（未定）		2	0	2

その他(未定) 16.7%　私立4年制 83.3%

指定校推薦のある大学・学部
立教大　経営
法政大　社会

進学実績
●４年制大学　立教大1　法政大1　日本大2　東京造形大1　玉川大1　清泉女子大1　帝京大2

東京ｽｸｰﾙｵﾌﾞﾐｭｰｼﾞｯｸ＆ﾀﾞﾝｽ専門学校 高等課程　総合音楽科

平成３１年３月卒業生　男 7　女 26　計 33

進路種別		男	女	計
４年制大学	国公立	0	0	0
	私立	1	2	3
短期大学	国公立	0	0	0
	私立	0	0	0
専門学校		3	0	3
就職・自営		0	1	1
デビュー・デビュー活動中		3	23	26

私立4年制 9.1%　専門学校 9.1%　就職・自営 3.0%　デビュー・デビュー活動中 78.8%

進学実績
●４年制大学　洗足学園音楽大2　ﾊﾞｰｸﾘｰ音楽大1
●専門学校　東京ｽｸｰﾙｵﾌﾞﾐｭｰｼﾞｯｸ&ﾀﾞﾝｽ

就職実績　ｼﾞｰﾕｰ
部活動　報道部、e-Sports部、ｲﾗｽﾄ部、みた部、読み聞かせの会
SO.ON project
明日への扉

私立高校

東京表現高等学院 MIICA　　芸術科

開校３年目につき、卒業生はおりません。

部活動　　企画ﾌﾟﾛﾃﾞｭｰｽ部(Adobe "Make it! Student Creative Day" ﾎﾟｽﾀｰｺﾝﾃｽﾄ「審査員特別賞」受賞)

東洋女子　高等学校　　普通科

平成３１年３月卒業生　女 93　計 93

進路種別		男	女	計
４年制大学	国公立		2	2
	私立		70	70
短期大学	国公立		0	0
	私立		5	5
専門学校			10	10
就職・自営			1	1
その他（未定）			5	5

就職・自営 1.1%
その他(未定) 5.4%
国公立4年制 2.2%
専門学校 10.8%
短期大学 5.4%
私立4年制 75.3%

指定校推薦のある大学・学部
日本女子大
立命館大
武蔵大
東洋大
東京農業大
学習院女子大

進学実績
●４年制大学　東京農工大1　京都教育大1　上智大1　明治大1　中央大2　国学院大1　東洋大3　日本大2
日本女子大1　大妻女子大4　東京農業大2　玉川大1　大東文化大1　立正大1　国士舘大1
学習院女子大1　亜細亜大1　創価大1　拓殖大1　杏林大2
●短期大学　東京経営短大　国際短大　女子美術大短大部　東京女子体育短大　共立女子短大
●専門学校　東京電子　神田外語学院　東京福祉　埼玉医科大附属総合医療ｾﾝﾀｰ看護

就職実績　ﾔﾏﾄ運輸
部活動　軽音楽部(大会でｸﾞﾗﾝﾌﾟﾘ受賞歴あり。防音室を完備し、いつでも快適に練習できる)

東洋大学附属牛久　高等学校　　普通科

平成３１年３月卒業生　男 296　女 257　計 553

進路種別		男	女	計
４年制大学	国公立	5	4	9
	私立	221	210	431
短期大学	国公立	0	0	0
	私立	1	4	5
専門学校		21	24	45
就職・自営		5	0	5
その他（未定）		43	15	58

就職・自営 0.9%
その他(未定) 10.5%
国公立4年制 1.6%
専門学校 8.1%
短期大学 0.9%
私立4年制 77.9%

指定校推薦のある大学・学部
早稲田大
東京理科大
明治大
学習院大
同志社大
関西学院大
東京薬科大
成蹊大
成城大
明治学院大
芝浦工業大
東邦大
東京農業大
東京電機大
武蔵大
日本大
他

進学実績
●４年制大学　千葉大1　東京学芸大1　茨城大6　茨城県立医療大1　早稲田大3　上智大1　東京理科大4　明治大3
立教大1　青山学院大2　中央大1　法政大3　学習院大2　成蹊大4　成城大2　芝浦工業大4
東京薬科大1　東京女子医科大1　関西学院大1　東洋大235　他
●短期大学　日本歯科大東京短大　共立女子短大　聖徳大短大部　戸板女子短大　拓殖大北海道短大
●専門学校　東京医科大霞ヶ浦看護　東京女子医科大看護　慈恵柏看護　日本医科大看護　昭和大医学部附属看護
土浦協同病院附属看護　筑波学園看護　神田外語学院　日本ﾎﾃﾙｽｸｰﾙ　大原簿記法律　他
就職実績　千葉県警　陸上自衛隊　大橋工務店　他
部活動　陸上競技部・男女硬式ﾃﾆｽ部・女子ｿﾌﾄﾃﾆｽ部・相撲部・空手道部(全国大会・国体出場)
駅伝部・囲碁将棋部(全国大会出場)　ﾗｸﾞﾋﾞｰ部(国体・関東大会出場)　軟式野球部・ﾚｽﾘﾝｸﾞ部(関東大会出場)

中村　高等学校　　普通科　国際科

平成３１年３月卒業生　女 71　計 71

進路種別		男	女	計
４年制大学	国公立		1	1
	私立		61	61
短期大学	国公立		0	0
	私立		1	1
専門学校			2	2
就職・自営			0	0
その他（未定）			6	6

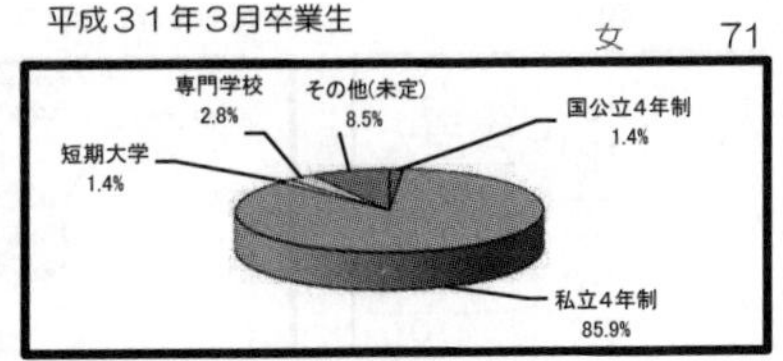

指定校推薦のある大学・学部	
青山学院大	法
立教大	文
法政大	GIS
立命館大	理工・経営
成蹊大	文
日本大	生産工・法
東洋大	文・社会
駒澤大	法
獨協大	外国語
東京女子大	現代教養
学習院女子大	国際文化交流

進学実績
●４年制大学　横浜市立大1　早稲田大1　明治大1　青山学院大1　立教大1　法政大3　成蹊大1　成城大1
明治学院大1　日本大3　専修大1　東洋大2　駒澤大2　芝浦工業大1　東京女子大1
NIC International College in Japan1　Temple University1
●短期大学　ﾔﾏｻﾞｷ動物看護専門職短大
●専門学校　亀田医療技術　日本ﾎﾃﾙｽｸｰﾙ

部活動　吹奏楽部、ﾎﾞﾗﾝﾃｨｱ部

私立高校

二松学舎大学附属　高等学校　普通科

平成３１年３月卒業生　男 113　女 128　計 241

進路種別		男	女	計
４年制大学	国公立			183
	私立			
短期大学	国公立			9
	私立			
専門学校				26
就職・自営				1
その他（未定）				22

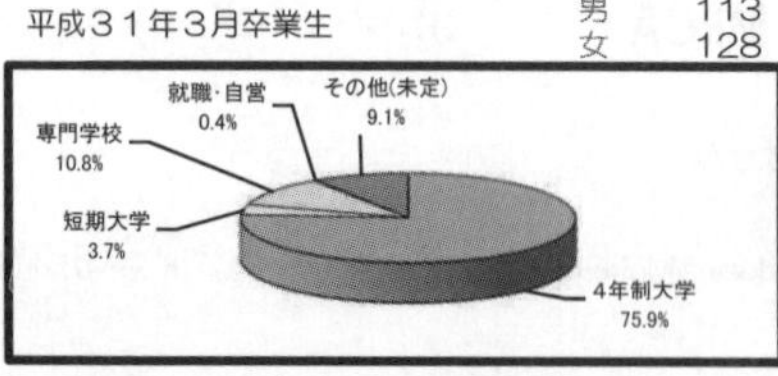

進学実績
●４年制大学　慶応大1　東京理科大1　学習院大1　立教大1　中央大1　法政大1　国学院大9　明治学院大1　獨協大2　武蔵大1　日本大9　東洋大2　専修大5　昭和女子大4　白百合女子大2　大妻女子大2　共立女子大2　跡見学園女子大1　聖心女子大1　東洋英和女学院大3　二松学舎大39

部活動　ﾀﾞﾝｽ部(日本高校ﾀﾞﾝｽ部選手権冬季東日本大会3年連続優勝)
野球部(春の甲子園5回出場うち準優勝1回、夏の甲子園3回出場)

指定校推薦のある大学・学部
立教大
国学院大
武蔵大
獨協大
日本大
東洋大
駒澤大
専修大
昭和女子大
白百合女子大
大妻女子大
共立女子大

文京学院大学女子　高等学校　国際教養ｺｰｽ　ｽﾎﾟｰﾂ科学ｺｰｽ　理数ｷｬﾘｱｺｰｽ

平成３１年３月卒業生　女 265　計 265

進路種別		男	女	計
４年制大学	国公立		3	3
	私立		214	214
短期大学	国公立		0	0
	私立		3	3
専門学校			20	20
就職・自営			0	0
その他（未定）			25	25

進学実績
●４年制大学　筑波大1　名桜大1　早稲田大1　上智大2　東京理科大2　立教大6　法政大2　学習院大1　成蹊大5　成城大2　明治学院大2　武蔵大2　国学院大2　日本大5　東洋大4　駒澤大1　津田塾大1　東京女子大2　日本女子大1　他

指定校推薦のある大学・学部

大学	学部
立教大	文
法政大	経済
学習院大	文・国際社会科学
立命館大	理工
明治学院大	法
武蔵大	社会・人文
成蹊大	全学部
成城大	文芸・法
国学院大	法・文・経済
国学院大	人間開発
日本女子大	人間社会
東洋大	文・社会・国際観光
東洋大	国際・総合情報
東洋大	理工・生命科学
日本大	経済・生産工・文理
専修大	文
他	

武蔵野大学附属千代田　高等学院　普通科

平成３１年３月卒業生　女 55　計 55

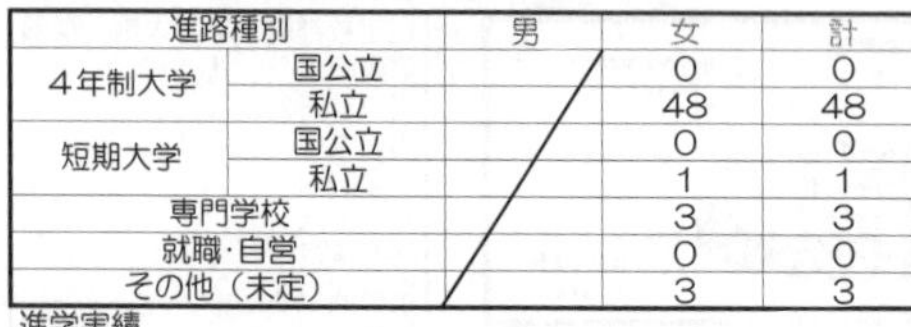

進路種別		男	女	計
４年制大学	国公立		0	0
	私立		48	48
短期大学	国公立		0	0
	私立		1	1
専門学校			3	3
就職・自営			0	0
その他（未定）			3	3

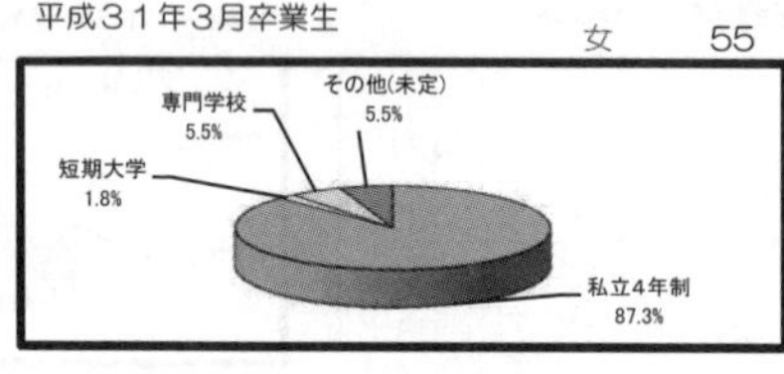

進学実績
●４年制大学　武蔵野大14　駒澤大1　明治学院大1　獨協大1　東海大1　亜細亜大1　日本女子大3　聖心女子大1　清泉女子大1
●短期大学　洗足こども短大
●専門学校　東京電子　日本外国語

部活動　ｿﾌﾄﾃﾆｽ部(ｲﾝﾀｰﾊｲ女子個人出場、関東大会女子団体・個人出場、東京都大会男子団体ﾍﾞｽﾄ32)
ﾃｺﾝﾄﾞｰ同好会(ﾃｺﾝﾄﾞｰ少年少女大会男子2位、全日本ｼﾞｭﾆｱ選手権大会出場)　香道部、ICTG同好会　他

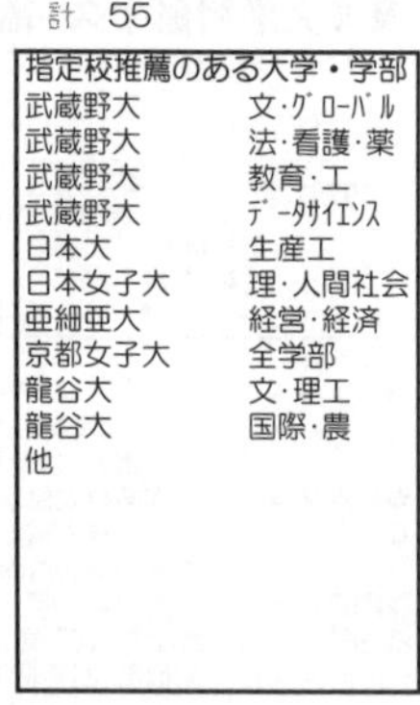

指定校推薦のある大学・学部

大学	学部
武蔵野大	文・ｸﾞﾛｰﾊﾞﾙ
武蔵野大	法・看護・薬
武蔵野大	教育・工
武蔵野大	ﾃﾞｰﾀｻｲｴﾝｽ
日本大	生産工
日本女子大	理・人間社会
亜細亜大	経営・経済
京都女子大	全学部
龍谷大	文・理工
龍谷大	国際・農
他	

明治学院　高等学校　普通科

平成３１年３月卒業生　男 154　女 190　計 344

進路種別		男	女	計
４年制大学	国公立	1	2	3
	私立	103	164	267
短期大学	国公立	0	0	0
	私立	0	1	1
専門学校		2	1	3
就職・自営		0	0	0
その他（未定）※		48	22	70

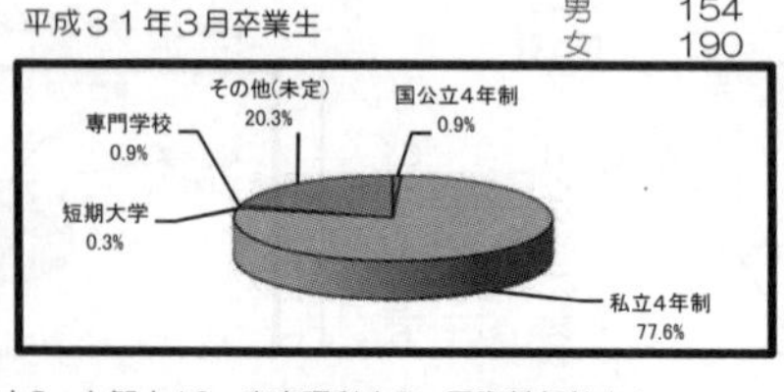

進学実績　※留学者含む
●４年制大学　筑波大1　横浜国立大1　宮崎大1　早稲田大4　慶応大3　上智大10　東京理科大5　国際基督教大1　明治大7　青山学院大17　立教大12　中央大6　法政大9　学習院大5　関西大2　東京女子大2　成蹊大3　成城大2　東洋大3　明治学院大133
●短期大学　上智大短大部
●専門学校　日本外国語　早稲田美容　神田外語学院

部活動　ﾀﾞﾝｽ部(ﾀﾞﾝｽｽﾀｼﾞｱﾑﾊﾞﾄﾙﾄｰﾅﾒﾝﾄﾍﾞｽﾄ16)　ﾌﾞﾗｽﾊﾞﾝﾄﾞ部(東京都吹奏楽ｺﾝｸｰﾙB組金賞)
ｱﾒﾘｶﾝﾌｯﾄﾎﾞｰﾙ部(Stick Bowl東京都選抜として8名選出、NEW YEAR BOWL優秀選手賞受賞)
写真部(全国高校総合文化祭東京都代表)　軟式野球部(東京都大会ﾍﾞｽﾄ8)　他

指定校推薦のある大学・学部

大学	学部
慶応大	商
上智大	総合人間科学
上智大	総合ｸﾞﾛｰﾊﾞﾙ
上智大	理工
立教大	文・経済
立教大	現代心理
中央大	法・商・経済
中央大	総合政策
学習院大	理・文・経済・法
明治大	政治経済
青山学院大	理工・文
青山学院大	社会情報
法政大	理工・法
法政大	経済・GIS

私立高校

屋久島おおぞら 高等学校

普通科　　平成３１年３月卒業生

男 1421
女 1571
計 2992

進学実績
●４年制大学　筑波大1　佐賀大1　青山学院大3　立教大1　法政大1　立命館大2　関西大2　関西学院大2
成城大2　成蹊大1　関西外国語大1　駒澤大2　専修大2　日本大2　明治学院大1　東海大4
東京農業大2　桜美林大2　中京大2　京都産業大3
●短期大学　近畿大短大部　武庫川女子大短大部　関西外国語大短大部　近畿大通信教育部短大部
●専門学校　平塚看護大学校　鳥栖三養基医師会立看護　日本工学院　辻調理師　大阪ﾃﾞｻﾞｲﾅｰ

就職実績　宮の陣病院　東急ﾘｿﾞｰﾄｻｰﾋﾞｽ　高須会　ﾎﾃﾙ東日本宇都宮　名阪近鉄ﾊﾞｽ　全日警
串ｶﾂ田中　叙々苑　ｻｶｲ引越ｾﾝﾀｰ　陸上自衛隊　海上自衛隊
部活動　様々な体験ができる"みらいの架け橋ﾚｯｽﾝ"を指定ｻﾎﾟｰﾄ校KTCおおぞら高等学院にて行っている。

指定校推薦のある大学・学部	
青山学院大	法
法政大	現代福祉
女子美術大	芸術
専修大	法
日本薬科大	薬
淑徳大	総合福祉
東北学院大	経済
桜美林大	ﾘﾍﾞﾗﾙｱｰﾂ
江戸川大	社会
他	

安田学園 高等学校

普通科　　平成３１年３月卒業生

男 274
女 106
計 380

進路種別		男	女	計
４年制大学	国公立			49
	私立			264
短期大学	国公立			0
	私立			3
専門学校				6
就職・自営				1
その他（未定）				57

専門学校 1.6%
就職・自営 0.3%
その他(未定) 15.0%
国公立4年制 12.9%
短期大学 0.8%
私立4年制 69.5%

進学実績
●４年制大学　お茶の水女子大1　東京外国語大2　東京学芸大1　東京芸術大1　筑波大1　横浜国立大2　北海道大1
千葉大7　名古屋大1　新潟大1　早稲田大5　慶応大1　上智大1　東京理科大6　明治大10
青山学院大3　立教大4
●短期大学　共立女子短大　東京歯科大短大

就職実績　東京東信用金庫

指定校推薦のある大学・学部	
早稲田大	創造理工
東京理科大	理・工・理工
法政大	ｷｬﾘｱﾃﾞｻﾞｲﾝ
法政大	理工
学習院大	法

勇志国際 高等学校

普通科　　平成３１年３月卒業生

計 401

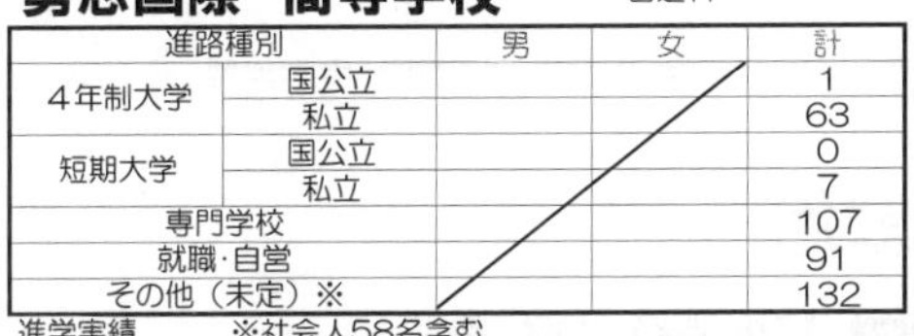

進路種別		男	女	計
４年制大学	国公立			1
	私立			63
短期大学	国公立			0
	私立			7
専門学校				107
就職・自営				91
その他（未定）※				132

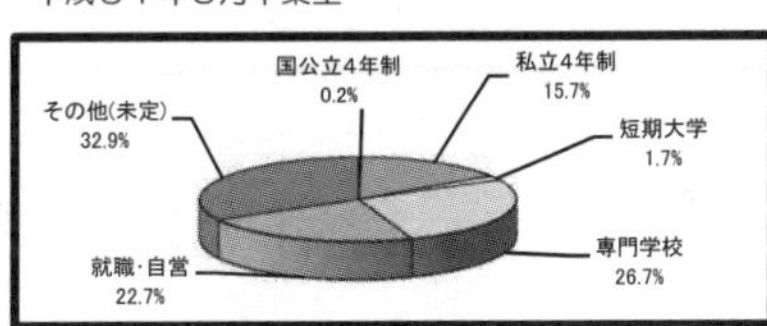

進学実績　※社会人58名含む
●４年制大学　筑波大1　駒澤大1　専修大1　神奈川大1　京都造形芸術大1　大正大2　東海大1　亜細亜大2
帝京大1　城西大1　麻布大2　帝京平成大2　東洋学園大2　関西国際大1　ﾙｰﾃﾙ学院大1
●短期大学　大阪国際大短大部　福岡こども短大
●専門学校　武蔵野栄養　大宮こども　東京医療福祉　日本外国語　文化服装学院　東京商科・法科学院
日本動物　東京自動車大学校　他
就職実績　航空自衛官　ｺｺｽﾅｶﾑﾗ　ﾏﾙﾀｶ　ﾀﾞﾝﾄﾞﾘﾋﾞｽ　全日本ｶﾞｰﾄﾞｼｽﾃﾑ　旅工房　東京堂印刷
部活動　ﾊﾞﾄﾞﾐﾝﾄﾝ部、卓球部、ﾌｯﾄｻﾙ部

指定校推薦のある大学・学部
横浜薬科大
立正大
桜美林大
城西大
淑徳大
明海大
城西国際大
中央学院大
江戸川大
上武大
埼玉工業大
聖学院大
浦和大
愛国学園大
西武文理大

立教英国学院 高等部

※昨年度データ

男 22
女 16
計 38

進路種別		男	女	計
４年制大学	国公立	0	0	0
	私立	16	13	29
短期大学	国公立	0	0	0
	私立	0	0	0
専門学校		0	0	0
就職・自営		0	0	0
その他（未定）		6	3	9

その他(未定) 23.7%
私立4年制 76.3%

進学実績
●４年制大学　立教大19　早稲田大1　慶応大1　国際基督教大1　学習院大1　関西学院大2　同志社大1　武蔵大1
ﾛﾝﾄﾞﾝ大　ｻﾘｰ大

部活動　ｲｷﾞﾘｽならではのﾌﾗﾜｰｱﾚﾝｼﾞﾒﾝﾄ部や、乗馬・ｺﾞﾙﾌなどの機会もある。

指定校推薦のある大学・学部	
立教大	全学部
関西学院大	経済・教育
関西学院大	法・総合政策
関西学院大	国際・社会
早稲田大	基幹理工
国際基督教大	教養
学習院大	国際社会科
東京理科大	理工
同志社大	商・理工
聖路加国際大	看護
南山大	総合政策
立命館ｱｼﾞｱ太平洋大	ｱｼﾞｱ太平洋
立命館ｱｼﾞｱ太平洋大	国際経営

令和３年度受験用

千葉県高校入試問題総集編

定　価　本体2,909円+税

発　行　令 和 2 年 7 月 22 日

編集・発行　千　葉　日　報　社

千葉市中央区中央4−14−10

TEL.043（227）0066

首都圏進学フェア 2020 in 千葉

入場無料

―― 入退場自由 ――

どなたでも入場できます

開催日時　2020年8月2日(日)　9:30～17:00
会　　場　柏　市　柏の葉カンファレンスセンター

- 対象：私立中学校、私立高校、公立高校

開催日時　2020年8月8日(土)・9日(日)
10:00～17:00　10:00～17:00
会　　場　千葉市　幕張メッセ国際会議場

- 対象：私立中学校、私立高校、公立高校、専門学校、短期大学、大学

開催日時　2020年8月23日(日)　11:00～16:00
会　　場　成田市　ホテルウェルコ成田

- 対象：私立中学校、私立高校、公立高校

開催日時　2020年8月30日(日)　12:00～16:00
会　　場　木更津市　木更津市民会館

- 対象：私立中学校、私立高校、公立高校

○学校案内配布

○入試関係資料配布・各学校の入試担当者による面談形式の進学相談会

○不登校相談コーナー（千葉会場）

○海外留学相談コーナー（木更津会場を除く）

■主　　催／NPO法人親子進路応援センター
■共　　催／千葉日報社
■後　　援／千葉県・千葉県教育委員会・千葉県高等学校長会・千葉県中学校長会・千葉県私立中学高等学校協会、他
■協　　賛／金原・中央労働金庫・NPO法人フレンズインターナショナル
■運営協力／総進図書
■協　　力／声の教育社・日本私学通信社・大学通信

問い合せ先　**NPO法人親子進路応援センター**
フリーダイヤル　0120−474−859
携帯HP　0120-474-859　http://www.just.st/302728

資料請求ハガキ

学校へダイレクトに行くよ!!

キリトリ線

料金受取人払郵便

千葉中央局
承認

640

差出有効期間
令和4年6月30日まで
(切手不要)

郵便はがき

260-8790

千葉市中央区本千葉町10-23

明聖高等学校

入学相談室 行

住所	〒(-) 都道府県
フリガナ 氏名	男・女
電話番号	( )
e-mail	@
中学校名	中学校

※ご記入いただいた個人情報は本校の入試広報活動以外には使用しません。

キリトリ線

郵便料金分の切手をお貼りください

郵便はがき

169-0075

東京都新宿区高田馬場4-9-9

学校法人 早稲田学園

わせがく高等学校

東京事務局 行

「学校案内」を無料で送付いたします。

お電話での請求は 0120-299-323 まで。
またはホームページ https://www.wasegaku.ac.jp
もしくは ✉ wsgk@wasegaku.ac.jp からでも請求いただけます。

※キリトリ線で切り取って必要事項を書いて投函してください。

キリトリ線

アンケートにご協力ください

該当する記号に○をつけてください。
なお、このアンケートはデータ集計以外には利用しません。

Q1. あなたは明聖高校のことを知っていましたか?

1. よく知っている　　2. 校名は聞いたことがある
3. 今回初めて知った

Q2. あなたが資料請求したのはなぜですか?

1. あまり興味はないが、ハガキが付いていたので資料請求してみた
2. 興味があり、学校案内等を見てみたいから
3. 志望校のひとつとして考えているから
4. 第一志望として考えているから
5. その他(　　　　　　　　　　)

Q3. あなたは明聖高校のどのコースに興味がありますか?(複数回答可)

〈本　　校〉1. 全日コース　2. 全日ITコース　3. 通信コース
〈中野キャンパス〉4. 全日コース　5. 全日ITコース　6. 3日制コース
7. WEBコース　8. 未定

Q4. あなたが志望校を選ぶポイントは?(3つまで選んでください)

1. 教育内容　2. 施設・設備　3. クラブ活動
4. 学費　5. 入試難易度　6. 進路状況
7. 先生　8. 学校の雰囲気　9. 通学に便利
10. その他(　　　　　　　　　　)

Q5. その他、ご質問・ご意見等がありましたらお書きください

ご協力ありがとうございました。

キリトリ線

希望の学習場所・通学スタイルに○をつけてお送りください。

希望の学習場所	□多古本校 □柏 □勝田台 □西船橋 □稲毛海岸 □高田馬場 □川越 □所沢 □水戸 □古河 □太田 □前橋
希望の通学スタイル	□全日型(週5日制) □通学型(週2日制) □自学型(通信制)
特にお聞きになりたいこと	

ふりがな 氏　名				男・女
生年月日	年　月　日生			
固定電話番号				
携帯電話番号				
住　所	〒			
メールアドレス				
学校名	立	中学 高校	年	在学 卒業 中退

学校法人 早稲田学園　**わせがく高等学校**